Möstl/Kugelmann
Polizei- und Ordnungsrecht Nordrhein-Westfalen

Polizei- und Ordnungsrecht Nordrhein-Westfalen

Kommentar

Herausgegeben von

Prof. Dr. Markus Möstl
Professor an der Universität Bayreuth

Prof. Dr. Dieter Kugelmann
Professor an der Deutschen Hochschule der Polizei, Münster;
Landesbeauftragter für den Datenschutz und
die Informationsfreiheit Rheinland-Pfalz

2020

C.H.BECK

Zitiervorschlag:
BeckOK PolR NRW/Bearbeiter PolG NRW § 1 Rn. 1

www.beck.de

ISBN 978 3 406 74761 8

© 2020 Verlag C. H. Beck oHG
Wilhelmstraße 9, 80801 München
Druck: Livonia Print, SIA
Ventspils 50, LV-1002 Riga, Lettland

Satz: Meta Systems Publishing & Printservices GmbH, Wustermark
Umschlaggestaltung: Martina Busch, Grafikdesign, Homburg Saar

CO2
neutral

chbeck.de/nachhaltig

Gedruckt auf säurefreiem, alterungsbeständigem Papier
(hergestellt aus chlorfrei gebleichtem Zellstoff)

Bearbeiterverzeichnis

Prof. Dr. Clemens Arzt .... Professor an der Hochschule für Wirtschaft und Recht Berlin

Prof. Dr. Tristan Barczak, LL.M. .... Professor an der Universität Passau

Vincent Basteck .... Richter am Oberverwaltungsgericht Nordrhein-Westfalen

Prof. Dr. Frank Braun .... Professor an der Fachhochschule für öffentliche Verwaltung NRW, Münster

Antonia Buchmann .... Referentin für Sicherheit und Europa, Landesbeauftragter für den Datenschutz und die Informationsfreiheit Rheinland-Pfalz

Prof. Dr. Christoph Gusy .... Professor an der Universität Bielefeld

Dr. Manuel Kamp .... Leitender Regierungsdirektor, Polizei Nordrhein-Westfalen

Christoph Keller .... Polizeidirektor, Fachhochschule für öffentliche Verwaltung NRW, Münster

Prof. Dr. Dieter Kugelmann ... Professor an der Deutschen Hochschule der Polizei, Münster; Landesbeauftragter für den Datenschutz und die Informationsfreiheit Rheinland-Pfalz

Sebastian Lottkus .... Oberregierungsrat, Landesbeauftragte für Datenschutz und Informationsfreiheit NRW

Prof. Dr. Markus Möstl .... Professor an der Universität Bayreuth

Ines Molitor .... Kreisgeschäftsführerin der Kreisbauernschaften Rhein. Berg e.V. und Oberberg e.V. beim Rheinischen Landwirtschafts Verband e.V.

Prof. Dr. Dr. h.c. Stefan Muckel .... Professor an der Universität zu Köln

Jan Nayebagha .... Referent, Bundesamt für Migration und Flüchtlinge, Essen

Prof. Dr. Markus Ogorek, LL.M. (Berkley) .... Direktor des Instituts für öffentliches Recht und Verwaltungslehre, Universität Köln

Dr. Daniela Schroeder, LL.M. . Rechtsanwältin und Fachanwältin für Verwaltungsrecht, Köln

Prof. Dr. Meinhard Schröder .. Professor an der Universität Passau

Prof. Dr. Dr. Markus Thiel .... Professor an der Deutschen Hochschule der Polizei, Münster

Thomas Traub .... Oberregierungsrat, Hochschuldozent an der Hochschule des Bundes für öffentliche Verwaltung, Brühl

Prof. Dr. Fabian Wittreck .... Professor an der Westfälischen Wilhelms-Universität Münster

Dr. Christoph Worms .... Rechtsanwalt, Paderborn

V

Vorwort

Das Recht der polizeilichen und ordnungsbehördlichen Gefahrenabwehr ist das Herzstück des klassischen rechtsstaatlichen Verwaltungsrechts; zugleich ist es – aufgrund neuer Bedrohungen und neuer Möglichkeiten (vor allem der Datenverarbeitung) – ein stark im Wandel begriffenes Rechtsgebiet. In der bundesstaatlichen Ordnung Deutschlands ist es traditionell Ländersache; aus ihrer originären Zuständigkeit für das Recht der polizeilichen Sicherheitsgewährleistung, dieser ältesten und grundlegendsten aller Staatsaufgaben, schöpfen die deutschen Länder einen wesentlichen Teil ihrer fortbestehenden Staatlichkeit.

Die landesrechtliche Natur des Polizei- und Ordnungsrechts stellt für seine wissenschaftliche Durchdringung und literarische Aufarbeitung eine Herausforderung dar: Landesübergreifende Werke können oft nicht genügend Rücksicht auf landesspezifische Besonderheiten nehmen; für jedes einzelne Land eine qualitativ hochwertige gesonderte Darstellung vorzulegen, ist hingegen schwierig.

Der vorliegende – zunächst für fünf große Bundesländer erscheinende – Beck'sche Online-Kommentar zum Polizei- und Ordnungsrecht der Länder möchte diese Herausforderung annehmen. Für jedes Land erscheint ein eigener, von einem speziellen Autorenteam aus Wissenschaftlern und Praktikern des jeweiligen Bundeslandes verfasster landesspezifischer Kommentar. Verklammert werden die fünf Einzelkommentare andererseits durch eine gemeinsame Konzeption und technische Plattform sowie durch einen den Kommentierungen vorangestellten einheitlichen Einleitungsteil mit systematischen und begrifflichen Vorbemerkungen zum Polizeirecht in Deutschland sowie zur JI-Richtlinie, in dem insbesondere verfassungsrechtliche und unionsrechtliche Rahmenbedingungen sowie übergreifende dogmatische Strukturen des Rechtsgebiets vorgestellt werden. Die durch die Online-Technik möglichen Vorteile sollen konsequent genutzt werden, insbesondere auch durch Verlinkung mit den Parallelvorschriften aus den anderen Bundesländern, die dem Leser auf diese Weise auch den Reichtum der zum Polizeirecht der anderen Bundesländer ergangenen Rechtsprechung und Literatur erschließt.

Die Herausgeber und Autoren sowie der Verlag hoffen, mit diesem Kommentar, der nunmehr auch als Printversion vorgelegt wird, die wissenschaftliche und praktische Befassung mit dem landesrechtlichen Polizei- und Ordnungsrecht in Deutschland weiter voranzubringen.

Das Polizei- und Ordnungsrecht des Landes Nordrhein-Westfalen ist aus der preußischen Tradition erwachsen und auf mehrere Gesetze verteilt. Diese Entwicklung wird in einem einleitenden Teil der Kommentierung dargestellt. Das Polizeigesetz (PolG) bildet dann den Schwerpunkt der Kommentierungen. In den letzten Jahren hat es grundlegende Änderungen erfahren, die eingehend dargestellt und bewertet werden. Besonderer Wert wird auf das Einbeziehen von aktuellen Entwicklungen und auch der auf Nordrhein-Westfalen bezogenen Rechtsprechung gelegt. Damit wird dem Anspruch der Kommentierungen auf Nutzbarkeit und Praxistauglichkeit Rechnung getragen. Dies gilt auch für die Kommentierungen des Polizeiorganisationsgesetzes (POG) und des Ordnungsbehördengesetzes (OBG). Polizei- und Ordnungsbehörden, Anwältinnen und Anwälte, Gerichte und Wissenschaft aber auch Studierende an wissenschaftlichen Hochschulen sollen einfach und schnell Zugang zu den Rechtsfragen finden.

Neben die Ausrichtung auf die Anwendungspraxis tritt das Ziel, das nordrhein-westfälische Polizei- und Ordnungsrecht wissenschaftlich zu durchdringen. Zu den grundsätzlichen Vorschriften etwa über Aufgaben, Befugnisse oder Verantwortlichkeit können die übergreifenden Diskussionen ebenso einbezogen werden wie zu einzelnen Befugnissen, die spezifisch auf ihre Vereinbarkeit mit der Verfassungsordnung untersucht werden. Unterschiedliche Ebenen der Kommentierung erlauben dabei Abschichtungen von Diskussionsebenen und die Auslagerung von weiterführenden Verweisen oder einzelnen Vertiefungen. Dies steigert die Lesbarkeit und erleichtert den schnellen Zugriff. Nutzer oder Nutzerinnen, die eine Einzelfrage zügig klären wollen, werden damit ebenso angesprochen wie der Leser oder die Leserin, die sich vertieft mit einer Thematik beschäftigen möchte.

Vorwort

Das Streben nach Erreichen dieser Ziele durchzieht die Kommentierungen. Die spezifischen Möglichkeiten eines Online-Kommentars erlauben es, einfach und schnell nachzusteuern. Dies betrifft nicht nur Ergänzungen, sondern insbesondere auch Aktualisierungen. Das deutsche, europäische und internationale Sicherheitsrecht ist in ständiger Bewegung, die sich auf das Landesrecht Nordrhein-Westfalens auswirkt. Diese Prozesshaftigkeit soll durch die Kommentierungen abgebildet werden. Sie sollen einen Beitrag leisten zur Wahrung eines an Freiheit und Rechtsstaatlichkeit orientierten nordrhein-westfälischen Polizei- und Ordnungsrechts.

Bayreuth und Münster im Juni 2020   *Markus Möstl*
Dieter Kugelmann

Inhaltsverzeichnis

Inhaltsverzeichnis

Inhaltsverzeichnis

Inhaltsverzeichnis

Teil II. Befugnisse der Ordnungsbehörden
Abschnitt 1. Ordnungsverfügungen

Abschnitt 2. Ordnungsbehördliche Verordnungen

Teil III. Allgemeine Bestimmungen

Teil IV. Übergangs- und Schlußbestimmungen

XIII

Inhaltsverzeichnis

Verzeichnis der abgekürzt zitierten Literatur

Albrecht/Jotzo DatenschutzR	Albrecht/Jotzo, Das neue Datenschutzrecht der EU, Handbuch, 2017.
BeckOGK	Gsell/Krüger/Lorenz/Reymann/Henssler, beck-online.GROSSKOMMENTAR.
BeckOK AuslR	Kluth/Heusch, Beck'scher Online-Kommentar Ausländerrecht.
BeckOK BauordnungsR NRW	Spannowsky/Saurenhaus, Beck'scher Online-Kommentar Bauordnungsrecht Nordrhein-Westfalen.
BeckOK BGB	Bamberger/Roth/Hau/Poseck, Beck'scher Online-Kommentar BGB.
BeckOK DatenschutzR	Wolff/Brink, Beck'scher Online-Kommentar Datenschutzrecht.
BeckOK GewO...........................	Pielow, Beck'scher Online-Kommentar GewO.
BeckOK GG	Epping/Hillgruber, Beck'scher Online-Kommentar Grundgesetz.
BeckOK GVG.............................	Graf, Beck'scher Online-Kommentar GVG.
BeckOK InfoMedienR	Gersdorf/Paal, Beck'scher Online-Kommentar Informations- und Medienrecht.
BeckOK KommunalR NRW	Dietlein/Heusch, Beck'scher Online-Kommentar Kommunalrecht Nordrhein-Westfalen.
BeckOK StGB.............................	von Heintschel-Heinegg, Beck'scher Online-Kommentar StGB.
BeckOK StPO.............................	Graf, Beck'scher Online-Kommentar StPO mit RiStBV und MiStra.
BeckOK Strafvollzug Bund	Graf, Beck'scher Online-Kommentar Strafvollzug Bund.
BeckOK Strafvollzug NRW.............	Graf, Beck'scher Online-Kommentar Strafvollzug NRW.
BeckOK PolR Bayern	Möstl/Schwabenbauer, Beck'scher Online-Kommentar Polizei- und Sicherheitsrecht Bayern.
BeckOK PolR BW	Möstl/Trurnit, Beck'scher Online-Kommentar Polizeirecht Baden-Württemberg.
BeckOK PolR Hessen	Möstl/Bäuerle, Beck'scher Online-Kommentar Polizei- und Ordnungsrecht Hessen.
BeckOK PolR Nds	Möstl/Weiner, Online-Kommentar Polizeirecht Niedersachsen.
BeckOK VwGO...........................	Posser/Wolff, Beck'scher Online-Kommentar VwGO.
BeckOK VwVfG	Bader/Ronellenfitsch, Beck'scher Online-Kommentar VwVfG.
BeckOK ZPO.............................	Vorwerk/Wolf, Beck'scher Online-Kommentar ZPO.
Beck TKG	Geppert/Schütz, Beck'scher TKG-Kommentar, 4. Auflage 2013.
BerlKommGG.............................	Friauf/Höfling, Berliner Kommentar zum Grundgesetz, Loseblatt.
BerlKommPolR	Pewestorf/Söllner/Tölle, Polizei- und Ordnungsrecht, Kommentar, 2. Auflage 2017.
BHHJ.......................................	Burmann/Heß/Hühnermann/Jahnke, Straßenverkehrsrecht, Kommentar, 25. Auflage 2018.
BHKM BayÖffR	Becker/Heckmann/Kempen/Manssen, Öffentliches Recht in Bayern, Lehrbuch, 7. Auflage 2017.

Verzeichnis der abgekürzt zitierten Literatur

Bialon/Springer EingriffsR .... Bialon/Springer, Eingriffsrechte, Lehrbuch, 4. Auflage 2018.

BK .... Kahl/Waldhoff/Walter, Bonner Kommentar zum Grundgesetz, Loseblatt.

BKK BayPAG .... Berner/Köhler/Käß, Polizeiaufgabengesetz, Kommentar, 20. Auflage 2010.

Burgi KommunalR .... Burgi, Kommunalrecht, Lehrbuch, 6. Auflage 2019.

Calliess/Ruffert .... Calliess/Ruffert, EUV/AEUV – Das Verfassungsrecht der Europäischen Union mit Europäischer Grundrechtecharta, Kommentar, 5. Auflage 2016.

DGK .... Dietel/Gintzel/Kniesel, Versammlungsgesetze, Kommentar, 18. Auflage 2019.

Dietlein/Hellermann NRWÖffR ..... Dietlein/Hellermann, Öffentliches Recht in Nordrhein-Westfalen, Lehrbuch, 6. Auflage 2016 (Vorauflage: Dietlein/Burgi/Hellermann, Öffentliches Recht in Nordrhein-Westfalen, Lehrbuch, 5. Auflage 2013, abgekürzt: DBH NRWÖffR).

Dreier .... Dreier, Grundgesetz, Kommentar, Band 1, 3. Auflage 2013.

DMWW BPolG .... Drewes/Malmberg/Wagner/Walter, Bundespolizeigesetz, Kommentar, 6. Auflage 2018 (Vorauflage: Drewes/Malmberg/Walter, Bundespolizeigesetz, Kommentar, 5. Auflage 2015, zitiert als DMW BPolG).

DWVM Gefahrenabwehr .... Drews/Wacke/Vogel/Martens, Gefahrenabwehr, Lehrbuch, 9. Auflage 1986.

EAS .... Engelhardt/App/Schlatmann, VwVG, VwZG, Kommentar, 11. Auflage 2017.

ESJ ThürPAG .... Ebert/Seel/Joel, Thüringer Gesetz über die Aufgaben und Befugnisse der Polizei, Kommentar, 8. Auflage 2019 (Vorauflage: Ebert/Seel, Thüringer Gesetz über die Aufgaben und Befugnisse der Polizei, Kommentar, 7. Auflage 2016, zitiert als Ebert/Seel ThürPAG).

EFP BesVerwR .... Ehlers/Fehling/Pünder, Besonderes Verwaltungsrecht, Hand- und Lehrbuch, Band 3, 3. Auflage 2013.

Ehmann/Selmayr .... Ehmann/Selmayr, Datenschutz-Grundverordnung, Kommentar, 2. Auflage 2018.

EMS BesVerwR .... Erbguth/Mann/Schubert, Besonderes Verwaltungsrecht, Lehrbuch, 13. Auflage 2019.

Ehlers/Pünder AllgVerwR .... Ehlers/Pünder, Allgemeines Verwaltungsrecht, Lehrbuch, 15. Aufl. 2015.

Eyermann .... Eyermann, Verwaltungsgerichtsordnung: VwGO, Kommentar, 15. Auflage 2019.

Fischer .... Fischer, Strafgesetzbuch: StGB, Kommentar, 66. Auflage 2019.

Frings/Spahlholz Gefahrenabwehr ..... Frings/Spahlholz, Das Recht der Gefahrenabwehr in Nordrhein-Westfalen, Lehrbuch, 3. Auflage 2011.

GHN .... Grabitz/Hilf/Nettesheim, Das Recht der Europäischen Union: EUV/AEUV, Kommentar, Loseblatt.

GJTZ .... Gercke/Julius/Temming/Zöller, Strafprozessordnung, Kommentar, 5. Auflage 2012.

GKK .... Geiger/Khan/Kotzur, EUV/AEUV, Kommentar, 6. Auflage 2017.

GLW BayPolR	Gallwas/Lindner/Wolff, Bayerisches Polizei- und Sicherheitsrecht, Lehrbuch, 4. Auflage 2015 (Vorauflage: Gallwas/Mößle/Wolff, Bayerisches Polizei- und Sicherheitsrecht, Lehrbuch, 3. Auflage 2004, zitiert als GMW BayPolR).
Göhler	Göhler, Gesetz über Ordnungswidrigkeiten, Kommentar, 17. Auflage 2017.
Gola/Heckmann	Gola/Heckmann, Bundesdatenschutzgesetz, Kommentar, 13. Auflage 2019.
Götz/Geis PolR	Götz/Geis, Allgemeines Polizei- und Ordnungsrecht, Lehrbuch, 16. Auflage 2017.
Gusy PolR	Gusy, Polizei- und Ordnungsrecht, Lehrbuch, 10. Auflage 2017.
Haurand NRWPolR	Haurand, Allgemeines Polizei- und Ordnungsrecht Nordrhein-Westfalen, Lehrbuch, 8. Auflage 2019.
HBH BayPAG	Honnacker/Beinhofer/Hauser, Polizeiaufgabengesetz, Kommentar, 20. Auflage 2014.
Heusch/Schönenbroicher	Heusch/Schönenbroicher, Landesverfassung Nordrhein-Westfalen, Kommentar, 2. Auflage 2019.
HHPM BPolG	Heesen/Hönle/Peilert/Martens, Bundespolizeigesetz, Kommentar, 5. Auflage 2012.
HK-BDSG	Sydow, Bundesdatenschutzgesetz, Kommentar, 2019.
HK-DS-GVO	Sydow, Europäische Datenschutzgrundverordnung, Kommentar, 2. Auflage 2018.
HK-VerwR	Fehling/Kastner/Störmer, Verwaltungsrecht, Kommentar, 4. Auflage 2016.
Hornmann HSOG	Hornmann, Hessisches Gesetz über die öffentliche Sicherheit und Ordnung, Kommentar, 2. Auflage 2008.
HSH MultimediaR-HdB	Hoeren/Sieber/Holznagel, Multimedia-Recht, Handbuch, Loseblatt.
HSV VerwR	Hoffmann-Riem/Schmidt-Aßmann/Voßkuhle, Grundlagen des Verwaltungsrechts, Handbuch, Band 1–3, 2. Auflage 2012.
Isensee/Kirchhof StaatsR-HdB	Isensee/Kirchhof, Handbuch des Staatsrechts, 3. Auflage, Band I–XII, 3. Aufl. 2003 ff.
Jarass GRCh	Jarass, Charta der Grundrechte der Europäischen Union: GRCh, Kommentar, 3. Auflage 2016.
Jarass/Pieroth	Jarass/Pieroth, Grundgesetz für die Bundesrepublik Deutschland, Kommentar, 15. Auflage 2018.
Johannes/Weinhold Neues DatenschutzR	Johannes/Weinhold, Das neue Datenschutzrecht bei Polizei und Justiz, Handbuch, 2018.
Kay/Böcking PolR NRW	Kay/Böcking, Polizeirecht Nordrhein-Westfalen, Monografie, 1992.
Kingreen/Poscher POR	Kingreen/Poscher, Polizei- und Ordnungsrecht, Lehrbuch, 10. Auflage 2018 (Vorauflage: Pieroth/Schlink/Kniesel, Polizei- und Ordnungsrecht, Lehrbuch, 9. Auflage 2016, abgekürzt: PSK POR).
KK-StPO	Hannich, Karlsruher Kommentar zur Strafprozessordnung, 8. Auflage 2019.
Knemeyer PolR SuP	Knemeyer, Polizei- und Ordnungsrecht, Lehrbuch, 11. Auflage 2007.
Kopp/Ramsauer	Kopp/Ramsauer, Verwaltungsverfahrensgesetz, Kommentar, 19. Auflage 2018.
Kopp/Schenke	Kopp/Schenke, Verwaltungsgerichtsordnung, Kommentar, 24. Auflage 2018.

Verzeichnis der abgekürzt zitierten Literatur

Krämer/Müller OBG .... Krämer/Müller, Ordnungsbehördengesetz NW, Kommentar, 2. Auflage 1971.

Krenberger/Krumm .... Krenberger/Krumm, OWiG, Kommentar, 5. Auflage 2018.

Kugelmann PolR .... Kugelmann, Polizei- und Ordnungsrecht, Lehrbuch, 2. Auflage 2011.

Kühling/Buchner .... Kühling/Buchner, Datenschutz-Grundverordnung/Bundesdatenschutzgesetz: DS-GVO/BDSG, Kommentar, 2. Auflage 2018.

Lisken/Denninger PolR-HdB .... Lisken/Denninger, Handbuch des Polizeirechts, 6. Auflage 2018.

LMW .... Lindner/Möstl/Wolff, Kommentar zur Verfassung des Freistaates Bayern, 2. Auflage 2017.

Löwe/Rosenberg .... Löwe/Rosenberg, Die Strafprozessordnung und das Gerichtsverfassungsgesetz: StPO in 13 Bänden, Kommentar, 26. Auflage 2006–2017.

Maunz/Dürig .... Maunz/Dürig, Grundgesetz, Kommentar, Loseblatt.

Maurer/Waldhoff AllgVerwR .... Maurer/Waldhoff, Allgemeines Verwaltungsrecht, Lehrbuch, 19. Auflage 2017.

Meixner/Fredrich .... Meixner/Fredrich, Hessisches Gesetz über öffentliche Sicherheit und Ordnung, Kommentar, 12. Auflage 2016.

Merten/Papier Grundrechte-HdB ..... Merten/Papier, Handbuch der Grundrechte, Band 7/1, 2. Auflage 2014, Band 1–6/2, 7/2–10, 2004 ff.

Meyer-Goßner/Schmitt .... Meyer-Goßner/Schmitt, Strafprozessordnung, Kommentar, 62. Auflage 2019.

Michael/Morlok GrundR .... Michael/Morlok, Grundrechte, Lehrbuch, 7. Auflage 2019.

MKS .... von Mangoldt/Klein/Starck, Grundgesetz, Kommentar, 7. Auflage 2018.

Möller/Warg PolR .... Möller/Warg, Allgemeines Polizei- und Ordnungsrecht, Lehrbuch, 2011.

Möllers Polizei-WB .... Möllers, Wörterbuch der Polizei, 3. Auflage 2018.

Möstl Sicherheitsgewährleistung .... Möstl, Die staatliche Garantie für die öffentliche Sicherheit und Ordnung: Sicherheitsgewährleistung im Verfassungsstaat, im Bundesstaat und in der Europäischen Union, Monografie, 2002.

MSKB .... Maunz/Schmidt-Bleibtreu/Klein/Bethge, Bundesverfassungsgerichtsgesetz, Kommentar, 57. Auflage 2019.

MüKoBGB .... Limperg/Oetker/Rixecker, Münchener Kommentar zum BGB, Band 1, 8. Auflage 2018.

MüKoStGB .... Joecks/Miebach, Münchener Kommentar zum Strafgesetzbuch: StGB, Band 1–8, 3. Aufl. 2016 ff.

MüKoStPO .... Knauer/Kudlich/Schneider, Münchener Kommentar zur Strafprozessordnung: StPO, 2014 ff.

Nimtz/Thiel EingriffsR NRW .... Nimtz/Thiel, Eingriffsrecht Nordrhein-Westfalen, Lehrbuch, 2017.

NK-BDSG .... Simitis, Bundesdatenschutzgesetz, Kommentar, 8. Auflage 2014.

NK-VwGO .... Sodan/Ziekow, Verwaltungsgerichtsordnung, Kommentar, 5. Auflage 2018.

Nomos-BR/Wehr BPolG .... Wehr, Bundespolizeigesetz, Kommentar, 2. Auflage 2015.

Osterlitz EingriffsR Polizeidienst I, II Osterlitz, Eingriffsrecht im Polizeidienst, Lehrbuch, Band 1: Grundstudium, 16. Auflage 2019, Band 2: Hauptstudium, 16. Auflage 2019.

Paal/Pauly	Paal/Pauly, Datenschutz-Grundverordnung (DS-GVO BDSG), Kommentar, 2. Auflage 2018.
Palandt	Palandt/Brudermüller/Ellenberger/Götz/Grüneberg/Herrler/Sprau/Thorn/Weidlich/Wicke, Bürgerliches Gesetzbuch, Kommentar, 79. Auflage 2020.
PST PolR-HdB	Pewestorf/Söllner/Tölle, Praxishandbuch Polizei- und Ordnungsrecht, 2012.
Rhein OBG	Rhein, Gesetz über Aufgaben und Befugnisse der Ordnungsbehörden (OBG NRW), Kommentar, 2004.
Roggan/Kutscha Recht der Inneren Sicherheit-HdB	Roggan/Kutscha, Handbuch der Inneren Sicherheit, 2. Auflage 2006.
Roos/Lenz RhPfPOG	Roos/Lenz, Polizei- und Ordnungsbehördengesetz Rheinland-Pfalz (POG), Kommentar, 5. Auflage 2018.
Rommelfanger/Rimmele	Rommelfanger/Rimmele, Polizeigesetz des Freistaates Sachsen, Kommentar, 2014.
Roth Genealogie des Staates	Roth, Genealogie des Staates, Monografie, 2. Auflage 2011.
Sachs	Sachs, Grundgesetz, Kommentar, 8. Auflage 2018.
SBK EingriffsR NRW	Schütte/Braun/Keller, Eingriffsrecht Nordrhein-Westfalen, Lehrbuch, 2016.
SBK PolG NRW	Schütte/Braun/Keller, Polizeigesetz Nordrhein-Westfalen, Kommentar, 2013.
SBS	Stelkens/Bonk/Sachs, VwVfG, Kommentar, 9. Auflage 2018.
Schantz/Wolff Neues DatenschutzR	Schantz/Wolff, Das neue Datenschutzrecht, Handbuch, 2017.
Schenke PolR	Schenke, Polizei- und Ordnungsrecht, Lehrbuch, 10. Auflage 2018.
Schlacke/Wittreck LandesR NRW	Schlacke/Wittreck, Landesrecht Nordrhein-Westfalen, Lehrbuch, 2017.
Schmidbauer/Steiner	Schmidbauer/Steiner, Bayerisches Polizeiaufgabengesetz und Polizeiorganisationsgesetz, Kommentar, 4. Auflage 2014.
Schmidt PolR	Schmidt, Polizei- und Ordnungsrecht, Lehrbuch, 20. Auflage 2018.
Schoch BesVerwR	Schoch, Besonderes Verwaltungsrecht, Lehrbuch, 2018.
Schönenbroicher/Heusch	Schönenbroicher/Heusch, Ordnungsbehördengesetz Nordrhein-Westfalen, Kommentar, 2014.
Schönke/Schröder	Schönke/Schröder, Strafgesetzbuch, Kommentar, 29. Auflage 2014.
Schroeder PolR NRW	Schroeder, Polizei- und Ordnungsrecht Nordrhein-Westfalen, Lehrbuch, 4. Auflage 2019.
SDRR HGO	Schneider/Dreßler/Rauber/Risch, Hessische Gemeindeordnung, Kommentar, Loseblatt.
SGR	Schenke/Graulich/Ruthig, Sicherheitsrecht des Bundes, Kommentar, 2. Auflage 2019.
SK-StGB	Wolter, Systematischer Kommentar zum Strafgesetzbuch, 9. Auflage 2017.
SK-StPO	Wolter, Systematischer Kommentar zur Strafprozessordnung, 5. Auflage 2016/2017.
Specht/Mantz DatenschutzR-HdB	Specht/Mantz, Handbuch Europäisches und deutsches Datenschutzrecht, 2019.

Verzeichnis der abgekürzt zitierten Literatur

Spindler/Schuster	Spindler/Schuster, Recht der elektronischen Medien, Kommentar, 4. Auflage 2019.
SSB	Schoch/Schneider/Bier, Verwaltungsgerichtsordnung, Kommentar, Loseblatt.
SSW StPO	Satzger/Schluckebier/Widmaier, StPO-Kommentar, 3. Auflage 2018.
Stephan/Deger	Stephan/Deger, Polizeigesetz für Baden-Württemberg, Kommentar, 7. Auflage 2014.
Streinz	Streinz, EUV/AEUV, Kommentar, 3. Auflage 2018.
Tanneberger Sicherheitsverfassung	Tanneberger, Die Sicherheitsverfassung, Monografie, 2014.
Tegtmeyer POG NRW	Tegtmeyer, Polizeiorganisationsgesetz Nordrhein-Westfalen, Kommentar, 2004.
Tegtmeyer/Vahle PolG NRW	Tegtmeyer/Vahle, Polizeigesetz Nordrhein-Westfalen, Kommentar, 12. Auflage 2018.
Tetsch EingriffsR	Tetsch, Eingriffsrecht, Band 2: Eingriffsmaßnahmen, Zwang, Rechtsschutz und Haftung, Handbuch, 4. Auflage 2010.
Tetsch/Baldarelli PolG NRW	Tetsch/Baldarelli, Polizeigesetz Nordrhein- Westfalen, Kommentar, 2011.
Thiel PolR	Thiel, Polizei- und Ordnungsrecht, Lehrbuch, 4. Auflage 2018.
Trurnit EingriffsR	Trurnit, Eingriffsrecht, Lehrbuch, 4. Auflage 2017.
v. Münch/Kunig	von Münch/Kunig, Grundgesetz, Kommentar, Band 1 und 2, 6. Auflage 2012.
VHS StA-HdB	Vordermayer/von Heintschel-Heinegg/Schnabl, Handbuch für den Staatsanwalt, 6. Auflage 2018.
von der Groeben/Schwarze/Hatje	von der Groeben/Schwarze/Hatje, Vertrag über die Europäische Union und Vertrag zur Gründung der Europäischen Gemeinschaft, Kommentar, 7. Auflage 2015.
Waechter POR	Waechter, Polizei- und Ordnungsrecht, Lehrbuch, 1998.
WBSK VerwR I, II	Wolff/Bachof/Stober/Kluth, Verwaltungsrecht, Lehrbuch, Band 1, 13. Auflage 2017, Band 2, 7. Auflage 2010.
Weber/Köppert BayPolR	Weber/Köppert, Polizei- und Sicherheitsrecht Bayern, Lehrbuch, 3. Auflage 2015.
WHM NRWPolR	Wolffgang/Hendricks/Merz, Polizei- und Ordnungsrecht Nordrhein-Westfalen, Lehrbuch, 3. Auflage 2011.
WHT BWPolR	Würtenberger/Heckmann/Tanneberger, Polizeirecht in Baden-Württemberg, Lehrbuch, 7. Auflage 2017 (Vorauflage: Würtenberger/Heckmann, Polizeirecht in Baden-Württemberg, Lehrbuch, 6. Auflage 2005, abgekürzt: Würtenberger/Heckmann BWPolR).
Wolff/Brink DatenschutzR	Wolff/Brink, Datenschutzrecht in Bund und Ländern, Kommentar, 2013.
Wolzendorff Polizeigedanke	Wolzendorff, Der Polizeigedanke des modernen Staats, Monografie, 1918.
Zeitler/Trurnit PolR BW	Zeitler/Trurnit, Polizeirecht für Baden-Württemberg, Lehrbuch, 3. Auflage 2014.

Systematische und begriffliche Vorbemerkungen

Systematische und begriffliche Vorbemerkungen zum Polizeirecht in Deutschland

Überblick

Sicherheit und Frieden im Innern zu gewährleisten sowie für eine verlässliche Durchsetzung des Rechts zu sorgen, ist eine Aufgabe des Staates, aus der dieser seine erste und wichtigste Rechtfertigung herleitet. Die Erfüllung dieser Aufgabe durch die präventive **Abwehr von Gefahren für die öffentliche Sicherheit und Ordnung** ist Gegenstand eines Rechtsgebiets, das nach der bundesstaatlichen Kompetenzordnung Deutschlands prinzipiell **Ländersache** ist und – je nach der landesüblichen Terminologie – als **Polizeirecht** (zB Baden-Württemberg), **Polizei- und Ordnungsrecht** (zB Nordrhein-Westfalen, Niedersachsen, Hessen) bzw. als **Polizei- und Sicherheitsrecht** (Bayern) bezeichnet wird.

Sicherheitsgewährleistung ist nicht nur die älteste und beständigste Staatsaufgabe, sondern – trotz ihrer lückenhaften Normierung in GG und Landesverfassungen – auch eine **Aufgabe von Verfassungsrang** mit der Bindungskraft einer Staatszielbestimmung; in ihrem Kern, den **grundrechtlichen Schutzpflichten,** kann sie sich nach Maßgabe des je einschlägigen Grundrechts sowie des Untermaßverbots auch zu einem – subjektive Rechte hervorbringenden – „Grundrecht auf Sicherheit" verdichten (→ Rn. 4 ff.). Die Grundrechte indes sind (als Schutzpflichten) nicht allein Grund, sondern (als Abwehrrechte) vor allem auch Grenze polizeilichen Handelns (→ Rn. 26 ff.); **Sicherheit und Freiheit** stehen in einem komplexen, ambivalenten Spannungsverhältnis (→ Rn. 1 ff.). Das Polizeirecht hat sich als das klassische Referenzgebiet **rechtsstaatlicher Eingriffsabwehr** entwickelt; als solches bildet es das rechtsstaatliche Herzstück des deutschen Verwaltungsrechts; seine wesentlichen dogmatischen Grundbegriffe (**Gefahr, Störer, Verhältnismäßigkeit**) sind allesamt grundrechtlich fundiert (→ Rn. 33 ff.). Gleiches gilt für das Erfordernis eines effektiven Rechtsschutzes (→ Rn. 54). Vor neuen rechtsstaatlichen Herausforderungen steht das Polizeirecht im Bereich der polizeilichen Datenerhebung und **Informationsverarbeitung;** seine diesbezüglich dogmatischen Konturen sind noch im Werden; zu den grundrechtlichen Grenzen liegt eine umfangreiche Judikatur des BVerfG vor (→ Rn. 43 ff.).

Sicherheit gewährleistet der gewaltenteilige Rechtsstaat mittels einer institutionell ausdifferenzierten, kompetenzteiligen **Sicherheitsarchitektur** (→ Rn. 55 ff.). Das institutionelle Verhältnis von (Vollzugs-) **Polizei** und **Ordnungs- / Sicherheitsverwaltung** ist in Deutschland, je nachdem wie konsequent in den Ländern das Programm der sog. „Entpolizeilichung" der Ordnungs- / Sicherheitsverwaltung durchgeführt worden ist (Trennungs- / Einheitssystem), kein völlig einheitliches (→ Rn. 55 f., auch zur Entwicklung der **Polizeibegriffe** in Deutschland). Das allen Ländern gemeinsame Spezifikum gerade der **(Vollzugs-) Polizei** im Konzert der Gewalten liegt in ihrer **subsidiären Allzuständigkeit** zur Veranlassung des (vor allem im Eilfall) zum Schutz der öffentlichen Sicherheit und Ordnung Unerlässlichen, und zwar nicht allein im Verhältnis zur Sicherheits- / Ordnungsverwaltung (bei der Gefahrenabwehr), sondern auch im Verhältnis zur Zivilgerichtsbarkeit (beim Schutz privater Rechte) und zur Strafjustiz (bei der Strafverfolgung), ja selbst – aufgrund ihrer generalklauselartigen Befugnisse – im Verhältnis zum Gesetzgeber, wenn dieser eine spezialgesetzliche Regelung bislang unterlassen hat (→ Rn. 57). Die Polizei im institutionellen Sinne vereint in sich präventivpolizeiliche und strafprozessuale Aufgaben, die in der deutschen bundesstaatlichen Ordnung indes auf grundverschiedenen **Gesetzgebungskompetenzen (Polizeirecht, Strafprozessrecht)** beruhen (→ Rn. 60 ff.). Die **allgemeine Polizeigewalt** liegt bei den **Ländern;** der **Bund** bleibt – trotz Ausweitungstendenzen – auf **sonderpolizeiliche Befugnisse** beschränkt (→ Rn. 63). Ergänzt wird die deutsche Sicherheitsarchitektur durch zunehmend an Bedeutung gewinnende Elemente eines **europäischen Polizeirechts;** im Europa der offenen Grenzen fügt sich die klassische staatliche Garantie für die öffentliche Sicherheit und Ordnung in einen staatenübergreifenden europäischen **„Raum der Freiheit, der Sicherheit und des Rechts"** ein (→ Rn. 65 ff.).

Die spezifischen **dogmatischen Konturen** des Polizeirechts lassen sich nur erfassen, wenn man Klarheit über das Zusammenspiel bzw. die Abgrenzung einiger das Rechtsgebiet prägender Grundkategorien gewinnt. Das Zusammentreffen von Aufgaben der Gefahrenabwehr und der Strafverfolgung in der Polizei verlangt zunächst nach einer trennscharfen Unterscheidung von **Prävention und Repression,** gerade auch bei in der Praxis häufigen Gemengelagen (→ Rn. 90 f.). Das große und der rechtsstaatlichen Einhegung harrende Feld der polizeilichen Datenerhebung und Informationsverarbeitung kann angemessene dogmatische Strukturen (gerade auch hinsichtlich von Befugnissen im **Gefahrenvorfeld**) nur gewinnen, wenn man sich vergegenwärtigt, dass (in Kausalverläufe eingreifende) klassische **Gefahrbeseitigung** eine vorgelagerte (zunächst rein informationelle) **Gefahraufklärung** geradezu zwingend voraussetzt und dass beides notwendig zu polizeilichen Gefahrenabwehraufgabe gehört; die Rede von informationeller Vorsorge als einer (neuartigen) „dritten Aufgabenkategorie" (neben Gefahrenabwehr und Strafverfolgung) führt hingegen in die Irre; etwaige doppelfunktionale Gemengelagen sind nach den üblichen Kriterien aufzulösen (→ Rn. 92 ff., → Rn. 37, → Rn. 45). Die Unterscheidung von **Aufgabe** und **Befugnis** ist eine rechtsstaatliche Errungenschaft des Polizeirechts (→ Rn. 96 f.). Der Vorrang (rechtsstaatlich wünschenswerter) **Spezialermächtigungen** bei gleichzeitiger Vorhaltung einer subsidiären **Generalklausel,** mithilfe derer sich das zum Schutz der öffentlichen Sicherheit und Ordnung Unerlässliche in möglichst jeder (auch untypischen) Situation verfügen lässt, ist für das Polizeirecht charakteristisch (→ Rn. 98 ff.). **Polizeiverordnungen, Polizeiverfügungen** und **Realakte,** dh normative und einzelfallbezogene, regelnde und nicht-regelnde Handlungsformen, wirken im Polizei- und Ordnungsrecht zusammen (→ Rn. 103 ff.). Für die Vollzugspolizei charakteristisch ist ihre Fähigkeit, das zur Gefahrenabwehr Erforderliche nicht nur verfügen, sondern auch an Ort und Stelle und nötigenfalls mit Gewalt vollstrecken zu können; Verfügungen und Vollstreckungsmaßnahmen wiederum können Kosten- und Entschädigungsfragen nach sich ziehen; erst die Gesamtschau der drei Ebenen **Primärmaßnahme, Zwang, Kosten / Entschädigung** gibt dem Polizeirecht daher seine spezifische Gestalt (→ Rn. 107 ff.).

Übersicht

Möstl

A. Sicherheit und Freiheit

Sicherheit und Freiheit sind zwei für die Ausmessung des materiell-verfassungsrechtlichen **1** Rahmens des Polizeirechts zentrale Leitbegriffe. Sicherheit und Freiheit stehen dabei in einem ambivalenten und komplexen Spannungsverhältnis (Masing JZ 2011, 753; Di Fabio NJW 2008, 421; Voßkuhle FS Würtenberger, 2013, 1101; Möstl Sicherheitsgewährleistung 37 ff.). Einerseits kann der Einzelne grundrechtliche Freiheit nur genießen, wenn seine Rechtsgüter und Freiheitsrechte nicht nur gegen staatliche Eingriffe, sondern auch gegen private Übergriffe und Beeinträchtigungen geschützt und gesichert werden; „ohne Sicherheit ist" so gesehen (aus dem Blickwinkel des vom Staat zu Schützenden) „keine Freiheit" (so bereits v. Humboldt, Ideen zu einem Versuch, die Grenzen der Wirksamkeit des Staats zu bestimmen, 1792, Kap. IV, 58). Andererseits sind Unsicherheit und Risiko eine notwendige Folge der Freiheit; staatliche Maßnahmen der Sicherheitsgewährleistung können mit den Rechten und Freiheiten der von den staatlichen Maßnahmen Betroffenen in Kollision geraten; Sicherheit ist so gesehen (aus dem Blickwinkel des Adressaten staatlicher Sicherheitsmaßnahmen) potentiell immer auch Schranke und Bedrohung grundrechtlicher Freiheit (Gusy PolR Rn. 72).

Das Spannungsverhältnis von Sicherheit und Freiheit lässt sich nicht im Sinne einer einsei- **2** tigen Priorisierung auflösen (weder im Sinne eines „in dubio pro libertate" noch eines „in dubio pro securitate", vgl. Lisken/Denninger PolR-HdB/Denninger B Rn. 13; Thiel, Die „Entgrenzung" der Gefahrenabwehr, 2011, 179 ff.); vielmehr ist es eine Aufgabe des **Rechts** – dh des demokratischen Gesetzgebers und in den Spielräumen des Gesetzes auch der von den Gerichten kontrollierten Exekutive – zwischen Freiheit und Sicherheit eine **angemessene Balance** herzustellen (BVerfGE 115, 320 (358)). Das im europäischen Unionsrecht maßgebliche Leitbild eines **„Raums der Freiheit, der Sicherheit und des Rechts"** (Art. 3 Abs. 2 EUV, Art. 67 ff. AEUV) bringt die grundlegende Bedeutung des Wertedreiecks „Freiheit – Sicherheit – Recht" treffend zum Ausdruck (Lisken/Denninger PolR-HdB/Denninger B Rn. 1 ff.).

Freilich dürfen die Erwartungen an derartige auf hoher Abstraktionsebene angesiedelte **3** Leitbegriffe nicht überspannt werden (Gusy PolR Rn. 73): Welches Maß an Sicherheit der Einzelne zu erwarten berechtigt ist und welches Maß an Freiheitseinbußen er ggf. zum Zwecke der Sicherheitsgewährleistung hinzunehmen hat, lässt sich nicht abstrakt bestimmen, sondern nur aufgrund einer konkreten Betrachtung der sich im jeweiligen Fall aus den **grundrechtlichen Schutzpflichten** (in Verbindung mit dem Untermaßverbot) ergebenden Direktiven und Mindestanforderungen einerseits (die Schutzpflichtdimension thematisiert den positiven Zusammenhang von Sicherheit und Freiheit: ohne Sicherheit keine Freiheit; → Rn. 4 ff.) und der sich aus den **Grundrechten als Abwehrrechten** (in Verbindung mit dem Übermaßverbot) ergebenden Rechtfertigungslasten und Grenzen andererseits (die abwehrrechtliche Dimension der Grundrechte thematisiert das Spannungsverhältnis von Freiheit und Sicherheit: Sicherheit als Schranke der Freiheit → Rn. 26 ff.). Es ist dieser **Spielraum zwischen abwehrrechtlichem Übermaß- und schutzpflichtrechtlichem Untermaßverbot** (Möstl Sicherheitsgewährleistung 114), in dem sich das Polizeirecht zu bewähren hat.

I. Die verfassungsrechtliche Fundierung der polizeilichen Aufgabe

Dass der Staat als Inhaber des **Gewaltmonopols** für Sicherheit und Frieden im Innern **4** zu sorgen habe, gehört seit Thomas Hobbes zu den Grundfesten der Idee neuzeitlicher Staatlichkeit. Bei allen Wandlungen des Umfangs der Staatsaufgaben und auch der konkreten Erscheinungsformen staatlicher Sicherheitsgewährleistung ist es in der Geschichte des neuzeitlichen Staates nie strittig gewesen, dass Sicherheitsgewährleistung im Innern als solche zu den **notwendigen Aufgaben** des Staates gehört und ein wesentliches Element seiner

Rechtfertigung darstellt (Isensee/Kirchhof StaatsR-HdB/Götz § 85 Rn. 18 ff.; Möstl Sicherheitsgewährleistung 3 ff.).

5   Die Staatsaufgabe Sicherheit findet sich im deutschen Verfassungsrecht nur unvollkommen normiert (eine wichtige Ausnahme ist allerdings Art. 99 BV: Schutz der Einwohner als Aufgabe der Gesetze, der Rechtspflege und der Polizei). Namentlich das GG hat sie als **selbstverständlich** vorausgesetzt und (anders als die neueren Errungenschaften: Sozialstaat, Umweltstaat) keiner kompakten Normierung aus einem Guss zugeführt (Isensee/Kirchhof StaatsR-HdB/Götz § 85 Rn. 21); vielmehr muss sie aus einer Vielzahl an Bestimmungen und Wertungen erschlossen und zusammengeführt werden (Möstl Sicherheitsgewährleistung 42). Dennoch hat das BVerfG nicht gezögert, der Staatsaufgabe Sicherheit **Verfassungsrang** zuzusprechen: „Die Sicherheit des Staates als verfasster Friedens- und Ordnungsmacht und die von ihm – unter Achtung von Würde und Eigenwert des Menschen – zu gewährleistende Sicherheit der Bevölkerung sind Verfassungswerte, die mit anderen hochwertigen im gleichen Rang stehen" „und unverzichtbar sind, weil die Institution Staat von ihnen die eigentliche und letzte Rechtfertigung herleitet" (zusammengesetztes Zitat aus BVerfGE 49, 24 (56 f.); 115, 320 (346); 120, 274 (319); 141, 220 = BeckRS 2016, 44821 Rn. 100, 220; BVerfG NVwZ 2017, 137 Rn. 124; zum Verfassungsrang der Staatsaufgabe Sicherheit Möstl Sicherheitsgewährleistung 42 ff. mwN; Thiel, Die „Entgrenzung" der Gefahrenabwehr, 2011, 140 ff.).

1. Gegenstand der Aufgabe: öffentliche Sicherheit und Ordnung (Rechtsgüterschutz, Rechtsdurchsetzung, innerer Friede)

6   Die verfassungsrechtliche Verankerung der Staatsaufgabe Sicherheit setzt sich aus verschiedenen Strängen und Einzelgewährleistungen zusammen, die in ihrer Gesamtheit den klassischen Gegenstand der polizeilichen Aufgabe – den Schutz der **öffentlichen Sicherheit und Ordnung** – in seiner ganzen Breite abdecken und verfassungsrechtlich fundieren (Möstl Sicherheitsgewährleistung 119 ff.).

7   **Öffentliche Sicherheit** als Schutzgut des Polizeirechts umfasst nach ganz gefestigter Lehre und Praxis die Unversehrtheit der Rechtsgüter des Einzelnen (Schutz von **Individualrechtsgütern**), des Staates und seiner Einrichtungen (Schutz von **Gemeinschaftsrechtsgütern**) sowie der Rechtsordnung an sich (**Rechtsdurchsetzung;** vgl. Kingreen/Poscher POR § 7 Rn. 2; für Baden-Württemberg BeckOK PolR BW/Trurnit BWPolG § 1 Rn. 32).

8   Soweit öffentliche Sicherheit in ihrem Kern den Schutz der Unversehrtheit der **Individualrechtsgüter** Leben, Gesundheit, Freiheit, Ehre, Vermögen meint, ist diese Aufgabe verfassungsrechtlich in den **grundrechtlichen Schutzpflichten** fundiert. Die Existenz grundrechtlicher Schutzpflichten ist vom BVerfG in einer langen Rechtsprechungsreihe anerkannt worden (zB BVerfGE 39, 1 (42); 46, 160 (164); 77, 170 (214); 77, 381 (405); 115, 320 (346)) und kann auch in der Literatur als im Grundsatz gesichert gelten (Dietlein, Die Lehre von den grundrechtlichen Schutzpflichten, 2. Aufl. 2005; Isensee/Kirchhof StaatsR-HdB/ Isensee § 191 Rn. 1 ff.; Stern DÖV 2010, 241).

9   Als wichtige **Gemeinschaftsgüter** stehen auch der **Staat** mit seinen Einrichtungen (zum Schutz des Staates als verfasster Friedens- und Ordnungsmacht s. BVerfGE 49, 24 (56 f.); 115, 320 (346); 120, 274 (319)) sowie die freiheitliche und demokratische **Verfassungsordnung** als solche (Möstl Sicherheitsgewährleistung 55 ff.; Isensee/Kirchhof StaatsR-HdB/ Götz § 85 Rn. 25) unter dem Schutz des GG (vgl. BVerfG NVwZ 2017, 137 Rn. 123 ff.).

9.1   Wegen dieser aus dem GG selbst folgenden Schutzgutqualität der freiheitlich-demokratischen Grundordnung kann es nicht als prinzipiell illegitim angesehen werden, wenn der Gesetzgeber die Polizei, wie zB in Art. 11 Abs. 2 S. 1 Nr. 1 BayPAG iVm Art. 11 Abs. 2 S. 4 BayPAG geschehen, zum Einschreiten auch gegen solche „verfassungsfeindlichen Handlungen" ermächtigt, die (noch) nicht den Tatbestand einer Straftat oder Ordnungswidrigkeit erfüllen (aA Kingreen/Poscher POR § 7 Rn. 18; näher zur – hier befürworteten – Auffangfunktion des Rechtsgüterschutzes im Verhältnis zum Schutz der Rechtsordnung in Fallgruppen, die bislang durch keine speziellen Straf- / Ordnungswidrigkeitentatbestände erfasst werden, → Rn. 13). Allerdings darf sich die Polizei bei ihrem Einschreiten gegen „verfassungsfeindliche Handlungen" weder in Widerspruch zu speziellen Schutzvorkehrungen des Verfassungsrechts setzen (die bestimmte Maßnahmen an besondere Voraussetzungen knüpfen oder sie besonderen Stellen vorbehalten, so zB Art. 9 Abs. 2 GG, Art. 18, 21 Abs. 2 GG) noch gegen Wertungen des einfachen Rechts verstoßen (zB wenn bei einer von Gesetzgeber ausdrücklich geregelten Fallgruppe die Handlung gerade nicht unter die Verbotsvoraussetzungen fällt und daher – im Umkehrschluss – als erlaubt zu gelten hat; → Rn. 12).

Auch schließlich der Schutz der **Unversehrtheit der Rechtsordnung** hat eine verfas- **10** sungsrechtliche Basis: nämlich den aus dem Rechtsstaatsprinzip abzuleitenden Auftrag zur **Durchsetzung des Rechts,** das als Sollens-Ordnung auf tatsächliche Verwirklichung hin angelegt ist, sodass dem Rechtsstaatsprinzip – neben seinen auf Staatsbegrenzung zielenden Gehalten – auch die Dimension einer den Staat in die Pflicht nehmenden Aufgabe zukommt, (private) Normverstöße möglichst zu verhindern und die allseitige Beachtung des Rechts sicherzustellen (vgl. Isensee/Kirchhof StaatsR-HdB/Götz § 85 Rn. 22; Kingreen/Poscher POR § 7 Rn. 7; ausf. Möstl Sicherheitsgewährleistung 63 ff., 130 mwN).

Was die innere Ordnung der polizeilichen Schutzgüter anbelangt, ist es wichtig zu erken- **11** nen, dass die Unversehrtheit der Rechtsordnung kein polizeiliches Schutzgut wie jedes andere ist. Vielmehr fungieren das Abstellen auf die Unversehrtheit der Rechtsordnung (**Rechts-durchsetzung**) einerseits und auf die Unversehrtheit bestimmter Individual- und Gemein-schaftsrechtsgüter (**Rechtsgüterschutz**) andererseits als **zwei verschiedenartige Metho-den der Beschreibung der Sicherheitsaufgabe,** die durch den Begriff der **öffentlichen Sicherheit** miteinander kombiniert und verklammert werden (Möstl Sicherheitsgewährleis-tung 130 ff. mwN). Dass die Unversehrtheit der Rechtsordnung kein gewöhnliches, alterna-tiv neben die anderen Rechtsgüter zu stellendes polizeiliches Schutzgut ist, wird namentlich daraus ersichtlich, dass polizeiliches Einschreiten die öffentliche Sicherheit typischerweise – **kumulativ** – sowohl unter dem Aspekt der Abwehr von Gefahren für die Rechtsordnung (Rechtsdurchsetzung) als auch unter dem Aspekt der Abwehr von Gefahren für ein bestimm-tes Rechtsgut (Rechtsgüterschutz) schützt: Handelt die Polizei zB zur Verhinderung einer Körperverletzung, dient dies sowohl der Verhinderung der **Verletzung einer Norm** (§ 223 StGB), also dem Schutz der Unversehrtheit der Rechtsordnung (Rechtsdurchsetzung), als auch der Verhinderung der **Verletzung eines Rechtsguts,** nämlich der körperlichen Unversehrtheit (Rechtsgüterschutz). Zu einem **Auseinanderfallen von Rechtgüterschutz und Rechtsdurchsetzung** kann es (ausnahmsweise) nur dann kommen, wenn entweder eine Gefahr für ein Rechtsgut vorliegt, obwohl die gefahrträchtige Handlung bislang spezial-gesetzlich nicht geregelt ist und daher (noch) nicht zugleich den Tatbestand einer speziellen Verbotsnorm erfüllt, oder aber, wenn umgekehrt die Gefahr eines Verstoßes gegen ein gesetz-liches Ge- / Verbot gegeben ist, obwohl diese Norm ihrerseits mit Rechtsgüterschutz nichts zu tun hat (sondern zB sozialgestalterisch motiviert ist) oder (zB als abstraktes Gefährdungsde-likt) bereits im Vorfeld konkreter Rechtsgutgefährdungen greift (sodass die konkrete Gefahr eines Normverstoßes, nicht aber einer Rechtsgutsverletzung gegeben ist; näher → Rn. 13).

In der Literatur herrscht Einigkeit, dass die **Unversehrtheit der Rechtsordnung** – im **12** Vergleich zu den anderen polizeilichen Schutzgütern (den Individual- und Gemeinschafts-rechtsgütern) – das **erstrangige und auch vorrangig zu prüfende Schutzgut** öffentlicher Sicherheit darstellt (Kingreen/Poscher POR § 7 Rn. 5 f.; DWVM Gefahrenabwehr 236; Lisken/Denninger PolR-HdB/Denninger D Rn. 17; Möstl Sicherheitsgewährleistung 131 ff.): Steht eine Normverletzung im Raum, muss die Frage einer Rechtsgutsgefährdung nicht gesondert geprüft werden. Der Vorrang des polizeilichen Schutzguts Rechtsordnung hat nicht nur praktische Gründe (die weit fortgeschrittene Verrechtlichung aller Lebensberei-che), sondern ist auch **verfassungsrechtlich zwingend:** Denn es ist rechtsstaatlich vorzugs-würdig, wenn sich die Polizei hinsichtlich der Frage, was ein zum Eingriff berechtigender Verstoß gegen die öffentliche Sicherheit ist, an klare gesetzliche Wertungen in ausdrücklichen (und ggf. durch unselbständige polizeiliche Verfügungen zu konkretisierenden) Verbotsnor-men anlehnen kann, statt im Wege selbständiger Polizeiverfügungen eigenmächtig erschlie-ßen zu müssen, welche Handlungen zum Schutz bestimmter Rechtsgüter tolerierbar sind oder unterbunden werden müssen, und auf diese Weise – ohne nähere gesetzliche Anleitung – einen eigenständigen exekutivischen Rechtsgüterschutz zu verwirklichen (Käß BayVBl. 2008 225 (229); Möstl DVBl 2010, 808 (812)). Das polizeiliche Mandat zum Rechtsgüterschutz ermächtigt die Polizei insbesondere nicht dazu, sich mit ihren Verfügungen in Widerspruch zu klaren gesetzlichen Wertungen zu setzen und in Situationen einzuschreiten, in denen sie unter dem Aspekt der Rechtsdurchsetzung nicht handlungsbefugt wäre (wenn eine Norm zB mit dem Ziel des Gesundheitsschutzes Lärm erst ab 22:00 Uhr verbietet, darf die Polizei nicht, weil sie meint, besseren Rechtsgüterschutz verwirklichen zu müssen, Lärm bereits ab 21:00 Uhr untersagen). Der Vorrang der Rechtsordnung als polizeiliches Schutzgut (dh auch: eine Sichtweise, nach der die Polizei in erster Linie Organ der Rechtsdurchsetzung und nur subsidiär ein Organ eigenständigen Rechtsgüterschutzes ist) setzt in Deutschland mit seinen historisch durchaus unterschiedlichen Polizeirechtstraditionen in gewisser Weise auf der Traditionslinie des süddeutschen Polizeirechts auf, das mit seinem System der Spezialermächtigungen die Polizei allein zum Einschreiten gegen Gefahren durch verbotswidriges Handeln ermächtigte und noch keine generalklauselartige Befugnis zu einem eigenständigen Rechtsgüterschutz kannte (für Bayern und Nordrhein-Westfalen s. zB GLW BayPolR Rn. 3 ff.; für Bayern s. BeckOK PolR Bayern/Schwabenbauer Entwicklung und Strukturen des Polizei- und Sicherheitsrechts in Bayern Rn. 30, 37). Für die in der Tradition des preußischen Polizeirechts stehenden Länder bedeutet der Vorrang des Schutzguts Rechtsordnung dagegen ein gewisses Umdenken, denn noch das PrPVG (Preußisches Polizeiverwaltungsgesetz v. 1.6.1931) stellte nach damaligem Verständnis in seiner Generalklausel allein auf den Schutz von Rechtsgütern ab; ob eine Normverletzung vorlag oder nicht, wurde allein als Frage der Modalität der Rechtsgutsgefährdung angesehen; ein selbstständiges polizeiliches Schutzgut war die Unversehrtheit der Rechtsordnung dagegen noch nicht (DWVM Gefahrenabwehr 236).

12.1   Die Erstrangigkeit der Rechtsordnung als polizeiliches Schutzgut bringt es mit sich, dass es von der Gestaltungsfreiheit des Gesetzgebers voll und ganz gedeckt ist (und prinzipiell sogar vorzugswürdig erscheint), dass Befugnisnormen nicht allein **rechtsgutsbezogen** (Befugnis bei Gefahren für bestimmte Rechtsgüter), sondern auch **straftatenbezogen** (Befugnis zur Verhütung bestimmter Straftaten unter dem Aspekt der Unversehrtheit der Rechtsordnung) ausgestaltet sein können. Namentlich im Bereich der informationellen Eingriffsbefugnisse ist eine auf bestimmte Straftatenkataloge abstellende Regelungstechnik üblich geworden (zur Problematik Bäcker FS Schenke, 2011, 331 (345 ff.)). Ob die jeweilige (in einem solchen Straftatenkatalog enthaltene) Straftat wirklich gewichtig genug ist, um den Eingriff zu rechtfertigen, oder ob sie, weil sie zB als abstraktes Gefährdungsdelikt ausgestaltet ist, zu einer nicht mehr hinnehmbaren Vorverlagerung des Eingriffs führt, ist eine Frage der grundrechtlichen Verhältnismäßigkeit, die im Einzelfall zu klären ist, nicht jedoch ein grundsätzlicher Einwand gegen die prinzipielle Zulässigkeit einer straftatenbezogenen Fassung des Eingriffstatbestands. Es ist deswegen ein durch nichts zu rechtfertigender Eingriff in die Gestaltungsfreiheit des Gesetzgebers, ein rechtsstaatlicher Rückschritt sowie ein schwer verständlicher Bruch mit einer inzwischen fest etablierten Polizeirechtsdogmatik (in der die Rechtsordnung zum erstrangigen Schutzgut avanciert ist), wenn das BVerfG in jüngerer Zeit teilweise pauschal behauptet, es sei im Bereich polizeilicher Informationsbefugnisse „keine geeignete Regelungstechnik", den Datenzugriff unter Bezugnahme auf Kataloge bestimmter Straftaten zu eröffnen; stattdessen sei auf (gefährdete) Rechtsgüter abzustellen (so BVerfGE 122, 120 (142); 125, 260 (329); krit. Möstl DVBl 2010, 808, (811 ff.); erneut allein auf Rechtsgüter abgestellt wird auch in BVerfGE 141, 220 = BeckRS 2016, 44821 Rn. 108, 112 auch zur Straftatenverhütung). Abzulehnen ist auch die Ansicht des VerfGH Thüringen (DVBl 2013, 111 (115 f.)), die – erneut unter der ganz einseitigen Prämisse, Gefahrenabwehr sei (allein) Rechtsgüterschutz – ein Abstellen auf Straftatenkataloge im Bereich heimlicher Datenerhebungen unter dem Aspekt der Normenklarheit für bedenklich und nur in engen Grenzen zulässig hält. Dass ausgerechnet unter dem Aspekt des Gebots rechtsstaatlicher Bestimmtheit dem Schutz nicht näher konkretisierter Rechtsgüter gegenüber der Bezugnahme auf konkrete, vom Gesetzgeber spezialgesetzlich normierte Verbotstatbestände der Vorzug gegeben wird, ist eine eigentümliche Umkehrung seines ursprünglichen Bedeutungsgehalts. Das alleinige Abstellen auf Rechtsgüterschutz verkennt, dass unter dem Rechtsstaatsprinzip auch die Verhütung von – vom Gesetzgeber zu Recht mit einer bestimmten Strafsanktion belegten – Rechtsverstößen (Rechtsdurchsetzung) verfassungsrechtlichen Eigenwert hat.

13   **Eigenständige Bedeutung** erhalten Rechtsdurchsetzung einerseits und Rechtsgüterschutz andererseits, wenn sie nicht – wie regelmäßig – kumulativ gegeben sind, sondern **auseinanderfallen** (→ Rn. 11). Auch soweit Ge- / Verbotsnormen nicht rechtsgutsbezogen konzipiert sind oder einen vor die Schwelle konkreter Gefährdungen vorgelagerten Rechtsgüterschutz verwirklichen, vermag der rechtsstaatliche Auftrag zur Durchsetzung des Rechts ein polizeiliches Eingreifen prinzipiell zu legitimieren (ob der Eingriff letztlich gerechtfertigt ist, hängt freilich von einer Prüfung der Grundrechte im jeweiligen Einzelfall ab). Eine wichtige **Auffangfunktion** entfaltet der Auftrag zum Rechtsgüterschutz andererseits in all den Fällen, in denen Gefahren für bestimmte Rechtsgüter im Raum stehen, die der Gesetzgeber jedoch bislang keiner Regelung durch spezialgesetzliche Ge- / Verbotsnormen zugeführt hat oder die auf (durch Ge- / Verbotsnormen nicht erfassbare) Naturereignisse zurückzuführen sind. Es ist ein Gebot der verfassungsrechtlichen (insbesondere grundrechtlichen) Schutzpflichten, dass die Polizei – gestützt auf ihre Befugnisse zum Schutz der öffentlichen Sicherheit, namentlich die Generalklausel – auch in solchen Fällen (hier unter dem Aspekt Rechtsgüterschutz, und nicht Rechtsdurchsetzung) das zum Schutz der gefährdeten Rechtsgüter Notwendige verfügen kann (DWVM Gefahrenabwehr 236; für Bayern und Nordrhein-Westfalen GLW BayPolR Rn. 284; Möstl Sicherheitsgewährleistung 132 f., 426 ff.). Ein auf ihre allgemeinen Befugnisse gestütztes Einschreiten der Polizei zur Einlösung verfassungsrechtlicher Schutzpflichten kann in solchen – von speziellen Verhaltenspflichten (bislang) nicht erfassten – Fällen grundsätzlich nicht mit dem Argument als rechtsstaatlich bedenklich angegriffen werden, dass das gefahrträchtige Verhalten nicht den Tatbestand einer ausdrücklichen Verbotsnorm erfülle (so im Kontext des Schutzes gegen verfassungsfeindliche Handlungen, → Rn. 9.1). Denn der rechtsstaatliche Auftrag zur Durchsetzung ausdrücklicher Verhaltensnormen ist das **erstrangige, nicht aber das ausschließliche** polizeiliche Schutzgut; der in den grundrechtlichen und sonstigen verfassungsrechtlichen Schutzpflichten angelegte Auftrag zum Rechtsgüterschutz bleibt daneben und **subsidiär** anwendbar.

Der Begriff der **öffentlichen Ordnung** ist im modernen Polizeirecht jeglichen Elements **14** der gestalterischen Herstellung einer guten Ordnung (im Sinne „guter Policey") entkleidet (grdl. PrOVGE 9, 353 (374 ff.); s. DWVM Gefahrenabwehr 6 f.) und meint nur noch die Durchsetzung solcher ungeschriebenen Regeln, deren Beachtung nach den herrschenden Anschauungen als unerlässliche Voraussetzung eines geordneten Zusammenlebens angesehen wird (vgl. § 3 Nr. 2 SOG LSA; § 54 Nr. 2 ThürOBG; BVerfGE 69, 315 (352); für Baden-Württemberg BeckOK PolR BW/Trurnit BWPolG § 1 Rn. 43). Die Gestaltung einer wünschenswerten Sozialordnung hingegen obliegt allein dem Gesetzgeber; dies gilt auch für das sog. „Ordnungsrecht", soweit es über Gefahrenabwehr im engeren Sinne hinausgeht und sozialgestalterische Elemente enthält (hier lebt der ältere umfassende Begriff im Sinne guter Ordnung weiter; Möstl Sicherheitsgewährleistung 136 ff.). Die Verwaltung hat die gesetzliche Ordnung zu vollziehen (Rechtsdurchsetzung, dh Schutz der öffentlichen Sicherheit); ein eigenständiges Mandat der Polizei zur Gestaltung einer guten Ordnung auf der Basis ihrer allgemeinen Befugnisse gibt es dagegen nicht mehr.

Das solchermaßen eng verstandene Schutzgut der öffentlichen Ordnung hat stark an **15** Bedeutung eingebüßt; rechtspolitisch und (trotz seiner Erwähnung im GG: zB Art. 13 Abs. 7, Art. 35 Abs. 2 GG) auch verfassungsrechtlich ist es **umstritten** (zB Lisken/Denninger PolR-HdB/Denninger D Rn. 35 ff.; Kingreen/Poscher POR § 7 Rn. 42 ff.; Kugelmann PolR Kap. 15 Rn. 89 ff.; Götz/Geis PolR § 5 Rn. 1 ff.; Poscher FS Würtenberger, 2013, 1029, jeweils mwN); es wird ihm nur vergleichsweise geringe Legitimationskraft zur Rechtfertigung von Grundrechtseingriffen zugetraut (im Kontext von Versammlungen zB BVerfGE 111, 147 (155 ff.)); insbesondere, dass es bei der öffentlichen Ordnung nur um den Schutz **ungeschriebener** Verhaltensregeln geht, wird dabei als Problem gesehen. Nach hier vertretener Ansicht hat das Schutzgut der öffentlichen Ordnung dennoch eine – wenngleich selten zum Einsatz kommende – wichtige **Auffangfunktion,** die verfassungsrechtlich durch den Grundauftrag des Staates zur Sicherung des **inneren Friedens** legitimiert ist (Möstl Sicherheitsgewährleistung 139 ff.; sa Vogel FS Wacke, 1972, 383 (294 f.); Götz/Geis PolR § 5 Rn. 24 ff., 34): Der Staat muss als „Friedens- und Ordnungsmacht" (BVerfGE 49, 24 (56 f.)) in der Lage sein, in Situationen, in denen der innere Friede durch Handlungen bedroht ist, die nach den herrschenden Anschauungen als unerträglich empfunden werden, das zur Wahrung des inneren Friedens Notwendige zu verfügen; gerade weil der Bürger aufgrund des allgemeinen Friedlichkeitsgebots nicht selbst gegen als unerträglich empfundene Verhaltensweisen einschreiten darf, muss der Staat zu deren Verbot in der Lage sein. Dass er dabei ggf. (soweit es – ausnahmsweise – noch keine spezialgesetzlichen Verbotstatbestände gibt) auch ungeschriebene Verhaltensregeln durchsetzt, ist bei genauerer Betrachtung nicht so ungewöhnlich, wie es auf den ersten Blick erscheinen mag; denn nichts anderes geschieht – wie gesehen (→ Rn. 13) – auch im Rahmen des Schutzes der öffentlichen Sicherheit, soweit dort einem Rechtsgut Gefahren durch eine bislang noch nicht ausdrücklich (durch eine spezielle Verhaltensnorm) verbotene Handlung drohen und die Polizei dennoch in der Lage ist, durch eine selbstständige Polizeiverfügung das zum Schutz des Rechtsguts notwendige Handlungsverbot auszusprechen. Das im Verhältnis zur Durchsetzung der geschriebenen (und ohnehin fast lückenlosen) Rechtsordnung **subsidiäre Mandat** der Polizei zur eigenständigen Verfügung von (bislang nicht ausdrücklich normierten) Handlungsverboten ist rechtsstaatlich jedenfalls dann hinnehmbar, wenn es zur Erfüllung verfassungsrechtlicher Schutzaufträge (sei es der grundrechtlichen Schutzpflichten im Rahmen der Schutzes der öffentlichen Sicherheit, sei es – hier – der Sicherung des inneren Friedens beim Schutz der öffentlichen Ordnung) unerlässlich ist.

16   In einem freiheitlichen Rechtsstaat dürfen die dem Begriff der öffentlichen Ordnung zugrunde liegenden **herrschenden Anschauungen** freilich nicht absolut gesetzt werden; zu einem Grundrechtseingriff – hierin liegt eine weitere wichtige Einschränkung – können sie vielmehr nur berechtigen, wenn sie sich mit der **freiheitlichen Wertordnung der Grundrechte** vereinbaren lassen (BVerfGE 111, 147 (156): „nach den jeweils herrschenden und mit dem Wertgehalt des Grundgesetzes zu vereinbarenden sozialen und ethischen Anschauungen"; sa Poscher FS Würtenberger, 2013, 1029 (1037 ff.)); die Grundrechte sind daher stets wichtiger Prüfstein und Grenze dessen, was zum Schutze der öffentlichen Ordnung verfügt werden kann. Problematisch ist es umgekehrt, wenn versucht wird, mithilfe der grundrechtlichen Wertordnung positiv zu begründen, was öffentliche Ordnung ist (in diese Richtung aber zB BVerwG NVwZ 2002, 598; OVG Münster DVBl 2001, 584); die grundrechtliche Wertordnung zur Stützung ungeschriebener Verhaltensregeln heranzuziehen, wo klare herrschende Anschauungen vielleicht gar nicht mehr feststellbar sind, gerät leicht in die Gefahr, in einen Bereich der gestalterischen Verwirklichung einer „guten" öffentlichen Ordnung zurückzufallen, der der Polizei seit langem verschlossen ist (→ Rn. 14; krit. Kingreen/Poscher POR § 9 Rn. 55; Störmer VERW 1997, 233 (244 ff.)).

17   Soweit einzelne Bundesländer (zeitweise oder noch immer) das Schutzgut der öffentlichen Ordnung aus ihren Polizeigesetzen **eliminiert** haben (Götz/Geis PolR § 5 Rn. 34 mwN), mag dies angesichts der gesunkenen Bedeutung dieses Polizeiguts keine allzu großen praktischen Auswirkungen haben. Bei prinzipieller Betrachtung bleibt es nichtsdestoweniger problematisch, wenn die Polizei auf diese Weise – auf dem Felde einer Kernfunktion der Staatlichkeit: der Sicherung des inneren Friedens – einer wichtigen Auffangbefugnis beraubt wird.

2. Bindungskraft der Aufgabe: objektive und subjektive Gehalte (Staatszielbestimmung, das „Grundrecht auf Sicherheit")

18   Die grundrechtlichen Schutzpflichten (→ Rn. 8), der Schutzauftrag zugunsten von Staat und Verfassung (→ Rn. 9), das rechtsstaatliche Gebot zur Durchsetzung des Rechts (→ Rn. 10) und der subsidiäre Grundauftrag zur Sicherung des inneren Friedens (→ Rn. 15) fügen sich zu einer verfassungsrechtlichen Sicherheitsaufgabe zusammen, die auf ihrer gesamten Breite (zumindest) die Bindungskraft einer **Staatszielbestimmung** aufweist (Möstl Sicherheitsgewährleistung 73 ff.; Thiel, Die „Entgrenzung" der Gefahrenabwehr, 2011, 149 f. mwN). Zwar findet sich das Staatsziel Sicherheit – anders als die neueren Staatsziele Sozial- und Umweltstaatlichkeit (Art. 20 Abs. 1 GG, Art. 20a GG) – im GG nicht kompakt normiert; bedenkt man jedoch, dass die Staatsaufgabe Sicherheit diesen neueren und weitaus weniger selbstverständlichen (und daher auch normierungsbedürftigen) Staatszielen zeitlich und sachlich vorausliegt und hierbei von einer noch weitaus fundamentaleren, für die Rechtfertigung der Staatlichkeit schlechthin unverzichtbaren Bedeutung ist (→ Rn. 4), wird klar, dass nur die Annahme einer Staatszielqualität, die hinter der Wirkung des Sozial- und Umweltstaatssatzes nicht zurückbleibt, dieser fundamentalen Bedeutung einen angemessenen Ausdruck verleiht. Auch das BVerfG geht von einem Verfassungsrang der Staatsaufgabe Sicherheit aus (→ Rn. 5).

19   Als Staatszielbestimmung weist die Staatsaufgabe Sicherheit die **rechtliche Bindungskraft** aller Staatszielbestimmungen auf (allg. Badura, Staatsrecht, 7. Aufl. 2018, D 42 mwN): Sie ist eine bindende Direktive, die dem Staat objektive Pflichten auferlegt, dem Bürger jedoch grundsätzlich und für sich genommen keine subjektiven Rechte verleiht (zu subjektiven Rechten auf dem engeren Felde der grundrechtlichen Schutzpflichten → Rn. 21 ff.). Dem Staat wird die Verfolgung eines Ziels verbindlich aufgegeben, nicht jedoch werden ihm bestimmte Mittel der Zielverfolgung vorgeschrieben. Verletzt ist die aus der Staatszielbestim-

mung folgende Pflicht nur, wenn der Staat gänzlich untätig bleibt oder das Ziel mit derart untauglichen oder gar kontraproduktiven Mitteln verfolgt, dass von keiner ernsthaften Zielverfolgung mehr gesprochen werden kann oder wenn er die Bedeutung des Staatsziels bei seinen Entscheidungen in einer „krassen Weise" verkennt (so eine treffende Formulierung des VerfGH Bayern zB in BayVerfGHE 48, 119 (122); 59, 109 (116)). Zwar ist die Staatszielbestimmung in ihrer Direktivkraft nicht auf ein Untermaßverbot beschränkt, dh sie vermag auch eine über ein Mindestmaß an Schutz hinausgehende, möglichst gute Zielverwirklichung zu legitimieren (Optimierung) und drängt auf eine solche, sie schreibt den staatlichen Gewalten jedoch – jenseits der oben genannten äußersten Grenzen (Untätigkeit, offensichtliche Untauglichkeit, krasse Verkennung) – typischerweise kein (justiziables) bestimmtes (Mindest-) Niveau der Zielerreichung vor, die Rede vom „Optimierungsgebot" ist insoweit missverständlich (Möstl Sicherheitsgewährleistung 82 ff.). Sie richtet sich in erster Linie an den Gesetzgeber, im Rahmen ihrer gewaltenteiligen Funktionsgrenzen aber auch an die Exekutive und die Gerichtsbarkeit (vgl. die Formulierung in Art. 20a GG). Vor allem auch im Rahmen der Auslegung des einfachen Rechts vermag die Staatszielbestimmung Direktivkraft zu entfalten.

Soweit umgekehrt die Abwehr von Grundrechtseingriffen in Rede steht, die der Staat **20** zum Zwecke der Sicherheitsgewährleistung vornimmt, so ändert der **Verfassungsrang** der Staatsaufgabe Sicherheit nichts daran, dass der Staat dem Bürger gegenüber solche Eingriffe **grundrechtlich rechtfertigen** muss, dh insbesondere dass diese auf einer ausreichenden gesetzlichen Ermächtigungsgrundlage beruhen und materiell dem Verhältnismäßigkeitsprinzip (Übermaßverbot) genügen müssen; das sog. **rechtsstaatliche Verteilungsprinzip** (Isensee/Kirchhof StaatsR-HdB/Isensee § 191 Rn. 9) wird durch den Verfassungsrang der Staatsaufgabe Sicherheit also in keiner Weise modifiziert. Innerhalb der im Rahmen der Verhältnismäßigkeitsprüfung zu leistenden Abwägung schlägt jedoch zu Buche, dass Sicherheitsgewährleistung nicht allein eine legitime Staatsaufgabe wie jede andere darstellt, sondern dass es sich, wie das BVerfG sagt (BVerfGE 115, 310 (346); 120, 274 (319)), bei der Sicherheit des Staates und seiner Bürger um „Verfassungswerte" handelt, „die mit anderen hochwertigen" (namentlich den Grundrechten) „im gleichen Rang stehen" (im Einzelnen Möstl Sicherheitsgewährleistung 69 ff.).

Auf dem engeren Felde der **grundrechtlichen Schutzpflichten,** soweit also der Schutz **21** der grundrechtlich gewährleisteten **Individualrechtsgüter** in Rede steht (→ Rn. 8), können aus der Verfassung auch **subjektive Rechte auf Schutz** entspringen. Die Frage, wann und inwieweit den aus den grundrechtlichen Schutzaufträgen folgenden Pflichten subjektive Rechte entsprechen (Subjektivierung), kann als noch nicht ins Letzte geklärt gelten, wie überhaupt die grundrechtliche Schutzpflicht weitaus weniger gefestigte und klar handhabbare dogmatische Konturen trägt als das klassische Abwehrrecht; dass eine solche Subjektivierung überhaupt möglich ist, dass es also grundrechtliche Schutzansprüche geben kann, die grundsätzlich auch justiziabel sind (insbesondere auch vor den Verwaltungsgerichten) und in letzter Konsequenz mittels Verfassungsbeschwerde auch vor dem BVerfG geltend gemacht werden können, ist in der Literatur und Rechtsprechung mittlerweile jedoch weitgehend unstreitig (Isensee/Kirchhof StaatsR-HdB/Isensee § 191 Rn. 321 mwN; zB BVerfGE 77, 170 (214); Möstl DÖV 1998, 1029). Soweit aus den grundrechtlichen Schutzpflichten subjektive Rechtspositionen ableitbar sind, ist es – im Sinne einer plakativen Sammelbezeichnung – auch zulässig, von einem **„Grundrecht auf Sicherheit"** zu sprechen (Isensee, Das Grundrecht auf Sicherheit, 1983; Robbers, Sicherheit als Menschenrecht; Möstl Sicherheitsgewährleistung 84 ff.; str., zum Teil krit. Thiel, Die „Entgrenzung" der Gefahrenabwehr, 2011, 154 ff. mwN; am klarsten im deutschen Verfassungsraum ist das „Grundrecht auf Sicherheit" in Art. 99 BV normiert; s. LMW BV Art. 99), wobei diesem Sammelbegriff gegenüber den aus den einzelnen Grundrechten entspringenden Schutzaufträgen jedoch kein juristischer Mehrwert zukommt.

Was die genaue **Reichweite** der grundrechtlichen Schutzpflichten und der aus ihnen **22** entspringenden subjektiven Rechte anbelangt, so sind die Gerichte aus verschiedenen Gründen (Gesetzesmediatisiertheit, mannigfaltige Erfüllbarkeit und besondere Abwägungsbedürftigkeit der Schutzpflichten, Achtung vor der Gestaltungsfreiheit des Gesetzgebers und dem Ermessen der Behörden) mit der Ableitung konkreter Rechtsfolgen zu Recht zurückhaltend. Im Allgemeinen wird eine Verletzung der Schutzpflichten (und korrespondierende Rechtsverletzung des Bürgers) nur angenommen, wenn der Staat hinsichtlich des gebotenen Schutzes gänzlich untätig bleibt oder offensichtlich ungeeignete oder gänzlich unzulängliche Maßnahmen ergreift (BVerfGE 77, 179 (215); BVerfG NJW 1996, 651; BeckRS 2013, 46932 Rn. 5). Bisweilen hat das BVerfG indes auch einen strengeren Vertretbarkeitsmaßstab angelegt und in diesem Kontext insbesondere die Figur des sog. Untermaßverbotes ins Spiel gebracht, bezüglich dessen Einhaltung – im Sinne eines verfassungsrechtlichen Mindestmaßes – die staatlichen Gewalten der Kontrolle durch das BVerfG unterlägen (BVerfGE 88, 203 (254, 262 f.)).

23   Das **Untermaßverbot** als Figur zur Bemessung des justiziablen Mindestmaßes an Schutz ist in der Literatur überwiegend auf prinzipielle Zustimmung gestoßen (Ullrich VerwArch 2011, 383 (397)); ein anerkanntes und klar handhabbares Prüfprogramm hat sich – trotz vieler in eine ähnliche Richtung gehender Vorschläge – bislang jedoch nicht etablieren können (zum Untermaßverbot und zum Stand der Forschung Klein JuS 2006, 960; Cremer DÖV 2008, 102). Wichtig ist es insbesondere, das Untermaßverbot – als auf die Schutzpflichten zugeschnittene, im Verhältnis zum abwehrrechtlichen Übermaßverbot gleichsam entgegengesetzte – Ausprägung des Verhältnismäßigkeitsprinzips so zu konzipieren, dass den staatlichen Organen in Respektierung der ihnen zukommenden Gestaltungs- und Ermessensspielräumen zwischen Unter- und Übermaßverbot ein ausreichender Spielraum verbleibt. Nach hier vertretener Ansicht (Möstl Sicherheitsgewährleistung 99 ff.; LMW BV Art. 99 Rn. 10) ist das Untermaßverbot, das die Zweck-Mittel-Relation des Verhältnismäßigkeitsprinzips in einer zum Übermaßverbot spiegelbildlichen Weise thematisiert, verletzt,

- wenn die staatlichen Gewalten bislang keinerlei geeignete Maßnahmen ergriffen haben (Geeignetheit),
- wenn es ein besseres (besseren Schutz gewährendes), ebenso mildes (dh Rechte Dritter und öffentliche Interessen nicht stärker beeinträchtigendes) Schutzmittel gibt (Effektivität) oder
- wenn die (ohne verbesserte Maßnahmen) verbleibende Gefährdung des Grundrechtsgutes dem Schutzsuchenden – auch angesichts der gegen zusätzliche Maßnahmen sprechenden Rechte Dritter und öffentlichen Interessen – bei einer Gesamtabwägung nicht zumutbar erscheint (Zumutbarkeit).

24   Für das Polizeirecht haben die grundrechtlichen Schutzpflichten (als subjektive Rechtspositionen) zur Folge, dass die Befugnisnormen, die die Polizei zur Abwehr von Gefahren für die öffentliche Sicherheit ermächtigen, **Drittschutz** entfalten können, soweit es um den Schutz grundrechtlicher Individualrechtsgüter oder um die Durchsetzung solcher Verhaltensnormen geht, die (auch im Lichte der Schutzpflichten) ihrerseits drittschützend sind. Konsequenz ist in diesen Fällen, nimmt man das prinzipielle Entschließungs- und Auswahlermessen (Opportunitätsprinzip) hinzu, dass dem schutzsuchenden Bürger zumindest (regelmäßig) ein **Anspruch auf ermessensfehlerfreie Entscheidung über das polizeiliche Einschreiten** oder – je nach dem im jeweiligen Fall in Betracht kommenden Maß an Ermessensreduzierung – (ausnahmsweise) ein **Anspruch auf polizeiliches Einschreiten** oder (sehr selten) sogar ein **Anspruch auf eine bestimmte polizeiliche Maßnahme** erwachsen kann; für die Sicherheits- / Ordnungsbehörden gilt Entsprechendes. Das so umrissene „Recht auf polizeiliches/ordnungsbehördliches Einschreiten" (s. Kingreen/Poscher POR § 3 Rn. 51 ff., § 10 Rn. 41 ff.; Möstl Sicherheitsgewährleistung 428 ff.; Ullrich VerwArch 2011, 383) ist eine mit der Erschließung der grundrechtlichen Schutzpflichten eng verwobene Errungenschaft des neueren Polizei- / Ordnungsrechts, welche im Verhältnis zum älteren Polizeirecht, das den Einzelnen allein als Repräsentanten der Allgemeinheit, dh nur reflexartig schützte, eine wichtige Kehrtwende und Neuausrichtung bedeutet. Die in Literatur und Rechtsprechung entwickelten **Kriterien für das Bestehen polizeilicher Schutzansprüche** – qualifizierte Gefahr (Intensität der Gefährdung; Gewicht des Rechtsguts; BVerwGE 11, 95 (97); Schoch BesVerwR Kap. 1 Rn. 160, 326 f.), legitime polizeitaktische Erwägungen (Kollision mit anderen Aufgaben, Aufwand des Einschreitens), zumutbare Möglichkeiten des Selbstschutzes (zum Ganzen s. Lisken/Denninger PolR-HdB/Rachor E Rn. 124 ff.; Kingreen/Poscher POR § 10 Rn. 41 ff.; Waechter VerwArch 1997, 298; Dietlein DVBl 1991, 685; Möstl Sicherheitsgewährleistung 432 ff.) – können als Ausfluss und Konkretisierung des schutzpflichtrechtlichen **Untermaßverbotes** (→ Rn. 23) verstanden werden.

3. Zeitliche Dimensionen der Aufgabe: Prävention und Repression

In **zeitlicher** Hinsicht lassen sich zwei Phasen der Sicherheitsaufgabe unterscheiden: die **25**
Verhütung und Unterbindung von (bevorstehenden oder gegenwärtigen) Störungen der
öffentlichen Sicherheit und Ordnung (**Prävention**) und die Ahndung von (bereits abgeschlossenen) Verstößen, soweit diese sanktionsbewehrt sind (**Repression**). Beide zeitlichen
Dimensionen sind prinzipiell von der verfassungsrechtlichen Sicherheitsaufgabe mitumfasst;
unmittelbarer Gegenstand des (einfachgesetzlichen) Polizei- und Ordnungs- / Sicherheitsrechts ist jedoch allein die präventive Sicherheitsaufgabe (**Gefahrenabwehr**; zur Abgrenzung
von Prävention und Repression und den zugrunde liegenden – polizei- und strafprozessrechtlichen – Gesetzgebungskompetenzen → Rn. 60 ff., → Rn. 90 ff.). In dem Sinne, dass die
präventive Verhütung im Vergleich zur repressiven Ahndung von Schutzgutverletzungen vor
den verfassungsrechtlichen Schutzpflichten vorzugswürdig erscheint, kann – in der Zeitachse – von einem Leitgedanken des **Vorrangs der Prävention vor der Repression**
gesprochen werden (BVerfGE 30, 336 (350); 39, 1 (44); Möstl Sicherheitsgewährleistung
147 ff., 152 ff.).

II. Die Grundrechte als Grenze polizeilicher Befugnisse

Maßnahmen der Gefahrenabwehr sind typischerweise der **Eingriffsverwaltung** zuzu- **26**
rechnen (Schoch BesVerwR Kap. 1 Rn. 187). Das Polizeirecht – mit seinen charakteristischen
Maßgaben und Begrenzungen der polizeilichen Handlungsbefugnis – hat sich als das klassische Referenzgebiet **rechtsstaatlicher Eingriffsabwehr** entwickelt; als solches bildet es
das rechtsstaatliche Herzstück des deutschen Verwaltungsrechts (Albers, Die Determination
polizeilicher Tätigkeit in den Bereichen der Straftatenverhütung und der Verfolgungsvorsorge, 2001, 15). Unter dem GG sind die aus dem liberalen Rechtsstaat überkommen
rechtsstaatlichen Errungenschaften des Polizeirechts durch eine bis dahin unbekannte und
das gesamte Polizeirecht durchformende Wirkkraft der Grundrechte weiter vervollkommnet
worden (DWVM Gefahrenabwehr 18, 267; Möstl Sicherheitsgewährleistung 15 ff.). In den
Grundrechten (als Abwehrrechten) findet das Polizeirecht seine wichtigste verfassungsrechtliche **Grenze**.

1. Einschränkbarkeit und Polizeifestigkeit von Grundrechten – rechtsstaatliche Maßgaben für Grundrechtseingriffe

So beachtlich die grundrechtlichen Grenzen für die Polizei sind, gibt es – außer der **27**
schlechthin „unantastbaren" Menschenwürde (Art. 1 Abs. 1 GG) – doch **keine „polizeifes-
ten" Grundrechte** in dem Sinne, dass der polizeiliche Zugriff auf bestimmte Grundrechte
(auf der Basis einer entsprechenden Ermächtigung) etwa von vornherein und in jedem Fall
ausgeschlossen wäre. Überhaupt ist die ältere Rede von der „**Polizeifestigkeit**" bestimmter
Grundrechte unter dem GG eher verwirrend (TEM BesVerwR, 11. Aufl. 2012, Rn. 410);
„Polizeifestigkeit" meint – genau besehen – jedenfalls nicht, dass bestimmte Grundrechte
dem polizeilichen Zugriff (kraft einer verfassungsrechtlichen Weichenstellung) a priori entzogen sind, sondern folgt zumeist (einfachgesetzlich) aus dem Vorrang einer abschließenden
spezialgesetzlichen Sonderregelung, die im Schutzbereich eines bestimmten Grundrechts den
Rückgriff auf Befugnisgrundlagen des allgemeinen Polizei- und Ordnungsrechts ausschließt
und das Grundrecht in diesem Sinne als „polizeifest" (dh nicht auf der Basis des allgemeinen
Polizei- und Ordnungsrechts einschränkbar) erscheinen lässt; dies gilt namentlich für die sog.
„Polizeifestigkeit" der Pressefreiheit (Vorrang der Landespressegesetze, soweit Einschränkungen gegen den Inhalt des Presseerzeugnisses gerichtet sind; s. Schenke PolR Rn. 347; VGH
München NJW 1983, 1339; OVG Frankfurt (Oder) NJW 1997, 1387), der Versammlungsfreiheit (Vorrang der Versammlungsgesetze, soweit sie Versammlungen abschließend regeln;
s. TEM BesVerwR, 11. Aufl. 2012, Rn. 762 f.; BVerfG NVwZ 2005, 80 (81); BVerwGE
129, 142 (147)) oder der Gewerbefreiheit, soweit § 1 Abs. 1 GewO Beschränkungen hinsichtlich des „ob" (nicht des „wie") der Gewerbeausübung dem Bundesrecht vorbehält (BeckOK
GewO/Pielow GewO § 1 Rn. 198 ff.; BVerwGE 115, 189 (192 f.)). Im Einzelnen ist
hinsichtlich der **Einschränkbarkeit von Grundrechten** wie folgt zu differenzieren:
Soweit Grundrechte unter einem ausdrücklichen **Gesetzesvorbehalt** oder einem sonsti- **28**
gen Schranken-, Regelungs- oder Ausgestaltungsvorbehalt stehen, kommen die Befugnisse

des Polizei- und Ordnungsrechts (auch die Generalklausel) grundsätzlich ohne weiteres als taugliche Basis für Grundrechtseingriffe in Betracht (Schenke PolR Rn. 342 ff., 346 ff.; zum Zitiergebot → Rn. 31). Gegebenenfalls muss die gesetzliche Ermächtigungsgrundlage grundrechtskonform reduziert und ausgelegt werden, um den speziellen Anforderungen eines qualifizierten Gesetzesvorbehalts oder einer ausdrücklichen Schranken-Schranke zu genügen (für Art. 11 Abs. 2 GG zB VGH Mannheim NJW 2005, 88; für Art. 5 Abs. 1 S. 3 GG Kingreen/Poscher POR § 10 Rn. 9).

29   Bei **vorbehaltlos** gewährleisteten Grundrechten kommt eine Einschränkung nach stRspr nur zum Schutz kollidierender Grundrechte Dritter sowie anderer mit Verfassungsrang ausgestatteter Rechtswerte in Betracht (BVerfGE 28, 243 (261); 30, 173 (193); 83, 130 (139)); dies gilt auch für das Polizeirecht (Schenke PolR Rn. 345). An dieser Stelle kommt der oben dargelegte (→ Rn. 4 ff.) **Verfassungsrang** der staatlichen Sicherheitsaufgabe ins Spiel: Jedenfalls soweit das polizeiliche Einschreiten der Einlösung **grundrechtlicher Schutzpflichten** (→ Rn. 8) oder dem Schutz **verfassungsrechtlich geschützter Gemeinschaftsgüter** (→ Rn. 9) dient, soweit also die **öffentliche Sicherheit** unter dem Aspekt des Schutzes von Rechtsgütern des Einzelnen und der Allgemeinheit betroffen ist, kommt demnach (freilich nach Maßgabe einer strikten Verhältnismäßigkeitsprüfung) eine Einschränkung auch vorbehaltlos gewährleisteter Grundrechte in Betracht. Ob unabweisbare Bedürfnisse einer effektiven präventiven **Rechtsdurchsetzung** (zum Verfassungsauftrag der Durchsetzung des Rechts als Teilaspekt öffentlicher Sicherheitsgewährleistung → Rn. 10) auch unabhängig von derartigem verfassungsrechtlich gebotenen Rechtsgüterschutz (dh wenn die Durchsetzung des Rechts nicht zugleich dem Schutz eines Grundrechts oder sonstigen Verfassungsguts dient) zum Eingriff in vorbehaltlos gewährleistete Grundrechte legitimieren können, kann noch nicht als geklärt gelten; einerseits hat das BVerfG im Kontext der verwandten Figur der Wirksamkeit und Funktionstüchtigkeit der Strafrechtspflege (dh der repressiven Rechtsdurchsetzung) eine solche Einschränkbarkeit in Betracht gezogen (BVerfGE 29, 24 (54, 56); Stern, Das Staatsrecht der Bundesrepublik Deutschland, Bd. 3, Halbd. 2, 1994, 808); andererseits besteht bei einer solchen Sichtweise die Gefahr, dass die (in ihrer Unversehrtheit zu schützende) einfache Rechtsordnung über den Verfassungsauftrag der Rechtsdurchsetzung durch die Hintertür zu einer verfassungsimmanenten Schranke hochgezont würde (zum Ganzen Möstl Sicherheitsgewährleistung 72 f.). Hinterfragbar ist nach hier vertretener These die weit verbreitete Ansicht, der bloße Schutz der **öffentlichen Ordnung** könne niemals zur Rechtfertigung der Einschränkung vorbehaltloser Grundrechte taugen (so zB Kugelmann PolR Kap. 27 Rn. 27; Schenke PolR Rn. 345); denn jedenfalls soweit das Schutzgut der öffentlichen Ordnung eng konzipiert wird (Gefährdung allein, wenn Handlungen in mit den Wertungen der Grundrechte konformer Weise als so unerträglich empfunden werden, dass der innere Friede bedroht erscheint), ist auch der Schutz der öffentlichen Ordnung in einem Verfassungsauftrag zum Schutz eines Verfassungswertes (innerer Friede) fundiert, der anderen verfassungsrechtlichen Schutzaufträgen im Range nicht nachsteht (→ Rn. 15; Möstl Sicherheitsgewährleistung 73).

30   Will die Polizei / Ordnungsverwaltung in Grundrechte eingreifen, bedarf sie hierzu – aufgrund des **rechtsstaatlichen Vorbehalts des Gesetzes** – in jedem Fall einer gesetzlichen Eingriffsermächtigung (dh einer über die Aufgabenzuweisung hinausgehenden **Befugnisnorm,** im Einzelnen → Rn. 96 f.), die sowohl dem allgemeinen rechtsstaatlichen Gebot der **Normenklarheit und Normenbestimmtheit** als auch den (unter Umständen je nach Grundrechtsrelevanz weiterreichenden) Bestimmtheitsanforderungen der **Wesentlichkeitstheorie** genügt (Lisken/Denninger PolR-HdB/Denninger B Rn. 57 ff., 61 ff.). Während die Rechtsprechung mit den rechtsstaatlichen Bestimmtheitsanforderungen im klassischen Polizeirecht zurückhaltend umgegangen ist und selbst die – in jahrzehntelanger Rechtspraxis konkretisierte und angesichts der unvorhersehbaren Vielgestaltigkeit des Lebens unvermeidliche – polizeiliche **Generalklausel** als unbedenklich ansieht, obwohl sie die Polizei an sich in der denkbar allgemeinsten Weise ermächtigt, das zur Erfüllung ihrer Aufgabe Notwendige zu verfügen (BVerfGE 54, 143 (144); BVerwGE 115, 189 (195); zu den Grenzen der Generalklausel und zur Notwendigkeit von Spezialermächtigungen BVerwGE 115, 189 (193 ff.); ausf. → Rn. 101), hat das BVerfG die Bestimmtheitsanforderungen im Bereich der neuartigen **informationellen Eingriffsbefugnisse** – in einer teilweise bedenklichen und an die Grenzen der Normierbarkeit stoßenden – Weise sehr streng bemessen (zB BVerfGE 113, 348 (375 ff.); krit. Möstl DVBl 2010, 808 (813); ausf. → Rn. 49).

Soweit das **Zitiergebot** (Art. 19 Abs. 1 S. 2 GG) reicht, sind polizeiliche / behördliche **31** Grundrechtseingriffe nur zulässig, wenn der Gesetzgeber dem Zitiergebot genügt hat; alle Polizei- und Ordnungsbehördengesetze enthalten dementsprechend Normen über die Einschränkbarkeit von Grundrechten. Ein Änderungsgesetz, das zu einem neuartigen Grundrechtseingriff ermächtigt, muss dem Zitiergebot auch dann (aufs Neue) genügen, wenn das geänderte Stammgesetz hinsichtlich des berührten Grundrechts bereits eine allgemeine Zitiervorschrift enthält (BVerfGE 113, 348 (366 f.)). Nicht alle Grundrechte – namentlich nicht solche, die bereits von vornherein nur unter einem Schranken-, Regelungs- oder Ausgestaltungsvorbehalt gewährleistet sind oder als vorbehaltlose Grundrechte verfassungsimmanenten Schranken unterliegen – unterfallen dem Zitiergebot (Schenke PolR Rn. 345 f.), sodass insbesondere die allgemeine Handlungsfreiheit (Art. 2 Abs. 1 GG) als das maßgebliche Auffanggrundrecht gegenüber aktionellen Polizeibefugnissen sowie das Recht auf informationelle Selbstbestimmung als das maßgebliche Auffanggrundrecht gegenüber informationellen Polizeibefugnissen nicht zitiert werden müssen. Ob das Zitiergebot bei diesen ihm eigentlich unterfallenden Grundrechten im konkreten Einzelfall allein deswegen nicht gilt, weil die Polizei zum Schutz von Verfassungsgütern handelt, um derentwillen selbst vorbehaltlose Grundrechte eingeschränkt werden dürften, oder weil sie von einer Befugnis (zB der Generalklausel) Gebrauch macht, die in ihrer Substanz vorkonstitutioneller Natur ist, ist umstritten (s. zB v. Münch/Kunig GG Art. 11 Rn. 20: „polizeiliche Maßnahmen").

Die wichtigste rechtsstaatliche Maßgabe für die Einschränkbarkeit von Grundrechten, der **32** **Verhältnismäßigkeitsgrundsatz,** findet sich im Polizeirecht trotz seiner verfassungsunmittelbaren Geltung traditionell (zusätzlich) einfachgesetzlich (Art. 4 BayPAG, § 4 NPOG, § 4 HSOG, § 2 PolG NRW, § 5 BWPolG normiert und ausgestaltet (Schenke PolR Rn. 331 ff.; näher → Rn. 42). Auch das Gebot **pflichtgemäßer Ermessensausübung** wird gesondert statuiert (Schoch BesVerwR Kap. 1 Rn. 306; Art. 5 BayPAG, § 5 NPOG, § 5 HSOG, § 3 PolG NRW, § 3 BWPolG).

2. Die grundrechtliche Fundierung polizeirechtlicher Grundbegriffe: Gefahr – Störer – Verhältnismäßigkeit

Die **drei dogmatischen Zentralbegriffe** des Polizeirechts Gefahr – Störer – Verhältnis- **33** mäßigkeit sind rechtsstaatliche Errungenschaften, die, obgleich ihre Entstehung zeitlich weit vor das GG zurückreicht (vgl. zB §§ 14, 18 ff. PrPVG; Kingreen/Poscher POR § 1 Rn. 12), heute, unter der Geltung des GG, als **wesentliche Ausprägungen verfassungsrechtlicher Wertungen** begriffen werden müssen, mit deren Hilfe sichergestellt werden soll, dass das Polizeihandeln hinsichtlich der zu beachtenden **Eingreifschwellen (Gefahr,** → Rn. 34 ff.), der in Betracht kommenden **Adressaten (Störer,** → Rn. 40 f.) und der zu ergreifenden **Maßnahmen (Verhältnismäßigkeit,** → Rn. 42) mit den Grundrechten im Einklang steht.

a) Gefahr. Präventive Sicherheitsgewährleistung, die künftigen Schäden möglichst zuvor- **34** kommen und ihren Eintritt verhüten möchte, muss zwangsläufig **Prognoseentscheidungen** anstellen; die Verwirklichung eines rechtlich geregelten Umgangs mit **Ungewissheit** ist daher das unweigerliche Charakteristikum jeglichen Rechts präventiver Sicherheitsgewährleitung (Di Fabio DÖV 1991, 629 (631); Gusy PolR Rn. 111). Kern dieses rechtlich geregelten Umgangs ist die Festlegung von **Eingriffsschwellen,** die das präventive Einschreiten angesichts der bestehenden Ungewissheit über den künftigen Kausalverlauf erst ab einem bestimmten Grad an Risiko / Wahrscheinlichkeit / Möglichkeit / Verdacht eines Schadenseintritts gestatten. Derartigen Eingriffsschwellen kommt die Funktion zu, das **Risiko der Ungewissheit** zwischen Staat und Störer und ihren Sicherheits- und Freiheitsinteressen zu verteilen: Oberhalb der Schwelle wird dem Sicherheitsinteresse der Vorrang gegeben, dh ein präventives Einschreiten ist auch auf das Risiko hin zulässig, dass es zum Schadenseintritt vielleicht gar nicht gekommen wäre; unterhalb der Schwelle dagegen schlägt das Freiheitsinteresse durch; der Staat hat sich eines Einschreitens zu enthalten, auch auf das Risiko hin, dass es wider Erwarten doch zum Schadenseintritt kommt (Möstl Sicherheitsgewährleistung 158 f.; 186 f.).

Die klassische Antwort, die das Polizeirecht für diesen rechtlich geregelten Umgang mit **35** Ungewissheit bereithält, ist der Begriff der (konkreten) **Gefahr,** der – das ist seine wesentliche Aussage – eine **hinreichende Wahrscheinlichkeit** des Schadenseintritts verlangt, dh gerade nicht bereits jedes unterhalb dieser Schwelle verbleibende Risiko ausreichen lässt (Kingreen/ Poscher POR § 8 Rn. 1 ff.; Götz/Geis PolR § 6 Rn. 3 ff.; Krüger JuS 2013, 985). Mit diesem Begriff verbindet sich in der Tradition des liberalen Rechtsstaats eine limitierende Konzeption: In potentiell schadensträchtige Kausalverläufe soll der Staat – im Interesse der Freiheit – erst ab der Schwelle der hinreichenden Wahrscheinlichkeit, und nicht bereits in deren Vorfeld eingreifen. Präventive Sicherheitsgewährleistung ist im freiheitlichen Rechtsstaat prinzipiell **Gefahrenabwehr** und nicht umfassende Risikosteuerung und -vorsorge (Möstl Sicherheitsgewährleistung 159; zur Kritik an einem weiter reichenden „Präventionsstaat": Lisken/Denninger PolR-HdB/Denninger D Rn. 7).

36 Der Gefahrbegriff beschreibt keine starre Wahrscheinlichkeitsschwelle, vielmehr handelt es sich um einen **flexiblen Wertungsbegriff,** der je nach den besonderen Umständen des Falles **abgestufte Wahrscheinlichkeitsgrade** verlangt (DWVM Gefahrenabwehr 224). Der zu fordernde Wahrscheinlichkeitsgrad hängt – das ist völlig unstrittig – insbesondere von dem **Gewicht des gefährdeten Rechtsguts** und dem **Ausmaß des drohenden Schadens** ab (je-desto-Formel: je gewichtiger das gefährdete Rechtsgut und je größer der mögliche Schaden, desto geringer der zu fordernde Wahrscheinlichkeitsgrad; stRspr, BVerwGE 47, 31 (40); 116, 347 (356); Kingreen/Poscher POR § 8 Rn. 7; Schoch BesVerwR Kap. 1 Rn. 139, 286), richtigerweise aber auch von der **Tiefe des in Aussicht genommenen Eingriffs** (je gravierender der Grundrechtseingriff, desto höhere Wahrscheinlichkeitsgrade sind nötig; Lisken/Denninger PolR-HdB/Denninger D Rn. 53; BVerfGE 115, 320 (360 f.); Möstl Sicherheitsgewährleistung 188) sowie von der **Eilbedürftigkeit der Entscheidung** und den noch zur Verfügung stehenden **Möglichkeiten weiterer Ermittlung** (je dringlicher die Entscheidung und je weniger Möglichkeiten zu weiteren Ermittlungen, desto geringer die Anforderungen an die Wahrscheinlichkeit; Möstl Sicherheitsgewährleistung 189 f.; Schenke PolR Rn. 77). Was die Verteilung des Risikos der Ungewissheit anbelangt, ist der Gefahrbegriff auf diese Weise vom Ziel eines **verhältnismäßigen Ausgleichs von Freiheits- und Sicherheitsinteressen in Ungewissheitslagen** geprägt. In dem Korridor zwischen Über- und Untermaßverbot beschreibt der Gefahrbegriff weder einen Punkt des frühestmöglichen Eingreifens des längstmöglichen Zuwartens, sondern einen Punkt des beiderseitig schonenden Ausgleichs. Als solcher ist der Gefahrbegriff Ausdruck einer **verfassungsrechtlichen Normalvorstellung der rechtsstaatlichen Konkordanz von Freiheit und Sicherheit unter Ungewissheitsbedingungen,** die insbesondere für die polizeiliche Generalklausel prinzipiell alternativlos ist (Möstl Sicherheitsgewährleistung 195 ff.; zu Ausnahmen → Rn. 45.1; für eine Verabschiedung des Gefahrenbegriffs als dogmatischen Fixpunkt des Gefahrenabwehrrechts dagegen Kulick AöR 143 (2018), 175 (213); zu Gefahrenvorfeldbefugnissen s. Ogorek JZ 2019, 63; allg. zu Eingriffsschwellen Trurnit JA 2019, 258). Kraft dieser verfassungsrechtlichen Normalvorstellung müssen in Kausalverläufe eingreifende Polizeibefugnisse regelmäßig an die Eingriffsschwelle der (konkreten) Gefahr gebunden sein. Von der so umrissenen Aussage sind jedoch sogleich zwei wichtige Abstriche zu machen. **Erstens:** Die verfassungsrechtliche Vermutung zugunsten einer prinzipiellen Alternativlosigkeit der Gefahrenschwelle ist an die Prämisse geknüpft, dass dem Gefahrbegriff auch jene breite, wertungsoffene Bedeutung beigemessen wird, die ihm von Verfassungs wegen zukommt; Gefahr meint insoweit (unter Verhältnismäßigkeitsgesichtspunkten) hinreichende Wahrscheinlichkeit eines Schadens – sonst nichts. In dem Moment, in dem die Praxis beginnt, dem Gefahrbegriff eine engere Bedeutung beizumessen, als dies verfassungsrechtlich zwingend ist, ihn dogmatisch also an zusätzliche einengende tatbestandliche Voraussetzungen zu binden als das bloße Erfordernis hinreichender Wahrscheinlichkeit, besteht für den Gesetzgeber auch Raum (und zwar auch in der Generalklausel), Eingriffsbefugnisse neben der (solchermaßen unnötig eng verstandenen) Gefahrenschwelle auch auf der Basis zusätzlicher, alternativ formulierter Eingriffsschwellen zuzulassen, solange diese an das verfassungsrechtliche Grunderfordernis hinreichender Wahrscheinlichkeit halten (zum Ganzen s. Möstl DVBl. 2020, 160 ff.). Dies zu betonen besteht deswegen Anlass, weil die jüngere Zeit tatsächlich von einer zunehmend engen Auslegung des traditionellen Begriffs der konkreten Gefahr geprägt ist (im Einzelnen → Rn. 39); immer öfter wird insbesondere nicht mehr als ausreichend erachtet, dass im Einzelfall (also auf der Basis konkreter Erkenntnisse) die hinreichende Wahrscheinlichkeit eines Schadens bejaht werden kann, sondern es wird zusätzlich gefordert, dass auch das Schadensereignis selbst bereits (hinsichtlich Ort,

Möstl

Art und Zeit) hinreichend konturiert und konkret beschreibbar sein muss (dass dies zum ursprünglichen Bedeutungsgehalt des Gefahrbegriffs gehört, lässt sich bezweifeln, → Rn. 39). Auch das BVerfG scheint nunmehr implizit diesen verengten Begriff der konkreten Gefahr zugrunde zu legen (BVerfGE 141, 220 = BeckRS 2016, 44821 Rn. 112). Hierdurch entstehen unweigerlich Schutzlücken (PAG-Kommission zur Begleitung des neuen bayerischen Polizeiaufgabengesetzes, Abschlussbericht, 30.8.2019, 26, abrufbar unter http://www.pag.bayern.de/assets/stmi/direktzu/190830_abschlussbericht_pag-kommission.pdf), die das BVerfG selbst dadurch schließt, dass es (selbst intensive) Eingriffe alternativ auch auf der Basis einer Eingriffsschwelle („**drohende Gefahr**", näher → Rn. 39, → Rn. 43, → Rn. 50, → Rn. 93) zulässt, die zwar sehr wohl die im Einzelfall bestehende hinreichende Wahrscheinlichkeit eines Schadens verlangt, jedoch Abstriche an die konkrete Vorhersehbarkeit und Beschreibbarkeit des zum Schaden führenden Kausalverlaufs (hinsichtlich wann, wo und wie) gestattet. Die Polizeigesetzgeber haben diese vom BVerfG vorgezeichnete Schwelle in jüngerer Zeit auf breiterer Front aufgegriffen, am weitestgehenden der bayerische Gesetzgeber, der auch seine Generalklausel ergänzt hat (Art. 11 Abs. 3 BayPAG). Aus verfassungsrechtlicher Sicht ist hiergegen nichts zu erinnern, solange sich auch die drohende Gefahr (was der Fall ist) im Rahmen des aus dem Verhältnismäßigkeitsgebot folgenden Grunderfordernisses einer im Einzelfall bestehenden hinreichenden Wahrscheinlichkeit eines Schadens hält, also nur einen Grenzbereich der konkreten Gefahr näher ausformt, ohne eigentlich aus dem Verfassungsbegriff der konkreten Gefahr auszubrechen. Schon unter diesem Gesichtspunkt ist die Ergänzung polizeilicher Befugnisse um Fallgruppen der drohenden Gefahr (selbst in der Generalklausel) unbedenklich (s. Möstl BayVBl. 2018, 156; Leisner-Egensperger DÖV 2018, 677). Hinzu kommt **zweitens**, dass die verfassungsrechtliche Vermutung zugunsten der Gefahrenschwelle als Regelschwelle für polizeiliche Eingriffe bereits seit jeher nicht ohne Ausnahme gilt (zu entsprechenden Beispielen s. Baldus VERW 2014, 1 (20)). Solche Ausnahmen sind nicht per se verfassungswidrig (es handelt sich ja nur um eine – Ausnahmen gestaltende – Normalvorstellung des regelmäßig Verfassungsgebotenen), aber in jedem Fall besonders rechtfertigungsbedürftig (→ Rn. 93). Rechtfertigbar sind (ausnahmsweise) bereits im Gefahrenvorfeld die Kausalverlaufseingriffe insbesondere in Bezug auf solche (zB terroristische) Gefahrenlagen, die sich jederzeit und ohne großen Vorbereitungsaufwand realisieren können (BVerfG BeckRS 2017, 118574 Rn. 39), dh sehr plötzlich in akute Bedrohungen umschlagen, denn in solchen Situationen erscheint es oftmals problematisch, im Gefahrenvorfeld (ohne ansonsten einzuschreiten) allein auf Gefahrbeobachtung zu setzen, da das Risiko, dass sich die Gefahr vielleicht plötzlich realisiert, noch bevor sie aufgeklärt ist, angesichts der auf dem Spiel stehenden Rechtsgüter als zu hoch erscheint; ebenso kommt eine Rechtfertigung in Betracht, wenn sich reine Gefahraufklärung (zB in Gestalt permanenter Beobachtung) als zu aufwändig erweist, um eine realistische und praktisch durchführbare Alternative zu einer auch aktionellen Vorgehensweise zu sein. In all diesen Fällen spricht nichts dagegen, wenn der Gesetzgeber der Polizei (ausnahmsweise) bereits im Gefahrenvorfeld die Befugnis einräumt, die notwendigen Maßnahmen zu ergreifen, um die weitere Entstehung der Gefahr zu verhindern. Die jüngere Novellierungsgesetzgebung zeigt auch in der Tat eine Tendenz in diese Richtung: So hat zB der Bundesgesetzgeber dem Bundeskriminalamt die Befugnis eingeräumt, zur Terrorbekämpfung ggf. bereits im Gefahrenvorfeld Aufenthaltsanordnungen und Kontaktverbote zu erlassen (§ 55 BKAG). Weiter ist der bayerische Gesetzgeber gegangen, der zum Schutz bedeutender Rechtsgüter gegen Angriffe von erheblicher Intensität oder Auswirkung sogar die Generalklausel um eine entsprechende Befugnis zur Verhinderung der Gefahrentstehung bei „**drohenden Gefahren**" ergänzt hat (Art. 11 Abs. 3 BayPAG); verfassungsrechtlich unbedenklich ist eine solche Ergänzung der Generalklausel (selbst soweit mit „drohender Gefahr" eine echte Vorfeldschwelle gemeint sein sollte, was – wie gezeigt – bezweifelt lässt), sofern der Einsatz der aktionellen Vorfeldbefugnis stets an die zusätzliche Prüfung gebunden bleibt, dass kausalverlaufsrelevante Eingriffe tatsächlich (ausnahmsweise, dh entgegen der verfassungsrechtlichen Normalvorstellung) unerlässlich sind, weil reine Gefahraufklärungsmaßnahmen (→ Rn. 37) im konkreten Fall zu aufwändig sind oder keinen hinreichenden Erfolg versprechen. Soweit der Reformgesetzgeber in neuerer Zeit aktionelle, dh kausalverlaufsrelevante Vorfeldbefugnisse zugelassen hat, hat er hierbei gerne an die vom BVerfG im BKAG-Urteil entwickelte Vorfeldschwelle (BVerfGE 141, 220 = BeckRS 2016, 44821 Rn. 112;

→ Rn. 50) angeknüpft; der bayerische Gesetzgeber nennt diese „drohende Gefahr" (die –
wie gezeigt – bei Licht besehen eigentlich nur einen Grenzbereich der konkreten Gefahr
näher ausformt, ohne aus dem Verfassungsrahmen der konkreten Gefahr auszubrechen, dessen ungeachtet – bei Vorliegen entsprechender Gründe – aber auch als echte Vorfeldschwelle
zulässig wäre). Aktionelle (bereits auf Verhinderung der Gefahrentstehung) gerichtete Befugnisse können nach alledem bei Vorliegen entsprechender Rechtfertigungsgründe durchaus –
ausnahmsweise – zulässig sein; an dem durch die verfassungsrechtliche Normalvorstellung
vorgegebenen Grundgepräge der Polizei, dass deren Befugnisse zum Eingriff in den Kausalverlauf regelmäßig erst ab der Schwelle konkreter Gefahren zulässig sind, dürfen diese ausnahmsweisen Vorfeldbefugnisse indes nichts ändern.

37   Zu beachten ist allerdings (zum Folgenden Möstl Sicherheitsgewährleistung 180 ff. mwN;
Möstl DVBl 2007, 581 (584 ff.); 2010, 808 (810); zu Gefahraufklärungs- / -beseitigungsein-
griffen s. Gusy PolR 184 f.; Gusy JA 2011, 641; zu aktionellen / informationellen Maßnahmen Kingreen/Poscher POR § 11 Rn. 5), dass der Gefahrbegriff – als rechtsstaatliche Systembildung eines verhältnismäßigen Ausgleichs von Freiheits- und Sicherheitsinteressen in
Ungewissheitslagen – von vornherein allein auf **aktionelle Befugnisse** zugeschnitten ist,
mithilfe derer die Polizei **in den schadensträchtigen Kausalverlauf eingreifen** und diesen
unterbrechen möchte **(Gefahrbeseitigungseingriff); in das Geschehen eingreifen soll die
Polizei regelmäßig erst ab der Schwelle der Gefahr (also hinreichender Wahrscheinlichkeit)
und nicht bereits im Gefahrenvorfeld. Nicht zugeschnitten ist der Gefahrbegriff dagegen
auf rein **informationelle Befugnisse,** mithilfe derer die Polizei gerade noch **nicht in
Kausalverläufe eingreifen** möchte, sondern zunächst nur Informationen erhebt, um eine
valide Prognosegrundlage zu erhalten, auf deren Basis (bei festgestellter Gefahr) sodann ggf.
eingeschritten wird, dh mithilfe derer die Polizei erst herausfinden möchte, ob und wo eine
Gefahr besteht **(Gefahraufklärungseingriff).** Gerade weil der Gefahrbegriff für kausalverlaufsrelevante Gefahrbeseitigungseingriffe eine tatsachengestützte, dh auf entsprechenden
Informationen beruhende Wahrscheinlichkeitsprognose verlangt, setzt er geradezu begriffsnotwendig voraus, dass im Vorfeld der Gefahrbeseitigung auch diejenigen Informationen
erhoben werden dürfen, die sodann die Gefahrenprognose tragen: **Die polizeiliche Informationserhebung darf daher bereits im Gefahrenvorfeld ansetzen** (Gusy JA 2011,
641: „Gefahrenabwehr setzt Gefahraufklärung voraus"). Dabei ist unstreitig, dass derartige,
bereits im Gefahrenvorfeld ansetzende Informationstätigkeit in besonderer Weise der rechtsstaatlichen Eingrenzung und hierfür auch einer geeigneten rechtsstaatlichen Systembildung
(dh einer an die Stelle des Gefahrbegriffs tretende Eingriffsschwelle) bedarf. Es gibt jedoch
keine verfassungsrechtliche Wertung dahingehend, dass sich die polizeiliche Informationstätigkeit dogmatisch zwingend am Gefahrbegriff orientieren müsste, oder dass sie, soweit
sie sich hiervon löst und bereits im Gefahrenvorfeld ansetzt, etwa per se rechtsstaatlich problematisch wäre; Informationserhebung im Gefahrenvorfeld ist eingrenzungsbedürftig, nicht
aber, bloß weil sie vom Gefahrenbegriff abweicht, besonders rechtfertigungsbedürftig (nicht
zweifelsfrei so gesehen, zB BVerfGE 115, 320 (360); 133, 277 Rn. 120). **Nicht richtig** ist
es auch, wenn im Gefahrenvorfeld ansetzende Gefahraufklärung, die klassische Gefahrenabwehr und Gefahrbeseitigung ja nur informationell vorbereitet und keinerlei Abkehr von ihr
bedeutet, mit neuartiger **Risikosteuerung / Gefahrenvorsorge** gleichgesetzt wird, dh
einer – vor allem im Umwelt- und Technikrecht partiell anzutreffenden – echten Abkehr
von klassischer Gefahrenabwehr, die bewusst bereits im Gefahrenvorfeld zu Kausalverlaufseingriffen schreitet und die Entstehung von Gefahren möglichst bereits in deren Vorfeld zu
verhindern trachtet (Möstl Sicherheitsgewährleistung 198 ff.; in diese Richtung aber zB
Voßkuhle FS Würtenberger, 2013, 1101 (1105 ff.)); das Polizeirecht wandelt sich nicht
insgesamt von einem reagierenden klassischen Gefahrenabwehrrecht hin zu einem proaktiven
modernen Risikosteuerungsrecht (s. Aulehner, Polizeiliche Gefahren- und Informationsvorsorge, 1999), sondern bleibt im Kern das alte Gefahrbeseitigungsrecht, das jedoch um ein
auf diesen Kern bezogenes informationelles Vorfeld ergänzt werden muss (Möstl DVBl 2007,
581 (584 f.)). Ebenso **unzutreffend** ist es, wenn im Gefahrenvorfeld ansetzende Gefahraufklärung zu einer neuartigen, neben klassische Gefahrenabwehr und Strafverfolgung tretenden
„dritten Aufgabenkategorie" hochstilisiert wird (so zB Lisken/Denninger PolR-HdB/
Denninger B Rn. 14 ff.; Lisken/Denninger PolR-HdB/Denninger D Rn. 5 ff.: „Prävention
II"; zu Recht abl. Thiel, Die „Entgrenzung der Gefahrenabwehr, 2011, 134 ff.); Gefahrauf-

klärung ist vielmehr selbstverständlicher Bestandteil der klassischen Gefahrenabwehraufgabe (zum Ganzen näher → Rn. 44 f.).

Der Gefahrbegriff hat, soweit er als Instrument zur Steuerung von Entscheidungen unter **38** Ungewissheitsbedingungen in einer bestimmten Entscheidungssituation fungiert, sollen etwaige verfassungsrechtliche Schutzpflichten in dieser Entscheidungssituation rechtmäßig einlösbar sein, zwingend auf den dem jeweiligen Gefahrenabwehrorgan (subjektiv) in der jeweiligen Entscheidungssituation („ex ante") bei verständiger Betrachtung (dh objektivierbar) möglichen Wissenshorizont, und nicht auf einen idealen Beobachter, das „Weltwissen" oder auf erst „ex post" erlangte Erkenntnisse abzustellen (Möstl Sicherheitsgewährleistung 169 ff.; zum Streit um den **objektiven oder subjektiven Gefahrbegriff** Kingreen/Poscher POR § 8 Rn. 33 ff.; Schoch BesVerwR Kap. 1 Rn. 141, 288; Poscher, Gefahrenabwehr, 1999; zum Unterschied zwischen **konkreter Gefahr** (Eingriffsschwelle für Einzelfallmaßnahmen) und **abstrakte Gefahr** (Eingriffsschwelle für den Verordnungserlass; → Rn. 106).

Das **BVerfG** hat sich in neueren Entscheidungen teilweise weit auf das Feld der einfachge- **39** setzlichen Dogmatik vorgewagt und Überlegungen zur Definition des Begriffs der (konkreten) Gefahr angestellt. Als begriffsbestimmend hat es dabei drei Kriterien angesehen: „den konkreten Einzelfall, die zeitliche Nähe des Umschlagens der Gefahr in einen Schaden und den Bezug auf individuelle Personen als Verursacher" (BVerfGE 120, 274 (329 f.); 125, 260 (330)). Gerade die letzten beiden Kriterien sind indes nicht frei von Zweifeln (krit. Schoch BesVerwR Kap. 1 Rn. 133, 279). Der Gefahrbegriff setzt nach klassischer Sichtweise, solange nur die hinreichende Wahrscheinlichkeit des Schadens gegeben ist, insbesondere nicht eine besondere zeitliche Nähe des Schadenseintritts voraus (ein solches Erfordernis muss vielmehr durch einen Zusatz – wie zB „gegenwärtige Gefahr" besonders zum Ausdruck kommen); allenfalls, dass das Ereignis überhaupt in überschaubarer Zukunft (was indes auch ein längerer Zeitraum sein kann) eintritt, kann verlangt werden (DWVM Gefahrenabwehr 225; präziser insoweit BVerfGE 141, 220 = BeckRS 2016, 44821 Rn. 111). Die Frage der individuellen Verursachung und Zurechnung wird im klassischen Polizeirecht durch einen eigenständigen (vom Gefahrbegriff verschiedenen) dogmatischen Begriff (den des Störers; → Rn. 40 f.) verarbeitet; eine Gefahr kann auch vorliegen, wenn noch unklar ist, wer als Störer für diese Gefahr verantwortlich ist (Möstl DVBl 2010, 808 (810)). Als nicht unproblematisch muss es auch angesehen werden, dass das BVerfG im BKAG-Urteil (BVerfGE 141, 220 = BeckRS 2016, 44821 Rn. 112) – insoweit aufbauend auf einer jüngeren, den Gefahrenbegriff unnötig einengenden Tendenz der Literatur (Poscher VERW 2008, 345 (356, 363 ff.), Kingreen/Poscher POR § 8 Rn. 15 ff.) – die Tendenz erkennen lässt, das Vorliegen einer konkreten Gefahr in Situationen abzulehnen, in denen (zB aufgrund konkreter Vorbereitungshandlungen oder individuellen Vorverhaltens) zwar durchaus eine hinreichende Wahrscheinlichkeit bejaht werden kann, dass es überhaupt zu einem wenigstens der Art oder der Zielrichtung nach bestimmbaren Schaden kommt, in denen aber noch unklar ist, wann, wo und auf welche Weise sich der Schaden realisieren könnte (das wahrscheinliche Schadensereignis lässt sich also noch nicht so konkret beschreiben, dh der genaue Kausalverlauf lässt sich noch nicht so genau vorhersehen, wie man das sonst bei konkreten Gefahren gewohnt ist; vgl. Darnstädt DVBl 2017, 88 (92)). Denn das Beispiel eines gefährlichen Hundes (gegen den zB ein Maulkorbzwang angeordnet wird) zeigt, dass im Sicherheits- und Ordnungsrecht normalerweise nicht ein so strenger Maßstab angelegt wird (denn auch in diesen Fällen kann zwar mit hinreichender Wahrscheinlichkeit damit gerechnet werden, dass es überhaupt zu Beißvorfällen kommt, es kann jedoch noch in keiner Weise vorhergesehen werden, wann, wo und in welchem konkreten Kausalverlauf sich diese Gefahr realisieren wird; und dennoch hindert dies die ständige Praxis nicht, in solchen Fällen eine konkrete Gefahr anzunehmen, die zu entsprechenden Maßnahmen ermächtigt). Auch das Polizeirecht ist voll von Rechtsprechungsbeispielen, in denen traditionell (jedenfalls soweit schwerwiegende Schäden drohen) eine konkrete Gefahr angenommen werden durfte, obwohl noch nicht näher vorhergesagt werden konnte, wann, wo und wie sich diese Gefahr realisieren würde, solange im konkreten Fall nur hinreichend wahrscheinlich erschien, dass es überhaupt in überschaubarer Zeit zu einem solchen Schaden kommen wird (zB OVG Bautzen BeckRS 2000, 30473563; OVG Münster BeckRS 2013, 53569). Es lässt sich daher bezweifeln, ob das erst in der jüngeren Literatur und nunmehr auch vom BVerfG zugrunde gelegte Erfordernis, zusätzlich zur im Einzelfall bestehenden Wahrscheinlichkeit eines Schadens müsse auch noch das Schadensereignis selbst konkret konturiert und vorhersehbar sein, wirklich zum ursprünglichen Anforderungsprofil der konkreten Gefahr gehört (im Einzelnen Möstl DVBl. 2020, 160 ff.). Nach hier vertretener Ansicht sollte es für eine konkrete Gefahr ausreichen, dass auf im konkreten Einzelfall gewonnenen Erkenntnissen beruhend eine (insbesondere auf eine konkrete Gefahrenquelle zurückgehende) hinreichende Wahrscheinlichkeit eines Schadens bejaht werden kann; auf die genaue Vorhersehbarkeit der Kausalverlaufs in örtlicher oder zeitlicher oder die Art und Weise betreffender Hinsicht sollte es dagegen nicht ankommen. Sieht man dies anders oder enger, entstehen Schutzlücken, die dann auf andere Weise (nämlich durch – ihrerseits nicht unproblematische – Vorfeldbefugnisse) geschlossen werden müssen (vgl. die Zulassung entsprechender Vorfeldbefugnisse in BVerfGE 141, 220 = BeckRS 2016, 44821 Rn. 112 und – dies aufgreifend – zB in Art. 11 BayPAG; → Rn. 36, → Rn. 93).

40   **b) Störer.** Auch die Regeln über die sog. **Störerhaftung / Polizeipflichtigkeit / Verantwortlichkeit,** wonach regelmäßig (nur) derjenige als Adressat für Gefahrbeseitigungsmaßnahmen in Anspruch genommen werden darf, der die Gefahr durch sein Verhalten (Verhaltensstörer) oder den Zustand seiner Sachen (Zustandsstörer) verursacht hat, haben eine **verfassungsrechtliche Dimension** und Wurzel (Lindner, Die verfassungsrechtliche Dimension der allgemeinen polizeirechtlichen Adressatenpflichten, 1997): Sie sind Ausdruck einer in den Grundrechten angelegten (durch entsprechende einfachgesetzliche Ermächtigungsgrundlagen zu konkretisierenden) **allgemeinen Nichtstörungspflichtigkeit** (Pflichtigkeit zur Unterlassung und Beseitigung von Störungen), die ihren Grund in den verfassungsimmanenten Schranken hat, die jeglicher Grundrechtsausübung durch die ihrerseits mit Verfassungsrang ausgestattete Garantie für die öffentliche Sicherheit (→ Rn. 4 ff.) gesetzt sind (Möstl Sicherheitsgewährleistung 333 f.); paradigmatisch ist für die Verhaltensstörerschaft die der allgemeinen Handlungsfreiheit gezogene Schranke der verfassungsmäßigen Ordnung und der Rechte anderer (Art. 2 Abs. 1 GG) zu nennen, sowie für die Zustandsstörerschaft die Sozialpflichtigkeit des Eigentums (Art. 14 Abs. 2 GG; zu letzterem BVerfGE 102, 1 (18 f.)); der Störer wird, wenn er zur Verhütung und Unterbindung von Rechtsverstößen und Rechtsgutsverletzungen herangezogen wird, „nur in das Schranken seiner Rechte zurückgewiesen" (DWVM Gefahrenabwehr 293). Besondere **Zumutbarkeitsgrenzen** hat das BVerfG für die **Inanspruchnahme des Zustandsstörers** entwickelt (BVerfGE 102, 1; krit. Kingreen/Poscher POR § 9 Rn. 71 ff.). Dass der **Nichtstörer** nur im Falle des polizeilichen Notstandes und auch dann in der Regel nur gegen Entschädigung herangezogen werden darf, hat seine verfassungsrechtliche Wurzel im Gedanken der Ausgleichspflichtigkeit (an sich) unzumutbarer oder gleichheitswidriger **Sonderopfer** (Ossenbühl/Cornils, Staatshaftungsrecht, 6. Aufl. 2013, 130 f.). Soweit Polizeigesetze in jüngerer Zeit an drohende Gefahren (→ Rn. 39, → Rn. 43, → Rn. 50, → Rn. 93) anknüpfen, gelten die Regeln über die Störerverantwortlichkeit entsprechend, dh Maßnahmen sind prinzipiell gegen den für die drohende Gefahr Verantwortlichen zu richten (Möstl BayVBl. 2018, 156 (163); Schenke JuS 2018, 505 (514); näher zur jeweils zu fordernden gruppenmäßigen oder individuellen Konkretisierung je nach Fallgruppe der drohenden Gefahr BVerfGE 141, 220 = BeckRS 2016, 44821 Rn. 112).

41   Wie bereits für den Gefahrbegriff (→ Rn. 37) ist auch für die Störerhaftung festzuhalten, dass diese rechtsstaatliche Systembildung von vornherein allein auf (kausalverlaufsrelevante) klassische **Gefahrbeseitigungseingriffe** zugeschnitten und für diese verfassungsrechtlich zwingend ist, **nicht** dagegen für **rein informationelle** (noch nicht kausalverlaufsrelevante) **Gefahraufklärungseingriffe** (Möstl DVBl 2007, 581 (585 f., 588 f.)). Dass für die Unterbrechung des schadensträchtigen Kausalverlaufs der Verursacher dieser Gefahr in Anspruch genommen werden soll, ist folgerichtig; für rein informationelle, den Kausalverlauf noch unberührt lassende, Datenerhebungseingriffe passt dieses Abstellen auf Verursachung und Zurechenbarkeit dagegen nicht; namentlich im Gefahrenvorfeld, wo die Gefahr noch nicht feststeht, sondern erst aufgeklärt werden soll, ob und wo ggf. Gefahren bestehen, kann es auch noch keinen Störer geben. Freilich ist unbestreitbar, dass auch rein informationelle Befugnisse in der Adressatenfrage eingrenzungsbedürftig sind und dass die **Streubreite** von Ermittlungseingriffen mit zunehmender Eingriffstiefe abnehmen muss. Unzutreffend ist es jedoch, Ermittlungseingriffe gerade am rechtsstaatlichen Leitbild der Störerhaftung zu messen, also zB auch hier in jedem Fall auf eine besondere Nähebeziehung zur Rechtsgutsgefährdung zu pochen (in diese Richtung aber BVerfGE 115, 320 (362); aA Sondervotum BVerfGE

115, 320 (378)), im Nichtanknüpfen an individuelle Handlungsbeiträge per se ein rechtsstaatliches Problem zu sehen (so Lepsius JURA 2006, 929 (931 ff.)) oder zu kritisieren, Nichtstörer würden durch im Gefahrenvorfeld ansetzende Ermittlungseingriffe auf Verdacht wie Störer behandelt (so LVerfG Mecklenburg-Vorpommern DÖV 2003, 71 (739)); ähnlich wie hier Horn DÖV 2003, 746 (749)). Notwendig ist in der Adressatenfrage (bei wem und über wen dürfen Informationen erhoben werden?) stattdessen eine vom Störerbegriff abweichende, auf die strukturellen Besonderheiten von Ermittlungseingriffen zugeschnittene rechtsstaatliche Systembildung.

c) Verhältnismäßigkeit. Der ursprünglich im Polizeirecht entwickelte und dort weiter- **42** hin durch gesonderte einfachgesetzliche Bestimmungen normierte Grundsatz der Verhältnismäßigkeit (Art. 4 BayPAG, § 4 NPOG, § 4 HSOG, § 2 PolG NRW, § 5 BWPolG; für Baden-Württemberg s. BeckOK PolR BW/Kastner BWPolG § 5 Rn. 1 ff.) ist verfassungsrechtlich im **rechtsstaatlichen Übermaßverbot** (Voßkuhle JuS 2007, 429) fundiert und inhaltlich, auch soweit er in den Polizeigesetzen polizeirechtsspezifisch formuliert ist (Bsp.: Austauschmittel), mit diesem deckungsgleich; die durch ihn thematisierte Zweck-Mittel-Relation kann nur in Bezug auf ein konkret betroffenes Grundrecht geprüft werden (Kingreen/Poscher POR § 10 Rn. 15 ff.; Lisken/Denninger PolR-HdB/Rachor/Graulich E Rn. 133 ff.). Der Verhältnismäßigkeitsgrundsatz gilt als verfassungsunmittelbare Schranken-Schranke der Grundrechte für klassische Gefahrbeseitigungseingriffe und informationelle Gefahraufklärungseingriffe gleichermaßen (zu seiner Wirkkraft und Bedeutung im Vorfeldbereich → Rn. 48; zur diesbezüglichen Problematik Lisken/Denninger PolR-HdB/Rachor/Graulich E Rn. 141 ff.; Möstl Sicherheitsgewährleistung 229 ff.)

3. Insbesondere: Grenzen der polizeilichen Datenerhebung und Informationsverarbeitung

Das erst seit der „Entdeckung" des **Grundrechts auf informationelle Selbstbestim-** **43** **mung** durch das BVerfG im Jahre 1983 (BVerfGE 65, 1) systematisch normierte und seither laufend fortentwickelte (Lisken/Denninger PolR-HdB/Petri G Rn. 1 f.) **Recht der polizeilichen Datenerhebung und -verarbeitung** ist das dynamischste und das umstrittenste Teilgebiet des Polizeirechts. Die umfangreichen Normen zum polizeilichen Informationsrecht, die neben die klassischen Polizeibefugnisse getreten sind, haben die Gestalt des Polizeirechts grundlegend verändert; das BVerfG hat in einer ehrgeizigen Rechtsprechungsreihe versucht, dem neuen Rechtsgebiet verfassungsrechtliche Grenzlinien zu ziehen (hier nur: BVerfGE 113, 348; 115, 320; 120, 274; 125, 260; s. Möstl DVBl 2010, 809; Voßkuhle FS Würtenberger, 2013, 1101 (1112 ff.); ausf. Tanneberger, Die Sicherheitsverfassung, 2014); die Literatur ringt um seine angemessene dogmatische Struktur (Aulehner, Polizeiliche Gefahren- und Informationsvorsorge, 1999; Albers, Die Determination polizeilicher Tätigkeit in den Bereichen Straftatenverhütung und Verfolgungsvorsorge, 2001; Möstl DVBl 2007, 581; Kral, Die polizeilichen Vorfeldbefugnisse als Herausforderung für Dogmatik und Gesetzgebung des Polizeirechts, 2012; Park, Wandel des klassischen Polizeirechts zum neuen Sicherheitsrecht, 2013; Schwabenbauer, Heimliche Grundrechtseingriffe, 2013; Baldus VERW 2014, 1 ff.; Kugelmann VERW 2014, 25; Bäcker, Kriminalpräventionsrecht, 2015) – all dies insbesondere, soweit das neue Informationsrecht die klassischen rechtsstaatlichen Systembildungen (Gefahr / Störer) verlässt und der Polizei sog. informationelle **Vorfeldbefugnisse** einräumt. Eine (partiell) **neue dogmatische Gestalt** des Polizeirechts deutet sich an, die jedoch – trotz aller Eingrenzungsbedürftigkeit des Rechtsgebiets und mancher Fingerzeige des BVerfG – noch nicht fertig, sondern erst in Umrissen erkennbar ist (Pieroth/Schlink/Kniesel, Polizei- und Ordnungsrecht, 7. Aufl. 2012, Vorwort). Für eine gewisse Konsolidierung sorgt das **Urteil des BVerfG zum BKAG** (BVerfGE 141, 220 = BeckRS 2016, 44821), das eine Art Summe einer langen Rechtsprechungsreihe darstellt und diese zu übergreifenden Ergebnissen zusammenzuführen versucht (vgl. auch Pressemitteilung Nr. 19/2016 des BVerfG v. 20.4.2016). Zu bedenken ist dabei allerdings, dass dieses Urteil Aussagen nur zu einem ganz bestimmten Typus von Eingriffsbefugnissen zu liefern vermag, nämlich zu solchen einerseits tief in die Privatsphäre eingreifenden, andererseits relativ gezielt (ohne große Streubreite) sowie zum Schutze hochrangiger Rechtsgüter (Schutz vor Terrorismus) vorgenommenen Ermittlungsmaßnahmen, um die es in diesem Verfahren ging (vgl. BVerfGE 141,

220 = BeckRS 2016, 44821 Rn. 101, 103). Für weniger tief in die Privatsphäre eingreifende, unspezifischere Maßnahmen sind die zulässigen Gestaltungsspielräume der Straftatenverhütung, wie das Gericht selbst betont (BVerfGE 141, 220 = BeckRS 2016, 44821 Rn. 104), weiter. Nicht unproblematisch ist auch, dass die Aussagen des Gerichts Folgewirkungen für das (nach Zielrichtung anders gelagerte, nämlich nicht allein auf Terrorismusbekämpfung ausgerichtete) Polizeirecht der Länder haben werden, ohne dass diese Konsequenzen im Verfahren hinreichend thematisiert worden sind (vgl. die Kritik der abweichenden Meinung des Richters Schluckebier, BVerfGE 141, 220 = BeckRS 2016, 44821 Rn. 2). Ins Gewicht fällt schließlich, dass, wie die zwei vielerlei Grundsatzkritik äußernden Sondervoten zeigen, auch innerhalb des Senats keine Einigkeit hinsichtlich der anzulegenden Maßstäbe bestand; Kritik an der zum Teil überbordenden, tief in die Dogmatik des einfachen Rechts hinabsteigenden Detaildichte und Strenge der Vorgaben ist auch in der Literatur geübt worden (zB Lindner/Unterreitmeier DÖV 2017, 90; Menzel/Müller-Terpitz, Verfassungsrechtsprechung/Gärditz, 3. Aufl. 2017, 988; das BVerfG gegen Kritik verteidigend dagegen Beaucamp DVBl 2017, 534). Der Befund eines insgesamt noch nicht konsolidierten, im Flusse befindlichen Rechtsgebietes bleibt daher bestehen. Der momentane Streit um die sog. drohende Gefahr (Art. 11 Abs. 3 BayPAG; → Rn. 36, → Rn. 39, → Rn. 50, → Rn. 93), welche unmittelbar an Aussagen des BVerfG im BKAG-Urteil (BVerfGE 141, 220 = BeckRS 2016, 44821 Rn. 112) anknüpft, macht deutlich, wie groß die Unsicherheiten nach wie vor sind (s. Müller BayVBl. 2018, 109; Löffelmann BayVBl. 2018, 145; Möstl BayVBl. 2018, 156; Leisner-Egensperger DÖV 2018, 677; Shirvani DVBl 2018, 1393; Petri ZD 2018, 453; Pieroth GSZ 2018, 133; Weinrich NVwZ 2018, 1680; Waechter NVwZ 2018, 459; Holzner DÖV 2018, 946; Enders DÖV 2019, 205; Schmid/Wenner BayVBl. 2019, 109; Welzel/Ellner DÖV 2019, 211; Trurnit JA 2019, 258; Ogorek JZ 2019, 53; Brodmerkel DPolBl 2019, 1; PAG-Kommission zur Begleitung des neuen bayerischen Polizeiaufgabengesetzes, Abschlussbericht, 30.8.2019, 16–37, abrufbar unter http://www.pag.bayern.de/assets/stmi/direktzu/190830_abschlussbericht_pag-kommission.pdf; Möstl DVBl. 2020, 160 (165 f.)).

44   Die richtige Erfassung des Rechtsgebiets wird **nach hier vertretener Ansicht** (→ Rn. 37, → Rn. 41 mwN) durch **zwei weit verbreitete Fehleinschätzungen** behindert: Zum einen die These, es sei an sich problematisch oder besonders rechtfertigungsbedürftig, wenn sich informationelle Eingriffsbefugnisse von der klassischen Systembildung Gefahr-Störer lösten und bereits im Gefahrenvorfeld ansetzten. Zum anderen die Ansicht, die polizeiliche Informationstätigkeit zur „vorbeugenden Bekämpfung von Straftaten" (so die Formulierung mancher Polizeigesetze, zB § 1 Abs. 4 HSOG, § 1 Abs. 1 S. 2 PolG NRW; § 2 Abs. 1 SOG LSA) verdichte sich zu einem neuartigen, von klassischer Gefahrenabwehr verschiedenartigen präventiven Aufgabenfeld (s. zB Lisken/Denninger PolR-HdB/Denninger D Rn. 5 ff., 195 ff.).

45   **Festzuhalten ist demgegenüber:**
- Informationserhebungen zur Gefahraufklärung hat es, so sehr diese erst in jüngerer Zeit normiert worden sind und seither zusätzliche Bedeutung gewonnen haben, im Grunde seit jeher gegeben – auch damals schon, als dergleichen Datenerhebungen noch nicht als Grundrechtseingriffe gewertet wurden und daher in den Polizeigesetzen auch nicht normiert waren; informationelle Vorfeldmaßnahmen sind für das Polizeirecht also **nichts wesensmäßig Neues** (Kingreen/Poscher POR § 1 Rn. 32).
- Rein informationelle Maßnahmen, mit denen gerade noch nicht in einen (potentiell) schadensträchtigen Kausalverlauf eingegriffen wird, sind (auch von Verfassung wegen) **nicht zwingend an die** (für kausalverlaufsrelevante Eingriffe konzipierte) **Systembildung Gefahr-Störer gebunden** (→ Rn. 37, → Rn. 41 mwN). Zwar können Datenerhebungen/-verarbeitungen auch noch Sinn machen, wenn Gefahr und Störer bereits feststehen (etwa um genauer herauszufinden, wie und wo sich die Gefahr realisieren könnte, und umso besser gegen sie einschreiten zu können); völlig legitimerweise können sie jedoch auch bereits im Gefahrenvorfeld ansetzen und dem Ziel dienen herauszufinden, ob und wo ggf. Gefahren bestehen, gegen die dann eingeschritten werden muss. Der Gefahrbegriff, der eine tatsachengestützte Wahrscheinlichkeitsprognose, dh einen hinreichenden Informationsstand verlangt, setzt im Gefahrenvorfeld ansetzende Informationserhebung geradezu begriffsnotwendig voraus. **Ein informationelles Vorfeld ist der Gefahrenabwehr daher wesensmäßig inhärent** (Gusy JA 2011, 641: „Gefahrenabwehr setzt Gefahraufklärung voraus").

- Im Gefahrenvorfeld ansetzende Gefahraufklärung ist deswegen auch keine im Verhältnis zur klassischen Gefahrenabwehraufgabe andersartige und eigenständige Aufgabe (Schoch BesVerwR Kap. 1 Rn. 19, 29), sondern auf diese klassische Gefahrenabwehraufgabe – als deren notwendiges informationelles Vorfeld und **unselbstständige Vorbereitungsaufgabe** (Gusy ZJS 2012, 155: „dienende Funktion") – funktional bezogen und von ihr selbstverständlich mitumfasst. Sie bedeutet keinerlei Abkehr von klassischer Gefahrenabwehr (namentlich verwirklicht sie keine bereits im Gefahrenvorfeld zu Kausalverlaufseingriffen berechtigende Gefahrenvorsorge, die Gefahren erst gar nicht entstehen lassen will), sondern legt im Gefahrenvorfeld nur das informatorische Fundament für klassische Gefahrbeseitigungsmaßnahmen, die ihrerseits auch weiterhin regelmäßig erst ab der Gefahrenschwelle zulässig sind.
- Dass informationelle Gefahraufklärung von der klassischen Gefahrenabwehraufgabe mitumfasst ist und keine andersartige neue Polizeiaufgabe darstellt, gilt auch, soweit diese in den Polizeigesetzen – etwas hochtrabend (da tatsächlich ja nur aufgeklärt und regelmäßig gerade noch nicht „bekämpft" wird) – als **„vorbeugende Bekämpfung von Straftaten"** (→ Rn. 44) bezeichnet wird (so zB auch ausdrücklich § 1 Abs. 4 HSOG, § 1 Abs. 1 S. 2 PolG NRW: „im Rahmen" der Gefahrenabwehraufgabe). Da sich die Gefahrenabwehraufgabe – auch von Verfassungs wegen (→ Rn. 7 ff.) – gleichermaßen auf den Schutz von Rechtsgütern wie auf die Durchsetzung der Rechtsordnung bezieht, spricht nichts dagegen, polizeiliche Aufgaben- und Befugnisnormen statt rechtsgutsbezogen (Schutz bestimmter Rechtsgüter) auch **straftatenbezogen** (**Straftatenverhütung** als Aspekt des Schutzes der Unversehrtheit der Rechtsordnung) zu konzipieren (→ Rn. 12.1 mwN, auch zu den – abzulehnenden – neueren Tendenzen, Befugnisse, die straftatenbezogen konzipiert sind, generell für verfassungsrechtlich bedenklich zu halten); allein die Straftatenbezogenheit lässt die Aufgabe also nicht aus der Gefahrenabwehr herausfallen. Zuzugeben ist, dass es bei Ermittlungsmaßnahmen im Vorfeld konkreter Gefahren nicht selten zu **doppelfunktionalen Gemengelagen** kommen wird, in denen nicht sicher ist, ob die zu gewinnenden Informationen noch zur Verhütung oder nur noch zur Verfolgung von Straftaten eingesetzt werden können. Gegen die Zugehörigkeit zur (in den Polizeigesetzen geregelten) Gefahrenabwehraufgabe ist auch in solchen Fällen nichts zu erinnern (mit der Folge, dass die Vorsorge für die Verfolgung künftiger Straftaten in den Polizeigesetzen, wie zB in § 1 Abs. 4 HSOG, auch unselbstständig mitgenannt werden darf), solange die Ermittlungsmaßnahme zumindest **schwerpunktmäßig** dem Ziel der präventiven Straftatenverhütung und nur nachrangig etwaiger Verfolgungsvorsorge dient (Möstl DVBl 2010, 808 (814 f.); VGH Mannheim BeckRS 2014, 52255: „primär"; allg. zur Schwerpunkttheorie bei doppelfunktionalen Maßnahmen BVerwG NVwZ 2001, 1285; VGH München BeckRS 2009, 41748; OVG Münster BeckRS 2012, 45958). Dient die Maßnahme hingegen gleich- oder vorrangig der Verfolgungsvorsorge, kann eine polizeirechtliche Regelung nur insoweit in Betracht kommen, als das Strafprozessrecht diesbezüglich (noch) **keine abschließende Regelung** enthält (BVerwG NVwZ 2012, 757). Im Übrigen jedoch ist es kompetenziell unzulässig, die Verfolgungsvorsorge im Rahmen des präventiven Polizeirechts zu einem vorrangigen oder gar eigenständigen Tatbestandsmerkmal auszubauen (BVerfGE 113, 348 (367 ff.); zum Ganzen auch Kingreen/Poscher POR § 3 Rn. 6; näher → Rn. 62, → Rn. 91; zu (zulässigen) Überschneidungen präventiver und repressiver Zwecke im Bereich der Informationsgewinnung sa BVerfG BeckRS 2018, 37186: Der Landesgesetzgeber ist demnach nicht dadurch an einer der Gefahrenabwehr dienenden Regelung gehindert, dass deren tatsächliche Wirkungen auch die Strafverfolgung befördern. Die Regelung muss jedoch strikt von der – präventiven – Zwecksetzung her bestimmt sein, für die die Kompetenz des Landes besteht).

Eine gewisse Sonderstellung nehmen solche Informationserhebungsbefugnisse ein, die, weil sie offen **45.1** erfolgen (zB **Videoüberwachung im öffentlichen Raum,** s. zB Ogorek DÖV 2018, 688; Wysk VerwArch 2018, 141), aufgrund ihrer Abschreckungswirkung mittelbar kausalverlaufsrelevant wirken. Hier kommen – ausnahmsweise – in der Tat Elemente echter Gefahrenvorsorge (die klassische Gefahrenabwehr nicht allein informationell vorbereitet, sondern das Entstehen von Gefahren von vornherein verhindern möchte) zum Tragen (Kniesel FS Schlink, 2014, 447 (455)). Auch hier kann es zu Gemengelagen von Zielen der Straftatenverhütung und der Verfolgungsvorsorge kommen (dazu, dass derartige Maßnahmen dennoch im präventiven Polizeirecht geregelt werden und grundrechtskonform sein können, s. BVerwG NVwZ 2012, 757: zur Grundrechtskonformität ist zu bedenken, dass der Gefahrbegriff, wie → Rn. 36 dargelegt, für kausalverlaufsrelevante Eingriffe nur eine verfassungsrechtliche „Normalvorstellung" des verhältnismäßigen Ausgleichs von Freiheits- und Sicherheitsinteressen in Ungewissheitslagen darstellt, der nicht ausschließt, dass der Gesetzgeber für besondere Fälle auch zu abweichenden Lösungen greifen kann). Kausalverlaufsrelevante (aktionelle) Wirkungen können insbesondere auch Maßnahmen der **Identitätsfeststellung** haben (Kniesel Die Polizei 2017, 189 (197)). Gleiches gilt zB für die **elektronische Aufenthaltsüberwachung** (→ Rn. 92.1).

46 Gegen die polizeiliche Erhebung und Verarbeitung personenbezogener (zum notwendigen Personenbezug Gusy ZJS 2012, 155 (156)) Daten gewährleistet das GG einen **lückenlosen Grundrechtsschutz** (Volkmann AnwBl. 2009, 118; Becker NVwZ 2015, 1335; zu den in Betracht kommenden Grundrechten im Einzelnen Lisken/Denninger PolR-HdB/Schwabenbauer G Rn. 46 ff.; Pieper JA 2018, 598). Die nötige **Auffangfunktion** in Fällen, in denen der Eingriff nicht mit Befehl und Zwang erfolgt und daher nicht bereits die allgemeine Handlungsfreiheit berührt und in denen auch sonst keine spezielle Garantie zugunsten bestimmter Aspekte des Persönlichkeitsschutzes (zB Art. 10, 13 GG) einschlägig ist, kommt hierbei dem **allgemeinen Persönlichkeitsrecht** aus Art. 2 Abs. 1 GG iVm Art. 1 Abs. 1 GG insbesondere in seiner Ausprägung als **Recht auf informationelle Selbstbestimmung** zu, ggf. aber – lückenschließend und entwicklungsoffen – auch weiteren Ausprägungen zur Abwehr neuartiger Persönlichkeitsgefährdungen (wie dem „Computergrundrecht" des Schutzes der Integrität und Vertraulichkeit informationstechnischer Systeme; s. BVerfGE 120, 274 (303 ff.)). Für Datenerhebungen, die einem speziellen Grundrecht (wie Art. 10, 13 GG) unterfallen, hat das BVerfG angesichts deren besonderen Schutzgehalts teilweise gesteigerte Anforderungen entwickelt (BVerfGE 133, 277 Rn. 224 ff.), die sich nicht ohne weiteres auf alle Datenerhebungen übertragen lassen; eine Sonderrolle nehmen insbesondere Art. 13 GG sowie das Grundrecht auf Integrität und Vertraulichkeit informationstechnischer Systeme ein, bezüglich derer zur Eingriffsrechtfertigung (für die Wohnraumüberwachung und den Zugriff auf informationstechnische Systeme) besonders hohe Hürden zu beachten sind (BVerfGE 141, 220 = BeckRS 2016, 44821 Rn. 105, 115, 283, 291; krit. Sondervotum Eichberger, BVerfGE 141, 220 = BeckRS 2016, 44821 Rn. 16). Umgekehrt können die allgemeinen zum Schutz personenbezogener Daten aus Art. 2 Abs. 1 GG iVm Art. 1 Abs. 1 GG entwickelten materiellen und prozeduralen Maßgaben grundsätzlich auch auf die spezielleren Garantien übertragen werden (BVerfGE 115, 166 (189)) und können sich aus dem allgemeinen Persönlichkeitsrecht – je nach Gewicht des Eingriffs – im Einzelfall auch Maßgaben ergeben, die dem im Kontext der Art. 10, 13 GG geltenden Standard nahe- oder gleichkommen (für das neue „Computergrundrecht" vgl. Spiecker FS Würtenberger, 2013, 803 (818) am Bsp. des Richtervorbehalts). Auch wenn sich auf diese Weise gewisse Chancen für Elemente einer grundrechtsübergreifenden Dogmatik des Persönlichkeitsschutzes gegen polizeiliche Informationseingriffe ergeben (vgl. Lisken/Denninger PolR-HdB/Schwabenbauer G Rn. 46), muss zuallererst doch an die Notwendigkeit einer nach Eingriffstiefe differenzierten Betrachtung erinnert werden: Nicht alle Anforderungen, die das BVerfG etwa hinsichtlich Eingriffsschwellen, Kernbereichsschutz, Benachrichtigungspflichten etc im Kontext bestimmter schwerwiegender Eingriffe entwickelt hat, lassen sich verallgemeinern und auch auf Datenerhebungen geringeren Gewichts übertragen (zB BVerfGE 115, 320 (361) zur Eingriffsschwelle bei „intensive[n] Grundrechtseingriffe[n]"; BVerfGE 120, 274 (336): besonderer prozeduraler Kernbereichsschutz nur bei „gesteigerte[r] Gefahr" entsprechender Eingriffe; BVerfGE 130, 151 (209 f.): keine zwingende Benachrichtigungspflicht „angesichts der geringen Eingriffstiefe"; BVerfGE 141, 220 = BeckRS 2016, 44821 Rn. 104: weiterreichende Gestaltungsmöglichkeiten der Straftatenverhütung bei weniger tief in die Privatsphäre eingreifenden Maßnahmen). Die Entwicklung eines **differenzierten Systems dogmatischer Maßgaben für Informationseingriffe** ist so gesehen wichtiger als die vorschnelle Postulierung vermeintlicher übergreifender Strukturen (vgl. Möstl DVBl 2007, 581 (589)).

47 Ein **Eingriff** in das Recht auf informationelle Selbstbestimmung bzw. ein spezielles Grundrecht ist – nach Maßgabe der allgemeinen Kriterien zur Eingriffsqualität mittelbarfaktischer Grundrechtsbeeinträchtigungen (Enders FS Würtenberger, 2013, 655) – nicht nur gegeben, wenn die Datenerhebung mit Befehl und Zwang einhergeht, sondern grundsätzlich auch dann, wenn sie durch schlichtes Realhandeln (dh insbesondere auch heimlich und ohne

Wissen des Betroffenen) erfolgt (Lisken/Denninger PolR-HdB/Schwabenbauer G Rn. 68; BeckOK GG/Lang Art. 2 Rn. 51; BVerwG NVwZ 2012, 757 (758)). Noch kein Eingriff liegt in der bloßen Kenntnisnahme von Informationen aus öffentlich zugänglichen Quellen (zB im Internet, s. BVerfGE 120, 274 (344 f.)), anders jedoch für die systematische Erfassung solcher Daten (zur Problematik sa Oermann/Staben STAAT 2013, 630); umgekehrt verliert eine Datenerfassung, die nach allgemeinen Kriterien (etwa aufgrund einer besonderen Art der Informationserhebung oder etwaiger mittelbarer Lenkungswirkungen) als Eingriff zu qualifizieren ist, ihre Eingriffsqualität nicht allein dadurch, dass sie im öffentlichen Raum stattfindet (für die Videoüberwachung BVerfG NVwZ 2007, 688 (690); BVerwG NVwZ 2012, 757 (759)). Nicht allein die **Datenerhebung**, sondern auch **jeder weitere Akt der Datenverarbeitung** und -nutzung (zB durch Speicherung, Übermittlung etc) kann ein gesonderter Grundrechtseingriff sein (Lisken/Denninger PolR-HdB/Schwabenbauer G Rn. 68; für Art. 10 GG zB BVerfGE 100, 313 (366 f.)); die Polizeigesetze mit ihren gestuften Befugnisnormen für die Erhebung und Verarbeitung von Daten tragen dieser grundrechtlichen Vorgabe Rechnung (Möstl Sicherheitsgewährleistung 221). Einen gesonderter gesetzlicher Ermächtigung und besonderer sachlicher Rechtfertigung bedürftigen Eingriff stellt insbesondere die zweckändernde Nutzung oder Weitergabe von Daten dar (Gusy ZJS 2012, 155 (156); zum Grundsatz der Zweckbindung Lisken/Denninger PolR-HdB/Schwabenbauer G Rn. 850 ff.); in seinem Urteil zum BKAG hat das BVerfG (BVerfGE 141, 220 = BeckRS 2016, 44821 Rn. 284 ff.; krit. Lindner/Unterreitmeier DÖV 2017, 90 (92 f.)) die für Zweckänderungen geltenden Anforderungen präzisiert, indem einerseits das Kriterium der **hypothetischen Datenneuerhebung** zum Leitmaßstab verdichtet wurde (dient die zweckändernde Nutzung von Daten dem Schutz von Rechtsgütern oder der Aufdeckung von Straftaten eines solchen Gewichts, die verfassungsrechtlich ihre Neuerhebung mit vergleichbar schwerwiegenden Mitteln rechtfertigen könnten?), andererseits aber regelmäßig Abstriche hinsichtlich des (im Zeitpunkt der Zweckänderung) jeweils zu fordernden Konkretisierungsgrades der Gefahrenlage oder des Tatverdachts erlaubt wurden (regelmäßig ausreichend: konkrete Ermittlungsansätze); nach Selbstauskunft der das Urteil tragenden Richter soll hierin keine Verschärfung, sondern eine behutsame Einschränkung der Anforderungen zu erblicken sein (BVerfGE 141, 220 = BeckRS 2016, 44821 Rn. 292); das Sondervotum Schluckebier hingegen (BVerfGE 141, 220 = BeckRS 2016, 44821 Rn. 3, 13) befürchtet infolge des Kriteriums der hypothetischen Datenneuerhebung erhebliche Defizite für den Schutz der Grundrechte Dritter und der Rechtsgüter der Allgemeinheit und kritisiert, dem Rechtsstaat werde dadurch ein gezieltes „Wegsehen" vor (ggf. zufällig erkannten) Gefahren angesonnen. Seine ursprüngliche Rechtsprechung dazu, dass die automatisierte Erfassung von Daten dann keinen Eingriff bewirkt, wenn sie nach unverzüglichem Datenabgleich im Nichttrefferfall spurenlos und ohne Möglichkeit, einen Personenbezug herzustellen, sofort wieder gelöscht werden (BVerfGE 120, 378 (399)), hat das BVerfG in seiner zweiten Entscheidung zur Kennzeichenerfassung (BVerfG BeckRS 2018, 37186 Rn. 35 ff.) präzisiert und modifiziert.

Das **Verhältnismäßigkeitsprinzip** – und hierbei insbesondere die Prüfung der **Ange-** 48 **messenheit** (Verhältnismäßigkeit im engeren Sinne) – ist in der Rechtsprechung des BVerfG zum wichtigsten materiellen Maßstab der Beurteilung von Informationseingriffen avanciert (vgl. zB BVerfG NJW 2013, 1499 Rn. 107 ff., wo die Geeignetheit und Erforderlichkeit nur noch formelhaft angesprochen wird und sodann ganz die Angemessenheitsprüfung im Zentrum steht; ähnlich BVerfGE 141, 220 = BeckRS 2016, 44821 Rn. 97 f., krit. Sondervotum Eichberger, BVerfGE 141, 220 = BeckRS 2016, 44821 Rn. 3). Eine intensive Prüfung der Erforderlichkeit und Angemessenheit (bereits) der gesetzlichen Befugnisnorm zum Informationseingriff (Makro-Verhältnismäßigkeit) ist insbesondere in den Fällen rechtsstaatlich zwingend, in denen die Prüfung der Verhältnismäßigkeit der (sodann) auf die Befugnis gestützten konkreten Einzelmaßnahme (Mikro-Verhältnismäßigkeit), weil diese im Gefahrenvorfeld ansetzt und nicht mehr an einen konkreten personenbezogenen Gefahrverdacht, sondern an abstraktere Lagebeurteilungen anknüpft, strukturell erschwert ist (zur Problematik Möstl Sicherheitsgewährleistung 229 ff. mwN). Soll die Verhältnismäßigkeitsprüfung nicht „freischwebend" erfolgen (vgl. Lisken/Denninger PolR-HdB/Denninger B Rn. 65) und einigermaßen berechenbar/vorsehbar bleiben, bedarf sie vor allem einer sorgfältigen Herausarbeitung und Bestimmung der mit der Befugnis einhergehenden **Eingriffstiefe** (die freilich häufig umstritten und angreifbar bleibt, zB BVerfGE 115, 320 (347 ff.) einerseits und

Sondervotum 371 ff. andererseits; sa Tanneberger, Die Sicherheitsverfassung, 2014, 236 ff.). Zur Bestimmung der Eingriffstiefe stellt das BVerfG unter anderem auf Art und Umfang der betroffenen Daten (Persönlichkeitsrelevanz), die Methoden der Informationsgewinnung / -verarbeitung (Verwendung von Technik) sowie auf etwaige einschüchternde Effekte bzw. das Risiko von Folgeeingriffen ab (zu den Kriterien im Einzelnen Lisken/Denninger PolR-HdB/Schwabenbauer G Rn. 142 ff.; Gusy PolR Rn. 192, jeweils mwN); eingriffserhöhende Wirkung wird in ständiger Rechtsprechung insbesondere dem Umstand der Heimlichkeit (Schwabenbauer, Heimliche Grundrechtseingriffe, 2013) sowie der Streubreite der Maßnahme beigemessen. Das Kriterium der Streubreite erscheint dabei nicht unproblematisch, da es das Gewicht eines Eingriffs nicht erhöht, wenn auch andere von dem Eingriff betroffen sind, und da eine etwaige (zu großer Streubreite) führende Anlass- und Verdachtlosigkeit der Maßnahme auch dazu führen kann, dass dieser Maßnahme (die jedermann in gleicher Weise betreffen kann) gerade keine stigmatisierende Wirkung zukommt; dennoch ist im Ergebnis – als Leitgedanke – richtig, dass die Streubreite informationeller Maßnahmen mit zunehmender Eingriffsintensität abnehmen muss; dies ist jedoch keine Frage einer eingriffserhöhenden Wirkung, sondern der verhältnismäßigen Ausgestaltung des zulässigen Adressatenkreises bei eingriffsintensiven Maßnahmen (vgl. → Rn. 41). Für heimliche Ermittlungsmaßnahmen, die tief in das Privatleben eingreifen, verlangt das BVerfG (BVerfGE 141, 220 = BeckRS 2016, 44821 Rn. 108) aus Verhältnismäßigkeitsgründen, dass diese nur zum Schutze besonders gewichtiger **Rechtsgüter** zulässig sind (insbesondere Leib, Leben und Freiheit der Person sowie Bestand und Sicherheit des Bundes oder eines Landes, ggf. – bei gemeiner Gefahr bzw. bei Gütern, die die Existenz des Menschen berühren – auch gewichtige Sachgüter). Zu ergänzen wäre nach hier vertretener Ansicht (vgl. → Rn. 12.1 mwN), dass solche Eingriffe auch zur Verhütung besonders schwerwiegender Straftaten in Frage kommen; dafür, dass das BVerfG die rechtfertigende Kraft der Straftatenverhütung offenbar prinzipiell skeptisch sieht und ausschließlich auf Rechtsgüterschutz abstellen will, ist kein verfassungsrechtlich tragfähiger Grund ersichtlich. Bei Eingriffen geringeren Gewichts kommen prinzipiell alle polizeilichen Schutzgüter als verhältnismäßiger Eingriffszweck in Betracht (vgl. allg. BVerfGE 141, 220 = BeckRS 2016, 44821 Rn. 104). Bei Maßnahmen, denen eine Eingriffsqualität von „erheblichem Gewicht" beigemessen wurde, hat das BVerfG jüngst eine entsprechende Beschränkung auf Schutzgüter „von zumindest erheblichem Gewicht" gefordert (BVerfG BeckRS 2018, 37186 Rn. 95 ff.).

49   Dem rechtsstaatlichen Gebot hinreichender **Bestimmtheit** und **Normenklarheit** misst das BVerfG im Bereich Datenschutz traditionell einen besonderen Stellenwert zu (BVerfGE 65, 1 (46); 133, 277 Rn. 158); dies gilt auch für die verfassungsrechtliche Kontrolle des polizeilichen Informationsrechts (Lisken/Denninger PolR-HdB/Schwabenbauer G Rn. 124 ff.; Tanneberger, Die Sicherheitsverfassung, 2014, 335 ff.; zur hinreichenden Bestimmtheit der Normierung des Verwendungszwecks zB BVerfGE 120, 378 (408 ff.)). Nochmals gesteigerte Bestimmtheitsanforderungen fordert das BVerfG zum einen bei Vorfeldmaßnahmen (wegen der für diese Phase typischen Ambivalenz der häufig diffusen Anhaltspunkte und des besonderen Risikos von Fehlprognosen; BVerfGE 113, 348 (377 f.)) sowie zum anderen für heimliche Maßnahmen (wegen des für sie typischen Ausfalls der üblichen Normkonkretisierung im Wechselspiel von Verwaltungsakt und gerichtlicher Kontrolle; BVerfGE 133, 277 Rn. 184). So berechtigt anspruchsvolle Bestimmtheitsanforderungen im Ansatz erscheinen, haben sie doch dazu geführt, dass die Befugnisnormen des polizeilichen Informationsrechts inzwischen eine Länge, einen Detaillierungsgrad, aber auch ein Maß an Komplexität und Unübersichtlichkeit erreicht haben, die nicht nur in auffallendem Kontrast zur der lapidaren Kürze klassischer Polizeibefugnisse stehen, sondern auch zunehmend die Rechtsanwendung erschweren, denn das Leitziel der Klarheit und verlässlichen Handhabbarkeit von Normen kann durch ein übertriebenes Maß an Detailgenauigkeit und Unübersichtlichkeit auch Schaden nehmen (Trute VERW 2009, 85 (89) mit Fn. 29; Möstl DVBl 2010, 808 (813); sehr krit. auch Sondervotum Schluckebier, BVerfGE 141, 220 = BeckRS 2016, 44821 Rn. 29, der von „einer das Gegenteil von Normenklarheit bewirkenden textlichen Aufblähung des ohnehin schon überbordenden, nur schwer lesbaren und verständlichen Regelwerks" spricht). Es lässt sich so gesehen bezweifeln, ob das Streben nach immer größerer Bestimmtheit hinsichtlich des Ziels einer angemessenen rechtsstaatlichen Systembildung wirklich in die richtige Richtung weist („dogmatische Sackgasse", vgl. Möstl

DVBl 2007, 581 (586); Möstl DVBl. 2020, 160 ff.). Auch hinsichtlich der Frage, wann die gesetzlichen Ermächtigungen „keine Unklarheit" mehr lassen dürfen und wann es im Gegenteil ausreicht, dass unbestimmte Rechtsbegriffe nach den üblichen Methoden ausleg- handhabbar sind, bzw. wann Unklarheiten der Konkretisierung entweder durch Rechtsverordnung bedürfen oder aber eine Konkretisierung durch (publizierte) Verwaltungsvorschriften genügt, lässt die Rechtsprechung des BVerfG keine konsolidierte Linie erkennen (s. BVerfGE 133, 277 Rn. 149, 181, 139 ff., 179 ff.). Abzulehnen ist eine neuere Ansicht, die eine straftatenbezogene Fassung von Eingriffstatbeständen (Verhütung von Katalogstraftaten) unter dem Aspekt der Normenklarheit für problematisch hält (→ Rn. 12.1 mwN).

Während es für schlichte Datenerhebungen (insbesondere auf der Basis der in der Polizei- **50** gesetzen normierten informationellen Befugnisgeneralklauseln, zB Art. 31 Abs. 1 BayPAG) völlig ausreichend ist, diese an die Voraussetzung zu knüpfen, dass die Datenerhebung zur polizeilichen Aufgabenerledigung erforderlich ist (vgl. BVerfGE 130, 151 (195, 196 f.); Möstl DVBl 2007, 581 (586 f.)), verlangt das BVerfG jedenfalls für intensive Grundrechtseingriffe, dass diese erst von – besonders zu normierenden – **Eingriffsschwellen** (dh Gefahr- oder Verdachtsstufen) an zulässig sein dürfen (zB BVerfGE 115, 320 (361); 120, 274 (326 f.); s. Poscher VERW 2008, 345; Trute VERW 2009, 85; Möstl DVBl 2007, 581 (587); 2010, 808 (809 ff.)). Hinsichtlich der Frage, ob diese Eingriffsschwellen für Informationseingriffe auch bereits im **Vorfeld** konkreter Gefahren einsetzen dürfen, geht das BVerfG von der nach hier vertretenen Ansicht falschen Prämisse aus, derartige informationelle Vorfeldbefugnisse seien besonders rechtfertigungsbedürftig und nur ausnahmsweise zulässig (vgl. BVerfGE 115, 320 (360); BVerfGE 133, 277 Rn. 120; problematisch auch die Rede von einer „Absenkung der Eingriffsschwellen für Maßnahmen der Straftatenverhütung" in BVerfGE 141, 220 = BeckRS 2016, 44821 Rn. 104; → Rn. 37, → Rn. 44 f.), und hat auch im Ergebnis noch zu keiner konsistenten Linie gefunden: Im Urteil zur Telekommunikationsüberwachung (TKÜ; BVerfGE 113, 248) hat es Vorfeldbefugnisse selbst in Bezug auf das starke Grundrecht des Art. 10 GG nicht für per se ausgeschlossen betrachtet, aber an strenge Voraussetzungen gebunden; zur Rasterfahndung (BVerfGE 115, 320) hingegen hat es, obwohl (vom Einzelnen aus betrachtet) einen eher geringfügigeren Grundrechtseingriff betreffend, eine konkrete Gefahr gefordert; im Urteil zur Online-Durchsuchung (BVerfGE 120, 274 (328 ff.)) hat es sodann (obwohl dieses den wohl tiefgreifendsten Eingriff betraf) eine Eingriffsschwelle formuliert, die nahezu einhellig als zumindest leichte Vorverlagerung verstanden wurde, im Urteil zur Vorratsdatenspeicherung (BVerfGE 125, 260 (330)) jedoch genau diese Schwelle dann wieder mit dem Begriff der konkreten Gefahr gleichgesetzt (zum Ganzen s. Möstl DVBl 2010, 808 (809) mwN); vollends undeutlich werden die Kategorien, wenn, wie im Beschluss zum Bestandsdatenabruf (BVerfGE 130, 151 (205 f.)) erst eine konkrete Gefahr gefordert wird, um dann klarzustellen, diese Schwelle sei niedrig und umfasse auch den Gefahrenverdacht. Nach hier vertretener Ansicht (Möstl DVBl 2010, 808 (810) mwN) dürfen sich rein informationelle Eingriffsbefugnisse legitimerweise vom Begriff der konkreten Gefahr lösen; sie bedürfen freilich einer rechtsstaatlichen Eingrenzung und Systembildung; hierfür eignet sich insbesondere der Begriff des **Gefahrverdachts** in seinen vielfältigen Abstufungen und Ausprägungen (abstrakt / konkret, lagebezogen / personenbezogen; sa Gusy PolR Rn. 189 ff.; Meyer JZ 2017, 429). Einen prinzipiell tauglichen Anknüpfungspunkt für eine gelungene Systembildung stellt es nach hier vertretener Ansicht dar, wenn das BVerfG im Urteil zum BKAG nunmehr in prinzipiellerer Weise als vormals zugesteht, dass der Gesetzgeber sich von dem tradierten Modell der Abwehr konkreter Gefahren selbst im Falle tiefgreifender Grundrechtseingriffe auch lösen darf, solange zumindest tatsächliche Anhaltspunkte für die Entstehung einer konkreten Gefahr bestehen, wenn sich also zwar der schadensträchtige Kausalverlauf noch nicht mit hinreichender Wahrscheinlichkeit vorsehen lässt, andererseits aber doch bestimmte Tatsachen den Schluss auf ein wenigstens seiner Art nach konkretisiertes und zeitlich absehbares Geschehen zulassen sowie die Prognose erlauben, dass bestimmte Personen beteiligt sein werden, über deren Identität zumindest so viel bekannt ist, dass die Überwachungsmaßnahmen gezielt gegen sie eingesetzt und weitgehend auf sie beschränkt bleiben können. Gleiches soll gelten, wenn zwar ein noch nicht seiner Art nach konkretisiertes Geschehen erkennbar ist, aber das individuelle Verhalten einer Person die konkrete Wahrscheinlichkeit begründet, dass sie terroristische Straftaten in überschaubarer Zukunft begehen wird (BVerfGE 141, 220 = BeckRS 2016, 44821

Rn. 112 f.); in der Sache angeknüpft wird dadurch nämlich an bestimmte gruppen- oder personenbezogene Gefahrverdachtsgrade, wie sie auch hier befürwortet werden (für ausreichend angesehen wird offenbar entweder ein zwar hinsichtlich des Schadensereignisses noch eher abstrakt bleibender, aber immerhin bereits auf eine konkrete, individualisierte Person verdichteter Gefahrverdacht oder aber ein [hinsichtlich der Art des Geschehens] bereits stärker konkretisierter, im Gegenzug allerdings in persönlicher Hinsicht noch weniger dichter, nämlich eher gruppenbezogener Gefahrverdacht). Zwar wurde bereits (→ Rn. 36, → Rn. 39) aufgezeigt, dass die Ausführungen des BVerfG im BKAG-Urteil zur Zulässigkeit einer Vorfeldschwelle an einem unnötig eng gezogenen Begriff der konkreten Gefahr leiden und dass die von ihm beschriebenen Fallgruppen bei traditionellem Verständnis sich durchaus auch noch mit dem Begriff der konkreten Gefahr hätten bewältigen lassen; auch wenn demnach in der Sache keine wesentliche Vorverlagerung bewirkt, sondern nur ein bislang umstrittener Grenzbereich der konkreten Gefahr näher präzisiert wird, bleibt es dennoch richtig, Überwachungsbefugnisse dogmatisch prinzipiell als Vorfeldbefugnisse auszugestalten, wie dies das BVerfG nunmehr auch vorschlägt (zur Zulässigkeit aktioneller Vorfeldbefugnisse → Rn. 36). Sowohl der Bundesgesetzgeber (bei der Novellierung des BKAG, Gesetz v. 1.6.2017, BGBl. I 1354) als auch mehrere Landesgesetzgeber (namentlich der bayerische Gesetzgeber im Gesetz zur Novellierung des BayPAG v. 24.7.2017, BayGVBl. 388) haben die vom BVerfG im BKAG-Urteil definierte Vorfeldschwelle inzwischen aufgegriffen und für vielfältige Eingriffsbefugnisse umgesetzt; der bayerische Gesetzgeber hat die Vorfeldschwelle hierbei als **„drohende Gefahr"** bezeichnet und dadurch die überkommenen Kategorien des Gefahrbegriffs um eine neue Facette bereichert (vgl. Art. 11 Abs. 3 BayPAG; zum diesbezüglichen Streitstand → Rn. 43 mwN). Dass nach Ansicht des BVerfG einer noch weiter in das Vorfeld einer in ihren Konturen noch nicht absehbaren konkreten Gefahr verlegten Ermittlungtätigkeit, bei der nur relativ diffuse Anhaltspunkte für mögliche Gefahren bestehen, das Verhältnismäßigkeitsprinzip entgegenstehen soll, wird man beipflichten können, soweit es um besonders schwere, eingriffsintensive Maßnahmen geht (wie sie das BVerfG im Urteil zum BKAG auch ausschließlich zu behandeln hatte). Gleichermaßen festzuhalten ist jedoch, dass derartige – noch eher diffus und abstrakt bleibende – zB lage-, orts-, situations- oder milieuabhängige Gefahrverdachtsmomente jedenfalls Vorfeldermittlungen von geringerer Eingriffsintensität sehr wohl zu rechtfertigen imstande sind (so am Bsp. der Kennzeichenerfassung auch zu Recht BVerfG BeckRS 2018, 37186 Rn. 93). Anlasslosen Kontrollen steht das BVerfG jedoch prinzipiell skeptisch gegenüber; die (verdachts- und ereignisunabhängig durchgeführte) Schleierfahndung bleibt dennoch zulässig (da sie die seit jeher anlasslosen Grenzkontrollen substituiert; BVerfG BeckRS 2018, 37186 Rn. 93, 143 ff.). Dazu, dass es entgegen einer neueren Tendenz in der verfassungsgerichtlichen Rechtsprechung völlig einwandfrei ist, informationelle Eingriffsbefugnisse nicht allein rechtsgutsbezogen (Gefahrverdacht der Verletzung bestimmter Rechtsgüter), sondern auch straftatenbezogen (Gefahrverdacht der Begehung bestimmter Straftaten) zu formulieren (→ Rn. 12.1, → Rn. 45 mwN).

50.1 Eine von der Frage der Zulässigkeit des polizeilichen Datenabrufs ab bestimmten Eingriffsschwellen völlig zu trennende – und auch nicht polizeirechtliche – Fragestellung ist es, ob der Staat – im Sinne einer Art elektronischer Spurensicherung – anordnen darf, dass bestimmte bei Unternehmen anfallende Daten von diesen vorsorglich anlasslos gespeichert und vorgehalten werden müssen, um einem etwaigen (dann an bestimmte Eingriffsschwellen gebundenen) polizeilichen Datenzugriff zur Verfügung zu stehen. Das Urteil des BVerfG zur sog. **Vorratsdatenspeicherung** von Telekommunikationsverkehrsdaten (BVerfGE 125, 260) hat deutlich gemacht, dass die Anordnung einer solchen vorsorglichen anlasslosen Datensicherung (als informationelle Basis etwaiger polizeilicher Eingriffe) nicht per se verfassungswidrig ist (ähnlich zur Speicherung von Telekommunikationsbestandsdaten BVerfGE 130, 151; zur Neuregelung der Bestandsdatenauskunft s. BT-Drs. 17/12034). Im Gegenteil wäre es vor den grundrechtlichen Schutzpflichten bedenklich, wenn (zumal im Internet) infolge der Nichtexistenz von Mindestspeicherungspflichten ein virtueller Raum elektronischer Kommunikation entstünde, in dem, obwohl er für die Vorbereitung und Begehung von Straftaten höchst relevant ist, strukturell keine Spuren hinterlassen werden, an die die Gefahrenabwehr und die Strafverfolgung anknüpfen kann, und infolgedessen bestimmte (sich elektronischer Kommunikation bedienende) Vorbereitungs- und Begehungsformen strukturell nicht mehr aufklärbar wären (Möstl ZRP 2011, 225 (227 f.)). Dennoch hat der EuGH (NJW 2014, 2169) die Vorratsdatenspeicherungs-RL (RL 2006/24/EG v. 15.3.2006, ABl. 2006 L 105, 54) – in das BVerfG noch überholender Weise (krit. Haltern NZZ v. 31.7.2014, 15) – für ungültig erklärt;

Möstl

die grundsätzliche Zulässigkeit der Vorratsdatenspeicherung hat jedoch auch der EuGH nicht in Frage gestellt (Simitis NJW 2014, 2158). Durch das Gesetz zur Einführung einer Speicherpflicht und einer Höchstspeicherfrist für Verkehrsdaten v. 10.12.2015 (BGBl. I 2218) ist in Deutschland erneut eine Pflicht zur Vorratsdatenspeicherung statuiert worden. Tendenziell noch einmal strengere Maßstäbe hat der EuGH jedoch in seiner Entscheidung v. 21.12.2016 entwickelt (BeckEuRS 2016, 490102; s. Roßnagel NJW 2017, 696); das OVG Münster hat den Vollzug der deutschen Regelungen zur Vorratsdatenspeicherung daraufhin ausgesetzt (OVG Münster BeckRS 2017, 114873).

In der **Adressatenfrage** sind polizeiliche Gefahraufklärungsbefugnisse, wie bereits darge- **51** legt (→ Rn. 41, → Rn. 45) nicht zwingend an den Störerbegriff gebunden; eingriffslegitimierend sind im Ausgangspunkt nicht individuelle schadensträchtige Handlungsbeiträge, sondern das staatliche Informationsinteresse; auch ist die Adressatenfrage im informationellen Bereich von vornherein komplexer als im aktionellen Polizeirecht (nicht nur „über wen", sondern auch „bei wem" werden Informationen erhoben?); schließlich ist zu bedenken, dass Ermittlungen naturgemäß ein Eingrenzungsvorgang sind, denen eine gewisse (freilich sukzessiv zu reduzierende) Streubreite immanent ist (Möstl DVBl 2007, 581 (585 f., 588, auch zum Folgenden). Richtig ist hingegen, dass informationelle Befugnisse auch in der Adressatenfrage der rechtsstaatlichen Eingrenzung und einer angemessenen Systembildung bedürfen. Vor allem zwei Regeln lassen sich aufstellen: Die Streubreite informationeller Eingriffe muss – erstens – mit zunehmender Eingriffstiefe abnehmen; während geringfügigere Eingriffe auch auf der Basis rein lagebezogener Verdachtsmomente oder sogar anlasslos zulässig sein können (Bsp. Videoüberwachung, BVerwG NVwZ 2012, 757; Schleierfahndung, VerfGH Bayern BeckRS 9998, 90104; differenzierend: BVerfG NVwZ 2019, 8270; → Rn. 50), werden intensive Grundrechtseingriffe regelmäßig nur bei einem personenbezogenen Gefahrverdacht in Betracht kommen und auf die solchermaßen persönlich Verdächtigen zu beschränken sein (für die Online-Durchsuchung zB BVerfGE 120, 274 (329)). Soweit sich der Gefahrverdacht bereits auf einen bestimmten Personenkreis verdichtet hat, bedarf es – zweitens – besonderer Rechtfertigung, wenn die Überwachung auch auf den Verdächtigenumkreis erstreckt werden soll; der Begriff der „Kontakt- und Begleitperson" ist in diesem Kontext nicht generell untauglich, kann (vor allem bei gravierenden Eingriffen) jedoch näherer Eingrenzung (BVerfGE 113, 348 (380 f.)) oder einer abgestuften Behandlung (BVerfGE 133, 277 Rn. 162 ff.) bedürfen. Im Urteil zum BKAG hat das BVerfG resümiert (BVerfGE 141, 220 = BeckRS 2016, 44821 Rn. 104, 114 ff.), der Adressat der Ermittlungsmaßnahme müsse, auch soweit er nicht Handlungs- oder Zustandsverantwortlicher im klassischen Sinne sei, in die mögliche Rechtsgutverletzung „verfangen" sein, wobei dadurch (außer bei der Wohnraumüberwachung und Onlinedurchsuchung) auch Überwachungsmaßnahmen im Umfeld der Zielperson nicht etwa ausgeschlossen seien, solange eine spezifische individuelle Nähe der Betroffenen zur aufzuklärenden Gefahr bestehe; eine noch weitergehende Einbeziehung von Kontaktpersonen komme bei Maßnahmen geringerer Eingriffstiefe in Betracht. In den Sondervoten (Eichberger BVerfGE 141, 220 = BeckRS 2016, 44821 Rn. 4, Schluckebier BVerfGE 141, 220 = BeckRS 2016, 44821 Rn. 5) wurde kritisiert, dass hinsichtlich der Miterfassung Unbeteiligter zu wenig bedacht worden sei, dass diese unter dem Gesichtspunkt eines für die öffentliche Sicherheit zu erbringenden Sonderopfers gerechtfertigt werden könnte. Besondere Anforderungen gelten, soweit durch polizeiliche Überwachungsmaßnahmen die Kommunikation mit Berufsgeheimnisträgern betroffen ist; prinzipiell gebilligt hat das BVerfG hierbei ein abgestuftes System von Erhebungs- und Verwendungsverboten, das einen absoluten Schutz bezüglich solcher Berufsgeheimnisträger anordnet, bei denen typischerweise der nach Art. 1 Abs. 1 GG unantastbare Bereich privater Lebensgestaltung (→ Rn. 53) berührt ist, und den Eingriff ansonsten nur nach Maßgabe einer Abwägung gestattet (BVerfGE 129, 208 (258 ff.); eher noch offener BVerfGE 141, 220 = BeckRS 2016, 44821 Rn. 131 ff., wonach der Gesetzgeber in der Regel nicht verpflichtet sei, bestimmte Personengruppen von bestimmten Überwachungsmaßnahmen von vornherein auszunehmen, sondern der Schutz der Vertraulichkeit auch von einer Abwägung abhängig gemacht werden dürfe; zu diesbezüglichen Bestimmtheitsanforderungen VerfGH Thüringen DVBl 2013, 111 (113 f.); zur Frage der Übertragbarkeit strafprozessualer Wertungen auf das Polizeirecht Kugelmann/Möstl, Polizei unter dem Grundgesetz, 2010, 27 (52 f.)).

52   Kennzeichnend für das polizeiliche Informationsrecht ist, dass die geforderte Grundrechtssicherung in erheblichem Umfang auch durch **prozedurale Vorkehrungen** erfolgt (s. Lisken/Denninger PolR-HdB/Petri G Rn. 57 ff.). Diese können die Einschränkung der Anordnungsbefugnis (bis hin zum Richtervorbehalt in Fällen besonders hoher Eingriffsintensität; BVerfGE 120, 274 (331)), die Gewährleistung der Datensicherheit (BVerfGE 125, 260 (325)), Pflichten zur Protokollierung, Dokumentation und Kennzeichnung (namentlich bei gewichtigen Eingriffen in Art. 10 und 13 GG, BVerfGE 133, 277 Rn. 225) sowie die Gewährleistung von Transparenz und Kontrolle (BVerfGE 125, 260 (334); 133, 277 Rn. 204 ff.) betreffen. Von besonderer Bedeutung für die Realisierbarkeit effektiven Rechtsschutzes (Art. 19 Abs. 4 GG) gegenüber heimlich erfolgenden Maßnahmen ist das Bestehen von (nachträglichen) Auskunftsrechten und ggf. Benachrichtigungspflichten (BVerfGE 113, 348 (383 f., 389 f.)); allerdings wird man die Pflicht zu einer von Amts wegen erfolgenden Benachrichtigung (statt bloßen Auskunftsrechten) zumal bei geringfügigen Eingriffen nicht generell fordern können (BVerfGE 130, 151 (209 f.); BVerfG BeckRS 2018, 37186 Rn. 154; zu weitgehend VerfGH Thüringen DVBl 2013, 111 (116) und Ls. 4); und auch soweit eine prinzipielle Benachrichtigungspflicht besteht, kommen Ausnahmen nach Maßgabe einer Abwägung in Betracht (s. BVerfGE 125, 260 (336 f.); zu den Anforderungen an Transparenz, individuellen Rechtsschutz und aufsichtliche Kontrolle zusf. BVerfGE 141, 220 = BeckRS 2016, 44821 Rn. 134 ff.).

53   Eine wichtige äußere Grenze polizeilicher Ermittlungsbefugnisse markiert der Schutz des **unantastbaren Kernbereichs privater Lebensgestaltung** (Poscher JZ 2009, 269; Lisken/Denninger PolR-HdB/Schwabenbauer G Rn. 91 ff.; Tanneberger, Die Sicherheitsverfassung, 2014, 130 ff.; Reichert, Der Schutz des Kernbereichs privater Lebensgestaltung in den Polizeigesetzen des Bundes und der Länder, 2015). Dieser Schutz folgt verfassungsunmittelbar aus Art. 1 Abs. 1 GG und setzt jeder polizeilichen Ermittlungtätigkeit entsprechende materiell-rechtliche Grenzen. Darüber hinaus verlangt das BVerfG – allerdings nicht generell, sondern nur in Bezug auf solche Eingriffe, die die „gesteigerte Gefahr" bergen, dass Daten höchstpersönlichen Inhalts erhoben werden (BVerfGE 120, 274 (336)), bzw. „typischerweise zur Erhebung kernbereichsrelevanter Daten führen" (verletzungsgeneigte Befugnisse; s. BVerfGE 141, 220 = BeckRS 2016, 44821 Rn. 123) – dass der Gesetzgeber auch durch besondere prozedurale Schutzvorkehrungen sicherstellt, dass der an sich bereits verfassungsunmittelbar aus Art. 1 Abs. 1 GG folgende Kernbereichsschutz gewahrt wird. Herauskristallisiert hat sich hierbei in der Rechtsprechung des BVerfG ein zweistufiges Schutzkonzept (BVerfGE 120, 274 (338 f.); zusf. BVerfGE 129, 208 (245 ff.); 141, 220 = BeckRS 2016, 44821 Rn. 126 f.): So hat die gesetzliche Ermächtigung auf der ersten Stufe so weit wie möglich sicherzustellen, dass Daten mit Kernbereichsbezug nicht erhoben werden; soweit es jedoch praktisch unvermeidbar ist, dass die ermittelnde Polizei Informationen zur Kenntnis nimmt, bevor sie deren Kernbereichsbezug erkennt, ist es von Verfassung wegen nicht gefordert, den Zugriff von vornherein zu unterlassen; vielmehr ist dann – in einer zweiten Stufe – für hinreichenden Schutz in der Auswertungsphase zu sorgen; kernbereichsrelevante Daten sind dabei unverzüglich zu löschen; die Verfassung verlangt nicht in allen Fällen, dass die Auswertung durch eine unabhängige Stelle erfolgt (BVerfGE 129, 208 (249 f.)); tendenziell strenger jetzt BVerfGE 141, 220 = BeckRS 2016, 44821 Rn. 129, wonach die Sichtung durch eine unabhängige Stelle „in der Regel" vorzusehen sei). Da die verfassungsrechtlichen Anforderungen an die konkrete Ausgestaltung des Kernbereichsschutzes je nach Art der Informationserhebung und die durch sie erfassten Informationen unterschiedlich sein können (BVerfGE 120, 274 (339); 129, 208 (245)), kann vom Gesetzgeber nicht verlangt werden, vor die Klammer gezogen (dh unabhängig vom Maßnahmetyp) eine einheitliche Kernbereichsschutzregelung zu schaffen (zum Ganzen s. Kugelmann/Möstl, Polizei unter dem Grundgesetz, 2010, 27 (49 ff.)).

III. Die verfassungsrechtliche Garantie effektiven Rechtsschutzes im Polizeirecht

54   Die **Garantie effektiven Rechtsschutzes** (Art. 19 Abs. 4 GG; allg. zum Rechtsschutz im Polizeirecht Lisken/Denninger PolR-HdB/Buchberger/Rachor L Rn. 1 ff.; Gusy PolR Rn. 481 ff.) stößt im Polizeirecht auf das strukturelle Problem der typischerweise sofortigen **Erledigung** polizeilicher Maßnahmen. Mit Art. 19 Abs. 4 GG ist es zwar prinzipiell verein bar, wenn die Fachgerichte ein Rechtsschutzinteresse nur so lange als gegeben ansehen, wie ein gerichtliches Verfahren dazu dienen kann, eine gegenwärtige Beschwer auszuräumen, einer Wiederholungsgefahr zu begegnen oder eine fortwirkende Beeinträchtigung durch einen an sich beendeten Eingriff zu beseitigen; allerdings gebietet das Grundrecht auf effektiven Rechtsschutz darüber hinaus, dass im Falle sich typischerweise, noch bevor gerichtlicher Rechtsschutz zu erlangen ist, erledigender tiefgreifender oder gewichtiger Grundrechtseingriffe zumindest ein nachträglicher Hauptsacherechtsbehelf offen stehen muss (BVerfGE 110, 77 (85 ff.), auch zum Verhältnis zum einstweiligen Rechtsschutz; OVG Koblenz BeckRS 2013, 45160, auch zum Sonderfall von Gefahrenabwehrverordnungen; VGH München NJW 2017, 2779). Zur Gewährleistung einer effektiven Rechtsschutzmöglichkeit gegenüber **heimlichen Polizeimaßnahmen** kann aus Art. 19 Abs. 4 GG folgen, dass entsprechende Benachrichtigungspflichten oder zumindest Auskunftsrechte statuiert werden müssen (→ Rn. 52; zur Möglichkeit einer vorbeugenden Unterlassungsklage BVerfG BeckRS 2018, 37208 Rn. 50 f.).

B. Sicherheitsarchitektur

I. Der Ort der Polizei in der deutschen Sicherheitsarchitektur

1. Die Entwicklung der Polizeibegriffe – Polizei und Sicherheits- / Ordnungsbehörden

Der **Polizeibegriff** hat seit seinem Aufkommen im frühneuzeitlichen Staat vielerlei **55** Wandlungen erfahren (DWVM Gefahrenabwehr 1–43; Götz/Geis PolR § 2 Rn. 1 ff.): Bezeichnete er zunächst (weit) die Vorstellung einer guten Ordnung des Gemeinwesens und wurde er sodann im (so die spätere kritische Wertung) „polizeistaatlichen" Absolutismus gar zum Synonym für die gesamte innere Verwaltung, war es die Errungenschaft der vom aufgeklärten Absolutismus zum liberalen Rechtsstaat führenden Entwicklung, den Polizeibegriff (enger) mit Gefahrenabwehr gleichzusetzen (dh die sog. „Wohlfahrtspolizei" auszuscheiden). Die jüngere Tendenz vor allem nach dem Zweiten Weltkrieg hat an die Stelle dieses sog. materiellen Polizeibegriffs (Polizei = Gefahrenabwehr) einen institutionellen Polizeibegriff treten lassen: als Polizei wird überwiegend nur noch die Vollzugspolizei als Institution (zB Art. 1 BayPAG) und nicht mehr die Tätigkeit der sonstigen, zuvor als Verwaltungspolizei bezeichneten, gefahrenabwehrenden Verwaltung bezeichnet; aus der Verwaltungspolizei werden – mit beträchtlicher föderaler Begriffsvielfalt – „Ordnungsbehörden" (zB Nordrhein-Westfalen) bzw. „Sicherheitsbehörden" (Bayern), „Gefahrenabwehrbehörden" (Hessen), „Verwaltungsbehörden" (Niedersachsen) oder Ähnliches (Kingreen/Poscher POR § 2 Rn. 31). Grund für diese Entwicklung ist nicht nur – vordergründig – das von den Westalliierten angestoßene Programm der „Entpolizeilichung" der Verwaltung, sondern – tiefer liegend – auch die Unterschiedlichkeit der jeweiligen Art der Aufgabenerledigung (Vollzugspolizei: vor Ort und mit der Möglichkeit sofortigen Vollzugs; Ordnungsbehörden: vom Schreibtisch aus) sowie ein zunehmendes Auseinanderdriften der jeweiligen Aufgabenstruktur jenseits des Schnittbereichs Gefahrenabwehr (Anreicherung der ordnungsbehördlichen Aufgaben um planerische, gestalterische und risikosteuernde Elemente einerseits; charakteristische und über bloße Gefahrenabwehr hinausgehende Doppelzuständigkeit der Polizei für Prävention und Repression andererseits; s. Möstl Sicherheitsgewährleistung 392 ff.). Soweit das Polizeirecht und das allgemeine Sicherheits- / Ordnungsrecht von einer einheitlichen dogmatischen Struktur (Gefahr / Störerdogmatik) geprägt bleiben (dh im Schnittbereich klassischen Gefahrenabwehrrechts), behält der überkommene materielle Polizeibegriff gleichwohl wissenschaftlichen Wert.

Das Programm der **Entpolizeilichung** der Sicherheits- / Ordnungsverwaltung ist in den **56** deutschen Ländern **unterschiedlich weitreichend** durchgeführt worden (für Nordrhein-Westfalen s. BeckOK PolR NRW/Kugelmann Entwicklung und Strukturen des Polizei- und Ordnungsrechts in Nordrhein-Westfalen Rn. 8). Zwar unterscheiden alle Bundesländer in der einen oder anderen Form zwischen der Vollzugspolizei zugewiesenen Eil- und Vollzugsaufgaben vor Ort einerseits und den verwaltungsmäßig zu erledigenden regulären Gefahrenabwehraufgaben andererseits (Kingreen/Poscher POR § 1 Rn. 26, § 2 Rn. 24 zum

Folgenden). Vier Länder (darunter Baden-Württemberg; nur für Baden-Württemberg s. BeckOK PolR BW/Trurnit Entwicklung und Strukturen des Polizeirechts in Baden-Württemberg Rn. 4) haben organisatorisch jedoch am **Einheitssystem** festgehalten; die mit Gefahrenabwehr betrauten Verwaltungsbehörden heißen demnach weiter „Polizeibehörden" und bilden gemeinsam mit dem Polizeivollzugsdienst die „Polizei" (§ 59 BWPolG), deren Aufgaben, Befugnisse und Organisation konsequenterweise in einem einzigen Gesetz, dem „Polizeigesetz" geregelt sind (für Baden-Württemberg s. BeckOK PolR BW/Schatz BWPolG § 59 Rn. 1 ff.). Alle anderen Bundesländer hingegen folgen dem **Trennungssystem,** dh sie unterscheiden die Polizei (im Sinne von Vollzugspolizei) von den sonstigen, als Sicherheits- / Ordnungsbehörden oder ähnlich (dh nicht als Polizeibehörden) bezeichneten allgemeinen Gefahrenabwehrbehörden, wobei gewisse organisatorische Querverbindungen bestehen bleiben können (zB Weisungsrecht der Sicherheitsbehörden gegenüber der Polizei nach Art. 9 Abs. 2 BayPAG iVm Art. 10 S. 2 LStVG; Landräte als Kreispolizeibehörden gem. § 2 Abs. 1 POG NRW). Unterschiedliche Wege gehen die Länder (mit Trennsystem) auch in der Frage, ob sie die Tätigkeit und Organisation der solchermaßen unterschiedenen Polizei und Ordnungs- / Sicherheitsbehörden dennoch **in einem einzigen Gesetz** (so zB Niedersachsen und Hessen, s. BeckOK PolR Hessen/Mühl/Bäuerle Entwicklung und Strukturen des Polizei- und Ordnungsrechts in Hessen Rn. 20) oder aber in unterschiedlichen, dann typischerweise **drei verschiedenen Gesetzen** regeln (zB Bayern: BayPAG, BayPOG, LStVG; Nordrhein-Westfalen: PolG NRW, POG NRW, NRWOBG; für Bayern s. BeckOK PolR Bayern/Schwabenbauer Entwicklung und Strukturen des Polizei- und Sicherheitsrechts in Bayern Rn. 57; für Baden-Württemberg s. BeckOK PolR BW/Trurnit Entwicklung und Strukturen des Polizeirechts in Baden-Württemberg Rn. 4).

2. Die besondere Funktion der Polizei im Konzert der Gewalten

57 Der herrschende institutionelle Polizeibegriff darf den Blick nicht dafür verstellen, dass es sehr wohl möglich ist, das, was die (Vollzugs-) Polizei macht, auch funktional zu beschreiben und in diesem Sinne materiell zu erfassen (auf die Funktion der Polizei im institutionellen Sinn bezogener materieller Polizeibegriff, s. Möstl Sicherheitsgewährleistung 382 ff., 398 ff.). Für die materielle Erfassung der Polizei entscheidend ist ihr Charakter einer gegenüber allen staatlichen Sicherheitsfunktionen (aller Gewalten) subsidiären (dh **subsidiär allzuständigen**) und zugleich mit den effektivsten tatsächlichen und rechtlichen Mitteln ausgestatteten (dh **schlagkräftigsten**) **Grund- und Auffangfunktion** des Staates zur Einlösung der staatlichen Garantie für die öffentliche Sicherheit und Ordnung. Subsidiär zuständig ist die Polizei nicht nur (im Rahmen der Gefahrenabwehr) gegenüber der allgemeinen und besonderen Ordnungsverwaltung, sondern auch (im Rahmen ihrer strafprozessualen Eil- und Hilfszuständigkeiten) gegenüber den Organen der Strafverfolgung sowie (beim Schutz privater Rechte) auch gegenüber der Zivilgerichtsbarkeit; Strukturen faktisch-rechtlicher Hilfsverfügbarkeit bestehen schließlich sogar im Verhältnis zum Gesetzgeber, denn immer dann, wenn der Gesetzgeber es bislang unterlassen hat, für spezielle Schutzregelungen zu sorgen, ist die Polizei aufgrund ihrer Generalklausel in der Lage, das zum Schutz der öffentlichen Sicherheit und Ordnung Notwendige zu verfügen. Charakteristische Kehrseite ihrer nur subsidiären Allzuständigkeit ist es (und hierin liegt die trotz aller rechtlichen Subsidiarität ganz eminente faktische Bedeutung der Polizei begründet), dass die Polizei im Gegenzug über die im Vergleich zu den anderen Sicherheitsfunktionen effektivsten rechtlichen und faktischen Mittel verfügt, auch tatsächlich in jeder Situation für ausreichenden Schutz sorgen zu können: sie ist (anders als fast alle anderen Staatsfunktionen) nicht nur prinzipiell jederzeit und überall einsetzbar, sondern verfügt auch über eine an Breite (Generalklausel) und Tiefe (Fähigkeit, Entscheidungen nicht nur zu treffen, sondern nötigenfalls auch sofort und ggf. mit Gewalt bis hin zum Schusswaffengebrauch zu vollstrecken; vgl. § 80 Abs. 2 Nr. 2 VwGO und die Regeln zum polizeilichen Zwang) ganz exzeptionelle Befugnisstruktur. Ihre subsidiäre Allzuständigkeit gegenüber der gesamten gewaltenteiligen Sicherheitsarchitektur und diese bis zur zwangsweisen Durchsetzung an Ort und Stelle reichende besondere Befugnisstruktur lassen die Polizei – im Konzert der Gewalten und der rechtsstaatlich ausdifferenzierten Sicherheitsfunktionen – als reinste Verkörperung der staatlichen Garantie für die öffentliche Sicherheit und Ordnung sowie des staatlichen Gewaltmonopols erscheinen.

3. Polizei und Nachrichtendienste

Das Verhältnis von Polizei und Nachrichtendiensten wird – seit dem „Polizeibrief" der **58** Westalliierten v. 14.9.1949 und seither einfachgesetzlich verwirklicht – vom sog. **Trennungsgebot** beherrscht (Nehm NJW 2004, 3289; Fremuth AöR 139 (2014), 32). Neben dem Gebot organisatorischer Trennung folgt aus ihm in funktionaler Hinsicht insbesondere das Verbot, den Nachrichtendiensten „polizeiliche Befugnisse" einzuräumen (zB § 8 Abs. 3 BVSG). Was damit genau gemeint ist, ist infolge von Tendenzen einer zunehmenden „Vernachrichtendienstlichung der Polizei" (Einräumung informationeller Vorfeldbefugnisse) und einer „Verpolizeilichung der Nachrichtendienste" (Indienstnahme für die Verbrechensbekämpfung) teilweise unsicher geworden (vgl. Kniesel Schriftenreihe der Polizeiführungsakademie 3/1996, 77 (82 ff.); Wolff DÖV 2009, 597). Kern des Verbots polizeilicher Befugnisse ist es (im Sinne der Verhinderung einer Kumulation weitreichender Ermittlungsbefugnisse und weitreichender Exekutivbefugnisse in einer Hand), dass die Nachrichtendienste als diejenigen Stellen, die dazu berufen sind, bereits weit im Gefahrenvorfeld und mit heimlichen Methoden zu ermitteln, und die in diesem Sinne legitimerweise „viel wissen", niemals selbst die Konsequenzen aus ihrem Wissen ziehen und unmittelbar zu Maßnahmen der Gefahrenabwehr oder Strafverfolgung schreiten dürfen; diejenige Behörde, die viel wissen darf, soll nicht selbst handeln dürfen – das ist der eigentliche Sinn des Trennungsgebots. Das Trennungsgebot beschränkt die Nachrichtendienste somit auf den rein informationellen Bereich, die resultierenden Konsequenzen sind stets von anderen zu ziehen; die Nachrichtendienste üben eine rein informationelle Hilfstätigkeit für andere aus, sie sind, wie der Name schon sagt, „Nachrichten"-Dienst, dh Informationsquelle für andere. Legt man diese Sichtweise zugrunde, so folgt hieraus nach hier vertretener Ansicht (Möstl Sicherheitsgewährleistung 404 ff., 412) zwingend, dass es keine Verletzung des Trennungsgebots sein kann, wenn die Nachrichtendienste (freilich in den Grenzen des grundrechtlich Zulässigen) im Rahmen ihrer informationellen Aufgaben Informationen an die ggf. zum Handeln berufene Polizei weiter geben (kein Gebot auch informationeller Trennung); im Gegenteil ist der Informationsaustausch zwischen Nachrichtendiensten und Polizei geradezu funktionale Kehrseite und notwenige Konsequenz des Trennungsgebots, denn wenn die Nachrichtendienste nicht selbst die Konsequenzen aus ihrem Wissen ziehen dürfen und wenn ihr Wissen andererseits nicht völlig vergebens sein soll, dann müssen sie prinzipiell in der Lage sein, ihr Wissen an diejenigen weiterzugeben, die zur Ziehung der Konsequenzen berufen sind. Dies folgt auch aus einer verfassungsrechtlichen Wertung, denn das GG hat die Nachrichtendienste bewusst in den Kontext der sicherheitsbehördlichen Zusammenarbeit gestellt (Art. 73 Abs. 1 Nr. 10 GG; vgl. auch BVerfGE 133, 277 Rn. 97–99). Freilich sind bei der Informationsweitergabe stets die Grundrechte zu beachten; die Informationsweitergabe ist insbesondere vor dem Grundrecht auf informationelle Selbstbestimmung rechtfertigungsbedürftig; aus dem Trennungsgebot folgen nach hier vertretener Ansicht allerdings keine über diese grundrechtlichen Grenzen hinausgehenden Hindernisse.

Das **BVerfG** hat sich mit Fragen eines Informationsaustauschs zwischen Nachrichten- **59** diensten und Polizei in seinem Urteil zur strategischen Fernmeldeüberwachung befasst (BVerfGE 100, 313) und hierbei einen systematischen polizeilichen Verwendungszusammenhang von im Rahmen der spezifisch nachrichtendienstlichen Aufgaben gewonnenen Erkenntnissen in bestimmten grundrechtlichen Grenzen erlaubt, ohne das Trennungsgebot als solches zu thematisieren. In seinem Urteil zur **Antiterrordatei** v. 24.4.2013 (BVerfGE 133, 277) hat es weitergehend unmittelbar aus den Grundrechten ein **informationelles Trennungsprinzip** dergestalt abgeleitet, dass ein Datenaustausch grundsätzlich verboten und nur ausnahmsweise erlaubt sein soll (s. Gärditz JZ 2013, 633; Käß BayVBl. 2013, 709; Tanneberger VBlBW 2014, 41; Volkmann JA 2014, 820). Dieses informationelle Trennungsprinzip ist nach hier vertretener Ansicht fragwürdig hergeleitet (die Aussagen zum Regel-Ausnahme-Verhältnis, die eigentlich nur das Ergebnis einer Abwägung sein können, erfolgen gegen die Regeln der Kunst, noch bevor überhaupt eine Abwägung stattgefunden hat; die Unterschiede der Aufgaben- und Befugnisstruktur von Nachrichtendiensten und Polizei werden überpointiert, ohne auch die Überschneidungsbereiche zu würdigen); auch fragt sich, welchen Mehrwert ein aus den Grundrechten abgeleitetes Trennungsprinzip gegenüber der grundrechtlichen Selbstverständlichkeit haben soll, dass Informationsweitergaben vor den

Grundrechten rechtfertigungsbedürftig sind; schließlich entbehrt es nicht einer gewissen Widersprüchlichkeit, wenn im Rahmen der Eingriffsrechtfertigung auf das legitime Interesse an einem gezielten informationellen Verbund der organisatorisch enorm ausdifferenzierten Sicherheitsbehörden (im Fall über 60 zuständige Behörden und Stellen!) abgestellt wird (BVerfGE 133, 277 Rn. 130 f.), obwohl dieser organisatorischen Zersplitterung zuvor sogar eine „grundrechtliche Dimension" und Schutzfunktion zugesprochen worden war (BVerfGE 133, 277 Rn. 113). Trotz dieser Einwände wird das vom BVerfG aufgestellte Gebot informationeller Trennung sein Eigenleben entfalten und für die Beurteilung von Strukturen der informationellen Zusammenarbeit maßgeblich bleiben. Immerhin ist entschieden worden, dass dieses Trennungsgebot selbst einer systematischen Verbunddatei zur Informationsanbahnung wie der Antiterrordatei (ATDG – Gesetz zur Errichtung einer standardisierten zentralen Antiterrordatei von Polizeibehörden und Nachrichtendiensten von Bund und Ländern v. 22.12.2006, BGBl. I 3409) nicht prinzipiell entgegensteht; dies ist auch für die sog. Rechtsextremismusdatei (RED-G – Gesetz zur Errichtung einer standardisierten zentralen Datei von Polizeibehörden und Nachrichtendiensten von Bund und Ländern zur Bekämpfung des gewaltbezogenen Rechtsextremismus v. 20.8.2012, BGBl. I 1798) von Bedeutung. Umstritten ist derzeit, ob das seit 2004 betriebene Gemeinsame Terrorismusabwehrzentrum (**GTAZ**) von Polizeien, Nachrichtendiensten und anderen Sicherheitsbehörden einer gesetzlichen Grundlage bedarf (SZ v. 23.8.2013; Wissenschaftliche Dienste des Deutschen Bundestages v. 19.12.2018 – WD 3 – 3000 – 406/18).

II. Polizeiliche Sicherheitsgewährleistung im Bundesstaat

1. Die polizeirechtliche Landes- und die strafprozessuale Bundesgesetzgebungskompetenz

60   Die für den deutschen Bundesstaat charakteristische Unterscheidung zwischen der originären Gesetzgebungskompetenz der Länder für das allgemeine **Gefahrenabwehrrecht** einerseits (Art. 70 Abs. 1 GG) und der (konkurrierenden) Gesetzgebungszuständigkeit des Bundes für das **Strafprozessrecht** andererseits (Art. 74 Abs. 1 Nr. 1 GG) bringt es mit sich, dass die Tätigkeit der Polizei, die traditionell präventive und repressive Aufgaben in sich vereint und insofern von einer funktionellen Doppelrolle geprägt ist, auf zwei sehr unterschiedlichen, einmal landes- und einmal bundesrechtlichen, Rechtsregimen beruht: dem Polizeirecht der Länder, das tatsächlich nur einen Teilbereich der polizeilichen Aufgaben (nämlich die gefahrenabwehrenden) abschließend regelt, sowie der StPO des Bundes, welche repressive Aufgaben und Eingriffsbefugnisse hinzufügt (weitere spezialgesetzlich geregelte Aufgaben, etwa im Ordnungswidrigkeiten-, Straßenverkehrs- oder Versammlungsrecht kommen hinzu; zum Ganzen s. Schenke PolR Rn. 23 ff.). Obwohl offensichtlich ist, dass zwischen präventiven und repressiven Aufgaben der Verhütung und Verfolgung von Straftaten in der polizeilichen Arbeit ein enger sachlicher Zusammenhang und häufig auch schwer aufzulösende **Gemengelagen** bestehen können (Kingreen/Poscher POR § 2 Rn. 7 ff.; BVerfG BeckRS 2018, 37186 Rn. 63, 71 ff.), und obwohl das Polizei- und das Strafprozessrecht der Polizei zumeist durchaus vergleichbare (und beinahe austauschbar erscheinende) Eingriffsbefugnisse für bestimmte Standardmaßnahmen einräumen (so die Perspektive des sog. **polizeilichen Eingriffsrechts,** das gleichartige Maßnahmetypen des Polizei- und Strafprozessrechts parallel und vergleichend darstellt; zB Benfer/Bialon, Rechtseingriffe von Polizei und Staatsanwaltschaft, 4. Aufl. 2010; Trurnit, Eingriffsrecht, 4. Aufl. 2017; zur verfassungsrechtlichen Zulässigkeit dieses Nebeneinanders BVerfG BeckRS 2018, 37186 Rn. 72), macht es die für das deutsche Recht typische kompetenzielle Trennung von Polizei- und Strafprozessrecht zwingend notwendig, polizeiliche Maßnahmen trennscharf (und schärfer als dies in anderen europäischen Rechtsordnungen typisch ist, die Prävention und Repression oft mehr im Zusammenhang sehen; vgl. für das EU-Polizeirecht → Rn. 86) **entweder dem präventiven Polizei- oder dem repressiven Strafprozessrecht** mit ihren jeweiligen Eingriffsermächtigungen zuzuordnen (zB Benfer/Bialon, Rechtseingriffe von Polizei und Staatsanwaltschaft, 4. Aufl. 2010, Rn. 16 ff.; Kniesel Die Polizei 2017, 189; 2018, 265). Zu dieser Notwendigkeit einer kompetenziell scharfkantigen Zuordnung trotz faktischer Überschneidungen hat das BVerfG in seiner Entscheidung v. 18.12.2018 (BeckRS 2018,

37186 Rn. 71 ff.) grundsätzlich ausgeführt, dass es der kompetenziellen Zuordnung einer Eingriffsbefugnis zum Gefahrenabwehrrecht, solange die Norm strikt von einer präventiven Zwecksetzung her bestimmt und auf sie ausgerichtet ist, nicht entgegensteht, dass sie in ihren tatsächlichen Wirkungen auch die Strafverfolgung befördert (und umgekehrt); auch doppelfunktionale Regelungen seien zulässig; für die kompetenzielle Zuordnung sei insoweit der Schwerpunkt der Zweckrichtung maßgeblich; wo ein klarer Schwerpunkt nicht erkennbar sei, bestehe ein gesetzgeberischer Entscheidungsspielraum und sei es auch zulässig, dass entsprechende Befugnisse auf Bundes- und Landesebene geregelt werden. Die scharfkantige Unterscheidung von präventivem und repressivem Recht bringt es auch mit sich, dass es als eine (einer besonderen Rechtsgrundlage und Rechtfertigung bedürfende) **Zweckänderung** anzusehen ist, wenn von der Polizei ursprünglich zu präventiven Zwecken erhobene Daten nunmehr zu repressiven Zwecken verwendet werden sollen oder umgekehrt (Gusy PolR Rn. 260; BVerfG BeckRS 2018, 37186, Rn. 80) – und das obwohl Daten prinzipiell „neutral" sind (Lisken/Denninger PolR-HdB/Denninger D Rn. 205), dh prinzipiell in unterschiedlichen Kontexten nützlich sein können (gerade für in Bezug auf ein und denselben strafbaren Geschehensablauf erhobene Daten liegt auf der Hand, dass sie sowohl für die Verhütung als auch für die Verfolgung der Straftat relevant werden können).

Die kompetenziell notwendige Unterscheidung von präventivem und repressivem Recht **61** ist **rechtsstaatlich sinnvoll,** denn die sehr unterschiedlichen Entscheidungssituationen bei der Gefahrenabwehr einerseits (ereignisbezogen, prognostisch, ggf. eilbedürftig, auf Effektivität und Flexibilität bedacht) und bei der Strafverfolgung andererseits (tat- und täterbezogen, vergangenheitsorientiert, auf Gerechtigkeit und Rechtsförmigkeit bedacht) machen es notwendig, die parallelen Befugnisgrundlagen des Polizei- und des Strafprozessrechts für bestimmte Standardmaßnahmen an unterschiedliche tatbestandliche Voraussetzungen und prozedurale Maßgaben zu knüpfen (Lisken/Denninger PolR-HdB/Rachor/Graulich E Rn. 162; Möstl Sicherheitsgewährleistung 157 f.). Gerade auch angesichts dieser Unterschiedlichkeit umso schärfer stellt sich freilich die Frage, nach welchen Kriterien bei den in der Praxis häufigen **Gemengelagen** aus präventiven und repressiven Zwecken eine verlässliche Zuordnung zu dem einen oder anderen Rechtsregime erfolgen soll. Die Rechtsprechung und hM bedienen sich des Kriteriums des Schwerpunkts der Maßnahme (**Schwerpunkttheorie,** BVerwGE 47, 255 (264 f.), VGH München BayVBl. 2010, 220; OVG Münster BeckRS 2012, 45958; Roggan Die Polizei 2008, 112; für Baden-Württemberg s. BeckOK PolR BW/Trurnit BWPolG § 1 Rn. 71) dieses Kriterium ist nunmehr vom BVerfG bestätigt worden (BeckRS 2018, 37186 Rn. 72); strittiger ist es, ob und inwieweit im Rahmen des Schwerpunktkriteriums bei Zweifelsfällen von einem **Vorrang der Gefahrenabwehr** (so zB Kingreen/Poscher POR § 2 Rn. 14) oder aber einem **Primat der Strafverfolgung** (Benfer/Bialon, Rechtseingriffe von Polizei und Staatsanwaltschaft, 4. Aufl. 2010, Rn. 25; aA Möstl DVBl 2010, 808 (815) mwN) auszugehen ist (näher → Rn. 91, auch zur diesbezüglichen Leitentscheidung BGH BeckRS 2017, 118214).

Seit BVerfGE 113, 348 (367 ff.; bekräftigend BVerfG BeckRS 2018, 37186 Rn. 67 ff.) **62** im Grundsatz geklärt ist die lange strittige (vgl. Möstl DVBl 2010, 808 (814 f.) mwN, auch zum Folgenden; sa VGH Mannheim BeckRS 2014, 52255) Frage der kompetenziellen Verortung von Regelungen zu polizeilichen Ermittlungsmaßnahmen, die bereits im Vorfeld von Gefahr und Tatverdacht ansetzen (**vorbeugende Bekämpfung von Straftaten,** → Rn. 45; für Baden-Württemberg s. BeckOK PolR BW/Trurnit Entwicklung und Strukturen des Polizeirechts in Baden-Württemberg Rn. 34; für Baden-Württemberg s. BeckOK PolR BW/Trurnit BWPolG § 1 Rn. 10; sa Kniesel Die Polizei 2017, 189 ff.). Während die **Straftatenverhütung,** und zwar auch, wenn sie vorbeugend im Gefahrenvorfeld greift, vollumfänglich der Landesmaterie Polizeirecht zuzuordnen ist, soll für die Vorsorge für die Verfolgung von Straftaten (**Verfolgungsvorsorge**) prinzipiell die Bundesmaterie Strafprozessrecht einschlägig sein, wobei freilich für landesrechtliche Regeln in den Polizeigesetzen Raum bleibt, soweit der Bundesgesetzgeber (wie im Bereich der Verfolgungsvorsorge häufig der Fall, vgl. BVerwG NVwZ 2012, 757 (760); Schenke PolR Rn. 30) in der StPO noch keine abschließenden Regelungen getroffen hat. Nach den Regeln der Schwerpunkttheorie (→ Rn. 61) unschädlich ist es des Weiteren, wenn Ermittlungsmaßnahmen, die auf der Basis der Polizeigesetze mit im Schwerpunkt präventiver Zwecksetzung angestellt werden, zugleich einen potentiell verfolgungsvorsorgenden Nebenzweck dergestalt aufweisen, dass die im

Zuge der präventiven Ermittlungen erhobenen Daten später möglicherweise (im Wege zweckändernder Umwidmung) auch für repressive Zwecke nutzbar gemacht werden können (Möstl DVBl 2010, 808 (815); so nunmehr ausdrücklich auch BVerfG BeckRS 2018, 37186 Rn. 80). Im Übrigen jedoch ist es nicht zulässig, die Verfolgungsvorsorge im Rahmen der Polizeigesetze zu einem eigenständigen Eingriffsgrund auszubauen (BVerfGE 113, 348 (369); Kingreen/Poscher POR § 5 Rn. 5).

2. Die Polizeihoheit der Länder und die sonderpolizeilichen Aufgaben des Bundes

63   Die **allgemeine Polizeigewalt** kommt in der bundesstaatlichen Ordnung Deutschlands traditionell den Ländern zu (Lisken/Denninger PolR-HdB/Bäcker B Rn. 143 ff.; Möstl Sicherheitsgewährleistung 464 ff.; Härtel/Kugelmann, Handbuch Föderalismus, Bd. II, 2012, § 52); der Bund verfügt unter dem GG nur über bestimmte **sonderpolizeiliche Aufgaben.** Für den vor allem auf Art. 87 Abs. 1 S. 2 GG basierenden früheren Bundesgrenzschutz hat das **BVerfG** (BVerfGE 97, 198) ausdrücklich entschieden, dass dessen Aufgabenspektrum über die engere Grenzschutzaufgabe hinaus zwar auch um andere dem Bund durch das GG zugewiesene Polizeiaufgaben (insbesondere die Aufgaben der Bahnpolizei) erweitert werden darf (mit der Tendenz seiner Wandlung hin zu einer „multifunktional einsetzbaren Polizei des Bundes"), zugleich hat es jedoch (BVerfGE 97, 198 (218)) festgehalten, dass dieser nicht zu einer allgemeinen, mit den Landespolizeien konkurrierenden Bundespolizei ausgebaut werden und damit sein Gepräge als Polizei mit begrenzten Aufgaben verlieren darf. Die im Jahre 2005 vollzogene Umbenennung des Bundesgrenzschutzes in „**Bundespolizei**" mag angesichts dessen verändertem Aufgabenspektrums verständlich sein (Götz/Geis PolR § 16 Rn. 19) und, da sie nur zu einem neuen Namen, nicht aber als solche zu einer zusätzlichen Aufgabenerweiterung führte, auch noch nicht die Grenze zur Verfassungswidrigkeit überschreiten (Kingreen/Poscher POR § 2 Rn. 39); verfassungspolitisch problematisch bleibt sie angesichts der vom BVerfG bekräftigten Grundentscheidung des GG gegen eine allgemeine Bundespolizei allemal. Umgekehrt ist seit langem, und jüngst (seit Wiedereinführung einer eigenen Grenzpolizei durch den Freistaat Bayern) aufs Neue streitig, inwieweit auch die Länder – neben den Bundeskompetenzen aus Art. 73 Abs. 1 Nr. 5 und Art. 87 Abs. 1 S. 2 GG – Grenzschutzaufgaben regeln und wahrnehmen dürfen (s. Walter NVwZ 2018 1685; Kingreen/Schönberger NVwZ 2018, 1825; Parma BayVBl. 2019, 181; *Walter* BayVBl. 2020, 7). Das BVerfG hat hierzu jüngst (wenngleich am speziellen Beispiel der Schleierfahndung) eine sehr restriktive Linie eingenommen und den Ländern ohne ausdrücklich bundesgesetzliche Ermächtigung iSv Art. 71 GG eine eigenständige Regelungsbefugnis abgesprochen (BVerfG BeckRS 2018, 27186 Rn. 55.). Übersehen wird dabei die prinzipiell subsidiäre Auffangzuständigkeit der Landespolizeien gegenüber allen sonderpolizeilichen Funktionen (auch des Bundes); zumindest bei Unaufschiebbarkeit und Gefahr im Verzug, im Übrigen aber mit Zustimmung des Bundes oder aufgrund Verwaltungsvereinbarung mit ihm sind daher – wie bislang auch das Bundesrecht anerkannt hat (§ 1 Abs. 7 BPolG, § 2 Abs. 1, Abs. 4 BPolG, § 64 Abs. 1 Nr. 1 und Nr. 2 BPolG) – auch die Länder zur Wahrnehmung von Grenzschutzaufgaben in der Lage. Wo aber eine (und sei es auch subsidiäre) Verwaltungskompetenz besteht, müssen die Länder, zumindest solange das BPolG diesbezüglich auf das Landesrecht verweist, auch zum Erlass entsprechender Regelungen imstande sein (s. Möstl GSZ 2019, 101 (107 f.)). Die subsidiäre Auffangkompetenz der Landespolizeien ist Ausdruck der alten bundesstaatlichen Tradition, dass der Verfassungsauftrag der Gefahrenabwehr möglichst nicht an Zuständigkeitsgrenzen scheitern darf (DWVM Gefahrenabwehr 122). Sie führt (auch hier; zu Prävention und Repression → Rn. 60) zu charakteristischen Doppel- und Mischzuständigkeiten (hier in Gestalt von Primär- und Auffangkompetenz). Der sonst gültige Grundsatz des Kompetenzrechts, dass es Doppelzuständigkeiten nicht geben kann (entweder Bundes- oder Landeskompetenz; tertium non datur) gilt im Polizeibereich (auch im Bereich Grenzschutz) also gerade nicht (Möstl GSZ 2019, 101 (108) gegen Kingreen/Schönberger NVwZ 2018, 1825 f.). Das **Bundeskriminalamt** hat – über seine traditionellen Aufgaben einer Zentralstelle für das polizeiliche Auskunfts- und Nachrichtenwesen und für die Kriminalpolizei (Art. 87 Abs. 1 S. 2 GG) hinaus – auf der Basis des 2006 eingefügten Art. 73 Abs. 1 Nr. 9a GG eine (allerdings auf die Bekämpfung des internationalen Terrorismus beschränkte) beträchtliche Aufgabenerweiterung im Bereich des präventivpolizeilichen Tätigwerdens erfahren (s. Wolff DÖV 2009, 597). Die Befugnisse der Länder bleiben hiervon unberührt (§ 5 Abs. 2 S. 1 BKAG; Kniesel Die Polizei 2018 265 (268)) – auch dies eine auffallende Doppelzuständigkeit von Bund und Ländern im Polizeibereich, die unterstreicht, dass das ansonsten gültige kompetenzielle Entweder-Oder im Polizeibereich nicht gilt.

3. Polizeiliche Kooperation und Koordination im Bundesstaat

Der von einer prinzipiell dezentralen Polizeihoheit der Länder (→ Rn. 63) geprägte **64** deutsche Bundesstaat steht vor der Aufgabe, wie in dem durch das GG konstituierten gesamtstaatlichen Raum innerer Sicherheit trotz der prinzipiell auf das je eigene Landesstaatsgebiet beschränkten Gebietshoheit der Länder aus den vielen Einzelzuständigkeiten ein sinnvoll gegliedertes Ganzes geformt werden kann. Der Bundesstaat hat hierbei eine Fülle von Techniken **horizontaler und vertikaler Kooperation und Koordination** entwickelt, die als für jedes Mehrebenensystem prinzipiell dezentraler Sicherheitsgewährleistung exemplarisch angesehen werden können (namentlich auch für das sogleich zu behandelnde, im Entstehen begriffene europäische Mehrebenensystem polizeilicher Zusammenarbeit, → Rn. 65 ff.). Es reicht von der schlichten wechselseitigen Koordination je eigener Aufgabenerfüllung, über Techniken der Amts- und Vollstreckungshilfe, der Herstellung eines Informationsverbundes (zB durch Informationshilfe oder informationelle Zentralstellen), Regelungen über das Tätigwerden auf fremdem Territorium und über die grenzüberschreitende Geltung / Anerkennung von Entscheidungen, Gemeinschaftseinrichtungen bis hin zu sonderpolizeilichen Befugnissen der zentralen Ebene. Die erforderliche Verklammerung kann durch einseitiges Landesrecht (zB Gestattung des Tätigwerdens anderer Polizeien im Landesgebiet, zB Art. 11 BayPOG), durch bi- und multilaterale Regelungen (Staatsverträge, Verwaltungsabkommen), oder durch Bundesrecht (Art. 35 Abs. 2, Abs. 3 GG, § 167 GVG, BKAG, BPolG) geregelt sein (zum Ganzen ausf. Möstl VERW 2008, 309 (314 ff.)). Zur Tradition des Polizeirechts in der Bundesrepublik gehört es, dass Bund und Länder immer wieder Anstrengungen unternommen haben, ihre je autonome Polizeirechtsgesetzgebung einander auf der Basis entsprechender Musterentwürfe anzunähern (zum MEPolG und zu den gegenwärtigen Bemühungen einer neuen Musterpolizeigesetzgebung Kaiser/Struzina ZG 2018, 111).

III. Polizeiliche Zusammenarbeit in der EU

1. Der europäische Raum der Freiheit, der Sicherheit und des Rechts

Polizeiliche Sicherheitsgewährleistung gilt zu Recht als ein klassisches Herzstück souverä- **65** ner Staatlichkeit. Dennoch unterliegt auch das Polizeirecht einem Prozess der (partiellen) **Europäisierung; ein europäisches Polizeirecht** ist im Entstehen (s. Böse, Europäisches Strafrecht/Kugelmann, 2013, 631 ff.; Lisken/Denninger PolR-HdB/Aden N Rn. 1 ff.; Möstl EuR-Beih. 3/2009, 33; Schöndorf-Haubold, Europäisches Sicherheitsverwaltungsrecht, 2010). Erst seit dem Vertrag von Maastricht verfügt die Union über ein ausdrückliches innen- und justizpolitisches Mandat; zuvor konnte europäische polizeiliche Zusammenarbeit nur auf informaler Basis (zB TREVI-Gruppe) oder außerhalb des EU-Rechts (zB Schengen) verwirklicht werden. Seit dem Vertrag von Amsterdam steht das europäische polizeiliche Kooperationsrecht unter dem programmatischen Leitbild eines europäischen **Raums der Freiheit, der Sicherheit und des Rechts** (jetzt Art. 3 Abs. 2 EUV, Art. 67 ff. AEUV). Erst jedoch mit dem Vertrag von Lissabon konnte das zuvor intergouvernemental organisierte (frühere dritte Säule) Polizeikooperationsrecht in eine prinzipiell vollständige Supranationalisierung überführt werden. Primärrechtlich verankert findet es sich nunmehr in **Art. 87 ff. AEUV** und steht dabei in engem Zusammenhang zu anderen Politikbereichen des Raums der Freiheit, der Sicherheit und des Rechts, namentlich zur justiziellen Zusammenarbeit in Strafsachen (Art. 82 ff. AEUV).

Der **Raum der Freiheit, der Sicherheit und des Rechts** (Art. 3 Abs. 2 EUV; s. Möstl **66** Sicherheitsgewährleistung 618 ff.; Müller-Graff, Der Raum der Freiheit, der Sicherheit und des Rechts, 2005; Pache, Die Europäische Union – ein Raum der Freiheit, der Sicherheit und des Rechts?, 2007; Walker, Europe's Area of Freedom, Security and Justice, 2004; Frenz JURA 2012, 701) ist für die **politische Union** Europas eine Zielsetzung von ähnlicher

Bedeutung und Tragweite, wie es einst das Binnenmarktziel für die Wirtschaftsgemeinschaft gewesen ist (Möstl, Vertrag von Lissabon, 2010, 125 f., auch zum Folgenden). Der dem Raum der Freiheit, der Sicherheit und des Rechts zugrunde liegende **Leitgedanke** besteht darin, dass in dem Maße, in dem Europa zu einem Raum ohne Binnengrenzen wird (dh auch zu einem einheitlichen kriminalgeografischen Raum), in dem die Lebenswirklichkeit an den Grenzen keinerlei Halt mehr macht, auch die klassischen Staatsaufgaben der Gewährleistung von Sicherheit und Recht an den Grenzen nicht mehr auf unüberwindliche Hindernisse stoßen dürfen. Soll die Aufgabe der Gewährleistung von Sicherheit und Recht auch in einem staatenübergreifenden „Raum der Freiheit" erfüllbar bleiben, muss die Union zu einem auch um innen- und justizpolitisches Mandat erweiterten „Raum der Sicherheit und des Rechts" heranwachsen. Prägend ist also vor allem der „spill over" zwischen Personenfreizügigkeit einerseits und innen- und justizpolitischer Integrationsnotwendigkeit andererseits; Art. 3 Abs. 2 EUV bringt dies klar zum Ausdruck.

67 Verwirklicht wird der Raum der Freiheit, der Sicherheit und des Rechts durch Strukturen eines sowohl **horizontalen wie vertikalen Verbundes** innerer Sicherheitsgewährleistung (Möstl EuR-Beih. 3/2009, 33 (39 f.)). Die überkommenen nationalstaatlichen Garantien je eigener innerer Sicherheit werden zu einem Raum gemeinsamer innerer Sicherheit verbunden, indem sie zum einen horizontal miteinander verklammert werden – in der Weise, dass die Mitgliedstaaten kooperieren und sich wechselseitig auch für die Sicherheit und die Durchsetzung des Rechts des jeweils anderen Staates in Dienst nehmen lassen (horizontaler Verbund) – und indem sie zum anderen um Elemente einer auch unmittelbar überstaatlichen Funktionswahrnehmung durch EU-Organe ergänzt werden (vertikaler Verbund). Beide Techniken schließen sich nicht aus, sondern gehen – in unterschiedlichem Mischungsgrad – zumeist Hand in Hand: Auch horizontal-zwischenstaatliche Kooperation (Bsp. Schengen) muss durch EU-Rechtsakte organisiert werden; auch vertikal-europäische Funktionswahrnehmung (Bsp. Europol) kann im Dienste zwischenstaatlicher Zusammenarbeit stehen.

68 Das Konzept des Raums der Freiheit, der Sicherheit und des Rechts unterliegt indes auch **immanenten Schranken.** Denn vergleicht man es mit dem älteren Binnenmarktkonzept, so sticht eine gleichsam umgekehrte Hauptstoßrichtung ins Auge: Dem Binnenmarkt ging es um die Ermöglichung grenzüberschreitender Wirtschaftsfreiheit, um eine „Entgrenzung" der Freiheit. Der Raum der Freiheit, der Sicherheit und des Rechts hingegen will, dass die Wirksamkeit staatlicher Sicherheits- und Rechtsgewähr an den Grenzen nicht mehr auf unnötige Hindernisse stößt, es geht um eine „Entgrenzung" der Staatsgewalt (Möstl EuR-Beih. 3/2009, 33 (36 ff.), auch zum Folgenden; Satzger, Internationales und Europäisches Strafrecht, 8. Aufl. 2016, 204). Soll eine solche „Entgrenzung" der Staatsgewalt dem Einzelnen, aber auch den Mitgliedstaaten nicht gefährlich werden, bedarf sie dringend zweier immanenter Schranken, die Art. 67 Abs. 1 AEUV sehr treffend benennt: „Die Union bildet einen Raum der Freiheit, der Sicherheit und des Rechts, in dem die Grundrechte und die verschiedenen Rechtsordnungen und Traditionen der Mitgliedstaaten geachtet werden", heißt es dort. Was zunächst die **Mitgliedstaaten** betrifft: Die Union, die selbst kein Staat werden will, darf ihren Mitgliedstaaten nicht ihre ureigenste Aufgabe streitig machen, in einem bestimmten Territorium für Freiheit, Sicherheit und Recht zu sorgen. Europäische Sicherheitsgewährleistung muss daher auf der tradierten staatlichen Verantwortung für die je eigene innere Sicherheit aufbauen und darf sie, ohne sie als solche in Frage zu stellen, nur dort durch Integration öffnen und verstärken, wo die Mitgliedstaaten im europäischen Raum der Freiheit auf sich allein gestellt an Grenzen stoßen (Möstl Sicherheitsgewährleistung 640 ff.; zu diesbezüglichen Integrationsschranken sa BVerfG BeckRS 2009, 35262 Rn. 252 ff., 351 ff.). Zu Recht bringen die Verträge mehrfach zum Ausdruck, dass die **Primärverantwortung der Mitgliedstaaten** für die innere Sicherheit unberührt bleibt und als grundlegende Staatsfunktion geachtet wird (Art. 4 Abs. 2 EUV, Art. 72 AEUV). Auch kann es nicht um eine billige Einebnung der sehr unterschiedlichen Rechtstraditionen der Mitgliedstaaten gehen; europäische Sicherheitspolitik muss einem intelligenten Umgang mit Rechtsvielfalt verpflichtet sein (Art. 67 Abs. 1 AEUV). Der staatliche Kernfunktionen tangierende Raum der Freiheit, der Sicherheit und des Rechts ist eine **Bewährungsprobe für das Subsidiaritätsprinzip,** wie die Verträge zu Recht besonders zu betonen (Art. 69, 82 Abs. 2 AEUV). Was sodann den **Einzelnen** anbetrifft: In ähnlicher Weise ist ein Raum „entgrenzter" Sicherheitsgewährleistung eine **Bewährungsprobe für die Freiheit.** Sicherheit und Freiheit stehen in einem Spannungsverhältnis. Das schillernde Leitbild des Raums der Freiheit, der Sicherheit und des Rechts, ist keine Groß- und Zauberformel, mithilfe derer sich einfach bestimmen ließe, in welcher Weise dieses Spannungsverhältnis von Freiheit und Sicherheit aufzulösen wäre; an der mühsamen Kleinarbeit der Suche nach verhältnismäßigen Lösungen führt auch hier kein Weg vorbei. Zu Recht aber wird man der Formel vom Raum der Freiheit, der Sicherheit und des Rechts einen doppelten Sinn dergestalt zugestehen müssen, dass Freiheit (in Gestalt grenzüberschreitender Freizügigkeit) nicht nur Grund, sondern (in Gestalt **grundrechtlicher Freiheit**) auch Grenze des justiz- und innenpolitischen Mandats der Union darstellt.

2. Quellen des europäischen Polizeikooperationsrechts

Die für den Raum der Freiheit, der Sicherheit und des Rechts unerlässliche Effektuierung **69** grenzüberschreitender Sicherheitsgewähr vollzieht sich – hierin liegt ein wichtiger Unterschied zum Binnenmarkt – nicht kraft unmittelbar anwendbaren Primärrechts, sondern bedarf durchgehend sekundärrechtlicher Verwirklichung (ähnlich Müller-Graff, Der Raum der Freiheit, der Sicherheit und des Rechts/Müller-Graff, 2005, 11 (19, 21 f.)). Binnenmarktliche Freiheit lässt sich – in Gestalt der Grundfreiheiten – vertragsunmittelbar gewährleisten; Einschränkungen bedürfen der Rechtfertigung. Die grenzüberschreitende Effektuierung der öffentlichen Gewalt dagegen geht typischerweise mit Einschränkungen grundrechtlicher Freiheit einher; es wäre eine eklatante Verkennung des rechtsstaatlichen Verteilungsprinzips, sollte sich derartige „Entgrenzung" der Staatsgewalt vertragsunmittelbar ereignen dürfen.

Blickt man vor diesem Hintergrund auf den Rechtsbestand und das System der Rechts- **70** quellen des polizeilichen Kooperationsrechts, so suggeriert die Struktur der **primärrechtlichen Ermächtigungsgrundlagen** (Art. 87 AEUV: polizeiliche Zusammenarbeit; Art. 88 AEUV: Europol; Art. 89 AEUV: grenzüberschreitendes Tätigwerden) eine Übersichtlichkeit, die tatsächlich jedoch nicht gegeben ist. Nimmt man nämlich auch das **Sekundärrecht** und sonstige **Nebenrecht** (vgl. Böse, Europäisches Strafrecht/Kugelmann, 2013, § 17 Rn. 93 ff.) in den Blick, sticht eine außergewöhnliche **Komplexität** der Quellen ins Auge (Möstl EuR-Beih. 3/2009, 33 (41 f.), auch zum Folgenden). Das polizeiliche Kooperationsrecht in Europa ist nicht nur von vielerlei nationalen **opt-outs** und andere Formen **asymmetrischer Integration** geprägt, sondern es hat auch einen langen **Weg von intergouvernementalen Rechtsformen hin zu zunehmender Vergemeinschaftung** hinter sich, der erst unter dem Lissabon-Vertrag schrittweise seinem Abschluss entgegen geht; intergouvernementale Altrechtsakte gelten fort und können jetzt sukzessive durch nach neuem Recht erlassene Rechtsakte ersetzt werden (Art. 10 Übergangsbestimmungen-Protokoll; Zeder EuR 2013, 454). Hinzu kommt, dass die zum Teil lückenhaften oder unbefriedigenden EU-Rechtsakte vielfach durch außerhalb des EU-Rechts zustande gekommene bi- oder multilaterale Verträge zwischen den Mitgliedstaaten (zB **Polizeiverträge**) ergänzt werden (Nebenrecht), die sachlich über das EU-Recht hinausgehen. Häufig war es auch so (Stichwort Schengen oder Prümer Vertrag), dass von einigen Mitgliedstaaten im Wege des pionierhaften Vorpreschens zunächst außerhalb des EU-Rechts verwirklichte Vertragswerke erst nach und nach in das EU Recht überführt werden konnten (Zeder EuR 2013, 454). Auch künftig erlaubt **Art. 73 AEUV** den Mitgliedstaaten ausdrücklich, in eigener Verantwortung bi- oder multilateral Intensivierungen ihrer Zusammenarbeit vorzunehmen. Der Lissabon-Vertrag erkennt damit an, dass man im Blick auf den präzedenzlosen Vorgang einer Integration in dem so sensiblen Sicherheitsbereich für experimentelles Voranschreiten der einen und einstweiliges Zurückbleiben der anderen offen sein muss.

Der zum Politikbereich „Raum der Freiheit, der Sicherheit und des Rechts" zählende **71** Rechtsbestand weist im Fundstellenverzeichnis des geltenden Unionsrechts (https://eur-lex.europa.eu/browse/directories/legislation.html) mehrere hunderte Rechtsakte auf und kann hier nicht erschöpfend dargestellt werden. Als die **wichtigsten europäischen Rechtsakte** im Bereich des polizeilichen Kooperationsrechts wird man anzusehen haben (vgl. Böse, Europäisches Strafrecht/Kugelmann, 2013, § 17 Rn. 87 ff., 93 ff.):
• der in Unionsrecht überführte (vgl. BGBl. 1998 II 428) sog. **Schengen-Aquis,** insbesondere das SDÜ (Schengener Durchführungsübereinkommen v. 19.6.1990, ABl. 2000 L

239, 19), in dem grundlegende Standards polizeilicher Kooperation normiert und das Schengener Informationssystem eingerichtet wird (zum Schengener Informationssystem der zweiten Generation s. SIS II-Beschluss – B 2007/533/JI v. 12.6.2007, ABl. 2007 L 205, 63);

- die Europol-VO (VO (EU) 2016/794 v. 11.5.2016, ABl. 2016 L 135, 53), mit der das Europäische Polizeiamt Europol als EU-Agentur konstituiert und hinsichtlich Aufgaben, Befugnissen und Rechtsschutz geregelt wird;
- der (aus dem völkerrechtlichen Vertrag von Prüm hervorgegangene) sog. Prümer Ratsbeschluss (B 2008/615/JI v. 23.6.2008, ABl. 2008 L 210, 12), der den wechselseitigen Austausch bestimmter Datenkategorien (Fingerabdrücke, DNA-Daten) sowie bestimmte gemeinsame Einsatzformen regelt und gegenwärtig als eines der „modernsten" Instrumente europäischer polizeilicher Kooperation angesehen werden muss;
- die sog. **Schwedische Initiative** (RB 2006/960/JI v. 18.12.2006, ABl. 2006 L 386, 89), die zur Verwirklichung des Grundsatzes der „Verfügbarkeit von Daten" einen wechselseitigen diskriminierungsfreien Zugang zu mitgliedstaatlichen Daten ins Werk setzen möchte;
- die gemeinsam mit der DS-GVO (VO (EU) 2016/679 v. 27.4.2016, ABl. 2016 L 119, 1) verabschiedete und überwiegend bis 2018 umzusetzende **JI-RL** (RL (EU) 2016/680 v. 27.4.2016, ABl. 2016 L 119, 89; ausf. → Datenschutzrechtliche Einführung JI-Richtlinie Rn. 18 ff.).

72 Mit all seinen Nachbarstaaten hat Deutschland auf der Basis des Völkerrechts **bilaterale Polizeiverträge** geschlossen (Böse, Europäisches Strafrecht/Kugelmann, 2013, § 17 Rn. 137 ff.), so mit Belgien (Abkommen v. 27.3.2000, BGBl. 2002 II 1533), Dänemark (v. 21.3.2001, BGBl. 2002 II 1536), Frankreich (v. 9.10.1997, BGBl. 1998 II 2479), Luxemburg (v. 24.10.1995, BGBl. 1996 II 1203), Niederlande (v. 2.3.2005, BGBl. 2006 II 194), Österreich (v. 10.11.2003, BGBl. 2005 II 858), Polen (v. 15.5.2014, BGBl. 2015 II 234, 834), Schweiz (Abkommen v. 27.4.1999, BGBl. 2001 II 946), Tschechische Republik (v. 28.4.2015, BGBl. 2016 II 474). Inhaltlich reichen diese Verträge unterschiedlich weit und sie gehen teils über den unionsrechtlich geforderten Mindeststandard hinaus. Auf ihrer Basis sind **Gemeinsame Zentren** der beteiligten Nachbarstaaten eingerichtet worden, die in der Praxis der grenzüberschreitenden Kooperation an Bedeutung gewinnen. Durch die gem. der außenpolitischen Verantwortung des Bundes (Art. 32 GG) von der Bundesrepublik abgeschlossenen Polizeiverträgen werden auch die jeweils betroffenen Landespolizeien gebunden.

3. Bauformen der Kooperation

73 Aus der unübersichtlichen Vielfalt der Rechtsquellen schält sich doch eine (nicht ganz überschneidungsfreie) Stufenfolge an Kooperationsformen heraus (vgl. Möstl VERW 2008, 309 (335 ff.)):

74 Grundform jeglicher Kooperation ist die **wechselseitige Koordination und Abstimmung je eigener Aufgabenerfüllung.** Die Verträge gestatten der EU den Erlass entsprechender Bestimmungen zur Gewährleistung der Kooperation, auch hinsichtlich der – allerdings begrifflich nicht leicht abgrenzbaren – sog. „operativen Zusammenarbeit" (Art. 88 Abs. 2, Abs. 3 AEUV). Über die behutsamen Regeln des SDÜ mit seiner vorrangig über Zentralstellen herzustellenden Kontaktaufnahme gehen neuere Rechtsakte sowie das bilaterale Ergänzungsrecht der Staaten inzwischen deutlich hinaus; der Trend geht von punktueller Zusammenarbeit hin zu institutionell verfestigten Netzwerkstrukturen sowie von über Zentralstellen zu direkt abgewickelter Kommunikation und Kooperation (Möstl EuR-Beih. 3/2009, 33 (44)). Gemeinsame Einsatzformen, sei es in Form Gemeinsamer Ermittlungsgruppen oder kooperativer Gefahrenabwehr, spielen eine zunehmende Rolle (zB Art. 17 Prümer Ratsbeschluss; RB 2002/465/JI v. 13.6.2002, ABl. 2002 L 162, 1).

75 Das wichtigste und grundlegendste Instrument zur Herstellung eines echten Verwaltungsverbundes, in dem je eigene Zuständigkeiten nicht nur koordiniert, sondern wechselseitig verschränkt und füreinander in Dienst genommen werden, ist die **Amts- und Rechtshilfe.** Art. 39 SDÜ ist die exemplarische Basisnorm hierfür; vielerlei Intensivierungen finden sich in neueren und ergänzenden Rechtsakten (Art. 4 ff. PolV DE/CH; Art. 7 ff. PolV D/A – Vertrag zwischen der Bundesrepublik Deutschland und der Republik Österreich über die grenzüberschreitende Zusammenarbeit zur polizeilichen Gefahrenabwehr und in strafrechtlichen Angelegenheiten v. 10.11.2003, BGBl. 2005 II 858).

Herzstück einer funktionierenden Kooperation ist eine informationelle Verklammerung **76** der dezentralen Polizeieinheiten, dh ein funktionierender Informationsfluss zwischen ihnen. Zu Recht nennt Art. 87 Abs. 2 AEUV den **Informationsaustausch** an erster Stelle; europäisches Polizeirecht ist in erster Linie Informationsrecht (so bereits Pitschas ZRP 1993, 124). Grundform einer Informationshilfe auf entsprechendes Ersuchen ist die Amtshilfe; ein echter Informationsverbund muss hierüber jedoch weit hinausgehen und auch Formen der spontanen Übermittlung sowie der planmäßigen Vernetzung einschließen. Der ursprüngliche Musterfall, das Schengener Informationssystem (Art. 92 SDÜ) ist mittlerweile durch vielerlei andere Instrumente ergänzt worden. Von besonderer Bedeutung sind die sog. „Schwedische Initiative" sowie der Prümer Ratsbeschluss (zu beidem → Rn. 71); beide Rechtsakte dienen der Umsetzung des Grundsatzes der sog. „Verfügbarkeit von Informationen" (s. Haager Programm, Ratsdok. 16054/04, 28; Böse, Der Grundsatz der Verfügbarkeit von Informationen in der strafrechtlichen Zusammenarbeit der Europäischen Union, 2007; Meyer NStZ 2008, 188).

In einem System dezentraler Polizeien mit abgegrenzten territorialen Hoheitsbereichen **77** ist es notwendig, Polizeien unter Umständen ein **Tätigwerden auf fremdem Hoheitsgebiet** zu ermöglichen (s. Art. 89 AEUV). Zwei Grundformen des grenzüberschreitenden Einsatzes kommen dabei in Betracht: die gleichsam „selbsthilfeweise" Fortsetzung eines Einsatzes über die Grenze hinweg im Interesse des Entsendestaates, oder aber die planmäßigere Unterstützung fremder Polizeien auf entsprechende Anforderung hin im Interesse des Gebietsstaates. Bereits das SDÜ (vgl. Art. 41 SDÜ zur Nacheile) enthielt ansatzweise Regelungen, die durch vielerlei bilaterale Abkommen präzisiert und ergänzt werden (bis hin zur Unterstellung fremder Polizeieinheiten etwa bei Großereignissen); namentlich auch der Prümer Ratsbeschluss enthält weitgehende Bestimmungen (zB zu gemeinsamen Einsätzen); zB Art. 6, 11 f., 14, 16, 21, 23 PolV D/A – Vertrag zwischen der Bundesrepublik Deutschland und der Republik Österreich über die grenzüberschreitende Zusammenarbeit zur polizeilichen Gefahrenabwehr und in strafrechtlichen Angelegenheiten v. 10.11.2003, BGBl. 2005 II 858; Art. 17 Prümer Ratsbeschluss).

Eine Polizeikooperation über die Grenzen ganz unterschiedlicher Rechtstraditionen hinweg **78** kann nur funktionieren, wenn sie die Bereitschaft einschließt, ggf. auch nach fremdem, anderem Recht ergangene Entscheidungen „anzuerkennen" und entsprechend zu vollziehen. Zu Recht spielt der Grundsatz der **gegenseitigen Anerkennung** im Raum der Freiheit, der Sicherheit und des Rechts deswegen eine prominente Rolle (Art. 82 Abs. 1 AEUV; s. Möstl COMMON MARKET LAW REVIEW 47 (2010), 405). Paradebeispiel ist der Europäische Haftbefehl (Euro-Haftbefehl-Beschluss – RB 2002/584/JI v. 13.6.2002, ABl. 2002 L 190, 1; s. BVerfGE 113, 273; BVerfG NJW 2016, 1149). Der Anerkennungsgrundsatz verwirklicht eine Art Herkunftslandprinzip des Raums der Freiheit, der Sicherheit und des Rechts; sein informationelles Seitenstück ist der für die Polizeikooperation wichtige Grundsatz der Verfügbarkeit von Informationen trotz unterschiedlicher Datenschutzstandards (→ Rn. 76; zu den Grenzen des Anerkennungsprinzips und des Verfügbarkeitsgrundsatzes → Rn. 87).

Schlussstein und höchste Stufe möglicher Polizeikooperation ist die **Wahrnehmung poli-** **79** **zeilicher Aufgaben** auf Unionsebene. Vor allem **Europol** (Art. 88 AEUV; zum Sekundärrecht → Rn. 71), das sich mehr und mehr zu einer europäischen Zentralstelle für das polizeiliche Nachrichtenwesen entwickelt, aber auch die Grenzschutzagentur **Frontex** sind hier zu nennen (zu beidem → Rn. 81).

4. Grundzüge einer institutionellen Architektur des Kooperationsrechts

Auch hinsichtlich der institutionellen Ordnung polizeilicher Kooperation in Europa zeich- **80** net sich aus der Vielfalt der Quellen – jedenfalls in den Grundzügen – eine Architektur europäischer Sicherheitsgewährleistung im Mehrebenensystem (Möstl EuR-Beih. 3/2009, 33 (48 ff.)) ab:

Im Ausgangspunkt wird die Polizeiorganisation, auch künftig eine **dezentrale** sein; denn **81** Polizeiarbeit ist Arbeit vor Ort und noch heute stammen die Mehrzahl der Verdächtigen aus dem Kreis der Tatbegehung (Zuleeg, Europa als Raum der Freiheit, der Sicherheit und des Rechts/Gusy, 2007, 61 (65); Dölling ZFIS 1998, 145 (150)). Für europäische Behörden besteht nur begrenzter Bedarf. Dass mit dem Europäischen Polizeiagentur **Europol** eine Behörde entstanden ist (zunächst errichtet durch Europol-Übereinkommen (v. 26.7.1995, ABl. EG 1995 C 316, 1), dann Europol-Beschluss (B 2009/371/JI v. 6.4.2009, ABl.2009 L 121, 37), jetzt Europol-VO (VO (EG) 2016/794 v. 11.5.2016, ABl. 2016 L 135, 53); zu Europol s. Lindner BayVBl. 2001, 193; Petri, Europol, 2001; Kröger, Europol, 2004; Wolter/ Schenke/Hilger/Ruthig/Zöller, Alternativentwurf Europol und Europäischer Datenschutz, 2008; Degenhardt, Europol und Strafprozeß, 2003; Ellermann, Europol und FBI, 2005; Kretschmer JURA 2007, 169; Niemeier, Integration, 2007, 292; Lisken/Denninger PolR-HdB/Aden N Rn. 99 ff.; Böse, Europäisches Strafrecht/Ruthig, 2013, 749 ff.), die dem Bundeskriminalamt in seiner Funktion als Zentralstelle für das polizeiliche Auskunfts- und Nachrichtenwesen (Art. 87 Abs. 1 S. 2 GG) immerhin ähnelt (Möstl VERW 2008, 309 (340 ff.); Kretschmer JURA 2007, 169 (170)), und dass mit der Grenzschutzagentur **Frontex** (jetzt basierend auf VO (EG) 2016/1624 v. 14.9.2016, ABl. 2016 L 251, 1; s. v. Arnauld JA 2008 327 (328); Holzberger CILIP 84 (2006), 56 ff.) eine zumindest im Ansatz an den früheren Bundesgrenzschutz (Art. 87 Abs. 1 S. 2 GG) erinnernde Einrichtung ins Leben gerufen wurde, – dass also Verwandtschaften zwischen europäischer und bundesstaatlicher Sicherheitsarchitektur aufscheinen, verweist auf unabweisbare Integrationsbedürfnisse hinsichtlich Informationsverbund und Außengrenzschutz, wie sie jedem Mehrebenensystem prinzipiell dezentraler Sicherheitsgewährleistung eigen sind (Möstl VERW 2008, 309 (342)).

82   Die Befugnisse europäischer Sicherheitsbehörden beschränken sich bei alledem beinahe stets auf die bloß **koordinierende und vor allem informationelle Verklammerung** von nach außen hin weiter mitgliedstaatlichen Zuständigkeiten; Europäisches Polizeirecht ist im Kern Informationsrecht (→ Rn. 76). „**Operative**" Befugnisse, und seien es nur Ermittlungsrechte, bleiben die große Ausnahme und sind zB Europol auch künftig nur in Verbindung und Absprache mit den zuständigen Stellen der Mitgliedstaaten gestattet (Art. 88 Abs. 3 S. 1 AEUV). Das Europarecht bleibt insoweit deutlich hinter den eigenen Ermittlungsrechten und sonderpolizeilichen Befugnissen von Bundeskriminalamt und Bundespolizei zurück; der Abstand zur Integrationsdichte des Bundesstaates bleibt gewahrt. Durchgehendes Leitbild ist bislang, dass die Union jedenfalls zur Ausübung von Zwangsbefugnissen auf die Mitgliedstaaten angewiesen bleibt (für Europol Art. 88 Abs. 3 S. 2 AEUV). Ob das staatliche Gewaltmonopol absolut integrationsfest ist, mag unsicher sein (Möstl Sicherheitsgewährleistung 643 ff.); und doch bleibt es folgerichtiger Ausdruck der bei den Mitgliedstaaten verbliebenen Primärverantwortung für die innere Sicherheit, dass sie selbst es sind, die in letzter Konsequenz – nämlich wenn es auf die zwangsweise Durchsetzung ankommt – für die europäische Sicherheitspolitik einzustehen haben.

5. Problemfelder

83   Die Union hat in dem historisch präzendenzlosen Vorgang, in einem so sehr zum klassischen Kernbereich souveräner Staatlichkeit gehörenden Aufgabenfeld wie der polizeilichen Sicherheitsgewährleistung zu einer substantiellen Vergemeinschaftung und europäischen Überformung zu kommen, seit dem Vertrag von Maastricht beträchtliche Fortschritte erzielt. Dennoch leidet das europäische polizeiliche Kooperationsrecht auch noch an einigen **strukturellen Problemen:**

84   **a) Kohärenz.** Die Vielfalt der sich teilweise inhaltlich überlappenden, unterschiedlich weit reichenden und unterschiedliche Integrationsstufen widerspiegelnden Rechtsakte, die dann auch noch im Kontext von opt-outs und bilateralem Ergänzungsrecht gesehen werden müssen, werfen ein beträchtliches und auch die praktische Rechtsanwendung beeinträchtigendes **Komplexitätsproblem** auf; das Rechtsgebiet ist insgesamt zu unübersichtlich geworden (Hecker EuR 2001, 826 (831 ff.); KOM(2009), 262 endgültig, 7). Auch institutionell ist eine Vielfalt an Akteuren und Netzwerken entstanden, deren wechselseitige Koordination und Abgrenzung verbesserungsbedürftig ist (Stockholmer Programm, Ratsdok. 17024/ 09, 7; Niemeier ERA Forum 11 (2010), 197 (200)). Der in Art. 71 AEUV vorgesehene und inzwischen eingerichtete ständige Ausschuss für die operative Zusammenarbeit im

Bereich der inneren Sicherheit (COSI) soll für mehr Kohärenz im institutionellen Geflecht der europäischen Sicherheitsbehörden sorgen (GHN/Röben AEUV Art. 71 Rn. 5).

b) Effizienz. Die komplexen Strukturen der früheren intergouvernementalen „dritten 85 Säule" (umständliche Ratifikations- und Umsetzungsverfahren, fehlendes Recht der Kommission, Vertragsverletzungsverfahren einzuleiten) haben es mit sich gebracht, dass das Rechtsgebiet – jedenfalls bis Lissabon – auch an einem erheblichen **Effizienzproblem** litt – mit der Folge, dass die Umsetzung in den Mitgliedstaaten oft schleppend verlief und ein Teil der Rechtsvorschriften des Raums der Freiheit, der Sicherheit und des Rechts gleichsam nur „virtuell" existierte (vgl. KOM(2009), 262 endgültig, 3.). Seit Dezember 2014 kann die Kommission gemäß den Übergangsbestimmungen zum Lissabon-Vertrag auch bezüglich intergouvernementalen Altrechtsakten das Vertragsverletzungsverfahren einleiten (Art. 10 Abs. 3 Übergangsbestimmungen-Protokoll); für neue supranationale Rechtsakte unter dem Rechtsregime des Lissabon-Vertrages gilt dies ohnehin.

c) Prävention und Repression. Ein strukturelles Problem liegt auch darin, wie das 86 EU-Recht mit der für das deutsche Recht prägenden Unterscheidung von Prävention und Repression umgeht und beide bisweilen in einer Art übergreifendem Ziel des „law enforcement" aufgehen lässt, welches der Verhütung und Verfolgung von Straftaten gleichermaßen dient (vgl. Art. 87 Abs. 1 AEUV, wo in der englischen Fassung von „law enforcement services in relation to the prevention, detection and investigation of criminal offences" die Rede ist; s. Böse, Europäisches Strafrecht/Kugelmann, 2013, § 17 Rn. 45 ff.). Das deutsche Recht ist aus kompetenziellen und rechtsstaatlichen Gründen von einer ausgesprochen scharfkantigen Unterscheidung zwischen Prävention und Repression sowie Polizei und Staatsanwaltschaft geprägt (→ Rn. 60 f.). Auch das Unionsrecht differenziert zwischen polizeilicher und justizieller Zusammenarbeit (Art. 82 ff., 87 ff. AEUV), errichtet Europol und Eurojust (Art. 85, 88 AEUV), spricht von Verhütung und Bekämpfung von Straftaten (Art. 88 AEUV), und doch ist offensichtlich, dass die Abgrenzung weniger ausgereift ist und oft geradezu in der Schwebe bleibt, wenn zB an Eurojust auch Polizeibeamte entsandt werden können, das institutionelle Verhältnis von Europol und Eurojust unklar geregelt bleibt oder wenn Befugnisnormen nicht zwischen Prävention und Repression differenzieren (Möstl VERW 2008, 309 (335); Lindner BayVBl. 2001, 193 (194); Wolter/Schenke/Hilger/Ruthig/Zöller, Alternativentwurf Europol und europäischer Datenschutz/Gärditz, 2008, 192 ff.) bzw. das Kapitel des AEUV über die polizeiliche Zusammenarbeit die Verhütung und die Aufdeckung von Straftaten ganz generell in einem Atemzug und ohne Unterschied als gemeinsame Gegenstände der polizeilichen Kooperation zu benennen scheint (Art. 87 Abs. 1 AEUV, s. GHN/Röben AEUV Art. 87 Rn. 12); zB auch die JI-RL (RL (EU) 2016/680 v. 27.4.2016, ABl. 2016 L 119, 89) gilt für die Verhütung und Verfolgung von Straftaten gleichermaßen (krit. Kugelmann DuD 2012, 581 (582)). Hierüber sollte aus deutscher Sicht nicht vorschnell der Stab gebrochen werden: Zu bedenken ist, dass die Traditionen der Mitgliedstaaten hier sehr unterschiedlich sind (Ellermann, Europol und FBI, 2005, 299 ff.) und jede Festlegung des Europarechts leicht in stärkere Spannung zum deutschen Recht treten könnte als die gegenwärtige Offenheit. Hinzu kommt, dass im Bereich der polizeilichen Informationsverarbeitung auch in Deutschland die Grenzen zwischen Prävention und Repression oft kaum sachgerecht gezogen werden können – so zB bei der (wie Europol) auf die „Verhütung und Verfolgung" von Straftaten bezogenen Zentralstellenarbeit des Bundeskriminalamtes (§ 2 Abs. 1 BKAG) oder bei der häufig doppelfunktionalen „vorbeugenden Bekämpfung von Straftaten" (→ Rn. 45, → Rn. 62); europäisches Polizeirecht ist aber vor allem Informationsrecht (→ Rn. 76).

d) Voraussetzungen und Grenzen des Anerkennungsprinzips und des Grundsat- 87 zes der Datenverfügbarkeit. Die Gewährleistung einer effektiven Polizeikooperation in Europa steht vor der Schwierigkeit, recht unterschiedliche Rechtstraditionen und Schutzstandards der Mitgliedstaaten zusammenbringen zu müssen und zugleich zur Achtung dieser unterschiedlichen Rechtstraditionen verpflichtet zu sein (Art. 76 Abs. 1 AEUV; → Rn. 78). Als Königsweg der Gewährleistung funktionierender Kooperation trotz Rechtsvielfalt erscheint vor diesem Hintergrund der Grundsatz der wechselseitigen Anerkennung von nach unterschiedlichem Recht ergangenen Entscheidungen, der im Raum der Freiheit, der Sicherheit und des Rechts tatsächlich eine zunehmende Rolle spielt (Bsp. Europäischer Haftbefehl); informationelles Seitenstück des Anerkennungsgrundprinzips ist der Grundsatz der wechselseitigen Verfügbarkeit von Informationen trotz unterschiedlicher Datenschutz-standards, wie er seit dem Haager Programm proklamiert wird (→ Rn. 76). In rechtsstaatlicher Hinsicht ist die so umrissene Anerkennungslogik indes hochproblematisch (Möstl COMMON MARKET LAW REVIEW 47 (2010), 405 ff.; EuR-Beih. 3/2009, 33 (46 ff.)). Insbesondere verbieten sich vorschnelle Analogien zum Erfolg des Anerkennungsprinzips in seinem ursprünglichen Anwendungsfeld, dem Politikbereich Binnenmarkt. Im Binnenmarkt nämlich gestattet das Anerkennungsprinzip die freiheitsermöglichende Mitnahme begünstigender Standards des Herkunfts- in das Bestimmungsland, im Raum der Freiheit, der Sicherheit und des Rechts dagegen bedeutet Anerkennung (zB Haftbefehl oder Informationsweitergabe) die freiheitseinschränkende Unterwerfung unter belastende Hoheitsakte und Standards einer fremden Staatsgewalt. Wenn das Anerkennungsprinzip schon im Binnenmarkt nicht ohne ein Mindestmaß an entweder existierender oder durch Harmonisierung herzustellender funktioneller Äquivalenz der Rechtsordnungen zulässig ist, so ist es im Raum der Freiheit, der Sicherheit und des Rechts noch viel mehr an die Bedingung geknüpft, dass der Unionsgesetzgeber für ein ausreichendes Mindestniveau rechtsstaatlichen Grundrechtsschutzes gesorgt hat. Dies gilt insbesondere für die Gewährleistung eines unionsweit hinreichenden Datenschutzes, ohne den sich der Grundsatz der wechselseitigen Verfügbarkeit von Daten nicht verwirklichen lässt.

88 **e) Zum Stand des unionalen Datenschutzes.** Lange Zeit konnte bezweifelt werden, ob der Unionsgesetzgeber, was die Gewährleistung ausreichenden Datenschutzes anbelangt, bereits zu einer wirklich befriedigenden Linie gefunden hat (zu rechtsstaatlichen Defiziten im Allgemeinen zB Griebenow, Demokratie- und Rechtsstaatsdefizite in Europa, 2003; zum Datenschutz Kugelmann FS Würtenberger, 2013, 517; speziell zu Europol Petri, Europol, 2001; Wolter/Schenke/Hilger/Ruthig/Zöller, Alternativentwurf Europol und europäischer Datenschutz, 2008; Böhm, Information Sharing and Data Protection in the Area of Freedom, Security and Justice, 2011, 177 ff.; zur Prüm-Kooperation Pellengahr, Datenschutz in der europäischen polizeilichen Kooperation, 2012). Bisweilen regelten Unionsrechtsakte den nötigen Datenschutz recht ausführlich selbst, in anderen Fällen beschränkten sie sich indes auf den unübersichtlichen Verweis auf anderwärts verwirklichte, allgemeine und teils veraltete Datenschutzstandards (vgl. Erwägungsgrund 39 und 40 RB 2008/977/JI v. 27.11.2008, ABl. 2008 L 350, 60; krit. Böse, Europäisches Strafrecht/Esser, 2013, § 19 Rn. 28; Böse, Europäisches Strafrecht/Kugelmann, 2013, § 17 Rn. 37). Der Ansatz der Schwedischen Initiative, ausländischen Stellen trotz fehlender Harmonisierung gleichberechtigten Zugang wie inländischen Stellen zu verschaffen, ist nicht unproblematisch (vgl. Entschließung der 76. Konferenz der Datenschutzbeauftragten des Bundes und der Länder am 6./7.11.2008). Die Schaffung einer verbesserten, konsolidierten Datenschutzregelung im Bereich der Polizeikooperation wurde und wird deswegen allgemein, auch von den EU-Organen, als Desiderat empfunden (KOM(2009) 262 endgültig, 9; Stockholmer Programm, Ratsdok. 17024/09, 37 f.; Ratsdok. 16637/09 zum Informationsmanagement; KOM(2010) 385 endgültig, 3; KOM(2012) 10 endgültig, 1 mwN). Einen Fortschritt gebracht hatte bereits der RB 2008/977/JI (v. 27.11.2008, ABl. 2008 L 350, 60), der erstmalig eine übergreifende Auffangregelung bereitzustellen versuchte, allerdings nur schleppend umgesetzt wurde (KOM(2012) 12 endgültig). Von besonderem Interesse ist daher die gemeinsam mit der neuen DS-GVO verabschiedete (und erstmals auch innerstaatliche Datenverarbeitungsvorgänge erfassende) **JI-RL** (RL (EU) 2016/680 v. 27.4.2016, ABl. 2016 L 119, 89); zum Entwurf der JI-RL KOM(2012) 10 endgültig; Kugelmann DuD 2012, 581; Bäcker/Hornung ZD 2012, 147, ausf. → Datenschutzrechtliche Einführung JI-Richtlinie Rn. 18 ff.). Die JI-RL ist bis zum 6.5.2018 umzusetzen (teilweise gelten auch spätere Zeitpunkte). Sie wird nicht unerhebliche Auswirkungen auf das polizeiliche Informationsrecht (auch in den Ländern) haben; auch könnte es, was die maßgebliche Grundrechtsjudikatur anbelangt, zu einer Kräfteverschiebung zwischen BVerfG und EuGH kommen (Bäcker/Hornung ZD 2012, 147 (150, 152)). Für die Intensität und dogmatische Gestalt des polizeilichen Datenschutzes folgenreich ist diese Entwicklung deswegen, weil das Unionsrecht im Ansatz eine andersartige Technik des Datenschutzes verfolgt als das klassische deutsche Polizeirecht. Das deutsche Polizeirecht setzt zum Zwecke des Schutzes des Rechts auf informationelle Selbstbestimmung traditionell vor allem auf eine (hinsichtlich Eingriffsschwellen, erfasstem Personenkreis, Anordnungskompetenz etc) möglichst normenklare und fein ausdifferenzierte Fassung der jeweiligen Datenerhebungs-Eingriffsbefugnisse; auch die weitere Datenverwendung knüpft dogmatisch hieran an (Grundsatz der hypothetischen Datenneuerhebung). Eben diese materiellen Eingriffsvoraussetzungen spielen in der JI-RL hingegen eine eher untergeordnete Rolle (sichtbar zB an Art. 8 JI-RL: „wenn und soweit diese Verarbeitung für die Erfüllung einer Aufgabe erforderlich ist, die von der zuständigen Behörde zu den in Artikel 1 Absatz 1 genannten Zwecken wahrgenommen wird"; nicht ansatzweise wird hier nach Eingriffstiefe und Eingriffsschwellen differenziert, wie das für das deutsche Recht typisch ist; auch sonstige für das deutsche Recht wichtige Sicherungsmechanismen wie Kernbereichsschutz, Richtervorbehalte etc fehlen). Stattdessen setzt die JI-RL vor allem auf horizontal und strukturell wirkende Techniken des Datenschutzes, die bislang im deutschen Recht eine eher untergeordnete Rolle spielen und insbesondere an der Qualität und Validität von Daten ansetzen (zB Art. 6, 7, 10 JI-RL), Verfahrensanforderungen statuieren (zB Art. 27 JI-RL) oder Betroffenenrechte ausgestalten (Art. 12 ff. JI-RL). Erste Umsetzungen in das deutsche Polizeirecht (in Bayern zB durch Gesetz v. 18.5.2018, BayGVBl. 301, zB Art. 30 BayPAG) sind dadurch geprägt, dass sie beide Ansätze – das klassische Datenschutzkonzept des deutschen Rechts und das neuartige Konzept des unionalen Richtlinienrechts – miteinander kombinieren und durch diese Kumulation von Anforderungen gleichsam einen doppelten – und besonders starken – Schutz des informationellen Selbstbestimmungsrechts verwirklichen.

f) Fragen des Rechtsschutzes. Das Gebot effektiven Rechtsschutzes ist ein allgemeiner, **89** jetzt auch in Art. 47 GRCh niedergelegter Grundsatz des Unionsrechts. Dennoch war der Rechtsschutz im Bereich polizeilicher Kooperation lange unbefriedigend ausgestaltet, da nach dem Recht der früheren dritten Säule (Art. 35 EUV aF) nur eine eingeschränkte Zuständigkeit und Zugänglichkeit des EuGH bestand und der Rechtsschutz gegen verselbstständigte Einrichtungen der EU generell mit Unsicherheiten behaftet war. Der Vertrag von Lissabon hat hier prinzipiell Abhilfe geschaffen, indem er den Rechtsschutz auch für das polizeiliche Kooperationsrecht unter Beseitigung der bisherigen Beschränkungen in die allgemeinen Strukturen des supranationalen Rechtsschutzsystems überführt (für Altrechtsakte fallen die früheren Beschränkungen spätestens ab Dezember 2014) und indem er in Art. 263 AEUV nF nunmehr auch eine klare Regelung zum Rechtsschutz gegen verselbstständigte EU-Einrichtungen trifft (insbesondere für Stellen wie Europol oder Eurojust ist dies relevant; s. Böse, Europäisches Strafrecht/Gärditz, 2013, § 24 Rn. 47 ff., 55 ff., 72; Böse, Europäisches Strafrecht/Ruthig, 2013, § 20 Rn. 79 ff.; Böse, Europäisches Strafrecht/Kugelmann § 17 Rn. 159 Fn. 11 f.). Zulässig bleibt es, den Rechtsschutz gegen EU-Einrichtungen an ein vorgängiges Vorverfahren zu knüpfen, wie dies zB in Bezug auf Europol geschehen ist (Art. 263 Abs. 5 AEUV; Art. 47 f. Europol-VO). Bestehen bleibt auch die Unzuständigkeit des EuGH für die Überprüfung der Gültigkeit oder Verhältnismäßigkeit bestimmter mitgliedstaatlicher Polizeimaßnahmen (Art. 276 AEUV); insoweit obliegt es den Mitgliedstaaten, für ausreichenden Rechtsschutz zu sorgen. Besondere Rechtsschutzprobleme können auftreten, wenn aus der Perspektive des Bürgers Rechtsbeeinträchtigungen aus dem grenzüberschreitenden Zusammenwirken verschiedener mitgliedstaatlicher Polizeien resultieren. Die Gewährleistung eines effektiven gerichtlichen Rechtsschutzes gegenüber Akten der Polizeikooperation macht es in diesen Fällen nämlich nötig, die verschiedenen in der Kooperationsbeziehung zusammenfließenden Handlungsbeiträge der einzelnen Staaten möglichst sauber zu trennen, um einen prinzipiell nach Staaten und Verantwortungsbeiträgen getrennten Rechtsschutz zu verwirklichen. Und selbst wenn dies gelingt, ist es für den Bürger eine unbefriedigende Perspektive, gegen den Handlungsbeitrag eines Fremdstaates ggf. Gerichte im Ausland anrufen zu müssen, sodass sich die Frage stellt, ob – in Abweichung vom Trennungsprinzip – nicht doch inländischer Rechtsschutz zugelassen werden sollte (Möstl VERW 2008, 309 (333 f.) mwN). Das jüngere Polizeikooperationsrecht geht mittlerweile in diese Richtung, wenn etwa der Prüm-Beschluss klarstellt, dass der grenzüberschreitende Einsatz einer fremden Polizei im Inland nicht nur dem Recht und der Weisungsgewalt des Einsatzstaates unterliegt, sondern ihm auch als eigene Handlung zugerechnet wird, sodass vollumfänglicher inländischer Rechtsschutz möglich wird (Art. 17 Abs. 2 Prümer Ratsbeschluss; ähnlich die „gesamtschuldnerische Stellvertreterhaftung" jedes teilnehmenden Mitgliedstaates im Rahmen des Schengener Informationssystems, s. Hofmann, Rechtsschutz und Haftung im europäischen Verwaltungsverbund, 2004, 236 ff., 348 f., 355).

C. Dogmatische Grundkategorien des Polizeirechts

I. Prävention und Repression

90 Die prinzipielle **Doppelzuständigkeit** der Polizei sowohl für **präventive Aufgaben der Gefahrenabwehr** (einschließlich Straftatenverhütung; → Rn. 45, → Rn. 62) als auch für **repressive Aufgaben der Strafverfolgung,** die aus kompetenziellen (→ Rn. 60) und rechtsstaatlichen (→ Rn. 61) Gründen in materiell-rechtlicher Hinsicht auf jeweils ganz **unterschiedlichen Rechtsgrundlagen** beruhen (Landespolizeigesetze auf der einen Seite und StPO auf der anderen Seite) sowie in prozessrechtlicher Hinsicht zu einem **unterschiedlichen Rechtsweg** führen (Verwaltungsrechtsweg einerseits, Rechtsbehelfe vor den ordentlichen Gerichten andererseits; Kingreen/Poscher POR § 2 Rn. 13; vgl. exemplarisch den deklaratorischen Art. 12 Abs. 1 BayPOG), macht es – trotz in der Praxis häufiger faktischer Gemengelagen aus präventiver und repressiver Handlungsmotivation – notwendig, das jeweils in Rede stehende Polizeihandeln trennscharf entweder der Aufgabe Gefahrenabwehr oder der Aufgabe Strafverfolgung zuzuweisen. Die Rechtsprechung und herrschende Literatur sind sich einig, dass diese Zuordnung im Falle **doppelfunktionaler Maßnahmen** der Polizei nach dem Kriterium des **Schwerpunkts** der Maßnahme (**Schwerpunkttheorie**) vorzunehmen ist (BVerfG BeckRS 2018, 37180 Rn. 72; BVerwGE 47, 255 (264 f.); VGH München BayVBl. 2010, 220; OVG Münster BeckRS 2012, 45958, Roggan Die Polizei 2008, 112; Kingreen/Poscher POR § 2 Rn. 14 mwN; zum Teil krit. Schoch JURA 2013, 1115; für Baden-Württemberg s. BeckOK PolR BW/Trurnit BWPolG § 1 Rn. 71).

91 Teilweise streitig ist indes (zum Streitstand nunmehr ausf. BGH BeckRS 2017, 118214 Rn. 21 ff.), ob bei der Bestimmung des Handlungsschwerpunkts in Zweifelsfällen von einem **Vorrang der Prävention** (so zB Kingreen/Poscher POR § 2 Rn. 9, 14, § 3 Rn. 14 f.; sa Möstl Sicherheitsgewährleistung 152 ff.; → Rn. 25 mwN zur Rspr.) oder von einem **Primat der Strafverfolgung** (zB Benfer, Rechtseingriffe von Polizei und Staatsanwaltschaft, 4. Aufl. 2010, Rn. 24 f.) auszugehen ist. Namentlich im Bereich informationeller Eingriffsbefugnisse im Rahmen der sog. **vorbeugenden Bekämpfung von Straftaten** (zu deren prinzipieller kompetenzieller Verortung, insbesondere zur grundsätzlichen Zugehörigkeit der Straftatenverhütung zur Gefahrenabwehr und der Verfolgungsvorsorge zum Strafprozessrecht, → Rn. 62) wird zum Teil vertreten, dass in Gemengelagen, in denen die Polizei zB eine künftige Straftat (zB einen Anschlag) verhindern möchte, zugleich aber bereits der Verdacht strafbarer Vorbereitungshandlungen im Raum steht (zB illegale Beschaffung von Waffen), ein Vorrang der Repression vor der Prävention dergestalt besteht, dass ab der Schwelle eines wie auch immer gearteten strafprozessualen Anfangsverdachts der Rückgriff auf polizeirechtliche Befugnisse (selbst wenn tatsächlich Straftaten zu verhüten sind) gesperrt sein soll und prinzipiell nur noch die StPO (samt Sachleitungsbefugnis der Staatsanwaltschaft gegenüber der Polizei) anwendbar sein soll (zB Roggan Die Polizei 2008, 112 (114 f.); Roggan, Online-Durchsuchungen/Roggan, 2008, 97 (107 f.); Benfer, Rechtseingriffe von Polizei und Staatsanwaltschaft, 4. Aufl. 2010, Rn. 24 f.). Dieser These muss strikt widersprochen werden (Möstl DVBl 2010, 808 (815) mwN). Zu Ende gedacht würde sie nämlich dazu führen, dass mit der Staatsanwaltschaft ein Organ und mit der StPO ein Gesetz für die objektiv gebotene Gefahrenabwehr „zuständig" würden, die hierfür keinerlei Mandat haben und auch in der Sache überhaupt nicht auf diese Aufgabe ausgelegt sind; Polizei und Polizeigesetze, die eigentlich zuständig und für die Gefahrenabwehr gerüstet sind, würden hingegen strukturell blockiert, obwohl eine Gefahr besteht. Mit den grundrechtlichen Schutzpflichten, die verlangen, dass zumindest geeignete Schutzinstrumente existieren (und nicht strukturell blockiert sind; → Rn. 22), wäre eine solche Situation nicht zu vereinbaren; die Schutzpflichten verlangen, dass die Polizei, gestützt auf die Polizeigesetze, stets aus eigenem Recht dasjenige zu tun imstande ist, was zur Gefahrenabwehr erforderlich ist. Auch hier also ist von einem prinzipiellen Nebeneinander präventiver und repressiver Befugnisse auszugehen, das nach den üblichen Kriterien aufzulösen ist. Einen exemplarischen Leitfaden für die Bewältigung derartiger Situationen bietet insbesondere Anhang A RiStBV „Gemeinsame Richtlinien der Justizminister/-senatoren des Bundes und der Länder über die Anwendung unmittelbaren Zwangs durch Polizeibeamte auf Anordnung der Staatsanwaltschaft" (hier geht es um präventiv-repressive Gemengelagen, in denen unmittelbarer Zwang anzuwenden ist, wie zB im

Kontext von Geiselnahmefällen), in dem vorgesehen ist, dass Polizei und Staatsanwaltschaft im Rahmen ihrer jeweiligen Befugnisse vertrauensvoll zusammenarbeiten, um ein möglichstes Einvernehmen über das zu wählende Vorgehen zu erzielen, dass der Polizei im Zweifelsfall aber auch das Letztentscheidungsrecht darüber zusteht, welche Maßnahmen zur Gefahrenabwehr zu ergreifen sind. Rechnung getragen wird damit dem Umstand, dass auch von Verfassung wegen Rechtsgutverletzungen – in der Zeitachse – möglichst präventiv zu verhindern statt nur zu ahnden sind und in diesem Sinne in der Tat von einem **Vorrang der Prävention vor der Repression** auszugehen ist. Mit erfreulicher Deutlichkeit hat der **BGH** in einer neueren Entscheidung (BeckRS 2017, 118214, nachfolgend auch BGH NStZ-RR2018, 84) festgestellt, dass es bei „echten" doppelfunktionalen Maßnahmen einem präventivpolizeilichen Vorgehen zum Zwecken der Gefahrenabwehr nicht entgegensteht, dass bereits ein strafprozessualer Anfangsverdacht vorliegt, der unter Umständen auch ein strafprozessuales Vorgehen erlauben würde. Der BGH geht hierbei davon aus, dass es weder einen allgemeinen Vorrang der StPO gegenüber dem Gefahrenabwehrrecht gebe noch umgekehrt, sondern dass bei präventiv-repressiven Gemengelagen strafprozessuale und gefahrenabwehrrechtliche Maßnahmen grundsätzlich nebeneinander anwendbar blieben. Die Polizei könne daher auch während eines bereits laufenden Ermittlungsverfahrens aufgrund präventiver Ermächtigungsgrundlagen zum Zwecke der Gefahrenabwehr tätig werden. Ob auf präventiv-polizeilicher Grundlage gewonnene Beweise im Strafverfahren verwendet werden dürfen, bestimme sich nach § 161 Abs. 2 S. 1 StPO (zu einer solchen Umwidmung präventiv erhobener Daten für repressive Zwecke sowie zur Inanspruchnahme präventiv-polizeilicher Befugnisse in präventiv-repressiven Gemengelagen nunmehr auch BVerfG BeckRS 2018, 37186 Rn. 61 ff., 80).

II. Gefahraufklärung und Gefahrbeseitigung – Gefahr und Gefahrenvorfeld

Das Polizeirecht in seiner heutigen Gestalt, die dadurch geprägt ist, dass die klassische **92** Generalklausel und die klassischen Standardbefugnisse um vielerlei (vor allem) informationelle Eingriffsbefugnisse ergänzt worden sind, welche zum Teil bereits im Gefahrenvorfeld ansetzen, lässt sich dogmatisch nur noch zutreffend erfassen, wenn man sich vor Augen hält, dass es aus **zwei verschiedenartigen Befugnisschichten** besteht (→ Rn. 37, → Rn. 41, → Rn. 43 ff. mwN, die hier nur noch einmal bündig zusammengefasst werden; sa Möstl DVBl 2007, 581 ff.; Gusy PolR Rn. 165 ff.; Baldus VERW 2014, 1 (19) spricht insoweit von einem „Zwei-Blöcke-Konzept").

Dass informationelle Eingriffsbefugnisse, soweit sie offen erfolgen, bisweilen aufgrund ihrer Abschre- **92.1** ckungswirkung auch (bewusst intendierte) aktionelle Nebenfolgen hervorbringen (→ Rn. 45.1) und dass es in diesem Sinne einen Überschneidungsbereich der hier unterschiedenen Befugnisblöcke gibt, lässt sich dogmatisch bewältigen und stellt die prinzipielle dogmatische Unterscheidung von informationellen und aktionellen Eingriffsbefugnissen nicht in Frage.

Auf der einen Seite stehen die klassischen, die Polizei (auch) zu in Kausalverläufe eingrei- **93** fenden Maßnahmen (dh zur Unterbrechung des schadensträchtigen Kausalverlaufs) ermächtigenden **aktionellen Befugnisse (Befugnisse zur Gefahrbeseitigung).** Diese Befugnisschicht, namentlich die polizeiliche Generalklausel und die klassischen Standardbefugnisse, bleibt von der traditionellen polizeirechtlichen Gefahr-Störer-Dogmatik geprägt. Ausnahmen sind möglich, da es dem Gesetzgeber bei Vorliegen entsprechender Gründe nicht von vornherein verwehrt ist, die Polizei – in Abweichung von der rechtsstaatlichen Normalvorstellung der konkreten Gefahr als Regeleingriffsschwelle für aktionelle Maßnahmen – ausnahmsweise auch bereits im Gefahrenvorfeld zu kausalverlaufsrelevanten Maßnahmen zu ermächtigen; auch entsteht Raum für Ergänzungen, soweit der Begriff der konkreten Gefahr enger ausgelegt wird als verfassungsrechtlich geboten (allg. → Rn. 36, → Rn. 45.1). Wie bereits (→ Rn. 36) dargestellt, zeigt gerade die jüngere Reformgesetzgebung eine Tendenz, der Polizei zum Schutz hochrangiger Rechtsgüter gegen (sich typischerweise plötzlich und unvermittelt realisierende) terroristische Anschläge oder sonstige Gewalttaten und Angriffe hoher Intensität und Auswirkung auch Befugnisse einzuräumen, um unter Umständen bereits im Gefahrenvorfeld durch kausalverlaufsrelevante Eingriffe die weitere Entstehung der Gefahr zu verhindern (aktionelle Befugnisse zur Verhinderung der Gefahrentstehung); besonders deutlich ist dies in Art. 11 Abs. 3 BayPAG, wo eine entsprechende (bereits bei drohender Gefahr greifende) Befugnis sogar Einzug in die Generalklausel erhalten hat. Hierdurch entsteht eine neue dogmatische Zwischenschicht zwischen reiner Gefahraufklärung im Gefahrenvorfeld und echter Gefahrbeseitigung ab der Gefahrenschwelle, die, soweit sie der bereits (→ Rn. 36) beschriebenen Rechtfertigungsprüfung standhält, auch verfassungsrechtlich legitim ist. Dass die insoweit einschlägige „drohende Gefahr" ihrerseits ein hybrides Gebilde ist, das dogmatisch zwar als Vorfeldschwelle ausgestaltet ist, der Sache nach aber nur einen Grenzfall der konkreten Gefahr beschreibt (→ Rn. 36, → Rn. 39), passt hierzu.

94   Von vornherein anderes gilt für rein **informationelle** (dh der Informationsgewinnung und -verarbeitung dienende, nicht aber in Kausalverläufe eingreifende) **Befugnisse der Gefahraufklärung.** Informationelle Befugnisse sind ihrer Natur nach nicht zwingend an die Gefahr-Störer-Dogmatik gebunden, sondern dürfen legitimerweise bereits im Gefahrenvorfeld ansetzen. Sie bedürfen insoweit einer neuen, von der klassischen Gefahr-Störer-Dogmatik abweichenden rechtsstaatlichen Systembildung (bezüglich Eingriffsschwellen, Adressaten etc), die sich zunehmend konsolidiert, aber weiterhin vielerlei Streitfragen aufwirft (im Einzelnen → Rn. 43 ff.).

95   Im Gefahrenvorfeld ansetzende Gefahraufklärung ist dabei – trotz ihrer dogmatischen Andersartigkeit im Vergleich zu den klassischen Gefahrbeseitigungsbefugnissen – **nicht als eine neuartige „dritte" Aufgabenkategorie** (in Abkehr von klassischer Gefahrenabwehr und Strafverfolgung) einzustufen, sondern als **unselbstständige (dienende) Vorbereitungsaufgabe** selbstverständlich **von der klassischen Gefahrenabwehraufgabe mitumfasst** (→ Rn. 45; Schoch BesVerwR Kap. 1 Rn. 19, 29 mwN), die, was die zugehörigen Eingriffsermächtigungen anbelangt, wie ausgeführt eben von zwei Befugnisschichten geprägt ist: klassischen Gefahrbeseitigungsbefugnissen einerseits und diese vorbereitenden (dh auf sie bezogenen und keinerlei Abkehr von ihnen bedeutenden) Gefahraufklärungsbefugnissen andererseits, die beide gemeinsam der übergreifenden Aufgabe der Gefahrenabwehr dienen. Zu einer neuartigen präventiven Aufgabenkategorie wird das im Gefahrenvorfeld ansetzende Tätigwerden der Polizei auch nicht dadurch, dass der Gesetzgeber der Polizei im Gefahrenvorfeld ausnahmsweise (über bloß informationelle Befugnisse hinausgehend) auch kausalverlaufsrelevante Befugnisse einräumen darf (→ Rn. 93), denn auch hierbei handelt es sich nicht um einen prinzipiellen Paradigmenwechsel weg von klassischer Gefahrenabwehr hin zu umfassenderer Gefahrenvorsorge, sondern um nichts weiter als punktuelle (und insoweit besonderer Rechtfertigungslast unterliegende) Ausnahmen von der regelmäßig maßgeblich bleibenden Gefahr-Störer-Dogmatik. Als für die richtige dogmatische Erfassung des Polizeirechts insgesamt **nicht geeignet** erweist nach hier vertretener Ansicht damit das Konzept der **Gefahrenvorsorge** bzw. der **Präventionsgedanke** (aA Aulehner, Polizeiliche Gefahren- und Informationsvorsorge, 1998; Baldus VERW 2014, 1 (6 ff.)), denn soweit es um im Gefahrenvorfeld ansetzende informationelle Befugnisse geht, dienen diese allein der (informationellen) Vorbereitung klassischer Gefahrenabwehr (dh gerade nicht einer hiervon zu unterscheidenden aktionellen Risikosteuerung bereits im Gefahrenvorfeld), soweit es hingegen um ausnahmsweise aktionelle Befugnisse im Gefahrenvorfeld geht, handelt es sich allein um punktuelle Ausnahmen von der fortbestehenden Regel, dass aktionelle Befugnisse prinzipiell an die Gefahrenschwelle gebunden sind; es besteht hingegen kein Bedürfnis und wäre auch verfassungsrechtlich problematisch, das klassische Gefahrenabwehrrecht (was aktionelle Befugnisse anbelangt) generell zu einem umfassenderen Gefahrenvorsorgerecht auszubauen (zu den – im Polizeirecht nicht gegebenen – Voraussetzungen eines solchen generellen Paradigmenwechsels, wie wir ihn von einigen modernen Materien des Besonderen Verwaltungsrechts (BImSchG, GenTG, AMG etc) her kennen, Möstl Sicherheitsgewährleistung 252 ff.). Einen bedenklichen Umstieg auf Elemente der Gefahrenvorsorge bedeutet es nicht, wenn der Gesetzgeber aktionelle Eingriffsbefugnisse neuerdings vermehrt auch bereits bei „drohender Gefahr" (→ Rn. 36, → Rn. 39, → Rn. 43, → Rn. 50, → Rn. 93) zulässt, denn diese Schwelle – obgleich dogmatisch nunmehr als Vorfeldschwelle ausgestaltet – präzisiert, wie dargelegt, nur einen Grenzbereich der konkreten Gefahr, der bislang auch mittels des klassischen Gefahrbegriffs bewältigt werden konnte; eine problematische Ausdehnung in ein weites Gefahrenvorfeld ist damit nicht verbunden.

III. Aufgabe und Befugnis

96   Schärfer als in anderen Rechtsgebieten üblich und in vorbildlicher Umsetzung des rechtsstaatlichen Grundsatzes, dass von der Aufgabe nicht auf die Befugnis (zu Rechtseingriffen)

geschlossen werden darf (**kein Schluss von der Aufgabe auf die Befugnis,** Isensee/Kirchhof StaatsR-HdB/Isensee § 73 Rn. 21 f.; Reimer FS Würtenberger, 2013, 1047; der umgekehrte Schluss von der Befugnis auf die Aufgabe ist dagegen zulässig; vgl. BKK BayPAG Vor Art. 2 Rn. 2), unterscheiden alle Landespolizeigesetze zwischen polizeilicher **Aufgabe** einerseits und polizeilichen **Befugnisnormen** andererseits; diese scharf ausgeprägte Unterscheidung von Aufgabe und Befugnis ist insbesondere Erbe des süddeutschen Polizeirechts, in Preußen wurde sie ursprünglich weniger betont (zum Ganzen s. Götz/Geis PolR § 7 Rn. 1 ff.).

Der Begriff der **polizeilichen Aufgabe** deckt sich mit dem der **sachlichen Zuständig-** 97 **keit** der Polizei (für Bayern und Nordrhein-Westfalen s. GLW BayPolR Rn. 69); sie betrifft also einen Aspekt der **formellen Rechtmäßigkeit** des Polizeihandelns. Die Aufgabennorm umschreibt und eröffnet den kompetentiellen Raum und Tätigkeitsbereich der Polizei; als solche ist sie ausreichende Basis für das polizeiliche Handeln, soweit dieses nicht in Rechte und Freiheiten des Einzelnen eingreift; sobald das polizeiliche Handeln dagegen einen Grundrechtseingriff bewirkt, bedarf es – nach dem rechtsstaatlichen Grundsatz des **Vorbehalts des Gesetzes** – zusätzlich einer zum Rechtseingriff ermächtigenden **Befugnisnorm** (Götz/Geis PolR § 7 Rn. 7 f.; am Bsp. der polizeilichen Gefährderansprache: OVG Lüneburg NJW 2006, 391; VGH Kassel BeckRS 2012, 46297); die Frage des Gegebenseins einer ausreichenden Befugnisnorm / Eingriffsermächtigung ist ein Aspekt der **materiellen Rechtmäßigkeit** des Polizeihandelns. Soweit sowohl die Aufgaben- wie die Befugnisnorm (insbesondere die Generalklausel) in auf den ersten Blick scheinbar ähnlicher Weise auf die Abwehr von Gefahren für die öffentliche Sicherheit und Ordnung abstellen, unterscheiden sich diese in ihren Anforderungen dennoch dadurch, dass Befugnisnormen Rechtseingriffe normalerweise nur ab der Schwelle der Gefahr (oder eines anderen Verdachtsgrads) zulassen, während die polizeiliche Aufgabe selbstverständlich auch das gesamte Gefahrenvorfeld umfasst (→ Rn. 45); für die Eröffnung der polizeilichen Gefahrenabwehraufgabe reicht es bereits aus, dass die Polizei **zur Gefahrenabwehr,** dh mit dem Zweck der Abwehr von (vielleicht sogar noch unbekannten) Gefahren für die öffentliche Sicherheit und Ordnung handelt (vgl. das Bsp. der unzweifelhaft von der Aufgabennorm umfassten polizeilichen Streifenfahrt); ob dagegen im konkreten Fall tatsächlich eine Gefahr (bzw. ein anderer Verdachtsgrad) gegeben ist, ist eine Frage, die sich erst im Rahmen der Prüfung der Befugnisnorm stellt (Poscher/Rusteberg JuS 2011, 888 (893); Funke/Kraus BayVBl. 2018, 725).

IV. Generalklausel und Spezialermächtigung/Standardbefugnis

Das deutsche Landespolizeirecht ist mittlerweile durchgehend von einem Nebeneinander 98 einer **polizeilichen Generalklausel** einerseits und einer großen (und tendenziell weiter wachsenden) Zahl an **Spezialermächtigungen/Standardbefugnissen** andererseits geprägt (Möstl JURA 2011, 840). Es verbindet damit zwei Traditionslinien, die süddeutsche Tradition der Spezialermächtigungen (Bayern und Nordrhein-Westfalen s. GLW BayPolR Rn. 3–5; für Bayern s. BeckOK PolR Bayern/Schwabenbauer Entwicklung und Strukturen des Polizei- und Sicherheitsrechts in Bayern Rn. 37) und die preußische Tradition der Generalklausel (noch das PrPVG – Preußisches Polizeiverwaltungsgesetz v. 1.6.1931 – kannte nur drei Standardbefugnisse; Knemeyer PolR SuP Rn. 154).

Funktion der Generalklausel (im Verbund mit den allgemeinen Regeln über Störerhaf- 99 tung, Verhältnismäßigkeit, Zwang etc) ist es dabei, es der Polizei in grundsätzlich jeder (auch unvorhergesehenen) Situation zu ermöglichen, das zur Gefahrenabwehr Nötige zu verfügen und durchzusetzen, ohne dass der genaue Inhalt dieser Maßnahmen von vornherein gesetzlich determiniert wäre (unbenannte Maßnahmen; vgl. Gusy PolR Rn. 179). **Funktion der Standardbefugnisse** ist es hingegen, für bestimmte in der Praxis häufiger vorkommende Maßnahmetypen (benannte Maßnahmen) gesondert und genauer zu bestimmen, unter welchen Voraussetzungen und mit welchen Maßgaben diese typischen Standardmaßnahmen zulässig sein sollen. Standardbefugnisse sind dabei nicht darauf beschränkt, das bereits aus der allgemeinen Polizeirechtsdogmatik Folgende nur zu präzisieren oder zu bekräftigen; vielmehr sind sie in der Lage, auch von der allgemeinen Dogmatik abweichende Sonderregeln zu treffen; von grundsätzlich allen tatbestandlichen Voraussetzungen der allgemeinen Polizeirechtsdogmatik (Schutzgüter, Gefahrenschwelle, Adressaten) können Standardbefugnisse

Modifikationen vorsehen (**Modifikationswirkung;** vgl. Kingreen/Poscher POR § 11 Rn. 2). Soweit sie derartige (abweichende oder bekräftigende) Regelungen treffen, sind sie als spezielle Befugnisnormen und abschließende Sonderregelungen zu begreifen, die in ihrem Anwendungsbereich den Rückgriff auf die allgemeine Polizeirechtsdogmatik, namentlich auf die Generalklausel, aber ggf. auch auf sonstige allgemeine Regeln (zB zur Störerhaftung) ausschließen (**Verdrängungswirkung,** vgl. Schoch BesVerwR Kap. 1 Rn. 95 ff., 257, 197 ff., 532).

100   Das **Nebeneinander** von Generalklausel und Standardbefugnissen hat sich bewährt und dürfte – **auch verfassungsrechtlich gesehen – ohne Alternative** sein (Möstl JURA 2011, 840): Ohne generalklauselartige Ermächtigung der Polizei, nötigenfalls auch atypische, unbenannte Maßnahmen ergreifen zu dürfen, lässt sich der in den grundrechtlichen Schutzpflichten und im Rechtsstaatsprinzip wurzelnde Auftrag zu effektivem Rechtsgüterschutz und effektiver Rechtsdurchsetzung (→ Rn. 6 ff.) nicht einlösen. Umgekehrt ist es ein rechtsstaatliches und grundrechtliches Desiderat (Bestimmtheit und Rechtsklarheit, Gesetzesvorbehalt und Wesentlichkeitslehre; grundrechtliche Verhältnismäßigkeit), dass häufig wiederkehrende Maßnahmen möglichst nicht auf der Basis weit gefasster Generalermächtigungen, sondern aufgrund spezieller Befugnisnormen erfolgen, die präziser festlegen, unter welchen Voraussetzungen die Maßnahme zulässig sein soll.

101   Für die Auflösung dieses Nebeneinanders im konkreten Fall sehen die Polizeigesetze übereinstimmend vor (zB Art. 11 Abs. 1 BayPAG, § 8 Abs. 1 PolG NRW), dass auf die Generalklausel nur zurückgegriffen werden kann, soweit Spezialermächtigungen die Befugnisse der Polizei nicht besonders regeln (für Baden-Württemberg s. BeckOK PolR BW/ Trurnit BWPolG § 3 Rn. 1 ff.). Die Anwendung dieser auf den ersten Blick klaren Regelung einer **Spezialität** der Standardbefugnisse und **Subsidiarität** der Generalklausel kann im Einzelfall schwierig sein (ausf. zur Problematik Schucht, Generalklausel und Standardmaßnahme, 2010, 128 ff.). Im Einzelnen sind folgende Fragenkreise auseinanderzuhalten (zum Folgenden Möstl JURA 2011, 840 (842 ff.) mwN):

101a   • **Sperrwirkung** entfalten die Standardbefugnisse, soweit ein bestimmter Maßnahmetyp speziell geregelt ist; dh ein Rückgriff auf die Generalklausel ist in diesen Fällen insbesondere ausgeschlossen, soweit die – ggf. strengeren – Voraussetzungen der Standardbefugnis nicht gegeben sind (die durch einen Rückgriff auf die Generalklausel nicht umgangen werden dürfen); die im Rahmen dieses Prüfschritts zu klärende Frage, ob und inwieweit die polizeiliche Maßnahme von einer Standardbefugnis erfasst wird oder nicht (und wie weit dementsprechend ihre Verdrängungswirkung reicht), ist dabei zuallererst eine Frage der richtigen Auslegung der Spezialermächtigung, dh des einfachen Rechts.

101b   • Gesetzessystematisch **zulässig bleibt der Rückgriff** auf die Generalklausel dagegen bei ihrer Art nach nicht speziell geregelten Maßnahmen. Dabei spielt es nach hM prinzipiell keine Rolle, wie eingriffsintensiv die Maßnahme ist, dh die Generalklausel kommt durchaus auch für schwerwiegende Grundrechtseingriffe in Betracht (Gusy PolR Rn. 184; implizit auch BVerfG BeckRS 2012, 51046). Nach aA soll hingegen die Generalklausel bereits dann gesperrt sein, wenn die Maßnahme eine vergleichbare oder höhere Eingriffsintensität aufweise als ausdrücklich geregelte Standardbefugnisse (Lisken/Denninger PolR-HdB/Rachor/Graulich E Rn. 196; Schenke PolR Rn. 38). Diese Ansicht ist abzulehnen, da sie der Generalklausel ihren vor der grundrechtlichen Schutzpflichten unverzichtbaren Anwendungsbereich raubt sowie zu einer unklaren Vermengung gesetzessystematischer (einfachrechtliche Fragen von Spezialität und Subsidiarität) und verfassungsrechtlicher Fragen (→ Rn. 101c) führt.

101c   • Auch außerhalb des Anwendungsbereichs einer Standardbefugnis, dh wenn aufgrund gesetzessystematischer Überlegungen (→ Rn. 101b) nichts gegen einen Rückgriff auf die Generalklausel spricht, können gleichwohl grundrechtliche, also **verfassungsrechtliche** Überlegungen dafür sprechen, den Rückgriff auf die Generalklausel nur für eine Übergangszeit zuzulassen, soweit es nämlich um **schwerwiegende und typisierbare Grundrechtseingriffe** geht, zu deren spezialgesetzlicher Regelung der Gesetzgeber nach einer angemessenen Zeit der Beobachtung und Erprobung der bislang atypischen Maßnahme in der Lage ist (BVerwGE NVwZ 2002, 598 (602); BVerfG BeckRS 2012, 51046; Kingreen/ Poscher POR § 8 Rn. 20). Denn zwar wird in ständiger Rechtsprechung gesagt (BVerfGE 54, 143 (144 f.)), die in jahrzehntelanger Rechtspraxis konkretisierte und hinsichtlich ihrer Tatbestandsvoraussetzungen im juristischen Sprachgebrauch verfestigte Generalklausel verstoße nicht per se gegen das Gebot rechtsstaatlicher Bestimmtheit. Dennoch kann es ein Gebot der grundrechtlichen Wesentlichkeitslehre sein, schwerwiegende Grundrechtseingriffe ab dem Zeitpunkt ihrer Typisierbarkeit (dh nach einer Übergangszeit, in der die Maßnahme von einer atypischen zu einer typischen geworden ist) nicht länger auf die Generalklausel zu stützen, sondern dann auch tatsächlich einer speziellen und präziseren Regelung zuzuführen.

Zu beachten ist, dass in den Polizeigesetzen neben die klassische polizeiliche Generalklausel **102** inzwischen auch eine besondere, zu nicht näher bestimmten Datenerhebungen berechtigende **informationelle Generalklausel** (zB Art. 32 BayPAG) getreten ist, die gegenüber der klassischen Generalklausel speziell, gegenüber den speziellen Datenerhebungs-Standardmaßnahmen (zu dieser „neuen Generation von Standardmaßnahmen" s. Glaser JURA 2009, 742) dagegen subsidiär ist (Kingreen/Poscher POR § 11 Rn. 8). Im Entstehen ist also eine Doppelstruktur von aktioneller Generalklausel/aktionellen Standardbefugnissen einerseits und informationeller Generalklausel/informationellen Standardbefugnissen andererseits, die die hier vertretene These vom Auseinandertreten zweier Befugnisschichten (aktionelle Befugnisse der Gefahrbeseitigung und informationelle Befugnisse der Gefahraufklärung, → Rn. 92 ff.) untermauert (Möstl DVBl 2007, 581 (586, 589)). Es ist folgerichtig, dass die informationelle Generalklausel in verfassungsrechtlich unbedenklicher Weise prinzipiell nicht an die klassische Gefahr-Störer-Dogmatik gebunden ist (VerfGH Bayern BeckRS 1995, 20259 = BayVerfGHE 47, 241 (256)). Aufgrund der besonderen grundrechtlichen Vorgaben im Datenschutzbereich (Gebot der Normierung spezifischer Eingriffsschwellen bei intensiven Eingriffen, zB BVerfGE 110, 33 (68); 113, 348 (382)), aber auch weil es „nur" um Informationserhebung und noch nicht um unmittelbare Gefahrbeseitigung geht (und so auch die Schutzpflichten weniger stark zu Buche schlagen), dürfte sich das Verhältnis von Generalklausel und Standardbefugnis im informationellen Bereich jedoch von demjenigen zwischen klassischer Generalklausel und klassischen Standardbefugnissen (→ Rn. 101) unterscheiden, dh keine gleich weitreichende Auffangwirkung gegeben sein (zum Teil missverständlich insoweit Kingreen/Poscher POR § 13 Rn. 30). Anders als die klassische Generalklausel, die (jedenfalls für eine Übergangszeit) auch schwerwiegende Grundrechtseingriffe zu rechtfertigen vermag, dürfte die informationelle Generalklausel bereits von vornherein nur auf „einfache" Datenerhebungsvorgänge zugeschnitten sein, während der Gesetzgeber für (hinsichtlich Erhebungsmethode, Art der erfassten Daten, betroffenen Grundrechten, Tiefe und Streubreite des Grundrechtseingriffs etc) qualifizierte Eingriffe, will er diese zulassen, stets detailliertere Spezialermächtigungen vorsehen muss (Lisken/Denninger PolR-HdB/Schwabenbauer G Rn. 582 ff.; Möstl DVBl 2007, 581 (586 f.); offener BKK BayPAG Art. 31 aF Rn. 3; zur Frage, inwieweit die Generalklausel auch auf Fallgruppen der drohenden Gefahr erstreckt werden darf, → Rn. 36).

V. Verwaltungsakte und Realakte, Verfügungen und Verordnungen

Was die **Handlungsformen der Polizei** und der Ordnungsbehörden anbelangt (Schoch **103** BesVerwR Kap. 1 Rn. 366 ff., 872; Lisken/Denninger PolR-HdB/Rachor/Graulich E Rn. 19 ff.), sind insbesondere Verwaltungsakte, Realakte und Rechtsverordnungen zu nennen und ggf. voneinander abzugrenzen (vgl. zB § 2 Nr. 7 NPOG: „Maßnahme: Verordnungen, Verwaltungsakte und andere Eingriffe"; s. Götz/Geis PolR § 12 Rn. 1; für Baden-Württemberg s. BeckOK PolR BW/Trurnit BWPolG § 3 Rn. 1 ff.).

Klassische Handlungsform polizeilicher / ordnungsbehördlicher **Einzelfallmaßnahmen 104** ist der **Verwaltungsakt** („Polizeiverfügung", s. Schenke PolR Rn. 482). Soweit Befugnisnormen (namentlich die Generalklausel) zur Vornahme der „notwendigen Maßnahmen" ermächtigen, schließen sie selbstverständlich auch die Ermächtigung, durch Verwaltungsakt zu handeln (**Verwaltungsaktsbefugnis**), ein (Gusy PolR Rn. 180); auch die Standardbefugnisse gestatten der Polizei typischerweise, den Adressaten, soweit dieser anwesend und nicht von sich aus einverstanden ist, durch ausdrückliche Anordnung zu einem Tun, Dulden oder Unterlassen zu verpflichten und tragen so die Verwaltungsaktsbefugnis in sich (Möstl JURA 2011, 840 (848)). Allerdings gestattet die Generalklausel, soweit für die Gefahrenabwehr erforderlich und ausreichend, auch das Handeln durch schlichten **Realakt;** Gleiches gilt für viele Standardbefugnisse, soweit sie sog. Ausführungsermächtigungen enthalten (Gusy PolR Rn. 181). Die **Abgrenzung zwischen Verwaltungsakt und Realakt** kann, namentlich bei den Standardmaßnahmen, bei Maßnahmen des polizeilichen Zwangs und bei der unmittelbaren Ausführung von Maßnahmen, schwierig sein; sie ist nach den allgemeinen Kriterien vorzunehmen (Möstl JURA 2011, 840 (848); Heintzen DÖV 2005, 1038). Aus einer nunmehr seit langem überwundenen Zeit, als nur gegen Polizeiverfügungen, nicht aber gegen Realakte verwaltungsrechtlicher Rechtsschutz offenstand (anders jetzt seit vielen Jahrzehnten die Rechtslage unter dem GG und unter der VwGO: Art. 19 Abs. 4 GG, § 40 VwGO), schleppt das Polizeirecht noch immer die Gewohnheit mit, auch in Situationen, in denen eine dem reellen Tun vorgelagerte ausdrückliche Anordnung einer Maßnahme tatsächlich nicht feststellbar ist (zB weil der Betroffene abwesend war oder sofort gehandelt werden musste), in einer künstlichen Weise einen **konkludenten Duldungsbefehl** (dh einen Verwaltungsakt) in den Sachverhalt hineinzulesen. Die neuere Tendenz in Literatur und Praxis nimmt davon zu Recht mehr und mehr Abstand (Lisken/Denninger PolR-HdB/Rachor/Graulich E Rn. 35 ff.; Gusy PolR Rn. 182; Götz/Geis PolR § 12 Rn. 11). An der Verwaltungsaktqualität von (faktischen) Zwangsmaßnahmen sollte – einem überkommenen Grundsatz des Vollstreckungsrechts folgend (vgl. § 18 Abs. 2 VwVG) – jedoch festgehalten werden, soweit diese ausnahmsweise im Wege des Sofortvollzugs ohne vorausgehenden Verwaltungsakt ergangen sind; Grund hierfür ist nicht ein künstliches Hineinlesen eines Duldungsbefehls, sondern die gesetzliche Entscheidung, dass hier schlichtes Realhandeln ausnahmsweise an die Stelle eines normalerweise (als Voraussetzung des Zwangs) unverzichtbaren Verwaltungsakts treten kann und damit seine Regelungswirkung in sich aufnimmt.

105   Den Ordnungs- und Sicherheitsbehörden (dagegen grundsätzlich nicht der Vollzugspolizei; vgl. Kugelmann PolR Kap. 9 Rn. 16) ist neben den Befugnissen für Einzelfallmaßnahmen auch das Recht zum Erlass abstrakt-genereller Regelungen in Gestalt von **Rechtsverordnungen** eingeräumt worden (die nur noch vereinzelt, soweit nämlich in einigen Ländern am Einheitssystem festgehalten wird (→ Rn. 56) als „Polizeiverordnungen" bezeichnet werden; Götz/Geis PolR § 22 Rn. 1; Kingreen/Poscher POR § 11 Rn. 1; Lisken/Denninger PolR-HdB/Rachor/Graulich E Rn. 43 mwN; für Baden-Württemberg BeckOK PolR BW/Reinhardt BWPolG § 10 Rn. 1). Basis ist zumeist eine generalklauselartige Verordnungsermächtigung (was als verfassungskonform angesehen wird; Götz/Geis PolR § 22 Rn. 4; Kingreen/Poscher POR § 23 Rn. 3); Bayern hält hinsichtlich des Verordnungserlasses an seiner Tradition der Spezialermächtigung fest. Abzugrenzen sind diese Gefahrenabwehrverordnungen von den ebenfalls möglichen Allgemeinverfügungen (s. Kingreen/Poscher POR § 23 Rn. 7 f.). Durch die Befugnis zum Erlass von Rechtsverordnungen ist den Behörden – im Vergleich zur Einzelfallmaßnahme – ein Instrument exekutivischer Breitensteuerung an die Hand gegeben (Ehlers/Pünder AllgVerwR § 19 Rn. 1). Auch steht dem Verordnungsgeber – im Vergleich zu dem regelmäßig nur zur Statuierung schlichter Ge- und Verbote fähigen Einzelfallhandeln – beim Verordnungserlass ein weitaus differenzierteres Instrumentarium an Regelungsoptionen zur Verfügung, das etwa auch Regelungstechniken wie die Statuierung eines präventiven Verbots mit Erlaubnisvorbehalt oder von Befugnissen der Gefahrerforschung einschließt.

106   Regelmäßige Tatbestandsvoraussetzung für Verordnungsermächtigungen ist die **abstrakte Gefahr** (s. Möstl JURA 2005, 48 (52 ff.); Kingreen/Poscher POR § 8 Rn. 9 ff.; Götz/Geis PolR § 6 Rn. 21 ff., auch zum Folgenden; für Baden-Württemberg BeckOK PolR BW/Trurnit BWPolG § 1 Rn. 21). Die abstrakte Gefahr ist im Vergleich zur **konkreten Gefahr** (wie sie für Einzelfallmaßnahmen zu fordern ist, → Rn. 36) grundsätzlich nicht durch einen geringeren Wahrscheinlichkeitsgrad des Schadenseintritts gekennzeichnet (sie ist kein minus, sondern ein aliud zur konkreten Gefahr; vgl. BVerwGE 116, 347 (351); schief sind daher Definitionen, die etwa sagen, die abstrakte Gefahr sei eine Sachlage, aus der nach allgemeiner Lebenserfahrung Gefahren im Einzelfall entstehen können, so aber GLW BayPolR Rn. 87); vielmehr setzt auch die abstrakte Gefahr eine „hinreichende" Wahrscheinlichkeit voraus; nur der Blickwinkel der Gefahrprognose (nicht auf einen konkreten Einzelfall, sondern auf abstrakt gedachte, typische Fallkonstellationen bezogen) ist eine andere (zur abstrakten Gefahr zB BayVerfGH NVwZ-RR 2018, 953 Rn. 40). So sehr daher die abstrakte Gefahr im Grundsatz eine gedachte/hypothetische Sachlage ist, die im Falle ihres Eintritts dann auch tatsächlich eine konkrete Gefahr darstellt (vgl. § 2 Nr. 1 NPOG), so sehr also grundsätzlich von einer Identität der Wahrscheinlichkeitsschwelle bei der konkreten und der abstrakten Gefahr ausgegangen werden muss (bei freilich unterschiedlicher, einmal konkreter / einmal abstrakter Perspektive der anzustellenden Prognose), bestehen andererseits doch auch wichtige Unterschiede (Möstl JURA 2005, 48 (53)): So kann bei der konkreten Gefahr der Grad der Wahrscheinlichkeit je nach Eilbedürftigkeit der Entscheidung abgesenkt sein (→ Rn. 36); dies ist eine Erleichterung, die dem Verordnungsgeber nicht zugutekommt. Umgekehrt ist der Verordnungsgebung (und damit auch dem Begriff der abstrakten Gefahr) ein Moment der Typisierung immanent; sie knüpft Rechtsfolgen an gedachte Sachlagen, die im Falle ihres Eintritts typischerweise (nicht aber unbedingt in jedem einzelnen Fall) eine konkrete Gefahr darstellen würden; denkbare Ausreißerfälle, in denen bei konkreter Betrachtung (aufgrund besonderer Umstände) im Einzelfall keine Gefahr vorläge, hindern also noch nicht daran, dennoch von einer abstrakten Gefahr auszugehen. Ins Gewicht fällt schließlich das differenzierte Instrumentarium möglicher Rechtsfolgen, das der Verordnungsgeber anordnen kann; verzichtet er nämlich darauf, schlicht ein Verbot der gefahrträchtigen Handlung zu normieren (wie das beim Einzelfallhandeln üblich ist), sondern begnügt er sich – im Vorfeld eines solchen Totalverbots – mit einem bloßen Verbot mit Erlaubnisvorbehalt für die möglicherweise (keinesfalls aber in jedem einzelnen Fall) gefahrträchtige Handlung oder greift er gar nur zur Statuierung von Gefahrforschungsbefugnissen (die nur einen Gefahrverdacht voraussetzen), so muss (aufgrund dieser besonderen Rechtsfolgen) auch die Wahrscheinlichkeitsschwelle entsprechend abgesenkt und effektiv in das Gefahrenvorfeld erstreckt werden (es reicht also, dass bei typisierender Betrachtung ein entsprechender Gefahrverdacht besteht). Alles in allem erweist sich der Begriff der abstrakten Gefahr als ein sehr komplexer, der weder vorschnell als ein Minus im Vergleich zur konkreten Gefahr missverstanden, noch vorschnell mit dieser gleichgesetzt werden darf.

VI. Primärmaßnahmen, Zwang und Kostentragung/Entschädigung

Für das Polizei- und Ordnungsrecht der Länder ist kennzeichnend, dass die jeweils einschlägigen Gesetze jedenfalls für die Vollzugspolizei, zum Teil auch für die Sicherheits- und Ordnungsbehörden, nicht allein die Ebene der **Primärmaßnahmen,** sondern auch die Ebene ihrer zwangsweisen Durchsetzung (**Zwang**) und ggf. auch die Ebene der **Kostentragung** und **Entschädigung** für Primär- bzw. Zwangsmaßnahmen mitregeln, obwohl diese Regeln normalerweise in eigenständigen Gesetzen (Gesetze über die Verwaltungsvollstreckung, Kostengesetze, allgemeines Staatshaftungsrecht) enthalten sind, die hier durch polizeirechtliches Sonderrecht (partiell) überlagert und verdrängt werden. **107**

Was **Kosten und Entschädigung** anbelangt, ist dies insbesondere durch den engen Zusammenhang mit den Regeln zur Störerhaftung gerechtfertigt. So scheint insbesondere die Inanspruchnahme oder sonstige Schädigung des Nichtstörers nur bei angemessener Entschädigung hinnehmbar (vgl. → Rn. 40); das Polizeirecht ist daher ein klassischer Regelungsstandort für die sog. Aufopferungsentschädigung. Soweit andererseits der Störer – regelmäßig – die Gefahr auf eigene Kosten zu beseitigen hat (Verursacherprinzip, Götz/Geis PolR § 14 Rn. 1), erübrigen sich zusätzliche Kostenregelungen (Kingreen/Poscher POR § 25 Rn. 1); besonderer Regeln der Kostenüberwälzung auf den Störer bedarf es nur, soweit die Polizei die Gefahr ausnahmsweise selbst beseitigt hat (unmittelbare Ausführung, Ersatzvornahme) oder ihr sonst besondere Kosten entstanden sind (zB bei Zwangsmaßnahmen oder bestimmten Standardbefugnissen, zB der Sicherstellung). Der von der Polizei zu Schützende trägt grundsätzlich, von Ausnahmen besonderer Veranlassung oder Zurechnung abgesehen (Kingreen/Poscher POR § 25 Rn. 21 ff.), keine Kosten; dies ist auch ein Gebot der grundrechtlichen Schutzpflichten und Ausfluss der staatlichen Garantie für die öffentliche Sicherheit und Ordnung (Gemeinlastprinzip, Götz/Geis PolR § 14 Rn. 1). **108**

Bereits (→ Rn. 57) wurde ausgeführt, dass die Fähigkeit der (Vollzugs-) Polizei, die zur Sicherheitsgewährleistung nötigen Verfügungen nicht nur zu treffen, sondern auch an Ort und Stelle und nötigenfalls bis hin zum Einsatz von Gewalt zu vollstrecken und durchzusetzen, als ein wesentliches Charakteristikum anzusehen ist, das die Polizei im Konzert der staatlichen Gewalten als die reinste Verkörperung der staatlichen Garantie für die öffentliche Sicherheit und Ordnung und des staatlichen Gewaltmonopols im Innern erscheinen lässt. Es ist nur folgerichtig, dass die Polizeigesetze besondere Regeln über den **polizeilichen Zwang** **109** enthalten; die dort vorgesehenen Regeln bewegen sich in einem Spannungsfeld, in dem der Polizei einerseits die für ihre Aufgabe nötigen Zwangsbefugnisse eingeräumt werden sollen (bis hin zum Schusswaffengebrauch, nötigenfalls auch unter Überspringung ansonsten rechtsstaatlich unverzichtbarer Verfahrensschritte, wie der zB der Androhung des Zwangsmittels oder unter Umständen sogar der zugrundeliegenden Primärmaßnahme beim Sofortvollzug ohne vorausgehenden Verwaltungsakt) und in dem diese ganz exzeptionellen Befugnisse andererseits rechtsstaatlich begrenzt und kontrolliert werden sollen. Eine für die Fähigkeit zur zwangsweisen Rechtsdurchsetzung an Ort und Stelle ganz entscheidende Regelung findet sich freilich außerhalb des Landespolizeirechts und tritt kraft Bundesrechts ergänzend hinzu: die Regel des **§ 80 Abs. 2 Nr. 2 VwGO** nämlich, dass Rechtbehelfen gegen unaufschiebbare Anordnungen und Maßnahmen von Polizeivollzugsbeamten keine aufschiebende Wirkung zukommt, diese Maßnahmen also sofort vollziehbar sind.

Entwicklung und Strukturen des Polizei- und Ordnungsrechts in Nordrhein-Westfalen

Überblick

Die rechtliche Gewährleistung von Sicherheit erfolgt durch eine Vielzahl von Gesetzen. Darin spiegelt sich der historische Prozess der Entpolizeilichung wider (→ Rn. 1 ff.). In Nordrhein-Westfalen finden sich die materiellen Regelungen des Polizeirechts im PolG NRW, während die Aufbauorganisation im NRWPOG gesondert behandelt wird. Das Ordnungsrecht ist im NRWOBG geregelt. Diese Aufteilung der Materien in unterschiedliche Gesetze verdeutlicht plastisch, dass Nordrhein-Westfalen dem Trennungsprinzip folgt. Die aktuelle Rechtslage beruht in ihrer Struktur bereits auf dem Vorbild des PrPVG (→ Rn. 4 ff.). Nach dem zweiten Weltkrieg wurde unter britischem Einfluss eine Entpolizeilichung und eine Stärkung der Kommunen betrieben (→ Rn. 8 ff.), die aber spätestens mit der Reform des PolG NRW im Jahre 1953 zugunsten einer Stärkung der Landesverwaltung rückgängig gemacht wurde (→ Rn. 12 ff.). Im Jahr 1957 wurde das NRWOBG geschaffen (→ Rn. 15). Das PolG NRW in seiner heutigen Form hat seinen Ursprung in den 1970er Jahren und fußt auf dem damaligen MEPolG (→ Rn. 18). Die Notwendigkeit zu Reformen brachte das Volkszählungsurteil des BVerfG, um der Polizei angemessene Rechtsgrundlagen für Eingriffe in das Recht auf informationelle Selbstbestimmung zur Verfügung zu stellen (→ Rn. 21 f.). Jüngere Reformen reagieren auf technische Entwicklungen und geänderte Sicherheitsbedürfnisse (→ Rn. 23 ff.). Durch zwei Änderungsgesetze hat der Gesetzgeber im Dezember 2018 die Umsetzung europäischen Richtlinienrechts, aber auch eingriffsintensive Neuerungen vorgenommen (→ Rn. 32 f.).

Übersicht

A. Rechtshistorische Grundzüge

I. Das Allgemeine Preußische Landrecht

Die in den heutigen Landespolizeigesetzen existierenden polizeilichen Generalklauseln **1** (§ 8, vgl. die Nachweise in § 8 Überblick) gehen zurück auf die im ALR (Allgemeines Landrecht für die Preußischen Staaten v. 1.6.1794) enthaltene Urfassung zu den Befugnissen der Polizeibehörden unter dem Titel „Polizeygerichtsbarkeit". Der vorige, zu Zeiten des Absolutismus herrschende Polizeibegriff war einem wohlfahrtsstaatlichen Verständnis verhaftet, das in eine Bevormundung und Reglementierung der rechtlosen Unterschichten münden konnte (Rott NVwZ 1982, 363). Der Wandel hin zum heutigen Begriffsverständnis und zur heutigen Befugniszuweisung im Bereich der Gefahrenabwehr geht juristisch zurück auf das Werk des Rechtslehrers Johann Stephan Pütter von 1770 „Die Polizei hat die Gefahrenabwehr, nicht aber die Wohlfahrtspflege zu besorgen" (lat. Originaltitel: „Politiae est cura avertendi mala futura, promovendae salutis cura non est proprie politiae").

Rechtliche Verankerung fand diese These sodann erstmals im ALR. Der durch den bedeu- **2** tenden Juristen Carl Gottlieb Svarez erschaffene und bis in die heutige Zeit sehr bekannte § 10 Teil II Titel 17 ALR (→ Rn. 2.1) enthielt die geforderte Beschränkung des Polizeibegriffs, weg vom absolutistischen, wohlfahrtsrechtlichen Verständnis hin zur Pflicht zur

Abwehr von Gefahren für die öffentliche Ruhe, Sicherheit und Ordnung (Ennuschat JA 1995, 47; Preu, Polizeibegriff und Staatszwecklehre, 1983).

2.1 § 10 Teil II Titel 17 ALR lautete: „Die nöthigen Anstalten zur Erhaltung der öffentlichen Ruhe, Sicherheit, und Ordnung, und zur Abwendung der dem Publico, oder einzelnen Mitgliedern desselben, bevorstehenden Gefahr zu treffen, ist das Amt der Polizey."

3 Der hier geschilderte, auf das ALR zurückzuführende Verständniswandel der Polizeibefugnisse zu einem modernen Polizeibegriff hin konnte sich jedoch zunächst lange Zeit nicht durchsetzen, da insbesondere als Reaktion auf die Nachwirkungen der Französischen Revolution im frühen 19. Jahrhundert und dem Ziel, diesen entgegenzuwirken, entgegenstehende Preußische Gesetzesregelungen entworfen wurden, die zum weiterhin andauernden Vorherrschen des wohlfahrtsstaatlichen Begriffs führten (Ennuschat JA 1995, 47; weiterführend zur Entwicklung des Polizeibegriffs wird auf das Forschungsvorhaben „Policeyordnungen der frühen Neuzeit", Max-Planck-Institut für Europäische Rechtsgeschichte, betreut von Stolleis/Härter/Simon verwiesen; sa Lisken/Denninger PolR-HdB/Stolleis/Petri A Rn. 20 ff.; Lüdtkes, „Sicherheit" und „Wohlfahrt", 1992; Nitschke, Die deutsche Polizei und ihre Geschichte, 1996).

II. Prägung durch das PrPVG (von 1850 und 1931 auf Grundlage des ALR von 1794)

4 Das nordrhein-westfälische Polizei- und Ordnungsrecht ist von seiner Herkunft her nicht nur aus dem Wandel des Befugnisverständnisses durch das ALR entstanden, sondern auch durch die Tradition der aus dem ALR entspringenden preußischen Polizeiverwaltungsgesetze (PrPVG) von 1850 und 1931 geprägt.

5 Eine wesentliche Bedeutung im Sinne eines grundlegenden Wandels für die Entwicklung und das heutige Verständnis polizeirechtlicher Grundsätze kommt dem sog. „Kreuzberg-Urteil" des PrOVG (Preußisches Oberverwaltungsgerichts) v. 14.6.1882 (PrOVGE 9, 353) zu. Die dortige streitgegenständliche Berliner Verordnung fand ihre Grundlage in dem PrPVG von 1850, die entgegen dem Landesrecht des ALR noch ein wohlfahrtsrechtliches Polizeiverständnis beinhaltete. Im „Kreuzberg-Urteil" wurde eine weitergehende Reduzierung des Polizeibegriffs weg von der ursprünglichen verankerten Wohlfahrtssorge hin zur Gefahrenabwehr fundiert. Das PrOVG hat sich über das damals geltende PrPVG von 1850 hinweggesetzt, indem es seine Entscheidung auf § 10 Teil II Titel 17 ALR gestützt und eine polizeiliche Befugnisbeschränkung auf den Bereich der Gefahrenabwehr zugrunde gelegt hat (weiterführend zum Inhalt und zur Bedeutung des sog. „Kreuzberg-Urteil", welches als wesentlich für die Wandlung des Polizeibegriffs im 18. und 19. Jahrhundert gilt, Rott NVwZ 1982, 363; Walther JA 1997, 287).

6 Ausgehend von diesem Urteil fand eine umfassende Kodifizierung der neuen polizeirechtlichen Grundsätze statt, die letztlich in dem PrPVG von 1931 mündete, welches für vorerst kurze Zeit einen wegweisenden Wandel des polizeilichen Verständnisses darstellte und nach dem Ende der nationalsozialistischen Herrschaft in Deutschland noch einmal Geltung erlangte. Das PrPVG von 1931 gilt als prägende Kodifikation der im 19. Jahrhundert entwickelten Grundsätze des materiellen Polizeirechts und hat die polizeiliche Generalklausel derart ausgestaltet, wie sie in vielen Bundesländern noch heute nahezu wortgleich existiert (Naas, Entstehung des Preußischen Polizeiverwaltungsgesetzes von 1931, 2003). Dies lässt sich insbesondere am Wortlaut des § 14 PrPVG 1931 veranschaulichen, der der heutigen Generalklausel sehr nahe kommt: „Die Polizeibehörden haben im Rahmen der geltenden Gesetze die nach pflichtgemäßem Ermessen notwendigen Maßnahmen zu treffen, um von der Allgemeinheit oder dem Einzelnen Gefahren abzuwehren, durch die die öffentliche Sicherheit oder Ordnung bedroht wird" (§ 14 PrPVG 1931; vertiefend: Stolleis, Geschichte des öffentlichen Rechts, Bd. 3, 1999, 131, Naas, Entstehung des Preußischen Polizeiverwaltungsgesetzes von 1931, 2003).

III. Das nationalsozialistische Unrechtsregime

7 Unter der Herrschaft der Nationalsozialisten in Deutschland wurde das PrPVG 1931 zwar nie ausdrücklich aufgehoben, es wurde während des Dritten Reichs jedoch durch neu erlassene Vorschriften derart ausgehöhlt, dass faktisch kein Anwendungsbereich verblieb. Durch die – insbesondere politische – Bedeutung der Polizei in dem diktatorischen Staat wurden die Machtbefugnisse der Polizeibehörden ausgeweitet und der bedingungslosen Führertreue unterworfen. Das Bestreben der Polizei mündete darin, die Volksgemeinschaft zu ordnen, ungeachtet schwerer, rechtsgrundlagenloser Eingriffe in die Rechte der Bürger (Kugelmann PolR Kap. 2 Rn. 15).

B. Entstehung und Fortentwicklung der Gesetze in Nordrhein-Westfalen

I. Entwicklung nach 1945

Historisch bedingt durch die nationalsozialistische Herrschaft in Deutschland stand ab **8** dem Jahr 1945 insbesondere in der britischen Besatzungszone die „Entpolizeilichung" im Vordergrund, während in der amerikanischen Besatzungszone der Akzent auf der Kommunalisierung von Aufgaben lag (Bastian, Westdeutsches Polizeirecht unter alliierter Besatzung (1945–1955), 2010, 30 ff.; Lisken/Denninger PolR-HdB/Stolleis/Petri A Rn. 68). Ziel war in erster Linie die Reduzierung der Aufgaben der Polizei, die die überwiegend noch heute bestehende institutionelle Trennung (Trennungsprinzip) zwischen Ordnungsbehörden und Polizeibehörden in den vielen Bundesländern zur Folge hatte (Ennuschat JA 1995, 47). Durch diese Trennung sollte verhindert werden, dass die Polizei umfassende und unkontrollierbare Befugnisse erlangt, die ihr eine zu starke Macht zukommen lassen. Unter der Kontrolle der Alliierten wurden nationalsozialistisch geprägte Polizeidienststellen aufgelöst und eine Aufspaltung der verschiedenen polizeilichen Bereiche durchgeführt.

Die sog. Verwaltungspolizei (zB Bau- und Gewerbepolizei) wurde aus dem Bereich der **9** allgemeinen Polizei ausgegliedert und nunmehr formal dem Bereich der Verwaltung und damit getrennten Ordnungsbehörden unterstellt, sodass im Rahmen der Vollzugspolizei nur noch die Bereiche Schutzpolizei und Kriminalpolizei verblieben (Lisken/Denninger PolR-HdB/Stolleis/Petri A Rn. 71). Durch die sog. Polizeibriefe der Alliierten Hohen Kommission wurde die Polizeihoheit den Bundesländern zurückgegeben, was seine Niederschrift letztendlich in Art. 30 GG idF v. 1949 fand – unbeschadet der Existenz der Bundepolizeibehörden wie der Bundespolizei und dem Bundeskriminalamt. Folge dieser durch die Alliierten angestoßenen institutionellen Trennung ist die noch heute in Nordrhein-Westfalen bestehende Differenzierung zwischen PolG NRW und NRWOBG (Trennungsprinzip).

Das Land Nordrhein-Westfalen knüpfte an das preußische Recht an. In der Polizeiorgani- **10** sation gab es bald Modifikationen (Groß/Frevel/Dams, Handbuch der Polizeien Deutschlands/Schulte, 2008, 289). Schon nach der Übergangsverordnung über den vorläufigen Aufbau der Polizei in Nordrhein-Westfalen v. 20.12.1946 (GV. NRW. 165) war allerdings das Land für die Gesetzgebung und die Verwaltung der Polizei zuständig (Stahl, Polizei- und Feuerwehrgesetzgebung in Nordrhein-Westfalen unter britischer Besatzung 1946–1953, 2000, 76). Dennoch wurde in der britischen Besatzungszone zunächst die Kommunalverwaltung zu Lasten der nach preußischer Regelung für die Polizei zuständigen Staatsverwaltung gestärkt (Frings/Spahlholz Gefahrenabwehr Rn. 15). Wie in England wurden Stadtkreis- und Regierungsbezirkspolizeien eingeführt und die Zuständigkeiten der Polizei auf vollzugspolizeiliche Aufgaben, Verkehrsüberwachung und Strafverfolgung beschränkt (→ POG NRW § 1 Rn. 6.1).

Das Gesetz über den vorläufigen Aufbau der Polizei im Lande Nordrhein-Westfalen v. **11** 9.5.1949 (GV. NRW. 143) stärkte die Rolle des Landes im Verhältnis zu den britischen Gebietsbeauftragten. In der Fassung v. 21.6.1951 (GV. NRW. 74) galt es bis zur Schaffung des Polizeiorganisationsgesetzes im Jahr 1953.

II. Neue gesetzliche Grundlagen 1953–1969

1. Polizeiorganisation

Die Polizeireform von 1953 hatte in Nordrhein-Westfalen zur Folge, dass die Einfluss- **12** nahme der Kommunen auf die Polizei so gut wie entfiel. Die Polizei wurde verstaatlicht und damit das Innenministerium gegenüber den Kommunalverwaltungen gestärkt (→ POG NRW § 1 Rn. 8.1). Der dadurch reduzierte Verlust an Einflussmöglichkeiten durch die

Kommune wurde in Nordrhein-Westfalen kompensiert durch die Bildung von Polizeibeiräten (§§ 15–19 POG NRW). Dadurch sollte die Polizei einer stärkeren demokratischen Kontrolle unterworfen werden (Demokratisierung der Gefahrenabwehr).

13 Durch das POG NRW wurden mit Wirkung zum 1.10.1953 die Stadtkreis- und Regierungsbezirkspolizeibehörden aufgelöst und in die bestehende staatliche Verwaltung integriert (Freund, Das Polizei- und Ordnungsrecht des Landes Nordrhein-Westfalen, 1959, 12 f.). Die Zuständigkeiten gingen auf 79 Kreispolizeibehörden über (Wesseler/Kamp NWVBl. 2009, 374 (375)). Durch die Rechtsänderung 1953 wurden die Regierungspräsidenten Landespolizeibehörden. Diese Landespolizeibehörden hatten die (unmittelbare) Aufsicht über die Kreispolizeibehörden. Als untere staatliche Verwaltungsbehörden befanden sich in den kreisfreien Städten – gestaffelt nach Einwohnerzahlen – Polizeipräsidenten, Polizeidirektoren und Polizeiämter. In den Kreisen gab es Oberkreisdirektoren als Kreispolizeibehörden. Der Umstand, dass nunmehr Kommunalbeamte die Leitung einer Kreispolizeibehörde übernahmen, stand nicht im Widerspruch zur Rechtsänderung 1953, die eine Verstaatlichung der Polizei zur Folge hatte. Oberkreisdirektoren waren im Wege der Organleihe tätig und übten insofern eine staatliche Tätigkeit aus (vgl. Lisken/Denninger PolR-HdB/Stolleis/Petri A Rn. 80).

14 In den westdeutschen Ländern setzte sich eine mehr oder minder einheitliche Polizeiorganisation durch. Es gab die Sparten Schutzpolizei, Wasserschutzpolizei, Bereitschaftspolizei und Kriminalpolizei.

2. Ordnungsrecht

15 Das NRWOBG trat am 1.1.1957 in Kraft (vgl. Freund, Das Polizei- und Ordnungsrecht des Landes Nordrhein-Westfalen, 1959, 15). Es regelt die Aufgaben, Organisation und Befugnisse der Ordnungsbehörden in Nordrhein-Westfalen. Das NRWOBG ist Teil der Regelungen des allgemeinen Ordnungsrechts und Bestandteil des Rechts der Gefahrenabwehr. Damit wurde das Ordnungsrecht vom Polizeirecht getrennt und spezialgesetzlich normiert.

3. Polizeirecht

16 Das materielle Polizeirecht wurde als letztes neu gefasst. In Nordrhein-Westfalen galt für die Aufgaben und Befugnisse der Polizeibehörden zunächst das PrPVG mit kleinen Änderungen fort. Erst 1969 wurde ein eigenständiges nordrhein-westfälisches Polizeigesetz erlassen (Polizeigesetz des Landes Nordrhein-Westfalen idF der Bekanntmachung v. 28.10.1969, GV. NRW. 740; Groß/Frevel/Dams, Handbuch der Polizeien Deutschlands/Schulte, 2008, 294).

17 Die Aufteilung in drei Gesetze ist zeitlich in gestufter Weise erfolgt. Das zugrunde liegende Trennungsprinzip hat sich erhalten und wurde mit der Schaffung unterschiedlicher Gesetze offen gelegt und ausdifferenziert.

III. Die Entstehung des PolG NRW in heutiger Form als Folge des MEPolG

18 Das föderal strukturierte Polizeirecht in der Bundesrepublik Deutschland folgt materiell dem Grunde nach einer gemeinsamen Linie. Auf der Grundlage des „Programms für die innere Sicherheit in der Bundesrepublik Deutschland" (1972) legte die ständige Konferenz der Innenminister/-senatoren des Bundes und der Länder am 10./11.6.1976 den MEPolG (Musterentwurf eines einheitlichen Polizeigesetzes des Bundes und der Länder) vor, welchem die Länder weitgehend folgten (Lisken/Denninger PolR-HdB/Petri A Rn. 99). Damit wurde zwar das „Was" vereinheitlicht, nicht aber das „Wie" der Polizeiarbeit.

19 Die heutige Fassung der länderspezifischen Polizeigesetze geht zurück auf einen Musterentwurf der Innenminister des Bundes und der Länder v. 25.11.1977. Diese einigten sich auf einen „Musterentwurf eines einheitlichen Polizeigesetzes des Bundes und der Länder", der die Grundlage der heutigen Landespolizeigesetze darstellt (Ennuschat JA 1995, 47 ff.). Nordrhein-Westfalen erließ auf dieser Grundlage das heutige PolG NRW (Polizeigesetz des Landes Nordrhein-Westfalen v. 25.3.1980, GV. NRW. 234). Auch das Polizeigesetz der damaligen DDR wurde anhand dieses Entwurfes konzipiert und galt nach der Wende in den neuen Bundesländern fort, bis diese eigene Polizei-, Ordnungs- und Sicherheitsgesetze erließen (Ennuschat JA 1995, 47).

Kugelmann

C. Ausgewählte Reformen ab 1984

In der Folgezeit kam es zu vielen, teils bedeutenden, teils weniger gewichtigen Änderun- **20** gen, namentlich zu Erweiterungen der Regelungsbefugnisse, die nicht zuletzt durch den technischen Fortschritt bedingt waren.

Das BVerfG hat mit seiner Entscheidung zum Volkszählungsgesetz 1983 (BVerfGE 65, **21** 1 = NJW 1984, 419) das Recht auf informationelle Selbstbestimmung begründet und ausgestaltet. In der Konsequenz waren aufgrund des Vorbehalts des Gesetzes eine Reihe polizeilicher Maßnahmen nicht mehr allein von der Aufgabenbestimmung gedeckt, sondern bedurften einer ausdrücklichen Befugnisnorm. Dies führt zu einer Vielzahl von Kodifikationen, um Rechtsgrundlagen für Eingriffe in das Recht auf informationelle Selbstbestimmung zu schaffen. Eine Folge war die Verabschiedung eines VEMEPolG (Vorentwurf zur Änderung des Musterentwurf eines einheitlichen Polizeigesetzes) v. 18.4.1986.

Eine umfassende Novellierung fand im Jahr 1990 statt. Das GFDPol (Gesetz zur Fortent- **22** wicklung des Datenschutzes im Bereich der Polizei- und Ordnungsbehörden v. 7.2.1990, GV. NRW. 46) wurde verabschiedet. Das PolG NRW wurde damit durch Bestimmungen zum Datenschutzrecht ergänzt, welche über § 24 NRWOBG auch für die Ordnungsbehörden Gültigkeit entfalten. Die Novellierung führte beinahe zu einer Verdopplung der Vorschriften des PolG NRW. Das Schutzgut der öffentlichen Ordnung wurde aus der polizeilichen Generalklausel gestrichen.

In den folgenden Jahren wurden zB die Regelungen zur Videoüberwachung (§ 15a PolG **23** NRW, GV. NRW. 2000, 452) und zur Wohnungsverweisung (§ 34a PolG NRW, GV. NRW. 865) eingefügt.

Eine weit reichende Organisationsreform wurde durch Änderungen des POG NRW im **24** Jahr 2006 durchgesetzt (GV. NRW. 2006, 267). Die Autobahnpolizeien wurden statt zuvor bei den Bezirksregierungen nun bei fünf großen Polizeipräsidien (Bielefeld, Dortmund Düsseldorf, Köln und Münster) verortet (→ POG NRW § 2 Rn. 6).

Die Änderung des POG NRW im Jahr 2007 (GV. NRW. 140) führt dazu, dass den **25** Bezirksregierungen weitere Aufgaben entzogen wurden. Sie gingen an die Kreispolizeibehörden, die drei Landesoberbehörden sowie in geringem Umfang an das Innenministerium (→ POG NRW § 2 Rn. 7).

Im Jahr 2010 fand eine weitere, durch Entscheidungen des BVerfG bedingte, Novellierung **26** des PolG NRW statt (Sachs/Krings NWVBl. 2010, 165). Durch das Änderungsgesetz zum Polizeigesetz des Landes Nordrhein-Westfalen (GV. NRW. 2010, 132) wurden die Regelungen zum Schutz des Kernbereiches und der Vertraulichkeit und Integrität informationstechnischer Systeme ergänzt, namentlich wurde im Hinblick auf die Wahrung des Zitiergebots das Recht auf informationelle Selbstbestimmung in § 7 PolG NRW ausdrücklich benannt, die bis dato äußerst umstrittene Frage des sog. finalen Rettungsschusses in § 63 Abs. 2 S. 2 PolG NRW ausdrücklich aufgenommen und das Schutzgut der öffentlichen Sicherheit der polizeilichen Generalklausel (§ 8 PolG NRW) wieder um das Schutzgut der öffentlichen Ordnung ergänzt (wie dies auch in § 14 NRWOBG enthalten ist).

Im Bereich der Erhebung von Telekommunikations- und Telemediendaten zur Gefahren- **27** abwehr hat das BVerfG 2012 abermals Regelungsbedarf gesehen (BVerfG BeckRS 2012, 47556 Rn. 121 ff.) und den Gesetzgeber zum Handeln aufgefordert. Als Folge auf diese Entscheidung hat der Gesetzgeber 2013 die §§ 20a und 20b PolG NRW eingefügt, die sich mit der Abfrage von Telekommunikations- und Telemediendaten sowie dem Einsatz technischer Mittel bei Mobilfunkendgeräten befassen (GV. NRW. 2013, 375). Die Erhebung der Daten durch den Telekommunikationsdienstleister richtet sich nach dem TKG, das auch den Auskunftsanspruch gegen ihn festlegt; der Abruf durch die Polizeibehörden des Landes Nordrhein-Westfalen richtet sich nach dem PolG NRW. Dieser Abruf stellt eine eigenständige Datenerhebung dar, für den die §§ 20a, 20b PolG NRW die erforderliche gesetzliche Grundlage schaffen (Bialon Polizei Info Report 5/2013, 33 f.).

Ferner wurde in demselben Änderungsgesetz 2013 die ursprünglich bis zum 31.7.2013 **28** befristete Standardmaßnahme der Videoüberwachung (§ 15a Abs. 5 PolG NRW) bis zum 31.7.2018 verlängert, da diese Standardmaßnahme nach Auffassung des Gesetzgebers ein bedeutendes und effektives Hilfsmittel der polizeilichen Gefahrenabwehr darstellt.

Im Jahr 2014 wurde der sechste Abschnitt des PolG NRW aufgehoben. Dieser betraf die **29** Vorschrift des § 68 PolG NRW zur Berichtspflicht der Landesregierung gegenüber dem

Landtag über die weitere Notwendigkeit des Fortbestehens dieses Gesetzes (GV. NRW. 2014, 622). Damit ist eine generelle Evaluierung nicht mehr zwingend. Spezielle Evaluierungspflichten wie die in § 15a Abs. 5 PolG NRW betreffend die Videoüberwachung oder diejenige in § 15c Abs. 6 PolG NRW zum Einsatz von BodyCams bleiben unberührt. Sie wurden in der Reform des Jahres 2018 durch die erneute Einführung des die Berichtspflichten zusammen fassenden § 68 PolG NRW berücksichtigt.

30   Im Jahr 2016 wurde mit § 6a PolG NRW eine Regelung zur Legitimations- und Kennzeichnungspflicht von Polizeivollzugsbeamten in das PolG NRW eingefügt (GV. NRW. 2016, 1061). Ziel des Änderungsgesetzes war die Erhöhung der Transparenz polizeilichen Handelns und die Stärkung des Vertrauens in die Polizei des Landes Nordrhein-Westfalen. Schon im Jahr 2017 wurde der von Beginn an umstrittene § 6a PolG NRW mWv 24.10.2017 wieder aufgehoben (GV. NRW. 2017, 806).

31   Gleichzeitig mit § 6a PolG NRW wurde im Jahr 2016 zudem mit dem neuen § 15c PolG NRW eine Norm bezüglich der Datenerhebung durch den Einsatz körpernah getragener Aufnahmegeräte in das Gesetz aufgenommen (GV. NRW 2016, 1061). Damit besteht eine ausdrückliche Rechtsgrundlage für den Einsatz körpernah getragener Kameras, der Body-Cams. Nach der Gesetzesbegründung war der Hintergrund für diese Regelung die hohe Zahl an Gewaltdelikten und Straftaten gegen Polizeivollzugsbeamte. Ziel ist also die Eigensicherung. Allerdings begegnet die Neuregelung verfassungsrechtlichen Bedenken, da sie Eingriffe in das Recht auf informationelle Selbstbestimmung auch von Dritten in erheblichem Maße zulässt. Der Grundsatz der Verhältnismäßigkeit dringt auf eine Begrenzung der Anwendungsbedingungen, insbesondere des Aufzeichnungsbeginns, der erst mit der Gefahr einsetzen sollte (kein sog. Pre-Recording). Die durch § 15c eröffnete Möglichkeit, BodyCams auch in Wohnungen einzusetzen, ist angesichts des Ziels der Regelung und der Eingriffsschwelle der konkreten Gefahr nicht mit Art. 13 GG vereinbar (zur Diskussion um die BodyCams aus der Lit. Parma DÖV 2016, 809 ff.; Kipker/Gärtner NJW 2015, 296 ff.; Lachenmann, NVwZ 2017, 1424; Donaubauer, Der polizeiliche Einsatz von Bodycams, 2017).

32   Im Dezember 2018 hat der Gesetzgeber das nordrhein-westfälische Polizeirecht wesentlichen Änderungen unterzogen (Thiel GSZ 2019, 1). Das Gesetz zur Stärkung der Sicherheit in Nordrhein-Westfalen v. 13.12.2018 (GV. NRW. 684) soll der erste Teil eines sog. Sicherheitspaketes ein. Das Gesetz zur Anpassung des Polizeigesetzes des Landes Nordrhein-Westfalen und des Gesetzes über Aufbau und Befugnisse der Ordnungsbehörden v. 18.12.2018 (GV. NRW. 729) betrifft insbesondere die polizeiliche Datenverarbeitung. Die Gesetzesänderungen verfolgen mehrere Ziele. Sie sollen die Umsetzung der JI-RL (RL (EU) 2016/ 680 v. 27.4.2016, ABl. 2016 L 119, 89) vornehmen. Die Rechtsprechung des BVerfG zur polizeilichen Datenverarbeitung, die es insbesondere im BKAG-Urteil zusammengefasst und konkretisiert hat (BVerfGE 141, 220), wird aufgegriffen und das Recht an ihr ausgerichtet. Darüber hinaus werden aber auch für erforderlich gehaltene Regelungen zu den Befugnissen der Polizei getroffen, die von hoher Eingriffsintensität sind. Eine Reihe der Änderungen muss daher sorgfältig darauf geprüft werden, ob die verfassungsrechtlichen Grenzen noch eingehalten sind.

33   Die Regelungen des Änderungsgesetzes v. 18.12.2018 beinhalten eine Reihe von wichtigen Modifikationen der polizeilichen Datenverarbeitung. Die Kennzeichnung in polizeilichen Dateisystemen bei der Speicherung (§ 22b PolG NRW), die Benachrichtigung bei verdeckten und eingriffsintensiven Maßnahmen (§ 33 PolG NRW) und die entsprechende Protokollierung (§ 33b PolG NRW) oder die Benachrichtigung bei der Verletzung des Schutzes personenbezogener Daten (§ 33a PolG NRW) sind von großer praktischer Bedeutung und hoher rechtsstaatlicher Relevanz. Diese Änderungen dienen überwiegend der Umsetzung der JI-RL. Die Weiterverarbeitung von personenbezogenen Daten ist vor dem Hintergrund des vom Bundesverfassungsgericht entwickelten Grundsatzes der hypothetischen Datenneuerhebung zu sehen (BVerfGE 141, 220 Ls. 2; s. Löffelmann GSZ 2019, 16).

33.1   Die JI-RL (RL (EU) 2016/680 v. 27.4.2016, ABl. 2016 L 119, 89) betrifft die polizeiliche Datenverarbeitung. Sie knüpft an Tätigkeiten an, nicht an behördlichen Zuständigkeiten. Ihre Reichweite und damit der Anwendungsbereich der sie umsetzenden innerstaatlichen Regelungen bedarf der Klärung. Die innerstaatlichen Vorschriften der Umsetzung sind teils in den Datenschutzgesetzen des Bundes und mancher Länder, teils in den Polizeigesetzen enthalten. Einige Umsetzungsregelungen begegnen Bedenken im Hinblick auf ihre Konformität mit der JI-RL (s. Weinhold/Johannes, Das neue Datenschutzrecht bei Polizei und Justiz, 2018; Johannes/Weinhold DVBl 2016, 1501 ff.; sa Zöller/Esser, Justizielle Medienarbeit im Strafverfahren/Kugelmann, 2019, 214 ff.).

Das Gesetz zur Stärkung der Sicherheit in Nordrhein-Westfalen ist das Ergebnis eines **34** Gesetzgebungsverfahren, in dem intensive Diskussionen um die Erforderlichkeit und Zulässigkeit der Regelungen geführt wurden (s. Thiel GSZ 2019, 3 ff.). Am 11.4.2018 hatte die Landesregierung einen Gesetzentwurf zur Änderung des Polizeigesetzes vorgelegt (Gesetz zur Stärkung der Sicherheit in Nordrhein-Westfalen, LT-Drs. 17/2351). Der Entwurf enthielt bereits eine Reihe von Neuerungen, die weitreichende Eingriffe in Grundrechte ermöglicht hätten (Pieroth GSZ 2018, 133).

In einer Anhörung des Landtages am 7.6.2018 wurde von vielen Sachverständigen erhebliche Kritik **34.1** an einer Reihe von Regelungen geübt (für die Einzelheiten wird auf die Stellungnahmen der Sachverständigen verwiesen, s. www.landtag.nrw.de). Daraufhin wurde der Entwurf überarbeitet.

Ein zentraler Begriff des Gesetzentwurfs, der Bedenken begegnete, war die „drohende **35** Gefahr". Das Bundesverfassungsgericht hat im BKAG-Urteil im Zusammenhang der Bekämpfung des Terrorismus eine Reduzierung an die Anforderungen der Vorhersehbarkeit des Kausalverlaufs für zulässig gehalten und dann aber doch eine im Einzelfall drohende Gefahr verlangt (BVerfGE 141, 220 (272 f.)). Teils wird dies für verallgemeinerungsfähig gehalten, sodass vor diesem Hintergrund eine weitere Gefahrenkategorie der „drohenden Gefahr" möglich sei (vgl. Möstl BayVBl. 2018, 156 ff.). Dies vernachlässigt jedoch den Kontext der Aussagen des Bundesverfassungsgerichts (Enders DÖV 2019, 208 ff.). Das Drohen der Gefahr betrifft den Grad der Wahrscheinlichkeit bei Unsicherheit über die Tatsachen, erfordert aber durchaus eine Konkretisierung. Es handelt sich daher nicht um einen neuen Begriff, sondern um eine Stufe der konkreten Gefahr unter den besonderen Bedingungen terroristischer Bedrohungen (Pieroth GSZ 2018, 135). Der im Entwurf noch vorgesehene Begriff der „drohenden terroristischen Gefahr" hat letztlich keine Aufnahme in das nordrhein-westfälische Gesetz v. 13.12.2018 (GV. NRW. 684) gefunden. In § 8 Abs. 4 PolG NRW wird nunmehr der Begriff der „terroristischen Straftat" definiert (zu dem Begriff der „drohenden Gefahr" und seiner Einordnung in das Polizeirecht Enders DÖV 2019, 205; Holzner DÖV 2018, 946; Leisner-Egensperger DÖV 2018, 677; Löffelmann BayVBl. 2018, 145; Möstl BayVBl. 2018, 156; Müller BayVBl. 2018, 109; Waechter NVwZ 2018, 458; Zaremba DÖV 2019, 221; in § 11 Abs. 3 S. 1 BayPAG ist der Begriff der „drohenden Gefahr" eingeführt).

Im Wesentlichen sieht das Gesetz v. 13.12.2018 (GV. NRW. 684) folgende Neuerungen **36** vor (sa Thiel GSZ 2019, 5 ff.; Zaremba DÖV 2019, 221):
- Einführung der Kategorie „terroristische Straftat" (§ 8 Abs. 4 PolG NRW);
- Rechtsgrundlage für sog. Strategische Fahndungen, also zwar anlassbezogene, aber verdachtsunabhängige Anhalte- und Sichtkontrollen im öffentlichen Verkehrsraum (§ 12a PolG NRW);
- Erweiterung der Videoüberwachung (§ 15a PolG NRW);
- Schaffung einer Vorschrift zur präventiv-polizeilichen Telekommunikationsüberwachung einschließlich Quellen-TKÜ (§ 20c PolG NRW);
- Rechtsgrundlagen für Aufenthaltsvorgaben oder Kontaktverbote (§ 34b PolG NRW);
- Einführung der elektronischen Aufenthaltsüberwachung (§§ 34c, 34d PolG NRW);
- Ausweitung der Möglichkeiten der Ingewahrsamnahme, einschließlich der Verlängerung des Gewahrsams zur Gefahrenabwehr bis zu sieben Tagen (§§ 35, 38 PolG NRW);
- Ergänzung des Waffenkatalogs um Distanzelektroimpulsgeräte (§ 58 Abs. 4 PolG NRW).

Hervorzuheben ist, dass die neuen Befugnisse der §§ 20c, 34b, 34c PolG NRW sämtlich **37** unter anderem die tatbestandliche Voraussetzung der terroristischen Straftat des § 8 Abs. 4 PolG NRW in Bezug nehmen. Dies entspricht den von der Praxis vorgetragenen Bedürfnissen, denen sicherlich dem Grunde nach Rechnung getragen werden muss. Damit werden allerdings die schwierigen Abgrenzungsfragen in überaus weit reichende Eingriffsbefugnisse hinein getragen. Zumindest ist eine strenge Verhältnismäßigkeitsprüfung vorzunehmen (→ § 2 Rn. 38).

37.1 Zu dem Grundproblem der Erweiterung von Befugnissen in das Vorfeld und dem Ergreifen von Maßnahmen gegen sog. Gefährder bestehen umfangreiche Diskussionen auch im Verhältnis zu den repressiven Maßnahmen der StPO (s. Ogorek JZ 2019, 63; Kulick AöR 143 (2018), 176 mwN).

38 Die im Gesetzentwurf vorgesehene Befugniserweiterung zum Gewahrsam sah sich erheblichen verfassungsrechtlichen Bedenken ausgesetzt, denen im Gesetzgebungsverfahren zu §§ 35, 37, 38 PolG NRW in gewissem Umfang Rechnung getragen wurde. Die Verfassungsmäßigkeit der nunmehr in den §§ 37 ff. enthaltenen Regelungen steht aber nach wie vor in Frage. Ergänzungen des § 37 PolG NRW nimmt die Gesetzesänderung v. 19.12.2019 vor, die als „Gesetz zur Stärkung der Rechte von im Polizeigewahrsam festgehaltenen Personen" überschrieben ist (GV. NRW. 2019, 995). Sie führt zudem den § 37a PolG NRW über die Fixierung festgehaltener Personen ein, der für die Fesselung festgehaltener Personen, die nach § 62 PolG NRW erfolgt, besondere Verfahrensregeln einführt. Die in § 38 PolG NRW vorgesehene Möglichkeit, einen polizeilich ausgesprochenen Gewahrsam über die in Art. 104 Abs. 2 S. 3 GG vorgesehene Dauer hinaus in großem Umfang zu verlängern, bleibt erhalten. Sie ist aufgrund der Freiheit der Person nach Art. 2 Abs. 2 S. 2 GG und aufgrund des Rechts auf Freiheit und Sicherheit gem. Art. 5 EMRK jedoch engen Grenzen unterworfen.

Einführung in die Datenschutz-Richtlinie (EU) 2016/680 (JI-RL)

Übersicht

A. Einführung und Entstehungsgeschichte der JI-RL

Die Arbeit von Polizei- und Sicherheitsbehörden geht schon immer damit einher, dass **1** personenbezogene Daten verarbeitet werden, und zwar sowohl im präventiven wie im repressiven Bereich. Einige Maßnahmen wie die Identitätsfeststellung (§ 26 BWPolG, Art. 13 BayPAG, § 18 HSOG, § 13 NPOG, § 12 PolG NRW), die Telekommunikationsüberwachung (TKÜ; §§ 23a f. BWPolG, Art. 42 BayPAG, §§ 15a f. HSOG, §§ 33a f. NPOG, § 20c NRW PolG) oder die elektronische Aufenthaltsüberwachung (§ 27c BWPolG, Art. 34 BayPAG, § 31a HSOG, § 34c NRW PolG) zielen gerade darauf ab, solche Daten zu erlangen. Für andere Maßnahmen, etwa die Vorladung (§ 27 BWPolG, Art. 15 BayPAG, § 30 HSOG, § 16 NPOG, § 10 NRW PolG) oder die Übersendung eines Kostenbescheids für eine Maßnahme, sind die Adressdaten des Verantwortlichen notwendige Voraussetzung. Zahlreiche personenbezogene Daten sind zudem in Vorgangsbearbeitungssystemen wie IGVP, im Informationssystem INPOL sowie in Fallbearbeitungssystemen gespeichert.

Hieraus ergeben sich datenschutzrechtliche Fragen, die ursprünglich allein durch das nationale Recht beantwortet wurden. Zwar gehörte die Bundesrepublik Deutschland 1981 zu **2** den Erstunterzeichnern des 1985 in Kraft getretenen Übereinkommens zum Schutz des Menschen vor der automatischen Verarbeitung personenbezogener Daten (v. 28.1.1981, BGBl. 1985 II 538), dieses entfaltete als völkerrechtlicher Vertrag indessen nur mittelbare Wirkung. Auch die Datenschutz-RL (RL 95/46/EG v. 24.10.1995, ABl. 1995 L 281, 31) änderte nichts daran, dass das Datenschutzrecht der Polizei- und Sicherheitsbehörden national geprägt blieb, da sie gem. Art. 3 Abs. 2 Datenschutz-RL keine Anwendung auf die Verarbeitung personenbezogener Daten „betreffend die öffentliche Sicherheit, die Landesverteidigung, die Sicherheit des Staates (einschließlich seines wirtschaftlichen Wohls, wenn die Verarbeitung die Sicherheit des Staates berührt) und die Tätigkeiten des Staates im strafrechtlichen Bereich" fand.

Der EU und ihren Rechtsvorgängerinnen fehlte es lange Zeit an der notwendigen Einzelermächtigung (vgl. heute Art. 5 Abs. 1 S. 1 und Abs. 2 EUV), um den Datenschutz auch **3** für den Polizei- und Sicherheitsbereich umfassend zu regeln. Die Datenschutz-RL stützte sich auf die Binnenmarktkompetenz des damaligen Art. 100a EGV (jetzt Art. 114 AEUV), die für das Polizei- und Sicherheitsrecht offensichtlich nicht einschlägig war und ist. Allerdings wurden unter Berufung auf die binnenmarktrelevante Tätigkeit von Telekommunikationsunternehmen Sekundärrechtsakte erlassen, die auch für das Polizei- und Sicherheitsrecht relevante Bestimmungen enthielten, etwa die **ePrivacy-RL** (RL 2002/58/EG v. 12.7.2002, ABl. 2002 L 201, 37) und die **Vorratsdatenspeicherungs-RL** (RL 2006/24/EG v. 15.3.2006, ABl. 2006 L 105, 54). Für letztere war allerdings schon damals umstritten, ob die Binnenmarktkompetenz eine geeignete Rechtsgrundlage darstellte (bejahend EuGH NJW 2009, 1801). Alternativ hätte die Harmonisierungskompetenz des Art. 34 Abs. 2 lit. b EUV aF, einer Norm aus der „dritten Säule" der EU (polizeiliche und justizielle Zusammenarbeit in Strafsachen), zur Verfügung gestanden, welche aber Einstimmigkeit im Rat erfordert hätte, die im Fall der Vorratsdatenspeicherung nicht zu erzielen war. Anders war dies im Jahr 2008, als gestützt auf Art. 34 Abs. 2 lit. b EUV aF der RB 2008/977/JI (v. 27.11.2008, ABl. 2008 L 350, 60) erlassen wurde, der die Verarbeitung personenbezogener Daten zum Zweck der Verhütung, Ermittlung, Feststellung oder Verfolgung von Straftaten oder der Vollstreckung strafrechtlicher Sanktionen betraf. Sein Anwendungsbereich beschränkte sich allerdings auf die Fälle des Datenaustauschs unter den Mitgliedstaaten sowie zwischen diesen und besonderen EU-Einrichtungen (Art. 1 Abs. 2 RB 2008/977/JI). Rein innerstaatliche Datenverarbeitungsvorgänge im Polizei- und Sicherheitsbereich waren nicht erfasst.

4   Durch das Inkrafttreten des Vertrags von Lissabon 2009 änderte sich die Lage: Mit Art. 16 Abs. 2 UAbs. 1 S. 1 AEUV steht seitdem eine Rechtsgrundlage zur Verfügung, die nicht auf einen der klassischen Politikbereiche der Union bezogen ist, sondern es – vorbehaltlich der Grenzen des Subsidiaritäts- und Verhältnismäßigkeitsprinzips (Art. 5 Abs. 3 und Abs. 4 EUV) – ermöglicht, allein mit dem Ziel des Schutzes des Grundrechts auf Datenschutz (Art. 16 Abs. 1 AEUV, Art. 8 GRCh) tätig zu werden (zu Einschränkungen → Rn. 8 ff.). In Ausnutzung der neuen Kompetenz hatte die Europäische Kommission schon 2010 eine große **Datenschutzreform** initiiert (Details bei Ehmann/Selmayr/Selmayr/Ehmann DS-GVO Einf. Rn. 39 ff.), deren Verabschiedung sich aber wegen Differenzen zwischen den beteiligten Akteuren, insbesondere zwischen Rat und Parlament, bis April 2016 hinzog und die bis heute nicht vollständig abgeschlossen ist. Die Reform beinhaltet bisher den Erlass mehrerer Rechtsakte von unterschiedlicher Harmonisierungsintensität, die seit Mai 2018 Wirkung entfalten.

5   Der wichtigste Baustein der Reform ist die **DS-GVO** (VO (EU) 2016/679 v. 27.4.2016, ABl. 2016 L 119, 1). Sie erhebt grundsätzlich den Anspruch, eine Vollharmonisierung zu bewirken (Ehmann/Selmayr/Selmayr/Ehmann DS-GVO Einf. Rn. 75); dieser Anspruch wird allerdings durch eine Reihe von „Öffnungsklauseln" zugunsten der Mitgliedstaaten abgeschwächt (vgl. Erwägungsgrund 10 DS-GVO).

6   Neben der DS-GVO steht die als „kleine Schwester" bezeichnete (Schwichtenberg DuD 2016, 605; HK-DS-GVO/Enöckl DS-GVO Art. 2 Rn. 14) **JI-RL** (RL (EU) 2016/680 v. 27.4.2016, ABl. 2016 L 119, 89). Im Gegensatz zur DS-GVO bewirkt sie keine Voll-, sondern nur eine Mindestharmonisierung (vgl. Art. 1 Abs. 3 JI-RL) und lässt den Mitgliedstaaten zudem die richtlinientypischen Spielräume bei der Umsetzung (vgl. Art. 288 Abs. 3 AEUV). Damit wird dem Umstand Rechnung getragen, dass schon auf der Regierungskonferenz zum Vertrag von Lissabon erklärt wurde, „dass es sich aufgrund des spezifischen Charakters der Bereiche justizielle Zusammenarbeit in Strafsachen und polizeiliche Zusammenarbeit als erforderlich erweisen könnte, in diesen Bereichen spezifische [...] Vorschriften über den Schutz personenbezogener Daten und den freien Datenverkehr zu erlassen" (Nr. 21 Schlussakte Lissabonvertrag). Die Mitgliedstaaten waren nicht bereit, in diesen Bereichen einer umfassenden Harmonisierung des Datenschutzes, wie er ursprünglich auf europäischer Ebene angestrebt war, zuzustimmen.

7   Die geplante Verabschiedung einer **ePrivacy-VO,** die als dritter Baustein der EU-Datenschutzreform die ePrivacy-RL (RL 2002/58/EG v. 12.7.2002, ABl. 2002 L 201, 37) ersetzen soll, verzögert sich weiterhin; sie soll aber auf den Polizei- und Sicherheitsbereich ohnehin keine Anwendung finden (Art. 2 Abs. 2 lit. d ePrivacy-VO-E: „Diese Verordnung gilt nicht für [...] Tätigkeiten zuständiger Behörden zu Zwecken der Verhütung, Ermittlung, Aufdeckung oder Verfolgung von Straftaten oder der Strafvollstreckung, einschließlich des Schutzes vor und der Abwehr von Gefahren für die öffentliche Sicherheit."). Vorgesehen ist allerdings die Möglichkeit der Einschränkung der durch die Verordnung gewährten Rechte (Art. 11 ePrivacy-VO-E), die auch zu Zwecken der öffentlichen Sicherheit erfolgen kann.

B. Datenschutz-Kompetenz der EU

8   Art. 16 Abs. 2 UAbs. 1 S. 1 AEUV enthält zwei Einzelermächtigungen, einerseits für den Datenschutz natürlicher Personen bei der Verarbeitung personenbezogener Daten durch die Organe, Einrichtungen und sonstigen Stellen der Union sowie durch die Mitgliedstaaten, soweit sie Tätigkeiten im Anwendungsbereich des Unionsrechts ausüben, und andererseits für den freien Datenverkehr. Die Reichweite der Formulierung ist umstritten: Die Frage, welcher der beiden Ermächtigungen der Datenschutz durch nicht-öffentliche Stellen unterfällt (vgl. dazu Streinz/Schröder AEUV Art. 16 Rn. 9 f.), interessiert hier nicht weiter. Für die im Kontext der JI-RL bedeutsamen Datenverarbeitungen durch öffentliche Stellen ist klar, dass abgesehen von den Fällen des Datenaustauschs zwischen den Sicherheitsbehörden der Mitgliedstaaten, die möglicherweise auch unter den Begriff „Datenverkehr" zu subsumieren sein können (vgl. Erwägungsgrund 4 JI-RL), Art. 16 Abs. 2 S. 1 Alt. 1 AEUV einschlägig ist. Damit gewinnt die zweite (und wichtigere) Streitfrage an Bedeutung, wann die Mitgliedstaaten Tätigkeiten im „**Anwendungsbereich des Unionsrechts**" ausüben, denn nur hierauf bezieht sich die Kompetenz der Union.

Diese Frage wird nicht durch eine Entscheidung des EuGH zum Anwendungsbereich der **9** Datenschutz-RL aus dem Jahr 2003 beantwortet. Zwar hatte der Gerichtshof zu Art. 3 Abs. 2 Datenschutz-RL entschieden, dass der Begriff des Anwendungsbereichs des Unionsrechts weit auszulegen und nicht auf die Fälle der Ausübung von Grundfreiheiten, also grenzüberschreitende Sachverhalte, beschränkt sei (EuGH EuR 2004, 276 Rn. 41 f.). Diese Aussage ist aber im Kontext zum konkreten Fall und zur Rechtsgrundlage des Art. 100a EGV (jetzt Art. 114 AEUV) zu sehen: Der EuGH bestätigte in seinem Urteil lediglich, dass die Binnenmarktfinalität ausreicht, um ein Rechtsgebiet zu harmonisieren, und dass in der Folge die harmonisierten Vorschriften anzuwenden sind, ohne zuvor im Einzelfall zu prüfen, ob der jeweilige Sachverhalt einen besonderen Binnenmarktbezug aufweist. Damit ist aber keine Aussage darüber getroffen, wie der Begriff des Anwendungsbereichs des Unionsrechts in der Kompetenznorm in Art. 16 Abs. 2 UAbs. 1 S. 1 Alt. 1 AEUV, die (im Gegensatz zu Alt. 2) mit dem Binnenmarkt nichts zu tun hat, auszulegen ist.

Zweck der Kompetenznorm ist es, die Union in den Stand zu versetzen, den durch Art. 8 **10** Abs. 1 GRCh gebotenen Datenschutz sekundärrechtlich zu realisieren (so auch Ehmann/ Selmayr/Selmayr/Ehmann DS-GVO Einf. Rn. 36). Angesichts dieses Grundrechtsbezugs der Kompetenznorm liegt es nahe, an den **Anwendungsbereich der Unionsgrundrechte** anzuknüpfen, der durch Art. 51 Abs. 1 GRCh festgelegt wird; hierfür spricht auch die ähnliche Formulierung von Art. 51 Abs. 1 GRCh und Art. 16 Abs. 2 UAbs. 1 S. 1 Alt. 1 AEUV (s. bereits Streinz/Schröder AEUV Art. 16 Rn. 9; ähnlich GHN/Sobotta AEUV Art. 16 Rn. 31). Mit Blick auf die Bindung der Mitgliedstaaten an die Unionsgrundrechte versteht der EuGH unter dem Begriff der „Durchführung des Rechts der Union" als Handeln „im Anwendungsbereich" des Unionsrechts (EuGH NVwZ 2013, 561 Rn. 20 – Åkerberg Fransson). Hierunter fällt nicht nur die klassische Agency-Situation des administrativen Vollzugs von Unionsrecht; erfasst sind nach der (in den Details allerdings nicht ganz unumstrittenen) Rechtsprechung des EuGH vielmehr auch die legislative Umsetzung des Unionsrechts, insbesondere im Zusammenhang mit Richtlinien (→ Rn. 62), sowie die Fälle der Beschränkung von Grundfreiheiten.

Parallelisiert man die Reichweite des Art. 16 Abs. 2 UAbs. 1 S. 1 Alt. 1 AEUV mit dem **11** Anwendungsbereich der Unionsgrundrechte, besteht in der Theorie keine Kompetenz der Union, rein **innerstaatliche Fälle der Datenverarbeitung** durch öffentliche Stellen zu regeln (so auch Lisken/Denninger PolR-HdB/Schwabenbauer G Rn. 326 ff.; Klement JZ 2017, 161 (165)). In der Praxis dürfte es aber nahezu unmöglich sein auszuschließen, dass Behörden auch mit Fällen in Kontakt kommen, in denen Unionsrecht eine Rolle spielt. Dabei geht es nicht nur um die Fälle der Art. 82 ff. AEUV (so aber wohl Schantz/Wolff Neues DatenschutzR/Wolff Rn. 235). Neben einschlägigem Sekundärrecht auf anderer Rechtsgrundlage (etwa dem Schengener Grenzkodex im Zusammenhang mit der Schleierfahndung, s. EuGH NVwZ 2017, 1608) kann hier vor allem die Fallgruppe der Beschränkung von Grundfreiheiten (insbesondere, wenn man auch das Freizügigkeitsrecht aus Art. 21 AEUV mit einbezieht) Ursache sein: Auch unterschiedslos wirkende Maßnahmen sind unter relativ geringen Voraussetzungen als Eingriff in eine Grundfreiheit zu qualifizieren, sodass letztlich fast immer, wenn ein EU-Ausländer einer (Sicherheits-) Behörde gegenüber tritt, der Anwendungsbereich des Unionsrechts eröffnet sein kann (in diese Richtung auch Albrecht/Jotzo DatenschutzR Teil 1 Rn. 24).

Daraus ergibt sich die Folgefrage, ob es für eine Harmonisierungsmaßnahme des Unions- **12** gesetzgebers auf der Grundlage von Art. 16 Abs. 2 UAbs. 1 S. 1 Alt. 1 AEUV ausreicht, dass **auch** Sachverhalte im Anwendungsbereich des Unionsrechts auftreten können, oder ob sich die europäische Rechtsetzung auf die Regelung **nur** dieser Sachverhalte beschränken muss. Für die Binnenmarktkompetenz wird grundsätzlich ersteres angenommen: Die Binnenmarktfinalität der Maßnahme reicht aus, um den Bereich umfassend zu regeln und auch Sachverhalte mit einzubeziehen, denen im Einzelfall der Binnenmarktbezug fehlen mag (→ Rn. 9). Im Gegensatz zum Binnenmarkt, für den die Union eine zwar geteilte (Art. 4 Abs. 2 lit. a AEUV), aber gegenständlich unbeschränkte Kompetenz besitzt, ist die Regelung des Datenschutzes (wenn es nicht um den freien Datenverkehr geht) nur Sache der Union, soweit in Anwendung ihres Rechts das Grundrecht aus Art. 8 GRCh betroffen sein kann. Die Rechtsetzungskompetenz ist mithin **akzessorisch zur Grundrechtsbindung,** deren Reichweite sich aus Art. 51 GRCh ergibt; das Sekundärrecht darf keine Fälle außerhalb des Anwendungsbereichs des Unionsrechts erfassen (→ Rn. 12.1).

12.1   Dieselben Erwägungen liegen der verbreiteten Auffassung zugrunde, dass Art. 16 Abs. 2 UAbs. 1 S. 1 AEUV keine Rechtsgrundlage für Bestimmungen über den Schutz der Daten juristischer Personen ist (Albrecht/Jotzo DatenschutzR Teil 3 Rn. 23). Hintergrund ist, dass auch diese Daten nach überwiegender Auffassung nicht von Art. 8 GRCh geschützt sind (vgl. Jarass GRCh Art. 8 Rn. 7).

13   Der Begrenztheit ihrer Datenschutzkompetenz kann die Union dadurch Rechnung tragen, dass sie in ihrem Sekundärrecht dessen Geltung für Fälle, die nicht in den Anwendungsbereich des Unionsrechts fallen, durch **Bereichsausnahmen** ausschließt (Art. 2 Abs. 2 lit. a DS-GVO, Art. 2 Abs. 3 lit. a JI-RL). Im Vollzug oder in der Umsetzung durch nationale Behörden sind diese Bereichsausnahmen aber kaum handhabbar, selbst wenn man sie angesichts der unterschiedlichen Rechtsgrundlage weiter als im Fall der Datenschutz-RL (→ Rn. 9) auslegt. Vielfach erweist es sich bspw. erst **ex post,** ob ein Sachverhalt einen Unionsrechtsbezug aufweist, etwa, ob unter den Adressaten einer polizeilichen Maßnahme auch ein EU-Ausländer ist; die Rechtsgrundlage für eine allfällige Datenverarbeitung muss aber **ex ante** gewählt werden. Auch wenn der nationale Gesetzgeber zur Umsetzung einer Richtlinie berufen ist, muss er den Regelungsrahmen so formulieren, dass er **jedenfalls** die Fälle im Anwendungsbereich des Unionsrechts erfasst. Sind diese aber nicht klar vorhersehbar, führt die Beachtung der auf Art. 16 Abs. 2 UAbs. 1 S. 1 Alt. 1 AEUV gestützten, eigentlich begrenzten Vorgaben zu **Spill-over-Effekten,** weil den unionsrechtlichen Regelungen mangels faktischer Differenzierungsmöglichkeit auch rein nationale Sachverhalte unterworfen werden müssen.

14   Angesichts des potentiell kaum auszuschließenden Unionsrechtsbezugs einzelner Fälle, die schon ein Tätigwerden der Union rechtfertigen können, ist Art. 16 Abs. 2 UAbs. 1 S. 1 AEUV bei isolierter Betrachtung auch kaum geeignet, mitgliedstaatliche **Residualbereiche** des Datenschutzrechts erkennen zu lassen. Solche ergeben sich nur aus der Zusammenschau mit anderen Vorschriften des Vertragswerks, die den Anwendungsbereich des Unionsrechts klarer limitieren oder den Erlass bereichsspezifischen Datenschutzrechts verlangen.

15   In dieser Hinsicht ist zunächst die ausdrücklich dem Zugriff der Union entzogene „**nationale Sicherheit**" zu nennen (Art. 4 Abs. 2 S. 3 EUV). Es liegt nahe, diesen Begriff eng auszulegen, jedenfalls enger als den (allerdings verwandten) Begriff der öffentlichen Sicherheit (so auch Wolff BayVBl. 2017, 797). Gemeint ist das Bestandsinteresse des Staates, aus dem Anwendungsbereich des Unionsrecht fallen mithin nur Situationen, in denen „existenzielle Sicherheitsbelange der Mitgliedstaaten" betroffen sind (von der Groeben/Schwarze/Hatje/Obwexer EUV Art. 4 Rn. 45). Wie weit diese Ausnahme, auf die auch Erwägungsgrund 14 JI-RL verweist, in den Datenschutzbereich hineinwirkt, ist unklar. Teilweise wird vertreten, dass alle Datenverarbeitungsregelungen im G 10, BNDG, MADG, BVerfSchG und den entsprechenden Gesetzen der Länder dazuzuzählen sind (Bäcker/Hornung ZD 2012, 147 (149); ähnlich Schantz/Wolff Neues DatenschutzR/Wolff Rn. 244); andernorts wird dagegen auch diesen Gesetzen ein Anpassungsbedarf an das neue Datenschutzrecht der Union attestiert (Johannes/Weinhold Neues DatenschutzR § 1 Rn. 386). Jedenfalls die Bereiche Verteidigung und Auslandsnachrichtendienst dürften außerhalb des Anwendungsbereichs der Union liegen.

16   Neben der nationalen Sicherheit als Ausnahme vom Anwendungsbereich des Unionsrechts ist weiterhin auf Art. 16 Abs. 2 UAbs. 2 AEUV hinzuweisen, demgemäß die Bestimmung des Art. 39 EUV über den **Datenschutz im Bereich der GASP** unberührt bleibt. Dies bedeutet, dass die Mitgliedstaaten bindendes (die Union selbst ist in Art. 39 EUV nicht genannt!) Datenschutzrecht für den Bereich der GASP **nur** auf der Grundlage von Art. 39 EUV, also einstimmig, ohne Beteiligung des Parlaments (vgl. Art. 31 EUV) und in Form eines Beschlusses erlassen werden kann (und soll, was aber bisher nicht geschehen ist). Regelungen auf der Grundlage von Art. 16 AEUV müssen daher entweder den Bereich der GASP ausdrücklich ausklammern, wie dies in der DS-GVO geschehen ist (Art. 2 Abs. 2 lit. b DS-GVO), oder positiv einen Anwendungsbereich benennen, der nichts mit der GASP zu tun hat. Im Fall der JI-RL bedarf es hierfür einer einschränkenden Auslegung (→ Rn. 25.2).

Das **Subsidiaritätsprinzip** (Art. 5 Abs. 3 EUV) ist, obgleich es grundsätzlich auf Rechts-   **17** akte Anwendung findet, die auf Art. 16 Abs. 2 UAbs. 1 S. 1 AEUV basieren, kaum geeignet, der Gesetzgebungstätigkeit der Union Grenzen zu setzen. Auch wenn man gerade für den JI-Bereich am Harmonisierungsbedarf für rein innerstaatliche Datenverarbeitungsvorgänge gewisse Zweifel anmelden kann (Schantz/Wolff Neues DatenschutzR/Wolff Rn. 237), ist jedenfalls nach der auch vom EuGH zugrunde gelegten großzügigen Betrachtungsweise ein hinreichender Grund für die Harmonisierung vorhanden (so auch Ehmann/Selmayr/Selmayr/Ehmann DS-GVO Einf. Rn. 51).

C. Anwendungsbereich der JI-RL

Die JI-RL enthält Vorgaben für die **Verarbeitung personenbezogener Daten** durch   **18** die zuständigen Behörden zum Zwecke der Verhütung, Ermittlung, Aufdeckung oder Verfolgung von Straftaten oder der Strafvollstreckung, einschließlich des Schutzes vor und der Abwehr von Gefahren für die öffentliche Sicherheit (Art. 2 Abs. 1 JI-RL iVm Art. 1 Abs. 1 JI-RL).

Die Begriffe „personenbezogene Daten" und „Verarbeitung" werden in Art. 3 Nr. 1 und   **19** Nr. 2 JI-RL inhaltsgleich mit Art. 4 Nr. 1 und Nr. 2 DS-GVO definiert. Beide **Definitionen** sind weit gefasst. Der Begriff der personenbezogenen Daten knüpft ausschließlich an natürliche Personen an und erfasst insbesondere auch den Fall, dass eine Person nicht identifiziert, sondern nur irgendwie identifizierbar ist (s. EuGH NJW 2016, 3579 – Breyer); der Begriff der Verarbeitung umfasst anders als früher im deutschen Recht jede Form des Umgangs mit solchen Daten, beginnend mit der Erhebung. Zu Details wird auf die einschlägigen Kommentierungen zur DS-GVO verwiesen.

Eine Einschränkung erfährt der Anwendungsbereich (wie in der DS-GVO) dadurch, dass   **20** gem. Art. 2 Abs. 2 JI-RL nur die ganz oder teilweise **automatisierte Verarbeitung** personenbezogener Daten sowie die nichtautomatisierte Verarbeitung personenbezogener Daten, die in einem **Dateisystem** gespeichert sind oder gespeichert werden sollen, erfasst sind. Damit fallen insbesondere unstrukturierte (Hand-) Akten aus dem Anwendungsbereich; ebenso die im Rahmen einer Identitätsfeststellung durch einen Polizeibeamten erhobenen Daten (aber nur, bis sie bspw. mit einem Fahndungsbestand abgeglichen werden).

I. Abgrenzungsfragen

Grundsätzlich findet auch auf Datenverarbeitungen durch öffentliche Stellen die **DS-**   **21** **GVO** Anwendung, die anders als das deutsche Datenschutzrecht im Ansatz nicht kategorial zwischen öffentlichen und nicht-öffentlichen Stellen als Verantwortlichen differenziert. Die DS-GVO nimmt allerdings unter anderem Datenverarbeitungen aus ihrem Anwendungsbereich aus, die „durch die zuständigen Behörden zum Zwecke der Verhütung, Ermittlung, Aufdeckung oder Verfolgung von Straftaten oder der Strafvollstreckung, einschließlich des Schutzes vor und der Abwehr von Gefahren für die öffentliche Sicherheit" erfolgen (Art. 2 Abs. 2 lit. d DS-GVO). Auf genau diese Bereiche findet gem. Art. 2 Abs. 1 DS-GVO iVm Art. 1 Abs. 1 DS-GVO die JI-RL Anwendung, sodass sich die beiden Rechtsakte als **komplementär** erweisen.

Die Komplementarität aus der Perspektive des Unionsgesetzgebers darf indessen nicht zu   **22** dem Fehlschluss verleiten, dass öffentliche Stellen nun je nach Tätigkeit entweder die DS-GVO oder die JI-RL anzuwenden hätten. Im Gegensatz zur DS-GVO, bei der nationale Regelungen nur im Rahmen der „Öffnungsklausen" zulässig sind, bedarf die JI-RL der **Umsetzung durch die Mitgliedstaaten** (Art. 288 Abs. 3 AEUV, Art. 63 JI-RL), an die sie gerichtet ist (Art. 65 JI-RL). Daher ist im Anwendungsbereich der JI-RL grundsätzlich allein das sie umsetzende nationale Recht anzuwenden; ggf. ist es richtlinienkonform auszulegen. Im Übrigen gelten die DS-GVO sowie das in Ausfüllung ihrer Präzisierungsklauseln erlassene nationale Recht.

22.1 Anderes kann dann gelten, wenn die Voraussetzungen für eine **unmittelbare Anwendbarkeit** der Richtlinie gegeben sind. Nach der Rechtsprechung des EuGH setzt dies voraus, dass die Umsetzungsfrist abgelaufen ist, die Richtlinie aber gleichwohl nicht vollständig und korrekt umgesetzt wurde, und dass die anzuwendende Richtlinienvorschrift inhaltlich unbedingt und hinreichend genau erscheint (EuGH NJW 1982, 499 Rn. 25). Angesichts des Detaillierungsgrads der JI-RL wird man das für zahlreiche Vorschriften, namentlich für die Betroffenenrechte aus Kapitel III, annehmen können. Sollte eine Bestimmung der Richtlinie zu Lasten des Bürgers wirken, kommt eine unmittelbare Anwendung nicht in Betracht (dazu schon EuGH NJW 1986, 2178 Rn. 48).

23 Von dem Grundsatz, dass für Datenverarbeitungen durch öffentliche Stellen entweder die DS-GVO (ggf. in Verbindung mit nationalem Recht, das im Rahmen von Öffnungs- oder Präzisierungsklauseln erlassen wurde) oder das die JI-RL umsetzende Recht maßgeblich ist, gibt es weiterhin zwei **Ausnahmen:** Fällt erstens die Tätigkeit einer Behörde vollständig aus dem Anwendungsbereich des Unionsrechts heraus, ist weder die DS-GVO noch die JI-RL einschlägig (→ Rn. 11 ff.). Zweitens ist auch im Bereich der GASP weder die DS-GVO noch die JI-RL anwendbar (→ Rn. 16). Während die DS-GVO letzteres klar zum Ausdruck bringt, erfolgt der Ausschluss in der JI-RL nicht ausdrücklich, insbesondere nicht durch Art. 2 Abs. 3 lit. a, denn auch die GASP ist Unionsrecht im Sinne dieser Bestimmung, was sich nicht zuletzt daran zeigt, dass die DS-GVO in Art. 2 Abs. 2 lit. a und lit. b DS-GVO beide Bereichsausnahmen trennt. Um gleichwohl ein Übergreifen der JI-RL in den Bereich der GASP zu vermeiden, ist der in ihrem Art. 1 JI-RL beschriebene Anwendungsbereich so zu interpretieren, dass Tätigkeiten, die mit der „äußeren Sicherheit" der Bundesrepublik im Zusammenhang stehen, nicht erfasst sind, selbst wenn man sie terminologisch vielleicht als „Schutz vor Gefahren" bezeichnen könnte.

II. Behördentätigkeit im Bereich der Gefahrenabwehr

24 Grundvoraussetzung für die Anwendbarkeit der JI-RL ist, dass es um die Tätigkeit einer „**Behörde**" geht, wobei der Behördenbegriff (wie auch bspw. in Art. 120 BV) untechnisch zu verstehen ist und auch Gerichte erfasst (vgl. Erwägungsgrund 80 JI-RL), außerdem ggf. Beliehene (vgl. Art. 3 Nr. 7 lit. b JI-RL; andere Private unterliegen, soweit sie der Strafverfolgung inklusive Gefahrenabwehr dienende Pflichten treffen, der DS-GVO, vgl. Ehmann/Selmayr/Zerdick DS-GVO Art. 2 Rn. 13). Die Behörde muss für die Verhütung, Ermittlung, Aufdeckung oder Verfolgung von Straftaten oder die Strafvollstreckung, einschließlich des Schutzes vor und der Abwehr von Gefahren für die öffentliche Sicherheit (Art. 1 Abs. 1 JI-RL) **zuständig** sein; maßt sich eine unzuständige Behörde solche Aufgaben an, hat sie die DS-GVO zu beachten (HK-DS-GVO/Enöckl DS-GVO Art. 2 Rn. 15).

25 Im letzten Hs. des Art. 1 Abs. 1 JI-RL liegt – neben dem Verzicht auf eine grenzüberschreitende Datenverarbeitungssituation – die wesentlichste Neuerung im Vergleich zur früheren Rechtslage: Während die Bestimmungen des RB 2008/977/JI (→ Rn. 3) allein die „Verhütung, Ermittlung, Feststellung oder Verfolgung von Straftaten sowie Vollstreckung strafrechtlicher Sanktionen" betrafen, also praktisch ausschließlich das „repressive" polizeiliche Handeln sowie die Tätigkeit der Staatsanwaltschaften und Gerichte in diesem Bereich, erfasst die JI-RL nun ausdrücklich auch Tätigkeiten von Polizei und Sicherheitsbehörden im **präventiven Bereich.** Mit dieser Erweiterung des Anwendungsbereichs geht einher, dass die „Umsetzungslast" in Deutschland nun verstärkt die Länder trifft, in deren Zuständigkeit das Gefahrenabwehrrecht größtenteils fällt. Wie weit der Bereich der Gefahrenabwehr mit dem Begriffspaar Schutz vor und Abwehr von Gefahren für die öffentliche Sicherheit erfasst ist, ist allerdings unklar.

25.1 **Erwägungsgrund 12** JI-RL nennt einige Beispiele (polizeiliche Tätigkeiten bei Demonstrationen, großen Sportveranstaltungen und Ausschreitungen), bei denen noch nicht „bekannt ist, ob es sich um Straftaten handelt oder nicht", erwähnt aber auch die Aufrechterhaltung der öffentlichen Ordnung, soweit es um den Schutz vor und die Abwehr von „Bedrohungen der öffentlichen Sicherheit und Bedrohungen für durch Rechtsvorschriften geschützte grundlegende Interessen der Gesellschaft, die zu einer Straftat führen können", geht. Während das Unionsrecht andernorts durchaus zwischen öffentlicher Sicherheit und Ordnung differenziert (vgl. nur Art. 36 AEUV oder Art. 28 und 32 Freizügigkeits-RL), werden die beiden Begriffe hier also miteinander vermischt.

Schröder

Im Schrifttum wird eine Übertragung der Definitionen des **Begriffs der öffentlichen Sicherheit,** 25.2
die der EuGH in anderem Kontext vorgenommen hat (etwa zur Ausweisung von Personen wegen
Gefährdung der öffentlichen Sicherheit, EuGH NVwZ 2011, 221 – Tsakouridis), befürwortet (Johannes/Weinhold Neues DatenschutzR § 1 Rn. 26). Diese Vorgehensweise überzeugt angesichts des unterschiedlichen Kontexts und der offensichtlich wenig durchdachten Begriffsverwendung in der JI-RL
nur im Ansatz; jedenfalls wäre die „äußere Sicherheit", die stets Teil der Definitionen des EuGH ist,
auszunehmen, weil sie nicht Teil des JI-Bereichs, sondern der GASP ist (→ Rn. 16).

Berücksichtigt man, dass die JI-RL eine Ausnahme vom Ziel eines möglichst einheitlichen 26
Datenschutzniveaus in der Union darstellt (vgl. Nr. 21 Schlussakte Lissabonvertrag,
→ Rn. 6), erscheint eine restriktive Auslegung ihres Anwendungsbereichs geboten (so im
Ergebnis auch Schantz/Wolff Neues DatenschutzR/Wolff Rn. 245). Dies lässt sich realisieren, indem man auch für die Gefahrenabwehr zumindest einen (zumindest potentiellen)
„Straftatbezug" der behördlichen Tätigkeit verlangt (so auch Specht/Mantz/Roggenkamp
§ 21 Rn. 9).

Hierfür sprechen nicht nur die Formulierung „einschließlich" in Art. 1 Abs. 1 JI-RL, der die 26.1
Gefahrenabwehr nicht als Aliud zur Strafverfolgung oder als eigenständigen Bereich qualifiziert, sondern
auch der Erwägungsgrund 12 JI-RL, der den Bereich des „Vorfelds" von (möglichen) Straftaten
beschreibt und ausdrücklich darauf hinweist, dass andere Tätigkeiten, für die dieselben Behörden möglicherweise zuständig sind, der DS-GVO unterliegen. Einen Straftatbezug zu verlangen, entspricht außerdem der historischen Entwicklung des JI-Bereichs aus der polizeilichen und justiziellen Zusammenarbeit
in Strafsachen und den Zuständigkeiten der Union gem. Art. 82 und 87 AEUV sowie der Entstehungsgeschichte der JI-RL (s. Albrecht/Jotzo DatenschutzR Teil 3 Rn. 27).

Der **Begriff der Straftat** ist unionsrechtlich autonom zu interpretieren (Erwägungs- 27
grund 13 JI-RL). Für das deutsche Recht besonders relevant ist die Frage, ob darunter auch
Ordnungswidrigkeiten fallen. Im Schrifttum wird dies meist bejaht (Johannes/Weinhold
Neues DatenschutzR § 1 Rn. 84; Wölfl KommP BY 2018, 340 (342); Specht/Mantz DatenschutzR-HdB/Roggenkamp § 21 Rn. 5; Schantz/Wolff Neues DatenschutzR/Wolff
Rn. 242). Für eine Einbeziehung spricht in der Tat, dass der EuGH den Begriff der Straftat in
anderem Kontext anhand materieller, vor allem den Sanktionsgedanken berücksichtigender
Kriterien ausgelegt hat (s. Jarass GRCh Art. 48 Rn. 5; Stern/Tettinger/Alber, Die Europäische Grundrechte-Charta im wertenden Verfassungsvergleich, 2005, GRCh Art. 50 Rn. 3).
Diese tendenziell weite Auslegung dient allerdings dazu, einen möglichst lückenlosen Grundrechtsschutz zu gewährleisten. Im Kontext der JI-RL würde dagegen mit einer weiten Auslegung der Anwendungsbereich der Richtlinie zu Lasten der DS-GVO in einer Weise ausgedehnt, die dem Ausnahmecharakter der Richtlinie zuwiderlaufen und den Schutz eher
schwächen würde. Dies spricht für eine eher enge Auslegung des Begriffs der Straftat, der
Ordnungswidrigkeiten nicht erfasst (dafür auch Ehmann/Selmayr/Zerdick DS-GVO Art. 2
Rn. 12).

Welche **Konsequenzen** sich aus dem Erfordernis eines „Straftatbezugs" für die Anwend- 28
barkeit der JI-RL ergeben, ist **strittig** (→ Rn. 28.1).

Im Schrifttum wird bspw. eine (wie auch immer zu handhabende) Trennlinie zwischen „Strafverfol- 28.1
gung und Gefahrenabwehr", die der JI-RL unterfällt, und „allgemeiner Gefahrenabwehr", die der DS-
GVO unterfällt, gezogen (Johannes/Weinhold Neues DatenschutzR § 1 Rn. 27), ähnlich gemeint ist
wohl die Unterscheidung zwischen „straftatbezogener Gefahrenabwehr" und „polizeilicher Gefahrenabwehr" (Johannes/Weinhold Neues DatenschutzR § 1 Rn. 81). Andernorts werden „reine Ordnungsbehörden" aus dem Anwendungsbereich der JI-RL ausgeschlossen (Ehmann/Selmayr/Zerdick
DS-GVO Art. 2 Rn. 12). Der Gesetzgeber in Bayern bezieht in Art. 28 Abs. 1 S. 2 BayDSG neben
der Polizei auch andere Behörden in den Anwendungsbereich der JI-RL (-Umsetzung) ein, soweit
diese personenbezogene Daten verarbeiten, um Straftaten oder Ordnungswidrigkeiten zu verfolgen
oder zu ahnden. Die Begründung zum neuen BDSG geht ebenfalls davon aus, dass ein „konkretes
Ordnungswidrigkeitenverfahren" dem Anwendungsbereich der JI-RL unterfällt (BT-Drs. 18/11325,
110 f.); § 45 BDSG lässt dies allerdings nicht erkennen, indem er nur Formulierungen aus Art. 1 JI-
RL wiederholt.

Angesichts der Formulierung von Art. 1 JI-RL und Erwägungsgrund 12 JI-RL sowie 29
Art. 9 Abs. 2 JI-RL kommt eine institutionelle Abgrenzung grundsätzlich nicht in Betracht,

sondern die Anwendbarkeit der Richtlinie richtet sich nach dem jeweiligen **Zweck der Datenverarbeitung.** Wenn manche Landesgesetzgeber gleichwohl bestimmte Behörden benennen, für die das Umsetzungsrecht gelten soll (→ Rn. 56 ff.), namentlich die Polizei (im eingeschränkt institutionellen Sinne), obwohl sie auch für die Abwehr von Gefahren zuständig ist, bei denen nicht einmal der Tatbestand einer Ordnungswidrigkeit verwirklicht ist (BeckOK PolR Bayern/Holzner BayPAG Art. 2 Rn. 11 f.), ist dies nur zulässig, wenn gleichzeitig eine Begrenzung auf Tätigkeiten im Anwendungsbereich der Richtlinie vorgenommen wird, was freilich den Wert der vorherigen Benennung schmälert.

30   Bei Polizeibehörden im weiten, materiellen Begriffsverständnis (→ SystVorbPolRDe Rn. 55) wird eine solche quasi-institutionelle Betrachtung zu Recht gar nicht erst erwogen. Nur weil sich in dem von ihnen angewendeten Recht Straftatbestände (oder, wenn man dies für ausreichend erachtet (→ Rn. 27), Ordnungswidrigkeitentatbestände) finden, steht die Tätigkeit solcher **Gefahrenabwehrbehörden** zu selten in dem notwendigen engen Zusammenhang mit diesen Tatbeständen: Ziemlich offensichtlich ist dies etwa bei der Erteilung einer Baugenehmigung oder eines Waffenscheins oder auch bei der Entgegennahme einer Versammlungsanmeldung. Zweifelhaft erscheint aber auch, ob erst die Durchführung konkreter Ordnungswidrigkeiten- oder Strafverfahren den Anwendungsbereich der JI-RL eröffnet (so etwa Art. 28 Abs. 1 S. 2 BayDSG; Johannes/Weinhold Neues DatenschutzR § 1 Rn. 82; Wölfl KommP BY 2018, 340 (342)). Gefahrenabwehrbehörden verfügen mitunter über Eingriffsbefugnisse, bei deren Ausübung sie zum Schutz von durch Strafrecht geschützten Rechtsgütern handeln (können); dies gilt namentlich für die Behörden, deren Aufgabenkreis gesetzlich sehr allgemein beschrieben ist (vgl. Art. 6, 7 LStVG). In solchen Fällen unterscheidet sich ihre Tätigkeit nicht so sehr von der der Polizei, dass eine unterschiedliche Betrachtungsweise gerechtfertigt wäre, sondern liegt vielmehr genauso im Anwendungsbereich der JI-RL.

31   Erscheint es demnach jedenfalls zu eng, die Anwendbarkeit der JI-RL für nicht-polizeiliche Sicherheitsbehörden allein an die Durchführung eines **Ordnungswidrigkeitenverfahrens** zu knüpfen (Art. 28 Abs. 1 S. 2 BayDSG), besteht andererseits aber auch das Risiko, dass Fälle, die eigentlich unter die DS-GVO fallen würden, deren Anwendungsbereich entzogen und fälschlich der JI-RL unterworfen werden, weil bisher nicht geklärt ist, ob jede Ordnungswidrigkeit auch eine Straftat im unionsrechtlichen Sinne darstellt (→ Rn. 27; sa Schantz/Wolff Neues DatenschutzR/Wolff Rn. 250).

32   Zusammenfassend lässt sich festhalten, dass die klassische Abgrenzung zwischen repressiven und präventiven Maßnahmen, die anhand des Schwerpunkts der Tätigkeit erfolgt (BeckOK PolR Bayern/Holzner BayPAG Art. 2 Rn. 47), datenschutzrechtlich um eine **zusätzliche Abgrenzung innerhalb des präventiven Bereichs** zu ergänzen ist, und zwar zwischen straftatnaher und sonstiger Gefahrenabwehr. Erstere unterfällt (zusammen mit dem gesamten repressiven Bereich) der „souveränitätsschonenderen" JI-RL; letztere verbleibt grundsätzlich (zu Ausnahmen → Rn. 23) im Anwendungsbereich der DS-GVO.

33   Wo genau diese zusätzliche Grenze liegt, ist zumindest derzeit noch mit **Unsicherheiten** behaftet (Johannes/Weinhold Neues DatenschutzR § 1 Rn. 27). Dies gilt nicht nur angesichts der noch nicht geklärten Auslegung der unionsrechtlichen Begriffe, sondern auch mit Blick auf einzelne Schritte der Datenverarbeitung, die angesichts der im Gefahrenabwehrrecht stets notwendigen Abgrenzung zwischen der Betrachtung **ex ante** und **ex post** unterschiedlich zuzuordnen sein können. Während für eine Datenerhebung sicherlich maßgeblich ist, ob aus der Sicht **ex ante** eine Gefahr mit Straftatbezug im Sinne der JI-RL vorliegt, ist es, wenn sich dieser Straftatbezug **ex post** als nicht gegeben herausstellt, nicht zuletzt angesichts der Regelung des Art. 9 Abs. 1 JI-RL durchaus naheliegend, für weitere Verarbeitungsschritte das Rechtsregime der JI-RL zu verlassen und die DS-GVO anzuwenden (so wohl auch Erwägungsgrund 34 JI-RL; großzügiger Specht/Mantz DatenschutzR-HdB/Roggenkamp § 21 Rn. 9).

34   Für die **Praxis** sind die Aufspaltung des Datenschutzrechts (→ Rn. 29 f.) und die Unsicherheiten im Anwendungsbereich (→ Rn. 11 ff.) ausgesprochen misslich. Dies gilt nicht nur für die mit dem Vollzug betrauten Behörden, sondern vorgelagert auch schon für den Gesetzgeber, der die JI-RL umzusetzen und dabei ihren Anwendungsbereich zu bestimmen hat. Die unionsrechtlichen Formulierungen zu übernehmen, vermeidet zwar Vertragsverletzungen, schafft aber weder Rechtssicherheit noch Praktikabilität im Vollzug; präzisere Formulierungen wie Art. 28 Abs. 1 S. 2 BayDSG bergen das Risiko von Vertragsverletzungen.

D. Zentrale Vorgaben der JI-RL

I. Pflicht zur Umsetzung, Mindestharmonisierung

Die JI-RL verpflichtet die Mitgliedstaaten, in ihrem Anwendungsbereich (→ Rn. 18 ff.) **35** für ein den Vorgaben der Richtlinie entsprechendes Datenschutzniveau zu sorgen. Die **Umsetzungsfrist** lief gem. Art. 63 Abs. 1 JI-RL grundsätzlich bis zum 6.5.2018; Art. 63 Abs. 2 und Abs. 3 JI-RL gewähren zur Vermeidung unverhältnismäßigen Anpassungsaufwands von automatisierten Datenverarbeitungssystemen, die schon vor dem 6.5.2016 eingerichtet wurden, sowie unter außergewöhnlichen Umständen längere Fristen.

Die JI-RL bezweckt nur eine **Mindestharmonisierung.** Gemäß Art. 1 Abs. 3 JI-RL **36** bleibt es den Mitgliedstaaten unbenommen, „zum Schutz der Rechte und Freiheiten der betroffenen Person bei der Verarbeitung personenbezogener Daten durch die zuständigen Behörden Garantien festzulegen, die strenger sind als die Garantien dieser Richtlinie". Machen die Mitgliedstaaten von dieser Möglichkeit Gebrauch, hat dies die Konsequenz, dass sich die Gewichtung zwischen den beiden in Art. 1 Abs. 2 JI-RL genannten Zielen der JI-RL – Grundrechtsschutz einerseits, ungehinderter behördlicher Datenaustausch andererseits – zu Lasten des letzteren verschiebt.

Die Vorgaben der JI-RL sind teilweiser so präzise, dass sie nur **geringe Umsetzungsspiel- 37 räume** belassen („Die Mitgliedstaaten sehen vor, dass […]", worauf teilweise wörtlich Formulierungen aus der DS-GVO übernommen werden); insoweit verschwimmen die Grenzen zu einer Verordnung. Beispielhaft hierfür sind die Bestimmungen über die Betroffenenrechte (Art. 12 ff. JI-RL) oder über die Aufsichtsbehörden (Art. 41 ff. JI-RL). Insofern kann es punktuell genügen, wenn die Mitgliedstaaten Formulierungen der Richtlinie wörtlich übernehmen.

Dies gilt allerdings dann nicht, wenn die Richtlinie den Mitgliedstaaten einen **Konkreti- 38 sierungsauftrag** erteilt. Dies ist bspw. mit Blick auf die Formulierung „geeignete Garantien für die Rechte und Freiheiten der betroffenen Personen" der Fall. Zwar sieht nur Art. 11 Abs. 2 JI-RL ausdrücklich vor, dass diese Garantien im Recht der Mitgliedstaaten normiert sein müssen, man wird im Interesse einer effektiven Richtlinienumsetzung aber bspw. für Art. 4 Abs. 3 JI-RL und Art. 10 JI-RL das Gleiche annehmen müssen, da eine Richtlinienumsetzung grundsätzlich normativ zu erfolgen hat. Die Mitgliedstaaten dürfen in einem solchen Fall nicht einfach den Text der Richtlinie übernehmen, sondern müssen die entsprechenden Garantien ausdrücklich formulieren.

Im Übrigen sind Form und Mittel der Umsetzung im Einklang mit Art. 288 Abs. 3 **39** AEUV den Mitgliedstaaten überlassen. Hierfür bleiben insbesondere **regelungstechnische Fragen,** etwa, ob sie ein zentrales Datenschutzgesetz verabschieden oder bereichsspezifische Bestimmungen vorsehen. Sie können auch vielfach die DS-GVO für entsprechend anwendbar erklären, nämlich soweit deren Formulierungen mit denen der JI-RL übereinstimmen oder ein besseres Schutzniveau enthalten. Eine solche Vorgehensweise hat den Vorzug, das Datenschutzrecht möglichst einheitlich zu gestalten und den Vollzug zu erleichtern.

Eine **überschießende Richtlinienumsetzung** ist an sich unproblematisch, darf aber **40** nicht dazu führen, dass der unionsrechtlich vorgegebene Mindeststandard unterschritten wird. Kontrovers diskutiert wird vor diesem Hintergrund bspw. die Frage, ob und inwieweit im Anwendungsbereich der Richtlinie durch das nationale Recht auch die **Einwilligung** als Basis für die Rechtmäßigkeit einer Datenverarbeitung vorgesehen werden darf.

Art. 8 JI-RL verlangt von den Mitgliedstaaten vorzusehen, dass eine Datenverarbeitung „**nur**" **40.1** **dann rechtmäßig ist,** wenn sie zur Wahrnehmung einer Aufgabe im JI-Bereich erforderlich und im Unionsrecht oder im Recht des Mitgliedstaats vorgesehen ist. Darin liegt ein wesentlicher Unterschied zur DS-GVO, wo in Art. 6 Abs. 1 lit. a DS-GVO auch eine freiwillige Einwilligung als Grundlage einer rechtmäßigen Datenverarbeitung dienen kann. Im nationalen (Straf-) Recht knüpft allerdings traditionell eine Reihe von Maßnahmen, die mit einer Datenverarbeitung einhergehen, an eine Einwilligung der betroffenen Person an (etwa §§ 81e, 81g oder 81h StPO). Diese Regelungstechnik wird nun teilweise als problematisch angesehen (Petri ZD 2018, 389 (390); aA Gruber KommP BY 2018, 379 (380); Schwichtenberg DuD 2016, 605 (606)).

Gemäß **Erwägungsgrund 35** JI-RL soll zwar eine Einwilligung nichts zur Rechtmäßigkeit der **40.2** Datenverarbeitung beitragen können, weil sie angesichts rechtlicher Verpflichtungen regelmäßig nicht freiwillig erfolgen kann. Dies soll die Mitgliedstaaten aber nicht daran hindern, „durch Rechtsvorschriften vorzusehen, dass die betroffene Person der Verarbeitung ihrer personenbezogenen Daten für die Zwecke dieser Richtlinie zustimmen kann, bspw. im Falle von DNA-Tests in strafrechtlichen Ermittlungen oder zur Überwachung ihres Aufenthaltsorts mittels elektronischer Fußfessel zur Strafvollstreckung". Auch **Erwägungsgrund 37** JI-RL erwähnt, sogar im Zusammenhang mit den besonders sensiblen Daten iSv Art. 10 DS-GVO, diese Zustimmung, die aber allein keine rechtliche Grundlage liefern können soll.

40.3   Die damit vorgenommene Differenzierung zwischen **Einwilligung und Zustimmung** ist schwer greifbar. Dass die Freiwilligkeit einer Einwilligung (vgl. Art. 4 Nr. 11 DS-GVO, Art. 7 Abs. 4 DS-GVO) im JI-Bereich schwerlich anzunehmen ist, überzeugt grundsätzlich, gilt allerdings auch mit Blick auf die trotzdem als zulässig genannten Maßnahmen. Richtigerweise muss man Erwägungsgrund 35 JI-RL wohl so lesen, dass er vor allem eine „freie" Einwilligung ausschließen soll, die – ohne Rücksicht darauf, ob ansonsten eine gesetzliche Rechtsgrundlage gegeben ist – konstitutiv als Rechtsgrundlage einer Datenverarbeitung dienen kann; deshalb wird die Einwilligung auch nicht in Art. 8 JI-RL genannt. Nicht ausgeschlossen werden soll hingegen die Situation, dass eine gesetzliche Grundlage vorhanden ist, die als eines von mehreren Tatbestandsmerkmalen (vgl. Erwägungsgrund 37 JI-RL) die (hier als Zustimmung bezeichnete) Einwilligung der betroffenen Person vorsieht (so auch Stief StV 2017, 470 (474)).

41   Keinesfalls darf durch eine überschießende Bestimmung des Anwendungsbereichs der JI-RL (→ Rn. 34) der Anwendungsbereich der DS-GVO geschmälert werden. Diese würde sich im Konfliktfall gegenüber dem nationalen Recht, das in rechtsfehlerhafter Annahme der Anwendbarkeit der JI-RL oder gar des Handelns außerhalb des Unionsrechts erfolgte, aufgrund des Anwendungsvorrangs des Unionsrechts zwar ohnehin durchsetzen. Einer EU-Verordnung widersprechendes nationales Recht ohne jeden Anwendungsbereich ist aber sowohl im Interesse einer effektiven Anwendung des Unionsrechts als auch aus rechtsstaatlichen Gründen (Normenklarheit und -wahrheit) auf Dauer nicht zulässig (vgl. EuGH BeckRS 2004, 76201 Rn. 13).

42   Zumindest im Ergebnis dürfte (trotz dogmatischer Bedenken hinsichtlich des ggf. einschlägigen Normwiederholungsverbots, vgl. Calliess/Ruffert/Ruffert AEUV Art. 288 Rn. 20) der sicherste Weg darin liegen, unter Inkaufnahme von Spill-over-Effekten die DS-GVO so weit wie möglich auch für die der JI-RL unterfallenden Bereiche für anwendbar zu erklären, wie dies auch bspw. in Bayern geschehen ist (Art. 2 BayDSG; s. Knoblauch/Wölfl KommP BY 2018, 206 (207)).

II. Schutzkonzept und Unterschiede zur DS-GVO

43   Die JI-RL verfolgt grundsätzlich (und angesichts der Entstehungsgeschichte (→ Rn. 4) nicht überraschend) ein mit dem der DS-GVO vergleichbares Schutzkonzept. Dies zeigt sich schon an der weitgehend parallelen Gliederungsstruktur, den praktisch identischen Grundbegriffen (Art. 3 JI-RL und Art. 4 DS-GVO) sowie zahlreichen weiteren fast gleichlautend formulierten Vorschriften beider Rechtsakte. Insbesondere im Detail gibt es freilich doch Unterschiede (Übersicht bei Hornung/Schindler/Schneider ZIS 2018, 566 (568 f.)), die eine unbesehene Übertragung der zur DS-GVO entwickelten Überlegungen verhindern.

44   Ausgangspunkt ist auch für die JI-RL, dass jede Datenverarbeitung (zum Begriff → Rn. 19) auf rechtmäßige Weise und nach Treu und Glauben erfolgen muss (Art. 4 Abs. 1 lit. a JI-RL). Während die **Rechtmäßigkeit** nach Art. 6 DS-GVO durch eine Reihe unterschiedlicher Gründe, darunter auch eine Einwilligung (Art. 6 Abs. 1 lit. a DS-GVO), generiert werden kann, sieht Art. 8 JI-RL als einzige Basis eine hinreichend bestimmte (vgl. Art. 8 Abs. 2 JI-RL) **Rechtsgrundlage** im Recht der Union oder der Mitgliedstaaten vor. Die Anforderungen daran, wie eine solche Rechtsgrundlage auszusehen hat, sind formal gering; gem. Art. 8 Abs. 2 JI-RL sind lediglich Ziele der Verarbeitung, die zu verarbeitenden Daten und die Zwecke der Verarbeitung verpflichtend anzugeben. Aus dem Gebot des Grundrechtsschutzes durch Verfahren können sich allerdings zusätzliche Anforderungen ergeben; die Richtlinie wird insofern grundrechtlich aufgeladen (vgl. schon Bäcker/Hornung ZD 2012, 147 (150); zur Geltung der Unionsgrundrechte → Rn. 62 ff.; zur Möglichkeit der Mitgliedstaaten, in den Rechtsvorschriften eine Einwilligung als eines von mehreren Tatbestandsmerkmalen vorzusehen, → Rn. 40).

Etwas höhere, aber nicht der DS-GVO vergleichbare Anforderungen werden an die **45** Rechtsgrundlage gestellt, wenn es um **besondere Kategorien personenbezogener Daten** geht (Art. 10 JI-RL). Ihre Verarbeitung muss „unbedingt erforderlich" sein, „vorbehaltlich geeigneter Garantien für die Rechte und Freiheiten der betroffenen Person" erfolgen und gesetzlich vorgesehen sein (letztere Voraussetzung muss nicht erfüllt sein, wenn es um die Wahrung lebenswichtiger Interessen einer Person geht oder wenn die betroffene Person die Daten öffentlich gemacht hat). Für den Polizei- und Sicherheitsbereich sind diese Einschränkungen etwa mit Blick auf biometrische oder genetische Daten maßgeblich (s. Petri ZD 2018, 453 (456 f.)); insgesamt ist die Regelung aber großzügiger als Art. 9 DS-GVO.

Die JI-RL verpflichtet weiterhin dazu, zwischen unterschiedlichen, der DS-GVO unbe- **46** kannten **Kategorien von betroffenen Personen** (Verdächtige, Straftäter, Opfer, Zeugen usw; Art. 6 JI-RL) sowie zwischen faktenbasierten Daten und auf persönlichen Einschätzungen beruhenden Daten (Art. 7 Abs. 1 JI-RL) zu unterscheiden. Abgesehen davon, dass der betroffenen Person gem. Art. 16 Abs. 1 JI-RL ein Anspruch auf Berichtigung der Kategorie eingeräumt werden muss, werden an die Unterscheidungen aber keine Rechtsfolgen geknüpft; die Aufsichtsbehörden haben die Einhaltung aber zu überwachen (vgl. schon Bäcker/Hornung ZD 2012, 147 (148)).

Eine zentrale Rolle nimmt auch nach der JI-RL der **Verantwortliche** ein; das ist die **47** zuständige Behörde (Art. 3 Nr. 8 JI-RL; → Rn. 24). Ihn trifft umfassend die Rechenschaftspflicht des Art. 4 Abs. 4 JI-RL, die aufgrund der Nachweispflicht wohl nicht als schon durch die generelle Gesetzesbindung (Art. 20 Abs. 3 GG) umgesetzt angesehen werden kann.

Der nationale Gesetzgeber muss dem Verantwortlichen die in Art. 19 ff. JI-RL genannten **48** **Pflichten** auferlegen, bspw. die zur Datenschutzfolgenabschätzung (die allerdings in Art. 27 JI-RL weniger präzise als in der DS-GVO beschrieben wird) oder zum technischen Datenschutz. Ohne Pendant in der DS-GVO ist Art. 25 JI-RL, wonach eine Protokollierungspflicht für bestimmte Datenverarbeitungsvorgänge vorgesehen sein muss (s. Piltz NVwZ 2018, 696); umgekehrt fehlen in der JI-RL Bestimmungen zur Zertifizierung (Art. 42, 43 DS-GVO). In organisatorischer Hinsicht muss es einen behördlichen Datenschutzbeauftragten geben, seine Stellung ist allerdings weniger stark als die des Datenschutzbeauftragten nach der DS-GVO (vgl. Hornung/Schindler/Schneider ZIS 2018, 566 (568)).

Der Verantwortliche ist auch Adressat der in Art. 12 ff. JI-RL genannten **Betroffenen-** **49** **rechte,** die die Mitgliedstaaten zugunsten der betroffenen Person zu kodifizieren haben. Hier bestehen einige Parallelen zur DS-GVO, aber auch eigenständige Regelungen, insbesondere in den Art. 12, 17, 18 JI-RL. Ein Widerspruchsrecht und ein Recht auf Datenübertragbarkeit (vgl. Art. 20 f. DS-GVO) muss es nach der JI-RL nicht geben; letzteres erschiene im Kontext der Richtlinie auch eher unpassend.

Spezifische Pflichten nach der JI-RL bestehen weiterhin gem. Art. 7 Abs. 2 und Abs. 3 **50** JI-RL, wonach die **Qualität der Daten** vor einer Übermittlung oder Bereitstellung durch die zuständigen Behörden, dh den Verantwortlichen, überprüft werden muss. Die Mitgliedstaaten müssen außerdem bestimmte **Fristen** vorgeben, innerhalb derer der Verantwortliche periodisch prüfen muss, ob eine Notwendigkeit für eine weitere Datenspeicherung besteht oder ob sie zu löschen sind, und die Einhaltung der Fristen verfahrensrechtlich absichern (Art. 5 JI-RL).

Die **Übermittlung von personenbezogenen Daten an Drittländer und internatio-** **51** **nale Organisationen** muss gem. Art. 35 ff. JI-RL besonderen Voraussetzungen unterworfen werden, weil die Daten den harmonisierten Bereich verlassen und dadurch besondere Risiken entstehen können. Auch dies ist in der DS-GVO ganz ähnlich geregelt (Art. 44 ff. JI-RL); die Ausnahmen für Übermittlungen an Länder mit nicht-angemessenem Datenschutzniveau sind in der JI-RL großzügiger geregelt, zudem ist noch auf Art. 9 Abs. 4 JI-RL hinzuweisen sowie auf die besonderen Bestimmungen der Art. 39, 40 JI-RL.

Die durch Art. 16 Abs. 2 UAbs. 1 S. 2 AEUV verlangte **Datenschutzaufsicht** müssen **52** die Mitgliedstaaten gemäß den Bestimmungen der Art. 41 ff. JI-RL einrichten. Auch insoweit finden sich zahlreiche Parallelen zur DS-GVO (Art. 51 ff. DS-GVO), sodass diese Behörden im Vollzug nicht mit grundsätzlich verschiedenen Rechtsregimen operieren müssen; die Befugnisse sind in Art. 47 JI-RL allerdings deutlich knapper vorbestimmt als in Art. 57 DS-GVO, sodass die Mitgliedstaaten ihre JI-Behörden vor der Datenschutzaufsicht besser schützen können. Eine JI-Besonderheit ohne Vorbild in der DS-GVO ist Art. 48 JI-

RL, der die Mitgliedstaaten auffordert, das „Whistleblowing" im Datenschutzbereich zu fördern. Im Rahmen der Zusammenarbeit der Aufsichtsbehörden in Europa gibt es eine Verpflichtung zur gegenseitigen Amtshilfe (Art. 50 JI-RL), aber kein Kohärenzverfahren; entsprechend begrenzt sind auch die Aufgaben des Ausschusses nach Art. 51 JI-RL im Vergleich zu Art. 70 DS-GVO.

53   Auch das Kapitel „**Rechtsbehelfe, Haftung und Sanktionen**" (Art. 52 ff. JI-RL) weist eine vergleichbare Grundstruktur wie in der DS-GVO auf (zu Abweichungen im Detail Hornung/Schindler/Schneider ZIS 2018, 566 (569)) und verpflichtet die Mitgliedstaaten, entsprechende Parallelregelungen zu treffen. Auf den ersten Blick mag man einen Unterschied zur DS-GVO darin erblicken, dass die Festlegung der Sanktionen für Verstöße durch Art. 57 JI-RL vollständig in die Hand der Mitgliedstaaten gelegt ist und anders als in Art. 83 DS-GVO keine „allgemeinen Bedingungen" für Bußgelder vorgegeben sind. Allerdings weist auch die DS-GVO eine souveränitätsschonende Tendenz auf, wenn es um Sanktionen gegenüber öffentlichen Stellen geht (Art. 83 Abs. 7 DS-GVO), sodass hier letztlich kein gravierender Unterschied zwischen den beiden Rechtsakten festzustellen ist.

E. Umsetzungsaktivitäten

I. Umsetzung auf Bundesebene

54   Auf Bundesebene wurde mit dem neuen **BDSG,** das Teil des (ersten) Datenschutz-Anpassungs- und -Umsetzungsgesetz EU (v. 30.6.2017, BGBl. I 2097) war, ein erster wesentlicher Beitrag zur Umsetzung der JI-RL geleistet. Relevant sind einerseits die „Gemeinsamen Bestimmungen" aus Teil 1, andererseits Teil 3, der „Bestimmungen für Verarbeitungen zu Zwecken gemäß Artikel 1 Absatz 1 der Richtlinie (EU) 2016/680" enthält.

54.1   Der **Anwendungsbereich** des Teil 3 des BDSG wird in § 45 BDSG bestimmt, der Art. 1 Abs. 1 JI-RL paraphrasiert, dabei Ordnungswidrigkeiten und Straftaten gleichsetzt sowie einige wenige Stellen ausdrücklich benennt. Da diese unzweifelhaft in den JI-Bereich fallen und die Formulierung im Übrigen offen ist, werden im Unionsrecht wurzelnden Unsicherheiten im Anwendungsbereich auf die Vollzugsebene weitergereicht. Anders wird mit dem Begriff der Ordnungswidrigkeit umgegangen, der ohne weiteres (aber möglicherweise zu Unrecht, → Rn. 27) als vom unionsrechtlichen Straftatbegriff erfasst angesehen wird.

54.2   **Regelungstechnisch** wiederholt das BDSG weitgehend die Vorgaben der JI-RL. Mit diesen für den gesamten JI-Bereich relevanten Querschnittsbestimmungen lässt sich ein großer Teil des Umsetzungsbedarfs erfüllen. Den einzelnen Fachgesetzen bleibt insbesondere die richtlinienkonforme Formulierung der einzelnen Verarbeitungsbefugnisse (dh die Übereinstimmung mit den Art. 8, 10 JI-RL), die Bestimmung der Löschungsfristen (Art. 5 JI-RL) und ggf. das bereichsspezifische Ausnutzen von (Quasi-) Ausnahmen (zB Art. 13 Abs. 3 JI-RL, Art. 15 JI-RL, Art. 16 Abs. 4 JI-RL) überlassen.

55   Weitere Anpassungen sind dem Anwendungsbereich der JI-RL entsprechend vor allem im Strafprozessrecht erforderlich. Das Bundeskabinett hat hierzu am 29.8.2018 einen Gesetzentwurf beschlossen, der sich derzeit im parlamentarischen Verfahren befindet.

II. Umsetzung auf Länderebene

56   In **Baden-Württemberg** sieht § 30 BWLDSG vor, dass bis zur Verabschiedung von Umsetzungsgesetzen das allgemeine Datenschutzrecht und die DS-GVO gelten sollen. Soweit ersichtlich ist bisher (und auch das mit fast einjähriger Verspätung) nur ein Gesetz zur Anpassung des besonderen Datenschutzrechts an die Verordnung (EU) 2016/679 und zur Umsetzung der Richtlinie (EU) 2016/680 für Justiz- und Bußgeldbehörden sowie zur Änderung vollzugsrechtlicher Gesetze (v. 21.5.2019, BWGBl. 189) erlassen worden, nicht aber entsprechende Regelungen für die Polizeibehörden. Geht man davon aus, dass die DS-GVO generell einen höheren Standard enthält als die JI-RL, dürfte der Verweis auf sie im Grundsatz eine zulässige Form der Umsetzung darstellen. Spezifische Anforderungen der JI-RL wie die Bestimmung von Löschungsfristen (Art. 5 JI-RL), die Schaffung besonderer Datenkategorien (Art. 6 und 7 JI-RL) oder die Protokollierungspflichten (Art. 25 JI-RL) müssen aber andernorts, dh im Fachrecht erfüllt werden. Dass dies bspw. im BWPolG erfolgt wäre, ist nicht ersichtlich.

Schröder

In **Bayern** erklärt Art. 2 S. 1 BayDSG die DS-GVO für die Verarbeitung personenbezoge- **57** ner Daten durch öffentliche Stellen auch außerhalb des sachlichen Anwendungsbereichs des Art. 2 Abs. 1 und Abs. 2 DS-GVO für anwendbar; mithin also grundsätzlich auch, soweit diese Stellen im Anwendungsbereich der JI-RL handeln. Dies gilt allerdings nur „vorbehalt- lich anderweitiger Regelungen". Solche Regelungen finden sich einerseits in Art. 28–37 BayDSG und andererseits im Fachrecht (→ Rn. 57.1 ff.).

Art. 28 BayDSG beschreibt den **Anwendungsbereich** des JI-Rechts in der Weise, dass zunächst **57.1** vier Kategorien von Behörden, nämlich Polizei, Gerichte in Strafsachen und Staatsanwaltschaften, Straf- vollstreckungs- und Justizvollzugsbehörden, sowie Behörden des Maßregelvollzugs grundsätzlich dem JI-Recht unterfallen. Etwas entwertet wird diese Aufzählung durch die Einschränkung, dass dies nur gilt, soweit sie im (um Ordnungswidrigkeiten ergänzten) Anwendungsbereich der JI-RL tätig sind. Alle anderen Sicherheitsbehörden im weiteren Sinne sind nur erfasst, soweit sie personenbezogene Daten verarbeiten, um Straftaten oder Ordnungswidrigkeiten zu verfolgen oder zu ahnden. Die Gleichsetzung von Ordnungswidrigkeit und Straftat geht möglicherweise zu weit (→ Rn. 27). Auch die Annahme, dass die Sicherheitsbehörden jenseits der Verfolgung von Straftaten oder Ordnungswidrigkeiten nicht im Anwendungsbereich der Richtlinie agieren, ist möglicherweise zu pauschal (→ Rn. 30).

Regelungstechnisch hebt Art. 28 Abs. 2 BayDSG den Globalverweis des Art. 2 S. 1 BayDSG auf **57.2** die DS-GVO auf und benennt positiv, welche ihrer Vorschriften anwendbar sind. Art. 28 Abs. 3 BayDSG erklärt zudem eine Reihe von Vorschriften aus dem BayDSG selbst, die die Öffnungsklauseln der DS- GVO ausfüllen, im JI-Bereich für unanwendbar. Gegenüber der Regelungstechnik des BDSG bietet diese Vorgehensweise den Vorzug, in geringerem Maße Bestimmungen wiederholen zu müssen, die in JI-RL und DS-GVO ohnehin identisch sind; dementsprechend ist der JI-Teil des BayDSG auch relativ kurz.

Vorrangig gegenüber den Bestimmungen der Art. 28–37 BayDSG sind wiederum spezialgesetzliche **57.3** Bestimmungen über Datenverarbeitungsvorgänge im Anwendungsbereich der JI-RL. Solche finden sich vor allem im Polizeiaufgabengesetz, und zwar in den Art. 30 ff. BayPAG. Das BayDSG findet hier nur ergänzend Anwendung (Art. 65 BayPAG), allerdings auch nicht beschränkt auf seinen Teil 3. Insgesamt ist die Umsetzung in Bayern tendenziell etwas stärker im Fachrecht erfolgt als bspw. im Bund.

In **Hessen** hat man sich bei der Umsetzung besonders streng an der JI-RL orientiert und **58** ihre Bestimmungen soweit möglich wörtlich in §§ 40 ff. HDSIG übernommen (→ Rn. 58.1 f.).

Das gilt auch für die Beschreibung des **Anwendungsbereichs in § 40 Abs. 1 S. 1 HDSIG**, der **58.1** Art. 1 JI-RL fast völlig entspricht – eine „Klarstellung" findet sich nur dergestalt, dass Ordnungswidrig- keiten ausdrücklich erwähnt und damit Straftaten gleichgestellt werden (→ Rn. 27). Die Vorgehens- weise sichert hinsichtlich der „Behördenauswahl" die Unionsrechtskonformität, überantwortet das Risiko der Anwendung des falschen Rechts aber den Behörden, die selbst entscheiden müssen, ob sie der mit Unsicherheiten behafteten Definition unterfallen (→ Rn. 34).

Mit der weitgehenden Übernahme der Richtlinie in das HDSIG verfolgt der hessische Gesetzgeber **58.2** eine ähnliche **Regelungstechnik** wie der Bund: Es wird möglichst viel im Datenschutzgesetz geregelt; dem Fachrecht bleiben vor allem die richtlinienkonforme Formulierung der einzelnen Verarbeitungsbe- fugnisse (dh die Übereinstimmung mit den Art. 8, 10 JI-RL), die Bestimmung der Löschungsfristen (Art. 5 JI-RL) und ggf. das bereichsspezifische Ausnutzen von (Quasi-) Ausnahmen (zB Art. 13 Abs. 3 JI-RL, Art. 15 JI-RL, Art. 16 Abs. 4 JI-RL) überlassen.

Auch in **Niedersachsen** hat man sich bei der Umsetzung besonders streng an der JI-RL **59** orientiert und ihre Bestimmungen soweit möglich wörtlich in die §§ 23 ff. NDSG übernom- men (→ Rn. 59.1 f.).

Der **Anwendungsbereich** des Umsetzungsrechts wird zunächst in § 23 Abs. 1 S. 1 NDSG identisch **59.1** mit dem der JI-RL bestimmt. In § 23 Abs. 1 S. 2 NDSG werden (deklaratorisch) einige Behörden benannt; § 23 Abs. 2 NDSG erstreckt den Anwendungsbereich auch auf diejenigen öffentlichen Stellen, die Ordnungswidrigkeiten verfolgen und ahnden sowie Sanktionen vollstrecken. Hier gelten die bereits geäußerten Bedenken hinsichtlich des Begriffs (→ Rn. 27); immerhin ermöglicht § 23 Abs. 1 S. 1 NDSG jedenfalls auch ein Tätigwerden von anderen Sicherheitsbehörden als der Polizei im präventiven Bereich, wenn die JI-RL so auszulegen ist (→ Rn. 30).

Mit der weitgehenden Übernahme der Richtlinie in das NDSG verfolgt der niedersächsische Gesetz- **59.2** geber eine ähnliche Regelungstechnik wie der Bund: Es wird möglichst viel im Datenschutzgesetz geregelt; dem Fachrecht bleiben vor allem die richtlinienkonforme Formulierung der einzelnen Verarbeitungsbefugnisse (dh die Übereinstimmung mit den Art. 8, 10 JI-RL), die Bestimmung der Löschungsfristen (Art. 5 JI-RL) und ggf. das bereichsspezifische Ausnutzen von (Quasi-) Ausnahmen (zB § 13 Abs. 3 NDSG, § 15 NDSG, Art. 16 Abs. 4 JI-RL) überlassen.

60   In **Nordrhein-Westfalen** hat man sich bei der Umsetzung streng an der JI-RL orientiert und ihre Bestimmungen soweit möglich wörtlich in die §§ 35 ff. DSG NRW übernommen.

60.1   § 35 DSG NRW beschreibt den **Anwendungsbereich** des JI-Rechts in der Weise, dass zunächst fünf Kategorien von Behörden, nämlich Polizei, Gerichte in Strafsachen und Staatsanwaltschaften, Strafvollstreckungs- und Justizvollzugsbehörden, Behörden des Maßregelvollzugs sowie Behörden der Finanzverwaltung dem entsprechenden Teil des DSG NRW unterfallen, soweit sie im Anwendungsbereich der JI-RL, der als Ordnungswidrigkeiten erfassend verstanden wird, tätig sind. Ordnungsbehörden sind dagegen nur erfasst, soweit sie Ordnungswidrigkeiten verfolgen, ahnden sowie Sanktionen vollstrecken. Die Gleichsetzung von Ordnungswidrigkeit und Straftat geht möglicherweise zu weit (→ Rn. 27). Auch die Annahme, dass die Ordnungsbehörden jenseits von Ordnungswidrigkeitenverfahren nicht im Anwendungsbereich der JI-RL agieren, ist möglicherweise zu pauschal (→ Rn. 30).

60.2   Mit der weitgehenden Übernahme der JI-RL in das DSG NRW verfolgt der nordrhein-westfälische Gesetzgeber eine ähnliche Regelungstechnik wie der Bund: Es wird möglichst viel im DSG NRW geregelt; dem Fachrecht bleiben vor allem die richtlinienkonforme Formulierung der einzelnen Verarbeitungsbefugnisse (dh die Übereinstimmung mit den Art. 8, 10 JI-RL), die Bestimmung der Löschungsfristen (Art. 5 JI-RL) und ggf. das bereichsspezifische Ausnutzen von (Quasi-) Ausnahmen (zB Art. 13 Abs. 3 JI-RL, Art. 15 JI-RL, Art. 16 Abs. 4 JI-RL) überlassen.

F. Konsequenzen der Europäisierung des Datenschutzes im JI-Bereich

61   Die wohl wichtigste Konsequenz der Europäisierung des Datenschutzes durch die JI-RL liegt darin, dass die Unionsgrundrechte anwendbar werden und damit auch die Rechtsprechung des EuGH an Bedeutung gewinnt (→ Rn. 62 ff.). Inhaltlich kommt es zudem zu einer Überlagerung der klassischen Strukturen des deutschen Datenschutzrechts mit den teilweise ein abweichendes Konzept verfolgenden Vorgaben des Unionsrechts (→ Rn. 68 ff.).

I. Geltung der Unionsgrundrechte

62   Nach der ständigen Rechtsprechung des EuGH müssen die Mitgliedstaaten bei der Umsetzung von Richtlinien und bei der Anwendung des umgesetzten Rechts die **Unionsgrundrechte beachten** (EuGH EuZW 2008, 113 Rn. 68). Hieran hat sich nach der Rechtsprechung in der Rechtssache Åkerberg Fransson auch durch das Inkrafttreten der Grundrechtecharta, die in Art. 51 Abs. 1 GRCh von „Durchführung des Rechts der Union" spricht, nichts geändert (EuGH NJW 2013, 1415 Rn. 18 ff.); die Richtlinienumsetzung ist insofern legislative Durchführung, die Anwendung des in Umsetzung der Richtlinie geschaffenen nationalen Rechts „mittelbarer Vollzug" und damit ebenfalls Durchführung des Unionsrechts (s. Jarass GRCh Art. 51 Rn. 21 ff.).

63   Nicht notwendig ist dabei, dass eine Norm ausdrücklich oder nur zur Umsetzung einer Richtlinie bestimmt ist. Es genügt, dass eine (ggf. auch schon ältere) Norm auch dazu dient, Verpflichtungen aus einer Richtlinie zu erfüllen (vgl. EuGH NJW 2013, 1415 Rn. 28). Dass eine Norm des deutschen Rechts (auch) der Umsetzung der Richtlinie dient, bedeutet aber umgekehrt nicht, dass sie **immer** am Maßstab der Unionsgrundrechte zu messen oder mit deren Hilfe auszulegen wäre. Soweit der Anwendungsbereich der nationalen Norm über den der Richtlinie hinausgeht, spielen die Unionsgrundrechte grundsätzlich keine Rolle; es kommt vielmehr darauf an, ob auch der konkrete Sachverhalt im Anwendungsbereich des Unionsrechts liegt (EuGH NVwZ 2014, 575 Rn. 26). Spill-over-Effekte der Richtlinie führen also nicht zu Spill-over-Effekten der Unionsgrundrechte.

64   Soweit die Unionsgrundrechte demnach Anwendung finden, kommt im Bereich der JI-RL dem Datenschutzgrundrecht des Art. 8 GRCh besondere Relevanz zu. Dieses wird vom EuGH bisher stets in Kombination mit Art. 7 GRCh geprüft (EuGH NJW 2014, 2257 Rn. 69 – Google Spain; NJW 2015, 3151 Rn. 39 – Schrems), für dessen Auslegung wiederum Art. 8 EMRK und die dazugehörige Rechtsprechung des EGMR eine besondere Rolle spielen (vgl. Art. 52 Abs. 3 GRCh). Während der EuGH früher wegen seiner nicht immer den deutschen Traditionen entsprechenden Grundrechtsprüfung einige Kritik auf sich gezogen hat und eher als „Motor der Integration" denn als Grundrechtsschützer wahrgenommen wurde, hat er in den letzten Jahren gerade das Datenschutzgrundrecht dazu genutzt, um sich auch als Grundrechtsgericht zu profilieren. Dabei hat er etwa mit Blick auf die Vorratsdatenspeicherung sogar die Standards des BVerfG zu den parallelen deutschen Gewährleistungen übertroffen.

Die Kehrseite der Geltung der Unionsgrundrechte ist die teilweise Verdrängung der natio- **65** nalen Grundrechte, insbesondere des „Rechts auf informationelle Selbstbestimmung" aus Art. 2 Abs. 1 GG iVm Art. 1 Abs. 1 GG, weshalb schon vom Abschied von den Grundrechten gesprochen wurde (Masing SZ v. 9.1.2012, 10).

Diese Verdrängung ist vollständig, wo die JI-RL **abschließende Vorgaben** enthält (was die Hand- **65.1** lungsform nicht ausschließt, → Rn. 37). Aufgrund des Anwendungsvorrangs des Unionsrechts können diese Vorgaben nicht an nationalen Grundrechten gemessen werden – weder in Gestalt des Umsetzungsgesetzes noch bei dessen Vollzug.

Anders ist die Lage, wo die JI-RL **Umsetzungsspielräume** eröffnet: Während die Rechtsprechung **65.2** des BVerfG (zB NVwZ 2007, 937; NJW 2010, 833) meist (aber wohl nicht zwingend) so gelesen wird, dass das Gericht von einer alternativen Geltung entweder der Unionsgrundrechte oder der nationalen Grundrechte ausgehe, wobei erstere auf den durch die Richtlinie abschließend determinierten Bereiche begrenzt sein, bei Umsetzungsspielräumen hingegen nur letztere gelten sollen (vgl. Streinz/Kingreen GRCh Art. 51 Rn. 11), geht der EuGH davon aus, dass die Unionsgrundrechte umfassend, also auch bei Umsetzungsspielräumen zu beachten sind. Eine Anwendung der nationalen Grundrechte bleibt, wenn das Unionsrecht Umsetzungsspielräume eröffnet, zulässig, solange der Anwendungsvorrang des Unionsrechts dadurch nicht beeinträchtigt wird (EuGH NJW 2013, 1415 Rn. 29), sodass es dann zu einer kumulativen Bindung der Mitgliedstaaten an die Unionsgrundrechte und an ihre eigenen kommt.

Eine Bewertung dieses Wandels kann aus mehreren Perspektiven erfolgen: **Materiell** ist **66** angesichts der verbesserten Grundrechtsrechtsprechung des EuGH nicht davon auszugehen, dass der Grundrechtsschutz nennenswert hinter dem des GG zurückbleibt (so auch Ehmann/ Selmayr/Selmayr/Ehmann DS-GVO Einf. Rn. 52); ob – wie im Fall der Vorratsdatenspeicherung – strengere europarechtliche Vorgaben die Handlungsmöglichkeiten der Sicherheitsgesetzgebung einschränken, bleibt abzuwarten. Allerdings kann die notwendige Abwägung zwischen Freiheit und Sicherheit (→ SystVorbPolRDe Rn. 1) im Einzelfall (in beide Richtungen) anders ausgehen als unter Zugrundelegung der verfassungsrechtlichen Maßstäbe, insbesondere angesichts der geringeren Zahl von Entscheidungen, die als Referenzpunkt für eine Weiterentwicklung der Rechtsprechung dienen können. Hierunter kann während einer Übergangszeit die Vorhersehbarkeit der Rechtsprechung leiden, die aber gerade in Grenzfällen ohnehin überschätzt wird.

Damit ist die **institutionelle Dimension** angesprochen: Nicht nur in den Bereichen, in **67** denen die deutschen Grundrechte verdrängt sind, sondern auch in denen der Parallelgewährleistungen wird die Rolle des EuGH, der die Unionsgrundrechte in letzter Instanz auszulegen hat, gestärkt und die des BVerfG geschwächt. Nationale Gerichte können und müssen ggf. aufgrund des Anwendungsvorrangs der Unionsgrundrechte nationales Recht unangewendet lassen; dabei müssen sie ggf. nicht einmal den EuGH vorher anrufen; sogar im Eilverfahren ist eine solche Vorgehensweise möglich (OVG Münster NVwZ-RR 2018, 43). Damit wird das innerstaatlich bestehende Verwerfungsmonopol des BVerfG für formelle Gesetze faktisch entwertet (Bäcker/Hornung ZD 2012, 147 (152)). Dieser Trend wird noch durch die unterschiedlich hohen Anforderungen an die Einleitung der jeweiligen Vorlageverfahren befördert. Für ein Normenkontrollverfahren nach Art. 100 Abs. 1 GG bedarf es der Darlegung der Verfassungswidrigkeit der Norm, woran das BVerfG hohe Anforderungen stellt. Die Vorlage nach Art. 267 AEUV hingegen ist schon zulässig, wenn bei unklarer Auslegung des Unionsgrundrechts eine (mehr oder weniger suggestiv formulierte) Frage gestellt wird (zB „Steht Art. 8 GRCh einer Bestimmung des nationalen Rechts entgegen, wonach […]"). Insgesamt erscheint es daher nicht fernliegend, dass der EuGH perspektivisch „zur zentralen Institution des Grundrechtsschutzes im Sicherheitsrecht werden könnte" (Bäcker/Hornung ZD 2012, 147 (150)).

II. Überlagerung unterschiedlicher Datenschutzkonzepte

Mit den Vorgaben der JI-RL wird das Datenschutzrecht im JI-Bereich um eine vor allem **68** **strukturell-prozedurale Ebene** ergänzt, wie sich etwa an den Protokollierungsvorgaben

(Art. 25 JI-RL), an der Verpflichtung zur Gewährleistung der Datenqualität (Art. 7 Abs. 2 JI-RL), an der Verpflichtung zur verfahrensmäßigen Absicherung der Fristen (Art. 5 S. 2 JI-RL) sowie an weiteren bereits aus der DS-GVO bekannten Elementen wie der Datenschutzfolgenabschätzung (Art. 27 JI-RL), den Konsultationspflichten (Art. 28 JI-RL) oder ganz generell der Rechenschaftspflicht des Verantwortlichen (Art. 4 Abs. 4 JI-RL) zeigt.

69 Diese Vorgehensweise steht im Einklang mit dem generellen Trend des Unionsrechts, stärker als das deutsche Recht auf **Richtigkeitsgewähr durch Verfahren** zu setzen. Während dem Verfahren im deutschen Recht vielfach eine vor allem dienende Funktion beigemessen wird und stattdessen strenge materielle Standards gelten, geht man im Unionsrecht davon aus, dass die Beachtung von Verfahrensvorschriften einen wichtigen Beitrag zur Richtigkeit einer Entscheidung leistet.

70 Berücksichtigt man, dass sich gerade das Datenschutzrecht in der Vergangenheit durch ein unübersehbares Vollzugsdefizit ausgezeichnet hat, dass mit anderen Worten die strengen materiellen Vorgaben zur Zulässigkeit von Datenverarbeitungsvorgängen nur bedingt das Ziel des Grundrechtsschutzes erreicht haben, wäre es auch aus der Perspektive des deutschen Rechts konsequent, verstärkt auf „**Grundrechtsschutz durch Verfahren**" zu setzen, um diesem Defizit abzuhelfen.

71 Die Kumulation von materiellen Standards und strukturell-prozeduralen Anforderungen birgt allerdings die Gefahr, das Recht zu überfrachten und einen im Vollzug nur noch schwer zu beherrschenden **Komplexitätsgrad** zu generieren. Da sich die unionsrechtlichen Vorgaben angesichts des schwierigen Gesetzgebungsprozesses auf absehbare Zeit kaum ändern lassen werden, stellt sich die Frage, ob die materiellen Standards im deutschen Recht abgesenkt werden sollten, etwa durch großzügigere Datenverarbeitungsvoraussetzungen. Neben verfassungsrechtlichen Bedenken (die deutschen Grundrechte beanspruchen im nicht richtliniendeterminierten Bereich unverändert Geltung; → Rn. 65.2) ist zu berücksichtigen, dass insbesondere die Technik einen Beitrag dazu leisten kann, die unionsrechtlichen Verfahrensvorgaben benutzerfreundlich umzusetzen. Dass die Anpassung an die Vorgaben des Unionsrechts letztlich den Aufwand bei der Datenschutz-Compliance erhöht, ist der Preis eines effektiven Datenschutzes.

Polizeigesetz des Landes Nordrhein-Westfalen (PolG NRW)

In der Fassung der Bekanntmachung vom 25. Juli 2003
(GV. NRW. S. 441)
SGV. NRW. 205
Zuletzt geändert durch Art. 1 G zur Stärkung der Rechte von im Polizeigewahrsam festgehaltenen Personen vom 19.12.2019 (GV. NRW. S. 995)

Erster Abschnitt. Aufgaben und allgemeine Vorschriften

§ 1 Aufgaben der Polizei

(1) [1]Die Polizei hat die Aufgabe, Gefahren für die öffentliche Sicherheit oder Ordnung abzuwehren (Gefahrenabwehr). [2]Sie hat im Rahmen dieser Aufgabe Straftaten zu verhüten sowie vorbeugend zu bekämpfen und die erforderlichen Vorbereitungen für die Hilfeleistung und das Handeln in Gefahrenfällen zu treffen. [3]Sind außer in den Fällen des Satzes 2 neben der Polizei andere Behörden für die Gefahrenabwehr zuständig, hat die Polizei in eigener Zuständigkeit tätig zu werden, soweit ein Handeln der anderen Behörden nicht oder nicht rechtzeitig möglich erscheint; dies gilt insbesondere für die den Ordnungsbehörden obliegende Aufgabe, gemäß § 1 Ordnungsbehördengesetz Gefahren für die öffentliche Ordnung abzuwehren. [4]Die Polizei hat die zuständigen Behörden, insbesondere die Ordnungsbehörden, unverzüglich von allen Vorgängen zu unterrichten, die deren Eingreifen erfordern.

(2) Der Schutz privater Rechte obliegt der Polizei nach diesem Gesetz nur dann, wenn gerichtlicher Schutz nicht rechtzeitig zu erlangen ist und wenn ohne polizeiliche Hilfe die Verwirklichung des Rechts vereitelt oder wesentlich erschwert werden würde.

(3) Die Polizei leistet anderen Behörden Vollzugshilfe (§§ 47 bis 49).

(4) Die Polizei hat ferner die Aufgaben zu erfüllen, die ihr durch andere Rechtsvorschriften übertragen sind.

(5) [1]Maßnahmen, die in Rechte einer Person eingreifen, darf die Polizei nur treffen, wenn dies auf Grund dieses Gesetzes oder anderer Rechtsvorschriften zulässig ist. [2]Soweit die Polizei gemäß Absatz 1 Satz 2 Straftaten vorbeugend bekämpft oder die erforderlichen Vorbereitungen für die Hilfeleistung und das Handeln in Gefahrenfällen trifft, sind Maßnahmen nur nach dem Zweiten Unterabschnitt „Datenverarbeitung" des Zweiten Abschnittes dieses Gesetzes zulässig.

Überblick

Die Vorschrift enthält die aufgabenrechtliche Generalklausel des PolG NRW und führt zugleich dessen zentrale Begrifflichkeiten ein. Insoweit ist sie nicht allein aufgabenrechtlich, sondern für das gesamte PolG NRW eine Schlüsselnorm. Die Kommentierung erläutert die Abgrenzung von Polizeiaufgaben und -befugnissen (→ Rn. 7 ff.): Es folgen die Schlüsselbegriffe der polizeilichen Schutzgüter („öffentliche Sicherheit", → Rn. 47 ff.; „öffentliche Ordnung", → Rn. 85 ff.; „Gefahr" und ihre Differenzierungen, → Rn. 93 ff.) sowie der Abwehr und sonstige Präventionsaufträge (→ Rn. 171 ff.). Ein Überblick über die „Subsidiarität" der Polizei (→ Rn. 197 ff.) bei Schutz privater Rechtsgüter, über sonstige

Polizeiaufgaben (→ Rn. 234 ff.) und deren Verhältnis zu § 1, namentlich schließt die Kommentierung ab.

Übersicht

A. Übersicht: Entstehung und Wandel des § 1

1   § 1 kombiniert die tradierte polizeirechtliche Generalklausel (Abs. 1 S. 1) mit allgemeinen Regelungen zur Abgrenzung der polizeilichen von anderen Behördenzuständigkeiten. Der **Text der Generalklausel** fand sich im Landespolizeirecht erstmals in § 1 Abs. 1 PolG NRW 1969 (Polizeigesetz v. 28.10.1969, GV. NRW. 740). Seine Formulierung war an § 14 PrPVG 1931 angelehnt (Nass, Die Entstehung des Preußischen Polizeiverwaltungsgesetzes von 1931, 2003; Lisken/Denninger PolR-HdB/Stolleis/Petri A Rn. 51; Schoch BesVerwR Kap. 2 Rn. 5 ff.; Tegtmeyer/Vahle PolG NRW Einf. Rn. 22 ff.), welcher seinerseits jedenfalls Formulierungen des § 10 Teil II Titel 17 des Allgemeinen Landrechts für die Preußischen Staaten aufnahm. Doch blieben solche Übereinstimmungen weitgehend auf die Ebene des Normtexts begrenzt. Dass der Kontinuität der Begriffe ein fundamentaler Auslegungs- und Bedeutungswandel durch die rechtsanwendenden Instanzen korrespondierte, war den normgebenden Instanzen bewusst. Mindestens ebenso wichtig waren dem Polizeigesetzgeber in Nordrhein-Westfalen systematische Kontexte im Hinblick auf einzelne ältere, seinerzeit bereits in Kraft befindliche Vorbilder im Landesrecht, namentlich in § 16 POG NRW 1953 (Gesetz über die Organisation und die Zuständigkeit der Polizei im Lande Nordrhein-Westfalen v. 11.8.1953, GV. NRW. 330) und in § 1 NRWOBG 1956 (Gesetz über Aufbau und Befugnisse der Ordnungsbehörden v. 16.10.1956, GV. NRW. 289; → OBG § 1 Rn. 1 ff.)

2   Der Text der Generalklausel blieb bis 1990 bis auf geringfügige sprachliche Straffungen unverändert. Die Vorschrift wurde in der Folgezeit an die Vorgaben des **Musterentwurfs**

der Innenministerkonferenz eines einheitlichen Polizeigesetzes des Bundes und der Länder (MEPolG 1977) orientiert, der in NRW am 25.3.1980 weitgehend in Gesetzesform gegossen wurde (GV. NRW. 234). Inhaltlich und praktisch wichtiger waren die Neuerungen vor dem Hintergrund des Volkszählungsurteils (BVerfGE 65, 1) und der Anerkennung des Grundrechts auf informationelle Selbstbestimmung, welches auch das Gefahraufklärungsrecht in Bund und Ländern auf neue Grundlagen stellen sollte. Auch hier wurde der Vorentwurf zur Änderung des Musterentwurf eines einheitlichen Polizeigesetzes des Bundes und der Länder (VEME-PolG 1986) partiell vorbildhaft. § 1 erfuhr im Jahre 1990 zwei Neuerungen: Einerseits wurde der Aufgabenbereich geringfügig eingeschränkt, indem aus der Generalklausel des Abs. 1 S. 1 zeitweise das Schutzgut der **öffentlichen Ordnung** gestrichen wurde. Die Änderung ist im Jahre 2010 (Gesetz zur Änderung des Polizeigesetzes des Landes Nordrhein-Westfalen v. 9.2.2010, GV. NRW. 132; zum Gesetz s. Sachs/Krings NWVBl. 2010, 165 (170 f.)) wieder rückgängig gemacht worden; und zwar nicht zuletzt mit dem Ziel, die eingetretene Differenz zwischen den Schutzgütern des PolG NRW und des NRWOBG wieder zu beseitigen. Demgegenüber erweiterte die Neufassung von 1990 die Aufgabenzuweisung um die Bestimmung des § 1 Abs. 1 S. 2, also die **Vorbeugungs- und Vorsorgeaufgaben,** und die daran anknüpfenden Befugnisregelungen des Abs. 5. Damit war bis auf die erwähnte Wiedereinfügung der öffentlichen Ordnung und eine Neuformulierung der Vorsorgeaufgaben im Jahre 2010 derjenige Text geschaffen, welcher noch in der Gegenwart gilt (zur weiteren Rechtsentwicklung Wesseler/Kamp NWVBl. 2009, 374 ff.).

Außerhalb des Abs. 1 blieben die sonstigen Elemente der Aufgabennorm des § 1 weitgehend unverändert und wurden nur in Details rechtstechnisch angepasst. **3**

Angesichts der weitreichenden, aber nicht vollständigen Orientierung an den Musterentwürfen liegt es nahe: **Der Text des § 1 entspricht weitgehend demjenigen der Aufgabenregelungen in den anderen Bundesländern.** Nennenswerte Unterschiede finden sich im Hinblick auf die Polizei am ehesten dort, wo die öffentliche Ordnung nicht als eigenes Schutzgut anerkannt ist (Schleswig-Holstein); wo die Störungsbeseitigung (→ Rn. 179) als eigenständige Aufgabe normiert ist (Baden-Württemberg), wo polizeiliche Eilzuständigkeiten (→ Rn. 211) nicht explizit erwähnt oder geringfügig anders ausgestaltet sind (Bayern, Baden-Württemberg); schließlich wo die Privatschutzklausel Unterschiede im Detail aufweist (Baden-Württemberg). In anderen Bundesländern sind die Aufgaben partiell in mehreren Bestimmungen niedergelegt oder gemeinsam mit denjenigen von Verwaltungsbehörden statuiert. Die weitgehenden Übereinstimmungen legen es nahe, auch die Auslegung der Bestimmungen in anderen Ländern systematisch als Hilfsmittel heranzuziehen. **4**

Aufgabenregelungen anderer Bundesländer finden sich etwa in § 1 BWPolG, Art. 2 BayPAG, § 1 HSOG und § 1 NPOG. Aufgaben der Gefahrenabwehr sind auch in **§ 1 Abs. 5 BPolG** erwähnt, der seinerseits auf andere Aufgabenregelungen des Bundesrechts verweist (SGR/Graulich BPolG § 1 Rn. 17 ff. mwN). **5**

B. § 1 als Aufgabennorm der Polizei

§ 1 steht in dem Abschnitt über „Aufgaben und allgemeine Vorschriften". Er statuiert **6** zentrale Aufgabenregelungen, beschränkt sich aber nicht auf diese. Abs. 5 enthält jedenfalls auch Regelungen über polizeiliche Befugnisse (→ Rn. 39). Insoweit **enthält und verknüpft die Bestimmung sowohl aufgaben- als auch befugnisrechtliche Elemente.** Sie ist insoweit eine gemischte Norm. Doch lassen sich beide Elemente voneinander trennen. Im Vordergrund stehen Aufgabenzuweisungen.

I. Polizeiaufgaben in der differenzierten Sicherheitsarchitektur

§ 1 enthält die zentrale landesrechtliche Aufgabennorm für das polizeiliche Handeln. **7** Diese **Generalklausel des Polizeiaufgabenrechts** steht im Kontext sonstiger bundes- und landesrechtlicher Aufgabenzuweisungen, namentlich des § 163 StPO. Die in dem Dualismus beider Aufgabenbereiche angelegte **Trennung zwischen repressiver und präventiv-polizeilicher Tätigkeit** (BVerfGE 113, 348 (368 ff.); Gusy NdsVBl. 2006, 65 ff.) folgt unterschiedlichen grundgesetzlichen Kompetenzzuweisungen und ist entsprechend deren Sinn verfassungsgeleitet auszulegen. Insbesondere erkennt das BVerfG **keine eigenständige ungeschriebene Kompetenzzuweisung für den Schutz der öffentlichen Sicherheit oder**

Ordnung bzw. die Gefahrenabwehr an die Länder. Vielmehr folgen Gesetzgebungs- und Vollzugszuständigkeiten in vollem Umfang den Grundsätzen zu Art. 70, 72 GG. In diesem Sinne sind die Länderzuständigkeiten zur Gesetzgebung kaum noch positiv, sondern am ehesten negativ – nämlich durch fehlende Kompetenzzuweisungen an den Bund (Art. 70 GG) bzw. fehlende Kompetenzausübung durch den Bund (Art. 72 Abs. 1 GG) – zu bestimmen.

8   § 1 begründet die polizeiliche Aufgabe der Gefahrenabwehr und weitere damit zusammenhängende Annexaufgaben. Sie **statuiert Behördenaufgaben, keine Staatsaufgaben,** sondern setzt letztere voraus. Insbesondere die viel diskutierte „Staatsaufgabe Sicherheit" (Überblick bei Isensee/Kirchhof StaatsR-HdB/Götz § 85 Rn. 1 ff., 21 ff.; dagegen eher harmonisierend anhand eines allgemeinen „staatsrechtlichen Begriffs innere Sicherheit" Möstl Sicherheitsgewährleistung 37 ff., 119 ff., 124 ff. mwN) geht über Polizeiaufgaben weit hinaus (Kingreen/Poscher POR § 2 Rn. 1 ff.) und umfasst eine Vielzahl von Agenden und Instrumenten zur Herstellung unterschiedlicher Formen äußerer und innerer, sozialer, ökonomischer Erscheinungsformen von Sicherheit. Charakteristisch für deren rechtliche Begründung und Erfüllung ist eine je spezifische **Zuweisung von Sozialbereichen, Handlungsformen und Befugnissen an jeweils besondere Träger** und Akteure in Staat, Gesellschaft oder intermediären Bereichen. Unter ihnen ist der Polizei lediglich ein wichtiger Teilbereich zugewiesen. Ihren Aufgabenzuweisungsnormen kommt demnach nicht nur eine zuständigkeitseröffnende, sondern gleichermaßen eine zuständigkeitsbegrenzende Wirkung zu. Jedenfalls weist die allgemeine, wie auch immer zu konkretisierende „Staatsaufgabe Sicherheit" (eher einschränkend Gusy DÖV 1996, 573 ff.) einen weit über die polizeilichen Aufgaben hinaus reichenden Gegenstandsbereich auf. Und umgekehrt ist es weder grundgesetzlich noch gesetzlich geboten, eine staatliche Sicherheitsaufgabe notwendigerweise der Polizei zuzuweisen. **Staatsaufgaben und Behördenaufgaben sind rechtlich getrennt** und je eigenständig zu konkretisieren. Ein zwischen beiden bestehender Auslegungs- bzw. Ableitungszusammenhang ist am ehesten ein negativer: Angelegenheiten, welche den öffentlichen Händen insgesamt verfassungsrechtlich oder gesetzlich entzogen sind, darf auch die Polizei nicht wahrnehmen.

9   Der **Gegenstandsbereich der polizeilichen Aufgabennorm** ist demnach nicht aus allgemeinen Staatsaufgaben(lehren), sondern aus der horizontal und vertikal ausdifferenzierten grundgesetzlichen Kompetenzordnung herzuleiten. In diesem Rahmen kommen den Aufgabenbestimmungen mindestens drei Regelungsgehalte zu (grdl. Knemeyer VVDStRL 35 (1976), 233 ff.; Knemeyer DÖV 1978, 11; Reimer FS Würtenberger, 2013, 1047 ff., jeweils mwN):
- Sie eröffnen und begrenzen behördliche Handlungsräume in vertikaler Hinsicht, also im Verhältnis zwischen EU, Bund, Ländern und Selbstverwaltungskörperschaft. Dieser Gehalt lässt sich als föderalistische bzw. **bundesstaatliche Dimension** der Aufgabennormen beschreiben.
- Sie eröffnen und begrenzen behördliche Handlungsräume in horizontaler Hinsicht, also im Verhältnis zwischen der Polizei und sonstigen Stellen des Landes, namentlich Behörden und Gerichten in Nordrhein-Westfalen. Dieser Gehalt lässt sich als funktionsdifferenzierende bzw. **gewaltenteilende Dimension** der Aufgabennormen qualifizieren (Art. 77 NRW Verf; zu dessen Reichweite und Gehalt Löwer/Tettinger, Kommentar zur Verfassung des Landes Nordrhein-Westfalen, 2003, NRW Verf Art. 77 Rn. 12 ff.).
- Schließlich eröffnen und begrenzen sie behördliche Handlungsräume im Verhältnis zu Privaten, namentlich betroffenen oder in Anspruch genommenen natürlichen und juristischen Personen. Dieser Gehalt lässt sich als **grundrechtliche Dimension im** – klassisch gesprochen – **Verhältnis zwischen „Staat" und „Gesellschaft"** qualifizieren.

10   Verfassung und Gesetze gehen nicht von einer einheitlichen oder zu vereinheitlichenden Kompetenzordnung im Sicherheitsbereich aus. Im Gegenteil: Sie statuieren sachlich und instrumentell vielfältig gegliederte Sicherheitsfunktionen. Dem politischen Sprachgebrauch eines einheitlichen Sicherheitsbegriffs kontrastiert rechtlich die Antithese eines gegliederten und differenzierten Sicherheitskompetenz- und Sicherheitswahrnehmungskonzepts. Dieses ist – jedenfalls in wesentlichen Grundzügen – nicht Ausdruck von Zufälligkeiten oder historisch überholter Unzweckmäßigkeiten, sondern eines im GG angelegten und gesetzlich ausgeformten Differenzierungs- bzw. Aufgliederungsgebots (BVerfG NJW 2013, 1499

(1503) – Antiterrordatei). Dessen Charakteristikum liegt in der jeweils **sach- und funktionsgerechten Kombination von Aufgaben, Befugnissen und Instrumenten** behördlicher, justizieller und gesellschaftlicher Träger, Akteure und Interessenten.

In diesem Sinne sind die Aufgabennormen an die verfassungsrechtlichen Vorgaben **11** namentlich des Staatsorganisationsrechts (Art. 83 ff. GG; Art. 77 ff. NRW Verf) gebunden (näher HSV VerwR § 10 Rn. 47 ff.). Hier finden sich differenzierte Gesetzgebungs- und Vollzugskompetenzzuweisungen und im Recht der Sicherheitsgewährleistung grundgesetzliche **Gesetzesvorbehalte für die Staatsorganisation,** namentlich zu der Errichtung von Bundesbehörden (Art. 87 ff., 108 GG) und zu Einwirkungsbefugnissen des Bundes auf die Länderexekutiven (Art. 84 f. GG); landesrechtliche Gesetzesvorbehalte (Art. 77 NRW Verf; § 10 POG NRW), **kompetenzrechtliche Normenklarheits- und Bestimmtheitsgebote** und aus dem Demokratieprinzip hergeleitete **Differenzierungs-, Einwirkungs- und Aufsichtsgebote** (grdl. Dreier GG Art. 20 (Demokratie) Rn. 143 ff.).

Für die **Polizeiaufgaben in Nordrhein-Westfalen gilt der** landesrechtliche **Gesetzes- 12 vorbehalt** des § 10 POG NRW (→ Rn. 188), zumal die dort gleichfalls genannten Rechtsverordnungen ihrerseits einer Grundlage im förmlichen Gesetz bedürfen (Art. 70 S. 1 NRW Verf).

Rechtsfolgen polizeirechtlicher Aufgabenzuweisungsnormen sind namentlich (par- **13** tiell weiter Knemeyer DÖV 1978, 16 f.; Reimer FS Würtenberger, 2013, 1047 (1057 f.)):

- **Eröffnung und Begrenzung des Handlungsraums polizeilicher Aufgabenwahr- 14 nehmung** durch die Umschreibung ihrer sachlichen Gegenstände (→ Rn. 9; Knemeyer DÖV 1978,11 ff.; Menger DÖV 1955, 587 ff.). Den dadurch umrissenen Handlungsraum dürfen die an den Auftrag gebundenen Stellen weder über- noch unterschreiten.
- **Begründung und Begrenzung polizeilicher Handlungszuständigkeiten** in diesem **15** Raum zugunsten der Polizeibehörden iSd §§ 2 ff. POG NRW. Die ihnen eingeräumte Zuständigkeit ist keine exklusive; vielmehr können auch andere staatliche Stellen (so ausdrücklich § 1 NRWOBG) und Private an der Wahrnehmung von Sicherheitsaufgaben in diesem Bereich mitwirken. Ausgeschlossen sind sie davon nur insoweit, als rechtliche Regelungen ihnen ein Tätigwerden untersagen bzw. der Polizei ein Zuständigkeitsmonopol zuweisen. Ein solches ist allerdings nur in Einzelfällen erkennbar. Insoweit lässt sich die polizeiliche Handlungszuständigkeit am ehesten als behördliches Ein- bzw. Mitwirkungsrecht an der Herstellung von Sicherheit im Handlungsraum qualifizieren (näher Hoffmann-Riem, Effizienz als Herausforderung an das Verwaltungsrecht/Gusy, 1998, 175, 181 ff., 189 ff.).
- **Begründung polizeilicher Handlungspflichten** im Handlungsraum. Organisations- **16** rechtlich besteht eine behördliche Pflicht zur Aufgabenwahrnehmung (Knemeyer VVDStRL 35 (1976), 221 ff., 238; BVerfGE 46, 214 (222 f.)), jedenfalls zur Ausübung eines Entschließungsermessens. Hinsichtlich des „Ob" der Ausübung gesetzlich übertragener Aufgaben besteht demnach kein Ermessen.
- Begründung der **Anwendbarkeit der Bestimmungen des PolG NRW** und ggf. vorge- **17** hender Spezialregelungen auf das polizeiliche Handeln im Zuständigkeitsraum. Hier bestimmt das „Ob" der Aufgabeneröffnung zugleich das „Wie". Insbesondere gilt: **Handelt die Polizei zur Erfüllung der Aufgaben nach dem PolG NRW, so stehen ihr auch die Handlungsformen und -befugnisse des PolG NRW zu.** Im Anwendungsbereich des PolG NRW darf sie allein Befugnisse ausüben, welche für diese Aufgaben zugewiesen sind. Die Anwendbarkeit sonstiger Befugnisnormen in diesem Handlungsbereich muss demnach rechtlich – etwa durch Verweisung – ermöglicht werden. Umgekehrt sind auch die Befugnisregelungen des PolG NRW allein im Aufgabenbereich dieses Gesetzes anwendbar, soweit sie nicht ausdrücklich auf andere Handlungsbereiche erstreckt sind.
- Darüber hinaus können Aufgabennormen auch Anordnungen darüber enthalten, ob eine **18** Aufgabe allein im öffentlichen oder aber auch im Individualinteresse wahrgenommen werden soll. Daraus können sich dann **Rückschlüsse auf Handlungs-, Schutz- oder ermessensbindende Ansprüche möglicher geschützter Personen** herleiten lassen.

II. Aufgaben- und Befugnisnormen

Von den **Aufgabennormen** werden seit den 1970er Jahren (anders noch DWVM Gefah- **19** renabwehr 129 ff.) namentlich im Polizei- und Ordnungsrecht die **Befugnisnormen** unterschieden. Letztere regeln nicht das „Ob", sondern das „Wie" behördlicher Aufgabenerfüllung, genauer das Recht zu Eingriffen in Grundrechte. Der hierfür maßgebliche allgemeine Gesetzesvorbehalt wird durch solche Regelungen erfüllt, welche staatlichen Stellen das Recht verleihen, im Schutzbereich von Freiheits- oder Gleichheitsrechten grundrechtseinschränkend tätig zu werden (zum Begriff Kingreen/Poscher POR § 2 Rn. 41 ff., Kingreen/Poscher POR § 7 Rn. 1 ff.; Gusy PolR § 1 Rn. 12 f., Gusy PolR § 4 Rn. 168 ff.). Inzwischen ist jene Unterscheidung allgemein konsentiert. Einigkeit besteht darin, dass **grundrechtsneutrale Maßnahmen** auch durch Polizei- und Ordnungsbehörden **allein aufgrund der Aufgabenzuweisung,** also ohne besondere Befugnisnorm **vorgenommen werden dürfen.** Dazu zählen etwa organisatorische Maßnahmen, Beschaffung und Verarbeitung nicht-personenbezogener Daten, Streife-Fahren und Präsenz-Zeigen im öffentlichen Raum oder auch allgemeine Informationen für die Öffentlichkeit ohne Bezug zu einzelnen Personen, etwa über Kriminalitätsrisiken und –prävention, richtiges Verhalten im Straßenverkehr oder Einrichtung, Betrieb von Notrufen, Hotlines oder bloßes Beobachten von Orten, Lagen oder Objekten und die aktive bzw. beobachtende Teilnahme am öffentlichen Internetverkehr.

20   Der **Anwendungsbereich der Befugnisnormen** ist demnach durch die Eigenschaft einer Maßnahme als Grundrechtseingriff begründet und begrenzt. Derartige Maßnahmen sind grundrechtskonform, wenn und soweit sie auf Gesetze zurückführbar sind, die ihrerseits die grundgesetzlichen Anforderungen an derartige „Ermächtigungs-" oder „Befugnisnormen" erfüllen und diese in gleichfalls grundgesetzkonformer Weise anwenden. Spezielle grundrechtliche Anforderungen beziehen sich sowohl auf das einen Grundrechtseingriff zulassende Gesetz als auch auf dessen Anwendung im Einzelfall. Erste Anforderungen sind diejenigen an gesetzliche Befugnisnormen (zu diesen Anforderungen etwa Battis/Gusy, Einführung in das Staatsrecht, 6. Aufl. 2018, Rn. 529 ff. mwN). Sie können und sollen hier nur insoweit genannt werden, als sie sich (auch) auf polizeiliche Grundrechtseingriffe beziehen. Hierzu zählen namentlich die
- **Wahrung der grundrechtlichen Gesetzesvorbehalte** einschließlich ihrer spezifischen Grenzen, etwa limitierter Einschränkungsermächtigungen (→ Rn. 22 ff.);
- die Bindung an materiell-rechtliche (und nicht bloß organisationsrechtliche) **Kompetenzregelungen** (etwa Differenzierungs- oder Trennungsgebote, BVerfGE 113, 348 (385 ff.); 133, 277 Rn. 123, 108 ff.);
- **differenzierende Bestimmtheitsanforderungen** (BVerfGE 113, 348 (374 ff.); 83, 130 (145); 86, 288 (311); 110, 33 (53)) nach dem jeweils zugelassenen Grad der Eingriffsschwere (zum Todesschuss in Nordrhein-Westfalen Buschmann/Schiller NWVBl. 2007, 249 (251 ff.); zur Ausweisung sog. Gefahrengebiete OVG Hamburg NVwZ-RR 2015, 695);
- Wahrung des **Übermaßverbots** mit seinen Unterprinzipien der Geeignetheit, Erforderlichkeit und Verhältnismäßigkeit (→ Rn. 19).

21   Die **grundgesetzlichen Anforderungen an Befugnisnormen unterscheiden sich partiell von denjenigen an Aufgabenzuweisungen** (→ Rn. 20). Beide Arten von Regelungen sind im Rahmen der für sie geltenden Vorgaben verfassungskonform auszulegen. Von daher rechtfertigt sich der Satz, dass aus einer Aufgabenzuweisung noch nicht auf eine Befugnis geschlossen werden kann (Schoch BesVerwR Kap. 2 Rn. 33; Lisken/Denninger PolR-HdB/Denninger D Rn. 68 ff.; Kugelmann PolR Kap. 5 Rn. 5). Demnach ist zugleich die Unterscheidung beider Kategorien von Normen zur Bestimmung der für sie geltenden verfassungsrechtlichen Vorgaben notwendig. Jedenfalls in diesem Sinne ist sie in zahlreichen Bestimmungen des GG angelegt (Gusy PolR Rn. 12 ff.; Lisken/Denninger PolR-HdB/Denninger D Rn. 68 ff.; Schoch BesVerwR Kap. 2 Rn. 32 ff.; Schenke PolR Rn. 36; Reimer FS Würtenberger, 2013, 1047 (1056 f.) mwN). Und im gleichen Sinne ist es jedenfalls sinnvoll, beide Arten von Regelungen in unterschiedlichen Rechtsnormen zu treffen, die dann jeweils (allein) den für sie geltenden verfassungsrechtlichen Anforderungen unterliegen. Wer hingegen beide Materien in denselben Bestimmungen zusammenfasst, ist an beide Arten von verfassungsrechtlichen Vorgaben gebunden. Diese schließen sich zwar gegenseitig jedenfalls nicht vollständig aus, sind aber unterschiedlich. Insoweit entspricht es einer in zahlreichen Regelungen angelegten Regelungstechnik, beide Arten von Normen nebeneinander zu regeln.

22   Das Verhältnis von Aufgaben- und Befugnisregelungen in den Polizeigesetzen lässt sich so umreißen: Aufgabennormen begründen die Anwendbarkeit der Polizeigesetze und damit

der Befugnisregelungen. Zur Erfüllung der in diesen Gesetzen angelegten Aufgaben sind die in diesen Gesetzen enthaltenen Befugnisse verliehen (→ Rn. 19). Insoweit bilden die **Polizeigesetze eine systematische Regelungseinheit:** § 1 ist Anwendbarkeitsvoraussetzung und Auslegungsrichtlinie im Hinblick auf die sonstigen Normen des PolG NRW; andererseits können deren Inhalte auch auf das Verständnis des § 1 zurückwirken. Befugnisse aus anderen Gesetzen dürfen von der Polizei nur ausgeübt werden, soweit sie kraft ausdrücklicher Regelung auch zur Erfüllung polizeilicher Aufgaben wahrgenommen werden dürfen. Umgekehrt dürfen Befugnisregelungen aus den Polizeigesetzen zur Erfüllung anderer Sicherheitsaufgaben nur dort eingesetzt werden, wo dies durch eine gesetzliche Regelung zugelassen ist. **Geht eine Aufgabennormen weiter als eine Befugnisnorm,** so dürfen die weiter reichenden Polizeiaufgaben nur mit anderen Mitteln als den gesetzlich eingeschränkten Befugnissen – also ohne Grundrechtseingriffe – vorgenommen werden. **Reichen** hingegen **einzelne Befugnisnormen über die Aufgabennormen hinaus,** so können sie in diesen Fällen die gesetzlich zugewiesenen Aufgaben erweitern, indem sie entweder die zusätzliche Aufgabe selbst begründen oder jedenfalls voraussetzen (näher Reimer FS Würtenberger, 2013, 1047 (1057 f.): „Rückschluss von der Zuständigkeit [hier: Befugnis] auf die Aufgabe" mwN).

Zentrale Rechtsfolgen von Befugnisnormen sind: 23

- Sie **konkretisieren die in den Aufgabennormen angelegte Kompetenzverteilung** **24** **zwischen staatlichen und sonstigen Akteuren** bei der Gewährleistung von Sicherheit (→ Rn. 7 ff. Reimer FS Würtenberger, 2013, 1047 (1059 ff.)) im Einzelfall. Sie enthalten die behörden-, dh hier polizeispezifische Zuordnung von Aufgaben, Instrumenten und Befugnissen im Verhältnis zu den Grundrechtsgarantien Betroffener. Dass dabei neben abstrakten auch konkrete einzelfallspezifische Kriterien einzubeziehen sind, zeigt sich insbesondere in der Einräumung von Entschließungs- und Auswahlermessen (näher Dietlein/Hellermann NRWÖffR/Dietlein § 3 Rn. 120 ff., 146) in praktisch allen Befugnisnormen.
- Sie **begründen und begrenzen mögliche staatliche Ansprüche gegen Einzelne.** **25** Zugleich begründen und begrenzen sie deren Handlungs-, Duldungs- und Unterlassungspflichten im Einzelfall und ihre Reaktionsansprüche im Hinblick auf grundrechtseingreifende Maßnahmen.
- Schließlich können sie **Schutzansprüche der Bürger begründen und begrenzen:** **26** Soweit staatlichen Stellen keine Eingriffsbefugnisse gegen Dritte zustehen, können sie eigene Schutzpflichten nicht mit Zwang durchsetzen (zum Verhältnis von Schutzpflicht und Eingriffsregelungen Wahl/Masing JZ 1990, 553 ff.).

Das Land **Nordrhein-Westfalen folgt jener Regelungssystematik einer Trennung von** **27** **Aufgaben- und Befugnisnormen** ebenso wie nahezu alle anderen Bundesländer (Kingreen/Poscher POR § 5 Rn. 1, mit Hinweis auf eine abweichende Regelungstechnik in § 3 HmbSOG). Die Trennung beider Materien hat also nicht wenig, sondern hohe praktische Relevanz (anders wohl Reimer FS Würtenberger, 2013, 1047 (1056) mwN). Doch sind Überschneidungen aber nicht vollständig ausgeschlossen. So enthält § 1 ungeachtet seiner Überschrift nicht allein Aufgabenzuweisungen, sondern auch einzelne Elemente von Befugnisregelungen, deren Reichweite und Anwendungsbereich entweder explizit (Abs. 5; → Rn. 285) oder jedenfalls implizit (Abs. 2; → Rn. 221) begrenzt werden. Eine solche Regelungstechnik ist mit den verfassungsrechtlichen Vorgaben vereinbar (Schenke PolR Rn. 14 ff., 36 ff.; Reimer FS Würtenberger, 2013, 1047 (1060)). Beide Arten von Regelungen sind in den für die jeweilige Materie geltenden Kontexten auszulegen und anzuwenden.

Mit der Trennung der Aufgaben von den Befugnissen, welche noch in § 1 PrPVG zusam- **28** mengefasst waren, hat die ältere Terminologie von der (einheitlichen) polizeilichen Generalklausel ihre Berechtigung verloren. Inzwischen **kennen die meisten Polizeigesetze sogar** **drei Generalklauseln:** Eine solche des Polizeiaufgabenrechts (§ 1), eine solche des Polizeibefugnisrechts (§ 8) und eine solche des Polizeiinformationsrechts (§ 9 Abs. 1).

III. Subsidiarität des Abs. 1 S. 1

§ 1 ist die **Generalklausel des Polizeiaufgabenrechts.** Sie statuiert den allgemeinen **29** Grundsatz der polizeilichen Aufgabenzuweisung, gilt als solche jedoch nicht abschließend. Insbesondere **schließt sie die Zuweisung weiterer Aufgaben durch Bundes- oder Lan-**

desrecht nicht aus, ist also Aufgabenerweiterungen zugänglich (Abs. 4; → Rn. 235). Demnach besteht zwischen der Generalklausel und weitergehenden Aufgabenregelungen kein irgendwie geartetes Kollisionsverhältnis. Sie stehen vielmehr rechtlich selbständig nebeneinander. Umgekehrt schließt die Generalklausel aber auch Einschränkungen der zugewiesenen Aufgaben nicht generell aus. In solchen Fällen können Kollisionen der gesetzlichen Regelungen entstehen, die aufgrund der allgemeinen Kollisionsregeln zu lösen sind.

30   Parallele Regelungen finden sich in § 1 Abs. 1 S. 1 BWPolG; Art. 2 Abs. 1 BayPAG; § 1 Abs. 1 S. 1 HSOG und § 3 Abs. 1 S. 2 NPOG.

31   Die aufgabenrechtliche **Generalklausel** ist eine in mehrfacher **Hinsicht subsidiäre Regelung.**

32   • Sie ist zunächst **subsidiär gegenüber** einem Anwendungsvorrang beanspruchenden **höherrangigen Recht von Bund** (Art. 31 GG) und EU. Soweit diese Polizeiaufgaben begründen, einschränken oder zuweisen, gehen sie landesrechtlichen Bestimmungen vor. Das gilt etwa für die Aufgabennorm des § 2 ff. BPolG (SGR/Graulich BPolG § 2 Rn. 5 ff.) ebenso wie für diejenige des §§ 2, 5 f., 15 BKAG (s. SGR/Graulich BKAG § 1 Rn. 3 ff., 10 ff.), welche einzelne Materien aus dem Bereich der Gefahrenabwehr anderen Stellen als der Polizei des Landes Nordrhein-Westfalen zuweisen. Doch ist diese Subsidiarität ihrerseits eingeschränkt. In den räumlichen Zuständigkeitsbereichen der Bundespolizei gem. §§ 2–5 BPolG bleibt die Zuständigkeit der Länderpolizei und damit die Aufgabenzuweisung nach dem Landespolizeirecht unberührt (näher SGR/Graulich BPolG § 1 Rn. 23 f.).

33   • Sie ist weiter **subsidiär gegenüber gesetzlichen Spezialregelungen des Landesrechts.** Soweit dieses einzelne Polizeiaufgaben begründet, begrenzt oder anders zuweist, gehen die spezielleren Bestimmungen der Generalklausel vor. Nicht hierzu zählt allerdings § 1 NRWOBG, welcher gleichfalls eine Generalklausel darstellt und daher gegenüber § 1 keinen Vorrang kraft Spezialität beanspruchen kann.

34   • Sie ist schließlich **subsidiär gegenüber aufgabenbezogenen Spezialregelungen im PolG NRW** selbst. Hierzu zählt namentlich die Einräumung des Zuständigkeitsvorrangs für die allgemeinen und besonderen Ordnungsbehörden (Abs. 1 S. 3) und die Aufgabenbeschränkung zugunsten der Gerichte beim Schutz privater Rechte (Abs. 2; → OBG § 1 Rn. 10).

35   Ein solches Spezialitätsverhältnis setzt aber voraus, dass der anderen Behörde Aufgaben der Gefahrenabwehr durch Gesetz oder Rechtsverordnung zugewiesen worden sind. Eine solche ist jedenfalls nicht in allen Aufgabennormen enthalten. So enthalten keineswegs alle Aufgabenregelungen zugleich explizit oder implizit die Ordnungsgewalt jener Stellen in ihrem Zuständigkeitsbereich, ihren Räumen oder gegenüber ihren Benutzern. **Nicht jede staatliche Stelle ist zugleich Sonderpolizei- oder -ordnungsbehörde.** Die bloß materiellrechtliche Bindung aller staatlichen Stellen auch an das Polizei- und Ordnungsrecht macht diese nicht zu Polizeibehörden. Demnach sind deren Aufgaben grundsätzlich nicht geeignet, den Aufgabenkreis der Polizei im Bereich der Gefahrenabwehr einzuschränken. Im Gegenteil: Eine solche Einschränkung ist lediglich insoweit anzunehmen, als sie hinreichend eindeutig erfolgt. Besondere rechtliche **Grenzen der Polizei gegenüber anderen Hoheitsträgern** lassen sich demnach nur dort bejahen, wo solche Einschränkungen gesetzlich statuiert sind (Schoch JURA 2005, 324 f.; Borowski VerwArch 2010, 58; Kingreen/Poscher POR § 3 Rn. 37 f.; Gusy PolR Rn. 133 ff.; Dietlein/Hellermann NRWÖffR/Dietlein § 3 Rn. 25 ff.). Dies ist jedenfalls in Nordrhein-Westfalen weder hinsichtlich der polizeilichen Aufgaben noch hinsichtlich ihrer Befugnisse generell erkennbar. Das Recht der Polizei zu Eilmaßnahmen im „ersten Zugriff" bleibt ebenso unberührt (BVerwGE 29, 52 (59); BGH DVBl 1970, 499; VG Kassel NJW 1980, 305) wie dasjenige zur Gefahraufklärung (OVG Schleswig NVwZ 2000, 1196). Kollisionen finden sich am ehesten im Vollstreckungsrecht (VGH Kassel NVwZ 1997, 304; Schoch JURA 2005, 327). Hier enthält das PolG NRW eine dem § 76 VwVG NRW vergleichbare Regelung für die Polizei nicht.

36   Eine unabhängig von der Aufgabenzuweisung und damit von § 1 zu beantwortende Frage ist diejenige nach den materiell-rechtlichen Sonderfragen polizeilichen Handelns gegen andere **öffentliche Stellen.** Deren gesetzliche Aufgaben, ihr Umfang und jedenfalls die grundsätzliche Möglichkeit ihrer Erfüllung sind Teile der zu schützenden öffentlichen Sicherheit und damit der Handlungsmaßstäbe, an welche die Polizei bei ihrer Aufgabe der Gefahrenabwehr gebunden ist.

C. Inhalt der aufgabenrechtlichen Generalklausel

§ 1 eröffnet den Handlungsraum der Polizei und begründet zugleich ihren Auftrag zur 37
Aufgabenwahrnehmung. Dabei sind seine Gehalte durchaus mehrschichtig. Zunächst
begründet die Vorschrift **positive Aufgabenzuweisungen** an die Polizei (→ Rn. 6 ff.).
Daneben enthält sie aber auch negative Aufgabenzuweisungen, indem sie die **Subsidiarität
polizeilichen Handelns gegenüber anderen staatlichen Stellen** anordnet
(→ Rn. 198 ff.). Die polizeilichen Aufgaben lassen sich insoweit nur unter Rückgriff auf
solche Bestimmungen klären, welche die Aufgaben der anderen Stellen begründen: Wenn
diese einen Bereich ausschließlich der anderen Stelle vorbehält, ist die Polizei insoweit unzuständig. Wenn hingegen die Aufgabe der anderen Stelle keine ausschließliche ist, kann die
Polizei dort gleichfalls zuständig sein. Schließlich kann die Polizei allgemeine oder ungeschriebene Behördenaufgaben übernehmen („**Annexaufgaben**", → Rn. 8), soweit solche
keinem speziellen Gesetzesvorbehalt unterliegen und ihre Wahrnehmung nicht gegen vorrangiges Recht verstößt. Insoweit ist die Aufgabenzuweisung des § 1 nicht notwendig abschließend.

Durch § 1 erlangt die Landespolizei das **Recht und die Pflicht,** in diesem Rahmen **tätig** 38
zu werden. Ihr obliegt jedenfalls die **Pflicht zur Ermessensausübung** hinsichtlich eines
Einschreitens. Die Vorschrift berechtigt und verpflichtet Träger und Behörden der Polizei
im Sinne des POG NRW. Andere staatliche Stellen unterliegen nicht den Aufgabennormen
des PolG NRW, sondern ihren je eigenen Vorgaben, welche inhaltlich anders, überschnei-
dend oder auch gleichlautend sein können. In diesen Fällen gelten für sie die ihr Verhalten
regelnden Normen. Das PolG NRW ist auf sie nur anwendbar, soweit es in den anderen
Gesetzen explizit oder implizit in Bezug genommen wird.

I. Zur Auslegung der Aufgabennorm

Die **Auslegung der Aufgabennormen** folgt im Rahmen der allgemeinen juristischen 39
Methoden einigen Besonderheiten. Der **Wortlaut der Generalklausel ist wenig ergiebig.**
Er folgt weniger einem spezifischen Gestaltungswillen des Landesgesetzgebers als vielmehr
älteren rechtlichen Formeln (→ Rn. 1). Deren Verständnis hat sich seitdem in ganz unterschiedlichen verfassungsrechtlichen und gesetzessystematischen Kontexten erheblich gewan-
delt (Überblicke bei Lisken/Denninger PolR-HdB/Stolleis A Rn. 20 ff.; Preu, Polizeibegriff
und Staatszwecklehre, 1983; Nass, Die Entstehung des Preußischen Polizeiverwaltungsgesetzes von 1931, 2003; Schwegel, Der Polizeibegriff im NS-Staat, 2005; Bastian, Westdeutsches
Polizeirecht unter alliierter Besatzung, 2010). Namentlich seit dem Kreuzbergurteil des
PrOVG (PrOVGE 9, 353 (376 f.); Breuer VERW 1986, 305) trat neben den zuständigkeitser-
öffnenden auch der zuständigkeitsbegrenzende Gehalt der Norm, welcher durch die Rechtsentwicklung in der Folgezeit in vielfacher Weise bestätigt wurde. Sowohl die Schaffung
immer neuer Sonderpolizei- bzw. -ordnungsbehörden als auch die Entpolizeilichung nach
dem Ende des Zweiten Weltkrieges haben bestätigt, dass jene Auslegungsgrundsätze nicht
nur im Polizeirecht, sondern auch in der übrigen Rechtsordnung angekommen sind und
dort fortentwickelt wurden und werden. Auch wenn der Wortlaut des Gesetzes unverändert
blieb: Seine Bedeutung blieb es nicht.

Angesichts jener Entwicklung kann auch die **historische Auslegung nur begrenzte** 40
Erträge beisteuern. Sie liefert am ehesten die Einsicht in den Bedeutungswandel der Vorschrift und deren Verwiesenheit auf den sozialen und rechtlichen Wandel innerhalb wie
außerhalb des Gesetzes. Er hat auch unter der Geltung des GG nicht Halt gemacht. Daher
kann historisch am ehesten auf die Vorarbeiten zum PolG NRW selbst, dessen Verankerung
im MEPolG 1976 sowie die seitdem vorgenommenen Änderungen namentlich in Abstimmung mit parallelen Novellierungen der StPO (zu allem Kugelmann PolR Kap. 2 Rn. 23 ff.)
verwiesen werden.

Dagegen kommt der **systematischen Auslegung hohe Bedeutung zu.** Dies gilt in 41
zahlreichen Dimensionen. Schon die **gesetzesinterne Systematik** zeigt jedenfalls Ansätze
eines gesetzgeberischen Steuerungswillens, der auch in den Normtexten zahlreiche Ausprägungen gefunden hat. Die terminologisch vielfach differenzierende Gefahrkonzepte, die
Differenzierung zwischen öffentlichen und privaten Rechten, Gefahrenabwehr- und -vorsor-
geaufgaben, Aufgaben und Befugnisse sowie deren bereichsspezifische Zuweisungen illustrie-

ren rechtliche Steuerungsintentionen (BVerfG NJW 2006, 1939 – Rasterfahndung; schon früher Gusy VVDStRL 63 (2004), 152 ff., 183: „Differenzierungsgebot"). Auch wo und wenn einzelne Abstufungen nicht ganz zweifelsfrei zu ermitteln und daher nicht ganz unstreitig erscheinen: Der in ihnen zum Ausdruck gelangende Steuerungswille ist Auftrag zu und Gegenstand von systematischer Auslegung. Ähnliches gilt für die **gesetzesexterne Systematik.** Im Landesrecht von Nordrhein-Westfalen deutet schon der partiell wortlautgleiche Text des NRWOBG auf einen insoweit gleichen gesetzgeberischen Willen hin. Das kann sowohl hinsichtlich Übereinstimmungen als auch hinsichtlich einzelner Differenzen im Gesetzestext gelten. Aber auch über den Bereich des Landesrechts von Nordrhein-Westfalen hinaus lassen sich interpretatorische Anhaltspunkte in Parallelen bzw. in Abgrenzung zu den **Polizeigesetzen anderer Bundesländer** gewinnen. Hier ist allerdings grundsätzlich zu berücksichtigen: Nahezu alle Bundesländer haben eigene Regelungstraditionen mit eigener Terminologie und eigenen Auslegungsgrundsätzen, welche vor den Musterentwürfen noch kaum untereinander abgestimmt waren und auch danach nur partiell harmonisiert worden sind. Systematische Anhaltspunkte zwischen unterschiedlichen Landesgesetzen ergeben sich daher am ehesten, wo und wenn Nordrhein-Westfalen nachträgliche Änderungen mitvollzogen, nur teilweise mitvollzogen oder gar nicht mitvollzogen hat. Dies gilt umso mehr, als im Zeitpunkt seiner Schaffung das PolG NRW als modernes, zukunftweisendes Gesetz angelegt war. Infolge zahlreicher Novellierungsschübe in Bund und Ländern ist es inzwischen zum knappen und übersichtlichen Klassikertext geworden, welcher sich aus guten Gründen manchen Neuerungen verschlossen hat, andere nur partiell und in einer landesspezifischen Weise mitvollzogen hat. Dass derartige partiell synchrone, partiell asynchrone Entwicklungen auch Relevanz für die systematische Gesetzesauslegung enthalten können, liegt nahe. Ähnliches gilt für die zahlreichen **Rechtsänderungen des Bundesrechts,** namentlich die Schaffung bzw. Novellierung der Bundespolizeigesetze (BPolG, BKAG, ZFdG) und manche Gesetzesänderungen im Verhältnis zur StPO. Hier liegen rechtssystematische Auswirkungen auf das Landesrecht schon deshalb nahe, weil solche Änderungen im Wege exekutiver Selbstkoordination in der Innenministerkonferenz und ggf. der Justizministerkonferenz (zu deren Bedeutung bei Gesetzesvorbereitung und -verabschiedung Lange/Ohly/Reichertz, Auf der Suche nach neuer Sicherheit, 2. Aufl. 2009, 137 ff.; zur Landesgesetzgebung Katsarov, Sicherheitsgesetzgebung zwischen Legislative und Exekutive, 2014; zur Bundesgesetzgebung Kapitza, Entparlamentarisierung der Sicherheitsgesetzgebung, 2015) gründlich vorbereitet zu werden pflegen.

42   Eine vergleichsweise hohe Bedeutung im Rahmen der systematischen Auslegung nimmt die **verfassungssystematische, -dirigierte bzw. verfassungskonforme Auslegung** ein (zu ihr näher BVerfGE 71, 115; 87, 224). Noch mehr als in anderen Bereichen des Verwaltungsrechts gilt: **Polizeirecht ist konkretisiertes Verfassungsrecht** (Werner DVBl 1959, 527). Dies gilt hinsichtlich des traditionellen Polizeirechts, dessen Auslegung und Anwendung an die grundgesetzlichen Rahmenbedingungen herangeführt werden musste. Das gilt erst recht, seit sich die Polizeigesetzgebung immer weitere Bereiche erschlossen hat und deshalb neue verfassungsrechtliche Fragestellungen entstanden (Überblick bei Tanneberger, Die Sicherheitsverfassung, 2014, 91 ff.). Verfassungsgeleitet ist sowohl das Polizeizuständigkeits- (grdl. BVerfGE 113, 348 ff. – TKÜ; LVerfG Sachsen-Anhalt NVwZ 2015, 438; Roggan LKV 2015, 14) als auch das Polizeiaufgaben- (grdl. BVerfGE 109, 190, 229 – Sicherungsverwahrung) und das Polizeibefugnisrecht (Überblick bei Denninger Sicherheit & Recht 2013, 222). Infolge der zahlreichen terminologischen und systematischen Verknüpfungen aller dieser Materien wirken sich Neuerungen in einem dieser Bereiche vielfach auch in anderen Kontexten aus (s. BVerfG NJW 2013, 1499: ATDG zum Kontext von Grundrechtsschutz und Organisation der Sicherheitsbehörden).

43   Inzwischen kommen weitere systematische Kontexte hinzu. Seit den Diskussionen um den Europäischen Haftbefehl (BVerfGE 113, 273; EuGH NJW 2016, 1709; DVBl 2007, 897; Beukelmann NJW-Spezial 2016, 120; Burhoff, Handbuch für die strafrechtliche Ermittlungsverfahren, 7. Aufl. 2015, E Rn. 2012 ff., jeweils mN) und die Vorratsdatenspeicherung (EuGH NJW 2017, 3501 Rn. 72 ff.; NVwZ 2017, 1025; NJW 2014, 2169) zeigen sich zunehmende **systematische Verknüpfungen auch im europarechtlichen Kontext.** Auch wenn deren Auswirkungen noch punktuell sein mögen (zum Stand Kugelmann PolR Kap. 14 Rn. 29; BVerfG DVBl 2010, 503), wird eine expandierende europäische Rechtsset-

zung und (Grund-) Rechtsprechung auch auf polizeirechtlichem Gebiet an Bedeutung gewinnen. Weiter finden sich **systematische Bezüge zum europäischen Menschen-rechtsschutz.** Namentlich bei der Informationserhebung und -verarbeitung mit Bezug zur Privatsphäre oder zur informationellen Selbstbestimmung (zu Art. 8 EMRK s. näher Ehlers/ Uerpmann-Wittzack, Europäische Grundrechte und Grundfreiheiten, 4. Aufl. 2009, § 3 Rn. 3 ff.; OVG Münster BeckRS 2013, 50186; Becker ZLR 2013, 496), bei Zulässigkeit und Grenzen von Freiheitsentziehungen (Art. 5 EMRK; näher EGMR NVwZ 2014, 43; NJW 2010, 2495 – Sicherungsverwahrung; Ehlers/Grabenwarter/Struth, Europäische Grundrechte und Grundfreiheiten, 4. Aufl. 2009, § 6 Rn. 3 ff.), der Behandlung festgehalte-ner Personen (Art. 3 EMRK; zu Folterverbot und Folterprävention EGMR NJW 2010, 3145; Deutsches Institut für Menschenrechte, Prävention von Folter und Misshandlung in Deutschland/Follmer-Otto/Bielefeldt, 2007, 11 ff.; Deutsches Institut für Menschenrechte, Prävention von Folter und Misshandlung in Deutschland/Gusy, 2007, 207 ff.; Grewe/Gusy/ Davy, Menschenrechte in der Bewährung, 2005, 177 ff.) und der Unschuldsvermutung (Art. 6 Abs. 2 EMRK; BGH NJW 2016, 3670) sind Rechtsentwicklungen erkennbar, welche auf die menschenrechtskonforme Ausgestaltung des Polizeirechts Auswirkungen erlangen.

Jene rechtssystematischen Aspekte sind geeignet, die Auslegung des Polizeirechts und **44** namentlich der Generalklausel des Polizeiaufgabenrechts zu prägen. Die Ausweitung des Konzepts der Grundrechtseingriffe, insbesondere durch die Anerkennung der grundrechtli-chen Relevanz faktischer und informationeller Eingriffsmaßnahmen (spätestens seit BVerfGE 65, 1 (41 ff.); jüngst BVerfG NJW 2019, 827 Rn. 35 ff.), hat auch das Polizeiaufgaben und -befugnisrecht ausgeweitet. Die hohe Eingriffsrelevanz polizeilichen Handelns erhöht zugleich dessen Prägung durch Verfassung und Verfassungsrechtsprechung zwischen grund-rechtlichen Schutzpflichten einerseits und grundrechtlichen Abwehrrechten andererseits. Die dadurch bewirkte Konstitutionalisierung der Polizeirechtsordnung (zum Stand Wegener VVDStRL 75 (2015), 294, 302 ff., 310 ff.) wird begünstigt durch den hohen Grad an Abstraktion und Offenheit der hier anzutreffenden Generalklauseln, welche der Auslegungs-leitlinien aus anderen Bereichen der Rechtsordnung nahezu zwingend bedürfen. Zwar genü-gen diese jedenfalls in ihrer Auslegung und Anwendung durch die Rechtsprechung den grundgesetzlichen Bestimmtheitsanforderungen (BVerfGE 113, 348 (375 ff.); 110, 33 (55 ff.)). Darin liegt neben einem rechtlichen Befund zugleich der Auftrag, diesen Zustand durch die künftige Rechtsprechung zu erhalten und fortzuentwickeln. Ein derartiger Auftrag richtet sich zentral an Polizeibehörden, Fachgerichte und Rechtswissenschaft. Welche kon-kreten Auswirkungen diese Grundsätze bei der Gesetzesauslegung erlangen, kann hier nicht allgemein, sondern allein im Rahmen einzelner Aufgaben- und Befugnisregelungen darge-stellt werden.

Neben der systematischen Auslegung können **teleologische Erwägungen eine ergän- 45 zende Rolle** bei der Auslegung der Generalklauseln einnehmen. Der im Gesetz zum Aus-druck gelangende objektivierte Wille des Gesetzgebers (so allg. BVerfGE 2, 266 (276); 65, 182 (193)) ist angesichts der genannten Abstraktion und Offenheit des Gesetzesrechts am ehesten als Wille zur differenzierenden Steuerung und zur Abgrenzung unterschiedlicher Tatbestände durch unterschiedlich gewählte Formulierungen erkennbar. Je älter jene Formu-lierungen jedoch werden und je eher die Relevanz der Entstehungsgeschichte abnimmt, desto stärker können in der Folge auch Erwägungen nach Sinn und Zweck des in Kraft befindlichen Gesetzes einschließlich seines Wandels, eine eigenständige Rolle erlangen (zusf. Darnstaedt GSZ 2017, 16: „Herbst des Polizeirechts"). Dabei kann sowohl dem **Grundsatz der Effektivität der Gefahrenabwehr** als auch demjenigen von der **Effektivität des Grundrechtsschutzes** auslegungsleitende Bedeutung zukommen.

II. Schutzgüter polizeilicher Aufgabennormen

Die aufgabenrechtliche **Generalklausel** nennt als Aufträge der Polizei die Gefahrenab- 46 wehr, näher bestimmte Vorsorge- bzw. Vorbeugungsaufgaben sowie diverse Hilfeleistungs-und Vorbereitungsaufgaben für diesen Zweck. Sie können durch andere Zuständigkeitszu-weisungen eingeschränkt (Abs. 1 S. 3) und ausgeweitet (Abs. 3 und Abs. 4) werden. Grund-lage jener Aufgabenzuweisung ist die Benennung der maßgeblichen **Schutzgüter.** Als solche nennt § 1 die „öffentliche Sicherheit", die „öffentliche Ordnung" und „private Rechte".

Hingegen ist „Gefahr" bzw. deren Abwesenheit kein eigenständiges Schutzgut, sondern bezeichnet vielmehr einen Zustand, in welchen Schutzgüter geraten können (→ Rn. 93 ff.).

1. Öffentliche Sicherheit

47   Der **Begriff der „öffentlichen Sicherheit"** ist offen und auslegungsbedürftig. Als solcher war er schon historisch angelegt (zum Konzept des § 14 PrPVG Klein DVBl 1971, 233 (238)). Außerhalb des Polizeirechts blieb die Verwendung des Sicherheitsbegriffs (grdl. nach wie vor Kaufmann, Sicherheit als soziologisches und sozialpolitisches Problem, 2. Aufl. 1973, 55 ff.) bis in die jüngere Zeit spärlich und punktuell: Er war eher ein Nachwort im Kontext etwa von „Arbeitssicherheit", „technischer Sicherheit" oder „Verkehrssicherheit". Auch wenn sich derartige Terminologien in neuerer Zeit rapide vermehrt haben („Informationssicherheit" und andere): Ein verallgemeinerungsfähiges Sicherheitskonzept, welches die Auslegung der polizeirechtlichen Begriffe leiten könnte, ließ sich daraus nicht herleiten. Außerhalb jener Einzelregelungen blieben Sicherheitsfragen Agenden der äußeren Sicherheit, welche gerade kein Gegenstand des Polizeirechts sein sollte. Aber auch das dem zur Seite gestellte Konzept der „inneren Sicherheit" (Kniesel ZRP 1998, 482 (484 f.); Bull/Bäumler, Sicherheit durch Gesetze?, 1987, 17 ff.; vergleichend Würtenberger/Gusy/Lange, Innere Sicherheit im europäischen Vergleich, 2012) war eher auf Staats- als auf Polizeiaufgaben fokussiert. Sie wurde als Oberbegriff einer Vielzahl von Sicherheitsaufgaben und -befugnissen verstanden, welche von einer Vielzahl staatlicher Stellen in einer Vielzahl von Kontexten wahrgenommen werden sollten. Die Einheit des Begriffs überdeckte nicht die Uneinheitlichkeit seiner Verwendung und seiner Deutung (so Möstl Sicherheitsgewährleistung 126: „auch politischer Begriff", „schwankende Bedeutung", „unterschiedliche Akzentsetzungen"). Insoweit war und ist jenes Konzept zur konsensfähigen Auslegung der – von den Staatsaufgaben zu unterscheidenden (→ Rn. 8) – Polizeiaufgaben weder bestimmt noch geeignet (anders partiell Möstl Sicherheitsgewährleistung 127 ff.).

48   Die jüngere Sicherheitsdiskussion hat sich mit dem **„neuen Sicherheitsbegriff"** (Überblicke bei Möllers/van Ooyen, Neue Sicherheit, Bd. 1, 2. Aufl. 2012; Lange, Auf der Suche nach neuer Sicherheit, 2. Aufl. 2009; Caldwell/Williams, Seeking Security in an Insecure World, 2006; Sofsky, Das Prinzip Sicherheit, 2005; Wurtzbacher, Sicherheit durch Gemeinschaft?, 2004, jeweils mwN) und dem Konzept der **zivilen Sicherheit** (Zoche, Zivile Sicherheit, 2010; Gusy/Kugelmann/Würtenberger/Kaufmann, Rechtshandbuch Zivile Sicherheit, 2017, 3) partiell von jenen älteren Vorstellungen gelöst. Vorstellungen von der Untrennbarkeit innerer und äußerer Bedrohungsszenarien, dem notwendigen Zusammenwachsen innerer und äußerer Sicherheit und der daraus hergeleiteten Notwendigkeit eines Überwindens von Trennungsdenken und Gewaltendifferenzierung haben die Aufgabennormen der Polizeigesetze weitgehend unberührt gelassen. Sie haben weniger einer Vereinheitlichung von Sicherheitskonzepten und -politiken als vielmehr einer vernetzten oder jedenfalls zu vernetzenden Sicherheitsarchitektur Platz gemacht (Diskussion bei Weidenfeld, Herausforderung Terrorismus, 2004; zur Entwicklung Kötter, Pfade des Sicherheitsrechts, 2008, 281 ff.). Gerade die neueren Konzepte fordern Differenzierung von Aufgaben und Mitteln unterschiedlicher staatlicher und privater Träger, Behörden sowie Mitarbeitern und streben nicht deren Abschaffung oder Überwindung an. Stattdessen soll jene Vielfalt zum Ausgangspunkt einer auf Optimierung angelegten funktionsdifferenzierten, kooperativen und sich in ihren Leistungen ergänzenden, nicht hingegen behindernden „Architektur" gemacht werden (Weidenfeld, Herausforderung Terrorismus, 2004, 11: „kooperative Sicherheit"; Überblicke Möllers/van Ooyen, Neue Sicherheit, Bd. 2, 2. Aufl. 2012; Lisken/Denninger PolR-HdB/Petri A Rn. 130 ff.; Kingreen/Poscher POR § 1 Rn. 33 ff.; Gusy VerwArch 2010, 309 f. (331); Gusy/Kugelmann/Würtenberger/Gusy, Rechtshandbuch Zivile Sicherheit, 2017, 55 ff. mwN; zur Kritik Huster/Rudolph, Vom Rechtsstaat zum Präventionsstaat, 2008; Albrecht, Der Weg in die Sicherheitsgesellschaft, 2010; Puschke/Singelnstein, Der Staat und die Sicherheitsgesellschaft, 2017; Groenemeyer, Wege der Sicherheitsgesellschaft, 2010, jeweils mwN).

49   Solche Diskussionen fanden eher im Umfeld des Polizeirechts als in diesem selbst statt. Die aufgabenrechtliche **Generalklausel ist durch die neueren Diskussionen weitgehend unberührt geblieben.** Zudem ist in den neuen Konzepten die Polizei nicht das Ganze, sondern ein – wenn auch zentrales – Element der Sicherheitsarchitektur. Sinn ihrer Aufgabeneröffnung wie -begrenzung ist es, die spezifischen Leistungen und Potentiale von Polizei und Polizeirecht nicht etwa aufzugeben, sondern zu schärfen und in die neuen Kontexte einzubringen. Setzt ein funktionsfähiges Ganzes die Funktionsfähigkeit seiner Teile voraus, so gilt dies auch für die Polizei in der Sicherheitsdebatte. Die neueren Diskussionen sind nicht geeignet, die gesetzliche Aufgabenumschreibung der Polizei vorschnell umzuinterpretieren oder umzuschreiben; wohl aber, ihre Besonderheiten angesichts der heterogenen Anforderungen von und an „Sicherheit" zu schärfen.

Maßgebliche Auslegungsgrundlage ist nach wie vor die systematische Methode. Sie knüpft **50** an den Umstand an, dass die **„öffentliche Sicherheit" einen eingeführten Rechtsbegriff darstellt, welcher über § 1 hinaus auch in zahlreichen anderen Rechtsnormen Verwendung findet.** Dies gilt zunächst für andere Normen im PolG NRW selbst, welche Befugnisse begründen oder begrenzen, namentlich § 8 Abs. 1 sowie andere Regelungen des Gesetzes, welche dieses Konzept in Bezug nehmen. Das gilt aber auch für ähnlich angelegte Rechtsbegriffe im NRWOBG (§ 1 Abs. 1 NRWOBG, § 14 Abs. 1 NRWOBG; § 27 Abs. 1 NRWOBG), welche ein vergleichbares Regelungskonzept verfolgen. Daneben findet sich die Terminologie auch in Art. 13 Abs. 7 GG, Art. 35 Abs. 2 GG, § 15 Abs. 1 VersammlG, § 71a GewO, §§ 55, 58 AufenthG, §§ 3, 14, 49 BPolG, §§ 34 Abs. 3, 40 Abs. 3, 45 Abs. 3 BKAG; §§ 22a, 23a, 23g ZfdG in anderen Bundesländern partiell auch in Bestimmungen über die zulässigen Adressaten polizeilicher Befugnisausübung (zB § 6 Abs. 1 BWPolG; §§ 7; 9 Abs. 1 BWPolG, §§ 8–10 HbgSOG). Das Konzept der öffentlichen Sicherheit ist nach der Gesetzessystematik nicht nur geeignet, **Behördenaufgaben zu begründen** und zu begrenzen, sondern darüber hinaus, **Befugnisse zu begründen und zu begrenzen.** Daher sind auf jenen Begriff die Auslegungsanforderungen sowohl für Aufgaben- wie auch für Befugnisnormen anzuwenden. Und gerade die Aufnahme des Tatbestandsmerkmals in neuere Sicherheitsgesetze spricht dafür, dass hier an ein eingeführtes Begriffsverständnis angeknüpft werden sollte.

„Öffentliche Sicherheit" umfasst die Summe geschützter Rechtsgüter, namentlich die **51** Rechtsordnung, die Unverletzlichkeit der Rechte des Einzelnen und den Bestand des Staates sowie von Einrichtungen und Veranstaltungen des Staates und sonstiger Träger hoheitlicher Gewalt (in diesem Sinne BVerfGE 69, 315 (352); 111, 147 (156); sa Erichsen VVDStRL 35 (1976), 187 ff.). Weiter findet sich die Beschreibung, sie umfasse den „Schutz zentraler Rechtsgüter wie Leben, Gesundheit, Freiheit, Ehre, Eigentum und Vermögen des Einzelnen sowie die Unversehrtheit der Rechtsordnung und der staatlichen Einrichtungen" (BVerwG NJW 2009, 98 (99); OVG Münster NVwZ-RR 2013, 38). In anderen Bundesländern gelten ganz ähnliche Legaldefinitionen (§ 2 Nr. 2 HbgSOG: ohne „Bestand des Staates"; § 3 Nr. 1 SOG LSA; sa § 14 Abs. 2 S. 1 BPolG). Gemeinsamer Ausgangspunkt aller dieser Ansätze ist die Begründung zu § 14 PrPVG (abgedruckt bei DWVM Gefahrenabwehr 232), welche den „Schutz vor Schäden, die entweder den Bestand des Staates oder seiner Einrichtungen oder das Leben, die Gesundheit, Freiheit, Ehre und das Vermögen der einzelnen bedrohen" nannte. Dazu zählten Gefahren, die von „Handlungen oder Unterlassungen von Menschen, insbesondere von dem Bruch einer Norm der öffentlichen oder privaten Rechtsordnung" ausgingen.

Die **Definitionen** zeigen einen weitreichenden Konsens über die Bedeutung des Tatbe- **52** standsmerkmals. Zugleich sind sie aber inhaltlich derart offen, dass sie **ihrerseits auslegungsbedürftig** sind und diese Auslegung nicht selbst (vollständig) leisten können. Hierzu finden sich allerdings divergierende Wege jedenfalls im Detail. Einigkeit besteht aktuell darin, dass die historisch tradierten Formeln mit einem Bedeutungsgehalt versehen werden müssen, welcher den gewandelten verfassungs- und menschenrechtlichen Vorgaben entspricht. Daraus ergibt sich auch, dass die öffentliche Sicherheit im GG (Art. 11 Abs. 2 GG, Art. 13 Abs. 2 GG, Art. 35 Abs. 2 GG) wie auch in zahlreichen einfachen Gesetzen neben anderen Gefahr- bzw. Sicherheitsbegriffen steht. Auch wenn Parallelen in konkreten Zusammenhängen Auslegungshilfen ermöglichen, so lässt sich doch der Begriff der „öffentlichen Sicherheit" nicht einfach mit ihnen oder einem von ihnen in eins setzen. Ein eigenständiger Begriff erfordert in etablierten Rechtsgebieten und Verwendungszusammenhängen eine eigenständige Definition, solange seine inhaltliche Identität mit einem anderen nicht nachgewiesen werden kann.

Als gemeinsamer Kern jener Formeln wird regelmäßig angesehen der **Schutz der 53 „Rechtsordnung",** bestimmter **Rechte und Rechtsgüter Einzelner** und bestimmter

Belange von Trägern öffentlicher Gewalt (DWVM Gefahrenabwehr 236; Kingreen/ Poscher POR § 8 Rn. 2 ff.). Einen ersten Anhaltspunkt liefert die Gesetzessystematik: Für Grundrechtseinschränkungen zum Schutz der „öffentlichen Sicherheit" bedarf es eines legitimen öffentlichen Belanges, welcher seinerseits gesetzlich anerkannt und geschützt sein muss. Diese Anforderung verlangt, dass das Schutzgut im Gesetz zumindest umrisshaft anerkannt und geschützt ist. Auch wenn die dafür geltenden Bestimmtheitsanforderungen differenzierend sein mögen (näher BVerfGE 113, 348 (374 ff.); 110, 33 (53 ff.)), so ist doch festzuhalten: Die Formulierung von der „öffentlichen Sicherheit" allein statuiert die Schutzgüter nicht mit hinreichender Bestimmtheit selbst. Insbesondere ist **Sicherheit** für sich **kein eigenständiges Schutzgut.** Das Phänomen der „Sicherheit" wie auch dasjenige der (Abwesenheit von) „Gefahr" lässt sich nicht aus sich selbst heraus, sondern allein in Relation zu bestimmten Objekten (zB Staat, Leben, Gesundheit, Freiheit und andere) bzw. als Einstellung von Personen („Ich bin mir sicher") deuten. Damit ist es untrennbar verknüpft mit dem zu schützenden Objekt oder dem erkennenden Subjekt des Zustands „Sicherheit". Und dieses bedarf jedenfalls dann einer Konkretisierung durch Rechtsnormen, wenn zu seinem Schutz Grundrechtseingriffe vorgenommen werden dürfen. Darin liegt eine Konkretisierung, keine Einengung des Schutzgutes.

54   **Sicherheit** ist im Polizeirecht die **Abwesenheit von Gefahren für Rechtsgüter,** die ihrerseits in anderen Rechtsnormen anerkannt sind. Das Polizeirecht setzt deren Anerkennung durch andere Rechtsnormen voraus, nimmt diese in Bezug und fügt ihrer Verbürgung in anderen Normen ein zusätzliches Element hinzu: Nämlich den Schutz vor bevorstehenden Schäden. Die „öffentliche Sicherheit" ist demnach ein Verweisungsbegriff, welcher auf andere Elemente der Rechtsordnung Bezug nimmt. Dabei kann die Anerkennung eines Schutzgutes sowohl in anderen Normen der PolG NRW selbst (zB § 35 Abs. 1 Nr. 1: Leib, Leben, freie Willensbestimmung) oder aber in anderen Rechtsnormen außerhalb der Polizeigesetze (etwa GG, StGB, OWiG und andere) erfolgen. „Schutz der Rechtsordnung" ist demnach nicht allein oder primär Schutz des Polizeirechts, sondern der Gesamtrechtsordnung. Hierin liegt die Abhängigkeit des Polizei- und Ordnungsrechts von der übrigen Rechtsordnung (zu ihr Kirchhof DÖV 1976, 451; Waechter NVwZ 1997, 729 (730 f.); Kingreen/Poscher POR § 7 Rn. 7). Dies bedeutet aber auch: Mit dem Wandel geschützter Interessen und Rechte in der allgemeinen Rechtsordnung wandelt sich zugleich der Bedeutungsgehalt der öffentlichen Sicherheit. Kontinuität der Formel bedeutet so nicht notwendig Kontinuität von Gegenständen und Umfang polizeilicher Gefahrenabwehr; im Gegenteil: Verweisungsbegriffe sind relativ offen und nehmen an der Dynamik der in Bezug genommenen Rechtsordnung sowie der ihr zugrunde liegenden sozialen und politischen Wertanschauungen teil.

55   Die drei genannten **Schutzgüter stehen grundsätzlich nebeneinander,** weisen aber erhebliche Überschneidungsbereiche auf. Die Rechte der Einzelnen wie auch der Träger öffentlicher Gewalt sind notwendig durch die Rechtsordnung begründet und erscheinen insoweit doppelt geschützt: Als Rechte der genannten Träger wie auch als Bestandteile der Rechtsordnung. Umso eher stellt sich die Frage nach dem Sinn ihres eigenständigen Schutzes. „Es ist nicht Aufgabe der Polizei, die Gesamtrechtsordnung umfassend vor Rechtsbrüchen zu schützen" (DWVM Gefahrenabwehr 237). Abzuschichten sind zwei Fragenkomplexe. Unter welchen Voraussetzungen ist eine Norm Element der Schutzgüter des Polizeirechts, namentlich der öffentlichen Sicherheit? Und welche Anordnungen trifft eine Rechtsnorm im Hinblick auf die Subjekte, Modalitäten und Instanzen ihrer Durchsetzung (sa § 1 Abs. 1 S. 3; grundsätzlich Wagner, Kommentar zum Polizeigesetz von Nordrhein-Westfalen, 1987, § 1 Rn. 9 ff., 47 ff.)? Hier stellt sich sowohl die Frage nach den Gegenständen des Schutzguts „Rechtsordnung" über die Rechte der genannten Träger hinaus, es kann auch unter Hinweis auf „die Rechtsordnung" einen weitergehenden Schutz durch die Polizei geben.

56   **a) Schutz der Rechtsordnung.** Der Schutz der Rechtsordnung beschreibt den Schutz der Rechtsgeltung, -verwirklichung und -durchsetzung unabhängig von konkreten Berechtigten oder Rechtsträgern. In diesem Tatbestandselement schützt das Recht sich selbst als Ausprägung der demokratischen Legitimation des Staatswillens, seines daraus herzuleitenden Geltungsanspruchs für und gegen jedermann und seiner jedenfalls grundsätzlichen Durchsetzbarkeit (DWVM Gefahrenabwehr 236). Dabei sind Geltungsanspruch und Inhalt einer Norm von der Tatsache bzw. dem Grad ihrer Befolgung grundsätzlich unabhängig. Im

Rechtssinne büßt weder die Rechtsordnung insgesamt noch die Einzelnorm etwas ein, wenn gegen eine Norm verstoßen wird. Es geht also „nicht um die Rechtsordnung selbst, sondern deren Unverletzlichkeit, wobei die Rechtsordnung selbst die Voraussetzungen bestimmt, unter denen eine Verletzung vorliegt" (Kingreen/Poscher POR § 7 Rn. 9; Klein DVBl 1971, 235 ff.). Die **„öffentliche Sicherheit" ändert nicht den Inhalt, sondern allein die Schutzrichtung anerkannter Rechtsgüter.** Zu schützen ist die Rechtsordnung mit ihren konkreten Inhalten, Ge-, Verboten und Erlaubnissen. Eine Gefahr besteht, wo, wenn und soweit ein Normverstoß droht. Geschützt ist das Recht genau in dem Umfang und dem Inhalt, mit dem es erlassen worden und in dem es durchsetzbar ist. Dazu können auch Rechtsgüter zählen, die im Ausland anerkannt sind, oder die Durchsetzung von Rechtspflichten, welche im Ausland bestehen (s. etwa §§ 5 ff. StGB; Breucker, Transnationale polizeiliche Gewaltprävention, 2003), jedenfalls dann, soweit diese auch durch das deutsche Recht anerkannt sind. Das Polizeirecht und die „öffentliche Sicherheit" ändern also weder Voraussetzungen noch Rechtsfolgen noch Adressaten der durchzusetzenden Rechtsnormen. Sie verändern hingegen die Zuständigkeiten für deren Durchsetzung, indem sie – neben den in den einzelnen Normen begründeten Verfahren und Kompetenzen – zusätzlich die Zuständigkeit der Polizei zu ihrem präventiven Schutz begründen.

Der Schutz der **Rechtsordnung** umfasst die Summe der geltenden Handlungspflichten **57** aus den **Rechtsnormen** „von der Verfassung bis zur letzten Rechtsverordnung und Satzung" (Kingreen/Poscher POR § 7 Rn. 8) des Bundes, der Länder, der Selbstverwaltungskörperschaften und sonstiger mit öffentlicher Gewalt betrauter Instanzen oder Organe. In Einzelfällen mag sogar die Durchsetzung des **EU-Rechts** zur Polizeiaufgabe werden, wenn dieses innerstaatlich gegen unzulässige Eingriffe Dritter durchgesetzt werden muss (zur Durchsetzung der Warenverkehrsfreiheit gegen Straßenblockaden EuGH NJW 1998, 1931). Doch lässt sich diese Rechtsprechung für das primäre EU-Recht nicht verallgemeinern. Dessen allermeiste Vorschriften binden die Staatsorgane, nicht hingegen Private. Dagegen kann das sekundäre Gemeinschaftsrecht auch Handlungs- und Unterlassungspflichten Einzelner statuieren, deren Verletzung ggf. polizeilich abgewehrt werden kann. Zentral, aber nicht allein geht es um die **Verhinderung von Straftaten oder Ordnungswidrigkeiten** (OVG Münster NWVBl. 2001, 93 f.), wobei es zwar auf die Rechtswidrigkeit (→ Rn. 235), nicht aber das Verschulden bei der bevorstehenden Tat ankommt (BVerwG NJW 1982, 1008 (1009)). Maßgeblich ist ihre Rückführbarkeit auf eine zur Rechtsetzung berufene Instanz. Dagegen zählen hierzu **nicht privatautonom gesetzte Rechtsquellen,** insbesondere keine Verträge. Sie sind allenfalls subsidiär Rechtsnormen im genannten Sinne und daher gleichfalls subsidiäres Schutzgut der Polizei.

Praktische Relevanz erlangt der Schutz der Rechtsordnung gegenüber demjenigen **58** bestimmter Rechtsgüter dann, wenn es um die **Verhinderung bevorstehender rechtswidriger Handlungen** geht, welche keine geschützten Interessen individueller oder kollektiver Träger treffen. Dies mag bei drohenden Verstößen gegen Normen des Straf- oder Straßenverkehrsrechts (BVerwG NJW 2011, 246; 1997, 1021 (1022)), welche keine unmittelbar geschützten Personen aufweisen, der Fall sein. In solchen Fällen ist die Behauptung von **„Kollektivrechtsgütern" weder notwendig noch sinnvoll** (BVerwG DVBl 1974, 297; VGH Mannheim VBlBW 1992, 211 (213)). Kollektive können nur dann rechtlich geschützt sein, wenn sie Anknüpfungspunkte von Rechtsnormen sind. Und dies kann nur der Fall sein, wenn sie selbst rechtlich anerkannt oder aber die von ihnen bezeichneten Einzelpersonen als Träger rechtlichen Schutzes anzusehen sind. Soweit dies der Fall ist – namentlich bei rechtlich verfassten Personenmehrheiten –, kann an diese selbst und ihre Rechtsgüter angeknüpft werden. Sofern dies nicht der Fall ist, kann das Kollektiv kein Träger von Rechten und Pflichten sein (Götz/Geis PolR § 4 Rn. 36; Waechter NVwZ 1997, 729 (733 ff.)). So ist die „Volksgesundheit", deren Erhaltung mittelbare Folge des IfSG (Infektionsschutzgesetz v. 20.7.2000, BGBl. I 1045) ist, kein Rechtsgut, sondern die Folge der Gesundheit einer großen Zahl von Einzelpersonen. Dessen Schutz (aber eben auch nur dieser) kann Gegenstand polizeilicher Gefahrenabwehr sein. Einrichtungen und Anlagen der Infrastruktur, etwa der öffentlichen Wasserversorgung, sind regelmäßig konkreten Trägern zuzuordnen. Bestimmte Funktionsbeeinträchtigungen sind rechtlich untersagt und in diesem Umfang mögliche Schutzgüter der Gefahrenabwehr (zum Schutz kritischer Infrastrukturen näher Gusy/Kugelmann/Würtenberger/Engels, Rechtshandbuch Zivile Sicherheit, 2017, 273 ff.;

Gusy/Kugelmann/Würtenberger/Ebeling, Rechtshandbuch Zivile Sicherheit, 2017, 303 ff.).

59   Das **GG** ist einerseits zwar ein hochrangiger Teil der Rechtsordnung, **bindet** andererseits aber **primär die öffentlichen Hände.** Demnach sind es auch zuvörderst sie und nicht Privatpersonen, welche gegen Verfassungsnormen verstoßen können. Vergleichbare „Grundpflichten" der Bürger statuiert das GG selbst nicht; vielmehr bedürfen sie zu ihrer Begründung einer Ausformung und Konkretisierung im Gesetzesrecht. Drohende Verstöße gegen solche Gesetze können sodann – wie alle anderen gesetzwidrigen Handlungen auch – von der Polizei abgewehrt werden (Kingreen/Poscher POR § 7 Rn. 17). Dies setzt allerdings voraus, dass die jeweilige Aufgabe keinem Entscheidungsmonopol durch andere Stellen unterliegt und die Polizei so in deren exklusive Zuständigkeiten übergreifen würde. So sind **nicht verbotene Parteien** berechtigt, Meinungen zu äußern oder Veranstaltungen durchzuführen (MKS/Gusy GG Art. 8 Rn. 90; sa § 1 Abs. 2 Nr. 3 VersammlG; DGK VersammlG § 1 Rn. 39 ff.; Dürig-Friedl/Enders, Versammlungsrecht, 2016, VersammlG § 1 Rn. 34 f.). Diese dürfen polizeilich nicht untersagt werden unter Hinweis auf die mögliche Verfassungswidrigkeit des Veranstalters, sondern allenfalls der Veranstaltung und einzelner Handlungen bei ihr selbst (näher Gusy JZ 2002, 105 (107 f.)). Ähnliches gilt für **Vereinigungen vor einer Verbotsentscheidung** iRd Art. 9 Abs. 2 GG (dh nicht für Vereinigungen von Ausländern, § 14 VereinsG). Zur Verfassung zählen eben nicht nur deren ordnungs-, sondern auch ihre grundrechtlichen Elemente (→ Rn. 60). Umgekehrt folgt aus jenen Freiheiten keine Garantie ihrer Träger, durch einzelne Handlungen gegen geltende Rechtsnormen verstoßen zu dürfen. So statuiert weder Art. 21 GG noch Art. 9 GG ein Recht auf Monopolansprüche im öffentlichen Raum, die gewaltsame Fernhaltung oder Vertreibung Außenstehender aus ihm oder die Skandierung strafbarer Parolen. Soweit derartige rechtswidrige Handlungen bevorstehen, ist die öffentliche Sicherheit gefährdet. Die „freiheitlich demokratische Grundordnung" darf deshalb insoweit geschützt werden, als sie in grundgesetzkonformer Weise gesetzlich ausgeformt ist, aber nicht darüber hinaus (Kingreen/Poscher POR § 7 Rn. 18; → Rn. 105; abw. im Hinblick auf die – insoweit mit dem GG unvereinbare – Rechtslage in Bayern Schmidbauer/Steiner LStVG Art. 11 Rn. 88).

60   Die Rechtsordnung definiert nicht nur die Gegenstände, sondern auch den Umfang ihres Schutzes selbst. **Rechtswidrige Beeinträchtigungen dürfen abgewehrt werden,** rechtmäßige hingegen nicht (zu Übergangsfristen BVerwG BeckRS 2019, 20524, str.). Letztere finden nicht im Widerspruch, sondern gerade in Übereinstimmung mit der Rechtsordnung statt. Die Ausübung oder Geltendmachung von Rechten darf polizeilich nicht verhindert werden, sondern ist Gegenstand polizeilichen Schutzes. Da der Schutz der Rechtsordnung auf die Verhinderung von Normverstößen abzielt (→ Rn. 58), hängt die Rechtswidrigkeit tatbestandsmäßiger Handlungen von der Einschlägigkeit von Rechtfertigungsgründen ab. Solche können aus Grundrechten, gesetzlichen oder untergesetzlichen Normen und aus behördlichen Genehmigungen folgen. **Grundrechte** wirken zentral im Staat-Bürger-Verhältnis. Sie begründen unmittelbar Duldungspflichten von Trägern öffentlicher Gewalt oder begrenzen als Verbotsnormen deren Ver- oder Behinderungsmöglichkeiten gegenüber geschützten Handlungen. Kritik an Funktionsträgern oder ihren Maßnahmen ist ebenso zugelassen wie kritische Berichterstattung über sie (BVerfGE 20, 162 (175)), Demonstrationen (BVerfGE 69, 315 (343)) oder die (Ankündigung der) Einlegung von Rechtsbehelfen (BVerfGE 35, 382 (382 ff.)). Auch die Kunstfreiheit ist eine Grenze polizeilicher Aufgaben und Befugnisse (restriktiv OVG Koblenz NJW 1997, 1174; sa Muckel JA 2013, 157; zu den „Körperwelten" VGH Mannheim DVBl 2006, 720; VBlBW 2006, 186: zulässig; dagegen VGH München NJW 2003, 1618; OVG Berlin-Brandenburg LKV 2009, 566). „**No tolerance" ist daher kein polizeiliches Schutzgut** und auch nicht verfassungsrechtlich vor- oder aufgegeben (Volkmann NVwZ 1999, 225; zu jenem Konzept Ortner, Die Null-Lösung, 1998). Diese Garantien richten sich zentral gegen polizeiliche Maßnahmen. Grenzen des Grundrechtsschutzes und damit der Rechtfertigung möglicher Normverstöße folgen aus verfassungsgemäßen Schrankenbestimmungen. Im Verhältnis Privater untereinander bleiben die unmittelbaren Wirkungen der Grundrechte gering. Hier ist es Aufgabe der – ggf. grundrechtskonform auszulegenden – Gesetze, Handlungsfreiheiten und Hinnahmepflichten zu konkretisieren und abzugrenzen (ausf. Möllers, Polizei und Grundrechte, 2. Aufl. 2011).

61   **Gesetzliche Rechtfertigungsgründe** können auf allen Ebenen der Rechtsordnung statuiert sein. Hier sind im Verhältnis unter Privaten namentlich das Zivil- und Strafrecht

anwendbar (s. zuletzt § 1631d BGB idF v. 20.12.2012, BGBl. I 2749; die Beschneidung von Mädchen ist weder durch die Religionsfreiheit noch durch andere Gesetze gerechtfertigt und daher auch polizeilich zu verhindern). Im Staat-Bürger-Verhältnis gelten vorrangig Normen des Verwaltungsrechts. Sie binden alle Träger der öffentlichen Gewalt, welche in ihrem Anwendungsbereich handeln; nicht hingegen nur diejenigen Organe oder Instanzen, welche zu ihrer Ausführung verpflichtet sind. Auch der Bund muss standsichere Gebäude errichten oder die Bundeswehr Verkehrssicherheits- oder Umweltschutzregelungen beachten, und zwar auch solche des Landes- oder Selbstverwaltungsrechts, soweit für sie im Einzelfall keine gesetzlichen Sonderreglungen anwendbar sind.

Verwaltungsakte, insbesondere **Genehmigungen,** erlangen rechtfertigende Wirkungen **62** im Rahmen ihres konkreten Inhalts. Diese ist durch Auslegung zu ermitteln; der Umfang der **Legalisierungswirkung** (→ Rn. 110 ff.) richtet sich im Zweifel danach, ob eine bestimmte Gefahrenquelle oder -lage Gegenstand des Genehmigungs- und des notwendigerweise vorausgegangenen Prüfungsverfahrens war. Hat ein solches – rechtmäßig oder rechtswidrig – nicht stattgefunden oder ist eine Gefahrensituation nicht Verfahrensgegenstand geworden, entsteht auch keine rechtfertigende Wirkung einer Genehmigung (zu umweltrechtlichen Folgefragen VGH Mannheim NVwZ 1990, 781 (783)). Was für die Tatsachenlage gilt, ist auch auf die Rechtslage übertragbar. Waren private Rechte nicht Gegenstand des Verwaltungsverfahrens, können sie durch eine Genehmigung auch nicht berührt sein; ausgeschlossen sind sie lediglich, wenn dies gesetzlich explizit oder implizit vorgesehen ist. Eine lediglich **faktische Duldung** kann mangels Verwaltungsverfahrens auch im Polizeirecht ebenso wenig eine Legalisierungswirkung entfalten (Wieland/Hermes, Die staatliche Duldung rechtswidrigen Verhaltens, 1988, 14 ff.) wie eine unzutreffende behördliche Auskunft, eine Genehmigung sei nicht erforderlich. Für die Legalisierungswirkung des Verwaltungsakts kommt es auf dessen **Wirksamkeit,** nicht hingegen auf dessen Bestandskraft an. Letztere fügt dem Verwaltungsakt keine zusätzlichen Elemente hinzu, sondern begrenzt nur die möglichen Verfahren seiner Aufhebung. Auch wenn insoweit der Vorrang der Erlass- und Aufhebungsnormen (§§ 48 ff. VwVfG. NRW.) gilt, ist ein polizeiliches Vorgehen im Anwendungsbereich von Genehmigungen jedenfalls nicht völlig ausgeschlossen. Dies gilt ohnehin für nachträglich eingetretene Gefahrenquellen, die gar nicht Gegenstand des früheren Genehmigungsverfahrens sein konnten; zudem ist eine polizeiliche Prognose im Hinblick auf eine Aufhebung der Genehmigung durch die andere Behörde nicht ausgeschlossen. Bis dahin sind jedenfalls vorläufige Sicherungsmaßnahmen zulässig, sofern die andere Behörde nicht tätig werden konnte oder nicht tätig geworden ist (§ 1 Abs. 1 S. 3).

b) Rechte der Träger öffentlicher Gewalt. Der Bestand des Staates, seiner Einrichtun- **63** gen und Veranstaltungen und solche sonstiger Träger öffentlicher Gewalt sind rechtlich partiell gegen Angriffe, Beeinträchtigungen oder Störungen geschützt. Die Verhinderung derartiger Gesetzesverstöße ist bereits als Element der „Rechtsordnung" Teil der öffentlichen Sicherheit. Insoweit kann es sich bei den hier genannten Schutzgütern nur um darüber hinaus gehende Belange handeln. Die können nur dann Bedeutung erlangen, wenn kein Gesetzesverstoß droht. Drohende Straftaten iSd §§ 80 ff., 84 ff., 105 ff. StGB, etwa Widerstand gegen die Staatsgewalt (§§ 113 f. StGB), Nötigung (§ 240 StGB) oder Beleidigung (§ 185 StGB) von Amtsträgern, aber auch Ordnungswidrigkeiten iSd § 111 ff., 116 ff. OWiG als Elemente der Rechtsordnung begründen demnach keine zusätzlichen Aufgaben der Polizei über den Schutz der Rechtsordnung hinaus.

Ausgangspunkt ist ein rechtlich geschütztes Interesse, also die **Anerkennung oder 64 Voraussetzung der „Einrichtung oder Veranstaltung" in der Rechtsordnung.** Notwendige Elemente sind die Bestimmung eines geschützten Trägers öffentlicher Gewalt, die zumindest implizite Zulassung eines Verhaltens oder einer Veranstaltung, die diesem Träger zugerechnet werden kann, und die Rechtmäßigkeit dieses Verhaltens (Kingreen/Poscher POR § 7 Rn. 30 ff.; Schoch BesVerwR Kap. 2 Rn. 78; Götz/Geis PolR § 4 Rn. 36). Allgemein anerkannte **Beispiele** sind Einrichtungen wie Parlamente, Rathäuser, Behörden oder Gerichte (BVerfG NJW 2012, 1863), Justizvollzugsanstalten, Schulen und Hochschulen, Betriebe der Daseinsvorsorge (sa § 316b StGB), öffentliche Kultureinrichtungen (Theater, Museen) und Sportanlagen, Wohnheime für Obdachlose oder Geflüchtete; Veranstaltungen wie festgesetzte Messen und Märkte, Polizei- und Feuerwehreinsätze, Staatsbesuche und Staatsempfänge, staatliche oder kommunale Feiern („NRW-Tag"), Tage der offenen Tür,

Vereidigungen von Soldaten (OVG Lüneburg NJW 1988, 3280). Dagegen wird das **Ansehen der Bundesrepublik auch im Ausland nicht generell geschützt.** Das Verhalten deutscher Touristen oder Hooligans im Ausland ist für sich nicht geeignet, das Ansehen der Bundesrepublik zu beeinträchtigen, da es ihr nicht zuzurechnen ist, und auch keine Straftaten gegen Rechtsgüter der Bundesrepublik drohen.

65   Dessen Anerkennung ermächtigt die Polizei zur Gefahrenabwehr, sofern jenes **Schutzgut von außen beeinträchtigt** wird. Diese Beeinträchtigung muss nicht den Tatbestand einer Norm des Straf- oder Ordnungswidrigkeitenrechts erfüllen. Hier geht es um polizeirechtswidrige, zugleich aber nicht strafrechtswidrige Beeinträchtigung. Ein **Beispiel** rechtlich ungeregelter Beeinträchtigung ist die Abwehr der **Folgen von Naturereignissen:** Sperrung von Flughäfen wegen Unwettergefahr; eines kommunalen Skibetriebs wegen Lawinengefahr; einer Buslinie wegen Hochwassergefahr. Solche Naturereignisse sind nicht gesetzwidrig, können aber eine Gefahr für die Funktionsfähigkeit staatlicher Einrichtungen begründen. Entsteht hingegen die **Beeinträchtigung durch den Zustand oder den Betrieb der Einrichtung** selbst (das Amtsgebäude ist baufällig, das Dach einer Kindertagesstätte ist undicht, die Notaufnahme des kommunalen Krankenhauses personell stark unterbesetzt), so kann eine polizeiliche Zuständigkeit nur zur Abwehr daraus resultierender Gefahren für Dritte (Mitarbeiter, Benutzer, Besucher) resultieren. Die **Ausübung von Nutzungsrechten ist keine Beeinträchtigung** der staatlichen Einrichtung der Veranstaltung. Der kommunikative Gemeingebrauch an Straßen und Plätzen kann auch das stille Betteln umfassen (VGH Mannheim DÖV 1998, 1015; sa OLG Saarbrücken NJW 1998, 251; Kingreen/Poscher POR § 23 Rn. 17; Gusy PolR Rn. 410), das daher keineswegs zum Schutz der benutzten Straßen oder des auf ihnen stattfindenden Fußgängerverkehrs, sondern nur wegen konkreter Gefahren für andere geschützte Belange im Einzelfall zur Gefahrenabwehr berechtigt. Das gilt ebenfalls bei Beeinträchtigungen durch einen **Massenansturm an Benutzern.** Er beeinträchtigt die staatliche Einrichtung nicht von außen; polizeiliche Aufgaben können hier allenfalls bei der Abwehr mittelbarer Folgen für andere Rechtsgüter der Allgemeinheit oder Dritter (Warteschlangen bis auf die Straße als Beeinträchtigung des Verkehrs und anderes) entstehen.

66   Gefahren dürfen durch die Polizei abgewehrt werden, sofern jene einerseits eine (geplante) **Maßnahme eines Trägers öffentlicher Gewalt erschweren oder unmöglich** zu machen geeignet und andererseits nicht gerechtfertigt sind. In einer Rechtsordnung, welche auf der allgemeinen Handlungsfreiheit der Menschen aufbaut, kann nicht jede Beeinträchtigung staatlichen Handelns als rechtswidrig indiziert sein. Vielmehr bedarf die **fehlende Rechtfertigung** einer eigenständigen Begründung. Nicht alles, was geeignet ist, „Bestand oder Funktionsfähigkeit" öffentlicher Einrichtungen zu beeinträchtigen, ist bereits deshalb abzuwehren. Maßgeblich dafür sind zunächst Zweckbestimmung und Benutzungsregelungen. Ist ein Grundstück, Gebäude oder eine Veranstaltung nur für den Dienstgebrauch gewidmet (zur Abgrenzung OVG Lüneburg NJW 1988, 3280), so kann schon die Präsenz Dritter in den Gebäuden oder bei den dienstlichen Verrichtungen eine abzuwehrende Beeinträchtigung darstellen (OVG Münster DVBl 1979, 733: Ausspionieren des polizeilichen Einsatzverhaltens). Bestehen hingegen Zutrittsrechte bestimmter Dritter (etwa Verfahrensbeteiligter, Benutzer) oder gar der Öffentlichkeit, kann dies allenfalls bei zweckwidriger Präsenz der Fall sein. In beiden Fallgruppen können **Ordnungsgewalt** und öffentliches **Hausrecht** (zu ihm Ramm DVBl 2011, 1506; Ernst NVwZ 2015, 333) Handlungsmaßstäbe aufzeigen. Anderes gilt hingegen bei Beeinträchtigungen ohne Bezug zu dienstlich gewidmeten oder sonst zweckbestimmten Räumen oder nicht-öffentlichen Diensthandlungen, **Veranstaltungen oder Einsätzen in der Öffentlichkeit oder im öffentlichen Raum** bzw. von privaten Nachbargrundstücken her. Gewiss: Der Massenansturm der Urlauber beeinträchtigt durch Staubildung die Funktion der Autobahn; der Weihnachtsmarkt neben dem Rathaus die Amtstätigkeit in dessen Räumen. Doch soweit Handlungs- und Benutzungsfreiheiten bestehen, bedarf es einer Abwägung im Einzelfall, wenn die Beeinträchtigung staatlicher Funktionen Folge der Ausübung von Betretungs- und Benutzungsrechten ist. Jedenfalls in solchen Fällen geht es nicht um die Abwägung von Recht gegen Unrecht, sondern von Recht gegen Recht. Hier indiziert nicht jede Beeinträchtigung öffentlicher Funktionen bereits polizeiliche Gefahrenabwehrrechte.

67   Hier versagt die grundsätzliche polizeirechtliche Logik der Verweisungsbegriffe, also des Schutzes von andernorts geschützten Rechtsgütern gegen andernorts geregelte gesetzwidrige

Beeinträchtigungen (→ Rn. 54). Hier muss **Abwägung und Abgrenzung im Polizei-recht** selbst geleistet werden, und zwar unter Beachtung der Grundsätze des Gesetzesvorbe-halts, der Bestimmtheit und der Verhältnismäßigkeit. Dabei gibt es keinen generellen Vorrang der öffentlichen vor privaten Belangen. Wo spezialgesetzliche Regelungen gelten, sind diese ohnehin vorrangig: Dies gilt für den Schutz bestimmter polizeilicher Amtshandlungen durch § 164 StPO bzw. der Feuerwehr, von Hilfs- und Rettungsdiensten (§ 34; sa § 114 StGB), den Schutz gegen unbefugtes Eindringen (auch) in Dienstgebäude (§ 123 StGB); das Verbot des Versperrens von Zu- und Ausfahrten (auch von Dienstgebäuden und Dienststellen) durch parkende Fahrzeuge (§ 12 Abs. 3 Nr. 3 StVO); schließlich das Recht zur Verweisung von Personen von Grundstücken, welche (ganz oder zeitweise) ausschließlich für behördliche Zwecke bestimmt sind (OVG Lüneburg NJW 1988, 3280). Soweit solche Sonderregelungen nicht einschlägig sind, ist die **Intensität der Beeinträchtigungen des geschützten Rechtsguts einerseits mit entgegenstehenden Freiheitsrechten der Handelnden andererseits in das Verhältnis zu setzen** und – bei Unmöglichkeit praktischer Konkor-danz – im Einzelfall abzuwägen (VGH Mannheim NJW 2017, 3543). Danach wird die Verhinderung jeglicher Tätigkeit einer Behörde oder einzelner ihrer Handlungen eine gravie-rendere Beeinträchtigung darstellen als deren Behinderung und erst recht als deren (auch öffentliche) Kritik.

Die **Besetzung oder Blockade von Behördengebäuden,** -zufahrten oder -fahrzeugen **68** mit dem Zweck, ein bestimmtes behördliches Handeln zu erreichen oder zu verhindern, ist weder für Einzelne noch für Personengruppen zulässig: Auch Art. 8 GG rechtfertigt kollekti-ven Protest, aber keine selbsthilfeähnlichen Übergriffe (BVerfG NJW 2002, 1031 (1032 f.)). Grundrechtlichen Schutz genießen dagegen derartige **Handlungen symbolischen Cha-rakters,** die als Kommunikationsakt zu werten sind. Dies kann insbesondere bei begrenzten, vorübergehenden Blockaden der Fall sein (BVerfGE 92, 1 (14); Gusy JZ 1995, 783), welche eher Medieninteresse und öffentliche Aufmerksamkeit als Verhinderung der Tätigkeit inten-dieren. Wenn staatliche Maßnahmen als Beitrag zur öffentlichen Meinungsbildung in der Öffentlichkeit vorgenommen werden (Empfang von Staatsgästen, Gelöbnisfeiern, Feiern zum Tag der Deutschen Einheit), so ist dies zulässig; ebenso zulässig sind aber auch konkurrierende Meinungsäußerungen aus der Öffentlichkeit durch Spruchbänder, Pfeifkonzerte oder Sprech-chöre (BVerwGE 84, 247 (255 f.)), solange die Veranstaltung selbst nicht verhindert oder unmöglich gemacht wird. Ähnliches gilt für das gezielte Lächerlichmachen staatlicher Tätig-keit durch karikierende oder überzeichnende Imitation, sofern diese keine Persönlichkeits-rechte einzelner Mitarbeiter beeinträchtigen (Tegtmeyer/Vahle PolG NRW Rn. 14; OVG Lüneburg DVBl 2011, 1303 (1305) zu sog. Rebel-Clowns). Und erst recht grundrechtlichen Schutz genießt das **Fotografieren amtlicher Tätigkeit jedenfalls durch Pressemitarbei-ter** (dafür BVerwGE 143, 74; 143, 1066; VG Köln NJW 1988, 367; Schenke PolR Rn. 61; Gusy PolR Rn. 318 ff. mwN; dagegen OVG Münster DÖV 2001, 476, VG Göttingen ZUM-RD 2013, 490). Ein pauschaler Missbrauchsverdacht oder die bloße Unterstellung der Vorbereitung von Straftaten ohne konkrete Anhaltspunkte im Einzelfall sind keine Kon-kretisierung der Grundrechtsschranken aus Art. 5 Abs. 2 GG (VG Meiningen LKV 2012, 333).

Die **Warnung vor staatlichen Kontrollstellen, Radarfallen** und anderen beeinträchtigt **69** gewiss deren spezial- wie auch ihren generalpräventiven Effekt durch Androhung und ggf. Verhängung von Sanktionen. Deren Zweck ist jedoch auch die Einhaltung von Geschwindig-keitsbegrenzungen (weiter Lisken/Denninger PolR-HdB/Denninger D Rn. 26). Dass diese allein durch behördliche Mittel durchgesetzt werden dürfen, ist nirgends statuiert. Und dass sie durch die Polizei wirksamer verwirklicht werden als durch Warnungen vor ihr (dafür OVG Münster NJW 1997, 1596; ähnlich Tegtmeyer/Vahle PolG NRW Rn. 13), ist rechtlich unerheblich, soweit durch die Warnung zumindest ein ähnlicher Effekt ausgelöst wird. Inso-weit stellt diese keine Gefahr für die öffentliche Sicherheit dar (Kingreen/Poscher POR § 7 Rn. 38; Schenke PolR Rn. 60; Gusy PolR Rn. 83; Hartmann JuS 2008, 986; zu Radarwarn-geräten und § 23 Abs. 1b StVO; allg. VGH Mannheim NVwZ-RR 2003, 117). Die Verwirk-lichung (auch) intendierter Folgewirkungen staatlicher Handlungen außerhalb des unmittel-baren Gesetzeszwecks ist keine polizeiliche Aufgabe. Der Zweck der Sozialhilfe (§ 1 SGB XII) berechtigt die Polizei nicht, Empfängern den Erwerb alkoholischer Getränke zu untersagen.

Das **Ansehen der Bundesrepublik,** ihrer Verfassung oder ihrer Funktionsträger ist **70** **rechtlich nur in Einzelfällen geschützt** (§ 188 StGB; sa § 86 StGB). Auch dann kann es allenfalls der öffentlichen Sicherheit unterfallen, wenn eine Handlung dieses Ansehen überhaupt beeinträchtigen kann. Dazu zählt das Auftreten deutscher Hooligans im Ausland regelmäßig nicht. Sie sind von deutschen Staatsorganen weder entsandt noch (im Ausland) kontrollierbar. Ihre Ausreise kann allenfalls zum Schutz anderer, von ihnen gefährdeter Rechtsgüter, die durch die deutsche Rechtsordnung auch im Ausland geschützt werden, untersagt werden (Kingreen/Poscher POR § 7 Rn. 31). **Kritik** an Zuständen, Maßnahmen oder Amtsträgern der Bundesrepublik unterfällt dem Grundrechtsschutz des Art. 5 Abs. 1 GG bzw. des Art. 5 Abs. 3 GG, sofern sie sich als Kunst artikuliert (BVerfGE 67, 213 (225); EGMR NJW 2008, 3412). Sie ist grundrechtlich geschützt unabhängig davon, ob sie von der Presse oder von Privatpersonen (BVerfG NJW 1992, 1439), öffentlich oder im geschlossenen Kreis, in der Nähe eines Ereignisses oder einer Veranstaltung oder fernab von ihr, zeitgleich oder später geäußert wird. Da es keine festgelegten Formen der Äußerung gibt, können auch grundsätzlich meinungsneutrale Handlungen (etwa stummes Stehen an einem Ort; öffentlicher Auftritt in ungewöhnlicher oder spärlicher Bekleidung und Ähnliches) im Einzelfall einen kommunikativen Gehalt aufweisen, welcher dem Schutz des Art. 5 GG unterfallen kann. Derartige „symbolische" Gehalte sind im Einzelfall zu prüfen. Nicht dazu zählt allenfalls das schlichte Überschreien oder Übertönen bei Reden, Empfängen oder Zeremonien mit technischen Hilfsmitteln oder durch größere Menschenmengen. Aber selbst dann wird eher die Anordnung des Abschaltens von Lautsprechern oder eines räumlichen Abstandes zwischen Äußernden und Betroffenen als ein Verbot des Protests zulässig sein. Grenze der Kritik durch Meinungsäußerungen sind Gesetze zum Schutz der persönlichen Ehre, namentlich gegen Beleidigung (BVerfG NJW 2016, 2870; zu den Grenzen BVerfGE 75, 369 (380); zum Akronym „ACAB" BVerfG NJW 2016, 2643), üble Nachrede und andere (§§ 185 ff. StGB).

71   **c) Rechte der Einzelnen.** Sie umschreiben alle rechtlich anerkannten Schutzgüter, welche natürlichen oder juristischen Personen zugeordnet sind, die keine Träger öffentlicher Gewalt sind. Man kann sie als Rechte Privater bezeichnen. Auch ihr Schutz ist gegenüber demjenigen der Rechtsordnung (→ Rn. 56) subsidiär. Bevorstehende gesetzwidrige Handlungen können stets abgewehrt werden ohne Rücksicht auf mögliche Träger potentiell verletzter Rechtsgüter. Damit gilt auch hier: Individualrechtsgüter bedürfen allenfalls dann eines eigenständigen polizeilichen Schutzes, wenn in sie nicht durch Handlungen eingegriffen wird, welche gegen Gesetze verstoßen. In Betracht kommen allein Beeinträchtigungen individueller Rechtspositionen, die nicht bereits gesetzwidrig sind. Angesichts des ausdifferenzierten Schutzes individueller Rechte durch die Rechtsordnung kommt dem Schutzgut daher keine große praktische Bedeutung mehr zu. Beispiele mögen sein das Freilassen fremder Tiere aus ihrem Gehege; die Gefährdung ihrer Rechtsgüter durch nicht näher geregelte natürliche Zustände wie etwa hängige Grundstücke. Umgekehrt ist nicht jede Rechtsnorm zur Pazifizierung der Öffentlichkeit bereits individualschützend (zu § 130 StGB BVerfGE 124, 300 (300 f.); weit auch VGH Kassel NVwZ-RR 1994, 86: „Ausländer raus").

72   Voraussetzung dafür ist die Anerkennung eines Rechtsguts und seine Zuordnung zu individualisierbaren Trägern. Dies sind gewiss **subjektive öffentliche Rechte natürlicher oder juristischer Personen** aus Rechtsnormen jeder Art. Als deren Grundlagen können Grundrechte, straf- oder verwaltungsrechtliche Normen in Betracht kommen. **„Private" Rechte handelnder oder betroffener Beamter** können hierzu insoweit zählen, als sie nicht durch ihre öffentlich-rechtliche Rechtsstellung überlagert sind. Sie kann ihre Rechtssphäre sowohl erweitern als auch einschränken (BVerfG DVBl 2003, 1526). Insbesondere müssen sich Bedienstete in Wahrnehmung ihrer Aufgaben und Befugnisse diejenigen Verpflichtungen zurechnen lassen, welche aus der unmittelbaren Grundrechtsverpflichtung der Träger öffentlicher Gewalt, für welche sie handeln, herzuleiten sind. In bestimmten Fällen sind sie etwa verpflichtet, im Dienst Leben und Gesundheit zu riskieren (Isensee FS Battis, 2014, 557), Fotoaufnahmen ihrer amtlichen Tätigkeit zu dulden (Paeffgen JZ 1979, 516 ff.; Schomburg AfP 1984, 80; Gusy PolR Rn. 319) bzw. (auch scharfe) Kritik zu ertragen (zu den Grenzen BVerfGE 75, 369 (380): „Franz Josef Strauß als Schwein"; zum Akronym „ACAB" BVerfG NJW 2016, 2643). Die **Eigensicherung der Beamten** (Birr, Normenkonflikte bei Polizeibeamten im Rahmen der Eigensicherung, 2014), in anderen Bundesländern bisweilen als eigenständiges Schutzgut formuliert, ist in dem hier genannten Umfang auch in Nordrhein-Westfalen als Schutzgut anzuerkennen. Als Hilfsmittel der Eigensicherung wird die Aufzeich-

nung von Einsätzen durch Kameras („**body-cams**") zugelassen (§ 15c). Ungeklärt sind noch einzelne datenschutzrechtliche Fragen und solche der Verwertung von Aufnahmen im Prozess, wenn sie nur Ausschnitte des Geschehens (Zivilisten, potentiell Verantwortliche, Adressaten polizeilicher Maßnahmen), nicht hingegen das Gesamtgeschehen etwa einschließlich der eingesetzten (aufzeichnenden) Beamten zeigen (Hascher/Jung/Paris/Schulze/Kugelmann, Sicherheit und Freiheit, 2017, 127; Lachenmann NVwZ 2017, 1424; Parma DÖV 2016, 809; Kipker/Gärtner NJW 2015, 296; Taeger/Kipker, Datenschutzrecht II, 2016, 123; sa Starnecker, Videoüberwachung zur Risikovorsorge, 2017).

Vom Schutz **privater Rechte des Öffentlichen Rechts sind diejenigen des Zivil-** **73** **rechts** (→ Rn. 80 ff.) **zu unterscheiden.** Abgrenzungsfragen können entstehen, wenn Rechtsgüter nur für bestimmte Träger geschützt sind (der „**gute Ruf**" natürlicher Personen ist in weiterem Umfang geschützt als derjenige juristischer Personen); wenn bestimmte Rechtsgüter nur in Teilbereichen der Rechtordnung Schutz genießen (Vermögen in §§ 263 ff. StGB, nicht aber in § 823 Abs. 1 BGB); schließlich dann, wenn bestimmte Rechtsgüter nur in begrenztem Umfang bzw. in Abwägung mit kollidierenden Belangen Dritter Schutz beanspruchen können (zum Immissionsschutz im Mehrfamilienhaus BVerfG NJW 2010, 754). Hier darf die Polizei das Rechtsgut nicht in weiterem Umfang schützen, als es in der Rechtsordnung anerkannt ist. Insbesondere genießt ein rechtlich nur für Einzelne oder nur fragmentarisch geschütztes Rechtsgut keinen umfassenden polizeilichen Schutz. Erst recht darf die Polizei **keine individuellen Ansprüche** durchsetzen, **wenn diese untergegangen** **oder erloschen sind** (bedenklich daher VG Freiburg DVBl 1979, 745).

Ob dieser Teilbereich der öffentlichen Sicherheit auch den Schutz allein **zivilrechtlich** **74** **geschützter Rechtsgüter** umfasst, ist in jüngerer Zeit nicht ganz **unumstritten.** Während dies ganz überwiegend bejaht wird, gibt es nach wie vor kritische Stimmen (→ Rn. 102; Schenke PolR Rn. 56; schon früher DWVM Gefahrenabwehr 228 ff.; sa WBSK VerwR II § 125 Rn. 17). Sie gehen davon aus, dass Rechtsnormen, deren Geltendmachung und Durchsetzung allein der Privatautonomie und damit den Gerichten vorbehalten ist, nicht durch die Polizei von Amts wegen geschützt werden dürfen. Diese sei vielmehr nur zuständig, wenn Rechtsnorm und Rechtsdurchsetzung auch im öffentlichen Interesse seien bzw. der Einzelne zugleich als Repräsentant der Allgemeinheit geschützt werde. Gewiss: Sowohl die Rechtsordnung insgesamt als auch die polizeiliche Gefahrenabwehr liegen stets auch im öffentlichen Interesse (Schoch BesVerwR Kap. 2 Rn. 73; WHT BWPolR § 5 Rn. 283; Kingreen/Poscher POR § 7 Rn. 14). Hier geht es nicht um Schutz oder Schutzlosigkeit bestimmter Rechtsgüter, sondern um die Frage nach unterschiedlichen Rechtsanwendungs- und -durchsetzungsmechanismen in der Rechtsordnung selbst. In der Diskussion gehen unterschiedliche Aspekte ineinander über. Zunächst die Definition des Schutzguts, weiter die Kompetenzverteilung bei ihrer Durchsetzung (Abs. 2); zuletzt die Frage, ob beide Fragen systematische Bezugspunkte aufweisen können. Dagegen nähern sich die Rechtsfolgen beider Ansichten einander an. Dass die Polizei im Umfang des Abs. 2 auch privatrechtliche Schutzgüter sichern darf, ist unbestritten; fraglich ist eher, ob die Regelung aufgaben- bzw. befugniseinschränkende oder aber -erweiternde Funktion hat. Konsentiert ist auch, dass die Polizei zum Schutz privater Rechte einschreiten darf, wo ihr diese gesondert zugewiesen sind (etwa § 35 Abs. 1 Nr. 5; § 43 Nr. 2 (ggf. iVm § 39 Abs. 1 Nr. 2); zu § 12 s. Tegtmeyer/ Vahle PolG NRW § 12 Rn. 6). Ob darüber hinaus § 1 Abs. 2 die polizeilichen Aufgaben erweitert oder begrenzt, bleibt hingegen weiter offen. Praktische Unterschiede können sich weniger für die Polizei als vielmehr für die **Ordnungsbehörden ergeben, für welche** **eine Privatrechtsschutzklausel fehlt** und daher zu deren Sicherung auf die genannten Befugnisnormen (iVm § 24 NRWOBG) beschränkt sind.

Polizeiliche Gefahrenabwehr ist nur zulässig, soweit Rechtsgüter Privater gefährdet sind **75** und diese Interessen in **Abwägung zwischen den Belangen der Handelnden und der** **Bedrohten** als schutzwürdig anzusehen sind (→ Rn. 66). Dies ist angesichts der rechtlich gleichfalls anerkannten Handlungsfreiheit Dritter nicht einfach zu unterstellen, wenn konkrete Rechtfertigungsgründe fehlen. Vielmehr bedarf es einer Zuordnung im Einzelfall, welche erlaubte Risiken, kollidierende oder konkurrierende Ansprüche sowie sozial adäquate Beeinträchtigungen (zB § 904 BGB) in Rechnung stellt. Dies alles steht zudem unter der Prämisse, dass die **Klärung komplexer Sachverhalte und die Entscheidung diffiziler** **Rechtsfragen primär Aufgabe der Gerichte,** nicht hingegen der Polizei ist. Auch hier steht vielfach nicht Recht gegen Unrecht, nicht Recht gegen Recht. Soweit nicht gegen anwendbare Rechtsnormen verstoßen wird, darf und muss die Polizei sich daher auf offensichtliche Fallkonstellationen und vorübergehende Sicherungsmaßnahmen beschränken. Auf Verschulden kommt es hier gleichfalls nicht an (sa OVG Münster NWVBl. 2010, 108).

76   Nicht zu den Individualrechtsgütern im genannten Sinne zählt insbesondere das **Sicherheitsgefühl**, wo es nicht ausdrücklich gegen Bedrohung (§ 241 StGB), Nachstellung (§ 238 StGB) oder vergleichbare Beeinträchtigungen geschützt wird. Die Freiheit von Angst ist im deutschen Recht allenfalls in einzelnen Elementen anerkannt. Furcht – etwa Kriminalitätsfurcht – ist auch keine lineare Resultante äußerer Gefahren, sondern folgt eigenen Entstehungsbedingungen, die eher von Informationslagen, der Risikoexposition eigener Rechtsgüter (Vulnerabilität) und der Fähigkeit zum eigenen Umgang mit Risiken (Copingfähigkeit) abhängt (näher Schewe, Das Sicherheitsgefühl und die Polizei, 2009, 93 ff.; sa Haverkamp/ Arnold, Subjektive und objektivierte Bedingungen von (Un-)Sicherheit, 2015; Reuband NK 2012, 133). Insoweit entzieht sich nicht allein die Entstehung, sondern auch die Beseitigung von Angst vielfach dem polizeilichen Management. Auf sie können sich jedenfalls die Polizeibefugnisse zum Schutz der öffentlichen Sicherheit – namentlich mittels Grundrechtseingriffen – demnach nicht erstrecken (Gusy KritV 2010, 118 ff.). Dies schließt nicht aus, Fällen von Verunsicherung oder Erregung in der Öffentlichkeit durch gesetzesfreie Maßnahmen (→ Rn. 66, → Rn. 218 ff.), etwa vorübergehend verstärkte Polizeipräsenz in der Öffentlichkeit, öffentliche Warnungen oder Entwarnungen zu begegnen.

77   Dies gilt erst recht dort, wo die Freiheit des Einen zugleich die Quelle von Unsicherheit der Anderen darstellen kann. Hier erlangt in jüngerer Zeit der **Konfrontationsschutz** (→ Rn. 80; Lindner NVwZ 2002, 37) Relevanz. Das GG geht vom Bild des freien und gleichen Menschen aus, schützt aber nicht nur die Freiheit Einzelner, sondern Aller. Kehrseite der Möglichkeit, eigene Freiheitsrechte ausüben zu dürfen, ist daher die Notwendigkeit, Folgen ihrer Inanspruchnahme durch Dritte hinzunehmen. In diesem Sinne ist eine freie Gesellschaft notwendig eine pluralistische Gesellschaft. Die Religionsausübung anderer (OVG Berlin-Brandenburg NVwZ 2010, 1310; sa BVerwG JZ 2012, 358), der Anblick verschleierter Frauen, unerwünschte Werbung in der Öffentlichkeit (BVerfG NJW 2001, 591) oder das Stattfinden von (Gegen-) Demonstrationen sind tradierte Standardfälle. Der Anblick von Bettlern oder Betrunkenen in der Öffentlichkeit, erst recht das bloße Wissen um das Stattfinden unerwünschter Vorgänge, welche nicht nach außen treten, sind keine Schutzgüter der Polizei und hinzunehmen. **Grenzen** der Hinnahmepflicht finden sich **in einzelnen Rechtsnormen** (etwa §§ 119 f. OWiG; OVG Münster NJW 2009, 3179 zur Prostitution, ProstG – Prostitutionsgesetz v. 20.12.2001, BGBl. I 3983; Rhein/Zitzen NWVBl. 2008, 260; anders früher OVG Münster OVGE 26, 77 f.), welche allerdings nicht stets individuelle, sondern eher öffentliche Belange schützen. Abwehransprüche können sich darüber hinaus in Einzelfällen ergeben, wenn zulässige Handlungen unzumutbare Folgewirkungen erlangen können, etwa bei einem **Eindringen in die Privatsphäre** Dritter (BVerfG NJW 1987, 3245: Mahnwache vor einem Privathaus, die auch Familienangehörige treffen kann) oder bei **öffentlicher Bloßstellung oder Herabwürdigung bestimmter Personen** (BayObLG GewArch 1983, 238: „Farbige haben keinen Zutritt"; VGH Mannheim NJW 2011, 2532: Ansprechen einer Frau auf der Straße als potentielle Abtreiberin); dieser Schutz soll nur (potentiell) Betroffenen selbst, nicht hingegen dem beratenden Arzt zustehen (BVerfG NJW 2011, 47).

78   Der Grundrechtsschutz der **Meinungs- und Pressefreiheit** zieht polizeilichen Aufgaben verfassungsrechtliche Grenzen. Spezifisch pressebezogene Eingriffe unterliegen ohnehin weitgehend Sondergesetzen (etwa §§ 1 ff. LPresseG NRW), welche dem Polizeirecht vorgehen (OVG Berlin-Brandenburg NJW 1997, 1387; Pieroth AfP 2006, 305 ff.) und eine limitierte **Polizei(rechts)festigkeit der Presse** begründen. Polizeiliche Maßnahmen außerhalb der Pressegesetze sind unzulässig, soweit sie sich auf den Inhalt der Publikation beziehen. Im Verhältnis Privater untereinander sind die Garantien des Art. 5 Abs. 1 GG allerdings nicht unmittelbar anwendbar; maßgeblich sind die dazu erlassenen Gesetze und die Schrankentrias des Art. 5 Abs. 2 GG. Geschützt ist die Presse **von der Beschaffung der Information bis zur Verbreitung der Nachricht.** Besonderen Schranken unterliegen damit Beschränkungen der Informationserhebung auch durch Kameras oder Fotoaufnahmen (zu Fotografierverboten Schenke PolR Rn. 61; sa BGH NJW 2011, 3153); Durchsuchungen

und sonstige Gefahraufklärungsmaßnahmen bei Presseorganen (BVerfG NJW 2005, 965); präventive Inhaltskontrolle (BVerfGE 87, 209 (230)); Sicherstellung von Aufnahmen als milderes Mittel gegenüber ihrer Vernichtung (VG Frankfurt a. M. NJW 1981, 2372; zur Sicherstellung VG Meiningen LKV 2012, 333; zur Beschlagnahme VGH Mannheim NVwZ-RR 2008, 700); zum Publikationsverbot (OVG Koblenz NVwZ-RR 1998, 237; VG Köln NJW 1988, 367). Voraussetzung ist stets eine konkrete Gefahr für **Rechtsgüter, welche höheren Schutz genießen als die freie Presse,** die für die Demokratie schlechthin konstituierend ist. Hierzu zählt nicht jegliche Gefahr für jegliches Rechtsgut (Beispiele: OVG Lüneburg DVBl 2013, 1066; VG Göttingen Kriminalistik 2013, 457). Geschützt sind erst recht die Inhalte der Äußerung, und zwar neben der Pressefreiheit auch durch das allgemeinere Grundrecht der **Meinungsfreiheit.** Weder der Staat noch seine Organe (EGMR NJW 2008, 3412) sind gegen **Kritik** geschützt; aber auch Privatpersonen müssen sich öffentliche Kritik gefallen lassen. Das gilt namentlich dann, wenn sie selbst in die Öffentlichkeit getreten sind. Ausnahmen gelten am ehesten, wenn sie unter Eindringen in die Privatsphäre **in die Öffentlichkeit gezerrt** werden oder die Kritik die Form der **Schmähkritik** oder der **Formalbeleidigung** annimmt (§ 192 StGB). Und die Kritik an allgemein umrissenen Personengruppen stellt nicht per se eine Beleidigung jeder einzelnen von ihr erfassten Person dar (BVerfGE 93, 266, 299 ff.: „Soldaten sind Mörder"; zum Akronym „ACAB" BVerfG NJW 2016, 2643; VGH Mannheim NVwZ-RR 1994, 87: „Ausländer raus").

Geschützt sind private Rechte vor Übergriffen Dritter, regelmäßig nicht vor Handlungen **79** ihrer Träger selbst. Die Rechtsordnung kennt grundsätzlich **keinen Schutz gegen sich selbst.** Das gilt für riskante Sportarten, Rennfahrer und Artisten, denen allerdings Auflagen zum Schutz Dritter gemacht werden dürfen. Verbote sind am ehesten zulässig zur Sicherheit von Rettungskräften vor besonders riskanten Einsätzen. Beim Rauchen in der Öffentlichkeit als Gefahr steht gegenwärtig zu Recht der Schutz betroffener Passivraucher im Vordergrund. Ähnliches dürfte für Alkohol und Konsum weicher Drogen gelten. Und der freie Wille, eine lebensverlängernde Behandlung abzulehnen, darf auch nicht unter Hinweis auf die Gewissens- oder Religionsfreiheit der Ärzte eingeschränkt werden. Umstritten ist nach wie vor die **Problematik der Selbsttötung.** Hier stehen theoretische und praktische Erwägungen bislang in einem kaum auflösbaren Spannungsverhältnis. Richtigerweise enthält Art. 2 Abs. 2 S. 1 GG das Recht, nicht aber die Pflicht zum Leben. Die allgemeine **Handlungsfreiheit kann auch das Recht auf Selbsttötung umfassen,** ohne notwendigerweise gegen grundrechtliche Wertentscheidungen zu verstoßen (sensibel diff. BVerwG NJW 2017, 2215; sa EGMR NJW 2013, 2953 Rn. 65 ff.). Das gilt jedenfalls dann, wenn die Entscheidung frei und selbstverantwortlich getroffen worden ist. Dafür kann das Vorhandensein einer Patientenverfügung indiziell sein, schließt aber andere Indizien nicht aus (§§ 1901a ff. BGB, näher Gaidzik, Patientenverfügungen, 2011; Möller KritV 2005, 230 (241 f.)). Ist eine Patientenverfügung vorhanden, so ist sie zu beachten. Von der Frage nach der „Freiheit zur Selbsttötung" zu unterscheiden ist diejenige danach, ob Dritten die Hilfeleistung untersagt werden darf (zur gewerbliche Sterbehilfe VG Hamburg MedR 2009, 550). Grenzen jener Freiheit können insbesondere entstehen, wenn durch eine beabsichtigte Selbsttötung auch Dritte gefährdet werden können (Selbsttötungsversuch durch Geisterfahrer) oder wenn sie möglicherweise nicht freiwillig erfolgt, weil sie etwa einen Appell um Hilfe an die Umwelt enthält oder Folge einer krankhaften psychischen Störung sein kann (etwa Depression). Hier entstehen polizeirechtliche Verpflichtungen zur Gefahraufklärung (→ Rn. 170 ff.). Die bevorstehende Selbsttötung kann so – außer im Falle sicherer und präsenter Gegenindizien wie einer Patientenverfügung – einen Gefahrverdacht begründen, hinsichtlich dessen eine Aufklärungspflicht sinnvoll nur erfüllt werden kann, solange der Betroffene lebt. In nicht eindeutigen Fällen gilt sodann: Die **Ermöglichung der Aufklärung bedingt zumindest Maßnahmen zum Aufschub der angekündigten Selbsttötung.** Und vielfach bewirken Maßnahmen der Gefahraufklärung – auch durch Fachkräfte wie etwa Psychologen – mittelbar einen Fortfall der Selbsttötungsabsicht. Dieser Effekt kann allerdings nicht einfach unterstellt werden. Und erst recht darf nicht jede zum Zwecke der Gefahraufklärung aufgegriffene Person zwangsweise in die Psychiatrie eingewiesen werden (§ 35 Abs. 1 Nr. 1).

d) Insbesondere Private Rechte. „**Private Rechte**" (Abs. 2) sind Elemente der **80** „Rechtsordnung", zugleich allerdings nur unter besonderen Voraussetzungen von der Polizei durchzusetzen und zu schützen. Sie können also nicht pauschal als Element der „Rechtsordnung" bzw. als Rechtsgüter der Einzelnen polizeilich geschützt werden. Vielmehr ist schon wegen der besonderen Anforderungen an ihren Schutz eine Abgrenzung notwendig. Die Relevanz dieser Unterscheidung ist nicht ganz unumstritten (→ Rn. 74). Bezweifelt wird, ob sie allein funktionelle oder auch materielle Bedeutung erlangt. Davon hängt letztlich auch die Rechtsfolge des Abs. 2 insoweit ab, ob ihm zuständigkeitserweiternde oder -begrenzende Wirkung zuzusprechen ist.

81   In anderen Bundesländern finden sich entsprechende Regelungen, etwa § 2 Abs. 2 BWPolG, Art. 2 Abs. 2 BayPAG, § 1 Abs. 3 HSOG, § 1 Abs. 3 NPOG.

82   „**Private Rechte**" sind **Rechte, welche durch die Privat- oder Zivilrechtsordnung begründet werden** (grdl. Kowalczyk, Der Schutz von privaten und individuellen Rechten im allgemeinen Polizeirecht, 1987; ebenso Kingreen/Poscher POR § 3 Rn. 41 ff.; Gusy PolR Rn. 90 ff.; Schenke PolR Rn. 54 ff.; Dietlein/Hellermann NRWÖffR/Dietlein § 3 Rn. 34). Maßgeblich ist also die Qualifikation der jeweiligen Rechtsnorm, nicht hingegen der Rechtsträger (zum älteren Meinungsstreit Baur JZ 1963, 41; Frotscher DVBl 1976, 699; Martens DÖV 1976, 460; DWVM Gefahrenabwehr 238 f., jeweils mwN). Sie unterscheiden sich von den zuvor genannten subjektiven Individualrechten durch ihre Rechtsgrundlage: Diese sind (auch) öffentlich-rechtlicher, jene (allein) zivilrechtlicher Herkunft. Hierfür ausschlaggebend ist der Standort dieser Rechte in der Rechtsordnung, nämlich ihre Qualifikation als Teil der Privatrechtsordnung, also **als „bürgerliche Rechte"** iSd § 13 GVG (Kissel/Mayer, GVG, 7. Aufl. 2012, GVG § 3 Rn. 13 ff.). Demgegenüber kommt es nicht darauf an, wer Träger dieser „privaten Rechte" ist, ob ein Recht also natürlichen oder juristischen Personen des Bürgerlichen Rechts zusteht. Diese können nämlich auch Träger subjektiver öffentlicher Rechte sein, welche unstreitig als Bestandteile der öffentlichen Sicherheit gelten (→ Rn. 47). Von der Rechtsträgerschaft lässt sich also nicht auf das jeweilige Recht schließen. In diesem Sinne ist es nur konsequent, dass **auch privatrechtliche Rechte und Ansprüche von Trägern öffentlicher Gewalt** als „private Rechte" zu qualifizieren sind (etwa Dietlein/Hellermann NRWÖffR/Dietlein § 3 Rn. 51 ff.). Genießt demgegenüber ein subjektives **Recht sowohl öffentlich-rechtliche als auch privatrechtliche Anerkennung** (etwa Eigentum iSd Art. 14 GG, §§ 242 ff. StGB; §§ 823 ff. BGB), so ist die Polizei zu seinem Schutz nach Maßgabe des § 1 Abs. 1 berechtigt (und ggf. verpflichtet). Spezifisch zivilrechtliche Ansprüche aus dem Eigentum darf sie hingegen nur unter den Voraussetzungen und Grenzen des § 1 Abs. 2 schützen. Gegenstand des Privatrechtsschutzes sind demnach **insbesondere Forderungsrechte des Bürgerlichen Rechts,** welche regelmäßig keine öffentlich-rechtliche Anerkennung genießen (OLG Düsseldorf NJW 1990, 998).

83   Die Zahl der praktischen **Beispielsfälle** hierfür ist nicht hoch. Unstreitiger Ausgangspunkt sind diejenigen Fallgruppen, welche im Gesetz selbst genannt oder vorausgesetzt sind. Typisch hierfür ist die **Identitätsfeststellung** zur Sicherung der Durchsetzbarkeit zivilrechtlicher Ansprüche, wenn potentielle Beklagte namentlich oder hinsichtlich ihrer ladungsfähigen Anschrift unbekannt sind (→ Rn. 115). Die **Sicherstellung** zum Schutz des Eigentums bzw. Eigentümers ist nicht nur bei Fundsachen (etwa nach Verkehrsunfällen), sondern auch bei der Beute mutmaßlicher Eigentumsdelikte möglich (zu Bargeld aus Rauschgiftgeschäften OVG Lüneburg DÖV 2013, 487; DVBl 2009, 1056; VGH München DVBl 2012, 655). Schlägt bei Verstößen gegen §§ 3 ff. BtMG die Nichtigkeit des Verpflichtungs- auch auf das Verfügungsgeschäft durch, so bleibt das Geld im Eigentum des Kunden und soll zu dessen Schutz auch beim Dealer sichergestellt werden dürfen. Und **Gewahrsam** kann nach § 35 Abs. 2 auch zum Schutz der zivilrechtlich begründeten Personensorge zulässig sein (einschränkend Tegtmeyer/Vahle PolG NRW Rn. 28). Dagegen schützt § 35 Abs. 1 Nr. 5 ungeachtet des Standorts der §§ 229 f. BGB eher öffentliche Rechte von Privatpersonen. Jenseits solcher expliziten oder impliziten Zulassung im Gesetz finden sich eher wenige Anwendungsbeispiele: Aufstellen eines Jahrmarkts auf einem dafür nicht vorgesehenen Privatgrundstück (PrOVGE 59, 441), Entfernung des Hausrats einer Familie aus der Wohnung (PrOVGE 77, 333), Feststellung der Identität des nichtehelichen Vaters (OLG Düsseldorf NJW 1990, 998), Verstöße gegen das UWG (BVerwG NJW 1978, 1492), Räumung besetzter Häuser (VG Berlin NJW 1981, 1748; sa Schlink NVwZ 1982, 529), aufdringliches Fotografieren durch Papparazzi (VGH Mannheim NVwZ-RR 2008, 700; zum Konfrontationsschutz → Rn. 77), Abschleppen eines Fahrzeugs, mit dem ein anderes Fahrzeug blockiert wird (OVG Koblenz NJW 1988, 929; zu rassistischen und ähnlichen **Beleidigungen bei Sport-**

veranstaltungen Herles, Persönlichkeitsrechtsverletzungen bei Sportveranstaltungen, 2016, 49 ff.). Praktisch relevant und rechtlich noch keineswegs vollständig geklärt sind Fragen des **Hausrechts** von Privatpersonen, Vereinen oder **Betreibern semi-öffentlicher Einrichtungen** (→ Rn. 66). In solchen Fällen sind auch öffentlich-rechtliche Normen einschlägig, sodass diese Beispiele für den Privatschutz nicht unumstritten sind (Kingreen/Poscher POR § 3 Rn. 42 f.; → Rn. 114). Was im Privatrecht ausdrücklich garantiert ist, darf von der Polizei nicht untersagt werden (OVG Lüneburg DIE POLIZEI 2017, 347). Drohen zwischen Privatpersonen über Umfang und Grenzen ihrer Rechte gewaltsame Auseinandersetzungen, so darf die Polizei zu deren Verhinderung im Rahmen der öffentlichen Sicherheit (§§ 223, 240 ff. StGB; → Rn. 63) einschreiten, ohne an die Grenzen des § 1 Abs. 2 gebunden zu sein.

Ungeachtet der genannten Meinungsverschiedenheiten über den Status **privater Rechte**   **84** im Polizeirecht besteht Einigkeit. Solche Rechte **zählen zum polizeilichen Aufgabenkreis jedenfalls im Umfang des Abs. 2.** Die Vorschrift begründet, begrenzt aber zugleich deren polizeilichen Schutz. Über beide Fragen besteht weitgehend Einigkeit (Kingreen/ Poscher POR § 3 Rn. 41 ff.; → Rn. 115). Voraussetzungen des polizeilichen Schutzes sind:

- **Antrag oder Zustimmung des Berechtigten:** Die Polizei darf nicht mehr an privaten Rechten schützen, als deren Inhaber selbst gewahrt sehen möchte. Insbesondere darf sie niemandem gegen seinen Willen Schutz aufdrängen. Sie darf also die Vertragsfreiheit des BGB und die Dispositionsfreiheit des Zivilprozessrechts nicht umgehen.
- **Offenkundigkeit der Anspruchsvoraussetzungen:** Die zu schützenden Rechte müssen **glaubhaft gemacht** werden. Die Entscheidung schwieriger Zivilrechtsfragen zählt nicht zu den Aufgaben der Polizei (OVG Münster VerwRspr 1969, 51 = OVGE 24, 72 ff.).
- **gerichtliche Durchsetzbarkeit der polizeilich zu schützenden Rechte** im Zeitpunkt des Einschreitens. Sind sie noch nicht oder nicht mehr durchsetzbar (str., VG Freiburg DVBl 1979, 745), so darf die Polizei nicht tätig werden. Was nach bürgerlichem Recht hinterlegt werden muss, darf die Polizei nicht einfach selbst an den (vermeintlich) Berechtigten herausgeben.
- **Unmöglichkeit rechtzeitigen gerichtlichen Schutzes:** Die Polizei darf sichernd nur tätig werden, wenn der Verweis auf (auch einstweiligen) gerichtlichen Rechtsschutz die Anspruchsverwirklichung unmöglich machen, wesentlich erschweren oder verzögern würde.
- keine **endgültige Vorwegnahme des gerichtlichen Schutzes durch die Polizei.** Sie ist auf Sicherungsaufgaben für das gerichtliche Verfahren beschränkt und darf keine privaten Ansprüche endgültig durchsetzen.

2. Öffentliche Ordnung

Die **öffentliche Ordnung** stand bis zum Jahre 1989 und steht seit 2010 als **Schutzgut** **85** **des Polizeirechts** in § 1 Abs. 1. Das Merkmal, welches auf tradierte Vorbilder zurückgeht (Poscher FS Würtenberger, 2013, 1029 ff.), ist primär polizeirechtlich zu konkretisieren. Eine identische oder vergleichbare Terminologie findet sich auch in **Spezialgesetzen,** etwa § 15 Abs. 1 VersammlG, § 71a GewO, § 19 GastG, § 55 Abs. 1 AufenthG, § 118 OWiG; ferner in Art. 13 Abs. 7 GG, Art. 35 Abs. 2 GG (sa Art. 2 Abs. 1 GG: „Sittengesetz"). Die Verwendung ähnlicher Begriffe in anderen Rechtsgebieten, namentlich im Europarecht (etwa Art. 36, 45 Abs. 3 AEUV, Art. 52 Abs. 1 AEUV, Art. 72 AEUV; sa Art. 8 Abs. 2 EMRK, Art. 9 Abs. 2 EMRK, Art. 10 Abs. 2 EMRK, Art. 11 Abs. 2 EMRK), kann allenfalls korrigierend einbezogen werden, sofern dort vergleichbare Sinngehalte angesprochen werden. Dies ist im Europarecht gegenwärtig nicht erkennbar (Kugelmann PolR Kap. 5 Rn. 81; vergleichend Hoebink, Fokus Europa, 2001). Zu unterscheiden sind auch parallele Begriffsverwendungen in anderen Sprachen („public order", „ordre public") oder deren Übersetzungen. Das Tatbestandsmerkmal „öffentliche Ordnung" in § 1 kann rechtlich nur sinnvoll sein, wenn ihm ein **eigenständiger, von der „öffentlichen Sicherheit" abgrenzbarer Inhalt** zugesprochen, dieser **Inhalt in verfassungskonformer Weise konkretisiert** werden kann und ein **praktisch relevantes Bedürfnis für seinen Schutz** besteht (Lisken/Denninger PolR-HdB/Denninger D Rn. 35).

86   Die meist verwendete Formel umschreibt den Begriff als Summe ungeschriebener Normen, deren Befolgung als unentbehrliche Voraussetzung eines geordneten menschlichen Zusammenlebens angesehen wird (BVerfGE 69, 315 (352); 111, 147 (156); BVerwG NJW 1980, 1640 (1641); OVG Münster OVGE 12, 112 (115)). Das BVerfG ergänzt die Formel um das Erfordernis der Vereinbarkeit solcher Regeln „mit den jeweils herrschenden sozialen und ethischen Anschauungen und mit dem Wertgehalt des Grundgesetzes" (BVerfGE 111, 147 (156); BVerfG NVwZ 2008, 671 (673); 2004, 90 (91)). Einigkeit besteht darin, dass die „ungeschriebenen Normen" als Sozialnormen, nicht hingegen als ungeschriebene Rechtsnormen (etwa eines vereinzelt noch anzutreffenden Gewohnheitsrechts) zu begreifen sind. Darin liegt die Abgrenzung von der öffentlichen Sicherheit. Diese schützt die Durchsetzung von Rechtsnormen unabhängig von ihrer Schriftlichkeit, die öffentliche Ordnung hingegen sonstige Normen. Bei rechtswidrigen Handlungen (oder solchen, die gegen rechtlich rezipierte technische und ähnliche Regelwerke verstoßen) stellt sich demnach die Frage nach einem Ordnungsverstoß nicht. Umgekehrt darf ein rechtlich erlaubtes Verhalten nicht unter Hinweis auf die öffentliche Ordnung polizeilich verhindert werden. Andernfalls würde die Rechtsordnung, als deren Bestandteil der Begriff der öffentlichen Ordnung Geltung beansprucht, selbstwidersprüchlich. Insoweit ist das Tatbestandsmerkmal als subsidiäres zu begreifen.

87   Ebenso wie die öffentliche Sicherheit ist auch die öffentliche Ordnung ein **Verweisungsbegriff** (→ Rn. 54): Sie erfährt ihre Inhalte nicht durch Auslegung ihrer selbst, sondern durch diejenigen außerrechtlichen Regelungen, welche von ihr rezipiert werden. Damit fokussiert sich die Aufgabe ihrer Auslegung darauf,
- die Geltung einer im Einzelfall einschlägigen Sozialnorm festzustellen,
- deren Unentbehrlichkeit für das geordnete Zusammenleben in der Gesellschaft zu ermitteln und
- deren Widerspruchsfreiheit gegenüber der Rechtsordnung zu begründen (s. etwa § 3 Nr. 2 SOG LSA: „Summe der im Rahmen der verfassungsmäßigen Ordnung liegenden ungeschriebenen Regeln").

87a   Diese Aufgaben sind je für sich und erst recht in ihrer Gesamtheit anspruchsvoll. Von daher ist es nicht überraschend, wenn dem Merkmal schon für die Vergangenheit „alles andere als eine Erfolgsgeschichte" attestiert wird (Poscher FS Würtenberger, 2013, 1029 (1030); zum Funktionswandel der Sozialnormen Gusy StWStP 1994, 187). In der Theorie stehen sich zwei Richtungen gegenüber: Eine **empiristische Richtung** (Kahl VerwArch 2008, 451; Gusy DVBl 1982, 984) fordert den empirisch-demoskopischen Nachweis der Anerkennung des Inhalts und der Verbindlichkeit einer Sozialnorm. Eine **wertungsorientierte Richtung** (Schmidbauer/Steiner BayPAG Art. 11 Rn. 74 ff.; eher vermittelnd WHT BWPolR § 5 Rn. 267 f.) lässt demgegenüber das Stattfinden von Wertungen der zuständigen Stellen in rechtlich zugelassenen Verfahren ausreichen. In der Praxis besteht Einigkeit, dass empirisch-demoskopische Erhebungen regelmäßig nicht stattfinden und aus Zeit- und Kostengründen auch gar nicht stattfinden können (Tegtmeyer/Vahle PolG NRW Rn. 14). Umso vordringlicher stellt sich dann die Frage nach der Legitimation derartiger Wertungen und den bei ihrer Vornahme notwendigen Verfahren. Beide Aufgaben werden regelmäßig den Gerichten zugewiesen und damit offenbar überwiegend als rechtsstaatliche, erst in weiterem Sinne als demokratische angesehen. Ein solches Vorgehen stößt allerdings an seine Grenzen, wenn den Gerichten hinreichende Entscheidungsmaßstäbe iSd Art. 20 Abs. 3 GG; Art. 97 Abs. 1 GG fehlen und die maßgeblichen Verfahrensgrundsätze nicht eindeutig geklärt sind. Handeln hier die Gerichte durch tatsächliche Feststellung sozialer Normen, also im Wege der Beweisaufnahme und damit ggf. durch Sachverständige? Oder handeln sie im Wege der rechtlichen Wertung und daher kraft eigener Sachkompetenz und Legitimationsbeschaffung?

88   Die Schwierigkeiten der Konkretisierung sind eine Quelle der Kritik an diesem Rechtsbegriff (Denninger, Polizei in der freiheitlichen Demokratie, 1968, 22 ff.; Peine DV 1979, 25 (30 ff.); Achterberg FS Scupin, 1983, 293 ff.; sa Waechter NVwZ 1997, 734; dagegen Hill DVBl 1985, 88; Vogel FS Wacke, 1972, 386; Kirchhof JuS 1974, 782). Da ist zunächst der **Einwand der Überflüssigkeit.** Im Unterschied zur Rechtslage von 1794 oder 1931 sei der Grad der Verrechtlichung dermaßen weit fortgeschritten, dass der subsidiäre Rückgriff auf die öffentliche Ordnung entbehrlich werde. Namentlich untergesetzliches Recht wie Straßen-, Park- oder Benutzungsordnungen hätten die meisten Anwendungsfälle gegenstandslos gemacht. Da ist weiter der **Einwand der Unbestimmtheit:** Schon der Begriff der öffentlichen Ordnung selbst, aber auch die zu seiner Konkretisierung heranzuziehenden Sozialnormen seien derart wenig eindeutig, dass Betroffene wie Rechtsanwender kaum in der Lage seien, mit hinreichender Sicherheit deren Anwendbarkeit, Inhalt und Unentbehrlichkeit festzustellen und aus ihnen eindeutige Handlungsanweisungen zu entnehmen. Das gelte erst recht, wenn als Konstitutionsmerkmale der öffentlichen Ordnung ihre zeitgeprägte Dynamik behauptet werde. Da ist weiter der **Einwand der fehlenden demokratischen Legitimation.** Feststellung außerrechtlicher Sozialnormen und ihre Integration in die Rechtsordnung seien materiell Akte der Rechtssetzung und den für sie geltenden Regelungen unterworfen. Diese könnten weder durch Polizeibeamte vor Ort noch durch Gerichte ersetzt werden. Da ist schließlich der **Einwand der Grundrechtswidrigkeit.** Sozialnormen seien notwendig Mehrheitsüberzeugungen, welche auf dissentierende Minderheiten keine Rücksicht nähmen, sondern sich vielmehr gerade zum Zweck ihrer Ab- und Ausgrenzung bildeten. Damit stünden sie im Gegensatz zum GG, dessen Freiheits- und Gleichheitsgarantien zentral minderheitenschützende Intentionen und Wirkungen aufwiesen. Der Schluss, wonach die polizeilichen Aufgaben- und Befugnisnormen insoweit grundgesetzwidrig seien, ist gut begründet (Lisken/Denninger PolR-HdB/Denninger D Rn. 35 ff.; Kingreen/Poscher POR § 7 Rn. 44 ff.; Kugelmann PolR Kap. 5 Rn. 94; alle mwN).

Rechtsprechung und Vollzugspraxis gehen nicht so weit, sondern bemühen sich in verfas- **89** sungskonformer Auslegung um einschränkende Anwendung des Merkmals (Götz FS Stober, 2008, 195 ff.; Erbel DVBl 2001, 1714; Schoch BesVerwR Kap. 2 Rn. 83; Schenke PolR Rn. 65 ff.; alle mwN). Einigkeit besteht vor allem über die **abnehmende Relevanz der Tatbestandsalternative** infolge der Verrechtlichung zahlreicher Lebensbereiche; ihrer Subsidiarität gegenüber der öffentlichen Sicherheit (→ Rn. 84) und ihrem Charakter als ultima ratio der Rechtsordnung, also einer Reservefunktion für rechtlich andernorts nicht erfasste bzw. erfassbare Risiken. Vor diesem Hintergrund finden sich unterschiedliche Richtungen. Auf der Tatbestandsseite wird erwogen, die öffentliche Ordnung auf einige, fest etablierte **Fallgruppen** zu beschränken (Götz/Geis PolR § 5 Rn. 5 ff.). Dabei wird zum Teil hervorgehoben, dass es nicht um jede Art der Ordnung, sondern eine solche in der Öffentlichkeit gehe; also darum, in die Öffentlichkeit wirkende Verhaltensweisen mit schutzwürdigen Belangen Dritter abzugrenzen. Mindestanforderungen seien Sozialrelevanz, fehlende Sozialadäquanz, Zumutungsgehalt für Dritte (nicht für die Handelnden selbst) (BGH NJW 2006, 3490; zutr. verneint bei OVG Münster NJW 1988, 787 für Kondomverkaufsautomat an der Frontseite einer Gaststätte) und fehlende rechtmäßige bzw. zumutbare Ausweichmöglichkeit der Betroffenen (Gusy DVBl 1982, 987 ff.). Eine rechtsfolgenbezogene Ansicht stellt darauf ab, dass auf der Basis des wenig bestimmten Tatbestandsmerkmals **schwerwiegende Grundrechtseingriffe unzulässig** seien (Erichsen VVDStRL 35 (1976), 191 ff., mit einem partiell abweichenden Konzept zur öffentliche Ordnung). Je schwerer der Grundrechtseingriff wiege, desto bestimmter müsse auch die Befugnisnorm sein. „No tolerance" sei auch auf der Basis dieses Schutzguts weder anzustreben noch durchsetzbar (→ Rn. 60).

Vor diesem Hintergrund sehen manche Autoren eine „**Renaissance der öffentlichen** **90** **Ordnung**" in der Rechtsprechung (Fechner JuS 2003, 734; krit. Stoermer DV 1997, 233). **Beispiele** hierfür sind allerdings wegen der vielfach hervorgehobenen Dynamik mit einem hohen Maß an Unsicherheit behaftet. Ältere Fälle (DWVM Gefahrenabwehr 251 ff.) sind durch Verrechtlichung obsolet geworden und werden hier nicht aufgeführt. Die hier früher viel diskutierte **Obdachlosigkeit** gilt gegenwärtig **als Aufgabe der Sozialbehörden** bzw. im Extremfall **als Störung der öffentlichen Sicherheit** (so schon DWVM Gefahrenabwehr 258 mwN). Neuere Fälle hingegen lassen bisweilen nicht klar hervortreten, ob entweder wenig bestimmte Verhaltensnormen des OWiG, der GewO oder anderer Gesetze als Elemente der öffentlichen Sicherheit oder aber ungeschriebene Sozialnormen gemeint sind (zum **Nacktjoggen** einerseits OVG Münster DÖV 1996, 1052: öffentliche Ordnung; andererseits OLG Karlsruhe NStZ 2001, 587; VG Karlsruhe NJW 2005, 3658; Tegtmeyer/ Vahle PolG NRW Rn. 14 mwN für Anwendbarkeit des § 118 OWiG; zum Verrichten der **Notdurft in der Öffentlichkeit** Kingreen/Poscher POR § 7 Rn. 48; zum nackten Auftreten in der Öffentlichkeit OVG Münster NJW 1997, 1180; zur **Peepshow** BVerwG NVwZ 1990, 668: Vorrang des Gewerberechts; ähnlich zu **Lasertötungsspielen** BVerwGE 115, 189 (198 ff.); OVG Münster NWVBl. 2001, 94; 1995, 473; zum **Zwergenweitwurf** VG

Neustadt NVwZ 1993, 98; zu Frauenboxen- oder Ringkämpfen PrOVGE 91, 139 (140 f.); VGH München NVwZ 1984, 254; zu Angriffen auf Religionsgemeinschaften OVG Berlin-Brandenburg NJW 2012, 3116: Vorrang der §§ 166 ff. StGB bei **Mohammed-Karikaturen**). Sie sei anwendbar bei **untypischen Einzelfällen,** etwa der Störung einer Staatstrauer durch Diskotheken oder öffentliche Tanzveranstaltungen (BVerwG DVBl 1970, 504; zu geschützten religiösen **Feiertagen** BVerwG BeckRS 2010, 45901; zum ultimate fighting Müller NdsVBl. 2011, 30 (62); einschränkend Jacob NVwZ 2013, 1131; Tegtmeyer/Vahle PolG NRW Rn. 14).

90a   Werden hingegen Elemente der öffentlichen Ordnung durch **ordnungsbehördliche Verordnungen** (zu §§ 25 ff. NRWOBG) konkretisiert, so sind diese als Element der öffentlichen Sicherheit anzuwenden (zum **Verbot** des **aggressiven Bettelns** VGH Mannheim NVwZ 1999, 560 f.; OLG Saarbrücken NJW 1998, 251; zum **Alkoholverbot im öffentlichen Raum** VGH Mannheim NVwZ-RR 2010, 55; zu **Glasverboten** OVG Bremen BeckRS 2016, 56099; OVG Münster NVwZ-RR 2012, 470 (472); VGH Mannheim DIE POLIZEI 2012, 293; zum **Leinenzwang für Hunde** OVG Lüneburg BeckRS 2017, 111238); ein ergänzender oder ausweitender Rückgriff auf die öffentliche Ordnung ist dann im Einzelfall unzulässig.

91   Eine Sonderrechtsprechung namentlich des BVerfG findet sich zum **Versammlungsrecht.** Danach seien Maßnahmen aufgrund von § 15 Abs. 1 VersammlG zum Schutz der öffentlichen Ordnung zulässig, sofern diese **praktisch unentbehrlich** seien: Wenn eine **gesetzliche Regelungslücke** besteht, welche vom Gesetzgeber noch nicht geschlossen werden konnte, also planwidrig ist, und die Maßnahmen der Polizei zum Schutz grundgesetzlich geschützter Belange ergehen und dabei nicht gegen andere Wertungen von Verfassung oder Gesetzen verstoßen (BVerfGE 111, 147 (154 ff.); BVerfG NJW 2002, 274; 2001, 2069 (2071); NVwZ 2004, 90; Gusy JZ 2002, 105 ff.). Diese sich jedenfalls partiell mit der der öffentlichen Sicherheit überschneidende Umschreibung lässt im Einzelfall etwa Maßnahmen zur **Untersagung der Auschwitzlüge** (EGMR NStZ 1995, 237; BVerfGE 111, 147 (148 ff.)), zum **Schutz historischer Gedenktage oder -orte** auch über § 15 Abs. 2 VersammlG hinaus (BVerfG NJW 2001, 1407; NVwZ 2002, 714) oder zum Schutz von Bevölkerungsgruppen gegen die **Verbreitung von Angst und Schrecken** (BVerfG NJW 2000, 3053; 2001, 2069 (2071); MKS/Gusy GG Art. 8 Rn. 80) zu.

92   Wichtigste Prämisse und Grenze ist jedoch: Grundgesetzliche und gesetzliche Vorgaben dürfen durch die „öffentliche Ordnung" weder rückgängig gemacht noch relativiert werden. Im Anwendungsbereich von Freiheits- oder Gleichheitsrechten gibt es kein Sonderrecht für oder gegen einzelne Formen des Grundrechtsgebrauchs. Insbesondere schließen weder die öffentliche Ordnung noch die dem GG vorausliegende Basisentscheidung gegen die nationalsozialistische Vergangenheit rechtsextreme politische Anschauungen oder Handlungen von der Grundrechtsträgerschaft aus (BVerfG NJW 2001, 1407 (1409); 2001, 2069; 2001, 2075; anders noch OVG Münster NJW 2001, 2072; 2001, 2111 (2114); 2001, 2986). Sie können allerdings im Einzelfall deren Einschränkung rechtfertigen (BVerfG NJW 2010, 47 – Rudolf Heß). Inzwischen haben sich die Positionen einander angenähert: Die Schutzbereichsrechtsprechung des Oberverwaltungsgerichte und die Schrankenrechtsprechung des BVerfG gelangen zu annähernd gleichen Ergebnissen (sa BVerwGE 131, 216 (217 ff.)). Dadurch und durch die Neufassung des § 15 Abs. 2 VersammlG tritt der Anwendungsbereich der öffentlichen Ordnung im Versammlungsrecht noch weiter zurück. Aber auch darüber hinaus sind die grundgesetzlichen Vorgaben bindend. Auch im Anwendungsbereich der öffentlichen Ordnung mutiert das Recht auf Leben nicht zur Pflicht zum Leben; und die grundrechtlich garantierte Menschenwürde begründet auch für freiwillig handelnde Frauen keine Pflicht zu menschenwürdigem Verhalten (anders BVerwGE 64, 274; dagegen Gusy DVBl 1982, 984 ff.). Für eine Anwendung der öffentlichen Ordnung bleibt angesichts dieser Vorgaben und Grenzen gegenwärtig nur noch wenig Raum.

III. „Gefahr" als Zustand von Schutzgütern

1. Gefahr als absehbarer bevorstehender Schaden

93   **„Gefahr" ist ein absehbar bevorstehender Schaden** an einem Schutzgut. Sie tritt nicht neben die bislang erörterten Schutzgüter, sondern kumulativ hinzu. Ihr kommt im

Kontext des Gesetzes eine mehrfache Funktion zu: Nebeneinander stehen eine **legitimatorische,** eine **effektivierende und** eine **grundrechtsschützende Funktion.** Sie legitimiert polizeiliches Handeln, effektiviert es durch die dynamische Ausgestaltung und Konkretisierung des Tatbestandsmerkmals und begrenzt es durch ihre limitierende Wirkung. Ohne Gefahr keine präventiv-polizeilichen Maßnahmen. Es steht so im Schnittpunkt zahlreicher verfassungsrechtlicher Belange und ist durch sie **grundgesetzlich teils vor-, teils aufgegeben:** Dabei ist der Gesetzgeber nicht auf den Bereich traditioneller Abwehr konkreter Gefahren begrenzt. Vielmehr kann er dynamisch neuen Gefährdungslagen, Herausforderungen und Szenarien – etwa durch international Terrorismus, neue Formen der Mediennutzung im Internet oder Überwachungstechniken – Rechnung tragen (BVerfGE 141, 220 Rn. 107 f., 112; ausdiff. Tanneberger, Die Sicherheitsverfassung, 2014, 356 ff. mwN). Dabei gilt: Alle genannten Schutzgüter mit Verfassungsrang müssen durch und im Rahmen des Gesetzes einander sachgerecht und verhältnismäßig zugeordnet werden. Daher kann die Konkretisierung des Gefahrkonzepts nicht allein aus begrifflichen Erwägungen und auf gesetzlicher Ebene erfolgen. Vielmehr ist die Verfassungsebene, die systematische Verknüpfung von Verfassungs- und Gesetzesrecht sowie die sich daraus ergebenden Öffnungen und Grenzen des Gefahrtatbestandes stets mit einzubeziehen. Der unbestimmte Gesetzesbegriff muss, kann aber auch verfassungsgeleitet konkretisiert werden. Das Tatbestandsmerkmal löst den präventiven Gehalt des Polizeirechts (→ Rn. 7) ein, setzt also einen **Zustand** voraus, **in welchem ein Schaden einerseits schon erkennbar ist, andererseits noch abgewendet werden kann.** Dazu kann ausreichen, dass einzelne Schadensfolgen noch abgewendet werden können. Insoweit ist die Polizei gem. Abs. 1 S. 1 zuständig. Ist dies hingegen noch nicht oder nicht mehr der Fall, so ist diese Aufgabennorm nicht einschlägig. Demnach geht es dem Merkmal um zwei Dimensionen polizeilicher Zuständigkeiten: Wann ist diese **schon zuständig,** tritt also neben oder an die Stelle anderer Behörden, welche schon zuvor zuständig waren? Und wann ist sie **nicht mehr zuständig,** verliert also ihre Zuständigkeit an andere Stellen oder jedenfalls zugunsten anderer polizeilicher Aufgaben?

Das Tatbestandsmerkmal der Gefahr bezeichnet keinen natürlich abgrenzbaren Zustand. **94** In der Natur gibt es keine „gefährlichen" und „ungefährlichen" Situationen für Schutzgüter. Insbesondere existiert dort **kein natürlicher Gegensatz zwischen „Gefahr" und „Gefahrlosigkeit".** Vielmehr ist jedes Rechtsgut in der Wirklichkeit Risiken ausgesetzt, die größer oder kleiner sein können (zu Risikokonzepten im Recht Jaeckel, Gefahrenabwehrrecht und Risikodogmatik, 2010; Jaeckel JZ 2011, 116; Scherzberg/Lepsius VVDStRL 63 (2004), 214, 264; di Fabio JURA 1996, 566 (570 ff.): krit. zum Begriff der Gefahr Paeffgen GA 2014, 638). In diesem Sinne bezeichnet Gefahr einen **rechtlich konstituierten Ausschnitt von Risikoexposition,** welcher von anderen Risiken abgegrenzt werden muss. Dabei sind Vorhandensein und Größe jener Risiken nicht dichotomisch (riskant – risikolos), sondern skalar zu unterscheiden (größeres – kleines Risiko). Aber nicht alle Risiken dürfen oder müssen vermieden werden – erst recht nicht durch die Polizei. Vielmehr geht schon die Rechtsordnung von hinzunehmenden Risiken, etwa des Luft-, des Straßenverkehrs oder durch Immissionen (§ 904 BGB) aus. Auch in diesem Sinne gilt: Die rechtlich anerkannte und garantierte **Freiheit ist eine notwendige und rechtlich zugelassene Quelle von Risiken** der Träger jener Freiheit selbst wie auch Anderer, die von deren freier Betätigung betroffen sein können. Insoweit steht die Verantwortung prinzipiell den Grundrechtsträgern selbst zu und begrenzt die staatliche Aufgabe des Risikomanagements. Noch enger als die staatlichen sind die polizeilichen Aufgaben limitiert (→ Rn. 8): Sie werden nicht durch die gesellschaftliche Normalität des Risikos, sondern durch den Sonderfall der „Gefahr" begründet. Und sie sind zudem vielfach subsidiär gegenüber anderen Stellen (→ Rn. 198 ff.). Was in der differenzierten Behördenorganisation funktionell angelegt ist, leistet das Merkmal der Gefahr materiell.

In diesem Sinne begründet das Merkmal der Gefahr die **Notwendigkeit der Abgren- 95 zung zwischen hinzunehmenden und abzuwehrenden Risiken.** Diese Aufgabe ist primär eine juristische, nicht hingegen eine technik-, wirtschafts- oder sozialwissenschaftliche. Doch nimmt das Recht auf Zustände Bezug, welche von anderen Disziplinen untersucht und beschrieben werden. Insoweit kommt der Gefahrterminologie primär eine Übersetzungsaufgabe zu. Diese stellt sich in unterschiedlichen Sachbereichen unterschiedlich dar; je nachdem, inwieweit dort eine solche Übersetzung bereits geleistet ist, insbesondere abstrakte

Risikobeschreibungen und -bewertungen vorhanden sind, und diese im Moment des Handelns herangezogen werden können. Das **Vorhandensein solcher Risikobeschreibungen,** etwa in technischen (zu diesen und ihrer Rezeption durch das Recht Battis/Gusy, Technische Normen im Baurecht, 1988, 22 ff., 171 ff.) oder sonstigen fachlichen Regelwerken, unterscheidet typisierte bzw. typisierbare von anderen, überwiegend einzelfallgeprägten Sachbereichen. Die **Heranziehbarkeit solcher Risikobeschreibungen** knüpft an die konkrete Einsatz- oder Handlungssituation an. Hier kommt es auf die Informationslage, den faktischen Handlungs- und Entscheidungsdruck sowie die Chancen der Nutzung von Verfahrensrechten und -möglichkeiten im Einsatzzeitpunkt am Einsatzort an.

96 Demnach gilt: Wo die Abgrenzung zwischen hinzunehmenden und abzuwehrenden Risiken durch **fachlich einschlägige und rechtlich zulässige Regelwerke** geleistet ist, ist sie den im Einzelfall zuständigen Behörden vorgegeben. Wo dies hingegen nicht der Fall ist, muss die **Abgrenzung im Einzelfall** erst geleistet werden und ist den zuständigen Behörden und ggf. Gerichten selbst aufgegeben. Diese Unterscheidung liegt partiell schon den Gesetzen zur Gefahrenabwehr zugrunde. Sie zeigen einen gewissen, typisierbar abgrenzbaren **Unterschied zwischen den Regelungen des polizeilichen und des ordnungsbehördlichen Handelns.** Während letzteres vom Grundsatz der Verfahrensbindung mit seiner formalisierten und routinisierten Informationserhebung, -verarbeitung und -bewertung ausgeht (§§ 20 ff. NRWOBG), ist ersteres tendenziell verfahrensfrei und auf die Gegebenheiten des Einzelfalls verwiesen (sa § 28 Abs. 2 Nr. 1 VwVfG. NRW.; § 80 Abs. 2 Nr. 2 VwGO). Doch ist diese Unterscheidung ihrerseits typisiert: Maßgeblich sind die Handlungsmöglichkeiten und -grenzen in der Entscheidungssituation.

97 Im Polizeirecht begründet das Merkmal der Gefahr einige typische Rechtsfragen, deren Beantwortung auch von zugrunde gelegten dogmatischen Konzepten abhängen. Dazu zählen namentlich folgende Fragen:

- **Wann fängt die Gefahr an?** Wie unterscheidet sie sich insbesondere von deren „Vorfeld", in dem die Polizei noch nicht zuständig ist, aber möglicherweise andere Behörden wie die Nachrichtendienste zuständig sein können? Hier erlangt das Merkmal kompetenzumschreibende Bedeutung.
- **Wann hört die Gefahr auf?** Wann enden demnach die präventivpolizeilichen Aufgaben, etwa zugunsten repressiver Kompetenzen der Polizei?
- **Wer trägt das Erkenntnisrisiko?** Polizeiliches Handeln findet vielfach unter eingeschränkter Faktenkenntnis statt, die wegen der Umstände des Einzelfalls auch gar nicht vollständig erhoben werden können. Werden im Einzelfall Schutzmaßnahmen getroffen, kann dies Handelnde gerade wegen der unvollständigen Faktenkenntnis unzumutbar belasten; werden sie unterlassen, kann dies potentiell gefährdete Personen aus denselben Gründen unzumutbar beeinträchtigen. Ähnliches gilt für die beiden nachfolgenden Risikokonstellationen.
- **Wer trägt das Prognoserisiko?** Da die Zukunft prinzipiell unerforschbar ist, kann auch vollständige Faktenkenntnis zu falschen Schlussfolgerungen führen. Dies gilt umso mehr, je einzelfallgeprägter die Situation ist, standardisierte Einschätzungs- und Bewertungsroutinen also nicht zur Verfügung stehen.
- **Wer trägt das Irrtumsrisiko?** Dieses kann bei allen behördlichen Maßnahmen auftreten, ist allerdings unter den besonderen Bedingungen polizeilichen Handelns tendenziell höher als bei anderen Verwaltungsmaßnahmen.

2. Schaden als Einbuße an Rechtsgüter

98 Gefahrenabwehr bezieht sich auf die Verhinderung zukünftiger Schäden. Ein **Schaden** liegt in der **Einbuße an Rechtsgütern,** also dem Verlust oder der Verminderung eines geschützten Gutes (DWVM Gefahrenabwehr 221 ff.; Kingreen/Poscher POR § 3 Rn. 3; Lisken/Denninger PolR-HdB/Denninger D Rn. 40). Er wird nach der Differenzmethode, also einem Vergleich des Bestandes vor und nach dem drohenden schädigenden Ereignis ermittelt. Ist der zu erwartende Bestand vorher größer als nachher, so liegt darin ein Schaden. Dies entspricht im Wesentlichen dem sog. „**negativen Schadensbegriff**" (Staudinger/ Schiemann, 2017, BGB § § 249 Rn. 3 ff.; sa MüKoBGB/Oetker, 9. Aufl. 2019, BGB § 280 Rn. 16 ff.).

Der Schutz von Rechtsgutsmehrungen – etwa gegen zukünftige ausbleibende Zuwächse **99** oder Gewinne – ist kein Anliegen der Gefahrenabwehr. Der **„positive Schadensbegriff"** **findet bei der Gefahrenabwehr keine Entsprechung.** Maßgeblich ist in jedem Falle eine möglichst genaue Fassung des Schutzgutes. Bevorstehende Diskriminierungen, Beeinträchtigungen der Nachtruhe (§ 9 NRWLImSchG) oder im Einzelfall rechtlich geschützter Lebensqualität können von der Polizei abgewehrt werden. Polizeilich abzuwehren sind nur solche **Schädigungen, welche von außen das Schutzgut beeinträchtigen können** („Security"). Dessen Verderb, Verschlechterung oder Verlust infolge seines eigenen Zustands („Safety") zählt dazu nicht. Das konkret beeinträchtigende Ereignis kann entweder aus dem Verhalten von Menschen wie aber auch aus dem Zustand von Sachen (Lawine, Sturm, Hochwasser, Verseuchung aus der Umwelt und Ähnliches) resultieren. Auf der Ebene der Aufgabennorm folgt hieraus kein rechtlich relevanter Unterschied.

Der polizeilich abzuwehrende **Schaden** wird in einzelnen Gesetzen (etwa § 3 Abs. 1 **100** BImSchG ggf. iVm § 2 NRWLImSchG; § 1 StVO) **unterschieden von Nachteilen, Belästigungen** und Ähnlichem, die nicht oder nur unter qualifizierten Voraussetzungen (zum Erheblichkeitskonzept des § 3 Abs. 1 BImSchG Koch/Pache/Scheuing/Hofmann/Koch, Gemeinschaftskommentar zum Bundes-Immissionsschutzgesetz, BImSchG § 3 Rn. 57 ff.) abzuwehren sind. Deren Abgrenzung ist allein begrifflich kaum möglich: Auch Nachteile können Einbußen an Rechtsgütern sein. Die Intensität der Beeinträchtigung führt wenig weiter, da auch bevorstehende kleine Schäden polizeilich verhindert werden dürfen. Maßgeblich ist vielmehr die Frage nach der **rechtlichen Duldungspflicht gegenüber bestimmten Formen von Beeinträchtigungen.** Nicht jede Einbuße ist tatsächlich vermeidbar bzw. rechtlich zu verhindern. Ausgangspunkt ist stets zunächst die Frage, ob ein **rechtlich anerkanntes Schutzgut beeinträchtigt** werden kann. Dies ist etwa bei dem bloßen Anblick missbilligter Verhaltensweisen (→ Rn. 77) oder Zuständen, dem Wissen um ihr Vorhandensein (ohne es konkret wahrzunehmen) oder subjektiven Befürchtungen im Hinblick auf zukünftige nachteilige Veränderungen (OVG Lüneburg BeckRS 2005, 20407) grundsätzlich nicht der Fall; und zwar auch dann nicht, wenn daraus Folgewirkungen im Hinblick auf moralische Empörung, das eigene Wohlbefinden, Zukunftsängste oder gar physische Auswirkungen wie Schlafstörungen entstehen können. Sie sind nicht in zureichender Weise Resultate äußerlicher Einflüsse, sondern einer inneren Disposition des Geschädigten. Überdurchschnittliche Empfindlichkeit soll nicht ausreichen (DWVM Gefahrenabwehr 222; näher Böhm, Der Normmensch, 1996, 26 ff.). Wo eine Schutzgutsbeeinträchtigung stattfindet, darf diese nicht abgewehrt werden, wenn ihr Träger sie hinzunehmen verpflichtet ist. Eine **Hinnahme- oder Duldungspflicht** kann aus unterschiedlichen Gründen bestehen. Zu gesetzlichen Regelungen treten hier rechtlich vorausgesetzte Risikodispositionen. Befindet sich ein Rechtsgut typischerweise im Freien, so ist es den dortigen Gegebenheiten (Regen, Frost, Geräusche) ausgesetzt, welche aus natürlichen Ursachen oder aus Verhaltensweisen Anderer (etwa Beeinträchtigungen des Ausblicks oder Anblicks; s. schon PrOVGE 9, 353 ff.) resultieren. Konkurrierende Handlungsweisen, Umweltnutzungen und Ähnliches sind grundsätzlich hinzunehmen, soweit sie nicht gegen Rechts- oder ausnahmsweise gegen Sozialnormen verstoßen. Solche Regelungen können im Einzelfall auch unterschiedlichen Schutzbedürfnissen Rechnung tragen (etwa Schutz von Kurorten, Krankenhäusern oder der Nachtruhe (OVG Münster OVGE 16, 263; VGH Kassel GewArch 1968, 251), Feiertagen). Deren Bemessung kann auch von der **Beschaffenheit der Umwelt** abhängen, etwa nach Stadt und Land, planerisch unterschiedlich ausgewiesenen Gebietstypen oder anderen Besonderheiten der räumlichen oder **örtlichen Lage des Schutzguts** (Nähe zum Wasser und andere; zur **Ortsüblichkeit** näher Säcker/Rixecker/Oetker/Säcker, Münchener Kommentar zum Bürgerlichen Gesetzbuch: BGB, Bd. 6, 6. Aufl. 2013, BGB § 906 Rn. 117 ff.) differenzieren.

Duldungspflichten können aber auch aus menschlichem Verhalten resultieren. Dazu **101** kann zunächst das **Handeln der gestörten Personen** selbst zählen. Wer freiwillig zuschaut, **mitmacht**, hingeht oder von zulässigen und zumutbaren Ausweichmöglichkeiten keinen Gebrauch macht, muss die damit verbundenen typischen Beeinträchtigungen hinnehmen. Loveparade, Christopher-Street-Day oder Emissionen von Lautsprecherwagen in der Öffentlichkeit können Dritte beeinträchtigen. Wer freiwillig dabei ist, muss diese jedoch hinnehmen (im Unterschied zu dem Risiko, dass in der Menschenmenge Taschendiebe aktiv werden, die keine rechtlich gebilligte Tätigkeit ausüben). Das gilt auch für das **Publikum** von Veranstaltungen, welches freiwillig zuschaut und über den Charakter der Vorführung jedenfalls umrisshaft informiert ist (Gusy DVBl 1982, 984). Hier können typisierte tatsächliche, konkludente oder mutmaßliche Einwilligungen Hinnahmepflichten begründen. Daneben kann die **Duldungspflicht auch aus Verhaltensweisen Anderer** resultieren, die dem eigenen Verhalten entsprechen (Menschenauflauf), als zulässig garantiert oder vorausgesetzt und daher hinzunehmen sind (Stau wegen großen Verkehrsaufkommens im Unterschied zum gezielten Zuparken eines Fahrzeugs, um dessen Wegfahrt zu verhindern, (OVG Koblenz NJW 1988, 929); Risiken des Luftverkehrs über dem eigenen Grundstück) oder als Ausprägungen rechtlich anerkannter Freiheit anzusehen sind (Behinderungen durch Demonstration; Rufschädigung durch zulässige Meinungsäußerung). Schließlich kann eine Duldungspflicht gegenüber beeinträchtigendem Handeln Dritter auch entstehen, wenn dieses zwar Schäden auslösen kann, dem Handelnden ein **alternatives Verhalten** aber generell oder in der konkreten Situation **nicht möglich oder nicht zumutbar** ist.

102   **Schaden** ist demnach eine **Einbuße an Schutzgütern des § 1, welche Betroffene nicht hinzunehmen oder zu dulden verpflichtet sind.** Hinnahmepflichten können namentlich resultieren aus Gesetzen, untergesetzlichen Vorschriften oder Regelwerken, vereinzelt aus außerrechtlichen sozialen Regeln und aus eigenen Handlungen gestörter Personen. Bevorstehende Schäden eröffnen den Aufgabenbereich der Polizei. Einzelne Spezialgesetze differenzieren anders und enthalten dann andere Kompetenzzuweisungen. Die Polizei ist gesetzlich allein zur Abwehr drohender Schäden, nicht hingegen zu weitergehendem Maßnahmen (Sanierung und anderes) verpflichtet.

3. Zwei Dimensionen der Gefahr

103   Als Gefahr bezeichnen Gesetze und Rechtsprechung eine Sachlage oder ein Verhalten, die bei ungehindertem Ablauf des zu erwartenden Geschehens mit hinreichender Wahrscheinlichkeit ein polizeilich geschütztes Rechtsgut schädigen werden (§ 2 Nr. 1 NPOG; § 3 Nr. 3 lit. a SOG LSA; § 54 Nr. 3 lit. a ThürOBG; sa BVerfG NJW 2008, 882 (831 ff.); DWVM Gefahrenabwehr 220 mwN; Dietlein/Hellermann NRWÖffR/Dietlein § 3 Rn. 233). Dieser Gefahrbegriff wird im Polizeirecht vorausgesetzt, zugleich in den Gesetzen aber vielfach differenziert. In diesem Sinne bezeichnet die Definition zwar den gemeinsamen Kern der Gefahrkonzepte, ist allerdings in der konkreten Handlungssituation den ggf. durch Auslegung zu ermittelnden Maßstäben der im Einzelfall anwendbaren Regelungen anzupassen (etwa „konkrete Gefahr", § 8 Abs. 1; „abstrakte Gefahr", § 25 NRWOBG iVm § 27 Abs. 1 NRWOBG). Die polizeilichen Aufgaben orientieren sich an dem allgemeinen Merkmal der Gefahr, wodurch sich im Einzelfall Unterschiede zu den Befugnisnormen ergeben können (→ Rn. 171). Weitere Differenzierungen können sich aus den unterschiedlichen Zuweisungen hinsichtlich des Umgangs mit Gefahren herleiten lassen. Hier enthalten § 1 Abs. 1 S. 1 und S. 2 mehrere unterschiedliche Formen (→ Rn. 151 ff.).

104   Ihre Annahme bedarf zweier Elemente (Darnstaedt, Gefahrenabwehr und Gefahrenvorsorge, 1983, 22 ff.; Nell, Wahrscheinlichkeitsurteile in juristischen Entscheidungen, 1983, 21 ff., 61 ff.): Dem Vorliegen von **Tatsachen oder Sachverhalten in der Gegenwart** („diagnostisches Urteil") und deren **Extrapolation in die Zukunft** („prognostisches Urteil"). Zwischen beiden Urteilen besteht ein gravierender Unterschied: Während die tatsächlichen Umstände im Zeitpunkt ihrer Feststellung und der Handlungssituation des Beamten schon erkennbar sein und daher vorliegen müssen, ist dies hinsichtlich der prognostischen Elemente anders. Diese liegen auch in der Zukunft und sind daher nicht in demselben Maße erkennbar wie die vorausliegenden Fakten. Denn die Zukunft ist prinzipiell unbeobachtbar und daher nur nach anderen Maßstäben absehbar als die Gegenwart. Ein Gefahrurteil setzt notwendig beide Elemente voraus, die zueinander hinzutreten müssen und sich wechselseitig in ihrer Unterschiedlichkeit ergänzen. Dies gilt jedenfalls in der Handlungssituation der Polizei. Sie soll den bevorstehenden, also allein prognostizierbaren Schaden abwehren und nicht erst dessen Eintritt, also seine vollständige Feststellbarkeit abwarten. Dadurch unterscheidet sich die **Handlungssituation ex ante** partiell von der Kontrollsituation etwa der Gerichte: Diese entscheiden zu einem Zeitpunkt, in welchem regelmäßig, aber nicht notwendig sowohl die damals feststellbaren als auch die damals prognostizierten Entwicklun-

gen in der Vergangenheit liegen und daher nach prinzipiell gleichen Kriterien festgestellt werden können. In der **Kontrollsituation ex post** entfällt daher regelmäßig die Notwendigkeit des prognostischen Urteils, nicht aber die Notwendigkeit seiner Kontrolle aus der Perspektive des früheren Handlungszeitpunkts.

4. Das diagnostische Gefahrurteil: Der gefährliche Sachverhalt

Ausgangspunkt ist demnach die **Feststellung** eines Sachverhalts, genauer **von Tatsachen,**   105 **welche die Annahme rechtfertigen, dass ein polizeiliches Schutzgut absehbar geschädigt werden kann.** Diese festzustellenden Tatsachen sind solche der Außenwelt, also tatsächliche Anhaltpunkte, welche in der Umwelt auftreten (zum sog. **Gefahrverdacht** → Rn. 171). Polizeiliche Erfahrungssätze oder kriminalistisches Wissen allein reichen nicht aus, wenn sie in den **tatsächlichen Umständen der Außenwelt** keinen Anhaltpunkt finden. Doch können solche Wissens- und Erfahrungsbestände Feststellungen im Einzelfall ergänzen, indem sie deren Einordnung in gesichertes Wissen ermöglichen. In diesem Sinne ist ein Sachverhalt niemals allein und aus sich heraus gefährlich oder ungefährlich, sondern bedarf einer Kontextualisierung. **Gefahr** in diesem Sinne entsteht demnach **in einer „zeitlich und örtlich eingegrenzten bzw. eingrenzbaren Schadenssituation"**, die allerdings ihrerseits noch hypothetisch sein bzw. erst in der Zukunft eintreten kann (Lisken/Denninger PolR-HdB/Denninger D Rn. 41).

Während die **Aufgabennorm nicht auf bestimmte Gefahrsituationen abstellt,** etwa   105a abstrakte oder konkrete Gefahr, ist dies bei zahlreichen Befugnisnormen anders. Wenn in einer dunklen Fußgängerunterführung allgemein in erhöhtem Maße Straftaten zu erwarten sind, darf die Polizei dort beobachten oder Präsenz zeigen. Maßnahmen, welche in die Rechte einzelner Benutzer eingreifen, sind dagegen zur Abwehr konkreter Gefahren nur zulässig, wenn im Einzelfall tatsächliche Anhaltpunkte für bevorstehende Schädigungshandlungen vorliegen. Diese lassen sich jedenfalls nicht allein aus dem allgemein erhöhten Risiko herleiten. Soweit Befugnisnormen auf einzelfallbezogene Gefahren abstellen, muss auch der **tatsächliche Anhaltpunkt im Einzelfall** bestehen. Daher können die Aufgaben der Polizei weiter reichen als ihre Befugnisse.

Als Mittel der **Gefahraufklärung** kommen alle Handlungen in Betracht, welche für   106 behördliche Tatsachenfeststellungen zugelassen sind. Dies sind ganz überwiegend **freiwillige Angaben Dritter;** sei es von geschädigten oder gefährdeten Personen, welche Hilfe anfordern; sei es von unbeteiligten Dritten, welche Anzeige erstatten oder Zeugenaussagen machen; sei es von anderen Behörden, welche Wahrnehmungen machen und Unterstützung anfordern oder die Zuständigkeit der Polizei begründen wollen; sei es aber auch durch eigene **polizeiliche Wahrnehmungen oder Maßnahmen der Informationserhebung.** Letztere können, soweit sie Grundrechtsrelevanz erlangen, besonderen Zulässigkeitsbedingungen unterliegen (§§ 9 ff.; Gusy JA 2011, 641). Soweit solche Informationen ausreichen, um ein polizeiliches Gefahrurteil hinreichend begründen zu können, ist die Polizei zur Gefahrenabwehr berechtigt. Legen sie ein Gefahrurteil nahe, ohne selbst schon dafür auszureichen (sog. Gefahrverdacht", → Rn. 171), so ist die Polizei zu weiteren Nachforschungen berechtigt und ggf. verpflichtet. Gefahraufklärung ist nicht notwendig punktuell, ein einzelnes Indiz oder ein einzelner Akt der Kenntniserlangung reicht nicht stets aus. In solchen Fällen kann Gefahraufklärung auch prozesshafte Züge annehmen.

Demnach setzt Gefahrenabwehr Gefahraufklärung voraus. In diesem Sinne enthalten Auf-   107 gaben- oder Befugnisnormen zur Gefahrenabwehr als Vorstufe auch das Recht und ggf. die Pflicht zur Gefahraufklärung. Beide Schritte sind nicht identisch, sondern bauen aufeinander logisch, nicht immer hingegen auch zeitlich auf. Zeitlich können beide auch parallel erfolgen, namentlich in Eilfällen. Gefahraufklärung ist notwendiges Element der polizeilichen Aufgabennorm; einer gesonderten Befugnisnorm bedarf es hierfür aber nur, wenn Aufklärungsmaßnahmen selbständige Grundrechtseingriffe darstellen, also insbesondere Informationseingriffe begründen können. Umgekehrt ist Gefahraufklärung aber auch noch keine Gefahrenabwehr. Eine rechtliche Gleichbehandlung oder Parallelisierung von Gefahraufklärung und Gefahrenabwehr ist daher weder möglich noch zulässig. Beispielsfälle sind etwa die Überprüfung der Stichhaltigkeit von Anzeigen oder Zeugenaussagen Dritter, die Feststellung der Identität angetroffener Personen mit gesuchten, als gefährdend einzustufenden Personen (LVerfG Mecklenburg-Vorpommern NJW 2000, 216) oder die Pflicht zur Überprüfung der Eigenschaft der angetroffenen Person als potentiellen Störer (OLG Hamm NVwZ-RR 2008, 321).

108   Das behördliche Erkenntnisrisiko (→ Rn. 97) realisiert sich, wenn die allgemeinen gesetzlichen oder die spezifischen **polizeirechtlichen Anforderungen an die Sachverhaltsfeststellung** nicht eingehalten worden sind. Das ist der Fall, wenn relevante Tatsachen nicht festgestellt worden sind; wenn die Feststellungen nicht dem Gebot sachlicher Richtigkeit entsprechen oder wenn sie unrichtig verknüpft, aus ihnen in ihrer Gesamtheit also eine unrichtige Tatsachenbasis zugrunde gelegt worden ist.

109   Die **Aufklärungspflicht endet,** wenn ein Sachverhalt entweder **vollständig geklärt** ist; wenn er unvollständig geklärt ist, aber **weitere Informationen nicht zur Verfügung stehen** und auch nicht erlangt werden können; schließlich aber auch, wenn der nach der vorhandenen Informationslage bevorstehende Schaden zeitlich dermaßen nahe liegt, dass **weitere (noch mögliche) Aufklärung zu einer Realisierung der Gefahr führen und daher Gefahrenabwehr unmöglich machen würde.** Gemeinsam ist allen drei Fallgestaltungen: Sie begründen die Notwendigkeit einer Entscheidung über die Zulässigkeit von Maßnahmen der Gefahrenabwehr. Dabei ist in den beiden zuletzt genannten Fallgruppen die polizeiliche Informationslage erkennbar unvollständig. Im Einzelfall können dann die gesetzlichen Anforderungen zueinander in Widerspruch geraten, wenn einerseits weitere Aufklärung geboten wäre, andererseits aber unter der Prämisse bestimmter Aufklärungsergebnisse sofortiges Einschreiten geboten erscheint. Diese **Notwendigkeit polizeilichen Handelns unter unvollständigem Wissen** ist demnach durch die präventiv-polizeilichen Schutzpflicht- und Gefahrenabwehrgedanken gesetzlich hingenommen und vorausgesetzt, bisweilen sogar angeordnet. Ob und ggf. welche Gefahrenabwehreingriffe in einer derartigen Situation zulässig sind, ist eine Frage des materiellen Befugnisrechts.

110   Sind im Einzelfall keine gefahrbegründenden tatsächlichen Umstände erkennbar, so liegt keine polizeirechtlich relevante Gefahr vor. Dies gilt auch dann, wenn der handelnde Beamte solche irrig annimmt. Eine **Scheingefahr oder Putativgefahr** ist **keine Gefahr im polizeirechtlichen Sinne** und ist ihr auch rechtlich nicht gleichzustellen. Auf die (Un-) Erkennbarkeit des Fehlers oder ein Verschulden des Beamten kommt es nicht an (Möller/Warg PolR Rn. 104); ebenso wenig auf die Frage, ob er selbst oder andere Beamte den Irrtum verursacht oder verschuldet haben. Als **Beispielfälle** mögen die fehlerhafte Deutung von Rufen als Hilferufe, die Einstufung eines harmlosen Hundes als gefährlich (Möller/Warg PolR Rn. 104) oder die unzutreffende Einschätzung einer psychisch auffälligen Person als Bedrohung ihrer selbst oder Dritter zählen; weiter die fehlerhafte Einstellung oder fortdauernde Speicherung einer Person in „Gefährder-" oder Störerdateien oder das fehlerhafte Auslesen solcher Dateien im Einsatzzeitpunkt. Dennoch vorgenommene Handlungen zur Abwehr einer gar nicht vorliegenden Gefahr sind rechtswidrig (Tegtmeyer/Vahle PolG NRW § 8 Rn. 20).

5. Das prognostische Gefahrurteil: Die Gefahrenprognose

111   Tatsachen können Gefahren lediglich dann begründen, wenn auf ihrer Grundlage auf absehbare zukünftige Schäden geschlossen werden kann. Hier tritt zu dem diagnostischen das **prognostische Urteil** hinzu. Dieses stützt sich nicht allein auf aus Vergangenheit oder Gegenwart festgestellte Sachverhalte, sondern bedarf der Verknüpfung hinsichtlich möglicher zukünftiger Entwicklungen. Das ist jedenfalls dann der Fall, wenn der **Schaden am Schutzgut noch nicht eingetreten** ist (zur Störungsbeseitigung → Rn. 179). Derartige Prognosen folgen anderen Methoden und Richtigkeitsbedingungen als die Faktenaufklärung (Nell, Wahrscheinlichkeitsurteile in juristischen Entscheidungen, 1983, 27 ff., 32 ff.; Darnstaedt, Gefahrenabwehr und Gefahrenvorsorge, 1983, 35 ff.). Sie bedürfen der Feststellung einer möglichen Entwicklung und deren Fortschreibung in die Zukunft. Diese ist prinzipiell unbeobachtbar, sondern nur vorhersagbar. Insoweit unterliegen Diagnosen und Prognosen unterschiedlichen Erkennbarkeits- und Richtigkeitsbedingungen. Ist eine Konstellation mehrfach aufgetreten, so liegt die Frage nach einem **Wiederholungsrisiko** und daher einer möglichen Gefahr nicht in den Situationen selbst, sondern wird von beobachtenden und möglicherweise einschreitenden Beamten an den Sachverhalt herangetragen. Dies gilt umso mehr, als die

Aufgabe der Gefahrenabwehr voraussetzt, dass der Schaden noch in der Zukunft liegt, das schadensbegründende Ereignis jedenfalls noch nicht vollständig abgeschlossen ist. Die Handlungssituation und damit auch die **Aufklärungssituation des Beamten ist insoweit notwendig die ex-ante-Perspektive.** Er muss also genau das tun, was Andere gern vermeiden, nämlich „to make predictions about the future".

Solche **Prognoseregeln** sind den handelnden Beamten **teils aufgegeben, teils aber 112 auch vorgegeben.** Vorgaben finden sich im Anwendungsbereich **technischer oder sachverständiger Regelwerke,** welche rechtlich verbindlich gemacht (Bsp.: VG Aachen NWVBl. 2006, 346) oder in der Rechtsordnung rezipiert sind. Sie definieren Standards oder Anforderungen, welche ein Gefahrurteil indizieren oder gar notwendig machen können. Ihre Anerkennung kann durch administrative Rechtssetzung, durch explizite oder (zumeist) implizite Verweisung auf außerrechtliche Standards oder durch eine ständige Rechtsprechung erfolgen (näher Gusy NuR 1987, 156; Gusy DVBl 1987, 497). Erst recht gilt dies, wenn die Regelwerke selbst verrechtlicht sind, etwa in Rechtsverordnungen oder Verwaltungsvorschriften („Technische Anleitungen"). Vorgeschriebene Mindestprofile für Autoreifen, Grenzwerte zulässiger Blutalkoholkonzentration, das Vorhandensein bestimmter Sicherheitstechnik bei Maschinen oder das Stattfinden einer technischen Prüfung und Zulassung von Anlagen indizieren Ungefährlichkeit oder Gefährlichkeit. Eine Prognose im Einzelfall ist dann regelmäßig nicht erforderlich. Maßgeblich ist allein die Kenntnis des Regelwerks und seines Inhalts für den jeweiligen Einzelfall sowie ggf. einzelfallbezogener Gegenindizien oder -beweise, welche von der Pflicht zur Einhaltung ausnahmsweise dispensieren. Erst im letzten Fall mag dann wieder eine Einzelfallprognose erforderlich sein.

Neben solche extern vorgegebenen Vorgaben treten **interne Prognoseregeln,** welche 113 von den Behörden selbst erstellt sind. Dies betrifft **polizeiliche Erkenntnisse und Erfahrungssätze,** welche in Dienstvorschriften („PDV"), Dienstanweisungen oder Lehrbüchern zum Ausdruck kommen und den Stand des Wissens wiedergeben, lehr- und lernbar machen. Solche internen Standardsetzungen sind in der polizeilichen Berufspraxis häufig. Sie dienen insbesondere der Übersetzung fachwissenschaftlicher Erkenntnisse in die polizeiliche Fach- bzw. die Alltagssprache und der Herstellung ihrer Operationalisierbarkeit unter den restringierten Bedingungen des Polizeialltags, also ohne Versuchsanordnung, Labor oder technisches Hilfspersonal. Dazu können vereinfachte Untersuchungen (Wie erkenne ich ohne Labor Hinweise auf Alkohol- oder Drogenkonsum von Verkehrsteilnehmern?), die Zusammenstellung von Erkenntnismitteln und Hilfstatsachen (Welche Indizien sprechen für, welche gegen die Echtheit eines Ausweises oder Geldscheins?) oder Bewertungshinweise (Bei welcher Windstärke können Beschränkungen des Auto- oder Wasserverkehrs notwendig sein?) zählen. Solche Erkenntnisse können mehr oder weniger formalisiert als bindende Dienstvorschriften, formlose Merkblätter oder als Lehrbuchwissen formuliert und vorgegeben werden.

Derartige **Regelwerke** (Bsp.: VG Köln NWVBl. 2009, 233), die in der polizeilichen 114 Arbeit häufig vorkommen, **indizieren Gefahrsituationen.** Sie entlasten handelnde Beamte von der Formulierung, Überprüfung und ggf. rechtlichen Konformitätskontrolle hinsichtlich eigener Prognosen. Voraussetzung ihrer Heranziehbarkeit ist zunächst deren **Erstellung durch zuständige und sachkundig besetzte Stellen** (OVG Münster NWVBl. 2009, 231 f.) in einem neutralen und unabhängigen Verfahren. Im Einzelfall bedarf es zur Heranziehung derart allgemeiner Regeln und Erfahrungen der **Feststellung tatsächlicher Anhaltspunkte, welche ihre Anwendbarkeit begründen** können. Dazu zählt ebenfalls die Feststellung, dass deren Anwendbarkeit nicht aus besonderen Gründen des Einzelfalls ausgeschlossen ist, etwa weil ein untypischer Fall oder aber Zusatzbedingungen vorliegen, welche eine „schematische" Behandlung des Sachverhalts ausschließen. Die Regelwerke ergänzen also die im Einzelfall notwendige Tatsachenfeststellung, ersetzen sie aber nicht. Hinzu tritt die Notwendigkeit einer hinreichenden **Überprüfung des Regelwerks auf seine Aussagekraft im Anwendungsfall.** Dabei geht es namentlich um die fortdauernde Maßstäblichkeit (ist das Regelwerk schon in Kraft und noch nicht aufgehoben?), seine hinreichende Aktualität (ist das Regelwerk veraltet und daher nicht mehr anzuwenden?) und seine Konformität mit den rechtlichen Vorgaben (kann aus der Vorlage eines nicht-deutschen Ausweises stets die Vermutung der Unechtheit und damit der Notwendigkeit einer Identitätsprüfung im Einzelfall hergeleitet werden?). Hier können sich rechtlich relevante Unterschiede im Hinblick auf die externen (→ Rn. 112) und internen (→ Rn. 113) Regelwerke ergeben.

Während hinsichtlich ersterer den Polizisten regelmäßig die Fachkunde und daher eine Überprüfungsmöglichkeit fehlt, ist dies hinsichtlich der internen Regelwerke partiell anders. An die auf ihrer Grundlage gestützten Gefahrurteile sind daher erhöhte Anforderungen zu stellen. Schließlich ist zu prüfen, ob gesetzlich im Einzelfall Ausnahmen vom Regelwerk zugelassen sind.

115   Sofern solche allgemeinen Prognoseregeln nicht einschlägig oder im Einzelfall nicht heranziehbar sind, ist eine **einzelfallbezogene Vorhersage** notwendig. In derartigen Fällen ist den Beamten die Prognoseregel nicht vorgegeben, sondern aufgegeben. Dies wird bei der Polizei wegen ihrer Eilzuständigkeit häufiger der Fall sein als bei den Ordnungsbehörden. Ihre Anwendbarkeit hängt von der jeweiligen Entscheidungssituation ab. Namentlich wissenschaftliche Prognoseverfahren der **Wahrscheinlichkeitsrechnung** befassen sich mit statistischen Wahrscheinlichkeitsaussagen, setzen also eine große Zahl von Ausgangsfällen voraus, um auf ihrer Grundlage die Eintrittshäufigkeit unterschiedlicher Verlaufs- bzw. Ergebnisvarianten zu ermitteln. Sie nehmen also höhere Fallzahlen als Ausgangsbasis und verhalten sich über die Klassifikation höherer Zahlen von Verläufen bzw. Resultaten. Ein solches Verfahren ist im Polizeirecht anwendbar, wenn die jeweilige Gefahrbeschreibung im Gesetz eine höhere Fallzahl zum Ausgangspunkt nimmt und Aussagen auch nur über höhere Fallzahlen erfordert. Gefahr in diesem Sinne ist dann eine **statistisch signifikante,** nicht hinzunehmende **Erhöhung von Schadensrisiken.** Dies ist zB der Fall, wenn Fahrstühle mit Innentüren eine signifikant geringere Unfallhäufigkeit aufweisen also solche ohne Innentüren (BVerwG BeckRS 1983, 31243000); wenn auf einem Straßenabschnitt bei Tempo 70 km/h signifikant weniger Unfälle auftreten als bei Tempo 100 km/h (Müller SVR 2007, 1) oder wenn das Risiko krankhafter Hautveränderungen bei Jugendlichen, welche Sonnenstudios besuchen, signifikant höher ist als bei solchen, welche dies unterlassen (BVerfG NJW 2012, 1062). Doch zeigen diese Beispiele bereits, dass es für solche „**abstrakten Gefahren**" eher um Fälle von Rechtssetzung oder Allgemeinverfügungen geht (BVerwGE 12, 87; krit. Lübbe BayVBl. 1995, 97 (98)). In jüngerer Zeit treten daneben auch big data-gestützte Ansätze eines **predictive policing** durch Bestimmung abstrakter Risikoklassen, welchen einzelne Personen zugeordnet werden können; aber auch Anläufen zu Kriterien für eine solche Zuordnung im Einzelfall (Rademacher AöR 142 (2017), 366; Apostel KJ 2019, 147; Singelnstein NStZ 2018, 1; Kretschmann APuZ 2017, 32-33; Egbert APuZ 2017, 32-33; allg. Wolf, Big Data und die Innere Sicherheit, 2015). Ihr Einsatz ist als solcher rechtlich unzulässig, sofern deutlich bleibt, was mit ihm geleistet werden kann: Dazu können Anhaltspunkte für allgemeine Risikoszenarien oder Gefahrpotentiale bestehen, die aber im Einzelfall keine Gefahr begründen, sondern allenfalls Indizien für eine Gefahraufklärung liefern können. Diese hat jedenfalls dort, wo Gesetze konkrete Gefahren voraussetzen, im Einzelfall und auf der Basis einer personenbezogenen, nicht hingegen allein quantitativen Betrachtung großer Zahlen und generalisierter Wahrscheinlichkeiten zu erfolgen. Als Instrumente der Polizeiforschung, der Gewinnung und zur Überprüfung von Verdachtshypothesen mögen sie bei der Polizei zulässig sein; Gefahrfeststellungen im Einzelfall können sie nicht ersetzen.

116   Maßgeblich für die Anwendbarkeit allgemeiner Regeln im Polizeirecht ist demnach die Frage danach, ob und ggf. wo derartige Gefahrszenarien vorausgesetzt und zur Bewältigung aufgegeben sind. Dies ist jedenfalls dort nicht der Fall, wenn auf „eine im Einzelfall bestehende **konkrete Gefahr**" abgestellt wird (§ 8 Abs. 1). Diese Bestimmung definiert zugleich das Gefahrkonzept für sämtliche nachfolgenden Befugnisnormen des PolG NRW, sofern diesen nicht im Einzelfall eine andere Begriffsbestimmung entnommen werden muss. Umgekehrt ist allgemein anerkannt, dass die Ermächtigungen zu ordnungsbehördlichen Verordnungen, also zur Rechtssetzung, von dem Konzept der statistisch signifikanten **abstrakten Gefahr** (→ Rn. 148) ausgehen. Für diese können also Wahrscheinlichkeitsaussagen zugrunde gelegt werden, für jene hingegen nicht. Im Einzelfall ist es gewiss interessant, ob von allen verurteilten Sexualstraftäter 5 % oder 50 % rückfällig werden. Juristisch relevant ist hingegen allein die Frage, ob der soeben aus der Haft entlassene Verurteilte rückfällig werden wird oder nicht. Hierfür kann die allgemeine Wahrscheinlichkeit zwar keine Argumentationsregeln eröffnen. Ob und inwieweit diese im Einzelfall allerdings zutreffen, wird durch die Wahrscheinlichkeitsrechnung (allein) nicht bestimmt. Für eine konkrete Gefahr kann die Wahrscheinlichkeitsaussage allenfalls bestimmte Prognoseregeln festlegen oder ausschließen. Ersetzen kann sie diese hingegen nicht.

Das Gefahrkonzept der **polizeilichen Aufgabennormen** in § 1 ist – ebenso wie dasjenige **117**
des § 1 NRWOBG – an dieser Stelle **nicht näher umgrenzt.** Insbesondere enthält es –
anders als § 8 – keine Aussage darüber, dass die Polizei auf einzelfallbezogene Maßnahmen
oder einzelfallbezogene Gefahrsituationen beschränkt sei. Anderes gilt insoweit für die vergleichbare Bestimmung des § 1 NRWOBG, welche auch die Aufgabe der Verordnungsgebung
umfasst (näher Kaltenborn NWVBl. 2001, 249). Solche Aufgaben kommen der Polizei nicht
zu. Hinsichtlich der Polizeiaufgaben lässt sich hier lediglich festhalten: Mathematisch gestützte
Wahrscheinlichkeitsaussagen lassen sich heranziehen, wo es um eine große Zahl von Gefahrsituationen geht (etwa VGH Mannheim NVwZ 2004, 498). Wo es hingegen um Einzelfälle
geht oder derartige Wahrscheinlichkeitsausagen nicht vorhanden – namentlich nicht in
Regelwerken (→ Rn. 112) konkretisiert – oder nicht bekannt sind, können nur einzelfallbezogene Prognosen getroffen werden.

Hierzu hat die Rechtsprechung die Formel von der **umgekehrten Proportionalität** **118**
von Schadenshöhe und Eintrittswahrscheinlichkeit entwickelt:
• Je größer der drohende Schaden, desto geringer darf die Eintrittswahrscheinlichkeit sein.
• Je geringer der drohende Schaden, desto größer muss demgegenüber die Eintrittswahrscheinlichkeit sein.
Die allseits anerkannte Formel (→ Rn. 149; DWVM Gefahrenabwehr 223 f.; Kingreen/ **119**
Poscher POR § 8 Rn. 6 ff.; Götz/Geis PolR § 6 Rn. 7; Schenke PolR Rn. 77; Lisken/
Denninger PolR-HdB/Denninger D Rn. 53; Gusy PolR Rn. 119; Waechter Rn. 271)
verzichtet auf eine abstrakte Umschreibung allgemeiner Sphären von „(noch) ungefährlich",
„gefährlich" und „nicht mehr gefährlich" zugunsten einer sachbereichspezifisch differenzierenden Typisierung. Ein Risiko, welches in einem Lebensbereich oder einer Fallkonstellation
ungefährlich ist, kann demnach in einem anderen bereits eine Gefahr darstellen. Maßgeblich
für die Qualifikation ist demnach nicht allein das begriffliche Konzept von „gefährlich" oder
„ungefährlich". Es gibt in diesem Sinne keine einander exkludierenden „Sphären" von
Gefahr und Gefahrlosigkeit. Mindestens ebenso relevant sind systematische und teleologische
Erwägungen, namentlich hinsichtlich der Möglichkeit, Notwendigkeit und Zumutbarkeit
behördlichen Gefahrmanagements. Soll der Gefahrbegriff den präventiven Schutz bedrohter
Rechtsgüter ermöglichen und nicht verhindern, so liegt es nahe, in sein Verständnis im
Wege systematischer Auslegung auch rechtsfolgenbezogene Erwägungen aufzunehmen.
Juristisch kann dies bedeuten, im Einzelfall auch die „Notwendigkeit" polizeilicher Maßnahmen, möglicherweise sogar ermessensbezogene Erwägungen in das Gefahrkonzept zu integrieren. Hier berühren sich dann Fragen der **Konkretisierung unbestimmter Rechtsbegriffe und** solche nach der Ausübbarkeit bzw. den Ausübungsregeln von **Ermessen.** In
einem derartigen Verständnis wird der Gefahrbegriff des Polizeirechts nicht verlassen, sondern
im Gegenteil sach- und methodengerecht entwickelt.

Im Anwendungsbereich derartiger Gefahrurteile müssen **am Anfang fallbezogene Fest-** **120**
stellungen stehen. Maßgeblich hierfür ist die Frage, ob in der konkreten Situation tatsächliche Anhaltspunkte für die bevorstehende Schädigung eines Schutzguts stehen. Dabei sind
Ursache-Wirkungs-Zusammenhänge maßgeblich. Hier geht es also um die **Abgrenzung**
des zulässigen und hinnehmbaren (allgemeinen) Risikos von dem möglicherweise
abzuwehrenden (besonderen) Risiko, also der Gefahr. Wenn das Gefahrkonzept fallbezogen ist, so kann auch diese Feststellung nur fallbezogen sein.

Beispiele: Eine Dauergefahr kann eine konkrete Gefahr sein, wenn die hinreichende Wahrschein- **120.1**
lichkeit eines Schadenseintritts über längere Zeit hinweg besteht. Innerhalb dieses Zeitraums sind grundrechtseingreifende Aufklärungseingriffe zulässig (BVerfGE 115, 320 (364)). Das Auffinden einer nicht
ungewöhnlichen Summe Geldes bei Personen, die im Verdacht einer Verwicklung in die Drogenszene
stehen, ist für sich kein zureichender Anhaltspunkt für eine Gefahr der Verwendung des Geldes für
Drogengeschäfte (OVG Bremen LSK 2013, 100231). Sofern ein Kernkraftwerk entsprechend den rechtlich anerkannten technischen Regeln betrieben wird, ist für ein Gefahrurteil mehr als das allgemeine
Restrisiko eines Unfalls notwendig (BVerwG NJW 1981, 1393 (1394); VGH Kassel NVwZ 1989,
1183).

Wo fängt die Möglichkeit oder gar Notwendigkeit polizeilichen Schutzes an? Diese **121**
Abgrenzung des Gefahrbereichs nach „vorn" differenziert zwischen den festgestellten **Gefah-**
ren einerseits und deren Vorfeld andererseits. Letzteres ist der polizeilichen Einwirkung

durch Maßnahmen der Gefahrenabwehr prinzipiell entzogen, für andere staatliche Einwirkungen hingegen offen. Dies kann **Aufklärungshandlungen im sog.** **Gefahrenvorfeld** betreffen, welche den Nachrichtendiensten eröffnet sind; ferner von behördlichen Aufgaben der **Gefahrenvorsorge** etwa im Umwelt- und Technikrecht (zum Vorsorgeprinzip näher Darnstaedt, Gefahrenabwehr und Gefahrenvorsorge, 1983, 121 ff.) und möglicherweise auch für polizeiliche Maßnahmen der **Vorbeugung von bzw. Vorbereitung der Hilfeleistung in Gefahrsituationen** (Abs. 1 S. 2).

122   Neben das diagnostische Urteil muss das **prognostische Gefahrurteil** hinzutreten (→ Rn. 111). Es erfordert aufgrund der Sachverhaltsfeststellung deren sachgerechte **Extrapolation in die Zukunft** anhand von Erfahrungssätzen. Solche Sätze sind nicht den vorgefundenen Tatsachen selbst zu entnehmen, sondern werden von außen an sie herangetragen. Sie sind notwendigerweise abstrahiert und nicht mehr allein situationsgeprägt. Doch müssen sie für die konkrete Situation anwendbar sein und für sie eine auch im Einzelfall gültige Vorhersage ermöglichen. Sie müssen also jedenfalls auch Aussagen zum jeweiligen Einzelfall treffen (können). Faktisch wichtigster Erfahrungssatz ist in diesem Kontext die **Wiederholungs-** (§ 14 Abs. 1 Nr. 2) oder **Rückfallgefahr** (etwa § 68 Abs. 1 StGB; BeckOK StGB/ Heuchemer StGB § 68 Rn. 5 ff.). Sie ist anzunehmen, wenn ein Sachverhalt eingetreten ist, hinsichtlich dessen allgemein mit einem erhöhten Wiederholungsrisiko zu rechnen ist und der jeweilige Einzelfall derart gestaltet war, dass er zu der Gruppe der Fälle mit einem solchen Risiko zählte. Es kommt also nicht allein auf die abstrakte Möglichkeit des erneuten Eintritts der früheren Situation an, sondern zusätzlich auf benennbare Anhaltspunkte dafür, dass sich dieses allgemeine Wiederholungsrisiko gerade in dem festgestellten Fall realisieren kann. **Beispiel:** Dass es in bestimmten Kneipen zu Auseinandersetzungen zwischen dem Wirt und einzelnen Gästen kommen kann, reicht auch dann allein für eine Gefahr nicht aus, wenn dies in einer Kneipe tatsächlich geschehen ist. Maßgeblich ist auch, ob die konkrete Wiederholungsgefahr dafür besteht, dass dieser oder vergleichbare Gäste in Zukunft noch einmal das Lokal betreten werden. Je weniger die Prognoseregeln in vorgegebenen und daher nachprüfbaren Regelwerken vorgegeben sind (→ Rn. 112), desto wichtiger ist deren **Darstellbarkeit und Dokumentierbarkeit** jedenfalls im Nachhinein (grundsätzlich BVerfGE 96, 27 (29 f.)). Nicht erforderlich ist also, dass der Beamte in der Handlungssituation die von ihm angewandten Erfahrungssätze tatsächlich dokumentiert. Dazu dürften vielfach weder die Zeit noch die technischen Möglichkeiten bestehen. Eine solche Dokumentation findet sich eher in Verwaltungsverfahren, etwa der Ordnungsbehörden. Doch müssen die Erfahrungssätze formulierbar und dokumentierbar sein, wobei insbesondere ihre Bezogenheit auf die Handlungssituation, ihre Anwendbarkeit im Fall und ihre Relevanz für das konkrete polizeiliche Handeln deutlich werden müssen (Bsp.: OVG Münster NWVBl. 2012, 431 (432 f.): erhöhter Alkoholkonsum und –verkauf zu Karneval als Gefahrenquelle). Im Einzelfall irrelevante allgemeine Lebenserfahrungen reichen hierzu ebenso wenig wie Erfahrungssätze, welche in der Handlungssituation erkennbar keine Rolle gespielt haben, oder unlogische Erklärungsversuche unter Verstoß gegen die Denkgesetze. In diesem Rahmen ist das Gefahrurteil nicht abstrakt und verallgemeinert, sondern auch situativ zu treffen.

123   Eine Prognose ist zutreffend, wenn aus dem Vorliegen gegenwärtig erkennbarer Tatsachen zutreffende Schlussfolgerungen für die Zukunft gezogen worden sind. Feststellungs- und Prognosehorizont weichen also voneinander ab. Der Sachverhalt muss gegenwärtig, der drohende Schaden hingegen (auch) zukünftig sein. Dabei zählt der zukünftige **Schadenseintritt nicht zu den Richtigkeitsbedingungen der Prognose:** Wenn A auf B schießt, ist dies gefährlich unabhängig davon, ob er im Endeffekt trifft oder nicht (Schneider DVBl 1980, 406). Zwar mag die zukünftige Entwicklung die frühere Feststellung bestätigen oder nicht bestätigen. Auf deren Richtigkeit hat sie hingegen keinen Einfluss, vermag sie also weder zu verifizieren noch aber auch zu falsifizieren. Ihre Richtigkeit folgt aus der Relation der Schlussfolgerung zu den seinerzeit festgestellten Umständen. Dementsprechend kann die Gefahr aufgrund nachträglicher Feststellungen auch nur für die Zukunft, nicht hingegen für die Vergangenheit entfallen (Bsp. → Rn. 123.1).

123.1   **Beispiel:** Die Rechtmäßigkeit einer Durchsuchung hängt von den Ausgangsbedingungen ab, also den tatsächlichen Feststellungen im Zeitpunkt ihrer Vornahme, nicht hingegen von ihren Ergebnissen, also den gefundenen (oder nicht gefundenen) Gegenständen.

In diesem Sinne sind Gefahrsituation und **Gefahrurteil nicht statisch, sondern dyna-** 124
misch. Eine Gefahr ist nicht einfach da oder nicht da. Dies betrifft zunächst die Möglichkeit
ihrer Feststellung. Die Ambivalenz des Prognoseurteils – Tatsachen aus der Vergangenheit,
Folgenabschätzung für die Zukunft – verlangt mehr als bloßes Zurückblicken. Die Dynamik
folgt nicht allein aus der Veränderbarkeit der zugrunde liegenden Tatsachenfeststellungen
(→ Rn. 118 ff.), sondern schließt auch die Prognosebedingungen ein. Die Proportionalitätsformel geht von einem **Zusammenhang zwischen der zeitlichen Nähe einerseits und**
der Wahrscheinlichkeit des Schadenseintritts andererseits aus: Ist bereits ein Schaden
vorhanden, so kann allenfalls noch prognoziert werden, ob und inwieweit er sich in der
Zukunft fortsetzt. Hier sind die Prognosebedingungen vergleichsweise stabil. Je entfernter
hingegen der mögliche Schadenseintritt in die Zukunft liegt, desto wandelbarer und komplexer gestalten sich die möglichen Zukunftsentwicklungen und damit die Prognosebedingungen. Und desto geringer erscheint die Möglichkeit stabiler Vorhersagen. Dieser **Zusammen-**
hang zeitlicher Nähe und der Möglichkeit stabiler Wahrscheinlichkeitsaussagen ist
seinerseits nur eine Erfahrungsregel, aber in der Praxis vielfach angewandt, von der Gesetzgebung vorausgesetzt und von der Rechtsprechung anerkannt. Zeitlich bedingte Wandlungen
können sich sowohl auf die Frage nach der Anwendbarkeit einzelner Erfahrungssätze im
Einzelfall wie auch auf die mögliche Anwendbarkeit von Ausnahmen von jenen Sätzen
ergeben. Je besser die Prognosebedingungen sind, umso höher ist die Erfolgswahrscheinlich-
keit der Vorhersage. Sie ist am höchsten, wenn bis zum Schadenseintritt abgewartet wird.
Doch genau dies kann im Einzelfall – muss aber nicht stets – den Erfolg der Gefahrenabwehraufgabe und damit den Zweck des Gesetzes verhindern.

Das spezifische **Prognoserisiko** (→ Rn. 97) liegt demnach in der Differenz zwischen 125
der (auch richtigen) Prognose und dem erst im Nachhinein feststellbaren Eintritt des prognostizierten Ereignisses.

Es kann sich im Anwendungsbereich des PolG NRW in vielfältigen Varianten zeigen. 126
Nicht allein der Schaden ist im Gefahrtatbestand zu prognostizieren. **Prognoseelemente**
können je nach Sachverhaltsgestaltung enthalten bzw. beinhalten:
• Aussagen über **Gefahrursachen,** die noch keine unzumutbare Risiken begründen, aller-
  dings diese voraussehbar begründen können,
• Feststellung von **Kausalverläufen,** also von Ursache-Wirkungs-Zusammenhängen im
  Hinblick auf das in Zukunft schädigende Ereignis (Petri DÖV 1996, 443 (445 f.)),
• Feststellung möglicher **Verantwortlicher,** die jedenfalls für zukünftige Schäden auch nur
  zukünftige Schädiger sein können. Hieraus speist sich unter anderem die Figur des
  Anscheinsverantwortlichen (OVG Münster DVBl 2013, 931 f.; VGH Mannheim DVBl
  2011, 245 f.; 2011, 626 f.; Schenke PolR Rn. 252 ff. mwN),
• Feststellungen über **notwendige Maßnahmen,** deren Notwendigkeit und Wirksamkeit
  im Hinblick auf zukünftige Schadensabwehr ihrerseits in der Zukunft liegt und daher nicht
  feststellbar, sondern allenfalls prognostizierbar ist.
An dieser Nahtstelle aus ex-ante-Prognose und ex-post-Feststellung steht die Figur der 127
Anscheinsgefahr. Sie beschreibt die **Situation, in welcher erkennbare zureichende**
tatsächliche Anhaltspunkte für eine Gefahr vorlagen, die aber aufgrund damals
nicht erkennbarer anderer Umstände nicht in einen Schaden einmünden konnten.
Im Vorhinein erschien also Gefahrenabwehr notwendig, im Nachhinein hingegen nicht.
Beispiele sind Anzeigen Dritter, welche polizeiliches Einschreiten verursachten, sich aber
im Nachhinein als falsch oder übertrieben herausstellen (Gusy PolR Rn. 324), gellende
Hilferufe, welche nicht von gefährdeten Personen, sondern zu Übungszwecken von Teilneh-
merinnen eines Volkshochschulkurses ausgestoßen werden oder aus einem Fernseher stammen (OLG Köln DÖV 1996, 86; VG Berlin NJW 1991, 2854). Der Grundsatz des Vorrangs
der Gefahraufklärung vor der Gefahrenabwehr (→ Rn. 107) hilft hier nicht weiter, wenn
nach der Sachlage sofortiges Einschreiten geboten erschien oder mit den zur Verfügung
stehenden Hilfsmitteln keine weitere Aufklärung möglich war. In dieser Situation ist zwischen dem Schutzbedürfnis der anscheinend bedrohten Rechtsgüter einerseits und den
Rechten von durch polizeiliche Eingriffe betroffenen Personen abzuwägen. Die Formel von
der **Anscheinsgefahr folgt einem strikt prognostischen Ansatz.** Das Prognoserisiko
trägt in dieser Situation der durch die polizeilichen Maßnahmen betroffene Dritte (VGH
Mannheim NVwZ 1991, 493; DWVM Gefahrenabwehr 226 f.; Lisken/Denninger PolR-

HdB/Denninger D Rn. 47 ff.; Hoffmann-Riem FS Wacke, 1972, 327). Als maßgebliche Abwägungskriterien erscheinen dabei die **Effektivität der staatlichen Schutzgewährung** und die Entlastung des polizeilichen Rechtmäßigkeitsurteils von Umständen, welche nicht erkennbar waren und wegen der Dringlichkeit anscheinend notwendiger Maßnahmen (→ Rn. 98) möglicherweise auch gar nicht (mehr) ermittelt werden durften.

128　　Jene einseitige Zuweisung des Prognoserisikos an eine Person, welche im Extremfall keinerlei Bezug zu der Setzung der gefährlich erscheinenden Situation aufweist, erscheint besonders rechtfertigungsbedürftig. Dies gilt namentlich dann, wenn ihr schwerwiegende Grundrechtseingriffe wie Wohnungsdurchsuchungen, Gewahrsam und Ähnliches zugemutet werden. Daher finden sich mehrfache Korrektive. Sie betreffen zunächst den genannten Vorrang der Gefahraufklärung vor der Gefahrenabwehr (→ Rn. 107). Solange noch Gefahraufklärung möglich und zulässig ist, ist sie auch zur Aufklärung und Vermeidung von Anscheinsgefahren geboten. Dies betrifft weiter die Grenzen polizeilicher Maßnahmen gegen „Anscheinsstörer": Sie sind nur innerhalb der allgemeinen Grenzen des Polizeirechts zulässig. Eine Anscheinsgefahr kann allenfalls so viele Maßnahmen rechtfertigen wie vergleichbare Situationen, in denen ein Schadenseintritt tatsächlich bevorsteht. Schließlich wird weiter differenziert hinsichtlich möglicher Rechtsfolgen der Anscheinsgefahr: Sie wird nur auf der Ebene der Rechtfertigung von Maßnahmen der Gefahrenabwehr, also auf der Primärebene, der Gefahr gleichgestellt. Nur hier kann Eilbedürftigkeit hinsichtlich polizeilicher Handlungen und daher auch eine rechtliche Grenze von Aufklärungs- und Zuwartensmöglichkeiten anwendbar sein. Auf der Sekundärebene, der Bewältigung der Folgen von Gefahrenabwehrmaßnahmen hingegen sind jene Besonderheiten nicht anwendbar. Hier steht die Sachverhaltsaufklärung nicht unter vergleichbarem Zeitdruck, zudem sind wegen Zeitablaufs zusätzliche Informationen vorhanden. Von daher gelten jedenfalls bei Kosten- und Entschädigungsfragen differenzierende Gesichtspunkte (→ Rn. 128; Überblick bei Lisken/Denninger PolR-HdB/Buchberger/Sailer M Rn. 184 ff.) Eine rechtliche Gleichstellung von Gefahr und Anscheinsgefahr (dagegen Poscher, Gefahrenabwehr, 1999) findet sich hier mangels sachlicher Rechtfertigung nicht mehr. Vielmehr werden hier Analogien entweder zum Nichtverantwortlichen oder aber zum rechtswidrig In-Anspruch-Genommenen gezogen. Ganz entsprechend sind auch sonstige Folgen von Gefahraufklärungsmaßnahmen zu bewältigen, etwa im Hinblick auf die fortdauernde Speicherung von Informationen, möglicherweise bestehenden Rehabilitationsansprüchen bei fortdauernden Rufschädigungen oder sozialrechtlichen Folgeansprüchen bei gesundheitlichen Schädigungen.

129　　Doch bleibt ein nicht aufklärbarer Rest: Auch mit diesen Korrektiven müssen ggf. ganz unbeteiligte Personen Grundrechtseingriffe hinnehmen; Notwehrrechte und Primärrechtsschutz stehen ihnen nicht zu oder bleiben erfolglos. Daraus ist in jüngerer Zeit die Diskussion über den **objektiven oder subjektiven Gefahrbegriff** wieder aufgelebt. Die Gefahr sei „objektiv", wenn der Schaden objektiv zu erwarten sei und nicht bloß vermutet werde (Kingreen/Poscher POR § 8 Rn. 33; Poscher, Gefahrenabwehr, 1999; Schlink JURA 1999, 169 ff.). „Subjektiv" sei die Gefahr, wenn der Beamte die zum Zeitpunkt des Handelns erkennbaren Gesichtspunkte vollständig und zutreffend erhoben und gewürdigt habe, also vertretbar gehandelt habe (Kingreen/Poscher POR § 8 Rn. 48) und daher von einer Gefahrsituation ausgehen durfte (→ Rn. 145). Ob es einen historischen Wandel vom objektiven zum subjektiven Gefahrbegriff gegeben hat, ist über Einzelentscheidungen hinaus zumindest nicht sicher. Maßgeblich sind hier weniger tatsächliche oder erkenntnistheoretische Gesichtspunkte wie diejenigen, dass es Sicherheit, Risiko und Gefahr in der Natur gar nicht gebe, sondern nur im Kopf des Betrachters; und dass daher jede Prognose notwendigerweise auch subjektive Elemente enthalte. **Maßgeblich ist die gesetzliche Risikozuweisung.** Rechtsgüterschutz durch Gefahrenabwehr gebietet Einschreiten vor dem Schadenseintritt, also unter den Bedingungen eines (zu diesem Zeitpunkt) unvollständigen Wissens über dessen Ob, Wann und Wie. Sobald sich nur noch die Alternative einer Verbesserung des Wissensstandes einerseits unter Inkaufnahme des Schadenseintritts oder aber der Abwehr des prognostizierten Schadenseintritts unter Verzicht auf weitere Informationen stellt, kann der Präventionsgedanke die letztere Alternative gebieten (→ Rn. 109). Dass es dabei in Einzelfällen zu kaum zumutbaren Härten kommt, ist gewiss zutreffend. Doch wäre dies bei umgekehrter Betrachtung gleichfalls nicht zu vermeiden, wenn dann noch notwendig erscheinende Abwehrmaßnahmen wegen weiterer Gefahraufklärung nicht mehr rechtzeitig vorgenommen werden (können). Insoweit zeigt die Abwägung weniger eine Neigung zu freiem Umgang mit Prinzipien, Werten und Interessen als vielmehr zu einer opfer-, genauer gefährdeten- und schutzzentrierten Sichtweise (Waechter JZ 2002, 854 f.). Zugleich zeigt sie auch die begrenzte Reichweite nachträglichen gerichtlichen Primärrechtsschutzes: Die Justiz kann unterbliebene Rettungshandlungen ebenso wenig für die Vergangenheit nachholen wie aber auch irreparable Folgen stattgefundener Maßnahmen ungeschehen machen.

Die **Relevanz des Streits ist eher gering,** weil vielfach vertypte Gefahrsituationen die 130 Feststellungen im Einzelfall überlagern (→ Rn. 113 ff.) und die Fallzahlen nicht besonders hoch sind. Zudem wird eine rein „subjektive" Auffassung wohl von niemandem (mehr) vertreten (zur Kontroverse Götz/Geis PolR § 6 Rn. 16 ff.; Lisken/Denninger PolR-HdB/ Denninger D Rn. 47; Möstl Sicherheitsgewährleistung 164 ff., jeweils mwN). Doch können im Einzelfall die Folgen für Betroffene erheblich sein.

Ist eine Gefahrsituation feststellbar, so ist auch danach das **Gefahrkonzept nicht statisch,** 131 **sondern dynamisch.** In diesem Sinne kann ein Gefahrurteil nicht nur nachträglich fortfallen oder sich ex post als gegenstandslos erweisen. Es kann sich auch nachträglich ändern, wenn erkannte Risiken Gefahren nicht nur für bislang bedrohte, sondern auch für weitere Rechtsgüter begründet, oder wenn die **Schadenswahrscheinlichkeit höher** wird oder die zeitliche Schadensnähe steigt. In derartigen Fällen wird die Gefahr „größer". Denkbar ist aber auch die umgekehrte Entwicklung, indem sie „kleiner" wird. Solche Dynamiken der Gefahren beziehen sich weniger auf das „Ob" als vielmehr auf das Ausmaß der Gefahr. Sie sind daher primär für die Frage nach dem „Wie" namentlich der Mittelauswahl in der jeweiligen Situation relevant. Doch können sie auch Rückwirkungen auf ihre Aufgaben erlangen, etwa hinsichtlich der Frage der Ausübung des polizeilichen **Entschließungsermessens** hinsichtlich eines Einschreitens im Einzelfall (→ Rn. 208). Dessen Ausübung **kann sich in wandelnden Gefahrkonstellationen situationsbezogen ändern,** wenn etwa eine Gefahrvergrößerung ein zuvor nicht für notwendig erachtetes Einschreiten als geboten oder zumindest zulässig erscheinen lassen kann, während umgekehrt eine Risikominimierung ein zuvor notwendig erscheinendes Einschreiten als nicht mehr geboten erscheinen lassen kann. Die Dynamik der Gefahrsituation kann aber auch Auswirkungen auf die Zuständigkeit der Polizei im Verhältnis zu anderen Behörden erlangen: Erscheint der Schadenseintritt zeitlich näher liegender oder wird eine Gefahrsituation durch Zeitablauf unbeherrschbar(er), so kann dies für die Polizei zuständigkeitsbegründende Wirkung erlangen. Umgekehrt können gegenläufige Entwicklungen die polizeiliche Zuständigkeit nachträglich ausschließen. Die Feststellung derart veränderter Gefahrzustände erfolgt nach den allgemeinen Regeln der Gefahrenprognose (→ Rn. 112 ff.).

Gegenstück zum Einsetzen der Gefahr ist deren Beendigung. Das **Ende der Gefahr** tritt 132 ein, **wenn eine weitere Bedrohung entfällt.** Dies ist auf zweierlei Weisen denkbar, nämlich durch Fortfall oder Wandlung der Ursachen der Bedrohung (ein Brand erlischt) oder aber durch Sicherung des gefährdeten Schutzgutes (gefährdete Personen sind evakuiert). Eine andere Form der Gefahrbeendigung liegt in der vollständigen Vernichtung des Schutzguts, sodass es keinen weiteren Schädigungen mehr ausgesetzt ist (das betroffene Gebäude ist restlos abgebrannt). In diesen Fällen endet die Aufgabe der Gefahrenabwehr, sofern keine anderen Rechtsgüter mehr gefährdet sind. Die Polizei ist dann nicht mehr präventiv, sondern allenfalls **repressiv zuständig** (→ Rn. 264). Daneben können Aufgaben anderer Behörden begründet werden, etwa zum **Schadensfolgenmanagement** (Katastrophenschutz und andere; Lisken/Denninger PolR-HdB/Kniesel J Teil III Rn. 1 ff.; zur Zuständigkeit im Katastrophenfall Zimmermann/Czepul DVBl 2011, 270) oder zur Sanierung geschädigter Rechtsgüter (Koch, Umweltrecht, 5. Aufl. 2014, § 8 Rn. 40 ff.). Maßgeblich für die Feststellung des Gefahrendes sind gleichfalls die allgemeinen diagnostischen und prognostischen Regeln.

6. Gerichtliche Nachprüfbarkeit

Die grundrechtlich (Art. 19 Abs. 4 S. 1 GG) gebotene **gerichtliche Rechtmäßigkeits-** 133 **kontrolle polizeilichen Handelns** bezieht sich auf die zutreffende Auslegung und Anwendung der Gefahrurteile im Einzelfall. Ihr Gegenstand sind neben der Gesetzesauslegung sowohl die diagnostischen wie auch die prognostischen Feststellungen. Grundsätzlich überprüfbar sind polizeiliche Handlungen und Unterlassungen (etwa OLG Bremen NStZ-RR

2000, 270). Ihr Maßstab ist die Rechtmäßigkeitskontrolle, also die Vereinbarkeit einer Maßnahme mit den dafür geltenden rechtlichen Vorgaben. Ob es für Polizei und Polizeirecht einzelne Sonderfragen geben darf oder gar muss, ist Gegenstand traditionsreicher Diskussionen. Sie beziehen sich zunächst auf **Verfahrensfragen.** Polizeiliches Handeln steht nicht selten – aber keineswegs stets! – unter einem faktischen Problem- und Zeitdruck. Aufwändige und umständliche Erkundigungen oder Aufklärungshandlungen können zum Schadenseintritt führen und seine gesetzlich eigentlich gebotene Abwehr verhindern. In solchen Fällen findet polizeiliches Handeln typischerweise unter unvollständigem Wissen statt. Und es betrifft nicht selten Einzelfälle, welche sich allgemeinen Handlungsschemata und Erfahrungssätzen partiell entziehen. Die Leistungen, welche im allgemeinen Verwaltungsrecht das Verwaltungsverfahren erbringen sollen, namentlich prozedurale Richtigkeitsgewähr, fallen dann in polizeirechtlichen Eilfällen weitgehend aus. Hier finden sich **tatsächliche Spezifika des polizeilichen** gegenüber dem sonstigen Behörden**handeln.**

134   Geringer sind demgegenüber die Besonderheiten in rechtlicher Hinsicht. Das gilt etwa für die allgemeine Frage nach gerichtlichen Möglichkeiten und Grenzen einer Nachprüfung anhand unbestimmter Rechtsbegriffe (nach wie vor grdl. Koch, Unbestimmte Rechtsbegriffe und Ermessensermächtigungen im Verwaltungsrecht, 1979, 14 ff.). Dass die justizielle Kontrolle eine nachträgliche ist, stellt keine Besonderheit des Polizeirechts dar, sondern ist im Text der Rechtsschutzgarantie ebenso wie im grundgesetzlichen System der Gewaltenteilung angelegt (Maunz/Dürig/Schmidt-Aßmann GG Art. 19 Abs. 4 Rn. 273 ff.). Eine Besonderheit der Materie mag demgegenüber darin liegen, dass wegen der häufigen Kurzfristigkeit und Verfahrensfreiheit zu treffender Maßnahmen **präventiver Rechtsschutz** (zB OVG Münster NVwZ 2001, 1315) noch **selten**er wirksam werden kann als in anderen Rechtsgebieten. Gleichfalls keine Besonderheit der Materie besteht darin, dass die ex-post-Kontrolle sowohl Auswirkungen auf die Beurteilung der Rechtslage für die Vergangenheit als auch für die Zukunft erlangen kann. Unmittelbarer Kontrollgegenstand ist die Überprüfung eines Verhaltens in der Vergangenheit. Hier geht es auf der **rechtlichen Primärebene** um die **Zuweisung von Verhaltensrisiken** ex post. Mittelbar können gerichtliche Entscheidungen auch Auswirkungen auf die Beurteilung von Rechtsfragen in der Zukunft erlangen. Die **rechtliche Sekundärebene** befasst sich mit der **Zuweisung von Verhaltensfolgerisiken.** Ob eine vergangene Maßnahme in der Zukunft noch Kosten- oder Entschädigungsfolgen aufweisen kann, thematisiert unterschiedliche rechtliche Ebenen. Doch ist diese Verschiebung gleichfalls kein Spezifikum des Polizeirechts, sondern kann auch in anderen verwaltungsrechtlich geprägten Materien auftreten.

135   Ausgangspunkt der Kontrolle ist auch hier die **ex-ante-Perspektive.** Ihr geht es um die Frage: Durfte der Beamte damals die vorgenommene Maßnahmen treffen oder nicht? Nachträgliche Veränderungen von Tatsachenfeststellungen oder des Prognosehorizonts dürfen nicht mehr berücksichtigt werden. Das gilt namentlich für den im Zeitpunkt der gerichtlichen Verhandlung nahezu stets besser feststellbaren Schadenseintritt (→ Rn. 123). In diesem Rahmen werden einhellig (→ Rn. 148; Kingreen/Poscher POR § 8 Rn. 41 ff.; Schenke PolR Rn. 77) die folgenden Prüfungsschritte zugrunde gelegt:

136 • (1.) **Ermittlung und zutreffende Auslegung des** im Einzelfall maßgeblichen gesetzlichen **Gefahrbegriffs** (→ Rn. 141);

137 • (2.) Ermittlung der maßgeblichen **tatsächlichen Grundlagen,** also des festgestellten Sachverhalts (→ Rn. 122). Sie stützen sich auf die dokumentierbaren und spätestens für das Kontrollverfahren zu dokumentierenden Feststellungen. Hier kommt den Dokumentationspflichten (→ Rn. 122) Bedeutung zu für die Überbrückung der Lücke zwischen dem Handlungs- und dem Kontrollzeitpunkt.

138 • (3.) **Ermittlung der Gefahrindizien,** also der im Einzelfall angewandten Prognoseregeln einschließlich der Frage, inwieweit sie in dem im Einzelfall festgestellten Sachverhalt eine tatsächliche Stütze fanden.

139 • (4.) **Ermittlung von Gegenindizien** aus dem Sachverhalt; also von Anhaltspunkten welche gegen das Vorliegen einer Gefahr sprechen. Dies können auch Indizien sein, nach welchen angewandte Prognoseregeln keine Anwendung finden können oder aber solche, welche die Einschlägigkeit von Ausnahmeregeln nahe legen.

140 • (5.) **Abwägung der maßgeblichen Anhaltspunkte** aus (3.) und (4.), also der nicht widerlegten Indizien und Gegenindizien. Diese Abwägung erfolgt unter den besonderen

tatsächlichen und rechtlichen Umständen des Einzelfalles. Zu letzteren zählen der maßgebliche Gefahrbegriff (→ Rn. 136), die aus ihm herzuleitenden Vorgaben im Einzelfall (→ Rn. 109, → Rn. 124) und das Übermaßverbot als zentraler Abwägungsmaßstab jedenfalls für Grundrechtseingriffe.

IV. Erscheinungsformen und Stufen von Gefahr

Die Aufgabennormen des Polizei- und des Ordnungsbehördengesetzes nennen als Tatbe- **141** standsmerkmal die nicht näher spezifizierte „Gefahr". Eine derartige Anknüpfung findet sich auch in zahlreichen anderen Regelungen jener Gesetze. Doch stehen sie dort nicht mehr allein. Immer mehr Einzelnormen nennen explizit oder implizit **unterschiedliche Ausprägungen von Gefahren.** So erhebt die befugnisrechtliche Generalklausel des § 8 ausdrücklich die dort näher umschriebene „konkrete Gefahr" zur Voraussetzung. Dieselbe Definition, aber ohne den Begriff der „konkreten Gefahr" verwendet auch § 14 NRWOBG. Namentlich in befugnisrechtlichen Standardermächtigungen finden sich auch andere Spezifikationen des Gefahrentatbestandes. Entstehungsgeschichte und Systematik dieser Normen legen nahe: **Wo in den Polizeigesetzen unterschiedliche Gefahrbegriffe verwendet werden, sind auch unterschiedliche Erscheinungsformen von Gefahren gemeint.** Die variierenden Formulierungen sind auch Ausdruck eines Steuerungswillens des Gesetzgebers im Hinblick auf Handlungsvoraussetzungen und Handlungsgrenzen. Angesichts der vielfältigen Erscheinungsformen der Gefahrterminologie im Gesetz (Überblicke etwa bei Lisken/Denninger PolR-HdB/Denninger D Rn. 39 ff.; Kingreen/Poscher POR § 8 Rn. 9) und ihrer in Einzelfällen nicht immer ganz konsequenten Verwendung ist eine trennscharfe Abgrenzung bisweilen schwierig. Ob und inwieweit sie gelingt und Steuerungswirkungen für polizeiliches Handeln erlangen kann, ist auch eine Frage an die Polizeirechtsdogmatik.

1. Grundgesetzliche Vor- und Aufgaben

Die divergierenden Gefahrterminologien erfüllen eine Vielzahl grundgesetzlicher Vorga- **142** ben. In materiell-rechtlicher Hinsicht gestalten sie die **Abwägung zwischen den zu schützenden Rechtsgütern einerseits und den durch die Maßnahmen betroffenen Rechten andererseits.** Insoweit sind sie Ausdruck des **Übermaßverbots,** das auf der Tatbestandsebene von Standardermächtigungen einen typisierten und damit über den Einzelfall hinausreichenden Ausdruck findet. Insoweit ist das differenzierte Konzept Ausprägung einer grundgesetzlich vorgegebenen Abwägung auf Gesetzesebene, welche ist der administrativen und gerichtlichen Abwägung im Einzelfall als vorgelagerte Stufe hinzutritt (näher BVerfG JuS 2013, 952 (954)). Dem grundgesetzlichen Übermaßverbot wird so für alle Zweige der Staatsgewalt eine mehrstufige, funktionell und hinsichtlich des Abstraktionsgrades unterschiedliche Abwägungsaufgabe entnommen. Sie bindet unmittelbar die Organe der Legislative und in der konkreteren gesetzlichen Ausprägung auch Vollziehung und Rechtsprechung. Diese Bindungswirkung ist zugleich Ausprägung des **Bestimmtheitsgebotes,** welches insoweit das Übermaßverbot ergänzt: **Steuerung durch Recht ist Steuerung durch bestimmtes oder jedenfalls bestimmbares Recht.** Insoweit steht der Bestimmtheitsgrundsatz an der Schnittstelle formeller und materieller Anforderungen an die Gesetzgebung. Beide sind in ihren Ausprägungen nur schwer voneinander zu trennen (BVerfG NJW 2013, 1499 (1507)). Das gilt umso mehr, als die Bestimmtheitsanforderungen nach der Rechtsprechung differenziert zu fassen sind. Hinsichtlich der Aufgabennormen löst das Bestimmtheitsgebot die grundgesetzlichen Vorgaben im Hinblick auf föderale Ebenen- und gewaltenteilende Funktionentrennung sowie auf demokratisch notwendige Verantwortungsklarheit (BVerfG NJW 2011, 1058) ein. Hinsichtlich der Befugnisnormen gelten demgegenüber skalierbare Anforderungen: **Je schwerwiegender der Grundrechtseingriff, desto höher sind die Anforderungen an die Bestimmtheit der Befugnisnorm** (BVerfG JuS 2008, 825 (826 f.)). In diesem offenen Sinne ist Bestimmtheit Vorgabe und Aufgabe der Rechtssetzung. Und sie ist von den Voraussetzungen und Inhalten des Übermaßverbotes kaum ablösbar.

Aus beiden Vorgaben folgt das an den Gesetzgeber gerichtete **Differenzierungsgebot 143** (BVerfGE 113, 348 (374 ff.); Gusy VVDStRL 63 (2004), 151 (183 ff.)). Wenn die Polizeigesetze unterschiedlich schwerwiegende Grundrechtseingriffe zulassen und diese schon nach dem Übermaßverbot unterschiedlichen grundgesetzlichen Vorgaben unterliegen, welche aufgrund des Bestimmtheitsgebots auch im Gesetzestext zum Ausdruck kommen müssen, so folgt daraus das Gebot differenzierter Rechtsfolgenanordnungen. Unterschiedliche Befugnisregelungen müssen hinsichtlich der formellen, prozeduralen bzw. materiellen Anforderungen an die Zulässigkeit der jeweiligen Maßnahme differenzieren. Wie sie diese Differenzierungsaufgabe erfüllen, ist dem Gesetzgeber im Rahmen der grundgesetzlichen Vorgaben allerdings freigestellt. Dabei ist die begriffliche Fassung des Gefahrkonzepts im PolG NRW ein wichtiger Anhaltspunkt für die Intentionen des Gesetzes.

144   Die gesetzlichen Gefahrtatbestände erfüllen unterschiedliche rechtsstaatliche Vorgaben. In formeller Hinsicht **steuern sie das Verhalten der Beamten** und machen rechtlich mögliche wie unmögliche Handlungsweisen vorhersehbar. Damit erhöhen sie die Orientierungssicherheit der Gesetzesanwender und entlasten diese partiell – aber niemals ganz – von der eigenständigen Abwägungsaufgabe im Einzelfall. Auf diese Weise vermögen sie die Legitimation polizeilichen Handelns im Einzelfall zu erhöhen. In materieller Hinsicht begründen sie auch **Vorhersehbarkeit und Kalkulierbarkeit staatlichen Handelns für die betroffenen Bürger.** Rechtsklarheit als Folge der Bestimmtheit erlangt so auch Außenwirkung. Auf diese Weise kann der im Einzelfall zu leistende Begründungsaufwand gesenkt werden. Schließlich wird das Handeln der Polizei kontrollierbarer, indem den Kontrollinstanzen notwendige **Kontrollmaßstäbe** zur Verfügung gestellt werden. Parlamentarische, administrative und gerichtliche Kontrollverfahren setzen Kontrollmaßstäbe voraus und können diese nicht ersetzen. Deren Bedeutung kann die Einzelfallorientierung einer Maßnahme begrenzen (→ Rn. 135) und für den Einzelfall ein wenn auch notwendigerweise begrenztes Handlungs- und Kontrollmuster liefern.

145   Die Gefahrtatbestände stehen also im Schnittpunkt unterschiedlicher grundgesetzlicher Vorgaben. Diese erfüllen sie nicht allein, sondern im Kontext der jeweiligen Einzelermächtigung wie auch des Regelungssystems der einzelnen Polizeigesetze insgesamt. Sie sind daher auch im Kontext der Einzelnorm und des Regelungssystems der Polizeigesetze insgesamt zu konkretisieren (BVerfG NJW 2006, 1939 (1940 ff.)). Dies kann hier nicht abstrakt für alle Facetten gelten, sondern allein im Kontext der jeweiligen Einzelnorm geschehen. Hier kann nur die Gesetzessystematik verdeutlicht werden.

2. Konkrete und abstrakte Gefahr

146   Die Gefahr als Sachlage, die bei ungehindertem Ablauf des zu erwartenden Geschehens mit hinreichender Wahrscheinlichkeit ein polizeilich geschütztes Rechtsgut schädigen wird (→ Rn. 103), bedarf der **Feststellung tatsächlicher Anhaltspunkte,** also eines Sachverhalts in der Umwelt, und deren **Extrapolation in die Zukunft.** Liegen keine tatsächlichen Anhaltspunkte vor und weiß der handelnde Beamte dies, so wären Maßnahmen zur Abwehr der nicht vorhandenen Gefahr rechtswidrig. Nimmt der Beamte solche Anhaltspunkte irrtümlich an, obwohl sie nicht vorlagen, so ist eine derartige **Schein- oder Putativgefahr** keine Gefahr im Sinne der Polizeigesetze (→ Rn. 110); gleichwohl getroffene Maßnahmen sind rechtswidrig. Der Irrtum ist polizeirechtlich ohne Belang, da es hier auf Motive, Vorsatz oder Schuldfragen nicht ankommt; er kann rechtliche Relevanz allenfalls außerhalb des Polizeirechts erlangen. Lagen hingegen zureichende derartige Anhaltspunkte vor, welche im Einzelfall in der Handlungssituation ein Gefahrurteil rechtfertigten, so kann die Maßnahme auch dann zulässig sein, wenn aus seinerzeit nicht erkennbaren Umständen kein Schadenseintritt bevorstand. Eine solche **Anscheinsgefahr** (→ Rn. 127) steht der Gefahr unter einschränkenden Voraussetzungen nur eingeschränkt gleich. Das gilt jedenfalls dann, wenn keine weiteren Aufklärungsmöglichkeiten mehr bestanden oder aber ihre Nutzung zu einer Verzögerung möglicher Maßnahmen geführt hätten, welche eine Realisierung des prognostizierten Schadens hätte erwarten lassen (→ Rn. 103). Dies gilt allerdings nur für die Beurteilung der Rechtmäßigkeit getroffener Abwehrmaßnahmen, also der rechtlichen Primärebene. Hinsichtlich ex post zu beantwortender rechtlicher Sekundärfragen, etwa zum Kosten- oder Entschädigungsrecht, wird hingegen unterschiedlich differenziert (→ Rn. 128).

147   Eine Gefahr im Sinne der Aufgabennormen ist hingegen die **konkrete Gefahr.** Sie liegt vor, wenn **im Einzelfall** hinreichende tatsächliche Anhaltspunkte für die geschilderte Sachlage vorliegen, welche eine gleichfalls einzelfallbezogene Prognose ermöglichen (→ § 8

Rn. 89). Dies gilt auch, wenn eine Norm diese Umschreibung verwendet, ohne den Begriff selbst zu enthalten (zB § 14 Abs. 1 NRWOBG). Dieses Konzept (zu ihm BVerfGE 115, 320 (364); Lisken/Denninger PolR-HdB/Denninger D Rn. 42; Kingreen/Poscher POR § 8 Rn. 9 ff.) ist die Standardsituation polizeirechtlicher Befugnisnormen, sofern dort nichts anderes geregelt ist. Die besondere Situation mit ihrem erhöhten Risikopotential kann besondere Maßnahmen auch zulasten der Rechte Dritter begründen. Das gilt in gegenständlicher, zeitlicher und personeller Hinsicht. Sie ist einzelfallbezogen und rechtfertigt daher **einzelfallbezogene Abwehrmaßnahmen.** Für die Aufgabennormen der § 1 PolG NRW, § 1 NRWOBG hat sie demgegenüber keine eigenständige Bedeutung. § 8 Abs. 1 begrenzt die Befugnisse, nicht aber die polizeilichen Aufgaben. Für die Aufgabenklausel wird daher abgrenzend auch der Begriff der **allgemeinen Gefahr** verwendet (Tegtmeyer/Vahle PolG NRW § 8 Rn. 11; sa Lisken/Denninger PolR-HdB/Denninger D Rn. 45). Er darf nicht verwechselt werden insbesondere mit der „gemeinen Gefahr" (→ Rn. 154) und der abstrakten Gefahr. Seine Leistung besteht eher darin, die unterschiedlichen Gefahrkonzepte der einzelnen Befugnisnormen zu rahmen und darüber hinaus die Gefahraufklärung in das Gefahrkonzept einzubeziehen (→ Rn. 148). Insoweit reichen die Aufgaben weiter als die einzelnen Befugnisse und auch weiter als deren Summe. Hingegen ist das „Vorfeld" der Gefahr für die Polizei – im Unterschied zu den Nachrichtendiensten – nur in Ausnahmefällen eröffnet.

Eine andere Gefahr im Sinne der Aufgabennorm ist die **abstrakte Gefahr.** Sie ist eine **148** andere Form der Gefahr als ihr konkretes Gegenstück, aber nicht per se mehr oder weniger gefährlich (Kingreen/Poscher POR § 8 Rn. 11). Das Konzept umschreibt das **erhöhte Schadenseintrittsrisiko in einer großen Zahl vertypter Sachverhalte** („durch typischerweise gefährliche Sachverhaltsmerkmale bestimmte Schadenswahrscheinlichkeit" (Lisken/Denninger PolR-HdB/Denninger D Rn. 42)). Dazu zählt etwa die „Gefährlichkeit" einer Kurve der Bundesfernstraße für den (in großer Zahl auftretenden) Autoverkehr oder das Risiko des Aufkommens von Glasmüll oder von Gewalttaten Betrunkener, wenn Alkohol in Glasbehältern in der Öffentlichkeit mitgeführt oder aus ihnen konsumiert worden ist (→ Rn. 90). Hier wird regelmäßig die Gefährlichkeit nicht im Einzelfall „vor Ort", sondern allgemein durch Experten festgestellt und nach dafür einschlägigen Regeln bzw. Regelwerken bewertet (sa § 2 Nr. 6 NPOG). Die Gefahr besteht jedenfalls dann und dort, wo eine solche Situation tatsächlich existiert; in derartigen Fällen können Gefahrenabwehrmaßnahmen über Einzelfälle hinaus ergehen, etwa ordnungsbehördliche **Verordnungen** (§§ 25, 27 NRWOBG) oder **Allgemeinverfügungen** (zum Aufenthaltsverbot gegen Fußballfans VG Darmstadt NVwZ 2016, 1344f; Böhm/Mayer DÖV 2017, 325; Hecker NVwZ 2016, 1301), nicht hingegen einzelfallbezogene Maßnahmen getroffen werden. Auf unterschiedliche Gefahren darf so mit unterschiedlichen Maßnahmen reagiert werden; eine Vermengung oder ein Mittelaustausch zwischen beiden ist dagegen unzulässig.

3. Formen konkreter Gefahr

Ein bereits eingetretener Schaden („**Störung**") kann eine Gefahr begründen, solange sie **149** fortwirkt und Schutzgüter auch in Zukunft noch schädigen wird. Dabei ist nicht auf die Rechtsgutsbeeinträchtigung in Vergangenheit und Gegenwart, sondern auf deren Fortsetzung oder Weiterentwicklung in der Zukunft abzustellen. Hier kann ein Schaden zur **fortwirkenden Gefahr** werden. Sie kann polizeiliche Zuständigkeiten, ggf. in der Form der **Störungsbeseitigung** (→ Rn. 179), begründen (Lisken/Denninger PolR-HdB/Denninger D Rn. 15). Diese Gefahr endet, sobald die Schädigung des Rechtsguts beseitigt ist und daher aus ihr in Zukunft keine weiteren Schäden mehr zu erwarten sind. Eine konkrete Gefahr kann auch in der Form einer **Dauergefahr** bestehen (BVerfGE 115, 320 (364 f.)). Sie liegt vor, wenn die hinreichende Wahrscheinlichkeit des Schadenseintritts über einen längeren Zeitraum hinweg zu jedem Zeitpunkt besteht, gefährdete Rechtsgüter also über die gesamte Zeitdauer hinweg konkret gefährdet sind (BVerfGE 115, 320 (364 f.)). Dafür müssen hinsichtlich jedes Zeitpunktes innerhalb jener Dauer zureichende tatsächliche Anhaltspunkte vorliegen (BVerfGE 115, 320 (364); 69, 315 (353 f.); 44, 353 (381 f.)). Das unveränderte Vorhandensein von Gefahrenquellen, -verursachern oder -abläufen reicht dann nicht aus, wenn es keine konkreten Anhaltspunkte dafür gibt, dass von ihnen anhaltend und auch in absehbarer

Zukunft bestimmbare Schäden an Rechtsgütern Dritter ausgehen können. Das Fortbestehen unerkannter Gefahrenquellen oder einer kriminellen bzw. terroristischen Infrastruktur allgemein begründet möglicherweise polizeiliche Aufklärungsmaßnahmen, aber keine Zulässigkeit von Eingriffen in Grundrechte einzelner Dritter. Das gilt erst recht, wenn derart allgemeine Gefahrenquellen von der Gesellschaft hingenommen, von der Polizei geduldet (Sonderfall: OVG Münster NWVBl. 2009, 268 f.) oder als dermaßen fernliegend eingestuft werden, dass sie eher zum allgemeinen Lebensrisiko gezählt werden müssen. Hierzu zählen außenpolitische Spannungen oder das Vorhandensein potentiell terroristischer Gruppen im Ausland ohne erkennbare Anschlagspläne gegen von deutschen Behörden zu schützende Rechtsgüter (Lisken/Denninger PolR-HdB/Denninger D Rn. 55; Schulze-Fielitz FS Schmitt Glaeser, 2003, 407 (422 ff.) mwN).

150   Eine **konkrete Gefahr** ist eine gesteigerte Gefährdung bestimmbarer Rechtsgüter, nicht das bloß allgemeine Lebens- und Gefährdungsrisiko. Von ihr jedenfalls analytisch abzugrenzen ist die **Wiederholungs- oder Rückfallgefahr** (§§ 68 ff. StGB; näher BeckOK StGB/Heuchemer StGB §§ 68 ff.), also das erkennbare gesteigerte Risiko des Wiedereintritts einer Gefahrsituation, welche zeitweise beendet oder unterbrochen ist. Sie basiert auf der Kombination eingetretener Schädigungen oder Gefahren mit der Prognoseregel, wonach der frühere Eintritt die Wahrscheinlichkeit einer zukünftigen Wiederholung indizieren könne. Eine konkrete Gefahr entsteht daraus aber erst dann, wenn sich auch **im Einzelfall erhöhte Wiederholungsrisiken** zeigen (→ Rn. 122; Bsp.: BVerfG NJW-Spezial 2013, 24). Solange nicht geklärt werden kann, ob der Einzelfall der Gruppe mit erhöhtem Wiederholungsrisiko angehört, ist die Gefahr allerdings eine allein statistische und damit allenfalls abstrakt, aber nicht konkret.

151   Hinsichtlich konkreter Gefahren finden sich zwei **unterschiedliche Formen von Differenzierungsansätzen im Gesetz.** Sie folgen den beiden Bezugspunkten der dargestellten Proportionalitätsformel (→ Rn. 118): Der Eintrittsprognose einerseits (→ Rn. 152 f.) und der Schadenshöhe andererseits (→ Rn. 154).

152   Ein gesetzlicher Steuerungsansatz liegt in der Normierung erhöhter Gefahrintensität durch Betonung der **zeitlichen Nähe zum Schadenseintritt** und der dadurch intendierten **Erhöhung des Wahrscheinlichkeitsgrades seines Eintritts** (Lisken/Denninger PolR-HdB/Denninger D Rn. 53). Die nicht ganz einheitliche, zwischen Bundes- und Landesgesetzgebern durchaus changierende Terminologie nennt die „**gegenwärtige Gefahr**" (etwa § 6 Nr. 1; § 43 Nr. 1), die „unmittelbare Gefahr" (§ 15 Abs. 1 VersammlG), „unmittelbar bevorstehende Gefahr" (§ 32 Abs. 1 Nr. 2 HSOG), eine „unmittelbar bevorstehende" Straftat (§ 35 Abs. 1 Nr. 2; OVG Münster NWVBl. 2012, 278 (279 f.)) oder die „dringende Gefahr" (Art. 13 Abs. 4 GG; BVerwGE 47, 31 (40); Lisken/Denninger PolR-HdB/Denninger D Rn. 64). Damit gemeint ist regelmäßig eine Sachlage, bei der die Einwirkung des schädigenden Ereignisses bereits begonnen hat, unmittelbar oder in allernächster Zeit mit einer an Sicherheit grenzender Wahrscheinlichkeit bevorsteht (§ 2 Nr. 3 lit. b BremPolG, § 2 Nr. 2 NPOG, sa § 3 Nr. 3 lit. b SOG LSA). Die Umschreibung verdeutlicht die **Kombination von erhöhter zeitlicher Nähe mit erhöhter Eintrittswahrscheinlichkeit des Schadens.** Maßgeblich ist eine Gesamtbetrachtung der relevanten Umstände des Falls. Diese Feststellung muss auf „Tatsachen, Sachverhalten und sonstigen Einzelheiten" basieren; ein „bloßer Verdacht oder Vermutungen können nicht ausreichen" (BVerfGE 69, 315 (353 f.); Lisken/Denninger PolR-HdB/Denninger D Rn. 61). Doch ist die Terminologie hier nicht einheitlich. Namentlich die Rechtsprechung zu Art. 13 Abs. 7 GG und den ihm nachgebildeten gesetzlichen Regelungen (etwa § 41 Abs. 3) stellt nicht auf die Nähe des Schadenseintritts ab: Sie beinhalte gerade keine zeitliche Steigerung (BVerfGE 17, 232 (251 ff.); Tegtmeyer/Vahle PolG NRW § 41 Rn. 23) und könne auch bereits im Gefahrvorfeld einschlägig sein. Doch scheint darin eine punktuelle Abweichung von dem ansonsten weitgehend einheitlichen Begriffsverständnis zu liegen, die etwa für die Auslegung des Art. 13 Abs. 4 GG nicht übernommen worden ist (BeckOK GG/Fink GG Art. 13) und somit innerhalb eines einzelnen Grundrechts zu unterschiedlichen Begriffsverständnissen führt. Die jeweils anwendbare Variante ist daher im Einzelfall durch Auslegung festzustellen, wobei angesichts des Standes der Gesetzessprache wie der Rechtsprechung eine **Vermutung für das Konzept der erhöhten zeitlichen und wahrscheinlichen Eintrittsmöglichkeit des Schadens spricht, die im Einzelfall widerlegt werden muss.** Mögliche Rechtsfolgen solcher

Gefahrbegriffe ergeben sich aus den jeweiligen Einzelnormen und lassen sich kaum generell schematisieren. Wo es nicht allein um eine bereichsspezifische Begrenzung polizeilicher Eingriffsmaßnahmen geht (etwa § 15 VersammlG; DGK, 16. Aufl. 2011, VersammlG § 15 Rn. 58 ff.; Dürig-Friedl/Enders, Versammlungsrecht, 2016, VersammlG § 15 Rn. 132 ff.), kann es um **Zuständigkeitsverschiebungen in Eilfällen** gehen; die **Heranziehung von Personen, die ansonsten nicht herangezogen werden dürften** (§ 6 Abs. 1 Nr. 1), oder die **Anwendung schwerwiegender Grundrechtseingriffe,** welche als ultima ratio anzusehen und gegenüber milderen Eingriffsformen regelmäßig subsidiär sind (etwa § 17 Abs. 1 Nr. 1, § 18 Abs. 1).

Einen gleichfalls zeitlichen Bezug, allerdings mit anderer Wirkungsrichtung, verfolgt der **153** qualifizierte Begriff der „**Gefahr im Verzug**" (etwa Art. 13 Abs. 2 GG, § 42 Abs. 1, § 17 Abs. 2 S. 5, § 18 Abs. 2 S. 5). Maßgeblich ist hier nicht notwendig die besondere zeitliche Nähe zwischen Feststellungs- und Schadenseintrittszeitpunkt. Ausschlaggebend ist vielmehr ein Vergleich zwischen der Nähe des Schadensereignisses und der Möglichkeit, diesen auf die normale gesetzlich vorgesehene Art und Weise abwenden zu können. Ist deren Abwendung wegen der zeitlichen Dauer der vorgeschriebenen Vorkehrungen, insbesondere des notwenigen Verfahrens, nicht oder nicht rechtzeitig möglich, so würden Gefahrenabwehrauftrag und -mittel im Einzelfall in einen gesetzlich angeordneten Widerspruch treten. Zu dessen Auflösung dient das Merkmal der Gefahr im Verzug, welches in derartigen Fällen vorübergehende Ausnahmen vom regulär angeordneten Verfahren zulässt. Die **Gefahr ist also im Verzug, wenn sie von der Polizei zwar überhaupt noch, aber nicht mehr unter Wahrung der dafür regulär vorgesehenen Zuständigkeiten oder Verfahren abgewehrt werden kann** (BVerfGE 96, 27 (29 ff.)); grdl. Nelles, Gefahr im Verzug, 1980, 22 ff.). In solchen Fällen können ausnahmsweise im Einzelfall **Abweichungen von vorgeschriebenen Zuständigkeitsregelungen** (§ 14 POG NRW; Lisken/Denninger PolR-HdB/Denninger D Rn. 65 f.) oder **Abweichungen von vorgeschriebenen Verfahrensschritten,** etwa von Richtervorbehalten, zulässig werden. Es geht also nicht um Eingrenzungen oder Erweiterungen polizeilicher Aufgaben oder Befugnisse, sondern allein um die Ausübbarkeit der üblichen Befugnisse unter vereinfachten gesetzlichen Bedingungen. **Beispiele** mögen die Durchsuchung von Wohnungen sein, wenn Verdunkelungsgefahr besteht (BVerfG NJW 2005, 1637), die Festnahme einer Person bei Fluchtgefahr oder die Überwachung geschützter Kommunikationsmedien, wenn spätere Überwachung keinen Erfolg mehr verspricht. Maßgeblich für die Konkretisierung sind weniger begriffliche Ansätze als vielmehr die verfahrensrechtliche Bedeutung, insbesondere die Wahrung des Regel-Ausnahme-Verhältnisses zwischen dem gesetzlich vorgesehen Normalfall (mit besonderen Verfahren) und den ausnahmsweisen polizeilichen Eilmaßnahmen ohne Verfahren (BVerfGE 96, 27 (40 f.)). Daraus resultieren besondere Anforderungen eher organisatorisch-prozeduraler als interpretatorischer Art. Und sie richten sich zum Teil an die Justiz (zu ihnen Amelung NStZ 2001, 337; Möllers NJW 2001, 1397; Gusy JZ 2001, 1029 (1033); Gusy NStZ 2010, 353; Krehl DIE POLIZEI 2003, 337) und nur zum Teil an die Polizei. Diese hat danach **grundsätzlich das reguläre Verfahren einzuhalten und darf nicht das Eintreten der Ausnahmevoraussetzungen abwarten;** sie hat

- mögliche, im Einzelfall nicht völlig aussichtslose Bemühungen zu unternehmen, das gesetzlich für den Normalfall vorgesehene Verfahren einzuleiten,
- bei zulässigem Unterbleiben oder Fehlschlagen solcher Bemühungen diejenigen **Umstände** (zumindest zeitnah nachträglich) **zu dokumentieren, welche die Notwendigkeit** eines Einschreitens **nach den Ausnahmetatbeständen begründet haben,**
- die für den Normalfall gesetzlich vorgesehenen **Verfahrenshandlungen** – falls vorgeschrieben – rechtzeitig **nachzuholen** und
- einzelfallübergreifend **zu evaluieren,** dass die rechtlich vorgeschriebene Ausnahme auch im Vollzug der Ausnahmefall bleibt.

Eine alternative Form qualifizierter Gefahrbegriffe stellt auf die **Wertigkeit der zu schüt- 154 zenden Rechtsgüter** bzw. die absehbare Größe des drohenden Schadens an ihnen ab. Dies ist etwa der Fall bei der „**erheblichen Gefahr**" (etwa § 6 Abs. 1 Nr. 1); bei der Benennung einzelner qualifizierter Rechtsgüter, für welche eine Gefahr bestehen muss (etwa „Gefahr für den Bestand oder die Sicherheit des Bundes oder eines Landes" (§ 31 Abs. 1 S. 2) oder „Gefahr für Leib oder Leben" (zB § 35 Abs. 1 Nr. 1, sa § 17 Abs. 1 Nr. 1, § 18 Abs. 1

Nr. 1: „Gefahr für Leib, Leben oder Freiheit", noch enger § 29 Abs. 1 Nr. 2) oder bei der **„gemeinen Gefahr"** (zB Art. 13 Abs. 7 GG). Derartige Eingrenzungsversuche suchen die Steuerung polizeilichen Verhaltens über die Einengung des jeweils bedrohten Rechtsguts bzw. das Ausmaß des drohenden Schadens (Lisken/Denninger PolR-HdB/Denninger D Rn. 62). „**Erheblich**" ist die Gefahr, wenn sie für ein **„bedeutsames Rechtsgut, wie Bestand des Staates, Leben, Gesundheit, Freiheit oder nicht unwesentliche Vermögenswerte"** besteht (etwa § 2 Nr. 3 lit. c BremPolG; § 2 Nr. 3 NPOG; § 3 Nr. 3 lit. c SOG LSA; Tegtmeyer/Vahle PolG NRW § 8 Rn. 14). Dazu zählt keineswegs jede Gefahr von Demonstration und Gegendemonstration in räumlicher Nähe; sondern erst dann, wenn anlässlich des Zusammentreffens der Versammlungen die Wahrscheinlichkeit von nicht nur geringfügigen Körperverletzungen oder Vermögenseinbußen besteht (Rühl NVwZ 1988, 577 (582)). „**Gemein**" ist die Gefahr, wenn sie **für eine Vielzahl von Menschen, eine Vielzahl von Rechtsgütern oder geschützten Vermögenswerten oder Sache von insgesamt hohem Wert besteht** (Art. 13 Abs. 7 GG, Maunz/Dürig/Papier GG Art. 13 Rn. 109 ff.). Hier kommt es also nicht auf den Wert des einzelnen geschützten Rechtsguts oder die Höhe der diesem drohenden Einbußen an. Vielmehr ist eine Gesamtbetrachtung im Hinblick auf eine Vielzahl potentiell betroffener Rechtsgüter und deren Träger und damit den drohenden Gesamtschaden abzustellen. Es geht also um den Summeneffekt: Ist die Summe aller Schäden hoch, kann die Betroffenheit der jeweils einzelnen Rechtsgüter durchaus geringer (aber nicht ganz geringfügig) sein.

155   In ähnliche Richtung gehen Umschreibungen, welche sich auf Tatbestände des Straf- oder Ordnungswidrigkeitsrechts beziehen. Allgemein ist dies der Fall etwa bei der Voraussetzung, dass „**Straftaten oder Ordnungswidrigkeiten**" begangen werden (§ 15 Abs. 1) oder Wiederholungsgefahr hinsichtlich einer „mit Strafe bedrohten Handlung" besteht (§ 14 Abs. 1 Nr. 2); sonstige Gefahren scheiden demnach aus. Auch hier kommt es auf Tatbestandsmäßigkeit und Rechtswidrigkeit, nicht hingegen auf Schuldfragen an (Tegtmeyer/ Vahle PolG NRW § 35 Rn. 7; zur Bindung von Behörden an strafgerichtliche Urteile einschränkend BVerwG NJW 2017, 2295). Noch einschränkender wirken vergleichbare Formulierungen, wenn nur bestimmte Straftaten genannt werden (etwa § 12 Abs. 1 Nr. 4) oder allgemeiner die Gefahr einer **Straftat von „erheblicher Bedeutung"** vorausgesetzt wird (§ 12 Abs. 1 Nr. 2 lit. a, § 19 Abs. 1 Nr. 2, § 20 Abs. 1 Nr. 2, § 21 Abs. 1 Nr. 2). Diese Formulierung nimmt die Umschreibung des § 8 Abs. 3 (→ § 8 Rn. 133 ff.) und noch mehr der „terroristischen Straftat" (§ 8 Abs. 4; → § 8 Rn. 136 ff.) auf. Hier indiziert die Schwere des drohenden Delikts die Qualifikation der Gefahr. Maßgeblich ist im Einzelfall eine doppelte **Erheblichkeit:** Nämlich sowohl **des Deliktstatbestands als auch der drohenden Begehungsform** (BVerfGE 109, 133 (168 ff.)). Darüber hinaus gehen Vorschriften, welche auch **Ordnungswidrigkeiten „von erheblicher Bedeutung für die Allgemeinheit"** nennen (etwa § 35 Abs. 1 Nr. 2). Dazu zählt nicht bloßes Verwaltungsunrecht, welches die Funktionsfähigkeit oder Effektivität der Exekutive bzw. ihrer Aufgabenerfüllung schützt. Maßgeblich ist vielmehr die mögliche Betroffenheit von Schutzgütern Dritter, der Allgemeinheit oder sonstiger Berechtigter. Angenommen wird dies etwa für Normen des Umweltschutzes oder des Schutzes der Nachtruhe (VG Schleswig NJW 2000, 970) ohne Rücksicht darauf, ob eine unbestimmte Vielzahl Betroffener („Allgemeinheit") oder aber nur einzelne im Einzelfall geschädigt würden.

156   Die **Vielfalt gesetzlicher Terminologien deutet wohl nur begrenzt auf** eine entsprechende **Vielzahl legislativer Steuerungs- und Differenzierungsziele** hin. Manches spricht dafür, dass unterschiedliche Textfassungen aus zeitlich verschiedenen Rechtssetzungsinitiativen stammen und so jeweils zeitlich bedingte sprachliche Nuancen aufweisen. Unterschiedliche Normtexte sprechen so nicht notwendig für vollständig unterschiedliche Regelungsinhalte. Dies ist eine Frage der Auslegung der Einzelnormen, nicht hingegen der allgemeinen Gesetzessystematik. Für die Frage nach den polizeilichen Aufgaben sind die Gefahrqualifikationen jedenfalls iRd Abs. 1 S. 1 nur von untergeordneter Bedeutung: Sie steuern – jedenfalls bei Vorliegen der allgemeinen Gefahrkriterien – eher das „Wie" als das „Ob" des Einschreitens, können allerdings im Rahmen der Ermessensbindung auch das Entschließungsermessen beeinflussen.

157   Umgrenzte Gefahrtatbestände begründen entweder die **Zulässigkeit besonders schwerwiegender Grundrechtseingriffe** oder von eingreifenden Maßnahmen gegenüber Personen, die keinen Bezug zur Gefahrverursachung aufweisen. Eine vollständig trennscharfe Abgrenzung der Rechtsfolgen derartiger Tatbestände (näher Lisken/Denninger PolR-HdB/ Denninger D Rn. 62 f.) ist allerdings nur eingeschränkt möglich. So können etwa beide Fallgruppen in Vorschriften nebeneinander stehen, wenn etwa auf die „**gegenwärtige Gefahr" für besonders hochwertige Rechtsgüter** abgestellt wird. Hier werden zeitlich-prognostische (→ Rn. 151 f.) mit rechtsgutsbezogenen Tatbestandsvoraussetzungen kumuliert. Namentlich in solchen Kombinationstatbeständen können auch die dadurch gezogenen Grenzen polizeilichen Handelns nicht trennscharf der einen oder anderen, sondern nur beiden einschränkenden Tatbeständen nebeneinander zugeschrieben werden. Sinn und Zweck derartig qualifizierter Anforderungen an polizeiliches Handeln können sein (nach Lisken/Denninger PolR-HdB/Denninger D Rn. 64):

• die vorherige möglichst genaue **Erkenntnis der drohenden Gefahr,**
• die möglichst genaue Einschätzung potentiell **betroffener Rechtsgüter,**
• die möglichst zutreffende **Prognose** hinsichtlich **der möglichen Schadenshöhe,**
• die Einschätzung der **zeitlichen Nähe bzw. Ferne des Schadenseintritts,**
• die möglichst zuverlässige **Abschätzung der Eintrittswahrscheinlichkeit,**
• die optimale **Vorhersage möglicher Maßnahmen** zur Gefahrenabwehr,
• die **Bestimmung** von solchen Maßnahmen potentiell **betroffener Rechtsgüter,**
• die zutreffende **Vorhersage der Schwere notwendiger Eingriffe** in diese Rechtsgüter,
• eine optimale **Abwägung** zwischen gefährdeten und durch Gefahrenabwehr betroffenen Rechtsgütern.

4. Gesetzliche Gefahrindikationen (Gefahrenlagen- und Orte)

In einer Reihe von Fällen enthält das Gesetz **typisierte Gefahrlagen** als Voraussetzung **158** einzelner polizeilicher Handlungen. Solche lageabhängigen Maßnahmen sehen nicht vom Gefahrkonzept ab, sollen allerdings maßnahmeabhängigen Sondersituationen Rechnung tragen (Gusy JA 2011, 641 (643 ff.)). An einer Kontrollstelle sollen Gefahren oder ihre Verursacher erst ausfindig gemacht werden. Deshalb können hier nicht allein gefährliche oder gefährdende Personen kontrolliert werden. Ein derartiger Aufklärungseingriff kann demnach nicht auf eine Gefahrsituation im Einzelfall abstellen, sondern bedarf anderer Anknüpfungspunkte. Sie werden in **vertypten oder indizierten Gefahrlagen** gesucht. Dies gilt namentlich für Maßnahmen der Gefahraufklärung (→ Rn. 166 ff.). In Nordrhein-Westfalen sind dies namentlich die Videoüberwachung (§ 15a; Bretthauer, Intelligente Videoüberwachung, 2017), Kontrollstellen (§ 12 Abs. 1 Nr. 4; zur „**strategischen Fahndung"** s. § 12a; Graf, Verdachts- und ereignisunabhängige Personenkontrollen, 2006), Identitätsfeststellung (§ 12 Abs. 1) und einzelne Durchsuchungsbefugnisse (§ 49 Abs. 1 Nr. 4 und Nr. 5, § 40 Abs. 1 Nr. 4 und Nr. 5, § 41 Abs. 3). **Sie sehen nicht vom Gefahrmerkmal ab, fassen dieses jedoch anders.** Ausgangspunkt hierfür ist eine Situation, welche dazu geeignet sein kann, in besonderer Weise Risiken für polizeiliche Schutzgüter hervorzubringen. Diese Situation wird auch als „**Anlass"** bezeichnet, welche einerseits die Zulässigkeit polizeilicher Aktivitäten begründen kann, andererseits im Falle ihres Fehlens solche Maßnahmen ausschließt. Gänzlich **anlassunabhängige Maßnahmen sind** jedenfalls dann **ausgeschlossen** (LVerfG Mecklenburg-Vorpommern DÖV 2000, 71 (72 ff.)), wenn sie grundrechtseingreifenden Gehalt erlangen können. Ein solcher Anlass kann durch besondere Umstände unterschiedlicher Art begründet werden, sei es durch zeitliche (zeitnahes Stattfinden einer Straftat mit gesteigertem Wiederholungsrisiko), durch örtliche Umstände oder aber durch eine Kombination beider – ggf. mit weiteren – Merkmale. Klassische Anwendungsfälle sind die früher umstrittenen Konzepte der „**gefährlichen Orte"** bzw. „**gefährdeten Orte"** (Wagner, Polizeirecht, 2. Aufl. 1985, 173 f.; Lisken/Denninger PolR-HdB/Petri G Rn. 789 ff., jeweils mwN). Der Streit um diese Form der Gefahrindizierung bezog sich auf mindestens drei Ebenen (Überblick bei Kugelmann DÖV 2003, 781 mwN): Wie können und ggf. müssen derartige Anlässe festgestellt werden? Müssen derartige Feststellungen gesetzlich geregelt sein, und wenn ja, mit welcher Bestimmtheit? Und dürfen Polizei und Polizeirecht überhaupt von den klassischen Gefahrtatbeständen abweichen?

Die Feststellung der **Gefahrindizien** und die an sie zu stellenden Anforderungen **grenzen 159 anlassabhängige von anlasslosen Maßnahmen ab.** Da erstere zulässig, letztere aber unzulässig sein sollen, sind sie tatbestandlich notwendige Eingriffsvoraussetzungen und unterliegen der gerichtlichen Kontrolle. Als rechtlich notwendige Maßstäbe haben sich herausgestellt (BVerfGE 120, 378 (409 ff.); VGH Mannheim NVwZ 2004, 498):

- Anwendbarkeit einer **hinreichend bestimmten** (BVerfGE 120, 378 (409 ff.)) **gesetzlichen Ermächtigung** zur Gefahrenabwehr (Lisken/Denninger PolR-HdB/Petri G Rn. 791 ff. mwN),
- gesetzliche Ermächtigung **zur Schaffung vertypter Gefahrsituationen** und deren Einhaltung im Einzelfall,
- kriminalistische **Erkenntnisse über gesteigerte Schadensrisiken** in der jeweiligen Lage oder am jeweiligen Ort (diese müssen statistisch oder jedenfalls erfahrungsgestützt sein und den Regeln kriminalistischer Erkenntnisse genügen, hinreichend dokumentiert und nachprüfbar sein),
- **Anwendung dieser Erkenntnisse** bei der Umschreibung des Anlasses im Einzelfall,
- **verfahrensfehlerfreie Bestimmung des jeweils maßgeblichen Anlasses** und seiner Grenzen (dazu zählt insbesondere die Neutralität der Festsetzung, die Einhaltung von Verfahrensregeln: Zuständigkeiten, Behördenleitervorbehalte, Richtervorbehalte; zu einzelnen Verwertungsverboten BGH StV 2017, 707) zum Schutz der Rechte Betroffener und nachfolgende Pflichten im Hinblick auf die Verwendung möglicherweise erhobener Daten (BVerfGE 120, 378 (409 ff.)),
- **behördliche Folgenbeobachtung** und ggf. Aktualisierung der vorausgesetzten kriminalistischen Erkenntnisse und ihrer Anwendung im Einzelfall.

160 Sind diese Voraussetzungen erfüllt, wird die Maßnahme nicht als anlassunabhängige bewertet. **Beispiele** sind erhöhtes Aufkommen von Schleuserkriminalität oder gestohlener Fahrzeuge auf bestimmten (nicht allen) Straßen, namentlich in Grenznähe (LVerfG Mecklenburg-Vorpommern NVwZ 2000, 1038), überdurchschnittliche Kriminalität an bestimmten Plätzen oder Straßen (VGH Mannheim NVwZ 2004, 498) oder die besondere Gefährdung eines Gebäudes oder der Personen in ihm (zB Synagoge).

161 Zur Bestimmung eines derart vertypten Gefahranlasses bzw. –indizes bedarf es einer **gesetzlichen Befugnisnorm.** Das Recht, überhaupt Datenerhebung oder –verarbeitung durchzuführen, rechtfertigt nicht die Verwendung der Informationen zur Gefahrenabwehr (BVerfG DVBl 2009, 1237; krit. ohne diesen Aspekt Bull NJW 2009, 3279). Nicht unstreitig sind die Anforderungen an die **Bestimmtheit** derartiger gesetzlicher Ermächtigungen. In ihrem Anwendungsbereich sind Anforderungen und Grenzen zu beachten: Bezieht sich das Recht zur Gefahraufklärung allein auf konkrete Gefahren, so müssen diese im Einzelfall vorliegen. Dies schließt orts- oder lagebezogene Eingriffe nicht völlig aus, erhöht aber die Begründungsanforderungen im Einzelfall. Eine Ermächtigung an die Polizei, grundsätzlich jeden Ort zum „Gefahrort" zu erklären und an diesem sodann Grundrechtseingriffe gegen alle dort angetroffenen Personen durchzuführen (§ 4 Abs. 2 S. 1 PolEDVG – Gesetz über die Datenverarbeitung der Polizei v. 2.5.1991, HmbGVBl. 187), ist allenfalls für ganz begrenzte Orte und ganz überschaubare Zeiträume möglich (OVG Hamburg NVwZ-RR 2015, 695). Dauergefahren (→ Rn. 149) scheiden als Grundlage ebenso aus wie tagelange Kontrollen gegenüber jedermann. Eine Ermächtigung zur Überwachung „öffentlich zugänglicher Orte" ohne weitere Beschreibung möglicher Gefahrindizien an diesen Orten ist ebenfalls zu weitreichend (Lisken/Denninger PolR-HdB/Petri G Rn. 791).

162 Auch anlassabhängige Maßnahmen sind nicht unbegrenzt zulässig. Die Rechtsprechung formuliert Anforderungen für Grundrechtseingriffe an derartigen Orten oder in derartigen Lagen. Ausgangspunkt ist die Lehre von der **doppelten Gefahrabhängigkeit** von Maßnahmen im Einzelfall: Betroffene Personen müssen sich nicht allein in der indizierten Lage oder **am indizierten Ort** befinden; sie müssen dort vielmehr auch im Einzelfall **in einer gefahrrelevanten Situation** angetroffen werden (BVerfG NVwZ 2012, 757). Diese wird durch die Indizierung der Lage zwar regelmäßig vermutet, kann aber im Einzelfall ausgeschlossen sein.

162.1 **Beispiel:** Journalisten oder Anwohner überwachter Orte oder Kontakt- und Begleitpersonen (soweit für sie keine Sonderregelungen gelten) sind von Überwachungsmaßnahmen auszunehmen. Ihnen darf nicht pauschal die Nachweislast hinsichtlich ihrer individuellen Ungefährlichkeit aufgebürdet werden. Vielmehr hat die Polizei hinreichende Vorkehrungen zugunsten solcher Personenkreise zu treffen, soweit dies nach den zeitlichen und örtlichen Gegebenheiten im Einzelfall möglich ist.

Die **Gefahrindikation rechtfertigt** anlassbezogene Aufklärungsmaßnahmen im Einzel- **163** fall, doch lassen sie **keine schwerwiegenden Grundrechtseingriffe** zu (Gusy FS Schenke, 2011, 395 ff.). Sie dürfen also weder in besonders geschützte Grundrechtsgarantien noch in grundrechtlich besonders geschützte Vertrauensverhältnisse eingreifen noch umfassende Bewegungsbilder herstellen. Das Leitbild der „überwachten Gesellschaft" ist kein solches lageabhängiger, aber auch -begrenzter Polizeiarbeit. Sollen dennoch schwerwiegende Eingriffe vorgenommen werden, bedarf dies einer grundrechtskonformen Ermächtigung zu einzelfallabhängigen Maßnahmen (Gusy JA 2011, 646 ff.).

Insbesondere bedarf es eines hinreichenden **gesetzlichen Folgenmanagements** hin- **164** sichtlich **des Umgangs mit** zielgerichtet erhobenen oder zufällig angefallenen **personenbezogenen Daten** (BVerfG NJW 2006, 1939 (1940 ff.)). Dies betrifft sowohl die Abgrenzung der Treffer von sonstigen Fällen als auch die notwendige Differenzierung hinsichtlich der Schwere des Verdachts- oder Gefahrgrades im Einzelfall. Solche ggf. automatisch gestützten Prüfungs-, Differenzierungs- und Löschungsgebote, Verarbeitungs- und Übermittlungsbeschränkungen müssen gesetzlich entweder generell für Maßnahmen aufgrund lagebezogener Gefahrindizierungen oder speziell für einzelne derartige Maßnahmen vorgesehen sein. Entsprechende Verwaltungspraktiken allein reichen dafür nicht aus (BVerfGE 120, 378), wenn sie weder im Gesetzgebungsverfahren diskutiert und legitimiert sind noch aber als Kontrollmaßstäbe für Gerichte in Betracht kommen.

Eine dermaßen **indizierte Gefahr ist keine konkrete Gefahr,** da ihr im Hinblick auf **165** den jeweiligen Sachverhalt und die in ihm zu treffenden Maßnahmen der Einzelfallbezug fehlt. Sie ähnelt eher einer abstrakten Gefahr, welche auf erhöhte Schadenswahrscheinlichkeit in einer großen Zahl von Fällen abstellt (→ Rn. 115). Daher sind auch die auf sie gestützten Grundrechtseingriffe besonders regelungsbedürftig (→ Rn. 163). Am ehesten mag nahe liegen, sie als eine **typisierte Sonderform des Gefahrverdachts** (→ Rn. 171) zu qualifizieren.

Gefahraufklärung ist eine notwendige Voraussetzung der Gefahrenabwehr. Schon traditio- **166** nell umfasst die **aufgabenrechtliche Generalklausel** sowohl Aufklärungs- wie auch Abwehrmaßnahmen, konkrete und abstrakte Gefahren. Sie ist **offen für unterschiedliche Erscheinungsformen von Gefahrtatbeständen** und nicht auf konkrete Gefahren beschränkt. Dadurch unterscheidet sich die aufgaben- von der befugnisrechtlichen Generalklausel des § 8 (→ Rn. 141). Der unterschiedliche Wortlaut indiziert also unterschiedliche Bedeutungen. Eine zwingende Begrenzung des polizeilichen Handlungsraums auf bestimmte Erscheinungsformen von Gefahr ist dem Gesetz nicht zu entnehmen. Auch grundgesetzlich ist keine Begrenzung der Polizei auf die tradierten Gefahrformen erkennbar. Dies gilt umso mehr, als inzwischen Rechtmäßigkeitsbedingungen und Regelungsanforderungen an neue Maßnahmen weitgehend geklärt sind (Lisken/Denninger PolR-HdB/Petri G Rn. 789 ff.; Kugelmann DÖV 2002, 781). Wo die materielle Determination polizeilicher Aufgaben für sich nicht mehr stets ausreicht, ist dies rechtlich unschädlich, soweit und solange hinreichende Mechanismen anderweitiger rechtlicher Steuerung und Kontrolle polizeilicher Tätigkeit erkennbar sind (Kugelmann DÖV 2002, 787 ff.). Insoweit war und ist der **Gefahrbegriff weniger in Gefahr als vielmehr im Wandel.**

5. Drohende Gefahr: „Gefährder"

Als Sonderfall und Vorstufe der Gefahr haben sich die Figur des **Gefährders** und der **167** „**drohenden Gefahr**" etabliert (näher Darnstaedt DVBl 2017, 88; s. BVerfGE 141, 220 Rn. 165; Bäcker, Kriminalpräventionsrecht, 2015, 510 ff.; ferner Graulich NVwZ 2014, 685; Meyer JZ 2017, 429 (431 f.); zur Empirie DER SPIEGEL 11/2017, 32). Als solche bezeichnete zunächst § 20g Abs. 1 Nr. 2 BKAG 1997 eine „Person, bei der Tatsachen die Annahme rechtfertigen, dass sie Straftaten gem. § 4a Abs. 1 Satz 2 [BKAG 1997] begehen wird". Das BVerfG vermisste zunächst zu Recht mindestens die Anordnung einer „gehaltvollen Prognose" darüber, dass die Person „in überschaubarer Zukunft terroristische Straftaten" begehen wird. Dieses Merkmal prägt seitdem neuere gesetzliche Definitionsversuche. § 45 Abs. 1 Nr. 2, Nr. 3 BKAG sowie § 8 Abs. 4 und Abs. 5 PolG NRW-E führen die Figur des sog. „Gefährders" in das PolG NRW ein. Im Unterschied zur verbreiteten Terminologie von der „drohenden Gefahr" begründet dieser allerdings noch keine Gefahr, und erst recht ist diese nicht gesteigert („drohend"). Stattdessen droht kein Schaden, sondern erst eine Gefahr: Erst droht die Gefahr, aus der sodann ein Schaden hervorgeht. **Gefährder sind also Personen, hinsichtlich derer tatsächliche Anhaltspunkte für einen Gefahrverdacht bestehen, die Gefahrprognose aber noch nicht gestellt werden kann.** Die auf eine Formel des BVerfG zurückgehende Terminologie ist also auf den ersten Blick verwirrend. Die Figur wird wegen der zahlreichen Prognoseunsicherheiten kritisiert, hat sich aber namentlich im Zuge der Terrorismusabwehr etabliert. Grundsätzlich kann sie also – namentlich in der vom BVerfG angedachten Umschreibung – auch im Polizeirecht Anwendung finden, soweit die dort genannten Befugnisnormen hinreichend eindeutig und bestimmt sind. Von den so umschriebenen Personen geht – anders als es die Bezeichnung nahelegt – noch keine Gefahr aus; wohl aber bestehen diesbezügliche Anhaltspunkte und auf deren Grundlage ggf. die Notwendigkeit, weitere Informationen über ihre potentielle Gefährlichkeit zu sammeln. Die ursprünglich als Bezeichnung polizeilicher Dateien beim Bundeskriminalamt bekannt gewordene Formel – dort war sie noch auf das Informationsrecht begrenzt – wird inzwischen unter divergierenden Bezeichnungen zum Anlass von besonderen Informationseingriffen (zur Übermittlung von Gefährderdaten an Private Kirchhoff NJW 2017, 294), polizeilicher und / oder nachrichtendienstlicher Überwachung bis hin zur erleichterten Ausweisung oder Abschiebung bei Terrorismusverdacht (§ 58a AufenthG; zu dessen Verfassungsmäßigkeit BVerfG NVwZ 2017, 1526; BVerwG BeckRS 2017, 113651). Dadurch hat sich das Arsenal gefährderbezogener Eingriffe von der Informationserhebung auf Maßnahmen der Gefahrenprävention bei noch nicht festgestellten Gefahren im Einzelfall ausgeweitet. Eine solche Vorfeldprävention ist dem allgemeinen Polizeirecht ebenso wie dem PolG NRW fremd: Hier geht es um Gefahraufklärung und Gefahrenabwehr, nicht um deren Vorverlagerung in Bereiche fehlender Gefahr. Im Sonderpolizei- bzw. -ordnungsrecht kann sie unter qualifizierenden Voraussetzungen zulässig sein, sofern dafür eine ausdrückliche gesetzliche Ermächtigung gilt, hinreichende Informationen im Einzelfall vorliegen und keine überwiegenden Rechte der Betroffenen entgegenstehen (krit. Brodowski/Jahn/Schmitt-Leonardy GSZ 2017, 7; zum Aufenthaltsrecht Kießling, Die Abwehr terroristischer und extremistischer Gefahren durch Ausweisung, 2012, 107 ff., 185 ff.). In Nordrhein-Westfalen findet sich **kein flächendeckender Übergang vom „Gefahrkonzept" zum „Gefährderkonzept",** wohl allerdings eine punktuelle Vorverlagerung einzelner Befugnisse.

168 Bislang findet sich das Gefährderkonzept insbesondere in zwei Kontexten: Zunächst bei **Maßnahmen der Gefahraufklärung.** Hier ist der systematisch richtige Standort. Wo ein Gefahrverdacht besteht, aber noch keine Gefahr erkennbar ist, sind Maßnahmen zur Aufklärung sinnvoll und ggf. sogar geboten. Das Konzept der drohenden Gefahr ist **vom BVerfG** auch für die Polizei und das Polizeirecht **anerkannt** und es sind auf seiner Grundlage – auch **schwerwiegende – Gefahraufklärungsmaßnahmen zugelassen** worden (BVerfGE 141, 220 Rn. 163 ff.). Sodann bei **Maßnahmen gegen ausreisepflichtige Ausländer** (§ 62 AufenthG). Hier kommt Abschiebungshaft in Betracht, auch wenn deren allgemeine Voraussetzungen noch nicht vorliegen. Sie soll neben der Ausreise auch die Allgemeinheit vor schweren Straftaten schützen, hinsichtlich derer der Ausreisepflichtige als Gefährder eingestuft wird. Dies kann möglicherweise noch als vorläufige Sicherungsmaßnahme gegen Angehörige eines Personenkreises gelten, von denen nachweislich erhöhte Kriminalitätsrisiken auch im Bereich der Schwerkriminalität ausgehen. §§ 34b, 34c gehen jedoch darüber hinaus. Die dort vorgesehenen Maßnahmen dienen nicht der Aufklärung, sondern der Abwehr von noch nicht vollständig festgestellten Gefahren. Über die **Zulässigkeit grundrechtseingreifender Gefahrenabwehrmaßnahmen im Vorfeld** hat das BVerfG bislang keine Aussagen getroffen. Gegen deren Zulassung im Vorfeld von Gefahren sprechen jedoch verfassungsrechtliche Gründe. Das Gefahrkonzept ist inzwischen längst grundgesetzlich aufgeladen und ausgelegt. Es ist eine Resultante aus Legitimation, Effektivität von Polizeiarbeit und Grundrechtsschutz (→ Rn. 93). In diesem Sinne verwirklicht es alle kollidierenden Rechtsgüter im Wege praktischer Konkordanz und in verhältnismäßiger Weise. Grundsätzlich besteht für den Gesetzgeber die Möglichkeit, die polizeilichen Eingriffsbefugnisse im Bereich der Vorfeldmaßnahmen zu erweitern und so vom tradierten sicherheitsrechtlichen Modell auch zulasten der Rechte möglicher Betroffener abzuweichen. Aufgrund der dann allerdings geringeren Anforderungen an die Gefahrenprognose bedarf es erhöhter Anforderungen an die Rechtfertigung des Gesetzes, welche den Anforderungen an tiefgreifende Grundrechtseingriffe genügen müssen. Sie sind nur dann **erforderlich** und damit verfassungsrechtlich zu rechtfertigen, wenn **kein milderes, gleich effektives Mittel** zur Verfügung steht. Ein milderes Mittel vor der Gefahrfeststellung stellen regelmäßig informationelle Maßnahmen dar. Der Verdacht rechtfertigt damit Informationserhebungs- und -verarbeitungsmaßnahmen. Sie ermöglichen die Feststellung, ob eine Gefahr vorliegt oder nicht, und ob gegen sie Abwehrmaßnahmen getroffen werden dürfen oder gar müssen. Der Intensität des Eingriffs hängt dann von dem Vorhandensein und der Aussagekraft der Informationslage ab. Zugleich gilt aber auch: In diesem Sinne ist Gefahraufklärung nicht auf last-minute-Maßnahmen beschränkt. Sie ist jedenfalls bei der Möglichkeit größerer Schäden an höherwertigen Rechtsgütern bereits in erheblichem zeitlichem Abstand vom Schadenseintritt zulässig. Und dass sie noch weiter vorverlagert werden darf, ist vom BVerfG bestätigt worden. Demgegenüber kann die Vorverlagerung davon Gefahrenabwehrmaßnahmen nicht mit vergleichbaren Erwägungen gerechtfertigt werden. Ihre Vorverlagerung würde das differenzierte und vom Übermaßverbot vorgegebene Modell von Gefahraufklärung und -abwehr beeinträchtigen. Soweit die Aufklärung eine Gefahr erkennen lässt, sind Abwehrmaßnahmen zulässig. Und **soweit sie keine Gefahrenlage** erkennen lässt, **sind Abwehrmaßnahmen unzulässig.** Abwehrmaßnahmen im Zeitpunkt möglicher Aufklärungshandlungen würden ein bestimmtes Aufklärungsergebnis vorwegnehmen und damit die Nachrangigkeit der Gefahrenabwehr beeinträchtigen. In diesem Sinne wäre sie nicht erforderlich, wenn noch Aufklärung möglich ist, und würden daher gegen das Übermaßverbot verstoßen. In diesem Sinne spricht viel dafür, das Gefährderkonzept allenfalls für Aufklärungs-, nicht für Gefahrenabwehrmaßnahmen zulassen.

6. Abgrenzung: Gefahraffine Begrifflichkeiten

Die Polizeirechtsdogmatik kennt einzelne **gefahraffine Terminologien,** welche – im 169 Unterschied zu den zuvor genannten – **keine Erscheinungsformen von Gefahr** benennen. Sie bedürfen einer besonderen Zuordnung zum Anwendungsbereich des Abs. 1 S. 1. Hierzu zählt der **Gefahrverdacht** (→ Rn. 171), welcher zwar an die Gefahrbegrifflichkeit anknüpft, aber keine eigene Form der Gefahr darstellt (Schenke PolR Rn. 83; Poscher NVwZ 2001, 141). Bei ihm geht es um die Gewinnung tatsächlicher Anhaltspunkte für das Bestehen einer der zuvor genannten Gefahrarten, nicht hingegen um deren Erweiterung um weitere Facetten. Eine solche Aufklärung ist jedenfalls dann, wenn sie in Grundrechte eingreifen kann, allein aufgrund tatsächlicher Anhaltspunkte für einen Verdacht zulässig. Es geht um Anhaltspunkte für Anhaltspunkte. Diese **Gefahraufklärung** zählt daher zum Aufgabenbereich. Der polizeiliche Handlungsraum wird durch sie nicht erweitert, sondern allenfalls präzisiert.

Die **latente Gefahr** bezeichnet einen Zustand, der noch nicht gefährlich ist, aber zu 170 späterer Zeit oder unter gewandelten Voraussetzungen gefährlich werden kann. Immissionen sollen „latent" gefährlich sein, solange sich innerhalb ihres Einwirkungskreises keine polizeilichen Schutzgüter befinden; kommen solche hinzu, dann soll sich die Gefahr realisieren. Das Beispiel zeigt: Solange die potentielle Gefahrenquelle keine Schutzgüter schädigen kann, ist die Polizei (mangels Gefahr) noch nicht zuständig; sobald hingegen eine konkrete Gefährdung eintritt, wird sie zuständig. Dann allerdings besteht kein Grund, die „latente" Gefahr als Gefahr im polizeirechtlichen Sinne zu qualifizieren. Der Begriff der **„latenten Gefahrverursachung",** welcher ganz andere Leistungen als die Eröffnung und Begrenzung von Zuständigkeiten erbringen soll (Gusy PolR Rn. 337), **ist dogmatisch irreführend** und überflüssig (Gusy PolR Rn. 132; Kingreen/Poscher POR § 8 Rn. 28–30; Lisken/Denninger PolR-HdB/Denninger D Rn. 67; Schenke PolR Rn. 79; Schoch BesVerwR Kap. 1 Rn. 156 ff.).

V. Rechtsfolgen der aufgabenrechtlichen Generalklausel

1. Gefahraufklärung

Gefahrenabwehr setzt Gefahraufklärung voraus. Eine Gefahr, welche die Polizei 171 nicht kennt, kann sie allenfalls zufällig abwehren. Kenntnis der Gefahr ist notwendige Bedingung gesetzmäßigen Handelns. Hinzu können – je nach Sachverhalt – Kenntnisse von Gefahrenquellen, Gefahrverursachern, Gefahrauswirkungen, Handlungsmöglichkeiten und -alternativen, Ursache-Wirkungs-Zusammenhängen, Risikobewertungen und Rechtsfragen nötig werden. Erst das Vorhandensein derartiger Informationen kann die Behörden in die Lage versetzen, zweckmäßig und rechtmäßig (§ 10 S. 2 VwVfG. NRW.) zu handeln und somit den Vorgaben sowohl der allgemeinen Rechtsordnung wie auch des PolG NRW zu entsprechen. **Gefahraufklärung** ist demnach notwendige Voraussetzung rechtmäßiger Gefahrenabwehr und daher **von der Aufgabennorm der aufgabenrechtlichen Generalklausel notwendig mit umfasst** (Schenke PolR Rn. 88). Sie kann und muss sich auch auf die Feststellung von Kausalverläufen, möglicher Verantwortlicher, die Notwendigkeit polizeilicher Maßnahmen und deren Wirksamkeit im Hinblick auf Schadensabwehr beziehen. „Gefahraufklärung" ist also eine abgekürzte Umschreibung nicht allein für die Feststellung von Gefahren, sondern auch für die tatsächlichen und rechtlichen Bedingungen der Möglichkeit oder gar Notwendigkeit polizeilichen Handelns im Einzelfall (näher Gusy JA 2011, 641; ZJS 2012, 155). Sie ist im Rahmen des § 1 zulässig, soweit sie nicht mithilfe von Grundrechtseingriffen durchgeführt wird, namentlich nicht mittels personenbezogener Informationen erfolgt. Für deren Verarbeitung bedarf es demgegenüber einer informationsrechtlichen Befugnisnorm. Diese sind keine Annexbefugnisse zu einzelnen Gefahrenabwehrmaßnahmen, sondern in §§ 9 ff. verselbstständigt.

172   Gefahraufklärung setzt **Informationserhebung** im Einzelfall (→ Rn. 171 ff.) **und** deren **Verknüpfung mit anderen, bereits vorhandenen Informationen** (→ Rn. 175) voraus. Beide Schritte sind jedenfalls analytisch trennbar. Sie unterliegen auch rechtlich unterschiedlichen Anforderungen. Im Einzelfall setzt die Informationserhebung einen **Gefahrverdacht** voraus. Ein Sonderfall des Gefahrverdachts ist die Figur des „Gefährders" (→ Rn. 167). Der Verdacht beschreibt das Vorliegen tatsächlicher Anhaltspunkte, welche das Vorliegen einer Gefahr indizieren können, aber noch nicht ausreichen, um Abwehrmaßnahmen zu rechtfertigen (→ Rn. 242; Schenke PolR Rn. 86). Die Anhaltspunkte begründen also gefahrrelevante Erkenntnisse, welche aber noch keine Gefahr, sondern eine Situation der Ungewissheit über mögliche Gefahren schaffen. **Gefahrverdacht ist also keine Gefahr, kann aber die Behörden zu weiteren Gefahrermittlungen berechtigen oder gar verpflichten** (zu den Grenzen VGH Mannheim NVwZ-RR 2015, 26). Beispiele sind Spuren, welche auf Gefahren hindeuten können, Aussagen von Anzeigeerstattern, Geschädigten oder Zeugen, Tipps aus kriminellen Milieus, aber auch eigene, noch weiter zu überprüfende Erkenntnisse und Schlussfolgerungen. Soweit sie nicht mit hinreichender Sicherheit das diagnostische bzw. prognostische Gefahrurteil tragen, können sie doch hinreichend erscheinen, um im Einzelfall weitere Aufklärungshandlungen sinnvoll oder gar notwendig erscheinen zu lassen. Sie legen polizeilich relevante „Spuren", die weiter verfolgt werden können oder auch müssen. Denn **je intensiver eine Gefahrenabwehrmaßnahme in Rechte Betroffener eingreift, desto gesicherter müssen die informationellen Grundlagen der eingreifenden Stellen sein.** Bloße Vermutungen, vage Anhaltspunkte oder Gerede Dritter rechtfertigen nicht schwerwiegende Maßnahmen wie Wohnungsdurchsuchungen (BVerfG NJW-Spezial 2014, 57; BeckRS 2011, 56244) oder Freiheitsentziehungen. Eingreifende Maßnahmen der Gefahrenabwehr sind zu diesem Zeitpunkt schon mangels festgestellter Gefahr (noch) unzulässig.

173   Der bereits genannte **Vorrang der Gefahraufklärung vor der Gefahrenabwehr** (→ Rn. 128) gilt nicht nur in zeitlicher, sondern auch in rechtlicher Hinsicht, soweit eine solche Trennung überhaupt möglich ist. In zahlreichen Fällen erlangt die Polizei ihr Wissen um Gefahren in Sekundenschnelle und zeitgleich mit der Notwendigkeit, über ein mögliches Einschreiten zu entscheiden (Bsp. → Rn. 173.1).

173.1   **Beispiel:** Sieht ein Polizist ein Auto, das mit stark überhöhter Geschwindigkeit durch eine Tempo-30-Zone fährt, so fallen Kenntnisnahme und Einschreitensnotwendigkeit zeitlich zusammen. In solchen Fällen ist für eine vorgelagerte Gefahraufklärung weder in tatsächlicher noch in rechtlicher Hinsicht Raum. Aufklärungsmaßnahmen – etwa die Beschaffung von Informationen über das genaue Tempo des Fahrzeugs – würden dazu führen, dass dieses fortgefahren ist und potentiell weitere Personen gefährdet, zugleich aber keine Gefahrenabwehrmaßnahmen mehr möglich wären. Dieses Ergebnis wäre nicht nur tatsächlich sinnwidrig, sondern auch rechtlich unzulässig. Der Beamte soll Gefahren abwehren und nicht nur studieren. Jener Vorrang kann zeitlich in tatsächlicher und rechtlicher Hinsicht am ehesten bestehen, wo **Gefahrenaufklärung und -abwehr einen zeitlich gestreckten Prozess** darstellen. Andernfalls geht es um die Auswahl unterschiedlicher Maßnahmen gehen: Auch dabei gehen Aufklärungseingriffe Gefahrenabwehreingriffen vor.

Aufklärungspflichten sind primär Verfahrenspflichten jedenfalls in einem untechni- 173a schen Sinne, also unabhängig davon, ob im Einzelfall die Verwaltungsverfahrensgesetze ange- wandt werden können oder nicht. Sie sind allerdings nicht notwendig „vorläufige" Maßnah- men (Schenke PolR Rn. 86), sondern können selbst definitiven Charakter erlangen. Zu jenen Verfahrenspflichten zählt, überhaupt **Tatsachenfeststellungen zu treffen** und gesetzlich vorausgesetzte **Bewertungen vorzunehmen.** Diese Feststellungen müssen nach den dafür maßgeblichen Standards stattfinden, also den Regeln der polizeilichen Erkenntnisse und Techniken entsprechen. Rechtliche Bindungen und Grenzen sind einzuhalten (zur Unzuläs- sigkeit des „racial profiling" Tischbirek/Wihl JZ 2013, 219; Liebscher NJW 2016, 2779). Verfahrens- und inhaltliche Irrtümer sind dabei soweit erkennbar zu vermeiden. Sie stehen auch unter dem **Gebot sachlicher Richtigkeit.** Die polizeilichen Feststellungen müssen den in der Umwelt erkennbaren Anhaltspunkten entsprechen. Erkennbare Anhaltspunkte sind zu erheben und in die Würdigung des Sachverhalts einzubeziehen. **Aufklärungsaufga- ben sind zu unterscheiden von Aufklärungsbefugnissen.** Letztere folgen nicht aus § 1; eher schon aus den zahlreichen Regelungen zur Informationserhebung und -verarbeitung (§§ 9 ff.). Dagegen begründen gefahrenabwehrrechtliche Befugnisse die Zulässigkeit von Informationseingriffen jedenfalls insoweit nicht, als diese in andere Grundrechte eingreifen als die Gefahrenabwehr selbst. Dies wird regelmäßig der Fall sein: **Sicherstellung oder Gewahrsam greifen in andere Grundrechte ein als die Informationseingriffe zur Prüfung ihrer Zulässigkeit** (Schenke PolR Rn. 86 ff., 91 mwN).

Die **Aufklärungspflicht endet,** wenn im Einzelfall ein Sachverhalt entweder **vollständig** 174 **geklärt** ist; wenn er unvollständig geklärt ist, aber **weitere Informationen nicht zur Verfügung stehen** und auch nicht erlangt werden können; schließlich auch dann, wenn der nach der vorhandenen Informationslage bevorstehende Schaden zeitlich dermaßen nahe liegt, dass **weitere (noch mögliche) Aufklärung zu einer Realisierung der Gefahr führen und daher Gefahrenabwehr unmöglich machen würde.** Diese Notwendigkeit eines polizeilichen Handelns unter unvollständigem Wissen ist gesetzlich hingenommen und vorausgesetzt, bisweilen sogar angeordnet.

Die Aufgabe der **Gefahrenabwehr setzt regelmäßig nicht allein einzelfallbezogene** 175 **Informationen voraus.** Vielmehr bedarf es ihrer Verknüpfung mit weiteren vorhandenen Wissensbeständen. Ob die angetroffene unbekannte Person mit einer bekannten Person, die gesucht wird, identisch ist, lässt sich nicht allein mit einzelfallbezogener Abnahme persönli- cher Daten klären. Vielmehr bedarf es zusätzlich des Abgleichs mit den Daten gesuchter Personen. Ein solcher Abgleich setzt Vorhandensein, Aktualität und Zugänglichkeit jener Identitätsdaten voraus. Wenn auch Informationen weiterer Personen mit ihnen abgeglichen werden müssen, müssen jene Daten auch über den Einzelfall hinaus vorhanden sein. Es bedarf also der Informationen über den jeweiligen Einzelfall und einzelfallübergreifender Wissensbestände in Sammlungen, Archiven und Dateien. Diese müssen geordnet, aktualisiert, bei Bedarf zugänglich und abrufbar sein (näher Lisken/Denninger PolR-HdB/Petri G Rn. 387 ff.; zu den Rechtsfragen Lisken/Denninger PolR-HdB/Petri G Rn. 367 ff.; exem- plarisch BVerwGE 137, 113; Kehr, Datei Gewalttäter Sport, 2015). Über die **Informationen** hinaus bedarf es demnach einer **Informationsinfrastruktur,** welche ihrerseits sowohl wei- tere Informationen wie auch technische Vorkehrungen zu ihrer Nutzbarkeit umfassen soll. Deren Anlegung ist Bestandteil polizeilicher Aufgabenerfüllung und durch die Aufgaben- norm vorgeschrieben. Diese begründet und begrenzt zugleich sowohl die **Erhebungs- als auch die Verwendungszwecke der** in ihnen enthaltenen **Informationen.** Dabei bestimmt der Zweck nicht gleichzeitig den Zeitpunkt der Informationserhebung: Jedenfalls die über den Einzelfall hinausweisenden Datenbestände können und dürfen nicht erst angelegt wer- den, wenn sie im Einzelfall benötigt werden. Vielmehr wäre ihre Anlegung erst zu diesem Zeitpunkt zweckwidrig. Bis die Identitätsmerkmale der (abwesenden) gesuchten Personen erhoben worden sind, ist eine zu identifizierende Person längst wieder freizulassen (§ 38 Abs. 3), sofern sie überhaupt festgehalten werden durfte.

Die **aufgabenrechtliche Generalklausel** enthält **keine Aussagen über die Technik** 176 **der Gefahraufklärung.** Während die Kenntnisnahme in vielen Fällen nach wie vor persön- lich (face to face) erfolgt, etwa durch Not- oder Hilferufe oder Anzeigen von Bürgern oder anderen Behörden, eigene Wahrnehmung oder Aufklärungsarbeit von Beamten, findet die weitere Informationsspeicherung und -verarbeitung auf unterschiedliche Weise statt: Sie kann im Kopf der handelnden Personen, in schriftlichen Akten und Aktensammlungen oder elektronisch erfolgen. Alle diese Verfahren sind im Rahmen der Aufgabenerfüllung möglich und zugelassen. Die Auswahl ist neben der Frage der Zweckmäßigkeit eine solche anderer gesetzlicher Bestimmungen über die polizeiliche Informationserhebung und -verarbeitung (§§ 9 ff., zum Informationseingriff Tannenberger, Die Sicherheitsverfassung, 2014, 223 ff.) und daher in jenen Zusammenhängen zu klären. Gleichfalls enthält die Aufgabennorm **keine Aussagen über Informationserhebungs- oder -verarbeitungsbefugnisse.** Zahlreiche, wenn nicht die meisten Gegenstände polizeilicher Information sind grundrechtlich neutral, ihre Erhebung oder Verarbeitung daher befugnisfrei. Das gilt für Sach- und Infrastrukturdaten, Karten und Übersichtsinformationen, Bewertungen und ihre Grundlagen (wie Regelwerke und Ähnliches), kriminalistisches Wissen und Spuren. In solchen Fällen erlangt die Diskussion um Grundrechtsrelevanz und Grundrechtseingriff (BeckOK DatenschutzR/Gusy BDSG § 1 Rn. 41 ff.) keine Bedeutung. Hier wirkt sich die vorausgesetzte Trennung von Aufgaben- und Befugnisnormen im Polizeirecht (→ Rn. 29) aus: Wenn aus den Aufgaben keine Befugnisse hergeleitet werden dürfen, so richtet sich die grundrechtsrelevante Gefahraufklärung nach anderen Regelungen als nach dem Polizeiaufgabenrecht. Mittelbare Rückwirkungen können die Aufgabenregelungen nur dann erlangen, wenn eine Befugnisnorm auf sie verweist, indem sie etwa das Bestehen einer Befugnis an die Relevanz für eine Behördenaufgabe knüpft (zB § 27 Abs. 1, § 28 Abs. 1, § 29 Abs. 1). Ob und inwieweit dies zulässig ist und die Generalklausel des § 1 Abs. 1 S. 1 die Anforderungen an Befugnisbegründungen erfüllen kann (zweifelnd für schwerwiegende Grundrechtseingriffe BVerfG NJW 2006, 1939 (1946)), ist eine Frage nicht des Aufgaben-, sondern des Befugnisrechts. Schließlich enthält die Aufgabennorm nur spärliche Aussagen über Tragung bzw. Abwälzbarkeit der **Kosten der Gefahrerforschung.** Grundsätzlich haben öffentliche Stellen im Rahmen ihrer Aufgabenerfüllung die Kosten für von ihnen veranlasste Maßnahmen der Sachverhaltsaufklärung selbst zu tragen. Ob und unter welchen Voraussetzungen sie diese im Einzelfall auf andere, namentlich Verursacher oder sonst Verantwortliche, abwälzen können, wird nach differenzierten Kriterien entschieden (OVG Münster NWVBl. 1998, 64 f.; DVBl 1996, 1144; VG Düsseldorf NVwZ-RR 1999, 743; LSK 2013, 150363; NJW 2011, 2380; Gusy PolR Rn. 460 mwN; zum Gebührenrecht Kempny DVBl 2017, 189).

177 Elementare Aussagen enthält die Generalklausel hingegen zur Verwendung der polizeilichen Informationen. Der **Grundsatz der Zweckbindung,** der auch Verfassungsrang einnimmt (BVerfG NVwZ 2013, 1335), ist für Informationserhebung (§ 9 Abs. 1 Nr. 1, → § 9 Rn. 8), -speicherung und -verwendung (§§ 23, 26) ausdrücklich statuiert. Er ist in einem doppelten Sinne zu konkretisieren: In einem engeren Verständnis geht es um den Zweck der Maßnahme im Einzelfall (Bsp.: Identifizierung, Auffindung einer Sache). In einem weiteren Sinne richtet sich der Zweck aber auch nach demjenigen des PolG NRW und der in ihm vorausgesetzten Aufgaben insgesamt: **Informationen, die nicht zur Erfüllung eines zugelassenen polizeilichen Zwecks dienen können, dürfen weder erhoben noch gespeichert werden.** Als polizeiliche Zwecke kommen diejenigen der Gefahrenabwehr wie auch die in anderen Vorschriften (→ Rn. 253 ff.) zugelassenen Zwecke in Betracht. Insoweit begrenzt der Umfang der polizeilichen Aufgaben notwendig denjenigen der polizeilichen Informationen. Zweckänderungen erhobener Informationen über jenen Umfang hinaus überschreiten jene rechtlich gezogenen äußersten Grenzen. **Die Nutzung iRd § 1 erhobener oder gespeicherter Informationen zu anderen Zwecken bedarf der gesetzlichen Ermächtigung** (BGH StV 2017, 435) ebenso wie die präventiv-polizeiliche Nutzung von Informationen, welche ursprünglich in zulässiger Weise zu anderen Zwecken erhoben oder gespeichert worden sind, für Zwecke des § 1.

178 Insoweit **ist Polizeirecht tatsächlich weitgehend Polizeiinformationsrecht** (Möstl DVBl 2007, 581). Doch ist es mit diesem nicht identisch: Die Polizei soll Gefahren nicht (bloß) erkennen und registrieren, sondern abwehren. Gefahrenabwehr setzt zwar Gefahraufklärung voraus, erschöpft sich aber in zahlreichen Fällen nicht in ihr (richtig Volkmann JZ 2004, 696; → Rn. 179 ff.).

2. Störungsbeseitigung

179 Die in anderen Bundesländern, nicht aber in Nordrhein-Westfalen gesondert aufgeführte Aufgabe der **Störungsbeseitigung ist ein Unterfall der Gefahrenabwehr.** Sie setzt ein,

wenn ein Schaden an einem Schutzgut eingetreten ist, noch fortwirkt und in der Zukunft weitere schädigende Wirkungen zeigen kann (→ Rn. 128). Diese in der polizeilichen Praxis nicht seltene Konstellation ist eine Erscheinungsform der Gefahr und insoweit Gegenstand polizeilicher Aufgaben. Sie ist darauf gerichtet, anhaltende oder aus der Gefahrenquelle noch zu erwartende Schäden abzuwehren, indem deren in der Vergangenheit liegende Ursachen oder jedenfalls deren Wirkungen beseitigt werden. Dadurch entfällt die Notwendigkeit einer polizeilichen Prognose (→ Rn. 110) nicht oder jedenfalls nicht ganz. Sie stellt sich hier aber nicht als Schadenseintritts-, sondern als -fortwirkungsprognose dar.

Beispiel: Räumt die Polizei eine Unfallstelle, so ist der Schaden bereits eingetreten; sind aber weitere **179.1** Schäden (etwa Verkehrsblockaden oder Hindernisse für den weiteren Straßenverkehr) zu erwarten, ist auch die Beseitigung des eingetretenen Schadens als Gefahrenquelle Teil der präventiven, nicht der repressiven Aufgaben (Kingreen/Poscher POR § 3 Rn. 3; Gusy PolR Rn. 103). Sind dagegen Schadensereignis und Schadenswirkungen abgeschlossen, so ist auch für Gefahrenabwehr kein Raum mehr. Die Polizei kann dann nur noch im Rahmen ihrer sonstigen eigenen oder Unterstützungsaufgaben für andere Stellen tätig werden.

3. Gefahrenabwehr

Gefahrenabwehr ist die Vornahme von **Handlungen, welche den Eintritt eines** 180 **absehbar bevorstehenden Schadens ganz oder teilweise abwenden** sollen (DWVM Gefahrenabwehr 221). Sie kann geschehen durch Beseitigung der Gefahrursachen (Polizei räumt eine Unfallstelle auf unübersichtlicher Straße) oder durch Steuerung ihrer potentiell schädlichen Wirkungen (Polizei sperrt die Unfallstelle ab und leitet den Verkehr um). Die aufgabenrechtliche Generalklausel ist in vielerlei Hinsicht offen. Insbesondere liegt § 1 weder eine implizite Entscheidung für die Gefahrbeseitigung durch zu verpflichtende Bürger noch eine solche für imperative und gegen sonstige Handlungsformen zugrunde (zu älteren Ansichten bei Lisken/Denninger PolR-HdB/Denninger D Rn. 69). Gefahrbeseitigung durch die Beamten selbst und ohne Inanspruchnahme von Verursachern oder sonstigen Bürgern ist eine Grundform polizeilicher Tätigkeit nach § 1. Sie mag rechtlich eine Randerscheinung des Polizeirechts sein, weil solche Fälle in geringerem Umfang regelungsbedürftig sind. Die Trennung von Aufgaben- und Befugnisnormen (→ Rn. 29) ist geeignet, diesen Sachverhalt noch deutlicher hervortreten zu lassen. Die Aufgabennormen bestimmen nicht, wer die Gefahr letztlich beseitigt, wer also die zur Schadensabwehr notwendigen Handlungen letztlich vornimmt (Polizei selbst, andere Behörden durch Unterstützungsleistungen, freiwillige Helfer wie etwa Unternehmer aufgrund Vertrages, Schadens- oder Gefahrverursacher oder aber sonstige Dritte). Die Auswahl zwischen den hier im Einzelfall möglichen Alternativen ist in der Aufgabennorm nicht näher determiniert. Sie ist primär eine Frage der Zweckmäßigkeit im Rahmen der Effektivität der Gefahrenabwehr; daneben eine Ermessensfrage im Einzelfall (§ 3).

Ebenso wenig enthält die Aufgabennorm eine implizite Entscheidung für imperative und 181 gegen sonstige Maßnahmen. **Vielmehr ist die Generalklausel offen auch im Hinblick auf mögliche polizeiliche Handlungsformen:** Ob sie selbst (regelmäßig durch Realakte), durch Vertrag (mit freiwilligen Dritten) oder durch Verwaltungsakt (gegenüber Dritten) handelt, ist durch die Aufgaben kaum näher vorgegeben. Auch hier gelten die Grundsätze der Zweckmäßigkeit und der fehlerfreien Ermessensausübung. Bei Eingriffen in Rechte Dritter sind – unabhängig von der Handlungsform – polizeiliche Befugnisse notwendig und daher Voraussetzungen und Grenzen der Befugnisnormen zu wahren. Dagegen **stehen rechtsetzende Handlungsformen in Nordrhein-Westfalen der Polizei nicht zur Verfügung,** sie sind allein den Ordnungsbehörden eröffnet (→ OBG § 25 Rn. 1 ff.). § 1 steht auch **informalen polizeilichen Handlungsformen** nicht entgegen: Hinweise zur Rechtslage, Aufforderungen zu rechtmäßigem Verhalten, Ankündigungen (etwa von Geschwindigkeitskontrollen), Bitten um Unterlassung gefährlichen Handelns (BGH JZ 1998, 515 mAnm Gusy) oder freiwillige Unterstützung polizeilicher Maßnahmen, Warnungen (auch über § 45 OWiG hinaus) sind im Rahmen der Aufgaben zulässige, in Einzelfällen möglicherweise sogar gebotene Handlungsweisen. Daneben können auch symbolische Handlungen wie Präsenz- oder Uniform-Zeigen (OVG Münster NWVBl. 2011, 226 (227)) oder das Vorzeigen von Überwachungstechnik (sa § 15 Abs. 1 S. 2), ein Auftreten in großer

Zahl, Wegräumen potentieller Hilfsmittel für Gefährdungen (Baumaterial an der Straße) oder potentieller Hindernisse möglicher Polizeieinsätze hierher zählen. Die Verbreitung falscher Informationen kann dagegen nur ausnahmsweise in Betracht kommen (Ingold, Desinformationsrecht, 2011, 99 ff. und passim). Erst recht ist die Verhängung eines Bußgelds (§ 65 OWiG) keine rechtlich notwendige, wenn auch aus Sicht mancher Behörden fiskalisch erwünschte Begleiterscheinung polizeilichen Handelns.

182   Dagegen begründet § 1 das **Gebot der Effektivität der Gefahrenabwehr** (Kingreen/Poscher POR § 9 Rn. 10; Gusy PolR Rn. 369; sa DWVM Gefahrenabwehr 416 ff.). Präventiv-polizeiliches Handeln ist nur sinnvoll, wenn es effektiv ist; wenn es also tatsächlich in der Lage ist, zum Schutz gefährdeter Rechtsgüter beizutragen. **Rechtsgüterschutz ist notwendig wirksamer Schutz.** Dieser Schutz ist in der aufgabenrechtlichen Generalklausel angeordnet und in anderen Normen konkretisiert oder jedenfalls vorausgesetzt (zB § 2 Abs. 1, Abs. 3, § 3 Abs. 2 S. 2, §§ 4 f.; Gusy PolR Rn. 369 ff.; Kingreen/Poscher POR § 9 Rn. 87 ff.; Schoch BesVerwR Kap. 1 Rn. 171 ff.). Hier bedarf es zu dessen Begründung keines Untermaßverbotes oder Optimierungsgebotes. Das Effektivitätsgebot ist im Einzelfall konkret: Aufgabe der Polizei ist es, Maßnahmen zu treffen, welche im Rahmen der anzustellenden Prognose gefährdete Rechtsgüter wirksam schützen. Tatsächlich oder rechtlich unwirksame Maßnahmen sind keine Gefahren**abwehr. Effektive Mittel sind danach weniger effektiven** ebenso **vorzuziehen** wie die Heranziehung leistungsfähiger Helfer oder Verantwortlicher derjenigen weniger Leistungsfähiger. Voraussehbar ungeeignete und ineffektive Maßnahmen verfehlen bereits die Anforderungen der Aufgabennorm und nicht erst diejenigen des Übermaßverbots.

183   **Recht als Effektivitätssteuerung und -grenze** begründet nicht allein Effektivität, sondern begrenzt diese durch gesetzliche Grenzen, Abwägungs-, Folgenberücksichtigungsgebote und Ermessenseinräumung. Bei der Auswahl zwischen mehreren effektiven Maßnahmen ist eine Wirksamkeitsprognose mit einer Beeinträchtigungsprognose zu kombinieren: Was ist notwendig, was aber auch hinreichend? Gesetzlich geboten ist die am wenigsten beeinträchtigende „mögliche und geeignete" Maßnahme (§ 2 Abs. 1). Auf unmögliche oder ungeeignete Schutzvorkehrungen darf die Behörde nicht verwiesen werden. Betroffene dürfen daher andere, aber nur „ebenso wirksame" Mittel als rechtlich zulässige Alternativen anbieten (§ 3 Abs. 2 S. 2). Unzulässig werden effektive Mittel bei Nachteilen, die zu dem erstrebten Erfolg außer Verhältnis stehen. Effektivität ist so Voraussetzung und Grundlage, aber nicht das allein notwendige Ergebnis der gebotenen Abwägung. Polizeirecht ist Grundlage und Grenze effektiver Gefahrenabwehr. In diesem Sinne ist der **Effektivitätsgrundsatz auch eine Auslegungsmaxime des Gesetzes.** Effektivität ist aber kein Selbstzweck, sie verlangt Optimierung, nicht Maximierung der Effektivität polizeilicher Maßnahmen.

184   **Gefahrenabwehr setzt eine Gefahr voraus.** Wo und wenn noch keine Gefahr vorliegt, darf die Polizei allein aufgrund von Sondergesetzen handeln, soweit diese weitergehende Aufgaben begründen. Umgekehrt darf sie in solchen Fällen aufgrund der Generalklausel nicht handeln; genauer: jedenfalls keine Maßnahmen im Verhältnis zu Dritten treffen, sondern allenfalls infrastrukturelle Grundlagen ihrer eigenen Handlungsfähigkeit legen (→ Rn. 247). **Ausgenommen ist demnach das sog. „Vorfeld",** dh die gezielte Aufklärung aufgrund allgemeiner kriminalistischer Erfahrungen gefahr- oder straftatgeneigter Milieus, Personen oder Gruppierungen ohne gefahrbegründende tatsächliche Anhaltspunkte im Einzelfall (Kingreen/Poscher POR § 7 Rn. 19; → § 2 Rn. 18; näher Droste, Handbuch des Verfassungsschutzrechts, 2007, 142, 222 ff.; schon früher Gusy DÖV 1996, 573). Dies gilt **für die Beobachtung legaler Milieus oder Verhaltensweisen,** solange keine Anhaltspunkte dafür bestehen, dass sie eine Gefahr für polizeiliche Schutzgüter begründen können. Sie ist in der Sicherheitsarchitektur **den Nachrichtendiensten vorbehalten,** soweit die Tatbestände der dafür geltenden Gesetze erfüllt sind. Dies schließt nicht jede Form polizeilicher Präsenz oder Kenntnisnahme aus, doch darf diese lediglich im Rahmen der genannten allgemeinen Aufklärungsaufgaben (→ Rn. 101 f.) erfolgen. Diese werden in Abs. 1 S. 2 ansatzweise erweitert, ansatzweise präzisiert. Ebenfalls **verschlossen ist** der Polizei die Aufgabe der **Gefahrenvorsorge,** also die Steuerung rechtlicher oder tatsächlicher Rahmenbedingungen von Verhalten oder Anlagen im Hinblick auf die Vermeidung zukünftiger Gefahrsituationen (zur Vorsorge näher Koch/Pache/Scheuing/Roßnagel, Gemeinschaftskommentar zum Bundes-Immissionsschutzgesetz, BImSchG

§ 5 Rn. 415 ff.; Darnstaedt, Gefahrenabwehr und Gefahrenvorsorge, 1983, 121 ff.). Diese Zuständigkeitsdifferenzierung ist Grundlage der Entpolizeilichung: Da fast jede Behördentätigkeit auch Berührungspunkte mit der Vermeidung potentieller Gefahrenquellen aufweist, würden deren Kompetenzen weitgehend leerlaufen, wenn die Polizei auch in ihren Bereichen (mit-) zuständig wäre (→ Rn. 189). Hierzu enthält Abs. 1 S. 2 weitere Präzisierungen, aber auch Aufgabenausweitungen (→ Rn. 234 ff.).

4. Sonstige Rechtsfolgen der Generalklausel

Über die genannten Dimensionen hinaus begründet die Generalklausel im Kontext der **185** Aufgabennormen für die Polizei weitere Rechtsfolgen. Grundlegend ist die **Anordnung der Anwendbarkeit des PolG NRW insgesamt:** Soweit die Polizei die Aufgaben des § 1 wahrnimmt, sind auf ihre Handlungen die Regelungen des PolG NRW anwendbar. Handeln im Rahmen der Aufgaben des PolG NRW ist so stets Handeln nach Maßgabe des gesamten PolG NRW. Das gilt jedenfalls, soweit nicht für einzelne behördliche Maßnahmen vorrangige Regelungen außerhalb des Gesetzes gelten. Sie gehen als Spezialgesetze dem generellen PolG NRW vor. Umgekehrt gilt aber auch: Handelt die Polizei im Rahmen sonstiger Aufgabenzuweisungen (etwa der StVO, → Rn. 261 ff.), so gelten dafür die dort genannten Regelungen. Das **generelle PolG NRW kann** dann nur **subsidiäre Anwendbarkeit finden,** wenn und soweit die Spezialgesetze keine abschließenden Sonderregelungen enthalten.

Insoweit nimmt Abs. 1 S. 1 den Charakter einer **Generalklausel** ein. Sie ist subsidiär **186** anwendbar, wenn keine spezielleren Aufgabennormen Anwendung finden. Insoweit ist sie nicht abschließend; im Gegenteil: Sie **ist gesetzlichen Ausweitungen ebenso zugänglich** (→ Rn. 234 ff.) **wie gesetzlichen Einschränkungen** (→ Rn. 35, → Rn. 188). Ähnliches gilt für die Frage, ob die Polizei die in der Generalklausel statuierten Aufgaben in einzelnen Bereichen allein oder aber in Konkurrenz mit anderen Stellen wahrzunehmen berechtigt ist. Insoweit entfaltet die Generalklausel keine Sperrwirkung. Ebenso wie für die Gesetzgebungskompetenzen gilt hier: Die Länder, ihre Gesetzgeber und ihre Behörden sind hier deshalb und insoweit zuständig, wenn und weil das GG andere Aufgaben weder begründet noch zulässt (BVerfGE 113, 348). Das gilt auch für die Kompetenz der Polizei: Sie wird durch die Generalklausel begründet, zugleich aber der Kompetenzbereich anderer Stellen durch sie nicht notwendig ausgeschlossen. Soweit andere Stellen bei der Gefahrenabwehr gleichfalls zuständig sind, können Kompetenzkonkurrenzen entstehen. Für deren Lösung enthält die Generalklausel die allgemeine Aussage. **Der polizeiliche Handlungsraum ist eröffnet, soweit er nicht durch andere vorrangige Normen ausgeschlossen ist.** Spezialgesetzliche Aufgabennormen zugunsten anderer Behörden können demnach die polizeilichen Aufgaben auf dem jeweiligen Gebiet entweder ausschließen – insoweit ist dann die andere Stelle allein zuständig, die Polizei hier unzuständig – oder aber die polizeilichen Aufgaben unberührt lassen: Dann entstehen auf dem jeweiligen Gebiet konkurrierende Behördenzuständigkeiten (etwa § 1 Abs. 7 BPolG). Das „Wie" der konkurrierenden Aufgabenwahrnehmung (etwa Vorrangregelungen, Weisungsrechte, Kooperationspflichten) ist dann gleichfalls (spezial-) gesetzlicher Ausgestaltung zugänglich. Soweit Spezialregelungen hierzu keine expliziten oder impliziten Aussagen enthalten, kann das subsidiäre Polizeirecht Regelungen treffen.

Entsprechende Generalklauseln enthalten § 1 Abs. 1 S. 1 BWPolG, Art. 2 Abs. 1 BayPAG, **187** § 1 Abs. 1 S. 1 HSOG und § 1 Abs. 1 S. 1 NPOG.

Die **Generalklausel regelt die Aufgaben der Polizei nicht abschließend.** Über die **188** gesetzlichen Ausweitungen und Einschränkungen hinaus (→ Rn. 200 ff.) kann die Polizei auch Aufgaben erfüllen, die ihr als Behörde durch die Rechtsordnung allgemein bzw. als Annex zu ihren gesetzlichen Aufgaben im Besonderen zugewiesen sind. Demgegenüber sind **ungeschriebene Polizeiaufgaben** wegen § 10 POG NRW **ausgeschlossen.** Zu jenen Annexaufgaben zählen nicht nur die eigene Organisation im Rahmen der gesetzlichen Vorgaben, die Personal-, Haushaltswirtschaft sowie die Vorhaltung der zur Aufgabenerfüllung notwendigen Infrastruktur. Dazu zählen auch etwa kommunikative Aufgaben, namentlich die Information der Öffentlichkeit über ihre Aufgaben, ihre Tätigkeit und über Gefahren. **Information und Öffentlichkeitsarbeit** (zu ihr Überblick bei HSV VerwR/Gusy § 23 Rn. 95 ff. mwN) sind als allgemeine Annexaufgabe der Tätigkeit von Legislative, Exekutive und Justiz anerkannt und auch der Polizei aufgetragen. Sie bezieht sich auf ihre Aufgaben nicht nur im Einzelfall (zu Steckbriefen OLG Hamm StV 1993, 4 f.; Soiné JR 2002, 137 mwN; zu Warnungen VGH Mannheim DÖV 1989, 169; Gusy JZ 1989, 997 (1003 ff.)), sondern auch auf allgemeine polizeiliche Aufgabenerfüllung, Schutz vor Straftaten und Gefahren, Sicherheit im Straßenverkehr, polizeiliche Hilfeleistungen oder die Vermeidung von Straftaten, Ordnungswidrigkeiten oder gefährdenden Handlungen. **Informationsveranstaltungen** („Der Verkehrskasper", „Die Kriminalpolizei rät" und andere) **sind Teil der allgemeinen Behördenaufgaben** und dürfen nicht erst stattfinden, wenn die Straftat bereits begangen ist oder die Gefahr droht (Lisken/Denninger PolR-HdB/Denninger D Rn. 69; zur polizeilichen Öffentlichkeitsarbeit im Netz Ingold VerwArch 2017, 140; zur polizeilichen Mitwirkung an Fernsehsendungen über ihr Einsatzgeschehen und Duldungspflichten Betroffener sehr weit Rittig DÖV 2015, 645; zum Rechtsschutz gegen Presseerklärungen OLG Hamm NStZ 2017, 663).

189 **Aufgabennormen eröffnen den Handlungsraum der Polizei** sowohl im Verhältnis zu anderen Behörden als auch im Verhältnis zum Bürger (→ Rn. 37, → Rn. 191). Dies gilt auch für § 1: Er begründet für die Polizei die **Aufgabenwahrnehmungspflicht.** Aus ihr entstehen sowohl verfahrens- als auch materiell-rechtliche Bindungen. Dazu zählt zunächst die **Entscheidung über die eigene Zuständigkeit.** Eigene Wahrnehmungen und sonstige Informationen sind daraufhin zu überprüfen, ob sie tatsächliche Anhaltspunkte für Gefahren enthalten und damit den Aufgabenkreis der Polizei eröffnen können. Solche Informations- und Prüfungspflichten sind überwiegend verfahrensrechtlicher Art. Überwiegend materiell-rechtlicher Art ist die **Entscheidung über die Wahrnehmung der eigenen Zuständigkeiten** im Einzelfall. Hierzu zählt primär die Entscheidung darüber, ob die Polizei aufgrund eines Sachverhalts überhaupt tätig werden soll oder nicht. Weder die Generalklausel noch § 1 insgesamt noch aber auch das PolG NRW in seiner Gesamtheit enthält eine Verpflichtung zum Tätigwerden in jedem Einzelfall. Dadurch unterscheidet sich das hier eingeräumte **Opportunitätsprinzip** (zu ihm Dietlein/Hellermann NRWÖffR/Dietlein § 3 Rn. 118 ff.) vom Legalitätsprinzip etwa des § 160 StPO (BeckOK StPO/Sackreuther StPO § 160 Rn. 1 ff.). Die Entscheidung über die Zuständigkeitswahrnehmung ist demnach in das pflichtgemäße Ermessen (§ 2 Abs. 1) gestellt und unterliegt den Ermessensbindungen etwa aus § 3 Abs. 1 iVm § 40 VwVfG. NRW. Nur insoweit das Ermessen im Einzelfall reduziert ist, kann sich die Entscheidungspflicht zur Handlungspflicht verdichten (näher Kugelmann PolR Kap. 5 Rn. 201). Das kann etwa gelten, wo ein besonders hochwertiges Schutzgut gravierenden Gefahren ausgesetzt ist oder ein Anspruch Dritter auf polizeiliches Handeln besteht. Umgekehrt kann zu den maßgeblichen Ermessenserwägungen auch zählen, ob und in welchem Umfang andere, gleichfalls zuständige und handlungsbereite Stellen zur Wahrnehmung der jeweiligen Aufgaben bereit stehen. Insoweit gilt: Die **Aufgabenwahrnehmungspflicht der Polizei ist wesentlich eine Prüfungs- und Entscheidungspflicht** im Rahmen der rechtlichen Bindungen und Grenzen durch Polizei- und anwendbare Spezialgesetze im Einzelfall. Das Mittel der Aufgabenerfüllung unterliegt zusätzlich den Bindungen an im Einzelfall anwendbare Befugnisnormen.

190 Die Aufgabennorm begründet das **Recht und die Pflicht der Polizei zur Gefahrenabwehr,** dh sie begründet staatliche Ein- und Mitwirkungsrechte an der Gefahrenabwehr. Hingegen schließt sie andere von dieser Aufgabe nicht notwendig aus. Insoweit besteht insbesondere **kein polizeiliches Gefahrenabwehrmonopol.** Das gilt weder im Verhältnis zu anderen Behörden (→ Rn. 198 ff.) noch **im Verhältnis zu Privaten.** Soweit diese in der Rechtsordnung zur Abwehr von (einzelnen oder allen) Gefahren berechtigt sind, bleiben Geltung und Umfang jener Rechte durch das Polizeirecht unberührt. Das gilt für den Schutz eigener Rechte (etwa Notwehr) wie auch den Schutz der Rechte anderer (etwa Nothilfe). Sie unterscheiden sich von Aufgabennormen regelmäßig dadurch, dass sie Privatpersonen berechtigen, nicht aber allgemein oder im Einzelfall zu Schutzmaßnahmen verpflichten (anders allerdings §§ 138, 323c StGB). Die Berechtigung Privater schließt eine Gefahr und damit polizeiliche Gefahrenabwehrmaßnahmen jedenfalls so lange nicht aus, bis hinreichend geklärt ist, dass die Privaten ihre Schutzrechte auch tatsächlich und hinreichend wirksam wahrnehmen. Völlig unberührt bleibt die polizeiliche Aufgabe, wo die Normen des Zivil- oder Strafrechts ausdrücklich ihre Subsidiarität gegenüber polizeilichen Rechten oder Maßnahmen anordnen (zB § 229 BGB). Bestehende **Rechte der Bürger zur Abwehr rechtswidriger Angriffe werden durch die Polizeiaufgaben(normen) demnach weder ein-**

geschränkt noch ausgeschlossen. Das Gesetz begründet insoweit **kein Monopol der Aufgaben, wohl aber ein solches der polizeilichen Mittel.** Sonstige öffentliche oder private Akteure dürfen „hoheitsrechtliche Befugnisse" im Anwendungsbereich der Rechte anderer nur vornehmen, soweit sie ihnen im Rahmen der grundgesetzlichen Vorgaben, namentlich des Art. 33 Abs. 4 GG, gesetzlich in vergleichbarem Umfang übertragen sind (→ Rn. 191). Im Übrigen sind sie auf die allgemeine Rechtsordnung verwiesen. Dass diese die Ausübung von Nothilfe durch Privatunternehmen begrenzt, ist ebenso zutreffend wie die Einsicht, dass deren Anwendungsbereich und Grenzen rechtlich nach wie vor nicht konsentiert sind (Gusy, Staatswissenschaft und Staatspraxis, 1994, 187; Hoffmann-Riem, Effizienz als Herausforderung an das Verwaltungsrecht/Gusy, 1998, 187 ff.; Jean d'Heur AöR 119 (1994), 107).

§ 1 begründet eine **Aufgabe der Polizeibehörden** iSd §§ 2 ff. POG NRW. Im Grundsatz **191** gilt: Die **Polizei muss ihre Aufgaben selbst, mit eigenen Mitteln und eigenem Personal erfüllen.** Dies schließt Kooperation mit Dritten, Unterstützung durch andere staatliche Stellen wie aber durch Private nicht vollständig aus. Ein solches **Aufgabenwahrnehmungsmonopol** mag durch andere Rechtsnormen (etwa Art. 33 Abs. 4 GG; zu dessen Bedeutung im Recht der öffentlichen Sicherheit Schoch FS Stober, 2008, 559; Kämmerer FS Stober 2008, 595; Gramm, Privatisierung und notwendige Staatsaufgaben, 2001, 38 ff.; Nitz, Private und Öffentliche Sicherheit, 2000 mwN; viel zu weit Stober NJW 1997, 889: „Auslaufmodell"; sa Eckhardt, Private Ermittlungsbeiträge im Rahmen der staatlichen Strafverfolgung, 2009) begründet sein. Ein solches Monopol statuiert § 1 jedenfalls nicht vollständig (Hoffmann-Riem, Effizienz als Herausforderung an das Verwaltungsrecht/Gusy, 1998, 175, 181 ff., 190 ff. mwN). Kooperative Sicherheitsgewährleistung mit Privaten unterliegt im Polizeirecht besonderen Regelungen, wird aber nicht vollständig ausgeschlossen. Viel spricht also dafür, dass einerseits die im Staats- und Verwaltungsrecht anerkannte Verantwortungsstufung nicht völlig ausgeschlossen ist. Grundsätzlich können auch die polizeilichen Aufgaben nach **Wahrnehmungs-, Gewährleistungs-** und **Regulierungsverantwortlichkeiten** unterschieden werden. Dabei scheidet allerdings eine Regulierungsverantwortlichkeit der Polizei schon mangels eigener Rechtssetzungsrechte (→ Rn. 181) aus. Andererseits ist jene Differenzierung durch Art. 33 Abs. 4 GG einem Regel-Ausnahme-Verhältnis jedenfalls insoweit unterstellt, als es um die Ausübung hoheitlicher Befugnisse geht.

Daraus beantwortet sich die Frage, ob und inwiefern **Dritte bei der Erfüllung polizei- 192 cher Aufgaben tätig werden** dürfen oder gar müssen. **Andere Behörden** oder deren Träger können im Rahmen ihrer jeweiligen Aufgaben zu Unterstützungsleistungen verpflichtet werden (Art. 35 Abs. 1 GG, §§ 4 ff. VwVfG. NRW.), soweit sie nicht ohnehin zur Gefahrenabwehr tätig sind und daher aus eigenem Recht handeln (müssen; zu Abgrenzungsfragen Worms/Tienes NWVBl. 2012, 205). Die Unterstützungspflichten von Polizeibehörden untereinander sind in §§ 7 ff. POG NRW (→ Rn. 191) näher geregelt. Die Unterstützungsaufgaben erweitern insbesondere nicht die Befugnisse der anderen Stellen gegenüber Privaten: Sie sind sowohl an ihr eigenes Recht als auch an das PolG NRW gebunden (§ 9 Abs. 2 POG NRW).

Voraussetzungen und **Reichweite der Übertragung von Sicherheitsaufgaben an Pri- 193 vate oder ihrer Mitwirkung an ihnen** unterliegen der Entscheidung des Gesetzgebers im Rahmen seiner grundgesetzlichen Bindungen (Gusy DÖV 1996, 573 (576); Winkler NWVBl. 2000, 287).

§ 1 begründet Aufgaben der Polizei, nicht hingegen solche von Privatpersonen. Eine **194 allgemeine materielle Polizeipflichtigkeit** (zu ihr BVerwGE 125, 325 (332 f.); Schoch BesVerwR Kap. 1 Rn. 121; Schenke PolR Rn. 228; Martensen DVBl 1996, 286 f.; Pietzcker DVBl 1984, 457 (459 f.)) in dem Sinne, dass jedermann schon durch das PolG NRW verpflichtet wäre, gefährliches Verhalten zu unterlassen oder seine Sachen in einem ungefährlichen Zustand zu halten, **ist gesetzlich nicht statuiert.** Sie ist weder dem § 1 noch den §§ 4 f. noch dem PolG NRW insgesamt zu entnehmen. Die Rechtsordnung untersagt bestimmte Schädigungen von Rechtsgütern Dritter und bestimmte gefährliche Handlungen. Insoweit enthält sie Verbotsgesetze und Unterlassungsansprüche. Diese werden durch das Polizeirecht effektiviert, aber weder verdoppelt noch erweitert. Dafür wären die Regelungen des Polizeirechts auch zu wenig bestimmt. Sie sind auf Aktualisierung gegenüber dem Bürger durch die Behörden angelegt. Konkrete polizeiliche Pflichten entstehen also erst durch die

Inanspruchnahme einer Person (VGH Mannheim NVwZ 1996, 1036 f.; Kingreen/Poscher POR § 9 Rn. 4; Selmer FS Götz 2005, 391 mwN). Das PolG NRW statuiert also **für Private weder allgemeine Nichtstörungspflichten noch gar Unterstützungspflichten für die Polizei.** Solche können gegen den Willen der Betroffenen nur durch besondere Rechtsakte aufgrund Gesetzes (BVerwG DVBl 1989, 517) begründet werden. Auch **Eigensicherungspflichten** (zu ihnen BVerwG DVBl 1986, 896; OVG Lüneburg NVwZ-RR 2006, 33; VG Düsseldorf NWVBl. 2012, 280) der Betreiber von Unternehmen oder technischen Anlagen bedürfen einer besonderen gesetzlichen Begründung (Boeger, Vom Eigensicherungsrecht zur Eigensicherungspflicht, 2018).

195   Die **Übertragung von Gefahrenabwehraufgaben auf freiwillig mitwirkende Personen** oder Unternehmen ist davon nicht berührt. Ihre Zulässigkeit wird unter anderem davon abhängig gemacht, ob die übertragene Aufgabe eher Innenwirkung hat, sich also auf technische, logistische oder administrative Hilfsfunktionen interner Art beschränkt, oder aber mit Überwachungs- oder anordnenden Funktionen gegenüber Dritter verbunden sein kann. **Beispiele** sind Sicherung und Bewachung öffentlicher Gebäude; Einlass- und sonstige Kontrollen in öffentlichen Verkehrsmitteln (zum Hausrecht bei Flughäfen BVerfGE 128, 226 (259 ff.); zu U-Bahnhöfen OLG Frankfurt a. M. NJW 2006, 1746), bei Veranstaltungen in geschlossenen Räumen, bei der Überwachung des öffentlichen Verkehrs (Waechter NZV 1997, 329 (332); Nitz NZV 1998, 11) oder des ruhenden Verkehrs (Brenner SVR 2011, 129), der Aufnahme von Verkehrsunfällen; ferner der Vollzug des Abschiebegewahrsams sowie von Maßregeln (BVerfGE 130, 76 (111 ff.)); schließlich neue Formen der Arbeitsteilung und des Zusammenwirkens von Polizei und Privaten in **Public-Private-Partnerships** (PPP; Breucker NJW 2006, 1233; Pitschas, Polizei und Sicherheitsgewerbe, 2000; Stober DÖV 2000, 261; Rixen DVBl 2007, 221). Sie soll in Grenzen jedenfalls zulässig sein, wenn dafür eine gesetzliche Ermächtigung gilt; ein besonderer Bestellungsakt Rechte und Pflichten ermächtigter Privater näher legt und eine besondere Aufsicht über deren Handeln gewährleistet ist (Scholz NJW 1997, 14; Gusy PolR Rn. 163 mwN). Dabei werden die Grenzen für Einsätze im öffentlichen Raum sowie in geschlossenen Einheiten enger gezogen (Gusy VerwArch 2001, 344 (344 ff.)) als diejenigen in geschlossenen Räumen, solchen mit wirksamer Zugangskontrolle oder auch in semi-öffentlichen Räumen (BGH NJW 2006, 1054; VGH Kassel NVwZ 2003, 874; Kersten/Meinel JZ 2007, 1127). Ein vollständiger **Rückzug der Polizei aus einzelnen Sicherheitsaufgaben zugunsten Privater ist hingegen unzulässig.** Grundrechtseingriffe durch Private im Rahmen übertragener Aufgaben unterliegen mindestens denselben rechtlichen Bindungen und Kontrollen wie solche durch die Polizei (Winkler NWVBl. 2000, 287).

196   **Aufgabennormen** begründen Polizeiaufgaben, sie **sind keine Befugnisnormen.** Der Schluss von Aufgaben auf Befugnisse ist unzulässig. Vielmehr ist die rechtmäßige Aufgabenwahrnehmung nur eine unter mehreren Bedingungen rechtmäßiger Grundrechtseingriffe. Kumulativ müssen dafür die Voraussetzungen der Aufgaben- und der Befugnisnorm erfüllt sein. Dazu zählen nicht nur eine nähere gesetzliche Bestimmung ihrer Zulässigkeit durch Befugnisnormen (§§ 8 ff.), ihrer möglichen Adressaten (§§ 4 ff.) und ihrer allgemeinen und besonderen Rechtmäßigkeitsanforderungen, welche teils für alle (§§ 2 f.), teils für einzelne (zB § 16) Maßnahmen gelten. Erst das Vorliegen sämtlicher Rechtmäßigkeitsbedingungen begründet die Zulässigkeit grundrechtsbeschränkender Maßnahmen. **Befugnisfreie Handlungen sind demgegenüber allein aufgrund der Aufgabenregelung und im Rahmen ihrer Grenzen zulässig.**

D. Gesetzliche Eingrenzungen der Generalklausel

I. Limitierte Subsidiarität gegenüber Gefahrenabwehrbehörden und Eilkompetenz der Polizei (Abs. 1 S. 3, S. 4)

197   Parallele Regelungen sind insbesondere § 2 Abs. 1 S. 1 BWPolG, Art. 3 BayPAG, § 2 S. 1 HSOG, § 1 Abs. 2 S. 1 NPOG.

1. Limitierte Subsidiarität polizeilicher Gefahrenabwehr gegenüber Behörden

Die landesrechtliche subsidiäre Generalklausel des Aufgabenrechts ist offen für (spezial-) **198** gesetzliche Aufgabenerweiterungen und -eingrenzungen (→ Rn. 29). Zudem tritt sie gegenüber vorrangigem Bundesrecht zurück (Art. 31 GG). **Modifikationen der Gefahrenabwehraufgabe** finden sich innerhalb des PolG NRW selbst wie auch in speziellen Landesgesetzen und im vorrangigen Bundesrecht feststellen.

Die Polizei ist im Bereich der Gefahrenabwehr nicht notwendigerweise allein zuständig. **199** Das verleiht ihr ein **Mitwirkungsrecht, aber kein Monopol beim Gefahrmanagement** (→ Rn. 201). Andere Behörden können im Rahmen überschneidender Aufgabenzuweisungen mit den ihnen zugewiesenen Mitteln tätig werden und dadurch auch Gefahrentstehung vermeiden bzw. Gefahrsituationen beenden. **Beispiel:** Sozialbehörden können durch Leistungen Obdachlosigkeit, wirtschaftliche Not oder Selbstschädigungsgefahr infolge von Depressionen mindern; Baubehörden Schäden beseitigen und so Gefahrsituationen entschärfen; Umweltbehörden Grenzwerte festsetzen oder deren Einhaltung durchsetzen und so Risiken minimieren. Das Vorhandensein von Gefahren begründet also nicht ausschließlich polizeiliche Zuständigkeiten. Aufgabenzuweisungen an andere Behörden bleiben durch die polizeilichen Aufgaben grundsätzlich unberührt. In derartigen Konstellationen haben alle zuständigen Behörden mit ihren je spezifischen Mitteln an der Bewältigung der Gefahrsituation mitzuwirken. Hier zeigt sich nachdrücklich: Die **rechtliche Sonderstellung der Polizei ist eher eine solche der Mittel** als eine solche der Aufgaben (→ Rn. 201). In solchen Fällen können mehrere zuständige Behörden die Aufgaben gemeinsam (**Kooperationsgebot als Regelfall**) oder unabhängig voneinander (**parallele Aufgabenerfüllung**) wahrnehmen. Hingegen darf eine zuständige Behörde der anderen die Wahrnehmung ihrer Aufgaben nicht untersagen oder unverhältnismäßig erschweren (**Interventionsverbot**).

Vorrangige **Bundesgesetze** können demnach auf den Aufgabenbestand der Polizei auf **200** zweierlei Weise einwirken. Sie können im Bereich von Gefahren andere Behördenzuständigkeiten schaffen. Dadurch entstehen dann **parallele Aufgaben,** etwa gem. §§ 1 Abs. 2, 11 BPolG **zwischen Bundespolizei und Landespolizei** hinsichtlich bestimmter Risiken oder Gefahren. Statt einer Behörde sind dann mehrere zuständig; es entsteht ein Modus überschneidender Behördenzuständigkeiten. Der Aufgabenbereich der Landespolizei wird dadurch nicht verändert, wohl aber möglicherweise der Modus ihrer Erfüllung. Daneben besteht jedenfalls verfassungsrechtlich auch die **Möglichkeit exklusiver Zuweisung von Gefahrenabwehraufgaben an einzelne Bundesbehörden** im Rahmen ihrer jeweils zulässigen Aufgaben. In solchen Fällen würde das vorrangige Bundesrecht den Anwendungsbereich nachrangigen Landesrechts einschränken und die Zuständigkeit der Polizei für den jeweiligen Bereich ausschließen.

Landesgesetze können den Anwendungsbereich des § 1 nicht kraft Vorrangs, sondern **201** kraft Spezialität verändern. Auch sie können entweder eine ausschließliche Zuständigkeit anderer Behörden oder aber deren Parallelzuständigkeit mit der Polizei anordnen. Wichtigster Fall dieser Art ist § 1 Abs. 1 NRWOBG, welcher die Aufgaben der **Ordnungsbehörden** wortgleich mit § 1 Abs. 1 S. 1 formuliert. Insoweit sind die Aufgaben beider Behörden deckungsgleich. Das Verhältnis beider Behördenzuständigkeiten zueinander regelt § 1 Abs. 1 S. 3 im Sinne einer **limitierten Subsidiarität der Polizei.**

Die **Anwendbarkeit der Subsidiaritätsklausel** des Abs. 1 S. 3 bezieht sich allerdings **202** nicht auf alle möglichen Aufgaben von Polizei und Ordnungsbehörden, sondern lediglich auf solche „**für die Gefahrenabwehr**". Darin erschöpfen sich die Aufgaben der Polizei auch aus dem PolG NRW nicht. Dies zeigt bereits der ausdrückliche **Ausnahmetatbestand hinsichtlich der Verhütungs- und Vorsorgeaufgaben** des Abs. 1 S. 2 (→ Rn. 235), die von der Subsidiaritätsklausel unberührt bleiben. Insoweit besteht eine Parallelzuständigkeit der Polizei und anderer gleichfalls zuständiger Behörden (Tegtmeyer/Vahle PolG NRW Rn. 15). Das gilt ebenso für sonstige gesetzliche Aufgabenzuweisungen (→ Rn. 261), sofern dort parallele Aufgaben beider Behörden bestehen. Dabei ist zu berücksichtigen, dass § 1 NRWOBG ordnungsbehördliche Aufgaben nicht abschließend, sondern gleichfalls nur als Generalklausel begründet und hinter Spezialregelungen zurücktritt. Doch bleiben diese speziellen Zuweisungen dadurch ordnungsbehördliche Aufgaben iSd Abs. 1 S. 3, die lediglich von anderen Stellen als den allgemeinen Ordnungsbehörden wahrgenommen werden

(→ Rn. 22). Daher wirkt hinsichtlich der Ordnungsbehörden die Anwendung des Abs. 1 S. 3 auch auf **spezialgesetzliche Aufgabenzuweisungen an (Sonder-) Ordnungsbehörden zur Abwehr (spezieller) Gefahren** (§ 12 NRWOBG). Doch kann insoweit die Anwendung des generellen Abs. 1 S. 3 durch ordnungsrechtliche Spezialnormen ausgeschlossen werden, sofern sie spezielle Gefahren ausschließlich anderen nicht-polizeilichen Stellen zuweisen wollen (**Beispiele:** VGH Mannheim NVwZ 1998, 764: Festlegung von Immissionsgrenzwerten; OVG Frankfurt (Oder) NJW 1997, 1387; Pieroth AfP 2006, 305: Gefahren durch Presseveröffentlichungen). Ob und inwieweit dies der Fall ist, ist durch Auslegung der ordnungsbehördlichen Regelungen zu ermitteln (Kingreen/Poscher POR § 3 Rn. 27). Dabei sind zwei Stufen zu berücksichtigen: Da ist zunächst die **subsidiäre Allzuständigkeit der allgemeinen gegenüber den Sonderordnungsbehörden** nach § 6 Abs. 1 NRWOBG (OVG Münster NWVBl. 2012, 436 (437 f.)), welche gegen eine Vermutung für eine abschließende Regelung in den Spezialgesetzen (so aber DWVM Gefahrenabwehr 154 f.) spricht. Da ist weiter die **subsidiäre Zuständigkeit der Polizei gegenüber allen Behörden mit ordnungsrechtlichen Aufgaben** (Abs. 1 S. 3). Voraussetzung dafür ist allerdings, dass die anderen Stellen nicht lediglich in irgendeiner Weise mit Gefahren befasst sind, sondern zu deren Abwehr zuständig sind.

203   Sofern Aufgaben der Gefahrenabwehr sowohl von der Polizei als auch von Ordnungsbehörden wahrgenommen werden dürfen, setzt Abs. 1 S. 3 den grundsätzlich **Nachrang des polizeilichen Handelns** voraus. Primär sind die anderen Behörden, namentlich die Ordnungsbehörden, zuständig. Hier setzt sich der bisweilen überschätzte, bisweilen missverstandene (näher Lisken/Denninger PolR-HdB/Denninger D Rn. 234 ff.) Gedanke der **Entpolizeilichung der Gefahrenabwehr** durch. Das Regel-Ausnahme-Verhältnis zugunsten der Ordnungsbehörden ist primär dazu bestimmt, den faktischen Vorsprung der Polizei gerade im Gefahrbereich auszugleichen. Die Polizei ist rund um die Uhr besetzt und nicht auf bestimmte Dienstzeiten beschränkt. Die Polizei ist zudem stärker im Außendienst tätig als die Ordnungsbehörden und damit vielfach schneller und eher am Ort der Gefahr oder der Gefahrenquelle. Dies folgt nicht zuletzt aus der polizeilichen Aufgabe der Verkehrsregelung und -überwachung (→ Rn. 19), welche eine gewisse Präsenz am Ort des Verkehrs und daher in der Nähe von Gefahrenquellen ermöglicht, sowie ihrer besseren Erreichbarkeit („110"). Diesem **faktischen Vorsprung der Polizei** (Lisken/Denninger PolR-HdB/Denninger D Rn. 244 ff.; diff. Gusy NdsVBl. 2013, 57 (59–61)) **setzt Abs. 1 S. 3 den rechtlichen Vorrang der Ordnungsbehörden entgegen** (zu deren Vorteilen Lisken/Denninger PolR-HdB/Denninger D Rn. 239, 241), deren Zuständigkeiten andernfalls vielfach leerlaufen könnten.

204   Jene Subsidiarität der Polizei ist nicht abstrakt gegenüber der ordnungsbehördlichen Aufgabennorm, sondern konkret gegenüber dem behördlichen Handeln bei der Wahrnehmung jener Aufgaben. Das Subsidiaritätsverhältnis ist also (auch) von den Umständen des Einzelfalles abhängig: Es hängt nicht allein davon ab, dass die Ordnungsbehörden gesetzlich zuständig sind, sondern zudem davon, dass sie diese Zuständigkeit im Einzelfall durch Handeln wahrnehmen. Die Subsidiarität des polizeilichen Handelns wird demnach primär dadurch begründet, dass die andere Gefahrenabwehrbehörde handelt oder schon gehandelt hat. Dies entspricht der Situation der im Polizeirecht vielfach geforderten Gefahr im Verzug (→ Rn. 153; Lisken/Denninger PolR-HdB/Denninger D Rn. 249; Tegtmeyer/Vahle PolG NRW Rn. 19).

205   Das Subsidiaritätsverhältnis gilt daher unter zwei qualifizierten Anforderungen: Nämlich der Möglichkeit eines ordnungsbehördlichen solchen Handelns und seiner Rechtzeitigkeit. **„Möglich" ist eine Gefahrenabwehr durch andere Stellen, wenn sie sowohl tatsächlich als auch rechtlich möglich ist.** Maßnahmen der anderen Stelle müssen faktisch zur Schadensabwehr in der Lage sein. Dies setzt voraus, dass die vorrangige Behörde allgemein wie auch im konkreten Fall über ausreichende mobilisierbare personelle und sachliche Ressourcen für effektives Handeln verfügt. Daran fehlt es sowohl, wenn die rechtlich vorrangige Behörde für die konkrete Gefahr über keine Abwehrmöglichkeiten verfügt, als auch dann, wenn vorhandene Ressourcen im Zeitpunkt der Notwendigkeit einer Gefahrenabwehr konkret nicht zur Verfügung stehen, etwa für andere gleichzeitige Einsätze benötigt werden. Bedarf die andere Stelle der polizeilichen Vollzugshilfe, so schließt diese ihre primäre Zuständigkeit nicht aus. Eine subsidiäre Zuständigkeit der Polizei würde durch diesen Umstand allein nicht begründet.

„Rechtzeitig" ist eine mögliche Gefahrenabwehr durch andere Stellen, wenn sie den 206 Schadenseintritt mindestens in gleichem Umfang abwehren kann wie die Polizei. Hier tritt zu den zuvor genannten Aspekten der zeitliche Faktor hinzu. Maßgeblich ist eine Schadenseintrittsprognose in zeitlicher Hinsicht. Sie ist notwendigerweise eine doppelte: Zunächst müssen unaufschiebbare Maßnahmen überhaupt notwendig sein. Und diese dürfen nicht durch andere Stellen, etwa Ordnungsbehörden, möglich sein (Schmidbauer/Steiner BayPAG Art. 3 Rn. 10, 12). Dies wäre der Fall, wenn ein Abwarten bis zum Eingreifen der zuständigen Behörde den Erfolg von Maßnahmen, die zur Abwendung des Schadenseintritts notwendig sind, erschweren oder vereiteln würde (VGH Mannheim NJW 1990, 1618). Je später der prognostizierte Schaden eintreten wird, desto größer ist die Möglichkeit seiner rechtzeitigen Abwehr durch andere Stellen. Umgekehrt besteht in Fällen der Störungsbeseitigung (→ Rn. 179) die Möglichkeit rechtzeitigen Handelns am ehesten für diejenige Stelle, welche von dem Schaden als erste Kenntnis erlangt hat. Das gilt jedenfalls, soweit sie selbst zum Entdeckungszeitpunkt über die notwendigen Ressourcen verfügt. Müssen diese erst von der Stelle selbst oder gar unter Einschaltung anderer Behörden oder Privater mobilisiert werden, so kann der Primat der frühen Kenntnis durchbrochen werden. Ist im Entdeckungszeitpunkt der Moment des Schadenseintritts ungewiss, kann er also sowohl sofort wie aber auch später eintreten, so ist ein Zuwarten rechtlich nicht geboten: Die Möglichkeit effektiver Gefahrenabwehr besteht in solchen Fällen allein zeitnah und nicht in fernerer Zukunft unter ungewissen Bedingungen.

Mindestbedingung möglichen wie rechtzeitigen Handels ist für jede Behörde die 207 **Kenntnis vom Einsatzfall, also einer Gefahr, und der eigenen Handlungsmöglichkeit.** Hat die Ordnungsbehörde diese Kenntnis, so ist sie unabhängig davon zuständig, ob die Polizei gleichfalls über dieses Wissen verfügt. Hat hingegen die Polizei solche Kenntnis, so ist sie zuständig, sofern und solange die Ordnungsbehörde über jenes Wissen noch nicht verfügt. In dieser Konstellation entstehen für die **Polizei** alternative Handlungsmöglichkeiten: Sie **kann entweder die Ordnungsbehörde informieren und dadurch deren Zuständigkeit begründen oder aber selbst zur Gefahrenabwehr tätig werden.** Das Gesetz sieht hierfür keine zwingende Prioritätsregelung vor, wie sich schon aus Abs. 1 S. 4 ergibt: Dort sind konkrete Informationspflichten der Polizei genannt, die jedoch nicht die hier beschriebene Konstellation betreffen. Deren Ausnahme aus dem Anwendungsbereich des Abs. 1 S. 4 spricht dafür, dass das Gesetz die Auswahl der jeweiligen Handlung in das polizeiliche Ermessen legt. Als dessen Ausübungsmaßstab iSd § 3 Abs. 1 lässt sich formulieren: **Die Polizei ist zur Einschaltung der Ordnungsbehörde verpflichtet, wenn diese Stelle nach Lage des Einzelfalles in mindestens gleichem Maße wie sie selbst zur Gefahrenabwehr in der Lage ist.** Ob dies der Fall ist, ist auch eine polizeiliche Prognoseentscheidung. Es ist jedenfalls nicht der Fall, wenn die Gefahr von präsenten Polizisten selbst auf einfache Art und ohne zusätzlichen (unwirtschaftlichen) Behördenaufwand anderer Stellen abgewehrt werden kann. Es ist gleichfalls nicht der Fall, wenn die Einschaltung der Ordnungsbehörden und deren Aufwand für gebotene Maßnahmen derartig zeitraubend sein würden, dass sich inzwischen die Gefahr des Schadenseintritts vergrößert. **Hat die Polizei die Ordnungsbehörde über die notwendigen Umstände informiert, wird diese kraft Gesetzes selbst zuständig.** Die Information ist eine Wissensübermittlung, hingegen kein Auftrag oder Ersuchen um Übernahme einer Gefahrenabwehrmaßnahme. Die Ordnungsbehörde wird dann nicht im Auftrag der Polizei, sondern aus eigenem Recht zuständig (Lisken/Denninger PolR-HdB/Denninger D Rn. 242).

Hat die Ordnungsbehörde Kenntnis von einer Gefahr erlangt, so ist sie ebenso wenig wie 208 die Polizei stets zu Gefahrenabwehrmaßnahmen verpflichtet. Ihre gesetzliche Pflicht geht ebenso dahin, das ihr eingeräumte **Entschließungs- und ggf. Auswahlermessen** im Rahmen der gesetzlichen Zweckbestimmungen und Grenzen (§ 16 NRWOBG) **auszuüben.** Die hierzu im Einzelfall notwendigen zusätzlichen Informationen hat sie sich selbst oder unter Einschaltung geeigneter Dritter zu verschaffen. Zu ihren Informationsquellen können auch Polizeibeamte zählen, die eine Gefahr entdeckt und gemeldet haben. Die **Ermessensentscheidung muss die zuständige Behörde selbst treffen** und kann sie nicht auf Dritte abwälzen. Sperrwirkung gegenüber der Polizei geht demnach von der Ausübung des ordnungsbehördlichen Entschließungsermessens (→ OBG § 16 Rn. 7, Rn. 12) aus. Umgekehrt bleibt die Polizei zuständig, solange die andere Stelle diese Entscheidung noch nicht treffen kann oder nicht getroffen hat. **Untätigkeit der anderen Behörden steht polizeilicher Gefahrenabwehr auch dann nicht entgegen, wenn behördliches Handeln tatsächlich und rechtlich möglich wäre, aber nicht stattfindet.**

209   **Hat die Ordnungsbehörde die Gefahrenabwehr übernommen, so schließt dies die polizeiliche Zuständigkeit grundsätzlich aus.** Das gilt unabhängig von der Frage, ob im Einzelfall die Polizei zuvor mit dem Sachverhalt befasst gewesen war oder nicht. Hat die Polizei bereits Maßnahmen getroffen, so treten diese durch den Zuständigkeitswechsel nicht von selbst außer Kraft, sondern bedürfen der Aufhebung durch die (nun) zuständige Stelle. Die Polizei kann allerdings erneut zuständig werden, wenn die Ordnungsbehörde sie um Vollzugshilfe (§ 1 Abs. 3) oder um sonstige Unterstützungsmaßnahmen (§§ 4 ff. VwVfG. NRW.) ersucht. In diesem Falle wird sie kraft Auftrags, nicht hingegen aus eigenem Recht befasst. Im Übrigen kann sie tätig werden, wenn sich die **Gefahrsituation nachträglich ändert,** solange die Ordnungsbehörde nicht auf die neue Situation reagiert hat oder reagieren konnte, insbesondere noch keine Ermessensentscheidung über nunmehr notwendige Maßnahmen getroffen haben. Schließlich kann sie zuständig werden, wenn die Ordnungsbehörde ihre Maßnahmen beendet hat und danach erneut Gefahren auftreten.

210   Die Zuständigkeit im Einzelfall bedarf also eines Ausgleichs zwischen der oft, aber nicht stets vorhandenen Sach- und Fallnähe der Polizei einerseits und der oft, aber nicht stets vorhandenen höheren Spezialkenntnisse der Ordnungsbehörden andererseits. Typischerweise erfährt die Polizei als erste von den Gefahren, wenn Bürger Anzeige erstatten oder Notrufe aufgeben: Hier sind Polizeiadresse und -notrufnummer bekannt, diejenige der Ordnungsbehörden nicht. Daneben sind andere als Polizeibehörden regelmäßig nicht rund um die Uhr und am Wochenende besetzt. Ob und inwieweit andere Stellen handlungsbereit und handlungsfähig sind, hängt davon ab, ob sie rechtzeitig von den Gefahren Kenntnis erlangen und ob sie Zugriff auf eine einsatzbereite **Feuerwehr** haben. Wo eine solche vorhanden, erreichbar und nicht gerade anderweitig im Einsatz ist, reduziert sich die faktische Überlegenheit der Polizei bei der Aufgabenwahrnehmung erheblich. Ein faktisch relevanter Faktor ist die **Kostentragung,** welche regelmäßig der (handelnden) Körperschaft zukommt. Daraus kann eine gewisse Neigung resultieren, die je eigene Zuständigkeit hintanzustellen und der anderen Behörde auch sachwidrig den Vorrang zu überlassen (zu Ausgleichsansprüchen Worms/ Tienes NWVBl. 2012, 205).

211   Zentrale **Rechtsfolge der Zuständigkeitsfrage ist die Bestimmung des anwendbaren Rechts.** Die anderen Behörden handeln nach ihren speziellen Rechtsgrundlagen, also regelmäßig dem besonderen bzw. subsidiär dem allgemeinen Ordnungsrecht. Dagegen handelt die Polizei „in eigener Zuständigkeit", dh kraft ihrer gesetzlichen Aufgabe. Die **Zuständigkeit der Polizei begründet demnach die Anwendbarkeit des PolG NRW.** Sie handelt im Rahmen der Aufgaben und Befugniszuweisungen des PolG NRW (Poscher/ Rusteberg JuS 2011, 888 (891)), soweit nicht die Anwendung einzelner seiner Bestimmungen im Einzelfall durch spezielle Rechtsgrundlagen ausgeschlossen ist.

2. Eilzuständigkeit der Polizei

212   Die Gefahrenabwehraufgabe der Polizei wird im Verhältnis zu den anderen Gefahrenabwehrbehörden als **Eilkompetenz** beschrieben (Kingreen/Poscher POR § 3 Rn. 19; Lisken/ Denninger PolR-HdB/Denninger D Rn. 246; Wagner, Kommentar zum Polizeigesetz von Nordrhein-Westfalen, 1987, Einleitung B Rn. 25). Ihre Zuständigkeit entsteht namentlich, wenn im Einzelfall einerseits eine Notwendigkeit von Gefahrenabwehr entsteht und andererseits eine Einschaltung anderer, primär zuständiger Behörden den Schadenseintritt wahrscheinlicher machen oder zusätzliche Gefahren begründen würde. Diese Situation der Gefahr im Verzug (→ Rn. 153) lässt die Polizeizuständigkeit als rechtliche Ausnahmezuständigkeit erscheinen. Die dafür verwendete Formulierung vom polizeilichen **Recht des ersten Zugriffs** kann dagegen missverständlich sein: Die erste Zuständigkeit hat die Polizei nur, wenn sie als erste zuständig und handlungsbereit ist. Hat umgekehrt die Ordnungsbehörde als erste Kenntnis von der Gefahr und ist sie sogleich einsatzbereit, so steht ihr gem. Abs. 1 S. 3 der erste (und zumeist einzige) Zugriff zu (richtig: Lisken/Denninger PolR-HdB/ Denninger D Rn. 247: „Grundsatz der Erstbefassung").

Die Terminologie von der „Eilzuständigkeit" und dem „ersten Zugriff" hat zu **Diskussio- 212a nen** um die Frage geführt, **ob die Polizei auf eilige und kurzfristige Maßnahmen beschränkt** sein soll. Ein solcher Schluss wird durch das Recht zur Erstbefassung nicht gefordert. Und er gilt nicht, soweit der Polizei ausdrücklich Befugnisse mit längerer als nur kurzfristiger Dauer zugewiesen sind (s. etwa § 34 Abs. 2), die der Ordnungsbehörde nicht zustehen (s. § 24 Nr. 13 OBG NRW; richtig Tegtmeyer/Vahle PolG NRW § 34 Rn. 12; zur (Dauer-) Observation entlassener Straftäter OVG Münster NWVBl. 2013, 492; VG Freiburg DÖV 2014, 569; Krüper R&P 2014, 119; Greve/Lucius DÖV 2012, 97; Eisenbarth/Ringhof DVBl 2013, 566).

Die **Erstbefassung** entsteht, wenn **zur Gefahrenabwehr sofortige Maßnahmen 213 möglich und zulässig** sind. Ein Zuwarten der Polizei auf Unterstützung durch andere Stellen kann allenfalls in Betracht kommen, wenn diese ersichtlich schneller oder effektiver einsatzbereit wären als sie selbst. Meist diskutiertes **Beispiel** ist die Frage nach der Erreichbarkeit anderer Behörden außerhalb der üblichen Dienstzeiten. Auch hier ist infolge der regelmäßigen Zusammenarbeit von Polizei und Ordnungsbehörden eine Prognose kaum möglich. In diesen Fällen verbleibt es zunächst bei der polizeilichen Zuständigkeit. Die früher gewiss wichtige **Verfahrensfrage, ob die Polizei zunächst selbst tätig werden dürfe und sodann die Ordnungsbehörde informieren müsse oder umgekehrt,** hat in Zeiten von Diensthandys und flächendeckendem Funk und Internet ihre Bedeutung eingebüßt. Einerseits haben Maßnahmen der Aufklärung der Gefahrlage, notwendige Absperr- und Sicherungsmaßnahmen am Einsatzort durch die zuerst handelnde Behörde stets Vorrang. Andererseits ist ein planmäßiges Aufschieben der Information der Ordnungsbehörde – ggf. bis zum Zeitpunkt des Abschlusses des Polizeieinsatzes und der Gefahrenabwehrmaßnahmen – unzulässig.

Die Polizei hat im Rahmen ihrer Erstbefassung insbesondere die Aufgabe der **Gefahraufklärung 214** (→ Rn. 170 ff.; Lisken/Denninger PolR-HdB/Denninger D Rn. 249), also der Informationserhebung über die Gefahr und ggf. notwendige Abwehrmaßnahmen, sowie die **Pflicht zur vorläufigen Gefahrenabwehr.** Hierzu zählt die Gefahrbeseitigung durch die Beamten selbst (**Bsp.:** Nach einem Unfall sammelt die Polizei herumliegende Scherben und Eigentum der Beteiligten oder Opfer ein) oder durch **Gefahrbeseitigungseingriffe,** wenn Platzverweise erteilt, Sachen sichergestellt oder Personen in Gewahrsam genommen werden müssen. Solche Maßnahmen sind bei Gefahr im Verzug jedenfalls als vorläufige zulässig. Maßnahmen mit Dauerwirkung können vorläufig getroffen werden, bevor die Ordnungsbehörden sich der Gefahr angenommen haben. Sie können von diesen bei fortdauernder Notwendigkeit und Zulässigkeit im Einzelfall fortgesetzt oder aber beendet werden. Das **Recht der Polizei zu vorläufigen Gefahrenabwehrmaßnahmen umfasst auch Maßnahmen, welche die Gefahr definitiv abwehren.** Sie unterliegt insoweit keinem Verbot der Vorwegnahme der Hauptsache. Ist die störende Person vom Platz verwiesen, die zur Drohung benutzte Scheinwaffe sichergestellt oder der psychisch Kranke in ein Krankenhaus gebracht worden, so besteht für weitere Gefahrenabwehr – durch wen auch immer – kein Raum mehr. Diese in der Realität häufig anzutreffende Konstellation beendet die Zuständigkeit aller Gefahrenabwehrbehörden, der Ordnungsbehörden wie auch der Polizei.

Die **polizeiliche Eilzuständigkeit endet mit der Übernahme der** (Fortsetzung der) 215 Gefahrenabwehr durch die Ordnungsbehörde. Damit endet jedenfalls die polizeiliche Gefahrenabwehraufgabe. Ihre sonstigen Zuständigkeiten werden hingegen durch die Subsidiaritätsklausel nicht berührt. Insoweit kann es zu parallelen Einsätzen beider Behörden im Hinblick auf dieselbe Gefahr, aber mit unterschiedlichen Zielrichtungen kommen Dabei bleibt die **Folgenverantwortung der Polizei für zuvor getroffene** – rechtmäßige wie rechtswidrige – **eigene Maßnahmen.** Dies kann fortdauernde Pflichten zum Abschluss oder zur Abgabe eingeleiteter Maßnahmen, zur Erteilung von Auskünften an Betroffene oder sonst Berechtigte oder zur Folgenbeseitigung umfassen. Sichergestellte Sachen sind an Berechtigte oder an die Ordnungsbehörden herauszugeben, wenn diese die Sicherstellung fortsetzen will. (Vorläufig) In Gewahrsam genommene Personen sind zur Untersuchung oder zur Behandlung zu verbringen (Worms/Tienes NWVBl. 2012, 205). Der **Übergang einer Behördenaufgabe darf nicht zu einer Intensivierung oder Verlängerung von Eingriffen in die Rechte Betroffener führen.**

Die dadurch notwendige Zusammenarbeit zwischen Polizei- und sonstigen Gefahrenab- 216 wehrbehörden ist gesetzlich nur rudimentär geregelt. Abs. 1 S. 4 sieht allein die **unverzügli-**

che Informationspflicht von allen Vorgängen, die deren Eingreifen erfordern, vor. Voraussetzung dafür ist eine Parallelzuständigkeit beider Stellen und der zeitliche Primat der polizeilichen Kenntnis von Gefahren (dies können „Vorgänge", aber auch Zustände sein) und möglichen notwendigen Gefahrenabwehrmaßnahmen. Die Informationsübermittlung hat sich auf alle Umstände zu beziehen, die aus polizeilicher Sicht absehbar sind. Soweit personenbezogene Daten übermittelt werden sollen, ist dies nach Maßgabe und iRd § 28 zulässig (Tegtmeyer/Vahle PolG NRW Rn. 20). Die Informationspflicht ist als Wissensübermittlung von Tatsachen ausgestaltet, nicht hingegen als Willenserklärung oder als Auftrag. Die Entscheidung über den Umgang mit jenen Informationen, insbesondere die Notwendigkeit und Möglichkeit eines eigenen Einschreitens, obliegt der Ordnungsbehörde. Solange sie nicht einschreitet, bleibt die polizeiliche Zuständigkeit im Rahmen der eigenen Aufgaben und Befugnisgrenzen erhalten. **Die Informationspflicht endet mit der vollständigen Gefahrenabwehr** unabhängig von der Frage, von wem diese vorgenommen worden ist. Nun kann es auch keine Vorgänge mehr geben, „welche ein Eingreifen (der Ordnungsbehörden) erfordern" (Tegtmeyer/Vahle PolG NRW Rn. 20).

217   Daneben bestehen **geschriebene und ungeschriebene wechselseitige Informations-, Kooperations- und Unterstützungspflichten** (HSV VerwR/Schulze-Fielitz § 12 Rn. 64 ff.; HSV VerwR/Schuppert § 16 Rn. 90 ff.; HSV VerwR/Holznagel § 24 Rn. 12; HSV VerwR/Fehling § 38 Rn. 62 ff.) zwischen der Polizei und anderen Behörden aus der allgemeinen Rechtsordnung. Sie dienen nicht allein der Aufgabenerfüllung oder -erleichterung der anderen Stellen, sondern auch der Polizei, wenn sie etwa über abgeschlossene Maßnahmen, Gefahrenstellen, Gefahrenschwerpunkte oder Wiederholungsgefahren unterrichtet und so Maßnahmen anderer Stellen veranlasst, welche spätere polizeiliche Einsätze überflüssig machen oder erleichtern können. Dies gilt aber auch umgekehrt, wenn andere Behörden über polizeilich relevante Informationen verfügen (ähnlich Tegtmeyer/ Vahle PolG NRW Rn. 20). Die **allgemeine zwischenbehördliche Kooperation** über Einzelfälle hinaus – etwa in Kooperationsgremien, kriminalpolizeilichen Räten oder Sicherheits- und Ordnungspartnerschaften – ist durch besondere Vorschriften geregelt.

3. Sonstige Subsidiarität polizeilicher Gefahrenabwehr

218   Die Polizei darf in Wahrnehmung ihrer Aufgaben nicht gegenüber **Personen** einschreiten, **welche der Hoheitsgewalt der Bundesrepublik nicht oder nur eingeschränkt unterstehen** (grdl. DWVM Gefahrenabwehr/Martens 295 ff.). Diese Ausnahme erfordert eine ausdrückliche Regelung durch – gegenüber dem PolG NRW – vorrangiges Gesetz, regelmäßig ein Bundesgesetz nach Maßgabe der Art. 73 Abs. 1 Nr. 1 GG oder Art. 59 Abs. 2 GG. Auch wenn jene Personen an das inländische materielle Recht gebunden sind, sind doch jedenfalls die Durchsetzungsbefugnisse der deutschen Staatsorgane begrenzt. Dies schränkt weniger die Aufgaben als vielmehr die (Ausübung der) Befugnisse der Polizei ein. Der Umfang der Einschränkung ist durch Auslegung der gesetzlichen Ausnahmetatbestände zu ermitteln (näher Tölle/Pallek DÖV 2001, 547; sa BVerfGE 16, 27 (60 ff.)).

219   Deutsche Staatsorgane oder Behörden werden zumeist als berechtigt angesehen, in ihren Räumen bzw. bei Gelegenheit ihrer amtlichen Tätigkeit Störungen durch Dritte selbst abzuwehren. Das gilt jedenfalls, soweit ihnen dort **Ordnungsgewalt** oder **Hausrecht** zustehen und diese nicht nur Aufgaben, sondern auch die zu ihrer Durchsetzung notwendigen Befugnisse begründen. Seit dem Ende der früheren ungeschriebenen Anstaltsgewalt sind allerdings deren Rechtsgrundlagen nicht mehr eindeutig, wo ausdrückliche Sonderregelungen (etwa Art. 39 Abs. 2 S. 3 NRW Verf) fehlen. Das PolG NRW und das NRWOBG ermächtigen selbst nur die in ihnen genannten Stellen und begründen keine Annexaufgaben anderer Behörden. Und ein allgemeines ungeschriebenes Annexrecht aller öffentlichen Stellen auf Abwehr der Störung ihrer Tätigkeit lässt sich kaum schwer postulieren, wenn selbst § 164 StPO hierfür eine gesetzliche Grundlage enthält. Und § 114 StGB enthält eher ein Schutzrecht einzelner Beamter als von Behörden oder der Staatstätigkeit insgesamt. Stattdessen kommt am ehesten das – allerdings auch nicht restlos geklärte – **öffentliche Hausrecht** in Betracht (→ Rn. 66). Soweit dieses reicht, ist die Polizei lediglich subsidiär zuständig. Konkret bedeutet dies: In den Räumen anderer Behörden darf die Polizei nur mit deren Zustimmung tätig werden. Jedenfalls gegen den freien und ausdrücklichen Willen jener

Stellen darf sie dort nicht einschreiten. Anderes gilt hingegen, wenn ein Ersuchen oder die Zustimmung der anderen Stelle nicht oder nicht rechtzeitig erlangt werden kann (Bsp. → Rn. 219.1).

Beispiel: Ist das Behördengebäude von gewaltbereiten Demonstranten besetzt, welche die Mitarbeiter bedrohen, kann die Polizei auch ohne deren Hilfeersuchen eingreifen. **219.1**

Abgrenzungsfragen stellen sich nicht allein bei der Abwehr von Gefahren für andere **220** Behörden, sondern auch bei derjenigen durch andere Behörde. Das Thema „**Polizei gegen Hoheitsträger**" wirkt sich allerdings weniger auf der Aufgaben- als vielmehr auf der Befugnisebene aus (näher Schoch JURA 2005, 324; Britz DÖV 2002, 891; Borowski VerwArch 2010, 58; zu älteren Auffassungen DWVM Gefahrenabwehr/Martens 240 ff.). Auch solche **Stellen, welche öffentlich-rechtliche Aufgaben wahrnehmen, sind an das materielle Polizei- und Ordnungsrecht gebunden,** auch wenn sie dieses nicht selbst vollziehen dürfen (wie etwa Bundesbehörden das Landesrecht). Sie sind Adressaten jener Gesetze wie andere Rechtsunterworfene auch. Polizeigesetze regeln nicht das „Ob", wohl aber Fragen des „Wie" des Handelns anderer Behörden. Zwar darf die Polizei ihnen die Erfüllung ihrer gesetzlichen Aufgaben nicht untersagen, wenn diese Gefahren begründen kann. Insoweit gehen die spezielleren Aufgabennormen der anderen Stellen denjenigen der Polizei vor. Doch müssen sie diese Aufgaben grundsätzlich ohne Gefährdung Dritter erfüllen. Daher **darf die Polizei Gefahren abwehren, welche aus der Art und Weise ihrer Aufgabenerfüllung resultieren.** Dabei können sich allerdings rechtliche Besonderheiten ergeben, sofern die Tätigkeit jener Stellen gesetzlichen Sonderregelungen unterliegt, zB für die Bundeswehr oder die DB im Immissionsschutzrecht (vgl. §§ 38, 41 BImSchG). Mit dieser Maßgabe ist für die Behördenaufgaben gegenwärtig anerkannt: Der polizeiliche Erstzugriff (→ Rn. 212) bleibt unberührt, soweit die gefahrverursachende Behörde nicht gehandelt hat oder nicht handeln konnte (VG Kassel NJW 1980, 305). Aber auch danach sind nichteingreifende Maßnahmen zur Gefahrenabwehr ebenso zulässig wie polizei- bzw. ordnungsrechtliche Regelungen des „Wie" ihrer Tätigkeit. **Beispiele** sind Kostenerhebung für Gefahraufklärung und -beseitigung an Bundeswasserstraßen (BVerwG NVwZ 2003, 346; sa OVG Schleswig NVwZ 2000, 1196) oder die Verpflichtung der Bundeswehr zur Beseitigung von Manöverschäden (VGH Kassel NVwZ 2002, 889). Hingegen **unterliegt die zwangsweise Durchsetzung jener Verpflichtungen einschränkenden Sonderregelungen im Verwaltungsvollstreckungsrecht** (etwa § 76 VwVG NRW). Polizeiliche Vollstreckungshandlungen gegen andere Behörden sind danach nur in dort zugelassenen Ausnahmefällen gestattet (VGH Kassel NVwZ 1997, 304). Hier – aber erst hier – sind weniger die polizeilichen Aufgaben als vielmehr ihre Befugnisse begrenzt.

II. Limitierte Subsidiarität polizeilicher Gefahrenabwehr gegenüber Gerichten (Abs. 2)

Abs. 2 betrifft den Schutz „privater Rechte" gegen Gefahren. Dazu zählen **subjektive** **221** **Rechte des Privatrechts** (→ Rn. 80) unabhängig von ihrem Träger im Einzelfall. Erfasst sind also auch privatrechtliche Ansprüche von Trägern öffentlicher Gewalt, welche gleichfalls nicht von der Exekutive mit Zwangsmitteln durchgesetzt werden dürfen (Kingreen/Poscher POR § 3 Rn. 47; Gusy PolR Rn. 91; BVerfGE 132, 372). Die Geltendmachung und Durchsetzung solcher Ansprüche ist durch Art. 92 GG der Rechtsprechung (BVerfGE 103, 111 (137); 76, 100 (106); 64, 175 (179); 27, 11 (28); 22, 49 (73); DWVM Gefahrenabwehr/ Martens 238 f.) zugewiesen und daher durch Art. 20 Abs. 2 S. 2 GG der Übernahme durch die Exekutive entzogen. Das gilt gem. § 1 Abs. 2 auch für die **Polizei:** Sie **darf danach die gerichtliche Tätigkeit nicht (ganz oder teilweise) übernehmen,** sondern allein ermöglichen oder unterstützen. Insoweit ist die Aufgabe der Polizei gegenüber denjenigen der Gerichte subsidiär.

Voraussetzung dafür ist die Gefahr für ein **zivilrechtlich geschütztes Rechtsgut,** soweit **222** dieses ausschließlich durch Normen des Zivilrechts geschützt ist. Das gilt für vertragliche ebenso wie für gesetzliche Ansprüche aus dem Bürgerlichen Recht (zB VGH Mannheim NVwZ-RR 2008, 700: Recht am eigenen Bild). **Nicht** darunter fallen gemischte **Ansprüche, welche** zwar auch dort begründet sind, aber zugleich **im Öffentlichen Recht oder**

Strafrecht anerkannt und geschützt werden. **Beispiele** sind die meisten Schutzgüter des § 823 Abs. 1 BGB, soweit Strafrechtsnormen einschlägig sind (PrOVGE 77, 333: Schutz des Eigentums gegen Fortschaffen von Möbeln durch den Ehepartner; VG Berlin NJW 1981, 1748: Schutz des Eigentums gegen Hausfriedensbruch durch Hausbesetzer); Unterhaltsansprüche unter den Voraussetzungen des § 170 StGB sowie strafbewehrte Ansprüche aus dem UWG (BVerwG NJW 1978, 1492 f.). Auch das Recht auf ungehinderten Besuch einer Schwangerschaftskonfliktberatung (VGH Mannheim NJW 2011, 2532; Kingreen/Poscher POR § 3 Rn. 43) ist kein allein zivilrechtliches. Soweit privatrechtliche Normen grundrechtliche Schutzpflichten konkretisieren (zB erbrechtliche Pflichtteilsansprüche (BVerfG 112, 323) oder Ehrenschutz gegen Presseveröffentlichungen (BVerfGE 7, 198 (204 ff.)), bleiben sie solche des Bürgerlichen Rechts und werden auch durch ihre grundrechtliche Überlagerung nicht zu solchen des Öffentlichen Rechts (Kingreen/Poscher POR § 3 Rn. 42). Diese Grundsätze sind unabhängig von der (nicht ganz unstrittigen) Frage, ob Ansprüche des Zivilrechts dem Schutzgut der öffentlichen Sicherheit unterfallen oder nicht und damit der Folgefrage, ob Abs. 2 den Anwendungsbereich der Generalklausel eingrenzt oder ausweitet (→ Rn. 221 ff.). Ganz entsprechend wird die polizeiliche Zuständigkeit durch Abs. 2 entweder begrenzt oder begründet. Doch sind die Divergenzen hier allein rechtsdogmatischer Art. Praktische Auswirkungen folgen aus ihnen nicht (→ OBG § 1 Rn. 10).

223   Im Falle einer **Gefahr für private Rechte ist die Zuständigkeit der Polizei nicht ausgeschlossen, wohl aber eingeschränkt.** Ob Rechtsträger ihre Rechte und Ansprüche gerichtlich geltend machen, steht ihnen regelmäßig frei. In diese Dispositionsfreiheit darf die Polizei nicht eingreifen. Die Polizei darf nicht mehr an privaten Rechten schützen, als die Berechtigten selbst wahren möchten. Und ihre Möglichkeiten zur Gefahrenabwehr für private Rechte gehen über die Möglichkeiten der Gerichte, die allein aufgrund Antrags tätig werden, nicht hinaus. Voraussetzungen polizeilichen Schutzes sind somit (Gusy PolR Rn. 93 f.; Kingreen/Poscher POR § 3 Rn. 48; Kugelmann PolR Kap. 5 Rn. 68 ff.):

- **Antrag oder Zustimmung des Berechtigten** (so etwa § 2 Abs. 2 BWPolG; § 2 Abs. 2 SPolG). Das gilt jedenfalls, sofern die zu schützende Person von der Gefahr Kenntnis hat. Vorher kann auf ihren mutmaßlichen Willen abgestellt werden. Der in Abs. 2 genannte Schutz „privater Rechte" setzt nicht voraus, dass diese bereits verletzt sind. Vielmehr genügt auch hier eine Gefahrsituation (→ Rn. 93).
- **Offenkundigkeit bzw. Glaubhaftigkeit des Anspruchs,** dh seiner rechtlichen Anerkennung im Gesetz und des tatsächlichen Vorliegens der Voraussetzungen im Einzelfall. Insbesondere muss der Anspruch noch bestehen (VG Freiburg DVBl 1979, 745: Durchsetzung privatrechtlicher Besitzschutzansprüche) und durchsetzbar sein. Jedenfalls die Entscheidung schwieriger Rechtsfragen kann nicht Aufgabe der unter Zeitdruck und regelmäßig ohne juristische Erkenntnisquellen handelnden Polizeibeamten sein.
- **Gerichtliche Durchsetzbarkeit der polizeilich vorzunehmenden Handlung.** Insbesondere darf die Polizei nicht über dasjenige Maß an Rechtsschutz hinausgehen, welches die geschützte Person bei Gericht erlangen könnte. Was nach bürgerlichem Recht hinterlegt werden muss, darf die Polizei nicht an den Anspruchsteller herausgeben.
- **Keine Vorwegnahme der endgültigen Anspruchsverwirklichung** durch die Polizei. Eine nachträgliche gerichtliche Klärung des Bestehens, der Grenzen und der Durchsetzbarkeit des Anspruchs darf durch die polizeilichen Maßnahmen nicht unmöglich gemacht werden.

224 Liegen diese Voraussetzungen vor, so ist die Polizei im Falle der **Unmöglichkeit (rechtzeitigen) gerichtlichen Schutzes** zu Schutzmaßnahmen berechtigt. Grundsätzlich sind zur Prüfung und Durchsetzung „privater Rechte" die Gerichte zuständig; dazu können **alle Gerichte iSd Art. 92, 97 GG** zählen, soweit sie im Einzelfall für den Schutz derartiger Rechte zuständig und handlungsfähig sind. Dies sind primär, aber nicht ausschließlich, die ordentlichen Gerichte. Der Umfang der justiziellen Aufgaben und Handlungsmöglichkeiten ergibt sich aus den Prozessgesetzen. Maßgeblich ist neben dem Rechtsschutz in der Hauptsache namentlich der **einstweilige Rechtsschutz.** Hinter diese Verfahren tritt die polizeiliche Zuständigkeit zurück. Maßnahmen der Polizei dürfen also nur ergriffen werden, **wenn gerichtlicher Rechtsschutz nicht oder nicht rechtzeitig möglich wäre** und so durch Zeitablauf jeglicher oder doch effektiver Rechtsschutz vereitelt werden würde. Eine solche Situation entspricht derjenigen der **Gefahr im Verzug** (→ Rn. 153).

Sie kann zunächst vorliegen, wenn die Art und Weise der **Rechtsgefährdung oder** 225
-verletzung gerichtlichen Schutz faktisch ganz ausschließen könnte, etwa bei nur
einmaligem oder plötzlichem Kontakt von Störer und Gestörtem ohne konkrete Wiederholungsgefahr, wenn die nachträgliche Anrufung von Gerichten zur effektiven Schadensbeseiti-
gung nicht mehr geeignet wäre. **Beispiele** können unerwünschte telefonische und ähnliche
Kontakte zur Werbung oder Anbahnung von Geschäften, etwa gegenüber Minderjährigen,
sein; ferner unberechtigtes Fotografieren Unbekannter in der Öffentlichkeit; weiter gezieltes
planmäßiges Ansprechen von Nutzern von Einrichtungen oder Kunden von Geschäften mit
dem Ziel der Verhinderung ihrer Benutzungsabsicht, wenn dadurch boykottähnliche
Zustände drohen bzw. Nutzungsrechte der Angesprochenen gefährdet oder vereitelt werden
können (Kingreen/Poscher POR § 3 Rn. 48). Ähnliche Fälle können vorliegen, wenn im
Einzelfall der Schädiger unidentifiziert entkommen könnte und so eine Zustellung von
Klagen und gerichtlichen Schriftsätzen nicht möglich wäre (OLG Düsseldorf NJW 1990,
998) oder wenn durch Handlungen des Schädigers oder durch Naturereignisse der
Anspruchsgegenstand bis zum Ausgang des gerichtlichen Verfahrens unterzugehen oder zu
verderben droht (Bsp.: Geldscheine werden vermischt oder ausgegeben; s. OVG Lüneburg
DÖV 2013, 487; DVBl 2009, 1056; VGH München DVBl 2012, 655). Sie kann auch
vorliegen, wenn **gerichtlicher Rechtsschutz** rechtlich und tatsächlich möglich wäre, aber
zu spät kommen würde. Auch Eilrechtsschutz ist nicht stets rechtzeitig; ein gesetzlich
geregelter Sonderfall findet sich in § 34a. Ob und unter welchen Voraussetzungen dies der
Fall sein kann, hängt vom Einzelfall ab.

Die Polizei ist auf rechtsschutzermöglichende oder -sichernde Maßnahmen beschränkt. 226
Sie ist allein zuständig, wenn Vereitelung oder Erschwerung gerichtlichen Rechtsschutzes
droht. Und sie darf ausschließlich Handlungen vornehmen, welche geeignet sind, diesem
Rechts(schutz)verlust entgegenzuwirken. Dazu zählt namentlich die **Identitätsfeststellung**
(§ 12) von Personen, welche als Beklagte oder Anspruchsgegner für zukünftige gerichtliche
Schritte in Betracht kommen; die **Durchsuchung** von Personen oder Sachen nach Gegenständen, welche Gegenstand gerichtlicher Auseinandersetzungen werden können (§§ 39 f.);
schließlich deren **Sicherstellung** (§ 43 Nr. 2; → § 43 Rn. 35 ff.), wenn ihr Verlust oder
ihre Beiseiteschaffung bis zum Prozess vorhersehbar sind. Dagegen ist **Gewahrsam ausgeschlossen** auch dann, wenn sich der bekannte bzw. identifizierte Schädiger oder Gefährder
erkennbar gerichtlichen Schritten durch Flucht oder Untertauchen entziehen will. Zwangsmaßnahmen gegen andere Personen als den behaupteten Anspruchsgegner (etwa Zeugen)
sind unzulässig.

Abs. 2 begründet die Subsidiarität der Polizei gegenüber gerichtlichem Rechtsschutz. 227
Weniger eindeutig ist ihr **Verhältnis polizeilicher Aufgaben zu Selbstschutz- und
Selbsthilferechten Privater.** Da deren Rechte ohne Antrag oder Zustimmung polizeilich
nicht geschützt werden dürfen, könnten jedenfalls bestimmte Privatpersonen durch das Ausmaß ihrer Schutzvorkehrungen mit darüber disponieren, wann die Polizei einschreiten darf
und wann nicht. Privater **Selbstschutz gegenüber polizeilichem Schutz** (näher Herles,
Persönlichkeitsrechtverletzungen bei Sportveranstaltungen, 2016, 103 ff., 141 ff.) kann praktisch relevant werden namentlich dann, wenn gefährdete oder geschädigte Personen entweder
freiwillig eigene Sicherheitsvorkehrungen unterhalten oder Sicherheitsunternehmen damit
betrauen. **Beispiele** mögen Betriebe mit eigenem Werkschutz, Betreiber von Verkehrs- oder
Infrastruktureinrichtungen (wie Häfen oder Flughäfen; Glavic/Martens/Röder, Handbuch
des privaten Sicherheitsgewerbes, 1995, 347 ff.), Veranstalter von Versammlungen oder wirtschaftlichen Events sowie Sportveranstalter namentlich im Profisport sein, welche durch
eigene Mitglieder, Unterstützer oder Sicherheitsunternehmen im Stadion für die Sicherheit
der Veranstaltung sorgen (Glavic/Salewski, Handbuch des privaten Sicherheitsgewerbes,
1995, 652 ff.). Hierzu können sie berechtigt (§ 9 VersammlG) bzw. durch besondere Gesetze
verpflichtet sein (zu Eigensicherungspflichten BVerwG DVBl 1989, 517: Werkschutz; Rengeling DVBl 2004, 589; VG Düsseldorf NWVBl. 2012, 280) oder aber solche Vorkehrungen
freiwillig betreiben, etwa um polizeiliche Präsenz und dadurch entstehende negative Effekte
wie Unsicherheitsgefühle zu vermeiden. Als Rechtsgrundlagen für solche Selbst- oder
Fremdschutzmaßnahmen werden neben Spezialgesetzen **Notwehr- und Nothilfe-,** Not-
stands-, Selbsthilfe- und Besitzschutzrechte, **Hausrecht** oder Allgemeine Geschäfts- oder
Teilnahmebedingungen von Veranstaltern und Ähnliches herangezogen.

228   **Polizeirechtliche Relevanz** erhalten derartige Selbstschutzvorkehrungen dadurch, dass die genannten Orte oder Veranstaltungen regelmäßig solche sind, an denen ein erhöhtes Potential auch polizeilich relevanter Gefahren bestehen kann. Polizeiliche Aufgaben sind dort vielfach naheliegend oder jedenfalls nicht ausgeschlossen. Zugleich kommt zur Durchsetzung des Selbst- und Fremdschutzes gerichtlicher Rechtsschutz oft zu spät. Umso eher stellt sich die Frage nach dem Verhältnis zwischen öffentlicher und privater Sicherheitsgewährleistung. Dies gilt umso mehr, als in derartigen Fällen **heterogene Schutzbedürfnisse** entstehen können, etwa solche der Rechte der Veranstalter selbst, der Benutzer, Besucher und ggf. Außenstehender (etwa nicht zugelassener Besucher, gestörter Verkehrsteilnehmer oder Nachbarn). Nicht jede Schutzvorkehrung dient dem Schutz aller potentiell Gefährdeten: Der **Werkschutz** schützt Betriebsinhaber, aber nicht notwendig Arbeitnehmer untereinander oder gegen Dritte auf dem Firmengelände. Umgekehrt ist auch der **Kreis potentieller Störer,** gegen welche Schutzvorkehrungen notwendig erscheinen, ganz **heterogen:** Diese können Veranstalter oder eigene Angestellte (wie etwa Türsteher) selbst sein, wenn von ihnen Übergriffe drohen; Teilnehmer oder Besucher, wenn von ihnen Gefahren für Rechtsgüter von Veranstaltern, anderen Teilnehmern oder Dritten ausgehen können. Auch außenstehende Dritte, welche nicht zugelassen wurden oder stören wollen oder sich gestört fühlen, können als potentielle Störer in Betracht kommen. **Der Kreis der Gefahren und Schutzbedürfnisse erscheint so überaus vielfältig.** Und nicht jeder verfügt dort über ein eigenes Sicherheitskonzept. Im Gegenteil schließen Veranstalter mit eigenen Sicherheitsvorkehrungen solche Vorkehrungen von Teilnehmern, Besuchern oder sonstigen Dritten vielfach aus: Wer sich als Fan bei einer Profisportveranstaltung von gegnerischen Fans bedroht fühlt, darf dort regelmäßig keine eigenen Defensivwaffen (wie Pfefferspray) mit sich führen, sondern wird vom Veranstalter auf das eigene Sicherheitskonzept verwiesen – und als ultima ratio auf die Polizei.

229   Setzt der Schutz privater Rechte durch die Polizei den Antrag oder die Zustimmung des Gefährdeten voraus (→ Rn. 84), so kann gelten: Wer sich selbst schützen und auf behördlichen Schutz verzichten möchte, kann dies tun, solange keine Gefahren für Schutzgüter Anderer entstehen oder bleiben. Solange und soweit Veranstalter, Unternehmen oder Hausrechtsinhaber **Selbstschutz** betreiben, also eigene Rechtsgüter schützen, ist demnach polizeilicher Schutz subsidiär. Ob sie derartige Schutzvorkehrungen betreiben, steht ihnen rechtlich grundsätzlich frei. Eine **Rechtspflicht zur Eigensicherung,** zum Schutz eigener Gebäude, Geschäfte oder eines eröffneten Verkehrs wird **nicht allein aufgrund der Polizeigesetze,** sondern am ehesten aufgrund spezialgesetzlicher Ermächtigungsgrundlagen begründet (Baumann DÖV 2003, 790; Rengeling DVBl 2004, 589; Boeger, Vom Eigensicherungsrecht zur Eigensicherungspflicht, 2018). Nach ihnen richten sich Umfang wie Möglichkeiten der Durchsetzung von Selbstschutzpflichten. Übernimmt der Unternehmer oder Veranstalter den Selbstschutz aufgrund eigener Entscheidung, gibt es spezielle behördliche Aufsichts- und Überwachungsbefugnisse nicht. Solche können allenfalls von Polizei oder Ordnungsbehörden im Rahmen ihrer allgemeinen Aufgaben ausgeübt werden. Insoweit kann **Selbstschutz durch eigene Ordnungskräfte polizeiliche Aufgaben begrenzen.**

230   Diese Begrenzung bezieht sich auf die eigenen Rechte sich selbst schützender Unternehmen, Veranstalter oder Personen. Davon zu unterscheiden sind **Gefahren für Rechtsgüter Dritter,** welche im Kontext der Veranstaltung gefährdet sein könnten. Dazu zählen sowohl Gefahren durch Außenstehende (Bsp.: Abgewiesene Besucher bedrohen nicht nur Veranstalter oder dessen Mitarbeiter, sondern auch andere Besucher oder Besuchswillige; Streitigkeiten oder Schlägereien von Fans unterschiedlicher Teams im Stadion) als auch Gefahren, welche gerade durch die Sicherheitsvorkehrungen (Türsteher, Ordner) selbst entstehen. In solchen Fällen geht es aus Sicht der Veranstalter nicht um Selbstschutz, sondern um Dritt- oder **Fremdschutz.** Diese Dritten verzichten im Regelfall weder explizit noch konkludent – etwa durch Teilnahme an der Veranstaltung – auf polizeilichen Schutz. Auch ein Ausschluss polizeilichen Rechtsschutzes etwa durch Hausrecht oder Allgemeine Geschäftsbedingungen des Veranstalters kommt nicht in Betracht; und zwar umso weniger, wenn nicht nur „private", sondern auch öffentlich-rechtlich geschützte Rechtsgüter der Besucher gefährdet sein können.

230a   Die Polizei kann sich in solchen Fällen zurückhalten, wenn bei der Veranstaltung selbst, in den Räumen und bei Zu- und Abgang ein gleichwertiger Schutz stattfindet, welcher

Gefahren für Rechte Dritter ausschließt und deshalb polizeiliches Handeln unnötig macht. Einen solchen gleichwertigen Schutz muss der Veranstalter selbst oder durch geeignete Dritte sicherstellen. Hierfür sind ggf. eigene Sicherheitskonzepte vorzulegen. Doch genügen sie allein nicht; vielmehr muss gewährleistet sein, dass sie auch wirksam durch geeignetes Personal um- und durchgesetzt werden, und zwar auch in Konfliktfällen. Welches Konflikt- oder Störungsniveau dabei vorauszusetzen ist, hängt von den Besonderheiten der Veranstaltung, den in ihrem Kontext zu erwartenden regelmäßigen Abläufen und absehbaren Störungen ab. Dabei können bei einem Fußballspiel, Boxkampf oder Volksfest andere Maßstäbe anzulegen sein als etwa bei einem Tanztee für die ältere Generation. Doch ist diese Frage der Zurückhaltung der Polizei eine solche ihres eigenen Ermessens nach Prüfung der Umstände im Einzelfall einschließlich der vorzulegenden Sicherheitskonzepte der Veranstalter; einen **gesetzlichen Ausschluss von der Gefahrenabwehr gibt es hier ebenso wenig wie eine Subsidiarität der Polizei gegenüber privaten Sicherheitskräften.**

Im Vor- und Umfeld solcher Veranstaltungen **ist die Polizei** wegen der erhöhten Kon- **231** flikträchtigkeit **zu Gefahraufklärungsmaßnahmen berechtigt.** Dies gilt sowohl hinsichtlich der vom Veranstalter, Unternehmer und anderen selbst hervorgerufenen Gefahren als auch hinsichtlich möglicher Gefahren durch Dritte, sofern die jeweiligen Risiken durch die Veranstaltung begründet oder erhöht werden. Insoweit kommt der Veranstalter als Verursacher zumindest in der Form der „Zweckveranlassung" in Betracht (näher Beutel DIE POLIZEI 2014, 117). Dazu können auch Außenstehende zählen, welche die Veranstaltung stören, sprengen oder verhindern wollen, sofern Stattfinden, Art oder Zweck der Veranstaltung ein derartiges Risiko erhöht hat. Zur Gefahraufklärung zählt auch die Überprüfung des Zureichens von Sicherheitskonzepten des Unternehmers oder Veranstalters zum Schutz eigener Rechte wie auch derjenigen Dritter, welche durch seine Veranstaltung, durch Benutzer oder Besucher und ggf. weitere Personen, deren Verhalten durch die Veranstaltung motiviert ist, gefährdet werden können.

Somit verbleibt gem. Abs. 1 S. 1 die **Gesamtverantwortung für die Gefahrenabwehr 232 bei den öffentlichen Händen.** Modifikationen kann es allenfalls bei dem „Wie" ihres Schutzes, nicht hingegen bei dem „Ob" geben. In **öffentlichen Räumen** können private Sicherheitsaufgaben für Dritte oder gegenüber Dritten nur im Einzelfall kraft besonderer Übertragung begründet werden. In semi-öffentlichen Räumen, also Bereichen, welche rechtlich privat betrieben werden, faktisch aber der Allgemeinheit zugänglich sind und auch zugänglich sein sollen, können Schutzrechte kraft Haus- oder Benutzungsrechts nur in eingeschränktem Umfang bestehen (näher Kersten/Meinel JZ 2007, 1127; Gusy PolR Rn. 164 mwN). Dies ist nicht allein eine Frage der Schutzrechte, sondern auch ihrer wirksamen Wahrnehmung einschließlich der Zuverlässigkeit des Veranstalters, seiner Sicherheits-Mitarbeiter oder -Auftragnehmer. Insoweit bleibt die Polizei im Hinblick auf ihre Gesamtverantwortung für die Sicherheit der Rechtsgüter zuständig.

Aus dieser Gesamtverantwortung der Polizei für den Rechtsgüterschutz darf sie weder **233** vollständig verdrängt werden noch sich vollständig zurückziehen. Auch im Anwendungsbereich privater Selbstschutzrechte besteht eine **gestufte Schutzverantwortung.** Innerhalb der daraus entstehenden Informations-, Aufsichts- und Garantieverpflichtungen, aber auch -berechtigungen können kooperative Strukturen entstehen, welche für Vereinbarungen Raum lassen (exemplarisch Franz/Günther NWVBl. 2006, 201). Doch sind dabei stets die konkrete Gefahrenquelle sowie die konkret gefährdeten Rechtsgüter in den Blick zu nehmen. Eine generelle **Subsidiarität** polizeilichen Schutzes oder gar **des Polizeirechts gegenüber dem Hausrecht von Veranstaltern, der Vereinsautonomie oder verbandlicher Selbstregulierung besteht nicht** (Herles, Persönlichkeitsrechtsverletzungen bei Sportveranstaltungen, 2016, 141 ff.).

E. Gesetzliche Aufgabenerweiterungen gegenüber der Generalklausel

Die landesrechtliche Generalklausel des Aufgabenrechts ist nicht abschließend, sondern **234** auch offen für (spezial-) gesetzliche Aufgabenerweiterungen (→ Rn. 29 ff.). Solche Erweiterungen finden sich im PolG NRW selbst, im sonstigen Landesrecht und im Bundesrecht.

I. Weitere Aufgabenregelungen im PolG NRW (Abs. 1 S. 2)

1. Verhütung von Straftaten

235   Abs. 1 S. 2 nennt **drei polizeiliche Aufgaben:** Verhütung von Straftaten, deren vorbeugende Bekämpfung und bestimmte Vorbereitungsaufgaben. Die Regelung steht im engen Kontext zur Befugnisnorm des Abs. 5 S. 2 (→ Rn. 269 ff.).

236   Parallele Regelungen finden sich etwa in Art. 11 Abs. 1, Abs. 2 BayPAG, § 1 Abs. 1 S. 2 HSOG, § 1 Abs. 4 HSOG und § 1 Abs. 1 S. 3 NPOG.

237   **Die Verhütung von Straftaten** bezieht sich auf **rechtswidrige Handlungen, welche mit Strafe bedroht sind.** Auf die Schuld kommt es im Polizeirecht nicht an (→ Rn. 57). Im Unterschied zu anderen Polizeigesetzen (etwa Art. 11 Abs. 2 S. 1 Nr. 1 BayPAG; Schmidbauer/Steiner BayPAG Art. 11 Rn. 87) nennt Nordrhein-Westfalen **Ordnungswidrigkeiten** hier **nicht.** Deren Verhinderung ist von dieser Sonderregelung nicht erfasst und demnach Teil der Aufgaben nach der Generalklausel (→ Rn. 188). Der Auftrag zur „Verhütung" setzt nicht an der begangenen, sondern an der noch nicht begangenen Straftat an. Die Polizei soll es „gar nicht erst zu der Straftat kommen lassen" (LT-Drs. 14/10089, 26; Lisken/Denninger PolR-HdB/Denninger D Rn. 201; Tegtmeyer/Vahle PolG NRW Rn. 22).

237a   Dem daneben aufgeführten Tatbestandsmerkmal der **„vorbeugenden Bekämpfung"** **von Straftaten** (→ Rn. 245 ff.) kommt daher nur geringe Eigenständigkeit zu. Sie soll „für die Verfolgung von Straftaten vorsorgen und Straftaten verhüten" (Lisken/Denninger PolR-HdB/Denninger D Rn. 195). Andere Polizeigesetze geben die tatbestandliche Doppelung zugunsten der Verhütungsterminologie inzwischen auf (§ 2 Abs. 1 BKAG) oder sprechen von „verhüten und unterbinden" (Art. 11 BayPAG). Beide Aufgaben überschneiden sich also weitestgehend.

238   Dabei ist es nicht erforderlich, dass im Zeitpunkt der „Verhütung" bzw. „vorbeugenden Bekämpfung" bereits ein strafbarer Versuch, eine strafbare Vorbereitungshandlung (etwa § 30 Abs. 2 StGB) oder ein Vorfelddelikt (etwa §§ 89a, 89b StGB) begangen worden ist. Im Gegenteil: Auch diese sollen im Rahmen der hier statuierten Aufgabe möglichst verhindert werden. Dabei dehnen insbesondere Gefährdungs- und Vorbereitungsdelikte die Aufgaben weit in das Vorfeld konkreter Schädigungen polizeilicher Schutzgüter aus. Die Gesetzgebungstechnik verlagert die präventive Aufgabe der Straftatenverhütung „nach vorn" in das **Vorfeld zukünftiger Schädigungen polizeilicher Schutzgüter** (grdl. Weßlau, Vorfeldermittlungen: Probleme der Legalisierung „vorbeugender Verbrechensbekämpfung" aus strafprozeßrechtlicher Sicht, 1989; Albers, Die Determination polizeilicher Tätigkeit in den Bereichen der Straftatenverhütung und der Verfolgungsvorsorge, 2001, 116 ff., 209 ff.; Park, Wandel des klassischen Polizeirechts zum neuen Sicherheitsrecht, 2013, 149 ff.). Ebenso wenig ist der Verhütungsauftrag darauf begrenzt, (auch) präventive polizeiliche Maßnahmen nach der StPO (etwa: Abhörbefugnisse iSd § 100a Abs. 1 Nr. 1 StPO oder erkennungsdienstliche Maßnahmen als „Wiedererkennungsdienst"; zu § 81b StPO Dreier JZ 1987, 1009; sa §§ 81g, 484 StPO) durchzuführen. Solche punktuellen **bundesrechtlich vorgesehenen Präventionsaufgaben können den allgemeinen landesrechtlichen Präventionsauftrag ergänzen, aber nicht ersetzen.** Demnach ist die Polizei bei ihren Verhütungsmaßnahmen nach Landesrecht auch nicht an die Tatbestandsvoraussetzungen jenes Bundesrechts gebunden.

239   Die **Verhütungsaufgabe** bezieht sich auf Straftaten, ist aber **weder als „Strafrecht"** **noch als** Regelung zur **„Gerichtsverfassung"** oder des „gerichtlichen Verfahrens" (Art. 74 Abs. 1 Nr. 1 GG) **zu qualifizieren** (näher MKS/Oeter GG Art. 74 Rn. 25 mwN; schon früher MKS/Pestalozza, 3. Aufl. 1996, GG Art. 74 Abs. 1 Nr. 1 Rn. 132). Es geht nicht um die Bestrafung begangenen Unrechts, sondern um die Verhinderung einer Straftat und damit einer Bestrafung (zum Unterschied BVerwG NVwZ 2012, 757 (760); VGH Mannheim NVwZ-RR 2015, 26 (28)). Und es geht auch nicht um eine gerichtliche Maßnahme oder deren Vorbereitung, sondern darum, dass es zu einer solchen möglichst gar nicht kommt. Die **Verhütungsaufgabe ist eine präventive und keine repressive** (Lisken/Denninger PolR-HdB/Denninger D Rn. 201; Kniesel DIE POLIZEI 2017, 189 ff.). Sie ist auch kein verfassungsrechtlich notwendiger Gegenstand des Strafverfahrens. Und selbst wenn sie es wäre, so hat doch der Bundesgesetzgeber von einer derartigen – hypothetischen –

Gesetzgebungszuständigkeit allenfalls ganz punktuell (Art. 72 Abs. 1 GG) und schon gar nicht abschließenden Gebrauch gemacht. So weit reicht der Kodifikationsgedanke des § 6 EGStPO nicht (Schenke PolR Rn. 30). Eine explizite oder implizite Anordnung, wonach Landesgesetzgeber und Polizei ihr Verhalten so auszurichten haben, dass die strafprozessualen Ermittlungsbefugnisse unbeeinträchtigt von vorhergehenden behördlichen Maßnahmen zur Anwendung kommen (müssen), ist nicht ersichtlich.

Die kompetenzrechtliche Betrachtung ersetzt aber nicht die **inhaltliche Konkretisierung** 240 **des Verhütungsauftrags** (hierzu kontrovers Bäcker, Kriminalitätspräventionsrecht, 2015, 192 ff.; 301 ff.; Brodowski JZ 2017, 1124 ff.; Brodowski, Verdeckte technische Überwachungsmaßnahmen im Polizei- und Strafverfahrensrecht, 2016, 255 ff. mwN; Kniesel DIE POLIZEI 2017, 189). Doch vermag sie einen Anhaltspunkt zu geben: Wenn der Landesgesetzgeber zuständig ist, wo und weil der Bund von seinen Gesetzgebungsrechten keinen Gebrauch gemacht hat, so **müssen auch die inhaltlichen Regelungen der Modalitäten solche des Landesrechts sein.** Umgekehrt gilt aber auch: Dass hier Vorfeldaufgaben gemeint sind, schließt eine polizeirechtliche Auslegung nicht von vornherein aus. Dafür spricht der explizite Bezug des Abs. 1 S. 2 auf Abs. 1 S. 1 („im Rahmen dieser Aufgabe"). Wenn dieser Satzteil überhaupt irgendeinen Sinn haben soll, so liegt er am ehesten in der Verknüpfung der Gefahrenabwehr- mit der Verhütungsaufgabe, und zwar ungeachtet ihrer inhaltlichen Unterschiede. Doch mögen damit einzelne Zweifelsfragen gelöst sein; andere hingegen entstehen neu.

Die Aufgabe der Straftatverhütung weitet das polizeiliche Aufklärungs- und Handlungsfeld **241** über die Gefahrenabwehr hinaus aus, begrenzt ihn aber zugleich. Straftaten können überall geschehen und deshalb auch überall aufgeklärt und verhütet werden. Doch begründet auch Abs. 1 S. 2 **keinen umfassenden gesellschaftsumspannenden Aufklärungs- und Präventionsauftrag** für die Polizei. Vielmehr setzt auch er tatsächliche Anhaltspunkte dafür voraus, dass in dem erweiterten Handlungsfeld ein gesteigertes Risiko von Straftaten besteht. Dass es sich also um „kriminelle, kriminogene, gefährdete oder gefährliche Milieus" (Kingreen/Poscher POR § 3 Rn. 4) handelt, muss auch hier aufgrund **tatsächlicher Anhaltspunkte im Einzelfall und allgemeiner kriminalistischer Erkenntnisse oder Erfahrungsregeln** erkennbar sein. Auch die Deliktsart möglicher Straftaten muss prognostizierbar sein, wenn auch noch nicht hinsichtlich einzelner Urheber, Tatbestände oder Begehungsformen. Gleichfalls muss jedenfalls umrisshaft erkennbar sein, ob polizeiliches Handeln überhaupt geeignet und ggf. verhältnismäßig wäre. Dies schließt Ermittlungen „in das Blaue hinein" aus. Diagnostische und prognostische Feststellungen (→ Rn. 103 ff.) sind dadurch also nicht ausgeschlossen, wohl allerdings auf andere tatsächliche Grundlagen zu stellen. Der Ausgangspunkt der „konkreten Gefahr", welcher in § 8, nicht hingegen in § 1 Abs. 1 S. 2 vorausgesetzt wird (→ Rn. 141), wird hier zugunsten von Betrachtungsweisen, welche denjenigen der indizierten bzw. abstrakten Gefahr (→ Rn. 148) näher kommen, ansatzweise verlassen (näher zu diesem Wandel Park, Wandel des klassischen Polizeirechts zum neuen Sicherheitsrecht, 2013, 253 ff. mwN). Dies verlangt aber noch nicht, gefahrbezogene oder sonst polizeirechtliche Gesichtspunkte völlig beiseite zu schieben. Sie bedürfen jedoch zusätzlicher Steuerungs- und Kontrollmechanismen (Albers, Die Determination polizeilicher Tätigkeit in den Bereichen der Straftatenverhütung und der Verfolgungsvorsorge, 2001, 209 ff.; Bonin, Grundrechtsschutz durch verfahrensrechtliche Kompensation bei Maßnahmen der polizeilichen Informationsvorsorge, 2012).

Sonderregeln finden sich im Polizeirecht allerdings kaum zu den Polizeiaufgaben, son- **242** dern eher **bei den Befugnisnormen;** genauer: den Befugnissen zur Gefahraufklärung. Die Verbindung schafft die befugnisbezogene Regelung des Abs. 5 S. 2. Ungeachtet der Formulierung von der vorbeugenden „Bekämpfung" von Straftaten sind die zu diesem Zweck einsetzbaren polizeilichen Mittel begrenzt: Nämlich auf **befugnisfreie Maßnahmen und auf Maßnahmen der Informationserhebung und -verarbeitung nach §§ 9–33.** Hingegen sind Grundrechtseingriffe zur Gefahrenabwehr nicht zur Erfüllung (allein) dieser Aufgabe, sondern lediglich im Rahmen anderer Polizeiaufgaben zulässig. Das gesetzliche Konzept geht also dahin, die zusätzlichen Steuerungsmechanismen nicht auf der Aufgaben-, sondern auf der Befugnisebene anzusetzen. Als besonders steuerungs- und begrenzungsbedürftig gelten danach also weniger Zuständigkeitsordnung und Aufgabenzuweisungen, sondern Befugnisregelungen und -ausübung. Die vom Gesetzgeber gesehene und angeordnete

Steuerungs- und Begrenzungsleistung bezieht sich nicht darauf, dass die Polizei diese Aufgaben wahrnimmt, sondern **wie** sie sie wahrnimmt. Hierfür sieht das Gesetz zwei zentrale Mechanismen vor: Ausschluss imperativer Gefahrabwehrmaßnahmen und besondere Steuerungsmechanismen hinsichtlich informationeller Maßnahmen. Die für die neu umschriebene Aufgabe erforderlichen neuen gesetzlichen Vorkehrungen werden also vorwiegend auf der Ebene der dazu einzusetzenden Mittel umgesetzt. Darin liegt zugleich eine gewisse Verschiebung der Problemsicht: Nämlich weg von dem „**Ob**", was die Polizei an Verhütungsaufgaben wahrnimmt, hin zu dem „**Wie**" ihrer dafür einzusetzenden Instrumente (näher Neumann, Vorsorge und Verhältnismäßigkeit, 1994). Jedenfalls bei der grundrechtseingreifenden Verhütung von Straftaten **lassen sich die neuen Aufgaben ohne die neuen Befugnisregelungen nicht denken.** Diese können zugleich auf Polizeiaufgaben und -organisation zurückwirken (Lisken/Denninger PolR-HdB/Petri G Rn. 1124 ff., 1162 ff., 1186 ff. mwN).

243   Aus gesetzgeberischer Perspektive verschiebt sich damit der Steuerungsansatz weg von der Aufgabe der Straftatverhütung hin zu dem, was die Polizei in Erfüllung dieses Auftrags tut. Danach geht es nicht darum, die Polizei von dieser Aufgabe fernzuhalten, sondern eher darum, ihre Mittel zu diesem Zweck zu steuern und zu begrenzen. Dieses Vorgehen wirkt auch auf die Aufgaben zurück. Straftatverhütung ist **Prävention durch Informationsverarbeitung:** Mit Zwang und Grundrechtseingriffen verbundene Mittel der vorbeugenden Abwehr von Straftaten stehen der Polizei allein unter den Voraussetzungen des Abs. 1 S. 1, nicht hingegen in einem davon ggf. abweichenden Rahmen des Abs. 1 S. 2 zu. Für diesen gilt: Die Polizei darf die dort eröffneten Aufgaben in dem gesetzlich zugewiesenen Umfang im Rahmen und den **Grenzen der anderen Behörden übertragenen Aufgaben** wahrnehmen. Dies ist eine Frage der Auslegung der speziellen Aufgabennormen. Auch die hierzu von der Polizei einzusetzenden **Mittel sind begrenzt auf nichteingreifende Maßnahmen:** Dazu können Präsenzzeigen, allgemeine oder gezielte Ansprachen sowie sonstiges informelles polizeiliches Handeln zählen. Darüber hinaus ist **grundrechtseingreifende Straftatverhütung auf informationelle Maßnahmen begrenzt** (→ Rn. 285 ff.), soweit solche Befugnisnormen nicht ihrerseits engere tatbestandliche Grenzen ziehen (zB § 31: Rasterfahndung; BVerfGE 115, 320; zu den grundgesetzlichen Anforderungen allg. VerfGH Sachsen JZ 1996, 957 mAnm Götz; Juristenfakultät der Universität Leipzig, Normbestimmtheit und Verhältnismäßigkeitsgrundsatz im Sächsischen Polizeigesetz?/Denninger, Leipziger Juristische Vorträge, Heft 10, 1995, 9 ff.; weiter VerfGH Bayern JZ 1995, 299). Damit ist indiziert, was die Aufgabennorm intendiert: Es geht um die Schaffung der informationellen Grundlagen der Kriminalitätsverhütung und um Verhütung durch Information.

244   Verhütung von Straftaten ist die ganze oder teilweise Verhinderung ihres strafbaren Versuchs, ihrer Begehung, Vollendung oder Beendigung. Die dafür eingeräumten Mittel sind in Nordrhein-Westfalen (anders für Bayern Schmidbauer/Steiner, 3. Aufl. 2011, BayPAG Art. 11 Rn. 94) begrenzt (→ Rn. 207): Insbesondere Zwangsmaßnahmen sind allein iRd Gefahrenabwehr zulässig. Das gilt etwa für Sicherstellungen oder Präventivgewahrsam, aber auch für gezielte Überwachungsmaßnahmen oder personenbezogene Warnungen gegenüber Dritten (etwa VG Freiburg VBlBW 2011, 239). Umstritten ist die „Gefährderansprache", welche nach Zielrichtung und Wirkung eher als Maßnahmen nach § 8 zu qualifizieren ist (Gusy PolR Rn. 316; Arzt DIE POLIZEI 2006, 156; Kreuter-Kirchhof AöR 140 (2015), 265 ff.; zu Einzelfällen s. VGH Kassel DIE POLIZEI 2012, 116; OVG Lüneburg NJW 2006, 391). Sie sind dann lediglich zur Abwehr konkreter Gefahren zulässig. Zur Straftatverhütung eröffnet sind demgegenüber sach-, orts- oder lagebezogene Vorkehrungen ohne Eingriffscharakter und Maßnahmen zum Schutz potentieller Opfer. Im Einzelfall kann sie bereits im Planungs- oder Vorbereitungsstadium geschehen, aber auch zu jedem Zeitpunkt ab Versuchsbeginn, solange der strafbare Erfolg noch nicht vollständig und definitiv eingetreten ist (Schmidbauer/Steiner BayPAG Art. 11 Rn. 93). Solche Handlungen sind zu unterscheiden von Aufklärungs- und Vorbereitungshandlungen zur Strafverfolgung, die unter den Voraussetzungen des § 163 Abs. 1 StPO parallel stattfinden können. Diese Parallelführung zeigt zugleich, dass die Polizei bei der Prävention von staatsanwaltschaftlichen Weisungen und Straftaten unabhängig ist. Eine Verfahrenseinstellung durch die Staatsanwaltschaft kann allerdings indizielle Wirkung für das weitere polizeiliche Verhalten entfalten. Befugnisbegrenzende Wirkung kann auch der Unschuldsvermutung des Art. 6 Abs. 2 EMRK zukommen: Bis zur Verurteilung sind Maßnahmen gleicher Wirkung wie Strafen ebenso ausgeschlossen

wie polizeiliche Handlungen, welche (allein) an eine mögliche Wiederholungsgefahr anknüpfen (EGMR NJW 2004, 43). Ist die Straftat begangen, so kann sie nicht mehr verhütet werden. Polizeiliche Maßnahmen zur Beseitigung von Deliktsfolgen können als Störungsbeseitigung im Rahmen der Gefahrenabwehr zulässig sein (→ Rn. 179).

2. Straftatenbekämpfung und Vorsorgeaufgaben

Die in einzelnen Gesetzen anderer Bundesländer (etwa § 1 Abs. 3 ASOG Bln, § 1 Abs. 4 **245** HSOG, § 7 Abs. 1 Nr. 4 SOG M-V, § 2 Abs. 1 S. 2 SOG LSA, § 2 Abs. 1 S. 2 ThürPAG) erwähnte **Vorsorge für die Aufklärung und Verfolgung zukünftiger Straftaten** wurde in Nordrhein-Westfalen als **Element der vorbeugenden Straftatbekämpfung** definiert. Sie ist neben der Verhütungsaufgabe darauf gerichtet, Vorsorge zu treffen für den Fall, dass solche Taten begangen werden. Dafür kommt es nicht darauf an, ob eine Person bereits Delikte begangen hat. „Bekämpfung" kann also auch schon im Vorfeld einer Erst-Tat zulässig sein. Das gilt allerdings nur dann, wenn die Straftat, ihre Begehung und ihr möglicher Urheber bereits hinreichend erkennbar sind (→ Rn. 235). Indizien können etwa Zugehörigkeit zu einem kriminellen oder kriminogenen Milieu, einer besonders gefährlichen oder gefährdeten Personengruppe oder eine krankhafte Herabsetzung der Steuerungsfähigkeit sein. **Wiederholungsgefahr ist ein besonders starkes Indiz** für bevorstehende Straftaten. Die genannten Anhaltspunkte müssen durch die Umstände des Einzelfalls und kriminalistische Erkenntnisse oder Erfahrungen abgesichert sein. Nicht maßgeblich ist demgegenüber, ob bereits Aufklärungshandlungen nach § 163 StPO zulässig wären, insbesondere ist ein **Anfangsverdacht polizeirechtlich nicht erforderlich.** Dies ergibt sich bereits daraus, dass ein solcher Verdacht iSd § 152 Abs. 2 StPO sich stets auf schon begangene Straftaten bezieht, ein solcher für die vorbeugende Straftatbekämpfung aber nicht notwendig ist. Ebenso wenig erforderlich ist hier, dass bereits ein Beschuldigter erkennbar ist (Lisken/Denninger PolR-HdB/Denninger D Rn. 209).

Daraus ergeben sich Überschneidungen mit Zwecksetzungen des Bundesrechts, nament- **246** lich aus der StPO. Wesentlich mit dieser Begründung wird die Gesetzgebungskompetenz des Landes und damit eine **Verfassungsmäßigkeit der Vorsorgeaufgabe bestritten** (Schenke PolR Rn. 30; Kugelmann PolR Kap. 5 Rn. 181 ff.; umfassend Graulich NVwZ 2014, 685). Da der Bund von seiner konkurrierenden Gesetzgebungskompetenz zur Vorbereitung von Strafverfahren Gebrauch gemacht habe, seien die Länder gem. Art. 72 Abs. 1 GG zur Gesetzgebung unzuständig. Im Ergebnis ähnlich argumentiert die **Rechtsprechung des BVerfG** welches eine Kompetenz des Landesgesetzgebers ausschließt, „soweit Daten nur zur Verwertung in einem zukünftigen Strafverfahren, also zur Strafverfolgung, erhoben werden" und die „Verhütung einer Straftat nicht oder nicht mehr im Raum steht" (BVerfGE 113, 348 (368 ff.); sa BVerwG NVwZ 2012, 757 (759 f.)). Demnach ist umgekehrt eine Verwendung vorhandener polizeilicher Daten auch zur vorbeugenden Bekämpfung von Straftaten nicht ausgeschlossen. Dass den Ländern jedenfalls insoweit Gesetzgebungskompetenzen zustehen können, ist in § 484 StPO ausdrücklich vorausgesetzt. Somit hat der Bund die Materie jedenfalls nicht abschließend geregelt. Soweit jedoch das Bundesrecht Informationseingriffe auch zur Vorsorge für künftige Strafverfolgung enthält (→ Rn. 198), schließen sie inhaltsgleiche Maßnahmen nach Landesrecht aus. Zudem dürfen ihre Tatbestände und Grenzen nicht unter Rückgriff auf Polizeirecht erweitert oder umgangen werden (Tegtmeyer/Vahle PolG NRW § 14 Rn. 8a, 11).

§ 1 Abs. 1 S. 2 ist insoweit im Licht der Verfassungsrechtsprechung grundgesetzkonform **247** einschränkend auszulegen. Der **„Bekämpfungsauftrag" erscheint so als Annexaufgabe zur Straftatenverhütung.** Danach dürfen Informationen zur Straftatverhütung auch dann zu Aufklärungs- und Verfolgungszwecken verwendet werden, wenn eine Straftat dennoch verübt worden ist. Jedenfalls dieser Zweck liegt außerhalb desjenigen der §§ 152 ff. StPO. Auch Straftatverhütung setzt Aufklärung zukünftiger Straftaten voraus. Insoweit ist die Gesetzgebungskompetenz des Landes jedenfalls für die Regelungen in Nordrhein-Westfalen nicht ausgeschlossen (Kingreen/Poscher POR § 3 Rn. 5; Schoch BesVerwR Kap. 2 Rn. 17; Kniesel/Paeffgen/Keppel/Zenker DIE POLIZEI 2011, 333). Die zugelassenen **Mittel und Befugnisse** entsprechen denjenigen der Straftatenverhütung (→ Rn. 242; zur Dauerobservation entlassener Straftäter nach Polizeirecht krit. Krüper R&P 2014, 199). Grundrechtseingriffe nichtinformationeller Art, namentlich Zwangsmaßnahmen, sind also ausgeschlossen, solange und soweit nicht zugleich Gefahrenabwehr nach Abs. 1 S. 1 in Betracht kommt. Umgekehrt ist die Verfolgungsvorsorge auch nicht auf informationelle Maßnahmen – und erst recht nicht allein auf solche personenbezogene Art – begrenzt. Vielmehr können hierzu zahlreiche informelle Maßnahmen wie Präsenz am Tatort, Vorhaltung ausreichender personeller und sachlicher Ressourcen, (rechtzeitige) Einschaltung anderer ggf. zuständiger Stellen zählen.

248   Hinzu tritt die Aufgabe der **Vorbereitung des Handelns in Gefahrfällen,** genauer gesagt die Aufgabe, Vorbereitungshandlungen vorzunehmen, um künftige Gefahren polizeilich abwehren zu können (Tegtmeyer/Vahle PolG NRW Rn. 25; ausf. Soiné DÖV 2000, 173). Es geht also um Handeln der Polizei selbst und die Vorsorge hierfür, also Ermöglichung und Effektivierung ihres zukünftigen Handelns über die allgemeinen Behördenaufgaben (→ Rn. 37), namentlich im Bereich der Informationsinfrastruktur (→ Rn. 171 ff.), hinaus. Dadurch wird der allgemeine polizeiliche Aufgabenbereich weniger gegenständlich, also im Zuständigkeitsbereich anderer Behörden und Träger ausgeweitet. **Gefahrenabwehr fängt nicht erst im Moment der Gefahrentstehung oder Gefahrerkenntnis an.** Hier geht es um Vorbereitungsaufgaben nicht jenseits oder im Vorfeld von Gefahren, sondern für die **Abwehr entstehender oder noch nicht erkennbarer Gefahren.** Das ist unabhängig von der jeweiligen Gefahrenart, bezieht sich also auch nicht (schon oder allein) auf die Abwehr abstrakter Gefahren (Kingreen/Poscher POR § 3 Rn. 6; Soiné DÖV 2000, 174). Die Aufgabe bezieht sich namentlich auf das Anlegen, Vorhalten und Pflegen potentiell erforderlicher personeller, sachlicher und informationeller Ressourcen, etwa im Hinblick auf besondere **Risikoquellen** (etwa gefährliche oder gefährdete Anlagen; § 11 Abs. 1 Nr. 2 und Nr. 3), **Risikopersonen** (Betreiber, Verantwortliche oder Beauftragte für Störfälle, Gefahrsituationen oder die Aufsicht über Gebäude oder potentielle Schäden), ggf. riskante, schutz- oder überwachungsbedürftige Veranstaltungen oder Verhaltensweisen. Umgekehrt betrifft dies ebenso das **Vorhalten von Gefahrenabwehr- oder Schadensbegrenzungsvorkehrungen.** Sie können sich auch auf den Umgang mit schon eingetretenen Schäden, ihre mögliche Beseitigung oder Minderung oder den Umgang mit Schadensfolgen beziehen. Hierzu beziehen sie sich etwa auf das Bereithalten von Experten, Ausrüstungen, Gegenständen und Informationen über typische Anforderungen in zukünftigen Schadensfällen. **Beispiele** sind „**Personen, deren Kenntnisse oder Fähigkeiten zur Gefahrenabwehr benötigt werden**" (§ 11 Abs. 1 Nr. 1). Dazu können zählen Kooperations- und Informationsbeziehungen mit anderen Behörden, Trägern oder Unternehmen, welche das polizeiliche Verhalten im Gefahrfall unterstützen können, etwa Bergungs- und Abschleppunternehmen, Labors, Ambulanzen, Notfallstationen und Apotheken, Untersuchungsämter oder Hilfsorganisationen und andere, welche nicht (ausreichend) vorhandene polizeiliche Fachkenntnisse, Fachkräfte oder Geräte organisieren oder einsetzen können. Die notwendigen Informationen werden regelmäßig im Rahmen der polizeilichen Öffentlichkeitsarbeit oder freiwillig zur Verfügung gestellt werden. Besondere Befugnisse können daher eher die Art und Weise ihrer Übermittlung oder Veröffentlichung betreffen.

249   Dagegen ist die **Vorbereitung für die Hilfeleistung in Gefahrfällen** eher eine Annexaufgabe, welche nicht allein die polizeiliche Gefahrenabwehr betrifft. Hier geht es um typischerweise anfallende Vorkehrungen, welche das polizeiliche Handeln entlasten und unterstützen, aber nicht an dessen Stelle treten können. **Beispiele** mögen geistlicher oder psychologischer Beistand für Traumatisierte, Notunterkünfte und Verpflegung für Evakuierte und andere sein. Der Vorbereitungsauftrag kann so Annexaufgaben begründen, erfordert jedoch keine Verpolizeilichung dieser Aufgaben. Eine eigene Wahrnehmungszuständigkeit wird jedenfalls nicht zwingend begründet, erst recht nicht eine solche im Aufgabenbereich anderer Träger und Behörden. Es genügt eine Gewährleistungsverantwortung durch Aufbau und Unterhaltung von Informations-, Kooperations- und Koordinationsbeziehungen. Dieser Auftrag ist in Abs. 1 S. 2 rechtlich verselbständigt.

250   Die rechtliche Zentralfrage des § 1 liegt in der **Bestimmung des Verhältnisses der beiden ersten Sätze des Abs. 1 zueinander.** Werden also durch die (erst später statuierten) Verhütungs- und Vorsorgeaufgaben die (schon früher im Gesetz genannten) Aufgaben der Gefahrenabwehr erweitert oder lediglich konkretisiert? Für beide Antwortalternativen finden sich Anhaltspunkte. Für die **Konkretisierungsthese** spricht namentlich der Text des Abs. 1

S. 2, der die dort genannten Zuständigkeiten „im Rahmen dieser Aufgabe" (der Gefahrenabwehr nach Abs. 1 S. 1) zuweist. Dadurch wird der Eindruck erweckt, die Verhütungs- und Vorbereitungsaufgaben seien lediglich Konkretisierungen der Gefahrenabwehr und der damit ggf. verbundenen allgemeinen Behördenaufgaben und Annexzuständigkeiten. Dem Abs. 1 S. 2 wird so am ehesten eine Klarstellungsfunktion zugewiesen (VGH München JZ 1995, 299, 301; Schmidbauer/Steiner BayPAG Art. 11 Rn. 84). Wichtigste Rechtsfolge dieser Ansicht sind zwei Schlussfolgerungen. Sie betreffen zunächst das Gesetz selbst: Mögliche Bestimmtheitsdefizite oder Unklarheiten bei den neuen Aufgaben können unter Rückgriff auf die tradierte Generalklausel und deren dogmatische Bestände und Figuren beseitigt werden. Sie betreffen aber auch das behördliche Handeln selbst, da die neuen Aufgaben lediglich unter den Voraussetzungen und in den gesetzlichen Rahmen der Gefahrenabwehr ausgeübt werden dürfen.

Für die **Erweiterungsthese** wird eher der systematische Zusammenhang des Abs. 1 S. 2 **250a** herangezogen. Dessen Aufnahme in das Gesetz wäre überflüssig gewesen, wenn die in ihm enthaltenen Zuständigkeiten bereits zuvor im PolG NRW begründet gewesen wären. Zudem wird die tradierte Dichotomie von Gefahrenabwehr- und Vorsorgeaufgaben (→ Rn. 245 ff.) herangezogen, um den Schluss zu begründen: Die Polizei war weitgehend auf die Gefahrenabwehr begrenzt und von Vorsorgeaufgaben ausgeschlossen. Wenn ihr nun einzelne dieser Aufgaben zugewiesen werden, muss darin eine Ausweitung ihres Handlungsraums gesehen werden. Schließlich wird auch auf die Gesetzessystematik insgesamt abgestellt: Sei das tradierte Polizeirecht auf erkennbare Gefahren, Verantwortliche und Abwehrmöglichkeiten ausgelegt, so könne es diese im Vorbereitungsstadium noch gar nicht geben (Lisken/Denninger PolR-HdB/Denninger D Rn. 209; ausf. Lisken/Denninger PolR-HdB/Rachor/Graulich E Rn. 141 ff.). Hier seien nicht nur Gefahren und Gefahrenquellen, sondern auch deren mögliche Urheber und Abwehrmöglichkeiten noch gar nicht erkennbar. Die wichtigsten dogmatischen Folgerungen dieser Auffassung liegen in der Kritik der Weite und Unbestimmtheit der neuen Regelungen, welche gerade nicht durch Rückgriffe auf das tradierte und von der Rechtsprechung konkretisierte dogmatische Instrumentarium ergänzt werden könnten. An deren Stelle träten „Scheinermächtigungen" (Wagner, Kommentar zum Polizeigesetz von Nordrhein-Westfalen, 1987, Einleitung A Rn. 34) bzw. „wortreiche Scheintatbestandlichkeit" (Lisken/Denninger PolR-HdB/Denninger D Rn. 210). Aus dieser „**Flucht aus der Generalklausel**" folge die Notwendigkeit einer Neuentwicklung und Neuausrichtung einer polizeirechtlichen Dogmatik des Polizeiinformationsrechts und der Gefahrenvorsorge.

Jene Grundsatzdiskussionen sind inzwischen einer differenzierteren Betrachtung gewichen **251** (s. Darnstaedt GSZ 2017, 16 (18 ff.)). Dabei dominiert die Auffassung, dass zwischen den Aufgaben der Gefahrenabwehr und den Verhütungs- und Vorsorgeaufgaben zwar erhebliche Schnittmengen bestehen – insbesondere hört letztere nicht auf, wo erstere einsetzt –, beide jedoch auch unterschiedliche Zuständigkeiten begründen. Dann wird weiter differenziert: Während die **Verhütungsaufgaben** weitgehend **dem Bereich der Gefahrenabwehr zuzurechnen** sind – bevorstehende Straftaten sind Prototypen der Gefahr (Lisken/Denninger PolR-HdB/Denninger D Rn. 201) –, gehen die **Vorsorgeaufgaben** darüber hinaus und **können auch in das Vorfeld der Gefahrenabwehr hineinreichen** (Lisken/Denninger PolR-HdB/Denninger D Rn. 201; Tegtmeyer/Vahle PolG NRW Rn. 25; Gusy PolR Rn. 189). Diese Aufgabe umfasst zunächst Handlungen, welche bereits als Annexaufgaben zur Gefahrenabwehr zu begreifen waren (namentlich im Bereich der Schaffung, Vorhaltung und des Betriebs der notwendigen Infrastruktur), reicht aber in anderen Teilbereichen darüber hinaus. Der Hinweis auf den „Rahmen dieser Aufgaben" des Abs. 1 S. 1 ist dann am ehesten so zu verstehen, dass die Zwecksetzungen und die Rechtsgrundsätze des tradierten Polizeirechts bei der Auslegung und Wahrnehmung der Aufgaben des Abs. 1 S. 2 als Orientierungsrahmen heranzuziehen sind, soweit dies möglich und sinnvoll erscheint. Hier entstehen also **neue und zusätzliche Polizeiaufgaben jenseits herkömmlicher Repression und Prävention.**

Daraus können Rechtsfragen sowohl im Verhältnis zu anderen Trägern und Behörden als **252** auch im Verhältnis zum Bürger entstehen. Die **Verhütungs- und Vorsorgeaufgaben der Polizei** stehen neben denjenigen anderer staatlicher Träger und Behörden. Insbesondere unterfallen sie **nicht der Subsidiaritätsklausel** des Abs. 1 S. 3. Soweit polizeiliche Handlungen jedenfalls auch in Wahrnehmung dieser Aufgabe erfolgen, steht ihnen die Zuständigkeit namentlich der Ordnungsbehörden daher nicht entgegen. Allgemein kann das Konkurrenzverhältnis zwischen beiden Behörden durch **Trennungs- und Kooperationsgebote** (zu ihnen Gusy, Jahrbuch Öffentliche Sicherheit 2010/2011, Halbbd. 1, 21) bewältigt werden. Konkret kann jene Kompetenzkonkurrenz dazu führen, dass im Aufgabenbereich der Ordnungsbehörden polizeiliche Handlungen zur Gefahrenabwehr ausgeschlossen sind, zur Gefahrenvorsorge (zu welcher die Ordnungsbehörden nicht explizit ermächtigt sind) hingegen rechtlich zulässig bleiben. Insoweit erscheint die Subsidiaritätsklausel im Überschneidungsbereich von Gefahrenabwehr und -vorsorge als Begrenzung, nicht als Ausschluss polizeilicher Zuständigkeiten und Handlungen. Soweit die Ordnungsbehörde zuständig und handlungsbereit ist, stehen der Polizei Befugnisse nur nach Maßgabe des Abs. 5 zu. Darin unterscheidet sich das Landesrecht in Nordrhein-Westfalen von den meisten anderen Polizeigesetzen (zu Nachweisen → Rn. 233).

253   Damit verlagert sich die Frage nach Reichweite und Grenzen der Aufgaben auf die – partiell anders und konkreter zugeschnittenen – **Reichweite und Grenzen der Befugnisse.** Inzwischen sind die maßgeblichen Verfassungs- und Auslegungsfragen des Polizeiinformationsrechts geklärt (Tannenberger, Die Sicherheitsverfassung, 2014). Diese Aufgabe ist allerdings zentral nicht vom Gesetzgeber, sondern von der Rechtsprechung – und hier vorrangig dem BVerfG – vorgenommen worden. Sie hat legislative Entscheidungen oder Korrekturen angemahnt, in anderen Fällen verfassungskonforme oder sonst restriktive Auslegungen vorgenommen. Hier gilt: Die Aufgabennormen erweitern nicht die Befugnisnormen. Die Polizei darf zur Wahrnehmung ihrer Aufgaben Befugnisse nur in demjenigen Umfang ausüben, in dem sie dazu durch die konkreten Befugnisnormen ermächtigt ist. Der **Umfang der Polizeibefugnisse bleibt daher notwendig hinter demjenigen der Polizeiaufgaben zurück** (s. exemplarisch Starnecker, Videoüberwachung zur Risikovorsorge, 2017). Insoweit haben sich die früheren Hoffnungen und Befürchtungen, welche die grundsätzliche Debatte um informationelle Polizeiaufgaben geprägt haben, nicht realisiert. Zugleich sind damals noch nicht vorhandene prozedurale und materiell-rechtliche Regelungen zur Informationserhebung, -speicherung und -übermittlung erlassen worden. Bestimmtheitsfragen entstehen am ehesten noch, wo informationellen Befugnisnormen auf die polizeilichen „Aufgaben" verwiesen wird (etwa § 24 Abs. 1, § 29 Abs. 1 Nr. 1). Hier können Bestimmtheitsdefizite der Aufgabennorm auf die Befugnisnorm durchschlagen. Jedenfalls schwerwiegende Grundrechtseingriffe dürfen auf derartig wenig bestimmte Ermächtigungsgrundlagen nicht gestützt werden.

II. Vollzugshilfeaufgaben nach Abs. 3

254   Die Aufgabe der Vollzugshilfe (Abs. 3) geht über die Aufgabenzuweisungen des Abs. 1 hinaus. Zugleich ergänzt sie die Organisations-, Verfahrens- und Befugnisnormen der §§ 47–49 in aufgabenrechtlicher Hinsicht. Damit stellt § 1 Abs. 3 klar: **Vollzugshilfe ist nicht allein zur Gefahrenabwehr, zur Straftatenverhütung und zur Vorsorgeaufgaben zu leisten.** Eigene Aufgaben kann die Polizei selbst und mit eigenen Mitteln, also nicht in Form der Vollzugshilfe für andere, erfüllen. Das gilt über die Gefahrenabwehr hinaus auch für sonstige Aufgaben, welche der Polizei in anderen Gesetzen zugewiesen sind (→ Rn. 261; Beispiele bei Lisken/Denninger PolR-HdB/Denninger D Rn. 256); etwa Vor- oder Zuführungsaufgaben anlässlich gerichtlicher Verfahren nach den Prozessgesetzen (zB § 420 Abs. 1 S. 2 FamFG) oder die Unterstützung des Gerichtsvollziehers nach § 758 Abs. 3 ZPO; 87 Abs. 3 FamFG). **Vollzugshilfe setzt demnach das Fehlen eigener Polizeizuständigkeiten voraus.** Sie kann allgemein geleistet werden außerhalb der Aufgaben des § 1 Abs. 1 S. 1 und S. 2. Sie kann aber auch im Einzelfall innerhalb dieses Aufgabenkreises geleistet werden, wenn und soweit die polizeiliche Zuständigkeit subsidiär ist (Abs. 1 S. 3, → Rn. 198 ff.).

255   Parallele Regelungen zur Vollzugshilfe finden sich in § 60 Abs. 5 BWPolG, Art. 2 Abs. 3 BayPAG, § 1 Abs. 5 HSOG, § 1 Abs. 4 NPOG.

256   Die Vollzugshilfe ist insoweit eine derivative, dienende Aufgabe. Ihr **Umfang und Gegenstand richtet sich nicht nach den Polizeiaufgaben, sondern nach denjenigen anderer Behörden.** Wo und soweit diese zuständig sind, ist auch die Polizei zuständig, wenn es um Vollzugshilfe geht. Diese setzt auch nicht voraus, dass die zu unterstützende

Behörde generell oder gar im Einzelfall Gefahrenabwehraufgaben wahrnimmt (Tegtmeyer/ Vahle PolG NRW § 47 Rn. 1). Die Polizeiaufgabe beschränkt sich allein auf die Hilfeleistung. Weitere Aufgaben erlangt sie im Kompetenzbereich der anderen Stellen durch Abs. 3 nicht. Ihre Unterstützungsaufgaben sind insoweit in doppelter Hinsicht limitiert. Keine Vollzugshilfe liegt namentlich vor, wenn im Zuständigkeitsbereich anderer Behörden Gefahren entstehen und die Polizei dort gefahrenabwehrend tätig wird. **Beispiel:** Entsteht anlässlich einer Veranstaltung im Rathaus oder einem anderen Verwaltungsgebäude an den Eingängen ein lebens- oder gesundheitsgefährdendes Gedränge und greift die Polizei ein, so ist dies Wahrnehmung eigener Aufgaben und keine Vollzugshilfe. Zwar mag die Polizei hier nur subsidiär zuständig sein (→ Rn. 198 ff.), doch ist diese Zuständigkeit eine eigene und keine fremde. Auch der Schutz des Gerichtsvollziehers (außerhalb von Widerstandsfällen) ist eine eigene Polizeiaufgabe. **Gefahrenabwehr begründet grundsätzlich keine Vollzugshilfeaufgaben der Polizei, begrenzt sie aber auch nicht.** Insbesondere darf die Polizei Hilfeleistung nicht ablehnen mit dem Argument, im Einzelfall bestehe keine Gefahr. Die Vollzugshilfeaufgabe begründet eine eigene polizeiliche Zuständigkeit, allerdings begrenzt auf den Einsatz polizeilicher Mittel zu diesem Zweck.

In jenem Sinne ist **Vollzugshilfe die Erfüllung bestimmter polizeifremder Aufgaben** **257** **mit spezifisch polizeilichen Mitteln.** Die Aufgabe der Vollzugshilfe setzt demnach voraus (→ Rn. 183):
- **Zuständigkeit der ersuchenden Behörde** für die vorzunehmende Handlung. Andere Stellen dürfen durch die Inanspruchnahme der Hilfeleistung ihre eigenen Aufgaben nicht erweitern.
- **Befugnis der ersuchenden Behörde** für die vorzunehmende Handlung: Die von der Polizei vorzunehmende Vollzugshandlung darf die Befugnisse der ersuchenden Behörde nicht erweitern. Auch darf die Rechtsstellung der Bürger nicht durch Zuständigkeitsverschiebungen nachteilig verändert werden. **Polizeiliche Hilfeleistung kompensiert demnach nur tatsächliche, nicht hingegen rechtliche Unmöglichkeit** der ersuchenden Stelle.
- Notwendigkeit der Anwendung **unmittelbaren Zwangs** (§ 47 Abs. 1).
- **Unmöglichkeit der Durchsetzung des Zwangs durch die ersuchende Stelle (§ 47 Abs. 1).** Rechtliche Unmöglichkeit, insbesondere das Entgegenstehen spezieller Rechtsvorschriften, begründet keine Vollzugshilfe, sondern schließt sie vielmehr aus. Die **Unmöglichkeit** muss **in tatsächlicher Hinsicht** bestehen. Faktisch ist die Polizei für die Ausübung von Zwangsmaßnahmen besser ausgebildet und ausgerüstet als die meisten Mitarbeiter anderer Behörden. Dabei sind alle Behörden verpflichtet, eigene Aufgaben grundsätzlich mit eigenen Mitteln und eigenem Personal wahrzunehmen (etwa § 13 NRWOBG; Tegtmeyer/Vahle PolG NRW § 47 Rn. 4). Polizeiliche **Vollzugshilfe ist** demnach eine zusätzliche und zugleich **subsidiäre** Aufgabe gegenüber den Ressourcen, insbesondere dem Personal der ersuchenden Stelle.

Vollzugshilfe ist auf **Ersuchen der anderen Stelle** zu leisten. Dieses kann schriftlich, münd- **258** lich oder nach Lage der Dinge auch konkludent gestellt werden. Ist die Behörde daran gehindert (Bsp.: Ihre Mitarbeiter werden von gewalttätigen Demonstranten bedroht), so liegt eine Gefahr vor, welche eigene polizeiliche Zuständigkeiten begründet (→ Rn. 93). In diesem Fall ist sie nicht auf Vollzugshilfe beschränkt, solange die andere Stelle nicht selbst wieder handlungsfähig ist. Polizeiliche „Geschäftsführung ohne Auftrag" ist keine Vollzugshilfe und allenfalls in den dafür geltenden rechtlichen Grenzen zulässig (OVG Münster DVBl 2014, 49). Unterstützung ist gleichfalls unzulässig, sofern im Einzelfall gesetzliche Regelungen polizeiliche Maßnahmen ausschließen oder begrenzen (etwa § 41 Abs. 4, Abs. 5 NRWSchulG zur Durchsetzung der Schulpflicht; krit. Lisken/Denninger PolR-HdB/Denninger D Rn. 257; zum Verhältnis von Polizei und Jugendamt Finke JAmt 2011, 251).

Vollzugshilfe ist ein gesteigerter **Sonderfall der Amtshilfe.** Diese ist in Abs. 3 nicht **259** abschließend geregelt, sondern allein für den Fall, dass unmittelbarer Zwang (§ 58) anzuwenden ist. Sonstige polizeiliche Kooperations- oder Unterstützungshandlungen für andere Behörden werden durch Abs. 3 nicht ausgeschlossen, sondern sind im Rahmen des allgemeinen Behördenkooperationsrechts nach Maßgabe des Art. 35 Abs. 1 GG, §§ 4 ff. VwVfG. NRW. zulässig (zum Verhältnis von Polizei und Feldjägern Göbel NWVBl. 2003, 211). Im Falle paralleler oder überschneidender Zuständigkeiten von Polizei und anderen Behörden –

etwa bei der Verkehrsüberwachung – können beide ihre je eigenen Zuständigkeiten auch kooperativ ausüben. In diesem Sinne sind gemeinsame Streifen von Polizei und Ordnungsbehörde (sog. **Ordnungspartnerschaften**) keine antizipierte Vollzugshilfe auf Abruf, die dort auch regelmäßig gar nicht stattfindet, sondern Erfüllung je eigener Behördenaufgaben (anders Kingreen/Poscher POR § 3 Rn. 8). Ist die Anwendung des allgemeinen Amtshilferechts durch § 1 Abs. 3 nicht ausgeschlossen, so kann dieses umgekehrt zur Konkretisierung des besonderen Vollzugshilferechts lückenschließend und ergänzend herangezogen werden (§ 47 Abs. 2 S. 2; → § 47 Rn. 22).

260 Leistet die Polizei **Vollzugshilfe, so unterliegt sie einer doppelten Rechtsbindung.** Einerseits darf die Unterstützungsleistung die Befugnisse der ersuchenden Stelle nicht ausweiten. Die Polizei ist also an die für diese Stelle geltenden Regelungen gebunden. Darüber hinaus begründet Abs. 3 zugleich die Anwendbarkeit des Polizeirechts. Bei ihrer Durchführung, namentlich der Ausübung der Zwangsbefugnisse, unterliegt die Polizei zusätzlich den rechtlichen Grenzen des PolG NRW. Dies ist unabhängig von der Frage nach der rechtlichen „Verantwortlichkeit" (§ 47 Abs. 2 S. 1; → § 47 Rn. 47). Weitere Einzelheiten richten sich nach §§ 47–49 (Tegtmeyer/Vahle PolG NRW § 47 Rn. 1 ff.; ausf. Schmidbauer/Steiner BayPAG Art. 50 ff.).

III. Sonstige Polizeiaufgaben (Abs. 4)

261 Die Aufgabenregelung des § 1 ist keine abschließende. Vielmehr ist sie offen für sonstige Zuweisungen durch vorrangiges Bundesrecht sowie durch spezielles und deshalb der Generalklausel vorgehendes Landesrecht. Dieser Gedanke ist in Abs. 4 ausdrücklich statuiert. Er enthält für die Polizeikompetenzen einen Vorbehalt anderer „Rechtsvorschriften", dh aller Normen, welche Elemente der Rechtsordnung sind. Dies sind Gesetze und Rechtsverordnungen (Schmidbauer/Steiner BayPAG Art. 2 Rn. 43), die ihrerseits aufgrund Gesetzes ergehen. Dieser **Rechtsnormvorbehalt** schließt die Zuweisung weiterer Aufgaben durch Regierung oder Exekutiven aus; und zwar namentlich dann, wenn dem Rechtsvorschriften entgegenstehen (etwa § 2 Abs. 1 S. 2 VSG NRW). Umgekehrt ist die Polizei auch ohne ausdrückliche gesetzliche Ermächtigung berechtigt und verpflichtet, ihre allgemeinen Behördenaufgaben wahrzunehmen, welche alle staatlichen Stellen erfüllen müssen (→ Rn. 37), soweit keine bindenden Rechtsvorschriften entgegenstehen.

262 Auch andere Bundesländer kennen entsprechende Regelungen, etwa § 1 Abs. 2 BWPolG, Art. 2 Abs. 4 BayPAG, § 1 Abs. 2 HSOG, § 1 Abs. 5 NPOG.

263 Eine Aufgabenübertragung durch Rechtsvorschriften iSd Abs. 4 setzt voraus, dass die Aufgabe gerade polizeilichen Stellen übertragen worden ist. Eine solche **Vorschrift muss also Polizei- und nicht bloß Staatsaufgaben begründen** (sa § 10 POG NRW). Wird eine Staatsaufgabe durch Rechtsvorschrift anderen staatlichen Stellen übertragen, darf die Polizei insoweit nicht kraft eigener Aufgabe, sondern lediglich unterstützend mittels Amts- oder Vollzugshilfe tätig werden (→ Rn. 254). Rechtsfolge dieser Differenz von eigenen und Fremdaufgaben sind unterschiedliche rechtliche Voraussetzungen und Grenzen sowohl für den Umfang der wahrzunehmenden Aufgaben wie auch der polizeilichen Befugnisse gegenüber Dritten (→ Rn. 20 ff.). Weitere Rechtsfolgen der Differenzierung polizeilicher Sonderaufgaben nach anderen Gesetzen und allgemeinen Polizeiaufgaben nach dem PolG NRW können insbesondere sein:

* Spezifische **Zuständigkeits-, Organisations- und Verfahrensregelungen** in den Sondergesetzen bis hin zur Regelung der Einsatzleitung durch den Staatsanwalt (§ 161 StPO). Soweit solche Sonderregelungen nicht anwendbar sind, richten sich polizeiliche Aufgabenverteilung und Verfahren – wie regelmäßig – nach POG NRW.
* Spezifische **Befugnisregelungen:** Der rechtliche Konnex von Polizeiaufgaben und -befugnissen (→ Rn. 19 ff.) begründet den Vorrang der Befugnisregelungen der Spezialgesetze gegenüber denjenigen der §§ 9 ff. Besondere Aufgaben werden grundsätzlich mit besonderen Befugnissen, allgemeine Aufgaben nach dem PolG NRW mit denjenigen dieses Gesetzes ausgeübt. Im Anwendungsbereich der Spezialgesetze sind die allgemeinen polizeilichen Befugnisse subsidiär nur anwendbar, wenn ihre Tatbestandsvoraussetzungen vorliegen (namentlich regelmäßig eine Gefahr vorliegt) und die Anwendbarkeit der allgemeinen Befugnisse sondergesetzlich nicht explizit oder implizit ausgeschlossen ist.

- **Spezifische Rechtswegbestimmungen,** namentlich im Kontext repressiver und doppel-funktionaler Polizeimaßnahmen (näher Gusy PolR Rn. 481 ff.; Tegtmeyer/ Vahle PolG NRW Rn. 43 ff.). Sie können sich auf Kontrollzuständigkeiten und in der Folge davon auch auf -maßstäbe auswirken.

Bundesrechtlich zugewiesene Polizeiaufgaben sind namentlich solche im Kontext der **Auf-** **264** **klärung und Ahndung von Straftaten** (§§ 161, 163 StPO). Diese zentrale Zuweisung knüpft an die Differenz der Gesetzgebungskompetenzen und die in ihr verfassungsrechtlich vorgegebene **Unterscheidung von repressiven und präventiven Polizeiaufgaben** ($\rightarrow$ SystVorbPolRDe Rn. 1) an. Auch wenn nicht zu verkennen ist, dass Strafnormen und -urteile auch general- oder spezialpräventive Zwecke verfolgen (zum „Präventionsstrafrecht" jüngst Kaspar, Verhältnismäßigkeit und Grundrechtsschutz im Präventionsstrafrecht, 2014): Nach dem vorherrschenden weiten Verständnis der Bundeskompetenzen sind alle **Maßnah-men, die (1.) ihren Grund oder Zweck in der Aufklärung oder Ahndung von Straf-taten finden,** die sich **(2.) ausschließlich gegen Verdächtige oder Zeugen** wegen einer Straftat richten dürfen und **(3.)** ein laufendes oder zukünftiges **Ermittlungs- oder Strafver-fahren ermöglichen sollen,** als repressive zu qualifizieren (BVerfGE 109, 190 – Sicherungs-verwahrung; BVerfGE 113, 348 (356 ff.); Gusy NdsVBl. 2006, 65 (66)) und unterliegen damit der Regelungskompetenz des Bundes. Der Bund ist demnach berechtigt, aber nicht verpflichtet, alle diesbezüglichen Maßnahmen gesetzlich zu regeln und in diesem Kontext auch die Zuständigkeit zu ihrer Ausübung zuzuweisen. Von jener Zuweisungskompetenz hat er nicht allein in den genannten Generalklauseln, sondern darüber hinaus in zahlreichen Einzelregelungen strafverfahrensrechtlicher Art Gebrauch gemacht (s. etwa § 58 Abs. 1 StPO (Zeugenvernehmung), § 58 Abs. 2 StPO (Gegenüberstellung), §§ 81a, 81c StPO (körperliche Untersuchung), § 81b StPO (erkennungsdienstliche Maßnahmen einschließlich der Vorla-dung und ihrer ggf. zwangsweisen Durchsetzung), § 81g StPO (Entnahme von Körperzellen zur DNA-Untersuchung), § 94 StPO iVm § 98 StPO (Sicherstellung und Beschlagnahme potentieller Beweismittel), § 100c StPO (heimliche optische und akustische Überwachung), §§ 102 f. StPO iVm § 105 StPO (Durchsuchung von Personen und von Wohnungen), § 108 StPO (Beschlagnahme), § 110 Abs. 2 StPO (Versiegelung von Papieren), § 110a StPO (verdeckte Ermittler), § 111 Abs. 2 StPO (Einrichtung von Kontrollstellen), §§ 111b ff. StPO (Sicherstellung und Beschlagnahme von Sachen, welche der Einziehung oder dem Verfall unterliegen können), § 127 Abs. 1, Abs. 2 StPO (vorläufige Festnahme), § 131 Abs. 2 StPO (Steckbrief), § 132 StPO (Sicherheitsleistung), § 163a StPO (Vorladung und Vernehmung), §§ 163b, 163c StPO (Identitätsfeststellung einschließlich vorbereitender Zwangsmaßnahmen), § 163d StPO (Schleppnetzfahndung), § 164 StPO (Festnahme bei Störung von Amtshandlun-gen). Die genannten Mittel und Befugnisse (zu ihnen Lisken/Denninger PolR-HdB/Frister F Rn. 1 ff.) dürfen allein im Regelungsbereich des Strafprozessrechts, also zu repressiven Zwecken, ausgeübt werden. **Kein Grundrechtseingriff** liegt hingegen in der Einstellung von Ermittlungsverfahren gegen Polizeibeamte (BVerfG DVBl 2015, 700).

Die Ausübung jener Befugnisse zu anderen Zwecken ist auch subsidiär oder ergänzend **264a** unzulässig. Ist eine Zuständigkeit einer anderen Stelle (namentlich Richtern oder Staatsan-waltschaft) zugewiesen, dann ist die Polizei für sie nur zuständig, wenn die andere Stelle sie nach den dafür geltenden Zuständigkeitsregelungen des jeweiligen Spezialgesetzes ersucht oder beauftragt (Schmidbauer/Steiner BayPAG Art. 2 Rn. 48 ff.). Ein **allgemeines Recht anderer Stellen, ihre Aufgaben oder gar Befugnisse auf die Polizei zu übertragen, besteht ebenso wenig wie umgekehrt eine allgemeine Eil-, Sicherungs- oder Vorbe-reitungsaufgabe der Polizei.** Infolge zahlreicher Überschneidungen jener Regelungen mit präventiven Befugnissen des Polizeirechts, aber auch wegen oft nicht erkennbarer Zweckrich-tung polizeilicher Maßnahmen im Einzelfall wird in neuerer Zeit die Leistungsfähigkeit des Abgrenzungskriteriums präventiv-repressiv wieder angezweifelt (Brodowski JZ 2017, 1124 ff.; Brodowski, Verdeckte technische Überwachungsmaßnahmen im Polizei- und Straf-verfahrensrecht, 2016, 255 ff. mwN). Die Rechtsprechung betont nach wie vor die **Zwei-spurigkeit der polizeilichen Aufgaben und Befugnisse:** Beide Rechtsmaterien stehen nebeneinander (BGH StV 2017, 610); einen allgemeinen Vorrang der einen oder anderen Seite gibt es danach nicht; Maßnahmen sind im Überschneidungsbereich nach beiden Mate-rien zulässig (LG Münster NStZ 2016, 126); die Informationsverwendung bei Zweckände-rungen richtet sich nach § 161 Abs. 2 StPO (BGH BeckRS 2016, 807). Nicht zur repressiven

Gesetzgebungskompetenz des Bundes zählt – im Unterschied zur Strafvollstreckung – das Straf- und Untersuchungshaftvollzugsrecht (zu Einzelheiten und Abgrenzungsfragen MKS/ Oeter GG Art. 74 Rn. 21 mwN).

265   Das **Ordnungswidrigkeitenrecht** begründet gleichfalls repressive Polizeiaufgaben. Die allgemeine Aufgabenzuweisung richtet sich allerdings an die Verwaltungsbehörden (§ 35 OWiG), in Nordrhein-Westfalen an die Ordnungsbehörden (Kingreen/Poscher POR § 3 Rn. 9). Ihnen gegenüber kommen der Polizei Aufklärungs-, Vorbereitungs- und Unterstützungsaufgaben sowie -befugnisse zu. Dazu zählen namentlich Aufklärungs- und Verfolgungssicherungsmaßnahmen (§ 53 OWiG); ferner § 57 OWiG (**Verwarnung** mit oder ohne Gebühren) und einzelne Maßnahmen nach der StPO (→ Rn. 264) iVm § 46 OWiG, soweit jene im Ordnungswidrigkeitenrecht Anwendung und der Polizei einzelne Zuständigkeiten zuweist (zum Ganzen Lisken/Denninger PolR-HdB/Denninger D Rn. 217 ff. mwN).

266   Wichtige bundesrechtliche Aufgabenzuweisungen finden sich im **Straßenverkehrsrecht.** Im Rahmen der allgemeinen Regelungsaufgaben der Straßenverkehrsbehörden kommt der Polizei gem. § 44 Abs. 2 StVO die Aufgabe der **Lenkung, Sicherung und Regelung des Verkehrs,** gem. § 11 Abs. 1 Nr. 3 POG NRW die „Überwachung" des Straßenverkehrs zu. In diesem Rahmen stehen ihr Weisungs-, Kontroll- und Anhalterechte (§ 36 StVO), namentlich das Recht zur Durchführung von Verkehrskontrollen (§ 36 Abs. 5 StVO; Kingreen/ Poscher POR § 13 Rn. 14), zu. Im Schnittpunkt von StVO und OWiG steht das Recht zur Aufklärung verkehrsbezogener Ordnungswidrigkeiten etwa durch **Geschwindigkeitsmessungen.** Generell begründet das Straßenverkehrsrecht einen eigenen polizeilichen Aufgabenbereich zwischen repressiven und präventiven Zuständigkeiten. Es erfährt seine Zweckbestimmung aus § 6 Abs. 1 StVG iVm § 1 StVO. In diesem Rahmen ist die **Polizei weder an das Vorliegen eines Anfangsverdachts noch an tatsächliche Anhaltspunkte für eine Gefahr gebunden.** Maßgeblich ist allein die – zudem gesetzlich sehr allgemeine – Zweckbestimmung der Kontroll-, Sicherungs-, Ahndungs- und Präventionsmaßnahmen. Die Aufgaben der Polizei reichen hier sehr weit, weil Straßenverkehrsbehörden im Verkehr kaum präsent sind und die sonstigen Ordnungsbehörden hier allenfalls im Rahmen der Gefahrenabwehr tätig werden dürfen. Daher entfällt hier jedenfalls faktisch die Zuständigkeitskonkurrenz mit und die Subsidiarität gegenüber den Ordnungsbehörden. Deren Aufgaben beziehen sich fast allein auf die Überwachung des ruhenden Verkehrs (zu Einzelheiten Lisken/Denninger PolR-HdB/Kniesel J Teil VI Rn. 28 ff.).

267   Weitere **bundesgesetzlich zugewiesene Polizeiaufgaben** finden sich im
- **Aufenthaltsrecht** (Lisken/Denninger PolR-HdB/Wapler J Teil I Rn. 1 ff.; s. etwa § 71 Abs. 3 Nr. 1 AufenthG (Zurückschiebung illegal eingereister Ausländer); § 19 Abs. 1, 2 AsylVfG (Entgegennahme von Asylanträgen; erkennungsdienstliche Behandlung)),
- **Gesundheitsrecht** (Lisken/Denninger PolR-HdB/Kniesel J Teil II Rn. 1 ff.; zB § 28 Abs. 1 IfSG (Anordnungen zur Verhütung ansteckender Krankheiten); § 42 Abs. 2 LFGB (Nachschau im Rahmen der Lebensmittelüberwachung)),
- **Gewerberecht** (Lisken/Denninger PolR-HdB/Sailer, 5. Aufl. 2012, J Teil IV Rn. 18 ff.; etwa zur Vorlage der Reisegewerbekarte (§ 60c Abs. 1 GewO) oder des Ausweises (§ 11 Abs. 3 BewachV)),
- **Vereinsrecht** (Lisken/Denninger PolR-HdB/Sailer/Marx J Teil VII Rn. 1 ff.; zB §§ 4, 8 Abs. 2 VereinsG (Ermittlungen und vorläufige Maßnahmen gegen Ersatzorganisationen verbotener Vereine)),
- **Versammlungsrecht** (zB Entsendung von Polizeibeamten (§ 12 VersammlG)),
- **Waffenrecht** (Kontrolle von Erlaubnissen und andere, § 38 WaffenG).

268 **Landesrechtlich zugewiesene Polizeiaufgaben** finden sich im
- **Katastrophenschutzrecht** (§§ 43 Abs. 1, Abs. 3 BHKG),
- **Versammlungsrecht** (§ 1 VersGZustVO).

IV. Gesetzesvorbehalt (Abs. 5 S. 1)

269   Abs. 5 **bezieht sich auf Polizeibefugnisse und verknüpft diese mit den zuvor geregelten Polizeiaufgaben.** Er stellt also am ehesten eine Ergänzung der Aufgabennorm dar, steht allerdings systematisch im Kontext der §§ 8 ff. Die Befugnisnormen werden durch Abs. 5 näher konkretisiert und begrenzt. Ausgangspunkt sind polizeiliche „**Maßnahmen**",

welche in Rechte einer Person eingreifen. Auf diese in Abs. 5 S. 1 genannten Eingriffe bezieht sich auch der Maßnahmebegriff des Abs. 5 S. 2. Auffällig ist schließlich die terminologische Parallele zu § 8 („notwendige Maßnahmen"). Dieser Begriff bezeichnet im Verwaltungsrecht jedes **zurechenbare Verhalten einer Behörde.** Es kann in einem Handeln, Dulden oder Unterlassen bestehen. Nicht notwendig ist hingegen trotz § 35 VwVfG. NRW., dass es sich dabei um einen Verwaltungsakt handelt. Vielmehr ist der Begriff der Maßnahme ein Element des Verwaltungsaktsbegriffs, nicht hingegen umgekehrt. Demnach kann das zurechenbare Verhalten grundsätzlich auch einen Rechtssetzungs- oder einen Realakt darstellen. Letzteres ist für Abs. 5 zentral, weil es jedenfalls in Abs. 5 S. 2 um Datenverarbeitung geht.

Der Anwendungsbereich des Abs. 5 wird konstituiert durch Maßnahmen, welche in **270** Rechte einer Person eingreifen. Zentral dafür ist die **Rechtserheblichkeit des Verhaltens;** weiter seine **Außenwirkung,** also die potentielle Einwirkung auf die Rechtssphäre von „Personen", also von Rechtssubjekten außerhalb der Sphäre des Staates: Dazu zählen sowohl natürliche als auch juristische Personen, soweit ihnen Rechte zustehen. Solche Rechte können **alle subjektiven öffentlichen und privaten Rechte** sein unabhängig von ihrem Rang in der Rechtsordnung. Insbesondere ist die Vorschrift nicht ausschließlich auf Grundrechte des GG begrenzt; vielmehr können hierzu auch sonstige Individualrechte aus transformierten internationalen Konventionen, Bundes- oder Landesgesetzen, Rechtsverordnungen und Satzungen zählen. Grundrechte des GG sind hierfür ein zentrales, aber kein ausschließliches Anwendungsfeld.

Maßgeblich für die Anwendbarkeit der Bestimmung ist der „**Eingriff**" in diese Rechte. **271** Damit knüpft Abs. 5 an eine verfassungsdogmatisch geprägte Terminologie an, welche sich von der Figur des Grundrechtseingriffs herleitet, ohne im Polizeirecht mit dieser vollständig identisch zu sein. Die verfassungsdogmatische Figur kann für die Auslegung des PolG NRW prägend sein. Das gilt umso mehr, als das Thema „Polizei und Grundrechte" den Erlass und die Ausdifferenzierung des PolG NRW wesentlich geprägt hat. Umso mehr liegt es nahe, hier die verfassungsrechtliche Terminologie – soweit möglich – zugrunde zu legen (zu ihr → SystVorbPolRDe Rn. 1). Konstituierend sind demnach die Merkmale des vom GG geprägten Eingriffsbegriffs, welche im Polizeirecht weitgehend ohne Rücksicht auf deren moderne Überformungen oder Modifikationen Anwendung finden können. „Eingriff" ist demnach jede **Maßnahme, welche geeignet ist, die Ausübung eines Rechts Privater zu verhindern oder zu erschweren** (Battis/Gusy, Einführung in das Staatsrecht, 6. Aufl. 2018, Rn. 355). Dabei ist es polizeirechtlich gleichgültig, ob der Eingriff auf der Ebene der Rechtssetzung, also der Entziehung des Rechts, oder der Rechtsanwendung, also sonstigen Verhaltens im Anwendungsbereich eines (weiterhin) geltenden Rechts, stattfindet; ob er das Recht „imperativ" (durch Ge- oder Verbote) oder faktisch, final oder akzidentiell, unmittelbar oder mittelbar betrifft. Der in diesem Kontext früher umstrittene Fall der Informationserhebung und -verarbeitung ist durch Abs. 5 S. 2 als Anwendungsfall des „Eingriffs" qualifiziert. Auch Kameraattrappen, welche den Eindruck von Überwachung erwecken können oder gar sollen, können als Eingriffe in Betracht kommen (zur polizeilichen Öffentlichkeitsarbeit → § 8 Rn. 17 ff.).

Kein Grundrechtseingriff liegt demgegenüber vor, wenn die betroffene **Person in die 272 Maßnahme freiwillig einwilligt** oder an ihr mitwirkt. Wer die Polizei in seine Wohnung bittet, kann sich nicht auf den Schutz des § 41 berufen. Dies gilt auch für sonstige polizeiliche Maßnahmen im Grundrechtsschutzbereich, soweit diese einwilligungsfähig sind. Die damit zusammenhängenden Rechtsfragen sind allerdings weder auf Verfassungs- noch auf Polizeirechtsebene vollständig geklärt. Ist das Bitten in die Wohnung Grundrechtsausübung oder Grundrechtsverzicht (ausf. Merten/Papier Grundrechte-HdB/Merten § 73 Rn. 10 ff. mwN)? Und welche rechtlichen Anforderungen sind daran zu stellen? Solche Fragen sind auch polizeirechtlich relevant, da dieses hier an verfassungsdogmatische Figuren anknüpft. Daneben stellt sich aber auch die Frage, ob es neben den allgemeinen auch **spezielle Zulässigkeitsbedingungen der Einwilligung gerade im Kontakt zwischen Bürgern und Polizei** gibt, welche diese Materien von anderen Bürger-Behörden-Kontakten unterscheiden. Hier geht es dann nicht mehr allein um verfassungsrechtliche, sondern auch um einfachrechtliche Fragen von Rechtsausübung und Rechtsverzicht. Als **Grundelemente rechtlich wirksamer und damit beachtlicher Einwilligung** können gelten die

- **Einwilligungsfähigkeit der Person** (dies ist insbesondere im Kontext des § 35 Abs. 1 Nr. 1 umstritten),
- hinreichende **Eindeutigkeit der Erklärung des Einverständnisses** (es kann ausdrücklich oder konkludent zum Ausdruck kommen),
- **Freiwilligkeit** des Einverständnisses.

273 Im Kontakt zwischen Bürgern und Polizei stellen sich spezifische Fragen insbesondere hinsichtlich des zuletzt genannten Merkmals. Einerseits lassen Vorschriften wie §§ 9 Abs. 6; 41 Abs. 1 erkennen, dass die **Konfrontation zwischen Bürger und Polizist in Uniform nicht jede Freiwilligkeit ausschließen soll.** Dies liegt umso näher, als die Kontakte keineswegs stets solche zwischen Beamten und Verdächtigen oder Verantwortlichen sind: Anzeigeerstatter, Auskunftspersonen, Zeugen, sich unsicher fühlende oder zu schützende **Personen kooperieren vielfach freiwillig.** Andererseits sind aber die Rollen zwischen potentiell Eingriffsbetroffenen und freiwillig Kooperierenden nicht immer eindeutig und ex ante erkennbar verteilt: Will die Polizei eine Wohnung durchsuchen, so können Betroffene durchaus freiwillig kooperieren in der Erwartung, sich selbst oder Dritte zu entlasten oder weitere polizeiliche Ermittlungen gegen diese zu vermeiden. Hier können sich sogar Divergenzen zwischen unterschiedlichen Bewohnern derselben Wohnung ergeben, wenn die einen der Maßnahme aus solchen Gründen zustimmen wollen, andere hingegen nicht. Schließlich finden sich aber auch Fälle, in welchen Betroffenen noch nicht klar ist, ob sich die Ermittlungen bezüglich einer Gefahr gegen sie selbst oder gegen Dritte richten können. Solche – im Frühstadium mancher Ermittlungen selbst der Polizei noch nicht notwendig klaren – Umstände können die Antwort auf die Frage nach der Freiwilligkeit erheblich erschweren. Denn diese kann sich auch auf das Motiv des Einverständnisses beziehen.

274   Die Entwicklung von Rechtsprechung und Rechtswissenschaft ist noch im Fluss. Sie orientiert sich an konkreten Einzelfällen, etwa der sog. „kleinen Rasterfahndung" (§ 81h StPO; näher BVerfG JZ 1996, 1175 mAnm Gusy), oder bei polizeilichen Befragungen, zu „Spontanäußerungen" (BGH NStZ 2009, 702; 1990, 43), bei möglicher Überrumpelung bzw. Überraschung (zu Äußerungen im Polizeifahrzeug Peglau jurisPR-StrafR 22/2009 Anm. 2), wenn nicht gar Täuschung potentiell Betroffener: § 136a StPO schließt jedenfalls nach vorherrschender Auffassung nicht jede Täuschung aus (KK-StPO/Diemer StPO § 136a Rn. 19 f. mwN). Für die **Beurteilung der Freiwilligkeit** ist jedenfalls nicht allein auf den isolierten Kommunikationsakt, sondern **auch auf die Umstände abzustellen,** welche auf dessen Zustandekommen oder Inhalt einwirken können:

275 • **Wer hat den Kontakt aufgenommen** (Polizei oder Bürger)? Dies kann ein Indiz darstellen, wie lange die polizeilichen Handlungen vom erkennbar gewordenen Willen des Betroffenen noch gedeckt sein können. Die Kontaktaufnahme mit der Polizei ist jedenfalls kein Einverständnis mit allen danach stattfinden Handlungen, insbesondere nicht mit Gefahraufklärungshandlungen gegen die eigene Person.

276 • Der **ausdrückliche Hinweis auf die Freiwilligkeit einer Handlung** (§ 9 Abs. 6) stellt ein Indiz für die Freiwilligkeit dar, solange sich aus den Umständen nichts Gegenteiliges ergibt, insbesondere weder ausdrücklich noch konkludent negative Folgen an einzelne Verhaltensalternativen geknüpft werden oder aber der Eindruck erweckt oder aufrecht erhalten wird, eine Verhaltensalternative könnte solche Folgen aufweisen. Zu diesen „negativen Folgen" kann auch der Beweis(mittel)verlust zählen (Amelung, Die Einwilligung in die Beeinträchtigung eines Grundrechtsgutes, 1981, 88 ff.).

277 • Das **Bestehen einer Duldungspflicht** (zur Befragung nach § 9 Gusy NVwZ 1991, 614 f.) im Unterschied zum bloßen Fragenstellen schließt Freiwilligkeit aus. Hier hängt das Stattfinden einer Befragung nicht davon ab, dass das Gespräch ausdrücklich als solche qualifiziert oder ausgestaltet ist. Hinsichtlich sog. „informatorischer Befragungen" ist nach den Umständen zu differenzieren. Je nach tatsächlicher Fallgestaltung sind in solchen Fällen die Befragungsvorschriften jedenfalls nicht stets unanwendbar. Die polizeiliche Umgehung oder **Nichterfüllung von Schutzvorschriften** informierender, prozeduraler oder materieller Art (etwa Belehrungspflichten, Benachrichtigungspflichten gegenüber Anwälten, Täuschungsverbote) **schließt Freiwilligkeit aus** (Amelung, Die Einwilligung in die Beeinträchtigung eines Grundrechtsgutes, 1981, 100 ff., 102 ff.).

278 • Gleiches gilt auch, **wenn an ein Verhalten Rechtsfolgen mit Eingriffscharakter geknüpft werden** (etwa: Wer nicht freiwillig aussagt, wird als potentiell Verantwortlicher

behandelt (Gusy JZ 1996, 1176)). Dazu zählt es auch, wenn solche Eingriffe angekündigt werden oder der Eindruck von ihrer Möglichkeit bzw. verhaltensabhängigen Vermeidbarkeit erweckt oder aufrechterhalten wird.

- **Im Gewahrsam sind an die Indizien für eine Freiwilligkeit** eines Verhaltens **besonders hohe Anforderungen zu stellen** (Amelung, Die Einwilligung in die Beeinträchtigung eines Grundrechtsgutes, 1981, 91 ff.). Die Unfreiwilligkeit des Aufenthalts, das besonders hohe Maß an Kontrollmöglichkeiten, die fast vollständige Abhängigkeit des Betroffenen von der behördlichen Gestaltung der Bedingungen und die im Einzelfall möglichen Schwierigkeiten der Beweisführung schließen in der „totalen Institution" eine Freiwilligkeit regelmäßig jedenfalls aus, solange der Betroffene allein, die Polizisten dagegen in der Überzahl sind. **279**

Angesichts des Diskussionsstandes kann gegenwärtig wohl nur typisierend formuliert werden: **280** **Während des Stattfindens von Zwangsmaßnahmen** (Befragung, Durchsuchung, Gewahrsam und andere) oder dann, wenn solche Maßnahmen erkennbar bevorstehen, angekündigt oder nach den Umständen wahrscheinlich sind, **kann Freiwilligkeit grundsätzlich nicht angenommen werden.** Für die Erkennbarkeit kommt es auf die Betroffenenperspektive an. Nur wenn im Einzelfall hinreichende Gegenindizien erkennbar sind, kann Freiwilligkeit angenommen werden. Die Unterschrift unter ein polizeiliches Formular allein ist hierfür jedenfalls nicht ausreichend. Außerhalb des Stattfindens, Bevorstehens und anderer solcher Maßnahmen kann **Freiwilligkeit grundsätzlich angenommen werden, wenn die Kontaktaufnahme vom Bürger ausging** bzw. die Handlungen seitens der Polizei unter Hinweis auf die Freiwilligkeit oder sonst gegenüber dem Betroffenen außerhalb ihn betreffender Aufklärungsmaßnahmen stattfinden und keine Gegenindizien erkennbar sind. Das gilt erst recht dann, wenn die **Person hilflos oder hilfsbedürftig** ist. Angesichts der großen Zahl möglicher Fallkonstellationen, kriminalistischer Gestaltungsmöglichkeiten und unterschiedlicher, bisweilen widersprüchlicher Rollen Betroffener sind zahlreiche Fragen aber offen. Zugleich gilt aber auch: Unfreiwilligkeit für Betroffene schließt die Rechtmäßigkeit polizeilicher Maßnahmen nicht notwendig aus. Polizeirecht ist überwiegend Eingriffsrecht. **Grundrechtseingreifende Maßnahmen sind** in solchen Fällen zulässig, **sofern die rechtlichen Voraussetzungen für Grundrechtsbeschränkungen vorliegen.**

Abs. 5 S. 1 knüpft die Zulässigkeit von Grundrechtsbeschränkungen an die gesetzliche **281** Zulassung. Diese Ausprägung des **Vorbehalts des Gesetzes** nimmt die grundgesetzlichen Vorgaben auf. Sie sind als Auslegungsrichtlinien für das Gesetz heranzuziehen. Danach sind eingreifende Maßnahmen zulässig durch oder aufgrund förmlichen Gesetzes. Dazu zählen alle Rechtsnormen, welche die Polizei gerade zum Handeln mit den Mitteln der Grundrechtseinschränkung ermächtigen, wie dies in §§ 8 ff. geschieht. § 1 Abs. 5 setzt die **Trennung von Aufgaben- und Befugnisnormen** voraus (→ Rn. 27) und bestätigt diese Unterscheidung, obwohl sie selbst Teil einer Aufgabennorm (Überschrift Erster Abschnitt und des § 1) ist, selbst aber Befugnisfragen regelt. Daraus leitet sich der Charakter des § 1 als kombinierte Aufgaben- und Befugnisnorm her (→ Rn. 6). Hier bestätigt der Inhalt der Vorschrift, was ihre systematische Stellung im Ersten Abschnitt scheinbar negiert.

Aufgrund Gesetzes ergehen Grundrechtseingriffe auch, wenn sie sich auf andere Rechts- **282** vorschriften stützen, die ihrerseits gesetzlich vorgesehen oder zugelassen sind, also Rechtsverordnungen und Satzungen. Gesetzesfreie Vorschriften, namentlich solche des Innenrechts, scheiden demgegenüber als derartige Rechtsvorschriften aus. Gleichfalls als Befugnisnorm heranzuziehen sind im Staat-Bürger-Verhältnis unmittelbar anwendbare **Vorschriften des EU-Rechts** iSd Art. 288 AEUV. Eine Zulassung polizeilicher Maßnahmen durch Gesetz begründet demnach **Rechtmäßigkeitsanforderungen auf zwei unterschiedlichen Stufen der Rechtsordnung:** Vereinbarkeit des zulassenden Gesetzes selbst mit höherrangigem Recht und sodann Vereinbarkeit der polizeilichen Maßnahmen mit den gesetzlichen Vorgaben. Ersteres betrifft namentlich die Schrankenbestimmungen der einzelnen Grundrechte, das Zitiergebot, die Bestimmtheitsanforderungen (→ Rn. 142) und das Übermaßverbot. Hinsichtlich ihrer Wahrung steht den gesetzesausführenden Beamten insoweit kein eigenes Prüfungsrecht zu. Vielmehr begründet für sie der Erlass des Gesetzes zugleich die Vermutung seiner Verfassungsmäßigkeit, die sie selbst nicht widerlegen oder widerlegen lassen dürfen (Art. 100 GG). Für die gesetzesausführenden Beamten können die grundgesetzlichen Vorgaben daher eher als Interpretations- und Anwendungsrichtlinien geltender Gesetze praktische Relevanz erlangen.

283   Anders verhält es sich mit den gesetzlichen Vorgaben an das exekutive Handeln. **Jede gesetzesausführende Stelle** – und keineswegs nur die Rechtsprechung – **ist berechtigt und verpflichtet, die Vereinbarkeit ihrer (geplanten) Maßnahmen mit dem für sie geltenden Recht zu prüfen.** Diese Prüfung bezieht sich auf die

- **Anwendbarkeit des Gesetzes im Einzelfall:** Eine Befugnisnorm darf lediglich angewendet werden, wenn und soweit sie im Einzelfall Anwendung beanspruchen kann. Dazu zählt die Frage nach ihrem Inkrafttreten und ihrer Fortgeltung ebenso wie ihre Konkurrenz zu anderen Bestimmungen. Hier ist sowohl der Nachrang des landesrechtlichen Polizeigesetzes gegenüber vorrangigem EU- und Bundesrecht als auch die Allgemeinheit des Gesetzes gegenüber speziellen Aufgaben- und Befugnisnormen zu beachten.
- **Tatbestandsvoraussetzungen der Befugnisnorm:** Dazu zählen namentlich die zutreffende Bestimmung der relevanten Gefahrtatbestände, möglicher Ausnahmeklauseln in einzelnen Befugnisnormen und die Frage nach **möglichen Adressaten zu treffender Maßnahmen.** Sie können entweder (ausnahmsweise) in der Befugnisnorm selbst oder aber (normalerweise) in den §§ 4 ff. konkretisiert sein. Auf deren Inhalt nehmen Befugnisnormen ohne Adressatenbestimmung notwendig Bezug.
- Wahrung der gesetzlichen **Voraussetzungen und Grenzen eingeräumten Ermessens** (§§ 2 f.; sa § 40 VwVfG. NRW.; → § 3 Rn. 17 ff.). Das **Ermessen verknüpft Tatbestand und Rechtsfolgen miteinander** und ist stets zu prüfen, wenn eine Befugnisnorm nicht ausnahmsweise eine gebundene Entscheidung verlangt.
- **Rechtsfolgen der Befugnisnorm:** Hier ist der Charakter der Norm als Eingriffsermächtigung, die zutreffende Auswahl der in ihr zugelassenen Maßnahme (Standardermächtigungen ermächtigen allein zu den in ihr vorgesehenen Befugnissen, nicht hingegen zu anderen Eingriffen) sowie die Wahrung des Übermaßverbots im Einzelfall zu berücksichtigen.

284 Die Anforderungen des Abs. 5 gelten allein für grundrechtseingreifende Maßnahmen. **Grundrechtsneutrale polizeiliche Handlungen** unterliegen den gesetzlichen Vorgaben im Rahmen der Gesetzesbindung der Exekutive, soweit solche im Einzelfall anwendbar sind und für den Einzelfall anwendbare Handlungsmaßstäbe enthalten. Ist dies bei einer Maßnahme nicht der Fall, ist grundrechtsneutrales polizeiliches Handeln insoweit gesetzesfrei. Darin unterscheidet es sich vom grundrechtseingreifenden Handeln, welches wegen § 1 Abs. 5 nur als gesetzesgebundenes zulässig sein kann.

V. Aufgabenbezogene Befugnisse (Abs. 5 S. 2)

285   Nach zahlreichen Polizeigesetzen des Bundes und der Länder gilt: Im Rahmen der Erfüllung aller polizeilichen Aufgaben sind alle polizeilichen Befugnisnormen anwendbar. Ob einzelne Maßnahmen zur Aufgabenerfüllung auf jene Befugnisregelungen gestützt werden können, hängt dann allein vom Tatbestand der jeweiligen gesetzlichen Ermächtigung ab. Von dem genannten Grundsatz findet sich in Nordrhein-Westfalen eine Ausnahme. Die Befugnisregelung des Abs. 5 S. 2 ist eine Besonderheit einzelner Landesgesetze (etwa § 1 Abs. 5 S. 2 BbgPolG). Ihr Anwendungsbereich, ihre Voraussetzungen und Wirkungen lassen sich rechtsvergleichend nicht erkennen. Abs. 5 S. 2 ermöglicht im Polizeirecht aufgabenspezifische Befugnisdifferenzierungen. **Nicht alle polizeilichen Befugnisregelungen dürfen in Nordrhein-Westfalen unterschiedslos zur Erfüllung aller polizeilichen Aufgaben eingesetzt werden.** Weitere Differenzierungen dieser Art folgen aus einzelnen Befugnisnormen: Wo diese an die Erfüllung „polizeilicher Aufgaben" anknüpfen (sa § 27 Abs. 1 S. 1), sind sie auf alle Aufgabenbereiche gleichermaßen anwendbar. Wo sie hingegen auf die „Gefahrenwehr" abstellen (etwa § 31 Abs. 1 S. 1), so sind sie nur auf Maßnahmen in Erfüllung dieser Aufgabe anwendbar. Andere Aufgaben dürfen – sofern sie keinen gefahrenabwehrenden Gehalt aufweisen – nicht mit den Mitteln derartiger Befugnisnormen erfüllt werden. Umgekehrt finden sich in einzelnen Befugnisnormen auch Hinweise auf Verhütungs- oder Bekämpfungsaufgaben, die hingegen auf solche der Gefahrenabwehr (etwa § 21 Abs. 1).

286   Der Anwendungsbereich des Abs. 5 S. 2 wird durch den Begriff der „Maßnahme" begründet, welcher zuvor in Abs. 5 S. 1 als Grundrechtseingriff vorausgesetzt worden ist. Auf grundrechtsneutrale Maßnahmen – gleich welcher Aufgabe – ist Abs. 5 S. 2 nicht anwendbar. Insoweit ist ein Ausschnitt aus dem Regelungsbereich des Abs. 5 S. 1 betroffen. Jener Ausschnitt wird durch die im Einzelfall wahrgenommene Aufgabe benannt: Soweit

Verhütungs- oder Vorsorgeaufgaben iSd Abs. 1 S. 2 (→ Rn. 235 ff.) wahrgenommen werden. Maßgeblich ist, dass es sich um **Handlungen** handelt, **welche allein diese besonderen Aufgaben betreffen.** Infolge der weiten tatbestandlichen Überschneidungen mit der Gefahrenabwehr (→ Rn. 180 ff.) ist der Anwendungsbereich der Regelung eher gering. Liegen zugleich die Tatbestandsvoraussetzungen des Abs. 1 S. 1 (→ Rn. 37 ff.) vor, so dürfen sämtliche Befugnisnormen angewandt werden.

Daraus folgt zugleich eine **allgemeine Aussage über das Verhältnis der Polizeiaufga-** 287 **ben nach Abs. 1 S. 1 und Abs. 1 S. 2** zueinander. Bestünden Verhütungs- und Vorsorgeaufgaben allein im Rahmen der Generalklausel (Abs. 1 S. 2), so wäre die Regelung des Abs. 5 S. 2 entweder überflüssig oder ohne Anwendungsbereich. Sie wäre überflüssig, weil im Rahmen der Gefahrenabwehr die Polizei auch die informationsrechtlichen Befugnisse ausüben darf; einer gesonderten Befugnisregelung für die besonderen Aufgaben bedürfte es daher auch insoweit nicht. Und sie wäre zugleich ohne Anwendungsbereich, weil ihr keine befugnisbegrenzende Funktion zukommen könnte. Denn neben den besonderen Aufgaben wäre dann stets die Gefahrenabwehr anwendbar, welche neben den informationsrechtlichen Befugnissen in jedem Fall auch die sonstigen Befugnisregelungen zur Anwendung kommen ließe. Dann dürften also in jedem Fall sowohl die Gefahraufklärungs- und die Gefahrenabwehrbefugnisse nebeneinander angewandt werden; und zwar erstere für beide Aufgaben, letztere für die stets notwendigerweise gleichfalls einschlägige Gefahrenabwehraufgabe. **Abs. 5 S. 2 kann demnach nur dann einen eigenen Anwendungsbereich erlangen, wenn der Verhütungs- und Vorsorgeauftrag besondere Polizeiaufgaben statuiert,** die über Abs. 1 S. 1 hinausgehen. Und dies ist dann der Fall, wenn Abs. 5 S. 2 ein Element einer neuen Polizeiaufgabe jenseits von Gefahrenabwehr und Strafverfolgung darstellt (→ Rn. 80).

Daraus folgt dann auch die Antwort auf die Frage nach dem befugnisrechtlichen Gehalt 288 des Abs. 5 S. 2. Er enthält keine Befugniseinschränkung: Bei Verhütungs- und Vorsorgeaufgaben stehen stets alle Befugnisse der Polizei zur Verfügung, wenn zugleich Gefahrenabwehraufgaben wahrgenommen werden. Diese werden durch Abs. 5 S. 2 nicht eingeschränkt. Dagegen erlangt Abs. 5 S. 2 einen befugnisausweitenden Gehalt: Er begründet die Anwendbarkeit bestimmter – aber nicht aller! – Befugnisregelungen auch dort, wo es nicht um Gefahrenabwehr geht. Genauer: **Abs. 5 S. 2 weitet allgemein den Anwendungsbereich bestimmter Befugnisnormen über den Bereich der Gefahrenabwehr hinaus insoweit aus, als den speziellen Befugnisnormen im Einzelfall nichts Gegenteiliges zu entnehmen ist.**

Rechtsfolge des Abs. 5 S. 2 ist demnach die Begründung der Anwendbarkeit bestimmter 289 Titel des Gesetzes auf Maßnahmen zur Erfüllung bestimmter polizeilicher Aufgaben; genauer: Die Umschreibung bestimmter Polizeibefugnisse, welche zur Erfüllung bestimmter Polizeiaufgaben eingesetzt werden dürfen. Nur innerhalb einzelner Aufgabenbereiche sind einzelne Befugnisregelungen anwendbar, andere hingegen stets unanwendbar. Anwendbar sind allein die in Abs. S. 2 genannten informationsrechtlichen Befugnisnormen der – nach gegenwärtiger Zählung – §§ 9–33. Da zahlreiche, aber nicht alle Befugnisregelungen inzwischen Aussagen zu den mit ihrer Hilfe zu erfüllenden Aufgaben enthalten (etwa § 16 Abs. 1, § 17 Abs. 1, § 18 Abs. 1 S. 1, § 19 Abs. 1, § 20 Abs. 1, § 21 Abs. 1, § 26 Abs. 1 und andere), **ist der Anwendungsbereich des Abs. 5 S. 2 inzwischen recht umgrenzt** und bezieht sich am ehesten auf solche Befugnisse informationeller Art, welche allein auf „polizeiliche Aufgaben" ohne nähere Spezifizierung abstellen. Derart allgemeine informationsrechtliche Befugnisnormen dürfen keine schwerwiegenden Grundrechtseingriffe statuieren (zur Abgrenzung BVerfGE 115, 320 (347 ff.)). Dadurch relativieren sich zahlreiche Bedenken gegen die Vereinbarkeit der Verhütungs- und Vorsorgeaufgaben mit dem GG und den zu ihrer Erfüllung vorgesehenen Polizeibefugnissen (→ Rn. 250).

Befugnisfreie Maßnahmen im Rahmen der Verhütungs- und Vorsorgeaufgaben werden 290 durch Abs. 5 S. 2 nicht ausgeschlossen. Sie bedürfen keiner besonderen Zulassung und sind daher ohne gesonderte gesetzliche Ermächtigung allein aufgrund der Aufgabennorm zulässig.

§ 2 Grundsatz der Verhältnismäßigkeit

(1) Von mehreren möglichen und geeigneten Maßnahmen hat die Polizei diejenige zu treffen, die den einzelnen und die Allgemeinheit voraussichtlich am wenigsten beeinträchtigt.

(2) Eine Maßnahme darf nicht zu einem Nachteil führen, der zu dem erstrebten Erfolg erkennbar außer Verhältnis steht.

(3) Eine Maßnahme ist nur solange zulässig, bis ihr Zweck erreicht ist oder sich zeigt, dass er nicht erreicht werden kann.

Überblick

Jedes staatliche Handeln ist dem Grundsatz der Verhältnismäßigkeit verpflichtet, der auf der Verfassung beruht (→ Rn. 1). Für die Polizei gilt dies in besonderem Maße, weil sie über weit reichende Befugnisse verfügt, die zu Eingriffen in die Rechte des Bürgers berechtigen (→ Rn. 5). Die grundlegende Vorschrift des § 2 regelt die Ausprägungen des Grundsatzes der Verhältnismäßigkeit und damit auch die zu prüfenden Voraussetzungen. Eine Maßnahme kann nur dann verhältnismäßig sein, wenn sie tatsächlich und rechtlich möglich ist (→ Rn. 11). Die Anwendung des Grundsatzes der Verhältnismäßigkeit setzt zunächst die Bestimmung des mit der Maßnahme verfolgten Zwecks voraus (→ Rn. 18), um dann deren Geeignetheit (→ Rn. 20) und Erforderlichkeit feststellen zu können (→ Rn. 22). In der Verhältnismäßigkeit im engeren Sinne erfolgt dann eine Abwägung zwischen der Rechtsgutsbeeinträchtigung durch das Mittel und der Bedeutung des verfolgten Zwecks (→ Rn. 24). An die Prüfung der Verhältnismäßigkeit könnten abhängig von der Intensität des Eingriffs unterschiedlich strenge Maßstäbe angelegt werden (→ Rn. 32). Eine Sonderregelung zur Geeignetheit trifft § 2 Abs. 3 zur zeitlichen Gestaltung (→ Rn. 39).

Übersicht

A. Verfassungsrechtliche Grundlagen

1   Der Grundsatz der Verhältnismäßigkeit hat im freiheitlichen Rechtsstaat Verfassungsrang. Unter der Geltung des GG knüpft die verfassungsrechtliche Entfaltung des Grundsatzes der Verhältnismäßigkeit an dessen verwaltungsrechtliche Herleitung und Entwicklung an, die im 19. Jahrhundert gerade im Polizeirecht stattfand und von dort auf andere Bereiche des Verwaltungsrechts übergriff (Lerche, Übermaß und Verfassungsrecht, 1961, 24; eingehend Remmert, Verfassungs- und verwaltungsgeschichtliche Grundlagen des Übermaßverbotes, 1995).

2   Seine Grundlage findet der Grundsatz der Verhältnismäßigkeit insbesondere in dem Rechtsstaatsprinzip des Art. 20 Abs. 3 GG (zur Herleitung Dreier/Dreier GG Vor Art. 1 Rn. 145; Maunz/Dürig/Grzeszick GG Art. 20 Rn. 108; Sachs/Sachs GG Art. 20 Rn. 146 ff.). Verfassungsrechtlich verankert ist er jedoch nicht nur als Konsequenz des Rechtsstaatsprinzips, er ergibt sich zudem nach überzeugender Auffassung bereits aus den Grundrechten selbst und der Grundrechtsbindung staatlicher Gewalt (Stern/Becker/Enders, Grundrechte-Kommentar, 3. Aufl. 2019, GG Art. 1 Rn. 116; BeckOK GG/Huster/Rux GG Art. 20 Rn. 190).

Die allgemeine Literatur zum Grundsatz der Verhältnismäßigkeit ist unüberschaubar (s. zB Lerche, **2.1** Übermaß und Verfassung, 1961; Stern, Das Staatsrecht der Bundesrepublik Deutschland, Bd. 3, Halbbd. 2, 1994, 762 ff.; Merten, Handbuch der Grundrechte, Bd. 3, 2009, § 68, Rn. 24 ff.).

Der Grundsatz der Verhältnismäßigkeit stellt an den Gesetzgeber andere Anforderungen **3** als an die Verwaltung. Der Gesetzgeber genießt einen Beurteilungs- und Prognosespielraum im Hinblick auf die Notwendigkeit einer Maßnahme (BVerfGE 102, 197 Rn. 80; 126, 112 Rn. 103; 128, 1 Rn. 183). Für das BVerfG ist die Verhältnismäßigkeit dennoch der wichtigste Kontrollmaßstab legislativen Handelns, der abgestufte und differenzierende Entscheidungen erlaubt (Dreier/Dreier GG Vor Art. 1 Rn. 145; Stern, Das Staatsrecht der Bundesrepublik Deutschland, Bd. 3, Halbbd. 2, 1994, 785 ff.).

Die legislativ geprägte Einschätzungsprärogative des demokratisch legitimierten Gesetzge- **4** bers greift für die nach Art. 20 Abs. 3 GG an Gesetz und Recht gebundene Verwaltung nicht (vgl. BVerfGE 129, 1 (22) = NVwZ 2011, 1062 Rn. 66 ff.). Die Verwaltung darf nur die gesetzlich vorgegebenen Zwecke verfolgen, während der Gesetzgeber insoweit lediglich durch das GG und insbesondere die Grundrechte in seinem Spielraum begrenzt wird. Maßnahmen der Verwaltung unterliegen der Überprüfung durch die Gerichte, die in vollem Umfang die Verhältnismäßigkeit der Maßnahme einschließt (Ossenbühl JURA 1997, 617).

B. Bedeutung in der Anwendungspraxis

Dem Grundsatz der Verhältnismäßigkeit kommt eine zentrale Bedeutung bei der täglichen **5** Polizeiarbeit zu. Die Freiheitsrechte des Einzelnen dürfen durch die Polizeibehörden nur so weit begrenzt werden, wie es zum Schutz öffentlicher Interessen unerlässlich ist (vgl. BVerfGE 19, 348). Die Verhältnismäßigkeit bildet den wesentlichen Maßstab für die Rechtmäßigkeit polizeilicher Maßnahmen und damit auch für die gerichtliche Überprüfung polizeilichen Handelns. Das Bundesverfassungsgericht hat ihn zum zentralen und zugleich flexiblen Prüfungsraster für Zulässigkeit und Gestaltung informationeller Befugnisse der Polizei gemacht (BVerfGE 141, 220 Rn. 96 ff. zum BKAG).

Aufgrund seines Verfassungsrangs prägt der Grundsatz der Verhältnismäßigkeit jedes poli- **6** zeiliche Handeln, das die Rechte des Bürgers berührt. Unabhängig von der Ausgestaltung der konkreten Einzelnorm muss jede polizeiliche Maßnahme vor ihrer Anordnung und Ausführung unter strenger Beachtung des Verhältnismäßigkeitsgrundsatzes geprüft werden. Der Grundsatz der Verhältnismäßigkeit bildet damit auch einen wesentlichen Ansatzpunkt für die gerichtliche Kontrolle des Einzelfalls.

Im Rahmen der Verhältnismäßigkeitsprüfung ist zu erörtern, ob die durchzuführende **7** polizeiliche Maßnahme zur Zweckerreichung geeignet, erforderlich und angemessen, also verhältnismäßig im engeren Sinne, ist. Im Rahmen dieser Angemessenheitsprüfung ist eine Güterabwägung vorzunehmen, wobei die Interessen des Einzelnen den Interessen der Allgemeinheit gegenüberzustellen sind. Die Abwägung umfasst die Frage, ob die Relation zwischen der Auswahl des (legitimen) Mittels zu dem angestrebten (legitimen) Zweck in einem ausgewogenen Verhältnis steht (allg. Klatt/Meister JuS 2016, 193 (196 ff.); Michael JuS 2001, 148; 2001, 654; 2001, 764; 2001, 866; Wienbracke ZJS 2013, 148 ff.; vertiefend und mit eigenem Ansatz Brenz, Das Polizeirecht als ein durch den Verhältnismäßigkeitsgrundsatz bestimmtes System von Abwägungsentscheidungen, 2018; → Rn. 7.1).

Die Verhältnismäßigkeit im engeren Sinne wird teils kritisch gesehen, weil es um ein eigenständiges **7.1** Gewichten und Abwägen gehe, das schwer vorhersehbar strukturierbar sei und der Rechtsprechung (zu) große Spielräume gebe (s. Schlink FS 50 Jahre BVerfG, 2001, Bd. II, 445 (460 ff.). Diese Kritik betrifft zuvörderst die Verhältnismäßigkeit von gesetzlichen Vorschriften, weil hier dem Gesetzgeber die vorrangige Rolle zukommen soll. Im Verwaltungsrecht kann die Prüfung angesichts der Rechtsbindung der Exekutive strenger sein. Die hM und die Rechtsprechung halten insgesamt an der dreistufigen Verhältnismäßigkeitsprüfung fest (BVerfGE 141, 220 Rn. 95 ff.).

Aufgrund seiner verfassungsrechtlichen Verankerung ist der Grundsatz der Verhältnismä- **8** ßigkeit in allen Polizeigesetzen festgehalten (Lisken/Denninger PolR-HdB/Rachor/Graulich E Rn. 136 ff.). Seine gesetzliche Ausgestaltung beruht weitestgehend auf dem MEPolG (Musterentwurf eines einheitlichen Polizeigesetzes; → EntwStrukturPolRNRW Rn. 18), weshalb auch die länderspezifischen Regelungen zur Ausgestaltung des Grundsatzes der Verhältnismäßigkeit weitgehend ähnlich ausgeprägt sind. In der überwiegenden Mehrzahl der Polizeigesetze bzw. den entsprechenden Ordnungsbehörden- oder Sicherheitsgesetzen wird der Grundsatz der Verhältnismäßigkeit ausdrücklich als solcher betitelt und in einer eigenen gesetzlichen Regelung erfasst. Eine Ausnahme bildet zB § 73 SchlHLVwG, der eine allgemeine Regelung des Ermessensgrundsatzes enthält sowie eine inhaltliche Ausgestaltung des Verhältnismäßigkeitsgrundsatzes, ohne diesen als solchen zu betiteln (vgl. § 73 Abs. 2 und Abs. 3 SchlHLVwG).

9   Der Wortlaut der einzelnen Normen stimmt in den verschiedenen Landesgesetzen inhaltlich weitgehend überein; so werden teilweise die einzelnen Merkmale des Verhältnismäßigkeitsgrundsatzes, wie zB die Erforderlichkeit („[…] von mehreren möglichen (und geeigneten) Maßnahmen […] diejenige zu treffen, die den einzelnen und die Allgemeinheit (voraussichtlich) am wenigsten beeinträchtigt") oder das Merkmal der Angemessenheit („[…] keinen Nachteil herbeiführen, der erkennbar außer Verhältnis zu dem beabsichtigten Erfolg steht") definiert. Überwiegend wird auch eine zeitliche Beschränkung der Maßnahme angegeben („[…] nur solange zulässig, bis ihr Zweck erreicht ist oder es sich zeigt, dass er nicht erreicht werden kann"), mit Ausnahme des BWPolG (§ 5 BWPolG) und § 73 Abs. 2 und Abs. 3 SchlHLVwG, welche keine zeitliche Begrenzung enthalten. § 4 HmbSOG geht näher auf das Merkmal der Geeignetheit ein (→ Rn. 9.1).

9.1   Die parallelen Regelungen sind insbesondere: Art. 4 BayPAG und Art. 8 LStVG; § 4 HSOG; § 4 NPOG; § 15 NRWOBG.

C. Inhaltliche Ausgestaltung

10   Die Ausgestaltung des Verhältnismäßigkeitsgrundsatzes wurde gerade auch im Polizeirecht herausgearbeitet, insbesondere durch das PrOVG (Preußisches Oberverwaltungsgericht) nach 1875 (Brenz, Das Polizeirecht als ein durch den Verhältnismäßigkeitsgrundsatz bestimmtes System von Abwägungsentscheidungen, 2018, 43 ff.; → Rn. 1). Nach Art. 20 Abs. 3 GG ist die Verwaltung an Gesetz und Recht gebunden. Dies schließt den Grundsatz der Verhältnismäßigkeit aufgrund seiner verfassungsrechtlichen Verankerung ein und führt zu einer umfassenden gerichtlichen Überprüfbarkeit (→ Rn. 4).

I. Die rechtliche und tatsächliche Möglichkeit der Maßnahme

11   Verhältnismäßig kann nur eine Maßnahme sein, die rechtlich und tatsächlich überhaupt möglich und zulässig ist. Dies betrifft nicht nur das Vorliegen der Tatbestandsmerkmale, sondern auch die Implementierung in der Realität. Eine polizeiliche Maßnahme kann nur dann zielführend sein, wenn sowohl ihre Anordnung seitens der Polizeibehörde als auch die Ausführung durch den Betroffenen jeweils in rechtlicher und tatsächlicher Weise möglich ist.

12   An der tatsächlichen Möglichkeit der Ausführung scheitert eine Maßnahme, wenn der Betroffene faktisch nicht in der Lage ist, die von der Behörde geforderte Maßnahme auszuführen; wenn er zB nicht über die besagten Mittel oder die geforderten Informationen verfügt.

13   In rechtlicher Hinsicht stößt eine polizeiliche Maßnahme an ihre Grenzen, wenn sie sich außerhalb des Bereichs des rechtlich Erlaubten befindet, namentlich eine Straftat oder Ordnungswidrigkeit darstellt oder gegen die guten Sitten verstößt; entsprechende Verwaltungsakte hätten die Nichtigkeit zur Folge (vgl. § 44 Abs. 2 Nr. 5, Nr. 6 VwVfG. NRW.).

14   Eine weitere rechtliche Grenze erfährt die Ausführung der polizeilichen Maßnahme dort, wo sie zwar strafrechtlich erlaubt ist, aber der Betroffene privatrechtlich nicht zur Ausführung befugt ist.

15   Die reine Betroffenheit privater Rechte Dritter hingegen stellt lediglich ein Vollzugshindernis dar und führt nicht zur Unmöglichkeit der Maßnahmenausführung, sondern nur zur Notwendigkeit des Erlasses einer Duldungsverfügung gegenüber dem Dritten (vgl. BVerwGE 40, 101 (103); Kugelmann PolR Kap. 11 Rn. 13).

II. Geeignetheit und Erforderlichkeit der Maßnahme (Abs. 1)

Die Verhältnismäßigkeit bestimmt sich nach dem mit der Maßnahme beabsichtigten **16** Zweck sowie im Verhältnis zu anderen möglichen Maßnahmen (Klatt/Meister JuS 2014, 193 (194 ff.); Michael JuS 2001, 148 f.). Daher ist zunächst der Zweck der Maßnahme zu bestimmen, um die Geeignetheit zu bestimmen und dann eine Gewichtung herbeiführen zu können. Ziel ist es, die Rechtssphäre des Bürgers so stark wie möglich zu schützen. Daher erfordert die Bewertung der Verhältnismäßigkeit ein Mitdenken anderer Handlungsalternativen, die vorzugswürdig sein könnten, weil sie den geringeren Eingriff bilden. Diese Erforderlichkeitsprüfung erlaubt eine Zuordnung des staatlichen Handelns zu den Auswirkungen des Eingriffs auf die Rechte des Betroffenen.

Im polizeilichen Aufgabenbereich steht eine Vielzahl von Handlungsinstrumenten zur **17** Verfügung, die eine sehr unterschiedliche Eingriffstiefe aufweisen. Der § 2 Abs. 1 legt deshalb besonderen Wert auf die Erforderlichkeit, weil gerade hier für die Bürgerinnen und Bürger oftmals die Reichweite des Individualschutzes deutlich wird.

1. Die Bestimmung des Zwecks der Maßnahme

Jede polizeiliche Maßnahme ist zweckgebunden. Dieser Zweck wird durch den Gesetzge- **18** ber festgelegt und kann aus den jeweiligen Gesetzesbegründungen und den Gesetzen selbst abgeleitet werden. Diese Ableitung kann durch Auslegung erfolgen und die Systematik des Gesetzes einbeziehen. Bevor die Geeignetheit einer Maßnahme beurteilt werden kann, ist der Zweck festzustellen. Eine Maßnahme kann auch mehreren Zwecken dienen.

Das Polizeirecht verfolgt in erster Linie das übergeordnete Ziel der Gefahrenabwehr, also **19** der Abwehr von Gefahren für die öffentliche Sicherheit oder Ordnung (§ 1 Abs. 1 S. 1). Dieses Ziel wird im jeweiligen Einzelfall durch die handelnden Beamten näher konkretisiert. So kann die Maßnahme der Sicherstellung eines falsch parkenden PKW mit geöffneter Seitenscheibe sowohl dem Schutz des Einzelnen, also des Eigentums, aber auch dem Schutz der Allgemeinheit, zB zur Durchsetzung des in einem Halteverbotszeichen inkludierten Wegfahrgebotes bei dem Zuparken einer Feuerwehrzufahrt oder dem rechtswidrigen Parken auf einem Behindertenparkplatz dienen. Die Verhütung und vorbeugende Bekämpfung von Straftaten (§ 1 Abs. 1 S. 2) kann die Erhebung oder Übermittlung von Daten notwendig machen, zB durch Observation (§ 16a).

2. Die Geeignetheit der Maßnahme

Die polizeilich ausgewählte Maßnahme muss geeignet sein. In Betracht kommen nur **20** taugliche und mögliche Maßnahmen. Der Zeitraum, in dem eine Maßnahme geeignet ist, endet mit der Erreichung des Zwecks (§ 2 Abs. 3; → Rn. 39).

Die Eignung setzt voraus, dass die ausgewählte Maßnahme die Zweckerreichung zumin- **21** dest fördern kann. Nicht notwendig ist die sichere Wahrscheinlichkeit, dass der Zweck durch den Vollzug der Maßnahme gänzlich verwirklicht wird, sie muss jedoch wenigstens zur Zweckerreichung beitragen, indem sie den Erfolg fördert oder die Gefahr mindert.

3. Relative Milde – Die Erforderlichkeit der Maßnahme

Eine Maßnahme ist nur dann erforderlich, wenn kein „relativ milderes" Mittel zur Verfü- **22** gung steht, also ein solches, welches bei gleicher Effektivität einen weniger starken Eingriff für den Betroffenen darstellt. Durch dieses Kriterium wird sichergestellt, dass auf der einen Seite dem Grundsatz der Effektivität genüge getan wird, auf der anderen Seite aber auch die Eingriffsintensität für den Betroffenen möglichst gering gehalten wird. Zu beurteilen ist die Erforderlichkeit aus der ex-ante Perspektive.

Wichtig ist jedoch, dass allein Maßnahmen gleicher Effektivität verglichen werden können; **23** ein weniger einschneidendes Mittel muss trotz der geringeren Eingriffsschwelle dennoch hinter das stärker belastende Mittel zurücktreten, wenn es nicht die gleiche Effektivität mit sich bringt. Kommen mehrere Störer als Adressat einer Maßnahme in Betracht, ist jeweils die Verhältnismäßigkeit zu prüfen, um die insgesamt am wenigsten eingreifende Maßnahme auswählen zu können (Brenz, Das Polizeirecht als ein durch den Verhältnismäßigkeitsgrundsatz bestimmtes System von Abwägungsentscheidungen, 2018, 70).

III. Die Verhältnismäßigkeit im engeren Sinne – zur Abwägung der widerstreitenden Interessen (Abs. 2)

24   Im Rahmen der Prüfung der Angemessenheit oder Proportionalität der Maßnahme findet eine Abwägung der widerstreitenden Interessen statt (Klatt/Meister JuS 2016, 193 (196 ff.)). Hier erfolgt die Prüfung der Verhältnismäßigkeit im engeren Sinne (Daiber JA 2020, 37).

25   Auf dieser Stufe der Verhältnismäßigkeit wird eine Mittel-Zweck-Relation hergestellt, indem die polizeiliche Maßnahme, also das eingesetzte Mittel, zu dem Gewicht des verfolgten Zwecks in Verhältnis gesetzt wird. Die hinter Mittel und Zweck stehenden Rechtsgüter bestimmen die Abwägung. Es sind in der Regel die Interessen des Einzelnen gegen die Interessen der Allgemeinheit abzuwägen. Bei der Prüfung ist wortlautbezogen zu berücksichtigen, welche Nachteile für die jeweiligen Schutzgüter entstehen können, wobei unter einem Nachteil eine rechtliche oder materielle Einbuße des Betroffenen zu verstehen ist.

26   Demnach ist zu erörtern, welcher Schaden bei dem Adressaten der Maßnahme entsteht und welcher Schaden bei ungehindertem Fortgang für das jeweils zu schützende Rechtsgut eintreten wird. Die Maßnahme ist dann unverhältnismäßig, wenn sie in einem erkennbaren Missverhältnis zwischen Eingriffsschwere und erreichbarem Zweck steht.

27   In die Abwägung mit einfließen müssen dabei Faktoren wie die Schwere der Rechtseinbuße auf der einen Seite sowie die Dringlichkeit der Gefahrenabwehr auf der anderen Seite und die Wertigkeit der jeweiligen Rechtsgüter auf beiden Seiten (vgl. Sachs/Sachs GG Art. 20 Rn. 154). Für den Betroffen ist ebenfalls die Zumutbarkeit der Durchführung der Maßnahme zu berücksichtigen.

28   Es muss jedoch zwischen der Wertigkeit der zu schützenden Rechtsgüter differenziert werden. Handelt es sich um eine erhebliche Gefahr für ein besonders bedeutendes Gemeinschaftsgut (wie zB die Volksgesundheit), dürfen drastischere Eingriffe in die Rechtsgüter des Betroffenen erfolgen, ohne direkt zur Unverhältnismäßigkeit der Maßnahme zu führen (zB die Beschneidung des Freiheitsrechts einzelner Personen zur Vermeidung des Ausbruchs einer Epidemie, Art. 2 Abs. 2 S. 2 GG). Besonders schützenswert sind ebenfalls Belange des Jugendschutzes, der Sicherheit des Straßenverkehrs oder der Funktionsfähigkeit des Staates und seiner Einrichtungen.

29   Gleiches gilt auf der anderen Seite bei Eingriffen in bedeutende Grundrechte, wie zB Maßnahmen, die den Datenschutz und damit das Recht auf informationelle Selbstbestimmung als Ausfluss des Allgemeinen Persönlichkeitsrechts (Art. 2 Abs. 1 GG iVm Art. 1 Abs. 1 GG) oder die Unverletzlichkeit der Wohnung (Art. 13 GG) betreffen. An seine Grenzen stößt der Grundsatz der Verhältnismäßigkeit, falls der Eingriff den Kernbereich privater Lebensgestaltung berührt. Ein solcher Eingriff ist nicht zu rechtfertigen (BVerfGE 109, 279 (313)). Eine Relativierung der Absolutheit des Würdeschutzes (vgl. Baldus JZ 2008, 218) hat sich nicht durchgesetzt (zusf. v. Bernstorff JZ 2013, 905).

30   In die Abwägung mit einfließen dürfen auch spezial- und generalpräventive Beweggründe, sie dürfen jedoch nicht einziger Anlass der Maßnahme sein; so ist zB das Abschleppen eines verkehrswidrig abgestellten Fahrzeugs an einem Taxenstand auch unter dem Gesichtspunkt der Generalprävention (neben weiteren Gründen) verhältnismäßig, wenn durch das abgestellte Fahrzeug der reibungslose Ablauf an dem Taxenstand beeinträchtigt wird und nicht ersichtlich ist, dass der Fahrzeugführer zeitnah zurückkehrt und das Fahrzeug selbst entfernt (BVerwG BeckRS 2014, 52601; vgl. zum verhältnismäßigen Abschleppen VG Bremen Urt. v. 1.10.2008 – 5 K 3144/07; OVG Münster BeckRS 2011, 49928).

31   Ziel der Abwägung ist es, ein ausgewogenes Verhältnis zwischen dem eingesetzten Mittel und dem durch die Maßnahme angestrebten Zweck her- bzw. festzustellen; es darf dabei keine Gefahrenabwehr um jeden Preis geben (vgl. Ossenbühl JURA 1997, 617). Ausnahmsweise kann selbst die Erhebung von Kosten für das Abschleppen eines Kraftfahrzeuges unverhältnismäßig sein, obwohl das Abschleppen rechtmäßig war (Kugelmann/Alberts JURA 2013, 909).

31.1   Weiterführende Rechtsprechung:
- Als verhältnismäßig angesehen wird zB die Dauerobservation rückfallgefährdeter Sexualstraftäter nach § 16a, einschließlich möglicher Betroffenheit der den Sexualstraftäter aufnehmenden Verwandten (OVG Münster BeckRS 2013, 53569).

- Ebenfalls: Die erkennungsdienstliche Maßnahme eines noch nicht Strafmündigen nach Polizeirecht, wenn die Wahrscheinlich besteht, dass der Strafmündige Straftaten begangen hat (VG Aachen BeckRS 2007, 26179).
- Verhältnismäßig im engeren Sinne ist es, eine Fahrtenbuchauflage für ein Motorrad aufzuerlegen, die wegen der Dauer der Ermittlungen, der Geschäftsbelastung der betroffenen Behörde und des Verhaltens des Fahrzeughalters erst geraume Zeit nach Begehung des Verkehrsverstoßes verhängt wird (OVG Lüneburg BeckRS 2014, 53412).
- Auch die Sicherstellung eines Hundes unter Verbringung auf die Polizeidienststelle ist verhältnismäßig, wenn von dem Tier und für das Tier eine Gefahr ausgeht bzw. besteht und das Tierheim eine Aufnahme aus Kapazitätsgründen abgelehnt hat (VG München BeckRS 2014, 52396).
- Ein Rückkehrverbot, das nach § 34a Abs. 1 S. 1 und Abs. 5 für zehn Tage ausgesprochen wird, ist verhältnismäßig, wenn nach der ex-ante Betrachtung der Polizeibehörde die Gefahrenlage während der gesamten Geltungsdauer der Maßnahme bestehen wird (VG Aachen BeckRS 2018, 6928 Rn. 11).

IV. Maßstäbe der Verhältnismäßigkeit

Verhältnismäßigkeit zielt auf Einzelfallgerechtigkeit unter optimaler Wahrung der Rechte 32 des Einzelnen ab. Dies erschwert die Vorgabe abstrakter Maßstäbe für eine Verhältnismäßigkeitsprüfung (Sachs/Sachs GG Art. 20 Rn. 155). Dennoch wird gelegentlich eine „strenge" oder „strikte" Prüfung der Verhältnismäßigkeit angemahnt. Damit sind Differenzierungen in der Intensität angesprochen, in der die Maßnahme untersucht wird.

Einen schärferen Maßstab gilt es insbesondere dann anzulegen, wenn die Weite der tatbe- 32a standlichen Voraussetzungen grundsätzlich eine Maßnahme zulässt, diese aber nicht oder nur schwer individualisiert werden kann oder in Fällen der Sicherheitsvorsorge (Stern/Becker/Enders, Grundrechte-Kommentar, 3. Aufl. 2019, GG Art. 1 Rn. 80).

Im Fall von Maßnahmen nach dem PolG NRW lassen sich Grundzüge einer Differenzie- 33 rung entwickeln, die hier nur angedeutet werden sollen. Von der Rechtsprechung sind sie in dieser generellen Form nicht anerkannt. Die Herausarbeitung allgemeiner Maßstäbe ist angesichts des Einzelfallbezuges schwierig, Ansätze können aber identifiziert werden.

Es kommt für die Intensität der Verhältnismäßigkeitsprüfung auf die Intensität des Grund- 34 rechtseingriffs an. Eine Verletzung des Kernbereichs privater Lebensgestaltung (§ 16) oder eine Verletzung des Rechts auf Leben nach Art. 2 Abs. 2 GG (§ 63 Abs. 1 S. 2) erfordern eine besonders strikte Anwendung des Grundsatzes der Verhältnismäßigkeit, weil hier ein besonders tiefer Grundrechtseingriff vorliegt (vgl. Sachs/Sachs GG Art. 20 Rn. 157). Die Rechtsgüter, die gegen die Anwendung des Mittels sprechen, sind von besonderem Gewicht (vgl. zum Kernbereich privater Lebensgestaltung im Hinblick auf die Überwachung der Telekommunikation BeckOK GG/Ogorek GG Art. 10 Rn. 65; zum Recht auf Leben Kugelmann, Polizei und Menschenrechte/Pieroth, 2019, 264 f.).

Dagegen ist eine gängige Standardmaßnahme wie die Identitätsprüfung schon verhältnis- 35 mäßig, wenn das polizeiliche Handeln nicht in außergewöhnlicher Weise in Rechtsgüter des Betroffenen eingreift (zu den betroffenen Grundrechten → § 12 Rn. 2). Damit wird kein Freifahrtschein für das Handeln ausgestellt, sondern lediglich die regelmäßige Gewichtung der in der Abwägung einschlägigen Rechtsgüter umschrieben.

Strikt ist die Verhältnismäßigkeitsprüfung, wenn auf den Schutz des betroffenen Grund- 36 rechts besonderer Wert gelegt wird. Dies kann auf allen drei Stufen der Verhältnismäßigkeit Auswirkungen haben. Die Maßnahme ist im Fall einer strikten Prüfung dann geeignet, wenn sie nicht nur den Zweck fördert, sondern wirksam und nachhaltig fördert. Sie ist erforderlich, wenn kein in irgendeiner Weise milderes Mittel zur Verfügung steht.

Die Maßnahme ist bei strikter Prüfung verhältnismäßig im engeren Sinne, falls das rechtfer- 37 tigende Rechtsgut deutlich stärkeres Gewicht hat als das Rechtsgut, in das eingegriffen wird. Dies kann den Kreis der in Betracht kommenden Rechtsgüter einschränken. Gerade im Sicherheitsrecht hat das BVerfG für eine Rechtfertigung eines Grundrechtseingriffs von hoher Intensität das Vorliegen einer Gefahr für ein hochrangiges Rechtsgut verlangt, insbesondere für Leib, Leben oder Freiheit der Person, etwa im Fall der Online-Durchsuchung (BVerfGE 120, 274 (328)).

Eine strikte Verhältnismäßigkeitsprüfung ist regelmäßig im Fall des Einsatzes besonderer 38 Mittel der Datenerhebung anzustellen (s. Tanneberger, Die Sicherheitsverfassung, 2014, 232 ff.). Dies gilt nicht nur, wenn der Kernbereich privater Lebensgestaltung betroffen ist, sondern grundsätzlich bereits dann, wenn Maßnahmen verdeckt erfolgen, zB im Fall der §§ 17, 18, 20. Dies folgt aus der besonderen Schutzwürdigkeit des Betroffenen, dem mangels Wissen über die Maßnahme kein unmittelbarer Rechtsschutz zur Verfügung steht. Die Heimlichkeit der Maßnahme führt zur Annahme eines intensiven Grundrechtseingriffs, die eine strikte Verhältnismäßigkeitsprüfung rechtfertigt (BVerfGE 120, 274 (325 ff.); 120, 378 (402 f.); 141, 220 Rn. 105 f.).

V. Die zeitlichen Grenzen der Maßnahmenanwendung (Abs. 3)

39   Die polizeiliche Maßnahme ist nur solange verhältnismäßig, wie sie zur Zweckerreichung noch geeignet ist. Das Zeitelement ist Gegenstand der Geeignetheit (Michael JuS 2001, 764). Mithin wird die Maßnahme unverhältnismäßig, wenn der angestrebte Zweck erreicht wird oder aber derart verfehlt wird, dass er nicht mehr erreicht werden kann. Die Maßnahme ist sodann unverzüglich zu beenden.

§ 3 Ermessen, Wahl der Mittel

(1) Die Polizei trifft ihre Maßnahmen nach pflichtgemäßem Ermessen.

(2) ¹**Kommen zur Abwehr einer Gefahr mehrere Mittel in Betracht, so genügt es, wenn eines davon bestimmt wird.** ²**Der betroffenen Person ist auf Antrag zu gestatten, ein anderes ebenso wirksames Mittel anzuwenden, sofern die Allgemeinheit dadurch nicht stärker beeinträchtigt wird.**

Überblick

Polizeiliches Handeln erfolgt regelmäßig nach pflichtgemäßem Ermessen. Das Ermessen ist also nicht frei, sondern an Recht und Gesetz gebunden und in die Systematik des Polizeirechts integriert (→ Rn. 1 ff.). Im Rahmen des Opportunitätsprinzips (→ Rn. 7) kann die Polizei die ihr rechtmäßig zur Verfügung stehenden Maßnahmen ergreifen (→ Rn. 9). Der Begriff des Ermessens ist in Abgrenzung unbestimmten Rechtsbegriffen auf der Tatbestandsebene zu bestimmen (→ Rn. 19). Das Ermessen kommt auf der Rechtsfolgenseite zur Anwendung und ist im Polizeirecht in Entschließungs- und Auswahlermessen zu unterscheiden (→ Rn. 26). In der Rechtsprechung wurde als Anleitung für die Ermessensausübung die Rechtsfigur des intendierten Ermessens entwickelt (→ Rn. 31). Die Ermessensausübung der Gefahrenabwehrbehörde unterliegt rechtsstaatlichen Einschränkungen und Grenzen (→ Rn. 34) der Selbstbindung der Verwaltung (→ Rn. 35), der Ermessensreduzierung auf Null (→ Rn. 38) und der Verhältnismäßigkeit (→ Rn. 41). Das Gebot der fehlerfreien Ermessensausübung kann durch Ermessensnichtgebrauch (→ Rn. 43), Ermessensüberschreitung (→ Rn. 48) oder Ermessensfehlgebrauch (→ Rn. 51) verletzt werden. In bestimmten Fällen können Ermessenserwägungen nachgeschoben werden (§ 114 S. 2 VwGO, → Rn. 53). Die Regelung des § 3 Abs. 2 betont den Anwendungsfall der Auswahl eines Mittels (→ Rn. 56) unter Einschluss des Angebotes eines Austauschmittel (→ Rn. 58). Der Rechtsschutz gegen Ermessensentscheidungen ist vor dem Hintergrund voller Überprüfbarkeit von der Einräumung von Spielräumen und einer differenzierten Kontrolldichte gekennzeichnet (→ Rn. 61).

Übersicht

A. Einordnung der Vorschrift in die Ermessensregeln

Der Polizei steht bei der Erfüllung ihrer Aufgaben der Gefahrenabwehr in aller Regel ein **1** Ermessensspielraum zu (vgl. zB die Generalklausel des § 8: „Die Polizei kann [...]"; → § 8 Rn. 121), also die Möglichkeit, bei Vorliegen der Voraussetzungen im Rahmen der rechtsstaatlichen Grenzen selbstständig zu entscheiden, ob sie tätig wird und wie wie der konkrete Eingriff ausgestaltet wird (Wahl des effektivsten Mittels und Adressaten bzw. Verantwortlichen). Einschlägige Formulierungen, die auf das gesetzgeberisch gewollte Einräumen von Ermessen schließen lassen, sind Begriffe wie „kann", „darf", „ist berechtigt" (vgl. Beaucamp JA 2006, 74 (75); BeckOK VwGO/Decker VwGO § 114 Rn. 5; BeckOK VwVfG/Aschke VwVfG § 40 Rn. 35 ff.).

Durch die handelnde Behörde ist die Zielrichtung der Ermächtigungsnorm zu beachten, **2** da die Ausübung des Ermessens zweckgebunden ist (vgl. § 40 VwVfG. NRW.) und ein zweckwidriges Einschreiten zur Rechtswidrigkeit der Maßnahme führt. Erlässt die Behörde einen schriftlichen Ermessens-VA, so sind in der Begründung auch die Erwägungen anzubringen, die die Behörde zu ihrer Ermessensentscheidung bewogen hat (vgl. § 39 Abs. 1 S. 3 VwVfG. NRW.).

Das Ermessen hat im Polizeirecht eine zentrale Bedeutung als Leitbegriff polizeilichen **3** Handelns. Polizeibeamtinnen und Polizeibeamte müssen schnell auf Situationen reagieren, um Gefahren effektiv abzuwehren. Die Einräumung von Ermessen bedeutet, dass Polizeibehörden über Gestaltungsspielräume verfügen, die auch unter taktischen Gesichtspunkten genutzt werden können (Schoch JURA 2004, 463). Im Zusammenhang mit dem Opportunitätsprinzip können zudem personelle Ressourcen aufgabenorientiert eingesetzt werden.

Die Polizeigesetze der 16 Länder der Bundesrepublik Deutschland beruhen insoweit wei- **4** testgehend auf dem MEPolG (Musterentwurf eines einheitlichen Polizeigesetzes), weshalb auch die länderspezifischen Regelungen zur Ausgestaltung des Ermessens weitgehend ähnlich ausgeprägt sind.

Strukturelle Unterschiede bestehen darin, dass eine Reihe von Ländern sich als Reaktion **5** auf die nationalsozialistische Vergangenheit Deutschlands für eine institutionelle Trennung der Polizeibehörden von den Ordnungsbehörden entschieden hat. Hinzu trat die Rechtstradition in der jeweiligen Besatzungszone nach dem Zweiten Weltkrieg. Dieses sog. Trennungsprinzip, welches zur Existenz von Polizeigesetzen auf der einen und Gesetzen über die Gefahrenabwehr- oder Ordnungsbehörden auf der anderen Seite führt, kommt in Nordrhein-Westfalen, aber auch zB in Bayern oder Thüringen zum Tragen. Dagegen folgt etwa Baden-Württemberg dem Einheitsprinzip (vgl. Kugelmann, Polizei und Menschenrechte/ Mann, 2019, 91, 93 f.).

Hinsichtlich der inhaltlichen Ausgestaltung sind die entsprechenden Landesnormen weit- **6** gehend ähnlich geprägt: Die grundsätzliche Anweisung an die Polizeibehörden lautet, ihre Maßnahmen nach pflichtgemäßem Ermessen zu erfüllen. In § 14 SOG M-V (Gesetz über die öffentliche Sicherheit und Ordnung in Mecklenburg-Vorpommern v. 9.5.2011, GVOBl. M-V 246) wird dieses pflichtgemäße Ermessen ausdrücklich definiert und zwar dahingehend, dass „die Ordnungsbehörden und die Polizei über die von ihnen zu treffenden notwendigen Maßnahmen zur Gefahrenabwehr nach sachlichen Gesichtspunkten unter Abwägung der öffentlichen Belange und der Interessen des einzelnen, soweit Rechtsvorschriften nicht bestimmen, dass oder in welcher Weise sie tätig zu werden haben, entscheiden (pflichtgemäßes Ermessen)".

6.1   Die Regelungen zum Ermessen sind: § 16 BPolG; § 3 BWPolG; Art. 5 BayPAG und Art. 7 LStVG; § 12 ASOG Bln; § 4 BbgPolG und § 15 BbgOBG; § 4 BremPolG; § 3 HbgSOG; § 5 HSOG; § 14 SOG M-V; § 5 NPOG; § 3 PolG NRW und § 16 NRWOBG; § 3 RhPfPOG; § 3 SPolG; § 3 SächsPolG; § 6 SOG LSA; § 174 SchlHLVwG; § 5 ThürPAG und § 7 ThürOBG.

B. Opportunitäts- und Legalitätsprinzip

7   Die durch die Polizeibehörden wahrzunehmende präventive Aufgabe der Gefahrenabwehr wird von dem Grundsatz der Opportunität geleitet und in der Konsequenz vom Prinzip der Ermessensentscheidung getragen. Im Gegensatz zur repressiven Strafverfolgung herrscht hier nicht das Legalitätsprinzip (vgl. § 152 Abs. 2 StPO, § 160 Abs. 1 StPO, §§ 163, 170 Abs. 1 StPO), welches die Strafverfolgungsbehörden bei dem Bestehen des Verdachtes einer Straftat grundsätzlich zum Einschreiten verpflichtet. Für das Handeln der Ordnungsbehörden auf der Grundlage des NRWOBG gilt ebenfalls das Opportunitätsprinzip.

8   Die Gefahrenabwehrbehörden können bei Vorliegen der tatbestandlichen Voraussetzungen im Rahmen des ihnen zustehenden Ermessens über die Anwendung der entsprechenden Rechtsfolge entscheiden. Ausnahmen hiervon bestehen in den Fällen, in denen sich das polizeiliche Ermessen auf Null reduziert (→ Rn. 38). In diesem Fall verdichtet sich aufgrund der besonderen Umstände des Einzelfalls der Anspruch auf ermessensfehlerfreie Entscheidung zu einem gebundenen Anspruch auf Einschreiten.

C. Der Begriff der polizeilichen Maßnahme (Abs. 1)

9   Aufgrund des Grundsatzes des Vorbehaltes des Gesetzes (vgl. Art. 20 Abs. 3 GG) bedürfen Grundrechtseingriffe einer gesetzlichen Grundlage, über deren wesentlichen Kern das Parlament zu entscheiden hat. Daher benötigen insbesondere Eingriffsrechte der Polizei wie zB im Bereich der Gefahrenabwehr einer gesetzlich manifestierten, hinreichend bestimmten Ermächtigungsgrundlage. Diese Grundlagen finden sich in den gesetzlich normierten Ermächtigungen der Polizeigesetze der Länder zu Standardmaßnahmen, Zwangsmaßnahmen und zu den auf die polizeirechtliche Generalklausel gestützten Maßnahmen.

10   Im Hinblick auf den Subsidiaritätsgrundsatz darf auf die polizeiliche Generalklausel des § 8 nur zurückgegriffen werden, wenn keine Spezialermächtigungen außerhalb des Polizeigesetzes und auch keine Standardmaßnahmen innerhalb des Polizeigesetzes (vgl. § 9 ff.) als ausreichende Ermächtigungsgrundlage in Betracht kommen.

11   Die konkrete Ausgestaltung des gesetzlichen Oberbegriffs der Maßnahme ist der Polizei im Rahmen des Gefahrenabwehrrechts nicht vorgegeben, die Polizeibehörde kann vielmehr die konkret anzuwendenden Maßnahmen selbst bestimmen.

12   Im Rahmen dieser Maßnahmen ist zwischen der Einordnung des polizeilichen Einschreitens als Verwaltungs- oder Realakt und dem Erlass einer (ordnungsbehördlichen) Verordnung zu unterscheiden. Bedeutung hat dies insbesondere für die Wahl der tauglichen Rechtsschutzform (vgl. Beckmann NVwZ 2011, 842).

13   Die polizeiliche Einzelfallmaßnahme ergeht in der Regel als Verwaltungsakt (vgl. § 35 S. 1 VwVfG. NRW.) mit dem Ziel, eine konkrete Gefahr zu beseitigen. Adressat dieser Maßnahme ist der jeweils polizeilich Verantwortliche, der Verhaltens- oder Zustandsverantwortliche oder auch der Nichtverantwortliche. Diese Gefahrenabwehrverfügung ist die typische Handlungsform des Gefahrenabwehrrechts.

14   Demgegenüber auf die Vornahme einer tatsächlichen Handlung gerichtet ist der Verwaltungsrealakt. Dieser stellt ebenfalls ein wichtiges Instrumentarium der gefahrenabwehrrechtlichen Maßnahmen dar. Als Realakt qualifiziert wird zB die Anwendung eines Zwangsmittels, die aber im Gegensatz zum Verwaltungsakt über keinen Regelungsgehalt verfügt, sondern vielmehr von faktischer Natur geprägt ist.

15   Die Behörden arbeiten auch mit reinen Hinweisen oder Informationen an den Betroffenen, deren rechtliche Einordnung Schwierigkeiten bereiten kann. Kommunikation mit der Bürgerin oder dem Bürger ist Teil bürgernaher Polizeiarbeit. Ein sachgerechtes Informationsmanagement der Polizeibehörden ist nicht nur Teil der Öffentlichkeitsarbeit, sondern auch Teil der Aufgabenerfüllung insgesamt.

16   Im Rahmen eines Gefährderanschreibens ist zu prüfen, ob dieses darauf zielt, eine Rechtsfolge zu setzen und somit als Verwaltungsakt iSd § 35 S. 1 VwVfG zu beurteilen ist oder keinen rechtsverbindlichen Inhalt aufweist und damit lediglich einem Hinweis gleich steht. Dies gilt parallel für die Gefährderansprache. Tragen Anschreiben oder Ansprache verhaltenslenkenden Charakter, bedürfen sie einer gesetzlichen Grundlage, die noch in der Generalklausel gesehen werden kann. Allerdings ist der Gesetzgeber zur Schaffung einer speziellen Regelung aufgerufen, wenn die Maßnahme nicht mehr atypisch ist, sondern als regelmäßig angewendete Maßnahme zu bewerten ist (weiterführend zum Gefährderanschreiben: Hebeler NVwZ 2011, 1364; Kießling DVBl 2012, 1210; Kniesel FS Schlink, 2014, 447 ff.; Kreuter-Kirchhof AöR 2014, 257; Schneider ZJS 3/2008, 281; aus polizeilicher Sicht Hahn der kriminalist 2014, 6). Diese Anforderung hat der nordrhein-westfälische Gesetzgeber etwa mit der ausdrücklichen Regelung der Meldeauflage erfüllt.

D. Das Ermessen – Ausübung und Grenzen (Abs. 1)

I. Der Begriff des Ermessens

Die gesetzliche Einräumung von Ermessen (regelmäßig durch das Wort „kann") eröffnet **17** der Verwaltung mehrere Verhaltensoptionen auf der Rechtsfolgenseite, wenn die tatbestandlichen Voraussetzungen der das Ermessen einräumenden Regelung erfüllt sind (zu den behördlichen Gestaltungsspielräumen SSB/Riese VwGO § 113 Rn. 21 ff.). Dies unterscheidet solche Entscheidungen der Behörde von Entscheidungen der gebundenen Verwaltung, bei denen nur eine bestimmt eine Rechtsfolge der gesetzlichen Grundlage entspricht. Polizei- und Ordnungsbehörden kommt regelmäßig Ermessen zu.

Auf der Rechtsfolgenseite ist zwischen dem Entschließungs- und dem Auswahlermessen **18** zu unterscheiden. Diese Unterscheidung spielt gerade im Polizei- und Ordnungsrecht eine große Rolle, weil den Polizeibeamtinnen und Polizeibeamten in der Entscheidung, ob sie handeln, aufgrund des Opportunitätsprinzips (→ Rn. 7) Freiräume eingeräumt werden und in der Entscheidung, wie sie tätig werden ebenfalls Handlungsspielräume benötigen. Eine besondere Spezifikation stellt die vom Gesetzgeber durch die Wortwahl „soll" ausgestaltete Form des intendierten Ermessens dar (→ Rn. 30).

II. Unbestimmte Rechtsbegriffe auf Tatbestandsebene

Unbestimmte Rechtsbegriffe sind auf der Tatbestandsebene angesiedelt. Sie sind in einem **19** wertenden Akt, unter Zugrundelegung des konkreten Sachverhaltes, durch die Behörde auszulegen. Ein prägnantes Beispiel ist der öffentlich-rechtliche Begriff der „Zuverlässigkeit", insbesondere im Gewerbe- und Waffenrecht. Unbestimmte Rechtsbegriffe des Gesetzes sind im jeweiligen Einzelfall durch die handelnde Behörde zu konkretisieren, wobei Verwaltungsvorschriften eine Rolle spielen können (Kment/Vorwalter JuS 2013, 195).

Unbestimmte Rechtsbegriffe (→ Rn. 19) bilden die Ausnahme zu dem aus Art. 20 Abs. 3 **20** GG abgeleiteten Grundsatz, dass Rechtsnormen, insbesondere solche der Eingriffsverwaltung, ausreichend bestimmt definiert sein müssen, um dem Bürger klare Handlungsvorgaben setzen zu können. Im Polizei- und Ordnungsrecht sind solche Begriffe angesichts seiner strukturellen Offenheit für ungewöhnliche Lebenssachverhalte häufig. Gerade die Kernbegriffe des Tatbestandes der Generalklausel in § 8 zählen dazu, die „Gefahr", die „öffentliche Sicherheit" und die „öffentliche Ordnung" (→ § 8 Rn. 74).

Es gibt unbestimmte Rechtsbegriffe mit und solche ohne Beurteilungsspielraum. Eine **21** Person ist zuverlässig oder sie ist es nicht, ein Beurteilungsspielraum besteht nicht. Eine Gefahr besteht oder eben nicht. Auch im Gefahrenabwehrrecht wird unterschieden zwischen dem ggf. bestehenden Beurteilungsspielraum hinsichtlich eines unbestimmten Rechtsbegriffs auf der Tatbestandsebene und dem Ermessensspielraum auf der Rechtsfolgenseite (Kment/Vorwalter JuS 2013, 195).

Die behördliche Auslegung des unbestimmten Rechtsbegriffs ist grundsätzlich verwal- **22** tungsgerichtlich voll überprüfbar. Eine Ausnahme besteht in den Fällen, in denen der Behörde ein eigenständiger Beurteilungsspielraum auf der Grundlage einer gesetzlichen Ermächtigung zusteht (→ Rn. 25), der nur eingeschränkt gerichtlich überprüft werden kann (→ Rn. 61). Dies ist zB der Fall, wenn keine Rekonstruktion des Sachverhaltes möglich ist, es sich um eine wertende, situative oder höchstpersönliche Entscheidung handelt, zB bei

prüfungsspezifischen Wertungen und bei beamtenrechtlichen Beurteilungen wie Leistungs-
beurteilungen im Vorfeld einer Beförderung.

23   In diesen Fällen ist die Kontrolldichte der gerichtlichen Entscheidung reduziert (BVerfGE
129, 1 (22) = NVwZ 2011, 1062 Rn. 71 ff.). Dies betrifft die Verletzung von Verfahrensvorschriften, die Missachtung von allgemein anerkannten Bewertungsmaßstäben, die Überprüfung, ob die Entscheidung auf dem richtigen Sachverhalt beruht, ob sachfremde Erwägungen
in die behördliche Entscheidung eingeflossen sind und ob der Grundsatz der Chancengleich-
heit verletzt wurde (vgl. zur Ablehnung der Annahme eines Beurteilungsspielraums der
Exekutive im Rahmen einer Videoüberwachung öffentlicher Räume VGH Mannheim NJW
2004, 1473).

24   Liegt ein Fall vor, in dem die Behörde ihren Beurteilungsspielraum fehlerhaft genutzt hat,
steht dem Bürger ein Anspruch auf erneute, beurteilungsfehlerfreie Bescheidung seitens der
Behörde zu.

25   Die Ermessensentscheidung obliegt der zuständigen Behörde. Wird die Entscheidung
gerichtlich angegriffen, darf das Gericht keine eigene Ermessensentscheidung treffen. Das
Gericht prüft iSv § 114 S. 1 VwGO, ob das von der Behörde ausgeübte Ermessen fehlerfrei
ausgeübt wurde. Allerdings ist die normative Ermächtigung der Behörde begrenzt (BVerfGE
129, 1 = NVwZ 2011, 1062 Rn. 66 ff.). Das Gericht kann durchaus prüfen, ob bei der
behördlichen Entscheidung die rechtlichen Grenzen beachtet und insbesondere der gesetzliche Zweck eingehalten wurde (→ Rn. 61; BVerwGE 158, 217 Rn. 15 = NJW 2017, 2570).

III. Ausübung des Ermessens

1. Entschließungs- und Auswahlermessen auf Rechtsfolgenebene

26   Das Ermessen muss nach der Maßgabe der jeweils anzuwendenden gesetzlichen Regelung
ausgeübt werden, die damit die primäre Leitlinie für die Entscheidung über die Rechtsfolge
darstellt. Ihr Zweck muss erreicht werden, also etwa die Abwehr der Gefahr für die öffentliche
Sicherheit oder Ordnung in Anwendung des § 8. Zu differenzieren ist auf der Rechtsfolgenseite zwischen dem Entschließungs- und dem Auswahlermessen, also der Frage nach dem
„ob" des Einschreitens (Entschließungsermessen) und dem „wie" des Einschreitens, also der
Auswahl des Mittels (→ Rn. 56) und des oder der Adressaten gem. §§ 4 ff. (Auswahlermessen).

27   Im Rahmen des Entschließungsermessens prüft die Polizei, ob sie überhaupt tätig werden
muss oder ein Handeln ihrerseits nicht erforderlich ist. Dabei kann die Behörde sich auch
gegen ein aktives Einschreiten entscheiden, muss dieses jedoch sorgfältig anhand der aufgezeigten Kriterien überprüfen. Ist das Entschließungsermessen auf Null reduziert (→ Rn. 38),
muss die Polizeibehörde einschreiten und kann nicht mehr frei entscheiden (Kugelmann
PolR Kap. 10 Rn. 8 ff.).

28   Das Auswahlermessen hingegen betrifft nach der Klärung des generellen Einschreitens
die konkrete Ausgestaltung des polizeilichen Handelns, namentlich die Frage, welches von
möglicherweise mehreren, aber notwendigerweise gleich effektiven, Mitteln ausgewählt wird.
In erster Linie hat sich die polizeiliche Gefahrenabwehr auf der Primärebene an dem Grundsatz der Effektivität auszurichten, da Maßnahmen der Gefahrenabwehr grundsätzlich ein
zeitnahes und zielführendes Einschreiten verlangen. Mögliche Unbilligkeiten können auf der
Sekundärebene, der Frage der Kostenlast, durch eine entsprechende Kostenteilung ausgeglichen werden.

29   Nicht nur das konkret auszuwählende Mittel steht hier in der Diskussion, sondern auch
die Auswahl des Pflichtigen, namentlich des polizeirechtlich Verantwortlichen. Hierzu ist
auf die entsprechenden Ausführungen zu den §§ 4 ff. zu verweisen.

30   Die Ausübung des Entschließungs- und des Auswahlermessens ist streng dem Grundsatz
der Verhältnismäßigkeit (→ § 2 Rn. 16) unterworfen, da ein Einschreiten und die Auswahl
des konkreten Mittels nur dann insbesondere erforderlich und angemessen sind, wenn kein
anderes, gleich effektives und dafür weniger beeinträchtigendes Mittel erreichbar ist (instruktiv, allerdings mit eigenem Ansatz Brenz, Das Polizeirecht als ein durch den Verhältnismäßigkeitsgrundsatz bestimmtes System von Abwägungsentscheidungen, 2018, 77).

2. Intendiertes Ermessen

Die besondere Form des intendierten Ermessens liegt nach der Rechtsprechung vor, wenn **31** eine bestimmte Ermessensbetätigung vom Gesetz vorgezeichnet ist, dem grundsätzlich ein bestimmtes Ergebnis näher steht (BVerwGE 72, 1 (6)). Bei diesen Maßnahmen hat der Gesetzgeber bereits bei Erlass des Gesetzes eine Vorentscheidung getroffen, in welche Richtung die Behörde ihr Ermessen regelmäßig auszuüben hat (vgl. § 10 Abs. 2 S. 1 und S. 2, § 31 Abs. 1 S. 2). In diesen Fällen liegt kein Fall des Nichtgebrauchs der Ermessensausübung vor, auch wenn für den Bürger konkrete Ermessenserwägungen der Behörde nicht ausdrücklich ersichtlich oder iSv § 39 Abs. 1 S. 3 VwVfG. NRW. schriftlich begründet wurden, da die Behörde der Intention des Gesetzgebers folgen muss. Ausnahmen bestehen in den Fällen, in denen die besonderen Umstände des Einzelfalles eine signifikante Abweichung von der gesetzgeberischen Intention rechtfertigen oder eine atypische Sachlage vorliegt (zum intendierten Ermessen vgl. OVG Bremen BeckRS 2008, 39991: „Nach der Rechtsprechung des Bundesverwaltungsgerichts bedarf es keiner Begründung der Ermessensentscheidung, wenn die Richtung der Ermessensausübung von dem Gesetz, das zu ihr ermächtigt, in der Weise vorgezeichnet ist, dass ein bestimmtes Ergebnis im Regelfall gewollt ist und von ihm nur ausnahmsweise abgesehen werden darf, wenn besondere Gründe dafür sprechen.").

In der Literatur ist die Rechtsfigur des intendierten Ermessens auf Kritik gestoßen, da sie **32** die Entscheidung des Gesetzgebers konterkariere (Volkmann DÖV 1996, 282; Borowski DVBl 2000, 149; Pabst VerwArch 2002, 540). Der Gesetzgeber habe gerade eine „Kann"- und eine „Soll"-Bestimmung geschaffen und entgegen § 39 Abs. 1 S. 3 VwVfG werde auf eine Begründung verzichtet. Die Rechtsprechung hält aber an der Rechtsfigur fest.

Im Polizeirecht sind Fälle eines intendierten Ermessens auch nach der Rechtsprechung **33** schwer vorstellbar. Eher kommt das Ordnungsrecht in Betracht, aber auch hier ist die Gefahrenabwehr stark auf die Bewältigung unterschiedlichster und eventuell ungewöhnlicher Situationen gerichtet, sodass zumindest für Maßnahmen nach dem NRWOBG das intendierte Ermessen keine Rolle spielt. Anwendungsfälle sind vielmehr das Bauordnungsrecht und das Allgemeine Verwaltungsrecht (Schoch JURA 2004, 465). Das polizeiliche Handeln muss auf unvorhergesehene und atypische Fälle reagieren können. Dieser Sinn der Ermessensausübung durch Polizei- und Ordnungsbehörden würde durch die Annahme eines intendierten Ermessens ausgeschaltet.

IV. Grenzen des Ermessens

Das polizeiliche Ermessen gewährt der Behörde zwar einen Spielraum, in dessen Rahmen **34** sie in gewissem Maße freie Entscheidungen treffen kann, dieser Freiraum besteht jedoch nicht grenzenlos. Aus Art. 19 Abs. 4 GG folgt die grundsätzliche Pflicht der Gerichte, behördliche Entscheidungen vollständig nachzuprüfen (BVerfGE 129, 1 = NVwZ 2011, 1062 Rn. 66). Rechtsstaatliche Grundsätze, behördliche Übung und konkrete Sonderbeziehungen setzen der in diesem Rahmen zulässigen Ausübung des Ermessensspielraums Schranken. Diese können dazu führen, dass der ursprüngliche Anspruch des Bürgers auf reine ermessensfehlerfreie Entscheidung zu einem gebundenen Anspruch auf polizeiliches Einschreiten erstarkt und das oben genannte Opportunitätsprinzip eingeschränkt wird (zur Kontrolldichte BeckOK VwVfG/Aschke VwVfG § 40 Rn. 9 ff.).

1. Der Grundsatz der Selbstbindung iVm Art. 3 GG

An eine Grenze stößt der grundsätzlich freie Ermessensspielraum in den Fällen, in denen **35** die Polizeibehörde durch ermessenslenkende Verwaltungsvorschriften iVm dem Grundsatz der Selbstbindung der Verwaltung iVm Art. 3 Abs. 1 GG in ihrer Entscheidung eingeschränkt wird und nicht ohne weitere Erwägungen den konkreten Einzelfall entscheiden kann (eingehend NK-VwGO/Wolff VwGO § 114 Rn. 85 ff.).

Grundsätzlich kommt Verwaltungsvorschriften keine Außenwirkung zu, sie können mit- **36** hin in der Regel keinen Rechtsanspruch des Bürgers begründen; wenn diese jedoch außenwirkend angewendet werden, kann auch der Bürger daraus Rechte gegenüber der Polizeibehörde ableiten, sodass sie das Ermessen der Behörde lenkend beeinflussen und bei der Entscheidungsfindung berücksichtigt werden müssen.

37   So findet die Ausübung des Ermessens durch die Auswirkung der Selbstbindung der Verwaltung und den Gleichheitsgrundsatz zB seine Grenzen in rechtlich und tatsächlich vergleichbaren Fällen, die die Behörde über einen langen Zeitraum gleich behandelt hat und sodann ohne rechtfertigende Umstände von dieser Verwaltungspraxis abweicht (SSB/Riese VwGO § 114 Rn. 73 ff.).

2. Die Ermessensreduzierung auf Null

38   Auch bei gefahrenabwehrrechtlichen Ermessensentscheidungen kann der ursprüngliche Anspruch auf ermessensfehlerfreie Entscheidung zu einem gebundenen Anspruch erstarken und die Gefahrenabwehrbehörden zum Einschreiten verpflichten. Dies ist die Konstellation der Ermessensreduzierung auf Null, die eine Ermessensgrenze und damit eine Einschränkung des Opportunitätsgrundsatzes darstellt (→ § 8 Rn. 122). Diese Reduzierung auf Null bedeutet, dass der Polizei nur eine einzige effektive, verhältnismäßige und somit rechtmäßige Maßnahme zur Verfügung steht und sie diese Maßnahme ergreifen muss (für die Ordnungsbehörde aufgrund Art. 2 Abs. 2 S. 1 GG im Fall eines Alkoholverbotes wegen ruhestörenden Lärms VG Köln BeckRS 2018, 9983). Sie kommt zum Tragen, wenn Rechtsgütern von bedeutendem Wert erhebliche Gefahren drohen und keine anderen, vorrangigen polizeilichen Maßnahmen bestehen (vgl. BVerwGE 11, 95). Ferner kann sie sich zB aus einer bestehenden Folgenbeseitigungslast bei rechtswidrigen, der Behörde zurechenbaren Zuständen ergeben.

39   Auch dabei hat die Behörde die widerstreitenden Interessen gegeneinander abzuwägen, den Grundsatz der Verhältnismäßigkeit zu wahren und sich am Zweck der ermessensgebenden Norm zu orientieren. Im Polizeirecht steht dabei wiederum die Effektivität der Gefahrenabwehr an vorderster Stelle. Eine Reduzierung auf Null kann jedoch auch zum Schutz geringwertiger Rechtsgüter erfolgen, wenn ein Einschreiten nach dem Abwägungsprozess als unerlässlich beurteilt wird. Insgesamt soll eine derart einschneidende Reduzierung des grundsätzlich freien Ermessens jedoch restriktiv gehandhabt werden, um nicht schleichend weg vom vorherrschenden Opportunitätsprinzip hin zum Legalitätsprinzip zu wandeln (vgl. Kugelmann PolR Kap. 10 Rn. 14 ff.).

40   Eine Ermessensreduzierung auf Null kann sich darüber hinaus auch aus bestehenden Sonderbeziehungen ergeben, wenn grundsätzlich mehrere Maßnahmen zur Verfügung stehen, aber Sonderregelungen zwischen der Polizeibehörde und dem Bürger vereinbart wurden durch die sich die Behörde von der Subordinationsebene auf eine dem Bürger gegenüberstehende Ebene begibt, zB wenn ein verwaltungsrechtlicher Vertrag geschlossen oder eine behördliche Zusicherung erklärt wurde. Diese Möglichkeit ist im Gefahrenabwehrrecht jedoch kaum praxisrelevant.

3. Grundrechte und Grundsatz der Verhältnismäßigkeit/Übermaßverbot

41   Die an Gesetz und Rechte gebundene Verwaltung muss bei der Ermessensausübung selbstverständlich auch die Grundrechte beachten. Neben den Gleichheitsrechten, die bei der Selbstbindung der Verwaltung zum Zuge kommen, sind die Freiheitsrechte für die Ermessensentscheidung wichtig (Ehlers/Schoch, Rechtsschutz im öffentlichen Recht, 2009, § 22 Rn. 83).

42   Eine bedeutende Grenze der Ermessensausübung bildet insbesondere der Grundsatz der Verhältnismäßigkeit, der sich aus dem Rechtsstaatsprinzip (Art. 20 Abs. 3 GG) ergibt und Sorge dafür trägt, dass in die Rechte des Einzelnen durch Maßnahmen der öffentlichen Gewalt nur soweit eingegriffen werden darf, wie es zum Schutz öffentlicher Interessen unerlässlich ist (vgl. BVerfGE 19, 342). Diesem rechtsstaatlichen Prinzip kommt Verfassungsrang zu und es ist daher bei jeder (nicht nur) polizeilichen Maßnahme sorgfältig zu beachten, um eine unangemessene Benachteiligung des Betroffenen zu vermeiden (→ § 2 Rn. 1).

E. Ermessensfehler

I. Unterschreitung des Ermessensspielraums/Ermessensnichtgebrauch

43   Die Behörde hat sich bei der Ausübung des ihr zustehenden Ermessensspielraumes an den oben genannten Grenzen des Ermessens zu orientieren und dieses nach sorgfältiger Prüfung

fehlerfrei auszuüben (vgl. § 40 VwVfG. NRW.; zum Ganzen BeckOK VwGO/Decker VwGO § 114 Rn. 13 ff.; Kment/Vorwalter JuS 2013, 199). Einen Ermessensfehler stellt die Unterschreitung des der Behörde zustehenden Ermessensspielraumes oder seine nicht ausreichende Erschöpfung dar. Die Verwaltung ist dazu angehalten, den zugrundeliegenden Sachverhalt vollumfänglich auszuschöpfen und bei der Entscheidungsfindung zu berücksichtigen (Schoch JURA 2004, 466).

Die Polizei hat unter Wahrung des Grundsatzes der Verhältnismäßigkeit sämtliche in **44** Betracht kommenden Erwägungen zu berücksichtigen, Rückschlüsse auf mögliche Beeinträchtigungen des Einzelnen und der Allgemeinheit anhand des zugrunde liegenden Sachverhaltes zu ziehen und mögliche Handlungsalternativen kritisch gegeneinander abzuwägen. Lässt die Polizeibehörde dabei tragende Erwägungen außer Acht und ergibt sich aus ihrer Entscheidungsbegründung (vgl. § 39 Abs. 1 S. 3 VwVfG. NRW.) ein defizitärer Gebrauch des Ermessens, stellt dies einen gerichtlich überprüfbaren Ermessensfehler dar (§ 114 S. 1 VwGO).

Hat die Behörde bereits Ermessensüberlegungen angestellt, den ihr zustehenden Rahmen **45** jedoch nicht vollständig ausgeschöpft, kann sie bis zum Schluss der letzten mündlichen Verhandlung Ermessenserwägungen nachschieben (vgl. § 114 S. 2 VwGO, → Rn. 53). Hierbei muss es sich jedoch um ein wirkliches Ergänzen und nicht um eine erstmalige Betätigung des Ermessensspielraumes handeln. Die Erwägungen dürfen allerdings nicht vollständig ersetzt oder ausgetauscht werden, um den Rechtsschutz des Bürgers nicht zu verkürzen.

Äußerster Fall der Unterschreitung des Ermessensspielraums ist der Ermessensnichtge- **46** brauch. Dieser Fall liegt vor, wenn die Behörde gänzlich verkannt hat, dass eine Norm ihr Ermessen zuspricht und irrtümlich von einer Handlungspflicht ausgeht oder sie den vorliegenden Sachverhalt irrtümlicherweise nicht als einen unter eine Ermessensnorm subsumierbaren erkennt. In diesem Extremfall kommt auch die Möglichkeit der Heilung von Ermessensfehlern gem. § 114 S. 2 VwGO nicht in Betracht, die behördliche Entscheidung ist schlicht ermessensfehlerhaft und damit rechtswidrig.

So weist zB die mündlich ergangene Anordnung der erkennungsdienstlichen Behandlung **47** einen Ermessensfehler in der Form des Ermessensnichtgebrauchs auf, da sich nicht erkennen lässt, dass die Behörde ihr Entschließungsermessen erkannt und betätigt hat, wenn sich dem entsprechenden Formblatt nur die persönlichen Daten des Klägers und die vorgeworfene Straftat, Tatort und Tatzeit entnehmen lassen sowie eine zusammenfassende Schilderung des Sachverhalts (vgl. VG Aachen BeckRS 2009, 35480).

II. Überschreitung des Ermessensspielraums

Nicht nur die Unterschreitung des Ermessensrahmens, sondern auch dessen Überschrei- **48** tung führt zu einer fehlerhaften und gerichtlich aufhebbaren Entscheidung der Polizeibehörde. Die Grenzen des Ermessensrahmens sind überschritten, wenn die Behörde zB eine fehlerhafte oder rechtlich missbilligte Rechtsfolge anwendet.

Eine solche fehlerhafte Rechtsfolge kann auch durch die Missachtung des oben genannten **49** Grundsatzes der Selbstbindung der Verwaltung iVm Art. 3 GG iVm ermessenslenkenden Verwaltungsvorschriften erfolgen, wenn die Behörde in rechtlich und tatsächlich vergleichbaren Fällen ungerechtfertigter Weise verschiedene Rechtsfolgen setzt (→ Rn. 35).

Ebenfalls eine Überschreitung des Ermessensspielraums stellt die Missachtung des verfas- **50** sungsrechtlich verankerten Grundsatzes der Verhältnismäßigkeit dar. In diesen Fällen wählt die Polizeibehörde eine Rechtsfolge, die den Betroffenen zB unangemessen benachteiligt, da sie nicht das relativ mildeste Mittel darstellt (→ § 2 Rn. 22). Dadurch überschreitet sie die Grenzen des ihr zustehenden Ermessens, denn bei Einhaltung des Grundsatzes der Verhältnismäßigkeit hätte sie eine andere Entscheidung treffen müssen.

III. Der Ermessensfehlgebrauch

Ein weiterer Ermessensfehler kann darin liegen, dass die Behörde sich bei ihrer Entschei- **51** dung von sachfremden Erwägungen leiten lässt, namentlich ein Ermessensfehlgebrauch vorliegt. Dies ist zB der Fall, wenn die Behörde die Zweckbindung der Ermessensnorm (vgl. § 40 VwVfG. NRW.) verkennt und einen rechtsfehlerhaften, weil nicht erfassten, Zweck mit ihrer Ermessensentscheidung anstrebt. Dieser Fehlgebrauch kann auch als Ermessensmiss-brauch bezeichnet werden, da die Behörde Ziele außerhalb des gesetzlich normierten Zweckes der Gefahrenabwehr verfolgt.

52   Ebenfalls fehlerhaft ist die Entscheidung, wenn wesentliche Erwägungen nicht in die Entscheidungsfindung eingeflossen sind (Ermessensdefizit) oder aber eine sachlich falsche Wertung der einzelnen Erwägungen erfolgt oder die Gewichtung der einzelnen, einfließenden Aspekte nicht im richtigen Verhältnis zueinander steht (Ermessensdisproporz; zur ermessensfehlerhaften Sicherstellung eines Hundes vgl. OVG Münster BeckRS 2012, 59281, in dem die Antragsgegnerin unter anderem von einer Ermessensbindung im Rahmen der Sicherstellung ausging und daher keine Ermessenserwägungen tätigte, bevor sie den Hund sicherstellte).

IV. Das Nachschieben von Ermessenserwägungen

53   Sollte die Behörde ihrer Pflicht zur umfänglichen Darlegung der die Entscheidung tragenden Ermessenserwägungen im Verwaltungsverfahren nicht nachgekommen sein, kann sie die Gründe ihrer Ermessensentscheidung bis zum Schluss der letzten mündlichen Verhandlung nachschieben (vgl. § 114 S. 2 VwGO). Diese Heilungsmöglichkeit der Behörde darf jedoch nicht zu einer eingeschränkten Rechtsverteidigung des Betroffenen führen (BVerwGE 141, 253 Rn. 18 = NVwZ 2012, 698; BVerwGE 147, 81 Rn. 33, 35 = NVwZ 2014, 151).

54   insbesondere deshalb ist hier streng nach dem Wortlaut ein „wirksames Ergänzen von Ermessenserwägungen" gefordert, namentlich die tatsächliche Erweiterung schon existenter Erwägungen. Mithin müssen zum Zeitpunkt des verwaltungsgerichtlichen Verfahrens bereits Ermessenserwägungen angestrengt und mitgeteilt sein. Sie dürfen aus Gründen der unangemessenen Benachteiligung und des effektiven Rechtsschutzes nicht in Gänze fehlen und im gerichtlichen Verfahren nicht erstmalig dem Bürger offenbart werden.

55   Aus Billigkeitsgründen ist der Behörde in diesen Fällen des Nachschiebens von Ermessenserwägungen gem. § 155 Abs. 4 VwGO die Kostenlast aufzuerlegen, da ein durch die Behörde (jedenfalls teilweises) Unterliegen des Klägers diesem aus Billigkeitsgründen nicht zur Last gelegt werden darf.

55.1   Eine Ausnahme zu dem Grundsatz des bloßen Nachschiebens hat das BVerwG in einer Entscheidung zum Ausländerrecht getroffen. In den Sachlagen, in denen sich erst im Rahmen des laufenden Verfahrens die Qualifizierung als Ermessensausweisung ergibt, da aufgrund neuer, nach Klageerhebung eingetretener Umstände, ein Wechsel hin von der zwingenden, gebundenen Ausweisung über die Regelausweisung hin zur Ermessensausweisung erfolgt (vgl. §§ 53–56 AufenthG), ist es der Behörde gestattet, Ermessenserwägungen im gerichtlichen Verfahren erstmalig anzubringen (BVerwG BeckRS 2012, 47533; vgl. BVerwG NVwZ 2012, 698).

F. Die Auswahl des bestimmten Mittels (Abs. 2 S. 1)

56   Die hier normierte Regelung soll die Polizeibehörden entlasten. Es genügt, ein Mittel zu bestimmen. Nicht notwendig ist es, dass die Behörde sämtliche möglichen, in Betracht kommenden Mittel benennt, wodurch ein schnelles und effektives Einschreiten erschwert werden könnte.

57   Die Polizei hat lediglich das am wenigsten einschneidende und dennoch effektivste Mittel, dessen sie sich bedienen will, anzugeben. Welches Mittel von möglicherweise mehreren gleich geeigneten und damit in Betracht kommenden Mitteln letztendlich subjektiv als weniger einschneidend erachtet wird, kann der Betroffene selber entscheiden und ggf. Austauschmittel anbieten (→ Rn. 58).

G. Das Angebot eines Austauschmittels durch den Betroffenen (Abs. 2 S. 2)

58   Die polizeiliche Gefahrenabwehr hat sich nicht nur an dem Grundsatz der Effektivität zu messen, sondern auch daran zu orientieren, den Einzelnen und die Allgemeinheit bei der Wahrnehmung ihrer Aufgaben geringstmöglich zu beeinträchtigen. Stehen mehrere, gleich effektive, aber unterschiedlich beeinträchtigende Mittel zur Verfügung, so hat die Behörde

dasjenige zu wählen, das die am Wenigsten einschneidenden Folgen mit sich bringt (→ § 2 Rn. 22). Auf Antrag des Betroffenen kann auch ein objektiv einschneidenderes Mittel auszuwählen sein, das er aber als subjektiv milder erachtet (Grupp VerwArch 1978, 125).

Daher hat die Behörde auch ein von dem Betroffenen angebotenes Austauschmittel in **59** Betracht zu ziehen und dieses anzuwenden, wenn der Grundsatz der Effektivität durch diese Maßnahme nicht beeinträchtigt wird. In der Praxis ist dies überwiegend im Ordnungsrecht relevant. Im Hinblick auf den ohnehin bei allen (nicht nur polizeilichen) Maßnahmen zu beachtenden und in § 2 ausformulierten Grundsatz der Verhältnismäßigkeit kommt der Regelung des § 3 Abs. 2 S. 2 mittlerweile eher deklaratorische Bedeutung zu.

Die Gestattung des Austauschmittels ist selbst ein Verwaltungsakt. Rechtsschutz bietet die **60** Verpflichtungsklage, mit der die Aufhebung der Ablehnung und zugleich die Abänderung des ursprünglichen Verwaltungsaktes begehrt wird.

H. Die gerichtliche Kontrolle der Ermessensausübung

Die verwaltungsgerichtliche Überprüfbarkeit einer Ermessensentscheidung ist grundsätz- **61** lich begrenzt, da infolge der Gewaltenteilung die Gerichte nicht ohne weiteres eine Verwaltungsentscheidung ersetzen dürfen (BVerwGE 19, 149 (153); 44, 156 (159); 76, 90 (93); eingehend BeckOK VwGO/Decker VwGO § 114 Rn. 12.1 f.; NK-VwGO/Wolff VwGO § 114 Rn. 59 ff.). Zwar folgt aus Art. 19 Abs. 4 GG die Pflicht der Gerichte zu umfassender Prüfung, der Gesetzgeber kann aber Ermessensspielräume einräumen, die eine reduzierte Rechtskontrolle zur Folge haben (BVerfGE 129, 1 = NVwZ 2011, 1061 Rn. 66, 71). Die gerichtliche Kontrolldichte der behördlichen Entscheidung ist darauf beschränkt, das Vorliegen von Ermessensfehlern zu überprüfen (§ 114 VwGO; vgl. BeckOK VwGO/Decker VwGO § 114 Rn. 26; Ehlers/Schoch, Rechtsschutz im öffentlichen Recht, 2009, § 22 Rn. 80 ff.). Das Gericht prüft folglich nicht die Zweckmäßigkeit der behördlichen Entscheidung, sondern nur, ob die Polizei den ihr zustehenden Ermessensspielraum in richtiger Art und Weise gänzlich, aber trotzdem im vorgegebenen Rahmen, erschöpft hat. Dem entspricht, dass im Polizeirecht für die Beurteilung der Rechtmäßigkeit einer Maßnahme die ex-ante Sicht des handelnden Beamten oder der handelnden Beamtin maßgeblich ist und nicht eine ex-post Perspektive etwa des Gerichts.

Das Gericht überprüft die Ermessensentscheidung insbesondere dahingehend, ob die **62** Exekutive den ihr zustehenden Spielraum unterschritten, überschritten oder in sachfremder Art und Weise ausgeübt hat (SSB/Riese VwGO § 114 Rn. 52, 54.). Im gerichtlichen Verfahren wird dem Betroffenen bei bestehenden Fehlern und mangelnder Heilungsmöglichkeit seitens der Behörde ein Anspruch auf ermessensfehlerfreie Entscheidung zugesprochen (→ Rn. 25).

Eine weitere Reduzierung erfährt die gerichtliche Kontrolldichte im Fall von Beurtei- **63** lungsspielräumen durch die Polizei- und Ordnungsbehörden. Das Gericht darf sich nicht an die Stelle der Verwaltung setzen und daher keine eigene Bewertung der Sachentscheidung vornehmen. Vielmehr spricht es dem Bürger einen Anspruch auf erneute, beurteilungsfehlerfreie Bescheidung seitens der Behörde zu.

Klarstellend ist daran zu erinnern, dass die im Polizei- und Ordnungsrecht geläufigen **64** unbestimmten Rechtsbegriffe wie die „Gefahr" oder die „öffentliche Sicherheit" der vollen gerichtlichen Überprüfbarkeit unterliegen (NK-VwGO/Wolff VwGO § 114 Rn. 304).

§ 4 Verantwortlichkeit für das Verhalten von Personen

(1) **Verursacht eine Person eine Gefahr, so sind die Maßnahmen gegen diese Person zu richten.**

(2) **¹Ist die Person noch nicht 14 Jahre alt oder ist für sie zur Besorgung aller ihrer Angelegenheiten ein Betreuer bestellt, können Maßnahmen auch gegen die Person gerichtet werden, die zur Aufsicht über sie verpflichtet ist. ²Dies gilt auch, wenn der Aufgabenkreis des Betreuers die in § 1896 Abs. 4 und § 1905 des Bürgerlichen Gesetzbuchs bezeichneten Angelegenheiten nicht erfasst.**

(3) Verursacht eine Person, die zu einer Verrichtung bestellt ist, die Gefahr in Ausführung der Verrichtung, so können Maßnahmen auch gegen die Person gerichtet werden, die die andere zu der Verrichtung bestellt hat.

(4) Die Absätze 1 bis 3 sind nicht anzuwenden, soweit andere Vorschriften dieses Gesetzes oder andere Rechtsvorschriften bestimmen, gegen wen eine Maßnahme zu richten ist.

Überblick

Nach der grundsätzlichen Einordnung des Konzepts der Polizeipflichtigkeit (→ Rn. 1 ff.) werden zentrale Begriffe näher erläutert, die vom Gesetz eher vorausgesetzt als geregelt werden, namenlich Verantwortlichkeit (→ Rn. 4 f.) und Verursachung (→ Rn. 6 ff.). Es folgen ungeschriebene Figuren wie der Zweckveranlasser (→ Rn. 10 ff.), die Rechtsnachfolge in Gefahrenabwehrpflichten (→ Rn. 16 ff.), ebenso ungeschriebene Ausnahmen von der Verhaltensverantwortlichkeit (→ Rn. 24 ff.) sowie der Umgang mit Störermehrheiten (→ Rn. 32 ff.). Im Anschluss daran werden die Sonderregeln aus Abs. 2–4 entfaltet (→ Rn. 36 ff.).

Übersicht

A. Das Konzept der Verantwortlichkeit (Polizeipflichtigkeit)

I. Standort und Systematik der Regelung

1   §§ 4–6 beantworten die Frage, wen die Polizei im Falle einer konkreten Gefahr für die öffentliche Sicherheit oder Ordnung in Anspruch nehmen kann (zusf. zum Folgenden WHM NRWPolR Rn. 338 ff.; Kugelmann PolR Kap. 8 Rn. 3 ff.; WHT BWPolR § 5 Rn. 288 ff.; Kingreen/Poscher POR § 9 Rn. 1 ff.; Schlacke/Wittreck LandesR NRW/Wittreck § 5 Rn. 44 ff.). In diesem Sinne polizeipflichtig sind primär – ohne gesetzliche Abstufung untereinander – der für die Gefahr Verantwortliche (klassisch: „Verhaltensstörer" oder „Handlungsstörer", § 4 Abs. 1) sowie der für die Sache Verantwortliche, von der die Gefahr ausgeht („Zustandsstörer", § 5 Abs. 1). Kommt beider Inanspruchnahme faktisch oder rechtlich nicht in Betracht und verspricht auch eigenes Handeln der Polizei oder ihrer Beauftragten keinen Erfolg, kann schließlich subsidiär ein zur Gefahrenabwehr fähiger Nichtstörer in Anspruch genommen werden (§ 6), der allerdings zu entschädigen ist (§ 67 iVm § 39 Abs. 1 lit. a NRWOBG).

2   Die §§ 4–6 erfüllen in Ansehung der Generalklausel eine Komplementärfunktion, indem sie gemeinsam mit ihr zu Eingriffen in die Rechtspositionen der Störer bzw. ausnahmsweise der Nichtstörer ermächtigen (pointiert Kingreen/Poscher POR § 9 Rn. 3; SBK PolG NRW Vor § 4 Rn. 1). Hingegen schränken sie weder eine an sich als überschießend bzw. voraussetzungslos konzipierte Eingriffsermächtigung in § 8 ein (in diese Richtung aber Schoch JuS

1994, 849 (850 f.)) noch erweitern sie die zunächst auf eigenes Handeln der Polizei beschränkte Klausel erst in Richtung der Bürger.

Verbreitet wird aus der Zusammenschau von Generalklausel und Regeln über die Pflichtig- **3** keit eine sog. materielle Polizeipflicht abgeleitet, die durch die an den Störer gerichtete Polizeiverfügung lediglich konkretisiert (und damit insbesondere nachfolgefähig, → Rn. 16) werde (so BVerwGE 125, 325 (332 f.); aus der Lit. Kugelmann PolR Kap. 8 Rn. 5). Sie gebiete als Nichtstörungspflicht, das eigene Verhalten wie den Zustand der eigenen Sachen so einzurichten, dass Gefahren für die polizeilichen Schutzgüter gar nicht erst entstehen. Eine solche abstrakte Polizeipflicht ist dogmatisch verfehlt und auch praktisch nicht notwendig, da sie ohne Not eine dritte Pflichtenebene zwischen der Pflicht zur Befolgung der Polizeiverfügung und der Pflicht zur Befolgung derjenigen Gesetze einzieht, die von der Polizei darin jeweils konkretisiert wird. Als solche Gesetze kommen namentlich die Schädigungsverbote des StGB oder der Normen des BGB über die unerlaubten Handlungen in Betracht; aus ihnen folgt die selbstverständliche Pflicht des Bürgers, etwa nach der Schaffung einer Gefahrenquelle auch dann gefahrabwendend oder -eindämmend tätig zu werden, wenn ihm die Polizei dies noch nicht im Wege der Verfügung auferlegt hat (Wittreck JURA 2008, 534 (537); Kingreen/Poscher POR § 9 Rn. 4).

II. Verantwortlichkeit für eine Gefahr

Das Gesetz beschreibt mit der „Verantwortlichkeit" einen spezifischen Zurechnungszu- **4** sammenhang, der allerdings die durchaus komplexen Debatten über die rechtliche Konnotation von „Verantwortung" nicht oder nur am Rande aufnimmt (vgl. nur Dreier/Dreier Präambel Rn. 42 mwN; zuletzt Ehlers VERW 46 (2013), 467 ff.). Im Rahmen von § 4 fällt danach Verantwortlichkeit praktisch mit Verursachung in eins, ohne als Begriff näher interpretationsleitend zu sein (statt aller Kingreen/Poscher POR § 9 Rn. 5).

III. Verantwortliche Personen

Verhaltensverantwortlich iSv Abs. 1 können natürliche wie juristische Personen sein (zu **5** juristischen Personen des öffentlichen Rechts → Rn. 24; ganz einhellige Meinung: WHM NRWPolR Rn. 338; Kugelmann PolR Kap. 8 Rn. 10; Lisken/Denninger PolR-HdB/ Denninger D Rn. 99; Kingreen/Poscher POR § 9 Rn. 8). Da es auf ein Verschulden nicht ankommt (→ Rn. 9), kommen auch Minderjährige oder anderweitig in der Geschäftsfähigkeit Beschränkte als Adressaten in Betracht, wobei Abs. 2 der Polizei hier erweiterte Adressierungsmöglichkeiten einräumt (→ Rn. 36). Erfasst sind Bundesbürger wie Nichtdeutsche (SBK PolG NRW Rn. 1; zu Sonderregeln für Diplomaten → Rn. 29). Über juristische Personen des Privatrechts im engeren Sinne hinaus sind auch teilrechtsfähige Gesellschaften (OVG Lüneburg NJW 1979, 735 (735): nicht rechtsfähiger Verein; OVG Koblenz NJW 1986, 1369 (1369): Kommanditgesellschaft; VGH Mannheim VBlBW 1993, 298 (301): Kommanditgesellschaft; aus der Lit. Kingreen/Poscher POR § 9 Rn. 8; SBK PolG NRW Rn. 1) sowie sonstige Personenmehrheiten als Störer anzusehen, sofern sie einen hinreichenden Organisationsgrad haben (ähnlich WHM NRWPolR Rn. 338; WHT BWPolR § 5 Rn. 290; Kugelmann PolR Kap. 8 Rn. 10; krit. Haurand NRWPolR 69, der allerdings primär auf praktische Probleme hinweist). Letztlich wird man in Anlehnung an die Rechtsprechung zur Grundrechtsfähigkeit nach Art. 19 Abs. 3 GG in umgekehrter Perspektive fragen müssen, ob von der Personenmehrheit – etwa einem „Aktionsbündnis" – erstens Gefahren für die Schutzgüter der polizeilichen Generalklausel ausgehen und ob sie zweitens eine Struktur aufweist, die es für die Polizei nahelegt, die Verfügung an ein Entscheidungszentrum zu richten, das tatsächlichen Einfluss auf das Verhalten der Personenmehrheit hat. In diesem Sinne sind Gefahrenabwehrverfügungen, die formalisierte juristische Personen zum Adressaten haben, an deren nach Gesellschaftsrecht vertretungsberechtigte Organe (Geschäftsführer etc) zu richten (vgl. § 12 VwVfG. NRW.; Haurand NRWPolR 73; zuletzt BVerwG BeckRS 2016, 43730 = W+B 2016, 95).

IV. Verursachung

In Rechtsprechung wie Literatur besteht Konsens, dass „Verursachen" iSv Abs. 1 nicht **6** nach der sog. Äquivalenzlehre bestimmt werden kann, die im Sinne der klassischen **conditio**

sine qua non-Formel jeden Verursachungsbeitrag genügen lässt, der nicht hinweggedacht werden kann, ohne dass das Ergebnis (hier: die Gefahr) entfiele (WHM NRWPolR Rn. 353; Kingreen/Poscher POR § 9 Rn. 9; Haurand NRWPolR 76 ff.). Für die einhellig als notwendig empfundene Korrektur der – gleichwohl als Ausgangspunkt unentbehrlichen – Formel werden unterschiedliche Konzepte angeboten. Vorherrschend dürfte das Konzept der sog. unmittelbaren Verursachung sein; danach gilt erst derjenige als Störer, der die Gefahrenschwelle bzw. -grenze selbst überschreitet, wohingegen die diesem Akt vorgelagerten Glieder der Kausalkette grundsätzlich nicht pflichtig sind (so etwa OVG Münster OVGE 5, 185 (187 f.); 14, 265 (267); VGH Kassel NJW 1986, 1829 (1829); OVG Koblenz NVwZ 1992, 499 (500); aus der Lit. WHM NRWPolR Rn. 360 ff.; Kugelmann PolR Kap. 8 Rn. 37; Kingreen/Poscher POR § 9 Rn. 11 ff.; eher referierend SBK PolG NRW Rn. 5; zum „Zweckveranlasser" → Rn. 10).

7   Vorzugswürdiger dürfte sein, offener das normativ-wertende Element der Einordnung als Verursacher einer Gefahr zu betonen, wie dies die sog. Rechtswidrigkeitslehre propagiert, die ein Verhalten dann als Störung einstuft, wenn es rechtliche Handlungs- oder Unterlassungspflichten verletzt (vertreten etwa von Lisken/Denninger PolR-HdB/Denninger D Rn. 81).

8   Ein Verursachen kann ferner durch aktives Tun wie durch Unterlassen bewirkt werden; im letzten Falle setzt dies das Bestehen einer Garantenpflicht voraus, die wiederum nach herrschender Auffassung nur aus einer öffentlich-rechtlichen Gebotsnorm folgen kann (OVG Münster DVBl 1979, 735; Kugelmann PolR Kap. 8 Rn. 37; WHT BWPolR § 5 Rn. 291; aA hingegen WHM NRWPolR Rn. 350; Kingreen/Poscher POR § 9 Rn. 6 unter Hinweis auf § 1 Abs. 2: Schutz privater Rechte). Danach ist das Unterlassen der durch kommunale Satzung angeordneten Reinigung eines Gehwegs polizeipflichtig, dasjenige der durch Vertrag mit dem Vermieter übernommenen nicht (so Schoch JuS 1994, 849 (853); Haurand NRWPolR 72).

9   Nach ganz einhelliger Auffassung setzt Abs. 1 schließlich kein Verschulden des Störers voraus (BVerwG NVwZ 1983, 474 (476); VG Berlin NJW 2001, 2489 (2490); Lisken/ Denninger PolR-HdB/Denninger D Rn. 75; SBK PolG NRW Rn. 3; Haurand NRWPolR 78 f.; Kingreen/Poscher POR § 9 Rn. 10; Schlacke/Wittreck LandesR NRW/ Wittreck § 5 Rn. 45).

B. Ungeschriebene Regeln der Verhaltensverantwortlichkeit

I. Insbesondere: Der „Zweckveranlasser"

10   Rechtsprechung und weite Teile der Literatur gestatten polizeiliche Maßnahmen nicht nur gegen den Störer, der im gerade dargestellten Sinne unmittelbar die Gefahrenschwelle überschritten hat, sondern auch gegen denjenigen, der zurechenbar eine Ursache dafür gesetzt hat, dass andere diesen entscheidenden Schritt tun: Beispiele für solche Fälle der „Zweckveranlasserschaft" sind das paradigmatische „Borkum-Lied" (die Kurkapelle stimmt eine Melodie an, und die Kurgäste grölen den antisemitischen Text dazu; PrOVGE 80, 176, wohlgemerkt kam das PrOVG nicht zu dem Ergebnis, dass sich Kapelle oder Pöbel rechtswidrig verhalten hatten; instruktiv Wildt Mittelweg 36 10 (2001), 2 ff.), Neuigkeiten im Schaufenster einer Zeitung, die einen Menschenauflauf verursachen (PrOVGE 85, 270), die Vermietung von Räumlichkeiten an Prostituierte in einem Sperrgebiet (VHG Kassel NVwZ-RR 1992, 619) oder in jüngerer Vergangenheit die Einrichtung einer Lieferschleuse durch einen Supermarktbetreiber, dessen Lieferanten trotz gegenteiliger Zusicherung nachts unter Verletzung von Lärmschutzauflagen anliefern (OVG Münster NVwZ-RR 2008, 12); zuletzt haben die Gerichte dem kalifornischen Unternehmen UBER die mittelbare Verhaltensverantwortlichkeit für konkrete Verstöße der mit ihm kontrahierenden Fahrer gegen das PBefG angelastet (OVG Berlin-Brandenburg BeckRS 2015, 44779). Die Beispiele belegen, warum die Rechtsfigur des Zweckveranlassers für die Gefahrenabwehrbehörden eine hohe praktische Bedeutung hat: An die Stelle der aufwendigen „Jagd" nach dem konkreten Verhaltensverantwortlichen tritt die regelmäßig deutlich einfachere Inanspruchnahme des „Verantwortlichen hinter den Verantwortlichen" durch Polizei- oder Ordnungsverfügung (verharmlosend SBK PolG NRW Rn. 7; mit Händen zu greifen im Fall „UBER": hier sind die einzelnen

Fälle der Überschreitung der Gefahrenschwelle für die Gefahrenabwehrbehörden schon kaum erkennbar – Privatpersonen mit Smartphone in der Hand steigen in Privatfahrzeuge ein – geschweige denn unterbindbar).

Die vergleichsweise einfache Möglichkeit, die Gefahr quasi „an der Quelle" zu unterbin- 11 den, hilft dem Zweckveranlasser allerdings nicht über die dogmatischen Hürden hinweg, die Abs. 1 bzw. die Verfassung errichten. Verfechter der Zweckveranlassung nehmen diese an, wenn das Verhalten desjenigen, der die Gefahrenschwelle unmittelbar überschreitet, vom Hintermann entweder subjektiv oder objektiv bezweckt wurde bzw. sich „zwangsläufig einstelle" (VGH Mannheim DÖV 1996, 83 (84); OVG Münster BeckRS 2018, 3191 Rn. 25; ähnlich Schoch JURA 2009, 360 (363)).

Ein subjektives „Bezwecken" setzt danach voraus, dass der mittelbar Verantwortliche ent- 12 weder wissentlich und willentlich den Zweck verfolgt, dass Dritte die Gefahrenschwelle überschreiten, oder – so eine erweiternde Auslegung – dies im Sinne des bedingten Vorsatzes zumindest billigend in Kauf nimmt (so SBK PolG NRW Rn. 8). Als Beispiel wird der typische Provokateur genannt, der andere durch Worte und Gesten aufstachelt, Gewalt gegen Personen oder Sachen auszuüben (so Tegtmeyer/Vahle PolG NRW Rn. 17).

Überwiegend wird unter Hinweis auf die Schwierigkeit, eine solche Motivation nachzu- 13 weisen, sowie unter Hinweis auf die generelle Neigung des Gefahrenabwehrrechts, Momente des subjektiven Tatbestands bzw. der Schuld auszublenden, auf ein objektives „Bezwecken" abgestellt; ein solches soll vorliegen, wenn das Verhalten des Zweckveranlassers und die daraufhin von Dritten ausgelöste Gefahr in einem „untrennbaren Zusammenhang" (VGH Mannheim NVwZ-RR 1995, 663 (663)) stehen oder die bereits zitierte „natürliche Einheit" bilden. Angenommen wurde ein solcher Konnex – der letztlich von einem äußeren Geschehen auf die innere Zielrichtung des Zweckveranlassers schließt und ihm eine Billigung des Gefahrgeschehens unterstellt, sofern er nicht gefahrabwendend eingreift (so im Fall der Lieferschleuse OVG Münster NVwZ-RR 2008, 12 f.) – für einen Gastwirt in Ansehung der Ruhestörung durch seine Gäste (VGH Mannheim GewArch 1973, 244 (245); OVG Münster BeckRS 2018, 3191 Rn. 24 ff.), im Fall eines Fahrzeughalters, der seinen Pkw veräußert hatte, ohne sich über die Identität des Käufers Aufschluss zu verschaffen; er sollte danach als Zweckveranlasser verantwortlich für die spätere illegale Entsorgung des Fahrzeugs durch den Käufer sein (OVG Münster NWVBl. 2003, 320 (321)).

Der Fall belegt einmal mehr, dass die Rechtsfigur des Zweckveranlassers ein praktisches 14 Bedürfnis befriedigt. Er illustriert zugleich, wie weit die Unterstellung reicht oder reichen kann, der Zweckveranlasser habe erstens vorhersehen müssen, dass der Dritte zwangsläufig eine Gefahrschwelle überschreite, und habe dies zweitens wenigstens billigend in Kauf genommen. Sie mag im Fall „UBER" oder im Fall der Lieferschleuse noch einigermaßen plausibel sein – in beiden Fällen schafft der Handelnde eine Struktur, in der sich die Lieferanten bzw. Fahrer rationalerweise nur rechtswidrig verhalten können, obwohl er sie nach außen hin auffordert, dies gerade nicht zu tun (eine Lieferschleuse erfüllt ihren Zweck nun einmal nur dann vollumfänglich, wenn der Lieferant sie zu einem Zeitpunkt anfahren kann, in dem der Markt nicht besetzt ist – also bei Nacht).

Die Rechtsfigur des Zweckveranlassers ist danach nur dann vom geltenden Recht gedeckt, 15 wenn man „Verursachen" in Abs. 1 so auslegt, dass es neben der unmittelbaren Verursachung auch eine qualifizierte mittelbare Verursachung ausreichen lässt. Das ist weder vom Wortlaut noch durch verfassungsrechtliche Vorgaben kategorisch ausgeschlossen, wobei das stärkste Argument gegen den Zweckveranlasser wohl die systematische Zusammenschau der §§ 4–6 ist. So normiert Abs. 3 (→ Rn. 39) ausdrücklich einen Fall des Zugriffs auf den Verantwortlichen hinter dem Gefährder (die Norm wäre funktionslos, wenn der Gesetzgeber die Figur des Zweckveranlassers vorausgesetzt hätte), und § 6 legt fest, in welchen Fällen ausnahmsweise – nicht zuletzt aus Gründen der effektiven Gefahrenabwehr – auf denjenigen zugegriffen werden kann, der zwar eine Gefahr nicht (unmittelbar) verursacht, aber zu ihrer Beseitigung in der Lage ist. Damit lassen sich die meisten Fälle der Zweckveranlassung rechtlich und dogmatisch stimmig im Wege der ausnahmsweisen Inanspruchnahme von Nichtstörern nach § 6 lösen (betont von Kingreen/Poscher POR § 9 Rn. 31 f.). Die Rechtsfigur des sog. Zweckveranlassers ist danach entweder vollumfänglich abzulehnen oder zumindest auf die Fälle der nachweislich vorsätzlichen rechtswidrigen Provokation zu beschränken (ähnlich krit. Kugelmann PolR Kap. 8 Rn. 43 ff.; Wobst/Ackermann JA 2013, 916 (917 ff.); Kingreen/Poscher POR § 9 Rn. 27 ff.; Schlacke/Wittreck LandesR NRW/Wittreck § 5 Rn. 47 f.); eine solche dürfte etwa im Fall „UBER" anzunehmen sein (s. nochmals OVG Berlin-Brandenburg BeckRS 2015, 44779).

II. Rechtsnachfolge in die Verhaltensverantwortlichkeit

16   Die Rechtsprechung zur Rechtsnachfolge in Gefahrenabwehrpflichten (näher zum folgenden Rau JURA 2000, 37; Zacharias JA 2001, 720; WHM NRWPolR Rn. 400 ff.; Haurand NRWPolR 90 ff.; WHT BWPolR § 5 Rn. 314 ff.; Kingreen/Poscher POR § 9 Rn. 49 ff.) teilt mit der Rechtsfigur des Zweckveranlassers die Fähigkeit zur Befriedigung dringender praktischer Bedürfnisse wie den mangelnden Anhalt im Gesetz (grundsätzlich krit. daher Schenke PolR Rn. 292 ff.; Kugelmann PolR Kap. 8 Rn. 63 ff.). Die Annahme der Möglichkeit einer solchen Rechtsnachfolge ist zunächst hochgradig praxisfreundlich, weil sie erstens hilft, zugunsten der Gefahrenabwehrbehörden den Stand eines (Verwaltungs- oder gerichtlichen) Verfahrens zu konservieren, und zweitens namentlich in den auch ökonomisch hochrelevanten Altlastenfällen – sofern sie nicht durch das BBodSchG abschließend erfasst werden (näher Herntrich, Umfang und Grenzen der Zustandshaftung nach dem Bundes-Bodenschutzgesetz, 2011) – den Kreis der potentiell in Anspruch zu nehmenden Störer substantiell erweitert und dabei insbesondere die Chance erhöht, einen oder mehrere zu finden, die nicht allein pflichtig, sondern auch finanziell solvent sind. Diesen handgreiflichen Vorteilen stehen ganz erhebliche dogmatische Bedenken gegenüber; die Rechtsfigur der Rechtsnachfolge in Gefahrenabwehrpflichten wirft nahezu durchweg Probleme des Vorbehalts des Gesetzes und in hoher Kadenz auch des Rückwirkungsverbots auf.

1. Entwicklung und Stand der Rechtsprechung

17   Die Rechtsprechung der Verwaltungsgerichte stand der Rechtsnachfolge zunächst durchaus abwartend gegenüber (s. Kingreen/Poscher POR § 9 Rn. 50 ff.), hat sie aber sukzessive anerkannt (etwa BVerwG NJW 1971, 1624; OVG Bautzen LKV 1998, 62 (64); OVG Münster NVwZ-RR 1998, 159 (160)); dem hat sich das BVerwG spätestens in seiner Buggingen-Entscheidung (2006) angeschlossen (BVerwGE 125, 325; s. Wittreck JURA 2008, 534).

18   Danach setzt eine Rechtsnachfolge in Gefahrenabwehr- oder allgemeine öffentlich-rechtliche Pflichten dreierlei voraus (vgl. BVerwGE 125, 325 (330 ff.); aus der Lit. nur Dietlein/Hellermann NRWÖffR/Dietlein § 3 Rn. 111 f.): Es muss erstens eine Rechtsnachfolge (regelmäßig nach den Regeln des BGB über die Universalsukzession oder nach den gesellschaftsrechtlichen Bestimmungen etwa des UmwG) stattgefunden haben; zweitens muss die in Rede stehende Pflicht nachfolgefähig sein, und drittens muss auch das öffentliche Recht einen Nachfolgetatbestand enthalten (Stadie DVBl 1990, 501 (507); Schoch JuS 1994, 1026 (1030); Wittreck JURA 2008, 534 (537); WHM NRWPolR Rn. 407; WHT BWPolR § 5 Rn. 318; Gegenauffassung bei BVerwG NJW 1971, 1624; OVG Münster DVBl 1973, 226 (226 f.); Gusy PolR Rn. 361 ff.). Ein solcher Tatbestand fehlt im PolG NRW wie im übrigen allgemeinen Gefahrenabwehrrecht ersichtlich; die punktuellen Sonderregeln wie § 4 Abs. 3 S. 1 BBodSchG oder § 58 Abs. 3 BauO NRW (letztgenannter noch dazu nicht genuin gefahrenabwehrrechtlich) laden nicht eben zur Annahme eines hinter ihnen stehenden ungeschriebenen Satzes des Allgemeinen Verwaltungs- oder Gefahrenabwehrrechts (Zusatzfrage: des Bundes- oder Landesrechts?) ein, sondern legen den Gegenschluss nahe, dass der Gesetzgeber in zwei typischen Konstellationen Handlungsbedarf gesehen hat, im Übrigen die Rechtsnachfolge aber ausschließen wollte. Da die Rechtsprechung stattdessen §§ 1922, 1967 BGB analog heranzieht, fallen praktisch die Punkte eins und drei des Schemas in eins.

19   Die Frage der Nachfolgefähigkeit der jeweiligen Pflicht ist im Kern identisch mit derjenigen ihrer Höchstpersönlichkeit (ähnlich Kugelmann PolR Kap. 8 Rn. 68): Nachfolgefähig sollen danach nur diejenigen Gefahrenabwehrpflichten sein, die als vertretbare Handlungen einzustufen sind (und damit im Wege der Ersatzvornahme nach § 52 Abs. 1 S. 1 durchgesetzt werden könnten). Als Handlungen, die in diesem Sinne von einem anderen vorgenommen werden können, zählen naheliegenderweise alle Arbeiten, die der Störer ohnehin an eine Fremdfirma vergeben würde (typisch in Altlastenfällen); umgekehrt sind als höchstpersönliche Pflichten, die nicht nachfolgefähig sind, namentlich Pflichten zum persönlichen Erscheinen oder zur persönlichen Untersuchung anerkannt. Auch die Zwangsgeldandrohung bzw.

der mit ihr bezweckte Willensbeugungseffekt ist nicht übergangsfähig (WHM NRWPolR Rn. 410; Tegtmeyer/Vahle PolG NRW Rn. 9; Haurand NRWPolR 92). Strittig ist die Behandlung von Unterlassungspflichten, etwa die an den Störer gerichtete Verfügung, in seinem Betrieb Arbeiten mit bestimmten Stoffen zu unterlassen; sie ist an sich höchstpersönlich, jedoch besteht ein nachvollziehbares Interesse der Gefahrenabwehrbehörde, den Erben des Betriebs daran festhalten zu können (vgl. das Bsp. bei Dietlein/Hellermann NRWÖffR/Dietlein § 3 Rn. 111 aE).

An diese grundsätzliche Anerkennung schließen sich drei Differenzierungen an. Davon **20** erweist sich diejenige von Einzel- und Gesamtrechtsnachfolge als für das Polizeirecht wenig ergiebig (näher WHM NRWPolR Rn. 415; Haurand NRWPolR 91 f., jeweils mwN). Anderes gilt für die Unterscheidung von Zustands- und Verhaltensverantwortlichkeit (vgl. §§ 4 f.; s. Haurand NRWPolR 91 ff.). Die Rechtsnachfolge in die Zustandsverantwortlichkeit ist dabei für die Polizei nur in verfahrenstechnischer Perspektive interessant, da – Fortbestehen der von der Sache ausgehenden Gefahr unterstellt – der im Wege der Rechtsnachfolge eingetretene neue Eigentümer von Beginn an seinerseits unproblematisch Zustandsstörer ist (DWVM Gefahrenabwehr 299; Haurand NRWPolR 91). Hingegen ist eine Rechtsnachfolge dann attraktiv, wenn der Erbe oder Ähnliches im Wege der Rechtsnachfolge auch in die – mitunter wenig rosige – Verfahrensposition des Vorgängers einrückt, gegen den die Polizei oder sonstige Gefahrenabwehrbehörde bereits eine Verfügung erlassen hat, die womöglich schon in zweiter Instanz gerichtlich bestätigt worden ist. Überwiegend wird eine solche Möglichkeit der Rechtsnachfolge in die Zustandsverantwortlichkeit angenommen (etwa Haurand NRWPolR 91 f. mwN zur älteren Judikatur und Lit., die teils noch grundsätzlich abl. ist), wobei die Rechtsgrundlage der Annahme dünn ist. Insbesondere kann die vereinzelt noch auftauchende Rechtsfigur vom vermeintlich „dinglichen" Verwaltungsakt nicht wirklich überzeugen (sie begegnet noch bei BVerwG NJW 1971, 1624; Haurand NRWPolR 91 f.; krit. wie hier Kingreen/Poscher POR § 9 Rn. 56).

Praktisch wichtiger ist die Rechtsnachfolge in die Verhaltensverantwortlichkeit, weil hier **21** nicht lediglich eine Verfahrensposition vererbt (oder anderweitig übergeleitet) wird, sondern materialiter die Zurechnung störenden Verhaltens zu einer anderen Person stattfindet (was die Operation zugleich in nicht unerhebliche Spannung zum Normprogramm der §§ 4 ff. setzt, da sie neben dem Zustands- und Verhaltensstörer – nicht anders als beim „Zweckveranlasser" – noch einen weiteren Tatbestand setzt, den man als Störer kraft Rechtsnachfolge bezeichnen könnte. Die Annahme einer solchen Möglichkeit verschafft der Polizei wie den übrigen Gefahrenabwehrbehörden höchst attraktive Möglichkeiten, indem erstens die Erben von solchen Verhaltensverantwortlichen herangezogen werden können, die namentlich wirtschaftlich gravierende Gefahren bzw. Störungen verursacht haben (Schulbeispiel ist der selbstverursachte Tanklasterunfall, bei dem der Spediteur ums Leben kommt; klassisch Ossenbühl NJW 1968, 1992). Zweitens können so selbst lange zurückliegende Verursachungsbeiträge nicht mehr existenter Akteure zugerechnet werden, etwa (Ur-) Altlasten, obwohl der Rechtsnachfolger niemals Eigentümer des betroffenen Grundstücks war (Symptomatisch der Sachverhalt der Buggingen-Entscheidung (BVerwGE 125, 325), die bei nüchterner Betrachtung nur dadurch zu erklären sein dürfte, dass mit der Kali und Salz AG (K+S AG) ein finanziell höchst potenter „Störer" aufgespürt worden war; krit. Wittreck JURA 2008, 534 ff.). Auch hier wird überwiegend die grundsätzliche Möglichkeit angenommen (etwa Thiel PolR § 8 Rn. 150), wobei die kritischen Hinweise auf die fehlende Rechtsgrundlage deutlicher ausfallen (so namentlich Kingreen/Poscher POR § 9 Rn. 61).

Es bleibt die bereits angesprochene Unterscheidung von „abstrakten" und „konkreten" **22** oder „titulierten" Polizeipflichten. Letztere werden – erneut ohne tragfähige Rechtsgrundlage – vergleichsweise einhellig als nachfolgefähig anerkannt (s. Gusy PolR Rn. 362 ff.), wohingegen erstere heftig umstritten sind (s. Kingreen/Poscher POR § 9 Rn. 58 ff. mwN: contra). Wie angedeutet, gibt es für die Annahme sog. abstrakter Polizeipflichten weder einen (faktischen) Grund noch eine (rechtliche) Grundlage: Der Bürger, der etwa ein ungesichertes und ungenügend beleuchtetes sperriges Fahrzeug in einer unübersichtlichen Kurve abstellt, macht sich nicht abstrakt polizeipflichtig, sondern verstößt gegen konkrete Bestimmungen der Straßenverkehrsordnung sowie die Normbefehle, die den Regeln über fahrlässige Körperverletzung/Tötung (§§ 222, 229 StGB) oder dem § 823 BGB zugrunde liegen (näher Wittreck JURA 2008, 534 (537 f.); wie hier auch WHM NRWPolR Rn. 411, 419).

2. Kritik

23   Letztlich sprechen in dogmatischer Perspektive die besseren Gründe dafür, eine Rechts-
nachfolge in Polizei- oder Gefahrenabwehrpflichten generell abzulehnen, sofern sie nicht im
Einzelfall spezialgesetzlich angeordnet ist (ähnlich im Einzelnen Kingreen/Poscher POR § 9
Rn. 50; Dietlein/Hellermann NRWÖffR/Dietlein § 3 Rn. 112; Schlacke/Wittreck LandesR
NRW/Wittreck § 5 Rn. 47 f.). Das Institut mag eminent praktisch sein – erneut ist die
Buggingen-Entscheidung nachgerade paradigmatisch. Es ist aber schlicht daran zu erinnern,
dass der durch die Rechtsnachfolge gedeckte oder ermöglichte Eingriff in die Rechte der
Erben etc vom Normwortlaut der §§ 4 ff. nicht gedeckt ist und auch sonst keinen Anhalt
im Gesetz hat. Die analoge Anwendung der §§ 1922, 1967 BGB ist offen zirkulär und
bleibt sowohl die Antwort auf die Frage nach der planwidrigen Regelungslücke als auch die
Darlegung einer vergleichbaren Interessenlage schuldig (glasklar ist hier allein die einseitig
fiskalische Interessenlage). Die Annahme, es gebe einen langjährigen breiten Konsens in der
Rechtsprechung, der einen allgemeinen Grundsatz des Verwaltungsrechts begründen könnte,
ist nur um den Preis der Quetschung der Quellen zu haben (eingehende Analyse der von
BVerwGE 125, 325 (331) diesbezüglich herangezogenen Judikatur bei Wittreck JURA 2008,
534 (540 f.)). Schließlich wirft gerade die Rechtsnachfolge in eine lange Zeit zurückliegende
Verhaltensverantwortlichkeit (typisch in Altlastenfällen) massive Rückwirkungsprobleme auf,
die sich auf dem von der Rechtsprechung beschrittenen Weg nicht lösen lassen. Zunächst
ist die Annahme, es liege kein Fall von Rückwirkung vor, weil die Altlast ja die ganze Zeit
bestanden habe, grenzwertig rabulistisch: Es geht nicht um die Altlast, sondern um die
Rechtspflicht des heute zu ihrer Beseitigung (oder deren Finanzierung) Herangezogenen;
sie ist unzweifelhaft rückwirkend begründet worden. Auch die Behauptung, die Pflicht zur
Beseitigung habe ja die ganze Zeit bestanden, hält näherer Überprüfung nicht stand bzw.
projiziert moderne Verständnisse umweltrechtlicher Standards zurück. Verhandelbar ist einzig
die Überlegung, im Anschluss an die Rechtsprechung des BVerfG auch die „echte" Rückwirkung dann zuzulassen, wenn überragende Gemeinwohlbelange sie gebieten. Ob das Interesse, namentlich für Altlastenfälle potente „Störer" zu finden, dem genügt, sei hier dahingestellt. Dass die polizeiliche Alltagsarbeit ein solches Instrument nicht rechtfertigen kann,
sollte jedenfalls auf der Hand liegen.

III. Ausnahmen von der Verhaltensverantwortlichkeit

24   Das Gefahrenabwehrrecht kennt (überwiegend ungeschriebene) Regeln, die natürliche
und juristische Personen, deren Verhalten (oder deren Sachen) an sich iSv §§ 4 f. „stören", von
der polizeilichen Inanspruchnahme entweder ganz ausschließt oder diese doch empfindlich
einschränkt. Ganz im Vordergrund steht die vieldiskutierte Polizeipflichtigkeit von Hoheitsträgern (→ Rn. 25 ff.), während die diplomatische (→ Rn. 29 f.) und parlamentarische
Immunität (→ Rn. 31) deutlich weniger prominent sind. Die ehedem hochrelevante Frage
der Polizeigewalt gegenüber NATO-Truppen ist durch deren fast flächendeckenden Abzug
derzeit eher peripher (näher Lisken/Denninger PolR-HdB/Denninger D Rn. 92 mwN).

1. Polizeipflichtigkeit von Hoheitsträgern

25   Die „Polizeipflichtigkeit von Hoheitsträgern" steht für eine Regimekollision innerhalb
des öffentlichen Rechts, denn die Adressierungsregeln der (prinzipiell nach wie vor potentiell
allzuständigen) Polizei treffen hier auf Zuständigkeits-, teils auch bundesrechtliche Rangregeln. Vor diesem Hintergrund fasst „Polizeipflichtigkeit" mehrere Probleme zusammen, die
nicht stets mit der hinreichenden Sorgfalt geschieden werden (näher zum Folgenden Schoch
JURA 2005, 324; Borowski VerwArch 101 (2010), 58; WHM NRWPolR Rn. 339 ff.;
WHT BWPolR § 5 Rn. 342 ff.; Kugelmann PolR Kap. 8 Rn. 12 ff.; Haurand
NRWPolR 94 ff.; Lisken/Denninger PolR-HdB/Denninger D Rn. 97 ff.).

26   Zunächst ist die Frage nach der Bindung an diejenigen Vorschriften, deren Schutz der
Polizei sub specie „Unverletzlichkeit der Rechtsordnung" obliegt, von der Möglichkeit zu
trennen, auf eine Gefährdung dieses Schutzgutes mit Polizeiverfügungen zu reagieren. Im
ersten Punkt besteht inzwischen Konsens, dass auch juristische Personen des öffentlichen
Rechts (jeder Rangstufe) an kompetenzgerecht gesetztes Recht (ebenfalls jeder Rangstufe)

gebunden sind, sofern es nicht ausnahmsweise nach Art. 31 GG wegen eines Normwiderspruchs gebrochen wird (s. WHM NRWPolR Rn. 341 f.; SBK PolG NRW Rn. 1). Das ist für Behörden der Kommunen und der Länder in Ansehung des Bundesrechts evident, gilt aber auch umgekehrt für Bundesbehörden bzw. andere Bundesinstitutionen im Hinblick auf Recht der Länder und Kommunen (näher Dreier/Wittreck GG Art. 30 Rn. 25 f.; vgl. BVerwG DVBl 2003, 1076 (1078)). Verstoßen Hoheitsträger oder ihre Behörden gegen derart geltendes Recht, stören sie iSv §§ 4 f. die öffentliche Ordnung (BVerwG NVwZ 1983, 474 (475); DVBl 2003, 60 f.; Schoch JuS 1994, 849 (852); WHM NRWPolR Rn. 341).

Davon zu unterscheiden ist die Folgefrage, ob die Gefahrenabwehrbehörden – hier in **27** Sonderheit die Polizei – auf derartige Störungen reagieren können, indem sie (andere) Behörden zum Adressaten von Gefahrenabwehrverfügungen machen können. Sie wirft im Kern ein Kompetenzproblem bzw. das Problem des (potentiellen) polizeilichen Übergriffs in den Zuständigkeitsbereich eines anderen Trägers öffentlicher Verwaltung auf. Ausgehend von dem Grundgedanken, dass jede Polizeiverfügung gegen eine Behörde einen Eingriff in deren Dienstbetrieb und damit eine Verletzung der ihr nach dem Gesetz obliegenden Zuständigkeiten (vgl. auch den Grundgedanken in § 1 Abs. 1 S. 3) darstellt (BVerwGE 29, 52 (59 f.); VGH Kassel NVwZ 1997, 304 (305); OVG Lüneburg OVGE 12, 340 (341 f.)), differenziert die mittlerweile weit überwiegende Ansicht wie folgt (ähnlich WHM NRWPolR Rn. 343 ff.; WHT BWPolR § 5 Rn. 344 f.; SBK PolG NRW Rn. 1 f.; weitergehend Kugelmann PolR Kap. 8 Rn. 16 ff. mwN): Sofern die juristische Person des öffentlichen Rechts respektive Behörde hoheitlich tätig wird, ist sie zwar an das geltende Recht gebunden, aber von Polizeiverfügungen zu dessen Durchsetzung grundsätzlich exemt (vgl. auch die bereichsspezifische Spezialregelung in § 76 VwVG zum Ausschluss von Vollstreckungsmaßnahmen; zu den Ausnahmen → Rn. 28). Hingegen ist die Polizei befugt, die gleichen Akteure zu Adressaten von Verfügungen zu machen, wenn sie entweder fiskalisch handeln oder ihre Amtswalter lediglich anlässlich der hoheitlichen Tätigkeit Gefahren verursachen (aus der Rspr. BGH DVBl 1970, 499 f.: Liegengebliebenes Bundeswehrfahrzeug). Danach darf die Polizei Manöverlärm nicht verbieten, laute Musik der lagernden Truppe aber ebenso wie das ziellose Verfeuern von Manövermunition auf Spaziergänger durch einzelne Soldaten.

Eingeschränkt wird der generelle Ausschluss von Polizeiverfügungen wiederum nach über- **28** wiegender Auffassung dann, wenn sowohl die vom Hoheitsträger verursachte Gefahr als auch das möglicherweise verletzte Schutzgut hinreichend qualifiziert sind, wobei im Einzelfall die Grenzziehung variiert (plastischer Hinweis auf § 50 Abs. 2 – Voraussetzungen des Sofortvollzugs – bei Tegtmeyer/Vahle PolG NRW Rn. 7; vgl. ferner SBK PolG NRW Rn. 2). Diese Überlegung kann sich nicht zuletzt auf gesetzliche Wertungen wie §§ 7 ff. POG NRW oder § 3 Abs. 4 VwVfG stützen. Angenommen hat die Rechtsprechung ein entsprechendes Zugriffsrecht etwa im Fall einer immissionsschutzrechtlichen Anordnung nach § 24 BImSchG gegenüber einer (hoheitlich handelnden) Gemeinde (BVerwGE 117, 1 (5); Dietlein/Hellermann NRWÖffR/Dietlein § 3 Rn. 116).

2. Diplomatische Immunität

Nach dem Wiener Übereinkommen über diplomatische Beziehungen v. 18.4.1961 (BGBl. **29** 1964 II 957; dazu statt aller Vitzthum/Proelß, Völkerrecht/Kau, 7. Aufl. 2016, Kap. 3 Rn. 51 ff.) bzw. dem ihm zugrundeliegenden Völkergewohnheitsrecht genießen die in der Konvention näher ausbuchstabierten Vertreter Vorrechte, die für gewöhnlich untechnisch als „diplomatische Immunität" zusammengefasst werden. In Ansehung des Gefahrenabwehrrechts ist dabei vornehmlich zwischen der räumlich radizierten Unantastbarkeit des Botschafts- oder Vertretungsgeländes (Art. 22, 30 WÜD) sowie der persönlichen Immunität der Botschaftsangehörigen zu unterscheiden (vgl. Art. 29, 31 WÜD). Danach ist ein Einschreiten der Polizei gegen Gefahren, die vom Gelände der Vertretung iSv § 5 ausgehen, ebenso grundsätzlich ausgeschlossen wie ein Vorgehen gegen Zustandsverantwortliche, die vom Botschaftsgelände aus Rechtsgüter iSv § 4 Abs. 1 gefährden (bzw. ein solches Eingreifen ist an die Einwilligung des jeweiligen Vertreters gebunden). Eine Grenze dürfte hier erreicht sein, wenn vom temporär nicht bemannten Botschaftsgebäude bzw. -gelände substantielle Gefahren (etwa durch einen Brand) ausgehen und die Einwilligung nicht oder jedenfalls nicht im Sinne der Regeln zur Gefahr im Verzug rechtzeitig eingeholt werden kann (so auch Lisken/Denninger PolR-HdB/Denninger D Rn. 91).

30   In personeller Perspektive nimmt das Wiener Übereinkommen über diplomatische Beziehungen die von ihm mit einem Schutzstatus versehenen Personen nicht allein von Einschränkungen der persönlichen Freiheit (→ Rn. 31), sondern grundsätzlich von Zwangsmaßnahmen aus, was sie als Adressaten polizeilicher Verfügungen weitgehend ausschließt (s. nur Kugelmann PolR Kap. 8 Rn. 23). Ausnahmen wird man hier annehmen müssen, wenn das diplomatische Personal erhebliche Gefahren für hochrangige Rechtsgüter verursacht; danach können Polizei und Gerichte die Trunkenheitsfahrt des besinnungslos alkoholisierten Diplomaten zwar nicht ahnden, aber im Interesse der übrigen Verkehrsteilnehmer (auch unter Anwendung von Zwang) beenden (gleichsinnig Lisken/Denninger PolR-HdB/Denninger D Rn. 91 sowie Tegtmeyer/Vahle PolG NRW Rn. 5).

3. Parlamentarische Immunität

31   Die parlamentarische Immunität (Art. 46 Abs. 2–4 GG bzw. Art. 48 NRW Verf) schließlich stellt Abgeordnete nicht generell von der Verhaltens- oder Zustandsverantwortlichkeit frei, sondern schließt bereichsspezifisch nur ihre Adressierung mit solchen Maßnahmen aus, die wie der Gewahrsam (§§ 35 ff.) oder das Festhalten (§ 12 Abs. 3) ihre persönliche Freiheit iSv Art. 2 Abs. 2 S. 2 GG tangieren (wie hier WHM NRWPolR Rn. 338; näher Lisken/Denninger PolR-HdB/Denninger D Rn. 93 ff.).

IV. Auswahl im Fall der Mehrheit von Verantwortlichen (Störern)

32   Die Auswahl unter mehreren Verhaltens- oder Zustandsverantwortlichen (näher Schoch JURA 2012, 685; Kugelmann PolR Kap. 8 Rn. 73 ff.; Haurand NRWPolR 96 ff.; WHT BWPolR § 5 Rn. 358 ff.; Kingreen/Poscher POR § 9 Rn. 86 ff.) zählt zu den seltenen Fällen des praktisch freien Ermessens: Gegen vereinzelte Versuche, der Polizei auch hier noch ein Prüf- und Entscheidungsprogramm bzw. eine Rangfolge der Inanspruchnahme vorzugeben (in diese Richtung etwa DWVM Gefahrenabwehr 301 ff. sowie WHT BWPolR § 5 Rn. 360), ist sie frei, an welchen von mehreren für eine Gefahr Verantwortlichen und zu ihrer Beseitigung rechtlich wie faktisch Fähigen sie sich hält (wie hier Kugelmann PolR Kap. 8 Rn. 78; Kingreen/Poscher POR § 9 Rn. 88, 92; Schlacke/Wittreck LandesR NRW/Wittreck § 5 Rn. 46). Dabei fungiert die Maxime von der Effektivität der Gefahrenabwehr als Grund wie als Grenze für diese Freistellung: Sie streitet auf der einen Seite gegen eine Pflicht, zunächst eine womöglich unübersichtliche zivilrechtliche Verantwortungsteilung zu ermitteln, um die Inanspruchnahme dieser anzupassen (so aber Giesberts, Die gerechte Lastenverteilung unter mehreren Störern, 1990, 79 ff.). In umgekehrter Perspektive ist die Störerauswahl dann ermessensfehlerhaft, wenn die Polizei entweder aus sachfremden Gründen handelt (persönliche Abneigung oder Ressentiment), einzig denjenigen Störer zur Beseitigung einer komplexen Gefahrenlage heranzieht, der erkennbar nur einen untergeordneten Verursachungsbeitrag geleistet hat, oder aber namentlich bekannte, leistungsfähige und gut greifbare Störer schont und stattdessen solche Verantwortliche belastet, die kaum oder nur hart an der Grenze der Verhältnismäßigkeit zur Gefahrenabwehr in der Lage sind.

33   Die vorstehenden Regeln gelten dabei für die kumulative wie die alternative Inanspruchnahme von Störern (näher Tegtmeyer/Vahle PolG NRW Rn. 10). Erstere liegt vor oder ist möglich, wenn eine Störermehrheit sich dadurch auszeichnet, dass jeder einen selbständigen Verursachungsbeitrag leistet und dem Grunde nach alle in Anspruch genommen werden können (im Extremfall: müssen), um die Gefahr abzuwehren (Schulbeispiele sind nächtliche Ruhestörer oder der sprichwörtliche „schwarze Block", von dem anlässlich einer Demonstration Gewalt ausgeht). Demgegenüber drängt sich die alternative Inanspruchnahme auf, wenn von mehreren Störern nur einer in Anspruch genommen werden muss, um die Gefahr oder Störung zu beseitigen (typisch einer von mehreren Miteigentümern bei Zustandsgefahren; im Hinblick auf eine mögliche Vollstreckung der Polizeiverfügung steht hier regelmäßig die Duldungsverfügung an die übrigen Miteigentümer im Raum; aus der Rspr. BVerwGE 40, 101 (103); vgl. Kingreen/Poscher POR § 9 Rn. 95).

34   Auch im Verhältnis von Verhaltens- und Zustandsverantwortlichen besteht nach richtiger Auffassung kein festes Rangverhältnis der Inanspruchnahme. Zwar wird dies hier häufiger

angenommen. So soll der Verhaltensverantwortliche entweder generell vorrangig in der Pflicht (so Schenke PolR Rn. 285 ff.; Schoch BesVerwR Rn. 230) oder zumindest dann primär heranzuziehen sein, soweit er der Polizei bekannt ist und die effektive Gefahrenabwehr dadurch nicht beeinträchtigt wird (so OVG Koblenz DÖV 1990, 844 (845); zust. Tegtmeyer/Vahle PolG NRW Rn. 10). Zuletzt findet sich die Figur des „Doppelstörers": Wer zugleich Verhaltens- und Zustandsstörer ist, sei vor dem „einfachen" Störer zum Adressaten der polizeilichen Maßnahme zu machen (erwogen bei Tegtmeyer/Vahle PolG NRW Rn. 10).

Richtigerweise wird man auch hier von der Maxime ausgehen müssen, dass die Polizei **35** nach ihrem grundsätzlich freien Ermessen denjenigen Störer auszuwählen hat, der die Gefahr am effektivsten abwehren bzw. die Störung beenden kann. Typische Kriterien sind danach Kenntnis der Person des Störers, die Möglichkeit, auf ihn zuzugreifen, die faktische Fähigkeit zur Gefahrenabwehr bzw. -beseitigung sowie die wirtschaftliche Leistungsfähigkeit. Tatsächlich streiten diese Kriterien in einigen der angeführten Konstellation relativ eindeutig für die Inanspruchnahme nur eines Störers (auf der Sekundärebene fällt etwa das Motiv der Dringlichkeit weg, wohingehend die wirtschaftliche Leistungsfähigkeit Relevanzzuwächse verzeichnet; im Ergebnis ähnlich Kingreen/Poscher POR § 9 Rn. 94 unter Hinweis auf VGH Mannheim NVwZ-RR 2012, 387 (388 f.)).

C. Sonderregeln der Verhaltensverantwortlichkeit (Abs. 2–4)

I. Minderjährige und Betreute (Abs. 2)

Abs. 2 bekräftigt zunächst im Umkehrschluss, dass polizeiliche Maßnahmen auch gegen **36** Kinder unter 14 Jahren und Betreute gerichtet werden können; die Norm erweitert lediglich den Adressatenkreis und nimmt damit die Erstreckung der Verantwortlichkeit auf den „eigentlich Verantwortlichen" vor, die die Lehre vom Zweckveranlasser (wenn auch ohne Anhalt im Gesetz) praktiziert (näher Schenke JuS 2016, 507).

Abs. 2 S. 2 ist vergleichsweise ungelenk formuliert. § 1896 Abs. 4 BGB nimmt vom **37** Aufgabenkreis des Betreuers die Entscheidung über die Kommunikation des Betreuten aus, sofern das Gericht nicht ausdrücklich das Gegenteil anordnet; § 1905 BGB trifft Sonderregeln für die Sterilisation. Im Zusammenspiel mit § 4 Abs. 2 S. 1 besagt S. 2 im Ergebnis, dass die Polizei lediglich feststellen muss, dass die Betreuung sich auf alle Angelegenheiten erstreckt (vgl. § 1896 Abs. 2 S. 1 BGB), aber nicht im Detail nach den genannten Einschränkungen der Betreuungsvollmacht zu fahnden hat (unterstrichen von SBK PolG NRW Rn. 10, der allerdings den Wortlaut von § 4 Abs. 2 S. 1 ignoriert).

Es besteht kein Rangverhältnis zwischen der Inanspruchnahme des Minderjährigen / des **38** Betreuten und derjenigen des Aufsichtspflichtigen / des Betreuers. Wie bei der Inanspruchnahme im Fall mehrerer Störer muss die Polizei einerseits die möglichst effektive Gefahrenabwehr, andererseits die Grundrechtsingerenz im Blick behalten. In praktischer Perspektive dürften im Fall vereinzelten Überschreitens der Gefahrenschwelle Verfügungen gegen den Minderjährigen geboten sein, während ein sich abzeichnendes Muster regelmäßiger Gefahrenverursachung die Verfügung gegen den Aufsichtspflichtigen nahelegt. Angesichts der verschiedenen Möglichkeiten der Ausgestaltung einer Betreuung (vgl. § 1900 BGB zur Vereins- und Behördenbetreuung) wirft die Inanspruchnahme nach § 4 Abs. 2 womöglich Folgeprobleme der Adressierung der Verfügung an einen Verein (→ Rn. 5) oder an einen Hoheitsträger (→ Rn. 25) auf. Einmal mehr kommt es auf ein Verschulden oder eine Verletzung der Aufsichtspflicht nicht an (SBK PolG NRW Rn. 10).

II. Verrichtungsgehilfen (Abs. 3)

Abs. 3 ist weitgehend an § 831 BGB angelehnt, kennt aber eingedenk der „Verschuldens- **39** blindheit" des Polizeirechts nicht die Exkulpationsmöglichkeit nach § 831 Abs. 1 S. 2 BGB (erforderliche Sorgfalt bei der Auswahl und Leitung des Gehilfen; so auch Lisken/Denninger PolR-HdB/Denninger D Rn. 105; Tegtmeyer/Vahle PolG NRW Rn. 20 sowie Haurand NRWPolR 73). Das Rechtsverhältnis des Gehilfen zum Geschäftsherrn ist unerheblich; es kommt allein auf die Macht an, durch Weisungen Einfluss auf die Verrichtung zu nehmen. Nach der Rechtsprechung setzt die Zurechnung nach § 4 Abs. 3 allerdings die tatsächliche Erteilung einer Weisung voraus (OVG Münster OVGE 34, 50 (53); zust. SBK PolG NRW

Rn. 11). Hier fällt sogleich auf, dass diese vergleichsweise enge Auslegung Wertungswidersprüche zur teils sehr weiten Handhabung der Zweckveranlasser-Zurechnung aufweist; danach würde unzweifelhaft genügen, dass ein Geschäftsherr Kenntnis davon hat, dass seine Gehilfen bspw. Immissionsschutzvorschriften missachten; hier muss er sie anweisen, diese zu missachten. Parallel zum zivilrechtlichen Regime greift Abs. 3 nur, wenn der Gehilfe bei Ausführung der Verrichtung eine Gefahr verursacht. Tut er dies nur bei Gelegenheit (Schulbeispiel: Privatfahrt des Gehilfen unter Verletzung der StVO), so erfolgt keine Zurechnung an den Geschäftsherrn.

40   Abs. 3 ist wiederum keine Reihenfolge der Inanspruchnahme zu entnehmen; der Polizei ist Ermessen dahingehend eingeräumt, ob die Verfügung an den die Gefahrenschwelle überschreitenden Gehilfen oder den dies anweisenden Geschäftsherrn effektiver ist. Erneut spricht ein erkennbares Verhaltensmuster dafür, die Gefahr an der Wurzel zu packen und gegen den Geschäftsherrn vorzugehen. Zugleich wird dieser regelmäßig wirtschaftlich leistungsfähiger und bspw. zur Beseitigung von Unfallfolgen besser in der Lage sein als der sie konkret verursachende Gehilfe (betont von *Haurand* NRWPolR 73).

III. Sondervorschriften zur Maßnahmerichtung (Abs. 4)

41   Abs. 4 bekräftigt – wie § 5 Abs. 4 und § 6 Abs. 3 – lediglich die allgemeine Regel, nach der das speziellere Gesetz dem allgemeineren derogiert; er dient insofern der Klarstellung (unterstrichen von *Tegtmeyer/Vahle* PolG NRW Rn. 11). Sondervorschriften in diesem Sinne enthalten namentlich diejenigen Standard- und Vollstreckungsmaßnahmen, die anders als die Generalklausel des § 8 für das Handeln der Polizei keine konkrete Gefahr voraussetzen. Das betrifft zunächst die Fälle des sog. Gefahrenverdachts, also der im Normwortlaut als „rechtfertigen Tatsachen/tatsächliche Anhaltspunkte die Annahme" umschriebenen niedrigsten Gefahren- bzw. Eingriffsschwelle (näher *Kingreen/Poscher* POR § 4 Rn. 50 ff. sowie *Schlacke/Wittreck* LandesR NRW/*Wittreck* § 5 Rn. 42) Hierher zählen § 9 Abs. 4 S. 1 (Befragung), § 10 Abs. 1 Nr. 1 (Vorladung), § 12 Abs. 2 Nr. 2 und Nr. 3 (Identitätsfeststellung an gefährlichen oder gefährdeten Orten), § 12a Abs. 1 S. 1 (strategische Fahndung), § 15 Abs. 1 S. 1 (Datenerhebung bei öffentlichen Veranstaltungen) und andere mehr. Ferner geben namentlich die Spezialermächtigungen der §§ 9 ff. häufig die Maßnahmerichtung präzise vor; das gilt für § 9 Abs. 3 (Befragung), § 12 Abs. 2 Nr. 4 (Kontrollstellen), § 15a Abs. 1 (Beobachtung gefährdeter Orte), § 41 Abs. 1 (Maßnahmen gegen den Wohnungsinhaber) usw (→ § 5 Rn. 25; → § 6 Rn. 24 f.).

42   Sondervorschriften in anderen Gesetzen enthalten § 12a Abs. 1 S. 1 VersammlG, § 19a VersammlG (Bild- und Tonaufnahmen bei oder im Zusammenhang mit öffentlichen Versammlungen), § 23 StVO (Fahrzeugführer), § 20 BImSchG (Anlagenbetreiber) oder § 35 GewO (Gewerbetreibende).

§ 5 Verantwortlichkeit für den Zustand von Sachen

(1) [1]Geht von einer Sache oder einem Tier eine Gefahr aus, so sind die Maßnahmen gegen den Inhaber der tatsächlichen Gewalt zu richten. [2]Soweit nichts anderes bestimmt ist, sind die nachfolgenden für Sachen geltenden Vorschriften entsprechend auf Tiere anzuwenden.

(2) [1]Maßnahmen können auch gegen den Eigentümer oder einen anderen Berechtigten gerichtet werden. [2]Das gilt nicht, wenn der Inhaber der tatsächlichen Gewalt diese ohne den Willen des Eigentümers oder Berechtigten ausübt.

(3) Geht die Gefahr von einer herrenlosen Sache aus, so können die Maßnahmen gegen denjenigen gerichtet werden, der das Eigentum an der Sache aufgegeben hat.

(4) § 4 Abs. 4 gilt entsprechend.

Überblick

§ 5 betrifft die Inanspruchnahme des sog. Zustandsstörers, also des Eigentümers (Abs. 2; → Rn. 13 ff.) oder des Inhabers der tatsächlichen Gewalt an einer Sache oder einem Tier, von dem eine Gefahr ausgeht (Abs. 1; → Rn. 3 ff.). Abs. 3 verlängert die Zustandshaftung im Falle der Dereliktion (→ Rn. 20 ff.). § 4 Abs. 4 gilt entsprechend (Abs. 4; → Rn. 25; → § 4 Rn. 41).

Übersicht

A. Das Konzept der Zustandsverantwortung

Die Regelung der Zustandsverantwortung oder Zustandsstörerschaft in § 5 kombiniert **1** zwei Grundannahmen miteinander: Ihr liegt einerseits die Überlegung zugrunde, dass der Inhaber der tatsächlichen Gewalt bzw. der Eigentümer einer Sache typischerweise zu einer besonders effektiven Abwehr von Gefahren befähigt (und berechtigt) ist, die von ihr ausgehen (Effektivitätsargument; wie hier WHM NRWPolR Rn. 375; Kugelmann PolR Kap. 8 Rn. 48; krit. Dietlein/Hellermann NRWÖffR/Dietlein § 3 Rn. 90; Thiel PolR § 8 Rn. 117). Andererseits fußt die Norm auf der Maxime, dass derjenige, der eine Sache entweder effektiv nutzt oder sie rechtlich nutzen darf, auch die Lasten zu tragen hat, die dabei in Gestalt der Abwehr von Gefahren entstehen, die von der Sache für andere ausgehen (Nutzen-Lasten-Argument; BVerfGE 102, 1 (17 f.); vgl. Dietlein/Hellermann NRWÖffR/Dietlein § 3 Rn. 90; Schlacke/Wittreck LandesR NRW/Wittreck § 5 Rn. 46; BGH DVBl 1986, 340 (341)). Sofern speziell das Eigentum an einer Sache angesprochen wird (Abs. 2; → Rn. 13), ist § 5 damit Ausformung der Sozialbindung allen Eigentums gem. Art. 14 Abs. 2 GG (statt aller Thiel PolR § 8 Rn. 117).

Die Zustandsverantwortung steht selbständig neben der Verhaltensverantwortung; sie ist **2** dieser gegenüber weder vor- noch nachrangig. Insbesondere begründet die Zustandsverantwortung grundsätzlich keine Verhaltensverantwortung kraft Unterlassens, sofern der Eigentümer oder anderweitig die Sachherrschaft Ausübende die von seiner Sache ausgehende Gefahr nicht bekämpft (unterstrichen von Kingreen/Poscher POR § 9 Rn. 40; Dietlein/Hellermann NRWÖffR/Dietlein § 3 Rn. 90; in diese Richtung aber VG München NVwZ-RR 2002, 166 (167 f.) – Felssturzfall).

B. Einzelfragen der Zustandsverantwortung

I. Gefährdung durch Sachen und Tiere (Abs. 1)

1. Gemeinsame Fragen

Abs. 1 nimmt zunächst die Inhaber tatsächlicher Gewalt über Sachen und Tiere in die **3** Pflicht, Gefahren abzuwehren, die von diesen ausgehen. Dahinter steckt das Kalkül, dass der Inhaber der tatsächlichen Gewalt erstens namentlich für die Polizei vor Ort leichter zu ermitteln sein wird als der Eigentümer (vgl. Abs. 2 und Abs. 3; Gusy PolR Rn. 350), zweitens kraft seiner Sachherrschaft auch zur Gefahrenabwehr in der Lage sein sollte und drittens zumindest im Normalfall auch der wirtschaftlich Berechtigte sein wird, an den sich auf der Sekundärebene der Kostenbescheid für etwa notwendige Maßnahmen richten dürfte (ähnlich Thiel PolR § 8 Rn. 118).

Als Inhaber der tatsächlichen Gewalt gilt – ohne Bindung an den zivilrechtlichen Besitzbe- **4** griff iSv § 854 BGB – derjenige, der tatsächlich die Sachherrschaft ausübt, also im Interesse einer effektiven Gefahrenabwehr auf die Sache oder das Tier einwirken kann (wie hier

WHM NRWPolR Rn. 379; Thiel PolR § 8 Rn. 124; Dietlein/Hellermann NRWÖffR/ Dietlein § 3 Rn. 94). Erfasst sind danach Mieter, Pächter, Entleiher, Verwahrer und andere mehr, aber auch solche Personen, die unrechtmäßig tatsächlichen Zugriff auf eine Sache haben, also neben Dieb und Räuber namentlich derjenige, der sich iSv § 248b StGB unbefugt den Gebrauch eines Kfz angemaßt hat (so auch DWVM Gefahrenabwehr 329; Gusy PolR Rn. 350; Thiel PolR § 8 Rn. 124). Auch der Insolvenzverwalter fällt unter den Inhaberbegriff (BVerwG NVwZ 2004, 1505 f.; Thiel PolR § 8 Rn. 125). Die Sachherrschaft wird nicht dadurch in Frage gestellt, dass der Inhaber schläft, kurzzeitig bewusstlos, abwesend oder abgelenkt ist (statt aller Thiel PolR § 8 Rn. 126).

5   Schwierige Wertungsprobleme werfen allerdings solche Gegenstände auf, die ohne jegliches eigenes Zutun in den so umschriebenen Herrschaftsbereich des Inhabers der Sachherrschaft gelangt sind bzw. deren Auftauchen jenseits aller Wahrscheinlichkeit oder möglicher Vorsorge anzusiedeln ist (Schulbeispiel ist der Flugzeugabsturz auf einem Grundstück; näher Gusy PolR Rn. 357 ff.; Dietlein/Hellermann NRWÖffR/Dietlein § 3 Rn. 94 ff.). Im Grundsatz gilt auch hier: Die Zustandsverantwortung setzt kein Verschulden voraus, und die Möglichkeit, eine Sache zu nutzen, wie das Eigentum an ihr führen im Sinne der römischrechtlichen Sentenz „casum sentit dominus" („den Zufall spürt der Eigentümer") dazu, dass der Inhaber der Sachherrschaft wie der Eigentümer auch die (ebenso unerwarteten wie unerfreulichen) Lasten zu tragen haben, die daraus herrühren, dass andere oder die Natur Gefahren verursachen, die sich auf oder in der Sache (meist: auf Grundstücken) materialisieren (s. namentlich die verschiedenen Felssturz-Entscheidungen: BVerwG NJW 1999, 231; OVG Koblenz DVBl 1998, 103; aus der Lit. Gusy PolR Rn. 354). Rechtsprechung und Literatur erkennen allerdings wenigstens zwei Grenzen an: Zum einen soll die Zustandsverantwortung des Inhabers der Sachherrschaft / Eigentümers dort enden, wo die Sache nach üblicher Verkehrsanschauung nicht in seinen Herrschaftsbereich gelangt ist; das hat das OVG Münster im Falle eines Waldbesitzers angenommen, in dessen Privatwald Unbekannte ein Autowrack entsorgt hatten, an dem sich wiederum spielende Kinder verletzten. Da der Waldbesitzer eingedenk der Bestimmungen des Waldrechts zum Betretungsrecht der Allgemeinheit seinen Besitz weder rechtlich noch tatsächlich gegen derartige Übergriffe sichern konnte, sollte er auch nicht als Zustandsstörer haften (letztlich statuiert das Gericht hier ein Latifundienprivileg für denjenigen, der sein Eigentum bzw. seinen Sachherrschaftsbereich nicht überblicken bzw. kontrollieren kann; OVG Münster DVP 2007, 80; vgl. noch OVG Münster NWVBl. 2007, 26 (28): Entsorgung von Tierkadavern). Hingegen haben hinzutretende Kausalbeiträge Dritter die Gerichte nicht davon abgehalten, die Zustandsverantwortung eines Grundstückseigentümers für Lärmemissionen durch einen „wilden Parkplatz" (OVG Münster NWVBl. 2000, 306 (308)) sowie für ein von Dritten (allerdings mit seiner Kenntnis) in vermieteten Räumen betriebenes Wettbüro (OVG Münster ZfWG 2011, 125) anzunehmen.

6   Ferner wird in der Literatur erwogen, den Zustandsverantwortlichen von solchen Risiken freizustellen, die – wie Flugzeugabstürze – der Risikosphäre der Allgemeinheit zuzuordnen seien (zusf. Dietlein/Hellermann NRWÖffR/Dietlein § 3 Rn. 100; vgl. etwa Frenz VerwArch 90 (1999), 208). Die Rechtsprechung ist dem namentlich in Entscheidungen zu den Kosten von Kampfmittelräumeinsätzen zunächst entgegengetreten (s. OVG Münster NWVBl. 1998, 64; zust. Thiel PolR § 8 Rn. 127; vgl. Gusy PolR Rn. 357 mwN), löst sich aber zunehmend davon und entscheidet diese Fälle nunmehr unter dem Eindruck der „Verkehrswertgrenzen"-Rechtsprechung (so OVG Lüneburg NVwZ-RR 2006, 397397 f.; → Rn. 17).

7   Ungeachtet des insofern missverständlichen Wortlauts „so sind die Maßnahmen […] zu richten" ist das Auswahlermessen der Polizei weder im Verhältnis von §§ 4 und 5 noch innerhalb der verschiedenen Absätze des § 5 eingeschränkt (wie hier Dietlein/Hellermann NRWÖffR/Dietlein § 3 Rn. 96; Schlacke/Wittreck LandesR NRW/Wittreck § 5 Rn. 46). Maßgeblich sind im Einzelfall die Effektivität der Gefahrenabwehr sowie die Verhältnismäßigkeit der Inanspruchnahme. So ist die Zustandsverantwortlichkeit weder gegenüber der Verhaltensverantwortlichkeit nach- oder vorrangig noch gibt es eine Hierarchie der Inanspruchnahme im § 5 selbst: Ob die Polizei den Inhaber der tatsächlichen Gewalt (Abs. 1), den Eigentümer (Abs. 2) oder einen anderen Berechtigten (Abs. 2) zum Adressaten der Maßnahme macht, hängt maßgeblich davon ab, wer überhaupt greifbar und zur effektiven Abwehr

der Gefahr in der Lage ist (drohen vom Dach eines Mietshauses Ziegel auf den Bürgersteig zu fallen, so ist der anwesende Mieter für die Polizei der erste Ansprechpartner für Sofortmaßnahmen iRv § 1 Abs. 1 S. 3, während die Ordnungsbehörde anschließend die Sanierungsverfügung tunlichst an den Eigentümer adressieren wird; weitergehend Gusy PolR Rn. 352, der hier „gesetzliche Vor- und Nachrangregeln" annimmt). Das Beispiel belegt, dass rein faktisch zumindest für die Polizei der Inhaber der tatsächlichen Sachherrschaft der Adressat der Wahl sein wird (Abs. 1), während die Ordnungsbehörde stärker die wirtschaftliche Zuordnung des betroffenen Gegenstandes berücksichtigen wird, was wiederum typischerweise auf den Eigentümer deutet (Abs. 2; gleichsinnig Gusy PolR Rn. 350 f.). Zugleich gilt es sich zu vergegenwärtigen, dass Maßnahmen gegen Gefahren, auf der Primärebene ohnehin häufig zunächst adressatenlos erfolgen: Die Polizei stellt ein gestohlenes oder „wild entsorgtes" Kfz nach § 43 Nr. 1 oder 2 sicher, fängt oder tötet ein gefährliches Tier (§ 43 Nr. 1, § 51 Abs. 1 Nr. 3, §§ 55, 63 Abs. 1 S. 2). Die Zustandsverantwortlichkeit wird in diesen Fällen erst auf der Sekundärebene der Kostentragung validiert (vgl. § 46 Abs. 3 S. 1, § 52 Abs. 1).

Abweichend vom Vorstehenden ist das Auswahlermessen der Polizei in zwei Konstellationen qua Gesetz durch § 5 eingeschränkt: Aus dem Gegenschluss zu Abs. 2 S. 2 folgt, dass der Inhaber der Sachherrschaft, der diese ohne den Willen des Eigentümers oder Berechtigten ausübt, vorrangig in Anspruch zu nehmen ist, da er die Störereigenschaft des anderen gerade ausschließt. Gleiches gilt für den ehemaligen Eigentümer im Falle der Dereliktion nach Abs. 3 (→ Rn. 20). **8**

2. Gefahren durch Sachen

Der Sachbegriff in Abs. 1 entspricht § 90 BGB; erfasst sind danach körperliche Gegenstände, näher Grundstücke und bewegliche Sachen. **9**

Die Zustandsverantwortung wird dadurch begründet, dass von der Sache selbst eine Gefahr **10** ausgeht. Typische Fälle sind gefährliche Substanzen wie Säuren, Laugen, Munition, radioaktive Stoffe und andere mehr, Bauwerke, von denen Teile herabzustürzen drohen oder die insgesamt einsturzgefährdet sind (aus der Rspr. OVG Münster JuS 2013, 378 mAnm Waldhoff), Bäume, die entweder Äste verlieren oder in Gänze umzustürzen drohen (aus der Rspr. VGH Mannheim NVwZ-RR 2004, 473), Grundstücke mit Altlasten, Wracks von Kfz oder anderen Gegenständen, die potentiell Passanten oder die Umwelt beeinträchtigen können, sowie an sich ungefährliche Gegenstände, die aber durch ihre „Lage im Raum" Gefahren verursachen (Steine auf der Fahrbahn etc; näher WHM NRWPolR Rn. 376; Dietlein/Hellermann NRWÖffR/Dietlein § 3 Rn. 91; Thiel PolR § 8 Rn. 114).

3. Gefahren durch Tiere

Eingedenk der Art. 20a GG bzw. Art. 29a Abs. 1 NRW Verf (Staatsziel Tierschutz) sowie **11** des § 90a BGB unterliegt der Schutz vor Gefahren durch Tiere Sonderregeln, die sie von Sachen abheben; insbesondere sind bei Maßnahmen, die durch Tiere ausgelöst werden bzw. sie möglicherweise betreffen, die Vorschriften des Tierschutzgesetzes zu wahren (statt aller Tegtmeyer/Vahle PolG NRW Rn. 1). Parallel zu § 90a BGB erhält Abs. 1 S. 2 die Fiktion aufrecht, dass Tiere keine Sachen sind, erstreckt aber gleichwohl die für diese geltenden Regeln auf jene. „Anderes bestimmt" iSv Abs. 1 S. 2 wird innerhalb des PolG NRW nicht. Ein umfangreiches Sonderregime für die Reaktion auf Gefahren, die von Tieren ausgehen, enthält hingegen das LHundG NRW (Hundegesetz für das Land Nordrhein-Westfalen v. 18.12.2002, GV. NRW. 656; vgl. Reich, Hundegesetz für das Land Nordrhein-Westfalen, 2005; Haurand, Landeshundegesetz, 6. Aufl. 2014). Gefahren, die von Tieren ausgehen, steuert auch das unlängst novellierte LJG-NRW (Landesjagdgesetz Nordrhein-Westfalen v. 7.12.1994, GV. NRW. 1995, 2; Bekanntmachung der Neufassung nach der Änderung v. 12.5.2015, GV. NRW. 448); namentlich der heftig umstrittene § 25 Abs. 4 Nr. 2 LJG-NRW, der nunmehr nur noch Maßnahmen gegen wildernde Hunde zulässt (in extremis ihre Tötung), Katzen aber ausspart (vgl. demgegenüber § 23 BJagdG; für eine weiterhin nach § 228 BGB mögliche Tötung wildernder Katzen Schuck/Ellenberger, Bundesjagdgesetz, 2. Aufl. 2014, BJagdG § 23 Rn. 30b). Die jüngste Novelle (v. 26.2.2019, GV. NRW. 153) hat daran nichts geändert.

12   Der vergleichende Blick auf das Jagdrecht unterstreicht zugleich, dass Abs. 1 nicht schlecht-hin Gefahren anspricht, die von Tieren ausgehen, sondern nur solche Tiere erfasst, die einen menschlichen „Herren" haben, der auf das Verhalten des Tieres in irgendeiner Weise einwirken kann oder es hält bzw. gehalten hat (→ Rn. 20 ff.). Wildtiere – etwa in eine Siedlung eindringende Wildschweine oder mit Krankheitserregern infizierte Ratten –, die Gefahren für die Schutzgüter der polizeilichen Generalklausel verursachen, zählen demge-genüber zu den Naturgefahren und werfen typischerweise das Problem der Inanspruchnahme von Nichtstörern auf (→ § 6 Rn. 8).

II. Verantwortung des Eigentümers (Abs. 2)

1. Umfang und Grenzen der Eigentümerverantwortung

13   Die in Abs. 2 S. 1 angeordnete Zustandsverantwortung des Eigentümers einer Sache ist Ausdruck der Sozialbindung des Eigentums bzw. eine – zulässige – Inhalts- und Schrankenbe-stimmung iSv Art. 14 Abs. 1 S. 2 GG (BVerfGE 102, 1 (17 f.); Gusy PolR Rn. 353.). Zugleich folgt aus der Eigentumsgarantie iSv Art. 14 Abs. 1 S. 1 GG eine Zugriffsgrenze (vgl. VGH Mannheim DVBl 2013, 119 (120 f.): Sachverhalte, die nach Bergrecht nicht vom Eigentum umfasst sind, lösen auch keine Zustandsverantwortung aus), über deren genaue Konturierung allerdings Dissens herrscht.

14   Die Tauglichkeit der Zustandsverantwortung des Eigentümers für die effektive Gefahren-abwehr ist differenziert zu betrachten (eingehend Hösch VBlBW 2004, 7 (8 ff.)). Für die Polizei ist die Rechtsfigur von begrenztem Wert, da bei Maßnahmen im Rahmen der Eil-kompetenz nach § 1 Abs. 1 S. 3 oftmals die Eigentumsverhältnisse nicht umstandslos aufzuklä-ren sind bzw. selbst bei Kenntnis des Eigentümers dieser nicht vor Ort „greifbar" ist. Insofern verschiebt sich die Funktion der Zustandsverantwortung nach Abs. 2 S. 1 dahingehend, dass sie weniger die Richtung der Primärmaßnahme als die anschließende Zuordnung der Kosten auf der Sekundärebene vorgibt.

15   Der Begriff des Eigentümers bestimmt sich nach dem bürgerlichen Recht (namentlich § 903 BGB; VGH Mannheim NVwZ-RR 1997, 267 (268); Tegtmeyer/Vahle PolG NRW Rn. 4; Thiel PolR § 8 Rn. 120) und ist damit zunächst enger als der des Art. 14 Abs. 1 GG; dieser fehlende Gleichlauf wird aber dadurch ausgeglichen, dass § 5 Abs. 2 S. 1 auch „andere Berechtigte" erfasst. Auch der Zeitpunkt des Übergangs der Zustandsverantwortung bestimmt sich nach den Regeln des BGB; nach der Rechtsprechung ist danach beim Grund-stückskauf auf die Eintragung des Käufers im Grundbuch abzustellen (VGH Mannheim NVwZ-RR 1997, 267 (268 f.)).

16   Als „andere Berechtigte" zählen alle, die nach dem Bürgerlichen Recht entweder dinglich oder schuldrechtlich über die Sache verfügen können (und daher nach der Logik des Polizei-rechts erstens von ihr profitieren und zweitens in der Lage sind, effektiv auf sie einzuwirken). Regelmäßig fallen hier Zustandsverantwortung nach Abs. 2 S. 1 und tatsächliche Sachherr-schaft nach Abs. 1 in eins.

17   Umstritten ist, ob und ab welcher „Schmerzschwelle" die verfassungsrechtliche Eigen-tumsgarantie der Inanspruchnahme des Eigentümers Grenzen setzt. Die Bandbreite der ver-tretenen Positionen reicht von der schlichten Nichtberücksichtigung nach der Maxime „casum sentit dominus" (so wohl Gusy PolR Rn. 355; Kingreen/Poscher POR § 9 Rn. 70 ff.) bis hin zu verschiedenen Quoten, die wiederum vom halben Wert des betroffenen Eigentums bis zum vollen Wert (typischerweise des Grundstücks in Altlastenfällen) reichen: Danach soll eine Inanspruchnahme als Zustandsstörer unverhältnismäßig sein, wenn und soweit die Kosten der zur Gefahrenabwehr notwendigen Maßnahme den Verkehrswert des betroffenen Grundstücks übersteigen (BVerfGE 102, 1 (19 ff.); vgl. BVerwG BeckRS 2016, 43730 Rn. 14 ff. = W+B 2016, 95). Zugleich begegnen unterschiedliche Modelle der Berücksichtigung der sonstigen finanziellen Leistungsfähigkeit des Zustandsstörers bzw. – systemwidrig – seines Verschuldens bzw. seiner gleichzeitigen Einstufung als Verhaltensstörer. Vorzugswürdig dürfte die vorherrschende Auffassung sein, die zumindest den Eigentümer schont, dessen Vermögen im Kern aus dem betroffenen Gegenstand besteht und der sich Kosten ausgesetzt sind, die den Verkehrswert des Gegenstandes übersteigen (wie hier im Einzelnen etwa WHT BWPolR § 5 Rn. 302; Schlacke/Wittreck LandesR NRW/Wittreck § 5 Rn. 46; näher Thiel PolR § 8 Rn. 128 f.).

2. Ausschluss der Eigentümerverantwortung (Abs. 2 S. 2)

Der Eigentümer oder Berechtigte ist nicht zustandsverantwortlich, wenn der Inhaber 18
der tatsächlichen Gewalt diese ohne den Willen des Eigentümers ausübt (näher Dietlein/
Hellermann NRWÖffR/Dietlein § 3 Rn. 99). Die Norm unterbricht in dieser Konstellation
die Verantwortungszurechnung, weil der Eigentümer oder Berechtigte regelmäßig weder zur
effektiven Abwehr der Gefahr in der Lage sein wird noch für das Dazwischentreten eines
fremden Willens verantwortlich gemacht werden kann.

Das Schulbeispiel für die Sachherrschaft ohne den Willen des Eigentümers ist der Diebstahl 19
oder die anderweitig unbefugte Nutzung eines Kfz (weiteres Bsp. bei Thiel PolR § 8 Rn. 119:
Mietnomade); hier ist der Eigentümer nicht für solche Gefahren verantwortlich, die erst
während der angemaßten Nutzung von dem Fahrzeug ausgehen. Allerdings geht die Rechtsprechung davon aus, dass die Zustandsverantwortlichkeit des Eigentümers dann wiederauflebt, wenn sich der Dieb oder Ähnliches anschließend seiner Sachherrschaft entledigt; Abs. 3
ist auf ihn gerade nicht anwendbar, sodass der Eigentümer für die Gefahr einstehen muss,
die von dem – regelmäßig entweder verkehrs- oder abfallrechtswidrig „entsorgten" – Fahrzeug ausgeht (VGH Kassel NJW 1999, 3793 (3794); VG Berlin NJW 2000, 603 (603);
Dietlein/Hellermann NRWÖffR/Dietlein § 3 Rn. 99).

III. Verantwortung nach Dereliktion (Abs. 3)

Abs. 3 stellt klar, dass sich der Eigentümer einer Sache von seiner Zustandsverantwortlich- 20
keit nicht freizeichnen kann, indem er sein Eigentum an der Sache nach § 928 Abs. 1 BGB,
§ 959 BGB (sog. Dereliktion) aufgibt. Die Bestimmung erweitert die Sozialbindung des
Eigentümers in zeitlicher Perspektive: Auch wer die Vorteile des Eigentums genossen hat,
soll grundsätzlich weiter die Lasten tragen.

Abs. 3 ist nach dem Wortlaut nicht auf die bloße Aufgabe der tatsächlichen Sachherrschaft 21
iSv Abs. 1 S. 1 anwendbar (Tegtmeyer/Vahle PolG NRW Rn. 7). Eine entsprechende
Anwendung dürfte die Grenzen der Auslegung überschreiten. Allerdings ist die auf diese
Weise entstehende Lücke vergleichsweise übersichtlich. Denn zum einen lebt in diesem Fall
die Zustandshaftung des Eigentümers nach Abs. 2 S. 1 wieder auf (VG Berlin NJW 2000,
603 (603 f.)), zum anderen kann im Einzelfall der dabei erfolgte Verstoß gegen abfall- oder
sonstige ordnungsrechtliche Bestimmungen eine Verhaltensverantwortlichkeit des Inhabers
der tatsächlichen Sachherrschaft begründen. Das paradigmatische schlichte „Abstellen" eines
Kfz stellt dementsprechend eine rechtswidrige Sondernutzung dar (§ 59 Abs. 1 Nr. 1 StrWG
NRW, § 18 Abs. 1 StrWG NRW) und kann auch gegen abfallrechtliche Bestimmungen
verstoßen (Tegtmeyer/Vahle PolG NRW Rn. 7).

Gibt der Zustandsverantwortliche das Eigentum nicht auf, sondern überträgt es auf einen 22
Dritten, so stellt sich das Problem der Rechtsnachfolge (→ § 4 Rn. 16 ff.). Da der Erwerber
im Zeitpunkt des Eigentumsübergangs Zustandsstörer wird, ist die Rechtsnachfolge für die
Polizei regelmäßig nur dann erstrebenswert, wenn der Alteigentümer von der Polizei zum
Adressaten einer konkretisierenden Verfügung gemacht worden ist (s. Gusy PolR Rn. 362 ff.).

Abs. 3 gilt grundsätzlich auch für ausgesetzte Tiere (in jüngster Zeit waren Gefahrenab- 23
wehrbehörden mehrfach mit sog. Schnappschildkröten in Badegewässern konfrontiert), doch
dürfte hier regelmäßig die Eigentümerstellung nur schwer nachzuweisen sein bzw. nicht bei
der eigentlichen Gefahrenabwehr durch Einfangen oder Tötung zum Tragen kommen, sondern allenfalls bei der anschließenden Frage nach der Zuordnung der etwa anfallenden Kosten.

Bei der Anwendung von Abs. 3 ist schließlich der Verhältnismäßigkeitsgrundsatz zu beach- 24
ten; er streitet gegen eine Verantwortung des ehemaligen Eigentümers für solche Gefahren,
die erst Jahre nach der Dereliktion entstanden sind (OVG Münster NJW 2010, 1988 (1989);
Dietlein/Hellermann NRWÖffR/Dietlein § 3 Rn. 98; diff. Thiel PolR § 8 Rn. 122).

IV. Sondervorschriften zur Maßnahmerichtung (Abs. 4)

Abs. 4 verweist auf § 4 Abs. 4 (→ § 4 Rn. 41). Einschlägig sind namentlich Spezialgesetze, 25
die eine gesonderte Zuordnung der Verantwortlichkeit vornehmen. So sind Maßnahmen
nach dem Landeshundegesetz an den Halter zu richten (§ 12 Abs. 2 und Abs. 3 LHundG

NRW); das Straßenverkehrsrecht sieht als Adressaten Führer bzw. Halter von Kfz vor (§ 23 StVO; §§ 7, 18 StVG); das Waffenrecht schließlich erlaubt Maßnahmen, die an „Besitzer" von Waffen gerichtet sind (vgl. § 41 WaffG).

§ 6 Inanspruchnahme nicht verantwortlicher Personen

(1) Die Polizei kann Maßnahmen gegen andere Personen als die nach den §§ 4 oder 5 Verantwortlichen richten, wenn
1. **eine gegenwärtige erhebliche Gefahr abzuwehren ist,**
2. **Maßnahmen gegen die nach den §§ 4 oder 5 Verantwortlichen nicht oder nicht rechtzeitig möglich sind oder keinen Erfolg versprechen,**
3. **die Polizei die Gefahr nicht oder nicht rechtzeitig selbst oder durch Beauftragte abwehren kann und**
4. **die Personen ohne erhebliche eigene Gefährdung und ohne Verletzung höherwertiger Pflichten in Anspruch genommen werden können.**

(2) Die Maßnahmen nach Absatz 1 dürfen nur aufrechterhalten werden, solange die Abwehr der Gefahr nicht auf andere Weise möglich ist.

(3) § 4 Abs. 4 gilt entsprechend.

Überblick

§ 6 erlaubt unter bestimmten Voraussetzungen (die bei näherer Sichtung vergleichsweise weit sind; Abs. 1, → Rn. 4–12 ff.) die Inanspruchnahme von Bürgern durch die Polizei, die weder eine Gefahr iSv § 4 verursachen noch Zustandsverantwortliche iSv § 5 sind. Die Maßnahmen sind ferner zeitlich zu begrenzen (→ Rn. 19 f.). Wichtig ist Abgrenzung zur unterlassenen Hilfeleistung nach § 323c StGB; viele vermeintliche „Nichtstörer" sind tatsächlich Verhaltensverantwortliche (→ Rn. 21 ff.). Auch hier gilt § 4 Abs. 4 entsprechend (→ Rn. 24; → § 4 Rn. 41).

Übersicht

A. Das Konzept des polizeilichen Notstandes

1   Der Inanspruchnahme als Nichtstörer liegt das Konzept des sog. polizeilichen Notstands zugrunde (eingehend Schoch JURA 2007, 676; Kugelmann PolR Kap. 8 Rn. 81 ff.; WHM NRWPolR Rn. 432 f.; Kießling JURA 2016, 483), der die Maxime der Effektivität der Gefahrenabwehr in Reinform kondensiert: Grundsätzlich hat die Polizei ihre Maßnahmen an die (Verhaltens- oder Zustands-) Verantwortlichen zu richten. Verspricht dies keinen Erfolg und kann die Polizei die Gefahr auch sonst mit den ihr zur Verfügung stehenden Mitteln nicht abwehren, so kann sie ihre Maßnahmen an jeden richten, der zur effektiven Gefahrenabwehr beitragen kann. Das lässt sich dem Grunde nach verfassungsrechtlich durch

die Maxime der Sozialbindung des Individuums rechtfertigen (BVerfG NVwZ-RR 2007, 641; aus der Lit. Kugelmann PolR Kap. 8 Rn. 90; Thiel PolR § 8 Rn. 130): Der Bürger, der von einem funktionierenden Gemeinwesen unter anderem in Gestalt der staatlich gewährleisteten Sicherheit profitiert, muss hinnehmen, in die Pflicht genommen zu werden, wenn sich entweder dieses Gemeinwesen oder andere Bürger nicht mehr zu helfen wissen. Abgemildert wird der Eingriff schließlich durch die Zumutbarkeitsgrenze nach Abs. 1 Nr. 4 sowie die Entschädigungspflicht der Polizei nach § 67 iVm § 39 Abs. 1 lit. a NRWOBG. Sub specie Grundrechts- wie Gesetzesbindung aller Staatsgewalt problematisch wird das Konzept des polizeilichen Notstands allerdings dann, wenn es – namentlich beim Aufeinandertreffen von Demonstration und Gegendemonstration – im Ergebnis dazu führt, dass das Recht dem Unrecht weichen muss.

Wie §§ 4 und 5 setzt auch die Inanspruchnahme des Nichtstörers schließlich neben den **2** Tatbestandsvoraussetzungen des § 6 Abs. 1 das Vorliegen einer polizeilichen Befugnis voraus, die sich aus der Generalklausel oder Spezialbefugnissen ergeben kann (SBK PolG NRW Rn. 1; Tegtmeyer/Vahle PolG NRW Rn. 1; Thiel PolR § 8 Rn. 131).

B. Voraussetzungen der Inanspruchnahme des Nichtstörers (Abs. 1)

Abs. 1 Nr. 1–4 listen die Voraussetzungen der Inanspruchnahme als Nichtstörer auf; nach **3** einhelliger Auffassung müssen diese Tatbestandsvoraussetzungen kumulativ erfüllt sein (statt aller WHM NRWPolR Rn. 436; SBK PolG NRW Rn. 3; Schlacke/Wittreck LandesR NRW/Wittreck § 5 Rn. 49; Thiel PolR § 8 Rn. 131).

I. Gegenwärtige und erhebliche Gefahr (Abs. 1 Nr. 1)

Die Inanspruchnahme des Nichtstörers im polizeilichen Notstand setzt eine doppelt quali- **4** fizierte Gefahr voraus. Dabei ist nach gefestigter Rechtsprechung eine Gefahr gegenwärtig, wenn der Schadenseintritt unmittelbar bevorsteht, den Umständen nach mit an Sicherheit grenzender Wahrscheinlichkeit eintritt oder bereits eingetreten ist (sog. Störung; so oder vergleichbar WHM NRWPolR Rn. 440; Tegtmeyer/Vahle PolG NRW § 8 Rn. 13; Thiel PolR § 8 Rn. 134). Eine Gefahr ist erheblich, wenn der Schaden einem bedeutsamen Rechtsgut droht. Dieser unbestimmte Rechtsbegriff lässt einigen Raum für Wertungen; vorzugswürdig dürfte es sein, wenn irgend möglich an Wertungen der Verfassung oder des parlamentarischen Gesetzgebers anzuknüpfen. Unstreitig stellen die Individualrechtsgüter Würde (Art. 1 Abs. 1 GG), Leben und körperliche Unversehrtheit (Art. 2 Abs. 2 S. 1 GG) sowie Freiheit der Person (Art. 2 Abs. 2 S. 2 GG) derartige bedeutsame Rechtsgüter dar; als ungeschriebenes Tatbestandselement wird man hier ferner fordern müssen, dass der drohende Schadenseintritt seinerseits nicht ganz marginal sein darf. Das Eigentum (Art. 14 Abs. 1 GG) oder Sachwerte der öffentlichen Hand stellen bedeutsame Rechtsgüter ab einer Erheblichkeitsschwelle dar, die von der verwaltungsgerichtlichen Rechtsprechung bislang noch nicht namhaft gemacht worden ist.

Ungeschriebenes Tatbestandsmerkmal des Abs. 1 ist schließlich, dass der Nichtstörer sei- **5** nerseits zur Abwehr der Gefahr wirksam beitragen kann (Kingreen/Poscher POR § 9 Rn. 2); die Norm erlaubt mit anderen Worten nicht das ziel- und planlose Requirieren von Polizeihelfern, sondern setzt voraus, dass der Nichtstörer entweder durch besondere Sachkenntnisse (Ärzte oder technische Sachverständige), ihm zur Verfügung stehende Sachmittel (spezielles Bergungsgerät, geländegängige Fahrzeuge, Wohnraum) oder seine tatsächliche Sach- oder besser Situationsherrschaft in der Lage ist, die Gefahr effektiv oder eben effektiver als andere abzuwehren. Der letztgenannte Aspekt ist dann von eminenter Bedeutung, wenn man unter Ablehnung der Figur des Zweckveranlassers die mit Hilfe dieser Figur „gelösten" Fälle als solche der gerechtfertigten Inanspruchnahme von Nichtstörern einstuft: Sowohl der Ladeninhaber im Fall der Lieferschleuse (OVG Münster NVwZ-RR 2008, 12) als auch die Firma „UBER" (OVG Berlin-Brandenburg BeckRS 2015, 4479) zeichnen sich dadurch aus, dass sie wie die Spinne im Netz sitzen und buchstäblich die Fäden in der Hand halten, während das Vorgehen gegen die einzelnen Verhaltensstörer im ersten Fall mühsam und im zweiten Fall heillos ist. Hier drängt es sich auf, an die Stelle der Unterstellung einer subjektiven Bezweckung die Einsicht zu setzen, dass das Vorgehen gegen denjenigen, der mit einem Willensakt die Gefahr beenden kann, ungleich effektiver ist als die Jagd nach denjenigen, die letztlich von ihm abhängig sind (ähnlich in der Lösung Kingreen/Poscher POR § 9 Rn. 31 f.).

II. Unmöglichkeit von Maßnahmen gegen Zustands- und Verhaltensverantwortliche (Abs. 1 Nr. 2)

6   Während die Polizei bei der Auswahl unter verschiedenen Verhaltens- und Zustandsverantwortlichen denkbar frei ist, ordnet Abs. 1 Nr. 2 ein klares Regel-Ausnahmeverhältnis an (betont bei SBK PolG NRW Rn. 3): Die Inanspruchnahme des Nichtstörers ist gegenüber Maßnahmen, die an Zustands- und Verhaltensverantwortliche zu richten sind, subsidiär. Allerdings räumen die Tatbestandsvoraussetzungen namentlich der Abs. 1 Nr. 2 und 3 der Polizei einigen argumentativen Spielraum ein.

7   Abs. 1 Nr. 2 richtet seinen Blick zunächst auf die Zustands- und Verhaltensverantwortlichen und ordnet implizit an, dass die Polizei zunächst Maßnahmen gegen diese zu prüfen und vorzunehmen hat, bevor sie den Nichtstörer in Anspruch nehmen darf. Die Norm sieht sodann drei Konstellationen vor, in denen die vorrangige Inanspruchnahme der Störer ausscheidet:

1. Maßnahmen gegen den Störer sind überhaupt nicht möglich

8   Dies ist der Fall, wenn entweder (Naturkatastrophen oder Gefahren durch Wildtiere) gar kein (menschlicher) Störer existiert oder zwar ein Störer vermutet werden kann, aber definitiv nicht zu ermitteln ist; ferner fällt der Fall hierher, dass der Störer aus rechtlichen oder tatsächlichen Gründen ebenso definitiv nicht zur Gefahrenabwehr in der Lage ist. Seine ernstliche Verweigerung der Abhilfe löst hingegen die Prüfpflicht aus, ob ihr durch Zwangsmittel ihrerseits abgeholfen werden kann (Thiel PolR § 8 Rn. 135 aE).

2. Maßnahmen gegen den Störer sind nicht rechtzeitig möglich

9   Hier ist der Spielraum der Polizei bereits deutlich erhöht, weil „rechtzeitig" ein weiteres wertendes Element in die Entscheidung über die Störerauswahl hineinträgt. Was rechtzeitig ist, dürfte dabei stark einzelfallabhängig sein; es kommt auf die Natur der Gefahr, das bedrohte Schutzgut und die Prognose an, in welchem Zeitraum sich die Gefahr verwirklichen und dabei welche Schäden verursachen wird.

3. Maßnahmen gegen den Störer versprechen keinen Erfolg

10   Dieses Kriterium räumt der Polizei schließlich erheblichen Spielraum ein. Die Ausnahmestellung der Inanspruchnahme des Nichtstörers erlegt der Polizei hier die Pflicht einer besonders skrupulösen Prüfung sowie einer entsprechenden Begründung auf. Allerdings ist das Kriterium auch nicht so zu verstehen, dass es die Polizei daran hindert, in einer Konstellation, in der die Inanspruchnahme des Nichtstörers erkennbar deutlich effektiver ist als Maßnahmen gegen Verhaltens- oder Zustandsverantwortliche, die theoretisch möglich sind, aber erkennbar keinen oder nur marginalen Erfolg haben werden, sich für die Handlungsoption nach § 6 zu entscheiden.

11   In allen drei Konstellationen stellt sich schließlich die Frage, ob man – in Parallele zum Gefahrenbegriff – eine objektive oder eine subjektive Deutung der genannten Kriterien zugrunde legt (für einen Spielraum der Polizei SBK PolG NRW Rn. 3). Muss mithin die Unmöglichkeit der Inanspruchnahme des Störers objektiv vorliegen oder reicht es aus, dass die handelnden Beamten plausiblerweise davon ausgehen konnten, dass er bspw. nicht ermittelbar ist? Stellt man auf den Wortlaut ab, so sind die ersten beiden Begriffe in beide Richtungen deutbar, wohingegen „Erfolg versprechen" ein starkes Indiz für einen einsatztaktischen Einschätzungsspielraum der Polizei darstellt.

III. Unmöglichkeit der Abwehr durch die Polizei oder Beauftragte (Abs. 1 Nr. 3)

12   Abs. 1 Nr. 3 setzt ferner voraus, dass die Polizei die Gefahr nicht selbst oder durch Beauftragte abwehren kann; dabei gilt für die Unterscheidung von „nicht" oder „nicht rechtzeitig" das zu Abs. 1 Nr. 2 Gesagte; einen Vorbehalt, dass die Abwehr durch die Polizei oder durch Beauftragte keinen Erfolg verspricht, enthält Abs. 1 Nr. 3 nicht.

Die Abwehr durch Beauftragte zwingt die Polizei zunächst zur Prüfung, ob Dritte über **13** den Sachverstand und die Mittel verfügen, um die Gefahr abzuwehren. Hier kommen in erster Linie Spezialfirmen für Bergungs- und Entsorgungsarbeiten in Betracht; vor der Inanspruchnahme eines Nichtstörers hat die Polizei aber auch die Möglichkeit des Ersuchens um Amtshilfe (etwa der Bundeswehr bei der Bergung von Kriegswaffen) zu prüfen (VG Köln NJW 1971, 210 (212); Thiel PolR § 8 Rn. 136).

Zentrale Frage der Abwehr durch die Polizei selbst ist regelmäßig die nach dem Kräftean- **14** satz (wohingegen das Überschreiten der technischen Fertigkeiten auf der Hand liegen wird und keine Probleme bereitet). Sie stellt sich in den klassischen Konstellation des Aufeinandertreffens von Demonstration oder sonstiger Veranstaltung (Parteitag) und Gegendemonstration (näher zum Folgenden Gusy PolR Rn. 385; Kingreen/Poscher POR § 9 Rn. 77 ff.). Nach dem in der Rechtsprechung zugrunde gelegten Prioritätsgrundsatz ist die zuerst angemeldete Versammlung ohne Inhaltsprüfung gegen die zeitlich nachrangige zu schützen (sofern kein schonender Ausgleich durch Entzerrung von Routen etc möglich ist; zugleich ein schönes Beispiel dafür, dass eine Schutzpflicht sehr wohl gegenüber einer Achtungspflicht obsiegen kann). Nach der Logik des polizeilichen Notstandes kann hingegen die Situation eintreten, dass die bereitgestellten Kräfte nicht mehr ausreichen, um die eskalierende Gegendemonstration unter Kontrolle zu bringen. Obwohl in diesem Fall die Gegendemonstranten die Gefahrenschwelle übertreten und als Verhaltensstörer einzustufen sind, ist die Auflösung der auf diese Weise gestörten Versammlung nach den Grundsätzen der Nichtstörerhaftung möglich. Gerade eingedenk des hohen Rangs der Versammlungsfreiheit wie der Maxime, dass das Recht nicht dem Unrecht zu weichen hat, ist die Polizei in dieser Situation allerdings verpflichtet, zunächst alle verfügbaren Kräfte (unter Einschluss der Polizeien anderer Länder und / oder des Bundes) zu mobilisieren, um den Schutz der Versammlungsfreiheit zu gewährleisten. Ist dies wegen anderweitiger Inanspruchnahme nicht möglich bzw. sind auch diese Kräfte überfordert, bleibt es aber bei der Inanspruchnahme und Auflösung der (friedlichen) Versammlung als Nichtstörerin (BVerwG NVwZ 1999, 991; VGH Mannheim DÖV 1990, 346; OVG Weimar NJ 1997, 102; zur Inanspruchnahme der Ursprungsdemonstration als sog. Zweckveranlasser VGH Kassel DVBl 1993, 618 (619)).

Auch hier stellt sich schließlich die Frage nach einem Einschätzungsspielraum der Polizei **15** (generell für restriktive Auslegung DWVM Gefahrenabwehr 332; WHM NRWPolR Rn. 436). Namentlich beim Aufeinandertreffen verschiedener Versammlungen können sich die Einsatzkräfte einer sog. Deeskalationsstrategie bedienen, also auf Störungen der öffentlichen Ordnung gezielt gar nicht oder nur zurückhaltend reagieren. Diese dürfte allerdings überdehnt werden, wenn sie nur um den Preis einer Inanspruchnahme von Nichtstörern aufrechterhalten werden kann; hier muss sich auswirken, dass Abs. 1 Nr. 3 gerade nicht die Klausel enthält, dass der Einsatz der Polizei keinen Erfolg verspricht.

IV. Inanspruchnahme ohne erhebliche eigene Gefährdung und ohne Verletzung höherwertiger Pflichten (Abs. 1 Nr. 4)

Abs. 1 Nr. 4 buchstabiert letztlich den Verhältnismäßigkeitssatz näher aus; die Inanspruch- **16** nahme des Nichtstörers muss zumutbar sein, wobei namentlich bei drohenden Vermögensschäden auch die Entschädigungspflicht nach § 67 iVm § 39 Abs. 1 lit. a NRWOBG in die Abwägung mit einzustellen ist (SBK PolG NRW Rn. 6; Dietlein/Hellermann NRWÖffR/ Dietlein § 3 Rn. 103; diff. Thiel PolR § 8 Rn. 137). In der Sache sind die von der Gefahr nach Abs. 1 Nr. 1 bedrohten Rechtsgüter mit den Individualrechtsgütern des in Anspruch zu nehmenden Nichtstörers abzuwägen, wobei der Polizei hier kein Einschätzungsspielraum zukommt (s. WHM NRWPolR Rn. 443). Namentlich ist jede Gefährdung der körperlichen Unversehrtheit zu vermeiden bzw. auf extreme Ausnahmefälle zu beschränken. Vergleichsweise evident verletzt sein dürfte Abs. 1 Nr. 4 danach im Falle eines sog. künstlichen Staus, wenn die Inanspruchnahme der zum Halten gezwungenen bzw. als Hindernis für den Flüchtenden fungierenden Fahrer erfolgt, obwohl den handelnden Beamten bewusst ist, dass die Flüchtenden hochgradig aggressiv und wahrscheinlich auch angetrunken sind (LG Bückeburg NJW 2005, 3014; vgl. Melkos/Clauß DAR 2006, 73; Hoffmeyer Die Polizei 2007, 51).

17   Eine Verletzung höherwertiger Pflichten schließlich liegt vor, wenn der Nichtstörer durch die Inanspruchnahme gehindert wird, Pflichten nachzukommen, die sich in der Abwägung gegen die gefährdeten Rechtsgüter durchsetzen. Beispiele wären die Inanspruchnahme eines Arztes, der selbst auf dem Weg zu einem lebensbedrohlichen Notfall ist (Thiel PolR § 8 Rn. 137 aE), oder die Inanspruchnahme eines Vermieters durch Einweisung eines Obdachlosen, wenn jener die Wohnung zur Pflege seines im Sterben liegenden Vaters hat räumen lassen (vgl. ferner SBK PolG NRW Rn. 5).

V. Fallgruppen und Einzelfälle

18   Mit der Einweisung eines Obdachlosen in seine gerade gekündigte Wohnung ist bereits eine für die Praxis wichtige Fallkonstellation des § 6 (respektive des § 19 NRWOBG) angesprochen (aus der Rspr. BGH NJW 1996, 315; VGH München BayVBl. 2007, 439; VGH Mannheim VBlBW 1997, 187; OVG Bremen NVwZ-RR 2013, 361; vgl. ferner Gusy PolR Rn. 344 f., 384 sowie eingehend Peppersack, Rechtsprobleme der Unterbringung Obdachloser in Räumlichkeiten Privater, 1998; Wieser, Die polizeiliche Wiedereinweisung des Räumungsschuldners, 1999; Ruder NVwZ 2013, 1283); auch das polizeiliche Vorgehen gegen eine friedliche Versammlung im Falle des polizeilichen Notstands wurde bereits erörtert (vgl. zusf. Haurand NRWPolR 101 sowie Gusy PolR Rn. 385 mwN). Die Rechtsprechung hat eine Inanspruchnahme als Nichtstörer ferner gebilligt im Falle von Personenschutzmaßnahmen zugunsten eines bedrohten Staatsanwalts, für die teils die Mitbewohner seiner Wohnanlage in Anspruch genommen wurden (OVG Koblenz NJW 2006, 1830), im Falle eines Fußballvereins, dessen „Anhänger" sich bei bestimmten Paarungen mit an Sicherheit grenzender Wahrscheinlichkeit Auseinandersetzungen mit den „Fans" der Gastmannschaft liefern (OVG Hamburg NJW 2012, 1975), sowie zum „Glasverbot" im Kölner Karneval (OVG Münster GewArch 2012, 264; krit. Krüper DVBl 2017, 10). Auch die Veranstalter von Weihnachtsmärkten oder Karnevalsumzügen sind in Ansehung der Gefahr etwaiger Terrorangriffe allenfalls (wohlgemerkt zu entschädigende) Nichtstörer; die gegenwärtige Praxis der faktischen Inanspruchnahme durch Auflagen zu straßenrechtlichen Erlaubnissen oder Ähnlichem ist grotesk rechtswidrig (richtig jetzt VG Berlin BeckRS 2017, 151815; näher Bruns/Gumpp/Mommsen/Nguyen, Terror/Wittreck, 2019, 119 ff.).

VI. Aufrechterhalten von Maßnahmen gegen den Nichtstörer (Abs. 2)

19   Abs. 2 stellt klar, dass das Regel-Ausnahmeverhältnis auch auf der Zeitachse gilt: Der Nichtstörer darf initial nur in Anspruch genommen werden, wenn andere Abhilfe nicht möglich ist (Abs. 1 Nr. 2 bzw. Nr. 3); auch danach gilt, dass die Maßnahme nur aufrechterhalten werden darf, solange eine anderweitige Bekämpfung der Gefahr nicht möglich ist (näher Thiel PolR § 8 Rn. 138). „Abhilfe" verweist dabei in der Sache auf den Katalog des Abs. 1 Nr. 2 und Nr. 3; die Polizei ist weiterhin gehalten, Zustands- oder Verhaltensverantwortliche zu ermitteln, in Anspruch zu nehmen und zu prüfen, ob sie die Gefahr selbst oder durch Beauftragte abwehren kann. Besonders dringlich ist diese Prüfung naturgemäß, wenn die Polizei den Nichtstörer in Anspruch genommen hat, weil andere Abhilfe lediglich „nicht rechtzeitig" möglich war; sobald der schlicht abwesende Zustands- oder Verhaltensverantwortliche zur Hand ist, die Polizei wieder über hinreichende Kapazitäten verfügt oder die beauftragte Spezialfirma endlich einsatzbereit ist, muss der Nichtstörer aus der Verantwortung entlassen werden.

20   Abs. 2 unterstreicht zwar, dass die Inanspruchnahme des Nichtstörers typischerweise kurzfristig erfolgt oder Überbrückungscharakter hat; hingegen ist der Norm keine rechtliche Wertung dahingehend zu entnehmen, dass Maßnahmen nach Abs. 2 nicht langfristig wirken dürfen. Schulbeispiel des langfristigen polizeilichen (konkret regelmäßig eher ordnungsbehördlichen) Notstands ist – zumindest nach hM – die Einweisung des Obdachlosen in die Wohnung, aus der er gerade vom Gerichtsvollzieher geräumt werden soll. Sofern (etwa infolge der Notwendigkeit der Unterbringung von Flüchtlingen in stark erhöhter Zahl) den Gefahrenabwehrbehörden keine öffentlichen Unterkünfte zur Verfügung stehen und die Anmietung von Wohnraum am freien Markt entweder unmöglich oder nur unter Inkaufnahme wirtschaftlich unsinniger Konditionen zu leisten ist (zu den Anforderungen VG Köln BeckRS 2008, 36758), muss die – ohnehin nach § 67 iVm § 39 Abs. 1 lit. a NRWOBG entschädigungspflichtige – Inanspruchnahme womöglich über Monate (laut Rspr. bis zu sechs) geduldet werden (vgl. die Fallschilderung in BGH NJW 1996, 315).

C. Abgrenzung zur Verhaltensverantwortlichkeit nach § 323c StGB

Zahlreiche Fälle, die zunächst die Inanspruchnahme eines Nichtstörers nahelegen, stellen **21** tatsächlich Maßnahmen gegen Verhaltensverantwortliche dar (anfechtbar das Beispiel bei SBK PolG NRW Rn. 2: Der Fahrer des Pkw ist nach § 323c StGB zur Hilfe verpflichtet, weil ein Unglücksfall vorliegt.). Denn § 323c StGB erlegt jedermann die strafbewehrte Pflicht auf, „bei Unglücksfällen oder gemeiner Gefahr oder Not […] Hilfe" zu leisten, wenn „dies erforderlich und ihm den Umständen nach zuzumuten, insbesondere ohne erhebliche eigene Gefahr und ohne Verletzung anderer wichtiger Pflichten möglich ist". Das Normprogramm des § 323c StGB ist dem des § 6 strukturell vergleichbar (eingehend Fischer, Unterlassene Hilfeleistung und Polizeipflichtigkeit, 1989; vgl. Schlacke/Wittreck LandesR NRW/Wittreck § 5 Rn. 49).

Unglücksfälle sind danach plötzlich eintretende Ereignisse, die erhebliche Gefahren für ein **22** Individualrechtsgut mit sich bringen oder zu bringen drohen (Schönke/Schröder/Sternberg-Lieben/Hecker StGB § 323c Rn. 5); gemeine Gefahr ist eine konkrete Gefahr für eine unbestimmte Zahl von Menschen oder zahlreiche Sachen von mindestens insgesamt hohem Wert (Schönke/Schröder/Sternberg-Lieben/Hecker StGB § 323c Rn. 9); gemeine Not ist schließlich eine die Allgemeinheit betreffende Notlage (Hochwasser, Ausfall der Stromversorgung). Danach ist insbesondere der Unglücksfall enger als die gegenwärtige erhebliche Gefahr, die mehr Schutzgüter erfasst (wie hier etwa Tegtmeyer/Vahle PolG NRW Rn. 7); auch ist das Moment der Plötzlichkeit zu beachten. Hingegen liegen bei gemeiner Not und gemeiner Gefahr unschwer auch gegenwärtige erhebliche Gefahren vor. Die Opfergrenze beider Bestimmungen ist ebenfalls identisch. Hingegen greift die Hilfspflicht nach § 323c StGB grundsätzlich ohne die Möglichkeit des Verweises auf Verantwortliche oder die Polizei und ihre Beauftragten.

Typische Fälle der Inanspruchnahme als Störer wegen drohenden Verstoßes gegen § 323c **23** StGB sind danach die Heranziehung von Passanten zur Hilfe bei Unfällen mit Verletzten oder das Requirieren von Kraftfahrzeugen zum Transport derselben (WHM NRWPolR Rn. 439).

D. Sondervorschriften zur Maßnahmerichtung

Abs. 3 verweist wiederum auf § 4 Abs. 4 (→ § 4 Rn. 41). Als Spezialvorschriften, die in der **24** Sache die Adressierung von Maßnahmen an Nichtstörer ermöglichen (und nach verbreiteter Ansicht die entsprechende Anwendung der Nichtstörerentschädigung nach § 67 iVm § 39 Abs. 1 lit. a NRWOBG nahelegen; so WHM NRWPolR Rn. 640 f.), kommen namentlich die § 9 Abs. 1 S. 1 (Befragung), § 10 Abs. 1 Nr. 1 (Vorladung), § 11 Nr. 1 (Erhebung von Personaldaten), § 12 Abs. 1 Nr. 2–4 (Identitätsfeststellungen) und § 12a (strategische Fahndung) in Betracht. Ferner verdienen die Bestimmungen Erwähnung, die insbesondere Maßnahmen der Datenerhebung gegenüber Kontakt- und Begleitpersonen zulassen (namentlich § 16a Abs. 1 S. 2–4, § 17 Abs. 1 S. 2; Kugelmann PolR Kap. 8 Rn. 94).

Eine Parallelbestimmung zu § 6 enthält schließlich § 43 BHKG, der dem Einsatzleiter **25** der Feuerwehr erlaubt, Personen zur Hilfeleistung oder zur Gestellung von Fahrzeugen heranzuziehen (s. jetzt näher Strathoff, Die Befugnisse der Feuerwehr zur Gefahrenabwehr in Nordrhein-Westfalen, 2020, im Erscheinen).

§ 6a [aufgehoben]

Überblick

Die erst am 15.12.2016 in Kraft getretene, mWv 24.10.2017 aber bereits wieder aufgehobene Vorschrift (→ Rn. 1) regelte die Legitimations- (→ Rn. 3 ff.) und Kennzeichnungspflicht (→ Rn. 6 ff.) für Polizeivollzugsbeamtinnen und -beamte.

A. Übersicht und Normgeschichte

1   § 6a, der erst mit Art. 1 des Vierten Gesetzes zur Änderung des Polizeigesetzes des Landes Nordrhein-Westfalen v. 6.12.2016 (GV. NRW. 1051), in Kraft getreten am 15.12.2016, in das PolG NRW eingefügt worden war, wurde durch Art. 1 des Fünften Gesetzes zur Änderung des Polizeigesetzes v. 17.10.2017 (GV. NRW. 806) mWv 24.10.2017 wieder **aufgehoben**. Die Vorschrift umfasste eine gesetzliche Legitimations- (→ Rn. 3) und Kennzeichnungspflicht (→ Rn. 6) für Polizeivollzugsbeamtinnen und -beamte. § 6a Abs. 4 ermächtigte das Landesinnenministerium, Inhalt, Umfang und Ausnahmen der Legitimations- und Kennzeichnungspflicht durch einen Runderlass zu regeln. Dem war das Ministerium durch die VVKennzeichnung Pol (Verwaltungsvorschrift über die Legitimations- und Kennzeichnungspflicht von Polizeivollzugsbeamtinnen und -beamten v. 17.2.2017, MBl. NRW. 96) nachgekommen.

2   Wie in anderen Bundesländern und auf Bundesebene hatten die Polizeigewerkschaften in Nordrhein-Westfalen insbesondere die in **ex § 6a Abs. 3** normierte verpflichtende Kennzeichnung von Beamtinnen und Beamten in Einheiten der Bereitschaftspolizei und Alarmeinheiten seit jeher abgelehnt. Sie sahen darin ein „Misstrauensvotum" der Politik gegenüber den Polizeibeamten und befürchteten, dass es dem „Polizeilichen Gegenüber" auf diese Weise erleichtert werde, unbegründete Strafanzeigen gegen Polizisten zu stellen oder diese in sozialen Netzwerken mit verleumderischen und hetzerischen Behauptungen zu überziehen (zum Meinungsstand näher Barczak NVwZ 2011, 852 (852)). Aus diesem Grund war eine entsprechende Vorlage der damaligen rot-grünen Landesregierung Ende 2015 im ordentlichen Beteiligungsverfahren im Polizeihauptpersonalrat (PHPR) und anschließend auch in der Einigungsstelle gescheitert. Weil Gesetzentwürfe der Fraktionen – anders als Gesetzentwürfe der Landesregierung – vorab nicht dem PHPR vorgelegt werden müssen, brachten die seinerzeit regierungstragenden Fraktionen von SPD und Bündnis 90/Die Grünen daraufhin einen eigenen Gesetzentwurf in den nordrhein-westfälischen Landtag ein, der – neben der Schaffung einer Rechtsgrundlage für den Einsatz sog. Bodycams in § 15c – die Einführung einer Legitimations- und Kennzeichnungspflicht vorsah (LT-Drs. 16/12361). Dieser wurde auf Empfehlung des Innenausschusses des Landtags, der zu der Einführung der Legitimations- und Kennzeichnungspflicht keine Änderungsvorschläge hatte, entsprechend verabschiedet. Nach der **Wahl zum 17. Landtag von Nordrhein-Westfalen am 14.5.2017** forderten die nunmehr regierungstragenden Fraktionen von CDU und FDP die Landesregierung auf, „dem Landtag umgehend einen Gesetzentwurf vorzulegen, mit dem die gesetzliche Legitimations- und Kennzeichnungspflicht für Polizeivollzugsbeamtinnen und -beamte in Nordrhein-Westfalen wieder abgeschafft wird" (LT-Drs. 17/75, 3). Diese kam der Aufforderung mit dem Entwurf eines Fünften Gesetzes zur Änderung des Polizeigesetzes des Landes Nordrhein-Westfalen (LT-Drs. 17/491) v. 6.9.2017 nach, dessen einziger Gegenstand die Aufhebung der soeben erst eingeführten Legitimations- und Kennzeichnungspflicht war. Zur Begründung hieß es zum einen, dass sich die Polizeigewerkschaften zuvor gegen die Einführung der Legitimations- und Kennzeichnungspflicht ausgesprochen hätten. Zum anderen wurde in der Gesetzesbegründung (vgl. LT-Drs. 17/491, 5) wie folgt ausgeführt: „Durch den Wegfall der in § 6a PolG NRW eingeführten individualisierten anonymisierten Kennzeichnungspflicht entstehen für die Bürgerinnen und Bürger keine Nachteile, etwa in Form eines Transparenzverlustes staatlichen Handelns. Aus der Zeit vor Einführung der Norm sind keine Fälle bekannt, in denen Ermittlungen gegen Angehörige des Polizeivollzugsdienstes in Nordrhein-Westfalen aufgrund mangelnder Identifizierbarkeit beim Einsatz in Einheiten der Bereitschaftspolizei oder Alarmeinheiten gescheitert sind." Gerade dieses Argument darf aber seit langem als **empirisch widerlegt** gelten (vgl. schon Amnesty International, Täter unbekannt. Mangelnde Aufklärung von mutmaßlichen Misshandlungen durch die Polizei in Deutschland, 2010, 74 f., 109). Gleichwohl wurde der Entwurf am 13.9.2017 vom Plenum des Landtags an den Innenausschuss zur alleinigen Beratung überwiesen, der mit den Stimmen der Fraktionen von CDU, FDP und AfD gegen die Stimmen der Fraktionen von SPD und Bündnis 90/Die Grünen die Empfehlung aussprach, den Gesetzentwurf der Landesregierung anzunehmen (LT-Drs. 17/824). Der Landtag beschloss die Gesetzesänderung am 17.10.2017, sie wurde am 23.10.2017 im Gesetz- und Verordnungsblatt für das Land Nordrhein-Westfalen verkündet und trat einen Tag später in Kraft. Damit war der Legitimations- und Kennzeichnungspflicht, die der Polizei in einem demokratischen Rechtsstaat gut zu Gesicht steht und gegen die – wie die kaum als solche zu bezeichnende „Begründung" des Fünften Änderungsgesetzes zeigt – rationale Argumente schwerlich vorgebracht werden können (vgl. Barczak NVwZ 2011, 852 ff.), in Nordrhein-Westfalen nur eine sehr kurze Existenz beschieden. Die **unrühmliche Geschichte** der Legitimations- und Kennzeichnungspflicht in Nordrhein-Westfalen ist ein Beleg für die **Politisierung des Polizeirechts** und hat den Ruch der Lobbygesetzgebung. Die folgenden Ausführungen haben lediglich rechtshistorischen Gehalt.

B. Inhalt

I. Legitimationspflicht

§ 6a Abs. 1 S. 1 und S. 2 regelte für Polizeibeamtinnen und -beamte die in anderen **3** Bundesländern schon seit längerem polizeigesetzlich normierte und in Nordrhein-Westfalen zuvor (und zukünftig wieder) nur auf der Grundlage eines Runderlasses des Innenministeriums (v. 12.4.2010 – 43.1-58.02.09, MBl. NRW. 578) bestehende Pflicht, im Dienst ihren Dienstausweis mit sich zu führen, und sich im Zuge der Vornahme von Maßnahmen gegenüber hiervon betroffenen Personen auf deren Verlangen hin auszuweisen (Ausweis- und Legitimationspflicht). Eine Ausnahme von der Legitimationspflicht war vorgesehen, wenn im Falle ihrer Befolgung eine Gefahr für die Polizeibeamten selbst oder für den Zweck der Maßnahme besteht. Eine Gefahr für die Person oder den Zweck der Maßnahme sollte nach der Gesetzesbegründung (LT-Drs. 16/12361, 12) in der Regel bei einem Einsatz von Einheiten der Bereitschaftspolizei oder der Alarmeinheiten anzunehmen sein. In diesem Fall griff die verpflichtende Kennzeichnung nach Maßgabe des Abs. 3.

Gemäß § 6a Abs. 1 S. 3 wiesen sich Polizeibeamte beim Einsatz in Zivilkleidung unaufge- **4** fordert aus.

Im Falle des Einsatzes mehrerer Polizeivollzugsbeamter unter einer gemeinsamen Führung **5** entfiel für die einzelnen Beamten die Legitimationspflicht. Sie bestand in diesem Fall ausschließlich für den mit der gemeinsamen Führung Betrauten (§ 6a Abs. 1 S. 4), sofern dadurch nicht die betreffende Person selbst oder der Zweck der Maßnahme gefährdet wurde (→ Rn. 3).

II. Kennzeichnungspflicht

§ 6a Abs. 2 ermöglichte Polizeivollzugsbeamten zunächst, während ihres Dienstes ein **6** Namensschild auf freiwilliger Grundlage zu tragen. Zuvor (und zukünftig wieder) war diese Wahlmöglichkeit lediglich in einer Dienstvorschrift geregelt. Nach Nr. 4.1 VVKennzeichnung Pol erfolgte die namentliche Kennzeichnung über ein deutlich sichtbar an der Dienstkleidung angebrachtes einheitliches Namensschild mit dem Nachnamen des Polizeivollzugsbeamten. Mit „Dienst" iSd Abs. 2 war dabei, wie sich im Vergleich mit Abs. 3 ergab, der normale Wach- und Wechseldienst („Streifendienst") gemeint. Entsprechend war nach Nr. 4.2 VVKennzeichnung Pol kein Namensschild an Schutzanzügen von Einsatzeinheiten zu tragen, was implizierte, dass dieses nicht nur nicht getragen werden musste, sondern in entsprechenden Einheiten selbst auf freiwilliger Basis **nicht** getragen werden **durfte**.

Herzstück der Novellierung im Jahr 2016 war § 6a Abs. 3. Nach diesem mussten Polizei- **7** vollzugsbeamte in Bereitschaftspolizei- und Alarmeinheiten eine anonymisierte individuelle Kennzeichnung tragen (Kennzeichnungspflicht). Die Einführung einer anonymisierten individuellen Kennzeichnung für Beamte in Bereitschaftspolizei- und Alarmeinheiten sollte die Bürgernähe und Transparenz auch in diesen Bereichen der Polizei stärken, da sie eine **vereinfachte nachträgliche Identifikation** der eingesetzten, aufgrund der getragenen Körperschutzausrüstung kaum unterscheidbaren Beamten möglich machte und mit der anonymisierten Form der Kennzeichnung (→ Rn. 10) gleichzeitig die Persönlichkeitsrechte der Beamten wahrte. Eine Kennzeichnungspflicht für Beamte in geschlossenen Einheiten bestand in dieser oder ähnlicher Form bereits in zahlreichen anderen Bundesländern und ist verfassungsrechtlich zulässig, insbesondere mit dem Recht auf informationelle Selbstbestimmung (Art. 2 Abs. 1 GG iVm Art. 1 Abs. 1 GG) der Beamtinnen und Beamten vereinbar (eingehend

Barczak NVwZ 2011, 852 ff.; LKV 2014, 391 ff., jeweils mwN; übereinstimmend auch Ertl DÖV 2016, 23 ff.).

8   Beim Einsatz in Einsatzschutzanzügen in Einheiten der Bereitschaftspolizei und Alarmeinheiten hatten Polizeivollzugsbeamtinnen und -beamte anstelle des für den regulären Streifendienst vorgesehenen Namensschildes eine erweiterte Form der taktischen Kennzeichnung zu tragen (vgl. Nr. 4.2 VVKennzeichnung Pol). Im mittleren Abschnitt der Rückenkennzeichnung wurde dabei die Zahlenfolge, die schon bislang Auskunft über die Zugehörigkeit zu der jeweiligen Einheit der Bereitschaftspolizei gab, durch einen individualisierenden Buchstaben (B) ergänzt (zB „NRW 11823 B").

9   § 6a Abs. 4 ermöglichte Ausnahmen von der Kennzeichnungspflicht. Diese galt nach Nr. 4.3 VVKennzeichnung Pol nicht, soweit der Zweck der Maßnahme oder Amtshandlung oder überwiegende schutzwürdige Belange der Polizeivollzugsbeamtinnen und -beamten dadurch beeinträchtigt werden. Über das Vorliegen der Voraussetzungen dieser Befreiung entschied die Behördenleiterin oder der Behördenleiter der jeweils einsatzführenden Polizeibehörde bzw. bei ihrer oder seiner Abwesenheit die bestellte Vertreterin oder der bestellte Vertreter.

10   Zur Wahrung der Persönlichkeitsrechte der Beamten waren die **Buchstabenkennzeichnungen vierteljährlich zu wechseln,** sofern nicht einsatzbedingt durch die jeweiligen Abteilungsführer für sich und ihre Führungsgruppen, die Hundertschaftsführer für sich, ihre Einheiten und die ihnen zugeordneten Alarmzüge, die Leiter der Technischen Einsatzeinheiten für sich und ihre Einheiten oder die jeweiligen Vertreter im Amte der Bedarf erkannt wurde, die Kennzeichnung früher auszutauschen (vgl. Nr. 4.4 VVKennzeichnung Pol). Ein Wechsel der individualisierten anonymisierten Kennzeichnung erfolgte ausschließlich in den jeweiligen Einheiten. Für die Einhaltung der Wechselzyklen und den ordnungsgemäßen Ablauf waren die jeweiligen Abteilungsführer, Hundertschaftsführer, Leiter der Technischen Einsatzeinheiten oder die jeweiligen Vertreter im Amte verantwortlich. Ein Wechsel ohne deren jeweilige Zustimmung war unzulässig.

§ 7 Einschränkung von Grundrechten

Durch dieses Gesetz werden die Grundrechte auf
informationelle Selbstbestimmung (Artikel 2 Absatz 1 in Verbindung mit Artikel 1 Absatz 1 des Grundgesetzes),
Leben und körperliche Unversehrtheit (Artikel 2 Abs. 2 Satz 1 des Grundgesetzes),
Freiheit der Person (Artikel 2 Abs. 2 des Grundgesetzes),
Versammlungsfreiheit (Artikel 8 des Grundgesetzes),
Fernmeldegeheimnis (Artikel 10 Absatz 1 des Grundgesetzes),
Freizügigkeit (Artikel 11 des Grundgesetzes) und
Unverletzlichkeit der Wohnung (Artikel 13 des Grundgesetzes)
eingeschränkt.

A. Übersicht

1   § 7 korrespondiert mit dem sog. Zitiergebot des Art. 19 Abs. 1 S. 2 GG (→ Rn. 2). Die Bestimmung listet die Grundrechte auf, in die das Polizeigesetz nach der Vorstellung des Landesgesetzgebers gezielt eingreift bzw. zu deren Lasten es gezielt zu Eingriffen ermächtigt (→ Rn. 7 ff.). Diese Liste weist einzelne Lücken auf, die teils nicht unproblematisch sind (→ Rn. 13 ff.). Die Rechtswirkung des § 7 ist über die Rechtfertigungsfunktion gegenüber dem Art. 19 Abs. 1 S. 2 GG hinaus hingegen begrenzt (→ Rn. 18 f.).

B. Verfassungsrechtlicher Rahmen und Hintergrund

2   § 7 setzt den Verfassungsauftrag des Art. 19 Abs. 1 S. 2 GG (sog. Zitiergebot) um (dazu – außer den Kommentierungen von Art. 19 GG – statt aller Dreier/Dreier GG Art. 19 Abs. 1 Rn. 19 ff.; näher Schwarz, Die Zitiergebote des Grundgesetzes, 2002; Singer DÖV 2007, 496; Merten/Papier Grundrechte-HdB/Axer § 67 Rn. 19 ff.). Danach sind Gesetze, die Grundrechte entweder selbst einschränken oder zu entsprechenden Eingriffen ermächtigen, nur dann materiell verfassungsgemäß, wenn sie das betreffende Grundrecht ausdrücklich nennen. Die Norm soll „sicherstellen, daß nur wirklich gewollte Eingriffe erfolgen" (BVerfGE 64, 72 (79)) bzw. dazu anhalten, dass „sich der Gesetzgeber über die Auswirkungen seiner Regelungen für die betroffenen Grundrechte Rechenschaft" gibt (BVerfGE 64, 72 (79)). Das Zitiergebot erfüllt insofern für den Gesetzgeber eine „Warn- und Besinnungsfunktion" (nochmals BVerfGE 64, 72 (79 f.)) und soll zugleich die Bürger darüber orientieren, dass eine Grundrechtsverkürzung im Raum steht (Informationsfunktion; diese Perspektive bei Dreier/Dreier GG Art. 19 Abs. 1 Rn. 19 aE).

Art. 19 Abs. 1 S. 2 GG wird von der Rechtsprechung in mehrfacher Hinsicht einschrän- **3** kend ausgelegt (dies unter deutlicher Kritik der Lit., s. nur Dreier/Dreier GG Art. 19 Abs. 1 Rn. 27 mwN). Die Norm gilt nur für nachkonstitutionelle Gesetze (BVerfGE 124, 43 (66); Dreier/Dreier GG Art. 19 Abs. 1 Rn. 23; Sachs/Sachs GG Art. 19 Rn. 15) – dies trifft auf das PolG NRW unschwer zu (statt aller SBK PolG NRW Rn. 2). Ferner wendet das BVerfG in enger Anlehnung an den Wortlaut des Art. 19 Abs. 1 S. 1 GG das Zitiergebot nur auf solche Grundrechte an, deren Schrankenvorbehalt „klassisch" formuliert ist, indem er ausdrücklich die Einschränkung durch Gesetz oder aufgrund eines Gesetzes erlaubt (BVerfGE 64, 72 (79)); das schließt vorbehaltlos gewährleistete Grundrechte (BVerfGE 83, 130 (154)) sowie „Regelungsaufträge, Inhaltsbestimmungen oder Schrankenziehungen" (BVerfGE 64, 72 (80)) aus. Schließlich erfasst Art. 19 Abs. 1 S. 2 GG nur unmittelbare und gezielte Einwirkungen (BVerfG NJW 1999, 3399 (3400)) und soll im Interesse der Handlungsfreiheit des Gesetzgebers generell restriktiv auszulegen sein (BVerfGE 28, 36 (46); 35, 185 (188); 64, 72 (79 f.)), etwa im Falle offensichtlicher Grundrechtseinschränkungen nicht greifen (BVerfGE 35, 185 (189); 64, 72 (80); krit. Jarass/Pieroth/Jarass GG Art. 19 Rn. 6 sowie Sachs/Sachs GG Art. 19 Rn. 28).

Demnach müssen durch Zitierung (lediglich) die Eingriffe in die folgenden Grundrechte **4** ausgeflaggt werden:
- Art. 2 Abs. 1 GG iVm Art. 1 Abs. 1 GG (sog. Allgemeines Persönlichkeitsrecht),
- Art. 2 Abs. 2 GG (Leben und körperliche Unversehrtheit bzw. persönliche Freiheit eingedenk des Art. 2 Abs. 2 S. 3),
- Art. 6 Abs. 3 GG (Trennung von Kindern von den Eltern),
- Art. 8 Abs. 1 und Abs. 2 GG (Versammlungen unter freiem Himmel),
- Art. 10 Abs. 1 GG (Telekommunikation),
- Art. 11 Abs. 1 GG (Freiheit der Person),
- Art. 12 Abs. 1 GG (Berufsfreiheit; aA ohne stichhaltige Argumente die Rspr.: BVerfGE 7, 377 (404); 64, 72 (80 f.)),
- Art. 13 Abs. 1 GG (Schutz der Wohnung) sowie
- Art. 16 Abs. 1 S. 2 GG (Verlust der Staatsangehörigkeit; vgl. die Auflistungen bei Dreier/ Dreier GG Art. 19 Abs. 1 Rn. 26 sowie Jarass/Pieroth/Jarass GG Art. 19 Rn. 5).

Nach der jüngeren Rechtsprechung des BVerfG müssen auch spätere Änderungsgesetze, die **5** zu neuen im Vergleich zum bisherigen Rechtszustand intensiveren Eingriffen in die von Art. 19 Abs. 1 S. 2 GG geschützten Grundrechte ermächtigen, dem Zitiergebot genügen, mithin dem Änderungsgesetzgeber bzw. dem Bürger im obigen Sinne signalisieren, dass das betreffende Gesetz die Freiheit der ihm Unterworfenen verkürzt (BVerfGE 113, 348 (366 f.); 129, 208 (237); Kugelmann PolR Kap. 8 Rn. 10, 30). Da das Gericht den „Stichtag" auf den 27.7.2005 festgelegt hat (BVerfGE 113, 348 (367)), ist das Gesetz zur Änderung des Polizeigesetzes und des Ordnungsbehördengesetzes v. 7.3.2003 (GV. NRW. 410) diesbezüglich unauffällig; die umfangreichen Eingriffe durch das Gesetz v. 9.2.2010 (GV. NRW. 132; vgl. Sachs/Krings NWVBl. 2010, 165) sind in Art. 2 des Gesetzes eigens ausgeflaggt. Gleiches gilt für die nicht weniger umfangreichen Reformgesetze von Ende 2018 (Gesetz v. 13.12.2018, GV. NRW. 684, berichtigt 2019, 23; vgl. ferner Art. 2 und 3 des Gesetzes zur Anpassung des Polizeigesetzes des Landes Nordrhein-Westfalen und des Gesetzes über Aufbau und Befugnisse der Ordnungsbehörden v. 18.12.2018, GV. NRW. 741; s. v. Coelln/Pernice-Warnke/Pützer/Reisch NWVBl. 2019, 89; Thiel GSZ 2019, 1; Schlacke/Wittreck LandesR NRW/Wittreck § 5 Rn. 13). Zuletzt hat der Landesgesetzgeber Ende 2019 den Verweis auf die Versammlungsfreiheit (Art. 8 GG) aufgenommen (Gesetz v. 19.12.2019, GV. NRW. 991).

Der Verweis auf die Einschränkung des Fernmeldegeheimnisses (Art. 10 Abs. 1 GG) ist **6** erst 2013 durch das Gesetz v. 21.6.2013 anlässlich der Einfügung von §§ 20a und 20b aufgenommen worden (GV. NRW. 375).

C. Einzelne Grundrechte

I. Informationelle Selbstbestimmung

7   Eingriffe in das als Ausformung des sog. Allgemeinen Persönlichkeitsrechts verstandene Recht auf informationelle Selbstbestimmung (hergeleitet aus Art. 2 Abs. 1 GG iVm Art. 1 Abs. 1 GG), also das Recht, „selbst über die Preisgabe und Verwendung persönlicher Daten zu entscheiden" (BVerfGE 130, 1 (35); aus der Lit. nur Schoch JURA 2008, 352), enthalten namentlich die 2018 eingehend umgestalteten Vorschriften des Unterabschnitts „Datenverarbeitung" (§§ 9 ff.).

II. Leben und körperliche Unversehrtheit

8   Zu Eingriffen in die körperliche Unversehrtheit (Art. 2 Abs. 2 S. 1 GG) ermächtigen primär die Vorschriften über den unmittelbaren Zwang (§§ 55, 57 ff.; unlängst ergänzt um den „Taser": § 58 Abs. 4); daneben sind Maßnahmen zu berücksichtigen, die wie die molekulargenetische Untersuchung zur Identitätsfeststellung (§ 14a) im Einzelfall (Entnahme von Körperzellen) niedrigschwellige Eingriffe in die physische Integrität einschließen. Eingriffe in das Leben implizieren die Vorschriften über den Schusswaffengebrauch (§§ 62 ff.), insbesondere der gezielte polizeiliche Todesschuss nach § 63 Abs. 2 S. 2.

III. Freiheit der Person

9   Die persönliche Freiheit (Art. 2 Abs. 2 S. 2 GG) wird überwiegend als körperliche Bewegungsfreiheit in dem Sinne verstanden, dass sie das Recht gewährleistet, jeden tatsächlich und rechtlich zugänglichen Ort aufzusuchen und an ihm zu verweilen (BVerfGE 94, 166 (198); 105, 239 (248); Dreier/Schulze-Fielitz GG Art. 2 Abs. 2 Rn. 99; Sachs/Murswiek GG Art. 2 Rn. 229 f.). Die Unsicherheit in der Umschreibung des Schutzbereiches rührt her von der Einsicht, dass Art. 2 Abs. 2 S. 2 GG historisch in negativer Perspektive gegen Haft und Leibeigenschaft schützen soll, dem aber kein positives Tun korrespondiert (näher Isensee/Kirchhof StaatsR-HdB/Wittreck § 151). Das PolG NRW legitimiert Eingriffe in die Freiheit der Person namentlich in Gestalt des Gewahrsams nach § 35; es kommen ferner die Befugnisse zum Anhalten (§ 9 Abs. 2 S. 2 bzw. § 12 Abs. 2 S. 2) sowie seit 2018 die „strategische Fahndung" gem. § 12a Abs. 1 S. 1, die Aufenthaltsvorgabe nach § 34b und die „elektronische Fußfessel" nach § 34c zur Vorladung (§ 10; vgl. insbesondere die zwangsweise Vorführung nach § 10 Abs. 3) sowie zum Festhalten (§ 12 Abs. 2 S. 3) hinzu, wobei hinsichtlich aller Maßnahmen die Eingriffsqualität (bloße Freiheitsbeschränkung oder Freiheitsentziehung iSv Art. 104 Abs. 1 GG?) umstritten ist (s. nur Dreier/Schulze-Fielitz GG Art. 2 Abs. 2 Rn. 101 ff.). Gleiches gilt für Platzverweis (§ 34 Abs. 1) und Aufenthaltsverbot (§ 34 Abs. 2; für die Einstufung als Eingriff in Art. 2 Abs. 2 S. 2 GG Sachs/Murswiek GG Art. 2 Rn. 240; ebenso Tegtmeyer/Vahle PolG NRW § 34 Rn. 1). Einen besonders gravierenden Eingriff in die Freiheit der Person stellt schließlich das Fesseln (§ 62) dar; Gleiches gilt für die Ersatzzwangshaft nach § 54 Abs. 1 (SBK PolG NRW § 54 Rn. 2).

IV. Versammlungsfreiheit

10   Die seit Ende 2019 in den Katalog aufgenommene Versammlungsfreiheit (Art. 8 GG) verdeutlicht, dass die Polizei in einer Vielzahl von Konstellationen sehr wohl versammlungsrelevante Maßnahmen erlassen kann. Ihr Fehlen konnte als Ausdruck der vielzitierten „Polizeifestigkeit" von Versammlungen respektive des Versammlungsrechts gewertet werden (näher Thiel PolR § 18 Rn. 2; Kingreen/Poscher POR § 19 Rn. 15; Bünnigmann JuS 2016, 695). Diese ist einerseits einzuschränken, andererseits zu akzentuieren. Zunächst schloss die bisherige Nichterwähnung des Art. 8 GG in § 7 solche – regelmäßig auf die Generalklausel gestützten – Eingriffe in die Versammlungsfreiheit nicht aus, die der Abwehr von nicht versammlungsspezifischen Gefahren dienen – das Schulbeispiel ist die kurzfristige Umleitung eines Demonstrationszuges wegen eines Bombenfundes oder eines Erdsturzes auf der angekündigten bzw. abgesprochenen Route. Prekär waren hingegen die Normen des PolG NRW, die im Vorfeld einer Versammlung polizeiliche Maßnahmen zulassen, die in den – insofern

wiederum weit verstandenen (s. zur Erstreckung des Schutzbereichs auf das Vorfeld nur Dreier/Schulze-Fielitz GG Art. 8 Rn. 33; Sachs/Höfling GG Art. 8 Rn. 26) – Schutzbereich des Art. 8 GG eingreifen (krit. wie hier Kingreen/Poscher POR § 19 Rn. 19 f. sowie Lisken/Denninger PolR-HdB/Kniesel/Poscher K Rn. 146). Das gilt namentlich für die Einrichtung von Kontrollstellen nach § 12 Abs. 1 Nr. 4 (sie sind zulässig, sofern nicht „schikanös und schleppend kontrolliert" wird, laut Kingreen/Poscher POR § 20 Rn. 53), wohingegen die Datenerhebung nach § 15 Versammlungen iSd Art. 8 GG gerade ausspart (Tegtmeyer/Vahle PolG NRW § 15 Rn. 1).

V. Fernmeldegeheimnis

Das Fernmeldegeheimnis schützt als Teilgehalt der Kommunikationsfreiheit nach Art. 10 **11** Abs. 1 GG „die Vertraulichkeit mit Hilfe des Telekommunikationsverkehrs übermittelter Informationen an individuelle Empfänger" (Dreier/Hermes GG Art. 10 Rn. 36 im Anschluss an BVerfGE 67, 157 (172)); sein Schutz beschränkt sich auf den Übermittlungsvorgang, während die übermittelten Daten anschließend dem informationellen Selbstbestimmungsrecht unterfallen (näher zur Abgrenzung Dreier/Hermes GG Art. 10 Rn. 103 sowie Jarass/Pieroth/Jarass GG Art. 10 Rn. 2). Art. 10 Abs. 1 GG wird erst seit 2013 zitiert; dies soll die § 20a (Abfrage von Telekommunikations- und Telemediendaten) sowie § 20b (Einsatz technischer Mittel bei Mobilfunkendgeräten) verfassungsrechtlich absichern (seit 2018 kommt § 20c – Überwachung der laufenden Telekommunikation – hinzu). Zuvor sollten §§ 17 f. nicht zu Eingriffen in die Telekommunikationsfreiheit ermächtigen, was zweifelhaft erscheint (so aber Tegtmeyer/Vahle PolG NRW § 17 Rn. 4, § 18 Rn. 2; ebenfalls SBK PolG NRW § 17 Rn. 2).

VI. Freizügigkeit

Das Deutschengrundrecht, überall im Bundesgebiet Aufenthalt und Wohnsitz nehmen zu **12** können (Art. 11 GG), wird insbesondere durch langfristige Aufenthaltsverbote (§§ 34 Abs. 2, 34b) sowie durch die polizeiliche Wohnungsverweisung (§ 34a) tangiert (Tegtmeyer/Vahle PolG NRW Rn. 5, § 34 Rn. 1; Lisken/Denninger PolR-HdB/Graulich E Rn. 423; Schlacke/Wittreck LandesR NRW/Wittreck § 5 Rn. 61). Ferner kommen inzwischen vertypte, aber einstweilen noch auf die Generalklausel des § 8 Abs. 1 gestützte Maßnahmen wie die Meldeauflage in Betracht (näher Kugelmann PolR Kap. 8 Rn. 113 mwN: Votum für einen Eingriff lediglich in Art. 2 Abs. 1 GG).

VII. Unverletzlichkeit der Wohnung (Art. 13 GG)

In das Wohnungsgrundrecht (Art. 13 GG) greift namentlich die auf Art. 13 Abs. 2 GG **13** gestützte Durchsuchung (§ 41) ein; ferner korrespondiert mit Art. 13 Abs. 4 und Abs. 5 GG (sog. präventive Wohnungsüberwachung bzw. Wohnungsüberwachung zur Eigensicherung; näher EFP BesVerwR/Würtenberger § 69 Rn. 317 ff.) § 18 Abs. 1 und Abs. 5. Gegen die erste Intuition greift hingegen die Wohnungsverweisung nach § 34a nicht in Art. 13 GG ein (Kingreen/Poscher POR § 15 Rn. 5).

D. Mögliche Lücken

Die polizeiliche Generalklausel (§ 8 Abs. 1), so gilt es sich eingangs zu vergegenwärtigen, **14** ermöglicht dem Grunde nach zu Eingriffen in alle Grundrechte, sofern sie notwendig sind, um im jeweiligen und nicht näher prognostizierbaren Einzelfall eine Gefahr für die öffentliche Sicherheit oder Ordnung abzuwehren. Sofern man sich nicht auf die Ausnahmeklausel für unmittelbare und gezielte Eingriffe berufen will, dürfte die Überlegung zielführend sein, dass die danach eigentlich notwendige globale Inbezugnahme aller oder zumindest aller von Art. 19 Abs. 1 S. 2 GG erfassten Grundrechte weder der Warn- noch der Informationsfunktion des Zitiergebotes gerecht werden dürfte.

Es bleibt die Frage nach der Aussparung von durch Art. 19 Abs. 1 S. 2 GG erfassten **15** Grundrechten, die sowohl Relevanz für die Polizeipraxis haben als auch in dem Sinne „gefahrgeneigt" sind, dass polizeiliche Eingriffe an der Tagesordnung sind. Während die

Nichterwähnung der Berufsfreiheit (Art. 12 Abs. 1 GG) der verfassungsgerichtlichen Rechtsprechung geschuldet sein dürfte, war das langjährige Fehlen der Versammlungsfreiheit (Art. 8 GG) zunächst Ausdruck der vielzitieren „Polizeifestigkeit" von Versammlungen respektive des Versammlungsrechts (näher Thiel PolR § 18 Rn. 2; Kingreen/Poscher POR § 19 Rn. 15; Bünnigmann JuS 2016, 695).

16   Insbesondere die Sicherstellung nach § 43, erst recht aber die Verwertung und Vernichtung nach § 45 greifen in das Eigentumsrecht nach Art. 14 GG ein. In beiden Fällen liegen keine Enteignungen iSv Art. 14 Abs. 3 GG vor, sondern Inhalts- und Schrankenbestimmungen gem. Art. 14 Abs. 1 S. 2 GG, die sub specie Zitiergebot unauffällig sind (wie hier Tegtmeyer/ Vahle PolG NRW Rn. 7; SBK PolG NRW Rn. 3).

17   Insbesondere das Wegweisungsgebot nach § 34a greift ferner regelmäßig in den Schutzbereich des Art. 6 Abs. 1 GG ein (so auch SBK PolG NRW Rn. 3).

18   Inkonsequent dürfte zuletzt die Nichtnennung der Grundrechte der NRW Verf sein, die in Art. 4 Abs. 1 NRW Verf die Grundrechte des GG rezipiert (nach wohl hM ist diese Verweisung als dynamische aufzufassen, rekurriert mithin tagesaktuell auf den jeweils geltenden Stand des GG, so Geller/Kleinrahm/Dickersbach, Die Verfassung des Landes Nordrhein-Westfalen, 3. Aufl. 1977, NRW Verf Art. 4 Anm. 2. d; Löwer/Tettinger/Menzel, Kommentar zur Verfassung des Landes Nordrhein-Westfalen, 2002, NRW Verf Art. 4 Rn. 13; Dästner, Die Verfassung des Landes Nordrhein-Westfalen, 2002, NRW Verf Art. 4 Rn. 7; Grawert, Verfassung für das Land Nordrhein-Westfalen, 3. Aufl. 2012, NRW Verf Art. 4 Anm. 2; Dietlein/Hellermann NRWÖffR/Dietlein § 1 Rn. 25, 27; Heusch/Schönenbroicher/Kamp NRW Verf Art. 4 Rn. 32 f.). Nach vorzugswürdiger Auffassung sprechen der Wortlaut des Art. 4 Abs. 1 NRW Verf sowie das Demokratieprinzip in seiner Ausprägung als Selbstherrschaft gegen eine solche Möglichkeit der Selbstentäußerung des Verfassunggebers, die einem von den Landesbürgern nicht legitimierten Verband Zugriffsrechte auf die Verfassungsurkunde einräumt. Als statische Verweisung rekurriert Art. 4 Abs. 1 NRW Verf mithin auf den Grundrechtsteil des Bonner Grundgesetzes in seinem Stand v. 23.5.1949. Wichtigste Konsequenzen sind die uneingeschränkte Fortgeltung von Art. 10, 13 und 16 GG aF, also namentlich der Ausschluss des sog. großen Lauschangriffs (wie hier Dreier/Dreier GG Art. 142 Rn. 45; Schlacke/Wittreck LandesR NRW/Wittreck § 1 Rn. 64, jeweils mwN). Zudem sind in Art. 4 Abs. 2 NRW Verf (Datenschutz), Art. 5 f. NRW Verf (Ehe und Familie), Art. 8 ff. NRW Verf (Schule), Art. 19 ff. NRW Verf (Religionsverfassungsrecht) und Art. 24 ff. NRW Verf (Arbeit und Wirtschaft) zahlreiche weitere subjektive Rechtspositionen gewährleistet (näher Merten/Papier Grundrechte-HdB/Dietlein § 254 Rn. 25 ff.; Dietlein/ Hellermann NRWÖffR/Dietlein § 1 Rn. 53 ff. sowie Schlacke/Wittreck LandesR NRW/ Wittreck § 1 Rn. 56 ff.). Denn deutet man die Rezeptionsklausel richtig als Übernahme des gesamten „Grundrechtsregimes" des GG mitsamt den „Kopfnormen" zum Allgemeinen Teil (namentlich Art. 1 und 19 GG; so die wohl hM, Geller/Kleinrahm/Dieckersbach, Die Verfassung des Landes Nordrhein-Westfalen, 3. Aufl. 1977, NRW Verf Art. 4 Anm. 2c; Löwer/Tettinger/Menzel, Kommentar zur Verfassung des Landes Nordrhein-Westfalen, 2002, NRW Verf Art. 4 Rn. 17; Grawert, Verfassung für das Land Nordrhein-Westfalen, 3. Aufl. 2012, NRW Verf Art. 4 Anm. 2; Dietlein/Hellermann NRWÖffR/Dietlein § 1 Rn. 28; Heusch/Schönenbroicher/Kamp NRW Verf Art. 4 Rn. 19 f.), dann gilt das Zitiergebot (wohlgemerkt als Satz gliedstaatlichen Verfassungsrechts) auch für die Grundrechte und grundrechtsgleichen Rechte der Landesverfassung (wie hier namentlich Heusch/Schönenbroicher/Kamp NRW Verf Art. 4 Rn. 30). Sofern man die Miterwähnung der ganz überwiegend wortlaut- bzw. inhaltsgleichen rezipierten Grundrechte noch als Förmelei einstufen will, wären zumindest Eingriffe in die genannten Mehrgewährleistungen des Landesverfassungsrechts auszuweisen (diese bedenkenswerte Differenzierung bei Heusch/Schönenbroicher/Kamp NRW Verf Art. 4 Rn. 30).

E. Reichweite und Relevanz der Norm

19   § 7 sichert zunächst die materielle Verfassungsmäßigkeit des Polizeigesetzes, indem er dem Verfassungsauftrag des Art. 19 Abs. 1 S. 2 GG Genüge tut (näher Kingreen/Poscher POR § 10 Rn. 6 f.). Ferner kommt der Norm eine wichtige Begrenzungsfunktion zu, indem sie auf das PolG NRW gestützte Eingriffe in Grundrechte, die dem Schutz des Art. 19 Abs. 1

S. 2 GG unterfallen, aber nicht genannt sind, dem Grunde nach ausschließt (vgl. etwa Tegtmeyer/Vahle PolG NRW § 17 Rn. 4, allerdings zur alten Rechtslage). Diese Ausschlussfunktion ist allerdings nicht hermetisch in dem Sinne, dass entsprechende Eingriffe generell und ausnahmslos dem Verdikt der Verfassungs- bzw. Rechtswidrigkeit unterfielen. Da Art. 19 Abs. 1 S. 2 GG den Gesetzgeber lediglich zwingen will, über gewollte respektive gezielte Grundrechtseinschränkungen Rechenschaft zu geben, können die Bestimmungen des PolG NRW in atypischen Situationen herangezogen werden, um zu Eingriffen in praktisch alle Grundrechte zu ermächtigen. Dies gilt – wie dargelegt – namentlich für die Generalklausel nach § 8 Abs. 1, die andernfalls mit einem angesichts des Normzwecks dysfunktionalen Globalzitat bewehrt oder besser salviert werden müsste.

In umgekehrter Perspektive sind vereinzelt zu verzeichnende Versuche verfehlt, die bloße **20** Aufnahme eines Grundrechts in den Katalog des § 7 als Hebel zu deuten, um Eingriffen in dieses Grundrecht entweder eine Ermächtigungsgrundlage zu verschaffen oder sie anderweitig zu legitimieren. Sie begegneten vor der Einführung des § 63 Abs. 2 S. 2 (gezielter polizeilicher Todesschuss) namentlich als Rechtfertigungsstrategie für diese Maßnahme (so Gintzel Die Polizei 2008, 333 (335); wie hier Kutscha Die Polizei 2008, 289 (290 f.); beide zur Rechtslage vor 2010). Hingegen vermag die Nennung eines Grundrechts in § 7 sehr wohl eine Indizwirkung dahingehend zu entfalten (bzw. als Argument dafür zu fungieren), dass eine im Gesetz vorgesehene Standardmaßnahme im Einzelfall auch Eingriffe in die genannte Rechtsposition deckt.

Zweiter Abschnitt. Befugnisse der Polizei

Erster Unterabschnitt. Allgemeine Befugnisse, Begriffsbestimmung

§ 8 Allgemeine Befugnisse, Begriffsbestimmung

(1) Die Polizei kann die notwendigen Maßnahmen treffen, um eine im einzelnen Falle bestehende, konkrete Gefahr für die öffentliche Sicherheit oder Ordnung (Gefahr) abzuwehren, soweit nicht die §§ 9 bis 46 die Befugnisse der Polizei besonders regeln.

(2) ¹Zur Erfüllung der Aufgaben, die der Polizei durch andere Rechtsvorschriften zugewiesen sind (§ 1 Abs. 4), hat sie die dort vorgesehenen Befugnisse. ²Soweit solche Rechtsvorschriften Befugnisse der Polizei nicht regeln, hat sie die Befugnisse, die ihr nach diesem Gesetz zustehen.

(3) Straftaten von erheblicher Bedeutung sind insbesondere Verbrechen sowie die in § 138 des Strafgesetzbuches genannten Vergehen, Vergehen nach § 129 des Strafgesetzbuches und gewerbs- oder bandenmäßig begangene Vergehen nach
1. den §§ 243, 244, 260, 261, 263 bis 264a, 265b, 266, 283, 283a, 291 oder 324 bis 330 des Strafgesetzbuches,
2. § 52 Abs. 1 Satz 1 Nr. 2 Buchstabe c) oder d) des Waffengesetzes,
3. § 29 Abs. 3 Satz 2 Nr. 1 oder 29a Abs. 1 Nr. 2 des Betäubungsmittelgesetzes,
4. §§ 96 und 97 des Aufenthaltsgesetzes.

(4) Straftaten nach
1. § 211, § 212, § 226, § 227, § 239a, § 239b, § 303b, § 305, § 305a, §§ 306 bis 306c, § 307 Absatz 1 bis 3, § 308 Absatz 1 bis 4, § 309 Absatz 1 bis 5, § 313, § 314, § 315 Absatz 1, 3 oder 4, § 316b Absatz 1 oder 3, § 316c Absatz 1 bis 3, § 317 Absatz 1, § 328 Absatz 1 oder 2, § 330 Absatz 1 oder 2 oder § 330a Absatz 1 bis 3 des Strafgesetzbuchs,
2. den §§ 6 bis 12 des Völkerstrafgesetzbuchs vom 26. Juni 2002 (BGBl. I S. 2254), das durch Artikel 1 des Gesetzes vom 22. Dezember 2016 (BGBl. I S. 3150) geändert worden ist,
3. § 19 Absatz 1 bis 3, § 20 Absatz 1 oder 2, § 20a Absatz 1 bis 3, § 19 Absatz 2 Nummer 2 oder Absatz 3 Nummer 2, § 20 Absatz 1 oder 2, § 20a Absatz 1 bis 3, jeweils auch in Verbindung mit § 21, oder § 22a Absatz 1 bis 3 des Gesetzes über die Kontrolle von Kriegswaffen in der Fassung der Bekanntmachung vom 22. November 1990 (BGBl. I S. 2506), das zuletzt durch Artikel 6 Absatz 2 des Gesetzes vom 13. April 2017 (BGBl. I S. 872) geändert worden ist, und
4. § 51 Absatz 1 bis 3 des Waffengesetzes vom 11. Oktober 2002 (BGBl. I S. 3970, 4592; 2003 I S. 1957), das zuletzt durch Artikel 1 des Gesetzes vom 30. Juni 2017 (BGBl. I S. 2133) geändert worden ist,

sind terroristische Straftaten im Sinne dieses Gesetzes, wenn und soweit sie dazu bestimmt sind, die Bevölkerung auf erhebliche Weise einzuschüchtern, eine Behörde oder eine internationale Organisation rechtswidrig mit Gewalt oder durch Drohung mit Gewalt zu nötigen oder die politischen, verfassungsrechtlichen, wirtschaftlichen oder sozialen Grundstrukturen eines Staates oder einer internationalen Organisation zu beseitigen oder erheblich zu beeinträchtigen, und sie durch die Art ihrer Begehung oder ihre Auswirkungen einen Staat oder eine internationale Organisation erheblich schädigen können.

Überblick

Die Vorschrift enthält die polizeiliche Generalklausel, wie sie in vergleichbarer Form auch in Baden-Württemberg, Bayern, Hessen und Niedersachsen zu finden ist (§ 3 BWPolG,

Art. 11 Abs. 1 BayPAG, § 11 HSOG, § 11 NPOG). Sie geht sprachlich zurück auf § 10 Teil II Titel 17 ALT (Allgemeines Landrecht für die Preußischen Staaten v. 5.2.1794), § 14 Abs. 1 PrPVG 1931 sowie auf § 8 MEPolG (Thiel PolR § 6 Rn. 10; vertieft → § 1 Rn. 1). Anders als noch in der Vorgängerregelung des ALR findet sich in den Vorschriften der Bundesländer die aufgaben- und befugnisrechtliche Dimension polizeilicher Generalvorschriften mittlerweile getrennt normiert (so auch in Nordrhein-Westfalen mit den § 1 und 8, s. Schenke PolR Rn. 48; Kingreen/Poscher POR § 5 Rn. 1). Diese normative Trennung ist formaler Ausdruck eines dramatisch gewandelten Verständnisses von polizeilicher Aufgabenerfüllung unter dem GG. Nämlich zunächst dahingehend, dass die polizeiliche Aufgabe niemals die Ermächtigung der Polizei begründet, in Grundrechte der Bürger eingreifen zu dürfen (→ Rn. 7 f.). Die verfassungssystematische und vor allem grundrechtliche Determinierung des Verständnisses der Generalklausel geht aber darüber hinaus und wurde in den vergangenen Jahrzehnten zunehmend weiter präzisiert. Danach ist mittlerweile ebenso anerkannt, dass nicht jede Maßnahme der Polizei auf die allgemeine Ermächtigung der Generalklausel gestützt werden kann. Im Sinne eines Differenzierungsgebots und als Ausdruck des Übermaßverbots sind Gesetzgeber und Vollzugsbehörden im Gegenteil aufgefordert, sensibel mit der Handhabung der Generalklausel umzugehen und – wo erforderlich – Standardermächtigungen vorzusehen, die vor allem die Grenzen und Hürden polizeilicher Maßnahmen in Anbetracht der konkreten Maßnahme speziell festschreiben (zum Differenzierungsgebot etwa BVerfG JuS 2008, 825 (826); → § 1 Rn. 142). Die Generalklausel ist daher mittlerweile vor allem für atypische und neue Herausforderungen taugliche Ermächtigungsgrundlage; darüber hinaus aber auch unter engen Grenzen für verstetigte Maßnahmen, soweit diese wenig grundrechtsintensiv sind (vgl. Kingreen/Poscher POR § 5 Rn. 18 ff.; Lisken/Denninger PolR-HdB/Rachor/Graulich E Rn. 198, 200; → Rn. 54, → Rn. 56 f.). In der Auseinandersetzung um die Konturierung des Anwendungsbereichs polizeilicher Generalklauseln liegt zugleich ein Konsens, der sich herausbilden konnte, nämlich dass an der Verfassungsmäßigkeit der Generalklausel keine grundlegenden Zweifel bestehen. Sie ist für einen handlungsfähigen Staat, der sein Gewaltmonopol immer wieder rechtfertigen muss, letztlich sogar zwingend erforderlich (vgl. Schenke PolR Rn. 49; Götz/Geis PolR § 8 Rn. 8; vgl. weiter grdl. Gramm, Privatisierung und notwendige Staatsaufgaben, 2001, 38 ff.; Nitz, Private und Öffentliche Sicherheit, 2000 mwN). Gerade wegen dieser Anerkennung ist die Ermittlung und Beschreibung der Grenzen polizeilicher Ermächtigung durch die Generalklausel von besonderer Bedeutung und keinesfalls abgeschlossen. Rechtsprechung und Literatur sind gerade vor dem Hintergrund sich verändernder Rahmenbedingen, neuer Herausforderungen und auch im Nachvollzug verfassungsrechtlicher Erkenntnisse aufgefordert, diese Grenzen immer wieder neu zu justieren und aufzuzeigen.

Übersicht

A. Anwendungsbereich

1   Der Anwendungsbereich des § 8 bestimmt sich vor allem durch seine Grenzen. Angesichts der relativen Weite und Unbestimmtheit polizeilicher Generalklauseln und so auch des § 8 folgen diese Grenzen weniger unmittelbar aus dem Wortlaut der Vorschrift heraus als vielmehr durch seine Auslegung (Lisken/Denninger PolR-HdB/Rachor/Graulich E Rn. 183).

2   Eine Art Grenze beschreibt auch die fehlende Notwendigkeit eines Rückgriffs auf die polizeiliche Generalklausel bei sog. grundrechtsneutralen Maßnahmen. Hier rückt vor dem Hintergrund des verfassungsrechtlich motivierten Gesetzesvorbehalts die Abgrenzung der Anwendungsbereiche der Aufgabennorm (§ 1) auf der einen und der Befugnisnormen des Polizeirechts auf der anderen Seite in den Blick (→ Rn. 4 ff.). Weiterhin bestimmt sich der Anwendungsbereich der Generalklausel in Abgrenzung zu den Anwendungsbereichen der Standardermächtigungen der §§ 9–46, „die Befugnisse der Polizei besonders regeln". Unter diesem Aspekt (→ Rn. 20 ff.) sind auch die sog. Maßnahmen gleicher Wirkung sowie Fragen nach vorrangig anwendbaren polizeirechtsexternen Spezialvorschriften abzuhandeln. Letztlich findet eine Einschränkung des Anwendungsbereichs der Generalklausel auch aus verfassungsrechtlichen Gründen vor allem für Maßnahmen hoher Grundrechtsintensität statt (→ Rn. 47 ff.).

3   Die auf diese Weise herzuleitenden Grenzen der Anwendbarkeit polizeilicher Generalklauseln sichern dieser ihre verfassungsrechtliche Unbedenklichkeit, die mittlerweile als anerkannt gelten kann (vgl. BVerwG NVwZ 2007, 1439; BVerwGE 115, 189 = NVwZ 2002, 598; Dietlein/Hellermann NRWÖffR/Dietlein § 3 Rn. 45; Nomos-BR/Wehr BPolG § 14 Rn. 2; vgl. auch bereits BVerwG NJW 1960, 1407; BVerfGE 54, 143 = NJW 1980, 2572). Die Kritik an der Weite und Unbestimmtheit polizeilicher Generalklauseln ist zwar nicht aufgegeben worden, ihr Zielpunkt hat sich jedoch verschoben. In Anerkennung der Notwendigkeit gefahrenabwehrrechtlicher Flexibilität insbesondere vor dem Hintergrund neuer Herausforderungen, geht es bei der Kritik nicht (mehr) um die Zulässigkeit polizeilicher Generalermächtigungen, sondern um das Festlegen ihrer Grenzen; anders ausgedrückt geht es um das „Wie" und „Inwieweit" polizeilichen Handelns auf Grundlage einer Generalermächtigung und nicht mehr um das prinzipielle „Ob" ihrer Zulässigkeit (vgl. Lisken/Denninger PolR-HdB/Rachor/Graulich E Rn. 183).

I. Trennung und Abgrenzung von Aufgabe und Befugnis

4   Die Befugnisnorm des § 8 ist in ihrem Wortlaut weitgehend der polizeilichen Aufgabennorm des § 1 nachempfunden. Nach § 1 Abs. 1 hat die Polizei die Aufgabe, Gefahren für die öffentliche Sicherheit und Ordnung abzuwehren. Dies entspricht weitgehend der Befugnis nach § 8 Abs. 1, wonach die Polizei die notwendigen Maßnahmen treffen kann, um eine im Einzelfall bestehende, konkrete Gefahr für die öffentliche Sicherheit oder Ordnung abzuwehren. Diese sehr umfassende sprachliche und inhaltliche Übereinstimmung lässt nur auf den ersten Blick die Frage zu, warum eine weitgehende Wiederholung der Aufgabennorm im zweiten Abschnitt des PolG NRW, also im Zusammenhang mit den Befugnissen der Polizei, überhaupt erforderlich ist. Denn: Vielfach beschrieben und allgemein anerkannt ist, dass Aufgaben und Befugnisse der Verwaltung strikt voneinander zu trennen sind (Lisken/Denninger PolR-HdB/Denninger D Rn. 68; Gusy PolR Rn. 12 f.; Nolte NVwZ 2001, 147, 149; Schenke PolR Rn. 36; Schreiber NVwZ 1995, 521 (526); Tegtmeyer/Vahle PolG NRW § 1 Rn. 1). Dementsprechend ist auch ein Rückschluss von der polizeilichen Aufgabe auf eine polizeiliche Befugnis immer unzulässig (Gusy PolR Rn. 13 mwN).

5   Der umgekehrte Fall, also der Rückschluss von einer Befugnis auf die polizeiliche Aufgabe, ist hingegen eher zulässig (Weber/Köppert, Polizei- und Sicherheitsrecht Bayern, 3. Aufl. 2015, Rn. 75 mwN). Die Grenzen dieses Rückschlusses ergeben sich dann eher in kompetenzrechtlicher Hinsicht und leiten sich zum Teil daraus ab, dass der Landes- oder Bundesgesetzgeber entsprechende Aufgaben mitunter bereits einer anderen Behörde oder Verwaltungsebene zugewiesen hat. Ist diese Zuweisung abschließend, dann kommt auch ein Rückschluss von der Befugnis auf die Aufgabe regelmäßig nicht in Betracht.

1. Hintergrund der strikten Trennung von Aufgabe und Befugnis

Die strikte Trennung von Aufgaben und Befugnissen sowie ihrer normativen Grundlagen 6 ergibt sich aus dem unterschiedlichen Zweck beider (Norm-) Kategorien und den daraus folgenden unterschiedlichen rechtlichen Anforderungen. Die Zuweisung von Aufgaben an eine Behörde – wie hier der Polizei – ist eine verwaltungsorganisatorische Maßnahme. Hierbei werden Verwaltungsaufgaben – im Kontext des PolG NRW solche des Landes – auf die einzelnen Behörden verteilt. Der Aufgabennorm des Polizeirechts geht es damit um die Zuteilung von Aufgaben zu den Polizeibehörden (umfassend → § 1 Rn. 19).

In Abgrenzung zu solchen Aufgabennormen haben Befugnisnormen eine grundsätzlich 7 andere Zielrichtung. Sie wirken nicht in erster Linie nach innen, also staats- bzw. verwaltungsintern, sondern sie wirken – zumeist unmittelbar und zielgerichtet – nach außen. Befugnisnormen sind Gestattungsnormen, die es Hoheitsträgern unter bestimmten Voraussetzungen erlauben, in die Rechtspositionen von Bürgern einzugreifen (Gusy PolR Rn. 168; Schenke PolR Rn. 37; → § 1 Rn. 19). Die kategorische Trennung von Befugnisnormen einerseits und Aufgabennormen andererseits ist damit nicht das Ergebnis einer gesetzgeberischen Regelungstechnik oder Ausdruck einer semantischen und formalen Unterscheidung, sondern sie ist rechtsstaatlich zwingend (Lisken/Denninger PolR-HdB/Denninger D Rn. 68; dies kann freilich auch in einer Norm umgesetzt werden, wie dies in § 3 HSOG der Fall ist). Dies gilt immer dort, wo die öffentliche Gewalt in Grundrechtspositionen von Bürgern eingreift. In diesen Fällen unterliegen Maßnahmen des Staates dem Vorbehalt des Gesetzes (Gusy PolR Rn. 11; Gusy JA 2002, 610). Diesem gerecht zu werden, ist Aufgabe und Zweck von Befugnisnormen.

Daraus wiederum folgt zweierlei. Zum einen ist immer dort eine Befugnisnorm erforder- 8 lich, wo die Polizei in Grundrechte Betroffener eingreift. Zum anderen ist für eine polizeiliche Maßnahme eine Befugnisnorm gerade nicht erforderlich, wo Eingriffe in grundrechtlich geschützte Rechtsgüter und Interessen nicht erfolgen. Für die Rechtmäßigkeit derartiger grundrechtsneutraler Maßnahmen reicht es aus, wenn die Polizei die Verwaltungsaufgabe für die entsprechende Maßnahme für sich beanspruchen kann (eingehend → § 1 Rn. 19).

2. Maßgeblich: Grundrechtsbezogener Eingriff und Eingriffskonzept

Die Debatte um den Anwendungsbereich polizeilicher Generalklauseln ist damit nicht 9 zuletzt davon abhängig, welches Grundrechtsverständnis und welches grundrechtsbezogene Eingriffskonzept zugrunde gelegt werden. Eine Maßnahme, die heute ganz selbstverständlich als Eingriff in grundrechtlich geschützte Interessen und Rechtspositionen von Bürgern angesehen wird, wurde in der Vergangenheit nicht weniger selbstverständlich gerade nicht als solcher Eingriff angesehen (vgl. auch zum Eingriffsbegriff Kingreen/Poscher, Grundrechte/Staatsrecht II, 35. Aufl. 2019, Rn. 292 ff.; Gusy NJW 2000, 977 (982)). Beispielhaft zeigt sich dies bei Fragen der informationellen Selbstbestimmung (BVerfG NJW 1984, 419; s. bspw. Gola NJW 1994, 3138 (3139); Götz NVwZ 1987, 858; 1990, 725; Pitschas/Aulehner NJW 1989, 2353; Roggan NVwZ 2001, 134 (135); Wolff/Scheffczyk JA 2008, 81 (85)) und der Vertraulichkeit und Integrität informationstechnischer Systeme (BVerfG NJW 2008, 822; s. bspw. Britz DÖV 2008, 411; Eifert NVwZ 2008, 521; Kutscha LKV 2008, 481 (484) mwN). Die Diskussion um die Zulässigkeit staatlichen Informationshandelns war lange Zeit keine, jedenfalls nicht in erster Linie, grundrechtlich bestimmte Debatte. Dabei muss man nicht einmal auf aus heutiger Sicht vergleichsweise naive polizeiliche Eingriffskonzepte der älteren Vergangenheit zurückgreifen (mit Verweis etwa auf O. Mayer Lisken/Denninger PolR-HdB/Denninger D Rn. 68 mwN). Bis zum Volkszählungsurteil des BVerfG aus dem Jahre 1983 (BVerfGE 65, 1 = NJW 1984, 419) hat es gedauert, bis die Gesetzgeber der Bundesländer im Nachvollzug dieser Entscheidung erkannt und vor allem anerkannt haben, dass staatliches Informationshandeln durch die Polizei ein Eingriff in Grundrechte darstellen kann und entsprechend der typischen Eingriffsintensität bestimmter Maßnahmen taugliche Standardermächtigungen zu etablieren sind (vgl. zu den Entwicklungen auch in jüngerer Zeit Mann/Fontana JA 2013, 734 (736); Zöller/Ihwas NVwZ 2014, 408; Götz NVwZ 1987, 858; 1990, 725; Pitschas/Aulehner NJW 1989, 2353).

Diese Entwicklungen sind auch keineswegs abgeschlossen. Mit dem Grundrecht auf Ver- 10 traulichkeit und Integrität informationstechnischer Systeme (BVerfG NJW 2008, 822) sind weitere polizeiliche Maßnahmen grundrechtsrelevant geworden bzw. hat das BVerfG deren Grundrechtsrelevanz erkannt. Insoweit eingreifende Maßnahmen auch der Polizei unterfallen demzufolge dem Gesetzesvorbehalt (vgl. im Überblick Mann/Fontana JA 2013, 734; sa Frenz JA 2013, 840).

11   Die bisher beschriebenen Fallgruppen zeichnen sich dadurch aus, dass hier Grundrechte „entwickelt" oder konkretisiert wurden. Zwar ist auch bei der informationellen Selbstbestimmung und beim Grundrecht auf Vertraulichkeit und Integrität informationstechnischer Systeme weniger von „neuen" Grundrechten als von einer Aktualisierung und Konkretisierung vorhandener Grundrechte und deren Schutzgehalte auszugehen (Worms RuP 2009, 138). Dennoch behandeln diese Fallgruppen durchaus dogmatisch innovative grundrechtsbezogene Fragestellungen.

12   Jenseits dessen gibt es im Zusammenhang mit den neuen Medien immer wieder auch Fallkonstellationen, welche Fragen nach dem Eingriffscharakter etwaiger polizeilicher Maßnahmen neu aufwerfen. Diese Fragen sind also nicht neu; bekannte Fragen müssen vor dem Hintergrund veränderter Herausforderungen vielmehr immer wieder neu gestellt werden. Dies betrifft zum einen die Auslegung und ggf. Aktualisierung von grundrechtlichen Schutzbereichen bspw. im Kontext von neuen „Versammlungs"-formen wie Smartmobs, Flashmobs oder Facebookparties (Überblick bei Mann/Fontana JA 2013, 734 (739 ff.).); Neumann NVwZ 2011, 1171; Gusy PolR Rn. 426). Jenseits der Frage nach dem konkret betroffenen Grundrecht aber rückt im Zusammenhang mit der Bestimmung des Anwendungsbereichs polizeilicher Generalklauseln das grundrechtsbezogene Eingriffskonzept in den Mittelpunkt der Betrachtung.

13   Nach dem klassischen Eingriffsbegriff, der eine unmittelbare und zielgerichtete Beeinträchtigung von Grundrechten erfordert (Kingreen/Poscher, Grundrechte/Staatsrecht II, 35. Aufl. 2019 Rn. 292), würden zahlreiche polizeiliche Maßnahmen, die ggf. sogar schwerwiegend Grundrechte von Betroffenen beeinträchtigen, aber nur Nebenfolge einer anderen Zweckrichtung sind, dem Gesetzesvorbehalt entzogen werden. Dieses enge Eingriffskonzept wird daher mittlerweile als überholt angesehen (Kingreen/Poscher Grundrechte/Staatsrecht II, 35. Aufl. 2019, Rn. 293; Gusy NJW 2000, 977 (982)). Hinreichend ist es, dass eine hoheitliche Maßnahme entweder gezielt oder aber unmittelbar in Grundrechte eingreift. Daher sind bspw. auch mittelbare Einschränkungen Eingriffe in Grundrechte, wenn sich der Zweck der Maßnahme jedenfalls auch auf die grundrechtsbeschränkende Wirkung bezieht (Gusy NJW 2000, 977 (982) mwN).

14   Vor dem Hintergrund eines modernen Eingriffsbegriffs gibt es in der analogen Welt bekannte Formen polizeilichen Handelns, wie bspw. polizeiliche Streifenfahrten, welche unzweifelhaft keinen Eingriffscharakter haben (so bspw. Schenke PolR Rn. 36; Nomos-BR/Wehr BPolG § 14 Rn. 3). Gehen hiervon überhaupt beschränkende Wirkungen aus, sind diese allenfalls unbeabsichtigte Nebenfolgen. In Entsprechung dazu bedürfen auch sog. digitale Streifenfahrten keiner gesonderten gesetzlichen Befugnis. Hierunter sind polizeiliche Maßnahmen zu verstehen, welche sich darin erschöpfen, dass die Polizei die öffentlich zugänglichen Inhalte des Internets durchsieht, bspw. auf gefährdende Inhalte. Solange und soweit es die Polizei dabei belässt, diese Daten zu sichten und diese Daten nicht sammelt, speichert und ggf. sortiert, um bspw. Bewegungsprofile zu erstellen, handelt es sich bei diesen Maßnahmen um grundrechtsneutrale Maßnahmen, für die keine gesetzliche Befugnis erforderlich ist (so auch Mann/Fontana JA 2013, 734 (737 f.)).

15   Jenseits klarer Fallgruppen, wie eben bspw. der Streifenfahrt, gibt es allerdings zahlreiche Fallgruppen, bei denen nach wie vor umstritten ist, ob es sich um eine grundrechtsneutrale Maßnahme handelt oder aber die Polizei eine entsprechende Befugnis braucht. Dies ist bspw. bei der öffentlichen Videoüberwachung in jüngster Zeit Gegenstand der rechtswissenschaftlichen Diskussion und der Rechtsprechung gewesen (BVerwG NVwZ 2012, 757; BVerfG NVwZ 2007, 688; VGH Mannheim NVwZ 2004, 498; Frenz JA 2013, 840; Gusy DIE KRIMINALPOLIZEI 2014, 16; Wüstenberg KommJur 2007, 13; Zöller/Ihwas NVwZ 2014, 408). Richtigerweise ist dabei die Antwort auf die Frage nach dem Gesetzesvorbehalt davon abhängig zu machen, welche Form der Videoüberwachung stattfindet (Gusy JA 2011, 641 (645)). Dabei ist zunächst maßgeblich, was Gegenstand der Überwachung ist. Betrifft die Überwachung lediglich den öffentlichen Raum, so scheidet eine etwaige grundrechtliche Betroffenheit von Grundstückseigentümern, Mietern usw regelmäßig aus. Sind hingegen von

der Überwachung öffentlicher Räume auch private Wohnungen, Häuser bzw. Grundstücke oder Geschäftsräume betroffen, so dürfte in der Überwachung selbst bereits ein unmittelbarer Eingriff in betroffene Grundrechte zu erkennen sein (Art. 12, 14, 2 Abs. 1 GG, Art. 13 Abs. 1 GG; vgl. bspw. OVG Hamburg MMR 2011, 128). Weiterhin ist für die Frage einer etwaigen Grundrechtsneutralität von Videoüberwachungsmaßnahmen relevant, inwiefern über die Videoüberwachung personenbezogene Daten erhoben werden können (Art. 2 Abs. 1 GG, Art. 1 Abs. 1 GG). Ist eine Individualisierbarkeit von betroffenen Personen ausgeschlossen, so ist ein entsprechender Eingriff nicht anzunehmen. Ist über die Videoüberwachung eine Identifizierung von Personen zumindest möglich, liegt hierin immer auch ein potenzieller Eingriff in die informationelle Selbstbestimmung der Betroffenen und die entsprechende Maßnahme unterliegt damit auch dem Gesetzesvorbehalt (Gusy JA 2011, 641 (645)). Damit betrifft dies auch den derzeit in einigen Bundesländern diskutierten Einsatz sog. Mini- oder Schulterkameras (Body-Cams) an Polizeiuniformen zum Zweck der Eigensicherung. Hierin liegt, wenn – was regelmäßig der Fall sein dürfte – persönliche Daten extrahierbar sind, ein durchaus erheblicher Grundrechtseingriff. (http://www.sueddeutsche.de/panorama/schulterkameras-fuer-hessische-polizisten-filmreife-verbrechen-1.1948079, zuletzt abgerufen am 30.8.2019; ZD-Aktuell 2014, 03890; vgl. Kipker/Gärtner NJW 2015, 296).

Bei der automatisierten Kennzeichenerfassung (BVerfG NJW 2008, 1505) ist die Frage **16** nach einem Grundrechtseingriff davon abhängig, ob bei der jeweiligen Maßnahme die ermittelten Kennzeichen nach einem automatisierten Abgleich mit entsprechenden Dateien und negativem Befund sofort wieder gelöscht werden (dann kein Eingriff für die Betroffenen), oder aber die Kennzeichendaten für eine gewisse Dauer gespeichert werden (dann besteht ein Eingriff in die informationelle Selbstbestimmung, Art. 2 Abs. 1 GG, Art. 1 Abs. 1 GG).

Während im Zusammenhang mit der Videoüberwachung mittlerweile sämtliche Bundes- **17** länder über entsprechende Standardermächtigungen für besonders eingreifende Maßnahmen der Videoüberwachung verfügen, fehlen entsprechende Standardermächtigungen für den Bereich öffentlicher Warnungen durch die Polizei nach wie vor (anders ist dies in speziellen Bereichen wie bspw. im Lebensmittel- und Futterrecht, § 40 LFGB). Die Abgrenzung zwischen grundrechtsneutralen und grundrechtsbeschränkenden Maßnahmen führt in diesen Fällen daher ggf. zur Anwendung der polizeilichen Generalklausel.

Wie auch bei Maßnahmen der Videoüberwachung oder Kennzeichenerfassung hängt die **18** Qualifikation als Grundrechtseingriff dabei entscheidend von der genauen Ausführung der Maßnahme ab. Bei öffentlichen Warnungen ist darauf abzustellen, in welcher Form und mit welchem Inhalt die entsprechende Warnung ausgesprochen wird (Gusy PolR Rn. 317). Verzichtet eine polizeiliche Warnung bspw. darauf, konkrete Personen und Unternehmen zu nennen und lässt sich ein Rückschluss aus der Warnung auch nicht in der Weise ziehen, dass letztlich nicht nur eine bestimmte Person oder ein bestimmtes Unternehmen oder nur eine konkret bestimmbare und überschaubare Gruppe von Personen oder Unternehmen von der Warnung betroffen sein kann, ist von einem eingreifenden Charakter dieser Warnung grundsätzlich nicht auszugehen und es bedarf hierfür nicht der speziellen Befugnisnorm zugunsten der Polizei (vgl. BVerwG NJW 1989, 2272). Ob in den anderen Fällen eine Befugnisnorm zu verlangen ist, ist nach wie vor umstritten (HSV VerwR/Gusy § 23 Rn. 98; Gusy PolR Rn. 317). Das BVerfG geht in seiner Entscheidung zum Glykolwein (BVerfGE 105, 252) aus dem Jahr 2002 davon aus, dass der Staat öffentliche Warnungen vor bestimmten Produkten bereits dann aussprechen darf, wenn diese zutreffend und sachlich gehalten sind und die handelnde Behörde hierfür die rechtliche Kompetenz besitzt (weitere Rechtsprechung bei Gusy PolR Rn. 317). Ein Grundrechtseingriff liege deshalb nicht vor, weil der Einzelne keinen Anspruch darauf habe, zu verhindern, dass zutreffende Informationen veröffentlicht würden; jedenfalls dann nicht, wenn bei der Entscheidung zur Veröffentlichung von Informationen bzw. bei Warnungen die Interessen des Betroffenen dem öffentlichen Informationsinteresse nicht überwiegen. Insofern sollen auch Aspekte des Übermaßverbots eine Rolle spielen (BVerfGE 105, 252; BVerwG NJW 1989, 2272; Gusy PolR Rn. 317 mwN). Ein entsprechend angepasstes Marktverhalten der Verbraucher sei dann in Kenntnis der Fakten die bloße tatsächliche Folge der (zulässigen) Warnung. Hierin liege kein zielgerichteter oder unmittelbarer Eingriff in grundrechtlich geschützte Interessen des Betroffenen (bspw. Art. 12, 14 GG möglicherweise auch der „gute Ruf" eines Unternehmens (Art. 2

Abs. 1 GG), zu dessen grundrechtsbezogener Anerkennung etwa Goreng GRUR 2010, 1065; Ziegelmayer GRUR 2012, 761, jeweils mwN); es können auch Fragen der Religionsfreiheit (Art. 4 GG) betroffen sein, wenn es bspw. um die Warnung vor sog. Hasspredigern geht (Gusy PolR Rn. 317). Die Warnung sei in diesen Fällen auf die Information gerichtet und das Verbraucherverhalten reine Nebenfolge.

19   Diese Auffassung wurde vielfach kritisiert. Sie ist in der Tat schon dogmatisch kaum überzeugend (so auch HSV VerwR/Gusy § 23 Rn. 98; Murswiek NVwZ 2003, 1; Schoch NVwZ 2011, 193), bedeutet sie doch letztlich den rechtsstaatswidrigen Rückschluss von der Kompetenz auf die Befugnis. Denn trotz aller argumentativen Mühen kommt man nicht umhin, vor dem Hintergrund des geltenden grundrechtsbezogenen Eingriffskonzepts einen Eingriff in Grundrechte jedenfalls in den zuletzt beschriebenen Fällen anzuerkennen (so auch bspw. Murswiek NVwZ 2003, 1; Ossenbühl NVwZ 2011, 1357; Schoch NVwZ 2011, 193). Aspekte der Richtigkeit und Sachlichkeit von Warnungen oder Informationen betreffen demnach Fragen der allgemeinen Verhältnismäßigkeit und damit die Rechtfertigung von Eingriffen – und nicht deren Vorliegen. Die Veränderung des Marktverhaltens ist bei der Warnung vor Produkten auch nicht bloße Nebenfolge, sondern gerade der Zweck von Warnungen. Was soll eine Verbraucherwarnung anderes auch beabsichtigen, als die Verbraucher davon abzuhalten, ein bestimmtes Produkt zu erwerben oder zu konsumieren bzw. etwas ganz Konkretes zu tun oder zu unterlassen? Wäre die Folge der Warnung für die handelnde Behörde gleichgültig, müsste sich die Frage nach der gefahrenabwehrrechtlichen Zulässigkeit selbst aufgabenbezogen stellen. Ob in einer Information oder Warnung ein Grundrechtseingriff liegt oder nicht, ist also gerade vor dem Hintergrund ihres Inhalts festzustellen. Ist die Warnung oder Information in einer Weise individualisiert, dass Grundrechte unmittelbar oder zielgerichtet betroffen sind, liegt auch ein Eingriff in diese vor. Die Geltung des Gesetzesvorbehalts und damit auch die Notwendigkeit einer gesetzlichen Befugnis der Polizei sind dann die zwingende Folge.

II. Begrenzung des Anwendungsbereichs durch Spezialität

20   Aus dem Anwendungsbereich des § 8 wird durch gesetzliche Anordnung herausgenommen, was dem Anwendungsbereich der polizeilichen Standardermächtigungen der §§ 9–46 unterfällt.

- Dabei ist zwischen denjenigen Maßnahmen zu unterscheiden, die auf der einen Seite vom Anwendungsbereich der Standardermächtigungen tatsächlich umfasst sind.
- Auf der anderen Seite kann auf die polizeiliche Generalklausel auch dann nicht zurückgegriffen werden, wenn bestimmte Maßnahmen zwar tatsächlich nicht dem Regelungsgehalt der entsprechenden Standardermächtigungen unterfallen, es sich bei diesen Maßnahmen aber um sog. Maßnahmen gleicher Wirkung handelt, welche an der Sperrwirkung gegenüber der polizeilichen Generalklausel teilnehmen.
- Jenseits dieser polizeigesetzinternen Sperrwirkung der Spezialregelungen entfalten auch die Anwendungsbereiche sonstiger spezieller gesetzlicher Regelungswerke von Bund und Ländern mitunter eine Sperrwirkung gegenüber der polizeilichen Generalklausel wie gegenüber dem Polizeigesetz insgesamt (vgl. zur doppelten Subsidiarität Lisken/Denninger PolR-HdB/Rachor/Graulich E Rn. 193 f.).

1. Begrenzung durch die Anwendungsbereiche der Standardmaßnahmen

21   Zunächst ordnet Abs. 1 S. 2 an, dass auf die polizeiliche Generalklausel in den Fällen nicht zurückgegriffen werden kann, welche dem Anwendungsbereich der Standardmaßnahmen der §§ 9 ff. unterfallen. Hintergrund dieser Anordnung ist ein zweifacher: Zum einen gehen die Standardermächtigungen kraft ihrer Spezialität der polizeilichen Generalklausel vor (lex specialis vor lex generalis). Beispielsweise **Abschleppmaßnahmen** können vor diesem Hintergrund daher nur dann auf Grundlage der Generalklausel stattfinden, wenn es sich hierbei gerade nicht um eine Vollstreckungsmaßnahme oder eine Sicherstellung handelt (vgl. OVG Münster NJW 1993, 2698; VG Aachen BeckRS 2011, 48905; 2010, 51119; Gusy PolR Rn. 290; Lisken/Denninger PolR-HdB/Rachor/Graulich E Rn. 209).

22   Zum anderen tritt neben diese eher formale Form der Subsidiarität auch eine spezifisch verfassungsrechtlich fundierte Sperrwirkung der Generalklausel. Ein erheblicher Teil der

Standardermächtigungen dürfte nämlich für die Legitimation der jeweils gestatteten grundrechtseingreifenden Maßnahmen verfassungsrechtlich zwingend erforderlich sein (näher → Rn. 49, → Rn. 53). Ein Rückgriff auf die Generalklausel wäre in diesen Fällen auch dann ausgeschlossen, wenn es die entsprechende Standardermächtigung nicht gäbe. Insoweit haben diese Vorschriften als Eingriffsermächtigung eine nicht nur relative konstitutive Funktion (vgl. zu demokratischen und rechtsstaatlichen Aspekten hierbei Lisken/Denninger PolR-HdB/Rachor/Graulich E Rn. 198 ff.). Hierbei ist der Rückgriff auf die Generalklausel vor allem bei besonders grundrechtsintensiven Maßnahmen gesperrt.

2. Maßnahmen gleicher Wirkung

In der Sache schwieriger zu beurteilen sind diejenigen Fälle, in denen Maßnahmen ergrif- **23** fen werden, die aus bestimmten Gründen nicht unmittelbar in den Anwendungsbereich einer Standardermächtigung fallen, in der Sache von dieser aber dennoch umfasst sind bzw. nach dem Willen des Gesetzgebers sein sollen. Hierbei wird von Maßnahmen gleicher Wirkung gesprochen (Dietlein/Hellermann NRWÖffR/Dietlein § 3 Rn. 44; Gusy PolR Rn. 184). Damit sind Maßnahmen gemeint, die, würden sie auf die polizeiliche Generalklausel gestützt werden, zu einer Umgehung der Anwendungsbereiche der Standardmaßnahmen führen würden.

Eine solche Umgehungsgefahr ist immer dort zu beobachten, wo vergleichbare Lebens- **24** sachverhalte in einer ähnlichen Weise auf die gleichen Rechtsgüter des Betroffenen einwirken (vgl. Lisken/Denninger PolR-HdB/Rachor/Graulich E Rn. 201). Für die Annahme einer Maßnahme gleicher Wirkung und damit die Annahme einer Sperrwirkung sprechen damit vor allem die Identität der betroffenen Grundrechte und die Vergleichbarkeit der Maßnahme in tatsächlicher Hinsicht. Nicht weiter relevant für die Frage nach einer erweiterten Sperrwirkung ist hingegen die Schwere des jeweiligen Eingriffs. Zwar mag der Anwendungsbereich der Generalklausel angesichts einer besonderen Eingriffsintensität aus anderen, nämlich verfassungsrechtlichen Gründen nicht eröffnet sein (→ Rn. 47 ff.). Im Zusammenhang mit dem konkurrierenden Anwendungsbereich anderer Normen geht es aber allein um die Frage, ob eine Umgehung der Spezialermächtigungen droht. Damit ist eine solche Umgehungsgefahr nicht in jedem Erst-Recht-Schluss enthalten, der nach der Prämisse verfährt: wenn die eine Maßnahme bereits der Standardermächtigung unterfällt, kann die eingriffsintensivere andere Maßnahme erst recht nicht auf die Generalklausel gestützt werden, weil sie nicht nur gleich, sondern stärker wirkt. Ein solcher Erst-Recht-Schluss ist argumentativ nicht zwingend und befasst sich nicht wirklich mit der Abgrenzung von Ermächtigungsgrundlagen, sondern vor allem mit grundrechtsbezogenen Fragen der Anwendbarkeit polizeilicher Generalklauseln. Beides gilt es aber auseinanderzuhalten. Es besteht nämlich durchaus unter bestimmten Voraussetzungen die Möglichkeit, auch besonders eingriffsintensive Maßnahmen auf die Generalklausel zu stützen (bspw. unter Umständen die sehr eingriffsintensive längerfristige Observation, BVerfG BeckRS 2012, 60164; s. zuvor VG Aachen BeckRS 2011, 45928; VG Saarlouis BeckRS 2010, 53629; VG Freiburg BeckRS 2011, 45717; OVG Saarlouis BeckRS 2013, 56891; Greve/Lucius DÖV 2012, 97, 101; Guckelberger VBlBW 2011, 209; weiter → Rn. 61).

Vor diesem Hintergrund überzeugt auch die Abhandlung der Unterscheidung von **Unter- 25 suchung** und Durchsuchung unter dem Begriff „Maßnahmen gleicher Wirkung" nicht (so aber wohl Kingreen/Poscher POR § 5 Rn. 17). Wenn hier die Frage gestellt wird, ob die körperliche Untersuchung einer Person auf die polizeiliche Generalklausel gestützt werden kann, so mag dies letztlich mit dem Argument abgelehnt werden, dass es sich bei einer körperlichen Untersuchung um eine besonders eingriffsintensive Maßnahme handelt, die der Legitimation über eine Standardermächtigung bedarf (so auch Robrecht LKV 2001, 391 (392); Schenke PolR Rn. 150). Immerhin betrifft die körperliche Untersuchung im Vergleich zur Durchsuchung im körperlichen bzw. körpernahen Bereich diejenigen Bereiche, welche nicht offenliegen oder vergleichsweise frei zugänglich sind (Mund, Ohren, Nase). Bei einer körperlichen Untersuchung sind Eingriffe in die körperliche Integrität erforderlich. Soweit das jeweilige Polizeigesetz eine Standardmaßnahme hierzu nicht enthält (anders bspw. Niedersachsen in § 22 Abs. 4 NPOG), ist ein Rückgriff auf die Generalklausel möglicherweise aus Gründen der Eingriffsintensität ausgeschlossen (wobei ein Rückgriff auf § 81a StPO naheliegt).

26   Der Rückgriff kann allerdings nicht mit dem Argument abgelehnt werden, es handele sich bei der Untersuchung im Vergleich zur Durchsuchung um eine wirkungsgleiche Maßnahme und werde damit von der Sperrwirkung der entsprechenden Vorschriften zur Durchsuchung umfasst (ebenfalls im Ergebnis abl. Kingreen/Poscher POR § 5 Rn. 17). Gerade weil sich die Durchsuchung von der Untersuchung in tatsächlicher Hinsicht maßgeblich unterscheidet und auch unterschiedliche Rechtspositionen betroffen sind, kann erstgenannte Maßnahme nicht vom Anwendungsbereich der letztgenannten umfasst sein. Eine Umgehung der Vorschriften zur Durchsuchung droht in Fällen der Untersuchung daher nicht.

27   Anders verhält es sich mit dem sog. **Verbringungsgewahrsam.** Hierbei geht es darum, dass bspw. Obdachlose, Punks oder Hooligans durch die Polizei von einem bestimmten Ort dadurch entfernt werden, dass sie mittels eines Einsatzwagens an einen entfernt gelegenen Ort verbracht und dort ausgesetzt werden. Hinsichtlich dieses Vorgehens ist umstritten, ob dieser Verbringungsgewahrsam dem Anwendungsbereich der polizeilichen Generalklausel unterfällt oder aber als besondere Form der Ingewahrsamnahme von der Sperrwirkung der entsprechenden Standardermächtigung umfasst ist (ausf. Schucht DÖV 2011, 553 (559); Leggereit NVwZ 1999, 263; Kappeler DÖV 2000, 227; sa OLG München NJW 1990, 917).

28   Nach zutreffender Auffassung handelt es sich bei dem Verbringungsgewahrsam jedenfalls dann um eine qualifizierte Form der Freiheitsbeschränkung, nämlich um eine Freiheitsentziehung, wenn die Verbringung selbst nicht nur in ganz unwesentlicher Intensität erfolgt. Insbesondere wenn in zeitlicher Hinsicht der Aufenthalt in einem Einsatzfahrzeug völlig nebensächlich und zu vernachlässigen ist, ist möglicherweise von einer bloßen Freiheitsbeschränkung und nicht von einer Freiheitsentziehung auszugehen (zur Unterscheidung s. Maunz/Dürig/Dürig GG Art. 104 Rn. 5). Jedenfalls dann aber, wenn der Betroffene über eine längere, nicht ganz zu vernachlässigende Zeit hinweg in einem Einsatzwagen „eingesperrt" ist und anschließend an einem weiter entfernten Ort ausgesetzt wird, muss bei wertender Gesamtbetrachtung insgesamt von einer freiheitsentziehenden Maßnahme gesprochen werden.

29   Freiheitsentziehende Maßnahmen sind in den §§ 35 ff. geregelt. Der Verbringungsgewahrsam erfüllt – schon wegen der späteren Aussetzung – die tatbestandlichen Voraussetzungen der Vorschriften zur Ingewahrsamnahme nicht (§§ 35 ff.). Dennoch unterfällt sie nach zutreffender Auffassung als Maßnahme gleicher Wirkung deren Sperrwirkung gegenüber der Generalklausel (vgl. Schucht DÖV 2011, 553 (559); Leggereit NVwZ 1999, 263; Kappeler DÖV 2000, 227). Würde man hier den Rückgriff auf die polizeiliche Generalklausel zulassen, so würde die Umgehung der besonderen Anforderungen für freiheitsentziehende Maßnahmen nach dem Polizeigesetz drohen. Dies folgt daraus, dass von den Vorschriften über die Ingewahrsamnahme sämtliche Lebenssachverhalte abgedeckt werden, welche in tatsächlicher Hinsicht die Freiheit des Einzelnen entziehen und in rechtlicher Hinsicht auf das gleiche Grundrecht (Art. 2 Abs. 2 GG) einwirken (vgl. Lisken/Denninger PolR-HdB/Rachor/Graulich E Rn. 247).

30   Keine Maßnahme gleicher Wirkung ist bspw. die sog. **Meldeauflage** (vgl. grdl. BVerwG BeckRS 2007, 26860; VG Meiningen BeckRS 2011, 48937; zu Meldeauflagen gegen Angehörige der sog. „Ultraszene" s. VG Freiburg BeckRS 2016, 49927; VGH Mannheim BeckRS 2017, 111995; Benrath DVBl 2017, 868 (873 ff.); vgl. auch Arzt DIE POLIZEI 2006, 156). Für sie existiert eine Standardermächtigung bisher nur in Rheinland-Pfalz (§ 12a RhPfPOG). Bei der Meldeauflage geht es darum, dass dem Betroffenen die Pflicht auferlegt wird, sich in regelmäßigen Abständen bei einer (zumeist einer bestimmten) polizeilichen Dienststelle zu melden und Ausweisdokumente vorzulegen. Dadurch soll in der Regel verhindert werden, dass der Betroffene an anderen Orten Straftaten begeht. In gewisser Weise ähnlich wirkt diese Maßnahme zu den Maßnahmen der polizeilichen Platzverweisung und der Vorladung (§§ 34, 10). Dennoch bestehen in den Anwendungsbereichen grundlegende Unterschiede. Die Zielrichtung der Platzverweisung geht dahin, dem Betroffenen das Aufsuchen eines bestimmten Ortes vorübergehend zu untersagen (→ § 34 Rn. 14 ff.). Die Vorladung dient dazu, Informationen von dem Betroffenen zu erhalten (→ § 10 Rn. 15 ff.). Die Meldeauflage ist dem hingegen grundsätzlich darauf gerichtet sicherzustellen, dass sich der Betroffene in

regelmäßigen Abständen an einem bestimmten Ort zumindest vorübergehend aufhält (vgl. BVerwG BeckRS 2007, 26860; VG Meiningen BeckRS 2011, 48937; vgl. abl. Arzt DIE POLIZEI 2006, 157 (161)). Jenseits dieser Zeit ist der Betroffene frei, jeden anderen Ort aufzusuchen oder diesem fernzubleiben. Insofern enthält die Meldeauflage ein polizeiliches Gebot, während der Platzverweis ein polizeiliches Verbot statuiert.

Unbeantwortet bleibt hierdurch freilich, ob eine Meldeauflage aus anderen Gründen nicht **31** auf die Generalklausel gestützt werden kann (→ Rn. 43; vgl. auch Arzt DIE POLIZEI 2006, 157 (161)) und ggf. die Anforderungen der polizeilichen Generalklausel erfüllt sind oder nicht (s. bspw. Schucht NVwZ 2011, 709; → Rn. 45).

Für **Aufenthaltsverbote,** die im Unterschied zur Platzverweisung für einen größeren **32** Bereich und einen längeren Zeitraum ausgesprochen werden können, hat der nordrhein-westfälische Gesetzgeber mit § 34 Abs. 2 eine Standardermächtigung geschaffen. Auf ihrer Grundlage kann einer Person für eine bestimmte Zeit verboten werden, einen Bereich zu betreten oder sich dort aufzuhalten (→ § 34 Rn. 24 ff.). Weil sie die Voraussetzungen zum Erlass eines Aufenthaltsverbots abschließend regelt, kommt ein Rückgriff auf die Generalklausel nicht in Betracht (Hecker NVwZ 2016, 1301 (1302); VGH Kassel BeckRS 2014, 49901 Rn. 23; VG Darmstadt NVwZ 2016, 1344 (1345)). Auch vor der speziellen Normierung war der Rückgriff auf die Generalklausel nicht statthaft, weil das Aufenthaltsverbot im Verhältnis zur ausdrücklich geregelten Platzverweisung als Maßnahme gleicher Wirkung zu qualifizieren und damit über die Generalklausel nicht zu legitimieren war (so auch VGH Kassel NVwZ 2003, 1400; Butzer VerwArch 2002, 506 (536); Volkmann NVwZ 2000, 361; aA OVG Bremen NVwZ 1999, 314). Längerfristige Aufenthaltsverbote wirken in der Sache ebenso wie (vorübergehende) Platzverweisungen, greifen gleichzeitig aber intensiver in dieselben Grundrechte (Art. 11 Abs. 1 GG, Art. 2 Abs. 1 GG; → § 34 Rn. 24) ein (VGH Kassel NVwZ 2003, 1400 (1401)). Aus diesen Gründen lag eine Maßnahme gleicher Wirkung vor, die sich in diesem Fall auch durch einen Erst-Recht-Schluss mit Verweis auf die Wirkintensität aus dem Anwendungsbereich der Generalklausel begründen ließ. Wegen ihrer freiheitsentziehenden Wirkung dürften nach diesen Maßgaben auch **Ausgangssperren** in gleicher Weise als Maßnahmen gleicher Wirkung dem Anwendungsbereich der Generalklausel entzogen und damit zumeist unzulässig sein (Gusy PolR Rn. 316; Herzmann DÖV 2006, 678).

3. Polizeirechtsexterne Sperrwirkung

Der Anwendungsbereich polizeilicher Generalklauseln kann über die polizeigesetzinterne **33** Sperrwirkung der Standardermächtigungen hinaus auch dadurch beschränkt sein, dass andere Regelwerke bereits abschließende Regelungen für polizeiliche Maßnahmen enthalten.

Bei der Frage nach einer solchen polizeirechtsexternen Sperrwirkung sind zwei Dinge **34** auseinanderzuhalten. Zum einen können bereits auf der Ebene der Gesetzgebungskompetenz Konflikte entstehen, wenn durch bundesrechtliche Vorgaben abschließend Sachbereiche geregelt werden (sollen). So ist der Rückgriff auf landesrechtliche Normen des PolG NRW für Maßnahmen, die sich auf denselben Sachbereich beziehen, bereits aus kompetenzrechtlichen Gründen ausgeschlossen. Zum anderen kann eine Ausschlusswirkung daraus erwachsen, dass zwar nicht in kompetenzrechtlicher Hinsicht, aber in Abgrenzung von landesrechtlich geregelten Sachbereichen ein Rückgriff auf allgemeine Vorschriften des Polizeirechts kraft Spezialität ausgeschlossen ist. Bei bundesrechtlichen Vorgaben werden beide Aspekte häufig zusammen auftreten oder ineinander übergehen.

Soweit also durch die Spezialität bestimmter Normenkomplexe ein durch rechtliche Kate- **35** gorien näher bestimmter Lebensbereich von einem Gesetzgeber abschließend geregelt wird, kann von einer sog. Polizeifestigkeit dieses Bereichs gesprochen werden (Kötter/Nolte DÖV 2009, 399 (401) mwN; zum Presserecht Spindler/Schuster/Volkmann, Recht der elektronischen Medien, 3. Aufl. 2015, RStV § 59 Rn. 30; Schwalbe JuS 2000, 623; zum Vereinsrecht etwa Groh, Vereinsgesetz, 2012, Rn. 6).

In besonders herausgehobener Weise zeigt sich eine solche Spezialisierung im Bereich des **36** **Versammlungsrechts.** Soweit die entsprechenden Versammlungsgesetze der Länder (zu Fragen der Gesetzgebungskompetenz und der Föderalismusreform Kötter/Nolte DÖV 2009, 399; Lux LKV 2009, 491 (494); Scheidler ZRP 2008, 151) den Bereich der ordnungsgemäßen Durchführung von Versammlungen und damit die Teile des von Art. 8 GG geschützten

Rechtsbereichs regeln, hat der Gesetzgeber den Vorrang dieser speziellen Regelungen vor dem allgemeinen Polizeirecht selbst bestimmt und den Rückgriff auf allgemeine polizeirechtliche Ermächtigungen ausgeschlossen (Gusy PolR Rn. 419; Kötter/Nolte DÖV 2009, 399, jeweils mwN). Dabei ist auch zu berücksichtigen, dass die allgemeinen polizeirechtlichen Vorgaben den Anforderungen an die Versammlungsfreiheit nach Art. 8 Abs. 1 GG auch nur schwerlich gerecht würden (zu der Sperrwirkung der Generalklausel aus Gründen des Verfassungsrechts → Rn. 47 ff.).

37   Die daraus folgende Polizeifestigkeit des Versammlungsrechts (Gusy PolR Rn. 419; Kötter/Nolte DÖV 2009, 399; v. Coelln NVwZ 2001, 1234) geht dabei allerdings nur so weit, wie tatsächlich auch Fragen der Versammlungsfreiheit betroffen sind. Entstehen im Kontext einer Versammlung allgemeine Gefahrenlagen, welche nicht unmittelbar für oder von der Versammlung ausgehen, so bleibt ein Einschreiten der Polizei auf der Grundlage des Allgemeinen Polizeirechts möglich (Gusy PolR Rn. 419; Kötter/Nolte DÖV 2009, 399 (402)).

38   In zeitlicher Hinsicht sind die Regelungen des Allgemeinen Polizeirechts wiederum dann anwendbar, wenn eine Umgehung der besonderen Anforderungen der Versammlungsfreiheit und damit auch der Regeln des Versammlungsrechts nicht droht. So dürfen bspw. polizeiliche Vorfeldmaßnahmen in Ansehung einer beabsichtigten Versammlung dann nicht auf das Allgemeine Polizeirecht gestützt werden, wenn das einschlägige Versammlungsrecht Regelungen zu Vorfeldmaßnahmen enthält (vgl. VG Lüneburg NVwZ-RR 2005, 248 mit Verweis auf OVG Münster NVwZ 1982, 46; VGH Mannheim DÖV 1990, 572). Gleiches gilt, wenn entsprechende Regelungen nicht existieren, entsprechende Maßnahmen aber darauf zielen oder unmittelbar dazu führen, dass die beabsichtigte Versammlung nicht oder nur in völlig veränderter Weise stattfinden kann (vgl. Turnit NVwZ 2012, 1079; Gusy PolR Rn. 429). Weitgehende und vor allem versammlungsverhindernde Maßnahmen scheitern in diesen Fällen zwar nicht unbedingt an einer Sperrwirkung des Versammlungsrechts. Immerhin werden diese Maßnahmen vom Anwendungsbereich des Versammlungsrechts dann nicht umfasst, wenn es für das Vorfeld von Versammlungen keine Reglungen enthält (VG Lüneburg NVwZ-RR 2005, 248). Vielmehr scheitert die Anwendbarkeit des Allgemeinen Polizeirechts für solche versammlungsbeschränkenden Vorfeldmaßnahmen dann am Zitiergebot des Art. 19 Abs. 2 GG (Kötter/Nolte DÖV 2009, 399 (403); zum Meinungsstand sa Turnit NVwZ 2012, 1079).

39   In Nordrhein-Westfalen fehlen im geltenden Versammlungsrecht Regelungen zu Vorfeldmaßnahmen und es fehlt auch an einer Zitierung des Art. 8 Abs. 1 GG im PolG NRW als eingeschränktes Grundrecht. In anderen Bundesländern wird in den Landespolizeigesetzen auf eine Einschränkung des Art. 8 GG hingewiesen (Art. 91 BayPAG, § 10 NPOG); zu alledem eingehend Kötter/Nolte DÖV 2009, 399 (403); Turnit NVwZ 2012, 1079). Soweit Vorfeldmaßnahmen hierauf gestützt werden, ist der besonderen Bedeutung der Versammlungsfreiheit bei der Auslegung der Befugnisnormen des allgemeinen Polizeirechts Rechnung zu tragen (BVerfG NVwZ-RR 2010, 625; VGH München BeckRS 2013, 47530).

40   Ist hingegen eine Einschränkung des Schutzbereichs des Art. 8 GG nicht gegeben, etwa weil Vorfeldmaßnahmen zum Schutz der Versammlung durchgeführt werden oder aber die Maßnahmen nicht unmittelbar oder zielgerichtet in die Versammlungsfreiheit eingreifen, ist ein Rückgriff auf das Allgemeine Polizeirecht ohne weiteres möglich (vgl. Gusy PolR Rn. 419).

41   Ein Bezug zur Versammlung wird sich in den Fällen nicht ohne weiteres mehr herstellen lassen, in denen die Versammlung bereits beendet ist. Bei entsprechenden Maßnahmen im Anschluss an eine Versammlung handelt es sich um Maßnahmen außerhalb des Schutzes des Art. 8 GG. Allein die potentielle Erschwerung von möglicherweise künftig stattfindenden Folgeversammlungen reicht für die Begründung eines Eingriffs (vgl. allg. → Rn. 13 ff.) in Art. 8 GG und damit einer Sperrwirkung des Versammlungsrechts gegenüber dem Allgemeinen Polizeirecht oder einer Sperrwirkung wegen des Zitiergebots nicht aus (Frenz JA 2007, 334 (336); Gusy PolR Rn. 419).

42   Da nicht-öffentliche Versammlungen von dem Anwendungsbereich der Versammlungsgesetze der Länder nicht umfasst sind, erstreckt sich die ggf. bestehende Sperrwirkung von vornherein nicht auf diese Form der Versammlungen (Meßmann JuS 2007, 524 (527); Deger NVwZ 1999, 265 (268); Gusy PolR Rn. 421). Da allerdings auch die nicht-öffentlichen Versammlungen dem Schutzbereich der Versammlungsfreiheit nach Art. 8 GG unterfal-

len und diese Form der Versammlung grundsätzlich sogar weniger gefährlich ist als die öffentliche Versammlung sowie die Anforderungen im Hinblick auf Art. 19 Abs. 2 GG dieselben bleiben, wird die Auffassung vertreten, es sei angezeigt, die entsprechenden Vorschriften des Versammlungsrechts (§§ 5 ff. VersammlG) entsprechend anzuwenden (Meßmann JuS 2007, 524 (527); Deger NVwZ 1999, 265 (268)). Andere hingegen wollen auf die allgemeinen Vorschriften des Polizeirechts zurückgreifen, wenden diese aber „verfassungskonform in einem versammlungsfreundlichen Sinne" an (Gusy PolR Rn. 421; Kötter/Nolte DÖV 2009, 399 (405); ganz im Sinne von BVerfG NVwZ-RR 2010, 625).

Auch von dem **Pass- und Ausweisrecht** des Bundes kann eine Sperrwirkung gegenüber **43** dem Allgemeinen Polizeirecht ausgehen. Diese Frage ist in jüngerer Zeit vor allem im Zusammenhang mit den sog. Meldeauflagen diskutiert worden (BVerwG BeckRS 2007, 26860; VG Meiningen BeckRS 2011, 48937). Da die Meldeauflagen typischer-, aber nicht zwingenderweise darauf gerichtet sind zu verhindern, dass Personen Straftaten im Ausland begehen, ist durch diesen Auslandsbezug eine gewisse inhaltliche Nähe zum Ausweisrecht durchaus vorhanden (BVerwG BeckRS 2007, 26860; OVG Lüneburg BeckRS 2018, 2880). Dieser Bezug wird dadurch gesteigert, dass im Rahmen der Meldeauflagen regelmäßig auch verlangt wird, dass die entsprechenden Ausweisdokumente vorgelegt werden (Schucht NVwZ 2011, 709 (710)). Eine Sperrwirkung kann von dem entsprechenden Ausweisrecht des Bundes (PaßG; PAuswG) allerdings nur ausgehen, soweit der in Rede stehende Sachverhalt von der Rechtsmaterie auch umfasst ist bzw. anderenfalls eine Umgehung der speziellen Voraussetzungen dieses Rechtsbereichs droht.

Bei den Meldeauflagen ist eine solche Umgehung des Anwendungsbereichs allerdings **44** nicht zu befürchten (so auch BVerwG BeckRS 2007, 26860; vgl. VG Meiningen BeckRS 2011, 48937; VG Braunschweig BeckRS 2016, 52507). In kompetenzrechtlicher Hinsicht ist dabei von Folgendem auszugehen: Die bundesrechtlichen Vorgaben aus dem Bereich des Pass- und Ausweisrechts (PaßG und PAuswG) basieren auf dem Kompetenztitel des Art. 73 Abs. 1 Nr. 3 GG. In ordnungsrechtlicher Hinsicht befassen sich die einschlägigen bundesrechtlichen Vorschriften mit der Begrenzung der persönlichen Freizügigkeit (Art. 11 GG). Vor diesem Hintergrund gestatten bspw. die §§ 7, 8 PaßG die Möglichkeit, den Passinhaber durch entsprechenden Vermerk im Pass an der Ausreise zu hindern, wenn Sicherheitsbelange der Bundesrepublik Deutschland anderenfalls gefährdet würden oder das Ansehen der Bundesrepublik Deutschland beeinträchtigt würde. Polizeiliche Meldeauflagen hingegen zielen in eine andere Richtung. Dem Betroffenen wird durch eine entsprechende Auflage aufgegeben, sich bei einer (bestimmten) Polizeidienststelle in regelmäßigen Abständen zu melden. Dass und ob damit auch eine Begrenzung der Freizügigkeit iSv Art. 11 GG einhergeht, ist bzw. wäre demnach allenfalls eine Nebenfolge der Meldeauflage (so auch BVerwG BeckRS 2007, 26860; krit. Arzt DIE POLIZEI 2006, 157).

Selbst wenn in bestimmten Fällen die Meldeauflage erkennbar mit dem Ziel ausgegeben **45** wurde, den Betroffenen an einer Reise ins Ausland zu hindern, so ist von Einschränkungen nach dem Pass- und Ausweisrecht und einer solchen Meldeauflage zwar im Ergebnis das gleiche Grundrecht betroffen (Art. 11 GG). Dies bedeutet allerdings nicht notwendigerweise auch, dass die eine Rechtsmaterie (Pass- und Ausweisrecht) der anderen (Allgemeines Polizeirecht) gegenüber Sperrwirkung entfaltet. So ist nämlich nicht erkennbar, dass das Passgesetz oder das Personalausweisgesetz des Bundes Fragen der Gefährdung für die öffentliche Sicherheit und Ordnung abschließend behandeln würden oder sollten. Allenfalls einzelne Aspekte aus diesem Bereich werden in den einschlägigen Gesetzen thematisiert (Ausreisebeschränkung wegen Sicherheitsinteressen des Bundes oder einer Gefährdung des Ansehens der Bundesrepublik Deutschland). Vor diesem Hintergrund ist ein Rückgriff für gefahrenabwehrende Maßnahmen nach den allgemeinen polizeirechtlichen Vorschriften und damit auch auf der Grundlage der Generalklausel grundsätzlich möglich (so auch BVerwG BeckRS 2007, 26860; anders Schucht NVwZ 2011, 709 (712 f.)).

Neben den Bereichen des Versammlungsrechts und des Pass- und Ausweisrechts stellen **46** sich Fragen einer Sperrwirkung gegenüber dem Polizeirecht auch im **Presserecht** (Spindler/ Schuster/Volkmann, Recht der elektronischen Medien, 3. Aufl. 2015, RStV § 59 Rn. 30; Schwalbe JuS 2000, 623). Schreitet die Polizei bspw. gegenüber Journalisten ein, welche polizeiliche Einsätze oder Dritte fotografieren (im letztgenannten Fall dient das Einschreiten dann wohl zum Schutz privater Rechte), so kann die Polizei Maßnahmen auf der Grundlage des Polizeirechts erlassen, wenn das einschlägige Landespresserecht keine Regelung hierfür vorsieht (vgl. OVG Bautzen SächsVBl. 2008, 89 (91); VGH Mannheim VBlBW 2011, 23; BVerwG ZUM 2012, 909; Schoch BesVerwR/Schoch Kap. 1 Rn. 204) Sollte die Polizei zu Recht davon ausgehen, dass eine rechtswidrige Verbreitung bzw. Verwertung der getätigten Aufnahmen erfolgen soll, was eine Prognoseentscheidung ist (→ Rn. 51, → Rn. 105 ff.), so schränkt sie bspw. durch eine Beschlagnahme der Kamera zwar auch die Pressearbeit, aber kein Presseerzeugnis im Sinne des Presserechts ein. Insofern ist unter der Voraussetzung einer bestehenden Gefährdungslage bspw. für die informationelle Selbstbestimmung (Art. 2 Abs. 1 GG, Art. 1 Abs. 1 GG) ein Eingreifen der Polizei auf der Grundlage des Polizeirechts grundsätzlich möglich (so auch Thiel PolR § 6 Rn. 13; sa Dietlein/Hellermann NRWÖffR/ Dietlein § 3 Rn. 202; BVerwG ZUM 2012, 909; zur Identitätsfeststellung von Personen, die während einer Versammlung Polizisten fotografieren oder filmen s. BVerfG NVwZ 2016, 53; Muckel JA 2016, 311). Gesperrt ist der Rückgriff auf das allgemeine Polizeirecht demnach, wenn es um Beschränkungen der Presseerzeugnisse geht (vgl. Spindler/Schuster/Volkmann, Recht der elektronischen Medien, 3. Aufl. 2015, RStV § 59 Rn. 30; Schwalbe JuS 2000, 623).

III. Verfassungssystematische Begrenzung des Anwendungsbereichs

1. Besonderes Spannungsverhältnis

47 Der Wortlaut der polizeilichen Generalklausel lässt eine weitgehend unbegrenzte Anzahl unterschiedlichster polizeilicher Maßnahmen zu. Mit wenigen semantischen Änderungen vollzieht die Vorschrift die Aufgabennorm des Polizeirechts (§ 1) umfassend nach. In verfassungsrechtlicher Hinsicht ist mittlerweile weitgehend anerkannt, dass die daraus folgende relative Unbestimmtheit und Weite des Anwendungsbereichs der Generalklausel zwar nicht zu deren Verfassungswidrigkeit führt (→ Rn. 3). Dennoch sind jedenfalls Grenzziehungen aus verfassungsrechtlicher Sicht geboten. Da sich diese Grenzen nicht unmittelbar aus dem Wortlaut des § 8 selbst entnehmen lassen, sind sie durch Auslegung zu ermitteln. Dabei kommt der (verfassungs-) systematischen Auslegung bei der Bestimmung dieser Grenzen eine besondere Bedeutung zu (vgl. Lisken/Denninger PolR-HdB/Rachor/Graulich E Rn. 198; Denninger Sicherheit & Recht 2013, 222; → § 1 Rn. 41 mit Ausführungen auch zur europarechtlichen Dimension).

48 Generalklauselartige Ermächtigungen im Bereich der Gefahrenabwehr zeichnen sich durch ein besonderes Spannungsverhältnis aus, welches letztlich durch divergierende verfassungsrechtlich bestimmte Aspekte geprägt ist. Auf der einen Seite findet sich der nicht nur anerkennenswerte, sondern sogar verfassungsrechtlich begründbare Zweck derartiger Ermächtigungen. Dem Staat, namentlich der Polizei, obliegt als öffentliche Kernaufgabe die Gewährung der öffentlichen Sicherheit (Götz/Geis PolR § 8 Rn. 8; grdl. Gramm, Privatisierung und notwendige Staatsaufgaben, 2001, 38 ff.; Nitz, Private und Öffentliche Sicherheit, 2000; eingehend → § 1 Rn. 7 f.). Dabei muss der Staat in der Lage sein bzw. in die Lage versetzt werden, auch auf besondere, neue und atypische Fallkonstellationen angemessen reagieren zu können (Schenke PolR Rn 49; Kingreen/Poscher POR § 5 Rn. 18). Er darf nicht von vornherein dazu verdammt sein, derartige Gefahrenlagen hinnehmen und regungslos dulden zu müssen. Dies würde nicht nur staatlichen Schutzaufträgen (Art. 2 Abs. 2 GG) widersprechen. Das staatliche Gewaltmonopol und damit sicher auch der Rechtsfrieden würden mittelfristig Schaden nehmen, wenn der Staat in wesentlichen Belangen zum Schutz der Öffentlichkeit, Dritter oder sonstiger anerkannter Belange der öffentlichen Sicherheit keine Handlungsermächtigung hätte.

49 Der so skizzierte Zweck generalklauselartiger Ermächtigungen trifft auf der anderen Seite auf rechtsstaatliche Grenzen. Es gehört zu den grundlegenden verfassungsrechtlichen Anforderungen an staatliches Handeln, dass eine Rechtsnorm, die den Staat zum Eingriff in Grundrechte ermächtigt, hinreichend klar und eindeutig verfasst sein muss. Das gilt ganz besonders im Hinblick auf die Grenzen (vgl. zum Bestimmtheitsgrundsatz BVerfGE 120, 274; 113, 348 (375); 110, 33 (55)). Dabei steht es dem Gesetzgeber bzw. dem Staat auch nicht frei, die Verantwortlichkeit für die Grenzziehung auf eine andere Ebene, bspw. die Verwaltung, zu übertragen. Die wesentlichen Aspekte grundrechtsbeschränkender Maßnahmen hat der Gesetzgeber selbst zu regeln (zur Wesentlichkeitslehre BVerfG NJW 1979, 359 (360); 1988, 1651 (1657); Lisken/Denninger PolR-HdB/Rachor/Graulich E Rn. 198). Damit korrespondiert die Erforderlichkeit, dass der Gesetzgeber sich vor allem bei grundrechtsintensiven, komplexen, politisch brisanten und (potentiell) unübersichtlichen und weitreichenden Gefahrenlagen durch eigene Auseinandersetzung darüber zu verständigen hat, welche Maßnahmen in welcher Situation mit welchen Instrumenten ergriffen werden dürfen und vor allem, wo deren Grenzen liegen (zB des Einsatzes von Drohnen, Gusy DIE KRIMINALPOLIZEI 2014, 16; vgl. zu diesem Bereich eingehend Martini DÖV 2019, 732 ff.).

Aus Sicht des Bürgers ist die hinreichende Bestimmtheit von staatlichen Ermächtigungen **50** immer auch Voraussetzung für eine ausreichende Berechenbarkeit und Planbarkeit staatlicher Maßnahmen (BVerfGE 120, 274; 113, 348 (375); 110, 33 (55)). Der Bürger hat einen rechtstaatlich motivierten Anspruch darauf, absehen zu können, welche Handlungs- und welche Unterlassungspflichten ihn treffen und welche Konsequenzen bei einer Zuwiderhandlung damit verbunden sind. Er muss dabei auch erkennen können, in welchen Gefahrensituationen der Gesetzgeber der Polizei die Ermächtigung zugesteht, möglicherweise auch gegen den Willen des Betroffenen entsprechende Maßnahmen zu ergreifen (vgl. Gusy PolR Rn. 314).

Im Zusammenhang mit polizeilichem oder ordnungsbehördlichem Handeln gilt dies in **51** besonderer Weise deshalb, weil es sich hierbei um den Kernbestand öffentlicher Aufgaben im Kontext des staatlichen Gewaltmonopols handelt (vgl. Hammer DÖV 2000, 613; Gramm, Privatisierung und notwendige Staatsaufgaben, 2001, 38 ff.; Nitz, Private und Öffentliche Sicherheit, 2000; eingehend → § 1 Rn. 191 mwN). Damit sind polizeiliche Maßnahmen nicht selten in besonderer Weise grundrechtsintensiv. Hinzu kommt, dass sich das Polizeirecht gerade durch eine gewisse Unsicherheit auszeichnet. Immerhin ist die Schädigung von Rechtsgütern, zu dessen Abwehr die Polizei einschreitet, nicht sicher, sondern allenfalls wahrscheinlich (vgl. auch Tegtmeyer/Vahle PolG NRW Rn. 8). Damit ist den Behörden ein Prognosespielraum eröffnet, ob und wann sie entsprechende Maßnahmen ergreifen. Dies kann dazu führen, dass der Betroffene Maßnahmen auch dann zu dulden hat, wenn die Gefahr tatsächlich nie bestand (s. bspw. zur Anscheinsgefahr und zum Anscheinsstörer OVG Münster NJW 1980, 138; VGH Mannheim NVwZ-RR 1990, 602; 2011, 231). Vor diesem Hintergrund sind polizeirechtliche Generalermächtigungen in gewisser Weise paradox. Denn angesichts ihrer Tragweite wäre von ihnen ein besonders hohes Maß an Klarheit, Bestimmtheit und Vorhersehbarkeit zu verlangen. Diese Anforderungen treffen allerdings auf Ermächtigungsnormen, bei denen es an all diesen Punkten in besonderer Weise fehlt und angesichts ihres Zwecks sogar gerade fehlen muss.

2. Aspekte einer (verfassungs-) systematischen Beschränkung

Der Gesetzgeber ist gehalten, von ihm geschaffene Eingriffsermächtigungen in einer Weise **52** zu formulieren, dass sie „mit Rücksicht auf den Normzweck" und unter Berücksichtigung „der Eigenart der zu ordnenden Lebenssachverhalte" hinreichend bestimmt genug gefasst sind (BVerfG NJW 1978, 2446 (2447); 1996, 708 (710); vgl. Lisken/Denninger PolR-HdB/ Rachor/Graulich E Rn. 198). Gerechtfertigt werden kann das feststellbar hohe Maß an Unbestimmtheit der Generalklausel also nur durch ihren spezifischen Zweck.

Der Zweck polizeirechtlicher Generalklauseln wird (mittlerweile) vor allem darin gesehen, **53** eher untypischen und neuen Gefährdungslagen zu begegnen (Nomos-BR/Wehr BPolG § 14 Rn. 9; vgl. Eisenbarth/Ringhof DVBl 2013, 566 (568)). Diese Analyse findet ihre Bestätigung vor allem darin, dass in den vergangenen Jahren zunehmend Maßnahmen, die vormals auf die Generalklauseln gestützt worden sind, eine eigenständige Normierung erfahren haben und als Standardermächtigungen in das PolG NRW aufgenommen wurden (s. beispielhaft den Bereich der Datenverarbeitung, Götz NVwZ 1998, 679; Gola NJW 1994, 3138; → Rn. 17; zu längerfristigen Aufenthaltsverboten → Rn. 32). Wenn das BVerwG in diesem Zusammenhang (BVerwG NVwZ 2007, 1439, 1441) ausführt, dass auf Grundlage der polizeilichen Generalklausel auch Maßnahmen ergriffen werden könnten, die wiederkehrende Gefahrensituationen begegneten und es insoweit eine Beschränkung des Anwendungsbereichs der Generalklausel auf „untypisches", in der polizeilichen Praxis noch nicht erprobtes Eingriffshandeln nicht gäbe, so sagt dies nichts darüber aus, ob typische Gefährdungssituationen in jedem Fall und dauerhaft auf die Generalklausel gestützt werden können. Angesichts der zunehmenden Spezialnormierung von Maßnahmen in den vergangenen Jahren (Gusy PolR Rn. 313; Lisken/Denninger PolR-HdB/Rachor/Graulich E Rn. 203) ist davon auszugehen, dass es auch dem gesetzgeberischen Willen bzw. jedenfalls seinem Selbstverständnis entspricht, sich verstetigenden und verfestigenden Gefährdungslagen durch entsprechende Standardmaßnahmen zu begegnen. Schon auf diesem Wege wird die Typizität von Maßnahmen zum Kriterium zur Bestimmung der Anwendbarkeit der Generalklausel. Im Übrigen sichert die Begrenzung des Anwendungsbereichs der Generalklausel auf eine Auffang- oder Reservefunktion (Gusy PolR Rn. 314; Nomos-BR/Wehr BPolG § 14 Rn. 2; vgl. Lisken/Denninger PolR-HdB/Rachor/Graulich E Rn. 200 f.) der polizeilichen Generalklauseln auch ihre – nicht aus ihrem Wortlaut heraus zwingend naheliegende – Verfassungsmäßigkeit. Geringere Anforderungen an die Bestimmtheit einer Vorschrift lassen sich nämlich grundsätzlich eher dort rechtfertigen, wo der Gesetzgeber angesichts der Vielgestaltigkeit der Herausforderungen bzw. der schnellen Veränderungen der tatsächlichen Gegebenheiten kaum in der Lage ist, für jede irgendwie denkbare Gefährdungslage eine eigene Ermächtigung zu schaffen (vgl. BVerfG NJW 1979, 359 (361) mwN; zum Bestimmtheitsgebot sa Lisken/Denninger PolR-HdB/Rachor/Graulich E Rn. 198).

54   Die Anerkennung einer solchen Auffangfunktion der polizeilichen Generalklauseln führt auch keineswegs dazu, dass sämtliche typische Gefährdungslagen nicht auf die polizeiliche Generalklausel gestützt werden könnten. Ein Widerspruch zu der Rechtsprechung des BVerwG (NVwZ 2007, 1439 (1441)) ist insoweit auch nicht gegeben. Zutreffend wird in der Entscheidung des BVerwG nämlich nur darauf abgestellt, dass die Anwendung der polizeilichen Generalklausel nicht lediglich atypischen Fallkonstellationen vorbehalten ist. Das BVerwG sagt in seiner Entscheidung nichts darüber, in welchen Fällen typische polizeiliche Maßnahmen (dauerhaft) auf die Generalklausel gestützt werden können. Hierzu lassen sich lediglich Rückschlüsse aus dem Kontext der Entscheidung ziehen. In der Sache ging es bei der Entscheidung des BVerwG um polizeiliche Meldeauflagen (ausf. → Rn. 30, → Rn. 43). Diese bestimmen, dass sich ein Betroffener in regelmäßigen Abständen bei einer polizeilichen Dienststelle zu melden hat und dort Ausweisdokumente vorzulegen hat. Die Intensität des grundrechtlichen Eingriffs, der durch diese Maßnahme ausgelöst wird, hängt sicherlich von der konkreten Ausgestaltung der Meldeauflage ab. Typischerweise aber wird eine Meldeauflage nicht mehr bestimmen, als die Pflicht, sich maximal ein- bis zweimal täglich bei einer polizeilichen Dienststelle zu melden. Wenngleich die damit verbundene Einschränkung der persönlichen Handlungsfreiheit (Art. 2 Abs. 1 GG) die grundrechtsbezogene Eingriffsschwelle ohne Weiteres überschreitet, so kann von einem besonders schwerwiegenden Grundrechtseingriff sicherlich nicht die Rede sein (vgl. BVerwG BeckRS 2007, 26860; VG Meiningen BeckRS 2011, 48937). Ein Eingriff in die persönliche Freizügigkeit (Art. 11 GG) kann in einer Meldeauflage – zumindest in ihrer typischen Form – nicht erkannt werden (dazu → Rn. 44). Insoweit hatte es das BVerwG insgesamt mit einer jedenfalls nicht besonders schwerwiegenden Grundrechtsbeschränkung zu tun. Damit tritt neben die Typizität polizeilicher Maßnahmen als Kriterium systematischer Begrenzung des Anwendungsbereichs von polizeilichen Generalklauseln, die Frage nach der Intensität des Grundrechtseingriffs durch die Maßnahme.

55   Neben diesen Aspekten ist – ähnlich auch wie bei der Feststellung einer Gefahrensituation – das Gewicht der zu schützenden Rechtsgüter von Bedeutung. Besonders schwerwiegende und irreparable Schäden können bereits bei der Gefahrenprognose zur Hinnahme einer geringeren Schadenswahrscheinlichkeit führen (vgl. Götz/Geis PolR § 6 Rn. 7; Schenke PolR Rn. 77; Lisken/Denninger PolR-HdB/Denninger D Rn. 53; Heckmann/Gusy FS Würtenberger, 2013, 995; Gusy PolR Rn. 119 ff.; → § 1 Rn. 98, Rn. 118, Rn. 133). Dies gilt in ähnlicher Weise auch für die Bestimmung des Anwendungsbereichs der polizeirechtlichen Generalklauseln. Denn die Abwägung von widerstreitenden grundrechtlich geschützten Interessen ist eine aus den Grundrechten selbst folgende verfassungsrechtlich zwingende Vorgabe des Gebots zu verhältnismäßigem Handeln. Danach kann ein Eingriff in die Grundrechte des Betroffenen auf der Grundlage auch einer vergleichsweise unbestimmten Norm dort eher gerechtfertigt sein, wo besonders schwerwiegende Schäden ein polizeiliches Einschreiten erfordern.

56   Insoweit ergeben sich letztlich drei relevante Aspekte, aus denen sich in gegenseitiger Relation zueinander ableiten lässt, in welchen Konstellationen die Polizei mitunter auch dauerhaft Maßnahmen auf die polizeirechtliche Generalklausel stützen kann. Das ist der Fall, wenn sie von eher geringer grundrechtsbezogener Eingriffsintensität sind und / oder besonders schwerwiegende Schäden drohen. (Potenziell) Besonders grundrechtsintensive Maßnahmen können dabei tendenziell von der Polizei nur – und allenfalls vorübergehend – bei einer neuen bzw. atypischen Gefährdungslage auf die Befugnis des § 8 gestützt werden, wenn auch die zu erwartenden Schäden von eher geringer Tragweite sind.

Die Faktoren stehen damit in einem teils proportionalen und teils umgekehrt proportiona- **57** len Verhältnis zueinander. Je grundrechtsintensiver eine Maßnahme wirkt, desto eher ist ein Rückgriff auf die polizeiliche Generalklausel auf atypische bzw. unbekannte Fallkonstellation unter Beachtung der drohenden Schäden beschränkt (vgl. Kingreen/Poscher POR § 5 Rn. 18 ff.). Durch diesen Zusammenhang wird dem Zweck polizeilicher Generalermächtigungen, die effektive Gefahrenabwehr, ebenso genüge getan wie den verfassungsrechtlichen Bestimmtheitsanforderungen und den verfassungsrechtlichen Schutzpflichten. Jenseits relativ klarer Fallgestaltungen, wie sie sich bspw. bei Meldeauflagen oder auch bei sog. **Gefährderansprachen** zeigen (vgl. OVG Lüneburg BeckRS 2005, 30227; OVG Münster BeckRS 2016, 51094; VGH Mannheim BeckRS 2017, 137291; eingehend Hebeler NVwZ 2011, 1364), stellen sich Abgrenzungsfragen vor allem im Schnittbereich der gegenseitigen Beeinflussung der benannten Faktoren.

Dabei kann sich zunächst vorgelagert die Frage stellen, wann eine Gefährdungslage (noch) **58** als atypisch bezeichnet werden kann und in Korrelation zu den anderen Faktoren gleichzeitig eine dauerhafte Legitimation auf Grundlage der Generalklausel nicht möglich ist. Diese Frage übersetzt sich dann in eine weitere danach, wie viel Zeit dem Gesetzgeber einzuräumen ist, vorhandene Gefährdungslagen in Spezialermächtigungen umzusetzen; mit anderen Worten stellt sich also die Frage, ob es für atypische Gefährdungslagen so etwas wie eine Umsetzungsfrist gibt (vgl. Eisenbarth/Ringhof DVBl 2013, 566 (569); vgl. insbesondere zum gewerblichen Bereich Lisken/Denninger PolR-HdB/Rachor/Graulich E Rn. 197). Allgemeingültige Aussagen lassen sich hierzu kaum treffen. Im Rahmen systematischer Auslegung kann allerdings ein Blick in die Polizeigesetze anderer Länder tragfähige Anhaltspunkte erlauben. Haben andere Gesetzgeber bereits auf neue Gefährdungen reagiert und entsprechende Standardermächtigungen für die Polizei aufgenommen, so spricht vieles dafür, dass auch der eigene Landesgesetzgeber die Möglichkeit hatte, diese Gefährdungen zu erkennen und entsprechend darauf zu reagieren. Bleibt eine Reaktion aus und darf man zulässigerweise aus diesem Ausbleiben auf einen absichtsvollen, jedenfalls aber fahrlässigen Regelungsverzicht schließen, so verbietet sich ein Rückgriff auf die polizeirechtliche Generalklausel zur Legitimierung entsprechender Maßnahmen (Lisken/Denninger PolR-HdB/Rachor/Graulich E Rn. 196; vgl. zum Regelungsverzicht BVerfGE 98, 265; BVerwGE 109, 272).

Hat der Landesgesetzgeber hingegen eine bestimmte Gefährdungslage erkannt und eine **59** Regelungsabsicht durch Einleitung eines Gesetzgebungsverfahrens bekundet, so ist ihm die erforderliche Zeit einzuräumen, sich mit der Sachlage adäquat auseinanderzusetzen. Ein entsprechendes Gesetzgebungsverfahren dürfte inklusive Vorbereitungen regelmäßig innerhalb eines Zeitraums von ein bis zwei Jahren zu einem Abschluss gebracht werden können (vgl. zu dem parlamentarischen Teil des Verfahrens FG Niedersachsen DStRE 2012, 338 mit Verweis auf Reutter ZPol 2006, 1249 (1255)). In besonderen Fallkonstellationen mag ein Gesetzgebungsverfahren allerdings auch länger dauern. Während dieser Zeit gebietet es das Erfordernis effektiver Gefahrenabwehr, dass die Generalklausel als Ermächtigungsgrundlage für polizeiliche Maßnahmen (auch weiterhin) in Anspruch genommen werden darf.

3. Fallgruppen

Auf dieser Grundlage können in Rechtsprechung und Literatur diskutierte Fallgruppen **60** bezüglich der Anwendung der Generalklausel beantwortet werden (zu den sog. Meldeauflagen → Rn. 30, → Rn. 43 ff.).

Die **Observation** von aus der Sicherungsverwahrung entlassenen Straftätern (vgl. BVerfG **61** BeckRS 2012, 60164; s. zuvor VG Aachen BeckRS 2011, 45928; VG Saarlouis BeckRS 2010, 53629; VG Freiburg BeckRS 2011, 45717; OVG Saarlouis BeckRS 2013, 56891; sa Greve/Lucius DÖV 2012, 97, 101; Guckelberger VBlBW 2011, 209) kann nur dann auf die polizeiliche Generalklausel gestützt werden, wenn diese Maßnahme kurzfristiger Natur ist. Sobald sich der Eingriff in die allgemeine Handlungsfreiheit und vor allem auch in die informationelle Selbstbestimmung (Art. 2 Abs. 1 GG, Art. 1 Abs. 1 GG) durch eine länger andauernde Observation vertieft, ist dies ausgeschlossen (zu der besonderen grundrechtlichen Sensibilität sa Greve/Lucius DÖV 2012, 97 (102 f.)). Wenngleich die längerfristige Observation in dem von dem BVerfG entschiedenen Fall durchaus insoweit atypisch gewesen ist, als dass die Observation durch die Entscheidung des BVerfG zur Verfassungswidrigkeit der nachträglichen Sicherungsverwahrung erst erforderlich geworden ist (BVerfG NJW 2011, 1931), ist der Grundrechtseingriff bei einer länger andauernden Observation auch im Verhältnis zu einem potentiellen Schaden derart intensiv, dass der Gesetzgeber für diese Maßnahme eine entsprechende Standardermächtigung schaffen muss (Eisenbarth/Ringhof DVBl 2013, 566 (568); Greve/Lucius DÖV 2012, 97). Ein **Kontaktverbot** kann dagegen grundsätzlich auf der Grundlage der Generalklausel erlassen werden, weil es im Vergleich zur Observation deutlich schwächer in die Grundrechte des Betroffenen eingreift (VGH München NJW 2016, 2968 (2969)).

61a   Nachdem mit § 68b Abs. 1 Nr. 12 StGB und § 56 BKAG auf Bundesebene Rechtsgrundlagen zur **Elektronischen Aufenthaltsüberwachung** geschaffen wurden, hat sich auch in Nordrhein-Westfalen der Gesetzgeber mit der Einführung einer entsprechenden präventivpolizeilichen Standardermächtigung befasst (LT-Drs. 17/2351, 18 ff.). Die Frage, ob sich die Elektronische Aufenthaltsüberwachung, auch bekannt unter dem Begriff der **„elektronischen Fußfessel"**, in Nordrhein-Westfalen auf die Generalklausel stützen lässt, kann demnach dahinstehen. § 34c ermöglicht es der zuständigen Behörde nun grundsätzlich, den Aufenthalt einer Person ständig zu überwachen, indem die zu überwachende Person zum Beisichführen eines mit einem Sender oder Ähnlichem ausgestatteten technischen Mittels verpflichtet wird. Hierdurch soll insbesondere die Überwachung von sog. terroristischen Gefährdern erleichtert oder gar erst ermöglicht werden (Lindner/Bast DVBl 2017, 290). Ob die Anordnung der elektronischen Aufenthaltsüberwachung dagegen in Bundesländern ohne entsprechende Standardermächtigung auf die allgemeine Generalklausel gestützt werden kann, ist äußerst zweifelhaft. Mit der Verpflichtung zum Beisichführen einer „elektronischen Fußfessel" sind erhebliche Eingriffe in die Grundrechte des Betroffenen verbunden (s. ausf. Guckelberger DVBl 2017, 1121), namentlich in das Grundrecht auf informationelle Selbstbestimmung. Insofern kann die Anwendbarkeit der Generalklausel nicht etwa mit der geringen Eingriffsintensität der Maßnahme begründet werden (→ Rn. 54 aE). Darüber hinaus ergibt sich die Möglichkeit des Rückgriffs auf die Generalklausel auch nicht daraus, dass es sich bei den Gefährdungslagen, die dem Einsatz von „elektronischen Fußfesseln" zugrunde liegen, um neue oder atypische Situationen handeln würde (→ Rn. 56 f.). Die Tatsache, dass der nordrhein-westfälische Gesetzgeber die Schaffung einer entsprechenden Standardermächtigung vollzogen hat, zeigt vielmehr, dass die Gefährdungslage mittlerweile typisierbar ist.

62   Soweit – wie auch in Nordrhein-Westfalen – der Landesgesetzgeber keine Standardermächtigung für **Untersuchungen** neben Durchsuchungen vorgesehen hat (wie bspw. Niedersachsen in § 22 Abs. 4 NPOG), ist der Rückgriff auf die Generalklauseln ebenfalls ausgeschlossen. Dies folgt zwar nicht aus der Wirkähnlichkeit beider Maßnahmen (→ Rn. 26). Es folgt aber aus der besonderen Grundrechtsintensität der körperlichen Untersuchung vor dem Hintergrund des Schutzes der körperlichen Integrität (Art. 2 Abs. 2 GG) und aus der Tatsache, dass von einer besonderen Atypik oder Unbekanntheit entsprechender Maßnahmen vor dem Hintergrund neuer Herausforderungen für die öffentliche Sicherheit nicht die Rede sein kann. Daher rechtfertigen auch die drohenden – mitunter erheblichen – Schäden einen Rückgriff auf die Generalklausel nicht (so im Ergebnis auch Robrecht LKV 2001, 391 (392); Schenke PolR Rn. 150).

63   Bei dem Einsatz von polizeilichen **Drohnen** ist nach der Zweckrichtung des Einsatzes zu differenzieren (Zum Differenzierungsgebot BVerfG JuS 2008, 825 (826); → § 1 Rn. 142). Ist damit letztlich eine Form der mobilen Videoüberwachung von öffentlichen Plätzen bezweckt und die Aufzeichnung und Sammlung personenbezogener Daten nicht möglich, bedarf es bereits keiner Ermächtigungsgrundlage (Gusy DIE KRIMINALPOLIZEI 2014, 16 (18); → Rn. 15). Wenn Drohnen repressiv eingesetzt werden sollen, stellen sich Fragen der strafprozessualen Erlaubnis. Nur für die Fälle, in denen Drohnen für Aufgaben der Gefahrenabwehr herangezogen werden, steht die Frage Anwendbarkeit des § 8 überhaupt in Rede (für die grundsätzliche Anwendbarkeit Gröhn BauR 2017, 1614 (1619); dagegen

Albrecht VR 2017, 181 (186); eingehend Martini DÖV 2019, 732 ff.). Hierbei ist allerdings wiederum der Vorrang des Versammlungsrechts zu beachten, wenn es um die Beobachtung und Begleitung von Versammlungen geht (Gusy DIE KRIMINALPOLIZEI 2014, 16 (21); sa Zöller/Ihwas NVwZ 2014, 408 (412 f.); Roggan NVwZ 2011, 590). Jedenfalls ist angesichts des Potentials auch gravierender Grundrechtseingriffe eine Auseinandersetzung des Gesetzgebers mit der Frage geboten, wann die Polizei zu welchen Zwecken Drohnen einsetzen darf (Gusy DIE KRIMINALPOLIZEI 2014, 16 (21); Martini DÖV 2019, 732 ff.).

Maßnahmen polizeilicher Eigensicherung, wie bspw. die Verwendung von Masken **64** oder die Absprache bestimmter Taktiken usw, sind grundsätzlich grundrechtsneutral und unterliegen daher nicht dem Gesetzesvorbehalt.

Einzelne Maßnahmen aber können unmittelbar oder zielgerichtet in Grundrechte des **65** Betroffenen eingreifen. Zu nennen ist hier bspw. die Verwendung von sog. **Dunkelbrillen** (s. Göddeke DIE POLIZEI 2008, 9). Hierbei handelt es sich zumeist um handelsübliche Schlafbrillen, wie sie etwa im Flugzeug angeboten werden. Diese Dunkelbrillen werden bei Polizeieinsätzen vor allem zum Zwecke der Eigensicherung der handelnden Beamten (vermeintlichen) Störern aufgezogen. Dies soll vor allem bei unübersichtlichen Gemengelagen dazu dienen, dass sich die Betroffenen nicht untereinander über Gesten und Mimik verständigen und Kontakt zueinander aufnehmen. Außerdem soll durch eine gewisse Verwirrung und Orientierungslosigkeit eine Sicherung der Situation insgesamt hergestellt werden, sodass die handelnden Beamten selbst besser gesichert sind. Dabei ist der Schutz der Beamten ein erhebliches Interesse, welches durchaus grundsätzlich in der Lage ist, Eingriffe gegenüber Dritten auch auf der Grundlage des § 8 zu rechtfertigen. Allerdings steht dem entgegen, dass der Eingriff in die Sphäre der Betroffenen ebenfalls von hohem Gewicht ist. Es ist grundsätzlich hinzunehmen, dass bei polizeilichen Aktionen die (vermeintlichen) Störer erkennen, wer ihnen gegenüber handelt (vgl. Barczak NVwZ 2011, 852; vgl. in anderer, partiell sogar umgekehrter Konstellation die abweichende Meinung zu BVerfGE 108, 314 (334)). Anonymität kann die Hemmschwelle verlagern. Sie erschwert späteren Rechtsschutz und unterminiert persönliche Verantwortlichkeit. Von diesem Grundsatz ausgehend, muss es die begründungsbedürftige Ausnahme bleiben, dass eine Anonymisierung der handelnden Beamten stattfindet. Im Übrigen wir die Anonymisierung durch Zugriff auf die Betroffenen vorgenommen. Ihnen wird die Möglichkeit genommen, zu sehen, was mit ihnen und um sie herum geschieht. Die Beschränkung der allgemeinen Handlungsfreiheit und auch der körperlichen Integrität (Art. 2 Abs. 1, Abs. 2 GG) ist bei vorübergehender Wegnahme eines Sinnes durchaus gravierend. Da auch andere, wenn auch weniger effektive, Möglichkeiten der Eigensicherung bestehen, ist schon aus diesem Grund der Einsatz von Dunkelbrillen jedenfalls grundsätzlich nicht auf Grundlage von § 8 zulässig. Soweit ersichtlich fand der Einsatz dieser Brillen bisher im Zuge bekannter, wenn auch besonders unübersichtlicher, konfliktreicher und gefahrträchtiger Gemengelagen statt. Der Gesetzgeber kennt diese Formen von Protest- und Chaosaktionen (Schanzenfest in Hamburg, Chaostage in Hannover und anderswo usw). So hätte er einen Einsatz qualifizierter Maßnahmen der Eigensicherung regeln können (ob auch dürfen, ist allerdings damit nicht beantwortet). Dies bestärkt die Annahme, dass jedenfalls die polizeiliche Generalklausel nicht die richtige Rechtsgrundlage ist, solche Maßnahmen zu legitimieren. Genannt werden muss in diesem Zusammenhang auch die Einführung sog. Spuckhauben (http://www.spiegel.de/panorama/spuckhauben-baumwolltueten-sollen-bremer-polizei-vor-speichel-schuetzen-a-1003502.html, zuletzt abgerufen am 30.8.2019). Hierbei wird den potentiellen Störern, die als „Spucker" bereits in Erscheinung getreten sind oder die handelnde Beamte bespucken, eine weitgehend transparente Baumwollhaube aufgesetzt. Die Betroffenen können weiterhin das Geschehen audiovisuell verfolgen. Damit bleibt die Eingriffsintensität dieses Mittels hinter dem der Dunkelbrillen zurück. Grundlegende oder prinzipielle Bedenken gegen einen Einsatz dieser Hauben bestehen daher vor diesem Hintergrund nicht. Dies gilt vor allem auch angesichts der partiell gesundheitsgefährdenden und zumindest demütigenden Situation für die handelnden Beamten. Dennoch ist angesichts des Gebotes einer verhältnismäßigen Mittelauswahl auf die Umstände des jeweiligen Einsatzes der Hauben zu achten. Die Hauben dürfen nicht „vorsichtshalber", dh ohne konkreten Anlass verwendet werden; sie dürfen auch nicht ihrerseits zum Zwecke der Demütigung eingesetzt werden. Im Einzelfall ist abzuwägen, ob die demütigende Wirkung der Hauben im Verhältnis zu dem befürchteten Schaden für die handelnden Beamten ausnahmsweise hingenommen werden kann.

66   Der Einsatz von sog. **Mini- oder Schulterkameras (Body-Cams)** an der Uniform
von Beamten zum Zwecke der Eigensicherung (http://www.sueddeutsche.de/panorama/
schulterkameras-fuer-hessische-polizisten-filmreife-verbrechen-1.1948079, zuletzt abgerufen am 30.8.2019; ZD-Aktuell 2014, 03890; zu rechtlichen Fragen vgl. auch Kipker/Gärtner
NJW 2015, 296; zu den Transparenzanforderungen eines Body-Cam-Einsatzes s. Kipker
DuD 2017, 165) stellt regelmäßig einen Grundrechtseingriff gegenüber dem Betroffenen
dar (vgl. ZD-Aktuell 2015, 20). Der Einsatz jener Kameras ist international verbreitet. In
Deutschland ist das Bundesland Hessen Vorreiter bei der Einführung dieser Technologie in
die polizeiliche Praxis gewesen (§ 14 Abs. 6 HSOG). Die Bundesländer Baden-Württemberg,
Bayern, Brandenburg, Bremen, Hamburg, Mecklenburg-Vorpommern, Niedersachsen,
Rheinland-Pfalz, das Saarland; Sachsen, Sachsen-Anhalt, Schleswig-Holstein sowie Thürin-
gen haben mit ähnlichen Standardermächtigungen nachgezogen (§ 21 Abs. 5 BWPolG,
Art. 33 BayPAG, § 31a BbgPolG, § 29 Abs. 5 BremPolG, § 8 Abs. 5 PolEDVG, § 32a SOG
M-V, § 32 Abs. 4 NPOG, § 27 RhPfPOG, § 27 Abs. 3 SPolG und § 57 Abs. 4 und Abs. 5
SächsPVDG, § 16 Abs. 3, Abs. 3a SOG LSA, § 184 Abs. 3 SchlHLVwG, § 33 ThürPAG).
In Nordrhein-Westfalen hatte sich der Landtag zunächst gegen die Einführung einer Stan-
dardermächtigung entschieden (LT-Drs. 16/5923; vgl. LT-Drs. 16/8151, 11). Ab Mitte 2016
befasste er sich dann aber auf der Grundlage eines Gesetzentwurfs von SPD und Grünen
(LT-Drs. 16/12361) erneut mit dieser Thematik. Durch das Vierte Gesetz zur Änderung
des Polizeigesetzes des Landes Nordrhein-Westfalen v. 6.12.2016 wurde nunmehr § 15c
(Datenerhebung durch den Einsatz körpernah getragener Aufnahmegeräte) in das Polizeigesetz eingefügt (zu diesem krit. Arzt/Schuster DVBl 2018, 351). Dieser ermächtigt die Polizei
dazu, bei der Durchführung von Maßnahmen zur Gefahrenabwehr und zur Verfolgung von
Straftaten oder Ordnungswidrigkeiten mittels körpernah getragener Aufnahmegeräte offen
Bild- und Tonaufzeichnungen anzufertigen (§ 15c Abs. 1 S. 1). Tatbestandsvoraussetzung für
die Anfertigung entsprechender Aufzeichnungen ist vor dem Hintergrund der erheblichen
Eingriffsintensität, dass die Aufzeichnung zum Schutz von Polizeivollzugsbeamtinnen und
-beamten oder Dritten gegen eine konkrete Gefahr für Leib oder Leben erforderlich ist. Mit
der Eingriffsintensität lässt sich auch die detaillierte Regelung des Body-Cam-Einsatzes durch
insgesamt neun Absätze erklären. Die Einführung der Technologie und einer entsprechenden
Standardermächtigung wurde von zum Teil heftiger Kritik an der Body-Cam begleitet (eingehend Kipker/Gärtner NJW 2015, 296; ZD-Aktuell 2015, 20). Die wesentlichen Kritik-
punkte stellen dabei gleichzeitig diejenigen Erwägungen dar, die erst recht gegen die Möglichkeit sprechen, Body-Cams auf Grundlage der Generalklausel einzusetzen. Zweifellos
werden durch den Einsatz der Kameras personenbezogene Daten erhoben, gespeichert und
möglicherweise sogar im Anschluss daran weiter verwendet. Im Kontext der Generalklausel
existieren für diese Vorgänge keine bestimmten Anforderungen. Die Intensität des grundrechtlichen Eingriffs wird dabei aber wesentlich dadurch geprägt, wer über die Frage nach
„Ob" und „Wie" des Einsatzes der Kamera entscheidet. Befindet der handelnde Beamte
allein darüber, ob es zu einer Aufnahme kommt und entscheiden vor allem die Beamten
selbst später über die Löschung oder Verwendung der erhobenen Daten, ist der Einsatz der
Kameras wohl nicht nur über die Generalklausel, sondern insgesamt kaum in ein angemessenes Verhältnis zu den berechtigten Schutzinteressen der Betroffenen zu bringen. Soll ein
Einsatz von Body-Cams erfolgen, müsste daher im Einzelnen klar bestimmt sein, unter
welchen Voraussetzungen eine Aufnahme angefertigt werden darf und wie im Weiteren mit
den Aufnahmen umgegangen wird. Es darf dabei nicht allein den handelnden Beamten
überlassen bleiben, über das Schicksal der Aufnahmen und ihre Löschung zu befinden (vgl.
§ 15c Abs. 4 S. 3). Vielmehr ist eine neutrale Stelle bei der Auswertung heranzuziehen. Jene
Fragen bedürfen der gesetzlichen Fixierung (zu den verfassungsrechtlichen Rahmenbedingungen sa Martini/Nink/Wenzel NVwZ-Extra 24/2016, 1 (5)). Diesen Anforderungen ist
der nordrhein-westfälische Landesgesetzgeber durch § 15c nachgekommen. Deshalb ist der
Einsatz der Body-Cams jedenfalls in Nordrhein-Westfalen nach neuer Rechtslage möglich.
Ob dagegen Bild- und / oder Tonaufzeichnungen durch Body-Cams in Bundesländern
ohne entsprechende Standardermächtigung auf die Datenerhebungs-Generalklausel oder die
allgemeine Generalklausel gestützt werden können, ist sehr zweifelhaft.

67   Bereits seit längerer Zeit (vgl. bereits VG Neustadt NJW 1965, 833) werden Maßnahmen
der **Ein- und Ausweisung von Obdachlosen** auf der Grundlage polizeilicher Generalklau-

seln diskutiert (zur Beschlagnahme von privaten Unterkünften zur Unterbringung von Geflüchteten → OBG § 14 Rn. 13a). Hierbei ist grundsätzlich anerkannt, dass derartige Maßnahmen auf die Generalklausel gestützt werden können (s. zu dem gesamten Komplex Ruder NVwZ 2012, 1283; Gusy PolR Rn. 341). Zu unterscheiden ist zwischen der Einweisungs- und der Ausweisungsverfügung, wobei auch die rechtlichen Beziehungen zwischen dem Eigentümer der Wohnung und dem Eingewiesenen auseinander zu halten sind. Bei der Einweisung von Obdachlosen bzw. von Personen, die von Obdachlosigkeit bedroht sind, in eine freistehende Wohnung wird der jeweilige Eigentümer der Wohnung als Nichtstörer in Anspruch genommen. Ihm gegenüber wird verfügt, dass dieser den befristeten Aufenthalt des Obdachlosen in der Wohnung zu dulden hat. Damit verbunden ist die Berechtigung des Obdachlosen, sich in diesem Zeitraum in der Wohnung aufzuhalten. Über die polizeiliche Generalklausel sind derartige Maßnahmen vor allem dann zulässig, wenn für den Obdachlosen eine konkrete Gefährdung besteht. Dies wird insbesondere anzunehmen sein, wenn die äußeren Bedingungen bspw. wegen extremer Kälte Gesundheitsschäden hervorrufen würden. Anwendung finden die Vorschriften des Polizeigesetzes dabei allerdings nur in den Fällen, in denen die sozialrechtlichen Vorschriften keine besonderen Bestimmungen hierzu treffen bzw. besondere Eile geboten ist (s. Gusy PolR Rn. 342; vgl. → § 1 Rn. 90). Die Einweisung von Obdachlosen ist auf Grundlage der polizeilichen Generalklausel demnach nicht deshalb zulässig, weil sie neuartige Herausforderungen aufgreifen würden. Vielmehr wird die Einweisung von Obdachlosen bereits seit vielen Jahren als Maßnahme der Polizei diskutiert (VG Neustadt NJW 1965, 833). Da allerdings eine Einweisung vor allem in den Fällen drohender Gesundheitsschädigungen in Betracht kommt (weitergehend allerdings Ruder NVwZ 2012, 1283 (1284)), ist ein besonderes öffentliches Interesse an der Einweisung der Obdachlosen anzunehmen. Im Übrigen ist es trotz des nicht zu übersehenden Eingriffs in die Eigentumsfreiheit des Adressaten, dem Eigentümer dennoch zuzumuten, den zeitweisen Aufenthalt eines Obdachlosen in seiner Wohnung zu dulden. In unseren Breitengraden ist nicht damit zu rechnen, dass über einen unzumutbar langen Zeitraum hinweg eine Gesundheitsgefährdung dadurch hervorgerufen würde, dass sich eine Person im Freien aufhält. Daher besteht auf der einen Seite eine vergleichsweise kurzfristige Einschränkung des Eigentums und auf der anderen Seite eine drohende Lebens- oder Gesundheitsgefährdung, welche die Anwendbarkeit der Generalklausel auch dauerhaft möglich macht.

Hinzu kommt, dass der Eigentümer durch die Ausweisungsverfügung gegen den Obdach- **68** losen geschützt ist, auf die der Eigentümer möglicherweise sogar einen Anspruch hat (→ Rn. 121). So wie die Einweisung des Obdachlosen über die polizeiliche Generalklausel möglich ist, so ist nämlich auch die Ausweisung des Obdachlosen hierüber zulässig, wenn die Legitimation zum Aufenthalt in der Wohnung abgelaufen ist. In diesen Fällen hat der Wohnungseigentümer einen Folgenbeseitigungsanspruch gegenüber der Behörde auf Ausweisung des Obdachlosen (vgl. zu diesem Themenkomplex Bumke JuS 2005, 22 (27 f.)). Der Folgenbeseitigungsanspruch setzt voraus, dass durch ein hoheitliches Verhalten ein rechtswidriger Zustand hervorgerufen wurde. Dieser rechtswidrige Zustand liegt hier darin, dass der Eingewiesene nach Ablauf der ihm gestatteten Aufenthaltsfrist weiterhin in der Wohnung verbleibt. Nun könnte man der Auffassung sein, dass dieser Zustand nicht unmittelbar durch die Einweisungsverfügung hervorgerufen wurde. Immerhin setzt sich der Obdachlose durch sein Verbleiben in der Wohnung sogar über die Einweisungsverfügung hinweg. Dennoch ist ein solches Verhalten zunächst ursächlich auf die Einweisung zurückzuführen und zum anderen auch nicht derart fernliegend, dass ein solcher Exzess nicht auch dem Hoheitsträger zugerechnet werden könnte. Der Eigentümer kann daher mit diesen Argumenten nicht darauf verwiesen werden, dass er sich über den Weg der ordentlichen Gerichte um eine Räumung zu bemühen hätte.

Anders mag dies zu beurteilen sein, wenn es um eine Einweisung eines Mieters geht, **69** welchem der Mietvertrag gekündigt worden ist oder dessen Mietvertrag ausgelaufen ist und dieser Mieter sich bereits vor der Einweisung unrechtmäßig in der Wohnung aufgehalten hat. Durch die Einweisungsverfügung wird dieser rechtswidrige Zustand nur für einen gewissen Zeitraum legitimiert. Nach Ablauf der Einweisungsfrist wiederum wird letztlich der Zustand hergestellt, der vor der Einweisung bestand. Vor der Einweisung hielt sich der Mieter ebenso illegal in der Wohnung auf. Dennoch ist auch in diesen Fällen zu berücksichtigen, dass dem Eigentümer ein Sonderopfer abverlangt wurde, indem er als Nichtstörer in Anspruch genommen wurde und dulden musste, dass der sich ohnehin schon rechtswidrig verhaltene Mieter sogar rechtmäßig zeitweise in der Wohnung verbleiben durfte (vgl. BGH NJW 1959, 768; VG Oldenburg BeckRS 2012, 53072). Hierin liegt durchaus eine Vertiefung des rechtswidrigen Zustands, der letztlich von der Behörde zu beseitigen ist (so im Ergebnis auch Bumke JuS 2005, 22 (27), mit Verweis auch auf die Rspr.). Der bestehende Folgenbeseitigungsanspruch wirkt sich auch auf Rechtsfolgenseite aus und führt ggf. zu einer Ermessensreduzierung auf Null. Weiterhin stehen dem Eigentümer Entschädigungsansprüche zu, wenn der Obdachlose in der Wohnung verweilt bzw. diese beschädigt (§ 67 iVm §§ 39 ff. NRWOBG).

70   Vor dem Hintergrund einer Verletzung der öffentlichen Ordnung ist in der Rechtsprechung auch für ein Verbot von Tötungsspielen die Generalklausel als taugliche Ermächtigungsgrundlage angenommen worden (OVG Koblenz NVwZ 1995, 30; OVG Münster NVwZ-RR 1996, 39; Lisken/Denninger PolR-HdB/Rachor/Graulich E Rn. 256; vgl. eingehend Gröpel/Brandt VerwA 2004, 223). Gerade im Vergleich etwa zu Paintballspielen (vgl. OVG Lüneburg NJOZ 2010, 1997) wurde angesichts der Realitätsnähe der Kampf- und Tötungshandlungen von einer besonders hohen Schädigungswirkung dieser Spiele ausgegangen. Von einer Atypik dieser Phänomene kann zwar längst nicht mehr die Rede sein, aber die Eingriffswirkungen für den Einzelnen sind hinsichtlich dieser Verbote vergleichsweise überschaubar, was den Rückgriff auf die Generalklausel wiederum letztlich gestattet (weitere Fallbeispiele, bei denen die Rechtsprechung die Anwendung der Generalklausel anerkannt hat finden sich etwa bei Lisken/Denninger PolR-HdB/Rachor/Graulich E Rn. 256).

B. Einzelkommentierung (Abs. 1)

I. Tatbestand

71   Der Tatbestand der polizeilichen Generalklausel zerfällt im Wesentlichen in zwei Teile. Zunächst beschreibt § 8 einen bestimmten Zustand, der erforderlich ist, damit die Handlungsermächtigung des § 8 greift, nämlich die konkrete Gefahr. Weiterhin benennt die Vorschrift die Schutzgüter, auf welche sich dieser Gefahrenzustand beziehen muss. Dies sind die öffentliche Sicherheit oder Ordnung. Abs. 1 enthält demnach zahlreiche unbestimmte Rechtsbegriffe, die der Polizei aber keinen von einer gerichtlichen Kontrolle unabhängigen Beurteilungsspielraum einräumen (→ Rn. 129; Schenke PolR Rn. 51).

72   Da eine Maßnahme auf Grundlage des § 8 im Übrigen immer nur zulässig ist, wenn der Gesetzgeber hierfür nicht mit einer Standardmaßnahme eine besondere Ermächtigung geschaffen hat oder eine solche schaffen muss (→ Rn. 21 f.), ist die Generalklausel schon ihrer Natur nach untrennbar mit den Standardermächtigungen verbunden. Generalklausel und Standardermächtigungen grenzen sich gegenseitig voneinander ab und bilden ihren jeweiligen Anwendungsbereich gerade auch in Relation zueinander. Soweit die Generalklausel auf Tatbestandsebene daher das Vorliegen einer Gefahr für die öffentliche Sicherheit oder Ordnung verlangt, legt sie gleichsam die Grundsätze polizeilichen Einschreitens insgesamt fest. Die vergleichsweise geringen tatbestandlichen Anforderungen der Generalklausel sind daher nicht nur Ausdruck der Auffangfunktion der Generalklausel für insbesondere neuartige und atypische Gefahrenlagen (vgl. Kingreen/Poscher POR § 5 Rn. 18; → Rn. 53). Der Tatbestand der Generalklausel bereitet außerdem für die übrigen Bestimmungen des PolG NRW, vor allem für die Befugnisnormen, den normativen Boden. Dies wird bereits durch die systematische Stellung des § 8 als erste Norm des Abschnitts über Befugnisse der Polizei deutlich.

73   So bestimmt der Gesetzgeber zunächst durch den Klammerzusatz in Abs. 1 eine für das Polizeigesetz insgesamt gültige Definition für den Begriff der „Gefahr", nämlich eine im Einzelfall bestehende, konkrete Gefahr für die öffentliche Sicherheit oder Ordnung. Damit erhebt der Gesetzgeber diese tatbestandliche Voraussetzung des § 8 gleichsam zur konzeptionellen und definitorischen Grundlage für die sonstigen Vorschriften des Polizeigesetzes. Überall dort, wo die jeweiligen Standardermächtigungen keine eigenen Maßstäbe und Begriffe für die Gefahr formulieren, bleibt es bei den Vorgaben des Abs. 1 (zu den konzeptio-

nellen Vorgaben der Generalklausel hinsichtlich des Gefahrenbegriffs des PolG NRW näher
→ Rn. 110 ff.).

1. Polizeiliche Schutzgüter

Als Schutzgüter polizeilicher Maßnahmen benennt Abs. 1 die öffentliche Sicherheit und **74**
die öffentliche Ordnung. Hierbei handelt es sich um unbestimmte Rechtsbegriffe. Diese
sind der Auslegung zugänglich, erfordern diese Auslegung aber auch. Insbesondere der systematischen Auslegung kommt dabei eine herausgenommene Bedeutung zu (→ § 1 Rn. 41;
→ Rn. 47).

a) Öffentliche Sicherheit. Unter dem Begriff der öffentlichen Sicherheit ist die Summe **75**
der geschützten Rechtsgüter zu verstehen; namentlich die Rechtsordnung, die Unverletzlichkeit der Rechte des Einzelnen und der Bestand des Staates sowie der Bestand von Einrichtungen und Veranstaltungen des Staates und sonstiger Träger hoheitlicher Gewalt (vgl. ausdrücklich § 2 Nr. 2 BremPolG; zu dem Begriff sa BVerfGE 69, 315 (352); 111, 147). Diese
ihrerseits recht unbestimmte und daher wiederum auslegungsbedürftige Definition war und
ist Gegenstand umfassender Rechtsprechung und Forschung. Vieles kann hier als anerkannt
bezeichnet werden. Unklarheiten und Auseinandersetzungen bestehen eher im Detail und
in der Auseinandersetzung über Begründungswege und Herleitungen (ausf. → § 1 Rn. 49;
sa BVerfGE 69, 315 (352); 111,147; eingehend Lisken/Denninger PolR-HdB/Denninger
D Rn. 16 ff.).

Bei der näheren Bestimmung des Begriffs der öffentlichen Sicherheit ist von besonderer **76**
Bedeutung, dass die öffentliche Sicherheit selbst kein zur Rechtfertigung von Grundrechtseingriffen tauglicher Belang ist. Die öffentliche Sicherheit beschreibt vielmehr einen Zustand
der Abwesenheit von Gefahren für Rechtsgüter, die in anderen Rechtsnormen anerkannt
sind (→ § 1 Rn. 54; vgl. Dietlein/Hellermann NRWÖffR/Dietlein § 3 Rn. 50). Damit
verweist der Begriff der öffentlichen Sicherheit letztlich auf andere Regelungsbereiche. Er
leitet seinen Gehalt daraus ab, was andernorts als sicher oder in umgekehrter Ableitung eben
als gefährlich beschrieben wird. Mit andernorts ist hierbei sowohl eine Betrachtung des
Polizeirechts selbst als auch eine darüber hinausgehende Blickrichtung auf andere Regelungswerke gemeint (vgl. Waechter NVwZ 1997, 729 (730 f.); Kingreen/Poscher POR § 7
Rn. 8 ff.; Lisken/Denninger PolR-HdB/Denninger D Rn. 17 ff.; ausf. → § 1 Rn. 54).

Schutz der Rechtsordnung und der Rechte des Einzelnen. Dieser Verweisungscha- **77**
rakter des Begriffs der öffentlichen Sicherheit wird im Kontext seiner Definition vor allem
dadurch deutlich, dass dort von der „Rechtsordnung" und der „Unverletzlichkeit der Rechte
des Einzelnen" die Rede ist. Diese Begriffe beziehen sich auf den Gesamtbestand normierter
bzw. jedenfalls bestehender Rechte (so ist auch das Gewohnheitsrecht hiervon umfasst, →
§ 1 Rn. 86). Die öffentliche Sicherheit umfasst damit in formeller Hinsicht die Vorschriften
sämtlicher gültiger Rechtsquellen (Kingreen/Poscher POR § 7 Rn. 8; Lisken/Denninger
PolR-HdB/Denninger D Rn. 17; Schoch BesVerwR/Schoch Kap. 1 Rn. 245). Der Schutz
dieser Rechte setzt deren Anerkennung voraus. Diese Anerkennung erfolgt im demokratischen Staat durch den demokratischen Gesetzgeber bzw. durch davon abgeleitete Instanzen.
Aus diesem Grund handelt es sich bei einer privatrechtlichen Konkretisierung gesetzlich
normierter Rechte, wie bspw. bei vertraglichen Vereinbarungen, gerade nicht um derartige
von § 8 umfasste Rechte (Gusy PolR Rn. 91; ausf. → § 1 Rn. 57 mwN).

Immer dort also, wo es keinen legitimen, durch die Rechtsordnung anerkannten Zweck **78**
für einen grundrechtsbezogenen Eingriff gibt, ist ein taugliches Schutzgut im Rahmen der
öffentlichen Sicherheit nicht gegeben. Allgemein-politische und gruppenspezifische Anliegen sind an dieser Stelle jedenfalls dann nicht relevant, wenn sich der daraus ableitende
Schutz nicht auf jemanden oder etwas bezieht, was oder wer Bezugspunkt des Schutzes der
Rechtsordnung sein kann (eingehend → § 1 Rn. 58; sa BVerwG DVBl 1974, 297; Kingreen/
Poscher POR § 7 Rn. 8 ff.; Schoch BesVerwR/Schoch Kap. 1 Rn. 267).

Soweit der Begriff der öffentlichen Sicherheit auf Maßstäbe und Wertungen anderer Vor- **79**
schriften und Regelwerke verweist, bezieht sich der Verweis nicht nur auf die Begründung
des Schutzes, sondern auch auf die Begrenzung des Schutzes. So beantwortet sich nicht nur
die Frage des Vorliegens einer Gefahr und damit der polizeilichen Handlungsermächtigung
aus anderen Rechtsnormen, sondern dies gilt gerade auch umgekehrt dahingehend, dass ein

nach anderen Rechtsnormen anerkanntes Verhalten im polizeirechtlichen Sinne keine Gefahr sein kann. Mit anderen Worten: Ist ein Handeln oder ein Unterlassen von der Rechtsordnung als rechtmäßig anerkannt, so ist diese Wertung auch im Sinne des Gefahrenabwehrrechts anzuerkennen. Für Genehmigungen und Zulassungen durch die öffentliche Verwaltung bedeutet dies bspw., dass als legal anzuerkennen ist, was von der Legalisierungswirkung der jeweiligen hoheitlichen Maßnahme umfasst ist (vgl. Schoch BesVerwR/Schoch Kap. 1 Rn. 250). Über hoheitliche Einzelakte hinaus gilt dies in gleicher Weise für gesetzliche Rechtfertigungsgründe. Soweit hier bspw. im Zivil-, Straf- oder Verwaltungsrecht Handlungen oder Unterlassungen als gerechtfertigt gelten, ist auch die Polizei an diese Wertungen gebunden (Gusy PolR Rn. 88).

80   Anderes gilt hingegen für Entschuldigungsgründe. Denn die Frage nach der Schuld ist eine persönliche. Sie setzt eine subjektive Bewertung voraus und bestimmt gerade nicht, ob in objektiver Hinsicht gegen die Rechtsordnung verstoßen worden ist. Und sie stellt sich nicht einmal, wenn kein Rechtsverstoß vorliegt.

81   **Schutz privater Rechte.** Inwiefern die Polizei angesichts der ausdrücklichen Erwähnung zum Schutz privater Rechte tätig werden darf, ist nach wie vor umstritten (vgl. hierzu Kingreen/Poscher POR § 7 Rn. 20 ff.; Schoch BesVerwR/Schoch Kap. 1 Rn. 253 ff.; → § 1 Rn. 82). Klar ist dabei: Zu den im Rahmen der öffentlichen Sicherheit geschützten Rechten des Einzelnen zählen nur diejenigen Rechte, welche durch die Rechtsordnung unmittelbar anerkannt sind. Soweit es sich dabei um die subjektiv-öffentlichen Rechte von natürlichen und juristischen Personen handelt, sind diese bereits vom Schutzgut der öffentlichen Sicherheit umfasst. Daher geht es bei dem Schutz privater Rechte um von der Zivilrechtsordnung anerkannte Rechte (Gusy PolR Rn. 91; hierzu und zum Folgenden → § 1 Rn. 82). Die Voraussetzungen für derartige Rechte und damit die Maßstäbe des Schutzes und der Grenzen des Schutzes der Rechte ergeben sich unmittelbar aus der Rechtsordnung, zumeist, aber nicht zwingend, aus Rechtsnormen außerhalb des Polizeirechts.

82   Wird die Polizei zum Schutz privater Rechte tätig, so ist zu berücksichtigen, dass die Durchsetzung allein auf Grundlage des Privatrechts bestehender Rechte spezifische Schwierigkeiten aufweist. So ist – anders als bei öffentlich-rechtlich fundierten Rechtspositionen – zumeist nicht einmal eindeutig, ob das geltend gemachte private Recht überhaupt besteht. Dass der Einzelne etwa das Recht der freien Meinungsäußerung hat, ist verfassungsrechtlich verbürgt. Ob er hingegen einen bestimmten vertraglichen Anspruch, bspw. auf Kaufpreiszahlung hat, ist keineswegs in gleicher Weise sicher. Anders als bei Grundrechten handelt es sich hierbei nämlich um relative Rechte, die von Abreden zwischen den Beteiligten abhängen. Die Polizei hat allerdings keinen Einblick in diese Abreden. Entscheidende Aspekte bezüglich des Bestehens oder Nichtbestehens zivilrechtlicher Ansprüche sind zwischen den Beteiligten außerdem regelmäßig umstritten. Hier sind in erster Linie die (ordentlichen) Gerichte aufgerufen, die zugrunde liegenden rechtlichen Fragestellungen zu klären (so auch → § 1 Rn. 74, Rn. 80; Götz/Geis PolR § 4 Rn. 20; vgl. VGH München NVwZ-RR 2012, 686). Dabei hilft auch der wenngleich zutreffende Hinweis darauf kaum weiter, dass die Beweis- und Darlegungsregeln des Zivilrechts bzw. des Zivilprozessrechts zur Anwendung kommen müssen. Angesichts von Beweis-; Darlegungs-; sekundärer Darlegungslast; Anscheinsbeweisen usw ist die Anwendung dieser Regeln für die Polizei kaum ernsthaft leistbar. Die Durchsetzung privater Rechte ist nicht originäre Aufgabe der Polizei. Daher können Maßnahmen der Polizei zum Schutz privater Rechte grundsätzlich auch nur in der Sicherung der Durchsetzbarkeit der Rechte bestehen (Gusy PolR Rn. 94 f.).

83   Zu einer originären Aufgabe der Polizei wird der Schutz privater Rechte nur dort, wo der Polizei durch ausdrückliche gesetzliche Zuweisung entsprechende Ermächtigungen zugestanden werden (bspw. § 35 Abs. 1 Nr. 5; § 43 Abs. 1 Nr. 2). Nicht selten aber verlagern sich die Fragen polizeilicher Maßnahmen zum Schutz privater Rechte in diesen Fällen weg von der Frage nach dem „Ob" hin zum „Wieweit" die Schutzermächtigung reicht. Vor allem in den Fällen, in denen die Polizei zum Schutz Privater vor sich selbst tätig werden soll, stellen sich zum Teil kaum lösbare bzw. bisher nicht gelöste Schwierigkeiten auch kollidierender verfassungsrechtlicher Rechte und Schutzaufträge (näher → § 1 Rn. 77).

84   Trotz der nach wie vor vorhandenen Schwierigkeiten und Unschärfen im Bereich des Schutzes privater Rechte dürfte konsentiert sein, dass die Polizei jedenfalls nicht gegen den Willen desjenigen handeln darf, der ein potentiell privates Recht geltend macht (Gusy PolR

Rn. 93; vgl. auch VGH Mannheim NVwZ-RR 2008, 700). Für das Bestehen des behaupteten Rechts ist zunächst, bei allen Besonderheiten im Einzelfall, derjenige darlegungspflichtig, der das Recht für sich behauptet. Aus seinen Darlegungen und aus dem, was offen zutage liegt, muss sich in groben Zügen mit hinreichender Wahrscheinlichkeiten ergeben, dass die Voraussetzungen des in Bezug genommenen Rechts erfüllt sind. Weiterhin darf ein polizeiliches Einschreiten zum Schutz privater Rechte nicht über das hinausgehen, was dem vermeintlich Berechtigten tatsächlich zusteht. Das verlangt eine Vergleichsbetrachtung: Würde der Betroffene seinen Anspruch im Gerichtswege bzw. über einen Gerichtsvollzieher durchsetzen, was könnte er beanspruchen? Im Falle der Pflicht zur Hinterlegung bestimmter Gegenstände bspw. darf die Polizei dem vermeintlich Berechtigten die Sache nicht einfach herausgeben (vgl. für die Sicherstellung von Bargeld VGH München NVwZ-RR 2012, 686).

Gleiches gilt für die Fälle, in denen der in Rede stehende Anspruch (offenkundig) untergegangen oder nicht mehr durchsetzbar ist (anders: VG Freiburg DVBl 1979, 745; → § 1 Rn. 82). Nicht zuletzt auch um den vorgenannten Aspekt zu wahren, ist es nur dann Sache der Polizei einzuschreiten, wenn gerichtlicher Schutz nicht mehr rechtzeitig erlangt werden kann. Und selbst für diesen Fall obliegt es nicht der Polizei, eine spätere gerichtliche Klärung im Wege der polizeilichen Durchsetzung vorwegzunehmen. Auch aus diesem Grund wird es regelmäßig bei polizeilichen Sicherungsmaßnahmen für eine spätere ordentliche Durchsetzung zu bleiben haben (Gusy PolR Rn. 94 f.).   **85**

Bestand des Staates und seiner Einrichtungen und Veranstaltungen. Vor dem Hintergrund zunehmender Normierung von Lebensbereichen (Lisken/Denninger PolR-HdB/Denninger D Rn. 35; sa Lisken/Denninger PolR-HdB/Rachor/Graulich E Rn. 203) wird deutlich, dass unter das Merkmal des Bestandes des Staates und seiner Einrichtungen und Veranstaltungen im Rahmen der öffentlichen Sicherheit nur noch subsumiert werden kann, was nicht ohnehin von der Rechtsordnung geschützt ist und damit bereits aufgrund des vorrangig anwendbaren Merkmals der „Rechtsordnung" unter den Begriff der öffentlichen Sicherheit zu fassen ist (Kingreen/Poscher POR § 7 Rn. 30, 32; Lisken/Denninger PolR-HdB/Denninger D Rn. 20 ff.; ausf. → § 1 Rn. 63).   **86**

Raum für die Anwendung des Merkmals des Bestandes des Staates bzw. seiner Einrichtungen und Veranstaltungen bleibt damit nur dort, wo derartige Veranstaltungen in zulässiger Weise stattfinden bzw. anerkannte Interessen des Staates berührt sind, normierte Rechtspositionen aber nicht betroffen sind (PSK POR, 9. Aufl. 2016, § 8 Rn. 36; Gusy PolR Rn. 82 f.). Ob dann tatsächlich eine Gefahr für eine entsprechende staatliche Einrichtung oder den Bestand des Staates besteht, ist wiederum abhängig davon, ob das betreffende potentiell störende Verhalten eines Dritten rechtmäßig oder rechtswidrig ist. Häufig wird dies bei der Benutzung öffentlicher Einrichtungen in Rede stehen. Dabei ist die rechtmäßige – wenngleich auch „übermäßige" – Benutzung einer öffentlichen Einrichtung grundsätzlich nicht geeignet, eine Gefährdung der öffentlichen Sicherheit zu begründen. Zunächst einmal ist das Verhalten des Dritten von der Rechtsordnung nämlich akzeptiert. Ein Einschreiten der Polizei kann nur im Einzelfall zulässig sein, wenn die Störung angesichts der Bedeutung der Veranstaltung oder des Zwecks der Einrichtung derart gravierend ist, dass nach Abwägung der betroffenen Belange das berechtigte Benutzungsinteresse des Dritten ausnahmsweise zurückstehen muss. Insoweit ist eine Abwägung vorzunehmen, die den Grundsätzen des Übermaßverbots genügt. Soweit hierbei Abwägungsgesichtspunkte nicht speziell normiert sind, finden die allgemeinen Voraussetzungen polizeilichen Handelns Anwendung (vgl. § 2; Kingreen/Poscher POR § 7 Rn. 30 ff.; Gusy PolR Rn. 82 f.; ausf. → § 1 Rn. 67).   **87**

Die Maßstäbe, nach denen die Polizei bei einer Gefahr für das Ansehen der Bundesrepublik zu Maßnahmen ermächtigt ist, müssen sich ebenfalls und in besonderer Weise an den dafür geltenden rechtlichen Maßstäben orientieren. Die Polizei ist jedenfalls dort nicht befugt, Maßnahmen zu ergreifen, wo sich der Einzelne im Rahmen dessen bewegt, was ihm rechtlich und insbesondere verfassungsrechtlich zugestanden wird. Hierfür spielen insbesondere Aspekte der Meinungs- und Pressefreiheit eine bedeutende Rolle (Art. 5 Abs. 1, Abs. 3 GG; eingehend → § 1 Rn. 70).   **88**

b) Öffentliche Ordnung. Während das Merkmal der öffentlichen Ordnung als Schutzgut im Ordnungsbehördengesetz Nordrhein-Westfalen durchgehend vorhanden war, wurde es 1989 aus dem PolG NRW, namentlich aus den §§ 1 und 8, gestrichen und 2010 wieder   **89**

eingeführt. Diese Wiedereinführung spricht dafür, dass der Gesetzgeber einen gewissen Anwendungsbereich für dieses Merkmal erkannt hat (vgl. mit Hinweisen zur Debatte um die praktische Notwendigkeit des Begriffs LT-Drs. 14/10603). Die Streichung des Begriffs im Jahr 1989 deutet allerdings bereits ebenso an, dass dessen Anwendungsbereich nicht einfach zu bestimmen und letztlich ohnehin deutlich beschränkt ist (vgl. Götz/Geis PolR § 5 Rn. 9).

90   Eine solche Beschränktheit des Anwendungsbereichs folgt bereits aus folgendem: Wenn von dem Begriff der öffentlichen Sicherheit all das umfasst ist, was rechtlich verfasst und damit Teil der Rechtsordnung ist und dies sogar bis hinunter zu Satzungen und polizeilichen Verordnungen reicht und man sich dann noch vor Augen führt, dass es eine feststellbare Tendenz zur Verrechtlichung gerade im Ordnungsrecht gibt (Lisken/Denninger Pol-HdB/ Denninger D Rn. 35; sa Lisken/Denninger PolR-HdB/Rachor/Graulich E Rn. 203), wird bereits klar, dass für den Anwendungsbereich des Merkmals der öffentlichen Ordnung von Beginn an nur wenig Raum bleibt (vgl. Gusy PolR Rn. 98; Lisken/Denninger PolR-HdB/ Denninger D Rn. 35).

91   Der Begriff der öffentlichen Ordnung wird regelmäßig als „Summe ungeschriebener Normen, deren Befolgung als unentbehrliche Voraussetzung eines geordneten menschlichen Zusammenlebens angesehen wird", beschrieben (BVerfGE 69, 315 (352); 111, 147 (156); BVerwG NJW 1980, 1640 (1641); OVG Münster NRWE 12, 112 (115); → § 1 Rn. 86). Nach allgemeiner Auffassung ist dies dahingehend zu verstehen, dass von der öffentlichen Ordnung nur nicht normierte Sozialnormen umfasst sind (Lisken/Denninger PolR-HdB/ Denninger D Rn. 35; Schoch BesVerwR/Schoch Kap. 1 Rn. 268; → § 1 Rn. 86), nicht hingegen anerkanntes ungeschriebenes Recht. Denn auch das ungeschriebene Recht ist, soweit es anerkannt ist, von der Rechtsordnung und damit vom Begriff der öffentlichen Sicherheit umfasst. Damit scheidet bspw. das gesamte Gewohnheitsrecht aus dem Kontext der öffentlichen Ordnung von vornherein aus.

92   Durch die Beschreibung oder Übersetzung der öffentlichen Ordnung als ungeschriebene Sozialnormen wird ebenso wie bei der öffentlichen Sicherheit deutlich, dass sich der Inhalt dieses Merkmals nicht von selbst erschließt, sondern auf die Inhalte und Wertungen an anderer Stelle Bezug nimmt. Dabei lassen sich die Bezugsquellen hier unweit schwerer feststellen, als dies bei der öffentlichen Sicherheit der Fall ist (vgl. daher krit. Schoch JURA 2003, 177, 180; Kingreen/Poscher POR § 7 Rn. 44 ff.; zur Kritik sa Schoch BesVerwR/ Schoch Kap. 1 Rn. 269, 277). Während bei der öffentlichen Sicherheit auf (zumeist) geschriebene Regelungen, jedenfalls auf etwas zurückgegriffen werden kann, was von der Rechtsordnung anerkannt ist, stellt sich die Frage, worauf bei der Identifikation ungeschriebener Sozialnormen zurückgegriffen werden soll. Nach überwiegender Auffassung ist eine empirisch fundierte Ermittlung solcher Sozialnormen vielleicht grundsätzlich möglich, vor allem im Kontext des Gefahrenabwehrrechts aber letztlich nicht geeignet. Denn die Polizei trifft Maßnahmen für den Einzelfall und könnte empirisch ermittelte Ergebnisse kaum abwarten oder für den konkreten Einzelfall handhabbar machen. Bei neuen Herausforderungen wäre die Polizei zur Untätigkeit verpflichtet, was einen Widerspruch zum Zweck des Merkmals der öffentlichen Ordnung bedeuten würde (vgl. bspw. Kahl VerwArch 2008, 451; Gusy DVBl 1982, 984; → § 1 Rn. 86).

93   Das Auffinden allgemeingültiger und nur deshalb als legitim anzuerkennender Maßstäbe für die Bestimmung des Anwendungsbereichs der öffentlichen Ordnung ist bisher nicht wirklich gelungen. Hieraus leitet sich eine durchaus fundamentale Kritik an dem Merkmal der öffentlichen Ordnung selbst ab (Schoch JURA 2003, 177 (180); Überblick bei Kingreen/ Poscher POR § 7 Rn. 44; Schoch BesVerwR/Schoch Kap. 1 Rn. 269; Gusy PolR Rn. 99). Wenn es nämlich keine allgemein gültigen, klaren Maßstäbe für die Bestimmung des Schutzgutes gäbe, bliebe es letztlich der Behörde, hier der Polizei, überlassen, solche Maßstäbe im Einzelfall zu entwickeln. Mit den Anforderungen verfassungsrechtlich gebotener Bestimmtheit und der Wesentlichkeitslehre sind dies angesichts der relativen Weite des Begriffs der öffentlichen Ordnung und der Tragweite der Eingriffsbefugnis nicht zu vereinbaren (vgl. Überblicke zum Meinungsstand Gusy PolR Rn. 99; Kingreen/Poscher POR § 7 Rn. 46; Schoch BesVerwR/Schoch Kap. 1 Rn. 269; vgl. auch Lisken/Denninger PolR-HdB/ Rachor/Graulich E Rn. 198 ff.; → § 1 Rn. 88; zur Wesentlichkeitslehre BVerfG NJW 1979, 359 (360); 1988, 1651 (1657); zum Bestimmtheitsgrundsatz BVerfGE 120, 274; 113, 348 (375); 110, 33 (55)).

Diese Kritik und eine geringe praktische Relevanz der öffentlichen Ordnung haben zur **94** Streichung des Begriffs aus dem Polizeigesetz im Jahr 1989 geführt (vgl. allg. Lisken/Denninger PolR-HdB/Denninger D Rn. 34). Weder an der Kritik noch an dem Befund vergleichsweise geringer Relevanz der öffentlichen Ordnung hat sich strukturell etwas geändert. Im Gegenteil: Vor allem im Bereich des Gefahrenabwehrrechts ist eine Tendenz zur Verrechtlichung feststellbar, weshalb mittlerweile der weit überwiegende Teil der Anwendungsfälle der öffentlichen Ordnung irgendwie normativ verfasst ist (vgl. Gusy PolR Rn. 98; Lisken/Denninger PolR-HdB/Denninger D Rn. 35). Dies trifft insbesondere auch im untergesetzlichen Bereich bspw. auf das Recht zur Benutzung öffentlicher Einrichtungen zu. Von einer „Renaissance der öffentlichen Ordnung" (Fechner Jus 2003, 734; Gusy PolR Rn. 100; Lisken/Denninger PolR-HdB/Denninger D Rn. 35) kann daher auch angesichts ihrer Wiedereinführung in § 8 im Jahr 2010 nicht ohne Weiteres die Rede sein. Vielmehr hat sich die Erkenntnis durchgesetzt, dass für eine geringe Zahl an Fällen das Merkmal der öffentlichen Ordnung für eine effektive Gefahrenabwehr hilfreich ist (vgl. Gusy PolR Rn. 100; Kingreen/Poscher POR § 7 Rn. 53, beide mit Verweis auf in der Rspr. genannte Beispiele; ausf. → § 1 Rn. 89 f.). Hierbei handelt es sich um wenig typische und eher ungewöhnliche Einzelfälle, bei denen die staatliche Ordnung angesichts der ihr immanenten Wertentscheidungen nicht zurückstehen darf und ausnahmsweise trotz fehlender geschriebener rechtlicher Kriterien zum Handeln aufgefordert ist. Dabei fordert die berechtigte verfassungsrechtliche Kritik an dem Begriff der öffentlichen Ordnung verfassungssystematische Beschränkungen seiner Anwendung (Gusy PolR Rn. 99 f.; Kingreen/Poscher POR § 7 Rn. 50; Schoch BesVerwR/Schoch Kap. 1 Rn. 269 f.). Angesichts des Risikos, dass sich die von der Behörde für einschlägig gehaltenen ungeschriebenen Sozialnormen nicht als von der Gemeinschaft anerkannt herausstellen sollten, ist mit gebotener Vorsicht von dem Merkmal der öffentlichen Ordnung Gebrauch zu machen (zu den Einzelheiten wiederum → § 1 Rn. 89). So können vor allem besonders grundrechtsintensive Eingriffe nicht mit dem Schutz der öffentlichen Ordnung begründet werden. Vor diesem Hintergrund kann es nicht überzeugen, wenn der Gesetzgeber ein angebliches Befugnisdefizit mit dem Schutzgut der öffentlichen Ordnung beheben will, welches im Bereich von störendem Verhalten unterhalb der Schwelle zur Ordnungswidrigkeit liegt (LT-Drs. 14/10089, 2).

Das Nebeneinander von öffentlicher Ordnung und öffentlicher Sicherheit hat in der prak- **95** tischen Handhabung nicht dazu beigetragen, die Abgrenzung der Schutzgüter trennscharf zu halten. Betrachtet man die bisher einschlägigen Fälle, in denen das Merkmal der öffentlichen Ordnung zum Tragen gekommen oder strapaziert worden ist, so fällt auf, dass nicht immer deutlich wird, ob es sich (mittlerweile) bei diesen Fällen nicht doch um die Bezugnahme auf mehr oder weniger deutlich geregelte Wertentscheidungen der Rechtsordnung handelt und ein Rückgriff auf die öffentliche Ordnung gar nicht erforderlich gewesen wäre (zu einigen Fallgruppen und Anwendungsbereichen → § 1 Rn. 90; sa Gusy PolR Rn. 98; zuletzt auch BVerwG BeckRS 2014, 47875).

Schwierigkeiten bei der Ermittlung ungeschriebener Sozialnormen im Kontext der öffent- **96** lichen Ordnung und der damit verbundenen Unterstellung gesellschaftlicher Wertentscheidungen zeigen sich in besonderer Weise bei der Frage, ob und ggf. wann und wie Menschen durch polizeiliches Einschreiten vor sich selbst geschützt werden dürfen oder müssen. Dies betrifft nicht nur die Bereiche des Lebensschutzes – auch und im Zweifel gegen den Willen des zur Selbsttötung Entschlossenen. Es betrifft auch die Frage danach, ob es Aufgabe des Staates ist, Personen ggf. auch gegen ihren Willen dazu anzuhalten, ein nach welchen Maßstäben auch immer festgelegtes, menschenwürdiges Leben zu führen (vgl. nur zu dem Bereich des sog. Zwergenweitwurfs etwa VG Neustadt NVwZ 1993, 98 oder zum Bereich des Frauenboxens oder des Frauenringkampfes bereits PrOVGE 91, 139 (140 f.); VGH München NVwZ 1984, 254; → § 1 Rn. 90).

2. Konkrete Gefahr

Ein Schutzgut der öffentlichen Sicherheit oder Ordnung muss nach § 8 im Einzelfall **97** konkret gefährdet sein. Im Gegensatz zur polizeilichen Aufgabennorm des § 1 belässt es § 8 damit nicht bei dem Begriff der Gefahr, sondern spezifiziert diesen (→ § 1 Rn. 93, Rn. 146). Einige Bereiche polizeilicher Aufgaben, wie die Verhütung von Straftaten, sind von der

Generalklausel nicht umfasst. Jedenfalls soweit Standardermächtigungen auf diese anderen Aufgabenbereiche Bezug nehmen, handelt es sich bei ihnen nicht um eine „Konkretisierung der Generalklausel" (Lisken/Denninger PolR-HdB/Rachor/Graulich E Rn. 194). Weiterhin deutet das Gefahrkonzept des § 8 in Ansehung des § 1 bereits an, dass das PolG NRW auch andere Gefahr- bzw. Eingriffsstufen als die konkrete Gefahr kennt und diese damit nur einen – wenn auch den wesentlichen und grundlegenden – Ausschnitt (→ Rn. 111) des polizeilichen Gefahrenkonzepts beschreibt.

98   **a) Gefahrbegriff und -konzept.** Grundsätzlich lässt sich die Gefahr als Zustand beschreiben, bei dem geschützten Rechtsgütern der öffentlichen Sicherheit oder Ordnung belastende Folgen drohen (Lisken/Denninger PolR-HdB/Denninger D Rn. 39; Gusy PolR Rn. 108; → § 1 Rn. 93). Nicht jeder belastende Zustand ist allerdings geeignet, im ordnungsrechtlichen Sinne eine Gefahr zu begründen (Lisken/Denninger PolR-HdB/Denninger D Rn. 40). Zunächst ist nämlich alles und jeder zu nahezu jeder Zeit irgendwie gefährdet. Dieser allgemeine Gefährdungszustand kann mit dem Begriff des Risikos umschrieben werden (Gusy PolR Rn. 110). Ein Risiko rechtfertigt aber kein ordnungsrechtliches Handeln. Das Risiko gehört zum täglichen Leben dazu und Risiken einzugehen ist auch Ausdruck grundrechtlich geschützter Freiheiten des Einzelnen und damit rechtlich vorausgesetzt und nicht als abzuwehrender Zustand zu begreifen. Maßnahmen in diesem Bereich wären allenfalls solche der Gefahrenvorsorge, wozu aber das Polizei- und Ordnungsrecht keine Ermächtigungen enthält (VGH Mannheim BeckRS 2012, 59495 Rn. 57). Angesichts dessen gilt es vor dem Hintergrund polizeilicher Befugnisse, die Schwelle herauszuarbeiten, wo das Risiko zu einer (polizei-) rechtlich erheblichen Gefahr, damit zur polizeilichen Aufgabe nach § 1 wird und unter weiteren Voraussetzungen die Polizei auch zum Eingreifen ermächtigt (Gusy PolR Rn. 110; → § 1 Rn. 95).

99   Wenn bei der Umschreibung einer Gefahr von Belastungen für die polizeilichen Schutzgüter die Rede ist, so geht es hierbei nicht um bloße Nachteile, Belästigungen oder gar um das Ausbleiben von Vorteilen (vgl. Kingreen/Poscher POR § 8 Rn. 3). Im Sinne des negativen Schadensbegriffs (Lisken/Denninger PolR-HdB/Denninger D Rn. 40 f.; Schenke PolR Rn. 74; → § 1 Rn. 98) ist für die Begründung einer rechtlich erheblichen Gefahr im Sinne des Polizeirechts stets Voraussetzung, dass für die polizeilichen Schutzgüter negative Folgen drohen. Das bedeutet, dass es zu einem Verlust oder jedenfalls zu einer relevanten Beeinträchtigung jener Schutzgüter kommen muss.

100   Die Grenze zwischen bloßen noch hinzunehmenden Nachteilen oder Belästigungen und Schäden wird wiederum vorrangig durch Rechtsnormen oder durch anerkannte Regelwerke beschrieben. Soweit sich aus diesen einschlägigen und gültigen Normbeständen derartige Festlegungen entnehmen lassen, sind sie grundsätzlich geeignet, die Frage zu beantworten, wann die Schwelle zumutbarer Belästigungen überschritten ist bzw. bis zu welcher Belästigungsgrenze eine Duldungspflicht besteht (vgl. VG Aachen NWVBl. 2006, 346; → § 1 Rn. 112).

101   Diese Normbestände befreien aber nicht von der Notwendigkeit, die Umstände des Einzelfalls in den Blick zu nehmen. Dies gilt in herausragender Weise für die konkrete Gefahr (→ Rn. 110) und die auf ihr aufbauenden anderen Gefahrstufen des Polizei- und Ordnungsrechts. Mitunter ist von dem Einzelnen nämlich ein höheres Maß an Belastungen zu dulden, als sich dies aus anerkannten Regelwerken oder aus Rechtsnormen allgemein herleiten lässt. Solche erhöhten Duldungspflichten können sich aus anerkannten Rechtsgrundsätzen ergeben. Bspw. kann durch eigenes pflichtwidriges Verhalten die Pflicht begründet werden, mehr zu dulden als anderen in der gleichen Situation abverlangt werden dürfte. Vor allem aber dort, wo exakte Regelwerke nicht existieren, leiten sich Duldungs- und Hinnahmepflichten vielfach aus Abwägungsentscheidungen ab (→ § 1 Rn. 100). Ob der eine bspw. die (konfrontative) Freiheitsausübung des anderen zu dulden hat, bestimmt sich auch danach, ob für den einen oder den anderen ein Zustand der Gefahr besteht (vgl. Lisken/Denninger PolR-HdB/Denninger D Rn. 84). Damit werden bei der tatbestandlichen Bestimmung der Gefahr bereits Aspekte behandelt, die üblicherweise auf der Rechtsfolgenebene anzutreffen sind (vgl. zur Frage der Veränderung polizeilicher Gefahrenkonzepte auch hierdurch → § 1 Rn. 75).

102   Der allgemeine Gefahrenbegriff wird im Rahmen des Polizeirechts und auch polizeirechtsexterner Vorschriften näher spezifiziert. Hierbei finden sich Begriffe wie „konkrete Gefahr" (§ 8 Abs. 1), „abstrakte Gefahr" (§ 25 iVm § 27 Abs. 1 NRWOBG), „erhebliche Gefahr"

(§ 6 Abs. 1 Nr. 1), „Gefahr im Verzug" (§ 42 Abs. 1) usw. Gemeinsam ist all diesen Gefahrstufen eine bestimmte Grundkonzeption. Diese wird vor allem durch zwei Elemente gekennzeichnet. Zum einen setzt die Gefahr – mit Modifikationen für die abstrakte Gefahr – die Analyse eines im Einzelfall bestehenden Zustands voraus und enthält damit ein diagnostisches Element. Zum anderen finden sich Aspekte der Exploration dieses Zustands in die Zukunft und damit eines prognostischen Urteils (→ § 1 Rn. 104; Lisken/Denninger PolR-HdB/ Denninger D Rn. 53; Gusy PolR Rn. 111; Schoch BesVerwR/Schoch Kap. 1 Rn. 284). Dabei ist das prognostische Urteil angesichts der vorhandenen Unsicherheiten besonders fehleranfällig. So mag sich eine bestimmte Gefährdungslage zwar ex ante (zu diesem Blickwinkel als subjektivierend krit. Kingreen/Poscher POR § 8 Rn. 41 f.) als gefährlich darstellen (Anscheinsgefahr; OLG Brandenburg BeckRS 2013, 16495; Poscher/Rusteberg JuS 2011, 984 (988)); sich bei einer ex-post-Betrachtung allerdings herausstellen, dass tatsächlich eine Gefahr nie vorgelegen hat. Eine solche Erkenntnis im Nachhinein führt allerdings nicht zwingend dazu, dass die ursprüngliche Einschätzung, und damit insbesondere die Prognose, fehlerhaft gewesen ist. Solange und soweit die Betrachtungsmaßstäbe und die Tatsachenermittlung, mithin die Prognoseregeln in der Situation ex ante, eingehalten worden sind und sich die Prognose daher als zutreffend darstellt, wird die Gefahr nicht durch ein ex- post-Urteil zur Nicht-Gefahr. Auch bei einer anschließenden gerichtlichen Beurteilung polizeilicher Maßnahmen ist daher auf die ex ante Sicht abzustellen (OVG Lüneburg NVwZ-RR 2006, 613; VG Meiningen BeckRS 2011, 48937; vgl. zu Maßstäben und Einordnung der Prognose eingehend Brunn NJOZ 2014, 361). Entscheidend ist, ob in der konkreten Situation der handelnde Beamte anhand anerkannter Kriterien zur Bestimmung einer Gefahrensituation zulässigerweise den Rückschluss ziehen durfte, dass eine bestimmte Situation eine Gefahr für ein polizeiliches Schutzgut bedeutet.

Dies setzt wiederum voraus, dass Maßstäbe für die Feststellung einer solchen Gefahr bzw. **103** vor allem für das prognostische Element hierin gefunden werden. Basis und Grundlage für die Feststellung einer Gefahr ist dabei zunächst, dass die vorhandene Tatsachenlage umfassend ermittelt wird. Eine solche Tatsachenermittlung ist insbesondere auch dann angezeigt, wenn für die handelnden Beamten noch nicht erkennbar ist, ob tatsächlich eine Gefahr vorliegt. In diesem Fall kann die Polizei sog. **Gefahrerforschungsmaßnahmen** ergreifen. Gefahrerforschungsmaßnahmen setzen im Vorfeld der möglichen Entstehung der Gefahr ein. Maßnahmen der Gefahrerforschung sind dabei nicht eigens im Polizei- und Ordnungsrecht vorgesehen. Kommt es bereits im Zuge dieser Gefahrerforschungsmaßnahmen zur Beeinträchtigung von Grundrechten, bedürfen sie einer Ermächtigungsgrundlage (vgl. Lisken/Denninger PolR-HdB/Denninger D Rn. 49 ff.; → § 1 Rn. 171). Da Gefahrerforschungsmaßnahmen stets im Zusammenhang, nämlich im Vorfeld, einer geregelten Maßnahme der Gefahrenabwehr stehen, müssen bereits bei vorgelagerten Maßnahmen die Grenzen dieser Befugnisnorm eingehalten werden (vgl. Schenke PolR Rn. 88a mwN; zu auf die Generalklausel gestützten Gefahrerforschungsmaßnahmen BVerwG NJW 2018, 716 (717)).

Bei einem **Gefahrenverdacht** ergibt sich für die Polizei nicht nur die Befugnis und das **104** Recht, Gefahrerforschungsmaßnahmen zu ergreifen, sondern auch die Pflicht zur Gefahraufklärung. Bevor ein Sachverhalt nicht hinreichend aufgeklärt ist, darf die Polizei keine weiteren (belastenden) Maßnahmen ergreifen (Lisken/Denninger PolR-HdB/Denninger D Rn. 49; vgl. Kingreen/Poscher POR § 8 Rn. 59 ff.; vgl. VGH Mannheim BeckRS 2012, 59495 Rn. 57; zur Überschreitung der Schwelle zur konkreten Gefahr s. VG Aachen BeckRS 2016, 50439). Dementsprechend fällt es auch in das Risiko der handelnden Behörde, dass der Sachverhalt korrekt aufgeklärt wird. Werden bereits Fehler bei der Tatsachenermittlung gemacht, kann im Sinne des Polizeirechts keine Gefahr bestehen. Vielmehr würde der handelnde Beamte in dieser Situation fälschlicherweise auf eine solche schließen. Entsprechende Fälle werden als **Scheingefahr** in Literatur und Rechtsprechung thematisiert (Lisken/Denninger PolR-HdB/Denninger D Rn. 50; Kingreen/Poscher POR § 8 Rn. 63; Schoch JuS 1994, 667, 669). Im Gegensatz zur Anscheinsgefahr, bei der die Tatsachenermittlung korrekt erfolgt ist, sind bei der Scheingefahr demnach bereits bei der Gefahraufklärung bzw. Tatsachenermittlung Fehler gemacht worden.

Wenngleich also der gezogene Rückschluss auf eine bevorstehende Schädigung aufgrund **105** ermittelter Tatsachen durch ein ex-post-Urteil als falsch bezeichnet werden kann, wird die

Prognose gerade nicht falsch (Gusy PolR Rn. 113; vgl. aber Kingreen/Poscher POR § 8 Rn. 41, 44). Die Prognose ist die Reflektion von Tatsachen in die Zukunft hinein und die damit verbundene begründete Behauptung, dass ein bestimmter gegenwärtig festgestellter Zustand in der Zukunft Schäden hervorrufen wird. Regeln für derartige Prognosen sind teilweise durch bestimmte Regelwerke selbst festgelegt (eingehend zu alledem Brunn NJOZ 2014, 361). Solange diese Regelwerke rechtlich anerkannt oder durch Rechtsnormen in Bezug genommen werden und erst Recht, wenn diese Maßstäbe selbst unmittelbar Niederschlag in Rechtsnormen gefunden haben, sind sie ein mitunter sogar verbindliches Instrument der handelnden Beamten, um von einem Zustand auf eine künftige Schädigung rückschließen zu dürfen (bspw. festgelegte Grenzwerte im Rahmen technischer Anleitungen).

106   Neben diese Regelwerke und zum Teil an deren Stelle treten sonstige Prognoseregeln, welche zumeist aus der polizeilichen Sphäre selbst stammen. Hierbei kann es um polizeiliche Erfahrungssätze gehen, insbesondere solche, die in Dienstvorschriften oder Dienstanweisungen oder anderen Dokumenten zum Gegenstand der polizeilichen Ausbildung oder Praxis geworden sind (→ § 1 Rn. 113).

107   Sollen polizeiliche Maßnahmen auf Grundlage derartiger Ausarbeitungen getroffen werden, müssen diese bestimmten Anforderungen genügen. Sie müssen bspw. von zuständiger und sachkundiger Stelle stammen und ihrerseits auf Grundlage allgemeiner Erkenntnisse zu vertretbaren Einschätzungen gelangen (vgl. VG Köln BeckRS 2009, 32381 = NWVBl. 2009, 233; OVG Münster NWVBl. 2009, 231; → § 1 Rn. 114). Nur wenn diese Voraussetzungen erfüllt sind, sind entsprechende Ausarbeitungen geeignet, den einzelnen Beamten partiell davon zu entlasten, eigene Erkenntnismethoden zu suchen.

108   Fehlt es an Regelwerken oder Handlungsanleitungen, so sind die Beamten in besonderer Weise auf eine eigene Einschätzung angewiesen. Hierbei können die Beamten auf allgemein anerkannte Erfahrungswerte zurückgreifen (Brunn NJOZ 2014, 361 (368)). Allerdings entlasten sie diese allgemeinen Annahmen angesichts der einzelfallbezogenen Gefahrzustände dann nicht, wenn der zu entscheidende Einzelfall gerade nicht dem Regelfall entspricht. Etwaige statistische Wahrscheinlichkeiten und Regelsätze sind stets auf Grundlage des Einzelfalls zu reflektieren. Dies hat bspw. bei Annahmen einer Wiederholungs- oder Rückfallgefahr problematisch sein. Derartig statistisch ausgewiesene Wahrscheinlichkeiten können insbesondere dann nicht für die Annahme einer Gefahr herangezogen werden, wenn der Einzelfall Besonderheiten aufweist, der die statistische Rückfallwahrscheinlichkeit in Frage stellt. Dies hat sich bspw. in dem Fall der Dauerobservation bei aus der Sicherungsverwahrung entlassenen Personen gezeigt, bei der die konkrete Gefährlichkeitseinschätzung und damit Rückfallprognose viele Jahre zurücklag und sich die Maßgaben der Beurteilung möglicherweise längst geändert hatten (vgl. BVerfG BeckRS 2012, 60164; vgl. krit. zum Vorliegen einer konkreten Gefahr Greve/Lucius DÖV 2012, 97 (101); vgl. auch zuvor VG Aachen BeckRS 2011, 45928; VG Saarlouis BeckRS 2010, 53629; VG Freiburg BeckRS 2011, 45717; OVG Saarlouis BeckRS 2013, 56891). Allgemeine Aussagen zur Rückfallwahrscheinlichkeit können eine Gefahrenprognose im Einzelfall demnach nicht ersetzen. Wenn allerdings der Einzelfall dem Regelfall entspricht, kann ein entsprechender Rückschluss von einer allgemeinen Wahrscheinlichkeit auf eine im Einzelfall bestehende Gefahr gerechtfertigt sein. Dies wurde bspw. angenommen in dem Fall, in dem einem Hooligan gegenüber eine Meldeauflage (→ Rn. 30, → Rn. 43 ff.) erteilt worden ist und die Begründung dazu nicht auf die konkreten Anhaltspunkte im Verhalten der Person Bezug genommen hat, sondern allein auf die Zugehörigkeit zur Gruppe der Hooligans (VG Meiningen BeckRS 2011, 48937).

109   Die Richtigkeit einer Prognose hängt damit davon ab, dass sie hinreichend tragfähig begründet ist. Enthalten muss die Prognose konkrete Aussagen zur Gefahrenursache, die Feststellung von Kausalverläufen, die Feststellung möglicher Verantwortlicher sowie Feststellungen über notwendige Maßnahmen. Die erstgenannten Aspekte befassen sich dabei mit dem zu befürchtenden Schaden und der Eintrittswahrscheinlichkeit. Hierzu hat vor allem die Rechtsprechung die Formel von der sog. umgekehrten Proportionalität entwickelt. Danach gilt: Je größer der drohende Schaden, desto geringer darf die Eintrittswahrscheinlichkeit sein und je geringer der drohende Schaden, desto größer muss demgegenüber die Eintrittswahrscheinlichkeit sein (→ § 1 Rn. 116; Gusy PolR Rn. 118 f.).

110   **b) Die konkrete Gefahr als konzeptionelle Basis polizeilicher Ermächtigungen.**
Eine konkrete Gefahr ist anzunehmen, wenn im Einzelfall nach den oben genannten Grund-

sätzen eine Prognose ergibt, dass aufgrund der ermittelten Sachlage eine erhöhte Wahrscheinlichkeit dafür besteht, dass bei gewöhnlichem Fortgang der Dinge eine Rechtsgutschädigung eintreten wird (Kingreen/Poscher POR § 8 Rn. 9; Gusy PolR Rn. 125; Lisken/Denninger PolR-HdB/Rachor/Graulich E Rn. 187; vgl. Schoch BesVerwR/Schoch Kap. 1 Rn. 279). Die konkrete Gefahr wird tatbestandlich zur Voraussetzung für polizeiliche Maßnahmen aufgrund der Generalklausel gemacht. Die konkrete Gefahr beschreibt gleichzeitig aber auch diejenige Schwelle, die grundsätzlich erreicht werden muss, damit grundrechtseingreifende Maßnahmen der Polizei überhaupt legitimiert werden können (Lisken/Denninger PolR-HdB/Denninger D Rn. 42). Alles was unterhalb dieser Schwelle liegt, ist grundsätzlich als allgemeines Risiko von dem Einzelnen hinzunehmen oder ergibt keinen Einzelfallbezug und berechtigt die Polizei daher nicht, grundrechtseingreifende Maßnahmen zu treffen. Dies bezieht sich auf den Bereich der einzelfallbezogenen Gefahrenabwehr. Ausgenommen hiervon sind daher diejenigen Befugnisse der Polizei, die nicht der Gefahrenabwehr, sondern bspw. der Verhütung von Straftaten dienen (vgl. Lisken/Denninger PolR-HdB/Denninger D Rn. 44).

Durch das Gesetz zur effektiveren Überwachung gefährlicher Personen (v. 24.7.2017, BayGVBl. 388) **110.1** wurde in das BayPAG die **„drohende Gefahr"** als neue Gefahrbegriffskategorie eingeführt. Mit Art. 11 Abs. 3 BayPAG wurde eine neue Generalklausel geschaffen, die die Polizei bereits bei einer „drohenden Gefahr", also im Vorfeld einer konkreten Gefahr, nicht nur zu Gefahrerforschungsmaßnahmen, sondern auch zum aktiven Eingreifen in den Kausalverlauf ermächtigt (dazu und zur Verfassungskonformität des Art. 11 Abs. 3 BayPAG s. Möstl BayVBl. 2018, 156 f. (161 ff.)).

Gemäß **Art. 11 Abs. 3 S. 1 BayPAG** kann die Polizei die notwendigen Maßnahmen treffen, um **110.2** den Sachverhalt aufzuklären und die Entstehung einer Gefahr für ein bedeutendes Rechtsgut verhindern, wenn im Einzelfall

- das individuelle Verhalten einer Person die konkrete Wahrscheinlichkeit begründet (Art. 11 Abs. 3 S. 1 Nr. 1 BayPAG) oder
- Vorbereitungshandlungen für sich oder zusammen mit weiteren bestimmten Tatsachen den Schluss auf ein seiner Art nach konkretisiertes Geschehen zulassen (Art. 11 Abs. 3 S. 1 Nr. 2 BayPAG), wonach in absehbarer Zeit Angriffe von erheblicher Intensität oder Auswirkungen zu erwarten sind (drohende Gefahr), soweit die Befugnisse der Polizei nicht durch speziellere Vorschriften geregelt werden.

Die Unterschiede zur konkreten Gefahr betreffen zum einen den Prognosemaßstab und zum anderen **110.3** den Prognosegegenstand (Waechter NVwZ 2018, 458 (460)). So setzt die „drohende Gefahr" – anders als die konkrete Gefahr – **keine hinreichende Wahrscheinlichkeit** für den Schadenseintritt voraus. Die durch Art. 11 Abs. 3 Nr. 1 und Nr. 2 BayPAG normierten Anforderungen an die Wahrscheinlichkeit bleiben vielmehr dahinter zurück. Demgegenüber sind die Anforderungen an das Schutzgut im Vergleich zur konkreten Gefahr insofern verschärft, als dass sich die verminderte Wahrscheinlichkeit auf einen **Angriff von erheblicher Intensität oder Auswirkung auf ein bedeutendes Rechtsgut** (Art. 11 Abs. 3 S. 2 BayPAG) beziehen muss.

Politischer Anlass für die Einführung der „drohenden Gefahr" war ausweislich der Gesetzesbe- **110.4** gründung „die nationale wie internationale Gefährdung durch verschiedene Formen des Terrorismus und Extremismus" (BayLT-Drs. 17/16299, 1). Die aktuelle Terrorgefahr erfordere eine zeitlich vorgezogene Normierung einiger besonders wichtiger Befugnisse und Regelungen (BayLT-Drs. 17/16299, 1). Ausdrücklich erwähnt werden von dem Gesetzgeber auch die Cyberkriminalität sowie die allgemeine Kriminalität. Damit gibt der Gesetzgeber zu erkennen, dass der potentielle Anwendungsbereich der neuen Ermächtigung denkbar weit ist. Bei der inhaltlichen Ausgestaltung des Art. 11 Abs. 3 BayPAG hat sich der bayerische Gesetzgeber nach eigenem Bekunden an den Vorgaben zu orientieren versucht, die das BVerfG in seinem **BKAG-Urteil** (BVerfG NJW 2016, 1781) aufgestellt hatte. In diesem legte es fest, unter welchen Voraussetzungen Eingriffsermächtigungen, die tatbestandlich an das Vorfeld einer konkreten Gefahr anknüpfen, verfassungsgemäß sein können (BVerfG NJW 2016, 1781 (1785)). Zweifelhaft ist allerdings, ob nach dieser Rechtsprechung auch Vorfeldtatbestände im Rahmen einer Generalklausel zulässig sein sollen. In seinem BKAG-Urteil führte das BVerfG aus: „Der Gesetzgeber ist von Verfassungs wegen […] nicht von vornherein für jede Art der Aufgabenwahrnehmung auf die Schaffung von Eingriffstatbeständen beschränkt, die dem tradierten sicherheitsrechtlichen Modell der Abwehr konkreter, unmittelbar bevorstehender oder gegenwärtiger Gefahren entsprechen. Vielmehr kann er die Grenzen **für bestimmte Bereiche** mit dem Ziel schon der Straftatenverhütung auch weiter ziehen, indem er die Anforderungen an die Vorhersehbarkeit des Kausalverlaufs reduziert" (BVerfG NJW 2016, 1781 (1785)). Im Übrigen verbietet es der Wesentlichkeitsgrundsatz, dass besonders grundrechtsintensive

Maßnahmen, wie sie nach dem offen formulierten Art. 11 Abs. 3 BayPAG („die notwendigen Maßnahmen") möglich und wohl auch bezweckt sind, auf die Generalklausel gestützt werden können (→ Rn. 49). Es ist vielmehr Aufgabe des demokratisch legitimierten Gesetzgebers, die möglichen Maßnahmen selbst zu konkretisieren und dies nicht durch den einer Generalklausel immanenten Spielraum den zuständigen Polizeibehörden zu überantworten. Angesichts der potentiell erheblichen Grundrechtsrelevanz sowie des nahezu umfassenden Anwendungsbereichs kann die generalklauselartige Formulierung auch nicht mit der Erwägung gerechtfertigt werden, dass nur so im Einzelfall auftretenden neuen und potentiell gefährlichen Sachverhalten begegnet werden könne (→ Rn. 56). Aus der Gesetzesbegründung ergibt sich, dass Art. 11 Abs. 3 BayPAG vor allem als Reaktion auf Anschläge aus dem terroristischen oder extremistischen Spektrum und Amokläufe zu verstehen ist (BayLT-Drs. 17/16299, 1 und 9 f.). Wenn der Gesetzgeber tatsächlich einen konkreten Anlass für die Gesetzesänderung hatte, etwa im Kontext des allgemeinen Terrorismus, hätte er die Anwendungsbereiche der Ermächtigung, wie es auch das BVerfG fordert, hinreichend bestimmt benennen müssen. Problematisch ist dabei außerdem, dass es den Vollzugsbehörden überlassen wird, mit den weitgehend unbestimmten Merkmalen der Ermächtigung umzugehen. Die gesetzlichen Vorgaben sind in Tatbestand und Rechtsfolge derart offen, dass die vom BVerfG geforderte Anforderung besonderer Bestimmtheit im Zusammenhang mit der Vorverlagerung des Gefahrenbegriffs nicht erfüllt ist.

110.5 In **Nordrhein-Westfalen** wurde aus ähnlichen politischen Gründen wie in Bayern über die Einführung einer neuen „drohenden Gefahr" nachgedacht (LT-Drs. 17/2351, 1). Nach dem Gesetzentwurf der Landesregierung v. 11.4.2018 (LT-Drs. 17/2351) sollte § 8 um Abs. 4 und Abs. 5 ergänzt werden. Diese Absätze enthielten Legaldefinitionen für den Begriff der „drohenden Gefahr" und der „drohenden terroristischen Gefahr". Im Unterschied zu Art. 11 Abs. 3 BayPAG sollten die neuen Gefahrbegriffe aber nicht Tatbestandsvoraussetzungen einer Generalklausel werden, sondern bei Vorliegen „nur" zur Datenerhebung durch Überwachung der Telekommunikation nach § 20c Abs. 1 Nr. 2, zur Elektronischen Aufenthaltsüberwachung nach § 34c Abs. 1 und zur Ingewahrsamnahme einer Person nach § 35 Abs. 1 Nr. 6 ermächtigen (LT-Drs. 17/2351, 12, 18 und 23). Diese gesetzessystematische Vorgehensweise wäre aus den oben genannten Gründen im Gegensatz zu Art. 11 Abs. 3 BayPAG wohl verfassungskonform gewesen. Schließlich hat man sich trotzdem für eine andere Regelungstechnik – und somit für eine Entschärfung des Ursprungsentwurfes – entschieden (→ Rn. 136 ff.).

111 Damit beschreibt die konkrete Gefahr die Standardsituation polizeilicher Befugnisnormen im Bereich der Gefahrenabwehr. Soweit die hierauf bezogenen Standardermächtigungen keine oder keine abweichenden Vorgaben machen, ist damit erforderlich, dass eine konkrete Gefahr bestehen muss, um in Rechte Dritter eingreifen zu dürfen. Wenn in einzelnen Vorschriften des Polizeigesetzes von anderen Gefahrenstufen die Rede ist, bauen diese Gefahrenstufen auf der konkreten Gefahr auf (Götz/Geis PolR § 6 Rn. 26 ff.; Gusy PolR Rn. 125; vgl. Lisken/Denninger PolR-HdB/Denninger D Rn. 53 ff. zu den „qualifizierte[n] Gefahrenbegriffe"; zur „drohenden Gefahr", die an das Vorfeld der konkreten Gefahr anknüpft, → Rn. 110.1 ff.). Die gültigen Parameter, welche der Bemessung einer konkreten Gefahr zugrunde liegen, werden im Kontext der spezifizierten Gefahrenstufen jeweils modifiziert und zwar im Sinne einer Qualifizierung der Anforderungen. Wenn also die Gefahr durch Fragen der zeitlichen Nähe bzw. Wahrscheinlichkeit eines Schadenseintritts einerseits und dem Maß des befürchteten Schadens andererseits bestimmt wird (Lisken/Denninger PolR-HdB/Denninger D Rn. 39; Götz/Geis PolR § 6 Rn. 26 ff.; Schoch BesVerwR/Schoch Kap. 1 Rn. 279; Gusy PolR Rn. 128), setzen Begrifflichkeiten wie „gegenwärtige Gefahr" (vgl. § 6 Abs. 1 Nr. 1, § 43 Nr. 1), „unmittelbare Gefahr" (§ 15 Abs. 1 VersammlG) und ähnliche Formulierungen (vgl. → § 1 Rn. 149) an diesen Faktoren an. Diese Qualifizierungen sind ihrerseits wiederum nicht zufällig, sondern Ausdruck verfassungsrechtlicher Vorgaben von Übermaßverbot und Differenzierungsgebot (BVerfG JuS 2008, 825 (826); BVerfGE 105, 252; BVerwG NJW 1989, 2272; Gusy PolR Rn. 127; → § 1 Rn. 142). Je intensiver der drohende Eingriff in die Grundrechte des Betroffenen ist, desto höher müssen grundsätzlich auch die Hürden für derartige Maßnahmen bereits auf Tatbestandsebene ausgestaltet sein.

112 Der Zustand der konkreten Gefahr wird regelmäßig auf einen bestimmten in der Zukunft liegenden Zeitraum Bezug nehmen. Dabei ist es aber durchaus auch möglich, dass eine konkrete Gefahr auch bereits als Schaden realisiert ist und fortbesteht oder unabhängig davon dauerhaft vorliegt (so ausdrücklich BVerfGE 115, 320 (364)). Eine solche konkrete **Dauergefahr** liegt allerdings nicht schon dann vor, wenn eine permanente Bedrohungssituation vorhanden ist. Für eine konkrete Gefahr ist es schließlich erforderlich, dass nach Ort und Zeit bestimmbar der Eintritt eines Schadens droht. Dies ist bei einer allgemeinen Bedrohungslage gerade nicht der Fall (zur Dauergefahr sa Lisken/Denninger PolR-HdB/Denninger D Rn. 54; → § 1 Rn. 149).

Im Gegensatz zur konkreten Gefahr steht die **abstrakte Gefahr,** die entsprechend ihrer **113** Zielrichtung nicht als Legitimation von Einzelfallmaßnahmen taugt, sondern eine Rechtssetzungskompetenz auslöst (zur abstrakten Gefahr Lisken/Denninger PolR-HdB/Denninger D Rn. 42; Götz/Geis PolR § 6 Rn. 21 ff.; Gusy PolR Rn. 125). Die abstrakte Gefahr löst damit ihren Blick vom konkreten Einzelfall und dient dementsprechend nicht der Legitimation einzelfallbezogener Maßnahmen. Ihr geht es vielmehr um die Rechtfertigung und Begründung abstrakt-genereller Rechtsnormen. Hierfür wiederum ist dann auch ein modifiziertes, auf Wahrscheinlichkeiten gründendes Gefahrenkonzept eher tauglich und sinnvoll. Abgrenzungsfragen zwischen der konkreten Gefahr, der abstrakten Gefahr und dem bloßen Vorliegen von Maßnahmen der Gefahrenvorsorge sind in der letzten Zeit etwa im Zusammenhang mit Maßnahmen zum Verbot des **Beisichführens von Glasbehältnissen** bei bestimmten Veranstaltungen oder dem **Alkoholverbot in der Innenstadt** diskutiert worden (zu erstgenanntem VGH Mannheim BeckRS 2012, 54931, anders OVG Münster NVwZ-RR 2012, 470; sa OVG Bremen BeckRS 2016, 56099; zu letztgenanntem VGH Mannheim NVwZ-RR 2010, 55; OVG Lüneburg GewA 2013, 95; zu beidem VG Osnabrück BeckRS 2010, 47446).

II. Rechtsfolge

1. Notwendige Maßnahmen und Übermaßverbot

Sind die tatbestandlichen Voraussetzungen der Generalklausel erfüllt, so kann die Polizei **114** die „notwendigen Maßnahmen" ergreifen. Dabei schreibt diese Formulierung nicht vor, ob es sich bei diesen Maßnahmen um Verwaltungsakte oder um Realakte handeln muss. Beides ist grundsätzlich möglich (Gusy PolR Rn. 315; SBK PolG NRW/Schütte Rn. 7; Schenke PolR Rn. 50a). Die polizeilichen Maßnahmen, die auf dieser Grundlage getroffen werden, sind entsprechend der allgemeinen Maßgaben einzuordnen (vgl. Beckmann NVwZ 2011, 842 mwN).

Angesichts des Zwecks der Generalklausel, auf Einzelfälle adäquat reagieren zu können **115** und vor allem neuen und atypischen Gefahrenlagen zu begegnen (vgl. Kingreen/Poscher POR § 5 Rn. 18; → Rn. 53), ist den handelnden Beamten auf Rechtsfolgeseite ein hohes Maß an Flexibilität bei der Auswahl der Instrumente zuzubilligen (vgl. Schoch BesVerwR/Schoch Kap. 1 Rn. 303 ff.). Da grundrechtsneutrale Maßnahmen bereits ohne Ermächtigungsgrundlage auskommen und daher auf Grundlage der polizeilichen Aufgabennormen des § 1 durchgeführt werden dürfen (→ Rn. 8), kommen überhaupt nur grundrechtseingreifende Maßnahmen als „notwendige" iSd § 8 in Betracht (Gusy PolR Rn. 315; SBK PolG NRW/Schütte Rn. 7). Der Begriff der Notwendigkeit beschreibt dabei eine rechtsstaatliche Selbstverständlichkeit (vgl. Kingreen/PoscherPOR § 10 Rn. 1 ff.). Denn hiermit ist nichts anderes gemeint als das, was bereits allgemein aus § 2 folgt, nämlich der allgemeine Grundsatz der Verhältnismäßigkeit (SBK PolG NRW/Schütte Rn. 7).

Danach müssen die von der Polizei auch auf Grundlage der Generalklausel angestrebten **116** Maßnahmen zunächst dazu **geeignet** sein, die Gefährdungslage zu beenden bzw. zu reduzieren (vgl. Schoch BesVerwR/Schoch Kap. 1 Rn. 308; Gusy PolR Rn. 397). Die gewählte Maßnahme muss ihren Zweck, die Gefahrenabwehr, zumindest fördern. Nicht erforderlich ist, dass die Maßnahme den Erfolg zwingend herbeiführt. Dies begründet sich bereits dadurch, dass es im Rahmen der Gefahrenabwehr auf die ex-ante-Perspektive ankommt und nicht auf eine möglicherweise später festgestellte Nichterreichung eines beabsichtigten Zweckes. Insofern muss die Maßnahme aus dieser Perspektive heraus notwendig sein (Schoch BesVerwR/Schoch Kap. 1 Rn. 308; Gusy PolR Rn. 397; OVG Lüneburg NVwZ-RR 2006, 613; VG Meiningen BeckRS 2011, 48937). In zeitlicher Hinsicht folgt aus dem Grundsatz der Verhältnismäßigkeit, dass Maßnahmen dann beendet werden müssen oder nicht stattfinden dürfen, wenn die Gefährdungslage beendet ist, wobei grundsätzlich davon auszugehen ist, dass eine Dauergefährdung nur ausnahmsweise vorliegt (Gusy PolR Rn. 315;

vgl. auch BVerfGE 115, 320 (364)). Eine fortdauernde Maßnahme wird mit Ende der Gefahr rechtswidrig. Der von einer eingreifenden Maßnahme Betroffene hat regelmäßig einen Anspruch darauf, jedenfalls einen Anspruch auf ermessensfehlerfreie Entscheidung (BVerwGE 11, 95; Wilke FS Scupin 1983, 831; Gusy PolR Rn. 394 f.; → Rn. 121), dass der rechtswidrige Zustand beseitigt wird (zum Folgenbeseitigungsanspruch Bumke JuS 2005, 22 (27)). Dies wird im Regelfall mit dem allgemein öffentlich-rechtlichen Folgenbeseitigungsanspruch herbeigeführt werden können (vgl. Daibler JA 2016, 760 (761 f.); BVerwGE 42, 161 (165); Gusy PolR Rn. 397 f.). Beispielhaft führt ein Folgenbeseitigungsanspruch dazu, dass der Eigentümer einer Wohnung gegenüber der handelnden Behörde regelmäßig einen Anspruch darauf hat, dass ein zuvor durch Einweisungsverfügung in seine Wohnung eingewiesener Obdachloser nach Ablauf der Einweisungsfrist aus der Wohnung wieder ausgewiesen wird (Ruder NVwZ 2012, 1283; Gusy PolR Rn. 341; ausf. → Rn. 68).

117   Darüber hinaus verlangt das Gebot der Verhältnismäßigkeit die **Erforderlichkeit** der beabsichtigten Maßnahme, wohinter sich die Verpflichtung zum geringstmöglichen Eingriff verbirgt (vgl. Schoch BesVerwR/Schoch Kap. 1 Rn. 313 mwN). Freilich ist dabei eine Maßnahme nur dann eine Alternative zu möglicherweise belastenderen Maßnahmen, wenn diese andere Maßnahme in gleicher Weise zur Abwehr der Gefahr geeignet ist (BVerwG NVwZ 2012, 1184; Schoch BesVerwR/Schoch Kap. 1 Rn. 313; Lisken/Denninger PolR-HdB/Rachor/Graulich E Rn. 165; Gusy PolR Rn. 398). Dabei ist letztlich diejenige Maßnahme auszuwählen, die sowohl den Betroffenen als auch die Allgemeinheit am wenigsten belastet (Gusy PolR Rn. 398; Schoch BesVerwR/Schoch Kap. 1 Rn. 313; vgl. dem hingegen Kingreen/Poscher POR § 10 Rn. 25). Beide Aspekte müssen nicht zwingend zusammenfallen. So ist es durchaus möglich, dass eine Maßnahme dem Einzelnen gegenüber besonders eingriffsintensiv wirkt, für die Allgemeinheit allerdings besonders schonend ausfällt oder umgekehrt. Diese Fragen sind im Rahmen der Angemessenheit einer Maßnahme zu diskutieren bzw. in einen sachgerechten Ausgleich zu bringen (so auch Gusy PolR Rn. 398). In Fällen einer Geisterfahrt oder sonstigen massiven Straßenverkehrsgefährdung kann bspw. die Verursachung eines **künstlichen Staus** mit erheblichen Gefährdungen für die anderen Verkehrsteilnehmer verbunden sein. Diese werden möglicherweise von dem Störer beim Antreffen des Staus gerammt und müssen daher mit erheblichen Schäden auch an Leben und Gesundheit rechnen (vgl. zu dieser Problematik Schäffers NJOZ 2012, 1769 unter Bezugnahme auf BGH NJW 2012, 1951). Der Einsatz von Maßnahmen, welche unmittelbar auf das Fahrzeug des Störers einwirken, ist in diesem Sinne mindestens gleich wirksam, aber für die Allgemeinheit weniger, für den Störer aber mitunter deutlich stärker belastend. Vor diesem Hintergrund ist zB auch eine Räumungsanordnung eines besetzten Gebäudes innerhalb kurzer Zeit möglicherweise eine Entlastung der Allgemeinheit, aber eine besonders intensive Belastung der Betroffenen und daher ggf. auch nicht erforderlich, vor allem wenn die zuständige Behörde diesen Zustand über längere Zeit geduldet hat (Bsp. nach Schoch BesVerwR/Schoch Kap. 1 Rn. 317, mit Verweis auf die Entscheidung des VGH Mannheim DVBl 1987, 153 (154); vgl. auch Schlink NJW 1982, 529). Gleiches gilt bei der Frage, ob ein illegal errichtetes Gebäude abzureißen oder stillzulegen ist (vgl. OVG Bautzen LKV 1993, 316; Gusy PolR Rn. 398).

118   Uneinheitlich ist die Rechtsprechung bezüglich der Frage, ob das Verbot gegenüber einem Pressefotografen zur **Anfertigung von Fotografien** von Polizeieinsätzen erforderlich ist. Ein solches Verbot oder sogar die Sicherstellung von entsprechenden Fotoapparaten wurde zum Teil als erforderlich angesehen (OVG Dresden SächsVBl. 2008, 89 (91); sa Schoch BesVerwR/Schoch Kap. 1 Rn. 317 mwN). Teilweise wurde die Erforderlichkeit hingegen mit dem Argument abgelehnt, bei digitalen Geräten könne das Speichermedium, bei analogen Geräten der Film herausgegeben werden (VGH Mannheim VBlBW 2011, 23). Andererseits wiederum hat das BVerwG entschieden, dass als milderes Mittel ggf. in Betracht zu ziehen ist, eine Verständigung bezüglich der Veröffentlichung anzustreben und vor dem Hintergrund des jeweiligen Presserechts Möglichkeiten zu finden, welche weniger eingriffsintensiv wirken (BVerwG ZUM 2012, 909). Maßnahmen der Identitätsfeststellung wurden bei einem befürchteten Verstoß gegen die §§ 22, 23 KunstUrhG in diesem Zusammenhang für rechtmäßig befunden (OVG Lüneburg ZUM-RD 2014, 305).

119   Bei der Frage nach der **Angemessenheit** von Maßnahmen ist zu bewerten, ob der Eingriff in die Rechtssphäre des Betroffenen im Ergebnis schwerer wiegt als der drohende Schaden

durch ein Gewährenlassen der Gefahr (zur Verhältnismäßigkeit eines „Kuttentrageverbots" s. VG Aachen BeckRS 2016, 50439). Hierbei stehen sich also die berührten Rechte des Betroffenen und die beschützten Belange in einem Abwägungsprozess gegenüber (vgl. Schoch BesVerwR/Schoch Kap. 1 Rn. 320; Gusy PolR Rn. 399; Cremer DÖV 2008, 102). Nur selten ist eine Maßnahme, die geeignet und erforderlich ist, in der Rechtsprechung bisher als unangemessen bezeichnet worden. Als Beispiel findet sich hier die „vollständige Abriegelung eines Ortes für mehrere Stunden durch Polizeikräfte" (OVG Lüneburg NVwZ-RR 2007, 103). Ähnlich ist das auch bei der großräumigen Deklaration von Gefahrengebieten in Hamburg 2014 anzunehmen, in denen anlasslos Personenkontrollen durchführt wurden (Überblick bei Ernst NVwZ 2014, 633). Hingegen wurde die Dauerobservation von aus der Sicherungsverwahrung entlassenen Straftäter, bei denen eine Rückfallgefahr auch im Einzelfall angenommen werden konnte, jedenfalls für einen Übergangszeitraum für angemessen gehalten (OVG Saarlouis BeckRS 2013, 56891).

Die objektiven Maßstäbe der Angemessenheitsprüfung werden bei den sog. **Austausch-** **120** **mittteln** partiell subjektiv überlagert (vgl. Lisken/Denninger PolR-HdB/Rachor/Graulich E Rn. 164; Gusy PolR Rn. 400). Hierbei geht es darum, dass der von einer Maßnahme potentiell Betroffene die Maßnahme durch eine ihn stärker belastende Maßnahme ersetzen will. Soweit mit dieser Maßnahme keine zusätzliche Belastung für die Allgemeinheit verbunden ist und der Betroffene über die von bei ihm berührten Rechtsgüter verfügen darf, ist grundsätzlich davon auszugehen, dass die handelnde Behörde die freiwillige Duldung einer bestimmten Maßnahme im Rahmen der Angemessenheitsprüfung bevorzugt zu berücksichtigen hat, auch wenn diese den Einzelnen objektiv unangemessen belastet (vgl. Gusy PolR Rn. 400; Schoch BesVerwR/Schoch Kap. 1 Rn. 318; Landmann/Rohmer/Hansmann/Ohms, Umweltrecht, BImSchG § 17 Rn. 123; BVerwG NVwZ 1997, 497 (498)).

2. Ermessen

Anders als den Strafverfolgungsbehörden steht der Polizei im Bereich des Gefahrenabwehr- **121** rechts auf Rechtsfolgenseite Ermessen zu. Hier gilt also das **Opportunitätsprinzip** – dort das Legalitätsprinzip. Während im Bereich der Ahndung von Straftaten und Ordnungswidrigkeiten der Schutz vor willkürlichen Entscheidungen bzw. das Gebot der Gleichbehandlung Platz greift, orientiert sich das Gefahrenabwehrrecht am Einzelfall (Gusy PolR Rn. 391; Schenke PolR Rn. 93; Schoch BesVerwR/Schoch Kap. 1 Rn. 302 ff.). Diese Unterscheidung gilt allerdings nicht strikt. Durchbrechungen sind etwa im Bereich repressiven Handelns dort zu erkennen, wo auch die Strafverfolgungsbehörden die Möglichkeit haben, um im Sinne einer Einzelfallentscheidung bspw. nach den §§ 153 ff. StPO Ermittlungsverfahren einzustellen. Auch im Bereich des Gefahrenabwehrrechts gilt das Opportunitätsprinzip nur, soweit dem Einzelnen nicht ein Recht auf polizeiliches Einschreiten zusteht (vgl. BVerwGE 11, 95; Wilke FS Scupin, 1983, 831; Gusy PolR Rn. 394 f.; Schoch BesVerwR/Schoch Kap. 1 Rn. 332). Ein solches Recht kann sich sowohl auf das „ob" wie auch auf das „wie" polizeilichen Handelns beziehen. Regelmäßig allerdings wird dem Einzelnen ein subjektiv öffentliches Recht hinsichtlich des Entschließungsermessens, also dahingehend zustehen, dass ein Anspruch auf polizeiliches Einschreiten dem Grunde nach besteht (vgl. Schenke PolR Rn. 104). Die Auswahl des jeweiligen Mittels wird in aller Regel im Ermessen der Polizei bleiben. Lediglich in den Fällen, in denen ohnehin nur eine einzige Handlungsoption bleibt, ist auch das Auswahlermessen auf Null reduziert (vgl. BVerwGE 11, 95; Wilke FS Scupin, 1983, 831; Gusy PolR Rn. 394 f.; Schoch BesVerwR/Schoch Kap. 1 Rn. 332).

Sowohl bezüglich des Auswahlermessens wie auch bezüglich des Entschließungsermessens **122** ist eine **Ermessensreduzierung auf Null** die Ausnahme (vgl. Schenke PolR Rn. 104). Eine solche Ermessensreduzierung wurde bisher bspw. im Falle der Sicherstellung eines aufgebrochenen Pkw angenommen, wenn bestimmte Voraussetzungen erfüllt sind, insbesondere offenkundig ein privates Interesse an der Weiternutzung des Pkw erkennbar ist (OLG Hamm NJW-RR 1999, 755). Weiterhin hat die Rechtsprechung eine Ermessensreduzierung auf Null bezüglich des Entschließungsermessens angenommen bei einer Ölspurbeseitigung auf einer Straße (BGH VRS 7, 87), außerdem bei unmittelbar drohenden Körperverletzungen (OLG Bremen NVwZ-RR 1990, 450), auch bei Minenfunden (BGH VRS 5, 319) sowie bei der Auflösung einer Versammlung wegen Brandgefahr (VGH Mannheim KommJur

2011, 107). Weiterhin kann eine Ermessensreduzierung auch aus europarechtlichen Gesichtspunkten folgen (s. bspw. Schoch BesVerwR/Schoch Kap. 1 Rn. 330; Lindner JuS 2005,
302; vgl. EuGH NJW 1998, 1931). Ebenso wurde ein Anspruch eines Obdachlosen anerkannt, einer Obdachlosenunterkunft zugewiesen zu werden (VGH Mannheim NVwZ-RR
1996, 439; vgl. aus der Lit. nur Ruder NVwZ 2012, 1283; Schoch BesVerwR/Schoch
Kap. 2 Rn. 333 mwN auch zur Rspr.).

123   Die Verengung des Opportunitätsprinzips zugunsten eines **Anspruchs auf polizeiliches
Einschreiten,** möglicherweise auch auf eine konkrete polizeiliche Maßnahme, setzt in jedem
Fall voraus, dass durch eine Gefährdungssituation ein subjektiv öffentliches Recht als Bestandteil der öffentlichen Sicherheit oder Ordnung betroffen ist. Soweit gerichtlicher oder anderweitiger Schutz nicht möglich ist und außerdem das Ermessen der Polizei entsprechend auf
Null reduziert ist, ergibt sich ein derartiger individueller Anspruch auf polizeiliches Einschreiten (s. zu diesen Voraussetzungen etwa Gusy PolR Rn. 395; Schoch BesVerwR/Schoch
Kap. 1 Rn. 332; vgl. auch zu den Fällen besetzter Häuser Schlink NVwZ 1982, 529 mwN
aus der Rspr.).

124   Ein an sich bestehender Anspruch auf polizeiliches Einschreiten kann allerdings wiederum
ausgeschlossen sein, wenn ein solches Einschreiten der Polizei entweder **nicht zumutbar
oder ihr sogar unmöglich** ist (s. Gusy PolR Rn. 395). Das Dilemma dieser Ausschlussmög-
lichkeit liegt darin, dass die Polizei auf der einen Seite erkennbar nicht in der Lage ist, jede
einzelne Gefährdungssituation aufzulösen (so auch Schink NVwZ 1982, 529 (532)). Auf der
anderen Seite ergibt sich die Notwendigkeit polizeilichen Einschreitens und mitunter sogar
ein Anspruch hierauf aber insbesondere in den Fällen, in denen besonders hochwertige
Rechtsgüter wie Leben, Freiheit oder Gesundheit gefährdet sind. Der Aufwand, dieser
Gefährdungslage zu begegnen, kann wiederum unter Umständen besonders anspruchsvoll
sein (vgl. für das Versammlungsrecht Lisken/Denninger PolR-HdB/Denninger D Rn. 148).
Dies wirft die Frage auf, in welchen Fällen das Kriterium der Unzumutbarkeit oder Unmöglichkeit in Fällen eines an sich bestehenden Anspruchs auf polizeiliches Einschreiten zum
Ausschluss dessen führen kann. Klar ist dabei, dass die Gefahrenabwehr polizeiliche Aufgabe
ist und sich der Staat dieser Aufgabe auch dort nicht entziehen darf, wo sie aufwendig und
ressourcenintensiv ist. Mit anderen Worten ist der Staat grundsätzlich dazu verpflichtet,
seine Behörden aufgabenadäquat auszustatten. Die Behörden müssen dazu in der Lage sein,
dasjenige zu leisten, was ihrem Aufgabenbereich entspricht (vgl. zu anderen Sachbereichen
BGH VersR 2007, 839; Steinbeiß-Winkelmann NJW 2014, 1276). Klar ist aber auch, dass
die Polizei nicht „praktisch lahmgelegt" werden kann, weil ihre Kapazitäten ausgeschöpft
werden. Das gilt mitunter auch bei einer im Einzelfall bestehenden besonders tragischen
Gefährdungslage.

125   Letztlich wird es auch bei der Auflösung dieses Dilemmas um eine Güterabwägung gehen.
Diese Güterabwägung hat sich hier, wie auch sonst im Rahmen des Ermessens der Polizei,
an folgenden Gesichtspunkten zu orientieren. Auf der einen Seite gilt es die betroffenen
Rechtsgüter sowie Anhaltspunkte zur Bestimmung der zeitlichen Nähe der Gefahr zu ermitteln. Auf der anderen Seite spielen auch Elemente eine Rolle, die in der Behördenorganisation ihren Niederschlag finden. Bedeutet bspw. ein Einschreiten in dem einen Fall, das
Gewährenlassenmüssen einer Gefahr in einem anderen Fall, so kann und muss die Polizei
entsprechende Folgeabwägungen durchaus auch im Rahmen einer Ermessensentscheidung
berücksichtigen.

126   Weiterhin gelten für die Ermessensentscheidung die allgemeinen Regeln der **Ermessensfehlerlehre** (vgl. allg. SSB/Gerhardt VwGO § 114 Rn. 13 ff.). In diesem Zusammenhang
ist von der Polizei zunächst überhaupt zu erkennen, dass ihr Ermessen zusteht. Erkennt
sie dies nicht, ist grundsätzlich von einem Ermessensnichtgebrauch und damit von einer
rechtswidrigen Entscheidung zu sprechen. Nur ausnahmsweise kann nach überwiegender
Auffassung ein solcher Ermessensnichtgebrauch unschädlich sein, wenn nämlich angesichts
einer Ermessensreduzierung auf Null nur die getroffene Entscheidung rechtmäßig war
(BVerwGE 105, 55 (57); 72, 1 (6)). Dem kann man freilich dogmatisch vorhalten, dass
es rechtsstaatlich nicht unproblematisch ist, dass die handelnde Behörde ihren rechtlichen
Befugnisrahmen insoweit verkennt, dass sie irrig annimmt, ihr stehe gar kein Ermessen zu.
Richtigerweise hätte die Behörde erkennen müssen, dass grundsätzlich ein Ermessen besteht
und im Anschluss daran vor dem Hintergrund der ermittelten Tatsachenlage die jeweiligen

Interessen abwägen müssen. Erst im Anschluss daran kann überhaupt festgestellt werden, dass eine Ermessensreduzierung auf Null besteht (vgl. Schoch JURA 2004, 462 (465); 2010, 358 (360); Poscher/Rusteberg JuS 2011, 1082 (1089)). Im Ergebnis macht es allerdings in der Tat keinen Unterschied, ob die Behörde von einer Bindung ausgeht, die tatsächlich auch besteht, wenngleich dies auf falschen Annahmen beruht (BVerwGE 105, 55 (57); 72, 1 (6)).

Im Rahmen ihrer Ermessensentscheidung hat die Polizei schließlich die betroffenen **127** Rechtsgüter zu erkennen und angesichts der ermittelten Tatsachenlage diese in einen angemessenen Ausgleich zu bringen, was wiederum Elemente des Übermaßverbots aufgreift (BVerfGE 105, 252; BVerwG NJW 1989, 2272; Gusy PolR Rn. 397 mwN; → Rn. 114). Fehlt es an der zureichenden Tatsachenermittlung bzw. hat die Behörde rechtliche Interessen und betroffene Rechtsgüter nicht erkannt, so ist von einer Ermessensunterschreitung auszugehen. Hat die Behörde die betroffenen Aspekte hingegen fehlerhaft abgewogen, so liegt ein Ermessensfehlgebrauch vor. Insbesondere bei letztgenanntem Aspekt ergeben sich Überschneidungen zum Übermaßverbot, welches bereits im Rahmen der Notwendigkeit von Maßnahmen eine Rolle spielt. Auch auf Ermessensebene schlagen damit vor allem grundrechtlich geschützte Interessen durch (vgl. Schoch BesVerwR/Schoch Kap. 1 Rn. 324 f.). So wurde insbesondere bei Fragen der Menschenwürde sogar zum Teil eine Ermessensreduzierung auf Null angenommen, bspw. bei der Unterbringung von Obdachlosen (VGH Mannheim DVBl 1996, 294) sowie im Zusammenhang mit Tötungsspielen („Tötungsspiele/ Laserdrome", BVerwG BeckRS 2007, 22742).

Aus diesen Überlegungen folgt gleichsam notwendig, dass auch das Nichthandeln eine **128** polizeiliche Option im Rahmen ihres Ermessens ist. Die Polizei ist also nicht immer und nicht von vornherein zum Einschreiten verpflichtet, womit das Ermessen sich nur auf das Auswahlermessen reduzieren würde (Überblick auch zu der Gegenauffassung bei Schenke PolR Rn. 99 mit dem Hinweis auch auf den verfehlten Ansatz eines „Wehret den Anfängen" bzw. der broken-windows-Lehre).

Die **Justiziabilität** der Ermessensausübung ergibt sich aus § 114 VwGO. Die gerichtliche **129** Überprüfbarkeit polizeilicher Maßnahmen auf Grundlage der Generalklausel ist auch bezüglich der dort verwendeten unbestimmten Rechtsbegriffe anerkannt. Ein kontrollfreier Beurteilungsspielraum ist der Polizei hier nicht zuzubilligen (s. nur Schenke PolR Rn. 51 mwN).

C. Spezialität und Subsidiarität (Abs. 2)

Zur Erfüllung der Aufgaben, die der Polizei durch andere Rechtsvorschriften zugewiesen **130** sind, hat sie nach Abs. 2 S. 1 die dort vorgesehenen Befugnisse. Die Vorschrift korrespondiert insofern mit § 1 Abs. 4 und vollzieht die aufgabenrechtliche Anordnung nach (vgl. SBK PolG NRW/Schütte Rn. 15).

Durch Abs. 2 verdeutlicht der Gesetzgeber, dass § 8 in weiten Teilen eine Auffangbefugnis **131** darstellt (→ Rn. 53 f.). Nicht nur die Standardermächtigungen gehen der Generalklausel vor. Soweit polizeiliche Befugnisse in anderen Rechtsnormen geregelt sind, sperren auch diese grundsätzlich den Rückgriff auf die Generalklausel (eingehend → § 1 Rn. 1). Nur soweit derartige andere Rechtsvorschriften Befugnisse der Polizei nicht regeln, sind die Befugnisse des Polizeirechts und damit auch die Generalklausel grundsätzlich anwendbar (Abs. 2 S. 2). Dies ist der Fall, wenn die besonderen Gesetze keine Befugnisnormen enthalten oder aber nur einzelne Spezialbefugnisse begründen, die hinter der weiten Generalklausel zurückbleiben und insbesondere auch nach der gesetzlichen Systematik sowie dem Sinn und Zweck der Spezialregelungen die Anwendung des Polizeirechts nicht insgesamt gesperrt sein soll (vgl. Gusy PolR Rn. 313, mit Verweis auf BVerwG NVwZ 2002, 599; zur Sperrwirkung des Versammlungsrechts → Rn. 36 f.).

Im Verhältnis zu dem durch § 1 Abs. 4 bestimmten Aufgabenbereich stattet Abs. 2 die **132** Polizei also nur insofern mit Befugnissen aus, wie die jeweils geltenden Spezialvorschriften keine abschließende Regelung treffen. Insofern ist ein Rückgriff auf Abs. 2 bspw. hinsichtlich der Strafverfolgung und der Ahndung von Ordnungswidrigkeiten unzulässig (vgl. Tegtmeyer/ Vahle PolG NRW Rn. 31 f.; ausf. zu den Sperrwirkungen → Rn. 33 ff. → § 1 Rn. 261).

D. Straftaten von erheblicher Bedeutung (Abs. 3)

133   Bei Abs. 3 handelt es sich um eine Definitionsnorm. Der Begriff „insbesondere" verdeutlicht, dass die Aufzählung von „Straftaten von erheblicher Bedeutung" nicht abschließend ist (Tegtmeyer/Vahle PolG NRW Rn. 35; SBK PolG NRW/Schütte Rn. 16). Die Erklärung für diese Auflistung findet sich darin, dass an zahlreichen Stellen innerhalb des Polizeigesetzes Maßnahmen zum Schutz vor Straftaten von erheblicher Bedeutung tatbestandlich als Eingriffsvoraussetzung normiert sind (s. bspw. §§ 12, 15, 16a, 17, 19, 21, 24).

134   Die exemplarische Nennung von Straftaten verdeutlicht, dass im Kontext der Spezialermächtigungen nur dann von Straftaten von erheblicher Bedeutung ausgegangen werden kann, wenn diese in ihrem Unrechtsgehalt den in Abs. 3 aufgezählten Straftaten entsprechen (Tegtmeyer/Vahle PolG NRW Rn. 35, krit. Zaremba DÖV 2019, 231). Besonders prominent werden in Abs. 3 die gewerbs- oder bandenmäßig begangenen Vergehen aufgeführt. Hieraus wird zum Teil der Rückschluss gezogen, dass vergleichbar begangene Straftaten als solche von erheblicher Bedeutung jedenfalls naheliegenderweise eingestuft werden können (mit Bsp. hierzu SBK PolG NRW/Schütte Rn. 16). Die Inbezugnahme von Straftaten von erheblicher Bedeutung im Rahmen polizeilicher Befugnisnormen dient nicht zuletzt der Indizierung einer Gefahrensituation bzw. der Qualifikation der Gefahr (→ § 1 Rn. 155). Zur Bestimmung der jeweiligen Eingriffsvoraussetzungen ist sowohl auf die Erheblichkeit der zu befürchtenden Straftat in ihrem Unrechtsgehalt an sich abzustellen wie auch auf die Umstände des Einzelfalls, mithin auf die konkrete Begehungsform (vgl. BVerfGE 109, 279; → § 1 Rn. 155).

135   Straftaten von erheblicher Bedeutung können also dann angenommen werden, wenn die Tat als solche bereits erhebliche Bedeutung hat, was namentlich bei Verbrechen der Fall ist. Die Erheblichkeit kann allerdings auch in der konkreten Begehungsform liegen und damit grundsätzlich auf nahezu jede Straftat zutreffen.

E. Terroristische Straftaten (Abs. 4)

I. Übersicht

1. Einleitung / Normzweck

136   Bei dem mit dem Sechsten Gesetz zur Änderung des Polizeigesetzes des Landes Nordrhein-Westfalen (v. 13.12.2018, GV. NRW. 684; LT-Drs. 17/2351) neu eingefügten Abs. 4 handelt es sich ebenfalls um eine bloße Definitionsnorm. Es wird hier – wie in Abs. 3 (→ Rn. 133) – ein Katalog von Straftaten benannt, welche vom Gesetzgeber als „terroristische Straftaten" im Sinne des Gesetzes verstanden werden. Der Absatz nimmt die Funktion einer vorgeschalteten Begriffsbestimmung ein, da zahlreiche Vorschriften des Gesetzes tatbestandlich auf „terroristische Straftaten" Bezug nehmen (s. bspw. § 12a Abs. 1 Nr. 1, § 20c Abs. 1 Nr. 2, § 34b Abs. 1 Nr. 1, § 34c Abs. 1 Nr. 4). Des Weiteren dient die Inbezugnahme von terroristischen Straftaten im Rahmen polizeilicher Befugnisnormen auch der Indizierung einer Gefahrensituation bzw. der Qualifikation der Gefahr (→ § 1 Rn. 155). Im Gegensatz zu den beispielhaft aufgezählten erheblichen Straftaten des Abs. 3 („insbesondere") werden in Abs. 4 allerdings die explizit genannten Straftaten als terroristische Straftaten definiert; der aufgeführte Katalog ist abschließend. Der Wortlaut des Abs. 4 wie auch die aufgeführten Straftaten orientieren sich dabei maßgeblich an dem des Straftatbestands der Bildung terroristischer Vereinigungen nach § 129a StGB.

2. Historie

137   **a) Einleitung.** Nach Auffassung der Landesregierung hat die Entwicklung des internationalen Terrorismus zu einer hohen „abstrakten Gefährdungslage für Europa und die Bundesrepublik Deutschland" geführt, was sich durch die zahlreichen Anschläge in der jüngsten Vergangenheit bestätigt habe (LT-Drs. 17/2351, 1). Diese aktuelle „Gefährdungslage" rechtfertige eine zeitlich vorverlagerte allgemeine Eingriffsbefugnis der Polizei (vgl. zum Gefahrenbegriff ausf. → § 1 Rn. 93 ff.) –, um eine effektive Verhinderung von Schäden und

Straftaten insbesondere aus Bereich des Terrorismus gewährleistet werden könne (LT-Drs. 17/2351, 1 f.).

b) Das Gesetzgebungsverfahren. Der zunächst eingebrachte Gesetzesentwurf (LT-Drs. **138** 17/2351) sah noch die Einführung von zwei neuen Gefahrenbegriffen vor. In Abs. 4 sollte der Begriff der „drohenden Gefahr" und in Abs. 5 der Begriff der „drohenden terroristischen Gefahr" eingefügt werden. Hiernach sollte die drohende Gefahr wie folgt definiert werden: „Eine drohende Gefahr liegt vor, wenn im Einzelfall hinsichtlich einer Person bestimmte Tatsachen die Annahme rechtfertigen, dass die Person innerhalb eines absehbaren Zeitraums auf eine zumindest ihrer Art nach konkretisierte Weise eine Straftat von erheblicher Bedeutung begehen wird." (LT-Drs. 17/2351, 7 f.). Hingegen sollte eine „drohende terroristische Gefahr" vorliegen, „sofern die drohende Gefahr bestimmt und geeignet ist, die Bevölkerung auf erhebliche Weise einzuschüchtern, eine Behörde, eine nationale oder internationale Organisation oder ein Organ der Meinungsäußerung rechtswidrig mit Gewalt oder durch Drohung mit Gewalt zu nötigen oder die politischen, verfassungsrechtlichen, wirtschaftlichen oder sozialen Grundstrukturen eines Staates, eines Landes, einer nationalen oder einer internationalen Organisation zu beseitigen oder erheblich zu beeinträchtigen." (LT-Drs. 17/2351, 7 f.).

Dieser – ursprüngliche – Gesetzentwurf ist allerdings auf zum Teil erhebliche Kritik gesto-**139** ßen, welche sich in Gänze in der ersten Sachverständigenanhörung im Innenausschuss des Landtages am 7.6.2018 (Ausschussprotokoll 17/299) offenbarte. Zum einen wurde kritisiert, dass der Gesetzgeber nicht deutlich gemacht habe, dass § 8 Abs. 3 unzulänglich sei und daher ein Bedarf für eine Erweiterung bestehe (Gusy, Stellungnahme 17/620, 4, so auch Gazeas, Stellungnahme 17/662, 2). Der Schwerpunkt der Kritik lag zum anderen darin, dass die neuen (Gefahr-) Begriffe nicht hinreichend genug bestimmt und insgesamt unverhältnismäßig seien (vgl. statt vieler DAV, Stellungnahme 25/2018, 12 ff.).

Anlässlich dieser Kritik brachten die Fraktionen von CDU und FDP am 10.10.2018 einen **140** Änderungsantrag (LT-Drs. 17/3865) in den Landtag ein. In diesem wurde die tatbestandliche Kategorie der „drohenden [terroristischen] Gefahr" vollständig durch den Begriff der „terroristischen Straftat" ersetzt und somit der Ursprungsentwurf entschärft. Dies stieß bei den Sachverständigen weitgehend auf Zustimmung (vgl. etwa v. Coelln, Stellungnahme 17/935, 3; Thiel, Stellungnahme 17/944, 5; Schwarz, Stellungnahme 17/941, 4 f.; Ennuschat, Stellungnahme 17/940, 7; im Ergebnis Einschätzung der Verfassungswidrigkeit dagegen Arzt, Stellungnahme 17/936, 6 f.; Gazeas, Stellungnahme 17/945, 9 f.). Der Antrag glich dabei im Wesentlichen dem § 8 Abs. 4 wie er heute im Gesetz vorzufinden ist. Er sah jedoch zunächst noch vor, dass auch die Straftaten der §§ 89a, 89b, 89c, 129a, 129b StGB iVm § 129b, 224, 310 Abs. 1 oder Abs. 2 StGB in den Straftatenkatalog der terroristischen Straftaten mit aufgenommen werden sollten. Die Aufnahme dieser Delikte ist jedoch auf erneute Kritik im Rahmen der zweiten Sachverständigenanhörung im Innenausschuss am 13.11.2018 gestoßen (Ausschussprotokoll 17/438). Hier wurde insbesondere angemerkt, dass es sich bei diesen Straftatbeständen ohnehin schon um Vorfelddelikte handele, was im Hinblick auf die weitere Vorverlagerung der Eingriffsmaßnahmen mit Blick auf den Verhältnismäßigkeitsgrundsatz problematisch sei (vgl. auch die Begründung des Änderungsantrags v. 5.12.2018, LT-Drs. 17/4466, 3). Dies führte schließlich dazu, dass der § 8 Abs. 4 in seiner heutigen Fassung v. 21.12.2018 ohne die Nennung dieser Straftatbestände in Kraft trat.

II. Anwendungsbereich

Für die Annahme einer „terroristischen Straftat" iSd § 8 Abs. 4 bestehen folgende tatbe-**141** standliche Voraussetzungen: Zunächst muss einer der enumerativ und abschließend genannten Straftatbestände nach § 8 Abs. 4 Nr. 1–4 vorliegen. Dass hier auf Normen des materiellen Strafrechts verwiesen wird, ist – entgegen der Auffassung einzelner Sachverständiger (vgl. etwa Arzt, Stellungnahme 17/936, 6) – im Ergebnis nicht zu beanstanden (zutr. Thiel GSZ 2019, 1 (5)); hierbei handelt es sich um eine anerkannte gesetzgeberische Regelungstechnik (→ Rn. 149). Freilich ist auf die jeweils verwiesene Fassung der Gesetze zu achten (§ 8 Abs. 4 Nr. 2–4).

Darüber hinaus bedarf es für die Annahme einer „terroristischen" Straftat einer besonderen **142** Zielrichtung der Tat. Diese liegt nur vor „wenn und soweit [die Straftaten] **dazu bestimmt** sind, die Bevölkerung auf erhebliche Weise einzuschüchtern, eine Behörde oder eine internationale Organisation rechtswidrig mit Gewalt oder durch Drohung mit Gewalt zu nötigen oder die politischen, verfassungsrechtlichen, wirtschaftlichen oder sozialen Grundstrukturen eines Staates oder einer internationalen Organisation zu beseitigen oder erheblich zu beeinträchtigen." Unterschieden werden demnach drei mögliche Bestimmungen mit ihrerseits verschiedenen Alternativen.

143   Die erste Bestimmung – „die Bevölkerung auf erhebliche Weise einzuschüchtern" – ist erfüllt, wenn bei einem nennenswerten Teil der Bevölkerung das allgemeine Sicherheitsgefühl beeinträchtigt ist (vgl. BGH NStZ-RR 2006, 268; Leipold/Tsambikakis/Zöller/Gazeas, AnwaltKommentar StGB, 2. Aufl. 2014, StGB § 129a Rn. 21 mwN). Es bedarf hierbei eines kollektiven Angstgefühls; eine Beunruhigung allein ist nicht ausreichend (vgl. Fischer StGB § 129a Rn. 15). Eine erhebliche Einschüchterung liegt demnach etwa bei systematischen und wiederholten Brandanschlägen gegen Geschäftsobjekte von Ausländern vor (BGH NStZ-RR 2006, 267).

144   Bei der zweiten Bestimmung – der rechtswidrigen Nötigung einer Behörde oder einer internationalen Organisation mit Gewalt oder durch Drohung mit Gewalt – bleibt der genaue Bedeutungsgehalt hingegen unklar; die §§ 105, 106, 240 StGB können zur Auslegung nur eingeschränkt herangezogen werden (vgl. Leipold/Tsambikakis/Zöller/Gazeas, AnwaltKommentar StGB, 2. Aufl. 2014, StGB § 129a Rn. 22 mwN). Grundsätzlich muss jedoch eine mit der Einschüchterung vergleichbare Intensität einhergehen (→ Rn. 143; vgl. Leipold/Tsambikakis/Zöller/Gazeas, AnwaltKommentar StGB, 2. Aufl. 2014, StGB § 129a Rn. 22 mwN). Dies dürfte etwa vorliegen, wenn einzelne Behörden-Mitarbeiter in Bezug auf ihre wesentlichen, dienstlichen Aufgaben genötigt werden (vgl. Fischer StGB § 129a Rn. 15).

145   Die dritte Bestimmung – „die politischen, verfassungsrechtlichen, wirtschaftlichen oder sozialen Grundstrukturen eines Staates oder einer internationalen Organisation zu beseitigen oder erheblich zu beeinträchtigen" – ist erfüllt, wenn die Integrität eines Staates oder einer internationalen Organisation auf eine Weise angegriffen wird, die zu einer vollständigen oder zumindest teilweisen Unfähigkeit führt, seine bzw. ihre Aufgaben zu erfüllen (vgl. Leipold/Tsambikakis/Zöller/Gazeas, AnwaltKommentar StGB, 2. Aufl. 2014, StGB § 129a Rn. 23 mwN). Diese Destabilisierung kann auch durch viele kleinere Taten („Nadelstich-Taktik") erreicht werden (BGH NStZ-RR 267, 268). Als Beispiel kann hier etwa ein umfassender Angriff auf die Energieversorgung genannt werden, wodurch nicht nur eine kurze Unterbrechung der Stromversorgung ausgelöst wird, sondern die staatliche Sicherstellung der Daseinsvorsorge für längere Zeit gefährdet wird (vgl. Weigend FS Nehm, 2006, 151 (166)).

146   Liegt auch die Voraussetzung einer terroristischen Zielrichtung der Straftat vor, bedarf es schließlich noch eines erheblichen Schädigungspotenzials der Katalogtat. Durch die Art ihrer Begehung oder durch ihre Auswirkungen muss sie einen Staat oder eine internationale Organisation mithin erheblich beeinträchtigen können. Erforderlich im Sinne einer konkreten Eignung der Tat ist dabei lediglich, dass bei realistischer Betrachtung die Möglichkeit eines Schadeneintritts besteht. Auf die Wahrscheinlichkeit des Schadeneintritts kommt es nicht an (vgl. Leipold/Tsambikakis/Zöller/Gazeas, AnwaltKommentar StGB, 2. Aufl. 2014, StGB § 129a Rn. 24 mwN).

147   Der BGH übernimmt zur Auslegung des objektiven Merkmals der Gefährlichkeit den Maßstab für die subjektive Bestimmung der Tat. Demnach droht einem Staat erst dann ein Schaden, wenn die Straftaten geeignet sind, die Bevölkerung in erheblicher Weise einzuschüchtern, eine Behörde oder eine internationale Organisation zu nötigen oder Grundstrukturen des Staates erheblich zu beeinträchtigen (BGHSt 54, 98 (103 ff.)). Ein erhebliches Schädigungspotenzial wurde mithin bspw. bei Brandanschlägen gegen Geschäftsobjekte von Ausländern angenommen (BGH NStZ-RR 2006, 267); bei Brandanschlägen und Sachbeschädigungen rund um den Weltwirtschaftsgipfel (G8) hingegen verneint (BGH NStZ 2008, 146 (147)).

III. Kritik

148   Der zusätzliche Bedeutungsgehalt des Abs. 4 setzt die Erwägungen des BVerfG in seiner Entscheidung v. 20.4.2016 verfassungskonform um (BVerfGE 141, 220; zur Verfassungsmäßigkeit → Rn. 140). Der Gesetzgeber in Nordrhein-Westfalen folgt insoweit der Regelungstechnik des Bundes mit seinem zentralen Anknüpfungspunkt hinsichtlich der Gefahren des internationalen Terrorismus in § 5 Abs. 1 S. 2 BKAG (LT-Drs. 17/3865, 7; krit. zum fehlenden Gleichklang mit § 5 BKAG Gazeas, Stellungnahme 17/945, 6 f.).

Auf Kritik stößt (weiterhin) der statische Verweis auf die jeweilige Fassung der Gesetze **149** in Abs. 4. Dies führe dazu, dass bei jeder Änderung durch den Bundesgesetzgeber auch das PolG NRW angepasst werden müsse (vgl. etwa Klein, Stellungnahme 17/926, 2). Dadurch käme es zu Rechtsunsicherheiten in der Anwendung (Thiel, Stellungnahme 17/944, 4). Dem kann allerdings entgegen gehalten werden, dass man sich bei einer dynamischen Verweisung ebenso und sogar direkt in die Hände eines anderen Gesetzgebers begebe würde (zutr. Schwarz, Stellungnahme 17/438, 17). Auch dies würde (unter Umständen) letztlich eine Anpassungsnotwendigkeit auf Landesebene erfordern. Es dürfte selbstverständlich sein, dass die Vorschrift politisch und rechtlich auf dem Prüfstand steht und insofern auch regelmäßig in das Bewusstsein des Gesetzgebers aufzunehmen ist.

Ein weiterer Kritikpunkt stellt insbesondere die Auswahl der aufgeführten Straftaten in **150** Abs. 4 dar. So müssten diese – angesichts der weitgehenden und vorverlagerten Eingriffsbefugnis – besonders schwerwiegend sein. Ob es sich um in diesem Sinne schwere Straftaten handele, sei jedoch zum Teil fragwürdig (vgl. etwa Arzt, Stellungnahme 17/936, 4 f.; Digitalcourage eV, Stellungnahme 17/947, 7 f.). Zu beachten sind hier jedoch auch die zusätzlichen Voraussetzungen des Abs. 4, die kumulativ vorliegen müssen (→ Rn. 141). Die Kombination aus tatbestandlicher Zuordnung, besonderer terroristischer Zielrichtung und erheblicher Schadenseignung sowie in Verbindung mit dem allgemeinen Grundsatz der Verhältnismäßigkeit führt dabei grundsätzlich zu einer hinreichenden Eingrenzung des Begriffs der „terroristischen Straftat" in Abs. 4 (zutr. Thiel GSZ 2019, 1 (5)).

IV. Vergleich mit Regelungen anderer Bundesländer

Die gleiche Regelungstechnik haben jüngst zB auch die Fraktionen von SPD und CDU **151** mit ihrem Gesetzentwurf zu einem Reformgesetz zur Änderung des Niedersächsischen Gesetzes über die öffentliche Sicherheit und Ordnung und anderer Gesetze v. 8.5.2018 (NdsLT-Drs. 18/850) gewählt, mit auch materiell-rechtlich gleichlautenden oder ganz ähnlichen Bestimmungen zu (neuen) Eingriffsgrundlagen und Schutzgutbestimmungen (NdsLT-Drs. 17/3865, 6). Das Gesetz trat mit wenigen Änderungen am 20.5.2019 in Kraft (Nds. GVBl. 2019, 88).

In das BayPAG wurde durch das Gesetz zur effektiveren Überwachung gefährlicher Personen **152** (v. 24.7.2017, BayGVBl. 388) hingegen die **„drohende Gefahr"** als neue Gefahrbegriffskategorie eingeführt (diese war auch im PolG NRW zunächst vorgesehen, → Rn. 110.1 f.; → Rn. 138 ff.).

Zweiter Unterabschnitt. Datenverarbeitung

Erster Titel. Datenerhebung

I. Befragung, Auskunftspflicht, allgemeine Regeln der Datenerhebung, Vorladung

§ 9 Allgemeine Regeln, Befragung, Auskunftspflicht

(1) [1]Die Polizei kann personenbezogene Daten erheben, wenn
1. ihre Kenntnis zur Erfüllung der ihr durch dieses Gesetz oder andere Rechtsvorschriften übertragenen Aufgaben erforderlich ist, soweit nicht die §§ 9 bis 46

die Erhebung besonders regeln. Dies gilt auch für personenbezogene Daten, die von der betroffenen Person offensichtlich öffentlich gemacht wurden oder
2. die betroffene Person wirksam im Sinne des § 38 des Datenschutzgesetzes Nordrhein-Westfalen vom 17. Mai 2018 (GV. NRW. 244, ber. S. 278 und S. 404) eingewilligt hat.
[2]Die Erhebung von besonderen Kategorien personenbezogener Daten richtet sich nach § 22a.

(2) [1]Die Polizei kann jede Person befragen, wenn Tatsachen die Annahme rechtfertigen, dass sie sachdienliche Angaben machen kann, die für die Erfüllung einer bestimmten polizeilichen Aufgabe erforderlich sind. [2]Für die Dauer der Befragung kann die Person angehalten werden.

(3) [1]Eine Person, deren Befragung nach Absatz 2 zulässig ist, ist verpflichtet, auf Frage Namen, Vornamen, Tag und Ort der Geburt, Wohnanschrift und Staatsangehörigkeit anzugeben. [2]Sie ist zu weiteren Auskünften verpflichtet, soweit gesetzliche Handlungspflichten bestehen.

(4) [1]Die Befragung richtet sich an die betroffene Person. [2]Ist deren Befragung nicht oder nicht rechtzeitig möglich oder würde sie die Erfüllung der polizeilichen Aufgabe erheblich erschweren oder gefährden, können die Daten auch ohne Kenntnis der betroffenen Person erhoben werden, wenn dies zur Aufgabenwahrnehmung gemäß Absatz 2 erforderlich ist.

(5) Befragung und Datenerhebung sind offen durchzuführen; eine verdeckte Datenerhebung ist nur zulässig, wenn dies durch Gesetz zugelassen ist.

(6) Werden durch Befragung Daten bei der betroffenen Person oder bei Personen oder Stellen außerhalb des öffentlichen Bereichs erhoben, sind diese in geeigneter Weise über die Rechtsvorschriften für die Datenerhebung sowie entweder über die bestehende Auskunftspflicht oder über die Freiwilligkeit der Auskunft aufzuklären, es sei denn, dies ist wegen besonderer Umstände offenkundig nicht angemessen oder die Erfüllung der polizeilichen Aufgaben wird hierdurch erheblich erschwert oder gefährdet.

(7) Die Erhebung personenbezogener Daten zu unbestimmten oder noch nicht bestimmbaren Zwecken ist unzulässig.

Überblick

Die Regelung in Abs. 1 ist durch das Gesetz zur Anpassung des Polizeigesetzes des Landes Nordrhein-Westfalen und des Gesetzes über Aufbau und Befugnisse der Ordnungsbehörden v. 18.12.2018 (GV. NRW. 741) in § 9 aufgenommen worden. Die Norm sieht eine **Generalklausel zur polizeilichen Datenerhebung vor,** die es bislang im PolG NRW nicht gegeben hat. Als **eigenständige Standardmaßnahme** regelt Abs. 2 die – vormals aus der polizeilichen Generalklausel abgeleitete (vgl. LT-Drs. 10/3997, 30) – Befugnis der Polizei zur Befragung. Zugleich verpflichtet Abs. 3 den Maßnahmeadressaten dazu, auf die Fragen der Polizei zu antworten (→ Rn. 21 ff.). Abs. 4–7 befassen sich mit den Grundregeln der Datenerhebung (→ Rn. 39 ff.). Dabei statuiert Abs. 4 den Grundsatz der Unmittelbarkeit, also den Vorrang der Datenerhebung beim Betroffenen selbst. Abs. 5 behandelt die Transparenz der Befragung und Datenerhebung. Gemäß Abs. 6 ist die Polizei verpflichtet, die betroffenen Personen über die Datenerhebung aufzuklären. Schließlich wird in Abs. 7 das Verbot der Erhebung personenbezogener Daten auf Vorrat ausgesprochen. § 9 verleiht nach seinem Wortlaut nur der Polizei Befugnisse. Abs. 2–7 gelten allerdings gem. § 24 Nr. 1 NRWOBG entsprechend auch für die Ordnungsbehörden. Mit Abs. 1 vergleichbare datenschutzrechtliche Generalklauseln finden sich zB in Art. 32 Abs. 1 BayPAG und § 31 NPOG. Die Befragung ist heute in den Polizeigesetzen aller Bundesländer geregelt (vgl. etwa Art. 12 BayPAG, § 20 BWPolG, § 12 HSOG, § 12 NPOG). Im Unterschied zu Nordrhein-Westfalen verweisen einige Länder in den Befugnisnormen zur Befragung auf die strafprozessualen Vorschriften über Schweigerechte (zB § 20 Abs. 1 S. 5 BWPolG, § 12 Abs. 2 HSOG) und verbotene Vernehmungsmethoden (vgl. § 12 Abs. 4 HSOG).

Übersicht

A. Bedeutung und Zweck

Um ihre Arbeit verrichten zu können, ist die Polizei darauf angewiesen, Informationen **1** zu erlangen und zu verarbeiten. Vor diesem Hintergrund erlaubt Abs. 2 der Polizei, unter bestimmten Voraussetzungen Personen zu befragen. Eine Befragung ist zulässig, wenn Tatsachen die Annahme rechtfertigen, dass der Maßnahmeadressat imstande ist, sachdienliche Angaben zu machen, die für die Erfüllung einer bestimmten polizeilichen Aufgabe erforderlich sind. Mit der polizeilichen Befugnis aus Abs. 2 korrespondiert eine **Auskunftspflicht** des Bürgers, die in Abs. 3 verankert ist. Damit von der Befugnis zur Befragung sinnvoll Gebrauch gemacht werden kann, darf die Polizei den Betroffenen für die Dauer der Befragung anhalten (Abs. 2 S. 2).

Die Befragung ist eine Form der Datenerhebung. Als solche greift sie in das **Grundrecht 2 auf informationelle Selbstbestimmung** (Art. 2 Abs. 1 GG iVm Art. 1 Abs. 1 GG) ein. Nach dem sog. Volkszählungsurteil des BVerfG sind mit staatlichen Maßnahmen nicht selten Eingriffe in das Grundrecht auf informationelle Selbstbestimmung verbunden: Zum einen geht das Gericht davon aus, dass es unter den Bedingungen der heutigen technischen Verarbeitungs- und Verknüpfungsmöglichkeiten kein belangloses Datum mehr gibt (BVerfGE 65, 1 (45)). Zum anderen soll das Grundrecht auf informationelle Selbstbestimmung dem Einzelnen die Befugnis vermitteln, grundsätzlich selbst zu entscheiden, wann und innerhalb welcher Grenzen persönliche Lebenssachverhalte offenbart werden (BVerfGE 65, 1 (42)). Dementsprechend ist eine gesetzliche Ermächtigung der Polizei zur Befragung verfassungsrechtlich geboten.

Die präventiv-polizeiliche Befragung ist von der **repressiven Vernehmung** iSv §§ 163a, **3** 133–136a StPO und § 46 OWiG abzugrenzen. Die Unterscheidung hat anhand der Zielrichtung des polizeilichen Handelns zu erfolgen. Geht es der Polizei vorrangig nicht um die Verfolgung von Straftaten oder Ordnungswidrigkeiten, sondern um die Abwehr zukünftiger Gefahren, so ist § 9 einschlägig. Auch die **informatorische Befragung** ist dem repressiven Bereich zuzuordnen. Eine informatorische Befragung ist ein in der Regel zu Beginn eines Polizeieinsatzes stattfindendes Gespräch zwischen Polizeibeamten und Personen, die sich am Tatort befinden. Sie dient dazu, sich einen allgemeinen Überblick über den Tathergang zu verschaffen. Für die Einordnung als repressiv-polizeiliche Maßnahme ist es unerheblich, dass der Betroffene im Zeitpunkt der Maßnahme (noch) nicht Beschuldigter ist.

B. Befugnisgeneralklausel

Abs. 1 statuiert eine **Befugnisgeneralklausel zur Datenerhebung,** die – für die Fälle **4** der Datenerhebung – gegenüber der Generalklausel des § 8 spezieller ist. Im neuen DSG

NRW existiert eine entsprechende allgemeine Bestimmung nicht, so dass diese nun bereichsspezifisch für das Polizeirecht geschaffen werden musste (LT-Drs. 17/2576, 63). Der Gesetzgeber hat die Aufnahme des neuen Abs. 1 in § 9 zum Anlass genommen, auch systematische Anpassungen an das neu gefasste DSG NRW vorzunehmen (vgl. LT-Drs. 17/2576).

4.1   Abs. 1 erfasst ausschließlich die Erhebung von Daten zu präventiv-polizeilichen Zwecken, also nicht die Datenerhebung zu Zwecken der Strafverfolgung. Letztere ist bereichsspezifisch ganz überwiegend in der StPO geregelt, wo sich in § 161 eine „Ermittlungsgeneralklausel" findet (Meyer-Goßner/Schmitt/ Schmitt StPO § 161 Rn. 1). Nach § 161 StPO kann die Staatsanwaltschaft bei Vorliegen eines Straftatenverdachts von allen Behörden Auskunft verlangen und „Ermittlungen jedweder Art" selbst vornehmen oder durch die Behörden und Beamten des Polizeidienstes vornehmen lassen. Für diesen Fall kann auch die Polizei Auskunft von allen Behörden zu verlangen, § 161 Abs. 1 S. 2 StPO.

I. Datenerhebung zur Erfüllung polizeilicher Aufgaben (Nr. 1)

5   Soweit nicht die §§ 9 bis 46 einschlägig sind, ermächtigt Abs. 1 S. 1 Nr. 1 die Polizei zur Erhebung personenbezogener Daten, wenn die Kenntnis der Daten zur Erfüllung von Aufgaben erforderlich ist, welche der Polizei durch das PolG NRW oder andere Rechtsvorschriften übertragen wurden. Bei der Norm handelt es sich um eine Rechtsgrundlage iSd Art. 8 **JI-RL** (RL (EU) 2016/680 v. 27.4.2016, ABl. 2016 L 119, 89).

6   Die Aufgaben, zu deren Erfüllung die Polizei Daten gem. Abs. 1 S. 1 Nr. 1 erheben darf, ergeben sich vor allem aus § 1. Eine Datenerhebung auf der Grundlage des Abs. 1 S. 1 ist somit unter anderem zulässig, wenn eine **konkrete Gefahr** für die öffentliche Sicherheit oder Ordnung besteht (§ 1 Abs. 1 S. 1). Auch bei Vorliegen einer **Anscheinsgefahr** ist die Polizei zur Datenerhebung befugt. Eine Datenerhebung gem. Abs. 1 S. 1 Nr. 1 kommt darüber hinaus im Vorfeld einer konkreten Gefahr in Betracht, also zB zur **vorbeugenden Bekämpfung von Straftaten** (§ 1 Abs. 1 S. 2, → § 1 Rn. 235 ff.). Zu den Aufgaben, zu deren Erfüllung Daten nach Abs. 1 erhoben werden dürfen, gehören auch der **Schutz privater Rechte** (§ 1 Abs. 2, vgl. BeckOK PolR Bayern/Petri BayPAG Art. 32 Rn. 7) sowie die **Vollzugshilfe gem. § 1 Abs. 3.** Nach dem eindeutigen Wortlaut von Abs. 1 S. 1 Nr. 1 muss die Aufgabenzuweisung nicht notwendigerweise durch das PolG NRW erfolgt sein. Der Anwendungsbereich des Abs. 1 S. 1 Nr. 1 ist vielmehr auch eröffnet, wenn es um die Erfüllung einer **durch andere Rechtsvorschriften übertragenen Aufgabe** geht (§ 1 Abs. 4).

7   Die Befugnis zur Datenerhebung erstreckt sich gem. Abs. 1 S. 1 Nr. 1 Hs. 2 auch auf solche personenbezogenen Daten, die die betroffene Person **offensichtlich öffentlich** gemacht hat. Damit sind Fälle angesprochen in denen Daten in **sozialen Netzwerken** (zB Facebook, LinkedIn, WhatsApp, Instagram) veröffentlicht wurden. Die letztgenannte Regelung überträgt die Voraussetzungen des Art. 10 lit. c JI-RL für eine **rechtmäßige Verarbeitung besonderer Kategorien von Daten** auf die Erhebung aller personenbezogenen Daten und stellt damit eine einheitliche Rechtsanwendung sicher (LT-Drs. 17/2576, 63).

8   Abs. 1 S. 1 Nr. 1 Hs. 1 nennt keinen **Maßnahmeadressaten,** Hs. 2 spricht lediglich von der „betroffenen Person". Vor diesem Hintergrund ist davon auszugehen, dass – ebenso wie bei den in anderen Bundesländern erlassenen datenschutzrechtlichen Generalklauseln – **jede Person** als Maßnahmeadressat in Betracht kommt (vgl. BeckOK PolR Bayern/Petri BayPAG Art. 32 Rn. 4). Die Störervorschriften in §§ 4 und 5 sowie die Regelungen über die polizeirechtliche Inanspruchnahme nicht verantwortlicher Personen (§ 6) finden keine Anwendung. Dies schließt es allerdings nicht aus, dass von der Datenerhebung im Einzelfall Personen betroffen sind, deren polizeirechtliche Verantwortlichkeit sich aus den §§ 4–6 ergibt (vgl. BeckOK PolR Nds/Weiner Nds. SOG § 31 Rn. 11). Zum Kreis der Maßnahmeadressaten können zB gefährdete Personen und Zeugen zählen. Dasselbe gilt für Tipp- bzw. Hinweisgeber (BeckOK PolR Nds/Weiner Nds. SOG § 31 Rn. 11).

9   Eine auf Abs. 1 S. 1 Nr. 1 gestützte Datenerhebung kommt nur in Betracht, wenn die Kenntnis der Daten zur Erfüllung polizeilicher Aufgaben **erforderlich** ist. Der Begriff der Erforderlichkeit ist aufgrund der JI-RL als eigenständiger unionsrechtlicher Begriff und insbesondere mit Blick auf Art. 7 und 8 GRCh auszulegen (vgl. BeckOK PolR Bayern/Petri BayPAG Art. 32 Rn. 8 f.). Von der Erforderlichkeit ist nicht erst auszugehen, wenn ohne die Daten die betreffende polizeiliche Aufgabe nicht erfüllt werden kann. Es genügt, dass die erhobenen Daten für sich genommen oder im Zusammenhang mit anderen Informationen die Aufgabenerfüllung – zB die Gefahrenabwehr – ermöglichen (BeckOK PolR Nds/Weiner Nds. SOG § 31 Rn. 14). Darüber hinaus setzt der Erforderlichkeitsgrundsatz voraus, dass sich die betreffenden Daten nicht auf andere, den Betroffenen weniger belastende Weise erheben lassen (BeckOK PolR Nds/Weiner Nds. SOG § 31 Rn. 14).

Ob die Datenerhebung als erforderlich angesehen werden kann, ist zunächst eine Frage des **Ent-** **9.1** **schließungsermessens,** also des „Ob" der Datenerhebung. Der Erforderlichkeitsgrundsatz bestimmt allerdings auch den Umfang der zulässigen Datenerhebung (BeckOK PolR Nds/Weiner Nds. SOG § 31 Rn. 13). Die Frage der Erforderlichkeit ist dabei im Hinblick auf den Zweck der Maßnahme, also der Erfüllung der durch Gesetz oder andere Rechtsnormen übertragenen polizeilichen Aufgaben zu beziehen. Dementsprechend kann die Datenerhebung nur dann erforderlich iSd Abs. 1 S. 1 Nr. 1 sein, wenn die Datenerhebung mindestens mittelbar der Aufgabenerfüllung dient (BeckOK PolR Nds/Weiner Nds. SOG § 31 Rn. 13).

Die in Abs. 1 festgelegte Eingriffsschwelle fällt insgesamt sehr niedrig aus. Nach allgemeinen **10** verfassungsrechtlichen Grundsätzen steigen die hinsichtlich Bestimmtheit und Normenklarheit an einen Rechtssatz zu stellenden Anforderungen mit dessen Eingriffsintensität. Als weit gefasste Generalklausel, die kaum über einschränkende Tatbestandsmerkmale verfügt, können auf Abs. 1 deshalb nur **Datenerhebungen mit geringer Eingriffsintensität** gestützt werden (vgl. BVerfGE 133, 277 (336); BeckOK PolR Bayern/Petri BayPAG Art. 32 Rn. 1).

Abs. 1 kann Grundlage für sehr unterschiedliche Formen der Datenerhebung sein. Zu denken ist **10.1** zB an virtuelle Streifen und legendierte Kommunikation (ggf. in geschlossenen Gruppen). In Erwägung gezogen wird überdies, den Einsatz von Aufklärungsdrohnen auf die datenschutzrechtlichen Generalklauseln zu stützen (vgl. zu alledem BeckOK PolR Nds/Weiner Nds. SOG § 31 Rn. 20–22).

II. Datenerhebung nach Einwilligung (Nr. 2)

§ 4 Abs. 1 lit. b DSG NRW 1988 erklärte die Verarbeitung personenbezogener Daten – **11** also das Erheben, Speichern, Verändern, Übermitteln, Sperren, Löschen sowie Nutzen der Daten (§ 3 Abs. 2 S. 1 DSG NRW 1988) – bei Vorliegen einer Einwilligung durch die die betroffene Person für zulässig. Mit Erlass des neuen DSG NRW (Datenschutzgesetz Nordrhein-Westfalen v. 17.5.2018, GV. NRW. 244) ist diese Regelung entfallen, weshalb Abs. 1 S. 1 Nr. 2 nun die Einwilligung spezialgesetzlich als Zulässigkeitsgrund der Erhebung personenbezogener Daten regelt (LT-Drs. 17/2576, 63). Die Zulässigkeit der Datenerhebung gem. Abs. 1 S. 1 Nr. 2 setzt voraus, dass die erteilte **Einwilligung wirksam** ist. Das richtet sich nach § 38 DSG NRW, der die Voraussetzungen einer wirksamen Einwilligung festlegt und auf den Abs. 1 S. 1 Nr. 2 ausdrücklich Bezug nimmt. So ist die Einwilligung gem. § 38 Abs. 4 S. 1 DSG NRW nur wirksam, wenn sie auf der freien Entscheidung der betroffenen Person beruht. Gemäß § 38 Abs. 4 S. 3 DSG NRW ist die betroffene Person in geeigneter Weise über die Bedeutung der Einwilligung, insbesondere über den Verwendungszweck der Daten, und bei einer beabsichtigten Übermittlung über die Empfänger der Daten aufzuklären. Soweit besondere Kategorien personenbezogener Daten verarbeitet werden, muss sich die Einwilligung ausdrücklich auf diese Daten beziehen (§ 38 Abs. 5 DSG NRW). Als Beispiele für eine auf die Generalklausel gestützte Datenerhebung nach entsprechender Einwilligung werden die **Codierung von Fahrrädern** und der **privilegierte Zutritt zu Veranstaltungen nach einer Zuverlässigkeitsüberprüfung** genannt (vgl. NdsLT-Drs. 18/901, 27; BeckOK PolR Nds/Weiner Nds. SOG § 31 Rn. 63).

C. Befragung

Die Befragung iSd § 9 ist die **zielgerichtete Aufforderung an eine bestimmte Person,** **12** **eine Auskunft zu erteilen oder eine Aussage zu treffen.** Sie dient der Erlangung von personen- oder sachbezogenen Daten. Nicht als Befragung anzusehen ist die an einen unbestimmten Personenkreis gerichtete Aufforderung, Informationen mitzuteilen. Zu denken ist in diesem Kontext etwa an Lautsprecherdurchsagen, das Verteilen von Handzetteln oder Aufrufe über die Medien (Tegtmeyer/Vahle PolG NRW/Vahle Rn. 4).

13   Einige Stimmen in der Literatur halten den Anwendungsbereich des § 9 unabhängig davon für eröffnet, ob die Befragung freiwillig oder unfreiwillig erfolgt. Entscheidend sei nicht der Wille des Maßnahmeadressaten, sondern die **polizeiliche Absicht der Informationserhebung** (Lisken/Denninger PolR-HdB/Graulich E Rn. 262; Müller, Polizeiliche Datenerhebung durch Befragung, 1997, 25). Eine derartige Argumentation vernachlässigt jedoch, dass eine gesetzliche Regelung der Befragung nicht erforderlich ist, wenn der Maßnahmeadressat sich der polizeilichen Befragung aus freien Stücken unterzieht. In einem solchen Fall fehlt es an einer Grundrechtsbeeinträchtigung, sodass der grundrechtliche Gesetzesvorbehalt nicht eingreift. Dementsprechend ist davon auszugehen, dass § 9 nur auf die Fälle angewendet werden kann, in denen der Maßnahmeadressat die ihm gestellten Fragen deshalb beantwortet, weil er sich mit der Autorität des Staates konfrontiert sieht oder eine Rechtspflicht zur Auskunft besteht. Die Befragung gem. § 9 ist somit eine „**Zwangskommunikation**" (Gusy NVwZ 1991, 614 (615); Schoch BesVerwR/Schoch Kap. 1 Rn. 493; vgl. Scholler/Schloer, Grundzüge des Polizeirechts und Ordnungsrechts der Bundesrepublik Deutschland, 1993, 103). Die Grundrechtsbeeinträchtigung liegt (jedenfalls) darin, dass der Betroffene die Befragung dulden muss. Diese Lesart des § 9 wird durch die Gesetzgebungsmaterialien bestätigt. Darin heißt es, die Befragung habe als eigenständige Standardbefugnis geregelt werden müssen, weil sie mit Grundrechtseingriffen einhergehe (vgl. LT-Drs. 10/3997, 33). Dementsprechend ist der Anwendungsbereich des § 9 nicht eröffnet, wenn Personen der Polizei aus **eigener Initiative** Informationen zukommen lassen (vgl. SBK PolG NRW/Keller Rn. 3). Auch **Kommunikationsvorgänge privater Natur** sind vom Begriff der Befragung ausgenommen (Lisken/Denninger PolR-HdB/Graulich E Rn. 266).

14   Die Polizei ist gem. Abs. 3 S. 1 befugt, Angaben zur Person einzufordern. Vor diesem Hintergrund stellt sich die Frage nach der **Abgrenzung von Befragung und Identitätsfeststellung** (§ 12). Sie muss anhand des Zwecks der Maßnahme erfolgen. Ein Vorgehen nach § 12 dient der Identifizierung des Betroffenen und bildet in der Regel die Grundlage für weitere Maßnahmen der Polizei. Bei der Befragung geht es indessen darum, sachdienliche Hinweise zu erlangen, die bei der Erfüllung der polizeilichen Aufgaben verwertet werden können. Die nach Abs. 3 S. 1 aufgenommenen Personalien dienen lediglich dazu, der Polizei eine erneute Kontaktaufnahme zu ermöglichen (vgl. Nr. 9.21 VVPolG NRW). Unterschiede bestehen auch mit Blick auf die **flankierenden Maßnahmen,** die zur Durchsetzung von Identitätsfeststellung und Befragung ergriffen werden können. Während Abs. 2 S. 2 ausschließlich zum Anhalten des Betroffenen ermächtigt, kann die Polizei gem. § 12 Abs. 2 auch die Aushändigung der mitgeführten Ausweispapiere verlangen und den Maßnahmeadressaten festhalten sowie ihn und die von ihm mitgeführten Sachen durchsuchen. Die aufgezeigten Unterschiede schließen nicht aus, dass sich eine Identitätsfeststellung an eine Befragung anschließt. Im Gegenteil können die Ergebnisse der Befragung eine Identitätsfeststellung angezeigt sein lassen.

I. Voraussetzungen

1. Erfüllung einer bestimmten polizeilichen Aufgabe

15   Gemäß Abs. 2 S. 1 muss die Befragung im Zusammenhang mit der Erfüllung einer bestimmten polizeilichen Aufgabe stehen. Damit ist auf die polizeilichen Zuständigkeiten gem. § 1 Abs. 1 Bezug genommen. Zu den polizeilichen Aufgaben zählen neben der **Gefahrenabwehr** auch die **vorbeugende Bekämpfung von Straftaten** und die **Gefahrenvorsorge.** Die in § 9 vorgesehene Zweckbindung soll eine sog. Ausforschungsbefragung ohne konkreten Anlass verhindern (Roos/Lenz RhPfPOG § 9a Rn. 2).

16   Auf den ersten Blick scheint die pauschale Ausrichtung der Befragung auf polizeiliche Aufgaben die früher auf die Generalklausel gestützte Fragebefugnis erheblich zu erweitern, und zwar bis zur faktischen Voraussetzungslosigkeit. Weder muss eine Gefahr für ein polizeirechtliches Schutzgut bestehen, noch muss der Befragte Störer sein. Vielmehr erlaubt § 9 nunmehr auch den polizeilichen Zugriff im Vorfeld von Gefahren und strafbaren Handlungen. Hinsichtlich der Frage, was Vorfeld und was dort erforderlich ist, kommt der Polizei zudem ein erheblicher Einschätzungsspielraum zu. Vor diesem Hintergrund ist gegen die tatbestandliche Ausgestaltung des § 9 eingewendet worden, die rechtmäßige Zurückweisung einer Frage wegen fehlender Erforderlichkeit sei praktisch kaum noch vorstellbar (Lisken NWVBl. 1990, 325 (327); Gusy NVwZ 1991, 614 (616)). Den Kritikern ist darin beizupflichten, dass das Merkmal „für die Erfüllung einer bestimmten polizeilichen Aufgabe" sehr weit gefasst ist. Dies ist jedoch die zwingende Folge der Erweiterung polizeilicher Aufgaben durch den Gesetzgeber, der darauf vertraute, dass sich in der polizeilichen Praxis eine restriktive Gesetzesanwendung etabliert, welche die Grundrechte der Bürger möglichst schont (LT-Drs. 10/5071, 72). Da eine Befragung nur im Rahmen der polizeilichen Zuständigkeiten erfolgen darf, weist ein auf Abs. 2 gestütztes Vorgehen ein Maß an Vorhersehbarkeit und Kontrollierbarkeit auf, welches den rechtsstaatlichen Vorgaben des BVerfG für den Bereich der Gefahrenvorsorge genügt (vgl. BVerfGE 113, 348 (377)).

2. Erforderlichkeit für die Erfüllung dieser Aufgabe

Die Angaben der befragten Person müssen für die Erfüllung der polizeilichen Aufgabe **17** erforderlich sein. Das Kriterium der Erforderlichkeit ist Ausdruck des Verhältnismäßigkeitsprinzips und als Eingriffsschranke im gesamten Datenschutzrecht verankert. Die Befragung ist erforderlich, wenn die **Kenntnis der Daten zur Erreichung des konkreten Zwecks objektiv geeignet und im Verhältnis zu ihm auch notwendig** ist (Tegtmeyer/ Vahle PolG NRW/Vahle Rn. 14). Hiervon ist auszugehen, wenn die Polizei auf die Kenntnis der Angaben angewiesen ist, um eine bestimmte Aufgabe rechtmäßig, vollständig und zeitgerecht wahrzunehmen (VGH Mannheim DÖV 1995, 424; DMWW BPolG § 22 Rn. 13).

Gegen das Merkmal der Erforderlichkeit sind in der Literatur beachtliche Vorbehalte formuliert **17.1** worden. Diese fußen auf der Annahme, dass der Gesetzgeber eine präzise bereichsspezifische Regelung nur vortäusche (Kutschka NJ 1994, 545 (548)). Richtig ist, dass der Erforderlichkeitsgrundsatz des Abs. 2 S. 1 eine besondere Ausprägung des in § 2 geregelten Verhältnismäßigkeitsprinzips ist. Zu beachten ist jedoch, dass der Gesetzgeber das Kriterium der Erforderlichkeit in § 9 Abs. 2 in den Kontext der Datenerhebung stellt. Hierdurch bringt er zum Ausdruck, dass dem Verhältnismäßigkeitsprinzip bei der Befragung eine besondere Bedeutung zukommt. Der Gesetzgeber ist nicht daran gehindert, rechtsstaatlich relevante Merkmale wie das Verhältnismäßigkeitsprinzip in polizeigesetzlichen Befugnisnormen ausdrücklich aufzugreifen und auf diese Weise besonders zu betonen.

3. Tatsachenfundierte Annahme, dass der Maßnahmeadressat sachdienliche Angaben machen kann

Auch wenn Angaben für die Erfüllung einer bestimmten polizeilichen Aufgabe erforder- **18** lich sind, ist die Polizei noch nicht zur Befragung befugt. Vielmehr enthält § 9 eine weitere Voraussetzung, die an den Adressaten der Maßnahme anknüpft: Tatsachen müssen die Annahme rechtfertigen, dass der Betroffene sachdienliche Angaben machen kann. Die Befragung jedes beliebigen Menschen („quivis ex populo") ist demnach auch zur Erfüllung einer polizeilichen Aufgabe unzulässig (Gusy NVwZ 1991, 614 (616)). Der handelnde Polizeibeamte muss eine **Prognoseentscheidung** darüber treffen, ob der Maßnahmeadressat für die Erfüllung einer bestimmten polizeilichen Aufgabe geeignete Angaben machen kann. Diese Prognose muss auf Tatsachen, also nachprüfbaren Umständen beruhen (vgl. Müller, Polizeiliche Datenerhebung durch Befragung, 1997, 66). Hieraus folgt, dass allgemeine Erfahrungssätze sowie bloße Verdachtsmomente eine Befragung nicht rechtfertigen können (VerfGH Sachsen LKV 1996, 273 (284); Scholler/Schloer, Grundzüge des Polizeirechts und Ordnungsrechts der Bundesrepublik Deutschland, 1993, 101; Tegtmeyer/Vahle PolG NRW/ Vahle Rn. 15). Die Einschätzung der Polizei muss überdies **nachvollziehbar** sein. Die Befugnis zur Befragung setzt nicht die gesicherte Erkenntnis voraus, dass der Maßnahmeadressat geeignete Angaben machen kann (Meixner/Fredrich HSOG § 12 Rn. 1). Es genügt, wenn Tatsachen den Schluss zulassen, dass die zu befragende Person Kenntnisse über einen Sachverhalt oder andere Personen hat, auf die die Polizei angewiesen ist (Tegtmeyer/ Vahle PolG NRW/Vahle Rn. 15). Ausgeschlossen ist die Befragung solcher Personen, die in keiner Beziehung zu dem aufzuklärenden Sachverhalt stehen. Allerdings darf die Polizei Fragen stellen, um zu ermitteln, ob eine solche Beziehung besteht (Lisken/Denninger PolR-HdB/Graulich E Rn. 270).

Der Begriff der sachdienlichen Angaben iSd Abs. 2 S. 1 erfasst jede Art von Informationen. **19** Als **Angaben** kommen personenbezogene Informationen sowohl über den Betroffenen selbst als auch über einen Dritten in Betracht. Darüber hinaus kann die Polizei die Mitteilung sachbezogener Informationen verlangen (Müller, Polizeiliche Datenerhebung durch Befragung, 1997, 68; LT-Drs. 10/3997, 33). Die Angaben sind **sachdienlich,** wenn ein konkreter Aufgabenbezug besteht. Befragungen zu unbestimmten Zwecken sind unzulässig. Der Begriff der Sachdienlichkeit ist eng mit der im Vordergrund stehenden Voraussetzung der „bestimmten polizeilichen Aufgabe" verknüpft. Vor diesem Hintergrund kommt ihm lediglich deklaratorische Bedeutung zu (Benfer, Rechtseingriffe von Polizei und Staatsanwaltschaft, 4. Aufl. 2010, Kap. 2 Rn. 11a; Müller, Polizeiliche Datenerhebung durch Befragung, 1997, 68).

4. Befugnis zum Anhalten

20 Als flankierende Maßnahme gestattet Abs. 2 S. 2 das Anhalten des Betroffenen. Dadurch soll erreicht werden, dass die Person den Fragen zuhört und von der Erforderlichkeit und Wünschbarkeit einer Auskunft überzeugt werden kann (Kingreen/Poscher POR § 13 Rn. 13). Die ergänzende Befugnis aus Abs. 2 S. 2 soll auch verhindern, dass der Polizeibeamte die Befragung im Laufschritt durchführen muss, wenn der Maßnahmeadressat nicht freiwillig anhält (Tegtmeyer/Vahle PolG NRW/Vahle Rn. 18). In Übereinstimmung mit dem in § 2 Abs. 3 niedergelegten Verhältnismäßigkeitsgrundsatz ist das Anhalten des Betroffenen **auf die Dauer der Befragung zu beschränken** (vgl. Nr. 9.12 VVPolG NRW). Es kann unter den Voraussetzungen der §§ 50 ff. im Wege der Verwaltungsvollstreckung durchgesetzt werden (Meixner/Fredrich HSOG § 12 Rn. 4). Beim Anhalten handelt es sich lediglich um eine **Freiheitsbeschränkung iSd Art. 2 Abs. 2 S. 1 GG iVm Art. 104 Abs. 1 GG** und nicht um eine Freiheitsentziehung gem. Art. 104 Abs. 2–4 GG. So erklärt sich, dass § 9 das Anhalten nicht von einer richterlichen Entscheidung iSd § 36 PolG NRW und Art. 104 Abs. 2 S. 1 GG abhängig macht. In Fällen, in denen die Befragung nur auf der Dienststelle möglich ist (zB weil dem Betroffenen Fotos vorgelegt werden sollen), kann gem. § 10 eine Vorladung ausgesprochen werden (Tegtmeyer/Vahle PolG NRW/Vahle Rn. 19; Kingreen/Poscher POR § 13 Rn. 13).

5. Auskunftspflicht hinsichtlich der Personalien

21 Gemäß Abs. 3 S. 1 sind die Maßnahmeadressaten verpflichtet, auf Anfrage bestimmte Personaldaten mitzuteilen. Die Identität des Befragten muss der Polizei allerdings nur bekannt sein, wenn **Gründe gegeben sind, die eine spätere Kontaktaufnahme als sinnvoll und möglich erscheinen lassen.** Dies stellt eine ungeschriebene Voraussetzung des Abs. 3 S. 1 dar. Das polizeiliche Vorgehen darf deshalb nicht darauf gerichtet sein, in jedem Fall zuerst die Personalien der betroffenen Person zu erfragen (Tegtmeyer/Vahle PolG NRW/Vahle Rn. 24; HHPM BPolG/Hoppe/Peilert BPolG § 22 Rn. 45). Bei dieser Einschränkung des Abs. 3 S. 1 handelt es sich um ein Postulat des **Verhältnismäßigkeitsprinzips.** So ist die Personalienfeststellung nicht erforderlich, wenn die polizeiliche Aufgabe, in deren Zusammenhang die Befragung erfolgt, mit anderen angemessenen Mitteln erfüllt werden kann oder die Gefahrenlage beseitigt wird, bevor die Polizei den Betroffenen nochmals zu erreichen vermag (Kay/Böcking PolR NRW Rn. 118).

22 Zum Teil wird vertreten, dass die Befragung gegenüber einer Identitätsfeststellung subsidiär sei, soweit sie auf die Mitteilung von Personaldaten abziele. Folgt man dem, so würde Abs. 3 S. 1 lediglich festlegen, welche Personaldaten nach § 12 Abs. 2 S. 1 und S. 2 erhoben werden dürfen (Lisken/Denninger PolR-HdB/Graulich E Rn. 283; Tetsch/Baldarelli PolG NRW Erl. 4.2.1). Dem ist zu widersprechen. Diejenigen, die Abs. 3 S. 1 lediglich eine Vorgabe für die Ausübung des Ermessens nach § 12 Abs. 2 S. 2 entnehmen wollen, verlieren aus dem Blick, dass die in Abs. 3 S. 1 geregelte Auskunftspflicht in einem untrennbaren systematischen Zusammenhang zu Abs. 2 S. 1 steht. Soweit es um die Identitätsfeststellung anlässlich einer Befragung geht, ist **Abs. 2 S. 1 dementsprechend lex specialis zu § 12 Abs. 2 S. 2.**

23 Weigert sich der Maßnahmeadressat, die in Abs. 3 S. 1 genannten Personaldaten mitzuteilen, oder sind seine Angaben unzutreffend, so begeht er eine **Ordnungswidrigkeit gem. § 111 OWiG** (Kay/Böcking PolR NRW Rn. 118). Gemäß Nr. 9.21 S. 4 VVPolG NRW muss die Polizei prüfen, ob der Verstoß gegen § 111 OWiG verfolgt und deshalb eine repressive Identitätsfeststellung vorgenommen werden soll. Für die Feststellung der Identität

zu repressiven Zwecken gilt § 163b Abs. 1 StPO iVm § 46 Abs. 1 OWiG (SBK PolG NRW/ Keller Rn. 12).

6. Verpflichtung zu weiteren Auskünften

Abs. 3 S. 2 regelt die Verpflichtung zu „weiteren Auskünften". Davon umfasst sind Anga- **24** ben, die über die in Abs. 2 S. 1 aufgeführten Personaldaten hinausgehen. Die weiteren Auskünfte können sich inhaltlich auf Sachverhalte beziehen oder personenbezogene Angaben über Dritte – dh vom Maßnahmeadressaten zu unterscheidende Personen – betreffen (Tetsch/ Baldarelli PolG NRW Erl. 5.2; Lisken/Denninger PolR-HdB/Graulich E Rn. 284).

Zu weiteren Auskünften ist der Maßnahmeadressat nur verpflichtet, soweit gesetzliche Handlungs- **24.1** pflichten bestehen. Stimmen im Schrifttum kritisieren den Rekurs auf gesetzliche Handlungspflichten als mehrdeutig und wenig praktikabel (vgl. Müller, Polizeiliche Datenerhebung durch Befragung, 1997, 142). Die einzelnen Bundesländer haben sehr unterschiedliche Regelungen darüber getroffen, unter welchen Voraussetzungen der Betroffene im Rahmen einer polizeilichen Befragung auskunftspflichtig ist. Zum Teil wird die Pflicht, über die eigenen Personaldaten hinausgehende Angaben zu machen, an eine konkrete Gefahr geknüpft, deren Abwehr die Angaben dienen sollen. Zusätzlich muss der Auskunftspflichtige polizeirechtlich verantwortlich sein (so etwa § 9a Abs. 2 S. 2 RhPfPOG, § 11 Abs. 1 S. 2 SPolG). Einige Bundesländer verlangen, dass die Erteilung der Auskunft zur Abwehr einer Gefahr für Leben, Gesundheit oder Freiheit einer Person oder für bedeutende fremde Sach- oder Vermögenswerte erforderlich ist (so zB § 18 Abs. 6 SächsPolG). Innerhalb dieser Gruppe knüpfen einige Bundesländer die Auskunftspflicht zur Sache zusätzlich an die Eigenschaft als Störer oder Notstandspflichtiger (so zB § 12 Abs. 3 NPOG).

Bislang ist keine Einigkeit darüber erzielt worden, wie der unbestimmte Rechtsbegriff **25** der gesetzlichen Handlungspflichten iSd Abs. 3 S. 2 zu verstehen ist. Vereinzelt wird insoweit auf die **allgemeine Grund- bzw. Hilfspflicht** verwiesen, die in einigen Landesverfassungen (zB Art. 122 BV, Art. 17 BLNVerf) ausdrücklich erwähnt ist und sich in den §§ 6, 10 Abs. 3 S. 1 Nr. 1 widerspiegeln soll. In der Sache ist damit die Verpflichtung angesprochen, die Rechte Dritter bei Gefährdungen hochrangiger Rechtsgüter – also insbesondere bei Gefahren für Leib, Leben oder Freiheit einer Person – aktiv zu schützen (Müller, Polizeiliche Datenerhebung durch Befragung, 1997, 104). Hiergegen ist jedoch vorzubringen, dass eine allgemeine Grund- bzw. Hilfspflicht nur geringe Konturen aufweist und deshalb als Grundlage für eine polizeiliche Auskunftspflicht ungeeignet erscheint.

Ein Teil des Schrifttums lässt es ausreichen, dass der Betroffene **für eine konkrete Gefahr 26 verantwortlich** ist oder dass er als **Notstandspflichtiger** in Anspruch genommen werden kann. Daneben soll eine Handlungspflicht auch aus (materiellen) Gesetzen außerhalb des PolG NRW abgeleitet werden können, wie zB den §§ 138, 323c StGB (DWVM Gefahrenabwehr 193; Kay/Böcking PolR NRW Rn. 118; Haurand NRWPolR, 6. Aufl. 2014, 114; Hansen-Dix, Die Gefahr im Polizeirecht, im Ordnungsrecht und im Technischen Sicherheitsrecht, 1982, 51 f.; Gallwas, Polizei und Bürger, 1993, 72; Möller/Warg PolR 220; Götz NVwZ 1990, 725 (727); Erichsen JURA 1993, 45). Zur Begründung wird darauf verwiesen, dass der Begriff der Handlungspflichten einen Rückgriff auf die allgemeinen Vorschriften über die polizeirechtliche Verantwortlichkeit (§§ 4 ff.) nahelege. Überdies dürfe das Tatbestandsmerkmal „gesetzliche Handlungspflichten" nicht zu eng gefasst werden, um die Effektivität der Gefahrenabwehr nicht zu beeinträchtigen. Über die Entstehung und Umstände von Gefahren Auskunft zu geben, liege im Rahmen der polizeirechtlichen Verantwortlichkeit. Dies gelte auch, wenn der Betroffene Maßnahmen gegen sich selbst veranlasse (Hansen-Dix, Die Gefahr im Polizeirecht, im Ordnungsrecht und im Technischen Sicherheitsrecht, 1982, 51 f.; Kay/Böcking PolR NRW Rn. 118; DWVM Gefahrenabwehr 193).

Überwiegend wird davon ausgegangen, dass Auskunftspflichten sich nur aus **gesetzlichen 27 Regelungen außerhalb des PolG NRW** ergeben können (vgl. Nr. 9.22 VVPolG NRW). Die in Abs. 3 S. 2 angesprochenen Pflichten seien dadurch gekennzeichnet, dass ihre Nichtbefolgung durch die zu befragende Person eine konkrete Gefahr begründe, deren Beseitigung durch die Polizei schneller oder wirksamer erfolgen könne als durch den Verpflichteten selbst (Tetsch/Baldarelli PolG NRW Erl. 5.2.1; SBK PolG NRW/Keller Rn. 13; Tegtmeyer/ Vahle PolG NRW/Vahle Rn. 22; Lisken NWVBl. 1990, 325, 327; Scholler/Schloer, Grundzüge des Polizeirechts und Ordnungsrechts der Bundesrepublik Deutschland, 1993, 101;

Kingreen/Poscher POR § 13 Rn. 7; Lisken/Denninger PolR-HdB/Graulich E Rn. 284; Habermehl JA 1990, 333). Handlungspflichten iSd Abs. 3 S. 2 ließen sich somit nicht aus §§ 4 ff. herleiten. Eine solche Sichtweise kann darauf verweisen, dass die §§ 4 ff. lediglich die zulässigen Adressaten von polizeirechtlichen Maßnahmen festlegen. Sie begründen für sich genommen keine Pflicht zum Handeln (vgl. Müller, Polizeiliche Datenerhebung durch Befragung, 1997, 89 f.). Die von der hM befürwortete Auslegung des Abs. 3 S. 2 steht überdies im Einklang mit der Entstehungsgeschichte der Norm. Der ursprüngliche Entwurf des § 9 sah vor, dass Verhaltens- und Zustandsverantwortliche sowie Notstandspflichtige zur Auskunft verpflichtet sein sollten (LT-Drs. 10/3997, 33; 10/5071, 82; 10/3421, 4 und 25). Dass der Gesetzgeber letztlich das Merkmal der gesetzlichen Handlungspflichten in Abs. 3 S. 2 aufgenommen hat, verdeutlicht die Abkehr von diesem Ansatz. Einer der damaligen Gesetzentwürfe spricht sogar ausdrücklich von Handlungspflichten und nimmt dabei auf strafrechtliche Vorschriften Bezug (LT-Drs. 10/3421, 28). Auch darin kommt der Sinneswandel des Gesetzgebers zugunsten der heutigen Fassung des Abs. 3 S. 2 zum Ausdruck.

28   Gesetzliche Handlungspflichten iSd Abs. 3 S. 2 können aus **echten Unterlassungsdelikten** (zB §§ 138 und 323c StGB) folgen. Dasselbe gilt für **unechte Unterlassungsdelikte,** die eine Garantenstellung des Betroffenen voraussetzen (vgl. § 13 StGB). Zudem kann eine Auskunftspflicht auf einer gesetzlich angeordneten **Garantenstellung** beruhen (vgl. §§ 1626 und 1353 BGB). Ferner folgen gesetzliche Handlungspflichten etwa aus § 14 VersammlG und § 4 Abs. 4 TollwutV (Tetsch/Baldarelli PolG NRW Erl. 5.2.1; Kay/Böcking PolR NRW Rn. 118).

29   Wenn der Schutz privater Rechte in Rede steht, muss die Polizei den **Subsidiaritätsgrundsatz des § 1 Abs. 2** beachten. Das bedeutet, dass eine Befragung nur zulässig ist, wenn ohne polizeiliche Hilfe die Verwirklichung des Rechts vereitelt oder wesentlich erschwert werden würde. Hieran wird es regelmäßig fehlen, wenn es um die Auskunftspflichten des Beauftragten (§ 666 BGB), des Versicherungsnehmers (§ 31 VVG) oder des Vorstands einer Aktiengesellschaft (§ 131 AktG) geht. Auch bei Bestehen einer öffentlich-rechtlichen Auskunftspflicht (zB gem. § 4 BzBlG oder § 42 BWaldG) ist eine präventiv-polizeiliche Befragung keineswegs immer zulässig, weil es an der von § 1 Abs. 1 S. 2 vorausgesetzten Eilbedürftigkeit fehlen kann (Lisken/Denninger PolR-HdB/Rachor F Rn. 220).

II. Auskunfts- und Aussageverweigerungsrechte

30   Im Nachgang zu Maßnahmen der Gefahrenabwehr kommt oftmals die Ahndung einer Straftat oder Ordnungswidrigkeit in Betracht (Lisken/Denninger PolR-HdB/Graulich E Rn. 289; Tetsch/Baldarelli PolG NRW Erl. 5.2.2.1). Im Zuge einer Befragung nach § 9 kann der Maßnahmeadressat daher auf den Schutz des – im strafrechtlichen Ermittlungsverfahren allgemein anerkannten – Grundsatzes nemo tenetur angewiesen sein. So erklärt sich, dass die Polizei- und Ordnungsbehördengesetze zahlreicher Bundesländer in den Befugnisnormen über die Befragung auf die §§ 52 ff. StPO verweisen (vgl. zB § 12 Abs. 2 S. 2–5 HSOG, § 9 Abs. 3 RhPfPOG; § 18 Abs. 6 ASOG Bln, § 18 Abs. 6 S. 2 SächsPolG). § 9 sieht eine derartige Verweisung nicht vor. Das führt zu unbefriedigenden Ergebnissen, wenn der Betroffene sich selbst oder einen Angehörigen durch die Erteilung der Auskunft belasten müsste.

31   Vereinzelte Stimmen im Schrifttum gehen davon aus, dass in Bezug auf § 9 de lege lata keine Aussage- bzw. Auskunftsverweigerungsrechte zugunsten des Maßnahmeadressaten bestehen. Als Korrektiv wird auf die **Rechtsprechung des BVerfG zur Auskunftspflicht im Konkurs- bzw. Insolvenzverfahren** verwiesen (BVerfGE 56, 37). Das Gericht hat mit Blick auf § 100 KO aF (heute: § 97 Abs. 1 S. 1 InsO) festgestellt, dass die Auskunftspflicht des Gemeinschuldners nicht weiter reichen dürfe als die strafprozessualen Aussagepflichten. Diese Rechtsprechung soll bei der Entscheidung, ob der Betroffene durch die Verhängung eines Zwangsgelds zur Auskunft bewegt werden darf, eine Schranke für das polizeiliche Ermessen darstellen (Scholler/Schloer, Grundzüge des Polizeirechts und Ordnungsrechts der Bundesrepublik Deutschland, 1993, 105 f.). Ein solcher Lösungsansatz, der auf der Ebene der Verwaltungsvollstreckung zum Tragen kommt, ändert allerdings nichts daran, dass der Betroffene zur Auskunft verpflichtet wäre. Er vermag daher nicht zu überzeugen.

32   Das Problem des fehlenden Verweises auf die Zeugnis- und Aussageverweigerungsrechte lässt sich insbesondere nicht durch eine **analoge Anwendung der §§ 52 ff. StPO** lösen (aA Tegtmeyer/Vahle PolG NRW/Vahle § 10 Rn. 18; Habermehl JA 1990, 331 (333); Erichsen JURA 1993, 45 (46)). Zwar können die Befürworter einer solchen Analogie darauf verweisen, dass das präventive vom repressiven polizeilichen Handeln oftmals nicht trennscharf abgegrenzt werden kann. Zudem besteht auch im Kontext präventiv-polizeilicher Maßnahmen wie der Befragung die Gefahr, dass gegen den Maßnahmeadressaten selbst oder Dritte, die ihm nahestehen, Ermittlungen wegen einer Straftat oder Ordnungswidrigkeit eingeleitet werden. Die für eine Analogie erforderliche planwidrige Regelungslücke lässt sich aber nicht begründen. Grund hierfür ist die Regelung in § 26 Abs. 2 S. 4 VwVfG. NRW. Danach kann der Betroffene die Antwort auf Fragen, hinsichtlich derer eine Auskunftspflicht besteht, verweigern, wenn deren Beantwortung ihn selbst oder einen der in § 383 Abs. 1 Nr. 1–3 ZPO bezeichneten Angehörigen der Gefahr strafgerichtlicher Verfolgung oder eines Verfahrens nach dem OWiG aussetzen würde.

Nach zutreffender Ansicht handelt es sich bei dem Verbot, den Maßnahmeadressaten zu **33** einer Selbstbelastung hinsichtlich einer Straftat oder Ordnungswidrigkeit zu verpflichten, um ein auch außerhalb des Strafverfahrens geltendes **Verfassungspostulat,** das seine Grundlage im allgemeinen Persönlichkeitsrecht (Art. 2 Abs. 1 GG iVm Art. 1 Abs. 1 GG) des Befragten findet (vgl. etwa BVerfGE 56, 37 (43 f., 47); 65, 1 (46); 80, 109 (121)). Vor diesem Hintergrund kommt der nemo-tenetur-Grundsatz auch bei der präventiv-polizeilichen Befragung zum Zuge (vgl. auch Schoch BesVerwR/Schoch Kap. 1 Rn. 494; Kingreen/Poscher POR § 13 Rn. 11; Müller, Polizeiliche Datenerhebung durch Befragung, 1997, 107). Der Befragte kann auch dann in seinem Persönlichkeitsrecht verletzt werden, wenn er mit seiner Auskunft Angehörige einer Straftat oder Ordnungswidrigkeit belasten müsste. Auch insoweit ist folglich ein Auskunftsverweigerungsrecht anzuerkennen. Die Herleitung der Aussage- und Auskunftsverweigerungsrechte aus dem Verfassungsrecht ist dogmatisch zwar gangbar, wirft aber auch schwierige Folgefragen auf. So ist etwa ungeklärt, ob und inwieweit berufsbedingte Auskunftsverweigerungsrechte aus den Grundrechten abgeleitet werden können.

Diese Unklarheiten lassen sich durch einen Rückgriff auf **§ 26 Abs. 2 S. 4 VwVfG.** **34** **NRW.** vermeiden (Haurand/Vahle NVwZ 2003, 513 (517)). Unerheblich ist insoweit, dass das PolG NRW zeitlich nach dem VwVfG. NRW. erlassen wurde. Auch ist der Rückgriff auf § 26 Abs. 2 S. 4 VwVfG. NRW. nicht durch den in § 1 Abs. 1 VwVfG. NRW. geregelten Spezialitätsgrundsatz ausgeschlossen. § 24 Abs. 2 S. 4 VwVfG. NRW. kann im Verhältnis zu § 9 nur dann subsidiär sein, wenn sich in der polizeigesetzlichen Standardmaßnahme zur Befragung auch Vorschriften zu einem Aussage- oder Auskunftsverweigerungsrecht finden. Dies ist aber nicht der Fall (Gusy NVwZ 1991, 614 (618); Haurand/Vahle NVwZ 2003, 513 (517); SBK PolG NRW/Keller Rn. 14).

Um das Aussage- bzw. Auskunftsverweigerungsrecht nicht leerlaufen zu lassen, ist zu **35** Beginn der Befragung eine entsprechende **Belehrung des Maßnahmeadressaten** zu fordern (vgl. Schoch BesVerwR/Schoch Kap. 1 Rn. 494; Müller, Polizeiliche Datenerhebung durch Befragung, 1997, 110). Die Polizei muss den Betroffenen zunächst darüber informieren, ob eine Auskunftspflicht besteht. Diese Anforderung ist deshalb gerechtfertigt, weil sich dem mündlichen Auskunftsverlangen eines Polizeibeamten oftmals nicht entnehmen lässt, ob der Betroffene zur Auskunft verpflichtet sein soll. Darüber hinaus ist ggf. darauf hinzuweisen, dass der Maßnahmeadressat die Möglichkeit zur Aussage- bzw. Auskunftsverweigerung hat. Kommt die Polizei diesen Belehrungspflichten nicht nach, so sind die erteilten Auskünfte nicht verwertbar (Lisken/Denninger PolR-HdB/Graulich E Rn. 305). Eine Ausnahme vom grundsätzlich bestehenden Auskunftsverweigerungsrecht, wie sie in einigen Polizeigesetzen bei Vorliegen einer Gefahr für besonders bedeutende Rechtsgüter statuiert wird (vgl. § 18 Abs. 6 S. 3 SächsPolG), ist in Nordrhein-Westfalen nicht vorgesehen.

III. Unzulässige Befragungsmethoden

Einige Bundesländer haben in ihren Befugnisnormen zur Befragung das Verbot des § 136a **36** StPO für entsprechend anwendbar erklärt (vgl. etwa § 12 Abs. 4 HSOG, § 12 Abs. 4 S. 2 NPOG). Obwohl § 9 den § 136a StPO nicht in Bezug nimmt, sind die **in dieser Norm** **beispielhaft genannten Vernehmungsmethoden nach einhelliger Ansicht auch bei** **der präventiv-polizeilichen Befragung ausgeschlossen.** § 136a StPO ist im Rahmen einer präventiv-polizeilichen Befragung analog anzuwenden. Zwar hat der Gesetzgeber sich in § 9 – anders als bei der Ermächtigungsgrundlage für die Vorladung (vgl. § 10 Abs. 4) – gegen eine Verweisung auf § 136a StPO entschieden. Ursprünglich war aber beabsichtigt, in der Standerdermächtigung zur Befragung ausdrücklich auf § 136a StPO Bezug zu nehmen (LT-Drs. 10/3997, 33). Der Ausschuss für innere Verwaltung vertrat im Gesetzgebungsverfahren die Auffassung, dass ein entsprechender Verweis auf § 136a StPO – ebenso wie mit Blick auf die §§ 52 ff. StPO – überflüssig sei (LT-Drs. 10/5071, 79; Ausschussprotokoll 10/1358, 7). Offenbar ging der Ausschuss davon aus, dass das an staatliche Stellen gerichtete Verbot, die Willensentschließung und -betätigung durch Zwang, Täuschung, Drohung und ähnliche Mittel zu beeinträchtigen, über das Strafverfahren hinaus als **verallgemeinerungsfähiger Rechtsgrundsatz** anzuerkennen ist (vgl. Tetsch/Baldarelli PolG NRW Erl. 5.2.2.3). Es ist jedoch zweifelhaft, ob – wie dies in der Literatur vertreten wird – im Hinblick auf die strafprozessual unzulässigen Vernehmungsmethoden bereits aus Art. 3 EMRK, Art. 7 S. 1 IPBürgRG sowie Art. 1 Abs. 1 S. 1 GG folgt, dass sie auch bei einer präventiv-polizeilichen Befragung nicht zum Einsatz kommen dürfen (so etwa Tetsch/Baldarelli PolG NRW Erl. 5.2.2.3; Müller, Polizeiliche Datenerhebung durch Befragung, 1997, 112). Dogmatisch überzeugender erscheint die Analogie zu § 136a StPO. Entscheidend ist in diesem Zusammenhang, dass der Gesetzgeber in § 10 Abs. 4 den § 136a StPO für entsprechend anwendbar erklärt hat, wenn die Befragung auf eine Vorladung hin erfolgt. Mit Blick auf die Schutzbedürftigkeit des Befragten dürfte es in der Regel keine Rolle spielen, ob der Maßnahmeadressat vorgeladen wurde. Vor diesem Hintergrund wäre es nicht sinnvoll, die Geltung des § 136a StPO auf die Fälle zu begrenzen, in denen der Befragung eine Vorladung vorausgeht.

36.1   Teile des Schrifttums wollen einzelne – an sich verbotene – Befragungsmethoden zulassen, soweit es um die **Abwehr von Gefahren für Leib und Leben einer Person** geht, etwa bei der Kommunikation mit Geiselnehmern. Zu den in diesem Kontext unverzichtbaren Instrumenten sollen jedenfalls die Täuschung, die Drohung mit unzulässigen Maßnahmen sowie das Versprechen eines gesetzlich nicht vorgesehenen Vorteils zählen. Als konkretes Beispiel wird zB die gezielte Falschinformation über den vollständigen Rückzug der Einsatzkräfte genannt. Sie sei zwar eine Täuschung iSd § 136a Abs. 1 S. 1 StPO, stelle sich jedoch mitunter als ein geeignetes Mittel zur Rettung der Geiseln dar. Die Zulässigkeit eines solchen Vorgehens soll bereits daraus folgen, dass hierdurch eingriffsintensivere Maßnahmen wie etwa der Schusswaffengebrauch vermieden werden könnten. Dass eine Täuschung nicht in jedem Fall eine Verletzung der Menschenwürde sei, belege auch die – allgemein anerkannte – Zulässigkeit verdeckter Maßnahmen (Lisken/Denninger PolR-HdB/Graulich E Rn. 298; Tetsch/Baldarelli PolG NRW Erl. 5.2.2.3; Brugger VBlBW 1995, 446). Dieser Argumentation ist entgegenzuhalten, dass sie nicht trennscharf festzulegen vermag, welche der eigentlich verbotenen Befragungsmethoden zulässig sein sollen. Sie setzt sich daher dem Vorwurf der Beliebigkeit aus. Verbotene Befragungsmethoden ausnahmsweise zuzulassen, dürfte in vielen Fällen zudem mit der grundgesetzlichen Konzeption der Menschenwürde als absoluter Rechtswert nicht im Einklang stehen (in diesem Sinne auch Ebel Kriminalistik 1995, 825 (827 f.); DWVM Gefahrenabwehr 194; Müller, Polizeiliche Datenerhebung durch Befragung, 1997, 113).

IV. Maßnahmeadressaten

37   Der Adressat der Befragung wird in Abs. 4 als **betroffene Person** bezeichnet. Dieser Begriff ist § 36 Abs. 1 Nr. 1 DSG NRW entlehnt. Ein Rückgriff auf die §§ 4–6 ist gem. § 4 Abs. 4 nicht erforderlich (vgl. Nr. 9.11 VVPolG NRW; Tetsch/Baldarelli PolG NRW Erl. 5.2.2.3). Personen, die zu dem aufzuklärenden Sachverhalt in keinerlei Beziehung stehen, dürfen grundsätzlich nicht befragt werden. Etwas anderes gilt nur dann, wenn es darum geht festzustellen, ob die erforderliche Beziehung zwischen dem Maßnahmeadressaten und dem relevanten Sachverhalt besteht (vgl. SBK PolG NRW/Keller Rn. 10).

V. Durchsetzung der Auskunftsverpflichtung

38   Die Anwendung unmittelbaren Zwangs zur Durchsetzung der in § 9 Abs. 3 geregelten Auskunftspflicht ist gem. § 55 Abs. 2 ausgeschlossen. Als Zwangsmittel kommt allein das **Zwangsgeld** in Betracht, das gem. § 53 Abs. 1 schriftlich zu verhängen ist. Sollte das Zwangsgeld uneinbringlich sein, so kann das zuständige Verwaltungsgericht auf Antrag der Polizei die Ersatzzwangshaft anordnen, wenn bei Androhung des Zwangsgelds hierauf hingewiesen worden ist (§ 54 Abs. 1 S. 1). Aufgrund ihrer langen Verfahrensdauer erweisen sich

Zwangsmittel in der Praxis als stumpfes Schwert, wenn die Polizei auf Eilfälle reagieren und sachdienliche Angaben daher zeitnah erlangen muss. Vor diesem Hintergrund kommt es regelmäßig nicht zur zwangsweisen Durchsetzung der Auskunftspflicht (Tetsch/Baldarelli PolG NRW Erl. 5.2.2.3; Kay/Böcking PolR NRW Rn. 118; SBK PolG NRW/Keller Rn. 15).

D. Allgemeine Regeln der Datenerhebung

Abs. 4–7 stellt allgemeine Regeln zur Datenerhebung auf. Dass der nordrhein-westfälische **39** Gesetzgeber die Befragung (Abs. 2), die Auskunftspflicht (Abs. 3) und die allgemeinen Regeln der Datenerhebung in einer Vorschrift zusammengefasst hat, ist in der Literatur zu Recht als „systematisch wenig geglückt" bezeichnet worden (Habermehl JA 1990, 331 (333)).

Gemäß Abs. 4 S. 1 ist die Befragung an die betroffene Person, also nicht an Dritte zu **40** richten. Die damit geforderte **Unmittelbarkeit der Datenerhebung** ist ein allgemeiner Grundsatz des Datenschutzrechts (NK-BDSG/Geiger BDSG § 13 Rn. 30 ff.). „**Betroffen**" ist diejenige Person, über die personenbezogene Daten (vgl. § 36 Nr. 1 DSG NRW) erhoben wurden (Tegtmeyer/Vahle PolG NRW/Vahle Rn. 26). Hinter dem datenschutzrechtlichen Grundsatz der Unmittelbarkeit steht der Gedanke, dass eine Datenerhebung bei Dritten die informationellen Grundrechte des Betroffenen intensiver beeinträchtigt als eine Direktbefragung (Lisken/Denninger PolR-HdB/Petri G Rn. 529). Der Grundsatz der Unmittelbarkeit erfährt eine **Einschränkung durch Abs. 4 S. 2,** wenn eine Befragung des Betroffenen nicht oder nicht rechtzeitig möglich ist oder sie die Erfüllung der polizeilichen Aufgabe erheblich erschweren oder gefährden würde. In diesen Fällen können die Daten auch ohne Kenntnis des Betroffenen erhoben werden, wenn dies zur Aufgabenwahrnehmung gem. Abs. 2 erforderlich ist.

Nach zutreffender Auffassung beinhaltet Abs. 4 S. 2 **keine generalklauselartige 41 Ermächtigung zur Datenerhebung** (vgl. Müller, Polizeiliche Datenerhebung durch Befragung, 1997, 126). Im Gegensatz zu den meisten anderen Bundesländern, deren Polizei- und Ordnungsbehördengesetze allgemeine Befugnisse zur Datenerhebung neben der Befragung vorsehen (zB § 13 HSOG, § 26 RhPfPOG, § 18 ASOG Bln, § 28 BremPolG, § 31 NPOG), gab es in Nordrhein-Westfalen bislang keine hiermit vergleichbare Generalklausel. Dies hat sich erst durch das **Gesetz zur Anpassung des Polizeigesetzes des Landes Nordrhein-Westfalen und des Gesetzes über Aufbau und Befugnisse der Ordnungsbehörden v. 18.12.2018** (GV. NRW. 741) geändert, mit dem der Landesgesetzgeber eine entsprechende Generalklausel in Abs. 1 aufgenommen hat.

Als Ausnahmebestimmung ist **Abs. 4 S. 2 restriktiv auszulegen.** Dies gilt umso mehr, **42** als der Grundsatz der Unmittelbarkeit der Datenerhebung bei allzu großzügiger Handhabung des Abs. 4 S. 2 leerlaufen würde (Lisken/Denninger PolR-HdB/Petri G Rn. 530; Müller, Polizeiliche Datenerhebung durch Befragung, 1997, 116 f.). Aus dem Regel-Ausnahme-Verhältnis zwischen Abs. 4 S. 1 und S. 2 wird in Rechtsprechung und Literatur das Erfordernis der nachträglichen Information des Betroffenen über den Erhebungsvorgang abgeleitet, soweit ausnahmsweise Daten ohne Kenntnis des Betroffenen erhoben wurden (vgl. VerfGH Sachsen LKV 1996, 273 (287 f.); Müller, Polizeiliche Datenerhebung durch Befragung, 1997, 117). Für eine solche Mitteilungspflicht spricht die Funktion des Abs. 4 S. 1, dem Betroffenen Kenntnis von der Datenerhebung zu verschaffen. Eine nachträgliche Benachrichtigung über die Datenerhebung ist insbesondere nicht deshalb entbehrlich, weil dem Maßnahmeadressaten ein Auskunftsanspruch gegen die Polizei über die zu seiner Person gespeicherten Daten zusteht (aA VerfGH Bayern VerfGHE 47, 241 (264)). Wenn dem Betroffenen die Datenerhebung nicht zur Kenntnis gebracht wird, dürfte es ihm nämlich kaum möglich sein, diesen Auskunftsanspruch geltend zu machen. Dasselbe gilt für das Recht des Betroffenen, sich an den Datenschutzbeauftragten zu wenden (vgl. VerfGH Sachsen LKV 1996, 273 (287 f.); Müller, Polizeiliche Datenerhebung durch Befragung, 1997, 117).

I. Offenheit der Datenerhebung

Gemäß Abs. 5 S. 1 Hs. 1 ist die Datenerhebung grundsätzlich offen durchzuführen. Auf **43** diese Weise soll gewährleistet werden, dass der Betroffene weiß, über welche seiner Daten die Polizei verfügt. Erfolgt die Datenerhebung offen, so hat der Maßnahmeadressat zudem die Möglichkeit, sich gegen eine rechtswidrige Datenerhebung gerichtlich zur Wehr zu setzen (Habermehl JA 1990, 331 (333)). Eine verdeckte Datenerhebung ist nur zulässig, wenn sie gesetzlich zugelassen ist. Das Gesetz gestattet die verdeckte Datenerhebung zB in den §§ 16a–20 (Tegtmeyer/Vahle PolG NRW/Vahle Rn. 27). Hat die Polizei Daten verdeckt erhoben, so fordert der Grundsatz der Offenheit – in Anlehnung an § 16a Abs. 3, § 17 Abs. 5, § 18 Abs. 7, § 19 Abs. 3, § 20 Abs. 5 sowie § 21 Abs. 4 –, dass der Betroffene hierüber informiert wird (vgl. Tetsch/Baldarelli PolG NRW Erl. 8.1).

44   Nach Ansicht einiger Autoren setzt die Offenheit der Datenerhebung voraus, dass die polizeiliche Maßnahme für den Betroffenen als solche erkennbar ist (Lisken/Denninger PolR-HdB/Petri G Rn. 537; Müller, Polizeiliche Datenerhebung durch Befragung, 1997, 118; Haurand NRWPolR, 6. Aufl. 2014, 100; Kowalczyk, Datenschutz im Polizeirecht, 1989, 108 f.; Heckmann VBlBW 1992, 164 (168); Rimmele SächsVBl. 1996, 32 (34); Habermehl JA 1990, 331 (333)). Gegen eine solche Auslegung des Merkmals „offen" ist jedoch vorzubringen, dass das Gesetz zwischen der Offenheit und der Offenkundigkeit einer Maßnahme unterscheidet (vgl. § 15a Abs. 1 S. 2, § 15b S. 2). Das Erfordernis der Offenkundigkeit bildet dabei den strengeren Maßstab. Vor diesem Hintergrund ist die Offenheit der Datenerhebung nur zu verneinen, wenn **die Polizei ihr Vorgehen bewusst verschleiert.** Es kommt nicht darauf an, dass die Maßnahme für einen durchschnittlichen Adressaten ohne weiteres erkennbar ist. Dementsprechend erfolgt eine Datenerhebung auch dann noch offen, wenn Beamte in Zivilkleidung wegen der besonderen Umstände des Einzelfalls nicht darauf hinweisen können, dass sie zur Polizei gehören und in amtlicher Funktion Daten erheben (Tegtmeyer/Vahle PolG NRW/Vahle Rn. 27; Tetsch/Baldarelli PolG NRW Erl. 8.1; Kay/Böcking PolR NRW Rn. 111; Kniesel/Vahle DÖV 1990, 646; Knape DNP 1992, 425 (429)).

II. Aufklärungspflichten gegenüber Privatpersonen und Stellen außerhalb des öffentlichen Bereichs

45   Gemäß Abs. 6 treffen die Polizei Aufklärungspflichten gegenüber der von der Datenerhebung betroffenen Person sowie gegenüber Personen und Stellen außerhalb des öffentlichen Bereichs, bei denen Daten erhoben wurden. Diese Personen und Stellen sind in geeigneter Weise über die Rechtsvorschriften für die Datenerhebung sowie entweder über die bestehende Auskunftspflicht oder über die Freiwilligkeit der Auskunft aufzuklären. Eine Auskunftspflicht kann sich aus Abs. 3 ergeben (Tegtmeyer/Vahle PolG NRW/Vahle Rn. 29). Die Aufklärungspflichten aus Abs. 6 dienen nicht nur der **Transparenz der Datenerhebung,** sondern tragen zur **Effektivität des Rechtsschutzes** gegen Informationseingriffe der Polizei bei (Müller, Polizeiliche Datenerhebung durch Befragung, 1997, 114). Die Beschränkung der Aufklärungspflichten auf Privatpersonen bzw. private Stellen hat ihren Grund darin, dass öffentlichen Stellen die Befugnisse bzw. Pflichten zur Offenlegung sowie die Schweigepflichten ihres eigenen Zuständigkeitsbereichs geläufig sein werden. Daher ist eine Belehrung in diesen Fällen entbehrlich (Tetsch/Baldarelli PolG NRW Erl. 8.3).

46   Die Unterrichtung der betroffenen Person hat in geeigneter Weise, dh **adressatengerecht** zu erfolgen. Zu berücksichtigen ist dabei, dass der rechtsunkundige Betroffene mit der Nennung eines Paragraphen in der Regel nur wenig anzufangen weiß. Daher muss ihm jedenfalls der tatsächliche Anlass der Befragung mitgeteilt werden. Eine bestimmte **Form,** etwa die Schriftform, sieht das Gesetz für die Unterrichtung nicht vor (Tegtmeyer/Vahle PolG NRW/Vahle Rn. 29 f.; Tetsch/Baldarelli PolG NRW Erl. 8.3; SBK PolG NRW/Keller Rn. 23).

47   Die Aufklärung gem. Abs. 6 kann unterbleiben, wenn sie offenkundig nicht angemessen ist oder die Erfüllung der polizeilichen Aufgaben hierdurch erheblich erschwert oder gefährdet wird. **Offenkundig unangemessen** ist die Aufklärung vor allem dann, wenn der Befragte seine Rechte bereits kennt, zB weil er in gleicher Sache erneut befragt wird, bei ihm aufgrund seiner beruflichen Stellung von der Kenntnis der Rechte ausgegangen werden kann oder weil die Datenerhebung auf seinen Antrag hin erfolgt. Dasselbe gilt in Fällen, in denen der Betroffene wegen seiner körperlichen Verfassung – zB infolge hochgradiger Alkoholisierung – nicht in der Lage ist, der Belehrung zu folgen (Tetsch/Baldarelli PolG NRW Erl. 8.3). Die **Erfüllung der polizeilichen Aufgaben** wird zB **erschwert oder**

gefährdet, wenn durch eine datenschutzrechtliche Belehrung der Abtransport eines Verletzten verzögert würde, dessen Namen und Adresse die Polizei erfragen will (Tegtmeyer/Vahle PolG NRW/Vahle Rn. 30).

Ein Verstoß gegen die Belehrungspflicht des Abs. 6 führt zur **formellen Rechtswidrig-** 48 **keit** der Datenerhebung. Eine Heilung des Fehlers gem. § 45 Abs. 1 Nr. 3 VwVfG. NRW. kommt nur ausnahmsweise in Betracht, weil sich der Verwaltungsakt, der der Datenerhebung zugrunde liegt, mit Beendigung der Maßnahme erledigt haben wird (Tegtmeyer/Vahle PolG NRW/Vahle Rn. 30a). Stimmen im Schrifttum kritisieren, dass ein Verstoß gegen Abs. 6 angesichts des vagen Gesetzeswortlauts und der weit gefassten Ausnahmen gerichtlich nur selten erfolgreich gerügt werden könne. Grund hierfür sei insbesondere, dass sämtliche Ausnahmen des Abs. 6 hinter den Anforderungen des § 28 Abs. 2 Nr. 1 VwVfG. NRW. („Gefahr im Verzug") zurückblieben (vgl. Müller, Polizeiliche Datenerhebung durch Befragung, 1997, 115; Habermehl JA 1990, 331 (333)).

III. Zweckbindung der Datenerhebung

Abs. 7 S. 1 erklärt die Datenerhebung zu unbestimmten oder noch nicht bestimmbaren 49 Zwecken für unzulässig. Damit wird ein **Verbot der Datenerhebung auf Vorrat** statuiert. Es soll eine Ausforschung „ins Blaue hinein" verhindern (SBK PolG NRW/Keller Rn. 21). Den Vorgaben des BVerfG im Volkszählungsurteil (BVerfGE 65, 1 (46)) entsprechend, muss der **Verwendungszweck bereichsspezifisch und präzise** bestimmt sein. Der Zweck ist mit anderen Worten nicht abstrakt (etwa: Gefahrenabwehr oder Erleichterung künftiger Polizeiarbeit), sondern konkret zu fassen, zB Abwehr einer Gefahr für Leib, Leben oder Freiheit des Betroffenen (Tetsch/Baldarelli PolG NRW Erl. 8.2; Müller, Polizeiliche Datenerhebung durch Befragung, 1997, 119). Nicht solche Daten, die irgendwann einmal gebraucht werden könnten, sondern nur solche, die gegenwärtig für eine bestimmte Aufgabe erforderlich sind, dürfen erhoben werden. Abs. 7 S. 1 hat schließlich auch das öffentliche Interesse an einem sinnvollen Einsatz der polizeilichen Ressourcen im Blick. So soll die Vorschrift die Polizei davon abhalten, nutzlose Daten zu speichern (Tetsch/Baldarelli PolG NRW Erl. 8.2).

E. Rechtsschutz

Das polizeiliche Auskunftsverlangen bei einer Befragung ist als **Verwaltungsakt** zu qualifi- 50 zieren, wenn es um die Erhebung solcher Daten geht, hinsichtlich derer eine Auskunftspflicht besteht (Lisken/Denninger PolR-HdB/Graulich E Rn. 276; Müller, Polizeiliche Datenerhebung durch Befragung, 1997, 154). Die gem. § 35 S. 1 VwVfG. NRW. erforderliche Regelung liegt darin, dass das Auskunftsverlangen die gesetzlich vorgesehene Auskunftspflicht für den konkreten Einzelfall konkretisiert (OVG Münster NWVBl. 1991, 121 (122); OVG Lüneburg OVGE 6, 325 f.; Müller, Polizeiliche Datenerhebung durch Befragung, 1997, 154; Erichsen JURA 1993, 45). Der Verwaltungsakt wird sich in der Regel schon vor Klageerhebung erledigen. In diesen Fällen ist die sog. erweiterte **Fortsetzungsfeststellungsklage** analog § 113 Abs. 1 S. 4 VwGO statthaft. Anders ist die Rechtsnatur der Befragung zu beurteilen, wenn die Polizei Informationen begehrt, die zu erteilen der Maßnahmeadressat nicht verpflichtet ist. Wird die Auskunft freiwillig erteilt und steht es dem Betroffenen frei, das Gespräch mit der Polizei jederzeit abzubrechen, so fehlt es an einer rechtsverbindlichen Regelung. Eine solche Befragung ist ein **Realakt** (Lisken/Denninger PolR-HdB/Graulich E Rn. 275; Müller, Polizeiliche Datenerhebung durch Befragung, 1997, 154 f.). Der Betroffene kann ihre Rechtmäßigkeit mit einer **allgemeinen Feststellungsklage** gem. § 43 Abs. 1 Alt. 1 VwGO gerichtlich überprüfen lassen.

§ 10 Vorladung

(1) Die Polizei kann eine Person schriftlich oder mündlich vorladen, wenn
1. Tatsachen die Annahme rechtfertigen, dass die Person sachdienliche Angaben machen kann, die für die Erfüllung einer bestimmten polizeilichen Aufgabe erforderlich sind,
2. das zur Durchführung erkennungsdienstlicher Maßnahmen erforderlich ist.

(2) ¹Bei der Vorladung soll deren Grund angegeben werden. ²Bei der Festsetzung des Zeitpunkts soll auf den Beruf und die sonstigen Lebensverhältnisse der betroffenen Person Rücksicht genommen werden.

(3) ¹Leistet eine betroffene Person der Vorladung ohne hinreichenden Grund keine Folge, so kann sie zwangsweise durchgesetzt werden,
1. wenn die Angaben zur Abwehr einer Gefahr für Leib, Leben oder Freiheit einer Person erforderlich sind,
2. zur Durchführung erkennungsdienstlicher Maßnahmen.
²Die zwangsweise Vorführung darf nur auf Grund richterlicher Anordnung erfolgen, es sei denn, dass Gefahr im Verzug vorliegt.

(4) § 136a der Strafprozessordnung gilt entsprechend.

(5) Für die Entschädigung von Personen, die auf Vorladung als Zeugen erscheinen, und für die Vergütung von Personen, die als Sachverständige herangezogen werden, gilt das Justizvergütungs- und -entschädigungsgesetz entsprechend.

Überblick

Eine Vorladung nach Abs. 1 kommt in zwei Situationen in Betracht: wenn Tatsachen die Annahme rechtfertigen, dass der Maßnahmeadressat sachdienliche Angaben machen kann, die für die Erfüllung einer bestimmten polizeilichen Aufgabe erforderlich sind (Abs. 1 Nr. 1), und wenn die Vorladung zur Durchführung erkennungsdienstlicher Maßnahmen erforderlich ist (Abs. 1 Nr. 2). Die Behörde soll gem. Abs. 2 S. 1 den Grund für die Vorladung angeben. Bei der Festsetzung des in der Vorladung genannten Zeitpunkts soll auf den Beruf und die sonstigen Lebensverhältnisse der betroffenen Person Rücksicht genommen werden (Abs. 2 S. 2). Bei Nichtbefolgung kann die Vorladung mittels Vorführung gem. Abs. 3 durchgesetzt werden. In Abs. 4 ist die entsprechende Geltung des § 136a StPO angeordnet. Zeugen und Sachverständige, die auf Vorladung erscheinen, sind nach dem JVEG zu entschädigen, auf das § 10 Abs. 5 ausdrücklich verweist. Die Vorladung ist in allen Ländern in den Polizei- und Ordnungsbehördengesetzen speziell geregelt, meistens in einer eigenen Bestimmung (vgl. zB § 27 BWPolG, Art. 15 BayPAG, § 30 HSOG, § 16 NPOG).

Übersicht

A. Bedeutung und Zweck

1   Die Vorladung ist in Nordrhein-Westfalen als eigenständige Standardmaßnahme ausgestaltet. Unter einer Vorladung ist das schriftliche oder mündliche Gebot zu verstehen, zu oder bis zu einem bestimmten Zeitpunkt an einem bestimmten Ort (in der Regel auf einer Polizeidienststelle) zu erscheinen und so lange zu bleiben, bis die Befragung oder die erkennungsdienstliche Behandlung, deren Durchführung die Vorladung dient, abgeschlossen ist (Kingreen/Poscher POR § 13 Rn. 76). Unter den Voraussetzungen des § 24 Nr. 2 NRWOBG iVm § 10 kann auch die Ordnungsverwaltung Personen vorladen. Die in Abs. 1 geregelte Anordnungsbefugnis bezieht sich nicht unmittelbar auf die Erhebung oder Verarbeitung von

Daten. Gleichwohl ist sie im Abschnitt über die Datenerhebung und Datenverarbeitung zu finden, weil sie auf eine Befragung sowie erkennungsdienstliche Maßnahmen (vgl. Abs. 1 Nr. 1 und Nr. 2), also besondere Formen der Datenerhebung, gerichtet ist.

B. Beschränkung der grundrechtlichen Freiheit der Person (Art. 2 Abs. 2 S. 2 GG)

Ob eine Maßnahme die Freiheit der Person beschränkt, wird teilweise von dem Zweck **2** abhängig gemacht, den staatliche Stellen erreichen wollen. Nach diesem Ansatz sind nur solche Anordnungen als Eingriffe in das Grundrecht aus Art. 2 Abs. 2 S. 2 GG zu bewerten, die gerade auf eine Beschränkung der Freiheit der Person abzielen. Die grundrechtliche Freiheit der Person soll dagegen nicht beeinträchtigt sein, wenn sich die Einschränkung der Fortbewegungsfreiheit als notwendige oder in Kauf genommene Folge einer staatlichen Maßnahme darstellt (Sachs/Murswiek GG Art. 2 Rn. 233). Folgt man ihm, so lässt sich die Vorladung nicht als Freiheitsbeschränkung qualifizieren, da sie darauf gerichtet ist, die Befragung des Maßnahmeadressaten sowie ggf. eine erkennungsdienstliche Behandlung zu ermöglichen. Die Vorladung ist dann lediglich an der allgemeinen Handlungsfreiheit aus Art. 2 Abs. 1 GG zu messen. Gegen eine solche Sichtweise ist jedoch vorzubringen, dass Freiheitsbeschränkungen so gut wie nie ein Selbstzweck sein dürften (Dreier/Schultze-Fielitz GG Art. 2 Abs. 2 Rn. 104). Im Übrigen erscheint es wenig überzeugend, die Qualifikation einer Maßnahme als freiheitsbeschränkend davon abhängig zu machen, welchen Zweck der jeweils handelnde Amtswalter (vorgeblich) verfolgt. Ein solcher Ansatz gibt staatlichen Stellen die Möglichkeit, durch Festlegung bestimmter, über die Freiheitsbeschränkung hinausweisender Eingriffszwecke den grundrechtlichen Schutz des Art. 2 Abs. 2 S. 2 GG zu unterlaufen.

Die Rechtsprechung steht auf dem Standpunkt, dass eine Vorladung die durch Art. 2 **3** Abs. 2 S. 2 GG, Art. 104 GG geschützte Freiheit der Person nicht beeinträchtigt. Etwas anderes soll nur gelten, wenn die Polizei die durch Vorladung begründete Pflicht, einen bestimmten Ort aufzusuchen, mittels unmittelbaren Zwangs durchsetzt (BVerfGE 22, 21 (26); 6, 354 (355)). Mit anderen Worten soll erst die Vorführung bei Nichtbeachtung der Vorladung als ein Eingriff in das Grundrecht aus Art. 2 Abs. 2 S. 2 GG zu qualifizieren sein (BVerfGE 22, 21 (26)). Zur Begründung wird auf Art. 104 GG verwiesen, der von „Festhalten", „Festnahme" und in „Gewahrsam halten" spricht und damit das Erfordernis eines körperlich wirkenden Zwangs nahelegt. Darüber hinaus lässt sich für eine solche Sichtweise anführen, dass die Abwesenheit von Zwang ein Leitmotiv der grundrechtlichen Freiheit der Person ist (v. Münch/Kunig/Kunig GG Art. 2 Rn. 74).

Den Eingriff in die grundrechtliche Freiheit der Person von der Androhung oder Anwen- **4** dung unmittelbaren Zwangs abhängig zu machen, überbetont allerdings den Zusammenhang zwischen Art. 2 Abs. 2 S. 2 GG und Art. 104 GG. Aus Art. 104 GG ergibt sich nicht, welche Anforderungen an einen Eingriff in die Freiheit der Person zu stellen sind. Nach der heute als „klassisch" bezeichneten Definition muss ein Grundrechtseingriff sich als finale und unmittelbare Folge eines staatlichen Rechtsakts darstellen, der mit Befehl und Zwang durchgesetzt werden kann (MKS/Starck GG Art. 1 Abs. 3 Rn. 265 mwN). Der klassische Eingriffsbegriff setzt eine aktuelle Zwangseinwirkung gerade nicht voraus. Die für einen Eingriff erforderliche Imperativität des Staatshandelns ist vielmehr bereits zu bejahen, wenn eine hoheitliche Anordnung zwangsweise durchgesetzt werden kann. Es ist nicht ersichtlich, wieso für Eingriffe in das Grundrecht aus Art. 2 Abs. 2 S. 2 GG etwas anderes gelten und eine physische Einwirkung auf die Person des Grundrechtsträgers zu fordern sein sollte. Vor diesem Hintergrund ist zB ein mit Hilfe einer sog. elektronischen Fußfessel überwachter Hausarrest als Freiheitsentziehung iSd Art. 104 Abs. 2 GG zu bewerten, obwohl dem Verlassen der Wohnung keine körperlich wirkenden Hindernisse entgegenstehen (vgl. LG Frankfurt a. M. NJW 2001, 697).

Für den rechtstreuen Maßnahmeadressaten, der einer Vorladung Folge leistet, ist die Maß- **5** nahme ebenso einschneidend wie für denjenigen, der sich zunächst widersetzt und dem gegenüber deshalb Vollstreckungsmaßnahmen ergriffen werden. Die Vorladung ergeht als Verwaltungsakt, der regelmäßig von der Behörde ohne Einschaltung der Verwaltungsgerichte vollzogen werden kann. Es ist daher davon auszugehen, dass die Androhung und Anwendung unmittelbaren Zwangs der zugrundeliegenden Vorladung in Zeiten eines voll entwickelten staatlichen Gewaltmonopols keine besondere Qualität geben. Entscheidend ist, dass der Betroffene sich zur Befragung oder erkennungsdienstlichen Behandlung auf der Polizeidienststelle einzufinden hat und sich dort nicht frei bewegen kann. Auch kann er sich im Vorfeld von der Dienststelle nicht beliebig weit entfernen, weil er ansonsten nicht imstande wäre, den vorgesehenen Termin einzuhalten. Obwohl eine solche Beeinträchtigung der Fortbewegungsfreiheit regelmäßig nur von kurzer Dauer sein wird, lässt sich nicht sagen, sie sei aus grundrechtlicher Perspektive zu vernachlässigen. Die **Vorladung schränkt somit die Freiheit der Person** ein. Für die Qualifikation der Vorladung als freiheitsbeschränkend ist es unerheblich, ob die Polizei den Betroffenen dazu verpflichtet, zu einem bestimmten Zeitpunkt zu erscheinen, oder ob sie ihm hierfür ein Zeitfenster vorgibt.

C. Anwendungsbereich

6 Außerhalb des § 10 kennt die Rechtsordnung weitere Formen der Vorladung. Diese betreffen zB den Verkehrsunterricht (§ 48 StVO), Ausländerangelegenheiten (§ 82 Abs. 4 AufenthG) sowie die Verhütung und Bekämpfung von Infektionskrankheiten (§ 25 Abs. 3 S. 1 IfSG).

I. Repressiv-polizeiliche Vorladungen

7 Die Vorladung nach Abs. 1 erfolgt ausschließlich zu präventiv-polizeilichen Zwecken. Sie ist daher unzulässig, wenn die Angaben dazu dienen sollen, eine bereits verübte Straftat oder Ordnungswidrigkeit aufzuklären (Lisken/Denninger PolR-HdB/Graulich E Rn. 404). Eine Vorladung zur Durchführung eines Strafverfahrens ist nur auf Grundlage der StPO zulässig. Die Befugnis der Polizei zur Vorladung des Beschuldigten ergibt sich aus § 163a StPO (vgl. Nr. 10.0 VVPolG NRW; SBK PolG NRW/Keller Rn. 4). Ihrem Wortlaut nach gestattet die Norm der Polizei die Vernehmung des Beschuldigten. Darin ist jedoch nach zutreffender Ansicht die Befugnis enthalten, den Beschuldigten zur Vernehmung vorzuladen (statt vieler SBK PolG NRW/Keller Rn. 4). Zu beachten ist, dass der Beschuldigte im Strafverfahren nicht zum Erscheinen und zur Aussage vor der Polizei verpflichtet ist (BGH NJW 1962, 1021). Dies folgt aus einem Umkehrschluss zu § 163a Abs. 3 S. 1 StPO. Anders als nach alter Rechtslage sind Zeugen gem. § 163 Abs. 3 S. 1 StPO nunmehr zum Erscheinen und zur Aussage auch vor der Polizei – und nicht nur vor der Staatsanwaltschaft – verpflichtet, wenn der Ladung ein Auftrag der Staatsanwaltschaft zugrunde liegt (vgl. Singelnstein/Derin NJW 2017, 2646 (2650)). Indes kann § 163a StPO nicht die Befugnis der Polizei entnommen werden, jemanden – ohne dass die Voraussetzungen des § 127 StPO vorliegen – zwangsweise zur polizeilichen Vernehmung vorzuführen (SBK PolG NRW/Keller Rn. 4). Gleiches gilt angesichts der in § 46 OWiG enthaltenen Verweisung auf die StPO für die Verfolgung von Ordnungswidrigkeiten. Dementsprechend kommt bei der Verfolgung von Straftaten und Ordnungswidrigkeiten eine entsprechende Anwendung des § 10 Abs. 1 nicht in Frage (Lisken/Denninger PolR-HdB/Graulich E Rn. 404). Vorgaben für die Ladung und Vernehmung von Zeugen und Sachverständigen lassen sich Nr. 64 RiStBV entnehmen.

II. Strafverfolgungsvorsorge gem. § 81b Alt. 2 StPO

8 Die in § 81b StPO niedergelegten Eingriffsermächtigungen räumen der Polizei ebenfalls die Befugnis ein, eine Person vorzuladen (vgl. Petersen-Thrö/Ornatowski SächsVBl. 2008, 29). Die Polizei darf eine auf § 81b StPO gestützte Vorladung auch zwangsweise durchsetzen (OLG Naumburg NStZ-RR 2006, 179 (180)). Maßnahmen, die gem. § 81b Alt. 1 StPO angeordnet werden, sind auf die Aufklärung einer bereits begangenen Straftat gerichtet, wenn sie zur Durchführung eines Strafverfahrens erfolgen. Die erkennungsdienstliche Behandlung nach § 81b Alt. 2 StPO zählt dagegen zur sog. Strafverfolgungsvorsorge. Die Strafverfolgungsvorsorge dient der Verfolgung **möglicher späterer bzw. später bekannt werdender Straftaten** (Schenke PolR Rn. 11). In Rechtsprechung und Schrifttum wird uneinheitlich beurteilt, ob die Strafverfolgungsvorsorge dem Bereich der Gefahrenabwehr (so etwa VerfGH Bayern NVwZ 1996, 166; Kingreen/Poscher POR § 3 Rn. 5; Schoch JuS 1994, 391 (394)) oder der Strafverfolgung (in diesem Sinne BVerfG NJW 2005, 2603; BVerwG NVwZ 2012, 757 (760)) zuzurechnen ist. Richtigerweise ist davon auszugehen, dass die Strafverfolgungsvorsorge wegen ihres engen Zusammenhangs mit der Strafverfolgung zum Bereich repressiv-polizeilicher Tätigkeit gehört, für den dem Bund gem. Art. 74 Abs. 1 Nr. 1 GG die Gesetzgebungskompetenz zukommt (Schenke PolR Rn. 30).

§ 81b Alt. 2 StPO ist einschlägig, soweit die Vorladung durch ein gegen den Betroffenen **9** als Beschuldigten geführtes Strafverfahren veranlasst ist. Der Maßnahmeadressat ist **Beschuldigter,** wenn subjektiv ein entsprechender Willensakt der Strafverfolgungsbehörde vorliegt (Einleitung eines förmlichen Ermittlungsverfahrens) oder wenn objektiv tatsächliche Anhaltspunkte gegeben sind, die nach den kriminalistischen Erfahrungen die Beteiligung des Betroffenen an einer verfolgbaren Straftat als möglich erscheinen lassen (vgl. Beulke/Swoboda, Strafprozessrecht, 14. Aufl. 2018, Rn. 111 mwN). Die Anordnung erkennungsdienstlicher Maßnahmen gem. § 81b Alt. 2 StPO ist ein **Verwaltungsakt,** dessen Erlass in die ausschließliche Zuständigkeit der Kriminalpolizei fällt (VGH Mannheim NVwZ-RR 2004, 572; BeckOK StPO/Goers StPO § 81b Rn. 12). Rechtsgrundlage für die zwangsweise Durchsetzung der Vorladung ist § 81b StPO selbst (OLG Hamm BeckRS 2018, 33840).

Die Vorladung ist in demselben Umfang zulässig wie die **erkennungsdienstlichen Maß-** **10** **nahmen,** die die Polizei durchzuführen beabsichtigt. § 81b StPO erfasst im Grundsatz alle erkennungsdienstlichen Maßnahmen, welche der Feststellung der körperlichen Beschaffenheit dienen. So dürfen das Aussehen, Körperteile und -merkmale sowie sonstige für die Individualität einer Person signifikante, dauerhafte Persönlichkeitsgegebenheiten fotografiert, vermessen oder in anderer Weise registriert werden, um durch einen Vergleich mit bereits vorliegenden Erkenntnissen feststellen zu können, ob sie auf den Beschuldigten als Täter hindeuten (BGHSt 34, 45). Aus der Aufzählung der in § 81b StPO beispielhaft genannten Maßnahmen ergibt sich, dass nur solche Identifizierungsmöglichkeiten in Betracht kommen, die – ohne dass es einer körperlichen Untersuchung iSd § 81a Abs. 1 StPO bedarf – der Feststellung der körperlichen Beschaffenheit dienen (Pfeiffer, Strafprozessordnung: StPO, 5. Aufl. 2005, StPO § 81b Rn. 2). Messungen der Atem- und Pulsbewegungen, um die innere Erregung der Aussageperson zu ermitteln, lassen sich nicht auf § 81b Alt. 2 StPO stützen (Pfeiffer, Strafprozessordnung: StPO, 5. Aufl. 2005, StPO § 81b Rn. 2). Ebenso wenig ermächtigt die Norm die Polizeibehörden dazu, in eigener Zuständigkeit eine Speichelprobe zu entnehmen (vgl. VG Aachen BeckRS 2006, 22966). Die angeordneten Maßnahmen müssen für Zwecke des Erkennungsdienstes **notwendig** sein. Dies setzt voraus, dass der Maßnahmeadressat voraussichtlich erneut Straftaten begehen wird. Ob eine derartige Wiederholungsgefahr besteht, ist von der Polizei auf der Grundlage einer tatsachenbasierten Prognose zu entscheiden, die nach dem gegenwärtigen Erkenntnisstand unter Berücksichtigung des kriminalistischen Erfahrungswissens zu erstellen ist. Die Wiederholungsgefahr setzt voraus, dass aufgrund eines konkreten Sachverhalts die Prognose angestellt werden kann, der Betroffene werde auch in Zukunft in den Kreis Verdächtiger von noch aufzuklärenden anderen Straftaten einzubeziehen sein (VG Würzburg BeckRS 2019, 11380). Als weitere Voraussetzung ist zu fordern, dass die erkennungsdienstlichen Unterlagen geeignet erscheinen, die später ggf. zu führenden Ermittlungen zu fördern (vgl. VG Augsburg BeckRS 2005, 37549).

D. Rechtsnatur und Voraussetzungen

Die Vorladung ist ein **Verwaltungsakt** iSd § 35 S. 1 VwVfG. NRW. Sie ist in der Regel **11** nicht unaufschiebbar iSd § 80 Abs. 2 S. 1 Nr. 2 VwGO, sodass den gegen sie eingelegten Rechtsbehelfen aufschiebende Wirkung zukommt (OVG Münster DVBl 1982, 658). Etwas anderes kann für mündliche Vorladungen gelten, die in den von § 10 Abs. 3 S. 1 beschriebenen Gefahrensituationen ausgesprochen werden (SBK PolG NRW/Keller Rn. 11; Tegtmeyer/Vahle PolG NRW/Vahle Rn. 11).

Eine Vorladung erledigt sich nicht schon durch Verstreichen des in der Vorladung **12** bestimmten Termins. Die **Erledigung eines Verwaltungsakts** (vgl. § 43 Abs. 2 VwVfG. NRW.) setzt voraus, dass von diesem keine Regelungswirkung mehr ausgeht (SBS/Sachs VwVfG § 43 Rn. 204 ff.; sa BeckOK VwVfG/Schemmer VwVfG § 43 Rn. 46 ff.). Aus Sicht der vorgeladenen Person stellt der Umstand, dass in der Vorladung ein bestimmter Zeitpunkt festgelegt wird, keine zeitliche Beschränkung des Gebots dar, auf der Polizeidienststelle zu erscheinen. Vielmehr muss der Maßnahmeadressat die Vorladung so verstehen, dass sein Erscheinen bei fortdauernder Weigerung durch Vollstreckungsmaßnahmen durchgesetzt werden kann und der festgelegte Zeitpunkt ihm nur die Möglichkeit eröffnen soll, die Anwendung von Zwangsmitteln zu vermeiden (vgl. OVG Magdeburg Beschl. v. 18.9.2007 – 2 O 218/07).

I. Formelle Rechtmäßigkeit

13   Da die Vorladung ein Verwaltungsakt ist, sind die für Verwaltungsakte geltenden Verfahrensvoraussetzungen (vgl. §§ 9 ff. VwVfG. NRW.) und damit insbesondere das **Anhörungserfordernis des § 28 Abs. 1 VwVfG. NRW.** zu beachten. Die in § 28 Abs. 2 VwVfG. NRW. geregelten Ausnahmen von der Anhörung dürften bei einer Vorladung nur selten eingreifen. Nach § 10 Abs. 1 kann die Vorladung **schriftlich** (zB per Fax) oder **mündlich** (auch fernmündlich) ergehen. Das Gesetz sieht nicht vor, dass die Vorladung zuzustellen ist. Allerdings ist eine förmliche Bekanntgabe zweckmäßig, um den Zugang beweisen zu können. Wird mit der Vorladung ein Zwangsmittel angedroht, so ist das Zustellungserfordernis des § 56 Abs. 6 S. 1 (bzw. § 63 Abs. 6 S. 2 VwVG NRW) zu beachten.

14   Gemäß Abs. 2 S. 1 soll bei der Vorladung deren **Grund** angegeben werden. Erforderlich sind präzise Angaben, damit der Vorgeladene weiß, was von ihm verlangt werden wird, und er sich darüber klar werden kann, wie er sich zu dem Verlangen der Polizei verhalten soll (Kingreen/Poscher POR § 13 Rn. 78; Lisken/Denninger PolR-HdB/Graulich E 409; Hornmann HSOG § 30 Rn. 18). Es muss zum Ausdruck kommen, in welchem Zusammenhang und zu welchem Zweck die Vorladung erfolgt und warum gerade der Betroffene vorgeladen wird (Lisken/Denninger PolR-HdB/Graulich E Rn. 409). Insbesondere ist sicherzustellen, dass der Betroffene das Thema einer geplanten Befragung erfassen und sich entsprechend vorbereiten kann. Dafür reichen Floskeln wie „zur Aufklärung eines Sachverhalts" grundsätzlich nicht aus. Ist eine erkennungsdienstliche Behandlung beabsichtigt, so sind in der Vorladung die Maßnahmen, die durchgeführt werden sollen, im Einzelnen anzuführen (vgl. OVG Lüneburg NVwZ-RR 2004, 346). Eine Ausnahme von der Notwendigkeit, den Grund für die Vorladung mitzuteilen, ist für den Fall anzuerkennen, dass der jeweilige Grund offenkundig ist (Gusy PolR Rn. 225). Konkrete Hinweise sind überdies entbehrlich, wenn sie den Zweck der Vorladung gefährden oder vereiteln würden. Durch Abs. 2 S. 1 wird klargestellt, dass die Vorladung nicht dazu eingesetzt werden darf, die Lebensumstände des Maßnahmeadressaten umfassend auszuforschen (Schenke PolR Rn. 130). Ein Verstoß gegen Abs. 2 S. 1 führt dazu, dass der Maßnahmeadressat der Vorladung nicht Folge leisten muss (Kingreen/Poscher POR § 13 Rn. 79). Die Vorladung darf in diesem Fall nicht zwangsweise durchgesetzt werden, da ein hinreichender Grund iSd Abs. 3 S. 1 vorliegt. Zu beachten ist, dass Abs. 3 S. 1 den Betroffenen nicht dazu verpflichtet, sein Fernbleiben zu entschuldigen. Das Fehlen einer Entschuldigung lässt daher nicht den Rückschluss zu, dass es an einem hinreichenden Grund iSd Abs. 3 S. 1 fehlt (Hornmann HSOG § 30 Rn. 30).

II. Materielle Rechtmäßigkeit

15   Die Polizei kann eine Person vorladen, wenn diese sachdienliche Angaben machen kann, die für die Erfüllung einer bestimmten polizeilichen Aufgabe erforderlich sind. Darüber hinaus ist eine Vorladung zulässig, wenn erkennungsdienstliche Maßnahmen an der vorgeladenen Person durchgeführt werden sollen. Nur diese Zwecke rechtfertigen eine verbindliche Aufforderung zum Erscheinen. Gegenüber welchen Personen die Maßnahme angewendet darf, ergibt sich aus § 10 selbst. Ein Rückgriff auf die §§ 4 ff. ist nicht erforderlich (SBK PolG NRW/Keller Rn. 12).

1. Vorladung zum Zweck der Auskunftserteilung (Abs. 1 Nr. 1)

16   Abs. 1 Nr. 1 entspricht dem Tatbestand des § 9 Abs. 1. Das ist sachgerecht, weil sich an die Vorladung nach § 10 Abs. 1 Nr. 1 eine Befragung anschließt. Es muss daher zunächst eine bestimmte polizeiliche Aufgabe zu erfüllen sein. Darunter sind die in § 1 Abs. 1 genannten Aufgaben zu verstehen. Zu den polizeilichen Aufgaben zählen neben der **Gefahrenabwehr** auch die **vorbeugende Bekämpfung von Straftaten** und die **Gefahrenvorsorge.** Der Eingriffstatbestand des § 10 Abs. 1 Nr. 1 fordert nicht, dass eine konkrete Gefahr für ein polizeirechtliches Schutzgut besteht. Die Angaben der befragten Person müssen für die

Erfüllung der polizeilichen Aufgabe **erforderlich** sein. Das Merkmal der Erforderlichkeit ist Ausdruck des Verhältnismäßigkeitsprinzips. Es erfordert, dass die **Kenntnis der Daten zur Erreichung des konkreten Zwecks objektiv geeignet und im Verhältnis zu ihm auch notwendig** ist (Tegtmeyer/Vahle PolG NRW/Vahle § 9 Rn. 14). Hiervon ist auszugehen, wenn die Polizei auf die Kenntnis der Angaben angewiesen ist, um eine bestimmte Aufgabe rechtmäßig, vollständig und zeitgerecht wahrzunehmen (VGH Mannheim DÖV 1995, 424). Die Annahme, dass eine Person sachdienliche Angaben machen kann, muss auf **Tatsachen** beruhen. Tatsachen sind Umstände, die dem Beweis zugänglich sind. Nicht ergehen darf eine Vorladung auf der Grundlage bloßer Vermutungen oder Erfahrungssätze (Tetsch/Baldarelli PolG NRW Erl. 1.2 mwN).

Ob die Rechtmäßigkeit einer Vorladung davon abhängt, dass der Maßnahmeadressat **zur** **17** **Auskunft verpflichtet** ist, wird unterschiedlich beurteilt (bejahend Wagner, Kommentar zum Polizeigesetz von Nordrhein-Westfalen und zum Musterentwurf eines einheitlichen Polizeigesetzes des Bundes und der Länder, 1987, § 11 Rn. 46 ff.; aA Götz/Geis PolR § 8 Rn. 22). Nach § 9 Abs. 2 S. 1 besteht im Rahmen einer Befragung die Pflicht, auf Fragen nach Namen und Vornamen, Tag und Ort der Geburt, die Wohnanschrift sowie die Staatsangehörigkeit zu antworten. Weitere Auskünfte müssen gem. § 9 Abs. 2 S. 2 nur erteilt werden, soweit gesetzliche Handlungspflichten bestehen. Gesetzliche Handlungspflichten iSd § 9 Abs. 2 S. 2 sind nur Offenbarungspflichten, die sich direkt aus einem Gesetz ergeben. Auskunftspflichten lassen sich bspw. § 323c StGB, § 138 StGB und § 1626 BGB entnehmen. Demgegenüber können aus § 8 iVm §§ 4–6 keine Handlungspflichten iSd § 9 Abs. 2 S. 2 hergeleitet werden.

Letzten Endes sprechen die besseren Argumente dafür, die Vorladung nicht vom Bestehen **18** einer Auskunftspflicht abhängig zu machen. Zwar ließe sich argumentieren, dass eine Vorladung wenig Sinn macht, wenn der Maßnahmeadressat – mangels Auskunftspflicht – die ihm gestellten Fragen nicht beantworten muss. Auf der anderen Seite legt der Wortlaut des Abs. 1 nicht nahe, dass den Maßnahmeadressaten eine Pflicht zur Auskunft treffen muss. Hinzu kommt, dass der Betroffene sich im Rahmen einer Befragung möglicherweise dazu bewegen lässt, auf Fragen zu antworten, hinsichtlich derer gesetzliche Handlungspflichten iSd § 9 Abs. 2 S. 2 nicht eingreifen. Eine Vorladung zum Zwecke der Befragung kann somit unabhängig vom Bestehen einer Auskunftspflicht sinnvoll sein.

Regelmäßig stellt sich die Frage, ob eine Vorladung, die auf eine Befragung abzielt, das **19** mildeste unter den zur Verfügung stehenden Mitteln und damit „**erforderlich**" iSd Abs. 1 Nr. 1 ist. Die Erforderlichkeit einer Vorladung ist zu verneinen, wenn die Polizeibehörde die begehrten Informationen aus eigenen Unterlagen oder im Wege der Amtshilfe (§§ 4 ff. VwVfG. NRW.) durch andere Behörden erlangen kann (Tegtmeyer/Vahle PolG NRW/Vahle Rn. 6).

2. Vorladung zum Zweck der erkennungsdienstlichen Behandlung (Abs. 1 Nr. 2)

Die Vorladung nach Abs. 1 Nr. 2 soll eine erkennungsdienstliche Behandlung des Betroffe- **20** nen ermöglichen und ist deshalb materiell rechtmäßig, wenn die in § 14 niedergelegten Voraussetzungen erfüllt sind. Gemäß § 14 Abs. 1 Nr. 1 kann die Polizei erkennungsdienstliche Maßnahmen vornehmen, wenn eine nach § 12 zulässige Identitätsfeststellung auf andere Weise nicht oder nur unter erheblichen Schwierigkeiten möglich ist. Erkennungsdienstliche Maßnahmen können gem. § 14 Abs. 1 Nr. 2 überdies ergriffen werden, wenn das zur vorbeugenden Bekämpfung von Straftaten erforderlich ist, weil die betroffene Person verdächtig ist, eine Tat begangen zu haben, die mit Strafe bedroht ist, und wegen der Art und Ausführung der Tat die Gefahr der Wiederholung besteht. Mit Blick auf § 14 Abs. 1 Nr. 2 ist zu beachten, dass der Anwendungsbereich der Norm durch § 81b Alt. 2 StPO begrenzt wird. Für § 14 Abs. 1 Nr. 2 bleibt nur Raum, wenn jemand einer Tat verdächtig, aber nicht (mehr) Beschuldigter ist. Zu den erkennungsdienstlichen Maßnahmen iSd § 14 Abs. 4 zählen insbesondere die Abnahme von Fingerabdrücken, die Aufnahme von Lichtbildern, die Feststellung äußerer körperlicher Merkmale sowie Messungen.

Sind die Voraussetzungen des § 14 erfüllt, so ist eine Vorladung auf die Dienststelle „erfor- **21** derlich" iSd § 10 Abs. 1 Nr. 2. Grund hierfür ist, dass der Polizei die für die erkennungsdienstliche Behandlung notwendigen Mittel regelmäßig nur auf der Dienststelle zur Verfügung stehen (Lisken/Denninger PolR-HdB/Graulich E Rn. 405). Liegen die Voraussetzungen des § 14 nicht vor, so darf die Polizei den Betroffenen auch nicht zu einer „freiwilligen" erkennungsdienstlichen Behandlung vorladen (vgl. OVG Magdeburg Beschl. v. 18.9.2007 – 2 O 218/07).

3. Geltung des § 136a StPO (§ 10 Abs. 4)

22   § 10 Abs. 4 erklärt § 136a StPO für entsprechend anwendbar. Nach § 136a StPO darf die Freiheit der Willensentschließung und der Willensbetätigung des Betroffenen nicht beeinträchtigt werden durch Misshandlung, Ermüdung, körperlichen Eingriff, Verabreichung von Mitteln, Quälerei, Täuschung sowie Hypnose. Auch die Drohung mit einer unzulässigen Maßnahme und das Versprechen eines gesetzlich nicht vorgesehenen Vorteils sind verboten. § 136a StPO ist eine besondere Ausprägung der Menschenwürdegarantie des Art. 1 Abs. 1 GG und gilt ohne Rücksicht auf eine mögliche Einwilligung des Betroffenen (Dietlein/ Hellermann NRWÖffR/Dietlein § 3 Rn. 218). Die entsprechende Geltung des § 136a StPO ist in erster Linie im Anwendungsbereich von § 10 Abs. 1 Nr. 1 bedeutsam, also dann, wenn die Vorladung eine Befragung ermöglichen soll. Unter dem Gesichtspunkt der Gesetzessystematik ist der Verweis auf § 136a StPO fragwürdig, da § 10 nur der Vorbereitung der Befragung dient. Der Verweis ist daher im Zusammenhang mit der Befugnis zur Befragung aus § 9 zu sehen (vgl. Dietlein/Hellermann NRWÖffR/Dietlein § 3 Rn. 218).

4. Verhältnismäßigkeit

23   Als Rechtsfolge räumt § 10 Abs. 1 der Polizei Ermessen ein (vgl. § 40 VwVfG). Eine wichtige Ermessensschranke ist das Verhältnismäßigkeitsprinzip (§ 2), das in § 10 Abs. 2 S. 2 eine besondere Ausprägung erfahren hat. Nach dieser Norm soll bei der Festsetzung des in der Vorladung genannten Zeitpunkts auf den Beruf und die sonstigen Lebensverhältnisse des Maßnahmeadressaten Rücksicht genommen werden. Diese Vorgabe gilt sowohl für Vorladungen nach Abs. 1 Nr. 1 als auch nach Abs. 1 Nr. 2. Zu den Lebensverhältnissen des Betroffenen, die zu berücksichtigen sind, zählen nur dessen **berechtigte Interessen.** Beispielhaft seien berufliche Termine, eine schlechte Verkehrsverbindung, familiäre Verhältnisse und Krankheitsfälle genannt. Dagegen kann die Polizei sportliche Aktivitäten oder Hobbys unberücksichtigt lassen. Wegen seiner Wurzeln im Grundsatz der Verhältnismäßigkeit gilt die Verpflichtung der Polizei, auf die Lebensverhältnisse des Betroffenen Rücksicht zu nehmen, auch mit Blick auf den Ort, an dem sich die vorgeladene Person einfinden soll. Ferner ist zu beachten, dass die Vorladung gegenüber der Befragung und der Durchführung erkennungsdienstlicher Maßnahmen eine dienende Funktion hat. Dementsprechend ist die Vorladung unverhältnismäßig, wenn eine über § 9 Abs. 2 S. 1 hinausgehende Auskunftspflicht ersichtlich nicht besteht, die Angaben aus § 9 Abs. 2 S. 1 nicht weiterhelfen und der Betroffene bereits glaubhaft zu erkennen gegeben hat, dass er weitere Auskünfte nicht erteilen wird. Besteht dagegen eine Auskunftspflicht, so darf eine Person auch dann vorgeladen und befragt werden, wenn bekannt ist, dass sie die Auskunft eigentlich verweigern will (Kingreen/ Poscher POR § 13 Rn. 84).

E. Entschädigung (Abs. 5)

24   Für Personen, die als Zeugen oder Sachverständige vorgeladen werden, ordnet Abs. 5 eine Entschädigung entsprechend den Vorschriften des JVEG an. Eine Entschädigung zugunsten von Dolmetschern sieht das PolG NRW nicht vor (anders etwa § 3 Abs. 2 HSOG). Da auch § 26 Abs. 3 S. 2 VwVfG. NRW. auf das JVEG verweist, ist § 10 Abs. 5 im Grunde überflüssig. Abs. 5 hat lediglich eine klarstellende Funktion (so auch Tegtmeyer/ Vahle PolG NRW/Vahle Rn. 19). Da die Entschädigung nur auf Antrag gewährt wird, sollten die betroffenen Personen auf den bestehenden Anspruch hingewiesen werden (Roos/ Lenz RhPfPOG § 12 Rn. 27). Erscheinen Personen aus eigener Initiative, um Angaben zu machen, so kann eine Entschädigung gem. Abs. 5 nicht gewährt werden. In dieser Konstellation fehlt es an der von der Vorschrift vorausgesetzten „Opfersituation", in der sich vorgeladene Zeugen oder Sachverständige normalerweise befinden (vgl. Roos/Lenz RhPfPOG § 12 Rn. 27). Ebenso wenig besteht ein Anspruch auf Entschädigung, wenn der Maßnahmeadressat – zB nach einem Verkehrsunfall – an Ort und Stelle befragt wird (SBK PolG NRW/ Keller Rn. 14). Schließlich begründet auch eine schriftliche Anhörung keine Entschädigungspflicht des Landes (SBK PolG NRW/Keller Rn. 14).

F. Durchsetzung (Abs. 3)

Als Verwaltungsakt kann die Vorladung von der Polizei nach den §§ 50 ff. zwangsweise **25** durchgesetzt werden. Lädt die Ordnungsbehörde gem. § 24 Nr. 2 NRWOBG iVm § 10 eine Person vor, so erfolgt die Vollstreckung nach den Vorschriften des VwVG NRW. Zu bedenken ist dabei, dass die §§ 55 ff. VwVG NRW – anders als die §§ 50 ff. – die Anwendung unmittelbaren Zwangs von einer vorangehenden Festsetzung abhängig machen (vgl. § 64 VwVG NRW). Neben den Voraussetzungen der §§ 50 ff. ist § 10 Abs. 3 S. 1 zu beachten. Danach ist die zwangsweise Durchsetzung der Vorladung gem. Abs. 1 Nr. 1 nur zulässig, wenn von dem Betroffenen sachdienliche Angaben verlangt werden, die zur Abwehr von Gefahren für Leib, Leben oder Freiheit erforderlich sind. Die Vorladung zum Zweck der erkennungsdienstlichen Behandlung (Abs. 1 Nr. 2) unterliegt dagegen keinen weiteren Einschränkungen. Von der Vollstreckung der Vorladung ist die zwangsweise Durchsetzung des Auskunftsverlangens im Rahmen einer Befragung strikt zu unterscheiden. Gemäß § 55 Abs. 2 darf unmittelbarer Zwang nicht angewendet werden, um den Betroffenen zur Abgabe einer Erklärung zu bewegen (vgl. Nr. 10.3 VVPolG NRW).

I. Vollziehungsanordnung (§ 80 Abs. 2 Nr. 4 VwGO)

Eine Vorladung ist vollstreckbar, wenn sie unanfechtbar geworden oder für sofort vollzieh- **26** bar erklärt worden ist (vgl. § 50 Abs. 1). Der sofortige Vollzug einer Vorladung gem. § 50 Abs. 2 ist praktisch so gut wie ausgeschlossen (SBK PolG NRW/Keller Rn. 11). Im Regelfall wird die Vorladung im öffentlichen Interesse nach § 80 Abs. 2 S. 1 Nr. 4 VwGO für sofort vollziehbar erklärt, weil die Polizei den Ablauf der Klagefrist (vgl. § 74 VwGO) nicht abwarten kann. Das gilt insbesondere dann, wenn die Polizei auf die Auskünfte der vorgeladenen Person angewiesen ist, um konkrete Gefahren iSd § 10 Abs. 3 Nr. 1 abzuwehren (Roos/ Lenz RhPfPOG § 12 Rn. 18). Erklärt die Polizeibehörde eine Vorladung nach § 80 Abs. 2 S. 1 Nr. 4 VwGO für sofort vollziehbar, so hat sie das besondere Interesse an der sofortigen Vollziehung schriftlich zu begründen (§ 80 Abs. 3 VwGO). Nicht den Anforderungen des § 80 Abs. 3 VwGO genügt der pauschale Hinweis darauf, dass es das öffentliche Interesse an der Aufrechterhaltung der öffentlichen Sicherheit und Ordnung gebiete, sich die zur Verhütung und Unterbindung von Straftaten nötigen Informationen zu beschaffen (Lisken/ Denninger PolR-HdB/Graulich E Rn. 410). Vielmehr muss die Behörde mit Blick auf den konkreten Einzelfall darlegen, dass die mit dem Suspensiveffekt des § 80 Abs. 1 VwGO eintretende Verzögerung der erkennungsdienstlichen Maßnahme die Aufklärung künftiger Straftaten beeinträchtigt und der Betroffene bereits vor einer endgültigen (richterlichen) Entscheidung über die Zulässigkeit einer Vorladung erneut Straftaten begehen wird, zu deren Aufklärung die erkennungsdienstlichen Unterlagen beitragen können (vgl. VGH München BayVBl. 1982, 756 f.).

II. Ersatzvornahme, Zwangsgeld und unmittelbarer Zwang

Als Zwangsmittel, die zur Durchsetzung einer Vorladung angewendet werden können, **27** kommen das Zwangsgeld (§ 53) und der unmittelbare Zwang in Form der Vorführung in Betracht (vgl. § 55, 10 Abs. 3). Das Zwangsgeld ist dabei wegen des Verhältnismäßigkeitsprinzips gegenüber der Vorführung vorrangig. Mit anderen Worten: Eine Vorführung ist nur zulässig, wenn die Verhängung eines Zwangsgelds nicht oder nicht rechtzeitig zum Ziel führt (VGH Kassel DÖV 2017, 561; Hornmann HSOG § 30 Rn. 27). Eine Ersatzvornahme (§ 52) scheidet aus, da die Anordnung, zu oder bis zu einem bestimmten Zeitpunkt einen näher bezeichneten Ort aufzusuchen, nur vom Maßnahmeadressaten selbst befolgt werden kann (vgl. Erlenkämper/Rhein, Verwaltungsvollstreckungsgesetz und Verwaltungszustellungsgesetz Nordrhein-Westfalen, 4. Aufl. 2010, VwVG NRW § 59 Rn. 2). Es ist daher von einer höchstpersönlichen, also nicht vertretbaren Handlung auszugehen.

III. Vorführung (Abs. 3 S. 2)

28   Die Vorführung ist eine **besondere Form des unmittelbaren Zwangs** (vgl. BVerwG NVwZ 1990, 69 (70)). Im Zuge einer Vorführung holen Beamte den Betroffenen an dessen Aufenthaltsort ab und bringen ihn – regelmäßig in einem Dienstfahrzeug – zur Polizeiwache, um ihn dort einer Befragung oder erkennungsdienstlichen Behandlung zu unterziehen. In der Rechtsprechung besteht Einigkeit darüber, dass die Vorführung nicht als Freiheitsentziehung iSd Art. 104 Abs. 2–4 GG, sondern lediglich als Freiheitsbeschränkung zu bewerten ist (vgl. BVerwG NVwZ 1990, 69 (70); BayObLG DÖV 1984, 515; BGH NJW 1982, 753 (755)). Freiheitsbeschränkung und Freiheitsentziehung haben gemeinsam, dass in die Bewegungsfreiheit des Betroffenen eingegriffen wird. Die Abgrenzung ist nach der Intensität des Eingriffs vorzunehmen (BVerwG DÖV 1982, 35), wobei auch die Dauer der Maßnahme nicht außer Acht gelassen werden darf (vgl. BGH NJW 1982, 753 (755)). Der Vorführung soll es an der für eine Freiheitsentziehung erforderlichen Intensität fehlen. Daher müsse die Vorladung nicht durch die bei Freiheitsentziehungen unabdingbare richterliche Kontrolle gesichert werden (vgl. BGH NJW 1982, 753 (755)). Letzten Endes dürften sich allerdings kaum verallgemeinerungsfähige Aussagen darüber treffen lassen, ob eine Vorführung eine Freiheitsentziehung darstellt. Entscheidend sind die Umstände des konkreten Einzelfalls (vgl. auch Dietlein/Hellermann NRWÖffR/Dietlein § 3 Rn. 217). Vor diesem Hintergrund ist es begrüßenswert, dass der nordrhein-westfälische Gesetzgeber die Vorführung in Abs. 3 S. 2 generell unter den Vorbehalt der richterlichen Anordnung stellt. Eine Ausnahme hiervon sieht das Gesetz nur bei Gefahr im Verzug vor.

29   Wenn die Vorführung mit einer Freiheitsentziehung einhergeht, statuiert das Merkmal „**Gefahr im Verzug**" eine Ausnahme von dem verfassungsverbürgten Erfordernis einer richterlichen Anordnung (vgl. Art. 104 Abs. 2 S. 1 GG). Das Merkmal ist daher restriktiv auszulegen (Hornmann HSOG § 30 Rn. 35). Von Gefahr im Verzug ist (nur) auszugehen, wenn die richterliche Anordnung nicht eingeholt werden kann, ohne dass der Zweck der Vorladung gefährdet wird. Diese Voraussetzung ist so gut wie nie erfüllt, wenn die Vorladung einer Befragung dient. Grund hierfür ist, dass die zur Auskunft verpflichtete Person an ihrem Aufenthaltsort aufgesucht und dort befragt werden kann (Hornmann HSOG § 30 Rn. 35). Dem Ausnahmetatbestand „Gefahr im Verzug" kommt Bedeutung somit nur bei der Vorladung zur erkennungsdienstlichen Behandlung zu (Hornmann HSOG § 30 Rn. 35). Besteht Gefahr im Verzug, so ist § 36 einschlägig. Danach hat die Polizei unverzüglich eine richterliche Entscheidung über Zulässigkeit und Fortdauer der Freiheitsentziehung herbeizuführen, wenn eine Person unter anderem aufgrund von Abs. 3 festgehalten wird. Der Richtervorbehalt des Abs. 3 S. 2 ist nicht auf Vorführungen anwendbar, die nach Maßgabe des § 81b Alt. 2 StPO erfolgen. Der Bundesgesetzgeber hat auf eine entsprechende Regelung verzichtet. § 10 Abs. 3 S. 2 bestimmt nicht, in welchem Verfahren die richterliche Entscheidung über eine Vorführung ergeht. Zu beachten ist allerdings § 36 Abs. 2 S. 2. Danach richtet sich das Verfahren nach den §§ 415 ff. FamFG. Vorgaben für die Behandlung des Vorgeführten enthält § 37. Die Dauer der Freiheitsentziehung ist Gegenstand von § 38.

II. Datenerhebung in bestimmten Fällen

§ 11 Erhebung von Personaldaten zur Vorbereitung für die Hilfeleistung und das Handeln in Gefahrenfällen

Die Polizei kann über
1. **Personen, deren Kenntnisse oder Fähigkeiten zur Gefahrenabwehr benötigt werden,**
2. **Verantwortliche für Anlagen oder Einrichtungen, von denen eine erhebliche Gefahr ausgehen kann,**
3. **Verantwortliche für gefährdete Anlagen oder Einrichtungen**

Namen, Vornamen, akademische Grade, Anschriften, Telefonnummern und andere Daten über die Erreichbarkeit sowie nähere Angaben über die Zugehörig-

keit zu einer der genannten Personengruppen erheben, soweit dies zur Vorbereitung für die Hilfeleistung und das Handeln in Gefahrenfällen erforderlich ist.

Überblick

§ 11 regelt die Erhebung von Personaldaten zur Vorbereitung für die Hilfeleistung und das Handeln in Gefahrenfällen. Die weite Zweckbestimmung der Norm ist unter dem Gesichtspunkt der Normenklarheit unbedenklich, weil § 11 eine **abstrakte Gefahrensituation** zugrunde liegt (SBK PolG NRW/Keller Rn. 2). § 11 entsprechende Ermächtigungen finden sich – mit Ausnahme von Hessen – in den Polizeigesetzen aller Bundesländer (vgl. zB § 20 Abs. 4 BWPolG, Art. 32 Abs. 2 BayPAG, § 31 Abs. 3 NPOG). § 11 ermächtigt ausweislich seines Wortlauts nur die Polizeibehörden zur Datenerhebung. Nach Maßgabe des § 24 Nr. 3 NRWOBG gilt die Vorschrift allerdings entsprechend für die Ordnungsbehörden.

A. Bedeutung und Zweck

Wie sich § 1 Abs. 1 S. 2 entnehmen lässt, zählt zur Aufgabe der Gefahrenabwehr auch **1** die sog. **Gefahrenvorsorge.** Die Gefahrenvorsorge ist darauf gerichtet, das Entstehen gefahrenträchtiger Situationen von vornherein zu verhindern. Die Polizei wird also bereits zu einem Zeitpunkt aktiv, in dem noch keine konkrete Gefahr besteht. Zugleich geht es bei der Gefahrenvorsorge darum, Vorbereitungen für die effektive Bekämpfung später möglicherweise eintretender Gefahren zu treffen (vgl. Schenke PolR Rn. 10). Soweit sie mit Eingriffen in die Rechte der Betroffenen einhergehen, bedürfen Maßnahmen der Gefahrenvorsorge einer gesetzlichen Grundlage. Eine solche findet sich in § 11 für die Hilfeleistung und das Handeln in Gefahrenfällen.

B. Anwendungsbereich

Oftmals lässt sich eine Gefahr nur dann effektiv bekämpfen, wenn die Polizei bereits im **2** Zeitpunkt des Gefahreneintritts Kenntnis davon hat, welche Entscheidungs- und Wissensträger in der Lage sind, gefahrenabwehrrechtliche Maßnahmen zu unterstützen. Vor diesem Hintergrund räumt § 11 der Polizei die Befugnis ein, bestimmte personenbezogene Daten zu erheben und vorzuhalten. In dem sog. Volkszählungsurteil v. 15.12.1983 hat das BVerfG aus dem allgemeinen Persönlichkeitsrecht (Art. 2 Abs. 1 GG iVm Art. 1 Abs. 1 GG) das **Grundrecht auf informationelle Selbstbestimmung** abgeleitet (BVerfGE 65, 1). Dieses Grundrecht gewährleistet dem Einzelnen die Befugnis, grundsätzlich selbst über die Preisgabe und Verwendung seiner personenbezogenen Daten zu bestimmen und zu entscheiden, wann und innerhalb welcher Grenzen persönliche Lebenssachverhalte offenbart werden. Darüber hinaus müssen die Betroffenen „wissen können, wer was wann und bei welcher Gelegenheit über sie weiß" (BVerfGE 65, 1 (43)). Vor diesem Hintergrund ist jede Erhebung, Speicherung, Verwendung und Weitergabe personenbezogener Daten durch staatliche Stellen als rechtfertigungsbedürftige Beeinträchtigung der informationellen Selbstbestimmung zu qualifizieren, die einer gesetzlichen Grundlage bedarf (BVerfGE 65, 1 (43); Maunz/Dürig/Di Fabio GG Art. 2 Rn. 179). Etwas anderes gilt nur dann, wenn die betroffene Person freiwillig in die staatliche Informationsmaßnahme einwilligt (SBK PolG NRW/Keller Rn. 3). Dementsprechend bedarf es bei der Erhebung von Personaldaten zur Vorbereitung für die Hilfeleistung und das Handeln in Gefahrenfällen eines Rückgriffs auf § 11 nur dann, wenn die Einwilligung des Betroffenen nicht oder nicht rechtzeitig erlangt werden kann (vgl. Nr. 11.02 VVPolG NRW).

Die Betroffenen sind oftmals mit der Datenerhebung einverstanden, weil es für sie vorteil **3** haft sein kann, wenn die Polizei über ihre Personaldaten verfügt. Zu denken ist in diesem Zusammenhang etwa an Personen, die – wie zB Abschleppunternehmer oder Sachverständige – von der Polizei gegen Entgelt mit der Vornahme bestimmter Handlungen betraut werden (Tegtmeyer/Vahle PolG NRW/Vahle Rn. 1). Gemäß Nr. 11.01 VVPolG NRW ist die Polizei gehalten, auf die freiwillige Mitarbeit der betroffenen Personen und damit auf das Einverständnis zur Speicherung der in § 11 genannten Daten hinzuwirken. Dieser Ansatz ist in der Literatur auf Zustimmung gestoßen. Zugleich ist die Erwartung geäußert worden, dass die Polizei auch zukünftig am Konzept einer freiwilligen Mitarbeit der Betroffenen festhält (Tegtmeyer/Vahle PolG NRW/Vahle Rn. 2). Die Polizei treffen bezüglich der Einwilligung **Aufklärungs- und Hinweispflichten:** So ist die betroffene Person in geeigneter Weise über die Bedeutung der Einwilligung, insbesondere über den Verwendungszweck der Daten, bei einer beabsichtigten Übermittlung über die Empfänger der Daten aufzuklären (§ 38 Abs. 4 S. 3 DSG NRW); die betroffene Person ist unter Darlegung der Rechtsfolgen ferner darauf hinzuweisen, dass sie die Einwilligung verweigern und mit Wirkung für die Zukunft widerrufen kann (vgl. § 38 Abs. 3 S. 3 DSG NRW).

C. Betroffener Personenkreis

4   Einschränkungen des Grundrechts auf informationelle Selbstbestimmung müssen die Betroffenen nur im überwiegenden Allgemeininteresse hinnehmen (BVerfGE 65, 1 (44); 67, 100 (143); 78, 77 (85); 84, 239 (279 f.); 85, 219 (224)). Die Vorbereitung für die Hilfeleistung und das Handeln in Gefahrenfällen genügt diesen Anforderungen bei einer **strikten Eingrenzung des Kreises der betroffenen Personen** (BerlKommPolR/Söllner ASOG Bln § 19 Rn. 3). In Nr. 1–3 wird – abschließend – festgelegt, wessen Daten die Polizei erheben darf. Von der Datenerhebung betroffen sein können **Personen, deren Kenntnisse und Fähigkeiten von der Polizei benötigt werden.** Damit sind zB Chemiker, Ärzte, Sachverständige, Abschleppunternehmer, Bestattungsunternehmer, Dolmetscher, Rettungsdienstleiter, Betriebsleiter und Angehörige des technischen Hilfswerkes angesprochen (Tegtmeyer/Vahle PolG NRW/Vahle Rn. 1; SBK PolG NRW/Keller Rn. 7). Darüber hinaus können die Personaldaten von **Personen erhoben werden, die Verantwortung für Anlagen oder Einrichtungen tragen, von denen eine erhebliche Gefahr ausgeht.** Zu diesem Personenkreis zählen etwa Gewerbetreibende, Ingenieure, Geschäftsführer sowie Personen, die auf ihrem Grundstück gefährliche Tiere halten (SBK PolG NRW/Keller Rn. 8). Schließlich ist die Datenerhebung gem. § 11 in Bezug auf **Personen zulässig, die für gefährdete Anlagen oder Einrichtungen verantwortlich sind.** Der so definierte Personenkreis stimmt weitgehend, aber nicht vollständig mit demjenigen des § 11 Nr. 2 überein (SBK EingriffsR NRW/Keller Rn. 9). Gefährdete Anlagen oder Einrichtungen können etwa Flughäfen, Bahnhöfe, Amtsgebäude, Synagogen und Moscheen sein (vgl. BeckOK PolR BW/Röcker BWPolG § 20 Rn. 40). Verantwortliche für öffentliche Veranstaltungen, die nicht in den Anwendungsbereich des VersammlG fallen, werden im Tatbestand des § 11 nicht ausdrücklich erwähnt (anders § 19 Nr. 4 ASOG Bln).

D. Von der Norm erfasste Personaldaten

5   § 11 enthält eine **abschließende Aufzählung** der Personaldaten, die zur Vorbereitung für die Hilfeleistung und das Handeln in Gefahrenfällen erhoben werden dürfen (Tegtmeyer/Vahle PolG NRW/Vahle Rn. 5; SBK PolG NRW/Keller Rn. 5). Hierbei handelt es sich um

- Namen,
- Vornamen,
- akademische Grade,
- Anschriften,
- Telefonnummern und
- andere Daten über die Erreichbarkeit (Telefon, Fax, E-Mail-Adresse) sowie
- nähere Angaben über die Zugehörigkeit zu einer der genannten Personengruppen.

6 Zu beachten ist, dass die Vorschrift keine Auskunftspflicht bezüglich der vorstehenden Personaldaten statuiert (vgl. Nr. 11.02 S. 2 VVPolG NRW; Tegtmeyer/Vahle PolG NRW/Vahle Rn. 2; SBK PolG NRW/Keller Rn. 4 f.). Gegebenenfalls ist darauf hinzuweisen, dass die Daten auch ohne Einwilligung erhoben werden können (Nr. 11.02 S. 3 VVPolG NRW).

E. Erforderlichkeit der Datenerhebung

7   Welche Personaldaten von der Polizei erhoben werden, bestimmt sich nach den Umständen des Einzelfalls unter Beachtung des Verhältnismäßigkeitsprinzips. § 11 ordnet ausdrücklich an, dass die Datenerhebung zur Vorbereitung für die Hilfeleistung und das Handeln in

Gefahrenfällen **erforderlich** sein muss. Das Merkmal der Erforderlichkeit verdeutlicht, dass die Datenerhebung auf das unbedingt notwendige Maß zu beschränken ist (SBK PolG NRW/ Keller Rn. 5). Vor diesem Hintergrund ist es oftmals geboten, dass die Polizei nicht alle, sondern nur einzelne der in § 11 genannten Personaldaten erhebt.

F. Vorhalten der Daten

§ 11 trifft keine Aussagen darüber, in welcher Form die erhobenen Personaldaten vorgehal- **8** ten werden. Dementsprechend ist davon auszugehen, dass die Daten zB auf Karteikarten, in Listen oder Dateien festgehalten werden können. Hierbei hat die Polizei die in § 23 Abs. 1 niedergelegten Grundsätze zur Datenverarbeitung zu beachten (vgl. Nr. 11.02 VVPolG NRW). Das bedeutet, dass die Speicherung, Veränderung und Nutzung grundsätzlich nur zu dem Zweck erfolgen dürfen, zu dem die Daten erlangt worden sind, also für die Hilfeleistung und das Handeln in Gefahrenfällen. Auch die Übermittlung der Daten an andere Polizeibehörden ist gem. § 26 Abs. 1 S. 1 iVm § 23 Abs. 1 im Grundsatz an den Zweck gebunden, welcher der Datenerhebung zugrunde liegt (zur zweckändernden Übermittlung personenbezogener Daten → § 26 Rn. 18).

§ 12 Identitätsfeststellung

(1) Die Polizei kann die Identität einer Person feststellen,
1. zur Abwehr einer Gefahr,
2. wenn sie sich an einem Ort aufhält, von dem Tatsachen die Annahme rechtfertigen, dass
   a) dort Personen Straftaten von erheblicher Bedeutung verabreden, vorbereiten oder verüben,
   b) sich dort Personen treffen, die gegen aufenthaltsrechtliche Strafvorschriften verstoßen,
   c) sich dort gesuchte Straftäter verbergen,
3. wenn sie sich in einer Verkehrs- oder Versorgungsanlage oder -einrichtung, einem öffentlichen Verkehrsmittel, Amtsgebäude oder einem anderen besonders gefährdeten Objekt oder in dessen unmittelbarer Nähe aufhält und Tatsachen die Annahme rechtfertigen, dass in oder an Objekten dieser Art Straftaten begangen werden sollen, durch die Personen oder diese Objekte gefährdet sind, und dies auf Grund der Gefährdungslage oder auf die Person bezogener Anhaltspunkte erforderlich ist,
4. an einer Kontrollstelle, die von der Polizei eingerichtet worden ist, um eine Straftat nach § 129a des Strafgesetzbuches, eine der in dieser Vorschrift genannten Straftaten oder eine Straftat nach § 250 Abs. 1 Nr. 1 Buchstabe a) oder b), Abs. 2 Nr. 1, nach § 255 des Strafgesetzbuches in den vorgenannten Begehungsformen oder nach § 27 des Versammlungsgesetzes zu verhüten. Die Einrichtung der Kontrollstelle ist nur mit Zustimmung des Innenministeriums oder einer von diesem beauftragten Stelle zulässig, es sei denn, dass Gefahr im Verzug vorliegt.
(2) ¹Die Polizei kann die zur Feststellung der Identität erforderlichen Maßnahmen treffen. ²Sie kann die betroffene Person insbesondere anhalten, sie nach ihren Personalien befragen und verlangen, dass sie Angaben zur Feststellung ihrer Identität macht und mitgeführte Ausweispapiere zur Prüfung aushändigt. ³Die betroffene Person kann festgehalten werden, wenn die Identität auf andere Weise nicht oder nur unter erheblichen Schwierigkeiten festgestellt werden kann. ⁴Unter den Voraussetzungen des Satzes 3 können die betroffene Person sowie die von ihr mitgeführten Sachen durchsucht werden.

Überblick

Die Befugnisnorm des § 12 entspricht weitgehend § 9 Abs. 1 und Abs. 2 MEPolG. Die Systematik der Vorschrift stellt sich folgendermaßen dar: Abs. 1 Nr. 1–4 zählt abschließend auf, in welchen Situationen die Polizei Identitätsfeststellungen vornehmen darf; Abs. 2 ermächtigt zu flankierenden Maßnahmen, die bei einer Identitätsfeststellung ergriffen werden können. Lässt die Identität einer Person sich nicht mit Hilfe der in § 12 geregelten Eingriffsbefugnisse feststellen, so kann die Polizei erkennungsdienstliche Maßnahmen (§ 14 Abs. 1 Nr. 1) durchführen. Mit § 12 vergleichbare Eingriffstitel zur Identitätsfeststellung finden sich in den Polizei- bzw. Ordnungsbehördengesetzen aller Bundesländer (vgl. zB § 26 Abs. 1 und Abs. 2 BWPolG, Art. 13 BayPAG, § 18 HSOG, § 13 NPOG).

Übersicht

A. Bedeutung und Zweck

1   Die Identitätsfeststellung ist eine Standardmaßnahme von **hoher praktischer Bedeutung.** Ihr Zweck liegt darin, dem Maßnahmeadressaten den Schutz der Anonymität zu entziehen, um ihn so von (weiteren) Störungen abzuhalten. Daneben tragen Identitätsfeststellungen zur Sicherheit an sog. gefährlichen (verrufenen) sowie gefährdeten Orten bei und dienen der vorbeugenden Bekämpfung von Straftaten. Letzteres gilt auch für Identitätsfeststellungen an Kontrollstellen. Die Identitätsfeststellung bildet häufig den Auftakt zu weiteren polizeilichen Eingriffshandlungen. So folgen auf sie vielfach Maßnahmen wie die Durchsuchung von Personen (§ 39), die Anordnung eines Platzverweises (§ 34 Abs. 1), die Ingewahrsamnahme (§ 35 ff.) sowie die Sicherstellung eines mitgeführten Gegenstands (§ 43 ff.).

2   Die Feststellung der Identität einer Person greift in das **Grundrecht auf informationelle Selbstbestimmung** (Art. 2 Abs. 1 GG iVm Art. 1 Abs. 1 GG) ein (BVerfG NVwZ 2016, 53). Wird der Betroffene anlässlich einer Identitätsfeststellung zur Dienststelle mitgenommen, so liegt darin ein Eingriff in die grundrechtlich geschützte Freiheit der Person (Art. 2 Abs. 2 S. 2 GG). Schließlich kann es zu Eingriffen in das Grundrecht auf körperliche Unversehrtheit (Art. 2 Abs. 2 S. 1 GG) kommen, wenn die Polizei im Rahmen einer Identitätsfeststellung (unmittelbaren) Zwang anwendet.

3   Führt die Polizei eine Identitätsfeststellung durch, um Straftaten oder Ordnungswidrigkeiten zu verfolgen, ist der Anwendungsbereich des § 12 nicht eröffnet. Stattdessen sind die §§ 163b, 163c StPO bzw. § 46 OWiG einschlägig, da dem Landesgesetzgeber für eine der Verfolgung von Straftaten und Ordnungswidrigkeiten dienende Identitätsfeststellung die Gesetzgebungskompetenz fehlt. Der Bund hat insoweit von seiner ihm durch Art. 72 Abs. 1 Nr. 1 GG zugewiesenen konkurrierenden Gesetzgebungskompetenz abschließend Gebrauch gemacht (Schenke PolR Rn. 119). Die Erhebung personenbezogener Daten im Bereich des Ausländer- und Asylrechts ist auf der Grundlage von §§ 48, 49 AufenthG sowie § 16 AsylG zulässig.

4   Zur Identitätsfeststellung ist nach dem Wortlaut des § 12 ausschließlich die Polizei befugt. Gemäß § 24 Nr. 4 NRWOBG gilt § 12 – mit Ausnahme des Abs. 1 Nr. 4 – allerdings kraft Verweisung auch für die **Ordnungsbehörden.**

B. Begriff der Identitätsfeststellung

Eine Identitätsfeststellung ist die **offene Erhebung von Personalien** bei der betroffenen **5** Person selbst (Lisken/Denninger PolR-HdB/Graulich E Rn. 309; Schoch BesVerwR/ Schoch Kap. 1 Rn. 499). Gestützt auf § 12 kann die Polizei die Personalien einer bislang unbekannten Person feststellen. Ferner kann sie überprüfen, ob der Maßnahmeadressat mit einer (gesuchten) Person, deren Personalien bereits bekannt sind, identisch ist. Die Personalien werden regelmäßig durch Einsichtnahme in die Ausweispapiere des Betroffenen erhoben. Hierfür reicht die Vorlage eines gültigen Personalausweises (bzw. Passes) in jedem Fall aus, sofern keine Anzeichen für eine Fälschung oder sonstige Unstimmigkeiten vorliegen (VGH Mannheim NVwZ-RR 2011, 231 (233)). Bei den Personalien handelt es sich um personenbezogene Daten, die es der Polizei ermöglichen, den Betroffenen von anderen Personen zweifelsfrei zu unterscheiden. Zu den Personalien gehören insbesondere: Vor-, Familien- und Geburtsname, Ort und Datum der Geburt, Familienstand, Beruf und Wohnort.

Umstritten ist, ob die Polizei auch die **Staatsangehörigkeit** auf der Grundlage des § 12 **6** feststellen darf. Nach zutreffender hM ist dies zu bejahen (statt vieler Prümm/Sigrist, Allgemeines Sicherheits- und Ordnungsrecht, 2. Aufl. 2003, Rn. 152; Zeitler/Trurnit PolR BW Rn. 377). Die Gegenauffassung verweist vor allem darauf, dass Angaben zur Staatsangehörigkeit nur für die Verfolgung von Straftaten und Ordnungswidrigkeiten von Belang seien. Entsprechende Feststellungen seien deshalb nicht auf das PolG NRW, sondern auf die StPO zu stützen (OLG Düsseldorf NVwZ 1986, 247; Lisken/Denninger PolR-HdB/Graulich E Rn. 311). Dem ist entgegenzuhalten, dass das Merkmal der Staatsangehörigkeit eine Unterscheidung von Personen ermöglicht und damit identitätsbezogen ist. Dass die Polizei befugt ist, im Rahmen einer Identitätsfeststellung die Staatsangehörigkeit zu ermitteln, klingt überdies in § 111 OWiG (Knemeyer PolR SuP Rn. 165) sowie in § 9 Abs. 2 S. 1 an.

Welche Personalien die Polizei im Einzelfall erheben muss, um die Identität des Betroffe- **7** nen festzustellen, bestimmt sich nach den Umständen des Einzelfalls. Eine wichtige Schranke bildet das **Verhältnismäßigkeitsprinzip**. So ist es unverhältnismäßig und damit rechtswidrig, den Familienstand oder den Beruf des Maßnahmeadressaten zu ermitteln, wenn eine Identitätsfeststellung auch ohne Kenntnis dieser Personalien möglich ist (vgl. BayObLG NJW 1979 (1054); 1980, 1009; OLG Düsseldorf NVwZ 1986, 247).

Die Identitätsfeststellung ist von der in § 9 geregelten Befragung abzugrenzen. Das erweist **8** sich nicht selten als schwierig, weil Angaben zur Person sowohl nach § 9 Abs. 2 S. 1 als auch nach § 12 eingefordert werden können. Bei näherem Hinsehen unterscheiden sich die beiden Maßnahmen jedoch in zentralen Punkten. So gelten für Identitätsfeststellung und Befragung unterschiedliche **Eingriffsschwellen** (Möller/Warg PolR Rn. 296). Darüber hinaus weichen Identitätsfeststellung und Befragung in ihrer **Zielrichtung** voneinander ab. Die Befragung ist nicht vorrangig darauf gerichtet, die Identität des Maßnahmeadressaten zu klären. Es geht bei ihr vielmehr darum, sachdienliche Hinweise zu erlangen, die bei der Erfüllung der polizeilichen Aufgaben verwertet werden können. Die Angaben zur Person, die gem. § 9 Abs. 2 S. 1 gemacht werden, sollen nur sicherstellen, dass die Polizei sich mit etwaigen Rückfragen an den Betroffenen wenden kann (Tegtmeyer/Vahle PolG NRW/Vahle § 9 Rn. 24). Unterschiede bestehen schließlich mit Blick auf die flankierenden Maßnahmen, die die Polizei zur **Durchsetzung** einer Identitätsfeststellung ergreifen darf. § 9 Abs. 1 S. 2 gestattet bei einer Befragung nur das Anhalten des Betroffenen, während die Polizei gem. § 12 Abs. 2 unter anderem die Aushändigung der mitgeführten Ausweispapiere verlangen sowie den Maßnahmeadressaten festhalten und ihn und die von ihm mitgeführten Sachen durchsuchen darf.

C. Voraussetzungen

I. Identitätsfeststellung zur Abwehr einer Gefahr (Abs. 1 Nr. 1)

Gemäß Abs. 1 Nr. 1 kann die Polizei die Identität einer Person zur Abwehr einer Gefahr **9** feststellen. Voraussetzung für eine Identitätsfeststellung ist damit eine **konkrete Gefahr für ein polizeirechtliches Schutzgut,** also die öffentliche Sicherheit oder Ordnung (vgl. § 8 Abs. 1). Die Polizei kann die Identität einer Person auch zum **Schutz privater Rechte** feststellen. Das ist – im Gegensatz etwa zu § 18 Abs. 1 HSOG – in § 12 Abs. 1 Nr. 1 zwar nicht ausdrücklich so geregelt, ergibt sich aber daraus, dass diese Rechte einen Bestandteil des Schutzguts der öffentlichen Sicherheit bilden. Will die Polizei eine Identitätsfeststellung zum Schutz privater Rechte durchführen, muss sie die Subsidiaritätsklausel des § 1 Abs. 2 beachten. In der Praxis werden nur selten Identitätsfeststellungen gem. § 12 Abs. 1 Nr. 1 vorgenommen. Grund hierfür ist, dass in den von der Vorschrift erfassten Situationen häufig Anhaltspunkte für eine Straftat vorliegen. Dann wird die Polizei jedoch ein strafrechtliches Ermittlungsverfahren einleiten und auf strafprozessualer Grundlage (§§ 163b, 163c StPO) einschreiten. Im Anwendungsbereich des Abs. 1 Nr. 1 ist die Identitätsfeststellung vor allem als Mittel der Abschreckung sowie als **Gefahrerforschungseingriff mit geringer Eingriffsintensität** konzipiert (vgl. Schenke PolR Rn. 121; Schmitz, Vorgehen gegen Randgruppen, 2003, 284; krit. bezüglich der geringen Eingriffsintensität: Payandeh NVwZ 2013, 1458 (1461); Ernst NVwZ 2014, s633 (635)). Die Identitätsfeststellung ist mit anderen Worten auf die Aufklärung eines Gefahrenverdachts gerichtet (vgl. OVG Münster NVwZ 2018, 1497 (1498)). Ein Gefahrenverdacht ist eine Situation, in der es zwar durch Tatsachen erhärtete Hinweise auf eine Gefahr gibt. Beim Gefahrenverdacht geht die Polizei aber nicht von einer Gefahr aus, weil der Sachverhalt im Zeitpunkt des polizeilichen Einschreitens noch nicht ausermittelt ist oder weil sich aus anderen Gründen die hinreichende Wahrscheinlichkeit eines Schadens für die öffentliche Sicherheit oder Ordnung nicht in belastbarer Weise prognostizieren lässt (Haurand NRWPolR 61).

9.1   Bei der Prüfung, ob eine konkrete Gefahr für die öffentliche Sicherheit vorliegt, ist dem **Recht auf informationelle Selbstbestimmung** (Art. 2 Abs. 1 GG iVm Art. 1 Abs. 1 GG) Rechnung zu tragen. Das Grundrecht auf informationelle Selbstbestimmung gebietet dabei insbesondere eine Auslegung des einfachen Rechts, bei der **abschreckende Effekte auf den Gebrauch des Grundrechts** möglichst gering gehalten werden. Hiergegen wird nach Ansicht des BVerfG verstoßen, wenn das Anfertigen von Lichtbildern oder Videoaufnahmen eines Polizeieinsatzes unter Verweis auf die bloße Möglichkeit einer nachfolgenden strafbaren Verletzung des Rechts am eigenen Bild (nach § 22 S. 1 KunstUrhG, § 33 Abs. 1 KunstUrhG) genügen sollte, um eine Identitätsfeststellung durchzuführen (BVerfG NVwZ 2016, 53 (54)). Wer präventiv-polizeiliche Maßnahmen bereits dann gewärtigen muss, wenn sich nicht ausschließen lässt, dass sein Verhalten Anlass zu polizeilichem Einschreiten bietet, wird aus Furcht vor polizeilichen Maßnahmen auch zulässige Aufnahmen und mit diesen nicht selten einhergehende Kritik an staatlichem Handeln unterlassen. Das hält das BVerfG zu Recht für nicht hinnehmbar (BVerfG NVwZ 2016, 53).

10   Die Polizei kann eine Identitätsfeststellung gem. Abs. 1 Nr. 1 bei den **polizeirechtlich Verantwortlichen,** also bei Handlungs- und Zustandsstörern (§§ 4, 5) vornehmen. Darüber hinaus kommen **Notstandspflichtige** (§ 6) als Adressaten der Maßnahme in Betracht (Dietlein/Hellermann NRWÖffR/Dietlein § 3 Rn. 220).

II. Identitätsfeststellung an gefährlichen (verrufenen) Orten (Abs. 1 Nr. 2)

11   Die Feststellung der Identität ist gem. Abs. 1 Nr. 2 zulässig, wenn der Betroffene sich an einem der näher bezeichneten gefährlichen (verrufenen) Orte aufhält. Die Polizei greift auf diese Maßnahme insbesondere im Rahmen von sog. Razzien zurück. Eine **Razzia** ist eine planmäßig vorbereitete, für die Betroffenen überraschende Absperrung bestimmter Örtlichkeiten durch ein Polizeiaufgebot, bei der an alle anwesenden Personen die Aufforderung ergeht, sich zu legitimieren, und alle Verdächtigen einer eingehenden Überprüfung unterzogen werden (KG NJW 1975, 887 (888); Kingreen/Poscher POR § 13 Rn. 31; Schenke PolR Rn. 119; Schmitz, Vorgehen gegen Randgruppen, 2003, 286). Eine Razzia beginnt regelmäßig damit, dass die Personalien der Anwesenden erhoben und mit polizeilichen Datenbeständen abgeglichen werden. In der Literatur ist zu lesen, dass es sich bei Abs. 1 Nr. 2 um die Ermächtigungsgrundlage für eine Razzia handele (vgl. Meixner/Fredrich HSOG § 18 Rn. 14; Bernet/Groß/Mende, Polizeirecht in Hessen, Stand: 4/1995, HSOG § 18 Rn. 7). Eine solche Sichtweise überspannt die in dieser Norm festgelegten Befugnisse der Polizei jedoch bei Weitem. Sie verliert aus dem Blick, dass sich eine polizeiliche Razzia regelmäßig nicht in Identitätsfeststellungen erschöpft, sondern auch Eingriffsmaßnahmen wie Platzverweise oder Durchsuchungen einschließt, die nicht von Abs. 1 Nr. 2 gedeckt sind (Hornmann HSOG § 18 Rn. 27).

1. Gefährliche (verrufene) Orte

Gefährlich ist ein Ort, von dem Tatsachen die Annahme rechtfertigen, dass **12**
• dort Personen Straftaten von erheblicher Bedeutung verabreden, vorbereiten oder verüben,
• sich dort Personen treffen, die gegen aufenthaltsrechtliche Strafvorschriften verstoßen, oder
• sich dort gesuchte Straftäter verbergen.

Gefährliche Orte in diesem Sinne können zB Bahnhöfe, Parkanlagen sowie Straßen und **13** Plätze sein. Da der Wortlaut des Abs. 1 Nr. 2 den Anwendungsbereich der Identitätsfeststellung nicht auf den öffentlichen Raum beschränkt, kommen als gefährliche Orte auch Wohnungen, Geschäfts- und Nebenräume sowie befriedetes Besitztum in Betracht. Die von Abs. 1 Nr. 2 in Bezug genommenen Orte können durchaus weitläufig ausfallen. Es würde die für die Auslegung maßgebliche Wortlautgrenze jedoch überschreiten, wollte man das Gemeindegebiet insgesamt oder einen ganzen Stadtteil zum gefährlichen Ort erklären (vgl. zu gefährlichen Orten im Polizeirecht Tomerius DVBl 2017, 1399). Hinsichtlich des Tatbestandsmerkmals „Ort" gelten dieselben Maßstäbe wie beim Platzverweis (§ 34 Abs. 1), der nach zutreffender Ansicht ebenfalls nur in Bezug auf eine mehr oder weniger eng umgrenzte Fläche ausgesprochen werden kann (vgl. zum räumlichen Geltungsbereich eines Platzverweises BerlKommPolR/Söllner ASOG Bln § 29 Rn. 8; → § 34 Rn. 14).

2. Eingriffsschwelle („Tatsachen die Annahme rechtfertigen")

Die Eigenschaft als gefährlicher Ort ist nicht abstrakt, sondern anhand der **konkreten 14 Umstände des Einzelfalls** zu beurteilen. Es muss typischerweise und erfahrungsgemäß zu erwarten sein, dass an dem Ort eine Situation eintritt, wie sie in Abs. 1 Nr. 2 lit. a–c beschrieben wird. Abs. 1 Nr. 2 setzt nicht voraus, dass im Zeitpunkt der Identitätsfeststellung der Eintritt einer solchen Situation – also zB ein Verstoß gegen aufenthaltsrechtliche Vorschriften – unmittelbar bevorsteht. Auf der anderen Seite rechtfertigt die bloße **Vermutung oder die allgemeine kriminalistische Erfahrung,** dass ein Ort gefährlich ist, keine Identitätsfeststellung. Es muss ein erhöhtes Gefahrenpotential bestehen, das sich für den einschreitenden Beamten aus den äußeren Umständen ergibt und das regelmäßig zu einer konkreten Gefahr erstarken kann. In der Literatur wird insoweit von einer **abstrakten Gefahr** gesprochen (so etwa Kingreen/Poscher POR § 13 Rn. 38). Die Polizei kann sich bei ihrer Lagebeurteilung auch auf **anonyme Anzeigen** stützen, soweit diese konkrete Vorwürfe enthalten und nicht nur querulatorischer Natur sind (VG München NVwZ-RR 2000, 154).

Von einem gefährlichen Ort ist zB auszugehen, wenn die Polizei an ihm im Vergleich zu **15** anderen Örtlichkeiten über einen längeren Zeitraum eine erhöhte Zahl der in Abs. 1 Nr. 2 bezeichneten Straftaten registriert hat. Bei Lokalen kann auch das nähere Umfeld in die Betrachtung einbezogen werden. Die Qualifikation eines Lokals als gefährlicher Ort liegt nahe, wenn es sich in unmittelbarer Nachbarschaft zu vergleichbaren Gaststätten befindet, die als gefährliche Orte einzustufen sind (OVG Berlin NJW 1986, 3223). Allerdings lässt sich die von Abs. 1 Nr. 2 lit. a vorausgesetzte Gefährlichkeit eines Ortes nicht allein damit begründen, dass er in der Nähe zu gefährlichen Orten liegt und diesen ähnelt (vgl. Prümm/ Sigrist, Allgemeines Sicherheits- und Ordnungsrecht, 2. Aufl. 2003, Rn. 155).

Eine Identitätsfeststellung nach Abs. 1 Nr. 2 lit. a ist an einem Ort zulässig, von dem **16** Tatsachen die Annahme rechtfertigen, dass dort Personen **Straftaten von erheblicher Bedeutung** (§ 8 Abs. 3) **verabreden, vorbereiten oder verüben.** Zweck der Maßnahme ist es, Licht in das Dunkel geplanter bzw. verabredeter Straftaten zu bringen. Ergeben sich anlässlich einer Identitätsfeststellung zureichende tatsächliche Anhaltspunkte für eine Straftat, so richten sich etwaige Verfolgungsmaßnahmen nach den Bestimmungen der StPO. Beim Verdacht einer Ordnungswidrigkeit ist nach dem OWiG vorzugehen.

Gemäß Abs. 1 Nr. 2 lit. b kann die Polizei die Identität einer Person feststellen, die sich **17** an einem Ort aufhält, von dem Tatsachen die Annahme rechtfertigen, dass sich dort Personen treffen, die gegen **aufenthaltsrechtliche Strafvorschriften** (zB §§ 95 ff. AufenthG, §§ 84, 85 AsylG) **verstoßen.** Die Annahme muss auf konkreten Tatsachen beruhen. Das hat zur Folge, dass die Polizei Identitätsfeststellungen in einem Lokal, Teehaus, Restaurant oder vor einer Moschee nicht allein deshalb vornehmen darf, weil diese Orte von Ausländern besucht werden (Hornmann HSOG § 18 Rn. 24). Die Maßnahmen bleiben auch dann zulässig, wenn sich herausstellt, dass die überprüften Ausländer über die erforderlichen Aufenthaltstitel verfügen. Im Gegensatz zu Abs. 1 Nr. 2 lit. a fordert die Norm keine Straftaten von erheblicher Bedeutung. Daher sind Identitätsfeststellungen schon dann zulässig, wenn sich an dem Ort Personen treffen, die entweder keine Aufenthaltserlaubnis besitzen oder deren Aufenthaltsrecht auf andere Orte begrenzt ist. Der Zweck des Abs. 1 Nr. 2 lit. b liegt darin, illegale Zuwanderung zu bekämpfen. Zugleich soll die Vorschrift die Unversehrtheit der Rechtsordnung als Bestandteil der öffentlichen Sicherheit schützen.

18   Identitätsfeststellungen sind gem. Abs. 1 Nr. 2 lit. c an einem Ort zulässig, von dem Tatsachen die Annahme rechtfertigen, dass **sich dort gesuchte Straftäter verbergen.** Der Begriff des Straftäters erfasst Personen, die wegen einer Straftat verurteilt sind und zur Strafvollstreckung gesucht werden (vgl. Nr. 12.14 VVPolG NRW). Ihnen gleichgestellt sind Personen, denen gegenüber eine Strafe durch Strafbefehl festgesetzt wurde (vgl. § 410 Abs. 3 StPO). Befindet sich ein verurteilter Straftäter, der einer erneuten Straftat verdächtig ist, auf der Flucht, so kann § 163b Abs. 1 StPO als Ermächtigungsgrundlage für eine Identitätsfeststellung herangezogen werden. In diesem Fall nicht einschlägig ist § 87 StVollzG, da die Vorschrift nur die Festnahme und Zurückführung eines entwichenen Gefangenen auf Veranlassung der Vollzugsbehörde erlaubt.

3. Aufenthalt an dem gefährlichen (verrufenen) Ort

19   Der Maßnahmeadressat muss sich an dem gefährlichen Ort aufhalten. Ein Aufenthalt zeichnet sich durch ein (längeres) Verweilen an einer bestimmten Stelle aus (OVG Hamburg NVwZ-RR 2003, 276 (277); Krane NordÖR 2003, 106 (107 f.)). Eine Person hält sich an einem Ort auf, wenn sie sich **nicht oder nur zögerlich fortbewegt.** Das Gesetz verlangt also mehr als ein bloßes „Sichbefinden" (Hornmann HSOG § 18 Rn. 17; aA Tegtmeyer/Vahle PolG NRW/Vahle Rn. 7). Diese Lesart des Abs. 1 Nr. 2 steht nicht nur im Einklang mit dem herkömmlichen Verständnis des Wortes „aufhält". Sie wird auch dadurch bestätigt, dass die Ermächtigungsgrundlage für das polizeiliche Aufenthaltsverbot in § 34 Abs. 2 zwischen dem Aufenthalt und dem Betreten eines Orts unterscheidet. Für eine restriktive Interpretation des Tatbestandsmerkmals „aufhält" spricht zudem, dass Personen, die einen der in § 12 Abs. 1 Nr. 2 lit. a–c genannten Orte lediglich durchschreiten, in der Regel eher selbst gefährdet sind, als dass sie zur Gefährlichkeit des Orts beitragen. In der praktischen Tätigkeit der Polizei wird sich das zielgerichtete Passieren eines Orts, das dem Anwendungsbereich des § 12 nicht unterfällt, von dem – als Aufenthalt zu qualifizierenden – „Schlendern" bzw. „Pendeln" (so das OVG Hamburg NVwZ-RR 2003, 276 (277)) zumeist nur mit erheblichem Aufwand abgrenzen lassen. Um beurteilen zu können, ob der Maßnahmeadressat hinreichend lange an dem betreffenden Ort verweilt, kann es angezeigt sein, ihn für eine gewisse Zeit zu beobachten.

4. Maßnahmeadressaten

20   Adressat einer auf Abs. 1 Nr. 2 lit. a–c gestützten Identitätsfeststellung kann **jedermann** sein, der sich an dem gefährlichen Ort aufhält (sog. Ortshaftung). Das bedeutet, dass die Polizei die Personalien eines Nichtstörers auch dann erheben darf, wenn die Voraussetzungen für die Inanspruchnahme als Notstandspflichtiger (§ 6) nicht erfüllt sind. Unerheblich ist, ob der Betroffene durch sein Verhalten zur Gefährlichkeit des jeweiligen Orts beiträgt. Die überprüfte Person muss allerdings in irgendeiner Weise in Beziehung zu dem Kontrollzweck stehen, anderenfalls erweist sich die Identitätsfeststellung nicht als **erforderlich** (Kingreen/Poscher POR § 13 Rn. 49). Die Auswahl des Maßnahmeadressaten darf nicht diskriminierend sein (vgl. Hornmann HSOG § 18 Rn. 17; Krane NordÖR 2003, 106). Diskutiert wird insbesondere die Praxis des sog. **racial profiling.** Das polizeiliche Vorgehen verletzt das Diskriminierungsverbot aus Art. 3 Abs. 3 GG, wenn die Polizei den Maßnahmeadressaten gerade wegen seiner Hautfarbe auswählt, der Hautfarbe also das ausschließliche Auswahlkriterium darstellt (Dietlein/Hellermann NRWÖffR/Dietlein § 3 Rn. 219). Gleiches gilt aufgrund des Wortlauts von Art. 3 Abs. 3 S. 1 GG („wegen") auch dann, wenn die Polizei neben anderen Gründen auf ein unzulässiges Differenzierungsmerkmal abstellt (OVG Münster NVwZ 2018, 1497 (1499); OVG Koblenz NJW 2016, 2820 (2827); Tomerius DVBl 2017, 1399 (1405 f.); aA VG Köln BeckRS 2016, 40701). Bei einem solchen **Motivbündel** geht die Rechtsprechung freilich von einer Rechtfertigungsmöglichkeit aus, wenn die Maß-

nahme zum Schutz kollidierenden Verfassungsrechts (zB staatliche Schutzpflicht für Leib und Leben) erfolgt (OVG Münster NVwZ 2018, 1497 (1500)). Die Behörde trifft insoweit eine erhöhte Darlegungspflicht, wieso die Anknüpfung an das verpönte Merkmal zur effektiven Gefahrenabwehr erforderlich sein soll.

III. Identitätsfeststellung zum Schutz gefährdeter Orte (Abs. 1 Nr. 3)

Abs. 1 Nr. 3 erlaubt eine Identitätsfeststellung, wenn Tatsachen die Annahme rechtfertigen, **21** dass in oder an den in der Vorschrift genannten Objekten Straftaten begangen werden sollen, durch die Personen oder diese Objekte gefährdet sind. Die Vorschrift dient vor allem dem Schutz potentieller Anschlagsziele. Eine Kontrolle ist bereits dann zulässig, wenn eine Person sich in dem Objekt selbst bzw. in unmittelbarer Nähe zu diesem aufhält. Die erforderliche Nähe ist zu bejahen, wenn die angetroffene Person das Objekt von ihrem Standort aus schnell erreichen bzw. auf dieses einwirken kann. Wie groß die Entfernung im Einzelfall sein darf, bestimmt sich danach, ob die jeweilige Straftat von der Stelle aus begangen werden kann, an der sich der Maßnahmeadressat aufhält (Hornmann HSOG § 18 Rn. 20).

1. Begehung von Straftaten

Die künftigen Straftaten müssen von solchem Gewicht sein, dass sie die in oder an dem **22** jeweiligen Objekt befindlichen Personen oder das Objekt selbst gefährden. Darüber hinaus ist zu verlangen, dass die Straftaten einen gewissen **Bezug zu der spezifischen Funktion** des Objekts aufweisen.

2. Gefährdete Objekte

Die in Abs. 1 Nr. 3 genannten Objekte sind für die Öffentlichkeit besonders wichtig und **23** sollen deshalb vor Störungen geschützt werden. Als gefährdete Objekte nennt die Vorschrift **Verkehrsanlagen oder -einrichtungen** (zB Flughäfen, Bahnhöfe, Bahnanlagen, Parkhäuser), **Versorgungsanlagen oder -einrichtungen** (zB Elektrizitäts-, Wasser-, Kernkraft- und Gaswerke, Schlachthöfe, Großmarkthallen, Tankstellen, Schulen, Krankenhäuser), **öffentliche Verkehrsmittel** (zB Straßenbahnen, U-Bahnen, Busse, Flugzeuge, Eisenbahnen, Schiffe, Taxis) sowie **Amtsgebäude.** Bei Letzteren handelt es sich um Gebäude, in denen sich Gerichte oder Behörden befinden (Justiz- und Polizeigebäude, Schulen sowie Verwaltungsgebäude der obersten Landesbehörden, vgl. Tegtmeyer/Vahle PolG NRW/Vahle Rn. 19; Hornmann HSOG § 14 Rn. 30). Die von der Vorschrift in Bezug genommenen **anderen besonders gefährdeten Objekte** sind als Auffangtatbestand zu begreifen und müssen ebenfalls für die Öffentlichkeit von gewisser Bedeutung sein. Hierunter fallen zB Rundfunkanstalten, Konsulate, Parteigeschäftsstellen, militärische Anlagen, Zeitungsverlage, Banken, jüdische Einrichtungen sowie die Arbeitsstätten und Wohnungen von besonders gefährdeten (prominenten) Personen (Lisken/Denninger PolR-HdB/Graulich E Rn. 331).

3. Eingriffsschwelle („Tatsachen die Annahme rechtfertigen")

Tatsachen müssen die Annahme rechtfertigen, dass in oder an den Objekten Straftaten **24** begangen werden sollen, durch die Personen oder diese Objekte unmittelbar gefährdet werden. Dies bedeutet, dass **konkrete Anhaltspunkte** vorliegen müssen, die den Rückschluss auf die zukünftige Begehung einer Straftat zulassen. Ob Tatsachen die Annahme rechtfertigen, dass Straftaten begangen werden, ist aufgrund einer **zukunftsgerichteten Lagebeurteilung** zu entscheiden. Es muss eine Tatsachenbasis vorliegen, die auf eine erhöhte Wahrscheinlichkeit der Begehung von Straftaten bzw. Ordnungswidrigkeiten hindeutet. Hierbei muss die Polizei sowohl Ergebnisse eigener Ermittlungen als auch Hinweise aus der Bevölkerung berücksichtigen. Die von der Polizei anzustellende Prognose ist gerichtlich voll überprüfbar, der Verwaltung eröffnet sich **kein Beurteilungsspielraum.** Abs. 1 Nr. 3 fordert nicht, dass die Tatsachen sich gerade auf das Objekt beziehen, das geschützt werden soll. Es genügt, wenn Tatsachen die Annahme rechtfertigen, dass ein Objekt „dieser Art" gefährdet ist. Umgekehrt sind die Voraussetzungen des Abs. 1 Nr. 3 nicht erfüllt, wenn die Polizei sich ausschließlich auf allgemeine Erfahrungssätze bezüglich der Eigenschaften einer bestimmten Örtlichkeit stützt. Die Feststellung, dass in Kaufhäusern besonders häufig Diebstähle oder an

Bahnhöfen vermehrt Betäubungsmitteldelikte begangen werden, rechtfertigt für sich genommen eine polizeiliche Identitätsfeststellung noch nicht. Hinzu kommt, dass diese Straftaten für gewöhnlich nicht unmittelbar das Kaufhaus bzw. den Bahnhof als Objekt und erst recht nicht die Kunden bzw. Bahnhofsbenutzer gefährden.

4. Maßnahmeadressaten

25   Als Adressaten einer Identitätsfeststellung gem. Abs. 1 Nr. 3 kommen Personen in Betracht, die sich am überwachten Ort aufhalten. Ein Rückgriff auf die allgemeinen Vorschriften zur polizeirechtlichen Verantwortlichkeit (§§ 4 ff.) scheidet aus. Einschränkend ist zu berücksichtigen, dass die Identitätsfeststellung aufgrund der Gefährdungslage oder personenbezogener Anhaltspunkte **erforderlich** sein muss. Dementsprechend ist zu fordern, dass die Maßnahmeadressaten für die Gefährdungssituation verantwortlich sind oder sie – vergleichbar den Notstandspflichtigen – mit ihren Kenntnissen oder Fähigkeiten für die Verhütung von Straftaten wichtig werden können (Kingreen/Poscher POR § 13 Rn. 50).

IV. Identitätsfeststellung an Kontrollstellen (Abs. 1 Nr. 4)

26   Schließlich kann die Polizei gem. Abs. 1 Nr. 4 eine Identitätsfeststellung an Kontrollstellen vornehmen, die eingerichtet worden sind, um Straftaten nach §§ 129a, 250 Abs. 1 Nr. 1 lit. a–b StGB, § 250 Abs. 2 Nr. 1 StGB, § 255 StGB oder § 27 VersammlG zu verhindern. Da die Identitätsfeststellung an einer Kontrollstelle eine Vorfeldmaßnahme ist, dienen die Kontrollstellen, auf die § 12 Abs. 1 Nr. 4 Bezug nimmt, nicht der Strafverfolgung. Liegen der Polizei Anhaltspunkte vor, die den Verdacht einer Straftat begründen, so erfolgt die Fahndungskontrolle nach § 111 StPO. Auf diese Norm lässt sich etwa die sog. **Ringfahndung** stützen, die nach Straftaten wie einer Geiselnahme (§ 239b StGB) oder einem schweren Raub (§§ 249, 250 StGB) ausgelöst wird (Hornmann HSOG § 18 Rn. 36). Die polizeirechtliche Ermächtigungsgrundlage für die Identitätsfeststellung an einer Kontrollstelle gem. § 12 Abs. 1 Nr. 4 ist dagegen einschlägig, wenn die in der Norm genannten Straftaten verhütet werden sollen. Das ist zB der Fall, wenn sich Personen auf der Flucht befinden, bei denen damit zu rechnen ist, dass sie weitere Straftaten begehen werden. Darüber hinaus führt die Polizei Identitätsfeststellungen gem. Abs. 1 Nr. 4 im Vorfeld von Versammlungen und (sportlichen) Großveranstaltungen durch (Hornmann HSOG § 18 Rn. 35).

27   Obwohl Abs. 1 Nr. 4 den **Erforderlichkeitsgrundsatz** nicht ausdrücklich erwähnt, gilt dieser auch für die Identitätsfeststellung an Kontrollstellen. Das folgt aus § 2, dem zufolge jedes Eingriffshandeln der Polizei verhältnismäßig und damit auch erforderlich sein muss. Die Polizei darf somit eine Identitätsfeststellung nach § 12 Abs. 1 Nr. 4 nicht bei Personen vornehmen, die offensichtlich in keiner Beziehung zu dem mit der Maßnahme verfolgten Zweck stehen (vgl. Nr. 12.12 VVPolG NRW).

28   Abs. 1 Nr. 4 bildet oftmals die Ermächtigungsgrundlage für Identitätsfeststellungen im Zusammenhang mit **Versammlungen.** Rechtsgrundlage für Eingriffe in die grundrechtliche Versammlungsfreiheit ist das VersammlG, das PolG NRW ist grundsätzlich nicht einschlägig („Polizeifestigkeit von Versammlungen", Schoch BesVerwR/Schoch Kap. 1 Rn. 210 ff.; Kingreen/Poscher POR § 19 Rn. 14 ff.; vgl. BVerfG NVwZ 2005, 80 (81)). Die Versammlungsfreiheit ist jedoch nicht beeinträchtigt – und der Rückgriff auf Abs. 1 Nr. 4 deshalb möglich –, wenn im Vorfeld einer Versammlung räumlich abgegrenzte Kontrollen stattfinden, mittels derer Anreisende erfasst und potentielle Straftäter von der Versammlung ferngehalten werden sollen (König/Gnant, Eingriffsrecht Sachsen, 2004, Rn. 229). Die im Vorfeld vorgenommenen Kontrollen dürfen die Teilnahme an der Versammlung nicht insgesamt verhindern oder – in zeitlicher Hinsicht – erheblich beschränken. Die Rechtsprechung hat eine Wartezeit von 75 Minuten bei einer Identitätsfeststellung an einer Kontrollstelle für zumutbar erachtet, wenn die Gesamtumstände (zB die hohe Zahl der zu kontrollierenden Personen bei einer Großdemonstration) eine zügigere Kontrolle nicht erlauben (VGH München BeckRS 2004, 34233; BerlKommPolR/Söllner ASOG Bln § 21 Rn. 38).

29   Die Abschaffung der Personenkontrollen an den Binnengrenzen der Europäischen Union hat in vielen Bundesländern zur Einführung der sog. **Schleierfahndung** geführt (s. zB § 26 Abs. 1 Nr. 6 BWPolG; § 12 Abs. 6 NPOG). Hierunter sind verdachts- bzw. anlassunabhängige Kontrollen zu verstehen, mit deren Hilfe grenzüberschreitende Kriminalität im Hinter-

land bekämpft werden soll. Die Verfassungsmäßigkeit der einschlägigen Befugnisnormen ist nicht unproblematisch (vgl. Lisken NVwZ 1998, 22; Schwabe NVwZ 1998, 709; Stephan DVBl 1998, 81). Zweifel bestehen vor allem an der Gesetzgebungszuständigkeit der Länder sowie an der Verhältnismäßigkeit der Schleierfahndung, da Nichtstörer in großer Zahl zu Adressaten polizeilicher Maßnahmen gemacht werden. Angesichts dieser Vorbehalte ist die Entscheidung des nordrhein-westfälischen Gesetzgebers, vom Erlass einer Ermächtigungsgrundlage für die Schleierfahndung abzusehen, rechtspolitisch gut vertretbar.

Von der Schleierfahndung zu unterscheiden ist die sog. strategische Fahndung, die in § 12a geregelt **29.1** ist. Sie ist der Schleierfahndung nicht unähnlich, weist zu dieser aber signifikante Unterschiede auf (zu Einzelheiten → § 12a Rn. 5). So setzt § 12a insbesondere qualifizierte polizeiliche Lageerkenntnisse voraus, die Kontrolle ist also – anders als bei einer Schleierfahndung – gerade nicht anlass- oder ereignisunabhängig (v. Coelln/Pernice-Warnke/Putzer/Reisch NWVBl. 2019, 89 (91)). Als Teil der strategischen Fahndung darf die Polizei gem. § 12a Abs. 1 S. 1 Personen im öffentlichen Verkehrsraum anhalten und befragen sowie die zur Feststellung der Identität erforderlichen Maßnahmen nach § 12 Abs. 2 treffen.

1. Kontrollstelle

An Kontrollstellen kann die Polizei die betroffenen Personen anhalten, um deren Identität, **30** mitgeführte Sachen und Fortbewegungsmittel zu überprüfen (Prümm/Sigrist, Allgemeines Sicherheits- und Ordnungsrecht, 2. Aufl. 2003, Rn. 163; Lisken/Denninger PolR-HdB/ Graulich E Rn. 334). Die Einrichtung von Kontrollstellen weist gewisse Parallelen zu einer Razzia auf (Hornmann HSOG § 18 Rn. 35). Kontrollstellen werden in erster Linie auf öffentlichen Straßen und Plätzen eingerichtet. Abs. 1 Nr. 4 unterscheidet nicht zwischen der Einrichtung stationärer und mobiler Kontrollstellen. Eine Kontrollstelle kann auch ohne Verwendung technischen oder sonstigen Sperrmaterials eingerichtet werden. Bei der Einrichtung einer Kontrollstelle handelt es sich um schlicht-hoheitliches Verwaltungshandeln.

Ob die Polizei dadurch, dass sie eine Kontrollstelle einrichtet, in Grundrechte des Bürgers **31** eingreift, hängt von der Art der Einrichtung ab. Bei Kontrollstellen, die nicht auf privaten Grundstücken, sondern auf öffentlichen Verkehrsflächen eingerichtet werden, ist der Eingriffscharakter abzulehnen. Damit steht die Einrichtung einer Kontrollstelle, an der Identitätsfeststellungen vorgenommen werden sollen, allerdings nicht im Belieben der Polizei. Abs. 1 Nr. 4 verlangt, dass die Kontrollstelle eingerichtet worden sein muss, um die in der Norm genannten Straftaten zu verhüten. Hiervon kann nicht mehr gesprochen werden, wenn die Kontrollstelle zur Verhütung der betreffenden Straftaten offensichtlich ungeeignet ist. Die Voraussetzungen des Abs. 1 Nr. 4 sind nur erfüllt, wenn es aufgrund einer auf Tatsachen beruhenden Einschätzung hinreichend wahrscheinlich ist, dass durch die an der Kontrollstelle durchgeführten Identitätsfeststellungen Straftaten iSv Abs. 1 Nr. 4 verhindert werden (vgl. Nr. 12.12 VVPolG NRW; sa Schenke PolR Rn. 119).

Außer bei Gefahr im Verzug kann die Einrichtung einer Kontrollstelle nur mit Zustim- **32** mung des Innenministeriums oder einer von diesem beauftragten Stelle erfolgen. Das Innenministerium ist befugt, die beauftragte Stelle durch Verwaltungsvorschrift zu bestimmen, das hat es in Nr. 12.16 VVPolG NRW getan. Danach ist beauftragte Stelle das **Landesamt für Zentrale Polizeiliche Dienste**. Bei Gefahr im Verzug können die Kreispolizeibehörden Kontrollstellen ohne Zustimmung des Landesamtes für Zentrale Polizeiliche Dienste einrichten; hierüber ist das Landesamt für Zentrale Polizeiliche Dienste unverzüglich zu informieren.

2. Straftaten, die verhindert werden sollen

Die Einrichtung der Kontrollstelle muss der Verhütung von Straftaten nach § 129a oder **33** §§ 250, 255 StGB dienen. Dementsprechend dürfen Kontrollstellen eingerichtet werden, um die Begehung der folgenden Straftaten zu verhindern: Bildung einer terroristischen Vereinigung (§ 129a StGB), Mord (§ 211 StGB) und Totschlag (§ 212 StGB), Völkermord (§ 6 VStGB), Verbrechen gegen die Menschlichkeit (§ 7 VStGB) und Kriegsverbrechen (§§ 8, 9, 10, 11 und 12 VStGB), erpresserischer Menschenraub (§ 239a StGB), Geiselnahme (§ 239b StGB), schwere Körperverletzung (§ 226 StGB), Computersabotage (§ 303b StGB), Zerstörung von Bauwerken und wichtigen Arbeitsmitteln (§§ 305, 305a StGB), vorsätzliche Brandstiftungsdelikte (§§ 306–306c StGB sowie § 307 Abs. 1–3 StGB), vorsätzliches Herbeiführen einer Kern- oder Sprengstoffexplosion (§ 308 Abs. 1–4 StGB, § 309 Abs. 1–5 StGB), Herbeiführung einer Überschwemmung (§ 313 StGB), gemeingefährliche Vergiftung (§ 314 StGB), gefährliche Eingriffe in den Bahn-, Schiffs- und Luftverkehr (§ 315 Abs. 1, 3 und 4 StGB), Störung öffentlicher Betriebe (§ 316b Abs. 1 und 3 StGB), Angriffe auf den Luft- oder Seeverkehr (§ 316c Abs. 1–3 StGB), Störung von Telekommunikationsanlagen (§ 317 Abs. 1 StGB), schwere Gefährdung durch Freisetzen von Giften (§ 330a Abs. 1–3 StGB), verbotener Umgang mit Kriegswaffen (§ 19 Abs. 1–3 KrWaffG, § 20 Abs. 1 und Abs. 2 KrWaffG, § 20a Abs. 1–3 KrWaffG, § 19 Abs. 2 Nr. 2 KrWaffG und § 19 Abs. 3 Nr. 2 KrWaffG, jeweils auch iVm §§ 21, 22a Abs. 1–3 KrWaffG), Umgang mit verbotenen Schusswaffen (§ 51 Abs. 1–3 WaffG) sowie schwere Raubtaten (§§ 249, 250 StGB) und schwere räuberische Erpressung (§§ 255, 250 StGB). Zu den abzuwendenden Straftaten zählt ferner § 27 VersammlG (Führen von Waffen).

3. Maßnahmeadressaten

34   Die Polizei darf die Identität einer jeden Person feststellen, die die Kontrollstelle passiert (sog. Ortshaftung). Es bedarf keines Rückgriffs auf die allgemeinen Vorschriften über die polizeirechtliche Verantwortlichkeit (§§ 4 ff.). Eine Identitätsfeststellung, die gegenüber offensichtlich Unbeteiligten erfolgt, ist nicht **erforderlich** und damit rechtswidrig (vgl. Nr. 12.12 VVPolG NRW; Kingreen/Poscher POR § 13 Rn. 50).

D. Maßnahmen zur Identitätsfeststellung

35   Gemäß Abs. 2 S. 1 kann die Polizei die zur Feststellung der Identität erforderlichen Maßnahmen treffen. Da diese Maßnahmen sehr belastend sein können, entbehrt die Vorschrift nicht einer gewissen Brisanz (vgl. Dietlein/Hellermann NRWÖffR/Dietlein § 3 Rn. 219). Die Polizei kann den Maßnahmeadressaten gem. Abs. 2 S. 2 insbesondere anhalten, nach seinen Personalien befragen und verlangen, dass er die mitgeführten Ausweispapiere zur Prüfung aushändigt. Zudem kann die Polizei ihn gem. Abs. 2 S. 3 festhalten, wenn die Identität auf andere Weise nicht oder nur unter erheblichen Schwierigkeiten festgestellt werden kann. Unter den Voraussetzungen des Abs. 2 S. 4 ist schließlich die Durchsuchung des Betroffenen und der von ihm mitgeführten Sachen zulässig. Der Aufbau des Abs. 2 bringt die **abgestufte Eingriffsintensität** der einzelnen Maßnahmen zum Ausdruck. Das Anhalten sowie die sich hieran anschließende Befragung (Abs. 2 S. 2) belasten den Betroffenen nur geringfügig, wohingegen die Durchsuchung eine sehr eingriffsintensive Maßnahme darstellt (Abs. 2 S. 4).

I. Anhalten, Befragung, Aufforderung zum Aushändigen der Ausweispapiere

36   Abs. 2 S. 2 erlaubt der Polizei das Anhalten des Maßnahmeadressaten. Zugleich kann der Betroffene nach seinen Personalien befragt und aufgefordert werden, die mitgeführten Ausweispapiere zur Überprüfung auszuhändigen. Im Unterschied hierzu darf die Polizei gem. **§ 36 Abs. 5 StVO** lediglich prüfen, ob der Betroffene die Vorschriften des Straßenverkehrsrechts (Fahrtüchtigkeit des Fahrers, Zustand des Fahrzeugs, Beladung usw) befolgt (Hornmann HSOG § 18 Rn. 37). Für eine Identitätsfeststellung zum Zweck der allgemeinen Gefahrenabwehr ist die Vorschrift keine taugliche Grundlage (Wolf/Stephan/Deger, Polizeigesetz für Baden-Württemberg, 6. Aufl. 2009, BWPolG § 26 Rn. 24).

37   Kennzeichnend für das **Anhalten** ist eine Unterbrechung der Fortbewegung. Das Anhalten erlaubt der Polizei, den Maßnahmeadressaten zu befragen und sich von ihm die Ausweispapiere aushändigen zu lassen (Meixner/Fredrich HSOG § 18 Rn. 28). Im Gegensatz zum Festhalten handelt es sich beim Anhalten um eine kurzfristige Maßnahme. Das Anhalten darf die Zeitspanne einer normalen Identitätsfeststellung – dh wenige Minuten – nicht überschreiten. Der Begriff des Anhaltens schließt auch typische Begleitmaßnahmen ein. Hierunter fällt zB die Aufforderung, den Motor abzustellen oder das Seitenfenster des Pkw zu öffnen. Sofern die Umstände des Einzelfalls dies erfordern, kann die Polizei dem Maßnahmeadressaten auch aufgeben, sein Fahrzeug zu verlassen.

38   Mit dem Anhalten geht die **Befragung** des Betroffenen nach dessen Personalien einher. Der Umfang der Befragung richtet sich nach den Umständen des Einzelfalls, wobei für die

Identitätsfeststellung in der Regel die in § 9 Abs. 2 S. 1 genannten Angaben genügen (Tegtmeyer/Vahle PolG NRW/Vahle Rn. 33; Möller/Warg PolR Rn. 293). Gibt die befragte Person keine oder unzutreffende Auskünfte, so verwirklicht sie den Ordnungswidrigkeitentatbestand des § 111 OWiG.

Bei den Ausweispapieren iSd Abs. 2 S. 2 muss es sich um amtliche Schriftstücke handeln. **39** Dazu zählen neben den Personalausweisen und Reisepässen deutscher Staatsbürger auch solche von Unionsbürgern. Bei dem **Führerschein** handelt es sich nicht um ein Ausweispapier, sondern um eine amtliche Bescheinigung darüber, dass der Führerscheininhaber über die erforderliche Fahrerlaubnis verfügt. Ein Führerschein enthält trotzdem genügende Angaben zur Identifikation (zB Vor- und Nachname, Geburtsort und -datum, Nummer des Führerscheins). Er kann gem. Abs. 2 S. 1 herausverlangt werden. Hält die Polizei das Aushändigen des Führerscheins nicht für ausreichend und ergreift weitere Maßnahmen, um die Identität der betroffenen Person festzustellen, so muss diese Vorgehensweise im Einzelfall sachlich gerechtfertigt sein (Zeitler/Trurnit PolR BW Rn. 379). Das Gleiche gilt für eine Identitätsfeststellung mittels einer Scheckkarte, eines Waffenscheins oder einer Reisegewerbekarte.

Das **Aushändigen der Dokumente** erfordert im Gegensatz zum bloßen Vorzeigen eine **40** tatsächliche Übergabe an den Polizeibeamten, welcher die Identitätsfeststellung vornimmt. Abs. 2 S. 2 begründet **keine Pflicht zum Mitführen von Ausweispapieren** (Roos/Lenz RhPfPOG § 10 Rn. 30). Kommt der Maßnahmeadressat dem berechtigten polizeilichen Verlangen nicht nach, sich durch Vorlage des (vorläufigen) Personalausweises zu legitimieren, so begeht er eine Ordnungswidrigkeit nach § 32 Abs. 1 Nr. 2 iVm § 1 Abs. 1 S. 2 PAuswG (OLG Düsseldorf NVwZ 1986, 247). Grundsätzlich darf die Polizei den Maßnahmeadressaten nicht dazu verpflichten, alle mitgeführten Ausweispapiere auszuhändigen. Das gilt jedenfalls dann, wenn die Identitätsfeststellung bereits mittels eines Ausweispapiers (zB des Personalausweises) möglich ist (vgl. Tegtmeyer/Vahle PolG NRW/Vahle Rn. 35).

Aus verfassungsrechtlicher Sicht ist das Anhalten nicht als Freiheitsentziehung iSd Art. 104 **41** Abs. 2–4 GG, sondern als **schlichte Freiheitsbeschränkung** zu bewerten. Die Unterscheidung zwischen der Freiheitsentziehung und (sonstigen) Freiheitsbeschränkungen ist insbesondere deshalb bedeutsam, weil Art. 104 Abs. 2 GG für die Freiheitsentziehung einen Richtervorbehalt vorsieht. Das BVerfG versteht die Freiheitsentziehung als eine besonders intensive Form der Freiheitsbeschränkung (BVerfGE 105, 239 (248)). Maßgebliche Kriterien für die Abgrenzung sind das räumliche Ausmaß, die Dauer sowie der Zweck der Freiheitsbeschränkung. Der durch das Anhalten verursachte Eingriff in das Grundrecht aus Art. 2 Abs. 2 S. 2 GG fällt in zeitlicher Hinsicht kaum ins Gewicht und erreicht deshalb nicht die für Freiheitsentziehungen erforderliche Eingriffsintensität (Rühle, Polizei- und Ordnungsrecht für Rheinland-Pfalz, 5. Aufl. 2013, 122; Roos/Lenz RhPfPOG § 10 Rn. 30). Vereinzelt wird vertreten, die mit dem Anhalten verbundene Belastung des Maßnahmeadressaten sei so geringfügig, dass sie die grundrechtlich geschützte Freiheit der Person in keiner Weise beeinträchtige, also noch nicht einmal als Freiheitsbeschränkung zu qualifizieren sei. Das Anhalten erweist sich nach diesem Ansatz ausschließlich als Eingriff in die allgemeine Handlungsfreiheit gem. Art. 2 Abs. 1 GG (Schipper/Schneider/Büttner/Schade, Polizei- und Ordnungsrecht in Schleswig-Holstein/Büttner/Schade, 2010, Rn. 135). Dem ist entgegenzuhalten, dass die Gewährleistungen in Art. 2 Abs. 2 S. 2 GG und Art. 104 GG einen derartigen Bagatellvorbehalt nicht vorsehen.

II. Festhalten

Lässt sich die Identität einer Person auf andere Weise nicht oder nur unter erheblichen **42** Schwierigkeiten feststellen, so kann die Polizei den Betroffenen festhalten (Abs. 2 S. 3). Das Festhalten setzt voraus, dass der Maßnahmeadressat über den normalen Zeitraum einer Befragung und Ausweiskontrolle hinaus an der Fortbewegung gehindert ist. Die Polizei darf den Betroffenen auch auf die Polizeidienststelle verbringen (Prümm/Sigrist, Allgemeines Sicherheits- und Ordnungsrecht, 2. Aufl. 2003, Rn. 166). Der unfreiwillige Ortswechsel bedeutet einen schwerwiegenden Grundrechtseingriff. Vor diesem Hintergrund haben die handelnden Polizeibeamten gem. Nr. 12.21 VVPolG NRW zu prüfen, ob ein solches Vorgehen nicht zu dem beabsichtigten Erfolg – also der Identitätsfeststellung – außer Verhältnis steht. Das Festhalten auf der Polizeiwache („Sistierung") ist zB dann angezeigt, wenn der Betroffene seine Ausweispapiere nicht zur Hand hat, der deutschen Sprache nicht mächtig oder betrunken ist oder Zweifel an der Echtheit der ausgehändigten Dokumente bestehen. Die in Abs. 2 S. 3 angesprochenen „erheblichen Schwierigkeiten" bei der Identitätsfeststellung können sich unter anderem aus Störungen und Behinderungen ergeben, die vom Maßnahmeadressaten oder von Dritten ausgehen (vgl. Möller/Warg PolR Rn. 293; Schipper/Schneider/Büttner/Schade, Polizei- und Ordnungsrecht in Schleswig-Holstein/Büttner/Schade, 2010, Rn. 138). Im Einklang mit der hM ist davon auszugehen, dass das Festhalten anlässlich einer Identitätsfeststellung mit einer **Freiheitsentziehung** gem. Art. 104 Abs. 2–4 GG einhergeht, deren Zulässigkeit gem. § 36 Abs. 1 S. 1 sowie Art. 104 Abs. 2 S. 2 GG von einer unverzüglich einzuholenden richterlichen Entscheidung abhängt (Dietlein/Hellermann NRWÖffR/Dietlein § 3 Rn. 219; Meixner/Fredrich HSOG § 18 Rn. 34; diff. Zeitler/Trurnit PolR BW Rn. 384). Die zum Zweck der Identitätsfeststellung vorgenommene Freiheitsentziehung darf gem. § 38 Abs. 2 Nr. 5 die Dauer von insgesamt zwölf Stunden nicht überschreiten.

III. Durchsuchung

43   Das letzte Mittel zur Identitätsfeststellung, das Abs. 2 beispielhaft aufführt, ist die Durchsuchung. Sie ist gem. Abs. 2 S. 4 insbesondere zulässig, um Ausweis- oder sonstige Legitimationspapiere aufzufinden. Eine Durchsuchung ist unter anderem notwendig, wenn der Betroffene an der Identitätsfeststellung nicht mitwirken kann, etwa weil er bewusstlos ist. Dasselbe gilt, wenn der Maßnahmeadressat sich weigert, die für die Identitätsfeststellung erforderlichen Mitwirkungshandlungen vorzunehmen.

44   Es können sowohl die betroffene Person als auch die von ihr mitgeführten Sachen durchsucht werden. Durchsucht der Polizeibeamte die am Körper des Betroffenen befindlichen Kleidungsstücke und deren Inhalt nach Ausweispapieren, so ist darin eine Personendurchsuchung zu erblicken. Eine Sache gilt als mitgeführt, soweit der Betroffene unmittelbar und ohne Schwierigkeiten auf sie einwirken kann. Hiervon ist zB bei einer Handtasche oder einem Rucksack auszugehen. Auf der Grundlage des Abs. 2 S. 4 darf die Polizei auch den Innenraum des vom Maßnahmeadressaten geführten Kfz durchsuchen. Die Durchsuchung nach Abs. 2 S. 4 ist nur zulässig, um die Identität des Betroffenen festzustellen. Etwas anderes gilt dann, wenn auch die Voraussetzungen für eine Durchsuchung nach § 39 oder § 40 erfüllt sind (vgl. Nr. 12.22 VVPolG NRW).

IV. Weitere erforderliche Maßnahmen

45   Schließlich kann die Polizei gem. Abs. 2 S. 1 auch andere als die in Abs. 2 S. 2–4 genannten Maßnahmen ergreifen, soweit diese erforderlich sind, um die Identität der betroffenen Person festzustellen. Der in Abs. 2 S. 2–4 enthaltene Maßnahmenkatalog ist somit nicht abschließend, was auch Abs. 2 S. 2 („insbesondere") zum Ausdruck bringt. Die generalklauselartige Ermächtigung in Abs. 2 S. 1 ist einschränkend auszulegen. Zum einen ist ein auf Abs. 2 S. 1 gestütztes Vorgehen nur zulässig, wenn es in Durchführung und Eingriffsintensität den Mitteln der Identitätsfeststellung gem. Abs. 2 S. 2–4 entspricht. Zum anderen schränkt die hM den Anwendungsbereich des Abs. 2 S. 1 dahingehend ein, dass die Erhebung von Personalien **nur bei der betroffenen Person selbst** erfolgen darf (Lisken/Denninger PolR-HdB/Graulich E Rn. 309; BerlKommPolR/Söllner ASOG Bln § 21 Rn. 2). Hierfür spricht, dass auch Abs. 2 S. 2–4 nur Maßnahmen gegenüber demjenigen erlaubt, dessen Identität festgestellt werden soll. Wenn die Polizei die Personalien einer Person bei Dritten erheben will, muss sie ihr Vorgehen auf § 9 stützen (zutr. Tegtmeyer/Vahle PolG NRW/Vahle Rn. 31).

V. Rechtsschutz

46   Das Vorgehen der Polizei nach Abs. 2 S. 2 hat befehlenden Charakter: Der Betroffene wird aufgefordert anzuhalten, die Ausweispapiere auszuhändigen und die an ihn gerichteten Fragen zu beantworten. Dementsprechend handelt es sich bei den einzelnen Maßnahmen um **Verwaltungsakte** (§ 35 S. 1 VwVfG. NRW.). Da sich die aufgrund des Abs. 2 S. 2 erlassenen Verwaltungsakte im Zeitpunkt der Klageerhebung bereits erledigt haben werden,

ist die (sog. erweiterte) **Fortsetzungsfeststellungsklage** analog § 113 Abs. 1 S. 4 VwGO statthaft. Fehlt es – etwa bei Bewusstlosigkeit des Maßnahmeadressaten – an dem Erlass von Verwaltungsakten, so lassen sich die seitens der Polizei ergriffenen Maßnahmen mit einer **allgemeinen Feststellungsklage** (§ 43 Abs. 1 Alt. 1 VwGO) gerichtlich überprüfen.

§ 12a Polizeiliche Anhalte- und Sichtkontrollen (strategische Fahndung)

(1) [1]Die Polizei darf im öffentlichen Verkehrsraum
1. zur Verhütung von Straftaten von erheblicher Bedeutung im Sinne des § 8 Absatz 3 und zur Verhütung von terroristischen Straftaten nach § 8 Absatz 4,
2. zur Verhütung gewerbs- oder bandenmäßig begangener grenzüberschreitender Kriminalität oder
3. zur Unterbindung des unerlaubten Aufenthalts

Personen anhalten und befragen sowie die zur Feststellung der Identität erforderlichen Maßnahmen nach § 12 Absatz 2 treffen. [2]Fahrzeuge und mitgeführte Sachen dürfen in Augenschein genommen werden. [3]Die Polizei darf verlangen, dass mitgeführte Sachen sowie Fahrzeuge einschließlich an und in ihnen befindlicher Räume und Behältnisse geöffnet werden; im Übrigen ist die Durchsuchung von Personen, mitgeführten Sachen und Fahrzeugen unter den Voraussetzungen der §§ 39 und 40 zulässig. [4]Die Maßnahme ist nur zulässig, wenn Tatsachen die Annahme rechtfertigen, dass in diesem Gebiet Straftaten der in Satz 1 bezeichneten Art begangen werden sollen und die Maßnahme zur Verhütung dieser Straftaten erforderlich und verhältnismäßig im Sinne von § 2 ist.

(2) [1]Die Maßnahme ist schriftlich zu beantragen und bedarf der schriftlichen Anordnung durch die Behördenleitung oder deren Vertretung. [2]Umfasst das festgelegte Gebiet die Zuständigkeit mehrerer Behörden, so trifft die Anordnung das Landesamt für Zentrale Polizeiliche Dienste. [3]Die Anordnung ist zeitlich und örtlich auf den in Absatz 1 genannten Zweck zu beschränken. [4]Sie darf die Dauer von 28 Tagen nicht überschreiten. [5]Eine Verlängerung um jeweils bis zu weiteren 28 Tagen ist zulässig, soweit die Voraussetzungen für eine Anordnung weiterhin vorliegen. [6]In der Anordnung sind
1. die tragenden Erkenntnisse für das Vorliegen der Voraussetzungen nach Absatz 1 Satz 1,
2. die Art der Maßnahme einschließlich zeitlicher und örtlicher Beschränkung und
3. die Begründung der Verhältnismäßigkeit der Maßnahme nach Absatz 1 Satz 4

anzugeben.

Überblick

§ 12a wurde durch das Gesetz zur Stärkung der Sicherheit in Nordrhein-Westfalen v. 13.12.2018 (GV. NRW. 683) in das PolG NRW eingefügt. Die Vorschrift flankiert die Identitätsfeststellung gem. § 12 und verweist in Abs. 1 S. 1 ausdrücklich auf § 12 Abs. 2. Aufgrund dieser Verweisung ist die Polizei unter der (zusätzlichen) Voraussetzung, dass die Identität auf andere Weise nicht oder nur unter erheblichen Schwierigkeiten festgestellt werden kann (§ 12 Abs. 2 S. 3 und S. 4), insbesondere zum Festhalten sowie zur Durchsuchung der betroffenen Person und der von dieser mitgeführten Sachen (einschließlich Fahrzeugen) befugt. Durch die Bezugnahme auf § 12a in § 14 Abs. 1 Nr. 1 wird klargestellt, dass auch im Anschluss an versuchte und erfolglos gebliebene Identitätsfeststellungen im Zusammenhang mit polizeilichen Anhalte- und Sichtkontrollen nachgelagerte erkennungsdienstliche Maßnahmen zulässig sein sollen (Thiel, Stellungnahme 17/944, 4 f.). Mit § 12a vergleichbare Vorschriften finden sich zB in § 180 Abs. 3 SchlHLVwG und § 27 SOG M-V.

Übersicht

A. Zweck und rechtlicher Rahmen

1   Bei der strategischen Fahndung gem. § 12a handelt es sich um ein neuartiges Handlungsinstrument. Der Gesetzgeber verfolgt mit der Befugnisnorm mehrere **präventiv-polizeiliche Zwecke,** nämlich die Verhütung von bestimmten Straftaten sowie die Unterbindung des unerlaubten Aufenthalts im Bundesgebiet. Die **Verhütung von Straftaten** erfasst Maßnahmen, die drohende Rechtsgutverletzungen von vornherein und in einem Stadium verhindern sollen, in dem es noch nicht zu strafwürdigem Unrecht gekommen ist (BVerfGE 100, 313 (394)). Hauptzweck ist nicht das Sammeln von Beweismitteln für ein mögliches künftiges Strafverfahren (sog. **Strafverfolgungsvorsorge,** Ogorek DÖV 2018, 688 (692)), sondern das Verhindern der Straftat zu einem Zeitpunkt, zu dem die Strafbarkeitsschwelle noch nicht überschritten ist, in der Regel also im Planungs- oder Vorbereitungsstadium. Dies unterscheidet die Straftatenverhütung von der **Unterbindung** des unerlaubten Aufenthalts, bei der der Rechtsverstoß bereits eingetreten ist.

2   § 12a dient zum einen der Verhütung von bestimmten Deliktsformen (vgl. LT-Drs. 17/2351, 31), nämlich von Straftaten von erheblicher Bedeutung iSd § 8 Abs. 3 und zur Verhütung von terroristischen Straftaten (§ 8 Abs. 4). Der Rekurs auf terroristische Straftaten stellt klar, dass der Gesetzgeber mit § 12a auch auf **Bedrohungen durch den internationalen Terrorismus** reagieren will, die zu einer erhöhten abstrakten Gefährdungslage für Europa und die Bundesrepublik Deutschland geführt haben (vgl. LT-Drs. 17/2351, 1). Zum anderen zielt § 12a auf die Verhütung gewerbs- oder bandenmäßig begangener grenzüberschreitender Kriminalität ab. Ausweislich der Gesetzgebungsmaterialien beziehen die Zwecksetzungen gem. Abs. 1 S. 1 Nr. 1 und Nr. 2 ihre „Legitimität aus der **Verpflichtung des Staates zum Schutz seiner Bürgerinnen und Bürger**" (LT-Drs. 17/2351, 33). Schließlich soll die strategische Fahndung zur Unterbindung des unerlaubten Aufenthalts eingesetzt werden können (Abs. 1 S. 1 Nr. 3). Der Gesetzgeber verspricht sich davon eine „**Stabilisierung der verwaltungsrechtlichen Ordnungssysteme des Ausländergesetzes und des Asylgesetzes**" (LT-Drs. 17/2351, 33).

3   Mit der strategischen Fahndung sind auf Seiten der Maßnahmeadressaten Eingriffe in das **Recht auf informationelle Selbstbestimmung** (Art. 2 Abs. 1 GG iVm Art. 1 Abs. 1 GG) verbunden. Soweit Sichtkontrollen in Wohnmobilen oder Wohnwagen durchgeführt werden, ist die Maßnahme auch mit Blick auf die durch Art. 13 GG garantierte **Unverletzlichkeit der Wohnung** grundrechtsrelevant. Ebenso kann es zu Eingriffen in die **grundrechtliche Freiheit der Person** (Art. 2 Abs. 2 S. 2 GG) und das – subsidiäre – **Grundrecht der allgemeinen Handlungsfreiheit** gem. Art. 2 Abs. 1 GG kommen (vgl. v. Coelln/Pernice-Warnke/Putzer/Reisch NWVBl. 2019, 89 (91); Foerster/Friedersen/Rohde/Fischer/Martens/Schulz/Stadelmann/Zimmermann/Albert/Mann/Knieß/Martens, Praxis der Kommunalverwaltung, SH A-15, Stand: 2009, SchlHLVwG § 180 Erl. 4.3). Die grundrechtliche **Eingriffsintensität** der Maßnahmen, zu denen Abs. 1 ermächtigt, ist insgesamt als eher **gering** anzusehen (v. Coelln/Pernice-Warnke/Putzer/Reisch NWVBl. 2019, 89 (91)).

Bei der Ausgestaltung des § 12a musste der Landesgesetzgeber Vorgaben des Unionsrechts beachten. **3.1** Mit Blick auf Art. 21 lit. a Schengener Grenzkodex 2006 (VO (EG) 562/2006 v. 15.3.2006, ABl. 2006 L 105, 1) hatte der EuGH (BeckRS 2017, 113667) für Identitätskontrollen im Schengen-Raum verlangt, dass die Maßnahmen insbesondere hinsichtlich Intensität, Häufigkeit und Selektivität eingeschränkt werden (EuGH BeckRS 2017, 113667 Rn. 59) und praktisch nicht die gleiche Wirkung wie Grenzübertrittskontrollen haben dürfen (EuGH BeckRS 2017, 113667 Rn. 57). Diese Grundsätze gelten gleichermaßen für den Schengener Grenzkodex (VO (EU) 2016/399 v. 9.3.2016, ABl. 2016 L 77, 1). Art. 22, 23 lit. a S. 1 Schengener Grenzkodex ist das Verbot von Grenzkontrollen und wirkungsgleichen polizeilichen Maßnahmen zu entnehmen. Insgesamt ist davon auszugehen, dass § 12a den unionsrechtlichen Anforderungen genügt (ebenso Gusy, Stellungnahme 17/630, 6). In der Gesetzesbegründung zu § 12a heißt es hierzu, dass das Unionsrecht einer „landesweiten Identitätsfeststellung im öffentlichen Verkehrsraum nicht entgegensteht" (vgl. LT-Drs. 17/2351, 35). In der Tat hat § 12a nur einen geringen Grenzbezug (Abs. 1 S. 1 Nr. 2: „Verhütung gewerbs- oder bandenmäßig begangener grenzüberschreitender Kriminalität"). Eine Kollision mit dem Schengener Rechtsbestand ist für § 12a auch deshalb nicht festzustellen, weil die strategische Fahndung nicht auf eine gleiche Wirkung wie die abgeschafften Grenzkontrollen gerichtet ist. Unabhängig davon dürfte die Norm jedenfalls nach der Bereichsausnahme des Art. 23 lit. a S. 2 Schengener Grenzkodex zulässig sein (v. Coelln/Pernice-Warnke/Putzer/Reisch NWVBl. 2019, 89 (91)).

Abs. 2 S. 1 lässt der Polizei beim Einsatz der strategischen Fahndung einen nicht unerheblichen **3.2** Spielraum; daher ist bei der Anordnung der strategischen Fahndung dafür Sorge zu tragen, dass nicht eine **faktische Grenzkontrolle** eingeführt wird. Das wäre der Fall, wenn als Fahndungsgebiet vorrangig grenzüberschreitende Verkehrsstrassen für systematische Kontrollen ausgewählt würden (vgl. BeckOK PolR Nds/Waechter NPOG § 12 Rn. 141a). In der Gesetzesbegründung wird ausgeführt, dass die Vereinbarkeit mit Unionsrecht unter anderem durch eine **Ermessenssteuerung mittels Verwaltungsvorschrift** erreicht werden soll (LT-Drs. 17/3865, 9; sa Ennuschat, Stellungnahme 17/657, 5 f.).

B. Begriffliche Einordnung

Der amtlichen Überschrift des § 12a ist zu entnehmen, dass unter den Begriff „strategische **4** Fahndung" polizeiliche „**Anhalte- und Sichtkontrollen**" fallen. Die Norm gestattet ein Bündel von Maßnahmen. Hierzu zählen das **Anhalten** und die **Befragung von Personen** sowie die zur **Feststellung der Identität** erforderlichen Maßnahmen nach § 12 Abs. 2 (Abs. 1 S. 1). Zulässig ist ferner die **Inaugenscheinnahme von Fahrzeugen und mitgeführten Sachen** (Abs. 1 S. 2). Die Polizei darf verlangen, dass **mitgeführte Sachen sowie Fahrzeuge geöffnet** werden, und zwar einschließlich der an und in ihnen befindlichen Räume und Behältnisse (Abs. 1 S. 3 Hs. 1). Im Übrigen ist der Polizei die **Durchsuchung** von Personen, mitgeführten Sachen und Fahrzeugen unter den Voraussetzungen der §§ 39 und 40 gestattet (Abs. 1 S. 3 Hs. 2).

Bei der strategischen Fahndung handelt es sich nicht um eine sog. **Schleierfahndung 5** (zutr. v. Coelln/Pernice-Warnke/Putzer/Reisch NWVBl. 2019, 89 (91); Gusy, Stellungnahme 17/630, 5). Im Gegensatz zum BPolG sowie den Polizeigesetzen einiger Länder (Bayern, Baden-Württemberg, Brandenburg, Mecklenburg-Vorpommern, Sachsen und Thüringen) gibt es in Nordrhein-Westfalen keine Befugnisnorm für die **Schleierfahndung.** Unter dem Begriff „Schleierfahndung" werden ganz überwiegend **verdachts- und ereignisunabhängige polizeiliche Kontrollmaßnahmen** verstanden (zum Begriff der Schleierfahndung Michl DÖV 2018, 51; Groh NVwZ 2016, 1678; Trennt DÖV 2012, 216). Dagegen ist die Polizei gem. Abs. 1 S. 4 zur strategischen Fahndung nur befugt, wenn Tatsachen die Annahme rechtfertigen, dass in dem von der Fahndung erfassten Gebiet Straftaten der in Abs. 1 S. 1 bezeichneten Art begangen werden sollen. § 12a erfordert somit **qualifizierte polizeiliche Lageerkenntnisse** (v. Coelln/Pernice-Warnke/Putzer/Reisch NWVBl. 2019, 89 (91)). Die Kontrolle ist gerade nicht anlass- oder ereignisunabhängig, sondern weist phänomenologisch eine größere **Nähe zur Identitätsfeststellung** an sog. verrufenen oder gefährdeten Orten (§ 12 Abs. 1 Nr. 2 und Nr. 3) auf als zur Schleierfahndung (so bereits Dietlein/Hellermann NRWÖffR/Dietlein § 3 Rn. 220b; v. Coelln/Pernice-Warnke/Putzer/Reisch NWVBl. 2019, 89 (91); Gusy, Stellungnahme 17/630, 5; Schwarz, Stellungnahme 17/941, 2). Teilweise wird auch die Vergleichbarkeit mit der sog. Schleppnetzfahndung (§ 163d StPO) betont (Gusy, Stellungnahme 17/630, 3). Zutreffend ist die neue Standardmaßnahme in dem zwischen CDU und FDP geschlossenen „Koalitionsvertrag für Nordrhein-Westfalen 2017–2022" als anlassbezogen und verdachtsunabhängig charakterisiert worden (Koalitionsvertrag für Nordrhein-Westfalen 2017–2022, 57). „**Verdachtsunabhängig**" meint dabei, dass Personen auch dann von der Polizei kontrolliert werden dürfen, wenn sie durch ihr Verhalten dazu keinen besonderen Grund gegeben haben (v. Coelln/Pernice-Warnke/Putzer/Reisch NWVBl. 2019, 89 (91)). Soweit die Maßnahme „anlasslos" angeordnet wird – also ohne dass Tatsachen die in Abs. 1 S. 4 vorausgesetzte Annahme rechtfertigen –, ist sie rechtswidrig.

6   Auch hinsichtlich des von der Kontrolle erfassten Gebietes sind Unterschiede zur Schleierfahndung zu erkennen. Mit der Schleierfahndung sollten nach dem **Wegfall der Personenkontrollen an den Binnengrenzen** der Europäischen Union ausgleichende Kontrollmöglichkeiten geschaffen werden (vgl. Groh NVwZ 2016, 1678). Die Schleierfahndung wirft einen „**Sicherheitsschleier**" über die erfassten Gebiete, der an die Stelle der Grenzkontrollen tritt. Vor diesem Hintergrund ist die Schleierfahndung – jedenfalls ihrer Grundkonzeption nach – auf die Außengrenzen der Bundesrepublik Deutschland bezogen (vgl. zB § 23 Abs. 1 Nr. 3 BPolG: „im Grenzgebiet bis zu einer Tiefe von dreißig Kilometern"). Dagegen können Maßnahmen der strategischen Fahndung grundsätzlich **an jeder Stelle des öffentlichen Verkehrsraums** zum Einsatz kommen, wenn und soweit die Voraussetzungen des Abs. 1 S. 4 erfüllt sind. Die strategische Fahndung bezieht sich nicht notwendigerweise auf das Grenzgebiet, sondern auf im Einzelnen für einen vorübergehenden Zeitraum (vgl. Abs. 2 S. 4 und S. 5) festgelegte **Kontrollgebiete** (vgl. Gusy, Stellungnahme 17/630, 5). Gleichwohl sind die Anhalte- und Sichtkontrollen gem. § 12a vereinzelt als „**kleine Schleierfahndung**" bezeichnet worden (vgl. Gusy, Stellungnahme 17/630, 5).

7   § 12a ermächtigt die Polizei nicht zu einer **automatisierten Kfz-Kennzeichenerfassung**, wie sie in einigen Bundesländern von der Polizei durchgeführt werden darf (s. § 27b BPolG; Art. 39 Abs. 1 BayPAG; § 27b RhPfPOG; § 14 Abs. 5 HSOG; zur Verfassungsmäßigkeit der Kfz-Kennzeichenerfassung BVerfGE 150, 244). Im Rahmen einer automatisierten Kfz-Kennzeichenerfassung darf die Polizei einen Abgleich von Kennzeichen mit Fahndungslisten und dem Schengener Informationssystem (SIS) vornehmen. Auf diese Weise sollen unter anderem gestohlene Fahrzeuge erkannt und anschließend sichergestellt werden.

C. Voraussetzungen

8   Abs. 1 S. 1 sieht drei Varianten für den Einsatz der strategischen Fahndung vor. Eine strategische Fahndung kommt in Betracht zur Verhütung von Straftaten von erheblicher Bedeutung und zur Verhütung von terroristischen Straftaten (Abs. 1 S. 1 Nr. 1), zur Verhütung gewerbs- oder bandenmäßig begangener grenzüberschreitender Kriminalität (Abs. 1 S. 1 Nr. 2) sowie zur Unterbindung des unerlaubten Aufenthalts (Abs. 1 S. 1 Nr. 3).

I. Eingriffsschwelle

9   Abs. 1 S. 4 verlangt Tatsachen, welche die Annahme rechtfertigen, dass in dem Fahndungsgebiet Straftaten der in Abs. 1 S. 1 bezeichneten Art begangen werden sollen und die ergriffene Maßnahme zur Verhütung dieser Straftaten erforderlich und verhältnismäßig iSv von § 2 ist. Insgesamt statuiert Abs. 1 S. 4 damit **relativ geringe Anforderungen** für das polizeiliche Eingreifen (v. Coelln/Pernice-Warnke/Putzer/Reisch NWVBl. 2019, 89 (91)). Die Eingriffsschwelle „wenn Tatsachen die Annahme rechtfertigen" greift den Wortlaut des § 12 Abs. 1 Nr. 2 auf (v. Coelln, Stellungnahme 17/935, 2). Angesichts der identischen Formulierung und der systematischen Stellung steht außer Zweifel, dass hinsichtlich der in § 12a vorgesehenen Eingriffsschwelle dieselben Maßstäbe gelten wie für § 12 Abs. 1 Nr. 2 (→ § 12 Rn. 14).

9.1   Die ursprüngliche Entwurfsfassung des § 12a verlangte nicht „Tatsachen", sondern „tatsächliche Anhaltspunkte". Sie hat allerdings viel Kritik erfahren (v. Coelln, Stellungnahme 17/935, 2; Ennuschat, Stellungnahme 17/657, 5). Daraufhin wurde sie aufgegeben. Das ist begrüßenswert, weil so ein begrifflicher Gleichklang mit § 12 Abs. 1 Nr. 2 hergestellt ist, der ebenfalls auf „Tatsachen" abstellt. Nach zutreffender Ansicht bestehen zwischen den Merkmalen „Tatsachen" und „tatsächliche Anhaltspunkte" freilich in der Sache keine inhaltlichen Unterschiede (Ogorek JZ 2019, 63 (67)).

Die Formulierung „Tatsachen die Annahme rechtfertigen" kennzeichnet § 12a als einen **10** sog. **Dispositionstatbestand** (ausf. zu dieser Art von Eingriffsbefugnissen Bäcker, Kriminal- präventionsrecht, 2015, 228 ff.; Ogorek JZ 2019, 63 (67 ff.)). Anders als die klassischen polizeirechtlichen Befugnisnormen, die auf die Eingriffsschwelle der konkreten Gefahr abstellen, knüpfen Dispositionstatbestände an Sachlagen an, welche **der konkreten Gefahr vorgelagert** sind.

Ob Tatsachen die in Abs. 1 S. 1 beschriebene Annahme rechtfertigen, ist anhand der **11** **konkreten Umstände des Einzelfalls** aufgrund einer **Prognoseentscheidung** zu beurtei- len (Ogorek JZ 2019, 63 (67)). Das Tatsachenerfordernis setzt ebenso wie die konkrete Gefahr eine **objektive Sachlage** voraus, welche den Anlass für die in Rede stehende Maß- nahme bildet. Bei dieser Sachlage handelt es sich um einen **objektiv feststehenden Vor- gang.** Die Tatsachen, welche der Annahme isd Abs. 1 S. 4 zugrunde liegen, müssen **nach- prüfbar** sein (LT-Drs. 17/2351, 32). Sie müssen den Schluss auf die Voraussetzungen des Abs. 1 S. 4 zulassen (LT-Drs. 17/2351, 32). **Innere Tatsachen** wie Gesinnungen, Pläne oder Absichten reichen ohne nach außen tretende Manifestation nicht aus. Auch **bloße Vermutungen** oder **allgemeine kriminalistische Erfahrungen** sind nicht geeignet, ein Eingreifen der Polizei gem. § 12a zu rechtfertigen. Grundrechtseingreifende **Ermittlungen „ins Blaue hinein"** lässt § 12a nicht zu.

Nach der Rechtsprechung des BVerfG müssen Gefahrenvorfeldtatbestände handlungsbe- **12** grenzende Merkmale enthalten, die einen Standard an Vorhersehbarkeit und Kontrollier- keit vergleichbar demjenigen schaffen, der für die überkommenen Aufgaben der Gefahrenab- wehr und Strafverfolgung rechtsstaatlich geboten ist (BVerfGE 110, 33 (55 f.); 113, 348 (387)). Vor diesem Hintergrund ist auch im Zusammenhang mit Dispositionstatbeständen wie § 12a auf den Maßstab der **hinreichenden Wahrscheinlichkeit** abzustellen (Ogorek JZ 2019, 63 (67)). Die Voraussetzungen des Abs. 1 S. 4 sind mithin erfüllt, wenn es hinreichend wahrscheinlich ist, dass im Fahndungsgebiet Straftaten der in Abs. 1 S. 1 bezeichneten Art begangen werden sollen. Ein Tätigwerden in Fällen, in denen eine künftige Straftatenbege- hung unwahrscheinlich ist oder allenfalls im Bereich des Möglichen liegt, ist damit ausge- schlossen. Zu fordern ist ein **erhöhtes Gefahrenpotential,** das sich aus den äußeren Umständen ergibt und das sich regelmäßig zu einer Straftat der in Abs. 1 S. 1 bezeichneten Art verdichten kann.

Im Hinblick auf das Merkmal der hinreichenden Wahrscheinlichkeit gilt: Je gewichtiger die drohende **12.1** oder erfolgte Rechtsgutbeeinträchtigung und je weniger gewichtig der Grundrechtseingriff ist, um den es sich handelt, desto geringer darf die Wahrscheinlichkeit sein, mit der auf eine drohende oder erfolgte Verletzung des Rechtsguts geschlossen werden kann. Entsprechendes gilt für die Tatsachenbasis, die dem Verdacht zugrunde liegt. Selbst bei höchstem Gewicht der drohenden Rechtsgutbeeinträchtigung kann auf das Erfordernis einer hinreichenden Wahrscheinlichkeit nicht verzichtet werden (vgl. BVerfGE 115, 320 (360 f.); 120, 274 (327)).

Ob Tatsachen die gesetzlich vorausgesetzte Annahme rechtfertigen, unterliegt **uneinge-** **13** **schränkter gerichtlicher Kontrolle** (Klein, Stellungnahme 17/926, 4). Der Polizei steht im Hinblick auf die von Abs. 1 S. 4 iVm S. 1 beschriebene Annahme ebenso wenig ein Beurteilungsspielraum zu wie hinsichtlich der traditionellen Eingriffsschwelle der konkreten Gefahr.

II. Straftaten von erheblicher Bedeutung oder terroristische Straftaten (Abs. 1 S. 1 Nr. 1)

Bezugspunkt der in Abs. 1 S. 1 Nr. 1 vorausgesetzten Annahme sind Straftaten von **14** erheblicher Bedeutung isd § 8 Abs. 3 sowie terroristische Straftaten nach § 8 Abs. 4. Zu beachten ist, dass der Katalog der **Straftaten von erheblicher Bedeutung** in § 8 Abs. 3 **nicht abschließend** ist, was im Normtext deutlich zum Ausdruck kommt („insbesondere"). Den Straftaten von erheblicher Bedeutung ist gemein, dass sie **mindestens dem Bereich der mittleren Kriminalität zuzurechnen** sind. Zu fordern ist überdies, dass sie den **Rechtsfrieden empfindlich stören** und dazu geeignet sind, das **Gefühl der Rechtssi- cherheit der Bevölkerung erheblich zu beeinträchtigen** (BVerfGE 103, 21 (34); 107, 299 (322)).

15   Zu den **terroristischen Straftaten** zählen unter den Voraussetzungen des § 8 Abs. 4 unter anderem Mord (§ 211 StGB), Totschlag (§ 212 StGB), die schwere Körperverletzung (§ 226 StGB) und die Körperverletzung mit Todesfolge (§ 227 StGB). Als terroristisch sind Straftaten gem. § 8 Abs. 4 nur einzuordnen, wenn sie „dazu bestimmt sind, die Bevölkerung auf erhebliche Weise einzuschüchtern, eine Behörde oder eine internationale Organisation rechtswidrig mit Gewalt oder durch Drohung mit Gewalt zu nötigen oder die politischen, verfassungsrechtlichen, wirtschaftlichen oder sozialen Grundstrukturen eines Staates oder einer internationalen Organisation zu beseitigen oder erheblich zu beeinträchtigen, und sie durch die Art ihrer Begehung oder ihre Auswirkungen einen Staat oder eine internationale Organisation erheblich schädigen können." Durch diese zusätzlichen Anforderungen wird das Erfordernis einer **spezifischen terroristischen Prägung** der erfassten Taten zum Ausdruck gebracht, die im Rahmen der strategischen Fahndung eine **Gleichbehandlung mit den Straftaten von erheblicher Bedeutung** iSd § 8 Abs. 3 rechtfertigt (v. Coelln, Stellungnahme 17/935, 3).

15.1   Die Verweisung auf die Straftatenkataloge des § 8 Abs. 3 und Abs. 4 wird teilweise unter verfassungsrechtlichen Gesichtspunkten für nicht unproblematisch erachtet (Arzt, Stellungnahme 17/936, 8). Geltend gemacht wird insbesondere, § 12a Abs. 1 S. 1 Nr. 1 iVm § 8 Abs. 3 weise ein **erhebliches Bestimmtheitsdefizit** auf, weil die Norm eine **Kettenverweisung** auf § 138 StGB enthalte (Arzt, Stellungnahme 17/936, 8). Abgesehen davon sei der Katalog des § 8 Abs. 3 extrem weit gefasst (Arzt, Stellungnahme 17/936, 8). Richtig ist, dass gegen die verfassungsrechtliche Zulässigkeit und praktische Tauglichkeit von Straftatenkatalogen im Zusammenhang mit der Gefahrenprävention immer wieder Bedenken geäußert werden. So hat namentlich der VerfGH Thüringen darauf hingewiesen, der Charakter der Gefahrenabwehr als Rechtsgüterschutz verlange, dass bei der Normierung von Grundrechtseingriffen die zu schützenden Rechtsgüter und die Intensität ihrer Gefährdung in den Blick genommen würden (VerfGH Thüringen DÖV 2013, 199). Durch einen Verweis auf einen Straftatenkatalog gehe dieser Zusammenhang zwischen Grundrechtseingriff und Rechtsgüterschutz weitgehend verloren. Zudem sei die Bezugnahme auf Strafrechtsnormen regelmäßig keine geeignete Regelungstechnik, um einen Sachverhalt unter dem Gesichtspunkt der Gefahrenabwehr zu erfassen. Straftatbestände legten fest, ob ein in der Vergangenheit liegendes, fest umrissenes Verhalten einer bestimmten Person strafbar sei oder nicht. Im Bereich der Gefahrenabwehr habe die Polizei dagegen aus der Beobachtung von Einzelheiten, die oft diffus seien, auf die Gefährlichkeit eines noch nicht klar erkennbaren zukünftigen Geschehens zu schließen. In diesem Stadium seien strafrechtliche Tatbestandsmerkmale ungeeignet, die Voraussetzungen eines polizeilichen Einschreitens festzulegen (VerfGH Thüringen DÖV 2013, 199). Gegen diese Kritik ist jedoch vorzubringen, dass die **Verhütung von Straftaten ein wesentliches Element der Gefahrenabwehr ist.** Abgesehen davon bestehen an der verfassungsrechtlichen Bestimmtheit der von § 8 Abs. 3 und Abs. 4 in Bezug genommenen Straftaten keine Bedenken. Es ist deshalb wenig überzeugend, wenn der Rekurs auf für sich genommen hinreichend bestimmte Strafrechtsnormen im Gefahrenabwehrrecht ein Bestimmtheitsproblem aufwerfen sollte. Zwar kann polizeiliches Einschreiten im Gefahrenvorfeld auf Sachverhalten beruhen, die den drohenden Schaden in persönlicher, sachlicher und zeitlicher Hinsicht noch nicht eindeutig erkennen lassen (vgl. Ogorek JZ 2019, 63 (67)). Die in Abs. 1 S. 4 iVm Abs. 1 S. 1 Nr. 1 vorgesehene Eingriffsschwelle „Tatsachen die Annahme rechtfertigen" stellt aber sicher, dass in dem Fahndungsgebiet die Begehung einer Straftat iSd § 8 Abs. 3 und Abs. 4 **hinreichend wahrscheinlich ist.** Schließlich ist zu bedenken, dass das Maß der erforderlichen Bestimmtheit eines Rechtssatzes von dessen Grundrechtsrelevanz abhängig ist. Die Befugnisse, die der Polizei gem. Abs. 1 zustehen, weisen insgesamt nur eine **geringe Eingriffsintensität** auf (v. Coelln/Pernice-Warnke/Putzer/Reisch NWVBl. 2019, 89 (91); Schwarz, Stellungnahme 17/941, 2 f.). Auch dies deutet darauf hin, dass die gegenüber der Verfassungsmäßigkeit des § 12a erhobenen Einwände nicht stichhaltig sind. In vielen Fällen mag die strategische Fahndung ein „**Türöffner**" für weitere und häufig stärker grundrechtseinschränkende Maßnahmen sein (Arzt, Stellungnahme 17/936, 8). Derartige Maßnahmen sind allerdings nicht schon unter den geringen Anforderungen des § 12a zulässig, so dass sie für die verfassungsrechtliche Bewertung der Norm außer Acht bleiben müssen (zutr. v. Coelln/Pernice-Warnke/Putzer/Reisch NWVBl. 2019, 89 (91 f.)).

III. Gewerbs- oder bandenmäßig begangene grenzüberschreitende Kriminalität

16   Abs. 1 S. 1 Nr. 2 zielt auf die Verhütung gewerbs- oder bandenmäßig begangener grenzüberschreitender Kriminalität ab. **Gewerbsmäßig** handelt, wer sich aus wiederholter Tatbegehung eine nicht nur vorübergehende, nicht ganz unerhebliche Einnahmequelle verschaffen will (statt vieler BGHSt 1, 383; OLG Hamm NStZ-RR 2004, 335 f.). Unter einer **Bande** versteht man den Zusammenschluss von mindestens drei Personen, die sich mit dem Willen verbunden haben, künftig für eine gewisse Dauer mehrere selbstständige, im Einzelnen noch ungewisse Straftaten des im Gesetz genannten Deliktstyps zu begehen (BGHSt 46, 321; BGH NStZ 2007, 269; BGH BeckRS 2016, 109927 Rn. 7).

Wenn § 12a von **grenzüberschreitender Kriminalität** spricht, so handelt es sich hierbei **17** um einen **unbestimmten Rechtsbegriff** (vgl. LT-Drs. 17/2351, 31), hinsichtlich dessen der Behörde kein Beurteilungsspielraum zusteht. Das bedeutet, der Begriff unterliegt uneingeschränkter gerichtlicher Nachprüfung. Das Gesetz lässt offen, welche Grenzen im Zusammenhang mit kriminellem Verhalten überschritten werden müssen. Richtigerweise ist davon auszugehen, dass nicht die Grenzen zu anderen Bundesländern (Niedersachsen, Hessen, Rheinland-Pfalz) gemeint sind, sondern diejenigen zu ausländischen Staaten, also die **Grenzen zu den Niederlanden und zu Belgien.**

Den Gesetzgebungsmaterialien ist zu entnehmen, dass der Begriff „grenzüberschreitende **18** Kriminalität" nicht auf einen „fest umrissenen Kreis bestimmter Delikte, sondern auf ein bestimmtes, objektivierbares Verhalten im Zusammenhang mit dem Delikt" verweist (LT-Drs. 17/2351, 31). Von Abs. 1 S. 1 Nr. 2 erfasst werden namentlich die gewerbsmäßige Drogenhandel, bandenmäßige Diebstahls- und Einbruchsdelikte, Menschenhandel und andere Formen der organisierten Kriminalität, zB die Schleuserkriminalität (Rodorf, Polizeiliches Grundlagenwissen für Studium und Praxis, Stand: 4/2019, Rn. 02.6.2). Da es sich bei den genannten Straftaten um solche von erheblicher Bedeutung iSd § 8 Abs. 3 handelt, stellt sich die Frage, inwieweit Abs. 1 S. 1 Nr. 2 im Verhältnis zu Abs. 1 S. 1 Nr. 1 eigenständige Bedeutung zukommen kann, ohne dass die Norm in Konflikt mit dem Bestimmtheitsgebot und dem Verhältnismäßigkeitsprinzip gerät (Arzt, Stellungnahme 17/936, 9). Welchen sachlichen Zusammenhang zwischen dem Überschreiten der Grenze der Bundesrepublik Deutschland und der kriminellen Handlung das Gesetz durch den Begriff der grenzüberschreitenden Kriminalität herstellt, wird in Zukunft durch Rechtsprechung und Schrifttum zu klären sein. Das gilt insbesondere für die Frage, ob das Überschreiten der Grenze ein Teil der Vorbereitung, Ausführung oder Beendigung der Tat sein muss (LT-Drs. 17/2351, 31). Vor diesem Hintergrund hat der Gesetzgeber bewusst auf eine enumerative Aufzählung von Delikten (Straftatenkatalog) verzichtet (vgl. LT-Drs. 17/2351, 31).

IV. Unerlaubter Aufenthalt (Abs. 1 S. 1 Nr. 3)

Gemäß Abs. 1 S. 1 Nr. 3 darf die Polizei die Befugnis zur Anhalte- und Sichtkontrolle **19** auch zum Zweck der Unterbindung des unerlaubten Aufenthalts nutzen. Der **unerlaubte Aufenthalt** erfüllt den Straftatbestand des § 95 Abs. 1 Nr. 2 AufenthG. Wegen unerlaubten Aufenthalts macht sich ein Ausländer strafbar, wenn folgende kumulative Voraussetzungen vorliegen: Der Ausländer hält sich – erstens – ohne den hierfür nach § 4 Abs. 1 S. 1 AufenthG erforderlichen Aufenthaltstitel im Bundesgebiet der Bundesrepublik Deutschland auf und ist – zweitens – vollziehbar ausreisepflichtig, darüber hinaus wurde – drittens – eine Ausreisefrist nicht gewährt oder ist abgelaufen. Schließlich darf – viertens – die Abschiebung nicht ausgesetzt sein (vgl. LT-Drs. 17/2351, 31). Der strafrechtliche Vorwurf liegt in dem **Verbleiben im Hoheitsgebiet der Bundesrepublik trotz Ausreisepflicht.** Der unerlaubte Aufenthalt ist ein **echtes Unterlassungsdelikt** (BGH StV 2005, 24 (26); BeckOK AuslR/Hohoff AufenthG § 95 Rn. 12).

Vom unerlaubten Aufenthalt zu unterscheiden ist die **illegale Zuwanderung** nach § 95 Abs. 1 **19.1** Nr. 3 AufenthG, die als – dem unerlaubten Aufenthalt vorgelagertes – Begehungsdelikt ausgestaltet ist. Sie knüpft räumlich gesehen an das unmittelbare Betreten bzw. Überquerenwollen der Außengrenze eines Staates an (vgl. LT-Drs. 17/2351, 31 f.). Zuständig für die Bekämpfung der illegalen Zuwanderung ist die Bundespolizei nach § 2 BPolG.

Im Gesetzgebungsverfahren ist die **Bestimmtheit** der Tatbestandsvariante des Abs. 1 S. 1 **20** Nr. 3 angezweifelt worden (Arzt, Stellungnahme 17/936, 8). Diese Zweifel gründen sich darauf, dass der Wortlaut der Norm nicht ausdrücklich zu erkennen gibt, ob Anhalte- und Sichtkontrollen nur bei ausländerrechtlich relevanten Aufenthalten oder auch im Rahmen eines Aufenthaltsverbotes oder -gebotes gem. § 34b in Betracht kommen (Arzt, Stellungnahme 17/936, 8).

20.1   Zu beachten ist allerdings, dass Maßnahmen gem. § 34b Abs. 1 S. 1 Nr. 1 nur zulässig sind, wenn bestimmte Tatsachen die Annahme rechtfertigen, dass die betroffene Person innerhalb eines übersehbaren Zeitraums auf eine zumindest ihrer Art nach konkretisierte Weise eine terroristische Straftat begehen wird. Darüber hinaus kommt der Erlass einer Aufenthaltsvorgabe bzw. eines Kontaktverbots bei einer drohenden terroristischen Gefahr in Betracht (§ 34b Abs. 1 S. 1 Nr. 2). Unter diesen Voraussetzungen wird in der Regel auch der Tatbestand des Abs. 1 S. 4 iVm Abs. 1 S. 1 Nr. 1 erfüllt sein, so dass es des Rückgriffs auf Abs. 1 S. 1 Nr. 3 nicht bedarf. Es erscheint deshalb vorzugswürdig, den Begriff des unerlaubten Aufenthalts isd Abs. 1 S. 1 Nr. 3 nicht auf den Verstoß gegen Maßnahmen gem. § 34b zu erstrecken. So erklärt sich auch, dass in den Gesetzgebungsmaterialien zu § 12a Abs. 1 S. 1 Nr. 3 auf § 95 Abs. 1 Nr. 2 AufenthG und nicht auch auf § 34b Bezug genommen wird (vgl. LT-Drs. 17/2351, 31 f.).

V. Behördenleitungsvorbehalt

21   Der Behördenleitungsvorbehalt in Abs. 2 S. 1 trägt dem Umstand Rechnung, dass die Behördenleitung die Maßnahmen ihrer Bediensteten zu verantworten hat. Er stärkt die behördeninterne Kontrolle, sichert die Rechtmäßigkeit der Maßnahme ab und wirkt damit zB der Gefahr eines sog. racial profiling entgegen (Schwarz, Stellungnahme 17/941, 2 f.). Abs. 2 S. 1 dient überdies dem **Grundrechtsschutz durch Verfahren** (Klein, Stellungnahme 17/926, 6).

22   Die Anordnung der strategischen Fahndung erfolgt nur auf **schriftlichen Antrag** bei der Behördenleitung oder deren Vertretung (Abs. 2 S. 1). Die **Anordnung muss schriftlich ergehen** und ist durch die Behördenleitung oder deren Vertretung zu erteilen (Abs. 2 S. 1). Die Behördenleitung und ihre Vertretung sind nicht befugt, die Anordnungskompetenz an andere Stellen in der Behördenhierarchie zu **delegieren.** Umfasst das Fahndungsgebiet die Zuständigkeit mehrerer Behörden, so trifft die Anordnung das **Landesamt für Zentrale Polizeiliche Dienste.**

22.1   Das Landesamt für Zentrale Polizeiliche Dienste ist seit 2007 neben dem Landeskriminalamt und dem Landesamt für Ausbildung, Fortbildung und Personalangelegenheiten eine der drei Landesoberbehörden der nordrhein-westfälischen Polizei. Dem Amt obliegen sowohl operative als auch koordinierende Aufgaben. So unterstützt das Landesamt für Zentrale Polizeiliche Dienste das Innenministerium in Angelegenheiten der Gefahrenabwehr und der Einsatzbewältigung sowie der polizeilichen Verkehrssicherheitsarbeit. Ferner ist es zB zuständig für die Koordination polizeilicher Führungs- und Einsatzmittel (vgl. § 13a Abs. 1 S. 2 Nr. 1 und Nr. 2 POG NRW).

23   Das Gesetz lässt keine Ausnahme vom **Schriftformerfordernis** zu (anders zB § 17 Abs. 3 S. 4 bei Gefahr im Verzug). Die **elektronische Form** genügt den Anforderungen des Abs. 2 S. 1 nicht.

23.1   In Bezug auf den Behördenleitungsvorbehalt in § 20a Abs. 3 S. 2 wird vertreten, dass die dort angeordnete Schriftform maßgeblich dem aus dem Rechtsstaatsprinzip folgenden Erfordernis der ordnungsgemäßen Aktenführung sowie einer „Warnfunktion" dient; dementsprechend seien die Anforderungen an die Schriftform, die § 20a Abs. 3 S. 2 aufstelle, nicht identisch mit denjenigen des § 126 BGB (→ § 20a Rn. 79). § 20a Abs. 3 S. 2 soll daher keine **eigenhändige Unterschrift** verlangen, und zwar weder für den Antrag noch für die Anordnung. Bei Letzterer soll vielmehr genügen, dass sie dem Behördenleiter zugeordnet werden kann, so dass auch **elektronische Erklärungen** mit dem Schriftformerfordernis im Einklang stünden (→ § 20a Rn. 79). Richtig ist, dass sich die mit § 126 BGB verfolgten Zwecke von denjenigen unterscheiden, die mit Abs. 2 S. 1 verfolgt werden. Auch verlangt der Begriff „schriftlich" im Verwaltungsrecht anerkanntermaßen **nicht stets die eigenhändige Unterzeichnung** eines Dokuments (SBS/Schmitz VwVfG § 3a Rn. 17). Ein allgemeines Kennzeichen der Schriftform ist allerdings, dass der Sinngehalt eines entsprechenden Dokuments mittels Schriftzeichen auf einem Substrat – regelmäßig ist dies Papier – auf Dauer fixiert ist. Für die Schriftform ist also die **Verkörperung der Erklärung** kennzeichnend. Vor diesem Hintergrund würde es zu weit gehen, auch eine elektronische Erklärung ohne Weiteres als schriftlich isd Abs. 2 S. 1 zu qualifizieren. Das zeigt auch § 3a VwVfG. NRW., der die Ersetzung der Schriftform durch die elektronische Form nur unter bestimmten Voraussetzungen zulässt (ausführlich hierzu BeckOK VwVfG/U. Müller VwVfG § 3a Rn. 11 ff.). Wendet man diese Grundsätze auf Abs. 2 S. 1 an, so folgt hieraus: Die Anordnung muss von der Behördenleitung oder deren Vertretung nicht eigenhändig unterschrieben werden. Erforderlich ist aber eine verkörperte Erklärung, aus der der Aussteller eindeutig hervorgeht.

In der Literatur ist zu Recht darauf hingewiesen worden, dass die in Abs. 2 S. 1 gewählte **24** Formulierung, die „**Maßnahme**" bedürfe der schriftlichen Anordnung durch die jeweilige Behördenleitung, missverständlich ist (v. Coelln/Pernice-Warnke/Putzer/Reisch NWVBl. 2019, 89 (91); vgl. Thiel GSZ 2019, 1 (5)). Gegenstand der Anordnung ist nicht das, was Abs. 1 – im Sinne der klassischen polizeirechtlichen Terminologie – als „Maßnahme" bezeichnet, sondern die **Festlegung des zeitlichen und örtlichen Rahmens** für die strategische Fahndung.

Hieraus folgt, dass die Voraussetzungen des Abs. 1 S. 4 iVm Abs. 1 S. 1 zwei Mal zu prüfen sind: **24.1** Das erste Mal bei der Anordnung iSd Abs. 2 S. 1, also bei der Festlegung des zeitlichen und örtlichen Rahmens durch die Behördenleitung. Ein weiteres Mal ist Abs. 1 S. 4 iVm Abs. 1 S. 1 zu prüfen bei der Vornahme der jeweiligen Maßnahme (Anhalten, Befragen etc) nach Abs. 1 (so zu Recht v. Coelln/Pernice-Warnke/Putzer/Reisch NWVBl. 2019, 89 (91)). Ausweislich des Begründungserfordernisses in Abs. 2 S. 6 Nr. 1–3 müssen bereits im Zeitpunkt der Anordnung der Maßnahme durch die Behördenleitung in Bezug auf das Fahndungsgebiet Tatsachen vorliegen, welche die von Abs. 1 S. 4 iVm Abs. 1 S. 1 vorausgesetzte Annahme rechtfertigen (v. Coelln/Pernice-Warnke/Putzer/Reisch NWVBl. 2019, 89 (91)). Dies macht durchaus Sinn und läuft keineswegs auf eine redundante Doppelprüfung hinaus: Ob Tatsachen die Annahme rechtfertigen, dass gewisse Straftaten begangen werden sollen, bemisst sich nämlich im Rahmen des Abs. 2 aus der Perspektive der für die Anordnung zuständigen Behördenleitung, im Rahmen von Abs. 1 dagegen aus der Perspektive des die konkrete Maßnahme vornehmenden Polizeibeamten (v. Coelln/Pernice-Warnke/Putzer/Reisch NWVBl. 2019, 89 (91)).

In Abs. 2 S. 3–6 hat der Landesgesetzgeber inhaltliche Anforderungen an die schriftliche **25** Anordnung festgelegt. Gemäß Abs. 2 S. 3 darf die Maßnahme entsprechend dem verfolgten Zweck nur **zeitlich und örtlich begrenzt** angeordnet werden. Abs. 2 S. 4 und S. 5 gestalten die zeitliche Begrenzung näher aus. Schließlich regelt Abs. 2 S. 6 den **wesentlichen Inhalt** der schriftlichen Anordnung. Mit Abs. 2 S. 3–6 verfolgt der Gesetzgeber das Anliegen, der Anordnung **größtmögliche Bestimmtheit** zu verleihen und eine effektive **gerichtliche Kontrolle** zu gewährleisten (LT-Drs. 17/2351, 32).

Der Behördenleitung müssen spätestens mit dem Antrag auf Anordnung der strategischen **26** Fahndung die erforderlichen Informationen vorliegen, welche die Maßnahme rechtfertigen sollen. Anderenfalls wäre die Behördenleitung nicht in der Lage, dem Pflichtenprogramm des Abs. 4 S. 6 Folge zu leisten. Danach sind in der Anordnung nach Abs. 2 S. 1 die tragenden Erkenntnisse für das Vorliegen der Voraussetzungen nach Abs. 1 S. 1, die Art der Maßnahme einschließlich zeitlicher und örtlicher Beschränkung sowie die Begründung der Verhältnismäßigkeit der Maßnahme anzugeben. Vor diesem Hintergrund können die Vorbereitung des schriftlichen Antrags an die Behördenleitung und die Erstellung der Anordnung einen nicht unerheblichen Verwaltungsaufwand verursachen. Neben der **Dokumentation** dienen die in Abs. 2 S. 6 genannten Angaben vor allem der Erleichterung einer ggf. später stattfindenden **gerichtlichen Überprüfung.** Die detaillierten Verfahrensvorschriften sind ein besonderes Kennzeichen der Norm gegenüber Vergleichsnormen in anderen Polizeigesetzen (Walter DVBl 2019, 1238 (1239)).

Im Unterschied zu § 180 Abs. 3 SchlHLVwG sieht Abs. 2 nicht vor, dass die durch die Behördenlei- **26.1** tung oder deren Vertretung getroffene Anordnung bekannt gemacht werden muss. Dies hat zur Folge, dass Personen, welche sich im Fahndungsgebiet aufhalten oder dieses durchqueren, in der Regel nichts von der strategischen Fahndung wissen werden, solange sie nicht selbst zu Adressaten von Maßnahmen nach Abs. 1 geworden sind (krit. deshalb Arzt, Stellungnahme 17/936, 10).

D. Fahndungsgebiet

Die strategische Fahndung ist gem. Abs. 2 S. 3 örtlich auf den in Abs. 1 S. 1 genannten **27** Zweck zu beschränken. Die Fahndung hat im **öffentlichen Verkehrsraum** des Landes zu erfolgen. Im Unterschied zu § 12 Abs. 1 Nr. 2, der Kontrollen nur an einem verrufenen „**Ort**" erlaubt, verwendet der Gesetzgeber in § 12a den weiter gefassten Begriff „**Gebiet**" (Abs. 1 S. 4 und Abs. 2 S. 2).

Der **Verkehrsraum** umfasst sämtliche für Verkehrsteilnehmer und Verkehrsmittel nutzba- **28** ren Verkehrswege. **Öffentlich** im Sinne der Norm ist der Verkehrsraum, wenn er faktisch von jedermann betreten werden kann (vgl. Foerster/Friedersen/Rohde/Fischer/Martens/

Schulz/Stadelmann/Zimmermann/Albert/Mann/Knieß/Martens, Praxis der Kommunalverwaltung, SH A-15, Stand: 2009, SchlHLVwG § 180 Erl. 4.5.1). Der Begriff „öffentlich" ist also im Sinne von „**öffentlich zugänglich**" zu verstehen (LT-Drs. 17/2351, 32). Es ist nicht erforderlich, dass der betreffende Verkehrsraum der Nutzung durch die Öffentlichkeit gewidmet wurde. Ebenso wenig muss es sich bei dem Verkehrsraum um eine dem Straßenverkehr gewidmete Flächen handeln. Der Begriff des öffentlichen Verkehrsraums ist mithin **in einem weiten Sinne** zu verstehen. Der **Straßenverkehrsraum** ist lediglich ein Teil des öffentlichen Verkehrsraums (LT-Drs. 17/2351, 32). Auch **Privatgrundstücke** von natürlichen oder juristischen Personen können zum öffentlichen Verkehrsraum iSd Abs. 1 S. 1 gehören, wenn deren öffentlicher Verkehr dort vom Eigentümer zugelassen oder sogar angestrebt wird (Graf, Verdachts- und ereignisunabhängige Personenkontrollen, 2006, 109; BeckOK PolR Nds/Waechter NPOG § 12 Rn. 144).

29   Vom räumlichen Anwendungsbereich des § 12a erfasst werden Örtlichkeiten wie **Bahnhofshallen** ebenso wie **für jedermann zugängliche Plätze.** Aus den Gesetzgebungsmaterialien ergibt sich, dass Kontrollen auch in **öffentlichen Verkehrsmitteln wie Straßenbahnen oder Bussen** zulässig sein sollen (vgl. LT-Drs. 17/2351, 32; abl. BeckOK PolR Nds/Waechter NPOG § 12 Rn. 144). Dasselbe gilt für **öffentlich zugängliche Parkhäuser** (LT-Drs. 17/2351, 32). Teil des öffentlichen Verkehrsraums sind auch **Wasserstraßen** (BeckOK PolR Nds/Waechter NPOG § 12 Rn. 144). Eine Fläche ist nicht als öffentlicher Verkehrsraum anzusehen, wenn es sich um **befriedetes Besitztum** handelt und dieses befriedete Besitztum nur **einem bestimmten berechtigten Personenkreis** zugänglich ist (vgl. BGH NJW 1961, 1124).

E. Fahndungszeitraum

30   Abs. 2 S. 3 verlangt eine Beschränkung der strategischen Fahndung in zeitlicher Hinsicht. So dürfen polizeiliche Anhalte- und Sichtkontrollen **maximal für einen Zeitraum von 28 Tagen** angeordnet werden. Es ist davon auszugehen, dass hiermit ein zusammenhängender Zeitraum gemeint ist. Die Polizei muss die Kontrollen daher innerhalb eines Zeitfensters mit einer Höchstdauer von 28 **aufeinanderfolgenden Tagen** durchführen. Die **Verlängerung der strategischen Fahndung um jeweils bis zu weitere 28 Tage** ist zulässig, soweit die Voraussetzungen für eine Anordnung weiterhin vorliegen (vgl. Abs. 2 S. 4). Die Entscheidung über die Verlängerung wird ebenfalls durch die Behördenleitung oder deren Vertretung getroffen; anders als § 180 Abs. 3 SchlHLVwG fordert § 12a keine richterliche Entscheidung. Die Formulierung „um jeweils" stellt klar, dass Abs. 2 S. 4 auch die **mehrfache Verlängerung** der strategischen Fahndung gestattet (v. Coelln/Pernice-Warnke/Putzer/Reisch NWVBl. 2019, 89 (91) Fn. 35).

30.1   Bei der – ebenfalls nur befristet zulässigen – polizeilichen Beobachtung gem. § 21 wird vereinzelt angenommen, dass ab der zweiten oder dritten Verlängerung der Maßnahme jede weitere Verlängerung nur möglich ist, wenn „**zwischenzeitlich neue Verdachtsmomente**" hinzugetreten sind (Tegtmeyer/Vahle PolG NRW/Tegtmeyer § 21 Rn. 13). Diese Einschränkung des zeitlichen Anwendungsbereichs kann bei § 12a ebenso wenig überzeugen wie bei § 21. Das Gesetz sieht ein Erfordernis neuer Verdachtsmomente oder Tatsachen gerade nicht vor (→ § 21 Rn. 28). Dementsprechend kann es für die Verlängerung der strategischen Fahndung im Einzelfall auch genügen, dass sich an den Tatsachen, welche die Annahme iSd Abs. 1 S. 4 begründeten, nichts geändert hat. Sollte die strategische Fahndung wiederholt erfolglos verlaufen, dürfte sich allerdings die Frage stellen, ob die zugrunde liegenden Tatsachen wirklich die in Abs. 1 S. 4 iVm Abs. 1 S. 1 geforderte Annahme rechtfertigen.

F. Adressaten

31   Da die Anordnung der strategischen Fahndung nicht von einer konkreten Gefahr abhängig ist, finden die Vorschriften über die polizeirechtliche Verantwortlichkeit von Störern (§§ 4, 5) oder die Inanspruchnahme von nicht verantwortlichen Personen (§ 6) keine Anwendung (vgl. Dietlein/Hellermann NRWÖffR/Dietlein § 3 Rn. 220b; v. Coelln/Pernice-Warnke/Putzer/Reisch NWVBl. 2019, 89 (91)). Die im Rahmen der strategischen Fahndung getroffenen Maßnahmen dürfen folglich an **jede Person adressiert werden, die sich im öffentlichen Verkehrsraum befindet** (Klein, Stellungnahme 17/2351, 6). Abs. 1 lässt es ausrei-

chen, dass die Polizei eine Person im öffentlichen Verkehrsraum antrifft, während § 12 Abs. 1 Nr. 2 auf den Aufenthalt an einem verrufenen Ort, also darauf abstellt, dass der Maßnahmeadressat einen mehr als unerheblichen Zeitraum an dem betreffenden Ort verweilt (vgl. Arzt, Stellungnahme 17/936, 8). Der Wortlaut beschränkt die Polizei nicht auf Maßnahmen gegen **Verkehrsteilnehmer,** sondern spricht allgemein von „Personen". Daher können Fahndungsmaßnahmen auch gegenüber denjenigen erfolgen, die sich im öffentlichen Verkehrsraum aufhalten, selbst aber keine Verkehrsteilnehmer im Rechtssinne sind (vgl. BeckOK PolR Nds/Waechter NPOG § 12 Rn. 142).

Die strategische Fahndung erfolgt „**verdachtsunabhängig**" (Koalitionsvertrag für Nord- **32** rhein-Westfalen 2017–2022, 57). § 12a verlangt nicht, dass der Maßnahmeadressat in irgendeiner Weise durch sich selbst auf sich aufmerksam gemacht hat (vgl. Schwarz, Stellungnahme 17/936, 8). Hinweise darauf, dass von der zu überprüfenden Person eine Gefahr für die öffentliche Sicherheit ausgeht oder dass die Person gar eine Straftat begangen hat, müssen nicht unbedingt vorliegen (vgl. Klein, Stellungnahme 17/936, 6). Ob dies der Fall ist, soll regelmäßig erst die Überprüfung ergeben (Klein, Stellungnahme 17/926, 6). Angesichts der Weite des Kreises denkbarer Maßnahmeadressaten wird teilweise von einer „**Ortshaftung**" gesprochen (vgl. Arzt, Stellungnahme 17/936, 11). Um der Gefahr uferloser und willkürlicher Kontrollen entgegenzuwirken, erscheint es mit Blick auf das Verhältnismäßigkeitsprinzip geboten, § 12a einschränkend auszulegen. Dementsprechend dürfen Maßnahmen im Rahmen einer strategischen Fahndung nicht gegen Personen gerichtet werden, deren Kontrolle **offensichtlich und unter keinem denkbaren Gesichtspunkt** einen Beitrag zur Verwirklichung der in Abs. 1 S. 1 definierten Ziele zu leisten vermag.

Dogmatisch lässt sich diese (geringfügige) Begrenzung des Adressatenkreises durch eine einschrän- **32.1** kende Auslegung des § 12a bewerkstelligen. Konkret bedeutet dies, dass dem der Polizei auf Rechtsfolgenseite eröffneten (Auswahl-) Ermessen („darf") durch den Grundsatz der Verhältnismäßigkeit eine entsprechende Grenze gezogen wird. Zu einer gewissen Einschränkung des Adressatenkreises kann es überdies aufgrund der von Abs. 1 S. 4 geforderten Tatsachen kommen. Liegen nämlich Tatsachen bzw. Erkenntnisse zu den Personen vor, die Straftaten begehen können oder wollen und / oder zu genutzten Fahrzeugen (Typ, Marke, Farbe oder Ähnliches), sind die Maßnahmen auf eben diese Merkmale zu konzentrieren. Eine Kontrolle anderer Personen scheidet demnach aus (Klein, Stellungnahme 17/926, 4).

Die Kriterien, die die Polizei für die Auswahl der zu kontrollierenden Personen zugrunde legt, **32.2** sind einer gerichtlichen Kontrolle zugänglich. Insoweit ist in jüngster Zeit insbesondere die Frage der (Un-)Zulässigkeit des sog. racial profiling Gegenstand gerichtlicher Entscheidungen geworden (vgl. etwa VG Stuttgart InfAuslR 2016, 84; OVG Koblenz NJW 2016, 2820; OVG Münster NVwZ 2018, 1497; vgl. auch Schwarz, Stellungnahme 17/941, 2 f.).

G. Fahndungsbefugnisse

In dem gem. Abs. 2 S. 2 festgelegten Fahndungsgebiet ist die Polizei unter den Vorausset- **33** zungen des Abs. 1 S. 4 befugt, unterschiedliche Maßnahmen zu ergreifen. Hinsichtlich der in Abs. 1 aufgeführten Maßnahmen steht der Polizei **Ermessen** zu. Dieses Ermessen bezieht sich zum einen auf die Frage, ob überhaupt eingeschritten werden soll (**Entschließungsermessen**), zum anderen darauf, wem gegenüber eingeschritten werden soll und welche der gesetzlich vorgesehenen Maßnahmen zum Einsatz kommen sollen (**Auswahlermessen**).

I. Anhalten (Abs. 1 S. 1)

Gemäß Abs. 1 S. 1 darf die Polizei den Maßnahmeadressaten anhalten. Aufgrund der **34** Ermächtigung zum Anhalten darf die Polizei vom Maßnahmeadressaten verlangen, dass er seine **Fortbewegung unterbricht** und an **Ort und Stelle verbleibt** (vgl. BeckOK PolR Nds/Waechter NPOG § 12 Rn. 72). Dadurch soll erreicht werden, dass die Person den Fragen zuhört und von der Erforderlichkeit und Wünschbarkeit einer Auskunft überzeugt werden kann. Die Befugnis zum Anhalten soll darüber hinaus verhindern, dass der Polizeibeamte die Befragung und die sich hieran ggf. anschließenden Maßnahmen gem. Abs. 2 im Laufschritt durchführen muss, wenn der Maßnahmeadressat nicht freiwillig anhält (vgl. Tegtmeyer/Vahle PolG NRW/Vahle § 9 Rn. 18, zur Befragung).

34.1   Die Polizei kann den Maßnahmeadressaten auf verschiedene Weise zur Unterbrechung der Fortbewegung auffordern (Rodorf, Polizeiliches Grundlagenwissen für Studium und Praxis, Stand: 4/2019, Rn. 03.1). Aus dem fließenden Verkehr heraus kann die Aufforderung durch **Zeichen zum Halten** (per Hand, Winkerkelle) erfolgen. Anhaltezeichen können auch durch einen am Polizeifahrzeug angebrachten **Anhaltesignalgeber** gegeben werden, zB durch folgende Leuchtschriften: „Stopp Polizei" oder „Bitte folgen" (Rodorf, Polizeiliches Grundlagenwissen für Studium und Praxis, Stand: 4/2019, Rn. 03.1).

35   Ebenso wie bei § 12 gestattet die Befugnis zum Anhalten in § 12a der Polizei auch das Ergreifen **typischer Begleitmaßnahmen** (zur Bedeutung des Merkmals „Anhalten" → § 12 Rn. 37). Zu den typischen Begleitmaßnahmen gehört zB die Anordnung, das Seitenfenster des Pkw zu öffnen oder den Motor abzustellen. Die Polizei darf dem Maßnahmeadressaten ferner aufgeben, sein Fahrzeug nicht zu verlassen (→ § 12 Rn. 37).

36   Aus Gründen der Verhältnismäßigkeit ist das Anhalten auf die **Dauer der Befragung sowie der sonstigen aufgrund des Abs. 2 ggf. ergriffenen Maßnahmen** zu beschränken. Im Gegensatz zum Festhalten (§ 12 Abs. 2 S. 3) handelt es sich beim Anhalten um eine **kurzfristige Maßnahme** (→ § 12 Rn. 37). Was kurzfristig bedeutet, hängt von den Umständen des Einzelfalles sowie davon ab, ob und ggf. welche weiteren Maßnahmen im Rahmen der Anhalte- und Sichtkontrolle ergriffen werden. Jedenfalls darf es nicht zu einer Freiheitsentziehung kommen (BeckOK PolR Nds/Waechter NPOG § 12 Rn. 76). Im Rahmen der strategischen Fahndung ist grundsätzlich ein etwas längeres Anhalten zulässig als bei der Befragung nach § 9, wenn weitere Maßnahmen wie eine Identitätsfeststellung oder Inaugenscheinnahme durchgeführt werden sollen (vgl. BeckOK PolR Nds/Waechter NPOG § 12 Rn. 147).

36.1   Die Aufforderung zum Anhalten ist ein **Verwaltungsakt**. Sie kann deshalb gem. §§ 50 ff. im Wege der **Verwaltungsvollstreckung** durchgesetzt werden. Richtiges Zwangsmittel ist der **unmittelbare Zwang** (§ 51 Abs. 1 Nr. 3, § 55, §§ 57 ff.). Andere Zwangsmittel kommen nicht in Betracht (BeckOK PolR Nds/Waechter NPOG § 12 Rn. 77).

37   Das Recht zum Anhalten ist **kein Recht zum Gewahrsam** (zutr. BeckOK PolR Nds/Waechter NPOG § 12 Rn. 75). Grundrechtsdogmatisch ist das Anhalten als eine **Freiheitsbeschränkung** iSd Art. 2 Abs. 2 S. 1 GG iVm Art. 104 Abs. 1 GG zu qualifizieren (vgl. Koschwitz, Die kurzfristige polizeiliche Freiheitsentziehung, 1969, 42 f.; Tegtmeyer/Vahle PolG NRW/Vahle § 9 Rn. 18; BeckOK PolR Nds/Waechter NPOG § 12 Rn. 75; aA Rodorf, Polizeiliches Grundlagenwissen für Studium und Praxis, Stand: 4/2019, Rn. 03.1, der nur von einem Eingriff in die allgemeine Handlungsfreiheit gem. Art. 2 Abs. 1 GG ausgeht). Als **förmliches Gesetz** iSd Art. 104 Abs. 1 S. 1 ist § 12a taugliche Grundlage für eine Freiheitsbeschränkung. Da es sich beim Anhalten nicht um eine Freiheitsentziehung handelt, musste der Gesetzgeber die Maßnahme nicht gem. Art. 104 Abs. 2 S. 1 GG von einer **richterlichen Entscheidung** abhängig machen.

II. Befragung (Abs. 1 S. 1)

38   Gemäß Abs. 1 S. 1 darf die Polizei im Rahmen der Anhalte- und Sichtkontrollen Personen befragen. Die Befragung ist die zielgerichtete Aufforderung an eine bestimmte Person, eine Auskunft zu erteilen oder eine Aussage zu treffen (→ § 9 Rn. 13; vgl. auch BeckOK PolR BW/Röcker BWPolG § 20 Rn. 3). Die Befragung muss den in Abs. 1 S. 1 Nr. 1–3 genannten Zwecken dienen. Ihr Umfang richtet sich nach den Umständen des Einzelfalls. Der Anwendungsbereich der Norm ist nicht eröffnet, wenn eine Person Auskünfte erteilt, ohne hierzu aufgefordert worden zu sein (BeckOK PolR BW/Röcker BWPolG § 20 Rn. 3; BeckOK PolR Nds/Waechter NPOG § 12 Rn. 34). Wendet sich die Polizei gem. Abs. 1 S. 1 mit einer Frage an eine im öffentlichen Verkehrsraum angetroffene Person, so ist diese zur **Duldung des Informationsverlangens** verpflichtet. Abs. 1 S. 1 selbst statuiert – anders als § 9 Abs. 3 S. 1 und § 12 Abs. 2 S. 2 – keine Verpflichtung des Maßnahmeadressaten zur Beantwortung der gestellten Frage. Eine solche Pflicht folgt insbesondere auch nicht aus den Regeln zur polizeirechtlichen Verantwortlichkeit (vgl. → § 9 Rn. 27 f.), zumal diese im Zusammenhang mit § 12a keine Anwendung finden. Dementsprechend ist die Polizei grundsätzlich auf die **freiwillige Mitwirkung** des Befragten angewiesen. Auskünfte muss der Betroffene nur erteilen, wenn ihn ausnahmsweise kraft Gesetzes eine **Auskunftspflicht** trifft. Hier gelten dieselben Maßstäbe wie bei § 9 Abs. 2 S. 2 (→ § 9 Rn. 25 ff.). Nicht zuletzt deshalb sieht sich die Ermächtigung zur Befragung in Abs. 1 S. 1 dem Vorwurf ausgesetzt, sie gestatte der Polizei lediglich „banale Fragen" (Rodorf, Polizeiliches Grundlagenwissen für Studium und Praxis, Stand: 4/2019, Rn. 03.1).

Bei der Befragung handelt es sich grundsätzlich um einen **Realakt**. Nur dann, wenn es um die **38.1** Erhebung solcher Daten geht, hinsichtlich derer eine Auskunftspflicht besteht, ist das polizeiliche Auskunftsverlangen bei einer Befragung als **Verwaltungsakt** zu bewerten (→ § 9 Rn. 50).

III. Erforderliche Maßnahmen zur Identitätsfeststellung (§ 12a Abs. 1 S. 1 iVm § 12 Abs. 2)

Als Teil der strategischen Fahndung nach § 12a darf die Polizei gem. Abs. 1 S. 1 die zur **39** Feststellung der Identität erforderlichen Maßnahmen nach § 12 Abs. 2 treffen. Der in § 12 Abs. 2 S. 2–4 enthaltene Maßnahmenkatalog ist nicht abschließend, was der Wortlaut des § 12 Abs. 2 S. 2 („insbesondere") deutlich zum Ausdruck bringt (→ § 12 Rn. 45). Als Maßnahmen sieht § 12 Abs. 2 insbesondere vor: das **Anhalten**, das **Befragen nach den Personalien**, das **Aushändigen der Ausweispapiere**, das **Festhalten der betroffenen Person** sowie die **Durchsuchung der betroffenen Person sowie der von ihr mitgeführten Sachen.** Die polizeiliche Befugnis zum Anhalten und zur Befragung folgt bereits aus Abs. 1 S. 1, eine Durchsuchung von Personen, mitgeführten Sachen und Fahrzeugen ist gem. Abs. 1 S. 3 Hs. 2 unter den Voraussetzungen der §§ 39 und 40 zulässig. Dennoch ist die Verweisung des Abs. 1 S. 1 auf § 12 Abs. 2 auch hinsichtlich dieser Maßnahmen nicht überflüssig. Vielmehr ist § 12a Abs. 1 S. 1 iVm § 12 Abs. 2 vorrangig anzuwenden, wenn die Polizei die betreffenden Maßnahmen zum Zwecke der Identitätsfeststellung ergreift.

Der Angehaltene ist gem. § 12a Abs. 1 S. 1 iVm § 12 Abs. 2 zur Auskunft über seine Person **39.1** verpflichtet. Dies folgt zum einen aus dem Wortlaut des § 12 Abs. 2 S. 2 („befragen und verlangen"), zum anderen aus der Pflicht zur Aushändigung der mitgeführten Ausweispapiere (vgl. § 12a Abs. 1 S. 1 iVm § 12 Abs. 2 S. 2). Diese Befugnis wäre unverhältnismäßig, wenn sie die geringer belastende Maßnahme nicht erlauben würde (zutr. BeckOK PolR Nds/Waechter NPOG § 12 Rn. 148).

IV. Inaugenscheinnahme (Abs. 1 S. 2)

Die Polizei darf gem. Abs. 1 S. 2 **Fahrzeuge** und **mitgeführte Sachen** in Augenschein **40** nehmen. Der Anwendungsbereich der Norm ist nicht auf Kraftfahrzeuge beschränkt. Zu den Fahrzeugen, die gem. Abs. 1 S. 2 in Augenschein genommen werden dürfen, zählen daher nicht nur Pkw, Lkw, Busse und Krafträder, sondern auch Fahrräder. Bei den **mitgeführten Sachen,** auf die sich die Inaugenscheinnahme erstrecken darf, ist insbesondere an Handtaschen und Rucksäcke zu denken.

Abs. 2 S. 1 legt nicht im Einzelnen fest, welche Befugnisse der Polizei im Rahmen einer **41** **Inaugenscheinnahme** zustehen. Aus der in Abs. 2 S. 3 enthaltenen Verweisung auf § 39 und § 40 kann allerdings geschlossen werden, dass die Inaugenscheinnahme etwas anderes und weniger eingriffsintensiv ist als eine Durchsuchung. Das legt nicht nur der Begriff „in Augenschein nehmen" nahe, sondern folgt auch und insbesondere daraus, dass die Durchsuchung von strengeren Voraussetzungen abhängig ist als die Inaugenscheinnahme (vgl. Abs. 2 S. 3).

Eine **Durchsuchung** ist das ziel- und zweckgerichtete Suchen staatlicher Organe nach **42** Personen oder Sachen oder zur Ermittlung eines Sachverhaltes, um etwas aufzuspüren, was der Adressat der Maßnahme von sich aus nicht offenlegen oder herausgeben will (BVerwGE 47, 31 (37)). Bei der Inaugenscheinnahme geht es hingegen im Kern um eine Prüfung mit dem bloßen Auge. Die Inaugenscheinnahme lässt sich daher als optische Wahrnehmung ohne zielgerichtete Suche charakterisieren. Auf Grundlage von § 12a darf die Polizei also nicht – wie bei einer Durchsuchung – die ohne Weiteres, dh ohne Hilfsmittel zugänglichen Körperöffnungen (Mund, Nase, Ohren) absuchen. Dasselbe gilt für die von einer Person getragene Kleidung. Das Absuchen der Kleidung des Maßnahmeadressaten stellt immer eine Durchsuchung dar. Ebenfalls als Durchsuchung zu bewerten ist es, wenn der Polizeibeamte den Kofferraum durchwühlt (Ennuschat, Stellungnahme 17/940, 6).

42.1   Die Abgrenzung zwischen Inaugenscheinnahme und Durchsuchung kann sich – mutatis mutandis – an der in § 41 vorgenommenen Abgrenzung zwischen der Durchsuchung und dem Betreten einer Wohnung (→ § 41 Rn. 33 ff.) orientieren (Rodorf, Polizeiliches Grundlagenwissen für Studium und Praxis, Stand: 4/2019, Rn. 03.3). Unter Betreten ist das Eindringen in die betreffenden Räume sowie das dortige Verweilen zu verstehen, womit das „einfache" Nach- und Umschauen erfasst wird (so auch Klein, Stellungnahme 17/644, 5).

43   Unter Berücksichtigung des zuvor Gesagten ist festzuhalten, dass die Ermächtigung zur Inaugenscheinnahme es der Polizei erlaubt, Fahrzeuge und Sachen „genauer zu betrachten, ohne tiefer in die Privatsphäre einzudringen" (OVG Hamburg NVwZ-RR 2015, 695 (702); für die Übertragbarkeit der Entscheidung auf § 12a Thiel, Stellungnahme 17/651, 3). Taschen, Rucksäcke und ein Kofferraum werden in Augenschein genommen, wenn der Kontrollbeamte hineinschaut (Rodorf, Polizeiliches Grundlagenwissen für Studium und Praxis, Stand: 4/2019, Rn. 03.3). Von einer Inaugenscheinnahme soll auch noch ausgegangen werden können, wenn der Durchsuchungsbeamte eine sich im Kofferraum befindliche Decke berührt oder zurückschlägt. Gleiches würde dann gelten, wenn ein geöffneter Rucksack berührt oder angehoben wird, um zu überprüfen, ob sich darin harte bzw. schwere Gegenstände befinden (Rodorf, Polizeiliches Grundlagenwissen für Studium und Praxis, Stand: 4/2019, Rn. 13.3). Ein darüber hinausgehendes „körperliches Einwirken" – und sei es auch nur zu dem Zweck, in mitgeführten Sachen befindliche Gegenstände näher betrachten zu können – geht über eine Inaugenscheinnahme hinaus, weil diese sonst von einer Durchsuchung nicht mehr trennscharf abgegrenzt werden könnte (OVG Hamburg NVwZ-RR 2015, 695 (702)).

V. Öffnungsverlangen und Durchsuchung (Abs. 1 S. 3)

44   Im Gegensatz zu einer Entwurfsfassung des § 12a stellt Abs. 1 S. 3 Hs. 1 ausdrücklich klar, dass die Polizei auch befugt sein soll, die Öffnung mitgeführter Sachen sowie Fahrzeuge einschließlich an und in ihnen befindlicher Räume und Behältnisse zu verlangen. Zulässig ist also nicht nur die sinnliche Wahrnehmung als solche, die von der Befugnis zur Inaugenscheinnahme erfasst wird, sondern auch die Verschaffung der Möglichkeit zur Wahrnehmung. Mit der ausdrücklichen Regelung des Öffnungsverlangens wird dem **Bestimmtheitsgrundsatz** Rechnung getragen und **Rechtssicherheit** hinsichtlich des Umfangs der Ermächtigungsgrundlage hergestellt (Gusy, Stellungnahme 17/926, 6). Abs. 1 S. 3 Hs. 1 ist taugliche Grundlage für eine an den Maßnahmeadressaten gerichtete **Anordnung,** die betreffende Sache zu öffnen. Bei dieser Anordnung handelt es sich um einen Verwaltungsakt (§ 35 S. 1 VwVfG. NRW.). Abs. 1 S. 3 Hs. 1 ermächtigt die Polizei nicht zum **Aufbrechen einer die Sache sichernden Umschließung.**

45   Eingriffsintensivere Maßnahmen, also insbesondere das zielgerichtete Aufspüren von im Fahrzeug verborgenen Gegenständen, können gem. Abs. 1 S. 3 Hs. 2 „im Übrigen" nur als **Durchsuchungen** zulässig sein, also allein unter den Voraussetzungen der §§ 39, 40. Die Verweisung des Abs. 1 S. 3 Hs. 2 auf §§ 39, 40 ist **deklaratorisch** (von Coelln/Pernice-Warnke/Putzer/Reisch NWVBl. 2019, 89 (91) Fn. 31).

45.1   Mit dem Begriff der Inaugenscheinnahme ist die Wahrnehmung mit allen Sinnen angesprochen (also auch Gehör, Geruchs- und Geschmackssinn).Wird ein Kofferraum in Augenschein genommen und kann der Beamte nichts Auffälliges sehen, wohl aber riechen – zB den Duft von Cannabis –, dann dürfte im Anschluss an diese „Inaugenscheinnahme durch Riechen" eine Durchsuchung des Kofferraums nach Drogen, die der Einziehung unterliegen, erfolgen (Bsp. bei Rodorf, Polizeiliches Grundlagenwissen für Studium und Praxis, Stand: 4/2019, Rn. 03.3).

H. Verhältnismäßigkeit

46   Anhalte- und Sichtkontrollen sind eine Maßnahme von insgesamt **geringer Eingriffsintensität** (so auch v. Coelln/Pernice-Warnke/Putzer/Reisch NWVBl. 2019, 89 (91); Schwarz, Stellungnahme 17/941, 2). Trotzdem sind strenge Anforderungen an die Verhältnismäßigkeit der neuen Standardmaßnahme zu stellen, da eine Vielzahl von unbeteiligten Personen betroffen sein kann (LT-Drs. 17/2351, 32). Ein Anhaltspunkt dafür, dass strenge Maßstäbe anzulegen sind, ergibt sich auch daraus, dass in Abs. 1 S. 4 auf § 2 und das darin kodifizierte Verhältnismäßigkeitsprinzip ausdrücklich Bezug genommen wird. Der Gesetzgeber verfolgt mit § 12a **legitime Zwecke:** Es geht ihm um die Verhütung und Unterbindung bestimmter Gefahren und Delikte (vgl. Abs. 1 S. 1 Nr. 1–3, zu Einzelheiten → Rn. 2). Der Gesetzgeber trägt mit den Kontrollbefugnissen auch der (Grenz-) Lage sowie der Bedeutung Nordrhein-Westfalens als Transitland und Ballungsraum Rechnung (vgl. Thiel GSZ 2019, 1 (5); Walter DVBl 2019, 1238 (1240)).

In der Gesetzesbegründung heißt es hierzu: Der „Ballungsraum an Rhein und Ruhr gilt als Schnitt- **46.1** punkt eines dichten Autobahngeflechts, als Mitte eines Netzes aus Wasserwegen, Eisenbahnverbindungen und Flugrouten und ist eng verbunden mit den wichtigen Wirtschaftsräumen in Europa, wie bspw. den Beneluxländern, Südostengland und Nordfrankreich. Daraus ergibt sich das Erfordernis, Verkehrswege intensiver in die polizeiliche Kontrolltätigkeit einzubeziehen, um den besonderen Erscheinungsformen grenzüberschreitender Kriminalität sowie der Schleuserkriminalität wirkungsvoll begegnen zu können." (LT-Drs. 17/2351, 30).

Es unterliegt keinem Zweifel, dass die strategische Fahndung **geeignet** ist, diese Zwecke **47** zu fördern. Die neue Eingriffsbefugnis ermöglicht der Polizei, durch einen Abgleich der festgestellten Identität mit polizeilichen Datenbanken potentielle Gefahren abzuwehren, die möglicherweise von der kontrollierten Person ausgehen (LT-Drs. 17/2351, 33). Bei Auffälligkeiten während der Kontrolle kann die Polizei sodann zu intensiveren Maßnahmen greifen (zB Durchsuchungen nach §§ 39, 40). Teils wird die Eignung der strategischen Fahndung allerdings unter dem Aspekt in Zweifel gezogen, dass sich potentielle Maßnahmeadressaten angesichts der örtlichen und zeitlichen Bindung der strategischen Fahndung dem Zugriff der Polizei leicht entziehen können (Walter DVBl 2019, 1238 (1241)).

Hinsichtlich der **Erforderlichkeit** steht dem Landesgesetzgeber eine – (verfassungs-) **48** gerichtlicher Kontrolle nur bedingt zugängliche – Einschätzungsprärogative zu. Ein im Vergleich zur strategischen Fahndung milderes, aber gleichermaßen geeignetes Mittel steht der Polizei nach Ansicht des Gesetzgebers nicht zur Verfügung. Insbesondere die Personenkontrollen und Identitätsfeststellungen nach § 12 hätten sich nicht ausreichend erwiesen, um die in Abs. 1 S. 1 aufgeführten Straftaten zu bekämpfen (LT-Drs. 17/2351, 30 f.). Dasselbe gelte für Verkehrskontrollen nach § 36 Abs. 5 StVO, denn diese dienten ausschließlich der Abwehr von Gefahren, die von verkehrsuntüchtigen Verkehrsteilnehmern oder Kraftfahrzeugen ausgingen, nicht aber der Bekämpfung von Straftaten (LT-Drs. 17/2351, 31).

§ 12a ist auch **verhältnismäßig im engeren Sinne.** Der Kontrollraum ist auf Bereiche **49** beschränkt, die ein erhöhtes abstraktes Gefahrenpotential aufweisen. Letztlich ist damit die abstrakte Kontrollwahrscheinlichkeit deutlich eingeschränkt (LT-Drs. 17/2351, 33). Der Verhältnismäßigkeit des § 12a steht insbesondere nicht entgegen, dass die in der Norm vorgesehenen Eingriffsbefugnisse nicht vom Vorliegen einer konkreten Gefahr abhängig gemacht werden und die Maßnahmeadressaten nicht polizeirechtlich verantwortlich sein müssen (aA Arzt, Stellungnahme 17/936, 10).

Die traditionellen polizeirechtlichen Befugnisnormen setzen eine konkrete Gefahr voraus. Trotzdem **49.1** kann nicht pauschal davon ausgegangen werden, dass jenseits einer solchen Gefahr Eingriffe nicht möglich sind (Albers, Die Determination polizeilicher Tätigkeit in den Bereichen der Straftatenverhütung und der Verfolgungsvorsorge, 2001, 255). Hierauf wird in den Gesetzgebungsmaterialien zu Recht hingewiesen (LT-Drs. 17/2351, 34). In anderen Sachbereichen, wie zB dem Gesundheits-, Arbeits- und Umweltschutz, ist die Gefahrenvorsorge seit langem anerkannt, wenn sie nach Umfang und Ausmaß dem Gefahren- oder Risikopotential entspricht (BVerwGE 69, 37 (44)). Auch im Polizeirecht sind die Gefahrenvorsorge und die vorbeugende Bekämpfung von Straftaten mittlerweile als legitime präventivpolizeiliche Zwecke anerkannt. Das BVerfG hält sogar schwerwiegende verdeckte Maßnahmen im Gefahrenvorfeld für zulässig (BVerfGE 141, 220 (287 f.)).

I. Rechtsschutz

Die Aufforderung zum **Anhalten** ist ein Verwaltungsakt. Da es sich bei ihr um eine **50** Maßnahme handelt, die sich kurzfristig erledigt, ist die (sog. erweiterte) Fortsetzungsfeststellungsklage analog § 113 Abs. 1 S. 4 VwGO statthaft. Bei der **Befragung** handelt es sich – mangels Regelungswirkung – um einen Realakt. Der Betroffene kann ihre Rechtmäßigkeit mit der allgemeinen Feststellungsklage gem. § 43 Abs. 1 Alt. 1 VwGO überprüfen lassen.

Etwas anderes gilt, wenn den Maßnahmeadressaten eine Auskunftspflicht trifft. In diesem Fall ist das Auskunftsverlangen als Verwaltungsakt zu qualifizieren. Der Verwaltungsakt wird sich in der Regel schon vor Klageerhebung erledigen. In diesen Fällen ist die sog. erweiterte Fortsetzungsfeststellungsklage analog § 113 Abs. 1 S. 4 VwGO statthaft.

51   Das auf § 12a Abs. 1 S. 1 iVm § 12 Abs. 2 gestützte **Verlangen der Polizei, mitgeführte Ausweispapiere zur Prüfung auszuhändigen,** ist als Verwaltungsakt zu qualifizieren. Der Verwaltungsakt wird sich im Zeitpunkt der Klageerhebung bereits erledigt haben, sodass als gerichtlicher Rechtsbehelf die (sog. erweiterte) Fortsetzungsfeststellungsklage analog § 113 Abs. 1 S. 4 VwGO statthaft ist (→ § 12 Rn. 46). Hinsichtlich des Rechtsschutzes gegenüber den zur Identitätsfeststellung erforderlichen Maßnahmen nach § 12a Abs. 1 S. 1 iVm § 12 Abs. 2 S. 2 sei auf die Kommentierung zu § 12 verwiesen (→ § 12 Rn. 46).

52   Zum schlicht hoheitlichen, also nicht regelnden Verwaltungshandeln zählt die **Inaugenscheinnahme.** Ihre Rechtmäßigkeit kann der Betroffene mit der allgemeinen Feststellungsklage gem. § 43 Abs. 1 Alt. 1 VwGO einer gerichtlichen Überprüfung zuführen.

53   Den rein tatsächlichen Vorgang der **Durchsuchung** kann der Betroffene gerichtlich mit einer allgemeinen Feststellungsklage (§ 43 Abs. 1 Alt. 1 VwGO) überprüfen lassen. Zwar ließe sich bei der Durchsuchung an eine Duldungsverfügung gegenüber dem Maßnahmeadressaten denken. Diese rechtstechnische Konstruktion ist aber nicht erforderlich, da effektiver Rechtsschutz auch gegen schlicht hoheitliches Verwaltungshandeln zu erlangen ist. Der Schwerpunkt der Maßnahme liegt zudem auf der tatsächlichen sachbezogenen Handlung der Polizei, die keiner Duldungsaufforderung bedarf.

§ 13 Prüfung von Berechtigungsscheinen

Die Polizei kann verlangen, dass ein Berechtigungsschein zur Prüfung ausgehändigt wird, wenn die betroffene Person auf Grund einer Rechtsvorschrift oder einer vollziehbaren Auflage in einem Erlaubnisbescheid verpflichtet ist, diesen Berechtigungsschein mitzuführen.

Überblick

Die Prüfung von Berechtigungsscheinen geht für den Maßnahmeadressaten mit einer Einschränkung seines **Grundrechts auf informationelle Selbstbestimmung** (Art. 2 Abs. 1 GG iVm Art. 1 Abs. 1 GG) einher. Sie muss daher auf eine gesetzliche Ermächtigung zurückführbar sein. Im PolG NRW ist die Maßnahme in § 13 geregelt. Der Wortlaut der Vorschrift entspricht demjenigen des § 9 Abs. 3 MEPolG. Bei der Prüfung von Berechtigungsscheinen sind die allgemeinen Regeln der Datenerhebung gem. § 9 Abs. 4–6 zu beachten (SBK PolG NRW/Keller Rn. 14). Parallelvorschriften zu § 13 finden sich zB in § 26 Abs. 3 BWPolG, Art. 13 Abs. 3 BayPAG, § 18 Abs. 7 HSOG und § 13 Abs. 3 NPOG.

Übersicht

A. Bedeutung und Zweck

1   Im Gegensatz zur Rechtslage in anderen Ländern ist in Nordrhein-Westfalen die Prüfung von Berechtigungsscheinen in einer gesonderten, dh von der Ermächtigung zur Identitätsfeststellung getrennten Befugnisnorm geregelt. Das ist sachgerecht, weil sich die beiden Maßnahmen in zentralen Punkten voneinander unterscheiden. Es mag im Einzelfall zwar vorkom-

men, dass die Polizei die Identität des Maßnahmeadressaten mittels eines Berechtigungsscheins feststellen kann. Dieser Umstand macht es aber nicht entbehrlich, begrifflich wie systematisch zwischen der Prüfung von Berechtigungsscheinen und der Identitätsfeststellung zu unterscheiden. So verfolgt die Polizei bei der Prüfung eines Berechtigungsscheins nicht den **Zweck,** die Identität des Betroffenen festzustellen. Es geht ihr vielmehr darum zu gewährleisten, dass der Maßnahmeadressat über die für eine bestimmte Tätigkeit erforderliche Berechtigung verfügt (vgl. Wolf/Stephan/Deger, Polizeigesetz für Baden-Württemberg, 6. Aufl. 2009, BWPolG § 28 Rn. 28; Hornmann HSOG § 18 Rn. 78; Kuhn/Schröder/Beckmann/Kuhn, Praxis der Kommunalverwaltung, RhPf K-30, Stand: 8/2013, RhPfPOG § 10 Erl. 4.1). Ein weiterer wichtiger Unterschied liegt darin, dass die Polizei den Betroffenen bei einer Prüfung von Berechtigungsscheinen zwar anhalten darf, im Übrigen aber keine flankierenden Maßnahmen ergreifen werden können, wie sie § 12 Abs. 2 bei einer Identitätsfeststellung ermöglicht. Vor diesem Hintergrund ist festzuhalten, dass es sich bei der Prüfung von Berechtigungsscheinen um eine **selbstständige Art der Personenkontrolle** handelt (Hornmann HSOG § 18 Rn. 78; Meixner/Fredrich HSOG § 18 Rn. 42).

In der Literatur ist vereinzelt die Annahme geäußert worden, für die Prüfung von Berechtigungs- **1.1** scheinen lege der ebenfalls § 9 Abs. 3 MEPolG nachempfundene § 10 Abs. 3 RhPfPOG lediglich die Zuständigkeit der Polizei fest (Schenke PolR Rn. 123). Vor diesem Hintergrund ließe sich argumentieren, dass es sich auch bei § 13 um eine reine Zuständigkeitsvorschrift handele und die Prüfung von Berechtigungsscheinen auf eine spezielle gesetzliche Grundlage gestützt werden müsse. Eine solche Sichtweise wird dem Regelungsinhalt des § 13 jedoch nicht gerecht. Richtig ist, dass nicht alle Voraussetzungen für eine Prüfung von Berechtigungsscheinen in § 13 ausdrücklich genannt werden. Dennoch wäre es verfehlt, § 13 zur Aufgabennorm zu erklären, da die Vorschrift sich durch Auslegung in einem Maße konkretisieren lässt, das den rechtsstaatlichen Anforderungen an Eingriffsermächtigungen genügt.

Gemäß § 24 Nr. 5 NRWOBG gilt § 13 entsprechend auch für die **Ordnungsbehörden.** **2** Gleichwohl ist die Vorschrift für die praktische Tätigkeit der Gefahrenabwehrverwaltung insgesamt nur von geringer Bedeutung, da zahlreiche Gesetze die Prüfung von Berechtigungsscheinen bereichsspezifisch regeln.

B. Voraussetzungen

I. Berechtigungsschein

Ein Berechtigungsschein ist ein Nachweis, den der Betroffene bei der **Ausübung einer** **3** **besonders geregelten Tätigkeit** bzw. bei der Nutzung gewisser Sachen mitführen muss. Hierzu zählen zB
- die (Fahrzeug-) Zulassungsbescheinigung Teil I (§ 11 Abs. 6 FZV),
- der Fischereischein (§ 31 Abs. 1 NRWLFischG),
- der Führerschein (§ 4 Abs. 2 S. 2 FeV),
- der Erlaubnisschein des Fischereiberechtigten (§ 37 Abs. 1 NRWLFischG),
- der Jagdschein (§ 15 Abs. 1 S. 1 BJagdG),
- die Mofa-Prüfbescheinigung (§ 5 Abs. 4 S. 2 FeV),
- die Reisegewerbekarte (§ 60c Abs. 1 S. 1 GewO),
- der Waffenschein und die Waffenbesitzkarte (§ 38 Abs. 1 S. 1 Nr. 1 lit. a WaffG).

Die Berechtigungsscheine werden von den jeweils zuständigen Behörden ausgestellt (zB **4** Straßenverkehrsbehörden, Ordnungsbehörden usw).

Keine Berechtigungsscheine sind **Aufenthaltstitel, Personalausweise** und **Reisepässe** **5** (Hornmann HSOG § 18 Rn. 79). Auf dem Gebiet des Ausländerrechts bestehen allerdings spezialgesetzliche Pflichten zur Aushändigung von Identifikationspapieren (Pass, Passersatz oder Ausweisersatz) und Dokumenten, die die Rechtmäßigkeit des Aufenthalts nachweisen (Aufenthaltstitel, Bescheinigung über die Aussetzung der Abschiebung; vgl. **§ 48 Abs. 1 AufenthG).**

Gibt es Anhaltspunkte dafür, dass der vorgelegte Berechtigungsschein gefälscht ist, so muss **6** der handelnde Polizeibeamte ein Verfahren wegen Urkundenfälschung (§ 267 StGB) und ggf. wegen weiterer Straftaten (zB § 21 StVG) einleiten. Der Berechtigungsschein kann in einem solchen Fall zur Beweissicherung im Strafverfahren gem. § 94 Abs. 2 StPO beschlagnahmt werden. Darüber hinaus kann es angezeigt sein, dem Betroffenen die Fortführung der erlaubnispflichtigen Tätigkeit mit den Mitteln des Gefahrenabwehrrechts – zB gestützt auf § 15 Abs. 2 GewO – zu untersagen.

II. Pflicht zum Mitführen des Berechtigungsscheins

7　Zur Aushändigung eines Berechtigungsscheins kann der Maßnahmeadressat gem. § 13 nur aufgefordert werden, wenn er verpflichtet ist, den Berechtigungsschein mitzuführen. § 13 selbst begründet eine solche Rechtspflicht nicht, sondern setzt sie voraus (vgl. Hornmann HSOG § 18 Rn. 79). Unter diesem Blickwinkel ist die Vorschrift mit § 12 Abs. 2 S. 2 vergleichbar, der nach einhelliger Auffassung keine Pflicht zum Mitführen von Ausweispapieren statuiert (Tegtmeyer/Vahle PolG NRW/Vahle § 12 Rn. 35). Eine Pflicht zum Mitführen eines Berechtigungsscheins kann sich unmittelbar aus dem **Gesetz** ergeben. Sie kann überdies auf behördlicher Anordnung beruhen. Zu denken ist etwa an den Erlass einer (sofort) **vollziehbaren Auflage** (§ 36 Abs. 2 Nr. 4 VwVfG. NRW.), die die Verwaltung einem Erlaubnisbescheid beifügt (Schipper/Schneider/Büttner/Schade, Polizei- und Ordnungsrecht in Schleswig-Holstein/Büttner/Schade, 2010, Rn. 140). Voraussetzung für die Rechtmäßigkeit der auf § 13 gestützten Prüfung von Berechtigungsscheinen ist in einem solchen Fall, dass die Behörde, welche die Erlaubnis erteilt hat, auch für den Erlass der Auflage zuständig war. Etwas anderes gilt nur, wenn die Auflage bestandskräftig geworden ist, der Maßnahmeadressat gegen sie also keinen zulässigen Rechtsbehelf mehr einlegen kann (vgl. Tegtmeyer/Vahle PolG NRW/Vahle Rn. 14).

8　Da das StrWG NRW eine hierauf bezogene Mitführungspflicht nicht vorsieht, kann die Polizei auf der Grundlage des § 13 nicht die Aushändigung einer **Sondernutzungserlaubnis** verlangen. Ebenso wenig ist der **Wohnberechtigungsschein** (§ 5 WoBindG) mitzuführen.

9　Verstößt der Betroffene gegen die spezialgesetzlich vorgeschriebene Mitführungs- bzw. Aushändigungspflicht, so begeht er regelmäßig eine Ordnungswidrigkeit (vgl. etwa § 145 GewO), die mit einem Verwarngeld (§ 56 OWiG) geahndet werden kann. Bei Durchführung der erlaubnispflichtigen Tätigkeit ohne den erforderlichen Berechtigungsschein ist daher häufig auch das Ordnungswidrigkeitenrecht als Schutzgut der öffentlichen Sicherheit betroffen. Vor diesem Hintergrund ist oftmals ein repressives Einschreiten der Polizei zulässig, wenn zureichende Anhaltspunkte dafür vorliegen, dass der Maßnahmeadressat gegen die Pflicht zum Mitführen eines Berechtigungsscheins verstoßen hat (Roos/Lenz RhPfPOG § 10 Rn. 37).

III. Ausübung der im Berechtigungsschein genannten Tätigkeit

10　Die Prüfung von Berechtigungsscheinen setzt keine konkrete Gefahr voraus. Sie ist bereits dann zulässig, wenn der Betroffene eine Tätigkeit, für deren Ausübung der Berechtigungsschein erforderlich ist, aufgenommen hat oder nach den Umständen erkennbar ist, dass er sie alsbald aufnehmen wird oder soeben beendet hat (vgl. Nr. 13.02 VVPolG NRW; SBK PolG NRW/Keller Rn. 12 spricht insoweit von einem „Verdacht"). Das kommt im Normtext zwar nur unvollkommen zum Ausdruck, ergibt sich aber aus dem Zweck des § 13, die für bestimmte Tätigkeiten bestehende Erlaubnispflicht abzusichern.

IV. Zuständigkeit

11　Wenn der Gesetzgeber die Polizei in § 13 zur Prüfung von Berechtigungsscheinen ermächtigt, bringt er damit implizit auch die **polizeiliche Zuständigkeit** zum Ausdruck (Tegtmeyer/Vahle PolG NRW/Vahle Rn. 13). In zahlreichen Bundes- und Landesgesetzen sind spezielle und damit gegenüber § 13 vorrangige Zuständigkeitsvorschriften für die Prüfung von Berechtigungsscheinen enthalten. Zu denken ist insoweit etwa an § 36 Abs. 5 StVO, aus dem sich die Zuständigkeit der Polizei für Verkehrskontrollen ergibt (SBK PolG NRW/Keller Rn. 5; Tegtmeyer/Vahle PolG NRW/Vahle Rn. 14). Als vorrangige Zuständigkeitsregelung ist ferner § 2 Abs. 1 GewRV zu nennen, der neben den örtlichen Ordnungsbehörden die Kreispolizeibehörden ermächtigt, Reisegewerbekarten zu prüfen. Ein Rückgriff auf § 13 ist auch dann unzulässig, wenn zwar eine ausdrückliche anderweitige Aufgabenzuweisung nicht vorhanden ist, das einschlägige Bundes- oder Landesrecht aber zu erkennen gibt, dass zumindest auch die Polizei zur Prüfung des jeweiligen Berechtigungsscheins ermächtigt sein soll (vgl. Tegtmeyer/Vahle PolG NRW/Vahle Rn. 14).

C. Umfang der Kontrollbefugnis

Die Polizei kann verlangen, dass der Maßnahmeadressat ihr den Berechtigungsschein aushändigt. Das **Aushändigen** der Dokumente erfordert im Gegensatz zum bloßen Vorzeigen eine tatsächliche Übergabe an den Polizeibeamten, der den Berechtigungsschein prüft. Der ausgehändigte Berechtigungsschein darf von der Polizei auch auf seine Echtheit hin untersucht werden (Tegtmeyer/Vahle PolG NRW/Vahle Rn. 12). Mit Abschluss der Prüfung muss die Polizei den Berechtigungsschein an den Maßnahmeadressaten zurückgeben. Unterlässt sie das, so steht dem Betroffenen ein auf Rückgabe gerichteter (Vollzugs-) Folgenbeseitigungsanspruch zu. **12**

§ 13 schließt ebenfalls die Befugnis der Polizei ein, sich den Berechtigungsschein vom Betroffenen **vorzeigen** zu lassen (aA Meixner/Fredrich HSOG § 18 Rn. 44). Das Vorzeigen ist im Vergleich zum Aushändigen des Berechtigungsscheins eine weniger eingriffsintensive und in der Sache gleichgerichtete Maßnahme. Wenn die Polizei sich gem. § 13 den Berechtigungsschein vom Maßnahmeadressaten aushändigen lassen kann, so muss sie erst recht dazu befugt sein, den Betroffenen zum Vorzeigen des Berechtigungsscheins zu verpflichten. Ist die Erlaubnis zur Ausübung einer Tätigkeit an eine bestimmte Person geknüpft, so kann die Polizei zur Kontrolle, ob es sich bei dem Maßnahmeadressaten um den Berechtigten handelt, auch die Vorlage von Identifikationspapieren (Personalausweis, Reisepass) verlangen. Die Regelungen über Berechtigungsscheine können insoweit spezielle Vorgaben enthalten. So hat gem. § 38 Abs. 1 S. 1 Nr. 1 lit. a WaffG der Waffenscheininhaber den Personalausweis mitzuführen und auf Verlangen einer kontrollberechtigten Stelle vorzulegen. Fehlt es an einer speziellen Regelung, so kommt eine Identitätsfeststellung gem. § 12 in Betracht. **13**

Behauptet der Betroffene, er habe den Berechtigungsschein vergessen oder verloren, so hängt das weitere Vorgehen von den Umständen des Einzelfalls ab. Die Polizei kann dem Betroffenen zB aufgeben, den Berechtigungsschein innerhalb einer angemessenen Frist bei einer Polizeibehörde oder einer anderen Behörde vorzulegen (Tegtmeyer/Vahle PolG NRW/ Vahle Rn. 8). Darüber hinaus kann sie dem Maßnahmeadressaten die Ausübung der erlaubnispflichtigen Tätigkeit untersagen. Das gilt jedenfalls dann, wenn die Tätigkeit ein hohes Gefährdungspotential für die Allgemeinheit aufweist. Grundlage für eine Untersagungsverfügung ist allerdings nicht § 13, da die Norm der Polizei nur die Befugnis einräumt, den Betroffenen zur Aushändigung des Berechtigungsscheins zu verpflichten. Vielmehr bedarf es einer weitergehenden Ermächtigung, die sich bspw. aus § 15 Abs. 2 GewO ergeben kann. **14**

§ 13 ermächtigt die Polizei zwar nicht ausdrücklich dazu, den Betroffenen für die Dauer der Kontrolle **anzuhalten,** es entspricht aber dem Sinn und Zweck der Vorschrift, auch eine solche Befugnis anzuerkennen (vgl. Nr. 13.01 VVPolG NRW; Knemeyer PolR SuP; Wolf/Stephan/Deger, Polizeigesetz für Baden-Württemberg, 6. Aufl. 2009, BWPolG § 28 Rn. 29; Hornmann HSOG § 18 Rn. 78; Roos/Lenz RhPfPOG § 10 Rn. 37). Anderenfalls wäre eine Prüfung von Berechtigungsscheinen oftmals nicht möglich (vgl. Barczak NZV 2010, 598 (601)). Hält die Polizei den Maßnahmeadressaten an, so greift sie in dessen grundrechtlich geschützte Freiheit der Person (Art. 2 Abs. 2 S. 2 GG) ein (SBK PolG NRW/ Keller Rn. 8; aA BerlKommPolR/Söllner ASOG Bln § 22 Rn. 1, der nur von einem Eingriff in die allgemeine Handlungsfreiheit gem. Art. 2 Abs. 1 GG ausgeht). Da die körperliche Bewegungsfreiheit des Betroffenen nur für einen verhältnismäßig kurzen Zeitraum eingeschränkt wird, handelt es sich beim Anhalten nicht um eine Freiheitsentziehung (Art. 104 Abs. 2–4 GG), sondern um eine schlichte **Freiheitsbeschränkung** (Art. 104 Abs. 1 GG). Die Polizei kann das Anhalten sowie die sich hieran anschließende Aufforderung, den Berechtigungsschein auszuhändigen, unter den Voraussetzungen der §§ 50 ff. mit den Mitteln des Verwaltungsvollstreckungsrechts durchsetzen. **15**

Unter Hinweis auf eine entsprechende Verwaltungspraxis wird in der Literatur vereinzelt vertreten, dass die Ermächtigungsgrundlage für die Prüfung von Berechtigungsscheinen auch die Befugnis einschließe, den Betroffenen nach seinen Personalien zu befragen, ihn festzuhal- **16** ten oder ihn oder die von ihm mitgeführten Sachen zu durchsuchen (so Kuhn/Schröder/ Beckmann/Kuhn, Praxis der Kommunalverwaltung, RhPf K-30, Stand: 8/2013, RhPfPOG § 10 Erl. 4.2). Dem ist entgegenzuhalten, dass der Landesgesetzgeber bei der Ausgestaltung des § 13 bewusst vom Instrumentarium des § 12 Abs. 2 abgewichen ist. Die Befugnis zur Vornahme flankierender Maßnahmen ist nur insoweit anzuerkennen, als ohne sie die Aushändigung des Berechtigungsscheins typischerweise ausscheidet. Hiervon ist mit Blick auf das Anhalten des Betroffenen auszugehen (SBK PolG NRW/Keller Rn. 10). Über das Anhalten hinausgehende Eingriffshandlungen müssen jeweils auf eine eigenständige Ermächtigungsgrundlage gestützt werden und setzen in der Regel eine konkrete Gefahr für ein polizeirechtliches Schutzgut voraus. Eine konkrete Gefahr wird sich oftmals damit begründen lassen, dass die betroffene Person den erforderlichen Berechtigungsschein nicht aushändigt (vgl. SBK PolG NRW/Keller Rn. 11). Bei Verdacht einer strafbaren oder bußgeldbewehrten Handlung (zB Mitführen einer Waffe ohne Waffenschein, Fahren ohne Fahrerlaubnis) kann die Polizei gem. § 46 Abs. 2 OWiG, § 53 Abs. 1 S. 1 OWiG iVm § 163b Abs. 1 S. 2 StPO befugt sein, den Maßnahmeadressaten festzuhalten.

D. Spezialvorschriften (Subsidiarität des § 13)

17   § 13 tritt hinter die spezielleren Vorschriften des besonderen Gefahrenabwehrrechts zurück (vgl. § 8 Abs. 2). Von dem damit angesprochenen Subsidiaritätsverhältnis ist auszugehen, wenn eine andere bundes- oder landesrechtliche Vorschrift die Polizei dazu ermächtigt, den Maßnahmeadressaten zur Aushändigung eines bestimmten Berechtigungsscheins zu verpflichten. Ebenso wie § 13 schließen die einschlägigen Spezialvorschriften auch die Befugnis zum Anhalten ein. Vorrangige Befugnisnormen in diesem Sinne sind zB:
- § 4 Abs. 2 S. 2 FeV (Führerschein),
- § 48 Abs. 3 S. 2 FeV (Führerschein zur Fahrgastbeförderung),
- § 38 WaffG (Waffenbesitzkarte bzw. Waffenschein sowie weitere Personalpapiere),
- § 42 Abs. 3 WaffG (Ausnahmegenehmigung zum Führen von Waffen bei einer öffentlichen Veranstaltung),
- § 12 Abs. 4 KrWaffG (Erlaubnis für den Transport von Kriegswaffen),
- § 31 Abs. 1 NRWLFischG (Fischereischein),
- § 7 Abs. 2 S. 1 GüKG (Erlaubnisnachweise für gewerblichen Güterverkehr),
- § 23 S. 1 SprengG (Erlaubnisurkunde für den Umgang mit explosionsgefährlichen Stoffen),
- § 46 Abs. 3 S. 3 StVO (Ausnahmegenehmigungen nach der StVO),
- § 17 Abs. 4 S. 1 PBefG, § 20 Abs. 4 PBefG (Genehmigungsurkunde für Personenbeförderung),
- § 4 Abs. 6 LHundG NRW (Erlaubnis zum Halten eines gefährlichen Hundes).

18   Hiervon zu unterscheiden sind solche gesetzlichen Bestimmungen, die lediglich eine Pflicht zum Mitführen und Vorzeigen eines Berechtigungsscheins aussprechen:
- § 60c Abs. 1 S. 1 GewO (Reisegewerbekarte),
- § 15 Abs. 1 BJagdG (Jagdschein),
- § 4 Abs. 5 AtG (Genehmigungsbescheid für die Beförderung von Kernbrennstoffen).

18a   Bei solchen Vorschriften bestimmt sich das Verhältnis zu § 13 wie folgt: Gegenüber **landesrechtlichen Spezialvorschriften** erfüllt § 13 eine komplementäre Funktion (SBK PolG NRW/Keller Rn. 8). Verpflichtet das einschlägige Gesetz den Maßnahmeadressaten, bei einer bestimmten Tätigkeit einen Berechtigungsschein mitzuführen und diesen auf Verlangen vorzuzeigen, so kann die Polizei den Betroffenen gem. § 13 zur Aushändigung des Berechtigungsscheins verpflichten. Hierdurch wird es den (eigentlich kontrollberechtigten) Behörden ermöglicht, den Polizeivollzugsdienst in die Überprüfung einzubeziehen. Anders stellt sich die Rechtslage bei **bundesgesetzlichen Normen** dar, die lediglich eine Mitführungs- und Vorzeigepflicht vorsehen (zutr. SBK PolG NRW/Keller Rn. 8). Da die einschlägigen bundesrechtlichen Eingriffsbefugnisse abschließend sind (Tegtmeyer/Vahle PolG NRW/ Vahle Rn. 12), ist der Rückgriff auf § 13 ausgeschlossen (vgl. Nr. 13.03 VVPolG NRW; aA Tetsch/Baldarelli PolG NRW Erl. 3).

E. Rechtsschutz

Die auf § 13 gestützte Aufforderung, einen Berechtigungsschein auszuhändigen, ist als **19** **Verwaltungsakt** (§ 35 S. 1 VwVfG. NRW.) zu qualifizieren. Grundsätzlich kann der Betroffene sie daher im Verwaltungsrechtsweg (§ 40 Abs. 1 S. 1 VwGO) mit einer Anfechtungsklage (§ 42 Abs. 1 Alt. 1 VwGO) angreifen. Das wird ihm jedoch so gut wie nie möglich sein, weil die Maßnahme sich bereits vor Klageerhebung – nämlich mit Rückgabe des Berechtigungsscheins an den Betroffenen – erledigt (vgl. § 43 Abs. 2 VwVfG. NRW.). Statthafter Rechtsbehelf ist dann die (sog. erweiterte) **Fortsetzungsfeststellungsklage** analog § 113 Abs. 1 S. 4 VwGO.

§ 14 Erkennungsdienstliche Maßnahmen

(1) **Die Polizei kann erkennungsdienstliche Maßnahmen vornehmen, wenn**
1. **dies für eine nach § 12 und § 12a zulässige Identitätsfeststellung unbedingt erforderlich ist, insbesondere wenn dies auf andere Weise nicht oder nur unter erheblichen Schwierigkeiten möglich ist,**
2. **das zur vorbeugenden Bekämpfung von Straftaten unbedingt erforderlich ist, weil die betroffene Person verdächtig ist, eine Tat begangen zu haben, die mit Strafe bedroht ist und wegen der Art und Ausführung der Tat die Gefahr der Wiederholung besteht.**

(2) **Ist die Identität festgestellt, sind in den Fällen des Absatzes 1 Nr. 1 die im Zusammenhang mit der Feststellung angefallenen erkennungsdienstlichen Unterlagen zu vernichten, es sei denn, ihre weitere Aufbewahrung ist nach Absatz 1 Nr. 2 oder anderen Rechtsvorschriften zulässig.**

(3) **Die betroffene Person ist bei Vornahme der Maßnahme darüber zu belehren, dass sie die Vernichtung der erkennungsdienstlichen Unterlagen verlangen kann, wenn die Voraussetzungen für ihre weitere Aufbewahrung entfallen sind.**

(4) **Erkennungsdienstliche Maßnahmen sind insbesondere**
1. **die Abnahme von Finger- und Handflächenabdrücken,**
2. **die Aufnahme von Lichtbildern,**
3. **die Feststellung äußerer körperlicher Merkmale,**
4. **Messungen.**

Überblick

§ 14 ermächtigt die Polizei zur Vornahme erkennungsdienstlicher Maßnahmen. Eine erkennungsdienstliche Behandlung gem. § 14 ist zum einen zulässig als (letztes) Mittel der Identitätsfeststellung, zum anderen darf sie durchgeführt werden, wenn der Betroffene voraussichtlich auch in Zukunft strafrechtlich in Erscheinung treten wird. Die Inbezugnahme des neu geschaffenen § 12a (Anhalte- und Sichtkontrollen – strategische Fahndung) in Abs. 1 Nr. 1 erfolgte durch das Gesetz zur Stärkung der Sicherheit in Nordrhein-Westfalen v. 13.12.2018 (GV. NRW. 683). Nach der Änderung des Abs. 1 durch das Gesetz zur Anpassung des Polizeigesetzes des Landes Nordrhein-Westfalen und des Gesetzes über Aufbau und Befugnisse der Ordnungsbehörden v. 18.12.2018 (GV. NRW. 741) kommen erkennungsdienstliche Maßnahmen nach Abs. 1 nur noch in Betracht, wenn sie „unbedingt erforderlich" sind. Parallelvorschriften zu § 14 finden sich zB in § 36 BWPolG, Art. 14 BayPAG, § 19 HSOG und § 15 NPOG.

Übersicht

A. Bedeutung und Zweck

1   Abs. 1 regelt, unter welchen Voraussetzungen die Polizei eine Person erkennungsdienstlich behandeln darf. Abs. 2 und Abs. 3 legen fest, wie mit den erhobenen Daten zu verfahren ist. Abs. 3 stellt zudem die Pflicht auf, den Betroffenen über seinen Anspruch auf Vernichtung der erhobenen Daten zu belehren. In Abs. 4 werden die für die polizeiliche Arbeit wichtigsten erkennungsdienstlichen Maßnahmen aufgezählt. Ihnen ist gemeinsam, dass sie ohne einen Eingriff in die körperliche Integrität des Betroffenen erfolgen (zur Möglichkeit einer molekulargenetischen Untersuchung vgl. § 14a).

B. Grundrechtsrelevanz

2   Maßnahmen gem. § 14 beeinträchtigen das aus Art. 2 Abs. 1 GG iVm Art. 1 Abs. 1 GG abgeleitete **Grundrecht auf informationelle Selbstbestimmung.** Dieses Grundrecht räumt dem Einzelnen die Befugnis ein, über die Preisgabe und Verwendung seiner persönlichen Daten grundsätzlich selbst zu bestimmen (BVerfGE 80, 367 (373); BeckOK GG/Lang GG Art. 2 Rn. 45; Maunz/Dürig/Di Fabio GG Art. 2 Rn. 175; Roggan/Kutscha Recht der Inneren Sicherheit-HdB/Roggan 207, 209 f.). Die durch erkennungsdienstliche Maßnahmen bedingten Eingriffe in das Grundrecht auf informationelle Selbstbestimmung sind häufig nicht schwerwiegend. Dies gilt umso mehr, als die gewonnenen Daten nicht nur der Überführung, sondern auch der Entlastung der betroffenen Person dienen können (VG Würzburg BeckRS 2006, 27935). Hieraus folgt allerdings nicht, dass der Polizei mit Blick auf erkennungsdienstliche Maßnahmen ein Freibrief ausgestellt wäre. Vielmehr ist eine erkennungsdienstliche Behandlung nur zulässig, wenn die in § 14 niedergelegten Voraussetzungen erfüllt sind und die Polizei die Vorgaben des Verhältnismäßigkeitsgrundsatzes beachtet.

C. Zuständigkeit

3   Gemäß § 12 und § 12a ist zur Vornahme erkennungsdienstlicher Maßnahmen ausschließlich die Polizei befugt. Da sich in § 24 NRWOBG keine Verweisung auf § 12 oder § 12a findet, **gelten die Vorschriften für die Ordnungsbehörden nicht entsprechend.**

D. Erkennungsdienstliche Maßnahmen zur Identitätsfeststellung

4   Abs. 1 Nr. 1 ist als Ergänzung zu § 12 Abs. 2 sowie § 12a Abs. 1 konzipiert. Danach darf die Polizei eine Person erkennungsdienstlich behandeln, wenn eine Identitätsfeststellung iSd § 12 oder § 12a **unbedingt erforderlich** ist.

4.1   Erkennungsdienstliche Maßnahmen stellen eine Verarbeitung besonderer Kategorien von Daten iSd § 36 Nr. 18 DSG NRW dar. Sie unterfallen daher den Voraussetzungen des § 45 DSG NRW. Dementsprechend muss die Verarbeitung „unbedingt erforderlich" statt wie bisher einfach „erforderlich" sein (LT-Drs. 17/2576, 64).

5   Von der unbedingten Erforderlichkeit iSd Abs. 1 Nr. 1 ist „insbesondere" auszugehen, wenn die Identitätsfeststellung ohne die erkennungsdienstliche Behandlung nicht oder nur unter erheblichen Schwierigkeiten erfolgen kann. Die Polizei muss die Mittel, die ihr nach § 12 bzw. § 12a zur Identitätsfeststellung zur Verfügung stehen, zunächst ausschöpfen, bevor sie auf erkennungsdienstliche Maßnahmen gem. § 14 zurückgreifen darf. Eine erkennungsdienstliche Behandlung zum Zwecke der Identitätsfeststellung kommt also nur als ultima ratio in Betracht. Das ist der Sache nach auch angemessen, weil eine erkennungsdienstliche Behandlung oftmals mit einer Freiheitsentziehung, also einer massiven Einschränkung der grundrechtlichen Freiheit der Person (Art. 2 Abs. 2 S. 2 GG) verbunden ist.

Im Zusammenhang mit erkennungsdienstlichen Maßnahmen, die einer Identitätsfeststellung nach 5.1 § 12 dienen, trifft den handelnden Polizeibeamten zwei Mal die Pflicht zu prüfen, ob ein milderes Mittel nicht oder nur unter erheblichen Schwierigkeiten möglich ist (Roos/Lenz RhPfPOG § 11 Rn. 4). Eine solche Prüfung ist zum einen vorzunehmen bezüglich der nach § 12 Abs. 2 S. 3 und S. 4 zulässigen Durchsuchung sowie bezüglich des Festhaltens des Betroffenen, zum anderen in Bezug auf die erkennungsdienstliche Behandlung selbst. Mit dieser „Doppelprüfung" soll verhindert werden, dass eine erkennungsdienstliche Behandlung nach § 14 in der polizeilichen Praxis zur Regel wird, um die Identität eines Verdächtigen festzustellen (vgl. Roos/Lenz RhPfPOG § 11 Rn. 4). Auch dann, wenn die Identität einer Person sich nur mittels erkennungsdienstlicher Behandlung feststellen lässt, kann ein Vorgehen nach § 14 unzulässig sein. Hiervon ist auszugehen, wenn der Anlass für die Identitätsfeststellung nur von geringer Bedeutung ist. Aus dem Verhältnismäßigkeitsprinzip folgt in diesen Fällen, dass die Ungewissheit über die Identität des Betroffenen von der Polizei hinzunehmen ist (Lisken/Denninger PolR-HdB/Graulich E Rn. 401).

Greift die erkennungsdienstliche Behandlung in die Freiheit der Person ein, so ist zu 6 beachten, dass der von der Maßnahme Betroffene gem. § 38 Abs. 2 Nr. 5 (Dauer der Freiheitsentziehung) auch unter den Voraussetzungen des § 36 (richterliche Entscheidung) nicht länger als zwölf Stunden festgehalten werden darf. Für den Beginn der Frist ist der Zeitpunkt maßgeblich, ab dem die Polizei den Betroffenen festhält, um seine Identität festzustellen. Auch wenn die Identitätsfeststellung nicht innerhalb von zwölf Stunden durchgeführt werden kann, muss der Betroffene nach Ablauf dieser Zeitspanne entlassen werden. Das gilt nicht, wenn er aus einem anderen Grund (weiter) festgehalten werden darf. Geht der erkennungsdienstlichen Behandlung eine Vorladung (§ 10 Abs. 1 Nr. 2) voraus, so ist eine richterliche Entscheidung (§ 36) bereits dann erforderlich, wenn der Betroffene vorgeführt werden soll (§ 10 Abs. 3). Grund hierfür ist, dass die Vorführung regelmäßig als Freiheitsentziehung iSd Art. 104 Abs. 2–4 GG zu qualifizieren ist.

Eine weitere Ermächtigungsgrundlage für eine erkennungsdienstliche Behandlung hat der Gesetzge- 6.1 ber in § 86 StVollzG normiert. Danach sind zur Sicherung des Strafvollzugs als erkennungsdienstliche Maßnahmen die Abnahme von Finger- und Handflächenabdrücken, die Aufnahme von Lichtbildern mit Kenntnis des Gefangenen, die Feststellung äußerlicher körperlicher Merkmale sowie Messungen zulässig. Die in § 86 Abs. 1 StVollzG enthaltene Aufzählung ist abschließend.

Auch die Kommunalverwaltung darf in bestimmten Fällen eine erkennungsdienstliche Behandlung 6.2 vornehmen, um die Identität einer Person festzustellen. In der Regel verfügt sie allerdings weder über entsprechend ausgebildetes Personal noch über die technischen Möglichkeiten zur Durchführung erkennungsdienstlicher Maßnahmen. Wenn eine erkennungsdienstliche Behandlung angezeigt ist, wird die zuständige Behörde die Polizei daher in der Regel um Amtshilfe ersuchen. Leistet die Polizei diesem Ersuchen Folge, so richtet sich die Zulässigkeit der erkennungsdienstlichen Behandlung nach dem Recht der ersuchenden Behörde (§ 7 VwVfG. NRW.). Die Befugnis zur Vornahme erkennungsdienstlicher Maßnahmen bei Asylbewerbern ist gem. § 19 Abs. 2 AsylG iVm § 16 Abs. 1 AsylG – neben der Ausländerbehörde – ausdrücklich auch der Polizei zugewiesen und gehört damit zu ihren eigenen Aufgaben.

Eine erkennungsdienstliche Behandlung zur Identitätsfeststellung erlaubt auch § 163b 7 Abs. 1 S. 1 StPO. Die Vorschrift erfasst Fälle, in denen die Feststellung der Identität einer Person dazu dient, eine bestimmte Straftat zu verfolgen und aufzuklären (BeckOK StPO/von Häfen StPO § 163b Rn. 1). Auch insoweit gilt: Die erkennungsdienstlichen Maßnahmen dürfen erst dann ergriffen werden, wenn andere – mildere – Mittel eine Identitätsfeststellung nicht oder nur unter erheblichen Schwierigkeiten erlauben. Auch im Rahmen einer strafprozessualen Identitätsfeststellung darf die betroffene Person aufgrund des § 163c Abs. 2 StPO nicht länger als zwölf Stunden festgehalten werden (BeckOK StPO/von Häfen StPO § 163b Rn. 9). § 163b StPO gilt gem. § 46 OWiG entsprechend für die Verfolgung von Ordnungswidrigkeiten. Allerdings wird der Einsatz von erkennungsdienstlichen Maßnahmen regelmäßig unverhältnismäßig sein, wenn die Polizei lediglich geringfügige Ordnungswidrigkeiten verfolgt. Gemäß § 163b Abs. 2 S. 1 StPO darf auch bei Unverdächtigen – insbesondere bei Zeugen (vgl. § 69 StPO) – die Identität festgestellt werden. Einschränkend ist jedoch zu beachten, dass die in § 163b Abs. 2 S. 1 StPO angesprochenen Maßnahmen nicht gegen den Willen der betroffenen Person ergriffen werden dürfen (§ 163b Abs. 2 S. 2 Hs. 2 StPO). Insofern ist die Anwendung unmittelbaren Zwangs von vornherein unzulässig. Unabhängig davon stellt der Verstoß gegen die polizeiliche Anordnung, die Identität preiszugeben, eine Ordnungswidrigkeit gem. § 111 OWiG dar.

E. Erkennungsdienstliche Maßnahmen zur vorbeugenden Bekämpfung von Straftaten

8   Abs. 1 Nr. 2 regelt die erkennungsdienstliche Behandlung zur vorbeugenden Bekämpfung von Straftaten. Die erkennungsdienstlichen Maßnahmen sollen den Betroffenen davon abhalten, (weitere) Straftaten zu verüben (SBK PolG NRW/Keller Rn. 10). Wenn die Polizei in Bezug auf den Maßnahmeadressaten über erkennungsdienstliche Unterlagen verfügt, muss dieser damit rechnen, dass seine Beteiligung an einer Straftat zukünftig (leichter) nachgewiesen werden kann. Ob Abs. 1 Nr. 2 den mit der Norm angestrebten Abschreckungseffekt wirklich herbeiführt, wird in der Literatur unterschiedlich beurteilt (verneinend Tegtmeyer/Vahle PolG NRW/Vahle Rn. 11 mwN; aA SBK PolG NRW/Keller Rn. 10: „nicht unerhebliche präventive Wirkung").

9   Zur vorbeugenden Bekämpfung von Straftaten iSd § 1 Abs. 1 S. 2 zählt nicht die sog. **Strafverfolgungsvorsorge** (Tegtmeyer/Vahle PolG NRW/Vahle § 1 Rn. 23), also die Vorsorge für die Verfolgung künftiger oder zukünftig bekannt werdender Straftaten. Die Strafverfolgungsvorsorge ist keine präventiv-polizeiliche Aufgabe iSd § 1. Im Einklang mit der Rechtsprechung des BVerfG (vgl. NJW 2005, 2603 (2605)) ist die Strafverfolgungsvorsorge vielmehr als Strafverfolgung zu qualifizieren. Sie unterliegt damit grundsätzlich der Regelungskompetenz des Bundesgesetzgebers (vgl. Art. 74 Abs. 1 Nr. 1 GG). Soweit die Polizei erkennungsdienstliche Maßnahmen durchführt, um Vorsorge für die Verfolgung künftiger Straftaten zu betreiben, ist demnach nicht § 14 Abs. 1 Nr. 2, sondern § 81b Alt. 2 StPO einschlägig (BVerwG NJW 2018, 3194; Fugmann NJW 1981, 2227). Zu beachten ist, dass nach § 81b Alt. 2 StPO erlangte Daten (BeckOK StPO/Goers StPO § 81b Rn. 15) nicht in einen strafprozessualen Ermittlungsvorgang, sondern in die personenbezogenen Sammlungen der Kriminalpolizei aufgenommen werden (Tegtmeyer/Vahle PolG NRW/Vahle Rn. 9; vgl. Richtlinien für die Führung Kriminalpolizeilicher personenbezogener Sammlungen, Runderlass des Innenministeriums v. 25.8.2000 – IV A 5 - 6420/1). Maßnahmen gem. § 14 Abs. 1 Nr. 2 sind nur zulässig außerhalb eines Strafverfahrens (SBK PolG NRW/Keller Rn. 10). Abs. 1 Nr. 2 ist somit nur dann anwendbar, wenn der Maßnahmeadressat nicht (mehr) Beschuldigter ist. Das ist zB der Fall bei schuldunfähigen Personen oder bei rechtskräftig Verurteilten vor Entlassung aus der Strafvollzugsanstalt (vgl. SBK PolG NRW/Keller Rn. 12; Meixner/Fredrich HSOG § 19 Rn. 5).

10 Abs. 1 Nr. 2 greift nur ein, wenn die erkennungsdienstliche Behandlung zur vorbeugenden Bekämpfung von Straftaten unbedingt erforderlich ist. Voraussetzung hierfür ist zunächst, dass der Betroffene **verdächtig** ist, eine Tat begangen zu haben, die mit Strafe bedroht ist. Das ist der Fall, wenn bestimmte Tatsachen eine Täterschaft oder Teilnahme des Betroffenen an einer – auch versuchten – Straftat als möglich erscheinen lassen. Voraussetzung ist ferner, dass wegen der Art und Ausführung der Tat die **Gefahr der Wiederholung** besteht. Abs. 1 Nr. 2 setzt keine Gefahr im rechtstechnischen Sinne, also nicht die hinreichende Wahrscheinlichkeit eines Schadenseintritts voraus. Ebenso wenig ist erforderlich, dass ein Maß an Wahrscheinlichkeit erreicht wird, wie es der Haftgrund der Wiederholungsgefahr gem. § 112a StPO erfordert. Von der erforderlichen Wiederholungsgefahr ist vielmehr schon dann auszugehen, wenn begründete Anhaltspunkte dafür bestehen, dass der Maßnahmeadressat zukünftig erneut straffällig wird. Ob dies der Fall ist, muss die Polizei auf der Grundlage kriminologischer Erkenntnisse und kriminalistischer Erfahrung beurteilen (Tegtmeyer/Vahle PolG NRW/Vahle Rn. 11). Bei Triebtätern soll grundsätzlich eine Wiederholungsgefahr zu bejahen sein (so Tegtmeyer/Vahle PolG NRW/Vahle Rn. 11 unter Bezugnahme auf VGH Mannheim NJW 2008, 3082). Richtigerweise ist mehr als eine „allgemeine Rückfallgefahr" zu verlangen (SBK PolG NRW/Keller Rn. 14). Eine entsprechende Wiederholungsgefahr kann auch gegeben sein, wenn der Täter voraussichtlich nicht erneut denselben Straftatbestand verwirklichen wird. Erkennungsdienstliche Maßnahmen kommen bereits dann in Betracht, wenn sie der Verhütung einer vergleichbaren Straftat dienen. Der Begriff der **Straftat** iSd Abs. 1 Nr. 2 ist nicht allein unter strafrechtlichen Gesichtspunkten (im Sinne einer rechtswidrigen und schuldhaften Begehung des Straftatbestands) zu beurteilen. Es

genügt, dass der Betroffene nach kriminalistischer Erfahrung voraussichtlich den objektiven Tatbestand einer Strafrechtsnorm verwirklichen wird (vgl. BVerwG NJW 2006, 1225 (1226); OVG Münster BeckRS 2014, 56831). Hierfür spricht, dass das Gefahrenabwehrrecht Rechtsverstöße unabhängig von einer etwaigen strafrechtlichen Verantwortlichkeit verhindern will. So besteht zB Einigkeit darüber, dass die Betroffenheit der öffentlichen Sicherheit nicht davon abhängt, ob der subjektive Tatbestand einer Strafrechtsnorm erfüllt oder ein Strafantrag gestellt ist oder der Maßnahmeadressat schuldhaft gehandelt hat. Dementsprechend fordert auch das Merkmal „Straftat" in Abs. 1 Nr. 2 nicht volle strafrechtliche Verantwortlichkeit. Auf der Grundlage des Abs. 1 Nr. 2 kann – unter strikter Beachtung des Verhältnismäßigkeitsprinzips – eine erkennungsdienstliche Behandlung somit auch bei Kindern oder schuldunfähigen Personen durchgeführt werden, wenn der objektive Tatbestand einer Strafrechtsnorm erfüllt ist und die Art und Ausführung der Tat die Prognose zulässt, dass es erneut zu einer solchen oder ähnlichen Straftat kommen wird (Roos/Lenz RhPfPOG § 11 Rn. 10). Die Art und Ausführung der begangenen Straftat sind für die Prognoseentscheidung deshalb maßgeblich, weil die Polizei nicht jede Person, die in einem Strafverfahren Beschuldigter ist, erkennungsdienstlichen Maßnahmen unterziehen können soll (Roos/Lenz RhPfPOG § 11 Rn. 9). Ob der Betroffene wegen einer zuvor begangenen Straftat rechtskräftig verurteilt wurde, spielt für die Prognoseentscheidung keine Rolle. Ebenso wenig muss die erforderliche Wiederholungsgefahr durch ein laufendes oder abgeschlossenes Ermittlungsverfahren gestützt werden. Eine Wiederholungsgefahr ist auch dann nicht ausgeschlossen, wenn die Ermittlungen eingestellt wurden (Tegtmeyer/Vahle PolG NRW/Vahle Rn. 11; aA Roos/Lenz RhPfPOG § 11 Rn. 8). Bereits dem Wortlaut des Abs. 1 S. 2 ist zu entnehmen, dass die wiederholte Begehung von Ordnungswidrigkeiten nicht von der Norm erfasst wird. Mit Blick auf das Verhältnismäßigkeitsprinzip (§ 2) dürfen erkennungsdienstliche Maßnahmen bei geringfügigen Straftaten nicht zum Einsatz kommen (Roos/Lenz RhPfPOG § 11 Rn. 7; Tegtmeyer/Vahle PolG NRW/Vahle Rn. 11).

F. Exkurs: Erkennungsdienstliche Maßnahmen für Zwecke der Durchführung eines Strafverfahrens

§ 81b Alt. 1 StPO normiert die Möglichkeit einer erkennungsdienstlichen Behandlung **11** des Beschuldigten für Zwecke der Durchführung eines Strafverfahrens. Maßnahmeadressat kann nur ein **Beschuldigter** sein. Der Beschuldigtenbegriff ist in der StPO nicht definiert. Beschuldigter ist diejenige Person, gegen die sich das Strafverfahren richtet. Die Beschuldigteneigenschaft setzt nach der Rechtsprechung des BGH subjektiv einen Verfolgungswillen der Strafverfolgungsbehörde voraus, der sich – objektiv – in einem Willensakt manifestiert haben muss (BGHSt 51, 367 mwN). Der in § 81b StPO enthaltene Maßnahmenkatalog ist nicht abschließend (KK-StPO/Hadamitzky StPO § 81b Rn. 3). Die auf der Grundlage der erkennungsdienstlichen Behandlung erstellten Unterlagen werden Teil der Ermittlungsakten und von der Kriminalpolizei aufbewahrt. Die Aufbewahrung dient der repressiven Verbrechensbekämpfung (BVerwG NJW 1967, 1192). Hinsichtlich der Dauer der Aufbewahrung ist der Grundsatz der Verhältnismäßigkeit zu beachten. Die nach § 81b Alt. 1 StPO gewonnenen Daten dürfen unter den Voraussetzungen des § 81b Alt. 2 StPO auch zu präventiven Zwecken gespeichert werden.

G. Zulässige Maßnahmen

Erkennungsdienstliche Maßnahmen sind offene Datenerhebungen mit den Mitteln des **12** Erkennungsdienstes (für die Möglichkeit einer verdeckten Datenerhebung aber Kingreen/Poscher POR § 13 Rn. 72). Abs. 4 zählt beispielhaft („insbesondere") die am häufigsten eingesetzten erkennungsdienstlichen Maßnahmen auf. Diese unterscheiden sich nicht maßgeblich von den Maßnahmen, die in § 81b StPO normiert sind. Sonstige Maßnahmen kommen in Betracht, soweit sie mit den ausdrücklich genannten Formen der erkennungsdienstlichen Behandlung vergleichbar sind und mit ihnen kein stärkerer Eingriff in die Grundrechte des Betroffenen einhergeht. Zu denken ist insoweit an die Fixierung des Klanges der Stimme auf einem Tonträger sowie Schriftproben (Lisken/Denninger PolR-HdB/Graulich E Rn. 396). Der Grundsatz der Verhältnismäßigkeit gebietet, jeweils die Maßnahme zu wählen, die den Betroffenen am wenigsten in seinen Rechtspositionen beeinträchtigt. So sind erkennungsdienstliche Maßnahmen, die in den Intimbereich der betroffenen Person eindringen, nur ausnahmsweise zulässig (OVG Lüneburg BeckRS 2015, 44635). Erfasst von Abs. 4 werden ausschließlich Maßnahmen, die auf die Feststellung äußerlich wahrnehmbarer Merkmale abzielen (zB Bestimmung von Haar- und Augenfarbe, Tätowierungen, Narbenbildung etc). Maßnahmen, die die körperliche Integrität des Betroffenen beeinträchtigen, sind unzulässig. Das gilt insbesondere für die Entnahme von Körperzellen und Blutproben (Tegtmeyer/Vahle PolG NRW/Vahle Rn. 22). Diese Maßnahmen und die Aufbewahrung und molekulargenetische Untersuchung des gewonnenen Materials werden gesondert in § 14a geregelt (zur DNA-Analyse gem. § 14 vgl. BVerfG NStZ 1996, 45). Unter bestimmten Voraussetzungen sieht auch § 81g StPO die Möglichkeit einer DNA-Analyse bei künftig zu erwartenden Straftaten von erheblicher Bedeutung sowie bei Straftaten gegen die sexuelle Selbstbestimmung vor.

H. Aufbewahrung und Vernichtung erkennungsdienstlicher Unterlagen

13   Allgemeine Regeln zur Löschung und Vernichtung personenbezogener Daten finden sich in § 32 Abs. 1. Nach § 32 Abs. 1 S. 2 Nr. 1 sind personenbezogene Daten zu löschen und die dazugehörigen Akten zu vernichten, wenn dies durch das PolG NRW bestimmt ist. Eine entsprechende Pflicht folgt in Bezug auf erkennungsdienstliche Unterlagen aus § 14 Abs. 2. Nach dieser Vorschrift sind in den Fällen des Abs. 1 Nr. 1 die im Zusammenhang mit der Identitätsfeststellung angefallenen erkennungsdienstlichen Unterlagen zu vernichten, wenn die Identität des Maßnahmeadressaten festgestellt ist. Etwas anderes gilt nur dann, wenn die weitere Aufbewahrung der Unterlagen nach Abs. 1 Nr. 2 (vorbeugende Bekämpfung von Straftaten) oder anderen Rechtsvorschriften zulässig ist. Zu den anderen Rechtsvorschriften zählt insbesondere § 81b Alt. 1 StPO. Den in § 14 Abs. 1 Nr. 2 vorgesehenen Ausnahmetatbeständen kommt in der polizeilichen Arbeit eine erhebliche Bedeutung zu. Grund hierfür ist, dass die Identität des Verdächtigen sich mittels erkennungsdienstlicher Behandlung nur feststellen lässt, wenn die Polizei über Datenbestände verfügt, mit denen die erhobenen Daten abgeglichen werden können. Wenn der Betroffene sich seit einer vorangegangenen Identitätsfeststellung äußerlich verändert hat, zB aufgrund von Verletzungen mit sichtbaren Folgen (Narben) oder aufgrund des natürlichen Alterungsprozesses, kann es sinnvoll sein, die alten Unterlagen durch die neuen zu ergänzen, sofern hinsichtlich der alten Unterlagen die Voraussetzungen für die Aufbewahrung weiterhin erfüllt sind (Lisken/Denninger PolR-HdB/Graulich E Rn. 383).

13.1   § 484 StPO enthält eine Regelung für die Aufbewahrung der nach § 81b Alt. 1 StPO bzw. § 163b StPO erstellten erkennungsdienstlichen Unterlagen für Zwecke künftiger Strafverfahren. Die Verwendung der in § 484 Abs. 1 StPO genannten Daten, die für Zwecke künftiger Strafverfahren in Dateien der Polizei gespeichert sind oder werden, richtet sich grundsätzlich nach den Polizeigesetzen (vgl. §§ 22, 24). Werden die Daten für ein konkretes Strafverfahren genutzt, gelten die Bestimmungen der StPO (vgl. § 484 Abs. 4 StPO).

14   Besteht kein hinreichender Tatverdacht mehr und/oder ist die Wiederholungsgefahr iSd Abs. 2 weggefallen, so sind die Unterlagen grundsätzlich zu vernichten. Dasselbe gilt, wenn die Voraussetzungen für die erkennungsdienstliche Behandlung von vornherein nicht erfüllt waren. Die Pflicht zur Vernichtung der Unterlagen ist Ausdruck des im Datenschutzrecht geltenden Grundsatzes der „Datensparsamkeit und Datenvermeidung" (SBK PolG NRW/Keller Rn. 21). Eine Vernichtung der erkennungsdienstlichen Unterlagen muss zB erfolgen, wenn der Betroffene in einem späteren Strafverfahren wegen erwiesener Unschuld rechtskräftig freigesprochen wird. Die Polizei hat die betreffenden Unterlagen von Amts wegen zu vernichten. Aufgrund des Tätigwerdens der Behörde von Amts wegen bedarf es zwar keines Antrags des Betroffenen, die Vorschrift schließt einen Antrag auf Vernichtung erkennungsdienstlicher Unterlagen aber nicht aus. Hat die Polizeibehörde die durch eine erkennungsdienstliche Maßnahme erhobenen Daten an eine andere Polizeibehörde oder eine andere öffentliche Stelle (§§ 26 ff.) übermittelt und sind die Voraussetzungen zur Vernichtung der Unterlagen erfüllt, muss die übermittelnde Stelle die jeweilige Empfangsbehörde davon unterrichten, dass die Voraussetzungen für die Aufbewahrung der Unterlagen weggefallen sind. Hierdurch soll verhindert werden, dass die Daten bei einer anderen Behörde weiter gespeichert und damit abrufbar sind.

Aus Abs. 3 ergibt sich die Pflicht der Polizei, den Betroffenen darüber zu belehren, **15** dass er die Vernichtung der erkennungsdienstlichen Unterlagen verlangen kann, wenn die Voraussetzungen für deren weitere Aufbewahrung entfallen sind. Die Belehrungspflicht trifft die Polizei schon bei Vornahme der jeweiligen Maßnahme. Damit ist eine heimliche erkennungsdienstliche Behandlung ausgeschlossen. Ausweislich ihres Wortlauts bezieht sich die Belehrungspflicht nur auf solche erkennungsdienstlichen Unterlagen, die auf der Grundlage von Abs. 1 Nr. 1 und Nr. 2 erstellt wurden. In Bezug auf § 81b StPO besteht nach dem Wortlaut des Gesetzes keine entsprechende Belehrungspflicht. Teile der Literatur haben jedoch zu Recht darauf hingewiesen, dass auch in Bezug auf § 81b StPO eine Belehrung geboten sein kann (vgl. Tegtmeyer/Vahle PolG NRW/Vahle Rn. 20). Unterbleibt die gem. § 14 Abs. 3 erforderliche Belehrung, so führt dies nicht zur Rechtswidrigkeit der erkennungsdienstlichen Maßnahme (SBK PolG NRW/Keller Rn. 22).

I. Rechtsschutz

Die Anordnung einer erkennungsdienstlichen Behandlung ist ein Verwaltungsakt iSd § 35 **16** S. 1 VwVfG. NRW. Sie kann daher im Verwaltungsrechtsweg (§ 40 Abs. 1 S. 1 VwGO) mit der **Anfechtungsklage** (§ 42 Abs. 1 Alt. 1 VwGO) angegriffen werden. Die Anordnung erledigt sich regelmäßig nicht schon mit Durchführung der erkennungsdienstlichen Maßnahme, da sie Rechtsgrundlage für die Aufbewahrung der erstellten Unterlagen ist (OVG Lüneburg BeckRS 2012, 58853). Werden die erkennungsdienstlichen Unterlagen vernichtet, so tritt Erledigung ein. Statthaft ist dann die (ggf. erweiterte) **Fortsetzungsfeststellungklage** gem. § 113 Abs. 1 S. 4 VwGO (analog). Ein Interesse daran, die Rechtswidrigkeit der Datenerhebung gerichtlich feststellen zu lassen, ergibt sich regelmäßig unter dem Gesichtspunkt der Rehabilitation. Auch hinsichtlich des **Anspruchs auf Vernichtung von erkennungsdienstlichen Unterlagen** ist gem. § 40 Abs. 1 S. 1 VwGO der Verwaltungsrechtsweg eröffnet (Schenke PolR Rn. 129). Teilweise wird davon ausgegangen, dass der Vernichtung der Unterlagen ein Verwaltungsakt vorgelagert ist. Gegenstand dieses Verwaltungsakts soll die Entscheidung der Polizei darüber sein, ob die Unterlagen vernichtet werden (vgl. BeckOK StPO/Goers StPO § 81b Rn. 17). Folgt man diesem Ansatz, so ist die Verpflichtungsklage (§ 42 Abs. 1 Alt. 2 VwGO) statthaft. Hiergegen ist jedoch vorzubringen, dass die Vernichtung erkennungsdienstlicher Unterlagen als Realakt zu qualifizieren ist. Die rechtstechnische Konstruktion, der zufolge bestimmten Realakten hierauf bezogene Verwaltungsakte vorgeschaltet sind, lässt sich zudem nur historisch erklären (Pietzner VerwArch 1993, 261 (275); Finger JuS 2005, 116 (117 f.)). Mit ihr wurde ursprünglich das Anliegen verfolgt, dem Bürger gerichtlichen Rechtsschutz zu eröffnen, der lange Zeit nur in Bezug auf Verwaltungsakte zur Verfügung stand. Unter der Geltung der VwGO ist es möglich, auch ein schlicht-hoheitliches Verwaltungshandeln einzuklagen. Deshalb gibt es keinen Grund mehr dafür, im Zusammenhang mit Verwaltungsrealakten den Erlass von vorgeschalteten Verwaltungsakten zu fingieren. Für den Rechtsschutz bedeutet dies, dass der Betroffene nicht eine Verpflichtungsklage, sondern eine **allgemeine Leistungsklage** auf Vernichtung der erkennungsdienstlichen Unterlagen erheben muss (Schenke PolR Rn. 129; Dietlein/Hellermann NRWÖffR/Dietlein § 3 Rn. 222).

§ 14a Molekulargenetische Untersuchungen zur Identitätsfeststellung

(1) [1]**Zur Feststellung der Identität einer Leiche oder einer hilflosen Person können deren DNA-Identifizierungsmuster mit denjenigen einer vermissten Person abgeglichen werden, wenn dies zur Feststellung der Identität unbedingt erforderlich ist, insbesondere wenn dies auf andere Weise nicht oder nur unter erheblichen Schwierigkeiten möglich ist.** [2]**Zu diesem Zweck dürfen**
1. der hilflosen Person oder der Leiche Körperzellen entnommen werden,
2. Proben von Gegenständen mit Spurenmaterial der vermissten Person genommen und
3. die Proben nach den Nummern 1 und 2 molekulargenetisch untersucht werden.

[3]Für die Entnahme gilt § 81a Absatz 1 Satz 2 der Strafprozessordnung entsprechend. [4]Die Untersuchungen nach Satz 2 Nummer 3 sind auf die Feststellung des DNA-Identifizierungsmusters und des Geschlechts zu beschränken. [5]Entnommene Körperzellen sind unverzüglich zu vernichten, wenn sie für die Untersuchung nach Satz 2 nicht mehr benötigt werden. [6]Die DNA-Identifizierungsmuster können zum Zweck des Abgleichs in einer Datei gespeichert werden. [7]Die in der Datei gespeicherten DNA-Identifizierungsmuster dürfen ausschließlich zum Zweck der Gefahrenabwehr verwendet werden. [8]Sie sind unverzüglich zu löschen, wenn sie zur Identitätsfeststellung nach Satz 1 nicht mehr benötigt werden.

(2) [1]Molekulargenetische Untersuchungen werden auf Antrag der Polizei durch das Amtsgericht angeordnet, in dessen Bezirk die Polizeibehörde ihren Sitz hat. [2]Für das Verfahren gelten die Vorschriften des Gesetzes über das Verfahren in Familiensachen und in den Angelegenheiten der Freiwilligen Gerichtsbarkeit entsprechend. [3]Für die Durchführung der Untersuchungen gilt § 81f Absatz 2 der Strafprozessordnung entsprechend.

Überblick

In § 14a ist die Befugnis der Polizei geregelt, zur Identitätsfeststellung molekulargenetische Untersuchungen bei hilflosen und vermissten Personen sowie bei Leichen vorzunehmen. Von der Ermächtigungsgrundlage sind auch die erforderlichen Maßnahmen zur Datenerhebung und -verwendung umfasst. Die Norm eröffnet den Polizeibehörden die Möglichkeit, außerhalb strafrechtlicher Ermittlungsverfahren zur Identifizierung von unbekannten hilflosen Personen oder Toten und im Rahmen der Vermisstensuche auf die effektive Methode der DNA-Analyse zurückzugreifen. Die Ermächtigung der Polizei zur Durchführung molekulargenetischer Untersuchungen ist kein Spezifikum des nordrhein-westfälischen Rechts. Vergleichbare Befugnisnormen finden sich unter anderem in Hessen (§ 19 Abs. 3 S. 3 HSOG) und Niedersachsen (§ 15a NPOG).

Übersicht

A. Überblick, Zweck und Aufbau der Norm

1   Abs. 1 S. 1 und S. 2 gestattet Maßnahmen zur Identitätsfeststellung mittels molekulargenetischer Untersuchungen. Abs. 1 S. 3 erklärt § 81a Abs. 1 S. 2 StPO für entsprechend anwend-

bar und beinhaltet damit eine verfahrensrechtliche Vorschrift für die Entnahme der Körperzellen. Abs. 1 S. 4 regelt eine strenge Beschränkung des Umfangs der molekulargenetischen Untersuchung. Aus Abs. 1 S. 5 folgt für die Polizei die Pflicht zur unverzüglichen Vernichtung der Körperzellen. Abs. 1 S. 6 normiert eine Ermächtigungsgrundlage für die Speicherung der DNA-Identifizierungsmuster, die durch die Vorschriften zur Zweckbindung gem. Abs. 1 S. 7 und zur Löschungspflicht gem. Abs. 1 S. 8 ergänzt wird.

Molekulargenetische Untersuchungen unterliegen gem. Abs. 2 S. 2 einem **Richtervorbe- 2 halt.** Nach Abs. 2 S. 2 ist insoweit das FamFG entsprechend anwendbar. Durch den Verweis in Abs. 2 S. 3 auf § 81f Abs. 2 StPO werden besondere Anforderungen an die Untersuchungsinstitute gestellt und datenschutzrechtliche Vorkehrungen getroffen.

§ 14a wurde durch das Gesetz zur Änderung des Polizeigesetzes des Landes Nordrhein- 3 Westfalen v. 9.2.2010 (GV. NRW 131) in das PolG NRW eingefügt. Aus der Gesetzesbegründung ergibt sich, dass der Gesetzgeber die Regelung für erforderlich gehalten hat, um eine eindeutige gesetzliche Grundlage zur Identifizierung unbekannter Toter und hilfloser Personen außerhalb strafrechtlicher Ermittlungsverfahren zu schaffen. In der Regel wird das DNA-Material von Angehörigen der vermissten Personen freiwillig zur Verfügung gestellt. Das praktische Problem vor Einführung der Norm bestand darin, dass eine Analyse des Materials nicht durchgeführt werden konnte, weil die Sachverständigen einen richterlichen Beschluss verlangten, der außerhalb eines strafrechtlichen Ermittlungsverfahrens nicht zu erlangen war (LT-Drs. 14/10089, 27).

Abs. 1 S. 1 hat eine Änderung erfahren durch das Gesetz zur Anpassung des Polizeigesetzes des **3.1** Landes Nordrhein-Westfalen und des Gesetzes über Aufbau und Befugnisse der Ordnungsbehörden v. 18.12.2018 (GV. NRW. 741). Die Neufassung stellt die Voraussetzung auf, dass molekulargenetische Untersuchungen zur Feststellung der Identität „unbedingt erforderlich" sind. Ausweislich der Gesetzgebungsmaterialien trägt der Gesetzgeber mit dem Merkmal der unbedingten Erforderlichkeit dem Umstand Rechnung, dass es sich bei den regelungsgegenständlichen molekulargenetischen Untersuchungen um die Verarbeitung besonderer Daten iSd § 36 Nr. 18 DSG NRW handelt und die entsprechende Datenverarbeitung damit den Voraussetzungen des § 45 Abs. 1 DSG NRW unterfällt (LT-Drs. 17/2576, 64).

B. Verfassungsrechtliche Bewertung der Norm

I. Gesetzgebungskompetenz

§ 14a unterfällt als **Regelung der Gefahrenabwehr** einem klassischen Bereich der 4 Gesetzgebungskompetenz der Länder (Art. 70 Abs. 1 GG). Die inhaltlich ähnlichen Vorschriften in §§ 81a ff. StPO hat der Bundesgesetzgeber aufgrund seiner konkurrierenden Gesetzgebungszuständigkeit für das gerichtliche Verfahren in Strafsachen gem. Art. 74 Abs. 1 Nr. 1 GG erlassen. Wegen der eindeutig und ausschließlich präventiven Zielsetzung des § 14a bestehen keine Zweifel an der formellen Verfassungsmäßigkeit der Norm.

II. Grundrechtsrelevanz

1. Grundrecht auf körperliche Unversehrtheit (Art. 2 Abs. 2 S. 1 GG)

Die Entnahme von Körperzellen, zu der Abs. 1 S. 2 Nr. 1 ermächtigt, kann einen Eingriff 5 in das Grundrecht auf körperliche Unversehrtheit der betroffenen Personen gem. Art. 2 Abs. 2 S. 1 GG darstellen. Die ausreichende Berücksichtigung des Grundrechts wird insbesondere durch Abs. 1 S. 2 sichergestellt, der auf § 81a Abs. 1 S. 2 StPO verweist. Danach sind Entnahmen von Blutproben und andere körperliche Eingriffe, die von einem Arzt nach den Regeln der ärztlichen Kunst zu Untersuchungszwecken vorgenommen werden, ohne Einwilligung des Beschuldigten nur zulässig, wenn kein Nachteil für seine Gesundheit zu befürchten ist. Vor diesem Hintergrund begegnet die Vereinbarkeit des § 14a mit dem Grundrecht aus Art. 2 Abs. 2 S. 2 GG keinen Bedenken. Allerdings bildet das Grundrecht bei der Auswahl und Durchführung der konkreten Maßnahme, mit der einer hilflosen Person Körperzellen zur Identitätsfeststellung entnommen werden, eine wichtige Ermessensschranke.

2. Grundrecht auf informationelle Selbstbestimmung (Art. 2 Abs. 1 GG iVm Art. 1 Abs. 1 GG)

6   Die Feststellung und Speicherung des DNA-Identifizierungsmusters greift in das Grundrecht auf informationelle Selbstbestimmung ein, das durch Art. 2 Abs. 1 GG iVm Art. 1 Abs. 1 GG garantiert wird (BVerfG NJW 2001, 879 (880); SBK PolG NRW/Braun Rn. 2; ausf. Lorenz JZ 2005, 1121). Das Grundrecht gewährleistet die aus dem Gedanken der Selbstbestimmung folgende Befugnis des Einzelnen, grundsätzlich selbst zu entscheiden, wann und innerhalb welcher Grenzen persönliche Lebenssachverhalte offenbart werden. Es gewährt seinen Trägern Schutz gegen unbegrenzte Erhebung, Speicherung, Verwendung oder Weitergabe der auf sie bezogenen, individualisierten oder individualisierbaren Daten (BVerfG NJW 1984, 419; 2001, 879). Die besondere Gefährdung dieses Grundrechts ergibt sich daraus, dass durch die (theoretisch) vollständige Untersuchung der DNA eines Menschen persönliche Daten in großem Umfang ermittelt werden können, die einen Rückschluss auf persönlichkeitsrelevante Merkmale wie Erbanlagen, Charaktereigenschaften oder Krankheiten zulassen.

7   Das BVerfG verlangt für molekulargenetische Untersuchungen hinreichend normenklare Ermächtigungsgrundlagen. Anlass, Umfang und Zweck der Datenerhebung müssen hinreichend bestimmt geregelt sein. Eine wesentliche Bedeutung haben dabei grundrechtssichernde Verfahrensvorschriften (BVerfG NJW 2001, 879 (881) zu § 81g StPO). Abs. 1 S. 4 schränkt den Umfang der bei der molekulargenetischen Untersuchung erlaubterweise feststellbaren Daten erheblich ein, Abs. 1 S. 7 enthält eine strenge Zweckbindung für die erhobenen Daten. Nach Abs. 1 S. 5 müssen die entnommenen Körperzellen nach der Untersuchung unverzüglich vernichtet, nach Abs. 1 S. 8 die gespeicherten Daten nach Abschluss der Identitätsfeststellung unverzüglich gelöscht werden. Zudem enthält Abs. 2 einen Richtervorbehalt für die molekulargenetische Untersuchung, deren grundrechtsschonende Durchführung zusätzlich durch den in Abs. 2 S. 3 enthaltenen Verweis auf § 81f Abs. 2 StPO verfahrensmäßig abgesichert wird. Damit entspricht die Regelung des § 14a insgesamt den Vorgaben des BVerfG an Eingriffe in das informationelle Selbstbestimmungsrecht und ist verfassungsgemäß. Allerdings ist bei der Anwendung von § 14a im Einzelfall stets der Bedeutung des informationellen Selbstbestimmungsrechts im Rahmen der Verhältnismäßigkeitsprüfung Rechnung zu tragen.

3. Postmortales Persönlichkeitsrecht (Art. 1 Abs. 1 GG)

8   Die molekulargenetische Untersuchung von Körperzellen einer Leiche betrifft das postmortale Persönlichkeitsrecht, welches das BVerfG aus der Menschenwürdegarantie des Art. 1 Abs. 1 GG ableitet (krit. zur unterschiedlichen dogmatischen Herleitung von postmortalem Persönlichkeitsrecht und allgemeinem Persönlichkeitsrecht Sachs/Höfling GG Art. 1 Rn. 64). Es enthält die Verpflichtung aller staatlichen Gewalt, dem Einzelnen Schutz gegen Angriffe auf seine Menschenwürde zu gewähren, die nicht mit dem Tod endet (BVerfGE 30, 173 (194); BVerfG NJW 2001, 2957 (2958 f.)). Das BVerfG betont zwar die Unterschiede zwischen der Menschenwürdegarantie, auf welcher das postmortale Persönlichkeitsrecht fußt, und dem allgemeinen Persönlichkeitsrecht, als dessen besondere Ausprägung das Recht auf informationelle Selbstbestimmung zu deuten ist. Im Hinblick auf die persönlichkeitsverletzende Wirkung von Meinungsäußerungen hat es allerdings klargestellt, dass angesichts der größeren Reichweite des Persönlichkeitsschutzes eine Verletzung des postmortalen Persönlichkeitsrechts jedenfalls dann ausscheidet, wenn nicht einmal das allgemeine Persönlichkeitsrecht Lebender verletzt wäre (BVerfG NJW 2001, 594 (595)). Diese Grundsätze gelten auch für molekulargenetische Untersuchungen. Im Grundsatz schützt das Recht – sei es als subjektiv-öffentliches Recht des Verstorbenen als Grundrechtssubjekt, sei es als postmortaler Reflex der Menschenwürde – den Verstorbenen davor, dass durch eine umfassende Analyse seines Genmaterials persönlichkeitsrelevante Daten unbegrenzt erhoben, gespeichert oder verwendet werden. Da die grundrechtssichernden Vorkehrungen in § 14a ausreichen, um einen unverhältnismäßigen Eingriff in das informationelle Selbstbestimmungsrecht lebender Personen gem. Art. 2 Abs. 1 GG iVm Art. 1 Abs. 1 GG auszuschließen, ist auch eine Verletzung des postmortalen Persönlichkeitsrechts aus Art. 1 Abs. 1 GG nicht festzustellen.

Die Norm ist also auch unter dem Gesichtspunkt des postmortalen Persönlichkeitsschutzes materiell verfassungsgemäß.

C. Einzelkommentierung

I. Identitätsfeststellung zur Gefahrenabwehr (Abs. 1 S. 1)

1. Anwendungsbereich – Abgrenzung zu Maßnahmen nach der StPO

Neben § 14a enthalten insbesondere die §§ 81e, 81g und 81h StPO Ermächtigungsgrundla- **9** gen für molekulargenetische Untersuchungen. Allerdings finden die Vorschriften der StPO nur im Rahmen eines Strafverfahrens Anwendung, setzen also den Anfangsverdacht einer Straftat (§§ 152, 160 StPO) voraus. Demgegenüber gilt § 14a für die Identitätsfeststellung unbekannter Toter oder hilfloser Personen als Maßnahme der Gefahrenabwehr.

Bei unbekannten Toten sind allerdings vorrangig die §§ 88, 159 StPO zu beachten. Nach **10** § 159 StPO sind die Polizei- und Gemeindebehörden zur sofortigen Anzeige an die Staatsanwaltschaft oder an das Amtsgericht verpflichtet, wenn der Leichnam eines Unbekannten gefunden wird. „Unbekannt" ist ein Toter, der nicht sofort identifiziert werden kann (Meyer-Goßner/Schmitt/Schmitt StPO § 159 Rn. 3). Sofern eine Straftat als Todesursache nicht von vornherein ausgeschlossen werden kann, wird gem. § 87 StPO die Leichenschau vorgenommen. Dabei muss auch die Identifizierung des Toten erfolgen. Ist diese durch Befragung von Zeugen oder andere erkennungsdienstliche Maßnahmen nicht möglich, sind gem. § 88 Abs. 1 S. 3 StPO zur Feststellung der Identität und des Geschlechts die Entnahme von Körperzellen des Toten und deren molekulargenetische Untersuchung zulässig. Da es nur in Ausnahmesituationen denkbar ist, dass ein unbekannter Toter aufgefunden wird und eine Straftat als Todesursache von vornherein ausgeschlossen werden kann, verbleibt für die Identitätsfeststellung einer Leiche gem. § 14a neben den §§ 88, 159 StPO nur ein geringer praktischer Anwendungsbereich (SBK PolG NRW/Braun Rn. 4).

2. Leiche

Mit dem Begriff „Leiche" wird der **Körper einer verstorbenen Person** bezeichnet. **11** Nach weit verbreiteter Ansicht wird als Todeszeitpunkt der Hirntod angesehen (statt vieler SBK PolG NRW/Braun Rn. 14). Dass der Hirntod das maßgebliche Kriterium für die Bestimmung des Lebensendes ist, wird im verfassungsrechtlichen Schrifttum jedoch seit einiger Zeit mit überzeugenden Argumenten in Zweifel gezogen (Sachs/Höfling GG Art. 1 Rn. 65; Maunz/Dürig/Herdegen GG Art. 1 Abs. 1 Rn. 56; Sachs/Murswiek/Rixen GG Art. 2 Rn. 142). Für die Anwendbarkeit des § 14a kann die Frage des genauen Todeszeitpunkts dahinstehen. Selbst wenn man davon ausginge, dass ein „bloß hirntoter" Mensch noch nicht verstorben ist, könnte die Polizei auf der Grundlage des § 14a vorgehen, weil der Betroffene als hilflose Person im Sinne der Norm zu qualifizieren wäre.

Nach Sinn und Zweck der Vorschrift muss § 14a auch auf **Leichenteile** anwendbar **12** sein. Unerheblich ist, ob der Verwesungsprozess bereits eingesetzt hat bzw. wie weit er fortgeschritten ist. Die Behandlung eines Leichnams nach § 14a ist zulässig, soweit nicht offensichtlich feststeht, dass keine Erkenntnisse mehr zur Identifizierung gewonnen werden können. Als Leiche iSd Abs. 1 S. 1 sind damit der Körper oder Teile des Körpers eines verstorbenen Menschen zu verstehen. Die Vorschrift ist auch auf eine **tote Leibesfrucht** anwendbar.

3. Hilflose Person

Nicht identifizierbare, hilflose Personen sind solche, die sich aufgrund eines Unglücksfalls, **13** eines Großschadensereignisses, einer Naturkatastrophe oder einer schweren Erkrankung in einem die freie Willensbestimmung ausschließenden Zustand oder sonst in hilfloser Lage befinden (vgl. Nr. 14a.1 VVPolG NRW). Dies können zB bewusstlose Schwerverletzte nach einem Brand sein, die aufgrund ihrer Verletzungen nur durch eine molekulargenetische Untersuchung identifiziert werden können. Ohne Belang für die Anwendbarkeit des § 14a ist es, ob die Betroffenen sich schuldhaft oder schuldlos in die hilflose Lage gebracht haben.

4. Vermisste Person

14   Vermisste Personen sind solche, die ihren gewohnten Lebenskreis verlassen haben und deren Aufenthalt unbekannt oder unsicher ist. Regelmäßig wird dies infolge besonderer Ereignisse wie Krieg, Unglücksfälle oder aufgrund von Straftaten geschehen (SBK PolG NRW/Braun Rn. 16). Aber auch Personen, bei denen Anhaltspunkte darauf hindeuten, dass sie freiwillig ihren gewöhnlichen Aufenthaltsort verlassen oder sich in Selbsttötungsabsicht von ihm entfernt haben, sind als „vermisst" iSd § 14a anzusehen (näher zu den Modalitäten einer Vermisstenanzeige und der Verbunddatei „Personenfahndung" SBK PolG NRW/Braun Rn. 17).

5. DNA-Abgleich als ultima ratio

15   Nach Abs. 1 S. 1 ist ein Abgleich der DNA-Identifizierungsmuster nur zulässig, wenn dies zur Feststellung der Identität der hilflosen Person oder der Leiche unbedingt erforderlich ist (zum Merkmal der unbedingten Erforderlichkeit → Rn. 3.1). Hiervon ist das „insbesondere" auszugehen, wenn die Identitätsfeststellung auf andere Weise nicht oder nur unter erheblichen Schwierigkeiten möglich ist. Auf die in § 14a geregelte Methode zur Identitätsfeststellung darf somit grundsätzlich nur zurückgegriffen werden, wenn andere erkennungsdienstliche Maßnahmen nicht ausreichen.

16   In Bezug auf Leichen kommt ein DNA-Abgleich insbesondere in Betracht, wenn eine Identifizierung mit anderen Methoden – zB anhand von Fotos, Fingerabdrücken oder einem Gebissbefund – ausscheidet (Tetsch/Baldarelli PolG NRW Erl. 2). Dies kann vor allem bei längerer Liegezeit des unbekannten Toten oder bei einer Wasserleiche der Fall sein. Aufgrund ihrer nahezu unbegrenzten Haltbarkeit ist die Analyse der DNA oftmals ein effektives Instrument für eine sichere Identifizierung (Tegtmeyer/Vahle PolG NRW/Vahle Rn. 2).

II. Einzelmaßnahmen zur Identitätsfeststellung (Abs. 1 S. 2)

1. Entnahme von Körperzellen

17   Nach Abs. 1 S. 2 Nr. 1 dürfen der hilflosen Person oder der Leiche Körperzellen entnommen werden. Dies kann zB durch eine **Speichel-, Haar-, Urin- oder Blutprobe** erfolgen. Selbst abgeschnittene Fingernägel können genügend Material für eine molekulargenetische Untersuchung enthalten (SBK PolG NRW/Braun Rn. 8). Bei der Auswahl des konkreten Mittels, mit dem Körperzellen gewonnen werden, müssen der Verhältnismäßigkeitsgrundsatz und das Grundrecht auf körperliche Unversehrtheit gem. Art. 2 Abs. 2 S. 1 GG beachtet werden. In der Regel stellt die Entnahme einer Speichelprobe durch einen Abstrich von der Mundschleimhaut das mildeste Mittel dar (SBK PolG NRW/Braun Rn. 8).

2. Verwendung von Proben

18   Abs. 1 S. 2 Nr. 2 ermächtigt die Polizeibehörden, Proben von Gegenständen mit Spurenmaterial der vermissten Person zu nehmen. Verwertbares Spurenmaterial lässt sich zB an Kleidungsstücken, der Zahnbürste oder dem Kamm der vermissten Person finden (SBK PolG NRW/Braun Rn. 11).

19   Sofern die Verschaffung der Probe das Betreten und die Durchsuchung einer Wohnung erfordert, enthält Abs. 1 S. 2 Nr. 2 nicht die dafür erforderliche Ermächtigungsgrundlage. Stattdessen muss die Polizei für das Betreten und die Durchsuchung der Wohnung auf § 41 zurückgreifen. Dies folgt daraus, dass Art. 13 Abs. 2 GG Wohnungsdurchsuchungen einem Richtervorbehalt unterstellt. Abs. 2 S. 1 dagegen sieht einen Richtervorbehalt nur für die molekulargenetische Untersuchung und nicht für die vorherige Probennahme vor. Die verfassungsrechtlichen Anforderungen des Art. 13 Abs. 2 GG werden durch die Verfahrensvorschrift des § 42 für die Durchsuchung von Wohnungen umgesetzt. Werden Personen vermisst, so sind die Voraussetzungen für eine Wohnungsdurchsuchung nach § 41 Abs. 1 S. 1 Nr. 2 iVm § 43 Nr. 1 oder nach § 41 Abs. 1 S. 1 Nr. 4 in der Regel erfüllt.

20   Abs. 1 S. 2 Nr. 2 ermächtigt nicht zur Beschaffung von Spurenmaterial einer anderen als der vermissten Person. Will die Polizei das DNA-Vergleichsmaterial naher Angehöriger für

die Identifizierung heranziehen, so muss die Abgabe dieses Spurenmaterials freiwillig erfolgen (vgl. im Einzelnen SBK PolG NRW/Braun Rn. 10; Roos/Lenz RhPfPOG § 11a Rn. 8).

3. Molekulargenetische Untersuchung

Gemäß Abs. 1 S. 2 Nr. 3 dürfen die Proben nach Nr. 1 und Nr. 2 molekulargenetisch **21** untersucht werden. Die molekulargenetische Untersuchung der im menschlichen Zellkern enthaltenen Desoxyribonukleinsäure ermöglicht die Feststellung des sog. **genetischen Fingerabdrucks** und damit letztlich die Identifizierung von Personen. Sie ist inzwischen als zuverlässige naturwissenschaftliche Untersuchungsmethode anerkannt und außerhalb des Anwendungsbereichs von § 14a in der strafrechtlichen Praxis fest verankert (KK-StPO/ Hadamitzky StPO § 81e Rn. 1). Die Analyse macht sich zunutze, dass die Basensequenzen, durch die die einzelne Gene auf der DNA voneinander getrennt sind, von Mensch zu Mensch verschieden sind. Durch den Einsatz der Polymerase-Kettenreaktion genügen heute bereits kleinste Mengen an DNA, um dieses individuelle Muster von Basensequenzen als Bandenmuster sichtbar darzustellen (näher zu den naturwissenschaftlichen Grundlagen der DNA-Analytik Rath/Brinkmann NJW 1999, 2697). Bei einer ordnungsgemäß durchgeführten DNA-Analyse beträgt nach dem heutigen Stand der Wissenschaft die Wahrscheinlichkeit für eine fehlerhaft ermittelte Übereinstimmung 1 zu mehreren Millionen (SK-StPO/Rogall StPO § 81a Rn. 110).

III. Vorgaben für Entnahme der Körperzellen (Abs. 1 S. 3)

Abs. 1 S. 3 ordnet für die Entnahme von Körperzellen die entsprechende Geltung des **22** § 81a Abs. 1 S. 2 StPO an. § 81a Abs. 1 S. 2 StPO sieht für die Entnahmen von Blutproben und andere körperliche Eingriffe einen Arztvorbehalt vor.

1. Arztvorbehalt

Nach § 81a Abs. 1 S. 2 StPO sind Entnahmen von Blutproben und andere körperliche **23** Eingriffe auch ohne Einwilligung des Beschuldigten zulässig, wenn sie von einem Arzt nach den Regeln der ärztlichen Kunst vorgenommen werden. Arzt iSd § 81a Abs. 1 S. 2 StPO ist ein approbierter Arzt nach § 2 BÄO.

Es stellt sich die Frage, wie weit der **Arztvorbehalt** des § 81a Abs. 1 S. 2 StPO bei der **24** Entnahme von Körperzellen nach Abs. 1 S. 1 Nr. 2 reicht. Nach überwiegender Auffassung in der Literatur ist der Begriff des körperlichen Eingriffs weit zu verstehen. Neben Verletzungen des Körpers liege ein körperlicher Eingriff bereits bei der Entnahme von natürlichen Körperbestandteilen wie Körperzellen, Harn oder Speichel vor (Meyer-Goßner/Schmitt StPO/Schmitt § 81a Rn. 15; KK-StPO/Hadamitzky StPO § 81a Rn. 6), etwas anderes gelte nur für die rein visuelle Untersuchung von Körperöffnungen. Einige gerichtliche Entscheidungen zu § 81a StPO gehen bezüglich der **Entnahme einer Speichelprobe** nicht von einem körperlichen Eingriff aus, sondern von einer körperlichen Untersuchung. Allerdings diskutieren die Gerichte nicht näher, ob die Abgabe einer Speichelprobe nur unter Aufsicht eines Arztes stattfinden darf (VerfG Brandenburg BeckRS 2008, 39396; LG Offenburg BeckRS 2002, 06237). Die Qualifizierung der Abgabe einer Speichelprobe als körperlicher Eingriff allein mit dem Hinweis auf die Entnahme natürlicher Körperbestandteile erscheint jedoch zu weitgehend und führt nicht zwangsläufig dazu, dass der Arztvorbehalt eingreift (so aber ausdrücklich SK-StPO/Rogall StPO § 81a Rn. 54 für die Gewinnung von Schleimhautzellen zu Zwecken der DNA-Analyse; wie hier dagegen SBK PolG NRW/Braun Rn. 9). Richtigerweise wird nur eine differenzierende Betrachtungsweise dem Sinn und Zweck des Verweises in Abs. 1 S. 3 gerecht. Der Arztvorbehalt des § 81a Abs. 1 S. 2 StPO dient der verfahrensmäßigen Sicherung des Grundrechts auf körperliche Unversehrtheit nach Art. 2 Abs. 2 S. 1 GG. Er soll sicherstellen, dass bei körperlichen Eingriffen keine Komplikationen auftreten. Zugleich geht es darum zu gewährleisten, dass bei medizinischen Folgeproblemen eine Person zugegen ist, die über eine umfassende Ausbildung auf dem Gebiet der Heilkunde verfügt. Bei der Abgabe einer Speichelprobe zur DNA-Identitätsfeststellung sind Komplikationen nicht zu erwarten (Maunz/Dürig/Di Fabio GG Art. 2 Abs. 2 S. 1 Rn. 64). Daraus folgt, dass die auf entsprechende polizeiliche Anordnung hin erfolgende Abgabe einer Speichelprobe bzw. die Entnahme von Zellen der Mundschleimhaut mittels Abstrichs nicht von einem Arzt vorgenommen werden muss (so auch Roos/Lenz RhPfPOG § 11a Rn. 4 zur Parallelvorschrift in Rheinland-Pfalz). Etwas anderes muss aber gelten, wenn die Abgabe einer Speichelprobe verweigert wird. Soweit eine zwangsweise Entnahme von Körperzellen nur durch erhebliche Einwirkungen auf den Kopf- und Kieferbereich des Betroffenen vorgenommen werden kann, liegt darin ein körperlicher Eingriff, den gem. § 14a Abs. 1 S. 3 iVm § 81a Abs. 1 S. 2 StPO nur ein Arzt vornehmen darf. Die Entnahme einer Blutprobe zur Gewinnung von Material für molekulargenetische Untersuchungen ist dagegen stets als körperlicher Eingriff zu qualifizieren.

25   Als Ausdruck des **Verhältnismäßigkeitsprinzips** gibt der Verweis auf § 81a Abs. 1 S. 2 StPO überdies zu erkennen, dass körperliche Eingriffe ohne Einwilligung des Betroffenen nur angeordnet werden dürfen, wenn kein Nachteil für dessen Gesundheit zu befürchten ist. Ein Nachteil für die Gesundheit ist nicht bereits bei jeder Unannehmlichkeit und bei geringfügigen Eingriffen in die körperliche Unversehrtheit gegeben, zu denen § 81a StPO ermächtigt. **Ein Gesundheitsnachteil ist allerdings dann zu bejahen, wenn das körperliche oder seelische Wohlbefinden ohne konkrete Aussicht auf unverzügliche Besserung mehr als unerheblich beeinträchtigt wird** (SK-StPO/Rogall StPO § 81a Rn. 57). Im Hinblick auf die zur Gewinnung von Körperzellen verwendeten Methoden ist typischerweise nicht mit gesundheitlichen Nachteilen zu rechnen. Allerdings hat das LG Bonn überzeugend darauf hingewiesen, dass in Fällen, in denen der Betroffene die seitens der Polizei angeordnete Abgabe einer Speichelprobe verweigert, nicht die zwangsweise Durchsetzung der polizeilichen Anordnung, sondern nur die Entnahme einer Blutprobe den Grundsatz der Verhältnismäßigkeit wahrt. Während bei der zwangsweisen Durchsetzung einer Speichelprobe erheblich auf den Kopf- und Kieferbereich des davon Betroffenen eingewirkt werden müsse, sei die zwangsweise Entnahme einer Blutprobe relativ einfach und gefahrlos möglich (LG Bonn BeckRS 2012, 09844; vgl. SBK PolG NRW/Braun Rn. 8).

26   Einer differenzierenden Interpretation bedarf der Arztvorbehalt in § 81a Abs. 1 S. 2 auch im Hinblick auf die Entnahme von Körperzellen aus einer **Leiche** gem. Abs. 1 S. 1 Nr. 1. Der vorrangige Zweck des § 81a Abs. 1 S. 2 StPO, nämlich der Schutz der Gesundheit des Beschuldigten, ist bei der Entnahme von Körperzellen einer Leiche nicht mehr von Bedeutung. Allerdings kann ein anderer Zweck das Tätigwerden eines Arztes erfordern: Die Entnahme von Körperzellen dient der Gewinnung von Material, das für eine molekulargenetische Untersuchung verwertet werden kann. Daraus folgt, dass ein Arzt hinzugezogen werden muss, wenn nur er über die erforderliche Sachkunde verfügt, um auswertungsfähiges Material zu gewinnen (SK-StPO/Rogall StPO § 81a Rn. 52). Das wird insbesondere dann der Fall sein, wenn Leichenblut zur molekulargenetischen Untersuchung gewonnen werden soll.

2. Richtervorbehalt

27   Der **Richtervorbehalt** des Abs. 2 S. 1 bezieht sich seinem Wortlaut nach nur auf die molekulargenetische Untersuchung als solche, nicht bereits auf die Entnahme von Körperzellen. Für die Entnahme ordnet Abs. 2 S. 1 die entsprechende Geltung des § 81a Abs. 1 S. 2 StPO an, ohne den Richtervorbehalt in § 81a Abs. 2 StPO in Bezug zu nehmen. Das deutet darauf hin, dass die Entnahme von Körperzellen einer hilflosen Person nach Abs. 1 S. 2 Nr. 1 keinem Richtervorbehalt unterliegt. Dieses Ergebnis überzeugt jedoch wenig in Fällen, in denen die Entnahme der Körperzellen mit einem körperlichen Eingriff verbunden ist, insbesondere bei der Blutentnahme. Nach der StPO unterliegt eine solche körperliche Untersuchung gem. § 81a Abs. 2 StPO grundsätzlich einem Richtervorbehalt. Auch die Entnahme von Körperzellen zur DNA-Identitätsfeststellung nach § 81g StPO setzt nach § 81g Abs. 3 StPO eine entsprechende richterliche Anordnung voraus, nur bei Gefahr im Verzug reicht die Anordnung durch die Staatsanwaltschaft und ihre Ermittlungspersonen aus. Schließlich unterliegt auch die Entnahme von Körperzellen im Rahmen einer DNA-Reihenuntersuchung nach § 81h Abs. 1 Nr. 1 StPO gem. § 81h Abs. 2 S. 1 StPO einem Richtervorbehalt. Auch ermächtigt § 39 die Polizei nur zu einer Durchsuchung, nicht aber zu einer körperlichen Untersuchung von Personen. Die nicht dem Richtervorbehalt unterliegende Ermächtigung zur Entnahme von Blutproben allein auf Anordnung der Polizei nach Abs. 1 S. 2 Nr. 1 ist vor diesem Hintergrund systemwidrig. Dem könnte zum einen mit

einer extensiven Interpretation des Abs. 2 S. 1 begegnet werden, der zufolge bereits die Entnahme von Körperzellen einer gerichtlichen Anordnung bedarf, soweit damit ein körperlicher Eingriff, insbesondere eine Blutentnahme, verbunden ist. Andererseits könnte man den Verweis des Abs. 1 S. 3 auf § 81a Abs. 1 S. 2 StPO erweiternd auslegen und als Verweis auch auf § 81a Abs. 2 StPO verstehen. Allerdings spricht gegen beide Auslegungsvorschläge der klare Wortlaut des Abs. 2 S. 1 bzw. Abs. 1 S. 3. **Dementsprechend ist festzuhalten, dass die Entnahme von Körperzellen auch dann ohne entsprechende richterliche Entscheidung zulässig ist, wenn mit ihr ein körperlicher Eingriff einhergeht.** Da Eingriffe in die körperliche Unversehrtheit gem. Art. 2 Abs. 2 S. 2 GG nicht kraft grundgesetzlicher Anordnung unter einem Richtervorbehalt stehen, begegnet die Verfassungsmäßigkeit des Abs. 2 S. 1 keinen Bedenken.

IV. Umfang der molekulargenetischen Untersuchung (Abs. 1 S. 4)

Abs. 1 S. 4 regelt den Umfang der molekulargenetischen Untersuchung. Danach ist die **28** Untersuchung auf die Feststellung des DNA-Identifizierungsmusters und des Geschlechts zu beschränken. Die molekulargenetische Analyse der Körperzellen im Hinblick auf andere genetische Informationen, zB krankheitsbezogene Erbanlagen oder Merkmale des Genoms, denen eine persönlichkeitsbezogene Bedeutung zugeschrieben wird, ist ausdrücklich untersagt. Diese Anordnung dient dazu, die missbräuchliche Verwendung des DNA-Materials zu verhindern (Tetsch/Baldarelli PolG NRW Erl. 3) und damit das informationelle Selbstbestimmungsrecht bzw. das postmortale Persönlichkeitsrecht zu schützen. Eine Untersuchung, die Rückschlüsse auf das Persönlichkeitsprofil des Betroffenen zulässt, ist aus verfassungsrechtlicher Sicht deshalb bedenklich, weil mit ihr der **absolut geschützte Kernbereich der Persönlichkeit** betroffen sein könnte, in den unter keinen Umständen eingegriffen werden darf (BVerfG NJW 2001, 879 (880); sa die Gesetzesbegründung zu § 81g StPO, BT-Drs. 13/10791, 5).

Teile der Literatur weisen darauf hin, dass in der polizeilichen Praxis derzeit ausschließlich **29** die sog. nicht-codierenden Teile der DNA untersucht werden, also die Abschnitte, die keine Informationen über genetische Dispositionen enthalten (SBK PolG NRW/Braun Rn. 12). Allerdings folgt diese Einschränkung nicht aus dem Gesetz. Nähere gesetzliche Vorgaben zur Methode der molekulargenetischen Analyse erscheinen im Hinblick auf die ständige Weiterentwicklung des wissenschaftlichen Forschungsstands unzweckmäßig. Es muss aber sichergestellt sein, dass ausschließlich die für die Erstellung des DNA-Identifizierungsmusters und des Geschlechts zwingend erforderlichen Analysen durchgeführt werden (näher dazu SK-StPO/Rogall StPO § 81a Rn. 109, 121).

V. Vernichtung der Körperzellen (Abs. 1 S. 5)

Nach Abs. 1 S. 5 sind die entnommenen Körperzellen unverzüglich zu vernichten, wenn **30** sie für die molekulargenetische Untersuchung nach Abs. 1 S. 2 nicht mehr benötigt werden. Entnommene Körperzellen im Sinne der Vorschrift sind nicht nur die einer hilflosen Person oder Leiche gem. Abs. 1 S. 2 Nr. 1 entnommenen Körperzellen, sondern auch solche, die als Probe von Gegenständen mit Spurenmaterial einer vermissten Person gem. Abs. 1 S. 2 Nr. 2 gewonnen wurden.

Die Pflicht zur Vernichtung der Körperzellen betrifft zum einen Fälle, in denen die **31** Untersuchung abgeschlossen ist und aus medizinischer Sicht kein Anlass für spätere Kontrolluntersuchungen etc mehr besteht. Die Vernichtungspflicht nach Abs. 1 S. 5 besteht aber auch dann, wenn die Identität der hilflosen Person bzw. der Leiche nach Entnahme der Körperzellen und vor Durchführung der molekulargenetischen Untersuchung auf andere Weise festgestellt werden konnte.

Vernichtet werden muss das gesamte sichergestellte bzw. entnommene Material, unabhän- **32** gig davon, ob es zur Untersuchung benötigt wurde oder nicht (SBK PolG NRW/Braun Rn. 23). Ausgeschlossen ist somit auch die spätere Verwendung der Körperzellen für wissenschaftliche Forschungszwecke (so zur Vernichtungspflicht nach § 81a Abs. 3 StPO Meyer-Goßner/Schmitt/Schmitt StPO § 81a Rn. 38).

VI. Speicherung der DNA-Identifizierungsmuster (Abs. 1 S. 6)

33   Abs. 1 S. 6 enthält die gesetzliche Ermächtigungsgrundlage für die Speicherung des bei der molekulargenetischen Untersuchung erhobenen DNA-Identifizierungsmusters in einer Datei. Einer solchen Speicherung bedarf es schon deshalb, weil ansonsten ein Abgleich mit anderen Proben nicht möglich ist (Tegtmeyer/Vahle PolG NRW/Vahle Rn. 4).

34   Wegen der strengen Zweckbindung nach Abs. 1 S. 7 ist eine Speicherung der DNA-Identifizierungsmuster in der gem. § 81g Abs. 5 StPO und § 8 BKA-G beim Bundeskriminalamt geführten DNA-Analyse-Datei, die strafprozessualen Zwecken dient, unzulässig (SBK PolG NRW/Braun Rn. 24).

VII. Strenge Zweckbindung (Abs. 1 S. 7)

35   Abs. 1 S. 7 schreibt eine strenge Zweckbindung für die Verwendung der in der Datei gespeicherten DNA-Identifizierungsmuster vor. Die Daten dürfen ausschließlich zur Gefahrenabwehr verwendet werden.

VIII. Löschung der Daten (Abs. 1 S. 8)

36   Die DNA-Identifizierungsmuster der molekulargenetisch untersuchten Körperzellen bzw. Proben sind unverzüglich zu löschen, wenn sie zur Identitätsfeststellung nach Abs. 1 S. 1 nicht mehr benötigt werden. Dies ist eindeutig der Fall, wenn die Identität der hilflosen Person bzw. der Leiche mit Hilfe von Spurenmaterial einer vermissten Person sicher festgestellt werden konnte. Eine über die Erreichung des Zwecks der Maßnahme hinausgehende Speicherung läuft auf einen unverhältnismäßigen Eingriff in das informationelle Selbstbestimmungsrecht hinaus und ist durch Abs. 1 S. 8 ausdrücklich untersagt.

37   Schwieriger zu beurteilen ist, wie mit dem gespeicherten DNA-Identifizierungsmuster der Körperzelle einer vermissten Person umzugehen ist, bei der sich keine Übereinstimmung mit der hilflosen Person bzw. Leiche ergeben hat. Man könnte in Erwägung ziehen, dass diese Daten gespeichert bleiben dürfen, bis die vermisste Person später wieder auftaucht oder gefunden wird – sei es tot oder lebendig. Gegen eine so großzügig verstandene Speichermöglichkeit sind allerdings durchgreifende Einwände zu erheben. Nach Abs. 1 S. 8 müssen die gespeicherten Daten unverzüglich gelöscht werden, wenn sie zur Identitätsfeststellung nach Abs. 1 S. 1 nicht mehr benötigt werden. Damit ist keine allgemeine Vermisstensuche angesprochen, sondern der Abgleich mehrerer DNA-Profile zur Feststellung der Identität einer bestimmten Leiche bzw. hilflosen Person. Eine vorsorgliche Speicherung der Daten für spätere Fälle ist daher unzulässig (ebenso SBK PolG NRW/Braun Rn. 26).

IX. Richtervorbehalt (Abs. 2 S. 1)

38   Nach Abs. 2 S. 1 unterliegen molekulargenetische Untersuchungen einem Richtervorbehalt. Sie werden auf Antrag der Polizei durch das **Amtsgericht** angeordnet. Örtlich zuständig ist das Amtsgericht, in dessen Bezirk die Polizeibehörde ihren Sitz hat (vgl. dazu Anlage 1 JustG NRW). Systematisch gesehen handelt es sich dabei um eine abdrängende Sonderzuweisung, die gem. § 40 Abs. 1 S. 2 VwGO durch Landesgesetz zulässig ist. Hintergrund der Regelung ist, dass die Amtsgerichte oftmals räumlich näher am Ort des Geschehens gelegen sind als die Verwaltungsgerichte (Tegtmeyer/Vahle PolG NRW/Vahle Rn. 8).

39   Die Möglichkeit, dass die Untersuchung bei Gefahr im Verzug auch ohne richterliche Anordnung durchgeführt werden kann, wie es zB für die molekulargenetische Untersuchung nach § 81e StPO in § 81f Abs. 1 StPO vorgesehen ist, besteht bei Abs. 1 S. 1 nicht. Der Gesetzgeber ist offensichtlich davon ausgegangen, dass eine Notkompetenz für Fälle von Gefahr im Verzug nicht erforderlich ist (Tetsch/Baldarelli PolG NRW Erl. 4).

X. Anwendung des FamFG (Abs. 2 S. 2)

40   Für das Verfahren zur Anordnung molekulargenetischer Untersuchungen beim Amtsgericht gelten nach Abs. 2 S. 2 die Vorschriften des FamFG entsprechend. Damit wird die Anwendung der verfahrensrechtlichen Vorschriften der StPO ausgeschlossen sowie der präventive Charakter der Maßnahmen betont und auch im Hinblick auf das gerichtliche Verfah-

ren klargestellt. Tragend für Verfahren der freiwilligen Gerichtsbarkeit ist gem. § 26 FamFG der **Amtsermittlungsgrundsatz**. Das Gericht wird zwar nur auf Antrag tätig, hat aber von Amts wegen die zur Feststellung der entscheidungserheblichen Tatsachen erforderlichen Ermittlungen durchzuführen. Dabei richten sich Art und Umfang der Ermittlungen im Verfahren der freiwilligen Gerichtsbarkeit nach Lage des Einzelfalls. Das Gericht entscheidet darüber nach Ermessen, ohne an die Beweisanträge der Beteiligten gebunden zu sein. Der Grundsatz der Amtsermittlung verpflichtet das Gericht, alle zur Aufklärung des Sachverhalts dienenden Beweise zu erheben. Allerdings bedeutet das nicht, dass das Gericht allen nur denkbaren Möglichkeiten von Amts wegen nachgehen müsste. Eine Aufklärungs- und Ermittlungspflicht kann dem Gericht vielmehr nur auferlegt werden, soweit das Vorbringen der Beteiligten oder der Sachverhalt als solcher bei sorgfältiger Überlegung dazu Anlass gibt (BGHZ 40, 54 (57)). Als Ergänzung zum Untersuchungsgrundsatz nach § 26 FamFG begründet § 27 FamFG eine Mitwirkungspflicht der Beteiligten: Sie sollen, soweit sie dazu in der Lage sind, durch Angabe von Tatsachen und Beweismitteln eine gerichtliche Klärung ermöglichen (Einzelheiten bei Bassenge/Roth/Gottwald, FamFG/RPflG, 12. Aufl. 2009, FamFG § 27 Rn. 2).

XI. Verfahrensvorschriften (Abs. 2 S. 3)

Für die Durchführung der molekulargenetischen Untersuchung an den Proben sowie den **41** entnommenen Körperzellen gilt nach Abs. 2 S. 3 die Vorschrift des § 81f Abs. 2 StPO entsprechend. Damit werden bestimmte organisatorische Anforderungen an die Untersuchungsinstitute sowie datenschutzrechtliche Vorkehrungen gesetzlich normiert.

So dürfen nach § 81f Abs. 2 StPO in der schriftlichen Anordnung des Gerichts nur solche **42** Sachverständigen beauftragt werden, die öffentlich bestellt oder nach dem Verpflichtungsgesetz verpflichtet (vgl. § 1 Abs. 1 VerpflG) oder Amtsträger (vgl. § 11 Abs. 1 Nr. 2 StGB) sind. Amtsträger können mit der Durchführung der molekulargenetischen Untersuchung beauftragt werden, wenn sie der ermittlungsführenden Behörde entweder gar nicht oder einer Organisationseinheit der Behörde angehören, die von der ermittlungsführenden Dienststelle organisatorisch und sachlich getrennt ist. Zudem müssen die Sachverständigen durch geeignete technische und organisatorische Maßnahmen gewährleisten, dass keine unzulässigen molekulargenetischen Untersuchungen vorgenommen werden und unbefugte Dritte von der Kenntnisnahme der Untersuchungsergebnisse ausgeschlossen sind. Diese Regelungen sollen sicherstellen, dass nur zuverlässige Einrichtungen mit den gesetzlich geforderten personellen und apparativen Mindeststandards mit molekulargenetischen Untersuchungen beauftragt werden (BT-Drs. 13/667, 8).

Nach § 81f Abs. 2 S. 3 StPO ist das Untersuchungsmaterial dem Sachverständigen aus **43** Gründen des Geheimhaltungsschutzes anonym, also ohne Mitteilung des Namens, der Anschrift und des Geburtsdatums des Betroffenen zu übergeben. Dieses Anonymisierungsgebot bezieht sich nur auf die Probe mit Spurenmaterial einer vermissten Person iSd Abs. 1 S. 2 Nr. 2, da bei einer hilflosen Person oder Leiche iSd Abs. 1 S. 2 Nr. 1 die Identität gerade ungeklärt ist.

Ist der Sachverständige eine nichtöffentliche Stelle, finden die Vorschriften der DS-GVO **44** (VO (EU) 2016/679 v. 27.4.2016, ABl. 2016 L 119, 1) und des BDSG auch dann Anwendung, wenn die personenbezogenen Daten nicht automatisiert verarbeitet und die Daten nicht in einem Dateisystem gespeichert sind oder gespeichert werden sollen. Dies folgt aus § 81f Abs. 2 S. 4 StPO.

XII. Unzulässigkeit einer Speicherung des DNA-Identifizierungsmusters „auf Vorrat"

Typischerweise ist Ausgangspunkt einer Maßnahme nach § 14a das Auffinden einer hilflo- **45** sen Person oder einer Leiche, deren Identität nicht ohne weiteres festgestellt werden kann. Die Entnahme von Körperzellen nach Abs. 1 S. 2 Nr. 1, die Beschaffung von Spurenmaterial nach Abs. 1 S. 2 Nr. 2 und die molekulargenetische Untersuchung der Proben nach Abs. 1 S. 2 Nr. 3 fallen dann zeitlich eng zusammen. Denkbar ist aber auch ein polizeiliches Vorgehen, bei dem von jeder als vermisst geltenden Person vorsorglich Spurenmaterial gesichert und molekulargenetisch untersucht wird, um die festgestellten DNA-Identifizierungsmuster gem. Abs. 1 S. 6 in einer Datei zu speichern. Auf diese Weise könnte dann beim Fund einer Leiche bzw. beim Auftauchen einer hilflosen Person ein Abgleich mit den bereits gespeicherten DNA-Profilen erfolgen. Fraglich ist allerdings, ob eine solche Speicherung von DNA-Mustern „auf Vorrat" nach § 14a zulässig ist (zum Folgenden näher SBK PolG NRW/Braun Rn. 6).

46   Der Wortlaut des § 14a schließt ein solches Vorgehen nicht aus. Dennoch wird die Zulässigkeit einer Speicherung von DNA-Mustern „auf Vorrat" mit beachtlichen Argumenten in Zweifel gezogen. Die Kritik geht vor allem dahin, dass eine Speicherung von Daten auf Vorrat weiterer grundrechtssichernder Verfahrensvorschriften bedurft hätte. Zu denken sei insoweit zB an eine Beschränkung dieses Vorgehens auf vermisste minderjährige Personen. Darüber hinaus müssten in Bezug auf die gespeicherten Daten die Verwendungsmöglichkeiten genau festgelegt werden. Vor diesem Hintergrund sei Abs. 1 S. 7 zu weit gefasst, da die Vorschrift – ihrem Wortlaut nach – eine Verwendung zu jeglichen Zwecken der Gefahrenabwehr erlaube. Ein solches Verständnis der Vorschrift sei nicht mit dem allgemeinen datenschutzrechtlichen Grundsatz vereinbar, dass Daten nur für die Zwecke, für die sie erhoben wurden, genutzt werden dürften (SBK PolG NRW/Braun Rn. 6). Daraus folge, dass die molekulargenetische Analyse von Spurenmaterial nach Abs. 1 S. 2 Nr. 3 erst nach Auffinden einer hilflosen Person bzw. eines unbekannten Toten zulässig sei. Dem ist beizupflichten. Ergänzend ist zu bedenken, dass das längerfristige Speichern eines DNA-Identifizierungsmusters ohne den konkreten Verdacht einer Straftat oder das Bestehen einer gegenwärtigen Gefahr „auf Vorrat" kaum den Anforderungen des Verhältnismäßigkeitsprinzips genügen dürfte.

§ 15 Datenerhebung bei öffentlichen Veranstaltungen und Ansammlungen

(1) ¹Die Polizei kann bei oder im Zusammenhang mit öffentlichen Veranstaltungen oder Ansammlungen, die nicht dem Versammlungsgesetz unterliegen, personenbezogene Daten, auch durch den Einsatz technischer Mittel zur Anfertigung von Bild- und Tonaufzeichnungen, von Teilnehmern erheben, wenn Tatsachen die Annahme rechtfertigen, dass dabei Straftaten oder Ordnungswidrigkeiten begangen werden. ²Dabei dürfen auch personenbezogene Daten über andere Personen erhoben werden, soweit dies erforderlich ist, um eine Datenerhebung nach Satz 1 durchführen zu können. ³Bild- und Tonaufzeichnungen, in Dateien suchfähig gespeicherte personenbezogene Daten sowie zu einer Person suchfähig angelegte Akten sind spätestens einen Monat nach der Datenerhebung zu löschen oder zu vernichten, es sei denn, sie werden zur Verfolgung von Straftaten oder Ordnungswidrigkeiten benötigt oder Tatsachen rechtfertigen die Annahme, dass die Person künftig Straftaten begehen wird, und die Aufbewahrung ist zur vorbeugenden Bekämpfung von Straftaten von erheblicher Bedeutung erforderlich.

(2) § 24 Absatz 2 und 3 sowie § 32 Absatz 3 und 4 bleiben unberührt.

Überblick

Gemäß Abs. 1 darf die Polizei personenbezogene Daten von Teilnehmern an öffentlichen Veranstaltungen und Ansammlungen zur Anfertigung von Bild- und Tonaufzeichnungen auch durch den Einsatz von technischen Mitteln erheben. Die Ermächtigung erstreckt sich nur auf solche Zusammenkünfte von Personen, die **nicht dem Anwendungsbereich des VersammlG unterfallen.** Flankierend gestattet Abs. 1 S. 2 die Erhebung personenbezogener Daten über „andere Personen", wenn dies für die Datenerhebung nach Abs. 1 S. 1 erforderlich ist. Gemäß Abs. 1 S. 3 sind die erhobenen Daten, sofern sie in Bild- und Tonaufzeichnungen oder anderweitig in suchfähiger Form festgehalten werden, grundsätzlich innerhalb eines Monats zu löschen. Für die Datenerhebung ist nach dem Wortlaut des § 15 ausschließlich die Polizei zuständig. Unter den Voraussetzungen des § 24 Abs. 1 Nr. 6 NRWOBG gilt § 15 allerdings entsprechend für die Ordnungsbehörden. Wegen des mit ihr verbundenen technischen Aufwands wird die Maßnahme in erster Linie von der Polizei eingesetzt (Schönenbroicher/Heusch NRWOBG § 24 Rn. 12). Durch das Gesetz zur Anpassung des Polizeigesetzes des Landes Nordrhein-Westfalen und des Gesetzes über Aufbau und Befugnisse der Ordnungsbehörden v. 18.12.2018 (GV. NRW. 741) erfolgte in Abs. 2 eine redaktionelle Anpassung der Verweise auf die Weiterverarbeitung zu besonderen Zwecken in § 24 Abs. 2 und Abs. 3 und auf die Berichtigung, Löschung und Einschränkung der Weiterverarbeitung von Daten in § 32 Abs. 3 und Abs. 4. Vergleichbare Rechtsgrundlagen für die Datenerhebung bei öffentlichen Veranstaltungen und Ansammlungen finden sich zB § 21 Abs. 1 und Abs. 4 BWPolG, Art. 33 Abs. 1 und Abs. 8 BayPAG, § 14 Abs. 1 HSOG und § 32 Abs. 1 und Abs. 2 NPOG.

A. Bedeutung und Zweck

Im Kontext öffentlicher Veranstaltungen und Ansammlungen werden nicht selten Strafta- **1** ten und Ordnungswidrigkeiten begangen. Die Gründe hierfür sind vielfältig. Zu denken ist vor allem an die Möglichkeit, nach der Tat in der Menschenmenge unterzutauchen, sowie an Aufmerksamkeitsdefizite bei den Teilnehmern, die sich auf den Anlass der Zusammenkunft konzentrieren. § 15 soll der Polizei die Möglichkeit geben, auf das erhöhte Kriminalitätsrisiko angemessen zu reagieren (Tetsch/Baldarelli PolG NRW Erl. 1). Denkbare Reaktionen auf Erkenntnisse, die die Polizei im Rahmen einer Datenerhebung gem. § 15 gewonnen hat, können etwa Lautsprecherdurchsagen sein, um der Gefahr einer Massenpanik entgegenzu- wirken (Tegtmeyer/Vahle PolG NRW/Tegtmeyer Rn. 11), sowie eine verstärkte Polizeiprä- senz an besonders kritischen Stellen des Veranstaltungs- oder Ansammlungsortes.

B. Verfassungsrechtliche Rahmenbedingungen

I. Gesetzgebungskompetenz der Länder

Die auf § 15 gestützte Datenerhebung dient der vorbeugenden Bekämpfung von Straftaten **2** und Ordnungswidrigkeiten bei oder im Zusammenhang mit öffentlichen Veranstaltungen und Ansammlungen. Dementsprechend handelt es sich bei ihr um eine **präventiv-polizeili- che Maßnahme,** welche der Gesetzgebungskompetenz der Länder (Art. 30, 70 GG) unter- fällt. Nach Abs. 1 S. 3 dürfen zur Verfolgung von Straftaten und Ordnungswidrigkeiten notwendige Bild- und Tondateien sowie anderweitig erhobene Daten über die Frist von einem Monat hinaus aufbewahrt werden. Die Verfolgung von Straftaten und Ordnungswid- rigkeiten ist dem Kompetenztitel des Art. 74 Abs. 1 Nr. 1 GG („das gerichtliche Verfahren") zuzuordnen und fällt damit in die konkurrierende Gesetzgebungskompetenz des Bundes. Der Bund hat die Strafverfolgungsvorsorge allerdings nicht abschließend geregelt. Die Kom- petenzordnung des GG schließt den Erlass von landesrechtlichen Regelungen auf diesem Gebiet daher nicht aus (BVerwGE 141, 329 (338 ff.)). Das Land ist auch deshalb für den Erlass der in § 15 enthaltenen Regelung zuständig, weil die Strafverfolgungsvorsorge lediglich einen Nebenzweck der Vorschrift darstellt (SBK PolG NRW/Braun Rn. 1).

II. Grundrechtsrelevanz

Die Datenerhebung bei öffentlichen Veranstaltungen und Ansammlungen greift in Grund- **3** rechte der betroffenen Personen ein und bedarf deshalb einer tauglichen Rechtsgrundlage. Beeinträchtigt ist insbesondere das – in § 7 ausdrücklich erwähnte – **Grundrecht auf infor- mationelle Selbstbestimmung** (Art. 2 Abs. 1 GG iVm Art. 1 Abs. 1 GG). Das Grundrecht auf informationelle Selbstbestimmung ist eine besondere Ausprägung des allgemeinen Per- sönlichkeitsrechts aus Art. 2 Abs. 1 iVm Art. 1 Abs. 1 GG. Es vermittelt dem Einzelnen die Befugnis, grundsätzlich selbst über die Preisgabe und Verwendung seiner persönlichen Daten zu bestimmen (BVerfGE 65, 1 (43); BeckOK GG/Lang GG Art. 2 Rn. 45a). Der Eingriff- scharakter der Datenerhebung ist nach einhelliger Auffassung zu bejahen, wenn Bilddaten aufgezeichnet werden (vgl. BVerfG NVwZ 2009, 441 (446)). Das gilt auch und insbesondere für die Aufzeichnung von **Übersichtsaufnahmen** (vgl. Nr. 15.11 VVPolG NRW) und folgt schon daraus, dass die Polizei die gespeicherten Daten technisch bearbeiten kann (Vergröße- rung, Aufhellung, Kontraständerung etc) und sich deshalb auch anhand von Übersichtsauf- nahmen oftmals Personen identifizieren lassen. Die Eingriffsqualität ist allerdings auch zu bejahen in Fällen, in denen die Aufnahmen – ohne Speicherung – an die Einsatzleitung übertragen werden („**Kamera-Monitor-Prinzip**", vgl. OVG Münster NWVBl. 2011, 151). Das BVerfG steht auf dem Standpunkt, dass grundsätzlich jede staatliche Informations-erhebung und -verarbeitung, die personenbezogene Daten betrifft, in die informationelle Selbstbestimmung des Betroffenen eingreift (BVerfGE 65, 1 (41 f.)). Eine Ausnahme hiervon soll nur anzuerkennen sein, wenn Daten, die ungezielt und allein technikbedingt erhoben wurden, sofort technisch anonym, spurenlos und ohne Auswertung durch die Behörden ausgesondert werden (BVerfGE 100, 313 (366); 115, 320 (343); 120, 378 (399)). Eine solche Konstellation liegt bei Aufnahmen von öffentlichen Veranstaltungen und Ansammlungen nicht vor, da die Übertragung an die Einsatzleitung dazu dient, die Bilder wahrzunehmen und ggf. auf eine Identifizierung der von der Kamera erfassten Personen hinzuwirken. Hinzu kommt, dass die Betroffenen in der Regel nicht wissen, ob von der Polizei Nah- oder Übersichtsaufnahmen erstellt werden (SBK PolG NRW/Braun Rn. 4). Dementsprechend geht von der Datenerhebung auch dann eine verhaltenssteuernde Wirkung aus, wenn die Polizei darauf verzichtet, einzelne Personen ins Visier zu nehmen. Die auf § 15 gestützte Datenerhebung kann ferner das **Recht am eigenen Wort** sowie das **Recht am eigenen Bild** beeinträchtigen. Diese Rechtspositionen sind ebenfalls als Ausprägungen des allgemei-nen Persönlichkeitsrechts anerkannt. Aufgrund der engen sachlichen Verbindung mit dem Grundrecht auf informationelle Selbstbestimmung ist es unschädlich, dass § 7 das Recht am eigenen Wort und das Recht am eigenen Bild nicht ausdrücklich aufführt.

C. Voraussetzungen

I. Öffentliche Veranstaltung oder Ansammlung

4   Der Anwendungsbereich des § 15 erfasst öffentliche Veranstaltungen und Ansammlungen. Damit sind Zusammenkünfte von Personen angesprochen, auf die das VersammlG nicht anwendbar ist. Das VersammlG bildet eine – grundsätzlich abschließende – Kodifikation der staatlichen Eingriffsbefugnisse gegenüber öffentlichen Versammlungen (vgl. § 1 VersammlG). Es ist allgemein anerkannt, dass nicht jede Personenmehrheit eine Versammlung ist. Für eine Versammlung kennzeichnend ist eine innere Verbindung durch gemeinsame Zweckverfol-gung. Ein bloß zufälliges Zusammenkommen mehrerer Personen ohne verbindende Struktur stellt lediglich eine – von Art. 8 Abs. 1 GG nicht geschützte – Ansammlung dar, der gegen-über Maßnahmen auf das PolG NRW gestützt werden können. Im Einzelnen ist allerdings umstritten, welche Anforderungen an den gemeinsamen Zweck zu stellen sind (BeckOK GG/Schneider GG Art. 8 Rn. 7 f.). Das BVerfG hat sich in seinem Beschluss zur sog. Loveparade den **engen Versammlungsbegriff** zu eigen gemacht. Diesen Versammlungsbe-griff legt auch das BVerwG der Auslegung des VersammlG zugrunde (BVerwGE 82, 34 (38)). Danach muss der Zweck der Versammlung auf gemeinsame Meinungsbildung und -äußerung in öffentlichen Angelegenheiten gerichtet sein (BVerfG NJW 2001, 2459 (2460)). Hierdurch unterscheidet sich die Versammlung von der öffentlichen Veranstaltung oder Ansammlung. Für die Datenerhebung bei oder im Zusammenhang mit öffentlichen Ver-sammlungen gelten die §§ 12a und 19a VersammlG. Die beiden Vorschriften machen eine Datenerhebung von erheblichen Gefahren für die öffentliche Sicherheit oder Ordnung abhängig.

5   Eine **Ansammlung** ist eine Zusammenkunft von Personen, die ohne organisatorische Vorbereitung entsteht. Sie bildet sich mit anderen Worten zufällig und ohne einen gemeinsa-men Zweck. Ansammlungen können infolge von Ereignissen entstehen, die Neugier hervor-rufen. Zu denken ist zB an Verkehrsunfälle, Brände und andere Unglücksfälle sowie Maßnah-men der Polizei (Chemnitz, Polizeirecht in Nordrhein-Westfalen, 1996, Rn. 18.1.1). Aus einer Ansammlung kann sich eine Versammlung iSd Art. 8 Abs. 1 GG entwickeln, wenn die zufällig zusammengetroffenen Personen eine der Meinungsbildung dienende Diskussion beginnen. Im Gegensatz zur Ansammlung ist eine **Veranstaltung** eine organisierte, geplante Zusammenkunft. Die Veranstaltung ist **öffentlich,** wenn der Zutritt nicht auf einen nament-lich oder individuell bestimmbaren Personenkreis beschränkt ist. Sie muss mit anderen Wor-ten prinzipiell für jedermann zugänglich sein (SBK PolG NRW/Braun Rn. 8). Die Veranstal-tung ist auch dann noch öffentlich, wenn nur solche Personen zugelassen werden, die eine kostenpflichtige Eintrittskarte erworben haben. Öffentliche Veranstaltungen iSd § 15 sind

etwa Volksfeste, Sport- und Kulturveranstaltungen und die öffentliche Liveübertragung von Sportereignissen auf Videoleinwänden (Public Viewing). Nr. 15.12 VVPolG NRW nennt als Beispiele für öffentliche Veranstaltungen unter anderem die „Kölner Lichter" am Rheinufer, die Cranger Kirmes sowie Karnevalsumzüge. § 15 hat überdies Bedeutung im Zusammenhang mit Fußballspielen. Grund hierfür ist, dass es in Fußballstadien nicht selten zu gewalttätigen Ausschreitungen sowie zum Einsatz verbotener Pyrotechnik kommt.

II. Erforderlicher Bezug zur öffentlichen Veranstaltung oder Ansammlung („bei oder im Zusammenhang")

Die Datenerhebung darf nur bei oder im Zusammenhang mit öffentlichen Veranstaltungen **6** oder Ansammlungen erfolgen. § 15 setzt einen örtlichen, zeitlichen sowie sachlichen Zusammenhang mit der öffentlichen Veranstaltung oder Ansammlung voraus, der auch **auf dem Weg zur Veranstaltung bzw. Ansammlung** sowie auf dem **Rückweg** gegeben sein kann. Sachverhalte werden von § 15 nur erfasst, wenn sich in ihnen das besondere Gefahrenpotential der öffentlichen Veranstaltung oder Ansammlung manifestiert. Hieraus folgt, dass die Polizei keineswegs uneingeschränkt Daten der Teilnehmer von Großveranstaltungen erheben darf.

III. Eingriffsschwelle („Tatsachen die Annahme rechtfertigen")

Die Datenerhebung bei öffentlichen Veranstaltungen und Ansammlungen ist nur zulässig, **7** wenn Tatsachen die Annahme rechtfertigen, dass Straftaten oder Ordnungswidrigkeiten begangen werden. Damit sind vor allem die für öffentliche Veranstaltungen und Ansammlungen typischen Delikte wie Diebstahl, Körperverletzung und Sachbeschädigung angesprochen. Der mit der Videoüberwachung verbundene Eingriff in das Grundrecht auf informationelle Selbstbestimmung erfordert keine verfassungskonforme Auslegung des § 15 dahin, dass Straftaten von erheblicher Bedeutung iSd § 8 Abs. 3 drohen müssen. Ob Tatsachen die Annahme rechtfertigen, dass Straftaten oder Ordnungswidrigkeiten begangen werden, ist aufgrund einer **zukunftsgerichteten Lagebeurteilung** zu entscheiden. Es muss eine Tatsachenbasis vorliegen, die auf eine erhöhte Wahrscheinlichkeit der Begehung von Straftaten bzw. Ordnungswidrigkeiten hindeutet. Hierbei muss die Polizei sowohl Ergebnisse eigener Ermittlungen als auch Hinweise aus der Bevölkerung berücksichtigen. Die von der Polizei anzustellende Prognose ist gerichtlich voll überprüfbar, der Verwaltung eröffnet sich insoweit **kein Beurteilungsspielraum.** § 15 setzt nicht voraus, dass die Begehung einer Straftat oder Ordnungswidrigkeit unmittelbar bevorsteht. Auf der anderen Seite vermag allein die **Vermutung,** dass Straftaten oder Ordnungswidrigkeiten begangen werden, eine Datenerhebung bei öffentlichen Veranstaltungen und Ansammlungen nicht zu rechtfertigen.

Angesichts der nicht unerheblichen Beeinträchtigung des Rechts auf informationelle **8** Selbstbestimmung, die mit der Datenerhebung nach § 15 einhergeht, sind an die Verhältnismäßigkeit der Maßnahme strenge Maßstäbe anzulegen. Das gilt insbesondere dann, wenn vergleichsweise geringfügige Ordnungswidrigkeiten in Rede stehen (vgl. Lisken/Denninger PolR-HdB/Petri G Rn. 785). Teile der Literatur halten ein Vorgehen nach § 15 nur für zulässig, wenn Ordnungswidrigkeiten verhindert werden sollen, die von erheblicher Bedeutung sind (Tetsch/Baldarelli PolG NRW Erl. 3). Von einer in diesem Sinne erheblichen Ordnungswidrigkeit soll auszugehen sein, wenn die verletzte Vorschrift ein bedeutendes Rechtsgut schützt oder die Folgen der Ordnungswidrigkeit in hohem Maße gemeinschaftsschädlich sind (SBK PolG NRW/Braun Rn. 12). Für die vorgeschlagene Einschränkung des Eingriffstatbestands finden sich im Wortlaut des § 15 allerdings keine Anhaltspunkte. Hinzu kommt, dass sich oftmals darüber streiten lassen dürfte, ob eine Ordnungswidrigkeit erheblich ist oder nicht. Wie folgenschwer eine Ordnungswidrigkeit ist, kann nämlich auch von den Umständen des Einzelfalls abhängen, etwa der Größe der öffentlichen Veranstaltung bzw. Ansammlung. Vor diesem Hintergrund ist es auch aus Gründen der Rechtssicherheit abzulehnen, bestimmte Gruppen von Ordnungswidrigkeiten als unerheblich zu qualifizieren und von vornherein aus dem Anwendungsbereich des § 15 auszuklammern.

IV. Polizeirechtliche Verantwortlichkeit / Maßnahmeadressaten

Die Datenerhebung gem. Abs. 1 betrifft die Teilnehmer an öffentlichen Veranstaltungen **9** und Ansammlungen. **Teilnehmer** ist grundsätzlich jede Person, die bei oder im Umfeld von öffentlichen Veranstaltungen oder Ansammlungen anwesend ist. Ausnahmsweise kann ein Anwesender nicht als Teilnehmer zu qualifizieren sein, wenn er dies ausdrücklich oder durch sein Verhalten kundtut (Tetsch/Baldarelli PolG NRW Erl. 4). Darüber hinaus dürfen gem. Abs. 1 S. 2 auch personenbezogene Daten über andere Personen erhoben werden, wenn dies erforderlich für eine Datenerhebung nach Abs. 1 S. 1 ist. Zu den Personen, die zwar am Ort des Geschehens anwesend, aber keine Teilnehmer sind, zählen insbesondere **Passanten**. Bei Bildaufzeichnungen im Rahmen einer öffentlichen Veranstaltung oder Ansammlung lässt sich so gut wie nie ausschließen, dass auch Unbeteiligte erfasst werden, weshalb Abs. 1 S. 2 in der polizeilichen Praxis eine wichtige Rolle spielt (SBK PolG NRW/ Braun Rn. 13).

D. Erhebung personenbezogener Daten

I. Personenbezogene Daten

10   Als Rechtsfolge räumt Abs. 1 S. 1 der Polizei die Befugnis ein, personenbezogene Daten zu erheben. Gemäß § 36 Nr. 1 DSG NRW sind **personenbezogene Daten** alle Informationen, die sich auf eine identifizierte oder identifizierbare natürliche Person beziehen. Die **Erhebung** personenbezogener Daten ist das aktive Ermitteln von neuen, behördlicherseits noch nicht gespeicherten Informationen (Schenke PolR Rn. 179). Neben der Erhebung personenbezogener Daten ist auch deren **Aufzeichnung** zulässig. Das Aufzeichnen macht die Daten für die spätere Polizeiarbeit verfügbar. Unter den Begriff des Aufzeichnens fallen zB das Aufschreiben und Festhalten der Informationen in Akten, Sammlungen oder Karteien sowie die Speicherung in elektronischen Datenverarbeitungssystemen (Gusy PolR Rn. 262). Alle wichtigen Meldungen über Straftaten und Straftäter, die nicht nur lokalen oder regionalen Charakter haben, werden in dem elektronischen Informationssystem INPOL-neu gespeichert. Bei Maßnahmen im Zusammenhang mit Sportveranstaltungen kommt der Datei „**Gewalttäter Sport**" große Bedeutung zu, die durch Beschluss der Innenministerkonferenz v. 14.5.1993 eingerichtet wurde und deren Rechtmäßigkeit das BVerwG mit Urteil v. 9.6.2010 bestätigt hat (NJW 2011, 405). In dieser Datei werden die Daten von Personen festgehalten, die im Zusammenhang mit Sportveranstaltungen Straftaten begangen haben und von denen eine Wiederholungsgefahr ausgeht (Einzelheiten bei Arzt NJW 2011, 352). Die Datei „Gewalttäter Sport" ist eine sog. Verbunddatei. **Verbunddateien** sind vom Bundeskriminalamt als Zentralstelle für den elektronischen Datenverbund zwischen Bund und Ländern geführte Dateien des polizeilichen Informationssystems, in die die Länder die von ihnen in eigener Zuständigkeit gewonnenen Daten dezentral und unmittelbar in das Verbundsystem eingeben können. Die in der Datei gespeicherten Informationen stehen dann allen Verbundteilnehmern zum Abruf zur Verfügung (BVerwG NJW 2011, 405).

II. Offenheit und Formen der Datenerhebung

11   Gemäß § 9 Abs. 4 ist eine Datenerhebung grundsätzlich offen durchzuführen; eine verdeckte Datenerhebung ist nur zulässig, wenn das Gesetz sie ausnahmsweise zulässt. Da das PolG NRW insoweit keine Ausnahme vorsieht, muss die Datenerhebung nach § 15 **offen** erfolgen. Auf diese Weise soll gewährleistet werden, dass der Betroffene sich in seinem Verhalten auf die Datenerhebung einstellen kann. Darüber hinaus soll er wissen, über welche seiner Daten die Polizei verfügt. Erfolgt die Datenerhebung offen, so hat der Maßnahmeadressat zudem die Möglichkeit, sich gegen eine rechtswidrige Datenerhebung gerichtlich zur Wehr zu setzen (Habermehl JA 1990, 331 (333)). Die Offenheit der Datenerhebung ist nach der Willensrichtung der Polizei zu beurteilen. Sie ist zu verneinen, wenn **die Polizei die Datenerhebung bewusst verschleiert**. Das bedeutet, dass die Datenerhebung im Einzelfall auch dann noch offen sein kann, wenn sie ohne Kenntnis der betroffenen Person erfolgt. Die Offenheit des polizeilichen Vorgehens lässt sich dadurch gewährleisten, dass die Polizei den Betroffenen auf die Datenerhebung hinweist.

12   Die Datenerhebung kann, muss aber nicht durch den Einsatz technischer Mittel zur Anfertigung von Bild- und Tonaufzeichnungen erfolgen. Dies ergibt sich aus der Formulierung des Abs. 1 S. 1 Hs. 2, der zufolge die Erhebung „auch" durch den Einsatz solcher Mittel gestattet ist. Daher ist die Datenerhebung ebenfalls möglich durch klassische polizeiliche

Maßnahmen zur Sachaufklärung. Hierzu zählen etwa die **Überwachung des Geschehens mit einem Fernglas** sowie das **Beschatten verdächtiger Personen.** Soweit sich die Überwachung auf einzelne Personen bezieht und eine gewisse Dauer und Intensität erreicht, ist die Maßnahme als polizeiliche Observation zu qualifizieren, sodass die Voraussetzungen des § 16a Abs. 3 erfüllt sein müssen. Dies wird angesichts der niedrigen Eingriffsschwelle des § 16a Abs. 3 regelmäßig der Fall sein (SBK PolG NRW/Braun Rn. 6). Die im Zuge einer solchen Observation gewonnenen Erkenntnisse dürfen grundsätzlich nicht iRd § 15 Abs. 1 genutzt werden. Etwas anderes gilt nur, wenn es zulässig ist, die Daten gem. § 23 Abs. 2 einem neuen Verwendungszweck zuzuführen. Keine Datenerhebung ist das bloße „Zur-Kenntnis-Nehmen" von Teilnehmern durch die Polizei, wohl aber die gezielte Beobachtung einer polizeilich bekannten Person (SBK PolG NRW/Braun Rn. 2; Tegtmeyer/Vahle PolG NRW/Tegtmeyer Rn. 6). Bild- und Tonaufnahmen können bspw. dazu eingesetzt werden, einen bestimmten Bereich des Veranstaltungs- bzw. Ansammlungsortes (zB einen Fanblock in einem Fußballstadion) durchgehend zu überwachen (vgl. Nolte NVwZ 2001, 147 (151)). Von einer Datenerhebung iSd § 15 kann allerdings nicht allein deshalb gesprochen werden, weil Bild- oder Tonaufnahmen gefertigt werden. Nach der Legaldefinition des § 3 Abs. 2 Nr. 1 DSG NRW aF ist Datenerhebung das Beschaffen von Daten über die betroffene Person. Ein Beschaffen in diesem Sinne setzt eine **bewusste und gezielte Wahrnehmung** voraus. Dementsprechend werden keine Daten erhoben, wenn die übertragenen Bilder unbeobachtet über einen Monitor in der Einsatzzentrale der Polizei „durchlaufen" (Tegtmeyer/Vahle PolG NRW/Tegtmeyer Rn. 7). Der **Einsatz von Videodrohnen** soll trotz der grundsätzlich technikoffen gestalteten Ermächtigungsgrundlage nicht gestattet sein (SGR/Schenke BPolG § 26 Rn. 30). Für diese Sichtweise lässt sich anführen, dass der Einsatz technischer Mittel wie Drohnen in Abs. 1 nicht von qualifizierten Voraussetzungen abhängig gemacht wird. Das wiederum bedeutet, dass die Datenerhebung auch bei dem Rückgriff auf technische Mittel in ihrer Eingriffsintensität nicht wesentlich über die klassischen polizeilichen Formen der Sachaufklärung hinausgehen darf (vgl. BVerfGE 141, 220 (290); aA Albrecht/Schmid VR 2017, 181 (186)). Nutzt die Polizei an privat videoüberwachten Veranstaltungsorten die Kameras des Veranstalters, bedarf es grundsätzlich keines Rückgriffs auf § 15. Solche Überwachungsmaßnahmen sind in der Regel schon aufgrund des Hausrechts des Veranstalters oder zivilrechtlicher Vereinbarungen zwischen dem Veranstalter und den Besuchern zulässig (SBK PolG NRW/Braun Rn. 5).

E. Ermessen

Die Datenerhebung bei öffentlichen Veranstaltungen und Ansammlungen steht im Ermessen der Polizei (vgl. § 40 VwVfG. NRW.). Die wichtigste Ermessensschranke bildet das Verhältnismäßigkeitsprinzip (§ 2). Hierauf ist ein besonderes Augenmerk zu richten, wenn die Datenerhebung dem Zweck dient, geringfügige Ordnungswidrigkeiten zu unterbinden (Schönenbroicher/Heusch NRWOBG § 24 Rn. 12).   **13**

F. Löschungspflichten und Rechte der Betroffenen

I. Löschungs- bzw. Vernichtungspflichten

Durch die Speicherung der Daten werden die mit einem Vorgehen nach § 15 verbundenen Grundrechtseingriffe perpetuiert und vertieft (BVerfG NVwZ 2009, 411 (446); SBK PolG NRW/Braun Rn. 14). Vor diesem Hintergrund sind Bild- und Tonaufzeichnungen, in Dateien suchfähig gespeicherte personenbezogene Daten sowie zu einer Person suchfähig angelegte Akten gem. Abs. 1 S. 3 spätestens einen Monat nach der Datenerhebung zu löschen oder zu vernichten. Die Beschränkung der Löschungs- bzw. Vernichtungspflicht auf suchfähig in Akten oder Dateien gespeicherte personenbezogene Daten erklärt sich daraus, dass Daten, die nicht suchfähig hinterlegt werden, oftmals nicht auffindbar sind und deshalb die informationelle Selbstbestimmung des Betroffenen durch die Speicherung nur geringfügig beeinträchtigt wird. Nicht suchfähig gespeicherte Daten sind nach Maßgabe des § 32 Abs. 1 S. 2 und S. 7 zu löschen (SBK PolG NRW/Braun Rn. 15).   **14**

Von einer Löschung der Daten kann ausnahmsweise abgesehen werden, wenn die Daten zur Verfolgung von Straftaten oder Ordnungswidrigkeiten benötigt werden. Dementspre-   **15** chend sieht Nr. 15.14 VVPolG NRW vor, dass solche Daten in die polizeilichen bzw. staatsanwaltschaftlichen Ermittlungsvorgänge übernommen werden. Ferner darf die Löschung unterbleiben, wenn Tatsachen die Annahme rechtfertigen, dass die betroffene Person künftig Straftaten begehen wird und die Aufbewahrung zur vorbeugenden Bekämpfung von Straftaten von erheblicher Bedeutung (§ 8 Abs. 3) erforderlich ist.

16   Abs. 2 verweist auf verschiedene Normen, die die Möglichkeiten zur Nutzung der nach Abs. 1 erhobenen personenbezogenen Daten erweitern. So kann die Polizei die Daten zu **statistischen Zwecken** (§ 24 Abs. 2) nutzen. Gestattet ist ferner die Datennutzung zur **polizeilichen Aus- und Fortbildung** (§ 24 Abs. 3 S. 1). In allen Fällen sind die Daten grundsätzlich zu anonymisieren (§ 24 Abs. 2 Hs. 2, Abs. 3 S. 2). Vereinzelt wird bezweifelt, dass sich in Bezug auf Bild- und Tonaufnahmen im Zusammenhang mit öffentlichen Veranstaltungen eine ausreichende Anonymisierung bewerkstelligen lässt (SBK PolG NRW/Braun Rn. 19). Ob eine Anonymisierung der Daten erfolgen kann, hängt letzten Endes von dem in Rede stehenden Bild- und Tonmaterial sowie der technischen Ausstattung der Polizei ab. Schließlich kann die Löschung und Vernichtung der Daten gem. § 15 Abs. 2 iVm § 32 Abs. 3 S. 2 unterbleiben, wenn schutzwürdige Belange der betroffenen Person entgegenstehen (Nr. 1), die Daten zur Behebung einer bestehenden Beweisnot unerlässlich sind (Nr. 2) oder die Nutzung der Daten zu wissenschaftlichen Zwecken erforderlich ist (Nr. 3). In diesen Fällen sind die Daten in ihrer Verarbeitung einzuschränken und mit einem entsprechenden Vermerk zu versehen (§ 15 Abs. 2 iVm § 32 Abs. 3 S. 3). Sie dürfen nur zu den genannten Zwecken oder sonst mit Einwilligung der betroffenen Person genutzt werden (§ 15 Abs. 2 iVm § 32 Abs. 5 S. 4). § 15 Abs. 2 iVm § 32 Abs. 4 verlangt, dass vor einer Löschung oder Vernichtung ein Anbieten für eine Übernahme durch das Landesarchiv Nordrhein-Westfalen gem. § 4 Abs. 1 ArchivG NRW zu prüfen ist, soweit archivrechtliche Regelungen dies vorsehen.

II. Ansprüche der Betroffenen

17   Der Betroffene kann gem. § 49 Abs. 1 DSG NRW unter anderem **Auskunft** verlangen über die zu seiner Person verarbeiteten Daten, den Zweck und die Rechtsgrundlage der Verarbeitung, die Herkunft der Daten und die Empfänger von Übermittlungen. Bezieht sich die Auskunftserteilung auf die Übermittlung personenbezogener Daten an Verfassungsschutzbehörden, den Bundesnachrichtendienst, den Militärischen Abschirmdienst oder, soweit die Sicherheit des Bundes berührt ist, andere Behörden des Bundesministeriums der Verteidigung, ist sie nur mit Zustimmung dieser Stellen zulässig (§ 49 Abs. 5 DSG NRW). Der Anspruch auf **Berichtigung** unrichtiger personenbezogener Daten richtet sich nach § 50 Abs. 1 DSG NRW. Unter den Voraussetzungen der § 50 Abs. 2 DSG NRW steht der betroffenen Person ein Anspruch auf Löschung bzw. Vernichtung der Daten zu. Die **Löschung** ist das Gegenstück zur Aufzeichnung (Gusy PolR Rn. 273). Bei der Löschung werden die gespeicherten Daten unkenntlich gemacht, sodass aus ihnen keine Informationen mehr gewonnen werden können. Die **Vernichtung** von Daten ist eine Löschung, bei der auf die jeweiligen Datenträger so eingewirkt wird, dass es (so gut wie) ausgeschlossen ist, die Daten zu rekonstruieren. Eine Vernichtung der Daten kann etwa in der Form erfolgen, dass das digitale Speichermedium mit Zufallsdaten oder Bitmustern überschrieben wird.

G. Rechtsschutz

18   Hinsichtlich der Klageart ist zu differenzieren, welches Ziel der Kläger verfolgt: Die Datenerhebung ist mangels Regelung als tatsächliches Verwaltungshandeln zu qualifizieren. Dementsprechend ist die **allgemeine Feststellungsklage nach § 43 Abs. 1 VwGO** statthaft, wenn der Kläger die Rechtmäßigkeit der Datenerhebung gerichtlich überprüfen lassen will. In Konstellationen, in denen die Datenerhebung grundrechtlich geschützte Rechtspositionen schwerwiegend beeinträchtigt und ein weiteres Zuwarten mit unzumutbaren Nachteilen für den Kläger einhergeht, ist grundsätzlich eine **vorbeugende Unterlassungsklage** statthaft (vgl. VGH München BeckRS 2009, 40731). Begehrt der Kläger die Löschung oder Vernichtung seiner Daten, so muss er eine **Verpflichtungsklage** gem. § 42 Abs. 1 Alt. 2 VwGO erheben, weil die Entscheidung über die Vernichtung bzw. Löschung der Daten als Verwaltungsakt zu qualifizieren ist (vgl. Hornmann HSOG § 14 Rn. 30).

§ 15a Datenerhebung durch den offenen Einsatz optisch-technischer Mittel

(1) [1]Zur Verhütung von Straftaten kann die Polizei einzelne öffentlich zugängliche Orte mittels Bildübertragung beobachten und die übertragenen Bilder aufzeichnen, wenn

1. an diesem Ort wiederholt Straftaten begangen wurden und die Beschaffenheit des Ortes die Begehung von Straftaten begünstigt, solange Tatsachen die Annahme rechtfertigen, dass an diesem Ort weitere Straftaten begangen werden oder

2. Tatsachen die Annahme rechtfertigen, dass dort Straftaten von erheblicher Bedeutung nach § 8 Absatz 3 verabredet, vorbereitet oder begangen werden

und jeweils ein unverzügliches Eingreifen der Polizei möglich ist. [2]Die Beobachtung ist, falls nicht offenkundig, durch geeignete Maßnahmen erkennbar zu machen.

(2) Nach Absatz 1 gewonnene Daten dürfen höchstens für die Dauer von 14 Tagen gespeichert werden, es sei denn, sie werden zur Verfolgung von Straftaten benötigt oder Tatsachen rechtfertigen die Annahme, dass eine Person künftig Straftaten begehen wird, und die Aufbewahrung ist zur vorbeugenden Bekämpfung von Straftaten erforderlich.

(3) Über die Einrichtung der Datenerhebung durch den offenen Einsatz optisch-technischer Mittel entscheidet die Behördenleiterin oder der Behördenleiter.

(4) [1]Maßnahmen nach Absatz 1 sind zu dokumentieren. [2]Sie sind jeweils auf ein Jahr befristet. [3]Rechtzeitig vor Fristablauf ist zu überprüfen, ob die Voraussetzungen gemäß Absatz 1 weiter vorliegen. [4]Eine Verlängerung um jeweils ein Jahr ist in diesem Fall zulässig.

Überblick

Bei der Datenerhebung durch den offenen Einsatz optisch-technischer Mittel handelt es sich um eine verhältnismäßig neue Standardmaßnahme, für die es keine Entsprechung im MEPolG gibt. § 15a wurde durch Art. 3 des Gesetzes zur Änderung des Datenschutzgesetzes Nordrhein-Westfalen v. 9.5.2000 (GV. NRW. 452) in das PolG NRW aufgenommen und ist am 31.5.2000 in Kraft getreten. Die Vorschrift räumt der Polizei die Befugnis zum Beobachten öffentlich zugänglicher Orte mittels technisch gestützter Bildübertragung ein. Darüber hinaus darf die Polizei das übertragene Bildmaterial aufzeichnen (krit. deshalb gegenüber der Überschrift des § 15a, die diese Befugnis nicht zum Ausdruck bringt Arzt, Stellungnahme 17/936, 11). § 15a bildet damit insbesondere die Ermächtigungsgrundlage für die Videoüberwachung des öffentlichen Raums. In der Literatur sind gegen die ursprüngliche Fassung der Norm beachtliche Einwände erhoben worden. Geltend gemacht wurde vor allem, dass die in Abs. 2 aF enthaltene Aufzeichnungs- und Verwendungsregelung als Strafverfahrensrecht zu bewerten sei und deshalb in die Gesetzgebungszuständigkeit des Bundes eingreife (Vahle NVwZ 2001, 165 (166)). Der Landesgesetzgeber hat sich der Kritik angenommen (vgl. LT-Drs. 13/2854, 54) und den Wortlaut der Vorschrift im Rahmen der 2003 erfolgten Novellierung des PolG NRW (GV. NRW. 2003, 410) neu gefasst. Die Geltung des § 15a war bis zum 31.12.2018 befristet (Abs. 5 S. 1 aF; krit. zur Streichung der sog. Evaluationsklausel Gusy, Stellungnahme 17/630, 6). Im Zuge der Neufassung der Norm durch das Gesetz zur Stärkung der Sicherheit in Nordrhein-Westfalen v. 13.12.2018 (GV. NRW. 684) ist die Befristung weggefallen. Vergleichbare Rechtsgrundlagen für die optisch-technische Überwachung des öffentlichen Raums finden sich zB in § 21 Abs. 3 BWPolG, Art. 33 Abs. 2 BayPAG, § 14 Abs. 3 und Abs. 4 HSOG, § 32 Abs. 3 NPOG.

Übersicht

A. Verfassungsrechtliche Rahmenbedingungen

I. Gesetzgebungskompetenz der Länder

1   Die in § 15a geregelte Datenerhebung durch den offenen Einsatz optisch-technischer Mittel bezweckt die vorbeugende Bekämpfung von Straftaten an den überwachten Orten. Insoweit handelt es sich bei ihr um eine **präventiv-polizeiliche Maßnahme,** welche der Gesetzgebungskompetenz der Länder (Art. 30, 70 GG) unterfällt. Die Verhütung von Strafta- ten ist der Hauptzweck der in § 15a getroffenen Regelung, was auch im Wortlaut der Norm deutlich zum Ausdruck kommt („Zur Verhütung von Straftaten"). Da die aufgezeichneten Bilder in späteren Strafverfahren als Beweismittel verwendet werden können, leistet die Datenerhebung auch einen Beitrag zur (repressiven) **Strafverfolgungsvorsorge** (zum repressiven Charakter der Strafverfolgungsvorsorge Ogorek DÖV 2018, 688 (692)). Hierun- ter versteht man ein polizeiliches Tätigwerden, welches der Verfolgung von Straftaten dient, die in Zukunft möglicherweise begangen oder bekannt werden. Im Einklang mit der Recht- sprechung des BVerfG und des BVerwG ist die Strafverfolgungsvorsorge dem gerichtlichen Verfahren iSd Art. 74 Abs. 1 Nr. 1 GG zuzuordnen (BVerfGE 113, 348 (369); BVerwG NVwZ 2012, 757). Dies stellt die Verfassungsmäßigkeit des § 15a allerdings nicht in Frage. Hierfür gibt es mehrere Gründe: So darf das Land eine Befugnisnorm für die Datenerhebung durch den Einsatz optisch-technischer Mittel erlassen, weil die Maßnahme schwerpunktmä- ßig der Gefahrenabwehr dient (SBK PolG NRW/Braun Rn. 6 ff.; Röger/Stephan NWVBl. 2001, 201 (205 f.)). Zwar entfaltet die Videoüberwachung ihre abschreckende und damit verhaltenslenkende Wirkung auch dadurch, dass ein etwaiges strafbares Verhalten aufgezeich- net und damit in einem nachfolgenden Strafverfahren bewiesen und geahndet werden kann. Hierdurch wird die Videoüberwachung aber nicht vorrangig zu einer repressiven Maßnahme. Vielmehr macht die Polizei sich in zulässiger Weise die präventive Wirkung des repressiven Strafrechts zunutze (aA Roggan/Kutscha Recht der Inneren Sicherheit-HdB/Rog- gan 218 f.). Der Gesetzgeber hat diese präventiv-polizeiliche Zwecksetzung des § 15a durch das Gesetz zur Stärkung der Sicherheit in Nordrhein-Westfalen v. 13.12.2018 (GV. NRW. 684) unterstrichen, indem er die Datenerhebung gem. Abs. 1 S. 1 nunmehr davon abhängig macht, dass „ein unverzügliches Eingreifen der Polizei möglich" ist. Dieser Passus stellt klar und unterstreicht, dass die Maßnahme vorrangig der vorbeugenden Bekämpfung von Straftaten und nicht der Gewinnung von Beweismitteln für ein späteres Strafverfahren dient (v. Coelln/Pernice-Warnke/Pützer/Reisch NWVBl. 2019, 89 (92)).

2   Abgesehen davon steht dem Bund auf dem Gebiet der Strafverfolgungsvorsorge gem. Art. 74 Abs. 1 Nr. 1 GG („das gerichtliche Verfahren") lediglich eine **konkurrierende**

Gesetzgebungskompetenz zu (Ogorek DÖV 2018, 688 (691)). Die Länder sind dementsprechend nur dann daran gehindert, polizeiliche Befugnisnormen über die Videoüberwachung von öffentlich zugänglichen Plätzen zu schaffen, wenn der Bund die Strafverfolgungsvorsorge insoweit abschließend geregelt hat. Das ist nicht der Fall (BVerwG NVwZ 2012, 757 (760)). Etwas anderes ergibt sich insbesondere nicht aus dem in § 6 EGStPO niedergelegten **Kodifikationsprinzip,** denn dieses erfasst nur solches Eingriffshandeln, das einen strafprozessualen Anfangsverdacht (§ 152 Abs. 2, § 160 StPO) voraussetzt (s. Ogorek DÖV 2018, 688 (691)). Einer landesgesetzlichen Regelung der schwerpunktmäßig präventiv-polizeilichen Videoüberwachung steht auch § 100h StPO nicht entgegen, da die Norm nicht die Strafverfolgungsvorsorge betrifft (Schenke PolR Rn. 185).

II. Grundrechtsrelevanz der Videoüberwachung

Heute ist allgemein anerkannt, dass ein Verzicht auf einzelne Aspekte des durch die Grund- **3** rechte vermittelten Schutzes möglich ist (statt vieler Voßkuhle/Kaiser JuS 2009, 313; Fischinger JuS 2007, 808 mwN). Ein derartiger Verzicht muss allerdings unzweideutig erklärt werden. Hieran fehlt es im Fall der polizeilichen Überwachung öffentlich zugänglicher Orte nach § 15a, weil sich das Betreten eines Orts nicht ohne Weiteres als Grundrechtsverzicht deuten lässt (vgl. BVerfG NVwZ 2007, 688 (690); Glaser JURA 2009, 742; Ogorek JA 2004, 608 (609)). Abgesehen davon darf ein Grundrechtsverzicht niemals die Autonomie des Einzelnen und damit seine Freiheit in Frage stellen. Er kann deshalb nur **freiwillig** erfolgen (Stern, Das Staatsrecht der Bundesrepublik Deutschland/Sachs/Stern, Bd. 3, Halbbd. 2, 1994, 913 f.; Epping, Grundrechte, 8. Aufl. 2019, Rn. 112; Sachs/Sachs GG Vor Art. 1 Rn. 56). Diese Voraussetzung wird beim Einsatz optisch-technischer Mittel zur Datenerhebung regelmäßig nicht erfüllt sein. Zu denken ist in diesem Zusammenhang etwa an Situationen, in denen sich das Betreten des überwachten Orts für die Betroffenen als unumgänglich erweist, weil sie dort einen Arzt oder Rechtsanwalt aufsuchen möchten oder dort wohnen oder arbeiten (Fetzer/Zöller NVwZ 2007, 775 (777)). Unabhängig davon kann von einer freiwilligen Entscheidung nur gesprochen werden, wenn der Grundrechtsträger die maßgeblichen Umstände und Folgen eines etwaigen Verzichts zu überschauen vermag. Dementsprechend kommt ein Grundrechtsverzicht nur in Betracht, wenn der Grundrechtsträger die Eingriffsintensität der belastenden Maßnahme, auf die sich der Verzicht bezieht, hinreichend genau abschätzen kann. Hieran fehlt es beim Einsatz optisch-technischer Mittel. Der Anblick der Kameras erlaubt den von der polizeilichen Überwachung erfassten Personen keine Rückschlüsse darauf, in welcher Form sie überwacht werden. Denkbar ist, dass die Polizei lediglich Gesamt- oder Übersichtsaufnahmen des Platzes anfertigt. Ebenso gut könnte die Polizei aber auch Nahaufnahmen herstellen, auf denen Mimik und Gestik der Betroffenen zu erkennen sind. Darüber hinaus wissen die betroffenen Personen nicht, ob die Polizei die Bilder aufzeichnet. Schließlich ist ihnen nicht bekannt, ob und ggf. mit welchen Datenbeständen die aufgezeichneten Bilder abgeglichen werden.

1. Grundrecht auf informationelle Selbstbestimmung (Art. 2 Abs. 1 GG iVm Art. 1 Abs. 1 GG)

Das **Grundrecht auf informationelle Selbstbestimmung** (Art. 2 Abs. 1 GG iVm **4** Art. 1 Abs. 1 GG) vermittelt dem Einzelnen die Befugnis, über die Preisgabe und Verwendung seiner persönlichen Daten grundsätzlich selbst zu bestimmen (BVerfGE 80, 367 (373); BeckOK GG/Lang GG Art. 2 Abs. 1 Rn. 45a; Maunz/Dürig/Di Fabio GG Art. 2 Rn. 175; Roggan/Kutscha Recht der Inneren Sicherheit-HdB/Roggan 209 f.). Diese Rechtsposition wird anerkanntermaßen beeinträchtigt, wenn die Polizei die übermittelten Bilder aufzeichnet (BVerfG NVwZ 2007, 688 (691); BVerwG NVwZ 2012, 757 (758); VGH Mannheim NVwZ 2004, 498 (500); VG Halle LKV 2000, 164; Zöller NVwZ 2005, 1235 (1238); zur Betroffenheit des − ebenfalls aus Art. 2 Abs. 1 GG iVm Art. 1 Abs. 1 GG abgeleiteten − Rechts am eigenen Bild Büllesfeld, Polizeiliche Videoüberwachung öffentlicher Straßen und Plätze, 2002, 124 ff.; Bausch, Videoüberwachung als präventives Mittel der Kriminalitätsbekämpfung in Deutschland und in Frankreich, 2004, 95 f.). Demgegenüber konnte in Rechtsprechung und Literatur bislang kein Konsens darüber erzielt werden, ob die Videoüberwachung auch dann die informationelle Selbstbestimmung beeinträchtigt, wenn die Bilder lediglich an eine polizeiliche Leitstelle übertragen und dort von Polizeibeamten am Monitor überwacht werden (sog. **Kamera-Monitor-Prinzip**). Verfehlt ist die Annahme, in einem solchen Fall sei die Videoüberwachung mit der – für sich genommen nicht mit Grundrechtseingriffen verbundenen (vgl. Möstl Sicherheitsgewährleistung 203) – Präsenz eines Polizeibeamten vor Ort zu vergleichen. Ein solcher Ansatz verliert die technische Ausstattung der eingesetzten Kameras aus dem Blick. Die Kameras verfügen häufig über eine **Zoom-, Standbild- und Einzelbildfunktion** sowie über einen **Dreh- und Schwenkmechanismus.** Die durch den Einsatz solcher optisch-technischen Mittel geschaffenen Wahrnehmungsmöglichkeiten gehen weit über diejenigen des menschlichen Auges hinaus. Mit den eingesetzten Kameras kann selbst bei ungünstigen Lichtverhältnissen eine hohe Bildqualität erzielt werden, weil die Möglichkeit zur Aufhellung der Bilder sowie zur Kontrastbearbeitung besteht. Dementsprechend lässt sich die Eingriffsqualität der Videoüberwachung nicht anzweifeln, wenn Nah- oder Portraitaufnahmen von Personen hergestellt werden (Roggan/Kutscha Recht der Inneren Sicherheit-HdB/Roggan 210). Aber auch wenn die Polizei nur Übersichtsbilder anfertigt, greift sie in das Grundrecht auf informationelle Selbstbestimmung ein. Denn die offene Videoüberwachung erzeugt bei den betroffenen Personen ein Gefühl ständigen Überwachtseins. Hierdurch kann die Persönlichkeitsentfaltung massiv beeinträchtigt werden (vgl. Schenke PolR Rn. 186). Das gilt umso mehr, als die Betroffenen nicht wissen, ob und in welchem Umfang die Polizei auf die Zoom- oder Speicherfunktion zurückgreift (BVerfGE 122, 342 (368); OVG Münster NWVBl. 2011, 151; Lisken/Denninger PolR-HdB/Petri G Rn. 764; Bausch, Videoüberwachung als präventives Mittel der Kriminalitätsbekämpfung in Deutschland und in Frankreich, 2004, 30 ff.; Möller/v. Zezschwitz/Höfling, Videoüberwachung: Wohltat oder Plage?, 2004, 32 ff.; Roggan/Kutscha Recht der Inneren Sicherheit-HdB/Roggan 210; Dolderer NVwZ 2001, 130 (132); aA Maske NVwZ 2001, 1248 (1249)). Auch das Aufstellen von **Kameraattrappen** ist als ein Eingriff in das Grundrecht auf informationelle Selbstbestimmung zu qualifizieren, da hiervon dieselbe verhaltenssteuernde Wirkung ausgeht wie vom Einsatz funktionsfähiger Kameras (Kingreen/Poscher POR § 13 Rn. 96; Lisken/Denninger PolR-HdB/Petri G Rn. 768; Roggan/Kutscha Recht der Inneren Sicherheit-HdB/Roggan 212; Klar MMR 2012, 788 (789); Ogorek JuS 2013, 811 (815); aA Schenke PolR Rn. 186 Fn. 519).

2. Überwachung von Versammlungen, Veranstaltungen und Ansammlungen

5   In Rechtsprechung und Literatur ist allgemein anerkannt, dass die Versammlungsfreiheit des Art. 8 Abs. 1 GG den geschützten Versammlungen einen weitgehend staatsfreien Charakter garantiert (BVerfGE 69, 315 (346); Alberts NVwZ 1989, 839). Dieser ginge verloren, wenn die Polizei die Versammlungsteilnehmer uneingeschränkt observieren dürfte. Vor diesem Hintergrund ist die Beobachtung einer Versammlung mit Hilfe von Videokameras als ein Eingriff in die grundrechtliche Versammlungsfreiheit zu bewerten (BVerfGE 69, 315 (346); Maunz/Dürig/Depenheuer GG Art. 8 Rn. 126; BerlKommGG/Geis GG Art. 8 Rn. 73). Soweit es um die Abwehr versammlungsspezifischer Gefahren geht, hat das VersammlG als speziellere Kodifikation Vorrang vor dem allgemeinen Polizeirecht. Eine Videoüberwachung von öffentlichen Versammlungen ist daher nicht auf der Grundlage des § 15a zulässig. Bei öffentlichen Versammlungen in geschlossenen Räumen richtet sich die Befugnis zur Herstellung von Bildmaterial nach § 12a VersammlG. Unter den Voraussetzungen des § 19a VersammlG kann die zuständige Behörde auch Bild- und Tonaufnahmen von Teilnehmern an öffentlichen Versammlungen unter freiem Himmel und Aufzügen anfertigen (OVG Münster BeckRS 2010, 56316; VG Berlin NVwZ 2010, 1442 = JuS 2011, 479; Roggan NVwZ 2010, 1402). § 15a kommt schließlich auch nicht als Ermächtigungsgrundlage für die optisch-technische Überwachung von – nicht dem Anwendungsbereich des VersammlG unterfallenden – öffentlichen Veranstaltungen und Ansammlungen in Betracht (vgl. zu den einzelnen Merkmalen des Versammlungsbegriffs Roggan/Kutscha Recht der Inneren Sicherheit-HdB/Kutscha 49 f.; Kingreen/Poscher POR § 19 Rn. 7 ff.). Das PolG NRW enthält hierfür in § 15 eine besondere Befugnisnorm.

3. Unverletzlichkeit der Wohnung (Art. 13 Abs. 1 GG)

6   § 15a ist keine taugliche Grundlage für Eingriffe in die grundrechtlich garantierte Unverletzlichkeit der Wohnung (Art. 13 Abs. 1 GG), da die Norm nicht den Anforderungen des qualifizierten Schrankenvorbehalts in Art. 13 Abs. 7 GG genügt. Dementsprechend muss die Polizei bei der Datenerhebung durch den offenen Einsatz optisch-technischer Mittel dafür sorgen, dass keine Einblicke in Wohnungen gewonnen werden (OVG Hamburg BeckRS 2010, 50985; Lisken/Denninger PolR-HdB/Petri G Rn. 771).

B. Zuständigkeit für die Datenerhebung

Für die Datenerhebung durch den offenen Einsatz optisch-technischer Mittel ist die **Poli-** 7 **zei** zuständig. Den Ordnungsbehörden sind entsprechende Maßnahmen nicht gestattet, da § 24 NRWOBG die Eingriffsbefugnis des § 15a nicht nennt. Die Datenerhebung untersteht einem **Behördenleitervorbehalt** (Abs. 3). Dieser stellt sicher, dass mehrere Stellen in der Verwaltung prüfen, ob die Voraussetzungen des § 15a erfüllt sind und über die beabsichtigte Videoüberwachung ermessensfehlerfrei entschieden wird (Tegtmeyer/Vahle PolG NRW/ Tegtmeyer Rn. 11). Der in Abs. 3 geregelte Behördenleitervorbehalt sieht keine Ausnahme bei **Gefahr im Verzug** vor. Ebenso wenig gestattet das Gesetz die Delegation der Entscheidung auf andere Stellen. Eine Vertretung der Behördenleitung ist somit nur begrenzt möglich, etwa wenn die Stelle des Behördenleiters nicht besetzt oder der Behördenleiter erkrankt ist. Vertretungsbefugt ist in solchen Fällen der ständige bzw. allgemeine Vertreter der Behördenleitung (vgl. Nr. 15a.3 VVPolG NRW).

C. Voraussetzungen

I. Datenerhebung gem. Abs. 1 S. 1 Nr. 1

1. Anforderungen an den überwachten Ort

Die Datenerhebung gem. Abs. 1 S. 1 Nr. 1 ist an einzelnen öffentlich zugänglichen Orten 8 zulässig, an denen wiederholt Straftaten begangen wurden und deren Beschaffenheit die Begehung von Straftaten begünstigt. Der Einsatz optisch-technischer Mittel wird in räumlicher Hinsicht dadurch eingeschränkt, dass er nur an **einzelnen,** also ausgewählten Orten erfolgen darf. Die Beschränkung auf einzelne Orte soll eine flächendeckende, dh den gesamten öffentlichen Raum des Landes erfassende polizeiliche Überwachung ausschließen (Nr. 15a.12 VVPolG NRW). **Öffentlich zugänglich** sind Orte, die von jedermann betreten werden dürfen, also insbesondere Straßen, Wege, Plätze, Grünanlagen, U-Bahnhöfe, Bahnhofsvorplätze und Parks (SBK PolG NRW/Braun Rn. 17). Ein Ort ist auch dann öffentlich zugänglich, wenn der Kreis der Zutrittsberechtigten nach allgemeinen Merkmalen festgelegt wurde. Dasselbe gilt, wenn der Ort der Allgemeinheit nur zu bestimmten Zeiten – etwa tagsüber – offensteht (Tegtmeyer/Vahle PolG NRW/Tegtmeyer Rn. 24). Auch ein eingefriedetes Grundstück, das nur gegen Zahlung eines Eintrittsgelds betreten werden darf, kann als öffentlich zugänglicher Ort von der Polizei videoüberwacht werden (SBK PolG NRW/ Braun Rn. 17). Einschränkend ist insoweit jedoch zu bedenken, dass eine Einlasskontrolle vor Gewährung des Zutritts häufig ein ebenso geeignetes und zugleich milderes Mittel sein wird. Für die Zulässigkeit einer Datenerhebung durch den offenen Einsatz optisch-technischer Mittel spielen die **Eigentumsverhältnisse** an dem jeweiligen Grundstück keine Rolle, eine polizeiliche Videoüberwachung kommt also auch auf Grundstücken von Privaten in Betracht (SBK PolG NRW/Braun Rn. 17). Schließlich muss die betreffende Örtlichkeit **die Begehung von Straftaten begünstigen.** Hiervon ist zB auszugehen, wenn der zu überwachende Bereich aufgrund von Topographie, Fußgängeraufkommen oder baulichen Gegebenheiten unübersichtlich ist und (potentielle) Straftäter sich ohne Weiteres dort verstecken können. Zu denken ist überdies an Orte, deren gute Verkehrsanbindung einem Straftäter die Flucht erleichtert (SBK PolG NRW/Braun Rn. 19).

Zu der Frage, ob die Polizei befugt ist, **Schulhöfe und Schulgebäude** mittels Bildüber- 9 tragung zu beobachten und die übertragenen Bilder aufzeichnen, ist – soweit ersichtlich – bislang noch keine Rechtsprechung ergangen. Insoweit ist zu beachten, dass bei Jugendlichen zunehmend die Bereitschaft vorhanden ist, im schulischen Raum Straftaten zu begehen. Das Spektrum der einschlägigen Delikte reicht von Beleidigung (§ 185 StGB), Bedrohung (§ 241 StGB), Nötigung (§ 240 StGB), Körperverletzung (§ 223 StGB) und Sachbeschädigung

(§ 303 StGB) bis hin zu Raub (§ 249 StGB) und Erpressung (§ 253 StGB). Das rechtfertigt die Annahme, dass die Datenerhebung durch den Einsatz optisch-technischer Mittel auch auf Schulhöfen und in Schulgebäuden (Korridore, Aufenthaltsräume etc) nicht generell und in jeder Hinsicht ausgeschlossen ist (vgl. auch Suttmann NWVBl. 2008, 405 (406)). Unzulässig ist jedoch die optisch-technische Überwachung des Schulunterrichts (vgl. Huff JuS 2005, 896).

10   Abs. 1 setzt weiter voraus, dass an dem öffentlich zugänglichen Ort **wiederholt Straftaten begangen wurden**. Die Vorschrift fordert nicht, dass es sich bei den verübten Straftaten um solche von erheblicher Bedeutung iSd § 8 Abs. 3 handelt. Der Anwendungsbereich der Vorschrift ist auch nicht mit Blick auf die Schwere der durch die Überwachung mit optisch-technischen Mitteln verursachten Grundrechtseingriffe auf Straftaten von erheblicher Bedeutung zu verengen. Das Gesetz lässt offen, wie viele Straftaten in welchem Zeitraum an dem betreffenden Ort verübt worden sein müssen. Angesichts der Grundrechtsrelevanz der Datenerhebung sind an die erforderliche Kriminalitätsbelastung strenge Maßstäbe anzulegen. Bei dem überwachten Ort muss es sich um einen **Kriminalitätsbrennpunkt** handeln, also um einen Ort, an dem im Vergleich zu anderen Teilen des Gemeindegebiets eine signifikante Häufung von Straftaten zu beobachten ist (vgl. VGH Mannheim NVwZ 2004, 498 (503); SBK PolG NRW/Braun Rn. 18; Lisken/Denninger PolR-HdB/Petri G Rn. 775; Siegel NVwZ 2012, 738 (741)).

2. Eingriffsschwelle („Tatsachen die Annahme rechtfertigen")

11   Die Datenerhebung durch den offenen Einsatz optisch-technischer Mittel ist nur zulässig, solange **Tatsachen die Annahme rechtfertigen, dass an dem betreffenden Ort weitere Straftaten begangen werden**. Damit sind vor allem die an Kriminalitätsbrennpunkten typischen Delikte der Straßenkriminalität angesprochen, wie zB Diebstahl, Körperverletzung, Sachbeschädigung und Drogendelikte (SBK PolG NRW/Braun Rn. 18; Hornmann HSOG § 14 Rn. 45). Ob Tatsachen die Annahme rechtfertigen, dass Straftaten drohen, ist aufgrund einer **zukunftsgerichteten Lagebeurteilung** zu entscheiden. Hierbei hat die Polizei sowohl die Ergebnisse eigener Ermittlungen als auch Hinweise aus der Bevölkerung zu berücksichtigen. Die von der Polizei anzustellende Prognose ist gerichtlich voll überprüfbar, der Verwaltung eröffnet sich insoweit **kein Beurteilungsspielraum** (Hornmann HSOG § 14 Rn. 43). § 15a setzt nicht voraus, dass die Begehung einer Straftat unmittelbar bevorsteht. Auf der anderen Seite rechtfertigt allein die **Vermutung** oder die **allgemeine kriminalistische Erfahrung**, dass an bestimmten Orten Straftaten begangen werden, eine Überwachung mit optisch-technischen Mitteln nicht (Roggan/Kutscha Recht der Inneren Sicherheit-HdB/Roggan 213 f.). In diesem Sinne hat das VG Sigmaringen klargestellt, dass eine polizeiliche Videoüberwachung nicht schon deshalb erfolgen dürfe, weil nach allgemeiner Lebenserfahrung bei Volksfesten auch Straftaten (etwa Diebstahlsdelikte) und Ordnungswidrigkeiten (insbesondere die Verrichtung der Notdurft) begangen würden (VG Sigmaringen BeckRS 2004, 23534; zust. Huff JuS 2005, 896).

3. Polizeirechtliche Verantwortlichkeit

12   § 15a legt nicht ausdrücklich fest, die Daten welcher Personen durch den offenen Einsatz optisch-technischer Mittel erhoben werden dürfen. Die allgemeinen Vorschriften über die polizeirechtliche Verantwortlichkeit (§§ 4 ff.) sind nicht heranzuziehen, die sie – anders als § 15a – an die traditionelle Eingriffsschwelle der konkreten Gefahr anknüpfen (vgl. zur Abkehr vom Grundsatz der Störerverantwortlichkeit Bausch, Videoüberwachung als präventives Mittel der Kriminalitätsbekämpfung in Deutschland und in Frankreich, 2004, 70 ff.). Dementsprechend ist die Polizei befugt, **alle Personen an dem jeweiligen Ort** mittels Bildübertragung zu beobachten und das so erstellte Bildmaterial aufzuzeichnen (SBK PolG NRW/Braun Rn. 21; Gusy PolR Rn. 201; Kingreen/Poscher POR § 13 Rn. 103; Schnabel NVwZ 2010, 1457 (1461)).

4. Dauer der Maßnahme

13   Die Videoüberwachung ist gem. § 15a Abs. 1 S. 1 Nr. 1 nur zulässig, „solange Tatsachen die Annahme rechtfertigen, dass an dem betreffenden Ort weitere Straftaten begangen werden". Diese Formulierung bezieht sich auf den **Gesamtzeitraum der Datenerhebung** und nicht auf die Zulässigkeit der Videoüberwachung zu bestimmten Tageszeiten (Tegtmeyer/ Vahle PolG NRW/Tegtmeyer Rn. 3). Die Maßnahme muss nicht schon dann beendet werden, wenn die Kriminalität an dem überwachten Ort zurückgeht. Die Polizei darf sie vielmehr so lange fortsetzen, bis nicht mehr damit zu rechnen ist, dass dort erneut ein Kriminalitätsbrennpunkt entstehen wird (Tegtmeyer/Vahle PolG NRW/Tegtmeyer Rn. 4; SBK PolG NRW/Braun Rn. 20; Lisken/Denninger PolR-HdB/Petri G Rn. 779).

II. Datenerhebung gem. Abs. 1 S. 1 Nr. 2

Abs. 1 S. 1 Nr. 2 wurde durch das Gesetz zur Stärkung der Sicherheit in Nordrhein- **14** Westfalen v. 13.12.2018 (GV. NRW. 684) in das PolG NRW eingefügt. Nach der neu geschaffenen Regelung ist die Datenerhebung auch dann zulässig, wenn Tatsachen die Annahme rechtfertigen, dass dort Straftaten von erheblicher Bedeutung nach § 8 Abs. 3 verabredet, vorbereitet oder begangen werden. Ob diese Voraussetzung vorliegt, ist – ebenso wie bei Abs. 1 S. 1 Nr. 1 – anhand einer zukunftsgerichteten Lagebeurteilung zu ermitteln. Der Eingriffstatbestand bezieht sich nur auf Straftaten von erheblicher Bedeutung. Im Unterschied zu Abs. 1 S. 1 Nr. 1 ist nicht erforderlich, dass an dem betreffenden Ort in der Vergangenheit bereits wiederholt Straftaten begangen wurden (vgl. v. Coelln/Pernice-Warnke/Pützer/Reisch NWVBl. 2019, 89 (92)). In dieser Hinsicht führt Abs. 1 S. 1 Nr. 2 – um den Preis geringerer Bestimmtheit hinsichtlich der erfassten Orte (vgl. v. Coelln/Pernice-Warnke/Pützer/Reisch NWVBl. 2019, 89 (92)) – zu einer Erweiterung des Anwendungsbereichs der polizeilichen Datenerhebung mittels optisch-technischer Mittel. Zugleich senkt Abs. 1 S. 1 Nr. 2 die Eingriffsschwelle für die Anordnung der Maßnahme (vgl. LT-Drs. 7/2351, 35). Die Norm ermöglicht damit ein frühzeitiges Erkennen von Ansammlungen potentieller Täter, ein früheres Eingreifen und damit eine effektivere Gefahrenabwehr (so zu Recht v. Coelln/Pernice-Warnke/Pützer/Reisch NWVBl. 2019, 89 (92)).

1. Straftaten von erheblicher Bedeutung

Abs. 1 S. 1 Nr. 2 nimmt Bezug auf Straftaten von erheblicher Bedeutung und damit auf **15** § 8 Abs. 3. Zu beachten ist, dass die in § 8 Abs. 3 enthaltene Aufzählung von Straftatbeständen nicht abschließend ist („insbesondere"). Straftaten von erheblicher Bedeutung zeichnen sich dadurch aus, dass die Tat als solche bereits erhebliche Bedeutung hat, was namentlich bei Verbrechen der Fall ist (so → § 8 Rn. 135). Zu den Straftaten von erheblicher Bedeutung, die im Hinblick auf die Videoüberwachung des öffentlichen Raums eine große Rolle spielen, zählen insbesondere § 243 StGB (gewerbsmäßiger Diebstahl) sowie §§ 29, 29a BtMG (Besitz bzw. Handel mit Drogen). Die Datenerhebung gem. Abs. 1 S. 1 Nr. 2 dient somit nicht zuletzt der Bekämpfung der klassischen Straßenkriminalität (LT-Drs. 17/2351, 36). Die Beschränkung des Anwendungsbereichs der Norm auf Straftaten von erheblicher Bedeutung trägt dem Verhältnismäßigkeitsprinzip Rechnung (vgl. LT-Drs. 17/2351, 36).

2. Verabredung, Vorbereitung, Begehung

Die zur Kenntnis der Polizei gelangten Tatsachen müssen die Annahme rechtfertigen, dass **16** an dem zu überwachenden Ort Straftaten von erheblicher Bedeutung verabredet, vorbereitet oder begangen werden. Unter einer **Verabredung** iSd Abs. 1 S. 1 Nr. 2 versteht man die – ggf. konkludente – Willenseinigung von mindestens zwei Personen über die gemeinsame Verwirklichung einer Straftat. Die **Vorbereitung** ist subjektiv gekennzeichnet durch eine Tatneigung, die zwar schon verfestigt sein kann, in ihrem Gehalt aber noch nicht dem Tatentschluss der Versuchsphase entspricht. In objektiver Hinsicht setzt die Vorbereitung einer Straftat Zurichtungen für die Tatausführung voraus (Beschaffung der Tatmittel, Aufsuchen des Tatorts, vgl. Kindhäuser/Neumann/Paeffgen/Zaczyk, Strafgesetzbuch, 5. Aufl. 2017, StGB § 22 Rn. 3). Die **Begehung** der Tat setzt voraus, dass der Maßnahmeadressat durch sein Handeln den deliktischen Tatbestand verwirklicht (vgl. auch § 8 S. 1 StGB), wobei der Eintritt in das Versuchsstadium – also das unmittelbare Ansetzen (§ 22 StGB) – ausreicht. Da das Polizeirecht der Abwehr objektiv rechtswidriger Zustände dient, ist es für

Abs. 1 S. 1 Nr. 2 unerheblich, ob der Maßnahmeadressat rechtswidrig oder schuldhaft handeln wird.

III. Möglichkeit des unverzüglichen Eingreifens

17 Die Datenerhebung gem. Abs. 1 S. 1 Nr. 1 und Nr. 2 ist nur gestattet, wenn ein unverzügliches Eingreifen der Polizei möglich ist. Wie bereits ausgeführt wurde, liegt die polizeiliche Videoüberwachung des öffentlichen Raums im Schnittfeld von Gefahrenabwehr und (repressiver) Strafverfolgungsvorsorge (→ Rn. 1; ausf. zu diesem Themenkreis Ogorek DÖV 2018, 688). Dass beide Nummern des Abs. 1 S. 1 die Möglichkeit zum unverzüglichen polizeilichen Eingreifen voraussetzen, soll „insgesamt den Charakter der Straftatenverhütung [...] verdeutlichen" (LT-Drs. 17/2351, 36; vgl. v. Coelln/Pernice-Warnke/Pützer/Reisch NWVBl. 2019, 89 (92)). Die Möglichkeit zu unverzüglichem Eingreifen wird in der Regel nur bestehen, wenn die Videoüberwachung nach dem sog. Kamera-Monitor-Prinzip erfolgt. Wenn ein Polizeibeamter die von der Kamera übermittelten Bilder am Bildschirm verfolgt, ist gewährleistet, dass im Bedarfsfall sofort eine Streife zu dem überwachten Ort geschickt werden kann.

IV. Offenheit der Datenerhebung

18 Gemäß Abs. 1 S. 2 muss die Datenerhebung grundsätzlich **offenkundig** sein. Hiervon ist auszugehen, wenn Personen, welche den überwachten Ort betreten, die eingesetzten optisch-technischen Mittel mit einem beiläufigen Blick erfassen können (SBK PolG NRW/ Braun Rn. 14). Sind sie hierzu nicht in der Lage, so muss die Polizei die Beobachtung durch **geeignete Maßnahmen** erkennbar machen. Eine in der Lokalpresse geschaltete Anzeige, die die Überwachung ankündigt, verfehlt die Anforderungen des Abs. 1 S. 2 schon deshalb, weil nicht jeder die Tageszeitung liest und Ortsfremde eine solche Verlautbarung kaum zur Kenntnis nehmen dürften (Tegtmeyer/Vahle PolG NRW/Tegtmeyer Rn. 5). Ebenso wenig ist es mit den Vorgaben des Abs. 1 S. 2 vereinbar, wenn der Standort der Überwachungskamera nur im Internet – etwa auf der Homepage des zuständigen Polizeipräsidiums – offengelegt wird, denn ein solcher Hinweis erreicht nur diejenigen, die über einen Internetzugang verfügen. Zu fordern ist, dass die Polizei am überwachten Ort selbst auf die Datenerhebung aufmerksam macht. Hierzu bieten sich insbesondere Hinweisschilder an (vgl. Nr. 15a.15 VVPolG NRW). Entgegen anderslautenden Stellungnahmen in der Literatur (Roggan/Kutscha Recht der Inneren Sicherheit-HdB/Roggan 214; Bausch, Videoüberwachung als präventives Mittel der Kriminalitätsbekämpfung in Deutschland und in Frankreich, 2004, 77) ist den Anforderungen des Abs. 1 S. 2 bereits dann genügt, wenn der Hinweis auf dem Schild in deutscher Sprache abgefasst ist (vgl. § 23 VwVfG. NRW.). Es ist allerdings wünschenswert, dass sich auf dem Schild auch Übersetzungen des Hinweises in die (wichtigsten) Sprachen der Europäischen Union finden (vgl. Tegtmeyer/Vahle PolG NRW/Tegtmeyer Rn. 5: „mehrsprachig"). Die Verständlichkeit des Hinweises lässt sich durch das Piktogramm einer Kamera erhöhen (SBK PolG NRW/Braun Rn. 14). Insgesamt sind an die Offenkundigkeit der Datenerhebung gem. Abs. 1 S. 2 hohe Anforderungen zu stellen, da die Maßnahme die mit ihr beabsichtigte verhaltenssteuernde Wirkung nur entfalten kann, wenn sie von jedem gewöhnlichen Passanten bemerkt wird (BerlKommPolR/Söllner ASOG Bln § 24a Rn. 18).

D. Beobachten und Aufzeichnen

19 § 15a ermächtigt die Polizei dazu, die betreffenden Orte mittels Bildübertragung zu beobachten und die übertragenen Bilder aufzuzeichnen. Damit ist zunächst der herkömmliche von Videotechnologie angesprochen, bei der eine Kamera an erhöhter Stelle – etwa an einer Gebäudewand, Litfaßsäule oder an einem Pfahl – befestigt wird. Das **Beobachten** setzt seinem Wortsinn nach voraus, dass der Beobachtende die Örtlichkeit und das sich dort abspielende Geschehen über einen längeren Zeitraum genau betrachtet (Lisken/Denninger PolR-HdB/Petri G Rn. 761). Dabei ist es ohne Belang, ob die Bilddaten (ggf. durch technische Überarbeitung) einer konkreten Person zugeordnet werden können. § 15a ermächtigt die Polizei mit anderen Worten sowohl zu Überblicks- als auch zu Nahaufnahmen. Das

Beobachten erfolgt regelmäßig in der Weise, dass die von der Kamera aufgenommenen Bilder an eine polizeiliche Leitstelle übertragen werden, wo Polizeibeamte am Monitor die Vorgänge am überwachten Ort verfolgen (sog. Kamera-Monitor-Prinzip). Die Beobachtung muss durch Mitarbeiter der Polizei wahrgenommen werden, eine Delegation dieser Aufgabe auf Mitarbeiter des Ordnungsamtes ist ausgeschlossen (Meier NWVBl. 2019, 315 (316 f.)). Die in Abs. 1 S. 1 getroffene Unterscheidung zwischen Beobachten und **Aufzeichnen** verdeutlicht, dass das Beobachten – im Gegensatz zum Aufzeichnen – nicht die Speicherung des Bildmaterials einschließt. Im Gegensatz zu § 15 sieht § 15a eine **Tonaufzeichnung** nicht vor. Sie ist daher unzulässig (Lisken/Denninger PolR-HdB/Petri G Rn. 768).

E. Löschungs-, Dokumentations- und Prüfpflichten

Die durch den Einsatz optisch-technischer Mittel gewonnenen Daten sind innerhalb von 20 zwei Wochen zu **löschen** (Abs. 2; vgl. auch Art. 5 JI-RL). Wenn sich bereits früher herausstellt, dass das Bildmaterial nicht (mehr) benötigt wird, muss die Löschung der Daten zu diesem früheren Zeitpunkt erfolgen. Die Pflicht zur Löschung besteht nicht, wenn das Bildmaterial zur Verfolgung von Straftaten benötigt wird oder Tatsachen die Annahme rechtfertigen, dass eine Person künftig Straftaten begehen wird, und die Aufbewahrung zur vorbeugenden Bekämpfung von Straftaten erforderlich ist (krit. gegenüber dem Ausnahmetatbestand SBK PolG NRW/Braun Rn. 24, § 15 Rn. 18).

Gemäß Abs. 4 S. 1 sind alle gesammelten Informationen bezüglich der Kriminalitätslage 21 und deren Beurteilung vor sowie während des Einsatzes der Videoüberwachung zu **dokumentieren.** Die Polizei muss insbesondere ihre ortsbezogene Lagebeurteilung nachvollziehbar festhalten, da diese die Grundlage für die Bewertung eines Ortes als Kriminalitätsbrennpunkt bildet und gerichtlich vollständig überprüft werden kann.

Maßnahmen nach Abs. 1 S. 2 sind jeweils **auf ein Jahr befristet.** Ebenso wie die Offenheit 22 der Datenerhebung (Abs. 1 S. 2) und die in Abs. 2 enthaltene Vorgabe, dass die erhobenen Daten grundsätzlich nur 14 Tage gespeichert werden dürfen, trägt die Befristung der Maßnahme dazu bei, dass die Polizei bei einem Vorgehen nach § 15a den Grundsatz der Verhältnismäßigkeit wahrt (LT-Drs. 17/2351, 36). Rechtzeitig vor Fristablauf ist zu **überprüfen,** ob die Voraussetzungen für die Datenerhebung weiterhin vorliegen (§ 15 Abs. 4 S. 3). Die Entscheidung über die Verlängerung der Maßnahme sollte innerhalb der Jahresfrist fallen, da die Überwachung mit Fristablauf beendet werden muss. Die Datenerhebung ist aus Gründen der Verhältnismäßigkeit spätestens dann einzustellen, wenn damit zu rechnen ist, dass nach Abschluss der Maßnahme an dem überwachten Ort nicht erneut ein Kriminalitätsbrennpunkt entstehen wird.

F. Verhältnismäßigkeit der Videoüberwachung

In der Literatur ist wiederholt bezweifelt worden, dass die Regelung in § 15a verhältnismä- 23 ßig ist (vgl. Roggan/Kutscha Recht der Inneren Sicherheit-HdB/Roggan 221 ff.; Vahle NVwZ 2001, 165 (166); Schwarz ZG 2001, 263). Diese Zweifel erweisen sich als unbegründet. Die Datenerhebung durch den offenen Einsatz optisch-technischer Mittel soll eine abschreckende Wirkung auf potentielle Straftäter haben und damit einen Beitrag zur Verhütung von Straftaten sowie zur Verbesserung des Sicherheitsgefühls der Bevölkerung leisten (vgl. Nr. 15a.0 VVPolG NRW). Hierbei handelt es sich ausnahmslos um **verfassungsrechtlich zulässige** Zwecke. § 15a ist **geeignet,** diese Zwecke zu fördern (vgl. zur empirischen Belegbarkeit Schoch BesVerwR/Schoch Kap. 1 Rn. 681 mwN). Einzelne Stimmen in der Literatur haben gegen eine solche Sichtweise eingewendet, dass der Einsatz optisch-technischer Mittel die Kriminalität oftmals nur an andere Orte verlagere (Roggan/Kutscha Recht der Inneren Sicherheit-HdB/Roggan 221 f.; Roggan NVwZ 2001, 134 (139 f.); Fetzer/Zöller NVwZ 2007, 775 (778 f.)). Das stellt die Eignung eines Vorgehens nach § 15a jedoch nicht in Frage. Zum einen steht dem Gesetzgeber hinsichtlich der Eignung des von ihm gewählten Mittels ein **Einschätzungsspielraum** zu, der, solange nicht überschritten ist, wie die Maßnahme sich mit Blick auf die Zweckerreichung nicht als objektiv oder evident untauglich erweist (BVerfGE 100, 313 (373); 90, 145 (172 f.); VGH Mannheim NVwZ 2004, 498 (502); Roggan/Kutscha Recht der Inneren Sicherheit-HdB/Roggan 221). Zum anderen darf nicht aus dem Blick geraten, dass die Datenerhebung nach § 15a auf die **Verhütung von Straftaten an bestimmten Orten** gerichtet ist. Dieses Anliegen ist schon dann verwirklicht, wenn die Kriminalitätsbelastung an dem überwachten Ort zurückgeht. Zudem stellt auch die Stärkung des Sicherheitsgefühls einen legitimen Zweck dar, zu dem die in der Bevölkerung weithin akzeptierte Videoüberwachung beiträgt (vgl. OVG Lüneburg ZD 2018, 50 (52); Wysk VerwArch 2018, 141 (155); krit. Lisken/Denninger PolR-HdB/Petri G Rn. 770). In Nordrhein-Westfalen wird die Diskussion um die Eignung der Videoüberwachung durch Nr. 15a.0 VVPolG NRW entschärft. Danach ist vor einem Einsatz dieser Maßnahme zu prüfen, ob die Videoüberwachung aller Wahrscheinlichkeit nach lediglich zu einem Verdrängungseffekt führt; in diesem Fall ist die Videoüberwachung unzulässig.

24   Mit Blick auf den **Erforderlichkeitsgrundsatz** stellt sich die Frage, ob es eine gleich effektive Alternative zu einem Vorgehen nach § 15a gibt, welche die betroffenen Personen weniger belastet. Zu denken ist in diesem Kontext bspw. an eine verdeckte Datenerhebung oder eine verstärkte Polizeipräsenz an dem jeweiligen Kriminalitätsbrennpunkt. Eine **verdeckte Datenerhebung,** die die Beobachteten nicht bemerken, würde zudem den mit § 15a bezweckten Abschreckungseffekt verfehlen (Kingreen/Poscher POR § 13 Rn. 104; BerlKommPolR/Söllner ASOG Bln § 24a Rn. 18; Wysk VerwArch 2018, 141 (151)). Sie erweist sich daher im Vergleich mit der offenen Datenerhebung als weniger effektiv. Überdies können die Betroffenen ihr Verhalten nicht auf die Datenerhebung einstellen, wenn sie von ihr nichts bemerken. Ein verdecktes Vorgehen erschwert dem Betroffenen zudem die Inanspruchnahme gerichtlichen Rechtsschutzes. Es handelt sich bei ihm folglich nicht um ein milderes Mittel (SBK PolG NRW/Braun Rn. 9; Roggan/Kutscha Recht der Inneren Sicherheit-HdB/Roggan 215). Dasselbe gilt für die **verstärkte Präsenz** von Polizeikräften vor Ort (Anderheiden JuS 2003, 438 (440); Ogorek JuS 2013, 811 (813)). Die Datenerhebung durch den offenen Einsatz optisch-technischer Mittel ermöglicht eine lückenlose und zeitlich unbegrenzte Kontrolle (Roggan/Kutscha Recht der Inneren Sicherheit-HdB/Roggan 212 f.). Die Wahrnehmungsmöglichkeiten, die durch die eingesetzten optisch-technischen Mittel entstehen, übertreffen diejenigen des menschlichen Auges bei Weitem. Darüber hinaus dürfte es angesichts des vielfach beklagten Personalmangels bei der Polizei sowie der hohen Kosten eines Polizeieinsatzes fraglich erscheinen, ob sich eine verstärkte Polizeipräsenz an den betreffenden Orten realisieren lässt (BVerfGE 77, 84 (110 f.); BVerwGE 141, 329 (343)). Unter dem Gesichtspunkt der Erforderlichkeit kritisch zu beurteilen ist Nr. 15a.14 VVPolG NRW, der zufolge die übertragenen Bilder aufzuzeichnen sind, um die Geschehensabläufe ggf. rekonstruieren zu können. Nach zutreffender Ansicht muss das schlichte Beobachten als gegenüber dem Aufzeichnen milderes Mittel den Regelfall darstellen (SBK PolG NRW/Braun Rn. 12). Die durch ein Vorgehen gem. § 15a verursachten Grundrechtsbeeinträchtigungen stehen schließlich auch nicht außer Verhältnis zu den mit der Maßnahme verfolgten Zwecken. Die **Angemessenheit** der Datenerhebung wird insbesondere dadurch gewährleistet, dass eine Videoüberwachung nur an Kriminalitätsbrennpunkten und bei konkreten Anhaltspunkten für weitere Straftaten zulässig ist (Lisken/Denninger PolR-HdB/Petri G Rn. 775). Ferner werden die mit der Bildaufzeichnung verbundenen Grundrechtseingriffe dadurch abgemildert, dass die Polizei das gespeicherte Bildmaterial gem. Abs. 2 grundsätzlich nach 14 Tagen löschen muss (krit. gegenüber der Dauer der Speicherung SBK PolG NRW/Braun Rn. 11). Auch die Offenheit der Maßnahme (Abs. 1 S. 2) sowie ihre Befristung auf ein Jahr (Abs. 4) tragen zu ihrer Verhältnismäßigkeit bei (LT-Drs. 17/2351, 36).

24.1   Höhere Anforderungen sind an die Verhältnismäßigkeit der Videoüberwachung zu stellen, wenn sog. **intelligente Videotechnik** oder „**Smart CCTV**" in Rede steht. Bei diesen Formen der Videoüberwachung wird das von der Kamera erfasste Geschehen nicht nur beobachtet und ggf. aufgezeichnet. Vielmehr kommt es auch zu einer gezielten Erfassung biometrischer Daten sowie der computergestützten Analyse von Verhaltensmustern (vgl. Hornung/Schindler ZD 2017, 203 ff.). Da § 15a nur die Bildbeobachtung und -aufzeichnung gestattet, lässt sich der Einsatz intelligenter Videotechnik nicht auf die Norm stützen (vgl. Roggan NVwZ 2019, 344 (346); SGR/Schenke BPolG § 27 Rn. 18; aA DMWW BPolG/Drewes BPolG § 27 Rn. 4). Angesichts der Vorgaben des Art. 10 lit. b JI-RL („Wahrung lebenswichtiger Interessen") darf intelligente Videotechnik zudem nur zur Abwehr von Gefahren für hochrangige Rechtsgüter wie Leib oder Leben eingesetzt werden (Lisken/Denninger PolR-HdB/Petri G Rn. 776).

G. Rechtsschutz

Eine Datenerhebung durch den offenen Einsatz optisch-technischer Mittel ist für sich **25** genommen nicht darauf gerichtet, Rechtsfolgen zu setzen. Es handelt sich bei ihr daher nicht um einen Verwaltungsakt. In der Rechtsprechung ist vertreten worden, die optisch-technische Überwachung gehe mit dem Erlass von sog. **Duldungsverwaltungsakten** einher (vgl. VG Bremen NVwZ 1989, 895). Dem ist zu widersprechen. Die rechtstechnische Konstruktion, der zufolge schlicht hoheitliches Verwaltungshandeln mit dem Erlass hierauf bezogener Duldungsverwaltungsakte verbunden ist, lässt sich nur historisch erklären (Pietzner VerwArch 1993, 261 (275); Finger JuS 2005, 116 (117 f.)). Mit ihr wurde ursprünglich das Anliegen verfolgt, dem Bürger gerichtlichen Rechtsschutz zu eröffnen, der lange Zeit nur gegen Verwaltungsakte zur Verfügung stand. Unter der Geltung der VwGO steht dem Kläger Rechtsschutz auch gegen schlicht-hoheitliches Verwaltungshandeln offen. Deshalb gibt es keinen Grund mehr dafür, im Zusammenhang mit Verwaltungsrealakten den Erlass von Duldungsverwaltungsakten zu fingieren. Für den Rechtsschutz bedeutet dies, dass der Betroffene gegen die polizeiliche Datenerhebung nach § 15a nicht eine Anfechtungsklage (§ 42 Abs. 1 Alt. 1 VwGO), sondern eine auf Unterlassung gerichtete **allgemeine Leistungsklage** erheben muss (Schenke PolR Rn. 186; Ogorek JuS 2013, 811 (812)). Auch die Löschung des Bildmaterials ist schlicht-hoheitliches Verwaltungshandeln. Ihr ist keine regelnde Entscheidung vorgeschaltet, sodass der Kläger sein Begehren auf Löschung mit einer Leistungs(vornahme)klage verfolgen kann. Im vorläufigen Rechtsschutz kann der Rechtsbehelfsführer den Erlass einer **einstweiligen Anordnung** gem. § 123 Abs. 1 VwGO beantragen, mit der das zuständige Gericht die polizeiliche Datenerhebung vorläufig untersagt.

Ist der Einsatz der optisch-technischen Mittel im Zeitpunkt der Klageerhebung schon **26** beendet, kann der Betroffene mit einer **Feststellungsklage** (§ 43 Abs. 1 VwGO) gerichtlich klären lassen, ob die Polizei gem. § 15a zur Überwachung der betreffenden Örtlichkeit befugt war. Da sich das festzustellende Rechtsverhältnis mit Abschluss der Datenerhebung erledigt, ist eine entsprechende Klage nur zulässig, wenn der Kläger ein **qualifiziertes Feststellungsinteresse** hat. Insoweit sind die zur Fortsetzungsfeststellungsklage entwickelten Grundsätze heranzuziehen (BeckOK VwGO/Möstl VwGO § 43 Rn. 25).

§ 15b Datenerhebung zur Eigensicherung

[1]Die Polizei kann zur Abwehr einer Gefahr im Sinne des § 1 Abs. 1 zum Zwecke der Eigensicherung bei Personen- oder Fahrzeugkontrollen Bildaufnahmen und -aufzeichnungen durch den Einsatz optisch-technischer Mittel in Fahrzeugen der Polizei herstellen. [2]Der Einsatz der optisch-technischen Mittel ist, falls nicht offenkundig, durch geeignete Maßnahmen erkennbar zu machen oder der betroffenen Person mitzuteilen. [3]Die Bildaufzeichnungen sind am Tage nach dem Anfertigen zu löschen. [4]Dies gilt nicht, wenn die Aufzeichnungen zur Verfolgung von Straftaten oder Ordnungswidrigkeiten benötigt werden. [5]§ 24 Abs. 2 und 3 bleibt unberührt.

Überblick

§ 15b regelt die Datenerhebung zur Eigensicherung von Polizeibeamten und flankiert damit die Eigensicherungsbefugnisse aus § 39 Abs. 1 Nr. 1 und Abs. 2 (Schutz- und Sicherungsdurchsuchung). Bei der Einführung der Vorschrift hat sich der nordrhein-westfälische Gesetzgeber von den Erfahrungen eines Pilotprojekts in Rheinland-Pfalz leiten lassen, das im Jahr 2001 durchgeführt und von der Ständigen Konferenz der Innenminister und -senatoren der Länder begleitet wurde (LT-Drs. 13/2854, 54 f.). Die Vorschrift stellt in S. 1 die Voraussetzungen für den Einsatz optisch-technischer Mittel in Fahrzeugen der Polizei auf (→ Rn. 3 f.). S. 2 legt als verfahrensrechtliche Anforderung die Offenheit der Datenerhebung fest (→ Rn. 5 f.). Hinsichtlich der erhobenen Daten statuiert S. 3 eine Löschungspflicht, von der S. 4 Ausnahmen zulässt (→ Rn. 9). Mit § 15b vergleichbare Ermächtigungsgrundlagen finden sich auch in anderen Bundesländern, so zB in Hessen (§ 14 Abs. 6 HSOG) und Niedersachsen (§ 32 Abs. 4 NPOG).

A. Bedeutung und Zweck

1   Wie sich bereits aus der Überschrift des § 15b ergibt, ist der Zweck dieser Eingriffsermächtigung die Eigensicherung von Polizeibeamten. Die Vorschrift verfolgt damit ein **präventivpolizeiliches Anliegen,** für das dem Landesgesetzgeber die erforderliche Gesetzgebungskompetenz zusteht. Soweit das aufgezeichnete Bildmaterial dazu verwendet wird, Straftaten und Ordnungswidrigkeiten zu verfolgen, stellt sich die Datenerhebung zur Eigensicherung als Maßnahme der sog. **Strafverfolgungsvorsorge** dar (SBK PolG NRW/Braun Rn. 1). Zur Strafverfolgungsvorsorge zählen solche Tätigkeiten staatlicher Sicherheitsbehörden, mit denen bereits vor Einleitung eines auf einen Anfangsverdacht (§ 152 Abs. 2 StPO) gestützten Ermittlungsverfahrens die Aufklärung künftig bekannt werdender Straftaten und Ordnungswidrigkeiten erleichtert werden soll. Die Strafverfolgungsvorsorge fällt in die konkurrierende Gesetzgebungszuständigkeit des Bundes für das gerichtliche Verfahren gem. Art. 74 Abs. 1 Nr. 1 GG (BVerfG NJW 2005, 2603 (2605); NVwZ 2012, 757 (760)). Das steht dem Erlass von landesgesetzlichen Regelungen zur Strafverfolgungsvorsorge allerdings nicht entgegen, da der Bund von seiner Gesetzgebungskompetenz aus Art. 74 Abs. 1 Nr. 1 GG insoweit nicht abschließend Gebrauch gemacht hat (BVerfG NVwZ 2012, 757 (760); Schenke PolR Rn. 30). In Bezug auf § 15b ist zudem von Bedeutung, dass die Vorschrift ausweislich ihres Wortlauts primär auf die Abwehr von (abstrakten) Gefahren abzielt und die Strafverfolgungsvorsorge daher lediglich einen Nebenzweck bildet.

2   Gegenstand des § 15b ist nicht die Eigensicherung in einem umfassenden Sinne. Die Norm bezieht sich ausschließlich auf Situationen, in denen Polizeibeamte **Personen- oder Fahrzeugkontrollen** vornehmen. Das Begriffspaar „Personen- oder Fahrzeugkontrollen" ist in einem weiten Sinne zu verstehen. § 15b gilt nicht nur für bestimmte, sondern für jede zulässige Form von Personen- und Fahrzeugkontrollen. Es spielt keine Rolle, ob die Kontrolle repressiven oder präventiven Zwecken dient. Ebenso wenig ist von Belang, auf welche Rechtsgrundlage die Polizei die Kontrolle stützt (SBK PolG NRW/Braun Rn. 4). Eine Datenerhebung zur Eigensicherung kann daher vorgenommen werden bei einer Befragung (§ 9), Identitätsfeststellung (§ 12), Ingewahrsamnahme (§ 35), Durchsuchung (§ 39) sowie den hiermit korrespondierenden Kontrollen nach der StPO (SBK PolG NRW/Braun Rn. 4). Als Maßnahme zur Eigensicherung sieht § 15b die Herstellung von Bildaufnahmen und -aufzeichnungen vor. Zu den optisch-technischen Mitteln, die hierzu eingesetzt werden dürfen, zählen insbesondere **Videokameras,** die in neueren Streifenwagen an der Frontscheibe und manchmal auch an der Heckscheibe angebracht sind. Ausweislich des eindeutigen Wortlauts von § 15b müssen die optisch-technischen Mittel **im Polizeifahrzeug** eingesetzt werden. § 15b ermächtigt die Polizeibeamten, welche die Kontrolle vornehmen, nicht dazu, eine Videokamera bei sich zu führen (SBK PolG NRW/Braun Rn. 3). Die Norm erfasst somit insbesondere nicht den Einsatz von sog. Mini- oder Schulterkameras an Polizeiuniformen zum Zweck der Eigensicherung (Wohlfahrt LKRZ 2015, 437; Lachenmann NVwZ 2017, 1424). Die Datenerhebung durch den Einsatz körpernah getragener Aufnahmegeräte richtet sich nach § 15c. Der Gesetzgeber geht davon aus, dass die offene Videoüberwachung von Personen- und Fahrzeugkontrollen auf die Betroffenen eine verhaltenssteuernde Wirkung hat und zur Deeskalation etwaiger Konfliktsituationen beiträgt. Unabhängig davon, ob die von der Kamera erfassten Bilder aufgezeichnet werden, ist die Datenerhebung zur Eigensicherung als Eingriff in das **Grundrecht auf informationelle Selbstbestimmung** (Art. 2 Abs. 1 GG iVm Art. 1 Abs. 1 GG) zu bewerten.

B. Voraussetzungen für die Datenerhebung

3   Gemäß S. 1 kann die Datenerhebung zur Eigensicherung erfolgen, um eine Gefahr iSd § 1 Abs. 1 abzuwehren. Die Verweisung auf § 1 Abs. 1 verdeutlicht, dass ein Vorgehen nach § 15b S. 1 nur bei einer Gefahr für ein polizeirechtliches Schutzgut, also der öffentliche Sicherheit oder Ordnung, in Betracht kommt. Da § 15b S. 1 nicht auf die Legaldefinition der Gefahr in § 8 Abs. 1 Bezug nimmt, ist überdies davon auszugehen, dass sich die von der Norm vorausgesetzte Gefahrenlage noch nicht zu einer konkreten Gefahr zugespitzt haben muss. Ein solches Verständnis der Norm findet seine Bestätigung in den Gesetzgebungsmaterialien (LT-Drs. 13/2854, 55). Dass der Gesetzgeber nicht auf die traditionelle Eingriffsschwelle der konkreten Gefahr abstellt, ist sachgerecht, weil es bei der ganz überwiegenden

Zahl von Personen- und Fahrzeugkontrollen nicht zu Übergriffen auf Polizeibeamte kommt und daher keine konkrete Gefahr eintritt (Tegtmeyer/Vahle PolG NRW/Tegtmeyer Rn. 1).

Vor diesem Hintergrund ist davon auszugehen, dass eine Datenerhebung zur Eigensiche- **4** rung bereits zulässig ist, wenn eine **abstrakte Gefahr** besteht (vgl. Nr. 1.12 VVPolG NRW; SBK PolG NRW/Braun Rn. 7). Bei Befugnisnormen, die an eine abstrakte Gefahr anknüpfen, kann auf den Nachweis der Gefahr eines Schadenseintritts im Einzelfall verzichtet werden. Ebenso wie bei der konkreten Gefahr hängt das Maß der für die Annahme einer abstrakten Gefahr erforderlichen Schadenswahrscheinlichkeit von Art und Umfang des zu erwartenden Schadens ab. Da S. 1 dem Schutz von Leib und Leben der an der Kontrolle beteiligten Polizeibeamten, also hochrangigen Rechtsgütern (Art. 2 Abs. 2 S. 1 GG) dient, dürfen an das Vorliegen einer Gefahr im Sinne dieser Vorschrift keine übersteigerten Maßstäbe angelegt werden. Vielmehr ist davon auszugehen, dass grundsätzlich jede Personen- oder Fahrzeugkontrolle abstrakt gefährlich ist. Mit einer Konfliktsituation muss gerechnet werden, sobald die Maßnahmeadressaten sich der polizeilichen Kontrolle bewusst werden. Dementsprechend ist eine Datenerhebung zur Eigensicherung ab dem Zeitpunkt zulässig, in dem **die betroffenen Personen davon Kenntnis haben oder haben könnten, dass eine Kontrolle durchgeführt werden soll** (Tegtmeyer/Vahle PolG NRW/Tegtmeyer Rn. 2). Für gewöhnlich wird der Maßnahmeadressat ein Vorgehen der Polizei nach § 15b frühzeitig bemerken. Eine Datenerhebung zur Eigensicherung kommt daher zB bei Fahrzeugkontrollen ab dem Zeitpunkt in Betracht, in dem die Polizei die Betroffenen durch geeignete technische Einrichtungen am Einsatzfahrzeug (Anhaltesignalgeber) oder eine Winkerkelle zum Anhalten auffordert. Die Datenerhebung darf bis zum vollständigen Abschluss des Kontrollvorgangs fortgesetzt werden (SBK PolG NRW/Braun Rn. 4).

Gemäß S. 2 muss die Polizei den Einsatz der optisch-technischen Mittel – falls dieser nicht **5** ohnehin **offenkundig** ist – durch **geeignete Maßnahmen erkennbar machen** oder der betroffenen Person **mitteilen.** Dem liegt der Gedanke zugrunde, dass ein verdecktes Vorgehen die mit der Maßnahme beabsichtigte verhaltenssteuernde Wirkung nicht entfalten kann (SBK PolG NRW/Braun Rn. 1). Die Datenerhebung ist offenkundig, wenn ein durchschnittlicher Betrachter sie von Anfang an ohne Weiteres eindeutig zu erkennen vermag (SBK PolG NRW/Braun Rn. 8). Die Erkennbarkeit der Datenerhebung lässt sich auf verschiedene Weise gewährleisten. Zu denken ist insbesondere an einen entsprechenden Hinweis an den Betroffenen sowie an den Einsatz optischer bzw. akustischer Signale, die dem Maßnahmeadressaten verdeutlichen, dass Bildaufnahmen oder -aufzeichnungen von ihm gefertigt werden (Tegtmeyer/Vahle PolG NRW/Tegtmeyer Rn. 2). Darüber hinaus lässt sich die Offenkundigkeit der Datenerhebung durch Hinweisschilder am Einsatzfahrzeug herstellen (SBK PolG NRW/Braun Rn. 8).

Einzelne Stimmen in der Literatur halten einen Hinweis auf die Datenerhebung nur so **6** lange für erforderlich, wie nicht jedes typische Polizeifahrzeug mit einem Aufzeichnungsgerät ausgestattet und deshalb noch nicht allgemein bekannt ist, dass bei Personen- und Fahrzeugkontrollen ständig entsprechende Aufzeichnungen stattfinden (Tegtmeyer/Vahle PolG NRW/ Tegtmeyer Rn. 2). Eine in diesem Sinne einschränkende Auslegung des S. 2 überzeugt jedoch nicht. Zum einen dürften kaum zuverlässige Zahlen darüber verfügbar sein, welchen Kenntnisstand die Bevölkerung über die Ausstattung von Polizeifahrzeugen hat. Zum anderen kann auch dann, wenn weite Teile der Bevölkerung von der Datenerhebung zur Eigensicherung wissen, noch lange nicht von einer entsprechenden Kenntnis bei den im konkreten Fall betroffenen Personen ausgegangen werden. Das gilt umso mehr, als Personen- und Fahrzeugkontrollen auch bei Ausländern vorgenommen werden, die mit der Ausstattung und den Eingriffsbefugnissen der deutschen Polizei nicht notwendigerweise vertraut sein müssen. Damit gewährleistet ist, dass der konkrete Maßnahmeadressat von der Datenerhebung weiß, ist die Regelung in S. 2 in allen Fällen und unabhängig davon zu beachten, ob und in welchem Umfang die Datenerhebung zur Eigensicherung in der Bevölkerung bekannt ist.

C. Maßnahmeadressaten

Die Polizei darf Bildaufnahmen und -aufzeichnungen von allen Personen erstellen, die **7** bei der jeweiligen Kontrolle zugegen sind. Die Datenerhebung ist also nicht nur bei denjenigen zulässig, die kontrolliert werden, sondern auch bei deren Begleitern sowie Schaulustigen. Ein Rückgriff auf die allgemeinen Vorschriften über die polizeirechtliche Verantwortlichkeit ist nicht erforderlich (§§ 4 ff.). Die Regelung in § 15b ist mit Blick auf die Maßnahmeadressaten abschließend (SBK PolG NRW/Keller Rn. 9).

D. Bildaufnahmen und -aufzeichnungen

8   Die Polizei kann zum Zweck der Eigensicherung **Bildaufnahmen** und -aufzeichnungen herstellen. Der Begriff der Bildaufnahme bezeichnet die durch Videotechnik unterstützte Beobachtung einer bestimmten Person oder Personengruppe. Die Beobachtung kann etwa dadurch erfolgen, dass die von der Kamera erstellten Bilder an eine polizeiliche Leitstelle übertragen werden, in der Polizeibeamte das Geschehen am Monitor überwachen (sog. Kamera-Monitor-Prinzip). In der Praxis dürfte die Datenerhebung angesichts der knappen personellen Ressourcen der Polizei allerdings nur selten in dieser Form erfolgen (vgl. SBK PolG NRW/Braun Rn. 2). Üblicherweise wird die Streifenwagenbesatzung die Personen- oder Fahrzeugkontrolle ohne Beteiligung der zuständigen Leitstelle aufzeichnen (Tegtmeyer/Vahle PolG NRW/Tegtmeyer Rn. 3). Bei der **Bildaufzeichnung** werden die erhobenen Daten gespeichert und können später jederzeit abgerufen werden. Die gespeicherten Bilddaten ermöglichen zudem eine spätere videotechnische Bearbeitung (zB Bildaufhellung, Kontrastverstärkung, Abschnittsvergrößerung). § 15b spricht allgemein von optisch-technischen Mitteln, ohne die damit angesprochenen Geräte näher zu spezifizieren. Der Gesetzgeber verlangt nicht, dass die eingesetzten optisch-technischen Mittel in einem besonderen Verfahren zugelassen werden. Auch der VVPolG NRW lassen sich insoweit keine Vorgaben entnehmen. Zu den **optisch-technischen Mitteln,** zu deren Einsatz § 15b die Polizei ermächtigt, zählen insbesondere Videokameras und Fotoapparate.

E. Löschungspflicht

9   S. 3 verpflichtet die Polizei dazu, die Bildaufzeichnungen am Tag nach dem Anfertigen zu löschen. Eine solche Pflicht ergibt sich auch aus dem in § 23 niedergelegten Grundsatz der Zweckbindung. Die Löschungspflicht besteht nicht, wenn die Aufzeichnungen zur Verfolgung von Straftaten oder Ordnungswidrigkeiten benötigt werden (S. 4). Das gilt auch dann, wenn ein Anfangsverdacht dafür besteht, dass die an der Kontrolle beteiligten Polizeibeamten eine Straftat oder Ordnungswidrigkeit begangen haben (Tegtmeyer/Vahle PolG NRW/Tegtmeyer Rn. 4). Gemäß § 15b S. 5 bleibt § 24 Abs. 2 und Abs. 3 unberührt. § 24 Abs. 2 Hs. 1 erlaubt die Nutzung der erhobenen Daten zu statistischen Zwecken; darüber hinaus kann gem. § 15b S. 5 iVm § 24 Abs. 3 S. 1 die Bildaufzeichnungen zur polizeilichen Aus- und Fortbildung genutzt werden. Dabei ist das Bildmaterial grundsätzlich zu anonymisieren (vgl. § 15b S. 5 iVm § 24 Abs. 2 Hs. 2 und § 24 Abs. 3 S. 2). Das kann etwa in der Weise geschehen, dass das Gesicht des Maßnahmeadressaten auf den Bildern durch einen schwarzen Balken unkenntlich gemacht wird. Soweit die Nutzung der erhobenen Daten zur Aus- und Fortbildung in Rede steht, bietet es sich an, nicht die Originalaufzeichnungen zu verwenden, sondern das Geschehen mittels nachgestellter Szenen zu veranschaulichen (Tegtmeyer/Vahle PolG NRW/Tegtmeyer Rn. 4; SBK PolG NRW/Braun Rn. 10).

§ 15c Datenerhebung durch den Einsatz körpernah getragener Aufnahmegeräte

(1) ¹**Die Polizei kann bei der Durchführung von Maßnahmen zur Gefahrenabwehr und zur Verfolgung von Straftaten oder Ordnungswidrigkeiten mittels körpernah getragener Aufnahmegeräte offen Bild- und Tonaufzeichnungen anfertigen, wenn Tatsachen die Annahme rechtfertigen, dass dies zum Schutz von Polizeivollzugsbeamtinnen und Polizeivollzugsbeamten oder Dritten gegen eine konkrete Gefahr für Leib oder Leben erforderlich ist. ²Die Erhebung personenbezogener Daten kann auch dann erfolgen, wenn Dritte unvermeidbar betroffen sind. ³Über die Anfertigung der technischen Aufzeichnungen entscheidet die das Aufnahmege-**

rät tragende Polizeivollzugsbeamtin oder der das Aufnahmegerät tragende Polizeivollzugsbeamte anhand der konkreten Umstände des Einzelfalls.

(2) ¹In Wohnungen (§ 41 Absatz 1 Satz 2) ist die Anfertigung von technischen Aufzeichnungen bei der Durchführung von Maßnahmen zur Gefahrenabwehr und zur Verfolgung von Straftaten oder Ordnungswidrigkeiten nur zulässig, wenn Tatsachen die Annahme rechtfertigen, dass dies zum Schutz von Polizeivollzugsbeamtinnen und Polizeivollzugsbeamten oder Dritten gegen eine dringende Gefahr für Leib oder Leben erforderlich ist. ²Über die Anfertigung der technischen Aufzeichnungen in Wohnungen entscheidet außer bei Gefahr im Verzug die den Einsatz leitende Polizeivollzugsbeamtin oder der den Einsatz leitende Polizeivollzugsbeamte. ³Absatz 1 Satz 2 gilt entsprechend.

(3) ¹Der Einsatz der Aufnahmegeräte ist durch geeignete Maßnahmen erkennbar zu machen und den betroffenen Personen mitzuteilen. ²Bei Gefahr im Verzug kann die Mitteilung unterbleiben. ³Aufzeichnungen sind unzulässig in Bereichen, die der Ausübung von Tätigkeiten von Berufsgeheimnisträgern nach §§ 53 und 53a der Strafprozessordnung dienen. ⁴Aufzeichnungen werden verschlüsselt sowie manipulationssicher gefertigt und aufbewahrt.

(4) ¹Die nach Absatz 1 und 2 angefertigten Aufzeichnungen sind zwei Wochen nach ihrer Anfertigung zu löschen. ²Dies gilt nicht, wenn die Aufzeichnungen
1. zur Gefahrenabwehr,
2. zur Verfolgung von Straftaten oder Ordnungswidrigkeiten oder
3. auf Verlangen der betroffenen Person für die Überprüfung der Rechtmäßigkeit von aufgezeichneten polizeilichen Maßnahmen
benötigt werden. ³Über die Löschung entscheidet die aufzeichnende Beamtin oder der aufzeichnende Beamte mit Zustimmung einer oder eines Vorgesetzten. ⁴Für die Verwertung der aus Aufzeichnungen nach Absatz 2 erlangten Erkenntnisse gilt Absatz 6. ⁵§ 32 Absatz 3 bleibt unberührt.

(5) ¹Die Aufzeichnung personenbezogener Daten, die dem Kernbereich privater Lebensgestaltung zuzurechnen sind, ist unzulässig. ²Der Aufzeichnungsvorgang ist unverzüglich zu unterbrechen, sofern sich während der Aufzeichnung tatsächliche Anhaltspunkte dafür ergeben, dass Daten, die dem Kernbereich privater Lebensgestaltung zuzurechnen sind, erfasst werden. ³Aufzeichnungen über solche Äußerungen und Handlungen sind unverzüglich zu löschen. ⁴Nach einer Unterbrechung darf die Aufzeichnung nur fortgesetzt werden, wenn auf Grund geänderter Umstände davon ausgegangen werden kann, dass die Gründe, die zur Unterbrechung geführt haben, nicht mehr vorliegen.

(6) ¹Eine Verwertung der nach Absatz 2 sowie der nach Absatz 5 Satz 4 erlangten Erkenntnisse ist zum Zweck der Gefahrenabwehr nur zulässig, wenn zuvor die Rechtmäßigkeit der Maßnahme richterlich festgestellt ist. ²Bei Gefahr im Verzug ist die richterliche Entscheidung unverzüglich nachzuholen. ³Bei Weitergabe der Daten ist zu vermerken, dass sie aus einer Maßnahme nach Absatz 2 herrühren. ⁴Nach einer Übermittlung an eine andere Stelle ist die Kennzeichnung durch diese aufrecht zu erhalten. ⁵Die Regelungen der Strafprozessordnung bleiben unberührt.

(7) § 24 Absatz 2 und 3 bleibt unberührt.

(8) ¹Maßnahmen nach Absatz 1 bis 6 sind zu dokumentieren. ²Näheres regelt das für Inneres zuständige Ministerium durch Verwaltungsvorschrift.

Überblick

Die äußerst umfangreiche Neuregelung wurde durch Gesetz v. 6.12.2016 (GV. NRW. 1061; Gesetzentwurf LT-Drs. 16/12361) in das Polizeigesetz eingefügt und trat am 15.12.2016 in Kraft. Die Regelung gestattet die Datenerhebung durch den Einsatz körpernah getragener Aufnahmegeräte (sog. **Bodycams**). Erlaubt ist danach der offene Einsatz der Geräte zur Fertigung von Bild- und Tonaufnahmen außerhalb und innerhalb von Wohnungen, unter Beachtung des Schutzes des Kernbereichs privater Lebensgestaltung. Geregelt sind ferner die Speicherdauer und eine Dokumentationspflicht. Die früher vorgesehene Pflicht zur Evaluierung in Abs. 9 wurde nach Vorlage eines Evaluierungsberichts (https://www.landtag.nrw.de/portal/WWW/dokumentenarchiv/Dokument/MMV17-2315.pdf) ebenso wie die ursprüngliche Befristung der Zulässigkeit zum 31.12.2019 mit Gesetz v. 19.12.2019 (GV. NRW. 995) durch Aufhebung des Abs. 9 gestrichen.

Übersicht

A. Allgemeine Charakterisierung und rechtlicher Rahmen

1 Geltende Befugnisse des Polizeirechts fokussieren in der Regel auf immer neue Maßnahmen der Polizei zur Datenerhebung und weiteren Datenverarbeitung; so auch hier. Verfassungsrechtlich stellt dabei jeder einzelne Schritt der Datenverarbeitung einen jeweils neuen **Eingriff in das Recht auf informationelle Selbstbestimmung** als besondere Ausprägung des allgemeinen Persönlichkeitsrechts aus Art. 2 Abs. 1 GG iVm Art. 1 Abs. 1 GG der hiervon betroffenen Person dar, der nur aus übergeordneten Gründen des Gemeinwohls vertretbar sein kann (stRspr, vgl. BVerfGE 65, 1 (41 ff.) = NJW 1984, 419 (421 ff.); ausf. zur gesetzlichen Neuregelung Arzt/Schuster DVBl 2018, 351; sa Haack/Hoheisel-Gruler Kriminalistik 2019, 331; Donaubauer, Der polizeiliche Einsatz von Bodycams, 2017, 398; Starnecker, Videoüberwachung zur Risikovorsorge, 2017, 122 ff.). Ob man daneben einen Eingriff in das **Recht am eigenen Bild** und am **gesprochenen Wort** bejahen kann, erscheint zweifelhaft, ein höherer Schutzstandard folgt hieraus auf jeden Fall nicht (vgl. Zöller, Der Einsatz von Bodycams zur polizeilichen Gefahrenabwehr, 2017, 24 ff.; Kipker/Gärtner NJW 2015, 296 (297)). Mit der Bodycam wird das Einsatzfeld der polizeilichen Videoüberwachung gegenüber §§ 15 und 15a indes signifikant ausgedehnt. Nicht nur das Gesamterscheinungsbild einer Menschenmenge wird gefilmt, sondern auch der konkrete Einzelne, mit welchem Polizist/innen innerhalb einer eng umrissenen Situation interagieren (Kipker/Gärtner NJW 2015, 296 (296)). Zudem führt die Mobilität des Einsatzes zu einem gegenüber einer stationären Kamera unter Umständen weiterreichenden und flexiblen Aufnahmebereich (Lachenmann NVwZ 2017, 1424 (1425)).

2 § 15c beinhaltet indes nicht nur einen Eingriff in das Recht auf informationelle Selbstbestimmung durch die damit verbundene Datenerhebung, sondern der Einsatz der Bodycam soll nach dem Willen des Gesetzgebers auch das Verhalten der Personen (deeskalierend) beeinflussen (LT-Drs. 16/12361, 2; so auch Ogorek DÖV 2018, 688 (694)), gegen die sich die Maßnahme richtet, diese also **einschüchtern** (vgl. Zöller, Der Einsatz von Bodycams zur polizeilichen Gefahrenabwehr, 2017, 41) respektive eine abschreckende Wirkung entfalten (ausf. Ogorek DÖV 2018, 688 (694)). Hierin liegt im Sinne der **Verhaltenssteuerung** ein Eingriff in die von Art. 2 Abs. 1 GG geschützte **Handlungsfreiheit** (vgl. Landesbeauftragte für Datenschutz und Informationsfreiheit, Stellungnahme Innenausschuss, 16/4201,

6; dies übersieht der Gesetzgeber in seiner Begründung). Zudem gestattet das Gesetz einen Eingriff in das **Wohnungsgrundrecht.**

§ 15c reiht sich ein in eine bundesweite Tendenz der **Befugniserweiterung** durch den 3 Einsatz von Bodycams als mögliches Mittel des Schutzes von Polizeivollzugsbeamtinnen und -beamten vor (gewaltsamen) Übergriffen (zu möglichen Erfolgen und Limitierungen Baier/ Manzoni Kriminalistik 2018, 685). Anders als bei sog. Fahrzeugkameras (vgl. § 15b) wird dabei nicht allein die Zulässigkeit von Bildaufnahmen und -aufzeichnungen (also Datenerhebung und -speicherung) implementiert, sondern dieses heute bereits breit genutzte Mittel zugleich um die Zulässigkeit von Tonaufzeichnungen erweitert.

Zurückzuführen ist die Einführung unter anderem auf jahrelange Bemühungen der Poli- 4 zeigewerkschaften, die eine Zunahme solcher **Übergriffe** behaupten und mit den Zahlen der registrierten Widerstandsdelikte nach § 113 StGB aF begründen (so auch LT-Drs. 16/12361, 2; krit. Donaubauer, Der polizeiliche Einsatz von Bodycams, 2017, 71), ohne dabei zu reflektieren, dass die hierzu führenden Zahlen gleichsam selbst generiert sind und zudem auch eine Reaktion auf (exzessive) Polizeigewalt darstellen können. Begründet wird der Einsatz der Bodycam seitens der Polizeigewerkschaften zumindest intern auch damit, dass so ein Mittel geschaffen werde, „zurückzufilmen", gleichsam als Maßnahme der „**counter surveillance**" unter umgekehrten Vorzeichen (vertiefend Arzt, Stellungnahme Innenausschuss, 16/2458; sa Singelnstein/Puschke NJW 2011, 3473 (3476); Knopp/Ullrich Berlin J Soziol 2019, https://doi.org/10.1007/s11609-019-00386-2; Wilson/Serisier Surveillance & Society Vol. 8 (2010), 166 ff.).

Rechtlich problematisch ist die **Rechtsnatur der Maßnahme** und damit die **Gesetzge-** 5 **bungskompetenz.** Laut Gesetzesbegründung (vgl. LT-Drs. 16/12361, 14) soll die Regelung der Prävention gewalttätiger Übergriffe durch eine vorgezogene repressiv-polizeiliche Beweissicherung dienen, mithin der Prävention durch die Androhung möglicher Repression. Aus Sicht der Befürworter einer Gesetzgebungskompetenz des Landes liegt der Schwerpunkt der Maßnahme im Bereich der **Gefahrenabwehr** (vgl. etwa BVerwG NVwZ 2012, 757 (759); VGH Mannheim NVwZ 2004, 498 (499); Ogorek DÖV 2018, 688; Zöller, Der Einsatz von Bodycams zur polizeilichen Gefahrenabwehr, 2017, 39 ff.; Martini/Nink/Wenzel NVwZ-Extra 24/2016, 1 (8)).

Nur wenn man davon ausgeht, die Maßnahme könne **präventiv-polizeilich** durch 6 Abschreckung und Deeskalation eine Wirkung entfalten und dies stellte die zumindest vorrangige Legitimation der Maßnahme dar, kann diese dem Polizeirecht zugeordnet werden und unterfiele damit der **Gesetzgebungskompetenz des Landes** (vgl. Donaubauer, Der polizeiliche Einsatz von Bodycams, 2017, 560; Starnecker, Videoüberwachung zur Risikovorsorge, 2017, 83 ff.), wobei die allgemeine Videoüberwachung wie auch die Bodycam zum Teil auch als **doppelfunktionale Maßnahme** angesehen wird (Krischok Polizei Info Report 4/2017, 4). Eine vorrangig präventiv-polizeiliche Ausrichtung ist indes fraglich, da die Bodycam faktisch einen gewalttätigen Übergriff nicht abwehren kann, anders als zB ein Platzverweis oder eine Anordnung mit ggf. nachfolgender Zwangsanwendung. Zudem spricht die von Anfang an erfolgende **Aufzeichnung,** also Datenspeicherung, gerade für eine Maßnahme der **Verfolgungsvorsorge** (aA Ogorek DÖV 2018, 688 (694)).

Wird mithin die **präventiv-polizeiliche Zielrichtung verneint,** handelt es sich um 7 eine Maßnahme der **Verfolgungsvorsorge,** die nur dann in die Gesetzgebungskompetenz des jeweiligen Landes fiele, wenn und soweit der Bund von seiner Gesetzgebungskompetenz nach Art. 74 Abs. 1 Nr. 1 GG keinen Gebrauch gemacht hat (BVerfG NJW 2005, 2603 (2005); Donaubauer, Der polizeiliche Einsatz von Bodycams, 2017, 411, 560 f.), was der Gesetzgeber an keiner Stelle hinterfragt hat.

Nach einer anderen Auffassung (Roggan NVwZ 2001, 134; abl. Ogorek DÖV 2018, 688 8 (693 f.)), die nach der hier vertretenen Ansicht in nicht wenigen Fällen deutlich „näher" an der tatsächlichen Nutzung der Bodycam zur vorgezogenen Beweissicherung (vgl. nur DPolG, Stellungnahme Innenausschuss 16/4188, passim) liegt als zur Deeskalation, ist die Maßnahme unzulässig. Mit einer **trennscharfen Unterscheidung präventiv- und repressiv-polizeilicher Tätigkeit,** ist es nach Roggan unvereinbar, dass – wie hier – Prävention durch Repression bewirkt werden solle. Vorschriften, die Gefahrenabwehr durch strafverfolgende Maßnahmen bewirken (sollen), seien kompetenzwidrig und damit nichtig. Deshalb vertritt er bereits zur allgemeinen Videoüberwachung, dass diese die Grenze zwischen Prävention und Repression in nicht mehr hinnehmbarer Weise verschwimmen lasse. Es handele sich beim Kamera-Einsatz in den Innenstädten um eine nicht nur nachrangig repressive Maßnahme. Zumindest hierfür bedürfe es einer strafprozessualen Ermächtigung.

9   Roggan vertritt daher, die Ermächtigung zur **verdachtslosen Videoüberwachung** mit auch repressiver Zielrichtung sei **kompetenzwidrig.** Rechtsgrundlagen, bei denen Gefahrenabwehr durch Strafverfolgung bewirkt werden solle, dürften ausschließlich bundesrechtlicher Natur sein (Roggan NVwZ 2001, 134 (139)). **Fraglich** ist indes, ob dieses Argument zur allgemeinen und anlasslosen Videoüberwachung auch mit Blick auf die hier zu beurteilende Regelung zur **Bodycam** plausibel ist, weil deren Nutzung nach Abs. 1 und Abs. 2 eine Gefahr für Leib oder Leben (zur Problematik der Wahrscheinlichkeit → Rn. 22 ff.) erfordert (so wohl auch Ogorek DÖV 2018, 688 (694)).

B. Einzelkommentierung

I. Zulässigkeit der Maßnahme im Allgemeinen (Abs. 1)

1. Bild und Tonaufzeichnungen zur Gefahrenabwehr (S. 1)

10   Nach **S. 1** kann die Polizei bei der Durchführung von Maßnahmen zur Gefahrenabwehr und zur Verfolgung von Straftaten oder Ordnungswidrigkeiten mittels körpernah getragener Aufnahmegeräte offen **Bild- und Tonaufzeichnungen** anfertigen, wenn Tatsachen die Annahme rechtfertigen, dass dies zum Schutz von Polizeivollzugsbeamtinnen und Polizeivollzugsbeamten oder Dritten gegen eine konkrete Gefahr für Leib oder Leben erforderlich ist. **Aufzeichnung** meint einen Sachverhalt der **Datenspeicherung,** während deren Aufnahme (**Datenerhebung**) in S. 1 nicht ausdrücklich geregelt ist. Das Recht zur Aufzeichnung macht indes hier nur Sinn, wenn zuvor deren **Aufnahme** (mittels Bodycam) durch das Gesetz zugelassen ist, was sich aus S. 3 zweifelsfrei ergibt. Systematisch klarer wäre gewesen, die Anfertigung von Bild- und Tonaufnahmen sowie deren Aufzeichnung zu gestatten.

11   Anders als andere Bundesländer, gestattet das Gesetz **nicht** das sog. **Prerecording,** dessen Einsatz damit schon aus diesem Grunde rechtswidrig wäre. Prerecording meint, dass bereits **vor** dem Start des nach den Tatbestandsvoraussetzungen gewollten Einsatzes der Bodycam, eine permanente Aufzeichnung erfolgt, die aber nach kurzer Zeit (zumeist nicht mehr als ein bis zwei Minuten) automatisch überschrieben wird, wenn das Gerät nicht durch die Polizeidienstkraft aktiviert wird. Hierin liegt zumindest ein Eingriff in das Recht auf informationelle Selbstbestimmung. Das Prerecording führt daher als **anlasslose Maßnahme** zu einem noch nicht bestimmbaren Zweck zu einem Grundrechtseingriff, der **verfassungsrechtlich nicht zulässig** ist (Donaubauer, Der polizeiliche Einsatz von Bodycams, 2017, 465, 566; Zöller, Der Einsatz von Bodycams zur polizeilichen Gefahrenabwehr, 2017, 62 ff.; Krischok Polizei Info Report 4/2017, 6; im Ergebnis abl. Parma DÖV 2016, 809 (810 f.); anders Starnecker, Videoüberwachung zur Risikovorsorge, 2017, 198; widersprüchlich Lachenmann NVwZ 2017, 1424 (1427), der von einer besonders hohen Eingriffsintensität ausgeht, die Maßnahme aber dennoch für zulässig erachtet, wenn diese schnell genug und sicher gelöscht werde).

12   Hinsichtlich der **Tonaufnahmen** wird die **Ambiguität der Maßnahme** als Beweismittel wie auch als mögliches Abschreckungsinstrument (so → Rn. 5 ff.) besonders deutlich, weil deren Erhebung noch stärker an der späteren Verwendung des Materials als Beweismittel orientiert ist als die Bildaufnahme (vgl. Martini/Nink/Wenzel NVwZ-Extra 24/2016, 1 (10); sa Zöller, Der Einsatz von Bodycams zur polizeilichen Gefahrenabwehr, 2017, 52, der mit der repressiv-polizeilichen Notwendigkeit der Tonaufnahme argumentiert, die Maßnahme aber im Widerspruch hierzu als vorrangig gefahrenabwehrrechtliche ansieht). Die Begründungen ihrer Zulässigkeit in der Literatur vermögen teilweise nur schwerlich zu überzeugen (vgl. Lachenmann NVwZ 2017, 1424 (1425), der argumentiert, die Bodycam schütze das „Interesse des Staates an einer angemessenen Strafverfolgung von rechtswidrigen Taten. Die primäre Rolle spielt der präventive Aspekt [...]") und ist nicht selten widersprüchlich, wenn die die repressiv-polizeiliche Seite des Einsatzes vorrangig in den Blick genommen wird und der Einsatz dann doch Polizeirecht zugeordnet wird (Lachenmann NVwZ 2017,

1424 (1428): „Denn die Bodycams werden regelmäßig eingesetzt, um Beweismittel für eine spätere Strafverfolgung zu sichern").

Letztendlich scheint sich hier insbesondere das Interesse der Polizei durchzusetzen, auch **13** mögliche **Beleidigungen** effektiver einer Strafverfolgung zuführen zu können (vgl. Dembrowski Polizeispiegel 4/2015, 22 (24); Polizeipräsidium Frankfurt a. M., Abschlussbericht über die Erfahrungen des Einsatzes der mobilen Videoüberwachung gem. § 14 Abs. 6 HSOG im Rahmen der Maßnahmen „Alt-Sachsenhausen" sowie im Bereich des 1. Polizeireviers des Polizeipräsidiums Frankfurt am Main, 2014, passim), ist indes mit den im Gesetz verankerten **tatbestandlichen Voraussetzungen** für eine Tonaufnahme im Widerspruch steht, auch wenn man, wie ein Polizeivertreter in der mündlichen Anhörung im Innenausschuss, Beleidigungen als „**verbale Gewalt**" bezeichnet (Arnd, Ausschussprotokoll 16/1440, 38), eine nicht unübliche Auslegung des Gewaltbegriffs von polizeilicher Seite.

Anders als der in der Zielrichtung vergleichbare § 15b zur **Datenerhebung zur Eigensi-** **14** **cherung,** spezifiziert § 15c Abs. 1 genauer, unter welchen Voraussetzungen das Mittel der Bodycam im Einzelfall genutzt werden darf. Dies ist zu begrüßen, da § 15b tatbestandlich allein den Zweck der „Eigensicherung" benennt, ohne die Schutzgüter und die Einschreitensschwelle genau zu bestimmen, was als nicht hinreichend bestimmt und daher verfassungsrechtlich unzulässig anzusehen ist (sa Starnecker, Videoüberwachung zur Risikovorsorge, 2017, 147; anders wohl → § 15b Rn. 3 f.). Auch § 39 Abs. 2 S. 1, der die sog. **Eigensicherungsdurchsuchung** seit langem gestattet, ist tatbestandlich weiter gefasst.

Anders als beide vorgenannten Normen ist hier klargestellt, dass die Befugnis aus § 15c **15** Abs. 1 sowohl als Mittel anlässlich präventiv-polizeilicher Maßnahmen der Gefahrenabwehr wie auch bei repressiv-polizeilichen Maßnahmen der Verfolgung von Straftaten oder Ordnungswidrigkeiten zur Anwendung kommen kann. **Ziel** kann hierbei nach dem eindeutigen Gesetzeswortlaut allerdings **niemals** die **Strafverfolgung** sein. Zudem ist festzuhalten, dass das Ziel der Maßnahme auch nicht die **Verfolgungsvorsorge sein darf,** weil diese nicht im Aufgabenbereich der Polizei nach § 1 liegt. Zulässig ist der Einsatz vielmehr ausweislich des Wortlauts **allein zur Abwehr einer konkreten Gefahr für Leib oder Leben** (sa Nr. 15c.11 und 15c.12 VVPolG NRW).

Zulässig ist allein der Einsatz „**körpernah getragener Aufnahmegeräte**", was indes **16** vom Wortlaut her auch eine nahe am Körper getragene herkömmliche Kamera, ein Smartphone oder eine „Google-Glass" Brille umfassen könnte und **Zweifel an der Bestimmtheit der Norm** eröffnet (so auch Landesbeauftragte für Datenschutz und Informationsfreiheit, Stellungnahme Innenausschuss, 16/4201, 10; Martini/Nink/Wenzel NVwZ-Extra 24/2016, 1 (9)). Mit Blick auf die Begründung des Gesetzentwurfs (vgl. LT-Drs. 16/12361, 2 und passim) wie auch Nr. 15c.11 VVPolG NRW ist zwar klargestellt, dass derzeit nur an den Einsatz von **Bodycams** gedacht ist; dennoch ist mit dieser offenen Begrifflichkeit keine Festlegung allein auf dieses Mittel erfolgt und die Norm im Wortlaut offen für die Verwendung anderer körpernah getragener Aufnahmegeräte (vgl. Zöller, Der Einsatz von Bodycams zur polizeilichen Gefahrenabwehr, 2017, 43 f.). **Wortlaut** der Norm und historischer **Wille des Gesetzgebers divergieren** hier deutlich, was bei Verwendung anderer Mittel als der Bodycam **verfassungsrechtlich** mit Blick auf die Bestimmtheit der Norm zu Problemen führen könnte. Vorzugswürdig wäre daher eine eindeutige Begriffsbestimmung mit Bodycam, Körper- oder Schulterkamera, wenn der Gesetzgeber tatsächlich nur diese gestatten will.

Die Maßnahme ist allein „offen" zulässig, weil allenfalls so eine **Deeskalationswirkung** **17** eintreten kann (vgl. auch Donaubauer, Der polizeiliche Einsatz von Bodycams, 2017, 73) die indes ein im internationalen Literatur wie auch der Diskussion in Deutschland **umstritten** ist (vgl. nur Zurawski, Stellungnahme Innenausschuss, 16/4231; Zander, Bodycams im Polizeieinsatz, 2016, 65 ff.). Dabei sind rechtliche, kulturelle, politische wie auch soziale Unterschiede sowie das im Ausland selten wie in Deutschland hohe Vertrauen breiter Teile der Bevölkerung in die Polizei (sa Begründung zum Gesetzentwurf, LT-Drs. 16/12361, 1) zu bedenken. Der Landesbeauftragte für Datenschutz des Freistaats Bayern weist mit Recht darauf hin, dass Bodycams als „Verdachtsansage" gegen Polizei und Bürger gesehen werden könnten (www.sueddeutsche.de/muenchen/ueberschwachungstechnik-muenchner-polizei-will-body-cams-testen-1.1858542, zuletzt abgerufen 28.9.2017) und verweist darauf, dass damit das seit Jahrzehnten in großen Teilen der Bevölkerung vorhandene **Vertrauen** der

Bürgerinnen und Bürger in die Polizei als ungewollte Nebenfolge untergraben werden könnte (zur Wirkung einer insbesondere in derzeit massiv vorangetriebenen Ausrüstungsspirale sa Schütte DIE POLIZEI 2014, 311 ff.).

18   Diesen **Zweifeln** schloss sich offenbar auch der Gesetzgeber an, wenn in der Gesetzesbegründung ausgeführt wird: „Die bisher in der Bundesrepublik durchgeführten Pilotprojekte scheinen eine **deeskalierende Wirkung** körpernah getragener Kameras, sogenannter Bodycams, auf das Verhalten des polizeilichen Gegenübers zu belegen. [...] Die beobachteten Wirkungen sprechen dafür, dass der Einsatz sogenannter Bodycams eine geeignete zusätzliche Möglichkeit der Sicherung für die PVB darstellt. Diese Erkenntnisse sind als Grundlage für einen Einsatz in NRW jedoch bisher nicht ausreichend belegt" (LT-Drs. 16/12361, 2). Statt zu deeskalieren, könnte der Kameraeinsatz sogar vorhandene **Aggressivität schüren** und so das Eskalationspotenzial der Situation noch steigern (vgl. Donaubauer, Der polizeiliche Einsatz von Bodycams, 2017, 61 f.). Bedenken werden auch dahingehend geäußert, ob **spontan gewalttätige Täter** oder Betrunkene, von denen offenbar ein erheblicher Teil der Übergriffe auf Polizisten ausgeht, sich von einer Videoaufzeichnung tatsächlich abschrecken ließen (Kipker/Gärtner NJW 2015, 296 (297); Donaubauer, Der polizeiliche Einsatz von Bodycams, 2017, 62; sa Zander, Bodycams im Polizeieinsatz, 2016, 72 ff., der von einer Verfassungswidrigkeit wegen Ungeeignetheit der Maßnahme geht).

19   Weshalb der Gesetzgeber diese Zweifel nicht zunächst durch eine Untersuchung der Wirkung der seit 2003 nach **§ 15b** zulässigen **Datenerhebung zur Eigensicherung,** die ja eine identische Zielrichtung hat, zu beseitigen versucht hat, ist nicht erkennbar (vgl. Landesbeauftragte für Datenschutz und Informationsfreiheit, Stellungnahme Innenausschuss, 16/4201, 7, die hieraus erhebliche Zweifel an der Erforderlichkeit wie auch der Geeignetheit der Maßnahme ableitet; ebenso Krischok, Polizei Info Report 4/2017, 8).

20   Was genau unter „**offen**" zu verstehen ist, bleibt auch mit Blick in Abs. 3 (näher → Rn 48 f.) unklar. Versteht man offen als Gegenteil zu verdeckt oder nicht erkennbar (so Lisken/Denninger PolR-HdB/Petri G Rn. 537 ff.), meint dies, dass für jeden Betroffenen der Einsatz der Bodycam ohne weiteres erkennbar sein muss. Dies schließt einen Einsatz der Bodycam durch nicht entsprechend gekennzeichnete **Zivilbeamtinnen** und -beamte aus.

21   Da eine Bodycam indes **nicht nur im Nahbereich,** sondern bereits heute **mindestens bis zu 10 m** Entfernung noch eine **Identifizierung** von Personen ermöglicht (vgl. http://www.vtq.de/unternehmen-ems/karriere/stellenangebote/264-home-de/produkte-ems/anwendungen/sicherheit-ueberwachung/ueberwachung-anwendungen/ueberwachung-anwendungen-behoerden/818-body-cam-de.html, zuletzt abgerufen 28.9.2017), wird deutlich, dass „**offen**" in realiter gerade **nicht erkennbar** für alle Betroffenen im Einzelfall bedeutet, worauf auch S. 2 hindeutet.

22   Zulässig ist die Maßnahme nach S. 1 nur „wenn **Tatsachen die Annahme rechtfertigen,** dass dies zum Schutz von Polizeivollzugsbeamtinnen und Polizeivollzugsbeamten oder Dritten gegen eine **konkrete Gefahr für Leib oder Leben** erforderlich ist". Die Regelung knüpft im Wortlaut an eine Formulierung des BVerfG zu Nichtigkeit des Niedersächsischen Polizeigesetzes zur vorbeugenden Telefonüberwachung (BVerfG NJW 2005, 2603 ff.) an und macht die **tatbestandlichen Voraussetzungen** der Maßnahme nicht klarer. Nach hM liegt eine konkrete Gefahr vor, wenn Tatsachen (nicht Vermutung) die hinreichende Wahrscheinlichkeit des Schadenseintritts für ein geschütztes Rechtsgut begründen (vgl. nur Lisken/Denninger PolR-HdB/Denninger D Rn. 42 ff.). Es ist daher unklar, ob hier vom Gesetzgeber mit der Formulierung „wenn Tatsachen die Annahme rechtfertigen" eine Absenkung der tatbestandlichen Voraussetzungen auf der Wahrscheinlichkeitsebene intendiert war; die auch sonst sehr knappe und oberflächliche Gesetzesbegründung bietet keine Anhaltspunkte für den Willen des Gesetzgebers (Springer Polizei Info Report 4/2017, 10 f., zweifelt daher zu Recht an der hinreichenden Bestimmtheit der Norm, geht im Ergebnis indes vom Gefahrenverdacht als Tatbestandsvoraussetzung aus, was nicht überzeugt, weil die Ungewissheit eines Schadenseintritts gerade das entscheidende Merkmal der Gefahr darstellt).

23   Die VVPolG NRW hingegen geht nach der von ihr vertretenen Ansicht zutreffend davon aus, dass auf der Ebene der **Wahrscheinlichkeit** stets eine **konkrete Gefahr** gefordert ist (Nr. 15c.11 und 15c.12 VVPolG NRW), wofür auch der Wortlaut spricht, weil es sonst hätte heißen müssen, „wenn Tatsachen die Annahme rechtfertigen, dass dies zum Schutz von Polizeivollzugsbeamtinnen und Polizeivollzugsbeamten oder Dritten gegen eine [...]

Gefahr für Leib oder Leben erforderlich ist". Auf der Ebene der **geschützten Rechtsgüter** hingegen ist nicht die allgemeine Definition einer konkreten Gefahr (für die öffentliche Sicherheit oder Ordnung) einschlägig, sondern diese Gefahr muss den im Gesetz abschließend festgelegten **Schutzgütern Leib oder Leben** drohen.

Anders als in der oben (→ Rn. 22) angeführten Entscheidung des BVerfG geht es hier **24** nämlich **nicht** um eine weit ins Vorfeld greifende Maßnahme der **Verhütung von Straftaten.** Deshalb kann die Regelung nach der hier vertretenen Auffassung nur so ausgelegt werden, dass die **Zulässigkeit** des Einsatzes der Bodycam auf der Wahrscheinlichkeitsebene eine **konkrete Gefahr** erfordert, was hier indes im Sinne der Je-Desto-Formel (Lisken/ Denninger PolR-HdB/Denninger D Rn. 53) mit Blick auf die hochrangigen **Schutzgüter Leib oder Leben** keine zu hohen Anforderungen an die **Wahrscheinlichkeit** des Schadenseintritts implizieren kann (zur Tatbestandsschwelle nicht widerspruchsfrei Martini/Nink/ Wenzel NVwZ-Extra 24/2016, 1 (9) Fn. 96).

Die durchaus vergleichbare Maßnahme in § 15b S. 1 verweist für die **Datenerhebung 25 zur Eigensicherung** auf die **Abwehr einer Gefahr** nach § 1 Abs. 1, ohne den Verweis auf „Tatsachen, die eine Annahme rechtfertigen". § 39 Abs. 2 S. 2 gestattet eine **Eigensicherungsdurchsuchung,** „wenn das nach den Umständen zum Schutz des Polizeivollzugsbeamten oder eines Dritten gegen eine **Gefahr für Leib oder Leben** erforderlich ist". Es ist wenig nachvollziehbar, weshalb der Gesetzgeber hier für drei vergleichbare Maßnahmen der Eigensicherung jeweils einen anderen Wortlaut gewählt hat, ohne hinreichend klar zu machen, ob hiermit auch drei unterschiedliche tatbestandliche Hürden eingeführt werden sollten. Im Ergebnis führt aber dieser Vergleich mit Blick auf den eindeutigen Wortlaut in S. 1 zu keiner anderen Auslegung, als dem Erfordernis einer **konkreten Gefahr für Leib oder Leben als Tatbestandsvoraussetzung** nach § 15c Abs. 1.

Zulässig ist der Einsatz der Bodycam nach S. 1 zum Schutz von Polizeivollzugsbeamtinnen **26** und -beamten wie auch zum **Schutz Dritter.** Dies ist nach der Gesetzesbegründung erforderlich, „weil sich bei den von der Rechtsgrundlage erfassten Einsatzlagen, insbesondere wenn diese mit Personenkontrollen oder Streitschlichtungen verbunden sind, die Aggressionen von Störern nicht nur gegen die PVB, sondern auch gegen sonstige Personen richten können, die sich in der unmittelbaren Nähe des Einsatzortes aufhalten" (LT-Drs. 16/12361, 13). Dies ist in sich stimmig; zu den Zweifeln an der deeskalierenden Wirkung (→ Rn. 17)

2. Erfassung Dritter (S. 2)

Nach S. **2** kann die Erhebung personenbezogener Daten auch dann erfolgen, wenn **Dritte 27 unvermeidbar betroffen** sind; dies meint einen anderen Sachverhalt als S. 1. Diese Regelung ist vergleichbaren mit anderen polizeigesetzlichen Normen zu Bildaufnahmen und nachvollziehbar, weil eine Fokussierung auf die / den Betroffenen allein aus technischen Gründen sicherlich nicht immer gewährleistet werden kann. Die **Unvermeidbarkeit** der Erfassung Dritter ist indes **Tatbestandsmerkmal** und **unterfällt nicht dem Ermessen** der handelnden Polizeivollzugsbeamtinnen oder -beamten. Gesetzlich gefordert ist mithin eine strikte Fokussierung des Einsatzes der technischen Mittel auf die Personen, von denen eine Gefahr ausgeht. Dies folgt auch aus den allgemeinen datenschutzrechtlichen Grundsätzen der **Datenminimierung** und **Datensparsamkeit** (vgl. nur Kipker/Gärtner NJW 2015, 296 (299); HK-BDSG/Johannes/Weinhold BDSG § 71 Rn. 32 f.).

3. Entscheidung über Bild und Tonaufzeichnungen (S. 3)

Nach S. **3** entscheidet die das Aufnahmegerät tragende Polizeivollzugsbeamtin oder der **28** das Aufnahmegerät tragende Polizeivollzugsbeamte anhand der konkreten Umstände des Einzelfalls über die Anfertigung der technischen Aufzeichnungen. Eine **anlasslose Aufzeichnung** bei der normalen Streifentätigkeit ist mithin **unzulässig** (so auch LT-Drs. 16/ 12361, 13). Dennoch könnte S. 3 mit Blick auf die Formulierung „anhand der konkreten Umstände des Einzelfalls" so missverstanden werden, dass aus den Umständen heraus bereits die Zulässigkeit des Einsatzes der Bodycam begründet werden kann, was eindeutig zu verneinen ist. Vielmehr ist deren Einsatz allein unter den tatbestandlichen Voraussetzungen des S. 1 zulässig (wie hier Springer Polizei Info Report 4/2017, 10). Daher ist der **Verweis auf die konkreten Umstände des Einzelfalls hier dogmatisch überflüssig,** mag aber durchaus klarstellenden Charakter im Sinne des Ausschusses einer anlasslosen Maßnahme haben.

29   Indes offenbart die Regelung ein weiteres Problem des polizeilichen Einsatzes der Bodycam, nämlich die **einseitige Ausrichtung der Maßnahme nach den Interessen der Polizei.** Während in der US-amerikanischen Diskussion die Einführung von Bodycams bei der Polizei auch aus bürgerrechtlicher Sicht begrüßt wird, um so auch **polizeiliche Übergriffe zu dokumentieren** (sa Krischok Polizei Info Report 4/2017, 4), eröffnet das in S. 3 unterstrichene Ermessen dem Betroffenen einer polizeilichen Maßnahme – wie auch sonst im Polizeirecht mit Ausnahme des Falles der Ermessensreduzierung auf Null – keinen Anspruch auf eine bestimmte Maßnahme (vgl. Lisken/Denninger PolR-HdB/Rachor/Graulich E Rn. 124 ff.; Donaubauer, Der polizeiliche Einsatz von Bodycams, 2017, 57, 71; insoweit irrt Lachenmann NVwZ 2017, 1424 (1425) zu § 27a Abs. 4 S. 2 Nr. 3 BPolG, der keinen Anspruch auf Datenerhebung, sondern nur auf den Verzicht zur Löschung konstituiert).

30   In der aus Sicht des Grundrechtsschutzes zu begrüßenden Beschränkung des Einsatzes durch Abs. 1 und in der Regelung in S. 3 liegt zugleich ein **mangelnder Schutz** des vom Grundrechtseingriff Betroffenen mit Blick auf dessen Recht aus **Art. 19 Abs. 4 GG,** da dieser keinen Anspruch darauf hat, dass die gefertigten Aufnahmen zugleich auch von ihm eingesehen und genutzt werden können für den Fall, dass er selbst eine polizeiliche Maßnahme für rechtswidrig oder sonst beanstandungswürdig hält. Dieses Problem setzt sich fort in der Löschungsregelung in Abs. 4 (→ Rn. 55 ff.).

II. Zulässigkeit der Maßnahme in Wohnungen (Abs. 2)

1. Bild und Tonaufzeichnungen zur Gefahrenabwehr in Wohnungen (S. 1)

31   Nach **S. 1** ist die Anfertigung von technischen Aufzeichnungen in Wohnungen bei der Durchführung von Maßnahmen zur Gefahrenabwehr und zur Verfolgung von Straftaten oder Ordnungswidrigkeiten nur zulässig, wenn Tatsachen die Annahme rechtfertigen, dass dies zum Schutz von Polizeivollzugsbeamtinnen und Polizeivollzugsbeamten oder Dritten gegen eine dringende Gefahr für Leib oder Leben erforderlich ist.

32   Ausweislich der Gesetzesbegründung werde die „Tatsache, dass eine große Anzahl an **Gewaltdelikten gegen PVB im Wohnungsbereich** verübt wird, […] in den bisherigen Pilotprojekten nicht berücksichtigt. Zudem wurden zumindest die in Hessen gewonnenen Erfahrungen ohne ausreichende wissenschaftliche Begleitung durchgeführt. Welchen tatsächlichen Effekt die Videografie mittels körpernah getragener Aufnahmegeräte für die Eigensicherung zu erzielen vermag, ist aus den derzeit vorliegenden Informationen und ohne weitere fundierte wissenschaftliche Analyse insofern noch nicht ersichtlich." (LT-Drs. 16/12361, 2).

33   Die Regelung in Abs. 2 wurde erst auf Empfehlung des Innenausschusses in den Gesetzestext eingefügt. „Um die Bedeutung des Schutzes der Wohnung zu betonen und um für eine deutlichere gesetzliche Regelung zu sorgen, wurden die bisherigen Absätze 1 bis 3 neu gefasst und in Abs. 2 eine Regelung speziell für den Einsatz von Bodycams in Wohnungen eingefügt." (LT-Drs. 16/13556, 12) Abs. 2 regelt somit ausdrücklich als Besonderheit im Vergleich zu anderen landesrechtlichen Regelungen die **Zulässigkeit** der Maßnahme auch **in Wohnungen,** was mit Blick auf den neben dem Recht auf informationelle Selbstbestimmung vorliegenden **Eingriff in Art. 13 GG** (sa LT-Drs. 16/12361, 14) notwendig ist.

34   Ob die Regelung mit Blick auf das **Wohnungsgrundrecht aus Art. 13 GG** verfassungsrechtlich haltbar ist, wurde im Gesetzgebungsverfahren kritisch hinterfragt (vgl. Zöller, Stellungnahme Innenausschuss, 16/4193, 9 f.; zweifelnd auch Ogorek DÖV 2018, 688 (696)). Aus gutem Grund verzichten andere Bundesländer auf die Zulässigkeit des Einsatzes in Wohnungen; die Maßnahme ist mit Art. 13 GG nicht vereinbar. Ein Rückgriff auf **Art. 13 Abs. 4 GG** kommt hier zum einen wegen des Richtervorbehalts nicht in Betracht. Zum anderen, weil bei Gefahr im Verzug also Ausnahmetatbestand, der Einsatz der Bodycam kein wirksames Mittel der Abwehr von Gefahren für die handelnden Polizeibeamt/innen darstellt. Zudem ist **Schutz „Dritter"** von **Art. 13 Abs. 5 GG nicht erfasst** und auch mit der behaupteten Zielrichtung der Bodycam-Nutzung, Angriffe gegen Polizeibeamt/innen zu verhindern, in keiner Weise vereinbar (vgl. Zöller, Anhörung Innenausschuss, Ausschusspro-

tokoll 16/1440, 44). Mehr als fraglich erscheint auch, ob die Regelung den Anforderungen in Art. 13 Abs. 5 S. 1 GG entspricht, dass die Maßnahme durch eine **gesetzlich bestimmte Stelle angeordnet** werden kann, was hier zumindest für den Fall der Gefahr im Verzug, die gerade den Regelfall darstellt, im Gesetz wohl kaum hinreichend eingegrenzt ist.

Die **Regelung** ist zudem in mehrfacher Hinsicht **nicht gelungen.** Zum einen erscheint **35** wenig überzeugend, weshalb hier auf der Rechtsfolgenseite anders als Abs. 1 S. 1 von „**technischen Aufzeichnungen**" anstelle von „**Bild- und Tonaufzeichnungen**" die Rede ist, wenngleich dort S. 3 ebenfalls diesen Begriff verwendet. Unterstellt werden kann mit Blick auf die Verwendung dieses Begriffs in Abs. 1 S. 3, dass auch hier die Befugnis zu Bild- und Tonaufzeichnungen geregelt sein soll.

Die Frage, ob die tatbestandliche Regelung „wenn **Tatsachen die Annahme rechtfertigen**" **36** gen", Einfluss auf den Grad der zu fordernden **Wahrscheinlichkeit** eines Schadenseintritts hat, ist unklar, da nach dem Gesetz weiter gefordert ist, dass es sich um eine **dringende Gefahr** handeln müsse. Nach zutreffender Ansicht des BVerwG (BVerwGE 47, 31 (40)) = NJW 1975, 130 (131); so auch BVerfGE 17, 232 (251 f.); Lisken/Denninger PolR-HdB/ Denninger D Rn. 64), liegt eine dringende Gefahr iSv Art. 13 Abs. 3 GG (jetzt Art. 13 Abs. 7 GG) vor, „wenn eine Sachlage oder ein Verhalten bei ungehindertem Ablauf des objektiv zu erwartenden Geschehens mit **hinreichender Wahrscheinlichkeit** ein **wichtiges Rechtsgut** schädigen wird. An die Wahrscheinlichkeit des Schadenseintritts sind nach dem aus dem Grundgesetz ableitbaren Grundsatz der Verhältnismäßigkeit umso geringere Anforderungen zu stellen, je größer und folgenschwerer der möglicherweise eintretende Schaden ist; aus dem Verhältnismäßigkeitsprinzip ergibt sich ferner, daß in die Wohnungsfreiheit nur eingegriffen werden darf, wenn und soweit die Maßnahme zur Gefahrenabwehr geeignet und erforderlich ist, und daß im Einzelfall die rechtsstaatliche Bedeutung der Unverletzlichkeit der Wohnung mit dem öffentlichen Interesse an der Wahrung von Recht und Ordnung abgewogen werden muß."

Der Grad der „**hinreichenden Wahrscheinlichkeit**" entspricht indes nach gängigem **37** Verständnis dem der **konkreten Gefahr** (vgl. Lisken/Denninger PolR-HdB/Denninger D Rn. 42). Anders als zur Begründung der Empfehlung des Innenausschusses ausgeführt (LT-Drs. 16/13556, 13), handelt es sich daher bei der **dringenden Gefahr** entgegen dem Wortlaut gerade nicht um eine Steigerung auf der Wahrscheinlichkeitsebene wie auch auf der Ebene des Schutzgutes. Vielmehr ist allein von einer **Steigerung auf der Ebene der geschützten Rechtsgüter** auszugehen, die hier indes bereits durch die Gefahr für Leib oder Leben abschließend vom Gesetzgeber bestimmt wurden. Dies verkennt auch die VVPolG NRW (Nr. 15c.22 VVPolG NRW), wo unter Berufung auf das **verfassungsrechtliche Verständnis** des Art. 13 Abs. 7 GG anstelle des **polizeirechtlichen Verständnisses** von einer „Gefahr für ein wichtiges Rechtsgut, mit hinreichender Wahrscheinlichkeit in allernächster Zukunft" ausgegangen wird. Dies würde im ersten Teil des Tatbestandes auf der Wahrscheinlichkeitsebene der konkreten Gefahr, im zweiten Teil der gegenwärtigen Gefahr entsprechen und wäre wenig hilfreich zum Verständnis. Hinzu kommt, dass im Widerspruch hierzu zuvor ausgeführt wird, die Maßnahme „dient der Verhütung einer dringenden Gefahr" (Nr. 15c.21 VVPolG NRW). Dies führt vielmehr zu einer weiteren dogmatischen Begriffsverwirrung, weil der Begriff der „Verhütung" üblicherweise als nähere Bezeichnung der sog. dritten Aufgabenkategorie, der **Verhütung von Straftaten** genutzt wird, wie etwa in § 15a. Wenn es an derer Stelle in den VVPolG NRW (Nr. 15c.22 VVPolG NRW) dann heißt: „Auf Grund der häufig eingeschränkten Einschätzbarkeit der Gesamtumstände kommt dem zeitlichen Aspekt ein besonderes Gewicht zu" kann dies die begriffliche Verwirrung, der hier Legislative und Exekutive gleichermaßen zu erliegen scheinen, nicht auflösen.

Eine **dringende Gefahr für Leib oder Leben** ist mithin nach der hier vertretenen **38** Auffassung eine **tatbestandlich** nicht notwendige „**Verdoppelung**", die Anlass zu Missverständnissen über die tatbestandlichen Voraussetzungen gibt. **Zulässig** ist die Maßnahme in Wohnungen vielmehr nach der hier vertretenen Auffassung, wenn eine **konkrete (Wahrscheinlichkeit) der Verletzung von Leib oder Leben (Schutzgüter) besteht.** Dabei ist im Rahmen der Entscheidung BVerwGE 47, 31 (40), davon auszugehen, dass an „die Wahrscheinlichkeit des Schadenseintritts [...] nach dem aus dem Grundgesetz ableitbaren Grundsatz der Verhältnismäßigkeit umso geringere Anforderungen zu stellen [sind], je größer und folgenschwerer der möglicherweise eintretende Schaden ist" [Je-desto-Formel]". Wollte man diese Anforderung weiter absenken, indem man die Formulierung, dass „Tatsachen die Annahme rechtfertigen" so versteht, dass diese Formulierung eine weitere Absenkung auf der Wahrscheinlichkeitsebene mit sich bringt, könnte auf tatbestandsbeschränkende Elemente des Wahrscheinlichkeitsmaßstabs fast verzichtet werden, was dem Schutz des Grundrechts aus Art. 13 Abs. 1 GG nicht gerecht würde.

39   Die Formulierung ergibt auch deshalb keinen Sinn, weil der den Abs. 2 erst vorschlagende Innenausschuss – entgegen der hier vertretenen Position – der Auffassung war, „eine dringende Gefahr [sei] dann zu bejahen, wenn eine erhebliche Gefahr mit hinreichender Wahrscheinlichkeit in allernächster Zukunft eintreten wird" (LT-Drs. 16/13556, 13). Diese Formulierung entspricht jedoch mit Blick auf die Wahrscheinlichkeitsebene dem gängigen Verständnis der **gegenwärtigen erheblichen Gefahr.** Eine **Wahrscheinlichkeitsprognose** im Polizeirecht basiert indes immer auf **Tatsachen,** so dass deren ausdrückliche Nennung im Tatbestand der Norm überflüssig ist. Hier führt dies sogar zur Widersprüchlichkeit der Norm und begründet mit Blick auf die **Normenbestimmtheit** ernsthafte **Bedenken gegen die Verfassungsmäßigkeit.**

40   Mehr Verwirrung als Rechtsklarheit schafft dabei auch die Aussage in der Begründung des Innenausschusses, „[o]b eine hinreichende **Wahrscheinlichkeit** für den Schadenseintritt in allernächster Zukunft gegeben ist, **entscheidet die handelnde Polizeivollzugsbeamtin** oder der handelnde Polizeivollzugsbeamte an Hand der ihm (sic!) bekannten Umstände des Einzelfalls" (LT-Drs. 16/13556, 13). Dies legt nahe, dass eine Beurteilungsermächtigung vorliege, obwohl es hier bei der Auslegung der Tatbestandsvoraussetzungen allein um eine **Rechtsfrage** geht.

41   Derzeit nicht belegt.

2. Anordnungsbefugnis (S. 2)

42   Nach **S. 2** entscheidet über die Anfertigung der technischen Aufzeichnungen in Wohnungen außer bei Gefahr im Verzug die den Einsatz **leitende Polizeivollzugsbeamtin** oder der den Einsatz leitende Polizeivollzugsbeamte. Aus grundrechtlicher Sicht ist eine **funktionale Zuständigkeitsverschiebung** grundsätzlich zu begrüßen, fraglich ist indes deren Wirksamkeit und Praktikabilität hier. Ist die den Einsatz leitende Polizeivollzugsbeamtin oder der den Einsatz leitende Polizeivollzugsbeamte konkret vor Ort – und hier geht es um einen räumlich eng eingegrenzten Bereich der Wohnung – bewirkt die gesetzliche Regelung im Ergebnis keinen Unterschied; interne Hierarchieebenen bedürfen indes keiner Abbildung im Eingriffsrecht.

43   Zutreffend war daher der Innenausschuss in der Begründung der Regelung der Auffassung, ob „eine hinreichende Wahrscheinlichkeit für den Schadenseintritt in allernächster Zukunft gegeben ist, entscheidet die **handelnde Polizeivollzugsbeamtin** oder der handelnde Polizeivollzugsbeamte an Hand der ihm [sic!] bekannten Umstände des Einzelfalls" (LT-Drs. 16/13556, 13; zur Kritik → Rn. 40). Handelnde Polizeibeamtin oder handelnder Polizeibeamter sind die vor Ort befindlichen Kräfte in der Wohnung, schwerlich hingegen ein **Einsatzleiter außerhalb dieser Wohnung,** weil dieser gerade nicht beurteilen kann, ob die tatbestandlichen Voraussetzungen im Einzelfall erfüllt sind oder nicht. Hiervon wird wohl auch in Nr. 15c.23 VVPolG NRW ausgegangen: „Werden am Einsatzort mehrere Streifen gemeinsam tätig, so gilt als den Einsatz leitende Person, solange Vorgesetzte nicht anwesend sind bzw. eine Einsatzleiterin oder ein Einsatzleiter vor Ort nicht bestimmt ist, die oder der mit dem Einsatz zuerst befasste Streifenführerin oder Streifenführer." Fraglich ist daher, ob diese Regelungen den Anforderungen aus Art. 13 Abs. 5 GG gerecht werden.

44   **S. 2** erscheint daher nicht zielführend, weil die **Entscheidung,** ob eine „(dringende) Gefahr für Leib oder Leben" vorliegt oder nicht, **nur vor Ort** und damit durch die dort **eingesetzten Polizeidienstkräfte** erfolgen kann (so auch Springer Polizei Info Report 4/2017, 11). Dies würde erst recht gelten, wenn man das Verständnis des Innenausschusses in seiner Begründung (→ Rn. 43) zugrunde legte, dass die tatbestandlich geforderte dringende Gefahr auch eine Steigerung auf der Wahrscheinlichkeitsebene verlange; weshalb sollte dann noch eine Differenzierung in „normale" Einsatzsituationen und Gefahr im Verzug erfolgen (sa Zöller, Anhörung Innenausschuss, Ausschussprotokoll 16/1440, 43).

Fraglich ist zudem, ob bei **Gefahr im Verzug** überhaupt noch eine gefahrenabwehrende 45
Wirkung eintreten kann, oder ob hier nicht bereits in die (vorgezogene) Beweissicherung
eingetreten wird, die als repressiv-polizeiliche Maßnahme anzusehen wäre (vgl. Albrecht,
Anhörung Innenausschuss, Ausschussprotokoll 16/1440, 42), was die Regelung insgesamt
kompetenzrechtlich fragwürdig machte (Albrecht/Wessels jurisPR-ITR 9/2017
Anm. 2).

3. Erfassung Dritter (S. 3)

S. 3 ordnet an, dass Abs. 1 S. 2 entsprechend gilt. Dies bedeutet, dass die Erhebung 46
personenbezogener Daten auch dann erfolgen kann, wenn **Dritte** unvermeidbar betroffen
sind. In der Wohnung wären das andere Personen, die sich in derselben Wohnung aufhalten
wie der oder die von der Maßnahme **Betroffene.**

III. Erkennbarkeit der Maßnahme und Aufzeichnung (Abs. 3)

S. 1 schließt an Abs. 1 S. 1 an, der nur offene Bild- und Tonaufzeichnungen gestattet und 47
präzisiert dies dahingehend, dass der Einsatz der Aufnahmegeräte durch geeignete Maßnahmen erkennbar zu machen und den betroffenen Personen mitzuteilen ist.

In Nr. 15c.31 VVPolG NRW heißt es hierzu: „Die Erkennbarkeit ist bereits durch das 48
eingeschaltete Display des Aufnahmegeräts gewährleistet. Eine zusätzliche Mitteilung gegenüber der von der Aufnahme betroffenen Person ist grundsätzlich erforderlich. Eine Ausnahme
bilden Fälle, bei denen **Gefahr im Verzug** droht." Dem kann mit Blick auf S. 1 der VVPolG
NRW nur bedingt gefolgt werden. Eine Erkennbarkeit durch das **eingeschaltete Display**
ist nur gegeben, wenn dieses **für den Betroffenen sichtbar** ist. Dies kann allenfalls bei
einem oder sehr wenigen Betroffenen bejaht werden, wenn das Display ihr oder ihm zuge-
wandt sichtbar ist. Sobald eine Gruppe mehrerer Personen betroffen ist, ist eine Erkennbarkeit
allein durch Sichtbarkeit des Displays zu verneinen; insbesondere mit Blick auf zufällig erfasste
Dritte (ablehnend zur Zulässigkeit einer Anzeige auf einem Display (Lachenmann NVwZ
2017, 1424 (1427 f.)), der allerdings auch hier vor allem repressiv-polizeilich argumentiert).
Auch mit Blick auf den Wortlaut ist daher eine verbale **Mitteilung zwingend erforderlich.**

Fraglich ist, wie eine Sichtbarkeit außerhalb des Einsatzes in Wohnungen mit Blick auf 49
die **Reichweite** heutiger **Bodycams** (→ Rn. 21) realisiert werden kann. Die Regelung in
S. 1 ist indes bindend, wie auch der Ausnahmetatbestand des S. 2 unterstreicht. Die eine
Bodycam einsetzenden **Polizeivollzugsbeamtinnen** und -beamte sind daher **verpflichtet,**
den **Einsatz** der Aufnahmegeräte durch geeignete Maßnahmen wie etwa Warnwesten oder
ähnlichem, die insbesondere auch für Dritte sichtbar sind, **erkennbar** zu machen (vgl. Kip-
ker/Gärtner NJW 2015, 296 (299); Martini/Nink/Wenzel NVwZ-Extra 24/2016, 1 (9 f.))
und den **betroffenen Personen mitzuteilen.** Eine Signalleuchte oder ähnliches reicht hier
nicht aus (abwegig mit Blick auf deren Sichtbarkeit Lachenmann NVwZ 2017, 1424 (1428)).

Nach **S. 2** kann im Falle der **Gefahr im Verzug** die **Mitteilung unterbleiben.** Gefahr 50
im Verzug meint nach polizeirechtlichem Verständnis einen Sachverhalt, bei dem die bei
Beachtung formaler Anforderungen (zB Richtervorbehalt) eintretende Verzögerung den
Erfolg einer polizeilichen Maßnahme gefährdet würde, wobei zur Beurteilung an die zeitliche
Unmittelbarkeit des drohenden Schadenseintrittes und die Effektivität der Gefahrenabwehr
angeknüpft wird. Das bedeutet, dass eine Mittteilung unterbleiben kann, wenn diese nicht
mehr rechtzeitig vor dem zu erwartenden Schadenseintritt möglich ist (vgl. Lisken/Dennin-
ger PolR-HdB/Rachor/Graulich E Rn. 633; sa Kugelmann PolR Rn. 155). Mit Blick auf
den **Einsatz der Bodycam** ist indes nicht erkennbar, wann diese Situation eintreten könnte,
weil nicht plausibel ist, dass zwar deren Einsatz einen Angriff verhindern könnte, nicht aber
die Mitteilung, dass ein solcher jetzt erfolge.

Die Regelung unterstreicht, dass die Bodycam zumindest in diesem Fall **allein** der (**vorge-** 51
zogenen) **Beweissicherung** dienen kann, denn es ist nicht erkennbar, wie durch die kurze
Mitteilung über den Einsatz der Bodycam so viel Zeit vergehen könnte, dass dieser nicht
mehr zeitnah möglich ist, gerade wenn man die Zielrichtung der Maßnahme mit einer
deeskalierenden Wirkung zu begründen sucht. Unterstellt, diese könnte eintreten, sollte
doch gerade die „Drohung" mit dem Einsatz der Bodycam bereits ein Mittel der Deeskalation
sein. Eine Zulässigkeit des Bodycam-Einsatzes zur vorgezogenen Beweissicherung als repres-

siv-polizeiliche Maßnahme in Abgrenzung zum Strafprozessrecht hat der Gesetzgeber indes an keiner Stelle unternommen, was erhebliche **Zweifel an der Gesetzgebungskompetenz,** zumindest für die hier geregelte Ausnahme, begründet.

52   **S. 3** untersagt Aufzeichnungen in Bereichen, die der Ausübung von Tätigkeiten von **Berufsgeheimnisträgern** nach §§ 53 und 53a der Strafprozessordnung dienen. Dies meint offenkundig nicht nur deren Geschäftsräume, wie Anwaltskanzleien, weil die Regelung nicht in Abs. 2 verortet ist und der Gesetzgeber in seiner Begründung ebenfalls ohne weitere Beschränkungen darauf hinweist, dass die „Vertraulichkeit des gesprochenen Worts von und gegenüber Berufsgeheimnisträgern" durch die Regelung gewahrt werden soll (LT-Drs. 16/12361, 15). S. 3 gilt daher **auch und gerade unter freiem Himmel.**

53   Nach **S. 4** sind Aufzeichnungen **verschlüsselt** sowie **manipulationssicher zu fertigen und aufzubewahren.** Es muss gewährleistet sein, dass jederzeit nachvollziehbar ist, wer zu welcher Zeit und auf welche Weise Veränderungen oder Löschungen an den Aufzeichnungen vorgenommen hat (Landesbeauftragte für Datenschutz und Informationsfreiheit, Stellungnahme Innenausschuss, 16/4201, 11). Hierzu ist eine **ausreichende Dokumentation** notwendig, welche der Gesetzgeber nicht geregelt hat. Eine Manipulationssicherheit ist auch dann nicht gegeben, wenn die Löschung in der Bodycam selbst durchgeführt werden kann und damit zB einzelne Sequenzen aus einer Aufnahme gelöscht, andere hingegen gespeichert werden können. Unklar ist auch, wer unter welchen Voraussetzungen **Zugriff** auf dieselben haben soll, da eine Aufbewahrung allein im **Hoheitsbereich der Polizei** geschieht. Auch das Verhältnis zu Abs. 4 bleibt unklar. Die Regelung **entspricht daher schwerlich den Anforderungen an den technischen Datenschutz** (vgl. etwa HK-BDSG/Johannes/Weinhold BDSG § 71 Rn. 13 ff.).

IV. Löschung und Zweckänderung (Abs. 4)

1. Löschfrist (S. 1)

54   Ausweislich **S. 1** sind die nach Abs. 1 und Abs. 2 angefertigten Aufzeichnungen **zwei Wochen** nach ihrer Anfertigung zu löschen.

55   Aus dem Gesetzentwurf ergibt sich indes nicht, weshalb die **Löschfrist** so **lang** bemessen ist und deutlich von der vergleichbaren Maßnahme nach § 15b S. 3 abweicht, der eine Löschung „am Tage nach dem Anfertigen" vorschreibt. Unklar ist auch, weshalb hier eine andere Regelung als in § 15a Abs. 2 gewählt wurde, der ohne erkennbaren Grund wiederum eine andere Frist als § 15 vorsieht, obgleich es sich hierbei durchaus um vergleichbare Maßnahmen handelt. Es ist dem **Gesetzgeber** offenkundig nicht gelungen, ein inhaltlich aufeinander **abgestimmtes Konzept von Löschfristen** bei den verschiedenen Maßnahmen der Videoüberwachung (im weiteren Sinne) gesetzlich zu verankern.

56   Wenn **§ 15a** bei der **Videoüberwachung** öffentlich zugänglicher Orte in Abs. 2 eine **Löschfrist von 14 Tagen** (unklar ist dabei der sprachliche Unterschied zu § 15c) vorsieht, ist zu bedenken, dass bei einer gleichsam „ziellosen" Videoüberwachung hinreichend Zeit für deren Auswertung benötigt wird. Folglich sieht der mit § 15c als Maßnahme der **Eigensicherung** vergleichbare **§ 15b S. 3** vor, dass eine **Löschung „am Tage nach dem Anfertigen"** zu erfolgen hat. Dies ist ausreichend und aus grundrechtlicher Sicht angemessen, weil hier – anders als bei § 15a – die Polizeidienstkräfte unmittelbar selbst vor Ort sind und noch dort, sonst aber binnen kurzer Zeit nach Abschluss des Einsatzes beurteilen können, **ob eine Zweckänderung** zu Zwecken der Strafverfolgung **notwendig** ist oder nicht.

57   Vor diesem Hintergrund erschließt sich nicht, weshalb § 15c nunmehr – wie bei der breiten Erfassung einer Vielzahl von Sachverhalten mit einer großen Zahl von Menschen nach § 15a – eine **Löschung erst nach zwei Wochen** vorschreibt. Dies ist **nicht angemessen,** weil – wie im Falle des § 15b – unmittelbar nach Ende des Einsatzes beurteilt werden kann, ob die Aufzeichnungen mittels Bodycam für eine weitere Nutzung der Daten nach S. 2 benötigt werden oder nicht (so auch Landesbeauftragte für Datenschutz und Informationsfreiheit, Stellungnahme Innenausschuss, 16/4201, 11; sa Gewerkschaft der Polizei, Stellungnahme Innenausschuss, 16/4207, 4 f.; Starnecker, Videoüberwachung zur Risikovorsorge, 2017, 202 mit Verweis auf Ziems). Verfassungsrechtlich geboten mit Blick auf den Eingriff in das Grundrecht auf informationelle Selbstbestimmung durch die Speicherung für

zwei Wochen und mit Blick auf **vergleichbare Regelungen in § 15b S. 3** sinnvoll wäre es daher auch hier, eine **Nutzung der gespeicherten Daten für die polizeiliche Aufgabenerfüllung allenfalls auf einen Tag zu beschränken,** soweit keine gesetzlich geregelte und zulässige Zweckänderung folgt.

Ein erheblicher Mangel der gesetzlichen Regelung ist die weiterhin gegebene **einseitige** 57a **Verfügbarkeit des Zugriffs auf die Daten für die Polizei.** Sollen im Einsatz bei konfliktgeladenen Situationen Bodycams genutzt werden, ist nicht plausibel, dass die Entscheidung über eine Fertigung von Bild- und Tonaufnahmen und die Dauer ihrer Speicherung der Polizei zugänglich ist. Es **mangelt** in diesem Kontext auch an einer klaren **Regelung zur Dokumentation der Nutzung der Bodycam.** Es muss unzweifelhaft nachvollziehbar sein, ob und wann die Kamera eingeschaltet und wieder ausgeschaltet wurde; dies darf nicht dem „Löschrecht" der Polizeidienstkräfte überlassen werden (vgl. Feltes, Stellungnahme Innenausschuss, 16/4218, 7 ff.).

2. Ausnahmen von der Löschung (S. 2)

S. 2 wurde durch Gesetz v. 19.12.2019 (GV. NRW. 995) geändert und Nr. 3 neu eingefügt. **58** Die Löschpflicht besteht demnach nicht, wenn
- die Aufzeichnungen zur **Gefahrenabwehr** (Nr. 1) oder
- zur **Verfolgung von Straftaten oder Ordnungswidrigkeiten** (Nr. 2) oder
- auf **Verlangen der betroffenen Person für die Überprüfung der Rechtmäßigkeit von aufgezeichneten polizeilichen Maßnahmen** benötigt werden (Nr. 3).

Unklar ist die Zielrichtung der **weiteren Speicherung zur Gefahrenabwehr** nach **Nr. 1.** **59** Diese Erweiterung wurde erst auf Empfehlung des Innenausschusses aufgenommen, ohne dass hierfür eine Begründung erkennbar wäre. Auch diese Regelung **weicht ab** von der vergleichbaren **Datenerhebung zur Eigensicherung nach § 15b,** der allein eine Zweckänderung zur Verfolgung von Straftaten oder Ordnungswidrigkeiten gestattet. **Anders als § 15a Abs. 2** ist auch nicht vorgesehen, dass die Daten allenfalls dann weiter gespeichert werden dürfen, wenn Tatsachen die Annahme rechtfertigen, dass eine Person künftig Straftaten begehen wird, und die Aufbewahrung zur vorbeugenden Bekämpfung von Straftaten erforderlich ist. **§ 15 Abs. 1 S. 3** fordert hierfür sogar die Notwendigkeit der vorbeugenden Bekämpfung erheblicher Straftaten. Die hier gewählte Regelung zur weiteren Speicherung zur Gefahrenabwehr geht weit darüber hinaus und umfasst den gesamten Aufgabenbereich der polizeilichen Gefahrenabwehr iSd § 1, ohne dass erkennbar wäre, wofür dies notwendig sein sollte. Die Norm ist mithin hinsichtlich ihres Anwendungsbereichs **nicht hinreichend bestimmt** und **unverhältnismäßig,** woraus deren **Verfassungswidrigkeit** folgt (vgl. bspw. BVerfG NJW 2008, 1505 (1509); BVerfGE 100, 313 (360); sa Lisken/Denninger PolR-HdB/Petri G Rn. 124 ff.).

Nr. 2 erfasst die polizeirechtlich übliche **Zweckänderungsklausel,** wenn die präventiv- 60 polizeilich erhobenen Daten **ausnahmsweise repressiv-polizeilich** verwendet werden müssen, um Straftaten oder Ordnungswidrigkeiten zu verfolgen. Dabei ist ausdrücklich darauf hinzuweisen, dass deren Erhebung zur **Verfolgungsvorsorge nach § 15c unzulässig** ist (so → Rn. 7 ff.); allein die ausnahmsweise Zweckänderung im Nachhinein kann zulässig sein. Wird die Bodycam von Anfang an oder im Verlauf des Einsatzes bei Vorliegen eines Anfangsverdachts aus strafprozessualen Gründen der **Beweissicherung** genutzt, kann dies ab dem Moment des Vorliegens des **Anfangsverdachtes** einer Straftat (§ 152 StPO) allein nach den Maßgaben der StPO zulässig sein. Fraglich ist, welche Normen hier anwendbar sind. In Betracht kommen **§ 100h Abs. 1 StPO** und **§ 163b Abs. 1 StPO,** wobei die Generalklausel bei Bejahung der Anwendbarkeit des § 100h Abs. 1 StPO (die nach § 100h Nr. 1 StPO keine Tonaufnahmen gestattet und nach § 100h Nr. 2 StPO nur zu Observationszwecken bei Vorliegen eines Anfangsverdachtes der Begehung von Straftaten von erheblicher Bedeutung greift) allenfalls Tatortaufnahmen, nicht aber die Erhebung von Bildaufnahmen von Personen gestatten dürfte (vgl. Parma DÖV 2016, 809 (814 ff.), der auch auf § 81b Alt. 1 StPO für Einzelfälle verweist).

Die im Rahmen der Novelle Ende 2019 (GV. NRW. 1019, 995) eingefügte **Nr. 3** soll **61** ausweislich der Gesetzesbegründung (LT-Drs. 17/7549, 27) berücksichtigen, dass die von einer Datenaufzeichnung betroffene Person ein Interesse daran haben kann, dass die Aufzeichnungen nicht gelöscht werden und dies auch verlangt. Die ausdrückliche Aufnahme einer entsprechenden Regelung sei angebracht, da die in § 32 Abs. 3 enthaltenen Regelungen einen **einstweiligen Datenerhalt auf Verlangen der betroffenen Person** bisher nicht vorsähen. Die Einführung der Regelung, die auf den **Erhalt der Daten zu Beweissicherungszwecken** ziele, vervollständige damit das bestehende Instrumentarium datenschutzrechtlicher Betroffenenrechte. Dies ist im Grundsatz zu begrüßen. Dennoch begegnet die Regelung Bedenken und weist deutliche Schwächen auf, wie nachfolgend ausgeführt.

62   **An Stelle einer Löschung** erst nach zwei Wochen (→ Rn. 57) wäre vielmehr eine **gesetzliche Sperrung** für einen im Gesetz zu regelnden Zeitraum innerhalb sehr kurzer Frist vorzusehen (so auch Lachenmann NVwZ 2017, 1428 f.). Im Sinne einer grundrechtsfreundlichen Regelung, die den Anforderungen aus dem Recht auf informationelle Selbstbestimmung wie auch dem Justizgewährleistungsanspruch aus Art. 19 Abs. 4 GG gerecht wird, wäre daher eine Regelung vorzugswürdig, die sich bspw. an den Maßgaben des § 13a Abs. 3 SPG ([Österreichisches] Bundesgesetz über die Organisation der Sicherheitsverwaltung und die Ausübung der Sicherheitspolizei) orientiert: „Zum Zweck der Dokumentation von Amtshandlungen, bei denen die Organe des öffentlichen Sicherheitsdienstes Befehls- und Zwangsgewalt ausüben, ist der offene Einsatz von Bild- und Tonaufzeichnungsgeräten, sofern gesetzlich nicht anderes bestimmt ist, nach Maßgabe der Bestimmungen dieses Absatzes zulässig. [...] Bis zu ihrer Auswertung und Löschung sind die Aufzeichnungen gemäß den Bestimmungen des § 14 DSG 2000 vor unberechtigter Verwendung, insbesondere durch Protokollierung jedes Zugriffs und Verschlüsselung der Daten, zu sichern. Sie sind nach sechs Monaten zu löschen; kommt es innerhalb dieser Frist wegen der Amtshandlung zu einem Rechtsschutzverfahren, so sind die Aufzeichnungen erst nach Abschluss dieses Verfahrens zu löschen. [...].“

63   Anders als § 15c Abs. 2 garantiert diese Norm eine **Balance gegenläufiger Interessen,** die von einer **strukturellen Ungleichheit** mit Blick auf die polizeilichen Befugnisse bis hin zum Zwang geprägt sind. Nicht akzeptabel ist hingegen die einseitige Befugnis der Polizei zur Löschung ihr eventuell „missliebiger“ Aufzeichnungen im deutschen Recht. Anders regelt daher das österreichische Recht einerseits die Unterbindung des Zugriffs seitens der Polizei, soweit dieser nicht ausnahmsweise zulässig ist, gewährt aber andererseits auch dem Betroffenen ein bereichsspezifisch geregeltes Zugriffsrecht auf die zu seiner Person gespeicherten Bild- und Tonaufzeichnungen.

64   Der **Konflikt** in aufgeladenen Situationen ist dabei nicht selten ein **beidseitiger,** gleich wer diesen initiiert haben mag. Wer sich in einer Kontrollsituation zu Unrecht von der Polizei kontrolliert fühlt, wird dies unter Umständen in einer Form zum Ausdruck bringen, die auf Seiten der **Polizei** wiederum zu einer „**Gegenreaktion**“ führen kann (so auch Lachenmann NVwZ 2017, 1424 (1425)). Diese Gegenreaktion kann von der Bild- Tonaufzeichnung mittels Bodycam, über die Identitätsfeststellung bis hin zur Durchsuchung oder Gewahrsamnahme wie auch zu Zwangsmaßnahmen reichen. Wenn in der Gesetzesbegründung auf die **Steigerung der Kooperationsbereitschaft** qua Einsatz der Bodycam abgestellt wird (LT-Drs. 16/12361, 11), ist darauf hinzuweisen, dass jenseits der gesetzlichen Pflichten, wie zB einer Ausweisherausgabe nach § 12 Abs. 2 S. 2, **keine Pflicht des Bürgers zur Kooperation** besteht. Unterbleibt diese indes aus Sicht der Polizei, führt dies selten auf deren Seiten zu Reaktionen bis hin zu einer Anzeige gegen den Betroffenen wegen Widerstand gegen Vollstreckungsbeamte führen kann (zu dieser „Spirale“ Singelnstein/Puschke NJW 2011, 3473 (3476)).

65   **Aus Sicht der Betroffenen** ist die **Löschung nach zwei Wochen** mit Blick auf die Rechtsschutzgarantie in **Art. 19 Abs. 4 GG,** der zugleich dem Schutz der betroffenen Grundrechte, hier des Rechts auf informationelle Selbstbestimmung dient, ein gravierendes Problem. Mit Blick auf die Löschungsfrist hat dieser – mit Ausnahme im Rahmen einer einstweiligen Anordnung nach § 123 Abs. 1 VwGO – keine Möglichkeit, die Löschung zu unterbinden, wenn er gegen die Aufzeichnung oder gegen den Polizeieinsatz selbst rechtlich vorgehen möchte. Zudem mangelt es ihm an einem im Gesetz geregelten **Einsichtsrecht** in die Aufzeichnung (vgl. Tegtmeyer/Vahle PolG NRW, 11. Aufl. 2013, § 15b Rn. 4; krit. mit Blick auf Art. 19 Abs. 4 GG Zöller, Stellungnahme Innenausschuss, 16/4193, 11 f.). An Stelle der Löschung sollte daher **nach sehr kurzer Frist** (zB bei Beendigung des Dienstes der die Maßnahme nutzenden Dienstkraft oder innerhalb 24 Stunden) eine gesetzliche **Sper-**

rung für einen im Gesetz zu regelnden Zeitraum treten (wie hier Lachenmann NVwZ 2017, 1424 (1428 f.); näher → Rn. 68 ff.).

Ein erheblicher **Mangel** der derzeitigen Regelung ist auch die **einseitige Verfügbarkeit** **66** **der Daten** für die Polizei. Sollen im Einsatz **bei konfliktgeladenen Situationen** Bodycams genutzt werden, ist nicht plausibel, dass **die Entscheidung** über eine Fertigung von Bild- und Tonaufzeichnungen des Konflikts **allein der Polizei** zugänglich ist. Es mangelt in diesem Kontext der Norm auch an einer klaren **Regelung zur Dokumentation** der Nutzung der Bodycam. Es muss unzweifelhaft nachvollziehbar sein, ob und wann die Kamera eingeschaltet und wieder ausgeschaltet wurde und dies darf nicht dem „Löschrecht" der Polizeidienstkräfte überlassen werden (vgl. Feltes, Stellungnahme Innenausschuss, 16/4218, 7 ff.).

Wenn es mit Blick auf das **Einsichtsrecht** des Betroffenen in die Bild- und Tonaufzeich- **67** nungen in der Gesetzesbegründung heißt, „die von der Aufzeichnung betroffene Person hat ein Einsichtsrecht in das aufgezeichnete Datenmaterial, das sich aus […] § 5 DSG NRW in Verbindung mit **§ 18 DSG NRW** ergibt" (LT-Drs. 16/12361, 13), beseitigt dies insbesondere mit Blick auf die Beschränkungen des § 18 Abs. 3 DSG NRW, aber auch wegen des aus dieser Sicht zu kurzen **Zeitraums** für den Antrag und die Einsichtnahme, nicht die deutliche Ungleichheit mit Blick auf die **Verfügung über das Material und die Datenhoheit** (vgl. Zander, Bodycams im Polizeieinsatz, 2016, 69 f., zum Einsatz als Beweismittel; sa Feltes, Stellungnahme Innenausschuss, 16/4218, 7 f., der betont, dass die Bodycam keine „Einbahn- straße" sein dürfe). Diese **strukturelle** und mit Blick auf Art. 19 Abs. 4 GG nicht angemes- sene **Ungleichheit** (sa Zöller, Der Einsatz von Bodycams zur polizeilichen Gefahrenabwehr, 2017, 59) wird noch deutlicher, wenn man sich klarmacht, dass die **Frist** von zwei Wochen **keine Mindestspeicherdauer** darstellt, mithin Bild- und Tonaufzeichnungen mittels Body- cam jederzeit einseitig seitens der Polizei gelöscht werden können, in den Grenzen der Strafvereitelung im Amt. Der Verweis auf ein **Einsichtsrecht nach dem DSG NRW geht** **daher ins Leere,** weil dieses der Polizei keine effektiven Barrieren mit Blick auf eine Löschung setzen kann.

De lege ferenda sollte daher in § 15c geregelt werden, dass die Bild- und Tonaufzeichnun- **68** gen für einen in der Norm geregelten Zeitraum zunächst **entsprechend § 32 Abs. 5** **gesperrt** und erst nach Ablauf einer angemessen langen und gesetzlich bestimmten Frist gelöscht werden, soweit dies nicht iRv § 32 Abs. 5 weiter gespeichert werden dürfen. Zu regeln ist ebenfalls, dass seitens der Polizei auf gesperrte Daten nur unter den Voraussetzungen des § 15c Abs. 4 S. 2 zugegriffen werden darf und diese nach Ablauf der Sperrfrist oder Wegfall des Grundes der Sperrung (zB nach rechtskräftiger gerichtlicher Entscheidung) zu löschen sind. Ergänzt werden sollte dies durch ein bereichsspezifisch geregeltes **Einsichts-** **recht des Betroffenen** für einen zu bestimmenden Zeitraum, der nicht unter einem Monat liegen sollte, einer allgemein bekannten Frist analog § 70 Abs. 1 VwGO (sa Krischok Polizei Info Report 4/2017, 6). Die Idee einer Hinterlegung der Daten bei einer „**Treuhandstelle**" (so Kipker/Gärtner NJW 2015, 296 (299 ff.)) erscheint daher nicht notwendig, weil sehr aufwändig, eigens gesetzlich zu errichten und zudem mit Blick auf das bewährte Instrumenta- rium der Sperrung und des Einsichtsrechts sowie des verwaltungsgerichtlichen Rechtsschut- zes wenig überzeugend.

In der Gesetzesbegründung wird auch ausgeführt, mit Blick auf **unbeteiligte Dritte** sei über **69** deren „Informationsrechte nach Maßgabe des § 4 Abs. 1 des **Informationsfreiheitsgesetzes** Nordrhein-Westfalen zu entscheiden", das Nähere regele eine Verwaltungsvorschrift. Hierin liegt – im Vergleich zum Recht des von der Maßnahme selbst Betroffenen – eine noch weitergehende **Ignoranz** gegenüber einem **wirksamen Grundrechtsschutz.** Auch Dritte sind – soweit unvermeidbar – bei einer Maßnahme nach § 15c von einer Bild- und Tonauf- zeichnung und damit einer Datenerhebung und -speicherung, mithin einem Eingriff in ihr Recht auf informationelle Selbstbestimmung, betroffen, ohne dass das Gesetz etwa die unverzügliche Anonymisierung dieser Daten verlangen würde. Weshalb ihnen also ein gerin- ger grundrechtlicher Schutz zukommen sollte als der von der Maßnahme betroffenen „Ziel- person", ist nicht nachvollziehbar, zumal aus einem unbeteiligten Dritten schnell ein Betrof- fener werden kann.

3. Vorgesetztenvorbehalt (S. 3)

70   Nach S. 3 entscheidet über die Löschung die aufzeichnende Beamtin oder der aufzeichnende Beamte mit Zustimmung einer oder eines Vorgesetzten. „Vorgesetzte beziehungsweise Vorgesetzter ist grundsätzlich die Dienstgruppenleiterin oder der Dienstgruppenleiter und bei Nichterreichbarkeit dieser Personen zumindest die Wachdienstführerin oder der Wachdienstführer" (Nr. 15c.41 VVPolG NRW). Gerade mit Blick auf das Merkmal der „Nichterreichbarkeit" fehlt hier eine Pflicht zur Dokumentation.

71   Aber auch **inhaltlich überzeugt die Norm nur zum Teil.** So ist zu begrüßen, dass eine Löschung nicht allein von den die Bodycam nutzenden Polizeidienstkräften ausgeführt werden kann. Andererseits ist die Maßnahme wenig praktikabel, wenn zB aufzeichnende Polizeivollzugsbeamt/innen ab dem nächsten Tag krank, im Urlaub oder in einer anderen Dienststelle tätig sind. Eine aus Sicht der von der Maßnahme Betroffenen zu begrüßende **Verlagerung der Entscheidung über die Löschung,** wäre durch Wechsel des Speichermediums in der jeweils verwendeten Bodycam – welche auch im Fall der weiteren Verwendung aus repressiv-polizeilicher Sicht sinnvoll wäre – wesentlich besser nachzuvollziehen. Sie wäre auch aus Gründen der Beweissicherheit vorzugswürdig.

4. Verweise und Unberührtheitsklausel (S. 4 und S. 5)

72   **Nach S. 4** gilt für die Verwertung der aus Aufzeichnungen nach Abs. 2 erlangten **Erkenntnisse** § 15c Abs. 6 (→ Rn. 78 ff.). **S. 5** bestimmt, dass **§ 32 Abs. 5 unberührt** bleiben.

V. Kernbereichsschutz (Abs. 5)

73   Abs. 5 regelt den **Schutz des Kernbereichs privater Lebensgestaltung** (vertieft → § 16 Rn. 6 ff.). Die Gesetzesbegründung führt hierzu aus: „Anders als beim verdeckten Einsatz gemäß Artikel 13 Absatz 5 GG durchbricht die offene Aufzeichnung in Gegenwart der Polizei den geschützten Bereich nicht, sondern dokumentiert lediglich das Geschehen in dem durch die Polizeipräsenz bereits durchbrochenen, sonst üblichen Rahmen und nicht speziell den durch Artikel 13 Absatz 5 GG geschützten privaten Bereich. Insofern finden die Restriktionen in Artikel 13 Absatz 5 GG keine unmittelbare Anwendung auf den Bodycam-Einsatz. Gleichwohl orientieren sich die in § 15c Absatz 3 getroffenen Regelungen an den dortigen Vorgaben" (LT-Drs. 16/12361, 14).

74   Gegen die gesetzliche Regelung bestehen keine Bedenken, auch wenn die Gesetzesbegründung in ihrer Beschränkung auf den Schutz des Wohnungsgrundrechts falsch liegt und der **Kernbereichsschutz** sich auch auf andere, **nicht räumliche umgrenzte Sphären erstrecken** kann (vgl. nur Reichert, Der Schutz des Kernbereichs privater Lebensgestaltung in den Polizeigesetzen des Bundes und der Länder, 2015, 108 ff.; sa Poscher Humboldt Forum Recht 7/2010, 1). Auch der Verweis auf Art. 13 Abs. 5 GG als Maßstab der Ausgestaltung ist kritisch zu sehen (vgl. Zöller, Stellungnahme Innenausschuss, 16/4193, 9 ff.).

75   In praxi ist ein Fall des **Kernbereichsschutzes bei Einsatz der Bodycam** sicherlich selten, indes nicht undenkbar, wie auch die Nr. 15c.51 VVPolG NRW zutreffend darlegt. Geschützt werden danach **Lebenssachverhalte höchstpersönlicher Art,** deren optische Dokumentation geeignet wäre, ein besonderes Gefühl der Schamverletzung hervorzurufen. Als Beispiele angeführt werden sexuelle Handlungen oder Handlungen von Personen in hilfloser Lage. Zutreffend heißt es dort weiter: „Der Kernbereichsschutz gilt absolut und kann nicht vom Verhalten des Betroffenen vor und während des Einsatzes abhängig gemacht werden."

76   Relevanz kann der Einsatz der Bodycam zudem in Fällen erhalten, in denen diese auf größere Entfernung genutzt wird und hierbei **Gespräche** erfasst werden, insbesondere solche Dritter. Was **fehlt,** ist auch hier eine **Dokumentationspflicht** zur Löschung nach S. 3.

VI. Weitere Verwertung (Abs. 6)

77   Nach **S. 1** ist eine **Verwertung** der nach Abs. 2 sowie der nach Abs. 5 S. 4 erlangten Erkenntnisse zum Zweck der **Gefahrenabwehr** nur zulässig, wenn zuvor die Rechtmäßigkeit der Maßnahme **richterlich festgestellt** ist.

1. Rechtsweg und Verwertung von Erkenntnissen (S. 1)

Anders als bspw. § 17 Abs. 2 S. 5 oder § 31 Abs. 4 S. 2 für andere Maßnahmen der   78
Datenerhebung oder auch die Regelungen zur Gewahrsamnahme und Wohnungsdurchsuchung, regelt das Gesetz an keiner Stelle, nach welchem **gesetzlichen Verfahren** sich die
richterliche Entscheidung richtet. Damit kann hier nur eine Entscheidung durch das zuständige **Verwaltungsgericht** in Betracht kommen, weil der sonst im Gesetz übliche Verweis
auf das FamFG fehlt, was im Ergebnis zu begrüßen ist, weil es sich bei polizeilichen Maßnahmen um solche des öffentlichen Rechts handelt und die sonst übliche Verweisung in das
Verfahren nach dem **FamFG** daher ohnehin **wenig sachgerecht** ist.

In der Gesetzesbegründung wird die Zulässigkeit einer **Verwertung** der mittels Bodycam   79
erlangten **Erkenntnisse** zu zukünftigen Zwecken der Gefahrenabwehr nicht begründet,
obwohl es sich hierbei durch die **Erweiterung der Nutzungsbefugnis** und damit um eine
Vertiefung des Grundrechtseingriffs durch Anschlussmaßnahmen handelt. Denn „Erkenntnisse" als Prozess und Ergebnis eines durch Einsicht oder Erfahrung gewonnenen Wissens
bezeichnen ein „Mehr" gegenüber der bloßen Verwertung der erlangten Aufzeichnungen,
also Tatsachen. Entscheidender Unterschied zur Zweckänderung nach Abs. 4, der (nur) eine
weitere Verwendung der Aufzeichnungen erlaubt, ist, dass hier weitergehende Erkenntnisse
verwertet werden dürfen. Dass dieser Begriff erweiternd gemeint ist, ergibt sich aus Abs. 4
S. 4.

Auszugehen ist daher davon, dass der Gesetzgeber einen **Unterschied** von **Aufzeichnun-**   80
gen an sich und hieraus abgeleiteten **Erkenntnissen** gesetzlich einführen wollte und damit
Erkenntnisse sich nicht allein auf das aufgezeichnete Ton- und Bildmaterial beziehen sollen,
sondern auch hieraus erlangte weitere Erkenntnisse, wie bspw. eine Personenbeschreibung
oder Beschreibung mitgeführter Sachen, für die **Gefahrenabwehr** genutzt werden dürfen.
Dabei ist § 23 Abs. 2 zu beachten (vgl. → § 23 Rn. 20 f.). Für eine Verwendung zu Zwecken
der **Strafverfolgung** gilt die Beschränkung des Abs. 6 von Anfang an nicht.

2. Gefahr im Verzug und richterliche Entscheidung (S. 2)

Nach **S. 2** ist bei **Gefahr im Verzug** die richterliche Entscheidung unverzüglich nachzu-   81
holen. Anders als bei den Regelungen zu Gefahr im Verzug in Abs. 2 und Abs. 3, geht es
hier nicht um einen möglicherweise kurz bevorstehenden tätlichen Übergriff, sondern die
zukünftige und längerfristige Verwendung von Erkenntnissen aus Maßnahmen nach § 15c
für die Gefahrenabwehr. Daher ist hier mit Blick auf die Rechtsprechung des BVerfG zur
Gefahr im Verzug (vgl. nur BVerfGE 103, 142 (155)) die **richterliche Entscheidung der**
Regelfall, Gefahr im Verzug kann hingegen nur der Ausnahmefall sein. Der zivilrechtliche
Begriff kommt hier entgegen der Nr. 15c.52 VVPolG NRW nicht zur Anwendung (Lisken/
Denninger PolR-HdB/Rachor/Graulich E Rn. 523).

3. Kennzeichnung von Daten und Unberührtheitsklausel (S. 3–5)

Nach **S. 3** ist bei **Weitergabe der Daten** zu vermerken, dass sie aus einer Maßnahme   82
nach Abs. 2 herrühren. **S. 4** gibt zudem vor, dass nach einer **Übermittlung** an eine andere
Stelle die Kennzeichnung durch diese aufrechtzuerhalten ist.

Die Gesetzesbegründung ergibt keine Anhaltspunkte, weshalb der Gesetzgeber hier zwi-   83
schen einer **Weitergabe und einer Übermittlung unterscheidet;** der erstgenannte Begriff
wird sonst im Gesetz nicht verwendet, die VVPolG NRW schweigt hierzu. Gemeint ist
wohl, dass mit **Weitergabe** allein die interne Zurverfügungstellung in der Polizei betroffen
ist, soweit diese **keine Übermittlung** im Sinne der vorgenannten Regelung darstellt. Dennoch ist die Norm **nicht hinreichend bestimmt,** weil unklar ist, ob die Anforderungen
des S. 3 auch im Rahmen der Übermittlung nach S. 4 zu beachten sind.

Nach der **Unberührtheitsklausel** in **S. 5** bleiben die Regelungen der Strafprozessord-   84
nung unberührt. Die Regelung ist **überflüssig** und hat rein deklaratorischen Charakter, weil
der Landesgesetzgeber zu Änderungen der Strafprozessordnung kompetenzrechtlich ohnehin
nicht befugt wäre.

VII. Verwendung zu statistischen und Ausbildungszwecken (Abs. 7)

85 Nach Abs. 7 bleiben § 24 Abs. 6 und Abs. 7 unberührt.

86 Nach **§ 24 Abs. 6** kann die Polizei gespeicherte personenbezogene Daten zu statistischen Zwecken nutzen; die Daten sind zum frühestmöglichen Zeitpunkt zu anonymisieren (vgl. BVerfG DÖV 2009, 410 Ls. 3). Es ist **nicht erkennbar,** wie Bild- und Tonaufzeichnungen sowie personenbezogene Erkenntnisse hieraus als **Daten** einzuordnen wären, die statistisch auswertbar wären. Die Unberührtheitsklausel geht daher ins Leere und ein Anwendungsbereich ist nicht erkennbar; eine Speicherung nach § 24 Abs. 6 wäre rechtswidrig.

87 Nach **§ 24 Abs. 7** kann die Polizei personenbezogene Daten zur **polizeilichen Aus- und Fortbildung** nutzen. Diese sind zu anonymisieren. Einer Anonymisierung bedarf es nicht, wenn diese dem Aus- und Fortbildungszweck entgegensteht und die berechtigten Interessen der betroffenen Person an der Geheimhaltung der Daten nicht offensichtlich überwiegen. Die im Rahmen des § 15c gewonnen Bild- und Tonaufzeichnungen können sicherlich sinnvoll im Rahmen der polizeilichen Aus- und Fortbildung genutzt werden. Allerdings sind diese vor Verwendung **ausnahmslos zu anonymisieren,** also durch Bildbearbeitung unkenntlich zu machen, weil diese andernfalls noch nach Ablauf der gesetzlichen Frist aus Abs. 4 S. 1 zu Zwecken der Strafverfolgung und Gefahrenabwehr genutzt werden könnten und die in § 15c vorgesehene Löschfrist damit umgehbar wäre. Es ist davonauszugehen, dass die **berechtigten Interessen** der betroffenen Person an der Geheimhaltung der Daten **offensichtlich überwiegen.**

VIII. Dokumentationspflicht (Abs. 8)

88 Nach **S. 1** sind Maßnahmen nach Abs. 1–6 zu dokumentieren. Dies ist zu begrüßen, um auch für die beteiligten Dienstkräfte klarzustellen, dass der Einsatz der Bodycam wie auch die Löschung (eventuell unliebsamer) von Bild- und Tonaufnahmen **nachvollziehbar** ist (zu Dokumentationspflichten vgl. Lisken/Denninger PolR-HdB/Schwabenbauer G Rn. 244 ff.).

89 Hierzu gehört auch die Sicherstellung der Integrität der aufgezeichneten Daten, also die technische Gewährleistung, dass keine unbefugten Veränderungen vorgenommen werden. Eine sorgfältige technische Protokollierung sämtlicher Schritte im Umgang mit den Videos und ihrer möglichen Änderung ist daher vorzunehmen (ausf. Lachenmann NVwZ 2017, 1424 (1428)).

90 Soweit Nr. 15c.81 VVPolG NRW festlegt, die Dokumentation erfolge mindestens im **elektronischen Streifenbeleg,** ist kritisch zu hinterfragen, ob dies eine auch im Streitfall nachvollziehbare Dokumentation darstellt, weil insbesondere Gründe für den Einsatz der Maßnahme im Einzelfall wie insbesondere auch für die Löschung nach Abs. 4 S. 1 sowie deren Unterbleiben hier **kaum hinreichend nachvollziehbar dokumentiert** sein dürften (so wohl auch Springer Polizei Info Report 4/2017, 12).

91 Nach **S. 2** regelt das für Inneres zuständige Ministerium Näheres hierzu durch Verwaltungsvorschrift. Dass dies durch die Nr. 15c.81 VVPolG NRW als **hinreichend geregelt** angesehen werden kann, ist zu **verneinen,** weil die Art und Weise der Dokumentation hier in keiner Weise – nicht zuletzt mit Blick auf die vorgenannten Aspekte – vorgegeben wird.

92 **S. 3** sah bis zur Novelle vom 18.12.2018 vor, dass die Landesregierung den Landtag jährlich zum 31.12. über die Maßnahmen nach Abs. 2 und Abs. 5 unterrichtet, was zu begrüßen ist, wenn das **Parlament** seine **Kontrollfunktion** hinreichend wahrnehmen will. Diese Regelung wurde ersatzlos gestrichen, mit dem Argument, das das BVerfG in seiner Entscheidung zum BKAG v. 20.4.2016 eine solche **Berichtspflicht** nur für verdeckte Überwachungsmaßnahmen fordere und diese für offen durchgeführte Maßnahmen dem vom BVerfG gesetzten Maßstab widerspreche. Weshalb eine darüberhinausgehende Berichtspflicht an das Parlament und damit auch die Öffentlichkeit als Folge dieser Entscheidung nicht mehr zeitgemäß sein soll, ist nicht erkennbar. Hier hat der Gesetzgeber bewusst eine Schwächung der parlamentarischen Kontrolle herbeigeführt.

IX. Evaluation (Abs. 9 – aufgehoben)

93 Nach **S. 1** waren die **Auswirkungen** dieser Vorschrift und die praktische Anwendung bis zum 30.6.2019 durch die Landesregierung unter Mitwirkung einer oder eines unabhängigen

sozialwissenschaftlichen **Sachverständigen** und einer oder eines polizeiwissenschaftlichen Sachverständigen zu prüfen. Der Bericht liegt vor (https://www.landtag.nrw.de/portal/WWW/dokumentenarchiv/Dokument/MMV17-2315.pdf), kann hier aber nicht methodisch überprüft werden. Eine **unabhängige wissenschaftliche Evaluation** (vgl. Feltes, Stellungnahme Innenausschuss, 16/4218, 6) war im Gesetz indes **nicht vorgesehen** und die Sachverständigen waren **nicht vom Parlament,** sondern der Exekutive zu bestimmen, obgleich ersteres hier mit der Schaffung neuer Eingriffsbefugnisse tätig wurde. Aus Sicht der Gewaltenteilung überzeugt diese Lösung nicht.

III. Besondere Mittel der Datenerhebung

§ 16 Schutz des Kernbereichs privater Lebensgestaltung bei der Datenerhebung mit besonderen Mitteln

(1) **Die Erhebung personenbezogener Daten, die dem Kernbereich privater Lebensgestaltung zuzurechnen sind, ist unzulässig.**

(2) [1]**Eine Erhebung ist unverzüglich zu unterbrechen, wenn sich tatsächliche Anhaltspunkte dafür ergeben, dass Daten, die dem Kernbereich privater Lebensgestaltung zuzurechnen sind, erfasst werden; dies gilt nicht, soweit die Erhebung aus zwingenden informations- oder ermittlungstechnischen Gründen nicht unterbleiben kann.** [2]**Die Erhebung darf fortgesetzt werden, wenn zu erwarten ist, dass die Gründe, die zur Unterbrechung geführt haben, nicht mehr vorliegen.** [3]**Die anordnende Stelle ist über den Verlauf der Maßnahme unverzüglich zu unterrichten.** [4]**Liegen die Voraussetzungen der Anordnung nicht mehr vor, so hat sie den Abbruch der Maßnahme anzuordnen.**

(3) [1]**Bestehen Zweifel hinsichtlich der Kernbereichsrelevanz der erhobenen Daten, sind diese unverzüglich dem oder der behördlichen Datenschutzbeauftragten und einer von dem Behördenleiter oder der Behördenleiterin besonders beauftragten Leitungsperson des höheren Polizeivollzugsdienstes zur Durchsicht vorzulegen.** [2]**Im Falle des § 17 Absatz 2 Satz 3 erfolgt die Durchsicht durch das zuständige Amtsgericht.** [3]**§ 18 Absatz 4 bleibt unberührt.**

(4) [1]**Wurden Daten erfasst, die dem Kernbereich privater Lebensgestaltung zuzurechnen sind, dürfen sie nicht verwendet werden.** [2]**Aufzeichnungen hierüber sind unverzüglich zu löschen.** [3]**Die Tatsache ihrer Erlangung und Löschung ist zu dokumentieren.**

(5) **Der Kernbereich umfasst auch das durch das Berufsgeheimnis geschützte Vertrauensverhältnis zu den in §§ 53 und 53a der Strafprozessordnung genannten Berufsgeheimnisträgern.**

Überblick

§ 16 wurde 2010 in Reaktion auf Rechtsprechung des BVerfG eingeführt, diese ist aber keineswegs eindeutig (→ Rn. 6 ff.). Die Kommentierung stellt das zweistufige Schutzkonzept dar, wobei die erste Stufe das Erhebungsverbot des Abs. 1 abbildet (→ Rn. 5 ff.) und die zweite Stufe durch Abs. 3 und Abs. 4 dargestellt wird (→ Rn. 34 ff.). Kern der Kommentierung ist der Versuch einer Bestimmung des unbestimmten Begriffs „Kernbereich privater Lebensgestaltung" (→ Rn. 9 ff.) und die Darstellung seiner Grenzen sowie vorhandener Ausnahmen (→ Rn. 17 ff.). Ferner wird dargelegt, wie die Polizei vor einer Datenerhebung eine sinnvolle Prognoseentscheidung einer möglichen Kernbereichsverletzung treffen kann (→ Rn. 20 ff.). Speziell behandelt wird das Thema Kernbereichsschutz und Berufsgeheimnisträger (→ Rn. 41 ff.). Praktisch bedeutsam sind die Regeln des Abs. 2 zur Unterbrechung und Fortsetzung der Datenerhebung, wenn sich zeigt, dass entgegen der bei Beginn der Datenerhebung angestellten Prognose doch kernbereichsrelevante Daten anfallen (→ Rn. 25 ff.). Wie mit den bereits erhobenen Daten umzugehen ist, besagen die Verfahrensvorgaben in Abs. 3 (→ Rn. 34 ff.). Abschließend behandelt werden die Regelungen des Abs. 4 zu Verwendungsverbot, Löschung und Dokumentation (→ Rn. 38 ff.).

Übersicht

A. Allgemeines

I. Übersicht

1   Die Regelung zum Kernbereichsschutz dürfte wohl eine der kritischsten Normen des PolG NRW sein. Sie bemüht sich, die Vorgaben der Rechtsprechung des BVerfG umsetzen, auch wenn dies nur zum Teil geschieht, denn diese sind keineswegs eindeutig. Zudem verspricht Abs. 1 mit der nachdrücklichen Aussage „Die Erhebung personenbezogener Daten, die dem Kernbereich privater Lebensgestaltung zuzurechnen sind, ist unzulässig." ein Maß an Grundrechtsschutz, das er im Ergebnis kaum einhalten kann. Die praktische Anwendung der Norm ist kaum möglich, ohne die Rechtsprechung des BVerfG in Grundzügen zu kennen und sie jedenfalls als Auslegungshilfe heranzuziehen.

II. Geltung für alle verdeckten Maßnahmen

2   Während sich der Kernbereichsschutz in der StPO und in den Polizeigesetzen vieler Länder (Baden-Württemberg, Bayern und Hessen etwa) kennen keine derart umfassende allgemeine Regelung zum Kernbereichsschutz. Sie normieren ihn knapp und spezifisch nur für die Wohnraumüberwachung) auf Wohnraum- und Telekommunikationsüberwachung beschränkt, dehnt § 16 ihn auf **alle** verdeckten Maßnahmen aus, was indes nicht auf Vorgaben des BVerfG gestützt werden kann und zudem nicht einfach in der Handhabung ist (krit. SBK PolG NRW/Braun Rn. 4 f.; für nötig gehalten etwa von Denninger ZRP 2004, 101 (104)). **Heimlichkeit** ist nämlich **nicht der relevante Maßstab** für den Schutz des Kernbereichs, sondern die Frage, inwieweit durch Datenerhebung der Menschenwürdegehalt eines Grundrechts beeinträchtigt werden könnte (vgl. VerfGH Rheinland-Pfalz NVwZ-RR 2007, 721 (725): heimliches Vorgehen des Staates an sich noch nicht zu einer Verletzung des absolut geschützten Achtungsanspruchs). Es kommt vielmehr auf die **Vertraulichkeitserwartung** des Bürgers an (BVerfG BeckRS 2002, 30287140), die umso geringer ist, je mehr die **Sozialsphäre** betroffen ist (zur Bestimmung des Kernbereichs → Rn. 9 ff.).

III. Geltung auch für offene Maßnahmen?

3   Zum Teil wird noch weitergehender angenommen, die Norm sei nicht nur auf verdeckte Maßnahmen anwendbar (Tegtmeyer/Vahle PolG NRW Rn. 1 f.). Das ist jedoch zweifelhaft. Gegen die Annahme spricht bereits die amtliche Überschrift, die eindeutig vom Kernbereichsschutz „bei der Datenerhebung mit besonderen Mitteln" spricht. Weitere Argumente hiergegen sind die systematische Stellung und die Gesetzesbegründung, die sich auf die Umsetzung der Vorgaben der Rechtsprechung des BVerfG bezieht, die gerade keine so umfassende Aussage trifft (vgl. Nr. 16.0 VVPolG NRW).

Die Auseinandersetzung hierüber ist im Ergebnis jedoch eher akademischer Natur, weil **4** bei der Offenbarung von Kernbereichsinhalten durch den Grundrechtsträger gegenüber dem offen handelnden Polizeibeamten **kaum mehr** von einem **Geheimhaltungswillen** gesprochen werden kann; es wird gerade auf den Schutz der Intimsphäre verzichtet, indem die Informationen „nach außen" getragen werden.

B. Erhebungsverbot (Abs. 1)

I. Zwei Stufen des Schutzes

Der Kernbereichsschutz wird in zwei Stufen unterteilt: Auf erster Stufe wird versucht, **5** bereits die Erhebung kernbereichsrelevanter Daten zu verhindern. Das Erhebungsverbot des Abs. 1 erweist sich nach näherer Betrachtung in der praktischen Umsetzung eher als schwach (zur Kritik → Rn. 23). Wenn Daten des Kernbereichs privater Lebensgestaltung gleichwohl erhoben worden sind, dürfen sie auf der zweiten Stufe nicht verwendet werden (Abs. 3 und Abs. 4).

II. Begriff des Kernbereichs

1. Entwicklung der verfassungsrechtlichen Rechtsprechung

Zum Verständnis und zur Erleichterung der Anwendbarkeit der Norm ist auch für den **6** Praktiker ein kurzer Blick auf die Entwicklung der Rechtsprechung hilfreich: Bereits in der Elfes-Entscheidung (BVerfGE 6, 32 (41)) hat das BVerfG herausgearbeitet, dass die Menschenwürde eine „Sphäre privater Lebensgestaltung" gewährleistet (zur Historie auch Desoi/ Knierim DÖV 2011, 398 (399 ff.)). In den 1970er Jahren wurde der Begriff des „Kernbereichs privater Lebensgestaltung" erstmals verwendet (BVerfGE 34, 238 (245)) und 2004 in der Entscheidung zum großen Lauschangriff mit einem Kernbereichsschutzkonzept hinterlegt (BVerfGE 109, 279; vgl. Schwabenbauer, Heimliche Grundrechtseingriffe, 2013, 255 mwN).

Aus dem Menschenwürdegehalt der jeweiligen Spezialgrundrechte (Art. 10, 13 GG, Recht **7** auf informationelle Selbstbestimmung) leitet das BVerfG ab, dass zur Entfaltung der Persönlichkeit im Kernbereich privater Lebensgestaltung die Möglichkeit gehört, innere Vorgänge wie Empfindungen und Gefühle sowie Überlegungen, Ansichten und Erlebnisse höchstpersönlicher Art zum Ausdruck zu bringen. Dies soll ohne Sorge vor staatlicher Überwachung möglich sein.

Die darauf folgende Rechtsprechung des BVerfG ist **nicht recht konsistent** (s. Sachs/ **8** Krings NVWBl. 2010, 165 (166 f.)). Es hat aber jedenfalls keine weitere „Ent-Faltung" der Rechtsprechung zum Kernbereich gegeben, sondern eine „Ein-Faltung" (so pointiert Schwabenbauer, Heimliche Grundrechtseingriffe, 2013, 257, der auch von einer Verfallsstatt Aufstiegsgeschichte spricht). Schon enger formuliert das Gericht später, verfassungsrechtlich hinzunehmen sei das Risiko einer Erfassung von Kommunikation betreffend des Kernbereichs „allenfalls" unter besonders engen Bedingungen (BVerfGE 113, 348 (392)). Sodann fordert es, dass bei konkreten Anhaltspunkten dafür, dass eine Datenerhebung den Kernbereich privater Lebensgestaltung berühre, (nur) „grundsätzlich" unterbleiben müsse (BVerfGE 120, 274 (338)). Das BVerfG führt weiter aus, beim Einsatz bestimmter Ermittlungsmethoden sei es „praktisch unvermeidbar", Daten des Kernbereichs zu erheben (BVerfGE 120, 274 (337)). Ausdrücklich fordert es nicht, eine Datenerhebung trotz Risikos einer Kernbereichsverletzung zu unterlassen, wenn eine konkrete Gefahr für ein überragend wichtiges Schutzgut abzuwehren ist (BVerfGE 113, 348 (392)).

2. Bestimmung des unbestimmten Rechtsbegriffs

Die Formulierung „Kernbereich privater Lebensgestaltung" ist ein unbestimmter Rechts- **9** begriff im einfachen Recht, der freilich verfassungsrechtlich abgeleitet ist. Seine operationalisierte Ausfüllung bereitet Schwierigkeiten. Die Zuordnung eines Sachverhalts zum unantastbaren Bereich privater Lebensgestaltung lässt sich nicht abstrakt beschreiben. Stattdessen ist eine **wertende Gesamtschau** unter Berücksichtigung der Besonderheiten des einzelnen Falls vorzunehmen (so BVerfGE 80, 367 (374)).

10   Ausgangspunkt ist dabei: Es liegt **kein räumliches Schutzkonzept** zugrunde, das etwa auf den Aufenthalt in einer Wohnung oder Ähnliches abstellen würde. Die Zuordnung ist stattdessen an Inhalten festgemacht (Schwabenbauer, Heimliche Grundrechtseingriffe, 2013, 257). Insoweit kann man zugespitzt von der „Portabilität der Intimsphäre" sprechen (Jahn/Geck JZ 2012, 561 (564 f.)). Der Kernbereich ist der Teil der Intim- und Privatsphäre eines Menschen, der gegen staatliche Eingriffe absolut geschützt ist (zur Abgrenzung der Begriffe Intimsphäre – Kernbereichsschutz Desoi/Knierim DÖV 2011, 398).

11   Die weitere Abgrenzung gestaltet sich unter anderem deswegen als schwierig, weil jeder Mensch die Einordnung eines Sachverhalts als intim oder öffentlich anders empfindet (Hufen JuS 2010, 1 (9)). Gleichwohl lassen sich **drei übergeordnete Kriterien** bestimmen, anhand derer die Kernbereichsrelevanz eines Sachverhalts ermittelt werden kann (s. BVerfGE 80, 367 (374)): Entscheidend ist zunächst der Wille des Betroffenen, sodass zu fragen ist, ob er ein **Geheimhaltungsinteresse** hat. Selbstverständlich kommt es sodann auf den **Inhalt** von Kommunikation an. Letztlich ist maßgeblich, inwieweit die **Sozialsphäre** berührt ist.

12   Das BVerfG sieht den Schutz bezogen auf **Äußerungen innerster Gefühle** (BVerfGE 109, 279 (313)). Die Art der Äußerung ist dabei unerheblich. Sie kann also schriftlich, mündlich, per Mimik oder Gestik (vgl. Schwabenbauer, Heimliche Grundrechtseingriffe, 2013, 262), aber auch digital erfolgen. Denkbar sind derartige Äußerungen insbesondere in einem Tagebuch oder einem Selbstgespräch, wobei eine Datenerhebung nach §§ 16a ff. wohl eher selten Zugriffe auf ein Tagebuch erfassen wird.

13   Nicht jeder Tagebucheintrag und nicht jedes Selbstgespräch fallen aber per se unter den Kernbereichsschutz. Es müssen vielmehr bestimmte Anforderungen erfüllt sein, die sich insbesondere durch **Selbstreflexion** oder **höchstpersönliche Momente** auszeichnen. Nicht erfasst ist damit etwa ein lautes „Nachdenken" über seinen Tatplan (vgl. Schwabenbauer, Heimliche Grundrechtseingriffe, 2013, 264 ff.). Art und Intensität der Gefühlsäußerung dürften damit das entscheidendste Merkmal sein. Hierbei müssen **Detailtiefe und Dauer der Äußerung** berücksichtigt werden. Zugespitzt: Es muss sich um innerste Gedanken und Gefühle handeln („Innerstes nach außen kehren"). Es reicht daher nicht aus, dass etwa bloß über Liebesangelegenheiten gesprochen wird. Auch ein einfacher Notizkalender wird regelmäßig keinen Kernbereichsschutz genießen (BGH NStZ 2000, 383). Selbst ein **Gebet** alleine genügt nicht, um ein Erhebungsverbot zu begründen (vgl. BVerfG BeckRS 2011, 56931 Rn. 49; zur Fortsetzung der Datenerhebung → Rn. 31).

14   Kernbereichsbezug bei Gesprächen kann nicht maßgeblich über die **kommunizierenden Personen** bestimmt werden, die indizielle Wirkung dürfte insofern eher schwach sein. Entscheidend kommt es auf die Gesprächsinhalte an (BVerfGE 109, 279 (320)).

15   Zum Kernbereich werden regelmäßig **Ausdrucksformen von Sexualität** gerechnet (BVerfGE 109, 279 (313); bei einem Straftaten- oder Gefahrbezug → Rn. 17). Zudem kann die Abgrenzung auch deswegen schwierig werden, da Sexualität in der Regel einen gewissen Sozialbezug voraussetzt (s. Desoi/Knierim DÖV 2011, 398 (400)).

16   Auch wenn § 16 kein räumliches Schutzkonzept verfolgt (→ Rn. 10, anders als § 18), so ist der **Ort,** an dem die erhobenen Daten entstanden sind, gleichwohl ein Indiz für die Bestimmung des Kernbereichs. Allein ein Treffen der Zielperson in einer Kirche muss eine Observation aber noch nicht beenden. Es ist wesentlich auf den Dateninhalt abzustellen, also vor allem auf geäußerte Gefühle, aber auch auf die Beziehung der Personen zueinander. Generell gilt: Je mehr Sozialbezug die erhobenen Daten aufweisen, desto weniger kommt der Kernbereichsschutz in Betracht.

3. Kein Kernbereichsschutz: Bezug zu Straftaten und abzuwehrenden Gefahren

17   Die Rechtsprechung hat eine für die Polizei wichtige Ausnahme vom Kernbereichsschutz anerkannt: Sachverhalte (vor allem Gesprächsinhalte) werden auch bei intimem Charakter dann nicht dem Kernbereich zugeordnet, wenn sie **unmittelbaren Bezug** zu abzuwehrenden Gefahren oder zu strafbaren Handlungen aufweisen (zu Straftaten BVerfGE 113, 348

(391); 109, 279 (319); sa VerfGH Rheinland-Pfalz NVwZ-RR 2007, 721 (725)). Gespräche, auch Selbstgespräche, **die eine Gefahr begründen oder hierzu vorbereiten,** genießen also keinen Schutz durch § 16. Auch **Gebeten** mit solchen Bezügen hat das BVerfG den Kernbereichsschutz verweigert (BVerfG BeckRS 2011, 56931 Rn. 49).

Folgerichtig ist auch der Meinungsaustausch im Pädophilen-Chat nicht kernbereichsge- **18** schützt, obwohl es dort auch um Ausdrucksformen der Sexualität geht (LG Kiel BeckRS 2010, 26923).

4. Kein Kernbereichsschutz: Bewusstes Schaffen entsprechender Anknüpfungspunkte

Auf § 16 kann sich ebenfalls derjenige nicht berufen, der situative Rahmenbedingungen **19** **bewusst schafft,** um sich polizeilicher Beobachtung zu entziehen (BVerfGE 129, 208 (245)), also etwa mit dieser Zielrichtung Kontakte zu Berufsgeheimnisträgern, Beratungsstellen vortäuscht oder ein Gespräch über Intimes vorgibt.

5. Prognose einer Verletzung des Kernbereichs

Wenn der Kernbereich nach den genannten Kriterien bestimmt ist, muss entschieden **20** werden, ob eine **Beeinträchtigung** des Kernbereichs durch eine verdeckte polizeiliche Maßnahme zu **erwarten ist.** Das Erhebungsverbot des Abs. 1 ordnet an, dass dann mit einer Datenerhebung nicht begonnen werden darf. Freilich ist dies vor Beginn der Datenerhebung nur in Form einer Prognose möglich. Wie dargestellt, akzeptiert das BVerfG das Risiko, dass Daten aus dem Kernbereich privater Lebensgestaltung erfasst werden, soweit das zur Abwehr eines Rechtsguts von besonders hohem Rang geschieht und solche Daten auf der zweiten Stufe nicht gespeichert und verwertet werden dürfen (BVerfGE 113, 348 (392)). Zudem führt das Gericht aus, beim Einsatz bestimmter Ermittlungsmethoden sei es **„praktisch unvermeidbar",** Daten des Kernbereichs zu erheben (BVerfGE 120, 274 (337)). Die verdeckten Maßnahmen sind daher auch dann zulässig, wenn nicht ausgeschlossen ist, dass Daten aus dem Kernbereich erfasst werden und damit die Menschenwürde des Betroffenen verletzt wird, solange es nicht mit Wahrscheinlichkeit dazu kommt (BVerfGE 109, 279 (318 ff.)).

Zwar werden diese Aussagen zum Teil kritisiert, es ist ihnen jedoch beizupflichten. Eine **21** **kurze, punktuelle, nur oberflächliche Wahrnehmung** ist **nicht als Kernbereichsverletzung** zu sehen (Schwabenbauer, Heimliche Grundrechtseingriffe, 2013, 260, 269 ff. mwN), **Sichtungen** und ein **Hineinhören** sind also **möglich** (sa VerfGH Rheinland-Pfalz NVwZ-RR 2007, 721 (725)). Das lässt sich wie folgt begründen: Der Schutz des Kernbereichs privater Lebensgestaltung erfolgt im Hinblick auf den Menschenwürdegehalt der jeweils betroffenen Grundrechte. Ohne einen staatlichen Zueignungs- und Beherrschungsakt bei der Datenerhebung kann der Anspruch auf Achtung der Menschenwürde nicht betroffen sein. Zum Teil wird angenommen, **jede nicht-intendierte Wahrnehmung** sei unter dem Blickwinkel einer Kernbereichsverletzung unerheblich (Poscher JZ 1999, § 269 (275)). Diese recht weitgehende Ansicht kann sich auf eine Entscheidung des BVerfG stützen, wonach (nur) zielgerichtete Datenerhebung unterbleiben soll (BVerfG NJW 2012, 833 (837)). Das BVerfG bezieht sich ausdrücklich auf die zu berücksichtigende notwendige Effizienz der Überwachungsmaßnahme.

Man kann daher zusammenfassend feststellen: Dass eine Datenerhebung nach Abs. 1 **von** **22** **vornherein** unzulässig ist, wird sich in der Praxis außerhalb von § 18 kaum vorhersehen lassen (so auch SBK PolG NRW/Braun Rn. 11, 16). Das maßgebliche Abstellen auf Inhalte (→ Rn. 11) ist zugleich das größte Dilemma des Kernbereich-Schutzkonzepts (so Schwabenbauer, Heimliche Grundrechtseingriffe, 2013, 257). Im Vorhinein kann man nicht wissen, ob kernbereichsrelevante Informationen aufkommen. Soweit kernbereichsrelevante Konstellationen prognostizierbar sind, können entsprechende Gegenmaßnahmen in das Konzept bei Einsätzen von verdeckten Mitteln einbezogen werden.

III. Kritik

Abs. 1 kommt als absolutes Erhebungsverbot daher. Nicht nur beruft sich die Gesetzesbe- **23** gründung insoweit auf das BVerfG, was eine uneingeschränkte Unzulässigkeit einer Erhebung von Daten aus dem Kernbereich aber nicht fordert (krit. Sachs/Krings NWVBl. 2010, 165 (166 f.); SBK PolG NRW/Braun Rn. 16, 2 f.; → Rn. 8 ff.).Tatsächlich wird im Ergebnis auch gar kein wirkliches Erhebungsverbot mit einem absoluten Schutz gewährt. Der Kernbereichsschutz ist nur ein „Reparaturbetrieb" auf Verwertungsebene (Roggan StV 2011, 762 (764); vgl. BeckOK GG/Baldus GG Art. 10 Rn. 43; krit. Sachs JuS 2012, 374 (375); Schwabenbauer, Heimliche Grundrechtseingriffe, 2013, 283: es gibt keinen Kernbereichsschutz auf der ersten Stufe).

24   Zudem wird moniert, § 16a lasse, anders als § 18 Abs. 3, jede Regelung zu den materiellen Voraussetzungen vermissen, unter denen das Risiko einer zu Kernbereichsverletzungen führenden Datenerhebung doch zugelassen ist (Sachs/Krings NWVBl. 2010, 165 (167)).

C. Unterbrechung und Fortsetzung der Datenerhebung (Abs. 2)

I. Unterbrechung (Abs. 2 S. 1)

25   Das apodiktisch formulierte Erhebungsverbot des Abs. 1 ist nach den obigen Darlegungen in seiner Wirkkraft eher beschränkt. **Größere Relevanz** dürfte demgegenüber Abs. 2 haben, der in S. 1 zunächst anordnet, dass eine Datenerhebung unverzüglich zu unterbrechen ist, wenn sich tatsächliche Anhaltspunkte dafür ergeben, dass Daten erfasst werden, die dem Kernbereich privater Lebensgestaltung zuzurechnen sind (zu dieser Formulierung BVerfG NJW 2012, 907 (908)). Dies gilt erst recht, wenn solche Daten tatsächlich schon erfasst worden sind.

26   § 100d StPO und § 51 Abs. 6 BKAG enthalten inzwischen ähnlich detaillierte Regeln.

27   Dazu, unter welchen Voraussetzungen solche Anhaltspunkte iSv Abs. 2 S. 1 anzunehmen sind, vgl. die Ausführungen unter → Rn. 20 ff.

28   Die Unterbrechenspflicht gilt nach dem zweiten Halbsatz nicht, soweit die Erhebung aus zwingenden informations- oder ermittlungstechnischen Gründen nicht unterbleiben kann. Nach der Gesetzesbegründung sollen solche Fälle etwa vorliegen, wenn –„**informationstechnisch**" – mit technischen Mitteln nach § 17 automatisiert aus Fahrzeugen abgehört wird oder – „**ermittlungstechnisch**" – wenn dies beim Einsatz eines verdeckten Ermittlers nur durch dessen Abzug möglich wäre und dadurch eine gegenwärtige Gefahr für diesen anzunehmen sei (LT-Drs. 14/10089, 28).

29   Diese Regelung ist nicht ohne Kritik geblieben. So wird eingewandt, Ermittlungsmethoden würden zum Maßstab des Grundrechtsschutzes, statt ihrerseits an diesem gemessen zu werden (Sachs/Krings NVWBl. 2010, 165 (166); krit. SBK PolG NRW/Braun Rn. 18 zur Notwendigkeit einer solchen Regelung). Das BVerfG hat sich indes explizit für ermittlungspraktische Bedürfnisse geöffnet (BVerfGE 109, 279 (337)).

II. Fortsetzung (Abs. 2 S. 2)

30   Eine nach S. 1 unterbrochene Datenerhebung darf anschließend unter den Voraussetzungen des S. 2 fortgesetzt werden, nämlich wenn zu erwarten ist, dass die Gründe, die zur Unterbrechung geführt haben, nicht mehr vorliegen.

31   Dies macht eine (**erneute**) Prognose nötig. Als möglichen prognoseleitenden Aspekt benennt die Gesetzesbegründung etwa Erkenntnisse aus anderen Überwachungsmaßnahmen (LT-Drs. 14/10089, 28). Auch polizeiliches Erfahrungswissen soll hierbei eine Rolle spielen. Soweit aber die gewöhnliche Dauer eines **Gebets** genannt wird, um dessentwillen Überwachung abgebrochen worden ist (SBK PolG NRW/Braun Rn. 20), erscheint das kaum hilfreich. Wenn typische liturgische Gebete (Vaterunser etc) gesprochen werden, dürfte dies mangels Kundgabe individueller intimer Gedanken wohl ohne Kernbereichsrelevanz sein. Soweit andere Gebete, also solche mit individuellen Inhalten kundgetan werden, kann von einer Erfahrung über deren typische Dauer wohl kaum gesprochen werden, vom Stoßgebet bis zu einer zehnminütigen Ansprache erscheint alles denkbar.

32   Richtigerweise wird man in solchen Fällen von einer **unsicheren Prognose** auszugehen haben. Auch schon Veränderung der äußeren Umstände, die eine andere Prognose rechtfertigen würden, darf etwa in eine laufende Unterhaltung **hineingehört** werden oder bei Observationen ein weiterer Blick riskiert werden. Eine kurze, punktuelle, nur oberflächliche Wahrnehmung ist nicht als Kernbereichsverletzung zu sehen (Schwabenbauer, Heimliche

Grundrechtseingriffe, 2013, 260, 269 ff., 277 f. mwN, der das als „**minimalinvasives Vorgehen**" bezeichnet; → Rn. 21).

III. Unterrichtung der anordnenden Stelle; Abbruch der Maßnahme (Abs. 2 S. 3, S. 4)

Das Gesetz erlaubt, auf eine erneute Anordnung der Überwachungsmaßnahme zu verzichten und die abgebrochene Maßnahme wiederaufzunehmen (krit. Sachs/Krings NWVBl. 2010, 165 (168)). Abs. 2 S. 3 verlangt, dass die anordnende Stelle über den Verlauf der Maßnahme unverzüglich zu unterrichten ist. Liegen die Voraussetzungen der Anordnung nicht mehr vor, so hat sie den Abbruch der Maßnahme anzuordnen (Abs. 2 S. 4). Der Sinn dieser Regelung wird nicht recht klar, da sich die Notwendigkeit eines Abbruchs bereits aus allgemeinen Grundsätzen ergibt (Tegtmeyer/Vahle PolG NRW Rn. 4, sehen eine Bedeutung nur, wenn ein Gericht die Maßnahme angeordnet hat, dieses müsse einen entsprechenden Beschluss erlassen). **33**

D. Verfahren bei Zweifeln an Kernbereichsrelevanz (Abs. 3)

Abs. 3 wurde in der jetzigen Fassung erst im Gesetzgebungsverfahren auf Empfehlung des Innenausschusses eingefügt (LT-Drs. 14/10603, 2 (8)). Er soll zusammen mit Abs. 4 die **zweite Stufe** des vom BVerfG entwickelten Schutzkonzepts umsetzen. Bei unerwartetem Fehlschlag der Prognose, ob kernbereichsrelevante Daten erhoben werden, also solche versehentlich doch erfasst werden, greift die Verfahrensregelung des Abs. 3. **34**

Schon wenn Zweifel hinsichtlich der Kernbereichsrelevanz der erhobenen Daten bestehen, sind diese unverzüglich dem behördlichen Datenschutzbeauftragten und einer von dem Behördenleiter besonders beauftragten Beamten des höheren Polizeivollzugsdienstes zur Durchsicht vorzulegen (Abs. 3 S. 1). **35**

Die damit geschaffene **neuartige Instanz** (Tegtmeyer/Vahle PolG NRW Rn. 5) soll einen höheren Grundrechtsschutz gewährleisten (andere, unabhängige Instanzen sind verfassungsrechtlich nicht gefordert, s. BVerfG NJW 2010, 833 (838)). Unabhängig davon, dass die Wendung „Leitungsperson des höheren Polizeivollzugsdienstes" wohl ein Pleonasmus sein dürfte, da Beamte des höheren Dienstes in den Polizeibehörden immer mit Führungsaufgaben betraut sein dürften (krit. Tegtmeyer/Vahle PolG NRW Rn. 5), ist die Umsetzung der Norm im Einzelfall nicht problemlos. Es stellt sich insbesondere die Frage, wie die Entscheidungsfindung bei Meinungsverschiedenheiten zwischen behördlichem Datenschutzbeauftragten und der „Leitungsperson" stattfinden hat. Vermutlich ist der Gesetzgeber davon ausgegangen, dass der Behördenleiter zu entscheiden habe, wenn sich die beiden in ihrer Bewertung nicht einig sind. **36**

Eine Sonderregelung für die Durchsicht trifft Abs. 3 S. 2 bezüglich verdeckter Bildaufnahmen und Bildaufzeichnungen (§ 17 Abs. 2 S. 3). In diesen Fällen ist die Durchsicht durch das **Amtsgericht** vorzunehmen. Gleiches ordnet § 18 Abs. 4 bei Datenerhebung in und aus Wohnungen an. § 16 Abs. 3 S. 3 weist hierauf hin. **37**

E. Verwendungsverbot, Löschung und Dokumentation (Abs. 4)

Auch die Regelungen des Abs. 4 sind der **zweiten Stufe** des vom BVerfG entwickelten Schutzkonzepts (→ Rn. 5) zugeordnet. Das Verbot, erfasste Daten zu verwenden, die dem Kernbereich privater Lebensgestaltung zuzurechnen sind (Abs. 4 S. 1), setzt voraus, dass diese Daten technisch von den anderen zu trennen sind. **38**

Abs. 4 S. 2 ordnet an, dass „Aufzeichnungen hierüber" unverzüglich zu löschen sind. Er könnte noch klarer formuliert sein, denn präzise meint er eigentlich wohl, dass diese Daten zu löschen sind. **39**

Letztlich verlangt Abs. 4 S. 3, die Tatsache der Erlangung und Löschung der Daten sei zu **dokumentieren.** Die Dokumentation bezieht sich (natürlich) nicht auf die Dateninhalte selbst, die verbotswidrig erlangt worden sind (also Aufnahmen und Aufzeichnungen). Zu dokumentieren sind nur die **Umstände** des Erhebens und des Löschens. Diese Verpflichtung kann in der Regel durch Aktenvermerk umgesetzt werden. Dies kann sachgerecht nur erfol- **40** gen, wenn Personalien des Betroffenen gespeichert werden, um eine Zuordnung zu ermöglichen.

F. Kernbereichsschutz und Berufsgeheimnisträger (Abs. 5)

41   Abs. 5 bedient sich einer irritierenden Regelungstechnik (krit. Sachs/Krings NWVBl. 2010, 165 (168)), indem er einen Ausschnitt des (bundes-) verfassungsrechtlichen geprägten Begriffs des Kernbereichs legal definiert. Diese Teildefinition des Kernbereichs gilt nicht für § 18, der in seinem Abs. 3 eine eigene Regelung hierzu enthält.

41.1   Es wird angeordnet, dass der Kernbereich auch das durch das Berufsgeheimnis geschützte Vertrauensverhältnis zu den in §§ 53, 53a StPO genannten Berufsgeheimnisträgern umfasse. § 53 StPO nennt als zur Verweigerung des Zeugnisses Berechtigte:

- Geistliche über das, was ihnen in ihrer Eigenschaft als Seelsorger anvertraut worden oder bekanntgeworden ist (§ 53 Abs. 1 S. 1 Nr. 1 StPO);
- Verteidiger des Beschuldigten über das, was ihnen in dieser Eigenschaft anvertraut worden oder bekanntgeworden ist (§ 53 Abs. 1 S. 1 Nr. 2 StPO);
- Rechtsanwälte, Patentanwälte, Notare, Wirtschaftsprüfer, vereidigte Buchprüfer, Steuerberater und Steuerbevollmächtigte, Ärzte, Zahnärzte, Psychologische Psychotherapeuten, Kinder- und Jugendlichenpsychotherapeuten, Apotheker und Hebammen über das, was ihnen in dieser Eigenschaft anvertraut worden oder bekanntgeworden ist, Rechtsanwälten stehen dabei sonstige Mitglieder einer Rechtsanwaltskammer gleich (§ 53 Abs. 1 S. 1 Nr. 3 StPO);
- Mitglieder oder Beauftragte einer anerkannten Beratungsstelle nach den §§ 3 und 8 SchKG über das, was ihnen in dieser Eigenschaft anvertraut worden oder bekanntgeworden ist (§ 53 Abs. 1 S. 1 Nr. 3a StPO);
- Berater für Fragen der Betäubungsmittelabhängigkeit in einer Beratungsstelle, die eine Behörde oder eine Körperschaft, Anstalt oder Stiftung des öffentlichen Rechts anerkannt oder bei sich eingerichtet hat, über das, was ihnen in dieser Eigenschaft anvertraut worden oder bekanntgeworden ist (§ 53 Abs. 1 S. 1 Nr. 3b StPO);
- Mitglieder des Deutschen Bundestages, der Bundesversammlung, des Europäischen Parlaments aus der Bundesrepublik Deutschland oder eines Landtages über Personen, die ihnen in ihrer Eigenschaft als Mitglieder dieser Organe oder denen sie in dieser Eigenschaft Tatsachen anvertraut haben, sowie über diese Tatsachen selbst (§ 53 Abs. 1 S. 1 Nr. 4 StPO);
- Personen, die bei der Vorbereitung, Herstellung oder Verbreitung von Druckwerken, Rundfunksendungen, Filmberichten oder der Unterrichtung oder Meinungsbildung dienenden Informations- und Kommunikationsdiensten berufsmäßig mitwirken oder mitgewirkt haben (§ 53 Abs. 1 S. 1 Nr. 5 StPO).

§ 53a StPO bezieht Hilfspersonen der in § 53 Abs. 1 S. 1 Nr. 1–4 StPO Genannten ein (Gehilfen und Personen, die zur Vorbereitung auf den Beruf an der berufsmäßigen Tätigkeit teilnehmen).

42   Abs. 5 begegnet nicht nur wegen der Regelungstechnik **Kritik:** Die Norm geht zurück auf das BVerfG, das sich auf Kommunikation mit Personen besonderen Vertrauens bezieht (BVerfGE 109, 279 (321 f.)). Allerdings ist die Annahme des Landesgesetzgebers verfehlt, in allen Fällen der §§ 53, 53a StPO wäre das Vertrauensverhältnis zwischen den dort Genannten und dem Störer **um der Menschenwürde willen** einer der Beteiligten geschützt (so ausdrücklich zu den Voraussetzungen des Kernbereichsschutzes BVerfGE 109, 279 (322 f.)). Für eine Kommunikation mit Personen in § 53 Nr. 4 und Nr. 5 StPO dürfte ein unmittelbarer Bezug zum Kernbereich sogar ausgeschlossen sein.

43   Eine über den Kernbereich mit seinem Menschenwürdebezug hinausgehende Einschränkung polizeilicher Datenerhebung ist zwar eine vermeintliche „Wohltat" für die Berufsgeheimnisträger. Allerdings muss sie sich an grundrechtlichen **Schutzpflichten** gegenüber gefährdeten Personen messen lassen (Sachs/Krings NWVBl. 2010, 165 (168 f.)). Dass der Gesetzgeber die hierfür erforderlichen Abwägungen getroffen hätte, lässt sich aus den Materialien zum Gesetzgebungsverfahren nicht entnehmen.

44   Wie bereits dargestellt, kommt es für die Zuordnung eines Sachverhalts zum Kernbereich der persönlichen Lebensgestaltung nicht entscheidend auf die beteiligten Personen, sondern auf die **Gesprächsinhalte** an (→ Rn. 14). **Alleine der Kontakt** zu einem **Rechtsanwalt** genügt daher zum Eingreifen eines Erhebungsverbots nach Abs. 2 **nicht.** Er muss zunächst gerade in seiner Eigenschaft als Berufsgeheimnisträger stattfinden und wegen der zuvor genannten Hintergründe einen Bezug zur Menschenwürde haben.

Für **Seelsorger** gilt Ähnliches. Nicht vom Kernbereichsschutz erfasst sind Gespräche, **45** Erkenntnisse oder Tätigkeiten auf dem Gebiet des täglichen Lebens bei Gelegenheit der Ausübung von Seelsorge ohne Bezug zum seelischen Bereich. Dies gilt etwa für karitative, fürsorgerische oder verwaltende Arbeiten (BGHSt 51, 140 (141 ff.) zu § 53 StPO).

Hinzuweisen ist letztlich auf die Ausnahmen zum **vorgetäuschten Kernbereich** und zu **46** Sachverhalten, mit **unmittelbarem Bezug zur abzuwehrender Gefahr oder zu strafbaren Handlungen** (→ Rn. 17 ff.).

§ 16a Datenerhebung durch Observation

(1) ¹Die Polizei kann personenbezogene Daten erheben durch eine durchgehend länger als 24 Stunden oder an mehr als an zwei Tagen vorgesehene oder tatsächlich durchgeführte und planmäßig angelegte Beobachtung (längerfristige Observation)
1. über die in den §§ 4 und 5 genannten und unter den Voraussetzungen des § 6 über die dort genannten Personen, wenn dies zur Abwehr einer gegenwärtigen Gefahr für Leib, Leben oder Freiheit einer Person erforderlich ist,
2. über Personen, soweit Tatsachen die Annahme rechtfertigen, dass diese Personen Straftaten von erheblicher Bedeutung begehen wollen, sowie über deren Kontakt- oder Begleitpersonen, wenn die Datenerhebung zur vorbeugenden Bekämpfung dieser Straftaten erforderlich ist.
²Dabei dürfen auch personenbezogene Daten über andere Personen erhoben werden, soweit dies erforderlich ist, um eine Datenerhebung nach Satz 1 durchführen zu können. ³Als Kontaktpersonen gelten nur die Personen, die enge persönliche, dienstliche oder geschäftliche Beziehungen zu den Personen gemäß Absatz 1 Satz 1 Nummer 2 unterhalten ⁴Begleitpersonen sind Personen, die nicht nur kurzfristig mit diesen Personen angetroffen werden, ohne jedoch enge persönliche, dienstliche oder geschäftliche Beziehungen zu diesen zu unterhalten. ⁵Berufsgeheimnisträger gemäß § 53 der Strafprozessordnung gehören, soweit das geschützte Vertrauensverhältnis reicht, nicht zu den Kontakt- oder Begleitpersonen.

(2) Eine längerfristige Observation darf nur durch die Behördenleiterin oder den Behördenleiter angeordnet werden.

(3) ¹Auf eine Observation, die nicht die in Absatz 1 genannten Voraussetzungen erfüllt (kurzfristige Observation), finden die Absätze 1 und 2 keine Anwendung. ²Durch eine kurzfristige Observation kann die Polizei personenbezogene Daten über die in den §§ 4 und 5 genannten und andere Personen nur erheben, soweit dies zum Zwecke der Gefahrenabwehr (§ 1 Abs. 1) erforderlich ist und ohne diese Maßnahme die Erfüllung der polizeilichen Aufgabe gefährdet wird.

Überblick

§ 16a stellt zwei Ermächtigungsgrundlagen zur Verfügung, nämlich die längerfristige und die kurzfristige Observation (→ Rn. 38 ff.). Für beide sind die Bestimmungen der Begriffe „Observation" und „verdeckt" (→ Rn. 1–4) sowie die Abgrenzung zu anderen Maßnahmen (→ Rn. 6 ff.) relevant. Ausgeführt werden sodann die Anforderungen der Eingriffsvoraussetzungen für die längerfristige Observation, nämlich „Abwehr einer gegenwärtigen Gefahr" (→ Rn. 9 f.) und „Verhinderung erheblicher Straftaten" (→ Rn. 11 ff.). Besonderheiten gibt es bei den Adressatenregelungen, etwa hinsichtlich der Kontakt- und Begleitpersonen (→ Rn. 17 ff.) und der Anordnungsbefugnis des Behördenleiters (→ Rn. 23 ff.). Umfassend widmet sich die Kommentierung abschließend der Abgrenzung zur sog. Dauerüberwachung gefährlicher und rückfallgefährdeter Straftäter (→ Rn. 42 ff.). Zu Zwecken der Strafverfolgung ist eine längerfristige Observation nach § 163f StPO, eine kurzfristige aufgrund der Generalkauseln in den §§ 161, 163 StPO zulässig. Etwa in Baden-Württemberg (§ 23 Abs. 1 Nr. 1 BWPolG), Bayern (Art. 33 Abs. 1 Nr. 1 BayPAG) und Hessen (§ 15 Abs. 1 Nr. 1 HSOG) sind längerfristige Observationen vergleichbar geregelt.

A. Längerfristige Observation (Abs. 1)

I. Datenerhebung durch Beobachtung

1. Begriff

1   Der Begriff der längerfristigen Observation ist **legaldefiniert** als durchgehend länger als 24 Stunden dauernde oder an mehr als zwei Tagen vorgesehene oder tatsächlich durchgeführte und planmäßig angelegte Beobachtung. Es genügt, dass die Maßnahme für diese Zeiträume geplant ist. Falls sie dann tatsächlich kürzer andauert und die Tatbestandsvoraussetzungen aus Abs. 1–3 nicht erfüllt sind, kann die Maßnahme aber nach Abs. 4 rechtmäßig sein.

2   Unter **Beobachtung** ist etwas anderes zu verstehen als unter der Ausschreibung zur polizeilichen Beobachtung nach § 21. Während es dort um Übermittlung von Erkenntnissen über das Antreffen geht, handelt es sich bei der Beobachtung iSv § 16a um **sinnliche Wahrnehmungen.**

3   Die Beobachtung muss **planmäßig** angelegt sein, dies verlangt einen bestimmten organisatorischen, sachlichen und personellen Aufwand (Nr. 16a.11 VVPolG NRW) Die Anzahl der jeweils eingesetzten Observationskräfte wird sich auch daran orientieren, welche Bedeutung die jeweils abzuwendende Gefahr oder die zu verhindernde Straftat hat.

4   **Verdeckt** ist die Datenerhebung, wenn sie nicht als polizeiliche Maßnahme erkennbar sein soll (s. Nr. 9.4 VVPolG NRW), was in der Regel durch Verschleierung der Zugehörigkeit der handelnden Person zur Polizei geschieht.

5   Eine Observation kann auch **offen** erfolgen, was eher selten der Fall sein dürfte. Eine offene Observation ist zu unterscheiden von der sog. **Dauerüberwachung,** bei der es gerade weniger um die Erhebung von Daten als mehr um die unmittelbare Gefahrabwendung durch Begleitung geht (→ Rn. 42 ff.).

2. Abgrenzungen

6   Eine Observation ist gekennzeichnet durch eine **zielgerichtete** Wahrnehmung, an der es etwa bei **Streifenfahrten** oder Streifengängen fehlen wird. Eine Notwendigkeit der Abgrenzung hierzu ergibt sich aber wohl nur bei der kurzfristigen Observation (→ Rn. 38 ff.).

7   Längerfristige Observationen werden oft in **Kombination** mit anderen verdeckten Maßnahmen angewandt. Wenn dabei bestimmte technische Mittel eingesetzt werden, müssen zusätzlich die Tatbestandsvoraussetzungen von § 17 vorliegen.

8   Eine Observation „in Wohnungen hinein" erlaubt § 16a nicht, dafür gilt § 18. Gemäß § 16a kann aber der **Zutritt zur Wohnung und deren Verlassen** beobachtet werden. In allgemein zugängliche Räume kann dem Observierten demgegenüber gefolgt werden (vgl. § 41 Abs. 4).

II. Eingriffsvoraussetzungen und Adressaten

1. Abwehr gegenwärtiger Gefahr (Abs. 1 S. 1 Nr. 1)

Die Datenerhebung durch längerfristige Observation ist zunächst zulässig zur Abwehr **9** einer gegenwärtigen Gefahr für die abschließend aufgeführten Rechtsgüter Leben, Leib und Freiheit einer Person. Eine gegenwärtige Gefahr verlangt eine besondere zeitliche Nähe des drohenden Schadensereignisses. Gegenwärtig ist eine Gefahr, wenn sie bereits eingetreten ist oder ihre Realisierung unmittelbar bevorsteht (ferner zum Begriff der gegenwärtigen Gefahr → § 34a Rn. 14 f.). Irritierenderweise verwendet der Gesetzgeber immer noch den inzwischen doch in die Jahre gekommenen Begriff „Leib", anstatt sich der Formulierung „Gesundheit" oder „Körper" zu bedienen. Weshalb in der Aufzählung das Rechtsgut „Leib" demjenigen des Lebens vorangestellt ist, erschließt sich ebenfalls nicht recht.

Adressaten der Maßnahme sind Störer nach §§ 4, 5 und Nichtstörer nach § 6. Insofern **10** enthält die Norm einen unnötigen Verweis auf die Regeln zur Verantwortlichkeit, die ohnehin gelten. Als Verhaltensverantwortlicher kommen etwa der Verdächtige einer Entführung oder dessen Helfer in Betracht. Ein Beispiel für die Inanspruchnahme eines **Nichtverantwortlichen** könnte sein, dass das Opfer observiert wird, wenn dies gegen seinen Willen geschieht oder andere Personen, die zwar nicht an der Störung beteiligt sind, aber über die ggf. weitere Ermittlungen betreffend den Störer möglich sind.

2. Verhinderung erheblicher Straftaten (Abs. 1 S. 1 Nr. 2)

Alternativ ermächtigt § 16a zur längerfristigen Observation mit dem Ziel einer vorbeugen- **11** den Bekämpfung von Straftaten. Bei dieser **Vorfeldbefugnis** ist noch keine (konkrete) Gefahr eingetreten. Dass es so weit kommt, soll gerade verhindert werden.

Damit die Datenerhebung zulässig ist, müssen **tatsächliche Anhaltspunkte die** **12** **Annahme rechtfertigen,** dass Personen Straftaten von erheblicher Bedeutung begehen wollen. Bloße Vermutungen genügen nicht, es sind hierfür konkrete äußere Hinweise nötig (OVG Münster Urt. v. 5.7.2013 – 5 A 607/11, juris Rn. 99, BeckRS 2013, 53569; VG Aachen Urt. v. 24.1.2011 – 6 K 140/10, juris Rn. 107, BeckRS 2011, 45928, dort auch ausf. zur Bestimmtheit der Norm). Es genügt die auf Tatsachen gegründete, nicht näher konkretisierte Möglichkeit, dass jemand in Zukunft Straftaten von erheblicher Bedeutung begehen will. Dieses Normkonzept ist „in seinem Ausgangspunkt vage" (so VG Aachen Urt. v. 24.1.2011 – 6 K 140/10, juris Rn. 88, BeckRS 2011, 45928). Anhaltspunkte in diesem Sinne können sich ergeben etwa aus bereits begangenen Taten, aus Informationen von Hinweisgebern, aus eigenen Äußerungen der Zielperson oder aus Vorbereitungshandlungen. An der Bestimmtheit dieser Regelung wird zum Teil gezweifelt (krit. SBK PolG NRW/Braun Rn. 15 f. unter Berufung auf BVerfG NJW 2005, 2603 (2607) zu Nds. SOG). Allerdings wird man die Entscheidung des BVerfG nicht ohne Weiteres übertragen können. Im Unterschied zu § 16a Abs. 1 betraf die vom BVerfG beurteilte Norm die Überwachung der Telekommunikation. Eine derartige Maßnahme zeichnet sich aber durch eine andere Eingriffstiefe aus (VG Aachen Urt. v. 24.1.2011 – 6 K 140/10, juris Rn. 126 f., BeckRS 2011, 45928).

Abs. 1 S. 1 Nr. 2 setzt voraus, dass eine Verhinderung einer **Straftat von erheblicher** **13** **Bedeutung** bezweckt ist. Als solche ist eine Straftat zu begreifen, die mindestens dem Bereich der mittleren Kriminalität zuzurechnen ist, den Rechtsfrieden empfindlich stört und dazu geeignet ist, das Gefühl der Rechtssicherheit der Bevölkerung erheblich zu beeinträchtigen. Die in § 8 Abs. 3 genannten Regelbeispiele bieten eine Richtschnur dafür, welche unbenannten Straftaten der Norm subsumiert werden können (VG Aachen Urt. v. 24.1.2011 – 6 K 140/10, juris Rn. 117, BeckRS 2011, 45928 mwN aus der Rspr. des BVerfG; zum Begriff → § 8 Rn. 133 f.).

Mitunter wird angenommen, längerfristige Observationen würden oftmals bei solchen **14** Straftaten angewandt, die bandenmäßig oder anders organisiert begangen werden (vgl. Tegtmeyer/Vahle PolG NRW Rn. 6). Der Katalog des § 8 Abs. 3 ist indes deutlich weiter. Im Zusammenhang mit rückfallgefährdeten Sexualstraftätern oder Gewalttätern wird häufig von einer Dauerobservation gesprochen, allerdings handelt es sich hierbei regelmäßig um eine Dauerüberwachung (→ Rn. 42 ff.).

15   Die erforderliche Prognoseentscheidung bezüglich der Begehung von Straftaten bezieht sich auch darauf, ob die Voraussetzungen einer Katalogtat vorliegen. Das kann im Einzelfall nicht unproblematisch sein, vor allem, wenn es sich bei taterschwerenden Merkmale um solche subjektiver Art handelt (SBK PolG NRW/Braun Rn. 13).

16   Die Tatbestandsalternative nennt als möglichen **Adressaten** zunächst diejenigen Personen, die solche Straftaten begehen wollen. Erfasst davon sind neben den mutmaßlichen Straftätern auch mögliche Gehilfen und Anstifter (§§ 26, 27 StGB). Die Norm geht aber noch weiter, indem sie die Observation von **Kontakt- und Begleitpersonen** und anderen Personen (zu diesen sogleich) erlaubt. Beide Begriffe sind legaldefiniert (Kontaktpersonen in Abs. 1 S. 3, Begleitpersonen in Abs. 1 S. 4).

3. Andere Personen (Abs. 1 S. 2)

17   Wesentliches Unterscheidungsmerkmal zu den Kontakt- und Begleitpersonen ist, dass bei den „anderen Personen" von vornherein klar ist, dass sie nicht als Nichtstörer in Betracht kommen oder nicht mit potentiellem Straftäter in Verbindung stehen. Sie sind nicht Ziel der Observation und nur unvermeidbar von der Maßnahme mitbetroffen; sie stellen nur **„Beiwerk"** dar (OVG Münster Urt. v. 5.7.2013 – 5 A 607/11, juris Rn. 175, BeckRS 2013, 53569). Ihre Einbeziehung in die Maßnahme ist nur zulässig, soweit dies erforderlich ist, um eine Datenerhebung nach Abs. 1 S. 1 durchführen zu können. Eine (Mit-)Observation der anderen Personen ist damit ausschließlich bei festgestellter oder aufgrund konkreter Anhaltspunkte nicht auszuschließender Gegenwart der Zielperson oder einer Kontakt- bzw. Begleitperson erlaubt (VG Aachen Urt. v. 24.1.2011 – 6 K 140/10, juris Rn. 233, BeckRS 2011, 45928 zum Bruder der Zielperson).

18   Abs. 1 S. 2 dürfte wohl nur klarstellenden Charakter haben, weil eine Observation schon im Ansatz kaum denkbar ist, wenn es nur zulässig wäre, ausschließlich die Zielperson selber wahrnehmen zu dürfen, aber nicht deren Umfeld (ähnlich Tegtmeyer/Vahle PolG NRW Rn. 6).

4. Kontakt- und Begleitpersonen (Abs. 1 S. 3, 4)

19   Der **Begriff** der Kontakt- und Begleitperson ist restriktiv auszulegen (hierzu und zum Folgenden BVerfG NVwZ 2001, 1261; VerfG Bbg LKV 1999, 450 (457 f.); VG Aachen Urt. v. 24.1.2011 – 6 K 140/10, juris Rn. 119, BeckRS 2011, 45928). Eine Nähebeziehung zur Zielperson alleine genügt nicht. Vorausgesetzt sind danach zusätzlich konkrete Tatsachen für einen **objektiven Tatbezug** und damit für eine Einbeziehung in den Handlungskomplex der Straftatenbegehung, insbesondere eine Verwicklung in den Hintergrund oder das Umfeld der Straftaten. Daher ist eine Beobachtung dieser Personen nur erforderlich, wenn zu erwarten ist, dass über sie Hinweise auf den Störer bzw. mutmaßlichen Straftäter möglich sind. Falls sich durch die Observation weitere Erkenntnisse ergeben, können diese Personen selber unmittelbar zu Zielpersonen werden.

20   Nach Abs. 1 S. 3 (wiederholt von den Verwaltungsvorschriften, VVPolG NRW Nr. 16a.12) können als Kontaktpersonen nur die Personen angesehen werden, die enge persönliche, dienstliche oder geschäftliche Beziehungen zu der Zielperson unterhalten. Begleitpersonen sind danach Personen, die – ohne enge persönliche, dienstliche oder geschäftliche Beziehungen zu der Zielperson zu unterhalten – nicht nur kurzfristig mit ihr angetroffen werden. Die VVPolG NRW sehen daher Verkäufer, Bedienungspersonal oder (Taxi-)Fahrer in der Regel nicht als Begleitpersonen, sondern allenfalls als andere Personen iSd § 16 Abs. 1 S. 2 an.

21   Betreffend der Speicherung von Daten von Kontakt- und Begleitpersonen ist § 24 Abs. 4 eine Sonderregelung (→ § 24 Rn. 23 f.).

5. Berufsgeheimnisträger (Abs. 1 S. 5)

22   Abs. 1 S. 5 bestimmt, dass **Berufsgeheimnisträger** keine Kontakt- oder Begleitpersonen sind. Kritisiert wird zum Teil, es sei nicht klar, warum Mitarbeiter der Berufsgeheimnisträger nicht genannt werden (Tegtmeyer/Vahle PolG NRW Rn. 6a). Außerdem sei die Rechtsfolge offen. In der Tat bleibt § 16a in diesem Punkt wenig überzeugend, ermöglicht doch Abs. 1

S. 2 eine Datenerhebung. Über § 16 könnte sich bei Betroffensein des Kernbereichs privater Lebensgestaltung ggf. eine Unzulässigkeit der Datenerhebung ergeben, wobei allein der Kontakt zu Berufsgeheimnisträger hierfür **nicht** genügt (→ § 16 Rn. 41 ff.).

III. Anordnungsbefugnis (Abs. 2)

1. Behördenleitervorbehalt und Zuständigkeiten

Eine längerfristige Observation darf nur durch den Behördenleiter angeordnet werden. Aus **23** allgemeinen Grundsätzen ergibt sich, dass dies im Falle seiner **Verhinderung** der Vertreter zu tun hat, der dann die Funktion des Behördenleiters wahrnimmt, dies stellen auch die Verwaltungsvorschriften klar (VVPolG NRW Nr. 16a.21). Wer Vertreter ist, bestimmt sich nach der Geschäftsordnung für die Kreispolizeibehörden des Landes Nordrhein-Westfalen, Runderlass des Innenministeriums v. 22.10.2004 – 43.1 – 0302 bzw., soweit der Direktor des LKA anordnungsbefugt ist (VVPolG NRW Nr. 16a.24), aus der Gemeinsamen Geschäftsordnung für das Landesamt für Ausbildung, Fortbildung und Personalangelegenheiten, das Landeskriminalamt und das Landesamt für Zentrale Polizeiliche Dienste der Polizei des Landes Nordrhein-Westfalen (GGO LOBPolNRW), Runderlass des Innenministeriums – 43-58.01.02 – v. 29.6.2007.

Die **örtliche Zuständigkeit** richtet sich nach § 7 Abs. 1 POG NRW. Zuständig ist **24** also insbesondere diejenige Kreispolizeibehörde, in deren Polizeibezirk die polizeilich zu schützenden Interessen verletzt oder gefährdet werden. Soweit die Kriminalhauptstellenverordnung die Zuständigkeit einem bestimmten Polizeipräsidium als Kriminalhauptstelle zuweist, obliegt die Anordnung dessen Behördenleiter, hierauf weist VVPolG NRW Nr. 16a.22 hin. Eine zuvor von dem örtlich zuständigen Behördenleiter getroffene Anordnung wirkt bei Übernahme durch das zur Kriminalhauptstelle bestimmte Polizeipräsidium solange fort, bis sie von dessen Behördenleiter bestätigt oder aufgehoben wird.

Längerfristige Observationen haben es naturgemäß nicht selten an sich, dass sie sich über **25** die Bezirke mehrerer Kreispolizeibehörden erstrecken (**überörtliche Observation**). In diesem Fall wird man eine Zuständigkeit der Kräfte der observierenden Behörde auch im fremden Bezirk jedenfalls nach § 7 Abs. 2 Nr. 3 POG NRW für zulässig halten müssen.

In Fällen von überörtlichen Observationen, die von Polizeivollzugsbeamten **eines ande-** **26** **ren Landes in NRW** nach § 9 Abs. 1 POG NRW vorgenommen werden können, bestimmt die VVPolG NRW Nr. 16a.23, dass der Behördenleiter der Kriminalhauptstelle, in deren Zuständigkeitsbereich die längerfristige Observation in Nordrhein-Westfalen zuerst beginnt, die Anordnung nach § 16a Abs. 2 zu treffen hat.

Derzeit nicht belegt. **27–29**

2. Rechtsform der Anordnung

Mit Änderung des PolG NRW durch das Gesetz v. 18.12.2018 (GV. NRW. 741, berichtigt **30** 2019, 23) wurde die Kennzeichnungspflicht aus S. 2 und der Pflicht zur Aufrechterhaltung der Kennzeichnung bei Übermittlungen an andere Stellen aus S. 3 gestrichen. Dies ist nun in § 23a Abs. 1 und Abs. 3 allgemein geregelt.

Die **Anordnung** einer Observation ist ein kein Verwaltungs-, sondern ein **Realakt** (OVG **31** NRW Urt. v. 5.7.2013 – 5 A 607/11, juris Rn. 66, BeckRS 2013, 53569).

IV. Benachrichtigung (§ 33)

Wie für verdeckte Ermittlungsmaßnahmen üblich, ist auch für die längerfristige Observa- **32** tion eine Unterrichtung der betroffenen Person über die Datenerhebung vorgesehen. Bis zur Änderung des PolG NRW durch das Gesetz v. 18.12.2018 (GV. NRW. 741, berichtigt 2019, 23) war dies in Abs. 3 geregelt, der auf § 17 Abs. 5 und Abs. 6 Bezug genommen hat. Nunmehr enthält § 33 eine umfassende Regelung zur Benachrichtigung (→ § 33 Rn. 4 ff.) einschließlich ihres Unterbleibens und ihrer Zurückstellung.

Derzeit nicht belegt. **33–34**

V. Kernbereichsschutz

35   Der von § 16 geregelte Schutz des Kernbereichs privater Lebensgestaltung gilt auch bei § 16a. Allerdings dürfte hier eine Verletzung **eher unwahrscheinlich** sein. Zwar ist die Observation eine verdeckte Maßnahme, jedoch findet sie überwiegend **im öffentlichen Raum** und nicht in Bereichen statt, in denen sich kernbereichsrelevante Sachverhalte üblicherweise zutragen werden (VG Aachen Urt. v. 24.1.2011 – 6 K 140/10, juris Rn. 155, BeckRS 2011, 45928). Meistens dürfte der Bereich der Sozialsphäre berührt sein, wo die Vertraulichkeitserwartung eher schwach ausgeprägt ist (→ § 16 Rn. 11).

36   Ein gesteigertes Risiko der Berührung des Kernbereichs könnte denkbar sein, wenn sich die Zielperson zu Orten bewegt, an denen Einsamkeit Ziel ist. Dies alleine würde aber noch nicht für Annahme eines Erhebungsverbots nach § 16 Abs. 1 genügen (im Einzelnen → § 16 Rn. 10).

36.1   Angesichts dessen und weil bei der Observation üblicherweise keine Kommunikationsinhalte erfasst werden, hätte auf die Einbeziehung in den Kernbereichsschutz verzichtet werden können (vgl. Schwabenbauer, Heimliche Grundrechtseingriffe, 2013, 290). Andere Länder haben dies getan, s. § 16, Überblick.

37   Sollte einmal während einer laufenden längerfristigen Observation doch der Kernbereich betroffen sein, stellt sich die Frage, wie die durch § 16 Abs. 2 S. 1 angeordnete Unterbrechung der Datenerhebung umzusetzen ist. Genügt es, den Blick abzuwenden oder muss eine räumliche Verlagerung stattfinden? Eine Fortsetzung der Datenerhebung könnte dann ggf. schwierig bis unmöglich werden. Ein sachgerechter Umgang mit dem **Unterbrechungsgebot** und der **Fortsetzungsmöglichkeit** dürfte nur schwer allgemeinverbindlich festzulegen sein. Meines Erachtens dürfte es genügen, wegzuschauen. Flüchtige Blicke zur Kontrolle, ob die Kernbereichsrelevanz weggefallen ist, dürften erlaubt sein (→ § 16 Rn. 21, Rn. 31).

B. Kurzfristige Observation (Abs. 3)

38   Das Gesetz unterscheidet zwischen der längerfristigen und der kurzfristigen Observation. Letztere grenzt es negativ von ersterer ab: Eine kurzfristige Observation ist eine solche, die die in Abs. 1 genannten Voraussetzungen nicht erfüllt, also wenn sie nicht länger als 24 Stunden oder nicht an mehr als an zwei Tagen vorgesehen oder tatsächlich durchgeführt wird.

39   Die kurzfristige Observation ist bereits dann zulässig, wenn sie zur Aufgabenerfüllung für Zwecke der Gefahrenabwehr nach § 1 Abs. 1 erforderlich ist. Sie darf gerichtet werden gegen Verantwortliche nach § 4 und § 5 sowie gegen „andere Personen". Unter letzteren sind wie bei Abs. 1 S. 2 solche Personen zu verstehen, auf die die Maßnahme **nicht abzielt,** sondern die nur zwangsläufig in das Visier der observierenden Polizeibeamten geraten.

40   Abs. 4 erlaubt die kurzfristige Observation nur, wenn sie „erforderlich ist und ohne diese Maßnahme die Erfüllung der polizeilichen Aufgabe gefährdet wird".

41   **Abzugrenzen** ist die kurzfristige Observation von der bloßen **Aufklärung,** etwa bei der allgemeinen Streiftätigkeit oder bei besonderen Einsatzlagen. Bloße Aufklärungsmaßnahmen, die **nicht planmäßig** auf die Erhebung personenbezogener Daten angelegt sind, haben keinen Eingriffscharakter und lassen sich auf die Aufgabenzuweisungsnorm des § 1 stützen (→ § 1 Rn. 19). Erst wenn eine gezielte Datenerhebung stattfindet und etwa eine Person intensiver ins Ziel gerät, „kippt" die Maßnahme ggf. und ist unter den Voraussetzungen von Abs. 4 zulässig.

C. Abgrenzung zur Dauerüberwachung

42   Das BVerfG hat 2012 Zweifel daran geäußert, ob das baden-württembergische Polizeigesetz hinreichend differenzierte Rechtsgrundlagen enthält, die die Dauerüberwachung besonders gefährlicher Personen auf Dauer tragen können (BVerfG BeckRS 2012, 60164). Schon vorher (s. etwa OVG Saarl Beschl. v. 16.12.2010 – 3 B 284/10; aA VG Aachen BeckRS 2011, 45928; VG Saarlouis Urt. v. 28.11.2012 – 6 K 745/10), insbesondere aber im Nachgang zu dieser Entscheidung (VGH BW Beschl. v. 31.1.2013 – 1 S 1817/12; OVG Münster BeckRS 2013, 53569; VG Freiburg Urt. v. 14.2.2013 – 4 K 1115/12) haben die Instanzgerichte diese Zweifel aufgegriffen und der Anwendung der Normen zur Observation begrenzt.

Die „Observation" ist in diesen Fällen eigentlich eine **Dauerbegleitung** bzw. eine **Dau- 43 erüberwachung.** In erster Linie geht es nämlich nicht um eine Datenerhebung, sondern im Vordergrund steht es, den betroffenen Personen die Ausweglosigkeit des Versuchs strafbarer Handlungen vor Augen zu führen und notfalls schnell eingreifen zu können (Guckelberger VBlBW 2011, 209 (211)).

Das OVG NRW hat folgerichtig entschieden, dass **§ 16a keine Rechtsgrundlage** für 44 eine offene Dauerobservation hochgradig rückfallgefährdeter Sexual- und Gewaltstraftäter ist, die aus Rechtsgründen nicht in der Sicherungsverwahrung oder Therapieunterbringung untergebracht werden können. **Übergangsweise** kann die längerfristige Observation hochgradig solcher Personen, ihrer Kontakt- und Begleitpersonen sowie unvermeidbar Mitbetroffener „nach Maßgabe strikter Verhältnismäßigkeit" auf die polizeiliche **Generalklausel** gem. § 8 iVm einer entsprechenden Anwendung des Behördenleitervorbehalts in § 16a Abs. 2 gestützt werden (OVG Münster Urt. v. 5.7.2013 – 5 A 607/11, juris Rn. 81 ff., BeckRS 2013, 53569).

Die Gerichte haben dem Gesetzgeber einen **„Übergangsbonus"** (OVG Münster Urt. v. 45 5.7.2013 – 5 A 607/11, juris Rn. 116, BeckRS 2013, 53569) zugebilligt, weil sie gravierende Schutzlücken gesehen haben, die ein sofortiges Verbot der polizeilichen Dauerüberwachung hätte (näher OVG Münster Urt. v. 5.7.2013 – 5 A 607/11, juris Rn. 115, BeckRS 2013, 53569). Ohne dass in der Rechtsprechung eine konkrete Höchstdauer für die Übergangsfrist genannt wurde, dürfte für Nordrhein-Westfalen eine solche Frist **inzwischen abgelaufen** sein.

Die Problemstellung bezieht sich auf **alle rückfallgefährdeten Straftäter** und zwar solche, die 45.1 nach
• Vollzug einer Freiheitsstrafe,
• Unterbringung in der (nachträglichen) Sicherungsverwahrung, weil die Voraussetzungen für eine Unterbringung nach dem Therapieunterbringungsgesetz aufgrund fehlender psychischer Störung nicht vorliegen, oder
• Erledigung der Unterbringung in einem psychiatrischen Krankenhaus, weil die Voraussetzungen für die nachträgliche Anordnung der Unterbringung in der Sicherungsverwahrung nach § 66b StGB nicht vorliegen,
• in die Freiheit entlassen worden sind.

Die **Gesetzgebungskompetenz** für die Regelung der Dauerüberwachung besonders 46 gefährlicher Personen dürfte zur konkurrierenden Gesetzgebungskompetenz des Strafrechts, Art. 74 Abs. 1 Nr. 1 GG gehören, da auf eine begangene Anlasstat abgestellt wird (weiter Kompetenztitel, vgl. BVerfGE 109, 190 (212 ff.)). Kein klares Meinungsbild lässt sich aber zu der Frage feststellen, ob der Bund mit den Regelungen zur Führungsaufsicht und insbesondere den Möglichkeiten elektronischen Aufenthaltsüberwachung nach § 68b Abs. 1 S. 1 Nr. 12 StGB abschließend von seiner Kompetenz Gebrauch gemacht hat (bejahend etwa VG Freiburg Urt. v. 14.2.2013 – 4 K 1115/12, juris Rn. 45 ff., BeckRS 2013, 47247; vgl. auch OVG Saarlouis Beschl. v. 16.12.2010 – 3 B 284/10, juris Rn. 74, BeckRS 2011, 45050; Eisenbarth/Ringhof DVBl 2013, 566 (571); offengelassen von OVG Münster BeckRS 2013, 53569; verneinend Guckelberger VBlBW 2011, 209 (217); umfassend s. Unterausschuss Recht und Verwaltung des Arbeitskreises II der Innenministerkonferenz, Bericht zur Frage der Gesetzgebungskompetenz für die Regelung der Dauerüberwachung besonders gefährlicher Personen v. 19.8.2013), mit der Folge, dass die Einführung von Ermächtigungen zur Dauerüberwachung von Straftätern auf Landesebene ausgeschlossen wäre.

Ist man der Ansicht, dass der Bund keinen abschließenden Gebrauch von seiner Kompe- 47 tenz gemacht hat, so sollte aus rechtspolitischen und fachlichen Erwägungen gleichwohl eine Lösung im **Bundesrecht** angestrebt werden (sa Koalitionsvertrag zwischen CDU, CSU und SPD für die 18. Legislaturperiode, 2013, 101). Dauerhafte Maßnahmen zum Umgang mit in Freiheit befindlichen gefährlichen Straftätern sollten im Recht des Straf- und Maßregelvollzugs, der Führungsaufsicht oder im ThUG (Therapieunterbringungsgesetz v. 22.12.2010, BGBl. I 2300) verortet werden. Unter dem Gesichtspunkt des Rückfallrisikos gleich zu beurteilende Sachverhalte (Sicherungsverwahrung, Unterbringung nach dem ThUG, Maßnahmen der Führungsaufsicht oder Dauerüberwachung durch die Polizei) können nicht ganz unterschiedlicher rechtlicher Bewältigung unterworfen werden. Während die Personen in allen anderen Konstellationen untergebracht bzw. jedenfalls therapiert werden, wird bei der polizeilichen Dauerüberwachung dagegen durch die begleitenden Polizeibeamten lediglich ein „mobiler Käfig" geschaffen.

47.1   Die Bewältigung der von rückfallgefährdeten früheren Straftätern ausgehenden Risiken ist kein originäres polizeiliches Aufgabenfeld. Polizeirecht ist kein Lückenbüßer, um Fälle aufzufangen, die insbesondere im Zuge von Entscheidungen des Europäischen Gerichtshofs für Menschenrechte zum Umgang mit gefährlichen Straftätern dem Regime der Sicherungsverwahrung entzogen worden sind.

47.2   Wenn eine bundesrechtliche Lösung nicht abgewartet werden soll, ist eine Regelung im Polizeirecht keinesfalls zwingend. Möglich wäre auch eine „Unterbringungslösung" etwa im NRWPsychKG oder in einem neuen Stammgesetz. Jedenfalls aber müsste der Landesgesetzgeber bei der Schaffung einer Ermächtigung zur Dauerüberwachung das vom Bund bereits geschaffene Regelungssystem berücksichtigen. Das bedeutet vor allem, dass eine Maßnahme der Dauerüberwachung nicht derart ausgestaltet sein darf, dass eine Resozialisierung der betroffenen Person unmöglich gemacht bzw. erheblich beeinträchtigt wird. Die Erfahrungen mit der polizeilichen Dauerüberwachung zeigen aber ihre zum Teil massive Stigmatisierungswirkung, die dazu führen kann, dass die Resozialisierungsziele der Führungsaufsicht nicht hinreichend zur Geltung kommen können. Auch dieser Aspekt spricht für eine bundesrechtliche Norm, da nur diese in der Lage wäre, konsistent die konfligierenden Regelungsziele zu berücksichtigen.

47.3   Zu berücksichtigen hätte eine landesrechtliche Norm zur Dauerüberwachung rückfallgefährdeter Straftäter im Polizeirecht insbesondere:
- Hinreichend strenger Katalog der Straftaten, zu deren Verhinderung eine Dauerüberwachung angeordnet werden darf.
- Zeitliche Befristung der Maßnahme, Überprüfung in regelmäßigen Abständen und ggf. anlassbezogen, ob die Voraussetzungen weiter vorliegen.
- Ermöglichen einer etwaig erforderlichen erneuten psychiatrischen Begutachtung.

§ 17 Datenerhebung durch den verdeckten Einsatz technischer Mittel

(1) ¹Die Polizei kann personenbezogene Daten erheben durch den verdeckten Einsatz technischer Mittel zur Anfertigung von Bildaufnahmen und Bildaufzeichnungen sowie zum Abhören und Aufzeichnen des gesprochenen Wortes
1. über die Personen, die in den §§ 4 und 5 genannt werden, sowie unter den Voraussetzungen des § 6 über die dort genannten Personen, wenn dies zur Abwehr einer gegenwärtigen Gefahr für Leib, Leben oder Freiheit einer Person erforderlich ist,
2. über Personen, soweit Tatsachen die Annahme rechtfertigen, dass diese Personen Straftaten von erheblicher Bedeutung begehen wollen, sowie über deren Kontakt- oder Begleitpersonen, wenn die Datenerhebung zur vorbeugenden Bekämpfung dieser Straftaten erforderlich ist.
²Dabei dürfen auch personenbezogene Daten über andere Personen erhoben werden, soweit dies erforderlich ist, um eine Datenerhebung nach Satz 1 durchführen zu können. ³§ 16a Absatz 1 Satz 3 bis 5 gilt entsprechend.

(2) ¹Der verdeckte Einsatz technischer Mittel zur Anfertigung von Bildaufnahmen und Bildaufzeichnungen darf nur durch die Behördenleiterin oder den Behördenleiter angeordnet werden. ²Die Anordnung bedarf der Schriftform und ist auf höchstens einen Monat zu befristen; soweit die Voraussetzungen der Anordnung fortbestehen, sind Verlängerungen um jeweils einen weiteren Monat zulässig. ³Der Einsatz der Mittel zum Abhören und Aufzeichnen des gesprochenen Wortes bedarf der Anordnung durch das Amtsgericht, in dessen Bezirk die Polizeibehörde ihren Sitz hat; hinsichtlich einer Verlängerung gilt § 18 Absatz 2 Satz 4 entsprechend. ⁴Für das Verfahren gelten die Vorschriften des Gesetzes über das Verfahren in Familiensachen und in den Angelegenheiten der freiwilligen Gerichtsbarkeit entsprechend. ⁵Bei Gefahr im Verzug kann die Maßnahme durch die Behördenleiterin oder den Behördenleiter angeordnet werden. ⁶Die richterliche Bestätigung ist unverzüglich zu beantragen. ⁷Die Anordnung nach Satz 5 tritt spätestens mit

Ablauf des dritten Tages nach ihrem Erlass außer Kraft, wenn sie bis dahin nicht richterlich bestätigt wird. [8]Erfolgt keine richterliche Bestätigung, dürfen bereits erhobene Daten nicht verwendet werden. [9]Die Daten sind unverzüglich zu löschen.

(3) [1]Wenn das technische Mittel gemäß Absatz 1 ausschließlich zum Schutz der bei einem polizeilichen Einsatz tätigen Personen mitgeführt und verwendet wird, kann die Maßnahme durch die Behördenleiterin oder den Behördenleiter oder eine von ihnen beauftragte Leitungsperson des höheren Polizeivollzugsdienstes angeordnet werden. [2]Eine anderweitige Verwertung der erlangten Erkenntnisse ist nur zum Zwecke der Strafverfolgung oder der Gefahrenabwehr und nur zulässig, wenn zuvor die Rechtmäßigkeit der Maßnahme richterlich festgestellt ist; bei Gefahr im Verzug ist die richterliche Entscheidung unverzüglich nachzuholen. [3]Aufzeichnungen, die nicht im Sinne des Satzes 2 verwendet werden, sind unverzüglich nach Beendigung des Einsatzes zu löschen. [4]§ 24 Absatz 3 sowie § 32 Absatz 3 Nummer 1 und 2 bleiben unberührt.

(4) Bild- und Tonaufzeichnungen, die ausschließlich Personen betreffen, gegen die sich die Maßnahme nicht richtete, sind unverzüglich zu vernichten; es sei denn, sie werden zur Verfolgung von Straftaten jener Personen, gegen die sich die Maßnahme richtete, benötigt.

Überblick

§ 17 enthält in Abs. 1–4 Regelungen zur optischen und akustischen Datenerhebung durch den verdeckten Einsatz technischer Mittel außerhalb von Wohnungen. Sind Wohnungen betroffen, gilt § 18. Sorgfältig werden die Schlüsselbegriffe der technischen Mittel (Aufnahme, Aufzeichnung von Bild und gesprochenem Wort, → Rn. 2 ff.) erläutert. Auf weitere technische Mittel wird eingegangen (→ Rn. 6 ff.), ebenso wie auf die Reichweite der Ermächtigung in Hinsicht auf notwendige Hilfs- und Begleitmaßnahmen (→ Rn. 11) und die Möglichkeit einer auch offenen Anwendung der Mittel (→ Rn. 12 f.). Behandelt werden sodann die beiden Tatbestandsvarianten (Abwehr gegenwärtiger Gefahr, → Rn. 14 ff.; Verhinderung von Straftaten erheblicher Bedeutung → Rn. 17 ff.) sowie der Begriff „andere Personen" (→ Rn. 22 f.). Die Kommentierung befasst sich weiter mit den unterschiedlichen Anordnungsbefugnissen (Behördenleiter → Rn. 24 ff.; Richter → Rn. 27 ff.; Besonderheiten beim Personenschutzsender → Rn. 32 ff.). Zur Strafverfolgung erlaubt § 100h StPO vergleichbare Maßnahmen. Etwa in Baden-Württemberg (§ 23 Abs. 1 Nr. 2 BWPolG), Bayern (Art. 33 Abs. 1 Nr. 2 lit. a BayPAG) und Hessen (§ 15 Abs. 1 Nr. 2 HSOG) ist der Einsatz technischer Mittel in schlankerer Struktur geregelt.

Übersicht

A. Verdeckter Einsatz technischer Mittel

I. Technische Mittel zur Anfertigung von Bildaufnahmen, -aufzeichnungen und Abhören / Aufzeichnen des gesprochenen Wortes

1   Die Norm lässt **nicht sämtliche technischen Mittel** zu, die zur Datenerhebung verwendet werden können. Vielmehr werden insgesamt vier allgemeine Erhebungstechniken beschrieben, nämlich Bildaufnahmen, Bildaufzeichnungen, sowie Tonabhören und Tonaufzeichnen, soweit es das „gesprochene Wort" betrifft.

2   **Bildaufnahmen** beschreiben die Verwendung eines optischen Mittels nach dem Kamera-Monitor (auch Sucher)-Prinzip. Das heißt von dem Aufnahmegerät findet lediglich eine flüchtige Übertragung auf ein Sichtgerät statt. Speicherungen, also ein Festhalten auf einem Datenträger unterbleiben.

3   Bei **Bildaufzeichnungen** dagegen wird das vom optischen Mittel, also regelmäßig einer Kamera, erfasste Bild auf einem Datenträger gespeichert.

4   Für das Abhören und Aufzeichnen des gesprochenen **Wortes** ist nach Abs. 2 S. 3 eine erhöhte verfahrensrechtliche Sicherung vorgesehen, nämlich der **Richtervorbehalt** (→ Rn. 27 ff.). Genau wie bei den optischen Mitteln sind Aufzeichnungen bei den akustischen Mitteln im Sinne von Speicherung, Reproduzierbarkeit zu verstehen.

5   Das Einsatzspektrum des jeweiligen technischen Mittels ist dabei groß, so kann es etwa zu einer Distanzüberwindung dienen, oder nur zu einer Fixierung des Wahrgenommenen. **Beispiele** für technische Mittel sind: Richtmikrofone, Tonbandgeräte, Foto-, Videokameras (mit speziellen Objektiven ausgestattet, → Rn. 7). Diese können auch an unbemannten Fluggeräten (sog. **Drohnen**) oder in **Hubschraubern** angebracht sein.

II. Weitere technische Mittel

6   Ebenfalls nach § 17 eingesetzt werden können unter Umständen **Kennzeichenlesesysteme** (im Einzelnen krit. SBK PolG NRW/Braun Rn. 2). Dies ist jedenfalls in Einzelfällen oder für eine Übergangszeit auch ohne Spezialermächtigung denkbar, wenn die Anforderungen erfüllt werden, die das BVerwG in seinem Urteil v. 22.10.2014 (BeckRS 2015, 40279) aufgestellt hat. Bei einem dauer- und standardhaften Gebrauch dürfte indes eine eigenständige Norm nötig werden.

7   Streitig ist die Zuordnung von **Fernglas und Nachtsichtgerät.** Zum Teil werden sie unter § 17 gefasst, mit dem Argument, sie würden eingesetzt, um zu sehen, was mit dem Sehvermögen der Augen allein nicht wahrnehmbar sei (so Tetsch/Baldarelli PolG NRW Erl. 2). Das ist indes **zweifelhaft.** Allein die Verstärkung der Leistung der menschlichen Sinnesorgane genügt nicht, um sie als technisches Mittel einzuordnen. Eine gewisse Schwelle an „technischer" Leistung wird man verlangen müssen, um eine sachgerechte Abgrenzung zu alltäglichen Hilfsmitteln wie Brillen oder auch normalen Kameras (ohne spezielle Teleobjektive oder Ähnliches) zu erreichen. Bei Ferngläsern und Nachtsichtgeräten dürfte diese Schwelle **noch nicht überschritten** sein, sodass sie je nach konkreter Verwendung auf Grundlage von § 1 (kein gezieltes Beobachten einer Person), § 8 oder etwa § 16a Abs. 4 zulässig sind (zur Einordnung in der StPO – keine technischen Mittel iSd § 100h StPO, sondern nach den allgemeinen Regeln des § 161 Abs. 1 StPO zulässige Mittel: gewöhnliche Sehhilfen wie Ferngläser oder Kommunikationsgeräte, Markierungssysteme oder andere technisch präparierte Gegenstände, BeckOK StPO/Hegmann StPO § 100h Rn. 7).

8   Unterschiedlich betrachtet wird auch, ob technische Mittel zur **Bestimmung des Aufenthaltsortes** (also etwa **GPS-Sender**) unter § 17 fallen. Nach dem Wortlaut ist das nicht der Fall, jedoch wird vertreten, sie als Minusmaßnahme als erfasst anzusehen (SBK PolG NRW/Braun Rn. 9 mwN). Unabhängig davon ist es nicht unvertretbar, in Einzelfällen ihren Einsatz über die Generalklausel für zulässig zu halten, wobei dann besondere Anforderungen an die Verhältnismäßigkeit zu stellen wären.

9   Kein technisches Mittel iSv § 17 ist demgegenüber der **IMSI-Catcher** (anders Tetsch/Baldarelli PolG NRW Erl. 2), das galt auch vor Einfügung des § 20b. Denn die IMSI-Catcher der Polizei Nordrhein-Westfalen sind zum Abhören und Aufzeichnen des gesprochenen Wortes nicht geeignet.

Bis zur Schaffung des § 20c wurde diskutiert, ob es möglich sei, die **präventive Telekom-** 10 **munikationsüberwachung** (Ausleiten von Inhaltsdaten / Abhören) auf § 17 zu stützen. Dies wurde zwar überwiegend abgelehnt, jedoch wäre eine andere Auslegung erwägenswert gewesen, den Landesgesetzgeber wegen grundrechtlicher **Schutzpflichten** zur Regelung der präventiven Telekommunikationsüberwachung verpflichtet anzusehen (offengelassen Sachs/ Krings NWVBl. 2010, 165 (169)).

III. Hilfs- / Begleitmaßnahmen

Oft ist es erforderlich, **im Vorfeld** der Durchführung von Maßnahmen nach § 17 11 bestimmte Eingriffe vorzunehmen, um etwa die entsprechenden Mittel überhaupt erst anzu-bringen. Das **Öffnen von Türen** (zu allen möglichen Räumen, nicht jedoch zur Wohnung, dafür gilt § 18) gehört dazu, ebenso wie das **Beschaffen eines Nachschlüssels** für einen Pkw (BGH NJW 1997, 2189 zu § 100c StPO aF). Der BGH hat in der genannten Entschei-dung abgelehnt, auch das heimliche Verbringen in eine Werkstatt hinzuzuzählen, um dort die technischen Mittel zu verbauen. Dem wird zu Recht entgegen getreten (Tegtmeyer/ Vahle PolG NRW Rn. 3 mwN; Janker NJW 1998, 269; Schairer/Krombacher Kriminalistik 1998, 119). Jedenfalls aber lassen sich derartige Begleitmaßnahmen auf die **Generalklausel** des § 8 bzw. zur Strafverfolgung auf §§ 161, 163 StPO stützen.

IV. Verdeckter Einsatz

Verdeckt ist der Einsatz der technischen Mittel, wenn Maßnahmen zur Verschleierung 12 ihres Einsatzes durch die Polizei erfolgen (vgl. Nr. 9.4 VVPolG NRW). Das kann durch heimlichen oder getarnten Einsatz geschehen.

Zum Teil wird es abgelehnt, § 17 auch dann anzuwenden, wenn die technischen Mittel 13 **offen** eingesetzt werden. Eine offene Datenerhebung mit technischen Mitteln sei nur in §§ 15, 15a, 15b, 16a Abs. 1 und Abs. 4 und ggf. in §§ 12a, 19a VersammlG zugelassen (Tegtmeyer/Vahle PolG NRW Rn. 2). Das erscheint zweifelhaft. Dagegen, dass § 17 auch einen offenen Einsatz erlaubt, spricht bei Lichte betrachtet wenig. Da die Tatbestandsvoraus-setzungen für die eingriffsintensive verdeckte Verwendung enger sind, ist eine Anwendung auf die eingriffsschwächere offene Einsatzvariante **zulässig** (s. OVG Münster Urt. v. 5.7.2013 – 5 A 607/11, juris Rn. 107, BeckRS 2013, 53569 zur Observation). Der Polizei dies zu versagen, zwänge sie im Einzelfall, eine nicht erforderliche Vertarnung vorzunehmen, weil die offene Variante nicht zur Verfügung steht. Nicht unvertretbar dürfte es auch sein, den offenen Einsatz technischer Mittel zur **Observation** durch Sinneswahrnehmung nach § 16a zu zählen (Tetsch/Baldarelli PolG NRW Erl. 2).

B. Eingriffsvoraussetzungen und Adressaten (Abs. 1)

I. Abwehr gegenwärtiger Gefahr (Abs. 1 S. 1 Nr. 1)

Die Voraussetzungen des Einsatzes technischer Mittel entsprechen in großem Umfang 14 denen der längerfristigen Observation (§ 16a), sodass weitgehend auf die dortigen Ausführun-gen Bezug genommen werden kann (→ § 16a Rn. 9 ff.).

Die Datenerhebung ist zunächst zulässig zur Abwehr einer gegenwärtigen Gefahr für die 15 abschließend aufgeführten Rechtsgüter Leben, Leib und Freiheit einer Person (zum Begriff der gegenwärtigen Gefahr → § 34a Rn. 14 f., → § 16a Rn. 9 ff.).

Adressaten der Maßnahme sind Störer nach §§ 4, 5 und Nichtstörer nach § 6, insofern 16 enthält die Norm einen unnötigen Verweis auf die Regeln zur Verantwortlichkeit, die ohne-hin gelten. Als Verhaltensverantwortlicher kommen etwa der Verdächtige einer Entführung oder dessen Helfer in Betracht. Ein Beispiel für die Inanspruchnahme eines **Nichtverant-wortlichen** könnte sein, dass Daten durch technische Mittel beim Opfer erhoben werden, wenn dies gegen seinen Willen geschieht oder andere Personen, die zwar nicht an der Störung beteiligt sind, aber über die ggf. weitere Ermittlungen betreffend den Störer möglich sind.

II. Verhinderung von Straftaten von erheblicher Bedeutung (Abs. 1 S. 1 Nr. 2)

17   Alternativ ermächtigt § 17 zum Einsatz technischer Mittel mit dem Ziel einer **vorbeugenden Bekämpfung von Straftaten** von erheblicher Bedeutung. Bei dieser Vorfeldbefugnis ist noch keine (konkrete) Gefahr eingetreten. Dass es so weit kommt, soll gerade verhindert werden.

18   Damit die Datenerhebung zulässig ist, müssen tatsächliche Anhaltspunkte die Annahme rechtfertigen, dass Personen Straftaten von erheblicher Bedeutung begehen wollen. Bloße Vermutungen genügen hierfür nicht. Anhaltspunkte in diesem Sinne können sich ergeben etwa aus bereits begangenen Taten, aus Informationen von Hinweisgebern, aus eigenen Äußerungen der Zielperson oder aus Vorbereitungshandlungen (→ § 16a Rn. 12 ff.).

19   S. 1 Nr. 2 setzt voraus, dass eine Verhinderung von **Straftaten von erheblicher Bedeutung** bezweckt ist. Als solche ist eine Straftat zu begreifen, die mindestens dem Bereich der mittleren Kriminalität zuzurechnen ist, den Rechtsfrieden empfindlich stört und dazu geeignet ist, das Gefühl der Rechtssicherheit der Bevölkerung erheblich zu beeinträchtigen. Die in § 8 Abs. 3 genannten Regelbeispiele bieten eine Richtschnur dafür, welche unbenannten Straftaten der Norm subsumiert werden können (VG Aachen Urt. v. 24.1.2011 – 6 K 140/10, juris Rn. 117, BeckRS 2011, 45928 mwN aus der Rspr. des BVerfG; zum Begriff ferner → § 8 Rn. 133 f.). Die erforderliche Prognoseentscheidung bezüglich der Begehung von Straftaten bezieht sich auch darauf, ob die Voraussetzungen einer Katalogtat vorliegen. Das kann im Einzelfall nicht unproblematisch sein, vor allem, wenn es sich bei tatserschwerenden Merkmale um solche subjektiver Art handelt (→ § 16a Rn. 15).

20   Die Tatbestandsalternative nennt als mögliche Adressaten zunächst diejenigen Personen, die solche Straftaten begehen wollen. Erfasst davon sind neben den mutmaßlichen Straftätern auch mögliche Gehilfen und Anstifter (§§ 26, 27 StGB). Die Norm geht aber noch weiter, indem sie die Datenerhebung über **Kontakt- und Begleitpersonen** erlaubt. Unnötigerweise verweist S. 3 auf § 16a Abs. 1 S. 3 und 4, wo beide Begriffe legaldefiniert sind. Nach allgemeinen Regeln würde die Legaldefinition eigentlich für das ganze Gesetz gelten, sofern es keine abweichenden Anhaltspunkte dafür gibt (zum Begriff der Kontakt- und Begleitpersonen → § 16a Rn. 19 ff.).

21   Abs. 1 S. 3 verweist zudem auf § 16a Abs. 1 S. 5, der bestimmt, dass Berufsgeheimnisträger keine Kontakt- oder Begleitpersonen sind. Die in Bezug genommene Norm ist nicht unkritisch (→ § 16a Rn. 22).

III. Andere Personen (Abs. S. 2)

22   Nach Abs. 2 S. 2 dürfen personenbezogene Daten auch über „andere Personen" erhoben werden, soweit dies erforderlich ist, um eine Datenerhebung nach Abs. 2 S. 1 durchführen zu können. Wesentliches Unterscheidungsmerkmal zu den Kontakt- und Begleitpersonen ist, dass bei den „anderen Personen" von vornherein klar ist, dass sie nicht als Nichtstörer in Betracht kommen oder nicht mit potentiellem Straftäter in Verbindung stehen. Ihre Einbeziehung in die Maßnahme ist nur möglich, soweit dies erforderlich ist, um eine Datenerhebung nach S. 1 durchführen zu können. Sie sind nicht Ziel der Maßnahme, sondern und **nur unvermeidbar von ihr mitbetroffen;** sie stellen nur „**Beiwerk**" dar (OVG Münster Urt. v. 5.7.2013 – 5 A 607/11, juris Rn. 175, BeckRS 2013, 53569).

23   Abs. 2 S. 2 dürfte wohl nur klarstellenden Charakter haben, weil eine Datenerhebung durch technische Mittel schon im Ansatz kaum denkbar ist, wenn es nur zulässig wäre, ausschließlich die Zielperson selber wahrnehmen zu dürfen, aber nicht deren Umfeld (ähnlich Tegtmeyer/Vahle PolG NRW § 16a Rn. 6).

C. Anordnungsbefugnis (Abs. 2)

I. Behördenleiter (Abs. 2 S. 1, S. 2)

24   § 17 unterscheidet bei der Regelung zur Anordnungsbefugnis nach optischen und akustischen Mitteln. Der verdeckte Einsatz technischer Mittel zur Anfertigung von Bildaufnahmen und Bildaufzeichnungen darf gem. Abs. 2 S. 1 nur durch den Behördenleiter angeordnet werden, während für die akustischen Mittel ein Richtervorbehalt gilt. Im Falle der Abwesenheit oder sonstigen Verhinderung des Behördenleiters ist sein nach den allgemeinen Regeln zu bestimmender **Vertreter** anordnungsbefugt (→ § 16a Rn. 23). Eine generelle Delegation der Befugnis ist zwar nicht möglich. Allerdings fehlt eine Regelung zur Anordnung bei **Gefahr im Verzug,** was insbesondere außerhalb der Bürodienstzeiten relevant werden kann. Da der Behördenleiter nicht rund um die Uhr im Dienst ist (und auch aus Arbeitsschutzgründen nicht sein darf), aber die Handlungsfähigkeit der Polizeibehörde rund um die Uhr erforderlich ist, kann in Fällen besonderer Dringlichkeit auch der ranghöchste anwesende Mitarbeiter die Anordnung treffen (Tegtmeyer/Vahle PolG NRW § 15a Rn. 13).

Hinsichtlich der **örtlichen Zuständigkeiten,** auch bei Beteiligung einer Kriminalhaupt- 25 stelle, ist auf die Ausführungen zu § 16a zu verweisen (→ § 16a Rn. 24).

Nach Abs. 2 S. 2 bedarf die Anordnung der **Schriftform** (→ § 20a Rn. 78 f.) und ist 26 auf höchstens einen Monat zu befristen. Angeordnete Maßnahmen können beim Fortbestehen der Voraussetzungen für jeweils einen weiteren Monat verlängert werden (Abs. 2 S. 2 Hs. 2).

II. Amtsgericht (Abs. 2 S. 3)

§ 17 sieht für den als eingriffsintensiver angesehenen Einsatz technischer Mittel zum Abhö- 27 ren und Aufzeichnen des gesprochenen Wortes einen Richtervorbehalt vor. Zuständig ist das Amtsgericht, in dessen Bezirk die Polizeibehörde ihren Sitz hat. S. 4 bestimmt, dass für das Verfahren die Vorschriften des Gesetzes über das Verfahren in Familiensachen und in den Angelegenheiten der freiwilligen Gerichtsbarkeit entsprechend gelten. Eine Sonderregelung für das Abhören und Aufzeichnen des gesprochenen Wortes sieht Abs. 4 für sog. **Personenschutzsender** vor – in diesem Fall gilt kein Richtervorbehalt (→ Rn. 32 ff.).

In Übereinstimmung mit den Regelungen zum Behördenleitervorbehalt des Abs. 2 S. 1 28 erlaubt S. 3 Hs. 2 eine **Verlängerung** entsprechend § 18 Abs. 2 S. 4, was im Ergebnis bedeutet, dass Verlängerungen auf jeweils einen weiteren Monat zulässig sind, wenn die Voraussetzungen der Anordnung fortbestehen. Der Antrag muss nicht durch den Behördenleiter unterzeichnet sein (Tegtmeyer/Vahle PolG NRW Rn. 8).

Bei **Gefahr im Verzug** darf die Anordnung zunächst durch den Behördenleiter ausgespro- 29 chen werden (Abs. 2 S. 5), allerdings muss „unverzüglich" eine richterliche Bestätigung beantragt werden (Abs. 2 S. 6). Gelingt es nicht, bis zum Ablauf des dritten Tages eine solche Bestätigung zu erhalten, ordnet das Gericht das außer-Kraft-Treten der Anordnung des Behördenleiters an. Unzureichende organisatorische Vorkehrungen in der Justiz können eine solche Folge haben. Ohne richterliche Bestätigung dürfen bereits erhobene Daten nicht verwendet werden (Abs. 2 S. 8), die Daten sind „unverzüglich" zu löschen (Abs. 2 S. 9).

Derzeit nicht belegt. 30

D. Einsatz zum Schutz von bei einem polizeilichen Einsatz tätiger Personen (Abs. 3)

I. Anordnungsbefugnis des Behördenleiters

Mit Änderung des PolG NRW durch das Gesetz v. 18.12.2018 (GV. NRW. 741, berichtigt 31 2019, 23) wurde die Kennzeichnungspflicht die und der Pflicht zur Aufrechterhaltung der Kennzeichnung bei Übermittlungen an andere Stellen aus Abs. 3 gestrichen. Dies ist nun in § 23a Abs. 1 und Abs. 3 allgemein geregelt.

§ 17 enthält einige Sonderregeln für den Fall, dass verdeckte Bildaufnahmen, -aufzeichnun- 32 gen oder Wortaufnahmen / -aufzeichnungen lediglich zum Schutz von bei einem Einsatz tätiger Personen erfolgen (als sog. **Personenschutzmittel**).

Die Formulierung „bei einem polizeilichen Einsatz tätige Personen" bezieht sich natürlich 33 vorrangig auf Polizeivollzugsbeamte, aber auch auf V-Personen nach § 19 oder sonstige Personen, wie etwa Verwandte oder Bekannte einer Geisel, die beim Überbringen der Lösegeldsumme helfen.

Soweit man nicht der Ansicht folgt, dass § 17 auch technische Mittel zur Bestimmung des 34 **Aufenthaltsortes** erfasst (→ Rn. 8), lässt sich ihr Einsatz als Personenschutzmittel ohne Weiteres über eine **Einwilligung** der betroffenen Person legitimieren. Ob es daneben noch

Fälle gibt, in denen hierzu auf § 8 zurückgegriffen werden muss, kann nicht sicher beurteilt werden.

35   Ohne dass es dafür irgendeine Anknüpfung im Gesetz geben würde, verlangt die VV als Voraussetzung für eine Maßnahme nach Abs. 4 eine „hohe Wahrscheinlichkeit" für eine Gefährdung der eingesetzten Personen (Nr. 17.42 VVPolG NRW).

36   Da zu Beginn eines Einsatzes nicht sicher vorhersehbar sein wird, dass die zu schützenden Personen keine Wohnungen betreten müssen, empfiehlt es sich, direkt nach § 18 Abs. 5 vorzugehen, der als Parallelnorm den Einsatz von Personenschutzmitteln in Wohnungen zulässt (Tegtmeyer/Vahle PolG NRW Rn. 9).

37   Die Anordnungsbefugnis hat der Behördenleiter oder eine von ihm beauftragte „Leitungsperson des höheren Polizeivollzugsdienstes" (zu diesem Begriff→ § 16 Rn. 36).

38   Nach der VVPolG NRW bedarf der Auftrag an den Beamten der **Schriftform** (zu den Anforderungen → § 20a Rn. 78 f.), zudem ist er auf zwei Jahre zu befristen, wobei Verlängerungen möglich sind (Nr. 17.41 VVPolG NRW).

II. Richterliche Bestätigung bei Zweckänderung

39   Sollen die durch den Einsatz des Personenschutzmittels gewonnen Daten über den Personenschutz hinaus **zur Gefahrenabwehr oder Strafverfolgung** verwendet werden, sieht S. 2 eine nachträgliche richterliche Bewertung darüber vor, dass die Maßnahme rechtmäßig war.

40   Diese richterliche Feststellung muss **vor der zweckändernden Nutzung** eingeholt werden. Da eine solche gerade bei Weiterverwendung zu Gefahrenabwehrzwecken unter Umständen nicht rechtzeitig erlangt werden kann, erlaubt es Abs. 4 S. 2 Hs. 2 bei Gefahr im Verzug, die richterliche Bestätigung unverzüglich nachzuholen. Bis dahin können die Daten schon zweckändernd genutzt werden.

41   Nach dem Wortlaut gilt die Notwendigkeit einer richterlichen Bestätigung auch für die bloße (personenschützende) Anfertigung von Bildaufnahmen und Bildaufzeichnungen, obwohl für diese nach Abs. 2 kein Richtervorbehalt vorgesehen ist. Es dürfte nicht unvertretbar sein, das Gesetz einschränkend so auszulegen, dass dieser **Wertungswiderspruch** beseitigt wird.

42   Letztlich sehen Abs. 4 S. 3 und S. 4 eine **Löschpflicht** für Daten vor, die nur zum Personenschutz (und nicht zusätzlich nach S. 2) verwendet werden; eine Ausnahme gilt durch Verweis bei Verwendung der Daten zu Zwecken der polizeilichen Aus- und Fortbildung (§ 24 Abs. 7) sowie im Falle des § 32 Abs. 5 Nr. 1 und Nr. 2.

E. Benachrichtigung (§ 33)

43   Bis zur Änderung des PolG NRW durch das Gesetz v. 18.12.2018 (GV. NRW. 741, berichtigt 2019, 23) waren die Regelungen zur Unterrichtung der von der Datenerhebung betroffenen Person in § 17 Abs. 5 und Abs. 6 geregelt, auf die von den folgenden Normen verwiesen wurde. Nunmehr enthält § 33 eine umfassende Regelung zur Benachrichtigung (→ § 33 Rn. 4 ff.) einschließlich ihres Unterbleibens und ihrer Zurückstellung.

44   Die Unterrichtung wird regelmäßig unter Verwendung vorhandener **Vordrucke** schriftlich erfolgen. Gesetzlich vorgeschrieben ist das aber nicht. Soweit gesichert ist, dass die betroffene Person die relevanten Umstände erfährt, kann die Unterrichtung **auch mündlich** geschehen, ggf. mit späterer schriftlicher Dokumentation. Das Ziel, einen Grundrechtsschutz durch Verfahren zu erreichen, wird auch in diesem Falle erreicht, denn die betroffene Person erfährt von der verdeckten Maßnahme und kann entscheiden, ob sie deren Rechtmäßigkeit überprüfen lässt. Diese Fallgestaltung dürfte insbesondere in Konstellationen des § 20a Relevanz haben, wenn etwa das Orten des Handys im Interesse der betroffenen Person liegt.

F. Löschpflichten (Abs. 4)

45   Aufzeichnungen, die ausschließlich Personen betreffen, gegen die sich die Maßnahme nicht richtete, müssen „unverzüglich" vernichtet werden. Eine Ausnahme gilt, wenn sie zur Verfolgung von Straftaten benötigt werden, die von der Person begangen wurden, gegen die sich die Maßnahme richtete. Gelöscht werden muss nach Abs. 7 also nur, wenn etwa eine unbeteiligte Person oder der Zeuge einer Straftat erfasst worden ist. Ist allerdings die Zielper-

son mit aufgezeichnet worden, gilt nicht Abs. 7, sondern die allgemeine Datenverarbeitungs-norm des § 24.

G. Schutz des Kernbereichs privater Lebensgestaltung

Die Vorgaben des § 16 gelten auch hier. Außerhalb von Wohnungen ist die **Prognose,** 46 ob bei der Datenerhebung kernbereichsrelevante Umstände erfasst werden, besonders schwierig zu treffen (wegen der Einzelheiten → § 16 Rn. 9 ff.).

Es ist denkbar, dass im Einzelfall die Zulässigkeit der Datenerhebung gar nicht an einem 47 Verstoß gegen § 16 scheitert, sondern daran, dass die Voraussetzungen des § 17 selbst nicht erfüllt sind. Das könnte etwa der Fall sein, wenn es nicht erforderlich ist, eine Videoaufzeich-nung fortzusetzen, in dem Moment, in dem die Zielperson sich im Rahmen einer Affäre mit einer bereits identifizierten Person trifft, die in keinem Zusammenhang mit Einsatzsach-verhalt steht.

§ 18 Datenerhebung durch den verdeckten Einsatz technischer Mittel in oder aus Wohnungen

(1) ¹Die Polizei kann personenbezogene Daten in oder aus Wohnungen (§ 41 Absatz 1 Satz 2) durch den verdeckten Einsatz technischer Mittel gemäß § 17 Absatz 1 über Personen, die in den §§ 4 und 5 genannt werden, sowie unter den Voraussetzungen des § 6 über die dort genannten Personen erheben, wenn dies zur Abwehr einer gegenwärtigen Gefahr für Leib, Leben oder Freiheit einer Person erforderlich ist und diese auf andere Weise nicht abgewendet werden kann. ²Dabei dürfen auch personenbezogene Daten über andere Personen erhoben werden, soweit dies erforderlich ist, um eine Datenerhebung nach Satz 1 durchführen zu können. ³§ 16a Absatz 1 Satz 3 bis 5 gilt entsprechend. ⁴Eine ausschließlich automa-tisierte Datenerhebung ist unzulässig.

(2) ¹Die Datenerhebung nach Absatz 1 bedarf der Anordnung durch die in § 74a Absatz 4 des Gerichtsverfassungsgesetzes genannte Kammer des Landgerichts, in dessen Bezirk die Polizeibehörde ihren Sitz hat. ²Sie bedarf der Schriftform und ist auf höchstens einen Monat zu befristen. ³Sie muss, soweit bekannt, Name und Anschrift der Person, gegen die sich die Datenerhebung richtet, Art und Umfang der zu erhebenden Daten sowie die betroffenen Wohnungen bezeichnen und ist zu begründen. ⁴Soweit die Voraussetzungen der Anordnung fortbestehen, sind auf Antrag Verlängerungen um jeweils einen weiteren Monat zulässig. ⁵Bei Gefahr im Verzug kann die Maßnahme durch die Behördenleiterin oder den Behördenleiter angeordnet werden. ⁶Die richterliche Bestätigung ist unverzüglich zu beantragen. ⁷Die Anordnung nach Satz 6 tritt spätestens mit Ablauf des dritten Tages nach ihrem Erlass außer Kraft, wenn sie bis dahin nicht richterlich bestätigt wird. ⁸Erfolgt keine richterliche Bestätigung, dürfen bereits erhobene Daten nicht verwendet wer-den. ⁹Die Daten sind unverzüglich zu löschen.

(3) ¹Die Maßnahme darf nur angeordnet werden, soweit auf Grund tatsächlicher Anhaltspunkte anzunehmen ist, dass durch die Erhebung Daten, die dem Kernbe-reich privater Lebensgestaltung zuzurechnen sind, nicht erfasst werden. ²Dabei ist insbesondere auf die Art der zu überwachenden Räumlichkeiten und die Verhältnis der dort anwesenden Personen zueinander abzustellen. ³Der Kernbereich umfasst auch das durch Berufsgeheimnis geschützte Vertrauensverhältnis der in §§ 53 und 53a der Strafprozessordnung genannten Berufsgeheimnisträger. ⁴Gespräche in Betriebs- und Geschäftsräumen sind, soweit sie nicht zur Berufsausübung bestimmte Räume von Berufsgeheimnisträgern gemäß §§ 53 und 53a der Strafpro-zessordnung sind, in der Regel nicht dem Kernbereich privater Lebensgestaltung zuzurechnen.

(4) ¹Die Datenerhebung ist unverzüglich zu unterbrechen, sofern sich während der Überwachung tatsächliche Anhaltspunkte dafür ergeben, dass Daten, die dem Kernbereich privater Lebensgestaltung zuzurechnen sind, erfasst werden. ²Beste-

hen insoweit Zweifel, darf statt der unmittelbaren Wahrnehmung nur noch eine automatisierte Aufzeichung erfolgen. [3]Nach einer Unterbrechung oder einer Aufzeichnung gemäß Satz 2 darf die Erhebung fortgesetzt werden, wenn zu erwarten ist, dass die Gründe, die zur Unterbrechung oder zur Aufzeichnung geführt haben, nicht mehr vorliegen. [4]Die automatisierte Aufzeichnung ist unverzüglich dem anordnenden Gericht zur Entscheidung über die Verwertbarkeit und Löschung der Daten vorzulegen. [5]Für die nicht verwertbaren Teile ordnet das Gericht die unverzügliche Löschung an. [6]Das Gericht unterrichtet die Polizeibehörde unverzüglich über den Inhalt der verwertbaren Teile der Aufzeichnung. [7]Die Tatsachen der Datenerfassung und der Löschung sind zu dokumentieren. [8]Die Maßnahme ist abzubrechen, wenn die Voraussetzungen des Absatzes 1 nicht mehr vorliegen.

(5) [1]Werden technische Mittel ausschließlich zum Schutz der bei einem polizeilichen Einsatz in Wohnungen tätigen Personen verwendet, kann die Datenerhebung nach Absatz 1 durch die Behördenleiterin oder den Behördenleiter angeordnet werden. [2]Eine anderweitige Verwertung der gemäß Satz 1 erlangten Erkenntnisse ist nur zum Zwecke der Strafverfolgung oder der Gefahrenabwehr und nur zulässig, wenn zuvor die Rechtmäßigkeit der Maßnahme richterlich festgestellt ist; bei Gefahr im Verzug ist die richterliche Entscheidung unverzüglich nachzuholen. [3]Aufzeichnungen, die nicht im Sinne des Satzes 2 verwendet werden, sind unverzüglich nach Beendigung des Einsatzes zu löschen. [4]§ 24 Absatz 3 sowie § 32 Absatz 3 Nummer 1 und 2 bleiben unberührt.

(6) § 17 Absatz 4 gilt entsprechend.

Überblick

Die präventive Wohnraumüberwachung ist in der Polizeipraxis wenig bedeutsam, gleichwohl ist sie eine notwendige Regelung (→ Rn. 2). Die Kommentierung geht auf den Wohnungsbegriff ein und die Art der Eingriffe (→ Rn. 5 ff.). Die Tatbestandsvoraussetzungen einer gegenwärtigen Gefahr, die Adressaten und die besondere Erforderlichkeitsklausel (ultima ratio) können knapp dargestellt werden (→ Rn. 9 ff.). Aufmerksamkeit verdient wiederum der spezielle Richtervorbehalt mit der Zuständigkeit von landesweit drei Strafkammern am Landgericht (→ Rn. 14 ff.). Aufgrund der Besonderheit der Wohnung als „letztes Refugium" kommt dem Schutz des Kernbereichs privater Lebensgestaltung besondere Bedeutung zu. Die Kommentierung versucht, die Anforderungen des Erhebungsverbotes (erste Stufe, → Rn. 18 ff.) und die Fortsetzungsmöglichkeit nach Unterbrechung der Datenerhebung (→ Rn. 23 ff.) aus praktischer Sicht zu beleuchten. Nach der Bearbeitung des Abs. 5 (Sonderregelung zum Einsatz von Personenschutzmitteln, → Rn. 28 ff.) folgen die für die meisten verdeckten Ermittlungshandlungen relevanten Vorgaben zu den grundrechtssichernden Verfahrensregeln (Kennzeichnung, Unterrichtung und Löschpflicht → Rn. 32 ff.). In anderen Ländern finden sich im Kern weitgehend identische Regelungen, so etwa in § 23 BWPolG, Art. 34 BayPAG und § 15 HSOG.

Übersicht

A. Allgemeines

I. Übersicht

Für die besonders eingriffsintensive akustische und optische Überwachung von Wohnun- **1** gen aus präventiv-polizeilichen Gründen enthält Art. 13 Abs. 4 GG Vorgaben (vgl. ausf. Maunz/Dürig/Papier GG Art. 13 Rn. 83 ff.). Zu deren Ausfüllung besitzt das Land die Gesetzgebungskompetenz (VerfGH Rheinland-Pfalz NVwZ-RR 2007, 721 (722 f.)).

Die tatsächliche **praktische Bedeutung** der Wohnraumüberwachung steht kaum im **2** Verhältnis zu der rechtspolitischen Diskussion (vgl. nur Leutheusser-Schnarrenberger ZRP 2005, 1 ff.; Denninger ZRP 2004, 101). Auf Grundlage des § 18 wurden seit 2005 gerade einmal vier Maßnahmen durchgeführt. In der verfassungsgerichtlichen Rechtsprechung ist anerkannt, dass die geringe Zahl **kein Beleg für eine fehlende Eignung** ist (VerfGH Rheinland-Pfalz NVwZ-RR 2007, 721 (727)). Der offenkundig restriktive Einsatz des Instruments beweist vielmehr „einen behutsamen Umgang der Verantwortlichen mit diesem einen schwerwiegenden Grundrechtseingriff darstellenden Mittel und stärkt das Vertrauen der Allgemeinheit in eine grundrechtsschonende Überwachungspraxis" (BVerfGE 107, 299 (328); 109, 279 (355)).

Die Landesregierung ist unmittelbar nach Art. 13 Abs. 6 S. 3 GG verpflichtet, dem Landtag jährlich **2.1** über den Einsatz technischer Mittel zur Wohnraumüberwachung zu berichten (s. etwa Vorlage 17/59; zur Unterrichtungspflicht Maunz/Dürig/Papier GG Art. 13 Rn. 116).

II. Strafprozessuale Wohnraumüberwachung

Eine Ermächtigung zur strafprozessualen akustischen Wohnraumüberwachung enthalten **3** §§ 100c–100e StPO (BeckOK StPO/Hegmann StPO § 100c Rn. 1 ff.).

Durch eine polizeirechtliche Wohnraumüberwachung erlangte Daten dürfen in einem **4** Strafverfahren ohne Einwilligung der überwachten Personen nur zur Aufklärung einer Straftat verwendet werden, aufgrund derer die Maßnahme nach § 100c StPO angeordnet werden könnte, oder zur Ermittlung des Aufenthalts der einer solchen Straftat beschuldigten Person (§ 100d Abs. 5 Nr. 3 StPO).

B. Datenerhebung in oder aus Wohnungen (Abs. 1)

I. Wohnung

Anknüpfungspunkt für die im Vergleich zu § 17 höheren Anforderungen für den Einsatz **5** technischer Mittel zur Datenerhebung in oder aus Wohnungen ist die Privatwohnung. Insofern verweist § 18 Abs. 1 S. 1 ausdrücklich auf den weiten **Wohnungsbegriff** des § 41 Abs. 1 S. 2. Nach diesem umfasst „die Wohnung" die Wohn- und Nebenräume, Arbeits-, Betriebs- und Geschäftsräume sowie anderes befriedetes Besitztum (wegen der Einzelheiten ausf. → § 41 Rn. 26).

Geschützt ist nur der **berechtigte** Wohnungsinhaber, nicht dagegen etwa der Straftäter, **6** der sich in der Wohnung ohne oder gegen den Willen des Inhabers aufhält (Tegtmeyer/ Vahle PolG NRW Rn. 5).

II. Verdeckter Einsatz technischer Mittel

Die Wohnraumüberwachung ist zulässig mit den technischen Mitteln nach § 17 Abs. 1, **7** sodass Bildaufnahmen, Bildaufzeichnungen, Tonabhören und Tonaufzeichnen zulässig sind, soweit es das „gesprochene Wort" betrifft (→ § 17 Rn. 4). Die technischen Mittel können **in den geschützten Räumen** angebracht oder von **außerhalb** der Wohnung eingesetzt werden (BVerfGE 109, 279 (309); VerfGH Rheinland-Pfalz NVwZ-RR 2007, 721 (723)). Die Verwendung von Kameras durch Fenster oder von Richtmikrofonen unterliegt daher auch den Anforderungen des § 18.

§ 18 erlaubt neben dem Einsatz der technischen Mittel auch als **notwendige Begleitmaß-** **8** **nahmen,** die Wohnung heimlich zu betreten, um dort die technischen Mittel **anzubringen**

(→ § 17 Rn. 11; SBK PolG NRW/Braun Rn. 8; Tegtmeyer/Vahle PolG NRW Rn. 6; Tetsch/Baldarelli PolG NRW Erl. 408).

III. Abwehr gegenwärtiger Gefahr

9   Die Wohnraumüberwachung ist zur Abwehr einer gegenwärtigen Gefahr für die drei hochrangigen Individualrechtsgüter Leib, Leben und Freiheit einer Person zulässig. Die Gegenwärtigkeit der Gefahr stellt darauf ab, dass der Schaden bereits eingetreten ist oder zeitlich unmittelbar bevorsteht (→ § 34a Rn. 14 f., → § 16a Rn. 9 ff.).

IV. Adressaten

10   Bei der Wohnraumüberwachung können Daten nach den allgemeinen Regeln zur Verantwortlichkeit sowohl von Störern nach §§ 4 und 5 als auch von Nichtstörern nach § 6 erhoben werden; hierauf weist § 18 Abs. 1 S. 1 hin. Die Maßnahme wird nicht dadurch unzulässig, dass sich unbeteiligte Dritte in der Wohnung aufhalten (Nr. 18.11 VVPolG NRW), denn Abs. 1 S. 2 erlaubt die Erhebung auch von „**anderen Personen**", soweit dies erforderlich ist, um die Datenerhebung nach Abs. 1 S. 1 durchzuführen.

11   Abs. 1 S. 3 verweist auf § 16a Abs. 1 S. 3–5. Die § 16a S. 3 und S. 4 enthalten die Legaldefinitionen der Begriffe **Kontakt- und Begleitpersonen,** § 16a S. 5 wiederum besagt, dass Berufsgeheimnisträger iSv §§ 53, 53a StPO nicht zu den Kontakt- und Begleitpersonen gehören, soweit das geschützte Vertrauensverhältnis reicht. Beide Verweise überraschen, weil sie lediglich Beschreibungen der Kontakt- und Begleitpersonen enthalten, die Befugnis, dass eine Datenerhebung von diesen Personen überhaupt möglich ist, enthält aber § 16a Abs. 1 S. 1 Nr. 2, auf den insoweit nicht verwiesen wird. Es dürfte mehr dafür sprechen anzunehmen, dass der Verweis also **ins Leere** geht.

V. Subsidiaritätsklausel

12   Abs. 1 S. 1 schließt mit einer erhöhten Anforderung an die Verhältnismäßigkeit. Die Anordnung ist nur zulässig, wenn sie erforderlich ist und die Gefahr auf andere Weise nicht abgewendet werden kann. Wegen der erheblichen Schwere und Intensität des Eingriffs darf er nur als **ultima ratio** vorgenommen werden (Maunz/Dürig/Papier GG Art. 13 Rn. 92).

13   Bei näherer Betrachtung ist S. 1 aE aber nicht ohne verfassungsrechtliche Bedenken: Sachs/ Krings weisen darauf hin, dass ein milderes Mittel zur Wohnraumüberwache die **präventive Telekommunikationsüberwachung** sei (BVerfGE 113, 348 (391)): Abstufung gegenüber Art. 10 GG). Der Umstand, dass dieses Mittel vom Gesetzgeber nicht zur Verfügung gestellt werde (→ § 17 Rn. 10, → § 20a Rn. 14), könne den Einsatz des „schärferen (und damit bei gleicher Erfolgstauglichkeit: nicht erforderlichen) Instruments nicht legitimieren" (Sachs/ Krings NWVBl. 2010, 165 (169)).

C. Anordnungskompetenz (Abs. 2)

14   Die Anordnung der präventiven Wohnraumüberwachung steht, in Einklang mit Art. 13 Abs. 4 GG, unter Richtervorbehalt. Abs. 2 S. 1 sieht dafür **die in § 74a Abs. 4 GVG genannte Kammer** des Landgerichts vor, in dessen Bezirk die Polizeibehörde ihren Sitz hat. Dieser Spruchkörper ist eigens für die Anordnung akustischer Wohnraumüberwachungen nach § 100c StPO eingerichtet. Das PolG NRW ist nicht hinreichend präzise, denn anders als der Wortlaut suggeriert, gibt es nicht bei jedem Landgericht in Nordrhein-Westfalen eine solche spezielle große Strafkammer. Nach § 74a Abs. 4 GVG ist eine solche Kammer lediglich bei den Landgerichten eingerichtet, in deren Bezirk ein Oberlandesgericht seinen Sitz hat; die Kammer ist für den Bezirk dieses Oberlandesgerichts zuständig.

14.1   Kammern in diesem Sinne existieren demnach für den Oberlandesgerichtsbezirk Düsseldorf beim **LG Düsseldorf,** für den Oberlandesgerichtsbezirk Köln beim **LG Köln** und für den Oberlandesgerichtsbezirk Hamm beim **LG Dortmund.** Für Polizeibehörden, die in zwei Landgerichtbezirken liegen, die nicht dem gleichen Oberlandesgerichtsbezirk zugeordnet sind (betrifft wohl nur die Kreispolizeibehörde Heinsberg, soweit keine Zuständigkeit nach der NRWKHSt-VO übertragen ist), kommt es darauf an, zu welchem Gerichtsbezirk die Gemeinde gehört, in der die Polizeibehörde ihren Sitz hat. Gleiches gilt für das Landeskriminalamt.

Das Gesetz regelt in Abs. 2 S. 2–4 **Verfahrensfragen** (Schriftform der Anordnung, Befris- **15** tung auf einen Monat mit Verlängerungsmöglichkeit, Anforderungen an notwendige Angaben in der Anordnung sowie ihre Begründung).

Eine **Eilkompetenz** für den **Behördenleiter** sieht Abs. 2 S. 5 bei Gefahr im Verzug vor. **16** Die richterliche Bestätigung muss unverzüglich beantragt werden (Abs. 2 S. 6). Erfolgt sie nicht spätestens zum Ablauf des dritten Tages nach dem Erlass der Anordnung, so tritt diese außer Kraft (Abs. 2 S. 7). Das Gesetz regelt weiter, dass die erhobenen Daten dann nicht verwendet werden dürfen und gelöscht werden müssen. Diese Ausnahmeregelung zur unverzüglichen Nachholung einer richterlichen Entscheidung bei Gefahr im Verzug stehen in Einklang mit den entsprechenden Anforderungen nach Art. 13 GG (s. VerfGH Rheinland-Pfalz NVwZ-RR 2007, 721 (725) zu § 29 Abs. 1 RhPfPOG).

Eine Sonderregelung hinsichtlich der Anordnungskompetenz trifft Abs. 5, wenn techni- **17** sche Mittel ausschließlich zum Schutz der bei einem polizeilichen Einsatz in Wohnungen tätigen Personen verwendet werden (**Personenschutzmittel,** → Rn. 28 ff.).

D. Kernbereichsschutz (Abs. 3, Abs. 4)

I. Erste Stufe

Da die Privatwohnung als „letztes Refugium" ein Mittel zur Wahrung der Menschen- **18** würde ist (BVerfGE 109, 279 (314)), kommt dem Schutz des Kernbereichs privater Lebensgestaltung bei der Wohnraumüberwachung besondere Bedeutung zu. Anders als bei der allgemeinen Kernbereichsnorm des § 16 (→ § 16 Rn. 24) formuliert das Gesetz hier ausdrücklich, dass vor der Datenerhebung eine **Prognose** über die etwaige Beeinträchtigung des Kernbereichs zu treffen ist (Abs. 3 S. 1). Das in Abs. 1 S. 4 angeordnete Verbot ausschließlich automatisierter Datenerhebung soll den Kernbereichsschutz schon auf der ersten Stufe (→ § 16 Rn. 5) gewährleisten (Nr. 18.12 VVPolG NRW).

Ebenfalls anders als bei § 16 konkretisiert Abs. 3 S. 2, wie die Prognose einer Kernbereichs- **19** beeinträchtigung ausgestaltet sein soll. Es sei insbesondere auf die **Art** der zu überwachenden **Räumlichkeiten** und das **Verhältnis** der dort anwesenden **Personen** zueinander abzustellen. Damit meint der Gesetzgeber etwa, dass in einem Schlafzimmer eher mit kernbereichsrelevanten Inhalten gerechnet werden kann als in einem Wohnzimmer.

Jedoch gilt wie bei § 16, dass bei der Bestimmung des Kernbereichs differenziert vorzuge- **20** hen ist (→ § 16 Rn. 9 ff.). Es wird nicht ein absoluter Schutz der Räume der Privatwohnung verlangt, wohl aber ein absoluter Schutz des **Verhaltens** in diesen Räumen, soweit es sich als individuelle Entfaltung im Kernbereich privater Lebensgestaltung darstellt (vgl. BVerfGE 109, 279 (313 f.)).

Richtigerweise formulieren die VVPolG NRW, „Daten von Gesprächen" mit **Sozialbe-** **21** **zug** dürften erhoben werden (Nr. 18.31 VVPolG NRW). Keinen Kernbereichsschutz genießen ferner Umstände, die einen Bezug zu **Straftaten** und **abzuwehrenden Gefahren** haben (→ § 16 Rn. 17 f.). Gleiches gilt, wenn Anknüpfungspunkte für eine Kernbereichsrelevanz bewusst vorgetäuscht werden (→ § 16 Rn. 19).

In Übereinstimmung mit § 16 Abs. 5 unternimmt § 18 Abs. 3 S. 3 eine Teildefinition des **22** Kernbereichs, indem er erklärt, dass Daten, die durch das Berufsgeheimnis geschützte Vertrauensverhältnis der in §§ 53, 53a StPO genannten **Berufsgeheimnisträger.** Nach § 18 Abs. S. 4 sind Gespräche in Betriebs- und Geschäftsräumen, soweit sie nicht zur Berufsausübung bestimmte Räume von Berufsgeheimnisträgern gem. §§ 53, 53a StPO sind, in der Regel nicht dem Kernbereich privater Lebensgestaltung zuzurechnen. Diese Regelung ist kritisch zu sehen (→ § 16 Rn. 42).

II. Zweite Stufe

1. Unterbrechen der Datenerhebung

Abs. 4 S. 1 schützt als zweite Stufe des Kernbereichsschutzes, indem er anordnet, dass die **23** Datenerhebung unverzüglich **zu unterbrechen** ist, sofern sich während der Überwachung tatsächliche Anhaltspunkte dafür ergeben, dass Daten erfasst werden, die dem Kernbereich privater Lebensgestaltung zuzurechnen sind. Mit anderen Worten: Wenn sich die nach Abs. 3 anzustellende Prognose als unzutreffend erweist.

2. Automatisierte Datenerhebung

24   Abs. 2 S. 2 ist erklärungsbedürftig. Er sieht vor, dass bei **Bestehen von Zweifeln** an der Erfassung von kernbereichsrelevanten Daten statt der unmittelbaren Wahrnehmung nur noch eine automatisierte Aufzeichnung erfolgen darf. Gemeint sein dürfte Folgendes: Die Tatsachen deuten zwar auf eine mögliche Kernbereichsbeeinträchtigung hin, haben aber noch nicht die Stufe von Anhaltspunkten iSv S. 1 erreicht. Die danach vorzunehmende Abgrenzung indes zweifelhaft (s. insgesamt Sachs/Krings NWVBl. 2010, 165 (170)). Die Regelung ist auch unabhängig davon kritisch zu sehen, weil doch gerade die automatisierte Aufzeichnung als ein höherer Eingriff zu werten ist (s. Abs. 1 S. 4; BVerfGE 109, 279 (324); zu Recht krit. Sachs/Krings NWVBl. 2010, 165 (170)).

3. Fortsetzung der Datenerhebung

25   Wenn die Datenerhebung wegen Zweifeln gem. Abs. 4 S. 2 unterbrochen wurde oder wenn sie wegen dieser Zweifel auf eine automatische Aufzeichnung umgestellt worden ist, darf sie **fortgesetzt** werden, wenn zu erwarten ist, dass die Zweifel nicht mehr bestehen (Abs. 4 S. 3). Leider unterlässt es die Norm, zu erläutern, wie dies festgestellt werden kann. Eine **handhabbare Umsetzung** von Abs. 4 S. 3 erscheint zwar möglich, wenn etwa auf rein formale Aspekte abgestellt wird, wie etwa ein Wechsel vom Schlafzimmer ins Wohnzimmer oder das Weggehen des Gesprächspartners aus der Wohnung. Allerdings sind gerade die Anknüpfungspunkte des genutzten Raumes und des Gesprächspartners für sich gesehen kaum ausreichend, um eine Kernbereichsrelevanz annehmen zu können. Der Wegfall der Anknüpfungspunkte mag zwar umgekehrt einen Endpunkt markieren, an dem eine Kernbereichsrelevanz schwerlich noch angenommen werden kann. Jedoch würde das faktisch dann doch bedeuten, dass eben nicht das Verhalten in den Räumen absolut geschützt wäre, sondern die Räume oder die bloße Anwesenheit nahestehender Personen (→ Rn. 20).

26   Deshalb gilt wie bei § 16: Ein erneutes kurzes **Hineinhören** in ein Gespräch ist nicht unzulässig. Eine kurze, punktuelle, nur oberflächliche Wahrnehmung ist nicht als Kernbereichsverletzung zu sehen (→ § 16 Rn. 21, Rn. 32).

27   Das Gesetz enthält weiter Regelungen zum sog. **Richterband.** Die automatisiert erstellte Aufzeichnung ist unverzüglich der Strafkammer nach § 74a Abs. 4 GVG vorzulegen, die sodann über die Verwertbarkeit und Löschung der Daten entscheidet. Detailreich wird weiter angeordnet, welche Entscheidungen das Gericht zu treffen hat: Betreffend der nicht verwertbaren Teile hat es die unverzügliche Löschung auszusprechen. Hinsichtlich der verwertbaren Teile unterrichtet es die Polizeibehörde (ebenfalls unverzüglich) über den Inhalt der Aufzeichnung. In Sorge um eine vollständige Aktenführung der Justiz sieht Abs. 4 S. 7 vor, dass „die Tatsachen der Datenerfassung und der Löschung" zu **dokumentieren** sind. Wenn S. 8 abschließend vorsieht, die Maßnahme sei **abzubrechen,** wenn die Voraussetzungen des Abs. 1 nicht mehr vorlägen, so ist zunächst der Standort in der Norm irritierend. Zudem erschließt sich nicht unmittelbar der Sinn, denn die Gesetzesbindung der Verwaltung verlangt bei jeder Eingriffsmaßnahme, dass sie bei Wegfall der Voraussetzungen zu beenden ist.

27.1   Das Konstrukt des Richterbandes als solches ist zweifelhaft. Zu Recht hat daher die StPO hierauf verzichtet (Beschlussempfehlung und Bericht des Rechtsausschusses, BT-Drs. 15/5486, 15 ff.).

E. Einsatz von Personenschutzmitteln (Abs. 5)

28   In Fortsetzung der Regelungsstruktur von § 17 und im Einklang mit Art. 13 Abs. 5 GG (Maunz/Dürig/Papier GG Art. 13 Rn. 105 ff.) sieht § 18 Abs. 5 einen Behördenleitervorbehalt statt einer Anordnung durch ein Gericht vor, soweit technische Mittel **ausschließlich** zum Schutz der bei einem polizeilichen Einsatz in Wohnungen tätigen Personen eingesetzt (sog. Personenschutzsender) werden (zum Begriff der „**tätigen Personen**" → § 17 Rn. 33).

29   Ganz ohne Gericht geht es auch hier aber nur, wenn die erhobenen Daten nicht ausschließlich zum Personenschutz verwendet werden sollen. Ist eine Zweckänderung zur Wei-

terverwendung zur Strafverfolgung beabsichtigt, lässt sich das nur realisieren, wenn „zuvor" die Rechtmäßigkeit der Maßnahme richterlich festgestellt wurde. „**Zuvor**" ist sprachlich eindeutig bezogen auf die anderweitige Verwendung der Daten, nicht auf den Beginn des Einsatzes.

Das Gesetz spricht nur von richterlicher Feststellung, dabei dürfte es auf die Zuständig- **30** keitsregelung des Abs. 2 Bezug nehmen wollen (→ Rn. 27). Besteht **Gefahr im Verzug**, ist die richterliche Entscheidung unverzüglich nachzuholen. Für die Bestimmung, ob Gefahr im Verzug anzunehmen ist, ist nicht entscheidend, dass der Zweck der Wohnraumüberwachung durch die Einschaltung des Gerichts gefährdet würde. Maßgeblich ist vielmehr, dass der Zweck der anderweitigen Verwertung der Daten durch die zeitliche Verzögerung nur erschwert erreicht werden könnte (hierzu und zum Vorstehenden Maunz/Dürig/Papier GG Art. 13 Rn. 112).

Abschließend bestimmt Abs. 5 S. 4 klarstellend die Verpflichtung zur **Löschung** der **31** Daten nach dem Einsatzende, wenn ihre Erhebung nur dem Personenschutz diente. Zur polizeilichen Aus- und Fortbildung (§ 24 Abs. 3) und in den Fällen des § 32 Abs. 3 Nr. 1 und Nr. 2 bleiben die Daten aber verwendbar.

F. Kennzeichnungspflicht (Abs. 6)

Seit der Änderung des PolG NRW durch das Gesetz v. 18.12.2018 (GV. NRW. 741, **32** berichtigt 2019, 23) wird die Kennzeichnungspflicht zentral in § 23 geregelt (zur praktischen **Umsetzung** der Kennzeichnungspflicht → § 16a Rn. 28).

G. Benachrichtigung und Löschpflicht (Abs. 4)

Bis zur Änderung des PolG NRW durch das Gesetz v. 18.12.2018 (GV. NRW. 741, **33** berichtigt 2019, 23) wurde hinsichtlich der Unterrichtung der von der Datenerhebung betroffenen Person auf § 17 Abs. 5 und Abs. 6 verwiesen. Nunmehr enthält § 33 eine umfassende Regelung zur Benachrichtigung (→ § 33 Rn. 4 ff.) einschließlich ihres Unterbleibens und ihrer Zurückstellung. Der Verweis auf § 17 Abs. 4 betrifft die Löschpflicht bezüglich Personen, gegen die sich die Maßnahme nicht richtete.

§ 19 Datenerhebung durch den Einsatz von Personen, deren Zusammenarbeit mit der Polizei Dritten nicht bekannt ist

(1) ¹Die Polizei kann personenbezogene Daten erheben durch den Einsatz von Personen, deren Zusammenarbeit mit der Polizei Dritten nicht bekannt ist,
1. über die in den §§ 4 und 5 genannten und unter den Voraussetzungen des § 6 über die dort genannten Personen, wenn dies zur Abwehr einer gegenwärtigen Gefahr für Leib, Leben oder Freiheit einer Person erforderlich ist,
2. über Personen, soweit Tatsachen die Annahme rechtfertigen, dass diese Personen Straftaten von erheblicher Bedeutung begehen wollen, sowie über deren Kontakt- oder Begleitpersonen, wenn die Datenerhebung zur vorbeugenden Bekämpfung dieser Straftaten erforderlich ist.
²Dabei dürfen auch personenbezogene Daten über andere Personen erhoben werden, soweit dies erforderlich ist, um eine Datenerhebung nach Satz 1 durchführen zu können. ³§ 16a Absatz 1 Satz 3 bis 5 sowie § 17 Absatz 4 gelten entsprechend.

(2) Der Einsatz von Personen, deren Zusammenarbeit mit der Polizei Dritten nicht bekannt ist, darf nur durch die Behördenleiterin oder den Behördenleiter oder eine von ihnen beauftragte Leitungsperson des höheren Polizeivollzugsdienstes angeordnet werden.

Überblick

Die Kommentierung beginnt mit der Definition des Begriffs von „Personen, deren Zusammenarbeit mit der Polizei Dritten nicht bekannt ist" (= Vertrauenspersonen) und grenzt zu anderen verdeckten personalen Ermittlungen ab (→ Rn. 3 ff.). Bedeutsam ist daneben die Darlegung ihrer Stellung als Verwaltungshelfer, unter Berücksichtigung des Aspekts der an sie geleisteten Zahlungen (→ Rn. 10 ff.). Die Notwendigkeit der Ermittlungsmaßnahme wird trotz erhobener rechtspolitischer Kritik bejaht (→ Rn. 14 ff.). Nach einem Überblick über die Tatbestandsvoraussetzungen, die die für verdeckte Ermittlungsmaßnahmen typischen Alternativen (Abwehr gegenwärtiger Gefahr, vorbeugende Bekämpfung von Straftaten erheblicher Bedeutung) verwenden (→ Rn. 19 ff.), werden die wichtigen Fragen nach den Befugnissen der Vertrauenspersonen (→ Rn. 28 ff.) und der Zulässig einer Begehung von Straftaten durch die Vertrauenspersonen (→ Rn. 32 ff.) beleuchtet. Es folgen die für die meisten verdeckten Ermittlungshandlungen relevanten Vorgaben zum Behördenleitervorbehalt (→ Rn. 34 ff.) sowie den grundrechtssichernden Verfahrensregeln (Kennzeichnung, Benachrichtigung → Rn. 37 ff.) und dem Kernbereichsschutz (→ Rn. 40 f.). Ein umfangreicher Teil ist letztlich der Stellung der Vertrauenspersonen im Gerichtsverfahren gewidmet (→ Rn. 42 ff.). Während Baden-Württemberg (§ 22 Abs. 1 Nr. 5 BWPolG) und Hessen (§ 16 Abs. 1 HSOG) vergleichbare Regeln enthalten, muss in Bayern auf die Generalklausel zurückgegriffen werden.

Übersicht

A. Allgemeines

1   Der Einsatz von Personen, deren Zusammenarbeit mit der Polizei Dritten nicht bekannt ist, dient neben der Abwehr gegenwärtiger Gefahren auch der vorbeugenden Bekämpfung von Straftaten. Die entsprechende Ermächtigungsgrundlage zählt daher zu den sog. Vorfeldbefugnissen der Polizei. Ihr Anwendungsbereich liegt meistens im Bereich der Schwerkriminalität und der Organisierten Kriminalität. Bei Vorliegen der Voraussetzungen ist ein Einsatz aber etwa auch im Zusammenhang mit Fußballspielen möglich (Antwort der Landesregierung auf Kleine Anfrage der PIRATEN, LT-Drs. 16/1768; zum Bund: Antwort der Bundesregierung auf Kleine Anfrage der LINKEN BT-Drs. 17/11303). Die Befugnis wird rechtspolitisch zum Teil stark kritisiert, ist aber eine effektive und notwendige Ermittlungsmaßnahme (→ Rn. 14 ff.).

B. Personen, deren Zusammenarbeit mit der Polizei Dritten nicht bekannt ist

I. Begriff

2   Für die eher sperrige gesetzliche Umschreibung – Personen, deren Zusammenarbeit mit der Polizei Dritten nicht bekannt ist – hat sich in der Praxis, in der Kriminalistik und der Polizeirechtwissenschaft der Begriff **Vertrauenspersonen** eingebürgert, der freilich im Gesetz nicht genannt wird. Die verwandten Begriffe Vertrauensleute, V-Leute, V-Männer sollten nicht synonym verwendet werden, weil sie eher den nachrichtendienstlichen Bereich betreffen.

Es handelt sich um Privatpersonen, die sich im kriminellen Milieu bewegen und Erkennt- 3 nisse an die Polizei vermitteln, ggf. gegen Geld (private Ermittlungshelfer, so Vahle Krimina- listik 2006, 641 (642)).

Die Wendung im Gesetz „durch den Einsatz" bedeutet die **gezielte Erteilung eines** 4 **Auftrags** (vgl. Nr. 19.11 VVPolG NRW) durch die Polizei, Daten zu beschaffen. Eine allgemeine Bitte, aufmerksam zu sein oder Wahrnehmungen zu berichten, reicht hierfür nicht aus (LT-Drs. 10/3997, 38). Der polizeiliche Auftrag ist wesentliches **Abgrenzungs- merkmal** zu anderen verdeckt Handelnden (vgl. Keller/Wolf Kriminalistik 2013, 349 mwN; Lisken/Denninger PolR-HdB/Rachor/Graulich E Rn. 743). Ein Hinweisgeber oder **Infor- mant** bringt in der Regel von sich aus unaufgefordert Erkenntnisse bei, ohne Veranlassung durch Polizei. Dies kann im Einzelfall oder gelegentlich geschehen. Er kann etwa Informatio- nen auf Tatgelegenheiten, Beutedepots etc mitteilen. Kein Auftrag wird erteilt, wenn eine Person als Hinweisgeber oder Zeuge zu bestimmten Sachverhalten der Gegenwart oder Vergangenheit befragt wird.

Verdeckte Ermittler iSv § 20 sind ebenso wie nicht offen ermittelnde Polizeibeamte 5 (→ § 20 Rn. 2) keine Privatpersonen.

Charakteristisch für Vertrauenspersonen ist ferner die Zusicherung durch die Polizei, dass 6 die Zusammenarbeit mit den Polizeibehörden Dritten gegenüber nicht offenbart wird. Hierzu wird die **Zusicherung der Geheimhaltung** der Identität (bei Informanten spricht man von der Zusicherung der Vertraulichkeit) abgegeben (vgl. Nr. 19.03 VVPolG NRW, womit die Geltung des Runderlasses des Justizministeriums und des Innenministeriums v. 17.2.1986, MBl. NRW. 203 – Verfolgung von Straftaten – Inanspruchnahme von Informan- ten, Einsatz von V-Personen und Verdeckten Ermittlern und sonstigen nicht offen ermitteln- den Polizeibeamten angeordnet wird; vgl. Teil I Nr. 2.2 Anlage D RiStBV zur Strafverfol- gung).

Vertrauenspersonen können für ihre Tätigkeit eine **Vergütung** erhalten (→ Rn. 12). 7

Die eingesetzten Personen müssen nach Erlasslage **zuverlässig** sein (Nr. 19.03 VVPolG 8 NRW, diese verweisen auf den Runderlass des Justizministeriums und des Innenministeriums v. 17.2.1986, MBl. NRW. 203 – Verfolgung von Straftaten – Inanspruchnahme von Infor- manten, Einsatz von V-Personen und Verdeckten Ermittlern und sonstigen nicht offen ermit- telnden Polizeibeamten).

Das Gesetz verlangt darüber hinaus keine besondere **Motivation** der Vertrauenspersonen 9 (krit. Lisken/Denninger PolR-HdB/Rachor, 5. Aufl. 2012, E Rn. 266, im Hinblick auf Entlohnung, Geltungssucht, Rache). Die Polizei besitzt genügend Möglichkeiten, mit den sich aus kritischen Motivlagen ergebenden spezifischen Risiken umzugehen, sodass hieraus keine generelle Ablehnung der Zusammenarbeit mit Vertrauenspersonen begründbar ist.

II. Rechtsstellung

Vertrauenspersonen werden als **Verwaltungshelfer** tätig (BVerwG NVwZ-RR 2010, 682 10 (683); Lisken/Denninger PolR-HdB/Rachor/Graulich E Rn. 745). Grundlage hierfür ist wohl ein **zivilrechtliches Vertragsverhältnis** (BVerwG NVwZ-RR 2010, 682 (683)). Die Vertrauensperson hat demnach keine andere Stellung als der zum Zweck einer Fremdvor- nahme eingesetzte Private im Polizeirecht, der sich gegenüber der Polizei in einem privat- rechtlichen Verhältnis befindet, mag er auch als Verwaltungshelfer nach außen hoheitlich handeln (so BVerwG NVwZ-RR 2010, 682 (683) mwN).

Das BVerwG hat ausgeführt, gegen die Annahme eines öffentlich-rechtlichen Vertrags 11 spreche, dass der Vertragsgegenstand, das Beschaffungsverhältnis, nicht iSv § 54 S. 1 VwVfG auf dem Gebiet des öffentlichen Rechts liege. Zudem hätten die Beteiligten keinen den Anforderungen von §§ 54 ff. VwVfG entsprechenden Vertrag abgeschlossen.

Zahlungen an Vertrauenspersonen (Kostenerstattungen, Honorare oder Prämien) sind 12 grundsätzlich möglich, aber strengen internen Regeln unterworfen (vier-Augen-Prinzip, hohe inhaltliche Anforderungen). Honorare und Prämien sind steuerpflichtig, allerdings werden sie aus Gründen des Geheimschutzes jährlich summiert durch die Innenverwaltung versteuert (so Lisken/Denninger PolR-HdB/Rachor, 5. Aufl. 2012, E Rn. 271). Ein wirtschaftliches Abhängigkeitsverhältnis durch die Honorierungen darf nicht entstehen.

13   Zu den Befugnissen der Vertrauenspersonen vgl. die Ausführungen unter → Rn. 27 ff.

III. Kritik und Notwendigkeit des Einsatzes von Vertrauenspersonen

14   Der Einsatz von Vertrauenspersonen ist Gegenstand steter rechtspolitischer Kritik. Das Grundproblem ist hierbei, dass Privatpersonen rekrutiert werden, die sich im kriminellen Milieu bewegen. Einige Länder haben keine ausdrückliche Regelung dazu getroffen, um schon im Kern zu zeigen, dass Vertrauenspersonen keine Hoheitsbefugnisse besitzen (Schmidbauer/Steiner BayPAG Art. 33 Rn. 38; krit. Thiele Kriminalistik 2005, 36 (37)) – dies ist freilich ein eher symbolischer Akt, weil der Einsatz von Vertrauenspersonen in diesen Fällen aufgrund der polizeilichen Generalklausel erfolgt.

15   Besonders intensiv, geradezu vernichtend ist die Missbilligung des Vertrauenspersoneneinsatzes seit dem Bekanntwerden des sog. Nationalsozialistischen Untergrunds (**NSU;** vgl. Aust/Laabs, Heimatschutz, 2014, 820: „V-Männer und ihre „Beschaffer" lügen, bis es nicht mehr anders geht. Und der Quellenschutz ist absolut. Bis über den Tod hinaus."). Sie bezieht sich insbesondere, aber nicht nur, auf V-Leute des Verfassungsschutzes – jene dagegen werden im Vergleich als nachrichtendienstliches Mittel über längere Zeiträume eingesetzt (zu weiteren Unterschieden s. Antwort der Landesregierung auf die Kleine Anfrage des Abgeordneten Golland, LT-Drs. 16/7368, 2). Speziell zum NSU lässt sich aber feststellen: Dass bestimmte Informationen ermittelnde Polizeibehörden nicht erreicht haben, lag nicht am Vertrauenspersoneneinsatz an sich, sodass Vertrauenspersonen als Mittel der Datenerhebung auch nach dem NSU-Skandal nicht in Frage gestellt werden können (vgl. deutlich Ständige Konferenz der Innenminister und -senatoren der Länder, Abschlussbericht der Bund-Länder-Kommission Rechtsterrorismus, 30.4.2013, Rn. 633 ff.).

16   Vielmehr ist der Einsatz von Vertrauenspersonen **unverzichtbar,** insbesondere in Milieus, in denen abgeschottete Personenstrukturen herrschen. Das gilt umso mehr, als den Ermittlungsbehörden einige effektive technische Instrumente (insbesondere Vorratsdatenspeicherung, Quellen-TKÜ) nicht oder sehr eingeschränkt zur Verfügung gestellt werden. Eine Begrenzung auch der personalen verdeckten Maßnahmen würde das Spannungsverhältnis zwischen dem Recht auf informationelle Selbstbestimmung der betroffenen Personen einerseits und den Grundrechten der gefährdeten Personen andererseits in recht befremdlicher Einseitigkeit auflösen.

17   Zur Erfüllung ihrer Aufgaben ist die Polizei in zunehmendem Maße auf Informationen und Hinweise aus der Öffentlichkeit angewiesen. Diese lassen sich oft nur gegen Zusicherung der Vertraulichkeit (bei Informanten) bzw. Geheimhaltung der Identität (bei Vertrauenspersonen) gewinnen, das gilt insbesondere bei bestimmten Erscheinungsformen der Kriminalität, wo der Einsatz von Vertrauenspersonen und Verdeckten Ermittlern erforderlich ist (sa BT-Drs. 17/11303, 2). Die Polizei muss dazu auch in Organisationen eindringen und die **frühe Entstehungsphase** von Straftaten, Zusammenhänge, Arbeitsweise von Netzwerken und die steuernden Personen ergründen. Dazu zählt auch die Aufklärung von Logistik und tatbegünstigenden Strukturen (Thiele Kriminalistik 2005, 36 (38)).

IV. Einsatz von Vertrauenspersonen zur Strafverfolgung

18   Nach der freilich bestrittenen überwiegenden Ansicht ist der Einsatz von Vertrauenspersonen auch im Strafverfahrensrecht zulässig, und zwar auf Grundlage von § 163 StPO (BVerfG NJW 2004, 141 (145)). Die Anlage D RiStBV enthält hierzu eigens detaillierte Regelungen. Auf die Schaffung einer expliziten Regelung für den Einsatz von Vertrauenspersonen hat der Bundesgesetzgeber bewusst verzichtet, da diese Personen strafprozessual als Zeugen einzustufen seien und damit die notwendige gesetzliche Grundlage für ihre Heranziehung gegeben sei (BT-Drs. 12/989, 41).

18.1   Gerade beim Einsatz von Vertrauenspersonen wird es häufig zu doppelfunktionalen Maßnahmen kommen (→ SystVorbPolRDe Rn. 1 ff.).

C. Tatbestand (Abs. 1)

I. Voraussetzungen

1. Abwehr einer gegenwärtigen Gefahr (Abs. 1 S. 1 Nr. 1)

Der Vertrauenspersoneneinsatz ist nach der ersten Alternative zulässig zur Abwehr einer **19** gegenwärtigen Gefahr für bestimmte Rechtsgüter, nämlich Leben, Gesundheit und Freiheit einer Person. Eine **gegenwärtige Gefahr** verlangt eine besondere zeitliche Nähe des drohenden Schadensereignisses. Gegenwärtig ist eine Gefahr, wenn sie bereits eingetreten ist oder ihre Realisierung unmittelbar bevorsteht (zum Begriff der gegenwärtigen Gefahr ferner → § 34a Rn. 14; → § 16a Rn. 9 f.).

Als **Adressatenregelung** nimmt das Gesetz (unnötig) Bezug auf die ohnehin geltenden **20** allgemeinen Vorschriften zur Verantwortlichkeit (§§ 4–6). Daneben ist zu beachten, dass die Datenerhebung von Vertrauenspersonen nach Abs. 1 S. 2 auch „andere Personen" als Störer und Nichtstörer nach § 6 treffen darf (→ Rn. 26).

Der Einsatz der Vertrauensperson muss zur Gefahrenabwehr **erforderlich** sein. Das bedeu- **21** tet: Ohne ihn wäre die polizeiliche Aufgabe nicht oder nicht zeit- / sachgerecht wahrnehmbar.

2. Vorbeugende Bekämpfung von Straftaten erheblicher Bedeutung (Abs. 1 S. 1 Nr. 2)

Die zweite Alternative der Ermächtigung zu einem Vertrauenspersoneneinsatz verlangt, **22** dass Tatsachen die Annahme rechtfertigen, dass Straftaten von erheblicher Bedeutung begangen werden. Für die erforderliche **Prognoseentscheidung** genügt es, einen gewöhnlichen Ablauf zugrunde zu legen. Dies muss jedoch **tatsachenbasiert** sein und darf nicht auf bloßer Lebenserfahrung beruhen. Anhaltspunkte ergeben sich etwa aus bereits begangenen Taten, aus Informationen von Hinweisgebern, aus eigenen Äußerungen der Zielperson oder aus Vorbereitungshandlungen (ausf. → § 16a Rn. 12 ff.). Die unter anderem bei §§ 16a, 17 verwendete Regelung nimmt Bezug auf den Straftatenkatalog des § 8 Abs. 3 (→ § 8 Rn. 133 f.).

Daneben muss der Vertrauenspersoneneinsatz zur vorbeugenden Bekämpfung der Strafta- **23** ten **erforderlich** sein (→ Rn. 21).

Die Tatbestandsalternative nennt als möglichen **Adressaten** zunächst diejenigen Personen, **24** die solche Straftaten begehen wollen. Erfasst davon sind neben den mutmaßlichen Straftätern auch mögliche Gehilfen und Anstifter (§§ 26, 27 StGB). Die Norm geht aber noch weiter, indem sie die Datenerhebung über Kontakt- und Begleitpersonen erlaubt. Unnötigerweise verweist § 19 Abs. 1 S. 3 auf § 16a Abs. 1 S. 3 und S. 4, wo beide Begriffe legaldefiniert sind. Nach allgemeinen Regeln würde die Legaldefinition eigentlich für das ganze Gesetz gelten, sofern es keine abweichenden Anhaltspunkte dafür gibt (zum Begriff der Kontakt- und Begleitpersonen → § 16a Rn. 19).

Abs. 1 S. 3 verweist zudem auf § 16a Abs. 1 S. 5, der bestimmt, dass **Berufsgeheimnisträ-** **25** **ger** keine Kontakt- oder Begleitpersonen sind. Die in Bezug genommene Norm ist nicht unkritisch (→ § 16a Rn. 22).

3. Andere Personen

Nach Abs. 1 S. 2 dürfen personenbezogene Daten auch über „andere Personen" erhoben **26** werden, soweit dies erforderlich ist, um eine Datenerhebung nach Abs. 1 S. 1 durchführen zu können. Wesentliches Unterscheidungsmerkmal zu den Kontakt- und Begleitpersonen ist, dass bei den „anderen Personen" von vornherein klar ist, dass sie nicht als Nichtstörer in Betracht kommen oder nicht mit potentiellem Straftäter in Verbindung stehen. Ihre Einbeziehung in die Maßnahme ist nur möglich, soweit dies erforderlich ist, um eine Datenerhebung nach Abs. 1 S. 1 durchführen zu können. Sie sind **nicht Ziel** der Maßnahme, sondern und nur unvermeidbar von ihr mitbetroffen; sie stellen lediglich „**Beiwerk**" dar (OVG Münster Urt. v. 5.7.2013 – 5 A 607/11, juris Rn. 175, BeckRS 2013, 53569).

27   Abs. 1 S. 2 dürfte wohl nur klarstellenden Charakter haben, weil eine Datenerhebung durch technische Mittel schon im Ansatz kaum denkbar ist, wenn es nur zulässig wäre, ausschließlich die Zielperson selber wahrnehmen zu können, aber nicht deren Umfeld (ähnlich Tegtmeyer/Vahle PolG NRW § 16a Rn. 6).

II. Befugnisse der Vertrauenspersonen

28   Im eigentlichen Sinne besitzt die Vertrauensperson **keinerlei Befugnisse.** Die Befugnis zur Erhebung personenbezogener Daten iSv § 19 der Vertrauensperson bezieht sich auf die Polizei, die hierzu ermächtigt wird, sich der Vertrauensperson zu bedienen. Diese können demnach keine personenbezogenen Daten „erheben", sondern sie lediglich wie jeder Private im üblichen Kommunikationsgeschehen wahrnehmen, wozu auch gehört, dass Zielpersonen durch die Vertrauensperson „befragt" werden. Der eigentliche Akt der Datenerhebung durch die Polizei erfolgt sodann durch den Bericht der Vertrauensperson über die gewonnenen Erkenntnisse.

29   Die Vertrauensperson selber handelt **offen,** täuscht das Gegenüber dabei aber über ihre wahren Absichten (Lisken/Denninger PolR-HdB/Rachor/Graulich E Rn. 746). Weil die Zusammenarbeit mit der Polizei getarnt erfolgt, bleibt der Vertrauenspersoneneinsatz eine verdeckte Maßnahme der Polizei.

30   Der Vertrauensperson stehen **keine hoheitlichen Befugnisse** zu (Nr. 19.12 VVPolG NRW). Treffend ist es daher, Vertrauenspersonen nicht als „verlängerten Arm", sondern eher als „Augen und Ohren" der Polizei zu bezeichnen (Lisken/Denninger PolR-HdB/Rachor/Graulich E Rn. 746). Allenfalls kann sich die Vertrauensperson auf die sog. Jedermannsrechte des Zivil- und Strafrechts berufen (etwa Notwehr, Notstand, Nothilfe, Festnahmerecht).

31   Soweit mit dem Vertrauenspersoneneinsatz weitere Eingriffe verbunden sind, müssen die Voraussetzungen der jeweiligen Ermächtigungsgrundlagen erfüllt sein. Sinnvoll und nötig kann dabei sein, die Vertrauensperson mit einem **Personenschutzsender** oder Ähnlichem auszustatten. Zum bloßen Eigenschutz genügt deren **Einwilligung,** wohingegen §§ 17, 18 betroffen sind, wenn damit Daten Dritter erhoben werden (→ § 17 Rn. 34).

III. Begehung von Straftaten durch Vertrauenspersonen

32   Die Tätigkeit einer Vertrauensperson birgt die Gefahr der Verwirklichung von Straftatbeständen, insbesondere von Organisationsstraftatbeständen, Teilnahme- und Propagandadelikten (vgl. Ständige Konferenz der Innenminister und -senatoren der Länder, Abschlussbericht der Bund-Länder-Kommission Rechtsterrorismus, 30.4.2013, Rn. 669 ff.). Dabei dürfen Vertrauenspersonen zur Informationsbeschaffung **keine Straftaten begehen** und keinen Tatentschluss bei der Zielperson wecken. Werden sie dennoch straffällig, hat das für die beschafften Informationen regelmäßig kein Beweisverwertungsverbot zur Folge. Macht sich die Vertrauensperson beim Einsatz strafbar, **entfällt** jedoch gemäß Erlasslage die **Zusicherung der Geheimhaltung** (Nr. 19.03 VVPolG NRW die verweist auf den Runderlass des Justizministeriums und des Innenministeriums v. 17.2.1986, MBl. NRW. 203 – Verfolgung von Straftaten – Inanspruchnahme von Informanten, Einsatz von V-Personen und Verdeckten Ermittlern und sonstigen nicht offen ermittelnden Polizeibeamten; vgl. zum Einsatz bei der Strafverfolgung Teil I Nr. 4 lit. a Anlage D RiStBV).

32.1   Eine Rechtfertigung nach § 34 StGB ist nur im Einzelfall denkbar, kaum jedoch für eine planmäßige Verwirklichung von Straftaten (OLG Düsseldorf BeckRS 9998, 65684; vgl. auch Teil II Nr. 2.2 Anlage D RiStBV). Der Widerspruch zwischen Strafverfolgungsanspruch und Erkenntnisinteresse lässt sich im Einzelfall nach §§ 153 ff. StPO oder über die Regeln der Strafzumessung lösen bzw. reduzieren.

IV. Führung der Vertrauenspersonen

33   Die VVPolG NRW bestimmt, dass der Vertrauenspersonenführer „strenger Aufsicht zu unterwerfen" ist (Nr. 19.21 VVPolG NRW). Abgesehen von der ungewöhnlichen Diktion bleibt diese Vorgabe einigermaßen unklar. Jedenfalls erfordern Führung und Einsatz von Vertrauenspersonen neben Fachkunde und Ermittlungserfahrung eine hohe persönliche Integrität der Polizeibeamten.

D. Anordnungskompetenz und Kennzeichnung (Abs. 2)

I. Anordnungsvorbehalt

Die Anordnung eines Einsatzes von Vertrauenspersonen darf nur durch den **Behördenlei-** **34** **ter** oder durch eine von ihm beauftragte „Leitungsperson" (krit. zu diesem Begriff → § 16 Rn. 36) des höheren Polizeivollzugsdienstes erfolgen. Ein Richtervorbehalt ist weder erforderlich noch wäre er sinnvoll (vgl. Ständige Konferenz der Innenminister und -senatoren der Länder, Abschlussbericht der Bund-Länder-Kommission Rechtsterrorismus, 30.4.2013, Rn. 662 f.).

Hat der Behördenleiter von der Befugnis, die Entscheidung komplett auf diesen Beamten **35** zu übertragen keinen Gebrauch gemacht, ist im Falle seiner Abwesenheit oder sonstigen Verhinderung sein nach den allgemeinen Regeln zu bestimmender Vertreter anordnungsbefugt (→ § 16a Rn. 23).

Nutzt der Behördenleiter die Möglichkeit der **Delegation,** muss diese schriftlich erfolgen **36** (Nr. 19.21 VVPolG NRW). Die VVPolG NRW sieht zudem eine zweijährige Befristung des Auftrags an den Polizeivollzugsbeamten vor. Der Behördenleiter kann für die Ausführung des Auftrags Vorgaben machen, sich berichten lassen oder bestimmte Vorbehalte formulieren. Eine besondere Anzeigepflicht sieht die VVPolG NRW (Nr. 19.22 VVPolG NRW) vor: Der Einsatz einer Vertrauensperson, die „**gewerbsmäßig**" Nachforschungen betreibt, ist dem Behördenleiter unverzüglich anzuzeigen. Ihr Einsatz darf für den Einzelfall über den Zeitraum von drei Monaten hinaus nur mit Genehmigung des Behördenleiters erfolgen. Die Regelung erscheint erklärungsbedürftig, denn die von der Polizei an die Vertrauensperson gezahlten Vergütungen dürfen ein wirtschaftliches Abhängigkeitsverhältnis nicht entstehen lassen (→ Rn. 11). Der Bezugspunkt der Gewerblichkeit kann daher nur jenseits etwaiger Leistungen der Polizei sein, sodass eigentlich nur Privatdetektive oder Ähnliches gemeint sein können.

II. Kennzeichnung

Hinsichtlich der Pflicht, diejenigen Daten zu kennzeichnen, die durch den Einsatz der **37** Vertrauensperson erlangt worden sind, wurde früher auf § 16a Abs. 2 S. 2 und S. 3 verwiesen, im geltenden Recht regelt dies § 22b zentral.

E. Benachrichtigung (§ 33)

Bis zur Änderung des PolG NRW durch das Gesetz v. 18.12.2018 (GV. NRW. 741, **38** berichtigt 2019, 23) wurde hinsichtlich der Unterrichtung der von der Datenerhebung betroffenen Person auf § 17 Abs. 5 und Abs. 6 verwiesen. Nunmehr enthält § 33 eine umfassende Regelung zur Benachrichtigung (→ § 33 Rn. 4 ff.) einschließlich ihres Unterbleibens und ihrer Zurückstellung. § 33 Abs. 2 S. 2 erweitert die **Zurückstellungsmöglichkeit** für den Fall, dass durch das Bekanntwerden der Datenerhebung der **weitere Einsatz** der Vertrauensperson **gefährdet** wird.

Derzeit nicht belegt. **39**

F. Kernbereichsschutz

Der Schutz des Kernbereichs privater Lebensgestaltung (§ 16) gilt auch beim Einsatz **40** von Vertrauenspersonen. Allerdings stellt hier die **Mittelbarkeit** der Datenerhebung eine schwierige Ausgangssituation dar (SBK PolG NRW/Braun Rn. 15). In der Kommunikation zwischen Vertrauensperson und der Zielperson wird es kaum ein schützenswertes Vertrauensverhältnis geben. Die Vertrauensperson kann mit der Zielperson also Gespräche höchstpersönlichen Inhalts führen und diese Erkenntnisse an die Polizei weitergeben. Eine Persönlichkeitsverletzung liegt nicht vor (BGH NJW 1996, 2940).

Kernbereichsrelevante Konstellationen werden demgegenüber für möglich gehalten, wenn **41** die Vertrauensperson intime Gespräche zwischen der Zielperson und einem Dritten **belauscht** (SBK PolG NRW/Braun Rn. 15).

G. Vertrauenspersonen im Gerichtsverfahren

I. Grundsatz

42   Der Einsatz von Vertrauenspersonen kann in späteren Gerichtsverfahren eine Rolle spielen. Dies ist einerseits möglich in einem Strafverfahren, wenn die durch den Vertrauenspersoneneinsatz gewonnenen Erkenntnisse für die Strafverfolgung verwendet werden (→ Rn. 44) und andererseits in einem verwaltungsgerichtlichen Verfahren, wenn eine betroffene Person im Nachgang Rechtsschutz gegen die verdeckte Maßnahme sucht (→ Rn. 52; vgl. etwa BVerwG BeckRS 2014, 49586).

43   Vertrauenspersonen besitzen aus Sicht des Prozessrechts eine Stellung als **Zeuge** (BT-Drs. 12/989, 41 zur StPO). Auch die Beweisaufnahme durch Zeugenvernehmung muss üblicherweise dem Grundsatz der Unmittelbarkeit folgen (BeckOK StPO/Ganter StPO § 250 Rn. 1 ff.). Das erkennende Gericht muss die beweiserhebliche Tatsachen selbst wahrnehmen und sich dabei des unmittelbaren und originären Beweismittels bedienen. Wenn die Vertrauensperson aber als Zeugen vor Gericht aussagen müssten, sind Gefahren für sie denkbar, zudem wurde ihnen die Zusicherung der Geheimhaltung der Identität erteilt (→ Rn. 6).

II. Ablauf im Strafprozess

44   Im **Strafprozess** würde die Verteidigung etwa Einsicht in Protokolle über Gespräche mit der Vertrauensperson verlangen oder die Vertrauensperson als Zeuge benennen. Das Strafgericht würde sodann die Polizeibehörde zur Vorlage dieser Dokumente bzw. zur Benennung der Vertrauensperson auffordern. Wenn die Polizeibehörde diese Akten aus den Gründen des § 96 StPO nicht vorlegt oder eine ladungsfähige Anschrift bzw. Namhaftmachung der Vertrauensperson ablehnt, hat sie beim Innenministerium um die Abgabe einer **Sperrerklärung** zu ersuchen.

45   Grundlage für diese Sperrerklärung ist § 96 StPO in analoger Anwendung (BVerfGE 57, 250 (272 ff.)); direkt betrifft die Norm nur die Vorlage von Unterlagen, nicht aber die Benennung von Zeugen. Die Sperrerklärung ergeht nach **Einzelfallabwägung** als ultima ratio (zu den Anforderungen an eine Sperrerklärung s. etwa KK-StPO/Greven StPO § 96 Rn. 15 ff.).

45.1   Sie kommt insbesondere in Betracht, wenn die Grundrechte der Vertrauensperson auf Leben, körperliche Unversehrtheit und Freiheit gefährdet wären. Daneben kann das Wohl des Landes beeinträchtigt sein, unter dem Gesichtspunkt, dass mangels Vertrauens in die abgegebene Zusicherung auf Geheimhaltung der Identität keine Bereitschaft mehr zur Zusammenarbeit besteht, was die Gewährleistung einer effektiven Bekämpfung besonders schwerwiegender Kriminalitätsformen in Frage stellen kann (BVerfG NJW 1981, 1724; sa Schmidbauer/Steiner BayPAG Art. 48 Rn. 17 ff.).

46   Die Abgabe einer Sperrerklärung hat folgende **Wirkung:** Die betroffenen Aktenstellen sind nicht herauszugeben, Name und Anschrift der Vertrauensperson können dem Gericht vorenthalten werden. Die Vertrauensperson ist damit als Zeuge unerreichbar. Stattdessen kann der Vernehmungsbeamte, in der Regel der Führer der Vertrauensperson, als Zeuge vom Hörensagen vernommen werden. Zudem ist es üblich, dass Gericht und Beteiligte Fragen außerhalb der Verhandlung formulieren können, die dann zu einer erneuten Quellenvernehmung führen (BGH NStZ 1993, 292).

47   Das Strafgericht kann gegenüber einer Sperrerklärung eine **Gegenvorstellung** erheben, es ist im Übrigen jedoch an die ablehnende Entscheidung der obersten Landesbehörde gebunden. Eine Beschlagnahme der behördlichen Akten kommt nicht in Betracht, sie wäre allenfalls bei einer offensichtlich willkürlichen oder rechtsmissbräuchlichen Sperrung denkbar.

48   Der Angeklagte kann **verwaltungsgerichtlichen Rechtsschutz** (zum Ablauf BVerwG DÖV 2006, 699; KK-StPO/Greven StPO § 96 Rn. 1 ff.) gegen die Sperrerklärung in Anspruch nehmen (regelmäßig dürfte eine Verpflichtungsklage statthaft sein). Das Verwaltungsgericht muss sodann die Entscheidungserheblichkeit der im Strafprozess vorenthaltenen Informationen / Unterlagen bewerten. Es hat **durch Beweisbeschluss** zu entscheiden, welche Akten von der Behörde vorzulegen bzw. welche Auskünfte zu erteilen sind.

Die bloße Aktenbeiziehung mittels richterlicher Verfügung des Vorsitzenden oder des Berichterstat- **48.1** ters reicht dazu nicht aus (BVerwG BeckRS 2006, 21864; BVerwGE 125, 40 Rn. 9), wenngleich sie in der Praxis mitunter als hinreichend akzeptiert wird. Der Beweisbeschluss präzisiert die vorzulegenden Akten.

Das Innenministerium kann dann eine (**erneute**) **Sperrerklärung** nach § 99 Abs. 1 S. 2 **49** VwGO abgeben. Denn die grundsätzliche Pflicht der Behörden, im Verwaltungsprozess Urkunden und Akten, vorzulegen und Auskünfte zu erteilen (§ 99 Abs. 1 S. 1 VwGO), besteht nicht, wenn das Bekanntwerden des Inhalts dieser Unterlagen dem **Wohl des Bundes oder eines Landes** Nachteile bereiten würde.

Ein Nachteil im Sinne dieser Vorschrift ist dann gegeben, wenn und soweit die Bekanntgabe des **49.1** Akteninhalts die künftige Erfüllung der Aufgaben der Sicherheitsbehörden einschließlich deren Zusammenarbeit mit anderen Behörden erschweren oder Leben, Gesundheit oder Freiheit von Personen gefährden würde (BVerwGE 117, 8). Der gebotene Schutz verfassungsschutzdienstlicher Informationen und Informationsquellen, Arbeitsweisen und Methoden der Erkenntnisgewinnung kann die Geheimhaltung grundsätzlich rechtfertigen (BVerfGE 101, 106 (128)).

Nach § 99 Abs. 2 VwGO würde sodann auf Antrag in einem **Zwischenverfahren** vor **50** dem OVG ohne mündliche Verhandlung festgestellt werden, ob die Verweigerung der Vorlage der Urkunden oder Akten, oder der Erteilung von Auskünften rechtmäßig ist. Der Senat kann in dem sog. „in-camera-Verfahren", das den Anforderungen des Geheimschutzes genügt, die vorenthaltenen Akten einsehen und prüfen, ob ihr Inhalt den Kriterien des § 99 VwGO entspricht und nicht in das Hauptsacheverfahren eingeführt werden darf. Prüfungsgegenstand ist damit die Sperrerklärung.

Bestätigt der Senat diese, muss die Behörde die verlangten Akten nicht vorlegen. Wird die Sperrerklä- **50.1** rung für rechtswidrig erklärt, hat die Behörde eine neue Gelegenheit für eine erneute Sperrerklärung unter Beachtung der Rechtsauffassung des Fachsenats, alternativ die Möglichkeit zur Beschwerde. Soweit ersichtlich, ist in Nordrhein-Westfalen in den letzten Jahren noch nie eine Sperrerklärung gerichtlich aufgehoben worden.

Der Erlass einer **einstweiligen Anordnung** ist unzulässig, weil damit die Hauptsache **51** vorweggenommen würde (KK-StPO/Greven StPO § 96 Rn. 35).

III. Ablauf im Verwaltungsprozess

Die Verwaltungsgerichte können mit dem Einsatz von Vertrauenspersonen auch jenseits **52** der Anfechtung einer im Strafverfahren abgegebenen Sperrerklärung befasst werden. Das ist zum einen denkbar, wenn im Wege einer **Feststellungsklage** die Rechtswidrigkeit eines Vertrauenspersoneneinsatzes festgestellt werden soll (BVerwG BeckRS 2014, 49586). Möglich ist ferner eine Feststellungsklage, gerichtet darauf, dass die Weigerung der Vorlage im Strafprozess rechtswidrig war (BVerwG BeckRS 2009, 35992). Das weitere Verfahren gestaltet sich wie oben, wenn das Verwaltungsgericht über die Entscheidungserheblichkeit befunden hat (→ Rn. 48).

§ 20 Datenerhebung durch den Einsatz Verdeckter Ermittler

(1) **Die Polizei kann durch einen Polizeivollzugsbeamten, der unter einer ihm verliehenen, auf Dauer angelegten Legende eingesetzt wird (Verdeckter Ermittler), personenbezogene Daten über die in den §§ 4 und 5 genannten und andere Personen erheben, wenn**
1. **dies zur Abwehr einer gegenwärtigen Gefahr für Leib, Leben oder Freiheit einer Person erforderlich ist,**
2. **Tatsachen die Annahme rechtfertigen, dass Straftaten von erheblicher Bedeutung begangen werden sollen, und dies zur vorbeugenden Bekämpfung dieser Straftaten erforderlich ist.**

(2) ¹**Soweit es für den Aufbau und zur Aufrechterhaltung der Legende unerlässlich ist, dürfen entsprechende Urkunden hergestellt oder verändert werden.** ²**Ein**

Verdeckter Ermittler darf unter der Legende zur Erfüllung seines Auftrages am Rechtsverkehr teilnehmen.

(3) [1]Ein verdeckter Ermittler darf unter der Legende mit Einverständnis der berechtigten Personen deren Wohnung betreten. [2]Das Einverständnis darf nicht durch ein über die Nutzung der Legende hinausgehendes Vortäuschen eines Zutrittsrechts herbeigeführt werden. [3]Im Übrigen richten sich die Befugnisse eines Verdeckten Ermittlers nach diesem Gesetz oder anderen Rechtsvorschriften.

(4) [1]Der Einsatz eines Verdeckten Ermittlers darf nur durch die Behördenleiterin oder den Behördenleiter angeordnet werden. [2]§ 17 Absatz 4 gilt entsprechend.

Überblick

Die Kommentierung beginnt nach einer Übersicht mit einer Abgrenzung des Einsatzes Verdeckter Ermittler zu anderen Maßnahmen verdeckter personaler Ermittlungen (→ Rn. 2 ff.). Wie für die verdeckten Ermittlungsmaßnahmen im PolG NRW typisch, kennt § 20 zwei Einsatzvarianten, nämlich die Abwehr einer gegenwärtigen Gefahr (→ Rn. 8 ff.) und die vorbeugende Bekämpfung von Straftaten erheblicher Bedeutung (→ Rn. 10 ff.). Im Mittelpunkt der Kommentierung stehen die Ausführungen zur Datenerhebung des Verdeckten Ermittlers und zum Erstellen und Gebrauchen seiner Legende (→ Rn. 16 ff.). Die gesetzliche Spezialregelung zum Betreten von Wohnungen wird beleuchtet (→ Rn. 24 ff.) zusammen mit der Frage, was für sonstige Rechte der Verdeckte Ermittler besitzt (→ Rn. 27 ff.), was die Betrachtung des Strafverfolgungszwangs einschließt. Abs. 4 und Abs. 5 enthalten grundrechtssichernde Verfahrensvorschriften. Auch Besonderheiten des Schutzes des Kernbereichs privater Lebensgestaltung werden erörtert (→ Rn. 39 ff.). Es wird sodann die Stellung Verdeckter Ermittler in Straf- oder Verwaltungsgerichtsverfahren dargestellt (᾿ Rn. 41 ff.). Die Kommentierung schließt mit Ausführungen zum sog. virtuellen Verdeckten Ermittler, der nur im seltenen Fall den Voraussetzungen des § 20 unterfallen wird (→ Rn. 44 ff.). Etwa in Baden-Württemberg (§§ 22 Abs. 1 Nr. 4, 24 BWPolG), Bayern (Art. 33 Abs. 1 Nr. 3, 35 BayPAG) und Hessen (§ 16 Abs. 2 HSOG) existieren vergleichbare Regelungen.

Übersicht

A. Allgemeines

I. Übersicht

Der Einsatz eines Verdeckten Ermittlers ist vom Ursprung her zwar eher ein nachrichten- **1** dienstliches Mittel. Er ist aber **notwendiges und verfassungsrechtlich zulässiges Instrument** zur Bekämpfung und Vorbeugung von besonders gefährlicher und schwer aufklärbarer Kriminalität (vgl. etwa BVerfGE 57, 250 (284); BVerfG NJW 2004, 141; VGH Mannheim NVwZ-RR 2003, 843 (845); → § 19 Rn. 14 ff.). Der Verzicht auf eine entsprechende Regelung im Polizeirecht des Landes Schleswig-Holstein wird daher kritisch gesehen (Tetsch/Baldarelli PolG NRW Erl. 1.2).

II. Abgrenzungen

1. Nicht offen ermittelnde Polizeibeamte

§ 20 enthält eine **Legaldefinition** für den Verdeckten Ermittler. Hierbei handelt es sich **2** um einen Polizeivollzugsbeamten, der unter einer ihm verliehenen, auf Dauer angelegten Legende eingesetzt wird.

Im Unterschied zum Verdeckten Ermittler arbeitet der **nicht offen ermittelnde Polizei-** **3** **beamte** vorübergehend unter einer Legende, er täuscht **nur kurzfristig** über seine Identität als Polizeibeamter (Schmidbauer/Steiner BayPAG Art. 33 Rn. 36), ohne echte Tarnpapiere zu besitzen. Entscheidend ist also, ob der Ermittlungsauftrag über einzelne, konkrete Handlungen hinausgeht und eine Täuschung von vermutlich einer unbestimmten Zahl von Personen nötig wird. Es findet eine Verschleierung bei einzelnen Ermittlungshandlungen statt, deren zeitliche Dauer ist nicht entscheidend, sondern die Art der Ermittlungshandlungen (BGHSt 41, 64 (65)).

Beispiele: Vorzeigen falscher Visitenkarte, Verschweigen seiner Eigenschaft bei Befragung. **3.1**

Kein zur Abgrenzung geeignetes Kriterium ist es, ob der Beamte als Verdeckter Ermittler bezeichnet **3.2** wird (so BGH Kriminalistik 1997, 14).

Der nicht offen ermittelnde Polizeibeamte ist etwa in Thüringen ausdrücklich geregelt **4** (§ 34 Abs. 1 Nr. 4 ThürPAG), wohingegen in den übrigen Ländern, auch in Nordrhein-Westfalen, die **Generalklausel** als Ermächtigungsgrundlage heranzuziehen ist. Der Einsatz eines nicht offen ermittelnden Polizeibeamten darf nicht so ausgestaltet werden, dass damit die Voraussetzungen des § 20 umgangen werden.

2. V-Personen

Verdeckte Ermittler sind im Gegensatz zu **Vertrauenspersonen** iSv § 19 Polizeibeamte. **5** Verdeckte Ermittler werden seltener eingesetzt, was nicht nur dem hohen Aufwand geschuldet ist, sondern auch dem Grundsatz der Verhältnismäßigkeit. Der Einsatz von Verdeckten Ermittlern besitzt eine höhere Eingriffsintensität, da der Verdeckte Ermittler als Polizeivollzugsbeamter über weitere Eingriffsbefugnisse verfügt. Die zum Teil im Schrifttum geäußerte Vermutung, § 20 werde im Grundsatz eher nicht restriktiv angewandt, weil der Einsatz von Verdeckten Ermittlern im Vergleich zu anderen verdeckten Maßnahmen vergleichsweise kostengünstig sei (so Lisken/Denninger PolR-HdB/Rachor, 5. Aufl. 2012, E Rn. 247), ist doch eher realitätsfern.

Zum Begriff des **virtuellen** Verdeckten Ermittlers → Rn. 44 ff., zu anderen verdeckt **6** Handelnden vgl. die Ausführungen unter → § 19 Rn. 2 ff.

3. Einsatz von Verdeckten Ermittlern zur Strafverfolgung

Verdeckte Ermittler können gem. §§ 110a–110e StPO zur Strafverfolgung eingesetzt wer- **7** den. Gerade hier wird es oft zu doppelfunktionalen Maßnahmen kommen, weil eine eindeutige Zuordnung der Zielsetzungen im Allgemeinen schwer möglich ist (Lisken/Denninger PolR-HdB/Rachor/Graulich E Rn. 740).

7.1   Ein Wechsel zwischen den jeweiligen Bereichen ist möglich, wenn die Tatbestandsvoraussetzungen vorliegen (Tetsch/Baldarelli PolG NRW Erl. 1.2), sodass zB ein auf Grundlage der StPO begonnener Einsatz zur Gefahrenabwehr fortgesetzt werden kann.

B. Materielle Voraussetzungen (Abs. 1)

I. Abwehr einer gegenwärtigen Gefahr (Nr. 1)

8   Der Einsatz eines Verdeckten Ermittlers ist zunächst zur Abwehr einer gegenwärtigen Gefahr für bestimmte Rechtsgüter zulässig. Insoweit greift auch § 20 auf die bei den verdeckten Maßnahmen mehrfach verwendete Regelungstechnik zurück. Eine gegenwärtige Gefahr verlangt eine besondere zeitliche Nähe des drohenden Schadensereignisses. Gegenwärtig ist eine Gefahr, wenn sie bereits eingetreten ist oder ihre Realisierung unmittelbar bevorsteht (zum Begriff der gegenwärtigen Gefahr ferner → § 34a Rn. 14, → § 16a Rn. 9).

9   Die Norm verlangt zudem, dass der Einsatz des Verdeckten Ermittlers **erforderlich** sein muss. Das heißt, ohne ihn wäre der Erfolg nicht oder nur schwerer erreichbar.

II. Vorbeugende Bekämpfung von Straftaten erheblicher Bedeutung (Nr. 2)

10   In seiner zweiten Tatbestandsvariante fordert § 20, dass Tatsachen die Annahme rechtfertigen, dass Straftaten von erheblicher Bedeutung begangen werden. Der Begriff der **Straftaten von erheblicher Bedeutung** wird in § 8 Abs. 3 mit Regelbeispieltechnik näher bestimmt. Als solche ist eine Straftat zu begreifen, die mindestens dem Bereich der mittleren Kriminalität zuzurechnen ist, den Rechtsfrieden empfindlich stört und dazu geeignet ist, das Gefühl der Rechtssicherheit der Bevölkerung erheblich zu beeinträchtigen. Die in § 8 Abs. 3 genannten Regelbeispiele bieten eine Richtschnur dafür, welche unbenannten Straftaten der Norm subsumiert werden können (VG Aachen Urt. v. 24.1.2011 – 6 K 140/10, juris Rn. 117, BeckRS 2011, 45928 mwN aus der Rspr. des BVerfG; zum Begriff ferner → § 8 Rn. 133 f.). Die erforderliche Prognoseentscheidung bezüglich der Begehung von Straftaten bezieht sich auch darauf, ob die Voraussetzungen einer Katalogtat vorliegen. Das kann im Einzelfall nicht unproblematisch sein, vor allem, wenn es sich bei taterschwerenden Merkmale um solche subjektiver Art handelt (→ § 16a Rn. 15).

11   Die Schwelle „**Tatsachen, die die Annahme rechtfertigen**" wird auch bei anderen verdeckten Maßnahmen verwendet, insofern kann auf die dortigen Erläuterungen verwiesen werden (→ § 16a Rn. 12 ff.). Bloße Vermutungen genügen hierfür nicht. Anhaltspunkte in diesem Sinne können sich ergeben etwa aus bereits begangenen Taten, aus Informationen von Hinweisgebern, aus eigenen Äußerungen der Zielperson oder aus Vorbereitungshandlungen.

12   Auch bei Abs. 1 Nr. 2 muss der Einsatz des Verdeckten Ermittlers **erforderlich** sein, dh die ohne ihn wäre die vorbeugende Bekämpfung der Straftaten nicht oder nur schwerer erreichbar.

III. Adressatenregelung

13   Abweichend vom Einsatz von Vertrauenspersonen (→ § 19 Rn. 20) legt § 20 den Adressatenkreis für den Einsatz eines Verdeckten Ermittlers fest. Er kann gegen Störer nach § 4 und 5 „und andere Personen" gerichtet werden. Nichtstörer nach § 6 nennt § 20 im Gegensatz zu § 19 nicht. Wenn aber „andere Personen" Maßnahmeadressaten sein können, ohne dass das Gesetz weitere Voraussetzungen hierfür verlangt (etwa wie in § 16a Abs. 1 S. 2, § 17 Abs. 1 S. 2, § 18 Abs. 1 S. 2, § 19 Abs. 1 S. 2), bleibt die Frage, was für eine Bedeutung die Nennung von §§ 4 und 5 haben soll. Abgesehen von etwaigen Überlegungen auf der Ebene der Verhältnismäßigkeit besagt § 20 Abs. 1, nimmt man ihn beim Wort: „Die Maßnahmen können gegen jeden gerichtet werden."

14   Gemeint hat der Gesetzgeber vermutlich etwas anderes. Mit „**anderen Personen**" dürfte er wohl diejenigen beschreiben wollen, die **zufällig und unvermeidbar** mitbetroffen sind. Oder aber er hat sich von folgenden Erwägungen leiten lassen (Tegtmeyer/Vahle PolG NRW Rn. 8): Oft dürfte es beim Einsatz eines Verdeckten Ermittlers am Anfang noch nicht klar sein, wer Zielperson, Kontaktperson oder bloßer Dritter ist. Eine Differenzierung ist schwierig, weil der Verdeckte Ermittler personenbezogene Daten von unterschiedlichen Personen zwangsläufig zur Kenntnis nehmen muss (s. Fall bei Tegtmeyer/Vahle PolG NRW Rn. 8).

Die weite Adressatenregelung erlaubt auch eine zielgerichtete Erhebung von Daten **zur** 15 **Absicherung der Legende** (s. BVerwG NJW 1997, 2534).

C. Befugnisse des Verdeckten Ermittlers und Rechtsfolgen der Norm

I. Datenerhebung

In der Hauptsache ist der Einsatz eines Verdeckten Ermittlers auf die verdeckte **Datener-** 16 **hebung beim Adressaten** gerichtet. Weitere Befugnisse stehen dem Verdeckten Ermittler nur nach den allgemeinen Regeln zu, diese sind in der Regel offen durchzuführen (→ § 16a Rn. 27).

II. Einsatz der Legende (Abs. 2)

1. Erstellung einer Legende (Herstellung und Veränderung legendierender Urkunden)

Der Polizeibeamte soll unter einer Legende auftreten können. Als Legende wird eine 17 zu **Tarnungszwecken auf Dauer angelegte veränderte Identität** verstanden (Lisken/ Denninger PolR-HdB/Rachor/Graulich E Rn. 737). Diese muss erst aufgebaut werden. Dabei geht es insbesondere um eine „neue" Identität. Um diese darzustellen, müssen regelmäßig Urkunden „gefälscht" werden. Damit dies legitimiert ist, ordnet Abs. 2 S. 1 an, dass die notwendigen Tarnpapiere auf Verlangen der Polizei von den zuständigen Behörden bzw. Einrichtungen auszustellen bzw. zu verändern und der Polizei zu übergeben sind.

Die zuständigen Behörden und Einrichtungen müssen also etwa Personalausweis, Pass, Meldebe- **17.1** scheinigung, Führerschein, Fahrzeugschein, aber auch Kreditkarten, Versicherungsbescheinigungen etc ausstellen. Sie sind zur **Geheimhaltung** verpflichtet. Details der Legende sind Dienstgeheimnisse iSv § 353b StGB (vgl. Keller/Wolf Kriminalistik 2013, 349 (353)).

2. Dauerhaftigkeit

Die Legendierung muss auf Dauer angelegt sein, wobei es auf die **ex-ante-Ansicht** 18 ankommt, dh falls die beabsichtigte Dauer nicht erreicht wird, weil der Verdeckte Ermittler etwa „auffliegt", wäre das insoweit unbeachtlich.

Eine Mindestfrist, auf die eine Legende jedenfalls angelegt sein sollte, oder eine Höchst- 19 frist, bis zu der eine Legende zulässig wäre, wäre kaum sinnvoll. Deswegen schweigt das Gesetz betreffend der **Dauer** des Einsatzes.

Der Einsatz ist unter Umständen aus Gründen der Fürsorgepflicht **abzubrechen,** wenn 20 es zu einer Gefährdung des Verdeckten Ermittlers kommt (Tegtmeyer/Vahle PolG NRW Rn. 3).

III. Teilnahme am Rechtsverkehr unter der Legende (Abs. 2 S. 2)

Der Verdeckte Ermittler darf die legendierenden Urkunden/Papiere **im Rechtsverkehr** 21 **gebrauchen,** dh er darf zur Erfüllung seines Auftrags unter der Legende am Rechtsverkehr teilnehmen, um eine Enttarnung zu verhindern. Dabei darf er List, Täuschung und Lüge anwenden sowie Vertrauen erschleichen, eine weitere Ermächtigungsgrundlage dafür ist nicht nötig (Lisken/Denninger PolR-HdB/Rachor/Graulich E Rn. 742).

Eine **Urkundenfälschung** wird dabei **nicht begangen.** Eine unechte Urkunde im Sinne 22 des Straftatbestands läge erst bei einer Täuschung über die Identität des Ausstellers vor, nicht über seinen Namen (BGHSt 33, 159 (160) mwN).

Die Teilnahme am Rechtsverkehr bedeutet vor allem den **Abschluss von Verträgen.** So 23 kann der Verdeckte Ermittler ein Arbeitsverhältnis begründen, eine Wohnung anmieten oder Kaufverträge abschließen, jeweils unter falschem Namen. Vertragspartner ist dann er und nicht das Land (Lisken/Denninger PolR-HdB/Rachor/Graulich E Rn. 739). Allerdings bestimmt die VVPolG NRW, dass dem getäuschten Vertragspartner **kein wirtschaftlicher**

Schaden entstehen darf (Nr. 20.22 VVPolG NRW). Die VVPolG NRW hat weniger Bedeutung als auf den ersten Blick angenommen werden könnte: Es dürfte bezüglich des Nichtstörers regelmäßig die Entschädigungsnorm des § 67 iVm § 39 Abs. 1 lit. a NRWOBG eingreifen. Im Ergebnis wird der Vertragspartner also schadlos gestellt, wenn der Verdeckte Ermittler etwa durch Nichtbegleichen von Rechnungen eine wirtschaftliche Zwangslage vortäuscht.

D. Betreten von Wohnungen (Abs. 3 S. 1 und S. 2)

24   Eine spezielle Regelung zum Betreten von Wohnungen sieht Abs. 3 vor.

24.1   Ob die Aussage, ein Verdeckter Ermittler dürfe unter der Legende mit Einverständnis der berechtigten Personen deren Wohnung betreten, **wirklich erforderlich** oder doch eher deklaratorisch ist, wird unterschiedlich beurteilt. Wenn doch der Verdeckte Ermittler eben mit Einverständnis in die Wohnung genommen wird, nehme dieses tatbestandsausschließende Einverständnis den Eingriffscharakter. Dass dabei die Mitnahme nur unter Täuschung über die Eigenschaft als Polizeibeamter geschieht, sei durch Befugnis zur Legendierung gedeckt (so Tegtmeyer/Vahle PolG NRW Rn. 13, der eine vergleichbare Lage sieht, wenn ein guter Freund, der zur Verabredung einer Straftat mit in die Wohnung kommt, die Tat dann doch noch anzeigt.). Dagegen spricht, dass das Einverständnis sich doch gerade auf die Legende des Verdeckten Ermittlers bezieht, bei Kenntnis der wahren Sachlage würde der Wohnungsinhaber von seinem Abwehrrecht nach Art. 13 GG Gebrauch machen (Schmidbauer/Steiner BayPAG Art. 36 Rn. 5; ebenso Tetsch/Baldarelli PolG NRW Erl. 1.2). Letztlich kann diese Frage als bloßer akademischer Streit aber **offen bleiben.**

25   Abs. 3 S. 2 untersagt das Vortäuschen einer amtlichen Zugangsberechtigung über die Legende hinaus.

26   Die Durchführung einer Durchsuchung in der durch Verwenden der Legende betretenen Wohnung ist nicht möglich, wenn sie verdeckt erfolgen soll (Nr. 20.3 VVPolG NRW), denn das PolG NRW kennt **keine heimliche Durchsuchung.** Möglich ist es aber, unter den Voraussetzungen der § 41 ff. offen zu durchsuchen, wenn das „Auffliegen" des Verdeckten Ermittlers in Kauf genommen wird.

E. Weitere Rechte (Abs. 3 S. 3)

27   Abs. 3 S. 3 stellt klar, dass der Verdeckte Ermittler **auch unter der Legende Polizeibeamter mit allen Rechten und Pflichten bleibt.** Es stehen ihm also die Befugnisse nach dem PolG NRW und „anderen Rechtsvorschriften" zu, was insbesondere die StPO einbezieht. Maßnahmen aufgrund anderer Eingriffsnormen können aber nur dann ebenfalls verdeckt durchgeführt werden, wenn diese das entsprechend erlauben. Im Übrigen müsste der Verdeckte Ermittler seine Legende preisgeben, um **offen** handeln zu können.

28   Konflikte können dadurch entstehen, dass für den Verdeckten Ermittler ebenfalls **Strafverfolgungszwang** und Legalitätsprinzip nach § 163 StPO weiter gelten (klarstellend Nr. 20.12 VVPolG NRW; sa Teil II Nr. 2.6 Anlage D RiStBV). Diese sind aber unter anderem dadurch lösbar, dass der Verdeckte Ermittler seine Behörde informiert (vgl. Keller/Wolf Kriminalistik 2013, 349 (351)), sodass ggf. andere Polizeibeamte (offen) einschreiten können. Zudem können Ermittlungsmaßnahmen aus kriminaltaktischen Erwägungen zunächst zurückgestellt werden. Im Einzelfall kann es aber nötig sein, dass der Verdeckte Ermittler über Sofortmaßnahmen „im Wege der Rechtsgüterabwägung und unter Berücksichtigung seiner Gefährdung" zu entscheiden hat (Nr. 20.12 VVPolG NRW).

29   Die Norm stellt weiter klar, dass die **Begehung von Straftaten** durch den Verdeckten Ermittler zur Aufrechterhaltung der Legende **nicht zulässig** ist. Das gilt natürlich auch für milieubedingte Taten (Riegel NVwZ 1985, 639), selbst wenn bei der Tatbestandsalternative des Abs. 1 Nr. 2 ein Risiko der Mitwirkung an den Taten im Grundsatz nicht ausgeschlossen ist, um einen polizeilichen Zugriff zu bewerkstelligen (denkbar etwa im Bereich der Betäubungsmittelkriminalität oder der Hehlerei).

30   Im Einzelfall ist eine Rechtfertigung nach § 34 StGB (so Tegtmeyer/Vahle PolG NRW Rn. 10), nach § 32 StGB oder eine Entschuldigung gem. § 35 StGB denkbar.

31   Bei der Verfolgung von **Ordnungswidrigkeiten** gewährt das Opportunitätsprinzip größere Spielräume (vgl. § 53 Abs. 1 OWiG).

F. Anordnungskompetenz, Kennzeichnungs- und Löschpflicht (Abs. 4)

I. Behördenleitervorbehalt

Nach Abs. 4 S. 1 muss der Einsatz eines Verdeckten Ermittlers durch den Behördenleiter **32** angeordnet werden. Anders als beim Einsatz von Vertrauenspersonen nach § 19 kann der Behördenleiter die Entscheidung **nicht** generell auf einen Polizeibeamten des höheren Dienstes **delegieren**. Bei § 20 dürfte es anders als bei anderen verdeckten Ermittlungsmaßnahmen seltener zu ganz zeitkritischen Einsätzen kommen, sodass eine Lösung für Fälle von Gefahr im Verzug nicht zu diskutieren sein dürfte. Im Falle der Abwesenheit oder sonstigen Verhinderung des Behördenleiters ist sein nach den allgemeinen Regeln zu bestimmender Vertreter anordnungsbefugt (→ § 16a Rn. 23).

Der Verdeckte Ermittler erhält einen Ermittlungsauftrag. Dieser Auftrag ist eine inner- **33** dienstliche Einsatzanordnung, **kein Verwaltungsakt** (BVerwG NJW 1997, 2534).

II. Kennzeichnung

Hinsichtlich der Pflicht, diejenigen Daten zu kennzeichnen, die durch den Einsatz des **34** Verdeckten Ermittlers erlangt worden sind, wurde früher auf § 16a Abs. 2 S. 2 und S. 3 verwiesen, im geltenden Recht regelt dies § 23 zentral.

Derzeit nicht belegt. **35**

G. Benachrichtigung (§ 33)

Bis zur Änderung des PolG NRW durch das Gesetz v. 18.12.2018 (GV. NRW. 741, **36** berichtigt 2019, 23) wurde hinsichtlich der Unterrichtung der von der Datenerhebung betroffenen Person auf § 17 Abs. 5 und Abs. 6 verwiesen. Nunmehr enthält § 33 eine umfassende Regelung zur Benachrichtigung (→ § 33 Rn. 4 ff.) einschließlich ihres Unterbleibens und ihrer Zurückstellung.

§ 33 Abs. 2 S. 2 erweitert die **Zurückstellungsmöglichkeit** für den Fall, dass durch das **37** Bekanntwerden der Datenerhebung der **weitere Einsatz** des Verdeckten Ermittlers **gefährdet** wird.

Abs. 5 S. 2 **erweitert**, wie § 19 Abs. 3, die **Zurückstellungsmöglichkeit** für den Fall, **38** dass durch das Bekanntwerden der Datenerhebung der weitere Einsatz gefährdet wird.

H. Kernbereichsschutz nach § 16

Der Schutz des Kernbereichs privater Lebensgestaltung (§ 16) gilt auch beim Einsatz von **39** Verdeckten Ermittlern. Allerdings stellt hier die **Mittelbarkeit** der Datenerhebung eine schwierige Ausgangssituation dar (zum Parallelproblem bei Vertrauenspersonen SBK PolG NRW/Braun § 19 Rn. 15). In der Kommunikation zwischen Verdecktem Ermittler und der Zielperson wird es kaum ein schützenswertes Vertrauensverhältnis geben. Der Verdeckte Ermittler kann mit der Zielperson also Gespräche höchstpersönlichen Inhalts führen und diese Erkenntnisse an die Polizei weitergeben. Eine Persönlichkeitsverletzung liegt nicht vor (BGH NJW 1996, 2940).

Kernbereichsrelevante Konstellationen werden demgegenüber für möglich gehalten, wenn **40** der Verdeckte Ermittler intime Gespräche zwischen der Zielperson und einem Dritten **belauscht** (zum Parallelproblem bei Vertrauenspersonen SBK PolG NRW/Braun § 19 Rn. 15).

Prognostizierbare kernbereichsrelevante Konstellationen können in das Konzept bei Einsätzen von **40.1** Verdeckten Ermittlern einbezogen werden.

I. Verdeckte Ermittler im Gerichtsverfahren

Der Einsatz von Verdeckten Ermittlern kann in späteren Gerichtsverfahren eine Rolle **41** spielen. Dies ist einerseits möglich in einem Strafverfahren, wenn die durch den Einsatz von Verdeckten Ermittlern gewonnenen Erkenntnisse für die Strafverfolgung verwendet werden und andererseits in einem verwaltungsgerichtlichen Verfahren, wenn eine betroffene Person im Nachgang Rechtsschutz gegen die verdeckte Maßnahme sucht (zu Fragen des Schutzes der Identität des Verdeckten Ermittlers im Gerichtsverfahren durch **Sperrerklärungen** ausf. → § 19 Rn. 44 ff.).

42   Eine **Klage auf Auskunft und Löschung** bezüglich der von einem Verdeckten Ermittler erhobenen Daten nach dem DSG NRW ist nicht vorrangig vor einer Klage auf Feststellung der Rechtswidrigkeit seines Einsatzes (s. BVerwG NJW 1997, 2534 (2535)). Die Rechtswidrigkeit des Einsatzes ist bei der Auskunfts- und Löschungsklage nicht notwendige Vorfrage. Eine Datenlöschung ist schon dann zu erreichen, wenn die Speicherung zur Aufgabenerfüllung nicht mehr erforderlich ist.

43   Möglich ist auch eine **Verpflichtungsklage** auf Unterrichtung darüber, ob man vom Einsatz eines Verdeckten Ermittlers betroffen war (→ § 17 Rn. 45).

J. Sogenannter virtueller Verdeckter Ermittler

I. Allgemeines

44   Ein vergleichsweise neues und an Bedeutung auch weiter zunehmendes Phänomen sind **verdeckte polizeiliche Ermittlungen im Internet.** Um in der generell anonymisierten Ausrichtung des Internets ermitteln zu können, wird auch legendiert vorgegangen. Verdeckte Informationsgewinnung in Internetforen und polizeiliche Kontaktaufnahmen mit einer Zielperson über Internet mittels einer legendierten Kommunikationsbeziehung sind typische Maßnahmen. Sie sind eine effektive Möglichkeit, in abgeschlossene virtuelle Räume Einblick zu nehmen.

45   Bei den polizeilichen Maßnahmen wird aber **nur in seltenen Fällen § 20** betroffen sein (→ Rn. 48).

II. Ermächtigungsgrundlagen

46   Die **Aufgabenzuweisung des § 1 Abs. 1** ist zur Legitimierung ausreichend, wenn kein schutzwürdiges Vertrauen ausgenutzt wird (dann grundrechtsneutrales Verhalten); sie ist ausreichend, um unter Pseudonym Kontakt mit Zielpersonen aufzunehmen.

46.1   Die verdeckte Kommunikation mit der Zielperson beeinträchtigt nicht das Fernmeldegeheimnis des Art. 10 GG. Dieses schützt das Vertrauen des Einzelnen, dass eine Fernkommunikation, an der er beteiligt ist, nicht von Dritten zur Kenntnis genommen wird, nicht aber die Enttäuschung des personengebundenen Vertrauens in den Kommunikationspartner (BVerfGE 120, 274 (340 f.)). Wenn die Polizei selber an der Kommunikation teilnimmt, ist Art. 10 GG nicht betroffen.

47   Ab einer bestimmten Schwelle genügt die Aufgabenzuweisung nicht mehr und eine **Ermächtigungsgrundlage** ist erforderlich. Eine Beeinträchtigung des Rechts auf informationelle Selbstbestimmung kommt aber erst in Betracht, wenn **schutzwürdiges Vertrauen** des Betroffenen in Identität und Motivation des Kommunikationspartners besteht (BVerfGE 120, 274 (345)).

47.1   Daran fehlt es indes häufig. Schutzwürdigkeit ist zu verneinen, wenn mangels Überprüfungsmechanismen nicht gesichert ist, dass angegebene Daten zutreffen. Das BVerfG formuliert daher, ein verständiger Bürger vertraue auch nicht darauf. Jeder Bürger muss – pointiert ausgedrückt – damit rechnen, dass sein Gegenüber im Internet ein unter Legende handelnder Polizeibeamter ist. Vertraut man doch auf das Gegenteil, stellt die Enttäuschung das allgemeine Lebensrisiko dar (BVerfGE 120, 274 (345 f.)).

47.2   Unerheblich erweist sich in dem Zusammenhang, dass mitunter die Verwendung von Klarnamen vorgeschrieben wird. Es gibt nämlich keine wirkliche Prüfung der wahren Identität, dafür wäre ein Verfahren nötig, wie etwa Post-Ident (Müller Kriminalistik 2012, 295 (302)).

47.3   Ein schutzwürdiges Vertrauen kann in sozialen Netzwerken jedenfalls dann nicht entstehen, wenn **Nicknames gebräuchlich** sind (Henrichs Kriminalistik 2012, 632 (633 f.)), Überprüfungsmöglichkeiten von Identitäten sind gerade nicht gewollt (Bönisch/Bretschneider Die Polizei 2013, 99 (100)).

47.4   Die **Schutzwürdigkeit fehlt auch bei Unredlichkeit** des Kommunikationspartners, also etwa wenn Nicknames bewusst zur Verschleierung der Identität eingesetzt werden (vgl. BVerfG NJW 2006, 3197 (3198), das die Schutzwürdigkeit sogar von Zielpersonen als reduziert ansieht, die unter Klarnamen kommunizieren; ferner Bönisch/Bretschneider Die Polizei 2013, 99 (100) mwN).

Etwaig entgegenstehende Allgemeine Geschäftsbedingungen des sozialen Netzwerks (etwa die **47.5** Untersagung, sich mit falschen Daten anzumelden) haben keine Auswirkung auf die polizeiliche Nutzung (vgl. Henrichs/Wilhelm Kriminalistik 2010, 218 (223)).

In diesen Fällen ist grundsätzlich die **Generalklausel des § 8** ausreichende Ermächti- **48** gungsgrundlage für das Handeln als virtueller nicht offen ermittelnder Polizeibeamter. § 20 ist regelmäßig nicht einschlägig (zum Meinungsstreit bei Handeln auf Grundlage der StPO s. Henrichs Kriminalistik 2012, 632 (634) mwN), denn eine virtuelle Persönlichkeit ist eben nicht anstelle der wahren Identität Bezugspunkt der Täuschung (so aber Rosengarten/Römer NJW 2012, 1764 (1767)). Ein typisches Merkmal eines Verdeckten Ermittlers, nämlich der persönliche Kontakt fehlt. Ebenso stehen zuverlässige Mechanismen zur Klärung der Identität nicht zur Verfügung (→ Rn. 47.1). Demgegenüber sind vergleichbare Merkmale in der virtuellen Welt, wie etwa Nutzername oder Reputation in der entsprechenden Community, nicht schutzwürdig. Im Ergebnis dürften die strengen Voraussetzungen des § 20 **nur bei sog. intermediären Täuschungen** erfüllt sein (Henrichs Kriminalistik 2012, 632 (634); Bönisch/Bretschneider Die Polizei 2013, 99 (103 ff.)), also wenn der Verdeckte Ermittler den Kontakt zu der Zielperson **auch in der realen Welt** unter der Legende hält.

§ 20a Abfrage von Telekommunikations- und Telemediendaten

(1) ¹Die Polizei kann soweit erforderlich von jedem, der geschäftsmäßig Telekommunikationsdienste oder Telemediendienste erbringt oder daran mitwirkt (Diensteanbieter), Auskunft verlangen über
1. Bestandsdaten im Sinne der §§ 95, 111 Telekommunikationsgesetz und § 14 Telemediengesetz; die Auskunft darf auch anhand einer zu bestimmten Zeitpunkten zugewiesenen Internetprotokoll-Adresse verlangt werden (§ 113 Absatz 1 Satz 3 Telekommunikationsgesetz),
2. folgende Verkehrsdaten im Sinne des § 96 Telekommunikationsgesetz:
   a) die Nummer oder Kennung der beteiligten Anschlüsse oder der Endeinrichtungen, personenbezogene Berechtigungskennungen, bei Verwendung von Kundenkarten auch die Kartennummer, bei mobilen Telekommunikationsendgeräten auch die Standortdaten,
   b) den Beginn und das Ende der jeweiligen Verbindung nach Datum und Uhrzeit,
3. folgende Nutzungsdaten im Sinne des § 15 Telemediengesetz:
   a) Merkmale zur Identifikation der Nutzerin oder des Nutzers,
   b) Angaben über den Beginn und das Ende sowie den Umfang der jeweiligen Nutzung nach Datum und Uhrzeit.
²Die Maßnahmen nach Satz 1 sind nur zulässig
1. wenn die hohe Wahrscheinlichkeit eines Schadens für Leben, Gesundheit oder Freiheit einer Person besteht oder
2. zur Abwehr einer gemeinen Gefahr
und nur, soweit die Erreichung des Zwecks der Maßnahme auf andere Weise aussichtslos oder wesentlich erschwert wäre. ³Die Daten sind der Polizei unverzüglich zu übermitteln. ⁴Dritten dürfen die Daten nur mit Zustimmung der betroffenen Person zugänglich gemacht werden.

(2) ¹Bei Maßnahmen nach Absatz 1 dürfen personenbezogene Daten Dritter nur erhoben werden, wenn dies aus technischen Gründen unvermeidbar ist. ²Sämtliche nach Absatz 1 erhobene personenbezogene Daten Dritter sind nach Beendigung der Maßnahme unverzüglich zu löschen.

(3) ¹Maßnahmen nach Absatz 1 bedürfen der Anordnung durch die Behördenleiterin oder den Behördenleiter. ²Der Antrag bedarf der Schriftform. ³In der schriftlichen Anordnung sind
1. die tragenden Erkenntnisse für das Vorliegen der Gefahr nach Absatz 1 und die Begründung der Verhältnismäßigkeit der Maßnahme,
2. die Art der Maßnahme anzugeben sowie,

soweit vorhanden,

3. der Name und die Anschrift der Betroffenen, gegen die sich die Maßnahme richtet und

4. eine Kennung des Telekommunikationsanschlusses oder Endgerätes.

[4]Abweichend von Satz 1 bis 3 können Antrag und Anordnung bei Gefahr im Verzug fernmündlich erfolgen; die Schriftform ist binnen drei Tagen nachzuholen.

(4) Die in Anspruch genommenen Diensteanbieter werden entsprechend § 23 des Justizvergütungs- und -entschädigungsgesetzes vom 5. Mai 2004 (BGBl. I S. 718, 776), zuletzt geändert durch Artikel 13 des Gesetzes vom 5. Dezember 2012 (BGBl. I S. 2418), entschädigt.

(5) [1]Die Auswirkungen dieser Vorschrift und die praktische Anwendung werden nach einem Erfahrungszeitraum von drei Jahren durch die Landesregierung unter Mitwirkung einer oder eines unabhängigen wissenschaftlichen Sachverständigen geprüft. [2]Die Landesregierung berichtet dem Landtag über das Ergebnis der Evaluierung.

Überblick

Die Kommentierung erläutert das Entstehen der Norm und ihre rechtspolitische Umgebung. Anschließend ist es nötig, zu anderen Maßnahmen im Umfeld von § 20a abzugrenzen, die nicht von der Norm erfasst sind (→ Rn. 6 ff.) Von praktischer Bedeutung ist dabei vor allem das automatisierte Auskunftsverfahren nach § 112 TKG. Das Spannungsfeld zu Maßnahmen nach der StPO und insbesondere die Frage, ob § 100a StPO bei laufenden Straftaten rechtssicher das Fehlen einer präventiven Telekommunikationsüberwachung aufzufangen vermag, sind ebenfalls von übergreifender Bedeutung (→ Rn. 15 ff.). Sodann unternimmt es die Bearbeitung, die einzelnen technischen Begriffe zu erläutern und zueinander in Beziehung zu setzen. Abgegrenzt werden, soweit nötig, die Anwendungsbereiche von TKG und TMG (→ Rn. 25 ff.). Es werden Hinweise auf die Relevanz von Vorratsdatenspeicherung (→ Rn. 31) gegeben. Bei den einzelnen Datenkategorien – Bestandsdaten (→ Rn. 32 ff.), Verkehrsdaten (→ Rn. 37) mit dem Spezialfall Standortdaten (→ Rn. 42 ff.) und Nutzungsdaten (→ Rn. 47 ff.) – ist der Fokus auf die Bedeutung für die polizeiliche Praxis gelegt. Ein eigener Abschnitt ist der Behandlung von dynamischen IP-Adressen gewidmet (→ Rn. 50 ff.). Der neu eingeführte Schadensbegriff (hohe Wahrscheinlichkeit eines Schadenseintritts) wird mit Blick auf die Einsatzpraxis ausgelegt (→ Rn. 59 ff.). Intensiver wird auch der Behördenleitervorbehalt, insbesondere im Hinblick auf Anordnungen außerhalb der üblichen Bürodienstzeiten und im Hinblick auf Formerfordernisse behandelt (→ Rn. 75 ff.). Es folgen Ausführungen dazu, wie die betroffenen Personen zu benachrichtigen sind (→ Rn. 82 ff.) Aussagen zur Ausfüllung der Berichtspflicht (→ Rn. 94) sowie zu Anforderungen an die Evaluierung (→ Rn. 95 ff.) runden die Bearbeitung ab. Die Regelungen in anderen Ländern sind vergleichsweise wenig homogen (vgl. etwa § 23a BWPolG, Art. 34a, 34b BayPAG, § 15a HSOG).

Übersicht

Kamp

A. Allgemeines und Entstehungsgeschichte

I. Anlass

§ 20a wurde zusammen mit § 20b in das PolG NRW durch Art. 1 des Gesetzes v. 21.6.2013 **1** (GV. NRW. 375) eingefügt. In Kraft getreten ist das Änderungsgesetz am 1.7.2013 und damit rechtzeitig bis zum Ablauf einer vom **BVerfG** gesetzten Frist. Nach Ansicht des Senats war § 113 Abs. 1 S. 1 TKG in der damaligen Fassung verfassungskonform so auszulegen, dass sich allein aus dieser Regelung eine Auskunftspflicht der Telekommunikationsdiensteanbieter noch nicht ergibt; vielmehr bedarf es einer fachrechtlichen Abrufnorm, die eine Verpflichtung der Diensteanbieter eigenständig und normenklar begründen muss („**Doppeltür**"; BVerfGE 130, 151 (184 f.) mAnm Meinicke MMR 2012, 410 (416)). Diese Abrufnorm musste Nordrhein-Westfalen bis zum 1.7.2013 schaffen; der Bund hat das für seine Fachgesetze mit dem Gesetz zur Änderung des Telekommunikationsgesetzes und zur Neuregelung der Bestandsdatenauskunft (v. 20.6.2013, BGBl. I 1602; vgl. etwa Dalby CR 2013, 361) getan.

Das BVerfG hat weiter entschieden, dass § 113 Abs. 1 S. 1 TKG von Verfassung wegen **2** so auszulegen ist, dass die Vorschrift nicht zu einer Zuordnung von **dynamischen IP-Adressen** berechtigt (→ Rn. 55 ff.). Auch insoweit durfte die Vorschrift bis zum 30.6.2013 unabhängig von diesen Maßgaben angewendet werden (BVerfGE 130, 151).

Bis zur Schaffung der qualifizierten Rechtsgrundlage in § 20a, der eine Auskunftspflicht **3** der Telekommunikationsunternehmen normenklar begründet, konnten Abfragen von Daten bei den Anbietern von Telekommunikations- und Telemediendiensten überwiegend **nach § 8** durchgeführt werden. Die bis zur Einführung des § 20a fehlende **Zitierung des Fernmeldegeheimnisses** (Art. 10 Abs. 1 GG) in § 7 stand dem nicht generell entgegen, denn das Grundrecht ist keineswegs bei allen Datenabfragen betroffen.

II. Gesetzgebungsverfahren und rechtspolitische Einordnung

Die Schaffung der Norm war rechtspolitisch nicht unumstritten, im Ergebnis wird sie **4** jedoch überwiegend positiv bewertet (Tetsch/Baldarelli PolG NRW, Ergänzungsbeilage zu den Änderungen des Polizeigesetzes in den Jahren 2012 und 2013, 12: „rechtssichere und normenklare Regelung"; Gusy, Ausschussprotokoll 16/243, 10: „hohes technisches und formales Niveau", „sehr gelungener Kompromiss zwischen den Anforderungen an Freiheit und den Anforderungen an Sicherheit"; Stoldt, Welt am Sonntag, Artikel v. 10.3.2013, Ausgabe 10, 2: „Fanfarenstöße"). Ein gewisses rechtspolitisches Unbehagen zeigt aber etwa die Evaluierungspflicht des Abs. 7 (→ Rn. 95).

Zu erwähnen ist aber auch, dass die Norm nicht ganz frei von unter juristischen und polizeifachlichen **4.1** Aspekten nicht zwingend überzeugenden, aber rechtspolitisch als notwendig angesehenen Formulierungen ist (→ Rn. 28, → Rn. 57, → Rn. 73, → Rn. 88).

5   Im Landtag wurde insbesondere streitig über die Notwendigkeit eines Richtervorbehalts diskutiert (→ Rn. 75.1).

5.1   Demgegenüber ist die Frage, ob es zu einer wirksamen und rechtssicheren Bewältigung von Gefahrenlagen nicht auch einer präventiven Telekommunikationsüberwachung im Sinne des Abfragens von Inhalten der Kommunikation bedürfte, bedauerlicherweise kaum behandelt worden (s. aber Kochs, Ausschussprotokoll 16/243, 6; → § 17 Rn. 10).

III. Nicht erfasste Maßnahmen

6   Für folgende Maßnahmen im Kontext von Telekommunikation gelten andere Ermächtigungsgrundlagen:

7   **Ortung des Notrufenden** („Röchelanrufe"): Etwa wenn der Hilfesuchende nicht mehr in der Lage ist, nach Wählen des Polizeinotrufs Angaben zu seinem Aufenthaltsort oder weiteren Umständen zu machen, erlangt § 108 Abs. 1 S. 3 TKG Bedeutung. Hiernach sind die Diensteanbieter verpflichtet, mit der Notrufverbindung nicht nur die Rufnummer, sondern auch die Daten zur Ermittlung des Standortes des Notrufenden automatisierte mit zu übertragen (s. Beck TKG/Eckhardt TKG § 108 Rn. 38).

7.1   Ohne die Möglichkeit des § 108 Abs. 1 S. 3 TKG wäre § 20a freilich geeignet, Datenabfragen auch in diesem Fall zu bewirken. Nur ein Fall von § 20a wäre es jedoch, wenn ein solcher „Röchelanruf" nicht die Leitstelle, sondern jemand anderen erreicht, dann dürften die Verbindungsdaten dieses Nichtstörers abgefragt werden (→ Rn. 72).

8   **Blockieren von Mobilfunknetzen** (Jamming): Der gefahrenabwehrrechtliche Einsatz von Störsendern, die begrenzt und kurzzeitig Mobilfunkverbindungen unterbinden können, ist im Grundsatz nach § 8 zulässig.

8.1   Eine bereichsspezifische Regelung, wie sie inzwischen vereinzelt in anderen Bundesländern (und auch zur Einführung von Störsendern im Justizvollzug, so ebenfalls in Nordrhein-Westfalen) besteht, ist nicht nötig (aA Hornmann LKRZ 2010, 171 (173) der zur Begründung pauschal auf BVerfGE 65, 1 verweist). Allerdings ist hier das **Recht auf informationelle Selbstbestimmung** gar **nicht betroffen.** Beim Einsatz von Blockern geht es nicht um die Erhebung, Speicherung, Verwendung oder Weitergabe der persönlichen Daten, auch nicht in Form der sog. negativen Seite des Grundrechts. Deren Schutz ist auf die freie Entscheidung über die Offenbarung von Lebenssachverhalten gerichtet, um die geht es beim Störsendereinsatz gerade nicht.

8.2   Das **Fernmeldegeheimnis** ist durch den Blockereinsatz nicht betroffen. Bei der Unterbrechung und Verhinderung von Kommunikation geht es gerade nicht um eine Beeinträchtigung der Kommunikationsinhalte oder -umstände im Hinblick auf die Vertraulichkeit der Kommunikation. Betroffen ist stattdessen die allgemeine Handlungsfreiheit (Art. 2 Abs. 1 GG); eine berufsregelnde Tendenz dürfte fehlen, sodass die Berufsfreiheit ebenfalls nicht tangiert sein dürfte.

8.3   Da die von der Unterbrechung / Verhinderung der Telekommunikation betroffenen Diensteanbieter und übrigen Nutzer als **Nichtstörer** iSv § 6 anzusehen sind, müssen dessen Voraussetzungen beachtet werden. Dieser Bewertung steht auch **§ 55 Abs. 1 S. 5 TKG** nicht entgegen. Die Norm gestattet es Behörden, zur Ausübung gesetzlicher Befugnisse bereits anderen Nutzern zugeteilte Frequenzen zu nutzen, soweit keine erheblichen Störungen dieser Frequenznutzungen zu erwarten sind. Der Einsatz von Blockern in typischen Konstellationen wird solche erheblichen Störungen in der Regel nicht mit sich bringen.

9   **Abfragen bei der Bundesnetzagentur nach§ 112 TKG:** Abfragen von Bestandsdaten im **automatisierten Auskunftsverfahren (§ 112 Abs. 4 TKG)** sind nach § 8 PolG NRW und § 163 StPO möglich. Das BVerfG hat ausdrücklich entschieden, dass die allgemeinen Datenerhebungsregeln genügen und an eine fachgesetzlichen Abrufnorm keine höheren Anforderungen zu stellen sind (BVerfGE 130, 151 (192 ff., 199 f.)). Wesentlicher Unterschied zu den Datenabfragen im Übrigen ist, dass das Auskunftsbegehren nach § 112 Abs. 4 TKG **an die Bundesnetzagentur** gerichtet ist. Die Datenübermittlung Bundesnetzagentur – Polizei ist auf dieser Grundlage im Hinblick auf das begrenzte Eingriffsgewicht der Vorschrift mit dem Verhältnismäßigkeitsgrundsatz vereinbar (BVerfGE 130, 151 (199 f.)). Der Bundesgesetzgeber hat daher ebenfalls auf das Schaffen spezieller Abrufnormen verzichtet. Im Übrigen entspricht dies der Regelungstechnik der Vorschriften über den automatisierten Abruf

von Fahrzeug- und Halterdaten aus dem Fahrzeugregister (§§ 35 ff. StVG) und der Daten-
übermittlungsbestimmung im Einwohnermelderecht (§ 34 BMG).

Das BVerfG nimmt ausdrücklich auf die **begrenzte Aussagekraft** der nach § 112 TKG abfragbaren   **9.1**
Daten Bezug: Sie geben allein Auskunft über die Zuordnung einzelner Telekommunikationsnummern
zu ihrem Anschlussinhaber. Auch wenn sich im Rahmen konkreter Erhebungszusammenhänge daraus
unter Umständen mittelbar sensiblere Informationen ergeben können, bleibt der Informationsgehalt
dieser Auskünfte als solcher doch begrenzt und hängt im Übrigen von weiteren Ermittlungen ab, deren
Rechtmäßigkeit nach anderen Vorschriften zu beurteilen ist (BVerfGE 130, 151 (197)).

Hieraus folgt umgekehrt: Die Abfrage von Bestandsdaten, die nicht über die Bundesnetz-   **10**
agentur zur Verfügung gestellt werden können, richtet sich nur nach § 20a iVm § 113 TKG,
das trifft vor allem dynamische IP-Adressen und alle nicht in § 111 TKG genannten Daten.
Dieser Weg steht parallel neben § 112 TKG für die dort abrufbaren Daten zur Verfügung,
weil über eine Abfrage nach § 20a in der Regel eine höhere Aktualität gewährleistet ist.
Nicht über das automatisierte Auskunftsverfahren erhältlich sind ferner Bestandsdaten nach
TMG.

IMSI-Catcher: Der Einsatz eines IMSI-Catchers ist nach § 20b möglich (→ § 20b   **11**
Rn. 3 ff.).

Stille SMS / Stealth Ping: Ermächtigungsgrundlage zum Setzen einer sog. Stillen SMS   **12**
ist § 20b oder, sofern es nur um die Feststellung geht, ob das Gerät überhaupt aktiv im Netz
eingebucht ist, § 8 (→ § 20b Rn. 8 f.). Zu § 20a besteht aber insofern ein Zusammenhang,
als auf eine Stille SMS hin nach Abs. 1 S. 1 Nr. 2 lit. a aktualisierte Standortdaten abgefragt
werden können (→ Rn. 45).

Funkzellenabfrage: Eine Funkzellenabfrage iSv § 100g Abs. 2 S. 2 StPO ist die Abfrage   **13**
von Telekommunikationsverbindungsdaten, die in einer bestimmten, räumlich bezeichneten
Funkzelle in einem bestimmten Zeitraum angefallen sind. Auch wenn § 20a hierauf nicht
ausdrücklich abzielt, dürfte es **nicht ausgeschlossen** sein, in Einzelfällen unter besonderer
Rücksicht auf Aspekte der Verhältnismäßigkeit Funkzellendaten abzufragen, sofern die anderen Abfragemöglichkeiten nicht zur Gefahrenabwehr geeignet sind.

Inhaltsdaten: § 20a gestattet keine Abfrage von Inhaltsdaten, also der präventiven Tele-   **14**
kommunikationsüberwachung im engen Sinne. Insoweit ist § 20c einschlägig.

IV. Maßnahmen nach StPO

1. Ermächtigungsnormen

Die StPO enthält neben den Regelungen zur Telekommunikationsüberwachung im wei-   **15**
teren Sinn (Auskunft über Bestandsdaten – § 100j StPO; Auskunft über Verkehrsdaten –
§ 100g StPO) auch Vorschriften über die **Telekommunikationsüberwachung im engeren Sinn.** Letztere erlaubt gem. § 100a StPO die Überwachung „der Telekommunikation"
und erfasst damit vor allem den **Inhalt** von Gesprächen, aber auch die „näheren Umstände"
(Verkehrsdaten).

2. Zweckänderung

§ 481 Abs. 1 S. 1 StPO erlaubt die Verwendung strafprozessual erlangter Daten „nach   **16**
Maßgabe der Polizeigesetze". **§ 24 Abs. 2 S. 1** wiederum gestattet spiegelbildlich, dass die
StPO-Daten zweckändernd auch für Zwecke der Gefahrenabwehr eingesetzt werden.

Zum Teil wird vertreten, dies gelte jedoch nicht für die präventive Telekommunikations-   **17**
überwachung, es sei trotz § 24 Abs. 2 S. 1 nach den Grundsätzen des hypothetischen Ersatz-
eingriffs zu verfahren (SBK PolG NRW/Braun § 24 Rn. 29 ff.; dagegen wie hier Haurand/
Vahle NVwZ 2003, 513 (515)). Zur Begründung wird auf die Rechtsprechung des BVerfG
Bezug genommen, die sich hierzu allerdings gar nicht unmittelbar verhält. Im Ergebnis spielt
die unterschiedliche Bewertung jedenfalls im Anwendungsbereich von § 20a kaum eine
Rolle. Denn auch die restriktive Ansicht macht eine Ausnahme jedenfalls in Fällen der
Gefährdung von Leben und Gesundheit, sie hält eine **Zweckänderung** generell ohne
Prüfung der Rechtmäßigkeit des hypothetischen Ersatzeingriffs für **zulässig**
(SBK PolG NRW/Braun § 24 Rn. 31).

3. Anwendung des § 100a StPO bei laufenden Straftaten

18   Von der Möglichkeit der zweckändernden Nutzung vorhandener strafprozessualer Daten zu unterscheiden ist die Frage danach, unter welchen Voraussetzungen eine strafprozessuale Telekommunikationsüberwachung in einem Einsatz bei **laufenden Straftaten** möglich ist, wenn dieser im Übrigen auf Ermächtigungsgrundlagen des PolG NRW gestützt wird. Mangels einer Spezialermächtigung zur präventiven Telekommunikationsüberwachung (→ § 17 Rn. 10) ist dies für die polizeiliche Praxis sehr relevant.

19   Auf den ersten Blick scheint dem die bei **doppelfunktionalen** Maßnahmen überwiegend vertretene sog. Schwerpunkttheorie (→ SystVorbPolRDe Rn. 1) entgegenzustehen. Indes dürfte es bei differenzierter Betrachtung gar nicht um ein diesem dogmatischen Konstrukt zuzuordnendes Problem gehen. Unter doppelfunktionalen Maßnahmen der Polizei werden polizeiliche Anordnungen und Maßnahmen verstanden, die sich nicht ohne weiteres als Maßnahmen der Gefahrenabwehr oder der Strafverfolgung einordnen lassen, weil sie nach Maßgabe entsprechender Befugnisnormen sowohl nach dem Polizeirecht als auch nach der StPO vorgenommen worden sein könnten, dh für die es sowohl in der StPO als auch im Polizeirecht eine Rechtsgrundlage gibt (VGH München BeckRS 2009, 41748 Rn. 9 mwN).

20   Ein solches Zuordnungsproblem gibt es hier gerade nicht. Für die konkrete Maßnahme der Telefonüberwachung **konkurrieren eben nicht zwei Ermächtigungsgrundlagen.** Solange der Polizeieinsatz als solcher **auch** noch Zwecken der Strafverfolgung dient, kann für die einzelne Maßnahme die **allein** in der StPO verortete Eingriffsnorm herangezogen werden, ohne dass dies der Zuordnung des Einsatzes als solchem im Schwerpunkt zur Gefahrenabwehr widerspräche (aA etwa Roggan DIE POLIZEI 2008, 112 (116)). Als willkürliches „Rosinenpicken" kann das nicht bezeichnet werden, denn die einzelnen Maßnahmen sind auch im Hinblick auf nachträglichen Rechtsschutz **trennbar.**

B. Abrufbare Daten (Abs. 1 S. 1)

I. Übersicht

1. Begriffsvielfalt

21   Abs. 1 S. 1 erlaubt die Abfrage einer ganzen Fülle unterschiedlicher Daten, die sich schon für sich betrachtet durch eine gewisse technische Komplexität auszeichnen. Zwischen den Begriffen gibt es zudem zum Teil Überlappungen, zum Teil bestehen auch Unschärfen. Gesteigert wird dies noch dadurch, dass neben der Abgrenzung zwischen Bestands-, Verkehrs- bzw. Nutzungsdaten auch die vorgelagerte Abgrenzung zwischen Daten nach dem TKG und dem TMG geleistet werden muss.

22   Für die polizeiliche Praxis dürfte das im Ergebnis aber **kaum Auswirkungen** haben. Üblich und zulässig ist es nämlich etwa, die abzufragenden Daten bei der Abfrage beim Diensteanbieter konkret, also nicht nach ihrer Kategorisierung zu bezeichnen, sodass ihre Zuordnung zu den Nr. 1–3 letztlich zweitrangig ist.

2. Diensteanbieter

23   Die Auskunftspflicht betrifft die Diensteanbieter (§ 3 Nr. 6 TKG, § 3 S. 1 Nr. 2 TMG). Beim **Begriff** des Diensteanbieters von Telekommunikationsdiensten dürfte es zu keinen Anwendungsproblemen kommen. Bei den Anbietern von Diensten betreffend Telemedien kann das schon anders aussehen, weil es eine Vielzahl von ganz unterschiedlich organisierten Formen gibt, vom Weltkonzern bis zur Einzelperson, die einen Chatroom oder ein Forum anbietet. Die Definition des Diensteanbieters ist **weit,** sie erfasst jede natürliche oder juristische Person, die eigene oder fremde Telemedien zur Nutzung bereit hält oder den Zugang zur Nutzung vermittelt. Es genügt allein die Funktion des Anbieters, dem Kunden die Nutzung von Telemedien zu ermöglichen. Es muss sich **nicht** um ein **gewerbliches** Angebot handeln (hierzu und zum Vorstehenden Spindler/Schuster/Ricke TMG § 2 Rn. 2).

23.1   Im Übrigen gelten hinsichtlich der Verantwortlichkeit die allgemeinen Regelungen der §§ 4 ff. (→ Rn. 71).

Abs. 1 S. 3 verpflichtet den Diensteanbieter, die Daten der Polizei **unverzüglich** zu 24
übermitteln. Eine spiegelbildliche ähnliche Regelung findet sich in § 113 Abs. 4 S. 1 TKG
für geschäftsmäßige Telekommunikationsanbieter. Diese Anordnungen stoßen mitunter an
ihre **praktischen Grenzen**. Bereitschaftsdienste werden von den Diensteanbietern oftmals
nur für die Beauskunftung von Standortdaten vorgehalten. Hier besteht **dringender Bedarf**
für den Bundesgesetzgeber, der für die Vorgabe solcher Bereitschaftsdienste oder Ähnlichem
in den Regulierungsgesetzen des TKG und TMG zuständig ist.

3. Abgrenzung TKG – TMG

Abs. 1 S. 1 unterscheidet zwischen Bestandsdaten nach dem TKG einerseits und dem 25
TMG andererseits. Daneben ist die Abfrage von Verkehrsdaten nach dem TKG und von
Nutzungsdaten nach dem TMG zulässig. Die Anwendungsbereiche der beiden Bundesgesetze sind wie folgt abzugrenzen, wobei für die **polizeiliche Praxis** eine ins Einzelne
gehende Abgrenzung **nicht erforderlich** ist, da Abs. 1 hinsichtlich der Eingriffsvoraussetzungen nicht nach den einzelnen Datenarten differenziert.

Telekommunikationsdienste nach § 3 Nr. 24 TKG bestehen „ganz in der Übertragung 26
von Signalen über Telekommunikationsnetze". Das TKG regelt daher grundsätzlich Dienste
der Telekommunikation, betrifft somit die Zugangsgewährung zum Internet.

Demgegenüber regelt das TMG grundsätzlich Dienste **durch** Telekommunikation. Tele- 27
medien sind nach der Legaldefinition in § 1 Abs. 1 S. 1 TMG negativ abgegrenzt „alle
elektronischen Informations- und Kommunikationsdienste, soweit sie nicht Telekommunikationsdienste nach § 3 Nr. 24 des Telekommunikationsgesetzes, [...], telekommunikationsge-
stützte Dienste nach § 3 Nr. 25 des Telekommunikationsgesetzes oder Rundfunk nach § 2
des Rundfunkstaatsvertrages sind". Für die **polizeiliche Praxis** besonders relevante Telemedien sind danach etwa: Webseite im World Wide Web, E-Mail-Dienste, **Chat-Rooms,**
Internetsuchmaschinen (zum Vorstehenden BT-Drs. 16/3078, 13 f.), also auch die **sozialen**
Netzwerke.

Die Abgrenzung der durch das TMG erfassten Telemediendienste zu den durch das TKG erfassten 27.1
Telekommunikationsdiensten, lässt sich mit dem sog. **Schichtenmodell** zusammenfassen (zur Abgren-
zung TKG – TMG sa Spindler/Schuster/Ricke TMG § 1 Rn. 2 ff.; BeckOK InfoMedienR/Martini
TMG § 1 Rn. 4 ff., 19):
- Ebene des **Datentransports** bzw. des **Verbindungsaufbaus**: Betrifft die Daten, die zum Transport
  der Daten notwendig sind, ohne Rücksicht auf deren Inhalt. Die Ebene unterfällt dem TKG.
- **Transportbehälterebene:** Bei Durchführung des Dienstes findet eine Interaktion zwischen Nutzer
  und Anbieter des Teledienstes statt. Die übertragenen Inhalte werden aufgearbeitet oder verwendet.
  Für diese Ebene gilt das TMG (vgl. Beck TKG/Eckhardt TKG § 109a Rn. 9).

Im Einzelnen ist die Unterscheidung aber **nicht ohne Raffinesse.** So kann ein Telekommunikati- 27.2
onsdienst nach § 3 Nr. 24 TKG zugleich Telemedium nach § 1 Abs. 1 S. 1 sein (Spindler/Schuster/
Ricke TMG § 1 Rn. 6), wovon auch § 11 Abs. 3 TMG ausgeht. Die Gesetzesbegründung nennt
insofern Zugangsgewährung zum Internet („Internet-Access") und E-Mail-Übertragung (BT-Drs. 16/
3078, 25). Hierfür gelten die Datenschutzvorschriften des TMG nur eingeschränkt und im Übrigen
findet das TKG Anwendung.

4. „Verschwiegenheitspflicht" der Polizei (Abs. 1 S. 4)

Abs. 1 S. 4 ordnet an, dass die nach Abs. 1 S. 1 abgefragten Daten Dritten nur mit 28
Zustimmung der betroffenen Person zugänglich gemacht werden dürfen. Dies richtet sich
an die Polizei und ist eine bloße Klarstellung. Sie greift rechtspolitische Bedenken hinsichtlich
der Konstellation auf, dass die Standortdaten etwa der vermissten Ehefrau nicht ohne Weiteres
dem Ehemann mitgeteilt werden sollen.

Allerdings muss hier differenziert werden: Muss die Polizei mit den abgefragten Standor- 29
torten weitere Ermittlungen durchführen, ist sie berechtigt, den Ehemann (oder andere
Dritte) entsprechend zu befragen, wobei er unter Umständen Kenntnis von dem festgestellten
Standort erhalten kann. Die Norm will keine **Ermittlungshandlungen** zur Gefahrenabwehr beschränken, sondern die jenseits davon liegende bloße Weitergabe verhindern.

Hieraus folgt, dass auch etwaige **Übermittlungen** der Daten bei Vorliegen der Vorausset- 30
zungen eines Übermittlungstatbestands nach §§ 27–29 nicht ausgeschlossen sind.

II. Abgrenzung zur Vorratsdatenspeicherung/Mindestdatenspeicherung:

31   § 20a enthält keine neuen Speicherpflichten für Diensteanbieter; für eine derartige Regelung würde es wohl auch an der Gesetzgebungskompetenz des Landes fehlen. Wenngleich sich das Erfordernis, auf **Verbindungsdaten der Vergangenheit** zurückzugreifen, zur Aufklärung von Straftaten in ganz besonderem Maße stellt, so ist es auch bei der Gefahrenabwehr vorhanden. Die Beauskunftung von Bestandsdaten ist davon zwar im Wesentlichen unberührt, sieht man von der Zuordnung von dynamischen IP-Adressen zu Anschlussinhabern einmal ab. Diese und sämtliche Verkehrsdaten werden von den Diensteanbietern **mitunter nicht mehr gespeichert,** wenn sie nicht mehr zur Abrechnung benötigt werden – obgleich dies aus anderen Gründen, wie etwa § 100 TKG durchaus möglich wäre.

III. Bestandsdaten nach TKG und TMG (Abs. 1 S. 1 Nr. 1)

32   Die Polizei kann von den Diensteanbietern Bestandsdaten iSd §§ 95, 111 TKG und § 14 TMG abfragen. Bestandsdaten sind nach der Legaldefinition in § 3 Nr. 3 TKG Daten zur Begründung, inhaltliche Ausgestaltung, Änderung oder Beendigung eines **Vertragsverhältnisses** zwischen dem Anbieter und dem Nutzer von Telekommunikationsdiensten bzw. einer Internetdienstleistung erhoben werden.

33   **Beispiele** sind: Name, Geburtsdatum, Adresse, Log-In-Kennung, Bankverbindungsdaten, Vertragsbeginn. Bedeutsam sind aber auch technische Daten wie die **Kennung der SIM-Karte** (International Mobile Subscriber Identity, **IMSI**), die für den Einsatz des IMSI-Catchers nötig ist (→ § 20b Rn. 3). Sie dient der eindeutigen Identifizierung von Netzteilnehmern und ist technisch gesehen eine Art Telefonnummer. Sehr relevant ist auch die Abfragemöglichkeit nach **MultiSIM-Karten,** also Zusatzkarten, mit denen mehrere Geräte genutzt werden können, und der Teilnehmer gleichwohl nur einen Vertrag mit einer Mobilfunk-Nummer besitzt. Ähnlich dürfte die **MAC-Adresse** einer Netzwerkkarte zu beurteilen sein.

34   Letztlich kann auch die Kennung des Mobilgeräts (International Mobile Station Equipment Identity, **IMEI**) ein Bestandsdatum darstellen. Das gilt jedenfalls dann, wenn neben dem Mobilfunkanschluss auch ein Mobilfunkendgerät überlassen wird (dies muss nicht zeitgleich mit Vertragsschluss geschehen, sondern ist auch später möglich, vgl. BT-Drs. 16/6979, 28). Trifft das nicht zu, ist die IMEI jedenfalls eine Kennung des Endgeräts iSv Abs. 1 S. 1 Nr. 2 lit. a, also ein **Verkehrsdatum** (Beck TKG/Braun TKG § 96 Rn. 7).

35   Während **statische** IP-Adressen (zur Einordnung von **IP-Adressen** ausf. → Rn. 50 ff.) als Bestandsdatum gewertet werden können, ist dies bei **dynamischen** IP-Adressen differenzierter zu sehen. Unabhängig davon muss unterschieden werden, ob einerseits die Auskunft über die IP-Adresse als solche eingeholt werden soll oder andererseits die Auskunft über den Nutzer einer der Polizei bereits bekannten dynamischen IP-Adresse begehrt wird (→ Rn. 50).

36   Auskünfte zu TKG-Bestandsdaten sind durch den Erbringer von Telekommunikationsdiensten aufgrund eines Auskunftsersuchens nach § 20a (und auch nach § 100j Abs. 1 S. 1 StPO) iVm § 113 Abs. 1 S. 1 und Abs. 2 TKG entweder automatisiert (§ 112 TKG) oder im **manuellen Auskunftsverfahren** (§ 113 TKG) zu erteilen. Für § 112 TKG gelten aber nicht die Anforderungen des § 20a (→ Rn. 9).

IV. Verkehrsdaten, insbesondere Standortdaten

1. Allgemeines

37   Unter Verkehrsdaten sind nach § 3 Nr. 30 TKG solche Daten zu verstehen, die „bei der Erbringung eines Dienstes" erhoben, verarbeitet oder genutzt werden.§ 96 Abs. 1 TKG, auf den § 20a Abs. 1 verweist, benennt die einzelnen Verkehrsdaten, die von den Diensteanbietern gespeichert werden dürfen. Die Polizei darf nur diejenigen Daten abfragen, die in § 20a Abs. 1 S. 1 Nr. 2 aufgeführt sind.

38   Die Polizei kann zunächst „**Nummer oder Kennung der beteiligten Anschlüsse** oder der Endeinrichtungen" abfragen. Sie kann hiermit ermitteln, **mit wem der Störer oder Nichtstörer zuletzt Kontakt hatte.** Die Frage, wer ihn zuletzt angerufen hat oder wen hat er zuletzt angerufen, kann in verschiedenen Konstellationen zur Gefahrenabwehr bedeutsam sein. Das kann etwa der Fall sein, wenn das Mobilfunkgerät einer suizidgefährdeten Person im Zeitpunkt eines Ortungsversuchs ausgeschaltet ist, keinen Empfang mehr hat oder der Akku leer ist. Mit Informationen über die zuletzt genutzten Partneranschlüsse können mögliche Hinwendungsorte ermittelt werden.

Beispiele für **Kennungen der jeweiligen Endeinrichtung** sind etwa Telefonnummer **39** oder Faxkennung, aber auch die sog. **IMEI-**Nummer beim Mobiltelefon (→ Rn. 34; bei einer Abfrage der abgehenden und ankommenden Gesprächspartner sind sie Verkehrs- und keine Bestandsdaten). Das Verwenden des Begriffs „Nummer" statt „Rufnummer" macht deutlich, dass auch Dienste einschlossen sind, die über die Sprachtelefonie hinausgehen, wie zB Faxdienste oder Voice-mail-Systeme. Die Norm betrifft nicht nur Verkehrsdaten aus tatsächlich zustande gekommenen Verbindungen, sondern auch aus **Verbindungsversuchen** (Beck TKG/Braun TKG § 96 Rn. 13).

Weil einige Gerichte **dynamische IP-Adressen** (ausf. → Rn. 50 ff.) als **„personenbe- 40 zogene Berechtigungen"** sehen, wurde dieser Begriff aus § 96 TKG (vorsorglich) mit aufgenommen (s. LT-Drs. 16/2256, 22). **PIN** und **PUK** können nicht abgefragt werden.

Um etwaigen Irritationen in der Rechtsanwendung vorzubeugen, ob auch PIN und PUK abgefragt **40.1** werden können (vgl. insoweit Tetsch/Baldarelli PolG NRW, Ergänzungsbeilage zu den Änderungen des Polizeigesetzes in den Jahren 2012 und 2013, 14) hat die Landesregierung in der Begründung zu ihrem Gesetzentwurf ausdrücklich ausgeführt: „Nicht abgefragt werden können demgegenüber solche Daten, die den Zugriff auf Endgeräte oder Speichereinrichtungen schützen (PIN, PUK, Passwörter etc.); dies ist sichergestellt durch das Fehlen einer vom Bundesverfassungsgericht (Beschluss vom 24. Januar 2012, Az.: 1 BvR 1299/05) geforderten ausdrücklichen Regelung über die Auskunftserteilung über diese Codes in Abhängigkeit von den Voraussetzungen für deren Nutzung (vgl. anders die Regelung § 113 Absatz 1 Satz 2 TKG in der Fassung des Gesetzentwurfes der Bundesregierung vom 2. November 2012, BR-Drs. 664/12)." (LT-Drs. 16/2256, 22).

Auch **Beginn und Ende der jeweiligen Verbindung** oder der Verbindungsversuche **41** nach Datum und Uhrzeit dürfen abgefragt werden. Dies ist logisch verknüpft mit der Möglichkeit, die Verbindungen überhaupt abfragen zu können. Ohne diese zeitlich einordnen zu können, sind sie für die Gefahrenabwehr wenig brauchbar. Das gilt auch für die Gesprächsdauer, weil sie ebenfalls bedeutsam für die Einordnung des Störerverhaltens ist.

2. Standortdaten

Der praktisch **wichtigste Unterfall** von Verkehrsdaten bezieht sich auf Standortdaten bei **42** mobilen Telekommunikationsendgeräten. Nach § 3 Nr. 19 TKG sind das Daten, die in einem Telekommunikationsnetz oder von einem Telekommunikationsdienst erhoben oder verwendet werden und die den Standort des Endgeräts eines Endnutzers eines öffentlich zugänglichen Telekommunikationsdienstes angeben.

Technisch gesehen stellen sich die Standortdaten bei Mobilfunkgeräten vor allem als Infor- **43** mationen über den **Standort des Antennenmastes** dar, der diejenige Funkzelle bedient, in der das gesuchte Gerät eingebucht war. Die Genauigkeit der Standortangabe ist damit abhängig von der Größe der Funkzelle. Während sie in stark bewohnten Gebieten einen Radius von 300–500 m abdecken kann, ist in ländlichen Gebieten eine Ausdehnung von einigen wenigen bis zu 15 km denkbar.

Standortdaten werden bei abgehenden und ankommenden Telefonaten und Kurzmitteil- **44** lungen erhoben. In gleicher Weise gilt dies aber auch für **Datenverkehr,** der bei der mobilen **Benutzung des Internets** oder von Apps anfallen kann. Mitunter findet solcher Datenverkehr ohne aktives Anstoßen durch den Nutzer automatisiert statt (BeckOK StPO/Graf StPO § 100a Rn. 22 f.).

Da nicht alle Diensteanbieter beim Eingang von Standortanfragen eine Aktualisierung der **45** Informationen über den Standort durchführen (ist das Handy nicht aktiv, wird ggf. nur der bei der letzten Nutzung bekannte Standort mitgeteilt), ist die Polizei unter Umständen darauf angewiesen, eine **stille SMS** (→ Rn. 12, → § 20b Rn. 8) zu versenden, die zu einer solchen Aktualisierung führt, weil zu dem Gerät zur Zustellung der SMS dann eine aktive Verbindung aufgebaut wird.

46   Eine Ortung über den bei vielen Geräten eingebauten **GPS-Empfänger** (globales Navigationssatellitensystem zur Positionsbestimmung) ist nicht direkt möglich. Über GPS kommuniziert das Gerät unmittelbar nur mit dem Satelliten. Für eine Übertragung der GPS-Daten an Dritte bedarf es zusätzlich einer Datenverbindung.

V. Nutzungsdaten

47   Nutzungsdaten sind nach der Legaldefinition in § 15 Abs. 1 S. 1 TMG solche personenbezogenen Daten, die erforderlich sind, um die Inanspruchnahme von Telemedien zu ermöglichen und abzurechnen. Sie sind damit mit den Verkehrsdaten im Sinne des TKG vergleichbar. Im Gegensatz zu den Bestandsdaten werden bei Nutzungsdaten solche Daten erfasst, die während und durch die **konkrete Nutzung** der Telemedien notwendig entstehen (BT-Drs. 13/7385, 24; vgl. HSH MultimediaR-HdB/Schmitz, 49. EL 2019, Teil 16.2 Rn. 241).

47.1   Allerdings können Bestands- und Nutzungsdaten nicht immer klar voneinander abgegrenzt werden, sondern **überschneiden** sich auch teilweise. So sind Merkmale zur Identifikation des Nutzers zB **statische IP-Adressen**, Nutzername und Passwort, gleichzeitig sind diese aber auch Bestandsdaten die für die Begründung und inhaltliche Ausgestaltung des Vertragsverhältnisses erforderlich sind.

48   Von den in § 15 Abs. 1 S. 2 Nr. 1–3 TMG katalogartig enthaltenen Beispielen nimmt § 20a Abs. 1 S. 1 Nr. 3 Bezug auf die Merkmale zur Identifikation der Nutzerin oder des Nutzers und Angaben über den Beginn und das Ende sowie den Umfang der jeweiligen Nutzung nach Datum und Uhrzeit. **Merkmale zur Identifikation** sind vor allem die **IP-Adressen,** wobei ihre Zuordnung zu einem Anschlussinhaber erst in einem zweiten Schritt vorzunehmen ist (→ Rn. 50 f.). Daneben zählen zu den Nutzungsdaten Nutzername und Verbindungsdaten, welche auch den **Standort** erfassen (→ Rn. 44).

49   Die Angaben über den Umfang der Nutzung sind vergleichbar mit denjenigen zur Dauer bei TKG-Verkehrsdaten (zur Notwendigkeit, Beginn und Ende der jeweiligen Nutzung zu erhalten, → Rn. 41).

VI. Im Besonderen: Beauskunftung von IP-Adressen

50   Die sog. IP-Adresse (IP = Internet-Protocol-Adresse) dient der **eindeutigen Adressierung** von Rechnern und anderen Geräten in einem Netzwerk, insbesondere auch im Internet.

51   Bei ihrer Behandlung im Rahmen von Auskunftsersuchen muss zunächst unterschieden werden: Die Auskunft über die IP-Adresse **als solche,** dh etwa in der Konstellation, dass ein **Eintrag** in einem Chatroom **einer IP-Adresse zugeordnet** werden soll, richtet sich an den Diensteanbieter des Chatrooms. Dieser erhebt und speichert die IP-Adresse und kann sie der Polizei mitteilen. Es handelt sich dann regelmäßig um ein Nutzungsdatum nach Abs. 1 S. 1 Nr. 3.

52   Demgegenüber richtet sich die die Auskunft über den Nutzer einer von Polizei nach diesem Schritt ermittelten oder anderweitig bekannt gewordenen IP-Adresse (= **Zuordnung zu einem Anschlussinhaber**) an den Internetzugangs-Provider.

53   Für die an diesen sodann zu richtende Anfrage ist erneut zu differenzieren: Wenn der Nutzer (genauer: die Netzwerkschnittstelle des mit dem Internet kommunizierenden Geräts des Anschlussinhabers) von seinem Internetzugangs-Provider eine sog. **statische IP-Adresse** (für die Dauer der Vertragslaufzeit) fest zugewiesen bekommt, ist diese wie eine für den Telekommunikationsanschluss vergebene Rufnummer zu behandeln. Fragt die Polizei nach der Zuordnung zu einem Anschlussinhaber, handelt es sich bei der statischen IP-Adresse daher um ein **Bestandsdatum** (Bär, Handbuch zur EDV-Beweissicherung im Strafverfahren, 2007, Rn. 16; BeckOK StPO/Graf StPO § 100a Rn. 14).

54   Bei einer **dynamischen IP-Adresse** wird dem Anschlussinhaber (genauer: der Netzwerkschnittstelle des mit dem Internet kommunizierenden Geräts des Anschlussinhabers) bei jeder neuen Aufnahme der Netzwerkverbindung und nach bestimmten Zeitabläufen eine IP-Adresse neu zugewiesen (BVerfGE 130, 151 (162)). Zwar ist auch eine solche dynamische IP-Adresse im Internet zur selben Zeit nur jeweils einmal vorhanden. Da sie nach dem Ende einer Verbindung wieder neu vergeben wird, ist eine Zuordnung einer IP zu einem bestimmten Anschlussinhaber **nur unter zusätzlicher Angabe der festgestellten Uhrzeit** möglich (sa BeckOK StPO/Graf StPO § 100a Rn. 15).

Die Behandlung der in der Praxis noch dominierenden dynamischen IP-Adressen war **55** Gegenstand einer Entscheidung des **BVerfG.** Die identifizierende Zuordnung dynamischer IP-Adressen, wegen derer die Diensteanbieter in einem Zwischenschritt die entsprechenden Verbindungsdaten ihrer Kunden sichten müssen, weist eine besondere Nähe zu konkreten Telekommunikationsvorgängen auf (hierzu und zum Folgenden BVerfGE 130, 151 (181 ff.)). Daher ordnet das BVerfG sie dem Schutzbereich des **Art. 10 Abs. 1 GG** zu, erlaubt aber im Ergebnis **geringere Anforderungen** an Auskunftserteilung, da den Sicherheitsbehörden am Ende nur die „Bestandsdaten" bekannt werden.

Zu Erfüllung der Anforderungen des BVerfG an eine normenklare Regelung hat der **56** Bundesgesetzgeber § 113 Abs. 1 S. 2 TKG durch das Gesetz zur Änderung des Telekommunikationsgesetzes und zur Neuregelung der Bestandsdatenauskunft (v. 20.6.2013, BGBl. I 1602) neugefasst und in seinen Sicherheitsgesetzen die „zweite Türe" hierzu geöffnet (→ Rn. 1).

Die seltsam anmutende Fußnote in GV. NRW. 2013, 375 zu dem Zitat des § 113 Abs. 1 S. 2 TKG **56.1** in § 20a Abs. 1 S. 1 Nr. 1 („In der Fassung des Gesetzentwurfes der Bundesregierung vom 2.11.2012, BR-Drs. 664112; die Schlussfassung des Klammerzusatzes steht in Abhängigkeit vom Ausgang des Gesetzgebungsverfahrens des Bundes.") lässt sich nur mit den zeitlichen Abläufen erklären: Sowohl Bundes- als auch Landesgesetzgeber mussten bis zum 30.6.2013 die Änderungen in Kraft treten lassen, sodass im Zeitpunkt der Einbringung des Gesetzentwurfs der Landesregierung noch auf eine Fassung des TKG verwiesen werden musste, die sich ihrerseits im Gesetzgebungsverfahren befindet. Der Landtag hätte die Fußnote anpassen können.

VII. Erheben Daten Dritter (Abs. 2 S. 1)

Neben den Adressaten der Maßnahme (→ Rn. 71 ff.) kennt das Gesetz noch „Dritte". **57** Deren Daten dürfen nach Abs. 2 S. 1 durch Abfragen bei den Diensteanbietern nur erhoben werden, wenn dies aus **technischen Gründen unvermeidbar** ist. Sollten sie aus solchen unvermeidbaren Gründen erhoben werden, stellt Abs. 2 S. 2 klar, dass sie nach Beendigung der Maßnahme unverzüglich zu löschen sind. Der Begriff der **Beendigung** dürfte nicht abweichend zu verstehen sein von dem Abschluss einer Maßnahme, wie er uneinheitlich in Abs. 4 S. 1 verwendet wird (→ Rn. 83).

Personenbezogene Daten Dritter iSv Abs. 2 S. 1 sind **nicht** die Daten der **Kommunikati- 58 onspartner,** etwa der vermissten Person. Deren Erhebung ist nach Abs. 1 S. 1 Nr. 2 lit. a im Einzelfall möglich (Nummer oder Kennung der beteiligten Anschlüsse oder der Endeinrichtungen). Für Abs. 2 S. 1 dürften in den bisher aufgetretenen Konstellationen und bei dem jetzigen Stand der Technik **kaum praktische Anwendungsfälle** verbleiben.

C. Hohe Wahrscheinlichkeit eines Schadenseintritts (Abs. 1 S. 2 Nr. 1)

I. Auslegungshinweis aus Begründung des Gesetzentwurfs

Abs. 1 S. 2 enthält nähere Bestimmungen zu den Voraussetzungen einer Datenabfrage. **59** Nr. 1 verlangt die hohe Wahrscheinlichkeit eines Schadens für Leben, Gesundheit oder Freiheit einer Person. Diese Gefahrenschwelle (hohe Wahrscheinlichkeit eines Schadenseintritts) ist dem nordrhein-westfälischen Polizeirecht bislang unbekannt.

In der im Innenausschuss bei der Beratung des Gesetzentwurfs durchgeführten Sachver- **60** ständigenanhörung wurde zum Teil Skepsis an der Einführung eines neuen Begriffs geäußert. Demgegenüber haben andere Sachverständige zu Recht darauf hingewiesen, dass dies kein unlösbares Problem darstellt (Gusy, Ausschussprotokoll 16/243, 34).

Man wird erahnen können, dass bei der Formulierung Erwägungen eine Rolle gespielt **61** haben, **rechtspolitisch** eher skeptische Einzelansichten abzubilden und gleichzeitig die Effektivität der Gefahrenabwehr zu sichern (vgl. auch Wimber, Ausschussprotokoll 16/243, 20). Die Begründung des Gesetzentwurfs der Landesregierung lässt erkennen, was sich die Landesregierung bei dem Gefahrenbegriff vorgestellt hat (LT-Drs. 16/2256, 23): Es wird anders als bei einer konkreten Gefahr nicht bloß eine hinreichende Schadenseintrittswahrscheinlichkeit gefordert, sondern eine **erhöhte Wahrscheinlichkeitsstufe.**

62   In Abgrenzung zur gegenwärtigen Gefahr ist aber **keine gesteigerte zeitliche Nähe** des Schadenseintritts nötig. Diese würde oftmals keine effektive Gefahrenabwehr ermöglichen, da insbesondere bei Einsatzlagen mit suizidgefährdeten oder vermissten Personen zwar eine hohe Wahrscheinlichkeit besteht, **dass** ein Schaden eintritt, nicht jedoch klar ist, dass dies zeitlich ganz unmittelbar bevorsteht oder schon begonnen hat.

II. Ausführungserlass

63   Die Auslegung des Begriffs wird durch Ausführungserlass des Innenministeriums konkretisiert. Danach erfordert die hohe Wahrscheinlichkeit eines Schadenseintritts eine **gefestigtere Prognose** für den Schadenseintritt. Bei der Gesetzesanwendung ist der allgemeine Grundsatz zu berücksichtigen, dass an die Prognose der Wahrscheinlichkeit eines Schadens umso geringere Anforderungen zu stellen sind, je hochrangiger die betroffenen Schutzgüter sind (vgl. BVerfGE 115, 320 (360 f.); 113, 348 (386), je mwN). Richtigerweise gibt der Erlass davon ausgehend für die **Einsatzpraxis** folgende **Faustformel** vor: Es wird regelmäßig zu keinen anderen Ergebnissen kommen als vor der Schaffung von § 20a, als die Maßnahmen meist auf § 8 gestützt werden konnten (→ Rn. 3).

64   Im Gesetzgebungsverfahren wurde nicht geäußert, dass die bisherige Einsatzpraxis als zu weitgehend bewertet wird und dies mit der Einführung von § 20a restriktiver gehandhabt werden sollte (abgesehen von den besonderen Verfahrensregeln). Die Norm dient allein der **Umsetzung der Anforderungen des BVerfG** an das Doppeltürmodell und eine normenklare Regelung zur Zuordnung dynamischer IP-Adressen (→ Rn. 1), hierbei bildet sie die jahrzehntelang aufgetretenen Standardeinsatzsituationen ab. Der neue Gefahrenbegriff bildet zudem die gängige Praxis ab, dass vor einer Datenabfrage **andere Ermittlungsmaßnahmen** durchgeführt werden, wie etwa Befragen des Umfelds, Durchsuchen der Wohnung oder Ähnliches. Diese Maßnahmen führen entweder zu einer Klärung der Lage oder zu einem „Anfüttern" der Schadensprognose auf ein Maß, das Abs. 1 S. 2 Nr. 1 genügt.

64.1   Hieran ist **Kritik** geäußert worden. Wenn der Gesetzgeber einen Rechtsgüterkatalog neben der gesteigerten Wahrscheinlichkeit vorsehe, so der Einwand, sei die übliche Formel des umgekehrten Verhältnisses von Eintrittswahrscheinlichkeit und Rang der betroffenen Rechtsgüter gerade nicht mehr anwendbar (Tetsch/Baldarelli PolG NRW, Ergänzungsbeilage zu den Änderungen des Polizeigesetzes in den Jahren 2012 und 2013, 18).

64.2   Daran, dass diese Kritik verfängt, kann man zweifeln. Denn die Formel, dass je gewichtiger die drohende Rechtsgutsbeeinträchtigung, desto geringer die Wahrscheinlichkeit sein darf, mit der auf eine drohende Verletzung des Rechtsguts geschlossen werden kann, ist Ausfluss des allgemeinen Verhältnismäßigkeitsprinzips (BVerwGE 45, 51 (61); 62, 36 (38 f.)). Bei der Beurteilung der Wahrscheinlichkeit eines Schadenseintritts ist **immer eine Differenzierung nach dieser Maßgabe erforderlich**. Ist demnach der zu erwartende Schaden sehr groß, sind an die Wahrscheinlichkeit des Schadenseintritts nur geringe Anforderungen zu stellen (sa OLG Düsseldorf NVwZ 2002, 629 zu § 31 aF).

64.3   Es ist daher kaum recht überzeugend, die Geltung der übergeordneten Grundsätze, die aus dem Verhältnismäßigkeitsgrundsatz abgeleitet werden, im Falle von § 20a abzulehnen.

64.4   Unabhängig von diesen Diskussionen geht es für die **Polizeipraxis** im Kern doch darum, ob sich durch die neue Spezialermächtigung des § 20a **aE** etwas an der Eingriffsschwelle im Einzelfall ändert. Wie ausgeführt werden etwa die bisher auf § 8 gestützten Ortungen auch die Voraussetzungen des § 20a erfüllen. Ob sich das aus der „je-desto-Formel" ergibt, oder schlicht daraus, dass in den typischen Fällen der Datenabfragen **auch bisher schon die höhere Wahrscheinlichkeitsstufe vorgelegen** hat, kann letztlich dahinstehen.

D. Geschützte Rechtsgüter

I. Leben, Gesundheit und Freiheit einer Person (Abs. 1 S. 2 Nr. 1)

65   Abs. 1 S. 2 Nr. 1 erlaubt die Datenabfrage nur zum Schutz der drei hochrangigen Individualrechtsgüter Leben, Gesundheit und Freiheit einer Person. Mit dieser Formulierung wendet sich das Gesetz von der bisher üblichen, aber nicht recht schlüssigen Reihung „Leib, Leben und Freiheit" (→ § 16a Rn. 9) ab.

66   Die Begrenzung der Rechtsgüter ist **verfassungsrechtlich nicht geboten,** so bieten andere Länder ihren Bürgern ein höheres Maß an Gefahrenabwehr. Sie ist nur rechtspolitisch zu erklären. Ob sie sinnvoll ist und nicht sogar Konstellationen denkbar sind, in denen grundrechtliche Schutzpflichten einen weitergehenden Kanon sogar erfordern würden, wird man abwarten müssen.

Allerdings ist es bereits jetzt kaum einem Bürger zu vermitteln, dass sein **gestohlenes Mobilfunkge-** **66.1** **rät** zwar mit von ihm installierten Apps geortet werden kann, die Polizei hierzu aber keine Befugnis hat. Der Gesetzgeber wird nicht umhin können, sich irgendwann mit diesen Friktionen auseinanderzusetzen.

Typischerweise kann die Norm damit in folgenden **Einsatzlagen** zu geeigneten Maßnah- **67** men ermächtigen:
- suizidgefährdete, hilflose oder vermisste Personen,
- Amokandrohungen,
- andere Bedrohungslagen,
- laufende Straftaten.

II. Gemeine Gefahr (Abs. 1 S. 2 Nr. 2)

Die zweite Alt. des Abs. 1 S. 2 ermächtigt zur Datenabfrage bei Vorliegen einer gemeinen **68** Gefahr. In der Sachverständigenanhörung des Innenausschuss wurden zwar Bedenken an der **Bestimmtheit** des Begriffs geäußert. Das ist indes angesichts gefestigter Rechtsprechung und entsprechender Rezeption in Rechtswissenschaft und Praxis schwerlich nachvollziehbar.

Denn nach üblichem Verständnis ist die gemeine Gefahr eine die Allgemeinheit mit einem **69** erheblichen Schaden bedrohende Gefahr; sie erfordert eine Gefahr für eine **unbestimmte** **Zahl von Personen oder für Sachen von bedeutendem Wert** (vgl. Lisken/Denninger PolR-HdB/Denninger D Rn. 64). Eine hohe Schadenswahrscheinlichkeit wird hier ausdrücklich nicht gefordert.

Die Begründung des Gesetzentwurfs der Landesregierung beschreibt zutreffend die **eigen-** **70** **ständige Bedeutung** neben Abs. 1 S. 2 Nr. 1 (LT-Drs. 16/2256, 23). So sind Anschlagsdrohungen denkbar, die nicht zugleich oder unmittelbar mit einer Lebens- oder Gesundheitsgefahr verbunden sind. Erfasst sein können neben Angriffen auf die Elektrizitäts- und Trinkwasserversorgung auch solche auf die Telekommunikation und Verkehrswege.

E. Adressaten und Erforderlichkeitsklausel

I. Adressatenregelung

Die im Gesetzgebungsverfahren geäußerte Kritik, der Norm fehle eine Adressatenregelung **71** (Boehm, Stellungnahme 16/728, 4), ist fernliegend. Die Auskunftspflicht betrifft die Diensteanbieter (→ Rn. 23). Im Übrigen gelten hinsichtlich der Verantwortlichkeit die **allgemei-** **nen Regelungen** der §§ 4 ff. Abgefragt werden können daher Daten von Verhaltens- und Zustandsverantwortlichen. Typischerweise sind davon die vermisste oder hilflose Person selber erfasst, ebenso wie etwa die Person, die Rechtsgüter bedroht.

Für „Nichtstörer" trifft Abs. 1 und Abs. 2 besondere Regelungen: Für die **Kommunikati-** **72** **onspartner** des Störers gilt insbesondere Abs. 1 S. 1 Nr. 2 lit. a, der die Abfrage der Partneranschlüsse erlaubt (→ Rn. 38). Daneben gilt für personenbezogene Daten „Dritter" Abs. 2 S. 1, der eine Erhebung nur bei technischer Unvermeidbarkeit erlaubt (→ Rn. 57 f.). Fraglich ist, ob daneben noch **Raum für** eine Anwendung von § 6 (Inanspruchnahme Unverantwortlicher) ist. Das wird man bejahen müssen, denn Abs. 2 S. 1 ist nach dem oben Dargelegten gedacht, um eine Datenabfrage auch dann zu ermöglichen, wenn dadurch (ungewollt) technisch bedingte Umstände Drittdaten miterhoben werden müssen, die aber nicht „gebraucht" werden. Demgegenüber ermöglicht es § 6, **zielgerichtet** Daten Dritter abzufragen. In der Kommentarliteratur wird als Anwendungsbeispiel für § 6 genannt, dass das **Opfer** eines Anschlags durch die Datenabfrage identifiziert werden könnte (Tetsch/ Baldarelli PolG NRW, Ergänzungsbeilage zu den Änderungen des Polizeigesetzes in den Jahren 2012 und 2013, 22). Ist das Opfer mit dem Störer unterwegs (Entführung, Kindesentziehung oder Ähnliches), kann auch das Opfer je nach Konstellation Adressat nach § 4, jedenfalls aber nach § 6 sein, sodass **Datenabfragen bezüglich beider Personen** möglich sind.

II. Erforderlichkeit

73   Abs. 1 S. 2 Hs. 2 enthält mit der Vorgabe, dass Abfragen nur zulässig sind, wenn die Erreichung des Zwecks der Maßnahme auf andere Weise aussichtslos oder wesentlich erschwert wäre, keine wirklich zwingende Regelung. Er ist mehr eine Klarstellung des allgemeinen Verhältnismäßigkeitsgrundsatzes (§ 2), der ohnehin gilt. **Praktische Bedeutung** für die Polizeiarbeit wird er **kaum** gewinnen, denn etwa einer Standortabfrage werden regelmäßig ohnehin **anderweitige Ermittlungsmaßnahmen** vorangehen (Huth, Ausschussprotokoll 16/243, 18 f.; Mitschker, Ausschussprotokoll 16/31). Hs. 2 kann daher als rechtspolitisches Dokument symbolhafter Bekräftigungen verstanden werden (→ Rn. 4.1) und muss für zukünftige Gesetzesvorhaben kein Vorbild sein.

74   Die Polizei ist nicht gezwungen, mildere Mittel zunächst mit der Möglichkeit des Misserfolgs auszuprobieren (zutr. Tetsch/Baldarelli PolG NRW, Ergänzungsbeilage zu den Änderungen des Polizeigesetzes in den Jahren 2012 und 2013, 21). Insbesondere in der Standardsituation „Person mit Suizidabsicht" ist eine Handyortung **oft das einzige geeignete Mittel,** um einen Schadenseintritt rechtzeitig abzuwehren, wenn nämlich sonst keine weiteren Anhaltspunkte für den Aufenthaltsort bestehen. Ob solche Anhaltspunkte existieren, kann in der Regel erst nach Befragung des Melders oder Ähnliches festgestellt werden, womit die anderweitige polizeiliche Maßnahme (§ 9) aber bereits ausgeschöpft ist.

F. Anordnungskompetenz (Abs. 3)

I. Behördenleitervorbehalt

75   Maßnahmen nach Abs. 1 bedürfen der Anordnung durch den Behördenleiter. Mit dem Begriff „Behördenleiter" wird an das Amt bzw. die Funktion angeknüpft, nicht an die Person des Amtsinhabers. Eine **Vertretung** im Verhinderungs- / Abwesenheitsfall ist daher nach allgemeinen Grundsätzen der Geschäftsordnungen (→ § 16a Rn. 23) zulässig, denn der Vertreter ist in diesem Fall Behördenleiter. Die Möglichkeit einer generellen Delegation enthält die Norm dagegen nicht.

75.1   Ob es nicht (aus rechtspolitischen, nicht verfassungsrechtlichen Gründen) stattdessen eines **Richtervorbehalts** bedurft hätte, war Gegenstand parlamentarischer Diskussionen (vgl. nur die Sachverständigenanhörung im Innenausschuss des Landtags (dafür etwa Lepper, Ausschussprotokoll 16/243, 10, 22; anders Wimber, Ausschussprotokoll 16/243, 21; diff. Gusy, Ausschussprotokoll 16/243, 26; zum Teil fernliegend Albrecht, Ausschussprotokoll 16/243, 27 f. der vermutet, der richterliche Bereitschaftsdienst würde meist von neu eingestellten Richtern wahrgenommen, was mit den Grundzügen der richterlichen Geschäftsverteilung nicht recht vereinbar ist; krit. zur Realität der Richtervorbehalte Gusy ZRP 2003, 275 f. mwN).

76   Bei der Anwendung der Norm besteht folgende **kritische Grundkonstellation:** Anders als andere verdeckte Ermittlungsmaßnahmen mit Behördenleitervorbehalt hat § 20a insbesondere im Hinblick auf die Unterstützung bei der Suche nach suizidgefährdeten oder vermissten Personen nicht nur einen festen und **oft wiederkehrenden** Platz im täglichen Einsatzgeschehen. Darüber hinaus findet ein großer Teil der Maßnahmen **außerhalb der üblichen Bürodienstzeiten** statt. Für den Behördenleiter insbesondere von Kreispolizeibehörden mit hohem Einsatzaufkommen würde das eine nicht praktikable **Dauerbereitschaft rund um die Uhr** bedeuten, die im Übrigen auch hinsichtlich Arbeitszeiten rechtlich nicht unbedenklich wäre. Dieser Umstand ist bei der Auslegung des Gesetzes zu berücksichtigen. Die in S. 4 vorgesehene Ausnahmeregelung bei Gefahr im Verzug ist kein geeigneter Lösungsansatz, denn sie erlaubt nur ein Aufschieben der Formerfordernisse. Wegen der bei → § 17 Rn. 24 genannten Aspekte ist es daher zulässig, Maßnahmen außerhalb der üblichen Bürodienstzeiten grundsätzlich **auch von anderen Personen** als dem Behördenleiter anordnen zu lassen. Sinnvoll könnte etwa sein, den Polizeiführer vom Dienst (PvD) hiermit zu betrauen, sollte der Behördenleiter außerhalb der üblichen Bürodienstzeiten nicht erreichbar sein (→ Rn. 77.1).

77   In einem **Ausführungserlass** des Innenministeriums wird der Kreis der **zusätzlich** zum Behördenleiter anordnungsbefugten Personen **außerhalb der üblichen Bürodienstzeiten** indes nur auf diejenigen begrenzt, die im Vertretungsfall Behördenleiter sein können (Direktionsleiter, zusätzlich Abteilungsleiter Polizei und Kreisdirektor in Landratsbehörden, beim

Landeskriminalamt: Abteilungsleiter). Für die Praxis bedeutet dies: Der Behördenleiter kann auch nachts und am Wochenende die Anordnungsbefugnis **nicht generell delegieren.** **Ermöglicht** wird durch den Erlass lediglich, dass etwa ein **wechselnder Bereitschaftsdienst** eingerichtet wird, an dem die oben genannten Amtsträger **zusätzlich** mitwirken können; der Behördenleiter muss sich hieran stets beteiligen.

Für die **Zukunft** sollte die Regelung überdacht werden; dies könnte etwa im Rahmen der **Evaluierung** nach Abs. 7 geschehen. Sachgerecht könnte es sein, außerhalb der üblichen Bürodienstzeiten eine Integration der Anordnungsbefugnis in den bei allen Behörden bestehenden rund-um-die-Uhr-Dienst für Polizeiführer vom Dienst zuzulassen, mit der Pflicht einer nachträglichen Kontrolle durch den Behördenleiter. Es könnte auch nach Einsatzanlässen differenziert werden: Für „klassische" Fälle wie die Ortung von suizidgefährdeten und vermissten Personen könnte die Anordnungskompetenz außerhalb der Bürodienstzeiten heruntergezont werden, während in anderen Konstellationen der Behördenleiter zuständig bleiben könnte. Zutreffend ist in der Sachverständigenanhörung des Innenausschusses darauf hingewiesen worden, Handyortungen und Standortfeststellungen seien mit der kurzfristigen Observation vergleichbar (Rettinghaus, Ausschussprotokoll 16/243, 6), die keine besonderen Anordnungskompetenzen fordert. **77.1**

II. Formerfordernisse

Nach Abs. 3 S. 2 bedarf „der Antrag" der Schriftform, damit ist angesichts der Anknüpfung an den S. 1 der **dem Behördenleiter vorzulegende Antrag** gemeint. Insoweit unterscheidet sich die Norm von § 100d Abs. 1 StPO. Weiter spricht Abs. 3 S. 3 von „der **schriftlichen Anordnung"** des Behördenleiters. Das ist nicht zwingend diejenige, die für den Diensteanbieter bestimmt ist. Sie ist vielmehr Bestandteil der polizeilichen Akten und dient dem Nachweis des Einhaltens des Anordnungsvorbehalts; die Norm ist **„nach innen"** gerichtet. Es genügt, wenn der Diensteanbieter in anderer geeigneter Form über das Auskunftsersuchen der Polizei informiert wird. In der Praxis geschieht dies durch Vordrucke, die nicht vom Behördenleiter gezeichnet sein müssen. Der Diensteanbieter ist zur Beantwortung solcher Ersuchen auch dann verpflichtet, er kann dies nicht von der Vorlage einer Kopie der Anordnung des Behördenleiters abhängig machen. **78**

Der Begriff **Schriftform** (Abs. 3 S. 2) entspricht **nicht** dem andere Zielsetzungen verfolgenden zivilrechtlichen Begriff in § 126 BGB. Die Schriftform dient bei § 20a primär dem aus dem Rechtsstaatsprinzip resultierenden Erfordernis der ordnungsgemäßen Aktenführung sowie einer „Warnfunktion". Schriftform iSv § 20a verlangt daher **keine eigenhändige Unterschrift,** das gilt für den Antrag, aber auch für die Anordnung. Bei letzterer genügt, dass die Anordnung dem Behördenleiter zugeordnet werden kann, sodass auch elektronische Erklärungen die Anforderung erfüllen. **79**

Abs. 3 S. 3 verlangt, dass in der schriftlichen Anordnung des Behördenleiters einige **Mindestangaben** enthalten sind, die sich unmittelbar aus dem insoweit selbstsprechenden Gesetzeswortlaut ergeben. Neben der Dokumentation dienen die Angaben auch einer Erleichterung einer etwaigen nachträglichen gerichtlichen Überprüfung. **80**

Bei **Gefahr im Verzug,** also wenn zu befürchten ist, dass ein Schaden eintreten würde, wenn die Formvorgaben eingehalten würden (→ § 1 Rn. 153), können nach Abs. 3 S. 4, abweichend von Abs. 3 S. 1–3 Antrag und Anordnung fernmündlich erfolgen. Die Schriftform (im Sinne von Schriftlichkeit, → Rn. 79) ist binnen drei Tagen nachzuholen. **81**

G. Benachrichtigung Betroffener (§ 33)

Wie bei den anderen verdeckten Maßnahmen der Datenerhebung sieht auch § 20a als **grundrechtssichernde Verfahrensvorschrift** vor, dass die Betroffenen über die Maßnahme zu unterrichten sind. Bis zur Änderung des PolG NRW durch das Gesetz v. 18.12.2018 (GV. NRW. 741, berichtigt 2019, 23) regelte dies Abs. 4 aF. Nunmehr ist insoweit § 33 die zentrale Vorschrift. **82**

Derzeit nicht belegt. **83–84**

Gerade bei Datenabfragen im Zusammenhang mit **suizidgefährdeten Personen** dürfte es sachgerecht sein, von einer Benachrichtigung zunächst abzusehen. Auf diese Weise kann die zur Rettung der Person führende taktische Maßnahme je nach Konstellation des Einzel- **85** falls vorübergehend weiter verdeckt gehalten werden, um zu verhindern, dass die Person diese sogleich bei einem nächsten Suizidversuch zu umgehen sucht.

86   Die Benachrichtigung muss **nicht zwingend schriftlich** geschehen (→ § 17 Rn. 47 f.). Das kann im Anwendungsbereich des § 20a insbesondere etwa dann in Betracht kommen, wenn die gesuchte Person erkennbar ihre Rettung wünscht.

87   Mit der Änderung des PolG NRW durch das Gesetz v. 18.12.2018 (GV. NRW. 741, berichtigt 2019, 23) sind die früheren Regeln zugunsten des § 33 entfallen.

88–92   Derzeit nicht belegt.

H. Entschädigung der Diensteanbieter (Abs. 4)

93   Da die Diensteanbieter durch Gesetz verpflichtet werden, (unfreiwillig) an polizeilichen Maßnahmen mitzuwirken, ist eine Entschädigungsregelung notwendig (Orth/Preetz CR 2013, 499). Dies geschieht durch Verweis auf § 23 JVEG. Dieser nimmt in § 23 Abs. 1 JVEG Anlage 3 JVEG in Bezug, die eine ausführliche Aufstellung der entschädigungspflichtigen Maßnahmen enthält.

I. Parlamentarische Kontrolle und Rechtsfolgenabschätzung (Abs. 5)

I. Berichtspflicht

94   Bis zur Änderung des PolG NRW durch das Gesetz v. 18.12.2018 (GV. NRW. 741, berichtigt 2019, 23) regelte Abs. 6 aF die Pflicht der Landesregierung, den Landtag jährlich über die nach Abs. 1 erfolgten Maßnahmen zu unterrichten. Dies ist mit der zentralen Vorschrift zu Berichtspflichten an den Landtag in § 68 obsolet geworden. Das Gesetz schweigt zum Berichtstermin. Da die Änderungen zum 1.7.2013 in Kraft getreten sind, dürfte der **Berichtszeitraum** jeweils v. 1.7. bis zum 30.6. des Folgejahres reichen. Angesichts der jedenfalls zu Beginn recht aufwändigen Maßnahmen für das Einrichten einer sachgerechten statistischen Erfassung, dürfte die Landesregierung ihre Pflicht auch noch mehrere Monate nach Ablauf des Berichtszeitraums erfüllen können.

94.1   Die Landesregierung hat dem Landtag am 12.3.2015 (Vorlage 16/2765), am 17.3.2016 (Vorlage 16/3802) und am 19.9.2017 (Vorlage 17/108) berichtet.

II. Evaluierung

95   Nach Abs. 5 werden die Auswirkungen des § 20a und die praktische Anwendung nach einem Erfahrungszeitraum von drei Jahren durch die Landesregierung unter Mitwirkung eines unabhängigen wissenschaftlichen Sachverständigen geprüft. Über das Ergebnis der Evaluierung hat die Landesregierung sodann dem Landtag zu berichten.

95.1   Obwohl die Norm der Polizei weder dem Grunde nach neuartige Befugnisse verleiht (→ Rn. 3), noch auf der Skala der möglichen Grundrechtseingriffe bei sachbezogener Betrachtung besonders schwerwiegende Maßnahmen zulässt, hat der Gesetzgeber eine Evaluierungsklausel gewählt. Die Polizei muss sich darauf einrichten, ihre Arbeit und sich hieraus ggf. ergebenden gesetzgeberischen Handlungsbedarf noch intensiver als bisher verständlich zu erklären.

96   Das Gesetz fordert ausdrücklich einen **unabhängigen** Sachverständigen. Das wirft die Frage auf, wie eine Unabhängigkeit zu bestimmen ist. Unabhängig ist ein beauftragter Sachverständiger im Verhältnis zu seinem Auftraggeber wegen der bestehenden Weisungsrechte ohnehin nicht, mag er auch in seinem (Grund-) Dienstverhältnis wissenschaftliche oder richterliche Unabhängigkeit genießen. Letztlich wird man die Formulierung so verstehen müssen, dass der Auftraggeber auf Weisungen hinsichtlich der inhaltlichen Bewertung verzichtet und der Sachverständige auch von Dritten keine Weisungen entgegennimmt.

96.1   Eine Evaluierung des § 20a betrifft komplexe Fragen, zu deren Beantwortung an erster Stelle polizeipraktische und technische Kenntnisse notwendig sind. Qualifizierte Sachverständige hierzu wird man typischerweise an der Deutschen Hochschule der Polizei (DHPol) oder der Fachhochschule für öffentliche Verwaltung Nordrhein-Westfalen (FHöV NRW) finden.

Abs. 5 spricht lediglich von einer **Mitwirkung** des Sachverständigen. Die **Verfahrens-** 97 **herrschaft** liegt daher nach wie vor bei der Landesregierung, was angesichts deren Verantwortlichkeit auch sachgerecht erscheint.

Der Evaluierungsbericht soll versehen sein mit **Verbesserungsvorschlägen** (LT-Drs. 16/ 98 2256, 24). Überdenkenswürdig könnte etwa die Ausgestaltung des Behördenleitervorbehalts sein (→ Rn. 77.1). Daneben müsste sich die Landesregierung Gedanken machen, ob die gefahrenabwehrrechtlichen Bestimmungen nicht in ihrer Wirksamkeit davon abhängen, dass die Polizei rund um die Uhr rasch Antworten auf ihre Auskunftsersuchen erhält (→ Rn. 31). Der umfassende Bericht der Landesregierung v. 19.7.2017 (Vorlage 17/18) hat bislang zu keinen gesetzlichen Änderungen geführt.

§20b Einsatz technischer Mittel bei Mobilfunkendgeräten

¹**Die Polizei darf unter den Voraussetzungen des §20a auch technische Mittel zur Ermittlung des Standortes eines aktiv geschalteten Mobilfunkendgerätes und zur Ermittlung der Geräte- und Kartennummern einsetzen. ²Die Maßnahme ist nur zulässig, wenn ohne die Ermittlung die Erreichung des Zwecks nach Satz 1 aussichtslos oder wesentlich erschwert wäre. ³Personenbezogene Daten einer dritten Person dürfen anlässlich solcher Maßnahmen nur erhoben werden, wenn dies aus technischen Gründen zur Erreichung des Zwecks nach Satz 1 unvermeidbar ist. ⁴Sie unterliegen einem absoluten Verwendungsverbot und sind nach Beendigung der Maßnahme unverzüglich zu löschen. ⁵§20a Absatz 5 gilt entsprechend.**

Überblick

Der Einsatz eigener technischer Mittel steht neben der Befugnis, bei Diensteanbietern Daten abzufragen. Die Norm bezieht sich vor allem auf den IMSI-Catcher, dessen Funktionsweise erläutert wird (→ Rn. 3 ff.), ist aber technikoffen (→ Rn. 6). Sie greift nicht in Art. 10 Abs. 1 GG ein (→ Rn. 4). Die beiden Einsatzvarianten (Ermittlung des Standorts, → Rn. 7 ff.; Ermittlung der Geräte- und Kartennummer, → Rn. 10 ff.) werden im Einzelnen untersucht. Auf das technische Mittel der Stillen SMS wird differenzierend eingegangen (→ Rn. 8 f.). Die Kommentierung geht auf die Reichweite der zwei Verweise auf §20a ein (→ Rn. 13 f.) Abschließend erläutert sie die besonderen Regeln zum Erheben der Daten Dritter und das postulierte Verwendungsverbot (→ Rn. 15 ff.). In anderen Ländern besitzt die Polizei vergleichbare Befugnisse (vgl. etwa §23a Abs. 6 BWPolG, Art. 34a Abs. 2 BayPAG und §15a Abs. 3 HSOG).

Übersicht

A. Allgemeines

I. Entstehung

§20b wurde zusammen mit §20a in das PolG NRW durch Art. 1 des Gesetzes v. 21.6.2013 **1** (GV. NRW. 375) eingefügt, in Kraft getreten ist das Änderungsgesetz am 1.7.2013. Die Norm betrifft anders als die Ermächtigung zur Abfrage von Daten bei Diensteanbietern nach §20a den Einsatz **eigener** polizeilicher technischer Mittel.

2   Bis zu dieser Regelung war es möglich, den Einsatz eigener technischer Mittel iSv § 20b auf die **Generalklausel** des § 8 Abs. 1 zu stützen. Das war auch vor Aufnahme des Fernmeldegeheimnisses in die Reihe der zitierten Grundrechte in § 7 möglich, denn insbesondere der Einsatz des IMSI-Catchers greift nicht in dieses Grundrecht ein (→ Rn. 3 f.).

II. Funktionsweise IMSI-Catcher

3   Hauptanwendungsfall eines technischen Mittels nach § 20b ist (derzeit, → Rn. 6) der Einsatz des sog. **IMSI-Catchers.** Hierbei handelt es sich um ein technisches Gerät, das die Funkzelle eines Mobilfunknetzes simuliert (zur Funktionsweise sa BVerfG NJW 2007, 351). Alle empfangsbereiten Mobiltelefone im Einzugsbereich der vermeintlich existierenden Funkzelle buchen sich in diese ein. Dabei werden Karten- und Gerätenummer (IMSI/IMEI, → § 20a Rn. 33 f.) übertragen und vom IMSI-Catcher „gefangen". Sind die IMSI/IMEI bereits bekannt, kann ein Mobiltelefon zudem mittels IMSI-Catcher geortet werden.

4   In das **Fernmeldegeheimnis** (Art. 10 Abs. 1 GG) wird nicht eingegriffen. Das BVerfG hat für die Einsatzvariante „Ermittlung des Standortes" treffend ausgeführt, die Betriebsdaten des Geräts seien der Polizei bereits bekannt. Es werde lediglich der genaue Standort des Mobiltelefons bestimmt (hierzu und zum Folgenden BVerfG NJW 2007, 351 (353)). Ebenso wie bei der „Ermittlung der Geräte- und Kartennummern" sei der Einsatz des IMSI-Catchers unabhängig von einem tatsächlich stattfindenden oder zumindest versuchten Kommunikationsvorgang zwischen Menschen. Es „kommunizierten" **ausschließlich technische Geräte** miteinander. Es fehle an einem menschlich veranlassten Informationsaustausch, der sich auf Kommunikationsinhalte bezieht. Die erfassten Daten fielen nicht anlässlich eines Kommunikationsvorgangs an, sondern im Bereitschaftszustand eines Mobiltelefons, der erst technische Voraussetzung eines Kommunikationsvorgangs sei.

III. Strafprozessuale Ermächtigung

5   § 100i StPO enthält eine vergleichbare Ermächtigung für die Strafverfolgung.

B. Tatbestandsvoraussetzungen und Rechtsfolgen

I. Übersicht

6   § 20b betrifft derzeit zwar im Wesentlichen den Einsatz des IMSI-Catchers. Indes handelt es sich um eine **technikoffene Norm,** die nicht auf einen bestimmten technischen Entwicklungsstand fixiert ist, sondern auch Fortentwicklungen zulässt, die sich im Rahmen des Tatbestands halten. Neben dem IMSI-Catcher ist nach gegenwärtigem Stand auch die sog. **Stille SMS** (Stealth Ping) ein technisches Mittel zur Standortermittlung (→ Rn. 8 f.).

II. Einsatzvarianten der technischen Mittel

1. Ermittlung des Standorts

7   § 20b erlaubt den Einsatz eigener technischer Mittel zum einen zur Ermittlung des Standortes eines aktiv geschalteten Mobilfunkendgerätes. Sofern hierzu der **IMSI-Catcher** eingesetzt wird (zur Funktionsweise → Rn. 3) geschieht dies regelmäßig im Nachgang zu einer erfolgreichen Maßnahme nach § 20a Abs. 1, bei der beim Telekommunikationsanbieter Standortdaten abgefragt wurden. Da dieser nur den Standort eines Antennenmastes der Funkzelle liefert, in die das Gerät eingebucht ist, bedarf es als Folgemaßnahme nicht selten des Einsatzes des IMSI-Catchers, um das Gerät innerhalb der Zelle zu **peilen.** Eine weitere Voraussetzung ist neben der Kenntnis eines ungefähren Standorts die Kenntnis der IMSI und der IMEI (→ § 20a Rn. 33 f.).

8   Ein eigenes technisches Mittel zur Standortermittlung ist daneben die **Stille SMS** (Stealth Ping). Bei dieser speziellen Form einer SMS wird die Nachricht nicht auf dem Bildschirm des Mobiltelefons angezeigt und löst kein akustisches Signal aus. Allerdings fallen beim Mobilfunkanbieter aufgrund der Zustellung der Nachricht Verbindungsdaten an, die insbesondere den Standort betreffen. Durch die Zustellung der SMS wird eine Aktualisierung des

Eintrags im „Home Location Register" (HLR, Heimatortsregister) erreicht. Diese ermöglicht es, bei einer Standortdatenabfrage nach § 20a Abs. 1 S. 1 Nr. 2a einen aktuellen Standort zu erhalten und nicht denjenigen, der bei der letzten Aktivität des Geräts im Netz gespeichert ist (→ § 20a Rn. 45). Sollte ein verdecktes Vorgehen aus taktischen Gründen nicht erforderlich sein, ist diese Standortaktualisierung unter Umständen auch durch einen Anruf oder eine „echte" SMS möglich.

Abzugrenzen ist eine Stille SMS als Beitrag zur Standortermittlung nach § 20b von einer **9** auf § 8 Abs. 1 stützbaren Nachricht, die vor einer Datenabfrage nach § 20a abgesetzt wird, um zu prüfen, ob das Gerät **überhaupt aktiv im Netz eingebucht** ist. Da dort nur zurückgemeldet wird, ob die Nachricht zugestellt werden konnte, sind weder das Fernmeldegeheimnis noch das Recht auf informationelle Selbstbestimmung beeinträchtigt – es könnte sogar vertreten werden, mangels Eingriffscharakters genüge zur Legitimierung der Maßnahme die Aufgabenzuweisung nach § 1 Abs. 1.

2. Ermittlung Geräte- und Kartennummer

In der zweiten Einsatzvariante ermöglicht § 20b zunächst – derzeit etwa mit dem IMSI- **10** Catcher – die Ermittlung der Gerätenummer (IMEI, International Mobile Equipment Identity) eines Mobilfunkendgeräts oder der Kartennummer (IMSI, International Mobile Subscriber Identity) einer SIM-Karte (zu den Begriffen → § 20a Rn. 33 f.). Bei IMSI und IMEI eines Mobiltelefons handelt es sich um personenbeziehbare Daten, die – ggf. mittels eines Auskunftsersuchens an den Telekommunikationsanbieter – einen Schluss darauf zulassen, welche Person sich im Bereich der virtuellen Funkzelle aufhält (vgl. BVerfG NJW 2007, 351 (355)).

Auch der Einsatz des **WLAN-Catchers** kann unter Umständen auf § 20b gestützt werden, obwohl **10.1** die Überschrift vom „Einsatz technischer Mittel bei Mobilfunkendgeräten" spricht. Der Wortlaut lässt es zu, jedenfalls die zweite Einsatzvariante nicht nur auf Mobilfunkendgeräte zu beziehen. Allerdings genügt etwa für die Ermittlung des WLAN-Namens (Service Set Identifier – SSID) § 8 Abs. 1 (vgl. etwa für die StPO Antwort der Bundesregierung auf die Kleine Anfrage der Fraktion DIE LINKE, BT-Drs. 17/8544, 16).

Während die Maßnahme im strafprozessualen Bereich oft der Vorbereitung einer Telekom- **11** munikationsüberwachung („Abhören") dienen wird, liegt die Zielrichtung des § 20b auf der Ermittlung, welche Geräte sich in einem **örtlich begrenzten Bereich** befinden. Dies hat Bedeutung vor allem bei laufenden oder angedrohten Straftaten, indem ein Beitrag zur Identifizierung von Gefährdern geleistet wird, was wiederum weitere Gefahrenabwehrmaßnahmen ermöglicht. Ein Einsatz ist aber auch in anderen Gefahrenlagen denkbar, etwa zur Feststellung der Zahl etwaiger Betroffener oder zur Unterstützung der Ermittlung, ob sich in einem gefährdeten Gebiet noch Personen aufhalten.

Eine **Telefonnummer** kann mit dem IMSI-Catcher **nicht** unmittelbar ermittelt werden. **12** Geräte- und Kartennummer können aber über § 20a Abs. 1 S. 1 Nr. 1 oder § 112 TKG (→ § 20a Rn. 9) „aufgelöst" und einem Anschlussinhaber zugeordnet werden.

III. Verweis auf § 20a

S. 1 erlaubt die vorgenannten Maßnahmen „unter den Voraussetzungen des § 20a". Damit **13** sind insbesondere **in Bezug genommen,**
• die hohe Wahrscheinlichkeit eines Schadenseintritts (→ § 20a Rn. 59 ff.),
• der Katalog geschützter Rechtsgüter (→ § 20a Rn. 65 ff.) und
• der Behördenleitervorbehalt (→ § 20a Rn. 75 ff.), da es sich um eine formelle Rechtmäßigkeitsvoraussetzungen handelt.

Demgegenüber muss S. 5 eigens die Geltung des § 20a Abs. 5 anordnen, da dort keine **14** „Voraussetzungen" geregelt werden. Auch für § 20b gilt daher die Einbeziehung in eine Evaluation nach einem Erfahrungszeitraum von drei Jahren (→ § 20a Rn. 95 ff.).

Die Pflicht zur Benachrichtigung betroffener Personen ergibt sich seit der Änderung des **14a** PolG NRW durch das Gesetz v. 18.12.2018 (GV. NRW. 741, berichtigt 2019, 23) aus der zentralen Vorschrift des § 33 (→ § 20a Rn. 82 ff.), die jährliche Berichtspflicht der Landesregierung an den Landtag folgt aus § 68 (→ § 20a Rn. 94).

IV. Weitere Voraussetzungen (S. 2–4)

1. Besondere Verhältnismäßigkeitsprüfung (S. 2)

15   Die Verweisung des S. 1 auf § 20a nimmt eigentlich auch die Klausel in § 20a Abs. 1 S. 2 Hs. 2 auf („und nur, soweit die Erreichung des Zwecks der Maßnahme auf andere Weise aussichtslos oder wesentlich erschwert wäre."). Die geringfügig anders formulierte **Erforderlichkeitsklausel** in § 20b S. 2 ist damit im Grunde rechtstechnisch nicht nötig. Sie ist mehr als rechtspolitische Bekräftigung zu verstehen (wegen des Aussagegehalts → § 20a Rn. 73 f.).

2. Erhebung von Daten Dritter (S. 3)

16   Die Regelung, dass personenbezogene Daten einer dritten Person anlässlich von Maßnahmen nach S. 1 nur erhoben werden dürfen, wenn dies **aus technischen Gründen** zur Zweckerreichung **unvermeidbar** ist, ist unentbehrlich. Dies erklärt sich insbesondere aus der Funktionsweise des IMSI-Catchers (→ Rn. 3), der selbst bei der zielgerichteten Suche nach genau einem Gerät mit einer bestimmten Geräte- / Kartennummer in einer Funkzelle eine Vielzahl anderer Daten – wenn auch nur kurzfristig – miterfassen muss.

17   Die Unterschiede zu der sprachlichen Fassung der Parallelnorm des § 20a Abs. 2 S. 1 (s. Tegtmeyer/Vahle PolG NRW Rn. 1) haben keine relevanten Auswirkungen.

3. Verwendungsverbot (S. 4)

18   Die Anordnung, dass die nach S. 3 unvermeidbar erhobenen personenbezogenen Daten Dritter einem **absoluten Verwendungsverbot** unterliegen und nach Beendigung der Maßnahme unverzüglich zu löschen sind, ist im Vergleich zu § 100i Abs. 2 S. 2 StPO weniger präzise. Aber das Verwendungsverbot des § 20b ist in diesem Sinne zu verstehen, nämlich dass es sich nicht auf den Datenabgleich der erfassten Geräte- / Kartennummer mit dem gesuchten Gerät bezieht, denn dies ist gerade der Zweck der Maßnahme.

19   In der Konstellation „Bestimmung von Geräte- / Kartennummer" dient der IMSI-Catcher dazu, überhaupt erst zu erfassen, welche Geräte- / Kartennummern etwa vom Täter einer noch laufenden Straftat benutzt werden. Hier ergibt sich unmittelbar aus dem Regelungszusammenhang, dass der Abgleich der erfassten Nummern mit Bestandsdaten ebenfalls nicht unter das Verwendungsverbot des S. 4 fällt. Erst nach dieser Maßnahme steht fest, wer unbeteiligter Dritter ist.

19.1   Unbeteiligte Dritte können auch in anderen Rechtspositionen als dem Recht auf informationelle Selbstbestimmung beeinträchtigt sein. Zwar wird unter Umständen die Allgemeine Handlungsfreiheit berührt, wenn es zu einer **kurzfristigen Versorgungslücke** beim Erfassen der IMSI- oder IMEI-Nummer eines unbeteiligten Dritten kommt. Dies wird wohl aber noch keinen Eingriff bedeuten, da es nicht über Empfangs- und Sendestörungen hinaus geht, die im Mobilfunkbetrieb alltäglich auftreten (BVerfG NJW 2007, 351 (356)), jedenfalls aber sieht das BVerfG eine solche geringfügige Störung bei der Nutzung von Telekommunikationseinrichtungen als gerechtfertigt an (vgl. ähnlich zur Meinungsfreiheit Harnisch/Pohlmann NVwZ 2009, 1328 (1330); zum Einsatz sog. **Mobilfunkblocker** → § 20a Rn. 8).

§ 20c Datenerhebung durch die Überwachung der laufenden Telekommunikation

(1) ¹**Die Polizei kann ohne Wissen der betroffenen Person die laufende Telekommunikation einer Person überwachen und aufzeichnen,**

1. **die nach den §§ 4 oder 5 verantwortlich ist, wenn dies zur Abwehr einer gegenwärtigen Gefahr für den Bestand oder die Sicherheit des Bundes oder eines Landes oder für Leib oder Leben einer Person geboten ist,**
2. **deren individuelles Verhalten die konkrete Wahrscheinlichkeit begründet, dass sie innerhalb eines übersehbaren Zeitraums auf eine zumindest ihrer Art nach konkretisierte Weise eine terroristische Straftat nach § 8 Absatz 4 begehen wird,**
3. **bei der bestimmte Tatsachen die Annahme rechtfertigen, dass sie für eine Person nach Nummer 1 bestimmte oder von dieser herrührende Mitteilungen entgegennimmt oder weitergibt, oder**

4. bei der bestimmte Tatsachen die Annahme rechtfertigen, dass eine Person nach Nummer 1 deren Telekommunikationsanschluss oder Endgerät benutzen wird und die Abwehr der Gefahr oder Verhütung der Straftaten auf andere Weise aussichtslos oder wesentlich erschwert wäre. ²Die Maßnahme darf auch durchgeführt werden, wenn andere Personen unvermeidbar betroffen werden.

(2) Die Überwachung und Aufzeichnung der Telekommunikation darf ohne Wissen der betroffenen Person in der Weise erfolgen, dass mit technischen Mitteln in von der betroffenen Person genutzte informationstechnische Systeme eingegriffen wird, wenn

1. durch technische Maßnahmen sichergestellt ist, dass ausschließlich laufende Telekommunikation überwacht und aufgezeichnet wird und
2. der Eingriff in das informationstechnische System notwendig ist, um die Überwachung und Aufzeichnung der Telekommunikation insbesondere auch in unverschlüsselter Form zu ermöglichen.

(3) ¹Bei Maßnahmen nach Absatz 2 ist sicherzustellen, dass

1. an dem informationstechnischen System nur Veränderungen vorgenommen werden, die für die Datenerhebung unerlässlich sind und
2. die vorgenommenen Veränderungen bei Beendigung der Maßnahme, soweit technisch möglich, automatisiert rückgängig gemacht werden.

²Das eingesetzte Mittel ist gegen unbefugte Nutzung zu schützen. ³Kopierte Daten sind gegen Veränderung, unbefugte Löschung und unbefugte Kenntnisnahme zu schützen.

(4) ¹Maßnahmen nach den Absätzen 1 und 2 dürfen nur auf Antrag der Behördenleitung oder deren Vertretung durch das Amtsgericht, in dessen Bezirk die Polizeibehörde ihren Sitz hat, angeordnet werden. ²Für das Verfahren gelten die Vorschriften des Gesetzes über das Verfahren in Familiensachen und in den Angelegenheiten der freiwilligen Gerichtsbarkeit entsprechend.

(5) Im Antrag sind anzugeben:

1. die Person, gegen die sich die Maßnahme richtet, soweit möglich, mit Name und Anschrift,
2. die Rufnummer oder eine andere Kennung des zu überwachenden Anschlusses oder des Endgeräts, sofern sich nicht aus bestimmten Tatsachen ergibt, dass diese zugleich einem anderen Endgerät zugeordnet ist,
3. Art, Umfang und Dauer der Maßnahme,
4. im Falle des Absatzes 2 auch eine möglichst genaue Bezeichnung des informationstechnischen Systems, in das zur Datenerhebung eingegriffen werden soll, sowie die Bezeichnung des Herstellers und der Softwareversion des einzusetzenden technischen Mittels,
5. der Sachverhalt und
6. eine Begründung.

(6) ¹Die Anordnung des Gerichts ergeht schriftlich. ²In ihr sind anzugeben:

1. eine Kennung des Kommunikationsanschlusses oder des Endgeräts, bei dem die Datenerhebung durchgeführt wird,
2. im Falle des Absatzes 2 zusätzlich eine möglichst genaue Bezeichnung des informationstechnischen Systems, in das zur Datenerhebung eingegriffen werden soll.

³Im Übrigen gilt § 18 Absatz 2 Satz 3 mit Ausnahme der Bezeichnung der betroffenen Wohnung entsprechend. ⁴Die Anordnung ist auf höchstens drei Monate zu befristen. ⁵Eine Verlängerung um jeweils nicht mehr als drei weitere Monate ist zulässig, soweit die Voraussetzungen der Anordnung unter Berücksichtigung der gewonnenen Erkenntnisse fortbestehen. ⁶Liegen die Voraussetzungen der Anordnung nicht mehr vor, sind die aufgrund der Anordnung ergriffenen Maßnahmen unverzüglich zu beenden. ⁷§ 18 Absatz 2 Satz 5 bis 9 gilt entsprechend.

(7) ¹Aufgrund der Anordnung hat jeder, der Telekommunikationsdienste erbringt oder daran mitwirkt (Diensteanbieter), der Polizei die Maßnahmen nach Absatz 1 zu ermöglichen und die erforderlichen Auskünfte unverzüglich zu ertei-

len. [2]Ob und in welchem Umfang hierfür Vorkehrungen zu treffen sind, bestimmt sich nach dem Telekommunikationsgesetz und der Verordnung über die technische und organisatorische Umsetzung von Maßnahmen zur Überwachung der Telekommunikation. [3]Für die Entschädigung der Diensteanbieter ist § 23 des Justizvergütungs- und -entschädigungsgesetzes entsprechend anzuwenden.

(8) [1]Liegen tatsächliche Anhaltspunkte für die Annahme vor, dass durch eine Maßnahme nach den Absätzen 1 und 2 allein Erkenntnisse aus dem Kernbereich privater Lebensgestaltung erlangt würden, ist die Maßnahme unzulässig. [2]Soweit im Rahmen von Maßnahmen nach den Absätzen 1 und 2 neben einer automatischen Aufzeichnung eine unmittelbare Kenntnisnahme erfolgt, ist die Maßnahme unverzüglich zu unterbrechen, soweit sich während der Überwachung tatsächliche Anhaltspunkte dafür ergeben, dass Inhalte, die dem Kernbereich privater Lebensgestaltung zuzurechnen sind, erfasst werden. [3]Erkenntnisse aus dem Kernbereich privater Lebensgestaltung, die durch eine Maßnahme nach den Absätzen 1 und 2 erlangt worden sind, dürfen nicht verwertet werden. [4]Aufzeichnungen hierüber sind unverzüglich zu löschen. [5]Die Tatsachen der Erfassung der Daten und der Löschung sind zu dokumentieren. [6]Die Dokumentation darf ausschließlich für Zwecke der Datenschutzkontrolle gemäß § 33c verwendet werden. [7]Sie ist sechs Monate nach der Benachrichtigung nach § 33 Absatz 2 Satz 1 zu löschen. [8]Ist die Datenschutzkontrolle noch nicht beendet, ist die Dokumentation bis zu ihrem Abschluss aufzubewahren. [9]Im Übrigen gilt § 18 Absatz 3 Satz 3 und Absatz 4 Satz 2 bis 7 entsprechend.

(9) [1]Bei der Erhebung von Daten nach den Absätzen 1 und 2 sind die in § 33b Absatz 1 und 2 genannten Angaben zu protokollieren. [2]Im Falle des Absatzes 2 sind darüber hinaus folgende Angaben zu protokollieren:
1. Angaben zur Identifizierung des informationstechnischen Systems und die daran vorgenommenen, nicht nur flüchtigen Veränderungen,
2. Angaben zum Hersteller des zur Datenerhebung eingesetzten Mittels und zur eingesetzten Softwareversion.

(10) [1]Die Landesregierung überprüft die Wirksamkeit der Vorschrift bis zum 31. Dezember 2022 und berichtet dem Landtag über das Ergebnis der Evaluierung. [2]§ 20c tritt am 31. Dezember 2023 außer Kraft.

Überblick

Die Norm wurde in einem als intransparent bezeichneten Gesetzgebungsverfahren im Zuge der großen Reform des nordrhein-westfälischen Polizeirechts im Dezember 2018 (→ Rn. 2 f.) eingeführt, nachdem zuvor zwei umfangreiche Gesetzentwürfe zum PolG NRW parallel im Landtag beraten und verabschiedet wurden. Die Vorschrift erlaubt der nordrhein-westfälischen Polizei erstmals die Überwachung der laufenden Telekommunikation (TKÜ, → Rn. 17), auch in der Form der sog. Quellen-Telekommunikationsüberwachung (Quellen-TKÜ, → Rn. 18). Bei letzterer wird mit einem technischen Mittel (sog. „Staatstrojaner", → Rn. 40) in ein informationstechnisches System (→ Rn. 38) – dh ein Telekommunikations-Endgerät – dergestalt eingegriffen, dass unter Umgehung technischer Sicherheitsvorkehrungen, wie bspw. Ende-zu-Ende-Verschlüsselung, die laufende Telekommunikation abgegriffen werden kann. Die Vorschrift stellt verschiedene Anforderungen (→ Rn. 35, → Rn. 42 f.) an das eingesetzte Mittel, deren technische Umsetzbarkeit in der Praxis teilweise bestritten wird (→ Rn. 35). Auch der Nutzen des vorgesehenen Richtervorbehaltes (→ Rn. 46) wird diesbezüglich in Frage gestellt, da dem Gericht eine Prüfung des technischen Systems im Hinblick auf die gesetzlichen Vorgaben mangels Offenlegung des Quellcodes nicht möglich sei (→ Rn. 47). Die von verschiedenen Stellen mehrfach geforderte Offenlegung des Quellcodes oder eine alternative Auditierung der eingesetzten Software (→ Rn. 47.1) – bspw. durch die Datenschutzaufsichtsbehörden – wurde im Gesetzgebungsverfahren nicht aufgegriffen.

Übersicht

A. Allgemeines

I. Einordnung und Übersicht

Der Bund und die Bundesländer haben in den letzten Jahren zur **Gefahrenabwehr** immer **1** neue Befugnisnormen in Bezug auf Telekommunikation geschaffen (zur (landesrechtlichen) Gesetzgebungskompetenz s. BVerfG NJW 2005, 2603). Zu diesen Maßnahmen gehören neben den schon länger verbreiteten Rechtsgrundlagen zur Abfrage von Bestands- und Verkehrsdaten (inklusive Standortdaten; vgl. § 20a) in letzter Zeit vermehrt die Schaffung von Erlaubnistatbeständen zur Überwachung (→ Rn. 11) und ggf. Unterbrechung laufender Telekommunikation, oder deren Verhinderung (s. bspw. § 23a Abs. 7 BWPolG) sowie zur Ermittlung von Standorten von Mobilfunkendgeräten mit technischen Mitteln und von

Geräte- oder Kartennummern (bspw. § 20b). Begründet wurde die Einführung vor allem der letztgenannten Maßnahmen häufig insbesondere mit der Gefahr durch den internationalen **Terrorismus** (s. hierzu bezogen auf die Einführung von TKÜ und Quellen-TKÜ in Nordrhein-Westfalen LT-Drs. 17/2351, 1 f. und 36).

II. Gesetzgebungsverfahren

2 Im April 2018 wurde ein Entwurf für ein Gesetz zur Stärkung der Sicherheit in Nordrhein-Westfalen („Sechstes Gesetz zur Änderung des Polizeigesetzes des Landes Nordrhein-Westfalen", LT-Drs. 17/2351) in den Landtag eingebracht (erste Novelle). Mit dem Gesetz sollten dringend für notwendig erachtete **neue Befugnisse** für die Landespolizei – unter anderem zur TKÜ und Quellen-TKÜ – geschaffen werden.

2.1 Stellenweise wurde kritisiert, dass eine Notwendigkeit für die (übereilte) Schaffung neuer Eingriffsbefugnisse nicht nachvollzogen werden könne, da empirische Nachweise hierfür fehlten, gleichzeitig jedoch die europarechtlich gebotene Umsetzung der JI-RL (RL (EU) 2016/680 v. 27.4.2016, ABl. 2016 L 119, 89) nur verzögert angegangen wurde (Arzt, Stellungnahme 17/936, 3; Gazeas, Stellungnahme 17/662, 7).

3 Im Gesetzentwurf zur ersten Novelle wurde eine umfassende Novellierung des PolG NRW angekündigt, mit der unter anderem sowohl das **BKAG-Urteil** des BVerfG (BVerfGE 141, 220) sowie die **JI-RL** (RL (EU) 2016/680 v. 27.4.2016, ABl. 2016 L 119, 89) umgesetzt werden sollten (vgl. LT-Drs. 17/2351, 1). Ein entsprechender Entwurf für ein Gesetz zur Anpassung des Polizeigesetzes des Landes Nordrhein-Westfalen und des Gesetzes über Aufbau und Befugnisse der Ordnungsbehörden wurde im Mai 2018 in den Landtag eingebracht (LT-Drs. 17/2567, zweite Novelle).

4 Aufgrund umfangreicher **Kritik** sowohl aus der Zivilgesellschaft als auch im Rahmen einer ersten Sachverständigen-Anhörung im Landtag verzögerte sich die Verabschiedung der ersten Novelle. Unabhängig davon basierte der in den Landtag eingebrachte Entwurf der zweiten Novelle auf dem Entwurf der ersten Novelle und sah bereits Änderungen an im ersten Entwurf neu eingeführten Vorschriften vor. Die beiden Novellen wurden in der Folge parallel im Landtag beraten, anstatt sie im laufenden Gesetzgebungsverfahren zusammenzuführen. Diese Vorgehensweise wurde von verschiedener Seite kritisiert (vgl. unter anderem Landesbeauftragte für Datenschutz und Informationsfreiheit Nordrhein-Westfalen, Stellungnahme 17/791, 1 f.; Arzt, Stellungnahme 17/936, 3).

5 Durch die **parallele Beratung** der sich aufeinander beziehenden Entwürfe, die letztlich zur Verabschiedung zweier verschiedener Novellen des PolG NRW am selben Tag führte (vgl. Plenarprotokoll 17/45, 3), wurden im gerade neu geschaffenen § 20c Abs. 10 und Abs. 11 bereits als „(weggefallen)" ausgewiesen. Denn trotz Verabschiedung am selben Tag ist die erste Novelle am 19.12.2018 im Gesetzblatt verkündet worden (GV. NRW. 2018, 683) und damit am 20.12.2018 in Kraft getreten. Die zweite Novelle, durch deren Änderungen die Abs. 10 und Abs. 11 bereits neun Tage nach dem erstmaligen Inkrafttreten des § 20c bereits wieder entfielen, wurde dagegen erst am 28.12.2018 verkündet (GV. NRW. 729) und trat zum 29.12.2018 in Kraft. Mit dem Gesetz zur Stärkung der Rechte von im Polizeigewahrsam festgehaltenen Personen (ursprünglicher Titel: Siebtes Gesetz zur Änderung des Polizeigesetzes des Landes Nordrhein-Westfalen) wurde dieses Ergebnis korrigiert. Abs. 12 wurde damit zu Abs. 10 (vgl. LT-Drs. 17/7549, 13 und LT-Drs. 17/8120, 4). Die Änderung wurde am 18.12.2019 vom Landtag Nordrhein-Westfalen beschlossen (vgl. Plenarprotokoll 17/76, Nr. 9) und ist einen Tag nach der Verkündung in Kraft getreten.

III. Anwendungsbereich und Abgrenzung

6 Die Norm erlaubt das **Mitlesen** bzw. **Mithören** (Überwachung) sowie **Speichern** (Aufzeichnung; → Rn. 33) von zum aktuellen Zeitpunkt stattfindender Telekommunikation (TKÜ, → Rn. 19 f.), auch in der Form, dass sich erst mit speziellen Mitteln Zugang zu der Kommunikation direkt beim Endgerät des Senders oder Empfängers verschafft werden muss (Quellen-TKÜ, → Rn. 34). Für letzteres erlaubt die Vorschrift den Eingriff in informationstechnische Systeme (→ Rn. 38) durch den Einsatz eines besonderen technischen Mittels (→ Rn. 40). Dabei handelt es sich um eine spezielle Software, die auf das Endgerät der

betroffenen Person aufgespielt wird und der Polizei ermöglicht, die Kommunikation unmittelbar vom Endgerät abzufangen.

　War der hauptsächliche Anwendungsfall der Quellen-TKÜ vor wenigen Jahren noch die **7** Überwachung von Telefongesprächen über das Internet (sog. **Voice-over-IP**), bspw. mittels des Dienstes Skype (vgl. Soiné NVwZ 2012, 1585 (1586)), ist der Fokus der Quellen-TKÜ in den letzten Jahren verstärkt auf die Überwachung von Kommunikation mittels **Messengerdiensten,** wie insbesondere WhatsApp, Telegram, Threema und ähnlichen Diensten übergegangen, welche mittlerweile neben Kommunikation in Textform meistens auch Voice-over-IP-Telefonie anbieten.

　Der Fokus der zu überwachenden informationstechnischen Systeme hat sich dabei von **8** anfänglich hauptsächlich über PCs geführter Kommunikation immer weiter auf die Überwachung von Kommunikation per **mobiler Endgeräte** (Smartphones, Tablets und Ähnliches) verschoben. Gründe hierfür sind die immer stärkere Verbreitung dieser mobilen Endgeräte, die Vielzahl angebotener W-LAN-Hot Spots sowie der kontinuierliche Ausbau der mobilen Datenverbindung über das Internet, hier vor allem die Einführung und Verbreitung der Long Term Evolution-Standards (LTE), welcher den schnellen mobilen Austausch auch größerer Datenmengen ermöglicht.

　Die Auslesung geschriebener Kommunikation darf allein in **textlicher Form** erfolgen. **9** Anders als in anderen Bundesländern (vgl. Art. 42 Abs. 2 S. 2 BayPAG) erlaubt § 20c nicht das Anfertigen sog. „Application Shots". Dies meint Standbilder (Screenshots) des Kommunikationsvorgangs, die unter anderem auch übermittelte Bilder erfassen würden. Gesprochene Kommunikation wird live mitgehört oder / und aufgezeichnet.

　Nicht von der Vorschrift umfasst ist der Zugriff auf abgeschlossene Kommunikation oder **10** sonstige auf den Endgeräten von Sender oder Empfänger gespeicherte Daten. Vielmehr läge dann eine sog. **Online-Durchsuchung** vor (BVerfGE 141, 220 Rn. 234; ausf. Möllers Polizei-WB/Kastner Telekommunikationsüberwachung 7). Diese stellt durch ihren gegenüber der TKÜ bzw. Quellen-TKÜ potentiellen Zugriff auf wesentlich mehr Daten der betroffenen Person, wie Dokumente, Videos und Fotos, einen gesteigerten Grundrechtseingriff dar. Im Hinblick auf den Umfang der heutzutage auf Smartphones und PCs gespeicherten personenbezogenen Daten wird die Eingriffsintensität einer Online-Durchsuchung teilweise mit der von Eingriffen in das Wohnungsgrundrecht aus Art. 13 GG verglichen (vgl. Rux JZ 2007, 285 (292 f.)).

IV. Vergleichbare Normen in anderen Gesetzen

1. Zur Gefahrenabwehr

　Existierten im Jahr 2012 erst in fünf Bundesländern (Bayern: Art. 34a BayPAG; Hamburg: **11** § 10c PolEDVG; Hessen: § 15b HSOG; Rheinland-Pfalz: § 31 Abs. 3 RhPfPOG; Thüringen: § 34a Abs. 2 S. 2 ThürPAG) und beim Bund (§ 20l Abs. 2 BKAG) Vorschriften zur **Quellen-TKÜ** für Zwecke der Gefahrenabwehr (vgl. Soiné NVwZ 2012, 1585 (1587), ohne Nennung der hamburgischen Regelung), so sind mittlerweile in der überwiegenden Zahl der Bundesländer entsprechende Vorschriften in Kraft oder im Gesetzgebungsverfahren (zur „einfachen" TKÜ s. umfassend Möllers Polizei-WB/Kastner Telekommunikationsüberwachung 3).

Land	ja/nein	Vorschrift	Anmerkung
Bund	ja	§ 51 BKAG	Zuvor: § 20l BKAG 1997 (s. BVerfGE 141, 220).
Baden-Württemberg	ja	§ 23b BWPolG	In Kraft seit 8.12.2017.
Bayern	ja	Art. 42 BayPAG	Zuvor: Art. 34a BayPAG; Art. 42 BayPAG in Kraft seit 25.5.2018.
Berlin	nein	–	–
Brandenburg	nein	–	neues BbgPolG erlaubt weiterhin nur TKÜ.

Land	ja/nein	Vorschrift	Anmerkung
Bremen	nein	–	–
Hamburg	ja	§ 24 PolEDVG	Zuvor: § 10c PolEDVG; Änderung verabschiedet am 4.12.2019
Hessen	ja	§ 15b HSOG	Zuvor schon § 15b HSOG; wurde angepasst und ist in heutiger Form in Kraft seit 4.7.2018.
Mecklenburg-Vorpommern	nein	–	§ 34a SOG M-V erlaubt bisher nur TKÜ; Quellen-TKÜ ist jedoch im neuen § 33d Abs. 3 SOG M-V vorgesehen (vgl. MVLT-Drs. 7/3694, 5 und 50).
Niedersachsen	ja	§ 33a NPOG	§ 33a Nds. SOG erlaubte bisher nur TKÜ, jetzt (in Kraft seit 24.5.2019) jedoch auch Quellen-TKÜ.
Nordrhein-Westfalen	ja	§ 20c	In Kraft seit 20.12.2018.
Rheinland-Pfalz	ja	§ 31 RhPfPOG	Zuvor schon § 31 RhPfPOG aF; wurde angepasst und ist in heutiger Form in Kraft seit 8.7.2017.
Saarland	nein	–	Im September 2019 wurde ein Gesetzentwurf für ein Gesetz zur Datenverarbeitung der Polizei angekündigt, der unter anderem auch Quellen-TKÜ vorsehen soll.
Sachsen-Anhalt	ja	§ 36b SOG LSA	Änderungsgesetz am 18.10.2018 im Landtag verabschiedet; atypische Regelung nur zur Überwachung von Aufenthaltsanordnungen und Kontaktverboten.
Sachsen	nein	–	Mit dem neuen SächsPolG wurde in § 66 SächsPolG lediglich eine Vorschrift zur TKÜ geschaffen.
Schleswig-Holstein	nein	–	–
Thüringen	ja	§ 34a ThürPAG	Anpassung an JI-RL und BKAG-Urteil des BVerfG ist im Gesetzgebungsverfahren.

2. Zur Strafverfolgung

Mit dem Gesetz zur effektiveren und praxistauglicheren Ausgestaltung des Strafverfahrens **12** wurde die Quellen-TKÜ zur Strafverfolgung in **§ 100a StPO** mWz 24.8.2017 eingeführt (zum Hintergrund Möllers Polizei-WB/Kastner Telekommunikationsüberwachung 2). Soweit nicht der unterschiedlichen Zielrichtung (Strafverfolgung statt Gefahrenabwehr) geschuldet, entsprechen die Vorschriften weitestgehend der nordrhein-westfälischen Regelung sowie deren Vorbildern in § 51 BKAG und § 23b BWPolG.

B. Verfassungsrechtliche Aspekte

Bei TKÜ und Quellen-TKÜ handelt es sich um **heimliche Maßnahmen** (→ Rn. 30), **13** mit denen mitunter tief in die Privatsphäre eingegriffen werden kann (vgl. BVerfGE 141, 220 Rn. 90 f.). Der Grundsatz der Normenklarheit und Bestimmtheit stellt daher besonders strenge Anforderungen auf (BVerfGE 141, 220 Rn. 94).

Da ihre Handhabung von den Betroffenen weitgehend nicht wahrgenommen und ange- **14** griffen werden kann, können die Maßnahmen nur sehr eingeschränkt im Wechselspiel von Anwendungspraxis und gerichtlicher Kontrolle konkretisiert werden (BVerfGE 141, 220 Rn. 94). Es müssen somit **verfahrensmäßige Absicherungen** hinzutreten, bspw. in Bezug auf den Kernbereichsschutz (→ Rn. 54), Transparenz und individuellen Rechtsschutz (→ Rn. 64) sowie aufsichtliche Kontrolle (→ Rn. 66; vgl. BVerfGE 141, 220 Rn. 134 f.). Diese erhalten umso größeres Gewicht, je weniger die Gewährleistung subjektiven Rechtsschutzes möglich ist (BVerfGE 141, 220 Rn. 135).

I. TKÜ

Die Telekommunikationsüberwachung greift in **Art. 10 GG** ein. Der in heutigen Geset- **15** zen verwendete Begriff der **Telekommunikation** entspricht dem dortigen Begriff der **fernmeldetechnischen Kommunikation** (vgl. BeckOK GG/Epping/Hillgruber GG Art. 10 Rn. 36 mwN; zum Begriff der Telekommunikation und dem diesbezüglichen Schutzbereich des Art. 10 GG → Rn. 31).

II. Quellen-TKÜ

Auch die Quellen-TKÜ ist **ausschließlich** an Art. 10 Abs. 1 GG zu messen (BVerfGE **16** 141, 220 Rn. 228). Der Schutzbereich dieses Grundrechts ist dabei unabhängig davon betroffen, ob die Maßnahme technisch auf der Übertragungsstrecke oder am Endgerät der Telekommunikation ansetzt (BVerfGE 120, 274 Rn. 183; 115, 166 Rn. 81). Daneben liegt nach dem BVerfG kein Eingriff in das Grundrecht auf Vertraulichkeit und Integrität informationstechnischer Systeme vor, solange sich die Quellen-TKÜ auf die laufende Kommunikation beschränkt (BVerfGE 120, 274 Rn. 190). Gleichzeitig endet der Schutzbereich von Art. 10 Abs. 1 GG mit Abschluss der Kommunikation, dh wenn die Inhalte und Umstände der Telekommunikation auf dem Endgerät gespeichert sind und dort anderweitig vor Angriffen geschützt werden können (BVerfGE 120, 274 Rn. 185; 115, 166 Rn. 73 mwN).

Danach unterfällt eine E-Mail, die auf dem Mail-Server des Providers liegt, noch Art. 10 Abs. 1 **16.1** GG (BVerfG MMR 2009, 673 Rn. 46; hierzu unter anderem krit. Brunst CR 2009, 591 f.; aA zuvor BGH NJW 2009, 1828), ein auf einer Telefon-Mailbox gespeicherter Anruf jedoch nicht mehr (Lisken/Denninger PolR-HdB Petri G Rn. 644 mwN). Im ersteren Fall soll im Bereich der Strafverfolgung bei einer Beschlagnahme der gespeicherten E-Mails gleichwohl nicht § 100a StPO, sondern §§ 94, 95 StPO einschlägig sein (vgl. BVerfG MMR 2009, 673 Ls.; ausf. Möllers Polizei-WB/Kastner Telekommunikationsüberwachung 2. g.).

C. Technischer Hintergrund

I. TKÜ

Die Kommunikation wird auf dem (unverschlüsselten) Übertragungsweg abgefangen. **17** Hierfür wird der Diensteanbieter angewiesen, die Kommunikation an die Polizei auszuleiten.

Dies erfolgt nach Vorlage der Anordnung (→ Rn. 46) mittels sog. **Abhörschnittstellen** (vertiefend KK-StPO/Bruns StPO § 100a Rn. 37). Die Diensteanbieter sind gesetzlich verpflichtet, diese Schnittstellen bereitzustellen (vgl. § 20c Abs. 7 in Verbindung mit dem TKG und der TKÜV → Rn. 51). Ein Zugriff auf das Endgerät von Sender oder Empfänger ist somit – anders als bei der Quellen-TKÜ (→ Rn. 18) – nicht erforderlich. Gleichzeitig ist auf diese Weise schon technisch sichergestellt, dass nur laufende Telekommunikation abgegriffen wird.

II. Quellen-TKÜ

18   Verschlüsselte Kommunikation über das Internet kann mit den Mitteln der klassischen TKÜ nicht oder lediglich in verschlüsselter Form abgegriffen werden. Die TKÜ-Maßnahme muss somit am Endgerät des Senders oder Empfängers ansetzen, um mittels spezieller Software (sog. technisches Mittel, → Rn. 40) die Kommunikation **vor der Verschlüsselung** auf dem Gerät des Senders, oder **nach der Entschlüsselung** auf dem Gerät des Empfängers abgreifen zu können. Hierfür kommen unterschiedliche Vorgehensweisen in Frage. Möglich ist sowohl ein physischer Zugriff auf das nicht gesperrte oder das nach Entsperrung auf die dafür vorgesehene Weise entsperrte Endgerät, um das Programm dort zu installieren (zur Zulässigkeit hierfür erforderlicher Vorbereitungshandlungen → Rn. 41). Alternative Wege ohne physischen Zugriff erfordern eine (unbewusste) Mitwirkung der betroffenen Person, bspw. in dem sie dazu gebracht wird, einen präparierten Anhang einer E-Mail zu öffnen oder eine präparierte Webseite zu besuchen. In der Praxis wird derzeit jedoch hauptsächlich der Weg verfolgt, die spezielle Software ohne physischen Zugriff und ohne aktive Handlung der betroffenen Person über das Internet aufzuspielen. Dabei werden bestehende Sicherheitslücken im Betriebssystem des Endgerätes oder in darauf installierter Software ausgenutzt (zur diesbezüglichen Problematik bezüglich der IT-Sicherheit → Rn. 53; genauer zum technischen Mittel → Rn 40).

D. Telekommunikationsüberwachung (Abs. 1)

I. Tatbestand

1. Gefahrenlage bei Nr. 1

19   Im Fall der **Nr. 1** muss die Maßnahme zur Abwehr einer konkreten (→ § 8 Rn. 110) gegenwärtigen (vgl. → § 6 Rn. 4; Lisken/Denninger PolR-HdB Denninger D Rn. 54) Gefahr für den Bestand (→ § 31 Rn. 9; → § 33 Rn. 16) oder die Sicherheit des Bundes oder eines Landes (→ § 31 Rn. 9 mwN) oder für Leib oder Leben einer Person geboten sein.

19.1   Das BVerfG hat festgelegt, dass heimliche Maßnahmen, die tief in die Privatsphäre eingreifen, nur dann mit der Verfassung vereinbar sind, wenn sie dem Schutz von hinreichend gewichtigen Rechtsgütern dienen (BVerfGE 141, 220 Rn. 104). Für Maßnahmen, die der Gefahrenabwehr dienen und damit präventiven Charakter haben, kommt es demnach unmittelbar auf das Gewicht der zu schützenden Rechtsgüter an (vgl. BVerfGE 125, 260 Rn. 230). Heimliche Überwachungsmaßnahmen, die tief in das Privatleben hineinreichen, sind nur zum Schutz besonders gewichtiger Rechtsgüter zulässig. Hierzu gehören Leib, Leben und Freiheit der Person sowie der Bestand oder die Sicherheit des Bundes oder eines Landes (vgl. BVerfGE 120, 274 Rn. 247).

20   Der genaue Gehalt des Merkmals **Leib oder Leben** im Gefahrenabwehrkontext ist unklar. Erscheint die Festlegung einer Bedrohung des Lebens als eine das Leben zu beenden drohende Gefahr noch unschwer, ist fraglich, ab wann der „Leib" in diesem Sinne bedroht ist. Eine gesetzliche Definition – wie sie bspw. § 2 BremPolG enthält, wonach mehr als leichte Körperverletzungen gemeint sind, – enthält das PolG NRW nicht. Einfache Körperverletzungen genügen jedenfalls nicht (BVerfGE 109, 279 Rn. 345). Hierfür spricht mit Blick auf die bereits zitierte Rechtsprechung des BVerfG (→ Rn. 19.1) vor allem die Eingriffsintensität der erlaubten polizeilichen Maßnahme. Letztlich wird der Begriff mittels des Verhältnismäßigkeitsmaßstabes zu bestimmen sein, wobei die Eingriffsintensität der Maßnahme zu berücksichtigen ist.

Im Strafrecht wird eine ähnlich existenzbedrohende Relevanz wie bei Gefährdungen des Lebens **20.1** gefordert. Das heißt, es muss sich um eine ernstliche Infragestellung der leiblichen Integrität handeln, mithin um die Gefahr einer gravierenden Beeinträchtigung der körperlichen Integrität (Dölling/Duttge/König/Rössner/Duttge, Gesamtes Strafrecht, 4. Aufl. 2017, StGB § 35 Rn. 5).

2. Gefahrenlage bei Nr. 2

Die **Nr. 2** erweitert die Gefahrenbegriffe des PolG NRW – ohne dies, anders als noch **21** in § 8 Abs. 4 des ursprünglichen Entwurfs (LT-Drs. 17/2351) vorgesehen, ausdrücklich zu benennen – um die Kategorie der **drohenden (terroristischen) Gefahr.** Die drohende Gefahr muss sich auf eine terroristische Straftat iSd § 8 Abs. 4 beziehen (zur generellen Kritik an der Vorverlagerung – insbesondere heimlicher Eingriffsbefugnisse – ins Gefahrenvorfeld vgl. Arzt, Stellungnahme 17/936, 2 f.; Gazeas, Stellungnahme 17/662, 8 mwN; zur grundsätzlichen Kritik an der Kategorie der drohenden Gefahr Gazeas, Stellungnahme 17/662, 2 und 8 f. mwN zum ersten Entwurf; Gazeas Stellungnahme 17/945, 14 mwN zum überarbeiteten Entwurf).

Kritisch zur Anknüpfung an Straftaten, statt an konkrete Gefährdungslagen BVerfGE 125, 260 **21.1** Rn. 230: „Den Datenzugriff unter Bezugnahme auf Kataloge von bestimmten Straftaten zu eröffnen, deren Verhinderung die Datenverwendung dienen soll (vgl. BVerfGE 122, 120 [142]), ist hier keine geeignete Regelungstechnik. Sie nimmt den Anforderungen an den Grad der Rechtsgutgefährdung ihre Klarheit und führt zu Unsicherheiten, wenn schon die Straftatbestände selbst Vorbereitungshandlungen und bloße Rechtsgutgefährdungen unter Strafe stellen. Stattdessen bietet sich an, gesetzlich unmittelbar die Rechtsgüter in Bezug zu nehmen, deren Schutz eine Verwendung der Daten rechtfertigen soll, sowie die Intensität der Gefährdung dieser Rechtsgüter, die als Eingriffsschwelle hierfür erreicht sein muss. Eine solche Regelung entspricht dem Charakter der Gefahrenabwehr als Rechtsgüterschutz und gewährleistet eine unmittelbare Anknüpfung an das maßgebliche Ziel, das den Grundrechtseingriff rechtfertigen soll."

Die konkrete Formulierung in Nr. 2 ist nahezu wörtlich dem BKAG-Urteil des BVerfG **22** (BVerfGE 141, 220 Rn. 112) entnommen, weshalb teilweise Zweifel an der verfassungsmäßig geforderten Bestimmtheit geäußert wurden (Gazeas, Stellungnahme 17/945, 12 f. mwN).

Nach dem BVerfG müssen „zumindest tatsächliche Anhaltspunkte für die Entstehung einer konkre- **22.1** ten Gefahr für die Schutzgüter bestehen. Allgemeine Erfahrungssätze reichen insoweit allein nicht aus, um den Zugriff zu rechtfertigen. Vielmehr müssen bestimmte Tatsachen festgestellt sein, die im Einzelfall die Prognose eines Geschehens, das zu einer zurechenbaren Verletzung der hier relevanten Schutzgüter führt, tragen (vgl. BVerfGE 110, 33 <56 f., 61>; 113, 348 <377 f.>). Eine hinreichend konkretisierte Gefahr in diesem Sinne kann danach schon bestehen, wenn sich der zum Schaden führende Kausalverlauf noch nicht mit hinreichender Wahrscheinlichkeit vorhersehen lässt, sofern bereits bestimmte Tatsachen auf eine im Einzelfall drohende Gefahr für ein überragend wichtiges Rechtsgut hinweisen. Die Tatsachen müssen dafür zum einen den Schluss auf ein wenigstens seiner Art nach konkretisiertes und zeitlich absehbares Geschehen zulassen, zum anderen darauf, dass bestimmte Personen beteiligt sein werden, über deren Identität zumindest so viel bekannt ist, dass die Überwachungsmaßnahme gezielt gegen sie eingesetzt und weitgehend auf sie beschränkt werden kann" (BVerfGE 141, 220 Rn. 112). Weiterhin gibt das BVerfG jedoch vor: „die diesbezüglichen Anforderungen **sind normenklar zu regeln**" (BVerfGE 141, 220 Rn. 164).

Das BVerfG selbst nennt als Beispiel für diese Fallgruppe, dass eine Person aus einem **23** Ausbildungslager für Terroristen im Ausland in die Bundesrepublik Deutschland einreist (vgl. BVerfGE 140, 220 Rn. 112 aE). Ähnlich dürfte ein Sachverhalt einzuordnen sein, bei dem sich eine Person durch den Kauf verschiedener frei verkäuflicher Chemikalien in größeren Mengen verdächtig macht, die zum Bau von Sprengsätzen verwendet werden können.

3. Adressaten

Eine TKÜ kann sich nach **Abs. 1 S. 1 Nr. 1** zunächst gegen Handlungsstörer iSd § 4 **24** (→ § 4 Rn. 5 f.) sowie gegen Zustandsstörer iSd § 5 (→ § 5 Rn. 3 f.) richten.

Nach **Abs. 1 S. 1 Nr. 2** kann eine TKÜ-Maßnahmen jedoch auch gegen sog. Gefährder **25** angeordnet werden, dh Personen, von denen eine drohende Gefahr iSd Abs. 1 Nr. 2 (→ Rn. 21) ausgeht.

26   Die Maßnahme darf sich auch gegen **Nachrichtenmittler** in Bezug auf Personen nach Nr. 1 richten, wenn bestimmte Tatsachen die Annahme einer Nachrichtenmittlung rechtfertigen. Ob der Zusatz „bestimmte" Tatsachen die Anforderungen an die Tatsachengrundlage „hochschrauben" soll oder es sich um eine „redaktionelle Unebenheit" handelt, ist unklar (so Ennuschat, Stellungnahme 17/940, 3). In der Sache kommt es nach hier vertretener Auffassung allein auf den objektiv feststellbaren Umstand der Weitergabe oder Entgegennahme der Kommunikation an. Zwar ist schon aus Gründen der Abgrenzung zur Nr. 4 (→ Rn. 27) wohl eine willentliche Handlung des Nachrichtenmittlers zu verlangen. Das heißt, er muss Kenntnis vom Akt der Weitergabe oder Entgegennahme haben. Demgegenüber dürfte es jedoch weder auf eine eigene Wahrnehmung des Inhalts der Kommunikation durch den Nachrichtenmittler ankommen, noch darauf, dass er Kenntnis von den die Voraussetzungen der Nr. 1 erfüllenden Umstände hat (zur verfassungsrechtlichen Zulässigkeit der Ausweitung auf Nachrichtenmittler BVerfGE 141, 220 Rn. 116 mwN).

27   Auch wenn bestimmte Tatsachen (→ Rn. 26) die Annahme einer **Anschlussbenutzung** durch eine Person nach Nr. 1 rechtfertigen, ist eine TKÜ gegen den Anschlussinhaber zulässig. Hierbei dürfte es unerheblich sein, ob der Anschlussinhaber Kenntnis von der Nutzung hat oder nicht (zur verfassungsrechtlichen Zulässigkeit von heimlichen Maßnahmen gegen Dritte allg. s. BVerfGE 141, 220 Rn. 116).

4. Subsidiaritätsklausel

28   Die Maßnahme ist nach **Abs. 1 S. 1 aE** nur zulässig, wenn das Erreichen des damit verfolgten Ziels (Gefahrenabwehr oder Straftatenverhütung) auf andere Weise aussichtslos oder wesentlich erschwert wäre. Es handelt sich um eine **Prognoseentscheidung.** Gleichlautende Klauseln finden sich – insbesondere im Telekommunikationskontext – mittlerweile an mehreren Stellen sowohl in den Polizeigesetzen der Länder (bspw. §§ 20a, 20b; §§ 23a Abs. 1, 23b BWPolG) als auch in der StPO (bspw. § 100a Abs. 1 StPO). Das Urteil über den Nutzen der Klausel geht im Schrifttum weit auseinander. Einerseits wird sie als „rechtspolitisches Dokument symbolhafter Bekräftigungen" verstanden, die „kein Vorbild" für zukünftige Gesetzesvorhaben sein muss (→ § 20a Rn. 73). Andere scheinen ihr gegenüber der rein verfassungsmäßig gebotenen Verhältnismäßigkeitsprüfung konkrete zusätzliche Voraussetzungen abgewinnen zu können („letzte[s] überhaupt zur Verfügung stehende[s] Mittel", s. BeckOK PolR BW/von der Grün BWPolG § 23b Rn. 23). Der nordrheinwestfälische Gesetzgeber hat in der Gesetzesbegründung lediglich den Hinweis gegeben, dass die Klausel „Gründen der Verhältnismäßigkeit" dient (LT-Drs. 17/2351, 37).

5. Unvermeidbare Mitbetroffenheit (Abs. 1 S. 2)

29   Diese Erlaubnis ist vor allem bezüglich des Kommunikationspartners erforderlich, sofern die Voraussetzungen einer TKÜ / Quellen-TKÜ für diese Person nicht vorliegen. Sie bezieht sich jedoch auf alle Personen, die **nicht Zielperson** der Maßnahme iSv Abs. 1 Nr. 1–4 (→ Rn. 24 f.) sind. Die Anforderungen, die an die Unvermeidbarkeit der Betroffenheit Dritter zu stellen sind, hängen maßgeblich von den tatsächlichen Gegebenheiten und Möglichkeiten des Ausschlusses Dritter im Einzelfall ab (BVerfGE 109, 279 Rn. 268).

II. Rechtsfolge

1. Ohne Wissen

30   Es handelt sich um eine **heimliche** Maßnahme zur Gefahrenabwehr. Somit sind die entsprechenden verfahrensmäßigen Flankierungen sicherzustellen (→ Rn. 13). Aufgrund der Erlaubnis der größeren Eingriffstiefe einer verdeckten Überwachung wäre auch eine offene Überwachung zulässig. Daher wird die Maßnahme nicht deshalb unzulässig, wenn die betroffene Person während der Durchführung Kenntnis von ihr erlangt.

30.1   Dass trotz Kenntnis der Überwachung durch die Person, deren Endgerät überwacht wird, noch Erkenntnisse für die Polizei anfallen, ist gleichwohl allenfalls für die Fälle des vorsatzlosen Nachrichtenmittlers (→ Rn. 26), bzw. der Anschlussbenutzung (→ Rn. 27) denkbar, da ein Störer (→ Rn. 24) oder Gefährder (→ Rn. 25) die Nutzung des Gerätes bei Kenntnis der Überwachung wohl sofort einstellen würde.

2. Telekommunikation

Der sachliche Schutzbereich umfasst die „unkörperliche Übermittlung von Informationen **31** an individualisierte Empfänger mit Hilfe des Telekommunikationsverkehrs" (BVerfGE 115, 166 Rn. 66). Telekommunikation ist nach § 3 Nr. 22 TKG der „technische Vorgang des Aussendens, Übermittelns und Empfangens von Signalen mittels Telekommunikationsanlagen". Auf die konkrete Übermittlungsart und Ausdrucksform kommt es nicht an (BVerfGE 115, 166 Rn. 67; BeckOK GG/Epping/Hillgruber GG Art. 10 Rn. 37). Der Schutzbereich des Fernmeldegeheimnisses ist gegenüber neuen technischen Entwicklungen in der Fernmeldetechnik offen, er ist also nicht auf die heute im Einsatz befindlichen Arten elektronischer Informationsvermittlung begrenzt. In diesem Sinne handelt es sich bei dem Fernmeldegeheimnis um eine dynamische und **entwicklungsoffene Grundrechtsgewährleistung** (BVerfGE 115, 166 Rn. 67; BeckOK GG/Ogorek GG Art. 10 Rn. 38 mwN). Folgerichtig werden moderne Kommunikationsformen wie E-Mail, SMS, Voice-over-IP-Telefonie und Messenger-Chats auch dem Fernmeldegeheimnis zugeordnet und nicht dem Briefgeheimnis (so auch BeckOK GG/Ogorek GG Art. 10 Rn. 38; Lisken/Denninger PolR-HdB Rachor/Graulich E Rn. 765, jeweils mwN).

3. Laufende Kommunikation

Das Merkmal wurde zur Abgrenzung der Quellen-TKÜ von der eingriffsintensiveren **32** Online-Durchsuchung in das Gesetz aufgenommen (zur Abgrenzung → Rn. 10). Da das Merkmal vor die Klammer gezogen ist und eine Quellen-TKÜ zunächst die Zulässigkeit einer TKÜ voraussetzt, gilt es nach dem Gesetzeswortlaut zwar auch für die TKÜ. Es spielt bei der klassischen TKÜ jedoch faktisch keine Rolle, da mit dieser schon technisch nur laufende Kommunikation überwacht werden kann (→ Rn. 17).

4. Überwachen oder Aufzeichnen

Überwachen meint das gegenwärtige zur Kenntnis nehmen im Zeitpunkt, in dem die **33** Kommunikation stattfindet. Dies kann bei Gesprächen durch **Mithören** bzw. bei schriftlicher Kommunikation durch **Mitlesen** erfolgen. **Aufzeichnen** meint die Speicherung, um den Kommunikationsinhalt für eine spätere – auch wiederholte – Kenntnisnahme verfügbar zu machen (ausf. zum Ganzen Möllers Polizei-WB/Kastner Telekommunikationsüberwachung (TKÜ)).

E. Quellen-TKÜ (Abs. 2, Abs. 3)

I. Erweiterter Tatbestand (Abs. 1 iVm Abs. 2)

Die Voraussetzungen des Abs. 2 müssen zusätzlich zu denjenigen aus Abs. 1 vorliegen. **34**

1. Ausschließlich laufende Kommunikation (Abs. 2 Nr. 1)

Quellen-TKÜ ist nur in Bezug auf aktuell stattfindende Kommunikation zulässig (zur **35** Abgrenzung zur Online-Durchsuchung → Rn. 10). Es wird von vielen Seiten bezweifelt, dass eine Beschränkung der Überwachung auf laufende Kommunikation derzeit **technisch möglich** ist (vgl. Gazeas, Stellungnahme 17/662, 19; BT-Drs. 19/1810, 1, jeweils mwN). Dies berührt nach dem BVerfG jedoch nicht die verfassungsrechtliche Zulässigkeit der Regelung (BVerfGE 141, 220 Rn. 234).

2. Notwendigkeit (Abs. 2 Nr. 2)

Auch die gegenüber der normalen TKÜ gesteigerte Eingriffsintensität der Quellen-TKÜ **36** muss gerechtfertigt sein. Quellen-TKÜ ist trotz Vorliegens der Voraussetzungen des Abs. 1 anstelle von normaler TKÜ nur dann zulässig, wenn sie **erforderlich** ist, um die Telekommunikation überwachen zu können. Es darf somit keine andere, weniger einschneidende Art und Weise geben, die Telekommunikation zu überwachen. Der häufigste Grund für die Notwendigkeit von Quellen-TKÜ wird die – schon vom Gesetz erwähnte – **Verschlüsselung** der Nachrichteninhalte sein. Verschlüsselte Kommunikation (wie bspw. Ende-zu-Ende-Verschlüsselung) ist unter den zurzeit gängigen Messenger- und Voice-over-IP-Diensten weit verbreitet (vgl. BeckOK PolR BW/von der Grün BWPolG § 23b Rn. 35).

II. Erweiterte Rechtsfolge (Abs. 1 iVm Abs. 2)

37   Abs. 2 gestattet eine TKÜ iSd Abs. 1 in einer besonderen Weise. Ziel ist somit eine TKÜ, nur dass hierfür besondere zusätzliche Maßnahmen ergriffen werden dürfen, um das Ziel der TKÜ erreichen zu können.

1. Eingriff in informationstechnisches System

38   Auch wenn die Quellen-TKÜ – solange sie sich auf laufende Kommunikation beschränkt – nach der Rechtsprechung des BVerfG nicht am Grundrecht auf Gewährleistung der Vertraulichkeit und Integrität informationstechnischer Systeme zu messen ist (→ Rn. 16), spricht der Gesetzeswortlaut von Eingriffen in ein informationstechnisches System. Dabei ist – ohne dass die Gesetzesbegründung hierzu etwas ausführt (vgl. LT-Drs. 17/2351, 37) – davon auszugehen, dass der Begriff des informationstechnischen Systems wie auch bei §§ 100a, 100b StPO (vgl. Lisken/Denninger PolR-HdB Rachor/Graulich E Rn. 781) dem aus **§ 2 Abs. 2 Nr. 1 BSIG** entspricht.

2. Von der betroffenen Person genutzt

39   Die Voraussetzung soll klarstellen, dass die Quellen-TKÜ lediglich bezüglich des Endgerätes dem **jeweiligen Adressaten** gestattet ist, bei dem die Voraussetzungen nach Abs. 1 Nr. 1–4 (→ Rn. 19 f.) vorliegen.

3. Technisches Mittel

40   Auch dieser Begriff ist wie der des informationstechnischen Systems (→ Rn. 36) weit gewählt. Auf diese Weise sind auch künftige technische Entwicklungen miterfasst. Derzeit erfolgt der Eingriff in das informationstechnische System mittels einer speziellen Software (zu den verschiedenen Installationsmöglichkeiten → Rn. 18). Diese Software ersetzt die fehlende Abhörschnittstelle (→ Rn. 17) beim Diensteanbieter. Sie schafft über die Internetverbindung des informationstechnischen Systems eine heimliche Datenverbindung zur Polizei, über welche die ausgelesenen Informationen (je nach Überwachungsart Text oder Ton) versendet werden. Solche (Schad-) Software wird gemeinhin als Trojaner bezeichnet, weshalb in diesem Zusammenhang häufig vom „**Staatstrojaner**" oder „**Bundestrojaner**" (vgl. zu letzterem Lisken/Denninger PolR-HdB Rachor/Graulich E Rn. 781) gesprochen wird. In Nordrhein-Westfalen wird voraussichtlich die Software „Remote Communication Interception Software" (RCIS mobile-Version 2.0) verwendet. Hierbei handelt es sich um eine vom Bundeskriminalamt entwickelte und zur Verfügung gestellte Software, die in Nordrhein-Westfalen bereits im Rahmen des § 100a StPO genutzt wird (vgl. LT-Drs. 17/772; 17/2204).

4. Annexkompetenzen

41   Vorbereitungshandlungen für das Aufbringen und Entfernen der Spähsoftware dürften als Annexkompetenz grundsätzlich zulässig sein (vgl. die Überlegungen zur akustischen Wohnraumüberwachung in BeckOK PolR BW/von der Grün BWPolG § 23 Rn. 46 mwN; zur mit § 20c vergleichbaren StPO-Norm KK-StPO/Bruns StPO § 100a Rn. 46 mwN). Hierzu gehört bezüglich der Quellen-TKÜ bspw. die Ermittlung des verwendeten Gerätetyps sowie des installierten Betriebssystems oder verwendeter Software. Auch Maßnahmen zur Ermöglichung des **physischen Zugriffs** auf das Gerät zwecks manuellen Aufspielens der Spähsoftware dürften hierunter fallen (zur vergleichbaren StPO-Norm KK-StPO/Bruns StPO § 100a Rn. 46 mwN). Dies gilt wegen der erhöhten Eingriffsintensität jedoch nicht, soweit diese

Handlungen in einer Wohnung erfolgen sollen, da dieser Eingriff an Art. 13 GG zu messen wäre (vgl. BVerfGE 120, 274 Rn. 193).

III. Technische Umsetzung (Abs. 3)

1. Für Datenerhebung unerlässliche Veränderungen (Abs. 3 S. 1 Nr. 1)

Es dürfen lediglich solche Veränderungen an dem informationstechnischen System vorge- **42** nommen werden, die für die Durchführung der Maßnahme unerlässlich, dh **unbedingt erforderlich** sind. Gemeint sind somit Maßnahmen, ohne die die Quellen-TKÜ nicht erfolgversprechend durchgeführt werden kann. Das umfasst zunächst eindeutig solche Veränderungen, die das Aufspielen sowie die Funktion des technischen Mittels (→ Rn. 40) überhaupt erst ermöglichen. Auch müssen solche Veränderungen zulässig sein, die die Einhaltung der weiteren gesetzlichen Voraussetzungen für die Zulässigkeit der Maßnahme sicherstellen. Hierzu gehören Veränderungen, die die automatisierte und möglichst rückstandsfreie Rückgängigmachung (→ Rn. 43) des Eingriffs gewährleisten sowie Veränderungen, die das technische Mittel gegen unbefugte Nutzung schützen (→ Rn. 44). Dazu dürften auch solche Veränderungen gehören, die sicherstellen, dass das technische Mittel während der Verwendung möglichst unentdeckt bleibt.

2. Pflicht zur automatisierten und möglichst rückstandsfreien Rückgängigmachung (Abs. 3 S. 1 Nr. 2)

Die an dem informationstechnischen System vorgenommenen Veränderungen sollen nach **43** Beendigung der Maßnahme möglichst rückstandsfrei automatisch rückgängig gemacht werden. Dies soll der Verhältnismäßigkeit der Maßnahme dienen (LT-Drs. 17/2351, 37). Die Vorgabe steht unter dem **Vorbehalt der technischen Möglichkeit.** Die Anforderungen, die an die technische Unmöglichkeit zu stellen sind, dürften ähnlich wie bei der unvermeidbaren Mitbetroffenheit (→ Rn. 29) maßgeblich von den tatsächlichen Gegebenheiten und Möglichkeiten abhängen. Es dürfte somit nicht unabhängig von dem hierfür erforderlichen Aufwand oder den anfallenden Kosten jede technisch mögliche Maßnahme zu ergreifen sein. Vielmehr dürften vertretbare Aufwendungen gemeint sein.

3. Pflicht zum Schutz des eingesetzten Mittels gegen unbefugte Nutzung (Abs. 3 S. 2)

Es sind Vorkehrungen dafür zu treffen, dass das eingesetzte technische Mittel nicht unbe- **44** fugt genutzt wird. Eine naheliegende Gefahr, die hierdurch verhindert werden soll, ist, dass die genutzte Software als solche (das technische Mittel, → Rn. 40) nicht kriminellen Kräften in die Hände fällt. Problematisch könnte jedoch auch sein, dass im Fall der Entdeckung der Software auf einem infiltrierten Gerät die Software nachprogrammiert werden kann (sog. **Reverse Engineering**) oder zumindest Rückschlüsse auf eine ggf. genutzte Sicherheitslücke gezogen werden können, die es ermöglichen, ebenfalls eine Infiltrationssoftware zu programmieren, die diese Sicherheitslücke ausnutzt (zum Problem des „Offenhaltens" von Sicherheitslücken → Rn. 52). Maßnahmen zum Schutz des eingesetzten Mittels dürften von Abs. 3 S. 1 Nr. 1 umfasst sein (→ Rn. 42).

4. Pflicht zum Schutz der kopierten Daten (Abs. 3 S. 3)

Die ausgelesenen Daten sind vor unbefugter Nutzung zu schützen. Ausdrücklich genannt **45** sind zwar lediglich der Schutz vor Veränderung, Löschung und Kenntnisnahme. Schon aus dem allgemeinen Datenschutzrecht ergibt sich jedoch bereits die Pflicht, notwendige technische und organisatorische Maßnahmen zu ergreifen, um personenbezogene Daten vor jeglicher unbefugter Verarbeitung zu schützen (vgl. § 58 DSG NRW). Bezüglich des gleichlautenden § 100a Abs. 5 S. 3 StPO wurde eine solche Regelung folgerichtig als „**datenschutzrechtliche Selbstverständlichkeit**" bezeichnet (KK-StPO/Bruns StPO § 100a Rn. 45). Der Nutzen von Abs. 3 S. 3 dürfte daher vor allem in seiner **Wiederholungs- und Erinnerungsfunktion** liegen. Tatsächlich mag seine unmittelbare Verortung in § 20c die Berücksichtigung des Schutzes der abgefangenen Daten in der Praxis befördern.

F. Anordnung und Verfahren (Abs. 4–6)

I. Antragsbefugnis, Anordnungsbefugnis und Verfahren (Abs. 4)

46   Nach **Abs. 4 S. 1** unterliegen Maßnahmen nach § 20c einem **Richtervorbehalt.** Ein solcher ist nach dem BVerfG bei TKÜ und Quellen-TKÜ zur Grundrechtssicherung erforderlich (BVerfGE 141, 220 Rn. 235). Antragsbefugt ist grundsätzlich nur die Behördenleitung oder deren Vertretung. Die Anordnung trifft das Amtsgericht, in dessen Bezirk die antragende Polizeibehörde ihren Sitz hat. Bei Gefahr im Verzug kann die Maßnahme auch durch die Behördenleitung angeordnet werden (**§ 20c Abs. 6 S. 7 iVm § 18 Abs. 2 S. 5**). Die richterliche Bestätigung ist dann unverzüglich nachzuholen (**§ 20c Abs. 6 S. 7 iVm § 18 Abs. 2 S. 6**). Erfolgt dies nicht binnen drei Tagen, tritt die Anordnung durch die Behördenleitung außer Kraft (**§ 20c Abs. 6 S. 7 iVm § 18 Abs. 2 S. 7**). Bleibt die richterliche Bestätigung aus, dürfen die erhobenen Daten nicht verwendet werden (**§ 20c Abs. 6 S. 7 iVm § 18 Abs. 2 S. 8**) und sind unverzüglich zu löschen (**§ 20c Abs. 6 S. 7 iVm § 18 Abs. 2 S. 9**). Das Verfahren von Antrag und Anordnung richtet sich nach den Vorschriften des FamFG (**Abs. 4 S. 2**).

46.1   Im Gesetzgebungsverfahren wurde kritisiert, dass das Verfahren nach dem FamFG keinen ausreichenden Rechtsschutz biete (vgl. Gazeas, Stellungnahme 17/662, 30 f. mwN; 17/945, 15).

47   Teilweise wird bezweifelt, dass den verfassungsrechtlichen Anforderungen an den **Richtervorbehalt** mit dieser Regelung genügt wird. Dem Gericht sei es – mangels Zugriff auf den Quellcode sowie ausreichender technischer Kenntnisse – nicht möglich, das eingesetzte Mittel auf Übereinstimmung mit den gesetzlichen Vorgaben zu prüfen, weshalb der Richtervorbehalt faktisch leerliefe (vgl. Gazeas, Stellungnahme 17/662, 19 mwN; 17/945, 14).

47.1   Zur Abhilfe wird vorgeschlagen, bspw. eine Zertifizierungspflicht – ähnlich dem bei Messgeräten in Verkehrsordnungswidrigkeitenverfahren – durch die Datenschutzaufsichtsbehörden vorzusehen (Gazeas, Stellungnahme 17/662, 19 f. mwN; 17/945, 14).

47.2   Zwar existiert eine durch den Bund und die Länder erarbeitete (interne) standardisierende Leistungsbeschreibung (Stand: 2.10.2012, veröffentlicht bei https://fragdenstaat.de/anfrage/standardisierende-leistungsbeschreibung-quellen-tku-1/8095/anhang/leistungsbeschreibung-quellen-tku.pdf). In dieser sind insbesondere unter Nr. 1.2 umfangreiche quellcodebezogene Prüfrechte und -pflichten vorgesehen. Jedoch enthält § 20c keine Verpflichtung auf diese standardisierende Leistungsbeschreibung und ist auch sonst nicht bekannt, ob die standardisierende Leistungsbeschreibung auf § 20c oder das voraussichtlich hierfür genutzte Programm (→ Rn. 40) derzeit Anwendung findet.

II. Inhalt des Antrags (Abs. 5)

48   **Abs. 5** regelt die Pflichtinhalte des Antrags. Im BKAG-Urteil hat das BVerfG für TKÜ und Quellen-TKÜ eine Begründung des Antrags für erforderlich erklärt (BVerfGE 141, 220 Rn. 235). Eine solche ist nach **Abs. 5 Nr. 6** vorgesehen.

III. Formalia der Anordnung (Abs. 6)

49   Abs. 6 regelt die Form (schriftlich, **S. 1**) sowie die Pflichtinhalte der Anordnung (**S. 2**). Durch die in Nr. 1 enthaltene Kennung des Kommunikationsanschlusses oder des Endgerätes wird eine Datenerhebung nicht nur auf der Basis der Rufnummer, sondern auch mit Hilfe der **IMEI** ermöglicht, so dass das Mobilfunkgerät auch bei einem Wechsel der SIM-Karte identifizierbar bleibt (LT-Drs. 17/2351, 37). Über **S. 3** sind entsprechend § 18 Abs. 2 S. 3 auch Name und Anschrift der Person nach Abs. 1 (→ Rn. 24 f.), Art und Umfang der zu erhebenden Daten sowie eine Begründung anzugeben. Obwohl die Angabe im Antrag (vgl. Abs. 5 Nr. 4 aE) und auch eine entsprechende Protokollierung verlangt ist (vgl. Abs. 9 S. 2 Nr. 2, → Rn. 60), ist in der Anordnung nicht der Hersteller und die Softwareversion des zum Einsatz kommenden technischen Mittels zu nennen (krit. Gazeas, Stellungnahme 17/945, 14 f.).

50   Die Höchstfrist pro Anordnung beträgt drei Monate (**Abs. 6 S. 4**). Eine Verlängerung ist möglich (**Abs. 6 S. 5**). Bedingung hierfür ist, dass die Voraussetzungen für die Anordnung auch unter Berücksichtigung der bisher aus der Maßnahme gewonnenen Erkenntnisse fortbe-

stehen (**Abs. 6 S. 5 Hs. 2**). Wenn die Voraussetzungen der Anordnung nicht mehr vorliegen, sind die aufgrund der Anordnung getroffenen Maßnahmen unverzüglich zu beenden (**Abs. 6 S. 6**). Es greift dann das Gebot aus Abs. 3 S. 1 Nr. 2 (→ Rn. 43).

Im Gesetzgebungsverfahren wurde angeregt, ebenfalls den Endzeitpunkt der Maßnahme als Pflicht- **50.1** angabe der Anordnung aufzunehmen (Gazeas, Stellungnahme 17/945, 15). Dies sollte unter anderem Missverständnisse beim Diensteanbieter ausschließen. Weiterhin wurde die Aufnahme einer Höchstfrist der Maßnahme vorgeschlagen, oder alternativ, dass ab einer bestimmten Gesamtdauer der Maßnahme die Anordnungskompetenz für weitere Verlängerungen auf die nächsthöhere Gerichtsinstanz übergeht (Gazeas, Stellungnahme 17/945, 15). Diesen Vorschlägen wurde nicht gefolgt.

G. Pflichten der Diensteanbieter und Entschädigung (Abs. 7)

I. Pflichten der Diensteanbieter bezüglich TKÜ

S. 1 verpflichtet die **Diensteanbieter,** der Polizei die Maßnahme nach Abs. 1 zu ermögli- **51** chen und erforderliche Auskünfte zu erteilen. Der Begriff Diensteanbieter ist in S. 1 legal definiert. Er umfasst „jeden, der Telekommunikationsdienste erbringt oder daran mitwirkt". Die Definition deckt sich mit § 2 Nr. 6 TKG. **S. 2** bestimmt, dass sich die näheren Vorgaben aus dem TKG und der TKÜV ergeben. Nach § 110 Abs. 1 TKG müssen Diensteanbieter in ihren Netzen „**Abhörschnittstellen**" bereithalten, über die die Ausleitung der Daten der klassischen TKÜ nach Abs. 1 möglich ist (vertiefend KK-StPO/Bruns StPO § 100a Rn. 41). Im Gegenzug für Ihre Mitwirkung erhalten die Telefonie-Anbieter eine **Entschädigung** entsprechend § 23 Abs. JVEG (**S. 3**). Die Höhe der Entschädigung ergibt sich aus Anlage 3 JVEG (vertiefend Lisken/Denninger PolR-HdB Petri G Rn. 647).

II. Pflichten der Diensteanbieter bezüglich Quellen-TKÜ

S. 1 dürfte jedoch **keine Verpflichtung** der Diensteanbieter bezüglich der Quellen- **52** TKÜ enthalten. Solche Pflichten könnten etwa darin bestehen, vorhandene und erkannte Sicherheitslücken offen zu halten, bzw. Sicherheitslücken extra zu schaffen, damit die Polizei diese für die Quellen-TKÜ nutzen kann (näher zur Problematik nicht geschlossener Sicherheitslücken → Rn. 53).

Entsprechende Bedenken waren unter anderem im Gesetzgebungsverfahren geäußert worden (vgl. **52.1** Landesbeauftragte für Datenschutz und Informationsfreiheit Nordrhein-Westfalen, Stellungnahme 17/ 645, 14). Diese Bedenken waren, obwohl sie während der Landtagsanhörung zurückgewiesen wurden (vgl. Ausschussprotokoll 17/299, 34), im Zeitpunkt der Anhörung nicht von der Hand zu weisen. Immerhin bezieht sich die Pflicht der Diensteanbieter aus S. 1 auf TKÜ-Maßnahmen nach Abs. 1 und der Wortlaut des Abs. 2 lässt vermuten, dass auch die Quellen-TKÜ eine Maßnahme nach Abs. 1 ist, nur eben mit zusätzlichen Voraussetzungen (→ Rn. 37). Hinzu kommt, dass es bis vor kurzem noch fraglich war, ob Anbieter sog. Over-the-Top-Dienste (OTT-Dienste), wozu unter anderem Messenger-Dienste zählen, auch Diensteanbieter im Sinne des TKG (und damit iSd Abs. 7 S. 1) sind bzw. sein können. Maßgeblich hierfür war die Frage, ob es sich bei OTT-Diensten um Telekommunikationsdienste iSd § 3 Nr. 24 TKG handelt. Das BVerfG (BeckRS 2018, 36598 = CR 2019, 195) hatte dies noch zu unterstellen, da die TK-Anbietereigenschaft in diesem Verfahren nicht streitig war (vgl. Kiparski CR 2019, 460 Rn. 15 f.). Der EuGH hat jedoch nunmehr entschieden (EuGH BeckRS 2019, 10378 – Skype; BeckRS 2019, 11104 – Google), dass Diensteanbieter im Sinne des TKG nur ist, wer selbst für die Signalübertragung im TK-Netz zumindest mitverantwortlich ist (vgl. zum Ganzen und insbesondere zu Änderungen durch den sog. TK-Kodex Kiparski CR 2019, 460; insbesondere zum TK-Kodex Kiparski CR 2019, 179).

III. Zum Problem des Offenhaltens von Sicherheitslücken

Eine Art und Weise, das technische Mittel (→ Rn. 40) auf das informationstechnische **53** System (→ Rn. 38) aufzuspielen, ist es, eine vorhandene Sicherheitslücke im verwendeten Betriebssystem oder in auf dem System installierter Software auszunutzen (zu den anderen Varianten → Rn. 18). Hierzu muss das technische System speziell hinsichtlich dieser Sicherheitslücke programmiert werden. Dies verursacht Aufwand und Kosten. Um von einer Sicherheitslücke möglichst lange profitieren zu können, ist es somit von Vorteil, wenn die ausgenutzte Sicherheitslücke möglichst lange bestehen bleibt. Verschiedene Stellen befürchten daher, dass Sicherheitsbehörden ein Interesse daran haben könnten, Sicherheitslücken, die sie ausnutzen möchten, offen zu halten, anstatt auf eine schnellstmögliche Schließung hinzuwirken (vgl. Landesbeauftragte für Datenschutz und Informationsfreiheit Nordrhein-Westfalen, Stellungnahme 17/645, 14; 17/1447, 4; LT-Drs. 17/5056, 3; Pohlmann/Riedel DRiZ 2018, 52 ff.; DuD 2018, 37 ff.). Offene Sicherheitslücken – zumal in Software, die auf Millionen von Geräten installiert ist – werden jedoch als **massives IT-Sicherheitsproblem** gesehen, da die Lücken auch von Kriminellen erkannt und ausgenutzt werden können (vgl. Gazeas, Stellungnahme 17/662, 18 mwN; Landesbeauftragte für Datenschutz und Informationsfreiheit Nordrhein-Westfalen, Stellungnahme 17/645, 14; 17/1447, 4; LT-Drs. 17/5056, 3; Pohlmann/Riedel DRiZ 2018, 52 ff.; DuD 2018, 37 ff.).

53.1   In Nordrhein-Westfalen soll eine Geheimhaltung von Sicherheitslücken mit Stand Oktober 2016 nicht stattfinden (vgl. damaliger Innenminister Jäger, Plenarprotokoll 16/124, 12949). Allerdings existierte zu dieser Zeit weder die Quellen-TKÜ nach § 100a StPO noch nach § 20c. Zudem sieht die Responsible Disclosure Policy (RDP) der CERT NRW (Computer Emergency Response Team NRW), wonach über Sicherheitslücken grundsätzlich zu informieren ist, eine Ausnahme für Verschlusssachen vor. Das bedeutet, dass Sicherheitslücken dann nicht von der RDP erfasst werden, wenn sie – bspw. weil sie ausgenutzt werden sollen – als Verschlusssache deklariert sind (vgl. nur Landesbeauftragte für Datenschutz und Informationsfreiheit Nordrhein-Westfalen, Stellungnahme 17/1447, 4).

H. Kernbereichsschutz (Abs. 8)

I. Verfassungsrechtliche Vorgaben

54   Einen Überblick über die verfassungsrechtlichen Vorgaben betreffend den Kernbereichsschutz insgesamt liefert die Entscheidung des BVerfG v. 20.4.2016 (BVerfGE 141, 220 Rn. 119 ff.).

55   Erkenntnisse aus dem Kernbereich privater Lebensgestaltung (**Kernbereichserkenntnisse**) sind solche Informationen und personenbezogene Daten der (mit-) überwachten Person(en), die innere Vorgänge wie Empfindungen und Gefühle sowie Überlegungen, Ansichten und Erlebnisse höchstpersönlicher Art umfassen (BVerfGE 141, 220 Rn. 121 f. mwN, → Rn. 55.1). Der Kernbereich umfasst auch das durch das Berufsgeheimnis geschützte Vertrauensverhältnis der in §§ 53, 53a StPO genannten Berufsgeheimnisträger (**§ 20c Abs. 8 S. 9 iVm § 18 Abs. 3 S. 3**).

55.1   Geschützt ist insbesondere die nichtöffentliche Kommunikation mit Personen des höchstpersönlichen Vertrauens, die in der berechtigten Annahme geführt wird, nicht überwacht zu werden, wie es insbesondere bei Gesprächen im Bereich der Wohnung der Fall ist. Zu diesen Personen gehören insbesondere Ehe- oder Lebenspartner, Geschwister und Verwandte in gerader Linie, vor allem, wenn sie im selben Haushalt leben, und können Strafverteidiger, Ärzte, Geistliche und enge persönliche Freunde zählen (vgl. BVerfGE 109, 279 (321 ff.)). Dieser Kreis deckt sich nur teilweise mit dem der Zeugnisverweigerungsberechtigten. Solche Gespräche verlieren dabei nicht schon dadurch ihren Charakter als insgesamt höchstpersönlich, dass sich in ihnen Höchstpersönliches und Alltägliches vermischen (vgl. BVerfGE 109, 279 (330); 113, 348 (391 f.)). Demgegenüber ist die Kommunikation unmittelbar über Straftaten nicht geschützt, selbst wenn sie auch Höchstpersönliches zum Gegenstand hat. Die Besprechung und Planung von Straftaten gehört ihrem Inhalt nach nicht zum Kernbereich privater Lebensgestaltung, sondern hat Sozialbezug (vgl. BVerfGE 80, 367 (375); 109, 279 (319 f., 328); 113, 348 (391)). Dies bedeutet freilich auch, dass der Kernbereich unter einem allgemeinen Abwägungsvorbehalt in Bezug auf öffentliche Sicherheitsinteressen steht. Ein höchstpersönliches Gespräch fällt nicht schon dadurch aus dem Kernbereich privater Lebensgestaltung heraus, dass es für die Aufklärung von Straftaten oder Gefahren hilfreiche Aufschlüsse geben kann. „Aufzeichnungen oder Äußerungen im Zwiegespräch, die zum Beispiel ausschließlich innere Eindrücke und Gefühle wiedergeben und keine Hinweise auf konkrete Straftaten enthalten, gewinnen nicht schon dadurch einen Gemeinschaftsbezug, dass sie Ursachen oder Beweggründe eines strafbaren Verhaltens freizulegen vermögen" (vgl. BVerfGE 109, 279 (319)).

56   Der Grundrechtsschutz muss **zweistufig** – auf der **Erhebungsebene** und auf der **Auswerteebene** – ausgestaltet sein, um eine unbeabsichtigte Miterfassung von Kernbereichsinformationen nach Möglichkeit auszuschließen und die Folgen eines dennoch nicht vermiedenen Eindringens in den Kernbereich privater Lebensgestaltung soweit möglich zu minimieren (vgl. BVerfGE 141, 220 Rn. 126 mit Verweis unter anderem auf BVerfGE 120, 274 Rn. 277).

II. Konkrete Umsetzung

1. Maßnahmen zur Vermeidung der Erfassung von Kernbereichserkenntnissen

Entsprechend den verfassungsrechtlichen Vorgaben (→ Rn. 54 f.) ist nach **S. 1** die gesamte **57** TKÜ-Maßnahme unzulässig, falls tatsächliche Anhaltspunkte dafür vorliegen, dass bei der Maßnahme **ausschließlich** Kernbereichserkenntnisse erlangt würden. Dass derartige Anhaltspunkte jemals vorliegen, ist gleichwohl zweifelhaft (so auch BeckOK PolR BW/von der Grün BWPolG § 23b Rn. 24). Bei unmittelbarer Kenntnisnahme des Telekommunikationsverkehrs während der Maßnahme (Mitlesen oder Mithören, → Rn. 33) und gleichzeitiger Aufzeichnung ist die Maßnahme unverzüglich zu unterbrechen, wenn sich währenddessen tatsächliche Anhaltspunkte dafür ergeben, dass Kernbereichserkenntnisse erfasst werden (**S. 2**). Bestehen insoweit Zweifel, darf nur noch automatisiert aufgezeichnet, jedoch nicht mehr überwacht (dh mitgehört oder mitgelesen) werden (**§ 20c Abs. 8 S. 9 iVm § 18 Abs. 4 S. 2**). Nach einer Unterbrechung oder einer automatisierten Aufzeichnung iSv § 20c Abs. 8 S. 9 iVm § 18 Abs. 4 S. 2 darf die Erhebung mit Aufzeichnung und gleichzeitiger Überwachung fortgesetzt werden, wenn zu erwarten ist, dass die Gründe für die Unterbrechung oder die automatisierte Aufzeichnung entfallen sind (**§ 20c Abs. 8 S. 9 iVm § 18 Abs. 4 S. 3**).

2. Maßnahmen bei Erlangung von Kernbereichserkenntnissen außerhalb automatisierter Aufzeichnung

Außerhalb von automatisierter Aufzeichnung gleichwohl erlangte Kernbereichserkennt- **58** nisse dürfen nach **S. 3** nicht verwertet werden und entsprechende Aufzeichnungen hierüber sind nach **S. 4** unverzüglich zu löschen. Dass Kernbereichserkenntnisse erfasst und gelöscht wurden, ist zu dokumentieren (**S. 5**). Die Dokumentation darf nach **S. 6** ausschließlich für Datenschutzkontrollen iSd § 33c verwendet werden. Die Dokumentation ist sechs Monate nach der Benachrichtigung gem. § 33 Abs. 2 S. 1 (→ § 33 Rn. 15) zu löschen (**S. 7**), frühestens jedoch nach Beendigung der Datenschutzkontrolle iSd § 33c (**S. 8**; zu den entsprechenden verfassungsrechtlichen Vorgaben s. BVerfGE 141, 220 Rn. 129, 240 f.). Bei dem ursprünglich in **S. 7 Hs. 2** enthaltenen Verweis auf § 33 Abs. 4 S. 7 handelte es sich um ein redaktionelles Versehen. Die gemeinte und im ursprünglichen Entwurf vorgesehene Vorschrift (vgl. LT-Drs. 17/2576, 50) wurde nach Kritik im Verlauf des Gesetzgebungsverfahrens aus dem Entwurf gestrichen (vgl. LT-Drs. 17/4526, 27). Der ins Leere gehende Verweis wurde mit dem Gesetz zur Stärkung der Rechte von im Polizeigewahrsam festgehaltenen Personen korrigiert (→ Rn. 5 aE).

3. Maßnahmen bei automatisierter Aufzeichnung

Soweit bei Zweifeln in Bezug auf das Vorliegen der Voraussetzungen nach S. 2 gem. § 20c **59** Abs. 8 S. 9 iVm § 18 Abs. 4 S. 2 automatisiert aufgezeichnet wurde, ist die Aufzeichnung unverzüglich dem anordnenden Gericht zur Entscheidung über die Verwertbarkeit und Löschung der Daten vorzulegen (**§ 20c Abs. 8 S. 9 iVm § 18 Abs. 4 S. 4**). Das Gericht teilt der Polizeibehörde unverzüglich mit, welche Teile der Aufzeichnung verwertet werden können (**§ 20c Abs. 8 S. 9 iVm § 18 Abs. 4 S. 5**). Für die nicht verwertbaren Teile ordnet das Gericht die unverzügliche Löschung an (**§ 20c Abs. 8 S. 9 iVm § 18 Abs. 4 S. 5**). Dass Kernbereichserkenntnisse (im Wege der automatisierten Aufzeichnung) erfasst wurden und soweit diese gelöscht wurden, ist zu dokumentieren (**§ 20c Abs. 8 S. 9 iVm § 18 Abs. 4 S. 7**; zu den entsprechenden verfassungsrechtlichen Vorgaben s. BVerfGE 141, 220 Rn. 129, 240 f.).

I. Protokollierungspflichten (Abs. 9)

§ 20c Abs. 9 S. 1 regelt iVm § 33b Abs. 1 und Abs. 2 die in jedem Fall zu protokollieren- **60** den Angaben, unabhängig davon, ob eine TKÜ oder eine Quellen-TKÜ durchgeführt wird.

Die Regelung stellt eine Dopplung dar, da diese Angaben auch bereits nach § 33b Abs. 1 selbst zu protokollieren sind (vgl. Wortlaut des § 33b Abs. 1: die „§§ 17 **bis** 21" enthalten auch § 20c). Zu protokollieren sind danach das zur Datenerhebung eingesetzte Mittel (§ 33b Abs. 1 Nr. 1), der Zeitpunkt des Einsatzes (§ 33b Abs. 1 Nr. 2), die Angaben, die die Feststellung der erhobenen Daten ermöglichen (§ 33b Abs. 1 Nr. 3) und die Organisationseinheit, die die Maßnahme durchführt (§ 33b Abs. 1 Nr. 3) sowie die Beteiligten der überwachten Telekommunikation (§ 33b Abs. 2 iVm § 33 Abs. 1 Nr. 7). **S.** 2 regelt zusätzliche Protokollierungspflichten bei einer Quellen-TKÜ.

61   Die weiteren Vorgaben bezüglich Protokolldaten ergeben sich aus § 33b (zu den verfassungsrechtlichen Vorgaben bezüglich Protokollierung s. BVerfGE 141, 220 Rn. 141, 267, 272).

J. Parlamentarische Kontrolle und Befristung (Abs. 10)

62   Die Vorschrift des § 20c ist zum 31.12.2022 zu evaluieren und dem Landtag hierüber zu berichten (**S. 1**). § 20c ist zudem befristet bis zum 31.12.2023 (**S. 2**). Derartige Berichts- und Befristungsregelungen sind einerseits sinnvoll und teilweise von Verfassung wegen geboten (BVerfGE 141, 220 Rn. 143). Ein wirksames Instrument des Grundrechtsschutzes können sie gleichwohl nur sein, wenn sie seitens der Legislative nicht regelmäßig vor Ablauf aufgehoben werden, ggf. schon vor Vorlage des hierzu gesetzlich vorgesehenen unabhängigen Evaluationsberichts (vgl. Arzt, Stellungnahme 17/652, 16).

K. Sonstiges

I. Kennzeichnungspflichten

63   Kennzeichnungspflichten der erhobenen Daten richten sich nach § 22b.

II. Benachrichtigungspflichten

64   Die Benachrichtigungspflichten ergeben sich aus § 33.

III. Zweckänderungen

65   Die (auch zweckändernde) Weiterverarbeitung von per TKÜ und Quellen-TKÜ erhobenen personenbezogenen Daten richtet sich nach §§ 23 f.

IV. Datenschutzkontrolle

66   Spezielle Regelungen der Datenschutzkontrolle sind in § 33c enthalten. Im Übrigen richten sich die Zuständigkeiten und Befugnisse der oder des Landesbeauftragten für Datenschutz und Informationsfreiheit im Anwendungsbereich der JI-RL nach Teil 1 und 3 DSG NRW, bzw. im Anwendungsbereich der DS-GVO (VO (EU) 679/16 v. 27.4.2016, ABl. 2016 L 119, 1) nach dieser selbst und ergänzend nach Teil 1 und 2 DSG NRW.

V. Nutzung von § 20c in der Praxis

66a   Mit Bericht v. 11.9.2019 (LT-Drs. 17/2447) informierte die Landesregierung den Landtag unter anderem über die im Jahr 2018 laufenden Quellen-TKÜ-Maßnahmen. Auffallend war dabei, dass der Bericht für 2018 bereits sechs Verfahren nach § 20c auswies (vgl. LT-Drs. 17/2447, 7), obwohl die Vorschrift erst zum 20.12.2018 in Kraft getreten war. Ob die Quellen-TKÜ daher wirklich nur in wenigen Einzelfällen zur Anwendung kommen wird (so Thiel GSZ 2019, 1 (6)) wird der Folgebericht für 2019 weiter aufklären. In einem Bericht an den Landtag Nordrhein-Westfalen v. 13.1.2020 hat das Ministerium des Innern darüber informiert, dass bis Ende Oktober 2019 bereits in 62 Sachverhalten insgesamt 103 Maßnahmen der (Quellen-) TKÜ durchgeführt wurden; davon entfielen 55 Sachverhalte und 82 Einzelmaßnahmen auf die Anwendungsfälle der „drohenden Gefahr" (→ Rn. 21) nach § 20c Abs. 1 Nr. 2 (vgl. LT-Drs. 17/2927, 3).

VI. Verfassungsrechtliche Überprüfung

In verschiedenen Bundesländern wurden Verfassungsbeschwerden unter anderem gegen **66b** die dortigen Regelungen zur Quellen-TKÜ erhoben. Deren Ausgang wird aufgrund der weitgehenden Ähnlichkeit der Regelungen auch Erkenntnisse für die verfassungsrechtliche Bewertung der nordrhein-westfälischen Regelung enthalten (→ Rn. 66b.1).

Die Verfassungsbeschwerde gegen die hessische Regelung ist abrufbar unter https://freiheits- **66b.1** rechte.org/home/wp-content/uploads/2019/07/2019-07-01-VB-Hessen-finalohneAdressen.pdf; die Verfassungsbeschwerde gegen die bayerische Regelung ist abrufbar unter https://freiheitsrechte.org/home/wp-content/uploads/2018/10/GFF_Verfassungsbeschwerde_BayPAG_anonym.pdf.

VII. Ausblick

Im Frühjahr/Sommer 2019 wurden in Deutschland die Frequenzen für den neuen Mobil- **67** funkstandard (sog. „5G") versteigert. Dieser Standard wird künftig technisch eine **etappenweise Verschlüsselung** der TK-Signale ermöglichen, die bisher per klassischer TKÜ nach Abs. 1 (→ Rn. 19 f.) überwacht werden konnten. Eine derartige Überwachung wäre bei einer solchen Verschlüsselung mindestens erschwert, ggf. jedoch sogar unmöglich. Allerdings ist die **technische Spezifizierung** des neuen Mobilfunkstandards noch nicht abgeschlossen (vgl. BT-Drs. 19/12117, 1 mwN). Verschiedene Stellen auf nationaler und europäischer Ebene befassen sich daher derzeit mit der Frage, wie auch diese TK-Verbindungen künftig per TKÜ überwacht werden können (vgl. BT-Drs. 19/12117, 1 f. mwN). Dass hierdurch Änderungen an der Vorschrift des § 20c erforderlich werden, ist nicht ausgeschlossen.

§ 21 Polizeiliche Beobachtung

(1) **Die Polizei kann personenbezogene Daten, insbesondere die Personalien einer Person sowie Kennzeichen des von ihr benutzten oder eingesetzten Kraftfahrzeuges, zur Polizeilichen Beobachtung in einer Datei speichern (Ausschreibung zur Polizeilichen Beobachtung), wenn**
1. **die Gesamtwürdigung der Person und der von ihr bisher begangenen Straftaten erwarten lässt, dass sie auch künftig Straftaten von erheblicher Bedeutung begehen wird,**
2. **Tatsachen die Annahme rechtfertigen, dass die Person Straftaten von erheblicher Bedeutung begehen wird,**
und dies zur vorbeugenden Bekämpfung dieser Straftaten erforderlich ist.

(2) **Im Falle eines Antreffens der Person oder des von ihr benutzten oder eingesetzten Kraftfahrzeuges können Erkenntnisse über das Antreffen sowie über Kontakt- und Begleitpersonen und mitgeführte Sachen an die ausschreibende Polizeibehörde übermittelt werden.**

(3) **¹Die Ausschreibung zur Polizeilichen Beobachtung darf nur durch den Richter angeordnet werden. ²Zuständig ist das Amtsgericht, in dessen Bezirk die Polizeibehörde ihren Sitz hat. ³Für das Verfahren gelten die Vorschriften des Gesetzes über das Verfahren in Familiensachen und in den Angelegenheiten der freiwilligen Gerichtsbarkeit entsprechend. ⁴Die Anordnung ist auf höchstens ein Jahr zu befristen. ⁵Eine Verlängerung um nicht mehr als jeweils ein Jahr ist zulässig, soweit die Voraussetzungen des Absatzes 1 weiterhin vorliegen. ⁶Spätestens nach Ablauf von jeweils sechs Monaten ist von der ausschreibenden Polizeibehörde zu prüfen, ob die Voraussetzungen für die Anordnung noch bestehen. ⁷Das Ergebnis dieser Prüfung ist aktenkundig zu machen.**

Überblick

Die Kommentierung erläutert zunächst den mehrstufigen Aufbau der Norm im Gefüge anderer Ermächtigungsgrundlagen (→ Rn. 1), um sodann eine Einordnung als Vorfeldbefugnis vorzunehmen und sie gegen Kritik zu verteidigen (→ Rn. 2 ff.). Nach einem Blick auf die Parallelnorm der StPO (→ Rn. 6) wird der Begriff der Ausschreibung näher erläutert und dargelegt, welche Daten in einer Datei gespeichert werden können → Rn. 7 ff.). Die beiden Tatbestandsvarianten „gefährlicher Intensivtäter" (Nr. 1, → Rn. 11 ff.) und „gefährlicher Ersttäter" (Nr. 2, → Rn. 17 ff.) werden im Einzelnen untersucht. Wesentlich ist die dann folgende Behandlung des Abs. 2, der sich mit den Maßnahmen beschäftigt, die beim Antreffen möglich sind (→ Rn. 19 ff.). Ausführungen zur Anordnung (→ Rn. 25 ff.) und ihrer Überprüfung folgen. Abgeschlossen wird die Bearbeitung mit den Regeln betreffend den nachträglichen Grundrechtsschutz (Kennzeichnung der Daten, Unterrichtung der Betroffenen, → Rn. 32 ff.). In anderen Ländern finden sich im Grundsatz vergleichbare Regelungen, so etwa in § 25 BWPolG, Art. 36 BayPAG und § 17 HSOG.

Übersicht

A. Allgemeines

1   Die Polizeiliche Beobachtung ist zwar im Titel „Datenspeicherung, Datenveränderung und Datennutzung" geregelt, betrifft aber neben der Speicherung vor allem die **Übermittlung** von Daten. Die mehrstufige Ermächtigungsgrundlage setzt eine Norm zur **Erhebung** der Daten im Antreffensfall und zum **Datenabgleich** voraus (→ Rn. 22 f.). Die Stufung gestaltet sich wie folgt:
- 1. Stufe: Ausschreibung = Speicherung im Informationssystem der Polizei (INPOL/POLAS): Abs. 1 (→ Rn. 7 ff.),
- 2. Stufe: Datenerhebung beim Antreffen: andere Normen, etwa § 9, § 36 Abs. 5 StVO (→ Rn. 22 ff.),
- 3. Stufe: Datenabgleich zum Feststellen einer Ausschreibung nach § 21: § 25 (→ Rn. 22),
- 4. Stufe: Übermittlung von Erkenntnissen an die ausschreibende Behörde: Abs. 2 (→ Rn. 18 ff.).

2   Ziel der zu den **polizeilichen Vorfeldbefugnissen** gehörenden Maßnahme, die aus der in einer bundeseinheitlichen Richtlinie (PDV 384.2) geregelten „beobachtenden Fahndung" hervorgegangen ist (vgl. VerfGH Sachsen LKV 1996, 273 (284)), ist es, Zufallserkenntnisse zu erlangen, um ein punktuelles Bewegungsprofil zu erstellen, womit wiederum Aufenthaltsorte, Zusammenhänge, Strukturen und Verbindungen zwischen Personen erkannt werden können. Solche **Strukturermittlungen** sind auch darauf ausgerichtet, Organisationsstrukturen von Gruppierungen zu erfassen, die zu dem Bereich der Organisierten Kriminalität gehören. Es geht etwa darum, Personen, Objekte und Institutionen zuzuordnen, hierarchische Beziehungen zu erkennen, Entscheidungs- und Kommunikationsstrukturen sowie Handlungsfelder der Gruppierungen zu ermitteln. § 21 ist von § 16a abzugrenzen. Während die **Observation** nach § 16a auf die gezielte Beobachtung einer Person gerichtet ist, dient § 21 dem Zusammentragen von Zufallserkenntnissen über das Antreffen.

B. Kritik

3   Zum Teil werden die Befugnisnormen zur polizeilichen Beobachtung (rechtspolitisch) massiv kritisiert, sie bedeuteten „beträchtliche Einschränkungen der Freiheit von Bürgern" (so zur StPO: Liebich-Frels, Die Ausschreibung zur polizeilichen Beobachtung gemäß § 163e StPO, 2001). Das ist aber eher zweifelhaft, da die oben geschilderte mehrstufige Eingriffssituation nicht zutreffend erfasst wird: § 21 greift erst ein, wenn ein rechtmäßiges Antreffen, eine rechtmäßige Datenerhebung und ein rechtmäßiger Datenabgleich nach anderen Normen gegeben sind.

Die Erstellung eines umfassenden Bewegungsprofils ist kaum möglich. Das gilt vor allem **4** mangels einer Ermächtigung zu einer permanenten „**Schleierfahndung**" oder andauernden automatisierten Kennzeichenerfassung. Durch den grundsätzlichen Wegfall der Grenzkontrollen innerhalb der EU ist ein gewisser Bedeutungsverlust der Norm eingetreten. Für Nordrhein-Westfalen ist allerdings wiederum bedeutend, dass die **Niederlande** an ihren Grenzen unter bestimmten Voraussetzungen eine **Videoüberwachung** des Reiseverkehrs vornimmt. Nach dem Deutsch-Niederländischen Polizei- und Justizvertrag ist es grundsätzlich möglich, dass die niederländischen Behörden Daten aus der Videokontrolle für die Unterstützung der Polizei Nordrhein-Westfalen verwenden, auch wenn dies eher für Strafverfolgung Relevanz haben dürfte.

Die Norm ist trotz der erhobenen Kritik eine wichtige Möglichkeit zum Erkenntnisge- **5** winn (Tetsch/Baldarelli PolG NRW Erl. 1), insbesondere bei konspirativen Verhaltensweisen, bei denen andere Ermittlungsmethoden möglicherweise nicht ausreichen.

C. Ausschreibung zur polizeilichen Beobachtung zur Strafverfolgung gem. § 163e StPO

Die Ausschreibung zur polizeilichen Beobachtung wurde mit dem OrgKG (Gesetz zur **6** Bekämpfung des illegalen Rauschgifthandels und anderer Erscheinungsformen der Organisierten Kriminalität v. 15.7.1992, BGBl. I 1302) in § 163e StPO auch auf eine strafprozessuale Rechtsgrundlage gestellt. Daneben kann die Führungsaufsichtsstelle nach § 463a Abs. 2 StPO für die Dauer der Führungsaufsicht oder für eine kürzere Zeit anordnen, dass der Verurteilte zur Beobachtung anlässlich von polizeilichen Kontrollen, die die Feststellung der Personalien zulassen, ausgeschrieben wird; § 163e Abs. 2 StPO gilt entsprechend.

D. Ausschreibung (Abs. 1)

I. Speicherung in einer Datei

Abs. 1 S. 1 enthält unter anderem eine **Legaldefinition** für die Polizeiliche Beobachtung, **7** nämlich das Speichern personenbezogener Daten (insbesondere Personalien einer Person sowie Kennzeichen des von ihr benutzen oder eingesetzten Kfz) in einer Datei. Es geht dabei nur um die Tatsache einer Speicherung der Daten in polizeilichen Systemen überhaupt. Wie und wo dies geschehen soll, ist nicht durch das PolG NRW vorgegeben. Derzeit wird dies im Informationssystem der Polizei (INPOL/POLAS) umgesetzt. Hierbei wird üblicherweise nach Personen- und Sachdaten differenziert, im Informationssystem „Fahndung" genannt, was in einem weiteren Sinne zu verstehen ist.

Gespeichert werden zum einen die personenbezogenen Daten, die für die **Identifizie-** **8** **rung** erforderlich sind, also vor allem Namen und Geburtsdatum.

Hinsichtlich der amtlichen **Kfz-Kennzeichen** differenziert das Gesetz zwischen „benutz- **9** ten oder eingesetzten" Kraftfahrzeugen. Eine sachgerechte Unterscheidung der beiden Begrifflichkeiten ist nicht ohne Schwierigkeiten, die jedoch kaum praktische Folgen haben dürften. Zum Teil wird angenommen, beim „Einsatz" übegebe der Halter oder eine andere Person das Fahrzeug einem Dritten (der selber eben nicht notwendig auch ausgeschrieben sein muss) zur Vorbereitung / Ausführung der Straftaten (so Tegtmeyer/Vahle PolG NRW Rn. 6).

Der (ausgeschriebene) Benutzer muss nicht notwendig der Halter des Fahrzeugs sein, auch **10** nicht dessen Fahrer. In diesen Fällen dürfte es aber erforderlich sein, dass sich aus anderen Umständen Anhaltspunkte dafür ergeben, dass die ausgeschriebene Person das Fahrzeug häufiger nutzen wird.

II. Vorbeugende Bekämpfung weiterer Straftaten von erheblicher Bedeutung (Abs. 1 Nr. 1)

11   Abs. 1 enthält zwei Tatbestandsalternativen, die unterschiedliche Personengruppen betreffen. Während Abs. 1 Nr. 2 den Ersttäter erfasst, betrifft Abs. 1 Nr. 1 denjenigen, der bereits straffällig geworden ist, wobei in beiden Fällen **Straftaten von erheblicher Bedeutung** iSv § 8 Abs. 3 (im Einzelnen → § 8 Rn. 133 f., → § 16a Rn. 13 ff.) erforderlich sind.

12   Das Gesetz knüpft dies an die **Erwartung** der auch künftigen Begehung erheblicher Straftaten und verwendet damit eine von der in solchen Fällen sonst üblichen Wendung (Tatsachen, die Annahme rechtfertigen) abweichende Formulierung. Ob und ggf. worin der Gesetzgeber einen relevanten Unterschied sieht, lässt sich nicht feststellen – es dürfte keinen geben, sodass sich auch die „Erwartung" aus konkreten Anhaltspunkten ergeben muss. Für die zu treffende **Prognoseentscheidung** ist vor allem maßgeblich, ob von der Person auch in der Vergangenheit solche Straftaten begangen worden sind **und** eine Vermutung für die weitere Begehung derartiger Straftaten besteht.

13   Für den **ersten Teil** der Prognose kommen natürlich insbesondere **strafgerichtliche Verurteilungen und Einstellungen** nach §§ 153 ff. StPO in Betracht, aber auch solche nach § 170 Abs. 2 StPO, wenn ein Verdacht aus objektiv nachvollziehbaren Gründen weiter besteht. Für den **zweiten Teil** der Prognose sind etwa folgende Umstände relevant: Ausführung der Taten, zeitlicher Abstand der Taten, Erfolglosigkeit von strafrechtlichen Sanktionen, Resozialisierungsbemühungen etc. Dabei kommt es nach dem Gesetzeswortlaut auf die Gesamtwürdigung der Person an.

14   Die Prognoseentscheidung über die zukünftige Begehung von Straftaten darf nicht allein anhand von allgemeinem Erfahrungswissen und Alltagstheorien getroffen werden, sie muss von der **konkreten Tatsachen- oder Indizienlage** gedeckt sein (VerfGH Sachsen LKV 1996, 273 (284)). Dass der VerfGH Sachsen die entsprechende Norm des SächsPolG wegen Verstoßes gegen den Bestimmtheitsgrundsatz für nichtig erklärt hat, ist aber wenig überzeugend, weil hinreichend Raum ist, die Norm im vorgenannten Sinne verfassungskonform auszulegen.

15   Typischerweise wird als Anwendungsfall der ersten Tatbestandsalternative des Abs. 1 der **gefährliche Intensivtäter** genannt. Als Deliktsformen dürften häufig Rauschgift-, Waffen-, Falschgeld-, Terrorismusdelikte, Menschenhandel, aber auch Eigentumsdelikte (mobile Intensivtäter) in Betracht kommen.

16   Die Ausschreibung zur Polizeilichen Beobachtung muss **erforderlich** zur vorbeugenden Bekämpfung der Straftaten sein. Das bedeutet: Ohne Ausschreibung muss die polizeiliche Aufgabe der vorbeugenden Bekämpfung von Straftaten nicht oder nicht zeit- / sachgerecht wahrnehmbar sein.

III. Vorbeugende Bekämpfung erstmaliger Straftaten erheblicher Bedeutung (Abs. 1 Nr. 2)

17   Anders als bei der ersten Tatbestandsalternative muss der von Abs. 1 Nr. 2 erfasste Personenkreis bislang noch keine Straftaten von erheblicher Bedeutung (→ § 8 Rn. 133 f., → § 16a Rn. 13) begangen haben. Bloße Vermutungen reichen für die Prognoseentscheidung (→ Rn. 12) nicht aus. Nötig, aber hinreichend ist es vielmehr, dass Tatsachen die Annahme einer erstmaligen Begehung rechtfertigen. Notwendig sind demnach Fakten, die diesen Schluss mit hinreichender Wahrscheinlichkeit zulassen (näher → § 16a Rn. 12 ff.). Das kann insbesondere bei glaubhaften Hinweisen Dritter oder bei Ermittlungsergebnissen der Fall sein, die auf eine bevorstehende Begehung schließen lassen. Ein ständiger Kontakt ins kriminelle Milieu kann ein weiteres Indiz sein (Tetsch/Baldarelli PolG NRW Erl. 3).

18   Zum Merkmal der Erforderlichkeit vgl. die Ausführungen unter → Rn. 16.

E. Maßnahmen beim Antreffen (Abs. 2)

19   Anders als in Abs. 1, der die Speicherung der Daten in polizeilichen Systemen (= Ausschreibung) erfasst, betrifft Abs. 2 die **Übermittlung** der Daten an die ausschreibende Behörde, nachdem die Person oder ein von ihr benutztes oder eingesetztes Kfz angetroffen worden sind.

Als **Gegenstände** der Übermittlung kommen in Betracht: Tatsache des Antreffens, Ort, 20
Zeit, Anlass der Überprüfung, verdachtserregende Umstände, Aktenzeichen von Ermittlungsverfahren, Verbleib der Person, Reiseweg, Reiseziel und mitgeführte Sachen.

Das Gesetz sieht daneben vor, dass Erkenntnisse über **Kontakt- und Begleitpersonen** 21
übermittelt werden dürfen (zum Begriff der Kontakt- und Begleitpersonen ausf.
→ Rn. 19 ff., die Bedenken des VerfGH Sachsen LKV 1996, 273 (284 ff.) zur Parallelnorm
im SächsPolG sind bereits durch entsprechende Formulierungen im Gesetzestext ausgeräumt). Übermittelt werden dürfen demnach auch Personalien von Halter und Fahrer des
Kfz.

Nicht von § 21 erfasst, sondern vorausgesetzt, ist die **Erhebung** der Daten. Vorausgehend 22
ist daher immer, dass die Polizei aufgrund anderer Ermächtigungsgrundlagen überhaupt erst
in einer „Antreffenssituation" die Daten des Angetroffenen erheben darf. Also solche kommen insbesondere folgende Normen in Betracht: § 9, § 12; § 36 Abs. 5 StVO (mit § 4 Abs. 2
FeV, § 11 Abs. 5 FZV); §§ 111, 163b StPO; § 46 Abs. 1 OWiG. Solcherart erhobene Daten
werden dann nach § 25 Abs. 1 S. 3 mit dem Fahndungsbestand **abgeglichen.** Hierbei
würde ggf. ein Treffer angezeigt, der die kontrollierenden Beamten informiert, dass eine
Ausschreibung vorliegt.

Denkbar ist aber auch, dass es keiner Ermächtigungsgrundlage auf der ersten Stufe bedarf. 23
Das ist der Fall, wenn Feststellungen im Rahmen der **Streifentätigkeit** beruhen, die auf § 1
Abs. 1 gestützt ist. Denkbar ist, dass die angetroffene Person bekannt ist, und deshalb gar
keine weiteren Eingriffe durch Ansprechen, Anhalten, Befragen oder Identitätsfeststellung
nötig sind.

Die Übermittlung ist – anders als die ggf. vorhergehende Kontrolle – eine **verdeckte** 24
Maßnahme. Sie muss daher im Regelfall so erfolgen, dass der Betroffene (zunächst) keine
Kenntnis von ihr erhält. Zum Ausgleich sieht das Gesetz in Abs. 4 die Unterrichtungspflicht
vor.

F. Anordnungskompetenz, Verfahren und Dauer (Abs. 3)

I. Richtervorbehalt

Die Ausschreibung zur Polizeilichen Beobachtung darf nur durch einen Richter angeord- 25
net werden (Abs. 3 S. 1). Zuständig ist das Amtsgericht am Sitz der antragstellenden Polizeibehörde (Abs. 3 S. 2). Hinsichtlich des Verfahrens bestimmt Abs. 3 S. 3, dass die Normen des
FamFG gelten.

Eine Regelung für eine Anordnung bei **Gefahr im Verzug** ist nicht vorhanden, sie wird 26
auch nicht als notwendig erachtet (Tegtmeyer/Vahle PolG NRW Rn. 12).

II. Anordnungsdauer

Abs. 3 S. 4 sichert Grundrechtsschutz durch Verfahren und erlaubt eine Anordnung für 27
(zunächst) höchstens ein Jahr. Allerdings ist nach dieser Zeit aufgrund von Abs. 3 S. 5
eine Verlängerung möglich, sofern die Tatbestandsvoraussetzungen weiterhin vorliegen. Die
Jahresfrist ist damit keine wirkliche Begrenzung. Notwendige Beobachtungen von **Dauerge-
fährdern** sind daher möglich.

Mitunter wird angenommen, ab der zweiten oder dritten sei eine weitere Verlängerung 28
nur möglich, wenn „zwischenzeitlich neue Verdachtsmomente" hinzugekommen seien
(Tegtmeyer/Vahle PolG NRW Rn. 13). Diese Einschränkung sieht das Gesetz indes gerade
nicht vor. Es genügt, dass die Verdachtsmomente fortbestehen, die zur ursprünglichen Anordnung geführt haben.

III. Überprüfungspflicht

Neben der (verlängerbaren) Befristung der Anordnung nach Abs. 3 S. 4 und S. 5 von einem 29
Jahr sieht Abs. 3 S. 6 vor, dass **spätestens nach sechs Monaten** von der ausschreibenden
Polizeibehörde geprüft werden muss, ob die Voraussetzungen der Anordnung noch vorliegen.

Die Norm erscheint wenig geglückt. Zum einen ist sie unvollständig, weil sie **keine** 30
Rechtsfolgen anordnet. Diese sind durch Auslegung zu ermitteln. Was der Gesetzgeber

wollte, ist indes nicht eindeutig. Entweder wird man annehmen müssen, dass er im Fall einer negativen Prüfung die Polizeibehörde zu einer entsprechenden Antragstellung beim anordnenden Gericht verpflichten wollte. Oder aber man hält es für ausreichend, dass die Polizeibehörde die Ausschreibung einfach löscht, ohne das Gericht einzubeziehen oder zu informieren (so Tegtmeyer/Vahle PolG NRW Rn. 14).

31   Die Norm ist zum anderen **kritisch** zu betrachten, weil jede Behörde auch ohne ausdrückliche Regelung verpflichtet ist, die Notwendigkeit des Fortbestands einer Eingriffsregelung ständig im Blick zu halten. Abs. 3 S. 6 erscheint damit als ein typisches Beispiel für das unnötige Bedürfnis nach überbordenden Normierung im Bereich von Datenschutzgesetzgebung. Auch Abs. 3 S. 7, der verlangt, das Ergebnis der Prüfung müsse aktenkundig gemacht werden, ist schlicht überflüssig, denn dies ist selbstverständliches Erfordernis geordneten Verwaltungshandelns.

G. Kennzeichnung und Benachrichtigung

32   Bis zur Änderung des PolG NRW durch das Gesetz v. 18.12.2018 (GV. NRW. 741, berichtigt 2019, 23) waren die Regelungen zur Unterrichtung der von der Datenerhebung betroffenen Person in § 17 Abs. 5 und Abs. 6 geregelt, auf die von den folgenden Normen verwiesen wurde. Nunmehr enthält § 33 eine umfassende Regelung zur Benachrichtigung (→ § 33 Rn. 4 ff.) einschließlich ihres Unterbleibens und ihrer Zurückstellung. Hinsichtlich der Kennzeichnungspflicht wurde früher auf § 16a Abs. 2 S. 2 und S. 3 verwiesen, im geltenden Recht regelt dies § 23 zentral.

Zweiter Titel. Weiterverarbeitung von personenbezogenen Daten

§ 22 Datenspeicherung, Prüfungstermine

(1) Die Polizei kann rechtmäßig erlangte personenbezogene Daten in Akten und Dateisystemen speichern, soweit dies zur Erfüllung ihrer Aufgaben, zu einer zeitlich befristeten Dokumentation oder zur Vorgangsverwaltung erforderlich ist.

(2) ¹Die Dauer der Speicherung ist auf das erforderliche Maß zu beschränken. ²Für automatisierte Dateisysteme sind Termine festzulegen, zu denen spätestens überprüft werden muss, ob die suchfähige Speicherung von Daten weiterhin erforderlich ist (Prüfungstermine). ³Für nichtautomatisierte Dateisysteme und Akten sind Prüfungstermine oder Aufbewahrungsfristen festzulegen. ⁴Dabei sind der Speicherungszweck sowie Art und Bedeutung des Anlasses der Speicherung zu berücksichtigen. ⁵Die festzulegenden Prüfungstermine dürfen bei Erwachsenen zehn Jahre und bei Jugendlichen fünf Jahre nicht überschreiten. ⁶Die Frist beginnt regelmäßig mit dem Ende des Jahres, in dem das letzte Ereignis erfasst worden ist, das zur Speicherung der Daten geführt hat, jedoch nicht vor Entlassung des Betroffenen aus einer Justizvollzugsanstalt oder der Beendigung einer mit Freiheitsentziehung verbundenen Maßregel der Besserung und Sicherung. ⁷Werden innerhalb der in Satz 2 und 3 genannten Frist weitere personenbezogene Daten über dieselbe Person gespeichert, so gilt für alle Speicherungen gemeinsam der Prüftermin, der als letzter eintritt, oder die Aufbewahrungsfrist, die als letzte endet. ⁸Die Beachtung der Prüfungstermine und Aufbewahrungsfristen ist durch geeignete technische und organisatorische Maßnahmen zu gewährleisten.

(3) ¹Wird die betroffene Person rechtskräftig freigesprochen, die Eröffnung des Hauptverfahrens gegen sie unanfechtbar abgelehnt oder das Verfahren nicht nur vorläufig eingestellt, so ist die Speicherung unzulässig, wenn sich aus Gründen der Entscheidung ergibt, dass die betroffene Person die Tat nicht oder nicht rechtswidrig begangen hat. ²Sollte eine Speicherung wegen eines Restverdachts einer Straftat weiterhin zulässig sein, ist dessen Gewicht und der Grad des Verdachts zu dokumentieren.

(4) ¹Prüfungstermine oder Aufbewahrungsfristen für die in Dateisystemen oder Akten suchfähig gespeicherten personenbezogenen Daten von Kindern dürfen zwei Jahre nicht überschreiten. ²Die Frist beginnt mit dem Tag der ersten Speicherung.

(5) ¹Über Kontakt- oder Begleitpersonen einer Person, bei der Tatsachen die Annahme rechtfertigen, dass sie künftig Straftaten begehen wird, sowie über Auskunftspersonen kann die Polizei personenbezogene Daten suchfähig in Dateien speichern, verändern und nutzen, soweit dies zur vorbeugenden Bekämpfung von Straftaten von erheblicher Bedeutung erforderlich ist. ²Die festzulegenden Prüftermine bei der Speicherung von Kontakt- und Begleitpersonen dürfen die Dauer eines Jahres nicht überschreiten. ³Die Verlängerung für jeweils ein weiteres Jahr ist zulässig, soweit die Voraussetzungen des Satzes 1 weiterhin vorliegen, jedoch darf die Speicherungsdauer insgesamt drei Jahre nicht überschreiten. ⁴Die Entscheidung über die jeweilige Verlängerung trifft die Behördenleiterin oder der Behördenleiter oder ein von ihr oder ihm beauftragter Beamter.

(6) ¹Werden wertende Angaben über eine Person in Dateien gespeichert, muss feststellbar sein, bei welcher Stelle die den Angaben zugrunde liegenden Informationen vorhanden sind. ²Wertende Angaben dürfen nicht allein auf Informationen gestützt werden, die unmittelbar durch automatisierte Datenverarbeitung gewonnen wurden.

Überblick

§§ 22 ff. traten unter der neuen Kapitelüberschrift „Weiterverarbeitung von personenbezogenen Daten" durch Gesetz v. 18.12.2018 (GV. NRW. 741, berichtigt 2019, 23) am 29.12.2018 im Rahmen der umfassenden Novelle des PolG NRW in Kraft. § 22 baut dabei zum Teil auf bereits bestehende Regelungen im PolG NRW aF auf, zum Teil werden aber auch insbesondere mit Blick auf die JI-RL (RL (EU) 2016/680 v. 27.4.2016, ABl. 2016 L 119, 89) notwendige Änderungen und Ergänzungen vorgenommen. Die Neuregelung übernimmt in Teilen das bisherige Recht aus §§ 22 und 24 und ergänzt diese darüber hinaus. § 22 S. 1–3 entspricht S. 1–3 des bisherigen § 22. Abs. 1 regelt eine allgemeine Speicherbefugnis für rechtmäßig erlangte personenbezogene Daten. Abs. 2 setzt Maßstäbe für die Dauer der Speicherung und regelmäßige Prüfungstermine Aufbewahrungsfristen fest. Er entspricht in Teilen der bisherigen Regelung in § 22 Abs. 1 S. 1–3 und den Regelungen in § 24 Abs. 2 S. 3 und S. 4 aF. S. 6 soll im Ergebnis eine längere Speicherung der personenbezogenen Daten zu einer Person erlauben, zu der solche Daten zu unterschiedlichen Zeiten anfielen. S. 7 schafft eine Verpflichtung zur Absicherung der Prüffristen. Abs. 3 regelt die Zulässigkeit der weiteren Speicherung personenbezogener Daten auch nach Freispruch und in anderen Fällen. Abs. 4 legt sodann gesetzlich besondere Fristen für die Speicherung personenbezogener Daten von Kindern fest. Abs. 5 beinhaltet besondere Regelungen zur Speicherung personenbezogener Daten sog. Kontakt- und Begleitpersonen. Abs. 6 schreibt Vorkehrungen für die Zuordenbarkeit und Nachvollziehbarkeit von wertenden Angaben fest.

Übersicht

A. Allgemeine Charakterisierung und rechtlicher Rahmen

1   §§ 22–25 fallen unter den neu geschaffenen zweiten Titel des zweiten Abschnitts des PolG NRW, welcher die **Weiterverarbeitung personenbezogener Daten** regelt. Der Titel wurde neu gefasst, da die Begriffe der Datenspeicherung, Datenveränderung und Datennutzung und andere nunmehr einheitlich unter den gleichsam europarechtlichen Begriff der „Verarbeitung" iSd Art. 3 Nr. 2 JI-RL fallen. Dieser umfasst jedoch auch die Ebene der Datenerhebung, während das Polizeirecht in Deutschland seit Jahrzehnten unter Rückgriff auf die ständige Rechtsprechung des BVerfG zum Grundrecht auf informationelle Selbstbestimmung die verschiedenen Phasen der Datenverarbeitung differenziert und unterschiedlich benennt, insbesondere hinsichtlich der Ebene der **Erhebung** oder Erfassung einerseits und den weiteren Schritten der **Verarbeitung** andererseits.

2   Mit Blick auf die **Normenbestimmtheit** ist diese Wortschöpfung indes nicht ohne **Bedenken.** Zum einen findet sich der Begriff gerade nicht im europäischen Recht, sondern die JI-RL nutzt in Art. 3 Nr. 2 JI-RL den Begriff der „Verarbeitung". Zum anderen wird hier – insbesondere mit Blick auf § 23 – suggeriert, dass ja nur eine Weiterverarbeitung von Daten nach der Erhebung und Speicherung stattfinde, während es zentral um zweckändernde Nutzungen in § 23 Abs. 2–4 geht (vgl. Zöller, Stellungnahme Innenausschuss 17/808, 2).

3   § 22 selbst regelt mithin die weiteren (möglichen) Phasen der **Verarbeitung** personenbezogener Daten im Anschluss an eine nach anderen Befugnisnormen zulässige Datenerhebung. Verfassungsrechtlich stellt dabei jeder einzelne Schritt der Datenverarbeitung einen jeweils neuen Eingriff in das **Recht auf informationelle Selbstbestimmung** als besondere Ausprägung des allgemeinen Persönlichkeitsrechts aus Art. 2 Abs. 1 GG iVm Art. 1 Abs. 1 GG der hiervon betroffenen Person dar, der nur aus übergeordneten Gründen des Gemeinwohls vertretbar sein kann (stRspr seit BVerfGE 65, 1 (41 ff.) = NJW 1984, 419 (421 ff.)).

4   Jede **Datenspeicherung** stellt damit einen (nach der Datenerhebung **weiteren**) **Eingriff in das Recht auf informationelle Selbstbestimmung** des Betroffenen dar. Eine solche Datenspeicherung ist nur aus übergeordneten Gründen des Gemeinwohls vertretbar. Die freie Entfaltung der Persönlichkeit setzt den Schutz des Einzelnen gegen unbegrenzte Erhebung, Speicherung, Verwendung und Weitergabe seiner persönlichen Daten durch staatliche Organe voraus (vgl. nur BVerfGE 65, 1 (41 ff.) = NJW 1984, 419 (421 ff.)). Eine **dauerhafte Speicherung** personenbezogener Daten durch die Polizei ohne zeitliche Begrenzung ist daher nicht zulässig (vgl. nur BVerfGE 100, 313 (362): Telekommunikationsüberwachung durch den Bundesnachrichtendienst; sa schon BVerfGE 65, 1 (46) = NJW 1984, 419 (422), wonach **Löschungspflichten** zu den verfahrensrechtlichen Schutzvorkehrungen für das Recht auf informationelle Selbstbestimmung gehören).

5   Ob dabei die **Datenerhebung** oder die **folgenden Verarbeitungsschritte** im Einzelfall eine höhere **Eingriffsintensität** haben oder vergleichbar sind, kann nicht abstrakt geregelt werden, sondern muss im Einzelfall differenziert betrachtet werden. So ist etwa eine **Identitätsfeststellung** nach § 12 als vergleichsweise kurzzeitiger Eingriff in das Recht auf informationelle Selbstbestimmung mit dem damit einhergehenden Eingriff in die Freiheit der Person offenkundig anders zu bewerten (zur Eingriffsintensität instruktiv OVG Hamburg NVwZ-RR 2015, 695), als die Speicherung der so erlangten Daten über Jahre oder auch Jahrzehnte (vgl. Abs. 2 S. 3) hinweg. Diese werden noch dazu unter Umständen nicht nur im allgemeinen Datenbestand gespeichert, sondern in Dateien mit einer Zuordnung dieser Daten zu bestimmten politischen Ansichten, wie etwa „links" oder „rechts", die zugleich Wertungen im Sinne besonderer Kategorien personenbezogener Daten (vgl. → § 23 Rn. 2 ff.) beinhalten.

Ebenso offenkundig dürfte sein, dass zB an die Speicherung der Unterlagen, Bilder und **6** Fingerabdrücke aus einer polizeirechtlich zulässigen **erkennungsdienstlichen Maßnahme** nach § 14 wiederum andere Anforderungen an die Speicherung der Daten aus einer Identitätsfeststellung anzulegen sind, weil zum einen die erkennungsdienstliche Maßnahme ohne Speicherung anders als die Identitätsfeststellung keinen Sinn macht und die Speicherung der Erkenntnisse hieraus, wie Fingerabdrücke, Fotos, besondere Merkmale usw andererseits eine deutlich höhere Eingriffsintensität hat, als die „bloße" Speicherung der Personalien (vgl. etwa OVG Münster DVBl 2010, 852).

Im Regelfall wird eine **Datenspeicherung** aufgrund der weiten Verfügbarkeit dieser **7** Daten für die Polizei und unter Umständen auch für andere Behörden eine **hohe Eingriffsqualität** haben. Diese mit Blick auf das Recht auf informationelle Selbstbestimmung hinreichend einzugrenzen, ist Aufgabe des § 22.

B. Einzelkommentierung

I. Datenspeicherungs-Generalklausel (Abs. 1)

Abs. 1 entspricht dem bis 28.12.2018 geltenden § 24 Abs. 1 aF. Neu hinzu kam die **8** Erstreckung auf Dateisysteme, anstelle des bisherigen Begriffs der Datei.

1. Allgemeine Anforderungen

Nach Abs. 1 kann die Polizei **rechtmäßig erlangte personenbezogene Daten in 9 Akten** und **Dateisystemen** speichern, soweit dies zur Erfüllung ihrer Aufgaben, zu einer zeitlich befristeten Dokumentation oder zur Vorgangsverwaltung erforderlich ist. Die Regelung entspricht weitestgehend der bisherigen Regelung in § 24 Abs. 1. Der neu eingefügte Begriff des Dateisystems entstammt § 36 Nr. 7 DSG NRW. Ein „Dateisystem" ist danach „jede strukturierte Sammlung personenbezogener Daten, die nach bestimmten Kriterien zugänglich sind, unabhängig davon, ob diese Sammlung zentral, dezentral oder nach funktionalen oder geografischen Gesichtspunkten geordnet geführt wird". Solche Dateisysteme sind in einer modernen Polizei mit immens hohem Datenaufkommen und der zunehmenden Nutzung solcher Dateien auch zu Analysezwecken wie der Big-Data-Analyse oder dem predictive policing, ein essentieller Fundus für jede polizeiliche Tätigkeit.

Mit dieser **extrem weiten Regelung** im Sinne einer **Generalklausel** wird eine **wirk- 10 same Begrenzung** der polizeilichen Datenspeicherung vermieden. Ob sie den Anforderungen der **Normenbestimmtheit** und der **Wesentlichkeitstheorie** entspricht, kann mit guten Gründen **bezweifelt** werden (krit. zur vergleichbaren Regelung im BPolG DMWW BPolG/Malmberg BPolG § 21 Rn. 13 mwN). Während nämlich die Erhebungsregelungen mehr oder weniger hohe Tatbestandsvoraussetzungen mit Blick auf Eingriffsintensität, Zweck und Zielrichtung wie auch Notwendigkeit, Anlass und Zahl der erfassten Personen aufweisen, kann, soweit nicht ausnahmsweise gesetzlich beschränkt, jedes personenbezogene Datum für zehn Jahre und länger (→ Rn. 43) gespeichert werden, **ohne** dass der Gesetzgeber hier weitere **tatbestandliche Hürden** jenseits der Erforderlichkeit zur Aufgabenerfüllung festschreibt: Selbst eine **Zweckbindung** mit Blick auf den Erhebungszweck im Sinne der unterschiedlichen polizeilichen Aufgaben aus § 1 ist hier nicht vorgesehen (krit. schon Tetsch/Baldarelli PolG NRW Vor § 22) und erfolgt erst auf der Ebene der Nutzungsregelungen in § 23, die wiederum durch Kennzeichnungsregelungen in § 22b flankiert werden könnten.

„Erlaubt der Gesetzgeber die **Nutzung von Daten über den konkreten Anlass** und **11** rechtfertigenden Grund einer Datenerhebung hinaus, muss er hierfür eine **eigene Rechtsgrundlage** schaffen. Er kann insoweit zum einen eine weitere Nutzung der Daten im Rahmen der für die Datenerhebung maßgeblichen Zwecke vorsehen; stellt er sicher, dass die weitere Nutzung der Daten den näheren verfassungsrechtlichen Anforderungen der Zweckbindung genügt, ist eine solche Regelung verfassungsrechtlich grundsätzlich zulässig" (BVerfGE 141, 220 (324)). Zweifelsohne stellt zwar die **Speicherung** selbst noch keine Nutzung dar. Dennoch kann nicht übersehen werden, dass allein die Speicherung hierfür bereits die Grundlagen legt und daher eine weitere **Präzisierung der Speicherzwecke**

notwendig wäre, um sodann eine wirksame Beschränkung der zulässigen Nutzungen und ggf. auch Zweckänderungen zu gewährleisten.

12   Die **Speicherung** darf zudem nur in einer Weise geschehen, „die eine **angemessene Sicherheit** der **personenbezogenen Daten** gewährleistet. Hierzu gehört auch ein durch geeignete **technische und organisatorische Maßnahmen** zu gewährleistender Schutz vor unbefugter oder unrechtmäßiger Verarbeitung, unbeabsichtigtem Verlust, unbeabsichtigter Zerstörung oder unbeabsichtigter Schädigung (§ 37 Nr. 6 DSG NRW; Art. 4 Abs. 1 lit. f JI-RL). Dieser allgemeine Grundsatz ist auf Konkretisierungen ausgelegt (Johannes/Weinhold Neues DatenschutzR § 1 Rn. 138). Nähere Maßgaben hierzu enthält § 58 DSG NRW (sa Art. 29 JI-RL).

13   Mit Blick auf die immer wieder auftretenden Fälle einer privaten oder sonst widerrechtlichen Nutzung polizeilicher Datenbestände durch Polizeivollzugsbeamt/innen (vgl. nur OLG Bamberg NStZ-RR 2018, 383) treffen hier die Polizei besondere Pflichten zum Schutz vor einer Nutzung oder sonstigen Verarbeitung personenbezogener Daten durch hierzu im Einzelfall nicht berechtigte Behördenmitarbeiter. In der Praxis geht es dabei nicht selten um den ungerechtfertigten Zugriff auf polizeiliche Datenbanken: „Wenn das Controlling in der Polizei besser wäre, wären es wohl sehr viel mehr Fälle" (Landesbeauftragte für Datenschutz und Informationssicherheit, Abgeordnetenhaus Berlin, Inhaltsprotokoll KTDat 18/23, 12.8.2019, 7).

2. Speicherung zur Aufgabenerfüllung

14   Eine eigenständige Erhebungsbefugnis beinhaltet § 22 nicht. Soweit dies zur Aufgabenerfüllung erforderlich ist, kann die Polizei indes aufgrund von zur **Datenerhebung** befugenden Eingriffsermächtigungen (vgl. etwa §§ 9, 11 ff.) rechtmäßig erlangte personenbezogene Daten **zur Aufgabenerfüllung in Akten und Dateien speichern.** Soweit die Polizei aufgrund spezialgesetzlicher Regelungen Daten speichert, verändert oder nutzt, gehen diese nach § 8 Abs. 2 vor. Mit dem Begriff der **Aufgabenerfüllung** wird allein auf die der **Polizei nach § 1 obliegenden Aufgaben** verwiesen, zu denen insbesondere die Gefahrenabwehr gehört. Dabei ist zu beachten, dass unterschiedliche Aufgaben im Rahmen der Zweckbindung eine Nutzung zu anderen Zwecken nicht gestatten, soweit eine Zweckänderung nicht zulässig ist.

15   Problematisch ist in diesem Kontext indes die seit Jahrzehnten jenseits des Grundgedankens der Zweckbindung praktizierten **Mischdateien,** in denen Daten aus polizeirechtlicher Erhebung ebenso gespeichert werden, wie solche aus strafprozessualen Ermittlungen (Lisken/Denninger PolR-HdB/Petri G Rn. 860).

16   Tatbestandlich gefordert ist, dass diese Daten **rechtmäßig „erlangt"** wurden. Damit präzisiert das Gesetz die Anforderungen aus dem **Rechtstaatsprinzip** und dem **Grundsatz der Gesetzmäßigkeit der Verwaltung** aus Art. 20 Abs. 3 GG. Hieraus folgt, dass ausschließlich solche Daten weiterverarbeitet werden dürfen, die rechtmäßig in den Hoheitsbereich der verarbeitenden Behörde gelangt sind. Auch § 37 Nr. 1 DSG NWR wie Art. 4 Abs. 1 lit. a JI-RL unterstreichen das Kriterium der Rechtmäßigkeit als Voraussetzung der Verarbeitung personenbezogener Daten. Hingegen dürfen von der Polizei **rechtswidrig erhobene Daten** keinesfalls gespeichert werden (vgl. Lisken/Denninger PolR-HdB/Petri G Rn. 856 f.; Hornmann HSOG § 20 Rn. 17; aA bei Gefährdung hochrangiger Rechtsgüter Schenke PolR Rn. 215 ff.) oder sind nach § 32 Abs. 1 Nr. 2 zu löschen.

17   **Rechtmäßig erlangt** hat die Polizei personenbezogene Daten, die sie selbst, insbesondere nach den Befugnissen aus §§ 9, 11 ff., rechtmäßig **erhoben** hat. Die Datenerhebung setzt einen eigenständigen Akt des Beschaffens voraus, der auch die Prüfung der Rechtmäßigkeit der Erhebung umfasst. Art. 4 Abs. 1 lit. b JI-RL fordert für die Zulässigkeit der Datenerhebung, dass diese für festgelegte, eindeutige und rechtmäßige Zwecke erhoben und nicht in einer mit diesen Zwecken nicht zu vereinbarenden Weise, verarbeitet werden. Die **Datenerhebung** ist der Beginn eines Datenverarbeitungsprozesses, mit dem der Verantwortliche (hier die Polizei) anhand der hierfür geltenden Datenerhebungsbefugnisse prüft, ob eine Datenerhebung bspw. in Form einer Identitätsfeststellung zulässig ist (vgl. Kühling/Buchner/Bäcker DS-GVO Art. 13 Rn. 12 unter Verweis auf Art. 5 Abs. 1 DSGVO, dem wiederum

Art. 4 Abs. 1 JI-RL entspricht). Speichert die Polizei im Anschluss diese Daten, so hat sie zuvor die **Rechtmäßigkeit ihrer Erhebung selbst geprüft.**

Schwieriger einzuordnen ist die Zulässigkeit der Speicherung von **personenbezogenen** 18 **Daten,** die der Polizei **durch andere Behörden übermittelt** und nicht von ihr selbst aktiv beschafft wurden, weil die Polizei hier die Verantwortung für die Rechtmäßigkeit der Erhebung (vgl. Simitis/Sokol/Scholz, Bundesdatenschutzgesetz, 7. Aufl. 2011, BDSG 2003 § 13 Rn. 11) und auch ihrer Übermittlung nicht übernehmen kann, soweit die Übermittlung nicht auf Grund eines Ersuchens der Polizei erfolgte. Auch wenn die Datenübermittlung aus Sicht der übermittelnden Behörde rechtmäßig erscheint, kann dies aus Sicht der polizeilichen Aufgabennorm (§ 1) anders zu beurteilen sein; in diesem Falle darf eine Speicherung nach Prüfung mangels Prüfung der Rechtmäßigkeit der Erhebung seitens der Polizei nicht erfolgen.

Im Gegensatz hierzu gestattet dann aber § 23 Abs. 1 die **Zulässigkeit der Weiterverar-** 19 **beitung** entsprechend auch für personenbezogene Daten, denen keine Erhebung vorausgegangen ist, mit der Maßgabe, dass für die Weiterverarbeitung der Zweck der Verarbeitung zu berücksichtigen ist. Weiterverarbeitung kann hier aber entgegen § 36 Nr. 2 DSG NRW nicht auch die Speicherung umfassen, weil diese bereits spezieller in § 22 Abs. 1 geregelt ist.

Problematischer noch ist die Behandlung von personenbezogenen Daten, die der Polizei 20 unaufgefordert seitens nichtstaatlicher Stellen zugegangen sind, also bspw. durch **Anruf oder E-Mail eines Bürgers.** Die Tatbestandsvoraussetzung einer rechtmäßigen Erlangung ist hier kaum zu prüfen. Solche Daten dürften grundsätzlich nicht weiterverarbeitet werden, weil ein Erhebungszweck nicht bekannt ist (Simitis/Sokol/Scholz, Bundesdatenschutzgesetz, 7. Aufl. 2011, BDSG 2003 § 13 Rn. 11). Will man diese weitgehende Konsequenz mit Blick auf die Aufgabe der Gefahrenabwehr nicht billigen, ist eine **strikte Erforderlichkeitsprüfung** (näher → Rn. 37) der Speicherung und weiteren Nutzung dieser Daten eine rechtsstaatliche Mindestanforderung.

3. Speicherung zur zeitlich befristeten Dokumentation

Die **zeitlich befristete Dokumentation** dient allein dem **Nachweis des tatsächlichen** 21 **Geschehens** bei polizeilichen Einsätzen und ist vor allem für eine eventuelle **nachträgliche gerichtliche Überprüfung** von Bedeutung (Lisken/Denninger PolR-HdB/Petri G Rn. 870; Knape/Schönrock, Allgemeines Polizei- und Ordnungsrecht für Berlin, 11. Aufl. 2016, ASOG Bln § 42 Rn. 18). Zu beachten ist, dass die Daten **ohne** eine für diesen Zweck eigenständige **Erhebungsbefugnis** erhoben wurden; die Befugnis zur Speicherung, Änderung und Nutzung von Daten zur zeitlich befristeten Dokumentation kann indes eine (eigenständige) Datenerhebung nicht rechtfertigen (vgl. nur Lisken/Denninger PolR-HdB/Petri G Rn. 865; DMWW BPolG/Drewes BPolG § 29 Rn. 46).

Die **Speicherung** zur zeitlich befristeten Dokumentation kann somit nur als **Hilfsfunk-** 22 **tion der Aufgabenerfüllung** angesehen werden, wenn diese Verwendung von für die Aufgabenerfüllung erlangten Daten nicht den Regelungen zur **Zweckänderung** unterworfen sein soll (Knape/Schönrock, Allgemeines Polizei- und Ordnungsrecht für Berlin, 11. Aufl. 2016, ASOG Bln § 42 Rn. 18), was die Neuregelung in § 23 Abs. 4 als besondere Zweckänderungsklausel offenbar absichern soll.

Die zeitlich befristete Dokumentation kann allenfalls die Notwendigkeit einer **kurzzeiti-** 23 **gen Dokumentation** begründen. Es ist daher zu beachten, dass eine Ausschöpfung der regelmäßigen **Prüfungstermine** iSv Abs. 2 hier keinesfalls in Betracht kommt, insbesondere, weil die Wahrscheinlichkeit von Beschwerden oder Klagen gegen polizeiliche Maßnahmen und einer gerichtlichen Überprüfung mit dem Zeitverlauf abnimmt, auch wenn eine gerichtliche Überprüfung durch Feststellungsklage nach § 43 VwGO oder Fortsetzungsfeststellungsklage nach § 113 Abs. 1 S. 4 VwGO analog zeitlich unbefristet zulässig ist. Hier, wie für die Vorgangsverwaltung (→ Rn. 26 ff.), **fehlen** spezielle Regelungen wie **Höchstspeicherfristen** und auf die Besonderheiten dieser Speicherung angepasst **Prüfungstermine.**

Soweit die Polizei eine weitere Speicherung von Informationen über Einsätze etwa zu 24 Zwecken der internen Einsatzdokumentation, zur statistischen Auswertung oder der Aus- und Fortbildung für erforderlich hält, ist diese nur nach Anonymisierung iRd § 24 Abs. 3 zulässig (→ § 24 Rn. 27 ff.).

25　　Die weitere Nutzung und sonstige Verarbeitung dieser Daten richtet sich sodann dann § 23 Abs. 4 (→ § 23 Rn. 47 ff.).

4. Speicherung zur Vorgangsverwaltung

26　　Daneben kann auch die **Erforderlichkeit zur Vorgangsverwaltung** eine weitere Speicherung rechtfertigen. Die Vorgangsverwaltung soll dazu dienen, ein sicheres und rasches Auffinden von Vorgängen und eine Kontrolle ihrer Bearbeitung sicherzustellen. Erfasst wird typischerweise das bestehende Akten- und Dateimaterial, welches mit einem Aktenzeichen oder einer anderen Kennung versehen wird (vgl. Lisken/Denninger PolR-HdB/Petri G Rn. 865).

27　　Die Speicherung zur zeitlich befristeten Dokumentation wie auch zur Vorgangsverwaltung ist aus Sicht des **Rechts auf informationelle Selbstbestimmung problematisch.** Mit Hilfe der elektronischen Vorgangsverwaltung kann eine Vielzahl von Einzelinformationen geordnet, sortiert und auch jenseits der Vorgangsverwaltung ausgewertet werden; es handelt sich daher um einen vergleichsweise intensiven Eingriff in das Recht auf informationelle Selbstbestimmung der betroffenen Personen (Knape/Schönrock, Allgemeines Polizei- und Ordnungsrecht für Berlin, 11. Aufl. 2016, ASOG Bln § 42 Rn. 25), weil Systeme der Vorgangsverwaltung im Polizeialltag offenbar nicht selten faktisch als **Inhaltsdateien** und nicht als **Indexdateien** genutzt werden (vgl. die Beispiele in OVG Lüneburg NdsVBl. 2017, 372; VG Hannover ZD 2016, 348; OVG Lüneburg NordÖR 2013, 265).

28　　Vor diesem Hintergrund ist bemerkenswert, dass die Regelung zwar im Kern derjenigen in **§ 10b MEPolG nachgebildet** ist, aber mit Blick auf die Eingrenzung und den Schutz des Rechts auf informationelle Selbstbestimmung **nachteilig von diesem abweicht.** Während nämlich § 10b MEPolG vorsieht, dass die Polizei Daten aus der Vorgangsverwaltung oder der zeitlich befristeten Dokumentation „**ausschließlich zu diesen Zwecken nutzen**" darf fehlt diese ausdrückliche Begrenzung in Abs. 1. Dieser Konflikt mit dem Recht auf informationelle Selbstbestimmung wird noch intensiviert, durch die Regelung in § 23 Abs. 4, der offenbar unlimitierte Zweckänderungen von Daten zu den vorgenannten Zwecken zu ermöglichen (vgl. → § 23 Rn. 46 ff.).

29　　Für die Zulässigkeit der **Speicherung** gelten sinngemäß die gleichen Maßstäbe wie bei der zeitlich befristeten Dokumentation. Zu beachten ist auch hier, dass die Daten **ohne** eine für diesen Zweck **eigenständige Erhebungsbefugnis** gespeichert wurden. Die Daten dürfen allenfalls so lange gespeichert werden, wie dies zur Verwaltung eines bestimmten, noch nicht abgeschlossenen Vorganges oder auch im Falle einer gerichtlichen Überprüfung mit Blick auf die Rechtsschutzgarantie des Art. 19 Abs. 4 GG erforderlich ist.

30　　Die weitere Nutzung und sonstige Verarbeitung dieser Daten richtet sich sodann dann § 23 Abs. 4 (→ § 23 Rn. 47 ff.).

II. Speicherdauer und Prüfungstermine (Abs. 2)

31　　Die Regelung entspricht in S. 1–3 der bis 28.12.2018 geltenden Fassung. S. 4 und S. 5 entsprechen § 24 Abs. 2 S. 3 und S. 4 in der vorgenannten Fassung (näher zum Gesetzentwurf LT-Drs. 17/2576, 68).

1. Allgemeine Anforderungen

32　　Jede Speicherung personenbezogener Daten stellt einen (eigenständigen) **Eingriff in das Recht auf informationelle Selbstbestimmung** des Betroffenen dar (→ Rn. 4). Deren Zulässigkeit ist an den polizeirechtlichen Regelungen zum Datenschutz, dem ggf. daneben anwendbaren Datenschutzrecht des Landes und der JI-RL auf der Ebene des europäischen Rechts zu messen.

33　　Eine **dauerhafte Speicherung** personenbezogener Daten durch die Polizei ohne zeitliche Begrenzung ist nicht zulässig (vgl. etwa BVerfGE 100, 313 (362)). **Löschungspflichten** gehören daher zu den **verfahrensrechtlichen Schutzvorkehrungen** für das Recht auf informationelle Selbstbestimmung (stRspr seit BVerfGE 65, 1 (46) = NJW 1984, 419 (422); sa Lisken/Denninger PolR-HdB/Petri G Rn. 897 ff.).

Art. 4 Abs. 1 lit. e JI-RL, der eng an Art. 5 Abs. 1 lit. e DS-GVO angelehnt ist, gestattet **34** eine Speicherung personenbezogener Daten in einer Form, die die Identifizierung der betroffenen Person ermöglicht, „**nicht länger, als es für die Zwecke, für die sie verarbeitet werden, erforderlich ist**". Hieran schließt – trotz der missverständlichen Formulierung („müssen") – § 37 Nr. 5 DSG NRW, für die von der JI-RL erfassten Daten an.

Nach **Art. 4 Abs. 4 JI-RL** ist der **Verantwortliche** (hier die Polizei) für die Einhaltung **35** dieser Anforderungen verantwortlich und muss deren **Einhaltung nachweisen** können. Diese Nachweispflicht wurde vom Bundesgesetzgeber ebenso wie vom Gesetzgeber in Nordrhein-Westfalen **nicht übernommen.** Im Sinne einer **europarechtskonformen Auslegung** kann dies nur bedeuten, dass das PolG NRW ebenso wie das DSG NRW eine solche Nachweispflicht nicht ausschließen, sondern diese zu Lasten, des für die Datenverarbeitung Verantwortlichen, hier also der Polizei, aus den Anforderungen der JI-RL abzuleiten ist (Kühling/Buchner/Schwichtenberg BDSG § 47 Rn. 4).

Nach **§ 54 Abs. 4 DSG NRW** hat die Polizei unbeschadet in Rechtsvorschriften festge- **36** setzter Höchstspeicher- oder Löschungsfristen als Verantwortliche für die Löschung von personenbezogenen Daten oder eine regelmäßige Überprüfung der Notwendigkeit ihrer Speicherung, angemessene Fristen vorzusehen und durch **verfahrensrechtliche Vorkehrungen** sicherzustellen, dass diese Fristen eingehalten werden. Welche verfahrensrechtlichen Vorkehrungen die Polizei hier getroffen hat, ist (bisher) nicht erkennbar.

2. Allgemeine Anforderungen an Datenspeicherung (S. 1)

Nach Maßgabe von S. 1 ist die Dauer der Speicherung **auf das erforderliche Maß zu** **37** **beschränken.** Die **Erforderlichkeit** der Datenspeicherung ist nicht zuletzt mit Blick auf Art. 4 Abs. 1 lit. e JI-RL (auch) ein **europarechtlich** anzulegender Standard, der **eng auszulegen** ist. Zulässigkeitsvoraussetzung der Speicherung ist, dass es hierzu keine sinnvolle und zumutbare Alternative gibt und eine Speicherung auf das absolut Notwendige beschränkt wird, um die zu erreichende Zielsetzung zu erreichen (vgl. Kühling/Buchner/Buchner/ Petri DS-GVO Art. 6 Rn. 15; Lisken/Denninger PolR-HdB/Petri G Rn. 520). Ob damit die bisherige polizeiliche Routine, (fast) alle rechtmäßig erhobenen Daten zumindest zur zeitlich befristeten **Dokumentation** oder zur **Vorgangsverwaltung** zu speichern, zulässig ist, ist zu bezweifeln, insbesondere, wenn dann **in praxi** immer wieder eine **Zweckänderung zur Aufgabenerfüllung** erfolgt.

Ist eine Speicherung **nicht länger erforderlich,** so ist eine weitere Speicherung **rechts-** **38** **widrig** (sa § 54 Abs. 2 DSG NRW, § 75 Abs. 2 BDSG und Art. 16 Abs. 2 JI-RL) und die Daten sind zu **löschen.** Dies statuiert eine **Amtspflicht.** Die oder der Betroffene hat zudem einen **Anspruch auf Löschung** aus § 50 Abs. 2 DSG NRW.

3. Prüfungstermine und Aufbewahrungsfristen (S. 2–5)

Nach **S. 2** sind für automatisierte Dateisysteme Termine festzulegen, zu denen spätestens **39** überprüft werden muss, ob die suchfähige Speicherung von Daten weiterhin erforderlich ist (Prüfungstermine). Es handelt sich hierbei um **Maximalfristen** („spätestens"), die der Gesetzgeber der Polizei für die Prüfung vorgibt, nicht hingegen um Höchstspeicherfristen, was aus Sicht des Rechts auf informationelle Selbstbestimmung und des Datenschutzes eindeutig vorzugswürdig wäre.

Mit Blick auf die **Normenbestimmtheit** und die **Wesentlichkeitstheorie** wie auch **40** Art. 4 Abs. 1 lit. e JI-RL muss der **Gesetzgeber** indes selbst **regeln, wie lange** eine **Datenspeicherung** maximal zulässig sein soll, um einen ausreichenden und transparenten Schutz des Rechts auf informationelle Selbstbestimmung zu gewährleisten. **Höchstspeicherfristen** sind in § 22 hingegen gerade **nicht geregelt.**

Ob und inwieweit das **Verarbeitungsverzeichnis** zukünftig nach § 53 DSG NRW iVm **41** Art. 30 Abs. 1–4 DS-GVO, Art. 24 Abs. 1 lit. h DS-GVO detaillierte Angaben zu den **Prüfungsterminen** macht, bleibt abzuwarten. Ein **Recht auf Einsicht** in dieses Verzeichnis ist im Gesetz **nicht vorgesehen,** so dass dem Transparenzerfordernis hierdurch wohl kaum Genüge getan wird. Abweichend von § 53 DSG NRW gelten indes bis zum 6.5.2023 für vor dem 6.5.2016 bereits eingeführte Verfahren zur automatisierten Verarbeitung von personenbezogenen Daten im Anwendungsbereich von Teil 3 des DSG NRW die Vorschriften über Verfahrensverzeichnisse und Dokumentationen aus den §§ 8 und 10 Abs. 3 DSG NRW 1988 (dh in der bis zum 24.5.2018 geltenden Fassung).

42   Eine **gesetzliche Begrenzung der Speicherungsfristen** ist indes in Nordrhein-Westfalen wie auch sonst **nur bei einigen polizeilichen Maßnahmen,** insbesondere solchen mit dem Charakter der Massenüberwachung, besonders geregelt (zB §§ 15 Abs. 1, 15a Abs. 2). Dies gilt auch für einige andere Maßnahmen (zB §§ 14a Abs. 1, 15c Abs. 4, § 20a Abs. 2), bei denen die Notwendigkeit einer längeren Speicherung, insbesondere mit Blick auf den damit verfolgten Zweck, nicht notwendig ist, soweit nicht eine zulässige Zweckänderung erfolgt.

43   **Mit Ausnahme gesetzlicher Speicherfristen im Ausnahmefall** hat der Gesetzgeber in Abs. 2 S. 2 (wie auch in S. 3, → Rn. 48) nur allgemeine Fristen in Form von **Prüfungsterminen** vorgesehen, wie dies auch in den Polizeigesetzen des Bundes und der Länder üblich ist. Fristen müssen unmittelbar im Gesetz oder aufgrund gesetzlicher Ermächtigung durch Verordnung geregelt werden, weil nur so die Betroffenen erkennen können, welche **Prüf- oder Speicherfristen** gelten sollen. Dies ist hier nicht mit Blick auf die Speicherdauer, sondern nur für Prüfungstermine gesetzlich festgelegt. Hierfür gilt eine Maximalfrist von zehn Jahren für Erwachsene, fünf Jahren für Jugendliche und zwei Jahre für Kinder (vgl. Abs. 4, der auch Aufbewahrungsfristen vorsieht, → Rn. 46 ff.). Wer diese Termine festlegt, bleibt ungeregelt und der Polizei überlassen.

44   Aus **verfassungsrechtlicher Sicht** zu beachten ist, dass die genannten Zeiträume **Maximalfristen** darstellen. Sie bewegen sich in einem zeitlichen Rahmen, der im Polizeirecht „üblich" ist. Andere Länder, wie etwa Schleswig-Holstein, setzen jedoch zum Teil deutlich kürzere Fristen an (§ 196 Abs. 3 SchlHLVwG), wieder andere hingegen bis zu 15 Jahren (§ 33 Abs. 4 RhPfPOG). Die nähere Festlegung dieser Zeiträume wird alleine durch die Polizei im Rahmen ihres Ermessens getroffen, **ohne** dass eine dem Erfordernis der **Transparenz** und dem Recht auf informationelle Selbstbestimmung entsprechende **Veröffentlichung** dieser Fristen erfolgt. Auch wenn S. 2 maximale Zeiträume für **Prüfungstermine** bestimmt, dürfen diese mit Blick auf das **Recht auf informationelle Selbstbestimmung** nicht schematisch ausgeschöpft werden (sehr oberflächlich zu dieser Frage OVG Münster Beschl. v. 28.11.2013 – 5 A 2516/12 Rn. 5, BeckRS 2013, 59468). Sie sind vielmehr mit Blick auf den Grundsatz der Verhältnismäßigkeit nach Art und Schwere des Anlasses der Datenspeicherung zu differenzieren und stellen **keine Regelspeicherfristen** dar (vgl. nur DMWW BPolG/Drewes BPolG § 35 Rn. 17; Lisken/Denninger PolR-HdB/Petri G Rn. 906, mit Hinweis auf die gegenläufige Rspr.). Entsprechende **Festlegungen** sind in der **Errichtungsanordnung** zu treffen.

45   Eine nicht nur schematische Überprüfung der **Speicherdauer** ist aber notwendig, weil die **Erforderlichkeit** der weiteren Datenspeicherung sich regelmäßig **durch Zeitablauf erledigt,** zumindest aber aus **Verhältnismäßigkeitsgesichtspunkten** einer Überprüfung bedarf (stRspr seit BVerfGE 65, 1 (46); sa Lisken/Denninger PolR-HdB/Petri G Rn. 897 ff.). Damit ist sicherzustellen, dass eine Verwendung personenbezogener Daten auf die die Datenverarbeitung rechtfertigenden Zwecke begrenzt bleibt und nach deren Erledigung nicht mehr möglich ist. Die **Löschung** der Daten ist zur Gewährleistung von Transparenz und Kontrolle zu protokollieren (zuletzt BVerfGE 141, 220 (285 f.)).

46   Je **länger** die **Datenspeicherung** dauert, desto intensiver wird der **Grundrechtseingriff.** Dies gilt gerade im Polizeirecht, weil sich an die Nutzung personenbezogener Daten nicht selten weitere Grundrechtseingriffe aufgrund polizeilicher Eingriffsbefugnisse anschließen (vgl. OVG Hamburg NVwZ-RR 2015, 695). Auch der Grundsatz der **Datenminimierung,** der Ausfluss des **Grundsatzes der Erforderlichkeit** ist (vgl. Simitis/Hornung/Spiecker/Rossnagel, Datenschutzrecht, 2019, DS-GVO Art. 5 Rn. 116), steht einer dauerhaften und nicht in regelmäßigen Zeiträumen überprüften Speicherung personenbezogener Daten durch die Polizei entgegen (vgl. BVerfGE 125, 260 (347 f.). = NJW 2010, 833 (847); sa BVerfG NJW 2002, 3231 (3232)).

47   Dies gilt insbesondere für den Bereich der **Abwehr konkreter Gefahren** aufgrund deren zeitlich enger Begrenzung. Dies gilt aber auch im Bereich der polizeilichen Speicherung strafprozessualer Daten zur **Verhütung von Straftaten** und der Speicherung von Daten in sog. **Mischdateien** (§ 483 Abs. 3 StPO, § 484 Abs. 4 StPO, § 24 Abs. 2; krit. Lisken/Denninger PolR-HdB/Petri G Rn. 860). Der von Art. 4 Abs. 1 lit. c JI-RL abweichende

§ 47 Nr. 3 BDSG, dem auch § 37 Nr. 3 DSG NRW entspricht, übernimmt diesen Gedanken der **Datenminimierung** auch für das deutsche Recht zur Ausführung der JI-RL (Johannes/ Weinhold Neues DatenschutzR § 1 Rn. 131; so im Ergebnis wohl auch Kühling/Buchner/ Schwichtenberg BDSG § 47 Rn. 2).

Nach **S. 3** sind für **nichtautomatisierte Dateisysteme und Akten Prüfungstermine** **48** oder Aufbewahrungsfristen festzulegen. Dies entspricht dem Regelungskonzept des S. 2 mit Ausnahme der Möglichkeit auch **Aufbewahrungsfristen** vorzusehen, mithin Höchstspeicherfristen, was im Sinne des Rechts auf informationelle Selbstbestimmung ist. Weshalb dies für eine Speicherung in automatisierten Dateisystemen, die wegen ihrer schnellen und im Umfang fast unbegrenzten Auswertbarkeit, eine viel höhere Gefährdung des Rechts auf informationelle Selbstbestimmung beinhalten können, nicht gelten soll, ist nicht nachvollziehbar und unterstreicht die Kritik am Regelungskonzept (zur Kritik → Rn. 40 ff.).

Soweit **S. 4** (der wohl trotz der einleitenden Beschränkung „dabei" auch für S. 2 gilt) **49** vorschreibt, dass bei der **Festlegung von Fristen** der Speicherungszweck sowie Art und Bedeutung des Anlasses der Speicherung zu berücksichtigen sind, ist dies Ausdruck des Verhältnismäßigkeitsgrundsatzes, der aber **ohne klare Bindungswirkung** oder weitere Spezifizierung durch den Gesetzgeber keine effektive Begrenzungsfunktion entfalten kann.

Faktisch hat damit der Gesetzgeber sodann in **S. 5** indes eine **Regelspeicherfrist von** **50** **mindestens zehn Jahren** respektive fünf Jahren gesetzlich verankert, was mit dem **Übermaßverbot nicht vereinbar** ist und auch nicht dadurch bereinigt werden kann, dass etwa die Polizei intern andere Fristen festlegt, da diese weder den Betroffenen bekannt, noch rechtlich verbindlich sind. Andere Fristen gelten indes für die in Abs. 4 und Abs. 5 genannten Personenkreise.

Mit Blick auf den Schutzgehalt des Rechts auf informationelle Selbstbestimmung wie **51** auch das zeitliche Übermaßverbot sind alle **personenbezogenen Daten** spätestens **nach** **Ablauf der im Gesetz genannten Höchstfrist zu löschen** (so auch SBK PolG NRW/ Braun Rn. 22), soweit nicht ausnahmsweise die Voraussetzungen für eine **zulässige weitere Speicherung** vorliegen und die weitere Speicherung im Einzelfall noch für die Erfüllung der Aufgaben iSd § 1 Abs. 1 erforderlich ist. Hierbei muss es aus Gründen der Verhältnismäßigkeit ggf. zu einer nur teilweisen Löschung nicht mehr erforderlicher Daten kommen, auch wenn andere Daten weiter gespeichert werden dürfen.

4. Berechnung der Prüfungstermine (S. 6 und S. 7)

Die vom Gesetzgeber in S. 5 vorgegebenen **Prüfungstermine** von bis zu zehn Jahren **52** werden faktisch durch die Regelung in **S. 6** um bis zu 364 Tage nach hinten verschoben. Nach S. 5 beginnt die Frist regelmäßig mit dem **Ende des Jahres,** in dem das letzte Ereignis erfasst worden ist, das zur Speicherung der Daten geführt hat, jedoch nicht vor Entlassung des Betroffenen aus einer Justizvollzugsanstalt oder der Beendigung einer mit Freiheitsentziehung verbundenen Maßregel der Besserung und Sicherung. Diese Regelung ist noch weitergehend als § 77 Abs. 3 S. 1 BKAG und erlaubt längere Speicherungen als dieses. Anders als in der Vorgängerregelung in § 24 Abs. 2 S. 3 aF, nach dem die Fristberechnung mit dem Tag begann, an dem das letzte Ereignis eingetreten ist, das zur Speicherung der Daten geführt hat, wird nunmehr die Prüffrist nach hinten auf das Ende des Jahres verschoben, in dem das letzte Ereignis erfasst worden ist. Allein hierdurch kann sich eine Verschiebung der Prüfung nach hinten um bis zu 364 Tagen resultieren.

Speicherungen zu einer Person können indes **Ereignisse von unterschiedlichem** **53** **Gewicht** betreffen oder auf einer **unterschiedlichen Tatsachenbasis** oder auch nur auf **polizeilichen Zuschreibungen und Maßnahmen** zB gegen mutmaßliche Hooligans im Fußball beruhen; hier genügt ein einfacher Platzverweis oder eine Gewahrsamnahme. Der Betroffene kann rechtskräftig verurteilt sein oder aber nur wegen vager Verdachtsmomente oder polizeilicher Maßnahmen gespeichert sein, etwa aufgrund einer später nicht verifizierbaren Anzeige, als Kontaktperson oder als Opfer. Die im Gesetz verankerte „**Mitziehautomatik**" und nicht näher vorgegebene unterschiedliche Fristen für die Speicherung je nach Gewicht der gespeicherten Verstöße oder Anlässe verstoßen daher gegen Art. 5 JI-RL und sind unverhältnismäßig (so zutr. Bundesbeauftragter für den Datenschutz und die Informationsfreiheit, 26. Tätigkeitsbericht 2015–2016, 108 zum BKAG; Zöller, Anhörung Innenausschuss, Ausschussprotokoll 17/365, 8).

54   **S. 7** regelt sodann den Fall mehrerer Speicherungen über die gleiche Person: Werden innerhalb der in S. 2 und S. 3 genannten Frist weitere personenbezogene Daten über dieselbe Person gespeichert, so gilt für alle Speicherungen gemeinsam der Prüfungstermin, der als letzter eintritt, oder die Aufbewahrungsfrist, die als letzte endet. Dies bedeutet, dass bspw. auch noch neun Jahre und 364 Tage nach einem ersten Eintrag ein zweiter Eintrag dazu führen kann, dass ersterer für mindestens weitere zehn Jahre im polizeilichen Datensystem verbleiben kann, hinzu kommen bis zu 364 Tagen, je nach Zeitpunkt des Eintrages im Kalenderjahr.

5. Technisch-organisatorische Maßnahmen (S. 8)

55   Um die **Prüfungstermine** zu **überwachen** und die Daten spätestens nach Ablauf des im Gesetz oder der sonst nach § 22 festgelegten Prüfungstermins überprüfen zu können, sind nach **S. 8** entsprechende **technische und organisatorische Maßnahmen** zu treffen (Lisken/Denninger PolR-HdB/Petri G Rn. 903; sa VGH Kassel BeckRS 2005, 23051) und auch tatsächlich umzusetzen (zum strukturellen Vollzugsdefizit Lisken/Denninger PolR-HdB/Petri G Rn. 914). Dieses Erfordernis entspricht zwar formal den rechtlichen Anforderungen aus dem DSG NRW und der JI-RL, bleibt aber materiell ohne Substanz und so unkonkret, dass die inhaltliche Ausgestaltung allein der speichernden Stelle überlassen bleibt. Dies ist **aus Sicht des Datenschutzes wenig befriedigend. Bürger/innen** haben zudem nicht einmal einen **Anspruch** zu erfahren, welche technisch-organisatorischen Maßnahmen zu ihrem Schutz ergriffen werden, wie § 3 Abs. 3 DSG NRW mit Blick auf Informationszugang nach IFG NRW bestimmt.

III. Speicherung trotz Wegfall der strafrechtlichen Verfolgung (Abs. 3)

56   Abs. 3 weicht deutlich von der bis 28.12.2018 geltenden Vorgängerregelung in § 24 Abs. 2 S. 5 aF ab und wird vergleichbaren Regelungen etwa in § 29 Abs. 2 S. 4 BPolG oder § 18 Abs. 5 BKAG angeglichen. In der Gesetzesbegründung (LT-Drs. 17/2576, 68) wird hierzu allein auf eine Entscheidung des BVerfG aus dem Jahr 2002 verwiesen und es fragt sich, weshalb aus Sicht des Gesetzgebers hieraus erst im Jahr 2018 eine Änderung des Gesetzes folgen sollte.

1. Weitere Datenspeicherung (S. 1)

57   Auch wenn die betroffene Person rechtskräftig freigesprochen, die Eröffnung des Hauptverfahrens gegen sie unanfechtbar abgelehnt oder das Verfahren nicht nur vorläufig eingestellt wurde, ist nach S. 1 weiterhin eine Speicherung unzulässig, wenn sich aus Gründen der Entscheidung ergibt, dass die betroffene Person die Tat nicht oder nicht rechtswidrig begangen hat.

58   Das BVerfG hält die **Datenspeicherungen** auch bei Verfahrenseinstellung zu präventiv-polizeilichen Zwecken wie auch zu repressiv-polizeilichen Zwecken der Verfolgungsvorsorge für verfassungsrechtlich zulässig. Nach seiner Auffassung steht der weiteren Speicherung und Verwendung von in Strafermittlungsverfahren gewonnenen Daten zur Verhütung oder Verfolgung künftiger Straftaten der Unschuldsvermutung grundsätzlich auch dann nicht entgegen, wenn der Betroffene **rechtskräftig freigesprochen** worden ist, sofern die Verdachtsmomente dadurch nicht ausgeräumt sind. Gleiches gelte auch dann, wenn das Strafverfahren aus anderen Gründen beendet worden sei. Bei der Verfahrensbeendigung durch **Einstellung** nach § 153 ff. StPO oder bei einem **Freispruch** aus Mangel an Beweisen sei der Straftatverdacht nicht notwendig ausgeräumt. Die weitere Aufbewahrung und Verwendung von Daten aus Strafverfahren zur vorbeugenden Straftatenbekämpfung stelle auch keinen Nachteil dar, der einem Schuldspruch oder einer Strafe gleichkäme. In ihren Voraussetzungen seien diese Maßnahmen von einem fortbestehenden Tatverdacht, nicht aber von einer Schuldfeststellung abhängig. Auch sei die Datenspeicherung in den Kriminalakten von ihren faktischen Wirkungen nicht mit einer Strafsanktion zu vergleichen. Diese diene vielmehr anderen Zwecken,

nämlich der vorbeugenden Straftatenbekämpfung. Ferner fehle ihr die einem Strafurteil zukommende Publizitätswirkung (BVerfG NJW 2002, 3231 (3232)).

Die Feststellung, dass die Unschuldsvermutung eine Speicherung von Daten aus Strafer- 59 mittlungsverfahren auch nach rechtskräftigem Freispruch nicht grundsätzlich verbiete, führt nach Ansicht des BVerfG (NJW 2002, 3231) auch „nicht dazu, dass der Freispruch keine **Auswirkungen auf die Entscheidung über die Aufrechterhaltung der Speicherung** hat. Vielmehr ist bei der Prüfung zu berücksichtigen, ob die gesetzlichen Voraussetzungen der Datenspeicherung erfüllt sind und sie im konkreten Fall dem Verhältnismäßigkeitsgrundsatz Rechnung trägt." Eine **unverzichtbare Voraussetzung** der Speicherung sei dabei der **Straftatverdacht.** „Im Falle eines Freispruchs oder der Verfahrenseinstellung bedarf es daher der Überprüfung, ob noch Verdachtsmomente gegen den Betroffenen bestehen, die eine Fortdauer der Speicherung zur präventiv-polizeilichen Verbrechensbekämpfung rechtferti- gen. Weitere Voraussetzung der Datenspeicherung ist eine **Wiederholungsgefahr.** Deren Feststellung ist einer schematischen Betrachtung nicht zugänglich, sondern bedarf der einge- henden **Würdigung aller hierfür relevanten Umstände des Einzelfalls** unter Berück- sichtigung der Gründe für den Freispruch".

Die Vereinbarkeit der Entscheidung des BVerfG mit der EMRK wird in der Literatur 60 bezweifelt (Hohnstädter NJW 2003, 490 unter Verweis auf EGMR 25.8.1993 – 21/1992/ 366/440 – Sekanina / Österreich; zur Kritik sa Spiecker genannt Döhmann/Kehr DVBl 2011, 930). Die Instanzgerichte sind dieser Rechtsprechung soweit erkennbar weitgehend gefolgt (vgl. nur VGH München BeckRS 2018, 32434; VG Karlsruhe ZD 2015, 142 mwN; VGH Mannheim ZD 2015, 542). Das VG Köln geht indes davon aus, „dass von einem **(Rest-)Verdacht** im Sinne des § 24 Abs. 2 S. 5 PolG NRW nur gesprochen werden könne, wenn feststehe, dass überhaupt eine Straftat begangen wurde, und nur die Frage nicht abschließend geklärt ist, ob diese Tat von der fraglichen Person begangen wurde" (VG Köln Urt. v. 23.4.2015 – 20 K 3184/14 Rn. 65, BeckRS 2015, 49013).

Problematisch in der Praxis ist allerdings der **Informationsfluss** mit Blick auf für die 61 **Löschung relevante Informationen,** nicht zuletzt mit Blick auf die Mitteilung nach Nr. 88 RiStBV gegenüber dem Beschuldigten (anschaulich: BVerwG BeckRS 2004, 21308). Danach sind in der Mitteilung an den Beschuldigten nach § 170 Abs. 2 StPO die Gründe der Einstellung nur auf Antrag und dann auch nur soweit bekannt zu geben, als kein schutz- würdiges Interesse entgegensteht. Hat sich herausgestellt, dass der Beschuldigte unschuldig ist oder das gegen ihn kein begründeter Verdacht mehr besteht, so ist dies in der Mitteilung auszusprechen.

Zudem sieht § 482 Abs. 2 StPO eine regelmäßige Übersendung aller relevanten Informa- 62 tionen zur Beurteilung eines weiterbestehenden Verdachts an die Polizeibehörden nicht vor. Hierfür bedarf es vielmehr einer Anforderung seitens der Polizei nach § 474 Abs. 2 StPO, um bspw. die Urteilsgründe oder die mit Gründen versehene Einstellungsverfügung zu erhal- ten, bevor Daten über eine Person gespeichert werden (zu Problemen und Defiziten bei der Übermittlung vgl. BVerwG NJW 2011, 405 (407)).

Es ist daher **nicht gesichert,** dass eine **Datenlöschung** in allen im Gesetz genannten 63 Fällen nach der gerichtlichen oder staatsanwaltschaftlichen Entscheidung auch **tatsächlich erfolgt,** insbesondere wenn die Voraussetzungen einer Mitteilung an den Betroffenen nach § 170 Abs. 2 StPO nicht vorliegen, respektive diese nicht auch an die Polizei übermittelt wird, es also an einer Begründung fehlt. Auch in den Fällen der Einstellung nach §§ 153, 153a, 154 Abs. 2 oder 205 StPO ist eine Speicherung nicht unproblematisch und zu Recht einiger Kritik ausgesetzt (vgl. nur Spiecker genannt Döhmann/Kehr DVBl 2011, 930 (934); SK-StPO/Weßlau StPO § 484 Rn. 18, weist unter anderem darauf hin, dass so ein „Frei- spruch 2. Klasse" wiedereingeführt werde).

Im Ergebnis begegnet die **Zulässigkeit** der weiteren Speicherung und Nutzung nach 64 Maßgabe des S. 3 also **erhebliche rechtliche Bedenken.**

2. Dokumentationspflicht (S. 2)

Neu und mit Blick auf das Recht auf informationelle Selbstbestimmung wie auch Art. 19 65 Abs. 4 GG zu begrüßen ist, dass im Falle einer Speicherung wegen eines Restverdachts einer Straftat dessen **Gewicht und der Grad des Verdachts zu dokumentieren ist.** Dies kann zumindest im Falle der Geltendmachung eines **Löschungsanspruchs** nach § 50 Abs. 2 DSG NRW die Nachvollziehbarkeit der weiteren Speicherung verbessern und schafft **Transparenz** im Falle eines solchen Antrages oder ggf. gerichtlichen Verfahrens.

IV. Prüfungstermine oder Aufbewahrungsfristen bei Kindern (Abs. 4)

66   Abs. 4 entspricht der bis 28.12.2018 geltenden Regelung des § 22 S. 5 aF, übernimmt aber neu den Begriff des Dateisystems aus § 36 Nr. 7 DSG NRW.

67   Eingriffe in das **Recht auf informationelle Selbstbestimmung von Kindern** sind mit Blick auf den Grundsatz der Verhältnismäßigkeit als besonders schwerwiegend anzusehen, weil diese sich noch in der Persönlichkeitsentwicklung befinden und ihr Handeln nur beschränkt überblicken; dieses kann zudem erheblichen Veränderungen unterworfen sein. **S. 1** bestimmt daher in Abweichung von Abs. 2 S. 5, dass Prüfungstermine oder Aufbewahrungsfristen für die in Dateien oder Akten suchfähig gespeicherten personenbezogenen Daten von Kindern **zwei Jahre nicht überschreiten** dürfen.

68   Unklar ist, ob für den **Begriff des Kindes** auf das BGB (bis 17 Jahre) oder das JuSchG (bis 13 Jahre) abzustellen ist. Mit Blick auf Abs. 2 S. 5 ist letzteres anzunehmen.

69   Die **Frist** beginnt nach **S. 2** mit dem **Tag der ersten Speicherung,** was eine datenschutzrechtlich erfreuliche Abweichung von Abs. 2 S. 6 darstellt. Bei **Prüfungsterminen** wie auch **Aufbewahrungsfristen** tritt daher anders als nach § 22 Abs. 2 S. 6 und S. 7 durch neu hinzutretende Speicherungsgründe keine Verschiebung der maßgeblichen Frist ein.

70   In Kontrast zu den Regelungen in Abs. 2 werden hier **hinreichend bestimmt und transparent im** Gesetz selbst zeitliche Vorgaben für Prüfungstermine und Aufbewahrungsfristen für in Dateisystemen gespeicherte personenbezogene Daten festgelegt. Zwar enthält auch diese Regelung **keine weiteren Maßgaben hinsichtlich der tatsächlichen Fristen und deren Veröffentlichung,** durch die für die Betroffenen oder ihre Vertreter erkennbar und für die Gerichte überprüfbar ist, ob diese eingehalten wurden. Dennoch ist diese Regelung mit Blick auf die kurz bemessene Speicher- und Aufbewahrungsdauer als **Höchstfrist** (SBK PolG NRW/Braun Rn. 12) aus Sicht des Rechts auf informationelle Selbstbestimmung und der Verhältnismäßigkeit nicht zu beanstanden, und der Betroffene oder seine Vertreter können klar erkennen, dass ein Zeitraum von zwei Jahren ab der ersten Speicherung nicht überschritten werden darf.

71   Anders als bei **Prüfungsterminen** ist im Falle der Festlegung einer **Aufbewahrungsfrist** nach Ablauf der festgelegten Speicherdauer das Datum unbedingt zu löschen (so auch Tegtmeyer/Vahle PolG NRW/Tegtmeyer § 32 Rn. 15).

V. Speicherung bei Kontakt- und Begleitpersonen (Abs. 5)

72   Die Regelung entspricht im Wesentlichen § 24 Abs. 4 in der bis 28.12.2018 geltenden Fassung. Entgegen den Ausführungen in der Gesetzesbegründung (LT-Drs. 17/2576, 68) wurden hierbei indes nicht nur redaktionelle Anpassungen vorgenommen, sondern auch materiell zum Nachteil des Rechts auf informationelle Selbstbestimmung geändert.

1. Tatbestand: Bestimmtheitsdefizit und Übermaßverbot (S. 1)

73   Die Verlängerung für jeweils ein weiteres Jahr ist zulässig, soweit die Voraussetzungen des S. 1 weiterhin vorliegen, jedoch darf die Speicherungsdauer insgesamt drei Jahre nicht überschreiten. Die Entscheidung über die jeweilige Verlängerung trifft die Behördenleiterin oder der Behördenleiter oder ein von ihr oder ihm beauftragter Beamter.

74   Ausweislich **S. 1** kann die Polizei über **Kontakt- oder Begleitpersonen** einer Person, bei der Tatsachen die Annahme rechtfertigen, dass sie künftig Straftaten begehen wird, sowie über **Auskunftspersonen** personenbezogene Daten **suchfähig in Dateien speichern, verändern und nutzen,** soweit dies zur vorbeugenden Bekämpfung von Straftaten von erheblicher Bedeutung erforderlich ist.

75   Zulässig ist die Maßnahme damit **allein** nur zur Verhütung von **Straftaten mit erheblicher Bedeutung.** § 8 Abs. 3 legt fest, welche Verbrechen und Vergehen als Straftaten mit erheblicher Bedeutung angesehen werden sollen, ohne hierfür einen abschließenden Katalog festzulegen, wie sich aus der näheren Bestimmung „insbesondere" ergibt (Tegtmeyer/Vahle

PolG NRW/Vahle § 8 Rn. 35). Ob dies den Anforderungen an die **Normenbestimmtheit** genügt, ist **zweifelhaft.** Nach Auffassung des BVerfG muss eine Straftat von erheblicher Bedeutung mindestens dem Bereich der mittleren Kriminalität zuzurechnen sein, den Rechtsfrieden empfindlich stören und dazu geeignet sein, das Gefühl der Rechtssicherheit der Bevölkerung erheblich zu beeinträchtigen (BVerfG NJW 2001, 879 (880)).

Einen Verweis auf § 8 Abs. 4 (**terroristische Straftaten**) beinhaltet der Wortlaut des S. 1 **76** eindeutig **nicht.**

S. 1 erweitert indes die **Zulässigkeit der Datenverarbeitung** weit über das Maß hinaus, **77** was aus der Überschrift zu § 22 erkennbar ist. Bei der Übernahme des Wortlauts aus § 24 aF hat der Gesetzgeber übersehen – oder dies in der Begründung bewusst nicht angesprochen – , dass hier – entgegen der Überschrift – **nicht nur** die **Speicherung** geregelt wird, sondern auch die **Veränderung und Nutzung** von personenbezogenen Daten, die sonst in § 23 entsprechend der Maßgaben aus dem Zweckbindungsgebot dort beschränkt wird. S. 1 **verstößt damit gegen das Zweckbindungsgebot,** weil jedwede Beschränkung – wie etwa in § 23 Abs. 1 – fehlt.

Auch eine **Legaldefinition** der Begriffe **Kontakt- und Begleitperson** findet sich in **78** § 8, der sonstige Begriffsbestimmungen enthält, nicht, obwohl der Begriff an verschiedenen Stellen im Gesetz genutzt wird. Nach § 16a Abs. 1 S. 3, der keine für das Gesetz verbindliche Legaldefinition beinhaltet, gelten für die Datenerhebung als **Kontaktpersonen** nur die Personen, die enge persönliche, dienstliche oder geschäftliche Beziehungen zu den Personen gem. Abs. 1 S. 1 Nr. 2 unterhalten. **Begleitpersonen** sind danach Personen, die nicht nur kurzfristig mit diesen Personen angetroffen werden, ohne jedoch enge persönliche, dienstliche oder geschäftliche Beziehungen zu diesen zu unterhalten. Ein Bezug auf mögliche Straftaten und die Absicht, sich solcher Personen zu bedienen oder vergleichbares findet sich in der Norm indes nicht. Zudem ist diese Begriffsbestimmung für andere Erhebungsbefugnisse gegenüber Kontakt- und Begleitpersonen nicht bindend; ein Verweis fehlt bspw. schon in § 17.

Deutlich **enger** wird der Begriff **in anderen Landespolizeigesetzen** genutzt, so zB in **79** § 25 Abs. 2 Nr. 2 ASOG Bln, der fordert, dass sich die Zielperson dieser Personen zur Begehung erheblicher Straftaten „bedienen will". Nach § 32 Abs. 1 S. 3, S. 4 BbgPolG kommen als Kontakt- oder Begleitpersonen nur „Personen in Betracht, bei denen konkrete Tatsachen für einen objektiven Tatbezug zu den in Nr. 2 genannten Personen sprechen. Dazu gehören mögliche Auftraggeber, Helfer oder andere Personen, die in sonstiger Weise bei der Planung, Durchführung oder späteren Verwertung der Tatvorteile oder zum Schutz des Täters eine Rolle spielen können, sei es durch bewusste Unterstützung oder dadurch, dass sie ohne ihr Wissen von den in Nr. 2 genannten Personen für deren Zwecke genutzt werden".

Nach **Auffassung des BVerfG** (zuletzt BVerfGE 141, 220 (291 f.)) ist der Begriff der **80** Kontakt- und Begleitperson restriktiv auszulegen. „Vorausgesetzt sind konkrete Tatsachen für einen objektiven Tatbezug und damit für eine Einbeziehung in den Handlungskomplex der Straftatenbegehung, insbesondere eine Verwicklung in den Hintergrund oder das Umfeld der Straftaten" (BVerfG NVwZ 2001, 1261 (1262)). Die Begrenzung auf Personen, die enge persönliche, dienstliche oder geschäftliche Beziehungen zur Zielperson unterhalten, genügt hingegen nach der Rechtsprechung des BVerfG als Beschränkung nicht (BVerfG NJW 2005, 2603 (2608 f.)).

Im Ergebnis leidet Abs. 5 mit Blick auf die Anknüpfung der Zulässigkeit der Datenspeiche- **81** rung allein an den Begriff der Kontakt- und Begleitperson wie auch hinsichtlich der Speicherung von Daten über Auskunftspersonen, die gesetzlich nicht definiert sind, unter einem **Bestimmtheitsdefizit** und ist zudem mit Blick auf diese „Weite" **mit dem Übermaßverbot nicht vereinbar.**

2. Speicherfristen (S. 2 und S. 3)

Die **bisherige** Regelung in § 24 Abs. 4 S. 2 aF regelte eindeutig eine **maximale Spei-** **82** **cherdauer,** was gegenüber der Festlegung „weicher" Prüfungstermine aus Sicht des Rechts auf informationelle Selbstbestimmung eindeutig vorzugswürdig ist. Entgegen der Gesetzesbegründung wird in **S. 2** nunmehr nicht nur eine sprachliche Anpassung an den neuen Begriff der Weiterverarbeitung vorgenommen (LT-Drs. 17/2576, 68), sondern es wird nunmehr nur noch eine **maximale Dauer der Prüfungsfrist** vorgeschrieben, die in praxi vermutlich zur **Mindestregelspeicherdauer** werden dürfte. Eine Überprüfbarkeit der Handhabung ist auch hier mangels Veröffentlichung der Fristen nicht möglich, was als nachteilig für den Schutz des Rechts auf informationelle Selbstbestimmung zu bewerten ist.

83   **S. 3** gestattet sodann eine weitere Speicherung auch nach Ablauf des ersten Jahres durch Verlängerung für jeweils ein weiteres Jahr, soweit die Voraussetzungen des S. 1 weiterhin vorliegen. Insgesamt darf die **Speicherungsdauer drei Jahre** nicht überschreiten.

84   Anders als bspw. in § 35 Abs. 4 BPolG **fehlt** zudem eine **Dokumentationspflicht** dahingehend, dass die maßgeblichen Gründe für die Aufrechterhaltung der Speicherung aktenkundig zu machen sind; anders zB Abs. 3 S. 2. Auch eine Pflicht zur **Benachrichtigung** fehlt (anders zB § 189 Abs. 3 SchlHLVwG). Beides ist im Interesse der von **Art. 19 Abs. 4 GG** garantierten gerichtlichen Nachprüfbarkeit.

3. Behördenleitervorbehalt (S. 4)

85   Der Behördenleitervorbehalt soll im Rahmen einer funktionalen Zuständigkeitsverschiebung eine gewisse interne Kontrolle durch Verfahren gewährleisten.

VI. Speicherung wertender Angaben (Abs. 6)

86   Die Regelung entspricht der bis 28.12.2018 geltenden Regelung in § 23 Abs. 2 aF.

1. Nachverfolgbarkeit wertender Angaben (S. 1)

87   S. 1 regelt Anforderungen an die **Speicherung wertender Angaben** allein in **Dateien,** nicht aber in Akten. S. 1 verlangt, dass feststellbar sein muss, bei welcher **Stelle** die den Angaben zugrundeliegenden Informationen vorhanden sind, um eine Nachvollziehbarkeit solcher Bewertungen zu ermöglichen. Eine Beschränkung auf Dateien erscheint mit Blick auf den im Vergleich zu Dateien deutlich beschränkten Zugriff auf Akten vertretbar; zudem wird die Akte im Regelfall nur bei der speichernden Dienststelle vorliegen und ist nicht über polizeiliche Informationssysteme für eine Vielzahl von Polizeibeamtinnen und Polizeibeamten einsehbar.

88   Die Regelung soll sicherstellen, dass wertende Angaben auf ihre Richtigkeit hin überprüft und ggf. korrigiert werden können und im Falle einer Berichtigung oder Löschung (§ 32, § 54 DSG NRW) tatsächlich auch an ihrem „Ausgangspunkt" gelöscht werden können. Hierüber hat der Betroffene einen gesetzlich verankerten Anspruch aus § 50 DSG NRW.

89   Jede Speicherung **wertender Angaben** zu Personen in polizeilichen Dateien stellt einen **besonders intensiven Eingriff in das Recht auf informationelle Selbstbestimmung** dar, weil hier nicht Tatsachen im Einzelfall, sondern subjektive polizeiliche Werturteile und Vermutungen bis hin zu politischen und anderen Kategorisierungen über bestimmte Personen gespeichert und für die zukünftige Nutzung „verstetigt" werden (zB geistig verwirrt, gewalttätig, bewaffnet, Intensivtäter, Betäubungsmittelkonsument, bestimmte Krankheiten, politische Zuordnungen Rechts / Links etc; vgl. DMWW BPolG/Drewes BPolG § 29 Rn. 39; zum Kriterium „gewalttätig" anschaulich OVG Saarlouis BeckRS 2018, 1675).

90   Nicht selten handelt es sich hier um „**besondere Kategorien personenbezogener Daten**" iSv § 36 Nr. 18 DSG NRW, Art. 10 JI-RL, für die § 22a zur Anwendung kommt.

91   Im Einklang mit dem Bundesrecht (§ 73 BDSG) trifft **§ 43 DSG NRW** in S. 1 deutliche Relativierungen dahingehend, dass der für die Datenverarbeitung Verantwortliche „so weit wie möglich danach zu unterscheiden" habe, ob „personenbezogene Daten auf **Tatsachen** oder **persönlichen Einschätzungen** beruhen". S. 2 schränkt weiter ein, dass er, „soweit dies im Rahmen der jeweiligen Verarbeitung möglich und angemessen ist, Beurteilungen, die auf persönlichen Einschätzungen beruhen, als solche kenntlich zu machen" habe. Dass dem Gesetzgeber hier kein deutliches Regulierungskonzept mit Blick auf die rechtsstaatliche Bedenklichkeit wertender Einträge am Herzen lag, belegt ein Blick in die Gesetzesbegründung, die allein ausführt: „§ 43 dient der Umsetzung von Artikel 7 Abs. 1 DS-RL. Die konkreten Rechtsfolgen der vorgesehenen Unterscheidung bei der Verarbeitung werden dem bereichsspezifischen Recht überlassen" (LT-Drs. 17/1981, 160).

Die so **gespeicherten Wertungen** werden bei anderer Gelegenheit von mit der Person **92** oder dem Vorgang nicht vertrauten Polizeivollzugsbeamten im Rahmen der **Nutzung polizeilicher Datenbestände im täglichen Dienst** durch Datenabfragen zur Kenntnis genommen und unter Umständen zum Anlass für weitere Eingriffsmaßnahmen genommen (anschaulich: OVG Hamburg NordÖR 2015, 332). Wer als Fußballfan der „Kategorie C" oder als „linker/rechter Gewalttäter" abgespeichert ist (vgl. → § 22a Rn. 3 ff.), wird allein deshalb von der Polizei im Regelfall anders behandelt, weil die für die Speicherung zuständige Stelle innerhalb der Polizei zuvor eine solche Wertung in das System eingegeben und die Person entsprechend **gelabelt** hat. Jede negative „Bewertung" einer Person **senkt** damit gewissermaßen die Eingriffsschwelle **ab.** Es besteht zudem die Gefahr eines „**Kontextverlustes**" (Knape/Schönrock, Allgemeines Polizei- und Ordnungsrecht für Berlin, 11. Aufl. 2016, ASOG Bln § 43 Rn. 13) und der Verselbstständigung solcher Werturteile sowie der **Stigmatisierung des Betroffenen,** ohne dass das Gesetz hierfür Bestimmungen trifft (krit. Tetsch/Baldarelli PolG NRW/Tetsch § 24 Erl. 9.1). Ob § 22a hier **in praxi** eine wirksame Grenze setzt, bleibt abzuwarten (krit. → § 22a Rn. 8).

2. Automatisierte Generierung wertender Angaben (S. 2)

Die Regelung in S. 2 kann nicht ohne Einordnung in das **Recht der automatisierten 93 Entscheidungsfindung** in der JI-RL und im Landesdatenschutzrecht zutreffend verortet werden. § 22 Abs. 6 S. 2 erlaubt die **Generierung wertender Angaben** nur, solange dies nicht allein auf Informationen gestützt wird, die unmittelbar **durch automatisierte Datenverarbeitung** gewonnen wurden. Damit liegt die Regelung zunächst im Rahmen der nach der JI-RL zulässigen Gesetzgebung. Eine Nutzung besonderer Kategorien personenbezogener Daten iSv § 36 Nr. 18 DSG NRW wie auch ein Profiling sind hierbei gesetzlich (auch durch § 46 Abs. 3 DSG NRW) nicht ausgeschlossen. Ein effektiver Schutz des Rechts auf informationelle Selbstbestimmung hätte anderes verlangt.

Die **JI-RL** fordert keine **Öffnung für automatisierte Entscheidungen im Bereich 94 der Polizei,** lässt diese aber zu. Der Gesetzgeber in Nordrhein-Westfalen – wie auch im Bund und anderen Ländern – hat sich mit Blick auf das Recht auf informationelle Selbstbestimmung nicht etwa dafür entschieden, automatisierte Entscheidungsfindungen für den Bereich der Polizei zu verbieten, sondern solche Maßnahmen im Anwendungsbereich der JI-RL zuzulassen, wie hier durch § 46 DSG NRW. Damit ist die Tür für **automatisierten Entscheidungen mit Rechtswirkung nach außen** auch für den **Polizeibereich** geöffnet. Dies gilt für polizeiliche Verwaltungsakte (vgl. Gola/Heckmann/Paschke BDSG § 54 Rn. 8) ebenso wie für Realakte mit Eingriffsqualität. Folgerichtig führt die Begründung zur Novelle des DSG NWR aus: „Das Verbot der automatischen Einzelentscheidung bezieht sich dabei jedoch nur auf Fälle, in denen die Entscheidung nachteilig für die betroffene Person ist oder sie erheblich beeinträchtigt. Eine Ausnahme besteht insoweit, wenn eine Rechtsvorschrift dies ausdrücklich zulässt" (LT-Drs. 17/1981, 161).

Art. 11 JI-RL sieht vor, dass eine **ausschließlich auf einer automatischen Verarbei- 95 tung** beruhende Entscheidung – einschließlich Profiling –, die eine nachteilige Rechtsfolge für die betroffene Person hat oder sie erheblich beeinträchtigt, verboten ist, es sei denn, dass diese nach dem Recht der Mitgliedstaaten erlaubt ist und geeignete Garantien für die Rechte und Freiheiten der betroffenen Person bietet, zumindest aber das Recht auf persönliches Eingreifen seitens des Verantwortlichen erlaubt. Im Anschluss hier dürfen nach **§ 46 Abs. 1 DSG NRW** „**Entscheidungen,** die für die betroffene Person mit einer nachteiligen Rechtsfolge verbunden sind oder sie erheblich beeinträchtigen, […] **nicht ausschließlich** auf eine **automatische Verarbeitung,** einschließlich Profiling, gestützt werden, es sei denn eine Rechtsvorschrift lässt dies ausdrücklich zu."

§ 46 Abs. 2 DSG NRW sieht weiter vor, dass **besondere Kategorien personenbezoge- 96 ner Daten** bei Entscheidungen nach Abs. 1 nur verarbeitet werden, wenn **geeignete Maßnahmen zum Schutz** der Rechte und Freiheiten sowie der berechtigten Interessen der betroffenen Person getroffen werden. Welche Maßnahmen (vgl. beispielhaft Gola/Heckmann/Paschke BDSG § 54 Rn. 10) dies sicherstellen könnten, wird indes weder im DSG NRW noch im PolG NRW wirksam vorgegeben (vgl. Kühling/Buchner/Schwichtenberg BDSG § 54 Rn. 6). Ziel eines wirksamen Schutzkonzeptes, das **de lege ferenda** auch gesetzlich zu verankern wäre, ist der Schutz vor den Risiken einer wertenden Entscheidung durch vermeintlich „objektive" Datenverarbeitungssysteme wie etwa solchen zu „**predictive policing**", Big-Data-Analysen oder „intelligenten" Kamerasystemen, welche in unterschiedlicher Weise die Analyse großer Mengen personenbezogener Daten erlauben (vgl. Johannes/Weinhold Neues DatenschutzR § 1 Rn. 162; Kühling/Buchner/Schwichtenberg BDSG § 54 Rn. 3).

97   Erfasst von vorgenannten Regelungen sind allein Entscheidungen mit nachteiligen Rechtsfolgen für die betroffene Person oder solche, die diese erheblich beeinträchtigen, hier also **Eingriffsmaßnahmen** auf Grundlage des PolG NRW oder anderer Gesetze (vgl. Kühling/Buchner/Schwichtenberg BDSG § 54 Rn. 5 unter Verweis auf BT-Drs. 18/11325, 112).

98   Die JI-RL und das DSG NRW gelten indes nicht für eine allein **interne Nutzung** von Verfahren der **automatisierten Entscheidung,** auch wenn hierbei wertende Angaben bis hin zu besonderen Kategorien personenbezogener Daten generiert oder genutzt werden (so auch § 54 BDSG). Eine gewisse Grenze zieht hier allein § 46 Abs. 3 DSG NRW für das Profiling, der indes nur dann greift, wenn die betroffene Person **diskriminiert** wird, was das Rechtsstaatsprinzip ohnehin untersagt und daher aus Sicht der Polizei nie geschieht. Betroffene polizeilicher Maßnahmen sehen dies durchaus anders. Dass auch **vorbereitende Maßnahmen** unter Umständen als solche eingeordnet werden können, die den Betroffenen **erheblich beeinträchtigen** (Kühling/Buchner/Schwichtenberg BDSG § 54 Rn. 5), kann sicherlich bejaht werden, wird aber aufgrund des Arkanums polizeilicher Vorbereitungsmaßnahmen kaum jemals zu überprüfen sein.

99   § 46 Abs. 3 DSG NRW sieht weiter vor, dass ein **Profiling,** das zur Folge hat, dass betroffene Personen auf der **Grundlage von besonderen Kategorien personenbezogener Daten diskriminiert** werden, verboten ist. Eine Nutzung solcher Daten verbietet dies nicht allgemein, sondern lediglich im Falle der Diskriminierung (Gola/Heckmann/Paschke BDSG § 54 Rn. 12). Betrachtet man indes die seit Jahren geführte Diskussion über **racial profiling** (hier wird ein anderer Begriff als der in § 46 Nr. 4 DSG NRW in der juristischen und öffentlichen Diskussion verwandt; so Johannes/Weinhold Neues DatenschutzR § 1 Rn. 173) in der deutschen Polizei und insbesondere bei Grenzkontrollen sowie Identitätsfeststellungen an sog. gefährlichen Orten, wird die Polizei selbstredend jedwede Diskriminierung auf der Grundlage von besonderen Kategorien personenbezogener Daten mit Blick auf die Gesetzesgebundenheit der Verwaltung verneinen; die Berichte vieler Betroffener wie auch die Rechtsprechung legen anderes nahe.

VII. Rechtsschutz

100   Bei der Speicherung, Veränderung und Nutzung personenbezogener Daten durch die Polizei auf der Grundlage der Polizeigesetze handelt es sich um Maßnahmen der öffentlichen Gewalt, gegen die gem. **Art. 19 Abs. 4 S. 1 GG der Rechtsweg** gegeben ist. Dieser führt nach § 40 Abs. 1 S. 1 VwGO zu den **Verwaltungsgerichten.** Insbesondere liegen mit der polizeirechtlichen Datenverarbeitung, auch soweit sie zur vorbeugenden Bekämpfung von Straftaten erfolgt (§ 24 Abs. 2 S. 1 iVm § 1 Abs. 1 S. 2), keine Maßnahmen der Strafverfolgung vor, für die nach heute hM (Schenke PolR Rn. 419) das Bundesrecht selbst in § 23 EGGVG eine Sonderzuweisung an die ordentlichen Gerichte enthält. Werden personenbezogene Daten in sog. Mischdateien (vgl. Lisken/Denninger PolR.-HdB/Petri G Rn. 942) auf polizeirechtlicher Grundlage verarbeitet (vgl. § 483 Abs. 3 StPO), ist ebenfalls der Rechtsweg zu den Verwaltungsgerichten gegeben.

101   Bei Speicherung, Veränderung und Nutzung handelt es sich schon wegen der meist fehlenden Bekanntgabe dieser Maßnahmen an den Betroffenen um **Realakte** und nicht um Verwaltungsakte iSv § 35 VwVfG. NRW. Nicht zuletzt mangelt es einer Datenspeicherung nach § 24 am Regelungsgehalt; diese ist ausschließlich auf die Herbeiführung eines tatsächlichen Erfolgs gerichtet. Eine (implizite) Duldungspflicht – die ohnehin allenfalls bei offenen Maßnahmen in Betracht kommen könnte – reicht ohne Bekanntgabe nicht aus, um die Verwaltungsaktqualität zu bejahen. In Betracht kommen daher, je nach Klagebegehr des Betroffenen, eine Klage auf Feststellung der Rechtswidrigkeit der Datenverarbeitungsmaßnahme oder eine allgemeine Leistungsklage auf ihr Unterlassen als zulässige Klagearten.

Allerdings **weiß der Betroffene** in der Regel **nichts von der Speicherung, Verände- 102 rung oder Nutzung** seiner Daten bzw. erfährt davon erst im Zusammenhang mit anderen polizeilichen Maßnahmen gegen ihn, wenn die Datenverarbeitungsmaßnahmen längst durchgeführt sind (Gusy ZJS 2012, 155 (156)). Nur da, wo das Gesetz eine **Benachrichtigung** ausdrücklich vorsieht, kann hieraus auch eine Effektuierung des Grundrechtsschutzes folgen (vgl. nur BVerfGE 141, 220 Rn. 134 ff., 259 ff.).

Nach der Rechtsprechung des BVerfG (vgl. nur BVerfG NVwZ 2001, 1261 (1263)) **103** umfasst das Recht auf informationelle Selbstbestimmung iVm Art. 19 Abs. 4 GG auch das Erfordernis eines **effektiven Rechtsschutzes,** der sich insbesondere auch durch Ansprüche auf Löschung und Berichtigung gegenüber der datenverarbeitenden Behörde verwirklicht (vgl. § 32). Diese Ansprüche können ihrerseits gerichtlich im Wege der Verpflichtungsklage oder – bei Verneinung der Verwaltungsaktsqualität dieser Maßnahmen – der allgemeinen Leistungsklage durchgesetzt werden. Wegen deren Subsidiarität gehen Leistungsklagen der Klage auf Feststellung der Rechtswidrigkeit einer Speicherung vor (§ 43 Abs. 2 S. 1 VwGO).

Flankiert und durchsetzbar werden derartige Rechtsschutzbegehren erst durch das aus dem **104** Grundsatz der **Verhältnismäßigkeit als verfahrensrechtliche Ergänzung** für Eingriffe in das Recht auf informationelle Selbstbestimmung abgeleitete **Transparenzgebot,** das dem Einzelnen Kenntnisse hinsichtlich der ihn betreffenden Datenverarbeitung verschaffen soll (jüngst etwa BVerfG NJW 2013, 1499 (1515 f.)). Mit Blick auf die von der Polizei nach dem PolG NRW verarbeiteten Daten ergibt sich die Möglichkeit der Kenntniserlangung insbesondere durch den in § 49 DSG NRW geregelten **Auskunftsanspruch.** Seine gerichtliche Durchsetzung erfolgt nach nicht unumstrittener Ansicht im Wege der Verpflichtungsklage (vgl. BVerwG BeckRS 2008, 32051 für die Auskunft nach § 15 BVerfSchG).

§ 22a Verarbeitung besonderer Kategorien personenbezogener Daten

(1) Die Verarbeitung von Daten im Sinne des § 36 Nummer 18 des Datenschutzgesetzes Nordrhein-Westfalen ist nur zulässig, wenn dies zur polizeilichen Aufgabenerfüllung gemäß dieses Gesetzes oder einer anderen Rechtsvorschrift unbedingt erforderlich ist.

(2) ¹Die an Verarbeitungsvorgängen im Sinne des Absatz 1 Beteiligten sind für die besondere Schutzwürdigkeit dieser Daten zu sensibilisieren. ²Der Zugang zu den personenbezogenen Daten ist zu beschränken. ³Das gilt auch für Auftragsverarbeiter im Sinne des § 36 Nummer 10 des Datenschutzgesetzes Nordrhein-Westfalen. ⁴Durch geeignete technische und organisatorische Maßnahmen ist sicherzustellen, dass nachträglich überprüft werden kann, ob und von wem personenbezogene Daten im Sinne des Absatz 1 eingegeben, verändert oder entfernt worden sind.

Überblick

§ 22a wurde durch Gesetz v. 18.12.2018 (GV. NRW. 741, berichtigt 2019, 23) im Rahmen der umfassenden Novelle des PolG NRW neu in das Gesetz eingefügt, das bis dahin keine vergleichbaren Regelungen beinhaltete. Die Neuregelung basiert auf den zwingenden Vorgaben durch die JI-RL (RL (EU) 2016/680 v. 27.4.2016, ABl. 2016 L 119, 89). Es erfolgen hier allein abstrakte Vorgaben zur Verarbeitung besonderer Kategorien personenbezogener Daten. Abs. 1 legt fest, dass besondere Kategorien personenbezogener Daten einer strikten Gesetzesbindung unterliegen. Abs. 2 soll den Schutz solcher Daten bei der polizeilichen Verarbeitung stärken.

A. Allgemeine Charakterisierung und rechtlicher Rahmen

Mit der **JI-RL** (RL (EU) 2016/680 v. 27.4.2016, ABl. 2016 L 119, 89) wurde durch **1** Art. 10 JI-RL ein **höherer Schutzstandard** sog. **besonderer Kategorien personenbezogener Daten** im Vergleich zu anderen personenbezogenen Daten im EU-Recht verankert und musste nach Maßgabe des nationalen Rechts auch in den Mitgliedstaaten umgesetzt werden.

2   In Anlehnung an Art. 10 JI-RL und Art. 9 DS-GVO sind nach **§ 36 DSG NRW** besondere Kategorien personenbezogener Daten „Daten, aus denen die rassische oder ethnische Herkunft, politische Meinungen, religiöse oder weltanschauliche Überzeugung oder die Gewerkschaftszugehörigkeit hervorgehen, genetische Daten, biometrische Daten zur eindeutigen Identifizierung einer natürlichen Person, Gesundheitsdaten und Daten zum Sexualleben oder zur sexuellen Orientierung".

3   **Nach § 45 Abs. 1 DSG NRW** ist die „Verarbeitung besonderer Kategorien personenbezogener Daten [ist] nur zulässig, wenn sie zur Aufgabenerfüllung unbedingt erforderlich ist." § 45 Abs. 2 DSG NRW gibt weiter vor: „Werden besondere Kategorien personenbezogener Daten verarbeitet, sind geeignete Garantien für die Rechtsgüter der betroffenen Personen vorzusehen. Geeignete Garantien können insbesondere solche des § 15 [DSG NRW] sein."

4   **§ 15 DSG NRW beschränkt diese Garantien** auf eine Berücksichtigung des Stands der Technik, der Implementierungskosten und der Art, des Umfangs, der Umstände und der Zwecke der Verarbeitung sowie der unterschiedlichen Eintrittswahrscheinlichkeit und Schwere, der mit der Verarbeitung verbundenen Risiken für die Rechte und Freiheiten natürlicher Personen. Gefordert werden dabei unter anderem „1. technische und organisatorische Maßnahmen [...] 2. Maßnahmen, die gewährleisten, dass nachträglich überprüft und festgestellt werden kann, ob und von wem personenbezogene Daten eingegeben, verändert oder entfernt worden sind, 3. die Sensibilisierung der an Verarbeitungsvorgängen Beteiligten, 4. die Beschränkung des Zugangs zu den personenbezogenen Daten innerhalb der verantwortlichen Stelle und von Auftragsverarbeitern, 5. die Anonymisierung und wenn sie nicht möglich ist die Pseudonymisierung personenbezogener Daten, 6. die Verschlüsselung personenbezogener Daten [...], 8. die Einrichtung eines Verfahrens zur regelmäßigen Überprüfung, Bewertung und Evaluierung der Wirksamkeit der technischen und organisatorischen Maßnahmen zur Gewährleistung der Sicherheit der Verarbeitung oder 9. spezifische Verfahrensregelungen, die im Falle einer Übermittlung oder Verarbeitung für andere Zwecke die Einhaltung der Vorgaben dieses Gesetzes sowie der Verordnung (EU) 2016/679 sicherstellen."

5   Ausweislich der Gesetzesbegründung (LT-Drs. 17/2576, 68) konkretisiert § 22a die Vorgaben des § 45 DSG NRW iVm § 16 DSG NRW für die Weiterverarbeitung besonderer Kategorien personenbezogener Daten für die polizeiliche Aufgabenerfüllung. Nach Art. 10 JI-RL (umgesetzt in § 42 DSG NRW nF) muss die Verarbeitung besonderer Kategorien von Daten unbedingt erforderlich sein. Dies sei anzunehmen, wenn keine zumutbaren Alternativ- und Ausgleichsmaßnahmen zur Verfügung stehen, um das angestrebte Ziel zu erreichen und wenn die Aufgabenerfüllung auf andere Weise nicht oder nur unter erheblichen Schwierigkeiten möglich ist. Ob § 22a diesen Anforderungen entspricht, erscheint mehr als zweifelhaft.

B. Einzelkommentierung

I. Allgemeine Anforderungen (Abs. 1)

6   Jede Verarbeitung besonderer Kategorien personenbezogener Daten ist grundsätzlich als **schwerwiegender Eingriff in das Recht auf informationelle Selbstbestimmung** anzusehen, insbesondere auch, weil die Verarbeitung mit Blick auf die Informationen (wie zB linksextrem, HIV-positiv, „Hooligan") nicht selten Grundlage für weitere Maßnahmen wie eine Durchsuchung an Orten iSv § 12 Abs. 1 Nr. 2 darstellt (vgl. nur Johannes/Weinhold Neues DatenschutzR § 1 Rn. 143; OVG Hamburg NVwZ-RR 2015, 695; Gola/Heckmann/Braun BDSG § 48 Rn. 1 mwN).

7   Nach § 22a Abs. 1 ist die Verarbeitung von Daten iSd § 36 Nr. 18 DSG NRW nur zulässig, wenn dies zur **polizeilichen Aufgabenerfüllung** gemäß diesem Gesetz oder einer anderen Rechtsvorschrift **unbedingt erforderlich** ist. Der **Begriff** wurde so wortwörtlich aus Art. 10 JI-RL übernommen und ist dem **deutschen Datenschutzrecht** (bisher) **fremd** (sa Gola/Heckmann/Braun BDSG § 48 Rn. 10; Begriff wurde „unreflektiert übernommen").

8   Mit Blick auf die entsprechende Regelung in **§ 48 BDSG** wird in der Literatur vertreten, dass dieser **nicht bestimmt genug** sei, um als eigenständige Ermächtigungsgrundlage für

die Verarbeitung besonderer Kategorien personenbezogener Daten dienen zu können. Die Regelung wiederhole nur die von der Richtlinie abstrakt vorgegebenen Voraussetzungen, setze diese aber nicht in eine konkrete Eingriffsbefugnis um. Die verfassungsrechtlichen Grundsätze der Normenklarheit und Normenbestimmtheit forderten, dass eingriffsintensive Maßnahmen mit Blick auf die damit verbundenen Risiken normativ gerechtfertigt werden. Es müsse für die Betroffenen erkennbar sein, wann und in welchem Umfang in ihre Rechte eingegriffen werden könne. All dies sei in § 48 BDSG nicht erkennbar und müsse im Fachgesetz umgesetzt werden (Johannes/Weinhold Neues DatenschutzR § 1 Rn. 148 f.; sa Gola/Heckmann/Braun BDSG § 48 Rn. 6 f.; anders wohl Auernhammer/Greve, DSGVO/BDSG, 6. Aufl. 2018, BDSG § 48 Rn. 1, 15).

Eine Umsetzung im Fachgesetz liegt hier zwar vor. Dieses enthält indes allein die tatbe- **9** standliche Voraussetzung der unbedingten Erforderlichkeit für die Aufgabenerfüllung „gemäß dieses Gesetzes oder einer anderen Rechtsvorschrift". Dies entspricht den Anforderungen an eine polizeiliche Eingriffsbefugnis mit solch hoher Eingriffsintensität nicht. Dabei ist bereits der Maßstab der unbedingten Erforderlichkeit in seiner Abstraktheit und auch **nicht** durch Rechtsprechung klar konturierten Begrenzungen **hinreichend bestimmt.** So wird in der Literatur vertreten, Maßstab sei, dass die Datenverarbeitung „beinahe unverzichtbar" sei (Kühling/Buchner/Schwichtenberg BDSG § 48 Rn. 3). Andere weisen auf die Notwendigkeit eines europarechtlichen Begriffsverständnisses hin oder „übersetzen" den europarechtlichen Begriff im Sinne einer „besonders strengen Verhältnismäßigkeitsprüfung" oder einer Einschränkung der Einschätzungsprärogative der Verwaltung bei der Erforderlichkeitsprüfung. Es wird auch vertreten, dass hier der Maßstab der „Unerlässlichkeit" anzulegen sei, wie ihn etwa § 35 mit Blick auf die Gewahrsamsvoraussetzungen verwendet (Gola/Heckmann/Braun BDSG § 48 Rn. 10). Wieder andere übersetzen den Begriff mit „zwingend erforderlich" (Auernhammer/Greve, DSGVO/BDSG, 6. Aufl. 2018, BDSG § 48 Rn. 11). Dies alles unterstreicht ein **massives Bestimmtheitsproblem** gerade mit Blick auf die hohe Eingriffsintensität der Maßnahme.

Der **Verweis auf** die **polizeiliche Aufgabenerfüllung** ist **unpräzise,** da nach § 16 **10** Abs. 1 Nr. 1 DSG NRW die Verarbeitung besonderer Kategorien personenbezogener Daten iSd Art. 9 Abs. 1 DS-GVO nur zulässig ist, „soweit [...] sie zur Abwehr von Gefahren für die öffentliche Sicherheit erforderlich ist". Eine Verarbeitung zu **anderen Aufgaben** iSd § 1, jenseits der in § 1 Abs. 1 S. 1 und S. 2 genannten Aufgaben, ist damit **unzulässig** oder kann nur auf anderer Rechtsgrundlage erfolgen. Mit Blick auf den Schutz privater Recht nach § 1 Abs. 2 wird dabei die DS-GVO zu beachten sein, nicht die JI-RL.

II. Schutzmechanismen und Verfahrensgarantien (Abs. 2)

Abs. 2 sieht **Schutzmechanismen** bei der Verarbeitung besonderer Kategorien personen- **11** bezogener Daten vor, **ohne diese hinreichend zu konkretisieren.** Es fehlen bereits verbindliche Verweise auf die oben genannten Grundlagen des Datenschutzgesetzes. Zulässig ist eine Verarbeitung besonderer Kategorien personenbezogener Daten nach Art. 10 JI-RL indes nur, wenn diese „vorbehaltlich **geeigneter Garantien** für die Rechte und Freiheiten der betroffenen Person erfolgt".

§ 15 S. 2 DSG NRW verlangt zwar, „vom Verantwortlichen [sind] **angemessene und** **12** **spezifische Maßnahmen** zur Wahrung der Grundrechte und Interessen der betroffenen Personen vorzusehen". Nach § 45 Abs. 2 S. 2 DSG NRW sind dies entgegen den Anforderungen des Art. 10 JI-RL jedoch **keine verbindlichen Anforderungen.** Verbindliche Verfahrensgarantien im Sinne **materieller Zulässigkeitsvoraussetzungen** der Verarbeitung der Daten fehlen, obgleich diese von Art. 10 Abs. 1 JI-RL gefordert sind und im Fachrecht verbindlich umgesetzt werden müssen (vgl. Kühling/Buchner/Schwichtenberg BDSG § 48 Rn. 5; Gola/Heckmann/Braun BDSG § 48 Rn. 11, 15; anders wohl Auernhammer/Greve, DSGVO/BDSG, 6. Aufl. 2018, BDSG § 48 Rn. 15).

Nach **S. 1** sind die an Verarbeitungsvorgängen iSd Abs. 1 Beteiligten für die besondere **13** Schutzwürdigkeit dieser Daten zu **sensibilisieren.** Weitere Maßgaben hierfür enthält die Gesetzesprosa nicht.

Nach **S. 2** ist der **Zugang** zu den personenbezogenen Daten zu **beschränken.** Wie dies **14** im Einzelfall geschehen soll, ist im Gesetz nicht weiter tatbestandlich bewehrt und greift in dieser Allgemeinheit und ohne weitere Konkretisierungen deutlich zu kurz. **S. 2** soll ausweislich S. 3 auch für Auftragsverarbeiter iSd § 36 Nr. 10 DSG NRW gelten, was ebenso richtig wie auch selbstverständlich ist, aber keinen weiteren Schutz vermittelt.

15   Soweit S. 4 vorschreibt, dass durch geeignete **technische und organisatorische Maßnahmen** sicherzustellen ist, dass **nachträglich überprüft** werden kann, ob und von wem personenbezogene Daten iSd Abs. 1 eingegeben, verändert oder entfernt worden sind, ist auch dies eine Selbstverständlichkeit mit Blick auf den besonderen Schutzstandard für die hier zu betrachtenden Kategorien von Daten. Es wird indes auch hier keine verbindliche Maßgabe im Fachrecht verankert und jeder Verweis auf § 15 DSG NRW fehlt.

16   Das gesamte Normengeflecht aus dem allgemeinen Datenschutzrecht (vgl. → Rn. 1 ff.) und dem Polizeigesetz scheint eher der zwingenden Umsetzung der Maßgaben in Art. 9 JI-RL, denn einem materiell auch im Sinne tatbestandlicher Voraussetzungen begrenzenden Regelungskonzept zu gehorchen. Im Ergebnis ist § 22a nach der hier vertretenen Auffassung zum einen **nicht hinreichend bestimmt.** Zum anderen genügen die (rudimentären) **tatbestandlichen Voraussetzungen** weder den europarechtlichen noch den verfassungsrechtlichen Anforderungen an eine Eingriffsbefugnis mit solch hoher Eingriffsqualität. Es scheint, dass hier allein versucht wird, den europarechtlichen Anforderungen auf der Ebene des Wortlauts der Norm Genüge zu tun, um die bisherige weite Praxis der Verarbeitung besonderer Kategorien personenbezogener Daten durch die Polizei fortsetzen zu können.

§ 22b Kennzeichnung in polizeilichen Dateisystemen

(1) [1]**Bei der Speicherung in polizeilichen Dateisystemen sind personenbezogene Daten wie folgt zu kennzeichnen:**
1. **Angabe des Mittels der Erhebung der Daten einschließlich der Angabe, ob die Daten offen oder verdeckt erhoben wurden,**
2. **Angabe der Kategorie betroffener Personen im Sinne des § 42 des Datenschutzgesetzes Nordrhein-Westfalen, zu denen die zur Identifizierung dienenden Daten angelegt wurden,**
3. **Angabe der**
   a) **Rechtsgüter, deren Schutz die Erhebung dient oder**
   b) **Straftaten, deren Verhütung oder vorbeugende Bekämpfung die Erhebung dient,**
4. **Angabe der Stelle, die sie erhoben hat.**
[2]**Die Kennzeichnung nach Satz 1 soll auch durch die Angabe der Rechtsgrundlage der Datenerhebung ergänzt werden.**

(2) **Personenbezogene Daten, die nicht entsprechend den Anforderungen des Absatzes 1 gekennzeichnet sind, dürfen solange nicht weiterverarbeitet oder übermittelt werden, bis eine Kennzeichnung entsprechend den Anforderungen des Absatzes 1 erfolgt ist.**

(3) **Nach einer Übermittlung an eine andere Stelle ist die Kennzeichnung durch diese Stelle aufrechtzuerhalten.**

(4) **Abweichend von Absatz 2 und 3 ist eine Weiterverarbeitung oder Übermittlung personenbezogener Daten auch ohne eine Kennzeichnung zulässig nach den Bestimmungen des für die Daten am 23. Mai 2018 jeweils geltenden Verfahrensverzeichnisses gemäß § 8 des Datenschutzgesetzes Nordrhein-Westfalen in der Fassung der Bekanntmachung vom 9. Juni 2000 (GV. NRW. S. 542), das zuletzt durch Artikel 2 des Gesetzes vom 6. Dezember 2016 (GV. NRW. S. 1052) geändert worden ist, in der bis zum 24. Mai 2018 geltenden Fassung.**

Überblick

§ 22b wurde im Rahmen der datenschutzrechtlichen Novellierung des Polizeirechts durch Gesetz v. 18.12.2018 (GV. NRW. 741, berichtigt 2019, 23) neu in das PolG NRW eingefügt und trat am 29.12.2018 in Kraft. Die Vorschrift wurde im Rahmen des Gesetzgebungsverfahren geändert, insbesondere wurde Abs. 4 des Entwurfs v. 9.5.2018 gestrichen, der eine weite Ausnahme von der Kennzeichnungspflicht eröffnen sollte, wenn diese tatsächlich nicht möglich sei oder einen unverhältnismäßigen Aufwand erfordere (vgl. LT-Drs. 17/4526, 13). Abs. 1 legt eine Kennzeichnungspflicht für Daten bei der Speicherung in polizeilichen Datensystemen fest, und bestimmt, welche personenbezogenen Daten in welcher Form zu kennzeichnen sind. Abs. 2 regelt die Folgen einer nicht vorhandenen Kennzeichnung. Abs. 3 verpflichtet die Empfänger übermittelter Daten zur Aufrechterhaltung der Kennzeichnung. Abs. 4 hebt diese Pflichten für alle vor dem 23.5.2018 gespeicherten Daten auf. Jedwede Kennzeichnungspflicht soll damit nur für nach dem vorgenannten Datum gespeicherte Daten gelten.

Übersicht

A. Allgemeine Charakterisierung und rechtlicher Rahmen

Ausweislich der Gesetzesbegründung handelt sich es bei § 22b um eine technisch-organisa- **1** torische Folgeregelung aufgrund der Einführung der **hypothetischen Datenneuerhebung.** Umgesetzt würden auch die Vorgaben aus § 29 Abs. 4 BKAG. Dieser gebe den Verbundteilnehmern des polizeilichen Informationsverbundes beim Bundeskriminalamt vor, eine Speicherung personenbezogener Daten nur unter Beachtung der Kennzeichnungsregelungen aus § 14 BKAG vornehmen zu dürfen. Wegen der grundsätzlichen datenschutzrechtlichen Bedeutung der hypothetischen Datenneuerhebung sei eine Implementierung auch in den darüberhinausgehenden weiteren polizeilichen Anwendungen angezeigt (LT-Drs. 17/2576, 69).

Die in der **Gesetzesbegründung** angeführte **Verengung auf Fälle der Zweckände-** **2** **rung** im Rahmen der hypothetischen Datenneuerhebung überzeugt nicht. Hintergrund dieser Ausführungen ist offenkundig der Rückgriff auf die Regelungsgedanken in §§ 12 Abs. 5, 14 und 15 BKAG (BT-Drs. 18/11163, 95). Dabei bleibt mit Blick auf das Landesrecht in Nordrhein-Westfalen unbeachtet, dass im Rahmen des Rechts auf informationelle Selbstbestimmung **jede** auf die Datenverarbeitung folgende **Verarbeitung** personenbezogener Daten, insbesondere deren Nutzung und Übermittlung wie auch andere Schritte der Verarbeitung iSv § 36 Nr. 2 DSG NRW, einen **gesonderten Grundrechtseingriff** darstellen und daher besonders rechtfertigungsbedürftig sind. Dies kann nur unter Beachtung des Erhebungszwecks wie auch der hierzu genutzten polizeilichen Maßnahmen und deren Rechtsgrundlage rechtssicher geschehen.

§ 22 Abs. 1 Nr. 2 nimmt Bezug auf **Kategorisierungen** von Personen nach § 42 DSG **3** NRW. Das Gebot, bei der Verarbeitung zwischen verschiedenen Kategorien Betroffener zu unterscheiden, lässt sich auch als Ergänzung des **Grundsatzes der Aktualität und Richtigkeit** bzw. **Qualität** aus Art. 4 Abs. 1 lit. d JI-RL und § 37 Nr. 4 DSG NRW verstehen. Es trägt zur Datenqualität im Bestand der erfassten Stellen bei. Insbesondere soll die Differenzierung nach den vorgesehenen Kategorien Missinterpretationen oder Missverständnisse im Rahmen der Verwendung verhindern. Dabei ist allerdings auch das Risiko zu beachten, dass hierdurch unerwünschte diskriminierende Nebeneffekte entstehen können. Mit Blick hierauf erscheinen die bestehenden einfachgesetzlichen Regelungen in §§ 72 f. nicht als ausreichend, um den Risiken von Stigmatisierung und Kriminalisierung zu begegnen, die durch die polizeiliche und sicherheitsbehördliche Informationsordnung entstehen (zutr. BeckOK DatenschutzR/Golla BDSG § 72 BDSG Rn. 2; ebenso Auernhammer/Herbst, DSGVO/BDSG, 6. Aufl. 2018, BDSG § 72 Rn. 2).

4   Die Polizei ist daher verpflichtet, bei der Verarbeitung personenbezogener Daten zwischen verschiedenen Kategorien betroffener Personen zu unterscheiden, im Sinne eines **Gebots der gruppenspezifischen Trennung oder Differenzierung** (Gola/Heckmann/Scheurer BDSG § 72 Rn. 1 mwN). Die Pflicht zu einer solchen Differenzierung folgt aus § 6 JI-RL und ist verbindlicher Anknüpfungspunkt für technische und organisatorische Sicherheitsmaßnahmen (vertiefend → Rn. 11). Die konkreten **Rechtsfolgen** der Unterscheidung hinsichtlich Aussonderungsprüffristen, Rechte und Rollenkonzepte sind im Polizeirecht zu regeln (Johannes/Weinhold Neues DatenschutzR § 1 Rn. 311 f.; Gola/Heckmann/Scheuer BDSG § 72 Rn. 3); erkennbar umgesetzt ist dies zB in § 22 nicht.

5   Nicht nachvollziehbar ist in diesem Kontext auch, weshalb eine **Pflicht zur Kennzeichnung besonderer Kategorien personenbezogener Daten** im Sinne des § 36 Nr. 18 DSG NRW hier nicht bereichsspezifisch geregelt ist. Die Garantiefunktion des § 22a Abs. 2 (krit. → § 22a Rn. 11 ff.) läuft somit ins Leere.

6   Es **fehlen** zudem im gesamten PolG NRW **Regelungen zu Zugriffsberechtigungen**, die bspw. § 15 BKAG enthält. Auch die Regelungen zur Zugriffsberechtigung nach § 58 Abs. 4 Nr. 5 DSG NRW hätte hier einer fachgesetzlichen Flankierung bedurft, um Art. 29 JI-RL wirkungsvoll umzusetzen (vgl. nur SGR/Graulich BKAG § 15 Rn. 4).

B. Einzelkommentierung

I. Kennzeichnungspflichten (Abs. 1)

7   Abs. 1 übernimmt fast wörtlich die Regelung in **§ 72 BDSG** und kommt im Ergebnis **§ 14 Abs. 1 BKAG** gleich. Die Kennzeichnung soll sicherstellen, dass die **Eingriffsschwellen** für die **Erhebung** bei einer weiteren **Verwendung** nicht umgangen werden können, sondern diese nur erfolgt, wenn auch eine Datenerhebung unmittelbar zu diesem Zweck zulässig wäre (SGR/Graulich BKAG § 14 Rn. 3). **Kritisiert** wird indes mit Blick auf die Regelungen im BKAG, dass dort **keine Pflicht zur konkreten Festlegung und Kennzeichnung auch von Verarbeitungszwecken** festgelegt wurde und diese allenfalls aus § 12 Abs. 5 BKAG abgeleitet werden könnte (Lisken/Denninger PolR-HdB/Petri G Rn. 462; krit. zum neuen Informationssystem des Bundeskriminalamtes Bundesbeauftragter für den Datenschutz und die Informationsfreiheit, 26. Tätigkeitsbericht 2015–2016, Nr. 10.2.9.1). Die Kritik an der (begrenzten) Kennzeichnung gilt auch für die Neuregelung im PolG NRW, geht aber noch darüber hinaus, weil hier keine dem § 12 Abs. 5 BKAG vergleichbare Regelung existiert.

1. Kennzeichnung und Kategorisierung gespeicherter Daten (S. 1)

8   Nach **S. 1** sind personenbezogene Daten nach den näheren Maßgaben der Regelung zu kennzeichnen. Anzugeben ist nach **Nr. 1** das **Mittel der Erhebung** personenbezogener Daten einschließlich der Angabe, ob die Daten offen oder verdeckt erhoben wurden.

9   Weiterhin ist nach **Nr. 2** die **Kategorie der betroffenen Person** iSd § 42 DSG NRW anzugeben, zu der personenbezogene Daten angelegt wurden. Nach **§ 42 S. 1 DSG NRW** hat der Verantwortliche bei der Verarbeitung personenbezogener Daten so weit wie möglich zwischen den verschiedenen Kategorien betroffener Personen zu unterscheiden. Dies betrifft nach S. 2 insbesondere folgende Kategorien:

- Personen, gegen die ein begründeter Verdacht besteht, dass sie eine Straftat begangen haben (§ 42 S. 2 Nr. 1 DSG NRW),
- Personen, gegen die ein begründeter Verdacht besteht, dass sie in naher Zukunft eine Straftat begehen werden (§ 42 S. 2 Nr. 2 DSG NRW),
- verurteilte Straftäter (§ 42 S. 2 Nr. 3 DSG NRW),
- Opfer einer Straftat oder Personen, bei denen bestimmte Tatsachen darauf hindeuten, dass sie Opfer einer Straftat sein könnten (§ 42 S. 2 Nr. 4 DSG NRW) und
- andere Personen wie insbesondere Zeugen, Hinweisgeber oder Personen, die mit den in § 42 S. 2 Nr. 1–4 DSG NRW genannten Personen in Kontakt oder Verbindung stehen (§ 42 S. 2 Nr. 5 DSG NRW).

10   Der **Beispielkatalog** in § 42 DSG NRW, auf den § 22b Nr. 2 Bezug nimmt, ist nicht abschließend („insbesondere"), in weiten Teilen **unbestimmt** und zudem **lückenhaft**. So **fehlt** insbesondere jedwede Kategorie, die Bezug auf **Speicherungen** nach einer Datenhebung **auf Grundlage des PolG NRW** nimmt, obgleich diese im Polizeirecht mit Blick auf die dortigen Aufgaben und Erhebungsbefugnisse, offenkundig im Vordergrund stehen. Dies mag daran liegen, dass hier – wie auch sonst verbreitet – schlichtweg im Sinne eines „copy + paste" der Wortlaut des BDSG respektive der JI-RL in das Landesrecht übernommen wurde, wobei der JI-RL gerade nicht die für das deutsche Recht typische klare Trennung von Polizeirecht und Strafverfolgung zugrunde liegt (vgl. Johannes/Weinhold Neues DatenschutzR § 1 Rn. 81). Dies entledigt indes den Gesetzgeber nicht der Pflicht, alle relevanten Verarbeitungskategorien bei der nunmehr gebotenen Trennung auch gesetzlich zu verankern, weil sonst ein weiter **Graubereich nicht zuordenbarer Datensätze** entsteht.

Aus dem Unterlassen in § 42 DSG NRW folgt eine **erhebliche Schutzlücke** mit Blick **11** auf die bereits (→ Rn. 4) dargestellte Schutzfunktion der Kategorisierung. Art. 6 JI-RL verlangt nämlich, dass der Verantwortliche „so weit wie möglich zwischen den personenbezogenen Daten verschiedener Kategorien betroffener Personen klar unterscheidet". Gleich ob man eine solche klare, präzise und auf einen Blick erkennbare Unterscheidung mit Blick auf eine Orientierungsfunktion für technische und organisatorische Maßnahmen oder als Schutzfunktion selbst ansieht, bedarf es einer ausdrücklichen, zweifelsfrei erkennbaren und klaren **Unterscheidung der Betroffenenkategorien** (Gola/Heckmann/Scheuer BDSG § 72 Rn. 6). Diese ist hier für alle **Datenverarbeitungen mit Bezug auf die polizeiliche Gefahrenabwehr,** aber auch die anderen Aufgaben iSv § 1 **nicht gegeben.** Damit **fehlt** es an einer **notwendigen Grundlage rechtmäßiger Verarbeitungsvorgänge** (Gola/Heckmann/Scheuer BDSG § 72 Rn. 6; BeckOK DatenschutzR/Golla BDSG § 72 Rn. 4).

In Folge wird für weite Bereiche und vermutlich die **Mehrzahl der erfassten Daten 12** eine klare Zuordnung iSv § 22b Abs. 1 Nr. 2 iVm § 42 nicht möglich sein. Hieraus folgen mit Blick auf das **Recht auf informationelle Selbstbestimmung** wie auch den Rechtsschutz im Sinne von **Art. 19 Abs. 4 GG** erhebliche **Nachteile für die Betroffenen bei Ansprüchen auf Auskunft, Berichtigung und Löschung** nach §§ 49 f. DSG NRW und § 32 PolG NRW. Wenn etwa Betroffene nach § 49 Abs. 1 S. 2 Nr. 1 DSG NRW ihr Recht geltend machen wollen, Informationen zu erhalten über „die personenbezogenen Daten, die Gegenstand der Verarbeitung sind, und die **Kategorie,** zu der sie gehören", bleibt abzuwarten, wie die Polizei hierauf mit Blick auf den Mangel einer oder mehrerer „gefahrenabwehrrechtlich" basierter Kategorien reagieren wird. Eine bloße Regelung weiterer Kategorien durch **Verwaltungsvorschrift genügt dabei nicht** den Anforderungen an die Gesetzmäßigkeit der Verwaltung und die Transparenz bei Eingriffen in das Recht auf informationelle Selbstbestimmung, gerade weil an solche Kategorisierungen erhebliche Folgen (→ Rn. 3) für die Betroffenen geknüpft sein können.

Nach **Nr. 3** sind weiterhin zu speichern eine (lit. a) Angabe der **Rechtsgüter,** deren **13** Schutz die Erhebung dient oder (lit. b) deren **Straftaten,** deren Verhütung oder vorbeugende Bekämpfung die Erhebung dient. Die Angabe von „Rechtsgütern" ist rechtlich grundsätzlich nicht zu bemängeln, im Einzelnen ist hier indes eine hohe Detailunschärfe zu befürchten, weil der Norm jede weitere **Festlegung zur Bestimmtheit** fehlt. Mit Blick auf lit. b ist dabei auch unklar, worin hier die **Unterscheidung** von Maßnahmen zur **Verhütung von Straftaten** und der **vorbeugenden Bekämpfung** derselben im Detail bestehen sollen, da Nordrhein-Westfalen die Verfolgungsvorsorge bereits 2010 aus dem Aufgabenkatalog des § 1 gestrichen hat (vgl. Tegtmeyer/Vahle PolG NRW/Vahle § 1 Rn. 23) und damit **die vorbeugende Bekämpfung von Straftaten hier nur den Bereich der Verhütung derselben umfassen kann** (vgl. Lisken/Denninger PolR-HdB/Petri G Rn. 816). Es geht mithin um das **Vorfeld einer konkreten Gefahr** (Tegtmeyer/Vahle PolG NRW/Vahle § 1 Rn. 22), die allenfalls unter Nr. 3 lit. a fallen kann.

Die nach **Nr. 4** erforderliche **Angabe der Stelle,** welche die Daten erhoben hat, dient **14** der Verifizierung ihrer Richtigkeit wie auch ihrer Nachvollziehbarkeit mit Blick auf § 22 Abs. 6 S. 1.

2. Angabe der Rechtsgrundlage der Datenerhebung (S. 2)

Nach **S. 2** „soll" die Kennzeichnung nach S. 1 durch die Angabe der Rechtsgrundlage **15** der Datenerhebung ergänzt werden. Nicht erkennbar ist, weshalb hier der Gesetzgeber der Polizei ein **Ermessen** oder zumindest eine Entscheidungsprärogative eingeräumt hat; ein sachlicher Grund ist nicht erkennbar und mögliche Ausnahmen von einer Pflicht zur Angabe wären im Gesetz zu regeln gewesen. Die Regelung ist verfassungsrechtlich mit Blick auf den Grundsatz der **Normenbestimmtheit zumindest bedenklich,** weil die Gesetzesgebundenheit der Verwaltung hier keine hinreichenden Maßstäbe findet (vgl. SGR/Graulich BKAG § 14 Rn. 5).

II. Verbot der Weiterverarbeitung und Übermittlung ohne Kennzeichnung (Abs. 2)

16   Nach Abs. 2 dürfen personenbezogene Daten, die nicht entsprechend den Anforderungen des Abs. 1 gekennzeichnet sind, solange nicht weiterverarbeitet oder übermittelt werden, bis eine Kennzeichnung entsprechend den Anforderungen des Abs. 1 erfolgt ist. Das Gesetz regelt damit – auf den ersten Blick – eine gesetzliche **Verwendungsbeschränkung** für nicht entsprechend Abs. 1 gekennzeichnete personenbezogene Daten und scheint damit auf den ersten Blick einen hohen Schutzstandard und eine Absicherung der Regelungen in Abs. 1 zu gewährleisten, wird indes sogleich **durch die Ausnahmen in Abs. 4 erheblich eingeschränkt.** Hinzu kommt, dass eine den gesetzlichen Anforderungen entsprechende IT-Architektur nach diesseitiger Kenntnis weder bei der Polizei Nordrhein-Westfalen noch beim Bundeskriminalamt im Rahmen der Verbundsysteme, auf die ja auch die Gesetzesbegründung als Hintergrunmd der Regelung hinweist (LT-Drs. 17/2576, 69), existiert (vgl. SGR/Graulich BKAG § 14 Rn. 1, 6, SGR/Graulich BKAG § 91 Rn. 1 ff.).

III. Aufrechterhaltung der Kennzeichnung nach Übermittlung (Abs. 3)

17   Nach einer **Übermittlung** an eine andere Stelle ist die **Kennzeichnung durch diese Stelle aufrechtzuerhalten.** Dies kann der Gesetzgeber des Landes für Stellen des Landes wie auch auf Bundesebene mit Blick auf den Grundsatz der Gesetzmäßigkeit der Verwaltung vorgeben und eine Beachtung sollte in diesem Rahmen auch sichergestellt sein.

18   Bereits bei einer Übermittlung **an Stellen außerhalb des öffentlichen Bereiches** in Deutschland nach § 27 Abs. 3 ist nicht mehr erkennbar, wie diese Verpflichtung aufrechterhalten und durchgesetzt werden könnte und welche Wirkung sie entfalten sollte. Es stellt sich mit Blick auf § 27 Abs. 2 Nr. 2 sogar die Frage, ob die danach notwendigen Angaben überhaupt im Rahmen des Rechts auf informationelle Selbstbestimmung übermittelt werden dürfen.

19   Für eine Datenübermittlung jenseits des § 27 in das **Ausland** wären zudem die Regelungen nach §§ 62 ff. DSG NRW zu beachten. Ein Verstoß gegen diese Grundsätze müsste ggf. zu Verwendungs- oder Beweisverwertungsverboten (vgl. SGR/Graulich BKAG § 14 Rn. 7) beim Empfänger führen. **Wie dies kontrolliert werden sollte, ist nicht erkennbar** (abl. zu diesen Regelungen Landesbeauftragte für den Datenschutz Nordrhein-Westfalen, Anhörung Hauptausschuss, Stellungnahme-Nr. 17/508, 41 ff.: „Die Vorschriften zu Datenübermittlungen ins Ausland entsprechen nicht den verfassungsrechtlichen Vorgaben, wie sie das BVerfG zuletzt umfassend in seinem Urteil zum BKAG [...] zusammengefasst hat").

IV. Ausnahmen von der Kennzeichnungspflicht (Abs. 4)

20   Abweichend von Abs. 2 und Abs. 3 soll eine **Weiterverarbeitung oder Übermittlung** personenbezogener Daten auch **ohne eine Kennzeichnung** nach Maßgabe des Abs. 4 zulässig sein. Damit werden gleichsam in einer Blankettnorm (zumindest bis zu einem bestimmten Datum der Erhebung) alle vorhandenen Datenbestände von einer (nachträglichen) Kennzeichnung ausgenommen. Dies ist mit Blick auf die Schutzfunktion der Kennzeichnung (→ Rn. 3 f.) **nicht sachgerecht und rechtlich problematisch,** wenn auch vermutlich technisch-organisatorisch unvermeidbar (krit. SGR/Graulich BKAG § 14 Rn. 1, 6).

21   Aus dem aus sich heraus wie auch aus der Gesetzesbegründung nicht verständlichen Wortlaut ist nicht klar entnehmbar, ob diese Ausnahme unbefristet (wie in § 14 Abs. 2 BKAG) oder nur für Daten, die bis zum 23.5.2018 erhoben wurden, gelten soll. Unklar ist auch, ob nach Ansicht des Gesetzgebers Verfahrensverzeichnisse Rechtsgrundlage einer Verarbeitung sein können (vgl. Landesbeauftragte für den Datenschutz Nordrhein-Westfalen, Stellungnahme-Nr. 17/791, 8).

Die Ausführungen in der Gesetzesbegründung sprechen für eine **Übergangsregelung,** 22 wenn dort ausgeführt wird: „Absatz 5 beinhaltet eine Übergangsvorschrift zur Weiterverarbeitung oder Übermittlung personenbezogener Daten auch ohne eine Kennzeichnung zum Stichtag des 23. Mai 2018, dem Tag vor Inkrafttreten des neuen Datenschutzgesetzes Nordrhein-Westfalen" (LT-Drs. 17/2576, 69). Alle **ab dem 24.5.2018 erhobenen Daten** sind daher entsprechend ausnahmslos nach Abs. 2 und Abs. 3 zu **kennzeichnen.** Jedes andere Verständnis der Norm würde dazu führen, dass die gesetzlichen Maßgaben erst dann greifen würden, wenn die Polizei NRW technisch- und organisatorisch hierfür die Voraussetzungen geschaffen hat, was verfassungsrechtlich auch mit Blick auf die Entscheidung des BVerfG zum BKAG nicht haltbar wäre (SGR/Graulich BKAG § 14 Rn. 1).

§ 23 Weiterverarbeitung von personenbezogenen Daten, Zweckbindung, Zweckänderung

(1) [1]Die Polizeibehörde kann personenbezogene Daten, die sie selbst erhoben hat, weiterverarbeiten
1. zur Erfüllung derselben Aufgabe und
2. zum Schutz derselben Rechtsgüter oder sonstigen Rechte oder zur Verhütung oder vorbeugenden Bekämpfung derselben Straftaten.
[2]Satz 1 gilt entsprechend für personenbezogene Daten, denen keine Erhebung vorausgegangen ist, mit der Maßgabe, dass für die Weiterverarbeitung der Zweck der Verarbeitung zu berücksichtigen ist. [3]Für die Weiterverarbeitung von personenbezogenen Daten, die aus Maßnahmen nach § 18 erlangt wurden, muss im Einzelfall eine Gefahr im Sinne des § 18 Absatz 1 vorliegen.

(2) [1]Die Polizeibehörde kann zur Erfüllung ihrer Aufgaben personenbezogene Daten zu anderen Zwecken als denjenigen, zu denen sie erhoben worden sind, weiterverarbeiten, wenn
1. mindestens
   a) vergleichbar schwerwiegende Straftaten verhütet oder vorbeugend bekämpft oder
   b) vergleichbar bedeutsame Rechtsgüter oder sonstige Rechte geschützt werden sollen und
2. sich im Einzelfall Anhaltspunkte
   a) zur Verhütung oder vorbeugenden Bekämpfung solcher Straftaten ergeben oder
   b) zur Abwehr einer innerhalb eines absehbaren Zeitraums drohenden Gefahr für mindestens vergleichbar bedeutsame Rechtsgüter oder sonstige Rechte erkennen lassen.
[2]Satz 1 gilt entsprechend für personenbezogene Daten, denen keine Erhebung vorausgegangen ist, mit der Maßgabe, dass für die Weiterverarbeitung der Zweck der Verarbeitung zu berücksichtigen ist. [3]Die §§ 24 und 24a bleiben unberührt. [4]Personenbezogene Daten, die rechtmäßig zu den in § 11 genannten Zwecken erhoben wurden, dürfen nicht zu anderen Zwecken genutzt werden. [5]Für die Weiterverarbeitung von Daten, die aus Maßnahmen nach § 18 erlangt wurden, gilt Absatz 2 Satz 1 Nummer 2 mit der Maßgabe entsprechend, dass im Einzelfall eine Gefahr im Sinne des § 18 Absatz 1 vorliegen muss.

(3) [1]Abweichend von Absatz 2 können die vorhandenen, zur Identifizierung dienenden Daten einer Person, insbesondere Name, Geschlecht, Geburtsdatum, Geburtsort, derzeitige und frühere Staatsangehörigkeit, Anschrift (Grunddaten), auch weiterverarbeitet werden, um diese Person zu identifizieren. [2]Die §§ 24 und 24a bleiben unberührt.

(4) Abweichend von Absatz 2 können rechtmäßig erhobene personenbezogene Daten allein zum Zwecke der Vorgangsverwaltung oder zu einer zeitlich befristeten Dokumentation weiterverarbeitet werden.

(5) Bei der Weiterverarbeitung von personenbezogenen Daten stellt die Polizei durch technische und organisatorische Vorkehrungen sicher, dass die Absätze 1 bis 4 beachtet werden.

(6) [1]Die Absätze 2 bis 5 gelten auch für die Weiterverarbeitung der im Rahmen der Verfolgung von Straftaten gewonnenen personenbezogenen Daten zum Zwecke der Gefahrenabwehr im Sinne des § 1 Absatz 1. [2]Eine suchfähige Speicherung dieser Daten in Dateisystemen und Akten ist nur über Personen zulässig, gegen die ein strafrechtliches Ermittlungsverfahren eingeleitet worden ist.

Überblick

§ 23 aF war Teil der vollständigen Überarbeitung des Rechts der polizeilichen Datenverarbeitung. § 23 nF trat durch Gesetz v. 18.12.2018 (GV. NRW. 741, berichtigt 2019, 23) am 29.12.2018 in Kraft. Die bisherigen Regelungen in § 23 Abs. 1 aF wurden vollständig novelliert, § 23 Abs. 2 aF wurde in überarbeiteter Form zu § 22 Abs. 6 nF. § 23 schließt an die Regelungen zur Datenspeicherung in § 22 an und regelt die weiteren Phasen der Verarbeitung, die im Wortlaut mit Blick auf den neuen umfassenden Begriff der „Verarbeitung" in § 36 Nr. 2 DSG NRW nicht länger im PolG NRW differenziert werden. Abs. 1 regelt die weitere Nutzung personenbezogener Daten jenseits des Erhebungszweckes, also alle Phasen der Verarbeitung von Daten iSv § 36 Nr. 2 DSG NRW (→ Rn. 9 ff.). Abs. 2 gestattet sodann die Zweckänderung dieser personenbezogenen Daten in umfassendem Sinne vollständig neu (→ Rn. 25 ff.). Abs. 3 beinhaltet Sonderregelungen für Daten zur Identifizierung von Personen (→ Rn. 40 ff.). Abs. 4 gestattet gesondert die Weiterverarbeitung von Daten allein zu Zwecken der Vorgangsverwaltung und zeitlich befristeten Dokumentation (→ Rn. 47 ff.). Abs. 5 verpflichtet die Polizei zur Einhaltung technisch-organisatorischer Vorkehrungen zur Umsetzung der Anforderungen aus Abs. 2–4 (→ Rn. 50). Abs. 6 gestattet als Einlassklausel die Verarbeitung personenbezogener Daten aus der Strafverfolgung zu Zwecken der Gefahrenabwehr (→ Rn. 51 ff.).

Übersicht

A. Allgemeine Charakterisierung und rechtlicher Rahmen

1   Mit § 23 soll ausweislich der Gesetzesbegründung eine **Verarbeitung personenbezogener Daten jenseits des der Datenerhebung zu Grunde liegenden Verfahrens** gesetzlich verankert werden (LT-Drs. 17/2576, 69). Dabei beruft sich der Gesetzgeber auf die BKAG-Entscheidung des BVerfG v. 20.4.2016 (BVerfGE 141, 220). Diese Entscheidung hat einerseits die Anforderungen an zulässige **Zweckänderungen** in einer Überschau zusammengefasst, andererseits aber auch zugleich neu definiert und den verfassungsrechtlich wie europarechtlich (Art. 5 Abs. 1 lit. b DS-GVO; Art. 4 Abs. 1 lit. b JI-RK) verankerten Grundsatz der **Zweckbindung** nach der hier vertretenen Auffassung deutlich eingeschränkt (grdl. Lisken/Denninger PolR-HdB/Schwabenbauer G Rn. 12 ff., 17: „zumindest eine Neujustierung"; Gola/Heckmann/Braun BDSG § 47 Rn. 15 ff.).

Dabei ist heute kaum noch umstritten, dass eine ausnahmslose und strikte Zweckbindung **2** an den die Erhebung begründenden Anlass nicht sinnvoll sei, eine Zweckänderung aber gesetzlich hinreichend bestimmt und dem Grundsatz der Verhältnismäßigkeit entsprechend geregelt werden müsse (vgl. Lisken/Denninger PolR-HdB/Schwabenbauer G Rn. 12 f., 175; Gola/Heckmann/Braun BDSG § 47 Rn. 19). Bereits vor der Entscheidung des BVerfG zum BKAG wurde in der Literatur pointiert angemerkt, dass man angesichts der möglichen Zweckänderung sagen könne, dass eine **Zweckbindung** zwar **gesetzlich vorgetäuscht** werde, **tatsächlich aber nicht gegeben** ist (so Lisken/Denninger PolR-HdB/Petri G Rn. 855).

Aus der Rechtsprechung des BVerfG lassen sich nach Schwabenbauer drei unterschiedliche **3** Nutzungsformen ableiten: die **zweckrealisierende Nutzung,** die **zweckkonforme Weiternutzung** (näher Lisken/Denninger PolR-HdB/Schwabenbauer G Rn. 170 ff.) oder zweckkonforme weitere Nutzung und die **zweckändernde Nutzung** (Lisken/Denninger PolR-HdB/Schwabenbauer G Rn. 19 f.). Zöller bezeichnet erstere als **zweckgebundene Nutzung** (Zöller, Anhörung Innenausschuss, Stellungnahme 17/808, 3). Schwabenbauer und Zöller gemein ist dabei, dass sie unter Berufung auf die BKAG-Entscheidung des BVerfG (BVerfGE 141, 220 Rn. 278) keine Zweckänderung darin sehen, wenn personenbezogene Daten einer Person für einen bestimmten Anlass erhoben wurden und dann auch jenseits dieses Anlasses von der Polizei genutzt werden (BVerfGE 141, 220 Rn. 278). Dies mag man so im Einklang mit dem BVerfG bewerten, muss sich aber vor Augen halten, dass damit ein **wesentlicher Damm gebrochen** ist.

Daher ist aber auch Kritik am Begriff der „**Weiterverarbeitung**" (vgl. → § 22 Rn. 2) **4** zutreffend, weil es hier um eine neue Nutzung personenbezogener Daten geht, die keinen Zusammenhang mit dem Erhebungsanlass mehr aufweisen muss. Wo dann allerdings mit Blick auf Abs. 1 S. 1 die „Verarbeitung" für das „Anlassverfahren" rechtlich geregelt ist, ist unklar.

In Anlehnung an die Parallelvorschrift des § 12 BKAG nF wird aus Sicht der Gesetzesbe- **5** gründung in § 23 Abs. 1 die weitere Nutzung **innerhalb derselben Zwecke** und in Abs. 2 die zweckändernde Nutzung geregelt. Um einen Gleichlauf mit § 12 Abs. 2 BKAG nF zu gewährleisten, werde die **hypothetische Datenneuerhebung** in § 23 Abs. 2 als allgemeiner Grundsatz formuliert, der bei jeder Datenverarbeitung zu beachten sei, auch wenn sich das BVerfG im Urteil v. 20.4.2016 (BVerfGE 141, 220) nur mit (besonders) eingriffsintensiven und verdeckten Maßnahmen auseinandergesetzt habe (Gesetzesbegründung, LT-Drs. 17/2576, 69).

Die Neuregelung in § 23 soll damit das **Spannungsverhältnis von Zweckbindung** im **6** Interesse des Betroffenen einerseits, Möglichkeiten der **Zweckänderung** aus Sicht polizeilicher Interessen andererseits auflösen und zu einem verfassungs- und europarechtlich angemessenen Ausgleich bringen.

Erstaunlich ist, dass – anders als etwa in § 22 Abs. 1 – die **Erforderlichkeit** der weiteren **7** Verarbeitung, also insbesondere der Nutzung **nicht** als **Tatbestandsvoraussetzung** verankert ist. Dieselbe erst in der Verhältnismäßigkeitsprüfung zu beachten (so wohl Zöller, Anhörung Innenausschuss, Stellungnahme 17/808, 2), entspricht nach der hier vertretenen Auffassung nicht dem hohen Rang des **Rechts auf informationelle Selbstbestimmung** wie auch des **Art. 8 GRCh,** Sie ist mit Blick auf Art. 4 Abs. 1 lit. e JI-RL auch und gerade ein bei der polizeilichen Datenverarbeitung **europarechtlich** statuierter Standard, der eng auszulegen ist (vgl. Kühling/Buchner/Buchner/Petri DS-GVO Art. 9 Rn. 15). Zulässigkeitsvoraussetzung jeder Datenverarbeitung ist damit, dass es hierzu keine sinnvolle und zumutbare Alternative gibt, um die verfolgte Zielsetzung zu erreichen (vgl. Kühling/Buchner/Buchner/Petri DS-GVO Art. 6 Rn. 15 zur Datenspeicherung).

Im Ergebnis ist daher festzuhalten, dass § 23 nach der hier vertretenen Auffassung zwar **8** eine Regelung zu den Anforderungen an eine Zweckänderung beinhaltet, aber **keine Rechtsgrundlage** für die Verarbeitung und damit insbesondere die **Nutzung** dieser Daten darstellt, was zumindest eine Konkretisierung der **Tatbestandsvoraussetzungen** im Sinne der (unbedingten) Erforderlichkeit voraussetzen würde (so auch Landesbeauftragte für den

Datenschutz Nordrhein-Westfalen, Anhörung Innenausschuss, Stellungnahme 17/791, 8; aA wohl Zöller, Anhörung Innenausschuss, Stellungnahme 17/808, 2 f. zu Abs. 1 und Abs. 2). Diese verfassungsrechtliche Anforderung allein im Wege einer verfassungskonformen und europarechtskonformen Auslegung zu konstruieren, wird den vorgenannten (→ Rn. 7) rechtlichen Anforderungen nicht gerecht.

B. Einzelkommentierung

I. Nutzung von Daten jenseits des Erhebungsanlasses (Abs. 1)

9   Die vollständige Neuregelung orientiert sich an § 12 BKAG und der Rechtsprechung des BVerfG zum BKAG aF. Der Begriff der „**Weiterverarbeitung**" in seiner Eingrenzung auf alle Phasen der Datenverarbeitung nach deren Erhebung im Rahmen polizeilicher Datenerhebungsbefugnisse und deren Speicherung nach § 22 umfasst nach **§ 36 Abs. 1 Nr. 2 DSG NRW** „jeden mit oder ohne Hilfe automatisierter Verfahren ausgeführten Vorgang oder jede solche Vorgangsreihe im Zusammenhang mit personenbezogenen Daten wie [...] das Erfassen, die Organisation, das Ordnen, [...], die Anpassung, die Veränderung, das Auslesen, das Abfragen, die Verwendung, die Offenlegung durch Übermittlung, Verbreitung oder eine andere Form der Bereitstellung, den Abgleich, die Verknüpfung, die Einschränkung, das Löschen oder die Vernichtung".

10   Aus Sicht des BVerfG kann „[d]er Gesetzgeber [...] eine Datennutzung über das für die Datenerhebung maßgebende Verfahren hinaus als **weitere Nutzung** im Rahmen der **ursprünglichen Zwecke** dieser Daten erlauben. [...] Die zulässige Reichweite solcher Nutzungen richtet sich nach der **Ermächtigung für die Datenerhebung**. Die jeweilige Eingriffsgrundlage bestimmt Behörde, Zweck und Bedingungen der Datenerhebung und definiert damit die erlaubte Verwendung. Die **Zweckbindung** der auf ihrer Grundlage gewonnenen Informationen beschränkt sich folglich nicht allein auf eine Bindung an bestimmte, abstrakt definierte Behördenaufgaben, sondern **bestimmt sich nach der Reichweite der Erhebungszwecke in der für die jeweilige Datenerhebung maßgeblichen Ermächtigungsgrundlage**. Eine **weitere Nutzung** innerhalb der ursprünglichen Zwecksetzung kommt damit nur seitens **derselben Behörde im Rahmen derselben Aufgabe und für den Schutz derselben Rechtsgüter** in Betracht wie für die Datenerhebung maßgeblich: Ist diese nur zum Schutz bestimmter Rechtsgüter oder zur Verhütung bestimmter Straftaten erlaubt, so begrenzt dies deren unmittelbare sowie weitere Verwendung auch in derselben Behörde, soweit keine gesetzliche Grundlage für eine zulässige Zweckänderung eine weitergehende Nutzung erlaubt" (BVerfGE 141, 220 Rn. 278 f.).

11   Die früher verbreitete Auffassung, dass eine **Verwendung von Daten über das konkrete Verfahren hinaus eine Zweckänderung** darstelle, ist damit wohl **obsolet** (vgl. Lisken/Denninger PolR-HdB/Schwabenbauer G Rn. 16). **Jede zweckkonforme Weiternutzung** soll damit den in Abs. 1 konkretisierten Anforderungen an die Zweckbindung (so wohl auch SGR/Ruthig BKAG § 12 Rn. 8) genügen.

1. Zweckbindung und zweckkonforme Weiternutzung (S. 1)

12   Die Formulierung in S. 1 geht zurück auf die BKAG-Entscheidung des BVerfG: „Für die Wahrung der Zweckbindung kommt es demnach darauf an, dass die erhebungsberechtigte Behörde die **Daten im selben Aufgabenkreis** zum Schutz derselben Rechtsgüter und zur Verfolgung oder **Verhütung derselben Straftaten** nutzt, wie es die jeweilige Datenerhebungsvorschrift erlaubt. Diese Anforderungen sind erforderlich, aber grundsätzlich auch ausreichend, um eine weitere Nutzung der Daten im Rahmen der **Zweckbindung** zu legitimieren." (BVerfGE 141, 220 Rn. 282).

13   Zulässig ist nach dem Wortlaut des S. 1 ausschließlich die Weiterverarbeitung von durch die **Polizei selbst erhobenen Daten,** weil nur so eine hinreichende Rechtmäßigkeitsprüfung möglich ist. Da jede Weiterverarbeitung stets auch eine Speicherung erfasst, dürfen zudem mit Blick auf § 22 Abs. 1 und das Rechtsstaatsprinzip **nur rechtmäßig von der Polizei erhobene Daten** (vgl. → § 22 Rn. 16 f.) nach § 23 Abs. 1 weiterverarbeitet werden. S. 2 schafft hierzu indes Ausnahmen. „Selbst erhoben" kann sich hierbei nur auf solche Daten beziehen, die im **Aufgabenbereich § 1 Abs. 1–3** erhoben wurden, **nicht** hingegen im

Rahmen der **Strafverfolgung** als übertragene Aufgabe iSd § 1 Abs. 4, hier gelten die StPO und ggf. die zu beachtenden Zweckänderungsvorschriften. Abs. 1 und Abs. 2 beziehen sich zudem auch weder auf die Vorsorge für die Verfolgung von Straftaten, noch die Strafverfolgung selbst.

Die **Weiterverarbeitung** kann zudem nur durch die **selbe Behörde** geschehen, welche **14** die Daten selbst erhoben hat, mithin die Polizei Nordrhein-Westfalen. Hingegen ist trotz noch wohl nicht abschließender Klärung in der Literatur wie auch Rechtsprechung jede **Übermittlung** von Daten eine **Zweckänderung** (vgl. SGR/Ruthig BKAG § 12 Rn. 8), zumindest aber ein neuer Eingriff (vgl. Lisken/Denninger PolR-HdB/Schwabenbauer G Rn. 24 f.).

Anknüpfend hieran gestattet **S. 1 Nr. 1** eine Weiterverarbeitung zur „Erfüllung derselben **15** Aufgabe". Gemeint ist hiermit wohl der **in § 1 erfasste Aufgabenkreis** (so auch SGR/Ruthig BKAG § 12 Rn. 9). **Problematisch** mit Blick auf das verfassungsrechtliche **Bestimmtheitsgebot** ist hierbei § 1 Abs. 1 S. 2, wonach die Polizei im Bereich der Gefahrenabwehr auch „**Straftaten zu verhüten**" sowie **vorbeugend zu bekämpfen**" hat, was mit Blick auf die Erhebungsbefugnisse deutlich anderen Anforderungen gehorcht als (traditionelle) Maßnahmen der Abwehr konkreter Gefahren. Nicht klar ist dabei, wo der Unterschied zwischen einer Verhütung und vorbeugenden Bekämpfung liegen soll.

Die Formulierung geht zurück auf den MEPolG mit Stand v. 12.3.1986, wonach die **16** **vorbeugende Bekämpfung von Straftaten** deren Verhütung ebenso umfassen sollte wie die Vorsorge für deren Verfolgung. Da das PolG NRW aber – im Gefolge einer Entscheidung des BVerfG v. 27.7.2005 (vgl. BVerfGE 113, 348 (368 ff.)) – sich durch das Änderungsgesetz v. 9.2.2010 (GV. NRW. 132) zutreffend für eine Streichung der Verfolgungsvorsorge aus dem Aufgabenkatalog des § 1 entschieden hat, ist nicht länger klar, worin der Unterschied zwischen einer Verhütung von Straftaten und deren vorbeugender Bekämpfung eigentlich liegen soll.

Eine **Weiterverarbeitung** erfordert **zudem** nach **S. 1 Nr. 2** den Schutz derselben **17** Rechtsgüter oder sonstigen Rechte oder zur Verhütung oder vorbeugenden Bekämpfung derselben Straftaten. In der Literatur wird diese klare Beschränkung zum Teil exzessiv weit ausgelegt und ihr im Kern jede Begrenzungsfunktion genommen (so SGR/Ruthig BKAG § 12 Rn. 10).

An eine **zweckkonforme Weiternutzung** (→ Rn. 12 ff.) hat das BVerfG indes klare **18** Anforderungen gestellt: „Der Gesetzgeber kann eine Datennutzung über das für die Datenerhebung maßgebende Verfahren hinaus als weitere Nutzung im Rahmen der ursprünglichen Zwecke dieser Daten erlauben. Er kann sich insoweit auf die der Datenerhebung zugrundeliegenden Rechtfertigungsgründe stützen und unterliegt damit nicht den verfassungsrechtlichen Anforderungen an eine Zweckänderung." Aber: „Die zulässige Reichweite solcher Nutzungen richtet sich nach der Ermächtigung für die Datenerhebung. Die jeweilige Eingriffsgrundlage bestimmt Behörde, **Zweck und Bedingungen der Datenerhebung und definiert damit die erlaubte Verwendung.** Die Zweckbindung der auf ihrer Grundlage gewonnenen Informationen beschränkt sich folglich nicht allein auf eine Bindung an bestimmte, abstrakt definierte Behördenaufgaben, sondern **bestimmt sich nach der Reichweite der Erhebungszwecke in der für die jeweilige Datenerhebung maßgeblichen Ermächtigungsgrundlage.** Eine weitere Nutzung innerhalb der ursprünglichen Zwecksetzung kommt damit nur seitens derselben Behörde **im Rahmen derselben Aufgabe** und für den **Schutz derselben Rechtsgüter** in Betracht wie für die Datenerhebung maßgeblich. [...]" (BVerfGE 141, 220 Rn. 278 f.). „**Nicht zu den Zweckbindungen,** die für jede weitere Nutzung der Daten seitens derselben Behörde je neu beachtet werden müssen, gehören [allerdings – Ergänzung des Verfassers] grundsätzlich die für die Datenerhebung maßgeblichen Anforderungen an **Einschreitschwellen** [...]" (BVerfGE 141, 220 Rn. 280).

Eine **Bevorratung** von einmal erhobenen Daten zur Erfüllung der gleichen Aufgabe **19** ist von der Norm indes **nicht gedeckt** (Lisken/Denninger PolR-HdB/Schwabenbauer G Rn. 171).

2. Daten ohne eigene Erhebung durch die Polizei (S. 2)

In Abweichung von S. 1 darf die Polizei nach S. 2 auch solche personenbezogenen Daten **20** weiterverarbeiten, denen keine (eigene) Erhebung vorausgegangen ist. Dazu gehören bspw.

der Polizei unaufgefordert durch Dritte überlassene, aber auch durch andere Stellen übermittelte Daten.

21   Ausweislich der Gesetzesbegründung soll in diesen Fällen „gelten, dass aufgrund der fehlenden Datenerhebungsvorschrift für die **Bestimmung derselben Aufgabe und derselben Rechtsgüter etc der Zweck der Verarbeitung heranzuziehen** ist." Diese Systematik folge dem bisherigen Verständnis bei der Behandlung solcher Daten (LT-Drs. 17/2576, 70), wobei ohne nähere Bezeichnung nicht nachvollziehbar ist, welche gesetzliche Regelung hier in Bezug genommen wird. Klarheit schafft diese Begründung nicht, das sonst als Vorbild für Abs. 1 und Abs. 2 herangezogene BKAG enthält keine vergleichbare Regelung.

22   Nach der hier vertretenen Auffassung **widerspricht** die Regelung den Anforderungen an die **Normenbestimmtheit,** weil der Regelungsgehalt nicht hinreichend identifizierbar ist.

3. Begrenzung bei Datenerhebung nach § 18 (S. 3)

23   Mit Blick auf das **besondere Eingriffsgewicht** von Datenerhebung durch den verdeckten Einsatz technischer Mittel in oder aus Wohnungen lassen sich aus der Entscheidung des BVerfG zum BKAG besonders enge Bindungen ableiten. Das außerordentliche Eingriffsgewicht solcher Datenerhebungen spiegelt sich in einer besonders engen Bindung jeder weiteren Nutzung der gewonnenen Daten an die Voraussetzungen und damit Zwecke der Datenerhebung. Auch eine Nutzung der Erkenntnisse als bloßer **Spuren- oder Ermittlungsansatz** kommt hier **nicht in Betracht** (BVerfGE 141, 220 Rn. 283).

24   Diese Regelung ist damit grundsätzlich im Einklang mit der Rechtsprechung des BVerfG, begegnet aber durchaus Bedenken mit Blick auf die **Normenbestimmheit,** als der qualifizierte Gefahrenbegriff des § 18 Abs. 1 S. 1 hier nicht seinen Niederschlag unmittelbar im Wortlaut der Norm gefunden hat. S. 3 ist daher zumindest eingrenzend mit Blick die vorgenannten tatbestandlichen Anforderungen auszulegen.

II. Zweckänderungen und hypothetische Datenneuerhebung (Abs. 2)

25   Ausweislich der Gesetzesbegründung soll Abs. 2 die Vorgaben des BVerfG im BKAG-Urteil an die zweckändernde Verarbeitung von personenbezogenen Daten umsetzen und den Grundsatz der hypothetischen Datenneuerhebung in das PolG NRW einführen (LT-Drs. 17/2576, 70). Anders als in Abs. 1, der eine **zweckkonforme Weiternutzung** aus anderem Anlass erlaubt, wird hier die **zweckändernde Nutzung** zugelassen (zur Abgrenzung → Rn. 12 ff.).

26   Die Regelung entspricht im Kern § 12 BKAG, weicht aber in einigen Punkten nicht unwesentlich ab (→ Rn. 28). Danach kann der Gesetzgeber eine weitere Nutzung der Daten auch zu anderen Zwecken als denen der ursprünglichen Datenerhebung erlauben (**Zweckänderung**). Er hat dann allerdings sicherzustellen, dass dem **Eingriffsgewicht** der Datenerhebung auch hinsichtlich der neuen Nutzung Rechnung getragen wird. Diese Ermächtigung zu einer **Nutzung von Daten zu neuen Zwecken** begründet einen **neuen Eingriff** in das Grundrecht, in das durch die Datenerhebung eingegriffen wurde. Die Ermächtigung zu einer Zweckänderung ist nach dieser Rechtsprechung am **Verhältnismäßigkeitsgrundsatz** zu messen. Hierbei orientiert sich das Gewicht, das einer solchen Regelung im Rahmen der Abwägung zukommt, am Gewicht des Eingriffs der Datenerhebung. Informationen, die durch besonders eingriffsintensive Maßnahmen erlangt wurden, können auch nur zu besonders gewichtigen Zwecken benutzt werden (BVerfGE 141, 220 Rn. 284 ff.).

27   Weiter führt das Gericht aus, dass der Grundsatz der hypothetischen Datenneuerhebung hier den **Verhältnismäßigkeitsgrundsatz** konkretisiere. Für Daten aus **eingriffsintensiven Überwachungs- und Ermittlungsmaßnahmen** komme es darauf an, ob diese nach verfassungsrechtlichen Maßstäben (neu) auch für den geänderten Zweck mit vergleichbar schwerwiegenden Mitteln erhoben werden dürften (BVerfGE 141, 220 Rn. 287). Der Gesetzgeber könne in anderen Fällen indes eine Zweckänderung von Daten grundsätzlich dann erlauben, wenn es sich um Informationen handelt, aus denen sich **im Einzelfall konkrete Ermittlungsansätze** zur **Aufdeckung von vergleichbar gewichtigen Straftaten** oder zur Abwehr von zumindest auf **mittlere Sicht drohenden Gefahren** für ver-

gleichbar gewichtige Rechtsgüter wie die ergeben, zu deren Schutz die entsprechende Datenerhebung zulässig ist (BVerfGE 141, 220 Rn. 290).

1. Vergleichbare Straftaten und Rechtsgüter (S. 1 Nr. 1)

Misst man an diesem **Maßstab die Regelung in Abs. 2 S. 1** und vergleicht diese mit **28** § 12 BKAG, so fällt zunächst auf, dass – anders als dort – Verweise auf die Verfolgung von Straftaten, die materiell repressiv-polizeiliches Recht betreffen und grundsätzlich in die Regelungskompetenz des Bundesgesetzgebers nach Art. 74 Abs. 1 Nr. 1 GG fallen, in Abs. 2 nicht enthalten sind. Dies ist zunächst konsequent, wobei sich der Gesetzgeber auch hier nicht von dem **problematischen Begriff** der **vorbeugenden Bekämpfung von Straftaten** neben der Verhütung derselben lösen konnte (vgl. zur Kritik → Rn. 34 f.).

Nach **S. 1 Nr. 1** ist die Zweckänderung zulässig, wenn so mindestens (Abs. 2 S. 1 Nr. 1   **29** lit. a) **vergleichbar schwerwiegende Straftaten** verhütet oder vorbeugend bekämpft oder (Abs. 2 S. 1 Nr. 1 lit. b) **vergleichbar bedeutsame Rechtsgüter** oder sonstige Rechte geschützt werden sollen. Nach dem Wortlaut der BKAG-Entscheidung des BVerfG (vgl. BVerfGE 141, 220 Rn. 288) ist „Voraussetzung für eine Zweckänderung […] danach aber jedenfalls, dass die neue Nutzung der Daten dem Schutz von Rechtsgütern oder der Aufdeckung von Straftaten eines solchen Gewichts dient, die verfassungsrechtlich ihre Neuerhebung mit vergleichbar schwerwiegenden Mitteln rechtfertigen könnten". „Der Gesetzgeber kann danach […] eine Zweckänderung von Daten grundsätzlich dann erlauben, wenn es sich um Informationen handelt, aus denen sich im Einzelfall konkrete Ermittlungsansätze zur Aufdeckung von **vergleichbar gewichtigen Straftaten** oder zur Abwehr von zumindest auf mittlere Sicht drohenden **Gefahren für vergleichbar gewichtige Rechtsgüter** wie die ergeben, zu deren Schutz die entsprechende Datenerhebung zulässig ist" (BVerfGE 141, 220 Rn. 290).

Ob diese Einordnung dabei nur für **terroristische Straftaten** oder allgemein gelten soll,   **30** ist in der Rechtsprechung des BVerfG nicht geklärt (offenlassend Lisken/Denninger PolR-HdB/Schwabenbauer G Rn. 172 ff.). Hiergegen könnte sprechen, dass mit dem vom BVerfG entwickelten neuen Konzept allein Fragen der Terrorismusbekämpfung nach dem BKAG aufgeworfen wurden, die unter Umständen aus Sicht des Gerichts Anlass gaben, hier dem Gesetzgeber weitergehende Optionen zu eröffnen, also in anderen Kriminalitätsfeldern (vgl. etwa BVerfGE 141, 220 Rn. 112). Auf jeden Fall lehnt das Gericht dabei indes eine **Zweck-änderung „auf Vorrat"** ab, wenn es „im Einzelfall konkrete Ermittlungsansätze" vorausetzt.

Bei einer einfachen Übertragung des Wortlauts der Entscheidung in die (tatbestandlichen)   **31** Voraussetzungen einer Norm ist indes zu hinterfragen, wie Blick auf die Normenbestimmtheit eigentlich die „**Vergleichbarkeit**" der Schwere von Straftaten oder der Gewichtigkeit von Rechtsgütern mit **hinreichender Bestimmtheit** von Betroffenen, Exekutive und Gerichten bewertet werden soll. Der Ansatz ist nicht neu in der Rechtsprechung des BVerfG, was diesen indes nicht deshalb greifbarer macht. Nach der hier vertretenen Auffassung wird hier einerseits jede/r einzelne Polizeivollzugsbeamtin bzw. Polizeivollzugsbeamter vor erhebliche Probleme bei der Anwendung des Rechts gestellt (vgl. Prätorius/Lehmann, Polizei unter Stress?/Aden, 2013, 15).

Nicht klar mit Blick auf die **Normenbestimmtheit** ist zudem, weshalb in **S. 1 Nr. 1**   **32** **lit. b** (wie auch in Nr. 2 lit. b) neben bedeutsamen Rechtsgütern auch noch auf „**sonstige Rechte**" verwiesen wird und was hiermit neben „vergleichbaren Rechtsgütern" gemeint sein soll.

Im Ergebnis öffnet dieses Konzept einer deutlichen **Ausweitung von Zweckänderun-**   **33** **gen** jenseits eines noch von Datenschutzbehörden und Gerichten kontrollierbaren Bereichs die Tür. **Transparenz der Datenerhebung und -verarbeitung soll** dazu beitragen, dass **Vertrauen und Rechtssicherheit** entstehen können. Durch sie soll, soweit möglich, den Betroffenen subjektiver Rechtsschutz ermöglicht und zugleich einer diffusen Bedrohlichkeit geheimer staatlicher Beobachtung entgegengewirkt. Je weniger die Gewährleistung subjektiven Rechtsschutzes möglich ist, desto größere Bedeutung erhalten dabei Anforderungen an eine wirksame aufsichtliche Kontrolle und an die Transparenz des Behördenhandelns gegenüber der Öffentlichkeit (BVerfGE 141, 220 Rn. 135).

2. Anhaltspunkte im Einzelfall (S. 1 Nr. 2)

34   Neben den Anforderungen aus S. 1 Nr. 1 soll eine Zweckänderung nach Nr. 2 zulässig sein, wenn „sich im Einzelfall Anhaltspunkte [...] zur Verhütung oder vorbeugenden Bekämpfung solcher Straftaten ergeben" (Abs. 2 S. 1 Nr. 2 lit. a) „oder [...] zur Abwehr einer innerhalb eines absehbaren Zeitraums drohenden Gefahr für mindestens vergleichbar bedeutsame Rechtsgüter oder sonstige Rechte erkennen lassen." (Abs. 2 S. 1 Nr. 2 lit. b).

35   „Verfassungsrechtlich geboten, aber regelmäßig auch ausreichend" soll dabei aus Sicht des BVerfG sein, „dass sich aus den Daten – sei es aus ihnen selbst, sei es in Verbindung mit weiteren Kenntnissen der Behörde – ein **konkreter Ermittlungsansatz** ergibt" (BVerfGE 141, 220 Rn. 289). Gefordert ist mithin weder ein Anfangsverdacht noch eine konkrete Gefahr, sondern es wird allein auf die Vergleichbarkeit möglicherweise drohender Straftaten oder Gefahren und deren Vergleichbarkeit mit denen, die zur Datenerhebung Anlass gegeben haben, abgestellt. Ob man dies für eine solch weitgehende Zweckänderungsoption rechtstaatlich als ausreichend ansehen mag oder nicht, ist in der Literatur noch nicht ausdiskutiert.

3. Daten ohne eigene Erhebung durch die Polizei (S. 2)

36   Die Regelung in S. 1 gilt entsprechend für personenbezogene Daten, denen keine Erhebung vorausgegangen ist, mit der Maßgabe, dass für die Weiterverarbeitung der Zweck der Verarbeitung zu berücksichtigen ist (→ Rn. 20 ff.).

4. Unberührtheitsklausel (S. 3)

37   Die Regelungen in §§ 24 und 24a sollen von den Zweckänderungsregelungen in Abs. 2 S. 1 unberührt bleiben, also Geltung behalten und durch die Regelungen in Abs. 2 nicht verdrängt werden.

5. Ausschluss der Zweckänderung (S. 4)

38   S. 4 stellt klar, dass personenbezogene Daten, die rechtmäßig zu den in § 11 genannten Zwecken der Erhebung personenbezogener Daten zur Vorbereitung für die Hilfeleistung und das Handeln in Gefahrenfällen zu anderen Zwecken nicht genutzt werden dürfen.

6. Begrenzung bei Datenerhebung nach § 18 (S. 5)

39   Es kann auf die Ausführungen zu Abs. 1 S. 3 und die Kritik hieran verwiesen werden (→ Rn. 23 f.).

III. Herabsetzung der Anforderungen bei sog. Grunddaten (Abs. 3)

40   Abweichend von Abs. 2 sollen nach **S. 1** die vorhandenen, zur **Identifizierung** dienenden Daten einer Person, insbesondere Name, Geschlecht, Geburtsdatum, Geburtsort, derzeitige und frühere Staatsangehörigkeit, Anschrift (Grunddaten), auch weiterverarbeitet werden dürfen, um diese Person zu identifizieren. Die gesetzlichen Vorgaben zur Zweckbindung und hypothetischen Datenneuerhebung sollen für diese Daten nicht gelten. Die Gesetzesbegründung verweist hierfür auf die Parallelregelung in § 12 Abs. 4 BKAG und „ein hohes polizeifachliches Erfordernis". Eine zweifelsfreie Klärung der Identität sei notwendig, um Identitätsverwechselungen auszuschließen um zu verhindern, dass Eingriffe in die Grundrechte Unbeteiligter stattfänden (LT-Drs. 17/2576, 70).

41   Bei den in Abs. 3 nur beispielhaft („insbesondere") aufgeführten genannten Daten handelt es sich um **essentielle personenbezogene Daten** und damit bei deren Verarbeitung jenseits der Erhebung um einen weiteren gewichtigen Grundrechtseingriff (ablehnend zu dieser Regelung daher Zöller, Anhörung Innenausschuss, Stellungnahme 17/808, 3 f.).

42   Die **Zielrichtung der Regelung erschließt sich aus der Gesetzesbegründung nicht.** So **endet eine Identitätsfeststellung** üblicherweise mit dem Abgleich des ausgehändigten Ausweisdokuments oder vergleichbarer Dokumente und der aushändigenden Person. Die Polizei vergleicht, ob die Angaben im Dokument mit der betroffenen Person übereinstimmen. Wenn ja, ist die Identifikation beendet, ein möglicherweise sich anschließender **Daten-**

abgleich richtet sich nach § 25 und stellt eine **neue Maßnahme** dar. Anlass zur Zweckänderung besteht nicht, wenn nicht die Polizei weitere Maßnahmen auf neuer Rechtsgrundlage ergreifen möchte (Zöller, Anhörung Innenausschuss, Stellungnahme 17/808, 4; zu geläufigen Anschlussmaßnahmen sa OVG Hamburg NVwZ-RR 2015, 695). Die Polizei bewegte sich im Bereich des § 12 Abs. 2 S. 1 und S. 2. Danach kann diese die zur Feststellung der Identität erforderlichen Maßnahmen treffen. Sie kann die betroffene Person insbesondere anhalten, sie nach ihren Personalien befragen und verlangen, dass sie Angaben zur Feststellung ihrer Identität macht und mitgeführte Ausweispapiere zur Prüfung aushändigt. Mehr braucht es im Regelfall zu einer Identitätsfeststellung nicht.

Anders ist dies allenfalls dann, **wenn die Identität nicht** durch den Abgleich der Angaben **43** eines Dokumentes mit der betroffenen Person oder deren Angaben **festgestellt** werden kann, auch nicht im Wege einer Passnachschau oder vergleichbarer Maßnahmen. Möglich ist auch ein Abgleich mit dem Melderegister, was dann indes spezialgesetzlich geregelt wäre und zudem keine Zweckänderung inkludiert.

Eine **Identitätsfeststellung inkludiert** – anders als in der polizeilichen Praxis gerne **44** ausgeführt – auch **keine Datenspeicherung,** die dann Grundlage einer Zweckänderung sein könnte. **Abs. 3 kann daher allein dazu dienen,** personenbezogene Daten jenseits einer Identitätsfeststellung weiter zu verarbeiten und **im Rahmen einer Zweckänderung ohne tatbestandsbegrenzende Regelung nutzen zu wollen.** Von der Rechtsprechung des BVerfG ist dies nicht gedeckt (Zöller, Anhörung Innenausschuss, Stellungnahme 17/808, 4; Zöller, Innenausschuss, Ausschussprotokoll 17/365, 8). Sollen Daten aus einer Identitätsfeststellung gespeichert werden, steht – bei Vorliegen der tatbestandlichen Voraussetzungen – § 22 Abs. 1 offen. Sollen diese Daten dann **zu anderen Zwecken** als denjenigen, zu denen sie erhoben worden sind (zur Identifizierung), weiterverarbeitet werden, greift Abs. 2. Umgekehrt greift dieser gerade nicht, wenn nicht eine zweckändernde Nutzung beabsichtigt ist. Damit geht die Ausnahmeregelung in Abs. 3 ins Leere, wenn es allein um eine Identifizierung geht.

Abs. 3 ist zudem **nicht hinreichend bestimmt,** weil anders als in § 12 Abs. 4 BKAG **45** in Verbindung mit der BKADV (BKA-Daten-Verordnung v. 4.6.2010, BGBl. I 716) der **Begriff der Grunddaten** nicht rechtlich abschließend definiert ist und selbst ausdrücklich keine abschließende Regelung („insbesondere") trifft. Es bleibt der Polizei damit selbst überlassen, welche Daten sie als „Grunddaten" ansieht (zur Weite möglicher Datenbestände vgl. nur § 1 BKADV).

S. 2 enthält wiederum eine **Unberührtheitsklausel** mit Blick auf die Regelungen in **46** §§ 24 und 24a, die Geltung behalten und durch die Regelungen in Abs. 3 nicht verdrängt werden.

IV. Weiterverarbeitung zur Vorgangsverwaltung und Dokumentation (Abs. 4)

Nach Abs. 4 sollen rechtmäßig erhobene personenbezogene Daten allein zum Zwecke **47** der Vorgangsverwaltung oder zu einer zeitlich befristeten Dokumentation weiterverarbeitet werden dürfen. Die Regelung knüpft an die Befugnis zur Speicherung zu vorgenannten Zwecken in § 22 Abs. 1 an (krit. → § 22 Rn. 21 ff.).

Abs. 4 **zielt darauf ab, die Beschränkungen der Zweckänderung nach Abs. 2 zu 48 beseitigen.** Dabei ist zu beachten, dass bereits die **Speicherung keiner klaren gesetzlichen Zweckbindung** unterliegt und daher als rechtlich problematisch anzusehen ist (Lisken/Denninger PolR-HdB/Petri G Rn. 866 f.). Wenn die Gesetzesbegründung hier auf eine **Erhebung** zu vorgenannten Zwecken verweist (LT-Drs. 17/2576, 70), wird schon verkannt, dass hierfür eine eigenständige Erhebungsbefugnis nicht existiert; solchermaßen erhobene Daten einer unlimitierten Zweckänderung zuführen zu wollen, wie dies die Gesetzesbegründung offenbar für möglich erachtet, verkennt evident die weiterhin aus dem Verfassungsrecht wie der JI-RL ableitbaren Prinzipien der **Zweckbindung.**

Ein **Zugriff auf Daten der Vorgangsverwaltung für polizeiliche Zwecke** (die Vor- **49** gangsverwaltung ist nur Hilfsfunktion anderer Zwecke) ist aus den vorgenannten Gründen **in Nordrhein-Westfalen gesetzlich nicht ausgeschlossen,** was aber zwingend erforderlich wäre. Damit stehen alle zu Zwecken der Vorgangsverwaltung und zeitlich befristeten Dokumentation gespeicherte Daten grundsätzlich einer weiteren polizeilichen Verarbeitung zur Verfügung, was deren Zielrichtung grob widerspricht. Ob die gesetzliche Begrenzung in Abs. 4 („allein zum Zweck") eine hinreichende Begrenzung solchermaßen verarbeiteter Daten allein auf Zwecke der Vorgangsverwaltung und zeitlich befristeten Dokumentation abzusichern vermag, muss daher bezweifelt werden. Das Grundkonzept von § 22 Abs. 1 und § 23 Abs. 4 steht im **Konflikt mit dem Recht auf informationelle Selbstbestimmung und der JI-RL.**

V. Technische und organisatorische Vorkehrungen (Abs. 5)

50   Nach Abs. 5 soll die Polizei bei der Weiterverarbeitung von personenbezogenen Daten durch technische und organisatorische Vorkehrungen sicherstellen, dass Abs. 1–4 beachtet werden. Die Regelung ist **in ihrer Abstraktheit nicht geeignet,** der Polizei klare Anhaltspunkte und Pflichten zur Beachtung der komplexen Anforderung aus Abs. 1–4 aufzuerlegen. Eine datenschutzrechtlich ambitionierte Regelung hätte anders ausgesehen.

VI. Weiterverarbeitung repressiv-polizeilich gewonnener Daten zur Gefahrenabwehr (Abs. 6)

51   Anders als in der Gesetzesbegründung (LT-Drs. 17/2576, 70) ausgeführt, **entspricht** die Neuregelung in S. 1 inhaltlich **nicht dem bisherigen § 24 Abs. 2 S. 1,** weil dieser gerade das nunmehr implementierte Konzept von Zweckbindung und hypothetischer Datenneuerhebung (→ Rn. 2 ff.) so noch nicht kannte.

1. Anwendbarkeit der Grundsätze aus Abs. 1–5

52   Nach **S. 1** sollen Abs. 2–5 zur Zweckbindung und Zweckänderung auch für die Weiterverarbeitung der im Rahmen der Verfolgung von Straftaten gewonnenen personenbezogenen Daten zum Zwecke der Gefahrenabwehr iSd § 1 Abs. 1 gelten. Dies kann als Einlassklausel oder „Empfangsnorm" im Sinne des **Doppeltürmodells** (ausf. Lisken/Denninger PolR-HdB/Schwabenbauer G Rn. 176 ff.) angesehen werden. Es geht hierbei um repressiv-polizeilich gewonnener personenbezogener Daten für andere Zwecke als die Durchführung eines bestimmten Strafverfahrens, mithin des Ausgangsverfahrens iSv § 483 StPO. Es handelt sich damit um eine **Zweckänderung.**

53   Abs. 6 knüpft an § 481 Abs. 1 S. 1 StPO an, der ohne weitere tatbestandliche Anforderungen im Sinne einer Generalklausel grundsätzlich die Zulässigkeit einer **Zweckänderung repressiv-polizeilicher Daten für präventiv-polizeiliche Zwecke** nach Maßgabe der Polizeigesetze eröffnet. Allerdings stellt § 481 Abs. 1 S. 1 StPO keine Eingriffsbefugnis für diese Zweckänderung dar, diese ergibt sich erst aus dem Polizeirecht (zur grundsätzlichen Problematik dieses Modells SK-StPO/Weßlau StPO § 481 Rn. 2, 4; aA KK-StPO/Gieg StPO § 481 Rn. 1), weil erst die Polizeigesetze die erforderlichen tatbestandlichen Regelungen zur weiteren Verwendung treffen (vgl. Krekeler/Löffelmann/Sommer/Pananis, Anwalt-Kommentar StPO, 2. Aufl. 2010, StPO § 481 Rn. 3).

54   S. 1 gestattet solche Zweckänderungen ausschließlich zum Zwecke der **Gefahrenabwehr** und verweist hierzu auf § 1 Abs. 1. Danach hat die Polizei im Rahmen dieser Aufgabe auch **Straftaten zu verhüten** sowie **vorbeugend zu bekämpfen** und die erforderlichen Vorbereitungen für die Hilfeleistung und das Handeln in Gefahrenfällen zu treffen. Die Verfolgungsvorsorge ist hiervon seit der Novelle des PolG NRW v. 9.2.2010 (GV. NRW. 132) nicht mehr umfasst.

55   Entgegen Nr. 24.23 VVPolG NRW stellt Abs. 6 nach der hier vertretenen Auffassung **keine Rechtsgrundlage** für die Speicherung von **erkennungsdienstlichen Unterlagen** dar, die nach § 81b Alt. 2 StPO und damit zur Verfolgungsvorsorge erhoben wurden (anders noch OVG Münster BeckRS 2013, 49380). Die gegenteilige Auffassung knüpft verbreitet an die obsolete Auffassung (zur Diskussion Hermes DIE POLIZEI 2010, 277) an, dass es sich bei dieser Norm um materielles Polizeirecht in der StPO handele. Dies ist unzutreffend, weil es sich dabei nach zutreffender Ansicht (wie hier Schenke PolR Rn. 126; Müller GA 2013, 510; Baumann DIE POLIZEI 2008, 79; aA bspw. GJTZ/Brauer StPO § 81b Rn. 3, der den Zweck der Maßnahme zwar in der vorsorgenden Bereitstellung sachlicher Hilfsmittel für die Aufgabe der Polizei zur Erforschung und Aufklärung von Straftaten nach § 163 StPO sieht, sie jedoch gleichwohl und insofern nicht konsequent, als polizeirechtliche Maßnahme beurteilt) um eine Maßnahme der **Strafverfolgungsvorsorge** handelt (so im Ergebnis indes auch OVG Münster Beschl. v. 17.12.2004 – 5 A 2634/04 Rn. 5 f., BeckRS 2013, 49380 unter Verweis auf § 484 Abs. 4 StPO).

2. Erfasster Personenkreises (S. 2)

Nach S. 2 ist eine **suchfähige Speicherung** dieser Daten in Dateien und Akten nur über **56** Personen zulässig, gegen die ein strafrechtliches Ermittlungsverfahren eingeleitet worden ist. Im Umkehrschluss bedeutet dies, das eine **nicht suchfähige Speicherung** über **jede andere Person** zulässig ist, gegen die nicht einmal ein strafrechtliches Ermittlungsverfahren eingeleitet wurde, wie auch gegenüber Zeugen, Hinweisgebern, Familienmitgliedern und anderen, was mit Blick auf das **Übermaßverbot bedenklich** ist und zu einer Umgehung des § 483 StPO führen kann. Dies stellte einen schwerwiegenden Eingriff in das Recht auf informationelle Selbstbestimmung der Betroffen dar (so zutr. SBK PolG NRW/Braun Rn. 14) und die Norm kann verfassungskonform nicht anders ausgelegt werden, als dass jedwede Speicherung nach Abs. 2 nur zulässig ist, wenn die Voraussetzungen des S. 2 erfüllt sind. De lege ferenda sollte daher die Beschränkung „suchfähig" aus dem Gesetzeswortlaut gestrichen werden.

Die **Tatbestandsvoraussetzung des Abs. 2 S. 2** ist denkbar **niedrig,** denn die Einlei- **57** tung eines strafrechtlichen Ermittlungsverfahrens kann durch jede Verfügung oder tatsächliche Maßnahme bewirkt werden, die erkennen lässt, dass gegen eine Person wegen des Verdachts einer Straftat vorgegangen werden soll (vgl. nur GJTZ/Zöller StPO § 160 Rn. 6). Hat die Polizei mithin einen Anfangsverdacht und unternimmt sie erste Ermittlungsmaßnahmen, sind die Tatbestandsvoraussetzungen erfüllt, gleich ob sich dieser Anfangsverdacht bestätigt und welchen Ausgang das Ermittlungsverfahren nimmt. Hierdurch wird die **Polizei ermächtigt,** den **Betroffenen zu „kategorisieren"** und für die Zukunft als „Straftäter" zu charakterisieren, ohne dass es noch der Aufnahme wertenden Angaben iSv § 23 Abs. 2 bedarf.

§ 24 Weiterverarbeitung zu besonderen Zwecken

(1) ¹Die Polizei kann Anrufe über Notrufeinrichtungen auf Tonträger aufzeichnen. ²Eine Aufzeichnung von Anrufen im Übrigen ist nur zulässig, soweit die Aufzeichnung zur polizeilichen Aufgabenerfüllung erforderlich ist. ³Die Aufzeichnungen sind spätestens nach einem Monat zu löschen, es sei denn, sie werden zur Verfolgung von Straftaten benötigt oder Tatsachen rechtfertigen die Annahme, dass die anrufende Person Straftaten begehen wird, und die Aufbewahrung ist zur vorbeugenden Bekämpfung von Straftaten erforderlich. ⁴Die Verarbeitung von besonderen Kategorien personenbezogener Daten richtet sich nach § 22a.

(2) Die Polizei kann gespeicherte personenbezogene Daten zu polizeilichen statistischen Zwecken nutzen; die Daten sind zum frühestmöglichen Zeitpunkt zu anonymisieren.

(3) ¹Die Polizei kann personenbezogene Daten zur polizeilichen Aus- und Fortbildung nutzen. ²Die personenbezogenen Daten sind zu anonymisieren. ³Einer Anonymisierung bedarf es nicht, wenn diese dem Aus- und Fortbildungszweck entgegensteht und die berechtigten Interessen der betroffenen Person an der Geheimhaltung der Daten nicht offensichtlich überwiegen.

Überblick

Die Neufassung des § 24 erfolgte im Rahmen der Neuordnung des polizeilichen Datenschutzrechts durch Gesetz v. 18.12.2018 (GV. NRW. 741, berichtigt 2019, 23) und trat am 29.12.2018 in Kraft. § 24 Abs. 1–3 nF enthalten die bisherigen Regelungen des § 24 Abs. 5–7 aF. Abs. 1 wurde dabei um einen Hinweis auf § 22a ergänzt (zB für Stimmauswertungen). Abs. 1 befugt die Polizei zur Speicherung von Anrufen über Notrufeinrichtungen. Abs. 2

gestattet die Zweckänderung zu statistischen Zwecken. Abs. 3 erlaubt die Nutzung personenbezogener Daten zur polizeilichen Aus- und Fortbildung.

Übersicht

A. Allgemeine Charakterisierung und rechtlicher Rahmen

1   Abs. 1 soll die Speicherung und weitere Verarbeitung von personenbezogenen Daten aus Anrufen über Notrufeinrichtungen ermöglichen. § 24 Abs. 2 und Abs. 3 hingegen schließen im Grunde an § 23 an und sollen eine **Verarbeitung personenbezogener Daten jenseits des der Datenerhebung zu Grunde liegenden Verfahrens** legitimieren. Dies folgt der Idee, dass einmal erhobene Daten nicht allein im Anlassverfahren zur Verfügung stehen sollen.

2   Dies geschieht vor dem Hintergrund, dass heute in der Literatur wie auch der Rechtsprechung des BVerfG weitgehender Konsens besteht, dass eine ausnahmslose und strikte Zweckbindung an den die Erhebung begründenden Anlass nicht sinnvoll sei, eine **Zweckänderung** aber gesetzlich **hinreichend bestimmt** und dem Grundsatz der **Verhältnismäßigkeit** entsprechend geregelt werden müsse (vgl. Lisken/Denninger PolR-HdB/Schwabenbauer G Rn. 12 f., 175; Gola/Heckmann/Braun BDSG § 47 Rn. 19). Aus der Rechtsprechung des BVerfG lassen sich dabei nach Schwabenbauer drei unterschiedliche Nutzungsformen ableiten: die **zweckrealisierende Nutzung,** die **zweckkonforme Weiternutzung** (näher Lisken/Denninger PolR-HdB/Schwabenbauer G Rn. 170 ff.) oder **zweckkonforme weitere Nutzung** und die **zweckändernde Nutzung** (Lisken/Denninger PolR-HdB/Schwabenbauer G Rn. 19 f.). Es liege dann keine Zweckänderung vor, wenn personenbezogene Daten einer Person für einen bestimmten Anlass erhoben wurden und dann auch jenseits dieses Anlasses von der Polizei genutzt werden.

3   Damit wird die wesentliche Begrenzung eines **engen Konzepts der Zweckbindung durchbrochen** und die Arbeit der Polizei kann sich auf einen wesentlich breiteren Fundus von Daten für jedwede weitere Nutzung stützen (zur Kritik → § 23 Rn. 2 ff.).

B. Einzelkommentierung

I. Aufzeichnung von Anrufen (Abs. 1)

1. Aufzeichnung von Notrufen (S. 1)

4   Auch wenn dies so nicht ausdrücklich im Wortlaut geregelt ist, gestattet **S. 1** die **automatische Aufzeichnung aller Anrufe** über Notrufeinrichtungen, mithin ihres Inhaltes. Geregelt wird also allein die **Datenspeicherung.** Der Begriff der Notrufeinrichtung ist im Gesetz nicht weiter spezifiziert; gemeint sind wohl **Notrufverbindungen** iSd § 108 TKG. Die Übermittlung der Rufnummer des Anrufenden und der Standortdaten ist spezialgesetzlich geregelt, hier ist auf § 108 TKG und § 4 NotrufV sowie die Regelungen zur Unterbindung der Rufnummernunterdrückung in § 102 Abs. 8 TKG und § 98 Abs. 3 TKG zu verweisen.

2. Aufzeichnung anderer Anrufe (S. 2)

5   S. 2 gestattet die **ausnahmsweise Aufzeichnung** des Inhalts **anderer Anrufe,** also solcher, die nicht über Notrufverbindungen bei der Polizei eingehen. Hier ist eine Aufzeichnung nur zulässig, wenn und soweit diese zur polizeilichen Aufgabenerfüllung **erforderlich**

ist. Offenkundig ist die Ermächtigung als **Ausnahmeregelung** gedacht, worauf die Beschränkung „nur" hinweist. Von ihr kann damit nur in begrenzten Ausnahmefällen Gebrauch gemacht werden.

Zulässig ist die Aufzeichnung auch nach S. 2 nur, wenn der **Anruf vom Betroffenen** 6 **ausgeht,** nicht bei Telefonaten seitens der Polizei; dies ergibt sich aus der gewählten Begrifflichkeit des „Anrufs" und dem Vergleich mit Abs. 5 S. 1, der von Anrufen über Notrufeinrichtungen spricht; hier ist allein ein Anruf seitens des Betroffenen denkbar. Da auch Abs. 5 S. 2 den Begriff des „Anrufs" verwendet, kann dieser hier keinen anderen Bedeutungsgehalt haben. Dies bestätigt auch die seinerzeitige Gesetzesbegründung, in der von Anrufen die Rede ist, welche „über sonstige Behördenanschlüsse die Polizei erreichen" (LT-Drs. 13/2854, 55).

Wann eine **Erforderlichkeit** im Sinne der Norm gegeben sein könnte, wird vom Gesetz 7 nicht näher bestimmt und kann vom Betroffenen nicht vorhergesehen werden (zur Erforderlichkeit als Tatbestandsvoraussetzung im Recht der Datenverarbeitung → § 22 Rn. 37 f.). Der Grundsatz der **Normenbestimmtheit und Normenklarheit** soll jedoch sicherstellen, dass die gesetzesausführende Verwaltung für ihr Verhalten steuernde und begrenzende Handlungsmaßstäbe vorfindet und dass die Gerichte die Rechtskontrolle durchführen können. Ferner ermöglichen die Bestimmtheit und Klarheit der Norm, dass Betroffene sich auf mögliche belastende Maßnahmen einstellen können. Der Anlass, der Zweck und die Grenzen des Eingriffs müssen in der Ermächtigung bereichsspezifisch, präzise und normenklar festgelegt werden (vgl. BVerfG NVwZ 2007, 668 (690)).

S. 2 hingegen legt allein die **Erforderlichkeit zu einer nicht näher eingegrenzten** 8 **Aufgabenerfüllung** als begrenzendes Element tatbestandlich fest. Damit hat der Gesetzgeber eine **bedenkliche Weite und Unbestimmtheit** der Regelung in Kauf genommen, insbesondere mit Blick auf die **weitere Verarbeitung,** also die Nutzung und Zweckänderung. Zu berücksichtigen ist dabei auch, dass die **Entscheidung über die Aufzeichnung** im Regelfall bereits dann fallen wird, wenn der Sachverhalt noch nicht so weit geklärt ist, dass der Polizei bereits eine sichere Beurteilung möglich wäre, welcher Aufgabenbereich überhaupt eröffnet und ob die Anrufaufzeichnung hierfür erforderlich ist. Hierauf wies auch die Landesregierung in ihrer Gesetzesbegründung seinerzeit hin (LT-Drs. 13/2854, 55), zog daraus aber den gegenteiligen Schluss, dass nämlich eine Aufzeichnung nach Abs. 5 bereits zulässig sei, bevor überhaupt feststehe, welcher Aufgabenbereich eröffnet sei. Damit hat die Befugnis den Charakter einer **Blankettvorschrift,** welche alle **polizeilichen Aufgaben** umfassen soll.

Damit scheint das Gesetz auch eine Aufzeichnung im Bereich übertragener Aufgaben iSd 9 § 1 Abs. 4 zu gestatten, was aber für den repressiv-polizeilichen Bereich mangels Gesetzgebungskompetenz des Landes nicht zulässig wäre. Eine Speicherung zu **strafprozessualen Zwecken** ist mit Blick auf die Regelung im Polizeirecht jedenfalls **ausgeschlossen.**

Es bestehen im Ergebnis **ernsthafte Zweifel hinsichtlich der Normenbestimmtheit** 10 (vgl. Knape/Schönrock, Allgemeines Polizei- und Ordnungsrecht für Berlin, 11. Aufl. 2016, ASOG Bln § 46a Rn. 9 zur vergleichbaren Regelung in Berlin), die allenfalls eine sehr enge Auslegung im Sinne einer **Ausnahmeregelung** zulässt.

3. Löschung von Aufzeichnungen und Zweckänderung (S. 3)

S. 3 bestimmt in Abweichung vom Konzept der Prüfungstermine in § 22 (zur Kritik → 11 § 22 Rn. 42 ff.) eine feste **Löschfrist** von **maximal einem Monat** („spätestens") für alle Aufzeichnungen nach S. 1 und S. 2, soweit nicht **ausnahmsweise** eine **Zweckänderung** zulässig ist. Für jedes aufgezeichnete Telefonat ist auf den Tag genau bestimmt, wann diese Aufzeichnung spätestens zu löschen ist. Bei automatischer Aufzeichnung von Notrufen nach S. 1 ist **dies technisch-organisatorisch zu gewährleisten.**

Während bei Notrufen nicht selten zunächst eine weitere Aufklärung des Sachverhaltes 12 notwendig ist, wird bei Aufzeichnungen nach S. 2 im Regelfall bereits am Ende des Telefonats feststehen, ob eine **Zweckänderung** notwendig ist; ausnahmsweise mag sich dies aber auch erst später aus weiteren Erkenntnissen der Polizei ergeben.

Für den Fall der Zweckänderung zu Zwecken der **Strafverfolgung** stellt S. 3 die **Auslass-** 13 **klausel** dar. Über eine spezifische Einlassklausel im Sinne eines Doppeltürmodells verfügt die StPO hier nicht, es ist allein ein Rückgriff auf die Generalklausel in **§ 163 Abs. 1 S. 2**

Arzt 489

StPO denkbar (so auch Singelnstein NStZ 2014, 305 (307); SBK PolG NRW/Braun § 23 Rn. 11), wenn man der Maßnahme keine hohe Eingriffsintensität beimisst. Da der Betroffene im Regelfall selbst die Polizei kontaktiert haben wird, wird dies zu bejahen sein. Wird die **Polizei** von sich aus tätig und **ruft den Betroffenen an,** ist eine Aufzeichnung ohne Hinweis und Einwilligung des Betroffenen **unzulässig,** erst recht eine Zweckänderung zu repressiv-polizeilichen Zwecken, weil hierin regelmäßig eine gezielte Umgehung der deutlich höheren Hürden der StPO zu sehen wäre.

14   In diesem Kontext ist zwingend **§ 161 Abs. 2 StPO** zu beachten, der das Prinzip des hypothetischen Ersatzeingriffs respektive der **hypothetischen Datenneuerhebung** (vgl. BVerfGE 141, 220 Rn. 287) verbindlich vorschreibt (Gercke/Julius/Temming/Zöller/Zöller, Strafprozessordnung, 5. Aufl. 2012, StPO § 161 Rn. 31). Zulässig ist die **Zweckänderung** mithin nur, wenn die so gewonnenen personenbezogenen Daten auch nach der StPO hätten erhoben werden dürfen (zur Problematik der Abgrenzung einer Nutzung zu Beweiszwecken und als Spurenansatz vgl. Gercke/Julius/Temming/Zöller/Zöller, Strafprozessordnung, 5. Aufl. 2012, StPO § 161 Rn. 32; anders im Ergebnis wohl BVerfG NJW 2005, 2766). Ob diese **Voraussetzungen** erfüllt sind, wird regelmäßig im Laufe des Telefonats noch nicht rechtlich hinreichend sicher zu beurteilen sein, muss aber **vor Zweckänderung und weiterer Nutzung** abschließend beurteilt werden. Liegen die Voraussetzungen des § 161 Abs. 2 S. 1 StPO nicht vor, sind die Aufzeichnungen zu löschen.

15   Neben der **Zweckänderung** für die Verfolgung von Straftaten ist eine solche weiterhin unter der Voraussetzung zulässig, dass „Tatsachen [...] die Annahme [rechtfertigen], dass die anrufende Person Straftaten begehen wird, und die Aufbewahrung ist zur **vorbeugenden Bekämpfung von Straftaten** erforderlich." Mit der Streichung der Verfolgungsvorsorge aus dem Aufgabenkatalog durch das Änderungsgesetz v. 9.2.2010 (GV. NRW. 132) kann dies allein eine Speicherung zur **Verhütung von Straftaten** meinen.

16   Der Wortlaut der Norm stellt klar, dass hier **nicht Daten über Dritte,** zu der die anrufende Person Angaben macht, gespeichert werden dürfen, sondern nur solche **über die anrufende Person selbst.** Für den in der Praxis sicherlich sehr seltenen Fall, dass Tatsachen die Annahme rechtfertigen, dass diese in der überschaubaren Zukunft Straftaten begehen wird (diese also gleichsam im Anruf selbst schon angekündigt hat) gilt, dass in diesem Falle Daten über die anrufende Person gespeichert werden dürfen.

17   Für die **Zweckänderung** zur **vorbeugenden Bekämpfung von Straftaten** (zur mangelnden Abgrenzung von der Verhütung von Straftaten → § 23 Rn. 15 f.) ist eine sinnvolle **Abgrenzung** zu einer bereits repressiv-polizeilichen Maßnahme schwierig, weil das Gesetz fordert, dass Tatsachen die Annahme rechtfertigen, dass die anrufende Person Straftaten begehen wird. Fraglich ist hier bereits, wo die **Grenzlinie zum Anfangsverdacht** iSv § 152 Abs. 2 StPO liegen soll, der eine Speicherung allein nach der StPO zulässig machte (krit. Roggan/Kutscha Recht der Inneren Sicherheit-HdB/Roggan 200 f.).

4. Verarbeitung besonderer Kategorien personenbezogener Daten (S. 4)

18   Der Verweis auf § 22a betrifft die neuen (wenig konkreten) Anforderungen an die Verarbeitung der genannten Daten durch die JI-RL (RL (EU) 2016/680 v. 27.4.2016, ABl. 2016 L 119, 89) und das DSG NRW (zur Kritik → § 22 Rn. 7 ff.).

5. Mangelnde Hinweispflicht

19   Es **mangelt** Abs. 1 an einer **ausdrücklichen Hinweispflicht,** vergleichbar etwa der Regelung in § 15b S. 2 und § 15c Abs. 3 S. 1 (vgl. → § 15c Rn. 47 ff.). Dies ist mit Blick auf die besonderen Umstände für Anrufe über **Notrufeinrichtungen** iSv S. 1 durchaus zu rechtfertigen, nicht aber bei sonstigen Anrufen iSv S. 2. Die Polizei handelt hier nicht strafprozessual, Eile besteht regelmäßig nicht und es ist nicht erkennbar, weshalb in diesen Fällen ein Hinweis auf die Aufzeichnung unterbleiben sollte, zumal die Regelung offenbar als Ausnahmeregelung gedacht ist. Ein Recht auf „Falle" kennt das Polizeirecht im Rechtsstaat nicht, es gilt der **Grundsatz der offenen Datenerhebung,** soweit nicht der Gesetzgeber im Ausnahmefall etwas Anderes zulässt, was dann aber tatbestandlich und ggf. durch funktionale Zuständigkeitsverschiebungen oder Richtervorbehalt zu kompensieren ist (vgl. nur Lisken/Denninger PolR-HdB/Petri G Rn. 537).

Die mangelnde Hinweispflicht bewirkt, dass der Betroffene weder den **Eingriff in das** 20 **Recht auf informationelle Selbstbestimmung,** der bei einer Zweckänderung noch verstärkt wird, erkennen, noch **Rechtsschutz gem. Art. 19 Abs. 4 GG** erlangen kann. Damit **entspricht** auch die Neufassung **nicht den verfassungsrechtlichen Anforderungen** und es nicht erkennbar, weshalb der Gesetzgeber dieses Defizit im Rahmen der grundlegenden Überarbeitung des Rechts der Datenverarbeitung nicht beseitigt hat.

II. Speicherung von Daten zu statistischen Zwecken (Abs. 2)

Art. 4 Abs. 3 JI-RL gestattet die Verarbeitung durch denselben unter anderem für statisti- 21 sche Zwecke, sofern geeignete Garantien für die Rechte und Freiheiten der betroffenen Personen vorhanden sind. **§ 50 BDSG,** der der Umsetzung der JI-RL dient, enthält deutlich spezifischere Anforderungen an die Verarbeitung zu statistischen (und anderen Zwecken). Nach § 50 BDSG, der keine eigenständige Rechtsgrundlage für die Verarbeitung darstellt (Kühling/Buchner/Schwichtenberg BDSG § 50 Rn. 2 f.) und über die Anforderungen der Richtlinie hinausgehend, ist eine Speicherung zu statistischen Zwecken nur zulässig, „wenn hieran ein **öffentliches Interesse** besteht und **geeignete Garantien für die Rechtsgüter** der betroffenen Personen vorgesehen werden. Solche Garantien können in einer so zeitnah wie möglich erfolgenden Anonymisierung der personenbezogenen Daten, in Vorkehrungen gegen ihre unbefugte Kenntnisnahme durch Dritte oder in ihrer räumlich und organisatorisch von den sonstigen Fachaufgaben getrennten Verarbeitung bestehen.“

Im **Statistikrecht** wird üblicher Weise eine Unterscheidung von **Erhebungs- und Hilfs-** 22 **merkmalen** gesetzlich definiert (vgl. etwa §§ 5, 10 BStatG, § 15 BayStatG, § 3 StVUnfStatG). Die vorliegende Regelung hingegen lässt jede Festlegung vermissen und wird so den Anforderungen **Normenbestimmtheit** und des **Rechts auf informationelle Selbstbestimmung** wohl kaum gerecht.

Auch hier hat es der nordrhein-westfälische **Gesetzgeber versäumt,** bei Übernahme 23 bestehender Regelungen aus dem PolG NRW aF die notwendigen Anpassungen an die gesteigerten **Anforderungen aus dem europäischen und auch vergleichbaren nationalen Datenschutzrecht** vorzunehmen (dies belegt auch die Kürze in der Gesetzesbegründung in LT-Drs. 17/2576, die sich auf zwei Sätze beschränkt). Insbesondere fehlt jede Maßgabe mit Blick auf **besondere Kategorien personenbezogener Daten.** Der Gesetzgeber hat dabei, anders als in Abs. 1 S. 4, nicht einmal einen Verweis auf § 22a aufgenommen.

Nach Abs. 2 kann die Polizei **alle** von ihr **gespeicherten personenbezogenen Daten** 24 zu polizeilichen statistischen Zwecken nutzen. Dies stellt (bis zur Anonymisierung) eine **Zweckänderung** (vgl. nur Gola/Heckmann/Krohm BDSG § 50 Rn. 4) und damit einen neuen **Grundrechtseingriff** dar, weil die Daten seitens der Polizei regelmäßig nicht zu diesen Zwecken erhoben und gespeichert wurden. Mit Blick auf die europarechtlichen wie verfassungsrechtlichen und auch vergleichbaren einfachgesetzlichen Regelungen sind daher **technisch-organisatorische Maßnahmen** der strikten **Zweckbindung, Separierung und Anonymisierung** dieser Daten zwingend erforderlich.

Fraglich ist dabei bereits, ob statistische Zwecke überhaupt die (auch nur anfängliche) 25 Speicherung von Identifizierungsmerkmalen erfordern. Abs. 2 gestattet dennoch eine solche Nutzung, verlangt aber ihre **Anonymisierung** zu einem **frühestmöglichen Zeitpunkt.** Der Begriff der Anonymisierung wird im Gesetz nicht definiert; es ist auf § 36 Nr. 6 DSG NRW zu verweisen. Anonymisieren ist danach das „Verändern personenbezogener Daten derart, dass die Einzelangaben über persönliche oder sachliche Verhältnisse nicht mehr oder nur mit einem unverhältnismäßig großen Aufwand an Zeit, Kosten, Arbeitskraft einer bestimmten oder bestimmbaren natürlichen Person zugeordnet werden können“. **Anonymisierte Daten** sind **keine personenbezogenen Daten** mehr. Erfolgt hingegen nur eine teilweise Anonymisierung, wird also die Identifizierung erschwert, bleibt aber zB für einen **szenekundigen Beamten** möglich, liegt eine Anonymisierung nicht vor (vgl. Däubler/Klebe/Wedde/Weichert/Weichert, Bundesdatenschutzgesetz, 4. Aufl. 2014, BDSG § 3 Rn. 49).

Wenig bestimmt ist, was mit dem **frühestmöglichen Zeitpunkt** gemeint ist; die Rege- 26 lung fällt hinter die Maßgaben des Abs. 3 zurück (→ Rn. 27). Hier bleibt unklar, ob die Anonymisierung zwingend **vor der Nutzung zu statistischen Zwecken** erfolgen muss oder nicht, der Wortlaut spricht dagegen. Eine Nutzung ohne oder mit nur eingeschränkter Anonymisierung unterläge aber einer besonderen Rechtfertigung und – mit vergleichendem Blick auf die Anforderungen des Statistikrechts des Bundes (vgl. etwa §§ 5 Abs. 3, 16 Abs. 6 BStatG) – einer bereichsspezifischen Regelung, in der insbesondere die zulässigerweise zu verarbeitenden Daten näher bezeichnet werden. Fehlt eine solche Regelung, ist eine **Verarbeitung von Daten zu statistischen Zwecken vor Anonymisierung** mit den Anforderungen aus dem **Recht auf informationelle Selbstbestimmung nicht vereinbar** (so im Ergebnis auch SBK PolG NRW/Braun Rn. 5, 36).

III. Speicherung von Daten zur polizeilichen Aus- und Fortbildung (Abs. 3)

27   Nach S. 1 kann die Polizei personenbezogene Daten zur polizeilichen Aus- und Fortbildung nutzen. Dieser Regelung **fehlt** es bereits an **hinreichenden tatbestandlichen Begrenzungen.** Anders als Abs. 2 enthält diese Regelung nicht einmal eine Beschränkung auf gespeicherte Daten oder – wie § 22 Abs. 1 – auf rechtmäßig erlangte personenbezogene Daten (vgl. → § 22 Rn. 16 f.).

28   Wie schon bei Abs. 2 (→ Rn. 21 ff.) handelt es sich auch hier bis zur Anonymisierung (s. aber die Ausnahme in S. 3) um einen **weiteren Eingriff in das Recht auf informationelle Selbstbestimmung** durch **Zweckänderung,** mit dem Ziel der Nutzung. Der neue Nutzungszweck ist vom Erhebungszweck nicht gedeckt.

29   Anders als Abs. 2 wird in Abs. 3 S. 2 eine ausnahmslose **Anonymisierung vor der Nutzung** zu Zwecken der Aus- und Fortbildung vorgeschrieben. Dies ergibt sich aus dem gesetzgeberischen Verzicht auf die Einschränkung einer Anonymisierung „zum frühestmöglichen Zeitpunkt" wie in Abs. 2. S. 3 formuliert hiervon indes **Ausnahmen.** Danach kann von einer Anonymisierung (nur) abgesehen werden, wenn diese dem **Zweck der Aus- und Fortbildung entgegensteht** und die **berechtigten Interessen der betroffenen Person** an der Geheimhaltung der Daten nicht offensichtlich überwiegen. Diese Regelung verschiebt indes die **Interessenabwägung zum Nachteil des Betroffenen.**

30   Da es sich um eine Ausnahmeregelung handelt, ist diese **eng auszulegen** (vgl. BKK Bay-PAG/Käß BayPAG Art. 38 Rn. 15 zur vergleichbaren bayerischen Regelung), soweit eine Ausnahme mit Blick auf den Grundrechtseingriff und die Zweckänderung überhaupt zulässig ist. Das Entstehen von **Mehrarbeit oder Kosten für die Anonymisierung** reicht nicht aus, vielmehr muss der Aufwand der Anonymisierung in krassem Missverhältnis zu dem erwarteten Aus- oder Fortbildungszweck stehen. Hilfsweise ist eine Pseudonymisierung zu prüfen (vgl. HHPM BPolG/Mehrings BPolG § 29 Rn. 56; DMW BPolG/Drewes, 5. Aufl. 2015, BPolG § 29 Rn. 52 ff.).

31   Insbesondere für **Bildaufnahmen** ist davon auszugehen, dass diese im Wege der digitalen Bildbearbeitung mit geringem Aufwand zu anonymisieren sind (vgl. Beaucamp/Ettemeyer/Rogosch/Stammer/Beaucamp, Hamburger Sicherheits- und Ordnungsrecht, 2. Aufl. 2009, PolEDVG § 17 Rn. 2). Das Argument, Personen seien bspw. bei sog. **Übersichtsaufnahmen** nicht erkennbar, ist mit Blick auf die **Bearbeitbarkeit des Bildmaterials** mit modernen Techniken ebenfalls kein Grund, auf eine Anonymisierung zu verzichten (SBK PolG NRW/Braun Rn. 37).

32   Vorzugswürdig ist im Übrigen die Arbeit mit **fingierten Daten** (vgl. Stephan/Deger BWPolG § 37 Rn. 28) und es ist wenig plausibel, weshalb eine Ausbildung nur mit **Echtdaten** möglich sein sollte. Bei noch lebenden Personen ist daher regelmäßig davon auszugehen, dass deren **Interesse an** einer **Geheimhaltung überwiegt** (vgl. schon Beaucamp/Ettemeyer/Rogosch/Stammer/Beaucamp, Hamburger Sicherheits- und Ordnungsrecht, 2. Aufl. 2009, PolEDVG § 17 Rn. 2; Elzermann/Schwier, Polizeigesetz des Freistaates Sachsen, 5. Aufl. 2013, SächsPolG § 43 Rn. 20; aA Tegtmeyer/Vahle PolG NRW/Tegtmeyer Rn. 30).

33   Es ist im Übrigen sicherzustellen, dass Prüfungstermine und insbesondere **Löschfristen** nicht durch eine vermeintliche Zweckänderung zu Aus- und Fortbildungszwecken umgangen werden (so im Ergebnis auch SBK PolG NRW/Braun Rn. 37 f.), was offenbar in praxi kein seltener Vorgang ist.

§ 24a Weiterverarbeitung zu wissenschaftlichen Zwecken

(1) [1]Abweichend von den §§ 17 und 40 des Datenschutzgesetzes Nordrhein-Westfalen ist eine Weiterverarbeitung oder Übermittlung von personenbezogenen Daten, die aus Maßnahmen nach § 18 erlangt wurden, ausgeschlossen. [2]Dies gilt nicht, soweit die Weiterverarbeitung für die polizeiliche Eigenforschung und Evaluierung unerlässlich ist.

(2) Personenbezogene Daten dürfen nur an Amtsträger, für den öffentlichen Dienst besonders Verpflichtete oder Personen, die zur Geheimhaltung verpflichtet worden sind, übermittelt werden.

(3) Durch geeignete technische und organisatorische Maßnahmen hat die wissenschaftliche Forschung betreibende Stelle zu gewährleisten, dass die Daten gegen unbefugte Kenntnisnahme geschützt sind.

Überblick

Die vollständige Neuregelung basiert auf dem Gesetz v. 18.12.2018 (GV. NRW. 741, berichtigt 2019, 23) und trat am 29.12.2018 im Rahmen der umfassenden Novelle des PolG NRW in Kraft. Abs. 1 regelt Abweichungen von den allgemeinen Vorgaben der Verarbeitung und Übermittlung personenbezogener Daten im DSG NRW mit Blick auf Daten, die aus Maßnahmen nach § 18, also bei der Datenerhebung durch den verdeckten Einsatz technischer Mittel in oder aus Wohnungen gewonnen wurden. Abs. 2 enthält Beschränkungen des Personenkreises bei der Übermittlung zu wissenschaftlichen Zwecken. Abs. 3 verpflichtet die wissenschaftliche Forschung betreibende Stelle zum Schutz personenbezogener Daten gegen unbefugte Kenntnisnahme.

A. Allgemeine Charakterisierung und rechtlicher Rahmen

Ein allgemeiner Grundsatz des europäischen wie auch des deutschen Datenschutzrechts **1** ist, dass personenbezogene Daten nicht länger in einer Weise, welche die Identifizierung der betroffenen Personen ermöglicht, durch die zuständigen öffentlichen Stellen gespeichert werden, als es für die Zwecke, für die sie verarbeitet werden, erforderlich ist (vgl. nur **Art. 4 Abs. 1 lit. e JI-RL**). Daher sind im Gesetz selbst **angemessene Fristen für die Löschung personenbezogener Daten** bzw. für die Überprüfung der Notwendigkeit ihrer Speicherung vorzusehen und es ist durch verfahrensrechtliche Vorkehrungen sicherzustellen, dass diese Fristen eingehalten werden (Art. 5 JI-RL). Von dieser Pflicht gibt es allerdings eine **Ausnahme**. Nach Art. 4 Abs. 3 JI-RL soll die Verarbeitung unter anderem zur **wissenschaftlichen Verwendung für die Zwecke der Verhütung, Ermittlung, Aufdeckung, Verfolgung oder Ahndung von Straftaten oder Ordnungswidrigkeiten** durch die dafür zuständigen öffentlichen Stellen zulässig sein, sofern geeignete Garantien für die Rechte und Freiheiten der betroffenen Personen vorhanden sind.

Mit **§ 50 BDSG** soll dieser Ausnahmetatbestand in deutsches Recht umgesetzt und um **2** konkrete Beispiele möglicher Garantien ergänzt werden. Welche Vorkehrungen im Einzelnen zu treffen sind, soll sich indes nach dem einschlägigen **Fachrecht** richten (zu § 50 BDSG s. BT-Drs. 18/11325, 112; BeckOK DatenschutzR/Schlösser-Rost BDSG § 50 Rn. 1).

Die **Privilegierung** zugunsten **wissenschaftlicher Zwecke** soll damit eine **Abwei- 3 chung vom Zweckbindungsgrundsatz** erlauben (Kühling/Buchner/Schwichtenberg BDSG § 50 Rn. 3; Gola/Heckmann/Krohm BDSG § 50 Rn. 4). Dabei ist zu klären, was genau hier privilegiert werden soll. Wie auch in § 50 BDSG, verwendet § 40 DSG NRW den Begriff der „wissenschaftlichen Form", gemeint sind wohl wissenschaftliche Zwecke oder Ziele (vgl. Gola/Heckmann/Krohm BDSG § 50 Rn. 6; BeckOK DatenschutzR/Schlösser-Rost BDSG § 50 Rn. 6). Die Nutzung zu wissenschaftlichen Zwecken muss wiederum den Zwecken iSv § 35 DSG NRW dienen, wie § 40 Abs. 1 S. 1 klarstellt. Im Ergebnis soll offenbar die Übermittelung an **unabhängige Forschungseinrichtungen** wie Hochschulen privilegiert werden, wie auch die **interne Forschung der Polizei** Nordrhein-Westfalen selbst (vgl. SGR/Ruthig BKAG § 21 Rn. 4 ff.). Anders als Ruthig (SGR/Ruthig BKAG § 21 Rn. 12) dies offenbar sieht, kann sich die interne Forschung der Polizei indes nicht auf die durch Art. 5 Abs. 3 GG geschützte Freiheit der Wissenschaft und Forschung in der Abwägung der Interessen mit denen des Betroffenen berufen.

4   **§ 40 DSG NRW** soll **der Umsetzung dieser Anforderungen der JI-RL** in Nordrhein-Westfalen dienen (LT-Drs. 17/1981, 160), wohingegen **§ 22a hiervon Abweichungen** regeln soll. Die Ausführungen der Gesetzesbegründung zur gesetzlichen Neuregelung (LT-Drs. 17/2576, 71) sind dabei eher kryptisch und verweisen zum Teil auf falsche Normen. Klar ist indes die Zielrichtung mit Blick auf die Beschränkungen der Verarbeitung personenbezogener Daten der Polizei zu wissenschaftlichen Zwecken in § 40 DSG NRW, für die eine Präzisierung / Einschränkung der allgemeinen Vorgaben, notwendig gehalten wird, „welche u.a. durch die Bezugnahme auf die polizeiliche Eigenforschung und Evaluierung erfolgt".

5   § 40 DSG NRW stimmt **fast wörtlich mit § 50 BDSG** überein, hier indes beschränkt auf die Verarbeitung zu wissenschaftlichen Zwecken. Nach **§ 40 DSG NRW,** der für die Datenverarbeitung im Geltungsbereich der JI-RL einschlägigen ist, dürfen personenbezogene Daten „im Rahmen der in § 35 genannten Zwecke **in wissenschaftlicher oder statistischer Form** verarbeitet werden, wenn hieran ein **öffentliches Interesse** besteht und **geeignete Garantien für die Rechtsgüter der betroffenen Personen** vorgesehen sind. Solche Garantien können in einer so zeitnah wie möglich erfolgenden Anonymisierung der personenbezogenen Daten, in Vorkehrungen gegen ihre unbefugte Kenntnisnahme durch Dritte oder in ihrer räumlich und organisatorisch von den sonstigen Fachaufgaben getrennten Verarbeitung bestehen".

6   **Geeignete Garantien für die Rechtsgüter** der betroffenen Personen sind nicht im § 40 DSG NRW geregelt, sondern unverbindlich in § 40 S. 2 DSG NRW beispielhaft vorgestellt. Diese müssen zudem **im Fachrecht** festgelegt werden (BeckOK DatenschutzR/Schlösser-Rost BDSG § 50 Rn. 9). In **§ 24a fehlt indes jedwede Festlegung.** Damit mangelt es auch diesbezüglich an einer hinreichend bestimmten und die Rechte der von der Verarbeitung betroffenen Personen ausreichend schützenden Regelung im Polizeirecht, welche die **Verarbeitung zu Forschungszwecken mangels ausreichender Rechtsgrundlage unzulässig** macht. § 21 Abs. 3 reicht hier nicht aus, weil dieser nur vor einer unbefugten Kenntnisnahme schützt, nicht aber (weitere) geeignete Garantien für die Rechtsgüter der betroffenen Person beinhaltet.

7   Während indes nach § 21 Abs. 1 BKAG eine Verarbeitung personenbezogener Interessen zu Zwecken der Forschung nur zulässig ist, wenn „das **öffentliche Interesse** an der Forschungsarbeit das schutzwürdige Interesse der betroffenen Person **erheblich überwiegt**", sind die Anforderungen in § 40 S. 1 DSG NRW deutlich niedriger. Hier soll genügen, dass „ein öffentliches Interesse besteht und geeignete Garantien für die Rechtsgüter der betroffenen Personen vorgesehen sind". Damit **gewinnt das öffentliche Interesse stets Überhand,** wenn nur Garantien zum Schutz der betroffenen Person vorgesehen sind, die sodann aber weder im DSG NRW noch im Fachrecht in zureichendem Maße festgelegt sind.

8   **§ 40 DSG NRW** weicht, hinsichtlich der **Bestimmtheit** wie auch den dem Eingriffsgewicht angemessenen tatbestandlichen Voraussetzungen und dem Schutz für die Betroffenen, **deutlich nachteilig von § 21 BKAG** ab. Nach § 21 Abs. 1 BKAG kann das Bundeskriminalamt „im Rahmen seiner Aufgaben bei ihm vorhandene personenbezogene Daten, wenn dies für bestimmte wissenschaftliche Forschungsarbeiten erforderlich ist, weiterverarbeiten, soweit eine Verwendung anonymisierter Daten zu diesem Zweck nicht möglich ist und das **öffentliche Interesse** an der Forschungsarbeit das schutzwürdige Interesse der betroffenen Person erheblich überwiegt." Die folgenden Absätze enthalten weitergehende Maßgaben, die § 40 DSG NRW fast durchgängig vermissen lässt; insbesondere wird im BKAG die Übermittlung ausführlich geregelt. Auch **§ 476 StPO** enthält **deutlich engere und bestimmtere Anforderungen** an eine Datenübermittlung zu wissenschaftlichen Zwecken.

9   Fraglich ist zudem, **welche Phasen der Datenverarbeitung** § 40 DSG NRW erfassen soll, weil dieser – **anders als § 21 BKAG** – hierfür **keinerlei** weiteren **Maßgaben** enthält. Nach § 21 Abs. 1 S. 1 BKAG kann das Bundeskriminalamt „im Rahmen seiner Aufgaben bei ihm vorhandene personenbezogene Daten, wenn dies für bestimmte wissenschaftliche Forschungsarbeiten erforderlich ist, weiterverarbeiten, soweit eine Verwendung anonymisierter Daten zu diesem Zweck nicht möglich ist und das öffentliche Interesse an der Forschungsarbeit das schutzwürdige Interesse der betroffenen Person erheblich überwiegt."

10   § 21 BKAG umfasst offenkundig alle Phasen der **Datenverarbeitung jenseits der Datenerhebung;** eine Klarstellung, die in § 40 DSG NRW fehlt. Die **Verarbeitung** umfasst indes nach § 36 Nr. 2 DSG NRW auch die **Erhebung** von Daten. Diese kann hier jedoch für die Polizei ohne weitere tatbestandliche Voraussetzungen **keinesfalls durch das DSG NRW selbst erlaubt** werden (Kühling/Buchner/Schwichtenberg BDSG § 50 Rn. 3). Verarbeitung iSd § 40 DSG NRW kann daher hier im Sinne einer europarechts- und verfassungskonformen Auslegung nur die **weitere Verarbeitung nach der Erhebung** personenbezogener Daten auf anderer Rechtsgrundlage meinen; namentlich den verschiedenen Befugnissen zur Datenerhebung in §§ 9 ff.

Fraglich ist auch, ob § 40 DSG NRW selbst überhaupt eine hinreichende **Rechtsgrund-** **11** **lage** für die **Verarbeitung** darstellt oder nur Abweichungen vom Zweckbindungsgrundsatz beinhaltet (eine Rechtsgrundlage vermeinend mit Blick auf § 50 BDSG: Kühling/Buchner/ Schwichtenberg BDSG § 50 Rn. 2 f.). Für eine eigenständige **Verarbeitungsbefugnis** ist **§ 40 DSG NRW** indes **zu unbestimmt** (so auch Landesbeauftragte für Datenschutz und Informationsfreiheit Nordrhein-Westfalen, Stellungnahme-Nr. 17/508, 37), wie nicht zuletzt der Vergleich mit § 21 BKAG zeigt. **Rechtliche Maßgaben** insbesondere für die **Übermittlung** – vergleichbar etwa § 21 BKAG – **fehlen** vollständig.

Im **PolG NRW** wären daher **konkrete bereichsspezifische Vorschriften** für die (nicht **12** die Erhebung umfassende) Verarbeitung von personenbezogenen Daten zu wissenschaftlichen Zwecken notwendig (vgl. Landesbeauftragte für Datenschutz und Informationsfreiheit Nordrhein-Westfalen, Stellungnahme-Nr. 17/791, 9; Landesbeauftragte für Datenschutz und Informationsfreiheit Nordrhein-Westfalen, Stellungnahme-Nr. 17/508, 37). Eine solche Präzisierung **fehlt indes fast vollständig.** Stattdessen regelt § 22a weitere Einschränkungen des schon nicht den Anforderungen an eine eigenständige Rechtsgrundlage zur Verarbeitung personenbezogener genügenden § 40 DSG NRW. Dies gilt namentlich auch mit Blick auf den Schutz besonderer Kategorien personenbezogener Daten iSd § 22a. Eine **Verarbeitung personenbezogener Daten zu Zwecken der Forschung** ist daher mit Blick auf den vorhandenen unzureichenden Rechtsrahmen nach der hier vertretenen Auffassung **nicht zulässig.** Die nachfolgende Einzelkommentierung kann daher vergleichsweise kurz ausfallen.

B. Einzelkommentierung

I. Beschränkung bei Datenerhebung aus Wohnungen (Abs. 1)

Mit Blick auf den Kernbereichsschutz schließt **S. 1** eine Weiterverarbeitung oder Über- **13** mittlung von personenbezogenen Daten, die aus **Maßnahmen nach § 18** erlangt wurden, aus. Dies ist mit Blick auf den darin liegenden schweren Grundrechtseingriff geboten und zu begrüßen. Nach **S. 2** soll dies wiederum nicht gelten, wenn eine „Weiterverarbeitung für die **polizeiliche Eigenforschung und Evaluierung** unerlässlich ist". Wann sollte eine solche Verarbeitung nicht für die genannten Zwecke unerlässlich sein, wenn die Notwendigkeit einer Eigenforschung oder Evaluierung zuvor seitens der Polizei, welche die Daten selbst erhoben hat und nutzt, bejaht wurde?

Eine vergleichbare **Rückausnahme** kennt **§ 21 Abs. 1 BKAG nicht.** Auch hier zeigt sich **14** eine bedenkliche Weite der Zulässigkeit der Verarbeitung von Daten zu wissenschaftlichen Zwecken im Recht in Nordrhein-Westfalen, die deutlich von den vergleichbaren Regelungen in § 21 BKAG und auch § 476 StPO abweicht.

II. Kreis der Empfänger (Abs. 2)

Abs. 2 beschränkt den Kreis der möglichen Empfänger auf Amtsträger, für den öffentlichen **15** Dienst im Sinne des VerpflG (Verpflichtungsgesetz v. 2.3.1974, BGBl. I 469, 547) und auf besonders Verpflichtete oder Personen, die anders zur Geheimhaltung verpflichtet worden sind. **Anforderungen an den Umgang** dieser Personen mit den übermittelten Daten **fehlen im PolG NRW vollständig.**

III. Technisch-organisatorische Maßnahmen des Nutzers (Abs. 3)

Nach Abs. 3 hat die wissenschaftliche Forschung betreibende Stelle durch geeignete tech- **16** nische und organisatorische Maßnahmen zu gewährleisten, dass die Daten gegen unbefugte

Kenntnisnahme geschützt sind. Auch hiergegen ist nichts einzuwenden; es fehlen indes auch hier weitere vom Gesetzgeber vorgegebene Festlegungen, um diese Pflicht auch **in praxi** zu effektuieren.

§ 25 Datenabgleich

(1) [1]Die Polizei kann personenbezogene Daten der in den §§ 4 und 5 genannten Personen mit dem Inhalt polizeilicher Dateien abgleichen. [2]Personenbezogene Daten anderer Personen kann die Polizei nur abgleichen, wenn Tatsachen die Annahme rechtfertigen, dass dies zur Erfüllung einer bestimmten polizeilichen Aufgabe erforderlich ist. [3]Die Polizei kann ferner rechtmäßig erlangte personenbezogene Daten mit dem Fahndungsbestand abgleichen.

(2) Wird die betroffene Person zur Durchführung einer nach einer anderen Rechtsvorschrift zulässigen Maßnahme angehalten und kann der Datenabgleich mit dem Fahndungsbestand nicht bis zum Abschluss dieser Maßnahme vorgenommen werden, darf die betroffene Person weiterhin für den Zeitraum angehalten werden, der regelmäßig für die Durchführung eines Datenabgleichs notwendig ist.

Überblick

§ 25 wurde im Rahmen der grundlegenden Novelle zur Neuausrichtung der polizeilichen Datenverarbeitung an den Maßgaben der JI-RL durch Gesetz v. 18.12.2018 (GV. NRW. 741) nicht geändert. Abs. 1 gestattet der Polizei die Nutzung von Daten, die regelmäßig zuvor im Rahmen einer Maßnahme der Datenerhebung, meist einer Identitätsfeststellung, gewonnen wurden. Diese personenbezogenen Daten werden nunmehr mit bereits bei der Polizei Nordrhein-Westfalen oder in Verbunddateien gespeicherten Daten „abgeglichen". Es soll festgestellt werden, ob zu der abgefragten Person polizeiliche Erkenntnisse vorliegen. Soweit diese Person für den erforderlichen Zeitraum nicht bereits nach einer anderen Rechtsgrundlage „angehalten" werden darf, ist ein Anhalten für den zum Datenabgleich notwendigen Zeitraum nach Abs. 2 zulässig.

Übersicht

A. Allgemeine Charakterisierung und rechtlicher Rahmen

I. Vergleichbare Regelungen und Abgrenzung

1   Die Regelung baut auf § 10e MEPolG (Musterentwurf eines einheitlichen Polizeigesetzes des Bundes und der Länder idF des sog. Vorentwurfs zur Änderung des Musterentwurf eines einheitlichen Polizeigesetzes, Stand: 12.3.1986) auf. § 25 zieht allerdings den Adressatenkreis deutlich enger. Hinzu tritt eine ausdrückliche Befugnis zum Anhalten der betroffenen Person, die dem MEPolG fehlt. Vergleichbare Befugnisse zum Datenabgleich finden sich in allen Landespolizeigesetzen und im Bundesrecht. Der Datenabgleich wird in der Polizeipraxis in einer Vielzahl von Fällen gleichsam „automatisch" (vgl. SBK PolG NRW/Braun Rn. 4) im Anschluss an Identitätsfeststellungen von der Polizei genutzt. Die Maßnahme ist strikt zu unterscheiden von der **Rasterfahndung** nach § 31.

II. Durchführung

Der Datenabgleich ermöglicht, zuvor im Rahmen einer Identitätsfeststellung oder sonstigen Datenerhebungsmaßnahme erhobene **personenbezogen Daten mit bereits vorhandenen Daten zu vergleichen,** um so in Erfahrung zu bringen, ob die betroffene Person oder auch eine Sache bereits in polizeilichen Datenbeständen erfasst ist und wenn ja, mit welchen Daten und Erkenntnissen. Zu differenzieren ist dabei zwischen dem Abgleich mit eigenen Dateien der Polizei einerseits und dem Fahndungsabgleich andererseits.

Auch wenn der Daten- und der Fahndungsabgleich auf der Nutzung bereits vorhandener **3** personenbezogener Daten fußt, kommt insbesondere der Fahndungsabgleich einer eigenständigen **Datenerhebung** (zu den Begrifflichkeiten der Datenverarbeitung vgl. § 3 Abs. 2 DSG NRW) seitens der abgleichenden Stelle nahe (Lisken/Denninger PolR-HdB/Schwabenbauer G Rn. 1047); zumindest aber liegt eine **Datennutzung** vor.

Nicht gestattet mangels Befugnis ist nach § 25 eine **Datenspeicherung** oder **Zuspeicherung** (so zutr. Kay/Böcking § 35 Rn. 194; Tegtmeyer/Vahle PolG NRW/Tegtmeyer Rn. 2) in der Datei, mit der im Rahmen des § 25 abgeglichen wird. Hiervon zu unterscheiden ist die Teilnahme zB an **Verbunddateien** mit den zugehörigen Speicherrechten und -pflichten (vgl. etwa § 11 Abs. 2 und Abs. 3 BKAG; § 2 ATDG), die mit Blick auf die Teilnahme Dritter stets auch als **Datenübermittlung** anzusehen ist.

§ 25 gestattet auch keine Speicherung der Tatsache oder der Umstände des Datenabgleichs **5** oder der abgefragten Personen. Anforderungen an die **Protokollierung** von Abfragen finden sich seit der Novelle 2018 in § 55.

III. Grundrechtseingriff

Der Auffassung, dass es sich beim Datenabgleich um einen nur geringfügigen **Eingriff 6** handele, weil die Polizei nur auf eigene Dateien zurückgreife (so bspw. Alberts/Merten, Gesetz über die Datenverarbeitung der Polizei, 3. Aufl. 2002, PolEDVG § 22 Rn. 1), kann nicht gefolgt werden. Der Datenabgleich zielt auf **Nutzung** vorhandener Daten (§ 3 Abs. 7 Nr. 7 DSG NRW) und die Gewinnung von Informationen und einen **Erkenntnisgewinn** ab (so im Ergebnis auch SBK PolG NRW/Braun Rn. 1; Schenke PolR Rn. 211; Lisken/Denninger PolR-HdB/Schwabenbauer G Rn. 1047) und stellt daher einen **eigenständigen Eingriff in das Recht auf informationelle Selbstbestimmung** dar, auch wenn dieser maschinell durchgeführt wird (HHPM BPolG/Mehrings BPolG § 34 Rn. 5).

Dies gilt **insbesondere** für den **Fahndungsabgleich,** weil hier regelmäßig der Zugriff **7** auf den Fahndungsbestand in **Verbunddateien** wird. Dieser Datenbestand gehört, auch bei Beteiligung des Landes an der Verbunddatei, nicht zum Datenbestand der Landespolizei. **Fahndungsdateien** werden nach Maßgabe von § 9 Abs. 1 BKAG, § 9 Abs. 2 Nr. 1 BKADV vom Bundeskriminalamt geführt und sind Teil des bundesweiten polizeilichen Informationssystems INPOL, in das seitens verschiedenster Teilnehmer nach § 11 Abs. 2 und Abs. 3 BKAG Daten aller Bundesländer und weiterer Teilnehmer eingespeichert werden. Der Fahndungsabgleich hat mithin die gleiche Zielrichtung wie ein Abgleich mit eigenen Dateien der Landespolizei, bezieht aber (auch und insbesondere) andere Dateien ein, nämlich Verbunddateien des polizeilichen Informationssystems INPOL. Das Argument einer Nutzung „eigener Datenbestände" greift hier mit Sicherheit nicht, weil der Begriff „die Polizei" des § 25 nicht alle „Polizeibehörden" (vgl. §§ 27, 33 Abs. 5) von Bund und Ländern umfasst (ob dies bei den letztgenannten Normen der Fall ist, unterliegt einer eigenständigen Bewertung).

Ein **Vergleich mit der Kennzeichenerkennung** und der vom BVerfG bis zu den Ent- **8** scheidungen v. 18.12.2018 (ZD 2019, 222 zu Baden-Württemberg und Hessen; GSZ 2019, 73 zu Bayern) vertretenen Ansicht, dass bei einem automatisierten Abgleich mit sofortiger Löschung im Falle eines Nichttreffers kein Grundrechtseingriff vorliege (BVerfG NJW 2008, 1505 (1506 f.); zur Kritik Breyer NVwZ 2008, 824 (825); Arzt/Eier NZV 2010, 113 (114 f.); sa VGH München BeckRS 2013, 49007), verbietet sich hier. Der Datenabgleich nach § 25 findet, anders als bei der automatisierten Kennzeichenerkennung, nicht automatisiert statt, sondern wird willentlich seitens der handelnden Polizeivollzugsbeamten veranlasst und das Ergebnis wird an diese übermittelt. Die abfragenden Polizeivollzugsbeamten erhalten im Falle eines „Nichttreffers" wie auch des Vorliegens weiterer Informationen eine Rückmeldung zum Stand der Erkenntnisse über die betroffene Person. Diese Rückmeldung, die

Ergebnis einer Nutzung personenbezogener Daten ist und ggf. auch für die Handelnden neue personenbezogene Daten beinhaltet, wird sodann in die Entscheidung zur Notwendigkeit weiterer Maßnahmen einfließen; ein automatisierter Vorrang liegt hier anders als bei der Kennzeichenerkennung nicht vor (vgl. VGH München BeckRS 2013, 49007).

IV. Abgrenzung

9   Keine Anwendung findet § 25 beim Abgleich mit **Dateien anderer Behörden,** wie schon der Wortlaut „polizeiliche Dateien" belegt. Zudem wäre ein solcher Abgleich mit Blick auf die Notwendigkeit einer bereichsspezifischen Regelung gesondert zu regeln. Hier kann beispielhaft auf § 17 Abs. 1 S. 2 PaßG, § 15 Abs. 1 S. 2 PAuswG, § 36 StVG, § 22 AZRG, § 18 Abs. 4 MRRG in Verbindung mit den entsprechenden Landesregelungen (bzw. ab 1.5.2015 §§ 38, 39, 56 Abs. 1 Nr. 3 BMG iVm der Rechtsverordnung nach § 56 Abs. 1 Nr. 3 BMG sowie landesrechtlichen Regelungen nach § 38 Abs. 5 BMG, § 55 Abs. 6 BMG), § 52 FEV iVm §§ 52, 53 StVG, § 5 ATDG (vgl. SBK PolG NRW/Braun Rn. 6) verwiesen werden. Einen Datenabgleich zu repressiv-polizeilichen Zwecken gestatten § 98c StPO, § 25 Abs. 2 PAuswG und § 22a Abs. 2 PaßG (beide zuletzt genannten Vorschriften betreffen den Abruf von Lichtbildern).

B. Einzelkommentierung

I. Daten- und Fahndungsabgleich (Abs. 1)

10   Abs. 1 S. 1 gestattet den Abgleich mit Datenbeständen der Polizei. Diese Regelung gilt nur hinsichtlich personenbezogener Daten von Verantwortlichen iSv § 4 und 5. Abs. 1 S. 2 erweitert den Kreis der Betroffenen um Nicht-Verantwortliche und legt hierfür weitere Anforderungen fest. Abs. 1 S. 3 gestattet die Fahndungsabfrage, mithin (auch) in Dateien, die nicht von der Landespolizei geführt werden.

1. Abgleich Verantwortlicher mit polizeiliche Dateien (Abs. 1 S. 1)

11   Abs. 1 S. 1 gestattet der Polizei allein den Abgleich der von ihr im Rahmen einer Identitätsfeststellung oder anders **rechtmäßig** (Tegtmeyer/Vahle PolG NRW/Tegtmeyer Rn. 3; Kay/Böcking Rn. 195; so auch Nr. 25.0 VVPolG NRW unter Verweis auf § 24) **erhobenen** oder sonst in zulässiger Weise erlangten personenbezogenen **Daten** von Verantwortlichen iSv §§ 4 und 5 mit dem Inhalt polizeilicher Dateien. Ein Datenabgleich nach Abs. 1 S. 1 bei anderen als Verantwortlichen iSv §§ 4 und 5 ist unzulässig.

12   Auch wenn das Gesetz ausdrücklich hierfür keine weiteren **Tatbestandvoraussetzungen** vorsieht, kann die Maßnahme nur zulässig sein, wenn dies für die Aufgabenerfüllung der Polizei **im Einzelfall erforderlich** ist (zum Begriff der Erforderlichkeit → § 24 Rn. 30; zur Notwendigkeit einer Begrenzung der Befugnis Tischer, Das Recht der informationellen Befugnisse der Polizei, 2004, 531).

13   Unklar ist, welche Dateien vom **Begriff** der polizeilichen Dateien iSv Abs. 1 S. 1 umfasst sind. Dies sind zunächst **eigene Dateien,** auch wenn das Gesetz dies nicht ausdrücklich regelt. Ob hierunter auch **Dateien anderer Polizeibehörden** fallen, ist nicht geklärt (so aber SBK PolG NRW/Braun Rn. 2, 9, die nicht ausreichend zum Fahndungsbestand iSv S. 3 abgrenzen; so auch Tetsch/Baldarelli PolG NRW/Tetsch Erl. 2.2.). Auch die Gesetzesbegründung zum seinerzeitigen § 11g aF lässt diese Frage offen (vgl. LT-Drs. 10/3997, 44).

14   Nach der hier vertretenen Auffassung ist die Regelung daher **nicht hinreichend bestimmt** (so auch Lisken/Denninger PolR-HdB/Petri, 5. Aufl. 2012, G Rn. 526; anders Lisken/Denninger PolR-HdB/Schwabenbauer G Rn. 1048, der eine Bestimmtheit durch Auslegung für möglich hält) um einen Abgleich mit jedweder polizeilichen Datei im In- und Ausland bis hin zu den in das Schengener Informationssystem (SIS) eingestellten Daten zu gestatten. Vielmehr ist ein Abgleich **nur mit eigenen Dateien zulässig** (vgl. Stephan/Deger/Stephan, 6. Aufl. 2009, BWPolG § 39 Rn. 2; HBH BayPAG/Beinhofer, 19. Aufl. 2009, BayPAG Art. 43 Rn. 1; Beaucamp/Ettemeyer/Rogosch/Stammer/Beaucamp, Hamburger Sicherheits- und Ordnungsrecht – SOG/PolDVG, 2. Aufl. 2009, HmbSOG § 22 Rn. 1; Ebert/Seel ThürPAG, 6. Aufl. 2012, ThürPAG § 43 Rn. 1), weil die Betroffenen

nicht erkennen können, mit welchen weiteren Dateien sonst abgeglichen werden könnte, zumal sie im Regelfall mangels Hinweispflicht von der Maßnahme nicht einmal wissen (vgl. Schenke PolR Rn. 211).

2. Abgleich anderer Personen mit polizeiliche Dateien (Abs. 1 S. 2)

Abs. 1 S. 2 gestattet einen Datenabgleich iSd Abs. 1 S. 1 bei Personen, die nicht Verant- **15** wortliche iSv §§ 4 und 5 sind, und knüpft diesen ausdrücklich (zur Auslegung des Abs. 1 S. 1 → Rn. 12) daran, dass ein solcher Abgleich nur zulässig ist, wenn **Tatsachen** die **Annahme** rechtfertigen, dass dies zur Erfüllung einer bestimmten Aufgabe erforderlich ist. Mit Blick darauf, dass eine Datennutzung immer nur dann zulässig sein kann, wenn diese auch zur **Aufgabenerfüllung erforderlich** ist (→ Rn. 11), besteht im Ergebnis tatbestands- seitig bei verfassungskonformer Auslegung kein Unterschied zur Zulässigkeit nach S. 1. Die Polizei muss also im Falle eines solchen Abgleichs im Einzelfall belegen können, welche Tatsachen die Annahme rechtfertigten, dass ein solcher Abgleich zur Erfüllung polizeilichen Aufgaben erforderlich sei.

3. Abgleich mit dem Fahndungsbestand (Abs. 1 S. 3)

Abs. 1 S. 3 gestattet nach seinem Wortlaut ohne weitere tatbestandliche Begrenzungen, **16** rechtmäßig erlangte personenbezogene Daten mit dem Fahndungsbestand abzugleichen. In der Literatur wird dies als voraussetzungsloser Routineabgleich, der zu gewollten Zufallsfun- den führen könne, als unproblematisch angesehen (SBK EingriffsR NRW Rn. 646; krit. → Rn. 20 f.).

Was der **Fahndungsbestand** ist und welche Dateien mit personenbezogenen Daten hier- **17** von umfasst sind, regeln jedoch weder das PolG NRW noch andere Gesetze; es handelt sich vielmehr allein um einen **Begriff der polizeilichen Praxis,** dessen Inhalt **nicht** gesetzlich **hinreichend bestimmt** ist. Eine Definition durch Verwaltungsvorschrift scheidet mangels Rechtsnormqualität aus. Im oder an anderer Stelle ist nicht gesetzlich bestimmt, welche Dateien zum Fahndungsbestand im Sinne des Gesetzes gehören. Der **Begriff des Fahn- dungsbestandes** kann daher vom Eingriffsbetroffenen wie vom Normanwender und den Gerichten nicht mit hinreichender Bestimmtheit ausgelegt werden (vgl. BVerfG NJW 2008, 1505 (1510 ff.); allein auf den Einzelfall abstellend und damit wenig hilfreich bei der Klärung BVerfG NJW 2019, 827 Rn. 107 ff.). Die mangelnde Bestimmtheit belegt auch eine Sichtung der Kommentarliteratur. Hier wird von dem einen eine Beschränkung auf die INPOL- Dateien Personenfahndung und Sachfahndung aus dem Grundsatz der Verhältnismäßigkeit hergeleitet (so etwa Tegtmeyer/Vahle PolG NRW/Tegtmeyer Rn. 7; so auch SBK EingriffsR NRW Rn. 646, ohne dies zu begründen), während andere einen wesentlich weitergehenden Zugriff auf verschiedenste Dateien mit Fahndungsbezug für zulässig erachten (vgl. nur die unterschiedlichen Aufzählungen der betroffenen Fahndungsdateien bspw. bei Knape/Kiworr, Allgemeines Polizei- und Ordnungsrecht für Berlin, 10. Aufl. 2009, ASOG Bln § 28 Rn. I.A.3; Baller/Eiffler/Tschisch/Tschisch, ASOG Berlin, ASOG Bln § 28 Rn. 8; Elzer- mann/Schwier/Schwier, Polizeigesetz des Freistaates Sachsen, 5. Aufl. 2013, SächsPolG 2014 § 46 Rn. 4; Rommelfanger/Rimmele/Rommelfanger, Polizeigesetz des Freistaates Sachsen, 2000, SächsPolG § 46 Rn. 8, die „insbesondere" die in INPOL gespeicherten Fahndungsda- teien als einschlägig ansehen).

In seiner Entscheidung zur automatisierten Kennzeichenerkennung, die ebenfalls Abglei- **18** che mit dem Fahndungsbestand ermöglichen soll, führt das BVerfG unter anderem aus: „Der **Begriff** der **Fahndung im polizeitaktischen Sinn,** wie ihn die Polizeidienstvorschrift 384.1 definiert, schließt gemäß Ziff. 1.1 die planmäßige, allgemeine oder gezielte Suche nach Personen oder Sachen unter anderem auch im Rahmen der Strafverfolgung ein. Der Begriff des Fahndungsbestands kann dementsprechend so verstanden werden, dass er auch Datenbestände erfasst, die zu Strafverfolgungszwecken angelegt worden sind. [...] Eine Ermächtigung zum Zugriff auf sogenannte Mischdateien, die sowohl strafprozessualen als auch präventiven Zwecken dienen, widerspricht dem Gebot der Normenbestimmtheit und Normenklarheit nicht, sofern jedenfalls die Zugriffszwecke bestimmt sind. Es muss erkennbar sein, ob der Zugriff selbst ausschließlich oder im Schwerpunkt präventiven oder repressiven Zwecken oder beiden dient" (BVerfG NJW 2008, 1505 (1513)).

19   Da Fahndungsdateien als **Mischdateien** ausweislich Nr. 1.1 und 2.2.3.3 der PDV 384.1 **repressiven wie präventiven polizeilichen Zwecken** dienen, wäre es zudem notwendig, dass das PolG NRW die Zielrichtung der Maßnahme festlegt. Wird man eine solche Festlegung bei einem Abgleich gem. Abs. 1 S. 1 mit Blick auf die Anknüpfung an die polizeiliche Verantwortlichkeit iSv §§ 4 und 5 bejahen, ist dies für Abs. 1 S. 2 bereits nicht mehr der Fall, weil dieser auf den breiten Aufgabenkatalog des § 1 Bezug nimmt. In Abs. 1 S. 3 fehlt jeder Bezug zum Zweck der Maßnahme. Den Anforderungen an eine hinreichend bestimmte und normenklare Festlegung des Zwecks der Maßnahme durch den Gesetzgeber entspricht Abs. 1 S. 3 daher nicht, weil **Anlass und Zweck** der Maßnahme **nicht hinreichend klar in der Norm geregelt** sind.

19a   Im Einklang mit der Entscheidung des BVerfG zur automatisieren Kennzeichenerkennung (BVerfG NJW 2008, 1505) bedarf es jedoch einer **hinreichend bestimmten und normenklaren Bestimmung des Zugriffszwecks** für die Zulässigkeit eines Zugriffs auf den Fahndungsbestand. Eine Beschränkung bspw. des Abgleichs präventiv-polizeilich erhobener Daten mit dem hiermit im Sinne einer Zweckbindung korrespondierenden Fahndungsbestand ist schon technisch nicht möglich. Anders als bspw. Art. 33 Abs. 2 S. 2 BayPAG für den Fall der Kennzeichenerkennung (vgl. VGH München BeckRS 2013, 49007) **enthält § 25 keinerlei Hinweis auf den Zweck des Abgleichs** und **erlaubt eine zugleich präventiv- wie repressiv-polizeiliche Nutzung des Abfrageergebnisses.** Auch wenn in der Literatur vertreten wird, die polizeigesetzlichen Regelungen zum Datenabgleich gestatteten ausschließlich Datenabgleiche präventiv-polizeilicher Art, für Zwecke der Strafverfolgung komme nur § 98c StPO in Betracht (vgl. DMWW BPolG/Drewes BWPolG § 34 Rn. 6), findet diese Auslegung im Wortlaut der Norm keine (hinreichende) Stütze.

20   In Abs. 1 S. 3 ist auch nicht geregelt, ob ein Fahndungsabgleich nur unter den **tatbestandlichen Voraussetzungen** des Abs. 1 S. 1 und S. 2 zulässig ist oder ob hier auf tatbestandliche Voraussetzungen gänzlich verzichtet werden soll. Fordert Abs. 1 S. 1 mit Bezug auf die polizeiliche Verantwortlichkeit iSv §§ 4 und 5 das Vorliegen einer konkreten Gefahr, ist dies bei Abs. 1 S. 2 nicht der Fall. Unklar ist, ob eine Fahndungsabfrage jeweils nur bei Vorliegen der spezifischen Tatbestandsvoraussetzungen in Abs. 1 S. 1 einerseits oder Abs. 1 S. 2 andererseits zulässig sein soll oder ob dies stets und gegen jede Person ohne weitere Voraussetzungen der Fall sein soll, was mit dem datenschutzrechtlichen Erforderlichkeitsgrundsatz nicht vereinbar wäre (→ Rn. 12). Dies stellt einen **Mangel der Bestimmtheit und Normenklarheit** dar.

21   Im Ergebnis muss Abs. 1 S. 3 als **nicht hinreichend bestimmt** und nicht den Anforderungen an die **Normenklarheit** genügend angesehen werden (vgl. zur Parallelregelung im BPolG HHPM BPolG/Mehrings BPolG § 34 Rn. 10: „bedenklich weit"). Die Regelung ist daher mit der verfassungsrechtlichen Verbürgung des **Rechts auf informationelle Selbstbestimmung** wie auch dem Übermaßverbot nicht vereinbar. Erschwerend kommt hinzu, dass die Maßnahme für den Betroffenen im Regelfall nicht erkennbar ist; eine **Hinweispflicht** auf die Durchführung eines Datenabgleichs ist gesetzlich nicht vorgesehen. Damit wird dem Betroffenen eine richterliche Überprüfung im Rahmen der Garantie des **Art. 19 Abs. 4 GG** deutlich erschwert, was zu einer Vertiefung der Eingriffsintensität führt.

II. Anhaltebefugnis (Abs. 2)

22   Abs. 2 gestattet ein **„weiteres"** Anhalten für den Fall, dass der Datenabgleich im Rahmen der Durchführung einer anderen Maßnahme nicht bis zum Abschluss dieser Maßnahme vorgenommen werden kann. Dies ist der Regelfall, weil der Datenabgleich im „Normalfall" sich an eine Identitätsfeststellung nach § 12 anschließt, die – soweit nicht ausnahmsweise Zweifel mit Blick auf das vorgelegte Ausweisdokument bestehen oder wenn ein solches nicht vorgelegt wird – mit Vorlage des Ausweisdokuments und einem kurzen „Abgleich" mit der vor den Polizeivollzugsbeamten stehenden Person beendet ist. Hierfür genügt im Regelfall ein Zeitraum von maximal ein bis zwei Minuten.

23   Die Anhaltebefugnis gestattet ausschließlich ein **kurzfristiges Anhalten** für einige Minuten, wie auch der letzte Hs. zum Ausdruck bringt. Jedwede Verzögerung aus „polizeitaktischen" Gründen stellt einen Verstoß gegen § 25 Abs. 2 und § 2 Abs. 3 dar.

Die Maßnahme stellt regelmäßig eine **Freiheitsbeschränkung** iSd Art. 2 Abs. 2 S. 2 GG **24** dar, solange diese für die Durchführung des Datenabgleichs unabweisbar erforderlich ist (vgl. nur Lisken/Denninger PolR-HdB/Schwabenbauer G Rn. 1055 f.). Ein Recht zum Festhalten (Freiheitsentziehung) des Betroffenen folgt hieraus in keinem Fall; eine Sistierung kann allenfalls unter den Voraussetzungen des § 12 Abs. 2 S. 3 zulässig sein.

Dritter Titel. Datenübermittlung

I. Allgemeine Regeln der Datenübermittlung

§ 26 Allgemeine Regeln der Datenübermittlung, Übermittlungsverbote und Verweigerungsgründe

(1) [1]Die Polizei kann personenbezogene Daten unter Beachtung des § 23 auf der Grundlage der nachstehenden Regelungen übermitteln. [2]Personenbezogene Daten von Kontakt- und Begleitpersonen, die nach § 22 Absatz 5 Satz 1 gespeichert wurden, dürfen nur an Polizeibehörden übermittelt werden.

(2) [1]Die Verantwortung für die Übermittlung trägt die übermittelnde Polizeibehörde. [2]Sie prüft die Zulässigkeit der Datenübermittlung. [3]Erfolgt die Datenübermittlung auf Grund eines Ersuchens des Empfängers, hat dieser der übermittelnden Polizeibehörde die zur Prüfung erforderlichen Angaben zu machen. [4]Bei Ersuchen von Polizeibehörden sowie anderen öffentlichen Stellen prüft die übermittelnde Polizeibehörde nur, ob das Ersuchen im Rahmen der Aufgaben des Empfängers liegt, es sei denn, im Einzelfall besteht Anlass zur Prüfung der Rechtmäßigkeit des Ersuchens. [5]Erfolgt die Datenübermittlung durch automatisierten Abruf, trägt die Verantwortung für die Rechtmäßigkeit des Abrufs der Empfänger.

(3) [1]Sind mit personenbezogenen Daten, die übermittelt werden dürfen, weitere personenbezogene Daten der betroffenen Person oder eines Dritten in Akten so verbunden, dass eine Trennung nicht oder nur mit einem unverhältnismäßig großen Aufwand möglich ist, so ist die Übermittlung auch dieser Daten zulässig, soweit nicht berechtigte Interessen der betroffenen Person oder eines Dritten an der Geheimhaltung offensichtlich überwiegen. [2]Eine Verwendung dieser Daten ist unzulässig. [3]Dies ist dem Empfänger der übermittelten Daten mitzuteilen.

(4) § 54 Absatz 3 Satz 2 des Datenschutzgesetzes Nordrhein-Westfalen bleibt unberührt.

(5) [1]Die Übermittlung unterbleibt, wenn unter Berücksichtigung der Art der Daten und ihrer Erhebung die schutzwürdigen Interessen der betroffenen Person das Allgemeininteresse an der Übermittlung überwiegen oder besondere gesetzliche Verwendungsregelungen entgegenstehen. [2]Die Verpflichtung zur Wahrung gesetzlicher Geheimhaltungspflichten oder besonderer Berufs- oder Amtsgeheimnisse, die nicht auf gesetzlichen Vorschriften beruhen, bleibt unberührt.

(6) Eine Datenübermittlung nach den §§ 27 bis 29 unterbleibt darüber hinaus,
1. wenn hierdurch Sicherheitsinteressen des Bundes oder der Länder wesentlich beeinträchtigt würden,
2. wenn hierdurch der Erfolg laufender Ermittlungen oder Leib, Leben oder Freiheit einer Person gefährdet würde,
3. soweit Grund zu der Annahme besteht, dass durch sie gegen den Zweck eines deutschen Gesetzes verstoßen würde oder
4. wenn tatsächliche Anhaltspunkte dafür vorliegen, dass die Übermittlung der Daten zu den in der Charta der Grundrechte der Europäischen Union enthaltenen Grundsätzen, insbesondere dadurch, dass durch die Nutzung der übermit-

telten Daten im Empfängerstaat Verletzungen von elementaren rechtsstaatlichen Grundsätzen oder Menschenrechtsverletzungen drohen, in Widerspruch stünde.

(7) [1]Der Empfänger darf die übermittelten personenbezogenen Daten, soweit gesetzlich nichts anderes bestimmt ist, nur zu dem Zweck nutzen, zu dem sie ihm übermittelt worden sind. [2]Eine Verarbeitung zu anderen Zwecken ist unter Beachtung des § 23 zulässig. [3]Bei personenbezogenen Daten, die aus Maßnahmen nach § 18 stammen, ist dies nur mit ausdrücklicher Zustimmung der übermittelnden Stelle zulässig. [4]Ausländische öffentliche Stellen im Bereich der Europäischen Union und deren Mitgliedstaaten und Drittstaaten und internationale Organisationen sowie Personen und Stellen außerhalb des öffentlichen Bereichs sind bei der Datenübermittlung darauf hinzuweisen.

(8) Andere Rechtsvorschriften für die Datenübermittlung bleiben unberührt.

Überblick

§ 26 regelt grundsätzliche Vorgaben für die Datenübermittlung (LT-Drs. 17/2576, 71). Die Norm ist durch das Gesetz zur Anpassung des Polizeigesetzes des Landes Nordrhein-Westfalen und des Gesetzes über Aufbau und Befugnisse der Ordnungsbehörden v. 18.12.2018 (GV. NRW. 741) grundlegend umgestaltet worden. Die speziellen Voraussetzungen für die Datenübermittlungen im innerstaatlichen Bereich, auf EU-Ebene und im internationalen Bereich finden sich nunmehr in den §§ 27–29. Die Vorgaben des § 26 gelten nur für die präventiv-polizeiliche Tätigkeit. Der Informationsaustausch und die Datenweiterleitung zur Aufklärung von Straftaten und zur Bestrafung von Tätern richtet sich nach den §§ 474 ff. StPO. § 26 gilt mit Ausnahme des Abs. 1 S. 2, des Abs. 4, des Abs. 6, soweit die Datenübermittlung nach § 29 betroffen ist, und des Abs. 7 entsprechend für die nordrhein-westfälischen Ordnungsbehörden. Allgemeine Regeln zur Datenübermittlung enthalten in den anderen Bundesländern zB § 41 BWPolG, Art. 55 BayPAG, § 21 HSOG und § 40 NPOG.

Übersicht

A. Allgemeine Charakterisierung/Rechtlicher Rahmen

1   In Abs. 1 S. 1 wird der vom BVerfG in seinem Urteil v. 20.4.2016 aufgestellte Grundsatz der hypothetischen Datenneuerhebung für den Bereich der Datenübermittlung umgesetzt (LT-Drs. 17/2576, 71). Eine Sonderregelung für personenbezogene Daten von Kontakt- und Begleitpersonen findet sich in Abs. 1 S. 2. Abs. 2 befasst sich mit der rechtlichen Verantwortung für die Datenübermittlung und weist sie für den Regelfall der übermittelnden

Behörde zu. Abs. 3 trifft eine Regelung für Fälle, in denen personenbezogenen Daten, die übermittelt werden dürfen, mit weiteren personenbezogenen Daten der betroffenen Person oder eines Dritten in Akten so verbunden sind, dass eine Trennung nicht oder nur mit einem unverhältnismäßig großen Aufwand möglich ist. Abs. 4 legt das Verhältnis des § 26 zu § 54 Abs. 3 S. 2 DSG NRW fest. Dass insbesondere die Amts- und Berufsgeheimnisse bei der Datenübermittlung gewahrt bleiben, sichert Abs. 5 ab. Abs. 6 enthält spezielle Übermittlungs- und Verweigerungsgründe für eine Datenübermittlung nach den §§ 27–29. Abs. 7 stellt klar, dass der Zweckbindungsgrundsatz (§ 23) nicht nur für die übermittelnde, sondern auch für diejenige Behörde gilt, welche die Daten empfängt. Darüber hinaus statuiert die Norm bezüglich bestimmter Adressaten eine Hinweispflicht (Kay/Böcking PolR NRW Rn. 200 ff.). Schließlich erklärt Abs. 8 andere Rechtsvorschriften für die Datenübermittlung gegenüber § 26 für vorrangig.

B. Personenbezogene Daten

Gegenstand der Regelung in § 26 sind „**personenbezogene Daten**". Das PolG NRW **2** selbst enthält keine Definition dieses Begriffs. Welche Daten als personenbezogen anzusehen sind, legt § 36 Nr. 1 DSG NRW im Einklang mit Art. 3 Nr. 1 JI-RL (RL (EU) 2016/ 680 v. 27.4.2016, ABl. 2016 L 119, 89) fest. Danach sind personenbezogene Daten alle Informationen, die sich auf eine identifizierte oder identifizierbare natürliche Person (betroffene Person) beziehen; als identifizierbar wird eine natürliche Person angesehen, die direkt oder indirekt, insbesondere mittels Zuordnung zu einer Kennung wie einem Namen, zu einer Kennnummer, zu Standortdaten, zu einer Online-Kennung oder zu einem oder mehreren besonderen Merkmalen, die Ausdruck der physischen, physiologischen, genetischen, psychischen, wirtschaftlichen, kulturellen oder sozialen Identität dieser Person sind, identifiziert werden kann.

C. Übermittlung

Der in § 26 verwendete Begriff der **Übermittlung** wird im PolG NRW nicht legaldefi- **3** niert. Auch das DSG NRW enthält keine Begriffsbestimmung mehr. Nach **§ 3 Abs. 2 Nr. 4 DSG NRW 1988** ist Übermittlung das Bekanntgeben gespeicherter oder durch Datenverarbeitung gewonnener Daten an einen Dritten in der Weise, dass die Daten durch die verantwortliche Stelle weitergegeben oder zur Einsichtnahme bereitgehalten werden oder dass der Dritte zum Abruf in einem automatisierten Verfahren bereitgehaltene Daten abruft. Gemäß § 3 Abs. 4 S. 2 DSG NRW 1988 ist **Dritter** jede Person oder Stelle außerhalb der verantwortlichen Stelle. Einschränkend war bislang § 3 Abs. 4 S. 3 DSG NRW 1988 zu beachten. Nach dieser Norm waren der Betroffene und Stellen, die im Inland, in einem anderen Mitgliedstaat der EU oder in einem anderen Vertragsstaat des EWR-Abkommens personenbezogene Daten im Auftrag erheben, verarbeiten oder nutzen, nicht als Dritte zu qualifizieren. Die Übermittlung ist ein Unterfall der **Offenlegung von Daten,** die ihrerseits ein Unterfall der **Verarbeitung von Daten** ist (vgl. § 36 Nr. 2 DSG NRW; vgl. Johannes/Weinhold Neues DatenschutzR § 1 Rn. 329). § 26 unterscheidet grundsätzlich nicht danach, von wem die Initiative für die Datenübermittlung ausgeht und wer die Weiterleitung der Daten letzten Endes veranlasst hat.

Im Schrifttum wird die Frage diskutiert, ob von einer Datenübermittlung auch dann gesprochen **3.1** werden kann, wenn **die Daten (lediglich) zur Einsichtnahme bereitgehalten werden.** Für eine solche Deutung des Begriffs der Datenübermittlung lässt sich der – insoweit unmissverständliche – Wortlaut des § 3 Abs. 2 S. 2 Nr. 4 DSG NRW 1988 anführen. Die Vorschrift wich von der in § 3 Abs. 4 S. 2 Nr. 3 lit. b BDSG 2003 enthaltenen Definition des Übermittelns insoweit ab, als der Dritte die zur Einsicht bereitgehaltenen Daten nicht eingesehen haben muss. Gleichwohl gehen Teile des Schrifttums auch im Hinblick auf § 26 davon aus, dass eine Datenübermittlung erst dann erfolgt ist, wenn der Dritte die Daten eingesehen hat. Die Verfechter dieser Auffassung weisen darauf hin, dass die Annahme, das bloße Bereithalten der Daten sei als Übermittlung zu beurteilen, im Polizeirecht zu unsinnigen Ergebnissen führen könne (Tetsch/Baldarelli PolG NRW Erl. 1.1). Dem ist entgegenzuhalten, dass der nordrhein-westfälische Gesetzgeber vom Übermittlungsbegriff offensichtlich auch Fälle erfasst wissen wollte, in denen es bislang nur zu einer Gefährdung des Grundrechts auf informationelle

Selbstbestimmung gekommen ist. Vor diesem Hintergrund kann es auch im Hinblick auf § 26 nicht entscheidend darauf ankommen, ob die Daten tatsächlich eingesehen wurden. Auch in der Kommentarliteratur zu dem – seinem Wortlaut nach restriktiver gefassten – § 3 Abs. 4 S. 2 Nr. 3 lit. b BDSG aF wird vertreten, dass eine Datenübermittlung bereits dann erfolgt ist, wenn der Empfänger die Möglichkeit erlangt hat, die zur Einsichtnahme bereitgehaltenen Daten ungehindert zur Kenntnis zu nehmen. Ob und wann die Einsichtnahme stattfindet, soll unerheblich sein. Als Übermittlung sei deshalb zB auch die Eingabe in ein Datenverarbeitungssystem des Empfängers zu bewerten (NK-BDSG/Dammann BDSG § 3 Rn. 146).

3.2   Die Einsichtnahme in die Daten kann auf unterschiedliche Weise erfolgen. So kann die übermittelnde Stelle dem Dritten zB den Online-Zugriff auf ihr Computersystem gestatten, indem sie ihm die benutzten Passwörter sowie Informationen über den Speicherort mitteilt (Roggan/Kutscha Recht der Inneren Sicherheit-HdB/Zöller 450). Dagegen sind Daten nicht übermittelt worden, wenn sie in den Herrschaftsbereich des Empfängers gelangen, ohne dass dieser davon etwas merkt (vgl. Roggan/Kutscha Recht der Inneren Sicherheit-HdB/Zöller 451).

4   Zu einer Datenübermittlung iSd § 26 kommt es auch dann, wenn die **Weiterleitung der Daten nicht an einen bestimmten oder bestimmbaren Empfänger, sondern an die Öffentlichkeit erfolgt.** Das hat die Rechtsprechung zB im Hinblick auf die Veröffentlichung eines Verfassungsschutzberichts festgestellt (OVG Lüneburg NJW 1992, 192 (195); vgl. auch EuGH EuZW 2004, 245 (247)). Ferner ist in diesem Zusammenhang an die Veröffentlichung von Daten auf der behördeneigenen Internet-Präsenz, an Fahndungs- bzw. Warnmeldungen sowie an Pressemitteilungen zu denken. Zu beachten ist, dass die von der Polizei vorgenommene Bekanntgabe der Daten an die Medien, nicht jedoch die nachfolgende Veröffentlichung in den Medien eine Datenübermittlung darstellt.

5   Wie die Daten weitergegeben werden, ist für die rechtliche Einordnung als Übermittlung ohne Belang. In Betracht kommt insbesondere auch eine **mündliche Bekanntgabe.** Daneben kann die Übermittlung **schriftlich oder elektronisch** (zB im Wege eines elektronischen Datenabrufs) erfolgen (Lisken/Denninger PolR-HdB/Petri G Rn. 483).

6   Werden Daten **innerhalb der verantwortlichen Stelle weitergegeben,** so kann nicht von einer Übermittlung, sondern nur von einer Nutzung der Daten gesprochen werden. Die Qualifikation als Übermittlung scheidet aus, weil Organisationseinheiten innerhalb der verantwortlichen Stelle zwar Empfänger, nicht aber Dritte sind (Bergmann/Möhrle/Herb, Datenschutzrecht, 25. EL 6/2001, BDSG 2003 § 3 Rn. 100).

7   Keine Datenübermittlung liegt vor, wenn sich lediglich der Zusammenhang ändert, in dem die Polizei von den erhobenen Daten Gebrauch macht. Zu denken ist insoweit etwa daran, dass ein Polizeibeamter gefahrunabhängig an einer Kontrollstelle personenbezogene Daten erhebt und diese Daten später von einem anderen Polizeibeamten desselben Polizeipräsidiums zur Abwehr einer Gefahr genutzt werden. Auszugehen ist dann aber von einer **Änderung des Zwecks der Datenverwendung,** die von einem gesetzlichen Erlaubnistatbestand getragen sein muss (Lisken/Denninger PolR-HdB/Petri G Rn. 485).

8   Wenn ein Privater von sich aus die Verwaltung über personenbezogene Daten eines Dritten informiert, handelt es sich nicht um eine Datenübermittlung im polizeirechtlichen Sinne. Hiermit steht im Einklang, dass dem Grundrecht auf informationelle Selbstbestimmung nach zutreffender hM keine unmittelbare Drittwirkung zukommt (Roos/Lenz RhPfPOG § 34 Rn. 2).

I. Abgrenzung der Übermittlung von der Amtshilfe und der Auftragsdatenverarbeitung

9   Die Datenübermittlung ist abzugrenzen von der Amtshilfe sowie von der sog. Auftragsdatenverarbeitung (vgl. § 52 DSG NRW; Art. 22 Abs. 3 lit. f. JI-RL). Gemäß § 4 Abs. 1 VwVfG. NRW. leistet jede Behörde anderen Behörden auf Ersuchen ergänzende Hilfe (**Amtshilfe**). Hinsichtlich des Umgangs mit personenbezogenen Daten ist die Amtshilfe bestimmten Restriktionen unterworfen. So ist eine Übermittlung personenbezogener Daten zum Zwecke der Amtshilfe nur zulässig, wenn sie gesetzlich besonders gestattet ist. Das steht im Einklang mit der Rechtsprechung des BVerfG, das im Volkszählungsurteil die sog. **Amtshilfefestigkeit des Rechts auf informationelle Selbstbestimmung** hervorgehoben hat (BVerfGE 65, 1 (46); sa Lisken/Denninger PolR-HdB/Petri G Rn. 486; Roos/Lenz RhPfPOG § 34

Rn. 1; Gola/Heckmann/Gola/Reif BDSG § 1 Rn. 15; Tegtmeyer/Vahle PolG NRW/Tegt-meyer Rn. 4).

Bei der **Auftragsdatenverarbeitung** werden personenbezogene Daten durch einen **10** Dienstleister im Auftrag der verantwortlichen Stelle erhoben, verarbeitet oder genutzt. Einzelheiten darüber, welche Rechte, Pflichten und Maßnahmen durch Vertrag zwischen Auftraggeber (verantwortliche Stelle) und Auftragnehmer (Dienstleister) zu treffen sind, lassen sich § 52 ff. DSG NRW (vgl. auch §§ 62 ff. BDSG) entnehmen. Die Auftragsdatenverarbeitung geht nicht mit einer Datenübermittlung einher. Das hat seinen Grund darin, dass der Auftragnehmer als Teil der speichernden Stelle angesehen wird, wenn das enge, weisungsgebundene Verhältnis iSd § 52 Abs. 1 S. 1 DSG NRW iVm Art. 28 Abs. 3 DS-GVO, Art. 29 DS-GVO) besteht. Der Auftraggeber ist für die Rechtmäßigkeit der Verarbeitung voll verantwortlich und hat den Auftragnehmer daher zu kontrollieren (vgl. Art. 22, 23 JI-RL; Lisken/Denninger PolR-HdB/Petri G Rn. 487). Die **informationelle Zusammenarbeit zwischen den Kreispolizeibehörden und dem Landeskriminalamt,** das als sog. Zentralstelle die Daten aller angeschlossenen Teilnehmer verwaltet, ist keine Auftragsdatenverarbeitung. Dasselbe gilt für den **Datenaustausch zwischen den Kreispolizeibehörden und dem Bundeskriminalamt.** Im Gegensatz zum Auftraggeber und -nehmer im Sinne der Datenauftragsverarbeitung werden sowohl die Kreispolizeibehörden als auch das Landes- bzw. Bundeskriminalamt aufgrund eigener Zuständigkeit tätig. Sie sind im Verhältnis zueinander gleichermaßen als verantwortliche Stellen anzusehen, sodass die §§ 52 ff. DSG NRW nicht einschlägig sind. Insgesamt hat die Auftragsdatenverarbeitung in der praktischen Tätigkeit der Polizei nur geringe Bedeutung. Das ist nicht zuletzt darauf zurückzuführen, dass die Polizei ihre Datenbestände grundsätzlich selbst verarbeitet (Tetsch/Baldarelli PolG NRW Erl. 1.3).

II. Übermittlung und Zweckänderung als Grundrechtseingriffe

Jede Weiterleitung von personenbezogenen Daten ist als Eingriff in das Grundrecht auf **11** informationelle Selbstbestimmung aus Art. 2 Abs. 1 GG iVm Art. 1 Abs. 1 GG zu qualifizieren. Dies gilt selbst für die **Weiterleitung von Informationen zwischen Behörden** (Kay/Böcking PolR NRW Rn. 199). Rechtsprechung und Literatur gingen früher bei einem Austausch personenbezogener Daten unter Behörden nicht von einem Grundrechtseingriff aus. Sie begründen dies in erster Linie damit, dass eine derartige Informationsweitergabe lediglich eine verwaltungsinterne Maßnahme sei (BAG JZ 1961, 121 (122); Kreis DÖV 1961, 56 (57)). Diese Sichtweise ist seit dem Volkszählungsurteil des BVerfG (BVerfG 65, 1) nicht mehr haltbar. Die Weiterleitung von Informationen vergrößert den „Kreis der Wissenden". Der Betroffene wird hierdurch in einer über die Datenerhebung hinausgehenden Weise in seinem informationellen Selbstbestimmungsrecht und in seiner Freiheit von staatlicher Datensammlung eingeschränkt (Kowalczyk, Datenschutz im Polizeirecht, 1989, 66).

Die Datenübermittlung läuft regelmäßig auf eine **Zweckänderung** hinaus (BVerfGE 141, **12** 220 (341)), da die ersuchende Stelle nur in Ausnahmefällen dieselbe Fachaufgabe wahrnimmt. Auch die Zweckänderung ist als Eingriff in das Grundrecht auf informationelle Selbstbestimmung zu bewerten. Der Betroffene wird seine Daten in der Regel in Kenntnis eines ihm vorher bekannt gewordenen Verwendungszwecks preisgeben. Wird dieser Zweck geändert, so stellt sich die Datengewinnung für den Betroffenen unter Umständen in einem anderen Licht dar. Hinzu kommt, dass die Daten mit dem Übergang in den Herrschaftsbereich einer anderen Behörde regelmäßig anderen Verfahrensvorschriften, Speicherfristen und Auskunftsrechten unterfallen. Es ist daher nicht mehr sichergestellt, dass die Daten von der Empfängerbehörde zum gleichen Zeitpunkt gelöscht werden wie von der Übermittlungsbehörde (Tetsch/Baldarelli PolG NRW Erl. 1.4.1).

Hat der Betroffene wirksam in die Verarbeitung seiner personenbezogenen Daten **einge- 13** **willigt,** so scheidet ein Eingriff in das Grundrecht auf informationelle Selbstbestimmung aus. Daher ist eine gesetzliche Grundlage für die Übermittlung in diesen Fällen entbehrlich. In der Praxis wird eine Einwilligung des Betroffenen häufig nicht vorliegen. Die Eilbedürftigkeit polizeilicher Maßnahmen lässt es oftmals nicht zu, den Betroffenen vor der Übermittlung um seine Einwilligung zu ersuchen. Darüber hinaus hängt die Effektivität der polizeilichen

Arbeit zuweilen davon ab, dass der Datenaustausch verdeckt erfolgt. Zwar sind Einzelfälle denkbar, in denen Mitarbeiter der Polizei an Betroffene herantreten, um bei diesen die Einwilligung zu einer Weiterleitung persönlicher Daten einzuholen. Sie werden jedoch häufig auf eine ablehnende Haltung stoßen, da die Betroffenen durch die Datenübermittlung möglicherweise (weitere) Nachteile erleiden (Roggan/Kutscha Recht der Inneren Sicherheit-HdB/Zöller 456 f.).

III. Übermittlung rechtswidrig erhobener Daten

14   Der Wortlaut des § 26 lässt offen, ob auch Daten übermittelt werden dürfen, die rechtswidrig erhoben wurden. Im Gegensatz zu § 22 Abs. 1 und § 25 Abs. 1 S. 3, die sich ausdrücklich nur auf „rechtmäßig erlangte" personenbezogene Daten beziehen, sieht der Wortlaut des § 26 keine entsprechende Einschränkung vor. Das darf freilich nicht zu der Annahme verleiten, dass für § 26 etwas anderes gilt als für § 22 Abs. 1 und § 25 Abs. 1 S. 3. Angesichts des in Art. 20 Abs. 3 GG verankerten Grundsatzes der Gesetzmäßigkeit der Verwaltung lässt sich § 26 keine Ermächtigung zur Übermittlung von Daten entnehmen, die rechtswidrig erhoben wurden. Eine Übermittlung ist auch ausgeschlossen, wenn die Daten zu Unrecht weiter aufbewahrt oder inhaltlich fehlerhaft gespeichert wurden. Gleichwohl übermittelte Daten unterfallen einem **Verwertungsverbot** und dürfen beim Empfänger weder gespeichert noch von ihm an Dritte übermittelt werden (Tetsch/Baldarelli PolG NRW Erl. 1.5).

15   Teile des Schrifttums lassen von dem bezüglich rechtswidrig erhobener Daten bestehenden Verwertungsverbot einige Ausnahmen zu. Danach soll das Verwertungsverbot nicht gelten, wenn **der Betroffene zustimmt** oder eine Information **zum Schutz überragend wichtiger Rechtsgüter wie Leben und Gesundheit** verwendet und ihre Verwendung auf diesen Zweck beschränkt ist (Gusy PolR Rn. 275; Schenke PolR Rn. 215). Für die letztgenannte Ausnahme werden insbesondere die staatlichen Schutzpflichten für Leib und Leben aus Art. 2 Abs. 2 S. 1 GG angeführt. Wenn der Staat die ihn treffenden Schutzpflichten nur erfüllen könne, indem er rechtswidrig gewonnene Daten verwerte, müsse die Datenverwertung zulässig sein. Das Verbot der Verwertung rechtswidrig erhobener Daten sei in diesem Punkt verfassungskonform einzuschränken (Schenke PolR Rn. 215). Andere Autoren stehen einer Durchbrechung des Verwertungsverbots für rechtswidrig erhobene Daten kritisch gegenüber. Wenn der Landesgesetzgeber die Verwertung von Daten nur bei rechtmäßig erfolgter Datenerhebung zulassen wolle, müsse diese Entscheidung respektiert werden. Rechtlich unbedenklich sei die Verwertung rechtswidrig erhobener Daten nur insoweit, als die Daten zum Anlass und Ausgangspunkt einer neuen Datenerhebung gemacht würden (Roggan/Kutscha Recht der Inneren Sicherheit-HdB/Zöller 483).

16   Gegen die Zulässigkeit der Übermittlung rechtswidrig erhobener Daten ist vor allem anzuführen, dass Verstöße gegen das Datenschutzrecht nicht sanktionslos bleiben dürfen. Dabei ist die Unverwertbarkeit von Daten, die zu Unrecht erhoben worden sind, im Sinne eines **absoluten Verbots** zu begreifen. Ausnahmen zum Schutz hochrangiger Rechtsgüter wie Leben und Gesundheit sind nicht anzuerkennen. Es sind **keine trennscharfen Abgrenzungskriterien ersichtlich,** anhand derer sich bestimmen ließe, in Bezug auf welche Rechtsgüter die Verwertung rechtswidrig erhobener Daten ausnahmsweise zulässig sein sollte. Demnach droht eine nicht unerhebliche Einbuße an Rechtssicherheit, wenn die Übermittlung rechtswidrig erhobener Daten − und sei es nur ausnahmsweise − zugelassen wird.

D. Zulässigkeit der Datenübermittlung (Abs. 1)

17   Abs. 1 S. 1 legt fest, dass die Polizei personenbezogene Daten „auf der Grundlage der nachstehenden Regelungen" übermitteln darf. Die Befugnis zur Datenübermittlung macht Abs. 1 S. 1 von der Beachtung des in § 23 niedergelegten **Grundsatzes der hypothetischen Datenneuerhebung** abhängig. Abs. 1 S. 2 entspricht § 26 Abs. 1 S. 3 iVm § 24 Abs. 4 aF: Personenbezogene Daten von Kontakt- und Begleitpersonen, die nach § 22 Abs. 5 S. 1 gespeichert wurden, dürfen nur an Polizeibehörden übermittelt werden.

I. Zweckbindung und Grundsatz der hypothetischen Datenneuerhebung (S. 1)

18   Eine Übermittlung von Daten kommt gem. Abs. 1 S. 1 nur unter Beachtung des § 23 in Betracht. Aus der Verweisung auf § 23 folgt, dass der **Zweckbindungsgrundsatz** auch für die Übermittlung personenbezogener Daten gilt. Grundsätzlich dürfen Daten gem. § 26 Abs. 1 S. 1 iVm § 23 Abs. 1 nur zur Erfüllung derselben Aufgabe und zum Schutz derselben Rechtsgüter oder sonstigen Rechte oder zur Verhütung oder vorbeugenden Bekämpfung derselben Straftaten übermittelt werden. Unter den Voraussetzungen des § 26 Abs. 1 S. 1 iVm § 23 Abs. 2 sind allerdings auch zweckändernde Datenübermittlungen zulässig. In § 23 Abs. 2 wird der vom BVerfG entwickelte **Grundsatz der hypothetischen Datenneuerhebung** (BVerfGE 141, 220 Ls. 1 lit. c) im PolG NRW verankert (LT-Drs. 17/2576, 71). Das BVerfG hat bezüglich der Übermittlung und Verwendung von Daten zu anderen Zwecken unter anderem gefordert, die Daten müssten auch nach der Zweckänderung dem Schutz von Rechtsgütern oder der Aufdeckung von Straftaten eines solchen Gewichts dienen, dass verfassungsrechtlich ihre neue Erhebung mit vergleichbar schwerwiegenden Mitteln gerechtfertigt sei (BVerfGE 141, 220 (328)). Das bedeutet, dass Informationen, die durch besonders eingriffsintensive Maßnahmen erlangt wurden, auch nur zu besonders gewichtigen (anderen) Zwecken benutzt werden dürfen (LT-Drs. 17/2576, 69). Diese Grundsätze stehen im Einklang mit Art. 4 Abs. 2 JI-RL, dem zufolge eine Zweckänderung erlaubt ist, wenn dies nach nationalem Recht oder EU-Recht vorgesehen sowie erforderlich und verhältnismäßig ist.

II. Personenbezogene Daten von Kontakt- und Begleitpersonen (S. 2)

Abs. 1 S. 2 trifft eine Sonderregelung für die Übermittlung personenbezogener Daten **19** von Kontakt- und Begleitpersonen, die nach § 22 Abs. 5 S. 1 gespeichert wurden. Diese Daten dürfen ausschließlich an Polizeibehörden übermittelt werden. Die Vorschrift entspricht § 26 Abs. 1 S. 3 iVm § 24 Abs. 4 aF. Ihr liegt die Erwägung zugrunde, dass es sich hierbei um **sensible Daten** handelt, die überwiegend unter Rückgriff auf die (eingriffsintensiven) besonderen Mittel der Datenerhebung gem. §§ 16a ff. gewonnen werden (SBK PolG NRW/ Braun Rn. 6). Keine Polizeibehörden im Sinne der Norm sind die **Nachrichtendienste** (vgl. Lisken/Denninger PolR-HdB/Petri G Rn. 983).

Das Begriffspaar „Kontakt- und Begleitpersonen" und die Begriffe „Kontaktpersonen" und **19.1** „Begleitpersonen" finden sich unter anderem in 16a Abs. 1 S. 1 Nr. 2, S. 3 und S. 4. Nach 16a Abs. 1 S. 3 können als **Kontaktpersonen** nur Personen angesehen werden, die enge persönliche, dienstliche oder geschäftliche Beziehungen zu der Zielperson unterhalten. **Begleitpersonen** sind danach Personen, die – ohne enge persönliche, dienstliche oder geschäftliche Beziehungen zu der Zielperson zu unterhalten – nicht nur kurzfristig mit ihr angetroffen werden (§ 16a Abs. 1 S. 4).

E. Verantwortung für die Datenübermittlung (Abs. 2)

Abs. 2 regelt die Frage der Verantwortung für die Datenübermittlung. Die Verantwortung **20** für die Übermittlung trägt die übermittelnde Polizeibehörde (Abs. 2 S. 1). Die **Verantwortung** setzt im Datenschutzrecht die **tatsächliche Einwirkungsmöglichkeit** auf den Datenverarbeitungsvorgang voraus (vgl. Schwartmann/Jaspers/Thüsing/Kugelmann/Schwartmann/Mühlenbeck, DS-GVO/BDSG, 2018, DS-GVO Art. 4 Rn. 98) und ist insbesondere im Zusammenhang mit Haftungsfragen von Bedeutung. Zentrales Merkmal zur Bestimmung der Verantwortung ist die Entscheidungshoheit über die Daten, die bei demjenigen liegt, der über das „wie" und das „warum" der Datenverarbeitung bestimmt (Wiebe/Eichfeld NJW 2019, 2734 (2736); vgl. auch Art. 3 Nr. 8 JI-RL).

Mit der in Abs. 2 getroffenen Regelung hat der Landesgesetzgeber die Vorgaben umgesetzt, die **20.1** vom BVerfG im Volkszählungsurteil hinsichtlich der Ausgestaltung des Datenübermittlungsvorgangs aufgestellt wurden (BVerfGE 65, 1 (44)). So forderte das Gericht unter anderem die organisations- und verfahrensrechtliche Bestimmtheit und Klarheit des Datenübermittlungsvorgangs. Der Normzweck des Abs. 2 geht dahin, die Übermittlung personenbezogener Daten durch das PolG NRW in der Weise zu reglementieren, dass die Gefahr einer Verletzung des Rechts auf informationelle Selbstbestimmung so weit wie möglich ausgeschlossen wird (vgl. HHPM BPolG/Mehrings BPolG § 33 Rn. 5).

Abs. 2 S. 1 weist die Verantwortung für die Datenübermittlung grundsätzlich der übermit- **21** telnden Polizeibehörde zu (vgl. SBK PolG NRW/Braun Rn. 10). Ein zentraler Bestandteil der Prüfung gem. Abs. 2 S. 2, welche der Datenweitergabe vorauszugehen hat, ist die **Feststellung des jeweiligen Übermittlungszwecks.** Darüber hinaus muss geklärt werden, ob der Datenempfänger für die Verfolgung dieses Zwecks zuständig und zur Verwendung der

Daten befugt ist. Die insoweit vorzunehmende Prüfung bezieht sich auch auf die für die Übermittlungsbefugnisse geltenden Schranken. Zu denken ist in diesem Kontext zB an die Übermittlung von Daten, die einem **Berufs- oder Amtsgeheimnis** unterliegen oder mittels **verdeckter Ermittlungsmethoden** erlangt worden sind (Lisken/Denninger PolR-HdB/Petri G Rn. 945). Um den Grundsatz der Datenqualität aus Art. 7 Abs. 2 JI-RL zu wahren, hat die Polizei die Daten vor ihrer Übermittlung zudem auf ihre Richtigkeit, Vollständigkeit und Aktualität zu überprüfen (vgl. Johannes/Weinhold Neues DatenschutzR § 1 Rn. 343). Wird die Qualität der Daten diesen Maßstäben nicht gerecht, ist dafür zu sorgen, dass eine Übermittlung unterbleibt (vgl. Erwägungsgrund 32 JI-RL).

22   Gemäß Abs. 2 S. 3 hat der Empfänger der übermittelnden Polizeibehörde die **zur Prüfung erforderlichen Angaben** zu machen, wenn die Datenübermittlung aufgrund eines Ersuchens des Empfängers erfolgt. Abs. 2 S. 3 korrespondiert mit der nach Abs. 2 S. 2 bestehenden Prüfpflicht (vgl. BeckOK PolR Bayern/Aulehner BayPAG Art. 55 Rn. 5). Verweigert der Empfänger diese Angaben und können die Zweifel an der Rechtmäßigkeit des Ersuchens nicht in vollem Umfang ausgeräumt werden, so muss die Datenübermittlung unterbleiben. In diesem Fall kann es angezeigt sein, die Aufsichtsbehörde der ersuchenden Stelle zu unterrichten (Tetsch/Baldarelli PolG NRW Erl. 2.2.4.1).

22.1   Aus verfassungsrechtlicher Sicht haben Teile der Literatur angezweifelt, ob dem Land die für den Erlass des Abs. 2 S. 3 erforderliche Gesetzgebungskompetenz zusteht (SBK PolG NRW/Braun Rn. 14). Diese Zweifel beruhen darauf, dass auch solche Stellen in den Adressatenkreis des Abs. 2 S. 3 einbezogen sind, die zur Verwaltung des Bundes oder eines anderen Landes gehören. Zu denken ist ferner an über- und zwischenstaatliche Stellen und Stellen außerhalb des öffentlichen Bereichs. Diesen Stellen wird aufgrund von Abs. 2 S. 3 die Rechtspflicht auferlegt, der übermittelnden Polizeibehörde die zur Prüfung erforderlichen Angaben zu machen. Eine ähnliche Problematik stellt sich im Hinblick auf die Verpflichtung, die Abs. 7 S. 1 den empfangenden Stellen auferlegt (SBK PolG NRW/Braun Rn. 14). Der VGH München hielt Art. 39 Abs. 1 S. 2 BayPAG aF (= Art. 55 Abs. 1 S. 2 BayPAG) – die bayerische Parallelvorschrift zu Abs. 3 S. 2 – für verfassungsrechtlich unbedenklich (BayVBl. 1995, 143 (149)). Für die nordrhein-westfälischen Bestimmungen kann richtigerweise nichts anderes gelten. Abs. 2 S. 3 und Abs. 7 S. 1 dienen dem Datenschutz. In der Kompetenzordnung der Art. 70 ff. GG kommt Datenschutz nicht vor, sodass die Gesetzgebungskompetenz von Bund und Ländern sich insoweit aus der Zuständigkeit für die jeweilige Materie ergibt, für die die Datenverarbeitung erfolgt (Tinnefeld/Ehmann, Einführung in das Datenschutzrecht, 3. Aufl. 1998, 93 ff.). Den Ländern steht grundsätzlich die Kompetenz für das Recht der Gefahrenabwehr zu (Art. 70 GG). Zwar dürfen die Bundesbehörden Landesgesetze nicht vollziehen, dies befreit sie aber nicht von der Pflicht zur Beachtung der landesgesetzlichen Normen. Abgesehen davon geht es bei Abs. 2 S. 3 und Abs. 7 S. 1 nicht darum, die Geltung eines Landesgesetzes – in einer die Staatsgewalt des Bundes oder der anderen Bundesländer beeinträchtigenden Weise – über die Landesgrenzen hinaus zu erstrecken, sondern lediglich darum, dem auf den Landesbereich beschränkten Gesetz uneingeschränkte Geltung zu verschaffen. Das ist verfassungsrechtlich nicht zu beanstanden (vgl. BVerwGE 79, 339 (342); Keß BayVBl. 2008, 225 (226)).

23   Erfolgt die **Datenübermittlung auf Ersuchen einer Polizeibehörde oder einer anderen öffentlichen Stelle,** so trifft die übermittelnde Stelle nur eine eingeschränkte Prüfungspflicht. Sie hat grundsätzlich nur zu prüfen, ob das Ersuchen im Rahmen der Aufgaben des Empfängers liegt (Abs. 2 S. 4).

23.1   Der Begriff der **öffentlichen Stelle** ist legaldefiniert in § 36 Nr. 20 DSG NRW. Öffentliche Stellen sind danach die Behörden, die Organe der Rechtspflege und andere öffentlich-rechtlich organisierte Einrichtungen eines Landes, einer Gemeinde, eines Gemeindeverbandes oder sonstiger der Aufsicht des Landes unterstehender juristischer Personen des öffentlichen Rechts sowie deren Vereinigungen ungeachtet ihrer Rechtsform. Nicht zu den öffentlichen Stellen zählen damit grundsätzlich Privatpersonen sowie juristische Personen des Privatrechts (BeckOK PolR Bayern/Aulehner BayPAG Art. 55 Rn. 7). Letztere können allerdings als öffentliche Stelle angesehen werden, sofern sie als Beliehene öffentliche Aufgaben wahrnehmen (vgl. Art. 3 Nr. 7 lit. b JI-RL; Lisken/Denninger PolR-HdB/Petri G Rn. 496, 989).

24   Abs. 2 S. 4 verlagert die Verantwortung für die Rechtmäßigkeit der Übermittlung zu weiten Teilen auf die ersuchende Stelle (Lisken/Denninger PolR-HdB/Petri G Rn. 947; BeckOK PolR Bayern/Aulehner BayPAG Art. 55 Rn. 8). Das gilt auch und insbesondere für die Frage, ob die ersuchende Stelle die Daten wirklich benötigt (BKK BayPAG Art. 39

Rn. 4). Die übermittelnde Stelle nimmt insoweit lediglich eine **Plausibilitäts- bzw. Schlüssigkeitsprüfung** vor (vgl. BeckOK PolR BW/Röcker BWPolG § 41 Rn. 12). Der Leitgedanke für diese Verteilung der Verantwortung ist darin zu sehen, dass die auf ein Ersuchen hin übermittelnde Behörde die Notwendigkeit und Auswirkungen der Datenübermittlung in der Regel nicht beurteilen kann (Kay/Böcking PolR NRW Rn. 202).

Eine Ausnahme von den eingeschränkten Prüfungspflichten der übermittelnden Behörde **25** sieht das Gesetz in Abs. 2 S. 4 vor, **wenn im Einzelfall Anlass zur Prüfung der Rechtmäßigkeit des Ersuchens besteht.** Ein solcher Anlass kann etwa gegeben sein, wenn es sich um das **Ersuchen einer der übermittelnden Behörde bisher nicht bekannten Stelle handelt** (HHPM BPolG/Mehrings BPolG § 33 Rn. 7; SBK PolG NRW/Braun Rn. 11). Anlass zur Prüfung der Rechtmäßigkeit soll auch bei „Vorliegen eines außergewöhnlichen Ersuchens" bestehen (BeckOK PolR BW/Röcker BWPolG § 41 Rn. 13.1).

Ungeachtet der abgestuften Verteilung der Verantwortung, die Abs. 2 S. 1–4 vorsieht, ist **26** die übermittelnde Polizeistelle nicht davon entbunden zu prüfen, **ob die in den §§ 27–29 niedergelegten Voraussetzungen für die Übermittlung erfüllt sind** (Tegtmeyer/Vahle PolG NRW/Tegtmeyer Rn. 13). Zudem muss vor der Übermittlung stets überprüft werden, ob die zu übermittelnden Daten richtig und zur Aufgabenerfüllung weiterhin erforderlich sind. Die Datenübermittlung muss unterbleiben, wenn die Daten zum Übermittlungszeitpunkt eigentlich schon hätten gelöscht sein müssen (BeckOK PolR BW/Röcker BWPolG § 41 Rn. 14). Denkbar sind auch Fälle, in denen die Frage, ob die Daten in rechtmäßiger Weise gespeichert worden sind, noch Gegenstand eines schwebenden Verfahrens ist, dessen Ausgang im Zeitpunkt der Übermittlung noch nicht beurteilt werden kann. Auf diesen Umstand sowie die sich hieraus möglicherweise für die weitere Datenverarbeitung ergebenden Konsequenzen ist der Empfänger schon bei Übermittlung hinzuweisen (Tetsch/Baldarelli PolG NRW Erl. 2.2.4.1).

Die Verantwortung der übermittelnden Polizeidienststelle wird bei einem **automatisier- 27 ten Abruf (Online-Abruf)** gem. Abs. 2 S. 5 noch weiter eingeschränkt. Dann trägt die Verantwortung für die Rechtmäßigkeit des Abrufs der Datenempfänger, weil die jeweilige Abfrage von der übermittelnden Stelle nicht verhindert werden kann (BKK BayPAG Art. 39 Rn. 5). Stehen die Daten dem Empfänger jederzeit online zur Verfügung, ist vor der Datenübermittlung keine Prüfung möglich (BeckOK PolR Bayern/Aulehner BayPAG Art. 55 Rn. 11). Das bedeutet jedoch nicht, dass die übermittelnde Stelle (als Herrin der Daten) völlig aus der Verantwortung entlassen wird. Für das Vorfeld der Datenübermittlung bleibt die übermittelnde Stelle weiterhin verantwortlich (Tetsch/Baldarelli PolG NRW Erl. 2.2.4.2). Abs. 2 S. 5 setzt einen EDV-gestützten Abruf gem. § 6 DSG NRW voraus. Derartige Abrufe erfolgen zB innerhalb von Verbundsystemen wie dem Informationssystem der deutschen Landespolizeien (**INPOL-neu**) und dem Zentralen Verkehrsinformationssystem (**ZEVIS**). Die Datenübermittlung mit Hilfe von E-Mails, Chat oder Computer-Fax ist kein automatisierter Abruf iSd Abs. 2 S. 5. Für sie gilt Abs. 2 S. 2.

Einzelheiten über die Einrichtung eines automatisierten Abrufverfahrens regelt § 6 DSG **28** NRW. § 6 Abs. 1 S. 2 DSG NRW iVm Art. 5 Abs. 1 lit. f DS-GVO stellt sicher, dass technische und organisatorische Maßnahmen zur Gewährleistung der Integrität und Vertraulichkeit getroffen werden. Namentlich ist auf die Protokollierungspflichten hinzuweisen, die es erlauben, die Einhaltung des Datenschutzrechts zu erleichtern (SBK PolG NRW/Braun Rn. 12). Mit den Protokollierungspflichten wird auch darauf reagiert, dass die Verantwortung für die Rechtmäßigkeit des Abrufs beim Datenempfänger liegt (BeckOK PolR Bayern/Aulehner BayPAG Art. 55 Rn. 11). Die Notwendigkeit einer Protokollierung erklärt sich ferner daraus, dass das automatisierte Abrufverfahren mit erheblichen Grundrechtseingriffen einhergeht. Vor diesem Hintergrund sind verfassungsrechtliche Absicherungen erforderlich, welche dem Recht auf informationelle Selbstbestimmung sowie dem Grundrecht auf effektiven Rechtsschutz (Art. 19 Abs. 4 GG) Rechnung tragen. In die Protokollierung müssen diejenigen Angaben aufgenommen werden, die erforderlich sind, um die Berechtigung einer Datenübermittlung überprüfen zu können (vgl. Art. 63 Abs. 2 BayPAG). Eine entsprechende Protokollierungspflicht folgt mittlerweile auch aus Art. 25 JI-RL (Lisken/Denninger PolR-HdB/Petri G Rn. 964; eingehend Piltz NVwZ 2018, 696 ff.). Diese Pflicht hat der nordrhein-westfälische Gesetzgeber in § 55 DSG NRW normiert.

F. Übermittlung von in Akten verbundenen personenbezogenen Daten (Abs. 3)

29   Abs. 3 betrifft Fälle, in denen personenbezogenen Daten, die übermittelt werden dürfen, mit weiteren personenbezogenen Daten der betroffenen Person oder eines Dritten in Akten so verbunden sind, dass eine Trennung nicht oder nur mit einem unverhältnismäßig großen Aufwand möglich ist. Abs. 3 S. 1 erklärt die Übermittlung der verbundenen weiteren personenbezogenen Daten für zulässig, soweit nicht berechtigte Interessen der betroffenen Person oder eines Dritten an der Geheimhaltung offensichtlich überwiegen. Die Daten unterliegen allerdings einem Verwertungsverbot (Abs. 3 S. 2). Dies ist dem Empfänger der übermittelten Daten mitzuteilen (Abs. 3 S. 3). Abs. 3 trägt dem Umstand Rechnung, dass sich bei der Übermittlung die Daten, die übermittelt werden dürfen, nicht immer mit vertretbarem Aufwand von anderen Daten trennen lassen (LT-Drs. 17/2576, 71). Eine Abs. 3 entsprechende Regelung findet sich in § 3 Abs. 2 S. 2, S. 3 DSG NRW.

G. Mitteilung bei unrichtiger oder unrechtmäßiger Datenübermittlung (Abs. 4)

30   Gemäß Abs. 4 bleibt § 54 Abs. 3 S. 2 DSG NRW unberührt. Abs. 4 iVm § 54 Abs. 3 S. 2 DSG NRW erfasst die Fälle unrichtiger oder unrechtmäßiger Datenübermittlung. Gemäß § 54 Abs. 3 S. 2 DSG NRW muss die übermittelnde Stelle dem Datenempfänger in Fällen, in denen unrichtige personenbezogene Daten übermittelt wurden, hierüber eine Mitteilung machen. Eine entsprechende Mitteilungspflicht trifft die übermittelnde Stelle im Fall der unrechtmäßigen Übermittlung personenbezogener Daten. Der Pflicht aus § 26 Abs. 4 iVm § 54 Abs. 3 S. 2 DSG NRW kann die übermittelnde Stelle selbstredend nur nachkommen, wenn ihr bekannt geworden ist, dass personenbezogene Daten unrichtig oder unrechtmäßig übermittelt wurden.

H. Allgemeines Übermittlungsverbot (Abs. 5)

31   Abs. 5 statuiert ein Übermittlungsverbot, das als allgemeine Vorschrift für sämtliche Übermittlungen nach den §§ 27–29 gilt (LT-Drs. 17/2576, 72). Die Übermittlung hat gem. Abs. 5 S. 1 zu unterbleiben, wenn unter Berücksichtigung der Art der Daten und ihrer Erhebung die schutzwürdigen Interessen der betroffenen Person das Allgemeininteresse an der Übermittlung überwiegen oder besondere gesetzliche Verwendungsregelungen entgegenstehen. Die Verpflichtung zur Wahrung gesetzlicher Geheimhaltungspflichten oder besonderer Berufs- oder Amtsgeheimnisse, die nicht auf gesetzlichen Vorschriften beruhen, bleibt von Abs. 5 S. 1 unberührt (Abs. 5 S. 2).

32   Dagegen erfasst Abs. 5 S. 1 diejenigen Fälle, in denen Geheimnisträger iSd § 203 StGB geschützte Daten in Ausübung ihrer Amts- und Berufspflicht der Polizei (rechtmäßig) zugänglich machen. Diesen Trägern von Berufsgeheimnissen steht ein Zeugnisverweigerungsrecht gem. §§ 53, 53a StPO zu (SBK PolG NRW/Braun Rn. 8). Auch Informationen, die die Polizei von **Hilfspersonen** der Berufsträger erhalten hat, werden von Abs. 5 S. 1 erfasst. Ansonsten könnte der mit Abs. 5 beabsichtigte Schutz unterlaufen werden (Lisken/Denninger PolR-HdB/Petri G Rn. 931).

33   Nicht zu den besonderen gesetzlichen Verwendungsregeln iSd Abs. 5 S. 1 gehören die allgemeinen **beamtenrechtlichen Verschwiegenheits- und Geheimhaltungspflichten**, wie sie etwa in § 3b VwVfG. NRW., § 37 BeamtStG niedergelegt sind. Dasselbe gilt für das allgemeine **Datengeheimnis** gem. § 53 BDSG (Kay/Böcking PolR NRW Rn. 201; SBK PolG NRW/Braun Rn. 8). Bei diesen Normen stehen nicht die individuellen Geheimhaltungsinteressen der Betroffenen im Vordergrund, sondern das Vertrauen der Allgemeinheit in die öffentliche Verwaltung (Tegtmeyer/Vahle PolG NRW/Tegtmeyer Rn. 8).

33.1   Als besondere gesetzliche Verwendungsregeln sind zB das Post- und Fernmeldegeheimnis (§ 5 PostG, § 88 TKG), das Steuergeheimnis (§ 30 AO), das Meldegeheimnis (§ 7 BMG), das Sozialgeheimnis (§ 35 SGB I, §§ 67 ff. SGB X) und das Statistikgeheimnis (vgl. § 16 BStatG) zu nennen (Würtenberger/Schenke JZ 1999, 548). **In Ausübung seiner Berufs- oder Amtspflicht** kann der Berufsgeheimnisträger die Daten dann übermitteln, wenn **besondere Vorschriften (zB § 73 SGB X, § 6 IfSG)** dies zulassen. In anderen Fällen wird der Geheimnisträger sich über seine Verschwiegenheitspflicht hinweg-setzen und die geschützten Informationen gegenüber der Polizei insbesondere dann offenlegen, wenn die Voraussetzungen eines **übergesetzlichen Notstands** erfüllt sind und er die Mitteilung zur Abwehr von Gefahren für wesentliche Rechtsgüter als unabdingbar ansieht (Tegtmeyer/Vahle PolG NRW/Tegtmeyer Rn. 9; Tetsch/Baldarelli PolG NRW Erl. 2.2.1). Entscheidend ist, dass die Polizei die Daten vom Berufsgeheimnisträger **auf legalem Weg erlangt** hat. Nur dann dürfen die Daten weiterverarbeitet werden. Offensichtlichen Zweifeln daran, ob der Übermittelnde die Grenzen seiner Geheimhaltungs-pflicht beachtet hat, muss die Polizei nachgehen. Lässt die Rechtmäßigkeit der Datenübermittlung sich nicht klären, so ist die Verarbeitung einzustellen und die Löschung der Daten zu veranlassen (Tetsch/Baldarelli PolG NRW Erl. 2.2.3).

I. Spezielle Übermittlungs- und Verweigerungsgründe (Abs. 6)

Für die Datenübermittlung gem. §§ 27–29 enthält Abs. 6 spezielle Übermittlungs- und **34** Verweigerungsgründe. Die genannten Gründe sind als Prüfungsmaßstab auch für Daten-übermittlungen an Stellen in Mitgliedstaaten der Europäischen Union (§ 28) und an Stellen im internationalen Ausland (§ 29) zugrunde zu legen (LT-Drs. 17/2576, 72). Die Übermittlung unterbleibt, wenn hierdurch **Sicherheitsinteressen des Bundes oder der Länder wesent-lich beeinträchtigt** würden (Nr. 1), hierdurch der **Erfolg laufender Ermittlungen oder Leib, Leben oder Freiheit** einer Person gefährdet würde (Nr. 2) oder soweit Grund zu der Annahme besteht, dass durch sie gegen den **Zweck eines deutschen Gesetzes** versto-ßen würde (Nr. 3). Abs. 6 Nr. 4 schließt die Übermittlung aus, wenn tatsächliche Anhalts-punkte dafür vorliegen, dass die **Datenübermittlung zu den in der EMRK enthaltenen Grundsätzen in Widerspruch** stünde. Hiervon ist insbesondere auszugehen, wenn infolge der Nutzung der übermittelten Daten im Empfängerstaat Verletzungen von elementaren rechtsstaatlichen Grundsätzen oder Menschenrechtsverletzungen drohen. Der Gesetzgeber hat den Untersagungsgrund des Abs. 6 Nr. 4 in das PolG NRW aufgenommen, um Vorgaben des BVerfG zu genügen (LT-Drs. 17/2576, 72). Das BVerfG hatte in seiner Entscheidung zur Verfassungsmäßigkeit des BKAG betont, dass eine Datenübermittlung an Staaten zu unterbleiben hat, wenn zu befürchten ist, dass elementare rechtsstaatliche Grundsätze verletzt werden (BVerfGE 141, 220 (342)). Keinesfalls dürfe der Staat seine Hand zu Verletzungen der Menschenwürde reichen (BVerfGE 141, 220 (342)).

J. Zweckbindung beim Datenempfänger (Abs. 7)

Abs. 7 formt den für die Datenübermittlung geltenden Zweckbindungsgrundsatz gem. **35** § 26 Abs. 1 S. 1 iVm § 23 Abs. 1 weiter aus. Die Norm legt fest, dass der Empfänger die übermittelten personenbezogenen Daten grundsätzlich nur zu dem Zweck nutzen darf, zu dem sie ihm übermittelt worden sind (vgl. Art. 4 Abs. 1 lit. b JI-RL: „festgelegter Zweck"). Abs. 7 S. 1 entspricht § 26 Abs. 4 S. 1 aF. Abs. 7 S. 1 lässt Ausnahmen von dem empfänger-bezogenen Zweckbindungsgrundsatz zu, wenn diese **gesetzlich bestimmt** sind. Entspre-chende Ausnahmen finden sich insbesondere im Sonderordnungsrecht. Darüber hinaus sind gesetzliche Ausnahmen vom Zweckbindungsgrundsatz zugunsten der Verfassungsschutzäm-ter und Nachrichtendienste vorgesehen (zB in § 18 Abs. 1, Abs. 2 BVerfSchG und § 16 Abs. 1 VSG NRW; zu diesem Themenkreis s. Lisken/Denninger PolR-HdB/Petri G Rn. 983 ff.).

Die Polizei ist regelmäßig nicht in der Lage zu kontrollieren, ob der Empfänger den Zweckbindungs- **35.1** grundsatz einhält. Das gilt insbesondere in Fällen, in denen Daten an Private übermittelt werden, sowie für die Datenübermittlung an ausländische Stellen, die ggf. ein anderes Verständnis davon haben, was öffentliche Sicherheit bedeutet. Hat die Polizei begründete Zweifel daran, dass der Zweckbindungs-grundsatz beachtet wird, so darf sie die Daten nicht übermitteln (Tetsch/Baldarelli PolG NRW Erl. 2.1.2).

Eine Verarbeitung der übermittelten Daten zu anderen Zwecken ist unter Beachtung des **36** § 23 zulässig (Abs. 7 S. 2). Dementsprechend muss künftig auch die empfangende Stelle den **Grundsatz der hypothetischen Datenneuerhebung** beachten, wenn sie personenbezo-gene Daten zu anderen Zwecken, als zu denen die Daten übermittelt worden sind, weiterver-arbeiten will (LT-Drs. 17/2576, 72). Abs. 7 S. 3 macht die zweckändernde Nutzung von Daten, die aus Maßnahmen nach § 18 (Datenerhebung durch den verdeckten Einsatz technischer Mittel in oder aus Wohnungen) stammen, von der ausdrücklichen Zustimmung der übermittelnden Stelle abhängig. Ausländische öffentliche Stellen im Bereich der Europäischen Union und deren Mitgliedstaaten und Drittstaaten und internationale Organisationen sowie Personen und Stellen außerhalb des öffentlichen Bereichs sind bei der Datenübermittlung darauf hinzuweisen (Abs. 7 S. 4).

36.1   Der Gesetzgeber hat davon abgesehen, die Hinweispflicht gem. Abs. 7 S. 4 auch für die Übermittlung personenbezogener Daten an inländische öffentliche Stellen vorzusehen. Offenbar ist er davon ausgegangen, dass diese Stellen die Rechtslage kennen und Abs. 7 S. 3 beachten werden (SBK PolG NRW/ Braun Rn. 13). Abs. 7 S. 4 zielt darauf ab, dass der Empfänger nicht mehr „in gutem Glauben" von den Daten Gebrauch machen kann, sobald der Hinweis erteilt worden ist. Damit sollen weitere Datenübermittlungen unterbunden werden (Tegtmeyer/Vahle PolG NRW/Tegtmeyer Rn. 16). Durch den Hinweis gem. Abs. 7 S. 4 sollen auch die Nachteile so weit wie möglich ausgeglichen werden, die sich für den Betroffenen daraus ergeben, dass das deutsche Recht für ausländische Empfängerstellen nicht gilt. Wenn es zu regelmäßigen Kontakten mit der ausländischen Empfängerstelle kommt, kann es geboten sein, dass die übermittelnde Polizeidienststelle ein Merkblatt über die sich aus der Zweckbindung der Daten folgenden Pflichten erstellt (Tetsch/Baldarelli PolG NRW Erl. 3.2.2; vgl. Ebert/ Seel ThürPAG, 7. Aufl. 2016, ThürPAG § 41 Rn. 19).

36.2   Ist der Hinweis gem. Abs. 7 S. 4 unterblieben, so führt dies nicht zur Rechtswidrigkeit der Datenübermittlung. Die Regelung ist eine bloße **Ordnungsvorschrift**. Ein Verstoß gegen die Hinweispflicht bleibt jedoch nicht immer folgenlos. Zu denken ist insbesondere an eine **schadensersatzauslösende Amtspflichtverletzung** (§ 839 BGB iVm Art. 34 GG) des übermittelnden Polizeibeamten (SBK PolG NRW/Braun Rn. 13).

37   Gemäß § 9 Abs. 1 S. 1 DSG NRW dürfen personenbezogene Daten durch öffentliche Stellen auch zur Wahrnehmung von **Aufsichts- und Kontrollbefugnissen, zur Rechnungsprüfung oder zur Durchführung von Organisationsuntersuchungen** verarbeitet werden. Hierbei handelt es sich um eine zulässige Abweichung vom Zweckbindungsgrundsatz. Die Norm wird vor allem bei der Wahrnehmung von Berichtspflichten gegenüber vorgesetzten Dienststellen der Polizei praktisch relevant. Privilegiert ist auch die Datenübermittlung, die zu Ausbildungs- und Prüfungszwecken erfolgt (§ 9 Abs. 1 S. 2 DSG NRW). Dieser Ausnahmetatbestand ist zB einschlägig, wenn eine Polizeibehörde personenbezogene Daten zu Ausbildungszwecken an die Fachhochschule für öffentliche Verwaltung des Landes Nordrhein-Westfalen übermittelt. § 9 Abs. 1 S. 2 DSG NRW trägt dem Umstand Rechnung, dass für die Ausbildung oftmals Echtdaten benötigt werden (Tetsch/Baldarelli PolG NRW Erl. 2.1.2).

K. Andere Rechtsvorschriften für die Datenübermittlung (Abs. 8)

38   Gemäß Abs. 8 bleiben andere Rechtsvorschriften für die Datenübermittlung unberührt. Angesprochen sind damit Übermittlungsvorschriften wie § 163 Abs. 2 StPO, §§ 87 ff. AufenthG, § 10 ff. AZRG, §§ 30, 35, 52 StVG, § 22 Abs. 2 PaßG, §§ 31, 32, 41 BZRG, §§ 71 ff. SGB X (vgl. BeckOK PolR Bayern/Aulehner BayPAG Art. 55 Rn. 28). Die Gesetzgebungsmaterialien weisen insbesondere darauf hin, dass auch die Geltung besonderer Übermittlungsregelungen im Bereich von **Sicherheits- und Zuverlässigkeitsüberprüfungen** über **OSIP** (Online-Sicherheitsprüfungen) und die Schnittstelle **SIPOL** durch die §§ 26 ff. nicht eingeschränkt wird (LT-Drs. 17/2576, 72).

38.1   Personen, die Zutritt zu sicherheitsrelevanten Bereichen etwa in Flughäfen oder Atomanlagen erhalten sollen, müssen sich zuvor einer Sicherheitsüberprüfung unterziehen (vgl. § 7 LuftSiG, § 12b AtG). Das IT-Verfahren OSiP unterstützt den umfangreichen Prozess der Sicherheits- und Zuverlässigkeitsüberprüfungen, insbesondere den elektronischen Austausch aller beteiligten Behörden und sonstigen Stellen (Rodorf, Polizeiliches Grundlagenwissen für Studium und Praxis, Rn. 01.9).

L. Rechtsschutz

39   Wendet sich der Betroffene gegen die Übermittlung personenbezogener Daten, so ist der Verwaltungsrechtsweg (§ 40 Abs. 1 S. 1 VwGO) eröffnet. Die Übermittlung darf allerdings nicht auf der Grundlage des § 26 erfolgen, der nur allgemeine Grundsätze für die Datenübermittlung festlegt (BeckOK PolR Nds/Graf NPOG § 40 Rn. 46). Sollte die beabsichtigte

Datenübermittlung gegen Vorgaben des § 26 verstoßen, kann der Betroffene eine auf Unterlassung der Übermittlung gerichtete **allgemeine Leistungsklage** erheben. Ist die Übermittlung bereits erfolgt, so handelt es sich bei der **allgemeinen Feststellungsklage** nach § 43 Abs. 1 Alt. 1 VwGO um den statthaften Rechtsbehelf (BeckOK PolR Nds/Graf NPOG § 40 Rn. 48).

II. Datenübermittlung durch die Polizei

§ 27 Datenübermittlung im innerstaatlichen Bereich

(1) ¹Zwischen Polizeibehörden können personenbezogene Daten übermittelt werden, soweit dies zur Erfüllung ihrer Aufgaben oder der des Empfängers erforderlich ist. ²Eine Übermittlung zu einem anderen Zweck als dem, zu dem die Daten erlangt oder gespeichert worden sind, ist für die nach § 11 erhobenen Daten nicht zulässig.

(2) Die Polizei kann an andere als die in Absatz 1 genannten Behörden und sonstige öffentliche Stellen personenbezogene Daten übermitteln, soweit dies
1. in anderen Rechtsvorschriften vorgesehen ist oder
2. a) zur Erfüllung polizeilicher Aufgaben,
   b) zur Abwehr einer Gefahr durch die empfangende Stelle,
   c) auf Grund tatsächlicher Anhaltspunkte zur Wahrnehmung einer sonstigen Gefahrenabwehraufgabe durch die empfangende Stelle,
   d) zur Verhütung oder Beseitigung erheblicher Nachteile für das Gemeinwohl oder
   e) zur Verhütung oder Beseitigung einer schwer wiegenden Beeinträchtigung der Rechte einer Person
erforderlich ist.

(3) Die Polizei kann personenbezogene Daten an Personen oder Stellen außerhalb des öffentlichen Bereichs übermitteln, soweit dies
1. gemäß Absatz 2 Nummer 2 Buchstabe a, b, d oder e erforderlich ist,
2. die oder der Auskunftsbegehrende ein rechtliches Interesse an der Kenntnis der zu übermittelnden Daten glaubhaft macht und kein Grund zu der Annahme besteht, dass das Geheimhaltungsinteresse der betroffenen Person überwiegt oder
3. der oder die Auskunftsbegehrende ein berechtigtes Interesse geltend macht und offensichtlich ist, dass die Datenübermittlung im Interesse der betroffenen Person liegt und sie in Kenntnis der Sachlage ihre Einwilligung hierzu erteilen würde.

Überblick

Abs. 1 regelt die Datenübermittlung im innerstaatlichen Bereich und entspricht dem bisherigen § 27 Abs. 1 aF. Abs. 2 und Abs. 3 fassen die Übermittlungsregelungen in § 28 Abs. 2 und Abs. 3 aF, § 29 Abs. 1 und Abs. 2 aF zusammen. Sie verzichten dabei auf eine Unterscheidung zwischen der Übermittlung auf Veranlassung der Polizei bzw. auf Ersuchen einer anderen Stelle, wie sie für das bisherige Recht prägend war (LT-Drs. 17/2576, 72). Die in § 27 Abs. 2 aF enthaltene Verordnungsermächtigung hat der Gesetzgeber gestrichen, da für sie nach der Neufassung der §§ 28 und 29 kein praktischer Anwendungsbereich mehr besteht (LT-Drs. 17/2576, 72). Gemäß § 24 Nr. 10 NRWOBG gilt § 27 entsprechend auch für die Ordnungsbehörden. Mit Abs. 1 vergleichbare Regelungen über die Datenübermittlung zwischen Polizeibehörden finden sich in den Polizeigesetzen von Baden-Württemberg, Bayern, Hessen und Niedersachsen (§ 42 BWPolG, Art. 56 Abs. 1 Nr. 1 BayPAG, § 22 Abs. 1 HSOG, § 41 NPOG). Regelungen zur Datenübermittlung an andere öffentliche Stellen, wie sie Abs. 2 trifft, sind zB in Art. 56 Abs. 1 Nr. 2 und Nr. 3 BayPAG und § 43 Abs. 1

NPOG enthalten. Mit Abs. 3 (Datenübermittlung an Personen oder Stellen außerhalb des öffentlichen Bereichs) vergleichbar sind zB Art. 59 BayPAG und § 44 NPOG.

Übersicht

A. Grundlagen

1   Werden Daten übermittelt, so greift dieser Vorgang in das aus Art. 2 Abs. 1 GG iVm Art. 1 Abs. 1 GG folgende **Recht auf informationelle Selbstbestimmung** ein. Der Grundrechtseingriff ergibt sich daraus, dass die Datenübermittlung den Kreis derjenigen erweitert, die von den Daten Kenntnis haben und sie für ihre Zwecke verwenden können. Als grundrechtseinschränkende Maßnahme bedarf die Datenübermittlung einer tauglichen Ermächtigungsgrundlage. Diese hat der Landesgesetzgeber mit der Regelung in § 27 geschaffen. Für den Datenaustausch zwischen Polizeibehörden (Abs. 1) legt das Gesetz wesentlich geringere Voraussetzungen fest als für die Übermittlung von Daten an andere öffentliche Stellen (vgl. Abs. 2) bzw. an Personen oder Stellen außerhalb des öffentlichen Bereichs (vgl. Abs. 3). In diesem Sinne ist die Datenübermittlung zwischen Polizeibehörden privilegiert (vgl. Ebert/Seel ThürPAG, 6. Aufl. 2012, ThürPAG § 41 Rn. 1).

2   Bei der Datenübermittlung nach § 27 sind die in § 26 niedergelegten Grundsätze zu beachten (SBK PolG NRW/Braun Rn. 1 f.). Aus § 5 Abs. 6 DSG NRW folgt, dass § 27 gegenüber den Vorschriften des DSG NRW vorrangig ist (vgl. Ebert/Seel ThürPAG, 6. Aufl. 2012, ThürPAG § 41 Rn. 2; HHPM BPolG/Mehrings BPolG § 32 Rn. 4). Dagegen wird Abs. 1 bei der Datenübermittlung im Rahmen einer polizeilichen Beobachtung von der speziellen Regelung des § 21 Abs. 2 verdrängt (Kay/Böcking PolR NRW Rn. 204).

B. Datenübermittlung zwischen Polizeibehörden (Abs. 1)

3   Abs. 1 S. 1 gestattet die Übermittlung personenbezogener Daten zwischen Polizeibehörden. Voraussetzung hierfür ist, dass die Datenübermittlung zur Erfüllung der Aufgaben der übermittelnden Polizeibehörden oder der des Empfängers erforderlich ist. Erfolgt die Übermittlung zu einem anderen Zweck als dem, zu dem die Daten erlangt oder gespeichert worden sind, so ist Abs. 1 S. 2 zu beachten.

I. Polizeibehörden

Wenn in Abs. 1 S. 1 von „Polizeibehörden" die Rede ist, so sind damit zunächst die in **4** § 2 POG NRW genannten Polizeibehörden im formell-organisatorischen Sinne angesprochen. In den Anwendungsbereich der Norm fallen somit das Landeskriminalamt, das Landesamt für Zentrale Polizeiliche Dienste, das Landesamt für Ausbildung, Fortbildung und Personalangelegenheiten und als Kreispolizeibehörden die Polizeipräsidien in Polizeibezirken mit mindestens einer kreisfreien Stadt sowie die Landrätinnen oder Landräte, soweit das Kreisgebiet nach § 2 Abs. 2 POG NRW einen Polizeibezirk bildet.

Der Begriff der Polizeibehörden iSd Abs. 1 S. 1 erfasst darüber hinaus die **Polizeibehör- 5 den im funktionalen Sinne.** Dies ergibt sich aus § 1 Abs. 2 VwVfG. NRW., dem zufolge über die Qualifikation als Behörde nicht die organisationsrechtliche Zuordnung einer Stelle, sondern die von ihr wahrgenommene Aufgabe entscheidet (vgl. Tegtmeyer/Vahle PolG NRW/Tegtmeyer Rn. 5). Polizeibehörden iSd Abs. 1 S. 1 sind dementsprechend **sämtliche Dienststellen einer öffentlich-rechtlichen Körperschaft, die innerhalb des Bundesgebiets zumindest auch vollzugspolizeiliche Aufgaben wahrnehmen** (SBK PolG NRW/Braun Rn. 5; Schmidbauer/Steiner/Schmidbauer BayPAG Art. 40 Rn. 6; BeckOK PolR Bayern/Aulehner BayPAG Art. 56 Rn. 6). Das funktionale Begriffsverständnis trägt den unterschiedlichen Behördenorganisationen in Bund und Ländern Rechnung. Zu den Polizeibehörden iSd Abs. 1 S. 1 gehören somit auch die **Polizeidienststellen anderer Bundesländer sowie des Bundes.** Zu den Polizeibehörden des Bundes zählen insbesondere das **Bundeskriminalamt,** die Dienststellen der **Bundespolizei** sowie der **Polizeivollzugsdienst des Deutschen Bundestages** (BKK BayPAG Art. 40 Rn. 4; Meixner/Fredrich HSOG § 22 Rn. 5; Hornmann HSOG § 22 Rn. 8). Ob die Dienststellen, die Informationen übermitteln bzw. empfangen, demselben behördlichen Instanzenzug angehören, ist im Hinblick auf § 27 unerheblich. Ferner spielt es keine Rolle, unter welchem „Briefkopf" die Behörden auftreten. So erfasst Abs. 1 S. 1 auch die Übermittlung von Daten zwischen zwei angrenzenden Polizeiinspektionen, die zu unterschiedlichen Kreispolizeibehörden gehören (SBK PolG NRW/Braun Rn. 3; Tegtmeyer/Vahle PolG NRW/Tegtmeyer Rn. 2).

Auf der Grundlage des Abs. 1 S. 1 können Daten auch an **Polizeieinrichtungen** (vgl. **6** § 4 POG NRW) übermittelt werden. In Nordrhein-Westfalen gibt es derzeit nur eine Polizeieinrichtung, nämlich die **Deutsche Hochschule der Polizei** in Münster. Voraussetzung für die Datenübermittlung an eine Polizeieinrichtung ist, dass die Einrichtung eine Polizeibehörde bei der Erfüllung ihrer Aufgaben unterstützt (Nr. 27.1 VVPolG NRW). Ferner ist eine Übermittlung von Daten statthaft, wenn die Polizeieinrichtung ihre Gebäude oder Liegenschaften zu sichern hat und zu diesem Zweck bestimmte Informationen benötigt. Im Einzelfall darf eine Datenübermittlung an eine Polizeieinrichtung auch dann vorgenommen werden, wenn die in der Einrichtung tätigen Polizeivollzugsbeamten **Maßnahmen im ersten Zugriff gem. § 7 Abs. 3 POG NRW** getroffen haben und die Datenübermittlung zur Abwicklung des Falles erforderlich ist (Tegtmeyer/Vahle PolG NRW/Tegtmeyer Rn. 3). Im Übrigen können Datenübermittlungen von einer Polizeibehörde an Polizeieinrichtungen unter den Voraussetzungen des Abs. 2 erfolgen.

Nicht von Abs. 1 S. 1 erfasst ist die Datenübermittlung an **Verfassungsschutzämter** und **7 Nachrichtendienste.** Das Bundesamt für Verfassungsschutz, der Bundesnachrichtendienst und der Militärische Abschirmdienst sind nicht als Polizeibehörden einzustufen. Insoweit kommt das Prinzip der **Trennung von Polizei und Nachrichtendiensten** zum Tragen, dem zufolge die Aufgaben der allgemeinen Polizei und die Aufklärung extremistischer Bestrebungen durch verschiedene, organisatorisch voneinander getrennte Behörden wahrgenommen werden sollen (Lisken/Denninger PolR-HdB/Petri G Rn. 983; Hornmann HSOG § 22 Rn. 8; Kay/Böcking PolR NRW Rn. 204). Das Bundesamt für Verfassungsschutz ist gem. § 2 Abs. 1 S. 1 BVerfSchG eine Bundesoberbehörde im Geschäftsbereich des Bundesministeriums des Innern. Gemäß § 2 Abs. 1 S. 2 BVerfSchG darf es organisatorisch einer Polizeidienststelle nicht angegliedert sein. Gleiches gilt für den Bundesnachrichtendienst. Dieser ist gem. § 1 Abs. 1 BNDG ebenfalls eine Bundesoberbehörde, jedoch im Geschäftsbereich des Bundeskanzleramts. Der Militärische Abschirmdienst ist eine Dienststelle im Ressort des Bundesministeriums der Verteidigung, die gem. § 1 Abs. 4 MADG ebenfalls keiner Polizeidienststelle angegliedert werden darf. Datenübermittlungen an die Nachrichtendienste sind auf der Grundlage von Abs. 1 nicht zulässig. In Betracht kommt allenfalls eine Datenübermittlung gem. Abs. 2.

8   Hinsichtlich des nordrhein-westfälischen **Innenministeriums** ist wie folgt zu unterscheiden: Werden dem Innenministerium in seiner Eigenschaft als Aufsichtsbehörde personenbezogene Daten übermittelt, so greift § 9 Abs. 1 S. 1 DSG NRW ein (vgl. Tetsch/Baldarelli PolG NRW Erl. 2.2.). Danach ist die Übermittlung personenbezogener Daten an öffentliche Stellen zulässig, soweit sie der **Wahrnehmung von Aufsichts- und Kontrollbefugnissen** dient. Vor diesem Hintergrund bedarf es keines Rückgriffs auf § 27, wenn nachgeordnete Polizeibehörden gegenüber dem Ministerium den im Rahmen der Dienst- und Fachaufsicht bestehenden Meldepflichten nachkommen (Tegtmeyer/Vahle PolG NRW/Tegtmeyer Rn. 4).

9   Soweit die **Datenübermittlung nicht zu Aufsichts- und Kontrollzwecken** erfolgt, ist § 9 Abs. 1 S. 1 DSG NRW nicht einschlägig. Gemäß Abs. 1 kann die Datenübermittlung in einem solchen Fall nur zulässig sein, wenn es sich bei dem Innenministerium um eine Polizeibehörde handelt. Das erscheint zweifelhaft, weil § 2 Abs. 1 POG NRW das Innenministerium nicht zu den Polizeibehörden zählt. Auf der anderen Seite entspricht es in vielfältigen Zusammenhängen der polizeilichen Praxis, dass die Kommunikation zwischen Verwaltungsträgern über die Spitze des behördlichen Instanzenzuges erfolgt. Mit Blick auf diese Kommunikationsprozesse soll das Innenministerium als Polizeibehörde iSd Abs. 1 zu qualifizieren sein (Tegtmeyer/Vahle PolG NRW/Tegtmeyer Rn. 4; SBK PolG NRW/Braun Rn. 5; Tetsch/Baldarelli PolG NRW Erl. 2.2.).

II. Zulässige Formen der Datenübermittlung

10   Der Wortlaut des Abs. 1 unterscheidet nicht danach, ob die Polizeibehörde die Übermittlung von sich aus oder auf ein entsprechendes Ersuchen hin vornimmt. Dementsprechend erfasst Abs. 1 S. 1 sowohl die **Initiativ- als auch die Anlassübermittlung** (BeckOK PolR Bayern/Aulehner BayPAG Art. 56 Rn. 2).

III. Zur Erfüllung einer polizeilichen Aufgabe erforderlich

11   Gemäß Abs. 1 S. 1 dürfen Daten zwischen Polizeibehörden nur übermittelt werden, wenn dies zur Erfüllung ihrer Aufgaben oder der des Empfängers erforderlich ist. Ob die Datenübermittlung in Bezug auf die Erfüllung einer polizeilichen Aufgabe als erforderlich anzusehen ist, bestimmt sich für die nordrhein-westfälischen Polizeibehörden anhand der **Zuständigkeitsvorschrift des § 1 Abs. 1–4** (Tegtmeyer/Vahle PolG NRW/Tegtmeyer Rn. § 27 Rn. 1). Für die Polizeibehörden des Bundes und der anderen Länder ist die Aufgabenzuweisung nach dem Bundes- oder dem jeweiligen Landesrecht ausschlaggebend. Der Wortlaut stellt klar, dass die Datenübermittlung für die übermittelnde oder die empfangende Polizeibehörde zur Erfüllung ihrer Aufgaben erforderlich sein muss. Folglich ist davon auszugehen, dass in beiden Fällen eine Übermittlung in Betracht kommt (HHPM BPolG/ Mehrings BPolG § 32 Rn. 11).

12   Eine Datenübermittlung gem. Abs. 1 S. 1 kann nur im Rahmen **präventiv-polizeilicher Tätigkeit** erfolgen. Nicht erfasst ist die **Übermittlung von Daten zu Zwecken der Strafverfolgung.** Insoweit sind die Befugnisnormen des Strafprozessrechts – insbesondere die §§ 161, 163 StPO – einschlägig (SBK PolG NRW/Braun Rn. 6; Ebert/Seel ThürPAG, 6. Aufl. 2012, ThürPAG § 41 Rn. 4). Sonderregelungen über die Zulässigkeit und Grenzen einer Übermittlung der nach §§ 483–485 StPO gespeicherten Daten trifft § 477 StPO.

12.1   Für den internationalen Informationsaustausch gelten §§ 28, 29 sowie die gegenüber diesen Regelungen vorrangigen (vgl. § 26 Abs. 8) Spezialgesetze. Zu erwähnen ist zB das **IRG** (Gesetz über die internationale Rechtshilfe in Strafsachen v. 27.6.1994, BGBl. I 1537). Maßgeblich für die polizeiliche Praxis sind neben dem IRG insbesondere die **RiVASt** (Richtlinien für den Verkehr mit dem Ausland in strafrechtlichen Angelegenheiten v. 19.12.2012, BAnz. 1984, 10550). Weitere Regelungen über einen internationalen Informationsaustausch enthält das **SDÜ** (Schengener Durchführungsübereinkommen v. 19.6.1990, ABl. 2000 L 239, 19).

Die Übermittlung muss zur Erfüllung polizeilicher Aufgaben **erforderlich** sein. Abs. 1 **13** stellt für die Übermittlung zwischen Polizeibehörden auf denselben Maßstab ab wie Abs. 2, welcher die Übermittlung von personenbezogenen Daten an andere als die in Abs. 1 genannten Behörden und sonstige öffentliche Stellen regelt (anders die Vorgängervorschrift zu Abs. 2 in § 28 Abs. 2 aF: „erforderlich erscheint"). Die Erforderlichkeit der Datenerhebung ist von der übermittelnden Stelle zu beurteilen (vgl. § 26 Abs. 2 S. 2; Art. 4 Abs. 4 JI-RL – RL (EU) 2016/680 v. 27.4.2016, ABl. 2016 L 119, 89; sa SBK PolG NRW/Braun Rn. 4). Es reicht nicht aus, dass die personenbezogenen Daten sich generell als zur Erfüllung polizeilicher Aufgaben geeignet oder zweckmäßig darstellen. Erforderlich ist die Datenübermittlung vielmehr nur dann, **wenn die übermittelnde bzw. die empfangende Polizeibehörde ihre Aufgabe ohne die Datenübermittlung überhaupt nicht, nicht in vollem Umfang, nicht rechtzeitig oder nicht in rechtmäßiger Weise wahrnehmen kann.** Nach diesen Maßstäben ist die Datenübermittlung zB erforderlich, wenn eine Polizeibehörde zum Handeln verpflichtet, ohne Kenntnis der Daten jedoch zum Einschreiten nicht in der Lage ist (Tetsch/Baldarelli PolG NRW Erl. 3.1; Roos/Lenz RhPfPOG § 34 Rn. 5).

Zu bedenken ist bei der Erforderlichkeitsprüfung vor allem, ob die Übermittlung aller vorhandenen **13.1** Daten in allen Details notwendig ist. Unter Umständen kann es zB ausreichen, nur zu übermitteln, dass die betroffene Person bereits einmal gewalttätig war, die jeweiligen Anlässe und Umstände aber wegzulassen (BeckOK PolR Bayern/Aulehner BayPAG Art. 56 Rn. 8a).

Erforderlich kann die Datenübermittlung auch in Situationen sein, in denen lediglich **14** eine **abstrakte Gefährdungssituation** vorliegt. Dies gilt insbesondere für den Bereich der vorbeugenden Verbrechensbekämpfung. Da eine konkrete Gefahr nicht vorausgesetzt wird, kann die Datenübermittlung auch bei Wahrnehmung von **Daueraufgaben** erforderlich sein (Tetsch/Baldarelli PolG NRW Erl. 3.1). Nicht zulässig ist hingegen eine Datenübermittlung, die **rein vorsorglich** in Erwartung späterer Gefahrensituationen erfolgt (VG Lüneburg ZD 2018, 286 (287)). Abs. 1 erfasst keine **Datenübermittlung „auf Vorrat"** (vgl. Schmidbauer/Steiner/Schmidbauer BayPAG Art. 40 Rn. 5; Ebert/Seel ThürPAG, 6. Aufl. 2012, ThürPAG § 41 Rn. 4; BKK BayPAG Art. 40 Rn. 4; HHPM BPolG/Mehrings BPolG § 32 Rn. 11).

Ob die Datenübermittlung erforderlich ist, muss stets unter Beachtung des **Verhältnismä-** **15** **ßigkeitsprinzips** (vgl. § 2) ermittelt werden. Dabei ist den einer Übertragung ggf. entgegenstehenden Interessen des Betroffenen angemessen Rechnung zu tragen. insbesondere ist zu prüfen, ob schonendere Mittel als die Datenübermittlung zur Verfügung stehen und in welchem Umfang eine Übermittlung geboten ist (vgl. Art. 4 Abs. 2 JI-RL; BeckOK PolR Bayern/Aulehner BayPAG Art. 56 Rn. 8a; Kay/Böcking PolR NRW Rn. 204; Hornmann HSOG § 22 Rn. 7). Vor diesem Hintergrund ist das Merkmal der Erforderlichkeit nicht als selbstständiges Tatbestandsmerkmal, sondern als Ausprägung des in § 2 verankerten Verhältnismäßigkeitsprinzips zu qualifizieren (Roos/Lenz RhPfPOG § 34 Rn. 5; BeckOK PolR Bayern/Aulehner BayPAG Art. 56 Rn. 8). Für die Übermittlung besonderer Kategorien personenbezogener Daten (vgl. § 36 Nr. 18 DSG NRW: zB genetische Daten) gelten besonders strenge Verhältnismäßigkeitsanforderungen. Die Übermittlung solcher Daten ist gem. § 45 Abs. 1 DSG NRW nur zulässig, wenn sie zur Aufgabenerfüllung **unbedingt erforderlich** ist (vgl. Art. 10 JI-RL).

Werden Daten von einer an sich **unzuständigen Stelle** übermittelt, so hat dies grundsätz- **16** lich nicht die Rechtswidrigkeit der Datenübermittlung zur Folge. Die Datenübermittlung verletzt in diesen Fällen daher nicht das Recht des Betroffenen auf informationelle Selbstbestimmung (Art. 2 Abs. 1 GG iVm Art. 1 Abs. 1 GG). Etwas anderes soll gelten, wenn eine Behörde, die unter keinem denkbaren Gesichtspunkt für das Verwaltungshandeln zuständig sein kann, die Übermittlung vornimmt (Ebert/Seel ThürPAG, 6. Aufl. 2012, ThürPAG § 41 Rn. 6).

IV. Zweckänderungsverbot (Abs. 1 S. 2)

Von der Zulässigkeit der mit einer Zweckänderung einhergehenden Übermittlung gem. **17** § 26 Abs. 1 S. 1 iVm § 23 Abs. 2 hat der Gesetzgeber in Abs. 1 S. 2 eine Ausnahme für die nach § 11 erhobenen Personaldaten **zur Vorbereitung für die Hilfeleistung und das Handeln in Gefahrenfällen** vorgesehen. Diese Ausnahme soll sich aus der erhöhten Schutzbedürftigkeit der betreffenden Daten rechtfertigen (SBK PolG NRW/Braun Rn. 7). Daten, die nach § 11 erhoben wurden, dürfen nur unter Zweckwahrung an eine andere Polizeibehörde weitergeleitet werden. Unter Rückgriff auf Abs. 1 kann eine Polizeibehörde zB bei einem schweren Verkehrsunfall die Daten von Abschleppunternehmern aus dem Zuständigkeitsbereich einer angrenzenden Polizeibehörde anfordern, um die Unfallstelle räumen zu lassen (Tegtmeyer/Vahle PolG NRW/Tegtmeyer Rn. 8).

C. Datenübermittlung an andere als die in Abs. 1 genannten Behörden und sonstige öffentliche Stellen (Abs. 2)

18   Nach Maßgabe des Abs. 2 kann die Polizei personenbezogene Daten an andere als die in Abs. 1 genannten Behörden übermitteln. Darüber hinaus kommt eine Datenübermittlung an sonstige öffentliche Stellen in Betracht. Die Norm verzichtet auf eine Unterscheidung hinsichtlich einer Übermittlung auf Veranlassung der Polizei bzw. auf Ersuchen der empfangenden Behörde oder öffentlichen Stelle (vgl. LT-Drs. 17/2576, 72).

I. Begriff der öffentliche Stelle

19   Unter einer **(Dienst-) Stelle** ist eine organisatorisch selbstständige Verwaltungseinheit zu verstehen, der erkennbar ein örtlich und sachlich bestimmtes Aufgabengebiet zugewiesen ist (BVerwGE 8, 147 (148); 9, 235 (237)). Der Begriff kann sowohl eine Behörde iSd § 1 Abs. 2 VwVfG. NRW. als auch Teile einer Behörde kennzeichnen.

20   Ausgangspunkt für die Qualifikation einer Stelle als **öffentlich** ist § 36 Nr. 20 DSG NRW. Danach zählen zu den öffentlichen Stellen die Behörden, die Organe der Rechtspflege und andere öffentlich-rechtlich organisierte Einrichtungen eines Landes, einer Gemeinde, eines Gemeindeverbandes oder sonstiger der Aufsicht des Landes unterstehender juristischer Personen des öffentlichen Rechts sowie deren Vereinigungen ungeachtet ihrer Rechtsform. Organisationsbezogene Überlegungen legen es nahe, eine Stelle dann als öffentlich zu qualifizieren, wenn sie auf der Grundlage der Verfassung oder einer sonstigen öffentlich-rechtlichen Norm als Teil einer juristischen Person des öffentlichen Rechts geschaffen wurde (Tetsch/Baldarelli PolG NRW § 28 Erl. 1.2., 1.2.1). Eine derartige Deutung des Begriffs „öffentlich" wird allerdings der Vielgestaltigkeit der Organisationsformen öffentlicher Verwaltung kaum gerecht. Vorzugswürdig ist daher eine **funktionsbezogene Deutung** (Gola/Heckmann/Starnecker BDSG § 3 Rn. 19). Danach ist eine Stelle öffentlich, **wenn sie mit Hoheitsbefugnissen ausgestattet ist und Tätigkeiten der öffentlichen Verwaltung ausübt.** Die Frage, ob die Stelle einer juristischen Person des Zivilrechts oder einer solchen des öffentlichen Rechts zugeordnet ist, spielt für die funktionsbezogene Deutung des Merkmals „öffentlich" keine Rolle.

21   Im Bereich der Exekutive zählen zu den öffentlichen Stellen die Verwaltungseinheiten auf **Bundes- und Landesebene.** Öffentliche Stellen können nicht nur bei (Gebiets-) Körperschaften, sondern auch bei Anstalten und Stiftungen eingerichtet sein (Tetsch/Baldarelli PolG NRW § 28 Erl. 1.1). Die Norm erfasst auch **Stellen der Kommunalverwaltung** und die **Eigenbetriebe** der Gemeinden (vgl. Tegtmeyer/Vahle PolG NRW/Tegtmeyer § 28 Rn. 1). **Gesetzgebungsorgane** wie Bundestag und Bundesrat, der Vermittlungsausschuss sowie die Landtage sind als öffentliche Stellen anzusehen, **soweit sie nicht gesetzgeberisch tätig werden, sondern Aufgaben der öffentlichen Verwaltung erfüllen.** Das ist zB der Fall bei der Verhängung von Hausverboten oder der Abwicklung des inneren Dienstes (Tetsch/Baldarelli PolG NRW § 28 Erl. 1.2.3; aA offenbar Roos/Lenz RhPfPOG § 34 Rn. 6). Im Hinblick auf Gerichte gilt: Aus § 2 Abs. 1 und Abs. 2 BDSG folgt, dass **Gerichte in Ausübung ihrer rechtsprechenden Tätigkeit** zu den öffentlichen Stellen gehören. Die Norm zählt die Organe der Rechtspflege ausdrücklich zu den öffentlichen Stellen des Bundes bzw. der Länder. Soweit sie Verwaltungsaufgaben wahrnehmen, stehen die Gerichte den Behörden gleich. Folglich unterfallen sie auch in dieser Hinsicht dem Begriff der öffentlichen Stellen (Tetsch/Baldarelli PolG NRW § 28 Erl. 1.2.3). Der Begriff der öffentlichen Stellen erstreckt sich ferner auf **Beliehene,** wie zB den TÜV und die freiwilligen Feuerwehren. Keine öffentlichen Stellen sind die **korporierten Religionsgemeinschaften** und die **öffentlich-rechtlichen Sparkassen** (SBK PolG NRW/Braun § 28 Rn. 2; Lisken/Denninger PolR-HdB/Petri G Rn. 989; Roos/Lenz RhPfPOG § 34 Rn. 6).

II. Im innerstaatlichen Bereich

Ob eine Datenübermittlung im innerstaatlichen Bereich erfolgt, darf nicht anhand von **22** geographischen Kriterien beurteilt werden. Entscheidend ist eine **hoheitsrechtliche Betrachtungsweise.** Maßgeblich ist also nicht der Sitz der jeweiligen Stelle, sondern die Frage nach der Ausübung deutscher Staatsgewalt sowie nach der Grundrechtsbindung. Vor diesem Hintergrund ist es ohne Belang, dass die deutschen Botschaften im Ausland tätig sind. Werden Daten an sie übermittelt, so handelt es sich um eine Datenübermittlung im innerstaatlichen Bereich (vgl. Hornmann HSOG § 22 Rn. 27; Tetsch/Baldarelli PolG NRW § 28 Erl. 2.1; Tegtmeyer/Vahle PolG NRW/Tegtmeyer § 28 Rn. 1). Umgekehrt unterfallen die Botschaften und Konsulate ausländischer Staaten nicht deshalb dem Anwendungsbereich des Abs. 2, weil sie ihren Sitz in Deutschland haben.

III. Übermittlung in anderen Rechtsvorschriften zugelassen (Abs. 2 Nr. 1)

Zulässig ist die Datenübermittlung an andere als die in Abs. 1 genannten Behörden und **23** sonstige öffentliche Stellen dann, wenn sie in anderen Rechtsvorschriften gestattet oder angeordnet ist. Der weite Begriff der „anderen Rechtsvorschriften" erfasst nicht nur förmliche Gesetze, sondern auch Rechtsverordnungen. Zu den in Bezug genommenen Rechtsvorschriften gehört zB § 87 Abs. 2 S. 1 Hs. 2 AufenthG.

IV. Übermittlung zu den in Abs. 2 Nr. 2 genannten Zwecken

1. Erfüllung polizeilicher Aufgaben (lit. a)

Abs. 2 Nr. 2 lit. a erlaubt die Übermittlung von personenbezogenen Daten zur Erfüllung **24** polizeilicher Aufgaben. Erfasst wird die Datenübermittlungen zur Aufgabenerfüllung nach § 1. Hierzu zählen die Aufgabe der Gefahrenabwehr, die Gefahrenvorsorge, der Schutz privater Rechte und die vorbeugende Bekämpfung von Straftaten sowie die Vollzugshilfe. Nicht erfasst wird die Datenübermittlung zu Zwecken der Strafverfolgung.

2. Abwehr einer Gefahr (lit. b)

Die Übermittlung kann gem. Abs. 2 Nr. 2 lit. b zur Abwehr einer Gefahr durch die **25** empfangende Stelle erfolgen. Die Norm setzt eine **konkrete Gefahr iSd § 8 Abs. 1** voraus (Kay/Böcking PolR NRW Rn. 210; SBK PolG NRW/Braun § 28 Rn. 7; Tegtmeyer/ Vahle PolG NRW/Tegtmeyer § 28 Rn. 10). Bei **Ersuchen von Nachrichtendiensten** (zB des Bundesnachrichtendienstes und des Militärischen Abschirmdienstes) wird häufig nicht davon ausgegangen werden können, dass eine konkrete Gefahr besteht. Denn die präventivpolizeiliche Gefahrenabwehr zählt nicht zu den Aufgaben der Nachrichtendienste (Kay/ Böcking PolR NRW Rn. 210; Hornmann HSOG § 22 Rn. 11; Tetsch/Baldarelli PolG NRW § 28 Erl. 3.2.1 bezüglich Abs. 3 Nr. 2). Das ist Folge des sog. **Trennungsgebots,** dem zufolge die Aufgaben der Polizei und die geheimdienstlichen Tätigkeiten von verschiedenen, organisatorisch voneinander getrennten Behörden wahrgenommen werden sollen (vgl. Lisken/Denninger PolR-HdB/Denninger B Rn. 43 ff.).

3. Wahrnehmung einer sonstigen Gefahrenabwehraufgabe (lit. c)

In der praktischen Tätigkeit der Polizei spielt die Datenübermittlung gem. Abs. 2 Nr. 2 **26** lit. c eine wichtige Rolle. Sie dient der Wahrnehmung einer sonstigen Gefahrenabwehraufgabe. Zu denken ist insbesondere an **Ersuchen um die Übermittlung von Informationen, die für gewerberechtliche Zuverlässigkeits- bzw. Bedürfnisprüfungen notwendig sind.** Derartige Prüfungen sind unter anderem vorgesehen bei Erteilung oder Verlängerung von Berechtigungsscheinen oder Genehmigungen, zB der **Erteilung eines Jagdscheins** oder der **Genehmigung eines Bewachungsgewerbes** (SBK PolG NRW/ Braun § 28 Rn. 8; Tegtmeyer/Vahle PolG NRW/Tegtmeyer § 28 Rn. 11; Tetsch/Baldarelli PolG NRW § 28 Erl. 3.2.1). Abs. 2 Nr. 2 lit. c setzt voraus, dass der Empfänger die Daten zur **Wahrnehmung einer sonstigen Gefahrenabwehraufgabe** benötigt. Vor diesem Hintergrund scheidet eine Übermittlung personenbezogener Daten an Stellen aus, die mit Aufgaben der **Daseinsvorsorge** betraut sind (Tegtmeyer/Vahle PolG NRW/Tegtmeyer § 28 Rn. 11).

27   Im Gegensatz zu Abs. 2 Nr. 2 lit. b ist die Datenübermittlung gem. Abs. 2 Nr. 2 lit. c **nicht vom Vorliegen einer konkreten Gefahr abhängig.** Sie kommt allerdings nur **auf Grund tatsächlicher Anhaltspunkte** in Betracht. Aus dieser Einschränkung folgt, dass Abs. 2 Nr. 2 lit. c restriktiv ausgelegt und angewendet werden muss. Die tatsächlichen Anhaltspunkte, welche eine Datenübermittlung rechtfertigen, können sich aus der Person des Antragstellers ergeben. Dasselbe gilt zB für die Lage des Objekts, in oder an dem die erlaubnispflichtige Tätigkeit ausgeübt werden soll. So darf zB im gewerberechtlichen Kontext einem Ersuchen auf Datenübermittlung nur stattgegeben werden, wenn konkrete Zweifel im Hinblick auf die Person des Antragstellers, die Art der in Frage stehenden Erlaubnis oder das Ausmaß der in Betracht kommenden Gefahren bestehen. Die Polizei muss prüfen, ob die erforderliche Tatsachenbasis gegeben ist. Diese Prüfung kann es erforderlich machen, von der ersuchenden Stelle Auskunft über die Besonderheiten des Einzelfalls zu verlangen (Tetsch/Baldarelli PolG NRW § 28 Erl. 3.2.1; Tegtmeyer/Vahle PolG NRW/Tegtmeyer § 28 Rn. 12).

4. Verhütung oder Beseitigung erheblicher Nachteile für das Gemeinwohl (lit. d)

28   Abs. 2 Nr. 2 lit. d verleiht der Polizei die Befugnis, Daten zu übermitteln, soweit dies zur Verhütung oder Beseitigung erheblicher Nachteile für das Gemeinwohl erforderlich ist. Die Vorschrift erfüllt eine **Auffangfunktion** (Tetsch/Baldarelli PolG NRW § 28 Erl. 3.2.1). Was die Verhütung oder Beseitigung erheblicher Nachteile für das Gemeinwohl anbelangt, ist nach der einschlägigen Kommentarliteratur erforderlich, dass **„die ersuchende Stelle die betreffenden Daten unabdingbar benötigt, weil eine dem offenen Willensbildungs- prozess oder der ungestörten Betätigung staatlicher Stellen drohende Gefahr nicht anders abgewendet werden kann"** (Tetsch/Baldarelli PolG NRW § 28 Erl. 3.2.1). Hiervon sei zB auszugehen, wenn die für den offenen politischen Willensbildungsprozess unentbehrli- chen Verfassungsrechte beeinträchtigt werden. Zu diesen sollen die Meinungsfreiheit (Art. 5 Abs. 1 GG), die Versammlungsfreiheit (Art. 8 Abs. 1) sowie die Vereinigungsfreiheit (Art. 9 Abs. 1 GG) zählen, ferner die Koalitionsfreiheit des Art. 9 Abs. 3 GG und die Parteienfreiheit des Art. 21 GG (Tetsch/Baldarelli PolG NRW § 28 Erl. 3.2.1). Richtigerweise ist der – schwer fassbare – Begriff des Gemeinwohls jedoch nicht auf die demokratische Willensbildung zu verengen. Ihm unterfällt vielmehr das **Gesamtinteresse der staatlichen Gemeinschaft** in Abgrenzung zu Einzelinteressen. Das Merkmal „Gemeinwohl" iSd Abs. 2 Nr. 2 lit. d weist Überschneidungen zu dem Gemeinwohlbegriff des § 49 Abs. 2 Nr. 5 VwVfG und § 60 Abs. 1 S. 2 VwVfG auf. Mit Blick auf § 49 Abs. 2 Nr. 5 VwVfG und § 60 Abs. 1 S. 2 VwVfG wird unter anderem auf die Rechtsprechung zu Art. 12 Abs. 1 GG und die im Zusammenhang mit der sog. Drei-Stufen-Theorie angesprochenen **Gemeinschaftsgüter** Bezug genommen (vgl. HK-VerwR/Kastner VwVfG § 49 Rn. 44). Eine solche Vorgehens- weise erweist sich auch bei Abs. 2 Nr. 2 lit. d als sinnvoll.

29   Die **Nachteile,** die es abzuwehren gilt, müssen **erheblich** sein. Mittels des Kriteriums der Erheblichkeit wird eine gewisse Einschränkung der Datenübermittlungsbefugnis erreicht. Nicht jeder mögliche Nachteil des Gemeinwohls lässt die Datenübermittlung zur Verhütung oder Beseitigung dieses Nachteils zu. Es muss vielmehr eine gewisse Erheblichkeitsschwelle überschritten werden.

30   Abs. 2 Nr. 2 lit. d **setzt keine konkrete Gefahr voraus** (Tegtmeyer/Vahle PolG NRW/ Tegtmeyer § 28 Rn. 13). Das schließt nicht aus, dass sich im Gefolge der in Abs. 2 Nr. 2 lit. d genannten Nachteile eine konkrete Gefahr für die öffentliche Sicherheit oder Ordnung ergibt. Erhebliche Gemeinwohlnachteile können aus **Katastrophen wie Hochwasser, Großbränden oder Gefahrgutunfällen** entstehen (Roos/Lenz RhPfPOG § 34 Rn. 12; SBK PolG NRW/Braun § 28 Rn. 10). Auch die ernsthafte **Gefährdung von Leib und Leben einer einzelnen Person** kann in einen erheblichen Nachteil für das Gemeinwohl umschlagen. Davon ist etwa auszugehen, wenn die betreffende Person an einer hochanste- ckenden Infektionskrankheit leidet, bei der mit einer Übertragung auf eine Vielzahl von Personen gerechnet werden muss (Roos/Lenz RhPfPOG § 34 Rn. 12).

Darüber hinaus können erhebliche Nachteile für das Gemeinwohl ihre Ursache darin **31** haben, dass **staatliche Stellen bei der Wahrnehmung ihrer Aufgaben beeinträchtigt werden.** Zu denken ist etwa daran, dass im Rahmen öffentlicher Veranstaltungen (zB bei einem Staatsbesuch oder einem öffentlichen Rekrutengelöbnis) eine Gefahrensituation eintritt oder für das Gemeinwohl bedeutsame Objekte (zB öffentliche Versorgungsanlagen, bedeutsame Kulturgüter) in Gefahr geraten (Roos/Lenz RhPfPOG § 34 Rn. 12; SBK PolG NRW/Braun § 28 Rn. 10; Schmidbauer/Steiner/Schmidbauer BayPAG Art. 40 Rn. 13; Hornmann HSOG § 22 Rn. 23; Ebert/Seel ThürPAG, 6. Aufl. 2012, ThürPAG § 41 Rn. 14). Erhebliche Gemeinwohlnachteile können auch darin zu erblicken sein, dass das **freundschaftliche Verhältnis zu anderen Staaten** oder zu internationalen Organisationen gestört wird, es zur **Enttäuschung internationaler Erwartungen an die Bundesrepublik Deutschland** kommt oder **Pflichten aus völkerrechtlichen Verträgen nicht erfüllt werden** (Kay/Böcking PolR NRW Rn. 210; Tetsch/Baldarelli PolG NRW Erl. 3.2.1).

5. Verhütung oder Beseitigung einer schwer wiegenden Beeinträchtigung der Rechte einer Person (lit. e)

Abs. 2 Nr. 2 lit. e gestattet die Datenübermittlung zur Verhütung oder Beseitigung einer **32** schwer wiegenden Beeinträchtigung der Rechte einer Person. Unter den Begriff „Person" fallen auch **juristische Personen.** Dabei geht es neben den **Grundrechten** und sonstigen **subjektiv-öffentlichen Rechten** auch um den Schutz **privater Rechte** (Kay/Böcking PolR NRW Rn. 210; Tetsch/Baldarelli PolG NRW Erl. 3.2.1). Teile des Schrifttums bezweifelten mit Blick auf die Vorgängervorschrift in § 28 Abs. 3 Nr. 3 aF, dass der Regelung hinsichtlich des Schutzes privater Rechte iSd § 1 Abs. 2 eine eigenständige Bedeutung zukommt. Wenn eine schwerwiegende Beeinträchtigung der Rechte einer Person zu befürchten sei, gehe damit stets eine Gefahr für die öffentliche Sicherheit einher, sodass in vielen Fällen § 28 Abs. 3 Nr. 1 (= § 27 Abs. 2 Nr. 2 lit. b) einschlägig sei (Tetsch/Baldarelli PolG NRW § 28 Erl. 3.2.1).

Als „Rechte einer Person" kommen auch die **Rechte des von der Datenübermittlung** **33** **Betroffenen** in Betracht. So wird die ersuchende Stelle die Daten vermisster oder bewusstloser Personen selbstredend nicht bei diesen selbst oder mit deren Einverständnis einholen können, sondern sich an die Polizei wenden. Ebenfalls denkbar sind Fälle, in denen die Übermittlung erfolgt, um den von der Datenübermittlung Betroffenen von der Beeinträchtigung der Rechte eines Dritten abzuhalten. So kann zB ein Richter, der auf Antrag der Ehefrau eine Entscheidung über den Erlass einer **einstweiligen Verfügung nach dem Gewaltschutzgesetz** zu treffen hat, die Polizei darum ersuchen, ihm Informationen darüber mitzuteilen, ob der Ehemann in der Vergangenheit durch gewalttätiges Verhalten aufgefallen ist (Tetsch/Baldarelli PolG NRW § 28 Erl. 3.2.1). Unter dem Gesichtspunkt der Beeinträchtigung der „Rechte eine Person" ist Abs. 2 Nr. 2 auch anwendbar, wenn der Betroffene und der Dritte an einem behördlichen oder gerichtlichen Verfahren beteiligt sind und eine günstige Entscheidung für die eine Person zu einer nachteiligen Entscheidung für die andere führt. Zu solchen Situationen kann es zB kommen bei **Anfechtungsklagen gegen Verwaltungsakte mit Doppelwirkung** sowie in **Sorgerechtsverfahren** (Tetsch/Baldarelli PolG NRW § 28 Erl. 3.2.1). Bei den in Abs. 2 Nr. 2 lit. e genannten „Rechten einer Person" **muss es sich nicht zwingend um polizeirechtliche Schutzgüter handeln.** Dies folgt daraus, dass der Schutz dieser Rechte nicht in den Aufgabenbereich der Polizei, sondern der um die Datenübermittlung ersuchenden Stelle fällt. Als Recht einer Person kommt deshalb zB auch ein Schadensersatzanspruch auf **entgangenen Gewinn** in Betracht (Tetsch/Baldarelli PolG NRW § 28 Erl. 3.2.1).

Die Frage, ob eine **schwerwiegende Beeinträchtigung** der Rechte einer Person vor- **34** liegt, ist aufgrund einer Abwägung zwischen dem Nachteil, den die in ihren Rechten zu schützende Person ohne die Datenübermittlung zu erwarten hätte, und dem Recht auf informationelle Selbstbestimmung des Betroffenen zu beantworten. Nur wenn der Nachteil für die Person, deren Rechte geschützt werden sollen, ohne die Übermittlung besonders einschneidend ist, steht die informationelle Selbstbestimmung des Betroffenen der Übermittlung gem. Abs. 2 Nr. 2 lit. e nicht entgegen. Hiervon ist regelmäßig auszugehen, wenn **hochrangige Rechtsgüter wie Leib, Leben, Freiheit oder bedeutende Vermögensin-**

teressen betroffen sind (Tetsch/Baldarelli PolG NRW § 28 Erl. 3.2.1). Es genügt nicht, dass eine Beeinträchtigung nur möglicherweise droht.

34.1   Bei der ersuchenden öffentlichen Stelle kann es sich auch um einen **Arbeitgeber** handeln, der im Rahmen eines Einstellungs- oder Entlassungsverfahrens auf polizeiliche Informationen angewiesen ist. So kann es zB darum gehen, die **Geeignetheit oder Zuverlässigkeit des Bewerbers oder Mitarbeiters** zu beurteilen. Würde die Entscheidung ohne Kenntnis der betreffenden Daten zwingend zu Lasten des Bewerbers bzw. Mitarbeiters ausfallen, kann eine Übermittlung gem. Abs. 2 Nr. 2 lit. e zulässig sein (Tetsch/Baldarelli PolG NRW Erl. 3.2.1).

6. Erforderlichkeit der Übermittlung

35   An die Erforderlichkeit der Datenübermittlung zu den in Abs. 2 Nr. 2 lit. a–e genannten Zwecken dürfen keine überzogenen Anforderungen gestellt werden. Es genügt, dass **die Übermittlung in rechtlicher und fachlicher Hinsicht plausibel erscheint** (SBK PolG NRW/Braun § 28 Rn. 7). Dies folgt schon daraus, dass die Polizei in der Regel außerstande ist zu überprüfen, ob auf Seiten der Empfängerbehörde ein objektives Bedürfnis nach Übermittlung der Daten besteht. Die ersuchende Stelle hat die Prüfung der Plausibilität zu ermöglichen, indem sie der ersuchten Polizeidienststelle die maßgeblichen Tatsachen mitteilt (SBK PolG NRW/Braun § 28 Rn. 7; Kay/Böcking PolR NRW Rn. 210). Für die ersuchende Stelle folgt aus Abs. 2 **kein Rechtsanspruch auf Übermittlung der begehrten Daten.** Ein derartiger Anspruch wird sich allerdings regelmäßig unter dem Gesichtspunkt der Amtshilfe gem. § 4 Abs. 1 VwVfG. NRW. ergeben (Tetsch/Baldarelli PolG NRW § 28 Erl. 3.2).

36   Die ersuchende Behörde ist gehalten, zunächst auf die ihr zur Verfügung stehenden und anderweitig zugänglichen Informationen (Einwohnermeldedaten, Angaben aus dem Bundeszentralregister, dem Gewerbezentralregister sowie dem Verkehrszentralregister) zurückzugreifen. Erst wenn diese Quellen eine verlässliche Beurteilung des Sachverhalts nicht ermöglichen, ist die Datenübermittlung gem. Abs. 2 Nr. 2 erforderlich. Grund hierfür ist, dass die Polizeibehörden nicht in „**Ersatzregisterbehörden**" umfunktioniert werden und die Anforderungen an die Datenabfrage aus entsprechenden Datenbanken umgangen werden dürfen. So kann zB die für die Erteilung der Genehmigung eines Bewachungsgewerbes zuständige Gewerbebehörde die Polizei um Auskunft darüber ersuchen, ob Tatsachen vorliegen, die auf die Unzuverlässigkeit einer Person hinweisen, von der sie weiß, dass diese Mitglied eines Motorradclubs ist und Kontakte zur kriminellen Szene unterhält. Dies darf die Gewerbebehörde allerdings erst dann tun, wenn sie sich vergewissert hat, ob Einträge im Bundeszentralregister vorhanden sind.

37   Auf der Grundlage des Abs. 2 Nr. 2 zulässig ist ausschließlich die Übermittlung von Daten aus polizeilichen Beständen. Damit scheidet ein Rückgriff auf Datenbanken aus, die nicht bei der nordrhein-westfälischen Polizei geführt werden. Daten aus dem Automatisierten Fingerabdruckidentifizierungssystem (AFIS) oder der beim Bundeskriminalamt errichteten Antiterror-Datei kann die Polizei somit nicht gem. Abs. 2 Nr. 2 übermitteln (SBK PolG NRW/Braun § 28 Rn. 9; Tetsch/Baldarelli PolG NRW § 28 Erl. 3.2.1).

D. Datenübermittlung an Stellen außerhalb des öffentlichen Bereichs (Abs. 3)

38   Abs. 3 regelt die Datenübermittlung an Stellen außerhalb des öffentlichen Bereichs. Die Vorschrift ist an die Stelle der bisherigen Übermittlungsregelung in § 29 getreten.

I. Stellen außerhalb des öffentlichen Bereichs

39   Keine Einigkeit besteht hinsichtlich der Frage, unter welchen Voraussetzungen eine **juristische Person** als Stelle außerhalb des öffentlichen Bereichs einzuordnen ist. Teile der Literatur wollen ausschließlich danach unterscheiden, ob die Daten an eine juristische Person des öffentlichen Rechts oder eine solche des Privatrechts übermittelt werden (Tegtmeyer/Vahle PolG NRW/Tegtmeyer § 29 Rn. 2; Kay/Böcking PolR NRW Rn. 212; vgl. auch Nr. 29.01 VVPolG NRW). Eine privatrechtlich verfasste juristische Person – zB ein eingetragener Verein, eine GmbH oder eine AktG – soll nicht zum öffentlichen Bereich gehören und deshalb auch nicht als Adressatin einer auf Abs. 3 gestützten Datenübermittlung in Betracht kommen. Richtigerweise kann die öffentlich-rechtliche bzw. zivilrechtliche Organisationsform jedoch nicht allein darüber entscheiden, ob eine Stelle eine solche des öffentlichen Bereichs ist. Das Merkmal „Stellen außerhalb des öffentlichen Bereichs" ist mit Blick auf Abs. 2 auszulegen, zu dem Abs. 3 in einem Komplementärverhältnis steht. Stellen außerhalb des öffentlichen Bereichs sind daher alle nichtöffentlichen Stellen (zutr. SBK PolG NRW/Braun § 29 Rn. 1). In Bezug auf Abs. 2 ist die Qualifikation einer Stelle als öffentlich nicht allein aufgrund von organisationsbezogenen Überlegungen vorzunehmen. Das Merkmal „öffentlich" ist vielmehr funktionsbezogen zu deuten. Eine Stelle ist öffentlich, wenn sie mit Hoheitsbefugnissen ausgestattet ist und Tätigkeiten der öffentlichen Verwaltung wahrnimmt (→ Rn. 20). Diese Maßstäbe gelten auch für Abs. 3. Die Vielfalt der in Betracht kommenden Sachverhalte erlaubt es nicht, ein so starres Kriterium wie die Rechtsform für ausschlaggebend zu erklären. So gibt es privatrechtlich organisierte Stellen, die mit der hoheitlichen Wahrnehmung öffentlicher Aufgaben betraut sind und deshalb dem öffentlichen Bereich zugerechnet werden müssen.

Dementsprechend ist Abs. 3 unanwendbar, wenn personenbezogene Daten an Personen **40** in deren Eigenschaft als **Beliehene** übermittelt werden (→ Rn. 21). Die Datenübermittlung an diesen Adressatenkreis richtet sich nach Abs. 2. Dagegen ist der Anwendungsbereich des Abs. 3 eröffnet, wenn die Polizei Daten an Personen und Stellen übermittelt, die – ohne förmliche Beleihung – im Dienste des Gemeinwohls tätig sind. Beispielhaft sind insoweit gemeinnützige Organisationen wie der ADAC oder das DRK zu nennen. Den nichtöffentlichen Personen oder Stellen sind ferner **Verwaltungshelfer** (wie etwa Abschlepp- oder Schlüsseldienste) sowie die **Notstandspflichtigen** gem. § 6 bzw. § 19 NRWOBG zuzurechnen (Tetsch/Baldarelli PolG NRW § 29 Erl. 2.2). Zu den nichtöffentlichen Stellen gem. Abs. 3 können auch Gesellschaften und Personenvereinigungen zählen, die nicht rechtsfähig oder – wie GbR, OHG und KG – nur teilrechtsfähig sind. Damit kommen auch die **politischen Parteien,** die in der Regel als nichtrechtsfähige Vereine organisiert sind, als Adressaten einer Datenübermittlung gem. Abs. 3 in Betracht (Tetsch/Baldarelli PolG NRW § 29 Erl. 2.1).

Umgekehrt kann bei juristischen Personen des öffentlichen Rechts eine Einordnung als **41** nichtöffentliche Stellen angezeigt sein. Nicht dem öffentlichen Bereich zugehörig sind die **korporierten Religions- und Weltanschauungsgemeinschaften** gem. Art. 140 GG iVm Art. 137 Abs. 5 WRV (SBK PolG NRW/Braun § 29 Rn. 1). Sie sind in den Staat nicht organisatorisch eingegliedert, sodass es sich bei ihnen auch nicht um Hoheitsträger handelt. Etwas anderes gilt nur insoweit, als den korporierten Religions- und Weltanschauungsgemeinschaften ausdrücklich Hoheitsaufgaben übertragen wurden. Soweit die Ausübung von Hoheitsrechten in Rede steht, sind die korporierten Religions- und Weltanschauungsgemeinschaften als öffentliche Stellen anzusehen. Auch mit Blick auf die **öffentlich-rechtlichen Rundfunkanstalten** ist zu differenzieren: Eine öffentlich-rechtliche Aufgabe ist der Einzug der Rundfunkbeiträge. Der publizistische und journalistische Bereich ist dagegen privatrechtlich ausgestaltet. Diesbezüglich sind keine Unterschiede im Vergleich zu privaten Rundfunksendern oder privaten Presseunternehmen festzustellen. Trotz ihrer öffentlich-rechtlichen Organisationsform sind ferner öffentlich-rechtliche Wettbewerbsunternehmen wie **Sparkassen und Landesbanken** als Stellen außerhalb des öffentlichen Bereichs anzusehen. Sie bieten Leistungen an, die in vergleichbarer Weise auch von privaten Unternehmen erbracht werden können, und sollten deshalb auch wie diese behandelt werden. Etwas anderes gilt dann, wenn einem öffentlich-rechtlichen Unternehmen eine Monopolstellung zukommt. Angesprochen sind damit zB **kommunale Versorgungs- und Entsorgungsbetriebe,** zu deren Gunsten ein Anschluss- und Benutzungszwang besteht. Als öffentlichen Stellen darf die Polizei ihnen personenbezogene Daten nur nach Maßgabe des Abs. 2 übermitteln (Tetsch/Baldarelli PolG NRW § 29 Erl. 2.3). Eine Übermittlung personenbezogener Daten, die an einen auf dem Gebiet der **Fiskalverwaltung** tätigen Hoheitsträger erfolgt, richtet sich nach Abs. 2, sondern nach Abs. 3. Wenn Hoheitsträger zB als Mieter, Pächter oder Eigentümer von Immobilien in Erscheinung treten, handeln sie als öffentliche Stellen. Somit ist Abs. 3 einschlägig, wenn die Polizei einer Universität die Daten einer Person übermittelt, die ein Universitätsgebäude mit Graffitis verunstaltet hat (Tetsch/Baldarelli PolG NRW § 29 Erl. 2.3).

II. Erforderlichkeit gem. Abs. 2 Nr. 2 lit. a, lit. b, lit. d oder lit. e (Nr. 1)

42   An Personen oder Stellen außerhalb des öffentlichen Bereichs dürfen personenbezogene Daten gem. Abs. 3 Nr. 1 übermittelt werden, soweit dies gem. Abs. 2 Nr. 2 lit. a, lit. b, lit. d oder lit. e erforderlich ist. In Betracht kommt somit eine Übermittlung zur **Erfüllung polizeilicher Aufgaben,** zur **Abwehr einer konkreten Gefahr,** zur **Verhütung oder Beseitigung erheblicher Nachteile für das Gemeinwohl** sowie zur **Verhütung oder Beseitigung einer schwer wiegenden Beeinträchtigung der Rechte einer Person.** Im Zentrum steht insoweit die Abwehr konkreter Gefahren für die öffentliche Sicherheit oder Ordnung. Dementsprechend darf die Polizei auf der Grundlage des Abs. 3 Nr. 1 iVm Abs. 2 Nr. 2 lit. b zB die Daten des Inhabers einer Wohnung, aus der Gasgeruch dringt, an den Mitarbeiter eines Schlüsseldienstes weiterleiten, damit dieser die Wohnungstür öffnen und den Polizeibeamten das Betreten der Wohnung ermöglichen kann (Hornmann HSOG § 23 Rn. 5; Meixner/Fredrich HSOG § 23 Rn. 2). Zu einer Datenübermittlung an Private kann es auch im Zusammenhang mit **Warnungen, Fahndungen oder sonstigen Verlautbarungen gegenüber der Öffentlichkeit kommen.** So darf die Polizei zB in den Massenmedien vor Straftätern warnen, die aus einer Justizvollzugsanstalt ausgebrochen sind. Auch die **Veröffentlichung von Informationen bei einer Vermisstensuche, Hinweise auf bestimmte Trickbetrüger** oder die **Veröffentlichung eines Leichenfotos** zwecks Identifizierung eines unbekannten Toten kann die Polizei auf Abs. 3 Nr. 1 stützen (Tetsch/Baldarelli PolG NRW § 29 Erl. 3.2; SBK PolG NRW/Braun § 29 Rn. 8–11; Lisken/Denninger PolR-HdB/ Petri G Rn. 1001). **Soweit die Polizei Aufgaben gem. § 1 Abs. 4 erfüllt, ist § 8 Abs. 2 zu beachten** (vgl. Nr. 29.1 VVPolG NRW; SBK PolG NRW/Braun § 29 Rn. 6).

1. Öffentlichkeitsfahndung

43   Die Öffentlichkeitsfahndung ist grundsätzlich repressive Polizeiarbeit und findet als solche ihre Rechtsgrundlage nicht im PolG NRW, sondern in § 131 Abs. 3 StPO, § 131a Abs. 3 StPO oder § 131b StPO. Dagegen liegt der **Schwerpunkt dieser Maßnahme im präventiven Bereich,** wenn die Polizei die Fahndung mit einer Warnung vor dem flüchtigen Straftäter verbindet, weil sie mit der weiteren Begehung von Straftaten rechnet (SBK PolG NRW/ Braun § 29 Rn. 9). Als Ermächtigungsgrundlage für das polizeiliche Vorgehen ist dann Abs. 3 Nr. 1 iVm Abs. 2 Nr. 2 lit. a heranzuziehen. Die Veröffentlichung personenbezogener Daten im Zusammenhang mit einer Öffentlichkeitsfahndung geht regelmäßig mit schwerwiegenden Eingriffen in das allgemeine Persönlichkeitsrecht des Betroffenen (Art. 2 Abs. 1 GG iVm Art. 1 Abs. 1 GG) einher. Dies gilt insbesondere dann, wenn das von der Polizei im Rahmen einer Fahndung veröffentlichte Profil der flüchtigen Person negative Wertungen wie „gewalttätig" oder „gefährlich" enthält. Vor diesem Hintergrund muss die Polizei bei personenbezogenen Warnungen die **abzuwehrenden Gefahren und die betroffenen Grundrechte sorgfältig gegeneinander abwägen** (Soiné ZRP 1992, 84 (87); Schmidbauer/Steiner/ Schmidbauer BayPAG Art. 41 Rn. 10; SBK PolG NRW/Braun § 29 Rn. 9). Tiefgehende Eingriffe in das allgemeine Persönlichkeitsrecht des Betroffenen sind nur zu rechtfertigen, wenn davon auszugehen ist, dass die Person, auf die sich die Warnung bezieht, auch zukünftig schwere Straftaten verüben wird (Schmidbauer/Steiner/Schmidbauer BayPAG Art. 41 Rn. 10; SBK PolG NRW/Braun § 29 Rn. 9).

2. Warnung vor aus der Haft entlassenen Straftätern und ansteckenden Krankheiten

44   Von der Warnung im Zusammenhang mit einer Öffentlichkeitsfahndung sind die Fälle zu unterscheiden, in denen die Polizei vor Straftätern warnt, die nach Verbüßen ihrer Freiheitsstrafe entlassen wurden. Im Unterschied zu flüchtigen Straftätern, bei denen mit der Begehung weiterer Straftaten zu rechnen ist, sind **diese Personen polizeirechtlich grundsätzlich als Nichtstörer zu qualifizieren.** Ob eine Warnung gleichwohl zulässig ist, muss unter Würdigung der Persönlichkeitsrechte des Betroffenen sowie der von diesem ausgehenden Gefahren entschieden werden. Hierbei ist zu bedenken, dass der mit der Strafe verfolgte **Resozialisierungszweck** nicht vereitelt werden darf. Als Beispiel für eine unverhältnismäßige und damit rechtswidrige Warnung vor einem entlassenen Straftäter wird in der Literatur

der „Fall Heinsberg" genannt (Goldmann KJ 2009, 282 (284); SBK PolG NRW/Braun § 29 Rn. 11). Der Heinsberger Landrat hatte in seiner Eigenschaft als Kreispolizeibehörde die Öffentlichkeit über den Vornamen, den abgekürzten Nachnamen sowie den Ortsteil informiert, in dem sich eine aus der Strafhaft entlassene Person niedergelassen hatte. Zudem beschrieb der Landrat die verübten Straftaten und nahm kritisch dazu Stellung, dass der Betroffene nicht in nachträgliche Sicherungsverwahrung genommen worden war. Die erforderliche Abwägung zwischen den abzuwehrenden Gefahren und den betroffenen Grundrechten gestaltet sich ebenfalls als schwierig, wenn die Polizei vor **Personen mit anstecken-den Krankheiten** warnt. Die Weitergabe personenbezogener Daten wird in der Regel nur bei einer **konkreten Ansteckungsgefahr** zulässig sein (SBK PolG NRW/Braun § 29 Rn. 10).

3. Öffentlichkeitsarbeit und Presseberichte

Allgemein gehaltene Warnungen vor Trickbetrügern oder Wohnungseinbrechern sind **45** lediglich Präventionshinweise, die zur **Öffentlichkeitsarbeit der Polizei** zählen. Da in diesem Kontext keine personenbezogenen Daten übermittelt werden, ist eine gesetzliche Ermächtigungsgrundlage nicht erforderlich. Auch **Informationen über Straßensperrungen, bevorstehende Einsätze oder polizeiliche Maßnahmen anlässlich einer angemeldeten Versammlung** müssen nicht auf Abs. 3 Nr. 1 gestützt werden. Das gilt unabhängig davon, welche Medien die Polizei zur Verbreitung der Informationen einsetzt (SBK PolG NRW/Braun § 29 Rn. 13; Schmidbauer/Steiner/Schmidbauer BayPAG Art. 41 Rn. 14). Die Öffentlichkeitsarbeit der Polizei kann insbesondere auch in sozialen Netzwerken erfolgen (vgl. Ingold VerwArch 2017, 240 (243 ff.)). Dabei hat die Polizei allerdings zu beachten, dass ihre rechtliche Mitverantwortlichkeit für Rechtsverstöße des jeweiligen Netzwerkanbieters (zB Facebook oder Twitter) noch weitgehend ungeklärt ist (Lisken/Denninger PolR-HdB/Petri G Rn. 1002).

Veröffentlicht die Polizei **Presseberichte,** so hat sie sowohl das allgemeine Persönlich- **46** keitsrecht des Betroffenen als auch das Informationsbedürfnis der Öffentlichkeit zu berücksichtigen. Diese Belange gilt es gegeneinander abzuwägen, wobei häufig dem allgemeinen Persönlichkeitsrecht der Vorrang zuzubilligen sein wird. Grundsätzlich dürfen Presseberichte **keine Hinweise enthalten, die ohne weiteres die Identifizierung des Betroffenen erlauben** (Schmidbauer BayVBl. 1988, 257 (263 f.); SBK PolG NRW/Braun § 29 Rn. 13). Abzustellen ist insoweit auf einen durchschnittlichen Empfänger ohne Sonderwissen und nicht etwa auf Personen aus dem Bekanntenkreis des Betroffenen. **Ein polizeilicher Pressebericht verletzt mit anderen Worten nicht schon deshalb das allgemeine Persönlichkeitsrecht, weil die Identität des Betroffenen mit Hilfe einer aufwendigen Internetrecherche ermittelt werden kann.** Anderenfalls wäre eine effektive Polizeiarbeit mit Hilfe von Presseberichten kaum möglich (Schmidbauer/Steiner/Schmidbauer BayPAG Art. 41 Rn. 15).

4. Übermittlung von Daten an private Sicherheitsdienste und Fußballvereine

Auf der Grundlage des Abs. 3 Nr. 1 kommt auch die Übermittlung von Daten an private **47** Sicherheitsdienste in Betracht. So darf die Polizei **bei Fußballspielen ihre Erkenntnisse über Hooligans, die sie außerhalb des Stadions gewonnen hat, an einen mit den Einlasskontrollen betrauten privaten Sicherheitsdienst weiterleiten.** Auch an die Fußballvereine selbst kann die Polizei personenbezogene Daten gewaltbereiter Fußballfans übermitteln, um diesen die Möglichkeit der Verhängung von Stadionverboten zu geben (VG Köln ZD 2016, 456; Tegtmeyer/Vahle PolG NRW/Tegtmeyer § 29 Rn. 4; krit. Tomerius Die Polizei 2017, 104). Häufig geht mit dieser Maßnahme die Verhängung eines polizeilichen Aufenthaltsverbots einher (Kirchhoff NJW 2017, 294 (298)). In der Praxis kommt es auch vor, dass die Polizei mit privaten Sicherheitsdiensten **allgemein gehaltene Informationen über die Sicherheitslage** austauscht. Da die betreffenden Daten nicht personenbezogen sind und deshalb ein Eingriff in das Grundrecht auf informationelle Selbstbestimmung ausscheidet, sind derartige Datenübermittlungen unabhängig von den Voraussetzungen des Abs. 3 Nr. 1 zulässig. Rechtlich problematisch kann dagegen der Datenaustausch zwischen der Polizei und privaten Sicherheitsdiensten im Rahmen von sog. **Kooperationsmodellen** sein. Hierunter fallen zB gemeinsame Streifengänge von Polizeibeamten und Mitarbeitern eines privaten Sicherheitsdienstes. Ist der Mitarbeiter des privaten Sicherheitsdienstes bei einer polizeilichen Identitätsfeststellung anwesend und erfährt er so vom Betroffenen die im Rahmen der polizeilichen Maßnahme erhobenen Daten, ist Abs. 3 Nr. 1 nicht einschlägig. Bei der Identitätsfeststellung handelt es sich nämlich nicht um eine Datenübermittlung, sondern um eine Form der Datenerhebung (SBK PolG NRW/Braun § 29 Rn. 12).

5. Sonstige Aufgaben

48   Ferner kann eine Datenübermittlung gem. Abs. 3 Nr. 1 zulässig sein, wenn die Polizei ihre in Spezialgesetzen festgelegten Aufgaben erfüllt. Zu diesen Aufgaben gehört zB die in § 758 Abs. 3 ZPO vorgesehene **Unterstützung eines Gerichtsvollziehers bei der Durchsuchung der Wohnung und Behältnisse des Vollstreckungsschuldners.** Ferner zählt dazu die Abschiebung gem. § 71 Abs. 4 und Abs. 5 AufenthG (Tetsch/Baldarelli PolG NRW § 29 Erl. 3.2). Von Abs. 3 Nr. 1 erfasst sind auch sog. **Annexaufgaben,** die sich als Folge der Wahrnehmung einer der Polizei ausdrücklich zugewiesenen Aufgabe darstellen. Dazu gehört zB die **Beantwortung von Beschwerden,** soweit die Polizei dabei personenbezogene Daten weitergibt (Tetsch/Baldarelli PolG NRW § 29 Erl. 3.2).

49   Die Übermittlung personenbezogener Daten im Rahmen der **polizeilichen Aus- und Fortbildung** lässt sich grundsätzlich nicht auf Abs. 3 Nr. 1 stützen. Grund hierfür ist, dass die Adressaten der in diesem Kontext vorgenommenen Datenübermittlungen nicht außerhalb der Verwaltung stehende Personen sind, sondern Polizeibeamte. Der Anwendungsbereich von Abs. 3 Nr. 1 ist hingegen eröffnet, wenn Externe (zB als **Hospitanten**) in die Aus- bzw. Weiterbildung einbezogen werden. Darüber hinaus ist Abs. 3 Nr. 1 einschlägig, wenn der Adressat der Datenübermittlung ein Angehöriger der Justiz ist, dem die Daten nicht in seiner amtlichen Funktion überlassen werden. So soll ein Staatsanwalt, der sich zu Beginn seiner Laufbahn über die Praxis der polizeilichen Arbeit informieren möchte und zu diesem Zweck abends in einem polizeilichen Einsatzfahrzeug mitfährt, als außerhalb des öffentlichen Bereichs stehende Person iSd Abs. 3 zu qualifizieren sein (Tetsch/Baldarelli PolG NRW § 29 Erl. 3.2).

6. Erforderlichkeit

50   Die Polizei darf personenbezogene Daten gem. Abs. 3 Nr. 1 nur dann an Private übermitteln, wenn dies zur Erfüllung ihrer Aufgaben erforderlich ist. **Erforderlich ist die Datenübermittlung, wenn die übermittelnde Stelle ihren Aufgaben nicht, nicht rechtzeitig, nicht sachgemäß oder nicht in rechtmäßiger Weise nachkommen kann, falls sie keine Übermittlung an den Empfänger vornimmt.** Unerheblich ist insoweit, ob der Empfänger aus der Übermittlung einen Nutzen zieht (Tetsch/Baldarelli PolG NRW § 29 Erl. 3.2). Da die Polizei durch die Übermittlung personenbezogener Daten in das Grundrecht auf informationelle Selbstbestimmung eingreift, ist eine restriktive Auslegung des Merkmals „erforderlich" und eine strikte Prüfung des Verhältnismäßigkeitsprinzips angezeigt. Dabei darf nicht aus dem Blick geraten, dass der handelnde Beamte sich bei einer rechtswidrigen Übermittlung personenbezogener Daten möglicherweise einer Straftat gem. § 203 Abs. 2 Nr. 1 StGB (bzw. § 34 DSG NRW) schuldig macht oder gem. § 33 DSG NRW ordnungswidrig handelt (SBK PolG NRW/Braun § 29 Rn. 2; Tetsch/Baldarelli PolG NRW § 29 Erl. 3.1.2).

51   Zu beachten ist, dass Daten von **Personen, die Opfer häuslicher Gewalt oder einer Straftat wurden, in eine Notsituation geraten sind oder einen Suizidversuch unternommen haben,** ohne vorherige Einwilligung nicht gem. Abs. 3 Nr. 1 an soziale Einrichtungen bzw. Hilfsorganisationen (zB an den Weißen Ring) übermittelt werden dürfen. Das gilt selbst dann, wenn Träger dieser Einrichtung der Staat oder eine Kommune sein sollte (SBK PolG NRW/Braun § 29 Rn. 3; BKK BayPAG Art. 41 Rn. 2; Schmidbauer/Steiner/ Schmidbauer BayPAG Art. 41 Rn. 4).

III. Übermittlung bei rechtlichem Interesse des Auskunftsbegehrenden (Nr. 2)

52   Abs. 3 Nr. 2 macht die Datenübermittlung davon abhängig, dass der Auskunftsbegehrende ein rechtliches Interesse an der Kenntnis der zu übermittelnden Daten glaubhaft macht und kein Grund zu der Annahme besteht, dass das Geheimhaltungsinteresse der betroffenen Person überwiegt. Diese Voraussetzungen stehen im Einklang mit Art. 6 Abs. 1 lit. f DS-GVO, welcher aufgrund des rein privaten Interesses an der Datenübermittlung Anwendung findet (vgl. Art. 9 Abs. 1 S. 2 JI-RL). Liegt – was regelmäßig der Fall sein dürfte – keine Einwilligung der betroffenen Person vor, hat die Polizei eine **Vereinbarkeitsprüfung** gem. Art. 6 Abs. 4 lit. a–e DS-GVO durchzuführen (Lisken/Denninger PolR-HdB/Petri G Rn. 1008). Diese kann in der Praxis im Rahmen der nach Abs. 3 Nr. 2 erforderlichen Abwägungsentscheidung der Polizei erfolgen. **Das rechtliche Interesse iSd Abs. 3 Nr. 2 ist gegeben, wenn die auskunftsbegehrende Person ihre Belange auf eine konkrete subjektive Rechtsposition zurückführen kann. Der Begriff des rechtlichen Interesses ist enger als derjenige des berechtigten Interesses in Abs. 3 Nr. 3.** Dies folgt daraus, dass das berechtigte Interesse nicht zwingend rechtlicher Natur sein muss. Rechtlich iSd Abs. 3 Nr. 2 ist das Interesse, wenn der Antragsteller die Daten zur **Prüfung bzw. Durchsetzung eigener Ansprüche** oder zur **Rechtsverteidigung** benötigt. Ein rechtliches Interesse kann sich auch aus der **Beeinträchtigung von Grundrechten** ergeben. So soll aus Abs. 3 Nr. 2 in Verbindung mit der Menschenwürdegarantie des Art. 1 Abs. 1 GG ein Anspruch auf Nennung von Auskunftspersonen der Polizei folgen, damit der Antragsteller in die Lage versetzt wird, sich gegen ihn herabsetzende Äußerungen der Auskunftspersonen zur Wehr zu setzen (BVerwG NJW 1965, 1450 (1451); Kay/Böcking PolR NRW Rn. 214). Ebenso rechtfertigt die **Beeinträchtigung der Rechtsgüter und absoluten Rechte des § 823 Abs. 1 BGB** die Annahme eines rechtlichen Interesses (Kay/Böcking PolR NRW Rn. 214).

1. Glaubhaftmachung

Der Auskunftsbegehrende muss ein rechtliches Interesse an der Datenübermittlung glaub- **53** haft machen. Es genügt deshalb nicht, dass die auskunftsbegehrende Person ihr Interesse lediglich „ins Blaue hinein" behauptet, wie dies in der Praxis häufig von angeblichen Gläubigern getan wird, die wegen vermeintlich nicht gezahlter Rechnungen Strafanzeigen erstatten, um auf diese Weise Akteneinsicht und Informationen über ihre „Schuldner" zu erhalten. Auf der anderen Seite reicht die Pflicht zur Glaubhaftmachung nicht so weit, dass das rechtliche Interesse nachzuweisen wäre (Kay/Böcking PolR NRW Rn. 214). In Anlehnung an die zum VwVfG (vgl. § 32 Abs. 2 S. 2 VwVfG) sowie zur VwGO (vgl. § 123 Abs. 3 VwGO iVm § 920 Abs. 2 ZPO, § 294 ZPO) von der Rechtsprechung entwickelten Grundsätze genügt es, dass **das Vorliegen des rechtlichen Interesses überwiegend wahrscheinlich ist** (BVerfGE 38, 35 (39); HK-VerwR/Schwarz, 4. Aufl. 2016, VwVfG § 32 Rn. 35; Eyermann/Happ VwGO § 123 Rn. 51; sa Nr. 29.23 VVPolG NRW). Die Glaubhaftmachung kann zB durch die Vorlage (unbeglaubigter) Kopien oder sonstiger Unterlagen sowie durch **Versicherung an Eides statt** (§ 294 ZPO) erfolgen. Im Einzelfall kann auch eine (schlüssige) Erklärung der auskunftsbegehrenden Person ausreichen. Dies folgt aus dem in § 294 Abs. 1 ZPO verankerten Grundsatz, dass bei der Glaubhaftmachung sämtliche Beweismittel zur Verfügung stehen (BKK BayPAG Art. 41 Rn. 5; Roos/Lenz RhPfPOG § 34 Rn. 19; NK-BDSG/Dammann BDSG § 16 Rn. 28; Tetsch/Baldarelli PolG NRW § 29 Erl. 3.3). Sind **Tatsachen der Polizei bekannt oder sind sie offenkundig,** so muss der Antragsteller sie nicht mehr glaubhaft machen (BKK BayPAG Art. 41 Rn. 5; SBK PolG NRW/Braun § 29 Rn. 15; Tetsch/Baldarelli PolG NRW § 29 Erl. 3.3).

Erfolgt die Datenübermittlung aufgrund eines Ersuchens des Empfängers, so hat dieser **54** der übermittelnden Polizeibehörde die zur Prüfung erforderlichen Angaben zu machen. Sollte das Auskunftsersuchen nicht schlüssig sein, muss die Polizei den Antragsteller darauf hinweisen. Gegebenenfalls hat sie **zu den offenen Punkten Rückfragen zu stellen** oder **fehlende Unterlagen anzufordern.** Die Polizei darf die Datenübermittlung nicht vornehmen, wenn der Antragsteller nicht in der Lage ist, die Zweifel am Bestehen des rechtlichen Interesses auszuräumen. Wird die Polizei in einem Eilfall tätig und sind deshalb weitere Nachforschungen nicht möglich, so sind bei der Prüfung, ob das rechtliche Interesse glaubhaft gemacht wurde, auch die **Wertigkeit der beim Antragsteller betroffenen Rechte und Rechtsgüter sowie das Ausmaß ihrer Gefährdung zu berücksichtigen.** Je höherrangig die in Rede stehenden rechtlichen Interessen sind und je größer ihre Gefährdung ausfällt, desto eher dürfen die Daten gem. Abs. 3 Nr. 2 übermittelt werden (Tetsch/Baldarelli PolG NRW § 29 Erl. 3.3). Dementsprechend ist die Polizei befugt, auf der Grundlage des Abs. 3 Nr. 2 Auskünfte über einen flüchtigen Unterhaltsschuldner zu erteilen (Tetsch/Baldarelli PolG NRW § 29 Erl. 3.3). Stellt sich heraus, dass der Unterhaltsschuldner nicht entsprechend den gesetzlichen Vorgaben gemeldet ist, so darf die Polizei die Meldebehörde hiervon in Kenntnis setzen (vgl. Tegtmeyer/Vahle PolG NRW/Tegtmeyer § 29 Rn. 9).

2. Entgegenstehendes Geheimhaltungsinteresse des Betroffenen

55   Gestützt auf Abs. 3 Nr. 2 dürfen personenbezogene Daten nicht übermittelt werden, wenn Grund zu der Annahme besteht, dass das Geheimhaltungsinteresse der betroffenen Person das rechtliche Interesse der oder des Auskunftsbegehrenden an der Kenntnis der zu übermittelnden Daten überwiegt. **Ein entsprechendes Geheimhaltungsinteresse ist gegeben, wenn die betroffene Person sich durch die Datenübermittlung vernünftigerweise beeinträchtigt fühlen darf** (LT-Drs. 10/3997, 44). Das Geheimhaltungsinteresse muss über das allgemeine Interesse am Schutz der informationellen Selbstbestimmung hinausgehen. Angesichts der Sensibilität der bei der Polizei gespeicherten Daten darf der Betroffene grundsätzlich darauf vertrauen, dass die über ihn vorhandenen Informationen geheim bleiben (Tetsch/Baldarelli PolG NRW § 29 Erl. 3.3; Tegtmeyer/Vahle PolG NRW/Tegtmeyer § 29 Rn. 9). Zuweilen sind dem Gesetz Anhaltspunkte dafür zu entnehmen, ob in Bezug auf bestimmte Daten ein anerkennenswertes Geheimhaltungsinteresse besteht. Dies gilt zB für § 26 Abs. 5, der insbesondere die **Übermittlung von einem Berufs- oder Amtsgeheimnis unterliegenden Daten** einschränkt (vgl. Tegtmeyer/Vahle PolG NRW/Tegtmeyer § 29 Rn. 9).

56   Die Polizei muss das Geheimhaltungsinteresse der betroffenen Person gegen das Auskunftsinteresse **abwägen** (Kay/Böcking PolR NRW Rn. 215). Dass ein entgegenstehendes Geheimhaltungsinteresse die Datenübermittlung ausschließt, ist desto eher anzunehmen, je gravierender die Übermittlung in die Privatsphäre des Betroffenen eingreift (Tetsch/Baldarelli PolG NRW § 29 Erl. 3.3). Auf Seiten des oder der Auskunftsbegehrenden ist **bei der Abwägung insbesondere zu berücksichtigen, ob Ansprüche ohne die Datenübermittlung vereitelt würden. Für die Abwägung erheblich sind ferner die Art und Menge der erbetenen Daten, der Verwendungszweck sowie etwaige eigene Geheimhaltungsverpflichtungen der auskunftsbegehrenden Person.** Die der Auskunftserteilung zuwiderlaufenden Geheimhaltungsinteressen können sich insbesondere auf **Informationen über familiäre Zustände sowie gesundheitliche und wirtschaftliche Verhältnisse** beziehen. Das **Interesse des (auskunftsbegehrenden) Gläubigers, den Aufenthaltsort seines Schuldners zu ermitteln, wird ein entgegenstehendes Geheimhaltungsinteresse regelmäßig überwiegen** (Tetsch/Baldarelli PolG NRW § 29 Erl. 3.3; SBK PolG NRW/Braun § 29 Rn. 15). Aus dem Wortlaut des Abs. 3 Nr. 2 („kein Grund zu der Annahme besteht") folgt, dass die Abwägung aus einer ex-ante-Perspektive vorgenommen werden muss. In der Sache geht es also um eine **Prognoseentscheidung.** In **Zweifelsfällen** hat die Übermittlung zu unterbleiben (Tetsch/Baldarelli PolG NRW § 29 Erl. 3.3; Lisken/Denninger PolR-HdB/Petri G Rn. 1008).

57   **a) Preisgabe der Daten von Informanten.** Im Zusammenhang mit Abs. 3 Nr. 2 stellt sich die Frage, ob – außerhalb eines laufenden Strafverfahrens – die Daten von Personen übermittelt werden dürfen, die als Informanten der Polizei tätig sind oder waren. Richtigerweise ist davon auszugehen, dass die Geheimhaltungsinteressen des Informanten selbst dann überwiegen, wenn die beantragte Datenübermittlung wichtigen öffentlichen Belangen dient, wie zB dem **Kampf gegen Korruption.** Der Schutz des Informanten darf grundsätzlich nicht davon abhängig gemacht werden, ob seine Mitteilungen zutreffend waren. Die polizeiliche Arbeit würde erheblich beeinträchtigt, wenn Informanten befürchten müssten, dass jede Form von Fahrlässigkeit bei der Mitteilung eines Sachverhalts zur Offenlegung ihrer Identität gegenüber dem Betroffenen führen kann (BVerwG NJW 2003, 3217 (3218); BKK BayPAG Art. 41 Rn. 7). Vor diesem Hintergrund wird die **Preisgabe der Daten von Informanten in der Regel unzulässig sein;** der strafrechtliche Ehrenschutz und mögliche zivilrechtliche Schadensersatzansprüche des Antragstellers treten hinter die Geheimhaltungsinteressen des Informanten zurück (VGH München BayVBl. 1987, 146 f.; BKK BayPAG Art. 41 Rn. 7).

Etwas anderes gilt nur dann, **wenn der Informant leichtfertig unzutreffende Behauptungen aufgestellt oder wider besseres Wissen gehandelt hat.** In diesen Fällen hat das Informationsinteresse des Antragstellers Vorrang vor dem Geheimhaltungsinteresse des Betroffenen (BVerwG NJW 2003, 3217 (3218); BKK BayPAG Art. 41 Rn. 7).

b) Gruppenauskünfte. Auf der Rechtsfolgenseite des Abs. 3 Nr. 2 stellt sich – ebenso 58 wie bei § 29 Abs. 2 Nr. 1 aF – die Frage, ob die Polizei auch zu sog. Gruppenauskünften ermächtigt ist. **Gruppenauskünfte sind Auskünfte über mehrere von der auskunftsbegehrenden Person nicht namentlich bezeichnete Personen.** Eine Gruppenauskunft setzt voraus, dass die auskunftsbegehrende Person der Polizei bestimmte Merkmale nennt, mit deren Hilfe der Bezug zu konkreten Personen hergestellt werden kann. Unter dem Gesichtspunkt der informationellen Selbstbestimmung sind Gruppenauskünfte deshalb problematisch, weil sie die auskunftsbegehrende Person oder Stelle in die Lage versetzen können, Verhaltensbilder bzw. Profile von Personen zu erstellen (BKK BayPAG Art. 41 Rn. 8). Vor diesem Hintergrund kann die Polizei den schutzwürdigen Belangen der Betroffenen bei Gruppenauskünften häufig nicht hinreichend Rechnung tragen. Daher soll eine Gruppenauskunft nur zulässig sein, wenn und soweit an ihr **ein öffentliches, dh über die Belange einzelner Auskunftssuchender hinausgehendes Interesse besteht.** Hiervon sei zB auszugehen bei Planungsvorhaben sowie bei Forschungsprojekten, welche dem Gesundheitsschutz oder der sozialen Vorsorge dienten. Besonderes Augenmerk ist bei Gruppenauskünften auf die Frage zu legen, ob die Datenübermittlung wirklich **erforderlich** ist. Kann ein Forschungsprojekt mit Hilfe anonymisierter Daten verwirklicht werden, so fehlt es regelmäßig an der Erforderlichkeit der Gruppenauskunft (BKK BayPAG Art. 41 Rn. 8).

c) Einbeziehung polizeilicher Geheimhaltungsinteressen. Ausweislich des Wortlauts 59 von Abs. 3 Nr. 2 können Geheimhaltungsinteressen des Betroffenen die Datenübermittlung an Personen oder Stellen außerhalb des öffentlichen Bereichs ausschließen. Nicht unmittelbar der Norm zu entnehmen ist dagegen, ob auch **Geheimhaltungsinteressen der Polizei** bei der Entscheidung über die Datenübermittlung eine Rolle spielen. Nach Ansicht von Teilen der Literatur soll die Polizei die Datenübermittlung ablehnen dürfen, wenn die Weitergabe der Daten das Staatswohl gefährdet, die ordnungsgemäße Erfüllung der polizeilichen Aufgaben beeinträchtigt oder spezielle gesetzliche Geheimhaltungspflichten der Polizei verletzt. Diese Ausnahmen ließen sich mit Hilfe des § 99 VwGO begründen. Gemäß § 99 Abs. 1 S. 2 VwGO darf eine Behörde in bestimmten Konstellationen Auskünfte gegenüber einem Verwaltungsgericht verweigern. **Wenn die Polizei befugt sei, das Auskunftsverlangen eines Verwaltungsgerichts abzulehnen, müsse dies erst recht für Auskunftsverlangen von Personen oder Stellen außerhalb des öffentlichen Bereichs gelten** (Kay/Böcking PolR NRW Rn. 216). Dem ist entgegenzuhalten, dass die Regelung in § 99 VwGO auf das durch den Öffentlichkeitsgrundsatz (§ 169 GVG) geprägte verwaltungsgerichtliche Klageverfahren zugeschnitten ist. Sie lässt sich deshalb nur bedingt verallgemeinern. Abgesehen davon erweist sich der Rückgriff auf § 99 VwGO bei näherem Hinsehen als entbehrlich. Abs. 3 Nr. 2 räumt der Polizei Ermessen ein („kann"). Dieses Ermessen muss die Polizei dem Zweck der Norm entsprechend ausüben. Auch wenn Abs. 3 Nr. 2 auf die Geheimhaltungsinteressen des Betroffenen Rücksicht nimmt, bleibt die Polizei auch bei einer Datenübermittlung an Personen oder Stellen außerhalb des öffentlichen Bereichs dem Gemeinwohl verpflichtet. Aus diesem Grund handelt es sich bei etwaigen polizeilichen Geheimhaltungsbelangen um Gesichtspunkte, die ohne weiteres im Rahmen der Ermessensausübung berücksichtigt werden dürfen.

IV. Übermittlung im Interesse und mit mutmaßlicher Einwilligung des Betroffenen (Nr. 3)

Abs. 3 Nr. 3 räumt der Polizei die Befugnis zur Datenübermittlung ein, soweit der oder 60 die Auskunftsbegehrende ein berechtigtes Interesse geltend macht und offensichtlich ist, dass die Datenübermittlung im Interesse der betroffenen Person liegt und sie in Kenntnis der Sachlage ihre Einwilligung hierzu erteilen würde. Der Gesetzgeber hatte bei Erlass der Regelung in Abs. 3 Nr. 3 insbesondere die Konstellation der **Geschäftsführung ohne Auftrag** vor Augen (Kay/Böcking PolR NRW Rn. 217).

1. Berechtigtes Interesse

61   Berechtigt ist das Interesse des Antragstellers dann, wenn es **nach vernünftigen Erwägungen durch die jeweilige Sachlage gerechtfertigt ist. Im Unterschied zu Abs. 3 Nr. 2 hat die Norm nicht nur rechtliche, sondern auch ideelle und wirtschaftliche Interessen im Blick.** Der Antragsteller muss sein Interesse anders als iRd Abs. 3 Nr. 2 **nicht glaubhaft, sondern nur geltend machen.** Er muss das berechtigte Interesse also lediglich substantiiert behaupten (Tetsch/Baldarelli PolG NRW § 29 Erl. 3.3; SBK PolG NRW/Braun § 29 Rn. 16; Schmidbauer/Steiner/Schmidbauer BayPAG Art. 41 Rn. 27; BKK BayPAG Art. 41 Rn. 6). Ein berechtigtes Interesse fehlt, wenn der Antragsteller Daten lediglich aus Neugier anfragt. Dasselbe gilt, wenn die Übermittlung von der Rechtsordnung missbilligt wird (Tetsch/Baldarelli PolG NRW § 29 Erl. 3.3; SBK PolG NRW/ Braun § 29 Rn. 15; Roos/Lenz RhPfPOG § 34 Rn. 18, 21).

2. Mutmaßliche Einwilligung

62   Abs. 3 Nr. 3 verlangt, dass die Datenübermittlung offensichtlich im Interesse der betroffenen Person liegt und diese in Kenntnis der Sachlage ihre Einwilligung hierzu erteilen würde. Das Merkmal „offensichtlich" macht deutlich, dass es für die Annahme einer mutmaßlichen Einwilligung einer möglichst gesicherten Grundlage bedarf. Zu fordern ist, dass die **Einschätzung der übermittelnden Stelle auf einer objektiven, vernünftigen ex-ante-Betrachtung beruht** (Kay/Böcking PolR NRW Rn. 217; Tetsch/Baldarelli PolG NRW § 29 Erl. 3.3). Es ist danach zu fragen, ob ein „Durchschnittsbürger" seine Einwilligung in die Datenübermittlung erteilt hätte (Tegtmeyer/Vahle PolG NRW/Tegtmeyer § 29 Rn. 10; Tetsch/Baldarelli PolG NRW § 29 Erl. 3.3). Die Prüfung der mutmaßlichen Einwilligung erfolgt nach den hierzu im Strafrecht entwickelten Maßstäben. Dementsprechend kann die Datenübermittlung nicht „unbefugt" iSd § 203 Abs. 1 StGB sein, wenn die Voraussetzungen des Abs. 3 Nr. 3 vorliegen (Tetsch/Baldarelli PolG NRW § 29 Erl. 3.3). Zu beachten ist, dass bei Vorliegen einer mutmaßlichen Einwilligung die Übermittlung nicht auf den Rechtfertigungstatbestand des Art. 6 Abs. 1 S. 1 lit. a DS-GVO gestützt werden kann. Danach ist eine Datenverarbeitung zulässig, wenn die betroffene Person ihre Einwilligung zur Verarbeitung gegeben hat. Eine Einwilligung im Sinne der DS-GVO setzt aber eine eindeutige, bestätigende Willenserklärung des Betroffenen voraus (BeckOK DatenschutzR/Albers/Veit DS-GVO Art. 6 Rn. 23).

63   **a) Einwilligungsvoraussetzungen.** Eine Einwilligung kann wirksam nur erteilt werden, wenn sie sich auf ein Recht bezieht, über das der Einwilligende verfügen darf. Auch die mutmaßliche Einwilligung findet ihre Schranke in der Dispositionsbefugnis des Betroffenen über die jeweilige Rechtsposition. Das mit Blick auf die Datenübermittlung gem. Abs. 3 Nr. 3 betroffene **Recht auf informationelle Selbstbestimmung (Art. 2 Abs. 1 GG iVm Art. 1 Abs. 1 GG)** ist regelmäßig disponibel. Etwas anderes gilt nur, wenn die Übermittlung der Daten in den **Kernbereich der privaten Lebensgestaltung** eingreift. Die Wirksamkeit der Einwilligung hängt schließlich davon ab, dass **der Betroffene die Konsequenzen der durch die Einwilligung eintretenden Rechtseinbuße versteht.** Entscheidend ist insoweit nicht die Geschäftsfähigkeit gem. §§ 104 ff. BGB, sondern die **natürliche Einsichtsfähigkeit** (Tetsch/Baldarelli PolG NRW § 29 Erl. 3.3).

64   Hinweise darauf, ob von einer mutmaßlichen Einwilligung ausgegangen werden kann, lassen sich mitunter **früheren Willensäußerungen des Betroffenen** entnehmen. Wenn erwiesen sein sollte, dass der Betroffene einer Weitergabe seiner personenbezogenen Daten skeptisch oder sogar ablehnend gegenüberstand und nicht ersichtlich ist, dass er seine Meinung geändert haben könnte, muss die Datenübermittlung unterbleiben (Tegtmeyer/ Vahle PolG NRW/Tegtmeyer § 29 Rn. 10). Dies ist Folge des dem Einzelnen bezüglich seiner Daten zustehenden Selbstbestimmungsrechts und gilt auch dann, wenn die Datenübermittlung dem Zweck dient, Nachteile vom Betroffenen abzuwenden (Tetsch/Baldarelli PolG NRW § 29 Erl. 3.3). Dass Abs. 3 Nr. 3 eine mutmaßliche Einwilligung voraussetzt, schränkt den Anwendungsbereich der Norm sehr stark ein. Abs. 3 Nr. 3 **spielt in der praktischen Tätigkeit der Polizei deshalb eine wesentlich geringere Rolle als Abs. 3 Nr. 2** (Tetsch/ Baldarelli PolG NRW § 29 Erl. 3.3; SBK PolG NRW/Braun § 29 Rn. 16). Von Bedeutung ist die Norm insbesondere in Eilfällen, in denen die Polizei den wahren Willen des Betroffenen nicht feststellen kann.

b) Fallbeispiele. Eine mutmaßliche Einwilligung kann zB angenommen werden, **wenn** 65 **der Betroffene infolge der Datenübermittlung einen Vorteil erlangt oder von einer Verpflichtung, jemandem eine Auskunft zu erteilen, befreit wird** (Tegtmeyer/ Vahle PolG NRW/Tegtmeyer § 29 Rn. 10; Tetsch/Baldarelli PolG NRW § 29 Erl. 3.3). In der Praxis kommt es immer wieder vor, dass ein **Schuldner des oder der Auskunftsbegehrenden gegenüber der Polizei Angaben macht, um aus freien Stücken seiner Verpflichtung nachzukommen.** In diesen Fällen hat der Betroffene ein Interesse daran, dass die Polizei seine personenbezogenen Daten weitergibt (Kay/Böcking PolR NRW Rn. 217). Abs. 3 Nr. 3 ist auch einschlägig, wenn **Eltern die Polizei um die Übermittlung von Daten derjenigen Person bitten, die ihr Kind bei einem Unfall gerettet hat.** Auch die **Benachrichtigung von Familienangehörigen darüber, in welches Krankenhaus ein an einem Massenverkehrsunfall beteiligter Familienangehöriger gebracht worden ist,** lässt sich auf Abs. 3 Nr. 3 stützen (SBK PolG NRW/Braun § 29 Rn. 16; Schmidbauer/Steiner/Schmidbauer BayPAG Art. 41 Rn. 27; BKK BayPAG Art. 41 Rn. 6). Ferner ist Abs. 3 Nr. 3 einschlägig, wenn **die auskunftsbegehrende Person nach Hinweis auf die Freiwilligkeit ihrer Auskunft gem. § 9 Abs. 6 zunächst mehr Daten über den Betroffenen verlangt,** damit sie eine sachgerechte Entscheidung über die Aussage treffen kann (Tetsch/Baldarelli PolG NRW § 29 Erl. 3.3). Denkbar sind Datenübermittlungen nach Abs. 3 Nr. 3 auch im Rahmen der **Familienforschung („Stammbaum")**, soweit die notwendigen Informationen nicht mit Hilfe einer Melderegisterauskunft beschafft werden können (Roos/Lenz RhPfPOG § 34 Rn. 22). Es begegnet ebenfalls keinen rechtlichen Bedenken, dass die Polizei gem. Abs. 3 Nr. 3 die **Angehörigen von Unfallopfern** verständigt (vgl. BKK BayPAG Art. 41 Rn. 2). Dagegen ist Abs. 3 Nr. 3 grundsätzlich **keine taugliche Ermächtigungsgrundlage für die (automatische) Weitergabe der Daten von Opfern schwerer Gewalttaten an Hilfsorganisationen** (Tegtmeyer/ Vahle PolG NRW/Tegtmeyer § 29 Rn. 10; SBK PolG NRW/Braun § 29 Rn. 17; Schmidbauer/Steiner/Schmidbauer BayPAG Art. 41 Rn. 28; BKK BayPAG Art. 41 Rn. 6).

Eine Übermittlung personenbezogener Daten gem. Abs. 3 Nr. 3 kommt überdies in Frage, 66 wenn eine **sofortige ärztliche oder psychologische Betreuung des Betroffenen aus Sicht der Polizei dringend notwendig erscheint.** Die Befugnis zur Übermittlung wird sich in diesen Fällen allerdings häufig bereits aus Abs. 2 Nr. 2 lit. a ergeben (vgl. Tegtmeyer/ Vahle PolG NRW/Tegtmeyer § 29 Rn. 11). **Polizeiliche Datenübermittlungen an Versicherungsunternehmen,** welche der Bearbeitung von Forderungssachen dienen, sind in der Regel unzulässig. Eine Ausnahme von diesem Grundsatz ist anzuerkennen, wenn es darum geht, den Betroffenen vor einem Vermögensschaden infolge eines Betrugs zu bewahren (Schmidbauer/Steiner/Schmidbauer BayPAG Art. 41 Rn. 28). Zweifel daran, dass die Datenübermittlung im Interesse des Betroffenen liegt, gehen zu Lasten der auskunftsbegehrenden Person (Tegtmeyer/Vahle PolG NRW/Tegtmeyer § 29 Rn. 10; Tetsch/Baldarelli PolG NRW § 29 Erl. 3.3).

E. Ermessen

Alle Absätze des § 27 räumen der Polizei **Ermessen** ein („kann"). Das Ermessen kann 67 im Einzelfall auf Null reduziert sein, sodass die Datenübermittlung erfolgen muss. Eine derartige Ermessensreduzierung kommt insbesondere im Anwendungsbereich des Abs. 2 in Betracht, zB wenn die Datenübermittlung für die polizeiliche Aufgabenerfüllung erforderlich ist oder subjektive Rechte erheblich beeinträchtigt oder vereitelt werden.

In Bezug auf Abs. 3 Nr. 2 ist eine Ermessensreduzierung nur unter sehr engen Vorausset- 68 zungen vorstellbar, nämlich dann, wenn die Durchsetzung des rechtlichen Interesses ausschließlich mit Hilfe der polizeilichen Datenübermittlung in Frage kommt und anderweitiger, insbesondere gerichtlicher Rechtsschutz nicht ebenso effektiv ist. So kann zB ein **Vermieter, der über seinen Mieter zahlreiche Beschwerden wegen Lärmbelästigung erhalten hat,** von der Polizei Auskunft darüber verlangen, wie oft polizeiliche Einsätze wegen Ruhestörungen stattgefunden haben. Das Ermessen verdichtet sich zu einem gebundenen Anspruch, wenn der Vermieter auf die Informationen angewiesen ist, um über die

Kündigung des Mietverhältnisses sachgerecht entscheiden zu können (Tetsch/Baldarelli PolG NRW § 29 Erl. 3.4.2). Die Polizei muss in ihrer Ermessensentscheidung die Interessen des Auskunftsbegehrenden, des Betroffenen und auch diejenigen der Öffentlichkeit einstellen und gegeneinander abwägen. Auf Seiten des **Betroffenen** sind insbesondere Art, Sensibilität und Umfang der begehrten Daten sowie der Grad der Gefährdung bzw. Art und Ausmaß des zu erwartenden Nachteils zu berücksichtigen. Ferner kann es eine Rolle spielen, woraus sich für den Betroffenen ein Geheimhaltungsbedürfnis ergibt. Im Hinblick auf den **Auskunftsbegehrenden** muss die Polizei die (ggf.) bedrohten Rechtspositionen in ihre Entscheidung einbeziehen. Ermessensrelevant ist darüber hinaus, ob der Antragsteller die Daten auf einem anderen Weg rechtmäßig erlangen kann. Relevant sein können zudem der angegebene Verwendungszweck, das frühere Verhalten des Antragstellers (insbesondere eine missbräuchliche Verwendung von Daten in der Vergangenheit) sowie das Bestehen einer den Antragsteller treffenden Verschwiegenheitspflicht (iSd § 203 StGB).

69   Ob und inwieweit Daten gem. § 27 übermittelt werden dürfen, hängt schließlich vom Stellenwert der polizeilichen Aufgabe, der Dringlichkeit der Aufgabenerfüllung sowie davon ab, ob alternative polizeiliche Maßnahmen ergriffen werden können (Tetsch/Baldarelli PolG NRW § 29 Erl. 3.4.1). Die Entscheidung der Polizeibehörde gem. § 27 kann auch so ausfallen, dass der auskunftsbegehrenden Person nur einige der im Antrag bezeichneten Daten zur Verfügung gestellt werden. Dies folgt aus dem in § 2 niedergelegten **Verhältnismäßigkeitsprinzip,** an das die Polizei bei ihrer Entscheidung gem. § 27 gebunden ist (Kay/Böcking PolR NRW Rn. 216).

70   Die polizeilichen Datenbestände dürfen nicht mit Hilfe des § 27 in ein Ersatzregister umfunktioniert werden (SBK PolG NRW/Braun § 29 Rn. 14; Tegtmeyer/ Vahle PolG NRW/Tegtmeyer § 29 Rn. 9). Vor diesem Hintergrund schließt das Verhältnismäßigkeitsprinzip die Datenübermittlung aus, wenn der Auskunftsbegehrende die **Daten von einer anderen Stelle erlangen kann, zB der Melde- oder der Straßenverkehrsbehörde** (BKK BayPAG Art. 41 Rn. 5; Schmidbauer/Steiner/Schmidbauer BayPAG Art. 41 Rn. 26; vgl. Nr. 29.22 VVPolG NRW). Zielt ein Auskunftsbegehren iSd Abs. 3 darauf ab, zur Wahrung rechtlicher Interessen **den Aufenthalt einer Person zu erfahren, die sich nach den Angaben des Auskunftsbegehrenden in Untersuchungshaft oder zur Vollstreckung einer Freiheitsstrafe in einer Justizvollzugsanstalt befindet oder befinden soll,** ist der Auskunftsbegehrende an die Justizbehörden zu verweisen.

F. Rechtsschutz

71   Rechtsschutz gegen die Übermittlung personenbezogener Daten im innerstaatlichen Bereich ist auf dem **Verwaltungsrechtsweg** zu erlangen. Begehrt der Kläger das Unterlassen der Datenübermittlung, so ist eine **allgemeine Leistungsklage** in Form einer Unterlassungsklage statthaft. Im Verfahren des vorläufigen Rechtsschutzes ist ein **Antrag nach § 123 Abs. 1 VwGO** statthaft. Der richtige Rechtsbehelf nach erfolgter Übermittlung ist die **allgemeine Feststellungsklage** (§ 43 Abs. 1 Alt. 1 VwGO).

§ 28 Datenübermittlung im Bereich der Europäischen Union und deren Mitgliedsstaaten

(1) § 27 gilt entsprechend für die Übermittlung von personenbezogenen Daten an
1. **Polizeibehörden,**
2. **öffentliche und nichtöffentliche Stellen in Mitgliedstaaten der Europäischen Union und**
3. **zwischen- und überstaatliche Stellen der Europäischen Union oder deren Mitgliedstaaten, die mit Aufgaben der Gefahrenabwehr sowie Verhütung von Straftaten und deren vorbeugende Bekämpfung befasst sind.**

(2) **Die Zulässigkeit der Übermittlung personenbezogener Daten durch die Polizei an eine Polizeibehörde oder eine sonstige für die Verhütung von Straftaten oder deren vorbeugende Bekämpfung zuständige öffentliche Stelle eines Mitgliedstaates**

der Europäischen Union auf der Grundlage besonderer völkerrechtlicher Vereinbarungen bleibt unberührt.

Überblick

§ 28 ist durch das Gesetz zur Anpassung des Polizeigesetzes des Landes Nordrhein-Westfalen und des Gesetzes über Aufbau und Befugnisse der Ordnungsbehörden v. 18.12.2018 (GV. NRW. 741) neu gefasst worden. Die Norm regelt die Datenübermittlung im Bereich der EU und deren Mitgliedstaaten. Die Übermittlung personenbezogener Daten an die in Abs. 1 genannten Stellen wird dabei der innerstaatlichen Datenübermittlung gleichgestellt (→ Rn. 3). Die Zulässigkeit der Datenübermittlung aufgrund besonderer völkerrechtlicher Vereinbarungen bleibt gem. Abs. 2 unberührt (→ Rn. 6). § 28 gilt gem. § 24 Abs. 1 Nr. 10 NRWOBG auch für die Ordnungsbehörden. Mit § 28 vergleichbare Regelungen finden sich zB in Art. 57 BayPAG und § 22 Abs. 5 HSOG.

A. Normzweck

Der Gesetzgeber trägt mit § 28 insbesondere der **hohen Bedeutung eines effektiven** **1** **Informationsaustausches zwischen Sicherheitsbehörden der Mitgliedstaaten der EU** Rechnung (LT-Drs. 17/2576, 73). Eine intensive grenzüberschreitende Zusammenarbeit der europäischen Sicherheitsbehörden – insbesondere bei der **Abwehr von Gefahren des internationalen Terrorismus** – stellt nach Ansicht des Gesetzgebers eine herausragend wichtige Voraussetzung für die europaweite Verhinderung terroristischer Anschläge und Straftaten dar (LT-Drs. 17/2576, 73). Vor diesem Hintergrund hat der Gesetzgeber sich entschlossen, die Datenübermittlungen im Bereich der EU und deren Mitgliedstaaten innerstaatlichen Datenübermittlungen gleichzustellen. Er orientiert sich dabei an § 26 BKAG, auf den in den Gesetzgebungsmaterialien auch Bezug genommen wird (LT-Drs. 17/2576, 73).

B. Adressaten der Datenübermittlung

Als Adressaten der Datenübermittlung kommen gem. Abs. 1 in Betracht: Polizeibehörden **2** (Nr. 1), öffentliche und nichtöffentliche Stellen in Mitgliedstaaten der EU (Nr. 2) und zwischen- und überstaatliche Stellen der EU oder deren Mitgliedstaaten, die mit Aufgaben der Gefahrenabwehr sowie Verhütung von Straftaten und deren vorbeugende Bekämpfung befasst sind (Nr. 3). Welche Stellen als **Polizeibehörden** bzw. **öffentliche oder nichtöffentliche Stellen eines anderen Mitgliedstaates** der EU anzusehen sind, ist nach dem Recht des betreffenden Mitgliedstaates zu beurteilen. Nachrichtendienste unterfallen aber nicht dem Begriff, da ihr gesetzlicher Auftrag im Schutz der nationalen Sicherheit besteht (Lisken/Denninger PolR-HdB/Petri G Rn. 1021; vgl. auch Art. 2 Abs. 3 lit. a JI-RL; Erwägungsgrund 14 JI-RL). Die Übermittlung personenbezogener Daten ist auch an **über- und zwischenstaatliche Stellen der EU oder deren Mitgliedstaaten** zulässig. Anders als bei der Übermittlung von Daten an Stellen anderer Mitgliedstaaten geht es hier nicht um einen Empfänger, der einem einzelnen Staat zugeordnet werden kann. Über- und zwischenstaatliche Stellen zeichnen sich vielmehr dadurch aus, dass sie von mehreren Staaten geschaffen wurden. Die praktische Bedeutung derartiger Stellen hat erheblich zugenommen, was nicht zuletzt mit dem Wegfall der Grenzen innerhalb Europas zusammenhängt. Zwischenstaatliche Stellen werden lediglich koordinierend bzw. kontrollierend tätig. Zu den zwischenstaatlichen Organisationen, deren Verwaltungseinheiten als Empfängerstellen in Betracht kommen, gehört zB das europäische Polizeiamt „**Europol**". Als überstaatliche Stellen sind insbesondere **Dienststellen der EU** zu nennen. Im Unterschied zu den zwischenstaatlichen Stellen verfügen die überstaatlichen Stellen über Hoheitsbefugnisse, die ihnen von den Mitgliedstaaten übertragen worden sind. Die Befugnisse überstaatlicher Stellen können deshalb unabhängig vom Willen der Mitgliedstaaten auch im Verhältnis zu den Staatsbürgern und Institutionen dieser Staaten ausgeübt werden (Tetsch/Baldarelli PolG NRW Erl. 2.2).

C. Entsprechende Anwendung des § 27

3   Abs. 1 ordnet für die Datenübermittlung im Bereich der EU und deren Mitgliedstaaten die entsprechende Geltung des § 27 an. Die von Abs. 1 erfasste Datenübermittlung ist damit der Datenübermittlung im innerstaatlichen Raum gleichgestellt. Durch den Verweis auf § 27 gilt der **Grundsatz der hypothetischen Datenneuerhebung** auch für die innereuropäische Datenübermittlung. Hierauf wird in der Gesetzesbegründung ausdrücklich hingewiesen (LT-Drs. 17/2576, 72 f.).

4   Datenübermittlungen an die in Abs. 1 Nr. 1–3 genannten Adressaten setzen nicht voraus, dass ein entsprechendes **Datenübermittlungsersuchen** gestellt wurde. Die deutsche Polizei kann an die Sicherheitsbehörden in den Mitgliedstaaten der EU auch dann Daten übermitteln, wenn sie das von sich aus für erforderlich hält.

5   Aufgrund der in Abs. 1 enthaltenen Verweisung auf § 27 kommt auch die Datenübermittlung im Bereich der EU und deren Mitgliedstaaten nur in Betracht, wenn diese **erforderlich** ist (vgl. zu diesem Merkmal → § 27 Rn. 13 ff., Rn. 33 f., Rn. 44 ff.).

D. Besondere völkerrechtliche Vereinbarungen (Abs. 2)

6   Ausdrücklich unberührt von den Regelungen in Abs. 1 bleibt gem. Abs. 2 die Zulässigkeit der Übermittlung personenbezogener Daten durch die Polizei an eine Polizeibehörde oder eine sonstige für die Verhütung von Straftaten oder deren vorbeugende Bekämpfung zuständige öffentliche Stelle eines Mitgliedstaates der EU auf der Grundlage besonderer völkerrechtlicher Vereinbarungen. Regelungen über einen internationalen Informationsaustausch enthält zB das **SDÜ** (Schengener Durchführungsübereinkommen v. 19.6.1990, ABl. 2000 L 239, 19).

E. Rechtsschutz

7   Will der Betroffene sich gegen die Übermittlung seiner Daten im Bereich der EU und deren Mitgliedstaaten gerichtlich zur Wehr setzen, so ist der **Verwaltungsrechtsweg** eröffnet (§ 40 Abs. 1 S. 1 VwGO). Statthaft ist grundsätzlich die **allgemeine Leistungsklage,** und zwar in Form einer sog. **Unterlassungsklage.** Im Verfahren des **vorläufigen Rechtsschutzes** ist der richtige Rechtsbehelf ein Antrag nach § 123 Abs. 1 VwGO. Sind die betreffenden Daten bereits übermittelt worden, so kommt eine **allgemeine Feststellungsklage (§ 43 Abs. 1 Alt. 1 VwGO)** in Betracht.

§ 29 Datenübermittlung im internationalen Bereich

(1) [1]Eine Übermittlung personenbezogener Daten an andere als die in § 28 Absatz 1 Nummer 2 genannten Staaten (Drittländer) und andere als in § 28 Absatz 1 Nummer 3 genannte über- und zwischenstaatliche Stellen ist unter Beachtung der §§ 62 bis 65 des Datenschutzgesetzes Nordrhein-Westfalen zulässig, soweit dies zur Erfüllung polizeilicher Aufgaben oder zur Abwehr einer erheblichen Gefahr durch die empfangende Stelle erforderlich ist. [2]Entsprechendes gilt, wenn tatsächliche Anhaltspunkte dafür bestehen, dass Straftaten von erheblicher Bedeutung begangen werden sollen und die Datenübermittlung zur Verhinderung dieser Straftaten erforderlich ist. [3]§ 23 gilt auch bei der Datenübermittlung in Drittstaaten. [4]§ 28 Absatz 2 gilt entsprechend.

(2) [1]Bei Übermittlungen nach dieser Vorschrift hat die Polizei einen Nachweis zu führen, aus dem der Anlass, der Inhalt, die empfangende Stelle, der Tag der Übermittlung sowie die Aktenfundstelle hervorgehen. [2]Er ist am Ende des Kalenderjahres, das dem Jahr seiner Erstellung folgt, zu löschen oder zu vernichten. [3]Die Löschung oder Vernichtung unterbleibt, solange der Nachweis noch für eine bereits eingeleitete Datenschutzkontrolle nach § 33c erforderlich ist oder Grund zu der Annahme besteht, dass im Falle einer Löschung schutzwürdige Belange der betroffenen Person beeinträchtigt würden.

Überblick

§ 29 regelt die Datenübermittlung im internationalen Bereich. Die Vorschrift ist durch das Gesetz zur Anpassung des Polizeigesetzes des Landes Nordrhein-Westfalen und des Gesetzes über Aufbau und Befugnisse der Ordnungsbehörden v. 18.12.2018 (GV. NRW. 741) neu gefasst worden. Anders als die Vorgängervorschrift in § 28 aF unterscheidet § 29 nicht zwischen der **Initiativ-** bzw. **Spontanübermittlung** einerseits und der Übermittlung auf Antrag andererseits (**Anlassübermittlung**) (→ Rn. 3). Bei § 29 handelt es sich um eine bereichsspezifische Konkretisierung der Vorgaben in §§ 62–65 DSG NRW für Datenübermittlungen an Drittstaaten und an internationale Organisationen (LT-Drs. 17/2576, 73; → Rn. 6). In Abs. 1 S. 3 wird zusätzlich zu § 26 Abs. 1 auf die Geltung des Grundsatzes der sog. hypothetischen Datenneuerhebung gem. § 23 hingewiesen. In Bezug genommen ist damit insbesondere Abs. 2, der die Fälle der Zweckänderung erfasst (vgl. LT-Drs. 17/2576, 73; → Rn. 16). S. 4 verweist auf internationale Vereinbarungen, die im Bereich der Datenübermittlung unberührt bleiben (→ Rn. 17). Der für die datenschutzrechtliche Kontrolle notwendige Übermittlungsnachweis und die dazugehörige Aussonderungsregelung sind Gegenstand der Regelung in Abs. 2 (→ Rn. 18). Da § 29 im Katalog des § 24 Abs. 1 NRWOBG nicht genannt wird, findet die Vorschrift keine entsprechende Anwendung auf die Ordnungsbehörden. Mit § 29 vergleichbare Regelungen sind zB in Art. 58 BayPAG und § 43 BWPolG enthalten.

A. Rechtlicher Rahmen

§ 29 ist eine Komplementärvorschrift zu § 28. Während § 28 die Datenübermittlung im **1** Bereich der EU und deren Mitgliedstaaten regelt, geht es in § 29 um die Datenübermittlung an sonstige internationale Organisationen und Staaten. Auch außerhalb des Bereichs der EU und ihrer Mitgliedstaaten hat die Übermittlung von personenbezogenen Daten an ausländische Polizeibehörden und über- oder zwischenstaatliche Stellen einen hohen Stellenwert (Lisken/Denninger PolR-HdB/Petri G Rn. 1014). Da für Stellen im Bereich der EU und ihrer Mitgliedstaaten ein einheitlich hoher datenschutzrechtlicher Mindeststandard gilt, liegt der Regelung in § 28 der Gedanke der Diskriminierungsfreiheit zugrunde (vgl. Art. 9 Abs. 4 JI-RL – RL (EU) 2016/680 v. 27.4.2016, ABl. 2016 L 199, 89). Bei einer Übermittlung an Drittländer oder internationale Organisationen muss dagegen sichergestellt werden, dass durch die Übermittlung das unionsrechtlich geforderte Datenschutzniveau nicht unterschritten wird (Lisken/Denninger PolR-HdB/Petri G Rn. 1014). Dem trägt § 29 Rechnung.

B. Datenübermittlung an Drittländer und an internationale Organisationen (Abs. 1)

§ 29 trifft Regelungen über die Übermittlung (→ § 26 Rn. 3 ff.) personenbezogener **2** Daten (→ § 26 Rn. 2) im internationalen Bereich. Als Adressaten der Datenübermittlung nennt Abs. 1 S. 1 zunächst andere als die in § 28 Abs. 1 Nr. 2 genannten Staaten (sog. **Drittländer**), also jene Staaten, die nicht Mitglieder der EU sind. Darüber hinaus gilt Abs. 1 für die Datenübermittlung an andere als in § 28 Abs. 1 Nr. 3 genannte über- und zwischenstaatliche Stellen. § 28 Abs. 1 Nr. 3 bezieht sich auf zwischen- und überstaatliche Stellen der EU oder deren Mitgliedstaaten, die mit Aufgaben der Gefahrenabwehr sowie Verhütung von Straftaten und deren vorbeugende Bekämpfung befasst sind. Zu dem Kreis denkbarer Adressaten einer Datenübermittlung gem. § 29 gehören zB die kriminalpolizeiliche Organisation IKPO-Interpol, die Vereinten Nationen sowie NATO und OSZE.

I. Erfüllung polizeilicher Aufgaben oder Abwehr einer erheblichen Gefahr durch die empfangende Stelle (S. 1)

Abs. 1 S. 1 verlangt, dass die Datenübermittlung **zur Erfüllung polizeilicher Aufgaben 3** erforderlich ist. Zulässig ist eine Datenübermittlung gem. Abs. 1 S. 1 ferner zur **Abwehr einer erheblichen Gefahr durch die empfangende Stelle.**

1. Polizeiliche Aufgaben, erhebliche Gefahr

4   Ob die Datenübermittlung der Erfüllung „polizeilicher Aufgaben" dient, muss anhand der Zuständigkeitsvorschrift des § 1 Abs. 1–4 bestimmt werden. Die **Erheblichkeit der Gefahr** knüpft an die Bedeutung des bedrohten Rechtsguts und das Ausmaß des drohenden Schadens an. Sie beinhaltet im Gegensatz zur konkreten und gegenwärtigen Gefahr kein Zeitmoment. Entscheidend ist, dass es sich um eine Gefahr für **wichtige Rechtsgüter** handelt. Zu diesen Rechtsgütern zählen **Leben, Gesundheit, Freiheit und nicht unwesentliche Vermögenswerte** (Gusy PolR Rn. 129). Geschützt sind auch die Funktionsfähigkeit und die Sicherheit staatlicher Einrichtungen (Tetsch/Baldarelli PolG NRW § 28 Rn. 3.2.2). Die Anforderungen an die Gefahrenprognose sind abhängig von der Bedeutung des gefährdeten Rechtsguts. Je gewichtiger das gefährdete Rechtsgut ist, desto geringere Anforderungen sind an die Wahrscheinlichkeit im Zusammenhang mit der Schadensprognose zu stellen (Kay/Böcking PolR NRW Rn. 211; Gusy PolR Rn. 119; Tetsch/Baldarelli PolG NRW § 28 Erl. 3.2.2; BKK BayPAG Art. 40 Rn. 14; Ebert/Seel ThürPAG, 6. Aufl. 2012, ThürPAG § 41 Rn. 17). Eine Datenübermittlung nach Abs. 1 S. 1 kommt zB in Betracht, wenn ausländische Sicherheitsbehörden um die Übermittlung der Daten von deutschen Staatsangehörigen ersuchen, die ein Flugzeug entführt haben sollen, welches sich im Landeanflug auf einen Flughafen des Empfängerstaats befindet (vgl. Tetsch/Baldarelli PolG NRW § 28 Erl. 3.2.2).

2. Erforderlichkeit

5   Abs. 1 S. 1 setzt die **Erforderlichkeit der Datenübermittlung** zu den genannten Zwecken voraus. Erforderlich ist die Datenübermittlung nur dann, wenn die betreffende Polizeibehörde ihre Aufgabe ohne die Datenübermittlung überhaupt nicht, nicht in vollem Umfang, nicht rechtzeitig oder nicht in rechtmäßiger Weise wahrnehmen kann. Ob die Datenübermittlung erforderlich ist, muss stets unter **Beachtung des Verhältnismäßigkeitsprinzips** (vgl. § 2) ermittelt werden. Dabei ist den einer Übertragung ggf. entgegenstehenden Interessen des Betroffenen angemessen Rechnung zu tragen. Insbesondere ist zu prüfen, ob schonendere Mittel als die Datenübermittlung zur Verfügung stehen und in welchem Umfang eine Übermittlung geboten ist.

3. Beachtung der §§ 62–65 DSG NRW

6   Die Datenübermittlung gestattet Abs. 1 S. 1 nur unter der Voraussetzung, dass die §§ 62–65 DSG NRW beachtet werden. Die in Bezug genommenen Vorschriften bilden das 6. Kapitel des DSG NRW. Sie statuieren Voraussetzungen, die bei Datenübermittlungen an Stellen in Drittstaaten oder an internationale Organisationen einzuhalten sind, und dienen der Umsetzung der Art. 35 ff. JI-RL (vgl. Johannes/Weinhold Neues DatenschutzR § 1 Rn. 352). Eine Datenübermittlung an Drittländer oder internationale Organisationen kommt danach nur unter qualifizierten Voraussetzungen in Betracht. Hierdurch soll sichergestellt werden, dass das durch die JI-RL festgelegte Datenschutzniveau auch bei einer Übermittlung im internationalen Bereich nicht ausgehebelt wird. Durch die Beachtung der Vorschriften wird außerdem gewährleistet, dass die verfassungsrechtlichen Vorgaben des BVerfG hinsichtlich der Datenübermittlung ins Ausland eingehalten werden. Zwingend auszuschließen ist eine Datenübermittlung, wenn zu befürchten steht, dass elementare rechtsstaatliche Grundsätze verletzt werden (BVerfGE 141, 220 (342)).

7   Als Adressaten der Datenübermittlung kommen gem. § 29 Abs. 1 S. 1 iVm § 62 Abs. 1 Nr. 1 DSG NRW grundsätzlich nur Stellen in Drittstaaten und internationale Organisationen in Betracht, welche die in § 35 DSG NRW genannten Zwecke verfolgen. Zu diesen Zwecken zählen die Verhütung, Ermittlung, Aufdeckung, Verfolgung und Ahndung von Straftaten oder Ordnungswidrigkeiten und die Strafvollstreckung (§ 62 Abs. 1 Nr. 1 iVm § 35 Abs. 1 S. 1 DSG NRW).

8   Zulässig ist eine Datenübermittlung an Drittländer und internationale Organisationen grundsätzlich ferner aufgrund eines sog. **Angemessenheitsbeschlusses** der EU-Kommission (§ 29 Abs. 1 S. 1 iVm § 62 Abs. 1 Nr. 2 DSG NRW). Gemäß Art. 36 Abs. 3 S. 1 JI-RL kann die Kommission mit Wirkung für die gesamte EU beschließen, dass ein Drittland bzw. ein Gebiet oder ein oder mehrere spezifische Sektoren in einem Drittland oder eine internationale Organisation ein angemessenes Datenschutzniveau bietet. Die Feststellung der Angemessenheit des Schutzniveaus dient der Rechtssicherheit von Übermittlungen und der einheitlichen Rechtsanwendung im Hinblick auf Übermittlungen in bestimmte Länder (Lisken/Denninger PolR-HdB/Petri G Rn. 1027). Bei der **Prüfung der Angemessenheit des Schutzniveaus** berücksichtigt die Kommission insbesondere die Rechtsstaatlichkeit, die Existenz und wirksame Funktionsweise von Aufsichtsbehörden, die es in dem betreffenden Drittland gibt oder denen die betreffende internationale Organisation untersteht, und die von dem betreffenden Drittland oder der betreffenden internationalen Organisation eingegangenen internationalen Verpflichtungen (vgl. Art. 36 Abs. 2 JI-RL; zu diesen Kriterien EuGH NJW 2015, 3151). Sofern ein Angemessenheitsbeschluss ergangen ist, bedarf die Datenübermittlung keiner darüber hinausgehenden Genehmigung (BeckOK PolR Bayern/ Aulehner BayPAG Art. 58 Rn. 5).

Ist ein Angemessenheitsbeschluss nicht ergangen, so kommt eine Datenübermittlung auf **9** der Grundlage „geeigneter Garantien" in Betracht (§ 29 Abs. 1 S. 1 iVm § 63 DSG NRW). § 63 Abs. 1 Nr. 1 DSG NRW macht die Datenübermittlung in diesen Fällen davon abhängig, dass in einem rechtsverbindlichen Instrument geeignete Garantien für den Schutz personenbezogener Daten vorgesehen sind. Alternativ lässt § 29 Abs. 1 S. 1 iVm § 63 Abs. 1 Nr. 2 es ausreichen, dass der Verantwortliche zu der Auffassung gelangt, es bestünden geeignete Garantien für den Schutz personenbezogener Daten (krit. Bäcker/Hornung ZD 2012, 147 (151)). Der Verantwortliche hat dabei alle Umstände zu beurteilen, die bei der Übermittlung eine Rolle spielen. Die geeigneten Garantien können insbesondere in rechtsverbindlichen Instrumenten, wie zB bilateralen Abkommen, festgelegt werden (vgl. Erwägungsgrund 71 JI-RL; Paal/Pauly/Frenzel BDSG § 79 Rn. 3). Von besonderer Relevanz ist in diesem Zusammenhang die Gewährleistung durchsetzbarer Rechte und wirksamer Rechtsbehelfe zugunsten der betroffenen Personen (vgl. EuGH NJW 2015, 3151 (3157); Lisken/Denninger PolR-HdB/Petri G Rn. 1036). Erhebliche Zweifel an der Zulässigkeit werden insbesondere bezüglich der privatrechtlich organisierten Vereinigung Interpol geäußert (VG Wiesbaden ZD 2019, 426 (428)). Damit das Datenschutzniveau nicht aufgrund etwaiger Fehleinschätzungen des Verantwortlichen unterlaufen wird, hat dieser die zuständige Aufsichtsbehörde gem. § 63 Abs. 3 DSG NRW mindestens jährlich über diejenigen Übermittlungen zu unterrichten, die auf Grundlage des § 63 Abs. 1 Nr. 2 DSG NRW erfolgt sind.

In **Ausnahmefällen** kann eine Übermittlung an Drittländer und internationale Organisa- **10** tionen schließlich auch dann zulässig sein, wenn weder ein Angemessenheitsbeschluss noch geeignete Garantien vorliegen. Diese Ausnahmesituationen regelt § 29 Abs. 1 S. 1 iVm § 64 DSG NRW. Nach § 64 Abs. 1 DSG NRW kann eine Datenübermittlung zB zum Schutz lebenswichtiger Interessen einer natürlichen Person (§ 64 Abs. 1 Nr. 1 DSG NRW), zur Abwehr einer gegenwärtigen und erheblichen Gefahr für die öffentliche Sicherheit eines Staates (§ 64 Abs. 1 Nr. 3 DSG NRW) und im Einzelfall zur Geltendmachung, Ausübung oder Verteidigung von Rechtsansprüchen im Zusammenhang mit den in § 35 DSG NRW genannten Zwecken (Verhütung, Ermittlung, Aufdeckung, Verfolgung und Ahndung von Straftaten oder Ordnungswidrigkeiten und der Strafvollstreckung) zulässig sein. Schließlich erstreckt sich die Verweisung in § 29 Abs. 1 S. 1 auf § 65 DSG NRW und damit auf die Vorgaben für die **sonstige Datenübermittlung an Empfänger in Drittstaaten.** Der Anwendungsbereich des § 65 DSG NRW zeichnet sich insbesondere dadurch aus, dass der Kreis der möglichen Empfänger über die in § 62 Abs. 1 Nr. 1 DSG NRW genannten öffentlichen Stellen hinausgeht.

§ 65 Abs. 1 DSG NRW erlaubt seinem Wortlaut nach die Übermittlung von personenbezogenen **10.1** Daten an „nicht in § 63 Absatz 1 Nummer 1 genannte Stellen". § 63 Abs. 1 Nr. 1 DSG NRW nennt allerdings keine Stellen, sondern fordert (bei Fehlen eines Angemessenheitsbeschlusses) in einem rechtsverbindlichen Instrument festgelegte geeignete Garantien für den Schutz personenbezogener Daten. Vor diesem Hintergrund ist davon auszugehen, dass es sich bei dem in § 65 Abs. 1 DSG NRW enthaltenen Verweis auf § 63 Abs. 1 Nr. 1 DSG NRW um ein redaktionelles Versehen handelt. In Bezug genommen werden sollte eigentlich § 62 Abs. 1 Nr. 1 DSG NRW.

An diesen Adressatenkreis können personenbezogene Daten nur „im besonderen Einzel- **11** fall" übermittelt werden. Außerdem muss die Übermittlung für die Erfüllung ihrer Aufgaben unbedingt erforderlich sein.

4. Rechtsfolge

12 Sind die Voraussetzungen des Abs. 1 S. 1 erfüllt, so ist die Datenübermittlung zulässig. Aus der Zulässigkeit der Datenübermittlung folgt für die Polizei keine Pflicht zur Übermittlung. Vielmehr steht die Übermittlung im **Ermessen** der Polizei.

II. Tatsächliche Anhaltspunkte für die Begehung von Straftaten von erheblicher Bedeutung (S. 2)

13 Datenübermittlungen im internationalen Bereich erklärt Abs. 1 S. 2 überdies in Fällen für zulässig, in denen tatsächliche Anhaltspunkte dafür bestehen, dass Straftaten von erheblicher Bedeutung begangen werden sollen und die Datenübermittlung zur Verhinderung dieser Straftaten erforderlich ist. Das Merkmal der **tatsächlichen Anhaltspunkte** setzt **(äußere) Tatsachen** voraus, welche die in Abs. 1 S. 2 genannten Schlüsse rechtfertigen. Bloß **innere Vorgänge,** also zB bestimmte Gesinnungen, Pläne oder Absichten von Personen, können auf Abs. 1 S. 2 gestützte Datenübermittlungen für sich allein genommen nicht rechtfertigen. Eine Datenübermittlung gem. Abs. 1 S. 2 ist aber zulässig, wenn die betreffenden inneren Tatsachen sich nach außen manifestiert haben.

14 Die tatsächlichen Anhaltspunkte müssen den Schluss zulassen, dass **Straftaten von erheblicher Bedeutung** begangen werden sollen und die Datenübermittlung zur Verhinderung dieser Straftaten erforderlich ist. Zu beachten ist, dass der in § 8 Abs. 3 enthaltene Katalog der Straftaten von erheblicher Bedeutung nicht abschließend ist, was im Normtext („insbesondere") deutlich zum Ausdruck kommt. Den Straftaten von erheblicher Bedeutung ist gemeinsam, dass sie **mindestens dem Bereich der mittleren Kriminalität** zuzurechnen sind. Zu fordern ist überdies, dass sie den Rechtsfrieden empfindlich stören und dazu geeignet sind, das Gefühl der Rechtssicherheit der Bevölkerung erheblich zu beeinträchtigen (BVerfGE 103, 21 (34); 107, 299 (322)). Die tatsächlichen Anhaltspunkte müssen ebenfalls den Schluss darauf zulassen, dass die Datenübermittlung zur Verhinderung dieser Straftaten erforderlich ist. Hinsichtlich des Merkmals „erforderlich" gelten dieselben Maßstäbe wie bei Abs. 1 S. 1 (→ Rn. 4).

15 Als Rechtsfolge ordnet Abs. 1 S. 2 an, dass „**Entsprechendes**" gilt wie bei Abs. 1 S. 1. Das bedeutet, dass die Polizei zur Übermittlung personenbezogener Daten im internationalen Bereich befugt ist, wenn die Voraussetzungen des Abs. 1 S. 1 erfüllt sind. Die Entscheidung über die Datenübermittlung steht dabei – ebenso wie bei Abs. 1 S. 1 – im Ermessen der Polizei. Darüber hinaus ist die Datenübermittlung nur **unter Beachtung der §§ 62–65 DSG NRW** zulässig. Hinsichtlich der daraus folgenden Maßgaben sei auf die Ausführungen zu Abs. 1 S. 1 verwiesen (→ Rn. 5 ff.).

III. Geltung des § 23 (Abs. 1 S. 3)

16 In Abs. 1 S. 3 wird – zusätzlich zu § 26 Abs. 1 – für die Datenübermittlung in Drittstaaten auf die Geltung des Grundsatzes der sog. hypothetischen Datenneuerhebung gem. § 23 hingewiesen. Der Gesetzgeber wollte mit Abs. 1 S. 3 insbesondere auf § 23 Abs. 2 Bezug nehmen, der den Fall der Zweckänderung betrifft (LT-Drs. 17/2576, 73).

IV. Besondere völkerrechtliche Vereinbarungen (Abs. 1 S. 4)

17 Abs. 1 S. 4 ordnet die entsprechende Geltung des § 28 Abs. 2 an. Dementsprechend bleibt die Zulässigkeit der Übermittlung auf der Grundlage besonderer völkerrechtlicher Vereinbarungen von den Regelungen des Abs. 1 unberührt.

C. Übermittlungsnachweis und Aussonderungsregelung (Abs. 2)

18 Abs. 2 regelt den für die datenschutzrechtliche Kontrolle notwendigen Übermittlungsnachweis und die dazugehörige Aussonderungsregelung (LT-Drs. 17/2576, 73). Bei einer Datenübermittlung gem. Abs. 1 hat die Polizei einen Übermittlungsnachweis zu führen. Der Nachweis soll die **nachträgliche Überprüfung der Rechtmäßigkeit der Datenverarbeitung ermöglichen.** Wie sich aus Abs. 2 S. 3 ergibt, kann er zB in der Datenschutzkontrolle nach § 33c Verwendung finden. Aus dem Nachweis müssen **Anlass, Inhalt, empfangende**

Stelle, Tag der Übermittlung sowie die Aktenfundstelle hervorgehen (Abs. 2 S. 1). Abs. 2 S. 2 ordnet die **Löschung oder Vernichtung** des Nachweises am Ende des Kalenderjahres an, das dem Jahr der Erstellung des Nachweises folgt. Abs. 3 S. 3 statuiert Ausnahmen von der Löschungs- bzw. Vernichtungspflicht. Die Löschung oder Vernichtung hat zu unterbleiben, solange der **Nachweis noch für eine bereits eingeleitete Datenschutzkontrolle nach § 33c erforderlich** ist (Abs. 2 S. 3 Alt. 1). Dasselbe gilt, wenn Grund zu der Annahme besteht, dass im Falle einer Löschung **schutzwürdige Belange der betroffenen Person beeinträchtigt würden** (Abs. 2 S. 3 Alt. 2).

D. Rechtsschutz

Gegen die Übermittlung personenbezogener Daten im internationalen Bereich steht gem. **19** § 40 Abs. 1 S. 1 VwGO der Rechtsweg zu den Verwaltungsgerichten offen. Statthaft ist grundsätzlich die **allgemeine Leistungsklage** in Form einer Unterlassungsklage. **Der vorläufige Rechtsschutz** richtet sich in diesen Fällen nach § 123 Abs. 1 VwGO. Sind die betreffenden Daten bereits übermittelt worden, so kommt eine **allgemeine Feststellungsklage (§ 43 Abs. 1 Alt. 1 VwGO)** in Betracht.

III. Datenübermittlung an die Polizei

§ 30 Datenübermittlung an die Polizei

(1) Öffentliche Stellen können, soweit gesetzlich nichts anderes bestimmt ist, von sich aus personenbezogene Daten an die Polizei übermitteln, wenn dies zur Erfüllung polizeilicher Aufgaben erforderlich erscheint.

(2) [1]Die Polizei kann an öffentliche Stellen Ersuchen auf Übermittlung von personenbezogenen Daten stellen, soweit die Voraussetzungen für eine Datenerhebung vorliegen. [2]Die ersuchte öffentliche Stelle prüft die Zulässigkeit der Datenübermittlung. [3]Wenn gesetzlich nichts anderes bestimmt ist, prüft sie nur, ob das Ersuchen im Rahmen der Aufgaben der Polizei liegt, es sei denn, im Einzelfall besteht Anlass zur Prüfung der Rechtmäßigkeit des Ersuchens. [4]Die Polizei hat die zur Prüfung erforderlichen Angaben zu machen. [5]Die ersuchte öffentliche Stelle hat die Daten an die Polizei zu übermitteln, soweit gesetzlich nichts anderes bestimmt ist.

(3) [1]Die Polizei kann an öffentliche Stellen sowie über- und zwischenstaatliche Stellen der Europäischen Union und deren Mitgliedsstaaten sowie an Drittstaaten und andere als in § 28 Absatz 1 Nummer 3 genannte über- und zwischenstaatliche Stellen Ersuchen auf Übermittlung von personenbezogenen Daten stellen, soweit die Voraussetzungen für eine Datenerhebung vorliegen und gesetzlich nichts anderes bestimmt ist. [2]Sollten zu diesem Zweck personenbezogene Daten an öffentliche Stellen eines Drittstaates übermittelt werden, gelten § 26 Absätze 5 und 6 sowie § 29.

Überblick

§ 30 regelt diejenigen Fälle, in denen eine öffentliche Stelle personenbezogene Daten an die Polizei übermittelt. Damit bildet die Norm ein Gegenstück zu § 27 Abs. 2, welcher der Polizei ihrerseits die Datenübermittlung an öffentliche Stellen erlaubt (Kay/Böcking PolR NRW Rn. 218). Abs. 1 erfasst die sog. **Spontan- bzw. Initiativübermittlung,** bei der eine öffentliche Stelle Daten von sich aus – also ohne dass ein entsprechendes Ersuchen bei ihr eingegangen wäre – an die Polizei weitergibt (→ Rn. 4 ff.) Demgegenüber ist der Anwendungsbereich des Abs. 2 eröffnet, wenn die Datenübermittlung auf Ersuchen der Polizei erfolgt (sog. **Anlassübermittlung;** → Rn. 9 ff.). Abs. 3 ist einschlägig, wenn die Polizei eine ausländische oder eine über- bzw. zwischenstaatliche Stelle um die Übermittlung personenbezogener Daten ersucht (→ Rn. 16 ff.). Nicht in den Anwendungsbereich des

§ 30 fällt die **Datenübermittlung zwischen Polizeibehörden.** Sie richtet sich nach § 27 Abs. 1. Durch das **Gesetz zur Anpassung des Polizeigesetzes des Landes Nordrhein-Westfalen und des Gesetzes über Aufbau und Befugnisse der Ordnungsbehörden** v. 18.12.2018 (GV. NRW. 741) wurde Abs. 3 redaktionell überarbeitet und inhaltlich an die neue Systematik der Vorschriften über die Datenübermittlung angepasst. Abs. 1 und Abs. 2 des § 30 sind § 10c Abs. 7 VEMEPolG (Vorentwurf zur Änderung des Musterentwurf eines einheitlichen Polizeigesetzes) nachgebildet. Mit § 30 vergleichbare Eingriffsermächtigungen gibt es in fünf weiteren Bundesländern, und zwar in Bayern (Art. 60 BayPAG), Berlin (§ 44 Abs. 7 ASOG Bln), Brandenburg (§ 45 BbgPolG), Sachsen-Anhalt (§ 27 Abs. 5 SOG LSA) und Thüringen (§ 41 Abs. 7 ThürPAG). Auf der Ebene des Bundesrechts fehlt es an einer entsprechenden Regelung (Lisken/Denninger PolR.-HdB/Petri G Rn. 1041).

Übersicht

A. Systematische Einordnung

1   § 30 soll Regelungslücken schließen und hat deshalb **Auffangcharakter** (Tegtmeyer/Vahle PolG NRW/Tegtmeyer Rn. 2; SBK PolG NRW/Braun Rn. 2; Tetsch/Baldarelli PolG NRW Erl. 1; BKK BayPAG Art. 42 Rn. 1). Die bei öffentlichen Stellen beschäftigten Amtswalter sollen nicht befürchten müssen, bei der Übermittlung von Daten an die Polizei rechtswidrig zu handeln und sich ggf. aufgrund der Verletzung von Privatgeheimnissen strafbar zu machen (BKK BayPAG Art. 42 Rn. 1; Ebert/Seel ThürPAG, 6. Aufl. 2012, ThürPAG § 41 Rn. 24). Zudem ist nach der sog. Doppeltür-Rechtsprechung des BVerfG eine eigenständige Befugnisnorm auch für den Empfang von Daten erforderlich (BVerfGE 130, 151 (184); 141, 220 (333 f.)). § 30 kommt in der Praxis eine **nicht unerhebliche Bedeutung** zu, da öffentliche Stellen für die Polizei nach wie vor zu den wichtigsten Erkenntnisquellen gehören. Dies gilt vor allem für solche Stellen, die mit der Führung von Registern betraut sind (Tetsch/Baldarelli PolG NRW Erl. 1).

2   Die Norm ist nicht anwendbar, soweit die Weitergabe von Daten durch öffentliche Stellen an die Polizei **bereichsspezifisch geregelt** ist (Tetsch/Baldarelli PolG NRW Erl. 1; vgl. auch Nr. 30.0 VVPolG NRW). Spezialvorschriften finden sich nicht nur im PolG NRW (s. etwa §§ 27 und 31), sondern zB auch im **Melde-** (§ 4 MG NRW, § 22 PaßG) **und Ausländerrecht** (§ 14 AZRG) sowie im **Straßenverkehrsrecht** (§§ 30, 30a StVG sowie §§ 35, 36, 39 StVG). Dasselbe gilt für das **Sozial- und Gewerberecht** (§ 68 SGB X und § 150a Abs. 2 Nr. 2 GewO), **Abgabenrecht** (§ 30 Abs. 4 Nr. 5 AO) und **Strafvollzugsrecht** (§ 180 StVollzG). Im Hinblick auf **Daten, die im Bundeszentralregister gespeichert sind,** ist § 41 Abs. 1 Nr. 5 BZRG zu beachten (Tegtmeyer/Vahle PolG NRW/Tegtmeyer Rn. 2; SBK PolG NRW/Braun Rn. 2; Tetsch/Baldarelli PolG NRW Erl. 7; Kay/Böcking PolR NRW Rn. 218; BKK BayPAG Art. 42 Rn. 7; Schmidbauer/Steiner/Schmidbauer BayPAG Art. 42 Rn. 14 ff.; Ebert/Seel ThürPAG, 6. Aufl. 2012, ThürPAG § 41 Rn. 27). **Strafanzeigen und Strafanträge** fallen nicht unter § 30, weil StGB und StPO hierfür vorrangige Regelungen enthalten (Tegtmeyer/Vahle PolG NRW/Tegtmeyer Rn. 4). Folglich schränkt Abs. 1 nicht die Möglichkeit ein, Strafanzeigen und Strafanträge zu stellen (Nr. 30.1 VVPolG NRW).

Das Schrifttum kritisiert die Aufnahme des § 30 in das PolG NRW zuweilen als **system-** **3** **widrig, da die Norm der Polizei keine Befugnisse einräume** (Tetsch/Baldarelli PolG NRW Erl. 1; BKK BayPAG Art. 42 Rn. 1; SBK PolG NRW/Braun Rn. 1). Nach Ansicht dieser Autoren hätte die Ermächtigung zur Datenübermittlung an die Polizei im Ordnungs- oder Datenschutzrecht erfolgen müssen. Angesichts der vom BVerfG im Volkszählungsurteil (BVerfGE 65, 1 (46)) erhobenen Forderung nach einer bereichsspezifischen Regelung von Eingriffen in das Recht auf informationelle Selbstbestimmung wird teilweise sogar die **Verfassungsmäßigkeit der Norm angezweifelt** (Tetsch/Baldarelli PolG NRW Erl. 1). Auf der anderen Seite darf jedoch nicht aus dem Blick geraten, dass in den von § 30 erfassten Fällen der Empfänger der Daten eine Dienststelle der Polizei ist. Zudem macht Abs. 1 die Datenübermittlung davon abhängig, dass sie zur „Erfüllung polizeilicher Aufgaben" erforderlich erscheint. Ein Sachzusammenhang zum Polizeirecht lässt sich daher nicht von der Hand weisen. Unabhängig davon hat die Kritik aus dem Schrifttum die Landesgesetzgeber offenbar nicht unbeeindruckt gelassen. Bislang haben die meisten Bundesländer auf eine § 30 entsprechende Regelung verzichtet.

B. Spontanübermittlung

Abs. 1 regelt die **Spontan- bzw. Initiativübermittlung von personenbezogenen** **4** **Daten an die Polizei.** Die Norm ermächtigt öffentliche Stellen dazu, personenbezogene Daten von sich aus zu übermitteln. Da die Datenübermittlung auf Initiative der öffentlichen Stellen erfolgt, findet nicht die JI-RL, sondern die DS-GVO Anwendung (Lisken/Denninger PolR-HdB/Petri G Rn. 1042; vgl. zur Abgrenzung von JI-RL und DS-GVO Johannes/ Weinhold Neues DatenschutzR § 1 Rn. 17 ff.). Als Sachgrund für die Übermittlung kommt dabei insbesondere das Erfüllen einer im öffentlichen Interesse liegenden Aufgabe gem. Art. 6 Abs. 1 lit. e DS-GVO in Betracht. Infolge der Anwendbarkeit der DS-GVO sind nach Art. 5 Abs. 1 lit. a DS-GVO gesteigerte Anforderungen an die Transparenz zu stellen (Lisken/ Denninger PolR-HdB/Petri G Rn. 1042 f.). Der Betroffene ist folglich in leicht zugänglicher und klarer Sprache auf die Verarbeitung hinzuweisen (vgl. Paal/Pauly/Frenzel DS-GVO Art. 5 Rn. 21; BeckOK DatenschutzR/Schantz DS-GVO Art. 5 Rn. 11).

I. Öffentliche Stelle

Zum Begriff der öffentlichen Stelle kann auf die Ausführungen zu § 27 verwiesen werden **5** (→ § 27 Rn. 19 ff.). Im Unterschied zu § 27 fallen unter den Begriff der öffentlichen Stelle iSd Abs. 1 jedoch keine **Bundesbehörden**. Ebenso wenig erfasst § 30 die Weitergabe von Daten durch **Behörden bzw. Dienststellen anderer Bundesländer** (Tegtmeyer/ Vahle PolG NRW/Tegtmeyer Rn. 4; SBK PolG NRW/Braun Rn. 3; Tetsch/Baldarelli PolG NRW Erl. 2.1; BKK BayPAG Art. 42 Rn. 4). Auch der Fall, dass eine Privatperson Informationen an die Polizei weitergibt, wird vom Anwendungsbereich des Abs. 1 nicht erfasst. Zu beachten ist allerdings, dass die Weitergabe von Daten an die Polizei für Privatpersonen im Einzelfall durchaus rechtfertigungsbedürftig sein kann, etwa wenn die Daten einem Berufsgeheimnis unterliegen und ihre Weitergabe deshalb gem. § 203 StGB strafrechtlich relevant ist (Tetsch/Baldarelli PolG NRW Erl. 2.1; BeckOK PolR Bayern/Aulehner BayPAG Art. 60 Rn. 7; Schmidbauer/Steiner/Schmidbauer BayPAG Art. 42 Rn. 25). Wenn Strafverfolgungsbehörden oder Gerichte **personenbezogene Daten aus Strafverfahren** an die Polizei übermitteln, ist die **Öffnungsklausel des § 481 Abs. 1 StPO** zu beachten, welche den Rückgriff auf § 30 eröffnet (SBK PolG NRW/Braun Rn. 8; BKK BayPAG Art. 42 Rn. 5).

II. Kein Ersuchen

Es darf kein Ersuchen auf Übermittlung von personenbezogenen Daten gestellt worden **6** sein. Anderenfalls kann nicht davon ausgegangen werden, dass die übermittelnde Stelle die Datenübermittlung – wie von Abs. 1 gefordert – „**von sich aus**" vornimmt. Hat die Polizei sich mit einem Auskunftsersuchen an die übermittelnde öffentliche Stelle gewendet, richtet sich die Zulässigkeit der Datenweitergabe nach Abs. 2 oder Abs. 3 (Tegtmeyer/ Vahle PolG NRW/Tegtmeyer Rn. 3, 5).

III. Erforderlichkeit zur Erfüllung polizeilicher Aufgaben

7   Eine Datenübermittlung gem. Abs. 1 kommt nur in Betracht, wenn sie zur Erfüllung polizeilicher Aufgaben erforderlich erscheint. Die in Bezug genommenen **polizeilichen Aufgaben ergeben sich aus § 1 Abs. 1–4** (SBK PolG NRW/Braun Rn. 5; Schmidbauer/Steiner/Schmidbauer BayPAG Art. 42 Rn. 2). Zu ihnen gehört insbesondere die **vorbeugende Bekämpfung von Straftaten** gem. § 1 Abs. 1 S. 2 (vgl. BKK BayPAG Art. 42 Rn. 5). Hinsichtlich der Erforderlichkeit ist es notwendig, aber auch ausreichend, dass die Datenübermittlung zur Erfüllung polizeilicher Aufgaben erforderlich „erscheint". Eine Datenübermittlung ist mit anderen Worten nicht erst dann zulässig, wenn sie zur Aufgabenerfüllung tatsächlich erforderlich ist (Tegtmeyer/Vahle PolG NRW/Tegtmeyer Rn. 4). Die Erforderlichkeit der Datenerhebung ist von der übermittelnden Stelle auf der **Grundlage einer Prognose** zu beurteilen. Erforderlich erscheint die Datenübermittlung, wenn **die übermittelnde Stelle bei verständiger Würdigung des Falles davon ausgehen darf, dass die Polizei zuständig und rechtlich dazu imstande ist, im konkreten Fall einzuschreiten** (SBK PolG NRW/Braun Rn. 5; Tegtmeyer/Vahle PolG NRW/Tegtmeyer Rn. 4; Tetsch/Baldarelli PolG NRW Erl. 2.3). Im Übrigen kann bezüglich des Prüfungsmaßstabes auf die Darlegungen zu § 27 Abs. 2 verwiesen werden.

IV. Ermessen

8   Absatz 1 räumt den öffentlichen Stellen im Hinblick auf die Datenübermittlung an die Polizei Ermessen ein („können"). Im Einzelfall kann das Ermessen auf Null reduziert sein. Hieran ist etwa zu denken, wenn eine öffentliche Stelle Informationen in Erfahrung gebracht hat, die auf eine **erhebliche Gefahr für die öffentliche Sicherheit schließen lassen** (SBK PolG NRW/Braun Rn. 4; Tetsch/Baldarelli PolG NRW Erl. 2.3; BKK BayPAG Art. 42 Rn. 5; Schmidbauer/Steiner/Schmidbauer BayPAG Art. 42 Rn. 3). Von einer derartigen Gefahr kann etwa ausgegangen werden, wenn die Begehung schwerer Straftaten in Rede steht. Für Hinweise auf bereits begangene Straftaten ist Abs. 1 nicht die richtige Befugnisnorm. Die Übermittlung solcher Informationen erfolgt im Rahmen einer **Strafanzeige gem. § 158 StPO,** zu der die übermittelnde öffentliche Stelle gem. § 138 StGB sogar verpflichtet sein kann (Tegtmeyer/Vahle PolG NRW/Tegtmeyer Rn. 5; Tetsch/Baldarelli PolG NRW Erl. 2.3; BKK BayPAG Art. 42 Rn. 3). Eine Datenübermittlung gem. Abs. 1 kommt zB in Betracht, wenn eine Ordnungsbehörde die Polizei im Nachgang zu einer Gaststättenkontrolle darüber informiert, dass in dem betreffenden Lokal vermutlich Drogengeschäfte abgewickelt werden. Die Polizei kann einen solchen Hinweis mit ihren eigenen Erkenntnissen abgleichen und ggf. eine Razzia durchführen, um die Situation vor Ort zu überprüfen (vgl. Tetsch/Baldarelli PolG NRW Erl. 2).

C. Übermittlung auf Ersuchen der Polizei

9   Abs. 2 regelt die auf polizeiliches Ersuchen erfolgende **Anlassübermittlung.** Die Norm ist insbesondere dann bedeutsam, wenn die Polizei im Eilfall tätig wird (§ 1 Abs. 1 S. 3). Zu denken ist etwa daran, dass die Polizei bei Erlaubnisbehörden bzw. registerführenden Stellen nachfragt, **ob an eine bestimmte Person ein bestimmter Berechtigungsschein ausgestellt wurde.** So können etwa Zweifel an der Echtheit eines Berechtigungsscheins die Polizei dazu veranlassen, sich an die ausstellende Behörde zu wenden. Der Gesetzgeber hat mit Erlass des Abs. 2 dem Umstand Rechnung getragen, dass die Amtshilferegeln gem. §§ 4 ff. VwVfG. NRW. für derartige Rückfragen keine ausreichende Grundlage bilden (Tetsch/Baldarelli PolG NRW Erl. 3).

I. Ersuchen

10   Das Ersuchen der Polizei ist für sich genommen weder Datenerhebung noch Datenverarbeitung. Es geht grundsätzlich auch **nicht mit einem Eingriff in das Recht auf informationelle Selbstbestimmung (Art. 2 Abs. 1 GG iVm Art. 1 Abs. 1 GG) einher,** da die Entscheidung, ob die in dem Ersuchen bezeichneten Daten weitergeleitet werden, erst zu einem späteren Zeitpunkt von der ersuchten Stelle getroffen wird. Mangels Außenwirkung ist das Ersuchen **nicht als Verwaltungsakt zu qualifizieren** (vgl. § 35 S. 1 VwVfG. NRW.).

Ob die Polizei ihr „Ersuchen" als solches bezeichnet, ist für die Anwendbarkeit des Abs. 2 unerheblich. Entscheidend ist vielmehr, ob zum Ausdruck kommt, dass die Polizei personenbezogene Daten begehrt. Ein Ersuchen iSd § 30 kann somit auch **Anfrage, Bitte oder Auskunft** genannt werden (Tetsch/Baldarelli PolG NRW Erl. 3). Das Ersuchen ist von der **Datenerhebung** (vgl. §§ 9 ff.) abzugrenzen. Insoweit gilt: Während die Datenerhebung bei dem Betroffenen erfolgt, richtet sich das Übermittlungsersuchen an eine öffentliche Stelle, die über die betreffenden Daten verfügt (Tetsch/Baldarelli PolG NRW Erl. 3). Ferner ist das Ersuchen vom **Datenabgleich** gem. § 25 zu unterscheiden. Der Datenabgleich bezieht sich auf eigene Datenbestände der Polizei (zB auf die Verbunddatei INPOL-neu). Dagegen stammen die im Ersuchen gem. Abs. 2 genannten Daten aus einem fremden Bestand, zB aus demjenigen des Kraftfahrtbundesamtes (Tetsch/Baldarelli PolG NRW Erl. 3). Abgegrenzt werden muss Abs. 2 schließlich von der **Rasterfahndung** gem. § 31 Abs. 1. § 30 Abs. 2 hat die Übermittlung eines einzelnen Datensatzes bzw. die sukzessive Übermittlung mehrerer einzelner Datensätze zum Gegenstand, die Rasterfahndung die Übermittlung ganzer Datenbestände einschließlich der Verbunddaten öffentlicher oder privater Stellen. Diese Datensätze werden bei der Rasterfahndung „als Paket" miteinander verglichen (Tetsch/Baldarelli PolG NRW Erl. 3).

II. Vorliegen der Voraussetzungen für eine Datenerhebung

Damit ein Ersuchen gem. Abs. 2 erfolgen darf, müssen die Voraussetzungen für eine **11** Datenerhebung vorliegen. Dass der Gesetzgeber die Datenübermittlung gem. Abs. 2 von den Voraussetzungen für eine Datenerhebung abhängig macht, soll sich daraus erklären, dass das Ersuchen um Datenübermittlung „pragmatisch betrachtet" eine Datenerhebung sei. Die Koppelung an die Voraussetzungen der polizeilichen Datenerhebung erweise sich zudem mit Blick auf den aus dem Zweckbindungsgebot abgeleiteten **Grundsatz des hypothetischen Ersatzeingriffs** aus § 23 Abs. 2 als folgerichtig (SBK PolG NRW/Braun Rn. 6).

Die Polizei muss prüfen, ob sie sich die Daten, um deren Übermittlung sie ersuchen will, **12** im Wege einer Datenerhebung verschaffen dürfte. Einschränkend ist insoweit **vor allem § 9 Abs. 4 S. 2 zu beachten** (Kay/Böcking PolR NRW Rn. 219; Tegtmeyer/ Vahle PolG NRW/Tegtmeyer Rn. 7; Tetsch/Baldarelli PolG NRW Erl. 3.1). Danach können Daten ohne Kenntnis der betroffenen Person nur erhoben werden, wenn deren Befragung nicht oder nicht rechtzeitig möglich ist oder sie die Erfüllung der polizeilichen Aufgabe erheblich erschweren oder gefährden würde. Eine Datenübermittlung gem. Abs. 2 kommt etwa in Betracht, wenn die **Voraussetzungen des § 11 erfüllt** sind. Als Beispiel hierfür wird in der Kommentarliteratur der Fall genannt, dass ein Chemieunternehmen, in dem es wiederholt zu Störfällen gekommen ist, der Polizei Auskunft und Zutritt verweigert und auch auf die Anfrage nach Gefahrenvorsorgedaten gem. § 11 nicht reagiert. Unter diesen Umständen darf die Polizei sich mit einem Ersuchen an die Berufsfeuerwehr und das Gewerbeaufsichtsamt wenden, um zu ermitteln, wer für das Unternehmen verantwortlich ist (Tetsch/Baldarelli PolG NRW Erl. 3.1). Von den Voraussetzungen des § 12 ist die Rechtmäßigkeit einer auf Abs. 2 gestützten Datenübermittlung abhängig, wenn die Polizei eine öffentliche Stelle darum ersucht, die im Rahmen einer **Identitätsfeststellung** erlangten Informationen zu bestätigen (Tegtmeyer/Vahle PolG NRW/Tegtmeyer Rn. 6; Tetsch/Baldarelli PolG NRW Erl. 3.1).

III. Prüfung der Rechtmäßigkeit des Ersuchens

Abs. 2 S. 2 befasst sich mit der **Verantwortlichkeit der datenübermittelnden Stelle 13** (SBK PolG NRW/Braun Rn. 7). Nach dieser Norm hat die ersuchte öffentliche Stelle die Zulässigkeit der Datenübermittlung zu prüfen. Sofern diese Prüfung in anderen gesetzlichen Regelungen angeordnet ist, kommt Abs. 2 S. 2 lediglich deklaratorische Bedeutung zu. Der Prüfungsmaßstab der ersuchten Stelle bestimmt sich nach Abs. 2 S. 3 (Tegtmeyer/ Vahle PolG NRW/Tegtmeyer Rn. 7). Danach hat die ersuchte öffentliche Stelle grundsätzlich nur zu prüfen, ob **das Ersuchen im Rahmen der Aufgaben der Polizei liegt.** Die Prüfung erstreckt sich ausschließlich auf die fachliche und rechtliche Plausibilität des Ersuchens. So erklärt sich, dass in der Literatur von einer „Schlüssigkeitsprüfung" gesprochen wird (SBK PolG NRW/Braun Rn. 7). Nur wenn **im Einzelfall Anlass** dazu besteht, hat die öffentliche Stelle auch die **Rechtmäßigkeit des Ersuchens** zu prüfen. In der Regel werden sich der öffentlichen Stelle keine Zweifel an der Rechtmäßigkeit des Ersuchens aufdrängen. Grund hierfür ist, dass die öffentliche Stelle nur bedingt beurteilen kann, wie weit der Informationsbedarf der Polizei reicht (SBK PolG NRW/Braun Rn. 7). Sollte ausnahmsweise („im Einzelfall") doch einmal Anlass zur Prüfung der Rechtmäßigkeit des Ersuchens bestehen, so hat die Polizei der ersuchten Stelle gem. Abs. 2 S. 4 die erforderlichen Angaben zu machen. Abs. 2 S. 2–4 greifen die in § 26 Abs. 2 niedergelegten Grundsätze auf (Tetsch/Baldarelli PolG NRW Erl. 3.3; vgl. → § 26 Rn. 20 ff.). Soweit in dem Ersuchen personenbezogene Daten genannt werden, kann diese Datenübermittlung auf § 27 Abs. 2 gestützt werden (Kay/Böcking PolR NRW Rn. 219).

14   Besteht im Einzelfall Anlass zur Prüfung der Rechtmäßigkeit des Ersuchens, so können zwischen der Polizei und der öffentlichen Stelle **Meinungsverschiedenheiten darüber auftreten, ob und in welchem Maße das Ersuchen substantiiert werden muss.** In der Literatur ist darauf hingewiesen worden, dass es in der Praxis des Öfteren zwischen der Polizei und den Sozialbehörden zu derartigen Meinungsverschiedenheiten kommen soll (SBK PolG NRW/Braun Rn. 7). In diesen Fällen ist **gem. § 5 Abs. 5 VwVfG. NRW. zu verfahren** (SBK PolG NRW/Braun Rn. 7; BKK BayPAG Art. 42 Rn. 8; Schmidbauer/Steiner/Schmidbauer BayPAG Art. 42 Rn. 11; Tegtmeyer/Vahle PolG NRW/Tegtmeyer Rn. 9; Nr. 30.2 VVPolG NRW). Danach entscheidet über die Verpflichtung zur Übermittlung die gemeinsame fachlich zuständige Aufsichtsbehörde der Polizei und der ersuchten Stelle. Unterstehen die Polizei und die ersuchte Stelle nicht derselben Aufsichtsbehörde, so ist die Aufsichtsbehörde der ersuchten Stelle zuständig. Sie entscheidet dann für die Beteiligten verbindlich. Bestehen im Anschluss an dieses Verfahren immer noch Zweifel oder Meinungsverschiedenheiten, so kann die Polizei **dem Innenministerium Bericht erstatten,** damit dieses mit dem für die ersuchte Behörde zuständigen Ministerium Kontakt aufnimmt (Tegtmeyer/Vahle PolG NRW/Tegtmeyer Rn. 9; Tetsch/Baldarelli PolG NRW Erl. 3.2; Nr. 30.2 VVPolG NRW). Schwierigkeiten bei der Substantiierung des Ersuchens können auch dann auftreten, wenn **die zu ergänzenden Angaben einer Geheimhaltungspflicht unterliegen.** Dann muss das Ersuchen ggf. durch Einschaltung vorgesetzter Dienststellen abgewickelt werden (Tetsch/Baldarelli PolG NRW Erl. 3.3).

IV. Übermittlungspflicht der ersuchten Stelle

15   Wenn das Ersuchen der Polizei rechtmäßig ist, muss die ersuchte Stelle die betreffenden Daten übermitteln, soweit gesetzlich nichts anderes bestimmt ist (Abs. 2 S. 5; vgl. auch SBK PolG NRW/Braun Rn. 7). Zu den gesetzlichen Vorschriften, die etwas anderes bestimmen, zählen zB die Regelungen über das **Sozial- und Steuergeheimnis** (Kay/Böcking PolR NRW Rn. 219). Die mit der Verpflichtung zur Datenübermittlung korrespondierende Übermittlungsbefugnis folgt aus dem jeweils einschlägigen Fachgesetz oder – subsidiär – aus Abs. 2 S. 5 (Schmidbauer/Steiner/Schmidbauer BayPAG Art. 42 Rn. 8). An Abs. 2 S. 5 **gebunden sind nur nordrhein-westfälische Dienststellen einschließlich der Kommunalbehörden** (Tegtmeyer/Vahle PolG NRW/Tegtmeyer Rn. 8; vgl. Nr. 30.2 VVPolG NRW). Die Übermittlungspflicht trifft also weder Dienststellen des Bundes noch anderer Bundesländer (SBK PolG NRW/Braun Rn. 3; Tetsch/Baldarelli PolG NRW Erl. 3.2). Die Verpflichtung aus Abs. 2 S. 5 kann **nicht im Wege der Verwaltungsvollstreckung durchgesetzt** werden (Tegtmeyer/Vahle PolG NRW/Tegtmeyer Rn. 9; vgl. Nr. 30.2 VVPolG NRW).

D. Ersuchen an nichtdeutsche öffentliche Stellen

16   Der durch das **Gesetz zur Anpassung des Polizeigesetzes des Landes Nordrhein-Westfalen und des Gesetzes über Aufbau und Befugnisse der Ordnungsbehörden** v. 18.12.2018 (GV. NRW. 741) neu gefasste Abs. 3 erweitert den Kreis der Stellen, an die sich die Polizei mit einem Ersuchen um Datenermittlung wenden kann.

17   In der Kommentarliteratur wird die Vorschrift vereinzelt für überflüssig gehalten, da bereits §§ 28 und 29 die Übermittlung der für die Prüfung des Ersuchens erforderlichen Daten ermöglichten (vgl. Tetsch/Baldarelli PolG NRW Erl. 1, in Bezug auf § 28 aF). Das rechtsstaatliche Gebot der Normenklarheit gebiete es, lediglich Befugnisnormen mit einem eigenstän-

digen Bedeutungsgehalt zu statuieren und auf eine „schein-rechtsstaatliche Lösung" zu verzichten (Tetsch/Baldarelli PolG NRW Erl. 1). Auf der anderen Seite gehen die Kritiker der in Abs. 3 getroffenen Regelung davon aus, dass **die Norm voraussichtlich an Bedeutung gewinnen wird.** Grund hierfür sei die zunehmende Internationalisierung der Polizeiarbeit. Unklar sei allerdings, ob außerhalb des Anwendungsbereichs der PolDÜV (Polizeidatenübermittlungsverordnung v. 10.12.2008, GV. NRW. 860) der Dienstverkehr mit ausländischen Stellen direkt durch die beteiligten Polizeibehörden stattfinden und das Bundeskriminalamt als bisherige Zentralstelle für solche Kontakte ersetzt werden könne (Tetsch/Baldarelli PolG NRW Erl. 4).

I. Adressaten des Ersuchens

Als Adressaten des polizeilichen Ersuchens kommen gem. Abs. 3 öffentliche Stellen sowie **18** über- und zwischenstaatliche Stellen der EU und deren Mitgliedstaaten in Betracht. Darüber hinaus darf sich die Polizei mit Datenübermittlungsersuchen an Drittstaaten und andere als die in § 28 Abs. 1 Nr. 3 genannten über- und zwischenstaatlichen Stellen wenden. Der Adressatenkreis entspricht weitgehend demjenigen des § 28 Abs. 1 Nr. 2 und Nr. 3 sowie des § 29 Abs. 1 S. 1, sodass insoweit auf die Ausführungen zu diesen Vorschriften verwiesen werden kann (→ § 28 Rn. 2; → § 29 Rn. 2).

II. Vorliegen der Voraussetzungen für eine Datenerhebung

Ähnlich wie Abs. 2 S. 1 macht Abs. 3 das polizeiliche Übermittlungsersuchen davon **19** abhängig, dass die Voraussetzungen für eine Datenerhebung vorliegen. Ob sie eine Datenerhebung vornehmen dürfte, hat **die ersuchende Polizeibehörde aus ihrer Sicht zu beurteilen** (SBK PolG NRW/Braun Rn. 8). Über die Datenübermittlung entscheidet die das Ersuchen empfangende Stelle auf der Grundlage des für sie geltenden Rechts (SBK PolG NRW/Braun Rn. 8).

III. Keine abweichende gesetzliche Bestimmung

Voraussetzung für ein an eine nichtdeutsche Stelle gem. Abs. 3 gerichtetes Ersuchen ist **20** ferner, dass gesetzlich nichts anderes bestimmt ist. Eine abweichende gesetzliche Bestimmung besteht zB für **Datenübermittlungen, die ausschließlich zu Strafverfolgungszwecken vorgenommen werden.** Für sie gelten Regelungen in über- und zwischenstaatlichen Vereinbarungen, wie zB dem **Europäischen Übereinkommen über die Rechtshilfe in Strafsachen** sowie in bilateralen Rechtshilfeverträgen. Darüber hinaus sind das IRG und § 3 BKAG einschlägig. Mit Blick auf den präventiv-polizeilichen Bereich können insbesondere sog. **Polizeiverträge** gegenüber Abs. 3 vorrangig sein. Angesprochen sind damit völkerrechtliche Vereinbarungen, die Datenübermittlungsregelungen enthalten und durch Transformationsgesetze in innerstaatliches Recht umgesetzt wurden (vgl. Schmidbauer/Steiner/Schmidbauer BayPAG Art. 42 Rn. 20 ff.).

IV. Übermittlung von personenbezogenen Daten an öffentliche Stellen eines Drittstaates

Sollte die Polizei im Zusammenhang mit ihrem Datenübermittlungsersuchen personenbe- **21** zogene Daten an öffentliche Stellen eines Drittstaates übermitteln, so hat sie gem. Abs. 3 S. 2 die Regelungen in § 26 Abs. 5 und Abs. 6 sowie § 29 zu beachten. Das **Übermittlungsverbot** des § 26 Abs. 5 S. 1 greift ein, wenn unter Berücksichtigung der Art der Daten und ihrer Erhebung die schutzwürdigen Interessen der betroffenen Person das Allgemeininteresse an der Übermittlung überwiegen oder besondere gesetzliche Verwendungsregelungen entgegenstehen. Die Verpflichtung zur Wahrung gesetzlicher Geheimhaltungspflichten oder besonderer Berufs- oder Amtsgeheimnisse, die nicht auf gesetzlichen Vorschriften beruhen, bleibt von der Regelung in § 26 Abs. 5 S. 1 unberührt (§ 26 Abs. 5 S. 2).

§ 29 enthält **Vorgaben für Datenübermittlungen an Drittstaaten und an internatio-** **22** **nale Organisationen.** Diese Vorgaben gelten gem. Abs. 3 auch im Zusammenhang mit Datenübermittlungsersuchen, bei denen personenbezogene Daten an öffentliche Stellen eines Drittstaates übermittelt werden. Insbesondere macht § 30 Abs. 3 iVm § 29 S. 3 die Befugnis zur Datenübermittlung von der Beachtung des in § 23 niedergelegten **Grundsatzes der hypothetischen Datenneuerhebung** abhängig. Der ebenfalls durch Abs. 3 in Bezug genommene § 29 Abs. 2 regelt den für die datenschutzrechtliche Kontrolle notwendigen **Übermittlungsnachweis** und die dazugehörige **Aussonderungsregelung**.

IV. Rasterfahndung

§ 31 Rasterfahndung

(1) ¹Die Polizei kann von öffentlichen Stellen und Stellen außerhalb des öffentlichen Bereichs die Übermittlung von personenbezogenen Daten einer unbestimmten Anzahl von Personen, die bestimmte, auf Verursacher einer Gefahr im Sinne des § 4 vermutlich zutreffende Prüfungsmerkmale erfüllen, zum Zwecke des maschinellen Abgleichs mit anderen Datenbeständen verlangen, soweit dies zur Abwehr einer Gefahr für den Bestand oder die Sicherheit des Bundes oder eines Landes oder für Leib, Leben oder Freiheit einer Person erforderlich ist (Rasterfahndung). ²Der Datenabgleich soll den Ausschluss von Personen bezwecken; er kann auch der Ermittlung eines Verdachts gegen Personen als mögliche Verursacher einer Gefahr sowie der Feststellung gefahrenverstärkender Eigenschaften dieser Personen dienen. ³Die Polizei kann zur Ergänzung unvollständig übermittelter Daten die erforderlichen Datenerhebungen auch bei anderen Stellen durchführen und die übermittelten Datenträger zur Ermöglichung des maschinellen Abgleichs technisch aufbereiten.

(2) ¹Das Übermittlungsersuchen ist auf Namen, Anschrift, Tag und Ort der Geburt sowie andere für den Einzelfall benötigte Daten zu beschränken; es darf sich nicht auf personenbezogene Daten erstrecken, die einem Berufs- oder besonderen Amtsgeheimnis unterliegen. ²Von Übermittlungsersuchen nicht erfasste personenbezogene Daten dürfen übermittelt werden, wenn wegen erheblicher technischer Schwierigkeiten oder wegen eines unangemessenen Zeit- oder Kostenaufwandes eine Beschränkung auf die angeforderten Daten nicht möglich ist; diese Daten dürfen von der Polizei nicht genutzt werden.

(3) ¹Ist der Zweck der Maßnahme erreicht oder zeigt sich, dass er nicht erreicht werden kann, sind die übermittelten und im Zusammenhang mit der Maßnahme zusätzlich angefallenen Daten auf den Datenträgern zu löschen und die Akten, soweit sie nicht für ein mit dem Sachverhalt zusammenhängendes Verfahren erforderlich sind, zu vernichten. ²Über die getroffene Maßnahme ist eine Niederschrift anzufertigen. ³Diese Niederschrift ist gesondert aufzubewahren, durch technische und organisatorische Maßnahmen zu sichern und am Ende des Kalenderjahres, das dem Jahr der Löschung der Daten oder der Vernichtung der Akten nach Satz 1 folgt, zu vernichten.

(4) ¹Die Maßnahme darf nur auf Antrag der Behördenleiterin oder des Behördenleiters durch den Richter angeordnet werden. ²Zuständig ist das Amtsgericht, in dessen Bezirk die Polizeibehörde ihren Sitz hat. ³Für das Verfahren gelten die Vorschriften des Gesetzes über das Verfahren in Familiensachen und in den Angelegenheiten der freiwilligen Gerichtsbarkeit entsprechend.

Überblick

§ 31 regelt die Befugnis der Polizei, zur Abwehr einer Gefahr für den Bestand oder die Sicherheit des Bundes oder eines Landes oder für Leib, Leben oder Freiheit einer Person eine Rasterfahndung durchzuführen. Systematisch gesehen handelt es sich bei der Rasterfahndung um eine Standardmaßnahme. § 31 betrifft somit eine besondere Form der Datenverarbeitung und Datenübermittlung zur Gefahrenabwehr (→ Rn. 8 ff.). Abs. 2 enthält bestimmte Anforderungen an das Übermittlungsersuchen, mit dem die Polizei von öffentlichen Stellen, aber auch von Stellen außerhalb des öffentlichen Bereichs personenbezogene Daten anfordert (→ Rn. 17 ff.). Abs. 3 bestimmt, in welchen Fällen die übermittelten Daten zu löschen sind (→ Rn. 20 ff.). Als besondere Verfahrensanforderung ist in Abs. 4 ein Richtervorbehalt normiert und näher ausgestaltet (→ Rn. 22 ff.). Abs. 5 statuiert schließlich die Pflicht, unter bestimmten Voraussetzungen Personen über die Rasterfahndung und weitere daran anschließende Maßnahmen zu unterrichten (→ Rn. 26 f.). Zahlreiche andere Bundesländer haben ebenfalls polizeirechtliche Ermächtigungsgrundlagen für das Instrument der Rasterfahndung erlassen. Anders als in Nordrhein-Westfalen wird dort der Begriff der Rasterfahndung häufig allerdings nicht ausdrücklich in der Überschrift oder im Gesetzestext verwendet. Stattdessen ist von „besonderen Formen des Datenabgleichs" die Rede, oder es werden ähnliche Formulierungen verwendet. Hintergrund dieser sprachlichen Abweichungen dürfte die negative Konnotation sein, mit der der Begriff „Rasterfahndung" in der Öffentlichkeit belegt ist (vgl. Tetsch/Baldarelli PolG NRW Erl. 1). Beispiele für mit § 31 vergleichbare landesrechtliche Befugnisnormen sind: § 46 BbgPolG; § 40 BWPolG; Art. 46 BayPAG; § 26 HSOG; § 44 SOG M-V; § 37a NPOG; § 38 RhPfPOG, § 47 SächsPolG, § 31 SOG LSA. Die landesrechtlichen Vorschriften unterscheiden sich zum Teil erheblich. Dies betrifft unter anderem die Frage, ob eine „gegenwärtige" Gefahr erforderlich ist, die (Nicht-) Regelung eines Richtervorbehalts sowie die Einbindung der zuständigen Datenschutzbehörde. Zudem ist zu erwähnen, dass in § 98a StPO eine gesetzliche Regelung der Rasterfahndung als strafprozessuale Maßnahme besteht. Da der Tatbestand dieser Norm zumindest im Detail von den polizeigesetzlich geregelten Voraussetzungen abweicht, ist die eindeutige Charakterisierung einer Rasterfahndung als präventiv oder repressiv zwingend erforderlich (näher Tetsch/Baldarelli PolG NRW Erl. 9 mit zahlreichen Beispielen).

Übersicht

A. Verfassungsrechtliche Bewertung der Norm

Das BVerfG hat die Verfassungsmäßigkeit der präventiv-polizeilichen Rasterfahndung, wie **1** § 31 sie normiert, einer umfangreichen Prüfung unterzogen (BVerfGE 115, 320). Im Ergebnis hält das BVerfG die Norm für formell und materiell verfassungsgemäß. Die umfangreiche und detaillierte Begründung enthält für die Auslegung und Anwendung der Norm wesentliche Ausführungen.

I. Eingriff in die informationelle Selbstbestimmung

Abs. 1 ermächtigt zu Eingriffen in das Grundrecht auf informationelle Selbstbestimmung, **2** das durch Art. 2 Abs. 1 GG iVm Art. 1 Abs. 1 GG garantiert wird. Dieses Grundrecht gewährleistet die Befugnis des Einzelnen, grundsätzlich selbst zu entscheiden, wann und innerhalb welcher Grenzen persönliche Lebenssachverhalte offenbart werden (BVerfGE 65, 1 (43); 113, 29 (46)). Es gewährt **Schutz gegen unbegrenzte Erhebung, Speicherung Verwendung und Weitergabe von persönlichen Daten.** Mit diesem Grundrecht soll die individuelle Selbstbestimmung auch unter den Bedingungen moderner Informationsverarbeitung gesichert werden.

Mit der auf Abs. 1 gestützten Rasterfahndung gehen Eingriffe in das Grundrecht auf **3** informationelle Selbstbestimmung einher. Die Übermittlungsanordnung ist Grundlage für die Erfassung, Speicherung und den Abgleich von Daten. Die Rasterfahndung macht personenbezogene Daten für die Behörden verfügbar. Personen werden damit „in das Visier staatlicher Überwachungstätigkeit" genommen (BVerfGE 115, 320 (344)). Daneben stellt auch die Speicherung der Daten bei der ersuchenden Stelle der Polizei, an die die Daten übermittelt werden, einen Eingriff in das informationelle Selbstbestimmungsrecht dar. Schließlich kommt auch dem Datenabgleich, mit dem die Auswahl für weitere Maßnahmen getroffen wird, Eingriffscharakter zu (BVerfGE 100, 313 (366)). Früher ging das BVerfG nicht von einem Eingriff in das Grundrecht auf informationelle Selbstbestimmung aus, wenn Daten ungezielt und allein technikbedingt zunächst miterfasst werden, aber unmittelbar nach der Erfassung technisch wieder anonym, spurenlos und ohne Erkenntnisinteresse für die Behörden ausgesondert werden (BVerfGE 115, 320 (343 f.); 100, 313 (366)). Nach einer neueren Entscheidung, welche den Datenabgleich im Rahmen automatisierter Kfz-Kennzeichenkontrollen betrifft (BVerfGE 150, 244), stellt allerdings auch diese Vorgehensweise – in ausdrücklicher Abkehr von der bisherigen Rechtsprechung – einen Eingriff dar, sodass dies auch für die Rasterfahndung gelten muss.

II. Verfassungsrechtliche Rechtfertigung

4   Eine Beschränkung des Grundrechts auf informationelle Selbstbestimmung ist zulässig, soweit sie auf einer verfassungsmäßigen gesetzlichen Grundlage beruht, die insbesondere mit dem Grundsatz der Verhältnismäßigkeit und dem Gebot der Normenklarheit im Einklang steht (BVerfGE 65, 1 (43 f.)). Legitimer Zweck der Rasterfahndung nach § 31 ist die Abwehr einer Gefahr für den Bestand oder die Sicherheit des Bundes oder eines Landes oder für Leib, Leben oder Freiheit einer Person. Zur Verfolgung dieses Zwecks ist das Mittel der Rasterfahndung geeignet, erforderlich und nach der überzeugenden Ansicht des BVerfG auch angemessen. Entgegen anderslautenden Stimmen (vgl. Sondervotum Haas BVerfGE 115, 320 (371 ff.); Tegtmeyer/Vahle PolG NRW/Tegtmeyer Rn. 3) darf dabei nicht übersehen werden, dass **§ 31 zu Grundrechtseingriffen von erheblichem Gewicht ermächtigt,** was sich insbesondere aus den folgenden Gesichtspunkten ergibt: Die von der Rasterfahndung betroffenen persönlichen Daten sind grundsätzlich nicht beschränkt. Abs. 2 spricht ausdrücklich von „anderen [...] benötigten Daten", ohne diese näher zu spezifizieren. Damit können auch Daten betroffen sein, die eine besondere Persönlichkeitsrelevanz besitzen, wie zB die in Art. 3 Abs. 3 GG erwähnten Merkmale oder der durch Art. 140 GG iVm Art. 136 Abs. 3 WRV besonders geschützte Bereich der Religionszugehörigkeit. Tatsächlich war in der Rasterfahndung, welche der Entscheidung des BVerfG zugrunde lag, das Merkmal **„islamische Religionszugehörigkeit"** eines der Auswahlkriterien, nach denen die Datenbestände gerastert wurden. Betroffen sind somit personenbezogene Daten, an deren Privatheit der Einzelne ein hohes, auch verfassungsrechtlich besonders geschütztes Interesse besitzt.

5   Die Eingriffsintensität des gefahrenabwehrrechtlichen Instruments der Rasterfahndung ist auch deshalb sehr hoch, weil Daten von allen öffentlichen Stellen und Stellen außerhalb des öffentlichen Bereichs an die Polizei übermittelt, dort zusammengeführt und gegeneinander abgeglichen werden können. Damit werden vielfältige und umfangreiche Daten aggregiert, die ursprünglich getrennt voneinander erhoben und gespeichert wurden. Da auch sämtliche Datenbestände privater Stellen („Stellen außerhalb des öffentlichen Bereichs") betroffen sind, nähert sich die Zugriffsbefugnis des § 31 der von der Verfassung nicht zugelassenen Möglichkeit an, dass **Daten mit anderen Datensammlungen zu einem teilweise oder weitgehend vollständigen Persönlichkeitsbild zusammengefügt werden** (BVerfGE 115, 320 (350 f.); vgl. auch BVerfGE 65, 1, 42). Daneben wird die Intensität des Eingriffs dadurch gesteigert, dass die Rasterfahndung für die erfassten Personen das Risiko erhöht, Adressat weiterer polizeilicher Ermittlungsmaßnahmen zu werden. Weiterhin besteht die Gefahr, dass der Datenabgleich anhand bestimmter Kriterien dazu führt, gesellschaftliche Vorurteile zu reproduzieren und die betroffenen Bevölkerungsgruppen in der öffentlichen Wahrnehmung zu stigmatisieren. Dies gilt insbesondere für eine Rasterfahndung, die pauschal alle Angehörigen einer Religion – typischerweise des Islam – erfasst (vgl. zum Stigmatisierungseffekt BVerfGE 115, 320 (353)).

6   Schließlich ist zu beachten, dass § 31 eine Standardmaßnahme darstellt, die **verdachtsunabhängige Grundrechtseingriffe mit großer Streubreite** erlaubt. Bei der Rasterfahndung werden Personen – und zwar in großer Zahl – von einer polizeilichen Maßnahme betroffen, die objektiv in keiner Beziehung zu der konkreten Gefahr stehen, welche den Anlass für die Rasterfahndung bildet. Derartige Maßnahmen tragen dazu bei, dass ein allgemeines Gefühl des Überwachtwerdens entsteht (vgl. zur verfassungsrechtlichen Bewertung verdachtsunabhängiger Eingriffe in das informationelle Selbstbestimmungsrecht BVerfGE 100, 313 (376); 113, 348 (383)). Vor diesem Hintergrund ist die Durchführung einer Rasterfahndung nur dann angemessen, wenn bestimmte Anforderungen an die „Gefahr" als Tatbestandsvoraussetzung erfüllt sind.

Zu Recht betont das BVerfG, dass eine Rasterfahndung nicht bereits im Vorfeld einer **7** konkreten Gefahr durchgeführt werden darf. Dagegen muss die für die Rasterfahndung geltende Eingriffsschwelle nicht notwendigerweise eine „gegenwärtige" Gefahr sein, bei der die Einwirkung des schädigenden Ereignisses entweder bereits begonnen hat oder mit einer an Sicherheit grenzenden Wahrscheinlichkeit in allernächster Zeit bevorsteht (BVerfGE 115, 320 (363)). Entscheidend ist, dass die Prognose, die sich auf die Feststellung einer konkreten Gefahr bezieht, auf Tatsachen gestützt wird. Bloße Vermutungen, vage Anhaltspunkte ohne greifbaren, auf den Einzelfall bezogenen Anlass reichen nicht aus. Das BVerfG hat konsequenterweise die Situation, wie sie unmittelbar nach den terroristischen Anschlägen v. 11.9.2001 bestanden hat, im Hinblick auf eine Übermittlungsanordnung am 2.10.2001 als nicht ausreichend angesehen. Eine allgemeine Bedrohungslage oder außenpolitische Spannungslagen reichten für die Anordnung einer Rasterfahndung nicht aus (BVerfGE 115, 320 Ls. 2). Verlangt werden müsse vielmehr das Vorliegen weiterer Tatsachen, aus denen sich eine konkrete Gefahr ergebe (BVerfGE 115, 320 Ls. 2). Insgesamt bleibt festzuhalten, dass die verfassungsrechtlichen Bedenken, die sich aus der erheblichen Intensität und Streubreite des Eingriffs in das Grundrecht auf informationelle Selbstbestimmung durch die Rasterfahndung ergeben, zwar nicht zu einer Verfassungswidrigkeit der Norm führen, aber bei ihrer Auslegung und Anwendung angemessen berücksichtigt werden müssen. Dies gilt insbesondere für die Anforderungen an die Gefahrenschwelle im konkreten Einzelfall.

B. Grundlage der Rasterfahndung (Abs. 1)

I. Tatbestandsvoraussetzungen

1. Konkrete Gefahr

§31 ermächtigt zu einer Rasterfahndung zur „Abwehr einer Gefahr". Das BVerfG hat dazu **8** festgestellt, dass von Verfassung wegen eine **konkrete Gefahr** erforderlich ist. Erforderlich ist also eine auf Tatsachen gestützte Wahrscheinlichkeitsprognose. Eine allgemeine Bedrohungslage oder außenpolitische Spannungslagen reichen für die Anordnung der Rasterfahndung ebenso wenig aus wie vage Anhaltspunkte oder bloße Vermutungen. Dieses Erfordernis wird im Schrifttum vielfach kritisiert, da die Rasterfahndung gerade als Maßnahme der Vorfeldaufklärung sinnvoll eingesetzt werden könne, beim Vorliegen einer konkreten Gefahr aber bereits zu spät komme und damit wenig leistungsfähig sei (Schoch BesVerwR/Schoch Kap. 1 Rn. 775; Rademacher AöR 142 (2017), 366 (394 f.); Schewe NVwZ 2007, 174 (176); Frenz NVwZ 2007, 631 (634); Gusy KritV 2002, 474 (489 f.)). Ausdrücklich abgelehnt hat das BVerfG das darüber hinausgehende Erfordernis einer **„gegenwärtigen" Gefahr** (BVerfGE 115, 320 (363); vgl. auch BVerfGE 141, 220 (303); anders Tetsch/Baldarelli PolG NRW Erl. 3). Besonders hat das BVerfG zudem betont, dass eine konkrete Gefahr iSd §31 auch eine **Dauergefahr** sein kann. Eine Dauergefahr ist dadurch gekennzeichnet, dass die hinreichende Wahrscheinlichkeit des Schadenseintritts über einen längeren Zeitraum hinweg zu jedem Zeitpunkt besteht (BVerfGE 115, 320 (364)).

2. Qualifizierte Schutzgüter

Eine Rasterfahndung kommt nicht bei einer konkreten Gefahr für jedes beliebige Schutz- **9** gut der öffentlichen Sicherheit in Betracht. Vielmehr enthält Abs. 1 – auch als Ausprägung des verfassungsrechtlich gebotenen Übermaßverbots – eine qualifizierte Aufzählung der geschützten Rechtsgüter. Hochrangige Rechtsgüter, zu deren Schutz ein intensiver Grundrechtseingriff – wie er mit der Rasterfahndung verbunden ist – gerechtfertigt werden kann, sind **der Bestand oder die Sicherheit des Bundes oder eines Landes sowie Leib, Leben oder Freiheit einer Person.** Diese Aufzählung ist abschließend. Eine Rasterfahndung zum Schutz anderer Rechtsgüter, zB bedeutender Sachwerte, wäre daher rechtswidrig. Dabei ist **der Begriff „Bestand" eng zu verstehen** in dem Sinne, dass die Existenz des Bundes oder eines Landes gefährdet ist. Die Schwelle für die Gefährdung der „Sicherheit" ist dagegen bereits überschritten, wenn die Funktionsfähigkeit des Staates oder eines Landes beeinträchtigt ist (so auch SBK PolG NRW/Braun Rn. 5).

10   Zu betonen ist, dass § 31 nicht von der Sicherheit „des" Landes (Nordrhein-Westfalen), sondern „eines" Landes spricht. Somit ist eine Rasterfahndung auch zulässig, um Gefahren für den Bestand oder die Sicherheit eines der übrigen 15 Länder abzuwehren. Diese Ausdehnung des Schutzgutes ist Ausdruck des Bundesstaatsprinzips. Zugleich ist darauf hinzuweisen, dass der Bestand oder die Sicherheit eines anderen Staates als der Bundesrepublik Deutschland nicht zu den gesetzlich normierten hochrangigen Rechtsgütern zählt, die eine Rasterfahndung rechtfertigen.

3. Adressat des Übermittlungsersuchens

11   Adressat des Übermittlungsverlangens zur Durchführung einer Rasterfahndung sind nach Abs. 1 öffentliche Stellen und Stellen außerhalb des öffentlichen Bereichs (zum Begriff der öffentlichen Stellen → § 27 Rn. 2; zu den Stellen außerhalb des öffentlichen Bereichs → § 27 Rn. 39 ff.). Im Hinblick auf die Übermittlung von Daten von öffentlichen Stellen ist § 31 lex specialis gegenüber § 30 Abs. 2 (so auch Tegtmeyer/Vahle PolG NRW/Tegtmeyer Rn. 7). Anders als die polizeigesetzlichen Vorschriften zur Datenübermittlung von der Polizei an öffentliche Stellen und Stellen außerhalb des öffentlichen Bereichs, für die in § 27 Abs. 2 bzw. Abs. 3 jeweils eine eigenständige Regelung vorgesehen ist, unterscheidet § 31 nicht zwischen öffentlichen und nicht-öffentlichen Stellen. Vielmehr sind sämtliche „Stellen" grundsätzlich unter denselben Voraussetzungen zulässiger Adressat eines Übermittlungsersuchens. Privatpersonen werden vom Begriff der „Stelle" nicht erfasst (Tegtmeyer/ Vahle PolG NRW/Tegtmeyer Rn. 7; Lisken/Denninger PolR-HdB/Schwabenbauer G Rn. 1061).

II. Übermittlung personenbezogener Daten

12   Rechtsfolge des Übermittlungsersuchens gem. Abs. 1 ist die Pflicht, personenbezogene Daten einer unbestimmten Anzahl von Personen an die Polizei zu übermitteln. Einschränkendes Merkmal ist, dass die betroffenen Personen bestimmte Prüfungsmerkmale erfüllen müssen, die auf Verursacher der Gefahr iSd § 4 vermutlich zutreffen. § 4 bestimmt den sog. Verhaltensstörer, also die Person, die eine Gefahr verursacht, als Adressaten polizeilicher Maßnahmen. Die Polizei muss also bestimmte Merkmale bestimmen, die diejenigen Personen charakterisieren, die die abzuwehrende Gefahr unmittelbar verursacht. Bei der Rasterfahndung, die zu der Grundsatzentscheidung des BVerfG v. 4.4.2006 geführt hat, waren dies folgende Merkmale: männlich, Alter 18–40 Jahre, Student oder ehemaliger Student, islamische Religionszugehörigkeit, Geburtsland oder Nationalität bestimmter Länder mit überwiegend islamischer Bevölkerung. Wie groß der Kreis der betroffenen Personen ausfallen kann, zeigt die Schilderung des Sachverhalts der Entscheidung (BVerfGE 115, 320 (329)). Danach wurden insgesamt 5,2 Mio. Datensätze übermittelt. Bei der Bestimmung der Prüfungsmerkmale, die eine Übermittlungspflicht auslösen, ist die Polizei an den Grundsatz der Verhältnismäßigkeit gebunden. Die Übermittlung der personenbezogenen Daten muss für die Gefahrenabwehr erforderlich sein. Vom Übermittlungsersuchen können nur bereits vorhandene, nicht aber noch zu beschaffende Daten umfasst sein (Welsing, Das Recht auf informationelle Selbstbestimmung im Rahmen der Terrorabwehr, 2009, 250 f.). Nähere Einschränkungen zu Auswahl und Umfang der angeforderten Daten ergeben sich aus Abs. 2 (vgl. zum Umfang der Übermittlungspflicht auch Tetsch/Baldarelli PolG NRW Erl. 2).

III. Datenabgleich als Folgemaßnahme

13   Neben der Übermittlung der Daten von öffentlichen und nicht-öffentlichen Stellen an die Polizei ist § 31 Abs. 1 zugleich gesetzliche Grundlage für den maschinellen Abgleich mit

anderen Datenbeständen. Dieser **zweistufige Aufbau der Rasterfahndung** hätte gesetzgeberisch deutlicher zum Ausdruck gebracht werden können. Denn die Formulierung in § 31 Abs. 1 S. 1 „zum Zwecke des maschinellen Abgleichs mit anderen Datenbeständen" könnte noch als bloß einschränkendes Merkmal für die – zweckgebundene – Datenübermittlung verstanden werden. Aus der Gesamtsystematik – insbesondere auch den Vorschriften über die Löschungspflichten nach Erreichung des Zwecks „der Maßnahme" in § 31 Abs. 3 – ist aber eindeutig zu schließen, dass § 31 Abs. 1 S. 1 umfassende Ermächtigungsgrundlage für die polizeiliche Methode „Rasterfahndung" ist, die sich durch ein Zusammenspiel aus Datenübermittlung und Datenabgleich auszeichnet (so auch Tetsch/Baldarelli PolG NRW Erl. 2: „Maßnahmenbündel").

IV. Zweck der Rasterfahndung

Nach § 31 Abs. 1 S. 2 soll der Datenabgleich den Ausschluss von Personen bezwecken, **14** er kann aber auch der Ermittlung eines Verdachts gegen Personen als mögliche Verursacher einer Gefahr sowie der Feststellung gefahrenverstärkender Eigenschaften dieser Personen dienen. Diese Vorschrift, die eine Rangfolge zwischen den Zwecken des Datenabgleichs nahelegt, ist sprachlich missglückt. Sie erweckt den Anschein, dass der Ausschluss von Personen, also die Ermittlung von „Nicht-Verdächtigen" primärer, die Ermittlung von Verdächtigen oder die Bestätigung eines Verdachts dagegen bloß sekundärer Zweck der Rasterfahndung ist. Eine solche Annahme ist aus zwei Gründen unzutreffend: Erstens beruht sie auf einem Missverständnis des Verhältnisses von verdachtsbegründenden und verdachtsausschließenden Tatsachen. Auch jenseits der auf den Bereich des Strafrechts beschränkten Unschuldsvermutung gilt der Grundsatz, dass die Zuerkennung einer Eigenschaft als Verdächtiger bzw. polizeirechtlicher Störer einer konkreten Tatsachenbasis bedarf. Es wäre verfassungsrechtlich unzulässig, eine erhebliche Zahl von Personen allein aufgrund der Zugehörigkeit zu einer Personengruppe, die durch bestimmte Prüfungsmerkmale bestimmt ist, als Störer zu qualifizieren, für die anschließend der Verdacht im Wege eines Datenabgleichs wieder ausgeschlossen werden müsste.

Darüber hinaus wird – zweitens – die Hervorhebung und Priorisierung eines „Ausschlusses **15** von Personen" auch dem Charakter der Rasterfahndung als Instrument der Gefahrenabwehr nicht gerecht. Die erheblichen, intensiven Grundrechtseingriffe, die mit einer Rasterfahndung verbunden sind, lassen sich verfassungsrechtlich nur dadurch rechtfertigen, dass die Rasterfahndung ein effektives Instrument ist, um konkrete Gefahren für bestimmte hochrangige Rechtsgüter, nämlich den Bestand oder die Sicherheit des Bundes oder eines Landes oder für Leib, Leben oder Freiheit einer Person, abzuwehren. Effektive Folgemaßnahmen, die auf den Erkenntnissen der Rasterfahndung beruhen, werden sich typischerweise gerade gegen Verdächtige bzw. Verhaltensstörer iSd § 4 und nur in besonderen Ausnahmesituationen gegen Nichtstörer iSd § 6 richten.

Insgesamt ergibt sich daher sowohl aus verfassungsrechtlicher als auch aus polizeirechtlicher **16** Sicht, dass die Ermittlung zusätzlicher Verdächtiger oder die Feststellung „gefahrenverstärkender Eigenschaften" von Personen gegenüber dem Ausschluss von Personen zumindest gleichrangiger Zweck der Rasterfahndung sein muss. Die besondere Betonung des Ausschlusses von Personen kann nur so verstanden werden, dass der Gesetzgeber hervorheben wollte, dass – quantitativ – die allermeisten von Datenübermittlung und Datenabgleich betroffenen Personen Nichtstörer sind und dies durch die Rasterfahndung bestätigt wird.

C. Übermittlungsersuchen (Abs. 2)

Nach Abs. 2 S. 1 ist das Übermittlungsersuchen auf Namen, Anschrift, Tag und Ort der **17** Geburt sowie andere für den Einzelfall benötigte Daten zu beschränken. Dies ist Ausdruck des **Verhältnismäßigkeitsgrundsatzes,** der verlangt, dass nur die für die Abwehr der Gefahr erforderlichen Daten übermittelt werden. Weitere inhaltliche Einschränkungen im Hinblick auf die „im Einzelfall benötigten Daten" enthält die Vorschrift nicht. Beispielsweise können Daten über das Geschlecht, die Staatsangehörigkeit oder die Religionszugehörigkeit übermittelt werden. Allerdings ist bei der Auswahl der Daten das Recht auf informationelle Selbstbestimmung (Art. 2 Abs. 1 GG iVm Art. 1 Abs. 1 GG) zu beachten. Dazu zählt auch, dass bei der Festlegung der benötigten Daten mögliche Stigmatisierungseffekte (vgl. → Rn. 5) vermieden werden.

18   Nach Abs. 2 S. 2 dürfen auch von Übermittlungsersuchen nicht erfasste personenbezogene Daten übermittelt werden, wenn wegen erheblicher technischer Schwierigkeiten oder wegen eines unangemessenen Zeit- oder Kostenaufwandes eine Beschränkung der Übermittlung auf die angeforderten Daten nicht möglich ist. Zugleich untersagt Abs. 2 S. 2 die Nutzung dieser Daten durch die Polizei. Dies betrifft die sog. **technisch verbundenen Daten** (SBK PolG NRW/Braun Rn. 13). Die Anforderungen an einen „unangemessenen" Zeit- oder Kostenaufwand, der eine Übermittlung erlaubt, dürfen dabei nicht zu weit herabgesetzt werden, da das Nutzungsverbot gem. Abs. 2 S. 2 das informationelle Selbstbestimmungsrecht weniger effektiv sichert als die Beschränkung der Datenübermittlung gem. Abs. 2 S. 1.

19   Nach Abs. 2 S. 1 Hs. 2 darf sich das Übermittlungsersuchen nicht auf personenbezogene Daten erstrecken, die einem **Berufs- oder besonderen Amtsgeheimnis** unterliegen. Nähere Vorschriften über die Ausgestaltung von Berufsgeheimnissen enthalten zB die §§ 203, 353b, 355 StGB, § 18 BNotO, § 309 VAG, § 102 AO, § 43a Abs. 2 BRAO.

D. Löschung der Daten, Niederschrift (Abs. 3)

20   Abs. 3 S. 1 ordnet an, dass die übermittelten und im Zusammenhang mit der Maßnahme zusätzlich angefallenen **Daten auf den Datenträgern zu löschen und die Akten zu vernichten** sind, wenn der Zweck der Maßnahme erreicht ist oder es sich zeigt, dass er nicht erreicht werden kann. Diese Löschungspflicht soll die weitere Speicherung und insbesondere die spätere unbefugte Nutzung der Daten verhindern und dient damit dem Schutz des Grundrechts auf informationelle Selbstbestimmung. Die Löschungspflicht gilt umfassend. Sie bezieht sich zunächst auf alle übermittelten Daten. Dies betrifft sowohl die im Übermittlungsersuchen nach Abs. 2 S. 1 angeforderten Daten als auch diejenigen Daten, die wegen technischer Schwierigkeiten gem. Abs. 2 S. 2 zusätzlich übermittelt wurden. Darüber hinaus gilt die Löschungspflicht auch für die „im Zusammenhang mit der Maßnahme zusätzlich angefallenen Daten". Angesprochen sind damit vor allem Daten, die im Rahmen des zweiten Schritts der Rasterfahndung – des Datenabgleichs – neu generiert wurden, also insbesondere Daten, die sich aus einer Kombination verschiedener übermittelter Daten ergeben haben. Einzelheiten zur Löschung der Daten ergeben sich aus § 32. Die Löschungspflicht nach § 31 Abs. 3 ist eine gesetzlich bestimmte Pflicht iSd § 32 Abs. 1 S. 2 Nr. 1.

21   Nach Abs. 3 S. 2 ist über die getroffene Maßnahme – also die Rasterfahndung – eine **Niederschrift** anzufertigen. Diese Niederschrift ist nach Abs. 3 S. 3 gesondert aufzubewahren, durch technische und organisatorische Maßnahmen zu sichern und am Ende des Kalenderjahres, das dem Jahr der Löschung der Daten oder der Vernichtung der Akten nach Abs. 3 S. 1 folgt, zu vernichten. Aus dieser Jahresangabe folgt, dass eine Vernichtung der Niederschrift über die Rasterfahndung immer erst in Betracht kommt, wenn deren Zweck erreicht ist oder es sich zeigt, dass er nicht mehr erreicht werden kann. Zweck der Niederschrift ist eine mögliche nachträgliche **datenschutzrechtliche Kontrolle der Rasterfahndung** (Tegtmeyer/Vahle PolG NRW/Tegtmeyer Rn. 11).

E. Richtervorbehalt und andere Verfahrensvorschriften (Abs. 4)

22   Nach Abs. 4 S. 1 darf eine Rasterfahndung nur durch den Richter angeordnet werden. Der Richtervorbehalt gilt absolut, eine Ausnahme für Eilfälle ist nicht vorgesehen (SBK PolG NRW/Braun Rn. 17). Diese Regelung überzeugt: Sie dient dem **Schutz des Grundrechts auf informationelle Selbstbestimmung.** Schon durch die verschiedenen Schritte der Rasterfahndung (Übermittlungsersuchen, Übermittlung der Daten, Abgleich der Daten) sind keine Fälle von Gefahr im Verzug denkbar, in denen die effektive Gefahrenabwehr eine Durchführung der Rasterfahndung ohne richterliche Anordnung erfordern könnte (näher zum Richtervorbehalt bei der Rasterfahndung Lisken/Denninger PolR-HdB/Schwabenbauer G Rn. 1072 f.). Nach der neueren Rechtsprechung des BVerfG ist davon auszugehen, dass der **Richtervorbehalt auch verfassungsrechtlich geboten** ist (vgl. BVerfGE 141, 220 (303); Lisken/Denninger PolR-Hdb/Schwabenbauer G Rn. 1072). Anders als vergleichbare landesrechtliche Regelungen, die keinen Richtervorbehalt für die

Anordnung einer Rasterfahndung vorsehen (zB § 40 Abs. 3 BWPolG), genügt § 31 in dieser Hinsicht den verfahrensrechtlichen Maßgaben.

Nach Abs. 4 S. 2 ist das **Amtsgericht zuständig, in dessen Bezirk die Polizeibehörde** **23** **ihren Sitz hat.** Nach Abs. 4 S. 3 gelten für das Verfahren die Vorschriften des FamFG entsprechend. Diese Rechtswegzuweisung ist an vergleichbare Vorschriften in den §§ 14a Abs. 2, 17 Abs. 2 und § 21 Abs. 3 angelehnt. Die Anordnung der entsprechenden Anwendung des FamFG führt im Gegensatz zu zivilrechtlichen Verfahren insbesondere zur Anwendung des **Amtsermittlungsgrundsatzes** (§ 26 FamFG).

Gemäß Abs. 4 S. 1 ist nur die **Behördenleiterin oder der Behördenleiter** befugt, die **24** Durchführung einer Rasterfahndung zu beantragen. Die Vorschrift trägt der besonderen Bedeutung und Grundrechtsintensität einer Rasterfahndung Rechnung. Damit wäre es unvereinbar, die Befugnis zur Beantragung einer Rasterfahndung behördenintern auf nachgeordnete Beamte zu delegieren. Zulässig muss es aber im Sinne einer effektiven Gefahrenabwehr sein, dass im Verhinderungsfall statt des Behördenleiters dessen **allgemeiner Vertreter** den Antrag stellt (Tetsch/Baldarelli PolG NRW Erl. 4; vgl. zur Problematik → § 15a Rn. 7).

Auch wenn dies in Abs. 4 – im Gegensatz zu anderen Landesgesetzen – nicht ausdrücklich **25** festgelegt ist, muss die Anordnung schon aus Gründen der Rechtssicherheit schriftlich erfolgen (vgl. Lisken/Denninger PolR-HdB/Schwabenbauer G Rn. 1074).

Vierter Titel. Berichtigung, Löschung und Sperrung von Daten

§ 32 Berichtigung, Löschung und Einschränkung der Weiterverarbeitung von Daten

(1) [1]Personenbezogene Daten sind nach Maßgabe des § 54 in Verbindung mit § 50 Absatz 3 bis 5 des Datenschutzgesetzes Nordrhein-Westfalen zu berichtigen, zu löschen oder in der Verarbeitung einzuschränken. [2]Darüber hinaus sind personenbezogene Daten zu löschen und die dazugehörigen Akten zu vernichten, wenn
1. dies durch dieses Gesetz bestimmt ist,
2. die Speicherung nicht zulässig ist oder
3. bei der zu bestimmten Terminen vorzunehmenden Prüfung oder aus Anlass einer Einzelfallbearbeitung festgestellt wird, dass die Daten für die Erfüllung der Aufgaben der speichernden Stelle nicht mehr erforderlich sind.
[3]In Bezug auf Nummer 3 sind die in diesem Zusammenhang in Dateien suchfähig gespeicherten personenbezogenen Daten zu löschen sowie die zu der Person suchfähig angelegten Akten zu vernichten. [4]Dies gilt auch, wenn der Verdacht einer Straftat gegen die Person entfallen ist. [5]Eine nach Satz 2 Nummer 3 vorzunehmende Aktenvernichtung ist nur durchzuführen, wenn die gesamte Akte für die Aufgabenerfüllung nicht mehr erforderlich ist, es sei denn, dass die betroffene Person die Vernichtung von Teilen der Akte verlangt und die weitere Speicherung sie in unangemessener Weise beeinträchtigt. [6]Soweit hiernach eine Vernichtung nicht in Betracht kommt, sind die Daten in ihrer Verarbeitung einzuschränken und mit einem entsprechenden Vermerk zu versehen. [7]Andere als die in den Sätzen 2 und 5 genannten Akten sind nach Ablauf der jeweiligen Aufbewahrungsfristen zu vernichten.

(2) [1]Stellt die Polizei fest, dass personenbezogene Daten in Akten unrichtig sind, ist die gemäß § 54 Absatz 1 des Datenschutzgesetzes Nordrhein-Westfalen genannte Berichtigungspflicht dadurch zu erfüllen, dass dies in der Akte vermerkt oder auf sonstige Weise festgehalten wird. [2]Dabei ist in geeigneter Weise kenntlich zu machen, zu welchem Zeitpunkt und aus welchem Grund diese Daten unrichtig waren oder geworden sind. [3]Bestreitet die betroffene Person die Richtigkeit sie betreffender personenbezogener Daten und lässt sich weder die Richtigkeit noch die Unrichtigkeit feststellen, sind die Daten entsprechend zu kennzeichnen, um

eine Verarbeitungseinschränkung nach § 50 Absatz 1 Satz 3 des Datenschutzgesetzes Nordrhein-Westfalen zu ermöglichen.

(3) [1]Löschung und Vernichtung unterbleiben in den in § 50 Absatz 3 des Datenschutzgesetzes Nordrhein-Westfalen genannten Fällen. [2]Darüber hinaus unterbleiben Löschung und Vernichtung, wenn

1. Grund zu der Annahme besteht, dass schutzwürdige Belange der betroffenen Person beeinträchtigt werden,
2. die Daten zur Behebung einer bestehenden Beweisnot unerlässlich sind oder
3. die Nutzung der Daten zu wissenschaftlichen Zwecken erforderlich ist; § 24a bleibt unberührt.

[3]In diesen Fällen sind die Daten in ihrer Verarbeitung einzuschränken und mit einem entsprechenden Vermerk zu versehen. [4]Sie dürfen nur zu den in Satz 1 genannten Zwecken oder sonst mit Einwilligung der betroffenen Person genutzt werden. [5]Im Falle des Satzes 1 Nummer 3 gilt § 24a.

(4) Vor einer Löschung oder Vernichtung ist ein Anbieten für eine Übernahme durch das Landesarchiv Nordrhein-Westfalen gemäß § 4 Absatz 1 des Archivgesetzes Nordrhein-Westfalen vom 16. März 2010 (GV. NRW. 188), das zuletzt durch Gesetz vom 16. September 2014 (GV. NRW. 603) geändert worden ist, zu prüfen, soweit archivrechtliche Regelungen dies vorsehen.

Überblick

Gegenstand des § 32 sind die Berichtigung, Löschung und Einschränkung der Verarbeitung von Daten. Der Landesgesetzgeber hat durch das NRWDSAnpUG-EU (Gesetz zur Anpassung des allgemeinen Datenschutzrechts an die Verordnung (EU) 2016/679 und zur Umsetzung der Richtlinie (EU) 2016/680 v. 17.5.2018, GV. NRW. 244) den neuen Begriff der „Einschränkung der Verarbeitung" in das Datenschutzrecht eingeführt, welcher das bisherige Konzept der „Sperrung von Daten" iSd § 3 Abs. 2 Nr. 5 DSG NRW 1988 ersetzt. Dementsprechend wurde der Titel des § 32 angepasst und das Instrument des Sperrvermerks durch einen der Einschränkung der Verarbeitung entsprechenden Vermerk ersetzt (LT-Drs. 17/2576, 73). § 32 stellt verfahrensrechtliche Garantien auf, welche das grundrechtlich durch Art. 2 Abs. 1 GG iVm Art. 1 Abs. 1 GG verbürgte Recht auf informationelle Selbstbestimmung flankieren. Dazu gehören die in Abs. 1 vorgesehene Pflicht zur Berichtigung (→ Rn. 3 ff.), Löschung, Vernichtung (→ Rn. 14 ff.) und Einschränkung der Verarbeitung (→ Rn. 32 ff.) sowie die Grundverweisnorm auf die §§ 50, 54 DSG NRW. Darüber hinaus enthält die Vorschrift dem Konzept des DSG NRW entsprechende Vorgaben zur Aktenvernichtung (LT-Drs. 17/2576, 73). In Abs. 2 formt der Gesetzgeber die Berichtigungspflicht weiter aus und fordert für Fälle, in denen weder die Richtigkeit noch die Unrichtigkeit der betreffenden Daten festgestellt werden kann, eine entsprechende Kennzeichnung der Daten. Abs. 3 regelt Ausnahmen von der Pflicht zur Löschung und Vernichtung, bei deren Eingreifen eine Einschränkung der Verarbeitung zu erfolgen hat. Nach Maßgabe des Abs. 4 ist vor der Löschung und Vernichtung zu prüfen, ob dem Landesarchiv Nordrhein-Westfalen die Übernahme der Akten angeboten werden soll.

Übersicht

A. Allgemeines

§ 32 enthält keine Ermächtigungsgrundlage zugunsten der Polizei. Die Norm statuiert **1** vielmehr **Pflichten der Polizei** im Umgang mit (unrichtigen) personenbezogenen Daten. Diese Pflichten sind bereichsspezifische Ausprägungen des Grundrechts auf informationelle Selbstbestimmung (Art. 2 Abs. 1 GG iVm Art. 1 Abs. 1 GG) sowie der Rechtsschutzgarantie des Art. 19 Abs. 4 GG (Hornmann HSOG § 27 Rn. 7; BKK BayPAG Art. 45 Rn. 3; Lisken/ Denninger PolR-HdB/Petri G Rn. 891; Ebert/Seel ThürPAG, 7. Aufl. 2016, ThürPAG § 45 Rn. 1). Die Polizei darf dem Betroffenen die **Kosten** für die Berichtigung, Löschung und Sperrung von Daten nicht auferlegen, da es hierfür an einer Rechtsgrundlage fehlt (vgl. Ebert/Seel ThürPAG, 7. Aufl. 2016, ThürPAG § 45 Rn. 22; DMWW BPolG/Drewes BPolG § 35 Rn. 3). Eine Kostentragungspflicht würde auch den vom BVerfG im Volkszählungsurteil entwickelten Grundsätzen zuwiderlaufen. Das Gericht hatte als verfahrensrechtliche Vorkehrung zum Schutz der erforderlichen Zweckbindung von Daten unter anderem gefordert, dass Löschungspflichten festgelegt werden (BVerfGE 65, 1 (49); vgl. Hornmann HSOG § 27 Rn. 2). Überdies sieht auch Art. 12 Abs. 4 S. 1 JI-RL (RL (EU) 2016/680 v. 27.4.2016, ABl. 2016 L 119, 89) die Unentgeltlichkeit vor. Zu beachten ist, dass der Betroffene sich mit der Berichtigung, Löschung oder Einschränkung der Verarbeitung unrichtiger Daten begnügen muss. Er hat mit anderen Worten keinen Anspruch aus § 32 darauf, dass ihm die Polizei die über ihn geführte Akte herausgibt. Ein derartiger Anspruch kann auch nicht aus dem DSG NRW oder dem Recht auf informationelle Selbstbestimmung hergeleitet werden (vgl. VG Gießen NVwZ-RR 2001, 33 f.; Hornmann HSOG § 27 Rn. 6).

§ 32 orientiert sich an § 10g VEMEPolG (Vorentwurf zur Änderung des Musterentwurf **2** eines einheitlichen Polizeigesetzes). Die Polizei- bzw. Ordnungsbehördengesetze der übrigen Bundesländer enthalten mit § 32 vergleichbare Regelungen (zB Art. 62 BayPAG, § 46 BWPolG, § 27 HSOG, § 38 SPolG, § 49 SächsPolG, § 47 BbgPolG). Im BPolG findet sich eine Vorschrift über die Berichtigung, Löschung und Sperrung personenbezogener Daten in § 35. Für den **strafprozessualen Bereich** sind Vorschriften über die Berichtigung, Löschung und Sperrung von Daten zB in den §§ 489, 163c Abs. 3 StPO vorgesehen. Im **Ordnungswidrigkeitenrecht** gilt § 49c OWiG iVm § 489 StPO (vgl. DMWW BPolG/ Drewes BPolG § 35 Rn. 7). Bei sog. **Mischdateien,** die sowohl präventiven als auch repressiven Zwecken dienen, richten sich die Berichtigung, Löschung und Einschränkung der Verarbeitung von personenbezogenen Daten nach § 32. Dies folgt aus § 483 Abs. 3 StPO, § 484 Abs. 4 StPO sowie § 485 S. 4 StPO (DMWW BPolG/Drewes BPolG § 35 Rn. 6; Löwe/ Rosenberg/Hilger StPO § 483 Rn. 11).

B. Berichtigung

Sofern personenbezogene Daten nicht mit den tatsächlichen Gegebenheiten übereinstim- **3** men, sind sie unrichtig. Aus dem Recht auf informationelle Selbstbestimmung folgt, dass nur „richtige" personenbezogene Daten gespeichert werden dürfen (SGR/Arzt BPolG § 35 Rn. 1; Johannes/Weinhold Neues DatenschutzR § 1 Rn. 133; vgl. auch Art. 4 Abs. 1 lit. d JI-RL). Sind personenbezogene Daten zu berichtigen, die in Akten hinterlegt sind, so ist die Berichtigungspflicht dadurch zu erfüllen, dass die Unrichtigkeit in der Akte vermerkt oder auf sonstige Weise festgehalten wird (Abs. 2 S. 1). Die Berichtigung erfolgt von Amts wegen, der Betroffene muss sie also nicht beantragen (Ebert/Seel ThürPAG, 7. Aufl. 2016,

ThürPAG § 45 Rn. 3; Meixner/Fredrich HSOG § 27 Rn. 3; Roos/Lenz RhPfPOG § 39 Rn. 1). Die Polizei trifft eine entsprechende Prüfungspflicht, dh sie muss im Rahmen des Zumutbaren erforschen, ob die Speicherung bzw. Verarbeitung rechtswidrig erfolgt und hierfür die notwendigen technischen und organisatorischen Maßnahmen treffen (Tegtmeyer/Vahle PolG NRW/Tegtmeyer Rn. 2; Roos/Lenz RhPfPOG § 39 Rn. 1; DMWW BPolG/Drewes BPolG § 35 Rn. 9; Johannes/Weinhold Neues DatenschutzR § 1 Rn. 134; SGR/Arzt BPolG § 35 Rn. 1).

I. Unrichtige Daten

4   Gemäß § 32 Abs. 1 S. 1 iVm § 54 Abs. 1 DSG NRW hat der Verantwortliche unrichtige personenbezogene Daten zu berichtigen. Von der Unrichtigkeit der Daten kann die Polizei auf unterschiedliche Weise Kenntnis erlangen. So ist es denkbar, dass die Polizei die Unrichtigkeit der Daten im Verlauf eines Datenverarbeitungsvorgangs selbst bemerkt oder der Datenempfänger die Polizei auf die Unrichtigkeit der Daten hinweist. Das kann unter anderem in einem an die Polizeibehörde gerichteten Antrag geschehen, die unrichtigen Daten zu berichtigen.

5   Für die Anwendbarkeit des Abs. 1 S. 1 ist es unerheblich, ob die Daten bereits zum Zeitpunkt der Speicherung unrichtig waren oder ob sie erst später unrichtig geworden sind. Ebenso wenig spielt es eine Rolle, wer die Unrichtigkeit der Daten verursacht hat oder hierfür die Verantwortung trägt (Tegtmeyer/Vahle PolG NRW/Tegtmeyer Rn. 3; SBK PolG NRW/Braun Rn. 4; BKK BayPAG Art. 45 Rn. 3; Schmidbauer/Steiner/Schmidbauer BayPAG Art. 45 Rn. 2; Roos/Lenz RhPfPOG § 39 Rn. 1; DMWW BPolG/Drewes BPolG § 35 Rn. 9). Vor diesem Hintergrund fordert Abs. 2 S. 1, dass bei der Berichtigung in geeigneter Weise kenntlich zu machen ist, zu welchem Zeitpunkt und aus welchem Grund die Daten unrichtig waren oder geworden sind. Etwas anderes gilt nur, wenn die Informationen einen Umstand gerade zu einem bestimmten Zeitpunkt abbilden sollen (Lisken/Denninger PolR-HdB/Petri G Rn. 890; BeckOK PolR Bayern/Aulehner BayPAG Art. 62 Rn. 10). Der Rückgriff auf Abs. 1 S. 1 ist unabhängig davon zulässig, ob infolge der Unrichtigkeit der personenbezogenen Daten das allgemeine Persönlichkeitsrecht des Betroffenen beeinträchtigt wird (Art. 2 Abs. 1 GG iVm Art. 1 Abs. 1 GG) oder ob eine solche Beeinträchtigung zu erwarten ist. Grund hierfür ist, dass ein für sich genommen belangloser Fehler im weiteren Verlauf der Datenverarbeitung einen völlig anderen Stellenwert erlangen kann. Ob es hierzu kommen wird, lässt sich unter den Bedingungen der modernen Datenverarbeitung nicht immer vorhersehen (DMWW BPolG/Drewes BPolG § 35 Rn. 10).

II. Subjektive Rechte und Beweislast

6   Mit der polizeilichen Verpflichtung, die Daten zu berichtigen oder zu löschen, korrespondiert ein subjektives Recht – also ein entsprechender **Anspruch** – des Betroffenen (vgl. Hornmann HSOG § 27 Rn. 7; BKK BayPAG Art. 45 Rn. 3). Dieser Anspruch folgt aus § 50 Abs. 1 und Abs. 2 DSG NRW (vgl. auch Art. 16 JI-RL). Der Betroffene kann diesen Berichtigungsanspruch allerdings nicht auf einen bloßen Verdacht hin bzw. „ins Blaue hinein" geltend machen. Erforderlich ist vielmehr, dass er **die jeweiligen Daten umschreibt und ausführt, weshalb sie unrichtig sind.** Dabei müssen die jeweiligen Datensätze nicht im Einzelnen bezeichnet werden (BKK BayPAG Art. 45 Rn. 4). Das Bedürfnis, die bei der Polizei gespeicherten Daten zu berichtigen, kann zB entstehen, wenn die betroffene Person eine andere Wohnung bezieht, im Zuge ihrer Heirat einen anderen Namen annimmt, in das Ausland abwandert oder verstirbt (Ebert/Seel ThürPAG, 7. Aufl. 2016, ThürPAG § 45 Rn. 2; sa Meixner/Fredrich HSOG § 27 Rn. 2; Hornmann HSOG § 27 Rn. 10). Vom Anspruch auf Berichtigung ist auch das Recht umfasst, die Vervollständigung unvollständiger personenbezogener Daten – auch mittels einer ergänzenden Erklärung – zu verlangen (Art. 16 Abs. 1 S. 2 JI-RL; BeckOK PolR Bayern/Aulehner BayPAG Art. 62 Rn. 14).

6.1   § 50 Abs. 2 DSG NRW setzt – ebenso wie Abs. 1 S. 2 – voraus, dass die zu löschenden Daten bereits bei der Polizei gespeichert sind. Der Norm ist jedoch im Wege eines Erst-recht-Schlusses auch ein **Abwehrrecht gegen eine geplante Speicherung** personenbezogener Daten zu entnehmen. Auf dieses Abwehrrecht kann der Betroffene sich mit Erfolg berufen, wenn die Polizei beabsichtigt, Daten zu seiner Person zu speichern, und die Datenspeicherung nicht Bestandteil der polizeilichen Aufgabenerfüllung oder in sonstiger Weise unzulässig wäre (vgl. BKK BayPAG Art. 45 Rn. 9).

In der Literatur wird uneinheitlich beurteilt, wer im Hinblick auf den Berichtigungsan- **7** spruch die Beweislast für die Unrichtigkeit der Daten trägt. Einige Autoren nehmen an, **der Betroffene** müsse die Beweislast für die Unrichtigkeit der Daten tragen. Eine Ausnahme hiervon soll nur anzuerkennen sein, wenn Tatsachen in Rede stehen, welche den Betroffenen in seinem sozialen Geltungsanspruch herabsetzen (BKK BayPAG Art. 45 Rn. 3 f.). Richtigerweise ist jedoch davon auszugehen, dass die Beweislast für die Richtigkeit der Daten grundsätzlich bei der **verantwortlichen Stelle** liegt (Lisken/Denninger PolR-HdB/Petri G Rn. 891). Für diese Beweislastverteilung spricht, dass die Verwaltung in der Regel über bessere Erkenntnismöglichkeiten verfügt als der Betroffene. Zudem hat die verantwortliche Stelle gem. Art. 19 Abs. 1 S. 1 JI-RL den Nachweis dafür zu erbringen, dass die Verarbeitung in Übereinstimmung mit den Bestimmungen der Richtlinie erfolgt. Zu den einschlägigen Vorgaben zählt insbesondere das Erfordernis der sachlichen Richtigkeit und Aktualität der Daten (vgl. Art. 4 Abs. 1 lit. d JI-RL). Abgesehen davon dürften oftmals unterschiedliche Auffassungen darüber bestehen, ob die Daten den Betroffenen herabsetzen. Die Beweislast nach diesem Kriterium zu verteilen, ist deshalb unter dem Gesichtspunkt der Rechtssicherheit zweifelhaft. Solange die verantwortliche Stelle **weder die Richtigkeit noch die Unrichtigkeit der betreffenden Informationen feststellen** kann, hat sie die Daten entsprechend zu kennzeichnen, um eine Verarbeitungseinschränkung nach § 50 Abs. 1 S. 3 DSG NRW zu ermöglichen (Abs. 2 S. 3; vgl. auch Roos/Lenz RhPfPOG § 39 Rn. 1; Lisken/Denninger PolR-HdB/Petri G Rn. 891).

III. Art und Weise der Berichtigung

Die Berichtigung ist **das Anpassen des Daten- bzw. Akteninhalts an die tatsächli- 8 chen Gegebenheiten** (Ebert/Seel ThürPAG, 7. Aufl. 2016, ThürPAG § 45 Rn. 1; SBK PolG NRW/Braun Rn. 4; Meixner/Fredrich HSOG § 27 Rn. 2; vgl. Hornmann HSOG § 27 Rn. 10; Lisken/Denninger PolR-HdB/Petri G Rn. 890). Die Berichtigung der Daten soll zum einen die Interessen des Betroffenen schützen, zum anderen werden mit der Maßnahme öffentliche Belange verfolgt. Denn eine effektive Gefahrenabwehr erfordert, dass die Polizei über richtige Informationen verfügt (SBK PolG NRW/Braun Rn. 4; BKK BayPAG Art. 45 Rn. 3; Schmidbauer/Steiner/Schmidbauer BayPAG Art. 45 Rn. 2; Hornmann HSOG § 27 Rn. 1). § 32 Abs. 1 S. 1 iVm § 54 Abs. 1 DSG NRW setzt den allgemeinen Grundsatz des Verwaltungsrechts um, dass die Folgen rechtswidrigen Verwaltungshandelns zu beseitigen sind (vgl. Hornmann HSOG § 27 Rn. 1).

In zeitlicher Hinsicht muss die Berichtigung gem. Abs. 1 S. 1 erfolgen, sobald festgestellt **9** wird, dass die Daten unrichtig sind (Tegtmeyer/Vahle PolG NRW/Tegtmeyer Rn. 2). Wie die Berichtigung vorzunehmen ist, hängt von der Art der Speicherung der Daten ab. **Automatisierte Dateien** sind in der Regel dadurch zu berichtigen, dass die fehlerhaften Angaben auf dem Datenträger **überschrieben oder gelöscht** werden. Dabei kann es angezeigt sein, in der Datei einen **Vermerk** darüber anzubringen, wann und weshalb die Berichtigung erfolgt ist (vgl. Nr. 32.13 VVPolG NRW). Diese Grundsätze gelten etwa für Daten, die im System INPOL-neu gespeichert und – zB infolge eines Wohnungswechsels oder einer Verfahrenseinstellung – unrichtig geworden sind (Kay/Böcking PolR NRW Rn. 225; Ebert/Seel ThürPAG, 7. Aufl. 2016, ThürPAG § 45 Rn. 2; Tegtmeyer/Vahle PolG NRW/Tegtmeyer Rn. 1; vgl. BKK BayPAG Art. 45 Rn. 6; Meixner/Fredrich HSOG § 27 Rn. 5; Schmidbauer/Steiner/Schmidbauer BayPAG Art. 45 Rn. 2; Hornmann HSOG § 27 Rn. 12).

Eine Berichtigung **nicht digitaler Daten** in der Weise, dass die unrichtigen Angaben **10** radiert, geschwärzt oder überklebt werden, scheidet aus. Grund hierfür ist, dass die Berichtigung bei einem solchen Vorgehen nicht mehr nachvollzogen werden könnte, was eine unrichtige Aktenlage zur Folge hätte. Vor diesem Hintergrund erklärt sich die Regelung in Abs. 2 S. 1. Danach ist die Berichtigungspflicht bei aktenmäßig erfassten Daten dadurch zu erfüllen, dass dies in der Akte vermerkt oder auf sonstige Weise festgehalten wird. Dabei ist in geeigneter Weise kenntlich zu machen, zu welchem Zeitpunkt und aus welchem Grund diese Daten unrichtig waren oder geworden sind (Abs. 2 S. 2). Ist ein personenbezogenes

Datum in einer umfangreichen Akte an mehreren Stellen enthalten, muss es nicht jedes Mal korrigiert werden. Vielmehr genügt ein **Berichtigungsvermerk,** der dem eigentlichen Akteninhalt voranzustellen ist, um den **rechtsstaatlichen Geboten der Aktenvollständigkeit und Aktenklarheit** zu genügen. In Betracht kommt auch die **Beifügung von Schriftstücken** (Kay/Böcking PolR NRW Rn. 225; BKK BayPAG Art. 45 Rn. 6; Roos/Lenz RhPfPOG § 39 Rn. 1; Hornmann HSOG § 27 Rn. 11; DMWW BPolG/Drewes BPolG § 35 Rn. 11).

IV. Umfang der Berichtigung

11   Einige Stimmen im Schrifttum wollen eine Pflicht zur Berichtigung von Daten nur dann anerkennen, wenn die Unrichtigkeit auf **formellen Gründen beruht.** Hiervon sei insbesondere bei Verarbeitungsfehlern auszugehen. Tatsachenfeststellungen und wertende Angaben iSd § 22 Abs. 6 sollen danach keiner Korrektur im Hinblick darauf unterliegen, ob sie zutreffen bzw. ihre Speicherung erforderlich ist (DMWW BPolG/Drewes BPolG § 35 Rn. 9). Sofern die Unrichtigkeit nicht in formellen Gründen wurzelt, soll nur eine Löschung oder Aktenvernichtung zulässig sein. Eine derartige Lesart des Abs. 1 trägt dem Umstand Rechnung, dass die den Daten zugrundeliegenden Vorgänge oftmals nicht mehr nachvollzogen werden können. Zutreffend ist auch, dass eine ausufernde Berichtigungspflicht für die Polizei auf zeit- und arbeitsintensive Nachforschungen hinauslaufen würde. Auf der anderen Seite hat der Gesetzgeber die Berichtigungspflicht ausschließlich daran geknüpft, dass die Daten unrichtig sind. Die **Unterscheidung zwischen formellen und materiellen Unrichtigkeitsgründen hat im Gesetz keinen Niederschlag gefunden.** Zudem wird sich häufig nicht feststellen lassen, ob die Daten aus formellen oder materiellen Gründen unrichtig sind. Vor diesem Hintergrund ist der Anwendungsbereich des § 32 Abs. 1 iVm § 54 Abs. 1 DSG NRW nicht auf die Fälle der Unrichtigkeit von Daten aus formellen Gründen zu verengen (zutr. SBK PolG NRW/Braun Rn. 5; SGR/Arzt BPolG § 35 Rn. 11).

12   Die Berichtigungspflicht erstreckt sich auch auf **wertende Angaben iSd § 22 Abs. 6.** Wertende Angaben sind auf Tatsachen basierende Einschätzungen, die auf zukünftig zu erwartende Verhaltensweisen schließen lassen oder die Charaktereigenschaften einer Person wiedergeben (Nr. 23.2 VVPolG NRW). Hierzu zählt zB die **Bezeichnung einer Person als „gewalttätig".** Berichtigungsfähig sind wertende Angaben dann, wenn **die ihnen zugrundeliegenden Tatsachenbehauptungen unrichtig sind.** Zudem kann die **Wertung unschlüssig** oder **mit allgemein gültigen Bewertungsmaßstäben unvereinbar** sein. Eine Berichtigungspflicht besteht schließlich in Fällen, in denen die Polizei **bislang unbekannte Tatsachen in Erfahrung** bringt, die eine Neubewertung gebieten (SBK PolG NRW/Braun PolG NRW § 32 Rn. 5; BKK BayPAG Art. 45 Rn. 3).

V. Mitteilungspflicht gegenüber der übermittelnden Stelle

13   Im Fall der Berichtigung können sich für den Verantwortlichen nach Maßgabe des § 32 Abs. 1 S. 1 iVm § 54 Abs. 3 S. 1 DSG NRW, § 50 Abs. 5 S. 1 DSG NRW Mitteilungspflichten ergeben (vgl. Art. 16 Abs. 6 JI-RL). So hat der Verantwortliche einer Stelle, die ihm die personenbezogenen Daten zuvor übermittelt hat, die Berichtigung mitzuteilen (§ 54 Abs. 3 S. 1 DSG NRW iVm § 50 Abs. 5 S. 1 DSG NRW). Diese Mitteilungspflicht soll sicherstellen, dass auch auf Seiten der übermittelnden Stelle nur noch die richtigen Daten genutzt werden.

C. Löschung und Vernichtung

14   § 32 Abs. 1 S. 1 iVm § 54 Abs. 2 DSG NRW legt fest, unter welchen Voraussetzungen Daten zu löschen und die dazugehörigen Akten zu vernichten sind. Weitere Gründe für Löschung und Vernichtung führt Abs. 1 S. 2 auf. Löschung und Vernichtung sind nicht immer leicht voneinander abzugrenzen. Faustformelartig kann gesagt werden, dass **digitale Daten** zu löschen sind, während in Bezug auf nicht digitale **(Papier-) Akten** eine Vernichtung stattfindet. Abs. 1 S. 2 („sind [...] zu löschen oder zu vernichten") gibt eindeutig zu erkennen, dass Löschung und Vernichtung **nicht im Ermessen der Polizei** stehen (vgl. Ebert/Seel ThürPAG, 7. Aufl. 2016, ThürPAG § 45 Rn. 8).

I. Löschung

Die Löschung ist ein Unterfall der Datenverarbeitung (vgl. § 36 Nr. 2 DSG NRW). Der **15** Begriff der Löschung (bzw. des Löschens) war in § 3 Abs. 2 Nr. 6 DSG NRW 1988 legaldefiniert. Unter einer Löschung versteht man das Unkenntlichmachen gespeicherter Daten. Sie erfolgt in der Weise, dass die Polizei die **Daten überschreibt oder mit Hilfe von zur Datenlöschung entwickelter Software beseitigt.** Die Löschung bewirkt, dass die Daten physisch nicht mehr existent sind, da sie entweder durch einen technischen Vorgang (zB auf Platten oder Disketten) entfernt oder (zB auf Karteikarten oder Akten) ausradiert bzw. geschwärzt werden (Tetsch/Baldarelli PolG NRW Erl. 2; Tegtmeyer/Vahle PolG NRW/ Tegtmeyer Rn. 5; DMWW BPolG/Drewes BPolG § 35 Rn. 13; Lisken/Denninger PolR-HdB/Petri G Rn. 896). Eine Datenlöschung kann auch dadurch erfolgen, dass die **Verknüpfung zwischen Daten** aufgehoben wird. Zu denken ist etwa daran, dass die speichernde Stelle sachbezogene Informationen von denjenigen Daten trennt, die eine Identifizierung des Betroffenen erlauben (DMWW BPolG/Drewes BPolG § 35 Rn. 13). Typischerweise bleibt der Datenträger von der Löschung unberührt und kann weiterhin verwendet werden (SBK PolG NRW/Braun Rn. 2; Tegtmeyer/Vahle PolG NRW/Tegtmeyer Rn. 5). Denkbar ist auch eine **Teil-Löschung.** Für sie ist kennzeichnend, dass ein Teil der Daten erhalten bleibt und der Datenbestand insgesamt einen anderen Informationswert erhält (Tetsch/Baldarelli PolG NRW Erl. 2).

Die Polizei greift bei der Löschung personenbezogener Daten grundsätzlich nicht in die **16** **Grundrechte des Betroffenen** ein. Im Gegenteil beendet die Löschung in der Regel den mit der Speicherung der Daten verbundenen Eingriff in das Grundrecht auf informationelle Selbstbestimmung. Etwas anderes kann insbesondere mit Blick auf Teil-Löschungen gelten. So kann eine Teil-Löschung mit einem Grundrechtseingriff einhergehen, wenn die verbleibenden Daten den zugrundeliegenden Sachverhalt nicht mehr richtig wiedergeben. Auch von der Voll-Löschung der Daten kann im Einzelfall eine belastende Wirkung ausgehen, welche die grundrechtliche Eingriffsschwelle überschreitet. Dies soll insbesondere dann der Fall sein, wenn der Betroffene die Speicherung der mittlerweile gelöschten Daten nachweisen muss, um seine Rechte wahrnehmen oder durchsetzen zu können (Tetsch/Baldarelli PolG NRW Erl. 2). In diesen Konstellationen tritt gem. § 32 Abs. 1 S. 1 iVm § 54 Abs. 3 S. 1 DSG NRW, § 50 Abs. 3 S. 2 Nr. 2 DSG NRW sowie Abs. 3 S. 2 Nr. 2 die Einschränkung der Verarbeitung an die Stelle der Löschung (vgl. Tetsch/Baldarelli PolG NRW Erl. 2).

II. Vernichtung

Anders als bei der Löschung macht die Polizei bei der Vernichtung **den Datenträger 17** **selbst unbrauchbar,** und zwar so, dass die auf ihm gespeicherten Daten nicht mehr zu erkennen und zu verwenden sind. So können zB Unterlagen in einem **Aktenvernichter** (Reißwolf, Schredder) gehäckselt werden (SBK PolG NRW/Braun Rn. 2; Tegtmeyer/ Vahle PolG NRW/Tegtmeyer Rn. 5). Abs. 1 S. 2 Nr. 1–3 ordnet für den Fall der Löschung personenbezogener Daten an, dass die dazugehörigen Akten zu vernichten sind.

III. Gründe für die Löschung und Vernichtung

Wann Daten zu löschen und die dazugehörigen Akten zu vernichten sind, folgt zum **18** einen aus § 32 Abs. 1 S. 1 iVm § 54 Abs. 2 DSG NRW. Zum anderen statuiert Abs. 1 S. 2 weitere Löschungs- und Vernichtungspflichten. Gemäß Abs. 1 S. 2 sind personenbezogene Daten zu löschen und die dazugehörigen Akten zu vernichten, wenn dies durch das PolG NRW bestimmt ist, die Speicherung nicht zulässig ist oder bei der zu bestimmten Terminen vorzunehmenden Prüfung oder aus Anlass einer Einzelfallbearbeitung festgestellt wird, dass die Daten für die Erfüllung der Aufgaben der speichernden Stelle nicht mehr erforderlich sind. Die Aufzählung des Abs. 1 S. 2 ist abschließend.

1. Gesetzliche Bestimmungen

Personenbezogene Daten sind gem. Abs. 1 S. 2 Nr. 1 zu löschen und die dazugehörigen **19** Akten zu vernichten, wenn dies im PolG NRW bestimmt ist. Damit wird auf die **besonders angeordneten Löschungspflichten wegen überschrittener Speicherungsdauer** sowie auf Fälle verwiesen, in denen die **Löschung bzw. Vernichtung beim Eintritt bestimmter Voraussetzungen zu erfolgen hat.** Die Verpflichtung zur Löschung bzw. Vernichtung ergibt sich unter anderem aus § 15 Abs. 1 S. 3, § 15b S. 3, § 17 Abs. 2 S. 9 und Abs. 3 S. 3, § 18 Abs. 2 S. 9 und Abs. 5 S. 3, § 24 Abs. 1 S. 3 und § 31 Abs. 3 S. 2 (SBK PolG NRW/ Braun Rn. 7; Tegtmeyer/Vahle PolG NRW/Tegtmeyer Rn. 9).

2. Unzulässigkeit der Speicherung

20   Abs. 1 S. 2 Nr. 2 verlangt die Löschung von Daten und die Vernichtung von Akten, wenn die Speicherung nicht zulässig ist. Unzulässig ist die Speicherung dann, wenn sie **nicht durch eine Befugnisnorm zugelassen wird** und auch **keine entsprechende Einwilligung des Betroffenen** vorliegt (SBK PolG NRW/Braun Rn. 7; Tegtmeyer/Vahle PolG NRW/ Tegtmeyer Rn. 10). Die Befugnis zur Datenspeicherung kann zB aus § 14a Abs. 1 S. 6, § 15a Abs. 2, §§ 21 oder 22 folgen. Im Hinblick auf Abs. 1 S. 2 Nr. 2 ist es unerheblich, ob die **Datenspeicherung generell unzulässig ist** oder ob die **Daten nicht in der gewählten Form gespeichert werden durften** (vgl. BKK BayPAG Art. 45 Rn. 10). Ebenso wenig spielt es eine Rolle, ob die Voraussetzungen der Speicherung von Anfang an nicht erfüllt waren oder später weggefallen sind (zB aufgrund einer Änderung der Sach- oder Rechtslage; vgl. Nr. 32.24 VVPolG NRW; Ebert/Seel ThürPAG, 7. Aufl. 2016, ThürPAG § 45 Rn. 4; Roos/Lenz RhPfPOG § 39 Rn. 4). Maßgeblich für die Beurteilung der Zulässigkeit der Datenspeicherung ist der **Zeitpunkt, in dem die Polizei über die Löschung bzw. Vernichtung entscheidet.** Dies ergibt sich unmissverständlich aus dem Wortlaut der Norm („ist"). Bei unzulässiger Speicherung steht der Polizei hinsichtlich der Löschung bzw. Vernichtung **kein Ermessen** zu. Auch insoweit ist der Wortlaut der Norm eindeutig, dem zufolge die betreffenden Daten zu löschen und die dazugehörigen Akten zu vernichten „sind" (vgl. Ebert/Seel ThürPAG, 7. Aufl. 2016, ThürPAG § 45 Rn. 4).

21   Die Speicherung kann zB deshalb unzulässig sein, weil die Polizei gegen die in den §§ 22, 23 niedergelegten allgemeinen Regeln zur Datenspeicherung und -weiterverarbeitung verstoßen hat (SBK PolG NRW/Braun Rn. 7; Tegtmeyer/Vahle PolG NRW/Tegtmeyer Rn. 10; Roos/Lenz RhPfPOG § 39 Rn. 4). Hiervon ist etwa auszugehen, wenn Daten in rechtswidriger Weise **umgewidmet** und nunmehr entgegen der ursprünglichen Zweckbindung zu einem anderen Zweck verwendet werden. So verhält es sich, wenn die Polizei eine ursprünglich für Beobachtungs- und Feststellungsberichte angelegte Datei zu einem späteren Zeitpunkt als Verdachtskartei – also zu Zwecken der Strafverfolgung – nutzt, etwa um das Alibi eines Verdächtigen zu überprüfen oder Spuren abzugleichen (VGH Kassel NJW 2005, 2727 (2731); Tetsch/Baldarelli PolG NRW Erl. 2, 4; Meixner/Fredrich HSOG § 27 Rn. 7). Zudem ist es möglich, dass die Unzulässigkeit der Datenspeicherung sich aus dem allgemeinen Gleichheitssatz des Art. 3 Abs. 1 GG ergibt, wenn die Polizei hinsichtlich der Löschung ohne sachlichen Grund von einer bestimmten, ggf. auf einer Verwaltungsvorschrift fußenden Verwaltungspraxis zum Nachteil des Betroffenen abweicht (vgl. Tegtmeyer/ Vahle PolG NRW/Tegtmeyer Rn. 10).

3. Keine Erforderlichkeit der Daten zur Aufgabenerfüllung

22   Schließlich muss eine Löschung und entsprechende Aktenvernichtung gem. Abs. 1 S. 2 Nr. 3 erfolgen, wenn die Daten und die dazugehörigen Akten für die Erfüllung der Aufgaben der speichernden Stelle nicht mehr erforderlich sind. Die Regelung knüpft an § 22 Abs. 2 S. 1 an, dem zufolge **die Dauer der Speicherung auf das erforderliche Maß zu beschränken ist** (Tetsch/Baldarelli PolG NRW Erl. 2; SBK PolG NRW/Braun Rn. 8; vgl. BKK BayPAG Art. 45 Rn. 11; Roos/Lenz RhPfPOG § 39 Rn. 5; vgl. auch Art. 4 Abs. 1 lit. e JI-RL). Dass die Daten zur Aufgabenerfüllung nicht mehr erforderlich sind, kann zB bei der zu bestimmten Terminen vorzunehmenden Prüfung (vgl. § 22 Abs. 2, Abs. 4 und Abs. 5 S. 2) oder bei einer Einzelfallprüfung zutage treten. Regelmäßig ist die Kenntnis der Daten nicht mehr erforderlich, wenn die Aussonderungsprüffrist abgelaufen ist (BVerwG NVwZ 2011, 405 (407); VG Köln BeckRS 2015, 49013). Eine **Stelle** iSd Abs. 1 S. 2 Nr. 3 ist eine Abteilung oder eine sonstige organisatorische Einheit, die die gespeicherten Daten ursprünglich für die Erfüllung einer polizeilichen Aufgabe benötigte (vgl. Meixner/Fredrich HSOG § 27 Rn. 11).

Das Tatbestandsmerkmal „**aus Anlass einer Einzelfallbearbeitung**" meint nicht die 23
erstmalige Bearbeitung eines Vorgangs. Es geht bei ihm vielmehr um die erneute Nutzung
von Daten innerhalb der Zeitspanne bis zu einer terminlich bestimmten Prüfung (Tegtmeyer/
Vahle PolG NRW/Tegtmeyer Rn. 11). So kann die Einzelfallbearbeitung zB durch ein
entsprechendes Begehren des Betroffenen veranlasst sein, noch bevor der jeweilige Prüfungstermin ansteht (SBK PolG NRW/Braun Rn. 8; BKK BayPAG Art. 45 Rn. 11; Ebert/
Seel ThürPAG, 7. Aufl. 2016, ThürPAG § 45 Rn. 6). Das Gesetz enthält nur an wenigen
Stellen Vorgaben zu Prüfungsterminen (vgl. zB § 21 Abs. 3 S. 5 und S. 6). Weitere Einzelhei-
ten zu den Prüfungsterminen kann der VVPolG NRW entnommen werden (vgl. Nr. 22.0
VVPolG NRW).

Der unbestimmte Rechtsbegriff „erforderlich" ist verwaltungsgerichtlich in vollem 24
Umfang überprüfbar, ein **Beurteilungsspielraum** besteht nicht (Meixner/Fredrich HSOG
§ 27 Rn. 7; Roos/Lenz RhPfPOG § 39 Rn. 6). Durch die Prüfung der Erforderlichkeit wird
dem rechtsstaatlichen Grundsatz der Verhältnismäßigkeit sowie der grundrechtlich verbürgten
informationellen Selbstbestimmung (Art. 2 Abs. 1 GG iVm Art. 1 Abs. 1 GG) des Betroffenen
Rechnung getragen (DMWW BPolG/Drewes BPolG § 35 Rn. 14). An der Erforderlichkeit
zur polizeilichen Aufgabenerfüllung kann es etwa deshalb fehlen, weil keine Gefahr für die
öffentliche Sicherheit oder Ordnung mehr besteht oder weil der gefahrenabwehrrechtliche
Verantwortliche verstorben ist (Hornmann HSOG § 27 Rn. 14; DMWW BPolG/Drewes
BPolG § 35 Rn. 14). Im Rahmen eines Strafverfahrens ist die Speicherung der Daten auch
dann weiterhin erforderlich, wenn ein Tatverdacht oder eine Wiederholungsgefahr besteht
(OVG Lüneburg ZD 2017, 541). Ist ein Strafverfahren gegen einen Beschuldigten wegen
geringer Schuld gem. § 153 Abs. 1 Nr. 1 StPO eingestellt worden, bedeutet dies nicht
notwendigerweise, dass die bezüglich der Tat gespeicherten Daten zur polizeilichen Aufga-
benerfüllung nicht mehr erforderlich sind (VG Gießen 12.9.2005 – 10 E 667/05). Die
Löschungs- und Vernichtungspflichten aus Abs. 1 S. 2 Nr. 3 erstrecken sich auch auf den
Bereich der sog. **Vorgangsverwaltung.** Zur polizeilichen Aufgabenerfüllung erforderlich
sind Daten daher auch dann, wenn sie dazu genutzt werden können, den **Ablauf von
Ereignissen oder die Art und Weise der polizeilichen Tätigkeit zu dokumentieren.**
Zu Dokumentationszwecken können insbesondere Informationen über die ergriffenen poli-
zeilichen Maßnahmen und Einsatzkräfte sowie Anlass, Einsatzort und Einsatzzeit gespeichert
werden (vgl. DMWW BPolG/Drewes BPolG § 35 Rn. 20).

Unter Vorgangsverwaltung ist die Speicherung von Daten über Verwaltungsvorgänge zu verstehen, **24.1**
wie zB die Dokumentation der Zustellung einer Ladung. Die Speicherung dieser Art von Daten dient
dazu, einen geordneten polizeilichen Dienstbetrieb zu gewährleisten. Besitzt der betreffende Vorgang
keine Relevanz mehr für die Wahrnehmung polizeilicher Aufgaben, so hat die Polizei die gespeicherten
Daten zu löschen bzw. zu vernichten. Zum einen fordert dies der Gesetzeswortlaut, zum anderen
handelt es sich bei der Löschungs- bzw. Vernichtungspflicht um ein Postulat des verfassungsrechtlichen
Grundsatzes der Verhältnismäßigkeit (VGH München KommP BY 2009, 140; BKK BayPAG Art. 45
Rn. 11).

Mit dem Anspruch auf Löschung der Daten korrespondiert ein **Auskunftsanspruch.** 25
Der Betroffene hat ein Recht zu erfahren, ob seine personenbezogenen Daten von der
Polizei gelöscht wurden (vgl. BVerwG DVBl 1999, 332 (333); Hornmann HSOG § 27
Rn. 41). Rechtsgrundlage für den Auskunftsanspruch ist § 49 Abs. 1 S. 1 DSG NRW.

IV. In Dateien suchfähig gespeicherte Daten und dazugehörige suchfähig angelegte Akten

Abs. 1 S. 3 und S. 4 enthält Sonderregelungen für Daten, die in Dateien suchfähig gespei- 26
chert sind, und die dazugehörigen suchfähig angelegten Akten. So sind in den Fällen des
Abs. 1 S. 2 Nr. 3 (→ Rn. 22 ff.) die in diesem Zusammenhang in Dateien suchfähig
gespeicherten personenbezogenen Daten zu löschen sowie die zu der Person suchfähig angelegten Akten zu vernichten. Angesprochen sind damit Fälle, in denen bei der zu bestimmten
Terminen vorzunehmenden Prüfung oder aus Anlass einer Einzelfallbearbeitung festgestellt
wird, dass die Daten für die Erfüllung der Aufgaben der speichernden Stelle nicht mehr
erforderlich sind. Die Regelung in Abs. 1 S. 3 ist in Anlehnung an § 24 Abs. 2 S. 5 aF
getroffen worden (LT-Drs. 17/2576, 73). Die Verpflichtung zur Datenlöschung und Akten-

vernichtung gem. Abs. 1 S. 3 greift gem. Abs. 1 S. 4 auch dann ein, wenn der Verdacht einer Straftat gegen die betreffende Person entfallen ist.

1. Suchfähigkeit der Daten

27   Suchfähig sind die Daten, wenn sie **anhand bestimmter Suchkriterien gezielt aus Dateien oder Akten aufgefunden werden können** (vgl. Nr. 32.22 VVPolG NRW). Anders gewendet: Nicht suchfähige personenbezogene Daten sind solche, die nicht durch gezieltes Suchen, sondern nur **gelegentlich bei einer anderweitigen Bearbeitung** festzustellen sind (vgl. SBK PolG NRW/Braun Rn. 3; Tegtmeyer/Vahle PolG NRW/Tegtmeyer Rn. 6 sowie Nr. 32.22 VVPolG NRW). Der auf suchfähige Daten und Akten bezogene Abs. 1 S. 3 und S. 4 sieht weitergehende Löschungs- und Vernichtungspflichten vor als Abs. 1 S. 2. Das erklärt sich daraus, dass der Zugriff auf suchfähig gespeicherte Daten und suchfähig angelegte Akten naturgemäß leichter fällt und deshalb unter datenschutzrechtlichen Gesichtspunkten höhere Schutzvorkehrungen zu treffen sind (SBK PolG NRW/Braun Rn. 3).

28   Im Schrifttum wird vertreten, dass **digitale Daten stets als suchfähig zu qualifizieren sind.** Dies soll selbst dann gelten, wenn die Polizei nicht über die für das Auffinden der Daten erforderlichen Suchprogramme verfügt oder die Suche einen großen Verwaltungsaufwand verursacht. Die Befürworter einer derartigen Deutung der Begriffe „in Dateien suchfähig gespeicherte personenbezogene Daten" und „suchfähig angelegte Akten" weisen insbesondere darauf hin, dass die Unterscheidung zwischen „suchfähigen" und „nicht suchfähigen" Daten und Akten angesichts der bestehenden (zB Volltextsuche in Word und PDF-Dokumenten) und zu erwartenden Möglichkeiten (Bildersuche mit Hilfe biometrischer Daten etc) überholt erscheine (SBK PolG NRW/Braun Rn. 3, 8; vgl. BKK BayPAG Art. 45 Rn. 8). Richtigerweise ist jedoch davon auszugehen, dass **es auch im Kontext der automatisierten Datenverarbeitung weiterhin nicht suchfähige Daten gibt.** Zu denken ist in diesem Zusammenhang zB an Informationen, die in ein **Freitextfeld** eingetragen werden. In ein solches Freitextfeld lässt sich etwa aufnehmen, dass der Betroffene nicht in seiner Wohnung, sondern regelmäßig bei seiner Freundin anzutreffen ist (Tegtmeyer/Vahle PolG NRW/Tegtmeyer Rn. 6 f., 12 f.). Die von der Polizei eingesetzte Software verfügt nicht immer über eine Suchoption, die sämtliche Felder – also auch Freitextfelder – erfasst. Freitextfelder sind aber unverzichtbar, um eine flexible und effektive Informationserfassung durch die Polizei zu gewährleisten, da sich nicht alle Daten im Vorfeld festgelegten Rubriken zuordnen lassen. Vor diesem Hintergrund würde die Annahme, es gebe keine nicht suchfähigen digitalen Daten, **der Polizei gegenwärtig etwas Unmögliches abverlangen.** Dies gilt umso mehr, als sich polizeilich relevante Daten auch aus einer Gesamtschau von Informationen ergeben können, die in unterschiedlichen Dateien gespeichert sind. Diese **zusammengesetzten Daten** dürften kaum mit Hilfe von Computer-Suchfunktionen zu ermitteln sein. Die Auslegung des Abs. 1 S. 3 und S. 4 muss im Hinblick auf die der Polizei derzeit zur Verfügung stehenden technischen Mittel erfolgen. Für diese Sichtweise lässt sich auch der Wortlaut des Abs. 1 S. 3 anführen, der von „suchfähig gespeicherten" Daten spricht. Dementsprechend sind Daten suchfähig gespeichert, wenn sie **mit vertretbarem Aufwand auffindbar** sind.

2. Suchfähigkeit der Akten

29   Dem Kriterium der Suchfähigkeit kommt bei Akten, die in herkömmlicher Weise außerhalb der elektronischen Datenverarbeitung geführt werden, eine erhebliche Bedeutung zu. So werden zB Beschwerdevorgänge in **alphabetischer Reihenfolge der Familiennamen** der Beschwerdeführer abgelegt. Namen von Zeugen, Mitbetroffenen oder sonstigen Dritten sind in diesen Fällen als nicht suchfähig zu qualifizieren. Etwas anderes würde nur dann gelten, wenn die Polizei ergänzend zu den Papier-Akten besondere Index-Verzeichnisse führte, was einen kaum zu bewältigenden Verwaltungsaufwand bedeuten würde und aus datenschutzrechtlicher Sicht nicht unproblematisch wäre.

V. Aktenvernichtung in den Fällen des Abs. 1 S. 2 Nr. 3

30   Abs. 1 S. 5 regelt Art und Umfang der Aktenvernichtung in den Fällen des Abs. 1 S. 2 Nr. 3. Die Akte ist danach vollständig zu vernichten, wenn **die gesamte Akte für die**

Aufgabenerfüllung nicht mehr erforderlich ist. Die Vernichtung eines Teils der Akte ist ausnahmsweise zulässig, wenn die betroffene Person **die Vernichtung von Teilen der Akte verlangt und die weitere Speicherung des betreffenden Aktenteils sie in unangemessener Weise beeinträchtigt.** Bei der Prüfung, ob diese Voraussetzungen vorliegen, muss in die Überlegungen einbezogen werden, ob die Akte infolge der Herausnahme einzelner Blätter oder Unterordner ihren Sinnzusammenhang verlieren und deshalb den **Grundsätzen der Aktenwahrheit und Aktenklarheit** zuwiderlaufen würde (Tegtmeyer/Vahle PolG NRW/Tegtmeyer Rn. 14). Handelt es sich bei dem betreffenden Aktenteil um ein **Kernstück der Akte,** bei dessen Entfernung die übrige Akte nicht mehr verständlich wäre, hat der Betroffene die fortgesetzte Aufbewahrung in der Regel weiter hinzunehmen (Tegtmeyer/Vahle PolG NRW/Tegtmeyer Rn. 14). Soweit eine Vernichtung gem. Abs. 1 S. 5 nicht in Betracht kommt, sind die Daten in ihrer Verarbeitung einzuschränken und mit einem entsprechenden Vermerk zu versehen (Abs. 1 S. 6).

VI. Vernichtung anderer als der in Abs. 1 S. 2 und S. 5 genannten Akten

Gemäß Abs. 1 S. 7 sind andere als die in Abs. 1 S. 2 und S. 5 genannten Akten nach **31 Ablauf der jeweiligen Aufbewahrungsfrist** zu vernichten, ohne dass eine Prüfung gem. Abs. 1 S. 2 Nr. 3 erfolgen müsste (vgl. Kay/Böcking PolR NRW Rn. 226). Die Vorschrift erfüllt eine wichtige **Auffangfunktion** und schließt im Hinblick auf Abs. 2 S. 2 und S. 5 verbleibende Regelungslücken.

D. Einschränkung der Verarbeitung

Die Einschränkung der Verarbeitung von Daten sieht das PolG NRW an zwei Stellen vor: **32** Daten sind in ihrer Verarbeitung gem. Abs. 1 S. 6 einzuschränken, wenn eine vollständige Aktenvernichtung gem. Abs. 1 S. 5 nicht in Betracht kommt. Darüber hinaus kommt eine Einschränkung der Verarbeitung nach Maßgabe des Abs. 3 in Betracht.

I. Begriff und Anforderungen

Die Einschränkung der Verarbeitung ist ein „Minus" zum Löschen, wenn die personenbe- **33** zogenen Daten für bestimmte Zwecke nach wie vor rechtmäßig verarbeitet werden dürfen. Inhaltlich entspricht die Einschränkung der Verarbeitung dem bisher gebräuchlichen „Sperren" von Daten (vgl. DMWW BPolG/Drewes BPolG § 35 Rn. 19). In den Gesetzgebungsmaterialien ist die Rede davon, das Konzept der „Sperrung von Daten" iSd § 3 Abs. 2 Nr. 5 DSG NRW 1988 sei durch die Einschränkung der Verarbeitung „sprachlich ersetzt" worden (LT-Drs. 17/2576, 73). Der Begriff „Einschränkung der Verarbeitung" wird anders definiert als der Begriff der Sperrung. Gemäß § 36 Nr. 3 DSG NRW (Art. 3 Nr. 3 JI-RL) ist „Einschränkung der Verarbeitung" die Markierung gespeicherter personenbezogener Daten mit dem Ziel, ihre künftige Verarbeitung einzuschränken. Die Einschränkung der Verarbeitung ist eine der in § 36 Nr. 2 DSG NRW (Art. 3 Nr. 2 JI-RL) ausdrücklich aufgezählten Verarbeitungsformen.

Der Begriff „Sperrung" war definiert als das **Verhindern weiterer Verarbeitung gespeicherter 33.1 Daten** (§ 3 Abs. 2 Nr. 5 DSG NRW). In der Praxis lief eine Sperrung darauf hinaus, dass **die betroffenen Daten aus dem operativen Bereich entfernt wurden** und nur noch einem eingeschränkten, klar definierten Personenkreis zugänglich waren (zB zur Erfüllung gesetzlicher Aufbewahrungs- und Nachweispflichten). Zu diesem Zweck hat die Polizei gesperrte Daten abgesondert und mit einem gut sichtbaren **Sperrvermerk** versehen (Roos/Lenz RhPfPOG § 39 Rn. 9; Tegtmeyer/Vahle PolG NRW/Tegtmeyer Rn. 23).

Die Einschränkung der Verarbeitung ist nicht allein durch eine – leicht überwindbare – **34** Kennzeichnung, also einen entsprechenden Einschränkungsvermerk herbeizuführen. Der Verantwortliche muss vielmehr eine weitere Verarbeitung der Daten **effektiv unterbinden.** Wie die speichernde Stelle die Einschränkung der Verarbeitung technisch verwirklicht, ist ihre Sache. Sie hat geeignete Vorkehrungen zu treffen, um die weitere Verarbeitung der Daten zu verhindern. Zu solchen Vorkehrungen gehört zB die Übertragung auf ein anderes Verarbeitungssystem. Die technische Markierung kann genügen, wenn sie dazu führt, dass die Software den Zugriff nur noch in den gesetzlich vorgesehenen Ausnahmefällen zulässt. Gemäß § 32 Abs. 1 S. 1 iVm § 54 Abs. 3 S. 1 DSG NRW, § 50 Abs. 4 DSG NRW ist bei **automatisierten Dateisystemen** technisch sicherzustellen, dass eine Einschränkung der Verarbeitung eindeutig erkennbar und eine Verarbeitung für andere Zwecke nicht ohne weitere Prüfung möglich ist. Ebenso wie beim Sperrvermerk muss sich aus dem **Vermerk über die Einschränkung der Verarbeitung** ergeben, dass eine Nutzung nur zu dem Zweck erlaubt ist, der einer Löschung und Vernichtung entgegensteht (zum Sperrvermerk Tetsch/Baldarelli PolG NRW Erl. 3). Die in der Verarbeitung eingeschränkten Daten sind zu löschen und die dazugehörigen Akten zu vernichten, sobald die gesetzlichen Voraussetzungen für die Einschränkung der Verarbeitung entfallen sind.

35   Infolge der Einschränkung der Verarbeitung dürfen die Daten nur zu dem Zweck verwendet werden, welcher der Löschung und Vernichtung entgegensteht. Etwas anderes gilt nur dann, wenn die betroffene Person in die Datenverwendung einwilligt. Auch die in der Verarbeitung eingeschränkten Daten unterliegen der Berichtigungspflicht aus § 32 Abs. 1 S. 1 iVm § 54 Abs. 1 DSG NRW (vgl. SBK PolG NRW/Braun Rn. 12; BKK BayPAG Art. 45 Rn. 16; Schmidbauer/Steiner BayPAG Art. 45 Rn. 9, zur Sperrung). Eine Nutzung der Daten ist gem. Abs. 3 S. 4 nur zulässig zu bestimmten Zwecken sowie aufgrund einer entsprechenden Einwilligung der betroffenen Person. Was die Anforderungen an die **Einwilligung** anbelangt, gelten die in § 38 DSG NRW niedergelegten Grundsätze. Insbesondere muss die Einwilligung den Umfang der Nutzung näher bestimmen. Die Einwilligung ist nur wirksam, wenn sie auf der freien Entscheidung der betroffenen Person beruht (§ 38 Abs. 4 S. 1 DSG NRW).

36   Der Betroffene wird die Löschung und Vernichtung einer Einschränkung der Verarbeitung regelmäßig vorziehen. Dementsprechend **kommt der Löschung und Vernichtung grundsätzlich Vorrang vor der Sperrung zu.** So erklärt sich, weshalb die **Einschränkung der Verarbeitung in Abs. 3 als Ausnahme konzipiert** ist (Tegtmeyer/ Vahle PolG NRW/Tegtmeyer Rn. 22 f.; ferner Kay/Böcking PolR NRW Rn. 226; Hornmann HSOG § 27 Rn. 5; SBK PolG NRW/Braun Rn. 9).

II. Ausnahmen von der Löschungs- und Vernichtungspflicht

37   Bei der polizeilichen Datenverarbeitung können Situationen eintreten, in denen die Löschung oder Vernichtung wegen der **besonderen Umstände des Einzelfalls** nicht zulässig ist (Tetsch/Baldarelli PolG NRW Erl. 3). Diese besonderen Umstände werden in § 32 Abs. 3 S. 1 iVm § 50 Abs. 3 DSG NRW sowie in Abs. 3 S. 2 genannt. In den betreffenden Fällen sind die Daten in ihrer Verarbeitung einzuschränken und mit einem entsprechenden Vermerk zu versehen (Abs. 3 S. 3).

1. Fallgruppen des § 32 Abs. 3 S. 1 iVm § 50 Abs. 3 DSG NRW

38   Nach § 32 Abs. 3 S. 1 iVm § 50 Abs. 3 DSG NRW unterbleibt die Löschung, wenn
- Grund zu der Annahme besteht, dass eine Löschung schutzwürdige Interessen einer betroffenen dritten Person beeinträchtigen würde (Nr. 1),
- die Daten zu Beweiszwecken in Verfahren, die Zwecken des § 35 DSG NRW dienen, weiter aufbewahrt werden müssen (Nr. 2) oder
- eine Löschung wegen der besonderen Art der Speicherung nicht oder nur mit unverhältnismäßigem Aufwand möglich ist (Nr. 3).

2. Fallgruppen des Abs. 3 S. 2

39   Über die Fälle des § 32 Abs. 3 S. 1 iVm § 50 Abs. 3 DSG NRW hinaus unterbleiben Löschung und Vernichtung, wenn die Voraussetzungen des Abs. 3 S. 2 erfüllt sind. Die Aufzählung in Abs. 3 S. 2 ist enumerativ. Als Ausnahmevorschrift ist die Norm restriktiv auszulegen.

40   **a) Beeinträchtigung schutzwürdiger Belange Betroffener.** Löschung und Vernichtung haben gem. Abs. 3 S. 2 Nr. 1 zu unterbleiben, wenn Grund zu der Annahme besteht, dass schutzwürdige Belange der betroffenen Person beeinträchtigt werden. **Schutzwürdige Belange** sind gegeben, wenn die betroffene Person den Nachweis der Speicherung zur

Rechtswahrung benötigt. Angesprochen sind damit sowohl privatrechtliche als auch öffentlich-rechtliche Rechtspositionen. Abs. 3 S. 2 Nr. 1 greift ferner ein, wenn der Betroffene auf die weitere Speicherung der Daten im Rahmen eines Straf- oder Bußgeldverfahrens angewiesen ist (Tegtmeyer/Vahle PolG NRW/Tegtmeyer Rn. 16). Schutzwürdig sind die Belange insbesondere auch dann, wenn sie dem **grundrechtlichen Persönlichkeitsrecht** (Art. 2 Abs. 1 GG iVm Art. 1 Abs. 1 GG) des Betroffenen unterfallen. Wann ein Belang schutzwürdig ist, lässt sich nicht abschließend festlegen. Grund hierfür ist, dass die in Rede stehenden Belange sehr individuell sein können und sich ihre Bedeutung nicht selten von Person zu Person unterscheidet. Die Schutzwürdigkeit eines Belangs ist auf der Grundlage der **allgemeinen Lebenserfahrung** sowie **früherer Äußerungen und Handlungen der betroffenen Person** zu bewerten. Anhand dieser Anhaltspunkte ist mittels einer Abwägung zu beurteilen, ob die Löschung bzw. Vernichtung die Interessen der betroffenen Person beeinträchtigt. In **Zweifelsfällen** muss die Polizei die betroffene Person, deren Belange berührt sein können, vor der Löschung oder Vernichtung anhören (Meixner/Fredrich HSOG § 27 Rn. 20; Hornmann HSOG § 27 Rn. 34; Lisken/Denninger PolR-HdB/Petri G Rn. 910). Dass schutzwürdige Belange tatsächlich beeinträchtigt sind, setzt Abs. 3 S. 2 Nr. 1 nicht voraus („Grund zu der Annahme besteht"). Es genügt, wenn aufgrund einer **summarischen Prüfung** die **Prognose** aufgestellt werden kann, dass eine Interessenbeeinträchtigung infolge der Löschung bzw. Vernichtung eintreten wird (DMWW BPolG/Drewes BPolG § 35 Rn. 22).

Abs. 3 S. 2 Nr. 1 ist zB einschlägig, wenn jemand die Daten benötigt, um im Rahmen eines **41** behördlichen oder gerichtlichen Verfahrens den Nachweis zu führen, dass die betreffenden Informationen von der Polizei in rechtswidriger Weise gespeichert worden sind. Die Entscheidung, ob die Voraussetzungen des Abs. 3 S. 2 Nr. 1 erfüllt sind, muss die Polizei von Amts wegen treffen, dh unabhängig von einem Antrag des Betroffenen. Hat der Betroffene in irgendeiner Weise zu erkennen gegeben, dass er mit der Einschränkung der Verarbeitung nicht einverstanden ist und stattdessen die Löschung bzw. Vernichtung wünscht, so hat die Polizei diesem Begehren in der Regel nachzukommen (SBK PolG NRW/Braun Rn. 10; Tegtmeyer/Vahle PolG NRW/Tegtmeyer Rn. 16; BKK BayPAG Art. 45 Rn. 12; vgl. Roos/Lenz RhPfPOG § 39 Rn. 9; Lisken/Denninger PolR-HdB/Petri G Rn. 910).

b) Behebung bestehender Beweisnot. Personenbezogene Daten sind in ihrer Verarbei- **42** tung gem. Abs. 3 S. 2 Nr. 2 einzuschränken, wenn die Daten zur Behebung einer bestehenden Beweisnot unerlässlich sind (vgl. Art. 16 Abs. 3 lit. b JI-RL). Insgesamt stellt die Norm höhere Anforderungen auf als Abs. 3 S. 2 Nr. 1 („schutzwürdige Belange der betroffenen Person beeinträchtigt"). Von einer Beweisnot ist auszugehen, wenn die Daten für tatsächliche Feststellungen benötigt werden, welche für den Ausgang eines nach der Rechtsordnung vorgesehenen Verfahrens entscheidungserheblich sind. Vom Anwendungsbereich der Vorschrift erfasst sind auch **Überprüfungsverfahren durch den Datenschutzbeauftragten** sowie **formlose Rechtsbehelfe wie Dienstaufsichtsbeschwerden,** die nicht daran scheitern sollen, dass die Daten noch während des laufenden Beschwerdeverfahrens gelöscht werden.

„**Unerlässlich**" bedeutet nach der Systematik des Gesetzes, dass die Beweisnot nicht auf **43** andere Weise behoben werden kann (Tegtmeyer/Vahle PolG NRW/Tegtmeyer Rn. 17; Lisken/Denninger PolR-HdB/Petri G Rn. 912). Mit anderen Worten muss die Nutzung der bei der Polizei gespeicherten Daten der einzige Weg sein, die betreffenden Tatsachen feststellen zu können. Die Unerlässlichkeit der Datennutzung muss von der anfordernden Stelle oder dem Dritten dargelegt werden (Tegtmeyer/Vahle PolG NRW/Tegtmeyer Rn. 17). Im Gegensatz zu Abs. 3 S. 2 Nr. 1 ist nicht erforderlich, dass die Beweisnot gerade beim Betroffenen besteht. Sie kann auch bei der Polizei selbst auftreten. So kann die Polizei selbst auf die gespeicherten Daten angewiesen sein, um die Rechtmäßigkeit ihres Handelns nachzuweisen. Abs. 3 S. 1 Nr. 2 setzt nicht voraus, dass sich das Verfahren, in dem die Beweisnot besteht, gegen den Betroffenen richtet. Benötigt der Betroffene die gespeicherten Daten, um eine Rechtsposition zu verteidigen, ist **Abs. 3 S. 2 Nr. 1 spezieller und hat Vorrang vor Abs. 3 S. 2 Nr. 2.** Das ist für den Betroffenen vorteilhaft, da es ihm leichter fallen wird, die Voraussetzungen des Abs. 3 S. 2 Nr. 1 nachzuweisen (Tegtmeyer/Vahle PolG NRW/Tegtmeyer Rn. 17; SBK PolG NRW/Braun Rn. 11; vgl. auch BKK BayPAG Art. 45 Rn. 13; Meixner/Fredrich HSOG § 27 Rn. 21; Hornmann HSOG § 27

Rn. 36; Ebert/Seel ThürPAG, 7. Aufl. 2016, ThürPAG § 45 Rn. 17; Schmidbauer/Steiner BayPAG Art. 45 Rn. 6).

44   Abs. 3 S. 2 Nr. 2 bezieht sich nicht **auf Daten, die für die Erfüllung polizeilicher Aufgaben weiterhin erforderlich sind.** Aus einem Umkehrschluss zu Abs. 1 S. 2 Nr. 3 folgt, dass diese Daten und die dazugehörigen Akten nicht gelöscht oder vernichtet werden dürfen. Folglich scheidet auch die als Alternative zur Löschung und Vernichtung konzipierte Einschränkung der Verarbeitung gem. Abs. 3 S. 2 Nr. 2 und S. 3 aus (SBK PolG NRW/ Braun Rn. 11; BKK BayPAG Art. 45 Rn. 13).

45   **c) Nutzung zu wissenschaftlichen Zwecken.** Gemäß Abs. 3 S. 2 Nr. 3 unterbleiben Löschung und Vernichtung, wenn die Nutzung der Daten zu wissenschaftlichen Zwecken erforderlich ist. Die wissenschaftlichen Zwecke iSd Abs. 3 S. 2 Nr. 3 müssen nicht unbedingt von einer **öffentlichen Forschungseinrichtung** verfolgt werden. Die Norm ist auch anwendbar, wenn es um **private Forschungseinrichtungen** oder **Einzelpersonen mit Forschungsaufträgen** geht, sofern diese Einrichtungen oder Einzelpersonen ihre Tätigkeit unabhängig ausüben. Zudem müssen die mitwirkenden Forscher dem Vorhaben anerkannte wissenschaftliche Methoden zugrunde legen. Bei der Bewertung des Forschungsvorhabens ist die in Art. 5 Abs. 3 GG garantierte Freiheit von Forschung und Lehre zu beachten (BKK BayPAG Art. 45 Rn. 14). Ein anerkannter wissenschaftlicher Zweck wird zB bei der Nutzung von Daten für eine **kriminologische Untersuchung** verfolgt (vgl. BKK BayPAG Art. 45 Rn. 14; Ebert/Seel ThürPAG, 7. Aufl. 2016, ThürPAG § 45 Rn. 17; Schmidbauer/Steiner BayPAG Art. 45 Rn. 7). Fraglich erscheint allerdings, ob der Ausnahmetatbestand im Widerspruch zur JI-RL steht. In Art. 16 Abs. 3 JI-RL werden diejenigen Fallgruppen aufgeführt, bei deren Vorliegen die Einschränkung der Verarbeitung in Betracht kommt. Die Nutzung zu wissenschaftlichen Zwecken lässt sich hierunter allerdings nicht fassen. Die enumerative Benennung der Ausnahmefälle in Art. 16 Abs. 3 JI-RL gebietet daher Zurückhaltung bei der Anwendung des Abs. 3 S. 2 Nr. 3 (vgl. Lisken/Denninger PolR-HdB/Petri G Rn. 919).

46   Abs. 3 S. 2 Nr. 3 Hs. 2 sieht vor, dass § 24a unberührt bleibt. Überdies ordnet Abs. 3 S. 5 an, dass im Falle des S. 1 Nr. 3 (gemeint: S. 2 Nr. 3) die Regelungen des § 24a gelten. Dementsprechend dürfen Daten, die aus Maßnahmen gem. § 18 erlangt wurden, nicht zu wissenschaftlichen Zwecken verwendet werden. Dies gilt nicht, soweit die Weiterverarbeitung für die polizeiliche Eigenforschung und Evaluierung unerlässlich ist (vgl. § 24a Abs. 1 S. 2). **Erforderlich** ist die Nutzung der Daten für den wissenschaftlichen Zweck, wenn ohne die Daten die Zweckerreichung gefährdet wird. Daran fehlt es, wenn die wissenschaftlichen Zwecke mittels anonymisierter Daten erreicht werden können, wovon regelmäßig auszugehen ist (SBK PolG NRW/Braun Rn. 12).

46.1   Dass § 24a zwei Mal in Bezug genommen wird (nämlich in Abs. 3 S. 2 Nr. 3 Hs. 2 sowie in Abs. 3 S. 5), ist offensichtlich ein Redaktionsversehen. Abs. 5 S. 3 aF sah für den Fall des Abs. 5 S. 1 Nr. 3 aF die Geltung des § 28 Abs. 1 S. 1 DSG NRW vor. Die Norm ordnete an, dass die Verarbeitung personenbezogener Daten zu wissenschaftlichen Zwecken grundsätzlich in anonymisierter Form erfolgen musste.

III. Einschränkung der Verarbeitung bei gesetzlich angeordneter Löschungspflicht

47   In Rechtsprechung und Literatur noch nicht abschließend geklärt ist die Frage, wann genau eine Einschränkung der Verarbeitung in denjenigen Fällen in Betracht kommt, in denen das Gesetz ausdrücklich die Löschung personenbezogener Daten bestimmt. Angesprochen sind damit die **besonderen Löschungspflichten,** auf die Abs. 1 S. 2 Nr. 1 Bezug nimmt (→ Rn. 19). Ob eine Einschränkung der Verarbeitung auch bei Eingreifen einer besonderen Löschungspflicht zulässig ist, hängt davon ab, ob man der (allgemeinen) Regelung in Abs. 3 S. 2 auch insoweit eine „Auffangfunktion" zubilligt (vgl. SBK PolG NRW/Braun Rn. 9; BKK BayPAG Art. 45 Rn. 12). Da Abs. 3 S. 2 gegenüber den Löschungsvorschriften grundsätzlich subsidiäre Ausnahmevorschrift ist (Kay/Böcking PolR NRW Rn. 226), muss die Norm restriktiv gehandhabt werden. So wird bei **besonders sensiblen Daten regelmäßig eine Löschung geboten** sein (BKK BayPAG Art. 45 Rn. 12; Meixner/ Fredrich HSOG § 27 Rn. 19). Im Einzelfall können einer Löschung allerdings schutzwürdige Belange des Betroffenen gem. Abs. 3 S. 2 Nr. 1 entgegenstehen und eine Einschränkung der Verarbeitung rechtfertigen. Dies gilt ungeachtet der Tatsache, dass die Löschungspflicht nicht unmittelbar aus Abs. 1 S. 2 Nr. 1, sondern zB aus § 24 Abs. 1 S. 3 folgt (vgl. BKK BayPAG Art. 45 Rn. 12).

E. Mitteilungspflicht gegenüber Empfängern

In Fällen der Berichtigung, Löschung oder Einschränkung der Verarbeitung hat der Ver- **48** antwortliche Empfängern, denen die Daten übermittelt wurden, diese Maßnahmen mitzuteilen (§ 32 Abs. 1 S. 1 iVm § 54 Abs. 3 S. 1, § 50 Abs. 5 S. 2 DSG NRW). Die übermittelnde Stelle kann eine entsprechende Mitteilung selbstredend nur dann vornehmen, wenn ihr der Empfänger der Daten (noch) bekannt ist (Tegtmeyer/Vahle PolG NRW/Tegtmeyer Rn. 26).

Die Mitteilung an den Empfänger ist kein Selbstzweck. Vielmehr ist der Empfänger der unrichtigen **49.1** Daten seinerseits dazu verpflichtet, die Daten zu berichtigen, zu löschen oder ihre Verarbeitung einzuschränken (§ 32 Abs. 1 S. 1 iVm § 54 Abs. 3 S. 1 DSG NRW, § 50 Abs. 5 S. 3 DSG NRW).

F. Abgabe der Datenträger oder Akten an ein Staatsarchiv (Abs. 4)

Abs. 4 konkretisiert die Pflicht zur Zusammenarbeit mit einem Staatsarchiv in Bezug auf **49** das Landesarchiv Nordrhein-Westfalen (vgl. LT-Drs. 17/2576, 74). Danach ist vor einer Löschung oder Vernichtung ein Anbieten für eine Übernahme durch das Landesarchiv Nordrhein-Westfalen zu prüfen. Voraussetzung hierfür ist, dass archivrechtliche Regelungen dies vorsehen. Einschlägig ist insoweit das **ArchivG NRW** (Archivgesetz Nordrhein-Westfalen v. 16.3.2010, GV. NRW. 188). Abs. 4 besitzt für sich genommen nur deklaratorischen Charakter (Tegtmeyer/Vahle PolG NRW/Tegtmeyer Rn. 20). Behörden, Gerichte und sonstige Stellen des Landes haben dem Landesarchiv gem. § 4 Abs. 1 S. 1 ArchivG NRW alle Unterlagen anzubieten, die sie zur Erfüllung ihrer Aufgaben nicht mehr benötigen. Es besteht diesbezüglich **kein Ermessensspielraum.** Das Anbieten erfolgt grundsätzlich erst mit Ablauf der Verwahrungs- bzw. Aufbewahrungsfristen (§ 4 Abs. 1 S. 2 ArchivG NRW). Gemäß § 4 Abs. 1 S. 4 ArchivG NRW ist dem Landesarchiv auf Verlangen zwecks Feststellung der Archivwürdigkeit Einsicht in die Unterlagen und die dazugehörigen Hilfsmittel und ergänzenden Daten zu gewähren, die für das Verständnis der betreffenden Information und deren Nutzung erforderlich sind. Dies gilt gem. § 4 Abs. 1 S. 5 ArchivG NRW auch für elektronische Unterlagen. In allen Fällen darf die Speicherung der Daten jedoch nicht unzulässig gewesen sein (§ 4 Abs. 2 Nr. 1 ArchivG NRW). **Archivwürdig** sind gem. § 2 Abs. 6 ArchivG NRW diejenigen Unterlagen, denen ein bleibender Wert für Wissenschaft und Forschung, historisch-politische Bildung, Gesetzgebung, Rechtsprechung, Institutionen oder Dritte zukommt. Die Unionsrechtskonformität der Anbietungspflicht erscheint angesichts der Vorgaben des Art. 16 Abs. 3 JI-RL zumindest zweifelhaft (s. Lisken/Denninger PolR-HdB/ Petri G Rn. 919; BeckOK PolR BW/Hermesmeier/Brenz BWPolG § 46 Rn. 10).

Die Verpflichtung der Polizeibehörden zur Aufbewahrung entfällt gem. § 4 Abs. 5 S. 1 **50** ArchivG NRW, wenn das Landesarchiv nicht **innerhalb von sechs Monaten** über die angebotenen Unterlagen entschieden hat. Der Zeitraum der Aufbewahrung verlängert sich also um die Zeitspanne bis zur Entscheidung des Landesarchivs über die Archivwürdigkeit. Läuft die sechsmonatige Frist ab, so muss die Polizei die Unterlagen nicht länger aufbewahren.

Die **Aufbewahrungsfrist** kann sich dadurch verlängern, dass die als archivwürdig bewer- **51** teten Unterlagen den Polizeibehörden gem. § 4 Abs. 5 S. 2 ArchivG NRW erst noch übergeben werden müssen. Die Übergabe muss **innerhalb eines Jahres** erfolgen. Zu beachten ist, dass es durch § 4 Abs. 5 S. 2 ArchivG NRW nicht zu einer Umgehung der Speicher- bzw. Aufbewahrungsfristen kommen darf. Dementsprechend müssen die zu löschenden bzw. zu vernichtenden Daten oder Akten ab dem Zeitpunkt des Anbietens als gelöscht oder vernichtet gelten. Infolgedessen dürfen sie von der anbietenden Stelle nur noch zum Zweck des Anbietens benutzt werden (vgl. Schmidbauer/Steiner BayPAG Art. 45 Rn. 10; BKK BayPAG Art. 45 Rn. 18; DMWW BPolG/Drewes BPolG § 35 Rn. 31; Lisken/Denninger PolR-HdB/Petri G Rn. 918). Übergibt die Polizeibehörde die archivwürdigen Unterlagen an das Landesarchiv, so darf sie keine Kopien behalten. Es sind sämtliche Daten und Akten zu löschen oder zu vernichten (Ebert/Seel ThürPAG, 7. Aufl. 2016, ThürPAG § 45 Rn. 20).

G. Rechtsschutz und Haftung

52   Berichtigung, Löschung, Vernichtung und Sperrung sind **keine Verwaltungsakte.** Gleichwohl ist die **Verpflichtungsklage** statthaft, wenn der Betroffene ein auf diese Maßnahmen gerichtetes Begehren gerichtlich durchsetzen will (§ 42 Abs. 1 Alt. 2 VwGO). Grund hierfür ist, dass über einen **entsprechenden Antrag des Bürgers** in der Rechtsform des Verwaltungsakts entschieden wird (vgl. Ebert/Seel ThürPAG, 7. Aufl. 2016, ThürPAG § 45 Rn. 1; Schmidbauer/Steiner/Schmidbauer BayPAG Art. 45 Rn. 11; Hornmann HSOG § 27 Rn. 41). Wird vor dem Verwaltungsgericht darüber gestritten, ob Daten von der Polizei zu löschen sind, kann das Gericht im **Eilverfahren** (§ 123 Abs. 1 VwGO) die Einschränkung der Verarbeitung als vorläufige Regelung anordnen, um die Rechte des Betroffenen zu wahren und zugleich einer Vorwegnahme der Hauptsache entgegenzuwirken (VG Frankfurt a. M. NJW 1997, 675; VG Bremen NVwZ-RR 2012, 143 (144); Tegtmeyer/ Vahle PolG NRW/Tegtmeyer Rn. 23; Hornmann HSOG § 27 Rn. 36).

53   Verletzt die Polizei die Amtspflicht zur Berichtigung, Löschung oder Sperrung von Daten oder unterlässt sie es, den Betroffenen über die genannten Maßnahmen zu unterrichten, so kommt ein **Amtshaftungsanspruch** in Betracht (§ 839 BGB iVm Art. 34 GG). Ferner können die Voraussetzungen der Haftung gem. § 68 DSG NRW erfüllt sein (vgl. Hornmann HSOG § 27 Rn. 8).

Fünfter Titel. Sicherung des Datenschutzes

§ 33 Benachrichtigung bei verdeckten und eingriffsintensiven Maßnahmen

(1) **Über eine Maßnahme gemäß § 16a Absatz 1, §§ 17 bis 21 und 31 sind zu benachrichtigen im Falle**
1. **des § 16a Absatz 1 und des § 17, die Zielperson und die erheblich mitbetroffenen Personen,**
2. **des § 18**
   a) **die Person, gegen die sich die Maßnahme richtete,**
   b) **sonstige überwachte Personen oder**
   c) **Personen, die die überwachte Wohnung zur Zeit der Durchführung der Maßnahme innehatten oder bewohnten,**
3. **der §§ 19 und 20,**
   a) **die Zielperson,**
   b) **die erheblich mitbetroffenen Personen,**
   c) **die Personen, deren nicht allgemein zugängliche Wohnung durch die Vertrauensperson oder den verdeckten Ermittler betreten wurde,**
4. **des § 20a Absatz 1 Nummer 2 (Verkehrsdaten) die Beteiligten der betroffenen Telekommunikation,**
5. **des § 20a Absatz 1 Nummer 3 (Nutzungsdaten) der Nutzer,**
6. **des § 20b die Zielperson,**
7. **des § 20c die Beteiligten der überwachten Telekommunikation,**
8. **des § 21 die Zielperson und die Personen, deren personenbezogene Daten gemeldet wurden; die Benachrichtigung umfasst auch die Tatsache der Löschung,**
9. **des § 31 die Personen, gegen die nach Abschluss der Rasterfahndung weitere Maßnahmen durchgeführt wurden.**

(2) ¹**Die Benachrichtigung erfolgt, sobald dies ohne Gefährdung des Zwecks der Maßnahme, des Bestandes des Staates, von Leib, Leben oder Freiheit einer Person oder Sachen von bedeutendem Wert, deren Erhaltung im öffentlichen Interesse geboten ist, möglich ist.** ²**Im Falle des Absatzes 1 Nr. 3 erfolgt die Benachrichtigung erst, sobald dies auch ohne Gefährdung der Möglichkeit der weiteren Verwendung des Verdeckten Ermittlers oder der Vertrauensperson möglich ist.** ³**Wird wegen des zugrunde liegenden Sachverhaltes ein strafrechtliches Ermittlungsverfahren**

geführt, ist vor Benachrichtigung der in Absatz 1 genannten Personen die Zustimmung der zuständigen Strafverfolgungsbehörde einzuholen.

(3) [1]Die Benachrichtigung nach Absatz 2 unterbleibt, soweit dies im überwiegenden Interesse einer betroffenen Person liegt. [2]Zudem kann die Benachrichtigung der gemäß Absatz 1 Nummer 4 und 7 genannten Personen, gegen die sich die Maßnahme nicht gerichtet hat, unterbleiben, wenn diese von der Maßnahme nur unerheblich betroffen sind und anzunehmen ist, dass sie kein Interesse an der Benachrichtigung haben. [3]Nachforschungen zur Feststellung der Identität einer in Satz 2 bezeichneten Person sind nur vorzunehmen, wenn dies unter Berücksichtigung der Eingriffsintensität der Maßnahme gegenüber dieser Person, des Aufwands für die Feststellung ihrer Identität sowie der daraus für diese oder andere Personen folgenden Beeinträchtigungen geboten ist. [4]Das Unterbleiben und die Zurückstellung der Benachrichtigung sind zu dokumentieren.

(4) [1]Erfolgt eine Benachrichtigung gemäß Absatz 2 nicht binnen sechs Monaten nach Abschluss der Maßnahme, bedarf die weitere Zurückstellung der richterlichen Zustimmung. [2]Die richterliche Entscheidung ist jeweils nach einem Jahr erneut einzuholen. [3]Über die Zustimmung entscheidet das Gericht, das für die Anordnung der Maßnahme zuständig gewesen ist. [4]Bedurfte die Maßnahme nicht der richterlichen Anordnung, ist für die Zustimmung das Amtsgericht, in dessen Bezirk die Polizeibehörde ihren Sitz hat, zuständig. [5]Nach zweimaliger Verlängerung ist die Zustimmung des für die Einlegung einer Beschwerde zuständigen Gerichts einzuholen. [6]§ 68 Absatz 4 des Gesetzes über das Verfahren in Familiensachen und in den Angelegenheiten der freiwilligen Gerichtsbarkeit findet keine Anwendung. [7]Sind mehrere Maßnahmen in einem engen zeitlichen Zusammenhang durchgeführt worden, beginnt die in Satz 1 genannte Frist mit der Beendigung der letzten Maßnahme.

(5) [1]Werden personenbezogene Daten von Kindern, die ohne Kenntnis der Sorgeberechtigten erhoben worden sind, gespeichert, sind die Sorgeberechtigten durch die Polizei zu unterrichten, sobald dies ohne Gefährdung des Zwecks der Maßnahme erfolgen kann. [2]Von der Unterrichtung kann abgesehen werden, solange zu besorgen ist, dass die Unterrichtung zu erheblichen Nachteilen für das Kind führt.

(6) [1]Bei der Benachrichtigung gelten darüber hinaus die Vorgaben des § 48 Absatz 1 und Absatz 3 des Datenschutzgesetzes Nordrhein-Westfalen. [2]Außerdem ist auf die Möglichkeit nachträglichen Rechtsschutzes hinzuweisen. [3]Die Benachrichtigung hat in klarer und einfacher Sprache zu erfolgen.

Überblick

§ 33 enthält die zentrale verfahrensrechtliche Regelung zur Benachrichtigung bei verdeckten und eingriffsintensiven Maßnahmen. In der Vorschrift werden die bisher in Einzelbefugnissen geregelten Unterrichtungspflichten (zB § 16a Abs. 3 aF, § 17 Abs. 5 und Abs. 6 aF, § 19 Abs. 3 aF) zusammengeführt. Die bislang in § 33 enthaltenen Regelungen zu Verfahrensverzeichnissen sind aufgehoben worden. Für das Instrument des Verfahrensverzeichnisses gibt es in der JI-RL (RL (EU) 2016/680 v. 27.4.2016, ABl. 2016 L 119, 89) keine rechtliche Grundlage. Eine § 33 entsprechende Regelung findet sich in § 74 BKAG. Allgemeine Bestimmungen zur Benachrichtigung von Personen, die von der Verarbeitung personenbezogener Daten betroffen sind, enthalten § 48 DSG NRW und § 56 BDSG. Die StPO enthält eine mit § 33 vergleichbare Verfahrensregelung für verdeckte Maßnahmen in § 101.

Übersicht

A. Allgemeines

1　　Der nordrhein-westfälische Gesetzgeber setzt mit der Norm Vorgaben aus dem **BKAG-Urteil des BVerfG** (BVerfGE 141, 220) um und erstreckt diese auf alle verdeckten Maßnahmen (LT-Drs. 17/2576, 74). Dabei wurde der bislang im Gesetz verwendete Begriff der „Unterrichtung" – im Einklang mit der Terminologie des BVerfG – durch den Begriff der „Benachrichtigung" ersetzt. In Abs. 1 werden die verdeckten und eingriffsintensiven Maßnahmen genannt, bei denen eine Benachrichtigung erfolgen muss. Ausnahmen von der Benachrichtigungspflicht sowie Rückstellungsregelungen finden sich in Abs. 2–4. Abs. 5 trifft Sonderregelungen für die Speicherung der Daten von Kindern. Die Vorschrift entspricht § 24 Abs. 3 aF (vgl. LT-Drs. 17/2576, 74). In Abs. 6 findet sich eine Verweisung auf § 48 Abs. 1 und Abs. 3 DSG NRW. Darüber hinaus enthält Abs. 6 formale Vorgaben für die Benachrichtigung.

2　　Die in § 33 geregelten Benachrichtigungspflichten stehen in engem Zusammenhang mit der **Rechtsschutzgarantie des Art. 19 Abs. 4 GG.** Effektiven Rechtsschutz werden die von verdeckten und eingriffsintensiven Maßnahmen Betroffenen nur erlangen können, wenn sie von der Maßnahme erfahren. Die Benachrichtigungspflichten leisten überdies einen Beitrag dazu, die **Verhältnismäßigkeit** der in Abs. 1 genannten Maßnahmen abzusichern. Von der Warte des Verfassungsrechts zählen Regelung wie § 33 deshalb zu den „elementaren Instrumenten des grundrechtlichen Datenschutzes" (BVerfGE 129, 208 (250); vgl. SGR/Ruthig BKAG § 74 Rn. 1). Zwar kann der Gesetzgeber – in Abwägung mit verfassungsrechtlich geschützten Rechtsgütern Dritter – durchaus Ausnahmen von einer im Nachgang zu den betreffenden Maßnahmen erfolgenden Benachrichtigung vorsehen. Diese Ausnahmen sind aber nach Ansicht des BVerfG auf das unbedingt Erforderliche zu beschränken (vgl. BVerfGE 125, 260 (336); 141, 220 (283)). Aufgrund der Geltung des Art. 13 JI-RL wird neben diesen Kriterien künftig auch die Rechtsprechung des EuGH verstärkt zu berücksichtigen sein (vgl. SGR/Ruthig BKAG § 74 Rn. 5).

2.1　　So hielt es das BVerfG mit Blick auf die akustische Wohnraumüberwachung für verfassungsrechtlich zulässig, dass die Beteiligten nach § 101 Abs. 1 StPO erst zu benachrichtigen sind, sobald dies ohne Gefährdung des Untersuchungszwecks und von Leib und Leben einer Person geschehen kann (BVerfGE 109, 279 (365 f.)). Im Gegensatz hierzu soll zB eine Gefahr für die öffentliche Sicherheit eine Zurückstellung nicht rechtfertigen können. Eine Ausnahme von der Benachrichtigungspflicht sei auch nicht anzuerkennen, um die weitere Verwendung eines eingesetzten, nicht offen ermittelnden Beamten zu ermöglichen (BVerfGE 109, 279 (366 f.)).

3　　Abs. 1 bestimmt, bei welchen verdeckten und eingriffsintensiven Maßnahmen und wem gegenüber eine Benachrichtigung erfolgen muss. Mündet die in Rede stehende verdeckte und eingriffsintensive Maßnahme in ein **strafrechtliches Ermittlungsverfahren,** so erfolgt die Benachrichtigung durch die Strafverfolgungsbehörde entsprechend den Vorschriften der StPO (SGR/Ruthig BKAG § 74 Rn. 7). Unabhängig davon ist für den Rechtsschutz gegen die betreffende Maßnahme der Verwaltungsrechtsweg eröffnet (BGH NJW 2017 (2632)).

B. Erfasste Maßnahmen

Die Benachrichtigungspflichten des § 33 greifen bei Maßnahmen gem. § 16a Abs. 1, **4**
§§ 17–21 und 31 ein. Diese Maßnahmen zeichnen sich durch eine **hohe Eingriffsintensität**
und dadurch aus, dass sie von der Polizei **verdeckt** durchgeführt werden. Eine weitere
Gemeinsamkeit der in Abs. 1 genannten polizeilichen Maßnahmen liegt darin, dass sie auf
die Erhebung personenbezogener Daten gerichtet sind und deshalb in das **Recht auf informationelle Selbstbestimmung** (Art. 2 Abs. 1 GG iVm Art. 1 Abs. 1 GG) eingreifen
(→ Rn. 4.1).

Zu den von § 33 erfassten Maßnahmen gehören: **4.1**
• die Datenerhebung durch Observation (§ 16a),
• die Datenerhebung durch den verdeckten Einsatz technischer Mittel (§ 17),
• die Datenerhebung durch den verdeckten Einsatz technischer Mittel in oder aus Wohnungen (§ 18),
• die Datenerhebung durch den Einsatz von Personen, deren Zusammenarbeit mit der Polizei Dritten
  nicht bekannt ist (§ 19),
• die Datenerhebung durch den Einsatz verdeckter Ermittler (§ 20),
• die Abfrage von Telekommunikations- und Telemediendaten (§ 20a),
• der Einsatz technischer Mittel bei Mobilfunkendgeräten (§ 20b),
• die Datenerhebung durch die Überwachung der laufenden Telekommunikation (§ 20c),
• die polizeiliche Beobachtung (§ 21) und
• die Rasterfahndung (§ 31).

Bei Maßnahmen nach § 21 (polizeiliche Beobachtung) schließt die Benachrichtigungs- **5**
pflicht auch die **Tatsache der Löschung** ein (Abs. 1 Nr. 8 Hs. 2). Dies entspricht der
Regelung des § 21 Abs. 4 S. 2 aF. Mit der Löschung meint die Norm die Beendigung der
Ausschreibung, die dadurch stattfindet, dass die Ausschreibung im polizeilichen Informationssystem gelöscht wird.

C. Differenzierung nach Personengruppen

Abs. 1 unterscheidet im Zusammenhang mit den von der Norm erfassten Maßnahmen **6**
verschiedene Personengruppen, denen gegenüber eine Benachrichtigungspflicht bestehen
kann. Das Gesetz verwendet dabei eine differenzierte und an § 101 StPO und § 74 BKAG
angelehnte Terminologie (vgl. SGR/Ruthig BKAG § 74 Rn. 8). Während Zielpersonen
bzw. Personen, gegen die sich die Maßnahme gerichtet hat, grundsätzlich zu benachrichtigen
sind, stellt das Gesetz hinsichtlich derjenigen, die lediglich betroffen sind, differenzierende
Regelungen auf.

I. Person, gegen die sich eine Maßnahme richtete (Zielperson)

Im Zentrum der Regelungen über Benachrichtigungspflichten steht die Person, gegen **7**
die sich eine Maßnahme richtete (vgl. Abs. 1 Nr. 2 lit. a). Diese Person wird in Abs. 1 auch
als „Zielperson" bezeichnet (vgl. Nr. 1, Nr. 3 lit. a, Nr. 6, Nr. 8). Als Zielperson kommen
nicht nur Personen in Betracht, die nach den §§ 4 und 5 **polizeirechtlich verantwortlich**
sind. Auch ein **Nichtverantwortlicher** (§ 6) kann Zielperson sein, sofern die Maßnahme
ihm gegenüber ergriffen wurde (vgl. SGR/Ruthig BKAG § 74 Rn. 9).

II. Erheblich mitbetroffene Personen

Eine Pflicht zur Benachrichtigung trifft die Polizei auch gegenüber Personen, die – ohne **8**
Zielpersonen zu sein – von einer Maßnahme mitbetroffen wurden (vgl. Abs. 1 Nr. 1, Nr. 3
lit. b). Voraussetzung hierfür ist, dass die Betroffenheit „erheblich" ist. Durch die Einbeziehung der erheblich mitbetroffenen Personen trägt Abs. 1 dem Umstand Rechnung, dass die
verdeckten und eingriffsintensiven Maßnahmen, auf die sich § 33 bezieht, in der Regel eine
große Streubreite aufweisen (SGR/Ruthig BKAG § 74 Rn. 11). Zum Kreis der erheblich
mitbetroffenen Personen gehören zB solche, die für einige Zeit an einem abgehörten
Gespräch teilgenommen haben (SGR/Ruthig BKAG § 74 Rn. 11). Dasselbe gilt für Personen, die sich „auf gewisse Dauer" hinzugesellen (SGR/Ruthig BKAG § 74 Rn. 11)

III. Unerheblich Mitbetroffene

9   Abs. 1 Nr. 1 und Nr. 3 lit. b verpflichtet die Polizei zur Benachrichtigung erheblich mitbetroffener Personen. Hieraus folgt, dass gegenüber Personen, die lediglich unerheblich mitbetroffen sind, keine Benachrichtigungspflichten bestehen. Eine Sonderregelung für unerheblich Mitbetroffene enthält Abs. 3 S. 2. Die Norm bezieht sich auf Telekommunikationsmaßnahmen. Danach kann die Benachrichtigung der gem. Abs. 1 Nr. 4 und 7 genannten Personen, gegen die sich die Maßnahme nicht gerichtet hat, unterbleiben, wenn diese von der Maßnahme nur unerheblich betroffen sind und anzunehmen ist, dass sie kein Interesse an der Benachrichtigung haben. Unerheblich mitbetroffen können Personen insbesondere dadurch sein, dass sie infolge der Streubreite der Datenerhebung **zufällig, kurzfristig und geringfügig erfasst** wurden (SGR/Ruthig BKAG § 74 Rn. 12). Zu denken ist etwa daran, dass die Polizei **Teile eines Gesprächs** zwischen Personen mithört, die sich in der Nähe der Zielperson aufhalten (SGR/Ruthig BKAG § 74 Rn. 12).

IV. Inhaber und Bewohner von Wohnungen

10   Werden Daten durch den **verdeckten Einsatz technischer Mittel** in oder aus Wohnungen erhoben, so besteht eine Benachrichtigungspflicht gem. Abs. 1 Nr. 2 lit. c zugunsten der Inhaber und Bewohner der Wohnungen. Auch Personen, deren nicht allgemein zugängliche Wohnung durch eine **polizeiliche Vertrauensperson** (vgl. § 19) oder einen **verdeckten Ermittler** (vgl. § 20) betreten wurde, sind gem. Abs. 1 Nr. 3 lit. c zu benachrichtigen. Die in Abs. 1 Nr. 3 lit. c gewählte Formulierung erfasst sowohl die Inhaber als auch die Bewohner der betreffenden Wohnung (SGR/Ruthig BKAG § 74 Rn. 13). Abs. 1 Nr. 2 lit. c und Nr. 3 lit. c ist eine bereichsspezifische Konkretisierung der durch Art. 13 Abs. 1 GG gewährleisteten Unverletzlichkeit der Wohnung, die auch die „räumliche Privatsphäre" einschließt (SGR/Ruthig BKAG § 74 Rn. 13). Hieraus folgt, dass die Benachrichtigungspflicht nicht gilt, wenn Maßnahmen der Polizei in Bezug auf Räumlichkeiten ergriffen werden, die der Inhaber oder Bewohner für den allgemeinen Verkehr geöffnet hat. Hiervon ist insbesondere bei **Geschäftsräumen** auszugehen (SGR/Ruthig BKAG § 74 Rn. 13).

10.1   Die Unterscheidung zwischen Inhabern und Bewohnern von Wohnungen, welche der Landesgesetzgeber in Abs. 1 Nr. 2 lit. c vornimmt, findet sich auch in § 74 Abs. 1 S. 1 Nr. 3 lit. c BKAG. Der Bundesgesetzgeber wiederum orientierte sich bei Erlass des § 74 Abs. 1 S. 1 Nr. 3 lit. c BKAG an die Rechtsprechung des BVerfG zur strafprozessualen akustischen Wohnraumüberwachung (BVerfGE 109, 279). Anders als die Bewohner werden die Inhaber einer Wohnung in der Regel nicht von der polizeilichen Maßnahme betroffen sein. Dennoch sind auch sie zu benachrichtigen (vgl. SGR/Ruthig BKAG § 74 Rn. 13).

V. Beteiligte an Telekommunikation

11   Die Polizei kann eine Benachrichtigungspflicht auch gegenüber den Beteiligten an Telekommunikation treffen. Dies ist der Fall, wenn gegenüber einem Dienstanbieter gem. § 20a Verkehrsdaten abgerufen werden (Abs. 1 Nr. 4). Ferner sind die Beteiligten einer auf der Grundlage des § 20c überwachten Telekommunikation zu benachrichtigen (Abs. 1 Nr. 7). Die Beteiligten iSv Abs. 1 Nr. 4 und 7 sind diejenigen Personen, die telekommuniziert, also an der Kommunikation teilgenommen haben (vgl. MüKoStPO/Günther StPO § 101 Rn. 23). Für die Frage der Beteiligung ist es unerheblich, welchen Inhalt die Kommunikation hatte (vgl. MüKoStPO/Günther StPO § 101 Rn. 25). Vor diesem Hintergrund greift die Benachrichtigungspflicht zugunsten aller **Anrufer und Angerufenen** ein, in deren Grundrechte durch die polizeiliche Maßnahme eingegriffen wurde (SGR/Ruthig BKAG § 74 Rn. 14). Zu diesem Personenkreis kann der **Inhaber des Telekommunikationsanschlusses** gehören (SGR/Ruthig BKAG § 74 Rn. 14). Zu den Telekommunikationsbeteiligten zählen auch Personen, die – unter Rückgriff auf Telekommunikationsmittel – den Versuch einer Kommunikationsaufnahme (zB einen Anwählversuch) unternommen haben (vgl. MüKoStPO/Günther StPO § 101 Rn. 23). **Telekommunikationsunternehmen** sind als Nachrichtenmittler grundsätzlich nicht Beteiligte der Telekommunikation. Etwas anderes gilt dann, wenn ein Gespräch des Nachrichtenmittlers überwacht wird.

Die gegenüber Telekommunikationsbeteiligten bestehenden Benachrichtigungspflichten **12** betreffen einen großen Personenkreis. Sie führen deshalb zu einem „besonders großen Datenaufkommen" (SGR/Ruthig BKAG § 74 Rn. 14). Darauf hat der Gesetzgeber in Abs. 3 S. 2 Rücksicht genommen.

VI. Nutzer

Bei der Abfrage von Telekommunikations- und Telemediendaten gem. § 20a Abs. 1 Nr. 3 **13** besteht die Benachrichtigungspflicht gegenüber dem Nutzer (Abs. 1 Nr. 5). Das PolG NRW enthält keine Legaldefinition des Begriffs „Nutzer". Allerdings nimmt § 20a Abs. 1 Nr. 3 auf § 15 TMG Bezug. Vor diesem Hintergrund ist es angezeigt, die Legaldefinition des § 2 Nr. 3 TMG heranzuziehen. Danach ist Nutzer **jede natürliche oder juristische Person, die Telemedien nutzt,** insbesondere um Informationen zu erlangen oder zugänglich zu machen,

VII. Personen, deren personenbezogene Daten gemeldet wurden

Ist eine Ausschreibung zur polizeilichen Beobachtung erfolgt, so hat eine Benachrichti- **14** gung gem. Abs. 1 Nr. 8 auch gegenüber demjenigen zu erfolgen, dessen personenbezogene Daten gemeldet wurden. Ebenso wie bei der Zielperson erfasst die Benachrichtigung auch die Tatsache der Löschung.

VIII. Personen, gegen die nach Abschluss einer Rasterfahndung weitere Maßnahmen durchgeführt wurden

Im Zusammenhang mit einer Rasterfahndung ist Abs. 1 Nr. 9 zu beachten. Es ist ein **14a** die Eingriffsintensität der Rasterfahndung steigernder Aspekt, dass diese zunächst heimlich durchgeführt wird, der Betroffene also nichts von ihr erfährt und somit auch keine Möglichkeit hat, die Maßnahme durch (einstweiligen) Rechtsschutz zu verhindern (vgl. Tetsch/ Baldarelli PolG NRW Erl. 7). Dies wird durch die nachträgliche Benachrichtigungspflicht gem. Abs. 1 Nr. 9 teilweise kompensiert. Zu benachrichtigen sind Personen, gegen die nach Abschluss der Rasterfahndung weitere Maßnahmen durchgeführt wurden. Angesprochen sind damit solche Personen, bei denen der Datenabgleich einen Verdacht begründet oder bestätigt hat. Weitere Maßnahmen können offene oder auch verdeckte Folgemaßnahmen sein, die nach dem Datenabgleich erfolgen (SBK PolG NRW/Braun Rn. 20).

D. Zeitpunkt der Benachrichtigung

Gemäß Abs. 2 S. 1 hat die Benachrichtigung zu erfolgen, sobald dies ohne Gefährdung **15** des Zwecks der Maßnahme, des Bestands des Staates, von Leib, Leben oder Freiheit einer Person oder Sachen von bedeutendem Wert, deren Erhaltung im öffentlichen Interesse geboten ist, möglich ist. Die Vorschrift ist wortlautidentisch mit § 74 Abs. 2 S. 1 BKAG. Das BVerfG hatte in seiner Entscheidung zur akustischen Wohnraumüberwachung festgestellt, dass eine Zurückstellung der Benachrichtigung zulässig sein kann, um eine Gefährdung des Untersuchungszwecks oder von Leib und Leben einer Person auszuschließen (BVerfGE 109, 279 (365 f.); vgl. auch BVerfGE 141, 220 (283)). Auch das Unionsrecht lässt das Aufschieben der Benachrichtigung in den Fallgruppen des Art. 13 Abs. 3 JI-RL zu. Diese Möglichkeit zur Einschränkung der Benachrichtigungspflicht hat der nordrhein-westfälische Gesetzgeber aufgegriffen. Abs. 2 S. 1 ist als Ausnahmevorschrift **eng auszulegen.** Hierfür spricht auch, dass die Zurückstellung der Benachrichtigung die Rechtsschutzmöglichkeiten der Betroffenen verzögert. Ferner nimmt mit zunehmendem zeitlichem Abstand zu der angeordneten Maßnahme die Effektivität des Rechtsschutzes ab (vgl. BVerfGE 109, 279 (364)). Das BVerfG hat sich deshalb auf den Standpunkt gestellt, dass die Zurückstellung auf das unbedingt Erforderliche zu beschränken ist (vgl. BVerfGE 109, 279 (364)). Hinsichtlich der in Abs. 2 S. 1 genannten Zurückstellungsgründe steht der Polizei **kein Beurteilungsspielraum** zu (vgl. SGR/Ruthig BKAG § 74 Rn. 18; VGH Mannheim NVwZ-RR 2003, 843 (844)).

I. Gefährdung des Bestands des Staates

16   Die Benachrichtigung erfolgt erst dann, wenn sie ohne Gefährdung des Bestands des Staates möglich ist. Was unter dem „Bestand des Staates" zu verstehen ist, lässt sich mit Hilfe des § 92 Abs. 1 StGB konkretisieren. Danach beeinträchtigt den Bestand der Bundesrepublik Deutschland, wer ihre **Freiheit von fremder Botmäßigkeit aufhebt, ihre staatliche Einheit beseitigt oder ein zu ihr gehörendes Gebiet abtrennt.** Der „Bestand des Staates" ist begrifflich von der „freiheitlich demokratischen Grundordnung" zu unterscheiden. Das zeigt Art. 91 Abs. 1 GG, der ausdrücklich zwischen diesen beiden Schutzgütern unterscheidet. Das BVerfG hat in seinem Urteil v. 23.10.1952 die freiheitlich demokratische Grundordnung als eine Ordnung definiert, die unter Ausschluss jeglicher Gewalt- und Willkürherrschaft eine rechtsstaatliche Herrschaftsordnung auf der Grundlage der Selbstbestimmung des Volkes nach dem Willen der jeweiligen Mehrheit und der Freiheit und Gleichheit darstellt (BVerfGE 2, 12). Bei dem „Bestand des Staates" geht es um die **staatliche „Existenzgrundlage",** also vor allem die territoriale Integrität und seine Handlungsfreiheit nach außen (Maunz/Dürig/Maunz GG Art. 91 Rn. 9). Wer den Bestand des Staates gefährdet, dürfte sich regelmäßig nach den §§ 81 ff. StGB strafbar machen (vgl. BeckOK PolR Bayern/Holzner BayPAG Art. 11 Rn. 164). Der Bestand des Staates ist ein Element des Schutzguts der **öffentlichen Sicherheit;** bei der öffentlichen Sicherheit handelt es sich mithin im Vergleich zu dem „Bestand des Staates" um den weiter gefassten Begriff.

II. Zweckgefährdung

17   Ob die Benachrichtigung den Zweck der Maßnahme gefährdet, kann nur mit Blick auf die **Besonderheiten der jeweiligen Ermächtigungsgrundlage** beurteilt werden, welche der polizeilichen Maßnahme zugrunde liegt (vgl. SGR/Ruthig BKAG § 74 Rn. 19). Das Vorliegen einer Zweckgefährdung beurteilt sich anhand der **konkreten Umstände des Einzelfalles.** Es ist also auf den konkreten Sachverhalt und die konkret betroffene Person abzustellen.

III. Gefährdung von Leib, Leben oder Freiheit einer Person

18   Mit der in Abs. 2 S. 1 vorgesehenen Zurückstellung wegen der Gefährdung von Leib, Leben oder Freiheit einer Person wird insbesondere der Schutz der von der Polizei eingesetzten und nicht offen agierenden Personen bezweckt (MüKoStPO/Günther StPO § 101 Rn. 57). Wie der Wortlaut des Abs. 2 S. 1 zu erkennen gibt („einer Person"), ist der Anwendungsbereich der Vorschrift jedoch nicht auf diesen Personenkreis beschränkt. Wenn der Gesetzgeber in Abs. 2 S. 1 von Leib oder Leben einer Person spricht, so nimmt er auf Individualrechtsgüter Bezug, die **gem. Art. 2 Abs. 2 S. 1 besonderen Grundrechtsschutz** genießen. Vor diesem Hintergrund lässt sich Abs. 2 S. 1 als eine Konkretisierung der aus Art. 2 Abs. 2 S. 1 folgenden staatlichen **Schutzpflichten** begreifen (SGR/Ruthig BKAG § 74 Rn. 20). Dasselbe gilt für die in Abs. 2 S. 1 genannte „Freiheit", mit der – ebenso wie in Art. 2 Abs. 2 S. 2 GG (vgl. BeckOK GG/Lang GG Art. 2 Rn. 84) – die **körperliche Bewegungsfreiheit** gemeint ist. Da mit den in Abs. 1 genannten Maßnahmen oftmals schwere Grundrechtseingriffe einhergehen, kommt der Möglichkeit nachträglichen Rechtsschutzes große Bedeutung zu. An die Feststellung des Bestehens einer – häufig nur sehr schwer einzuschätzenden – Gefährdungslage sind **strenge Maßstäbe** anzulegen.

IV. Gefährdung von Sachen von bedeutendem Wert

19   Die Benachrichtigung ist ferner zurückzustellen, solange Sachen von bedeutendem Wert gefährdet sind, deren Erhaltung im öffentlichen Interesse geboten ist (Abs. 2 S. 1). Das Tatbestandsmerkmal „Sache von bedeutendem Wert" findet sich auch in § 41 Abs. 1 Nr. 4. In diesem Zusammenhang ist anerkannt, dass die Frage, ob eine Sache einen „bedeutenden Wert" aufweist, nicht anhand fester Beträge zu beantworten ist. Entscheidend ist vielmehr eine **am Verhältnismäßigkeitsprinzip orientierte Einzelfallbeurteilung** (vgl. → § 41 Rn. 64). Im Rahmen dieser Einzelfallbeurteilung kommt dem Marktwert der betreffenden Sache eine große Bedeutung zu. Rein **ideelle Werte** sowie ein besonderes **Affektionsinteresse des Betroffenen** sind für die Qualifikation des Wertes als „bedeutend" unerheblich (vgl. → § 41 Rn. 64). Dagegen kann bei der Beurteilung berücksichtigt werden, wie schwer der Eigentümer von dem drohenden Schaden betroffen wäre (Schmidbauer/Steiner BayPAG Art. 23 Rn. 22; → § 41 Rn. 64). Auch wenn durch die Benachrichtigung eine Sache von bedeutendem Wert gefährdet wird, erlaubt dies für sich genommen keine Zurückstellung. Ein Zurückstellungsgrund ist vielmehr nur dann gegeben, wenn die **Erhaltung der Sache im öffentlichen Interesse geboten** ist. In der Literatur wird insoweit eine gewisse „Gemeinwohlorientierung" verlangt, welche das öffentliche Interesse stützt (SGR/Ruthig BKAG § 74 Rn. 20). Hiervon ist auszugehen, wenn die Sache nicht nur Individualinteressen dient, sondern öffentlichen Zwecken (BeckOK PolR Bayern/Holzner BayPAG Art. 11 Rn. 124). Unerheblich ist dabei, ob die Sache im **Eigentum des Staates oder eines Privaten** steht. Auch an der Erhaltung privater Sachen kann ein öffentliches Interesse bestehen, wenn sie eine besondere Beziehung zur Allgemeinheit aufweisen (BeckOK PolR Bayern/Holzner BayPAG Art. 11 Rn. 124). Die Erhaltung der Sache ist im öffentlichen Interesse geboten, wenn sich die Sachgefährdung auf die Allgemeinheit auswirkt und deshalb nicht hingenommen werden kann (BeckOK PolR Bayern/Holzner BayPAG Art. 11 Rn. 124). Zu den Sachen, deren Erhaltung im öffentlichen Interesse geboten ist, gehören zB **dem Wohl der Allgemeinheit dienende Einrichtungen,** wie zB Krankenhäuser, Altenheime, Versorgungseinrichtungen, Entsorgungsbetriebe, für das Gemeinschaftsleben wichtige Industriebetriebe, aber auch Museen, kulturhistorische Bauwerke und Kunstwerke (Schmidbauer/Steiner/Schmidbauer BayPAG Art. 11 Rn. 102; BKK BayPAG Art. 11 Rn. 33; BeckOK PolR Bayern/Holzner BayPAG Art. 11 Rn. 124).

V. Gefährdung der Möglichkeit der weiteren Verwendung eines Verdeckten Ermittlers oder einer Vertrauensperson

In Abs. 2 S. 2 hat der Gesetzgeber eine Zurückstellung für den Fall vorgesehen, dass die **20** Benachrichtigung nicht ohne Gefährdung der Möglichkeit der weiteren Verwendung eines Verdeckten Ermittlers oder einer Vertrauensperson möglich ist. Die Vorschrift soll dem effektiven Schutz von Vertrauenspersonen und Verdeckten Ermittlern iSd §§ 19 und 20 dienen (LT-Drs. 17/2576, 74).

Vereinzelt wird die Verfassungsmäßigkeit der – mit Abs. 2 S. 2 wortlautidentischen – **21** Parallelvorschrift des § 74 Abs. 2 S. 1 BKAG (zumindest teilweise) hinterfragt (SGR/Ruthig BKAG § 74 Rn. 22). Grund hierfür ist, dass das BVerfG in seiner Entscheidung zur akustischen Wohnraumüberwachung festgestellt hat, eine Zurückstellung könne angesichts der Grundrechtsgarantien in Art. 13 Abs. 1 GG, Art. 19 Abs. 4 GG sowie Art. 2 Abs. 1 GG iVm Art. 1 Abs. 1 GG nicht allein mit Hinweis auf die Gefährdung des weiteren Einsatzes eines nicht offen ermittelnden Beamten gerechtfertigt sein (BVerfGE 109, 279 (366) in Bezug auf § 101 StPO). Die Gesetzesbegründung zu § 33 geht hierauf nicht ein (vgl. LT-Drs. 17/2576, 74). Dagegen finden sich in den Gesetzgebungsmaterialien zu § 74 Abs. 2 S. 1 BKAG Darlegungen zur Vereinbarkeit mit den Vorgaben des Verfassungsrechts (BT-Drs. 16/9588, 36). Danach soll entscheidend sein, dass es in § 74 Abs. 2 S. 1 BKAG – anders als in der Entscheidung des BVerfG – nicht um die Zurückstellung der Benachrichtigung im Fall einer akustischen Wohnraumüberwachung geht. Unabhängig davon stehe nicht die Zurückstellung wegen einer Gefährdung der weiteren Verwendung eines nicht offen ermittelnden Polizeibeamten in Rede, sondern die Zurückstellung der Benachrichtigung über den Einsatz eines verdeckten Ermittlers oder einer Vertrauensperson. Diese Zurückstellungsgründe seien unverzichtbar und hinreichend gewichtig, um eine Beschränkung der Benachrichtigungspflicht zu rechtfertigen (BT-Drs. 16/9588, 36).

Teile des Schrifttums zweifeln diese Einschätzung an, wenn es um die Zurückstellung der Benach- **21.1** richtigung im Fall der Gefährdung des Einsatzes von Vertrauenspersonen geht. Entscheidend sei insoweit, dass der Einsatz von Vertrauenspersonen – ebenso wie der Einsatz nicht offen ermittelnder Polizeibeamter – nicht den strengen Voraussetzungen für Verdeckte Ermittler unterliege (SGR/Ruthig BKAG § 74 Rn. 22).

E. Zustimmung durch die zuständige Strafverfolgungsbehörde

Abs. 2 S. 3 schränkt die Unterrichtungspflicht ein, wenn wegen des zugrunde liegenden **22** Sachverhaltes ein strafrechtliches Ermittlungsverfahren geführt wird. In diesem Fall ist vor der Benachrichtigung die Zustimmung der zuständigen Strafverfolgungsbehörde einzuholen. Abs. 2 S. 3 ist an § 17 Abs. 5 S. 4 aF angelehnt. Die Regelung ist vor dem Hintergrund der Entscheidungskompetenz der Staatsanwaltschaft zur Gewährung von Akteneinsicht nach § 147 Abs. 5 StPO zu erklären. Abs. 2 S. 3 soll sicherstellen, dass die ordnungsgemäße Durchführung eines Ermittlungsverfahrens durch die Benachrichtigung nicht aufs Spiel gesetzt wird (vgl. SGR/Ruthig BKAG § 74 Rn. 19). Aus dieser Zwecksetzung folgt, dass Abs. 2 S. 3 nicht eingreift, wenn der Erfolg des Ermittlungsverfahrens durch die Benachrichtigung von vornherein und unter keinem denkbaren Gesichtspunkt gefährdet werden kann (LVerfG Mecklenburg-Vorpommern LKV 2000, 345 (355); BVerfG NVwZ 2001, 1261 (1263); sa SGR/Ruthig BKAG § 74 Rn. 19). Methodisch handelt es sich bei dieser Einschränkung des Anwendungsbereichs von Abs. 2 S. 3 um eine teleologische Reduktion. Die in Abs. 4 S. 1 vorgesehene Sechs-Monats-Frist, nach deren Ablauf eine richterliche Zustimmung zur Zurückstellung einzuholen ist, gilt nicht für die zuständige Strafverfolgungsbehörde iSd Abs. 2 S. 3 (vgl. zu § 17 aF BeckOK PolR NRW/Kamp, 11. Ed. 1.8.2018, PolG NRW § 17 Rn. 50; Tegtmeyer/Vahle PolG NRW/Tegtmeyer § 17 Rn. 13).

F. Unterbleiben der Benachrichtigung

23 Ausnahmen von der Benachrichtigungspflicht regelt Abs. 3 S. 1. Danach unterbleibt die Benachrichtigung, soweit dies im überwiegenden Interesse einer betroffenen Person liegt. Ob diese Voraussetzung erfüllt ist, muss anhand einer **Abwägung der widerstreitenden Interessen** im Einzelfall ermittelt werden (vgl. SGR/Ruthig BKAG § 74 Rn. 15; sa MüKoStPO/Günther StPO § 101 Rn. 49). Die Norm ist **restriktiv auszulegen.** Ein Interesse an einem Unterbleiben der Benachrichtigung kann in **familiären, geschäftlichen oder arbeitsplatzbezogenen Gründen** wurzeln (SGR/Ruthig BKAG § 74 Rn. 15). Im Hinblick auf die **Beteiligten an Telekommunikation** ist Abs. 3 S. 2 zu beachten. Danach kann die Benachrichtigung der gem. Abs. 1 Nr. 4 und Nr. 7 genannten Personen, gegen die sich die Maßnahme nicht gerichtet hat, unterbleiben, wenn diese von der Maßnahme nur unerheblich betroffen sind und anzunehmen ist, dass sie kein Interesse an der Benachrichtigung haben. Dies kommt bei gebotener restriktiver Auslegung der Norm indes nur dann in Betracht, wenn zur Durchführung der Benachrichtigung weitere Daten über die betroffene Person erhoben werden müssten (Lisken/Denninger PolR-HdB/Petri G Rn. 704; vgl. § 40 Abs. 6 Nr. 2 RhPfPOG). Abs. 3 S. 2 stellt das Unterbleiben der Benachrichtigung in das **Ermessen** der Polizei. Hierdurch wird dem Umstand Rechnung getragen, dass sich oftmals nur schwer feststellen lässt, ob die Personen, gegen die sich die Maßnahme gerichtet hat, an der Benachrichtigung interessiert sind (SGR/Ruthig BKAG § 74 Rn. 15). **Nachforschungen zur Feststellung** der Identität der in Abs. 3 S. 2 bezeichneten Person sind nach Maßgabe des Abs. 3 S. 3 vorzunehmen. Sie erfolgen nur, wenn dies unter Berücksichtigung der Eingriffsintensität der Maßnahme gegenüber dieser Person, des Aufwands für die Feststellung ihrer Identität sowie der daraus für diese oder andere Personen folgenden Beeinträchtigungen geboten ist. Das Unterbleiben und die Zurückstellung der Benachrichtigung unterliegen gem. Abs. 3 S. 4 einer Dokumentationspflicht.

G. Erfordernis richterlicher Zustimmung

24 Erfolgt eine Benachrichtigung nach Abs. 2 nicht binnen sechs Monaten nach Abschluss der Maßnahme, bedarf die weitere Zurückstellung der richterlichen Zustimmung (Abs. 4 S. 1). Die Vorschrift soll die **Benachrichtigung verfahrensrechtlich absichern** (SGR/Ruthig BKAG § 74 Rn. 24; sa BVerfGE 141, 220 (283)). Wird die Benachrichtigung zurückgestellt, so erfährt der Betroffene in der Regel nichts von der polizeilichen Maßnahme. Ihm wird daher die Möglichkeit genommen, die Maßnahme einer gerichtlichen Überprüfung unterziehen zu lassen. Diese Einbuße an Rechtsschutz soll durch das Erfordernis einer richterlichen Zustimmung ausgeglichen werden (SGR/Ruthig BKAG § 74 Rn. 24; vgl. BVerfGE 120, 274 (331 f.)). Die richterliche Entscheidung ist jeweils nach **einem Jahr** erneut einzuholen (Abs. 4 S. 2). Welches Gericht für die Zustimmung zuständig ist, regelt Abs. 4 S. 3–5. **Nach zweimaliger Verlängerung** ist die Zustimmung des für die Einlegung einer Beschwerde zuständigen Gerichts einzuholen (S. 5). Da gem. Abs. 4 S. 6 die Regelung in

§ 68 Abs. 4 FamFG keine Anwendung findet, kann das Beschwerdegericht die Entscheidung über die Zustimmung nicht auf den Einzelrichter übertragen. Wenn **mehrere Maßnahmen in einem engen zeitlichen Zusammenhang** durchgeführt worden sind, greift die Sonderregelung des Abs. 4 S. 7 ein. Danach beginnt die Sechs-Monats-Frist des Abs. 4 S. 1 erst mit Beendigung der letzten Maßnahme zu laufen.

H. Unterrichtung der Sorgeberechtigten

Abs. 5 entspricht § 24 Abs. 3 aF (vgl. LT-Drs. 17/2576, 74). Wenn die Polizei personenbe- **25** zogene Daten von Kindern ohne Kenntnis der Sorgeberechtigten erhoben hat, so sind gem. Abs. 5 S. 1 die Adressaten der Benachrichtigung die Sorgeberechtigten. Die Polizei hat die Sorgeberechtigten zu benachrichtigen, sobald dies ohne Gefährdung des Zwecks der Maßnahme erfolgen kann. Gemäß § 1 Abs. 1 Nr. 1 JuSchG sind **Kinder** Personen, die noch nicht 14 Jahre alt sind. Das Sorgerecht über minderjährige Kinder steht gem. §§ 1626 ff. BGB grundsätzlich den Eltern zu. Es kann nach Maßgabe der §§ 1773 ff. BGB einem Vormund übertragen werden.

Ebenso wie § 1 Abs. 1 JuSchG unterscheidet das PolG NRW begrifflich zwischen Kindern und **25.1** Jugendlichen (vgl. § 22 Abs. 2 S. 5). Vor diesem Hintergrund kann bei der Auslegung des Abs. 5 S. 1 auf die Legaldefinition des § 1 Abs. 1 Nr. 1 JuSchG zurückgegriffen werden.

Im Schrifttum wird zu Recht betont, dass Eingriffe in das Recht auf informationelle **26** Selbstbestimmung als besonders schwerwiegend anzusehen sind, wenn es um Kinder geht. Grund hierfür ist, dass die **Persönlichkeitsentwicklung bei Kindern noch nicht abgeschlossen ist.** Außerdem sind Kinder oftmals nicht in der Lage, die Folgen ihres Handelns vollständig zu überblicken (vgl. BeckOK PolR NRW/Arzt, 11. Ed. 1.11.2018, PolG NRW § 24 Rn. 53). Für die Datenspeicherung gelten deshalb mit Blick auf den **Verhältnismäßigkeitsgrundsatz** besonders strenge Maßstäbe. Ein Anhaltspunkt hierfür ist § 22 Abs. 4 S. 1, dem zufolge Prüfungstermine und Aufbewahrungsfristen für die in Dateisystemen oder Akten suchfähig gespeicherten personenbezogenen Daten von Kindern zwei Jahre nicht überschreiten dürfen.

Die Benachrichtigung hat zu erfolgen, sobald dies ohne **Gefährdung des Zwecks der 27 Maßnahme** erfolgen kann. Hinsichtlich dieser Voraussetzung gelten dieselben Maßstäbe wie bei Abs. 2 S. 1 (→ Rn. 16). Im Hinblick auf das Vorliegen einer Zweckgefährdung steht der Polizei kein Beurteilungsspielraum zu (SBK PolG NRW/Braun § 24 Rn. 32).

Von der Unterrichtung gem. Abs. 5 S. 2 kann abgesehen werden, solange zu besorgen **28** ist, dass die **Unterrichtung zu erheblichen Nachteilen für das Kind führt.** Dieser Einschränkung der Benachrichtigungspflicht kommt vor allem dann Bedeutung zu, wenn Kinder die Polizei über eigene Gefährdungen durch die Sorgeberechtigten informieren (SBK PolG NRW/Braun § 24 Rn. 32; BeckOK PolR NRW/Arzt, 11. Ed. 1.11.2018, PolG NRW § 24 Rn. 54). Das Absehen von der Benachrichtigung steht im **Ermessen** der Polizei („kann"). Wenn infolge der Benachrichtigung voraussichtlich eine Gefahr für Leib, Leben oder Freiheit des Kindes entstehen wird, schrumpft das polizeiliche Ermessen auf Null und die Benachrichtigung hat zu unterbleiben (BeckOK PolR NRW/Arzt, 11. Ed. 1.11.2018, PolG NRW § 24 Rn. 54).

I. Formale und inhaltliche Vorgaben, Übermittlung an bestimmte Behörden

Abs. 6 S. 1 verpflichtet die Polizei darauf, bei der Benachrichtigung die **Vorgaben des 29 § 48 Abs. 1 und Abs. 3 DSG NRW** zu beachten. Damit wird den Anforderungen des Art. 13 Abs. 2 JI-RL Rechnung getragen (vgl. Johannes/Weinhold Neues DatenschutzR § 1 Rn. 183). § 48 Abs. 1 DSG NRW legt fest, welche Angaben die Benachrichtigung enthalten muss. Hingewiesen werden muss zB auf die Rechtsgrundlage der Verarbeitung, die für die Daten geltende Speicherdauer oder, falls dies nicht möglich ist, die Kriterien für die Festlegung dieser Dauer sowie ggf. die Kategorien von Empfängern der personenbezogenen Daten. § 48 Abs. 3 DSG NRW betrifft Fälle, in denen personenbezogene Daten an Verfassungsschutzbehörden, den Bundesnachrichtendienst, den Militärischen Abschirmdienst oder, soweit die Sicherheit des Bundes berührt ist, andere Behörden des Bundesministeriums der Verteidigung übermittelt wurden. Die Norm macht die Benachrichtigung von der Zustimmung der empfangenden Stelle abhängig. Ob die Zustimmung zu erteilen ist, regelt § 48 Abs. 3 DSG NRW nicht. Die Voraussetzungen für die Erteilung der Zustimmung richten sich nach dem für die genannten Behörden geltenden Fachrecht. Schließlich sieht Abs. 6 S. 2 vor, dass die Polizei auf die **Möglichkeit nachträglichen Rechtsschutzes hinzuweisen** hat. Schließlich ist die Benachrichtigung in **klarer und einfacher Sprache** abzufassen (Abs. 6 S. 3).

§ 33a Benachrichtigung im Falle der Verletzung des Schutzes personenbezogener Daten

(1) Hat eine Verletzung des Schutzes personenbezogener Daten voraussichtlich eine erhebliche Gefahr für Rechtsgüter betroffener Personen zur Folge, so hat die Polizei die betroffenen Personen unverzüglich zu benachrichtigen.

(2) Die Benachrichtigung nach Absatz 1 hat in klarer und einfacher Sprache die Art der Verletzung und ergänzend zumindest folgende Informationen zu enthalten:
1. den Namen und die Kontaktdaten des oder der Datenschutzbeauftragten oder einer sonstigen Anlaufstelle für weitere Informationen,
2. eine Beschreibung der wahrscheinlichen Folgen der Verletzung des Schutzes personenbezogener Daten und
3. eine Beschreibung der von der Polizei ergriffenen oder vorgeschlagenen Maßnahmen zur Behandlung der Verletzung des Schutzes personenbezogener Daten und gegebenenfalls der Maßnahmen zur Abmilderung ihrer möglichen nachteiligen Auswirkungen.

(3) [1]Eine Benachrichtigung gemäß Absatz 1 entfällt, wenn
1. die Polizei geeignete technische und organisatorische Sicherheitsvorkehrungen getroffen hat und diese Vorkehrungen auf die von der Verletzung betroffenen personenbezogenen Daten angewandt wurden. Dies gilt insbesondere für Vorkehrungen wie Verschlüsselungen, durch die die Daten für unbefugte Personen unzugänglich gemacht wurden,
2. die Polizei durch die im Anschluss an die Verletzung getroffenen Maßnahmen sichergestellt hat, dass aller Wahrscheinlichkeit nach keine erhebliche Gefahr mehr im Sinne des Absatz 1 besteht, oder
3. dies mit einem unverhältnismäßigen Aufwand verbunden wäre; in diesem Fall hat stattdessen durch die Polizei eine öffentliche Bekanntmachung oder ähnliche Maßnahme zu erfolgen, durch die die betroffenen Personen vergleichsweise wirksam informiert werden.
[2]Die Gründe der Entscheidung sind zu dokumentieren.

(4) [1]Die Polizei kann eine Benachrichtigung unter den in § 48 Absatz 2 des Datenschutzgesetzes Nordrhein-Westfalen genannten Voraussetzungen aufschieben, einschränken oder unterlassen, soweit nicht die Interessen der betroffenen Personen aufgrund der von der Verletzung ausgehenden erheblichen Gefahr im Sinne des Absatz 1 überwiegen. [2]Die Gründe der Entscheidung sind zu dokumentieren.

(5) [1]Wenn der Verantwortliche die betroffene Person über eine Verletzung des Schutzes personenbezogener Daten nicht benachrichtigt hat, kann die oder der Landesbeauftragte für Datenschutz und Informationsfreiheit verlangen, dies nachzuholen oder verbindlich feststellen, dass bestimmte der in Absatz 3 genannten Voraussetzungen erfüllt sind. [2]Hierbei hat sie oder er die Wahrscheinlichkeit zu berücksichtigen, mit der die Verletzung des Schutzes personenbezogener Daten zu einer erheblichen Gefahr im Sinne des Absatzes 1 führt. [3]§ 59 des Datenschutzgesetzes Nordrhein-Westfalen bleibt unberührt.

Überblick

§ 33a ist durch das Gesetz zur Anpassung des Polizeigesetzes des Landes Nordrhein-Westfalen und des Gesetzes über Aufbau und Befugnisse der Ordnungsbehörden v.

18.12.2018 (GV. NRW. 741) in das PolG NRW aufgenommen worden. Die Vorschrift verlangt die Benachrichtigung des Betroffenen im Fall der Verletzung des Schutzes personenbezogener Daten.

A. Rechtlicher Rahmen/Normzweck

Mit § 33a hat der Gesetzgeber die Vorgaben aus Art. 31 JI-RL (RL (EU) 2016/680 v. **1** 27.4.2016, ABl. 2016 L 119, 89) umgesetzt (vgl. LT-Drs. 17/2576, 74). Eine vergleichbare Benachrichtigungspflicht sieht Art. 34 DS-GVO vor. Abs. 1 statuiert für den Fall der Verletzung des Schutzes personenbezogener Daten die Pflicht zur Benachrichtigung des Betroffenen, wie sie in § 31 Abs. 1 JI-RL gefordert wird. Die formalen Anforderungen, denen die Benachrichtigung an die betroffene Person genügen muss, sind Abs. 2 zu entnehmen. Ausnahmen von der Benachrichtigungspflicht statuieren Abs. 3 und Abs. 4. Schließlich räumt Abs. 5 dem Landesbeauftragten für Datenschutz und Informationsfreiheit bestimmte Aufsichtsbefugnisse ein. Damit wird den Maßgaben des Art. 31 Abs. 4 JI-RL entsprochen. Der Zweck des § 33a liegt unter anderem darin, die durch die Verletzung des Schutzes personenbezogener Daten verursachten Risiken und die Schäden an den Rechtsgütern der betroffenen Person zu minimieren (vgl. Erwägungsgrund 62 JI-RL). Darüber hinaus soll die Benachrichtigung es dem von der Datenschutzverletzung Betroffenen ermöglichen, über die Geltendmachung von Haftungsansprüchen zu entscheiden. Ebenso wie Art. 31 JI-RL und Art. 34 DS-GVO dient § 33 unmittelbar dem Schutz der Rechte und Freiheiten des Betroffenen (vgl. zur DS-GVO BeckOK DatenschutzR/Brink DS-GVO Art. 34 Rn. 4; Marschall DuD 2015, 183 (186)).

B. Benachrichtigungspflicht

Abs. 1 verpflichtet die Polizei in Fällen einer Verletzung des Schutzes personenbezogener **2** Daten dazu, die betroffenen Personen zu benachrichtigen, sofern sie iSd Art. 3 Nr. 8 JI-RL **verantwortlich** für die Daten ist (vgl. Art. 31 Abs. 1 JI-RL; Gola/Heckmann/Gola BDSG § 66 Rn. 4). Voraussetzung für das Eingreifen der Benachrichtigungspflicht ist, dass die Datenschutzverletzung eine erhebliche Gefahr für die Rechtsgüter der betroffenen Personen zur Folge hat. Sind die Voraussetzungen des Abs. 1 erfüllt, so muss die Benachrichtigung unverzüglich erfolgen. Adressat der Benachrichtigung ist die betroffene Person. In Fällen, in denen nicht ausgeschlossen werden kann, dass eine Person betroffen ist, kann eine vorsorgliche Benachrichtigung ratsam sein, um eine Verletzung der Benachrichtigungspflicht auszuschließen (vgl. BeckOK DatenschutzR/Schlösser-Rost BDSG § 66 Rn. 17; Auernhammer/Eßer/Kramer/v. Lewinski/Schreibauer, DSGVO/BDSG, 5. Aufl. 2017, DS-GVO Art. 34 Rn. 7).

I. Verletzung des Schutzes personenbezogener Daten

Die Benachrichtigungspflicht des Abs. 1 bezieht sich auf Situationen, in denen es zu **3** einer Verletzung des Schutzes personenbezogener Daten gekommen ist. Wann von einer Verletzung des Schutzes personenbezogener Daten ausgegangen werden kann, legt das PolG NRW nicht fest. Eine Legaldefinition dieses Merkmals findet sich allerdings in Art. 3 Nr. 11 JI-RL sowie – annähernd Wortgleich – in § 36 Nr. 12 DSG NRW. Danach ist eine „Verletzung des Schutzes personenbezogener Daten" eine Verletzung der Sicherheit, die zur Vernichtung, zum Verlust oder zur Veränderung, ob unbeabsichtigt oder unrechtmäßig, oder zur unbefugten Offenlegung bzw. zum unbefugten Zugang zu personenbezogenen Daten führt, die übermittelt, gespeichert oder auf sonstige Weise verarbeitet wurden. Diese Definition macht deutlich, dass von dem Begriff der Verletzung des Schutzes personenbezogener Daten nicht jeder Verstoß gegen das informationelle Selbstbestimmung erfasst sein soll. Gefordert wird vielmehr eine „**Verletzung der Sicherheit**" (vgl. Paal/Pauly/Martini DS-GVO Art. 33 Rn. 16). Damit ist die Datensicherheit gemeint (vgl. BeckOK DatenschutzR/Schlösser-Rost BDSG § 66 Rn. 5). Abs. 1 macht die Benachrichtigungspflicht nicht davon abhängig, dass die Verletzung des Schutzes personenbezogener Daten **vorsätzlich** oder **schuldhaft** erfolgt ist (vgl. Paal/Pauly/Martini DS-GVO Art. 33 Rn. 16a; BeckOK DatenschutzR/Schlösser-Rost BDSG § 66 Rn. 5a).

II. Voraussichtliche erhebliche Gefahr für Rechtsgüter der betroffenen Personen

4   Die Verletzung des Schutzes personenbezogener Daten führt für sich genommen noch nicht zur Verpflichtung der Polizei zur Benachrichtigung der Betroffenen. Zusätzlich ist vielmehr erforderlich, dass die Datenschutzverletzung voraussichtlich eine erhebliche Gefahr für Rechtsgüter betroffener Personen zur Folge hat. Im Gegensatz zu Abs. 1 spricht Art. 31 Abs. 1 JI-RL nicht von einer erheblichen Gefahr, sondern verlangt „**voraussichtlich ein hohes Risiko**". Unter einer „erheblichen Gefahr" ist im Polizeirecht herkömmlicherweise eine Gefahr zu verstehen, bei der der drohende Schaden für die polizeilichen Schutzgüter nach Art oder Ausmaß besonders gravierend ist (Dietlein/Hellermann NRWÖffR/Dietlein § 3 Rn. 67). Es geht bei der erheblichen Gefahr also nicht um ein erhöhtes Maß an Schadenswahrscheinlichkeit, sondern darum, dass eine Gefahr für ein besonders wichtiges Rechtsgut besteht oder ein großer Schaden zu befürchten ist. Ausweislich der Gesetzgebungsmaterialien ist der Begriff der erheblichen Gefahr jedoch unionsrechtskonform im Lichte des Erwägungsgrundes 52 JI-RL auszulegen (LT-Drs. 17/2576, 75). Mit anderen Worten entspricht die „erhebliche Gefahr" dem „hohen Risiko" in Art. 31 Abs. 1 JI-RL (vgl. BeckOK DatenschutzR/Schlösser-Rost BDSG § 66 Rn. 8). Eintrittswahrscheinlichkeit und Schwere des Risikos sind also nach Art und Umfang sowie den Umständen und den Zwecken der Verarbeitung zu bestimmen.

4.1   Weiter heißt es in Erwägungsgrund 52 JI-RL: „Das Risiko sollte anhand einer objektiven Bewertung beurteilt werden, bei der festgestellt wird, ob die Datenverarbeitung ein hohes Risiko birgt. Ein hohes Risiko ist ein besonderes Risiko der Beeinträchtigung der Rechte und Freiheiten der betroffenen Personen."

5   Die erhebliche Gefahr muss sich auf Rechtsgüter betroffener Personen beziehen. Zu den damit angesprochenen Schutzgütern gehören zB das **Vermögen** sowie das **Persönlichkeitsrecht der Betroffenen** (vgl. BeckOK DatenschutzR/Schlösser-Rost BDSG § 66 Rn. 9).

III. Frist

6   Die Meldung gem. Abs. 1 muss **unverzüglich,** also **ohne schuldhaftes Zögern** (§ 121 Abs. 1 BGB) erfolgen. Ob die Benachrichtigung ohne schuldhaftes Zögern erfolgt, lässt sich letztlich nur mit Blick auf die Umstände des konkreten Einzelfalles beurteilen. So kann auch eine Benachrichtigung nach einer Woche oder nach zwei Wochen noch unverzüglich iSd Abs. 1 sein (BeckOK DatenschutzR/Schlösser-Rost BDSG § 66 Rn. 12; Behling ZIP 2017, 697 (703)). Bei der Auslegung und Anwendung des Merkmals „unverzüglich" ist auch Erwägungsgrund 62 JI-RL heranzuziehen. Dort heißt es, dass die Benachrichtigung der betroffenen Person stets so rasch wie nach allgemeinem Ermessen möglich erfolgen soll. Um bspw. das Risiko eines unmittelbaren Schadens mindern zu können, müsse die betroffene Person sofort benachrichtigt werden, wohingegen eine längere Benachrichtigungsfrist gerechtfertigt sein könne, wenn es darum gehe, geeignete Maßnahmen gegen fortlaufende oder ähnliche Verletzungen des Schutzes von Daten zu treffen. Abs. 1 ist nicht zu entnehmen, ab welchem Zeitpunkt die Frist zu laufen beginnt. Auch Art. 31 Abs. 1 JI-RL enthält hier keine Anhaltspunkte. Für die Meldung von Verletzungen des Schutzes personenbezogener Daten an die Aufsichtsbehörde sieht Art. 30 JI-RL vor, dass diese binnen „72 Stunden, nachdem [...] die Verletzung bekannt wurde", erfolgen müsse. Vor diesem Hintergrund erscheint es auch im Hinblick auf Art. 31 JI-RL sowie Abs. 1 angezeigt, für den Fristbeginn auf den Moment abzustellen, in dem der Verantwortliche von der Verletzung des Schutzes personenbezogener Daten Kenntnis erlangt hat (BeckOK DatenschutzR/Schlösser-Rost BDSG § 66 Rn. 13).

C. Inhaltliche und formale Anforderungen an die Benachrichtigung

7   Abs. 2 legt inhaltliche und formale Anforderungen an die Benachrichtigung fest. Die Vorschrift dient der Umsetzung von Art. 31 Abs. 2 JI-RL iVm Art. 30 Abs. 3 JI-RL (LT-Drs. 17/2576, 75). Gemäß Abs. 2 hat die Benachrichtigung **in klarer und einfacher Sprache** die **Art der Verletzung** des Schutzes personenbezogener Daten zu beschreiben. Anhaltspunkte dafür, welche Arten der Verletzung personenbezogener Daten in Betracht kommen, lassen sich Art. 4 Abs. 1 lit. f sowie den Fallgruppen des Art. 3 Nr. 11 JI-RL entnehmen (vgl. Paal/Pauly/Martini DS-GVO Art. 33 Rn. 16). Genannt werden dort die unbefugte oder unrechtmäßige Verarbeitung, der unbeabsichtigte Verlust, die unbeabsichtigte Zerstörung sowie die unbeabsichtigte Schädigung von Daten. **Klar** ist die Benachrichtigung, wenn sie übersichtlich, eindeutig und hinreichend strukturiert ist und sich inhaltlich ausschließlich auf die Information über die Datenschutzverletzung bezieht (vgl. Gola/Heckmann/Gola BDSG § 66 Rn. 13). Dementsprechend darf die Benachrichtigung nicht unverhältnismäßig lang sein (BeckOK DatenschutzR/Schlösser-Rost BDSG § 66 Rn. 16). **Einfache Sprache** meint die Formulierung in einer für jedermann verständlichen Weise ohne Fachvokabular (vgl. Gola/Heckmann/Gola BDSG § 66 Rn. 13). Gefordert ist ein Anforderungsniveau, welches zwischen der Fachsprache bzw. der gehobenen Bildungssprache und der sog. leichten Sprache liegt (vgl. Paal/Pauly/Martini DS-GVO Art. 34 Rn. 50). Die Informationen müssen so vermittelt werden, dass sie für einen Laien, der mit dem Thema Datensicherheit und Datenschutz nicht vertraut ist, nachvollziehbar sind (BeckOK DatenschutzR/Schlösser-Rost BDSG § 66 Rn. 16). Soweit mit dem Betroffenen bereits kommuniziert wurde, sollte die Polizei das Sprachniveau wählen, das dem der vorangegangenen Kommunikation entspricht (BeckOK DatenschutzR/Schlösser-Rost BDSG § 66 Rn. 16).

Darüber hinaus muss die Benachrichtigung ergänzend die in Abs. 2 Nr. 1–3 genannten **8** Informationen enthalten. Hierzu zählen der **Name und die Kontaktdaten des Datenschutzbeauftragten oder einer sonstigen Anlaufstelle** für weitere Informationen (Abs. 2 Nr. 1). Grundsätzlich ist der Datenschutzbeauftragte eine geeignete Anlaufstelle, da er über die erforderliche Sachkenntnis verfügt. Die Nennung einer anderen Anlaufstelle kann zB dann sinnvoll sein, wenn diese über mehr Informationen als der Datenschutzbeauftragte verfügt und dem Anliegen des Betroffenen daher schneller Rechnung tragen kann (vgl. Paal/Pauly/Martini DS-GVO Art. 33 Rn. 48). Gemäß Abs. 2 Nr. 2 muss die Benachrichtigung ferner eine **Beschreibung der wahrscheinlichen Folgen der Datenschutzverletzung** enthalten. Die Folgenbeschreibung soll es der betroffenen Person ermöglichen, auf die Datenschutzverletzung angemessen und zeitgerecht zu reagieren. Bezugspunkt der Folgenbeschreibung sind vorrangig die Auswirkungen der Datenschutzverletzung auf die Persönlichkeitsentfaltung des Betroffenen (Paal/Pauly/Martini DS-GVO Art. 33 Rn. 49b). Schließlich muss die Benachrichtigung eine **Beschreibung der von der Polizei ergriffenen oder vorgeschlagenen Maßnahmen zur Behandlung der Datenschutzverletzung** und ggf. der Maßnahmen zur Abmilderung ihrer möglichen nachteiligen Auswirkungen enthalten (Abs. 2 Nr. 3). Hierzu zählt bspw. die Empfehlung, Passwörter zurückzusetzen, wenn Zugangsinformationen kompromittiert wurden (Gola/Heckmann/Gola BDSG § 66 Rn. 15). Auch diese Informationen dienen dazu, Wissensasymmetrien zwischen der Polizei und der betroffenen Person auszugleichen (Paal/Pauly/Martini DS-GVO Art. 33 Rn. 50). Teile der Literatur weisen darauf hin, dass – je nach dem Kreis der Betroffenen – eine Benachrichtigung in verschiedenen Sprachen geboten sein kann (vgl. Gola/Heckmann/Gola BDSG § 66 Rn. 14 mwN).

D. Form

Abs. 1 trifft keine Aussagen zur Form der Benachrichtigung. Die Norm fordert insbeson- **9** dere keine Schriftform. Auch Art. 31 JI-RL, dessen Umsetzung § 33a dient, sieht kein Schriftformerfordernis vor. In der Literatur ist die Empfehlung ausgesprochen worden, für die Benachrichtigung die **Schrift- oder Textform** zu wählen (vgl. BeckOK DatenschutzR/Schlösser-Rost BDSG § 66 Rn. 17). Dem ist beizupflichten, weil Schrift- und Textform dem Verantwortlichen einen späteren Nachweis der Benachrichtigung erlauben. Im Übrigen dürfte eine mündliche Benachrichtigung auch wegen der zahlreichen Informationen, welche der betroffenen Person mitzuteilen sind, kaum in Betracht kommen (vgl. Paal/Pauly/Martini DS-GVO Art. 33 Rn. 31).

E. Entfallen der Benachrichtigung

Abs. 3 legt fest, in welchen Fällen die Benachrichtigung an die betroffene Person entfällt, **10** und setzt damit die Vorgaben des Art. 31 Abs. 3 JI-RL um (vgl. LT-Drs. 17/2576, 75).

Wenn die Polizei gem. Abs. 3 S. 1 Nr. 1–3 von einer Benachrichtigung absieht, sind gem. Abs. 3 S. 2 die Gründe der Entscheidung zu dokumentieren. Die Dokumentationspflicht soll dazu beitragen, die Einhaltung der Berichtspflicht einer effektiven Kontrolle zu unterziehen.

I. Geeignete technische und organisatorische Sicherheitsvorkehrungen

11　　Die Benachrichtigung entfällt gem. Abs. 3 S. 1 Nr. 1, wenn die Polizei **geeignete technische und organisatorische Sicherheitsvorkehrungen** getroffen hat und diese Vorkehrungen auf die von der Verletzung betroffenen personenbezogenen Daten angewandt wurden. Angesprochen sind damit insbesondere **Verschlüsselungen,** durch die die Daten für unbefugte Personen unzugänglich gemacht wurden (Abs. 3 S. 1 Nr. 1 Hs. 2). Die Norm hat eine **präventive Funktion** (vgl. Gola/Heckmann/Gola BDSG § 66 Rn. 19). Die JI-RL und das PolG NRW geben keine spezifischen Sicherheitsvorkehrungen vor. Diese Zurückhaltung ist angesichts der rasanten technischen Entwicklung im Bereich der Datensicherung sinnvoll und bringt zum Ausdruck, dass neuartige und innovative Sicherheitsvorkehrungen gegenüber anerkannten Methoden der Datensicherung nicht benachteiligt werden sollen (vgl. BeckOK DatenschutzR/Schlösser-Rost BDSG § 66 Rn. 19).

II. Maßnahmen im Anschluss an die Verletzung

12　　Gemäß Abs. 3 S. 1 Nr. 2 entfällt die Benachrichtigung, wenn die Polizei durch die im Anschluss an die Verletzung getroffenen Maßnahmen sichergestellt hat, dass aller Wahrscheinlichkeit nach keine erhebliche Gefahr mehr iSd Abs. 1 besteht. In der Literatur ist zu Recht darauf hingewiesen worden, dass für Maßnahmen, welche eine erhebliche Gefahr beseitigen, in der Regel wenig Zeit sein wird (BeckOK DatenschutzR/Schlösser-Rost BDSG § 66 Rn. 20). Grund hierfür ist, dass die Polizei gem. Abs. 1 zur unverzüglichen Benachrichtigung verpflichtet ist und sie die Beseitigung der Gefahr deshalb nicht lange hinausschieben darf. Als Maßnahme iSd Abs. 3 S. 1 Nr. 2 ist zB eine **Fernlöschung der Daten** zu nennen (BeckOK DatenschutzR/Schlösser-Rost BDSG § 66 Rn. 20). Auch die **Sicherung der Daten** bei einer Person, die die Daten entwendet hat, kann gem. Abs. 3 S. 1 Nr. 2 zum Entfallen der Benachrichtigungspflicht führen. Das gilt jedenfalls dann, wenn die betreffende Person keine Kopien der Daten angefertigt hat (BeckOK DatenschutzR/Schlösser-Rost BDSG § 66 Rn. 20).

III. Unverhältnismäßiger Aufwand

13　　Ist die Benachrichtigung mit einem unverhältnismäßigen Aufwand verbunden, so greift die Ausnahmeregelung des Abs. 3 S. 1 Nr. 3 ein. In diesem Fall hat durch die Polizei eine öffentliche Bekanntmachung oder ähnliche Maßnahme zu erfolgen, durch die die betroffenen Personen vergleichsweise wirksam informiert werden. Ein **unverhältnismäßiger Aufwand** kann sich zB daraus ergeben, dass Benachrichtigungen in einer Vielzahl gleichgelagerter Fälle vorgenommen werden müssen (BeckOK DatenschutzR/Schlösser-Rost BDSG § 66 Rn. 21). Die Unverhältnismäßigkeit des mit der Benachrichtigung verbundenen Aufwands kann ihre Ursache ferner darin haben, dass die Polizei nicht über die Kontaktdaten der von der Datenschutzverletzung betroffenen Person verfügt (vgl. BeckOK DatenschutzR/Schlösser-Rost BDSG § 66 Rn. 21). Die Form der **öffentlichen Bekanntmachung und ähnlicher Maßnahmen** hängt entscheidend davon ab, wie der Betroffene am besten erreicht werden kann. In Betracht zu ziehen ist hier zB eine Veröffentlichung in überregionalen Tageszeitungen sowie Radio-Mitteilungen (vgl. BeckOK DatenschutzR/Schlösser-Rost BDSG § 66 Rn. 22). Denkbar ist aber auch eine Veröffentlichungen in branchenspezifischen Publikationen oder eine Benachrichtigung über die Website der Polizei (Auernhammer/Eßer/Kramer/v. Lewinski/Herbst, DSGVO/BDSG, 6. Aufl. 2018, BDSG § 66 Rn. 18; BeckOK DatenschutzR/Schlösser-Rost BDSG § 66 Rn. 22). Auch bei unverhältnismäßigem Aufwand bleibt die Polizei befugt, individuelle Benachrichtigungen vorzunehmen, zB um eine mit der öffentlichen Bekanntmachung einhergehende negative Außenwirkung zu vermeiden (Gola/Heckmann/Gola BDSG § 66 Rn. 21).

F. Aufschieben, Einschränken, Unterlassen der Benachrichtigung

Abs. 4 S. 1 legt fest, dass die Polizei unter den in § 48 Abs. 2 DSG NRW genannten **14** Voraussetzungen die Benachrichtigung aufschieben, einschränken oder unterlassen kann. Dies gilt allerdings nur, soweit nicht die Interessen der betroffenen Personen aufgrund der von der Verletzung ausgehenden erheblichen Gefahr iSd Abs. 1 überwiegen. Mit der Regelung hat der nordrhein-westfälische Gesetzgeber von dem ihm durch Art. 31 Abs. 5 JI-RL iVm Art. 13 Abs. 3 JI-RL eröffneten Gestaltungsspielraum Gebrauch gemacht (LT-Drs. 17/2576, 75). Ebenso wie die Entscheidung gem. Abs. 3 S. 1 ist auch diejenige über das Aufschieben, Einschränken oder Unterlassen der Benachrichtigung zu dokumentieren (Abs. 4 S. 2). Die Entscheidung über das Aufschieben, Einschränken oder Unterlassen der Benachrichtigung steht im Ermessen der Polizei („kann"). Gemäß § 33a Abs. 4 S. 1 iVm § 48 Abs. 2 Nr. 2 DSG NRW kann die Polizei die Benachrichtigung zB aus Gründen der öffentlichen Sicherheit oder Ordnung aufschieben, einschränken oder unterlassen. Die Ausnahmeregelung greift überdies ein, wenn Rechtsgüter Dritter dies erfordern (§ 33a Abs. 4 S. 1 iVm § 48 Abs. 2 Nr. 3 DSG NRW) oder behördliche Ermittlungen behindert würden (§ 33a Abs. 4 S. 1 iVm § 48 Abs. 2 Nr. 5 DSG NRW; vgl. Borell/Schindler DuD 2019, 767 (772)).

G. Kompetenzen des Landesdatenschutzbeauftragten

Abs. 5 gibt dem Landesbeauftragten für Datenschutz und Informationsfreiheit die in **15** Art. 31 Abs. 4 JI-RL vorgesehenen Kompetenzen (vgl. LT-Drs. 17/2576). Zum einen kann der Landesdatenschutzbeauftragte von der Polizei **verlangen, eine unterlassene Benachrichtigung nachzuholen.** Zum anderen kann er verbindlich feststellen, dass bestimmte der in Abs. 3 genannten Voraussetzungen erfüllt sind. Die Feststellung schafft für die Polizei Klarheit über das Vorliegen eines Ausnahmetatbestands (Gola/Heckmann/Gola BDSG § 66 Rn. 22). Eine entsprechende gesetzliche Ermächtigungsgrundlage ist erforderlich, weil sich die **Feststellung durch den Landesdatenschutzbeauftragten** für die betroffenen Personen (die wegen des Eingreifens der Ausnahmeregelung in Abs. 3 nicht über die Datenschutzverletzung benachrichtigt werden) als belastend darstellt (vgl. BeckOK DatenschutzR/Schlösser-Rost BDSG § 66 Rn. 26). Bei der Feststellung handelt es sich um einen **Verwaltungsakt** (Auernhammer/Eßer/Kramer/v. Lewinski/Herbst, DSGVO/BDSG, 6. Aufl. 2018, BDSG § 66 Rn. 21 f.). Bei der Entscheidung gem. Abs. 5 S. 1 hat der Landesdatenschutzbeauftragte die Wahrscheinlichkeit zu berücksichtigen, mit der die Verletzung des Schutzes personenbezogener Daten zu einer erheblichen Gefahr iSd Abs. 1 führt (Abs. 5 S. 2). § 59 DSG NRW bleibt unberührt (Abs. 5 S. 3).

§ 33b Protokollierung bei verdeckten oder eingriffsintensiven Maßnahmen

(1) Bei einer Erhebung personenbezogener Daten gemäß § 16a Absatz 1, §§ 17 bis 21 und 31 sind zu protokollieren
1. das zur Datenerhebung eingesetzte Mittel,
2. der Zeitpunkt des Einsatzes,
3. die Angaben, die die Feststellung der erhobenen Daten ermöglichen und
4. die Organisationseinheit, die die Maßnahme durchführt.

(2) Zudem sind je nach Durchführung der konkreten Maßnahme die betroffenen Personen im Sinne des § 33 Absatz 1 Nummer 1 bis 9 zu dokumentieren.

(3) [1]Nachforschungen zur Feststellung der Identität einer in § 33 Absatz 1 Nummer 4 und 7 bezeichneten Person sind nur vorzunehmen, wenn dies unter Berücksichtigung der Eingriffsintensität der Maßnahme gegenüber dieser Person, des Aufwands für die Feststellung ihrer Identität sowie der daraus für diese oder andere Personen folgenden Beeinträchtigungen geboten ist. [2]Die Zahl der Personen, deren Protokollierung unterblieben ist, ist im Protokoll anzugeben.

(4) [1]Die Protokolldaten dürfen nur verwendet werden für Zwecke der Benachrichtigung nach § 33 und um der betroffenen Person oder der oder dem Landesbe-

auftragten für Datenschutz und Informationsfreiheit die Prüfung zu ermöglichen, ob die Maßnahmen rechtmäßig durchgeführt worden sind. ²Sie sind bis zum Abschluss der Kontrolle nach § 33c aufzubewahren und sodann automatisiert zu löschen, es sei denn, dass sie für den in Satz 1 genannten Zweck noch erforderlich sind.

(5) § 55 des Datenschutzgesetzes Nordrhein-Westfalen bleibt unberührt.

Überblick

§ 33b ist durch das Gesetz zur Anpassung des Polizeigesetzes des Landes Nordrhein-Westfalen und des Gesetzes über Aufbau und Befugnisse der Ordnungsbehörden v. 18.12.2018 (GV. NRW. 741) in das PolG NRW aufgenommen worden. Die Norm setzt Anforderungen an die Protokollierung verdeckter und sonstiger eingriffsintensiver Maßnahmen um, welche das BVerfG in seinem Urteil v. 20.4.2016 formuliert hat (BVerfGE 141, 220 (284); sa SGR/Ruthig BKAG § 82). Als eigenständige Vorschrift zu Protokollierungen flankiert § 33b die allgemeine Bestimmung in § 55 DSG NRW (vgl. LT-Drs. 17/2576, 75). Abs. 1 und Abs. 2 verpflichten die Polizei bei bestimmten Instrumenten der Datenerhebung zur Protokollierung bestimmter Informationen und legen den Umfang der Protokollierungspflicht fest (→ Rn. 2 f.). Abs. 3 enthält insbesondere eine Regelung dazu, unter welchen Voraussetzungen Nachforschungen zur Identitätsfeststellung in Bezug auf die Beteiligten der von der Datenerhebung betroffenen Telekommunikation ergriffen werden (→ Rn. 4). Abs. 4 trifft Regelungen dazu, zu welchen Zwecken die Protokolldaten verwendet werden dürfen. Darüber hinaus statuiert die Vorschrift Aufbewahrungs- und Löschungspflichten (→ Rn. 5 f.). Ausweislich Abs. 5 bleibt die allgemeine Protokollierungsvorschrift des § 55 DSG NRW von den Vorgaben des § 33b unberührt (→ Rn. 7). Eine mit § 33b vergleichbare Vorschrift zur Protokollierung bei verdeckten oder eingriffsintensiven Maßnahmen enthält das BKAG in § 82 BKAG (SGR/Ruthig BKAG § 82).

A. Normzweck

1   § 33b sieht eine umfassende Protokollierungspflicht bei verdeckten und sonstigen eingriffsintensiven Maßnahmen vor. Die – im Vergleich zu § 55 DSG NRW – weiter gefasste Protokollierungspflicht soll eine wirksame Kontrolle der in § 33b genannten Maßnahmen durch den Landesbeauftragten für Datenschutz und Informationsfreiheit ermöglichen (BVerfGE 133, 277 (370); 141, 220 (284)). Darüber hinaus dient § 33b der Gewährleistung eines effektiven Grundrechtsschutzes der Betroffenen. Die umfassende Protokollierungspflicht trägt zum einen der grundrechtlich garantierten informationellen Selbstbestimmung (Art. 2 Abs. 1 GG iVm Art. 1 Abs. 1 GG) Rechnung, zum anderen kann sie im Rahmen einer gerichtlichen Überprüfung der besagten Maßnahmen eine Rolle spielen. Gleichzeitig geht die Protokollierung mit einem Eingriff in das Recht auf informationelle Selbstbestimmung einher, der aber durch die genannten Zwecke gerechtfertigt wird (vgl. Lisken/Denninger PolR-HdB/Schwabenbauer G Rn. 34).

B. Protokollierungspflicht

2   Abs. 1 konstituiert die Pflicht zur vollständigen Protokollierung bei verdeckten und eingriffsintensiven Maßnahmen. Die Protokollierungspflicht bezieht sich auf die Erhebung personenbezogener Daten gem. § 16a Abs. 1, §§ 17–21 und § 31. Von der Norm erfasst werden mit anderen Worten die **Observation** (§ 16a Abs. 1), der **verdeckte Einsatz technischer Mittel** (§ 17), der **verdeckte Einsatz technischer Mittel in oder aus Wohnungen** (§ 18), der **Einsatz von Personen, deren Zusammenarbeit mit der Polizei Dritten nicht bekannt ist** (§ 19), der **Einsatz Verdeckter Ermittler** (§ 20), die **Abfrage von Telekommunikations- und Telemediendaten** (§ 20a), der **Einsatz technischer Mittel bei Mobilfunkendgeräten** (§ 20b), die **Datenerhebung durch die Überwachung der laufenden Telekommunikation** (§ 20c), die **polizeiliche Beobachtung** (§ 21) und die **Rasterfahndung** (31). Die aufgezählten Instrumente der Datenerhebung entsprechen dem Maßnahmenkatalog aus § 33 Abs. 1, so dass die Polizei bezüglich bestimmter Personengruppen auch eine Pflicht zur Benachrichtigung trifft (vgl. LT-Drs. 17/2576, 75). Die Protokollierung muss die in Abs. 1 Nr. 1–4 genannten Informationen enthalten: das zur Datenerhebung eingesetzte Mittel (Nr. 1), den Zeitpunkt des Einsatzes (Nr. 2), die Angaben, die die Feststellung der erhobenen Daten ermöglichen (Nr. 3) und die Organisationseinheit, die die Maßnahme durchführt (Nr. 4). Die Aufzählung ist abschließend. Gemäß Abs. 2 sind je nach Durchführung der konkreten Maßnahme die betroffenen Personen iSd § 33 Abs. 1 Nr. 1–9 zu dokumentieren. § 33 Abs. 1 Nr. 1–9 unterscheidet zwischen Zielpersonen (Nr. 1, Nr. 3 lit. a, Nr. 6, Nr. 8) bzw. Personen, gegen die sich die Maßnahme richtete (Nr. 2 lit. a), erheblich mitbetroffenen Personen (Nr. 1, Nr. 3 lit. b), sonstigen überwachten Personen (Nr. 2 lit. b), Wohnungsinhabern und -bewohnern (Nr. 2 lit. c, Nr. 3 lit. c), die Beteiligten an Telekommunikation (Nr. 4, Nr. 7), Nutzern (Nr. 5) sowie Personen, deren personenbezogene Daten gemeldet wurden (Nr. 8). Schließlich bezieht sich § 33 Abs. 1 Nr. 9 auf Personen, gegen die nach Abschluss der Rasterfahndung weitere Maßnahmen durchgeführt wurden.

C. Dokumentation von Kommunikationsbeteiligten

Eine Erweiterung der Protokollierungspflicht nimmt Abs. 2 vor. Danach sind je nach **3** Durchführung der konkreten Maßnahme die betroffenen Personen iSd § 33 Abs. 1 Nr. 1– 8 zu dokumentieren. Welche Personen das sind, hängt von der Durchführung der konkreten Maßnahme im Einzelfall ab.

D. Nachforschungen zur Feststellung der Identität

Abs. 3 legt fest (→ Rn. 4), unter welchen Voraussetzungen in Bezug auf die in § 33 **4** Abs. 1 Nr. 4 und Nr. 7 bezeichneten Personen Nachforschungen zur Feststellung der Identität zu ergreifen sind. Eine Identitätsfeststellung ist danach nur zulässig, wenn dies unter Berücksichtigung der Eingriffsintensität der Maßnahme gegenüber der betroffenen Person, des Aufwands für die Feststellung ihrer Identität sowie der daraus für diese Person oder andere Personen folgenden Beeinträchtigungen geboten ist. Hintergrund der Regelung ist, dass Nachforschungen zur Feststellung der Identität von Kommunikationsbeteiligten in der Regel mit weiteren Grundrechtseingriffen verbunden sind (vgl. BVerfGE 109, 279 (364) in Bezug auf § 101 StPO). Es darf deshalb keine Identitätsfeststellung um jeden Preis geben, vielmehr müssen die hiermit verbundenen Nachforschungen verhältnismäßig sein. Dem hat der Landesgesetzgeber in Abs. 3 Rechnung getragen, wenn er eine Abwägungsentscheidung fordert. Die Zahl der Personen, deren Protokollierung unterblieben ist, ist im Protokoll anzugeben (Abs. 3 S. 2).

E. Nutzungsbeschränkung für Protokolldaten, Aufbewahrung und Löschung

Abs. 4 S. 1 unterwirft die Protokolldaten einer Nutzungsbeschränkung für Benachrichti- **5** gungszwecke sowie Zwecke der Datenschutz- und Rechtmäßigkeitskontrolle (vgl. LT-Drs. 17/2576, 76). Zum einen dürfen die Daten für Zwecke der Benachrichtigung nach § 33 verwendet werden. Zum anderen kommt eine Nutzung der Daten in Betracht, um der betroffenen Person oder dem Landesbeauftragten für Datenschutz und Informationsfreiheit die Prüfung der Rechtmäßigkeit der Datenerhebungen zu ermöglichen.

Gemäß Abs. 4 S. 2 hat die Polizei die Protokolldaten bis zum Abschluss der Datenschutz- **6** kontrolle nach § 33c aufzubewahren. Auf diese Weise soll sichergestellt werden, dass der Landesdatenschutzbeauftragte die betreffenden Datenerhebungen umfassend auf ihre Rechtmäßigkeit überprüfen kann. Nach Abschluss der Datenschutzkontrolle sind die Protokolldaten automatisiert zu löschen. Von dieser Löschungsverpflichtung sieht Abs. 4 S. 2 eine Ausnahme für den Fall vor, dass die Protokolldaten noch für den in Abs. 4 S. 1 genannten Zweck erforderlich sind. Die Regelung basiert – ebenso wie § 82 Abs. 4 S. 2 BKAG (vgl. SGR/Ruthig BKAG § 82) – auf der bundesverfassungsgerichtlichen Konzeption einer turnusmäßigen Datenschutzkontrolle (BVerfGE 133, 277 (370); 141, 220 (321)). Ob dieses Datenschutzkonzept mit dem Unionsrecht vereinbar ist, hat ein Teil des Schrifttums in Zweifel gezogen (SGR/Ruthig BKAG § 82; vgl. Johannes/Weinhold Neues DatenschutzR § 1 Rn. 324).

F. Geltung des § 55 DSG NRW

7   Ausweislich des Abs. 5 bleibt § 55 DSG NRW unberührt. Auf die allgemeine Datenschutzvorschrift des § 55 DSG NRW kann demnach subsidiär zurückgegriffen werden, soweit § 33b keine spezielleren Regelungen trifft.

§ 33c Datenschutzkontrolle

¹Die oder der Landesbeauftragte für Datenschutz und Informationsfreiheit führt unbeschadet ihrer oder seiner sonstigen Aufgaben und Kontrollen mindestens alle zwei Jahre zumindest stichprobenartige Überprüfungen bezüglich der Datenverarbeitung bei nach § 33b zu protokollierenden Maßnahmen und von Übermittlungen an Drittstaaten gemäß des § 29 durch. ²Zu diesem Zwecke sind durch technische und organisatorische Maßnahmen in geeigneter auswertbarer Form die Protokollierungen gemäß § 29 und § 33b zur Verfügung zu stellen.

Überblick

Der Landesgesetzgeber hat die in § 33c enthaltenen Regelungen zur Datenschutzkontrolle durch das Gesetz zur Anpassung des Polizeigesetzes des Landes Nordrhein-Westfalen und des Gesetzes über Aufbau und Befugnisse der Ordnungsbehörden v. 18.12.2018 (GV. NRW. 741) in das PolG NRW aufgenommen. § 33c dient der Umsetzung von Vorgaben der JI-RL (RL (EU) 2016/680 v. 27.4.2016, ABl. 2016 L 119, 89). Die Vorschrift knüpft an die Zuständigkeiten und Aufgaben des nordrhein-westfälischen Landesbeauftragten für Datenschutz und Informationsfreiheit als unabhängige Aufsichtsbehörde iSd Art. 41 JI-RL an (vgl. § 60 DSG NRW). Zugleich setzt die Norm Maßgaben um, welche das BVerfG in seinem Urteil zum BKAG (BVerfGE 141, 220 (319 ff., 340 ff.)) hinsichtlich der aufsichtsbehördlichen Kontrolle verdeckter und sonstiger eingriffsintensiver Überwachungsmaßnahmen sowie der Übermittlung von Daten an Drittstaaten aufgestellt hat (LT-Drs. 17/2576, 76). Eine mit § 33c vergleichbare Regelung findet sich in § 29a HSOG. Auf der Ebene des Bundesrechts findet § 33c eine Entsprechung in § 69 BKAG.

A. Unions- und verfassungsrechtlicher Hintergrund

1   Bei dem Landesbeauftragten für Datenschutz und Informationsfreiheit handelt es sich um eine **unabhängige Aufsichtsbehörde,** wie sie unionsrechtlich in den Art. 41 ff. JI-RL gefordert wird. Vor diesem Hintergrund ist die Regelung des § 33c zu sehen, der bei bestimmten Maßnahmen eine besondere Überprüfung bezüglich der Datenverarbeitung vorsieht (vgl. BeckOK PolR Hessen/Bäuerle HSOG § 29a Rn. 7). Zugleich dient der Datenschutzkontrolle, die § 33c anordnet, als **bereichsspezifische Konkretisierung des grundrechtlichen Schutzes der informationellen Selbstbestimmung** aus Art. 2 Abs. 1 GG iVm Art. 1 Abs. 1 GG. Das BVerfG hat zu Recht darauf hingewiesen, dass die Möglichkeiten, subjektiven Rechtsschutz zu erlangen, bei verdeckten Maßnahmen erheblich eingeschränkt sind. Diese Einbuße an Rechtsschutz müsse durch eine effektive aufsichtsbehördliche Kontrolle aufgefangen werden. Mit anderen Worten: Je weniger die Gewährleistung subjektiven Rechtsschutzes möglich ist, desto größere Bedeutung erhalten die Anforderungen an eine wirksame aufsichtliche Kontrolle und an die Transparenz des Behördenhandelns gegenüber der Öffentlichkeit (BVerfGE 141, 220 (282 ff.); sa BVerfGE 133, 277). Dem trägt § 33c Rechnung (vgl. zur Parallelvorschrift BeckOK PolR Hessen/Bäuerle HSOG § 29a Rn. 6 f.).

B. Umfang der Datenschutzkontrolle

2   S. 1 fordert **zumindest stichprobenartige Überprüfungen.** Der Landesdatenschutzbeauftragte muss folglich nicht alle Maßnahmen, die in den Prüfzeitraum fallen, unter dem Gesichtspunkt der Datenverarbeitung kontrollieren. Eine Kontrolle der Daten muss **mindestens alle zwei Jahre** stattfinden. Angesichts der Kompensationsfunktion der aufsichtsbehördlichen Kontrolle für den schwach ausgestalteten Individualrechtsschutz kommt nach Ansicht des BVerfG deren regelmäßiger Durchführung besondere Bedeutung zu (BVerfGE 141, 220 (285)). Das BVerfG hatte zudem gefordert, dass die Kontrollen in angemessenen Abständen durchzuführen sind. Deren Dauer dürfe ein gewisses Höchstmaß, etwa zwei Jahre, nicht überschreiten (BVerfGE 141, 220 (285)). Insgesamt sind die Vorgaben über Umfang und Frequenz der Prüfungen sehr offen gefasst. Gleichwohl sehen Teile der Literatur bereits diese wenigen Festlegungen im Hinblick auf die unionsrechtlich geforderte Unabhängigkeit der Aufsichtsbehörde als problematisch an. So verpflichtet Art. 42 Abs. 1 JI-RL die Mitgliedstaaten dazu vorzusehen, dass die zuständigen Aufsichtsbehörden bei der Erfüllung ihrer Aufgaben und der Ausübung ihrer Befugnisse gemäß der JI-RL „völlig unabhängig" handeln (vgl. zur Unabhängigkeit der Datenschutzaufsicht Roßnagel ZD 2015, 106). Im Schrifttum ist deshalb davon die Rede, der dogmatische Ausgangspunkt des BVerfG und dessen Forderung nach einer turnusmäßigen Prüfung seien mittlerweile „europarechtlich überholt" worden (BeckOK PolR Hessen/Bäuerle HSOG § 29a Rn. 8). Folgt man dem, so ist S. 1 – unionsrechtskonform – als **bloße Anregung an den Landesdatenschutzbeauftragten** zu deuten (s. für die Parallelvorschrift BeckOK PolR Hessen/Bäuerle HSOG § 29a Rn. 8; SGR/Ruthig BKAG § 69 Rn. 9).

C. Bereitstellen von Protokollen

Um die Kontrollen gem. S. 1 zu ermöglichen, sind dem Landesdatenschutzbeauftragten **3** die Protokollierungen gem. § 29 und § 33b durch technische und organisatorische Maßnahmen in geeigneter auswertbarer Form zur Verfügung zu stellen (vgl. BVerfGE 141, 220 (284 f.)). Das Merkmal **„technische und organisatorische Maßnahmen"** ist in einem weiten Sinne zu verstehen (vgl. Gola/Heckmann/Heckmann/Scheurer BDSG § 22 Rn. 6). Zu denken ist hier zB an geeignete Hard- und Software sowie das Aufsetzen eines effektiven Kommunikationsprozesses. In **auswertbarer Form** werden dem Landesdatenschutzbeauftragten die Protokollierungen zB dann zugänglich gemacht, wenn er sie als elektronisches Dokument erhält.

Dritter Unterabschnitt. Platzverweisung, Wohnungsverweisung und Rückkehrverbot zum Schutz vor häuslicher Gewalt

§ 34 Platzverweisung

(1) ¹**Die Polizei kann zur Abwehr einer Gefahr eine Person vorübergehend von einem Ort verweisen oder ihr vorübergehend das Betreten eines Ortes verbieten. ²Die Platzverweisung kann ferner gegen eine Person angeordnet werden, die den Einsatz der Feuerwehr oder von Hilfs- oder Rettungsdiensten behindert.**

(2) ¹**Rechtfertigen Tatsachen die Annahme, dass eine Person in einem bestimmten örtlichen Bereich eine Straftat begehen oder zu ihrer Begehung beitragen wird, kann ihr für eine bestimmte Zeit verboten werden, diesen Bereich zu betreten oder sich dort aufzuhalten, es sei denn, sie hat dort ihre Wohnung oder nimmt dort berechtigte Interessen wahr. ²Örtlicher Bereich im Sinne des Satzes 1 ist ein Gemeindegebiet oder ein Gebietsteil innerhalb einer Gemeinde. ³Die Maßnahme ist zeitlich und örtlich auf den zur Verhütung der Straftat erforderlichen Umfang zu beschränken. ⁴Sie darf die Dauer von drei Monaten nicht überschreiten.**

Überblick

Abs. 1 regelt den Platzverweis als präventiv-polizeiliche aufenthaltsbeschränkende Maßnahme. Der Platzverweis ist als Mittel zur Abwehr räumlich begrenzter Gefahrenlagen konzipiert und bezieht sich regelmäßig auf Orte im öffentlichen Raum (Plätze, Parks, Straßen etc). Unter den Voraussetzungen des § 24 Nr. 12 NRWOBG gilt Abs. 1 (nicht aber Abs. 2) entsprechend für die Ordnungsbehörden. In allen Polizei- und Ordnungsbehördengesetzen der Länder sind der Platzverweis und das Aufenthaltsverbot als Standardmaßnahmen ausdrücklich geregelt (vgl. zB § 31 HSOG, § 17 NPOG).

Übersicht

A. Platzverweis (Abs. 1)

I. Bedeutung und Zweck

1 Abs. 1 unterscheidet zwischen zwei Handlungsoptionen, die regelmäßig miteinander kombiniert werden. Einerseits besteht die Befugnis, den Maßnahmeadressaten des Ortes, an dem er sich aufhält, zu verweisen (**Entfernungsgebot**), andererseits kann die Polizei ihm das Betreten eines Ortes verbieten (**Betretungsverbot**). Ein Platzverweis darf nur zur Abwehr einer **konkreten Gefahr für die öffentliche Sicherheit oder Ordnung** ergehen. Abs. 1 S. 2 erlaubt die Erteilung von Platzverweisen gegenüber Personen, welche den Einsatz der Feuerwehr oder von Hilfs- oder Rettungsdiensten behindern.

2 Gestützt auf Abs. 1 kann dem Maßnahmeadressaten nicht aufgegeben werden, einen bestimmten Ort aufzusuchen. Dementsprechend sind **Meldeauflagen für Hooligans** nicht als Platzverweise zu qualifizieren. Gewaltbereite Hooligans können von der Polizei unter Androhung eines Zwangsgelds dazu aufgefordert werden, sich kurz vor oder während eines Bundesligaspiels bei einer bestimmten Polizeidienststelle zu melden. Dadurch soll gewährleistet werden, dass gewaltbereite Personen nicht in das jeweilige Stadion gelangen, um sich dort an Ausschreitungen zu beteiligen. Da das PolG NRW insoweit keine speziellen Regelungen enthält, finden Meldeauflagen ihre Grundlage in der polizeirechtlichen Generalklausel (§ 8). Diese Rechtsauffassung hat das BVerwG mit Urteil v. 25.7.2007 bestätigt (NVwZ 2007, 1439).

3 Ebenfalls keine Platzverweise sind Maßnahmen zur **Regelung des Straßenverkehrs.** Werden Verkehrsteilnehmer anlässlich eines Unglücksfalls oder aus anderen Gründen durch Polizeibeamte umgeleitet, handelt es sich bei den Maßnahmen um solche nach § 44 StVO iVm § 36 StVO. Gemäß § 36 StVO ist die Polizei befugt, den Verkehr durch Zeichen und Weisungen und durch Bedienung von Lichtzeichenanlagen zu regeln. Bei Gefahr im Verzug kann zur Aufrechterhaltung der Sicherheit oder Ordnung des Straßenverkehrs die Polizei an Stelle der an sich zuständigen Behörden tätig werden und vorläufige Maßnahmen treffen; sie bestimmt dann die Mittel zur Sicherung und Lenkung des Verkehrs (§ 44 Abs. 2 S. 2 StVO).

Abs. 1 tritt hinter speziellere gefahrenabwehrrechtliche Regelungen zurück. So können **4** Personen etwa gem. § 8 S. 2 Nr. 1 JuSchG zum Verlassen eines Ortes aufgefordert werden. Für den Ausschluss einzelner **Teilnehmer einer Versammlung** unter freiem Himmel iSd Art. 8 Abs. 1 GG gelten § 18 Abs. 3 VersammlG und § 19 Abs. 4 VersammlG. Werden alle Versammlungsteilnehmer aufgefordert, den Versammlungsort zu verlassen, handelt es sich um eine Versammlungsauflösung gem. § 15 Abs. 3 VersammlG. Verweisungsmaßnahmen gegenüber Personen, die die Polizei bei der Strafverfolgung stören, sind auf § 164 StPO zu stützen. Gemäß § 164 StPO dürfen Personen, die eine **strafprozessuale Amtshandlung** stören, vorübergehend festgenommen werden, wenn die Voraussetzungen dieser Vorschrift erfüllt sind und eine Festnahme erforderlich ist, um die Amtshandlung ordnungsgemäß durchführen zu können. Auf der Grundlage von § 164 StPO darf die Polizei allerdings auch im Vergleich zur Festnahme weniger eingriffsintensive Anordnungen treffen. So ist es zB zulässig, eine Person aufzufordern, einen abgesperrten Bereich zu verlassen. Kommt die Person dieser Aufforderung nach, bedarf es keiner Festnahme. Diese Grundsätze gelten gem. § 46 Abs. 1 OWiG entsprechend für die Verfolgung von Ordnungswidrigkeiten (Tegtmeyer/Vahle PolG NRW/Tegtmeyer Rn. 9).

Der Platzverweis ergeht als **befehlender Verwaltungsakt** iSd § 35 S. 1 VwVfG. NRW., **5** sodass die Verfahrensvorschriften der §§ 9 ff. VwVfG. NRW. zu beachten sind. Da das Gesetz kein Formerfordernis statuiert, ist die mündliche Erteilung eines Platzverweises ebenso möglich wie die Bekanntgabe mittels (Hand-) Zeichens (Lisken/Denninger PolR-HdB/Graulich E Rn. 416; Tegtmeyer/Vahle PolG NRW/Tegtmeyer Rn. 3). Die Verwaltung kann Platzverweise, die eine Vielzahl von Personen betreffen, durch **Allgemeinverfügung** aussprechen (vgl. VGH Mannheim NVwZ-RR 1997, 225; VG Stuttgart NVwZ-RR 1998, 103). Dabei handelt es sich um Verwaltungsakte nach § 35 S. 2 Var. 1 VwVfG. NRW., die sich an einen nach allgemeinen Merkmalen bestimmten oder bestimmbaren Personenkreis richten (sog. adressatenbezogene Allgemeinverfügung). Zu denken ist etwa daran, dass die Polizei bei einer Bombendrohung die Zuschauer eines Fußballspiels zum Verlassen des Stadions auffordert. In solchen Fällen ist besonderes Augenmerk darauf zu richten, ob die Maßnahme verhältnismäßig ist (VGH Mannheim NVwZ-RR 1997, 225 (226)). Die Bekanntgabe eines Platzverweises, der in Gestalt einer Allgemeinverfügung ergeht, kann öffentlich erfolgen, etwa mittels Lautsprecherdurchsagen (vgl. § 41 Abs. 4 VwVfG. NRW.).

II. Betroffene Grundrechte

Der Platzverweis ist grundrechtsrelevant. So greift ein Platzverweis, der gegenüber Stra- **6** ßenmusikern und Aktionskünstlern ausgesprochen wird, in die Kunstfreiheit des Art. 5 Abs. 3 S. 1 GG ein. Den Inhabern von (mobilen) Verkaufsständen, die Adressaten eines Platzverweises sind, steht die in Art. 12 Abs. 1 GG verbürgte Berufsfreiheit zur Seite. Personen, die in einer Fußgängerzone Flugblätter verteilen, können gegen einen Platzverweis – je nach Fallgestaltung – ihre Berufs-, Religions-, Meinungs-, Presse- oder Versammlungsfreiheit ins Feld führen (vgl. VGH Mannheim VBlBW 2008, 60 f. bezüglich der Meinungs- und Versammlungsfreiheit). Daneben ist vor allem ein Eingriff in die mobilitätsbezogenen Grundrechte aus Art. 2 Abs. 2 S. 2 GG (Freiheit der Person), Art. 11 Abs. 1 GG (Recht auf Freizügigkeit) sowie aus Art. 2 Abs. 1 GG (allgemeine Handlungsfreiheit) zu prüfen.

1. Freiheit der Person (Art. 2 Abs. 2 S. 2 GG)

Art. 2 Abs. 2 S. 2 GG schützt die **körperliche Fortbewegungsfreiheit** (BVerfG NVwZ **7** 2011, 743 f. mwN). Vor diesem Hintergrund wird teilweise davon ausgegangen, dass ein Platzverweis die Freiheit der Person einschränkt. Ein solcher Ansatz vernachlässigt jedoch die Entstehungsgeschichte des Art. 2 Abs. 2 S. 2 GG. Der Parlamentarische Rat hat bei der Ausgestaltung des Art. 2 Abs. 2 S. 2 GG bewusst an das in der britischen Verfassungstradition wurzelnde „**Habeas-Corpus-Recht**" angeknüpft, das Schutz vor willkürlicher Inhaftierung garantiert (v. Münch/Kunig/Kunig GG Art. 2 Rn. 73 mwN). So erklärt sich, dass auch das BVerfG das „besondere Gewicht" des Art. 2 Abs. 2 S. 2 GG betont (vgl. BVerfG NJW 1984, 1025) und mit Blick auf die körperliche Fortbewegungsfreiheit von einem „hohen Rechtsgut" spricht, das nur „aus besonders gewichtigen Gründen" eingeschränkt werden dürfe (vgl. BVerfG NJW 1967, 1795 (1800)). Dementsprechend ist Art. 2 Abs. 2 S. 2 GG restriktiv auszulegen und die Freiheit der Person nur beeinträchtigt, wenn staatliche Stellen den Grundrechtsträger daran hindern, einen bestimmten räumlichen Bereich zu verlassen. Hiervon ist beim Platzverweis nicht auszugehen (vgl. auch Maunz/Dürig/Di Fabio GG Art. 2 Abs. 2 S. 2 Rn. 28 mwN, der mit Hinweis auf die kurze Geltungsdauer eines Platzverweises die Freiheit der Person nicht für beeinträchtigt hält; aA Tegtmeyer/ Vahle PolG NRW/Tegtmeyer Rn. 1). Eine Beschränkung der grundrechtlichen Freiheit der Person ist erst zu bejahen, wenn der Betroffene zur Durchsetzung eines Platzverweises gem. § 35 Abs. 1 Nr. 3 von Polizeibeamten in Gewahrsam genommen wird.

2. Freizügigkeit (Art. 11 Abs. 1 GG) / allgemeine Handlungsfreiheit (Art. 2 Abs. 1 GG)

8   Nach der klassischen Definition des BVerfG gewährleistet Art. 11 Abs. 1 GG die Freiheit, an jedem beliebigen Ort des Bundesgebiets Wohnsitz und Aufenthalt zu nehmen (BVerfGE 2, 266 (273); BVerfG NVwZ 2014, 211 (223)). Was unter dem Begriff „**Wohnsitz**" zu verstehen ist, lässt sich unter Rückgriff auf § 7 BGB beantworten (vgl. Jarass/Pieroth/Jarass GG Art. 11 Rn. 2). Nach dieser Vorschrift begründet, wer sich an einem Ort ständig niederlässt, an diesem Ort seinen Wohnsitz. Unter welchen Voraussetzungen der **Aufenthalt** an einem Ort den verfassungsrechtlichen Schutz des Grundrechts aus Art. 11 Abs. 1 GG genießt, ist allerdings umstritten. Während einige Stimmen in der Literatur auf die **Dauer** des geplanten Aufenthalts abstellen, wollen andere die Betroffenheit des Schutzbereichs mittels **wertender Gesamtbetrachtung** ermitteln, in die Kriterien wie die Dauer (zB mehr als nur ein Tag), der Zweck (zB mehr als nur ein Spaziergang) und die Bedeutung (zB Kommunikation mit anderen Mitmenschen) des Aufenthalts einzustellen sind (Lisken/Denninger PolR-HdB/Graulich E Rn. 440 mwN).

9   Den grundrechtlichen Schutz von der Dauer des Aufenthalts abhängig zu machen, überzeugt jedoch schon deshalb nicht, weil Art. 11 Abs. 1 GG keinen zeitlichen Rahmen vorgibt. Es dürfte sich daher kaum Einigkeit darüber erzielen lassen, wie lange der Grundrechtsträger sich an einem Ort aufhalten muss, um sich auf das Freizügigkeitsgrundrecht berufen zu können. Das Abstellen auf einen bestimmten Zeitraum setzt sich somit dem Vorwurf der Beliebigkeit aus. Dieser Vorwurf trifft gleichermaßen diejenigen, die zusätzlich den Zweck und die Bedeutung des Aufenthalts berücksichtigen wollen. So bleibt offen, welcher Zweck maßgeblich und ab wann ein Aufenthalt so bedeutsam ist, dass der Betroffene das Grundrecht aus Art. 11 Abs. 1 GG geltend machen kann. Der qualifizierte Gesetzesvorbehalt des Art. 11 Abs. 2 GG spricht dafür, den Schutzbereich des Art. 11 Abs. 1 GG eng zu fassen. Auch ist zu bedenken, dass das BVerfG in seiner Definition der Freizügigkeit den Wohnsitz und den Aufenthalt nebeneinander stellt. Hieraus folgt, dass der von Art. 11 Abs. 1 GG geschützte Aufenthalt dem Wohnsitz ähneln muss. Während der Wohnsitz den dauerhaften räumlichen Lebensmittelpunkt des Grundrechtsträgers bildet, geht es bei dem von Art. 11 Abs. 1 GG erfassten Aufenthalt um einen **vorübergehenden Lebensmittelpunkt.** Dementsprechend greift ein Platzverweis nur dann in das Grundrecht auf Freizügigkeit ein (vgl. Lisken/Denninger PolR-HdB/Graulich E Rn. 416; Tegtmeyer/Vahle PolG NRW/Tegtmeyer Rn. 1; Nolte NVwZ 2001, 147 (152)). Selbst wenn der Platzverweis sich auf den räumlichen Lebensmittelpunkt des Adressaten bezieht (zu denken ist insbesondere an Obdachlose, die sich in einem geschützten Winkel eines Platzes oder in einem Park dauerhaft niedergelassen haben), ist ein Eingriff in das Freizügigkeitsgrundrecht zu verneinen. Denn wegen der nur kurzfristigen Wirkung eines Platzverweises ist der Betroffene nicht gezwungen, sich einen neuen Lebensmittelpunkt zu suchen. Nur unter dieser Voraussetzung lässt sich ein Eingriff in das Freizügigkeitsgrundrecht bejahen. Im Ergebnis ist ein Platzverweis daher nur an der **allgemeinen Handlungsfreiheit** des Art. 2 Abs. 1 GG zu messen (SBK PolG NRW/Keller Rn. 3).

3. Wohnungsverweisung

10   Der Maßnahmeadressat kann mittels Platzverweises auch dazu verpflichtet werden, seine Wohnung zu verlassen. Eine solche Verfügung scheitert nicht notwendigerweise an der Spezialität des § 34a, da diese Standardbefugnis auf den Sonderfall häuslicher Gewalt zugeschnitten ist (Dietlein/Hellermann NRWÖffR/Dietlein § 3 Rn. 157; aA Rhein OBG NRWOBG § 24 Rn. 3). Die Polizei darf den Betroffenen zB zum Verlassen seiner Wohnung auffordern,

wenn in deren Nähe ein Sprengkörper aus dem zweiten Weltkrieg gefunden wurde. Eine auf Abs. 1 gestützte Wohnungsverweisung kann in die **Eigentumsgarantie** eingreifen, da das Grundrecht aus Art. 14 Abs. 1 GG die Nutzungsbefugnisse des (Wohnungs-) Eigentümers sowie das Besitzrecht des Mieters umfasst (vgl. BVerfG NJW 2000, 2658 (2659); Jarass/Pieroth/Jarass GG Art. 13 Rn. 5; BeckOK GG/Fink GG Art. 13 Rn. 4). Beeinträchtigt sein können zudem die Grundrechte aus Art. 6 Abs. 1 und Abs. 2 GG, wenn durch die Anordnung der Kontakt zum Ehepartner oder Kind erschwert oder unterbunden wird. Ferner kann mit einem Platzverweis ein Eingriff in die **Berufsfreiheit** des Art. 12 Abs. 1 GG einhergehen, wenn der Maßnahmeadressat eine berufliche Tätigkeit in der Wohnung ausübt (Home Office, schriftstellerische Tätigkeit etc). Nicht betroffen ist dagegen die grundrechtliche **Unverletzlichkeit der Wohnung** aus Art. 13 Abs. 1 GG. Das Grundrecht gewährleistet das Recht des Einzelnen, in seinen Wohnräumen in Ruhe gelassen zu werden (BVerfGE 109, 279; 75, 318 (328); BeckOK GG/Fink GG Art. 13 Rn. 1). Art. 13 Abs. 1 GG beinhaltet daher ein grundsätzliches Verbot für die öffentliche Gewalt, in eine Wohnung einzudringen und dort gegen den Willen des Wohnungsinhabers zu verweilen (BVerfG FamRZ 2009, 1814; Maunz/Dürig/Papier GG Art. 13 Rn. 117; BeckOK GG/Fink GG Art. 13 Rn. 4). Auch substanzielle Eingriffe, die die Wohnung der Verfügung oder Benutzung ihres Inhabers ganz oder teilweise entziehen, sind am Maßstab des Art. 13 Abs. 1 GG zu prüfen, sofern durch sie die Privatheit der Wohnung beeinträchtigt wird (BVerfG NJW 1993, 2035 (2037)). Hiervon ist bei einem Platzverweis, der dem Betroffenen die Möglichkeit nimmt, seine Wohnung zu betreten oder sich in ihr aufzuhalten, nicht auszugehen (BVerfG NZM 2008, 682). Die Privatheit der Wohnung wird durch den Platzverweis weder aufgehoben noch beeinträchtigt. Dagegen ist ein Eingriff in das Grundrecht aus Art. 13 Abs. 1 GG zu bejahen, wenn Polizeibeamte in die Wohnung eindringen, um den Platzverweis zu vollziehen. Ein derartiges Vorgehen kommt nur zur Verhütung dringender Gefahren für die öffentliche Sicherheit und Ordnung in Betracht (vgl. Art. 13 Abs. 7 GG; zum Inhalt dieser Schrankenbestimmung Maunz/Dürig/Papier GG Art. 13 Rn. 117 ff.). Zu beachten ist in diesem Zusammenhang, dass Abs. 1 GG die Polizei nicht dazu ermächtigt, die Wohnung des Maßnahmeadressaten zu betreten und zu durchsuchen. Beides ist nur unter den Voraussetzungen des § 41 zulässig (Tegtmeyer/Vahle PolG NRW/Tegtmeyer Rn. 6).

III. Voraussetzungen

Für den Platzverweis gelten die allgemeinen Anforderungen an die formelle Rechtmäßig- **11** keit von Verwaltungsakten. Dem Anhörungserfordernis gem. § 28 Abs. 1 VwVfG. NRW. wird genügt, wenn der Polizeibeamte den Maßnahmeadressaten darauf hinweist, wieso er den Platzverweis erteilt, und der Betroffene daraufhin Gelegenheit zur Stellungnahme hat. Bei Gefahr im Verzug kann auf die Anhörung gem. § 28 Abs. 2 Nr. 1 VwVfG. NRW. verzichtet werden. Gemäß § 28 Abs. 2 Nr. 4 VwVfG. NRW. ist die Anhörung entbehrlich, wenn der Platzverweis in Gestalt einer adressatenbezogenen Allgemeinverfügung (§ 35 S. 2 Var. 1 VwVfG. NRW.) erlassen wird.

Abs. 1 knüpft den Erlass eines Platzverweises an eine Gefahr. Ausweislich der Legaldefini- **12** tion in § 8 Abs. 1 (bzw. § 14 Abs. 1 NRWOBG) ist hierunter eine **konkrete Gefahr für die öffentliche Sicherheit oder Ordnung** zu verstehen. Bei der in Abs. 1 S. 2 ausdrücklich genannten Behinderung des Einsatzes der Feuerwehr oder von Hilfs- und Rettungsdiensten handelt es sich um Regelbeispiele für abzuwehrende Gefahren (Dietlein/Hellermann NRWÖffR/Dietlein § 3 Rn. 160; Tegtmeyer/Vahle PolG NRW/Tegtmeyer Rn. 6). Die Störung von polizeilichen Amtshandlungen kann ebenfalls eine konkrete Gefahr begründen, welche den Erlass eines Platzverweises rechtfertigt (Tegtmeyer/Vahle PolG NRW/Tegtmeyer Rn. 8).

Der **Maßnahmeadressat** wird in Abs. 1 als „eine Person" bezeichnet. Ebenso wie zB **13** die Vorladung (§ 11), der Gewahrsam (§ 35) und die Durchsuchung (§ 39) ist der Platzverweis somit personenbezogen. Es stellt sich allerdings die Frage, welcher Adressatenkreis sich hinter der Bezeichnung „Person" verbirgt. Teile des Schrifttums gehen davon aus, dass „**jede Person", die zu der Gefahr in einer gewissen räumlichen Beziehung steht,** Adressat eines Platzverweises sein kann (GMW BayPolR, 3. Aufl. 2004, Rn. 670; ähnlich Hans JURA 1985, 431 (433 f.)). Ein Rückgriff auf die allgemeinen Regeln zur polizeirechtlichen

Verantwortlichkeit sei nicht erforderlich. Den zulässigen Adressatenkreis eines Platzverweises in diesem weiten Sinne aus dem Wesen der Vorschrift abzuleiten, überzeugt jedoch nicht, da es hierfür an Anhaltspunkten im Normtext fehlt. Auch wenn der Platzverweis ein effektives Mittel der Gefahrenabwehr sein soll, heißt dies nicht, dass die **Vorschriften über die polizeirechtliche Verantwortlichkeit** (§§ 4 ff.) nicht beachtet werden müssten. Richtig ist, dass es durchaus Standardmaßnahmen gibt, die auch dann zum Einsatz kommen dürfen, wenn die allgemeinen adressatenbezogenen Voraussetzungen für eine polizeirechtliche Inanspruchnahme nicht vorliegen (so zB die Datenerhebung gem. §§ 15 f.). Diese Befugnisnormen zeichnen sich allerdings dadurch aus, dass sie den Adressatenkreis selbst abschließend bestimmen oder der Polizei ein Einschreiten unabhängig von einer Gefahr für die öffentliche Sicherheit oder Ordnung erlauben. Dies ist beim Platzverweis nicht der Fall. Es ist daher nicht ersichtlich, weshalb in Bezug auf Abs. 1 von dem Erfordernis eines spezifischen Zurechnungsgrundes iSd §§ 4 ff. abgewichen werden sollte (so auch VG Frankfurt a. M. NVwZ 1998, 770; VG Schleswig NVwZ 2000, 464 (465) mwN). Für einen Rückgriff auf die §§ 4 ff. spricht auch die Regelung in S. 2, die von der Behinderung eines Einsatzes von Feuerwehr, Hilfs- oder Rettungsdiensten spricht und damit einen Gefahrenverursacher iSv § 7 Abs. 1 im Blick hat. In der polizeilichen Praxis spielt die Frage, ob der Maßnahmeadressat als Störer anzusehen ist, oftmals nur eine untergeordnete Rolle. Grund hierfür ist, dass bei einem Vorgehen gegen einen Nichtstörer regelmäßig auch die Voraussetzungen des § 6 erfüllt sind. Wenn zB die Polizei zu einer Schlägerei gerufen wird und sie die Beteiligten unabhängig davon, wer Angreifer und wer Angegriffener ist, durch die Erteilung von Platzverweisen auseinanderbringt, sind die Angegriffenen zwar nicht Störer, aber notstandspflichtig (Kingreen/Poscher POR § 15 Rn. 18).

IV. Rechtsfolge

1. Räumlicher Anwendungsbereich

14   Abs. 1 beschreibt den räumlichen Geltungsbereich des Platzverweises als „Ort". Entgegen vereinzelten Stimmen in der Literatur lässt sich diesem Begriff nicht entnehmen, dass damit eine Fläche von maximal 10.000 qm gemeint ist (so aber Helmke, Der polizeiliche Platzverweis im Rechtsstaat, 96). Das gilt umso mehr, als der handelnde Polizeibeamte regelmäßig kaum in der Lage sein dürfte, das räumliche Ausmaß des von ihm ausgesprochenen Platzverweises bis auf den Quadratmeter genau abzuschätzen (Robrecht/Petersen-Thrö SächsVBl. 2006, 29 (31)). Manche Autoren verlangen, dass der von **der Maßnahme erfasste Ort überschaubar sein muss** (vgl. zB Schenke PolR Rn. 132; Robrecht/Petersen-Thrö SächsVBl. 2006, 29 (31)). Dies macht die Rechtmäßigkeit eines Platzverweises aber letztlich von straßenplanerischen, architektonischen und topographischen Zufälligkeiten abhängig und führt zu kaum nachvollziehbaren Ergebnissen. Die Erfordernisse einer effektiven Gefahrenabwehr legen es nahe, das Tatbestandsmerkmal „Ort" **flexibel zu handhaben und nach Art und Umfang der Gefahr zu unterscheiden.** Sie rechtfertigen es jedoch nicht, den Platzverweis auf so weitläufige Flächen wie ein Kreis- oder Gemeindegebiet zu erstrecken (aA BayObLG NVwZ 2000, 467). Das belegt vor allem der **systematische Vergleich zu Abs. 2.** Diese Vorschrift verwendet den Begriff des örtlichen Bereichs und erlaubt der Polizei damit, ein Aufenthaltsverbot sowohl für das gesamte Gemeindegebiet als auch für einen bestimmten Gebietsteil innerhalb einer Gemeinde auszusprechen. Wenn das Tatbestandsmerkmal „Ort" in § 34 Abs. 1 auch weitflächige Gebiete erfassen würde, hätte der nordrheinwestfälische Gesetzgeber auch in Abs. 2 hierauf zurückgreifen können. Er hat dies jedoch nicht getan. Vor diesem Hintergrund ist davon auszugehen, dass mit dem „Ort" iSd Abs. 1 nur solche räumlichen Bereiche gemeint sind, deren Ausdehnung verhältnismäßig gering ist (vgl. Tomerius DVBl 2017, 1399 (1401)). Als Beispiele sind **innerörtliche Plätze (zB Markt-, Rathaus-, Spiel-, Schul- oder Bahnhofsvorplätze), Straßen, Straßenseiten, -teile und -abschnitte, Parkanlagen, Gebäude sowie Transportmittel (zB Busse, Straßenbahnen, Züge oder Flugzeuge)** zu nennen. Ein Betretungsverbot, das nicht nur ein Fußballstadion, sondern auch dessen nähere Umgebung erfasst, kann seine Rechtsgrundlage nur in Abs. 2 finden (vgl. VG Gelsenkirchen BeckRS 2015, 53793). Schließlich taugt Abs. 1 auch nicht als Rechtsgrundlage für eine **Ausgangssperre.** Ein zeitlich und räumlich begrenztes, allgemeines, sanktionsbewehrtes Verbot, sich außerhalb von Häusern auf Straßen und Plätzen aufzuhalten, bedarf vielmehr einer eigenständigen Ermächtigungsgrundlage, welche das geltende Polizeirecht nicht vorsieht (Einzelheiten bei Herzmann DÖV 2006, 678).

2. Verweisung / Betretungsverbot

Als Rechtsfolge gestattet Abs. 1, den Maßnahmeadressaten vorübergehend eines Ortes zu **15** verweisen oder ihm vorübergehend das Betreten eines Ortes zu verbieten. Flankierend kann die Polizei die **Mitnahme von Sachen oder Tieren** verlangen (DBH NRWÖffR, 5. Aufl. 2013, § 3 Rn. 159).

Mit Blick auf das Rechtsfolgenmerkmal „verweisen" stellt sich die Frage, ob dem Betroffe- **16** nen auch aufgegeben werden darf, **in welche Richtung** er den Ort, für den ein Platzverweis ausgesprochen wurde, zu verlassen hat. Hiergegen spricht scheinbar der Wortlaut des Abs. 1 S. 1, der nicht von einem „hin-" oder „anweisen" spricht. Zwingend ist dieses Argument aber schon deshalb nicht, weil der Wortbestandteil „weisen" andeutet, dass in der Verfügung eine bestimmte Richtung vorgegeben werden darf (Robrecht/Petersen-Thrö SächsVBl. 2006, 29 (32)). Für eine solche Befugnis sprechen auch praktische Erwägungen. So kann sich der Platzverweis durchaus auf einen größeren Bereich wie einen Park beziehen. Wäre die Polizei nicht befugt, eine Richtung vorzugeben, so stünde es dem Adressaten frei, den vom Platzverweis erfassten Ort an einer (von seinem derzeitigen Aufenthaltsort) möglichst weit entfernten Stelle zu verlassen. Hiermit dürfte regelmäßig das Risiko einhergehen, dass der Zweck des Verweises vereitelt wird oder sich die Gefahr für die öffentliche Sicherheit oder Ordnung sogar vergrößert. Vorgaben hinsichtlich der Richtung, in die sich der Betroffene entfernen soll, sind nicht mehr zulässig, wenn der Maßnahmeadressat den vom Platzverweis erfassten räumlichen Bereich verlassen hat. In diesen Fällen kommt allerdings der Erlass eines weiteren Platzverweises in Betracht.

3. Geltungsdauer des Platzverweises

Ein Platzverweis darf nach dem eindeutigen Wortlaut des Abs. 1 nur **vorübergehend 17** erteilt werden. Die damit in zeitlicher Hinsicht errichtete Schranke zu konkretisieren, bereitet erhebliche Schwierigkeiten. Der unbestimmte Rechtsbegriff „vorübergehend" hilft für sich genommen bei der Auslegung kaum weiter. Er gibt lediglich zu erkennen, dass einem Platzverweis überhaupt zeitliche Grenzen gesetzt sind. Wo genau diese Grenzen verlaufen, bleibt offen. Eine zeitliche Schranke folgt aus Abs. 2. Die Ermächtigungsgrundlage für den Erlass von Aufenthaltsverboten soll die den Gefahrenabwehrbehörden in Abs. 1 eingeräumten Befugnisse in zeitlicher und räumlicher Hinsicht erweitern. Dementsprechend darf ein Platzverweis die Höchstdauer für Aufenthaltsverbote von drei Monaten nicht erreichen oder überschreiten (zutr. Robrecht/Petersen-Thrö SächsVBl. 2006, 29 (32)). Welchen Spielraum die Gefahrenabwehrverwaltung unterhalb dieser Höchstgrenze hat, ist sehr umstritten. Das Meinungsspektrum reicht von einigen Stunden (Lisken/Denninger PolR-HdB/Denninger D Rn. 25) bis zu wenigen Tagen (Gusy PolR Rn. 277). Andere gehen davon aus, dass ein Platzverweis nicht länger als 24 Stunden andauern dürfe (Schenke PolR Rn. 132; Finger DVP 2004, 367).

Ein Anhaltspunkt für die Auslegung des Merkmals „vorübergehend" findet sich in Abs. 1 **18** S. 2, dem zufolge ein Platzverweis gegenüber einer Person angeordnet werden darf, die den Einsatz der Feuerwehr oder von Hilfs- oder Rettungsdiensten behindert. Die Dauer solcher Einsätze wird zwar maßgeblich durch Art, Umfang und Schwere des zugrundeliegenden Notfalls bestimmt. Man wird aber sagen können, dass die (durchschnittliche) Einsatzdauer nicht in Monaten oder Wochen, sondern in Stunden und Minuten zu bemessen ist. Ein vergleichbarer Maßstab wird auch für die Erteilung von Platzverweisen zur Abwehr sonstiger polizeirechtlicher Gefahren gelten. Diese Einschätzung bestätigt ein Blick auf die Grundrechtsbetroffenheit des Maßnahmeadressaten. Je länger ein Platzverweis andauert, desto eher läuft die Verwaltung Gefahr, in den Schutzbereich des Grundrechts aus Art. 11 Abs. 1 GG einzugreifen, da der Betroffene ggf. gezwungen sein wird, seinen Lebensmittelpunkt zu verlagern. Die Regelung des Abs. 1 erfüllt jedoch nicht die Vorgaben des qualifizierten Gesetzesvorbehalts aus Art. 11 Abs. 2 GG, weil sie die in dieser Norm vorgesehenen Zweckbindungen nicht aufgreift. Abs. 1 taugt damit nicht als Grundlage für freizügigkeitsrelevante Maßnahmen. Hinzu kommt, dass auch die Ordnungsbehörden gem. § 24 Nr. 12 NRWOBG iVm § 34 Abs. 1 einen Platzverweis aussprechen können, obwohl § 44 NRWOBG den Art. 11 Abs. 1 GG nicht als eingeschränktes Grundrecht nennt. Dies lässt den Schluss zu, dass der Gesetzgeber den **Platzverweis nicht als freizügigkeitsbeschränkende Maßnahme konzipiert** hat. Ob ein Platzverweis „vorübergehend" ist, muss daher unter Rückgriff auf die Kriterien beurteilt werden, anhand derer sich die Betroffenheit des Grundrechts auf Freizügigkeit ermitteln lässt. Will man einen Eingriff in das Freizügigkeitsgrundrecht generell ausschließen, so ist die **zeitliche Obergrenze für den Platzverweis niedrig anzusetzen.** Vor allem bei Obdachlosen kann es leicht dazu kommen, dass sie infolge eines Platzverweises einen neuen räumlichen Lebensmittelpunkt begründen müssen. Eine entscheidende Rolle spielt dabei der räumliche Umfang des Platzverweises, der in Wechselbeziehung zur zeitlichen Geltung zu setzen ist: Je größer der Ort ist, für den ein Platzverweis erteilt wird, desto strengere Anforderungen sind in zeitlicher Hinsicht zu stellen. In Abhängigkeit von der Gefahrenlage und dem räumlichen Umfang des Verbots ist von einer zeitlichen Obergrenze von **einigen Stunden** auszugehen. Sollte sich der Maßnahmeadressat dazu gezwungen sehen, an einem anderen Ort zu übernachten, erscheint es naheliegend, eine Verlagerung des räumlichen Lebensmittelpunktes anzunehmen, sodass der zugrundeliegende Platzverweis nicht mehr „vorübergehend" ist.

V. Durchsetzung des Platzverweises

1. Durchsetzungsgewahrsam / Rückgriff auf das allgemeine Vollstreckungsrecht

19   Gemäß § 35 Abs. 1 Nr. 3 kann ein Platzverweis mittels **Ingewahrsamnahme** des Betroffenen vollzogen werden. Die Ingewahrsamnahme ist nur zulässig, wenn sie „unerlässlich" ist, um den Platzverweis durchzusetzen. Es muss also eine Situation vorliegen, in der die Polizei den Platzverweis zumindest nicht auf Dauer aufrechterhalten kann, ohne den Maßnahmeadressaten in Gewahrsam zu nehmen (Tetsch/Baldarelli PolG NRW § 35 Erl. 3.3). Die in § 35 Abs. 1 Nr. 3 vorgesehene Befugnis, den Betroffenen in **Durchsetzungsgewahrsam** zu nehmen, schließt den Rückgriff auf das Verwaltungsvollstreckungsrecht nicht aus (Dietlein/Hellermann NRWÖffR/Dietlein § 3 Rn. 177; Tegtmeyer/Vahle PolG NRW/Tegtmeyer Rn. 4; Finger DVP 2004, 367 (373)). Der Begriff „Durchsetzung" legt nahe, dass die Maßnahme der Verwaltungsvollstreckung zuzuordnen ist (Tegtmeyer/Vahle PolG NRW/Tegtmeyer Rn. 4). Die Befugnisnorm für den Durchsetzungsgewahrsam findet sich allerdings außerhalb des Abschnitts über die Verwaltungsvollstreckung (§§ 50 ff.). Der Durchsetzungsgewahrsam ist daher nicht ein spezielles Zwangsmittel, sondern eine selbstständige Standardmaßnahme. Gemäß § 24 Nr. 12 NRWOBG iVm § 35 Abs. 1 Nr. 3 kann auch eine Ordnungsbehörde einen Platzverweis durch Ingewahrsamnahme des Maßnahmeadressaten durchsetzen.

20   Abs. 1 S. 1 erlaubt der Polizei, den Betroffenen durch Verwaltungsakt zum Verlassen eines Ortes zu verpflichten. Zugleich kann dem Maßnahmeadressaten das (erneute) Betreten des vom Platzverweis erfassten Ortes verboten werden (Dietlein/Hellermann NRWÖffR/Dietlein § 3 Rn. 157). Die Norm weist **kein Vollzugselement** auf. Dementsprechend richtet sich der zwangsweise Vollzug eines Platzverweises nach den §§ 50 ff. bzw. – wenn eine Ordnungsbehörde den Platzverweis ausgesprochen hat (§ 24 Nr. 12 NRWOBG iVm § 34 Abs. 1) – nach den §§ 55 ff. VwVG. NRW. Als Zwangsmittel ist vor allem an den unmittelbaren Zwang zu denken (Tegtmeyer/Vahle PolG NRW/Tegtmeyer Rn. 3). Grundsätzlich wird die Vollstreckung von Platzverweisen im sog. **gestreckten Verfahren** (§ 50 Abs. 2; § 55 Abs. 2 VwVG. NRW.) erfolgen müssen. Ein sofortiger Vollzug scheidet in der Regel aus, weil dieser gem. § 50 Abs. 2 (bzw. § 55 Abs. 2 VwVG. NRW.) notwendig sein muss. Notwendig ist die Vollstreckung ohne vorangehenden Grundverwaltungsakt dann, wenn der Erfolg der Maßnahme vereitelt oder erheblich gefährdet würde, falls die Behörde im gestreckten Verfahren – Erlass eines Verwaltungsaktes, Androhung eines Zwangsmittels, Anwendung – vorginge (Tegtmeyer/Vahle PolG NRW/Tegtmeyer § 50 Rn. 10). Hiervon ist mit Blick auf Platzverweise, die gegenüber anwesenden Personen erlassen werden, nur in Ausnahmefällen auszugehen.

2. Verbringungsgewahrsam

Beim sog. Verbringungsgewahrsam wird der Betroffene gegen seinen Willen in einem **21** Streifenwagen oder sonstigen Dienstfahrzeug an die Stadtgrenze oder in einen entlegenen Teil des Stadtgebiets gefahren und dort zurückgelassen, wenn er einen Platzverweis nicht befolgt. Der Abtransport im Fahrzeug stellt eine Freiheitsentziehung iSd Art. 104 Abs. 2–4 GG dar (LG Hamburg NVwZ-RR 1997, 537 (539 f.) mwN); das lässt aber nicht den Schluss zu, dass eine solche Verbringung eine **Ingewahrsamnahme** und damit unter den Voraussetzungen des § 35 zulässig ist. Zwar kann eine Ingewahrsamnahme für den Betroffenen durchaus mit einem Ortswechsel einhergehen. Der Abtransport einer in Gewahrsam genommenen Person dient aber dem Zweck, diese in eine Gewahrsamseinrichtung zu verbringen und so die räumlichen und organisatorischen Voraussetzungen für die weitere Freiheitsentziehung zu gewährleisten (vgl. Gusy NWVBl. 2004, 1 (7)). Der Verbringungsgewahrsam zielt hingegen darauf ab, den Betroffenen an einem entlegenen Ort auf freien Fuß zu setzen. Ein solches Vorgehen lässt sich auch nicht im Wege eines **Erst-recht-Schlusses** (argumentum a maiore ad minus) unter die Normen zum Polizeigewahrsam fassen. Es ist schon zweifelhaft, ob die Verbringung des Maßnahmeadressaten an den Stadtrand gegenüber der herkömmlichen Ingewahrsamnahme stets oder jedenfalls in der überwiegenden Zahl der Fälle als milderes Mittel zu qualifizieren ist. Grund hierfür ist, dass der Verbringungsgewahrsam in unterschiedlicher Weise durchgeführt werden kann. Das Urteil über seine Eingriffsintensität hängt entscheidend von den Umständen des Einzelfalls ab (Entfernung zum Ausgangsort, Witterungsverhältnisse, Uhrzeit, physische Konstitution des Betroffenen usw). Unabhängig davon ist die Frage der Eingriffsintensität letzten Endes nicht entscheidend. Denn die Zulässigkeit einer Minusmaßnahme ist daran zu knüpfen, dass ihre Wirkrichtung mit derjenigen der rechtlich geregelten schwerwiegenderen Maßnahme identisch ist. Hiervon ist mit Blick auf den Verbringungsgewahrsam sowie dem herkömmlichen Polizeigewahrsam nicht auszugehen.

Vor diesem Hintergrund drängt es sich auf, im Verbringungsgewahrsam die **Vollstreckung 22 eines Platzverweises** im Wege unmittelbaren Zwangs zu erblicken (Götz/Geis PolR § 8 Rn. 42). Gegen eine derartige rechtstechnische Konstruktion spricht allerdings, dass beim Verbringungsgewahrsam nicht nur das Verbot umgesetzt wird, an einem bestimmten Ort zu verbleiben, sondern auch das Gebot, sich an den Ort zu begeben, an dem die Polizei den Betroffenen zurücklässt. Eine Anordnung, die den Adressaten dazu verpflichtet, einen bestimmten Ort aufzusuchen, lässt Abs. 1 ausweislich seines Wortlauts jedoch nicht zu (zutr. Gusy PolR Rn. 297 mwN; SBK PolG NRW/Keller Rn. 2). Ein Platzverweis, der dem Betroffenen vorgibt, wohin er sich zu begeben hat, ist wegen Ermessensüberschreitung rechtswidrig (Robrecht/Petersen-Thrö SächsVBl. 2006, 29 (32)). Abzulehnen ist auch der Ansatz, den Verbringungsgewahrsam als **Vollstreckung einer auf die gefahrenabwehrrechtliche Generalklausel gestützten Anordnung** zum Wechsel des Aufenthaltsortes (sog. Umsetzungsverfügung) zu qualifizieren (so aber Schenke PolR Rn. 132b). Diese Konstruktion überzeugt schon deshalb nicht, weil die Polizei in der Praxis kaum jemals eine „Umsetzungsverfügung" erlassen wird, bevor sie eine Person in Verbringungsgewahrsam nimmt. Sie fordert den Betroffenen regelmäßig lediglich dazu auf, sich von seinem derzeitigen Aufenthaltsort fortzubewegen. Angesichts dessen ist die Deutung des Verbringungsgewahrsams als Anwendung unmittelbaren Zwangs, welcher der Durchsetzung einer von der Generalklausel getragenen „Umsetzungsverfügung" dient, in der Literatur als „theoretisches Gedankenspiel" verworfen worden (Schucht DÖV 2011, 553 (557)). Dem ist beizupflichten. Schließlich ist der Verbringungsgewahrsam auch nicht als **Vollstreckungsmaßnahme im Sofortvollzug** (§ 50 Abs. 2) zu bewerten. Für Maßnahmen der Verwaltungsvollstreckung ist die Existenz eines vollstreckungsfähigen Grundverwaltungsakts zwar keine unverzichtbare Voraussetzung. Es ließe sich deshalb daran denken, dass die Polizei beim Verbringungsgewahrsam eine hypothetische (Umsetzungs-) Verfügung vollstreckt. Der sofortige Vollzug kommt aber nur in Betracht, wenn er zur Abwehr einer gegenwärtigen Gefahr „notwendig" ist, also ein Vorgehen im gestreckten Vollstreckungsverfahren den Erfolg der Maßnahme vereiteln oder erheblich gefährden würde (Knemeyer PolR SuP Rn. 359). Diese Voraussetzungen sind beim Verbringungsgewahrsam regelmäßig nicht erfüllt. Festzuhalten bleibt somit, dass es sich beim Verbringungsgewahrsam nicht um eine Vollstreckungsmaßnahme handelt. Da es an einer passenden Ermächtigungsgrundlage fehlt, steht der Verbringungsgewahrsam trotz seiner unbestreitbaren polizeitaktischen Vorzüge mit dem geltenden Recht nicht im Einklang.

VI. Rechtsschutz

23   Ein Platzverweis hat sich üblicherweise bereits erledigt, bevor der Betroffene ihn gerichtlich angreifen kann. Statthaft ist dementsprechend die sog. **erweiterte Fortsetzungsfeststellungsklage analog § 113 Abs. 1 S. 4 VwGO**. Das Fortsetzungsfeststellungsinteresse lässt sich angesichts der Garantie effektiven Rechtsschutzes aus Art. 19 Abs. 4 GG damit begründen, dass ein Platzverweis mit schwerwiegenden, sich typischerweise kurzfristig erledigenden Grundrechtseingriffen einhergeht (vgl. Kopp/Schenke VwGO § 113 Rn. 145 mwN).

B. Aufenthaltsverbot (Abs. 2)

I. Bedeutung und Zweck

24   Durch Gesetz v. 8.7.2003 (GV. NRW. 410) wurde in Abs. 2 eine besondere Form des Platzverweises geregelt, für welche die Literatur – inhaltlich etwas verkürzend – die Bezeichnung „Aufenthaltsverbot" verwendet (vgl. etwa SBK PolG NRW/Keller Rn. 13; Tegtmeyer/Vahle PolG NRW/Tegtmeyer Rn. 10; Lisken/Denninger PolR-HdB/Graulich E Rn. 420). Zuvor waren die im Vergleich zum (herkömmlichen) Platzverweis in der Regel weitflächigeren und für einen längeren Zeitraum ausgesprochenen Aufenthaltsverbote auf die (ordnungsbehördliche) Generalklausel gestützt worden (vgl. OVG Münster NVwZ 2001, 459; Tegtmeyer/Vahle PolG NRW/Tegtmeyer Rn. 1, 12). Während das OVG Münster diese Praxis nicht beanstandete (NVwZ 2001, 231), wurde im Schrifttum der Rückgriff auf die Generalklausel angesichts der Eingriffsintensität der Maßnahme und des abschließenden Charakters der Regelung über den Platzverweis für unzulässig erachtet (Butzer VerwArch 2002, 506 (536 ff.); Volkmann NVwZ 2000, 361 (365); Finger DVP 2004, 367).

24a   Das in Abs. 2 geregelte Aufenthaltsverbot dient der Verhinderung von Straftaten. Die – in der Literatur übliche und im Folgenden deshalb aufgegriffene – Bezeichnung der Maßnahme als Aufenthaltsverbot kann Anlass zu Missverständnissen geben, weil die Polizei auf der Grundlage des Abs. 2 auch das Verbot aussprechen kann, einen bestimmten örtlichen Bereich zu betreten. Im Schrifttum werden Maßnahmen nach Abs. 2 deshalb auch als „**erweiterte**" oder „**qualifizierte" Platzverweise** bezeichnet (Finger DVP 2004, 367). Aufenthaltsverbote werden von der Polizei insbesondere eingesetzt, um das Entstehen und die Verfestigung sog. offener Drogenszenen zu bekämpfen. Eine offene Drogenszene zeichnet sich dadurch aus, dass Drogenabhängige auf öffentlichen Straßen und Plätzen mit Betäubungsmitteln handeln und diese dort auch konsumieren. Im Gefolge offener Drogenszenen kommt es nicht selten zu aggressiver Bettelei, Prostitution sowie zur Zunahme der (Beschaffungs-) Kriminalität (Deger VBlBW 1996, 90; Scheithauer VBlBW 1997, 447). Das wiederum kann nachteilige Auswirkungen auf die sozialen Strukturen in den betroffenen Stadtteilen haben (VGH München BayVBl. 2000, 85 (86); Lisken/Denninger PolR-HdB/Graulich E Rn. 420). Ferner erlässt die Polizei Aufenthaltsverbote, um gewaltbereite Personen (zB Hooligans, Skinheads) von Veranstaltungen (Sportveranstaltungen, Konzerte etc) fernzuhalten. Im Gegensatz zu einem Platzverweis kann das Aufenthaltsverbot dazu eingesetzt werden, dem Betroffenen das Betreten des jeweiligen Ortes für einen längeren Zeitraum zu untersagen. Außerdem ist der räumliche Geltungsbereich des Aufenthaltsverbots nicht auf kleinräumige Flächen begrenzt.

II. Gesetzgebungskompetenz

25   Die Verfassungsmäßigkeit der polizeigesetzlichen Ermächtigungsgrundlagen für das Aufenthaltsverbot ist wiederholt in Zweifel gezogen worden. Ein zentraler Einwand geht dahin, die Landesgesetzgeber verfügten wegen der freizügigkeitsbeschränkenden Wirkung von Aufenthaltsverboten nicht über die erforderliche Gesetzgebungskompetenz. In der Tat steht dem Bund nach Art. 73 Abs. 1 Nr. 3 GG die ausschließliche Gesetzgebungskompetenz für die

Freizügigkeit zu. Ob diese Bundeskompetenz die Länder daran hindert, die Polizei zum Erlass von Aufenthaltsverboten zu ermächtigen, lässt sich allerdings nur beantworten, wenn die Bedeutung des in Art. 73 Abs. 1 Nr. 3 GG verwendeten Begriffs der Freizügigkeit geklärt ist. So ist die Gesetzgebungskompetenz der Landesgesetzgeber nicht zweifelhaft, wenn man annimmt, dass Art. 73 Abs. 1 Nr. 3 GG auf die sog. **interterritoriale Freizügigkeit** zu beschränken ist. Folgt man dem, so wäre der Bund lediglich für einen Bruchteil der von Art. 11 Abs. 1 GG erfassten Sachverhalte zuständig. Er könnte Regelungen nur insoweit erlassen, als bei der Wahl von Aufenthalt und Wohnsitz die **Grenzen von Bundesländern** überschritten werden (Kappeler, Öffentliche Sicherheit durch Ordnung, 174 ff.; Alberts NVwZ 1997, 45 (47); Wuttke JuS 2005, 779 (781)). Für eine solche Auslegung des Art. 73 Abs. 1 Nr. 3 GG streiten beachtliche Argumente. Auf den ersten Blick erscheint eine bundeseinheitliche Regelung der Freizügigkeit nur insoweit sinnvoll und notwendig, als es um die Gewährleistung einer „überregionalen rechtlichen Ordnung" geht (Kappeler, Öffentliche Sicherheit durch Ordnung, 2001, 175 f.). Auch der Gesamtkontext, in den Art. 73 Abs. 1 Nr. 3 GG die Freizügigkeit stellt, soll ein restriktives Verständnis der diesbezüglichen Bundeskompetenz nahelegen (Robrecht SächsVBl. 1999, 232 (236)). Art. 73 Abs. 1 Nr. 3 GG überantwortet dem Bund nicht nur die Gesetzgebungskompetenz für die Freizügigkeit, sondern unter anderem auch für das Passwesen, die Ein- und Auswanderung und die Auslieferung. Die damit angesprochenen Regelungsmaterien beziehen sich auf Sachverhalte, in denen die (Außen-) Grenzen der Bundesrepublik überschritten werden.

Auf der anderen Seite ermöglicht das Kriterium der „überregionalen rechtlichen Ordnung" für sich genommen keine trennscharfe Abgrenzung von Bundes- und Landeskompetenzen. Außerdem hat der Hinweis auf den Gesamtzusammenhang des Art. 73 Abs. 1 Nr. 3 GG an Überzeugungskraft verloren. Im Zuge der Föderalismusreform des Jahres 2006 ist die Rahmenkompetenz des Bundes für das Melde- und Ausweiswesen (Art. 75 Abs. 1 Nr. 5 GG aF) in Art. 73 Abs. 1 Nr. 3 GG überführt und damit zu einer ausschließlichen Gesetzgebungszuständigkeit ausgebaut worden. Anders als das Passwesen, die Ein- und Auswanderung und die Auslieferung weisen weder das Melde- noch das Ausweiswesen einen spezifisch grenzüberschreitenden Bezug auf. Angesichts dessen würde es den Zusammenhang zwischen den einzelnen Kompetenztiteln in Art. 73 Abs. 1 Nr. 3 GG überbetonen, die Bundeskompetenz auf die interterritoriale Freizügigkeit zu beschränken. Das gilt umso mehr, als Art. 73 Abs. 1 Nr. 3 GG seinem Wortlaut nach kein Überschreiten von Landesgrenzen verlangt, sondern ohne Einschränkung von der „Freizügigkeit" spricht. Die Freizügigkeit ist auch Gegenstand des Art. 11 Abs. 1 GG. Zwar schützt das in dieser Norm niedergelegte Grundrecht lediglich die Freizügigkeit im Bundesgebiet. Insoweit ist zwischen Art. 73 Abs. 1 Nr. 3 GG und Art. 11 Abs. 1 GG aber von einem Gleichlauf auszugehen. Dementsprechend umfasst das Grundrecht aus Art. 11 Abs. 1 GG nicht nur die interterritoriale Freizügigkeit, sondern auch die Freizügigkeit innerhalb der Grenzen eines Landes oder einer Gemeinde. Entsprechendes muss für Art. 73 Abs. 1 Nr. 3 GG gelten.

Das bedeutet allerdings nicht, dass nur der Bund zur Einschränkung der Freizügigkeit **27** berechtigt ist. Grund hierfür ist der **Kriminalvorbehalt des Art. 11 Abs. 2 GG,** der Eingriffe in das Grundrecht auf Freizügigkeit zulässt, um Straftaten vorzubeugen. Das Vorbeugen von Straftaten ist eine präventiv-polizeiliche Aufgabe, die traditionell in die Gesetzgebungszuständigkeit der Länder fällt. Dementsprechend setzt der Kriminalvorbehalt eine entsprechende Regelungsbefugnis der Länder voraus und schränkt in seinem Anwendungsbereich die ausschließliche Gesetzgebungskompetenz des Bundes für die Freizügigkeit ein (VerfGH Bayern NVwZ 1991, 664 (666); OVG Bremen NVwZ 1999, 314 (316); MKS/Gusy GG Art. 11 Rn. 52; Schmitz, Straßen und polizeirechtliches Vorgehen gegen Randgruppen, 2003, 234 f.). Folglich sind die Länder verfassungsrechtlich nicht daran gehindert, ihre Polizeigesetze um eine Standardbefugnis für ein gefahrenabwehrrechtliches Aufenthaltsverbot zu ergänzen, solange sie die Zweckbindungen des Art. 11 Abs. 2 GG beachten.

III. Grundrechtsrelevanz der Maßnahme

1. Freiheit der Person (Art. 2 Abs. 2 S. 2 GG)

Das Aufenthaltsverbot ist **keine freiheitsbeschränkende Maßnahme.** Ein Eingriff in **28** das Grundrecht aus Art. 2 Abs. 2 S. 2 GG lässt sich insbesondere nicht mit Hinweis darauf begründen, dass der Maßnahmeadressat in seiner körperlichen Bewegungsfreiheit „in einer ganz bestimmten Richtung partiell beschränkt wird" (in diesem Sinne VG München BeckRS 1998, 31156944). Einer solchen Argumentation liegt die Vorstellung zugrunde, dass die Freiheit der Person das Recht schützt, jeden an sich tatsächlich und rechtlich zugänglichen Ort aufzusuchen und sich dort aufzuhalten. Wie bereits dargelegt wurde, kann Art. 2 Abs. 2 S. 2 GG jedoch eine umfassende „liberté d'aller et de venir" (Isensee/Kirchhof StaatsR-HdB/Wittreck § 151 Rn. 8; SBK PolG NRW/Keller Rn. 3) nicht entnommen werden. Art. 2 Abs. 2 S. 2 GG garantiert ein Recht auf **Freiheit von räumlicher Umgrenzung.** Ein Eingriff in das Grundrecht aus Art. 2 Abs. 2 S. 2 GG setzt voraus, dass dem Maßnahmead-ressaten das Verlassen eines bestimmten räumlichen Bereichs untersagt bzw. sonstwie erschwert oder unmöglich gemacht wird. Durch das Aufenthaltsverbot wird der Betroffene nicht an einem bestimmten Ort festgehalten. Folglich schränkt das Verbot nicht die grund-rechtliche Freiheit der Person ein.

2. Freizügigkeit (Art. 11 Abs. 1 GG) / allgemeine Handlungsfreiheit (Art. 2 Abs. 1 GG)

29   Ein Aufenthaltsverbot kann im Einzelfall in das Grundrecht aus Art. 11 Abs. 1 GG eingrei-fen. Entscheidend ist, ob die durch das Aufenthaltsverbot veranlasste Ortsveränderung die **(vorübergehende) Begründung eines neuen räumlichen Lebensmittelpunktes** erfor-derlich macht. Hiervon wird etwa auszugehen sein, wenn ein Obdachloser aus „seinem" Park oder die Angehörigen der offenen Drogenszene dauerhaft von ihrem Treffpunkt verwie-sen werden. Etwas anderes gilt indessen, wenn einem sog. Hütchenspieler aufgegeben wird, für einen längeren Zeitraum einem Bahnhofsvorplatz fernzubleiben. Ebenso wenig kann sich ein Bettler in der Fußgängerzone auf das Grundrecht aus Art. 11 Abs. 1 GG berufen. Beiden geht es nicht darum, einen räumlichen Lebensmittelpunkt zu begründen. Der Zweck ihres Verweilens liegt vielmehr darin, Passanten zu prellen oder um Almosen zu bitten (vgl. Schmitz, Straßen- und polizeirechtliches Vorgehen gegen Randgruppen, 2003, 52; Pieroth JuS 1985, 81 (85)). Ist das Grundrecht aus Art. 11 Abs. 1 GG nicht betroffen, so ist das Aufenthaltsverbot nur an der allgemeinen Handlungsfreiheit aus Art. 2 Abs. 1 GG zu messen.

IV. Voraussetzungen

1. Zuständigkeit

30   Zuständig für den Erlass von Aufenthaltsverboten ist die **Polizei.** § 24 Nr. 12 NRWOBG stellt ausdrücklich klar, dass Ordnungsbehörden ein Aufenthaltsverbot nicht verhängen dür-fen. Nach dieser Bestimmung können sich die Ordnungsbehörden zur Erfüllung der ihnen obliegenden Aufgaben im Bereich der Gefahrenabwehr auf § 34 nur „mit Ausnahme von Absatz 2" berufen. Soweit sie den Erlass eines Aufenthaltsverbots für erforderlich halten, müssen die Ordnungsbehörden folglich den Fall an die zuständige Polizeibehörde abgeben (Finger DVP 2004, 367 (369)). Ordnungsbehörden sind auch nicht befugt, auf die General-klausel des § 14 NRWOBG gestützte Aufenthaltsverbote zu erlassen. Es wäre gesetzessyste-matisch nicht nachvollziehbar, wenn die Ordnungsbehörden nach Maßgabe des § 14 NRWOBG Aufenthaltsverbote erlassen dürften und der Polizei diese Befugnis nur unter den wesentlich strengeren Voraussetzungen des Abs. 2 zustünde (Haurand NRWPolR 100; Finger DVP 2004, 367 (370); Finger Die Polizei 2004, 82; vgl. Tegtmeyer/Vahle PolG NRW/Tegtmeyer Rn. 12). Außerdem würde der Rückgriff auf § 14 NRWOBG die Regelung in § 24 Nr. 12 NRWOBG ihres Sinns berauben. Schließlich steht einem Rückgriff auf die Generalklausel auch der Gesetzesvorbehalt des Art. 11 Abs. 2 GG entgegen. Das Aufenthaltsverbot ist eine freizügigkeitsrelevante Maßnahme. Der Gesetzesvorbehalt des Art. 11 Abs. 2 GG fordert ein Tätigwerden des Gesetzgebers. Über die Zulässigkeit grundrechtsintensiver Maßnahmen hat der Gesetzgeber selbst zu entscheiden. Art. 11 Abs. 2 GG verlangt dabei von ihm, dass er sich bei der Ausformung einer freizügigkeitsrelevanten Regelung für einen oder mehrere der in Art. 11 Abs. 2 GG vorgesehenen Eingriffszwecke entscheidet. In § 14 Abs. 1 NRWOBG klingen die Eingriffszwecke des Art. 11 Abs. 2 nicht einmal ansatzweise an. Die Entscheidung, ob die Polizei die Freiheit der Person einzuschränken befugt ist, darf dem

Gesetzgeber auch nicht durch eine verfassungskonforme Auslegung des § 14 Abs. 1 NRWOBG abgenommen werden.

Die ausschließliche Zuständigkeit der Polizei für den Erlass von Aufenthaltsverboten ist in der Litera- **30.1** tur als rechtspolitisch verfehlt kritisiert worden. Die Kritiker anerkennen zwar, dass das Aufenthaltsverbot der Verhütung von Straftaten dient und damit eine klassische vollzugspolizeiliche Aufgabe betrifft. Dies soll sachlich aber allenfalls eine „parallele Zuständigkeit" von Polizei und Ordnungsbehörden, „auf keinen Fall" eine Alleinzuständigkeit der Polizei rechtfertigen können (s. Roggan/Kutscha Recht der Inneren Sicherheit-HdB/Hecker 331, 358 f.). Ungeachtet dieser Einwände bleibt festzuhalten, dass das im Gefahrenabwehrrecht geltende Subsidiaritätsverhältnis zwischen den Polizei- und den Ordnungsbehörden, dem zufolge vorrangig die Ordnungsbehörden zur Gefahrenabwehr berufen sind, nicht verfassungsrechtlich vorgegeben ist. Dementsprechend ist der Rechtsanwender an die Entscheidung des Landesgesetzgebers gebunden, dass Aufenthaltsverbote nur von der Polizei erlassen werden dürfen.

2. Form

Das Aufenthaltsverbot ist ein Verwaltungsakt iSd § 35 VwVfG. NRW. Da das PolG NRW **31** für Aufenthaltsverbote keine besondere Form vorsieht, kann es – ebenso wie ein Platzverweis – schriftlich, elektronisch, mündlich oder in anderer Weise ergehen (§ 37 Abs. 1 VwVfG. NRW.). In der Praxis erlässt die Polizei Aufenthaltsverbote grundsätzlich schriftlich, um Unklarheiten über die vom Verbot erfasste Örtlichkeit sowie die Dauer der Maßnahme zu vermeiden (für eine entsprechende Berücksichtigung des § 20 NRWOBG plädiert Finger DVP 2004, 367 (370)). Vor dem Erlass eines Aufenthaltsverbots ist der Betroffene gem. § 28 Abs. 1 VwVfG. NRW. anzuhören. Die Anhörung wird im Regelfall mangels Eilbedürftigkeit nicht nach § 28 Abs. 2 Nr. 1 VwVfG. NRW. entbehrlich sein, wie es sonst für Maßnahmen von Polizeivollzugsbeamten üblich ist.

Die Pflicht, den Betroffenen anzuhören, entfällt gem. § 28 Abs. 2 Nr. 4 VwVfG. NRW. in den **31.1** Fällen, in denen das Aufenthaltsverbot als Allgemeinverfügung gegenüber einem nach allgemeinen Merkmalen bestimmten oder bestimmbaren Personenkreis ergeht (vgl. § 35 S. 2 Var. 1 VwVfG. NRW.). Aufgrund des generell-konkreten Charakters einer Allgemeinverfügung und des hiermit verbundenen Verzichts auf eine Einzelfallprüfung darf ein Aufenthaltsverbot nur in besonders gelagerten Ausnahmefällen als Allgemeinverfügung erlassen werden (vgl. VG Darmstadt NVwZ 2016, 1344 (1346); Finger DVP 2004, 367 (370)). In diesem Sinne hat der VGH Mannheim festgestellt, dass eine „Verfügung an alle Personen, die sich in einem im Einzelnen näher bezeichneten Bereich aufhalten und offensichtlich der Drogenszene zuzurechnen sind oder zu ihr Kontakte suchen, den Antreffort zu verlassen und für die Dauer von drei Monaten nicht mehr zu betreten, sofern kein berechtigtes Interesse an einem Aufenthalt in einem der genannten Bereiche nachgewiesen ist, [...] als Allgemeinverfügung wegen Verstoßes gegen das Gebot der pflichtgemäßen Ermessensausübung und wegen Verletzung des Verhältnismäßigkeitsgrundsatzes rechtswidrig [ist]" (NVwZ-RR 1997, 225).

3. Begehung einer Straftat

Das Aufenthaltsverbot dient dazu, in einem bestimmten örtlichen Bereich die Begehung **32** einer Straftat zu verhindern. Unter einer Straftat ist eine **tatbestandsmäßige rechtswidrige Handlung iSd § 1 StGB** zu verstehen. Unerheblich ist, ob die Straftat schuldhaft begangen wird. Zur Abwehr von Gefahren für die öffentliche Sicherheit oder Ordnung unterhalb der Schwelle zur Straftat, etwa zur Unterbindung von Beeinträchtigungen des Stadtbilds und -lebens durch Bettelei, öffentlichen Alkoholkonsum und öffentliches Auftreten von Obdachlosen und Nichtsesshaften, dürfen Aufenthaltsverbote gem. Abs. 2 nicht eingesetzt werden (Kingreen/Poscher POR § 15 Rn. 22; Finger DVP 2004, 367 (371)). Zur Verhinderung von sonstigen Gefahren für die öffentliche Sicherheit oder Ordnung dürfen Aufenthaltsverbote nicht erlassen werden. Mit dem Erlass eines Aufenthaltsverbots kann die Polizei folglich nicht das Ziel verfolgen, den Maßnahmeadressaten von der Verwirklichung einer **Ordnungswidrigkeit** abzuhalten. Die Absicht der Polizei, das **Sicherheitsgefühl in der Bevölkerung** zu stärken, vermag den Erlass eines Aufenthaltsverbots ebenfalls nicht zu rechtfertigen. Eine Maßnahme nach Abs. 2 darf auch nicht dazu eingesetzt werden, um ein bestimmtes Verhalten des Maßnahmeadressaten zu sanktionieren (Roggan/Kutscha Recht der Inneren Sicherheit-HdB/Hecker 352).

33   Die weite Formulierung des Abs. 2, die nicht zwischen einzelnen Straftatbeständen unterscheidet, ist in der Literatur auf Kritik gestoßen (Roggan/Kutscha Recht der Inneren Sicherheit-HdB/Hecker 340). Die Kritik fußt auf der Annahme, dass angesichts der eng begrenzten Schrankenvorbehalte in Art. 11 Abs. 2 GG ein Eingriff in das Grundrecht auf Freizügigkeit nicht bei jeder beliebigen Straftat gerechtfertigt werden könne. Deshalb sei eine **gesetzliche Eingrenzung des Aufenthaltsverbots auf erhebliche Straftaten** verfassungsrechtlich zwingend erforderlich (Roggan/Kutscha Recht der Inneren Sicherheit-HdB/Hecker 340). In der Tat lässt sich nicht von der Hand weisen, dass es Argumente dafür gibt, die Straftaten, die den Erlass eines Aufenthaltsverbots rechtfertigen können, im Gesetz ausdrücklich zu benennen. Die Inbezugnahme des Straftatenkatalogs in § 8 Abs. 3 würde es dem Bürger erleichtern, den Anwendungsbereich des Abs. 2 zu erfassen. Darüber hinaus wäre dem Einwand vorgebeugt, wichtige Fragen des Zusammenlebens blieben der Entscheidung durch Behörden und Gerichte überlassen.

34   Gleichwohl ist das Abstellen auf „erhebliche Straftaten" – ebenso wie die Aufnahme eines Straftatenkatalogs in Abs. 2 – nicht von Verfassungs wegen gefordert. Etwas anderes ergibt sich insbesondere nicht aus dem **rechtsstaatlichen Bestimmtheitsgrundsatz.** Der Bestimmtheitsgrundsatz ist ein relatives Optimierungsgebot. Er verlangt nicht absolute, sondern mit Blick auf den zu regelnden Lebenssachverhalt größtmögliche Bestimmtheit (Möslein, Dispositives Recht, 2011, 424). Vor diesem Hintergrund ist zu bedenken, dass der Erlass eines Aufenthaltsverbots in unterschiedlichen Situationen angezeigt sein kann. Würde der Gesetzgeber einen abschließenden Straftatenkatalog in die Befugnisnormen über das Aufenthaltsverbot aufnehmen, so wäre der Anwendungsbereich dieser Standardmaßnahme von vornherein auf ausgewählte Situationen beschränkt und für die Polizei unveränderbar festgelegt. In neuartigen und vom Gesetzgeber möglicherweise nicht bedachten Situationen könnte die Polizei auf das Instrument des Aufenthaltsverbots dementsprechend nicht zurückgreifen. Vor diesem Hintergrund ist es verfassungsrechtlich nicht zu beanstanden, dass der nordrhein-westfälische Gesetzgeber sich gegen die Aufnahme eines abschließenden Straftatenkatalogs in Abs. 2 entschlossen hat. Das gilt umso mehr, als die weit gefasste Formulierung „eine Straftat begehen oder zu ihrer Begehung beitragen" den potentiellen Maßnahmeadressaten den Anwendungsbereich der Regelung deutlich vor Augen führt. Es kann daher nicht davon die Rede sein, dass Personen, denen gegenüber die Polizei ein Aufenthaltsverbot ausspricht, von dieser Maßnahme überrascht würden.

35   Auch aus dem qualifizierten Gesetzesvorbehalt des Art. 11 Abs. 2 GG folgt nicht die Notwendigkeit eines Straftatenkatalogs. Art. 11 Abs. 2 GG erlaubt Freiheitsbeschränkungen, sofern diese erforderlich sind, um strafbaren Handlungen vorzubeugen. Wenn die Norm allgemein von „strafbaren Handlungen" spricht, nimmt sie keine Beschränkung auf bestimmte Straftatbestände vor. Eine solche Beschränkung lässt sich auch nicht aus einem wertenden Vergleich mit den anderen in Art. 11 Abs. 2 GG genannten Eingriffszwecken herleiten. Es dürfte kaum Einigkeit darüber zu erzielen sein, die Abwehr welcher Straftaten wertungsmäßig mit der Bekämpfung von Seuchengefahr oder dem Schutz der Jugend vor Verwahrlosung vergleichbar ist. Ein Beleg hierfür ist der Umstand, dass die Stimmen in der Literatur, die den Kriminalvorbehalt des Art. 11 Abs. 2 GG auf eine bestimmte Gruppe von Straftaten beschränken wollen, bislang keine gemeinsame Linie gefunden haben. Während die einen von „erheblichen" Straftaten sprechen (Roggan/Kutscha Recht der Inneren Sicherheit-HdB/Hecker 340), plädieren andere dafür, den Kriminalvorbehalt auf solche Straftaten zu beziehen, die die Grundlagen des Gemeinschaftslebens oder „höchstwertige" Rechtsgüter bedrohen (vgl. Bündnis 90/Die Grünen im Landtag Niedersachsen, Vom Mißbrauch des Polizeirechts, 1996, 51, 53). Angesichts dieses uneinheitlichen Meinungsbildes erscheint es vorzugswürdig, dem Wortlaut des Art. 11 Abs. 2 GG treu zu bleiben und auf das Erfordernis einer besonderen Bedeutung der vorzubeugenden Straftat zu verzichten (skeptisch gegenüber den Eingrenzungsversuchen im Schrifttum auch Maunz/Dürig/Durner GG Art. 11 Rn. 153 f.; Finger DVP 2004, 367 (371); Schoch JURA 2005, 34 (38)). Zum gleichen Schluss führt ein Vergleich von Art. 11 Abs. 2 GG mit der Schrankenregelung des Art. 13 Abs. 3 S. 1 GG. In Art. 13 Abs. 3 S. 1 GG ist die Rede davon, dass jemand eine „durch Gesetz einzeln bestimmte besonders schwere Straftat" begangen hat. Im Gegensatz dazu ist der Kriminalvorbehalt des Art. 11 Abs. 2 GG wesentlich weiter gefasst. Er fordert gerade nicht, dass der Gesetzgeber den Anwendungsbereich polizeigesetzlicher Befugnisnormen, welche mit Eingriffen in das Grundrecht auf Freizügigkeit einhergehen, auf einen gesetzlich bestimmten Katalog von (besonders schweren) Straftaten beschränkt.

4. Eingriffsschwelle („Rechtfertigen Tatsachen die Annahme")

Der Erlass eines Aufenthaltsverbots kommt in Betracht, wenn Tatsachen die Annahme **36** rechtfertigen, dass eine Person in einem bestimmten örtlichen Bereich eine Straftat begehen oder zu ihrer Begehung beitragen wird. Das Gesetz setzt eine **auf Tatsachen gestützte Prognoseentscheidung** voraus. Unter den Begriff der Tatsache iSd Abs. 2 sind sowohl sinnlich wahrnehmbare Vorgänge als auch Zustände der Vergangenheit oder Gegenwart zu fassen (Finger DVP 2004, 367 (371)). Relevante Tatsachen können eigene Wahrnehmungen oder – zB auf eine Befragung zurückzuführende – Ermittlungsergebnisse sein (SBK PolG NRW/Keller Rn. 14). Die betroffene Person selbst oder ihr Verhalten muss Anlass gegeben haben, das Aufenthaltsverbot auszusprechen. Tatsachen, die die Annahme rechtfertigen, dass Straftaten von dem Adressaten begangen werden, sind insbesondere dann gegeben, wenn der Betroffene in der Vergangenheit wegen der Begehung von Straftaten in Erscheinung getreten ist und hiermit auch zukünftig gerechnet werden kann (Roos/ Lenz RhPfPOG § 13 Rn. 21). In die Prognoseentscheidung der Polizei ist nicht nur eine einschlägige Verurteilung, sondern auch ein laufendes Ermittlungsverfahren einzustellen (Siegel NJW 2013, 1035 (1037)). Die **strafprozessuale Unschuldsvermutung** (Art. 6 Abs. 2 EMRK) steht dem nicht entgegen, weil sie im Bereich der Gefahrenabwehr keine Geltung beanspruchen kann. Weitere Beispiele für Tatsachen, die die Begehung einer Straftat nahelegen, sind die glaubhafte Ankündigung der Tat durch den Maßnahmeadressaten sowie die Aufforderung zu ihrer Begehung. Zu denken ist ferner an das Mitsichführen von Waffen und Werkzeugen, die bei bestimmten Straftaten regelmäßig zum Einsatz kommen.

Es genügt, dass die **Begehung der Straftat hinreichend wahrscheinlich** ist. Etwas **37** anderes folgt insbesondere nicht aus dem Schrankenvorbehalt des Art. 11 Abs. 2 GG („um strafbaren Handlungen vorzubeugen"). Teile der Literatur haben sich zwar auf den Standpunkt gestellt, der Kriminalvorbehalt des Art. 11 Abs. 2 GG verlange eine „hohe Wahrscheinlichkeitsstufe" (Neuner, Zulässigkeit und Grenzen polizeilicher Verweisungsmaßnahmen, 2003, 124) bzw. die „überwiegende Wahrscheinlichkeit" einer Straftat (Waechter NdsVBl. 1996, 197 (202)). Die Befürworter dieser Sichtweise verweisen unter anderem darauf, dass die Freizügigkeit ein hochrangiges Rechtsgut ist. Darüber hinaus argumentieren sie, das Erfordernis einer erhöhten Wahrscheinlichkeit der Straftatenbegehung folge daraus, dass die freizügigkeitsbeschränkende Maßnahme zur Vorbeugung einer Straftat „erforderlich" sein müsse (Neuner, Zulässigkeit und Grenzen polizeilicher Verweisungsmaßnahmen, 2003, 124). Eine solche Argumentation muss sich jedoch entgegenhalten lassen, dass das verfassungsrechtliche Gebot der Erforderlichkeit herkömmlicherweise in einem anderen Sinne interpretiert wird. Es bildet einen integralen Bestandteil des Verhältnismäßigkeitsprinzips. Als solcher fordert der Erforderlichkeitsgrundsatz von staatlichen Stellen, sich für diejenige Maßnahme zu entscheiden, die den Bürger im Vergleich zu anderen, gleich geeigneten Maßnahmen am wenigsten oder überhaupt nicht belastet. Auch wenn das in Art. 11 Abs. 2 GG enthaltene Merkmal der Erforderlichkeit prognostische Elemente aufweist, heißt dies nicht, dass aus ihm das Erfordernis einer bestimmten Schadenswahrscheinlichkeit abgeleitet werden könnte. Die pauschale Forderung nach einer hohen Wahrscheinlichkeit der Straftatenbegehung läuft zudem auf einen sehr starren Maßstab hinaus, der in der praktischen Anwendung des Aufenthaltsverbots kaum zu überzeugen weiß. Es ist zu Recht davor gewarnt worden, Art. 11 Abs. 2 GG allzu schematische Maßstäbe zu entnehmen (Maunz/Dürig/Durner GG Art. 11 Rn. 154). Wie wahrscheinlich die Straftatenbegehung sein muss, lässt sich nur dann nachvollziehbar festlegen, wenn die Art der Straftat, die geschützten Rechtsgüter sowie die Zahl der potentiellen Opfer berücksichtigt werden. Die gebotene Flexibilität lässt sich indes nicht erreichen, wenn man pauschal eine hohe Wahrscheinlichkeit fordert. Hierzu bedarf es vielmehr des Rückgriffs auf den Maßstab der „hinreichenden Wahrscheinlichkeit". Die hinreichende Wahrscheinlichkeit bezeichnet ein Maß an Wahrscheinlichkeit, das zwischen der Sicherheit einerseits und der nahezu völlig auszuschließenden Möglichkeit andererseits liegt (Kingreen/Poscher POR § 8 Rn. 7). Welche konkreten Anforderungen hieraus folgen, hängt von Art und Umfang sowie der zeitlichen Nähe des zu erwartenden Schadens ab. Vor diesem Hintergrund ist der Erlass eines Aufenthaltsverbots auch bei einem **Gefahren-verdacht** zulässig (VGH Mannheim NVwZ-RR 2017, 873 f.; Roggan/Kutscha Recht der Inneren Sicherheit-HdB/Hecker 332 f.; vgl. Kingreen/Poscher POR § 15 Rn. 23; allg. zum Gefahrenverdacht Schenke PolR Rn. 83 ff.). Das Aufenthaltsverbot bietet der Polizei somit die Möglichkeit, bereits im Vorfeld einer konkreten Gefahr Straftaten zu verhindern.

5. Maßnahmeadressat

38   Abs. 2 selbst regelt abschließend, wem gegenüber ein Aufenthaltsverbot erlassen werden darf. Ein Rückgriff auf die allgemeinen Störervorschriften der §§ 4 ff. ist nicht erforderlich (SBK PolG NRW/Keller Rn. 19). Als Adressaten eines Aufenthaltsverbots kommen Personen in Betracht, bei denen mit **hinreichender Wahrscheinlichkeit** davon ausgegangen werden kann, dass sie in dem betreffenden örtlichen Bereich eine Straftat begehen werden. Nicht zu überzeugen vermag die frühere Rechtsprechung, der zufolge Aufenthaltsverbote auch an Personen gerichtet werden dürfen, die sich lediglich in einer Drogenszene aufhalten und diese Szene dadurch personell verstärken (vgl. OVG Münster NVwZ 2001, 459; VG Hamburg Urt. v. 7.12.1994 – 14 VG 3235/92). Denn nicht die Drogenszene selbst, sondern die dort begangenen Betäubungsmitteldelikte stellen eine Gefahr für die öffentliche Sicherheit dar, die den Erlass eines Aufenthaltsverbotes rechtfertigen kann (zutr. Finger DVP 2004, 367 (372); Albertz NVwZ 1997, 45 (48)). Der bloße Hinweis auf die „Szenezugehörigkeit" (vgl. VGH Mannheim NVwZ-RR 2017, 873 (874); OVG Lüneburg DÖV 2018, 719 (720); Benrath DVBl 2017, 868 (871)) oder den „regelmäßigen Aufenthalt" in der Drogenszene kann nicht den insoweit erforderlichen Nachweis ersetzen, dass der in Anspruch Genommene voraussichtlich eine Straftat begehen wird.

39   Die Polizei darf ein Aufenthaltsverbot auch an solche Personen richten, die voraussichtlich zu der Begehung einer Straftat beitragen werden. In der Literatur ist die Formulierung „**zur Begehung einer Straftat beitragen**" wiederholt kritisiert worden (vgl. Leiterer, „Zero Tolerance" gegen soziale Randgruppen?, 2007, 243; Robrecht SächsVBl. 1999, 232 (235 f.)). Sie sei überflüssig, weil sowohl die Täter als auch die Teilnehmer einer Straftat unter die Tatbestandsalternative „eine Straftat begehen" zu fassen seien. Der Begriff „beitragen" sei zudem ausufernd weit. Wenn „beitragen" nicht Teilnahme im strafrechtlichen Sinne bedeute, würden von diesem Merkmal zB auch Personen erfasst, die einem Drogensüchtigen durch Sozialarbeit den Aufenthalt in der Innenstadt dadurch erleichterten, dass sie ihm warme Räume und Nahrung anböten (Leiterer, „Zero Tolerance" gegen soziale Randgruppen?, 2007, 243). Der Kritik an der Tatbestandsvoraussetzung „beitragen" ist zu widersprechen. Zweifelhaft ist bereits, ob das Merkmal „eine Straftat begehen" auch die Teilnahme an einer Straftat – also Anstiftung und Beihilfe – erfasst. Die Zweifel beruhen auf der Wortwahl in § 25 StGB. Danach wird wegen Täterschaft bestraft, wer eine Straftat selbst oder durch einen anderen „begeht". Aber selbst wenn man davon ausgeht, dass nicht nur die Täterschaft, sondern auch die Teilnahme unter die Formulierung „eine Straftat begehen" zu fassen ist, überzeugt die Kritik am Merkmal „beitragen" nicht. Die Gefahr einer uferlosen Ausweitung des Adressatenkreises ist mit der Wendung „zu ihrer Begehung beitragen wird" nicht verbunden. Der Begriff „beitragen" beinhaltet nämlich ein Kausalitätserfordernis. Die Frage nach der Kausalität des vom Maßnahmeadressaten geleisteten Beitrags ist dabei nach den im Polizeirecht herrschenden Grundsätzen, also der **Theorie der unmittelbaren Verursachung** zu beantworten (Finger DVP 2004, 367 (372) Fn. 64). Ein Verhalten ist demnach nur dann ursächlich, wenn es für sich gesehen die polizeirechtliche Gefahrenschwelle überschreitet und dadurch die hinreichende Wahrscheinlichkeit des Schadenseintritts begründet oder erhöht wird.

40   Zu beachten ist, dass es iRd § 34 Abs. 2 unerheblich ist, ob der Maßnahmeadressat sich strafbar gemacht hat. Das Gefahrenabwehrrecht dient dem Zweck, eine Beeinträchtigung der öffentlichen Sicherheit zu verhindern, und zwar unabhängig von der **strafrechtlichen Verantwortlichkeit**. Dementsprechend kann ein Aufenthaltsverbot auch dann ergehen, wenn der **subjektive Tatbestand einer Strafrechtsnorm** nicht erfüllt oder ein **Strafantrag** nicht gestellt ist. Ebenso wenig spielt es mit Blick auf das präventiv-polizeiliche Einschreiten der Polizei eine Rolle, ob der Störer **schuldhaft** handelt. Es muss lediglich hinreichend wahrscheinlich sein, dass der objektive Tatbestand eines Strafgesetzes verwirklicht wird.

V. Räumlicher und zeitlicher Geltungsbereich des Aufenthaltsverbots

Das Aufenthaltsverbot kann für einen „**örtlichen Bereich**" ausgesprochen werden. Unter **41** diesen Begriff fällt gem. Abs. 2 S. 2 sowohl das **Gemeindegebiet insgesamt** als auch ein **Gebietsteil innerhalb einer Gemeinde**. Auch bezüglich der räumlichen Ausdehnung des Verbotsbereichs muss die Polizeibehörde den Grundsatz der Erforderlichkeit beachten. Abs. 2 S. 3 legt ausdrücklich fest, dass „die Maßnahme […] örtlich auf den zur Verhütung der Straftat erforderlichen Umfang zu beschränken" ist. Der jeweilige Verbotsbereich muss daher nachvollziehbar mit der konkret zu verhütenden Straftat in Verbindung stehen (Finger DVP 2004, 367 (372)). Vor diesem Hintergrund ist ein umfassendes „Stadtverbot" nur ausnahmsweise zulässig (Finger DVP 2004, 367 (372)). Insbesondere die Verhängung großflächiger Aufenthaltsverbote für „Fußball-Hooligans" jenseits des Stadion- und Innenstadtbereichs ist in diesem Zusammenhang kritisch zu betrachten (vgl. VG Darmstadt NVwZ 2016, 1344 (1346); Hecker NVwZ 2016, 1301 (1304)). Je größer das Gebiet einer Gemeinde ist, desto eher gebietet der Grundsatz der Verhältnismäßigkeit, das Aufenthaltsverbot auf einen bestimmten Teil des Gemeindegebiets zu beschränken (Tegtmeyer/Vahle PolG NRW/Tegtmeyer Rn. 11). Auch wenn ihr räumlicher Zuständigkeitsbereich sich auf mehrere Gemeinden erstreckt, kann eine Polizeibehörde nicht ein einheitliches Aufenthaltsverbot für mehrere Gemeinden aussprechen. Dies folgt aus dem Wortlaut des Abs. 2. Aus diesem ergibt sich, dass „ein Gemeindegebiet" in räumlicher Hinsicht die Obergrenze für ein Aufenthaltsverbot bildet. Es bleibt der Polizei allerdings unbenommen, mehrere Aufenthaltsverbote zu verhängen, von denen jedes sich auf das gesamte Gebiet einer Gemeinde bezieht.

Im Gegensatz zum Platzverweis kann das Aufenthaltsverbot für einen längeren Zeitraum **42** verhängt werden. Seine Geltungsdauer richtet sich nach Art und Umfang der zu verhütenden Straftat (Roos/Lenz RhPfPOG § 13 Rn. 23). Der jeweilige Geltungszeitraum ist anhand einer einzelfallbezogenen Prüfung festzulegen (Roggan/Kutscha Recht der Inneren Sicherheit-HdB/Hecker 355). Das gilt auch und insbesondere, wenn das Aufenthaltsverbot in Gestalt einer Allgemeinverfügung ergeht. Die zeitliche Obergrenze für ein Aufenthaltsverbot liegt bei **drei Monaten** (§ 34 Abs. 2 S. 4). Wenn nicht neue Tatsachen iSd Abs. 2 vorliegen, darf ein dreimonatiges Aufenthaltsverbot sich nicht nahtlos an ein vorheriges, ebenfalls drei Monate andauerndes Aufenthaltsverbot anschließen, da dies dem Sinn und Zweck der Befristung widersprechen würde (Nachbaur VBlBW 2018, 45 (48)). Auch ist es unzulässig anzuordnen, dass sich der Verbotszeitraum bei Missachtung des Verbots „automatisch" verlängert (Roggan/Kutscha Recht der Inneren Sicherheit-HdB/Hecker 355).

Ein Aufenthaltsverbot darf dem Maßnahmeadressaten nicht den Zugang zu seiner Woh- **43** nung oder die Wahrnehmung **berechtigter Interessen** unmöglich machen. Der Maßnahmeadressat kann ein berechtigtes Interesse iSd Abs. 2 S. 1 anführen, wenn er einen Arzt, Rechtsanwalt, Sozialarbeiter, eine Behörde oder eine Drogenberatungsstelle im Verbotsbereich aufsuchen möchte (vgl. auch VGH Mannheim VBlBW 1997, 314 (318); Bösch JURA 2009, 650 (651)). Dasselbe gilt, wenn das Aufenthaltsverbot sich auf den Arbeitsplatz bzw. die Ausbildungsstätte, die Wohnung der Eltern oder Gebäude erstreckt, in denen der Betroffene seine Religion ausüben möchte (Meixner/Fredrich HSOG § 31 Rn. 16; Finger DVP 2004, 367 (373)). Grund hierfür ist, dass der Adressat noch am sozialen Leben teilnehmen und seine Kontakte pflegen können soll. Ein berechtigtes Interesse iSd Abs. 2 ist nicht anzuerkennen, wenn der Betroffene lediglich beabsichtigt, eine Kneipe oder ein Restaurant im Verbotsbereich zu besuchen. Ferner ist eine Einschränkung des Aufenthaltsverbots wegen berechtigter Interessen nicht schon deshalb angezeigt, weil der Betroffene aufgrund der gegen ihn ausgesprochenen Maßnahme einen Umweg und damit einen Zeitverlust in Kauf nehmen muss (Haurand NRWPolR 99; Muckel/Ogorek JA 2013, 845 (851)).

Um dem Betroffenen zu verdeutlichen, welche Bereiche von der Verfügung erfasst werden, **44** muss die Polizei in der Entscheidungsformel des Aufenthaltsverbots die in Betracht kommenden Ausnahmen genau bezeichnen. Ob im konkreten Fall Ausnahmen vorzusehen sind, ist **von Amts wegen** zu ermitteln. Zudem muss die Polizei dem Betroffenen im Zuge der Anhörung darauf hinweisen, dass die Möglichkeit besteht, auch nach Erlass des Aufenthaltsverbots die Aufnahme von weiteren Ausnahmen in die Verbotsverfügung zu beantragen. Dies folgt aus der Grundrechtsrelevanz des Aufenthaltsverbots (Roggan/Kutscha Recht der Inneren Sicherheit-HdB/Hecker 356). Sind Ausnahmetatbestände in der Verbotsverfügung nicht oder unzureichend berücksichtigt worden, so kann der Betroffene die nachträgliche Aufnahme entsprechender Ausnahmen in die Verbotsverfügung verlangen (Roggan/Kutscha Recht der Inneren Sicherheit-HdB/Hecker 357).

VI. Absolutes Betretungsverbot und einfaches Aufenthaltsverbot

45   Als Rechtsfolge sieht Abs. 2 die Befugnis zum Erlass von zwei verschiedenen Verbotsverfügungen vor, die auch miteinander kombiniert werden können: das Betretungs- und das Aufenthaltsverbot. Das Betretungsverbot untersagt dem Betroffenen jedwedes Eindringen in ein bestimmtes Gebiet (OVG Münster NVwZ 2001, 231; Schucht, Generalklausel und Standardmaßnahme, 2010, 191). Es schließt also das Verbot ein, das betreffende Gebiet zu durchqueren. Von einem Aufenthalt iSd Abs. 2 kann dagegen erst gesprochen werden, wenn der Maßnahmeadressat im Verbotsbereich verweilt (VGH München NVwZ 2000, 454 (457); Schucht, Generalklausel und Standardmaßnahme, 2010, 192). Zu beachten ist, dass eine Verfügung gem. Abs. 2 nicht nur Verbote, sondern auch Gebote aufstellt. So ist dem Verbot, einen bestimmten Bereich zu betreten oder sich dort aufzuhalten, zugleich das Gebot zu entnehmen, den Verbotsbereich zu verlassen, wenn Verboten zuwider gehandelt wird.

VII. Ermessen / Verhältnismäßigkeit

46   Der Erlass eines Aufenthaltsverbots steht im Ermessen der Polizei. Eine Verbotsverfügung leidet unter einem Ermessensfehler, wenn die Polizei es versäumt zu prüfen, ob **Ausnahmen von dem Aufenthaltsverbot** (Wohnung, berechtigte Interessen) zuzulassen sind (Roggan/ Kutscha Recht der Inneren Sicherheit-HdB/Hecker 356). Im Zusammenhang mit der Bekämpfung von **offenen Drogenszenen** ist zu beachten, dass für viele Abhängige die Drogenszene der einzige Ort ist, an dem sie soziale Kontakte pflegen. Der Treffpunkt der Szene ist nicht selten zugleich „Schlafplatz-, Informations- und Jobbörse" (Cremer NVwZ 2001, 1218 (1219)). Das Aufenthaltsverbot soll die Begehung von Straftaten **an bestimmten Orten** verhindern. Der Verhältnismäßigkeit der Maßnahme steht es daher nicht entgegen, wenn die Verbotsverfügung lediglich zu einer Verdrängung kriminellen Verhaltens an andere Orte führt (vgl. OVG Bremen NVwZ 1999, 314 (317); anders BerlKommPolR/Söllner ASOG Bln § 29 Rn. 23). Insoweit besteht eine Parallele zur Videoüberwachung im öffentlichen Raum, deren Eignung ebenfalls mit Hinweis darauf angezweifelt wird, sie führe lediglich zu einer räumlichen Problemverlagerung (Roggan/Kutscha Recht der Inneren Sicherheit-HdB/Hecker 345).

47   Zudem gebietet das Verhältnismäßigkeitsprinzip, eine Verbotsverfügung nach Abs. 2 zeitlich einzuschränken, wenn die einschlägigen Straftaten nur zu bestimmten Tageszeiten (etwa in den späten Abendstunden) begangen werden (Roggan/Kutscha Recht der Inneren Sicherheit-HdB/Hecker 355). Auch die in Abs. 2 vorgesehenen Ausnahmen (Zugang zur Wohnung, berechtigte Interessen) vom Aufenthaltsverbot dienen dazu, das Verhältnismäßigkeitsprinzip zu wahren (Finger, Die offenen Szenen der Städte, 2006, 138). Im Nachgang zu einem Aufenthaltsverbot kann es gerechtfertigt sein, den Verbotsbereich zu überwachen. So lässt sich gewährleisten, dass bei Anwesenheit des Maßnahmeadressaten im Verbotsbereich Vollzugsmaßnahmen ergriffen werden können (Hecker NVwZ 2003, 1334 (1336)). Eine Maßnahme nach Abs. 2 ist nur erforderlich, wenn ein milderes, gleich effektives Mittel nicht zur Verfügung steht. Zu denken ist in diesem Zusammenhang etwa an Identitätsfeststellungen (§ 12), Durchsuchungen (§ 39) oder Sicherstellungen (§ 43). Diese Maßnahmen sind oftmals allerdings nicht gleich effektiv, da sie – anders als das Aufenthaltsverbot – nicht längerfristig wirken. Der Erlass eines Aufenthaltsverbots ist regelmäßig unangemessen, wenn Bagatellstraftaten in Rede stehen. Größere Gebiete oder gar eine ganze Gemeinde können nicht gegenüber Einwohnern, wohl aber gegenüber Ortsfremden mit einem Aufenthaltsverbot belegt werden. Dies setzt allerdings eine umfassende und strenge Prüfung des Aufenthaltsverbots am Maßstab des Verhältnismäßigkeitsprinzips voraus.

48   Eine weitere wichtige Ermessensgrenze bildet der im Rechtsstaatsprinzip wurzelnde **Bestimmtheitsgrundsatz** (§ 37 VwVfG. NRW.). Er verlangt, dass der Entscheidungssatz der Verfügung so klar und eindeutig gefasst ist, dass der Maßnahmeadressat sein Verhalten – ggf. unter Rückgriff auf die Begründung (BVerwG NVwZ 2004, 878 (879); SBS/Stelkens VwVfG § 37 Rn. 3) – danach richten und die mit dem Vollzug betraute Behörde die Regelung etwaiger Vollstreckungsmaßnahmen zugrunde legen kann (Muckel/Ogorek JA 2013, 845 (851)). So ist es erforderlich, dass der räumliche Geltungsbereich des Aufenthaltsverbots genau festgelegt wird. Das kann dadurch erfolgen, dass die Polizei in der Verfügung auf eine beigefügte **Stadt- oder Landkarte** verweist, auf der der Verbotsbereich markiert ist (SBK PolG NRW/Keller Rn. 16; Muckel/Ogorek JA 2013, 845 (851)). Abs. 2 S. 1 unterscheidet auf Rechtsfolgenseite zwischen dem Verbot des Betretens und dem Verbot des Aufenthalts. Vor diesem Hintergrund muss die Behörde genau festlegen, ob sie nur das längerfristige Verweilen oder auch das bloße Betreten und Durchqueren des Verbotsbereichs untersagen will. Ein Verbot des „Herumtreibens" gibt hierüber keinen Aufschluss (Muckel/Ogorek JA 2013, 845 (851)). Sprachlich eindeutig wäre es zB, ein „Durchquerungs-, Betretungs- und Aufenthaltsverbot" zu verhängen. Schließlich müssen auch die Ausnahmen vom Aufenthaltsverbot in einer dem Bestimmtheitsgebot entsprechenden Weise formuliert werden. Das bedeutet, dass die „berechtigten Interessen" konkret zu benennen sind, damit der Adressat erkennen kann, welches Verhalten ihm erlaubt und welches verboten ist (Roggan/Kutscha Recht der Inneren Sicherheit-HdB/Hecker 357).

VIII. Verhältnis zu anderen Vorschriften

1. Platzverweis

Platzverweis und Aufenthaltsverbot unterscheiden sich zunächst hinsichtlich ihres **zeitli- 49 chen Umfangs.** Während ein Platzverweis gem. Abs. 1 vorübergehend ergeht, wirkt eine Verbotsverfügung nach Abs. 2 für einen Zeitraum von bis zu drei Monaten. Ein (kurzfristiger) Platzverweis darf allerdings auch zur Abwehr einer Gefahr ausgesprochen werden, die länger andauert. Auch wenn die Gefahrenlage sich in einem solchen Fall kaum dauerhaft auflösen lässt, kann ein Platzverweis zur Gefahrenabwehr geeignet sein. Grund hierfür ist, dass eine Maßnahme unter dem Gesichtspunkt der Verhältnismäßigkeit schon dann geeignet ist, wenn sie den mit ihr beabsichtigten Zweck fördert. Zu denken ist in diesem Kontext etwa an das Vorgehen der Polizei gegen eine offene Drogenszene. Nach allgemeiner Auffassung ist ein Einschreiten gegen Angehörige der offenen Drogenszene sowohl mittels Platzverweises (VGH Mannheim DÖV 1997, 314 (315)) als auch Aufenthaltsverbots zulässig (VGH München DÖV 1999, 502; OVG Münster NVwZ 2001, 231). Dem lässt sich nicht entgegenhalten, dass sich Platzverweis und Aufenthaltsverbot auf unterschiedliche Gefahrenlagen beziehen (so aber OVG Bremen NVwZ 1999, 314). Ein **Aufenthaltsverbot ist im Vergleich zum Platzverweis kein aliud;** beide Maßnahmen stehen vielmehr in einem maior-minus-Verhältnis (Finger, Die offenen Szenen der Städte, 2006, 133; Butzer VerwArch 2002, 506 (525 f.); Roggan/Sürig KJ 1999, 307 (309)). Personen, denen es aufgrund eines langfristigen Aufenthaltsverbotes untersagt ist, eine bestimmte Örtlichkeit aufzusuchen, können ggf. trotz dieses Verbots gem. Abs. 1 erneut vorübergehend des Platzes verwiesen werden, wenn das aufgrund ihres Verhaltens unumgänglich erscheint. Wegen des Vorrangs des bereits bestehenden langfristigen Aufenthaltsverbots kommt ein solches Vorgehen aber nur dann in Betracht, wenn anders die Aufrechterhaltung der öffentlichen Sicherheit und Ordnung nicht möglich ist.

Die beiden Standardmaßnahmen unterscheiden sich ferner in ihrem **räumlichen 50 Umfang.** Während das Gesetz den Erlass eines Platzverweises nur für einen „Ort" zulässt, bezieht sich ein Aufenthaltsverbot auf einen „örtlichen Bereich". Entgegen vereinzelten Stimmen in der Literatur ist es nicht zulässig, einen Platzverweis für ein ganzes Gemeindegebiet auszusprechen (Meixner/Fredrich HSOG § 31 Rn. 2). Das belegen auch die Gesetzgebungsmaterialien zu Abs. 2. In ihnen klingt an, dass Abs. 1 als Grundlage für ein räumlich weit gefasstes Aufenthaltsverbot ausscheidet (LT-Drs. 13/2854, 58).

Nach dem – in § 2 Abs. 1 ausdrücklich niedergelegten – Erforderlichkeitsgrundsatz ist die **51** Polizei verpflichtet, von mehreren möglichen und geeigneten Maßnahmen diejenige zu ergreifen, die den Einzelnen und die Allgemeinheit voraussichtlich am wenigsten beeinträchtigt. Dementsprechend ist stets zu prüfen, ob der Platzverweis sich im konkreten Fall gegenüber dem Aufenthaltsverbot als gleich geeignetes, aber milderes Mittel darstellt. Hat der Betroffene bereits wiederholt entsprechende Platzverweise missachtet und steht dies auch für die Zukunft zu erwarten, so weist das Aufenthaltsverbot im Vergleich zu einem weiteren Platzverweis die größere Eignung auf (vgl. Roos/Lenz RhPfPOG § 13 Rn. 19). Ein Aufenthaltsverbot ist einem Platzverweis nach Abs. 1 nicht schon deshalb vorzuziehen, weil es die personellen Ressourcen der Polizei schont und eine Arbeitserleichterung bedeutet (vgl. VGH Mannheim NVwZ 2003, 115 (117)). Das Aufenthaltsverbot bietet der Polizei im Gegensatz zum Platzverweis die Möglichkeit, längerfristig gegen Intensivtäter vorzugehen.

2. Maßnahmen nach dem VersammlG

52   Obwohl der Bundesgesetzgeber im Zuge der Föderalismusreform des Jahres 2006 seine konkurrierende Gesetzgebungskompetenz für das Versammlungsrecht verloren hat, gilt das VersammlG gem. Art. 125a Abs. 1 GG fort. Es kann allerdings durch Landesrecht ersetzt werden. Der nordrhein-westfälische Gesetzgeber hat von dieser Möglichkeit bislang keinen Gebrauch gemacht, sodass das VersammlG des Bundes in Nordrhein-Westfalen weiterhin anwendbar ist und in seinem Regelungsbereich die Bestimmungen des allgemeinen Gefahrenabwehrrechts verdrängt („Polizeifestigkeit von Versammlungen"). Das VersammlG regelt die Eingriffsbefugnisse der Verwaltung gegenüber **öffentlichen Versammlungen.** Eine Versammlung ist öffentlich, wenn sie nicht auf einen von vornherein individualisierten Personenkreis beschränkt ist (Kingreen/Poscher POR § 19 Rn. 13; Schenke PolR Rn. 362). Vor diesem Hintergrund darf ein Aufenthaltsverbot nicht eingesetzt werden, um den Maßnahmeadressaten die Teilnahme an einer öffentlichen Versammlung zu erschweren oder unmöglich zu machen. Gegen Personen, die den (friedlichen) Ablauf einer Versammlung beeinträchtigen, muss unter Rückgriff auf das versammlungsrechtliche Eingriffsinstrumentarium vorgegangen werden. Zu denken ist insbesondere daran, den betreffenden Versammlungsteilnehmer von der Versammlung auszuschließen (vgl. § 13 Abs. 2 VersammlG, § 18 Abs. 3 VersammlG und § 19 Abs. 4 VersammlG). Die Ausschlussverfügung beendet die Teilnahme an der Versammlung und verpflichtet die Adressaten, die Versammlung sofort zu verlassen. Hierdurch verliert der Verfügungsadressat den besonderen Schutz des VersammlG, sodass ihm gegenüber Maßnahmen auf das allgemeine Gefahrenabwehrrecht gestützt werden können (Schenke PolR Rn. 377). Wenn die Voraussetzungen des § 15 Abs. 3 VersammlG erfüllt sind, kann die Polizei auf die Auflösung der Versammlung verzichten und auf die milderen und flexibleren Rechtsfolgen des allgemeinen Gefahrenabwehrrechts zurückgreifen (argumentum a maiore ad minus). Als eine solche Minusmaßnahme dürfte ein Aufenthaltsverbot wegen seiner Eingriffsintensität jedoch nur selten in Betracht kommen. Da die Eingriffsvoraussetzungen bei Minusmaßnahmen dem VersammlG zu entnehmen sind, ist unerheblich, dass § 7 den Art. 8 Abs. 1 GG nicht zitiert.

IX. Durchsetzung des Aufenthaltsverbots

53   Missachtet der Maßnahmeadressat das ihm gegenüber erlassene Aufenthaltsverbot, so kann die Polizei die Verfügung mit den Mitteln des Verwaltungsvollstreckungsrechts (§§ 50 ff.) durchsetzen. Als Zwangsmittel statthaft ist insbesondere das **Zwangsgeld** gem. § 53 (Tegtmeyer/Vahle PolG NRW/Tegtmeyer Rn. 12), das bei Zuwiderhandlungen eingefordert werden kann. Für den Fall der Zahlungsverweigerung kann durch richterlichen Beschluss **Ersatzzwangshaft** (§ 55) angeordnet werden. Auf die Möglichkeit der Ersatzzwangshaft muss in der Androhung hingewiesen worden sein (§ 54). Zuständig für die Anordnung von Ersatzzwangshaft sind die Verwaltungsgerichte (§ 54 Abs. 1 S. 1). Die Mindestdauer der Ersatzzwangshaft umfasst einen Zeitraum von einem Tag bis zu zwei Wochen (§ 54 Abs. 1 S. 2). Bei der Ersatzzwangshaft handelt es sich nicht um ein eigenständiges Zwangsmittel, sondern nur um den Ersatz für das festgesetzte uneinbringliche Zwangsgeld. Sie ist keine Strafe, sondern ein Beugemittel.

54   Darüber hinaus kann ein Aufenthaltsverbot durch Anwendung **unmittelbaren Zwangs** (§§ 55, 57 ff.) vollzogen werden (Hornmann HSOG § 31 Rn. 67). Das bloße **Zurückdrängen von Passanten,** um abgesperrte Flächen freizuhalten, wird nur dann als Maßnahme der Verwaltungsvollstreckung anzusehen sein, wenn die Intensität des Zurückdrängens – auch aus der Sicht eines objektiven Beobachters – als Zwang wahrgenommen wird. Bloßes

Fernhalten durch eine Polizeikette, die den Zugang versperrt oder durch das Zurückdrängen von Personen versucht, abzusperrende Räume frei zu bekommen bzw. frei zu halten, ist nicht als Zwangsanwendung zu qualifizieren. Etwas anderes gilt nur dann, wenn die Intensität des polizeilichen Vorgehens über ein präsentes und bestimmtes polizeiliches Auftreten hinausgeht.

Ein weiteres Mittel zur Durchsetzung eines Aufenthaltsverbots ist die **Ingewahrsam-** 55 **nahme.** § 35 Abs. 1 Nr. 3 verweist auf § 34 im Ganzen. Das legt den Schluss nahe, dass in den Anwendungsbereich des § 35 Abs. 1 Nr. 3 auch das Aufenthaltsverbot einbezogen sein soll. Zwar ist in § 35 Abs. 1 Nr. 3 von der Durchsetzung einer „Platzverweisung" die Rede. Das steht dem Rückgriff auf § 35 Abs. 1 Nr. 3 bei Aufenthaltsverboten aber nicht entgegen. Wie sich der amtlichen Überschrift des § 34 entnehmen lässt, handelt es sich bei dem Aufenthaltsverbot nämlich um eine Sonderform des Platzverweises. Zu beachten ist allerdings, dass der Betroffene nicht für die gesamte Dauer des Aufenthaltsverbotes in Gewahrsam genommen werden darf. Im Gegenteil ist die betroffene Person gem. § 38 Abs. 1 Nr. 3 grundsätzlich spätestens bis zum Ende des Tages nach dem Ergreifen zu entlassen. Eine Abweichung von diesem Grundsatz gestattet § 38 Abs. 2 Nr. 2. Danach kann durch die in § 38 Abs. 1 Nr. 3 vorgesehene richterliche Entscheidung eine abweichende Frist des polizeilichen Gewahrsams bestimmt werden, wenn eine Gefahr für Leib, Leben oder Freiheit einer Person besteht. In diesen Fällen darf die besagte Frist bis zum Ablauf der nach § 34 angeordneten Maßnahme andauern, maximal jedoch bis zu sieben Tagen.

X. Rechtsschutz

Das Aufenthaltsverbot ist ein belastender Verwaltungsakt, der im Verwaltungsrechtsweg 56 mit einer **Anfechtungsklage** (§ 42 Abs. 1 Alt. 1 VwGO) gerichtlich angegriffen werden kann. Erledigt sich die Verfügung im laufenden Verfahren, so ist eine Umstellung auf eine **Fortsetzungsfeststellungsklage** gem. § 113 Abs. 1 S. 4 VwGO zulässig. Bei vorprozessualer Erledigung ist die (sog. erweiterte) Fortsetzungsfeststellungsklage analog § 113 Abs. 1 S. 4 VwGO statthaft. Das erforderliche Fortsetzungsfeststellungsinteresse kann insbesondere unter dem Gesichtspunkt der Rehabilitation sowie der Wiederholungsgefahr bestehen. Darüber hinaus kann sich das berechtigte Interesse iSd § 113 Abs. 1 S. 4 VwGO daraus ergeben, dass mit der Maßnahme schwerwiegende, sich typischerweise kurzfristig erledigende Grundrechtseingriffe einhergehen (Hornmann HSOG Rn. 70). Erklärt die Polizei ein Aufenthaltsverbot für sofort vollziehbar, so richtet sich der **Eilrechtsschutz** nach § 80 Abs. 5 S. 1 Alt. 2 VwGO. Die sofortige Vollziehung darf nur angeordnet werden, wenn an ihr ein öffentliches Interesse besteht, das gesondert zu begründen ist. Erleidet der Maßnahmeadressat infolge eines rechtswidrigen Aufenthaltsverbots einen Schaden, so ist an eine auf § 839 BGB iVm Art. 34 GG gestützte **Amtshaftungsklage** vor dem zuständigen Landgericht zu denken.

§ 34a Wohnungsverweisung und Rückkehrverbot zum Schutz vor häuslicher Gewalt

(1) ¹Die Polizei kann eine Person zur Abwehr einer von ihr ausgehenden gegenwärtigen Gefahr für Leib, Leben oder Freiheit einer anderen Person aus einer Wohnung, in der die gefährdete Person wohnt, sowie aus deren unmittelbaren Umgebung verweisen und ihr die Rückkehr in diesen Bereich untersagen. ²Der räumliche Bereich, auf den sich Wohnungsverweisung und Rückkehrverbot beziehen, ist nach dem Erfordernis eines wirkungsvollen Schutzes der gefährdeten Person zu bestimmen und genau zu bezeichnen. ³In besonders begründeten Einzelfällen können die Maßnahmen nach Satz 1 auf Wohn- und Nebenräume beschränkt werden.

(2) Der Person, die die Gefahr verursacht und gegen die sich die polizeilichen Maßnahmen nach Absatz 1 richten (betroffene Person), ist Gelegenheit zu geben, dringend benötigte Gegenstände des persönlichen Bedarfs mitzunehmen.

(3) Die Polizei hat die betroffene Person aufzufordern, eine Anschrift oder eine zustellungsbevollmächtigte Person zum Zweck von Zustellungen behördlicher oder gerichtlicher Entscheidungen, die zur Abwehr einer Gefahr im Sinne des Absatzes 1 ergehen, zu benennen.

(4) Die Polizei hat die gefährdete Person auf die Möglichkeit der Beantragung zivilrechtlichen Schutzes hinzuweisen, sie über Beratungsangebote zu informieren, ihr eine Inanspruchnahme geeigneter, für diese Aufgabe qualifizierter Beratungseinrichtungen nahe zu legen und anzubieten, durch Weitergabe ihres Namens, ihrer Anschrift und ihrer Telefonnummer einen Kontakt durch die in der polizeilichen Einsatzdokumentation näher bezeichneten Beratungseinrichtung zu ermöglichen.

(5) ¹Wohnungsverweisung und Rückkehrverbot enden außer in den Fällen des Satzes 2 mit Ablauf des zehnten Tages nach ihrer Anordnung, soweit nicht die Polizei im Einzelfall ausnahmsweise eine kürzere Geltungsdauer festlegt. ²Stellt die gefährdete Person während der Dauer der gemäß Satz 1 verfügten Maßnahmen einen Antrag auf zivilrechtlichen Schutz mit dem Ziel des Erlasses einer einstweiligen Anordnung, enden die Maßnahmen nach Absatz 1 mit dem Tag der gerichtlichen Entscheidung, spätestens jedoch mit Ablauf des zehnten Tages nach Ende der gemäß Satz 1 verfügten Maßnahmen. ³Die §§ 48, 49 des Verwaltungsverfahrensgesetzes bleiben unberührt.

(6) ¹Das Gericht hat der Polizei die Beantragung zivilrechtlichen Schutzes sowie den Tag der gerichtlichen Entscheidung unverzüglich mitzuteilen; die §§ 18 bis 22 des Einführungsgesetzes zum Gerichtsverfassungsgesetz bleiben unberührt. ²Die Polizei hat die gefährdete und die betroffene Person unverzüglich über die Dauer der Maßnahmen nach Absatz 1 in Kenntnis zu setzen.

(7) Die Einhaltung eines Rückkehrverbotes ist mindestens einmal während seiner Geltung zu überprüfen.

Überblick

Abs. 1 gestattet der Polizei, eine Person zur Abwehr einer von ihr ausgehenden gegenwärtigen Gefahr für Leib, Leben oder Freiheit einer anderen Person aus einer Wohnung, in der die gefährdete Person wohnt, sowie aus deren unmittelbaren Umgebung zu verweisen. Zudem kann dem Maßnahmeadressaten die Rückkehr in den betreffenden Bereich untersagt werden. Die Regelung soll die Polizei zur Krisenintervention bei häuslicher Gewalt befähigen und stellt ihr zu diesem Zweck ein effektives Handlungsinstrument bereit. In fast allen Ländern finden sich in den Polizeigesetzen Standardmaßnahmen, die mit § 34a vergleichbar sind: § 27a Abs. 3–5 BWPolG, § 31 Abs. 2 HSOG, § 17 Abs. 2 und Abs. 3 NPOG seien insoweit beispielhaft genannt.

Übersicht

A. Übersicht, Zweck und Aufbau der Norm

Maßnahmen nach § 34a dienen dem Schutz gefährdeter Personen, da der Rechtsschutz **1** durch die ordentlichen Gerichte regelmäßig zu spät kommt bzw. erst gar nicht in Anspruch genommen wird (Gusy PolR Rn. 280). Abs. 2 gewährt dem Maßnahmeadressaten das Recht, dringend benötigte Gegenstände des persönlichen Bedarfs mitzunehmen. Nach Abs. 3 soll der Maßnahmeadressat eine Anschrift oder eine zustellungsbevollmächtigte Person benennen, an die behördliche oder gerichtliche Entscheidungen zugestellt werden können. Zudem soll die Polizei die gefährdete Person gem. Abs. 4 auf die Möglichkeit zivilrechtlichen Schutzes hinweisen und über Beratungsangebote und -einrichtungen informieren. Abs. 5 regelt die Dauer von Wohnungsverweisung und Rückkehrverbot, die grundsätzlich zehn Tage beträgt. In Abs. 6 sind Mitteilungspflichten normiert, um die Abstimmung von polizeilichen Maßnahmen und gerichtlichen Anordnungen sicherzustellen. Abs. 7 verpflichtet die Polizei dazu, die Einhaltung eines Rückkehrverbots während seiner Geltung zumindest einmal zu überprüfen.

B. Entstehungsgeschichte

§ 34a wurde zum 1.1.2002 durch das Gesetz zur Änderung des Polizeigesetzes des Landes **2** Nordrhein-Westfalen (v. 18.12.2001, GV. NRW. 870) in das PolG NRW eingefügt. Zeitgleich mit dieser Änderung trat das Gesetz zur Verbesserung des zivilgerichtlichen Schutzes bei Gewalttaten und Nachstellungen sowie zur Erleichterung der Überlassung der Ehewohnung bei Trennung in Kraft (v. 11.12.2001, BGBl. I 3513), das insbesondere das GewSchG (Gewaltschutzgesetz v. 11.12.2001, BGBl. I 3513) enthält (näher Grziwotz NJW 2002, 872). Danach können die ordentlichen Gerichte Maßnahmen zum Schutz vor Gewalt und Nachstellungen anordnen und zB einem Täter untersagen, die Wohnung der verletzten Person zu betreten oder sich in einem bestimmten Umkreis der Wohnung aufzuhalten. Aus der Gesetzesbegründung zur Änderung des PolG NRW ergibt sich, dass der Gesetzgeber die Regelung des § 34a als flankierende Maßnahme versteht, die im Zusammenspiel mit dem verbesserten zivilrechtlichen Schutz das Problem der häuslichen Gewalt lösen soll (LT-Drs. 13/1525, 1). So erklärt sich, dass § 34a an mehreren Stellen auf den zivilrechtlichen Schutz abgestimmt ist (Abs. 4, Abs. 5 S. 2, Abs. 6). Beide Regelungskomplexe ergänzen sich und sollen zusammen ein abgestimmtes Vorgehen gegen häusliche Gewalt ermöglichen.

Vor Erlass der Standardermächtigung in § 34a war umstritten, ob eine Wohnungsverwei- **3** sung rechtstechnisch als Platzverweis oder Aufenthaltsverbot gem. § 34 oder als eine auf die Generalklausel des § 8 gestützte atypische Maßnahme qualifiziert werden konnte (vgl. VGH Mannheim NJW 2005, 88; Collin DVBl 2003, 1499 (1500); Wuttke JuS 2005, 799 (782)). Der Gesetzgeber hielt die bisherigen Eingriffsermächtigungen nach dem Polizeigesetz insoweit nicht für ausreichend (LT-Drs. 13/1525, 10). Mit Inkrafttreten des § 34a hat sich der Streit über die dogmatischen Grundlagen von Wohnungsverweisung und Rückkehrverbot erledigt.

C. Verfassungsrechtliche Bewertung der Norm

I. Gesetzgebungskompetenz

4   Die Zuständigkeit des Landes für den Erlass von Vorschriften über Wohnungsverweisungen und Rückkehrverbote ist nicht unproblematisch, weil die Freizügigkeit nach Art. 73 Abs. 1 Nr. 3 GG der ausschließlichen Gesetzgebungskompetenz des Bundes unterfällt. Gleichwohl ist die Zuständigkeit des Landes zu bejahen, weil die Regelung in § 34a der Gefahrenabwehr dient und damit einem traditionell den Ländern zuzuordnenden Sachgebiet zugeordnet werden kann. Zudem sind bei der Auslegung und Anwendung der Kompetenztitel in Art. 73 f. GG auch historische Gesichtspunkte zu berücksichtigen, die eine Gesetzgebungskompetenz der Länder für polizeirechtliche Aufenthaltsverbote nahelegen (Schenke PolR § 3 Rn. 133; Thiel PolR § 10 Rn. 83). Zur effektiven Gefahrenabwehr gehören zwangsläufig Eingriffe in das Recht auf Freizügigkeit, wovon offensichtlich auch der Verfassunggeber ausgeht, der Einschränkungen des Grundrechts nach Art. 11 Abs. 2 GG zB erlaubt, um strafbaren Handlungen vorzubeugen (sog. Kriminalvorbehalt, vgl. Eicke, Die polizeiliche Wohnungsverweisung bei häuslicher Gewalt, 2008, 58 ff.). Dementsprechend können freizügigkeitsrelevante Eingriffsermächtigungen, welche der Gefahrenabwehr dienen, vom Landesgesetzgeber erlassen werden, wenn und soweit sie sich im Rahmen des Schrankenvorbehalts in Art. 11 Abs. 2 GG halten (Trierweiler, Wohnungsverweisung und Rückkehrverbot zum Schutz vor häuslicher Gewalt, 2005, 91 ff.; Dietlein/Hellermann NRWÖffR/Dietlein § 3 Rn. 163, 168; Wuttke JuS 2005, 779 (781)).

II. Vereinbarkeit mit dem Grundrecht auf Freizügigkeit (Art. 11 GG)

5   Das Grundrecht auf Freizügigkeit nach Art. 11 GG beinhaltet die Freiheit, an jedem Ort innerhalb des Bundesgebiets Wohnsitz oder Aufenthalt zu nehmen (BVerfGE 80, 137 (150); Krugmann NVwZ 2006, 152 (154)). Eine Wohnungsverweisung nach § 34a greift in dieses Grundrecht ein (OVG Münster NJW 2002, 2195; VGH Mannheim NJW 2005, 88; Kingreen/Poscher POR § 15 Rn. 5; SBK PolG NRW/Keller Rn. 3; Hamdan JA 2019, 165 (171); Wuttke JuS 2005, 779 (781); Petersen-Thrö SächsVBl. 2004, 173 (174)). Einschränkungen der Freizügigkeit dürfen nach dem qualifizierten Gesetzesvorbehalt des Art. 11 Abs. 2 GG durch oder aufgrund eines Gesetzes unter anderem vorgenommen werden, um strafbaren Handlungen vorzubeugen. Dieser Anforderung wird § 34a deshalb gerecht, weil der Tatbestand der Norm nicht jede beliebige konkrete Gefahr für die öffentliche Sicherheit oder Ordnung genügen lässt, sondern eine (gegenwärtige) Gefahr für Leib, Leben oder Freiheit einer anderen Person verlangt. Mit der Aufnahme des § 34a in das PolG NRW wurde die Aufzählung der eingeschränkten Grundrechte in § 7 um das Freizügigkeitsgrundrecht ergänzt. Damit wird den Anforderungen des Zitiergebots aus Art. 19 Abs. 1 S. 2 GG Rechnung getragen.

III. Vereinbarkeit mit der grundrechtlichen Unverletzlichkeit der Wohnung (Art. 13 Abs. 1 GG)

6   Auf den ersten Blick scheinen die nach § 34a zulässigen Maßnahmen auch die Unverletzlichkeit der Wohnung nach Art. 13 Abs. 1 GG zu beeinträchtigen (von einem Eingriff in das Grundrecht aus Art. 13 GG gehen aus OVG Münster NJW 2002, 2195; Thiel PolR § 10 Rn. 92; Hornmann HSOG § 31 Rn. 23; Storr ThürVBl. 2005, 97, 99; Petersen-Thrö SächsVBl. 2004, 173 (174)). Allerdings schützt das Grundrecht aus Art. 13 Abs. 1 GG vor dem Eindringen des Staates in die räumliche Privatsphäre und nicht davor, dass eine Wohnung der Verfügung oder Nutzung durch den Grundrechtsträger entzogen wird (Kingreen/Poscher POR § 15 Rn. 5; SBK PolG NRW/Keller Rn. 3; Möstl JURA 2011, 840 (851); Traulsen JuS 2004, 414 (418)). Geschützt ist mit anderen Worten nicht das Besitzrecht an einer Wohnung, sondern deren Privatheit (BVerfG NJW 2008, 2493). Das Grundrecht auf Unverletzlichkeit der Wohnung zielt seinem Sinn und Zweck nach nicht darauf ab, dass der Grundrechtsträger eine bestimmte Wohnung zum Lebensmittelpunkt machen und sie behalten darf. Schutzgut ist vielmehr die räumliche Sphäre, in welcher das Privatleben sich entfaltet, woraus für staatliche Stellen das grundsätzliche Verbot folgt, gegen den Willen des Wohnungsinhabers in die Wohnung einzudringen oder darin zu verweilen (BVerfG NJW 1993, 2035; 2008, 2493). Wohnungsverweisung und Rückkehrverbot führen in der Regel zu einem Umzug in eine andere Wohnung. Solange sie nicht zwangsweise durchgesetzt werden, haben sie nicht zur Folge, dass Polizeibeamte die Wohnung betreten. Dementsprechend ist festzuhalten, dass Wohnungsverweisung und Rückkehrverbot nicht in das Grundrecht auf Unverletzlichkeit der Wohnung nach Art. 13 Abs. 1 GG eingreifen (so auch Eicke, Die polizeiliche Wohnungsverweisung bei häuslicher Gewalt, 2008, 65 ff. mwN). Hinzuweisen ist allerdings darauf, dass § 34a die Voraussetzungen des qualifizierten Gesetzesvorbehalts nach Art. 13 Abs. 7 GG erfüllt und ein Eingriff in das Grundrecht aus Art. 13 Abs. 1 GG verfassungsrechtlich gerechtfertigt wäre. Die Qualifizierung der Gefahr als „gegenwärtig" iSd § 34a Abs. 1 S. 1 entspricht nämlich der Anforderung, dass Eingriffe in das Wohnungsgrundrecht nur zur Verhütung „dringender Gefahren" iSd Art. 13 Abs. 7 GG vorgenommen werden dürfen (Kay NVwZ 2003, 521 (522)).

IV. Vereinbarkeit mit der Eigentumsgarantie (Art. 14 Abs. 1 GG)

Maßnahmen nach § 34a beeinträchtigen das Eigentumsrecht nach Art. 14 Abs. 1 GG **7** (Petersen-Thrö SächsVBl. 2004, 173 (174)). Eindeutig ist dies in Fällen, in denen der Eigentümer aus seiner Wohnung verwiesen wird. Denn Art. 14 Abs. 1 GG gewährleistet nicht nur den Bestand des Eigentums, sondern auch die aus dem Eigentum folgenden Nutzungsmöglichkeiten. Ferner ist Art. 14 Abs. 1 GG betroffen, wenn eine Wohnungsverweisung und ein Rückkehrverbot gegenüber einem Mieter ausgesprochen werden. Grund hierfür ist, dass das Besitzrecht des Mieters an der gemieteten Wohnung als Eigentum iSd Art. 14 Abs. 1 GG grundrechtlich geschützt wird (BVerfG NJW 1993, 2035). Unter dem Blickwinkel der Grundrechtsdogmatik handelt es sich bei § 34a um eine Inhalts- und Schrankenbestimmung iSd Art. 14 Abs. 1 S. 2 GG (Guckelberger JA 2011, 1 (2)). Im Hinblick auf die Bedeutung der geschützten Rechtsgüter, also Leib, Leben und Freiheit, stellt § 34a einen verfassungsrechtlich nicht zu beanstandenden Ausgleich zwischen der Privatnützigkeit und der Sozialpflichtigkeit des Eigentums her. Unangemessene Härten werden durch die Möglichkeit vermieden, dringend benötigte Gegenstände des persönlichen Bedarfs aus der Wohnung mitzunehmen (vgl. Abs. 2).

V. Vereinbarkeit mit dem Grundrecht auf Ehe und Familie (Art. 6 Abs. 1 GG)

Vom Schutzbereich des Art. 6 Abs. 1 GG umfasst sind Ehe und Familie und damit auch **8** das eheliche und familiäre Zusammenleben. Das eheliche Zusammenleben wird durch eine Wohnungsverweisung nach § 34a zB dann eingeschränkt, wenn das Opfer häuslicher Gewalt und der Maßnahmeadressat verheiratet sind und in einer gemeinsamen Wohnung leben (SBK PolG NRW/Keller Rn. 3; Petersen-Thrö SächsVBl. 2004, 173 (174)). Im Hinblick auf die Wohnungsverweisung und das Rückkehrverbot ist der Grundrechtseingriff verfassungsrechtlich gerechtfertigt, weil Maßnahmen nach § 34a nur zum Schutz von Leib, Leben oder Freiheit iSd Art. 2 Abs. 2 GG zulässig, also Verfassungsgüter betroffen sind, die immanente Schranken des vorbehaltlos gewährleisteten Grundrechts aus Art. 6 Abs. 1 GG bilden. Allerdings muss die Polizei bei der Gefahrenprognose und bei der Ausübung ihres Ermessens die besondere Bedeutung des Art. 6 Abs. 1 GG beachten, wenn Wohnungsverweisung und Rückkehrverbot zur Trennung von Eheleuten oder Familienmitgliedern führen (näher zur Bedeutung von Art. 6 Abs. 1 GG in diesem Zusammenhang Krugmann NVwZ 2006, 152 (155); Trierweiler, Wohnungsverweisung und Rückkehrverbot zum Schutz vor häuslicher Gewalt, 2005, 137 ff.; Eicke, Die polizeiliche Wohnungsverweisung bei häuslicher Gewalt, 2008, 79 ff.).

VI. Vereinbarkeit mit dem Grundrecht auf Berufsfreiheit (Art. 12 Abs. 1 GG)

Da der Begriff der Wohnung iSd Abs. 1 S. 1 auch Arbeits-, Betriebs- und Geschäftsräume **9** einschließt, greifen Wohnungsverweisung und Rückkehrverbot in das Grundrecht aus Art. 12 Abs. 1 GG ein, wenn die betroffene Person in ihrer Wohnung oder in der von der polizeilichen Maßnahme erfassten unmittelbaren Umgebung ihrem Beruf nachgeht (SBK PolG NRW/Keller Rn. 3). Wohnungsverweisung und Rückkehrverbot sind vorübergehende Anordnungen, die – sofern eine berufsregelnde Tendenz zu bejahen ist – nach den Maßstäben der sog. Drei-Stufen-Theorie des BVerfG als bloße Berufsausübungsregelungen zu qualifizieren und daher mit Blick auf den legitimen Zweck der Abwehr von gegenwärtigen Gefahren für Leib, Leben oder Freiheit grundsätzlich verfassungsrechtlich gerechtfertigt sind. Allerdings kann es erforderlich sein, im Einzelfall bei der Festlegung des räumlichen Bereichs, auf den sich die polizeilichen Maßnahmen beziehen, die Bedeutung der Berufsfreiheit für die betroffene Person zu berücksichtigen. Dies wird insbesondere durch Abs. 1 S. 3 sicherge- stellt, dem zufolge Maßnahmen in besonders begründeten Einzelfällen auf bestimmte Wohn- und Nebenräume beschränkt werden können. Als plastisches Beispiel wird in der Gesetzesbe- gründung ein landwirtschaftlicher Familienbetrieb genannt, bei dem die Verweisung – je nach den Umständen des Einzelfalls – auf den reinen Wohnbereich beschränkt werden könnte (LT-Drs. 13/1525, 13). Insgesamt begegnet § 34a mit Blick auf Art. 12 Abs. 1 GG somit keinen durchgreifenden Bedenken (so auch OVG Münster NJW 2002, 2195).

D. Einzelkommentierung

I. Wohnungsverweisung und Rückkehrverbot zum Schutz vor häuslicher Gewalt (Abs. 1)

1. Allgemeines – häusliche Gewalt

10   Von häuslicher Gewalt wird gesprochen, wenn es in einer häuslichen Gemeinschaft zu ehelicher oder sonstiger Art von Gewaltanwendung kommt (WHM NRWPolR Rn. 60; Tegtmeyer/Vahle PolG NRW/Tegtmeyer Rn. 4 ff.). Neben dem Ziel der Strafverfolgung geht es beim Einsatz der Polizei in Fällen häuslicher Gewalt primär um den Zweck der Gefahrenabwehr.

11   Das soziale Phänomen der häuslichen Gewalt (näher zu den rechtstatsächlichen Hinter- gründen und zur erforderlichen Zusammenarbeit von Polizei, Justiz, Jugendämtern und Beratungsstellen zur dauerhaften Problemlösung Tetsch/Baldarelli PolG NRW Erl. 1) ist zwar der Hintergrund der Regelung des § 34a. Der Begriff wird auch in der amtlichen Überschrift der Norm verwendet. Es ist aber hervorzuheben, dass der Begriff „häusliche Gewalt" kein Tatbestandsmerkmal der Vorschrift ist. Soziologische und kriminologische Beschreibungen und Abgrenzungen häuslicher Gewalt sind daher für die Anwendbarkeit der Regelung uner- heblich (aA Tetsch/Baldarelli PolG NRW Erl. 3.2; SBK PolG NRW/Keller Rn. 8, die die Überschrift als echtes Tatbestandsmerkmal deuten).

2. Zuständige Behörde – die Polizei

12   Maßnahmen nach § 34a können nur von der Polizei angeordnet werden. Die Vorschrift ist nicht in § 24 NRWOBG aufgezählt, in dem die entsprechende Geltung von bestimmten Normen des PolG NRW für die Ordnungsbehörden vorgesehen ist. Dies ist eine bewusste Entscheidung des Gesetzgebers. Sie findet ihre Rechtfertigung darin, dass bei Gewalt in der häuslichen Sphäre ein besonders sensibles Vorgehen der einschreitenden Behörde erforderlich ist und Polizeibeamte über langjährige Erfahrungen im Umgang mit Tätern und Opfern verfügen. Zudem soll durch die alleinige Zuständigkeit der Polizei verhindert werden, dass während des Zeitraums eines Rückkehrverbots die Eilfallzuständigkeit der Polizei nach § 1 Abs. 1 S. 3 entfällt und deshalb im Einzelfall andere Behörden – namentlich die Ordnungsbe- hörden – den Geltungszeitraum der angeordneten Maßnahmen nachträglich verlängern oder verkürzen (LT-Drs. 13/1525, 20).

13   Die örtliche und sachliche Zuständigkeit bestimmt sich nach den allgemeinen Vorschriften in §§ 7 ff. und §§ 10 ff. POG NRW. Grundsätzlich ist dabei nach § 7 Abs. 1 S. 1 POG NRW die Polizeibehörde örtlich zuständig, in deren Polizeibezirk die zu schützenden Interessen verletzt oder gefährdet werden. Das ist die Behörde, in deren Zuständigkeitsbereich die Wohnung gelegen ist. Sachlich zuständig sind grundsätzlich die Kreispolizeibehörden, also die Polizeipräsidien oder Landräte gem. § 11 Abs. 1 Nr. 1 POG NRW, § 10 S. 2 POG NRW, § 2 Abs. 1 Nr. 1 und Nr. 2 POG NRW.

3. Gegenwärtige Gefahr für Leib, Leben oder Freiheit

Voraussetzung für ein Vorgehen nach § 34a ist, dass eine gegenwärtige Gefahr für Leib, **14** Leben oder Freiheit einer anderen Person besteht. Gegenüber diesem allgemeinen Begriff einer konkreten Gefahr stellt Abs. 1 S. 1 in zweierlei Hinsicht erhöhte Anforderungen auf: Zum einen verlangt die Norm eine gegenwärtige Gefahr. Zum anderen genügt nicht die Gefahr für ein beliebiges Schutzgut der öffentlichen Sicherheit. Erforderlich ist vielmehr eine Gefahr für die Rechtsgüter **Leib, Leben oder Freiheit einer Person.** Unter einer Gefahr für Leib oder Leben ist eine Gefahr zu verstehen, bei der eine nicht nur leichte Körperverletzung oder der Tod einzutreten droht (Collin DVBl 2003, 1499 (1502); vgl. auch die übereinstimmenden Legaldefinitionen in § 2 Nr. 5 NPOG, § 2 Nr. 3 lit. d BremPolG, § 3 Nr. 3 lit. d SOG LSA). Das Tatbestandsmerkmal der **Gefahr** bezeichnet einen Lebenssachverhalt, der bei ungehindertem Ablauf des Geschehens in absehbarer Zukunft mit hinreichender Wahrscheinlichkeit zu einem Schaden an einem polizeirechtlichen Schutzgut führen wird (Dietlein/Hellermann NRWÖffR/Dietlein § 3 Rn. 61). **Gegenwärtig** ist eine Gefahr, wenn sie sich entweder bereits realisiert hat oder ihre Verwirklichung zumindest unmittelbar oder in allernächster Zeit bevorsteht (Dietlein/Hellermann NRWÖffR/Dietlein § 3 Rn. 66). Die Qualifikation einer Gefahr als gegenwärtig betrifft also den Aspekt der zeitlichen Nähe des Schadenseintritts. Ob eine solche gegenwärtige Gefahr besteht, muss die Polizei im Rahmen einer Gefahrenprognose beurteilen, die sich vor allem an der Wahrscheinlichkeit des Schadenseintritts und dem erwarteten Ausmaß des Schadens zu orientieren hat: Je größer das Ausmaß des möglichen Schadens ist, desto geringer sind die Anforderungen an die Wahrscheinlichkeit des Schadenseintritts. Je geringer umgekehrt das mögliche Schadensausmaß ist, umso höher fallen die Anforderungen an die Wahrscheinlichkeit des Schadenseintritts aus (Dietlein/Hellermann NRWÖffR/Dietlein § 3 Rn. 61; SBK PolG NRW/Keller Rn. 6; Guckelberger JA 2011, 1 (5)). Nicht ausreichend ist die Einschätzung, dass in Zukunft weitere verbale Streitigkeiten zu befürchten seien; vielmehr müssen die Umstände auf eine Gewaltbeziehung mit konkreten Anzeichen für wiederholte Misshandlungen hindeuten (OVG Münster NJW 2015, 1468 (1469)). Die Polizei kann neben den konkreten Umständen des Einzelfalls auch auf anerkannte allgemeine Erfahrungen aus der Gefahrenanalyse zurückgreifen (näher zu den bei der Prognose zu berücksichtigenden Aspekten Trierweiler, Wohnungsverweisung und Rückkehrverbot zum Schutz vor häuslicher Gewalt, 2005, 50 ff.; Tetsch/Baldarelli PolG NRW Erl. 3.1; SBK PolG NRW/Keller Rn. 7; Hornmann HSOG § 31 Rn. 31). Der Polizei steht insoweit kein Beurteilungsspielraum zu, der einer gerichtlichen Nachprüfung entzogen wäre. Allerdings muss die gerichtliche Überprüfung nach den allgemeinen Grundsätzen aus einer ex-ante-Perspektive erfolgen (Guckelberger JA 2011, 1 (5)). Außerdem dürfen die Gerichte die Rechtswidrigkeit einer polizeilichen Gefahrenprognose nicht auf Umstände stützen, die bei Vornahme der Maßnahme für die Polizei nicht zu erkennen waren.

Teilweise wird die Je-desto-Formel bei der Eingriffsschwelle der gegenwärtigen Gefahr für nicht **14.1** anwendbar gehalten (vgl. Bäcker Kriminalpräventionsrecht, 2015, 114 f.; sa Roggan/Kutscha Recht der Inneren Sicherheit-HdB/Roggan 106, 129). Dem ist beizupflichten, wenn man davon ausgeht, dass der Begriff der gegenwärtigen Gefahr auch qualifizierte Anforderungen an das Maß der erforderlichen Schadenswahrscheinlichkeit stellt (vgl. etwa die Legaldefinition in § 2 Nr. 2 NPOG, die eine „an Sicherheit grenzende Wahrscheinlichkeit" verlangt). Gerade hierüber besteht im Schrifttum jedoch keine Einigkeit. Der Begriff „gegenwärtig" spricht meines Erachtens eher dafür, ausschließlich von einer Qualifikation in zeitlicher Hinsicht auszugehen.

Zweifelhaft ist, ob § 34a auch voraussetzt, dass die konkrete Gefahr der Verwirklichung **15** einer Straftat besteht. Eine derartige Einschränkung des Eingriffstatbestands könnte angezeigt sein, um dem Kriminalvorbehalt nach Art. 11 Abs. 2 GG Rechnung zu tragen (vgl. VGH Mannheim NJW 2005, 88 (89)). Gegen eine Beschränkung auf strafrechtlich relevantes Verhalten lässt sich der Wortlaut des § 34a Abs. 1 anführen, insbesondere im Vergleich zu der Formulierung des § 34 Abs. 2 S. 1 („Annahme, dass eine Person in einem bestimmten örtlichen Bereich eine Straftat begehen oder zu ihrer Begehung beitragen wird"; so etwa Thiel PolR § 10 Rn. 94, der allerdings nicht näher auf die Anforderungen des Art. 11 GG eingeht). Letztlich ist die Frage nach einer Einschränkung des Tatbestands auf strafrechtlich relevante Handlungen für die praktische Handhabung der Norm so gut wie bedeutungslos.

Denn bei einer gegenwärtigen Gefahr für Leib, Leben oder Freiheit einer anderen Person werden fast immer auch strafbare Handlungen iSd Art. 11 Abs. 2 GG hinreichend wahrscheinlich sein, da die Begehung eines Mordes (§ 211 StGB), Totschlags (§ 212 StGB), einer Körperverletzung (§§ 223 ff. StGB) oder einer Freiheitsberaubung (§ 239 StGB) droht. Eindeutig ist jedenfalls, dass auch unter verfassungsrechtlichem Blickwinkel nicht eine bereits begangene Straftat vorliegen muss, denn Art. 11 Abs. 2 GG gestattet Einschränkungen der Freizügigkeit, um strafbaren Handlungen vorzubeugen.

4. Sonderfall: Entgegenstehender Wille der gefährdeten Person

16   In der Literatur uneinheitlich beurteilt wird die Frage, ob die Polizei Maßnahmen nach § 34a auch gegen den Willen der gefährdeten Person vornehmen darf. Grundsätzlich kommt es nach Abs. 1 S. 1 darauf an, dass eine gegenwärtige Gefahr besteht. Wenn auch die Polizei Aussagen der gefährdeten Person im Rahmen ihrer Gefahrenprognose berücksichtigen darf, lassen sich dem Wortlaut der Norm keine Anhaltspunkte dafür entnehmen, dass ein entgegenstehender Wille des (potentiellen) Opfers beachtlich sein soll (WHM NRWPolR Rn. 153; Dietlein/Hellermann NRWÖffR/Dietlein § 3 Rn. 170; Tegtmeyer/Vahle PolG NRW/Tegtmeyer Rn. 11; Petersen-Thrö SächsVBl. 2004, 173 (180)). Problematisch ist aber, ob es gegen das Recht auf Selbstbestimmung verstoßen würde, wenn eine Wohnungsverweisung bzw. ein Rückkehrverbot angeordnet wird, obwohl die gefährdete Person einen entgegenstehenden Willen geäußert hat (ausf. zum Konflikt zwischen Gefahrenabwehr und Selbstbestimmungsrecht der gefährdeten Person Trierweiler, Wohnungsverweisung und Rückkehrverbot zum Schutz vor häuslicher Gewalt, 2005, 144 ff.). Grundsätzlich schließt das Selbstbestimmungsrecht des Einzelnen auch die Selbstgefährdung ein (Kingreen/Poscher POR § 15 Rn. 27). Das Polizeirecht schützt den Einzelnen nicht „vor sich selbst" (grdl. Hillgruber, Der Schutz des Menschen vor sich selbst, 1992) und sogar die Gefährdung der eigenen Gesundheit ist grundrechtlich geschützt (Kingreen/Poscher POR § 7 Rn. 23; Dietlein/Hellermann NRWÖffR/Dietlein § 3 Rn. 52; Storr ThürVBl. 2005, 97 (101)).

17   Auf der anderen Seite lassen Erkenntnisse aus der Arbeit der Polizei erhebliche Zweifel daran aufkommen, dass der eindeutig geäußerte Wille der (potentiellen) Opfer in den von § 34a erfassten Situationen von einem freien Willen getragen ist. In vielen Fällen werden Ängste vor sozialem Ansehensverlust, etwaige Auswirkungen auf die Betreuung gemeinsamer Kinder, das tatsächliche oder vermeintliche Risiko eines Verlusts des aufenthaltsrechtlichen Status oder andere Formen der Abhängigkeit den Wunsch begründen, die Person, von der die Gefahr ausgeht, wieder in die Wohnung aufzunehmen. Häusliche Gewalt beruht oft auf persönlichen Beziehungen und Strukturen, die von Angst und emotionaler und/oder finanzieller Abhängigkeit geprägt sind (anschaulich Tetsch/Baldarelli PolG NRW Erl. 5; Eicke, Die polizeiliche Wohnungsverweisung bei häuslicher Gewalt, 2008, 91 f.; Kay NVwZ 2003, 521 (523)). Opfer häuslicher Gewalt neigen oft dazu, die Vorfälle zu verharmlosen und zu verdrängen. Zuweilen gehen sie sogar so weit, die betroffene Person gegenüber der Polizei in Schutz zu nehmen (LT-Drs. 13/1525, 12).

18   In diesen Fällen ist die Annahme einer autonomen, selbstbestimmten Willensbildung der gefährdeten Person oft mehr ein theoretisches Konstrukt als psychologisch-empirisch nachweisbare Realität. Im Grundsatz sind Maßnahmen nach § 34a daher auch gegen den Willen der gefährdeten Person zulässig. Dies gilt umso mehr, als regelmäßig zumindest eine Anscheinsgefahr zu bejahen sein wird, die Polizei also davon ausgehen darf, dass sich das Opfer in einem die freie Willensbetätigung ausschließenden Zustand befindet, wenn es erkennbar bereits zu Gewalttätigkeiten gekommen ist (vgl. zu der strukturell vergleichbaren Situation polizeilichen Einschreitens bei versuchter Selbsttötung Kingreen/Poscher POR § 7 Rn. 27 ff.; im Ansatz ähnlich auch Trierweiler, Wohnungsverweisung und Rückkehrverbot zum Schutz vor häuslicher Gewalt, 2005, 163 f., der einerseits eine Wohnungsverweisung gegen den freien Willen der gefährdeten Person für verfassungswidrig hält, andererseits aber einräumt, dass es regelmäßig an objektiven Kriterien für die Beurteilung fehlt, ob ein freier Willensentschluss vorliegt). Dies muss insbesondere in Fällen gelten, in denen die gegenwärtige Gefahr bei derselben Person wiederholt auftritt, zumal häusliche Gewalt oft ein Seriendelikt mit immer kürzer werdenden Abständen zwischen den Wiederholungstaten und steigender Intensität der Gewalt ist (SBK PolG NRW/Keller Rn. 6; Tegtmeyer/Vahle PolG NRW/ Tegtmeyer Rn. 9; Kay NVwZ 2003, 521 (522); LT-Drs. 13/1525, 11). Abgesehen davon kann es nicht ausreichend sein, wenn der Wille der gefährdeten Person allein auf das Verbleiben bzw. die Rückkehr der betroffenen Person in die gemeinsame Wohnung gerichtet ist. Ein beachtlicher entgegenstehender Wille, der der Annahme einer Gefahr unter dem Gesichtspunkt eigenverantwortlicher Selbstgefährdung entgegenstünde, müsste sich auch auf die zu erwartenden Verletzungen von Gesundheit und Freiheit beziehen.

Überzeugend erscheint es allerdings, den Willen der gefährdeten Person auf Rechtsfolgen- **19** seite bei der Ausübung des Ermessens zu berücksichtigen (Schenke PolR § 3 Rn. 138; Thiel PolR § 10 Rn. 97). Im Einzelfall kann auch die vorzeitige Aufhebung eines Rückkehrverbots geboten sein, wenn die gefährdete Person und der Maßnahmeadressat sich erkennbar ausgesöhnt haben und eine Gefahrenlage daher nicht mehr gegeben ist (Dietlein/Hellermann NRWÖffR/Dietlein § 3 Rn. 170).

5. Adressat der Maßnahme

Adressat einer Maßnahme nach § 34a ist die Person, von der die gegenwärtige Gefahr für **20** Leib, Leben oder Freiheit ausgeht. § 34a enthält insofern eine Spezialregelung über den Adressaten, die gem. § 4 Abs. 4, § 5 Abs. 4 vorrangig ist gegenüber den allgemeinen Vorschriften über die polizeirechtliche Verantwortlichkeit. Inhaltlich stimmt der Begriff der Person, von der eine Gefahr „ausgeht", mit dem Verhaltensstörer gem. § 4 Abs. 1 überein, sodass die allgemeinen Grundsätze über die Verhaltensverantwortlichkeit, insbesondere die sog. Theorie von der unmittelbaren Verursachung herangezogen werden können.

Für die Auswahl des Adressaten unerheblich ist die schuld- und sachenrechtliche Rechts- **21** lage hinsichtlich der betroffenen Wohnung. Eigentümer können ebenso betroffen sein wie Haupt- und Untermieter oder sonstige Besitzer der Wohnung (Gusy PolR Rn. 279; Tegtmeyer/Vahle PolG NRW/Tegtmeyer Rn. 5).

Der Tatbestand des § 34a fordert keine besondere Nähebeziehung, also keine familiäre **22** oder partnerschaftliche Bindung zwischen dem Adressaten und der gefährdeten Person. Eine solche Beziehung wird zwar typischerweise bestehen und ist charakteristisch für häusliche Gewalt. Aus dem Wortlaut der Norm lässt sich eine solche Einschränkung des Anwendungsbereichs der Norm aber nicht ableiten (Thiel PolR § 10 Rn. 95). Adressat von Wohnungsverweisung und Rückkehrverbot können somit auch Mitglieder einer Wohngemeinschaft zB von Studierenden oder Senioren sein (Dietlein/Hellermann NRWÖffR/Dietlein § 3 Rn. 169; LT-Drs. 13/1525, 11).

§ 34a ermächtigt nur zu Maßnahmen gegen die Person, von der die gegenwärtige Gefahr **23** ausgeht. Ein wesentliches Ziel des § 34a liegt darin zu verhindern, dass statt des Täters der häuslichen Gewalt die betroffene Person – zu ihrem eigenen Schutz – die Wohnung verlassen und sich um eine andere Unterkunft bemühen muss (Dietlein/Hellermann NRWÖffR/ Dietlein § 3 Rn. 168). Diese eindeutige Verteilung der Verantwortlichkeit kann Schwierigkeiten aufwerfen, wenn sich Personen wechselseitig Gewalt zufügen. Insoweit wird man davon ausgehen müssen, dass beide (oder mehrere) Personen als Adressaten in Betracht kommen. Die Polizei hat dann ihr Störerauswahlermessen pflichtgemäß auszuüben und zu entscheiden, welche Person(en) aus der Wohnung verwiesen werden (SBK PolG NRW/ Keller Rn. 8; Storr ThürVBl. 2005, 97 (103)). Maßgebliches Kriterium ist zum einen, inwieweit die einzelnen Personen zum Entstehen der gegenwärtigen Gefahr beigetragen haben. Zum anderen ist bei der Auswahl des Maßnahmeadressaten zu bedenken, wie sehr die Wohnungsverweisung die einzelnen Personen belastet. So sind die mit der Wohnungsverweisung verbundenen Nachteile zB als gering anzusehen, wenn eine Person noch eine weitere Wohnung unterhält oder unproblematisch bei Verwandten unterkommen kann.

6. Wohnung – unmittelbare Umgebung (Abs. 1 S. 2 und S. 3)

Wohnungsverweisung und Rückkehrverbot beziehen sich auf eine Wohnung, in der die **24** gefährdete Person lebt, und auf deren unmittelbare Umgebung. Der Begriff der Wohnung umfasst auch Arbeits-, Betriebs- und Geschäftsräume (WHM NRWPolR Rn. 153, vgl. auch § 41 Abs. 1 S. 2).

25   Teile der Literatur wollen den Anwendungsbereich des § 34a auf solche Fälle beschränken, in denen Adressat und gefährdete Person die Wohnung gemeinsam bewohnen (Thiel PolR § 10 Rn. 96; Dietlein/Hellermann NRWÖffR/Dietlein § 3 Rn. 169; Tegtmeyer/Vahle PolG NRW/Tegtmeyer Rn. 6; SBK PolG NRW/Keller Rn. 8). Praktische Relevanz hat dies für die Frage, ob eine Wohnungsverweisung gegenüber (gebetenen oder ungebetenen) Besuchern auf § 34a gestützt werden kann. Soweit das Erfordernis einer „häuslichen Gemeinschaft" mit dem Zweck der Norm begründet wird, häusliche Gewalt einzudämmen, ist dem entgegenzuhalten, dass dieser Begriff zwar in der Überschrift des § 34a zu finden ist, in der Norm aber keinen Niederschlag als einschränkende Tatbestandsvoraussetzung gefunden hat. Der Normtext lässt eine Wohnung ausreichen, in der die gefährdete Person wohnt (ebenso Kay NVwZ 2003, 521 (523)). Auch der Hinweis auf Abs. 2, also das Recht, Gegenstände des persönlichen Bedarfs aus der Wohnung mitzunehmen, rechtfertigt nicht die Annahme, die Norm setze eine häusliche Gemeinschaft zwischen dem Maßnahmeadressaten und der gefährdeten Person voraus (so aber tendenziell Dietlein/Hellermann NRWÖffR/Dietlein § 3 Rn. 169). Denn aus Abs. 2 kann nicht abgeleitet werden, dass eine Wohnungsverweisung nach Abs. 1 nur in Fällen zulässig ist, in denen sich Gegenstände des persönlichen Bedarfs in der Wohnung befinden, selbst wenn dies typischerweise so sein mag.

26   Gegen das Erfordernis einer „häuslichen Gemeinschaft" spricht entscheidend die Absicht des Gesetzgebers, die polizeilichen Maßnahmen gem. § 34a mit den gerichtlichen Maßnahmen nach dem GewSchG in Einklang zu bringen. Wie sich aus § 1 Abs. 2 Nr. 2 GewSchG ergibt, sind auch Maßnahmen möglich, die sich gegen sog. Stalker richten. Das spricht dafür, dass Maßnahmen nach § 34a – unabhängig von einer „häuslichen Gemeinschaft" – zB auch gegenüber Personen ergriffen werden können, die einer gefährdeten Person regelmäßig im Hausflur auflauern, wenn die Schwelle einer gegenwärtigen Gefahr für Leib, Leben oder Freiheit dadurch überschritten wird. Nach der insoweit eindeutigen Gesetzesbegründung soll § 34a überdies zu Maßnahmen gegenüber Personen ermächtigen, die sich nur vorübergehend, zB im Rahmen eines Besuchs, in einer fremden Wohnung aufhalten (LT-Drs. 13/1525, 11). Schließlich spricht der Vergleich mit den entsprechenden Vorschriften anderer Bundesländer für einen weiten Anwendungsbereich des § 34a. Im Gegensatz zu jenen enthält § 34a keine Formulierungen, aus denen sich ergeben würde, dass der Maßnahmeadressat in der von der Maßnahme erfasste Wohnung leben muss (vgl. zB § 31 Abs. 2 HSOG, § 27a Abs. 3 BWPolG: „Person aus ihrer Wohnung [...] verweisen"). Ein weites Verständnis des Anwendungsbereichs von § 34a schließt es freilich nicht aus, dass im Einzelfall ein Platzverweis nach § 34 Abs. 1 oder ein gem. § 34 Abs. 2 erlassenes Aufenthaltsverbot zur effektiven Gefahrenabwehr ausreichen kann.

27   Gemäß Abs. 1 S. 2 ist der räumliche Bereich, auf den sich Wohnungsverweisung und Rückkehrverbot beziehen, nach dem Erfordernis eines wirkungsvollen Schutzes der gefährdeten Person zu bestimmen und genau zu bezeichnen. Bei dem Hinweis auf den wirkungsvollen Schutz der gefährdeten Person handelt es sich um eine gesetzliche Normierung des Grundsatzes der effektiven Gefahrenabwehr. Die Formulierung bringt zudem zum Ausdruck, dass im Rahmen der durch das Verhältnismäßigkeitsprinzip geforderten Abwägung dem Interesse der gefährdeten Person an einer möglichst weiträumigen Verweisung grundsätzlich der Vorrang vor dem gegenläufigen Interesse des Maßnahmeadressaten einzuräumen und das Interesse des Gewaltopfers maßgeblich für die Bestimmung des räumlichen Bereichs ist.

28   Begrenzt wird der räumliche Geltungsbereich der auf § 34a gestützten Maßnahmen dadurch, dass eine Verweisung nur aus der Wohnung und ihrer „unmittelbaren" Umgebung zulässig ist. Ein allgemeines Näherungsverbot oder eine Anordnung, es zu unterlassen, andere Orte aufzusuchen, an denen sich die gefährdete Person regelmäßig aufhält, kann nicht auf § 34a gestützt werden (Thiel PolR § 10 Rn. 99). Insoweit kommt ggf. eine ergänzende Maßnahme in Form eines Aufenthaltsverbots gem. § 34 Abs. 2 in Betracht.

29   Mit der Anforderung, dass der räumliche Bereich genau zu bezeichnen ist, wird das Bestimmtheitsgebot im Wortlaut des § 34a verankert. Die Verpflichtung, ihre Anordnungen hinreichend bestimmt zu formulieren, folgt für die Polizei überdies aus § 37 Abs. 1 VwVfG. NRW. und ist letztlich Ausdruck des verfassungsrechtlichen Rechtsstaatsprinzips.

30   Gemäß Abs. 1 S. 3 können Wohnungsverweisung und Rückkehrverbot in besonders begründeten Einzelfällen auf bestimmte Wohn- und Nebenräume beschränkt werden. Systematisch gesehen handelt es sich bei dieser Regelung um eine besondere Ausprägung des

Verhältnismäßigkeitsprinzips. Eine Beschränkung der Maßnahmen auf bestimmte Wohn- und Nebenräume kommt nur ausnahmsweise und in atypischen Fällen in Betracht. Regelmäßig muss der räumliche Bereich, auf den sich Wohnungsverweisung und Rückkehrverbot beziehen, (zumindest) die gesamte Wohnung umfassen. Eine Ausnahme von diesem Grundsatz ist denkbar, wenn sich in der Wohnung Arbeits-, Betriebs- oder Geschäftsräume befinden, in denen der Maßnahmeadressat seinem Beruf nachgeht und auf deren Nutzung er für den Erhalt der wirtschaftlichen Existenzgrundlage – auch im Interesse der gefährdeten Person – angewiesen ist (WHM NRWPolR Rn. 153; Tegtmeyer/Vahle PolG NRW/Tegtmeyer Rn. 17). In diesen Fällen ist zu beachten, dass gem. Abs. 1 S. 2 stets ein wirkungsvoller Schutz der gefährdeten Person erreicht werden muss.

7. Wohnungsverweisung

Mittels Wohnungsverweisung kann die Polizei dem Betroffenen aufgeben, die Wohnung 31 zu verlassen. Die Entscheidung zur Anordnung dieser Maßnahme liegt im Ermessen der Polizei. Bei der Ausübung des Entschließungs- und Auswahlermessens ist die verfassungsrechtliche Bedeutung der betroffenen Schutzgüter, nämlich Leben, körperliche Unversehrtheit und Freiheit der Person (Art. 2 Abs. 2 S. 1 und S. 2 GG) angemessen zu berücksichtigen (Guckelberger JA 2011, 1 (7)). Dies bedeutet allerdings nicht, dass in jedem Einzelfall, in dem die Tatbestandsvoraussetzungen des § 34a erfüllt sind, eine Ermessensreduzierung und damit eine Pflicht der Polizei zum Erlass einer Wohnungsverweisung bejaht werden müsste. Es ist durchaus denkbar, dass in weniger gravierenden Fällen eine Gefährderansprache zur effektiven Gefahrenabwehr ausreichen kann. An der Erforderlichkeit der Maßnahme kann es zudem fehlen, wenn die gefährdete Person erklärt, die betroffene Wohnung endgültig verlassen zu wollen (Guckelberger/Gard NJW 2014, 2822 (2825 ff.)).

8. Rückkehrverbot

Das Rückkehrverbot ist als eine gegenüber der Wohnungsverweisung eigenständige Rege- 32 lung zu qualifizieren. Ihre Wirkung schließt in zeitlicher Hinsicht an die Verweisung aus der Wohnung an und verbietet für einen bestimmten Zeitraum das Betreten der Wohnung sowie ggf. das Betreten von deren unmittelbarer Umgebung. Droht dem Adressaten infolge des Rückkehrverbots die Obdachlosigkeit, so ist die Polizei verpflichtet, ihm eine Unterkunft zu verschaffen (Gusy PolR Rn. 279).

9. Verhältnis von Wohnungsverweisung und Rückkehrverbot

Trotz des eigenständigen Regelungscharakters der beiden Maßnahmen entspricht es regel- 33 mäßig pflichtgemäßem Ermessen, das Rückkehrverbot gemeinsam mit der Wohnungsverweisung anzuordnen (Tegtmeyer/Vahle PolG NRW/Tegtmeyer Rn. 11). Die isolierte Anordnung einer Wohnungsverweisung ohne ein – ggf. gegenüber dem Regelfall von 10 Tagen verkürztes – Rückkehrverbot würde der betroffenen Person erlauben, die Wohnung schon kurz nach Verlassen wieder zu betreten, was die Effektivität der Gefahrenabwehr beeinträchtigt. Neben dem mit einer Wohnungsverweisung verbundenen Rückkehrverbot ist auch ein isoliertes Rückkehrverbot denkbar, wenn die betroffene Person im Zeitpunkt des polizeilichen Eingreifens die Wohnung bereits verlassen hat.

10. Sonderfall: Minderjährige und Pflegebedürftige als gefährdete Personen

Ziel des § 34a ist es zu vermeiden, dass in Fällen häuslicher Gewalt der Störer in der 34 gemeinsamen Wohnung verbleiben kann, während die gefährdete Person zum Schutz in einer anderen Wohnung oder in einem Frauenhaus untergebracht werden muss. Dieses gesetzliche Anliegen kann nicht ohne Weiteres verwirklicht werden, wenn es sich bei der gefährdeten Person um Minderjährige oder Pflegebedürftige handelt und außer der betroffenen Person keine anderen Personen in der Wohnung leben, die die Betreuung oder Pflege der gefährdeten Person übernehmen können (Tegtmeyer/Vahle PolG NRW/Tegtmeyer Rn. 14). Die Anordnung einer Wohnungsverweisung wäre dann ermessensfehlerhaft. Stattdessen hat die Polizei in diesen Fällen darauf hinzuwirken, dass die zuständigen Behörden (zB Jugend- und Sozialamt) eingreifen und die gefährdeten Personen in geeigneten öffentlichen Einrichtungen unterbringen und betreuen (LT-Drs. 13/1525, 12). Die Befugnisse des Jugendamtes zur Inobhutnahme von Kindern und Jugendlichen folgen aus § 42 SGB VIII (näher zu verschiedenen Konstellationen der Wohnungsverweisung bei Beteiligung von Kindern und Jugendlichen als gefährdete Personen oder Maßnahmeadressaten Storr ThürVBl. 2005, 97 (103)).

II. Recht zur Mitnahme von Gegenständen (Abs. 2)

35   In Konkretisierung des Verhältnismäßigkeitsprinzips verpflichtet Abs. 2 die Polizei dazu, der betroffenen Person Gelegenheit zur Mitnahme dringend benötigter Gegenstände des persönlichen Bedarfs zu geben. Dabei ist vor allem an **Kleidung, Kosmetikartikel, Medikamente, persönliche Unterlagen oder ein Mobiltelefon** zu denken. Wenn der Maßnahmeadressat nach einer Wohnungsverweisung glaubhaft darlegt, dass er noch weitere Gegenstände dringend benötigt, die sich in der Wohnung befinden, darf er die Wohnung in Begleitung der Polizei aufsuchen und die Gegenstände mitnehmen. Eine erneute Kontaktaufnahme mit der gefährdeten Person kann dadurch vermieden werden, dass dieser die Gelegenheit gegeben wird, die bezeichneten Gegenstände selbst – zB über Dritte – herauszugeben (Tegtmeyer/Vahle PolG NRW/Tegtmeyer Rn. 18). Auf jeden Fall darf das Recht zur Mitnahme von Gegenständen nicht den Schutz des Opfers vor erneuter Gewaltanwendung beeinträchtigen.

III. Zustellung von Entscheidungen an die betroffene Person (Abs. 3)

36   Nach Abs. 3 hat die Polizei den Maßnahmeadressaten aufzufordern, eine Anschrift oder eine zustellungsbevollmächtigte Person zu benennen, an die behördliche oder gerichtliche Entscheidungen, die zur Abwehr einer Gefahr iSd Abs. 1 ergehen, zugestellt werden können. Mit dieser Vorschrift soll sichergestellt werden, dass die betroffene Person umgehend von allen behördlichen und gerichtlichen Entscheidungen Kenntnis erhält, Ladungen ohne Verzögerung zugestellt werden können etc, ohne dass die betroffene Person die Wohnung erneut aufsuchen muss.

37   Allerdings räumt Abs. 3 der Polizei nicht die Befugnis ein, die Benennung einer neuen Anschrift oder zustellungsbevollmächtigten Person zu erzwingen (Tegtmeyer/ Vahle PolG NRW/Tegtmeyer Rn. 19). Bleibt der Aufenthaltsort des Störers unbekannt und ist auch eine Zustellung an einen Vertreter oder Zustellungsbevollmächtigten nicht möglich, kann die Zustellung behördlicher Entscheidungen ersatzweise nach § 10 LZG NRW durch öffentliche Bekanntmachung erfolgen.

IV. Zivilrechtlicher Schutz und Beratungsangebote (Abs. 4)

38   Neben der Abwehr der unmittelbaren Gefahr dient die mit einem Rückkehrverbot verbundene Wohnungsverweisung dazu, der gefährdeten Person einen Schutz- und Rückzugsraum zu schaffen und ihr die Möglichkeit zu geben, über die Geltendmachung und Durchsetzung ihrer Ansprüche zu entscheiden (Gusy PolR Rn. 279 f.). Damit die Entscheidung auf der Grundlage von zutreffenden Kenntnissen und Informationen erfolgen kann, normiert Abs. 4 Informations- und Beratungspflichten der Polizei.

1. Hinweispflicht im Hinblick auf zivilrechtlichen Schutz

39   Abs. 4 verpflichtet die Polizei, die gefährdete Person auf die Möglichkeit zivilrechtlichen Schutzes hinzuweisen. In dieser Regelung kommt die Funktion der Maßnahmen nach § 34a, den zivilrechtlichen Schutz zu flankieren, besonders deutlich zum Ausdruck: § 34a ermöglicht der Polizei eine kurzfristige Krisenintervention mit dem Ziel, „akute Auseinandersetzungen zu entschärfen, den Beteiligten Wege aus der Krise zu eröffnen und ihnen die Möglichkeit zu verschaffen, in größerer Ruhe und ohne das Risiko von Gewalttätigkeiten Entscheidungen über ihre künftige Lebensführung sowie ggf. die Inanspruchnahme gerichtlichen Schutzes nach Maßgabe des Gesetzes zum zivilrechtlichen Schutz vor Gewalttaten und Nachstellungen zu treffen" (BVerfG NJW 2002, 2225).

2. Exkurs: Inhalt und Bedeutung des zivilrechtlichen Schutzes im Überblick

Gemäß § 1 Abs. 1 GewSchG kann das Gericht auf Antrag anordnen, dass der Täter es **40** unterlässt, die Wohnung der verletzten Person zu betreten, sich in einem bestimmten Umkreis der Wohnung der verletzten Person aufzuhalten, zu bestimmende andere Orte aufzusuchen, an denen sich die verletzte Person regelmäßig aufhält, Verbindung zur verletzten Person aufzunehmen oder das Zusammentreffen mit der verletzten Person herbeizuführen, soweit dies nicht zur Wahrnehmung berechtigter Interessen erforderlich ist. Voraussetzung für diese Anordnungen ist grundsätzlich, dass eine Person vorsätzlich den Körper, die Gesundheit oder die Freiheit einer anderen Person widerrechtlich verletzt hat. Allerdings sind Anordnungen iSd § 1 Abs. 1 GewSchG nach § 1 Abs. 2 GewSchG auch ohne bereits eingetretene Verletzung möglich, wenn eine Person einer anderen mit einer Verletzung des Lebens, des Körpers, der Gesundheit oder der Freiheit widerrechtlich gedroht hat oder eine Person widerrechtlich und vorsätzlich in die Wohnung einer anderen Person eindringt oder eine andere Person dadurch unzumutbar belästigt, dass sie ihr gegen den ausdrücklich erklärten Willen wiederholt nachstellt oder sie unter Verwendung von Fernkommunikationsmitteln verfolgt.

Zudem ist in § 2 GewSchG vorgesehen, dass die verletzte Person vom Täter verlangen **41** kann, ihr die gemeinsam genutzte Wohnung zur alleinigen Benutzung zu überlassen, wenn sie zum Zeitpunkt der Tat mit dem Täter einen auf Dauer angelegten gemeinsamen Haushalt geführt hat.

Verfahren nach den §§ 1 und 2 GewSchG („Gewaltschutzsachen") sind nach § 210 FamFG **42** der freiwilligen Gerichtsbarkeit zugewiesen. Um ein wirkungsvolles Zusammenwirken zwischen polizeilichen und gerichtlichen Maßnahmen zu ermöglichen, kann das Gericht nach § 214 FamFG auf Antrag durch einstweilige Anordnung eine vorläufige Regelung nach § 1 GewSchG oder § 2 GewSchG treffen.

3. Beratungsangebote und -einrichtungen

Gemäß Abs. 4 ist die Polizei dazu verpflichtet, die gefährdete Person – über den Hinweis **43** auf die Möglichkeiten zivilrechtlichen Schutzes hinaus – über Beratungsangebote zu informieren und ihr eine Inanspruchnahme geeigneter, für diese Aufgaben qualifizierter Beratungseinrichtungen nahe zu legen. Ferner hat die Polizei der gefährdeten Person anzubieten, einen Kontakt durch die in der polizeilichen Einsatzdokumentation näher bezeichneten Beratungseinrichtung durch die Weitergabe ihres Namens, ihrer Anschrift und ihrer Telefonnummer zu ermöglichen.

Diese gesetzlich ausdrücklich angeordnete Informationspflicht gegenüber gefährdeten Per- **44** sonen ist vor dem Hintergrund zu verstehen, dass häusliche Gewalt in vielen Fällen in einer stabilisierten Gewaltbeziehung vorkommt und eine dauerhafte Konfliktlösung nicht allein durch polizei- und zivilrechtliche Maßnahmen erreicht werden kann (LT-Drs. 13/1525, 15). Der Begriff der „geeigneten Beratungseinrichtungen" ist daher weit zu verstehen und erfasst neben anwaltlicher Unterstützung auch sozial-psychologische Beratungsstellen, Opferschutzorganisationen, Jugendamt, Sozialarbeiter und andere qualifizierte Stellen öffentlicher oder nichtöffentlicher Träger.

Auf der Grundlage des Abs. 4 darf die Polizei persönliche Daten allerdings nicht von Amts **45** wegen ohne Einwilligung der gefährdeten Person an Beratungseinrichtungen weitergeben. Der Gesetzgeber hat sich bewusst gegen einen entsprechenden „pro-aktiven Ansatz" nach dem Vorbild Österreichs entschieden, bei dem persönliche Daten auch ohne ausdrücklichen Wunsch des Gewaltopfers an nichtstaatliche Beratungsstellen übermittelt werden. Eine solche Beratung ohne oder sogar gegen den Willen der gefährdeten Person ist nach Einschätzung des Gesetzgebers mit einer selbstbestimmten Entscheidung über die weitere Lebensplanung nicht zu vereinbaren und läuft auf eine Entmündigung des Opfers hinaus (LT-Drs. 13/1525, 16; vgl. Tegtmeyer/Vahle PolG NRW/Tegtmeyer Rn. 20; krit. zur Ablehnung des „Proaktiv-Ansatzes" mit beachtlichen Argumenten SBK PolG NRW/Keller Rn. 14).

Stattdessen soll die Polizei der gefährdeten Person die Weitergabe ihres Namens, ihrer Anschrift **45.1** oder ihrer Telefonnummer anbieten. Willigt die gefährdete Person in die Weitergabe der Daten ein, ist davon auszugehen, dass die Einwilligung auch dann wirksam ist, wenn sie nicht schriftlich erfolgt. Nach § 4 Abs. 1 S. 3 DSG NRW kann die grundsätzlich erforderliche Schriftform der Einwilligung entfallen, wenn wegen besonderer Umstände eine andere Form angemessen ist. Wenn – wie es typischerweise der Fall sein wird – eine Wohnungsverweisung unmittelbar nach einem Vorfall häuslicher Gewalt angeordnet wird, befindet sich das Opfer in einer psychischen Ausnahmesituation, in der es unangemessen sein kann, es mit dem Ausfüllen schriftlicher Einwilligungserklärungen zu belasten (LT-Drs. 13/1525, 16).

V. Dauer von Wohnungsverweisung und Rückkehrverbot (Abs. 5)

1. Grundsatz

46   Abs. 5 regelt die zulässige Dauer von Wohnungsverweisung und Rückkehrverbot. Die Maßnahmen enden gem. Abs. 5 S. 1 grundsätzlich mit Ablauf des zehnten Tages nach ihrer Anordnung. Die Berechnung der Frist richtet sich im Einzelnen nach § 31 VwVfG. NRW. iVm §§ 187 ff. BGB. Nach § 31 Abs. 3 VwVfG. NRW. endet die Frist mit dem Ablauf des nächsten Werktags, wenn das Ende einer Frist auf einen Sonntag, einen gesetzlichen Feiertag oder einen Sonnabend fällt. Diese Regelung ist grundsätzlich auch auf die Berechnung des Endes von Wohnungsverweisung und Rückkehrverbot anwendbar. Die Ausnahme nach § 31 Abs. 3 S. 2 VwVfG. NRW. findet nur Anwendung, wenn dem Betroffenen unter Hinweis auf diese Vorschrift (also auf § 31 Abs. 3 S. 2 VwVfG. NRW., vgl. SBS/Kallerhoff/Stamm VwVfG § 31 Rn. 38) ein bestimmter Tag als Ende der Frist mitgeteilt wurde. Fehlt dieser Hinweis, so verlängert sich die Dauer der polizeilichen Maßnahmen auf den nächsten Werktag (anders Tegtmeyer/Vahle PolG NRW/Tegtmeyer Rn. 25, die unter Verweis auf § 31 Abs. 3 S. 2 VwVfG. NRW. davon ausgehen, dass eine Verlängerung der Frist auf den nächstfolgenden Werktag nicht möglich ist, dabei aber nicht näher auf die Hinweispflicht aus § 31 Abs. 3 S. 2 VwVfG. NRW. eingehen).

47   Eine andere als die Zehn-Tages-Frist gilt, wenn die Polizei gem. § 34a Abs. 5 S. 1 VwVfG. NRW. „im Einzelfall ausnahmsweise" eine kürzere Geltungsdauer festlegt. Mit dieser Formulierung wird deutlich, dass der Geltungszeitraum der Maßnahmen die Dauer von zehn Tagen nur bei Vorliegen besonderer Umstände unterschreiten darf. Ein kürzerer Zeitraum erscheint insbesondere dann als angemessen, wenn bei Erlass der polizeilichen Verfügung feststeht, dass die gefährdete Person vor Ablauf der Zehn-Tages-Frist längerfristig verreisen oder den Wohnort wechseln wird (vgl. VG Osnabrück NJW 2011, 1244, für den Fall eines unmittelbar bevorstehenden Umzugs; Thiel PolR § 10 Rn. 100). Aufgrund des Charakters der Wohnungsverweisung als Dauerverwaltungsakt ist die Behörde dazu verpflichtet, ihre Ermessenserwägungen auch nach dem Erlass zu aktualisieren und die Anordnung ggf. aufzuheben (OVG Münster NJW 2015, 1468 (1469)).

2. Verhältnis zum Antrag auf zivilrechtlichen Schutz

48   Polizeiliche Maßnahmen nach § 34a dienen dem schnell wirkenden Schutz einer von häuslicher Gewalt betroffenen Person. Sie setzen zu einem Zeitpunkt ein, in dem gerichtliche Maßnahmen gem. § 1 GewSchG noch nicht erwirkt worden sind; die polizeilichen Maßnahmen gem. § 34a schließen somit eine Schutzlücke. Abs. 5 S. 2 soll diese beiden Instrumente aufeinander abstimmen. Nach Abs. 5 S. 2 enden Wohnungsverweisung und Rückkehrverbot mit dem Tag der gerichtlichen Entscheidung, wenn die gefährdete Person während der Dauer der von der Polizei angeordneten Maßnahmen iSd Abs. 5 S. 1 einen Antrag auf zivilrechtlichen Schutz mit dem Ziel des Erlasses einer einstweiligen Anordnung stellt. Damit verlängert sich das Rückkehrverbot also über den zunächst von der Polizei verfügten Zeitraum (sei es der Regelfall einer zehntägigen Dauer, sei es ein im Ausnahmefall von der Polizei festgelegter kürzerer Zeitraum) hinaus bis zum Tag der gerichtlichen Entscheidung, ohne dass es dafür einer gesonderten Anordnung bedarf. Spätestens enden die polizeilichen Maßnahmen nach Abs. 1 mit Ablauf des zehnten Tages nach Ende der gem. Abs. 5 S. 1 verfügten Dauer. Insgesamt kann das polizeiliche Rückkehrverbot damit maximal 20 Tage andauern und endet danach auch dann, wenn noch keine gerichtliche Entscheidung über den Antrag auf Erlass einer einstweiligen Anordnung getroffen sein sollte. Eine solche Situation dürfte allerdings nur selten eintreten, da es dem Gericht in der Regel möglich sein müsste, über Anträge auf Erlass einstweiliger Anordnungen in Gewaltschutzsachen nach § 214 FamFG innerhalb von zehn Tagen zu entscheiden. Das gilt umso mehr, als der Erlass

einstweiliger Anordnungen auch ohne mündliche Erörterung zulässig ist (vgl. § 214 Abs. 2, § 51 Abs. 2 S. 2 FamFG). Die Festsetzung einer Höchstdauer für die Geltung der polizeilichen Maßnahmen nach § 34a wird deren besonderer Funktion gerecht, die nicht in der endgültigen, dauerhaften Sicherung von Gewaltopfern liegt (vgl. allg. § 1 Abs. 2). Nach dem eindeutigen Gesetzeswortlaut enden die polizeilichen Maßnahmen mit dem Tag der gerichtlichen Entscheidung bzw. dem Ablauf der (weiteren) zehn Tage eo ipso. Es bedarf also keiner ausdrücklichen Aufhebung des Rückkehrverbots durch die Polizei. Dies gilt auch für den Fall, dass eine ablehnende gerichtliche Entscheidung innerhalb des (ersten) Zehn-Tages-Zeitraums ergeht. Damit ist allerdings nicht ausgeschlossen, dass die Polizei bei erneuter häuslicher Gewalt eine weitere Wohnungsverweisung anordnet (Tegtmeyer/ Vahle PolG NRW/Tegtmeyer Rn. 30).

3. Anwendbarkeit der §§ 48, 49 VwVfG. NRW.

Nach Abs. 5 S. 3 bleiben die §§ 48, 49 VwVfG. NRW. unberührt. Maßnahmen nach **49** § 34a können also bei Vorliegen der entsprechenden Voraussetzungen nach § 48 VwVfG. NRW. zurückgenommen oder nach § 49 VwVfG. NRW. widerrufen werden. Eine Rücknahme nach § 48 VwVfG. NRW. kommt insbesondere in Betracht, wenn sich die Anordnung der Maßnahme als rechtswidrig erweist, zB weil lediglich eine sog. Scheingefahr (Putativgefahr) vorgelegen hat. Ein Widerruf nach § 49 VwVfG. NRW. ist möglich, wenn ursprünglich zwar eine gegenwärtige Gefahr bestand, diese aber während der angeordneten Dauer der Maßnahmen weggefallen ist. Konkret ist daran zu denken, dass sich die Aussage der gefährdeten Person, auf die die Wohnungsverweisung maßgeblich gestützt wurde, als Falschaussage erweist.

Sowohl bei der Rücknahme nach § 48 VwVfG. NRW. als auch bei einem Widerruf nach **50** § 49 VwVfG. NRW. ist die Polizei nicht an die Vorgaben des § 48 Abs. 2–4 VwVfG. NRW. bzw. § 49 Abs. 2 und Abs. 3 VwVfG. NRW. gebunden, da es sich bei den Maßnahmen nach § 34a nicht um begünstigende Verwaltungsakte handelt. Etwas anderes ergibt sich auch nicht daraus, dass Wohnungsverweisung und Rückkehrverbot für die gefährdete Person insoweit begünstigenden Charakter haben, als sie der Gewaltanwendung ein Ende setzen und deren tatsächliche Situation verbessern. Ob es sich bei Verwaltungsakten mit Drittwirkung um begünstigende oder belastende Verwaltungsakte handelt, ist nämlich allein nach der Wirkung für den Adressaten zu beurteilen (BVerwG NVwZ 2012, 1547 (1554); Kopp/Ramsauer VwVfG § 48 Rn. 73).

VI. Mitteilungspflichten über Verfahren zum zivilrechtlichen Schutz (Abs. 6)

1. Mitteilung des Gerichts an die Polizei (Abs. 6 S. 1)

Gemäß Abs. 5 S. 2 hängt die Dauer der Wohnungsverweisung und des Rückkehrverbots **51** davon ab, ob die gefährdete Person einen Antrag auf zivilrechtlichen Schutz gestellt hat. Vor diesem Hintergrund muss die Polizei über ein etwaiges Zivilverfahren informiert sein. Daher bestimmt Abs. 6 S. 1, dass das Gericht der Polizei die Beantragung zivilrechtlichen Schutzes sowie den Tag der gerichtlichen Entscheidung unverzüglich mitzuteilen hat.

§ 216a S. 1 FamFG begründet für das Gericht die Pflicht, Anordnungen nach den §§ 1 **52** und 2 GewSchG sowie deren Änderung oder Aufhebung der zuständigen Polizeibehörde und anderen öffentlichen Stellen, die von der Durchführung der Anordnung betroffen sind, unverzüglich mitzuteilen. Im Unterschied zur Informationspflicht des § 34a Abs. 6 S. 1 ist von der Mitteilung abzusehen, soweit schutzwürdige Interessen eines Beteiligten an dem Ausschluss der Übermittlung überwiegen. Auch wenn es insoweit offenbar noch nicht zu praktischen Problemen gekommen ist, erscheint es doch wünschenswert, dass der Landes- und der Bundesgesetzgeber die polizeirechtlichen und zivilrechtlichen Vorschriften durch geeignete Änderungen aufeinander abstimmen (so auch Hornmann HSOG § 31 Rn. 37 im Hinblick auf die vergleichbare Regelung in § 31 Abs. 2 S. 5 HSOG).

Nach Abs. 6 S. 1 Hs. 2 bleiben die §§ 18–22 EGGVG unberührt. Damit sind Vorschriften **53** über die Verarbeitung und Verwendung personenbezogener Daten durch Gerichte der ordentlichen Gerichtsbarkeit und Staatsanwaltschaften angesprochen.

2. Mitteilung an gefährdete und betroffene Person (Abs. 6 S. 2)

54   Nach Abs. 6 S. 2 hat die Polizei die gefährdete und die betroffene Person unverzüglich über die Dauer der Maßnahmen nach Abs. 1 in Kenntnis zu setzen. Konkret bedeutet dies vor allem, dass die betroffene Person von der Polizei über einen Antrag der gefährdeten Person auf einstweiligen (zivilgerichtlichen) Rechtsschutz informiert werden muss, weil dadurch – ohne dass es einer polizeilichen Anordnung bedarf – die Dauer des Rückkehrverbots nach Abs. 5 S. 2 bis zum Tag der gerichtlichen Entscheidung bzw. maximal um weitere zehn Tage verlängert wird. Außerdem müssen gefährdete und betroffene Person von der Polizei über das Ende der Maßnahmen nach Abs. 1 informiert werden, soweit dieses mit dem Tag der gerichtlichen Entscheidung eintritt.

55   Ergänzt wird § 34a Abs. 6 durch § 214 Abs. 2 FamFG. Danach gilt der Antrag auf Erlass der einstweiligen Anordnung im Fall des Erlasses ohne mündliche Erörterung zugleich als Auftrag zur Zustellung durch den Gerichtsvollzieher und als Auftrag zur Vollstreckung, wobei auf Verlangen des Antragstellers die Zustellung nicht vor der Vollstreckung erfolgen darf. Hierdurch soll sichergestellt werden, dass gerichtliche Maßnahmen nach §§ 1, 2 GewSchG sich lückenlos an den Geltungszeitraum polizeilicher Maßnahmen nach § 34a anschließen. Dieser lückenlose Schutz ist selbst dann gewährleistet, wenn die Zustellung der gerichtlichen Entscheidung an die betroffene Person am Tag der Entscheidung – also dem Ende der Dauer polizeilicher Maßnahmen – scheitern sollte. Denn das Gericht kann nach § 53 Abs. 2 S. 1 FamFG in Gewaltschutzsachen anordnen, dass die Vollstreckung der einstweiligen Anordnung vor Zustellung an den Verpflichteten zulässig ist. In diesem Fall wird die einstweilige Anordnung bereits mit ihrem Erlass wirksam.

VII. Überprüfungspflicht (Abs. 7)

56   Nach § 34a ist die Einhaltung des Rückkehrverbots mindestens einmal während seiner Geltung zu überprüfen. Diese Vorschrift statuiert eine Pflicht der Polizei, enthält aber keine Ermächtigungsgrundlage für Maßnahmen, die zur Überprüfung des Rückkehrverbots erforderlich sind. Somit sind das Betreten und das Durchsuchen von Wohnungen allein auf der Grundlage und unter den Voraussetzungen der §§ 41, 42 zulässig. Der Gesetzgeber hat darauf verzichtet, eine bestimmte Frist für die in § 34a Abs. 7 geregelte Überprüfung festzulegen. Polizeiliche Erfahrungen mit dem Verhalten der betroffenen Personen legen es allerdings nahe, die Überprüfung möglichst innerhalb der ersten drei Tage nach Erlass der Verfügung vorzunehmen (Tegtmeyer/Vahle PolG NRW/Tegtmeyer Rn. 32).

VIII. Vollstreckung

57   Wohnungsverweisung und Rückkehrverbot können grundsätzlich nach den allgemeinen Regelungen der §§ 50 ff. vollstreckt werden (Kay NVwZ 2003, 521 (525)). Sie sind häufig als unaufschiebbare Anordnungen und Maßnahmen von Polizeivollzugsbeamten iSd § 80 Abs. 2 S. 1 Nr. 2 VwGO zu qualifizieren. Das hat zur Folge, dass die Polizei die sofortige Vollziehung nicht gem. § 80 Abs. 2 S. 1 Nr. 4 VwGO anordnen muss.

58   Wohnungsverweisung und Rückkehrverbot verlangen dem Maßnahmeadressaten eine nicht vertretbare Handlung ab. Dementsprechend scheidet die Ersatzvornahme iSd § 51 Abs. 1 Nr. 1, § 52 als Zwangsmittel aus. Stattdessen kann die Polizei Maßnahmen nach § 34a im Wege des unmittelbaren Zwangs nach §§ 55, 57 ff. durchsetzen. Daneben kommt – insbesondere bei Nichtbeachtung des Rückkehrverbots – ein Zwangsgeld nach § 51 Abs. 1 Nr. 2, § 53 in Betracht, das gem. § 56 Abs. 2 auch schon bei Anordnung einer Maßnahme nach § 34a angedroht werden kann. Das Zwangsgeld darf nach einem Verstoß gegen das Rückkehrverbot auch dann noch festgesetzt werden, wenn ein weiterer Verstoß nicht mehr in Betracht kommt, weil die Geltungsdauer des Verbots bereits abgelaufen ist (OVG Münster BeckRS 2012, 47641; JuS 2012, 1151 mAnm Waldhoff).

59   Eine Wohnungsverweisung und ein Rückkehrverbot gem. § 34a können auch in der Weise durchgesetzt werden, dass die betroffene Person in Gewahrsam genommen wird. § 35 Abs. 1 Nr. 4 enthält dafür eine spezielle Ermächtigungsgrundlage. Unabhängig von einem ggf. anhängigen Verfahren zum Erlass von Maßnahmen nach dem GewSchG ist bei Ingewahrsamnahme des Maßnahmeadressaten gem. § 36 Abs. 1 S. 1 PolG NRW und Art. 104

Abs. 2 S. 2 GG unverzüglich eine richterliche Entscheidung über Zulässigkeit und Fortdauer der Freiheitsentziehung einzuholen. Die zulässige Dauer der Freiheitsentziehung nach § 35 Abs. 1 Nr. 4 korrespondiert nicht mit der Dauer des Rückkehrverbots nach § 34a. Nach § 38 Abs. 1 Nr. 3 ist die festgehaltene Person vielmehr in jedem Falle spätestens bis zum Ende des Tages nach dem Ergreifen zu entlassen, wenn nicht vorher die Fortdauer der Freiheitsentziehung aufgrund eines anderen Gesetzes durch richterliche Entscheidung angeordnet ist.

IX. Rechtsschutz

Wohnungsverweisung und Rückkehrverbot sind Dauerverwaltungsakte. Das Gebot, die **60** Wohnung zu verlassen, und das Verbot, dorthin zurückzukehren, aktualisieren sich innerhalb des seitens der Polizei festgelegten Geltungszeitraums ständig (OVG Münster BeckRS 2009, 42563). Die Maßnahmen nach § 34a sind in der Regel als unaufschiebbare Maßnahmen von Polizeivollzugsbeamten iSd § 80 Abs. 2 S. 1 Nr. 2 VwGO zu qualifizieren. Widerspruch und Anfechtungsklage haben daher keine aufschiebende Wirkung. Die betroffene Person hat die Möglichkeit, einen Antrag auf vorläufigen Rechtsschutz nach § 80 Abs. 5 VwGO zu stellen. Es begegnet im Hinblick auf die Garantie effektiven Rechtsschutzes keinen Bedenken, dass sich die verwaltungsgerichtliche Kontrolle dabei auf eine summarische Prüfung der Rechtmäßigkeit der Maßnahme oder – wenn diese sich nicht hinreichend beurteilen lässt – auf eine Interessenabwägung beschränkt. Das BVerfG hat es mit Blick auf § 34a abgelehnt, aus Art. 19 Abs. 4 GG eine verfassungsrechtliche Pflicht der Gerichte abzuleiten, die Prüfungsintensität im Eilrechtsschutzverfahren über die übliche summarische Prüfung hinaus anzuheben. Zwar komme in den Fällen einer Wohnungsverweisung mit Rückkehrverbot dem Eilrechtsschutz eine große Bedeutung zu. Die hiermit verbundene Beschränkung umfassenden fachgerichtlichen Rechtsschutzes wiege auch schwer. Auf der anderen Seite dürfe jedoch nicht aus dem Blick geraten, dass die in § 34a vorgesehenen Maßnahmen nur vorübergehend wirkten (BVerfG NJW 2002, 2225).

Die auf § 34a gestützten Maßnahmen sind nur von kurzer Dauer. Dementsprechend wird **61** über Anfechtungsklagen des Maßnahmeadressaten regelmäßig zu einem Zeitpunkt entschieden werden können, in dem sich die Maßnahmen bereits erledigt haben (vgl. § 43 Abs. 2 VwVfG. NRW.). Zu beachten ist, dass sich die Wohnungsverweisung nicht schon dadurch erledigt, dass der Maßnahmeadressat ihr Folge leistet und die Wohnung verlässt. Das folgt insbesondere aus § 34a Abs. 5 S. 1, dem zufolge sowohl die Wohnungsverweisung als auch das Rückkehrverbot grundsätzlich erst mit Ablauf des zehnten Tages nach ihrer Anordnung enden. Ist Erledigung eingetreten, so kommt eine Fortsetzungsfeststellungsklage in Betracht, deren Statthaftigkeit sich bei Erledigung nach Klageerhebung aus § 113 Abs. 1 S. 4 VwGO ergibt. Bei Erledigung der Maßnahmen vor Klageerhebung ist eine (sog. erweiterte) Fortsetzungsfeststellungsklage analog § 113 Abs. 1 S. 4 VwGO statthaft (Guckelberger JA 2011, 1 (8)).

Die gefährdete Person kann in dem gerichtlichen Verfahren nach § 65 Abs. 1 VwGO **62** beigeladen werden (Guckelberger JA 2011, 1 (7)). Die Voraussetzungen für eine notwendige Beiladung gem. § 65 Abs. 2 VwGO sind dagegen nicht erfüllt (Trierweiler, Wohnungsverweisung und Rückkehrverbot zum Schutz vor häuslicher Gewalt, 2005, 169 f.; aA Hornmann HSOG § 31 Rn. 46).

§ 34b Aufenthaltsvorgabe und Kontaktverbot

(1) **¹Die Polizei kann zur Verhütung von terroristischen Straftaten nach § 8 Absatz 4 einer Person untersagen, sich ohne Erlaubnis der Polizei von ihrem Wohn- oder Aufenthaltsort oder aus einem bestimmten Bereich zu entfernen oder sich an bestimmten Orten aufzuhalten (Aufenthaltsvorgabe), wenn**
1. bestimmte Tatsachen die Annahme rechtfertigen, dass die betroffene Person innerhalb eines übersehbaren Zeitraums auf eine zumindest ihrer Art nach konkretisierte Weise eine terroristische Straftat nach § 8 Absatz 4 begehen wird oder

2. das individuelle Verhalten der betroffenen Person die konkrete Wahrscheinlichkeit begründet, dass sie innerhalb eines übersehbaren Zeitraums eine terroristische Straftat nach § 8 Absatz 4 begehen wird.
[2]Unter den Voraussetzungen des Satzes 1 kann die Polizei zur Verhütung von Straftaten nach § 8 Absatz 4 einer Person auch den Kontakt mit bestimmten Personen oder Personen einer bestimmten Gruppe untersagen (Kontaktverbot). [3]Die Befugnisse nach Satz 1 und 2 stehen der Polizei auch zur Abwehr einer Gefahr für Leib, Leben oder Freiheit einer Person oder für den Bestand oder die Sicherheit des Bundes oder des Landes zu.

(2) [1]Maßnahmen nach Absatz 1 werden auf Antrag der Behördenleitung oder deren Vertretung durch das Amtsgericht angeordnet, in dessen Bezirk die Polizeibehörde ihren Sitz hat. [2]Für das Verfahren gelten die Vorschriften des 7. Buches des Gesetzes über das Verfahren in Familiensachen und in den Angelegenheiten der freiwilligen Gerichtsbarkeit entsprechend. [3]Bei Gefahr im Verzug kann die Anordnung durch die zuständige Behördenleiterin oder den Behördenleiter oder deren Vertretung getroffen werden. [4]In diesem Fall ist die gerichtliche Entscheidung unverzüglich nachzuholen. [5]Soweit die Anordnung nicht binnen drei Tagen durch das Gericht bestätigt wird, tritt sie außer Kraft.

(3) Im Antrag sind anzugeben
1. die Person, gegen die sich die Maßnahme richtet, mit Name und Anschrift,
2. Art, Umfang und Dauer der Maßnahme, einschließlich
   a) im Fall des Aufenthaltsgebots nach Absatz 1 Satz 1 Alternative 1 einer Bezeichnung der Orte, von denen sich die Person ohne Erlaubnis der zuständigen Polizeibehörde nicht entfernen oder im Fall des Aufenthaltsverbots nach Absatz 1 Satz 1 Alternative 2, an denen sich die Person ohne Erlaubnis der zuständigen Polizeibehörde nicht aufhalten darf,
   b) im Fall des Kontaktverbots nach Absatz 1 Satz 2 der Personen oder Gruppe, mit denen oder mit welcher der betroffenen Person der Kontakt untersagt ist, soweit möglich, mit Name und Anschrift,
3. der Sachverhalt und
4. eine Begründung.

(4) [1]Die Anordnung ergeht schriftlich. [2]In ihr sind anzugeben
1. die Person, gegen die sich die Maßnahme richtet, mit Name und Anschrift,
2. Art, Umfang und Dauer der Maßnahme, einschließlich
   a) im Fall der Aufenthaltsanordnung nach Absatz 1 Satz 1 einer Bezeichnung der Orte, von denen sich die Person ohne Erlaubnis der zuständigen Polizeibehörde nicht entfernen oder an denen sich die Person ohne Erlaubnis der zuständigen Polizeibehörde nicht aufhalten darf,
   b) im Fall des Kontaktverbots nach Absatz 1 Satz 2 der Personen oder Gruppe, mit denen oder mit welcher der betroffenen Person der Kontakt untersagt ist, soweit möglich, mit Name und Anschrift und
3. die wesentlichen Gründe.

(5) [1]Aufenthaltsanordnungen sowie Kontaktverbote sind auf den zur Abwehr der Gefahr jeweils erforderlichen Umfang zu beschränken. [2]Sie sind auf höchstens drei Monate zu befristen. [3]Eine Verlängerung um jeweils nicht mehr als drei Monate ist möglich, soweit ihre Voraussetzungen fortbestehen. [4]Liegen die Voraussetzungen nicht mehr vor, ist die Maßnahme unverzüglich zu beenden.

Überblick

§§ 34b–34d wurden durch die **Polizeirechtsreform 2018** in das nordrhein-westfälische Sicherheitsrecht aufgenommen. Sie regeln die Aufenthaltsüberwachung und zielen dabei in erster Linie, wenngleich nicht ausschließlich (vgl. insbesondere § 34c Abs. 2, der Straftaten gegen die sexuelle Selbstbestimmung, des Stalkings sowie aus dem familiären Nahbereich vorbeugen soll), auf **terroristische „Gefährder"**. Die Vorschriften sind den entsprechenden Regelungen im Bundeskriminalamtgesetz (vgl. §§ 55, 56, 87 BKAG) nachgebildet worden, knüpfen tatbestandlich an eine „terroristische Straftat" isd § 8 Abs. 4 an (→ § 8 Rn. 136 ff.) und bestätigen so die Vermutung, dass sich „Terrorismus" aktuell von einer politischen Vokabel zu einem festen Bestandteil der deutschen Rechtsordnung wandelt (vgl. Kulick/ Goldhammer, Der Terrorist als Feind?/Barczak, 2020, 95 ff.). Sie ermöglichen auf Rechtsfolgenseite die Anordnung einer Aufenthaltsvorgabe (§ 34b Abs. 1 S. 1) und eines Kontaktverbots (§ 34b Abs. 1 S. 2). Diese Maßnahmen, die zueinander in einem Alternativverhältnis stehen (→ Rn. 31), werden jeweils durch die Möglichkeit einer elektronischen Aufenthaltsüberwachung (§ 34c, „elektronische Fußfessel") ergänzt, die regelmäßig als begleitende Maßnahme zu anderen verhaltenssteuernden Vorgaben im Zusammenhang mit der Aufenthaltskontrolle fungiert (→ § 34c Rn. 2). Die Ge- und Verbote dienen nach dem Willen des Normgebers (vgl. die Begründung des Gesetzes zur Neustrukturierung des Bundeskriminalamtgesetzes, BT-Drs. 18/11163, 121) als **Ergänzung „klassischer" Befugnisse** wie Platzverweis (§ 34 Abs. 1), Aufenthaltsverbot (§ 34 Abs. 2) und Wohnungsverweisung (§ 34a) und werden – gesetzessystematisch konsequent – in diesem Kontext verankert. Verstöße gegen eine gerichtlich oder behördlich angeordnete Aufenthaltsüberwachung werden mit dem neuen § 34d durch einen eigenen, verwaltungs(akt)akzessorischen Straftatbestand sanktioniert (→ § 34d Rn. 1, **„Pönalisierungslösung"**). § 34b Abs. 1 S. 1 regelt die Voraussetzungen für die Aufenthaltsvorgabe (→ Rn. 8 ff.); Abs. 1 S. 2 erstreckt diese auf das Kontaktverbot (→ Rn. 33 ff.). Abs. 2 stellt beide Maßnahmen unter Richtervorbehalt (→ Rn. 38). Abs. 3 und Abs. 4 enthalten Formvorgaben für den Antrag durch die Behördenleitung (→ Rn. 41) sowie die gerichtliche oder (ausnahmsweise) behördliche Anordnung der Maßnahmen (→ Rn. 42). Abs. 5 beschränkt schließlich die Dauer der Anordnung, normiert Kriterien für eine Verlängerung und ist eine Ausprägung des Übermaßverbots (→ Rn. 26 f.).

Übersicht

A. Allgemeines

I. Hintergrund und Parallelnormen

§§ 34b–34d wurden durch das Gesetz zur Stärkung der Sicherheit in Nordrhein-Westfalen **1** v. 13.12.2018 eingeführt (GV. NRW. 684; das Gesetzgebungsverfahren dokumentiert Thiel GSZ 2019, 1 (2 ff.); überblicksweise zu den Änderungen auch → EntwStruktPolRNRW Rn. 32 ff.; v. Coelln/Pernice-Warnke/Pützer/Reisch NWVBl. 2019, 89 ff.). Die Gesetzesänderung wird mit einer veränderten Sicherheitslage infolge einer hohen abstrakten Gefährdung für Europa und die Bundesrepublik Deutschland durch den internationalen Terrorismus begründet (LT-Drs. 17/2351, 1). Von zunehmender Wichtigkeit wird in diesem Zusammenhang die Möglichkeit gesehen, im Einzelfall auch eine durchgängige Überwachung über einen längeren Zeitraum der von Seiten der Sicherheitsbehörden als gefährlich eingeschätzten Personen durchführen zu können. Diese Gefahrensituationen zeichneten sich dadurch aus, dass sich oftmals noch keine konkrete Gefahr nachweisen lassen oder eine strafgerichtliche Verurteilung bereits zurückliege, die von einer Person ausgehende Gefahr aber erneut bzw. nach wie vor hoch sei (LT-Drs. 17/2351, 28). Darüber hinaus reagiert die Gesetzesänderung auf das Urteil des BVerfG v. 20.4.2016 zum BKAG (BVerfGE 141, 220 = NJW 2016, 1781).

Indem es der Landespolizei die Befugnis einräumt, zur Terrorismusbekämpfung bereits im **2** Gefahrenvorfeld Aufenthaltsanordnungen, Kontaktverbote und eine ständige elektronische Aufenthaltsüberwachung zu erlassen, reiht sich das nordrhein-westfälische Polizeirecht in die

Riege derjenigen **sicherheitsrechtlichen Normen auf Bundes- und Landesebene** ein, die im Nachgang zur BKAG-Entscheidung des BVerfG erlassen wurden und zu einer entsprechenden Aufenthaltsüberwachung ermächtigen. Dies sind im Einzelnen:

2.1 • **Bundesrecht:** §§ 55, 56, 87 BKAG, jeweils eingefügt mWv 9.6.2017 durch Gesetz zur Neustrukturierung des Bundeskriminalamtgesetzes v. 1.6.2017 (BGBl. I 1354); §§ 56, 56a AufenthG, geändert bzw. eingefügt durch Gesetz zur besseren Durchsetzung der Ausreisepflicht v. 20.7.2017 (BGBl. I 2780).

2.2 • **Landesrecht:** §§ 27b, 27c, 84b BWPolG, eingefügt durch Gesetz zur Änderung des Polizeigesetzes v. 28.11.2017 (BWGBl. 624); Art. 16 Abs. 2 BayPAG, Art. 34 BayPAG, eingefügt durch Gesetz zur effektiveren Überwachung gefährlicher Personen v. 24.7.2017 (BayGVBl. 388), geändert durch Gesetz zur Neuordnung des bayerischen Polizeirechts v. 18.5.2018 (BayGVBl. 301, 434); §§ 31a, 43b HSOG, eingefügt durch Gesetz zur Neuausrichtung des Verfassungsschutzes in Hessen v. 25.6.2018 (HessGVBl. 302); §§ 67a–67d SOG M-V, eingefügt durch Sechstes Gesetz zur Änderung des Sicherheits- und Ordnungsgesetzes v. 22.3.2018 (GVOBl. M-V 114); §§ 17b, 17c NPOG, eingefügt durch Gesetz zur Änderung des Niedersächsischen Gesetzes über die öffentliche Sicherheit und Ordnung und anderer Gesetze v. 20.5.2019 (NdsGVBl. 88); §§ 21, 61, 106 SächsPVDG, eingefügt durch Gesetz zur Neustrukturierung des Polizeirechtes des Freistaates Sachsen v. 11.5.2019 (SächsGVBl. 358); §§ 36a–36c, 106 SOG LSA, eingefügt durch Siebentes Gesetz zur Änderung des Gesetzes über die öffentliche Sicherheit und Ordnung des Landes Sachsen-Anhalt v. 18.10.2018 (GVBl. LSA 376).

3   In der Vergangenheit waren entsprechende Maßnahmen lediglich im Rahmen der **Führungsaufsicht** (§ 68b Abs. 1 S. 1 Nr. 1, Nr. 2, Nr. 12 StGB iVm § 463a Abs. 4 StPO) zulässig, die neben einer Gefahr, dass die betreffende Person weitere Straftaten begehen wird, eine Verurteilung zu einer zeitigen Freiheitsstrafe von mindestens sechs Monaten verlangt (§ 68 Abs. 1 StGB). Durch die Novellierungswelle im präventiven Sicherheitsrecht auf Bundes- und Landesebene werden die betreffenden Maßnahmen der Aufenthaltsüberwachung nun erstmals ohne Anlasstat in einem originär gefahrenabwehrrechtlichen Kontext eröffnet.

II. Verfassungsrechtliche Bewertung

4   Aufenthaltsgebot und Kontaktverbot werfen verfassungsrechtliche Fragen in unterschiedlicher Hinsicht auf.

5   Die **Gesetzgebungskompetenz** des Landes folgt aus Art. 70 Abs. 1 GG und wird weder durch die ausschließliche Gesetzgebungskompetenz des Bundes (Art. 71 GG) für die „Freizügigkeit" (Art. 73 Abs. 1 Nr. 3 GG; → Rn. 5.1) noch für die „Abwehr von Gefahren des internationalen Terrorismus durch das Bundeskriminalpolizeiamt" (Art. 73 Abs. 1 Nr. 9a GG; → Rn. 5.2) gesperrt.

5.1   Die Länder sind kompetenzrechtlich auch insoweit zur Verhütung und Unterbindung strafbarer Handlungen nach Maßgabe des allgemeinen Polizeirechts berechtigt, als sie dabei in das Grundrecht auf Freizügigkeit gem. Art. 11 Abs. 1 GG eingreifen (vgl. VerfGH Bayern NVwZ 1991, 664 (666)). Der **kompetenzrechtliche Freizügigkeitsbegriff nach Art. 73 Abs. 1 Nr. 3 GG** ist enger als derjenige der grundrechtlichen Gewährleistung in Art. 11 Abs. 1 GG (→ Rn. 6). Jener erfasst nur die **interterritoriale** Freizügigkeit (zwischen Staaten), dieser hingegen die **interlokale** Aufenthalt- und Wohnsitznahme im gesamten Bundesgebiet und steht zudem allgemein unter dem Vorbehalt des Gesetzes (Art. 11 Abs. 2 GG), nicht nur des Bundesgesetzes. Daher ist anerkannt, dass allgemeine landesrechtliche Regelungen über die Gewährleistung von Sicherheit und Ordnung durch die Kompetenzmaterie der „Freizügigkeit" nach Art. 73 Abs. 1 Nr. 3 GG ausgeschlossen werden (vgl. BVerwGE 129, 142, Rn. 26 = NVwZ 2007, 1439; VerfGH Sachsen LVerfGE 14, 333 (389 f.) = NJ 2003, 473; Lisken/ Denninger PolR-HdB/Rachor/Graulich E Rn. 423; Schoch BesVerwR Kap. 1 Rn. 548).

5.2   Der Titel über die ausschließliche Bundeskompetenz für die **Abwehr von Gefahren des internationalen Terrorismus nach Art. 73 Abs. 1 Nr. 9a GG** erfasst zwar nicht nur die Abwehr konkreter Gefahren, sondern auch die Straftatenverhütung im Vorfeld konkretisierter Gefährdungssituationen im polizeirechtlichen Sinne (vgl. BVerfGE 141, 220 (Rn. 88 = NJW 2016, 1781; Maunz/Dürig/Uhle GG Art. 73 Rn. 214 mwN; Bäcker, Terrorismusabwehr durch das Bundeskriminalamt, 2009, 35 f.; aA Roggan NJW 2009, 257 (258)) und damit denjenigen Bereich, der von § 34b Abs. 1 in den Blick genommen wird. Art. 73 Abs. 1 Nr. 9a GG überträgt dem Bund die Regelungsbefugnis jedoch lediglich für einen eng begrenzten Zusammenhang (die sog. Auffangzuständigkeit des Bundeskriminalamtes). Im Übrigen bleibt es bei der Residualkompetenz der Länder (Art. 70 Abs. 1 GG) für die Gefahrenabwehr. Dies gilt auch im Bereich terroristischer Bedrohungslagen (näher Uhle DÖV 2010, 989 (995 ff.)).

Indem Art. 73 Abs. 1 Nr. 9a GG darauf verzichtet, Kompetenzen entweder dem Bund oder den Ländern zuzuweisen, lässt er die Entstehung paralleler Zuständigkeiten von Bundes- und Landesbehörden zu und ermöglicht ein Nebeneinander auf dem Gebiet der Abwehr von Gefahren des internationalen Terrorismus (Maunz/Dürig/Uhle GG Art. 73 Rn. 223 f.). Aufenthaltsvorgaben und Kontaktverbote für terroristische „Gefährder" sowie die elektronische Überwachung der Einhaltung dieser Vorgaben sind damit sowohl nach §§ 55, 56 BKAG als auch nach §§ 34b, 34c möglich. Kompetenzkonflikte sollen dadurch vermieden werden, dass die Aufgabenwahrnehmung in gegenseitigem Benehmen erfolgt (§ 5 Abs. 2 S. 3 BKAG).

Das Verbot, sich ohne polizeiliche Erlaubnis von seinem Wohn- oder Aufenthaltsort oder **6** aus einem bestimmten Bereich zu entfernen, greift in die **Fortbewegungsfreiheit** nach Art. 2 Abs. 2 S. 2 GG ein (str., wie hier SGR/Schenke BKAG § 55 Rn. 3; enger BeckOK PolR BW/Nachbaur BWPolG § 27b Rn. 2a; abl. Zaremba DÖV 2019, 221 (224)). Weil Aufenthaltsanordnungen den Aufenthalt zwar auf ein bestimmtes Gebiet, aber nicht auf einen fest umschlossenen Ort beschränken, handelt es sich bei ihnen typischerweise um eine Freiheitsbeschränkung, nicht aber um eine Freiheitsentziehung iSd Art. 104 Abs. 2 GG (EuGH BeckRS 2016, 81794 Rn. 54 – JZ / Prokuratura Rejonowa Łódź; BeckOK PolR Bayern/Grünewald BayPAG Art. 16 Rn. 47; Kingreen/Poscher POR § 15 Rn. 4; v. Coelln/Pernice-Warnke/Pützer/Reisch NWVBl. 2019, 89 (95)). Aufenthaltsanordnung und Kontaktverbot greifen daneben in das Grundrecht auf **Freizügigkeit** (Art. 11 Abs. 1 GG) ein, wenn es sich bei dem Adressaten um einen Deutschen oder Unionsbürger handelt (Jarass/Pieroth GG Art. 11 Rn. 7; Lisken/Denninger PolR-HdB/Rachor/Graulich E Rn. 439; Dietlein/Hellermann NRWÖffR § 3 Rn. 170c; Kingreen/Poscher POR § 15 Rn. 4, 8). Im Einzelfall können **weitere Grundrechte** betroffen sein, etwa wenn das Kontaktverbot Familienangehörige betrifft (Art. 6 Abs. 1 GG) oder mit der Aufenthaltsvorgabe Einschränkungen der Religionsausübung oder politischen Betätigung verbunden sind (Art. 4 Abs. 1 GG, Art. 8 Abs. 1 GG). Bei einem Verbot telefonischen Kontakts ist Art. 10 Abs. 1 GG nicht betroffen, da nicht von Inhalt oder Umständen des Kommunikationsvorgangs Kenntnis genommen, sondern die Kommunikation als solche untersagt wird (Dietlein/Hellermann NRWÖffR § 3 Rn. 170d).

§ 34b trägt sowohl dem **Parlamentsvorbehalt** des Art. 2 Abs. 2 S. 2 GG, Art. 104 Abs. 1 **7** Abs. 1 GG Rechnung als auch dem **Kriminalvorbehalt** des Art. 11 Abs. 2 GG („um strafbaren Handlungen vorzubeugen"). Dieser ist zwar grundsätzlich eng und prinzipiell nach polizeirechtlichen Grundsätzen auszulegen (Maunz/Dürig/Durner GG Art. 11 Rn. 152, 154). Er verlangt danach eine „konkrete Gefahr" (MKS/Gusy GG Art. 11 Rn. 62), „hinreichende Wahrscheinlichkeit" (Jarass/Pieroth GG Art. 11 Rn. 17) bzw. „hinreichende Gefahr" (Maunz/Dürig/Durner GG Art. 11 Rn. 154) der Straftatbegehung. Dieses verfassungsrechtliche Begriffsverständnis dient jedoch maßgeblich dazu, den Kriminalvorbehalt nicht zu einem allgemeinen Verdachts- oder Präventionstatbestand umzumünzen und zu verhindern, dass er für polizeiliche Strategien des Verdrängens, In-Bewegung-Haltens und Verunsicherns von Gruppen oder „Szenen" in Anwendung gebracht wird (Lisken/Denninger PolR-HdB/Rachor/Graulich E Rn. 447). Es ist nicht notwendig identisch mit einer „konkreten Gefahr" im polizeirechtlichen Sinne und den mit ihr verbundenen Anforderungen hinsichtlich der Wahrscheinlichkeit und Zeitlichkeit des Schadenseintritts (→ § 34 Rn. 37 mwN; aA BeckOK PolR BW/Nachbaur BWPolG § 27b Rn. 3). Danach kann es zur Erfüllung des Schrankenvorbehalts in Art. 11 Abs. 2 GG auch ausreichen, wenn der Gesetzgeber – im Vorfeld einer konkreten Gefahr im polizeirechtlichen Sinne – an bestimmte Tatsachen anknüpft, die die Annahme einer bevorstehenden Straftatbegehung rechtfertigen, ohne dass sich eine solche schon konkret abzeichnen müsste (wie hier Maunz/Dürig/Durner GG Art. 11 Rn. 155; Schoch BesVerwR Kap. 1 Rn. 549: „[dem] Kriminalvorbehalt entspricht die Standardbefugnis zum Aufenthaltsverbot"; im Einzelnen auch Dietlein/Hellermann NRWÖffR § 3 Rn. 170c; v. Coelln/Pernice-Warnke/Pützer/Reisch NWVBl. 2019, 89 (94); zweifelnd Lisken/Denninger PolR-HdB/Rachor/Graulich E Rn. 425: „an der Grenze des polizeirechtlich Vertretbaren"). Diese tatsachengestützte, auf eine Straftat bezogene Annahme beschreibt letztlich einen Gefahrenverdacht, der sich auf einen bestimmten örtlichen Bereich (§ 34 Abs. 2) oder, wie im vorliegenden Kontext, auf eine bestimmte Straftat (→ Rn. 13 ff.) oder gefährliche Person (→ Rn. 17 ff.) beziehen kann. Dieser **Verdacht einer konkreten Gefahr** füllt den Kriminalvorbehalt des Art. 11 Abs. 2 GG aus und rechtfertigt ausnahmsweise, aufgrund der Beschränkung auf ausschließlich hochrangige Rechtsgüter nicht nur einen Gefahrerforschungseingriff, sondern eine Gefahrenabwehrmaßnahme im Gefahrenvorfeld (Kingreen/Poscher POR § 15 Rn. 23; Schoch BesVerwR Kap. 1 Rn. 551; Wächter NVwZ 2018, 458 (461): „Gefahrentstehungsverhinderungsmaßnahme"). § 34b Abs. 1 S. 3 lässt sich demgegenüber über die normierten Individualrechtsgüter als **kollidierende Verfassungsbelange** (Leib, Leben, Freiheit) bzw. den **Notstandsvorbehalt** des Art. 11 Abs. 2 GG (Abwehr einer drohenden Gefahr für den Bestand oder die freiheitliche demokratische Grundordnung des Bundes oder eines Landes) rechtfertigen.

7.1   Das von Art. 2 Abs. 2 S. 2 GG und Art. 11 Abs. 1 GG ausgelöste **Zitiergebot** des Art. 19 Abs. 1 S. 2 GG hat der Landesgesetzgeber ebenfalls beachtet. Er führt beide Grundrechte in § 7 auf. Darüber hinaus hat er der Warn- und Besinnungsfunktion des Zitiergebots (vgl. BVerfGE 64, 72 (79 f.) = NJW 1983, 2869) auch in Art. 2 des Gesetzes zur Stärkung der Sicherheit in Nordrhein-Westfalen v. 13.12.2018 (GV. NRW. 684) Rechnung getragen. Er hat damit der verfassungsgerichtlichen Forderung entsprochen, wonach das Zitiergebot bei grundrechtseinschränkenden Änderungsgesetzen und jeder Veränderung der Eingriffsvoraussetzungen, die zu neuen Grundrechtseinschränkungen führen, aufs Neue bedeutsam wird (BVerfGE 113, 348 (366 f.) = NJW 2005, 2603).

7.2   Der Umstand, dass allein § 34b Abs. 1 eine Vielzahl unbestimmter Rechtsbegriffe („aus einem bestimmten Bereich", „an bestimmten Orten", „innerhalb eines übersehbaren Zeitraums", „eine zumindest ihrer Art nach konkretisierte [...] terroristische Straftat", „Kontakt mit bestimmten Personen oder Personen einer bestimmten Gruppe") enthält, führt auch **nicht** zu einer rechtsstaatlich bedenklichen **Unbestimmtheit** der Norm (aA für die Parallelnorm in Baden-Württemberg BeckOK PolR BW/Nachbaur BWPolG § 27b Rn. 5, der die Vorschrift sowohl in Bezug auf die normierten Eingriffsschwellen als auch den betroffenen Adressatenkreis als „exemplarisch unbestimmt" bezeichnet). Die Begriffe sind auslegungsbedürftig, aber mit den Mitteln juristischer Methodik ausleg- und konkretisierbar.

B. Die einzelnen Maßnahmen

I. Aufenthaltsvorgabe (Abs. 1 S. 1)

1. Begriff und Abgrenzung

8   Die nach Abs. 1 S. 1 als „Aufenthaltsvorgabe" legaldefinierten Aufenthaltsverbote können in **zwei Varianten** verfügt werden:
- als Untersagung, sich vom Wohn- oder Aufenthaltsort oder aus einen bestimmten Bereich zu entfernen (**Entfernungsverbot;** vom Gesetzgeber wird dieses auch als „Aufenthaltsgebot" bezeichnet, vgl. Abs. 3 Nr. 2 lit. a sowie LT-Drs. 17/2351, 38; zum Teil wird auch von einer „Residenzpflicht" gesprochen, die erstmals für Inländer eingeführt werde, vgl. Gusy, Stellungnahme 17/630, 9),
- oder als Untersagung, sich an bestimmten Orten aufzuhalten, zB solche, an denen konspirative Treffen stattfinden (**Aufenthaltsverbot**).

9   Hier geht es vor dem Hintergrund des Zwecks des Aufenthaltsverbots insbesondere darum, über die Einrichtung von „Tabuzonen" (Pollähne CILIP 112 (2017), 20 (24)) den Aufenthalt an Orten zu verhindern, an denen sich das Risiko der Verwirklichung der abzuwehrenden Gefahr erhöht. Soweit die Aufenthaltsvorgabe ein Entfernungsverbot enthält, meint der **Wohn- oder Aufenthaltsort** das Gebiet der Gemeinde oder Stadt, in der die betroffene Person wohnt oder sich dauerhaft aufhält (LT-Drs. 17/2351, 38). Mit dem Verbot der Entfernung **aus einem bestimmten Bereich** ist hingegen das Gebiet eines Bundeslandes, ein bestimmter Radius um einen näher bezeichneten Ort, etwa der Wohnort, eine Großstadt oder ein Regierungsbezirk gemeint (LT-Drs. 17/2351, 38). Damit ist zugleich klargestellt, dass § 34b Abs. 1 **nicht** zu einem **„Hausarrest für Gefährder"** ermächtigt, wie er in **Frankreich** (als sog. assignation à résidence) seit den Anschlägen vom November 2015 zunächst als Maßnahme des Dringlichkeitszustands, mittlerweile als dauerhafte Befugnis des präventiven Sicherheitsrechts (Art. 3 Loi n°2017-1510 du 30 octobre 2017 renforçant la sécurité intérieure et la lutte contre le terrorisme, JORF n°0255 du 31 octobre 2017) praktiziert und ebenfalls von Mitteln der elektronischen Aufenthaltsüberwachung (Hand- oder Fußfessel) flankiert wird (näher zur Rechtslage in Frankreich Brings-Wiesen/Ferreau, 40 Jahre „Deutscher Herbst"/Barczak, 2019, 165 (180 ff.)).

Aufenthaltsvorgaben nach § 34b Abs. 1 sind von Platzverweisen, allgemeinen Aufenthalts- **10** verboten und Wohnungsverweisungen **abzugrenzen:** Der **Platzverweis** (§ 34 Abs. 1) ist mit Blick auf Räumlichkeit („Ort") und Zeitlichkeit („vorübergehend") von vornherein eng begrenzt. Seine zeitliche Höchstgrenze wird überwiegend bei 24 Stunden gezogen (SGR/ Schenke BKAG § 55 Rn. 5; Schlacke/Wittreck LandesR NRW § 4 Rn. 60; aA Gusy PolR Rn. 277: drei bis vier Tage). Demgegenüber können Aufenthaltsvorgaben nach § 34b Abs. 5 S. 2 bereits im Falle ihrer erstmaligen Anordnung drei Monate andauern. Insofern steht das Aufenthaltsverbot nach § 34b Abs. 1 S. 1 Alt. 2 in Konkurrenz mit dem **allgemeinen Aufenthaltsverbot** gem. § 34 Abs. 2 (vgl. auch Dietlein/Hellermann NRWÖffR § 3 Rn. 170a: „in partieller Überschneidung"), das ebenfalls auf drei Monate befristet ist (§ 34 Abs. 2 S. 4). Eine Aufenthaltsanordnung nach § 34b Abs. 1 S. 1 Alt. 2 verdrängt dieses jedoch nach dem lex specialis-Grundsatz mit Blick auf ihre spezifische Zielrichtung und engeren Tatbestandsvoraussetzungen. Die Polizei darf somit im Anwendungsbereich des § 34b Abs. 1 nicht auf § 34 Abs. 2 zurückgreifen, zumal ein solcher Rückgriff den Richtervorbehalt des § 34b Abs. 2 aushebeln würde (wie hier v. Coelln/Pernice-Warnke/Pützer/Reisch NWVBl. 2019, 89 (94)).

Während sich das allgemeine Aufenthaltsverbot ausdrücklich nicht auf die Wohnung des **11** Betreffenden beziehen darf (§ 34 Abs. 2 S. 1 Hs. 2), sieht § 34b Abs. 1 S. 1 keine derartige Einschränkung vor. Damit gerät er insbesondere im Fall des § 34b Abs. 1 S. 3, der keine terroristische Gefahr verlangt, sondern allgemein eine Gefahr für Leib, Leben oder Freiheit einer Person, und erst auf Empfehlung des Innenausschusses Gesetz geworden ist (LT-Drs. 17/4525, 12), in ein diffuses Konkurrenzverhältnis mit der **Wohnungsverweisung** (§ 34a Abs. 1). Obschon § 34b mit dem Richtervorbehalt auch insoweit verfahrensrechtlich restriktiver ausgestaltet ist, enthält § 34a für Fälle häuslicher Gewalt nach wie vor die speziellere Regelung. Dies wird auch bei einem Blick auf § 34a Abs. 4 deutlich (Hinweis auf die Möglichkeit der Beantragung zivilrechtlichen Schutzes, Information über Beratungsangebote und Beratungseinrichtungen, etc). Diese **Spezialität** des § 34a, der die Wohnungsverweisung grundsätzlich mit Ablauf des zehnten Tages nach ihrer Anordnung enden lässt (§ 34a Abs. 5 S. 1; → § 34a Rn. 46), schließt einen Rückgriff auf § 34b Abs. 1 S. 3 **auch für längerfristige Wohnungsverweisungen** aus.

2. Materielle Rechtmäßigkeit

a) Tatbestandsvoraussetzungen. Aufenthaltsvorgaben kommen in den Fällen des § 34b **12** Abs. 1 S. 1 Nr. 1, Nr. 2 sowie nach Abs. 1 S. 3 in Betracht. Obschon eine trennscharfe Abgrenzung der beiden erst genannten Tatbestandsvarianten kaum möglich erscheint und diese sich in der Praxis vielfach überschneiden werden (wie hier Dietlein/Hellermann NRWÖffR § 3 Rn. 73; Ennuschat, Stellungnahme 17/940, 8; BeckOK PolR BW/Trurnit BWPolG § 27c Rn. 15), verlangt die gesetzliche Systematik nach einer Differenzierung zwischen § 34b Abs. 1 S. 1 Nr. 1 (→ Rn. 13 ff.) und Nr. 2 (→ Rn. 17 ff.). Daneben tritt die Anordnung von Aufenthaltsvorgaben und Kontaktverboten zur Abwehr einer erheblichen Gefahr nach S. 3 (→ Rn. 20 f.).

Tatbezogener Gefahrenverdacht (Abs. 1 S. 1 Nr. 1). Eine Aufenthaltsvorgabe setzt **13** nach § 34b Abs. 1 S. 1 Nr. 1 voraus, dass bestimmte Tatsachen die Annahme rechtfertigen, dass die betroffene Person innerhalb eines übersehbaren Zeitraums auf eine zumindest ihrer Art nach konkretisierte Weise eine **terroristische Straftat** iSd § 8 Abs. 4 begehen wird. Dabei handelt es sich um eine bestimmte schwere Katalogtat aus dem StGB, VStGB, KrWaffG oder WaffG, die dazu bestimmt sein muss, die Bevölkerung auf erhebliche Weise einzuschüchtern, eine Behörde oder eine internationale Organisation rechtswidrig mit Gewalt oder durch Drohung mit Gewalt zu nötigen oder die politischen, verfassungsrechtlichen, wirtschaftlichen oder sozialen Grundstrukturen eines Staates oder einer internationalen Organisation zu beseitigen oder erheblich zu beeinträchtigen, und die durch die Art ihrer Begehung oder ihre Auswirkungen einen Staat oder eine internationale Organisation erheblich schädigen kann (im Einzelnen → § 8 Rn. 141 ff.). Diese spezifische Widmung, die aus einer „normalen" eine „terroristische Straftat" machen soll, beruht auf Art. 3 Abs. 2 Terrorismusbekämpfungs-RL (RL (EU) 2017/541 v. 15.3.2017, ABl. 2017 L 88, 6).

14   § 34b Abs. 1 S. 1 Nr. 1 verlangt keine konkrete Gefahr der Tatbegehung, sondern **verlagert die Einschreitschwelle in den Bereich des Gefahrenvorfelds** und folgt der **Technik finaler Programmierung** („zur Verhütung von terroristischen Straftaten"). Hierdurch wird der Verzicht auf das virulente, im ursprünglichen Entwurf (vgl. LT-Drs. 17/2351, 30, 39) noch vorgesehene Tatbestandsmerkmal der „drohenden Gefahr" kompensiert, indem es durch eine schlichte normtechnische Umstellung nahezu ohne Abstriche an seinen Regelungsinhalt zur Geltung gebracht wird (wie hier Dietlein/Hellermann NRWÖffR § 3 Rn. 73, 170b). Die Vorschrift setzt, indem sie eine zumindest ihrer Art nach konkretisierte terroristische Straftat genügen lässt, von der man nicht konkret weiß, zu welcher Zeit, an welchem Ort und mit welchen Mitteln diese konkret verwirklicht werden soll, einen **objektiven, tatbezogenen Gefahrenverdacht** voraus, wobei freilich jede Verlagerung in das Gefahrenvorfeld zwangsläufig auf eine gewisse Reduktion der Prognose, auf eine Beurteilung der Gefährlichkeit der Person und „eine Konkretisierung in der personellen Dimension" hinausläuft (so Kingreen/Poscher POR § 8 Rn. 15; ferner Darnstädt DVBl 2017, 88 (92 ff.); Kuch DVBl 2018, 343 (347); Kulick AöR 143 (2018), 175 (178)). Erforderlich ist eine auf bestimmte Tatsachen und nicht allein auf Erfahrungssätze gestützte Prognose, die den Schluss auf ein wenigstens seiner Art nach konkretisiertes und zeitlich absehbares Geschehen zulässt. Was unter einem **„übersehbaren Zeitraum"** zu verstehen ist, lässt sich dabei weder der Gesetzesbegründung noch der Rechtsprechung entnehmen, kann jedoch durch Auslegung ermittelt werden. Aus Teleologie und Systematik des § 34b, der Aufenthaltsvorgaben jeweils für höchstens drei Monate gestattet (Abs. 5 S. 2), ist zu entnehmen, dass ein „übersehbarer Zeitraum" maximal drei Monate betragen kann (BeckOK PolR BW/Trurnit BWPolG § 27c Rn. 16).

15   Der Landesgesetzgeber greift bei der Formulierung des Tatbestands das Urteil des BVerfG zum BKAG auf (vgl. BVerfGE 141, 220 Rn. 112 = NJW 2016, 1781), obschon sich dieses lediglich auf informationelle bzw. Überwachungsmaßnahmen bezogen hat, während es sich bei der Aufenthaltsvorgabe um eine **aktionelle, dh kausalverlaufsrelevante Befugnis** handelt (vgl. Thiel GSZ 2019, 1 (6); v. Coelln/Pernice-Warnke/Pützer/Reisch NWVBl. 2019, 89 (94), die diese Übertragung indes für unproblematisch halten). Aktionelle Befugnisse können jedoch grundsätzlich erst nach Überschreiten der Schwelle einer konkreten Gefahr und Identifizierung eines Störers und nicht in deren Vorfeld ansetzen (→ SystVorbPolRDe Rn. 36 f.; Möstl DVBl 2007, 581 (584); Möstl BayVBl. 2018, 156 (161 f.); Schucht, Generalklausel und Standardmaßnahme, 2010, 120 ff.; Waechter JZ 2002, 854 (856 ff.); Shirvani DVBl 2018, 1393 (1395)). Wo weder Gefahr noch Störer feststehen, sind Maßnahmen zu ihrer Abwehr auch (noch) nicht zulässig (Gusy, Stellungnahme 17/630, 3).

16   Von dieser Regel darf der Gesetzgeber jedoch abweichen, wenn er die Ausnahmen unter **erhöhte Rechtfertigungsanforderungen** stellt (vgl. auch Stern/Becker/Enders, Grundrechte-Kommentar, 3. Aufl. 2018, GG Art. 1 Rn. 80: unter der Voraussetzung eines „schärfere[n] Maßstab[s]"). Dies war schon in der Vergangenheit der Fall: Als Beispiele hierfür seien nur Gefährderansprache und -anschreiben (§ 12a NPOG), Meldeauflagen (Art. 16 Abs. 2 S. 2 BayPAG; § 30a S. 1 HSOG; § 16a NPOG; § 12a S. 1 RhPfPOG; § 20 SächsPVDG; § 35a SOG LSA) sowie die auch nach nordrhein-westfälischem Recht zulässigen präventiven Aufenthaltsverbote (§ 34 Abs. 2) genannt, die in bestimmten Tatbestandsvarianten lediglich voraussetzen, dass bestimmte „Tatsachen" oder „tatsächliche Anhaltspunkte" näher bezeichnete „Annahmen rechtfertigen". Derartige Befugnisnormen lassen sich als Erweiterung und **bereichsspezifische Loslösung vom Begriff der konkreten Gefahr,** insbesondere zur vorbeugenden Bekämpfung von Straftaten interpretieren (vgl. Albers, Die Determination polizeilicher Tätigkeit in den Bereichen der Straftatenverhütung und der Verfolgungsvorsorge, 2001, 111, 124 ff.; Jaeckel, Gefahrenabwehrrecht und Risikodogmatik, 2010, 141; ausdrücklich von „Vorfeldmaßnahmen" spricht Tomerius DVBl 2017, 1399 (1402); nicht selten findet sich die Gleichsetzung mit der Figur des Gefahrenverdachts, vgl. Ible FS Hailbronner, 2013, 737 (744); Poscher VERW 41 (2008), 345 (369 f.)).

17   **Personenbezogener Gefahrenverdacht (Abs. 1 S. 1 Nr. 2).** Demgegenüber setzt die Aufenthaltsvorgabe nach § 34b Abs. 1 S. 1 Nr. 2 ein individuelles Verhalten der betroffenen Person voraus, das die konkrete Wahrscheinlichkeit begründet, dass die betroffene Person innerhalb eines übersehbaren Zeitraums eine terroristische Straftat iSd § 8 Abs. 4 (→ Rn. 13) begehen wird. Genauso wenig wie Abs. 1 S. 1 Nr. 1 verlangt die zweite Tatbestandsalternative bereits das Vorliegen einer konkreten Gefahr im klassischen polizeirechtlichen Sinne (aA SGR/Schenke BKAG § 55 Rn. 13; vgl. auch Dietlein/Hellermann NRWÖffR § 3 Rn. 170b: „Grenzbereich einer konkreten Gefahr"), sondern bildet ebenfalls einen Gefahrenverdachtstatbestand. Zwar knüpft § 34b Abs. 1 S. 2 Nr. 2 an eine konkrete Wahrscheinlichkeit der Straftatbegehung an, verlangt jedoch – anders als Nr. 1 – kein seiner Art nach konkretisiertes Geschehen, sondern lediglich ein hierzu Anlass gebendes **individuelles Verhalten.** In Bezug auf terroristische Straftaten, die oft durch lang geplante Taten von bisher nicht straffällig gewordenen Einzelnen an nicht vorhersehbaren Orten und in ganz verschiedener Weise verübt werden, können polizeiliche Maßnahmen nach der Rechtsprechung des BVerfG gerade auch dann erlaubt werden, wenn allein das individuelle Verhalten einer Person die konkrete Wahrscheinlichkeit begründet, dass sie terroristische Straftaten in überschaubarer Zukunft begehen wird (BVerfGE 141, 220 Rn. 112 = NJW 2016, 1781). Als Beispiel führt das Gericht eine Person an, die aus einem Ausbildungslager für Terroristen im Ausland in die Bundesrepublik Deutschland einreist.

Während § 34b Abs. 1 S. 1 Nr. 1 mit seiner Forderung nach rudimentären Vorstellungen **18** von der drohenden Straftat einen objektiven, eher tat- bzw. situationsbezogenen Gefahrenverdacht normiert, bildet § 34b Abs. 1 S. 1 Nr. 2 mit seiner Anknüpfung an das individuelle Verhalten einer Person einen subjektiven, **personenbezogenen Verdachtstatbestand** der Gefahr einer Straftat (wie hier Scherzberg/Can/Doğan, Der Rechtsstaat in Zeiten von Notstand und Terrorabwehr/Bäcker, 2019, 117 (137 f.); Darnstädt GSZ 2017, 16 (19); ohne klare Trennung zwischen den Tatbestandsvarianten auch BeckOK PolR BW/Nachbaur BWPolG § 27b Rn. 19).

Die Kriterien für eine solche **subjektspezifische Gefahrenprognose,** die auf eine perso- **19** nenbezogene Prävention bzw. personale Risikovorsorge zielt, hat das BVerwG in seiner Rechtsprechung zur Abschiebungsanordnung nach § 58a Abs. 1 AufenthG bereits in den Grundzügen konturiert: Danach bedürfe es einer umfassenden Würdigung der Persönlichkeit der betreffenden Person, ihres bisherigen Verhaltens, ihrer nach außen erkennbaren oder geäußerten inneren Einstellung, ihrer Verbindungen zu anderen Personen und Gruppierungen, von denen eine terroristische Gefahr und / oder eine Gefahr für die innere Sicherheit der Bundesrepublik ausgehe sowie sonstiger Umstände, die geeignet seien, die Person in ihrem gefahrträchtigen Denken oder Handeln zu belassen oder zu bekräftigen. Dabei könne sich – abhängig von den Umständen des Einzelfalls – in der Gesamtschau ein beachtliches Risiko, das ohne ein Einschreiten jederzeit in eine konkrete Gefahr umschlagen könne, auch schon daraus ergeben, dass sich eine im Grundsatz gewaltbereite und auf Identitätssuche befindliche Person in besonderem Maße mit dem radikal-extremistischen Islamismus in seinen verschiedenen Ausprägungen bis hin zum ausschließlich auf Gewalt setzenden jihadistischen Islamismus identifiziere, über enge Kontakte zu gleichgesinnten, möglicherweise bereits anschlagsbereiten Personen verfüge und sich mit diesen in „religiösen" Fragen regelmäßig austausche (BVerwGE 158, 225 Rn. 21 = NVwZ 2017, 1057; BVerwGE 159, 296 Rn. 28 = InfAuslR 2018, 11; BVerwGE 158, 249 = BeckRS 2017, 104986 Rn. 23; BVerwG BeckRS 2019, 5392 Rn. 37; krit. Kießling NVwZ 2017, 1019 ff.; tendenziell zust. Trurnit JURA 2019, 258 (266 f.)).

Abwehr einer erheblichen Gefahr (Abs. 1 S. 3). Schließlich ermöglicht § 34b Abs. 1 **20** S. 3 Aufenthaltsvorgaben und Kontaktverbote zur Abwehr einer Gefahr für Leib, Leben oder Freiheit einer Person oder für den Bestand oder die Sicherheit des Bundes oder des Landes. Es handelt sich um eine **Rechtsfolgenverweisung** („Die Befugnisse nach Satz 1 und 2 stehen der Polizei auch […] zu"). Mit dem Begriff der „Gefahr" ist nach der Definition des § 8 Abs. 1 eine im einzelnen Falle bestehende, **konkrete Gefahr** gemeint. Dies entspricht auch allgemeiner Ansicht, wonach dort, wo im Polizei- und Ordnungsrecht nicht explizit eine konkrete Gefahr vorausgesetzt, sondern allgemein nur von „Gefahr" gesprochen wird und der Normgeber keine klaren und begrenzten Regelungen schafft, um Eingriffe unterhalb der Gefahrenschwelle zu eröffnen, im Wege „verständiger", dh verfassungskonformer, durch den Verhältnismäßigkeitsgrundsatz angeleiteter Auslegung eine konkrete Gefahr zu verlangen ist (BVerfGE 150, 244 Rn. 105, 133 = NJW 2019, 827; Schenke PolR Rn. 70; Schenke JuS 2018, 505 (506)).

Mit der abschließenden Aufzählung hochrangiger Individual- (Leib, Leben, Freiheit) und **21** Kollektivrechtsgüter (Bestand oder Sicherheit des Bundes oder des Landes) qualifiziert der

Gesetzgeber die Bedrohungssituation hinsichtlich des Schutzguts und verlangt im Ergebnis eine erhebliche konkrete Gefahr. Dies ist rechtlich vordergründig unbedenklich, wirft rechts-politisch jedoch Zweifel auf (vgl. Dietlein/Hellermann NRWÖffR § 3 Rn. 170b: „Systema-tisch wenig stimmig"): Auf diese Weise **löst der Gesetzgeber den Tatbestand** auf nachträg-liche Empfehlung des Innenausschusses (→ Rn. 10) **aus seinem ursprünglichen, spezifisch terrorismusbezogenen Anwendungsbereich** und öffnet ihn für Phänomene, die mit Blick auf die Schwere der drohenden Rechtsgutsverletzung tatsächlich oder vermeint-lich der Bedrohung durch den internationalen Terrorismus entsprechen oder nahekommen sollen (Organisierte und transnationale Kriminalität, Sexualstraftaten). Die Mittel der Aufent-halts- und Kontaktverbote, deren Nutzen gesetzgeberisch ausschließlich mit der Bekämpfung des Terrorismus begründet und legitimiert wurde, wird auf diese Weise ein (erstes) Stück weit generalisiert und für weniger spektakuläre Phänomene „alltäglicher" Kriminalität geöff-net (vgl. Zaremba DÖV 2019, 221 (225)).

22   **b) Richtiger Adressat.** § 34b Abs. 1 regelt speziell und **abschließend,** wer möglicher Adressat von Aufenthaltsanordnungen sein kann. Er enthält eine **Sonderregelung der Ver-haltensverantwortlichkeit** iSd § 4 Abs. 4, denn die allgemeinen Bestimmungen über den Maßnahmeadressaten können schon aufgrund der Vorfeldrichtung der Aufenthaltsanordnung in den Fällen des Abs. 1 S. 1 nicht zur Anwendung kommen (→ § 4 Rn. 41). Wo es noch keine konkrete Gefahr gibt, kann auch niemand kraft Verhaltens oder tatsächlicher Sachherrschaft für ihre Entstehung verantwortlich gemacht werden (Steiner/Brinktrine, Besonderes Verwaltungsrecht/Schenke, 9. Aufl. 2018, § 2 Rn. 231; Ring StV 1990, 372 (378); mit einem Plädoyer für eine analoge Anwendung der Störervorgaben im Gefahrenvor-feld aber Möstl BayVBl. 2018, 156 (163); eine solche erwägend auch Shirvani DVBl 2018, 1393 (1396)).

23   Die Anordnung ist vielmehr gegen die Person zu richten, von der zu erwarten ist, dass sie eine terroristische Straftat iSd § 8 Abs. 4 begehen wird. Für den polizeigesetzlichen Begriff der **„Begehung"** spielt die strafrechtliche Abgrenzung von Tun und Unterlassen sowie von Täterschaft und Teilnahme keine Rolle. Es macht danach namentlich keinen Unterschied, ob die betreffende Person die terroristische Straftat selbst, durch einen anderen oder als Mittäter verwirklichen (§ 25 StGB) oder zu einer fremden Tat anstiften (§ 26 StGB) oder Hilfe leisten (§ 27 StGB) will. Ebenfalls irrelevant ist die Frage der strafrechtlichen Verant-wortlichkeit. Für die Frage der Zulässigkeit eines Einschreitens kommt es nach allgemeinen polizeilichen Grundsätzen allein auf ein **objektiv verbotswidriges Handeln** an (Götz/Geis PolR § 4 Rn. 11; Thiel PolR § 8 Rn. 14): Präventiv-polizeiliches Einschreiten dient ausschließlich dazu, objektive Verstöße gegen die Rechtsordnung zu verhindern, und nicht dazu, Straftaten zu verfolgen und zu ahnden. Bei drohenden Verstößen gegen Strafgesetze kommt es daher lediglich auf die Verwirklichung des objektiven Tatbestands einschließlich Taterfolg, Kausalität und objektiver Zurechnung der Tathandlung an, nicht hingegen auf Vorsatz, Fahrlässigkeit oder Schuld. Insbesondere das Vorliegen eines strafrechtlichen Recht-fertigungsgrundes ist jedoch auch polizeirechtlich relevant und kann somit ein behördliches Einschreiten ausschließen (vgl. die Legaldefinitionen in § 2 Nr. 4 BremPolG; § 2 Nr. 13 NPOG).

24   Mit der abschließenden Regelung der Verantwortlichkeit ist der Rückgriff auf die allge-meinen Adressatenregelungen der §§ 4–6 **gesperrt** (vgl. SGR/Schenke BKAG § 55 Rn. 14; Zaremba DÖV 2019, 221 (229)). Die Anordnung einer Aufenthaltsvorgabe gegenüber **Nichtstörern** nach § 6 ist damit ausgeschlossen. Das Gleiche gilt für **Kontakt- und Begleit-personen** des Betreffenden, dh für solche Personen, die mit der Person, von der Tatsachen die Annahme rechtfertigen, dass diese eine terroristische Straftat iSd § 8 Abs. 4 begehen wird, in einer Weise in Verbindung stehen, die erwarten lässt, dass durch sie Hinweise über die angenommene Straftat gewonnen werden können, weil Tatsachen die Annahme rechtfertigen, dass diese Personen von der Planung oder der Vorbereitung der Straftat oder der Verwertung der Tatvorteile oder von einer einzelnen Vorbereitungshandlung Kenntnis haben oder daran wissentlich oder unwissentlich mitwirken (vgl. die Legaldefinition in § 2 Nr. 17 NPOG).

25   Die Sperrwirkung des § 34b Abs. 1 schließt es nicht aus, gegenüber Nichtstörern einen Platzverweis nach § 34 Abs. 1 auszusprechen, um diese vor einer terroristischen Straftat an einem bestimmten, potentiellen Anschlagsort **zu schützen.** Demgegenüber ist § 34 Abs. 2

sprachlich so gefasst, dass er die Adressatenfrage ebenfalls abschließend regelt (→ § 34 Rn. 38) und somit ein Aufenthaltsverbot gegen Nichtverantwortliche zu deren Schutz in einem bestimmten bedrohten örtlichen Bereich nicht zulässt.

c) Übermaßverbot, insbesondere Befristung (Abs. 5). Nach § 34b Abs. 5 S. 1 sind **26** Aufenthaltsanordnungen und Kontaktverbote auf den zur Abwehr der Gefahr jeweils erforderlichen Umfang zu beschränken. Dabei handelt es sich um eine einfach-rechtliche Konkretisierung des Verhältnismäßigkeitsgrundsatzes, mit der unter anderem klargestellt ist, dass die Anordnungen **keine** an die Lebensführung der betroffenen Person **unzumutbaren Anforderungen** stellen oder die Wahrnehmung berechtigter Interessen unmöglich machen dürfen. Der betroffenen Person muss es zB weiterhin möglich sein, einen Arzt, Rechtsanwalt, soziale Einrichtungen oder Behörden und Gerichte aufzusuchen, die außerhalb des Anordnungsbereichs liegen. Zu diesem Zweck kann die zuständige Polizeidienststelle der betroffenen Person, insbesondere in Ausnahmefällen, die Erlaubnis erteilen, sich von den betreffenden Orten zu entfernen oder sich dort aufzuhalten (LT-Drs. 17/2351, 39).

Darüber hinaus sieht § 34b Abs. 5 S. 2 für Aufenthaltsanordnungen und Kontaktverbote **27** eine **zeitliche Höchstgrenze von drei Monaten** vor. Die Maßnahmen können – auch wiederholt und beliebig oft – für jeweils drei weitere Monate verlängert werden, soweit ihre Voraussetzungen fortbestehen (S. 3). Über die Verlängerung entscheidet, da es sich bei ihr der Sache nach um eine neue Anordnung handelt, **der Richter auf Antrag der Behördenleitung** gem. § 34b Abs. 2 (→ Rn. 38). Liegen die Voraussetzungen nicht mehr vor, ist die Maßnahme unverzüglich, dh ohne schuldhaftes, aus rechtlichen oder tatsächlichen Gründen gerechtfertigtes Zögern (§ 121 Abs. 1 S. 1 BGB analog) zu beenden.

d) Bestimmtheit (§ 37 Abs. 1 VwVfG. NRW.). Bei Aufenthaltsvorgaben wie bei **28** Kontaktverboten ist der für Verwaltungsakte geltende Bestimmtheitsgrundsatz (§ 37 Abs. 1 VwVfG. NRW.) zu beachten, wobei zu berücksichtigen ist, dass Aufenthaltsvorgabe und Kontaktverbot nur im Falle einer behördlichen Eilfallanordnung gem. § 34b Abs. 2 S. 3 einen selbstständigen Verwaltungsakt iSd § 35 S. 1 VwVfG. NRW. begründen. Im Regelfall der amtsrichterlichen Anordnung auf behördlichen Antrag nach § 34b Abs. 2 S. 1 geht das Bestimmtheitsgebot in dem Begründungserfordernis nach §§ 38 Abs. 3, 421 FamFG auf.

Der Adressat polizeilicher Maßnahmen muss zunächst erkennen können, dass er gemeint **29** ist. Darüber hinaus muss für ihn in räumlicher und zeitlicher Hinsicht ersichtlich sein, wo die Grenze zwischen legalem und verbotenem Verhalten verläuft (vgl. Schoch BesVerwR Kap. 1 Rn. 560). Da Verstöße gegen die vollstreckbare gerichtliche bzw. vollziehbare behördliche Anordnung von Aufenthaltsvorgaben und Kontaktverboten strafbewehrt sind (§ 34d Abs. 1), gewinnt das Bestimmtheitserfordernis im vorliegenden Kontext besondere Bedeutung und gesteigerte verfassungsrechtliche Relevanz (**Art. 103 Abs. 2 GG;** vgl. mit Blick auf § 145a StGB auch BeckOK StGB/Heuchemer StGB § 145a Rn. 6 mwN). Es handelt sich um einen Fall **verwaltungsrechts-** bzw. **verwaltungsaktsakzessorischen Strafrechts** (→ § 34d Rn. 1; näher zum Bestimmtheitsgrundsatz in diesen Fällen Heghmanns, Grundzüge einer Dogmatik der Straftatbestände zum Schutz von Verwaltungsrecht oder Verwaltungshandeln, 2000, 286 ff.).

Diesen Anforderungen trägt der Gesetzgeber mit § 34b Abs. 3 und Abs. 4 Rechnung. **30** Nach § 34b Abs. 3 Nr. 1 und Abs. 4 S. 2 Nr. 1 ist im behördlichen Antrag sowie in der gerichtlichen Anordnung zunächst der **Adressat** konkret zu bezeichnen. Nach § 34b Abs. 3 Nr. 2 und Abs. 4 S. 2 Nr. 2 sind zudem die **Dauer der Maßnahme** sowie die **räumliche** (bei Aufenthaltsvorgaben) oder **persönliche** (bei Kontaktverboten) **„Verbotszone"** hinreichend präzise anzugeben.

e) Rechtsfolge: Ermessen. Die Anordnung von Aufenthaltsvorgabe und Kontaktverbot **31** liegt nach § 34b Abs. 1 S. 1 und S. 2 („kann") im Ermessen der Behörde (§ 3, § 40 VwVfG. NRW.). Die Ermessensentscheidung ist verwaltungsgerichtlich voll überprüfbar (§ 114 S. 1 VwGO). Die Polizei hat sowohl Handlungs- (Ob) als auch Auswahlermessen (Wie). Dies gilt auch für das Verhältnis zwischen Aufenthaltsvorgabe und Kontaktverbot: Diese stehen nach dem – missverständlichen – Wortlaut des § 34b Abs. 1 S. 2 in einem Alternativ-, nicht in einem Stufenverhältnis (wie hier im Einzelnen Dietlein/Hellermann NRWÖffR § 3 Rn. 170d). Die Wendung „kann […] **auch** den Kontakt mit bestimmten Personen […] untersagen" ist nicht als „kann zusätzlich" oder „ergänzend", sondern als „kann desgleichen" oder „gleichermaßen" untersagen" zu lesen. Dafür spricht, dass beide Maßnahmen nach dem Willen des Normgebers denklogisch nicht aufeinander aufbauen, sondern Kontaktverbote insbesondere bei Gewalt im sozialen Nahbereich und in Fällen des Stalkings in Betracht kommen sollen (→ Rn. 33).

32   Es gelten die allgemeinen Anforderungen an eine pflichtgemäße Ermessensausübung. Hinzu kommen **spezielle örtliche** und **zeitliche Direktiven,** die sich aus dem Übermaßverbot in seiner durch § 34b Abs. 5 konkretisierten Ausprägung ergeben (→ Rn. 26 f.).

II. Kontaktverbot (Abs. 1 S. 2)

1. Begriff und Inhalt

33   Kontaktverbote iSd Abs. 1 S. 2 sollen nach dem Willen des Gesetzgebers insbesondere bei Fällen von Gewalt im nahen sozialen Umfeld oder in Fällen des Nachstellens (§ 238 StGB) in Betracht kommen, aber auch dann, wenn die betroffene Person Kontakt zu anderen gefährlichen Personen oder Gruppierungen sucht, etwa um konspirativ die Begehung von Straftaten vorzubereiten oder zu planen (LT-Drs. 17/2351, 39). Zu diesem Zweck kann die Polizei einer Person gem. § 34b Abs. 1 S. 2 untersagen, den Kontakt mit bestimmten Personen oder Personen einer bestimmten Gruppe aufzunehmen oder zu pflegen. Das Kontaktverbot ist somit im Vergleich mit der Aufenthaltsvorgabe nicht in der räumlichen, sondern **in der sozialen Dimension** angesiedelt (Lisken/Denninger PolR-HdB/Rachor/Graulich E Rn. 452).

34   Die Norm überträgt die Regelung des § 55 Abs. 2 BKAG in Landesrecht, der wiederum **inhaltlich eng an § 68b Abs. 1 S. 1 Nr. 3 StGB angelehnt** ist (vgl. BT-Drs. 18/11163, 121, wo allerdings irrig von § 68a StGB die Rede ist). Im Rahmen der Führungsaufsicht kann das Gericht die verurteilte Person anweisen, zu der verletzten Person oder bestimmten Personen oder Personen einer bestimmten Gruppe, die ihr Gelegenheit oder Anreiz zu weiteren Straftaten bieten können, keinen Kontakt aufzunehmen, mit ihnen nicht zu verkehren, sie nicht zu beschäftigen, auszubilden oder zu beherbergen. Auch das polizeiliche Kontaktverbot ist danach **umfassend** zu verstehen: Es beschränkt sich nicht nur auf eine räumliche Annäherung, sondern erstreckt sich auch auf jede andere Form der analogen oder digitalen, verbalen oder nonverbalen Kontaktaufnahme (Post, Telefon, Internet, soziale Netzwerke, Messenger-Systeme, etc).

35   Die Personen oder Gruppenmitglieder, zu denen eine Kontaktaufnahme untersagt wird, müssen in der Anordnung hinreichend bestimmt (→ Rn. 30), dh **individualisiert** bzw. zumindest **individualisierbar** bezeichnet werden (SGR/Schenke BKAG § 55 Rn. 18).

2. Materielle Rechtmäßigkeit

36   § 34b Abs. 1 S. 2 verweist für das Kontaktverbot schlicht auf die Voraussetzungen des S. 1 und bindet Kontaktverbote somit an die gleichen tatbestandlichen Voraussetzungen wie Aufenthaltsvorgaben (→ Rn. 12 ff.). Es handelt sich um eine **Rechtsgrundverweisung.** Danach gelten auch die Ausführungen zum richtigen Adressaten (→ Rn. 22 ff.) für das Kontaktverbot entsprechend. Das Gleiche gilt für das Übermaßverbot (→ Rn. 26 f.), den Bestimmtheitsgrundsatz (→ Rn. 28 f.) sowie die korrekte Ermessensausübung (→ Rn. 31).

C. Formelle Rechtmäßigkeit

37   Abs. 2–4 regeln Fragen der formellen Rechtmäßigkeit, dh von Zuständigkeit, Verfahren und Form der Anordnung von Aufenthaltsvorgabe und Kontaktverbot.

I. Antrags- und Anordnungskompetenz, Anordnungsverfahren (Abs. 2)

38   Aufenthaltsvorgaben und Kontaktverbote dürfen gem. § 34b Abs. 2 S. 1 nur auf Antrag der Behördenleitung oder deren Vertretung durch das Gericht angeordnet werden (vgl. Zaremba DÖV 2019, 221 (227 f.)). Sie stehen mithin unter **Behördenleiter- und Richtervorbehalt.** Der Richtervorbehalt ist verfassungsrechtlich nicht zwingend vorgeschrieben, da Aufenthaltsanordnungen in aller Regel lediglich eine Freiheitsbeschränkung und keine Freiheitsentziehung iSd Art. 104 Abs. 2 GG darstellen (→ Rn. 6). Er ist jedoch mit Blick auf die nicht unbeachtliche Eingriffstiefe und Dauer der Maßnahmen aus Verhältnismäßigkeitsgesichtspunkten zu begrüßen. Zuständig ist das Amtsgericht, in dessen Bezirk die Polizeibehörde ihren Sitz hat.

Für das Verfahren der Anordnung gilt gem. § 34b Abs. 2 S. 2 das **Verfahren in Freiheits-** **39** **entziehungssachen entsprechend,** wie es im Buch 7 des FamFG (§ 23a Abs. 2 Nr. 6 GVG iVm §§ 415–432 FamFG) geregelt ist. Analog zum Recht des polizeilichen Gewahrsams (vgl. § 36 Abs. 2, → § 36 Rn. 26) beinhaltet § 34b Abs. 2 S. 2 eine Rechtswegzuweisung der Entscheidungen über aufenthaltsbeschränkende Maßnahmen zur ordentlichen Gerichtsbarkeit gemäß dem Verfahren in Freiheitsentziehungssachen nach dem FamFG. Da eine polizeirechtliche Aufenthaltsvorgabe bzw. ein Kontaktverbot ein hoheitliches Rechtsverhältnis begründen und eine gerichtliche Kontrolle demnach eine öffentlich-rechtliche Streitigkeit betrifft, handelt es sich um eine vom an sich gegebenen Verwaltungsrechtsweg **abdrängende** **Sonderzuweisung** iSd § 40 Abs. 1 S. 1 Hs. 2 VwGO. Die **sachliche Zuständigkeit** ergibt sich aus § 23a Abs. 1 S. 1 Nr. 2, Abs. 2 Nr. 6 GVG; danach ist das Amtsgericht für die Anordnung nach § 34b Abs. 2 S. 1 zuständig. **Örtlich zuständig** ist das Gericht, in dessen Bezirk die Person, der gegenüber eine aufenthaltsbeschränkende Maßnahme oder ein Kontaktverbot erlassen werden soll, ihren gewöhnlichen Aufenthalt hat, sonst das Gericht, in dessen Bezirk das Bedürfnis für die Aufenthaltsbeschränkung oder das Kontaktverbot entsteht (vgl. § 416 S. 1 FamFG). Das Gericht hat den Betroffenen vor der Anordnung von Aufenthaltsvorgaben und Kontaktverboten in entsprechender Anwendung des § 420 Abs. 1 S. 1 FamFG im Regelfall **persönlich anzuhören** (vgl. Arzt, Stellungnahme 17/936, 22 f., der eine Regelung des Anhörungserfordernisses im PolG NRW fordert). Demgegenüber wird § 425 FamFG (Dauer und Verlängerung der Freiheitsentziehung) vollständig durch § 34b Abs. 5 S. 2–4 verdrängt.

Bei **Gefahr im Verzug,** also bei einer Sachlage, bei der ein Schaden eintreten würde, **40** wenn nicht anstelle des an sich zuständigen Gerichts die Behörde selbst tätig wird, kann die Anordnung gem. § 34b Abs. 2 S. 3 durch die zuständige Behördenleiterin oder den Behördenleiter oder deren Vertretung getroffen werden. Nur in dieser Situation handelt es sich bei Aufenthaltsvorgabe und Kontaktverbot um Verwaltungsakte iSd § 35 S. 1 VwVfG. NRW. (→ Rn. 44). In diesem Fall ist die gerichtliche Entscheidung allerdings unverzüglich (zum Begriff der Unverzüglichkeit → Rn. 27) nachzuholen und tritt sodann an die Stelle der behördlichen Eilfallanordnung. Wird die Anordnung nicht binnen drei Tagen durch das Gericht bestätigt, tritt sie außer Kraft. Dies schließt es auch aus, dass sie nach dem Außerkrafttreten ipso iure ohne eine Veränderung der Sach- oder Rechtslage erneut erlassen wird (SGR/Schenke BKAG § 55 Rn. 9).

II. Form und Inhalt des Antrags (Abs. 3)

§ 34b Abs. 3 schreibt notwendige Inhalte des behördlichen Antrags fest und trägt damit **41** dem Bestimmtheitserfordernis Rechnung (→ Rn. 30). Es handelt sich um eine Sonderregelung gegenüber § 417 FamFG. Schriftform ist anders, als bei der Anordnung (→ Rn. 42), für den Antrag nicht gesetzlich zwingend vorgeschrieben, jedoch im Interesse der vom Normgeber angestrebten größtmöglichen Bestimmtheit und Justiziabilität (LT-Drs. 17/2351, 40) regelmäßig zu verlangen.

III. Form und Inhalt der Anordnung (Abs. 4)

§ 34b Abs. 4 S. 1 verlangt Schriftform für die regelmäßig gerichtliche, ausnahmsweise **42** behördliche (→ Rn. 38) Anordnung von Aufenthaltsvorgabe und Kontaktverbot. S. 2 formuliert spiegelbildlich zum Antrag den notwendigen Inhalt der Anordnung.

D. Rechtsschutz

Gegen die amtsgerichtliche Anordnung (oder Bestätigung, § 34b Abs. 2 S. 4) von Aufent- **43** haltsvorgabe und Kontaktverbot findet die **Beschwerde** nach §§ 58 ff. FamFG statt. Zuständiges Beschwerdegericht ist entgegen des üblichen Instanzenzuges in FamFG-Sachen nicht das Oberlandesgericht, sondern das **Landgericht** (§ 72 Abs. 1 S. 2 GVG iVm § 119 Abs. 1 Nr. 1 lit. b GVG: „mit Ausnahme der Freiheitsentziehungssachen").

44   Nur bei behördlicher Eilfallanordnung wegen Gefahr im Verzug nach § 34b Abs. 2 S. 3 kommt **verwaltungsgerichtlicher Rechtsschutz** nach § 40 Abs. 1 VwGO in Betracht. Behördliche Aufenthaltsanordnungen und Kontaktverbote in dieser Situation sind Verwaltungsakte iSd § 35 S. 1 VwVfG. NRW. Gegen diese steht prinzipiell der auch sonst gegen Verwaltungsakte gegebene Rechtsschutz (Widerspruch, Anfechtungs- und Fortsetzungsfeststellungsklage) offen. Das Widerspruchsverfahren ist jedoch nach § 68 Abs. 1 S. 2 Hs. 1 VwGO iVm § 110 Abs. 1 JustG NRW unstatthaft. Die Anfechtungsklage scheidet in der Praxis ebenfalls aus, da die betreffenden Verwaltungsakte nur solange Geltung beanspruchen, bis sie durch eine gerichtliche Anordnung ersetzt werden. Infolge dieser Erledigung durch Zeitablauf (§ 43 Abs. 2 VwVfG. NRW.) bleibt somit regelmäßig nur die Fortsetzungsfeststellungsklage in analoger Anwendung des § 113 Abs. 1 S. 4 VwGO (die Erledigung tritt typischerweise vor Klageerhebung ein), wobei die durch die amtsgerichtliche Bestätigung der Maßnahmen nicht ausgeschlossen wird, da die jeweiligen Streit- und Prüfungsgegenstände nicht identisch sind. Die amtsgerichtliche Prüfung ist nicht auf eine Kontrolle des polizeilichen Handelns gerichtet, sondern es handelt sich um eine originäre Entscheidung des zuständigen Amtsgerichts, das hierbei lediglich darüber zu befinden hat, ob im Moment der Entscheidung die Voraussetzungen einer gerichtlichen Anordnung von Aufenthaltsvorgaben und Kontaktverboten bestehen. Aus diesem Grund kann amtsrichterlich nicht überprüft werden, ob bei der behördlich selbstständig getroffenen Anordnung – wie durch § 34b Abs. 2 S. 3 gefordert – tatsächlich Gefahr im Verzug gegeben war (SGR/Schenke BKAG § 55 Rn. 21).

§ 34c Elektronische Aufenthaltsüberwachung

(1) **Die Polizei kann zur Verhütung von terroristischen Straftaten nach § 8 Absatz 4 eine Person verpflichten ein technisches Mittel, mit dem der Aufenthaltsort dieser Person elektronisch überwacht werden kann, ständig im betriebsbereiten Zustand am Körper zu tragen, die Anlegung und Wartung des technischen Mittels zu dulden und seine Funktionsfähigkeit nicht zu beeinträchtigen, wenn**
1. **bestimmte Tatsachen die Annahme rechtfertigen, dass diese Person innerhalb eines übersehbaren Zeitraums auf eine zumindest ihrer Art nach konkretisierte Weise eine Straftat nach § 8 Absatz 4 begehen wird oder**
2. **deren individuelles Verhalten eine konkrete Wahrscheinlichkeit dafür begründet, dass sie innerhalb eines übersehbaren Zeitraums eine Straftat nach § 8 Absatz 4 begehen wird,**
um diese Person durch die Überwachung und die Datenverwendung von der Begehung dieser Straftat abzuhalten.

(2) **¹Die Befugnis gemäß Absatz 1 steht der Polizei auch zu, wenn**
1. **dies zur Abwehr einer Gefahr für die sexuelle Selbstbestimmung nach §§ 174 bis 178, 182 des Strafgesetzbuchs unerlässlich ist oder**
2. **die Person, der gegenüber die Anordnung nach Absatz 1 getroffen werden soll, nach polizeilichen Erkenntnissen bereits eine Straftat nach § 238 des Strafgesetzbuchs begangen hat und bestimmte Tatsachen die Annahme rechtfertigen, dass sie weitere Straftaten nach § 238 des Strafgesetzbuchs begehen wird.**
²Die Befugnis gemäß Absatz 1 steht der Polizei ferner zu, wenn Maßnahmen nach § 34a getroffen wurden und eine Überwachung der Befolgung dieser Maßnahmen auf andere Weise nicht möglich oder wesentlich erschwert ist.

(3) **¹Die Polizei verarbeitet mit Hilfe der von der verantwortlichen Person mitgeführten technischen Mittel automatisiert Daten über deren Aufenthaltsort sowie über etwaige Beeinträchtigungen der Datenerhebung. ²Soweit es technisch möglich ist, ist sicherzustellen, dass innerhalb der Wohnung der betroffenen Person keine über den Umstand ihrer Anwesenheit hinausgehenden Aufenthaltsdaten erhoben werden. ³Werden innerhalb der Wohnung der betroffenen Person über den Umstand ihrer Anwesenheit hinausgehende Aufenthaltsdaten erhoben, dürfen diese nicht verwendet werden. ⁴Entsprechendes gilt, soweit durch die Datenerhebung nach Satz 1 der Kernbereich privater Lebensgestaltung betroffen ist. ⁵Daten nach Satz 3 und 4 sind unverzüglich nach ihrer Kenntnisnahme zu löschen. ⁶Die Tatsache**

ihrer Kenntnisnahme und Löschung ist zu dokumentieren. [7]Die Dokumentation darf ausschließlich für Zwecke der Datenschutzkontrolle verwendet werden. [8]Sie ist frühestens nach Abschluss der Datenschutzkontrolle und spätestens nach vierundzwanzig Monaten zu löschen. [9]Die Daten dürfen ohne Einwilligung der betroffenen Person nur verarbeitet werden, soweit dies erforderlich ist für die folgenden Zwecke:

1. zur Verhütung oder zur Verfolgung von Straftaten von erheblicher Bedeutung,
2. zur Feststellung von Verstößen gegen Aufenthaltsvorgaben und Kontaktverbote nach § 34b,
3. zur Verfolgung einer Straftat gemäß § 34d,
4. zur Abwehr einer erheblichen gegenwärtigen Gefahr für Leib, Leben oder Freiheit einer Person oder
5. zur Aufrechterhaltung der Funktionsfähigkeit des technischen Mittels.

[10]Zur Einhaltung der Zweckbestimmung nach Satz 9 hat die Verarbeitung der Daten automatisiert zu erfolgen. [11]Zudem sind die Daten gegen unbefugte Kenntnisnahme und Verarbeitung besonders zu sichern.

(4) Die in Absatz 3 Satz 1 genannten Daten sind spätestens zwei Monate nach Beendigung der Maßnahme zu löschen, soweit sie nicht für die in Absatz 3 Satz 9 genannten Zwecke verwendet werden.

(5) [1]Jeder Abruf der Daten ist unter Beachtung des § 55 des Datenschutzgesetzes Nordrhein-Westfalen zu protokollieren. [2]Die Protokolldaten sind spätestens nach vierundzwanzig Monaten zu löschen.

(6) [1]Maßnahmen nach den Absätzen 1 bis 3 werden auf Antrag der Behördenleitung oder deren Vertretung durch das Amtsgericht angeordnet, in dessen Bezirk die Polizeibehörde ihren Sitz hat. [2]Für das Verfahren gelten die Vorschriften des 7. Buches des Gesetzes über das Verfahren in Familiensachen und in den Angelegenheiten der freiwilligen Gerichtsbarkeit entsprechend. [3]Bei Gefahr im Verzug kann die Anordnung durch die zuständige Behördenleitung oder deren Vertretung getroffen werden. [4]In diesem Fall ist die gerichtliche Entscheidung unverzüglich nachzuholen. [5]Soweit die Anordnung nicht binnen drei Tagen durch das Gericht bestätigt wird, tritt sie außer Kraft. [6]In dem Antrag sind anzugeben:

1. die Person, gegen die sich die Maßnahme richtet, mit Name und Anschrift,
2. Art, Umfang und Dauer der Maßnahme,
3. die Angabe, ob gegenüber der Person, gegen die sich die Maßnahme richtet, eine Aufenthaltsanordnung oder ein Kontaktverbot besteht,
4. der Sachverhalt und
5. eine Begründung.

(7) [1]Die Anordnung ergeht schriftlich. [2]In ihr sind anzugeben:

1. die Person, gegen die sich die Maßnahme richtet, mit Name und Anschrift,
2. Art, Umfang und Dauer der Maßnahme und
3. die wesentlichen Gründe.

(8) [1]Die Anordnung ist sofort vollziehbar und auf höchstens drei Monate zu befristen. [2]Eine Verlängerung um jeweils nicht mehr als drei Monate ist möglich, soweit die Anordnungsvoraussetzungen fortbestehen. [3]Liegen die Voraussetzungen der Anordnung nicht mehr vor, ist die Maßnahme unverzüglich zu beenden.

(9) Die Landesregierung unterrichtet den Landtag jährlich über die nach den Absätzen 1 und 2 erfolgten Maßnahmen.

(10) [1]Die Landesregierung überprüft die Wirksamkeit der Vorschrift bis zum 31. Dezember 2022 und berichtet dem Landtag über das Ergebnis der Evaluierung. [2]§ 34c tritt am 31. Dezember 2023 außer Kraft.

Überblick

§ 34c regelt die Elektronische Aufenthaltsüberwachung (EAÜ). Abs. 1 ermächtigt die Polizei dazu, den Aufenthaltsort einer Person offen mit Hilfe eines technischen Mittels

(„elektronische Fußfessel") zur Verhütung terroristischer Straftaten elektronisch zu überwachen (→ Rn. 15). Nach Abs. 2 steht der Polizei die Befugnis auch zur Abwehr von Sexualstraftaten, zur Überwachung von „Stalkern" sowie zur Kontrolle der Einhaltung einer Wohnungsverweisung nach § 34a zu (→ Rn. 16 ff.). Abs. 3 enthält Regelungen über die Verarbeitung der Daten (→ Rn. 24 ff.). Abs. 4 und Abs. 5 normieren Löschungs- (→ Rn. 30) und Protokollierungspflichten (→ Rn. 31) im Interesse eines verfahrensbezogenen Grundrechtsschutzes. Abs. 6 und Abs. 7 betreffen die Antrags- (Behördenleitervorbehalt) und Anordnungskompetenz (Richtervorbehalt) und regeln in Übereinstimmung mit § 34b Abs. 3 und Abs. 4 Form und Inhalt der Anordnung (→ Rn. 33). Abs. 8 erklärt die Anordnung für sofort vollziehbar (→ Rn. 35 f.) und befristet sie auf drei Monate mit Verlängerungsmöglichkeit (→ Rn. 37). Abs. 9 statuiert eine Unterrichtungspflicht der Landesregierung (→ Rn. 38), Abs. 10 enthält schließlich eine Evaluations- und Verfallsklausel (→ Rn. 40). Der Rechtsschutz gegen Maßnahmen nach § 34c entspricht im Wesentlichen demjenigen gegen Aufenthaltsvorgaben und Kontaktverbote nach § 34b, weist jedoch einige Besonderheiten auf (→ Rn. 42 ff.).

Übersicht

A. Allgemeines

I. Hintergrund, rechtspraktische Relevanz und Parallelnormen

1   § 34c ist durch das Gesetz zur Stärkung der Sicherheit in Nordrhein-Westfalen v. 13.12.2018 (GV. NRW. 684) eingeführt worden (→ § 34b Rn. 1). Durch diese Befugnis wird ein seit dem Jahr 2011 lediglich im Rahmen der **Führungsaufsicht** (§ 68b Abs. 1 S. 1 Nr. 12 StGB iVm § 463a Abs. 4 StPO; vgl. näher BeckOK Strafvollzug Bund/Slawik StPO § 463a Rn. 6–21; Baur KriPoZ 2017, 119 ff.) sowie des **Justizvollzugs** (§ 27 JVollzDSG NRW, insbesondere bei einer Ausführung in Begleitung von Bediensteten der Anstalt, vgl. BeckOK Strafvollzug NRW/Kunze JVollzDSG NRW § 27 Rn. 3) zum Einsatz kommendes Instrument in den Bereich originärer polizeilicher Gefahrenabwehr übernommen (→ § 34b Rn. 5). Seine Überführung in den Kontext der präventiv-polizeilichen Sicherheitsgewährleistung ist eine legislative Reaktion auf sicherheitsbehördliche Versäumnisse im Vorfeld des Attentats auf einen Berliner Weihnachtsmarkt am 19.12.2016 („Fall Amri"). Sie wirft eine ganze Reihe rechtlicher und rechtspraktischer Probleme auf (vgl. Thiel GSZ 2019, 1 (7 f.)). Aus rechtspolitischer Perspektive wird sie, da sich ihre Adressaten (→ Rn. 2) aufgrund der elektronischen Überwachung kaum von ihren Zielen abbringen lassen werden, als **„Schaufenstergesetzgebung"** und „Verirrung eines hysterisierten Gesetzgebers" kritisiert (so Gesk/Sinn, Organisierte Kriminalität und Terrorismus im Rechtsvergleich/Kretschmer, Bd. 1, 2019, 43 (55, 57); zum Ganzen näher Barczak, Der nervöse Staat, 2020).

2   Die Vorschrift bezweckt in erster Linie die EAÜ terroristischer Gefährder, dient insofern der **Absicherung und Ergänzung von Aufenthaltsvorgaben und Kontaktverboten** nach § 34b und stimmt in dieser Zwecksetzung weitgehend mit § 56 BKAG überein (vgl. explizit Art. 34 Abs. 1 S. 2 BayPAG; § 31a Abs. 2 HSOG; § 67a Abs. 2 SOG M-V; § 36c

Abs. 1 S. 1 SOG LSA; ferner Lisken/Denninger PolR-HdB/Rachor/Graulich E Rn. 458), dem die landesrechtliche Norm ersichtlich nachgebildet worden ist. Legislatorisches Ziel dieser **offenen Maßnahme** ist es, den Aufenthaltsort von Personen, von denen die Gefahr der Begehung einer terroristischen Straftat iSd § 8 Abs. 4 (im Einzelnen → § 8 Rn. 141 ff.) ausgeht, ständig zu überwachen und auf diese Weise die Begehung derartiger Straftaten zu verhindern (vgl. BT-Drs. 18/11163, 122). Dabei soll die ständige Aufenthaltsüberwachung das Risiko erhöhen, bei der Begehung von Straftaten entdeckt zu werden, und auf diese Weise zur Straftatenverhütung beitragen (vgl. KG NStZ-RR 2014, 176 (176): „erhebliche abschreckende Wirkung", „innere psychische Schwelle"). Es handelt sich um den Fall einer **präventiv-polizeilichen Straftatenverhütung** (vgl. Schoch BesVerwR Kap. 1 Rn. 705, mwN) durch eine noch vergleichsweise „neue Form des ‚electronic monitoring'" (so Popp ZD 2013, 567 (569)). Darüber hinaus soll die ständige Aufenthaltsüberwachung das schnelle Eingreifen der Sicherheitsbehörden zur Straftatenverhütung ermöglichen (vgl. BT-Drs. 18/11163, 122). Über die bundesrechtliche Ermächtigungsgrundlage in § 56 BKAG geht der Landesgesetzgeber mit § 34c insofern hinaus, als er eine EAÜ auch zur Abwehr von Sexualstraftaten, Überwachung von „Stalkern" sowie zur Kontrolle der Einhaltung einer Wohnungsverweisung nach § 34a zulässt (→ Rn. 16 ff.).

In der **Rechtspraxis** scheint sich die EAÜ vermehrt zu einem Instrument zu entwickeln, mit dem **2.1** der Aggressivität und Gewaltbereitschaft gegenüber Familienangehörigen begegnet werden kann. Ihr Einsatz erfolgt sowohl im Bereich „häusliche Gewalt" als auch im Kontext der Terrorismusbekämpfung, jedoch bislang nur in sehr geringem Umfang (vgl. mit Blick auf die Praxisrelevanz der Parallelnormen im BayPAG den Abschlussbericht der PAG-Kommission zur Begleitung des neuen bayerischen Polizei-aufgabengesetzes v. 30.8.2019, 69). Bislang kommt die elektronische Fußfessel zur Überwachung des Aufenthaltsorts von verurteilten Straftätern und potentiellen Terroristen **in Nordrhein-Westfalen kaum zum Einsatz**. So wurden im Juli 2019 in Nordrhein-Westfalen insgesamt nur sechs Personen mit Hilfe einer elektronischen Fußfessel überwacht, davon nach Angaben des nordrhein-westfälischen Innenministeriums **lediglich zwei Personen** auf der Grundlage des neuen § 34c (vgl. https:// www.nw.de/nachrichten/zwischen_weser_und_rhein/22533650_NRW-ueberwacht-nur-sechs-Personen-per-Fussfessel.html).

Gefahrenabwehrrechtliche Parallelnormen über die EAÜ finden sich mittlerweile **3** sowohl auf bundesrechtlicher (§ 56 BKAG; § 56a AufenthG) als auch auf landesrechtlicher Ebene (§ 27c BWPolG; Art. 34 BayPAG; § 31a HSOG; § 67a SOG M-V; § 17c NPOG; § 61 SächsPVDG; § 36c SOG LSA). Abgesehen von der aufenthaltsrechtlichen Sonderregelung des § 56a AufenthG weisen die Normen große inhaltliche Übereinstimmung auf, weil die landespolizeigesetzlichen Regelungen weitgehend § 56 BKAG nachgebildet worden sind und diesen bisweilen wortwörtlich in Landesrecht überführen (zu **Besonderheiten im nordrhein-westfälischen Recht** vgl. insbesondere → Rn. 16 ff. sowie → Rn. 38 ff.).

II. Technische Funktionsweise

Nach § 34c Abs. 1 soll es sich bei der EAÜ um ein **technisches Mittel** handeln, mit **4** dem der Aufenthaltsort der betreffenden Person elektronisch überwacht werden kann und das ständig im betriebsbereiten Zustand am Körper zu tragen ist. Die von § 34c Abs. 1 Hs. 1 statuierte Verpflichtung umfasst die **Duldung des Anlegens und Wartens** sowie das **Unterlassen der Beeinträchtigung der Funktionsfähigkeit** des betreffenden technischen Mittels (vgl. Mehde NordÖR 2019, 272 (275)). Weitere Vorgaben in technischer Hinsicht macht der Normgeber nicht. Die EAÜ erfolgt heutzutage üblicherweise mittels eines Geräts, das – im Grunde vergleichbar mit einem modernen Smartphone – via GPS sowie, falls dieses mangels Sichtverbindung zu einem Satelliten (etwa in Gebäuden) nicht verfügbar ist, anhand der Entfernung zu den umliegenden Mobilfunkmasten seinen Standort ermittelt (vgl. BeckOK PolR Bayern/Schröder BayPAG Art. 34 Rn. 1; Haverkamp/Schwedler/Wößner NK 24 (2012), 62). Der Signaltransport über das Mobilfunknetz schafft ebenfalls die technischen Möglichkeiten, eine Aufenthaltsüberwachung des Trägers rund um die Uhr zu garantieren (vgl. Lindner/Bast DVBl 2017, 290 (290)). Über eine sog. **home unit,** an der das Gerät aufgeladen werden kann, wird die GPS-Ortung während des Aufenthalts in der eigenen Wohnung deaktiviert, um eine metergenaue Ortung auszuschließen und einen Rückzugsort zu gewährleisten (vgl. Thiel PolR § 10 Rn. 103; Ullrich/Walter/Zimmermann NWVBl.

2019, 98 (99)). Die Sender (sog. **tracker**) werden der betreffenden Person mittels eines Bandes bzw. einer Manschette an Hand oder Fuß angelegt. Der Standort wird über eine mobile Datenverbindung kontinuierlich an einen Behördenserver übermittelt, zB die Gemeinsame Überwachungsstelle der Länder (GÜL). Diese hat ihren Sitz in Bad Vilbel (Hessen) und beruht auf dem GÜLStV (Staatsvertrag über die Einrichtung einer Gemeinsamen elektronischen Überwachungsstelle der Länder v. 8.11.2011, GV. NRW. 553). Nach Art. 4 GÜLStV kann jedes Land der GÜL durch gesonderte Vereinbarung mit dem Land Hessen Aufgaben der elektronischen Überwachung des Aufenthaltsorts von Personen auch zu anderen Zwecken als der elektronischen Überwachung des Aufenthaltsorts von verurteilten Personen, die der Führungsaufsicht unterstehen, übertragen.

5   Ein **Alarm** wird ausgelöst, wenn der Träger
- den erlaubten Bereich verlassen hat (§ 34b Abs. 1 S. 1 Var. 1),
- einen verbotenen Ort betritt (§ 34b Abs. 1 S. 1 Var. 2),
- unerlaubten Kontakt mit bestimmten Personen oder Personen einer bestimmten Gruppe aufnimmt (§ 34b Abs. 1 S. 2; **jedenfalls, soweit dies im Einzelfall technisch umsetzbar ist**) oder
- die Fußfessel entfernt oder ihre Funktionsfähigkeit anderweitig beeinträchtigt bzw. der Akku leer ist (§ 34c Abs. 1 Hs. 1).

6   Läuft ein Alarm auf, kontaktiert die GÜL den Überwachten, informiert die zuständigen Stellen der Länder (im Bereich der Führungsaufsicht die Bewährungshilfe und die Führungsaufsichtsstelle, im Bereich des Gefahrenabwehrrechts die Polizeidienststelle, die den Antrag nach § 34c Abs. 6 gestellt hat) zur Einleitung von Maßnahmen oder veranlasst eine Überprüfung der Funktionstüchtigkeit bzw. einen Austausch des Geräts (zu den technischen Details im Einzelnen Bräuchle, Die elektronische Überwachung gefährlicher Straftäter im Rahmen der Führungsaufsicht, 2016, 17 f.; Haverkamp/Schwedler/Wößner NK 24 (2012), 62).

III. Aktionelle oder informationelle Standardbefugnis?

7   Der staatliche Zugriff im Bereich der präventiven Sicherheitsgewährleistung unterteilt sich in die beiden Gruppen der informationellen Befugnisse einerseits, welche der Erhebung und Verarbeitung der Informationen dienen und auf diese Weise nur mittelbar zur Abwehr einer Gefahr führen, und der aktionellen Maßnahmen andererseits, mit denen die Behörden unmittelbar und gezielt verhaltenssteuernd in den potentiell schadensträchtigen Kausalverlauf eingreifen, um diesen zu unterbrechen und die Gefahr abzuwehren (zu dieser grundsätzlichen Zweispurigkeit polizeilicher Befugnisregelungen Kingreen/Poscher POR § 11 Rn. 6 ff.; Schucht, Generalklausel und Standardmaßnahme, 2010, 113 ff.; Löffelmann GSZ 2018, 85 (86 ff.); Ogorek JZ 2019, 64 (70); Trurnit JURA 2019, 258 (266); mit der parallel verlaufenden Trennung von „Gefahraufklärungs-" und „Gefahrbeseitigungsbefugnissen": Gusy POR Rn. 185; Kral, Die polizeilichen Vorfeldbefugnisse als Herausforderung für Dogmatik und Gesetzgebung des Polizeirechts, 2012, 64 ff.; Möstl DVBl 2007, 581 (584 ff.); Möstl JURA 2011, 840 (841); Kießling VerwArch 2017, 282 (283 ff.)).

8   Zweifelhaft und **umstritten** ist, wie die EAÜ in diesem Kontext einzuordnen ist. Der nordrhein-westfälische Gesetzgeber hat sie systematisch zwischen aufenthaltsbeschränkenden Maßnahmen und dem polizeilichen Gewahrsam verankert, bei denen es sich jeweils unstreitig um aktionelle Befugnisse handelt. Während manche betonen, dass die EAÜ nicht in Kausalverläufe eingreife, somit nicht gefahrenabwehrend wirke, sondern allein Überwachungsmaßnahmen ermögliche (vgl. Gusy, Stellungnahme 17/630, 10; Schwarz Stellungnahme 17/632, 9; SGR/Ruthig BKAG § 56 Rn. 1; der Sache nach ferner Dietlein/Hellermann NRWÖffR § 3 Rn. 228a; Kingreen/Poscher POR § 13 Rn. 116), sprechen sich andere aufgrund ihrer verhaltenssteuernden Wirkung für eine Qualifizierung als aktionelle Befugnis aus (so explizit der Sicherheitsgesetzgeber in Mecklenburg-Vorpommern, LT-Drs. 7/1320(neu), 18: „Mit der elektronischen Aufenthaltsüberwachung [...] wird [...] die Möglichkeit geschaffen, Anordnungen zu treffen, mit denen bereits in den schadensrechtlichen Kausalverlauf eingegriffen und die Gefahrverwirklichung unterbunden werden kann"; Armenat/Kretzschmann JuS 2017, 647 (648 f.); Armenat/Kretzschmann RuP 54 (2018), 22 (26): „[Der Überwachte] soll durch das Wissen um die dauerhafte Ortungsmöglichkeit dazu veranlasst werden, aus

Furcht vor der vereinfachten Feststellungsmöglichkeit seiner Anwesenheit am Tatort von der Begehung weiterer Straftaten abzusehen").

Eine eindeutige Zuordnung erscheint vor diesem Hintergrund kaum möglich, weshalb **9** man der EAÜ eine gewisse **„Zwitterstellung"** bescheinigen muss, die sich weder eindeutig als informationelle noch als aktionelle Befugnisnorm zu erkennen gibt (wie hier Haverkamp/ Schwedler/Wößner NK 24 (2012), 62 (64): „Überwachung und Abschreckung"; Möstl, Stellungnahme im Rahmen der öffentlichen Anhörung des Innenausschusses des Deutschen Bundestages zum Entwurf eines Gesetzes zur Neustrukturierung des Bundeskriminalamtgesetzes, Ausschuss-Drs. 18(4) 806 B, 3: „[D]ie elektronische Aufenthaltserfassung, mag diese im Schwerpunkt durchaus eine informationelle (auf Erkenntnisgewinn gerichtete) Zielrichtung haben, kann […] durchaus (auch) verhaltensbeeinflussende Wirkung haben, so dass sie im Grenzbereich zwischen rein informationeller und aktioneller Maßnahme anzusiedeln ist").

IV. Verfassungsrechtliche Bewertung

Die EAÜ fällt in die **Gesetzgebungskompetenz** des Landes für die Gefahrenabwehr **10** aus Art. 70 Abs. 1 GG (vgl. Guckelberger DVBl 2017, 1121 (1123)). Dies gilt zunächst insoweit, als sie der Verhinderung terroristischer Straftaten dient und insoweit in Konkurrenz mit § 56 BKAG gerät, der auf der Grundlage des Art. 73 Abs. 1 Nr. 9a GG erlassen wurde. Der Verfassungsgeber lässt hier die Entstehung paralleler Regelungsbefugnisse zu (vgl. → § 34b Rn. 9). Dies gilt darüber hinaus insoweit, als die mit der EAÜ erhobenen Daten für eine spätere Strafverfolgung der betreffenden Person verwendet werden können (§ 34c Abs. 3 S. 9 Nr. 1 und Nr. 3). Die **Strafverfolgungsvorsorge** ist zwar kompetenzmäßig dem „gerichtlichen Verfahren" iSd Art. 74 Abs. 1 Nr. 1 GG zuzuordnen, nämlich der Sicherung von Beweismitteln für ein künftiges Strafverfahren. Daran ändert auch der Umstand nichts, dass im Unterschied zur Strafverfolgung die Strafverfolgungsvorsorge ebenso wie die Gefahrenvorsorge präventiv ansetzt (vgl. BVerfGE 113, 348 (369 f.) = NJW 2005, 2603; BVerfGE 150, 244 Rn. 68 = NJW 2019, 827). Zu untersuchen bleibt allerdings jeweils, ob der Bund **abschließenden Gebrauch** von seiner Gesetzgebungskompetenz gemacht und die Sperrwirkung des Art. 72 Abs. 1 GG ausgelöst hat (vgl. Graulich NVwZ 2014, 685 (687)). Dies ist weder durch § 56 BKAG noch durch § 56a AufenthG als konkurrierende bundesrechtliche Parallelnormen im präventiven Bereich geschehen. Beide Normen besitzen einen sehr begrenzten Anwendungsbereich und schließen parallele landesrechtliche Regelungen mithin nicht aus (wie hier BeckOK PolR BW/Trurnit BWPolG § 27c Rn. 5).

Das Gleiche gilt auch für das GewSchG (**Gewaltschutzgesetz** v. 11.12.2001, **11** BGBl. I 3513), das ebenfalls zum Kompetenzbereich des Bundes für das „gerichtliche Verfahren" in Art. 74 Abs. 1 Nr. 1 GG gehört: Soweit dieses in Konkurrenz mit einer polizeirechtlichen EAÜ zum Schutz vor Nachstellung oder häuslicher Gewalt nach § 34c Abs. 2 gerät, lässt es solche weitergehenden polizeilichen Befugnisse auf öffentlich-rechtlicher Grundlage zu (vgl. § 3 Abs. 2 GewSchG; BeckOGK/Schulte-Brunert GewSchG § 3 Rn. 19 f.; dies übersieht Zaremba DÖV 2019, 221 (226)). Zwischen Bundesrecht und Landesrecht besteht insofern ein **„Ergänzungsverhältnis"** (Schoch BesVerwR Kap. 1 Rn. 563).

Auch in grundrechtlicher Hinsicht lässt sich eine EAÜ grundsätzlich verfassungsrechtlich **12** rechtfertigen. Dabei ist ihre gebräuchliche Bezeichnung als „elektronische Fußfessel" oder „elektronischer Hausarrest" (so SGR/Ruthig BKAG § 56 Rn. 2; Wittstamm, Elektronischer Hausarrest?, 1999) zunächst **ungenau und irreführend,** denn die betreffende Person wird in ihrer Bewegungsfreiheit nur bedingt eingeschränkt und kann sich grundsätzlich weiterhin frei bewegen (vgl. Guckelberger DVBl 2017, 1121 (1121); Thiel PolR § 10 Rn. 103; Thiel GSZ 2019, 1 (7); Ullrich/Walter/Zimmermann NWVBl. 2019, 98 (99); zur Abgrenzung von Hausarrest und EAÜ vgl. Hochmayr NStZ 2013, 13 (14); auch der Begriff der EAÜ erfährt Kritik, vgl. Kaiser, Auf Schritt und Tritt – die elektronische Aufenthaltsüberwachung, 2016, 8 ff.). Die EAÜ ermöglicht den staatlichen Stellen lediglich die Feststellung der An- oder Abwesenheit der betreffenden Person an einem bestimmten Ort. Dies ist auch verfassungsrechtlich relevant: Die EAÜ greift bei isolierter Betrachtung weder in **Art. 2 Abs. 2 S. 2 GG, Art. 104 GG** noch in **Art. 11 Abs. 1 GG** ein (wie hier Ullrich/Walter/Zimmermann NWVBl. 2019, 98 (102); aA Stern/Becker/Müller-Franken, Grundrechte-Kommentar,

3. Aufl. 2018, GG Art. 104 Rn. 36; BeckOK PolR Hessen/Leggereit HSOG § 31a Rn. 3; Lindner/Bast DVBl 2017, 290 (291); Löffelmann BayVBl. 2018, 145 (151)), kann aber, da sie in der Praxis regelmäßig Aufenthaltsvorgaben und Kontaktverbote flankiert, zu einer additiven Verstärkung entsprechender Grundrechtseingriffe durch diese Maßnahmen beitragen (vgl. EuGH BeckRS 2016, 81794 Rn. 54 – JZ / Prokuratura Rejonowa Łódź: „Maßnahmen wie ein nächtlicher Hausarrest von neun Stunden, verbunden mit der Überwachung des Betroffenen mittels einer elektronischen Fußfessel, einer Verpflichtung, sich täglich oder mehrmals pro Woche zu festgelegten Zeiten bei einer Polizeidienststelle zu melden, sowie dem Verbot, Dokumente für Reisen ins Ausland zu beantragen, [können] zweifellos die Bewegungsfreiheit des Betroffenen beschränken"). Da mittels einer EAÜ lediglich Daten über den Aufenthaltsort der betreffenden Person (sog. Standortdaten) erhoben werden (§ 34c Abs. 3 S. 1), gestattet sie weder eine Rundumüberwachung noch die Erstellung eines Persönlichkeitsprofils, wodurch die betreffende Person zum bloßen Objekt staatlichen Handelns herabgestuft und ihre Subjektqualität in Zweifel gezogen werden könnte (vgl. BVerfGE 109, 279 (312 ff.) = NJW 2004, 999). Ein Verstoß gegen **Art. 1 Abs. 1 GG** ist daher nicht ersichtlich (OLG München BeckRS 2019, 5303 Rn. 79 mAnm Kremer GSZ 2019, 175 f.; SGR/Ruthig BKAG § 56 Rn. 3; Guckelberger DVBl 2017, 1121 (1123 f.); Ullrich/Walter/Zimmermann NWVBl. 2019, 98 (100 f.); eingehend zur Problematik auch schon Wittstamm, Elektronischer Hausarrest?, 1999, 103 ff.). Die Verpflichtung, das Gerät zur EAÜ ständig bei sich zu tragen und in betriebsbereitem Zustand zu erhalten, verstößt auch nicht gegen den auf dem Rechtsstaatsprinzip und dem allgemeinen Persönlichkeitsrecht beruhenden **nemo tenetur-Grundsatz.** Dieser gilt unmittelbar in Straf- und Ordnungswidrigkeitenverfahren. Eine auf § 34c gestützte Verpflichtung besteht jedoch außerhalb eines solchen Verfahrens. Die überwachte Person weiß von der Maßnahme und soll hierdurch von der Begehung einer Straftat abgehalten werden (→ Rn. 2 und → Rn. 7 ff.). Ihr wird infolge der ihr auferlegten Pflicht also nicht abverlangt, Beweise für strafbares oder ordnungswidriges Verhalten gegen sich selbst zu sammeln (OLG München BeckRS 2019, 5303 Rn. 81; Guckelberger DVBl 2017, 1121 (1124 f.)). Schließlich scheidet auch ein Verstoß gegen die Unverletzlichkeit der Wohnung nach **Art. 13 Abs. 1 GG** prinzipiell aus, denn die bloße Erkenntnis, dass sich eine Person in der Wohnung aufhält (vgl. auch das explizite Verwertungsverbot in § 34c Abs. 3 S. 3), tangiert die Unverletzlichkeit der Wohnung nicht (OLG München BeckRS 2019, 5303 Rn. 71; SGR/Ruthig BKAG § 56 Rn. 3; aA BeckOK PolR BW/Trurnit BWPolG § 27c Rn. 7; Kaiser, Auf Schritt und Tritt – die elektronische Aufenthaltsüberwachung, 2016, 167 ff.; Kaiser KJ 50 (2017), 176 (185)). Sie verschafft keinen Einblick in Vorgänge, die der natürlichen Wahrnehmung von außen entzogen sind (BVerfGE 120, 274 (310) = NJW 2008, 822; Jarass/Pieroth GG Art. 13 Rn. 8). Etwas anderes kann sich lediglich daraus ergeben, dass die Wohnung zur Installation der sog. **home unit** staatlicherseits betreten werden muss (vgl. Ullrich/Walter/Zimmermann NWVBl. 2019, 98 (102 f.)).

13   Die EAÜ stellt einen intensiven und rechtfertigungsbedürftigen Eingriff in das **Recht auf informationelle Selbstbestimmung** aus Art. 2 Abs. 1 GG iVm Art. 1 Abs. 1 GG dar (OLG München BeckRS 2019, 5303 Rn. 70 mAnm Kremer GSZ 2019, 175 (175); eingehend Wittstamm, Elektronischer Hausarrest?, 1999, 134 ff.; Guckelberger DVBl 2017, 1121 (1124 ff.); vgl. auch Ullrich/Walter/Zimmermann NWVBl. 2019, 98 (101); Zaremba DÖV 2019, 221 (224); BeckOK PolR Bayern/Schröder BayPAG Art. 34 Rn. 9 ff.). Dabei ist grundsätzlich zwischen der Erhebung, Speicherung und Verwendung von Daten zu unterscheiden (BVerfGE 130, 151 (184) = NJW 2012, 1419 mwN; stRspr). Der maßgebliche **Eingriff** liegt vorliegend in der automatisierten Erfassung personenbezogener Daten, namentlich solcher über den Aufenthaltsort, die Aufenthaltszeit und -dauer der betreffenden Person. Diese macht die Daten für die Behörden verfügbar und bildet die Basis für eine automatisierte Kontrolle etwaiger Beeinträchtigungen der Datenerhebung (§ 34c Abs. 3 S. 1). An der Eingriffsqualität fehlt es nach der Rechtsprechung des BVerfG in diesem Zusammenhang lediglich dann, wenn Daten ungezielt und allein technikbedingt zunächst miterfasst, aber unmittelbar nach der Erfassung technisch wieder anonym, spurenlos und ohne Erkenntnisinteresse für die Behörden ausgesondert werden (vgl. BVerfGE 100, 313 (366) = NJW 2000, 55; BVerfGE 115, 320 (343) = NJW 2006, 1939; BVerfGE 150, 244 Rn. 43 = NJW 2019, 827). Dafür ist vorliegend nichts ersichtlich. Wenn gezielt mittels

Datenerhebung Personen im öffentlichen und privaten Raum daraufhin überprüft werden, ob sie den ihnen zugewiesenen Bereich verlassen, einen verbotenen Ort betreten, unerlaubten Kontakt mit bestimmten Personen oder Personen einer bestimmten Gruppe aufgenommen oder die Fußfessel entfernt haben (→ Rn. 5), besteht an diesen Daten auch dann ein verdichtetes behördliches Interesse, wenn diese Daten im Anschluss an die Überprüfung unmittelbar wieder gelöscht werden (vgl. § 34c Abs. 3 S. 5, Abs. 4).

Der Eingriff muss verfassungsrechtlich gerechtfertigt sein, insbesondere dem Grundsatz **14** der **Verhältnismäßigkeit** genügen. Die **Eignung** der EAÜ zur Verhinderung der Begehung einer terroristischen oder sexuell motivierten Straftat ist dabei nicht schon deshalb zweifelhaft, weil der Sender keine unüberwindbare physische oder psychische Hemmschwelle darstellt (wie hier Guckelberger DVBl 2017, 1121 (1125); Thiel PolR § 10 Rn. 103; Thiel GSZ 2019, 1 (7); aA Kaiser KJ 50 (2017), 176 (186); Zaremba DÖV 2019, 221 (228); zweifelnd Löffelmann BayVBl. 2018, 145 (150 f.); offenlassend Kremer GSZ 2019, 175 (175)), wie der Fall eines islamistischen Attentäters drastisch zeigt, der im Juli 2016 in Nordfrankreich einen katholischen Priester während des Gottesdienstes trotz Fußfessel getötet hat. Auch konnte ein 35-jähriger Syrer, der als islamistischer Gefährder eingestuft wurde und gegen den die Bundesanwaltschaft wegen des Tatverdachts der Beteiligung an einer terroristischen Vereinigung ermittelte, offenbar mit einer solchen Fußfessel versehen, ungehindert am Hamburger Flughafen ein Flugzeug besteigen und damit nach Griechenland ausreisen (vgl. Antwort der Bundesregierung auf eine Kleine Anfrage, BT-Drs. 19/764, 1). Für die Geeignetheit genügt jedoch, dass die Maßnahme den angestrebten Zweck zumindest fördern kann. Mit Blick auf die **Erforderlichkeit** ist die EAÜ das relativ mildeste aller in Betracht kommenden Mittel (so im Einzelnen auch KG NStZ-RR 2014, 176 (177)). Als offene Maßnahme ist sie insbesondere weniger einschneidend als eine alternativ in Betracht kommende ständige Observation durch polizeiliche Einsatzkräfte (diese „Dauerüberwachung" lässt sich in Nordrhein-Westfalen nicht auf § 16a stützen, vgl. → § 16a Rn. 42 ff.), bei der nicht nur der Aufenthaltsort, sondern auch die Tätigkeiten und Gesprächspartner der betroffenen Person wahrgenommen werden und dadurch ein sehr viel umfangreicheres Persönlichkeitsbild entstehen kann als bei der Übertragung der bloßen Standortdaten (vgl. BT-Drs. 18/11163, 122; übereinstimmend Lisken/Denninger PolR-HdB/Rachor/Graulich E Rn. 458; BeckOK AuslR/Tanneberger AufenthG § 56a Rn. 3; v. Coelln/Pernice-Warnke/Pützer/Reisch NWVBl. 2019, 89 (95); wohl ebenso Kingreen/Poscher POR § 13 Rn. 116; Schoch BesVerwR Kap. 1 Rn. 704). Für die **Angemessenheit** der Maßnahme spricht, dass sie lediglich zum Schutz hochrangiger kollidierender Individualrechtsgüter (Leib, Leben, Freiheit, sowie – in den Fällen des Abs. 2 S. 1 – sexuelle Selbstbestimmung und private Lebensgestaltung) und Sicherheitsinteressen der Allgemeinheit erfolgen darf (vgl. insoweit auch BVerfG BeckRS 2014, 46314; 2017, 136547 Rn. 8 f.; aA Kremer GSZ 2019, 175 (175), der insoweit von der Unverhältnismäßigkeit der bayerischen Regelung in Art. 34 BayPAG ausgeht, als die EAÜ an die vorverlagerte Eingriffsschwelle der „drohenden Gefahr" anknüpft). Es ist jedoch sicherzustellen, dass der Eingriff durch umfangreiche verfahrensrechtliche Sicherungsmittel auf das notwendige Minimum beschränkt wird.

B. Einzelkommentierung

I. Tatbestandsvoraussetzungen der EAÜ

1. Verhütung terroristischer Straftaten (Abs. 1)

Nach § 34c Abs. 1 kommt eine EAÜ in erster Linie zur Verhütung von terroristischen **15** Straftaten iSd § 8 Abs. 4 in Betracht. Vorausgesetzt wird wie bei § 34b Abs. 1 S. 1, dass bestimmte Tatsachen die Annahme rechtfertigen, dass die Person innerhalb eines übersehbaren Zeitraums auf eine zumindest ihrer Art nach konkretisierte Weise eine Straftat nach § 8 Abs. 4 begehen wird (**tatbezogener Gefahrenverdacht,** → § 34b Rn. 19 ff.) oder ihr individuelles Verhalten eine konkrete Wahrscheinlichkeit dafür begründet, dass sie innerhalb eines übersehbaren Zeitraums eine Straftat nach § 8 Abs. 4 begehen wird (**personenbezogener Gefahrenverdacht,** → § 34b Rn. 23 ff.). § 34c Abs. 1 verlangt danach ebenfalls keine konkrete Gefahr, sondern **verlagert die Einschreitschwelle in den Bereich des Gefah-**

renvorfelds (vgl. Zaremba DÖV 2019, 221 (228)). Er folgt der Technik finaler Programmierung („zur Verhütung von terroristischen Straftaten").

2. Anwendungsfälle im Übrigen (Abs. 2)

16   Während sich § 34c Abs. 1 mit seinem bundesrechtlichen Vorbild in § 56 BKAG deckt, gehen die Anwendungsfälle in Abs. 2 über dieses hinaus. Sie verlangen keine terroristische Straftat iSd § 8 Abs. 4, sondern erstrecken die EAÜ auf andere Kriminalitätsbereiche wie Sexualstraftaten oder das Nachstellen nach § 238 StGB. Diese vom nordrhein-westfälischen Sicherheitsgesetzgeber vorgenommene Ausdehnung des Anwendungsbereichs einer EAÜ außerhalb der Führungsaufsicht nach § 68b StGB ist beispiellos und **findet im Polizei- und Sicherheitsrecht der übrigen Bundesländer kein Pendant** (vgl. Thiel GSZ 2019, 1 (7), der betont, dass der nordrhein-westfälische Gesetzgeber mit dieser Regelung „Neuland" betreten habe). Sie ist in dieser Weite nicht nur **rechtspolitisch zweifelhaft** (krit. insoweit schon Pollähne CILIP 112 (2017), 20 (30): „Aus der – bisher auch empirisch – seltenen Ausnahmemaßregel würde ein Standardinstrument"; Nobis StV 2018, 453 (459): „Und warum […] wollen wir eigentlich nur Terroristen und nicht allen Personen mit radikalen politischen Ansichten elektronische Fußfesseln anlegen?"), sondern zum Teil auch normtechnisch missraten (→ Rn. 17 ff.).

17   **a) Abwehr einer Gefahr für die sexuelle Selbstbestimmung.** Nach § 34c Abs. 2 S. 1 Nr. 1 kommt eine EAÜ außerhalb des terroristischen Bereichs auch zur Abwehr einer Gefahr für die sexuelle Selbstbestimmung in den Fällen der §§ 174–178, 182 StGB in Betracht. Diese Regelung, die in ihrer endgültigen Fassung auf eine Empfehlung des Innenausschusses zurückgeht (LT-Drs. 17/4525, 14), ist **normtechnisch verunglückt:** Mit dem Erfordernis „zur Abwehr einer Gefahr" verweist der Normgeber dem Wortlaut nach auf § 8 Abs. 1 und setzt damit eine in einem einzelnen Falle bestehende, **konkrete Gefahr** voraus (vgl. v. Coelln, Stellungnahme 17/935, 5; Arzt, Stellungnahme 17/936, 24; → § 34b Rn. 26). Dies dürfte, wenngleich die Gesetzgebungsmaterialien in dieser Hinsicht unergiebig sind (vgl. LT-Drs. 17/2351, 40), kaum seiner Regelungsintention entsprochen haben, da eine EAÜ bei einem Zuwarten auf das Erreichen der Schwelle einer konkreten Rechtsgutsgefährdung regelmäßig zu spät käme (keine Probleme mit dieser Auslegung sieht indes Thiel, Stellungnahme 17/944, 6 sowie der Abschlussbericht der PAG-Kommission zur Begleitung des neuen bayerischen Polizeiaufgabengesetzes v. 30.8.2019, 73). Mit der Formulierung „[d]ie Befugnis gemäß Absatz 1" hat der Gesetzgeber eine bloße Rechtsfolgenverweisung kreiert, vermutlich aber eine Rechtsgrundverweisung insinuiert und eigentlich gemeint, dass die Polizei „unter den Voraussetzungen des Abs. 1" (vgl. die Technik bei § 34b Abs. 1 S. 2, → § 34b Rn. 42) auch zur Verhütung einer Gefahr für die sexuelle Selbstbestimmung eine EAÜ anordnen darf. Er wollte mit anderen Worten die finale Programmierung des Tatbestands (→ Rn. 15) auswechseln, an dessen Voraussetzungen aber im Übrigen nichts ändern.

17.1   Diese Intention kam in der **ursprünglichen Fassung des Tatbestands** in § 34c Abs. 2 PolG NRW-E noch deutlich besser zum Ausdruck, wenngleich auch dieser kaum subsumtionsfähig erschien: „Soweit die Voraussetzungen des § 8 Absatz 5 Satz 1 Nummer 1 bis 3 [drohende terroristische Gefahr] nicht gegeben sind, darf die Polizei die dafür verantwortliche Person **nach Absatz 1 nur verpflichten**, wenn sich die Gefahr im Sinne des § 8 auf eine Straftat gemäß §§ 174 bis 178, 182 oder 238 des Strafgesetzbuchs oder auf Fälle des § 34a dieses Gesetzes bezieht und Erkenntnisse vorliegen, dass die Abwehr der Gefahr durch anderweitige Maßnahmen nach diesem oder einem anderen Gesetz aussichtslos oder wesentlich erschwert wäre" (vgl. LT-Drs. 17/2351, 18 f.).

18   Unter Berücksichtigung des nicht eindeutigen gesetzgeberischen Willens kann die Vorschrift nicht so interpretiert werden, dass sie bereits im Vorfeld einer konkreten Gefahr iSd § 8 Abs. 1 zur Anwendung gelangt. Dies wäre eine Auslegung gegen den Gesetzeswortlaut und liefe letztlich auf eine Analogie zum Nachteil des Rechtsunterworfenen hinaus (zum Analogieverbot im Öffentlichen Recht allgemein Bach, Das Analogieverbot im Verwaltungsrecht, 2011; Beaucamp AöR 134 (2009), 83 ff.). In seiner gegenwärtigen Fassung ist § 34c Abs. 2 S. 1 Nr. 1 daher auf eine konkrete Gefahr beschränkt und insofern **rechtspraktisch unanwendbar.**

b) Verhütung von Straftaten nach § 238 StGB. Gemäß § 34c Abs. 2 S. 1 Nr. 2 kann **19** die Polizei eine EAÜ auch dann anordnen, wenn eine Person nach polizeilichen Erkenntnissen bereits eine Straftat nach § 238 StGB (Nachstellung) begangen hat und bestimmte Tatsachen die Annahme rechtfertigen, dass sie weitere Straftaten nach § 238 StGB begehen wird. Die Tatbestandsvariante lässt eine EAÜ im Vorfeld einer konkreten Gefahr zu. Sie verknüpft dabei die Elemente eines personen- und eines situationsbezogenen Gefahrenverdachts (→ Rn. 15), indem sie einerseits polizeiliche Erkenntnisse verlangt, dass die Person bereits eine Straftat nach § 238 StGB begangen hat (eine **strafgerichtliche Verurteilung** ist nach dem Wortlaut der Norm anders als bei § 68b Abs. 1 S. 1 Nr. 12 StGB **nicht erforderlich**) und bestimmte Tatsachen darüber hinaus die Annahme rechtfertigen, dass sie weitere Straftaten nach § 238 StGB begehen wird. Aus Wortlaut und Systematik der Norm wird dabei deutlich, dass die „bestimmten Tatsachen", die die Annahme weiterer Taten iSd § 238 StGB rechtfertigen müssen, nicht deckungsgleich mit den „polizeilichen Erkenntnissen" über eine begangene Tat iSd § 238 StGB sein können, mit anderen Worten eine in der Vergangenheit begangene Nachstellung nicht schon als solche ein ausreichendes Indiz für zukünftige gleichartige Taten liefert.

Der Gesetzgeber hat hier sog. **High-Risk-Fälle** vor Augen. Um einen solchen soll es **20** sich handeln, wenn die Umstände des Falles und/oder die vorliegenden Erkenntnisse über die beteiligten Personen zu der begründeten Annahme führen, dass trotz anderweitig getroffener Maßnahmen die Gefahr fortbesteht, dh ein Gefährdungsüberhang festgestellt werden kann (vgl. LT-Drs. 17/2351, 41). Ein solcher soll sich im Bereich des Stalkings ergeben, wenn bei einer gewalttätigen Person ein Wohnungsverweis, Rückkehr- bzw. Annäherungsverbot oder eine temporäre Ingewahrsamnahme nicht zum Erfolg geführt haben. Kriterien zur Beurteilung des Gefährdungsüberhangs sollen sich unter anderem aus einer Einschätzung der Persönlichkeit des Gefährders, seiner Lebensumstände und Eingebundenheit in soziale Kontrollsysteme (zB seine berufliche Tätigkeit) sowie seinen tatsächlichen Möglichkeiten zur Tatbegehung ergeben.

c) Durchsetzung von Wohnungsverweisung und Rückkehrverbot. Nach § 34c **21** Abs. 2 S. 2 kommt eine EAÜ schließlich zur Durchsetzung einer Wohnungsverweisung mit Rückkehrverbot gemäß § 34a in Betracht. Voraussetzung ist, dass eine Überwachung der Befolgung dieser Maßnahmen auf andere Weise, namentlich durch eine Vor-Ort-Kontrolle iSd § 34a Abs. 7 (→ § 34a Rn. 56), nicht möglich oder wesentlich erschwert ist. Dass die EAÜ gegenüber persönlichen Kontrollen effektiver sein mag, reicht demgegenüber im Kontext des § 34c Abs. 2 S. 2 genauso wenig aus wie Erwägungen der Verwaltungsvereinfachung oder eines allfälligen Personalmangels der Polizei.

II. Richtiger Adressat

§ 34c Abs. 1 und Abs. 2 regeln speziell und **abschließend,** wer möglicher Adressat einer **22** EAÜ sein kann (vgl. Shirvani DVBl 2018, 1393 (1397) mit Blick auf § 56 BKAG). Die Bestimmungen enthalten **Sonderregelungen der Verhaltensverantwortlichkeit** iSd § 4 Abs. 4, denn die allgemeinen Bestimmungen über den Maßnahmeadressaten können schon aufgrund der Vorfeldrichtung der EAÜ nicht zur Anwendung kommen (→ § 4 Rn. 41). Richtiger Adressat ist somit die Person,

- bei der bestimmte Tatsachen die Annahme rechtfertigen, dass sie innerhalb eines übersehbaren Zeitraums auf eine zumindest ihrer Art nach konkretisierte terroristische Straftat begehen wird (§ 34c Abs. 1 Nr. 1),
- deren individuelles Verhalten eine konkrete Wahrscheinlichkeit dafür begründet, dass sie innerhalb eines übersehbaren Zeitraums eine terroristische Straftat begehen wird (§ 34c Abs. 1 Nr. 2),
- die nach polizeilichen Erkenntnissen bereits eine Straftat nach § 238 StGB begangen hat und bestimmte Tatsachen die Annahme rechtfertigen, dass sie weitere gleichartige Straftaten begehen wird (§ 34c Abs. 2 S. 1 Nr. 2) sowie
- der Adressat einer bereits ergangenen Wohnungsverweisung mit Rückkehrverbot (§ 34c Abs. 2 S. 2).

Lediglich bei § 34c Abs. 2 S. 1 Nr. 1 ist unklar, wer Adressat einer EAÜ in diesem Fall sein **23** soll. Das hängt mit den normtechnischen Unzulänglichkeiten dieser Tatbestandsvariante im Übrigen zusammen (→ Rn. 17 f.).

III. Vorgaben für die Datenverarbeitung (Abs. 3)

24   § 34c Abs. 3 enthält Regelungen über die Datenverarbeitung. Er entspricht weitgehend wörtlich § 56 Abs. 2 BKAG, der sich wiederum an der entsprechenden Regelung im Kontext der Führungsaufsicht (§ 463a StPO) orientiert. Die Verarbeitung umfasst dabei grundsätzlich alle Aufenthaltsdaten einschließlich der Daten über eine Beeinträchtigung der Datenerhebung. Dieser **umfassende Ansatz** ist erforderlich, um sämtliche der in S. 9 Nr. 1–5 vorgesehenen Verwendungszwecke erfüllen und die mit der Überwachung angestrebten Wirkungen erreichen zu können. Der Befugnis zur Erhebung von Daten über etwaige Beeinträchtigungen bei der Datenerhebung bedarf es nicht nur für eine effektive Gefahrenabwehr, sondern auch, um davon unabhängige Funktionsbeeinträchtigungen erkennen zu können, die zB eine Reparatur der vom Betroffenen mitgeführten Geräte erfordern (vgl. LT-Drs. 17/2351, 41).

25   Die Datenerhebung und -speicherung hat nach § 34c Abs. 3 S. 1 **„automatisiert"** zu erfolgen. Dadurch soll sichergestellt werden, dass die Einhaltung der unterschiedlichen Verwendungszwecke erfolgt und die Polizei grundsätzlich nur die Daten zur Kenntnis nehmen kann, die für die Erfüllung dieser Zwecke erforderlich sind (vgl. LT-Drs. 17/2351, 41).

26   Die Regelungen in Abs. 3 S. 2–8 sollen einen **abgestuften Schutz** der Unverletzlichkeit der Wohnung sowie des Kernbereichs privater Lebensgestaltung sicherstellen (LT-Drs. 17/2351, 41): Soweit dies technisch möglich ist, dürfen Aufenthaltsdaten, die über den Umstand der schlichten Anwesenheit einer Person in ihrer Wohnung hinausgehen, **gar nicht erst erhoben werden** (S. 2). Sollte dies technisch nicht möglich sein, dürfen diese Daten **jedenfalls nicht verwertet werden** (S. 3). Entsprechendes gilt nach S. 4, soweit durch die Datenerhebung der Kernbereich privater Lebensgestaltung betroffen ist. Die Daten sind **unverzüglich zu löschen,** sobald eine Kenntnisnahme erfolgt ist (S. 5), wobei die Tatsache ihrer Kenntnisnahme und Löschung **zu dokumentieren** ist (S. 6). Diese Dokumentation darf ausschließlich für Zwecke der Datenschutzkontrolle verwendet werden (S. 7). Die Dokumentation ist frühestens nach Abschluss der Datenschutzkontrolle und spätestens nach vierundzwanzig Monaten zu löschen (S. 8).

27   § 34c Abs. 3 S. 9 regelt, zu welchen Zwecken die Daten ohne Einwilligung der betroffenen Person verarbeitet werden dürfen, und enthält damit Vorgaben über die notwendige **Zweckbindung** und zulässige **Zweckänderung:**

27.1   • **Nr. 1** gestattet die Verwendung **zur Verhinderung der Begehung oder der Fortsetzung** sowie zur **Verfolgung von Straftaten von erheblicher Bedeutung** durch die betroffene Person. Die Vorschrift ist auch insoweit **kompetenzgemäß,** als sie eine Datenverarbeitung „zur Verfolgung von Straftaten" gestattet. Hierin liegt – nach dem Bild der Doppeltür (vgl. BVerfGE 130, 151 (184) = NJW 2012, 1419; BVerfGE 141, 220 Rn. 305 = NJW 2016, 1781) – **lediglich die Öffnung der ersten Tür** für die weitere Datennutzung, nicht aber schon die abschließende Ermächtigung zu einer weiteren Nutzung. Die Öffnung der zweiten Tür und damit die letztlich maßgebliche Entscheidung über die nähere Nutzung dieser Erkenntnisse zu weiteren Zwecken bedarf eigener Vorschriften nach Maßgabe der hierfür geltenden Kompetenzen (vgl. BVerfGE 113, 348 (368) = NJW 2005, 2603; BVerfGE 125, 260 (314 f.) = NJW 2010, 833; BVerfGE 130, 151 (185 f.) = NJW 2012, 1419; BVerfGE 141, 220 Rn. 305 = NJW 2016, 1781; BVerfGE 150, 244 Rn. 80 = NJW 2019, 827). Soweit es um die Nutzung der Erkenntnisse zur Strafverfolgung geht, ist hierfür der Bund (Art. 74 Abs. 1 Nr. 1 Var. 4 GG: „gerichtliches Verfahren") zuständig.

27.2   • Nach **Nr. 2** dürfen die Daten auch **zur Feststellung von Verstößen gegen gefahrenabwehrrechtliche Aufenthalts- und Kontaktvorgaben** nach § 34b verwendet werden. Darin dürfte in der Praxis ein Hauptanwendungsfeld des Einsatzes einer EAÜ zu sehen sein.

27.3   • Darüber hinaus gestattet **Nr. 3** die Nutzung der Daten auch zur **Verfolgung einer Straftat nach § 34d,** die den Verstoß gegen die Verpflichtung, die technischen Mittel ständig bei sich zu führen, unter Strafe stellt. Die Datenverarbeitung ist auch in dieser Variante kompetenzgemäß (→ Rn. 27.1).

27.4   • Nach **Nr. 4** dürfen die Daten auch **zur Abwehr einer erheblichen gegenwärtigen Gefahr für Leib, Leben oder Freiheit einer Person,** dh einer dritten Person oder des Betroffenen selbst (vgl. LT-Drs. 17/2351, 41), verwendet werden. Darin liegt eine Nutzung der Daten zu anderen Zwecken als denen der ursprünglichen Datenerhebung (**Zweckänderung**), die spezifischen verfassungsrechtlichen Rechtfertigungsvoraussetzungen unterliegt (vgl. BVerfGE 141, 220 Rn. 284 ff. = NJW 2016, 1781 mwN). Der Gesetzgeber hat vornehmlich sicherzustellen, dass dem Eingriffsgewicht der Datenerhebung auch hinsichtlich der neuen Nutzung Rechnung getragen wird (vgl. BVerfGE 100, 313 (389 f.) =

NJW 2000, 55; BVerfGE 109, 279 (377) = NJW 2004, 999; BVerfGE 120, 351 (369) = NJW 2008, 2099; BVerfGE 130, 1 (33 f.) = NJW 2012, 907; BVerfGE 133, 277 Rn. 225 = NJW 2013, 1499), denn die Ermächtigung zu einer Nutzung von Daten zu neuen Zwecken begründet einen neuen Eingriff in das Grundrecht, in das durch die Datenerhebung eingegriffen wurde. Voraussetzung für eine Zweckänderung ist danach jedenfalls, dass die neue Nutzung der Daten dem Schutz von Rechtsgütern oder der Aufdeckung von Straftaten eines solchen Gewichts dient, die verfassungsrechtlich ihre Neuerhebung mit vergleichbar schwerwiegenden Mitteln rechtfertigen könnten (vgl. BVerfGE 100, 313 (389 f.) = NJW 2000, 55; BVerfGE 109, 279 (377) = NJW 2004, 999; BVerfGE 110, 33 (73) = NJW 2004, 2213; BVerfGE 120, 351 (369) = NJW 2008, 2099; BVerfGE 130, 1 (34) = NJW 2012, 907; BVerfGE 141, 220 Rn. 288 = NJW 2016, 1781). Dies wird gesetzestechnisch vorliegend durch die **doppelt qualifizierte Beschränkung der Gefahrenlage** im Hinblick auf die abschließend genannten, hochrangigen Individualrechtsgüter Leib, Leben und Freiheit der Person sowie die Schadensnähe gewährleistet. Dürften die erhobenen Aufenthaltsdaten nicht zur Verhinderung erheblicher Straftaten, insbesondere von schweren Gewaltstraftaten gegen höchstpersönliche Rechtsgüter, weiter genutzt werden, drohte nach Ansicht des Landesgesetzgebers ein erheblicher Vertrauensverlust in die Funktionsfähigkeit der Polizei und damit der staatlichen Institutionen insgesamt (vgl. LT-Drs. 17/2351, 42). Diese Zweckänderung ist **verfassungsrechtlich zulässig.**

- Schließlich dürfen die Daten gem. **Nr. 5** auch **zur Aufrechterhaltung der Funktionsfähigkeit** **27.5** **der technischen Mittel** verwendet werden. Die Regelung gestattet die Verwendung von Daten, die auf eine nicht vom Betroffenen zu vertretende Funktionsbeeinträchtigung hinweisen, um diese – zB durch Austausch der vom Betroffenen mitgeführten Geräte – beseitigen zu können. Die Überprüfung der Funktionsfähigkeit der eingesetzten Geräte ist Grundvoraussetzung für eine Nutzung der Daten nach Nr. 1–4 (vgl. LT-Drs. 17/2351, 42).

Im Rückschluss aus S. 9 folgt zudem, dass die erhobenen Daten über die in Nr. 1–5 **28** genannten Fälle hinaus **mit Einwilligung der betroffenen Person** auch für sonstige Zwecke verwendet werden dürfen. In Betracht kommt etwa eine Verwendung zur Aufklärung anderer Straftaten (LT-Drs. 17/2351, 43).

Gemäß S. 10 sind die nach S. 1 erhobenen und gespeicherten Daten gegen unbefugte **29** Kenntnisnahme **besonders zu sichern,** um eine Einhaltung der Zweckbindung nach S. 9 zu gewährleisten. Dabei gibt die Regelung vor, dass die Verarbeitung der Daten **automatisiert** zu erfolgen hat. Die Vorschrift wiederholt damit die in S. 1 enthaltene Pflicht zur automatisierten Datenverarbeitung. Durch die automatisierte Verarbeitung kann sichergestellt werden, dass die Polizei nur in dem für die Erfüllung der Zwecke nach S. 9 Nr. 1–5 erforderlichen Umfang Kenntnis von den Daten erhält (LT-Drs. 17/2351, 43). Die besondere Sicherung der Daten hat nach den Vorgaben der Umsetzung des Art. 29 JI-RL (RL (EU) 2016/680 v. 27.4.2016, ABl. 2016 L 119, 89) zu erfolgen.

IV. Löschungs- und Protokollierungspflicht (Abs. 4, Abs. 5)

§ 34c Abs. 4 normiert eine Höchstfrist für die Löschung der erhobenen Standortdaten. **30** Diese sind **spätestens zwei Monate nach Beendigung der Maßnahme** zu löschen, soweit sie nicht für die in Abs. 3 S. 9 genannten Zwecke (→ Rn. 27.1 ff.) verwendet werden. Die Dauer von zwei Monaten hält der Gesetzgeber für ebenso erforderlich wie ausreichend, um klären zu können, ob die Daten für die in Abs. 3 S. 9 genannten Zwecke noch benötigt werden (LT-Drs. 17/2351, 43). Nach Ablauf der Frist von zwei Monaten ist eine weitere Speicherung oder Verwendung der Daten unzulässig, sofern diese zu diesem Zeitpunkt nicht bereits für einen der genannten Zwecke verwendet werden. Daten, die für die Zwecke nach Abs. 3 S. 9 Nr. 1–5 benötigt werden, können über den Zeitraum von zwei Monaten hinaus gespeichert bleiben und für diese Zwecke (weiter) verwendet werden. Die weitere Verarbeitung richtet sich dann nach den allgemeinen Grundsätzen, unter anderem nach dem Grundsatz der hypothetischen Datenneuerhebung (→ Rn. 27.4).

Gemäß § 34c Abs. 5 ist jeder Datenabruf unter Beachtung von § 55 DSG NRW zu **31** protokollieren. Nach § 55 Abs. 1 DSG NRW, der Art. 25 Abs. 1 JI-RL in Landesrecht überführt, sind in automatisierten Verarbeitungssystemen mindestens die Vorgänge der **Erhebung, Veränderung, Abfrage, Offenlegung einschließlich Übermittlung, Kombination und Löschung der Daten** durch die Verantwortlichen **zu protokollieren.** Die Protokolle über Abfragen und Offenlegungen müssen es ermöglichen, die Begründung, das Datum und die Uhrzeit dieser Vorgänge und so weit wie möglich die Identität der Person, die die personenbezogenen Daten abgefragt oder offengelegt hat, sowie die Identität des Empfängers der Daten festzustellen (§ 55 Abs. 2 DSG NRW). Hierdurch soll eine nachträgliche Kontrolle ermöglicht werden, ob sich Kenntnisnahme und Verwendung der Daten im Rahmen der Zweckbindung nach Abs. 3 S. 9 bewegt haben und durch eine berechtigte Person erfolgt sind (LT-Drs. 17/2351, 43).

32   Die Protokolldaten sind nach § 34c Abs. 5 S. 2 **spätestens nach 24 Monaten** zu löschen. Dabei handelt es sich um eine durch die Rechtsprechung des BVerfG zum BKAG veranlasste Sonderregelung gegenüber § 55 Abs. 4 DSG NRW (Löschung am Ende des auf deren Generierung folgenden Jahres). Die 24monatige Löschungsfrist ist im Vergleich mit dem für verfassungswidrig erklären § 20h Abs. 5 S. 10 BKAG 1997 (Ende des Kalenderjahres, das dem Jahr der Dokumentation der Löschung folgt) zeitlich so bemessen, dass während der Aufbewahrungszeit der Löschungsprotokolle typischerweise mit einer Kontrolle durch den Landesdatenschutzbeauftragten oder durch die Betroffenen gerechnet werden kann und die Protokollierung der Löschung somit nicht von vornherein ihren Sinn einbüßt (vgl. BVerfGE 141, 220 Rn. 205 = NJW 2016, 1781 mwN).

V. Antrags- und Anordnungskompetenz, Anordnungsverfahren (Abs. 6, Abs. 7)

33   § 34c Abs. 6 S. 1 enthält Regelungen zur Antrags- (**Behördenleitervorbehalt**) und Anordnungskompetenz (**Richtervorbehalt,** → Rn. 34). Für das Verfahren gilt gem. § 34c Abs. 6 S. 2 das Verfahren in Freiheitsentziehungssachen entsprechend, wie es im Buch 7 des FamFG (§ 23a Abs. 2 Nr. 6 GVG iVm §§ 415–432 FamFG) geregelt ist. Es handelt sich um eine **abdrängende Sonderzuweisung** iSd § 40 Abs. 1 S. 1 Hs. 2 VwGO (→ § 34b Rn. 45). Lediglich bei **Gefahr im Verzug** kann die Anordnung gemäß § 34c Abs. 6 S. 3 durch die zuständige Behördenleiterin oder den Behördenleiter oder deren Vertretung getroffen werden. Auch diesbezüglich sowie hinsichtlich Form und Inhalt von Antrag der Anordnung entsprechen § 34c Abs. 6 und Abs. 7 den Regelungen in § 34b Abs. 2–4, sodass auf die Kommentierung dort verwiesen werden kann (→ § 34b Rn. 43 ff.).

34   Der **Richtervorbehalt** ist aus grundrechtlicher Sicht zwar nicht ausdrücklich veranlasst; weder Art. 13 Abs. 2–4 GG noch Art. 104 Abs. 2 GG fordern einen solchen für die EAÜ (→ Rn. 12). Allerdings kann sich das Erfordernis einer vorherigen Kontrolle durch eine unabhängige Stelle, etwa in Form einer richterlichen Anordnung, nach verfassungsgerichtlicher Rechtsprechung auch **unmittelbar aus dem Verhältnismäßigkeitsgrundsatz** ergeben (vgl. BVerfGE 120, 274 (331 ff.) = NJW 2008, 822; BVerfGE 125, 260 (337 ff.) = NJW 2010, 833; BVerfGE 141, 220 Rn. 117 = NJW 2016, 1781). Dies gilt namentlich im Blick auf eingriffsintensive Überwachungs- und Ermittlungsmaßnahmen, bei denen damit zu rechnen ist, dass sie auch höchstprivate Informationen erfassen und gegenüber den Betroffenen heimlich durchgeführt werden (vgl. EGMR Urt. v. 6.9.1978 – 5029/71 Rn. 56 – Klass und andere / Deutschland; BeckRS 2016, 21494 Rn. 258, 275 – Zakharov / Russland; BeckRS 2016, 21495 Rn. 77 – Szabó und Vissy / Ungarn). Die EAÜ nach § 34c ist als **offene Maßnahme** ausgestaltet, die den Standortdaten der betreffenden Person erhebt und so die Erstellung eines **Bewegungsprofils** gestattet, im Übrigen jedoch von der Erhebung und weiteren Verarbeitung höchstprivater Daten Abstand nimmt. Ob der Richtervorbehalt für die EAÜ hiernach verfassungsrechtlich geboten ist, erscheint nicht ganz klar. Seine Verankerung in § 34c Abs. 6 S. 1 ist aus grundrechtlicher Perspektive, namentlich aus Gründen der Verhältnismäßigkeit, allerdings in jedem Fall **verfassungsrechtlich zu begrüßen** (wie hier Guckelberger DVBl 2017, 1121 (1129)).

VI. Anordnung der sofortigen Vollziehung, Befristung (Abs. 8)

35   § 34c Abs. 8 S. 1 erklärt die Anordnung der Aufenthaltsüberwachung für sofort vollziehbar. Dies gilt sowohl für die **gerichtliche** (Regelfall, § 34c Abs. 6 S. 1) als auch für die **behördliche Anordnung** einer EAÜ (Ausnahmefall, § 34c Abs. 6 S. 3).

36   Soweit es um die selbständige behördliche Verfügung wegen Gefahr im Verzug nach § 34c Abs. 6 S. 3 geht, handelt sich dabei um den seltenen Fall eines **landesgesetzlichen Ausschlusses der aufschiebenden Wirkung iSd § 80 Abs. 2 S. 1 Nr. 3 Alt. 2 VwGO.** Die Öffnungsklausel des § 80 Abs. 2 S. 1 Nr. 3 Alt. 2 VwGO ermöglicht es dem Landesgesetzgeber, auch außerhalb des Verwaltungsvollstreckungsrechts für das Landesrecht die aufschie-

bende Wirkung von Rechtsbehelfen auszuschließen. Davon ist indes bislang nur vereinzelt Gebrauch gemacht worden. Ein Fall des § 80 Abs. 2 S. 1 Nr. 2 VwGO (Unaufschiebbare Anordnungen und Maßnahmen von Polizeivollzugsbeamten) liegt im Fall der EAÜ schon deshalb nicht vor, weil diese bei formaler Betrachtung durch den Richter angeordnet wird und bei einer schriftlich erlassenen bzw. – wie hier – schriftlich zu erlassenden (vgl. § 34c Abs. 7 S. 1) Polizeiverfügung eine widerlegbare Vermutung gegen eine unaufschiebbare Anordnung spricht (vgl. VG Frankfurt a. M. NVwZ 1990, 1100 (1101)).

§ 80 Abs. 2 S. 1 Nr. 3 Alt. 2 VwGO setzt ein **förmliches Gesetz** voraus, das die aufschiebende **36.1** Wirkung von Widerspruch und Anfechtungsklage (§ 80 Abs. 1 S. 1 VwGO) **ausdrücklich und eindeutig** ausschließt. Demgegenüber enthält § 80 Abs. 2 S. 1 Nr. 3 Alt. 2 VwGO keine abschließende Auflistung der Rechtsfelder, in denen der Landesgesetzgeber die aufschiebende Wirkung von Rechtsbehelfen entfallen lassen kann. Auch fungieren die in § 80 Abs. 2 S. 1 Nr. 3 Alt. 2 VwGO genannten Bereiche (Investitions- oder Arbeitsplatzförderungs-Verwaltungsakte) nicht als Regelbeispiele, an denen sich der Landesgesetzgeber bei Schaffung von Ausnahmetatbeständen orientieren müsste (vgl. BeckOK VwGO/Gersdorf VwGO § 80 Rn. 63). Diesen Anforderungen wird § 34c Abs. 8 S. 1 gerecht.

§ 34c Abs. 8 S. 1 sieht eine **Befristung der Anordnung** auf höchstens drei Monate vor; **37** eine (ggf. wiederholte) Verlängerung ist zulässig, soweit die Anordnungsvoraussetzungen fortbestehen (S. 2); entfallen die Anordnungsvoraussetzungen, ist die Maßnahme unverzüglich zu beenden (S. 3). Die Regelung der zeitlichen Dauer in § 34c Abs. 8 S. 1–3 trägt dem verfassungsrechtlichen Übermaßverbot Rechnung und entspricht annähernd wörtlich § 34b Abs. 5 S. 3 und S. 4, sodass auf die entsprechende Kommentierung verwiesen werden kann (→ § 34b Rn. 33).

VII. Unterrichtungspflicht (Abs. 9)

Nach § 34c Abs. 9 hat die Landesregierung den Landtag jährlich über Maßnahmen der **38** EAÜ nach Abs. 1 und Abs. 2 zu unterrichten. Die Vorschrift stellt somit eine zusätzliche parlamentarische Kontrolle sicher. Eine solche findet sich in den Parallelnormen auf landesrechtlicher Ebene nicht (vgl. § 27c BWPolG; Art. 34 BayPAG; § 31a HSOG; § 67a SOG M-V; § 17c NPOG; § 36c SOG LSA). Eine entsprechende Regelung ist bislang lediglich in **§ 88 BKAG** statuiert, wonach das Bundeskriminalamt dem Bundesministerium des Innern alle zwei Jahre insbesondere über die Ausübung seiner Befugnisse zur Abwehr von Gefahren des internationalen Terrorismus (§§ 38–62 BKAG) sowie über Datenübermittlungen gem. § 27 BKAG berichtet (SGR/Ruthig BKAG § 88 Rn. 1 ff.). Das Bundesministerium des Innern leitet diese Unterrichtung der Bundesregierung und dem Deutschen Bundestag innerhalb von zwei Monaten zu (§ 88 S. 2 BKAG).

Die Berichtspflicht gegenüber Parlament und Öffentlichkeit geht auf das **Urteil des** **39** **BVerfG zum BKAG** zurück (vgl. BVerfGE 141, 220 Rn. 142 ff. = NJW 2016, 1781). Danach handelt es sich bei der Berichtspflicht um eine verfahrensbezogene Ausprägung des Verhältnismäßigkeitsgrundsatzes, die das BVerfG allerdings ausschließlich auf die Durchführung von heimlichen Überwachungsmaßnahmen bezogen hat, die der Wahrnehmung des Betroffenen und der Öffentlichkeit grundsätzlich entzogen sind. Hier dient die Berichtspflicht als Kompensation für den typischerweise schwach ausgestalteten subjektiven Rechtsschutz (vgl. BVerfGE 141, 220 Rn. 141 = NJW 2016, 1781). Wie schon der Bundesgesetzgeber, der die Berichtspflicht in § 88 BKAG unterschiedslos für sämtliche, dh heimliche wie offene, aktionelle wie informationelle Maßnahmen der Terrorismusbekämpfung verankerte, **geht der nordrhein-westfälische Gesetzgeber** mit der Unterrichtungspflicht in § 34c Abs. 9 **über die verfassungsgerichtlichen Anforderungen hinaus** und strikt diese zudem **engmaschiger** als § 88 BKAG (jährlich statt alle zwei Jahre). Beides ist rechtlich unschädlich und im Interesse einer zusätzlichen parlamentarischen Kontrolle der EAÜ zu begrüßen.

VIII. Evaluations- und Verfallsklausel (Abs. 10)

Ebenfalls ohne Vorbild auf Bundes- oder Landesebene ist § 34c Abs. 10. Dieser normiert in **40** S. 1 zunächst eine Evaluierungspflicht der Landesregierung, wie sie im sicherheitsrechtlichen Bereich durchaus üblich geworden ist (eingehend dazu die Beiträge in: Gusy (Hrsg.), Evaluation von Sicherheitsgesetzen, 2015) und in den Stellungnahmen zur Gesetzesberatung nachdrücklich gefordert worden war (vgl. Gusy, Stellungnahme 17/630, 10: „dringend erwünscht"). Die Pflicht, dem Landtag Bericht über das Ergebnis der einmalig zum 31.12.2022 durchzuführenden Evaluation zu erstatten, ist dabei von der im Jahresturnus stattfindenden Berichtspflicht nach § 34c Abs. 9 (→ Rn. 38 f.) zu unterscheiden.

41   Einen eigenen Weg geht der Sicherheitsgesetzgeber in Nordrhein-Westfalen auch mit der in Abs. 10 S. 2 enthaltenen Verfallsklausel (**sunset clause**), nach der § 34c am 31.12.2023 nach heutigem Stand außer Kraft treten soll.

C. Rechtsschutz

42   Statthafter Rechtsbehelf gegen die amtsgerichtliche Anordnung (§ 34c Abs. 6 S. 1) oder Bestätigung (§ 34b Abs. 6 S. 4) einer EAÜ ist die **Beschwerde** nach §§ 58 ff. FamFG. Auf die Ausführungen zur Aufenthaltsvorgabe kann insoweit verwiesen werden (→ § 34b Rn. 49 f.). Zu berücksichtigen ist jedoch, dass § 34c Abs. 8 S. 1 die gerichtliche Anordnung der Aufenthaltsüberwachung für sofort vollziehbar erklärt (→ Rn. 35), die Einlegung einer Beschwerde jedoch keine aufschiebende Wirkung entfaltet. Der Betroffene muss daher einen **Antrag auf Aussetzung der Vollziehung** des angefochtenen Beschlusses nach § 64 Abs. 3 FamFG stellen.

43   Im Fall des hiervon zu unterscheidenden **verwaltungsgerichtlichen Rechtsschutzes** gegen eine selbstständige behördliche Anordnung wegen Gefahr im Verzug gem. § 34c Abs. 6 S. 3 (→ § 34b Rn. 50), bei der es sich um einen belastenden Verwaltungsakt iSd § 35 S. 1 VwVfG. NRW. handelt (→ § 34b Rn. 50), ist wiederum zu beachten, dass § 34c Abs. 8 S. 1 die Anordnung der Aufenthaltsüberwachung für sofort vollziehbar erklärt. Eine – ohnehin nur theoretisch mögliche – Anfechtungsklage entfaltet mithin keine aufschiebende Wirkung (→ Rn. 35). Verwaltungsgerichtlicher Rechtsschutz ist daher über einen **Antrag auf Anordnung der aufschiebenden Wirkung gem. § 80 Abs. 5 S. 1 Alt. 1 VwGO** sowie – infolge der regelmäßig kurzfristig eintretenden Erledigung der selbstständigen behördlichen Anordnung (→ § 34b Rn. 50) – über eine **Fortsetzungsfeststellungsklage analog § 113 Abs. 1 S. 4 VwGO** zu suchen.

44   Wendet sich der Betroffene gegen **Maßnahmen der Datenverarbeitung** gem. § 34c Abs. 3–5, bei denen es sich um Verwaltungsrealakte handelt, kommen als statthafte Klageart die allgemeine Leistungsklage in Form der Unterlassungsklage sowie – alternativ – eine (negative) Feststellungsklage nach § 43 Abs. 1 VwGO in Betracht.

§ 34d Strafvorschrift

(1) Mit Freiheitsstrafe bis zu zwei Jahren oder mit Geldstrafe wird bestraft, wer
1. einer vollstreckbaren gerichtlichen Anordnung nach § 34b Absatz 2 Satz 1 oder einer vollziehbaren Anordnung nach § 34b Absatz 2 Satz 3 zuwiderhandelt und dadurch den Zweck der Anordnung gefährdet oder
2. einer vollstreckbaren gerichtlichen Anordnung nach § 34c Absatz 6 Satz 1 oder einer vollziehbaren Anordnung nach § 34c Absatz 6 Satz 2 zuwiderhandelt und dadurch die kontinuierliche Feststellung seines Aufenthaltsortes durch die Polizei verhindert.

(2) Die Tat wird nur auf Antrag der Polizeibehörde verfolgt, welche die Maßnahme angeordnet oder beantragt hat.

Überblick

Der polizeigesetzliche Straftatbestand knüpft an eine gerichtliche oder behördliche Anordnung nach § 34b oder § 34c an und dient der effektiven Durchsetzung der Anordnung von Aufenthaltsvorgaben, Kontaktverboten oder einer Elektronischen Aufenthaltsüberwachung. § 34d stellt dem Präventionsansatz des § 35 Abs. 1 Nr. 6 (Ingewahrsamnahme zur Durchsetzung dieser Maßnahmen, → § 35 Rn. 58 f.) einen Pönalisierungsansatz an die Seite, wie er sich mittlerweile in der ein oder anderen Form in zahlreichen Bundesländern sowie auf Bundesebene (§ 87 BKAG) findet (→ Rn. 2). Als landesstrafrechtliche Regelung begründet er einen Fremdkörper im Recht der präventiv-polizeilichen Gefahrenabwehr (→ Rn. 3 f.). Landesstrafrecht wirft in besonderem Maße Fragen der Vereinbarkeit mit höherrangigem Bundesrecht auf (→ Rn. 5 ff.). § 34d normiert ein eigenhändiges echtes Sonderdelikt (→ Rn. 12), das sich in seinen beiden Tatbestandsalternativen in ein konkretes Gefährdungsdelikt (Abs. 1 Nr. 1, → Rn. 13 ff.) und ein Erfolgsdelikt (Abs. 1 Nr. 2, → Rn. 22 ff.) aufgliedern lässt. Seine Verfolgung ist nach Abs. 2 von einem Strafantrag der Polizeibehörde abhängig (→ Rn. 27 f.).

Übersicht

A. Allgemeines

I. Hintergrund und Parallelnormen

§ 34d wurde durch das Gesetz zur Stärkung der Sicherheit in Nordrhein-Westfalen v. **1** 13.12.2018 (GV. NRW. 684) eingeführt (→ § 34b Rn. 1). Mit der Strafvorschrift, die an § 87 BKAG angelehnt ist, der sich wiederum an der Sanktionierung von Verstößen gegen Weisungen während der Führungsaufsicht gem. § 145a StGB orientiert, werden Zuwiderhandlungen gegen präventiv-polizeiliche Anordnungen nach § 34b Abs. 2 und § 34c Abs. 6 strafbewehrt (LT-Drs. 17/2351, 44). § 34d normiert einen Fall **verwaltungsrechtakzessorischen Strafrechts** bzw. – in den Fällen vollziehbarer behördlicher Anordnung wegen Gefahr im Verzug nach § 34b Abs. 2 S. 3 und § 34c Abs. 6 S. 3 – **verwaltungsaktakzessorischen Strafrechts** (näher HSV VerwR / Waldhoff § 46 Rn. 203 ff.; → Rn. 14 ff.).

Der nordrhein-westfälische Gesetzgeber hat sich damit für die **Pönalisierungslösung** zur **2** Durchsetzung von Aufenthaltsvorgaben, Kontaktverboten und Maßnahmen der Elektronischen Aufenthaltsüberwachung (EAÜ) entschieden. Er folgt dem vom Bundesgesetzgeber (§ 87 BKAG) und der Mehrzahl der Landesgesetzgeber (vgl. § 84b BWPolG; § 43b HSOG; § 49a Abs. 2 NPOG, § 67d SOG M-V; § 106 SächsPVDG) eingeschlagenen Weg. In Sachsen-Anhalt wird demgegenüber lediglich die Störung einer elektronischen Aufenthaltsermittlung unter Strafe gestellt (§ 106 SOG LSA). Bayern verzichtet hingegen vollständig auf eine strafrechtliche Lösung und setzt zur Durchsetzung von Aufenthaltsvorgaben, Kontaktverboten (Art. 16 BayPAG) und Maßnahmen der EAÜ (Art. 34 BayPAG) auf eine erweiterte Möglichkeit zur präventiv-polizeilichen Ingewahrsamnahme (vgl. Art. 17 Abs. 1 Nr. 4 und Nr. 5 BayPAG, **Präventionslösung**). Diese Möglichkeit wurde in Nordrhein-Westfalen zusätzlich zur Durchsetzung aufenthaltsbeschränkender Maßnahmen in § 35 Abs. 1 Nr. 6 nF eingeführt (ebenfalls durch Gesetz zur Stärkung der Sicherheit in Nordrhein-Westfalen v. 13.12.2018, GV. NRW. 684). Der nordrhein-westfälische Sicherheitsgesetzgeber hat sich folglich für eine **Kombination von Pönalisierungs- und Präventionslösung** und damit für eine **Durchsetzung aufenthaltsbeschränkender Maßnahmen auf repressivem wie präventivem Weg** entschieden (von einem nicht nur geeigneten, sondern „erforderliche[n]" Mittel der Rechtsdurchsetzung sprechen v. Coelln/Pernice-Warnke/Pützer/Reisch NWVBl. 2019, 89 (95)).

II. Kriminal- und rechtspolitische Bedenken

Indem der Landesgesetzgeber mit § 34d an die Sanktionierung von Verstößen gegen **3** Weisungen während der Führungsaufsicht gem. § 145a StGB anknüpft, überträgt er auch die in diesem Kontext geführte kriminalpolitische Diskussion in das Recht der polizeilichen Gefahrenabwehr. Bereits der 59. Deutsche Juristentag (1992) hatte eine Streichung des § 145a StGB vorgeschlagen (vgl. NJW 1992, 3016 (3023); näher Schöch NStZ 1992, 364 (369 ff.)), weil der Tatbestand in der Praxis nur zu einer geringen Zahl einschlägiger Verurteilungen führe und äußerst zweifelhaft sei, ob er bei der in Betracht kommenden Tätergruppe überhaupt eine **hinreichende präventive Wirkung** auslösen kann und die Bestrafung sich **zur Einwirkung auf solche Täter eignet** (vgl. nur MüKoStGB/Groß StGB § 145a Rn. 7; Schönke/Schröder/Sternberg-Lieben StGB § 145a Rn. 2; Neubacher ZStW 118 (2006), 855 (874): „§ 145a StGB spielt [...] in der Praxis keine Rolle"). In jüngerer Vergangenheit scheint die Bedeutung des § 145a StGB jedoch wieder zuzunehmen (vgl. Kinzig NK 27 (2015), 230 (246 ff.)).

4   Diese **Zweifel** werden durch § 34d nicht ausgeräumt, sondern im Gegenteil **verstärkt.** Bei den von §§ 34b und 34c in den Fokus genommenen Personengruppen (terroristische „Gefährder", potentielle Sexualstraftäter, „Stalker") handelt es sich ausschließlich um Zielgruppen, bei denen die drohende Strafbarkeit kaum abschreckende Wirkung entfalten dürfte. Aus diesem Grund scheint der vom nordrhein-westfälischen Gesetzgeber gewählte kombinierte Pönalisierungs- und Präventionsansatz (→ Rn. 2) überflüssig, weil in seiner strafrechtlichen Dimension wenig erfolgversprechend. Gesetzgebung und Behörden in Nordrhein-Westfalen sollten sich, nach bayerischem Vorbild, allein auf die erweiterte Möglichkeit zur Ingewahrsamnahme nach § 35 Abs. 1 Nr. 6 konzentrieren. Diese reine Präventionslösung scheint zur Durchsetzung von Anordnungen nach §§ 34b und 34c vollkommen ausreichend und vermeidet mit der Strafnorm des § 34d einen **Fremdkörper im Recht der präventiv-polizeilichen Gefahrenabwehr.**

III. Vereinbarkeit mit höherrangigem Recht

1. Gesetzgebungskompetenz (Art. 74 Abs. 1 Nr. 1 Var. 2 GG)

5   Die Kompetenz des nordrhein-westfälischen Gesetzgebers zur Einführung des landesrechtlichen Straftatbestands in § 34d folgt aus Art. 70 Abs. 1 GG (zweifelnd Arzt Stellungnahme 17/936, 26). Zwar handelt es sich bei der Regelung um **materielles Strafrecht,** das in die konkurrierende Gesetzgebungskompetenz des Bundes nach Art. 74 Abs. 1 Nr. 1 Var. 2 GG fällt. Jedoch hat der Bund von seiner Regelungsbefugnis keinen abschließenden Gebrauch gemacht – weder durch positive Regelung (→ Rn. 7.1) noch durch absichtsvollen Regelungsverzicht (→ Rn. 7.2) – und damit die Sperrwirkung des Art. 72 Abs. 1 GG **nicht wirksam ausgelöst.**

6   Unter „Strafrecht" iSd Art. 74 Abs. 1 Nr. 1 Var. 2 GG ist die Regelung aller, auch nachträglicher, repressiver oder präventiver staatlicher Reaktionen auf Straftaten, die an die Straftat anknüpfen, ausschließlich für Straftäter gelten und ihre sachliche Rechtfertigung auch aus der Anlasstat beziehen, zu verstehen (vgl. BVerfGE 109, 190 (212) = NJW 2004, 750; BVerfGE 134, 33 Rn. 55 = NJW 2013, 3151; BeckOK GG/Seiler GG Art. 74 Rn. 4; Jarass/Pieroth GG Art. 74 Rn. 5). Hierzu ist ohne Zweifel auch § 34d zu rechnen, bei dem es sich ungeachtet seines ungewöhnlichen Regelungsstandorts um eine Norm aus dem Bereich des **Kriminalstrafrechts** handelt.

7   Landesstrafrecht ist nach der grundgesetzlichen Regelungssystematik nur ausgeschlossen, solange und soweit der Bund von seiner Gesetzgebungszuständigkeit durch Gesetz Gebrauch gemacht hat (**Art. 72 Abs. 1 GG**). Strafnormen sind dem Landesrecht nicht prinzipiell fremd. So enthält zB § 34 DSG NRW eine Strafnorm für bestimmte Verstöße gegen Datenschutzvorschriften. Dass auch der Bund landesspezifisches Strafrecht dem Grunde nach anerkennt, folgt zudem aus einem Umkehrschluss zu Art. 3 und 4 EGStGB. Allerdings hat der Bund entgegen dem vom GG statuierten Regel-Ausnahme-Verhältnis in weitem Umfang von seiner Gesetzgebungskompetenz für das Kriminalstrafrecht Gebrauch gemacht. Sie schlägt sich nieder im StGB, in weiteren strafrechtlichen Hauptgesetzen wie dem VStGB, WStG, WiStG, JGG und in einer Vielzahl von strafrechtlichen Nebengesetzen. Für ein eigenes Strafrecht der Länder bleibt daher im Allgemeinen **nur noch wenig Raum** (Maunz/Dürig/Maunz GG Art. 74 Rn. 68).

Ein Gebrauchmachen von einer Gesetzgebungskompetenz in einer den Landesgesetzgeber iSd **7.1**
Art. 72 Abs. 1 GG ausschließenden Weise liegt vor, wenn ein Bundesgesetz eine bestimmte Frage
erschöpfend regelt (vgl. BVerfGE 7, 342 (347) = NJW 1958, 1179; BVerfGE 20, 238 (248) = NJW
1967, 435; BVerfGE 49, 343 (359) = NJW 1979, 859; BVerfGE 67, 299 (324) = NJW 1985, 371;
BVerfGE 138, 261 Rn. 43 = NVwZ 2015, 582). Ob der Gebrauch, den der Bund von einer Kompetenz
gemacht habe, als abschließend in diesem Sinne anzusehen ist, ist aufgrund einer **„Gesamtwürdigung
des betreffenden Normenkomplexes"** festzustellen (BVerfGE 67, 299 (324) = NJW 1985, 371;
BVerfGE 98, 265 (301) = NJW 1999, 841; BVerfGE 102, 99 (114) = NVwZ 2000, 1160; BVerfGE
109, 190 (229) = NJW 2004, 750). In jedem Fall setze die Sperrwirkung für die Länder voraus, dass
der Gebrauch der Kompetenz durch den Bund **„hinreichend erkennbar"** (BVerfGE 98, 265 (301) =
NJW 1999, 841; BVerfGE 113, 348 (372) = NJW 2005, 2603; BVerfGE 138, 261 Rn. 43 = NVwZ
2015, 582) bzw. **„hinreichend eindeutig erkennbar"** (BVerfGE 138, 261 Rn. 49 = NVwZ 2015,
58) ist. Soweit die betreffenden Regelungen abschließend sind, verhindern sie ergänzendes oder abweichendes Landesrecht, das auf den Schutz desselben Rechtsguts gerichtet ist. Dies wird in Art. 4 Abs. 2
EGStGB einfachgesetzlich bestätigt (vgl. BVerfGE 98, 265 (312) = NJW 1999, 841).

Neben die **abschließende positive Regelung eines Sachbereichs** tritt nach ständiger verfassungs- **7.2**
gerichtlicher Rechtsprechung die Rechtsfigur eines **„absichtsvollen Regelungsverzichts"** (BVerfGE
98, 265 (300) = NJW 1999, 841; BVerfGE 138, 261 Rn. 43 = NVwZ 2015, 58; BVerfG (K) NVwZ
2010, 247 (248)), eines „absichtsvollen Unterlassens" (BVerfGE 113, 348 (371) = NJW 2005, 2603;
BVerfG (K) NVwZ 2010, 247 (248); NJW 2015, 44 (44 f.); BayVerfGHE 62, 1 ff. = BayVBl. 2009,
300 (301)) bzw. eines „beredten Schweigens" (VerfGH Bayern BayVBl. 2009, 300 (301); eingehend
Barczak ZG 2016, 154 ff.). Es kann durchaus gute ordnungspolitische und marktwirtschaftliche Gründe
dafür geben, dass der Bundesgesetzgeber ganze Sachbereiche oder Teile von diesen regelungsfrei lässt
und der gesellschaftlichen Selbstregulierung überantwortet. Gerade der **fragmentarische Charakter
des Strafrechts** ist Ausdruck hiervon und kann einer Schließung der nur vermeintlich bestehenden
Lücke durch Landesrecht entgegenstehen (Hefendehl JA 2011, 401 ff.; Kertai JuS 2011, 976 ff.; Barczak
ZG 2016, 154 (156)).

Von einem Gebrauchmachen iSd Art. 72 Abs. 1 GG durch **positive erschöpfende 8
Regelung** des Sachbereichs kann vorliegend **nicht** ausgegangen werden. Weder § 87 BKAG
noch § 145a StGB ist eine derartige Wirkung zu entnehmen. Der Straftatbestand des § 87
BKAG knüpft an die eng begrenzte Regelungsbefugnis des Bundes aus Art. 73 Abs. 1 Nr. 9a
GG für die Abwehr von Gefahren des internationalen Terrorismus durch das BKA an, die die
grundsätzliche Regelungskompetenz der Länder (Art. 70 Abs. 1 GG) für die Gefahrenabwehr
unberührt lässt (→ § 34b Rn. 9). Der Bundesminister des Innern hat wiederholt darauf
hingewiesen, dass die Regelung in § 87 BKAG nur ganz wenige Gefährder umfasse, weil
die meisten dieser Personen nach Landesrecht überwacht würden (vgl. den Hinweis in LT-
Drs. 17/2351, 45). Die Vorschrift besitzt damit einen ganz spezifischen und beschränkten
Anwendungsbereich (v. Coelln/Pernice-Warnke/Pützer/Reisch NWVBl. 2019, 89 (95 f.)).
Das Gleiche gilt für § 145a StGB, der Verstöße gegen Weisungen während der Führungsaufsicht strafrechtlich sanktioniert. Bei der Vorschrift handelt es sich um ein Sonderdelikt, das
nur durch unter Führungsaufsicht stehende Verurteilte begangen werden kann (Fischer StGB
§ 145a Rn. 1 f.). Spezifischer Schutzzweck der Strafnorm ist es, weitere Straftaten des unter
Führungsaufsicht stehenden Verurteilten zu vermeiden (BeckOK StGB/Heuchemer StGB
§ 145a Rn. 1). Eine Auslösung der Sperrwirkung nach Art. 72 Abs. 1 GG durch **negative
Regelung,** sprich durch einen „absichtsvollen Regelungsverzicht" (→ Rn. 7.2), ist ebenfalls
nicht erkennbar. Da ein absichtsvoller Regelungsverzicht im Gesetzestext selbst keinen
unmittelbaren Ausdruck finden kann, ergibt sich die Antwort, ob der Bundesgesetzgeber
bewusst von seiner Regelungskompetenz keinen Gebrauch gemacht habe, in erster Linie aus
dem Bundesgesetz selbst, in zweiter Linie aus dem hinter dem Gesetz stehenden Regelungszweck, ferner aus der Gesetzgebungsgeschichte und den Gesetzesmaterialien (BVerfG (K)
NVwZ 2010, 247 (248); NJW 2015, 44 (45); Barczak ZG 2016, 154 (167)). Weder dem
StGB noch dem BKAG ist ein solcher Wille mit der notwendigen Bestimmtheit zu entnehmen (wie hier v. Coelln/Pernice-Warnke/Pützer/Reisch NWVBl. 2019, 89 (95 f.); im
Einzelnen auch Thiel GSZ 2019, 1 (7)). Das Gleiche gilt insbesondere für die Gesetzgebungsmaterialien über die Einführung des § 87 BKAG (vgl. BT-Drs. 18/11163, 135). Insofern
verbleibt es im Zweifel bei der Gesetzgebungskompetenz des Landes.

2. Bundesrechtliche Vorgaben für Straftaten nach Landesrecht (Art. 3 f. EGStGB)

9   Darüber hinaus muss sich § 34d im Einklang mit den bundesrechtlichen Anforderungen an landesrechtliche Straftatbestände halten. Diese folgen maßgeblich aus Art. 3 und 4 EGStGB.

10   Nach **Art. 3 Abs. 1 EGStGB** dürfen landesrechtliche Straftaten keine anderen Rechtsfolgen vorsehen als Freiheitsstrafe bis zu zwei Jahren und wahlweise Geldstrafe bis zum gesetzlichen Höchstmaß (§ 40 Abs. 1 S. 2, Abs. 2 S. 3 StGB). Diesen Anforderungen trägt § 34d Rechnung, indem er abweichend von den bundesgesetzlichen Strafandrohungen in §§ 145a S. 1 StGB und § 87 Abs. 1 BKAG (jeweils drei Jahre) das Höchstmaß der nach § 34d zu verhängenden Freiheitsstrafe auf zwei Jahre beschränkt. Zudem beachtet er das Erfordernis, dass Landesstrafrecht weder Freiheitsstrafe noch Geldstrafe allein vorsehen darf (vgl. Art. 3 Abs. 2 Nr. 1 EGStGB).

11   Darüber hinaus sieht **Art. 4 Abs. 2 EGStGB** vor, dass die Vorschriften des Besonderen Teils des StGB die Strafvorschriften des Landesrechts grundsätzlich unberührt lassen, es sei denn, diese haben eine Materie zum Gegenstand, die im Strafgesetzbuch abschließend geregelt ist. Bei dieser Regelung handelt es sich um eine einfach-rechtliche Konkretisierung der Art. 74 Abs. 1 Nr. 1 Var. 2, 72 Abs. 1 GG für den Besonderen Teil des StGB. Dass dieser mit § 145a StGB vorliegend keine abschließende Regelung trifft, wurde bereits dargetan (→ Rn. 8).

B. Einzelkommentierung

I. Deliktsnatur, Täterschaft und Teilnahme

12   § 34d sanktioniert Zuwiderhandlungen gegen vollstreckbare gerichtliche bzw. vollziehbare behördliche Anordnungen aufenthaltsbeschränkender und -überwachender Maßnahmen. Bei der Norm handelt es sich wie bei § 145a StGB (→ Rn. 8) um ein **eigenhändiges Delikt** (allg. Schönke/Schröder/Heine/Weißer StGB Vor §§ 25 ff. Rn. 85) **und echtes Sonderdelikt** (allg. Schönke/Schröder/Heine/Weißer StGB Vor §§ 25 ff. Rn. 82 f.), nach welchem sich nur Personen als Täter strafbar machen können, die Adressat entsprechender präventivpolizeilicher Anordnungen sind (→ § 34b Rn. 28 ff.; → § 34c Rn. 22 f.). Danach scheiden sowohl Mittäterschaft (§ 25 Abs. 2 StGB) als auch mittelbare Täterschaft (§ 25 Abs. 1 Alt. 2 StGB) aus, eine strafbare Teilnahme (§§ 26 f. StGB) bleibt aber selbst durch Personen möglich, die nicht zu dem als Täter in Betracht kommenden Personenkreis gehören. Die Strafe von Anstiftern und Gehilfen ist obligatorisch nach § 28 Abs. 1 StGB zu mildern, denn bei der gerichtlichen oder behördlichen Anordnung gegenüber dem Täter handelt es sich aus Teilnehmersicht um ein „besonderes persönliches Merkmal". § 34d stellt ein Vergehen dar (§ 12 Abs. 2 StGB); der Versuch ist mangels ausdrücklicher gesetzlicher Anordnung nicht mit Strafe bedroht (§ 23 Abs. 1 StGB). In der Variante des § 34d Abs. 1 Nr. 1 handelt es sich zudem um ein **konkretes Gefährdungsdelikt** (→ Rn. 19), während § 34d Abs. 1 Nr. 2 ein **Erfolgsdelikt** (→ Rn. 24) normiert.

II. Tatbestandsvarianten

1. Zuwiderhandlung gegen Aufenthaltsvorgabe oder Kontaktverbot (Abs. 1 Nr. 1 iVm § 34b Abs. 2)

13   **a) Objektiver Tatbestand: Vollstreckbare bzw. vollziehbare Anordnung.** Nach § 34c Abs. 1 Nr. 1 wird bestraft, wer einer vollstreckbaren gerichtlichen Anordnung nach § 34b Abs. 2 S. 1 oder einer vollziehbaren Anordnung nach § 34b Abs. 2 S. 3 zuwiderhandelt und dadurch den Zweck der Anordnung gefährdet. Voraussetzung des objektiven Tatbestands ist zunächst eine **vollstreckbare gerichtliche oder vollziehbare behördliche Anordnung.** Vollstreckbarkeit bzw. Vollziehbarkeit in diesem Sinne (vgl. zur Terminologie auch HSV VerwR/Waldhoff § 46 Rn. 206) ist gegeben, wenn

- die Rechtsmittelfrist (§ 63 Abs. 1 FamFG; § 74 Abs. 1 S. 1 VwGO: ein Monat) abgelaufen ist (zum Rechtsschutzverfahren → § 34b Rn. 49 f. und → § 34c Rn. 42 f.),
- über das Rechtsmittel abschließend abschlägig entschieden wurde oder

• die aufschiebende Wirkung von Rechtsmitteln von Gesetzes wegen (§ 34c Abs. 8 S. 1, → § 34c Rn. 35 f.) oder (theoretisch) durch behördlich angeordnete sofortige Vollziehung entfällt.

Rechtswidrigkeitszusammenhang. Es stellt sich die Frage, ob die gerichtliche bzw. **14** behördliche Anordnung, die die Grundlage für die Strafbarkeit nach § 34d bildet, rechtmäßig sein muss. Dies leitet zu einer der **umstrittensten Fragen des Verwaltungssanktionenrechts** bzw. des verwaltungsrechtakzessorischen Strafrechts über, nämlich der Frage nach dem Rechtswidrigkeitszusammenhang, die sowohl innerhalb der Strafrechtsdogmatik als auch zwischen Strafrechts- und Verwaltungsrechtswissenschaft unterschiedlich beantwortet wird (eingehend HSV VerwR/Waldhoff § 46 Rn. 206 ff.).

Bei § 145a StGB, an dem sich § 34d orientiert (→ Rn. 1), entspricht es zunächst einhelliger **15** Auffassung in der strafrechtlichen Rechtsprechung und Literatur, dass **rechtlich fehlerhafte Weisungen** iSd § 68b StGB die Strafbarkeit nach § 145a StGB **nicht begründen können** (vgl. BGH StV 2015, 690 (690); OLG Dresden StV 2015, 699 (700); MüKoStGB/Groß StGB § 145a Rn. 10; SK-StGB/Wolters § 145a Rn. 8). Namentlich solche Weisungen, die gegen Grundrechte verstoßen, an den Adressaten unzumutbare Anforderungen stellen oder nicht hinreichend bestimmt sind, sind kein tauglicher Anknüpfungspunkt für eine Strafbarkeit nach § 145a StGB. Die Rechtmäßigkeit der Weisung ist danach bei der Beurteilung der Strafbarkeit vom erkennenden Gericht zu prüfen (BGH StV 2015, 690 (690); Schönke/Schröder/Sternberg-Lieben StGB § 145a Rn. 5a; Pollähne StV 2014, 161 (162)).

Diese Grundsätze sind auf § 34d nicht übertragbar, wenngleich dieser in enger Verwandt- **16** schaft zu § 145a StGB steht. Die polizeigesetzliche Strafbarkeit setzt **nicht die Rechtmäßigkeit, sondern lediglich die Wirksamkeit der Anordnung** voraus (wie hier zumindest im Einzelnen SGR/Graulich BKAG § 87 Rn. 3 f.; aA BeckOK PolR BW/Reinhardt BWPolG § 84b Rn. 3 mit dem zu kurz greifenden Hinweis, nur rechtmäßige behördliche Maßnahmen könnten zum Anknüpfungspunkt für staatliche Sanktionen gemacht werden). § 34d fordert danach keine inzidente Prüfung durch das Strafgericht, ob die Anordnung die materiellen und formellen Rechtmäßigkeitsvoraussetzungen des § 34b beachtet und ermessensfehlerfrei, insbesondere verhältnismäßig und in einer dem Betroffenen zumutbaren Art ergangen ist. Im Gegenteil: Die Tatbestandswirkung der zugrunde liegenden behördlichen oder gerichtlichen Anordnung schließt eine solche Kontrolle durch die Strafjustiz prinzipiell aus (vgl. Schröder, Veröffentlichungen der Vereinigung der Deutschen Staatsrechtslehrer, 50 (1991), 196 (221 f.)). Dafür spricht bereits der Wortlaut des § 34d Abs. 1, der lediglich die Vollstreckbarkeit bzw. Vollziehbarkeit der Anordnung ohne Rücksicht auf ihre inhaltliche Richtigkeit verlangt. Sowohl im Falle der Unanfechtbarkeit, dh der Bestandskraft, als auch in den Fällen sofortiger Vollziehbarkeit iSd § 80 Abs. 2 VwGO können jedoch auch rechtswidrige Verwaltungsakte vollstreckt werden. Auch aus teleologischer Perspektive ist davon auszugehen, dass der Gesetzgeber mit § 34d lediglich die formelle Befolgungspflicht hinsichtlich einer wirksamen behördlichen oder gerichtlichen Anordnung nach § 34b Abs. 2 und § 34c Abs. 6 absichern wollte und nicht – in einem grundsätzlichen und materiellen Sinne – die Rechtmäßigkeit der Anordnung in inhaltlicher Sicht (vgl. allg. HSV VerwR/Waldhoff § 46 Rn. 207 mwN). Bei § 34d handelt es sich um eine unselbstständige Sekundärnorm des Sanktionenrechts. Die Pflicht, die durch diese strafrechtlich abgesichert werden soll, ist lediglich die durch einen wirksamen Verwaltungsakt bzw. eine wirksame gerichtliche Anordnung aufgerichtete Verhaltensanforderung. Diese konkretisiert erst eine abstrakte gesetzliche Verhaltenserwartung (vgl. Schröder, Veröffentlichungen der Vereinigung der Deutschen Staatsrechtslehrer, 50 (1991), 196 (221 f.)). Die derart durch gerichtliche oder behördliche Anordnung statuierte Verhaltenspflicht ist für ihren Adressaten auch dann verbindlich, wenngleich mit Rechtsmitteln anfechtbar, wenn sie sich als formell oder materiell rechtswidrig herausstellen sollte. Eine Bestrafung nach § 34d kommt danach auch bei einer rechtswidrigen Anordnung in Betracht. Sie ist **nur dann ausgeschlossen,** sofern der erlassene Verwaltungsakt oder die gerichtliche Anordnung dem Adressaten (noch) nicht bekannt gegeben wurden (§ 41 VwVfG. NRW.; § 422 FamFG) oder sie an einem zur Nichtigkeit führenden besonders schweren Fehler leiden (§ 44 VwVfG. NRW.; evidente Fehlerhaftigkeit der gerichtlichen Entscheidung; vgl. allg. HSV VerwR/Waldhoff § 46 Rn. 211; für das verwaltungsrechtsakzessorische Umweltstrafrecht auch Frenz NVwZ 2016, 1510 (1514)).

Zuwiderhandlung. Eine **Zuwiderhandlung** gegen eine Anordnung liegt vor, wenn **17** der Betroffene gegen die Aufenthaltsvorgabe nach § 34b Abs. 1 S. 1 verstößt, sich also ohne

Erlaubnis von dem in der Aufenthaltsvorgabe vorgegebenen Bereich entfernt (Verstoß gegen das Entfernungsverbot, → § 34b Rn. 8) oder sich ohne Erlaubnis an einem nach der Aufenthaltsvorgabe nicht zulässigen Ort aufhält (Verstoß gegen das Aufenthaltsverbot, → § 34b Rn. 8). Ein Zuwiderhandeln gegen ein Kontaktverbot nach § 34b Abs. 1 S. 2 liegt vor, wenn der Betroffene mit Personen, die dem Kontaktverbot unterfallen, unerlaubten Kontakt herstellt bzw. sich dem Kontakt nicht entzieht, sofern der Kontaktversuch von einer vom Kontaktverbot erfassten Person oder Personengruppe ausgeht. Unerheblich ist, wie lange der Verstoß gedauert hat oder wie schwer der Verstoß wiegt. Bei geringfügigen Verstößen fehlt es aber eventuell an einer Gefährdung des Zwecks der Anordnung (BeckOK PolR BW/Reinhardt BWPolG § 84b Rn. 4). Die gebotene Einschränkung auf bedeutsame Zuwiderhandlungen lässt sich zudem dadurch erreichen, dass die Strafverfolgung gem. § 34d Abs. 2 von einem Antrag der die Maßnahme anordnenden oder beantragenden Polizeibehörde abhängig gemacht wird (vgl. LT-Drs. 17/2351, 45; → Rn. 27).

18   Einer **behördlichen Erlaubnis** iSd § 34b Abs. 1 kommt hiernach **tatbestandsausschließende Wirkung** zu und lässt bereits eine tatbestandsmäßige Zuwiderhandlung entfallen (vgl. für die baden-württembergische Parallelnorm BeckOK PolR BW/Reinhardt BWPolG § 84b Rn. 7). Bei verwaltungsrechtsakzessorischen Straftatbeständen wie § 34d bestimmt sich grundsätzlich nach verwaltungsrechtlichen Kategorien, im Sinne einer Anbindung des Strafrechts an die formelle Bestandskraft von Verwaltungsakten (behördlichen Erlaubnissen), ob und in welchem Umfang eine behördliche Erlaubnis den Tatbestand ausschließt. Dies hat zur Folge, dass eine zur Zeit des Handelns verwaltungsrechtlich wirksame Erlaubnis bis zu ihrer – strafrechtlich immer nur ex nunc wirkenden – Rücknahme auch dann zur Tatbestandslosigkeit führt, wenn sie inhaltlich rechtswidrig oder sonst fehlerhaft ist (vgl. Schönke/Schröder/Sternberg-Lieben StGB Vor §§ 32 ff. Rn. 62a mwN).

19   **Konkrete Gefährdung.** Strafrechtlich relevant sind nach § 34d Abs. 1 Nr. 1 nur Verstöße, durch die der **Zweck der Anordnung konkret gefährdet** wird. Eine Zweckgefährdung ist notwendig aber auch ausreichend, dh es muss nicht der Nachweis erbracht werden, dass der Zweck der Anordnung durch den Verstoß tatsächlich vereitelt oder wesentlich erschwert wurde. Die Strafbarkeit trotz Verstoßes gegen eine bestimmte Anordnung entfällt jedoch, wenn die nach § 34d Abs. 1 Nr. 1 („und dadurch") erforderliche **Kausalität** des Verstoßes für die Gefährdung nicht feststellbar ist. Insoweit muss jedenfalls feststehen, dass die Anordnung konkret geeignet war, die Gefährdung des Zwecks der Maßregel abzuwenden (BeckOK StGB/Heuchemer StGB § 145a Rn. 10 mwN). Während bei einem Verstoß gegen das Kontaktverbot nach § 34b Abs. 1 S. 2 jeder Verstoß zugleich eine Gefährdung des Zwecks darstellen dürfte, da bei jeder verbotenen Kontaktaufnahme eine Gefährdung der Ziele konkret zu befürchten ist (**Indizwirkung** des Verstoßes), wird man bei Verstößen gegen eine Aufenthaltsvorgabe nach § 34b Abs. 1 S. 1 nicht ohne Weiteres von einer konkreten Gefährdung ausgehen können (vgl. BeckOK PolR BW/Reinhardt BWPolG § 84b Rn. 5). Entscheidend für die Beurteilung einer konkreten Gefährdung sind stets die Umstände des Einzelfalls.

20   **b) Subjektiver Tatbestand.** § 34d Abs. 1 Nr. 1 setzt eine **vorsätzliche Tatbegehung** voraus. Erforderlich ist zumindest bedingter Vorsatz (MüKoStGB/Groß StGB § 145a Rn. 18 mwN). Fahrlässigkeit genügt nicht (vgl. § 15 StGB). Der Vorsatz muss sich auf sämtliche objektiven Tatumstände einschließlich der Gefährdung des Zwecks der Anordnung beziehen, bei der es sich nicht um eine objektive Bedingung der Strafbarkeit handelt (hM, vgl. MüKoStGB/Groß StGB § 145a Rn. 18; Schönke/Schröder/Sternberg-Lieben StGB § 145a Rn. 9; aA SK-StGB/Wolters § 145a Rn. 2 f.). Glaubt der Täter, noch im Rahmen der Anordnung zu handeln, liegt ein vorsatz- und – mangels Strafbarkeit der fahrlässigen Begehung – strafbarkeitsausschließender Tatumstandsirrtum iSd § 16 Abs. 1 S. 1 StGB vor. Hinsichtlich der Anordnung braucht der Täter aber nur die ihm auferlegte zu kennen, nicht auch dessen Hintergrund. Er braucht also nicht zu wissen, weshalb das Gericht ihm gerade die Anordnung, der er zuwiderhandelt, erteilt hat (OLG Hamburg NJW 1985, 1232 (1233)).

21   **c) Rechtswidrigkeit und Schuld.** Die Strafbarkeit nach § 34d Abs. 1 Nr. 1 setzt voraus, dass der Täter rechtswidrig und schuldhaft handelt. Das Vorliegen einer Erlaubnis nach § 34b Abs. 1 S. 1 entfaltet Legalisierungswirkung und lässt bereits die Tatbestandsmäßigkeit entfallen (→ Rn. 18). Fälle der Rechtfertigung (zB § 34 StGB) oder der Entschuldigung (§ 35 StGB) sind denkbar, dürften aber in der Praxis selten vorkommen, da es in den einschlägigen

Konstellationen zumeist bereits an einer Gefährdung des Anordnungszwecks und somit der Tatbestandsmäßigkeit der Handlung fehlen wird (BeckOK StGB/Heuchemer StGB § 145a Rn. 12).

2. Zuwiderhandlung gegen Anordnung der EAÜ (§ 34d Abs. 1 Nr. 2 iVm § 34c Abs. 6)

a) Objektiver Tatbestand. Nach § 34d Abs. 1 Nr. 2 macht sich strafbar, wer einer **22** vollstreckbaren gerichtlichen Anordnung nach § 34c Abs. 6 S. 1 oder einer vollziehbaren Anordnung nach § 34c Abs. 6 S. 3 zuwiderhandelt und dadurch die kontinuierliche Feststellung seines Aufenthaltsortes durch die Polizei verhindert. Der Umstand, dass § 34d Abs. 1 Nr. 2 seinem Wortlaut nach nicht auf § 34c Abs. 6 **S. 3,** sondern auf **S. 2** verweist, begründet ein **offensichtliches Redaktionsversehen,** das für die Frage der Strafbarkeit nicht relevant ist, insbesondere keine Verletzung des Analogieverbots nach Art. 103 Abs. 2 GG, § 1 StGB bedeutet (zu Vollstreckbarkeit bzw. Vollziehbarkeit der Anordnung sowie der Frage des Rechtswidrigkeitszusammenhangs vgl. → Rn. 13 ff.).

Eine **Zuwiderhandlung** iSd § 34d Abs. 1 Nr. 2 liegt vor, wenn der Täter gegen die **23** Anordnung verstößt, ein technisches Mittel ständig im betriebsbereiten Zustand am Körper zu tragen (zB indem er die „Fußfessel" ohne Erlaubnis wieder entfernt), die Anlegung und Wartung des technischen Mittels zu dulden und seine Funktionsfähigkeit nicht zu beeinträchtigen (§ 34c Abs. 1).

Die Strafbarkeit nach § 34d Abs. 1 Nr. 2 setzt voraus, dass durch die Tathandlung die **24** kontinuierliche Feststellung des Aufenthaltsortes durch die Polizei tatsächlich verhindert wird (**Erfolgsdelikt**). Erforderlich ist, dass der Aufenthaltsort für eine gewisse Zeit tatsächlich nicht mit Sicherheit festgestellt werden kann. Eine (selbst eine konkrete) Gefährdung der kontinuierlichen Feststellung des Aufenthaltsortes ist hierfür nicht ausreichend. Nach dem Wortlaut des § 34d Abs. 1 Nr. 2 („kontinuierlich") genügt in zeitlicher Hinsicht allerdings jede noch so kurzfristige Unterbrechung der Feststellung des Aufenthaltsortes (wie hier BeckOK PolR BW/Reinhardt BWPolG § 84b Rn. 10). Bei kurzfristigen Unterbrechungen stellt aber das Strafantragserfordernis des § 34d Abs. 2 ein Korrektiv dar, um Bagatellfälle auszusondern (→ Rn. 27).

b) Subjektiver Tatbestand. § 34d Abs. 1 Nr. 2 setzt ebenfalls zumindest bedingten **25** Vorsatz voraus, der sich auf sämtliche Tatumstände einschließlich der Verhinderung der kontinuierlichen Feststellung des Aufenthaltsortes durch die Polizei beziehen muss (→ Rn. 20).

c) Rechtswidrigkeit und Schuld. Es gelten die Ausführungen zu § 34d Abs. 1 Nr. 1 **26** entsprechend (→ Rn. 21).

III. Strafantragserfordernis (Abs. 2)

Nach § 34d Abs. 2 wird die Tat nur auf Antrag der zuständigen Polizeibehörde verfolgt. **27** Mit der Antragsabhängigkeit der Strafverfolgung soll insbesondere die gebotene Einschränkung auf bedeutsame Zuwiderhandlungen erreicht werden (vgl. LT-Drs. 17/2351, 45). Es handelt sich bei § 34d somit um ein **absolutes Antragsdelikt** (vgl. MüKoStGB/Mitsch StGB Vor § 77 Rn. 2). Der Strafantrag bildet eine reine **Verfahrensvoraussetzung,** von deren Erfüllung die Zulässigkeit des Strafverfahrens abhängig ist. Er lässt somit die materiellrechtliche Beurteilung der Strafbarkeit unberührt, dh das Fehlen des Strafantrags oder seine Rücknahme haben nicht die Straflosigkeit oder Rechtmäßigkeit der Tat zur Folge (MüKoStGB/Mitsch StGB Vor § 77 Rn. 10 f.).

Die Antragsbefugnis kommt nach § 34d Abs. 2 ausschließlich der Polizeibehörde zu, **28** welche die Maßnahme angeordnet oder beantragt hat (**Strafantragsmonopol**). Die Antragsfrist beträgt **drei Monate;** die Frist beginnt mit Ablauf des Tages, an dem die Polizeibehörde von der Tat und der Person des Täters Kenntnis erlangt (§ 77b Abs. 1 S. 2, Abs. 2 S. 1 StGB). Eine Zurücknahme des Antrags ist grundsätzlich möglich und kann bis zum rechtskräftigen Abschluss des Strafverfahrens erklärt werden (§ 77d Abs. 1 StGB).

Vierter Unterabschnitt. Gewahrsam

§ 35 Gewahrsam

(1) Die Polizei kann eine Person in Gewahrsam nehmen, wenn

1. das zum Schutz der Person gegen eine Gefahr für Leib oder Leben erforderlich ist, insbesondere weil die Person sich erkennbar in einem die freie Willensbestimmung ausschließenden Zustand oder sonst in hilfloser Lage befindet,
2. das unerlässlich ist, um die unmittelbar bevorstehende Begehung oder Fortsetzung einer Straftat oder einer Ordnungswidrigkeit von erheblicher Bedeutung für die Allgemeinheit zu verhindern,
3. das unerlässlich ist, um eine Platzverweisung nach § 34 durchzusetzen,
4. das unerlässlich ist, um eine Wohnungsverweisung oder ein Rückkehrverbot nach § 34a durchzusetzen,
5. das unerlässlich ist, um private Rechte zu schützen, und eine Festnahme und Vorführung der Person nach den §§ 229, 230 Abs. 3 des Bürgerlichen Gesetzbuches zulässig ist,
6. das unerlässlich ist, um eine Aufenthaltsanordnung oder ein Kontaktverbot nach § 34b oder die Anordnung einer elektronischen Aufenthaltsüberwachung nach § 34c durchzusetzen.

(2) Die Polizei kann Minderjährige, die sich der Obhut der Sorgeberechtigten entzogen haben, in Gewahrsam nehmen, um sie den Sorgeberechtigten oder dem Jugendamt zuzuführen.

(3) Die Polizei kann eine Person, die aus dem Vollzug von Untersuchungshaft, Freiheitsstrafen oder freiheitsentziehenden Maßregeln der Besserung und Sicherung entwichen ist oder sich sonst ohne Erlaubnis außerhalb der Justizvollzugsanstalt aufhält, in Gewahrsam nehmen und in die Anstalt zurückbringen.

Überblick

Als Eingriff in das personale Elementarrecht auf Freiheit der Person gem. Art. 2 Abs. 2 S. 2 GG (→ Rn. 8), dessen Gewährleistung verfassungsgeschichtlich bis in das 13. Jahrhundert zurückreicht, stellt der polizeiliche Gewahrsam, dessen gesetzliche Regelung immerhin bis in Zeiten der Weimarer Republik zurückreicht (→ Rn. 22), eine der einschneidendsten polizeilichen Standardmaßnahmen (→ Rn. 67) dar. Aufgrund der demgemäß strengen Vorgaben des GG zur Einschränkbarkeit dieses Grundrechts ist auch eine dezidierte einfachgesetzliche Ausgestaltung der Voraussetzungen und Durchführungsmodalitäten in den §§ 35–38 erfolgt, insbesondere im Hinblick auf eine gem. § 36 einzuholende richterliche Entscheidung, wodurch der gerichtliche Rechtsschutz des Betroffenen vorverlagert wird und nicht ihm selbst überlassen bleibt (→ Rn. 73). Während in den §§ 36–38 in erster Linie die verfassungsrechtlich gem. Art. 104 Abs. 1 und Abs. 2 S. 4 GG geforderten verfahrensrechtlichen und inhaltlichen Regelungen für die Anordnung und Durchführung – also das „Wie" – des Gewahrsams (und anderer polizeilicher Freiheitsentziehung) getroffen werden, betrifft § 35 selbst als Ermächtigungsgrundlage die Gewahrsamsvoraussetzungen (→ Rn. 30 ff.), also das „Ob" der Ingewahrsamnahme. Aufgrund der zahlreichen im Zusammenhang mit Freiheitsentziehungen verwendeten Begrifflichkeiten soll vorab zunächst eine Abgrenzung dieser Bezeichnungen versucht werden (→ Rn. 1).

Übersicht

A. Allgemeines

I. Begrifflichkeiten

Als Gewahrsam wird ein Rechtsverhältnis bezeichnet, das mit hoheitlicher Gewalt herge- **1** stellt wird und kraft dessen einer Person in der Weise die Freiheit entzogen wird, dass sie von dem Hoheitsträger in einer dem hoheitlichen Zweck entsprechenden Weise verwahrt und daran gehindert wird, sich fortzubegeben (OVG Münster NJW 1980, 138). Dementsprechend wurde bzw. wird insoweit teilweise auch von **Verwahrung** gesprochen (so zB § 47 HSOG idF v. 17.12.1964 und hieran anknüpfend BVerwGE 45, 51 (53)). Neben dem Begriff Gewahrsam (bzw. Verwahrung), der den durch polizeiliches Handeln herbeigeführten Zustand beschreibt, steht der diesen Zustand herbeiführenden polizeilichen Vorgang beschreibende Begriff **Ingewahrsamnahme (bzw. Inverwahrungnahme).** Der polizeiliche Gewahrsamsbegriff betrifft den Gewahrsam von Personen zum Zwecke der Gefahrenabwehr und ist daher zu unterscheiden vom Begriff des amtlichen Gewahrsams (vgl. § 64 Abs. 1 Nr. 4 und Nr. 5), der für die Verwahrung von Gegenständen bei Behörden und Gerichten beschreibt. (Personen-) Gewahrsam kann entgegen dem durch § 37 Abs. 3 vermittelten Eindruck nicht nur bei der Unterbringung des Betroffenen in besonders gesicherten Polizeigewahrsamsräumen vorliegen, sondern auch bereits bei einem zwangsweisen Aufenthalt im Streifenwagen oder in den sonstigen Räumlichkeiten der Polizeidienststelle oder bei einem – nicht dem spezielleren Versammlungsgesetz – unterliegenden Einkesseln einer Personengruppe im öffentlichen Raum (Dietlein/Hellermann NRWÖffR/Dietlein § 3 Rn. 172). Wollte man entsprechende Maßnahmen, die als Freiheitsentziehung in das Grundrecht auf Freiheit der Person eingreifen, nicht unter den Gewahrsamsbegriff der entsprechenden polizeirechtlichen Ermächtigungen subsumieren, bestünde keine gem. Art. 2 Abs. 2 S. 3 GG, Art. 104 Abs. 1 GG erforderliche förmlich gesetzliche Eingriffsgrundlage, da freiheitsentziehende Maßnahmen abschließend in der Standardbefugnisnorm des § 35 geregelt sind, sodass ein Rückgriff auf die Generalklausel des § 8 ausscheidet (→ § 8 Rn. 29).

Als Eingriffe in das die körperliche Bewegungsfreiheit betreffende Grundrecht auf Freiheit **2** der Person stellt der Gewahrsam stets eine **Freiheitsbeschränkung** dar, da der Betroffene gegen seinen Willen durch die öffentliche Gewalt daran gehindert wird, einen Ort, dessen Erreichen ihm an sich physisch-real möglich wäre, aufzusuchen, dort zu verbleiben oder sich von diesem zu entfernen (BVerfG NVwZ 2011, 743 (744)). Darüber hinaus wird durch polizeilichen Gewahrsam die tatsächlich und rechtlich gegebene körperliche Bewegungsfreiheit der betroffenen Person „nach allen Seiten hin aufgehoben" (BVerfG NVwZ 2011, 743 (744); s. bereits BVerfGE 94, 166 (198) = NVwZ 1996, 678 (681)) bzw. nach jeder Richtung hin aufgehoben (BVerfGE 105, 239 (248) = NJW 2002, 3161) und daher in so erheblicher Weise beeinträchtigt, dass eine solch qualifizierte und schwerste Form der Freiheitsbeschränkung eine **Freiheitsentziehung** darstellt.

In Umsetzung des vorstehenden Verständnisses des Begriffs der dem Richtervorbehalt des Art. 104 **2.1** Abs. 2 GG unterfallenden Freiheitsentziehung definiert **§ 415 Abs. 2 FamFG** eine Freiheitsentziehung als eine Situation, in der einer Person gegen ihren Willen oder im Zustand der Willenlosigkeit insbesondere in einer abgeschlossenen Einrichtung, wie einem Gewahrsamsraum oder einem abgeschlossenen Teil eines Krankenhauses, die Freiheit entzogen wird. Die Abgrenzung erfolgt anhand von Intensität und

Dauer des Eingriffs (BVerfG NJW 2002, 3161). Absperrungen, Platzverweise, Wohnungsverweisungen, Meldeauflagen stellen lediglich Freiheitsbeschränkungen dar. Dies gilt auch hinsichtlich der mit § 34b Abs. 1 S. 1 ermöglichten Aufenthaltsvorgaben (von Coelln/Pernice-Warnke/Pützer/Reisch NWVBl. 2019, 89 (95)).

3   Allgemein für freiheitsentziehende Maßnahmen ist der Begriff **Festhalten** – im Sinne eines nicht nur kurzfristigen Festhaltens – gebräuchlich, während nur kurzfristige Behinderungen der Fortbewegungsfreiheit als **Anhalten** (vgl. § 12 Abs. 2 S. 2, § 25 Abs. 2) bezeichnet werden. Das Anhalten, das insbesondere zum Zweck der Durchführung anderer polizeilicher Maßnahmen vollzogen wird, erreicht noch nicht die Intensität einer Freiheitsentziehung und stellt demnach – neben anderen denkbaren Beeinträchtigungen der Fortbewegungsfreiheit – lediglich eine Freiheitsbeschränkung dar (Lisken/Denninger PolR-HdB/Rachor/Graulich E Rn. 485). Auch wenn für die Fortdauer des Gewahrsams häufig der Begriff Festhalten verwendet wird, deckt sich dieser nicht mit dem Gewahrsamsbegriff, da neben dem Gewahrsam auch andere – nur durch den Begriff Festhalten gekennzeichnete – freiheitsentziehende Maßnahmen vorzufinden sind wie zB die zwangsweise Durchsetzung einer Vorladung (§ 10 Abs. 3) oder das Festhalten zur Identitätsfeststellung (§ 12 Abs. 2 S. 3). Eine Abgrenzung zwischen den Begriffen Festhalten und Gewahrsam im Sinne sich nicht überlappender Mengen scheint jedoch verfehlt, da § 36 Abs. 1 auch im Zusammenhang mit dem Gewahrsam gem. § 35 den Terminus Festhalten verwendet, sodass der Begriff Gewahrsam vielmehr eine Teilmenge der mit dem Begriff Festhalten gekennzeichneten Menge betrifft. Eine Abgrenzung zwischen Gewahrsam und sonstigem Festhalten ist aber anhand der Zielrichtung der Maßnahme möglich. Während beim Gewahrsam die Freiheitsentziehung selbst im Mittelpunkt des polizeilichen Handelns steht, bezweckt die Polizei mit sonstigem Festhalten – als funktionell untergeordneter Vorstufe – in der Regel die Durchführung anderer polizeilicher Maßnahmen wie zB einer Identitätsfeststellung (vgl. Lisken/Denninger PolR-HdB/Rachor/Graulich E Rn. 485). Auch im strafprozessualen Zusammenhang dienen die mit Festhalten bezeichneten Freiheitsentziehungen der Durchführung anderer Maßnahmen als der Freiheitsentziehung selbst, so zB beim Festhalten zur Identitätsfeststellung gem. § 163b StPO.

4   Sowohl in der Ausprägung als – lediglich freiheitsbeschränkende – kurzfristige Hinderung der Fortbewegungsfreiheit als auch in der Ausprägung als – freiheitsentziehendes – Festhalten kommt der sog. **Verbringungsgewahrsam** in Betracht, der dadurch gekennzeichnet ist, dass der Betroffene – zB ein Landstreicher (vgl. LG Mainz MDR 1983, 1044), eine randalierende Person oder ein Angehöriger der Drogenszene – „nur" zu einem fremden Ort verbracht und dort sich selbst überlassen wird. Die Verbringung stellt, soweit sie nur einen zu vernachlässigenden Zeitraum lang andauert und nicht mit einer Aussetzung an einem sehr weit entfernten Ort endet, keine Freiheitsentziehung und keine Ingewahrsamnahme, sondern lediglich eine Freiheitsbeschränkung dar. Sofern aber, was regelmäßig der Fall sein wird, sich das Festhalten des Betroffenen (zB im Einsatzfahrzeug) über einen längeren Zeitraum streckt, handelt es sich um eine Freiheitsentziehung (→ § 8 Rn. 28), die zudem insoweit die Definitionsmerkmale des Gewahrsamsbegriffs erfüllt, als sie ein mit hoheitlicher Gewalt hergestelltes Rechtsverhältnis darstellt, kraft dessen einer Person in der Weise die Freiheit entzogen wird, dass sie von dem Hoheitsträger in einer dem hoheitlichen Zweck entsprechenden Weise verwahrt und daran gehindert wird, sich fortzubegeben. Anders als beim herkömmlichen Verständnis des Gewahrsamsbegriffs steht beim Verbringungsgewahrsam jedoch nicht die Freiheitsentziehung selbst im Mittelpunkt des polizeilichen Handelns, sondern die Verlagerung des Aufenthaltsorts des Betroffenen, zu deren Erreichen das womöglich freiheitsentziehende Verbringen nur Mittel zum Zweck ist (zu den Konsequenzen dieser Einstufung → Rn. 72).

5   Im Kontext von Freiheitsentziehungen sind vom Begriff des Gewahrsams weiterhin die Begriffe **Haft, Verhaftung und (vorläufige) Festnahme** abzugrenzen, bei denen es sich nicht um polizeirechtliches Vorgehen zur Gefahrenabwehr, sondern – abgesehen von der ausländerrechtlichen Abschiebungshaft und von prozessualen bzw. vollstreckungsrechtlichen Ordnungs- und Zwangsmitteln (Ordnungshaft, Erzwingungshaft, Ersatzzwangshaft) – um straf(prozess)rechtliche Maßnahmen der Sicherung des Strafanspruchs des Staates (Festnahme), der Sicherung des Strafverfahrens (Untersuchungshaft, Hauptverhandlungshaft) oder der Strafvollstreckung (Verhaftung aufgrund eines Sicherungs- oder eines Vollstreckungshaftbefehls) oder zur Bestrafung (Strafhaft) handelt. Eine weitere Form der Freiheitsentziehung beschreibt der Begriff **Unterbringung,** der sowohl im Straf(prozess)recht (§§ 63 ff. StGB, § 126a StPO) und im Zivilrecht (§§ 1631b, 1906 BGB) als auch im besonderen Ordnungsrecht (§§ 10 ff. NRWPsychKG, § 30 IfSG, § 1 ThUG) anzutreffen ist und auch eine Freiheitsentziehung zur Abwehr von – vor allem krankheitsbedingten – Gefahren betrifft, deren Vollzug in der Regel in geschlossenen psychiatrischen Einrichtungen, in Entziehungsanstalten, in der Sicherungsverwahrung etc stattfindet.

Im Ausländerrecht ist mit Wirkung ab dem 1.8.2015 als Ergänzung zur Abschiebungshaft in § 62b **5.1** AufenthG das Instrument des maximal viertägigen **Ausreisegewahrsams** neu eingeführt worden (näher Beichel-Benedetti NJW 2015, 2541).

Der polizeiliche Gewahrsam wird begrifflich entsprechend der gesetzlichen Typologie der **6** Tatbestände weiter differenziert. Beim sog. **Schutzgewahrsam** wird nicht der Störer in Gewahrsam genommen, sondern derjenige, dessen Rechtsgüter bedroht sind. Polizeilicher Gewahrsam ist vor allem für Fälle vorgesehen, in denen die betroffene Person sich erkennbar in einem die freie Willensbildung ausschließenden Zustand oder sonst in hilfloser Lage befindet (vgl. Abs. 1 Nr. 1; → Rn. 32 ff.). Wenn sich die betroffene Person aus eigenem in freier Willensbildung gefällten Entschluss – zB zum Schutz vor einem sie verfolgenden Mob – in die Obhut polizeilicher Räumlichkeiten begibt, wird vielfach auch von **unechtem Gewahrsam** gesprochen. Diesen wegen Fehlens eines Rechtseingriffs begrifflich von polizeilichem Gewahrsam abzugrenzen, mag zwar nachvollziehbar sein, entspricht jedoch sowohl in NRW als auch in anderen Bundesländern nicht dem Regelungsgehalt der gesetzlichen Gewahrsamtatbestände, die dem Wortlaut nach auch bei freier Willensbildung des Betroffenen und somit auch in seinem Einvernehmen zu seinem Schutz seine Ingewahrsamnahme zulassen. Dementsprechend ist in einigen Polizeigesetzen (zB § 28 Abs. 1 Nr. 2 lit. a BWPolG) der Gewahrsam auf eigenes Verlangen weiterhin enthalten, obwohl die Innenministerkonferenz in der Begründung zu § 13 MEPolG eine solche Regelung für nicht notwendig erachtet hat. Eine begriffliche Abgrenzung zwischen dem ohne bzw. gegen den Willen des Betroffenen vollzogenen (echten) Gewahrsam und dem sog. unechten Gewahrsam auf Verlangen des Betroffenen ist auch nicht erforderlich, um die einfachgesetzliche Notwendigkeit richterlicher Entscheidungen über unechte Ingewahrsamnahmen, die mangels Eingriffscharakters nicht dem Richtervorbehalt des Art. 104 Abs. 2 GG unterfallen, zu vermeiden. Denn die einfachgesetzlichen Ausprägungen des Richtervorbehalts knüpfen begrifflich in der Regel (vgl. § 36 Abs. 1 S. 1) an ein Festhalten an, also an einen Begriff, der bereits nach allgemeinem Sprachverständnis eher eine gegen oder ohne den freien Willen des (fortbewegungswilligen) Betroffenen erfolgende Maßnahme beschreibt als den Gewahrsamsbegriff, der oftmals als Synonym für die Begriffe **Obhut** oder Schutz verwendet wird. Sofern gleichwohl ein eigenständiger Begriff für eine auf Wunsch des Betroffenen erfolgende Aufnahme in einen abgeschlossenen polizeilichen Bereich für notwendig erachtet wird, bietet sich der noch bis 1994 in § 22 BGSG (idF v. 18.8.1972, BGBl. I 1834) verwendete Begriff der „Obhut" an.

Als **Sicherheits-, Präventiv-, Vorbeuge oder Unterbindungsgewahrsam** werden die **7** Fälle bezeichnet, in denen der Störer in Gewahrsam genommen wird, um ihn von einem bestimmten Tun, insbesondere von der Begehung von Straftaten, abzuhalten (zB Abs. 1 Nr. 2; → Rn. 37 ff.). Soweit vereinzelt für Ingewahrsamnahmen, die zum Verhindern der Fortsetzung einer rechtswidrigen Tat erfolgen, der Begriff **Repressivgewahrsam** – im Gegensatz zur Verwendung des Begriffs Präventivgewahrsam für ein Verhindern der Tat von vornherein – verwendet wird (so zB VGH München BeckRS 2000, 24290 mwN), erscheint dies missverständlich, da es der Sache nach weiterhin um ein präventives Handeln zur Verhinderung weiterer Rechtsbeeinträchtigungen geht und gerade nicht um ein repressives Ahnden von Rechtsverstößen. Die Unterbindung eines unerwünschten Verhaltens steht auch beim Gewahrsam zum Schutz privater Rechte (vgl. Abs. 1 Nr. 5; → Rn. 58 ff.) im Vordergrund, der dementsprechend vom sog. Schutzgewahrsam begrifflich abzugrenzen ist. Auch beim sog. **Durchsetzungsgewahrsam,** mit dem polizeiliche Verwaltungsakte wie ein Platzverweis, eine Wohnungsverweisung, eine Aufenthaltsanordnung bzw. ein Kontaktverbot oder die Anordnung einer elektronischen Aufenthaltsüberwachung gegen den Störer durchgesetzt werden sollen (→ Rn. 49 ff.), geht es letztlich um die Unterbindung von Verstößen gegen die jeweils durchzusetzende polizeiliche Anordnung. Schließlich betrifft auch die Ingewahrsamnahme von aus staatlicher Freiheitsentziehung entwichenen Personen und von aus der Obhut der Sorgeberechtigten entwichenen Minderjährigen jeweils die Verhinderung der Fortdauer eines durch diese Personen hergestellten Zustands, zB der durch Entweichen des Betroffenen faktisch bewirkten Unterbrechung der Vollziehung einer Haftstrafe oder der Ausübung der Personensorge.

II. Verfassungsrechtliche Aspekte

8   Gemäß Art. 2 Abs. 2 S. 2 GG ist die jedermann, also jeder natürlichen Person zustehende (vgl. Maunz/Dürig/di Fabio GG Art. 2 Abs. 2 Satz 2 Rn. 21) **Freiheit der Person** unverletzlich, was – anknüpfend an die Habeas-Corpus-Tradition – allgemein die **körperliche Bewegungsfreiheit** betrifft (BVerfGE 105, 239 (247) = NJW 2002, 3161 mwN; v. Münch/Kunig/Kunig GG Art. 2 Rn. 73; Jarass/Pieroth/Jarass GG Art. 2 Rn. 112; krit. gegenüber einem Verständnis als umfassende Mobilitätsgarantie hingegen Isensee/Kirchhof StaatsR-HdB/Wittreck § 151 Rn. 8 ff.). Diese Eingrenzung des sachlichen Schutzbereichs bedarf noch einer weiteren Einengung dahingehend, dass der gewählte Aufenthaltsort dem Betroffenen „an sich (tatsächlich und rechtlich) zugänglich" sein muss (BVerfGE 94, 166 (198) = NVwZ 1996, 678). Geschützt ist demnach die Möglichkeit, einen beliebigen Aufenthaltsort, dessen Erreichen dem Grundrechtsinhaber an sich physisch-real möglich wäre, aufzusuchen, dort zu verbleiben oder sich von diesem zu entfernen (BVerfG NVwZ 2011, 743 (744)). Diese Freiheit der Wahl des Aufenthaltsortes ist in der Abwehrdimension des Grundrechts vor staatlichen Eingriffen – wie zB Verhaftung, Festnahme und ähnlichen Maßnahmen des unmittelbaren Zwangs (vgl. BVerfGE 22, 21 (26) = NJW 1967, 1221) – geschützt.

9   Weil die Freiheit der Person letztlich Grundlage und Voraussetzung der Entfaltungsmöglichkeiten des Bürgers (vgl. BVerfGE 128, 326 (372) = NJW 2011, 1931) ist und ohne die Sicherung dieser körperlichen Freiheit die Verwirklichung des Art. 2 Abs. 1 GG kaum vorstellbar wäre, nimmt sie einen **hohen Rang unter den Grundrechten** ein und in sie darf nur aus wichtigen Gründen eingegriffen werden (vgl. nur BVerfGE 10, 302 (322)). Sowohl die gesetzlichen Gewahrsamsermächtigungen als auch ihre konkrete Anwendung im Einzelfall sind hieran zu messen. Insbesondere präventive Beschränkungen des Freiheitsgrundrechts und erst recht präventive Freiheitsentziehungen, die – wie polizeirechtlicher Gewahrsam – nicht dem Schuldausgleich dienen, sind **nur zum Schutz hochwertiger Rechtsgüter** zulässig und nur dann, wenn deren Schutz die Maßnahme **unter strikter Beachtung des Verhältnismäßigkeitsgrundsatzes** erfordert; bei der gebotenen Abwägung ist dem Freiheitsanspruch der festgehaltenen Person das Sicherungsbedürfnis der Allgemeinheit gegenüberzustellen, wobei die Grenzen der Zumutbarkeit für den Betroffenen gewahrt bleiben müssen (vgl. BVerfGE 128, 326 (372) = NJW 2011, 1931 mwN).

10   Neben der Verwendung des Begriffs „unverletzlich" (vgl. nur BVerfGE 105, 239 (247) = NJW 2002, 3161 mwN) ergibt sich die hohe Bedeutung des Rechtsguts der Freiheit der Person insbesondere auch aus den **formellen Gewährleistungen des Art. 104 GG** (BVerfGE 109, 190 (239) = NJW 2004, 750). Das Freiheitsgrundrecht des Betroffenen ist dementsprechend nicht nur materiell-rechtlich, sondern auch auf der Ebene des Verfahrensrechts abzusichern (BVerfGE 109, 133 (159) = NJW 2004, 739). Die formellen Vorgaben des in Art. 104 GG verankerten grundrechtsgleichen Rechts (vgl. Sachs/Degenhart GG Art. 104 Rn. 3; Jarass/Pieroth/Jarass GG Art. 104 Rn. 1; vgl. auch BVerfGE 58, 208 (220) = NJW 1982, 691) stehen mit der materiellen Freiheitsgarantie des Art. 2 Abs. 2 S. 2 GG in unlösbarem Zusammenhang; sie nehmen den schon in Art. 2 Abs. 2 S. 3 GG enthaltenen Gesetzesvorbehalt auf und verstärken ihn durch verfahrensmäßige Sicherungen (vgl. BVerfG NStZ-RR 2007, 379 mwN), stellen sich mithin als Ausprägung des Prinzips der Grundrechtssicherung durch Verfahren dar (vgl. MKS/Gusy GG Art. 104 Rn. 13; BVerfGE 128, 326 (372) = NJW 2011, 1931). Diese in Art. 104 GG – einerseits in Art. 104 Abs. 1 GG allgemein für Freiheitsbeschränkungen und andererseits in Art. 104 Abs. 2–4 GG speziell für Freiheitsentziehungen – enthaltenen Sicherungen entsprechen inhaltlich den in der rechtsgeschichtlichen Entwicklung des „habeas corpus"-Grundrechts entwickelten Grundrechtsgarantien (MKS/Gusy GG Art. 104 Rn. 3).

11   Art. 104 Abs. 1 S. 1 GG enthält eine **Konkretisierung des Gesetzesvorbehalts des Art. 2 Abs. 2 S. 3 GG,** und gestattet Beschränkungen der in Art. 2 Abs. 2 S. 2 GG gewährleisteten Freiheit der Person **nur aufgrund eines förmlichen Gesetzes und nur unter Beachtung der darin vorgeschriebenen Formen.** Neben der Forderung nach einem förmlichen Gesetz wird demnach auch die Pflicht, die sich aus diesem Gesetz ergebenden Formvorschriften zu beachten, zum Verfassungsgebot erhoben, sodass Verstöße gegen die durch Art. 104 GG gewährleisteten Voraussetzungen und Formen freiheitsbeschränkender Gesetze stets auch eine Verletzung der Freiheit der Person gem. Art. 2 Abs. 2 S. 2 GG darstellen (BVerfG NStZ-RR 2007, 379). Das den Eingriff in die Fortbewegungsfreiheit gestattende Gesetz muss ein förmliches Parlamentsgesetz sein (BVerfGE 128, 326 (372) = NJW 2011, 1931), bei dem es sich sowohl um ein Bundes- als auch um ein Landesgesetz handeln kann (BVerfGE 105, 239 (247) = NJW 2002, 3161; Jarass/Pieroth/Jarass GG Art. 104 Rn. 3) und theoretisch auch um unmittelbar anwendbares EU-Recht. Verordnungen, Satzungen oder Gewohnheitsrecht taugen daher nicht als Ermächtigungsgrundlage für Eingriffe in das Grundrecht auf Freiheit der Person (vgl. nur Maunz/Dürig/Mehde GG Art. 104 Rn. 42 f.); hingegen bedarf das erforderliche förmliche Gesetz – jedenfalls soweit keine Freiheitsentziehung hierauf gestützt wird (→ Rn. 12) – keiner ausdrücklichen Bezugnahme konkret auf Freiheitsbeeinträchtigungen oder konkrete Formen der Beschränkung der Freiheit der Person, die auch aufgrund einer positiv-gesetzlichen polizeilichen Generalklausel erfolgen können (OVG Münster OVGE 6, 132), wenn nicht eine speziellere Ermächtigungsnorm vorhanden ist. Darüber hinaus muss in dem förmlichen Gesetz, aufgrund dessen die Einschränkung des Freiheitsgrundrechts erfolgt, gem. Art. 19 Abs. 1 S. 2 GG, das einschränkbare Grundrecht unter Angabe des Artikels benannt werden, was in § 7 der Fall ist. Eine **Freiheitsbeschränkung** iSv Art. 104 Abs. 1 GG liegt vor, wenn der Betroffene gegen seinen Willen durch die öffentliche Gewalt daran gehindert wird, einen Ort, dessen Erreichen ihm an sich physisch-real möglich wäre, aufzusuchen, dort zu verbleiben oder sich von diesem zu entfernen (BVerfG NVwZ 2011, 743 (744)).

Für die **Freiheitsentziehung** (zum Verhältnis des Begriffs zu den Begriffen Freiheitsbe-   **12** schränkung und Gewahrsam → Rn. 2) als schwerstem Eingriff in das Recht der Freiheit der Person, also für eine Aufhebung der tatsächlich und rechtlich gegebenen körperlichen Fortbewegungsfreiheit der betroffenen Person nach allen Seiten hin (BVerfG NVwZ 2011, 743 (744)), ergänzt Art. 104 Abs. 2 S. 1 GG den Vorbehalt des (förmlichen) Gesetzes durch den weiteren, verfahrensrechtlichen **Vorbehalt einer richterlichen Entscheidung,** welcher ebenfalls der verstärkten Sicherung des Grundrechts aus Art. 2 Abs. 2 S. 2 GG dient und nicht zur Disposition des Gesetzgebers steht (vgl. BVerfGE 105, 239 (247) = NJW 2002, 3161 mwN). Die verfassungsrechtlichen Vorgaben für diesen Richtervorbehalt sind in Art. 104 Abs. 2–4 GG näher konkretisiert (vgl. näher → § 36 Rn. 1). Im Hinblick auf die Bestimmtheitsanforderungen an die gem. Art. 104 Abs. 1 GG erforderliche formell-gesetzliche Ermächtigungsgrundlage ist zu verlangen, dass der Gesetzgeber die Fälle, in denen eine Freiheitsentziehung zulässig sein soll, hinreichend klar, dh in berechenbarer, messbarer und kontrollierbarer Weise regelt (BVerfG NJW 2013, 3151 (3159)). Insoweit konkretisiert Art. 104 Abs. 1 S. 1 GG die sich aus dem Rechtsstaatsprinzip ergebenden Bestimmtheitsanforderungen, wobei die Vorgaben des Gesetzgebers umso genauer sein müssen, je intensiver der Grundrechtseingriff ist und je schwerwiegender die Auswirkungen der Regelung sind (vgl. auch BVerfGE 109, 133 (188)). Da präventive Freiheitsentziehungen ebenso stark in das Grundrecht des Art. 2 Abs. 2 S. 2 GG eingreifen wie Freiheitsstrafen, ergibt sich aus Art. 104 Abs. 1 GG im Ergebnis ein **ähnliches Bestimmtheitsgebot wie aus Art. 103 Abs. 2 GG** (BVerfGE 131, 268 (306)). Der Grad der für eine Norm jeweils erforderlichen Bestimmtheit, die auch bei Verwendung konkretisierungsbedürftiger Begriffe und – mit Hilfe der üblichen Auslegungsmethoden bestimmbarer – unbestimmter Rechtsbegriffe gewahrt sein kann, lässt sich nicht abstrakt festlegen, sondern hängt von den Besonderheiten des jeweiligen Tatbestands einschließlich der Umstände ab, die zur gesetzlichen Regelung geführt haben (BVerfG NJW 2013, 3151 (3159)).

Bei Ingewahrsamnahmen im Zusammenhang mit Demonstrationen kann sich auch die gem. Art. 8   **12.1** GG geschützte **Versammlungsfreiheit** als verfassungsrechtlich beachtlich erweisen. Denn gegenüber Teilnehmern einer Versammlung sind Maßnahmen aufgrund des allgemeinen Polizeirechts wegen der Polizeifestigkeit des bedeutsamen Versammlungsrechts erst zulässig, wenn die Versammlung aufgelöst oder der betroffene Teilnehmer von der Versammlung ausgeschlossen worden ist (BVerfG NVwZ 2005, 80; für den Fall von Einkesselungen vgl. auch OVG Münster NVwZ 2001, 1315).

III. Völker- und europarechtliche Aspekte

13   Auf völkerrechtlicher Ebene sind Bestimmungen zum „Recht auf Freiheit" insbesondere **Art. 5 EMRK** zu entnehmen. Obgleich die EMRK innerstaatlich im Rang eines Bundesgesetzes und damit unter dem GG steht, ist mittlerweile in ständiger Rechtsprechung des BVerfG anerkannt, dass Inhalt und Reichweite von Grundrechten und rechtsstaatlichen Grundsätzen des GG – und somit auch Art. 2 Abs. 2 S. 2 GG iVm Art. 104 GG – nicht nur durch die nationale rechtswissenschaftliche Brille zu betrachten, sondern aufgrund der **Völkerrechtsfreundlichkeit des GG** auch unter Heranziehung des Textes der EMRK und der Rechtsprechung des EGMR als Auslegungshilfen zu bestimmen; dies verlangt jedoch keine schematische Parallelisierung der Aussagen des GG mit denen der EMRK, sondern ein Aufnehmen der Wertungen der EMRK, soweit dies methodisch vertretbar und mit den Vorgaben des GG vereinbar ist (vgl. nur BVerfG NJW 2011, 1931 (1935) mwN).

14   Art. 5 EMRK, der wesentlich zum Ziel hat, willkürliche und ungerechtfertigte Freiheitsentziehungen zu verhindern, wird vom EGMR zu den wichtigsten Grundrechten, welche die körperliche Sicherheit einer Person garantieren, gezählt (vgl. EGMR NJW 2007, 3699). Während das in Art. 5 Abs. 1 S. 1 EMRK ebenfalls erwähnte Recht auf Sicherheit kaum praktische Bedeutung hat (Meyer-Ladewig/Nettesheim/v. Raumer, EMRK, 4. Aufl. 2017, EMRK Art. 5 Rn. 6), wird das Recht auf Freiheit in Art. 5 Abs. 1 S. 2 EMRK bereits auf grundrechtlicher Ebene dahingehend konkretisiert, dass Freiheitsentziehungen nur unter konkreten Voraussetzungen für zulässig erklärt werden. Der **konventionsrechtliche Begriff der Freiheitsentziehung** bestimmt sich zunächst durch das objektive Merkmal der Unterbringung einer Person an einem räumlich begrenzten Ort auf eine nicht unerhebliche Zeit und setzt überdies subjektiv voraus, dass die Unterbringung ohne wirksame Einwilligung des Betroffenen erfolgt (EGMR NJW-RR 2006, 308 Rn. 74). Trotz unterschiedlicher Definitionsansätze deckt er sich in der Praxis weitestgehend mit dem Freiheitsentziehungsbegriff des Art. 104 GG (→ Rn. 12) und ist – vergleichbar zur grundgesetzlichen Gegenüberstellung zum Begriff der Freiheitsbeschränkung – von bloßen Einschränkungen der Bewegungsfreiheit abzugrenzen, was jeweils anhand der Umstände des Einzelfalls – wie Art, Dauer und Auswirkungen der Maßnahmen – zu beurteilen ist (EGMR NJW 1984, 544 Rn. 92).

15   Art. 5 Abs. 1 S. 2 EMRK stellt Freiheitsentziehungen zum einen unter den **Vorbehalt des nationalen Rechts,** indem er verlangt, dass sie nach innerstaatlichem Recht rechtmäßig sind und auf die hiernach gesetzlich vorgeschriebene Weise vorgenommen werden. Zum anderen stellt er in Art. 5 Abs. 1 S. 2 lit. a–f EMRK bereits auf grundrechtlicher Ebene einen abschließenden Katalog von möglichen Rechtfertigungsgründen für Freiheitsentziehungen auf, die nicht zur Disposition der Vertragsstaaten stehen, wohl aber strengere Voraussetzungen im nationalen Recht erlauben, die ihrerseits durch das Rechtmäßigkeitserfordernis in Art. 5 Abs. 1 S. 2 EMRK Konventionsrang erhalten.

16   Keine Bedeutung für den vorliegend relevanten Zusammenhang der allgemeinen Gefahrenabwehr hat der für repressive Strafhaft bzw. disziplinarrechtliche Haft einschlägige Art. 5 Abs. 1 S. 2 lit. a EMRK. Ebenfalls ausschließlich für Freiheitsentziehungen, die im Rahmen eines Strafverfahrens erfolgen, ist nach der Rechtsprechung des EGMR (NVwZ 2014, 43 Rn. 68 f.) **Art. 5 Abs. 1 S. 2 lit. c EMRK** anwendbar, wenngleich die Regelung nach der Formulierung ihrer zweiten Alternative auch präventiv und ohne zwingenden Bezug zu einem bereits laufenden Strafverfahren verstanden werden kann und dementsprechend in der deutschen rechtswissenschaftlichen Diskussion bisweilen auch so verstanden wurde (vgl. nur VGH Mannheim NVwZ-RR 2005, 540). Denn der gem. Art. 5 Abs. 1 S. 2 lit. c EMRK geforderte begründete Anlass zu der Annahme, dass es notwendig ist, die festgehaltene Person an der Begehung einer Straftat zu hindern, kann auch in den Fällen des sog. Unterbindungsgewahrsams (→ Rn. 7; → Rn. 37 ff.) bestehen. Bereits mit seiner Rechtsprechung zur strafrechtlich verankerten, aber doch durch Gefahrenabwehrinteressen motivierten Sicherungsverwahrung sah jedoch der EGMR deren nachträgliche Verlängerung als nicht gem. Art. 5 Abs. 1 S. 2 lit. c EMRK gerechtfertigte Freiheitsentziehung und als gegen Art. 7 EMRK verstoßende Strafe ohne Gesetz an (EGMR NJW 2010, 2495 mAnm Eschelbach; NJW 2012, 1707 (1708)) und stellte somit die Möglichkeiten präventiver Freiheitsentziehungen erheblich in Frage (vgl. Heidebach NVwZ 2014, 554). Wenig später konkretisierte der EGMR dieses Normverständnis im Zusammenhang mit einem auf polizeirechtlicher

Grundlage erfolgten Festhalten nochmals dahingehend, dass gem. Art. 5 Abs. 1 S. 2 lit. c EMRK nur Freiheitsentziehungen gerechtfertigt sein können, die im Rahmen eines Strafverfahrens erfolgen (EGMR NVwZ 2012, 1089 Rn. 72).

Hiernach verbleibt für präventive Ingewahrsamnahmen zur Verhinderung von Straftaten, **17** bei denen nicht bereits zugleich ein konkretes Strafverfahren eingeleitet wird und bei denen es sich nicht um eine – vom Spezialtatbestand in Art. 5 Abs. 1 S. 2 lit. f EMRK erfasste – unerlaubte Einreise handelt, allenfalls eine konventionsrechtliche Rechtfertigungsmöglichkeit über **Art. 5 Abs. 1 S. 2 lit. b EMRK,** wonach eine Freiheitsentziehung unter anderem zur Erzwingung der Erfüllung einer gesetzlichen Verpflichtung zulässig sein kann. Dies ist zB unproblematisch anzunehmen bei Verpflichtungen, als Zeuge auf einer Polizeidienststelle auszusagen (EGMR Urt. v. 22.2.2011 – 24329/02 Rn. 234 ff.; vgl. § 10 Abs. 3), die eigene Identität aufzuklären (EGMR Urt. v. 5.4.2011 – 14569/05 Rn. 42 ff.; vgl. § 12 Abs. 2 S. 3) oder einen Platzverweis zu befolgen (EGMR NVwZ 2006, 797; vgl. § 35 Abs. 1 Nr. 3; → Rn. 53). Gleiches wird für die Durchsetzung einer Wohnungsverweisung (Abs. 1 Nr. 4), die Durchsetzung privater Rechte (Abs. 1 Nr. 5) wie auch für Anordnungen nach §§ 34b, 34c, die überdies in der Regel auf einer gerichtlichen Anordnung iSv Art. 5 Abs. 1 S. 2 lit. b EMRK beruhen, anzunehmen sein. Als ausreichend wird auch die mit einem behördlich angeordneten, sofort vollziehbaren Versammlungsverbot einhergehende Verpflichtung, nicht an einer solchen Versammlung teilzunehmen, erachtet (OVG Bremen BeckRS 2015, 48609). Eine administrative Freiheitsentziehung zur Durchsetzung der allgemeinen Pflicht zur Befolgung der Gesetze und der **Verpflichtung, in unmittelbarer Zukunft keine Straftat zu begehen,** hielt der EGMR auf dieser Grundlage bis dato aber für nicht gerechtfertigt, da es sich bei der durchzusetzenden gesetzlichen Pflicht um eine „tatsächliche und konkrete Verpflichtung" – zB durch administrative Anordnung bestimmter Maßnahmen – handeln muss, der die betroffene Person bisher noch nicht nachgekommen ist (EGMR NVwZ 2012, 1089 Rn. 73, 82). Offenbar um trotz dieser engen Rechtsprechung eine konventionsrechtliche Rechtfertigungsmöglichkeit für Ingewahrsamnahmen zur Gefahrenabwehr – insbesondere für den Unterbindungsgewahrsam – zu erhalten, weichte der EGMR später seine Anforderungen an die iSv Art. 5 Abs. 1 S. 2 lit. b EMRK zu erfüllende gesetzliche Verpflichtung auf und konkretisierte sie dahingehend, dass die Verpflichtung, friedlich zu bleiben und eine Straftat zu begehen, dann als ausreichend bestimmt und konkret angesehen werden kann, „wenn **Ort und Zeit der bevorstehenden Begehung der Straftat sowie ihr mögliches Opfer hinreichend konkretisiert** sind" (EGMR NVwZ 2014, 43 Rn. 93, zur Verabredung einer Schlägerei zwischen Hooligan-Gruppen mit Körperverletzungsdelikten und Landfriedensbruch). Für eine darüber hinaus erforderliche Nichterfüllung dieser Verpflichtung durch den Betroffenen ist erforderlich, dass dieser eindeutige und aktive Schritte oder Vorbereitungshandlungen unternommen hat, die darauf deuten, dass er seine Verpflichtung nicht erfüllen will (zur Gefahr der Wiederholung von bereits begangenen Straftaten nach § 316b Abs. 1 StGB, § 315 Abs. 1 StGB im Rahmen eines Castor-Transports vgl. BVerfG NVwZ 2016, 1079 (1081)). Auf die Verpflichtung ist er aber zuvor hinzuweisen, wozu im Falle der zu erfüllenden Pflicht, sich nicht an einer Hooligan-Schlägerei zu beteiligen, zB polizeiliche Maßnahmen ausreichen, die nach außen hin verdeutlichen, dass die Polizei eine solche Auseinandersetzung verhindern will (EGMR NVwZ 2014, 43 Rn. 94 ff., wonach der Versuch, sich einer polizeilichen Überwachung zu entziehen, und der Versuch der Verabredung einer Schlägerei hinreichend eindeutige und aktive Schritte seien, die für eine Nichterfüllung der Verpflichtung sprächen). In der Situation, dass unmittelbar vorangegangene Straftaten im Einzelfall darauf deuten, dass der Betroffene nicht gewillt ist, der Verpflichtung zum Unterlassen weiterer entsprechender Straftaten nachzukommen, gebietet Art. 5 EMRK jedoch mitunter nicht, den Betroffenen vor der Ingewahrsamnahme noch einmal ausdrücklich auf die zu erfüllende Verpflichtung hinzuweisen und eine etwaige Nichtbefolgung abzuwarten (vgl. BVerfG NVwZ 2016, 1079 (1081)).

Zwei Richter des EGMR haben sich in der vorbenannten Entscheidung mit einem Minderheitsvo- **17.1** tum der in Deutschland bis dahin verbreiteten Auffassung angeschlossen, ein behördlicher Unterbindungsgewahrsam könne gem. Art. 5 Abs. 1 S. 2 lit. c EMRK zulässig sein, während die Subsumtion unter Art. 5 Abs. 1 S. 2 lit. b EMRK keine überzeugende Lösung biete. Auch in der deutschen rechtswissenschaftlichen Literatur wird am alten Standpunkt festgehalten und hinsichtlich der nunmehr eindeutigen und mit diesen Vorgaben zu beachtenden Rechtsprechung des EGMR kritisiert, dass der hiernach vorab dem Betroffenen zu erteilende Hinweis auf die konkrete Unterlassungspflicht in vielen Fällen kaum praktikabel durchzuführen sei und dass die weiterhin geforderten Schritte des Betroffenen, die auf eine beabsichtigte Missachtung der Verpflichtung deuten müssen, wegen einer Leugnungshaltung in manchen Fällen nicht festzustellen seien (Michaelis JA 2014, 198 (200); Heidebach NVwZ 2014, 554 (557 f.); Waechter NVwZ 2014, 995 (996 f.), der Bedenken äußert, ob ein bloßer Hinweis auf die Pflicht ausreichend ist oder es vielmehr einer durchsetzbaren Verfügung bedarf, die aber – wie auch ein bloßer Hinweis – regelmäßig möglich sei, und ob bei dem Normverständnis des EGMR überhaupt ein Gewahrsam zur Durchsetzung eines Aufenthaltsverbots konventionskonform möglich sei). Die Entscheidung des EGMR hat überdies zur Folge, dass für polizeirechtlichen Unterbindungsgewahrsam konventionsrechtlich nicht von Amts wegen eine unverzügliche Vorführung des Betroffenen vor einen Richter gem. Art. 5 Abs. 3 EMRK erforderlich ist, sondern dass der Betroffene lediglich gem. Art. 5 Abs. 4 EMRK ein Recht auf Beantragung einer gerichtlichen Entscheidung über die Rechtmäßigkeit der Freiheitsentziehung binnen kurzer Frist hat (→ Rn. 21).

18   Soweit **Art. 5 Abs. 1 S. 2 lit. d EMRK** bei Minderjährigen eine Freiheitsentziehung zum Zweck überwachter Erziehung – dh zu Maßnahmen der Jugendhilfe oder des Jugendstrafrechts (Meyer-Ladewig/Nettesheim/v. Raumer, EMRK, 4. Aufl. 2017, EMRK Art. 5 Rn. 46) – oder zur Vorführung vor die zuständige Behörde gestattet, ist nach dem Wortlaut eine Ingewahrsamnahme entwichener Minderjähriger zum Zwecke der Übergabe an die Sorgeberechtigten (Abs. 2; → Rn. 62 ff.) nicht erfasst, allenfalls ein Festhalten zur Zuführung an das Jugendamt. Dementsprechend dürften die Fälle des Zurückführungsgewahrsams Minderjähriger eher ebenfalls an Art. 5 Abs. 1 S. 2 lit. b EMRK zu messen sein, sodass der Betroffene zuvor auf seine Pflicht zur Rückkehr zu seinen Sorgeberechtigten hinzuweisen ist.

19   **Art. 5 Abs. 1 S. 2 lit. e EMRK** betrifft zunächst hinsichtlich der Verhinderung ansteckender Krankheiten die im vorliegenden – landesrechtlichen – Zusammenhang nicht relevanten Fälle von Freiheitsentziehungen zum Zwecke des Infektionsschutzes (vgl. § 30 IfSG) und hinsichtlich der Freiheitsentziehungen bei Geisteskranken die Unterbringungen nach dem Betreuungsrecht gem. § 1906 BGB („aufgrund einer psychischen Krankheit oder geistigen oder seelischen Behinderung") einerseits und nach dem landesrechtlichen Sonderordnungsrecht (zB gem. §§ 10 ff. NRWPsychKG bei einer „psychischen Krankheit") andererseits. Soweit die Regelung weiterhin Freiheitsentziehungen bei Alkohol- und Rauschgiftsüchtigen zulässt, ist dies weit auszulegen und betrifft nicht lediglich Personen mit einer nachgewiesenen Abhängigkeit, sondern darüber hinaus auch Personen, deren Verhalten unter Alkohol bzw. sonstigen Drogen eine Gefahr oder Bedrohung für die öffentliche Ordnung oder sie selbst darstellt (vgl. Meyer-Ladewig/Nettesheim/v. Raumer, EMRK, 4. Aufl. 2017, EMRK Art. 5 Rn. 59). Landstreicher sind Personen ohne festen Wohnsitz, ohne Mittel zum Unterhalt und ohne regelmäßige Erwerbstätigkeit (vgl. EGMR Urt. v. 18.6.1971 – 2832/66, 2832/66 ua, EGMR-E1, 110).

20   **Art. 5 Abs. 1 S. 2 lit. f EMRK** betrifft ausschließlich ausländerrechtliche Konstellationen, nämlich zum einen die Zurückweisungshaft sowie den Aufenthalt des Ausländers im Transitbereich eines Flughafens oder in einer Abreiseunterkunft (vgl. § 15 Abs. 5 und Abs. 6 AufenthG) zur Verhinderung einer unerlaubten Einreise und zum anderen die Abschiebungshaft (vgl. § 62 AufenthG) bei Personen, gegen die ein Ausweisungs- oder Auslieferungsverfahren im Gange ist. Aufgrund der Regelungen des Aufenthaltsrechts kann die spezielle konventionsrechtliche Regelung im Polizei- und Ordnungsrecht nur dann von Relevanz sein, wenn man die ausländerrechtlichen Bestimmungen für nicht abschließend erachtet und außerhalb ihres Anwendungsbereichs daher auch noch vorbereitende oder begleitende freiheitsentziehende Maßnahmen, wie zB eine vorläufige Ingewahrsamnahme gem. § 24 NRWOBG iVm § 35 Abs. 1 Nr. 2 bis zur richterlichen Entscheidung über einen Antrag der Ausländerbehörde auf Anordnung von Sicherungshaft (so OLG Köln NJW 2005, 3361; FGPrax 2005, 275) für möglich erachtet.

21   Ähnlich wie Art. 104 GG stellt Art. 5 EMRK **verfahrensrechtliche Vorgaben** auf. Zunächst verpflichtet Art. 5 Abs. 2 EMRK dazu, die betroffene Person über die Gründe des Festhaltens zu informieren (→ § 37 Rn. 4; zur landesrechtlichen Regelung in § 37 Abs. 1 → § 37 Rn. 11 ff.). Sodann regelt Art. 5 Abs. 3 und Abs. 4 EMRK, wie der betroffenen Person gerichtlicher Rechtsschutz zugekommen soll. Während Art. 5 Abs. 3 EMRK ausschließlich für gem. Art. 5 Abs. 1 S. 2 lit. c EMRK zulässige Freiheitsentziehungen

die Pflicht zur unverzüglichen Vorführung vor einen Richter und auf ein Urteil in angemessener Frist normiert, betrifft die – weniger strenge – Vorschrift des Art. 5 Abs. 4 EMRK sämtliche Freiheitsentziehungen und räumt der betroffenen Person ein Antragsrecht hinsichtlich einer innerhalb kurzer Frist ergehenden gerichtlichen Entscheidung ein (zu den Einzelheiten → § 36 Rn. 11). Darüber hinaus kann die von einer konventionswidrigen Freiheitsentziehung betroffene Person gem. Art. 5 Abs. 5 EMRK Schadensersatz verlangen (→ § 36 Rn. 58).

Die weitgehend mit Art. 5 EMRK übereinstimmenden Regelungen in Art. 9 Zivilpakt (**Internatio-** **21.1** **naler Pakt über bürgerliche und politische Rechte v. 19.12.1966,** BGBl. 1973 II 1553) sind mangels eines wirksamen Durchsetzungsinstrumentariums von geringer praktischer Bedeutung für den effektiven Garantiebereich der persönlichen Freiheit in der Bundesrepublik (Isensee/Kirchhof StaatsR-HdB/Wittreck § 151 Rn. 2).

Auf Ebene des EU-Rechts findet das durch Art. 5 EMRK verbürgte Recht auf persönliche Bewe- **21.2** gungsfreiheit in dem in Art. 6 GRCH (**Charta der Grundrechte der Europäischen Union** v. 12.12.2007, ABl. 2007 C 303, 1) verankerten Recht auf Freiheit – sowohl in seiner Bedeutung als auch in seiner Tragweite (vgl. Art. 52 Abs. 3 GRCh) – eine Entsprechung (vgl. die Erläuterung zu Art. 6 GRCh, ABl. 2007 C 303, 19 f.), sodass insoweit auf die vorstehenden Ausführungen Bezug genommen werden kann.

IV. Entstehungsgeschichte

Nachdem das **Allgemeine Landrecht für die Preußischen Staaten (ALR)** noch keine **22** speziellen Vorschriften für den polizeilichen Gewahrsam enthalten hatte und insoweit allenfalls ein Rückgriff auf generelle Regelungen – zB in der Generalklausel des § 10 II 17 ALR – möglich gewesen war, wurde der Gewahrsam mit **§ 15 PrPVG** (Preußisches Polizeiverwaltungsgesetzes v. 1.6.1931, PrGS 77) unter dem Begriff Verwahrung erstmals als eine von drei konkretisierend bzw. einschränkend neben die Generalklausel des § 14 PrPVG getretenen polizeilichen Standardmaßnahmen – neben der Wohnungsdurchsuchung (§ 16 PrPVG) und der Vorladung (§ 17 PrPVG) – gesetzlich geregelt. Hiernach konnte die Polizei Personen in Verwahrung nehmen, wenn dies zum eigenen Schutze dieser Personen (§ 15 Abs. 1 lit. a PrPVG) oder zur Beseitigung einer bereits eingetretenen Störung der öffentlichen Sicherheit oder Ordnung oder zur Abwehr einer unmittelbar bevorstehenden polizeilichen Gefahr, falls die Beseitigung der Störung oder die Abwehr der Gefahr auf andere Weise nicht möglich ist (§ 15 Abs. 1 lit. b PrPVG), erforderlich war. Da diese Vorschrift – insbesondere in § 15 Abs. 1 lit. b PrPVG – weiterhin sehr allgemein gefasst war, jedoch gegenüber der Generalermächtigung des § 14 PrPVG eine gesteigerte Gefahr (vgl. BVerwGE 45, 51) voraussetzte, wurde und wird sie mitunter als **eingeschränkte Generalklausel** bezeichnet (zur Handhabung von § 15 PrPVG im Nationalsozialismus vgl. Terhorst, Polizeiliche planmäßige Überwachung und polizeiliche Vorbeugungshaft im Dritten Reich, 1985).

Das **PrPVG galt nach Inkrafttreten des GG zunächst fort.** Das POG NRW 1953 **23** (Gesetz über die Organisation und die Zuständigkeit der Polizei im Lande Nordrhein-Westfalen v. 11.8.1953, GS. NW. 148) enthielt seinem Titel gemäß zunächst lediglich Organisations- und Zuständigkeitsnormen. Mit dem Gesetz zur Änderung des Gesetzes über die Organisation und die Zuständigkeit der Polizei im Lande Nordrhein-Westfalen v. 8.7.1969 (GV. NRW. 521) trat eine **erste eigene Vorschrift des Landesgesetzgebers betreffend den Polizeigewahrsam** in Kraft. In das POG NRW, das mit gleicher Wirkung die Bezeichnung „Polizeigesetz" erhielt, wurde unter anderem § 16f eingefügt, der mit der Neubekanntmachung v. 28.10.1969 (GV. NRW. 740) in § 25 umnummeriert wurde und, deckungsgleich mit § 15 PrPVG, in Nr. 1 den Gewahrsam einer Person zum eigenen Schutz – sowohl auf deren Verlangen (lit. a) als auch in einem die freie Willensbildung ausschließenden Zustand oder einer sonstigen hilflosen Lage (lit. b) als auch bei Suizidgefahr (lit. c) – und in Nr. 2 den Gewahrsam zur Abwehr einer nicht anders abzuwehrenden gegenwärtigen Gefahr oder zur Beseitigung einer bereits eingetretenen und nicht auf andere Weise zu beseitigenden Störung der öffentlichen Sicherheit oder Ordnung zuließ.

Nachdem auch die von der Innenministerkonferenz in der Sitzung v. 10. und 11.6.1976 **24** verabschiedete erste Fassung des **MEPolG** (Musterentwurf eines einheitlichen Polizeigesetzes) zunächst hinsichtlich des Präventivgewahrsams zur Gefahrenabwehr einen vergleichsweise allgemein gefassten Tatbestand enthalten hatte wie die damalige nordrhein-westfälische und andere landespolizeirechtliche Regelungen, wich die Innenministerkonferenz – insbesondere auch auf Wunsch der Justizministerkonferenz (vgl. Heise/Riegel, Musterentwurf eines einheitlichen Polizeigesetzes, 2. Aufl. 1978, 62 f.) – letztlich mit § 13 Abs. 1 Nr. 2 des am 25.11.1977 beschlossenen MEPolG von der Vorstellung einer eingeschränkten Generalklausel nach preußischem Vorbild ab und sah insoweit Gewahrsam nur noch zur Verhinderung der unmittelbar bevorstehenden „Begehung oder Fortsetzung einer Straftat oder einer Ordnungswidrigkeit von erheblicher Gefahr" vor. Der in § 13 Abs. 1 Nr. 1 MEPolG geregelte Schutzgewahrsam wurde hingegen allgemeiner gefasst, da eine Regelung zur Ingewahrsamnahme auf Verlangen der Betroffenen mangels grundrechtlichen Eingriffscharakters nicht mehr für notwendig erachtet wurde und da auch eine ausdrückliche Nennung des Beispiels der Suizidgefahr, die stets eine bereits geregelte Gefahr für das Leben darstellt, für entbehrlich gehalten wurde. Bei der **Umsetzung des MEPolG** durch Art. I des Gesetzes zur Neuordnung des Polizei-, Ordnungs-, Verwaltungsvollstreckungs- und Melderechts v. 25.3.1980 (GV. NRW. 234) wurde § 13 MEPolG beinahe unverändert in § 13 des neu gefassten PolG NRW übernommen, der darüber hinaus jedoch mit dem ergänzten Tatbestand des Abs. 1 Nr. 3 auch zur Durchsetzung einer **Platzverweisung** eine Ingewahrsamnahme zuließ.

25   Mit dem Gesetz zur Änderung des Polizeigesetzes und des Ordnungsbehördengesetzes v. 18.12.2001 (GV. NRW. 870) wurde neben der in § 34a neu eingefügten Ermächtigung zur Anordnung einer **Wohnungsverweisung** und eines Rückkehrverbots in Abs. 1 Nr. 4 auch die Möglichkeit des Gewahrsams zur Durchsetzung dieser neuen Standardmaßnahme eingefügt. Obwohl der Wortlaut von § 35 hiervon unberührt blieb, wurden die Tatbestandsvoraussetzungen für einen Gewahrsam zur Durchsetzung von Platzverweisungen (Abs. 1 Nr. 3) durch die spätere Einfügung von § 34 Abs. 2 durch das Gesetz zur Änderung des Polizeigesetzes und Ordnungsbehördengesetzes v. 8.7.2003 (GV. NRW. 410) gleichwohl geändert, da seitdem wegen der Nichtbeschränkung von § 35 Abs. 1 Nr. 3 auf eine Platzverweisung gem. § 34 Abs. 1 nunmehr auch ein Gewahrsam zur Durchsetzung eines **Aufenthaltsverbots** möglich ist. Mit den durch das Gesetz zur Stärkung der Sicherheit in Nordrhein-Westfalen v. 13.12.2018 (GV. NRW. 684) neu eingefügten Standardbefugnissen der **Aufenthaltsvorgabe** und des **Kontaktverbots** (§ 34b) sowie der **elektronischen Aufenthaltsüberwachung** (§ 34c) ist § 35 in Abs. 1 Nr. 6 um einen Gewahrsamstatbestand zur Durchsetzung dieser Maßnahmen ergänzt worden. Von der ursprünglich im Regierungsentwurf (LT-Drs. 17/2351) vorgesehenen Einführung des Gewahrsamsgrund der Abwehr einer drohenden Gefahr oder drohenden terroristischen Gefahr hat der Gesetzgeber nach der Anhörung von Sachverständigen letztlich Abstand genommen.

V. Parallelnormen

26   Der in Abs. 1 Nr. 1 geregelte **Gewahrsam zum eigenen Schutz der festgehaltenen Person** findet sich weitestgehend deckungsgleich in allen Polizeigesetzen wieder (zB in § 39 Abs. 1 Nr. 1 BPolG, Art. 17 Abs. 1 Nr. 1 BayPAG, § 32 Abs. 1 Nr. 1 HSOG und § 18 Abs. 1 Nr. 1 NPOG; ausdrücklich ergänzt hinsichtlich eines eigenen Gewahrsamsersuchens des Betroffenen und der Gefahr einer Selbsttötung: § 28 Abs. 1 Nr. 2 BWPolG). Bei krankheitsbedingten Gefährdungen des Betroffenen (Suizidgefahr aufgrund einer psychischen Krankheit) sind zudem die sonderordnungsrechtlichen (insbesondere § 14 NRWPsychKG) und betreuungsrechtlichen (§ 1906 BGB) Vorschriften zu einer Unterbringung in einer geschlossenen psychiatrischen Einrichtung in den Blick zu nehmen. Soweit die Voraussetzungen für eine sofortige vorläufige Unterbringung in einer psychiatrischen Einrichtung vorliegen, ermöglicht in Hessen § 32 Abs. 4 HSOG eine vorläufige Ingewahrsamnahme der betroffenen Person zur Verbringung in ein Krankenhaus.

27   Hinsichtlich des in § 35 Abs. 1 Nr. 2 normierten **Unterbindungsgewahrsams** enthalten zB § 39 Abs. 1 Nr. 3 BPolG, Art. 17 Abs. 1 Nr. 2 BayPAG (in Art. 17 Abs. 1 Nr. 2 Hs. 2 BayPAG ergänzt um Indiztatbestände für die Annahme, dass eine Person eine durch den Gewahrsam zu verhindernde Tat begehen oder zu ihrer Begehung beitragen wird), § 32 Abs. 1 Nr. 2 HSOG und § 18 Abs. 1 Nr. 2 NPOG vergleichbare Regelungen, wohingegen § 28 Abs. 1 Nr. 1 BWPolG weiterhin eine eingeschränkte Generalklausel beinhaltet, nach der jede bereits eingetretene und zu beseitigende sowie jede unmittelbar bevorstehende

erhebliche Störung der öffentlichen Sicherheit oder Ordnung eine Ingewahrsamnahme rechtfertigen kann. § 57 Abs. 1 Nr. 2 BKAG sieht einen Unterbindungsgewahrsam nur bei einer unmittelbar bevorstehende Begehung oder Fortsetzung von Straftaten des internationalen Terrorismus vor. In Bayern existiert über den allgemeinen Unterbindungsgewahrsam hinaus ein Gewahrsamstatbestand zum Schutz bedeutender Rechtsgüter (Art. 17 Abs. 1 Nr. 3 BayPAG). Dem Unterbindungsgewahrsam ähnlich ist von ihrer Zielrichtung her die strafprozessrechtliche Vorschrift des § 112a StPO, wonach Untersuchungshaft unter bestimmten weiteren Voraussetzungen im Falle einer Wiederholungsgefahr in Betracht kommt. Aber auch vor der Anordnung von Untersuchungshaft kommen Freiheitsentziehungen in Betracht, die als doppelfunktionale Maßnahmen zugleich – gefahrenabwehrrechtlich – der Verhinderung der Begehung oder Fortsetzung von Straftaten und – strafprozessrechtlich – deren Verfolgung dienen, namentlich wenn zB eine vorläufige Festnahme seitens der Polizei (§ 127 Abs. 2 StPO) oder das Festhalten eines Verdächtigen zur Identitätsfeststellung (§ 163b StPO; vgl. VG Köln BeckRS 2010, 54400) im Raume stehen.

Soweit gem. Abs. 1 Nr. 3 der Gewahrsam zur **Durchsetzung einer Platzverweisung** 28 nach § 34 – mithin eines Platzverweises im engeren Sinne gem. § 34 Abs. 1 oder eines Aufenthaltsverbots gem. § 34 Abs. 2 – gestattet ist, finden sich Entsprechungen in § 39 Abs. 1 Nr. 2 BPolG, § 57 Abs. 1 Nr. 1 BKAG, Art. 17 Abs. 1 Nr. 4 BayPAG, § 32 Abs. 1 Nr. 3 HSOG und § 18 Abs. 1 Nr. 3 NPOG, wobei das BPolG und das BKAG nur einen Platzverweis im engeren Sinne, mithin kein Aufenthaltsverbot vorsehen. Ein Tatbestand für einen Gewahrsam zur **Durchsetzung einer Wohnungsverweisung** (Abs. 1 Nr. 4) ist im BPolG, BKAG, BWPolG, BayPAG, HSOG und NPOG nicht enthalten, obwohl zumindest für die Polizeibehörden in Baden-Württemberg (§ 27a Abs. 3 BWPolG) und in Niedersachsen (§ 17a Abs. 1 NPOG) eine spezifische Eingriffsbefugnis zur Wohnungsverweisung normiert ist. Soweit in Baden-Württemberg keine entsprechende Gewahrsamsregelung vorhanden ist, können dort Verstöße gegen Platzverweise, Aufenthaltsverbote oder Wohnungsverweisungen unter Umständen dennoch durch eine Ingewahrsamnahme verhindert werden, weil die eingeschränkte Generalklausel des § 28 Abs. 1 Nr. 1 BWPolG einen Gewahrsam wegen jeder erheblichen Störung der öffentlichen Sicherheit oder Ordnung zulässt. Ein mit § 35 Abs. 1 Nr. 5 vergleichbarer Gewahrsam zur **Durchsetzung privater Rechte** ist ausdrücklich zB auch in § 32 Abs. 1 Nr. 4 HSOG vorgesehen, wohingegen das BPolG und bspw. das baden-württembergische, das bayerische und das niedersächsische Landesrecht entsprechende Tatbestände nicht vorhalten. In Baden-Württemberg kann insoweit wiederum auf § 28 Abs. 1 Nr. 1 BWPolG zurückgegriffen werden, da auch der Schutz privater Individualrechtsgüter Bestandteil der öffentlichen Sicherheit ist. Soweit in Abs. 1 Nr. 6 nunmehr auch zur Durchsetzung der neu geschaffenen Eingriffsbefugnisse der §§ 34b und 34c (**Aufenthaltsgebot, Kontaktverbot, elektronische Aufenthaltsüberwachung**) ein Gewahrsamstatbestand geschaffen worden ist, finden sich hierzu Entsprechungen zB im bayerischen (Art. 17 Abs. 1 Nr. 4 und Nr. 5 BayPAG) oder hessischen (§ 32 Abs. 1 Nr. 3 HSOG) Landesrecht, nicht hingegen in Baden-Württemberg und Niedersachsen sowie für das Bundeskriminalamt, obwohl dort entsprechende Eingriffsbefugnisse geregelt sind (vgl. §§ 27b, 27c BWPolG, §§ 17b, 17c NPOG, §§ 55, 56 BKAG). Soweit § 28 Abs. 1 Nr. 3 BWPolG einen in § 35 nicht enthaltenen Tatbestand aufweist, der den Gewahrsam einer Person erlaubt, wenn deren Identität auf andere Weise nicht festgestellt werden kann, betrifft dies die in § 12 Abs. 2 S. 3 und auch in anderen Polizeigesetzen jeweils in einer anderen Vorschrift (vgl. nur § 23 Abs. 3 S. 4 BPolG, Art. 13 Abs. 2 S. 3 BayPAG, § 18 Abs. 4 HSOG oder § 13 Abs. 2 S. 2 NPOG) geregelte Konstellation.

Eine von Abs. 2 vorgesehene **Ingewahrsamnahme von Minderjährigen,** die sich der 29 Obhut der Sorgeberechtigten entzogen haben und den Sorgeberechtigten oder dem Jugendamt zugeführt werden sollen, kennen zB auch § 39 Abs. 2 BPolG, Art. 17 Abs. 2 BayPAG, § 32 Abs. 2 HSOG und § 18 Abs. 3 NPOG. Die bundespolizeirechtliche Regelung gestattet einen Gewahrsam Minderjähriger darüber hinaus ausdrücklich auch dann, wenn sie sich nicht selbst der Obhut entzogen haben, sondern von anderen Personen der Obhut des Personensorgeberechtigten widerrechtlich entzogen worden sind. Zum in § 35 Abs. 3 geregelten **Gewahrsam entwichener Personen** finden sich entsprechende Regelungen zB in § 39 Abs. 3 BPolG, Art. 17 Abs. 3 BayPAG, § 32 Abs. 3 HSOG und § 18 Abs. 2 NPOG, wobei die bundespolizeirechtliche Regelung ausdrücklich auch das in den landesrechtlichen

Regelungen nicht erwähnte Entweichen aus dem Vollzug einer Jugendstrafe und einen Aufenthalt außerhalb einer Anstalt nach den §§ 63 und 64 StGB erfasst. In Baden-Württemberg existiert keine entsprechende Regelung, sodass wiederum § 28 Abs. 1 Nr. 1 BWPolG für entsprechende Maßnahmen heranzuziehen ist. Die Bundespolizei kann in Gestalt von § 39 Abs. 4 BPolG überdies auf einen weiteren – in den Landesgesetzen nicht enthaltenen – Gewahrsamstatbestand zurückgreifen, um einem Ersuchen, das eine Freiheitsentziehung zum Inhalt hat, nachzukommen.

B. Gewahrsamsvoraussetzungen

30   § 35 beinhaltet sechs unterschiedliche enumerativ und abschließend aufgelistete Tatbestände. Daneben sind Maßnahmen gleicher Wirkung wie zB der sog. Verbringungsgewahrsam denkbar, bei denen sich die Frage stellt, ob sie auf die spezielle Ermächtigungsgrundlage des § 35 oder aber auf die polizeirechtliche Generalklausel gestützt werden können (→ Rn. 72).

31   Polizeilicher Gewahrsam scheidet jedoch bei Gefahren für die öffentliche Sicherheit im Rahmen von Versammlungen aus, soweit die betroffene Person ein nicht ausgeschlossener Teilnehmer an einer nicht aufgelösten Versammlung ist. Denn bei gem. Art. 8 GG besonders geschützten Versammlungen geht das VersammlG den Gesetzen des allgemeinen Polizei- und Ordnungsrechts vor (sog. **Polizeifestigkeit** bzw. **Sperrwirkung des Versammlungsrechts**).

I. Schutzgewahrsam (Abs. 1 Nr. 1)

32   Der in Abs. 1 Nr. 1 geregelte sog. **Schutzgewahrsam,** der nicht gem. § 38 Abs. 2 über das Ende des Tages nach dem Ergreifen (§ 38 Abs. 1 Nr. 3) hinaus verlängert werden kann, erfolgt zum Schutz der in Gewahrsam zu nehmenden Person selbst, nicht hingegen zum Schutz anderer Rechtsgüter vor dem Betroffenen. Der Tatbestand, der allgemein – und dementsprechend aus der **ex-ante-Perspektive** eines fachkundigen, besonnenen und erfahrenen Polizeibeamten (vgl. → § 8 Rn. 102) – lediglich eine Gefahr für Leib oder Leben des Betroffenen verlangt, ist zwar vordergründig recht weit gefasst, erfährt seine Einschränkung aber durch den **Verhältnismäßigkeitsgrundsatz,** dem jegliches staatliches Handeln unterliegt und der in dem in Abs. 1 Nr. 1 enthaltenen Erforderlichkeitsgebot zum Ausdruck kommt.

33   Die betroffene Person befindet sich in einem **die freie Willensbestimmung ausschließenden Zustand,** wenn sie nicht in der Lage ist, ihren Willen zu betätigen oder nach einem ihr noch möglichen freien Willensentschluss zu handeln; eine bloße Minderung der Geistes- oder Willenskraft, ein Fehlen von Vernunft oder Besonnenheit sowie Gleichgültigkeit gegenüber den Konsequenzen des eigenen Tuns reichen hierfür nicht aus (Lisken/Denninger PolR-HdB/Rachor/Graulich E Rn. 496). Hauptanwendungsfall in der Praxis ist die Ingewahrsamnahme von erheblich betrunkenen Personen zur Ausnüchterung; in Betracht kommt aber auch der Gewahrsam von Ohnmächtigen oder Personen, die sich im Zustand eines epileptischen Anfalls oder eines Nervenschocks befinden (Lisken/Denninger PolR-HdB/Rachor/Graulich E Rn. 496), wenngleich diesbezüglich wegen möglicher Gewahrsamsunfähigkeit in der Regel eher eine Verbringung in ein Krankenhaus indiziert sein dürfte. Dementsprechend ist gem. Nr. 35.11 S. 3 VVPolG NRW bei entsprechenden Anhaltspunkten stets die Gewahrsamsfähigkeit des Betroffenen zu prüfen.

33.1   Personen, die durch Bewusstlosigkeit, Orientierungslosigkeit, fehlende Ansprechbarkeit oder sonstigen sofortigen ärztlichen Versorgungsbedarf gewahrsamsunfähig sind, dürfen grundsätzlich nicht in den Polizeigewahrsam aufgenommen werden (§ 5 Abs. 1 S. 1 und S. 2 PolGewO, wiedergegeben in der Kommentierung zu § 37). Eine vorübergehende Unterbringung von nicht gewahrsamsfähigen Personen im Gewahrsam ist gem. § 5 Abs. 1 S. 3 PolGewO nur zulässig, wenn die Einlieferung in ein Krankenhaus, die Überstellung in häusliche Fürsorge oder ähnliche Maßnahmen nicht möglich sind und die Verwahrung zum eigenen Schutz dieser Person oder zum Schutz der Allgemeinheit zwingend erforderlich ist, wobei eine Dauerbeobachtung zu erfolgen hat (§ 5 Abs. 1 S. 4 PolGewO). Gemäß § 5 Abs. 3 S. 2 PolGewO kann die Unterbringung des Verwahrten – erforderlichenfalls unter Bewachung – auch in einem Krankenhaus erfolgen.

Sonst in hilfloser Lage befindet sich eine Person, wenn sie sich trotz freier Willensbe- 34 stimmung und unabhängig davon, ob sie diese Situation zu verantworten hat oder nicht, nicht selbst helfen kann, was zB bei von ihren Eltern getrennten Kleinkindern, bei alten, gebrechlichen Menschen, bei Verunglückten oder bei bedrohten Personen, die keine andere Ausweichmöglichkeit haben, der Fall sein kann (so auch Lisken/Denninger PolR-HdB/ Rachor/Graulich E Rn. 497). Der Verhältnismäßigkeitsgrundsatz verbietet auch insoweit einen Schutzgewahrsam, wenn der Betroffene unmittelbar in die Obhut seiner Angehörigen oder einer anderen zur Fürsorge verpflichteten oder sonst geeigneten Person gegeben werden kann und dies seinem mutmaßlichen Willen nicht erkennbar widerspricht (vgl. auch Nr. 35.11 S. 1 VVPolG NRW). Demnach scheidet die Ingewahrsamnahme eines alleine auf dem Parkplatz eines Supermarkts aus anderen Gründen aufgegriffenen und durch das Aufgreifen und die damit verbundene Aufregung in einer hilflosen Lage befindlichen geistig behinderten Jungen aus, wenn Versuche, vor Ort die Eltern in überschaubarer Zeit erreichen zu können, nicht aussichtslos erscheinen (vgl. OLG Karlsruhe VBlBW 2000, 329).

Da die Rechtsordnung den **Schutz des Rechtsguts des Lebens auch gegen den Wil-** 35 **len des Betroffenen** vorsieht (Lisken/Denninger PolR-HdB/Denninger D Rn. 32), kann eine Ingewahrsamnahme auch zur **Verhinderung eines Selbstmords** erfolgen (BayObLG NJW 1989, 1815 (1816)), zumal bei Suizidversuchen aus der – auch insoweit für das Bestehen einer Gefahrenlage maßgeblichen – ex-ante-Perspektive in der Regel eine fehlende Freiverantwortlichkeit des Betroffenen angenommen werden kann. Soweit wegen der bei Selbsttötungsversuchen regelmäßig anzunehmenden geistigen Verwirrung des Betroffenen seine Gewahrsamsfähigkeit fraglich und dementsprechend eine Unterbringung in einer psychiatrischen Einrichtung nach dem NRWPsychKG vorzugswürdig erscheint, stellt dies nicht die Rechtmäßigkeit des Festsetzens des Betroffenen in Frage, wohl aber die Rechtmäßigkeit des weiteren Festhaltens im Gewahrsam, insbesondere ab dem Zeitpunkt, ab dem der Eildienst der für die Unterbringung nach dem NRWPsychKG ausschließlich zuständigen Ordnungsbehörde die Angelegenheit übernehmen könnte.

Eine staatliche Schutzpflicht besteht zwar auch für Gesundheit und körperliche Unver- 36 sehrtheit, jedoch gibt dies unter dem Gesichtspunkt der Verhältnismäßigkeit der Polizei kein Recht, eine Person zur Verhinderung einer erkennbar freiverantwortlichen **Selbstgefähr-** **dung** in Gewahrsam zu nehmen, soweit diese ihr Leben nicht leichtfertig aufs Spiel setzt und soweit durch das Verhalten nicht Rechte Dritter intensiv betroffen oder gefährdet sind (Dietlein/Hellermann NRWÖffR/Dietlein § 3 Rn. 174; Lisken/Denninger PolR-HdB/ Denninger D Rn. 31; zur Problematik kollidierender verfassungsrechtlicher Rechte und Schutzaufträge in Fällen, in denen die Polizei zum Schutz Privater vor sich selbst tätig wird, vgl. → § 1 Rn. 79). Bei womöglich krankheitsbedingten und hierdurch nicht freiverantwortlichen Selbstgefährdungen ist wiederum eine Unterbringung nach dem NRWPsychKG indiziert. Für den in der Praxis wohl selten relevanten Fall, dass jemand in Gewahrsam genommen werden soll, weil er durch andere Personen bedroht wird und sich mit sonstigem polizeilichen Schutz nicht einverstanden erklären will oder kann, kann die Polizei diese mittelbare Selbstgefährdung nicht ohne weiteres durch eine zwangsweise Ingewahrsamnahme des Betroffenen unterbinden. Im Hinblick auf einen Rückgriff auf die für die eingreifende Inanspruchnahme nicht verantwortlicher Personen entwickelte Figur des polizeilichen Notstandes (so zB Lisken/Denninger PolR-HdB/Rachor/Graulich E Rn. 497) ist Vorsicht geboten, da einerseits derjenige, der sich zu seinem Schutz freiwillig in geschlossene polizeiliche Räumlichkeiten begibt, durch die polizeiliche Obhut nicht in seiner Rechtssphäre beeinträchtigt wird und da andererseits derjenige, der gegen seinen Willen durch eine Ingewahrsamnahme geschützt werden soll, nicht zwingend ein Nichtstörer sein muss. Unabhängig davon, ob man das Vorliegen der Voraussetzungen des polizeilichen Notstandes für erforderlich hält oder nicht, ist eine Ingewahrsamnahme des Betroffenen gegen seinen Willen zum Schutz vor Bedrohungen anderer Personen jedenfalls aus Verhältnismäßigkeitsgründen nur dann zulässig, wenn ein Vorgehen gegen die Aggressoren als Störer nicht in Betracht kommt.

II. Gewahrsam zur Verhinderung von Straftaten und Ordnungswidrigkeiten (Abs. 1 Nr. 2)

Der sog. Präventiv- bzw. **Unterbindungsgewahrsam,** dessen Frist zur Unterbindung 37 von Verbrechen gemäß § 38 Abs. 2 Nr. 1 auf bis zu 14 Tage bestimmt und der einmalig um bis zu weitere 14 Tage verlängert werden kann, knüpft seit der in Nordrhein-Westfalen im Jahre 1980 erfolgten gesetzlichem Umsetzung des MEPolG an eine unmittelbar bevorstehende Begehung oder Fortsetzung einer Straftat oder einer Ordnungswidrigkeit von erheblicher Bedeutung für die Allgemeinheit an, während die entsprechende Regelung zuvor im Sinne eines als eingeschränkte Generalklausel Sicherheitsgewahrsam zur Verhinderung einer nicht anders abzuwehrenden gegenwärtigen Gefahr oder zur Beseitigung einer bereits eingetretenen und nicht auf andere Weise zu beseitigenden Störung der öffentlichen Sicherheit oder Ordnung vorsah (→ Rn. 23). Mit der Konkretisierung in § 13 Abs. 1 Nr. 2 MEPolG und im daraufhin mit identischem Inhalt erlassenen § 13 Abs. 1 Nr. 2 idF v. 25.3.1980 sollten die Voraussetzungen für den schwerwiegenden Eingriff der Freiheitsentziehung so konkret wie möglich umschrieben werden (vgl. die Begründung der Innenministerkonferenz zu § 13 Abs. 1 MEPolG, abgedruckt in Heise/Riegel, Musterentwurf eines einheitlichen Polizeigesetzes, 2. Aufl. 1978, 62, sowie die Begründung zum damaligen § 13 Abs. 1 Nr. 2, LT- Drs. 8/4080, 59). Dementsprechend scheidet mittlerweile eine unter § 25 idF v. 28.10.1969 (GV. NRW. 740) noch rechtmäßig mögliche Ingewahrsamnahme zum Schutz der – der öffentlichen Sicherheit zuzurechnenden (→ § 1 Rn. 65) – Funktionsfähigkeit einer wichtigen öffentlichen Institution vor einer akuten Bedrohung aus, soweit nicht konkrete Straftaten oder Ordnungswidrigkeit von erheblichem Gewicht zu befürchten sind (zur Zulässigkeit eines Gewahrsams wegen der Anscheinsgefahr einer Bedrohung der Funktionsfähigkeit der Polizei nach damaliger Rechtslage vgl. OVG Münster NJW 1980, 138 (139)).

37.1   Der Bedarf für präventive Freiheitsentziehungen zur Verhinderung einer Straftatbegehung besteht ungeachtet der Möglichkeit zur Verhängung von Untersuchungshaft. Denn jene kommt nur bei einem dringenden Tatverdacht hinsichtlich einer schon begangenen Tat und bei Wiederholungsgefahr nur im Hinblick auf bestimmte Delikte (vgl. § 112a StPO) in Betracht, nicht hingegen vor der erstmaligen Begehung oder bei Bevorstehen weiterer in § 112a StPO nicht genannter Delikte, soweit nicht auch Flucht- oder Verdunkelungsgefahr besteht. Zudem ist selbst bei Strafbarkeit des Verhaltens des Betroffenen oftmals die Anordnung von Untersuchungshaft nicht gerechtfertigt, da deren Verhängung, die in erster Linie der Sicherung des Strafverfahrens dient, den Grundsatz der Verhältnismäßigkeit wahren muss und dementsprechend zB bei Straftaten, für die von vornherein keine schwerwiegende Strafe zu erwarten ist, regelmäßig nicht in Betracht kommt.

38   Mit den Begriffen „Straftat" und „Ordnungswidrigkeit" ist jeweils ein Verhalten gemeint, das **tatbestandsmäßig und rechtswidrig** ist (vgl. die Begründung zu § 13 Abs. 1 MEPolG, abgedruckt in Heise/Riegel, Musterentwurf eines einheitlichen Polizeigesetzes mit Begründung und Anmerkungen, 2. Aufl. 1978, 62), sodass es – wie meist im Rahmen der Gefahrenabwehr – irrelevant ist, ob die Tat schuldhaft begangen wurde bzw. wird. Ob die Tat nur auf Antrag oder bei besonderem öffentlichen Interesse an der Strafverfolgung verfolgt werden kann, ist jedenfalls auf Tatbestandsebene ebenfalls unerheblich und kann allenfalls im Rahmen der Ermessensausübung bei den Verhältnismäßigkeitserwägungen – zB als Indiz für ein eher geringes Gewicht des durch den Straftatbestand geschützten Rechtsguts – zu berücksichtigen sein. Diese durch den Gewahrsam zu verhindernden Delikte stellen die **Gefahr** im Sinne des polizei- und ordnungsrechtlichen Gefahrenbegriffs dar, also eine Sachlage, die bei ungehindertem Ablauf des objektiv zu erwartenden Geschehens mit Wahrscheinlichkeit ein polizeilich geschütztes Rechtsgut schädigen wird (vgl. BVerwGE 45, 51 (57); zum Gefahrenbegriff vgl. ferner → § 8 Rn. 98 ff.). Ausgehend von der objektiv und ex ante vorzunehmenden Prognose des weiteren Geschehensablaufs kann auch in Fällen der sog. **Anscheinsgefahr** – also bei einer unter Beachtung üblicher Prognoseregeln zu Recht erfolgten Annahme einer Gefahr, hinsichtlich derer sich bei einer ex-post-Betrachtung allerdings herausstellt, dass tatsächlich eine Gefahr nie vorgelegen hat (→ § 8 Rn. 102) – eine Straftat oder Ordnungswidrigkeit iSv Abs. 1 Nr. 2 bevorstehen. Dementsprechend kann es auch nicht darauf ankommen, ob das wegen des Verdachts einer zuvor begangenen oder zumindest begonnenen Straftat gegen die betroffene Person geführte Strafverfahren später wegen erwiesenermaßen nicht erfolgter Verwirklichung des Straftatbestands mit einem Freispruch endet. Erst recht unerheblich ist, ob der Freispruch wegen Nichterweislichkeit der Tat erfolgt oder aus diesem Grunde bereits das Ermittlungsverfahren eingestellt wird (vgl. VGH München BeckRS 2016, 50104). Andererseits kann eine Ingewahrsamnahme, die auf Grundlage einer ex ante keine hinreichende Gefahr begründenden Erkenntnislage vorgenommen wird und somit ursprünglich nicht zulässig war, nicht durch später bekannt gewordene Umstände gerechtfertigt werden, bei deren Kenntnis ex ante eine Gefahr anzunehmen gewesen wäre (bezogen auf den entscheidungserheblichen Zeitpunkt für die richterliche Entscheidung vgl. OLG Hamm NVwZ-RR 2008, 321; anknüpfend an BVerfG NJW 2003, 1513 (1514)).

Im Falle eines gegen Geldeinsätze agierenden Hütchenspielers dürfte ex ante die Prognose, dass **38.1** dessen Tätigkeit nicht als reines Geschicklichkeitsspiel für die Teilnehmer durchgeführt wird, sondern sich als manipuliert und somit als unerlaubtes Glücksspiel in Tateinheit mit Betrug erweist, regelmäßig nicht zu beanstanden sein (vgl. VG Frankfurt a. M. NVwZ 1994, 720).

Wenn bei einzelnen Versammlungsteilnehmern, die sich in einer gewalttätigen Gruppe aufgehalten **38.2** haben, eine konkrete Beteiligung an Gewalttaten nicht nachgewiesen werden kann und aus diesem Grund im Rahmen der Prognose nicht die Begehung oder Fortsetzung von Straftaten durch diese Personen angenommen wird, ist zumindest eine Ingewahrsamnahme zur Verhinderung der Verwirklichung von Ordnungswidrigkeitstatbeständen – zB im Hinblick auf die Nichtentfernung aus einer aufgelösten Versammlung (§ 29 Abs. 1 Nr. 2 VersammlG iVm § 13 Abs. 2 VersammlG) oder auf eine nicht erlaubte Sondernutzung einer öffentlichen Straße (§ 59 Abs. 1 Nr. 1 StrWG NRW iVm § 18 Abs. 1 StrWG NRW) – denkbar (zum dortigen allgemeiner gefassten Landesrecht VGH Mannheim NVwZ-RR 2005, 540).

Soweit durch das Erfordernis eines **unmittelbaren Bevorstehens** der Tatbegehung bzw. **39** -fortsetzung begrifflich besondere Anforderungen an die **zeitliche Nähe** des befürchteten Schadenseintritts gestellt werden, trägt dies dem Umstand Rechnung, dass eine Ingewahrsamnahme unmittelbar in die Freiheitssphäre des Betroffenen eingreift und demgemäß nur aus gewichtigen Gründen, nämlich wegen einer – gegenüber Maßnahmen nach der Generalklausel – gesteigerten Gefahr verfassungsgemäß sein kann.

Im Falle einer Anti-Atomkraft-Aktivistin, die dabei aufgegriffen wird, wie sie sich in einer von ihr **39.1** in den Tagen zuvor zwischen zwei Bäumen gespannten Seilkonstruktion mit einer Kletterausrüstung eingehakt hat und in einer die Durchfahrt behindernden Weise über dem Gleisbereich der Strecke eines Castor-Transports hängt, besteht nach Sicherstellung der Konstruktion durch die Polizei mit Blick auf den für eine vergleichbare Aktivität zu leistenden Vorbereitungsaufwand kein konkreter Anhaltspunkt mehr für die Annahme, dass die Begehung einer vergleichbaren Tat durch die betroffene Person in allernächster Zeit erneut bevorstehen könnte (OVG Münster NWVBl. 2012, 278 (278–280)). Hingegen lässt zB der Umstand, dass ein Drogenhändler sich die zu verkaufende Ware zuvor noch kurzfristig beschaffen muss, die Unmittelbarkeit des Bevorstehens der Tatbegehung nicht entfallen (OLG Hamburg NJW 1998, 2231).

Bei Delikten, deren Begehung andauert, solange der Täter nicht aktive Schritte zur Beendigung **39.2** eines sanktionsbewehrten Zustands unternimmt, ist das unmittelbare Bevorstehen der Tatfortsetzung in der Regel unproblematisch. Aus diesem Grund wurden zB vor der Erweiterung von § 62 Abs. 4 AufenthG durch den im Jahr 2007 (BGBl. I 1970) eingeführten heutigen Abs. 5 teilweise auch vorläufige Spontanfestnahmen durch die Ausländerbehörden, für die als Sonderordnungsbehörden die in § 24 Nr. 12 NRWOBG genannten Gewahrsamsvorschriften gelten, bis zu einer richterlichen Entscheidung über ihren Antrag auf Abschiebungshaft auf § 35 Abs. 1 Nr. 2 gestützt, weil ein Betroffener, der sich auch nach Ablauf der Ausreisefrist noch unerlaubt (§ 4 Abs. 1 S. 1 AufenthG) bzw. ohne Pass bzw. Passersatz (§§ 3 Abs. 1, 48 Abs. 2 AufenthG) im Bundesgebiet aufhält, eine Straftat (vgl. § 95 Abs. 1 Nr. 1 und Nr. 2 AufenthG) begeht bzw. deren Begehung fortsetzt (OLG Köln NJW 2005, 3361).

Mit dieser im Rahmen der Gefahrenprognose zu beachtenden zeitlichen Eingrenzung **40** geht auch das **Erfordernis eines höheren Wahrscheinlichkeitsgrads** einher, sodass – entsprechend dem Begriff der unmittelbar bevorstehenden Gefahr bzw. der gegenwärtigen Gefahr (vgl. § 6 Nr. 1, § 43 Abs. 1 Nr. 1) – ein unmittelbares Bevorstehen der Begehung oder Fortsetzung eines missbilligten Verhaltens anzunehmen ist, wenn der Eintritt eines Schadens sofort und fast mit Gewissheit, also mit an Sicherheit grenzender Wahrscheinlichkeit zu erwarten ist (BVerwGE 45, 51 (57) mwN). Eine solch akute Bedrohung kann demgemäß nur angenommen werden, wenn im konkreten Fall nachvollziehbare Tatsachen vorliegen, auf welche die Prognose des alsbald zu erwartenden Schadenseintritts gestützt werden kann (Lisken/Denninger PolR-HdB/Rachor/Graulich E Rn. 488). Als **Maßstab für den Umfang der Sachverhaltsaufklärung** ist insoweit der streng zu beachtende **Grundsatz der Verhältnismäßigkeit** heranzuziehen (vgl. BayObLG NJW 2000, 881 (882) mwN). Da das Gewicht des Eingriffs in angemessenem Verhältnis zu der Schwere der Tat und der Stärke des Tatverdachts stehen muss, sind die Anforderungen an den Wahrscheinlichkeitsgrad umso höher, je weniger schwer das Delikt wiegt. Stets sind für eine Ingewahrsamnahme jedenfalls Verdachtsgründe erforderlich, die über vage Anhaltspunkte und bloße Vermutungen hinausreichen (OLG Hamm NVwZ-RR 2008, 321). Ein nicht näher konkretisierbarer Eindruck der handelnden Polizeibeamten, dass der erwartete Schaden alsbald eintritt, genügt nicht (Lisken/Denninger PolR-HdB/Rachor/Graulich E Rn. 488).

40.1   Der bloße Verweis auf nicht näher erläuterte Erkenntnisse des Verfassungsschutzes, wonach der Betroffene einer islamistischen Gruppe angehöre, die womöglich am Abend einer Konzertveranstaltung mit tausenden Besuchern einen Anschlag auf ein in der Nähe des Konzertgeländes befindliches Tanklager beabsichtige, ist nicht ausreichend (OLG Hamm NVwZ-RR 2008, 321).

40.2   Bei Mitgliedern einer Gruppe, die während eines Castor-Transports durch ihre überwiegende Ausstattung mit Schutzkleidung und ihr arbeitsteiliges Vorgehen am Gleisbett („Schottern") den Willen gezeigt hatte, den Transport trotz Einschreitens der Polizei durch die Begehung von Straftaten (§§ 316b, 315 StGB) zu verhindern, bedarf es, wenn der jeweilige Betroffene sich bereits der Begehung eines vergleichbaren Delikts hinreichend verdächtig gemacht hat, regelmäßig keiner Prüfung mehr, ob nicht ein milderes Mittel ausreicht, um den Betroffenen von der Begehung weiterer Straftaten abzuhalten (BVerfG NVwZ 2016, 1079 (1081)).

41   Erforderlich ist ferner, dass die angenommene Gefahr der Verwirklichung von Tatbeständen strafbewehrter Normen **der in Gewahrsam zu nehmenden Person als Störung individuell zuzurechnen** ist. Die Ingewahrsamnahme kommt demgemäß nur in Betracht, um die betroffene Person selbst an der Begehung oder Fortsetzung einer Straftat oder Ordnungswidrigkeit von erheblicher Gefahr zu hindern (OVG Bremen NVwZ 2001, 221).

41.1   So ist die Ingewahrsamnahme einer Person zB nicht dadurch gerechtfertigt, dass diese sich im Vorfeld eines Fußballspiels in einer „Fan"-Gruppierung aufhält, aus deren Reihen es zu erheblichen Straftaten (zB Flaschenwürfe auf Polizisten) kommt, ohne dass sich eine konkrete Beteiligung der betroffenen Person an den Ausschreitungen feststellen lässt (VG Köln BeckRS 2010, 54400; VG Düsseldorf BeckRS 2013, 55618). Teilweise wird es für die Schadensprognose jedoch auch ohne konkret feststellbare Beteiligung des Betroffenen für ausreichend erachtet, wenn er nach den konkreten Umständen Teil einer gewalttätigen und weiterhin gewaltbereiten, nach ihrem äußeren Erscheinungsbild – insbesondere bei Vermummungen (zB sog.schwarzer Block) – homogenen Personengruppe ist (OLG Rostock BeckRS 2008, 781). Auch gewaltsame Auseinandersetzungen verfeindeter Fußballfangruppen werden allein als ausreichender Anlass für die Annahme betrachtet, dass von den Angehörigen der jeweiligen Gruppe eine Gefahr ausgeht, die polizeiliche Maßnahmen erforderlich macht (VG Hannover NVwZ-RR 2012, 925 (927 f.)).

42   Fraglich und – soweit ersichtlich – bislang nicht gerichtlich entschieden ist insoweit, ob für eine Ingewahrsamnahme gem. Abs. 1 Nr. 2 sämtliche strafrechtliche Beteiligungsformen, insbesondere bereits die Teilnahmeformen **Anstiftung (§ 26 StGB) und Beihilfe (§ 27 StGB),** ausreichend sind oder ob vielmehr stets eine (mit-) täterschaftliche Begehung bzw. Fortsetzung bevorstehen muss. Da der Begriff „begehen" strafrechtlich lediglich für täterschaftliches Handeln im Rahmen von § 25 StGB verwendet wird, spricht der eine Begehung der Straftat oder deren Fortsetzung voraussetzende Wortlaut des § 35 Abs. 1 Nr. 2 eindeutig dagegen, bereits das Bevorstehen einer bloßen Beihilfehandlung als Anlass für einen Gewahrsam zu nehmen.

42.1   Gleichwohl kommen Beihilfehandlungen zugunsten anderer Täter in Betracht, soweit diese Teilnahmeform – wie insbesondere im bei Demonstrationen relevanten Fall des Landfriedensbruchs gem. § 125 StGB – durch einen eigenen Straftatbestand unter Strafe gestellt wird. Aber auch insoweit sind die strafrechtlichen Teilnahmegrundsätze zu beachten, wonach ein bloß inaktives Dabeisein oder Mitmarschieren weder eine psychische Beihilfe noch ein bestimmte Gewalttätigkeiten auf andere Weise unterstützendes Verhalten darstellt (vgl. insoweit BGH NStZ 2009, 28 (29) mwN). Dies gilt auch dann, wenn der einzelne Demonstrant, wie es die Regel sein wird, mit der Gewalttätigkeit einzelner oder ganzer Gruppen rechnet und weiß, dass er allein schon mit seiner Anwesenheit den Gewalttätern mindestens durch Gewährung von Anonymität Förderung und Schutz geben kann. Erforderlich für eine strafrechtlich relevante Teilnahmehandlung ist vielmehr die Feststellung, dass die Gewährung von Anonymität und die Äußerung von Sympathie darauf ausgerichtet und geeignet sind, Gewalttäter in ihren Entschlüssen und Taten zu fördern und zu bestärken, etwa durch Anfeuerung oder ostentatives

Zugesellen zu einer Gruppe, aus der heraus Gewalt geübt wird (vgl. BGHZ 89, 383 = NJW 1984, 1226 ff.)

Soweit in anderen Landesgesetzen (zB Art. 17 Abs. 1 Nr. 2 BayPAG, § 17 Abs. 1 Nr. 2 **43** BbgPolG, § 55 Abs. 1 Nr. 2 SOG M-V, § 37 Abs. 1 Nr. 2 SOG LSA, § 19 Abs. 1 Nr. 2 ThürPolG) beispielhafte Tatbestandsmerkmale für die Annahme der bevorstehenden Tatverwirklichung enthalten sind, hat der nordrhein-westfälische Landesgesetzgeber hiervon abgesehen. Gleichwohl können die Beispiele, die mitunter als legislative Beweisanzeichen benannt werden, wegen der hierin zugrunde gelegten Erfahrungswerte und der berücksichtigten Rechtsprechung auch in Nordrhein-Westfalen als Auslegungshilfe dienen, wenngleich sie hier mangels gesetzlicher Regelung nicht die Vermutungswirkung entfalten, die ihnen in den entsprechenden Bundesländern aufgrund der Gesetzesförmlichkeit zukommt (vgl. Lisken/ Denninger PolR-HdB/Rachor/Graulich E Rn. 490).

Nach den vorgenannten Vermutungstatbeständen anderer Landespolizeigesetze kann sich die **43.1** Annahme, dass eine Person eine Tat begehen oder zu ihrer Begehung beitragen wird, sich insbesondere darauf stützen, dass
- sie die Begehung der Tat angekündigt oder dazu aufgefordert hat oder Transparente oder sonstige Gegenstände mit einer solchen Aufforderung mit sich führt (dies gilt auch für Flugblätter solchen Inhalts, soweit sie in einer Menge mitgeführt werden, die zur Verteilung geeignet ist) oder
- bei ihr Waffen, Werkzeuge oder sonstige Gegenstände aufgefunden werden, die ersichtlich zur Tatbegehung bestimmt sind oder erfahrungsgemäß bei derartigen Taten verwendet werden, oder ihre Begleitperson solche Gegenstände mit sich führt und sie den Umständen nach hiervon Kenntnis haben musste, oder
- sie bereits in der Vergangenheit mehrfach aus vergleichbarem Anlass bei der Begehung von Straftaten oder Ordnungswidrigkeiten von erheblicher Bedeutung für die Allgemeinheit als Störer betroffen worden ist und nach den Umständen eine Wiederholung dieser Verhaltensweise zu erwarten ist.

Bedenklich erscheint jedoch, dass nach diesen gesetzlichen Tatbeständen (jeweils lit. b) für eine **43.2** Ingewahrsamnahme auch der Umstand ausreichen soll, dass eine Begleitperson eine Waffe, ein Werkzeug oder einen sonstigen Gegenstand mit sich führt und der Betroffene hiervon den Umständen nach Kenntnis haben muss.

Das Tatbestandsmerkmal **„von erheblicher Bedeutung für die Allgemeinheit"** **44** bezieht sich – wie bereits das Merkmal „von erheblicher Gefahr" in § 13 Abs. 1 Nr. 2 MEPolG, das auch noch in der Entwurfsfassung des Gesetzes zur Neuordnung des Polizei-, Ordnungs-, Verwaltungsvollstreckungs- und Melderechts in § 13 enthalten war (LT-Drs. 8/ 4080), jedoch zur Angleichung an die entsprechenden Formulierungen der bayerischen und niedersächsischen Regelungen (LT-Drs. 8/5656I, 77) den hiervon abweichenden, heutigen Wortlaut erhalten hatte – allein auf die zu verhindernden Ordnungswidrigkeiten, während für einen Gewahrsam zur Verhinderung von Straftaten tatbestandlich jede Straftat, gleich welchen Gewichts, ausreicht (so auch BayObLG NVwZ 1999, 106). Die Begründung der Innenministerkonferenz zu § 13 Abs. 1 MEPolG spricht dementsprechend von Straftaten und „solchen" Ordnungswidrigkeiten, von denen eine erhebliche Gefahr ausgeht. Dieses Grundverständnis des Musterwurfs spiegelt zB auch das niedersächsische Recht in § 18 Abs. 1 Nr. 2 NPOG wider, der nach den denkbaren Arten der zu verhindernden Taten weiter untergliedert ist und Gewahrsam einerseits zur Verhinderung „einer Straftat" (§ 18 Abs. 1 Nr. 2 lit. a NPOG) sowie andererseits zur Verhinderung „einer Ordnungswidrigkeit von erheblicher Gefahr für die Allgemeinheit" (§ 18 Abs. 1 Nr. 2 lit. b NPOG) zulässt.

Die erhebliche Bedeutung einer Ordnungswidrigkeit für die Allgemeinheit kann, da es **45** sich bei der Abänderung des zunächst an den MEPolG angelehnten Wortlauts lediglich um eine begriffliche Angleichung an andere Landesgesetze ohne erkennbar gewordenen anderen Regelungsgehalt gehandelt hat, entsprechend der Formulierung von § 13 Abs. 1 Nr. 2 MEPolG angenommen werden, wenn von ihr eine **erhebliche Gefahr** ausgeht. Im Vordergrund stehen hierbei Gefahren für die unter dem Begriff der „öffentlichen Sicherheit" zusammengefassten zentralen Rechtsgüter wie Leben, Gesundheit, Ehre, Eigentum und Vermögen des Einzelnen sowie die Unversehrtheit der Rechtsordnung und der staatlichen Einrichtungen (BVerfGE 69, 315 (352) = NJW 1985, 2395), welche die Polizei vor drohenden Gefahren gem. § 1 Abs. 1 S. 1 zu schützen hat. Ob eine Ordnungswidrigkeit iSv § 35 Abs. 1 Nr. 2 von allgemeiner Bedeutung ist, bemisst sich nämlich nicht danach, gegen welche konkrete Norm verstoßen wird, sondern wie stark der Rechtsverstoß die vorgenannten Rechtsgüter beeinträchtigt (zur entsprechenden bayerischen Regelung vgl. VerfGH Bayern VerfGHE 43, 107 (108) = NVwZ 1991, 664) und welches Gewicht diesen Rechtsgütern zukommt. In diesem Zusammenhang können Art und Höhe der für die jeweilige Ordnungswidrigkeit angedrohten Sanktion Indizwirkung entfalten (BayObLG NVwZ 1999, 106). Letztlich stellt die Einschränkung der „erheblichen Bedeutung für die Allgemeinheit" eine Konkretisierung des – im Unerlässlichkeitserfordernis zum Ausdruck kommenden – Grundsatzes der Verhältnismäßigkeit dar (VerfGH Bayern VerfGHE 43, 107 (108) = NVwZ 1991, 664 mwN), deren Vorliegen nicht abstrakt, sondern nur nach den Umständen des Einzelfalls und unter besonders sorgfältiger Abwägung der Gefahren für das zu schützende Rechtsgut mit dem Grundrecht der Freiheit der Person beurteilt werden kann (BayObLG NVwZ 1999, 106 f. mwN).

45.1   Als ausreichend erachtet werden im Einzelfall mitunter versammlungsrechtliche Ordnungswidrigkeiten (OVG Bremen BeckRS 2015, 48609; VGH Mannheim NVwZ-RR 2005, 540; → Rn. 38.2), Ruhestörungen iSv § 117 OWiG (OVG Magdeburg Beschl. v. 27.6.2007 – 2 L 158/06; VG Schleswig NJW 2000, 970) oder auch Störungen des Eisenbahnverkehrs (VG Köln BeckRS 2009, 39357; das OVG Münster hat in BeckRS 2011, 56766 die grundsätzliche Geeignetheit des Ordnungswidrigkeitentatbestands des § 64b EBO nicht in Frage gestellt, sondern nur der erstinstanzlichen Annahme der Gefahr der Begehung eines entsprechenden Delikts widersprochen).

46   Soweit nach dem Wortlaut des Abs. 1 Nr. 2 Straftaten eine Ingewahrsamnahme auch unabhängig von einer – lediglich bei Ordnungswidrigkeiten vorgesehenen – erheblichen Bedeutung für die Allgemeinheit rechtfertigen können, folgt hieraus nicht, dass zur Verhinderung jeder noch so geringfügigen Straftat die Maßnahme des Gewahrsams ergriffen werden darf. Denn auch insoweit werden die Möglichkeiten zur Ingewahrsamnahme durch den **Verhältnismäßigkeitsgrundsatz** eingeschränkt. Zum einen sind – wie bereits dargelegt (→ Rn. 40) – die Anforderungen an den Grad der Wahrscheinlichkeit des Schadenseintritts umso höher, je weniger schwer die Straftat wiegt. Zum anderen kommt das Verhältnismäßigkeitsgebot im Wortlaut der Norm in Gestalt des Unerlässlichkeitserfordernisses zum Ausdruck. Ferner ist die Intensität der Grundrechtsbeeinträchtigung zu beachten, sodass bei innerhalb von kurzer Zeit wiederholten Ingewahrsamnahmen auch die Gesamtdauer der Freiheitsentziehung zu berücksichtigen ist. Sogenannte **Ketteningewahrsamnahmen** notorischer Straftäter scheiden daher regelmäßig aus.

47   **Unerlässlich** ist eine Ingewahrsamnahme als **äußerstes Mittel der Gefahrenabwehr** nicht bereits, wenn sie mangels milderer Mittel mit gleicher Eignung erforderlich ist, sondern nur dann, wenn die Gefahrenabwehr nur auf diese Weise möglich und nicht durch eine andere Maßnahme ersetzbar ist (OLG Frankfurt a. M. BeckRS 2007, 15767). Ersetzbar ist der Gewahrsam, wenn die Gefahrenabwehr auch durch eine andere polizeiliche Maßnahme – zB eine Sicherstellung verbotener Gegenstände oder eine Platzverweisung (vgl. BVerfG BeckRS 2017, 115811) bzw. ein Aufenthaltsverbot – bewirkt werden kann. Ob es sich bei dem Erfordernis der Unerlässlichkeit um ein Tatbestandsmerkmal handelt oder es auf Rechtsfolgenseite im Rahmen des gem. § 35 auszuübenden Ermessens zu beachten ist, stellt eine dogmatische Frage dar, deren Beantwortung sich im Ergebnis nicht auswirken dürfte (vgl. Dietlein/Hellermann NRWÖffR/Dietlein § 3 Rn. 175). Zwar unterliegen Ermessensentscheidungen in verwaltungsgerichtlichen Streitigkeiten nur der eingeschränkten richterlichen Kontrolle (vgl. § 114 VwGO), während das Vorliegen von Tatbestandsmerkmalen vollumfänglich vom Gericht zu prüfen ist. Jedoch stellt die fehlerhafte Annahme einer Unerlässlichkeit durch die zuständige Polizeibehörde stets eine solche Fehleinschätzung dar, die sowohl in tatbestandlicher Hinsicht als auch auf Rechtsfolgenseite – wegen Ermessensfehlgebrauchs – zu einer Rechtswidrigkeit der Ingewahrsamnahme führen würde. Überdies entscheidet über die Zulässigkeit der Fortdauer eines Gewahrsams originär das Amtsgericht nach den Regelungen des FamFG, die eine dem § 114 VwGO vergleichbare Vorschrift nicht kennen. Demgemäß hat der Amtsrichter entsprechend der verfassungsrechtlichen Vorgabe des Art. 104 Abs. 2 GG über die Zulässigkeit der Freiheitsentziehung selbst zu entscheiden und die Verantwortung dafür zu übernehmen, dass der Gewahrsam unerlässlich ist, um den Betroffenen an der unmittelbar bevorstehenden Begehung einer rechtswidrigen Tat zu hindern (vgl. BVerfGE 83, 24 = NJW 1991, 1283 ff.).

Insbesondere bei Ausschreitungen von Hooligans werden mitunter eine Platzverweisung oder ein **47.1** Aufenthaltsverbot generell als nicht gleichermaßen geeignete Mittel angesehen (zB VG Hannover NVwZ-RR 2012, 925 (928)). Dabei wird verkannt, dass das Erfordernis der Unerlässlichkeit bei jeder, womöglich auch etwas geringeren Geeignetheit eines milderen Mittels zur Gefahrenabwehr eine Inge-wahrsamnahme ausschließt, nicht hingegen erst beim Fehlen der (bei Ermessensentscheidungen allge-mein aus Verhältnismäßigkeitsgründen vorausgesetzten) Erforderlichkeit einer belastenden Maßnahme wegen Bestehens eines „gleichermaßen" geeigneten Mittels. Zum anderen wird übersehen, dass zur Durchsetzung von Aufenthaltsverboten ebenfalls eine Ingewahrsamnahme in Betracht kommt, wozu es nicht zwingend einer individuellen Identifizierung derjenigen Personen bedarf, denen eine mittels Lautsprecherdurchsage an die Menschengruppe gerichtete Verfügung bekannt geworden ist und die sich gleichwohl dem Aufenthaltsverbot widersetzen. Dementsprechend kann nicht bei jeder Ausschrei-tung von Hooligans davon ausgegangen werden, diese würden sich, ohne dass die Polizei dies kontrolli-ren könnte, ohnehin entsprechenden polizeilichen Verfügungen widersetzen. Eine solche Annahme dürfte – auch vor dem Hintergrund der strengen Vorgaben der EMRK – erst in Betracht kommen, soweit Personen aus der angesprochenen Menschenmenge keine Anstalten machen, einer polizeilichen Aufforderung zum Verlassen der Örtlichkeit Folge zu leisten.

Seitdem der EGMR zuletzt klargestellt hat, dass gem. Art. 5 Abs. 1 S. 2 lit. c EMRK **48** nur Freiheitsentziehungen gerechtfertigt sein können, die im Rahmen eines Strafverfahrens erfolgen (EGMR NVwZ 2012, 1089 Rn. 72), und dass stattdessen die präventive Ingewahr-samnahme zur Durchsetzung der Verpflichtung, keine Straftaten zu begehen, allenfalls gem. **Art. 5 Abs. 1 S. 2 lit. b EMRK** gerechtfertigt sein kann (EGMR NVwZ 2014, 43 Rn. 93), wird mitunter befürchtet, dass EMRK-konforme und somit rechtmäßige präventive Frei-heitsentziehungen zur Verhinderung der Begehung von Straftaten oder Ordnungswidrigkei-ten in der Praxis oftmals kaum noch möglich seien (vgl. nur Heidebach NVwZ 2014, 554 (558)). Diese Bedenken scheinen überzogen, wenngleich bei der Anordnung von polizei-rechtlichen Freiheitsentziehungen zur Verhinderung von Straftaten oder Ordnungswidrigkei-ten vor dem Hintergrund der Rechtsprechung des EGMR tatsächlich Zurückhaltung gebo-ten sein wird. Zurückhaltung ist aber auch unabhängig davon bereits aufgrund des Verhältnismäßigkeitsgrundsatzes angezeigt. Für einen auch dem Recht der EMRK entspre-chenden Unterbindungsgewahrsam gem. Abs. 1 Nr. 2 sollte grundsätzlich vor der Freiheits-entziehung zumindest ein Hinweis an die betroffene Person oder Personengruppe erfolgen, welche konkreten Rechtsverstöße zu unterlassen sind und dass bei Anhaltspunkten für eine gleichwohl bevorstehende Begehung dieser Rechtsverstöße eine Ingewahrsamnahme der vermuteten Störer beabsichtigt ist. Auch wenn die betroffene Person sodann vorgibt, die genannten Rechtsverstöße unterlassen zu wollen, kommt weiterhin eine Ingewahrsamnahme in Betracht, sofern aufgrund des sonstigen Verhaltens oder anderer Umstände begründeter Anlass zu der Annahme besteht, die Person werde den jeweiligen Rechtsverstoß gleichwohl begehen. Schließlich kann es nach der EGMR-Rechtsprechung auch Ausnahmesituationen geben, in denen es eines vorherigen Warnhinweises an den Betroffenen nicht bedarf, wenn dieser eindeutige und aktive Schritte unternommen hat, die darauf hindeuten, dass er seiner Verpflichtung, den Frieden durch die Nichtbegehung einer spezifischen und konkreten Straf-tat zu wahren, nicht erfüllen wird (EGMR NVwZ 2014, 43 Rn. 94; solche aktiven Schritte bei Angehörigkeit und Anwesenheit in einer Fußball-„Fan"-Gruppe bei deren gewalttätiger Auseinandersetzung mit einer anderen Gruppe bejahend OVG Lüneburg NVwZ-RR 2014, 552 (557)).

Selbst wenn man entgegen der jüngeren Rechtsprechung des EGMR annimmt, dass Art. 5 Abs. 1 **48.1** S. 2 lit. c EMRK auch eine nicht im Zusammenhang mit einem konkreten Strafverfahren erfolgende Freiheitsentziehung zulässt (so VG Hannover NVwZ-RR 2012, 925, das die entsprechenden Feststel-lungen des EGMR nicht als von der jeweiligen Rechtskraftwirkung erfasst angesehen hat, insoweit aber von der nächsten Instanz nicht bestätigt wurde; vgl. OVG Lüneburg NVwZ-RR 2014, 552), wenn diese notwendig ist, um die festgehaltene Person an der Begehung einer Straftat zu hindern, erscheint zweifelhaft, ob ein Gewahrsam zur Verhinderung von Ordnungswidrigkeiten hiernach gerechtfertigt sein kann, da eine Ordnungswidrigkeit nach deutscher Rechtssystematik keine Straftat darstellt (bejahend zB VGH Mannheim NVwZ-RR 2005, 540 f. mwN, der den Straftat-Begriff in Art. 5 Abs. 1 S. 2 lit. c EMRK in einem „umfassenden, auch Ordnungswidrigkeiten einschließenden Sinne" versteht). Dementsprechend sollten bei einer Ingewahrsamnahme zur Verhinderung der Begehung von Ordnungswidrigkeiten die Vorgaben des EGMR zu einer Rechtfertigung gem. Art. 5 Abs. 1 S. 2 lit. b EMRK stets in besonderem Maße beachtet werden.

III. Durchsetzungsgewahrsam (Abs. 1 Nr. 3, Nr. 4 und Nr. 6)

49   Soweit nicht einer der sonstigen Gewahrsamstatbestände erfüllt ist, kommt zur Durchsetzung von polizeilichen Verwaltungsakten eine Ingewahrsamnahme in Nordrhein-Westfalen nach Abs. 1 Nr. 3, Nr. 4 und Nr. 6 nur hinsichtlich der in den §§ 34–34c geregelten Standardbefugnisse in Betracht. Bei Wohnungsverweisungen kann, soweit die Maßnahme nicht kürzer angeordnet ist, die Gewahrsamsfrist auf bis zu zehn Tage bestimmt werden, bei Platzverweisen (unter zusätzlichen Voraussetzungen) und bei Maßnahmen nach den §§ 34b und 34c auf bis zu sieben Tage (vgl. § 38 Abs. 2 Nr. 2–4).

50   Im Ergebnis erscheint es nachvollziehbar, den Durchsetzungsgewahrsam als Maßnahme des **unmittelbaren Zwangs** anzusehen und den allgemeinen Regeln des Vollstreckungsrechts zu unterwerfen (so Lisken/Denninger PolR-HdB/Rachor/Graulich E Rn. 499). Gleichwohl sind sämtliche Ingewahrsamnahmen in § 35 als polizeiliche **Standardmaßnahme** ausgestaltet, neben der die eigentliche Verwaltungsvollstreckung nach den §§ 50 ff. bzw. 55 ff. VwVG NRW statthaft bleibt (→ Rn. 67, → Rn. 71). So kommt als unmittelbarer Zwang zur Durchsetzung eines Platzverweises oder einer Wohnungsverweisung durchaus auch ein Verbringen mittels körperlicher Gewalt zu einem anderen Ort in Betracht. Ebenso wie Maßnahmen der Verwaltungsvollstreckung grundsätzlich eine vorherige Androhung erfordern, bedarf es aus Gründen der Rechtsstaatlichkeit auch für die Anordnung eines Durchsetzungsgewahrsams einer vorherigen Ankündigung, dass für den Fall der Nichtbefolgung des Verwaltungsakts zu dessen Durchsetzung von der Behörde auch eine Ingewahrsamnahme in Betracht gezogen wird. Bei Beachtung dieser Vorgabe wird auch der vom EGMR an präventive Freiheitsentziehungen außerhalb eines Strafverfahrens gestellten Forderung Genüge getan, wonach der Betroffene auf die konkrete, zu unterlassende Handlung hingewiesen worden sein und sich zur Unterlassung unwillig gezeigt haben muss, bevor der Schluss gezogen wird, dass er seine Verpflichtung iSv Art. 5 Abs. 1 S. 2 lit. b EMRK nicht erfüllt hat (EGMR NVwZ 2014, 43 Rn. 94; → Rn. 17; → Rn. 48). Anders als die Androhung von Maßnahmen des Verwaltungszwangs stellt jedoch die Androhung des Gewahrsams regelmäßig keinen Verwaltungsakt dar (VGH München BeckRS 2014, 54489 Rn. 29, der als statthafte Rechtsschutzmöglichkeit gegen die Androhung daher allenfalls eine vorbeugende Feststellungsklage im Hinblick auf die Rechtswidrigkeit einer bei Nichtbeachtung des Verwaltungsakts beabsichtigten Ingewahrsamnahme annimmt).

51   In sämtlichen Varianten muss der Gewahrsam zur Durchsetzung des jeweiligen Verwaltungsakts **unerlässlich** sein. Da die Voraussetzung der Unerlässlichkeit in den Gewahrsamstatbeständen des § 35 einheitlich zu verstehen ist, setzt der Durchsetzungsgewahrsam als ultima ratio der Gefahrenabwehr voraus, dass die Durchsetzung des jeweiligen Verwaltungsakts nur auf diese Weise möglich ist (→ Rn. 47). Bei der Ausübung ihres Auswahlermessens bezüglich der durchzuführenden Maßnahme muss die Behörde daher insbesondere in Erwägung ziehen, ob die durchzusetzende Anordnung nicht auch mit den klassischen Zwangsmitteln – zB durch Entfernung des Betroffenen im Wege des unmittelbaren Zwangs oder Androhung und Festsetzung eines Zwangsgeldes – erreicht werden kann. Mit dem Wegfall der früheren zeitlichen Begrenzung des Gewahrsams auf den Tag nach der Festsetzung wird die Beurteilung bedeutender, ob die Anordnung durch Wiederholungsaktionen unterlaufen wird oder ob unmittelbarer Zwang nicht während der ganzen zur Gefahrenabwehr erforderlichen Zeit durchführbar ist (vgl. VerfGH Bayern NVwZ 1991, 664). Ob die Durchsetzung des Verwaltungsakts durch andere Maßnahmen gleichermaßen einfach bzw. ressourcenschonend realisierbar erscheint wie im Falle eines Gewahrsams, ist hingegen unerheblich. Auch bei einem ersten Verstoß des Betroffenen gegen eine längerfristige Anordnung wird zu prüfen sein, inwieweit konkrete und ernste Anzeichen dafür bestehen, dass der Störer sich auch weiterhin (zB von angedrohten Zwangsmitteln) nicht von dem Verstoß gegen die Verfügung abbringen lassen wird.

52   Auf die Vorschriften des Gewahrsams zur Durchsetzung von Platz- oder Wohnungsverweisungen kann nicht das Verbringen des Betroffenen zu einem entlegenen Ort gestützt werden (sog. **Verbringungsgewahrsam**). Abgesehen davon, dass eine solche Maßnahme trotz unter

Umständen freiheitsentziehenden Charakters bereits aufgrund der – nicht auf ein Festhalten, sondern auf das Verbringen eingeschlagenen – Zielrichtung mitunter nicht als Gewahrsam iSv § 35 angesehen wird, kann die Verbringung an einen anderen Ort auch nicht iSv Abs. 1 Nr. 3 bzw. Nr. 4 Durchsetzung einer Platz- oder Wohnungsverweisung sein. Denn die Verweisungsanordnungen der §§ 34, 34a beinhalten nur die Verpflichtung, einen bestimmten Ort zu verlassen, nicht hingegen die Verpflichtung, sich an einen bestimmten anderen, weit entlegenen Ort zu begeben (Lisken/Denninger PolR-HdB/Rachor/Graulich E Rn. 516).

1. Durchsetzung einer Platzverweisung bzw. eines Aufenthaltsverbots

Gegenüber § 13 MEPolG hat sich der nordrhein-westfälische Gesetzgeber bereits mit § 13 **53** idF des Gesetzes zur Neuordnung des Polizei-, Ordnungs-, Verwaltungsvollstreckungs- und Melderechts v. 25.3.1980 (GV. NRW. 234) dafür entschieden, den Gewahrsam ausdrücklich auch zur Durchsetzung von **Platzverweisungen** zu ermöglichen. Dies hat er lediglich damit begründet, dass eine besondere Regelung notwendig sei, weil in vielen Fällen die Voraussetzungen für eine Ingewahrsamnahme nach Abs. 1 Nr. 2 nicht gegeben seien (LT-Drs. 8/4080, 59). Hierdurch wird deutlich, dass der Gesetzgeber bewusst auch die Möglichkeit eines Gewahrsams bei Gefahren, die nicht Leib oder Leben der festzuhaltenden Person oder von dieser Person drohende Straftaten betreffen, aufrechterhalten wollte. Dass hiermit insbesondere gegenüber Abs. 1 Nr. 2 tatbestandlich eine Absenkung der Eingriffsschwelle einhergeht (Lisken/Denninger PolR-HdB/Rachor/Graulich E Rn. 500), begegnet keinen Bedenken, soweit auf Rechtsfolgenseite der Grundsatz der Verhältnismäßigkeit unter sorgsamer Güterabwägung und strenger Beachtung des Unerlässlichkeitserfordernisses gewahrt bleibt. Unmittelbarem Zwang oder milderen Zwangsmitteln ist stets der Vorrang zu geben, soweit hiermit die Durchsetzung der Platzverweisung – und sei es auch nur mit größerem personellen und organisatorischen Aufwand – mit hinreichender Wahrscheinlichkeit gewährleistet werden kann. Auf eine Unmöglichkeit der Ausübung unmittelbaren Zwangs wegen fehlender personeller Kapazitäten kann sich die Polizei nicht berufen, wenn das Erfordernis der unter Umständen personalintensiven Durchsetzung von Platzverweisungen absehbar war und dem durch sorgsame Personal,- Dienst- und Einsatzplanung hätte begegnet werden können.

Bis zur Einführung von § 34 Abs. 2 durch das Gesetz zur Änderung des Polizeigesetzes **54** und Ordnungsbehördengesetzes v. 8.7.2003 (GV. NRW. 410) bezog sich die Vorschrift ausschließlich auf die in § 34 Abs. 1 geregelten (kurzfristigen) **Platzverweisungen im engeren Sinne,** also auf polizeiliche Anordnungen an eine oder mehrere Personen, vorübergehend einen Ort zu verlassen oder nicht zu betreten. Zu denken ist hier zB an Platzverweisungen, die die Polizei zur Durchsetzung eines behördlichen Hausverbots im Wege der Vollzugshilfe (vgl. VG Aachen BeckRS 2010, 47044) bzw. einer Verweisung eines renitent auf Aufnahme seiner Strafanzeige drängenden Person aus der Polizeidienststelle (vgl. OLG Hamm Beschl. v. 20.9.2007 – 3 Ws 230/07) oder zur Sicherung des Aufenthaltsbestimmungsrechts der allein personensorgeberechtigten Mutter gegenüber dem Kindesvater, der ohne Berechtigung das gemeinsame Kind von der Schule abholen will (vgl. VG Aachen BeckRS 2010, 46935), ausspricht. Trotz der Kurzfristigkeit des Verweisungszeitraums hat die Polizei in solchen Fällen oftmals nicht die Möglichkeiten, während dieses Zeitraums durchgängig vor Ort zu sein, um die Einhaltung der Platzverweisung zu überwachen und ggf. mittels unmittelbaren Zwanges durchzusetzen. Beim erstmaligen Eintreffen wird die Polizei aber gleichwohl zunächst auszuloten haben, ob der Betroffene eine vor Ort ausgesprochene Platzverweisung ggf. unter Androhung von Zwangsmitteln befolgt. Sollte dies nicht der Fall sein, ist die zwangsweise Entfernung des Störers vom betreffenden Ort das nächste Mittel der Wahl. Nur wenn sein Verhalten – zB durch erhebliches Zurwehrsetzen gegen den polizeilichen Zwang – greifbare Anzeichen dafür bietet, dass er die Örtlichkeit erneut aufsuchen wird, sobald die Polizeibeamten diese verlassen haben, kommt eine Ingewahrsamnahme in Betracht. Dieser hat aber weiterhin eine Prüfung voranzugehen, ob nicht doch Personal für einen bestimmten Zeitraum zur Sicherung der Platzverweisung abgestellt werden kann, und es hat eine Abwägung des Grundrechts des Störers auf persönliche Freiheit mit den durch seine Anwesenheit bedrohten Rechtsgütern stattzufinden.

55 Obgleich die Regelung des § 34 Abs. 2 zum Zeitpunkt der Einführung des Gewahrsams zur Durchsetzung von Platzverweisungen noch nicht existierte, ist unstreitig, dass § 35 Abs. 1 Nr. 3 nicht nur Platzverweisungen aufgrund der hergebrachten Vorschrift des § 34 Abs. 1 erfasst, sondern auch die – ebenfalls unter der Bezeichnung Platzverweisung geregelten – **Aufenthaltsverbote** gem. § 34 Abs. 2, mit denen der Betroffene aufgefordert wird, ein bestimmtes Gebiet für eine bestimmte längere Zeit zu verlassen bzw. nicht mehr zu betreten. Insoweit ist zu beachten, dass mit einer einzelnen Ingewahrsamnahme ein Aufenthaltsverbot oftmals nicht über seinen gesamten Zeitraum durchgesetzt werden kann, da der Gewahrsam spätestens nach sieben Tagen (§ 38 Abs. 2 Nr. 2) zu beenden ist und da Ketteningewahrsamnahmen in der Regel nicht zulässig sind. Als Anwendungsfälle verbleiben demnach in erster Linie zeitlich auf einige Tage begrenzte Anlässe, insbesondere eintägige (zB Sportveranstaltungen wie Fußballspiele, Konzerte oder Volksfeste, politische, wirtschaftliche oder religiöse Kongresse bzw. Tagungen oder Veranstaltungen ethnischer, religiöser, politischer oder sonstiger Gruppierungen). Mehrwöchige Aufenthaltsverbote (bis zu drei Monate), wie sie zB gegenüber Mitgliedern der Drogenszene verhängt werden, können durch polizeilichen Gewahrsam nicht durchgesetzt werden. Insoweit ist aber an eine – auch gegenüber zahlungsunfähigen Personen mögliche – Zwangsgeldandrohung zu denken, auf die bei festgestellten Verstößen und bei Uneinbringlichkeit des Zwangsgeldes jedenfalls während der Geltungsdauer des Aufenthaltsverbots, unter Umständen auch für eine gewisse Zeit nach dessen Ablauf Ersatzzwangshaft in Betracht kommt (OVG Münster NVwZ-RR 2009, 516).

2. Durchsetzung einer Wohnungsverweisung und eines Rückkehrverbots

56 Abs. 1 Nr. 4 ist konsequenterweise mit Einführung der Standardmaßnahme der Wohnungsverweisung in § 34a durch das Gesetz zur Änderung des Polizeigesetzes und des Ordnungsbehördengesetzes v. 18.12.2001 (GV. NRW. 870) eingefügt worden. **Wohnungsverweisung** ist die Aufforderung an eine Person, eine Wohnung für eine bestimmte Frist zu verlassen, **Rückkehrverbot** die Aufforderung, die Wohnung für einen bestimmten Zeitraum nicht mehr zu betreten. § 35 Abs. 1 Nr. 4 betrifft nur die Durchsetzung polizeilicher Wohnungsverweisungen gem. § 34a, nicht hingegen die Durchsetzung familiengerichtlicher Anordnungen. Soweit der Betroffene eine **familiengerichtliche Anordnung gem. § 1 GewSchG**, die Wohnung einer von ihm bedrohten oder verletzten Person nicht zu betreten, verletzt, kann eine Ingewahrsamnahme demnach nicht auf Abs. 1 Nr. 4 gestützt werden. Insoweit kommt aber ein Rückgriff auf Abs. 1 Nr. 2 in Betracht, da die Zuwiderhandlung gegen vollstreckbare Anordnungen nach § 1 Abs. 1 S. 1 oder S. 3 GewSchG eine Straftat darstellt (§ 4 GewSchG), deren erstmalige Begehung oder Fortsetzung durch polizeilichen Gewahrsam verhindert werden könnte. Gleiches gilt für die Durchsetzung sonstiger gerichtlicher Anordnungen nach dem Gewaltschutzgesetz, wie zB im Falle von Näherungsverboten, die der Betroffene beharrlich missachtet.

57 Die praktische Relevanz des Gewahrsamstatbestands könnte mit Blick darauf steigen, dass die Gewahrsamshöchstfrist nach § 38 Abs. 2 Nr. 3 mittlerweile so lange bestimmt werden kann, wie Wohnungsverweisung und Rückkehrverbot gelten. Dies darf aber nicht zu einem Automatismus dahingehend führen, dass die Polizei den Verwiesenen stets in Gewahrsam nimmt und das Gericht bei der hinsichtlich der Fortdauer des Gewahrsams zu treffenden Befristungsentscheidung sich stets an der angeordneten Dauer der Wohnungsverweisung und des Rückkehrverbots richtet. Da es sich in vielen Fällen in der Praxis um vorübergehende – oftmals durch Rauschmittel begünstigte – Akutsituationen aufgrund eines Streits handelt, bedarf es hinsichtlich der Frage, ob und wie lange eine Wohnungsverweisung durch eine Ingewahrsamnahme sicherzustellen ist, einer anhand konkreter objektiver Umstände vorzunehmenden Prognose, inwieweit mit Verstößen des Verwiesenen gegen das Rückkehrverbot zu rechnen ist. Von Bedeutung sind insoweit vor allem das beim polizeilichen Einsatz festgestellte und dokumentierte Verhalten des Betroffenen, Erkenntnisse zu früheren Vorfällen und Verstößen, Angaben sonstiger Beteiligter, die konkrete Anlasssituation und der Umstand, inwieweit dem Verwiesenen anderweitige Unterkunftsmöglichkeiten zur Verfügung stehen, die er für die Zeit des Rückkehrverbots voraussichtlich hinnehmen wird. Hinsichtlich der Frage der Unerlässlichkeit ist unbedingt auch in den Blick zu nehmen, inwieweit die Einhaltung der Wohnungsverweisung und des Rückkehrverbots mithilfe einer elektronischen Aufenthaltsüberwachung gemäß § 34c Abs. 2 S. 2 sichergestellt werden kann.

3. Durchsetzung einer Aufenthaltsanordnung, eines Kontaktverbots oder einer elektronischen Aufenthaltsüberwachung

Begleitend zu der Einführung der in den §§ 34b und 34c insbesondere zum Schutz vor **58** terroristischen Straftaten geregelten Eingriffsbefugnisse (Aufenthaltsanordnung bzw. Kontaktverbot, elektronische Aufenthaltsüberwachung) ist mit dem **Gesetz zur Stärkung der Sicherheit in Nordrhein-Westfalen** v. 13.12.2018 (GV. NRW. 684) konsequenterweise in Abs. 1 Nr. 6 auch ein entsprechenden Gewahrsamstatbestand geschaffen worden. Zwar ist die Formulierung von Abs. 1 Nr. 6 an sich missverständlich. Denn mit einem Gewahrsam kann eine Aufenthaltsvorgabe nach § 34b Abs. 1 S. 1 oder die Anordnung einer elektronischen Aufenthaltsüberwachung nicht durchgesetzt werden, da der Polizeigewahrsam in der Regel nicht der Ort sein wird, an dem der Betroffene nach der Aufenthaltsvorgabe verbleiben soll, und da dort wegen des bekannten Aufenthalts auch keine elektronische Fußfessel verlangt werden kann. Es geht vielmehr um die Durchsetzung des Verbots, das in der jeweiligen Maßnahmen nach § 34b oder § 34c zum Ausdruck kommt (zB sich zu einem anderen Bereich als dem in der Aufenthaltsvorgabe genannten zu begeben oder seinen Aufenthalt ohne elektronische Aufenthaltsüberwachung zu verändern). Der Gewahrsam muss daher zur Vermeidung der Gefahr, deren Verhinderung die Anordnung und das darin zum Ausdruck kommende, durchzusetzende Verbot dienen, unerlässlich sein. Bei der Beurteilung der Unerlässlichkeit und im Rahmen der Verhältnismäßigkeitsprüfung ist zu berücksichtigen, dass Verstöße gegen die betreffenden Anordnungen nach § 34d strafbewehrt sind. Der Gewahrsam darf daher **keine Sanktionierung von Verstößen** gegen die jeweilige Anordnung bezwecken.

Anders als beim Präventivgewahrsam zur Abwehr einer drohenden Gefahr oder einer drohenden **58.1** terroristischen Gefahr, wie ihn andere Bundesländer geregelt haben und wie er auch im ursprünglichen Gesetzentwurf der Landesregierung (LT-Drs. 17/2351) vorgesehen war, stellt sich nicht die Frage, ob eine hinreichend konkretisierte gesetzliche Verpflichtung vorliegt, zu deren Erfüllung eine Freiheitsentziehung nach Art. 5 Abs. 1 S. 2 lit. b EMRK eingesetzt werden kann. Denn bei der vorangegangenen (richterlichen) Anordnung handelt es sich sowohl um eine spezifische und konkrete Verpflichtung als auch um eine gerichtliche Anordnung iSv Art. 5 Abs. 1 S. 2 lit. b EMRK (vgl. v. Coelln/Pernice-Warnke/Pützer/Reisch NWVBl. 2019, 89 (96)). Bevor der Schluss gezogen werden kann, dass der Betroffene seine infolge behördlicher oder gerichtlicher Anordnung bestehende Verpflichtung nicht erfüllt, ist es zur Rechtfertigung eines Gewahrsams gleichwohl erforderlich, dass er vorab auf die konkret zu unterlassenden Handlungen hingewiesen worden ist und dass aufgrund der konkreten Umstände die berechtigte ernsthafte Besorgnis besteht, dass er unwillig hinsichtlich der Befolgung der Anordnung ist. Als Hinweis kann es unter Umständen genügen, wenn dieser bereits mit der betreffenden Anordnung durch das Gericht oder – bei Gefahr im Verzug – durch die Behörde erteilt worden ist und wenn die Unwilligkeit des Betroffenen, die Anordnung zu befolgen, auch ohne weiteren Hinweis auf seine Verpflichtung offenkundig ist. Im Rahmen der Einschätzung der Unerlässlichkeit und der Verhältnismäßigkeit eines Gewahrsams und seiner Dauer ist auch dem Gewicht der mit dem Aufenthaltsgebot, dem Kontaktverbot oder der elektronischen Aufenthaltsüberwachung zu unterbindenden Straftaten oder Gefahren Rechnung zu tragen. Geht es um die Verhütung terroristischer Straftaten nach § 8 Abs. 4, wird sich ein mitunter bis zur Höchstfrist des § 38 Abs. 2 reichender Gewahrsam leichter rechtfertigen lassen als etwa bei einer Aufenthaltsanordnung oder einem Kontaktverbot gemäß § 34b Abs. 1 S. 3 zur Abwehr einer Gefahr für Leib, Leben oder Freiheit einer Person oder einer elektronischen Aufenthaltsüberwachung gemäß § 34c Abs. 2 S. 1 Nr. 2 zur Verhinderung von Nachstellungen gem. § 238 StGB; in den letztgenannten Fällen kann der Gefahr unter Umständen auch mit Schutzmaßnahmen zugunsten der gefährdeten Person hinreichend effektiv begegnet werden.

IV. Gewahrsam zum Schutz privater Rechte (Abs. 1 Nr. 5)

Von geringer praktischer Relevanz ist der in Abs. 1 Nr. 5 geregelte Gewahrsamstatbestand. **59** Dem Grundgedanken des staatlichen Gewaltmonopols folgend sollen mit dieser Vorschrift Freiheitsentziehungen durch Private im Wege des zivilrechtlichen Selbsthilferechts so weit wie möglich vermieden werden, indem die Polizei entsprechende Befugnisse zum Schutz privater Rechte erhält, sodass iSv § 229 BGB „obrigkeitliche Hilfe" grundsätzlich erlangt werden kann. Die Regelung ist zu diesem Zweck notwendig, da mit der Ablösung der früheren, allgemein für Störungen der öffentlichen Sicherheit – und somit in gewissem Maße auch für den Schutz privater Güter und Rechte (zu den Grenzen polizeilichen Tätigwerdens zum Schutz privater Rechte → § 8 Rn. 81) – einschlägigen Gewahrsamsermächtigung der damals auch für Ingewahrsamnahmen zum Schutz privater Güter maßgebliche Tatbestand entfallen ist. Die an dessen Stelle getretene Regelung des Abs. 1 Nr. 2 kann in aller Regel nicht herangezogen werden, da in den meisten Selbsthilfekonstellationen keine weitere Begehung oder Fortsetzung von Straftaten (mehr) zu befürchten ist, sondern die – ohnehin nicht zwangsläufig strafbare – Handlung, die zu einer zivilrechtlichen Verpflichtung des der Flucht verdächtigen Betroffenen führt, abgeschlossen ist. Auch die strafrechtlichen Haftmöglichkeiten machen den Gewahrsamstatbestand nicht entbehrlich, da nicht jede Nichterfüllung und Vereitelung der Erfüllung eines behaupteten zivilrechtlichen Anspruchs eine rechtswidrige und schuldhafte Verwirklichung eines Straftatbestands darstellt, da selbst bei Strafbarkeit des Verhaltens nicht stets eine Verhaftung, die einen Haftgrund voraussetzt und den Grundsatz der Verhältnismäßigkeit wahren muss, gerechtfertigt ist (→ Rn. 37.1).

60   Da eine Ingewahrsamnahme nach Abs. 1 Nr. 5 nur in Betracht kommt, wenn eine Festnahme nach den §§ 229, 230 Abs. 3 BGB zulässig ist, sind die Voraussetzungen der zivilrechtlichen Selbsthilfevorschriften – mithin das Vorliegen einer **Selbsthilfelage** – Bestandteil auch des polizeirechtlichen Gewahrsamstatbestands. Der **Anspruch,** zu dessen Verwirklichung eine Selbsthilfehandlung gem. § 229 BGB oder die vorrangige obrigkeitliche Hilfe angedacht ist und der gleichsam das zu schützende Recht iSv § 35 Abs. 1 Nr. 5 darstellt, muss – wie sich aus § 230 Abs. 2 und Abs. 3 BGB ergibt – im Wege des zivilgerichtlichen Arrests gesichert werden können (**Arrestfähigkeit**). Arrestfähig sind gem. § 916 Abs. 1 ZPO nur Geldforderungen oder Ansprüche, die – wie zB Rückgewähransprüche (§§ 346 f. BGB), Ansprüche auf Herausgabe einer Bereicherung (§§ 812, 818 Abs. 2 BGB) oder Ansprüche auf grundsätzlich durch Wiederherstellung des ursprünglichen Zustands zu leistenden Schadensersatz (§ 249 Abs. 1 BGB, §§ 250 f. BGB) – in Geldforderungen übergehen können. Darüber hinaus wird die gerichtliche Durchsetzbarkeit des zu sichernden Anspruchs verlangt. Die Gefahr, dass – namentlich durch Flucht des Verpflichteten – die **Verwirklichung des Anspruchs wesentlich erschwert** wird, ist nicht gleichzusetzen mit der Gefahr eines endgültigen Anspruchsverlusts, sondern kann vor allem gegeben sein, wenn der Schuldner eine geschuldete Sache beiseiteschaffen will, wenn er Vermögensbestandteile dem Zugriff des Gläubigers entziehen will oder wenn er davor ist, das Land zu verlassen.

61   Während zivilrechtlich eine Selbsthilfe rechtswidrig ist, wenn eine Selbsthilfelage tatsächlich nicht besteht, ist polizeirechtlich das **objektive Bestehen einer Selbsthilfelage – insbesondere eines durchzusetzenden Anspruchs – nicht zwingend erforderlich.** Aufgrund des zur präventiven Gefahrenabwehr ausreichenden Vorliegens einer Anscheinsgefahr genügt es theoretisch, wenn ex ante aus der Sicht eines fachkundigen, besonnenen und erfahrenen Polizeibeamten eine Selbsthilfelage anzunehmen war. Vor diesem Hintergrund erscheint es sachgerecht, an den Überzeugungsmaßstab anzuknüpfen, der für die Erwirkung einer zivilgerichtlichen Arrestanordnung vorgesehen ist. Demnach kommt eine Ingewahrsamnahme zum Schutz privater Rechte nur in Betracht, wenn das Vorliegen eines gerichtlich durchsetzbaren Vermögensanspruchs und die Erforderlichkeit der Festnahme des Betroffenen zur Sicherung der Zwangsvollstreckung in dessen Vermögen vom angenommenen Inhaber des angenommenen Rechts **glaubhaft gemacht** worden sind (vgl. § 920 Abs. 2 ZPO). Zum Schutz privater Rechte kann eine Festnahme – wie sich aus § 230 Abs. 2 und Abs. 3 BGB ergibt – nur in Fällen erfolgen, in denen ein (zivilprozessrechtlicher) dinglicher Arrest in Betracht kommt. Demnach muss der Inhaber des gefährdeten privaten Rechts glaubhaft machen (vgl. § 920 Abs. 2 ZPO), dass ihm gegen die in Gewahrsam zu nehmende Person eine Geldforderung oder ein Anspruch, der in eine solche Forderung übergehen kann (§ 916 Abs. 1 ZPO), zusteht und dass er einen Arrestantrag beim zuständigen Gericht gestellt hat bzw. dass eine solche Antragstellung unmittelbar bevorsteht.

61.1   Da die Durchsetzung privater Rechte im Hinblick darauf, dass selten unstreitige Sachverhalte hinsichtlich des Bestehens oder Nichtbestehens zivilrechtlicher Ansprüche vorliegen, nicht originäre Aufgabe der Polizei ist, sondern Maßnahmen der Polizei zum Schutz privater Rechte grundsätzlich nur zur Sicherung der Durchsetzbarkeit der Rechte ergriffen werden (→ § 8 Rn. 82 ff.), scheint es auf den ersten Blick widersprüchlich, dass mit Abs. 1 Nr. 5 eine Ingewahrsamnahme tatbestandlich unter Umständen auch zum Schutz umstrittener materieller Ansprüche ermöglicht wird. Erheblichen Bedenken unterliegt der Verweis in § 24 Nr. 12 NRWOBG, der auch den Ordnungsbehörden eine Ingewahrsamnahme zum Schutz privater Rechte ermöglichen soll, obgleich ihnen der Schutz privater Rechte nicht dergestalt zugewiesen ist wie – mit § 1 Abs. 2 – der Polizei (so auch Dietlein/Hellermann NRWÖffR/Dietlein § 3 Rn. 178).

V. Gewahrsam Minderjähriger zur Zuführung an Sorgeberechtigte (Abs. 2)

Die Ausübung der **Personensorge** durch Sorgeberechtigte (vgl. §§ 1631 ff. BGB) stellt **62** ein Rechtsgut dar, das als Bestandteil der öffentlichen Sicherheit auch **polizeiliches Schutzgut** ist. Da ein Minderjähriger, der sich der Obhut des bzw. der Sorgeberechtigten entzieht, aber keine Straftat oder Ordnungswidrigkeit begeht, kann er zum Schutz des Sorgerechts nicht gem. Abs. 1 Nr. 2 in Gewahrsam genommen werden. Solange sein Leib und Leben auch nicht in Gefahr sind und er sich nicht in hilfloser Lage befindet, scheitert auch eine Ingewahrsamnahme gem. Abs. 1 Nr. 1. Vor diesem Hintergrund ist der besondere Gewahrsamstatbestand des Abs. 2 zu verstehen, der es der Polizei ermöglichen soll, die Ausübung des Sorgerechts der Berechtigten durch vorübergehendes Festhalten und Zuführung an die Sorgeberechtigten wieder zu gewährleisten. Da es sich bei der Personensorge um ein privates Recht handelt, ist polizeilichem Handeln zu deren Schutz aber durch § 1 Abs. 2 insoweit eine Grenze gesetzt, dass die Polizei zum Zwecke der Wiederherstellung der Ausübung der Personensorge nur tätig werden darf, wenn gerichtlicher Schutz nicht rechtzeitig zu erlangen ist und wenn ohne polizeiliche Hilfe die Verwirklichung der Personensorge (zB durch die Gefahr des Untertauchens des Kindes) vereitelt oder wesentlich erschwert werden würde. Da das allgemeine Ordnungsrecht eine solche ausdrückliche Aufgabenzuweisung hinsichtlich des Schutzes privater Rechte enthält, begegnet die den Ordnungsbehörden gem. § 24 Nr. 12 NRWOBG theoretisch ebenfalls eingeräumte Möglichkeit einer Ingewahrsamnahme Minderjähriger zur Zuführung an die Sorgeberechtigten erheblichen Bedenken.

Zu beachten ist in diesem Zusammenhang § 8 JuSchG, für dessen Anwendung die örtlichen **62.1** Ordnungsbehörden und Kreispolizeibehörden gem. § 1 S. 1 ZuVO JuWo (Jugendwohlfahrtszuständigkeitsverordnung v. 10.11.2009, GV. NRW. 586) zuständig sind und wonach die zuständigen Behörden bezüglich Minderjährigen, die sich an einem jugendgefährdenden Ort aufhalten, die zur Abwendung der Gefahr erforderlichen Maßnahmen zu treffen haben, was – wenn nötig – die Zuführung an die erziehungsberechtigte Person oder in die Obhut des Jugendamtes bedeuten kann. Diese Eingriffsgrundlage bleibt von Abs. 2 unberührt (so auch Tegtmeyer/Vahle PolG NRW Rn. 16), schränkt aber den Rückgriff auf die polizeirechtliche Ermächtigungsgrundlage nicht vollumfänglich ein, sondern kann die landesrechtliche Ermächtigungsnorm allenfalls innerhalb ihres eigenen Anwendungsbereichs (Aufenthalt Minderjähriger an jugendgefährdenden Orten) verdrängen.

Minderjährig ist entsprechend dem allgemeinen bürgerlich-rechtlichen Verständnis, wer **63** noch nicht volljährig ist, weil er das 18. Lebensjahr noch nicht vollendet hat (vgl. § 2 BGB). Wer **sorgeberechtigt** ist, bestimmt sich ebenfalls nach den Vorschriften des BGB, wonach die Personensorge als Bestandteil der elterlichen Sorge grundsätzlich den verheirateten oder die gemeinsame Übernahme der Sorge erklärenden Eltern und ansonsten der Mutter (§§ 1626 f. BGB) oder aber einem Vormund (§§ 1773 ff. BGB) bzw. einem Pfleger (§§ 1909 ff. BGB) obliegt. **Der Obhut des Sorgeberechtigten entzogen** hat sich ein Minderjähriger, wenn er sich zumindest für eine gewisse Dauer ohne dessen Wissen entfernt hat und wenn dem Sorgeberechtigten der Aufenthaltsort unbekannt ist (Tegtmeyer/Vahle PolG NRW Rn. 15). Nicht erfasst ist hingegen der Fall, dass eine andere Person den Minderjährigen der Obhut der Sorgeberechtigten entzieht. In solchen Fällen wird jedoch regelmäßig kein Gewahrsamsbedarf bestehen, der nicht über Abs. 1 Nr. 1 oder Nr. 2 bedient werden kann. Denn entweder hält der Minderjährige sich freiwillig bei dem Dritten und somit außerhalb des Einflussbereichs seiner Sorgeberechtigten auf, womit er sich gleichsam selbst deren Obhut entzogen hätte und der Anwendungsbereich von Abs. 2 eröffnet wäre, oder er wird von der dritten Person ohne bzw. gegen seinen Willen mitgenommen, womit regelmäßig eine Straftatbegehung (insbesondere Kindesentziehung iSv § 235 StGB) vorliegt und ein Gewahrsam gem. Abs. 1 Nr. 2 in Betracht kommt. Dass es sich bei § 235 Abs. 1–3 StGB um ein relatives Antragsdelikt handelt, das nur auf Antrag oder bei besonderem öffentlichen Interesse an der Strafverfolgung verfolgt wird, ist für die Frage, ob die Begehung oder Fortsetzung einer Straftat zu befürchten ist, unerheblich (→ Rn. 38).

63.1   Ist einem Elternteil durch Beschluss des Familiengerichts das Aufenthaltsbestimmungsrecht entzogen und insoweit ein Ergänzungspfleger bestellt worden, ist der Ergänzungspfleger als sorgeberechtigt iSv § 35 Abs. 2 anzusehen, selbst wenn das Kind in einer Bereitschaftspflegefamilie untergebracht ist. Mit dem Entweichen aus der Bereitschaftspflegefamilie entzieht sich das Kind auch der Obhut des Ergänzungspflegers (vgl. VG Köln BeckRS 2016, 48016 zur Durchsuchung der auch vom mit einem Umgangsverbot belegten Kindesvater bewohnten Wohnung zur Durchsetzung der Ingewahrsamnahme gem. § 35 Abs. 2).

64   Soweit tatbestandlich ein Sich-Entziehen eines Minderjährigen aus der Obhut der Sorgeberechtigten aus Sicht der handelnden Beamten anzunehmen ist, ist diesen **Ermessen** hinsichtlich einer Ingewahrsamnahme des Minderjährigen eingeräumt. In diesem Rahmen ist wiederum der Grundsatz der **Verhältnismäßigkeit** strikt zu beachten, wobei neben der Reife und Selbständigkeit des Minderjährigen insbesondere ins Gewicht fallen kann, ob sein (erneutes) Untertauchen zu befürchten ist oder ob er glaubhaft seine Absicht zur baldigen Rückkehr zu seinen Sorgeberechtigten versichert. Von Relevanz kann auch sein, ob die Eltern auf die Ausübung der Sorge zu jener Zeit überhaupt Wert legen oder ob gerade eine Rückkehr zu den Sorgeberechtigten mit Gefahren für den Minderjährigen oder auch für die Sorgeberechtigten verbunden sein könnte.

VI. Gewahrsam entwichener Personen (Abs. 3)

65   Da in staatlicher Haft gefangene oder auf staatliche Veranlassung untergebrachte Personen sich durch ein **Entweichen,** also eine ohne Erlaubnis der jeweiligen Anstalt erfolgende Selbstbefreiung aus der Freiheitsentziehung, in der Regel nicht strafbar machen – insbesondere nicht wegen Gefangenenbefreiung gem. § 120 Abs. 1 StGB, der an die Befreiung anderer Personen anknüpft – und da selbst bei Annahme einer Deliktsverwirklichung diese mit dem Ausbruch abgeschlossen wäre und ihre Begehung bzw. Fortsetzung nicht mehr unmittelbar bevorstünde, scheidet eine Ingewahrsamnahme entwichener Personen gem. Abs. 1 Nr. 2 aus. Dadurch, dass auch die bundesrechtlichen Vorschriften des Strafprozess- und Strafvollstreckungsrechts keine abschließenden Regelungen für jede Situation enthalten, in der eine entwichene Person von der Polizei aufgegriffen wird und in der eine unverzügliche Festsetzung zur Vermeidung eines erneuten Untertauchens erforderlich sein kann (aA Lisken/Denninger PolR-HdB/Rachor/Graulich E Rn. 512), erklärt sich der Regelungsbedarf (→ Rn. 66). Obgleich bei sämtlichen Haftformen bereits eine gerichtliche Entscheidung über die Freiheitsentziehung vorliegt, unterliegen auch die Fälle des § 35 Abs. 3 dem in § 36 geregelten **Richtervorbehalt** (so auch Tegtmeyer/Vahle PolG NRW Rn. 17). Sofern der Ort des Aufgreifens der entwichenen Person und seiner Haft- bzw. Unterbringungsanstalt aber nicht weit voneinander entfernt sind, kann aber unter Umständen davon ausgegangen werden, dass sich die auf polizeirechtlicher Grundlage durchgeführte Freiheitsentziehung mit der Übergabe an die Anstalt noch vor Ergehen einer gerichtlichen Entscheidung erledigt.

66   Die in Abs. 3 verwendeten Bezeichnungen von Arten der Freiheitsentziehung knüpfen an das jeweilige strafrechtliche Begriffsverständnis an. Dementsprechend ist mit **Untersuchungshaft** ausschließlich die auf einem Haftbefehl basierende Freiheitsentziehung des Betroffenen wegen dringenden Tatverdachts und Vorliegens eines Haftgrundes gem. §§ 112 ff. StPO gemeint, wohingegen die begrifflich hiervon zu unterscheidende **einstweilige Unterbringung** in einem psychiatrischen Krankenhaus oder einer Entziehungsanstalt aufgrund eines Unterbringungsbefehls (§ 126a StPO) nicht erfasst ist. Der Begriff der **Freiheitsstrafe** kennzeichnet primär die Strafhaft nach einer Verurteilung zu einer Freiheitsstrafe iSv §§ 38 f. StGB wegen der Begehung einer Straftat (vgl. auch §§ 454b ff. StPO und § 1 StVollzG NRW, das weitgehend das bundesrechtliche StVollzG ersetzt), erfasst aber auch Ersatzfreiheitsstrafen (§ 43 StGB), nicht jedoch die begrifflich und inhaltlich eigenständig zu behandelnde **Jugendstrafe** (§§ 17 ff. JGG; hingegen erstreckt sich § 39 Abs. 3 BPolG ausdrücklich auch auf das Entweichen aus dem Jugendstrafvollzug), erst recht nicht Freizeit- oder Jugendarrest und auch nicht besondere Haftformen wie Ordnungs-, Sicherungs-, Zwangs- und Erzwingungshaft oder den Strafarrest. Das muss im Falle der Jugendstrafe konsequenterweise auch dann gelten, wenn diese gem. § 89b Abs. 1 JGG nach den Vorschriften des Strafvollzuges für Erwachsene vollzogen wird; denn es handelt sich weiterhin um den Vollzug einer durch Urteil des Jugendschöffengerichts ausgesprochenen Jugendstrafe, die nicht durch den Vollzugswechsel zur Freiheitsstrafe wird. **Freiheitsentziehende Maßregeln der Besserung und Sicherung** sind die Unterbringung in einem psychiatrischen Krankenhaus (§ 63 StGB), die Unterbringung in einer Entziehungsanstalt (§ 64 StGB) und die Unterbringung in der Sicherungsverwahrung (§ 66 StGB). Die Unterbringung ehemals Sicherungsverwahrter nach dem Therapieunterbringungsgesetz stellt hingegen keine entsprechende Maßregel dar und ist dementsprechend nicht von § 35 Abs. 3 erfasst. Mit **Entweichen** ist das von der Einrichtungsleitung nicht erlaubte Entfernen aus der Freiheitsentziehung gemeint, so zB der klassische Ausbruch oder die Flucht im Rahmen eines während der Haft stattfindenden Gefangenentransports. **Sonst ohne Erlaubnis außerhalb der Justizvollzugsanstalt** hält sich derjenige auf, der zu diesem Zeitpunkt formal im Vollzug einer bereits begonnenen Freiheitsentziehung in einer Justizvollzugsanstalt steht und aus dieser in einem nicht ausdrücklich geregelten Fall (zB Jugendstrafe) entwichen ist oder wegen erlaubten Ausgangs zwar nicht entwichen ist, jedoch länger als erlaubt außerhalb der Anstalt verbleibt (zB Überschreitung eines Hafturlaubs). In **Justizvollzugsanstalten,** die § 139 StVollzG (des Bundes) als Anstalten der Landesjustizverwaltungen definiert, werden in Nordrhein-Westfalen neben der Freiheitsstrafe auch die Sicherungsverwahrung, die Jugendstrafe, die Untersuchungshaft, die Zivilhaft und die Auslieferungshaft vollzogen, sodass das nicht als ausdrücklich in § 35 Abs. 3 geregeltes Entweichen aus dem Vollzug einer Freiheitsstrafe zu beurteilende Entweichen aus dem Vollzug einer Jugendstrafe als sonstiger Aufenthalt ohne Erlaubnis außerhalb einer Justizvollzugsanstalt eine polizeiliche Ingewahrsamnahme rechtfertigen kann. Auf strafrechtlich in **anderen Einrichtungen** als Justizvollzugsanstalten (zB Einrichtungen des Maßregelvollzugs) untergebrachte Personen erstreckt sich diese Tatbestandsvariante – anders als die entsprechende, weiter gefasste Regelung in § 39 Abs. 3 BPolG – nicht, so dass zB das Entweichen aus Freizeitarresträumen oder der unerlaubte weitere Aufenthalt einer im Maßregelvollzug in einem psychiatrischen Krankenhaus oder einer Entziehungsklinik befindlichen Person, die die Einrichtung mit Erlaubnis verlassen hat und nicht rechtzeitig zurückgekehrt ist, nicht erfasst sind.

Hinsichtlich der Rückführung von aus der Untersuchungshaft entwichenen Häftlingen ist bei Gefahr im Verzug theoretisch eine **vorläufige Festnahme gem. § 127 Abs. 2 StPO** denkbar, da aufgrund des bereits verkündeten Haftbefehls das Vorliegen seiner Voraussetzungen anzunehmen ist. Da jenes vorläufige Festnahmerecht aber in erster Linie für Fälle angelegt ist, in denen ein gerichtlicher Haftbefehl noch nicht ergangen ist, der Betroffene sich mithin noch nicht in Untersuchungshaft befindet, aus der er entweichen könnte, ist insbesondere auch hinsichtlich des Entweichens von Untersuchungshäftlingen ein Regelungsbedürfnis für einen Rückführungsgewahrsam nicht von der Hand zu weisen, zumal nicht bei jedem entwichenen Untersuchungshäftling zwingend „Gefahr im Verzug" iSv § 127 Abs. 2 StPO anzunehmen ist. Die Rückführung von aus dem Vollzug einer Freiheitsstrafe oder einer Sicherungsverwahrung entwichenen Gefangenen ist in den – gem. § 110 Nr. 3 StVollzG NRW, § 101 Nr. 2 SVVollzG NRW landesrechtlich nicht ersetzten – bundesrechtlichen Vorschriften **§ 87 Abs. 1 Alt. 2 StVollzG** bzw. § 130 StVollzG iVm § 87 Abs. 1 Alt. 2 StVollzG, wonach die Polizei auf Veranlassung der Vollzugsbehörde ein das Recht zur Festnahme entwichener Gefangener oder Sicherungsverwahrter hat, und in § 457 Abs. 2 S. 2 StPO bzw. § 463 Abs. 1 StPO iVm § 457 Abs. 2 S. 2 StPO, wonach die Vollstreckungsbehörde bei Entweichen eines Strafgefangenen oder Untergebrachten einen von der Polizei durchzusetzenden Vorführungs- oder Haftbefehl erlassen kann, bundesrechtlich geregelt und verdrängt insoweit das Landesrecht (vgl. Art. 31, 70, 72 GG). Die Freiheitsentziehung zur Zurückführung von aus dem sonstigem freiheitsentziehenden Maßregelvollzug (Unterbringung in einem psychiatrischen Krankenhaus oder einer Entziehungsanstalt) entwichenen Personen ist landesrechtlich in § 20 Abs. 3 NRWMRVG (Maßregelvollzugsgesetz v. 15.6.1999, GV. NRW. 402) geregelt, wonach die Einrichtung die Patienten „festnehmen lassen" kann. Eine Ermächtigung zur Festnahme von aus dem Vollzug der Jugendstrafe entwichenen Personen (nicht aber bei Entweichen aus dem Vollzug von Jugendarrest, wofür das JAVollzG NRW – Jugendarrestvollzugsgesetz Nordrhein-Westfalen v. 30.4.2013, GV. NRW. 203 – gilt) enthält auch § 52 Abs. 5 Alt. 2 JStVollzG NRW, der analog zu § 87 Abs. 1 Alt. 2 StVollzG eine Festnahme auf Veranlassung der Anstalt zulässt und der ebenso Anwendung auf den Vollzug von Freiheitsstrafe findet, soweit diese in Einrichtungen des Jugendstrafvollzuges vollzogen wird. Auch bei Entweichen aus dem Vollzug von Sicherungs-, Zwangs- und Erzwingungshaft sowie aus

66.1

Strafarrestvollzug besteht eine Festnahmemöglichkeit auf Veranlassung der Vollzugsbehörde, da gem. § 171 Abs. 1 bzw. § 167 Abs. 1 StVollzG die Vorschriften über den Vollzug der Freiheitsstrafe, mithin auch § 87 StVollzG, entsprechend gelten. Der Gewahrsamstatbestand des § 35 Abs. 3 hat daneben aber in Fällen Bedeutung, in denen trotz Entweichens des Gefangenen noch keine „Veranlassung" bzw. kein Festnehmenlassen, also kein Ersuchen der Vollzugsbehörde bzw. der Einrichtung iSv § 87 Abs. 1 Alt. 2 StVollzG, § 78 Abs. 1 Alt. 2 JStVollzG NRW oder § 20 Abs. 3 NRWMRVG und kein Haftbefehl iSv § 457 Abs. 2 S. 2 StPO vorliegen (vgl. Tegtmeyer/Vahle PolG NRW Rn. 17; nunmehr auch Lisken/ Denninger PolR-HdB/Rachor/Graulich E Rn. 512).

C. Gewahrsamsanordnung und -durchführung

I. Rechtsnatur der Ingewahrsamnahme

67   Die Ingewahrsamnahme stellt eine der in den §§ 9–46 geregelten polizeilichen **Standardmaßnahmen** dar, hinsichtlich derer nicht auf die Generalklausel des § 8 Abs. 1 zurückgegriffen werden kann, wie bereits deren Wortlaut verdeutlicht (zu den Hintergründen → § 8 Rn. 21 f.). Als einzelfallbezogene hoheitliche Maßnahme einer Behörde mit Außenwirkung erfüllt sie einige Merkmale des Begriffs des Verwaltungsakts iSv § 35 VwVfG. NRW. Uneinheitlich beurteilt wird jedoch die Frage, ob der Gewahrsam – dh die Ingewahrsamnahme und -haltung – auch eine Regelung, also einen auf Setzung einer Rechtsfolge gerichteten Erklärungsgehalt aufweist und demgemäß als **Verwaltungsakt** qualifiziert werden kann oder sich mangels eines entsprechenden Regelungsgehalts als bloßer auf die Herstellung eines tatsächlichen Erfolgs beschränkter **Realakt** darstellt. Als durch eine Gewahrsamsregelung gesetzte Rechtsfolge – nämlich als Begründung, Änderung, Aufhebung oder verbindliche Feststellung eines Rechts oder einer Pflicht – kommt einerseits das Gebot an den Betroffenen in Betracht, die zB durch Verbringung zur Wache und dortiges Einsperren erfolgende Entziehung der Fortbewegungsfreiheit zu dulden (ein solches **Duldungsgebot** bejahen zB Habermehl, Polizei- und Ordnungsrecht, 2. Aufl. 1993, Rn. 528; Rasch DVBl 1992, 207 (211); Schenke PolR § 3 Rn. 115), andererseits ein vorgeschaltetes oder konkludentes Gebot, im umschlossenen Bereich zu verbleiben und sich ggf. dorthin (zB zu den Polizeigewahrsamsräumen und dort in die konkrete Zelle) zu begeben (vgl. VG Augsburg BeckRS 2013, 49586; so offenbar auch SBS/Stelkens VwVfG § 35 Rn. 98, der bei Widerstand des Betroffenen das behördliche **Verlangen von Mitwirkungshandlungen** als Verwaltungsakt einstuft). Obwohl die Konstruktion der konkludenten Duldungsverfügung auf Zeiten zurückgeht, in denen nur gegen polizeiliche Verfügungen, nicht aber gegen polizeiliche Realakte gerichtlicher Rechtsschutz gegeben war, und obwohl sie in der rechtswissenschaftlichen Diskussion erheblicher und nachvollziehbarer Kritik ausgesetzt ist (vgl. nur Beckmann NVwZ 2011, 842 (845 f.); Finger JuS 2005, 116 (117 f.); Lisken/Denninger PolR-HdB/Rachor/Graulich E Rn. 35 ff.; BeckOK VwVfG/v. Alemann/Scheffczyk VwVfG § 35 Rn. 150 ff.), wird der Gewahrsam in der Rechtsprechung weiterhin vielfach – ohne nähere Auseinandersetzung – als Verwaltungsakt (mit Dauerwirkung) eingestuft (VGH Mannheim DVBl 2011, 626 (627); VG Frankfurt a. M. NVwZ 1994, 720 (721); wohl auch VGH Kassel NJW 1984, 821; grdl. zum unmittelbaren Zwang vgl. BVerwGE 26, 161 (184)). Einige Gerichte lassen die Rechtsnatur hingegen ausdrücklich offen (so zB VGH München BayVBl 2012, 657; VG Aachen BeckRS 2014, 46135).

II. Zuständigkeit und Verfahren

68   § 35 ermächtigt die „Polizei" – also grundsätzlich die **Kreispolizeibehörden** (vgl. § 11 Abs. 1 Nr. 1 POG NRW), in deren Bezirk die betroffene Person angetroffen wird (vgl. § 7 Abs. 1 POG NRW) – zur Ingewahrsamnahme. Daneben fallen Ingewahrsamnahmen theoretisch auch in die Zuständigkeit der **Ordnungsbehörden,** da § 35 gem. § 24 Nr. 12 NRWOBG weitestgehend auch für die Ordnungsbehörden gilt, soweit dies zur Erfüllung ihrer Aufgaben erforderlich ist. Ausdrücklich ausgenommen von der Verweisung ist lediglich ein der Polizei vorbehaltener Gewahrsam zur Durchsetzung von Wohnungsverweisungen (Abs. 1 Nr. 4). Konsequenterweise hätte der Gesetzgeber bei Einführung der Befugnisse nach §§ 34b, 34c, die den Ordnungsbehörden nicht zustehen, auch eine Anwendbarkeit des diesbezüglichen Gewahrsamtatbestands des § 35 Abs. 1 Nr. 6 ausschließen müssen. Da

Ordnungsbehörden in der Regel nicht über eigene Gewahrsamsräume und über das hierfür – auch über Nacht – abzustellende Personal verfügen, ist der ordnungsbehördliche Gewahrsam aber ohnehin von geringer praktischer Relevanz. Einen praktisch bedeutsamen Bereich, in dem die Ordnungsbehörden freiheitsentziehend tätig werden, stellt hingegen die vorläufige Unterbringung nach dem NRWPsychKG dar.

Sofern dem Gewahrsam Verwaltungsaktqualität beigemessen wird (→ Rn. 67), bedarf – **69** im Gegensatz zum Polizeigewahrsam – die ordnungsbehördliche Gewahrsamsanordnung grundsätzlich der **Schriftform,** was jedoch nicht im oftmals gegebenen Fall von Gefahr im Verzug gilt (vgl. § 20 Abs. 1 NRWOBG). Jedenfalls bedarf es bei Annahme eines Verwaltungsakts sowohl für ordnungsbehördlichen (§ 20 Abs. 1 S. 2 Hs. 2 NRWOBG) als auch für polizeilichen Gewahrsam (§ 37 Abs. 2 S. 2 VwVfG. NRW.) auf entsprechendes Verlangen des Betroffenen einer schriftlichen Bestätigung der Gewahrsamsanordnung, da das hierfür erforderliche berechtigte Interesse aufgrund der Intensität des Grundrechtseingriffs nicht von der Hand zu weisen sein dürfte. Da das Interesse des Betroffenen in der Regel nicht nur auf eine schriftliche Bestätigung der Maßnahme gerichtet ist, sondern auch auf die – ohnehin gem. § 37 Abs. 1 offen zu legende und bei schriftlicher Bestätigung des Verwaltungsakts gem. § 39 Abs. 1 VwVfG. NRW. grundsätzlich erforderliche – **Begründung** und auf eine aus rechtsstaatlichen Gründen womöglich gebotene **Belehrung** über die zur Verfügung stehenden Rechtsmittel, empfiehlt sich unabhängig vom Verwaltungsaktcharakter und vom Bestehen einer somit unter Umständen zwingend vorgegebenen schriftlichen Bestätigungspflicht ohnehin eine schriftliche Bekanntgabe der Maßnahme und der Gründe an den Betroffenen, womit auch Dokumentationszwecke erfüllt und eventuelle Verstöße gegen die aus § 37 Abs. 1 VwVfG. NRW. und § 39 Abs. 1 VwVfG. NRW. folgende Begründungspflicht gem. § 45 Abs. 1 Nr. 2 VwVfG. NRW. geheilt werden könnten (vgl. Poscher/Rusteberg JuS 2012, 26 (27)).

Für die Frage, ob es vor einer Ingewahrsamnahme gem. § 28 Abs. 1 VwVfG. NRW. der **70** **Anhörung** des Betroffenen bedarf, ist im Ergebnis unerheblich, ob die Ingewahrsamnahme als Verwaltungsakt anzusehen ist. Zwar bedarf es einer Anhörung grundsätzlich nur vor dem beabsichtigten Erlass eines belastenden Verwaltungsakts, jedoch kommt auch bei vergleichbarem Realhandeln mit Entscheidungscharakter aus Gründen der Rechtsstaatlichkeit eine Anhörungspflicht analog § 28 VwVfG. NRW. in Betracht (vgl. SBS/Kallerhoff/Mayen VwVfG § 28 Rn. 25 mwN). In Gewahrsamskonstellationen wird aber in der Regel ohnehin davon auszugehen sein, dass eine Anhörung iSv § 28 Abs. 2 VwVfG. NRW. nach den Umständen des Einzelfalles nicht geboten ist, insbesondere weil eine sofortige Entscheidung wegen Gefahr im Verzug oder im öffentlichen Interesse notwendig erscheint (Nr. 1) oder weil – vor allem in Fällen des Durchsetzungsgewahrsams – dem Betroffenen die Ingewahrsamnahme zuvor ohnehin für den Fall eines bestimmten Verhaltens angedroht wird. Letztlich bliebe das Unterlassen einer gesetzlich gebotenen Anhörung auch ohne Konsequenz, wenn diese im Rahmen des gerichtlichen Verfahrens nachgeholt wird (vgl. § 45 Abs. 1 Nr. 3 VwVfG. NRW., § 45 Abs. 2 VwVfG. NRW.).

III. Durchsetzung des Gewahrsams

Unabhängig davon, ob man die Ingewahrsamnahme als Verwaltungsakt einstuft oder nicht, **71** wird man in der Standardbefugnisnorm des § 35 auch eine von den Regelungen des Verwaltungszwangs unabhängige **Ermächtigung zur Anwendung von Zwang** sehen müssen, jedenfalls soweit dieser mit der Maßnahme selbst – also mit dem Festhalten, dem Geleiten zur Gewahrsamseinrichtung und dem Einsperren – einhergeht (Finger JuS 2005, 116 (118) mwN). Zwangsmaßnahmen, die eine über das Ingewahrsamnehmen hinausgehende Zwangswirkung entfalten (zB Polizeigriff oder Fesselung), können hingegen nicht auf die Spezialermächtigung gestützt werden, sondern nur auf die Vorschriften über den Verwaltungszwang (§§ 50 ff., insbesondere **unmittelbarer Zwang** gem. §§ 57 ff.). Auch wenn es insoweit theoretisch einen Unterschied macht, ob man die Ingewahrsamnahme als Verwaltungsakt einstuft, weil Verwaltungsakte grundsätzlich im gestreckten Verfahren vollzogen werden (Finger JuS 2005, 116 (118) mwN), so wirkt sich dieser Unterschied in der polizeilichen Praxis in der Regel nicht aus, da auch bei Vorliegen eines – im Falle einer polizeilichen Gewahrsamsverfügung gem. § 80 Abs. 2 S. 1 Nr. 2 VwGO sofort vollziehbaren – Grundverwaltungsakts eine Vollstreckung im Sofortvollzug, also ohne vorherige Androhung (vgl. für das Polizeirecht §§ 56 Abs. 1 S. 3, 61 Abs. 1 S. 2 VwVG NRW bzw. für das Ordnungsrecht § 63 Abs. 1 S. 5 VwVG NRW, § 69 Abs. 1 S. 2 VwVG NRW) und – im Polizeirecht ohnehin nicht vorgesehene – Festsetzung (hinsichtlich ordnungsbehördlicher Maßnahmen vgl. § 64 S. 2 VwVG NRW), in Betracht kommt, wofür die entsprechenden Voraussetzungen in der Regel vorliegen (vgl. VG Augsburg BeckRS 2013, 49586).

IV. Maßnahmen gleicher Wirkung

72   Unabhängig davon, ob man von einer Begleit- oder Duldungsverfügung ausgeht, ermächtigt § 35 dazu, die betroffene Person in Gewahrsam zu nehmen, also – entsprechend den obigen Ausführungen (→ Rn. 1) – mit hoheitlicher Gewalt ein Rechtsverhältnis herzustellen, kraft dessen einer Person in der Weise die Freiheit entzogen wird, dass sie von dem Hoheitsträger in einer dem hoheitlichen Zweck entsprechenden Weise verwahrt und daran gehindert wird, sich fortzubegeben. Maßnahmen, die nicht auf ein Entziehen der Freiheit des Betroffenen gerichtet sind, sind demgemäß an sich nicht erfasst, selbst wenn aufgrund eines jedenfalls freiheitsbeschränkenden Charakters eine ähnliche Wirkung oder als Nebenfolge zum eigentlichen Zweck der Maßnahme eine freiheitsentziehende und somit gleiche Wirkung anzunehmen ist. So verhält es sich beim sog. **Verbringungsgewahrsam,** dem teilweise stets freiheitsentziehender Charakter (so Kappeler DÖV 2000, 227 (230 f.)), teilweise grundsätzlich nur freiheitsbeschränkende Wirkung (vgl. nur Schucht DÖV 2011, 553 (556), der dabei von einem üblicherweise nicht länger als 40 Minuten andauernden Festhalten im Polizeifahrzeug ausgeht) zugesprochen wird (diff. nach Dauer und Intensität → § 8 Rn. 28). Diese primär auf eine Ortsveränderung hinsichtlich des Betroffenen und nicht auf dessen Festhalten gerichtete Maßnahme ist von ihrer Zweckrichtung her auch bei Annahme einer freiheitsentziehenden Wirkung nicht mit dem polizeirechtlichen Gewahrsamsbegriff in Einklang zu bringen (→ § 8 Rn. 29; Leggereit NVwZ 1999, 263 (264)). Die teilweise vertretene Auffassung, aufgrund der gleichen bzw. ähnlichen Wirkung könne der Verbringungsgewahrsam gleichwohl auf die polizeirechtlichen Gewahrsamsermächtigungen – unter Umständen als Minus zum Gewahrsam in entsprechender Anwendung der entsprechenden Standardbefugnisnorm – gestützt werden (so zB OVG Bremen NVwZ 1987, 235 (236); BayObLG NVwZ 1990, 194 (196 f.); Leggereit NVwZ 1999, 263 (264)), ist vor dem Hintergrund der unterschiedlichen Zielrichtungen der Maßnahmen abzulehnen (Schucht DÖV 2011, 553 (558 f.)). Soweit dem Verbringungsgewahrsam aufgrund seiner Dauer im Einzelfall freiheitsentziehender Charakter beigemessen wird, ist ein Rückgriff auf die Generalklausel des § 8 unzulässig, da freiheitsentziehende Maßnahmen in den §§ 35 ff. ihre abschließende Regelung gefunden haben (→ § 8 Rn. 29). Soweit man aufgrund der kurzen zeitlichen Dauer der Verbringung im Einzelfall mit guten Gründen nur eine Freiheitsbeschränkung annimmt, greift das Argument der Sperrwirkung der für freiheitsentziehende Maßnahmen bestehenden Standardbefugnisnorm nicht (insoweit zutr. Schucht DÖV 2011, 553 (559)); gleichwohl wird in der Literatur auch in lediglich freiheitsbeschränkenden Fällen ein Rückgriff auf die Generalklausel für nicht möglich erachtet, weil die Verbringung trotz des Fehlens einer freiheitsentziehenden Wirkung als Freiheitsbeschränkung eine solche Eingriffsintensität aufweise, dass nach dem Bestimmtheitsgrundsatz eine speziellere Befugnisnorm erforderlich sei (Schucht DÖV 2011, 553 (559)). Auch wenn die Annahme einer hohen Eingriffsintensität bei gleichzeitiger Verneinung einer Freiheitsentziehung fragwürdig erscheint, so lässt sich für die behördliche Praxis konstatieren, dass ohne Vorliegen einer entsprechenden eigenständigen Standardbefugnis die Durchführung einer Verbringung des Betroffenen zum Stadtrand der erheblichen Gefahr ausgesetzt ist, im Nachhinein mangels Existenz einer gesetzlichen Eingriffsgrundlage gerichtlich als rechtswidrig beurteilt zu werden und eine staatshaftungsrechtliche Entschädigungspflicht des Verwaltungsträgers auszulösen.

D. Richtervorbehalt und Rechtsschutz

73   Aufgrund der hohen Bedeutung des Grundrechts auf Freiheit der Person gem. Art. 2 Abs. 2 S. 2 GG und Art. 104 Abs. 1 S. 1 GG hat sich der Verfassungsgeber dazu entschieden, Freiheitsentziehungen wie zB auch den Gewahrsam unter einen generellen Richtervorbehalt

zu stellen. Dementsprechend hat gem. Art. 104 Abs. 2 GG über die Zulässigkeit und Fortdauer einer Freiheitsentziehung nur der Richter zu entscheiden. Hierdurch wird die erste
richterliche Entscheidung über die Rechtmäßigkeit eines Grundrechtseingriffs von der
Ebene des von der betroffenen Person selbst zu suchenden Rechtsschutzes verfassungsrechtlich auf die Ebene vorverlagert, auf der sich staatliche Stellen zu einer freiheitsentziehenden
Maßnahme entschließen. Nach der grundgesetzlichen Konzeption ist die richterliche Entscheidung nach Möglichkeit bereits vor Beginn der freiheitsentziehenden Maßnahme einzuholen. Dies folgt aus dem Ausnahmecharakter von Art. 104 Abs. 2 S. 2 und S. 3 GG, wonach
bei jeder nicht auf richterlicher Anordnung beruhenden Freiheitsentziehung unverzüglich
eine richterliche Entscheidung herbeizuführen ist und die betroffene Person spätestens mit
Ablauf des auf eine Ingewahrsamnahme folgenden Tages aus dem Gewahrsam zu entlassen
ist. Anders als bei strafprozessrechtlichen Haftbefehlen, die das zuständige Gericht häufig
bereits vor der Inhaftierung erlässt, stellt es polizeirechtlich die Regel dar, dass zur Gefahr-
abwehr die Festsetzung der betroffenen Person zunächst ohne vorherige richterliche Anordnung iSv Art. 104 Abs. 2 S. 1 GG erfolgt. Die von Art. 104 Abs. 2 S. 4 GG geforderte
nähere Regelung durch Gesetz ist hinsichtlich der Ingewahrsamnahmen nach nordrhein-
westfälischem Polizeirecht in § 36 erfolgt (sowohl zum Richtervorbehalt als auch zum weitergehenden Rechtsschutz – zB gegen vor Einholung der richterlichen Entscheidung erledigte
Ingewahrsamnahmen – vgl. → § 36 Rn. 18 ff.).

§ 36 Richterliche Entscheidung

(1) ¹**Wird eine Person auf Grund von § 10 Abs. 3, § 12 Abs. 2 S. 3 oder § 35
festgehalten, hat die Polizei unverzüglich eine richterliche Entscheidung über
Zulässigkeit und Fortdauer der Freiheitsentziehung herbeizuführen.** ²**Der Herbeiführung der richterlichen Entscheidung bedarf es nicht, wenn anzunehmen ist,
dass die Entscheidung des Richters erst nach Wegfall des Grundes der polizeilichen
Maßnahmen ergehen würde.**

(2) ¹**Für die Entscheidung nach Absatz 1 ist das Amtsgericht zuständig, in dessen
Bezirk die Freiheitsentziehung herbeigeführt wurde.** ²**Das Verfahren richtet sich
nach den Vorschriften des 7. Buches (Verfahren in Freiheitsentziehungssachen) des
Gesetzes über das Verfahren in Familiensachen und in den Angelegenheiten der
freiwilligen Gerichtsbarkeit.**

Überblick

Mit dieser Vorschrift soll dem **verfassungsrechtlichen Richtervorbehalt** des Art. 104
Abs. 2 S. 1 GG (→ Rn. 1 ff.) Rechnung getragen werden, wonach über die Zulässigkeit
und Fortdauer einer Freiheitsentziehung nur der Richter zu entscheiden hat. Sie ist aber
auch an den als Bundesrecht gem. Art. 31 GG vorrangigen Regelungen der EMRK zu
messen (→ Rn. 9). Entsprechend dem hinter Art. 104 Abs. 2 GG stehenden Grundgedanken,
dass der Richter grundsätzlich über die Zulässigkeit einer Freiheitsentziehung bereits vor
ihrem Beginn, im Falle einer – wegen Eilbedarfs und Nichterreichbarkeit des zuständigen
Richters ausnahmsweise auch ohne vorherige richterliche Anordnung zulässigen (Argumentation aus Art. 104 Abs. 2 S. 2 GG) – Freiheitsentziehung jedenfalls vor deren weiterer
Fortdauer zu entscheiden hat, betrifft § 36 nur richterliche Entscheidungen, die vor Beendigung der Freiheitsentziehung herbeigeführt werden (→ Rn. 27 ff.), und erklärt für diese –
abweichend von § 40 Abs. 1 VwGO – den Rechtsweg zu den Zivilgerichten (→ Rn. 26)
und das Verfahren der freiwilligen Gerichtsbarkeit (→ Rn. 30 ff.) für eröffnet. Hingegen
sind die Rechtsschutzmöglichkeiten gegen Freiheitsentziehungen, die sich durch Freilassung
vor einer richterlichen Entscheidung erledigt haben, differenziert und mitunter auf Grundlage der allgemeinen Vorschriften zu betrachten (→ Rn. 35, → Rn. 50, → Rn. 51 ff.).

Übersicht

A. Allgemeines

I. Verfassungsrechtliche Aspekte

1   Gemäß Art. 104 Abs. 2 S. 1 GG hat über die Zulässigkeit und Fortdauer jeder Freiheitsentziehung – also sowohl hinsichtlich präventiven Gewahrsams als auch hinsichtlich repressiver Haft – nur der Richter zu entscheiden, da dem mit einer Freiheitsentziehung verbundenen Eingriff in das in Art. 2 Abs. 2 S. 2 GG iVm Art. 104 GG verankerte Grundrecht der Freiheit der Person eine solche Schwere beigemessen wird, dass für einen effektiven Rechtsschutz des Betroffenen gegen die in der Regel ohne Vorankündigung auf sofortigen Vollzug angelegten Maßnahmen die ansonsten nur mögliche nachträgliche richterliche Kontrolle für nicht ausreichend erachtet wird (vgl. MKS/Gusy GG Art. 104 Rn. 38). Der verfassungsrechtlich objektiv zwingend vorgegebene **Richtervorbehalt** soll demnach einen besonderen Grundrechtsschutz (vgl. BVerfGE 105, 239 (249)) – auch durch Verfahren, nämlich durch Einbeziehung einer unbeteiligten und die Legitimation des Eingriffs stärkenden Instanz – bewirken (vgl. MKS/Gusy GG Art. 104 Rn. 39). Der Richter, auf dessen Entscheidung die Freiheitsentziehung „beruht" (vgl. Art. 104 Abs. 2 S. 2 GG), trägt damit in vollem Umfang die Verantwortung für den Grundrechtseingriff (vgl. BVerfGE 10, 302 (310)). Gleichwohl erkennt auch der Verfassungsgesetzgeber die in der Praxis bestehende Notwendigkeit für ein vorläufiges Festsetzen einer Person durch die im Bereich der Strafverfolgung oder Gefahrenabwehr tätigen Behörden an, indem er in Art. 104 Abs. 2 S. 2 und S. 3 GG eine **nicht auf richterlicher Anordnung beruhende Freiheitsentziehung** bzw. ein polizeiliches Ingewahrsamhalten aus eigener Machtvollkommenheit tatbestandlich als zulässig voraussetzt und hierfür formelle Anforderungen aufstellt. Gemäß Art. 104 Abs. 2 S. 2 GG muss unverzüglich die richterliche Entscheidung herbeigeführt werden und nach Art. 104 Abs. 2 S. 3 GG darf die Polizei auf keinen Fall eine Person ohne richterliche Entscheidung länger als bis zum Ende des folgenden Tages festhalten. Hierbei handelt es sich um objektive und – unabhängig von einem eventuellen Verzicht des Betroffenen – zwingend bindende Vorgaben. Aus dem Ausnahmecharakter dieser rein formell-rechtlichen Vorgaben lässt sich in materieller Hinsicht ableiten, dass eine durch die Verwaltung angeordnete Freiheitsentziehung nur eine vorläufige und kurzfristige Maßnahme sein darf und als solche nur zulässig ist, wenn ein dringendes sachliches Bedürfnis zu sofortigem Festhalten der betroffenen Person besteht. Das sachliche Bedürfnis besteht in solchen Fällen, in denen der mit der Freiheitsentziehung verfolgte, verfassungsrechtlich zulässige Zweck nicht erreichbar wäre, wenn der Festnahme die richterliche Entscheidung vorausgehen müsste (BVerfGE 22, 311 (317 f.) = NJW 1968, 243; BVerfG NJW 2018, 2619 (2625)).

2   In den Fällen einer nachträglichen Herbeiführung einer richterlichen Entscheidung gem. Art. 104 Abs. 2 S. 2 GG handelt es sich nach der verfassungsrechtlichen Konzeption nicht um deren Nachholung für die bis zum Entscheidungszeitpunkt durch die Verwaltung – auf

Grundlage eines eigenständigen und ab der Gerichtsentscheidung erledigten Verwaltungs- bzw. Realakts (zur Rechtsnatur des Gewahrsams → § 35 Rn. 67) – vorläufig vollzogene Freiheitsentziehung, sondern die **richterliche Entscheidung wirkt hinsichtlich der Fort- dauer der Freiheitsentziehung konstitutiv** (BVerfGE 83, 24 (33)). Ob sie ausschließlich ex nunc wirken soll, obwohl gem. Art. 104 Abs. 2 S. 1 GG das Gericht auch über die Zulässigkeit des Gewahrsams entscheidet, lässt sich aus Art. 104 GG nicht verbindlich entneh- men (vgl. LG Freiburg BeckRS 2017, 100445, das eine dahingehende Auslegung des maß- geblichen Landesrechts, dass die Amtsgerichte nur über die Fortdauer zu entscheiden haben, für verfassungskonform hält). Bei einer solchen Sichtweise wäre es möglich, dass sich eine die Fortdauer der Freiheitsentziehung anordnende gerichtliche Entscheidung als rechtswidrig erweist, die Polizeibehörde die Freiheit des Betroffenen bis zum Zeitpunkt der Entscheidung aber rechtmäßig vorläufig entzogen hat. Andersherum wäre es dann auch möglich, dass das Gericht ex nunc eine Fortdauer der Freiheitsentziehung ablehnt und sich zu der bis zum Entscheidungszeitpunkt vollzogenen Freiheitsentziehung nicht äußert, sodass der Betroffene nach den allgemeinen einfachgesetzlichen Regelungen Rechtsschutz zu suchen hätte. Bezo- gen auf das nordrhein-westfälische Polizeirecht stellt dies in der Praxis kein Problem dar, da hier jedenfalls einfachgesetzlich durch § 36 Abs. 1 geklärt ist, dass die für Entscheidungen gem. Art. 104 Abs. 2 GG zuständigen Amtsgerichte auch feststellend über die Zulässigkeit einer (vorangegangenen) nicht auf richterlicher Anordnung beruhenden Freiheitsentziehung durch die Verwaltung zu entscheiden haben (eine insoweit erfolgende Anfechtung des Betrof- fenen gem. § 13 Abs. 2 FreihEntzG – jetzt § 428 Abs. 2 FamFG – fordernd: BayObLGZ 1956, 425 (428); → Rn. 35).

Die Behörde, die die Freiheitsentziehung verfügt hat, muss aufgrund des objektiv zwingen- den Charakters von Art. 104 Abs. 2 S. 2 GG die richterliche Entscheidung **von Amts wegen** beantragen und hat dies unverzüglich zu tun. Dies gilt auch dann, wenn der Betrof- fene ausdrücklich auf eine richterliche Entscheidung verzichtet. Die Nachholung der richter- lichen Entscheidung ist auch dann nicht entbehrlich, wenn die Freiheitsentziehung vor Ablauf der Frist des nächsten Tages nach Ergreifen beendet werden soll. Art. 104 Abs. 2 S. 3 GG setzt dem Festhalten einer Person ohne richterliche Entscheidung mit dem Ende des auf das Ergreifen folgenden Tages zwar eine äußerste Grenze (vgl. BVerfGE 83, 24 (33)), befreit aber nicht von der Verpflichtung, eine solche Entscheidung unverzüglich herbeizufüh- ren (BVerfGE 105, 239 Rn. 27 mwN). **3**

Die Behörde, die ohne richterliche Anordnung die Freiheit einer Person entzogen hat, **4** kommt ihrer Pflicht zur **Herbeiführung** der richterlichen Entscheidung nach, wenn sie das gerichtliche Verfahren, zu dem Art. 104 Abs. 2 GG keine näheren Regeln enthält, in Gang setzt; letztlich herbeigeführt ist die Entscheidung aber erst im Zeitpunkt ihrer Verkündung, sodass während der Zeit der gerichtlichen Anhängigkeit die Pflicht zur unverzüglichen Her- beiführung das Gericht trifft (vgl. MKS/Gusy GG Art. 104 Rn. 49, 54). Da die nachträgliche Entscheidung des Gerichts die Behörde nicht von ihrer Pflicht nach Art. 20 Abs. 3 GG entbindet, zu jeder Zeit des Verfahrens eigenständig zu prüfen, ob das von ihr vollzogene Festhalten des Betroffenen weiterhin rechtmäßig ist, muss sie ihn trotz ihrerseits erfüllter Pflicht zur unverzüglichen Anrufung des Gerichts entlassen, wenn sie erkennt, dass das Gericht seine Entscheidung durch sachlich nicht gerechtfertigte Gründe verzögert.

Unverzüglich ist die Herbeiführung, wenn sie ohne jede vermeidbare Verzögerung, die **5** sich nicht aus sachlichen (tatsächlichen oder rechtlichen) Gründen rechtfertigen lässt, erfolgt (vgl. nur BVerwGE 45, 51 (63); Dreier/Schulze-Fielitz GG Art. 104 Rn. 42; MKS/Gusy GG Art. 104 Rn. 47). Dies ist mangels eines fest definierten Zeitpunkts anhand der Besonder- heiten des Einzelfalles konkret zu ermitteln (zu konkreten Beispielen vgl. → Rn. 23.1). Grundsätzlich sollte aber für ein Einschalten des Richters tagsüber eine Zeit von zwei bis drei Stunden ausreichend sein (vgl. Jarass/Pieroth GG Art. 104 Rn. 21). Da alle staatlichen Organe dafür Sorge zu tragen haben, dass der Richtervorbehalt als Grundrechtssicherung praktisch wirksam wird, und deshalb verfassungsrechtlich verpflichtet sind, jedenfalls zur Tageszeit (insbesondere außerhalb der in § 104 Abs. 3 StPO definierten Nachtzeit) die Erreichbarkeit eines zuständigen Richters zu gewährleisten, kann die fehlende Möglichkeit, einen Richter zu erreichen, nicht ohne weiteres als unvermeidbares Hindernis für die unver- zügliche Nachholung der richterlichen Entscheidung gelten (BVerfG NJW 2002, 3161 (3162)).

5.1   Da staatliche Verwaltungsträger bei Eingriffen in ein Grundrecht für ein ordnungsgemäßes Funktionieren ihrer Behördenapparate zu sorgen haben, kommt es auf eine Schuldhaftigkeit des Handelns
einzelner Beamter – zB iSiv § 121 BGB („ohne schuldhaftes Zögern") – nicht an; subjektives Versagen
einzelner ist dem Staat zuzurechnen.

6   Unabhängig davon, ob die richterliche Entscheidung neben der ex nunc getroffenen
Anordnung der Fortdauer der Freiheitsentziehung auch ex tunc über die Zulässigkeit der
vorläufig auf Grundlage behördlicher Verfügung vollzogenen Freiheitsentziehung entscheidet
oder nicht, löst sie für den weiteren zukünftigen Zeitraum die behördliche Entscheidung
zur vorläufigen Freiheitsentziehung ab, sodass diese nur bis zu jenem Zeitpunkt Geltung
beanspruchen kann, in welchem bei unverzüglicher Herbeiführung mit einer Entscheidung
des Gerichts zu rechnen gewesen wäre. Die eine vorläufige Freiheitsentziehung anordnende
behördliche Verfügung wird daher mit Ablauf der Frist des Art. 104 Abs. 2 S. 2 GG unwirksam, wenn bis dahin keine richterliche Entscheidung herbeigeführt worden ist. Demgemäß
ist die festgehaltene Person von Verfassung wegen zu entlassen, sobald der letztmögliche
unverzügliche Zeitpunkt für eine Herbeiführung der richterlichen Entscheidung verstrichen
ist.

7   Art. 104 Abs. 2 S. 2 GG enthält kein Gebot, so lange – maximal bis zum Ablauf der in
Art. 104 Abs. 2 S. 3 GG genannten Frist (vgl. → § 38 Rn. 2) – die Freiheitsentziehung
des Betroffenen fortzusetzen, bis die unverzüglich herbeigeführte richterliche Entscheidung
tatsächlich erfolgt ist. Vielmehr ist die **vorzeitige Freilassung** des Betroffenen als begünstigende, den Grundrechtseingriff beendende Maßnahme selbstverständlich verfassungsrechtlich unbedenklich (vgl. MKS/Gusy GG Art. 104 Rn. 55; Lisken/Denninger PolR-HdB/
Rachor/Graulich E Rn. 526, 547) und bei Entfallen der Gewahrsamsvoraussetzungen auch
zwingend geboten (→ Rn. 4). Nicht eindeutig geht aus Art. 104 Abs. 2 S. 2 GG jedoch
hervor, ob es auch in solchen Fällen, in denen der Betroffene vor Herbeiführung der richterlichen Entscheidung zB wegen Wegfalls des Gewahrsamsgrundes oder wegen Ablaufs der Frist
nach Art. 104 Abs. 2 S. 3 GG freigelassen wird, zwingend einer richterlichen Entscheidung
über die Fortdauer der Freiheitsentziehung bedarf. Der Umstand, dass der richterlichen
Entscheidung ein konstitutiver Charakter beigemessen wird, besagt nichts dazu, ob es dieser
Entscheidung zwingend bedarf. Denn solange sie fehlt, wirkt auch die behördliche Verfügung
einer Freiheitsentziehung konstitutiv. Die behördliche Anordnung behält sogar für den Zeitraum bis zur gerichtlichen Entscheidung ihren konstitutiven Charakter, falls das Gericht nur
ex nunc über die Fortdauer der Freiheitsentziehung entscheidet. Sofern eine Entlassung des
Betroffenen erfolgt oder die richterliche Entscheidung ergeht, hebt dies nicht rückwirkend
die konstitutiv gesetzte Wirkung auf, sondern führt erst ab diesem Zeitpunkt zur Erledigung
und lässt die Rechtswirkungen entfallen. Dementsprechend ist nach hM die **richterliche
Entscheidung iSv Art. 104 Abs. 2 S. 2 GG nur vor oder während der Freiheitsentziehung herbeizuführen** (vgl. nur MKS/Gusy GG Art. 104 Rn. 55 mwN; vgl. ferner Tegt-
meyer/Vahle PolG NRW Rn. 6), während sich die Möglichkeit einer gerichtlichen Kontrolle
der vorzeitig erledigten behördlichen Freiheitsentziehung nach den allgemeinen gesetzlichen
Regelungen richtet (→ Rn. 51 ff.).

8   Art. 104 Abs. 2 GG trifft keine weiteren Regelungen zum **gerichtlichen Verfahren,**
sondern gibt in S. 4 vor, dass das Nähere gesetzlich zu regeln ist. Hierbei geht es um
einfachgesetzliche Regelungen zur verfahrensrechtlichen Ausgestaltung des Richtervorbehalts, zu der der Gesetzgeber verpflichtet ist. Diese Verpflichtung wird nicht dadurch obsolet,
dass Art. 104 Abs. 2 GG unmittelbar geltendes und anwendbares Recht ist. Wenn eine
einfachgesetzliche Rechtsgrundlage die erforderlichen Bestimmungen zur Ausgestaltung des
Richtervorbehalts nicht vorsieht, ist sie verfassungswidrig (vgl. zum Ganzen BVerfG NJW
2018, 2619 (2625)). Das bedeutet hingegen nicht, dass jede allgemeine Verfahrensanforderung zu regeln ist. Soweit sich diese aus höherrangigem Recht – insbesondere aus Art. 19
Abs. 4 GG, Art. 20 Abs. 3 GG, Art. 92, 97 Abs. 1 GG und Art. 103 Abs. 1 GG – ergeben,
ist das Gericht auch bei Fehlen konkreterer Regelungen in Art. 104 Abs. 2 GG und in den
den Richtervorbehalt ausgestaltenden Vorschriften an diese Anforderungen gebunden. Das
Verfahren muss darauf angelegt sein, dem Betroffenen vor dem Freiheitsentzug alle diejenigen
rechtsstaatlichen Sicherungen zu gewähren, die mit einem justizförmigen Verfahren verbunden sind (BVerfGE 83, 24 (32) = NJW 1991, 1283). Hierzu gehören unter anderem die

Pflicht des Gerichts zur eigenen Sachverhaltsaufklärung (vgl. BVerfGE 70, 297 (308) = NJW 1986, 767; BVerfG NJW 1998, 1774 (1775)) und die Pflicht zur Begründung einer die Freiheitsentziehung anordnenden Entscheidung (vgl. MKS/Gusy GG Art. 104 Rn. 44). Das Grundrecht aus Art. 19 Abs. 4 GG auf möglichst lückenlosen Rechtsschutz gegen Akte der öffentlichen Gewalt verlangt auch, dass der Betroffene über das Vorliegen der Voraussetzungen seiner Ingewahrsamnahme (also das „Ob") hinaus auch die Art und Weise des Gewahrsamsvollzugs (das „Wie") effektiv gerichtlich überprüfen lassen können muss (vgl. BVerfG NVwZ-RR 2015, 881). Der Anspruch des Betroffenen gem. Art. 103 Abs. 1 GG auf **rechtliches Gehör** wird in der Regel durch seine persönliche Anhörung durch das Gericht erfüllt. Sofern auf einfachgesetzlicher Ebene das gerichtliche Verfahren detailliert ausgestaltet ist, kann von Verfassung wegen aufgrund der Eilbedürftigkeit von richterlichen Entscheidungen über Freiheitsentziehungen aber zur Vereinfachung oder Verkürzung des gerichtlichen Verfahrens auch ein Absehen von einfachgesetzlichen Verfahrensanforderungen geboten sein, um durch eine flexible Verfahrenshandhabung einen effektiven Grundrechtsschutz des Betroffenen zu gewährleisten (BVerfG NVwZ 2006, 579 (580)).

II. Völker- und europarechtliche Aspekte

Auch völkerrechtlich ist der Richtervorbehalt für Freiheitsentziehungen – als Ausfluss des **9** Rechtsstaatsprinzips (vgl. Meyer-Ladewig, EMRK, 3. Aufl. 2011, EMRK Art. 5 Rn. 62) – anerkannt. Gemäß **Art. 5 Abs. 3 EMRK** muss jede Person, der wegen hinreichenden Verdachts, dass sie eine Straftat begangen hat, oder wegen begründeten Anlasses zur Annahme, dass es notwendig ist, sie an der Begehung einer Straftat oder an der Flucht nach Begehung einer solchen zu hindern (Art. 5 Abs. 1 S. 2 lit. c EMRK), die Freiheit entzogen wird, unverzüglich einem Richter oder einer anderen gesetzlich zur Wahrnehmung richterlicher Aufgaben ermächtigten Person vorgeführt werden (Art. 5 Abs. 1 S. 1 Hs. 1 EMRK). Die festgehaltene Person hat Anspruch auf ein Urteil innerhalb angemessener Frist oder auf Entlassung während des Verfahrens (Art. 5 Abs. 1 S. 1 Hs. 2 EMRK), wobei die Entlassung von der Leistung einer Sicherheit für das Erscheinen vor Gericht abhängig gemacht werden kann (Art. 5 Abs. 1 S. 2 EMRK). Art. 5 Abs. 1 S. 1 EMRK betrifft zwei Situationen, nämlich in Hs. 1 die ersten Stunden nach der Festnahme (Recht auf unverzügliche Vorführung vor Gericht und dortige Entscheidung) und in Hs. 2 die Zeit in Haft vor dem strafgerichtlichen Verfahren (EGMR NJW 2007, 3699 (3700)). Während der zweite Fall offenkundig nur den – im vorliegenden Zusammenhang nicht weiter relevanten – Bereich der bereits angeordneten (strafrechtlichen) Untersuchungshaft betrifft, wird man nach der jüngsten Judikatur des EGMR auch hinsichtlich des konventionsrechtlichen Rechts auf unverzügliche richterliche Entscheidung gem. Art. 5 Abs. 3 S. 1 Hs. 1 EMRK den Anwendungsbereich auf Festnahmen im Zusammenhang mit einem Strafverfahren (zB vorläufige Festnahme gem. § 127 Abs. 2 StPO) beschränken müssen, da der in Bezug genommene Tatbestand des Art. 5 Abs. 1 S. 2 lit. c EMRK ausschließlich für Freiheitsentziehungen, die im Rahmen eines Strafverfahrens erfolgen, anwendbar sein soll (EGMR NVwZ 2014, 43 Rn. 68 f. mwN; → § 35 Rn. 16).

Da diese Rechtsprechung unter erheblicher Kritik steht und mit früheren Entscheidungen **10** des EGMR schwer in Einklang zu bringen ist, soll gleichwohl auf die verfahrensrechtlichen Vorgaben der Norm eingegangen werden: Das strikte **Unverzüglichkeitserfordernis** in Art. 5 Abs. 3 S. 1 Hs. 1 EMRK dient dazu, dass etwaige Misshandlungen entdeckt werden und ungerechtfertigte Eingriffe in die persönliche Freiheit möglichst gering gehalten werden können, und lässt wenig Raum für eine flexible Auslegung; eine mehr als vier Tage dauernde Haft ohne Vorführung vor einen Richter stellt jedenfalls einen Verstoß gegen Art. 5 Abs. 3 EMRK dar (vgl. EGMR NJW 2007, 3699 (3700) mwN). Obwohl Art. 5 Abs. 4 EMRK dem Betroffenen selbst eine Antragsrecht zur Herbeiführung einer richterlichen Entscheidung einräumt, verlangt Art. 5 Abs. 3 EMRK – entsprechend der Vorgabe von Art. 104 Abs. 2 GG –, dass die Anrufung eines Gerichts **von Amts wegen** erfolgt, was insbesondere in Fällen von Relevanz ist, in denen der Betroffene entweder aufgrund seines Zustands oder mangels ordnungsgemäßer Rechtsbehelfsbelehrung und -einräumung nicht in der Lage ist, selbst das zuständige Gericht anzurufen.

Art. 5 Abs. 4 EMRK, wonach jede Person, die festgenommen oder der die Freiheit **11** entzogen ist, das Recht hat, eine innerhalb kurzer Frist im Rahmen eines justizförmigen

Verfahrens ergehende richterliche Entscheidung zu beantragen, gilt für alle Fälle einer Freiheitsentziehung nach Abs. 1 (vgl. Meyer-Ladewig, EMRK, 3. Aufl. 2011, EMRK Art. 5 Rn. 84). Wenn die Freiheitsentziehung bereits auf – nicht von der betroffenen Person beantragter – richterlicher Anordnung beruht, ist dem Rechtsanspruch des Betroffenen gem. Art. 5 Abs. 4 EMRK Genüge getan, soweit das für die richterliche Anordnung durchgeführte Verfahren gerichtlicher Natur ist und dem Betroffenen Garantien bietet, die auf die Art der angefochtenen Freiheitsentziehung abgestimmt sind; sofern das nationale Recht ein gerichtliches Rechtsmittelverfahren vorsieht, unterliegt dieses ebenfalls den Anforderungen gem. Art. 5 Abs. 4 EMRK (vgl. EGMR NJW 2004, 2209 (2211)).

III. Entstehungsgeschichte

12   Die nach Inkrafttreten des ersten Polizeigesetzes des Landes in Nordrhein-Westfalen weiterhin gültige Vorschrift des § 15 PrPVG sah keine Herbeiführung einer richterlichen Entscheidung über den Gewahrsam vor. Seit Erlass der ersten landeseigenen Gewahrsamsvorschriften im Jahr 1969 ist jedoch das Gebot einer unverzüglichen Herbeiführung der – entsprechend den Verfahrensvorschriften der freiwilligen Gerichtsbarkeit ergehenden – Entscheidung des Amtsgerichts in den verschiedenen Fassungen des Polizeigesetzes enthalten, anfangs jedoch nur für den Fall einer nicht nur vorübergehenden Ingewahrsamnahme. Die heutige Fassung entspricht im Wesentlichen – insbesondere im Hinblick auf Abs. 1 – noch § 14 MEPolG, der in § 14 idF der Bekanntmachung v. 25.3.1980 (GV. NRW. 234) übernommen worden ist.

13   In Abs. 2 wurde der idF von 1969 enthaltene Verweis auf das (Reichs-) Gesetz über die Angelegenheiten der freiwilligen Gerichtsbarkeit (FGG) nach Vorbild von § 14 Abs. 2 S. 2 MEPolG im Jahr 1980 durch einen Verweis auf das FreihEntzG abgelöst. Nachdem der Bundesgesetzgeber das FreihEntzG und das FGG bereits mWv 1.9.2009 durch das **FamFG** ersetzt hatte, reagierte der nordrhein-westfälische Landesgesetzgeber mit einiger Verzögerung mit dem Gesetz zur Änderung des Polizeigesetzes des Landes Nordrhein-Westfalen v. 9.2.2010 (GV. NRW. 132) und passte die Verweisung auf die entsprechenden Bundesnormen redaktionell an. Während die von der ursprünglichen Verweisung erfasste Vorschrift des § 3 S. 2 FreihEntzG im Übrigen – insbesondere im Hinblick auf Verfahren, Rechtsmittel, Kosten und Vollstreckung – die Vorschriften des FGG für anwendbar erklärt hat, enthält das nun der jetzigen Verweisung ausdrücklich nur erfasste siebte Buch des FamFG keine Vorschrift, die ausdrücklich die allgemeinen Vorschriften zur freiwilligen Gerichtsbarkeit in den anderen Büchern des FamFG für anwendbar erklärt. Da der Gesetzgeber sich aber hinsichtlich des gerichtlichen Rechtsschutzes offenkundig nach den bundesrechtlichen Regelungen zu Freiheitsentziehungssachen richten wollte, sind in das Buch 7 des FamFG auch die dort nicht bzw. nicht abweichend geregelten allgemeinen Vorschriften des 1. Buches hineinzulesen, sodass zB statt der nach dem FGG gegen Beschwerdeentscheidungen statthaften weiteren Beschwerde zum Oberlandesgericht nunmehr die Rechtsbeschwerde zum BGH eröffnet ist und die Oberlandesgerichte in Nordrhein-Westfalen in der Sache nicht mehr mit polizeirechtlichen Freiheitsentziehungen konfrontiert werden.

13.1   In der Übergangszeit zwischen Außerkrafttreten des FreihEntzG und des FGG und Inkrafttreten der angepassten Verweisung in Abs. 2 S. 2 konnte diese Vorschrift – obwohl der jeweilige Regelungsgehalt des FreihEntzG sowie des FGG in das FamFG übergegangen ist – nicht als „dynamische" Verweisung auf das FamFG einschließlich der Regelungen über die Rechtsbeschwerde zum BGH verstanden bzw. in diesem Sinne korrigierend ausgelegt werden, da dem der eindeutige fortgeltende Wortlaut entgegenstand und da sich der Instanzenzug nach dem FamFG erheblich von dem des FGG unterscheidet (zur entsprechenden Übergangsproblematik im sächsischen Polizeirecht vgl. BGH NJW 2011, 690 (691)).

14   Eine weitere nennenswerte Änderung von Abs. 2 erfolgte durch Gesetz v. 21.7.2013 (GV. NRW. 375), indem in Abs. 2 S. 1 die örtliche Zuständigkeit des Amtsgerichts, in dessen Bezirk die Person festgehalten wird, durch die Zuständigkeit des Amtsgerichts, in dessen Bezirk die Freiheitsentziehung herbeigeführt wurde, abgelöst wurde. Hierdurch beabsichtigte der Gesetzgeber im Hinblick auf eine divergierende Rechtsprechung der Oberlandesgerichte zur alten Normfassung eine Konkretisierung bzw. Klarstellung der Zuständigkeit in Angleichung an den Wortlaut von § 128 Abs. 1 S. 1 StPO (LT-Drs. 16/2256, 2, 19, 25).

Während das OLG Hamm für eine Entscheidung über die Fortdauer einer Freiheitsentziehung – **14.1** nach dem Wortlaut naheliegend – das Amtsgericht für örtlich zuständig hielt, in dessen Bezirk die Freiheitsentziehung zu dem Zeitpunkt vollzogen wird, in dem das Gericht mit der Angelegenheit befasst wird (OLG Hamm NJW 2006, 2707), verortete das OLG Köln den Bezirk, in dem die Person festgehalten wird, entsprechend der heutigen Regelung dort, wo sie (erstmals) in Gewahrsam genommen wurde (OLG Köln NJW 2009, 2688).

IV. Parallelnormen

Der Regelungsgehalt von § 36 Abs. 1 findet sich weitgehend inhaltsgleich in § 40 Abs. 1 **15** BPolG, § 28 Abs. 3 S. 3 und S. 4 BWPolG, Art. 18 Abs. 1 S. 1 und S. 6 BayPAG, § 33 Abs. 1 HSOG und § 19 Abs. 1 NPOG, wobei die bundespolizeirechtliche und die entsprechende hessische Regelung den mit § 35 Abs. 3 vergleichbaren jeweiligen Gewahrsamstatbestand zur Rückführung Entwichener in die Justizvollzugs- oder sonstige Anstalt vom Richtervorbehalt ausnehmen, weil offenbar hinsichtlich der wiederherzustellenden Anstaltsunterbringung bereits vom Vorliegen einer richterlichen Entscheidung ausgegangen wird. Art. 18 Abs. 1 S. 2–5 BayPAG enthält darüber hinaus besondere Verfahrensvorgaben für die richterliche Entscheidung bei in Gewahrsam genommenen Personen, die sich in einem Rauschzustand befinden. § 19 Abs. 1 S. 2 NPOG enthält Vorgaben zum Mindestinhalt eines Antrags auf richterliche Entscheidung über den Gewahrsam.

In Baden-Württemberg verlangt § 28 Abs. 3 S. 3 BWPolG eine richterliche Entscheidung nur für **15.1** den Gewahrsam, nicht für sonstige Formen polizeilicher Freiheitsentziehungen; andererseits ist das in Nordrhein-Westfalen dem Richtervorbehalt des § 36 Abs. 1 unterstellte Festhalten zur Identitätskontrolle dort unter bestimmten Voraussetzungen als Gewahrsam ausgestaltet (§ 28 Abs. 1 Nr. 3 BWPolG). Im Gegensatz zu den anderen Bundesländern und dem Bund ist in Baden-Württemberg die richterliche Entscheidung nicht ausdrücklich über Zulässigkeit und Fortdauer der Freiheitsentziehung einzuholen, sondern allgemein „über den Gewahrsam".

Hinsichtlich der **örtlichen Zuständigkeit** des Amtsgerichts im Falle einer noch nicht **16** erledigten Freiheitsentziehung entsprechen § 40 Abs. 2 S. 1 BPolG, § 28 Abs. 4 S. 1 BWPolG, Art. 92 Abs. 2 S. 2 Nr. 1 BayPAG, § 33 Abs. 2 S. 1 HSOG und § 19 Abs. 3 S. 1 NPOG der früheren Fassung von § 36 Abs. 2 S. 1 und knüpfen an den Bezirk an, in dem der Betroffene festgehalten wird bzw. in dem die Freiheitsentziehung vollzogen wird. Für den Fall, dass die Freiheitsentziehung vor Erlass einer gerichtlichen Entscheidung beendet wird, räumen Art. 18 Abs. 2 BayPAG iVm Art. 92 Abs. 2 S. 2 Nr. 2 BayPAG und § 19 Abs. 2, Abs. 3 S. 2 NPOG innerhalb eines Monats nach Beendigung der Freiheitsentziehung bei Vorliegen eines berechtigten Interesses die Möglichkeit eines mit § 113 Abs. 1 S. 4 VwGO vergleichbaren Feststellungsantrags beim Amtsgericht, in dessen Bezirk die Person in Gewahrsam genommen wurde, ein. Für eine Eröffnung des Verwaltungsrechtswegs, der gegen vor gerichtlicher Anhängigkeit erledigte Freiheitsentziehungen nach den nordrheinwestfälischen und anderen Polizeigesetzen eröffnet ist, verbleibt in diesen beiden Ländern daher kaum Raum.

In Niedersachsen sind gegen amtsgerichtliche Entscheidungen über erledigte Freiheitsentziehungen **16.1** als Rechtsmittel ausdrücklich die sofortige Beschwerde und sodann die weitere sofortige Beschwerde benannt und es wird überdies eine Zuständigkeitsbündelung bei einem Amtsgericht für mehrere Amtsgerichtsbezirke durch Rechtsverordnung zugelassen.

Im Hinblick auf das **gerichtliche Verfahren** erklären wie § 36 Abs. 2 S. 2 auch § 40 **17** Abs. 2 S. 2 BPolG und § 33 Abs. 2 S. 2 HSOG das Buch 7 des FamFG für anwendbar, wohingegen § 28 Abs. 4 S. 2 BWPolG auf die „Vorschriften des Buches 1 Abschnitte 1–3 sowie 6, 7 und 9" des FamFG verweist, Art. 92 Abs. 1 BayPAG unter Ausschluss der Rechtsbeschwerde zum BGH auf das gesamte FamFG verweist. § 19 Abs. 4 S. 1 NPOG erklärt das FamFG für anwendbar und wird um Vorgaben zu Form und Inhalt der richterlichen Entscheidung in § 19 Abs. 3 S. 4 NPOG ergänzt. § 28 Abs. 4 S. 3–7 BWPolG enthält bezüglich des gerichtlichen Verfahrens und der Rechtsmittel abweichend vom FamFG einige – mitunter bemerkenswerte – eigene Bestimmungen, wonach die Anhörung des Betroffenen telefonisch erfolgen kann und der Beschluss mündlich ergehen kann, ohne zur Wirksamkeit einer Bekanntgabe an den Betroffenen zu bedürfen. Hinsichtlich der Besonderheit, dass die Bundespolizei gem. § 39 Abs. 4 BPolG eine Person auch auf Ersuchen einer anderen Behörde, das eine Freiheitsentziehung zum Inhalt hat, in Gewahrsam nehmen kann, stellt § 40 Abs. 3 BPolG klar, dass die vorherige oder nachträgliche Herbeiführung einer richterlichen Entscheidung der ersuchenden Behörde obliegt und dass die betroffene Person unverzüglich freizulassen ist, wenn die ersuchende Behörde keine vorherige richterliche Entscheidung erwirkt hat und wenn sie die von der Polizei auf ihr Ersuchen festgehaltene Person weder übernimmt noch eine richterliche Entscheidung unverzüglich herbeiführt.

B. Vorbeugende Rechtskontrolle während der Freiheitsentziehung (§ 36)

I. Anwendungsbereich: Festhalten einer Person

18   Ausgehend vom Freiheitsentziehungsbegriff des Art. 104 Abs. 2 GG erfasst § 36 Abs. 1 S. 1 mit der zwangsweisen Vorführung zur Durchsetzung einer Vorladung (§ 10 Abs. 3) und dem Festhalten zur Identitätsfeststellung (§ 12 Abs. 2 S. 3) **auch andere Formen des Festhaltens außer dem Gewahrsam.** Selbst wenn man im Falle des sog. unechten Gewahrsams (→ § 35 Rn. 6) aufgrund des Einverständnisses des Betroffenen mit der Rechtsgutverletzung eine richterliche Entscheidung mit guten Gründen für nicht erforderlich halten mag, greift auch insoweit an sich § 36, da die Vorschrift sämtliche Fälle des § 35 – nach der hier vertretenen Auffassung mithin auch den Schutzgewahrsam gem. § 35 Abs. 1 Nr. 1 – erfasst. Gleichwohl verlangt § 36, dass es sich um ein Festhalten und eine Freiheitsentziehung handeln muss, was nur bei einer Maßnahme gegen oder ohne den freien Willen des Betroffenen der Fall sein kann (→ § 35 Rn. 2 f.).

19   Da es im Bereich der polizeilichen Gefahrenabwehr selten möglich sein wird, eine richterliche Entscheidung, die gem. § 36 Abs. 2 S. 2 iVm § 420 Abs. 1 FamFG grundsätzlich eine persönliche Anhörung des Betroffenen voraussetzt (→ Rn. 41), entsprechend der in Art. 104 Abs. 2 S. 1 und S. 2 GG zum Ausdruck kommenden Grundvorstellung schon vor der polizeilichen Herbeiführung der Freiheitsentziehung einzuholen, betrifft § 36 dem Wortlaut nach („Wird eine Person […] festgehalten") nur solche **Fälle, in denen die Freiheitsentziehung bereits begonnen hat,** zB durch ein Festsetzen des Betroffenen in einem Streifenwagen, um ihn zur Gewahrsamseinrichtung oder vorab zur richterlichen Anhörung zu verbringen. Die Vorschrift bewegt sich demnach tatbestandlich im Bereich von Art. 104 Abs. 2 S. 2 GG, wonach bei einer nicht aufgrund einer richterlichen Anordnung begonnenen Freiheitsentziehung die richterliche Entscheidung unverzüglich herbeizuführen ist. Gleichwohl ist aufgrund der verfassungsrechtlichen Vorgaben des Art. 104 Abs. 2 GG eine richterliche Entscheidung bereits vor der Freiheitsentziehung herbeizuführen entsprechend der Konzeption von § 36, wenn dadurch der Erfolg der Maßnahme nicht gefährdet wird.

20   Für die Fälle der Freiheitsentziehung durch **zwangsweise Vorführung zur Durchsetzung einer Vorladung** wird dem in Art. 104 Abs. 2 S. 1 und S. 2 GG verankerten Vorrang der aufgrund richterlicher Anordnung begonnenen Freiheitsentziehung vor einer auf Veranlassung der Polizei begonnenen Freiheitsentziehung durch § 10 Abs. 3 S. 2 Rechnung getragen, wonach es einer richterlichen Entscheidung bereits vor Beginn der zwangsweisen Vorführung bedarf. Soweit § 10 Abs. 3 S. 2 hinsichtlich der vorgelagerten richterlichen Anordnung keine weiteren Aussagen zu Zuständigkeit, Verfahren und auch zur Behandlung des Vorgeführten trifft, gelten ebenfalls die weiteren Vorgaben des an sich für nachträglich herbeigeführte gerichtliche Entscheidungen konzipierten § 36 (so auch Tegtmeyer/ Vahle PolG NRW § 10 Rn. 14).

20.1   Die konsequente Beachtung dieser Vorgaben dürfte wenig praxistauglich sein: Nach der gesetzlichen Konzeption müsste bei einem zur Gefahrenabwehr bestehenden Befragungsbedarf die zu befragende Person zunächst von der Polizei vorgeladen werden, was auch mündlich erfolgen kann. Sofern sie keine Folge leistet und auch Maßnahmen des allgemeinen Verwaltungszwangs (Zwangsgeldandrohung) nicht erfolgversprechend erscheinen, müsste für eine zwangsweise Vorführung der Person gem. § 10 Abs. 3 S. 2 vorab beim Amtsgericht Antrag auf richterliche Anordnung gestellt werden. Da auch für diese Entscheidung § 36 Abs. 2 S. 2 gilt, könnte das Gericht gem. § 420 Abs. 1 S. 1 FamFG nur nach persönlicher Anhörung der Person eine entsprechende Anordnung der Freiheitsentziehung treffen, wozu der Betroffene vom Gericht zu laden wäre. Wenn er zur Anhörung bei Gericht nicht erscheint, kommt gem. § 420 Abs. 1 S. 2 FamFG eine zwangsweise Vorführung des Betroffenen zur persönlichen

Anhörung durch den Richter in Betracht. Erst wenn dann der Richter die zwangsweise Vorführung bei der Polizei zur Durchsetzung der dortigen Vorladung angeordnet hat, können gem. § 10 Abs. 1 durch die Polizei Angaben des Betroffenen abgefragt oder die Durchführung der erkennungsdienstlichen Maßnahmen durchgeführt werden. Sofern eine persönliche Anhörung des Betroffenen nicht aus anderen Gründen entbehrlich ist (vgl. § 420 Abs. 2 FamFG), kann eine zwangsweise Vorführung schneller nur bei Gefahr im Verzug erreicht werden, da das Gericht unter dieser Voraussetzung gem. § 427 Abs. 2 FamFG eine einstweilige Anordnung schon vor der persönlichen Anhörung des Betroffenen treffen kann.

In darüber hinaus in der Praxis kaum vorstellbaren Konstellationen, in denen eine – außer **21** bei Gefahr im Verzug (vgl. § 427 Abs. 2 FamFG) – grundsätzlich nach persönlicher Anhörung des Betroffenen ergehende richterliche Entscheidung rechtzeitig möglich erscheint, folgt die Pflicht zur vorherigen Befassung des Amtsgerichts unmittelbar aus Art. 104 Abs. 2 GG, sofern man nicht annimmt, dass § 36 Abs. 1 S. 1 entsprechend in dem Sinne ausgelegt werden kann, dass eine richterliche Entscheidung nicht nur herbeizuführen ist, wenn die betroffene Person bereits festgehalten wird, sondern nach Möglichkeit auch dann, wenn das Festhalten der betroffenen Peron erst noch beabsichtigt ist.

II. Unverzügliche Herbeiführung einer richterlichen Entscheidung (Abs. 1 S. 1)

Da Abs. 1 S. 1 die unmittelbar geltenden verfassungsrechtlichen Vorgaben gem. Art. 104 **22** Abs. 2 S. 2 GG aufgreift, kann hinsichtlich des Regelungsgehalts weitestgehend auf die diesbezüglichen Ausführungen verwiesen werden (→ Rn. 2 ff.). Da weitergehende Einfluss-möglichkeiten auf die richterliche Tätigkeit nicht bestehen, kann auf Seiten der Polizei – und auch des Betroffenen (zu dessen Antragsrecht vgl. → Rn. 35) – von einem **Herbeifüh-ren** der richterlichen Entscheidung ausgegangen werden, wenn dem Amtsgericht der Sach-verhalt mit der Bitte um Entscheidung vorgetragen, die Sache mithin bei ihm anhängig gemacht wird (OVG Münster NJW 1990, 3224 (3225)). Der in der staatlichen Gesamtverant-wortung liegenden Pflicht zur Herbeiführung einer richterlichen Entscheidung ist damit gleichwohl noch nicht Genüge getan, sondern auch die zuständigen Gerichte sind verpflich-tet, ihre Aufgabe zur Beendigung des anhängig gemachten Verfahrens durch Entscheidung zu erfüllen. Dementsprechend ist insgesamt eine Herbeiführung erfolgt, wenn das Gericht entschieden hat (zu Art. 104 Abs. 2 S. 2 GG → Rn. 4).

Auch der Begriff **„unverzüglich"** ist entsprechend der verfassungsrechtlichen Vorgabe **23** des Art. 104 Abs. 2 S. 2 GG (→ Rn. 5) auszulegen, also dahingehend, dass die richterliche Entscheidung ohne jede Verzögerung, die sich nicht aus sachlichen Gründen rechtfertigen lässt, nachgeholt werden muss (vgl. BVerfGE 105, 239 Rn. 26; BVerwGE 45, 51 (63); Dreier/ Schulze-Fielitz GG Art. 104 Rn. 42; MKS/Gusy GG Art. 104 Rn. 47). Ob die Verzögerung sich aus sachlichen Gründen rechtfertigen lässt oder vielmehr vermeidbar ist, ist anhand der Besonderheiten des Einzelfalles (vgl. EGMR NJW 2001, 51) konkret zu ermitteln.

Aus sachlichen Gründen lassen sich zB die Verzögerungen rechtfertigen, die durch die Länge des **23.1** Weges, Schwierigkeiten beim Transport, die notwendige Registrierung und Protokollierung, ein reni-tentes Verhalten der festgehaltenen Person oder ähnliche Umstände bedingt sind (vgl. BVerfG NVwZ 2016, 1079 mwN); vermeidbar ist hingegen die vorherige Erledigung anderer dienstlicher Aufgaben, die weniger gewichtig sind oder nicht zwingend sofort erledigt werden müssen. Eine sachliche Rechtfer-tigung von Verzögerungen kommt auch bei den sich im Falle von Massenfestnahmen ergebenden Schwierigkeiten in Betracht (VG Frankfurt a. M. NVwZ-RR 1997, 605), jedoch in der Regel nicht bei so rechtzeitiger Vorhersehbarkeit solcher Situationen, dass Vorbereitungen (zB die Errichtung von Gefangenensammelstellen) hätten getroffen werden können (Lisken/Denninger PolR.-HdB/Rachor/ Graulich E Rn. 524 mwN). Aktenstudium und erforderlichenfalls auch Einholung weiterer Ermittlun-gen rechtfertigen beim – ebenfalls an das Unverzüglichkeitserfordernis gebundenen (BVerfG NVwZ 2006, 579) – Richter im Hinblick auf dessen Entscheidungsfindung, nicht aber bei der festnehmenden Behörde, die keine eigene weitere Entscheidung zu treffen hat, einen kurzfristigen Aufschub.

Die fehlende Möglichkeit, einen Richter zu erreichen, kann angesichts der verfassungs- **24** rechtlichen Verpflichtung des Staates, der Bedeutung des Richtervorbehalts durch geeignete organisatorische Maßnahmen Rechnung zu tragen, nicht ohne weiteres als unvermeidbares Hindernis für die unverzügliche Nachholung der richterlichen Entscheidung gelten (vgl. BVerfGE 103, 142 (151 ff.)). Vielmehr ist aufgrund der Vorgaben des Art. 104 Abs. 2 S. 2

GG (und auch Art. 104 Abs. 3 GG) das Vorhalten eines richterlichen Bereitschaftsdienstes erforderlich, der tagsüber stets erreichbar sein muss, für die Nachtzeit (vgl. § 104 Abs. 3 StPO) jedoch nur im Falle eines sich abzeichnenden praktischen Bedarfs einzurichten ist (zu Ingewahrsamnahmen im Zusammenhang mit Protesten gegen CASTOR-Transporte vgl. BVerfG NVwZ 2006, 579).

III. Entbehrlichkeit einer richterlichen Entscheidung (Abs. 1 S. 2)

25 Dem Umstand, dass es durchaus polizeiliche Freiheitsentziehungen geben kann, die so kurzfristig sind, dass sie beendet werden, bevor eine richterliche Entscheidung ergehen kann, trägt Abs. 1 S. 2 Rechnung. Diese **Ausnahmebestimmung** bezweckt, dass eine sachlich nicht mehr gerechtfertigte Freiheitsentziehung nicht durch eine Vorführung vor den Haftrichter verlängert wird, dass mithin eine Fortdauer der Freiheitsentziehung über den durch den sachlichen Grund der Maßnahme gerechtfertigten Zeitraum hinaus verhindert wird (zur wortlautgleichen niedersächsischen Vorschrift vgl. BVerfG NJW 2002, 3161 (3162); vgl. auch OVG Bremen BeckRS 2015, 48609 Rn. 58). Dies erfordert einen realitätsgerechten prognostischen Zeitvergleich durch die handelnden Beamten, bei dem der möglichst wirklichkeitsnah abgeschätzte Zeitaufwand, der vom Beginn der Maßnahme (Ergreifen) bis zum Wegfall des Grundes der Freiheitsentziehung voraussichtlich entstehen wird, dem für die Herbeiführung der Entscheidung des zuständigen erreichbaren Amtsrichters nach Maßgabe des FamFG – auch unter Berücksichtigung der § 420 Abs. 1 FamFG, § 422 Abs. 1 und Abs. 2 FamFG, § 427 FamFG – (erfahrungsgemäß) zu erwartenden Zeitaufwand gegenüber zu stellen ist (zu § 40 Abs. 1 Hs. 2 BPolG vgl. OVG Münster NWVBl. 2007, 303). Der Prognose ist nicht zwingend die tatsächlichen im betreffenden Amtsgerichtsbezirk übliche Erreichbarkeit des richterlichen Eildienstes und die dortige Bearbeitungsweise bzw. -dauer zugrunde zu legen, sondern – dem Schutzzweck des Art. 104 Abs. 2 GG entsprechend – eine den verfassungsrechtlichen Erfordernissen entsprechende Gerichtsorganisation, sodass der bloße Hinweis auf den „Dienstschluss" des zuständigen Amtsgerichts in der Regel nicht ausreichend ist, um von der Herbeiführung der richterlichen Entscheidung abzusehen (BVerfG NJW 2002, 3161 (3162)).

25.1 Soweit man entgegen der gesetzgeberischen Konzeption (→ Rn. 41 f.) der Ansicht ist, dass die nach § 36 Abs. 2 S. 2 iVm § 420 Abs. 1 S. 1 FamFG grundsätzlich vorgesehene persönliche Anhörung des Betroffenen vor der Anordnung der Freiheitsentziehung bei fehlender Vernehmungsfähigkeit des Betroffenen nicht durchgeführt werden kann, liegt ein Fall des § 36 Abs. 1 S. 2 auch nicht bereits dann vor, wenn die festgehaltene Person nicht vernehmungsfähig ist (zB wegen Trunkenheit) und wenn eine Prognose ergibt, dass die Vernehmungsfähigkeit erst nach Wegfall des Gewahrsamsgrundes wieder bestehen wird (zu § 40 Abs. 1 Hs. 2 BPolG vgl. VGH Mannheim NVwZ-RR 2012, 346).

25.2 Zur Entbehrlichkeit einer richterlichen Entscheidung führt es bei der Durchsetzung von Anordnungen nach §§ 34b oder 34c selbstverständlich auch nicht, wenn die betroffene Anordnung bereits gem. § 34b Abs. 2 S. 1 und S. 2 oder § 34c Abs. 6 S. 1 und S. 2 von einem Amtsgericht in einem Verfahren nach den Vorschriften des Buches 7 des FamFG getroffen worden ist. Der Gewahrsam unterliegt weiteren vom Amtsgericht zu prüfenden Voraussetzungen als die Anordnung. Er selbst ist die Freiheitsentziehung, die dem Art. 104 Abs. 2 GG unter Richtervorbehalt steht, während es sich bei Maßnahmen nach § 34b allenfalls um Freiheitsbeschränkungen handelt und eine elektronische Aufenthaltsüberwachung nach § 34c die Fortbewegungsfreiheit des Betroffenen überhaupt nicht einschränkt, sondern nur überprüfbar macht.

IV. Rechtsweg und Zuständigkeit (Abs. 2 S. 1)

26 Die ausdrückliche Festlegung der **sachlichen Zuständigkeit** des Amtsgerichts in Abs. 2 S. 1 beinhaltet zugleich eine Rechtswegzuweisung der Entscheidungen über landespolizeirechtliche Freiheitsentziehungen zur ordentlichen Gerichtsbarkeit. Da eine polizeirechtliche Freiheitsentziehung ein hoheitliches Rechtsverhältnis darstellt und eine gerichtliche Kontrolle der Freiheitsentziehung demnach eine öffentlich-rechtliche Streitigkeit betrifft, handelt es sich um eine **vom an sich gegebenen Verwaltungsrechtsweg abdrängende Sonderzuweisung** iSv § 40 Abs. 1 S. 1 Hs. 2 VwGO. Ein Grund für die Zuweisung der materiell dem öffentlichen Recht zuzuordnenden polizeirechtlichen Freiheitsentziehungssachen an die Amtsgerichte ist die Tatsache, dass es deutlich mehr Amtsgerichte gibt, die demnach regelmäßig ortsnäher und schneller zu erreichen sind. Ein weiterer Grund ist darin zu sehen, dass Amtsgerichte auch anderweitig über Freiheitsentziehungen (zB strafprozessuale Haftsachen, Unterbringungssachen nach dem BGB oder dem NRWPsychKG sowie Abschiebehaftsachen) und über sonstige intensive Grundrechtseingriffe (Wohnungsdurchsuchungen, Blutproben etc) zu entscheiden haben und dementsprechend für Eilfälle bereits über einen Bereitschaftsdienst verfügen, der an Verwaltungsgerichten in solchem Umfang erst noch eingerichtet werden müsste.

Ausdrücklich greift die Sonderzuweisung des § 36 lediglich für die Fälle des Abs. 1, in **27** denen die betroffene Person (noch) **„festgehalten"** ($\rightarrow$ Rn. 18 f.) wird, sodass nach Beendigung des Festhaltens durch Entlassung eine gerichtliche Entscheidung nicht mehr nach dieser Sonderzuweisung beim Amtsgericht erwirkt werden kann (vgl. bereits OVG Münster DVBl 1979, 733; NJW 1990, 3224 (3225); zum nachträglichen Rechtsschutz $\rightarrow$ Rn. 51 ff.). Die – für die einzelnen Bundesländer und die Bundesebene unterschiedlich zu beantwortende und mitunter weiterhin uneinheitlich beantwortete – Frage, ob die Amtsgerichte auch bei **vorheriger Erledigung der Freiheitsentziehung** durch Freilassung des Betroffenen für die ihm zwingend einzuräumende Möglichkeit, die Rechtmäßigkeit der Maßnahme nach der Entlassung noch gerichtlich überprüfen zu lassen (vgl. BVerfGE 10, 302 (308) = NJW 1960, 811), zuständig sind, ist für Nordrhein-Westfalen obergerichtlich entschieden. Hiernach ist das Amtsgericht auch für die nachträgliche Feststellung zuständig, dass die inzwischen beendete Freiheitsentziehung rechtswidrig gewesen ist, sofern es während des Festhaltens der betroffenen Person, also während der freiheitsentziehenden Maßnahme um Entscheidung über Zulässigkeit und Fortdauer der Freiheitsentziehung angegangen wird; eine Entlassung des Betroffenen vor Erlass der somit bereits iSv Abs. 1 herbeigeführten gerichtlichen Entscheidung lässt die Zuständigkeit des Amtsgerichts nicht nachträglich wieder entfallen (grdl. für eine solche **perpetuatio fori** OVG Münster NJW 1990, 3224; zur Rechtslage in Brandenburg vgl. auch OVG Berlin-Brandenburg NJW 2009, 2695 (2697), zur identischen Fragestellung im Fall der Abschiebungshaft auch BVerwG NJW 1982, 536; aA AG Düsseldorf Beschl. v. 29.3.2011 – 150 Gs-80 Js 986/10-1799/10, das für eine nachträgliche Entscheidung generell ausschließlich den Verwaltungsrechtsweg für gegeben hält). Sofern hingegen die Entlassung des Betroffenen schon erfolgt, bevor die Behörde den Sachverhalt dem Amtsgericht mit der Bitte um Entscheidung vorträgt, verbleibt es bei der allgemeinen Rechtswegzuweisung zu den Verwaltungsgerichten, da die ausdrücklich nur während des Festhaltens des Betroffenen einschlägige Sonderzuweisung des Abs. 1 S. 1 in diesen Fällen nicht greift (OVG Münster NJW 1990, 3224 (3225)). Die Reform des Rechts der freiwilligen Gerichtsbarkeit, wonach gem. § 428 Abs. 2 FamFG nunmehr auch über Anfechtungen von nicht gerichtlich angeordneten Freiheitsentziehungen im gerichtlichen Verfahren nach den Vorschriften des Buches 7 des FamFG zu entscheiden ist, ändert hieran nichts, weil die Verweisung des Abs. 2 S. 2 unbeachtlich ist, soweit kein Fall des Abs. 1 S. 1 (mehr) vorliegt.

Ein zuständigkeitsbegründendes „Herbeiführen" der amtsrichterlichen Entscheidung kann nicht **27.1** bereits angenommen werden, wenn nach einer Masseningewahrsamnahme der zuständige Amtsrichter herbeigeholt und ihm ein allgemeiner, nicht personenbezogener Sachverhalt geschildert wird, aufgrund dessen er damit beginnt, sich alle in Gewahrsam genommenen Personen einzeln vorführen zu lassen. Vielmehr bedarf es für die Annahme einer Anhängigkeit des konkreten Einzelfalls beim Amtsgericht eines einzelfallbezogenen Anstoßes des richterlichen Entscheidungsprozesses durch die Polizei, also zumindest eines konkret für die jeweilige Person gestellten Antrags auf richterliche Entscheidung unter Angabe der für sie konkret maßgeblichen Gewahrsamsgründe (vgl. OVG Münster NWVBl. 2012, 364).

Nach der Vorstellung des Gesetzgebers (vgl. LT-Drs. 16/2256, 25) findet die für die **28** **örtliche Zuständigkeit** des Amtsgerichts maßgebliche Herbeiführung einer Freiheitsentziehung nicht am Ort des weiteren Festhaltens im Gewahrsam statt, sondern – vergleichbar zu § 128 Abs. 1 S. 1 StPO, der an den Ort der Festnahme anknüpft – am **Ort des erstmaligen Festhaltens bzw. Ergreifens** (so auch LG Aachen NJW 2016, 2514). Ob dieses Begriffsverständnis auch dem früheren Wortlaut von § 36 Abs. 2 S. 1 zugrunde lag, war in der Rechtsprechung umstritten (für den Ort des Vollzugs des Gewahrsams: OLG Hamm NJW 2006, 2707; für den Ort, an dem erstmals die körperliche Bewegungsfreiheit des Betroffenen nach jeder Richtung hin aufgehoben wird: OLG Köln NJW 2009, 2688).

28.1 Die Landesverwaltung hat von der in § 22c GVG vorgesehenen Ermächtigung, durch Rechtsverordnung zu bestimmen, dass für mehrere Amtsgerichte im Bezirk eines Landgerichts ein gemeinsamer Bereitschaftsdienstplan aufgestellt wird oder ein Amtsgericht Geschäfte des Bereitschaftsdienstes ganz oder teilweise wahrnimmt, mit der NRWBereitschDVO (Verordnung über die Zusammenfassung von Geschäften des Bereitschaftsdienstes bei den Amtsgerichten des Landes Nordrhein-Westfalen v. 23.9.2003, GV. NRW. 603) für einige Gerichtsbezirke Gebrauch gemacht. Hiernach besteht bei den Amtsgerichten Bielefeld, Bonn, Bergisch-Gladbach und Gummersbach ein konzentrierter Bereitschaftsdienst auch für benachbarte Amtsgerichtsbezirke, während in vielen Landgerichtsbezirken für benachbarte Amtsgerichte ein gemeinsamer Bereitschaftsdienstplan aufgestellt wird.

29 Da Abs. 2 S. 1 eine eigene Zuständigkeitsbestimmung trifft, findet der von der Verweisung in Abs. 2 S. 2 erfasste § 416 FamFG, wonach sich die Zuständigkeit vor einer Freiheitsentziehung primär nach dem gewöhnlichen Aufenthalt der betroffenen Person und sonst nach dem Gerichtsbezirk, in dem das Bedürfnis für die Freiheitsentziehung entsteht, und im Falle einer bereits begonnenen Verwahrung in einer abgeschlossenen Einrichtung nach deren Ort richtet, keine Anwendung (so auch LG Aachen NJW 2016, 2514 (2515)).

V. Verfahren

30 Gemäß Abs. 2 S. 2 richtet sich das Verfahren nach den Vorschriften des Buches 7 des FamFG, mit welchem das zuvor von der polizeirechtlichen Verweisung erfasste FreihEntzG abgelöst worden ist. Auch wenn es sich hierbei um Bundesrecht handelt, stellt die über Abs. 2 S. 2 aufgrund landesrechtlicher Vorschrift für Freiheitsentziehungen nach dem PolG NRW vermittelte Geltung des Buches 7 des FamFG **Landesrecht** dar. Als Bundesrecht gilt das FamFG nur für die aufgrund von Bundesrecht angeordneten Freiheitsentziehungen (vgl. § 415 Abs. 1 FamFG). Bei den landespolizeirechtlichen Freiheitsentziehungen handelt sich auch nicht um solche Angelegenheiten der freiwilligen Gerichtsbarkeit iSv § 72 JustG NRW, welche durch Landesgesetz den ordentlichen Gerichten übertragen sind und für die die §§ 72 ff. JustG NRW eigene Regelungen treffen sowie konkrete Verweisungen auf das FamFG vornehmen. Dementsprechend ist für polizeirechtliche Freiheitsentziehungen der **Umfang der Verweisung nicht eindeutig** und es ist insbesondere nicht zwangsläufig erkennbar, welche allgemeinen Vorgaben zB hinsichtlich Rechtsmitteln, Vollstreckung und Kosten gelten sollen, da diese Gesichtspunkte im allein von der Verweisung des Abs. 2 S. 2 erfassten Buch 7 des FamFG nicht abschließend geregelt sind. Der Gesetzgeber hat bei der vermeintlichen Anpassung seiner Verweisung an die seit dem 1.9.2009 geltende Rechtslage offenbar nicht bedacht, dass neben den Vorschriften des FreihEntzG, die überwiegend durch das Buch 7 des FamFG abgelöst worden sind, über § 3 S. 2 FreihEntzG auch die Vorschriften des FGG anwendbar waren, soweit sich aus dem FreihEntzG nichts anderes ergab. Die allgemeinen Verfahrensvorschriften des FGG sind jedoch insbesondere im Buch 1 des FamFG aufgegangen. Während im unmittelbaren – bundesrechtlichen – Anwendungsbereich des FamFG selbstverständlich ist, dass in den speziellen Verfahrensarten stets die allgemeinen Vorschriften anwendbar sind, soweit das jeweilige besondere Buch des FamFG keine abweichende Regelungen trifft, lässt sich dies aus der Verweisungsnorm des § 36 Abs. 2 S. 2 nicht entnehmen, weil ausdrücklich nur das Buch 7 für anwendbar erklärt wird und weil dieses eine Reihe spezieller Verfahrensvorschriften enthält. Da der Gesetzgeber aber nur eine redaktionelle Anpassung an die geänderte gesetzliche Verortung der bundesrechtlichen Freiheitsentziehungssachen bewirken wollte (LT-Drs. 14/10089, 2, 25, 34) und da zu den im Buch 7 ebenfalls enthaltenen, nur ergänzenden Verfahrensvorschriften und zu den dort nicht speziell geregelten Verfahrensfragen zwingend auch allgemein geltende Vorgaben gehören müssen, ist die Vorschrift dahingehend auszulegen, dass **auch die allgemeinen Verfahrensvorschriften des FamFG von der polizeirechtlichen Verweisung erfasst** sind, soweit das Buch 7 keine eigenen Regelungen enthält. Gleiches gilt darüber hinaus – zB hinsichtlich des zuständigen Beschwerdegerichts – auch für allgemeine Vorschriften des GVG (zur Bestimmung des Beschwerdegerichts gem. § 72 Abs. 1 S. 2 GVG vgl. OLG Düsseldorf BeckRS 2011, 23313) und der ZPO.

31 Ausgehend von dem vorstehend (→ Rn. 19) aufgezeigten Anwendungsbereich des § 36, nämlich für die grundsätzlich unverzüglich nachzuholende richterliche Entscheidung über Zulässigkeit und Fortdauer einer von der Polizei ohne vorherige richterliche Anordnung herbeigeführten Freiheitsentziehung, liegt **stets ein Fall des § 428 Abs. 1 FamFG** vor. Für einstweilige Anordnungen (§ 427 FamFG) ist im Rahmen nachträglich herbeigeführter richterlicher Entscheidungen, bei denen die der Gefahrenbeurteilung zugrunde zu legende Sachlage spätestens nach persönlicher Anhörung des Betroffenen bekannt ist und die abschließend über die Fortdauer der Freiheitsentziehung beschließen sollen, kein Raum mehr, wenn die verfahrensmäßigen Rechte des Betroffenen bei der Anhörung gewahrt werden können.

1. Antrag

Gemäß § 417 Abs. 1 FamFG darf das Gericht eine Freiheitsentziehung nur auf Antrag **32** der zuständigen Verwaltungsbehörde anordnen. Der Antrag ist demnach **notwendige Verfahrensvoraussetzung, deren Vorliegen in jeder Lage des Verfahrens von Amts wegen zu prüfen ist** (vgl. BGH NVwZ 2010, 1508 (1509)). Bei der ordnungsgemäßen Antragstellung durch die Behörde handelt es sich überdies um eine Verfahrensgarantie, deren Beachtung Art. 104 Abs. 1 S. 1 GG fordert (BVerfG NVwZ-RR 2009, 304 (305)). Ein Verstoß hiergegen kann demgemäß durch Nachholung der ordnungsgemäßen Antragstellung bzw. Ergänzung der fehlenden Angaben nicht rückwirkend geheilt werden (vgl. BGH NVwZ 2010, 1508 (1509)); gleichwohl kann der Antrag – zu Protokoll im Rahmen der persönlichen Anhörung des Betroffenen – ergänzt und es kann auf der Grundlage eines ergänzten Antrags ex nunc die Fortdauer der Freiheitsentziehung angeordnet werden (vgl. BGH FGPrax 2011, 318 Rn. 8).

Zuständige Verwaltungsbehörden iSv § 417 Abs. 1 FamFG sind die gem. §§ 10, 11 **33** Abs. 1 Nr. 1 POG NRW für Freiheitsentziehungen nach dem Landespolizeigesetz zuständigen Kreispolizeibehörden. Wenngleich die Inspektionen mangels organisatorischer Selbständigkeit keine Behörden sind, sind deren Anträge nicht unzulässig, sondern der übergeordneten Kreispolizeibehörde zuzurechnen, die daher auch Verfahrensbeteiligte iSv § 418 FamFG ist (vgl. zur bundespolizeilichen Ebene BGH BeckRS 2010, 09043 Rn. 7 ff.). Der Antrag bedarf in der Regel, wenn auch nicht zwingend der **Schriftform.** Dies ergibt sich zwar nicht ausdrücklich aus den allein für anwendbar erklärten Vorschriften des 7. Buches des FamFG, jedoch aus den für nicht im Buch 7 geregelte Aspekte heranzuziehenden allgemeinen Vorschriften. Während das FreihEntzG und das FGG keine besonderen Vorgaben für den behördlichen Antrag auf Anordnung einer Freiheitsentziehung enthielten, ist nunmehr, wie sich aus § 23 Abs. 1 S. 5 FamFG, § 25 FamFG ergibt, grundsätzlich eine schriftliche Antragstellung zu verlangen. Ob dieses Erfordernis angesichts der Formulierung von § 23 Abs. 1 S. 1 FamFG („soll") zwingend ist (so LG Essen FamRZ 2016, 1697, das mit Blick auf § 35 FamFG einen schriftlich oder zur Niederschrift der Geschäftsstelle gestellten Antrag verlangt und eine telefonische Antragstellung für nicht ausreichend hält), hat der BGH (NVwZ 2010, 1508 (1509)) bislang offengelassen. Während die Schriftlichkeit des Antrags eine Soll-Vorgabe ist, ist das in § 417 Abs. 2 S. 1 FamFG aufgestellte Erfordernis einer **Antragsbegründung** – abweichend vom Regelfall der Verfahren in Familiensachen und Angelegenheiten der freiwilligen Gerichtsbarkeit (vgl. § 23 Abs. 1 S. 1 und S. 2 FamFG) – zwingend (vgl. BGH NVwZ 2010, 1508 (1509)) und unterliegt gem. § 417 Abs. 2 S. 2 FamFG speziellen Anforderungen. Die Behörde hat demnach Identität und gewöhnlichen Aufenthalt des Betroffenen zu benennen und darüber hinaus Angaben zur Erforderlichkeit der Freiheitsentziehung und zu deren erforderlicher Dauer zu machen; dies schließt die nach der Sollvorschrift des § 23 Abs. 2 S. 2 FamFG vorgesehenen zur Begründung dienenden Tatsachen und Beweismittel und unter Umständen die Benennung der Personen, die als Beteiligte in Betracht kommen, ein.

Der Antrag muss sich daher zu allen in § 417 Abs. 2 FamFG bestimmten Punkten verhalten (vgl. **33.1** BGH FGPrax 2011, 317). Die dazu notwendigen Darlegungen dürfen zwar knapp gehalten sein, müssen aber die für die richterliche Prüfung wesentlichen Punkte des Falls ansprechen (BGH FGPrax 2011, 317 Rn. 9; 2012, 82 Rn. 13). Sie müssen auf den konkreten Fall zugeschnitten sein und dürfen sich nicht in Leerformeln und Textbausteinen erschöpfen (BGH BeckRS 2012, 15645 = InfAuslR 2012, 369). Ein für eine Vielzahl von Fällen vorbereiteter Standardvordruck mit der Möglichkeit des Ankreuzens vorformulierter Angaben in Form von Textbausteinen genügt den gesetzlichen Anforderungen deshalb nicht (BGH FGPrax 2012, 179). Ist der Antrag insoweit unvollständig, hat das Gericht auf eine entsprechende frühzeitige Vervollständigung – zB im Rahmen der persönlichen Anhörung des

Betroffenen – hinzuwirken. Unterbleibt sie, ist der Antrag als unzulässig zurückzuweisen (BGH FGPrax 2012, 82).

33.2   Soweit das BVerfG (NVwZ 2006, 579) mitunter die Einreichung eines Antrags in der formell vorgeschriebenen (Schrift-) Form und mit dem erforderlichen Inhalt aus Gründen der durch ein flexibles Verfahren zu wahrenden Effektivität des Grundrechtsschutzes für entbehrlich hält, betrifft dies die Frage, welche Maßnahme die Behörde zu einer unverzüglichen Herbeiführung der richterlichen Entscheidung vorzunehmen hat (→ Rn. 22), insbesondere wenn die Anberaumung eines Termins zur persönlichen Anhörung des Betroffenen durch das Gericht durch die Anfertigung einer formell ordnungsgemäßen Antragsschrift in die Länge gezogen würde. Das Gericht ist auch auf einen nicht formgemäßen Antrag hin gehalten, sich mit der Freiheitsentziehung zu befassen, wenn die Behörde – ggf. auch fernmündlich – erkennen lässt, dass sie um eine richterliche Entscheidung nachsucht. Die zwingend vorgeschriebene Verfahrenshandlung des formell ordnungsgemäßen Antrags muss aber so zeitnah wie möglich, spätestens bis zur Anhörung des Betroffenen durch das Gericht nachgeholt werden, da ansonsten eine richterliche Anordnung der Fortdauer der Freiheitsentziehung nicht rechtmäßig möglich wäre. Von der Möglichkeit der Heilung eines Mangels der Antragstellung geht auch der BGH aus (BeckRS 2018, 28294).

34   Gemäß § 23 Abs. 2 FamFG soll das Gericht den Antrag an die übrigen Beteiligten übermitteln. Diese dem rechtlichen Gehör dienende Soll-Vorgabe wird bei polizeirechtlichen Freiheitsentziehungen in der Regel erfüllt, wenn dem Betroffenen zu Beginn der persönlichen Anhörung das Antragsbegehren und im Wesentlichen der von der Behörde angenommene Sachverhalt sowie deren rechtliche Erwägungen eröffnet werden. Denn in der Regel ist der Sachverhalt bei polizeirechtlichen Freiheitsentziehungen so überschaubar, sodass der Betroffene – seine Kommunikationsfähigkeit vorausgesetzt – in der verbleibenden Anhörung hinreichend auskunftsfähig ist und das ihm zustehende rechtliche Gehör effektiv wahrnehmen kann (vgl. BGHZ 184, 323 Rn. 16).

35   Obgleich §§ 417 Abs. 1, 418 Abs. 1 FamFG die Vorstellung zugrunde liegt, dass allein die Verwaltungsbehörde eine richterliche Entscheidung beantragen kann, ist allgemein anerkannt, dass auch die **festgehaltene Person antragsberechtigt** ist, eine richterliche Entscheidung iSv Art. 104 Abs. 2 S. 2 GG bzw. § 36 Abs. 1 S. 1 „herbeizuführen" und dass auch in diesem nicht ausdrücklich von § 36 genannten Fall die gleichen Vorgaben für Zuständigkeit und Verfahren gelten wie für Anträge der Behörden (OVG Münster NJW 1990, 3224; vgl. auch AG Ahaus NWVBl. 2001, 321). Ein entsprechender Antrag des Betroffenen kann als Anfechtung einer nicht auf richterlicher Anordnung beruhenden Freiheitsentziehung iSv § 428 Abs. 2 FamFG betrachtet werden, über die im gerichtlichen Verfahren nach den Vorschriften des Buches 7 des FamFG zu entscheiden ist. In Fällen, in denen sich die Freiheitsentziehung durch Freilassung des Betroffenen noch vor der Entscheidung des wegen der Angelegenheit bereits ersuchten Gerichts erledigt, kommt eine Entscheidung des Amtsgerichts über die Zulässigkeit der erledigten Freiheitsentziehung nur in Betracht, wenn der Betroffene klarstellt, dass er trotz Erledigung eine gerichtliche Feststellung begehrt, durch eine rechtswidrige Freiheitsentziehung in seinen Rechten verletzt worden zu sein. Dass der von einer Freiheitsentziehung betroffenen Person die Möglichkeit zu Gebote stehen muss, deren Rechtmäßigkeit auch nach der Entlassung aus dem Gewahrsam noch gerichtlich überprüfen zu lassen, ist allgemein anerkannt (vgl. nur OVG Münster NJW 1990, 3224 (3225)). Anders als der in einem sensiblen Grundrechtsbereich betroffenen festgehaltenen Person hinsichtlich der Feststellung der Rechtsverletzung fehlt der Behörde hingegen das Feststellungsinteresse hinsichtlich der positiven Feststellung der Zulässigkeit der vorläufigen und nicht richterlich angeordneten Freiheitsentziehung (zur anderen Beurteilung hinsichtlich des Beschwerderechts der Behörde gegen eine zugunsten des Betroffenen ergangene amtsrichterlichen Entscheidung → Rn. 50.1).

2. Beteiligte

36   Neben der Person, der die Freiheit entzogen werden soll (Betroffener), und der Verwaltungsbehörde, die den Antrag auf Freiheitsentziehung gestellt hat, kommen als Verfahrensbeteiligte ein zu bestellender Verfahrenspfleger, nahe Angehörige des Betroffenen sowie eine von ihm zu benennende Person seines Vertrauens in Betracht (§ 418 FamFG).

37   Anders als § 5 Abs. 2 S. 2 FreihEntzG, der einen Pfleger für das Verfahren nur für den Fall des Unterbleibens der Anhörung des Betroffenen vorsah, verlangt die Soll-Vorschrift des § 419 Abs. 1 FamFG nunmehr im Regelfall eine **Verfahrenspflegerbestellung,** wenn dies zur Wahrnehmung der Interessen des Betroffenen erforderlich ist. Gleichwohl sollte sich durch die Änderung der Regelungssystematik nichts am **Ausnahmecharakter** ändern, den die Verfahrenspflegerbestellung in Freiheitsentziehungssachen – anders als in Betreuungs- oder Unterbringungssachen – hat (vgl. BT-Drs. 16/6308, 292). Wie auch das Regelbeispiel des § 419 Abs. 1 S. 2 FamFG zeigt, soll nach der Vorstellung des Gesetzgebers die Erforderlichkeit der Bestellung eines Verfahrenspflegers mit dem Gesundheitszustand des Betroffenen zusammenhängen, der seine Fähigkeit zur Wahrnehmung seiner Interessen in dem Verfahren beeinträchtigen könnte (BGH FGPrax 2014, 37). Demnach bedarf es über die Fälle des § 419 Abs. 2 S. 2 FamFG **in allen Fällen, in denen dem Betroffenen aus gesundheitlichen Gründen die Fähigkeit zur eigenverantwortlichen Interessenwahrnehmung fehlt,** zB weil er seinen Willen nicht kundtun kann, ebenfalls regelmäßig der Bestellung eines Verfahrenspflegers (BGH FGPrax 2014, 37 (38)). Gleiches gilt, wenn das Gericht gem. § 423 FamFG von einer Bekanntgabe seiner Entscheidung an den Betroffenen absehen will (Schulte-Bunert/Weinreich/Dodegge, FamFG, 4. Aufl. 2014, FamFG § 419 Rn. 5). Weder die Gründe für die Bestellung noch für die Nichtbestellung müssen in Freiheitsentziehungssachen in der gerichtlichen Entscheidung dargelegt werden (anders als bei Betreuungs- und Unterbringungssachen gem. §§ 276 Abs. 2, 317 Abs. 2 FamFG).

Bei konsequenter Beachtung dieser Vorgaben scheint es insbesondere im Falle eines Schutzgewahr- **37.1** sams volltrunkener Personen gem. § 35 Abs. 1 Nr. 1 stets der Bestellung eines Verfahrenspflegers zu bedürfen, wenn der Betroffene nicht bereits vor Anhörung durch das Gericht hinreichend ausgenüchtert ist. Da bei der Entscheidung über die Erforderlichkeit einer Verfahrenspflegerbestellung aber auch Art, Dauer und Intensität der Maßnahme zu beachten sind, kann die Bestellung in solchen Fällen regelmäßig unterbleiben. Denn die hinreichende Ausnüchterung des Betroffenen, mit der gem. § 38 Abs. 1 Nr. 1 seine Entlassung zu erfolgen hat, wird meistens nicht erst mit Ablauf des auf das Ergreifen folgenden Tages als Gewahrsamshöchstfrist (§ 38 Abs. 1 Nr. 3), sondern meistens bereits nach einigen Stunden eintreten, was zu einer nur kurzfristigen und überdies allein dem Schutz des Betroffenen dienenden Freiheitsentziehung führt und somit eine geringere Eingriffsintensität hat (ähnlich Schulte-Bunert/Weinreich/Dodegge, FamFG, 4. Aufl. 2014, FamFG § 419 Rn. 4).

Ungeachtet der Frage der Bestellung eines Verfahrenspflegers garantiert der **Grundsatz 38 des fairen Verfahrens** einem Betroffenen jedenfalls, sich zur Wahrung seiner Rechte in einem Freiheitsentziehungsverfahren von einem **Verfahrensbevollmächtigten** seiner Wahl vertreten zu lassen und diesen zu der Anhörung hinzuzuziehen (BGH NVwZ 2016, 1430 (1431)). Vereitelt das Gericht durch seine Verfahrensgestaltung die Teilnahme eines vom Betroffenen benannten Bevollmächtigten an der Anhörung, kann dies zur Rechtswidrigkeit des Gewahrsams führen (vgl. zur Abschiebungshaft BGH BeckRS 2017, 111044 = InfAuslR 2017, 292; NVwZ 2016, 1430 (1432)). Dies gilt insbesondere, wenn die Gewahrsamsanordnung nicht bereits vor der Möglichkeit des Erscheinens eines benannten Bevollmächtigten endet. Ist der vom Betroffenen benannte Verfahrensbevollmächtigte – was insbesondere an Wochenenden einem Rechtsanwalt nicht vorzuwerfen ist – nicht erreichbar, muss vorrangig vor einer längeren Gewahrsamsanordnung eine **einstweilige Anordnung** zunächst nur für kurze Zeit nach § 427 FamFG in Erwägung gezogen werden, wenn im Rahmen des Hauptsacheverfahrens dem Anwalt die Gelegenheit gegeben werden kann (und dann auch eingeräumt werden muss), an der Anhörung des Betroffenen teilzunehmen (BGH BeckRS 2018, 28294). Daran vermag auch die in **§ 38 Abs. 3** eingefügte Regelung nichts zu ändern, wonach ein anwaltlicher Beistand bei einer richterlichen Entscheidung über die Fortdauer des Gewahrsams über den auf die Ingewahrsamnahme folgenden Tag hinaus (erst) „nach Vollzug" dieser Entscheidung zu gewähren ist. Diese Verpflichtung gilt unabhängig davon, ob der Betroffene eine Vertretung durch einen Verfahrensbevollmächtigten wünscht und ob die richterliche Entscheidung im Wege der einstweiligen Anordnung oder im Hauptsacheverfahren ergeht. Für den Fall eines Wunsches des Betroffenen, schon bei der Anhörung anwaltlich vertreten zu werden, geht der Grundsatz des fairen Verfahrens und das darin verankerte Recht auf Hinzuziehung eines Bevollmächtigten zur Anhörung weiterhin vor. In einem solchen Fall bleibt es dabei, dass ohne Teilnahme des Bevollmächtigten an der Anhörung nur eine einstweilige Anordnung für einen kurzen Zeitraum bis zur Erreichbarkeit des Bevollmächtigten in Betracht kommt und im Falle einer länger beabsichtigten Ingewahrsamnahme im Hauptsacheverfahren eine neuerliche richterliche Anhörung vorzunehmen ist, bei der die Teilnahme des Bevollmächtigten sichergestellt ist. Gleiches gilt im Falle der Erforderlichkeit eines Verfahrenspflegers: Ohne die erforderliche Bestellung kann nur eine einstweilige Anordnung ergehen, woraufhin die Bestellung jedoch unverzüglich nachzuholen ist.

39   Im Ermessen des Gerichts (BGH NJW-RR 2013, 65) steht, ob es gem. § 418 Abs. 3 FamFG eine der dort abschließend genannten **Angehörigen oder Vertrauenspersonen** als Beteiligter am Verfahren beteiligt. Dies kann von Amts wegen oder auf Antrag der in Betracht kommenden Vertrauensperson geschehen (vgl. § 7 Abs. 3 FamFG). Voraussetzung ist stets ein Interesse des Betroffenen an der Beteiligung der genannten Personen, welches nicht objektiv, sondern allein aus seiner Sicht – dh unter Berücksichtigung seines Wohls, seiner Wünsche und Belange – zu beurteilen ist (vgl. zu einer Unterbringungssache BGH NJW-RR 2012, 770). Gegen den Willen der festgehaltenen Person kommt eine Beteiligung von Verwandten nur in Betracht, wenn der Ablehnungswille des Betroffenen seinem objektiven Interesse zuwiderläuft und keine erheblichen Gründe gegen die Beteiligung sprechen (BT-Drs. 16/6308, 266). Gemäß § 7 Abs. 4 FamFG sind diejenigen, die auf ihren Antrag hin als Beteiligte hinzugezogen werden können, vor der Einleitung des Verfahrens zu benachrichtigen und auf ihr Antragsrecht hinzuweisen, soweit sie dem Gericht bekannt sind. Aufgrund der Kürze der für eine Entscheidung zur Verfügung stehenden Verfahrenszeit besteht für das Gericht keine Pflicht, weitere mögliche Vertrauenspersonen zu ermitteln, die nicht bereits durch die gem. § 37 Abs. 2 erfolgende Benachrichtigung durch die Behörde aktenkundig oder vom Betroffenen ausdrücklich benannt worden sind. Nur die dem Gericht bereits von vornherein bekannten Personen sind über die Anhängigkeit des gerichtlichen Verfahrens und über ihr Antragsrecht zu informieren, was zweckmäßigerweise fernmündlich erfolgen sollte.

3. Amtsermittlung und Anhörungserfordernisse

40   Das gem. § 26 FamFG vorgesehene Erfordernis, dass das Gericht von Amts wegen die zur Feststellung der entscheidungserheblichen Tatsachen erforderlichen Ermittlungen durchzuführen hat (**Amtsermittlungsgrundsatz**), hat auch in Freiheitsentziehungssachen unter Berücksichtigung der Kürze der hierfür zur Verfügung stehenden Zeit Bestand. Demnach darf das Gericht sich nicht auf eine Plausibilitätsprüfung und rechtliche Bewertung der von der Polizei vorgetragenen Gründe beschränken, sondern muss selbst die zur Freiheitsentziehung rechtfertigenden Tatsachen feststellen (BVerfGE 83, 24 (34); BVerfG NVwZ 2010, 1575; 2011, 317). Die Schwere des Grundrechtseingriffs erfordert eine eingehende richterliche Prüfung der Erforderlichkeit dieser Maßnahme, wozu es einer zureichenden **richterlichen Sachaufklärung** (zB durch Einbeziehung der Akten, der Aussagen beteiligter Beamter oder sonstiger Personen, eventuell sichergestellter Gegenstände und der Anhörung des Betroffenen) bedarf, damit Entscheidungen, die den Entzug der persönlichen Freiheit betreffen, eine in tatsächlicher Hinsicht genügende Grundlage haben, die der Bedeutung der Freiheitsgarantie entspricht (vgl. Lisken/Denninger PolR-HdB/Rachor/Graulich E Rn. 534 mwN).

41   Gemäß § 420 Abs. 1 FamFG hat das Gericht vor einer Anordnung der Freiheitsentziehung – nicht hingegen vor einer Ablehnung des entsprechenden Gesuchs der Behörde – **den Betroffenen zwingend persönlich anzuhören.** Dies dient nicht nur der Gewährung rechtlichen Gehörs, sondern verschafft dem Richter durch eine Inaugenscheinnahme des Betroffenen einen persönlichen Eindruck vom ihm (Schulte-Bunert/Weinreich/Dodegge, FamFG, 4. Aufl. 2014, FamFG § 420 Rn. 5) und kommt der Aufklärung des von Amts wegen zu ermittelnden Sachverhalts zugute, die aufgrund der Intensität des Grundrechtseingriffs so umfassend wie unter der konkreten Verfahrenssituation möglich geboten ist. Daher scheidet eine fernmündliche Anhörung grundsätzlich aus (so auch LG Köln BeckRS 2016, 13918). Die Anhörung kann an jedem Ort, insbesondere im Gericht oder am Ort der Freiheitsentziehung erfolgen. Entbehrlich ist die persönliche Anhörung ausschließlich in den in § 420 Abs. 2 FamFG genannten Fällen sowie – bei Gefahr im Verzug – im Falle einer einstweiligen Anordnung (vgl. § 427 Abs. 2 FamFG). Im letzteren Fall ist die Anhörung unverzüglich nachzuholen, in Konstellationen des § 420 Abs. 2 FamFG bedarf es der Einholung eines ärztlichen Gutachtens und begründet das Absehen von einer Anhörung die Pflicht zur Bestellung eines Verfahrenspflegers, der seinerseits vom Gericht anzuhören ist. Da § 420 Abs. 2 FamFG eine Entbehrlichkeit der Anhörung in Verschärfung gegenüber § 34 Abs. 2 FamFG nur annimmt, soweit bei Durchführung der Anhörung erhebliche Nachteile für die Gesundheit der festgehaltenen Person zu besorgen sind oder wenn diese an einer übertragbaren Krankheit im Sinne des IfSG leidet, geht der Gesetzgeber offenbar davon aus, dass eine persönliche Anhörung des Betroffenen auch in dem in § 34 Abs. 2 Alt. 2 FamFG vorgesehenen Fall der Unfähigkeit zur Willensäußerung durchzuführen und demnach auch in einer dem Schutzzweck der Norm genügenden Weise möglich ist.

§ 420 FamFG enthält keine Vorgaben zu Inhalt und Umfang der Anhörung. Maßgebend sind die **41.1** Umstände des Einzelfalls. So ist bei eingeschränkter Kommunikationsfähigkeit des Betroffenen (zB bei Trunkenheit) die Pflicht zur persönlichen Anhörung auch dann erfüllt, wenn das Gericht sich einen Eindruck von der festgehaltenen Person verschafft und nach besten Möglichkeiten versucht hat, ihm das Verfahren verständlich zu machen, damit er die für ihn wichtigen Gesichtspunkte vortragen kann, insbesondere solche, die gegen eine Freiheitsentziehung sprechen könnten (BGH FGPrax 2010, 152). Soweit in Literatur und Rechtsprechung entgegen der hier vertretenen Ansicht eine Anhörung bei fehlender Kommunikationsfähigkeit des Betroffenen für unmöglich gehalten wird, ließe sich der Widerspruch zwischen dem Erfordernis einer unverzüglich herbeizuführenden Entscheidung und der Notwendigkeit der Wiederherstellung der Anhörungsfähigkeit des Betroffenen vor einer Entscheidung allein dadurch lösen, dass die Anordnung der Freiheitsentziehung nur einstweilig gem. § 427 Abs. 2 FamFG erfolgt (so offenbar VGH Mannheim NVwZ-RR 2012, 346). Die in diesem Fall erforderliche Nachholung der persönlichen Anhörung wird sodann regelmäßig wegen Erledigung des Verfahrens in der Hauptsache ausbleiben können, da mit der Wiederherstellung der Anhörungsfähigkeit des Betroffenen meistens auch der Gewahrsamsgrund entfällt und er unverzüglich freizulassen ist (vgl. § 38 Abs. 1 Nr. 1), sodass es keiner weiteren Entscheidung über die Zulässigkeit der Freiheitsentziehung mehr bedarf. Gegen die ergangene einstweilige Anordnung kann der Betroffene Rechtsmittel einlegen und erhält in diesem Rahmen das zuvor aufgrund seines eigenen Zustands ohne Verfahrenspfleger oder sonstigen rechtlichen Beistand nicht wahrzunehmende rechtliche Gehör.

Gemäß § 420 Abs. 3 S. 1 FamFG bedarf es auch einer Anhörung der Verwaltungsbehörde, **42** eines bestellten Verfahrenspflegers und einer gem. § 428 Abs. 3 FamFG beteiligten Vertrauensperson. Da insoweit keine persönliche Anhörung vorgesehen ist, kann die Anhörung auch in anderer Form geschehen, sodass sowohl eine – aktenkundig zu machende – fernmündliche Rücksprache als auch eine kurze schriftliche Stellungnahme der übrigen Beteiligten in Betracht kommen. Die Verwaltungsbehörde ist in der Regel mit ihrem Ersuchen um richterliche Entscheidung als angehört zu betrachten, soweit sich die maßgeblichen Umstände nicht wesentlich ändern. Sofern aufgrund des erforderlichen Umfangs der Anhörung eine fernmündliche Anhörung eines sonstigen Beteiligten nicht in Frage kommt und auch seine schriftliche Stellungnahme sowie sein persönliches Erscheinen vor der unverzüglich zu treffenden gerichtlichen Entscheidung nicht realisierbar sind, kann gem. § 420 Abs. 3 S. 2 FamFG auch ohne dessen Anhörung entschieden werden.

Sofern der Betroffene einen vertretungsbereiten Verfahrensbevollmächtigten benannt hat, muss die- **42.1** sem unter dem Gesichtspunkt des fairen Verfahrens die Möglichkeit eingeräumt werden, an dem Termin zur Anhörung des Betroffenen teilzunehmen (vgl. BGH BeckRS 2014, 16105).

4. Entscheidung

Gemäß § 37 Abs. 1 FamFG entscheidet das Gericht nach seiner freien, aus dem gesamten **43** Inhalt des Verfahrens gewonnenen Überzeugung. Als Entscheidungsform sieht § 38 FamFG den (zu begründenden) **Beschluss** vor. Dieser hat sich gem. § 36 Abs. 1 S. 1 sowohl – feststellend – zur Zulässigkeit der bisherigen, ohne richterliche Anordnung vollzogenen Freiheitsentziehung als auch – rechtsgestaltend – zur weiteren Freiheitsentziehung zu äußern. Demnach hat das Gericht neben einem Feststellungstenor zur bis zur richterlichen Entscheidung bewirkten Freiheitsentziehung zudem entweder antragsgemäß die (weitere) Freiheitsentziehung des Betroffenen anzuordnen oder – unter Umständen zusammen mit einer ausdrücklichen Ablehnung des behördlichen Antrags – die Freilassung des Betroffenen zu verfügen (vgl. OVG Münster NJW 1990, 3224, 3225). Die gem. § 38 Abs. 2 Nr. 3 FamFG vorgesehene Beschlussformel hat im Falle der Anordnung der Freiheitsentziehung gem. § 421 FamFG auch die Freiheitsentziehung konkret zu bezeichnen (zB „Ingewahrsamnahme" im

Falle des § 35, „Vorführung zur Durchsetzung der Vorladung" im Falle des § 10 Abs. 3 und „Festhalten zur Identitätsfeststellung" im Falle des § 12 Abs. 2 S. 3) und den Zeitpunkt, zu dem sie endet, zu benennen.

43.1   Auch wenn das Gericht die weitere Freiheitsentziehung anordnet, kann es die Rechtswidrigkeit der bisherigen nicht gerichtlich angeordneten Freiheitsentziehung (zB wegen nicht unverzüglicher Herbeiführung der richterlichen Entscheidung) feststellen (OLG Frankfurt a. M. NVwZ-RR 2008, 244). Der Feststellungstenor sollte sich dann dazu äußern, ab welchem Zeitpunkt die behördliche Freiheitsentziehung unzulässig gewesen ist.

44   Soweit sich die Freiheitsentziehung durch Freilassung des Betroffenen noch vor der Entscheidung des wegen der Angelegenheit bereits ersuchten Gerichts erledigt (zum Rechtsweg bei Entlassung des Betroffenen vor bzw. nach Anhängigmachung beim Amtsgericht → Rn. 51 bzw. → Rn. 27) und dieser ausdrücklich die Feststellung der Rechtswidrigkeit der Freiheitsentziehung begehrt (→ Rn. 35), bedarf es nur eines einzigen Tenors in der Sache, der entweder eine Verletzung des Betroffenen in seinen Rechten durch die Freiheitsentziehung feststellt oder seinen Antrag auf entsprechende Feststellung ablehnt.

45   Da die **Wirksamkeit** von Entscheidungen in Freiheitsentziehungssachen gem. § 422 Abs. 1 FamFG grundsätzlich erst mit Rechtskraft, also mit Ablauf der Beschwerdefrist, eintritt, und die gerichtliche Anordnung einer Freiheitsentziehung demnach vor Ablauf der Gewahrsamsfrist des § 38 Abs. 1 Nr. 3, Abs. 2 nicht vollzogen werden könnte, ist bei polizeirechtlichen Freiheitsentziehungen stets gem. § 422 Abs. 2 FamFG die **sofortige Wirksamkeit anzuordnen** und die Entscheidung zu ihrem Wirksamwerden dem Betroffenen, seinem Verfahrenspfleger oder der Verwaltungsbehörde – möglichst noch im Termin zur persönlichen Anhörung – bekannt zu geben oder der Geschäftsstelle des Gerichts zur Bekanntgabe zu übergeben. Eine ordnungsgemäße mündliche Bekanntgabe setzt nach § 41 Abs. 2 S. 1 FamFG voraus, dass die Beschlussformel in vollem Wortlaut durch den Richter den Anwesenden verlesen wird, was in den Akten zu vermerken ist. Auch bei vorheriger mündlicher Bekanntgabe ist der Beschluss sämtlichen Beteiligten schriftlich bekanntzugeben (§ 41 Abs. 2 S. 4 FamFG), demjenigen, dessen Begehren er widerspricht, überdies förmlich zuzustellen (§ 41 Abs. 1 S. 2 FamFG).

46   Für den Fall der Anordnung der Freiheitsentziehung sieht § 432 FamFG in Übereinstimmung mit Art. 104 Abs. 4 GG (→ § 37 Rn. 2) zwingend die **Benachrichtigung** eines Angehörigen oder einer Vertrauensperson des Betroffenen durch das Gericht vor. Der **Vollzug** der Entscheidung obliegt der beteiligten Verwaltungsbehörde (§ 422 Abs. 3 FamFG). Das Gericht hat ferner in jedem Fall über die **Kosten** zu entscheiden (§§ 81 ff. FamFG); hierbei kann gem. § 81 Abs. 1 S. 2 FamFG auch ein Absehen von der Kostenerhebung angeordnet werden, was insbesondere bei Gewahrsamsgründen, die der Betroffene nicht verschuldet hat, billigem Ermessen entsprechen kann. Für den Fall, dass der behördliche Antrag auf Anordnung der Freiheitsentziehung abgelehnt wird, ist § 430 FamFG zu beachten, wonach die notwendigen Aufwendungen des Betroffenen zur zweckentsprechenden Rechtsverfolgung dem Land (bzw. bei ordnungsbehördlich eingeleiteten Verfahren der Gemeinde) als Verwaltungsträger auferlegt werden können. Der Ablehnung des behördlichen Antrags auf Anordnung der Freiheitsentziehung ist nach der Rechtsprechung des OLG Hamm zu § 16 FreihEntzG (NVwZ-RR 2008, 321 (322)) die Feststellung der Rechtswidrigkeit einer unter Umständen bereits erledigten Freiheitsentziehung gleichzusetzen, soweit der Betroffene sein Rechtsmittel auf die Feststellung der Rechtswidrigkeit der Ingewahrsamnahme beschränkt hat.

5. Rechtsmittel

47   Obgleich das Tätigwerden des Amtsgerichts aufgrund des Richtervorbehalts gem. Art. 104 Abs. 2 S. 2 GG, § 36 jedenfalls hinsichtlich der Anordnung einer weiteren Freiheitsentziehung bzw. der Freilassung des Betroffenen keine spruchrichterliche Tätigkeit iSv Art. 92 GG, sondern vielmehr die Ausübung vollziehender Gewalt darstellt, verlangt Art. 19 Abs. 4 GG die Möglichkeit einer anschließenden gerichtlichen Kontrolle der amtsrichterlichen Entscheidung (vgl. BVerfGE 107, 395 (406)). Da das nordrhein-westfälische Recht Rechtsmittel gegen die – an sich exekutivischen – amtsgerichtlichen Entscheidungen nicht ausschließt, kann die erforderliche gerichtliche Kontrolle durch eine höhere Instanz im Wege der üblichen Rechtsmittel nach dem FamFG gewährt werden.

Soweit das Landesrecht keine Rechtsmittel gegen die Entscheidung des Amtsgerichts vorsehen **47.1** würde, würde Art. 19 Abs. 4 GG gleichwohl eine Möglichkeit der spruchrichterlichen Überprüfung der exekutivischen amtsgerichtlichen Entscheidung verlangen, für die dann der Verwaltungsrechtsweg eröffnet wäre (Lisken/Denninger PolR-HdB/Rachor/Buchberger L Rn. 30 ff.). Dass nicht die erste, sondern eine höhere Instanz entscheidet, gebietet Art. 19 Abs. 4 GG nicht.

Die nach altem Recht gem. § 7 FreihEntzG gegen die richterliche Entscheidung binnen **48** zwei Wochen (§ 22 Abs. 1 FGG) einzulegende sofortige Beschwerde ist im FamFG nicht mehr ausdrücklich enthalten. § 429 FamFG sieht für Freiheitsentziehungssachen vielmehr grundsätzlich die (einfache) **Beschwerde** als Rechtsmittel vor, für die gem. § 63 Abs. 1 FamFG eine Beschwerdefrist von einem Monat vorgesehen ist. Eine der sofortigen Beschwerde nach § 22 Abs. 1 FGG vergleichbare Konstellation besteht aber bei einer Beschwerde gegen eine einstweilige Anordnung (§ 427 FamFG) der Freiheitsentziehung durch das Amtsgericht, weil diesbezüglich die Beschwerdefrist gem. § 63 Abs. 2 FamFG ebenfalls nur zwei Wochen beträgt. **Beschwerdeberechtigt** ist gem. § 59 Abs. 1 FamFG derjenige, der durch die gerichtliche Entscheidung in seinen Rechten beeinträchtigt ist. Im Falle der Anordnung einer Freiheitsentziehung steht die Beschwerde demnach dem Betroffenen zu. Im Interesse des Betroffenen kann gem. § 429 Abs. 2 und Abs. 3 FamFG auch eine am Verfahren beteiligte Vertrauensperson oder ein bestellter Verfahrenspfleger die Beschwerde einlegen. Gegen eine ablehnende Entscheidung des Gerichts steht das Beschwerderecht gem. §§ 59 Abs. 2 und Abs. 3, 429 Abs. 1 FamFG der zuständigen Behörde zu.

Die Beschwerde ist gem. § 64 Abs. 1 S. 1 FamFG bei dem Gericht einzulegen, dessen **49** Entscheidung angefochten wird und das sodann zu prüfen hat, ob es der Beschwerde abhilft (**Abhilfeverfahren**, vgl. § 68 Abs. 1 S. 1 FamFG). Sofern die Freiheitsentziehung in einer abgeschlossenen Einrichtung im Bezirk eines anderen als des anordnenden Gerichts vollzogen wird, kommt eine Beschwerdeeinlegung auch bei dem für den Ort der Einrichtung zuständigen Amtsgericht in Betracht (vgl. § 429 Abs. 4 FamFG). Das Beschwerdeverfahren richtet sich weitestgehend nach den Vorschriften für das Verfahren im ersten Rechtszug (§ 68 Abs. 3 S. 1 FamFG). Die demnach grundsätzlich auch im Beschwerdeverfahren vorgeschriebene persönliche Anhörung kann aber ausnahmsweise unterbleiben, wenn diese bereits im ersten Rechtszug vorgenommen wurde und von einer erneuten Vornahme keine zusätzlichen Erkenntnisse zu erwarten sind (§ 68 Abs. 3 S. 2 FamFG; vgl. BGH BeckRS 2015, 19669, wonach die dahingehende Ermessensentscheidung des Beschwerdegerichts aber nachprüfbar zu begründen ist). **Beschwerdegerichte sind die Landgerichte** (§ 72 Abs. 1 S. 2 GVG), gegen deren Entscheidung im Falle der Anordnung der Freiheitsentziehung stets (§ 70 Abs. 3 S. 1 Nr. 3, S. 2 FamFG) und im Übrigen nur im Falle der Zulassung durch das Beschwerdegericht (§ 70 Abs. 1, Abs. 3 S. 2 FamFG) die **Rechtsbeschwerde** zum BGH (vgl. § 133 GVG) statthaft ist, soweit zuvor nicht durch einstweilige Anordnung entschieden worden ist (vgl. § 70 Abs. 4 FamFG).

Ohne die Einlegung der statthaften Beschwerde kommt der Erlass einer einstweiligen Anordnung **49.1** durch das BVerfG in der Regel nicht in Betracht, da der Grundsatz der Subsidiarität der Verfassungsbeschwerde auch im vorgelagerten verfassungsgerichtlichen Eilrechtsschutzverfahren gilt und der Antragsteller demnach bestehende Möglichkeiten, fachgerichtlichen Eilrechtsschutz zu erlangen, auszuschöpfen hat. Etwas anderes kann unter Umständen gelten, wenn eine Entscheidung des zuständigen Beschwerdegerichts – zB mangels Einrichtung eines Eildienstes – nicht rechtzeitig erwirkt werden kann (vgl. BVerfG BeckRS 2017, 116401).

Auch wenn durch eine spätestens mit Ablauf des auf das Ergreifen folgenden Tages vorzu- **50** nehmende Entlassung des Betroffenen eine **Erledigung der Freiheitsentziehung vor der Entscheidung des Beschwerdegerichts** eintritt, bleibt die Beschwerde des Betroffenen gem. § 62 FamFG statthaft, wenn er ausdrücklich (vgl. OLG Düsseldorf FamRZ 2011, 921 (922)) die gerichtliche Feststellung beantragt, dass ihn die erstinstanzliche Entscheidung in seinen Rechten verletzt hat. Ein gem. § 62 Abs. 1 FamFG erforderliches „berechtigtes Interesse an der Feststellung" ist bei einer Anordnung der Freiheitsentziehung aufgrund der Schwere des Grundrechtseingriffs (vgl. § 62 Abs. 2 Nr. 1 FamFG) stets anzunehmen.

50.1   Die in der obergerichtlichen Rechtsprechung umstrittene Frage, ob im Falle einer Freilassungsverfü-
gung durch das Amtsgericht auch die Verwaltungsbehörde ein (Fortsetzungs-) Feststellungsinteresse an
der Feststellung der Rechtswidrigkeit der amtsrichterlichen Entscheidung und somit ein Beschwerderecht hat (bejahend OLG Rostock NVwZ-RR 2008, 173 (174 f.), OLG Celle FGPrax 2005, 48, KG
BeckRS 2004, 08256; verneinend OLG München FGPrax 2006, 89, OLG Hamburg NVwZ-RR
1996, 204), ist – soweit ersichtlich – in Nordrhein-Westfalen noch nicht obergerichtlich entschieden
worden. Um der Behörde eine Möglichkeit zu geben, vorab Schadensersatzprozesse des Betroffenen
wegen einer gerichtlich als rechtswidrig eingestuften Freiheitsentziehung von sich bzw. dem Verwal-
tungträger abzuwenden, erscheint die Annahme eines behördlichen Beschwerderechts vorzugswürdig.

C. Nachträglicher Rechtsschutz nach Beendigung der Freiheitsentziehung

I. Feststellung der Rechtswidrigkeit der Freiheitsentziehung

51   Für die Entscheidung über die Zulässigkeit und Fortdauer einer Freiheitsentziehung (zu
Feststellungen über den Vollzug der Freiheitsentziehung → § 37 Rn. 34 ff.) ist zwar das
Amtsgericht zuständig, soweit dessen Entscheidung während des Festhaltens der betroffenen
Person herbeigeführt wird, die Behörde also den Sachverhalt an das Amtsgericht mit der
Bitte um Entscheidung herangetragen hat (→ Rn. 27). Sofern der Betroffene freigelassen
wird, ohne dass das Gericht zuvor kontaktiert worden ist, gilt dies jedoch nicht. Für das
nachträgliche Begehren, die Rechtswidrigkeit der Freiheitsentziehung festzustellen, ist dann –
der Einordnung als öffentlich-rechtliche Streitigkeit entsprechend (→ Rn. 26) – vielmehr
gem. § 40 Abs. 1 VwGO der Verwaltungsrechtsweg eröffnet.

52   Problematisch kann sich die Frage des richtigen Rechtswegs aber bei sog. **doppelfunktionalen Maßnahmen** erweisen, also wenn sich die Ingewahrsamnahme nicht eindeutig einer
repressiven oder präventiven Zielrichtung zuordnen lässt. Denn eine polizeiliche Maßnahme
kann im Einzelfall neben der Gefahrenabwehr auch strafrechtlichen Ermittlungen dienen.
Dies kommt namentlich beim Festsetzen von größeren Menschengruppen, insbesondere im
Zusammenhang von Demonstrationen oder Fußballspielen in Betracht, wenn zum einen die
Identitätsfeststellung oder sogar die Festnahme nach §§ 127 ff. StPO für diejenigen Personen
aus der Gruppe, die als Straftäter in Betracht kommen, zum anderen die Verhinderung der
Wiederholung bzw. Fortsetzung von gewaltsamer Straftaten aus der Menschenmenge (vgl.
§ 35 Abs. 1 Nr. 2) bezweckt sein kann. Stehen strafrechtliche Ermittlungen im Streit, so ist
die ordentliche Gerichtsbarkeit nach § 23 Abs. 1 EGGVG bzw. analog § 98 Abs. 2 S. 2 StPO
zuständig (OVG Münster NWVBl. 2012, 364 mwN). Kann die Ingewahrsamnahme sowohl
strafprozessualer als auch präventiv-polizeilicher Natur sein, richtet sich der Rechtsweg für
nachträglichen Rechtsschutz zunächst danach, ob der Grund des polizeilichen Einschreitens
für den Betroffenen unschwer zu erkennen ist, insbesondere weil die Polizei – entsprechend
ihrer gem. § 37 Abs. 1 für polizeirechtliche Freiheitsentziehungen bestehenden Verpflichtung – den Grund für das Festhalten angibt. Im Übrigen kommt es darauf an, wie sich der
konkrete Lebenssachverhalt einem verständigen Bürger in der Lage des Betroffenen bei
natürlicher Betrachtungsweise darstellt, wobei vor allem dem erklärten oder erkennbaren
Willen des eingreifenden Sachwalters erhebliche Bedeutung zukommt (OVG Münster
NVwZ-RR 2014, 863). In solchen Fällen ist jedenfalls auch der Verwaltungsrechtsweg in
der Regel eröffnet, wenn die Maßnahme bei verständiger Würdigung aus der Perspektive des
Betroffenen zumindest auch präventiv-polizeiliche Zwecke verfolgt und auf eine präventiv-
polizeiliche Ermächtigungsgrundlage gestützt sein kann (OVG Münster NWVBl. 2012, 364;
NVwZ-RR 2014, 863, wonach eine Rechtswegverweisung durch das zuerst angerufene
Verwaltungsgericht nicht in Betracht kommt).

53   Hinsichtlich der **Klageart** wird allgemein weiterhin ein Feststellungsbegehren für statthaft
gehalten, hinsichtlich dessen es im Ergebnis unerheblich ist, ob man – bei Annahme eines
erledigten Verwaltungsaktes – eine Fortsetzungsfeststellungsklage analog § 113 Abs. 1 S. 4
VwGO oder eine Feststellungsklage iSv § 43 VwGO annimmt (vgl. VG Aachen BeckRS
2014, 46135; VG Düsseldorf BeckRS 2013, 55618). § 113 Abs. 1 S. 4 VwGO betrifft
unmittelbar nur den im vorliegenden Kontext auf dem Verwaltungsrechtsweg nicht in
Betracht kommenden Fall, dass die Erledigung des Verwaltungsakts nach Klageerhebung
erfolgt. Für Konstellationen, in denen die Erledigung bereits vor Klageerhebung eintritt, wird
die Statthaftigkeit einer Fortsetzungsfeststellungsklage in analoger Anwendung der Vorschrift

angenommen (vgl. BVerwGE 12, 87 (90); 49, 36 (39); OVG Münster NJW 1999, 2202) oder aber die Statthaftigkeit der Feststellungsklage gem. § 43 VwGO präferiert (so zB SSB/ Gerhardt VwGO § 113 Rn. 99; Lisken/Denninger PolR-HdB/Rachor/Buchberger L Rn. 63 ff.). Soweit – wie bislang in Nordrhein-Westfalen (vgl. für Änderungsüberlegungen aber LT-Drs. 16/6856) – für Gewahrsamsaufenthalte keine Kosten erhoben werden, für die die Gewahrsamsanordnung die Grundlage bildet, tritt die in § 113 Abs. 1 S. 4 VwGO vorgesehene Erledigung im Falle der Beendigung einer Freiheitsentziehung durch Entlassung des Betroffenen ein, weil hierdurch die Wirkungen des Festhaltens bzw. der entsprechenden Anordnung, die nicht rückgängig gemacht werden können, entfallen (vgl. BVerwG NVwZ 2009, 122, wonach das Verlangen der Behörde auf Erstattung der Kosten der Vollstreckung eines Verwaltungsaktes dessen Erledigung entgegensteht).

Das in jedem Fall erforderliche **berechtigte Interesse** des Betroffenen an der Feststellung **54** ergibt sich in der Regel aus der Schwere des Eingriffs in das besonders schutzwürdige stehende Grundrecht auf Freiheit der Person gem. Art. 2 Abs. 2 S. 2 GG iVm Art. 104 GG durch eine unter Richtervorbehalt gestellte Freiheitsentziehung (BVerfGE 104, 220 ff.; anders unter Umständen bei einem nur wenige Minuten dauernden Festhalten von Fußballfans zum Zwecke der erkennungsdienstlichen Behandlung: VG Düsseldorf BeckRS 2016, 113084). Im Falle eines Öffentlichkeitsbezuges kann das Feststellungsinteresse auch aus einer noch andauernden Beeinträchtigung des Ansehens des Betroffenen durch die Ingewahrsamnahme herrühren (Rehabilitationsinteresse). Hingegen folgt es nicht aus der Absicht des Betroffenen, einen Staatshaftungsprozess mit einer präjudiziellen verwaltungsgerichtlichen Entscheidung über die Rechtswidrigkeit einer Amtshandlung vorzubereiten, da das Vorliegen einer Amtspflichtverletzung im Staatshaftungsverfahren vor dem Landgericht inzident geprüft wird (vgl. BVerwGE 81, 226 (228); 96, 295 (298)). Selten wird ein Feststellunginteresse aufgrund einer Gefahr der Wiederholung von Ingewahrsamnahmen derselben Person aus vergleichbaren Gründen anzunehmen sein. Da verwaltungsgerichtlich nur die Verletzung in eigenen Rechten zulässigerweise geltend gemacht werden kann (vgl. § 42 Abs. 2 VwGO, dessen Vorgaben zur Klagebefugnis über den ausdrücklichen Anwendungsbereich – Anfechtungs- und Verpflichtungsklage – hinaus auch als Sachentscheidungsvoraussetzung für Feststellungsklagen gesehen werden, so BVerwGE 99, 64 (66)), kommt anders als im Rahmen des FamFG eine Klagebefugnis von Angehörigen nicht in Betracht, soweit die festgehaltene Person durch die Freiheitsentziehung nicht zu Tode kommt.

II. Ausgleichs- und Ersatzansprüche des Betroffenen

Wer durch eine rechtswidrige Freiheitsentziehung einen Schaden erleidet, kann diesen im **55** Rahmen eines in § 67 iVm § 39 Abs. 1 lit. b NRWOBG **landesrechtlich normierten, verschuldensunabhängigen Aufopferungsanspruchs** geltend machen, der dem staatshaftungsrechtlich anerkannten allgemeinen Aufopferungsanspruch vorgeht (vgl. Lisken/Denninger PolR-HdB/Buchberger/Rachor M Rn. 68 f.). Rechtswidrig in diesem Sinne ist ein Verwaltungsakt nicht bereits bei jedem formellen Verstoß, sondern erst dann, wenn die getroffene Regelung sachlich falsch ist und gegen die Rechtslage verstößt (BGHZ 99, 249 (253 f.); 123, 191 (197)). Bei einer Gewahrsamsbetroffenheit als nicht verantwortliche Person iSv § 6 kommt als Anspruchsgrundlage § 39 Abs. 1 lit. a NRWOBG in Betracht, in deren Rahmen unerheblich ist, ob die Freiheitsentziehung rechtswidrig war oder nicht. In sämtlichen Fällen des § 39 NRWOBG kann der Betroffene **nur Vermögensschäden** geltend machen (vgl. § 40 Abs. 1 NRWOBG). Ein nur den Eltern zugänglicher, unvertretbarer Betreuungsmehraufwand für einen durch die Polizei festgehaltenen behinderten Jugendlichen stellt keinen ersatzfähigen Vermögensschaden dar (vgl. OLG Karlsruhe VBlBW 2000, 329 (332)). Im Falle des Schutzgewahrsams gem. § 35 Abs. 1 Nr. 1 ist zu beachten, dass ein entsprechender Anspruch des Betroffenen gem. § 39 Abs. 2 lit. b NRWOBG nicht besteht, wenn durch die Maßnahme die Person oder das Vermögen der geschädigten Person geschützt worden ist.

Da gem. § 67 iVm § 40 Abs. 5 NRWOBG im Falle einer – bei einer nach außen rechtswid- **56** rigen, behördlichen Freiheitsentziehung stets gegebenen – Amtspflichtverletzung die diesbezüglich bestehenden „weitergehenden Ansprüche" unberührt bleiben, kommt unabhängig von der landesrechtlichen Anspruchsgrundlage stets auch ein **bundesrechtlich geregelter,**

verschuldensabhängiger Restitutionsanspruch wegen einer Amtspflichtverletzung gem. Art. 34 GG iVm § 839 BGB in Betracht. Eine polizeiliche oder ordnungsbehördliche Freiheitsentziehung, die nicht iSv Art. 34 GG in Ausübung des öffentlichen Amtes des handelnden Beamten erfolgt, ist kaum vorstellbar, sodass der Staat für Schäden durch rechtswidrige Freiheitsentziehungen grundsätzlich einstandspflichtig ist. Der Verschuldensmaßstab des § 839 Abs. 1 BGB („vorsätzlich oder fahrlässig") ist ein objektiver und demnach aus der Sicht des objektiven Durchschnittsbeamten zu beurteilen. Anders als im Rahmen des landesrechtlichen Aufopferungsanspruchs kommen **neben Vermögensschäden auch sonstige Schadensfolgen** als Anspruchsgegenstand in Betracht, soweit der Amtspflichtverstoß – sowohl haftungsbegründend als auch haftungsausfüllend – für Entstehung und Umfang des Schadens kausal ist. Von Relevanz bei behördlichen Freiheitsentziehungen ist insbesondere der Ersatz immaterieller Schäden, also die Zahlung von Schmerzensgeld gem. § 253 Abs. 2 BGB (vgl. zB OLG München NJW-RR 1997, 279, das bei einer Entlassung, die an sich hätte bis 19:00 Uhr durchgeführt sein müssen, ein Schmerzensgeld bei tatsächlich erst nach 21:00 Uhr – bei einzelnen Betroffenen auch deutlich später – erfolgter Entlassung iHv 50 DM zuerkannt hat). Sofern sich die Freiheitsentziehung als so kurz erweist, dass sie lediglich eine Bagatell-Beeinträchtigung erweist, kann diese Beeinträchtigung nicht zu einem Schmerzensgeldanspruch führen (für ein eineinhalbstündiges Festhalten vgl. OLG Koblenz NJW 2000, 963). An der für einen immateriellen Schadensersatzanspruch nötigen Schwere des Eingriffs fehlt es hingegen nicht bereits dann, wenn die Annahme der Rechtswidrigkeit der Ingewahrsamnahme durch die mit der Freiheitsentziehung betrauten Gerichte allein auf die fehlende Unverzüglichkeit der Vorführung zur richterlichen Anhörung gestützt wird. Insbesondere wenn die Gerichte Feststellungen zu der Rechtmäßigkeit der Ingewahrsamnahme als solcher unterlassen, kann in der auf die verzögerte Vorführung vor das Gericht gestützten gerichtlichen Feststellung der Rechtswidrigkeit des Gewahrsams allein nicht ein hinreichender Ausgleich für die erlittene Rechtseinbuße gesehen werden, der eine Geldentschädigung entbehrlich macht (vgl. BVerfG BeckRS 2016, 49717, wonach neben dem Fehlen einer gerichtlichen Aufklärung der Rechtmäßigkeit der Ingewahrsamnahme unter anderem auch die abschreckende Wirkung der erlittenen Behandlung für den künftigen Gebrauch grundrechtlich garantierter Freiheiten wie zB der Versammlungsfreiheit zu berücksichtigen ist).

57   Sowohl iRv § 67 iVm § 39 NRWOBG als auch iRv Art. 34 GG iVm § 839 BGB ist bei der Bemessung der Entschädigung ein etwaiges **Mitverschulden** des Betroffenen anspruchsmindernd zu berücksichtigen (§ 40 Abs. 4 NRWOBG bzw. § 254 BGB) und ist die **regelmäßige Verjährungsfrist** von drei Jahren maßgeblich (§ 67 iVm § 41 NRWOBG iVm § 195 BGB bzw. unmittelbar § 195 BGB). Hinsichtlich beider Anspruchsgrundlagen ist überdies die jeweilige Anstellungskörperschaft (also das Land für polizeiliches Handeln und die jeweilige Gemeinde bzw. der jeweilige Kreis für ordnungsbehördliches Handeln) **Anspruchsgegner** (§ 67 iVm §§ 42 Abs. 1 S. 1, 45 NRWOBG bzw. Art. 34 S. 1 GG; zu Amtshaftungsansprüchen vgl. BGH NJW 1987, 2737) und gerichtlicher Rechtsschutz auf dem **ordentlichen Rechtsweg** zu suchen (§ 67 iVm § 43 NRWOBG bzw. Art. 34 S. 3 GG, § 40 Abs. 2 VwGO; zur sachlichen und örtlichen Zuständigkeit → OBG § 43 Rn. 3 f.).

58   Da die EMRK durch das bundesdeutsche Zustimmungsgesetz nach Maßgabe ihres Inhalts die Kraft eines Bundesgesetzes erlangt hat (BGHZ 45, 46 = NJW 1966, 726), kann der Betroffene wegen einer Verletzung der Vorgaben des Art. 5 EMRK überdies einen **unmittelbaren und verschuldensunabhängigen Anspruch gem. Art. 5 Abs. 5 EMRK auf (echten) Schadensersatz** geltend machen (vgl. grdl. BGHZ 45, 58 (65) = NJW 1966, 1021; für rechtswidrige Abschiebungshaft ferner BGH NVwZ 2006, 960). Aufgrund des Umstands, dass Art. 5 Abs. 1 S. 2 EMRK eine Freiheitsentziehung „nur auf die gesetzlich vorgeschriebene Weise" für zulässig erachtet, kommt ein Anspruch nicht bloß bei einem objektiven Verstoß gegen eigene Vorgaben des Art. 5 EMRK, sondern auch bei einem objektiven Nichtvorliegen der vom innerstaatlichen Recht aufgestellten Voraussetzungen der Ingewahrsamnahme in Betracht und ist daher auch an den innerstaatlichen Gesetzen zu messen (BGHZ 45, 58 = NJW 1966, 1021; BGHZ 57, 33 (41 f.)). Das Recht aus Art. 5 Abs. 5 EMRK ähnelt einem Anspruch aus Gefährdungshaftung und steht in der Nähe des Deliktsrechts, sodass es im Einzelfall durch deliktrechtliche Bestimmungen ergänzt werden kann. Eine vollständige Übertragbarkeit der delikts- und schadensersatzrechtlichen Normen des BGB – zB zum Schmerzensgeld – ist damit noch nicht bestätigt, jedoch hat der BGH die früher in § 852 BGB aF (nunmehr: § 195 BGB) geregelte dreijährige Verjährungsfrist für einschlägig erachtet (BGHZ 45, 58 = NJW 1966, 1021). Der Entschädigungsanspruch nach Art. 5 EMRK, für den eine gesetzliche Zuständigkeitsregelung fehlt, muss nach allgemeiner Ansicht auf dem **Zivilrechtsweg** geltend gemacht werden (vgl. OLG München NStZ-RR 1996, 125 mwN; OLG Hamm BeckRS 2013, 11236).

§ 37 Behandlung festgehaltener Personen

(1) Wird eine Person auf Grund von § 10 Abs. 3, § 12 Abs. 2 Satz 3 oder § 35 festgehalten, ist ihr unverzüglich der Grund bekannt zu geben.

(2) [1]Der festgehaltenen Person ist unverzüglich Gelegenheit zu geben, einen Angehörigen oder eine Person ihres Vertrauens zu benachrichtigen, soweit dadurch der Zweck der Freiheitsentziehung nicht gefährdet wird. [2]Unberührt bleibt die Benachrichtigungspflicht bei einer richterlichen Freiheitsentziehung. [3]Die Polizei soll die Benachrichtigung übernehmen, wenn die festgehaltene Person nicht in der Lage ist, von dem Recht nach Satz 1 Gebrauch zu machen und die Benachrichtigung ihrem mutmaßlichen Willen nicht widerspricht. [4]Ist die festgehaltene Person minderjährig oder ist für sie zur Besorgung aller ihrer Angelegenheiten ein Betreuer bestellt, so ist in jedem Falle unverzüglich derjenige zu benachrichtigen, dem die Sorge für die Person obliegt. [5]Dies gilt auch, wenn der Aufgabenkreis des Betreuers die in § 1896 Abs. 4 und § 1905 des Bürgerlichen Gesetzbuchs bezeichneten Angelegenheiten nicht erfasst.

(3) [1]Die festgehaltene Person soll gesondert, insbesondere ohne ihre Einwilligung nicht in demselben Raum mit Straf- oder Untersuchungsgefangenen untergebracht werden. [2]Männer und Frauen sind getrennt unterzubringen. [3]Der festgehaltenen Person dürfen nur solche Beschränkungen auferlegt werden, die der Zweck der Freiheitsentziehung oder die Ordnung im Gewahrsam erfordert. [4]Im Ausnahmefall, wenn dies zum Schutz der Person erforderlich ist, kann die festgehaltene Person mittels Bild- und Tonübertragung offen beobachtet werden. [5]Zur Wahrung der Intimsphäre kann der Toilettenbereich durch geeignete Sichtschutzwände abgegrenzt werden.

(4) [1]Aufgaben im Polizeigewahrsam können zur Unterstützung der Polizeivollzugsbeamtinnen und Polizeivollzugsbeamten auch durch Bedienstete der Polizei, die nicht Polizeivollzugsbeamtinnen oder Polizeivollzugsbeamte sind, wahrgenommen werden. [2]Das Innenministerium wird ermächtigt, durch Rechtsverordnung den Umfang der diesen Bediensteten zustehenden polizeilichen Befugnisse zu bestimmen sowie weitere Regelungen für den Vollzug der Freiheitsentziehung im Polizeigewahrsam zu treffen.

(5) [1]Ein Vollzug der Freiheitsentziehung in Einrichtungen des Justizvollzugs findet nicht statt. [2]Die Vorschriften über die Amtshilfe nach dem Verwaltungsverfahrensgesetz für das Land Nordrhein-Westfalen bleiben unberührt.

Polizeigewahrsamsordnung für das Land Nordrhein-Westfalen
RdErl. d. Innenministers – 43.57.01.08 – v. 20.3.2009 (MBl. NRW. 2009 S. 254, geändert durch RdErl. v. 10.11.2014 (MBl. NRW. 2014 S. 673), 19.5.2015 (MBl. NRW. 2015 S. 362), 17.10.2016 (MBl. NRW. 2016 S. 690), 23.10.2018 (MBl. NRW. 2018 S. 573), 27.12.2018 (MBl. NRW. 2019 S. 11)
1. Allgemeines
§ 1 – Geltungsbereich
(1) Diese Verwaltungsvorschrift regelt den Vollzug der Freiheitsentziehung im Polizeigewahrsam.
Polizeigewahrsame dienen der sicheren Unterbringung in Zellen und allen sonstigen für den Gewahrsamsbetrieb erforderlichen Räumen (Zugänge, Flure, Nebenräume, Schleusen).
(2) Kinder und Jugendliche dürfen – mit Ausnahme des Satzes 3 – nicht in einem Polizeigewahrsam untergebracht werden. Können sie nicht sofort einer erziehungsberechtigten Person

oder dem Jugendamt zugeführt werden, so sind sie außerhalb eines Polizeigewahrsams zu beaufsichtigen. Dies gilt nicht für Jugendliche, die aus strafprozessualen Gründen in Gewahrsam genommen worden sind oder die den Dienstbetrieb erheblich stören.

§ 2 – Verhalten gegenüber Verwahrten

(1) Auf Jugendliche, Kranke, Behinderte und ältere Personen ist besondere Rücksicht zu nehmen.

(2) Der Umgang mit dem Verwahrten ist auf das dienstlich notwendige Maß zu beschränken.

(3) Dem Verwahrten dürfen nur solche Beschränkungen auferlegt werden, die der Zweck der Verwahrung oder die Ordnung im Gewahrsam erfordern.

(4) Die Grundsätze der Eigensicherung sind zu beachten.

§ 3 – Gewahrsamsnachweis

(1) Über Verwahrte ist als Nachweis die Einlieferungsanzeige zu führen. Hierauf sind alle Daten und Vermerke für die Zeit des Gewahrsams einer Person von der Aufnahme bis zur Entlassung, Vorführung oder dem anderweitigen Verbleib einzutragen.

(2) Die Nachweise sind mindestens fünf Jahre aufzubewahren.

2. Aufnahme

§ 4 – Einlieferung

(1) Bei der Aufnahme ist von dem einliefernden oder dem übernehmenden Beamten eine Einlieferungsanzeige zu fertigen. Die Personalien der eingelieferten Person sind festzustellen; etwaige Widersprüche unverzüglich aufzuklären. Die Übergabe und Übernahme der Person ist in den Vordruck Freiheitsentziehung und in die Einlieferungsanzeige einzutragen und durch Unterschrift zu bescheinigen. Eine Kopie des Vordrucks Freiheitsentziehung verbleibt im Gewahrsam.

(2) Der einliefernde Beamte ist verpflichtet, auf Tatsachen, die für die Aufnahme und die Art der Unterbringung bedeutsam sind, ausdrücklich in der Einlieferungsanzeige hinzuweisen. Bedeutsam sind insbesondere Gefährlichkeit, Eigengefährdung, Verletzungen, Krankheit, Mittäterschaft und die in § 8 genannten Umstände.

(3) Dem Verwahrten ist Gelegenheit zu geben, einen Angehörigen oder eine Person seines Vertrauens zu benachrichtigen, sofern der Zweck der Verwahrung dadurch nicht gefährdet wird; hierüber entscheidet die sachbearbeitende Dienststelle. Die Benachrichtigung soll von Amts wegen durchgeführt werden, wenn der Verwahrte selbst nicht in der Lage ist und die Benachrichtigung seinem mutmaßlichen Willen nicht widerspricht. Wenn der Verwahrte nicht wünscht oder darauf verzichtet, dass jemand benachrichtigt wird, so ist dem zu entsprechen, falls nicht besondere Gründe eine Benachrichtigung geboten erscheinen lassen. Der Grund der Nichtbenachrichtigung ist in der Einlieferungsanzeige zu dokumentieren. Ist die verwahrte Person minderjährig oder ist für sie zur Besorgung aller ihrer Angelegenheiten ein Betreuer bestellt, ist in jedem Falle unverzüglich derjenige zu benachrichtigen, dem die Sorge für die Person obliegt.

(4) Verwahrten mit ausländischer Staatsangehörigkeit ist Gelegenheit zu geben, die konsularische Vertretung ihres Heimatstaates zu unterrichten.

(5) Dem Verwahrten ist ein Vordruck mit der Belehrung über seine Rechte in einer ihm verständlichen Sprache auszuhändigen. Die Aushändigung ist von dem Verwahrten durch Unterschrift auf der Einlieferungsanzeige zu bestätigen.

Wird die Unterschrift verweigert oder ist eine Aushändigung aus anderen Gründen nicht möglich, so ist dies zu vermerken und von dem einliefernden Beamten zu unterzeichnen.

§ 5 – Gewahrsamsfähigkeit

(1) In das Gewahrsam darf nur aufgenommen werden, wer gewahrsamsfähig ist. Nicht gewahrsamsfähig ist, wer bewusstlos, orientierungslos, nicht ansprechbar ist oder sonst einer sofortigen ärztlichen Versorgung bedarf.

(2) Die Gewahrsamsfähigkeit ist in Zweifelsfällen von der Polizei unverzüglich durch einen Arzt feststellen zu lassen.

Zweifel sind insbesondere bei Personen angebracht, die äußere, offensichtlich nicht unerhebliche Verletzungen haben, stark unter Alkohol-/Medikamenten- und/oder Drogeneinfluss stehen, erhebliche Alkohol-, Medikamenten- oder Drogenentzugserscheinungen wie Verwirrtheitszustände oder Halluzinationen zeigen, Äußerungen über Schmerzen, krankhafte Zustände und Medikamentenbedarf machen oder Hinweise für Schädelverletzungen bieten.

Die Untersuchung des Verwahrten soll nach Möglichkeit in einem dafür geeigneten Untersuchungsraum erfolgen. Nur im Ausnahmefall, der mit Begründung unter Darstellung der beson-

deren Sachlage im ärztlichen Untersuchungsprotokoll zu dokumentieren ist, darf die Untersuchung in der Gewahrsamszelle erfolgen. Ist eine medikamentöse Versorgung des Verwahrten erforderlich, so ist diese ausschließlich unter Einbeziehung eines Arztes durch die Polizei sicherzustellen. Dieses gilt auch für mitgeführte Medikamente. Medizinische Daten des Verwahrten sollen den Beamten nur soweit erforderlich zugänglich gemacht werden.

Das Resultat der ärztlichen Untersuchung und eventuelle Auflagen bzw. Einschränkungen müssen dokumentiert werden.

(3) Die ärztliche Untersuchung mit ihrem Ergebnis (Gewahrsamsfähigkeit) ist mit dem ärztlichen Untersuchungsprotokoll zur Feststellung der Gewahrsamsfähigkeit und der ärztlichen Bescheinigung zu dokumentieren. Wird der Verwahrte in einem Krankenhaus untergebracht, so ist er erforderlichenfalls zu bewachen.

§ 6 – Durchsuchung, Sicherstellung

(1) Im Zuge der Ingewahrsamnahme einer Person sind Sicherstellungen auf der Grundlage aller drei Nummern des § 43 des Polizeigesetzes des Landes Nordrhein-Westfalen in der Fassung der Bekanntmachung vom 25. Juli 2003 (GV. NRW. S. 441), das zuletzt durch Artikel 1 des Gesetzes vom 18. Dezember 2018 (GV. NRW. S. 741) geändert worden ist, zu prüfen.

In Betracht kommen z. B.:

Messer, Essbestecke, Schnürsenkel, Rasierklingen, Nagelfeilen, Werkzeuge, Gürtel, Hosenträger, Feuerzeuge, Zündhölzer, Stöcke, Schirme, Telekommunikationsmittel, evtl. auch Arzneimittel.

Bargeld und sonstige Wertsachen, die der Sicherstellung nicht unterliegen, sind in amtliche Verwahrung zu nehmen.

Für sogenannte Piercings gilt Folgendes:

Piercings sind grundsätzlich nicht gefährlich. Gleichwohl ist der Verwahrte aufzufordern dieses abzulegen. Kommt der Verwahrte der Aufforderung nicht nach, so ist dies zu dokumentieren und entsprechend § 25 Absatz 2 Satz 2 zu verfahren.

Sichergestellte und verwahrte Gegenstände sind sorgfältig aufzubewahren. Sie sind unter genauer Bezeichnung in die Einlieferungsanzeige einzutragen. Bei Bargeld ist die Höhe des Betrages anzugeben. Die einzuliefernde Person soll die Eintragung bestätigen. Wird die Unterschrift verweigert, ist dies zu vermerken und von dem einliefernden Beamten mitzuzeichnen.

Bereits gefertigte Sicherstellungsprotokolle sind der Einlieferungsanzeige beizufügen.

(2) Der Verwahrte ist bei seiner Einlieferung in das Gewahrsam durch den aufnehmenden Beamten des Polizeigewahrsams auf die in Absatz 1 bezeichneten Gegenstände gründlich zu durchsuchen; dies gilt auch bei der Wiedereinlieferung des Verwahrten nach vorübergehender Abwesenheit vom Gewahrsam. Eine mit einer vollständigen Entkleidung verbundene körperliche Durchsuchung ist nur zulässig, wenn Tatsachen die Annahme rechtfertigen, dass die Person Gegenstände im Sinne von § 43 des Polizeigesetzes des Landes Nordrhein-Westfalen verborgen hält oder bei sich trägt, und diese Gegenstände ansonsten unentdeckt blieben. Die Durchsuchung soll in einem geschlossenen Raum durchgeführt werden. Andere in Gewahrsam genommene Personen und nicht mit der Durchsuchung befasste Beamte dürfen nicht zugegen sein. Das Schamgefühl ist bei der Durchsuchung, soweit möglich, zu schonen. Mit der Durchsuchung befasste Personen sind durch geeignete Vorsorge gegen tätliche Angriffe zu sichern.

§ 163 b Absatz 2 Satz 2, 2. Halbsatz StPO bleibt unberührt. Bei der Übergabe eines Verwahrten an einen Beamten einer anderen Dienststelle ist eine erneute Durchsuchung durchzuführen, wenn sie nicht offensichtlich unnötig erscheint.

(3) Eingelieferte Personen dürfen nur von Bediensteten des gleichen Geschlechts durchsucht werden.

§ 7 – Vernehmungen

(1) Vernehmungen im Gewahrsam dürfen grundsätzlich nur in dafür bestimmten Räumen durchgeführt werden.

(2) Muss der Verwahrte das Gewahrsam vorübergehend zu Ermittlungs- oder Untersuchungszwecken verlassen, so ist seine Abwesenheit in der Einlieferungsanzeige zu vermerken und vom übernehmenden Beamten zu bescheinigen. Entsprechend ist bei der Wiederaufnahme zu verfahren.

3. Unterbringung

§ 8 – Arten der Unterbringung

(1) Als Gewahrsamszellen sind Einzel-, Sammel- und Beobachtungszellen vorgesehen, siehe Nummer 1 des Runderlasses des Ministeriums des Innern „Anforderungen an Gewahrsame der Polizei des Landes Nordrhein-Westfalen", 55-23.01.05 (nicht veröffentlicht).

Verwahrte sollen grundsätzlich in Einzelzellen beziehungsweise einzeln untergebracht werden. Sammelzellen dürfen genutzt werden, soweit nicht in diesem Erlass die Unterbringung in einer Einzel- oder Beobachtungszelle vorgeschrieben ist.

Wenn Anhaltspunkte vorliegen, dass der Verwahrte eine Gefahr für sich oder andere darstellt, ist grundsätzlich eine Einzelunterbringung in einer Beobachtungszelle durchzuführen. Die Prüfung und Anwendung der Vorschriften des Gesetzes über Hilfen und Schutzmaßnahmen bei psychischen Krankheiten vom 17. Dezember 1999 (GV. NRW. S. 662), das zuletzt durch Artikel 1 des Gesetzes vom 6. Dezember 2016 (GV. NRW. S. 1062 geändert worden ist, bleiben davon unberührt.

Sollte die Unterbringung in einer Beobachtungszelle im Einzelfall aus Kapazitätsgründen nicht möglich sein, dürfen diese Personen ausnahmsweise in einer Einzelzelle oder in einer leeren Sammelzelle untergebracht werden. Hinsichtlich der Kontrollpflichten bei diesen Verwahrten gilt § 25 Absatz 2 und 3.

(2) Es ist zu verhindern, dass Personen, die aus strafprozessualen Gründen verwahrt werden, mit anderen Verwahrten in Verbindung treten können, die der Mittäterschaft, Teilnahme, Begünstigung, Strafvereitelung oder Hehlerei bezüglich derselben Tat verdächtig oder bereits abgeurteilt oder als Zeugen beteiligt sind.

(3) Frauen und Männer sind getrennt, Jugendliche getrennt von Erwachsenen unterzubringen. Bei nahen Familienangehörigen (Ehegatten, Eltern, Kindern und Geschwister) sind Ausnahmen zulässig.

(4) Ist jemand aufgrund polizeirechtlicher Vorschriften in Verwahrung genommen worden, so soll er ohne seine Einwilligung nicht mit Personen, die aus strafprozessualen Gründen verwahrt werden, in demselben Raum verwahrt werden. Bei der Unterbringung von Untersuchungsgefangenen ist § 119 Absatz 1 und 2 StPO zu beachten.

§ 9 – Verpflegung

(1) Der Verwahrte ist angemessen zu verpflegen. Die Verpflegung besteht aus Frühstück, Mittag- und Abendkost. Auf Verlangen ist den Verwahrten vegetarische oder vegane Kost zu reichen. Diätkost soll von Amts wegen nur auf ärztliche Anordnung verabreicht werden. Den Verwahrten ist zu ermöglichen, Speisevorschriften ihrer Religionsgemeinschaft zu befolgen.

(2) Verwahrte können eine Verpflegung auf eigene Kosten beschaffen, soweit der Dienstbetrieb hierdurch nicht beeinträchtigt wird.

§ 10 – Alkoholkonsum

Der Konsum von Alkohol und Rauschmitteln ist dem Verwahrten nicht erlaubt. Tritt ein Entzug aufgrund einer Alkohol- oder Rauschmittelabhängigkeit auf, besteht keine Gewahrsamsfähigkeit.

§ 11 – Körperpflege

(1) Dem Verwahrten ist täglich Gelegenheit zu einer einfachen körperlichen Reinigung zu geben. Ihm soll viermal wöchentlich die Gelegenheit gegeben werden, mit Warmwasser zu duschen. Das Rasieren soll gestattet werden, wenn es unter Aufsicht geschieht und Gründe der Sicherheit nicht entgegenstehen.

(2) Reinigungsmittel und Handtücher sind bereitzustellen.

§ 12 – Aufenthalt im Freien

(1) Sofern Gründe der Sicherheit nicht entgegenstehen, kann dem Verwahrten gestattet werden, sich täglich bis zu 45 Minuten unter Aufsicht im Freien aufzuhalten. In den Fällen, in denen die Dauer des Gewahrsams über zehn Tage hinausgeht, soll dem Verwahrten gestattet werden, sich täglich bis zu 45 Minuten unter Aufsicht im Freien aufzuhalten, sofern Gründe der Sicherheit nicht entgegenstehen.

(2) Personen, die voneinander getrennt zu verwahren sind, dürfen sich nicht gleichzeitig im Freien aufhalten.

§ 13 – Zuwendungen

(1) Sachen zum persönlichen Gebrauch oder Verbrauch, die für Verwahrte abgegeben werden, dürfen erst nach Durchsicht und nur dann ausgehändigt werden, wenn es mit dem Zweck der Verwahrung oder der Ordnung im Gewahrsam vereinbar ist. Der Empfänger (sofern dieser

nicht befragt werden kann, der Absender) muss mit einer Überprüfung der Zuwendungen einverstanden sein; andernfalls sind die Gegenstände zurückzuweisen.

(2) Geldbeträge, die für einen Verwahrten abgegeben werden, sind anzunehmen, aufzubewahren und in der Einlieferungsanzeige einzutragen. § 6 Absatz 1 Sätze 7 und 8 gelten entsprechend. Der Verwahrte ist zu unterrichten.

§ 14 – Druckschriften, Hörfunk und Fernsehen

(1) Verwahrte dürfen handelsübliche Druckschriften beziehen, soweit Gründe der Sicherheit nicht entgegenstehen. Dies gilt auch für Personen, die aus strafprozessualen Gründen verwahrt werden, sofern nicht eine Gefährdung des Untersuchungszweckes zu befürchten ist. Im Zweifel entscheidet hierüber die sachbearbeitende Dienststelle.

(2) Verwahrte, bei denen die Dauer des Gewahrsams über zehn Tage hinausgeht, erhalten Zugang zum Hörfunk- und Fernsehempfang. Der Hörfunk- und Fernsehempfang kann vorübergehend ausgesetzt oder einzelnen Verwahrten untersagt werden, wenn die Zwecke der Verwahrung dies erfordern.

§ 15 – Postverkehr

(1) Postsendungen an Personen, die aus strafprozessualen Gründen verwahrt werden, sind ungeöffnet der sachbearbeitenden Dienststelle zuzuleiten.

(2) Standard- und Kompaktbrief (max. L: 235 mm, B: 125 mm, H: 10 mm, bis 50 g), Postkarten und Telegramme an sonstige Verwahrte unterliegen keinen Beschränkungen.

(3) Für abgehende Sendungen gelten die Absätze 1 und 2 entsprechend.

§ 16 – Besuche

(1) Der Verwahrte darf Besuch nur mit Einverständnis der sachbearbeitenden Dienststelle empfangen.

Als Besucher sollen nur nahe Familienangehörige (vgl. § 8 Absatz 3), Rechtsanwälte und Rechtsbeistände, Geistliche und konsularische Vertreter zugelassen werden. Die Anzahl der zeitgleichen Besucher ist grundsätzlich auf drei Personen begrenzt. Die Anzahl kann aus Gründen der Sicherheit oder aus dem Zweck der Verwahrung durch die sachbearbeitende Dienststelle im Einzelfall weiter beschränkt werden.

(2) Besuche dürfen nur in Gegenwart des Sachbearbeiters oder eines anderen mit dem Sachverhalt vertrauten Beamten stattfinden. Dieser achtet darauf, dass Gegenstand und Inhalt der Unterredung mit dem Zweck der Verwahrung vereinbar sind. Die Unterredung in einer nichtdeutschen Sprache ist nur zulässig, wenn sie der anwesende Beamte versteht oder der Besucher oder der Verwahrte einen zuverlässigen Dolmetscher zur Verfügung stellen oder der Besucher selbst die Gewähr für eine einwandfreie Übersetzung bietet.

Die Besuchsdauer ist grundsätzlich auf 15 Minuten zu beschränken. Verwahrten, bei denen die Dauer des Gewahrsams über zehn Tage hinausgeht, soll grundsätzlich eine wöchentliche Gesamtbesuchsdauer von einer Stunde ermöglicht werden. Die sachbearbeitende Dienststelle kann Besuchszeiten auch darüber hinaus gewähren.

Aus Sicherheitsgründen dürfen Gegenstände nur mit Erlaubnis der Polizei übergeben werden.

(3) Auf Verlangen hat sich der Besucher auszuweisen. Besuche sind in der Einlieferungsanzeige einzutragen.

§ 17 – Umgang mit dem Verteidiger

(1) § 16 Abs. 2 Satz 1 findet im Umgang mit einem Verteidiger oder Rechtsbeistand keine Anwendung.

(2) Der Verteidiger muss sich als solcher durch die Vollmacht des Verwahrten oder die Bestellungsanordnung des Gerichts ausweisen. Besuche eines Verteidigers sind in der Einlieferungsanzeige einzutragen.

4. Gewahrsam

§ 18 – Ausstattung

(1) Für verwahrte Personen sind eine Matratze und Decken nach Bedarf bereitzustellen. Verwahrten, bei denen die Dauer des Gewahrsams über 48 Stunden hinausgeht, wird nach Bedarf zusätzlich eine Kopfunterlage zur Verfügung gestellt. Von der Ausgabe dieser Gegenstände kann abgesehen werden, wenn der Verwahrte nur tagsüber oder nur für kurze Zeit untergebracht wird und kein besonderes Ruhebedürfnis besteht.

(2) Die in Gewahrsamszellen vorhandenen Gegenstände sollen möglichst so beschaffen sein, dass der Verwahrte weder sich selbst noch andere verletzen kann.

§ 19 – Temperatur
In Gewahrsamszellen soll die Heizung eine Raumtemperatur von 20° Celsius gewährleisten.

§ 20 – Beleuchtung
Die Gewahrsamszelle ist, sofern das Tageslicht nicht ausreicht, zu beleuchten. Zur Nachtruhe kann die Beleuchtung abgeschaltet oder abgedämpft werden. Die Gewahrsamszelle ist dauernd in dem erforderlichen Umfang zu beleuchten, wenn und soweit es aus Sicherheitsgründen notwendig ist.

§ 21 – Reinigung, Lüftung
(1) Gewahrsamszellen und andere zur vorübergehenden Aufnahme von Verwahrten bestimmte Räume müssen den hygienischen Erfordernissen entsprechend gereinigt werden. Art und Umfang der Reinigung richtet sich nach einem Hygieneplan, der unter Beteiligung des Polizeiarztes/des Betriebsarztes zu erstellen ist und regelmäßig auf dem aktuellen Stand der medizinischen/hygienischen Erkenntnisse angepasst werden sollte.
(2) Zur Reinigung und Desinfektion sind geeignete Kräfte heranzuziehen.
Erforderliche Schutzausstattung (z. B. Kittel, Handschuhe, partikelfiltrierende Halbmasken bzw. Mund-Nasen-Schutz) ist den Bediensteten nach Maßgabe des Polizeiarztes unter Berücksichtigung der konkreten Gefährdungsbeurteilung und des erstellten Hygieneplanes zur Verfügung zu stellen.
(3) Die Gewahrsamszelle ist regelmäßig und ausreichend zu lüften, auch wenn sie nicht belegt ist.

§ 22 – Laufende Überprüfung
(1) Gewahrsamszellen sowie die Ausstattungs- und Gebrauchsgegenstände sind vor und nach jeder Belegung auf Sicherheit und Sauberkeit zu überprüfen.
(2) Die für das Polizeigewahrsam zuständige Führungskraft hat sich in angemessenen Abständen vom Zustand der Gewahrsamszellen zu überzeugen. Die Überprüfungen sind auch auf die Außenfront des Gewahrsams auszudehnen und haben sich auf alle Sicherheitseinrichtungen (Türen, Fenster, Gitter, Schlösser, Riegel, Fußböden, Wände, Stromleitungen usw.) zu erstrecken. Mängel sind unverzüglich abzustellen.
(3) Das Gewahrsam ist mindestens 1x jährlich vom Polizeiarzt/Betriebsarzt zu begehen. Dabei soll der Zustand des Gewahrsams auf Aspekte des medizinischen Arbeitsschutzes und der Hygiene überprüft werden.

§ 23 – Inanspruchnahme eines anderen Gewahrsams
Ist eine Unterbringung im Einzelfall auch im Gewahrsam einer anderen Polizeibehörde nicht möglich, kann die zu verwahrende Person ausnahmsweise auch in einem Haftraum einer Justizvollzugsanstalt verwahrt werden, welchen der Leiter der Anstalt der Polizei zu diesem Zweck zur Verfügung stellt.

5. Sicherheit und Ordnung im Gewahrsam

§ 24 – Verschluss
Die Türen der Gewahrsamszellen und anderer der zur vorübergehenden Unterbringung von verwahrten Personen bestimmten Räume sowie die Gitter- und Ausgangstüren sind unter Verschluss zu halten. Die Schlüssel sind bei Dienstende zu übergeben und sachgerecht zu verwahren.

§ 25 – Kontrollen
(1) Verwahrte sind in angemessenen Zeitabständen, mindestens stündlich, einer unmittelbaren Sichtkontrolle zu unterziehen. Hierbei hat mindestens eine Überprüfung der Atmung zu erfolgen.
(2) Personen, bei denen der Hinweis der Eigengefährdung besteht und der Kontrollmodus nicht fallbezogen durch den Arzt präzisiert wurde, sind mindestens viertelstündlich einer Bewusstseinskontrolle (u.a. Erweckbarkeit und Orientierung nach Zeit, Raum und Person) zu unterziehen. Diese Personen sind erforderlichenfalls unter unmittelbare Dauerbeobachtung zu stellen.
(3) Personen, die unter Alkohol-/Medikamenten- und/oder Drogeneinfluss stehen, die Hinweise für Schädelverletzungen bieten oder sonstige hilflose Personen sind, sind mindestens während der ersten zwei Stunden zumindest viertelstündlich einer Bewusstseinskontrolle (u.a. Erweckbarkeit und Orientierung nach Zeit, Raum und Person) zu unterziehen soweit nicht anderweitig ärztlich bestimmt. § 5 bleibt unberührt.

(4) Eine Beobachtung verwahrter Personen mit Hilfe von Bild- und Tonübertragungen richtet sich nach Maßgabe des § 37 Absatz 3 Satz 4 des Polizeigesetzes des Landes Nordrhein-Westfalen.

(5) Die Kontrollen sind mit Uhrzeit und Namenszeichen der kontrollierenden Beschäftigten auf der Einlieferungsanzeige oder einem gesonderten Kontrollblatt einzutragen. Das Kontrollblatt ist mit der Einlieferungsanzeige aufzubewahren (vgl. § 3 Absatz 2).

§ 26 – Eigensicherung

(1) Das Gewahrsam darf nur aus dienstlichen Gründen und unter Beachtung der erforderlichen Sicherheitsmaßnahmen aufgesucht werden.

(2) Innerhalb des Gewahrsams dürfen grundsätzlich keine Schusswaffen getragen werden. Der Leiter der Dienststelle kann Ausnahmen zulassen.

(3) Die belegte Gewahrsamszelle ist von mindestens zwei Bediensteten zu betreten.

§ 27 – Sicherungsmaßnahmen

(1) Bei Gewalttätigkeiten, Widerstand, Fluchtversuchen, bei Eigengefährdung oder wenn besondere Umstände für eine Gefangenenbefreiung sprechen, sind, unter besonderer Berücksichtigung des Grundsatzes der Verhältnismäßigkeit, folgende Maßnahmen zulässig:

1. Fesselung,

2. Fixierung,

3. Unterbringung unter Dauerbeobachtung außerhalb einer Gewahrsamszelle.

(2) Fixierung ist die Fesselung an die in den Gewahrsamszellen dafür vorgesehenen Fixierungsstellen (Griffmulden) mittels der bei der Polizei NRW zulässigen Fixierungsmittel.

Die Fixierung hat grundsätzlich in der Art zu erfolgen, dass die Betätigung der Meldeeinrichtung (Sensortaster der Zellenrufanlage) durch den Fixierten gewährleistet ist oder eine ständige persönliche Beobachtung erfolgt.

Die Fixierung an allen vier Fixierungsstellen in Bauch- oder Rückenlage ist nur dann zulässig, wenn eine durchgängige persönliche Beobachtung gewährleistet ist. Körperliche Einwirkungen auf den Rücken- und auf den Brustbereich sind zu vermeiden.

Liegen Indikatoren und Verhaltensauffälligkeiten vor, ist zur Verhinderung des „Positional Asphyxia Phänomens" eine Fixierung der Verwahrten grundsätzlich in Seitenlage oder im Sitzen aus medizinischer Sicht durchzuführen. Eine durchgängige persönliche Beobachtung ist bei der in der Seitenlage oder im Sitzen fixierten Person zu gewährleisten. § 5 Absatz 2 Satz 1 und 2 gilt entsprechend.

(3) Maßnahmen nach Absatz 1 und 2 sollen grundsätzlich nur von dem aufsichtführenden Beamten angeordnet werden. Sie sind unter Angabe der Gründe, der Art und der Dauer in der Einlieferungsanzeige einzutragen.

§ 28 – Schadensersatz

Verwahrte, die Räume oder Gegenstände verunreinigen, beschädigen oder zerstören, sind auf Schadensersatz in Anspruch zu nehmen.

§ 29 – Besondere Vorkommnisse

(1) Besondere Vorkommnisse (z. B. Gewalttätigkeiten, die Anwendung unmittelbaren Zwangs, Flucht- und Selbsttötungsversuche, Unfälle, ernste Erkrankungen) sind in der Einlieferungsanzeige zu vermerken.

Sonstige Meldepflichten bleiben hiervon unberührt.

(2) Bei Krankmeldungen oder äußerlich erkennbaren Erkrankungen ist unverzüglich ein Arzt hinzuzuziehen. Liegt der Verdacht einer ansteckenden Krankheit vor, so ist der Erkrankte sofort getrennt unterzubringen. Der Arzt entscheidet über die Notwendigkeit von Gewahrsamserleichterungen, Sonderverpflegung, die Gewahrsamsfähigkeit und eine stationäre Behandlung. Ist bei Personen, die aus strafprozessualen Gründen verwahrt werden, eine stationäre Behandlung erforderlich, so sind sie nach Möglichkeit in das Justizvollzugskrankenhaus in Fröndenberg einzuliefern; die Einlieferung bedarf der vorherigen Zustimmung des leitenden Arztes des Justizvollzugskrankenhauses. Die sachbearbeitende Dienststelle ist zu unterrichten.

§ 30 – Todesfälle

(1) Der Tod eines Verwahrten ist durch einen Arzt feststellen zu lassen, der nicht an der gegebenenfalls im Vorfeld erfolgten Gewahrsamsfähigkeitsuntersuchung beteiligt war. Bei jedem Todesfall sind unverzüglich die Leitstelle zu benachrichtigen und die zuständige Ermittlungsdienststelle hinzuzuziehen. Letztere führt die weiteren Maßnahmen durch und übernimmt alle sichergestellten oder verwahrten Gegenstände. Die Aushändigung von Gegenständen ist in der Einlieferungsanzeige zu vermerken. Der Empfang ist bestätigen zu lassen.

(2) Die Behördenleitung ist unverzüglich zu unterrichten.

6. Entlassung

§ 31 – Entlassung, Übergabe an eine andere Dienststelle oder Behörde

(1) Die Entlassung des Verwahrten, seine Übergabe an eine andere Dienststelle oder Behörde sowie die Vorführung vor den Staatsanwalt oder Richter bedürfen einer schriftlichen Anweisung der sachbearbeitenden Dienststelle. In Eilfällen ist eine telefonische Anweisung zulässig; die Richtigkeit der Anweisung ist durch Rückruf zu überprüfen.

(2) Muss ein Verwahrter zur Nachtzeit entlassen werden, so kann ihm – wenn dienstliche Gründe nicht entgegenstehen -gestattet werden, bis zum Morgen im Gewahrsam zu bleiben. Dies ist in der Einlieferungsanzeige zu vermerken und vom Verwahrten zu unterschreiben. Der Verwahrte unterliegt auch in diesem Falle den Bestimmungen der Gewahrsamsordnung.

(3) Die Entlassung und Übergabe des Verwahrten sind in der Einlieferungsanzeige einzutragen. Die Eintragung ist von dem Beamten zu unterschreiben, der den Verwahrten entlässt oder in Empfang nimmt.

§ 32 – Rückgabe sichergestellter Gegenstände

(1) Entlassenen sind die sichergestellten Gegenstände und in Verwahrung genommene Gegenstände zurückzugeben, soweit sie nicht weiterhin sichergestellt oder in amtlicher Verwahrung bleiben (§ 6 Abs. 1). Der Empfang ist in der Einlieferungsanzeige zu bestätigen. Wird die Unterschrift verweigert, so ist dies zu vermerken.

(2) Werden Verwahrte einer anderen Dienststelle oder Behörde übergeben, so sind die in Absatz 1 genannten Gegenstände dem abholenden Beamten auszuhändigen. Der abholende Beamte bestätigt den Empfang in der Einlieferungsanzeige.

7. Schlussbestimmungen

§ 33 – Ergänzende Vorschriften

Die Polizeibehörden erlassen unter Berücksichtigung der örtlichen Verhältnisse des Gewahrsams (Größe, Lage, Beschaffenheit) ergänzende Vorschriften, um einen sachgemäßen und sicheren Dienstbetrieb zu gewährleisten. Dies gilt insbesondere für

1. die Alarmierung von Unterstützungskräften,

2. das Verhalten in Gefahrensituationen (z. B. Ausbruch von Feuer),

3. die ärztliche Betreuung,

4. die Verpflegung,

5. das Verfahren zur Reinigung und Desinfektion der Gewahrsamsräume.

§ 34 – Inkrafttreten/Außerkrafttreten

Dieser Runderlass tritt mit Wirkung vom 1. April 2009 in Kraft und tritt mit Ablauf des 31. Dezember 2023 außer Kraft.

Gleichzeitig mit Inkrafttreten dieses RdErl. tritt die Polizeigewahrsamsordnung vom 27.7.1979 (SMBl. NRW. 2051) – außer Kraft.

Überblick

§ 37 betrifft nicht die Frage, ob die Freiheitsentziehung zulässig ist, sondern wie sie zu vollziehen ist. Die Vorschrift überträgt diesbezüglich in Abs. 1 (→ Rn. 11 ff.) die Vorgabe gem. Art. 5 Abs. 2 EMRK (→ Rn. 4) und in Abs. 2 (→ Rn. 14 ff.) den hinter Art. 104 Abs. 4 GG (→ Rn. 2) stehenden Grundsatz auf die Ebene des Landespolizeigesetzes. In § 37 Abs. 3–5 sind darüber hinaus Vorgaben für die Durchführung der Unterbringung festgehaltener Personen sowie eine diesbezügliche Verordnungsermächtigung enthalten; der Konkretisierung durch Rechtsverordnung sind Regelungen durch Verwaltungsvorschriften (PolGewO) vorangegangen (→ Rn. 28 ff.). Weitere Anforderungen ergeben sich unmittelbar aus der Verfassung (→ Rn. 1 f.). Der dem Betroffenen zugängliche gerichtliche Rechtschutz gegen Maßnahmen oder Unterlassungen im Zusammenhang mit dem Vollzug der Freiheitsentziehung orientiert sich an den gegen die Freiheitsentziehung an sich bestehenden Rechtsschutzmöglichkeiten (→ Rn. 36).

Übersicht

A. Allgemeines

I. Verfassungs-, europa- und völkerrechtliche Aspekte

Auf Verfassungsebene enthält Art. 104 GG bereits eigene Vorgaben zur Behandlung der **1** festgehaltenen Person. Nach dem sog. **Misshandlungsverbot** des Art. 104 Abs. 1 S. 2 GG dürfen festgehaltene Personen weder seelisch noch körperlich misshandelt werden, womit der Polizei insbesondere eine Folter des Betroffenen (sei es durch Schläge oder Tritte, sei es durch andere Formen der Zuführung körperlichen oder seelischen Leidens) untersagt ist. Hieraus folgt darüber hinaus das Gebot, freiheitsentziehende Maßnahmen so auszugestalten und insbesondere den Polizeigewahrsam im engeren Sinne dergestalt zu organisieren, dass die festgehaltene Person ihren existenziellen Grundbedürfnissen nachkommen kann und keinen Gesundheitsbeeinträchtigungen ausgesetzt ist.

Eine weitere verfassungsrechtliche Vorgabe hinsichtlich der Behandlung von festgehalte- **2** nen Personen enthält **Art. 104 Abs. 4 GG,** indem er die Gerichte – namentlich den zuständigen Richter – verpflichtet, von jeder richterlichen Entscheidung über die Anordnung oder Fortdauer einer Freiheitsentziehung unverzüglich einen Angehörigen des Festgehalte- nen oder eine Person seines Vertrauens zu benachrichtigen. Dies betrifft ausdrücklich nur die Fälle, in denen die Freiheitsentziehung gerichtlich angeordnet worden ist. Der dahinter stehende, dem Gebot der Rechtsstaatlichkeit folgende Grundgedanke, das spurlose Ver- schwindenlassen einer Person durch die öffentliche Gewalt zu verhindern, ist aber auch – bzw. erst recht – auf behördliche Freiheitsentziehungen übertragbar und hat demnach ein- fachgesetzlich Niederschlag gefunden in § 37 Abs. 2 für die dort unabhängig vom Vorliegen einer richterlichen Entscheidung geregelten Fälle einer Ingewahrsamnahme durch die Poli- zeibehörde. Mit der dem zuständigen Richter obliegenden objektiven **Pflicht zur Benach- richtigung von Vertrauenspersonen** geht ein subjektives Recht des Betroffenen selbst (nicht hingegen ein Anspruch seiner Angehörigen) einher, da sich jedoch nicht auf eine eigenständige Benachrichtigung und auch nicht auf die Auswahl der vom Gericht zu benach- richtigenden Person erstreckt; zudem kann der Betroffene grundsätzlich nicht auf die Benachrichtigung verzichten (zu Ausnahmen hiervon und zum diesbezüglichen Streitstand vgl. Maunz/Dürig/Mehde GG Art. 104 Rn. 167). Für Freiheitsentziehungen aufgrund eines Bundesgesetzes ist die Vorgabe des Art. 104 Abs. 4 GG inhaltlich übereinstimmend in § 432 FamFG übernommen worden (für Unterbringungsverfahren darüber hinaus in § 339 FamFG). Hinsichtlich der Bediensteten, die Entscheidungen im Zusammenhang mit dem Polizeigewahrsam treffen, ist noch der **Funktionsvorbehalts** des Art. 33 Abs. 4 GG von Bedeutung, da der Vollzug von Freiheitsentziehungen zum Kernbereich hoheitlicher Tätig- keit gehört. Die Ausübung hoheitsrechtlicher Befugnisse, ist als ständige Aufgabe „in der Regel" **Berufsbeamten** zu übertragen, wovon aber Ausnahmen möglich sind.

Das vorgegebene Regel-Ausnahme-Verhältnis stellt neben einer quantitativen Dimension, wonach **2.1** der vorgesehene Regelfall nicht faktisch zum zahlenmäßigen Ausnahmefall werden darf, auch eine qualitative Anforderung an die zugelassenen Ausnahmen. Es bedarf einer **Rechtfertigung durch einen besonderen sachlichen Grund,** der ein spezifischer, dem Sinn der Ausnahmemöglichkeit entspre- chender – auf Erfahrungen mit gewachsenen Strukturen oder im Hinblick auf den Zweck des Funktionsvorbehalts relevante Besonderheiten der jeweiligen Tätigkeit Bezug nehmender – Ausnahmegrund sein muss. Fiskalische Gesichtspunkte allein genügen insoweit nicht, müssen aber auch nicht ganz außer Betracht bleiben. Ausnahmen vom Funktionsvorbehalt sind jedenfalls durch den Gesichtspunkt der Verhältnismäßigkeit begrenzt. Hängt die Zulässigkeit von Ausnahmen auch von der Einschätzung tatsächlicher Verhältnisse und ihrer künftigen Entwicklung ab, kommt dem Gesetzgeber ein Einschätzungsspielraum zu (BVerfG NJW 2012, 1563 (1565 f.)).

3   Weitere konkrete Vorgaben enthält das GG nicht, sondern überlässt die nähere Ausgestaltung dem jeweiligen Gesetzgeber. Aus dem **Gesetzesvorbehalt** des Art. 104 Abs. 1 GG folgt, dass das förmliche, die Grundlage für eine Freiheitsbeschränkung oder -entziehung bildende Gesetz auch die „darin vorgeschriebenen Formen" enthalten muss, die bei freiheitsbeschränkenden und -entziehenden Maßnahmen staatlicherseits zu beachten sind. Dies betrifft jedoch nicht die nähere Ausgestaltung der Behandlung des Betroffenen während eines Eingriffs in sein Grundrecht auf Freiheit der Person, sondern bezieht sich insbesondere auf Verfahrensvorschriften wie zB zum Antragserfordernis, zum rechtlichen Gehör oder zu Begründung und Zustellung des Beschlusses (vgl. Gusy NJW 1992, 457 (461) mwN aus der Rspr.; Maunz/Dürig/Mehde GG Art. 104 Rn. 52 ff.). Auch Art. 104 Abs. 2 S. 4 GG, der im Gegensatz zu Art. 104 Abs. 1 S. 1 GG nicht ausdrücklich ein förmliches Gesetz für die Regelung des sog. „Näheren" (vgl. Jellinek DÖV 1954, 595) verlangt, bezieht sich in erster Linie auf das gerichtliche Verfahren zur Herbeiführung einer richterlichen Entscheidung gem. Art. 104 Abs. 2 S. 1 GG (vgl. Gusy NJW 1992, 457 (462)). Folglich muss nicht jede Einzelheit der zu beachtenden Abläufe einer Freiheitsentziehung durch förmliches (Parlaments-) Gesetz geregelt werden, sondern – nach dem **Vorbehalt des Gesetzes** (Art. 20 Abs. 3 GG) auch außerhalb der grundrechtlichen Gesetzesvorbehalte – in Grundzügen nur diejenigen Gesichtspunkte, die für die Verwirklichung der Grundrechte des Betroffenen wesentlich sind (zur sog. **Wesentlichkeitstheorie** vgl. nur BVerfG 1998, 2515 (2520) mwN).

4   Die Vorgabe des Abs. 1, der festgehaltenen Person unverzüglich den Grund für die Freiheitsentziehung bekanntzugeben, setzt eine nach internationalen Menschenrechtsstandards anerkannte Pflicht um. So schreibt zB Art. 5 Abs. 2 EMRK eine Belehrung des Betroffenen über den Grund der Festnahme und über die erhobenen Beschuldigungen innerhalb möglichst kurzer Frist vor und ordnet für den Fall eines Verstoßes in Art. 5 Abs. 5 EMRK eine Schadensersatzpflicht des Vertragsstaates an (zur Anwendbarkeit von Art. 5 EMRK auf polizeirechtliche Freiheitsentziehungen → § 35 Rn. 13 ff.).

4.1   Nach der Rechtsprechung des EGMR sichert Art. 5 Abs. 2 EMRK das elementare Recht jedes Festgenommenen, in einfacher, verständlicher Sprache über die rechtlichen und tatsächlichen Gründe der Haft aufgeklärt zu werden, um ggf. zur Überprüfung der Rechtmäßigkeit der Festnahme ein Gericht anrufen zu können, wobei die Pflicht zur Aufklärung binnen möglichst kurzer Frist aber nicht bedeutet, dass die Informationen in ihrer Gesamtheit jedenfalls im Zeitpunkt der Festnahme bekannt zu geben sind (vgl. zur österreichischen Abschiebungshaft EGMR BeckRS 2009, 70965 Rn. 36 = InfAuslR 2009, 3; zur Festnahme eines ehemaligen ukrainischen Innenministers EGMR NJW 2013, 2409 Rn. 77). Bei einer erst 20 Stunden nach Festsetzen der betroffenen Person erfolgenden Mitteilung der Gründe ist das Erfordernis der möglichst kurzen Frist nicht mehr gewahrt (vgl. EGMR NJW 2013, 2409 Rn. 78 f.).

5   Diese verfahrensrechtlichen Gewährleistungen beanspruchen auch auf EU-Ebene Geltung, da sie nach den Erläuterungen zur Grundrechtecharta auf Art. 6 GRCh zu übertragen sind (vgl. Callies/Ruffert/Callies GRCh Art. 6 Rn. 17). Darüber hinaus verbietet Art. 3 EMRK eine erniedrigende Behandlung der in Gewahrsam genommenen Personen (vgl. EGMR NVwZ 2016, 1387).

II. Entstehungsgeschichte

6   Die Pflicht zur Belehrung des Betroffenen über den Grund der freiheitsentziehenden Maßnahme, sein Recht zur Benachrichtigung von Angehörigen sowie die Grundsätze der gesonderten Unterbringung von polizeirechtlich Verwahrten – insbesondere getrennt von Straf- und Untersuchungsgefangenen – und der Trennung von Männern und Frauen waren bereits in den ersten nordrhein-westfälischen Gewahrsamsvorschriften in Grundzügen normiert (vgl. § 27 PolG NRW 1969 – Polizeigesetz idF der Bekanntmachung v. 28.10.1969,

GV. NRW. 740). Die in dieser Vorschrift (§ 27 Abs. 1 PolG NRW 1969) seinerzeit den Polizeibehörden ausdrücklich auferlegte Pflicht zur Belehrung des Betroffenen über die ihm zustehenden Rechtsbehelfe ist hingegen seit der Umsetzung von § 15 MEPolG durch § 15 PolG NW 1980 (Polizeigesetz des Landes Nordrhein-Westfalen idF der Bekanntmachung v. 25.3.1980, GV. NRW. 234) nicht mehr konkret geregelt. Gleiches gilt für den in § 27 Abs. 2 PolG NRW 1969 enthaltenen Grundsatz der gesonderten Unterbringung von Jugendlichen und Geisteskranken. Aus der verpflichtenden Vorgabe zur Geschlechtertrennung wurde 1980 eine Soll-Vorschrift und der 1969 noch hinsichtlich einer Auferlegung von Beschränkungen im Landespolizeirecht enthaltene Verweis auf die entsprechende Vorschrift der StPO ist 1980 durch eine eigenständige landesrechtliche Regelung in § 15 PolG NW 1980 nach dem Vorbild von § 15 Abs. 3 S. 3 MEPolG abgelöst worden, die aber weiterhin einen herkömmlichen Regelungsgehalt in Anlehnung an die entsprechende StPO-Regelung enthalten sollte (LT-Drs. 8/4080, 61). Nachdem der Regelungsgehalt von § 15 PolG NW 1980 später inhaltlich unverändert in § 37 übernommen worden und seitdem zunächst unverändert geblieben war, wurde die als Soll-Vorschrift ausgestaltete Regelung zur Geschlechtertrennung (Abs. 3 S. 2) mit dem Gesetz zur Änderung des Polizeigesetzes des Landes Nordrhein-Westfalen v. 9.2.2010 (GV. NRW. 132) wieder in eine bindende Vorgabe abgeändert. Zudem wurden 2010 die heutigen S. 4 und S. 5 betreffend die Bild- und Tonübertragung in Abs. 3 eingefügt. Abs. 4 und Abs. 5 sind mit dem Gesetz zur Stärkung der Rechte von im Polizeigewahrsam festgehaltenen Personen v. 19.12.2019 (GV. NRW. 995) eingeführt worden.

III. Parallelnormen

Die in § 37 Abs. 1 enthaltene Verpflichtung der Polizeibehörde, der festgehaltenen Person **7** unverzüglich den Grund dieser Maßnahme bekanntzugeben, sehen zB auch § 41 Abs. 1 BPolG, § 28 Abs. 2 BWPolG, Art. 19 Abs. 1 S. 1 Hs. 1 BayPAG, § 34 Abs. 1 HSOG und § 20 Abs. 1 S. 1 NPOG sowie – in Gestalt der Haftbefehlsaushändigung – auch § 114a StPO vor. In § 41 Abs. 1 BPolG, § 28 Abs. 2 BWPolG, Art. 19 Abs. 1 S. 1 Hs. 2 BayPAG und § 20 Abs. 1 S. 2 NPOG wird dies um die in Nordrhein-Westfalen und Hessen nicht ausdrücklich normierte Verpflichtung der Polizeibehörde ergänzt, die betroffene Person auch über die zulässigen Rechtsbehelfe zu belehren (vgl. insoweit auch die strafprozessrechtliche Parallelnorm des über § 127 Abs. 4 StPO auch vor Erlass eines Haftbefehles anwendbaren § 114b StPO). Art. 19 Abs. 1 S. 3 BayPAG verpflichtet die Polizei darüber hinaus noch zur Belehrung der festgehaltenen Person darüber, dass eine etwaige Aussage freiwillig erfolgt.

Im Wesentlichen inhaltsgleich enthalten – abgesehen von § 28 Abs. 2 BWPolG – die **8** meisten Polizeigesetze auch die in § 37 Abs. 2 getroffenen Regelungen zur Benachrichtigung von Angehörigen, Vertrauenspersonen oder Sorgeberechtigungen (§ 41 Abs. 2 BPolG, Art. 19 Abs. 2 BayPAG, § 34 Abs. 2 HSOG und § 20 Abs. 2 und Abs. 3 NPOG), wobei im Falle des Festhaltens einer zur eigenständigen Benachrichtigung nicht fähigen Person die Bundespolizei und die bayerische Polizei die Benachrichtigung zu übernehmen „hat", während die jeweilige Polizeibehörde in Nordrhein-Westfalen, Hessen und Niedersachen die Benachrichtigung lediglich übernehmen „soll". Die vergleichbare strafprozessrechtliche Norm (§ 114c StPO, der über § 127 Abs. 4 StPO auch vor Erlass eines Haftbefehls Anwendung findet) trifft hingegen keine Aussage zu Benachrichtigungspflichten der Strafverfolgungsbehörden in Fällen, in denen der Beschuldigte nicht in der Lage ist, eine Vertrauensperson zu benachrichtigen.

Der Regelungsgehalt von § 37 Abs. 3 S. 1–3 findet sich überwiegend deckungsgleich in **9** den anderen Polizeigesetzen bzw. den entsprechenden Durchführungsverordnungen (§ 41 Abs. 3 BPolG, § 1 Abs. 1 und Abs. 3 BWDVO PolG, Art. 19 Abs. 3 BayPAG, § 34 Abs. 3 S. 1–3 HSOG und § 20 Abs. 4 NPOG).

Die gem. Abs. 3 S. 4 und S. 5 im Ausnahmefall mögliche Beobachtung der festgehaltenen Person **9.1** mittels Bildübertragung ist nur in einzelnen anderen Polizeigesetzen geregelt, so zB in § 21 BWPolG, § 34 Abs. 3 S. 4 HSOG, die im Gegensatz zur nordrhein-westfälischen Norm jedoch keine Aussagen zur Tonübertragung und zur Abgrenzung des Toilettenbereichs durch Sichtschutzwände treffen. In Baden-Württemberg ist die Beobachtung darüber hinaus nicht nur zum Schutz der im Gewahrsam befindlichen Person, sondern auch zum Schutz des zur Durchführung des Gewahrsams eingesetzten Personals oder zur Verhütung von Straftaten möglich; anders als in Nordrhein-Westfalen ist dort hingegen im Einzelfall eine gemeinsame Unterbringung von Ehegatten sowie Familien mit minderjährigen Kindern zulässig und es wird eine gesonderte Unterbringung von Jugendlichen und von Personen, die an einer ansteckenden Krankheit leiden, Krankheitskeime ausscheiden oder psychisch krank sind, zumindest durch Verordnung geregelt (§ 1 Abs. 1 S. 2 und S. 3 BWDVO PolG).

10   Im Hinblick auf die in Abs. 3 S. 3 geregelten Beschränkungen, die der festgehaltenen Person auferlegt werden können, findet sich im Strafprozessrecht zum selben Regelungsgegenstand in § 119 Abs. 1 StPO die entsprechende Vorschrift. Als potenzielle Beschränkungen sind dort explizit die Auferlegung einer Erlaubnispflicht und/oder einer Überwachung für Besuche (inklusive der Übergabe von Gegenständen) und Telekommunikation sowie die Trennung der festgehaltenen Person von einzelnen oder allen anderen Inhaftierten bzw. Einschränkungen oder der Ausschluss einer gemeinsamen Unterbringung und des gemeinsamen Aufenthalts mit anderen Inhaftierten genannt.

10.1   Anders als § 37 Abs. 3 S. 3 behält § 119 Abs. 1 S. 3 StPO die Anordnung von Beschränkungen grundsätzlich allein dem Gericht vor. Sollte dessen Anordnung nicht rechtzeitig herbeigeführt werden können, dürfen gem. § 119 Abs. 1 S. 4 StPO auch die Staatsanwaltschaft oder die Vollzugsanstalt die entsprechende Anordnung treffen, die nach S. 5 jedoch spätestens nach drei Tagen dem Gericht vorzulegen ist, wenn sie sich nicht vorher erledigt hat. Ähnlich war in der bis zum 31.10.1994 geltenden Fassung auch § 21 Abs. 5 S. 2 BGSG konzipiert, wonach auch Beschränkungen im bundespolizeirechtlichen Gewahrsam vorrangig dem Richter vorbehalten waren und der Bundesgrenzschutz nur in dringenden Fällen vorläufige Maßnahmen treffen durfte.

11   Regelungen zur Aufgabenwahrnehmung durch Nicht-Beamte wie die des Abs. 4 S. 1 sind in anderen Bundesländern nicht gewahrsamsspezifisch, aber teilweise allgemein getroffen worden (vgl. etwa § 95 NPOG, § 99 HSOG).

B. Einzelkommentierung

I. Bekanntgabe des Grundes der Freiheitsentziehung (Abs. 1)

12   Die allgemein anerkannte Pflicht staatlicher Stellen, bei freiheitsentziehenden Maßnahmen dem Betroffenen unverzüglich den Grund des Festhaltens bekannt zu geben (vgl. Art. 5 Abs. 2 EMRK; → Rn. 4), ist für den Bereich des nordrhein-westfälischen Polizeirechts in Abs. 1 normiert worden. Durch diese Belehrung soll dem Betroffenen die Möglichkeit gegeben werden, von den ihm zur Verfügung stehenden Rechtsmitteln Gebrauch zu machen (Lisken/Denninger PolR-HdB/Rachor/Graulich E Rn. 537). Gleichwohl ist – anders als in anderen Polizeigesetzen und anders als noch in § 27 PolG NRW 1969 (Polizeigesetz idF der Bekanntmachung v. 28.10.1969, GV. NRW. 740) – eine **Belehrung über die zur Verfügung stehenden Rechtsmittel nicht (mehr) vorgesehen.** Eine Pflicht zur Erteilung einer Rechtsmittelbelehrung kann aber unmittelbar aus der **Rechtsschutzgarantie des Art. 19 Abs. 4 GG** folgen, wenn eine Rechtsmittelbelehrung erforderlich ist, um unzumutbare Schwierigkeiten des Rechtswegs auszugleichen, die die Ausgestaltung eines Rechtsmittels andernfalls mit sich brächte (BVerfGE 93, 99 (108) = NJW 1995, 3173 (3174)). Soweit die Polizei beabsichtigt, selbst unverzüglich eine richterliche Entscheidung herbeizuführen, ist das Erreichen gerichtlicher Rechtskontrolle für den Betroffenen nicht schwer zu erreichen, sodass es im gesetzlich vorgegebenen Regelfall einer Rechtsmittelbelehrung an sich nicht bedarf. Anders verhält es sich, wenn die handelnden Polizeibeamten – aus welchen Gründen auch immer – die Kontaktierung des Gerichts erst zu einem späteren Zeitpunkt vorsehen oder wenn sie nach Kontaktierung des Gerichts merken, dass dieses womöglich – aus welchen Gründen auch immer – keine Veranlassung für eine alsbaldige Anhörung des Betroffenen sieht. In diesen Fällen muss dem Betroffenen die Möglichkeit gegeben werden, selbst um die § 36 Abs. 1 S. 1 vorgesehene richterliche Entscheidung herbeizuführen (vgl. OVG Münster NJW 1990, 3224), sodass die Polizei ihn darüber zu informieren hat, ob und wann sie selbst die Herbeiführung einer richterlichen Entscheidung beabsichtigt bzw. ob und wann sie das Gericht vergeblich wegen des Erlasses einer Entscheidung kontaktiert hat sowie an welches Gericht und auf welchem Weg er sich aus dem Gewahrsam heraus wenden kann um selbst eine richterliche Entscheidung zu erwirken. Sofern vor einer richterlichen Entscheidung die Entlassung des Betroffenen stattfindet, mag an eine Belehrung auch über die nachträglichen Rechtsschutzmöglichkeiten sinnvoll sein. Im Hinblick auf die bei fehlender Rechtsbehelfsbelehrung noch für lange Zeit bestehende Möglichkeit nachträglichen Rechtsschutzes (vgl. § 58 Abs. 2 VwGO) und die Tatsache, dass vor dem Verwaltungsgericht kein Anwaltszwang besteht, dürfte eine strikte Belehrungspflicht wegen unzumutbarer Schwierigkeiten des Rechtswegs jedoch nicht anzunehmen sein.

Die Belehrung über den Grund des Festhaltens – gleiches gilt auch für eine Rechtsbehelfs- **13** belehrung gelten, sofern man sie für verpflichtend erachtet – ist **nicht formgebunden** und kann daher auch mündlich erfolgen, wenngleich aufgrund der regelmäßig bestehenden Beweisnot der in Gewahrsam genommenen Person eine Dokumentation wünschenswert wäre (vgl. auch Tegtmeyer/Vahle PolG NRW Rn. 3; Lisken/Denninger PolR-HdB/Rachor/Graulich E Rn. 537). Sie hat die **Mitteilung über den Sachverhalt** zu enthalten, aufgrund dessen die Polizei eine Ingewahrsamnahme für zulässig und erforderlich hält, wohingegen eine Belehrung über sämtliche Einzelheiten der rechtlichen Erwägungen nicht erforderlich ist (vgl. Tegtmeyer/Vahle PolG NRW Rn. 2).

Soweit Abs. 1 verlangt, dass die Bekanntgabe des Grundes **unverzüglich** zu erfolgen hat, **14** kann für den Unverzüglichkeitsbegriff nicht die Legaldefinition des § 121 Abs. 1 BGB herangezogen werden, da diese lege artis nur im Rahmen des BGB gilt und darüber hinaus an ein persönliches Verschulden von Privatperson anknüpft, während in grundrechtlichen Kontext über schuldhaftes Verhalten einzelner Bediensteter hinaus auch Nachteile für den Rechtsinhaber zu vermeiden sind, die durch Mängel in der Organisation oder durch subjektives Versagen einzelner Beamten entstehen (für einen iRv Art. 104 Abs. 2–4 GG strengeren Maßstab als den des § 121 BGB vgl. auch Maunz/Dürig/Mehde GG Art. 104 Rn. 91, 169 mwN). Da die Vorschrift vom Gesetzgeber allein mit den aus Art. 5 Abs. 2 EMRK folgenden Vorgaben begründet wird, ist zur Auslegung des Unverzüglichkeitsbegriffs auf die diesbezügliche Rechtsprechung des EGMR zurückzugreifen (→ Rn. 4.1). Hieraus folgt, dass der Gewahrsamsgrund möglichst schon beim Ergreifen der betroffenen Person mitzuteilen ist und nicht erst nach Verbringung in den Gewahrsamsraum. Eine dem Zweck der Bekanntgabepflicht entsprechende Belehrung kann aber nur gegenüber hinreichend aufnahmefähigen Personen erfolgen, sodass zB bei volltrunkenen Verwahrten auch eine spätere Mitteilung des Grundes zu geeigneter Zeit in Betracht kommt (vgl. Lisken/Denninger PolR-HdB/Rachor/Graulich E Rn. 537; Tegtmeyer/Vahle PolG NRW Rn. 2). Ein in diesen Fällen unter normalen Umständen anzunehmendes Verstreichenlassen des unverzüglichen Moments bis zu einer hinreichenden Ausnüchterung des Betroffenen verletzt diesen nicht in seinen Rechten, da seine fehlende Aufnahmefähigkeit ihm selbst und nicht der Verantwortungssphäre der Polizei zuzurechnen ist.

II. Benachrichtigung von Vertrauenspersonen und Sorgeberechtigten (Abs. 2)

Während Art. 104 Abs. 4 GG und § 432 FamFG, die gem. § 37 Abs. 2 S. 2 weiterhin zu **15** beachten sind, eine objektive Pflicht zur Benachrichtigung von Angehörigen ausdrücklich nur von der richterlichen Anordnung einer Freiheitsentziehung und ausschließlich durch das Gericht selbst verlangt (→ Rn. 1), betrifft § 37 Abs. 2 unabhängig vom Vorliegen einer richterlichen Entscheidung jede polizeiliche Freiheitsentziehung und bindet objektiv nicht den Richter, sondern die Polizei. Anders als von Art. 104 Abs. 4 GG für den Richter vorgesehen ist die Polizei gem. § 37 Abs. 2 S. 1 grundsätzlich nicht selbst zu einer Benachrichtigung verpflichtet, sondern nur dazu, dem Betroffenen die **Gelegenheit zur eigenständigen Benachrichtigung** der von ihm ausgewählten Vertrauensperson zu geben (→ Rn. 16 ff.). An Stelle des Betroffenen kommt eine Übernahme der Benachrichtigung durch die Polizei nur gem. Abs. 2 S. 3 in den Fällen der Benachrichtigungsunfähigkeit (→ Rn. 20 ff.) und gem. Abs. 2 S. 3 in Fällen der Minderjährigkeit oder sonstigen rechtlichen Betreuungsbedürftigkeit (→ Rn. 23 ff.) in Betracht. Stets ist die Vorgabe des Abs. 2 aber bei der erfolgten Benachrichtigung „einer" Vertrauensperson erfüllt, sodass **nach einer erfolgten Benachrichtigung kein Anspruch auf weitere Benachrichtigungen** mehr besteht.

1. Benachrichtigung durch Betroffenen selbst (Abs. 2 S. 1)

Die Pflicht der Polizei, der festgehaltenen Person Gelegenheit zur Benachrichtigung zu **16** geben, ist mit dem rechtlichen Hinweis und der tatsächlichen Einräumung der Möglichkeit erfüllt, wozu es insbesondere der kostenlosen Bereitstellung eines Telefons bedarf (Lisken/ Denninger PolR-HdB/Rachor/Graulich E Rn. 540). Der Betroffene muss von der Gelegenheit nicht Gebrauch machen, wenn er dies nicht wünscht. Sofern er auf die Benachrichtigung verzichtet, verbleibt es aber nach § 37 Abs. 2 S. 2 im Falle einer später herbeigeführten richterlichen Entscheidung über die Fortdauer der Freiheitsentziehung bei der aus Art. 104 Abs. 4 GG ausnahmslos und unverzichtbar folgenden Benachrichtigungspflicht des Richters.

17   Der Begriff der **Angehörigen** ist weder in § 37 Abs. 2 S. 1 noch in Art. 104 Abs. 4 GG noch in der entsprechenden Vorschrift des § 114c StPO klar abgegrenzt, sodass eine Einschränkung des Angehörigenkreises entsprechend den Regelungen zu familiären Zeugnisverweigerungsrechten gem. § 52 StPO fragwürdig erscheint. Andererseits sollte nach dem Schutzzweck der Norm die Verwandtschaft so nah zum Betroffenen sein, dass von dessen Vertrauen in die Angehörigen auszugehen ist, was bei jeder vom Betroffenen selbst gewählten Kontaktperson der Fall sein dürfte. Bei einem solchen Verständnis erübrigen sich Definitionsversuche zum Angehörigenbegriff (so auch MKS/Gusy GG Art. 104 Rn. 73). **Person des Vertrauens** ist im Falle der vom Betroffenen selbst vorgenommenen Benachrichtigung diejenige Person, die er durch Benachrichtigung zur Vertrauensperson bestimmt. In Betracht kommen neben den vom Begriff der Vertrauensperson ebenfalls erfassten Angehörigen auch Freunde, Nachbarn, Arbeitskollegen, seelische Beistände und insbesondere Rechtsanwälte. Ob der Betroffene die Person bereits kennt, ist unerheblich (vgl. Tegtmeyer/ Vahle PolG NRW Rn. 4). Seiner Auswahl der Vertrauensperson muss jedoch nicht nachgekommen werden, wenn der Betroffene sein Auswahlrecht erkennbar missbraucht bzw. nicht ernst wahrnimmt, zB bei der Benennung des Bundespräsidenten (vgl. Tegtmeyer/ Vahle PolG NRW § 34 Rn. 6).

18   Der Begriff der **Unverzüglichkeit** ist wie in Abs. 1 zu verstehen (→ Rn. 14). Hiernach hat die Gewährung der Möglichkeit zur Benachrichtigung alsbald zu erfolgen, nachdem sie möglich ist. Hat der festhaltende Polizeibeamte ein Diensthandy dabei, kommt unter Umständen bereits auf der Fahrt zur Polizeiwache bzw. zu den Gewahrsamsräumlichkeiten eine Benachrichtigung in Betracht, spätestens jedoch unmittelbar bei dortiger Ankunft und möglichst vor Verbringung des Betroffenen in eine Gewahrsamszelle. Im Falle eines vorübergehend nicht kommunikationsfähigen Betroffenen stellt sich im Rahmen von Abs. 2 S. 3 die Frage der dort nicht ausdrücklich geregelten Unverzüglichkeit (→ Rn. 22).

19   Eine die Benachrichtigungspflicht ausschließende **Gefährdung des Zwecks der Freiheitsentziehung** erscheint allenfalls im Bereich des § 35 Abs. 1 Nr. 2 denkbar, zB wenn befürchtet wird, dass die in Gewahrsam genommenen Störer andere potenzielle Störer im Rahmen der Benachrichtigung als Vertrauensperson zur Fortsetzung ihres eigenen, durch Gewahrsam unterbundenen Tuns anhalten wollen. In solchen Fällen besteht überdies unter Umständen die Möglichkeit und dann auch die Pflicht, dem Betroffenen zumindest die Benachrichtigung einer Person zu ermöglichen, die nicht im Verdacht steht, mit dem Anlass der Freiheitsentziehung im Zusammenhang zu stehen.

2. Benachrichtigung durch die Polizei (Abs. 2 S. 3)

20   **Nicht in der Lage, von dem Benachrichtigungsrecht Gebrauch zu machen,** ist die festgehaltene Person insbesondere häufig in Fällen der Trunkenheit oder bei geistiger Verwirrung, zB aufgrund einer psychischen Erkrankung. In diesen Fällen hat die Polizei gem. Abs. 2 S. 3 aber auch zu berücksichtigen, ob eine Benachrichtigung von Amts wegen dem **mutmaßlichen Willen des Betroffenen** widerspricht, zB weil er sonst bloßgestellt würde oder ihm sonst erhebliche Konsequenzen seitens der potenziellen Vertrauensperson – zB von der Ehefrau, weil er in einem Bordell oder Ähnlichem aufgegriffen worden ist – drohen.

21   Die Frage, wer **Vertrauensperson** des Festgehaltenen ist, wird im Falle seiner Unfähigkeit zur eigenständigen Benachrichtigung nicht durch die Kontaktaufnahme seitens der betroffenen Person verbindlich entschieden. Da die Frage, wer seine Vertrauensperson ist, sich aber subjektiv von seinem Standpunkt (vgl. Maunz/Dürig/Mehde GG Art. 104 Rn. 172) im gegenwärtigen Zeitpunkt der Freiheitsentziehung aus beurteilt, müssen die Polizeibeamten diesen Standpunkt ermitteln. Sofern der Betroffene noch zu einer eingeschränkten Kommunikation (zB Nicken auf Ja-Nein-Fragen) in der Lage ist, kann er zu einer potenziellen

Vertrauensperson befragt werden, ob diese benachrichtigt werden soll. Ansonsten ist der mutmaßliche Wille der festgehaltenen Person anhand objektiver Kriterien wie zB dem Verwandtheitsgrad zu ermitteln, sodass zB bei verheirateten Personen regelmäßig der Ehepartner erster Adressat für eine Benachrichtigung sein dürfte. Sollte bei alleinstehenden Personen kein Angehöriger und auch sonst keine Vertrauensperson ermittelt werden können, kann von einer Benachrichtigung abgesehen werden (vgl. Tegtmeyer/Vahle PolG NRW Rn. 7), wobei die unternommenen Ermittlungsversuche jedoch dokumentiert werden sollten.

Sofern eine potenzielle Vertrauensperson ermittelt werden kann und auch erreichbar ist, **22** der Zweck der Freiheitsentziehung durch die Benachrichtigung nicht gefährdet wird und die Benachrichtigung nicht dem mutmaßlichen Willen der Betroffenen widerspricht, verbleibt für die Polizei trotz der Formulierung als **Soll-Vorschrift** kein Ermessen und es ist zwingend die Benachrichtigung vorzunehmen (vgl. Lisken/Denninger PolR-HdB/Rachor/Graulich E Rn. 542). Soweit Abs. 2 S. 3 nur von einer Übernahme der Benachrichtigung spricht, ist auch hier das **Unverzüglichkeitserfordernis** gem. Abs. 2 S. 1 (vgl. insoweit → Rn. 18) hineinzulesen. Bei der Prüfung, ob eine Übernahme der Benachrichtigung unverzüglich erfolgt ist, ist aber dem Umstand Rechnung zu tragen, dass die Ermittlung potenzieller Vertrauenspersonen mitunter eine gewisse Zeit in Anspruch nehmen kann.

3. Benachrichtigung von Sorgeberechtigten (Abs. 2 S. 4 und S. 5)

Soweit Abs. 2 S. 4 bei minderjährigen oder umfassend rechtlich betreuten Verwahrten **23** „in jedem Falle" derjenige zu benachrichtigen ist, dem die die Sorge für die festgehaltene Person obliegt, kann diese Regelung nur so verstanden werden, dass sie nicht – mit der Folge, dass neben einer Vertrauensperson unter Umständen zusätzlich auch der hiervon personenverschieden Sorgeberechtigte zu benachrichtigen ist – neben die Regelungen der Abs. 2 S. 1 und S. 3 tritt, sondern vielmehr das Recht des Betroffenen zur Bestimmung der Vertrauensperson verdrängt. Ein Recht der betroffenen Person auf Auswahl der zu benachrichtigenden Person besteht daher nicht, wenn eine sorgeberechtigte Person unverzüglich erreichbar ist. Bei solch einem Verständnis würde dem Grundsatz der Benachrichtigung nur einer Person unter Berücksichtigung der in der Regel nur eingeschränkten Geschäfts- und Einsichtsfähigkeit Minderjähriger und umfassend rechtlich betreuter Personen (vgl. § 4) am ehesten Rechnung getragen. Falls keine der sorgeberechtigten bzw. betreuungsberechtigten Personen unverzüglich erreichbar ist, greift aber die Pflicht zur Benachrichtigung einer Vertrauensperson des Betroffenen gem. Abs. 2 S. 1 oder S. 3.

Sorgeberechtigt für die Person eines Minderjährigen – also einer Person, die das **24** 18. Lebensjahr noch nicht vollendet hat – ist, wer das Personensorgerecht gem. §§ 1631 ff. BGB innehat. Bei ehelichen Kindern ist das Personensorgerecht von der elterlichen Sorge der Eltern gem. § 1626 BGB erfasst. Bei nichtehelichen Kindern haben das Sorgerecht entweder die Eltern gemeinsam oder die Mutter (§ 1626a BGB), bei Mündeln der Vormund (§§ 1793, 1800 BGB). Da gemeinsam sorgeberechtigte Eltern gem. § 1627 BGB die Sorge eigenverantwortlich im gegenseitigen Einvernehmen auszuüben haben und da gem. § 1629 Abs. 1 S. 4 BGB bei Gefahr im Verzug jeder Elternteil dazu berechtigt ist, allein alle Rechtshandlungen vorzunehmen, die zum Wohl des Kindes notwendig sind, ist in der Regel die Unterrichtung eines der beiden Elternteile·ausreichend.

Hinsichtlich der Betreuerbestellung knüpft § 37 Abs. 2 S. 4 an eine solche umfassende **25** Betreuung an, die im betreuungsgerichtlichen Verfahren nach den § 276 Abs. 1 S. 2 Nr. 2 FamFG, § 309 Abs. 1 FamFG besondere Pflichten auslösen. Ein **Betreuer zur Besorgung aller Angelegenheiten** ist dem Betroffenen demnach nicht bei jeder Betreuung iSv § 1896 BGB bestellt, andererseits aber auch nicht nur bei Betreuungen, für die im die Betreuung anordnenden Gerichtsbeschluss und im Betreuerausweis ausdrücklich der Aufgabenkreis „alle Angelegenheiten" verzeichnet ist. Dies folgt bereits aus § 37 Abs. 2 S. 5, wonach auch von einer Betreuung in allen Angelegenheiten auszugehen ist, wenn die Aufgabenkreise des Fernmeldeverkehrs und der Postangelegenheiten (§ 1896 Abs. 4 BGB) oder die Frage einer Sterilisation (§ 1905 BGB) nicht ausdrücklich erfasst sind. Demnach kann auch bei den in der betreuungsgerichtlichen Praxis üblichen Anordnungen der Betreuung für konkret benannte Aufgabenkreise (vgl. § 1896 Abs. 2 BGB) eine Betreuung in allen Angelegenheiten iSv § 37 Abs. 2 S. 4 anzunehmen sein (vgl. zur Frage, wann eine Betreuung in allen Angelegenheiten jedenfalls Gegenstand des gerichtlichen Verfahrens ist, BGH NJW-RR 2011, 2). Da eine Betreuung von Gesetzes wegen nur für diejenigen Bereiche eingerichtet werden darf, in denen eine Betreuung individuell und konkret für den Betroffenen erforderlich ist, erfasst eine Betreuung entsprechend dem Normverständnis zu § 276 Abs. 1 S. 2 Nr. 2 FamFG, § 309 Abs. 1 FamFG dann alle Angelegenheiten iSv § 37 Abs. 2 S. 4, wenn sämtliche individuell für den Betroffenen in Frage kommenden Aufgabenkreise aufgenommen worden sind, selbst wenn darüber hinaus theoretisch weitere Aufgabenkreise denkbar, aber im Fall des Betroffenen nicht erforderlich sind.

26   Führt die festgehaltene Person ein Exemplar einer **Vorsorgevollmacht** mit sich, die sie einer anderen Person erteilt hat, macht diese zwar in der Regel eine Betreuung entbehrlich, ist jedoch nicht mit der Bestellung eines Betreuers für alle Angelegenheiten gleichzusetzen. Dies gilt auch im Falle einer Generalvollmacht, weil in diesen Fällen nicht klar ist, ob der Betroffene im gegenwärtigen Zeitpunkt des Festhaltens in der Erledigung der eigenen Angelegenheiten tatsächlich so sehr eingeschränkt ist, dass ihm für alle Angelegenheiten ein Betreuer zu bestellen wäre. Die bevollmächtigte Person ist aber ohne weiteres als primäre Vertrauensperson anzusehen, die gem. Abs. 2 S. 1 vom Betroffenen selbst oder – soweit dies nicht möglich ist – gem. Abs. 2 S. 3 von der Polizei zu benachrichtigen ist.

27   Soweit Abs. 2 S. 4 eine **unverzügliche Benachrichtigung** verlangt, kann auf die Ausführungen zum Unverzüglichkeitserfordernis gem. Abs. 1 sowie Abs. 2 S. 1 und S. 3 Bezug genommen werden (→ Rn. 14, → Rn. 18, → Rn. 22). Ein Sorgeberechtigter von Minderjährigen dürfte im Regelfall anhand der Einwohnermeldedaten schnell zu ermitteln sein, sodass nach dem Ergreifen eine sehr schnelle Benachrichtigung verlangt werden kann. Bei betreuten Personen ist oftmals nicht ohne weiteres ersichtlich, dass sie unter Betreuung stehen und wer ihr Betreuer ist, weil der Betreute oftmals entweder nicht in der Lage oder nicht willens ist, auf seine Betreuung und die Person des Betreuers hinzuweisen. Zwar verfügt der Betreuer über einen Betreuerausweis, hingegen trägt eine betreute Person regelmäßig keinerlei Dokumente bei sich, die auf eine Betreuung hinweisen. Sollte sich den Polizeibeamten die Vermutung aufdrängen, die festgehaltene Person könnte aufgrund einer psychischen Krankheit oder einer körperlichen, geistigen oder seelischen Behinderung unter Betreuung stehen, bietet sich, sofern der Betroffene keine (glaubhaften) Angaben machen kann, zunächst eine Benachrichtigung einer womöglich bekannten Vertrauensperson an, bei der nach dem Vorliegen einer Betreuung zu fragen wäre. Sofern die Vertrauensperson selbst nicht Betreuer ist, ist gem. Abs. 2 S. 4 so dann unverzüglich auch der Betreuer zu benachrichtigen. Sollte im Falle des Verdachts einer Betreuung auch keine Vertrauensperson ermittelbar sein, dürfte – jedenfalls zu den behördlichen bzw. gerichtlichen Geschäftszeiten – eine Rückfrage entweder beim zuständigen Betreuungsgericht oder bei der Betreuungsbehörde geboten sein.

III. Unterbringung im Polizeigewahrsam (Abs. 3–5)

28   Grundsätzliche Bestimmungen zum Vollzug einer polizeirechtlichen Freiheitsentziehung enthalten Abs. 3–5. § 37 Abs. 3 stimmt in S. 1–3 weitestgehend mit den entsprechenden Regelungen anderer Polizeigesetze überein und hat dabei nicht jede Form polizeilichen Festhaltens, sondern allein den **Polizeigewahrsam im engeren Sinne** vor Augen. Da diese Vorschriften keine abschließenden Einzelregelungen zu allen Aspekten des Gewahrsamsvollzugs enthalten, ist der Vollzug der Freiheitsentziehung im Polizeigewahrsam zunächst durch die mit Runderlass des Innenministeriums v. 20.3.2009 erlassene PolGewO (**Polizeigewahrsamsordnung** für das Land Nordrhein-Westfalen v. 20.3.2009, MBl. NRW. 254) ergänzend und konkretisierend geregelt worden, so unter anderem in Bezug auf Durchsuchungen (§ 6 PolGewO), auf Sicherungsmaßnahmen (zB Fixierung; § 27 PolGewO), auf Postverkehr und Besuche (§§ 15, 16 PolGewO) sowie auf die an die Gewahrsamsräume zu stellenden Mindestanforderungen (§§ 18 ff. PolGewO). Auch wenn es sich hierbei lediglich um eine grundsätzlich nur der Polizeibehörden nach innen bindende **Verwaltungsvorschrift** handelt, wurde der PolGewO aufgrund ihres zum Teil gesetzesvertretenden, zum Teil gesetzeskonkretisierenden Charakters und aufgrund der Intensität des mit der Freiheitsentziehung verbundenen Grundrechtseingriffs mitunter **Außenwirkung** beigemessen. Mit Blick auf den Grundsatz des Vorbehalts des Gesetzes (→ Rn. 3) ist es zu begrüßen, dass der Gesetzgeber mittlerweile in Abs. 4 S. 2 eine Ermächtigung eingeführt hat, um weitere Regelungen für den Vollzug

der Freiheitsentziehung im Polizeigewahrsam durch **Rechtsverordnung** zu treffen. Daneben können auch andere polizeirechtliche Ermächtigungsgrundlagen im Zusammenhang mit dem Gewahrsamsvollzug Anwendung finden. Von Bedeutung ist neben § 37a betreffend die Fixierung von verwahrten Personen auch § 39 Abs. 1 Nr. 1 für die Durchsuchung der Betroffenen bei Einlieferung in den Gewahrsamsbereich.

Eine Anordnung gegenüber dem Betroffenen, dass dieser sich zum Zwecke der Durchsuchung **28.1** vollständig zu entkleiden hat, verlangt neben einer rechtmäßigen Ingewahrsamnahme auch eine fehlerfreie Ermessensausübung unter besonderer Berücksichtigung der besonderen Schwere des mit der Entkleidungsanordnung verbundenen Eingriffs in das allgemeine Persönlichkeitsrecht. Eine Dienstanweisung, die generell eine vollständige Entkleidung und Durchsuchung (inklusive Köperöffnungen) vorsieht, stellt sich nicht als ermessenslenkende Verwaltungsvorschrift dar, sondern schließt in unzulässiger Weise eine Ermessenbetätigung aus, so dass die bloße Befolgung der Dienstanweisung ermessensfehlerhaft ist (vgl. VG Köln BeckRS 2016, 40072, das mit Blick auf § 39 Abs. 3 im konkreten Fall auch die Anwesenheit von männlichen Beamten bei der zwangsweisen Entkleidung der in Gewahrsam genommenen Frau für rechtswidrig erachtet hat).

Das Gebot der **gesonderten Unterbringung** gem. Abs. 3 S. 1 von polizeirechtlich **29** festgehalten Personen gilt dem Wortlaut nach „insbesondere", dh nicht nur in Bezug auf Straf- oder Untersuchungsgefangene, sondern hinsichtlich aller anderen untergebrachten Personen. Eine gesonderte Unterbringung ist in diesem Zusammenhang **nicht gleichbedeutend mit einer räumlich getrennten Unterbringung,** die ausdrücklich nur im Hinblick auf Straf- und Untersuchungsgefangene verlangt wird. Während gegen über Straf- und Untersuchungshäftlingen sowie gem. Abs. 3 S. 2 zwischen Männern und Frauen eine räumliche Trennung vorgesehen ist, muss eine in Bezug auf andere Mitinsassen gebotene gesonderte Unterbringung nicht zwingend durch räumliche Trennung bewirkt werden, sondern es genügen Vorkehrungen, um Kontakte mit anderen untergebrachten Personen weitgehend zu vermeiden.

Die **räumliche Trennung von Straf- und Untersuchungsgefangenen** dient gem. § 8 **30** Abs. 2 PolGewO dazu zu verhindern, dass Personen, die aus strafprozessualen Gründen verwahrt werden, mit anderen Verwahrten in Verbindung treten können, die der Mittäterschaft, Teilnahme, Begünstigung, Strafvereitelung oder Hehlerei bezüglich derselben Tat verdächtig oder bereits abgeurteilt oder als Zeugen beteiligt sind. Daneben wird zugunsten der polizeirechtlich Verwahrten als Grund für die räumliche Trennung von Häftlingen angenommen, die polizeirechtlich Verwahrten sollen sich zur Vermeidung einer Kriminalisierung nicht gegen ihren Willen mit überführten Straftätern oder einer Straftat verdächtigen Personen in einem Raum aufhalten müssen.

Dieses Motiv für eine Trennung überzeugt nicht uneingeschränkt in den Fällen des § 35 Abs. 1 **30.1** Nr. 2, da eine auf dieser Grundlage in Gewahrsam genommene Person bereits durch die ex ante unterstellte Straftat- oder Ordnungswidrigkeitsbegehung kriminalisiert wird. Andererseits bestehen zwischen dem polizeirechtlichen Gewahrsam und den verschiedenen Haftarten erhebliche Unterschiede, die die Trennung rechtfertigen. In Strafhaft befinden sich in der Regel Personen, die rechtskräftig einer oder mehrerer so schwerwiegender Straftaten schuldig gesprochen worden sind, deren verwirklichtes Unrecht eine Freiheitsstrafe rechtfertigt. Untersuchungshäftlinge sind zwar genau so wenig rechtskräftig verurteilt wie polizeirechtlich verwahrte Personen, jedoch wird in den Fällen, in denen Untersuchungshaft in Betracht kommt, also bei Vorliegen eines dringenden Tatverdachts und eines Fluchtgrundes, ein vorläufiges Festhalten der Person auf Grundlage des Polizeirechts in der Praxis nicht vorkommen, da die Möglichkeit einer vorläufigen Festnahme gem. § 127 Abs. 2 StPO und einer unmittelbar nach richterlicher Entscheidung anschließenden Untersuchungshaft besteht. Der auf § 35 Abs. 1 Nr. 2 gestützte polizeirechtliche Gewahrsam ist hingegen ohne richterliche Entscheidung spätestens am nächsten Tag zu beenden (§ 38 Abs. 1 Nr. 3); eine rechtzeitig eingeholte richterliche Enscheidung kann einmalig zur Verlängerung der Gewahrsamsfrist um bis zu 14 Tage führen.

Die **getrennte Unterbringung von Frauen und Männern** ist seit 2010 durch Abs. 3 **31** S. 2 gesetzlich verbindlich vorgeschrieben, während von der Soll-Vorgabe der Trennung von Verwahrten und Häftlingen und der Soll-Vorgabe der grundsätzlich gesonderten Unterbringung jedes einzelnen Verwahrten bei fehlenden räumlichen Kapazitäten abgewichen werden kann. Nach § 8 Abs. 1 PolGewO besteht ein Vorrang der Einzelunterbringung, in bestimmten Gefährdungssituationen aber auch eine uneingeschränkte Pflicht hierzu. § 8 Abs. 3 PolGewO verlangt auch eine getrennte Unterbringung von Jugendlichen – sofern diese nach § 1 Abs. 2 PolGewO überhaupt in einem Polizeigewahrsam untergebracht werden dürfen – und Erwachsenen und lässt sowohl hinsichtlich der Trennung nach Geschlecht als auch der Trennung nach Voll- bzw. Minderjährigkeit Ausnahmen für gemeinsam in Gewahrsam zu nehmende Familienangehörige zu.

32   Die Möglichkeit, der festgehaltenen Person **Beschränkungen** aufzuerlegen, knüpft an die entsprechende Regelung zum Vollzug der Untersuchungshaft (§ 119 StPO; → Rn. 10) an, wenngleich die Auferlegung von Beschränkungen im Rahmen der Untersuchungshaft dem Richter vorbehalten ist, während sie im Rahmen des Vollzugs des Polizeigewahrsams den zuständigen Polizeibeamten obliegt. Dementsprechend stellt § 119 StPO die vorrangige Vorschrift dar, wenn ein Untersuchungshäftling vorübergehend – zB zu Vernehmungen – im Polizeigewahrsam untergebracht ist (vgl. § 8 Abs. 4 S. 2 PolGewO). Soweit jedoch im Rahmen der Strafverfolgung vor Erlass eines Haftbefehls ein Festhalten gem. § 127 Abs. 2 StPO oder § 163c StPO im polizeilichen Gewahrsam erfolgt, werden hinsichtlich des Vollzugs des Festnehmens und Festhaltens mitunter die entsprechenden Vorgaben des Landespolizeirechts für anwendbar erachtet (zu den Grenzen der Festnahmemittel vgl. OLG Karlsruhe NJW 1974, 806 (807); BayObLG NStZ 1988, 518; zur Durchführung des Festhaltens vgl. Tegtmeyer/Vahle PolG NRW Rn. 10).

33   Da die Polizei in der Gewahrsamspraxis oftmals mit Personen konfrontiert ist, bei denen mit guten Gründen – zB bei alkoholisierten Personen oder Drogenkonsumenten, bei Suizid- oder Verletzungsgefahr oder in sonstigen Notfällen – während des unbeaufsichtigten Gewahrsams die Gefahr einer Gefährdung von Leib oder Leben angenommen wird, bestand und besteht mitunter ein Bedürfnis zur **Beobachtung der verwahrten Person mittels Bild- und Tonübertragung.** Entsprechende Überwachungsmaßnahmen tangieren das Recht des Betroffenen auf informationelle Selbstbestimmung (Art. 2 Abs. 1 GG iVm Art. 1 Abs. 1 GG), sodass der nordrhein-westfälische Gesetzgeber nach dem Vorbild anderer Landespolizeigesetze eine spezielle Ermächtigungsgrundlage für erforderlich erachtet hat, die er in Gestalt von Abs. 3 S. 4 geschaffen hat (vgl. LT-Drs. 14/10089, 34 f.). Diese Ermächtigung bezieht sich aber nur auf eine Beobachtung mit technischen Mitteln der Bild- und Tonübertragung, nicht hingegen auf eine Datenaufzeichnung. Da bei einem die Beobachtung erforderlich machenden Schutzbedarf der betroffenen Person stets Zweifel an ihrer Gewahrsamsfähigkeit vorliegen dürften, haben die Polizeibeamten vorab zu prüfen und ärztlich feststellen zu lassen, dass die Person gewahrsamsfähig ist (vgl. Nr. 37.3 VVPolG NRW sowie § 5 Abs. 2 PolGewO). Sowohl die Anordnung der offenen Beobachtung der festgehaltenen Person als auch die Entscheidung, ob der Toilettenbereich durch Sichtschutzwände abgegrenzt wird, liegt im Ermessen der Polizeibehörde, welches pflichtgemäß – insbesondere unter Beachtung des Grundsatzes der Verhältnismäßigkeit – auszuüben ist.

33.1   Über die gesetzlich und durch Verwaltungsvorschriften geregelte Ausgestaltung des Gewahrsamsvollzugs hinaus ist nicht zu verlangen, dass die Gewahrsamsbedingungen denen von verurteilten Straftätern in einer Haftanstalt entsprechen, weil angesichts der kurzen Dauer des Gewahrsams nicht erwartet werden kann, dass die Haftbedingungen so gut sind wie bei Vollzug einer längerfristigen Freiheitsentziehung in einer Vollzugsanstalt (vgl. EGMR NVwZ 2016, 1387).

34   Zur Entlastung von Polizeivollzugsbeamtinnen und -beamten ist Abs. 4 S. 1 eingeführt worden, wonach im Gewahrsam nun auch **Bedienstete** (Regierungsbeschäftigte), die keine Polizeivollzugsbeamtinnen- und beamten sind, zu deren Unterstützung eingesetzt werden können. Anders als andere Bundesländer hat der nordrhein-westfälische Gesetzgeber keine eigene Kategorie polizeilicher Akteure nach Vorbild der Hilfs- bzw. Wachpolizei eingeführt. Nach der Vorstellung des Gesetzgebers soll beim Einsatz von Regierungsbeschäftigten die Aufsicht weiterhin vor Ort von Polizeivollzugsbeamtinnen und -beamten ausgeübt werden, um die institutionelle Absicherung qualifizierter und gesetzestreuer Aufgabenwahrnehmung zu wahren; Aufgaben, die nach der PolGewO bisher der für das Polizeigewahrsam zuständigen Führungskraft bzw. dem aufsichtsführenden Beamten zugeordnet sind, sollen weiterhin nur von Polizeivollzugsbeamten wahrgenommen werden (LT-Drs. 17/7549, 30). Soweit dies bei der Konkretisierung durch Rechtsverordnung (die im Zeitpunkt der Kommentierung noch nicht vorlag) und bei der konkreten Anwendung auch so beachtet wird, dürfte die gesetzgeberische Grundentscheidung, eine Ausnahme vom Funktionsvorbehalt im Rahmen

des Polizeigewahrsams zuzulassen, verfassungsrechtlich nicht zu beanstanden sein. Die **Anforderungen des Funktionsvorbehalts des Art. 33 Abs. 4 GG** (→ Rn. 2.1) dürften dann gewahrt sein.

Die gesetzgeberische Einschätzung, dass die Vorzüge der Einbeziehung von Regierungsbeschäftigten **34.1** in die mit dem Polizeigewahrsam zusammenhängenden Aufgaben (Entlastung der Polizeivollzugsbeamten angesichts einer unbefriedigenden Personalsituation) nicht mit spürbaren Nachteilen im Hinblick auf die Sicherung qualifizierter und gesetzestreuer Aufgabenwahrnehmung verbunden sind, dürfte nicht zu beanstanden sein. Da Abs. 4 S. 1 eine Aufgabenwahrnehmung nur durch Regierungsbeschäftigte zulässt, bleibt der Gewahrsamsvollzug in der Hand eines öffentlichen Trägers. Zudem müssen nach der Vorstellung des Gesetzgebers stets Polizeivollzugsbeamte präsent sein, um die Aufsicht zu führen und ihnen weiterhin vorbehaltene Anordnungen treffen zu können. Weitere Beamte dürften in der Praxis regelmäßig recht kurzfristig hinzugezogen werden können. So kann auch ein Streik der im Bereich der angestellten Bediensteten die qualifizierte und gesetzestreue Aufgabenwahrnehmung im Gewahrsamsvollzug nicht gefährden. Damit dürfte die Ausnahme vom Funktionsvorbehalt auch nicht gegen die verfassungsrechtlichen Anforderungen an die demokratische Legitimation hoheitlichen Handelns verstoßen (vgl. zur formellen Privatisierung des Maßregelvollzugs BVerfG NJW 2012, 1563 (1566 ff.)).

Während § 23 PolGewO noch eine Inanspruchnahme von Haftträumen in **Justizvollzugs- 35 anstalten** vorgesehen hat, ist in Abs. 5 nunmehr auf Gesetzesebene klargestellt, dass ein Rückgriff auf die Justizvollzugsanstalten allenfalls im Rahmen der Amtshilfe nach §§ 4 ff. VwVfG. NRW. in Betracht kommt.

C. Rechtsschutz

Auch hinsichtlich der Verletzung von in § 37 normierten Pflichten oder hinsichtlich **36** sonstiger rechtswidriger Maßnahmen im Zusammenhang mit der Durchführung der Freiheitsentziehung ist für die Beantwortung der Frage nach den einschlägigen Rechtsschutzmöglichkeiten danach zu differenzieren, ob das rechtswidrige Verhalten bereits während der Freiheitsentziehung unterbunden werden soll oder ob der Betroffene nach seiner vor Herbeiführung einer richterlichen Entscheidung erfolgten Freilassung hiergegen vorgehen möchte. Auch insoweit ist festzuhalten, dass es sich bei Streitigkeiten zwischen dem Bürger und der Polizei bzw. dem dahinter stehenden Land über die Rechtmäßigkeit hoheitlichen Handelns um **öffentlich-rechtliche Streitigkeiten** iSv § 40 Abs. 1 S. 1 VwGO handelt, die grundsätzlich auf dem Verwaltungsrechtsweg zu führen sind uns nur im Falle einer abdrängenden Sonderzuweisung (wie zB § 36 Abs. 2 oder unter Umständen § 23 Abs. 1 EGGVG) einem anderen, nämlich dem ordentlichen Rechtsweg zugewiesen sind.

Soweit sich die Freiheitsentziehung vor Herbeiführung einer richterlichen Entscheidung **37** gem. § 36 Abs. 1 S. 1 erledigt, greift die Sonderzuweisung des § 36 Abs. 2 nicht mehr und es steht der Rechtsweg zu den Verwaltungsgerichten nicht nur hinsichtlich der Feststellung der Rechtswidrigkeit des Gewahrsams offen, sondern auch – sowohl im Falle eines rechtmäßigen als auch im Falle eines rechtswidrigen Gewahrsams – hinsichtlich der Feststellung rechtswidrigen Handelns der Polizei im Rahmen des Vollzugs, zB durch nicht rechtzeitige Bekanntmachung des Gewahrsamsgrundes, durch nicht rechtzeige Einräumung der Möglichkeit zur Benachrichtigung einer Vertrauensperson oder durch nicht gerechtfertigte Beschränkungen iSv § 37 Abs. 3 S. 3. Hierzu bedarf es gem. § 43 Abs. 1 VwGO, § 113 Abs. 1 S. 4 VwGO aber eines berechtigten Interesses an der Feststellung der Rechtswidrigkeit. Im Gegensatz zum „Ob" des Gewahrsams betrifft die Frage nach dem „Wie" nicht stets den Schutzbereich des bedeutenden Grundrechts der Freiheit der Person, sodass die grundrechtliche Intensität nicht in allen Fällen ein Feststellunginteresse begründen kann. Sofern das Feststellungsinteresse nicht aus der Betroffenheit bedeutender Grundrechte folgt, kann es jedoch in Gestalt einer Wiederholungsgefahr oder eines Rehabilitierungsinteresses gegeben sein. Ein präjudizielles Interesse für einen späteren Schadensersatzprozess mag zwar oftmals gegeben sein, jedoch kann bei vor Erhebung der Klage beim Verwaltungsgericht erledigten Maßnahmen deren Rechtswidrigkeit unmittelbar im Rahmen eines Amtshaftungsprozess festgestellt werden, sodass ein präjudizielles Fortsetzungsfeststellungsinteresse in diesen Fällen nicht angenommen werden kann (vgl. SSB/Gerhardt VwGO § 113 Rn. 97 mwN).

Solange aber die Entscheidung über die Zulässigkeit des Gewahrsams wegen rechtzeitiger **38** Herbeiführung der richterlichen Entscheidung noch vor dem Amtsgericht anhängig ist,

verbleibt es bei der Zuständigkeit der ordentlichen Gerichtsbarkeit aufgrund der die öffentlich-rechtliche Rechtsstreitigkeit vom Verwaltungsrechtsweg abdrängenden Sonderzuweisung des § 36 Abs. 2. Zwar betreffen Rechtsstreitigkeiten über die konkrete Durchführung
(das Wie) der Freiheitsentziehung nicht iSv § 36 Abs. 1 S. 1 deren Zulässigkeit und deren
Fortdauer (das Ob). Jedoch handelt es sich um grundlegende und eilbedürftige Rechtsfragen,
die in engem Sachzusammenhang mit der Freiheitsentziehung stehen, sodass allein eine
Befassung des ohnehin zur unverzüglichen Rechtskontrolle einzuschaltenden Amtsgerichts
dem effektiven Rechtsschutz der festgehaltenen Person Genüge tut (zur gerichtlichen Überprüfung von während des Gewahrsams erfolgten Durchsuchungsmaßnahmen vgl. VGH
München NJW 1989, 1754). Gleiches gilt, wenn der Betroffene vor seiner Entlassung bereits
Beschwerde gegen eine schon ergangene amtsrichterliche Anordnung der Freiheitsentziehung eingelegt hat, und zwar unabhängig davon, ob der Verstoß gegen § 37 vor oder nach
der amtsrichterlichen Entscheidung begangen worden sein soll. Sofern das Amtsgericht aber
die Fortdauer der Freiheitsentziehung angeordnet hat und der Betroffene vor seiner Entlassung keine Beschwerde eingelegt hat, ist weiter zu differenzieren. Will er einen vor der
amtsrichterlichen Entscheidung begangenen Rechtsverstoß im Rahmen des Vollzugs der
Freiheitsentziehung rügen, über den das Amtsgericht nicht mitentschieden hat, so steht ihm
die Beschwerde vor dem Landgericht offen. Will er hingegen eine nach der amtsrichterlichen
Entscheidung im Rahmen der Durchführung der Freiheitsentziehung erlittene Rechtsverletzung geltend machen, ist zwar ebenfalls an die bis zum Ablauf der Beschwerdefrist noch
mögliche Beschwerde zu denken, jedoch würde dies zu einer Überdehnung der Rechtswegzuweisung des § 36 Abs. 2 führen, die nicht so weit reicht, dass ein von einer nach dieser
Vorschrift ergangenen amtsrichterlichen Entscheidung nicht erfasster Streitgegenstand im
Rahmen der dem Betroffenen noch bis zum Ablauf der Beschwerdefrist möglichen
Beschwerde vor dem Landgericht rechtshängig zu machen ist. Für die letztgenannten Konstellationen erscheint daher der Verwaltungsrechtsweg als vorzugswürdig.

39   Sekundär steht dem Betroffenen wegen bei der Durchführung des Gewahrsams erlittenen
Rechtsverletzungen zudem die Möglichkeit offen, auf Grundlage des **Staatshaftungsrechts**
Schadensersatz zu verlangen. So stellt zB die Beachtung der Benachrichtigungspflicht eine
Amtspflicht iSv Art. 34 GG, § 839 BGB dar, die sowohl gegenüber dem Festgenommen
als auch gegenüber den möglichen Adressaten der Benachrichtigung besteht (vgl. Maunz/
Dürig/Mehde GG Art. 104 Rn. 175). Wegen einer Verletzung des Rechts, unverzüglich
über den Grund des Gewahrsams informiert zu werden (§ 37 Abs. 1) wird überdies **aus
Art. 5 Abs. 5 EMRK ein unmittelbarer und verschuldensunabhängiger Schadenser-
satzanspruch** abgeleitet (vgl. grdl. BGHZ 45, 58 (65) = NJW 1966, 1021; für rechtswidrige
Abschiebungshaft ferner BGH NVwZ 2006, 960).

§ 37a Fixierung festgehaltener Personen

**¹Für die Fesselung (§ 62) sämtlicher Gliedmaßen an die in polizeilichen Gewahr-
samseinrichtungen dafür vorgesehenen Fixierungsstellen (Fixierung), die absehbar
von nicht nur kurzfristiger Dauer ist, gelten § 69 Absatz 7 und § 70 Absatz 4 des
Strafvollzugsgesetzes Nordrhein-Westfalen vom 13. Januar 2015 (GV. NRW. S. 76),
das zuletzt durch Artikel 1 des Gesetzes vom 2. Juli 2019 (GV. NRW. S. 339) geändert
worden ist, entsprechend. ²Eine Fixierung nach Satz 1 bedarf der vorherigen ärztlichen Stellungnahme und richterlichen Anordnung. ³Bei Gefahr im Verzug darf die
in der Gewahrsamseinrichtung Aufsicht führende Polizeivollzugsbeamtin oder der
Aufsicht führende Polizeivollzugsbeamte die Anordnung vorläufig treffen. ⁴Die
richterliche Entscheidung und ärztliche Stellungnahme sind unverzüglich nachzuholen; im Übrigen gilt § 70 Absatz 5 Satz 4 und 5 des Strafvollzugsgesetzes Nordrhein-Westfalen entsprechend. ⁵Für die Anordnung ist das Amtsgericht zuständig,
in dessen Bezirk sich die Gewahrsamseinrichtung befindet. ⁶Das Verfahren richtet
sich nach den Vorschriften des 7. Buches (Verfahren in Freiheitsentziehungssachen)
des Gesetzes über das Verfahren in Familiensachen und in den Angelegenheiten
der freiwilligen Gerichtsbarkeit. ⁷Bei Fixierungen nach Satz 1 ist stets eine durchgängige persönliche Beobachtung zu gewährleisten.**

Überblick

Im Rahmen des Gewahrsamsvollzugs kann es dazu kommen, dass es über das Einsperren der betroffenen Person in einen Gewahrsamsraum hinaus einer dortigen Fixierung bedarf. Mit Blick auf die diesbezüglichen verfassungsrechtlichen Anforderungen (→ Rn. 1) definiert § 37a in S. 1, was eine Fixierung im Sinne des PolG NRW ist, und trifft in dem folgenden Sätzen Regelungen zu den Voraussetzungen und zum Rechtsschutz.

Übersicht

A. Allgemeines

§ 37a ist mit dem Gesetz zur Stärkung der Rechte von im Polizeigewahrsam festgehaltenen **1** Personen v. 19.12.2019 (GV. NRW. 995) eingeführt worden. Anlass war eine Entscheidung des BVerfG zu den Anforderungen an Fixierungen im Rahmen einer Unterbringung (BVerfG NJW 2018, 2619). Soweit mit einer solchen, nicht nur kurzfristigen Fixierung die – innerhalb eines Gewahrsamsraumes noch bestehende – **Bewegungsfreiheit des Betroffenen in jede Richtung hin aufgehoben** wird, handelt es sich um eine gegenüber dem Gewahrsam eigenständig zu beurteilende **Freiheitsentziehung,** die ihrerseits – neben strikter Beachtung des Verhältnismäßigkeitsgrundsatzes – den Anforderungen des Art. 104 GG (→ § 35 Rn. 10 ff.) unterliegt, einer hinreichend bestimmten Ermächtigungsgrundlage bedarf und den in Art. 104 Abs. 2 S. 1 GG normierten **Richtervorbehalt** (vgl. → § 36 Rn. 1 ff.) erneut auslöst. Dies trifft jedenfalls auf bei psychiatrischer Unterbringung anzutreffende, **nicht nur kurzfristige** Fünf-Punkt- oder Sieben-Punkt-Fixierungen zu, bei denen sämtliche Gliedmaßen des Betroffenen mit Gurten am Bett festgebunden werden. Eine nicht erfasste nur kurzfristige Fixierung ist regelmäßig anzunehmen, wenn sie absehbar die Dauer von etwa einer halben Stunde unterschreitet (vgl. BVerfG NJW 2018, 2619 (2621)). Auch bei einer nicht nur kurzfristigen **Fixierung nur einzelner Gliedmaßen** handelt es sich jedenfalls dann um eine dem Richtervorbehalt des Art. 104 Abs. 2 S. 1 GG unterliegende Freiheitsentziehung, wenn dadurch die (Fort-) Bewegungsfreiheit innerhalb des geschlossenen Bereichs vollständig aufgehoben wird (vgl. darauf für eine Fünf-Punkt- oder Sieben-Punkt-Fixierung am Bett abstellend auch BVerfG NJW 2018, 2619).

Soweit der Gesetzgeber anknüpfend an die Entscheidung des BVerfG über Fixierungen im Rahmen **1.1** öffentlich-rechtlicher Unterbringungen offenbar davon ausgeht, dass nur eine Fixierung sämtlicher Gliedmaßen eine Freiheitsentziehung iSv Art. 104 Abs. 2 GG darstellt (vgl. LT-Drs. 17/7624, 5), verkennt er, dass das BVerfG eine solche Aussage nicht getroffen hat. Es hatte nur über die Fixierung sämtlicher Gliedmaßen zu entscheiden und hat „jedenfalls" für diesen Fall eine Freiheitsentziehung angenommen, dabei aber tragend darauf abgestellt, dass bei einer solchen Fixierung die in einem geschlossenen Umfeld verbliebene Freiheit genommen wird, sich jedenfalls innerhalb dieses geschlossenen Bereichs zu bewegen. Dies kann je nach Art der Anbindung auch bei einer Fesselung von nur drei oder weniger Gliedmaßen der Fall sein (vgl. Arzt, Stellungnahme 17/2019, 11 f.).

Vor Einführung des § 37a wurden auf Landesebene mit dem Gesetz zur Verbesserung des **2** Rechtsschutzes bei Fixierungen im Justiz- und Maßregelvollzug und bei öffentlich-rechtlichen Unterbringungen in psychiatrischen Einrichtungen des Landes Nordrhein-Westfalen v. 2.7.2019 (GV. NRW. 339) bereits Regelungen zur Umsetzung der Vorgaben des BVerfG in andere Landesgesetze betreffend die Unterbringung oder Inhaftierung von Personen eingeführt bzw. bestehende Regelungen geändert (insbesondere §§ 69 Abs. 7, 70 Abs. 4 und Abs. 5 StVollzG NRW, § 69 SVVollzG NRW, § 21a MRVG, § 20 NRWPsychKG). Auf

Bundesebene ist kurz zuvor mit dem Gesetz zur Stärkung der Rechte von Betroffenen bei Fixierungen im Rahmen von Freiheitsentziehungen v. 19.6.2019 (BGBl. I 840) eine Regelung in § 171a StVollzG getroffen worden. Bezogen auf den Polizeigewahrsam war die Fixierung bis zur Einführung von § 37a nur durch Verwaltungsvorschrift (§ 27 PolGewO) geregelt.

B. Regelungsgegenstand und Voraussetzungen

I. Regelungsgegenstand und Legaldefinition

3   Von § 37a ist nur eine Fixierung **innerhalb polizeilicher Gewahrsamseinrichtungen** an die dort zu diesem Zweck vorgesehenen **Fixierungsstellen** (Griffmulden) erfasst. Dies trägt dem Umstand Rechnung, dass der Vollzug einer auf eine gewisse Dauer angelegten polizeilichen Ingewahrsamnahme, während der sich die Frage einer nicht nur kurzfristigen Fixierung überhaupt nur stellen kann, in der Regel nur dort erfolgen kann und dass dort grundsätzlich keine Fünf-Punkt- oder Sieben-Punkt-Fixierungen vorgenommen werden. Nach der Vorstellung des Gesetzgebers handelt es sich um eine der Rechtsklarheit dienende Präzisierung für den Anwendungsbereich des PolG NRW (LT-Drs. 17/7624, 4 f.).

3.1   Dementsprechend wird § 37a auch in § 24 Abs. 1 Nr. 12 NRWOBG nicht für entsprechend anwendbar erklärt. Die Verwaltungsvollstreckung durch die Ordnungsbehörden und damit die Anwendung des unmittelbaren Zwangs richtet sich im Rahmen der nichtpolizeilichen Gefahrenabwehr nach dem VwVG NRW bzw. sonderordnungsrechtlichen Vorschriften. Unmittelbarer Zwang ist die Einwirkung auf Personen oder Sachen durch körperliche Gewalt, ihre Hilfsmittel und durch Waffen. Hilfsmittel der körperlichen Gewalt gem. § 67 Abs. 3 VwVG NRW sind insbesondere auch Fesseln.

4   Dem Verweis auf § 62 lassen sich keine weiteren Definitionselemente entnehmen, da jene Vorschrift nur Voraussetzungen für eine **Fesselung** nennt (zum Begriff der Fesselung vgl. → § 62 Rn. 2). In § 27 Abs. 2 PolGewO ist als Fixierung die Fesselung an die in den Gewahrsamszellen dafür vorgesehenen Fixierungsstellen (Griffmulden) mittels der bei der Polizei Nordrhein-Westfalen zulässigen Fixierungsmittel bezeichnet worden. Nach der Legaldefinition des S. 1 ist eine Fixierung in diesem Sinne nur eine Fesselung **sämtlicher Gliedmaßen.** Eine Fesselung von weniger als allen Gliedmaßen kann nicht – auch nicht in analoger Anwendung – auf § 37a gestützt werden, da nach dem ausdrücklichen Wortlaut und der eindeutig auch dahingehenden Intention des Gesetzgebers nur die Voraussetzungen und verfahrensrechtlichen Anforderungen für eine Fesselung sämtlicher Gliedmaßen geregelt werden sollen (→ Rn. 1.1); eine planwidrige Regelungslücke für niedrigschwelligere Fesselungen liegt nicht vor.

4.1   Für sonstige Fesselungen bietet § 62 eine Ermächtigungsgrundlage. Die Fixierung stellt nämlich einen besonders eingriffsintensiven Fall der Fesselung dar (vgl. OLG Hamm BeckRS 2018, 44180). Bei hierauf gestützten Fixierungen sind jedoch für den auch bei Fesselung von drei oder weniger Gliedmaßen möglichen Fall, dass sie als Freiheitsentziehung iSv Art. 104 Abs. 2 GG zu betrachten sind (→ Rn. 1.1), keine verfahrensrechtlichen Vorgaben normiert. Die Notwendigkeit einer richterlichen Entscheidung kann dann zwar unmittelbar aus Art. 104 Abs. 2 S. 1 GG entnommen werden; jedoch dürfte der Gesetzgeber für freiheitsentziehende Fixierungen nicht sämtlicher Gliedmaßen dem aus Art. 104 Abs. 2 S. 4 GG folgenden Regelungsauftrag, den Richtervorbehalt verfahrensrechtlich auszugestalten (vgl. BVerfG NJW 2018, 2619 (2625); MKS/Gusy GG Art. 104 Rn. 65), nicht hinreichend nachgekommen sein, soweit eine analoge Anwendung der in § 37a getroffenen und hierdurch in Bezug genommenen Regelungen ausscheidet. Die Rechtmäßigkeit entsprechender teilweiser Fesselungen, mit denen die Fortbewegung im Gewahrsamsraum vollständig unterbunden wird, unterliegt demnach erheblichen rechtlichen Bedenken. Wenn man davon absieht, dass freiheitsentziehende Fesselungen innerhalb des Polizeigewahrsams auch vor Einführung des § 37a nicht verfassungsmäßig auf § 62 gestützt werden konnten, führt die Neuregelung für die von ihr erfassten Konstellationen zu einer Einschränkung jedenfalls der zuvor ausdrücklich geregelten Befugnisse.

5   Das Kriterium, dass die Maßnahme **absehbar von nicht nur kurzfristiger Dauer** ist, dient der Umsetzung der verfassungsrechtlichen Vorgaben für Fixierungen, die als Freiheitsentziehungen iSv Art. 104 Abs. 2 GG anzusehen sind und daher einem durch Gesetz näher auszugestaltenden Richtervorbehalt unterliegen. Von einer kurzfristigen Maßnahme ist idR

auszugehen, wenn sie absehbar die Dauer von ungefähr einer halben Stunde nicht überschreitet (BVerfG NJW 2018, 2619 (2621)).

II. Voraussetzungen und weitere Maßgaben

1. Voraussetzungen nach § 69 Abs. 7 StVollzG NRW (S. 1)

Fixierungen dürfen nach dem in S. 1 für entsprechend anwendbar erklärten § 69 Abs. 7 **6** StVollzG NRW nur angeordnet werden, wenn dies zur Abwehr einer gegenwärtigen erheblichen Selbstgefährdung oder einer von den Gefangenen ausgehenden erheblichen Gefährdung bedeutender Rechtsgüter anderer unerlässlich ist und wenn nach dem Verhalten der Gefangenen oder aufgrund ihres seelischen Zustandes andere, weniger einschneidende Maßnahmen zur Abwendung der Gefahr nicht ausreichen. Mit den Voraussetzungen der **Gegenwärtigkeit** und **Erheblichkeit** der jeweiligen Gefahr sowie der **Unerlässlichkeit** der Fixierung wird unterstrichen, dass die Eingriffsschwelle entsprechend den verfassungsrechtlichen Vorgaben sehr hoch angesetzt werden sollte und dass eine freiheitsentziehende Fixierung aufgrund der Eingriffsintensität nur ausnahmsweise und nur als **ultima ratio** in Betracht kommt (so auch die Vorstellung des Gesetzgebers, vgl. LT-Drs. 17/5011, 23). Die weitere – negative – Voraussetzung des § 69 Abs. 7 StVollzG NRW, dass andere, weniger einschneidende Maßnahmen nach dem Verhalten des Betroffenen zur Abwendung der von ihm drohenden Gefahr nicht ausreichen dürfen, stellt eine Ausprägung des Verhältnismäßigkeitsgrundsatzes dar und kann an sich ebenfalls in das Unerlässlichkeitserfordernis hineingelesen werden. Wie bereits iRv § 62 S. 1 für eine Fesselung (→ § 62 Rn. 8) bedarf es auch für eine Fixierung nach § 37a konkreter Anhaltspunkte, die sich etwa aus dem Vorverhalten des Adressaten, Beobachtungen der handelnden Beamtinnen und Beamten oder womöglich auch den Aussagen Dritter ergeben können. Dies ist fraglos anzunehmen, wenn die festgehaltene Person bereits mit entsprechenden Verletzungshandlungen begonnen hat begonnen hat und nicht willens ist, diese zu beenden. Die bloß theoretisch bestehende Möglichkeit von Selbst- bzw. Drittverletzungshandlungen reicht nach wie vor für die Vornahme einer solchen Fixierung nicht aus.

Als **bedeutende Rechtsgüter anderer** sind in erster Linie das Leben und – soweit ihr **7** erhebliche Schäden drohen – die körperliche Unversehrtheit zu nennen. Deren Gefährdung dürfte im Polizeigewahrsam in der Regel nur in dem Moment denkbar sein, in dem andere Personen die Gewahrsamszelle betreten. Wenn in absehbarer Zeit ein Betreten der Zelle nicht notwendig werden sollte und – zB bei trunkenheitsbedingter Aggressivität – die Gefährlichkeit der festgehaltenen Person erwartbar nachlassen wird, kann es aber an einer Gegenwärtigkeit der Gefahr fehlen. Zur Vermeidung von Fremdgefährdungen kommt ein Rückgriff auf § 37a daher nur in ganz besonderen Ausnahmefällen in Betracht. Denkbar sind Situationen, in denen schon im Zeitpunkt der Fixierung ex ante aufgrund konkreter Anzeichen anzunehmen ist, dass die Vollzugsbeamten (oder Bediensteten) über einen längeren Zeitraum regelmäßig die Gewahrsamszelle betreten oder sich zur Beobachtung dort aufhalten müssen und dass auch bei einem späteren Betreten von der eingeschlossenen Person erheblich verletzt werden, ohne dass dem durch andere Vorkehrungen wirksam begegnet werden könnte. Hierzu zählt (neben dem Betreten mit einer ausreichenden Zahl an Beamten bzw. Bediensteten und mit einer geeigneten Ausstattung bzw. Bewaffnung) insbesondere eine nur kurzfristige und somit nicht den Anforderungen des § 37a unterfallende Fixierung für den Zeitraum des Aufsuchens des Gewahrsamsraumes.

Den Hauptanwendungsfall von § 37a wird die Gefahr einer **Selbstgefährdung** darstellen. **8** Hierbei ist zu beachten, dass nicht die Gefahr jeder noch so kleinen Selbstverletzung ausreichend ist, wie aus dem Erfordernis der Erheblichkeit folgt.

2. Ärztliche Stellungnahme und richterliche Entscheidung (S. 2–4)

Da sowohl die Ursachen einer Gefährdungslage als auch die Auswirkungen einer Fixierung **9** auf den Betroffenen regelmäßig medizinischer Natur sind, bedarf eine Fixierung nach § 37a S. 2 der vorherigen **ärztlichen Stellungnahme.**

Mit Blick auf die Anwendbarkeit von Art. 104 Abs. 2 GG setzt § 37a in S. 2 und den **10** folgenden Sätzen darüber hinaus den verfassungsrechtlich vorgegebenen **Richtervorbehalt** um (→ Rn. 1). Ähnlich wie bei der Ingewahrsamnahme selbst kann auch bei Fixierungen im Rahmen des Gewahrsams die Notwendigkeit bestehen, die Freiheitsentziehung bereits vor Einholung einer gerichtlichen Entscheidung zu beginnen. Diese Möglichkeit wird in Art. 104 Abs. 2 S. 2 und S. 3 GG tatbestandsmäßig vorausgesetzt (→ § 36 Rn. 1) und ist bei Wahrung der hierfür vorgesehenen verfassungsrechtlichen Vorgaben auch hinsichtlich einer Fixierung nicht zu beanstanden. Gleiches gilt für die nach S. 2 grundsätzlich vorab erforderliche ärztliche Stellungnahme, die in Fällen des S. 3 ebenfalls nicht abgewartet zu werden braucht. Anders als § 36 Abs. 1, der die Nachträglichkeit der gerichtlichen Entscheidung über ein polizeiliches Festhalten als Regelfall betrachtet, ist für Fixierungen die Nachholung der gerichtlichen Entscheidung (und der ärztlichen Stellungnahme) als Ausnahme angelegt, die nur bei **Gefahr im Verzug** in Betracht kommt. Bei den klassischen Fällen einer zu Recht befürchteten erheblichen Rechtsgutgefährdung wird aber in den meistens voraussichtlich auch Gefahr im Verzug anzunehmen sein (so auch die Einschätzung des Gesetzgebers, vgl. LT-Drs. 17/7624, 5, anknüpfend an BVerfG NJW 2018, 2619 (2625)). Befugt zu einer vorläufigen Fixierungsanordnung sind nach § 37a S. 3 lediglich **die Aufsicht führenden Polizeivollzugsbeamten.** Die Polizeigewahrsame sind rund um die Uhr von einer solchen Person besetzt, die nach Vorstellung des Gesetzgebers sowohl über die notwendige Sachnähe als auch Fachkenntnis verfügen, um das Vorliegen der gesetzlichen Fixierungsvoraussetzungen im konkreten Einzelfall beurteilen zu können (LT-Drs. 17/7624, 6).

11   Hinsichtlich der **Herbeiführung der gerichtlichen Entscheidung** (und auch der ärztlichen Stellungnahme) sowie der **Unverzüglichkeit der Nachholung** kann auf die Ausführungen zu § 36 Abs. 1 S. 1 verwiesen werden (→ § 36 Rn. 3 ff., Rn. 22 ff.).

12   Ähnlich wie nach § 36 Abs. 1 S. 2 bezüglich eines Festhaltens kann nach § 37a S. 4 Hs. 2 iVm § 70 Abs. 5 S. 4 StVollzG NRW die grundsätzlich erforderliche **Antragstellung bei Gericht ausnahmsweise entbehrlich** sein, wenn bereits zu Beginn der Maßnahme absehbar ist, dass die Entscheidung erst nach Wegfall des Grundes der Maßnahme ergehen wird oder die Maßnahme vor Herbeiführung der Entscheidung tatsächlich beendet und auch keine Wiederholung zu erwarten ist. Wie für die Inanspruchnahme von § 36 Abs. 1 S. 2 bedarf es auch bei Fixierungen für ein Absehen von der Antragstellung bei Gericht eines realitätsgerechten prognostischen Zeitvergleichs (vgl. → § 36 Rn. 25 ff.). Ist eine Antragstellung bei Gericht erfolgt, entfällt dann vor einer gerichtlichen Entscheidung aber die Erforderlichkeit der Fixierung, so ist das Gericht nach dem ebenfalls entsprechend anwendbaren § 70 Abs. 5 S. 5 StVollzG NRW unverzüglich zu unterrichten.

3. Anforderungen an die Durchführung

13   Nach § 37a S. 7 ist bei Fixierungen stets eine durchgängige persönliche Beobachtung zu gewährleisten.

13.1   Weitere Vorgaben sind in § 27 Abs. 2 PolGewO aufgestellt: Danach hat die Fixierung grundsätzlich in der Art zu erfolgen, dass die Betätigung der Meldeeinrichtung (Sensortaster der Zellenrufanlage) durch den Fixierten gewährleistet ist oder eine ständige persönliche Beobachtung erfolgt. Die Fixierung an allen vier Fixierungsstellen in Bauch- oder Rückenlage ist nur dann zulässig, wenn eine durchgängige persönliche Beobachtung gewährleistet ist. Körperliche Einwirkungen auf den Rücken- und auf den Brustbereich sind zu vermeiden. Liegen Indikatoren und Verhaltensauffälligkeiten vor, ist zur Verhinderung des „Positional Asphyxia Phänomens" eine Fixierung der Verwahrten grundsätzlich in Seitenlage oder im Sitzen aus medizinischer Sicht durchzuführen. Eine durchgängige persönliche Beobachtung ist bei der in der Seitenlage oder im Sitzen fixierten Person zu gewährleisten. § 5 Abs. 2 S. 1 und S. 2 gilt entsprechend.

4. Anforderungen nach § 70 Abs. 4 StVollzG NRW (S. 1)

14   Nach dem ebenfalls entsprechend anwendbaren § 70 Abs. 4 StVollzG NRW sollen den Gefangenen besondere Sicherungsmaßnahmen, worunter auch eine Fixierung fällt, zusammen mit der Anordnung **erläutert** werden. Dies dient dem – auch in Art. 104 Abs. 1 GG bzw. Art. 5 Abs. 2 EMRK zum Ausdruck kommenden – Recht jedes von Freiheitsentziehung Betroffenen, in einfacher, verständlicher Sprache über die rechtlichen und tatsächlichen **Gründe des Festhaltens** aufgeklärt zu werden, um ggf. die Rechtmäßigkeit gerichtlich

überprüfen lassen zu können (→ § 37 Rn. 4 f.). Bei einer Gefährdung der Sicherheit kann dies gem. § 70 Abs. 4 S. 1 StVollzG NRW auch nachgeholt werden.

Sofern eine Fixierung nicht richterlich angeordnet worden ist und vor Einholung einer **15** gerichtlichen Entscheidung beendet wird, ist die zuvor fixierte Person in entsprechender Anwendung von § 70 Abs. 4 S. 3 StVollzG NRW **über die Möglichkeit zu belehren, die Rechtmäßigkeit der durchgeführten Maßnahme gerichtlich überprüfen zu lassen.** Auch dies dient der Wahrung der Rechtsschutzmöglichkeiten des Betroffenen. Diese Verpflichtung folgt aus dem Freiheitsgrundrecht (Art. 2 Abs. 2 S. 2 und S. 3 GG iVm Art. 104 Abs. 1 S. 1 GG). Nur so ist gewährleistet, dass sich die betroffene Person bewusst ist, dass sie auch nach Erledigung der Maßnahme ihre gerichtliche Überprüfung herbeiführen kann (vgl. BVerfG NJW 2018, 2619 (2623)).

Damit bei einer gerichtlichen Überprüfung auch der Anlass, das Verfahren und die Durch- **16** führung nachvollzogen werden können, sind bei einer Fixierung gem. § 37a S. 1 iVm § 70 Abs. 4 S. 4 StVollzG NRW die Anordnung, die hierfür maßgeblichen Gründe, Entscheidungen zur Fortdauer und die Durchführung der Maßnahmen einschließlich der Beteiligung des ärztlichen Dienstes zu **dokumentieren;** dies erstreckt sich nach § 70 Abs. 4 S. 5 StVollzG NRW auch auf die Dauer der Maßnahme, die Art der Überwachung und die Erteilung einer Rechtsmittelbelehrung.

C. Gerichtliche Kontrolle

Aufgrund ihrer Einstufung als gegenüber der Ingewahrsamnahme eigenständige Freiheits- **17** entziehung und aufgrund der sich aus Art. 104 Abs. 2 GG ergebenden Anforderungen bedarf eine Fixierung iSv S. 1 grundsätzlich einer vorherigen richterlichen Entscheidung, die bei – in der Praxis vermutlich häufig anzunehmender Gefahr im Verzug – nach § 37a S. 4 auch nachgeholt werden kann.

Wie bei anderen Freiheitsentziehungssachen (zur Ingewahrsamnahme vgl. → § 36 Rn. 26) **18** liegt die **Rechtsweg-** und **sachliche Zuständigkeit** bei den Amtsgerichten. Anders als die an den Ort des Ergreifens der betroffenen Person anknüpfende **örtliche Zuständigkeit** für gerichtliche Entscheidungen über die Ingewahrsamnahme (→ § 36 Rn. 28) knüpft die Zuständigkeit für eine Fixierungsanordnung nach § 37a S. 5 an den Ort an, in dem sich die Gewahrsamseinrichtung befindet. Dies beruht darauf, dass das im Polizeigewahrsam eingesetzte Personal mit den Zuständigkeiten und Bereitschaftszeiten des Amtsgerichtes im eigenen Polizeibezirk regelmäßig vertraut ist (vgl. LT-Drs. 17/7624, 6).

Weiterhin werden – wie sonst auch für gerichtliche Entscheidung über polizeirechtliches **19** Festhalten (§ 36 Abs. 2 S. 2, vgl. → § 36 Rn. 30 ff.) – die Verfahrensvorschriften des Buches 7 des FamFG für entsprechend anwendbar erklärt, um einen sachgerechten verfahrensmäßigen Gleichlauf mit der richterlichen Entscheidung über Zulässigkeit und Fortdauer der Freiheitsentziehung herzustellen (vgl. LT-Drs. 17/7624, 6).

§ 38 Dauer der Freiheitsentziehung

(1) Die festgehaltene Person ist zu entlassen,
1. sobald der Grund für die Maßnahme der Polizei weggefallen ist,
2. wenn die Fortdauer der Freiheitsentziehung durch richterliche Entscheidung für unzulässig erklärt wird,
3. in jedem Falle spätestens bis zum Ende des Tages nach dem Ergreifen, wenn nicht vorher die Fortdauer der Freiheitsentziehung auf Grund dieses oder eines anderen Gesetzes durch richterliche Entscheidung angeordnet ist.

(2) Durch die in Absatz 1 Nummer 3 vorgesehene richterliche Entscheidung kann in folgenden Fällen eine abweichende Frist des polizeilichen Gewahrsams bestimmt werden:
1. gemäß § 35 Absatz 1 Nummer 2 bis zu 14 Tagen, wenn es sich um eine Straftat nach § 12 Absatz 1 StGB (Verbrechen) handelt. Durch weitere richterliche Entscheidung ist eine einmalige Verlängerung um bis zu 14 Tage zulässig,

2. gemäß § 35 Absatz 1 Nummer 3, wenn eine Gefahr für Leib, Leben oder Freiheit einer Person besteht, bis zum Ablauf der nach § 34 angeordneten Maßnahme, maximal jedoch bis zu sieben Tagen,

3. gemäß § 35 Absatz 1 Nummer 4 bis zum Ablauf der nach § 34a Absatz 5 angeordneten Maßnahme, maximal jedoch bis zu zehn Tagen,

4. gemäß § 35 Absatz 1 Nummer 6 bis zu sieben Tagen,

5. zum Zwecke der Feststellung der Identität bis zu insgesamt zwölf Stunden, wenn nicht vorher die Fortdauer der Freiheitsentziehung auf Grund dieses oder eines anderen Gesetzes durch richterliche Entscheidung angeordnet wurde. Sofern Tatsachen die Annahme begründen, dass die Identitätsfeststellung innerhalb der Frist nach Satz 1 vorsätzlich verhindert worden ist, genügt es, wenn die richterliche Entscheidung über die Fortdauer des Gewahrsams zum Zwecke der Identitätsfeststellung spätestens bis zum Ende des Tages nach dem Ergreifen herbeigeführt wird. In diesem Fall darf die Freiheitsentziehung die in Nummer 2 genannte Frist nicht überschreiten.

(3) Nach Vollzug der in Absatz 1 Nummer 3 getroffenen richterlichen Entscheidung ist der in Gewahrsam genommenen Person ein anwaltlicher Beistand zu gewähren.

Überblick

§ 38 stellt eine verfassungsrechtlich gebotene gesetzliche Konkretisierung zur maximalen Dauer von Freiheitsentziehungen dar, die die in Art. 104 Abs. 2 S. 3 GG vorgegebene Maximaldauer von nicht auf richterlicher Anordnung beruhenden Freiheitsentziehungen übernimmt (→ Rn. 2), darüber hinaus aber auch spezielle – ereignis- und zeitbezogene – **Beendigungstatbestände sowohl für richterlich angeordnete als auch für nicht auf richterlicher Anordnung beruhende Freiheitsentziehungen** enthält (→ Rn. 10 ff.). Auch über den Regelungsgehalt von § 38 hinaus kann verfassungsrechtlich eine Entlassung der festgehaltenen Person geboten sein (→ Rn. 24). Abs. 3 trifft erstmals unmittelbar im PolG NRW eine Regelung zur Gewährung anwaltlichen Beistands (→ Rn. 25). Soweit die Polizei bei einer ursprünglich rechtmäßigen Freiheitsentziehung in einem der Fälle des § 38 die zwingend vorgesehene Entlassung des Betroffenen unterlässt, stehen diesem grundsätzlich auch die hinsichtlich der Zulässigkeit der Freiheitsentziehung gegebenen Rechtsschutzmöglichkeiten offen (→ Rn. 26 ff.).

Übersicht

A. Allgemeines

1   Die Vorschrift enthält Regelungen zur zulässigen Dauer nicht nur des Polizeigewahrsams im engeren Sinne, sondern zu jedem dem Richtervorbehalt des § 36 Abs. 1 S. 2 unterfallen-

den Festhalten. Sie regelt Näheres zur inhaltlichen Ausgestaltung von Freiheitsentziehungen – sowohl derjenigen, die auf richterlicher Entscheidung beruhen, als auch derjenigen, die ohne richterliche Entscheidung erfolgt sind.

I. Verfassungs-, völker- und europarechtliche Vorgaben

Hinsichtlich derjenigen Freiheitsentziehungen, die nicht richterlich angeordnet worden **2** sind bzw. über deren Fortdauer noch nicht gerichtlich entschieden ist, ist der späteste zulässige Zeitpunkt zur Beendigung der Freiheitsentziehung **verfassungsrechtlich** gem. Art. 104 Abs. 2 S. 3 GG verbindlich vorgegeben, nämlich mit Ablauf des auf das Ergreifen folgenden Tages. Diese Regelung ist im Gegensatz zu Art. 104 Abs. 2 S. 2 GG, der die gesamte staatliche Exekutive erfasst, zur Eingrenzung ihrer Machtvollkommenheit speziell an die „Polizei" gerichtet, womit nach vorzugswürdiger Ansicht nicht nur die Polizei im organisatorischen Sinne, sondern vielmehr im funktionellen Sinne alle Polizei- und Ordnungsbehörden, soweit sie auf dem Gebiet des allgemeinen Polizeirechts tätig werden, gemeint ist (so auch Maunz/Dürig/Mehde GG Art. 104 Rn. 90). Auch wenn Art. 104 Abs. 2 S. 3 GG von „Gewahrsam" und nicht allgemein von Freiheitsentziehung spricht, so ist er doch bei jeder Art polizeirechtlicher Freiheitsentziehungen zu beachten (zum weiten Gewahrsamsbegriff → § 35 Rn. 1). Hiernach kommt ohne richterliche Anordnung oder Bestätigung keine behördliche Freiheitsentziehung mit einer Dauer von mehr als 48 Stunden in Betracht.

Wird eine Person zB in der Silvesternacht um 0:00 Uhr am Neujahrsmorgen ergriffen und in **2.1** Gewahrsam genommen, hat ihre Entlassung kraft Verfassungsrechts allerspätestens mit Ablauf des 2.1. um 24:00 Uhr zu erfolgen, wenn nicht zuvor eine richterliche Entscheidung erwirkt worden ist. Erfolgt das Ergreifen hingegen am Silvesterabend um 23:59 Uhr, so ist der Betroffene bereits mit Ablauf des Neujahrstages (1.1.) um 24:00 Uhr freizulassen. Ob das Fristende auf einen Feiertag fällt, ist im grundrechtlichen Kontext unerheblich. Unabhängig davon, wie sehr sich die zu beachtende Gewahrsamshöchstdauer den 48 Stunden annähert, entbindet die Obergrenze des Art. 104 Abs. 2 S. 3 GG nicht von der gem. Art. 104 Abs. 2 S. 2 GG vorgeschriebenen unverzüglichen, und somit nicht erst nach 24 oder mehr Stunden erfolgenden Herbeiführung einer richterlichen Entscheidung.

Entsprechende zeitliche Obergrenzen sehen die **völker- und europarechtlich** beachtli- **3** chen Vorschriften (Art. 5 EMRK, Art. 6 GRCh) nicht vor. Vielmehr sind in Art. 5 Abs. 3 und Abs. 4 EMRK lediglich Vorgaben für die Zeit bis zu einer Vorführung vor den Richter („unverzüglich") bzw. bis zur gerichtlichen Entscheidung über die Zulässigkeit der Freiheitsentziehung („innerhalb angemessener Frist" bzw. „innerhalb kurzer Frist") enthalten, wobei eine Unverzüglichkeit grundsätzlich nach Ablauf von vier Tagen nicht mehr gegeben ist (EGMR NJW 2007, 3699). Richterliche Anordnungen einer polizeirechtlichen Freiheitsentziehung sind von Art. 104 Abs. 2 S. 3 GG nicht erfasst, sodass zB eine dem Richter gesetzlich gegebene Möglichkeit der Anordnung einer bis zu zweiwöchigen Gewahrsamsfortdauer nicht verfassungswidrig ist (zur entsprechenden bayerischen Regelung vgl. VerfGH Bayern NVwZ 1991, 664).

II. Parallelnormen

Sämtliche Polizeigesetze treffen Regelungen darüber, wann die betroffene Person zu ent- **4** lassen ist. Für Freiheitsentziehungen im Zusammenhang mit einer Strafverfolgung, hinsichtlich derer statt Art. 104 Abs. 2 S. 2 und S. 3 GG vielmehr Art. 104 Abs. 3 GG einschlägig ist, enthält die StPO eigene Vorgaben.

Der Wegfall des Grundes der Freiheitsentziehung (§ 38 Abs. 1 Nr. 1) gebietet gleicherma- **5** ßen nach allen Parallelnormen (§ 42 Abs. 1 S. 1 Nr. 1 BPolG, § 28 Abs. 3 S. 1 BWPolG, Art. 20 S. 1 Nr. 1 BayPAG, § 35 Abs. 1 Nr. 1 HSOG, § 21 S. 1 Nr. 1 NPOG) eine Entlassung, wobei die baden-württembergische Vorschrift von einem Erreichen des Zwecks des Gewahrsams spricht. Die vergleichbare strafprozessrechtliche Regelung in § 120 Abs. 1 StPO schreibt zwar nicht ausdrücklich eine Freilassung, sondern nur eine Aufhebung des Haftbefehls vor; soweit aber anderweitig keine richterliche Anordnung einer Freiheitsentziehung vorliegt, muss auf die Aufhebung des Haftbefehles unverzüglich die Freilassung des Häftlings folgen. Auch eine richterliche Entscheidung, die die Fortdauer der Freiheitsentziehung für unzulässig erklärt (§ 38 Abs. 1 Nr. 2), stellt in den meisten Polizeigesetzen (§ 42 Abs. 1 S. 1 Nr. 2

BPolG, Art. 20 S. 1 Nr. 2 BayPAG, § 35 Abs. 1 Nr. 3 NPOG, § 21 S. 1 Nr. 2 NPOG), nicht aber in § 28 Abs. 3 BWPolG, einen das Festhalten beendenden Tatbestand dar (vgl. insoweit auch § 128 Abs. 2 S. 1 StPO).

6   Wie § 38 Abs. 1 Nr. 3 schreiben alle Polizeigesetze – jedenfalls für den Fall, dass bis dahin keine richterliche Entscheidung ergangen ist – eine Höchstdauer der Freiheitsentziehung vor (vgl. nur § 42 Abs. 1 S. 1 Nr. 3 BPolG, § 28 Abs. 3 S. 2 BWPolG, Art. 20 S. 1 Nr. 3 BayPAG, § 35 Abs. 1 Nr. 4 S. 1 HSOG und – mit missglücktem Normaufbau, nach dem auf Grundlage einer vorherigen richterlichen Entscheidung eine Entlassung des Betroffenen auch dann unterbleiben könnte, wenn der Grund für das Festhalten nach der richterlichen Entscheidung entfallen ist – § 21 S. 1 Nr. 3 NPOG). Soweit bis dahin keine richterlich angeordnete Fortdauer der Freiheitsentziehung vorliegt, hat – wie von Art. 104 Abs. 2 S. 3 GG gefordert – nach allen Polizeigesetzen die Entlassung der betroffenen Person spätestens bis zum Ende des Tages nach dem Ergreifen zu erfolgen, was in Hessen gem. § 35 Abs. 1 Nr. 2 HSOG noch dahingehend modifiziert ist, dass die Entlassung spätestens 24 Stunden nach dem Ergreifen zu bewirken ist, wenn die Person bis dahin nicht dem zuständigen Richter zugeführt worden ist.

7   Abweichend ist die absolute Höchstfrist für polizeirechtliche Freiheitsentziehungen jedoch in den Fällen geregelt, in denen rechtzeitig eine richterliche Entscheidung ergangen ist, mit der die Fortdauer des Gewahrsams angeordnet worden ist. Während § 38 Abs. 1 Nr. 3 in Entsprechung zu § 16 Nr. 3 MEPolG auch im Falle einer richterlichen Entscheidung nach § 36 Abs. 1 S. 1 ein Ende der Freiheitsentziehung zwingend bis zum Ablauf des auf das Ergreifen folgenden Tages vorsieht und darüber hinaus eine Fortdauer des Festhaltens nur zulässt, wenn eine entsprechende richterliche Entscheidung **auf der Grundlage eines anderen Gesetzes** ergangen ist, sind der Bundesgesetzgeber und die meisten Landesgesetzgeber dazu übergegangen, in ihren Polizeigesetzen auch für auf Grundlage des jeweiligen Polizeigesetzes richterlich angeordnete Freiheitsentziehungen die Maximaldauer über den Ablauf des Tages nach dem Ergreifen auszudehnen. Geregelt werden für diese Fälle konkrete Höchstfristen von bis zu zwei Wochen (§ 42 Abs. 1 S. 1 S. 2, S. 3 BPolG: vier Tage; § 28 Abs. 3 S. 5 Hs. 2 BWPolG: zwei Wochen; Art. 20 S. 2 Hs. 2 BayPAG: drei Monate mit unbegrenzten Verlängerungsoptionen; § 35 Abs. 1 Nr. 4 S. 2 Hs. 2 HSOG: bis zehn Tage; § 21 S. 2 Hs. 2, S. 3 NPOG: bis 14 Tage mit zweimaliger Verlängerungsoption für 14 und sieben Tage). Aufgrund der beachtlichen Divergenz der geregelten Fristen ist der mitunter geäußerte Vorwurf einer gewissen Beliebigkeit (so Lisken/Denninger PolR-HdB/Rachor/Graulich E Rn. 548) nicht von der Hand zu weisen, zumal in Bremen und Schleswig-Holstein überhaupt keine zeitliche Begrenzung einer richterlich angeordneten Freiheitsentziehung geregelt ist. Verfassungswidrig ist das Fehlen einer gesetzlichen Befristung jedoch nicht, da Art. 104 Abs. 2 S. 3 GG eine Grenze gerade nur für ohne richterliche Anordnung erfolgende vorläufige Freiheitsentziehungen durch die Polizei setzt und die richterliche Bestimmung einer konkreten Gewahrsamsdauer für den Einzelfall den Grundsatz der Verhältnismäßigkeit wahren muss. Dementsprechend ist auch der Untersuchungshaft in der StPO keine fixe Grenze gesetzt, sondern – unter verschärften Voraussetzungen – ein Aufrechterhalten der Untersuchungshaft über sechs Monate und auch über ein Jahr hinaus ausdrücklich für möglich erklärt (vgl. §§ 121 ff. StPO).

8   Wie der nordrhein-westfälische Gesetzgeber in § 38 Abs. 2 beschränken auch der Bundesgesetzgeber (§ 42 Abs. 2 BPolG) und der hessische Landesgesetzgeber (§ 35 Abs. 2 HSOG) die Höchstdauer einer Freiheitsentziehung zum Zwecke der Identitätsfeststellung auf zwölf Stunden, was sich auch mit § 163c Abs. 2 StPO deckt. In Niedersachsen „soll" ein polizeirechtliches Festhalten zur Identitätskontrolle maximal sechs Stunden andauern (§ 21 S. 4 NPOG), während zB Baden-Württemberg und Bayern keine speziellen Regelungen treffen.

III. Entstehungsgeschichte

9   Die Vorschrift ist nach der Neufassung des PolG NRW v. 25.3.1980 (GV. NRW. 234; § 16 PolG NRW 1980) zunächst lange Zeit inhaltlich unverändert geblieben. Mit dem Gesetz zur Stärkung der Sicherheit in Nordrhein-Westfalen v. 13.12.2018 (GV. NRW. 684) ist die zulässige Dauer des Gewahrsams erheblich erweitert worden, hinsichtlich des Unterbindungsgewahrsams nach § 35 Abs. 1 Nr. 2 und des Gewahrsams zur Durchsetzung von Anordnungen

nach §§ 34b und 34c jedoch nicht in solchem Maße wie noch im Gesetzentwurf (LT-Drs. 17/2351) vorgesehen.

B. Einzelkommentierung

Während in Abs. 1 Nr. 1 und Nr. 2 konkrete Ereignisse benannt sind, die – ähnlich einer **10** auflösenden **Bedingung** – zu einer sofortigen Freilassung des Betroffenen führen, werden in Abs. 1 Nr. 3 und Abs. 2 – ähnlich einer **Befristung** – zeitliche Höchstgrenzen geregelt. Abs. 1 Nr. 1 und Nr. 3 sind sowohl für ohne richterliche Entscheidung vollzogene als auch für richterlich angeordnete bzw. bestätigte Freiheitsentziehungen einschlägig. In Abs. 1 Nr. 2 ist eine die Freiheitsentziehung für unzulässig erklärende Entscheidung des Gerichts vorausgesetzt. Abs. 2 verlangt eine richterliche Entscheidung über den Gewahrsam und stellt eine Abweichung „nach diesem Gesetz" von der allgemeinen Vorschrift des Abs. 1 Nr. 3 dar, wonach die Freiheitsentziehung grundsätzlich zum Ende des Tages nach dem Ergreifen zu enden hat. Abs. 3 enthält eine gesetzliche Verpflichtung zur Gewährung anwaltlichen Beistands.

I. Wegfall des Grundes für die Freiheitsentziehung (Abs. 1 Nr. 1)

Mit dem Wegfall des Grundes für eine Freiheitsentziehung kann diese nicht mehr geeignet **11** und erforderlich zur Erreichung des angestrebten Zwecks sein, sodass eine Fortdauer des Gewahrsams gegen den zu jedem Zeitpunkt einer hoheitlichen Maßnahme zu beachtenden Verhältnismäßigkeitsgrundsatz verstoßen würde und die Notwendigkeit der Freilassung der betroffenen Person an sich eine **Selbstverständlichkeit** ist. Bereits seit den ersten eigenen polizeigesetzlichen Regelungen auf Landesebene (vgl. § 26 Abs. 1 idF der Bekanntmachung v. 28.10.1969, GV. NRW. 740) wird aber eine ausdrückliche Regelung dieser Selbstverständlichkeit für erforderlich gehalten, um der besonderen Bedeutung des Grundrechts der Freiheit der Person ausreichend Rechnung zu tragen. In der Praxis wird die Bedeutung dieser Vorschrift für Entlassungen zunehmen, da mit der Einführung längerer Gewahrsamshöchstdauern in Abs. 2 häufiger Konstellationen auftreten werden, in denen der Gewahrsamsgrund vor Ablauf der richterlich angeordneten Gewahrsamsdauer entfällt; in diesen Fällen kann und muss die Polizei den Betroffenen vor Ablauf der in der Entscheidung des Gerichts bestimmten (Maximal-) Dauer aus dem Gewahrsam entlassen. Die richterliche Entscheidung entbindet die Behörde nicht von ihrer Verpflichtung, das Fortbestehen der Gewahrsamsvoraussetzungen und der Verhältnismäßigkeit der Freiheitsentziehung selbst weiter unter Kontrolle zu halten.

Im Falle des § 35 Abs. 1 Nr. 1 entfällt der Gewahrsamsgrund, sobald die Gefahr für Leib oder Leben **11.1** des Betroffenen beendet ist, zB weil die stark betrunkene Person wieder so weit ausgenüchtert ist, dass keine nicht von freier Willensbildung getragene Eigengefährdungen mehr zu erwarten sind. Der Grund des § 35 Abs. 1 Nr. 2 fällt weg, wenn die Begehung oder Fortsetzung der befürchteten Straftat nicht mehr möglich ist. Dies kann zB im Falle eines notorischen Ladendiebes, bei dem mangels Haftgrundes die Anordnung von Untersuchungshaft ausscheidet, der aber zur Verhinderung weiterer Diebstähle in der Innenstadt in Polizeigewahrsam genommen werden soll, angenommen werden, wenn die allgemeinen Ladenöffnungszeiten abgelaufen sind. Der Zweck der Durchsetzung einer Platzverweisung, eines Aufenthaltsverbots oder einer Wohnungsverweisung (§ 35 Abs. 1 Nr. 3 und Nr. 4) entfällt mit deren Aufhebung oder mit dem zeitlichen Ablauf der Maßnahme. Im Falle eines Gewahrsams zum Schutz privater Rechte gem. § 35 Abs. 1 Nr. 5 hat eine Freilassung des Anspruchsgegners insbesondere dann zu erfolgen, sobald der Anspruch des Anspruchstellers erfüllt oder dessen Verwirklichung nicht mehr gefährdet ist. Bei der Ingewahrsamnahme Minderjähriger (§ 35 Abs. 2) endet der Gewahrsam automatisch mit der Zuführung an den Sorgeberechtigten oder an das Jugendamt, da diese den Zweck des Gewahrsams erfüllende Zuführung faktisch stets mit einer Entlassung aus der Freiheitsentziehung einhergeht. Im Falle der gem. § 35 Abs. 3 in Gewahrsam genommenen Gefangenen findet mit der Erfüllung des Gewahrsamszwecks der Übergabe an die Anstalt zwar keine Entlassung des Betroffenen in Freiheit statt, aber gleichwohl endet damit der polizeiliche Gewahrsam parallel mit dem Wegfall seines Grundes.

Im Falle der Freiheitsentziehung zur Identitätsfeststellung (§ 12 Abs. 2 S. 3) ist der Grund für das **11.2** Festhalten mit erfolgter Feststellung der Identität weggefallen. Sofern ein Festhalten im Hinblick auf § 10 Abs. 3 Nr. 1 erfolgt, entfällt der Grund, sobald die betroffene Person die zur Gefahrenabwehr erforderlichen Angaben gemacht hat oder festgestellt worden ist, dass sie sie nicht machen kann oder machen will. Im Falle des § 10 Abs. 3 Nr. 2 hat eine Entlassung des Betroffen unmittelbar nach Vollendung der erkennungsdienstlichen Maßnahmen zu erfolgen.

II. (Ablehnende) Richterliche Entscheidung (Abs. 1 Nr. 2)

12   Abs. 1 Nr. 2 unterscheidet nicht danach, ob das Amtsgericht – was jedenfalls im Falle der vom zuständigen Richter offensichtlich für rechtswidrig erachteten Freiheitsentziehungen und bei fehlenden Rechtsmittelambitionen der Polizei wünschenswert wäre – gem. § 422 Abs. 2 FamFG die sofortige Wirksamkeit der Entscheidung anordnet oder ob die Wirksamkeit des die Freiheitsentziehung ablehnenden Beschlusses erst mit dessen Rechtskraft, also in der Regel einen Monat nach schriftlicher Bekanntgabe der Entscheidung, eintritt (§ 422 Abs. 1 FamFG). Eine Pflicht zur Entlassung des Betroffenen nach Abs. 1 Nr. 2 kann grundsätzlich **nur im Falle der Wirksamkeit der richterlichen Entscheidung** bestehen (so wohl auch Tegtmeyer/Vahle PolG NRW Rn. 4). Dies kann nicht zu einer übermäßigen Ausdehnung der Freiheitsentziehung führen. Wenn die Polizei die gerichtliche Entscheidung akzeptiert, kann und wird sie regelmäßig unverzüglich eine Freilassung des Betroffenen veranlassen. Akzeptiert die Polizei die Entscheidung hingegen nicht, kommt eine über den auf das Ergreifen des Betroffenen folgenden Tag (Abs. 1 Nr. 3) hinaus andauernde Freiheitsentziehung nur im Falle einer entsprechenden richterlichen Anordnung der Fortdauer in Betracht; andernfalls ist ungeachtet einer Wirksamkeit einer die Freiheitsentziehung ablehnenden gerichtlichen Entscheidung spätestens zum Ablauf des Folgetages gem. Abs. 1 Nr. 3 die Entlassung vorzunehmen, wenn nicht zuvor von der Polizei eine stattgebende gerichtliche Entscheidung eingeholt wird. Ein solches Normverständnis trägt dem Bedürfnis der Polizei Rechnung, im Falle einer angenommenen richterlichen Fehlentscheidung am Gewahrsam zur Gefahrenabwehr noch länger festhalten zu können, bis entweder der auf das Ergreifen des Betroffenen folgende Tag abgelaufen ist oder unter Umständen bereits vorab das Landgericht über die Beschwerde der Polizei entschieden hat.

III. Höchstdauer polizeirechtlich begonnener Freiheitsentziehungen bei fehlender richterlicher Anordnung der Fortdauer (Abs. 1 Nr. 3)

13   § 38 Abs. 1 Nr. 3 übernimmt die für jegliche polizeiliche Freiheitsentziehung aus Art. 104 Abs. 2 S. 3 GG folgenden verfassungsrechtlichen Vorgaben. Abweichend von der lange geltenden Ursprungsfassung schreibt die Vorschrift nunmehr eine **fixe Höchstdauer nur für nicht richterlich angeordnete Freiheitsentziehungen** verbindlich vor. Bei richterlichen Entscheidungen über die – auf Grund des PolG NRW oder eines anderen Gesetzes zugelassene – Fortdauer der Freiheitsentziehung gilt hingegen nicht mehr die grundsätzliche Frist des § 38 Abs. 1 Nr. 3. Insbesondere bei verschiedenen Gewahrsamstatbeständen dürfen nordrhein-westfälische Amtsrichter nunmehr nach § 38 Abs. 2 – wie in den meisten anderen Bundesländern (→ Rn. 7) – eine über das Ende des auf das Ergreifen folgenden Tages hinausreichende Fortdauer der Freiheitsentziehung gem. § 36 Abs. 1 S. 1 anordnen. Als anderen Gesetzen iSv § 38 Abs. 1 Nr. 3 kommt insbesondere den strafprozessrechtlichen Vorschriften zur – über einen deutlich längeren Zeitraum möglichen – Untersuchungshaft (§§ 112 ff. StPO) praktische Bedeutung zu. Durch eine vorläufige Festnahme einer bereits einen Tag zuvor auf polizeirechtlicher Grundlage in Gewahrsam genommene Person gem. § 127 Abs. 2 StPO wird jedoch nicht der verbindliche Entlassungszeitpunkt nach § 38 Abs. 1 Nr. 3 um einen Tag nach hinten verschoben, da die Festnahme der bereits festgehaltenen Person kein Ergreifen darstellt. Dass nach § 128 Abs. 1 StPO eine Vorführung bei dem Amtsrichter bis zum auf die Festnahme folgenden Tag erfolgen kann, ändert nichts daran, dass eine Entlassung aus dem Polizeigewahrsam in Fällen einer einen Tag vor der Festnahme erfolgenden Ingewahrsamnahme mit Ablauf des auf das Ergreifen folgenden Tages, dh entgegen § 128 StPO noch am Tag der vorläufigen Festnahme, vorzunehmen ist, wenn bis dahin keine richterliche Entscheidung über die Fortdauer des Gewahrsams oder aber über die Untersuchungshaft ergangen ist (so Tegtmeyer/Vahle PolG NRW Rn. 5).

14   Die Entlassung der betroffenen Person muss bis zum Ablauf des auf das Ergreifen folgenden Tages insoweit abgeschlossen sein, dass die räumliche Fortbewegungsfreiheit des Betroffenen nicht mehr unterbunden wird. Ein bloßer Beginn einer längeren Entlassungsprozedur um 23:59 Uhr in vom Betroffenen nicht zu öffnenden Räumlichkeiten genügt nicht (vgl. Lisken

ZRP 1996, 332; EGMR NJW 1999, 775). Entsprechende Grenzfälle dürften in der nordrhein-westfälischen Gewahrsamspraxis aber kaum zu erwarten sein.

IV. Gewahrsamshöchstdauer bei richterlicher Anordnung (Abs. 2)

In Abs. 2 sind längere Gewahrsamshöchstdauern geregelt, die durch richterliche Entscheidung über den in Abs. 1 Nr. 3 genannten Entlassungszeitpunkt hinaus theoretisch ausgeschöpft werden können. Für **in Abs. 2 nicht geregelte Fälle** des Gewahrsams nach § 35 bleibt es bei der in Abs. 1 Nr. 3 geregelten Vorgabe, dass der Betroffene spätestens am auf sein Ergreifen folgenden Tag zu entlassen ist (so zB in den Fällen des § 35 Abs. 1 Nr. 1 und Nr. 5, Abs. 2 und Abs. 3). Da Abs. 2 eine Abweichung von der an den Zeitpunkt des Ergreifens anknüpfenden Vorgabe des Abs. 1 Nr. 3 ermöglicht und es nach der Vorstellung des Gesetzgebers um die Dauer der Freiheitsentziehung geht (LT-Drs. 17/3865), ist die **Frist jeweils ab dem Zeitpunkt des Ergreifens zu berechnen** (vgl. BeckOK PolR BW/ Hauser BWPolG § 28 Rn 56a; BeckOK PolR Nds/Waechter Nds. SOG § 21 Rn. 6). Inwieweit das Amtsgericht die genannten Maximalfristen ausschöpft, hängt einerseits davon ab, für wie lange die den Gewahrsam rechtfertigende Gefahrenlage, also eine Erfüllung des jeweiligen Tatbestands des § 35 angenommen wird. Selbst wenn dieser Tatbestand für die gesamte gesetzlich zugelassene Maximaldauer als erfüllt angesehen wird, unterliegt die Entscheidung über die Fortdauer des Gewahrsams dem richterlichen **Ermessen.** Das Amtsgericht hat diesbezüglich – unabhängig von der in einigen Gewahrsamtatbeständen zu enthaltenen Unerlässlichkeitsvorgabe – den Grundsatz der Verhältnismäßigkeit zu beachten. **15**

1. Gewahrsam zur Verhinderung von Verbrechen (Abs. 2 Nr. 1)

Zur Verhinderung der Begehung einer unmittelbar bevorstehenden Straftat kommt nach Abs. 2 Nr. 1, wenn es sich um ein **Verbrechen** iSv § 12 Abs. 1 StGB, also um eine im Mindestmaß mit Freiheitsstrafe von einem Jahr oder mehr bedrohte Tat handelt, eine erstmalige Anordnung der Fortdauer des Gewahrsams auf bis zu 14 Tage nach dem Ergreifen in Betracht. Zur Verhinderung von Straftaten, die im Mindestmaß mit einer geringeren Freiheitsstrafe oder mit einer Geldstrafe bedroht sind (Vergehen, § 12 Abs. 2 StGB), oder von Ordnungswidrigkeiten bleibt es dabei, dass der Betroffene spätestens am auf sein Ergreifen folgenden Tag zu entlassen ist (§ 38 Abs. 1 Nr. 3). Im ursprünglichen Regierungsentwurf zum Sechsten Gesetz zur Änderung des Polizeigesetzes des Landes Nordrhein-Westfalen (LT-Drs. 17/2351) war noch eine vor vornherein mögliche Anordnung der Gewahrsamsfortdauer bis zu einem Monat für jegliche Arten von Straftaten (auch Vergehen) und daneben auch in Fällen eine im Gesetzentwurf zunächst vorgesehenen drohenden terroristischen Gefahr (§ 8 Abs. 5 des Entwurfs) angedacht. Nachdem dies im Gesetzgebungsverfahren auf erhebliche Kritik von Verbänden und Sachverständigen gestoßen ist, ist der Gesetzgeber hiervon abgerückt. Die Möglichkeit einer **Gewahrsamsanordnung für bis zu zwei Wochen unterliegt keinen verfassungsrechtlichen Bedenken** (vgl. VerfGH Bayern NVwZ 1991, 664; dahingehend tendierend auch BVerfG NJW 2004, 310; so auch v. Coelln/Pernice-Warnke/ Pützer/Reisch NWVBl. 2019, 89 (96)). **16**

Eine nach Abs. 2 Nr. 1 S. 2 **einmalig** ermöglichte **Verlängerung** des Gewahrsams um bis zu 14 weitere Tage ist nur auf Grundlage einer **weiteren richterlichen Entscheidung** möglich. Mit Blick darauf und auf die Vorgabe, dass eine Verlängerung nur einmalig – und nicht im Sinne von **Kettenverlängerungen** unbegrenzt – in Betracht kommt, dürfte die Regelung einer verfassungsrechtlichen Überprüfung standhalten, zumal Art. 104 Abs. 2 GG für den Fall, dass die Freiheitsentziehung durch ein Gericht angeordnet wird, keine zeitliche Begrenzung vorgibt und jede richterliche Entscheidung ihrerseits verfassungsrechtlichen Vorgaben – vor allem dem Grundsatz der Verhältnismäßigkeit – genügen muss (im Gesetzgebungsverfahren krit. Arzt, Stellungnahme 17/936, 28; Gazeas, Stellungnahme 17/945, 19 f.; eine Verfassungsmäßigkeit ausdrücklich annehmend Klein, Stellungnahme 17/926, 9; Thiel, Stellungnahme 17/944, 7; keine Bedenken äußernd: v. Coelln, Stellungnahme 17/935, 6; Ennuschat, Stellungnahme 17/940, 10). Die Verlängerung darf nur erfolgen, wenn und soweit nach Ablauf der zunächst angeordneten Gewahrsamsdauer weiterhin sämtliche Voraussetzungen des jeweiligen Gewahrsamtatbestandes erfüllt sind und die **Verhältnismäßigkeit** im Einzelfall gegeben ist. Bei der Prüfung der Verhältnismäßigkeit ist die vorangegangene **17**

Dauer der Freiheitsentziehung zu berücksichtigen, so dass eine Verlängerung in der Regel höheren Anforderungen unterliegt als die erstmalige Anordnung der Fortdauer. Dies gilt auch für den Fall, dass der Betroffene nach einer erfolgten Verlängerung zum Ablauf der absoluten Höchstdauer von maximal 28 Tagen aus dem Gewahrsam entlassen wird und unmittelbar darauf wieder in Gewahrsam genommen werden soll. Ein neuer Gewahrsam ist dann zwar nicht ausgeschlossen, wird aber nur noch in ganz außergewöhnlichen Ausnahmefällen in Betracht kommen (zu unbedarft insoweit Thiel, Stellungnahme 17/944, 7).

2. Gewahrsam zur Durchsetzung von Platzverweisungen (Abs. 2 Nr. 2)

18   Die in Abs. 2 Nr. 2 eingeräumte Möglichkeit der Anordnung eines über den Folgetag des Ergreifens hinausgehenden Gewahrsams zur Durchsetzung von Maßnahmen nach § 34 ist in sachgerechter Weise auf Fälle beschränkt, in denen eine Gefahr für Leib, Leben oder Freiheit einer Person besteht. Es bedarf insoweit einer konkreten Gefahr iSv § 8 Abs. 1. Bei kurzfristigen Platzverweisen im engeren Sinne nach § 34 Abs. 1 darf die Gewahrsamsfortdauer nicht länger als bis zum Ablauf der Dauer der Platzverweisung angeordnet werden. Bei längerfristigen Platzverweisungen, insbesondere den nach § 34 Abs. 2 bis zu drei Monaten möglichen Aufenthaltsverboten, erscheint die Begrenzung der Gewahrsamsdauer auf maximal sieben Tage angemessen.

3. Gewahrsam zur Durchsetzung von Wohnungsverweisungen (Abs. 2 Nr. 3)

19   Auch im Falle einer Ingewahrsamnahme zur Durchsetzung einer Wohnungsverweisung nach § 34a darf eine Fortdauer des Gewahrsams nur bis zum Ablauf der angeordneten Maßnahme angeordnet werden. Die daneben geregelte **Höchstfrist von zehn Tagen entspricht der üblichen Dauer von Wohnungsverweisung und Rückkehrverbot** (§ 34a Abs. 5 S. 1). Sie hat nur dann Relevanz, wenn die gefährdete Person während der Geltungsdauer der Maßnahmen einen Antrag auf zivilgerichtlichen Schutz gestellt hat, was zur Folge hat, dass Wohnungsverweisung und Rückkehrverbot erst mit dem Tag der gerichtlichen Entscheidung, spätestens mit dem Ablauf des zehnten Tages nach dem eigentlichen Ablauf der Geltungsdauer der Maßnahmen enden (§ 34a Abs. 5 S. 2).

4. Gewahrsam zur Durchsetzung von Maßnahmen nach §§ 34b und 34c (Abs. 2 Nr. 4)

20   Soweit ein Gewahrsam zur Durchsetzung von Maßnahmen nach §§ 34b oder 34c zulässig ist, erscheint auch die **Beschränkung auf bis zu sieben Tage angemessen.** Da die §§ 34b und 34c keine konkrete Gefahr erfordern, sondern unter den in den Vorschriften genannten Voraussetzungen auch schon im Vorfeld der eigentlichen konkreten Gefahr zu den geregelten Maßnahmen ermächtigen, ist es schlüssig, dass die Gewahrsamshöchstdauer unter derjenigen des § 38 Abs. 2 Nr. 1 (14 bzw. 28 Tage) bleibt, der eine konkrete Gefahr der Begehung eines Verbrechens verlangt. Im Hinblick auf das Gewicht der von terroristischen Straftaten bedrohten Schutzgüter wäre es aber nicht zwingend notwendig gewesen, gegenüber Gefährdern (drohende Gefahr) eine kürzere Gewahrsamshöchstdauer zu regeln als gegenüber Störern (konkrete Gefahr). Die im ursprünglichen Gesetzentwurf (LT-Drs. 17/2351) noch vorgesehene, aber nicht gebotene Beschränkung von Abs. 2 Nr. 4 auf Fälle gewerbs- oder bandenmäßiger Begehung ist im Gesetzgebungsverfahren (LT-Drs. 17/3865) ohne Begründung entfallen.

5. Gewahrsam zum Zwecke der Identitätsfeststellung (Abs. 2 Nr. 5)

21   Die bereits in der Neufassung des PolG NRW v. 25.3.1980 (GV. NRW. 234; § 16 PolG NRW 1980) auf **zwölf Stunden** begrenzte Maximaldauer von Freiheitsentziehungen zur Identitätsfeststellung hat der nordrhein-westfälische Gesetzgeber zur Vermeidung von Wertungswidersprüchen in Anlehnung an die strafprozessrechtliche Parallelnorm des § 163c Abs. 2 StPO normiert (vgl. LT-Drs. 8/4080, 61). Im Grundsatz ist diese Höchstdauer in Abs. 2 Nr. 5 S. 1 auch beibehalten worden, soweit nicht vorher eine richterliche Anordnung über die Fortdauer des Gewahrsams ergeht. Auch insoweit gilt, dass das Entlassen des Betroffenen spätestens mit Ablauf des Zwölfstundenzeitraumes abgeschlossen sein muss und dass ein bloßes Beginnen des Entlassungsvorgangs nicht ausreicht. Sollte die Identität bereits früher – zB durch Vorlage des Personalausweises (vgl. BVerfG NVwZ 2011, 743 (745)) – festgestellt worden sein, hat die Entlassung gem. § 38 Abs. 1 Nr. 1 wegen Wegfall des Grundes der Freiheitsentziehung zu erfolgen. Sofern sich während des bis zu zwölfstündigen Festhaltens zur Identitätsfeststellung jedoch andere Gründe für eine Freiheitsentziehung ergeben, kann das Festhalten über den zwölfstündigen Zeitraum hinaus bis zum Ablauf der Frist des § 38 Abs. 1 Nr. 3 zulässig sein.

Obgleich in Fällen des Festhaltens zur Durchsetzung einer Vorladung (§ 10 Abs. 3) regelmäßig kein **21.1** höherer zeitlicher Aufwand zu erwarten ist als bei einem Festhalten zur Identitätsfeststellung, ist § 38 Abs. 2 Nr. 5 nicht auf Freiheitsentziehungen zur Durchsetzung einer Vorladung übertragbar, sodass es für eine diesbezügliche Beendigung der Freiheitsentziehung bei den Tatbeständen des Abs. 1 verbleibt.

Die Zwölf-Stunden-Frist wurde bereits früher – insbesondere im Hinblick auf die oftmals **22** zeitraubenden Schwierigkeiten bei der Ermittlung der Identität von Ausländern oder von nach den Datenanlagen nicht registrierten Personen – mitunter für zu kurz erachtet (vgl. Heise/Riegel, Musterentwurf eines einheitlichen Polizeigesetzes, 2. Aufl. 1978, 70). Mit der Begründung, dass die Klärung der Identität innerhalb der Frist von zwölf Stunden in zahlreichen Fällen – zB wegen des Fehlens von Passpapieren oder der Manipulation der Fingerkuppen mit Sekundenkleber oder Bitumen – auf unüberwindbare Hindernisse stoße, hat der Gesetzgeber mit dem Sechsten Gesetz zur Änderung des Polizeigesetzes des Landes Nordrhein-Westfalen die bis dahin fix auf zwölf Stunden begrenzte Gewahrsamshöchstdauer modifiziert. Aufgrund richterlicher Entscheidung kommt nunmehr eine längere Gewahrsamsfortdauer „auf Grund dieses oder eines anderen Gesetzes" in Betracht (Abs. 2 Nr. 5 S. 1 Hs. 2). Nach diesem Gesetz, also dem PolG NRW, ist eine längere Gewahrsamshöchstdauer zum Zwecke der Identitätsfeststellung in Abs. 2 Nr. 5 S. 3 geregelt, wonach eine auf Grund gerichtlicher Entscheidung fortdauernde Freiheitsentziehung die in Abs. 2 Nr. 2 genannte **Frist von sieben Tagen** nicht überschreiten darf. Soweit Abs. 2 Nr. 5 S. 3 die siebentägige Frist „in diesem Fall" vorsieht, kommt eine dahingehende Auslegung, dass anknüpfend an S. 1 jeder Fall einer vor Ablauf von zwölf Stunden eingeholten richterlichen Entscheidung erfasst ist, nicht in Betracht. Selbst wenn sich im Einzelfall eine Identitätsfeststellung als langwieriger erweist, könnte eine solche generelle Ausweitung der Maximaldauer der Freiheitsentziehung zum Zwecke der Identitätsfeststellung unter Verhältnismäßigkeitsgesichtspunkten – mit Blick auf die heutigen technischen Kommunikationsmöglichkeiten und die auch im Ausland verbesserten Modalitäten der melderechtlichen Erfassung – rechtlich bedenklich erscheinen. Der Wortlaut des S. 3 und die Systematik der Norm sprechen hingegen eindeutig dafür, dass als „dieser Fall" ein Fall des vorstehenden S. 2 gemeint ist, in welchem der Betroffene – durch eigenes Handeln (zB durch Manipulation der Fingerkuppen) – die Identitätsfeststellung innerhalb der Frist von zwölf Stunden vorsätzlich verhindert hat. Die Begründung zum Regierungsentwurf des Sechsten Gesetzes zur Änderung des Polizeigesetzes des Landes Nordrhein-Westfalen könnte zwar noch dahingehend zu verstehen sein, dass eine Verlängerung auf bis zu sieben Tage für jeden Fall in Betracht kommen sollte, in dem „absehbar ist, dass die zur Verfügung stehenden zwölf Stunden nicht zur zweifelsfreien Abklärung der Identität ausreichen werden" (LT-Drs. 17/2351, 47). Dies dürfte aber nicht der Intention des Gesetzgebers entsprechen. Der Landtag als Gesetzgeber hat die Entwurfsfassung des § 38 Abs. 2 Nr. 5 zwar unverändert gelassen; jedoch geht aus der Begründung zum Änderungsantrag der Mehrheitsfraktionen unmissverständlich hervor, dass die Höchstfrist von sieben Tagen nach S. 3 – entsprechend dem sich nach Wortlaut und Systematik aufdrängenden Verständnis – **nur für die gerichtliche Entscheidung im Falle einer vorsätzlichen Verhinderung der Identitätsfeststellung** (S. 2) zu beachten sein soll (vgl. LT-Drs. 17/3865, 21 f.). Für Fälle der vorsätzlichen Verhinderung der Identitätsfeststellung begegnet eine auf Ausweitung der Gewahrsamshöchstdauer auf sieben Tage keinen Bedenken (im Einzelnen Ennuschat, Stellungnahme 17/940; LG Mönchengladbach BeckRS 2019, 19043; aA Arzt, Stellungnahme 17/936, 29). Auch insoweit hat das Gericht zu prüfen, inwieweit es den gesetzlich als Maximum vorgegebenen Rahmen ausschöpft. Die Verlängerung des Gewahrsams ist dabei auf das unbedingt notwendige Maß zu beschränken und darf nicht dazu führen, dass die zur Klärung der Identität erforderlichen Maßnahmen nicht mehr mit derselben Dringlichkeit durchgeführt werden wie zuvor.

22.1 Das Gericht muss sich die Überzeugung verschaffen, dass der Zeitraum von zwölf Stunden bzw. bis zum Ablauf des auf das Ergreifen folgenden Tages trotz Ausschöpfung aller zur Verfügung stehenden Mittel und Kapazitäten voraussichtlich nicht ausreichend ist. Daher wird die Polizei in ihrem Antrag auf richterliche Entscheidung die bislang unternommenen Bemühungen (Handflächenabdrücke, Abgleich von Lichtbildern und festgestellten körperlichen Merkmalen oder von Messergebnissen) sowie die Wahrscheinlichkeit und den Zeitpunkt eines voraussichtlichen Ergebnisses dieser Bemühungen vollständig und detailliert darlegen müssen. Es werden bei Fällen manipulierter Fingerkuppen auch Angaben dazu erforderlich sein, warum keine Reinigung der Fingerkuppen des Betroffenen versucht wurde. Soweit der Gesetzgeber insoweit pauschal darauf verweist, dass die Gewahrsamsfortdauer gegenüber dem zwangsweisen Entfernen der Fremdstoffe das mildere Mittel sei (LT-Drs. 17/3865, 22), verkennt dies das Gewicht des Grundrechts auf Freiheit der Person. Insbesondere wenn sich der Betroffene mit Reinigungsmaßnahmen (zB mit Aceton) und den damit verbundenen gesundheitlichen Risiken einverstanden erklärt, um eine längere Freiheitsentziehung zu vermeiden, wird man ihn nicht darauf verweisen können, dass der Gewahrsam das mildere Mittel sei. Fraglos muss die Polizei bei ihrer Entscheidung, ob sie mit Zustimmung des Betroffenen Reinigungsmaßnahmen unternimmt, auch der Gesundheit der befassten Beamten Rechnung tragen; insoweit ist aber zu prüfen, inwieweit dieser durch zumutbare Maßnahmen (zB Schutzkleidung) begegnet werden kann.

23 Soweit in Abs. 2 Nr. 5 S. 2 die richterliche Entscheidung in Fällen offenbar vorsätzlicher Verhinderung der Identitätsfeststellung nicht zwingend bereits vor Ablauf von zwölf Stunden erfolgen muss, sondern bis zum Ablauf des Tages nach dem Ergreifen herbeigeführt werden kann, entspricht dies der verfassungsrechtlichen Vorgabe des Art. 104 Abs. 2 S. 3 GG. Die Vorgabe ändert jedoch nichts daran, dass die richterliche Entscheidung stets **unverzüglich** herbeigeführt werden muss und damit regelmäßig vor Ablauf des nächsten Tages zu erfolgen hat.

6. Entlassungspflicht bei Verstoß gegen Art. 104 Abs. 2 S. 2 GG

24 Aufgrund der unmittelbaren Geltung der verfassungsrechtlichen Vorgaben des Art. 104 GG wird auch im einfachgesetzlich nicht geregelten Fall des Verstoßes gegen die Pflicht zur unverzüglichen Herbeiführung einer richterlichen Entscheidung eine Verpflichtung der Polizei zur Freilassung des Betroffenen angenommen (vgl. Lisken/Denninger PolR-HdB/ Rachor/Graulich E Rn. 565). Dies mag zutreffen, wird in der Praxis aber wohl selten tatsächlich zu einer sofortigen Entlassung aus dem Gewahrsam führen, da in den meisten Fällen einer objektiv vorliegenden und nicht gem. § 36 Abs. 1 S. 2 zulässigen Überschreitung der Unverzüglichkeitsgrenze die handelnden Beamten subjektiv regelmäßig irrig annehmen, dass die von ihnen noch beabsichtigte Herbeiführung der richterlichen Entscheidung dem Unverzüglichkeitserfordernis genügen wird oder dass die Herbeiführung einer richterlichen Entscheidung entbehrlich ist. Dass ein Verwahrter von der Polizei einmal „vergessen" werden sollte und dass aus diesem Grund die Herbeiführung der richterlichen Entscheidung nicht unverzüglich erfolgt, weil der zuständige Beamte bemerkt, dass dem Unverzüglichkeitserfordernis nicht mehr Genüge getan werden kann, dürfte hingegen selten vorkommen.

V. Pflicht zur Gewährung anwaltlichen Beistands (Abs. 3)

25 Zur rechtsstaatlichen Absicherung des mit der Freiheitsentziehung verbundenen einschneidenden Grundrechtseingriff ist mit dem Sechsten Gesetz zur Änderung des Polizeigesetzes des Landes Nordrhein-Westfalen in Abs. 3 eine Regelung eingeführt worden, aufgrund derer in Fällen einer richterlichen Entscheidung nach Abs. 2 die gesetzliche Pflicht zur Gewährung anwaltlichen Beistands besteht. Damit entfällt aber nicht die aus dem **Grundsatz des fairen Verfahrens** erwachsene Verpflichtung, einem Betroffenen zu ermöglichen, sich zur Wahrung seiner Rechte in einem Freiheitsentziehungsverfahren von einem **Verfahrensbevollmächtigten** seiner Wahl vertreten zu lassen und diesen bereits zu der Anhörung hinzuzuziehen (BGH NVwZ 2016, 1430 (1431); → § 36 Rn. 38 f.).

C. Rechtsschutz

26 Im Rahmen der gem. § 36 Abs. 1 S. 1 herbeigeführten richterlichen Entscheidung hat das Gericht über die Zulässigkeit der bisherigen Freiheitsentziehung und deren weiterer

Fortdauer zu entscheiden, wobei es zu berücksichtigen hat, ob die Zulässigkeit einer ursprünglich rechtmäßig begonnenen Freiheitsentziehung aufgrund eines der Beendigungstatbestände des § 38 oder wegen einer nicht iSv Art. 104 Abs. 2 S. 2 GG unverzüglichen Befassung bzw. Entscheidung des Gerichts entfallen ist. Auch wenn der Richter insoweit keine rechtsprechende Tätigkeit, sondern durch Ausführung des Polizeigesetzes an sich Verwaltungstätigkeit ausübt (vgl. Lisken/Denninger PolR-HdB/Rachor/Graulich E Rn. 553), dient der Richtervorbehalt durch die Verlagerung der Entscheidungskompetenz auf die Judikative auch dem Rechtsschutzinteresse der in einem sensiblen Grundrechtsbereich betroffenen Person. Im Falle einer richterlichen Entscheidung gem. § 36 Abs. 1 S. 1 setzen sich die Rechtsschutzmöglichkeiten des Betroffenen in den nach dem FamFG vorgesehenen Rechtsmitteln – auch im Falle einer prozessualen Überholung durch zwischenzeitliche Beendigung der Freiheitsentziehung (vgl. BVerfG BeckRS 1997, 10046 Rn. 15 = EuGRZ 1997, 374) – fort.

Nach erfolgter Entlassung aus einer anfangs womöglich rechtmäßigen Freiheitsentziehung **27** kann die Feststellung des nicht rechtzeitigen Zeitpunkts der Freilassung vor dem zuständigen Verwaltungsgericht geltend gemacht werden, wenn nicht der Amtsrichter schon vor der Entlassung mit der Sache befasst gewesen ist oder – im Falle einer die Fortdauer des Gewahrsams anordnenden richterlichen Entscheidung – wenn nicht bereits vor der Freilassung Beschwerde eingelegt worden ist. Auch im Falle einer ursprünglich rechtmäßigen – und als solche womöglich auch amtsrichterlich bestätigten und darüber hinaus gerichtlich weiter angeordneten – Ingewahrsamnahme hat der Betroffene aufgrund der Beeinträchtigung des bedeutenden Grundrechts der Freiheit der Person ein berechtigtes Interesse iSv § 43 Abs. 1 VwGO, § 113 Abs. 1 S. 4 VwGO an der Feststellung der Rechtswidrigkeit der über den gesetzlich vorgesehenen Entlassungszeitpunkt hinaus gehenden Freiheitsentziehung. Denn es mag durchaus Konstellationen geben, in denen das Amtsgericht die Fortdauer der Freiheitsentziehung in rechtlich nicht zu beanstandender Weise zB bis 16:00 Uhr des Folgetages wegen bis dahin angenommener hinreichender Ausnüchterung des Betroffenen anordnet, der Gewahrsamsgrund aber nach Bekanntgabe der richterlichen Entscheidung bereits um 11:00 Uhr vormittags wegen unerwartet schneller Ausnüchterung entfällt, sodass ein Bedürfnis dafür bestehen kann, die Nichtbeachtung einer – trotz Vorliegens einer die Fortdauer des Gewahrsams anordnenden richterlichen Entscheidung – zwischenzeitlich eingetretenen Pflicht zur vorzeitigen Freilassung gerichtlich feststellen zu lassen.

Sofern in der richterlichen Entscheidung die Fortdauer der Freiheitsentziehung für unzulässig erklärt **27.1** und hierdurch der Beendigungstatbestand des Abs. 1 Nr. 2 verwirklicht wird, die betroffene Person aber gleichwohl nicht entlassen wird, muss ihr gegen diese weitere Freiheitsentziehung, hinsichtlich derer keine richterliche Entscheidung ergangen ist, ebenfalls gerichtlicher Rechtsschutz zugänglich sein. Dass sich der die unverzügliche Freilassung unterlassende Beamte wegen Freiheitsberaubung im Amte gem. § 341 StGB strafbar macht, macht solche Vorfälle zwar wenig wahrscheinlich, ändert im Falle des Falles aber nichts am Rechtsschutzbedürfnis des Betroffenen. Die Rechtsschutzmöglichkeiten sind, da nach § 36 Abs. 1 S. 1 im Falle einer bereits herbeigeführten richterlichen Entscheidung eine erneute Herbeiführung nicht vorgesehen ist, nach den allgemeinen rechtlichen Vorgaben zu beurteilen. Zur Durchsetzung der aufgrund des amtsrichterlichen Beschlusses an sich vorzunehmenden Entlassung ist, soweit diesbezüglich ein vollstreckungsfähiger Tenor vorliegt, an sich um dessen Vollstreckung nachzusuchen. Auch wenn § 36 Abs. 2 S. 2 ausdrücklich nur das Buch 7 des FamFG für anwendbar erklärt, ist davon auszugehen, dass – wie auch im Hinblick auf die Rechtsmittel – ebenfalls für die Vollstreckung von gerichtlichen Entscheidungen die allgemeinen Vorschriften des FamFG von der Verweisung erfasst sein sollen, sodass sich die Vollstreckung nach § 95 Abs. 1 Nr. 3 FamFG iVm § 888 ZPO richtet. Ob so in der Praxis tatsächlich ein früherer als von der Polizei ohnehin vorgesehener Entlassungszeitpunkt bewirkt werden kann, erscheint fraglich, sodass entweder doch eine erneute Befassung des für Entscheidungen nach § 36 Abs. 1 S. 1 zuständigen Richters, deren Herbeiführung nicht nur der Polizei vorgegeben, sondern auch dem Betroffenen möglich sein muss (vgl. grdl. OVG Münster NJW 1990, 3224), oder ein Antrag auf einstweilige Anordnung beim Verwaltungsgericht in Betracht zu ziehen ist. Ausgehend davon, dass bei den Amtsgerichten ein gegenüber den Verwaltungsgerichten umfassenderer Bereitschaftsdienst – vor allem auch an den Wochenenden – eingerichtet ist und dass § 36 Abs. 2 für die Zeit während der noch andauernden Zeit der Freiheitsentziehung im Grundsatz die Zuständigkeit des Amtsrichters und das Verfahren nach dem FamFG anordnet, erscheint eine erneute Befassung des Amtsrichters vorzugswürdig. Wenn sich die trotz Entlassungspflicht verlängerte Freiheitsentziehung vor einer (weiteren) richterlichen Befassung durch eine zwischenzeitliche Freilassung erledigt, ist die Feststellung der Rechtswidrigkeit der weitergehenden Freiheitsentziehung auf dem Verwaltungsrechtsweg zu verfolgen.

Fünfter Unterabschnitt. Durchsuchung

Erster Titel. Durchsuchung von Personen

§ 39 Durchsuchung von Personen

(1) Die Polizei kann außer in den Fällen des § 12 Abs. 2 Satz 4 eine Person durchsuchen, wenn
1. sie nach diesem Gesetz oder anderen Rechtsvorschriften festgehalten werden kann,
2. Tatsachen die Annahme rechtfertigen, dass sie Sachen mit sich führt, die sichergestellt werden dürfen,
3. sie sich erkennbar in einem die freie Willensbestimmung ausschließenden Zustand oder sonst in hilfloser Lage befindet,
4. sie sich an einem der in § 12 Abs. 1 Nr. 2 genannten Orte aufhält,
5. sie sich in einem Objekt im Sinne des § 12 Abs. 1 Nr. 3 oder in dessen unmittelbarer Nähe aufhält und Tatsachen die Annahme rechtfertigen, dass in oder an Objekten dieser Art Straftaten begangen werden sollen, durch die Personen oder diese Objekte gefährdet sind.

(2) ¹Die Polizei kann eine Person, deren Identität nach diesem Gesetz oder anderen Rechtsvorschriften festgestellt werden soll, nach Waffen, anderen gefährlichen Werkzeugen und Explosivmitteln durchsuchen, wenn das nach den Umständen zum Schutz des Polizeivollzugsbeamten oder eines Dritten gegen eine Gefahr für Leib oder Leben erforderlich ist. ²Dasselbe gilt, wenn eine Person nach anderen Rechtsvorschriften vorgeführt oder zur Durchführung einer Maßnahme an einen anderen Ort gebracht werden soll.

(3) Personen dürfen nur von Personen gleichen Geschlechts oder Ärzten durchsucht werden; das gilt nicht, wenn die sofortige Durchsuchung zum Schutz gegen eine Gefahr für Leib oder Leben erforderlich ist.

Überblick

§ 39 enthält Ermächtigungsgrundlagen (Abs. 1 und Abs. 2) und Durchführungsbestimmungen (Abs. 3) für die Durchsuchung von Personen, also die zielgerichtete und planmäßige Suche am äußeren menschlichen Körper sowie in Kleidung und anderen Sachen, die unmittelbar am Körper getragen werden (→ Rn. 4 ff.), außerdem in den ohne Hilfsmittel einzusehenden Körperöffnungen (→ Rn. 6 f.). Als Eingriff in die Privat- und Intimsphäre und das Recht der persönlichen Freiheit (→ Rn. 3) bedarf die Durchsuchung einer detaillierten Ermächtigungsnorm. Nach Abs. 1 können Personen durchsucht werden, die aufgrund gesetzlicher Bestimmungen des PolG NRW oder anderer Regelwerke festgehalten werden können (Abs. 1 Nr. 1; → Rn. 15 ff.), bei denen Tatsachen die Annahme rechtfertigen, dass sie sicherstellungsfähige Sachen mit sich führen (Abs. 1 Nr. 2; → Rn. 25 ff.), die sich in hilfloser Lage befinden (Abs. 1 Nr. 3; → Rn. 32 ff.) oder die sich an einem „verrufenen" bzw. gefährlichen Ort (Abs. 1 Nr. 4; → Rn. 37 ff.) bzw. an einem gefährdeten Ort oder in dessen unmittelbarer Nähe aufhalten (Abs. 1 Nr. 5; → Rn. 41 ff.). Abs. 2 gestattet die Durchsuchung nach Waffen, anderen gefährlichen Werkzeugen und Explosivmitteln (→ Rn. 58 ff.) zum Zwecke der Eigensicherung der Polizei bzw. der Fremdsicherung, wenn der Verdacht einer Gefahr für die Schutzgüter Leib oder Leben besteht (→ Rn. 57) und die Identität der Person festgestellt werden soll (→ Rn. 53 f.), diese vorgeführt (→ Rn. 55) oder zur Durchführung einer Maßnahme an einen anderen Ort verbracht werden soll (→ Rn. 57). Abs. 3 trifft im Interesse des Schamgefühls und der (Menschen-) Würde der durchsuchten Person Regelungen hinsichtlich der Frage, wer eine Durchsuchung durchführen darf (→ Rn. 61 ff.); gestattet ist dies nur Ärzten und gleichgeschlechtlichen anderen Personen, soweit nicht eine Gefahr für Leib oder Leben vorliegt.

Übersicht

A. Bedeutung und Systematik der Vorschrift

Die §§ 39 ff. differenzieren verschiedene Arten von präventiv ausgerichteten Durchsu-　**1** chungen nach dem tatsächlich durchsuchten Objekt (§ 39: Durchsuchung von Personen, § 40: Durchsuchung von Sachen, § 41: Durchsuchung von Wohnungen). Diese Unterscheidung beruht auf den unterschiedlichen verfassungsrechtlichen Anforderungen an den jeweiligen Grundrechtseingriff (→ Rn. 3). § 39 normiert die **Durchsuchung von Personen zur Gefahrenabwehr** und enthält in Abs. 1 und Abs. 2 **Ermächtigungsgrundlagen** für eine solche Durchsuchung in verschiedenen Konstellationen, die sich teilweise deutlich überschneiden (Lisken/Denninger PolR-HdB/Rachor/Graulich E Rn. 559), sodass sich teilweise die Frage nach einem eigenständigen Anwendungsbereich stellt (zB → Rn. 51). Eine trennscharfe Abgrenzung der tatbestandlichen Varianten ist indes aufgrund der identischen Rechtsfolgen und Durchführungsbestimmungen in der Praxis im Regelfall nicht erforderlich. Abs. 3 normiert rechtliche Vorgaben hinsichtlich der Personen, die eine Durchsuchung einer Person vornehmen dürfen, und damit **Durchführungsbestimmungen** für die eigentliche Maßnahme (→ Rn. 61 ff.). Vergleichbare Vorschriften finden sich etwa in § 29 BWPolG, Art. 21 BayPAG, § 36 Abs. 1–4 HSOG, § 18 Abs. 1 und Abs. 2 RhPfPOG, § 22 Abs. 1–3 NPOG.

2   Die Durchsuchung von Personen gem. § 39 dient präventiven Zwecken und damit der **Gefahrenabwehr** isv § 1 Abs. 1 S. 1 (→ § 1 Rn. 46 ff.). Sie ist eng mit anderen präventiven Maßnahmen verzahnt, wie sich auch aus dem Normbestand ergibt (vgl. Kingreen/Poscher POR § 17 Rn. 6: Begleit- und Vorbereitungsmaßnahme; Schoch BesVerwR Rn. 227: „starke Vernetzung mit anderen Standardmaßnahmen; Kugelmann PolR Kap. 6 Rn. 69: „als Bündel angewendet"). Für Durchsuchungen zu repressiven Zwecken sind namentlich die **§§ 102 ff. StPO** einschlägig (vgl. Nr. 39.01 VVPolG NRW). Die Systematik der strafprozessualen Ermächtigungsnormen weicht grundlegend allerdings von den §§ 39 ff. ab. Während letztere nach dem Durchsuchungs-„Objekt" (Person, Sache, Wohnung) differenzieren, richtet sich die Einschlägigkeit von § 102 StPO bzw. § 103 StPO nach dem ermittlungsverfahrensrechtlichen Status des Adressaten (§ 102 StPO: bei Beschuldigten, § 103 StPO: bei anderen Personen). Darüber hinaus enthalten die §§ 102, 103 StPO keine völlig klare Regelung hinsichtlich der zulässigen Durchsuchungsobjekte. So bleibt bei § 103 StPO nach dem Wortlaut unklar, ob auch Personen und Sachen untersucht werden dürfen, bei denen es sich nicht um Wohnungen handelt; dies ist bei entsprechender Auslegung zu bejahen.

3   Die Durchsuchung einer Person greift in das **Grundrecht auf Wahrung der Privat- bzw. Intimsphäre** ein, das eine der spezifischen Ausprägungen des allgemeinen Persönlichkeitsrechts darstellt (Art. 2 Abs. 1 GG iVm Art. 1 Abs. 1 GG; Bialon/Springer EingriffsR Kap. 30 Rn. 1; für die Durchsuchung von Sachen VGH München NVwZ 2006, 1284; ein Anspruch des Betroffenen, „an Ort und Stelle" durchsucht zu werden, besteht nicht, weil eine Durchsuchung in der Öffentlichkeit einen schwerwiegenderen Eingriff darstellt, vgl. VGH München DÖV 2012, 816). Da im Rahmen der Durchsuchung Informationen über die durchsuchte Person gewonnen werden, liegt ferner ein Eingriff in das **Recht auf informationelle Selbstbestimmung** gem. Art. 2 Abs. 1 GG iVm Art. 1 Abs. 1 GG vor (Kingreen/Poscher POR § 18 Rn. 1). Da das Durchsuchen zudem stets mit einem jedenfalls kurzzeitigen „Festhalten" verbunden ist, stellt es zudem eine Beeinträchtigung des Grundrechts aus Art. 2 Abs. 2 S. 2 GG, Art. 104 Abs. 1 GG in Gestalt einer **Freiheitsbeschränkung** dar (OVG Münster DVBl 1982, 653; Bialon/Springer EingriffsR Kap. 30 Rn. 1; Nimtz/ Thiel EingriffsR NRW Rn. 853; aA: lediglich Eingriff in die allgemeine Handlungsfreiheit, Kingreen/Poscher POR § 18 Rn. 1). Die Durchsuchung einer menschlichen Leiche greift – sofern man sie als Durchsuchung iSd § 39 qualifiziert – in die Totenruhe und damit in das postmortale Persönlichkeitsrecht (Art. 2 Abs. 1 GG iVm Art. 1 Abs. 1 GG) ein (eingehend → Rn. 11).

B. Begriffsbestimmungen

I. Durchsuchung

4   Eine **Durchsuchung** iSd § 39 ist die zielgerichtete und planmäßige Suche am äußeren menschlichen Körper sowie in Kleidung und anderen Sachen, die unmittelbar am Körper getragen werden. Ziel der Maßnahme ist das **Auffinden körperfremder Gegenstände** (Tetsch EingriffsR 79; Tetsch/Baldarelli PolG NRW Erl. 1.1; Thiel PolR § 10 Rn. 140; Gusy PolR Rn. 245), bei denen es sich – des Vorrangs des § 12 wegen – nicht um Identifikationspapiere handeln darf (zumal eine Durchsuchung nach Ausweispapieren in der Praxis auf andere Weise vorgenommen wird als eine Durchsuchung zB nach gefährlichen Gegenständen); geht es um die Feststellung der Beschaffenheit des Körpers selbst, liegt eine körperliche Untersuchung vor (→ Rn. 7).

5   Die Durchsuchungshandlung selbst ist ein **Realakt** (→ Rn. 12 f.). Von der Ermächtigungsnorm gedeckt sind darüber hinaus solche Anordnungen, deren Befolgung erst die Vornahme der Durchsuchung ermöglicht bzw. ihren reibungslosen Ablauf sicherstellt, zB die Aufforderung, eine bestimmte Haltung einzunehmen, die Hände gegen eine Mauer oder auf das Dach eines Kraftfahrzeugs zu legen, die Beine zu spreizen, Kleidungsstücke abzulegen (zur besonderen Eingriffsqualität einer mit dem Entkleiden verbundenen Durchsuchung OVG Saarlouis LKRZ 2008, 102 ff.; zur Rechtswidrigkeit der ohne Einzelfallprüfung erfolgten Anordnung einer vollständigen Entkleidung VG Köln BeckRS 2016, 40072), den Mund zu öffnen, ein Fahrzeug zu verlassen oder einen bestimmten Raum zu betreten (sog. **„Begleitverfügungen"**, die Verwaltungsakte sind, s. Lisken/Denninger PolR-HdB/ Rachor/Graulich E Rn. 571 f.; zu Anordnungen bezüglich der Kleidung und anderer am Körper getragener Gegenstände → Rn. 10).

II. Äußerer menschlicher Körper

Zum äußeren menschlichen Körper gehören die **Körperoberfläche** (unter Einschluss **6** der Haare, Tegtmeyer/Vahle PolG NRW Rn. 1), nach hM auch die „ohne weiteres" bzw. ohne Hilfsmittel erreichbaren bzw. **einsehbaren Körperöffnungen** (namentlich Mund, Nase und Ohren; vgl. Gusy PolR Rn. 245, 247; Kugelmann PolR Kap. 6 Rn. 70; Schoch BesVerwR Rn. 227). Die Durchsuchung wird hier im Regelfall durch Betrachten bzw. manuell durch Betasten oder mittels eines oberflächlichen Blicks in die unmittelbar einsehbaren Körperöffnungen erfolgen. Zum Einsatz kommen können jedoch auch technische Hilfsmittel wie zB Metalldetektoren (so BVerfGE 48, 118 ff. zur Durchsuchung eines Strafverteidigers im Gericht), soweit diese nicht zu einem körperlichen Eingriff führen und daher als „Untersuchung" eingeordnet werden müssten (wie dies etwa bei Röntgengeräten der Fall wäre; vgl. Tetsch/Baldarelli PolG NRW Vor § 39 Erl. 1; → Rn. 7).

Die **Abgrenzung zur körperlichen Untersuchung** ist – vor allem im Hinblick auf die **7** Körperöffnungen – im Einzelfall problematisch (s. etwa Kingreen/Poscher § 17 Rn. 2 f.). Im Schrifttum werden gegenüber der (in einzelnen landesrechtlichen Bestimmungen, nicht aber im PolG NRW enthaltenen) Formulierung, die Durchsuchung schließe auch die ohne Hilfsmittel zugänglichen Körperöffnungen ein, Bedenken unter Bezugnahme auf den verfassungsrechtlichen Bestimmtheitsgrundsatz geäußert (vgl. Dietlein/Hellermann NRWÖffR/ Dietlein § 3 Rn. 184). Tatsächlich helfen die Worte „ohne weiteres" bzw. „ohne Hilfsmittel" nicht weiter. Es ist nach alledem eine eindeutige Zuordnung vonnöten (vgl. Lisken/Denninger PolR-HdB/Rachor/Graulich E Rn. 554, 573 ff.). Bei der körperlichen Untersuchung handelt es sich um eine Nachschau in Körperöffnungen mit Hilfsmitteln sowie um mit Eingriffen in die körperliche Integrität verbundene medizinische Maßnahmen, zB das Auspumpen des Magens (EGMR NJW 2006, 3117). Für die körperliche Untersuchung, deren Ziel eine Ermittlung des körperlichen Zustands einer Person bzw. die Einblicknahme in das Körperinnere ist (VGH München NVwZ-RR 1999, 310), kann nicht auf § 39 als Ermächtigungsgrundlage zurückgegriffen werden; diesbezüglich bestehen spezielle Ermächtigungsnormen, im repressiven Handlungsfeld zB §§ 81a, 81c StPO (vgl. Nr. 39.02 S. 4 VVPolG NRW) oder §§ 81e ff. StPO für DNA-Untersuchungen, für molekulargenetische Untersuchungen zu präventiven Zwecken etwa § 14a (→ § 14a Rn. 1 ff.; auf § 8 kann eine körperliche Untersuchung aufgrund ihrer Eingriffsintensität nach zutreffender Auffassung nicht gestützt werden, aA Bialon/Springer EingriffsR Kap. 30 Rn. 1; Tegtmeyer/ Vahle PolG NRW Rn. 1; Kingreen/Poscher POR § 18 Rn. 3). Da die Durchsuchung iSd § 39 demgegenüber auf das Auffinden von „körperfremden" Gegenständen gerichtet ist, nicht auf den Erkenntnisgewinn über die Beschaffenheit des Körpers selbst, ist auch die Suche nach oberflächlich erkennbaren Merkmalen des Körpers als Untersuchung einzuordnen, etwa das Absuchen nach Narben etc (vgl. Tegtmeyer/Vahle PolG NRW Rn. 1). Allgemeiner gesprochen ist die Inaugenscheinnahme zur Feststellung körperlicher Eigenschaften mithin Untersuchung, nicht Durchsuchung (vgl. Tetsch/Baldarelli PolG NRW Vor § 39 Erl. 1).

Noch als Durchsuchung zu qualifizieren sind der Blick in den **geöffneten Mund** und **8** das Betasten der Mundhöhle mit dem Finger (vgl. Nr. 39.02 S. 3 VVPolG NRW, der auch die Nachschau in den Ohren nennt) zum Zwecke der Auffindung von Gegenständen (VGH München NVwZ-RR 1999, 310, der zwar die „Suche nach Fremdkörpern in den natürlichen Körperöffnungen durch sinnliche Wahrnehmung" generell als Untersuchung einordnet, im Ergebnis aber die Nachschau in der Mundhöhle für eine zulässige Durchsuchung hält). Es erscheint wenig praxisnah, den Blick in den Mund als Durchsuchung, das Beiseiteschieben der Zunge mit dem Finger hingegen als Untersuchung zu qualifizieren. Insoweit erscheint eine Sichtweise, die als Durchsuchung nur das bloße Betrachten oder Ertasten des Äußeren verstehen will (so etwa Lisken/Denninger PolR-HdB/Rachor, 5. Aufl. 2012, E Rn. 575), als zu restriktiv.

9   Keine Durchsuchung ist nach Rechtsprechung und hM dagegen das „Durchsuchen" der **weiblichen Genitalien** (VGH München NVwZ-RR 1999, 310; VG Regensburg BayVBl. 1999, 347; Kugelmann PolR Kap. 6 Rn. 77; Schenke PolR Rn. 150; Thiel PolR § 10 Rn. 141) nach Gegenständen, selbst wenn hierzu kein ärztliches Besteck erforderlich ist. Im Schrifttum wird hinsichtlich der Frage, ob ein Eindringen in die weiblichen Genitalien noch als Durchsuchung zu qualifizieren ist, auf die Eingriffsintensität sowie die mögliche Verletzung der körperlichen Unversehrtheit bzw. des Schamgefühls und der Würde hingewiesen (vgl. Tetsch/Baldarelli PolG NRW Vor § 39 Erl. 1) und eine Einordnung als Durchsuchung daher abgelehnt. Gleiches gilt für den **After** (OVG Saarlouis LKRZ 2008, 102 ff.; Tetsch/Baldarelli PolG NRW Vor § 39 Erl. 1). Auch wenn es bedenklich erscheint, die terminologische Abgrenzung von Durchsuchung und Untersuchung im Hinblick auf die Körperöffnungen allein anhand rechtlicher Kriterien wie dem Rang der beeinträchtigten Grundrechte bzw. der Eingriffsintensität vornehmen zu wollen, erscheint es statthaft, an die Inaugenscheinnahme von After und weiblichen Genitalien selbst dann die höheren Rechtmäßigkeitsanforderungen einer körperlichen Untersuchung zu stellen, wenn die Maßnahme nicht zur Feststellung von Eigenschaften des Körpers, sondern der Auffindung von Gegenständen dient.

III. Kleidungsstücke und andere am Körper getragene Gegenstände

10   Nach hM richtet sich die Durchsuchung von **Kleidungsstücken** und **anderen Gegenständen, die unmittelbar am Körper getragen werden,** ebenfalls nach § 39, nicht nach § 40 (Kingreen/Poscher POR § 18 Rn. 1, 12; Gusy PolR Rn. 245; Schoch BesVerwR Rn. 227). Nr. 39.02 S. 1 VVPolG NRW bestätigt dies. Im Schrifttum wird diese Maßnahme gelegentlich als **„Nachschau"** bezeichnet. Abgelegte bzw. den handelnden Beamtinnen und Beamten ausgehändigte Gegenstände, zB Jacken oder Rucksäcke, gelten demgegenüber als Sachen, sodass § 40 einschlägig ist. Insoweit ist Nr. 39.02 S. 2 VVPolG NRW missverständlich, der ausführt, es könne auch das Ablegen von Kleidungsstücken und Sachen verlangt werden. Dabei wird es sich um eine vorgelagerte bzw. begleitende Verfügung zu einer Maßnahme nach § 40 handeln, nicht um eine von § 39 mitumfasste. Nach aA ist die Bitte, die Oberbekleidung abzulegen bzw. Kleidungstaschen zu entleeren, um diese ohne einen Kontakt mit dem Körper durchsuchen zu können, lediglich ein behördlicher Hinweis auf ein den Adressaten weniger belastendes „Austauschmittel" (Lisken/Denninger PolR-HdB/Rachor, 5. Aufl. 2012, E Rn. 574; auf die Belastungswirkung der Entkleidungsaufforderung weist aber nunmehr Lisken/Denninger PolR-HdB/Rachor/Graulich E Rn. 572 hin). Wird der Betroffene dazu aufgefordert, seine Kleidung vollständig abzulegen, ist dies mit Blick auf den Verhältnismäßigkeitsgrundsatz tatsächlich nicht als milderes Mittel gegenüber einem Abtasten durch die Kleidung hindurch zu qualifizieren (Lisken/Denninger PolR-HdB/Rachor/Graulich E Rn. 572). Im Einzelfall bestehen auch hier Abgrenzungsschwierigkeiten, vor allem hinsichtlich des Definitionsmerkmals „unmittelbar am Körper getragen"; begrifflich erfasst sein kann davon schon aus praktischen Erwägungen nicht allein die „hautnächste" getragene Kleidungsschicht.

IV. „Person"

11   „Person" im Sinne der Vorschrift kann nur eine **natürliche Person** sein. Eine Durchsuchung iSd § 39 kann nach hM nur am **lebenden Menschen** vorgenommen werden (Thiel PolR Rn. 140; Nimtz/Thiel EingriffsR NRW Rn. 851; aA Tetsch EingriffsR 81: auch der Leichnam ist „Person" im Sinne der Norm; Tetsch/Baldarelli PolG NRW Erl. 1). Bei Toten kommt zB eine molekulargenetische Untersuchung nach § 14a zur Feststellung der Identität in Betracht, etwa mit dem Ziel eines Abgleichs mit dem Datenbestand zu vermissten Personen (→ § 14a Rn. 1 ff.). Die hM lässt freilich offen, auf der Grundlage welcher Ermächtigungsnorm eine Durchsuchung von Verstorbenen möglich wäre. Da der sog. „postmortale Persönlichkeitsschutz" greift, stellt die Durchsuchung – die beim lebenden Menschen das allgemeine Persönlichkeitsrecht nach Art. 2 Abs. 1 GG iVm Art. 1 Abs. 1 GG tangiert – auch beim Toten einen Grundrechtseingriff dar. Denkbar wäre die Anwendung des § 40 zur Durchsuchung von Sachen (abl. Tetsch/Baldarelli PolG NRW Erl. 1 mit Fn. 1 unter Hinweis auf die Menschenwürde). Auf die Generalklausel wird man deshalb nicht zurückgreifen können, weil die Durchsuchung in §§ 39 ff. spezieller geregelt ist. Die Frage nach der Ermächtigungsgrundlage ist jedoch praktisch von untergeordneter Bedeutung, da die meisten Maßnahmen gegenüber Toten repressiven Zwecken dienen werden und es gesonderte Ermächtigungsgrundlagen für die denkbaren präventiv ausgerichteten Maßnahmen gibt (zB § 14a).

C. Rechtsnatur der Durchsuchung

Die Durchsuchung einer Person ist für sich genommen als **Realakt** zu qualifizieren **12** (→ Rn. 5; Gusy PolR Rn. 247; Tetsch/Baldarelli PolG NRW Erl. 1.1); der faktischen Nachschau bzw. dem Zugriff auf Körperöffnungen, Kleidungsstücke und am Körper getragenen Gegenständen kommt kein Regelungsgehalt iSv § 35 S. 1 VwVfG. NRW. zu, weil sie keine verbindliche Rechtsfolge setzen, etwa kein explizites Ge- bzw. Verbot enthalten.

Als Verwaltungsakt einzuordnen ist dagegen die ggf. zu treffende, möglicherweise konklu- **13** dente „Anordnung" gegenüber dem Adressaten, dass er die beabsichtigte Durchsuchung **zu dulden** habe (Lisken/Denninger PolR-HdB/Rachor/Graulich E Rn. 557, sieht die Durchsuchung als „auf Duldung der Durchsuchung gerichteter Verwaltungsakt", „der mit einer tatsächlichen Handlung einhergeht"), oder dass er seinen Widerstand gegen die Durchsuchung aufgeben solle. Je nach Sachverhaltskonstellation kann darin auch eine **Begleitverfügung** zu sehen sein (zu weiteren denkbaren Begleitverfügungen und zur Problematik der Duldungsverfügung → Rn. 5 f.).

Sofern die Durchsuchung gegen den Willen des Adressaten erfolgt, kann die Anwendung **14** von **unmittelbarem Zwang** erforderlich sein (Festhalten gegenüber körperlichem Widerstand, Sistierung, gewaltsames Öffnen am Körper getragener Taschen etc), die rechtlich meist als Durchsetzung einer Duldungs- bzw. Begleitverfügung einzuordnen sein wird. Eine Duldungsverfügung ist jedoch nach zutreffender Auffassung nicht per se mit jeder Durchsuchung verbunden (so aber wohl Lisken/Denninger PolR-HdB/Rachor/Graulich E Rn. 557; sa VG Gießen LKRZ 2010, 463). Die Durchsuchung selbst hat isoliert betrachtet keinen Zwangscharakter, obwohl nicht selten milde Körperkraft einzusetzen ist (vgl. Tetsch/Baldarelli PolG NRW Erl. 1.1).

D. Durchsuchung von Personen nach Abs. 1

I. Durchsuchung zur Identitätsfeststellung, § 12 Abs. 2 S. 3 und S. 4 iVm § 12 Abs. 1 (Abs. 1)

Eine Durchsuchung von Personen ist, wie sich aus Abs. 1 ergibt, zunächst zur **Feststellung** **15** **der Identität** zulässig (zum Begriff der Identitätsfeststellung → § 12 Rn. 5 ff.). Wie sich aus der Formulierung „außer in den Fällen des § 12 Abs. 2 S. 4" ergibt, ist dieser Fall nicht von § 39 erfasst. Ermächtigungsgrundlage ist dann – als speziellere Norm – § 12 Abs. 2 S. 3 und S. 4 iVm § 12 Abs. 1; die Nennung in § 39 Abs. 1 ist lediglich deklaratorischer Natur (Schönenbroicher/Heusch NRWOBG § 24 Rn. 39). Allerdings sind nach zutreffender Auffassung auch bei einer Durchsuchung auf der Grundlage von § 12 Abs. 2 S. 3 und S. 4 iVm § 12 Abs. 1 die Verfahrensvorschriften in § 39 Abs. 3 zu beachten (→ Rn. 61 ff.; Nimtz/ Thiel EingriffsR NRW Rn. 297).

II. Durchsuchung von Personen, die festgehalten werden können (Abs. 1 Nr. 1)

1. Zweck

Abs. 1 Nr. 1 erlaubt die Durchsuchung einer Person, die nach diesem Gesetz oder nach **16** anderen Rechtsvorschriften **festgehalten werden kann.** Zweck der Durchsuchung ist hier zum einen die Eigensicherung der festhaltenden Polizeivollzugsbeamten (sodass Abgrenzungsschwierigkeiten zu Abs. 1 Nr. 2 sowie zu Abs. 2, vor allem zu Abs. 2 S. 2 Var. 2 bestehen), zum anderen der Schutz anderer Personen, die im weiteren Verlauf der polizeilichen Behandlung der zu durchsuchenden Person mit dieser in Berührung kommen werden (vgl. auch § 6 Abs. 2 PolGewO; Nimtz/Thiel EingriffsR NRW Rn. 855; Lisken/Denninger PolR-HdB/Rachor/Graulich E Rn. 568 f.). Die Vorschrift trägt damit dem in der Praxis äußerst hohen Bedürfnis nach einer verlässlichen **Eigensicherung** im Zusammenhang mit einer Verwahrung bzw. einem Transport von Delinquenten etc namentlich in engen räumlichen Verhältnissen – wie etwa einem Streifenwagen – Rechnung (Tetsch EingriffsR 86 zu Abs. 2; zur Eigensicherung allg. Thiel KriPoZ 2019, 301 ff.). Darüber hinaus sollen Selbstgefährdungen des Adressaten sowie seiner Flucht dadurch vorgebeugt werden, dass hierzu geeignete Gegenstände aufgefunden (und ihm sodann entzogen) werden (Nimtz/Thiel EingriffsR NRW Rn. 856). Nr. 39.11 VVPolG NRW führt aus, dass die Durchsuchung „der Suche nach Sachen, die zum Angriff auf Personen oder Sachen, zur Flucht oder Selbstgefährdung geeignet sind", diene.

2. Abgrenzungen

17   Im Regelfall wird es bei der Durchsuchung nach der Intention der handelnden Polizeivollzugsbeamten darum gehen, **gefährliche Gegenstände** aufzufinden und anschließend im Wege der Sicherstellung nach § 43 in amtliche Verwahrung zu nehmen. Eine Abgrenzung zu Abs. 1 Nr. 2, der eine Durchsuchung beim Verdacht des Mitführens solcher Sachen erlaubt, die sichergestellt werden dürfen (unter anderem gefährliche Gegenstände nach § 43 Nr. 3; → Rn. 25 ff.), ist in der Praxis aufgrund der identischen weiteren Anforderungen und Rechtsfolgen nicht erforderlich; sie ließe sich aber nach folgenden Kriterien vornehmen: Liegen bereits tatsächliche Anhaltspunkte dafür vor, dass der Adressat einen gefährlichen Gegenstand mit sich führt, erfolgt die Durchsuchung gezielt nach Abs. 1 Nr. 2. Doch auch ohne solche Anhaltspunkte darf eine Person, die festgehalten werden darf, „routinemäßig" nach Abs. 1 Nr. 1 durchsucht werden. Dabei ist der Verhältnismäßigkeitsgrundsatz zu beachten. Werden bei der Durchsuchung der Sicherstellung unterliegende Gegenstände aufgefunden, erfolgt die anschließende Sicherstellung nach § 43 Nr. 3 (→ § 43 Rn. 41 ff.).

18   Eine Durchsuchung solcher Personen, die (nach anderen Rechtsvorschriften) **vorgeführt** bzw. zur Durchführung einer Maßnahme **an einen anderen Ort verbracht** werden sollen, ist nach Abs. 2 S. 2 Alt. 1 bzw. Alt. 2 gestattet. Auch diese Durchsuchung dient der Eigensicherung. Während Abs. 1 Nr. 1 allein an das Festhalten-Können anknüpft (also auch „vor Ort" eine Durchsuchung erlaubt; → Rn. 19 ff.), erfasst Abs. 2 S. 2 den Fall, dass eine Person vor der Vorführung oder Verbringung an einen anderen Ort zur Gewährleistung eines sicheren Transports durchsucht wird. Regelmäßig werden dann jedoch auch die Voraussetzungen für ein Festhalten gegeben ein. Abs. 2 beschränkt jedoch die Zielrichtung der Durchsuchung auf das Auffinden der dort aufgezählten Gegenstände (Waffen, andere gefährliche Werkzeuge, Explosivmittel) und fordert zudem einen Gefahrenverdacht hinsichtlich der Rechtsgüter Leib und Leben, sodass Abs. 1 Nr. 1 als weiter gefasste Norm vorrangig anzuwenden ist (→ Rn. 50 ff.).

3. „Festgehalten werden kann"

19   Die Vorschrift wird so gedeutet werden müssen, dass die Person, die durchsucht wird, nicht bereits tatsächlich festgehalten werden, also etwa festgenommen worden sein muss. Die Norm knüpft tatbestandlich **allein an das „Festhalten-Können"** an. Allerdings liegt die Einschränkung nahe, dass die Person jedenfalls festgehalten werden soll; ansonsten wäre das Durchsuchen nicht der Eigen- und Fremdsicherung dienende Ergänzung des bloßen Festhaltens, sondern dessen Ersatz (enger etwa Gusy PolR Rn. 246, der eine Durchsuchung nach dieser Variante für zulässig hält, wenn die Person „in Gewahrsam genommen wird"; so auch explizit aus Verhältnismäßigkeitsgründen Kingreen/Poscher § 17 Rn. 11; Tegtmeyer/Vahle PolG NRW Rn. 4 stellen auf den Beginn der Durchführung der Freiheitsentziehung ab). Ein Festhalten geht über das bloße Anhalten, etwa zum Zwecke der Befragung (→ § 9 Rn. 2 ff.), hinaus. Während das Anhalten als Eingriff lediglich in die allgemeine Handlungsfreiheit (Art. 2 Abs. 1 GG) qualifiziert werden kann (→ § 9 Rn. 3), ist mit „Festhalten" ein gezielter Eingriff in die Freiheit der Person (Art. 2 Abs. 2 S. 2 GG, Art. 104 Abs. 1 GG) in Gestalt (mindestens) der Freiheitsbeschränkung gemeint. Eine Freiheitsentziehung iSv Art. 104 Abs. 2 GG ist für das Festhalten allein dagegen nicht erforderlich (Lisken/Denninger PolR-HdB/Rachor/Graulich E Rn. 562).

20   Die Person muss durch die Polizei festgehalten werden „können". Dies meint nicht die tatsächliche Möglichkeit oder Gelegenheit, sondern die **rechtliche Erlaubtheit;** dh die

Maßnahme des Festhaltens muss den gesetzlichen Rechtmäßigkeitsanforderungen der jeweiligen Ermächtigungsnorm genügen (vgl. Dietlein/Hellermann NRWÖffR/Dietlein § 3 Rn. 185; Lisken/Denninger PolR-HdB/Rachor/Graulich E Rn. 562 f.; Nimtz/Thiel EingriffsR NRW Rn. 857; Tetsch/Baldarelli PolG NRW Erl. 1.2). Nach zutreffender Auffassung müssen nicht nur die tatbestandlichen Voraussetzungen der Freiheitsbeeinträchtigung gegeben sein, diese muss sich auch an den richtigen Adressaten richten, ermessensfehlerfrei erfolgen und dem Grundsatz der Verhältnismäßigkeit genügen sowie die sonstigen gesetzlichen Rechtmäßigkeitsanforderungen erfüllen.

„Nach diesem Gesetz" meint Ermächtigungsnormen aus dem Polizeigesetz, die ein **21** Festhalten gestatten. Die Vorschriften müssen nicht explizit eine Formulierung wie „kann festgehalten werden" bzw. „kann festhalten" enthalten; welche Bestimmungen erfasst sind, erschließt sich vor allem aus § 36 Abs. 1 S. 1, § 37 Abs. 1. Dort werden Verfahrensvorgaben bezüglich solcher Personen geregelt, die „auf Grund von § 10 Abs. 3, § 12 Abs. 2 S. 3 oder § 35 festgehalten" werden. Ein Festhalten kann also im Zusammenhang mit einer zwangsweisen Vorführung zur Durchsetzung einer Vorladung oder mit einer Identitätsfeststellung sowie – gezielter – als auf einen Freiheitsentzug abzielende Ingewahrsamnahme erfolgen. § 12 Abs. 2 S. 3, der ein Festhalten zum Zwecke der Identitätsfeststellung gestattet, kann allerdings von § 39 Abs. 1 Nr. 1 aus systematischen Gründen nicht erfasst sein, weil § 12 Abs. 2 S. 4 als speziellere Bestimmung eine Personendurchsuchung zu demselben Zweck gestattet, wenn etwa ein Festhalten allein nicht zum Erfolg führt.

Eine Befugnis zum Festhalten kann zudem dann bestehen, wenn die Polizei in rechtmäßi-**22** ger Weise **unmittelbaren Zwang** nach den §§ 50 ff. anwenden darf. Dies wird auch dann zu bejahen sein, wenn die Polizei im Wege der **Vollzugshilfe** nach §§ 47 ff. tätig wird (→ § 47 Rn. 1 ff.).

Weitaus größer ist das Spektrum von Vorschriften, die **außerhalb des Polizeigesetzes 23** ein Festhalten gestatten. Zu nennen sind bspw. die vorläufige Festnahme nach § 127 Abs. 1 (der nach zutreffender Auffassung „jedermann" und mithin auch Polizeivollzugsbeamte zur Festnahme ermächtigt, also nicht nur materieller Rechtfertigungsgrund ist) bzw. Abs. 2 StPO, sonstige Freiheitsentziehungen (etwa nach §§ 126a, 127b StPO) sowie die repressive Identitätsfeststellung nach § 163b Abs. 1 S. 2 StPO (Verdächtiger) bzw. § 163b Abs. 2 S. 2 StPO (Nichtverdächtiger), sofern die Durchsuchung nicht repressiven Zwecken, sondern der Gefahrenabwehr dient. Für repressive Ziele verfolgende Durchsuchungen enthalten § 163b Abs. 1 und Abs. 2 StPO eigenständige Ermächtigungsgrundlagen. Festgehalten werden darf ein Adressat ferner zB zur Vornahme erkennungsdienstlicher Maßnahmen nach § 81b StPO, wie sich auch aus der Formulierung „gegen seinen Willen" ergibt, oder zur Abnahme von Blutproben (§ 81a StPO).

Weitere Anwendungsbeispiele sind Verbringungen von Personen zur Durchführung **24** von staatsanwaltschaftlichen Vernehmungen, etwa von Beschuldigten nach § 163a Abs. 3 StPO iVm §§ 133, 134 StPO oder von Zeugen und Sachverständigen nach § 161a Abs. 2 StPO iVm § 51, § 133 StPO.

III. Durchsuchung von Personen, die möglicherweise der Sicherstellung unterliegende Sachen mit sich führen (Abs. 1 Nr. 2)

1. Zweck

Auch das Durchsuchen von Personen zur Auffindung von möglicherweise mitgeführten **25** **Sachen, die sichergestellt werden können,** dient der Eigen- und Fremdsicherung bzw. dem Schutz fremden Eigentums bzw. fremder Sachherrschaft; es geht mithin um ein Durchsuchen zur Gefahrenabwehr, sodass nur die Sicherstellung nach den §§ 43 ff. (bzw. nach spezielleren präventiven Vorschriften) erfasst sein kann (Nimtz/Thiel EingriffsR NRW Rn. 858).

2. Abgrenzungen

Zur Abgrenzung von Abs. 1 Nr. 1 → Rn. 17. Geht es um die Durchsuchung zur **26** Auffindung von gefährlichen Gegenständen **bei Personen, die festgehalten werden dür-**

fen, ist nicht § 39 Abs. 1 Nr. 2 iVm § 43 Nr. 3 einschlägig, sondern vorrangig Abs. 1 Nr. 1 (Osterlitz EingriffsR Polizeidienst I 573; Tegtmeyer/Vahle PolG NRW Rn. 7).

27 Häufig handelt es sich bei Durchsuchungen im Zusammenhang mit Straftaten und Ordnungswidrigkeiten um **„doppelfunktionale" Maßnahmen,** die einerseits der Eigen- und Fremdsicherung bzw. dem Schutz fremden Eigentums dienen, andererseits zugleich Beweismittel oder Beutegegenstände sichern sollen.

3. Tatsachen, die die Annahme rechtfertigen

28 Tatsachen, die die Annahme rechtfertigen, dass die zu durchsuchende Person möglicherweise sicherstellungsfähige Sachen mit sich führt, sind **objektive Gegebenheiten,** die bspw. durch eigene Beobachtungen und Ermittlungen (auch im Rahmen eines Datenabgleichs, Tetsch EingriffsR 93; Tetsch/Baldarelli PolG NRW Erl. 1.2), das Verhalten des Adressaten, vorliegende Dokumente oder glaubhafte Hinweise Dritter (zB eines bestohlenen Eigentümers, Lisken/Denninger PolR-HdB/Rachor/Graulich E Rn. 564) festgestellt werden können. Bloße Vermutungen und Verdachtsmomente sind ebenso wenig ausreichend wie praktische Erfahrungen aus der Vergangenheit (Nr. 39.12 VVPolG NRW). Die Durchsuchung wird bei Vorliegen solcher Tatsachen nicht dadurch rechtswidrig, dass sich bei der Durchsuchung keine entsprechenden Gegenstände auffinden lassen (Schönenbroicher/Heusch NRWOBG § 24 Rn. 39).

4. Sachen, die sichergestellt werden dürfen

29 Da anders als bei Abs. 1 Nr. 1 der Zusatz „auf Grund einer anderen Rechtsvorschrift" fehlt und der Zweck der Durchsuchung nach Abs. 1 Nr. 2 derjenige der Gefahrenabwehr ist, muss sich die Befugnis zur **Sicherstellung nach § 43** oder nach einer speziellen Ermächtigungsgrundlage zur präventiven Sicherstellung richten (Tegtmeyer/Vahle PolG NRW Rn. 6). Da zB die Vorschriften der StPO über die Sicherstellung und die Beschlagnahme repressiven Zwecken dienen, kommt ein Durchsuchen nach den betroffenen Gegenständen nach Abs. 1 Nr. 2 nicht in Betracht.

30 Die in Nr. 2 angesprochene Befugnis zur Sicherstellung – sofern nicht spezielle präventive Sicherstellungsvorschriften Anwendung finden – beschränkt sich auf die Fallgruppen des **§ 43 Nr. 1 und Nr. 2,** weil in den Fällen des § 43 Nr. 3 die Ermächtigungsnorm des § 39 Abs. 1 Nr. 1 vorrangig anwendbar ist. Die Polizei kann nach diesen Vorschriften eine Sache sicherstellen, um eine gegenwärtige Gefahr abzuwehren (Abs. 1 Nr. 1) bzw. um den Eigentümer oder den rechtmäßigen Inhaber der tatsächlichen Gewalt vor Verlust oder Beschädigung einer Sache zu schützen (Abs. 1 Nr. 2; zu diesen Vorschriften, insbesondere zur Auslegung der Abs. 1 Nr. 1, → § 43 Rn. 22 ff.).

5. Mitführen

31 **Mit sich führt** der Adressat eine Sache, wenn er sie mit der Möglichkeit eines unmittelbaren Zugriffs am Körper oder in der am Körper getragenen Kleidung aufbewahrt (vgl. Tetsch EingriffsR 99). Wird die Sache voraussichtlich in einer anderen Sache verborgen, richtet sich die Durchsuchung nach der Ermächtigungsnorm in § 40 Abs. 1 Nr. 3 (→ § 40 Rn. 24 f.).

IV. Durchsuchung von Personen in hilfloser Lage (Abs. 1 Nr. 3)

1. Zweck

32 Die Durchsuchung einer Person, die sich erkennbar in einem die freie Willensbildung ausschließenden Zustand oder sonst in hilfloser Lage befindet, nach Abs. 1 Nr. 3 dient der **Ermöglichung weiterer Maßnahmen zur Hilfeleistung.** So kann etwa bei einer erkennbar nicht in gutem Gesundheitszustand befindlichen Person die Kleidung nach dringend benötigten Medikamenten oder nach Hinweisen auf eine bestehende Erkrankung bzw. den Grund für die Hilflosigkeit, etwa aussagekräftigen Dokumenten durchsucht werden (Nr. 39.13 VVPolG NRW spricht von „Unfallausweisen"; vgl. → § 35 Rn. 33 ff.; Nimtz/ Thiel EingriffsR NRW Rn. 859).

Nach Nr. 39.13 VVPolG NRW soll die Ermächtigungsnorm auch den Fall der Durchsu- **33** chung zum Zwecke der Auffindung von Gegenständen erfassen, aus denen sich eine **Gefähr- dung des Adressaten** ergeben kann. Hier wird aber im Regelfall eine Durchsuchung schon nach § 39 Abs. 1 Nr. 1 iVm § 35 Abs. 1 Nr. 1 zulässig sein.

2. Abgrenzungen

Soll bei einer in hilfloser Lage befindlichen Person eine Durchsuchung **zum Zwecke** **34** **der Feststellung der Identität** vorgenommen werden (etwa, um sie in die Obhut ihrer Angehörigen zurückbringen zu können), greift nicht Abs. 1 Nr. 3, sondern § 12 Abs. 2 S. 3, S. 4 iVm § 12 Abs. 1 (insoweit nicht zutr. Nr. 39.13 VVPolG NRW; vgl. Tetsch/Baldarelli PolG NRW Erl. 1.2; Gusy PolR Rn. 246 Fn. 269 weist darauf hin, dass die Ermächtigung in Abs. 1 Nr. 3 „weitgehend überflüssig" sei).

3. Erkennbar in einem die freie Willensbildung ausschließenden Zustand

In einem die freie Willensbildung erkennbar ausschließenden Zustanden befindet sich die **35** zu durchsuchende Person, wenn sie **keine eigenständigen Entscheidungen** (mehr) treffen kann (zu § 35 Abs. 1 Nr. 1 → § 35 Rn. 33 ff.). Ursache dieses Zustands können ein übermäßiger Genuss von Alkohol oder Rauschmitteln, Schock oder Ohnmacht sein (Tetsch EingriffsR 83). Erkennbar ist dieser Zustand, wenn ein objektiver Betrachter anhand tatsäch- licher Anhaltspunkte davon ausgehen muss, dass eine freie Willensbildung derzeit, also zum Zeitpunkt der polizeilichen Maßnahmen, nicht möglich ist.

4. Sonst in hilfloser Lage

Die Formulierung „sonst in hilfloser Lage" deutet darauf hin, dass „hilflose Lage" der **36** Oberbegriff für die von Nr. 3 erfassten Zustände der zu durchsuchenden Person darstellt. Eine **hilflose Lage** liegt dann vor, wenn eine Person – bei ansonsten intakter Willensbil- dung – aus eigener Kraft nicht dazu imstande ist, ihr drohende Gefahren abzuwehren (Oster- litz EingriffsR Polizeidienst I 574; Tetsch EingriffsR 83 f.; Tetsch/Baldarelli PolG NRW Erl. 1.2). Gemäß Nr. 35.11 S. 4 VVPolG NRW liegt Hilflosigkeit insbesondere vor, „wenn bei einer Person tiefgreifende Störungen des Bewusstseins, der Orientierung, der Wahrneh- mung, der Auffassung oder auch des Denkens einzeln oder in Kombination auftreten". In hilfloser Lage können sich bspw. jüngere Kinder, ältere Personen oder Verletzte befinden (zu § 35 Abs. 1 Nr. 1 → § 35 Rn. 34; zur Erkennbarkeit → Rn. 35).

V. Durchsuchung von Personen an gefährlichen Orten (Abs. 1 Nr. 4)

1. Zweck

Die Ermächtigung in Abs. 1 Nr. 4 erweitert das Maßnahmenspektrum vor allem für eine **37** „Razzia" (Lisken/Denninger PolR-HdB/Rachor/Graulich E Rn. 565 f.) an **gefährlichen bzw. „verrufenen" Orten** iSd § 12 Abs. 1 Nr. 2. Durchsucht werden kann jede Person, die sich dort aufhält. Dies trägt den polizeilichen Aufgaben zum einen der vorbeugenden Bekämpfung von Straftaten, zum anderen der Brennpunktkontrolle Rechnung (Osterlitz EingriffsR Polizeidienst I 575, auch zur Erhöhung der Wirksamkeit einer „Razzia"). Ziel der Maßnahme ist damit nicht nur das Auffinden gefährlicher oder mit Straftaten im Zusam- menhang stehender Gegenstände; die Möglichkeit, aufgrund eines bloßen Antreffens an einem Ort eine Durchsuchung durchführen zu können, soll zugleich abschreckende Wirkung entfalten. Die Durchsuchung nach Abs. 1 Nr. 4 wird daher gelegentlich als „Gefahrerfor- schungseingriff" qualifiziert (Osterlitz EingriffsR Polizeidienst I 576).

2. Abgrenzungen

Bei § 12 Abs. 1 Nr. 2 ist die **Feststellung der Identität** das Ziel der Maßnahme (→ **38** § 12 Rn. 11 ff.); geht es der Polizei darum, ist wiederum § 12 Abs. 2 S. 3, 4, § 12 Abs. 1 vorrangig anwendbar. Für die Durchsuchung von Sachen gilt § 40 Abs. 1 Nr. 5.

3. In § 12 Abs. 1 Nr. 2 genannter Ort

39   Es muss sich um einen der **in § 12 Abs. 1 Nr. 2 genannten Orte** handeln, an dem sich der Adressat der Durchsuchung aufhält. In der Vorschrift genannt sind Orte, von denen Tatsachen die Annahme rechtfertigen, dass dort Personen Straftaten von erheblicher Bedeutung (§ 8 Abs. 3) verabreden, vorbereiten oder verüben oder sich dort Personen treffen, die gegen aufenthaltsrechtliche Strafvorschriften verstoßen oder sich dort gesuchte Straftäter verbergen (im Einzelnen → § 12 Rn. 11 ff.).

4. Aufhalten

40   Der **Adressat** der Durchsuchung muss sich an dem fraglichen Ort **aufhalten.** Dies bedeutet eine nicht nur ganz kurzfristige physische Anwesenheit; das bloße „Sichbefinden" reicht regelmäßig nicht aus. Entscheidend ist ein gewisses Verweilen, das dadurch gekennzeichnet ist, dass sich der Betroffene nicht oder nur zögerlich fortbewegt (→ § 12 Rn. 19; OVG Hamburg NVwZ-RR 2003, 276). Aus Gründen der Verhältnismäßigkeit und mit Blick auf die Zielsetzung der Norm wird jedoch nicht ausnahmslos jede anwesende Person durchsucht werden dürfen (→ § 12 Rn. 19 f.); gegenüber solchen Personen, die offenkundig nicht zu dem Kontrollanlass in Beziehung stehen und auch nicht zur Tatbegehung eingesetzt werden können (Kinder, ältere Menschen etc), wird eine Durchsuchung nach Abs. 1 Nr. 4 regelmäßig ausscheiden. Die Rechtsprechung lässt es dementsprechend auch nicht ausreichen, wenn sich eine Person (zufällig) an dem fraglichen Ort befindet; es muss vielmehr hinzutreten, dass die Durchsuchung der Person auch in einer entsprechenden Beziehung zu den Tatsachen steht, die die Gefährlichkeit des Ortes begründen (VerfGH Bayern BayVBl. 2013, 90; Waldhoff JuS 2013, 189). Insoweit ist die Reichweite der Ermächtigungsnorm bei solchen Personen aus Verhältnismäßigkeitsgründen zu begrenzen (Tegtmeyer/Vahle PolG NRW Rn. 11).

VI. Durchsuchung von Personen an gefährdeten Objekten (Abs. 1 Nr. 5)

1. Zweck

41   Die Ermächtigungsnorm dient präventiven Zwecken, indem Personen, die sich in **gefährdeten Objekten** iSv § 12 Abs. 1 Nr. 3 oder in deren unmittelbarer Nähe aufhalten, unter den weiteren Voraussetzung des § 39 Abs. 1 Nr. 5 durchsucht werden dürfen. Ziel ist es, durch Maßnahmen der vorbeugenden Bekämpfung von Straftaten insbesondere Anschläge, namentlich auf besonders gefährdete Infrastrukturen, abzuwehren; dazu soll die Durchsuchung – insoweit dem Objekt- und Personenschutz dienend – potenziell vorhandene Waffen, Sprengmittel und ähnliche zur Begehung geeignete Gegenstände zutage fördern (vgl. Osterlitz EingriffsR Polizeidienst I 577). Insoweit unterscheidet sich die Ermächtigung in Abs. 1 Nr. 5 von derjenigen in Abs. 1 Nr. 4, die zum Maßnahmenspektrum einer „Razzia" gehört und zugleich abschreckende Wirkung entfalten soll (→ Rn. 37).

2. Abgrenzungen

42   Verfolgt die Durchsuchung das Ziel der **Identitätsfeststellung,** greift § 12 Abs. 2 S. 3 und S. 4 iVm § 12 Abs. 1 Nr. 3. Soll eine Sache durchsucht werden, ist auf § 40 Abs. 1 Nr. 5 zurückzugreifen.

3. In einem Objekt iSd § 12 Abs. 1 Nr. 3 oder in dessen unmittelbarer Nähe

43   Der Adressat muss sich in einem **Objekt iSd § 12 Abs. 1 Nr. 3** oder in dessen unmittelbarer Nähe aufhalten (zum Begriff des Aufhaltens → Rn. 40). In dieser Vorschrift aufgeführt sind Verkehrsanlagen (zB Flughäfen, Bahnhöfe), Versorgungsanlagen und -einrichtungen (zB Trinkwasserreservoirs, Elektrizitätswerke), öffentliche Verkehrsmittel (zB Bahnen, Straßen- und U-Bahnen, Busse), Amtsgebäude und andere besonders gefährdete Objekte (zB Banken, Versammlungsorte, Wohnungen gefährdeter Politiker und Amtsträger; vgl. im Einzelnen → § 12 Rn. 23).

44   Was als **„unmittelbare Nähe"** zu qualifizieren ist und in welchem Radius damit Durchsuchungen angetroffener Personen in Betracht kommen, lässt sich nicht pauschal bestimmen.

In der unmittelbaren Nähe befindet sich der Adressat jedenfalls dann, wenn er die möglicherweise zu befürchtende Straftat ohne zeitliche Verzögerung, die aus der Überwindung eines räumlichen Abstands resultiert, begehen kann.

Ähnlich wie bei Abs. 1 Nr. 4 wird man aus Verhältnismäßigkeitserwägungen bei solchen **45** Personen, die erkennbar nicht als potenzielle Ausübende eines Anschlags in Betracht kommen, von einer Durchsuchung Abstand zu nehmen haben (→ Rn. 40).

4. Tatsachen, die die Annahme rechtfertigen

Tatsachen, die die Annahme rechtfertigen, dass in oder an Objekten dieser Art Straf- **46** taten begangen werden, durch die Personen oder diese Objekte gefährdet sind, sind objektive Gegebenheiten, die die Polizei durch eigene Wahrnehmungen und Ermittlungen (Analysedaten, Hinweise von Verbindungspersonen etc), glaubhafte Hinweise Dritter, das Verhalten des Adressaten (und eventueller Komplizen) oder in sonstiger Weise belegbar festgestellt hat. Bloße Verdachtsmomente oder Vermutungen reichen ebenso wenig aus wie Erfahrungen aus der Vergangenheit, dass in oder an Objekten dieser Art regelmäßig Straftaten begangen werden (→ § 12 Rn. 17).

5. Begehung von Straftaten in oder an Objekten dieser Art

Straftaten in oder an Objekten dieser Art müssen nach den vorliegenden Tatsachen zu **47** besorgen sein. Entscheidend ist, dass nicht ein konkretes Objekt durch die Straftat bedroht sein muss, vielmehr genügt es, dass der Objekttyp konkret gefährdet ist (zu Einschränkungen der erfassten Straftaten → Rn. 48).

6. Durch die Personen oder diese Objekte gefährdet sind

Die Voraussetzung, dass durch die fraglichen Straftaten die **Objekte selbst oder aber** **48** **Personen gefährdet** sind, verdeutlicht die Zielrichtung der Durchsuchung nach Nr. 5 als Maßnahme des Personen- und Objektschutzes (→ Rn. 41). Von dieser Schutzrichtung erfasst sind damit in erster Linie Personen, die sich ihrerseits in dem gefährdeten Objekt oder dessen unmittelbarer Nähe aufhalten (→ Rn. 40). Darüber hinaus konkretisiert das Kriterium die Art der zu besorgenden Straftaten in oder an Objekten dieser Art: Es muss sich um solche Straftaten handeln, die typischerweise Personen oder Objekte gefährden können (zB Tötungs- und Körperverletzungsdelikte, Straftaten gegen die persönliche Freiheit, qualifizierte und einfache Sachbeschädigungen, Brandstiftungsdelikte etc).

E. Durchsuchung von Personen nach Abs. 2

I. Zweck

Die Durchsuchung nach Abs. 2 dient der **Eigensicherung** der handelnden Beamtinnen **49** und Beamten, aber auch dem **Schutz Dritter,** etwa bei gemeinschaftlicher Unterbringung in Gewahrsam (vgl. Nr. 39.2 VVPolG NRW). Geschützte Dritte können jedoch auch andere Personen am Einsatzort oder solche sein, die im weiteren Gang der Maßnahmen gegenüber dem Adressaten mit diesem in Berührung kommen werden (zB der Arzt, der eine Blutprobe entnehmen wird, oder Mitarbeiter des Erkennungsdienstes; vgl. Osterlitz EingriffsR Polizeidienst I 578; Nimtz/Thiel EingriffsR NRW Rn. 863).

II. Abgrenzungen

Muss (oder kann) der Adressat nicht festgehalten werden und greift daher nicht Abs. 1 **50** Nr. 1 (zur Abgrenzung → Rn. 17 f.), kann eine Durchsuchung zur Eigensicherung nach Abs. 2 unter den dort geregelten verschiedenen tatbestandlichen Voraussetzungen vorgenommen werden. Dies wird etwa dann in Betracht kommen, wenn aufgrund der zu erwartenden Gefährlichkeit des Adressaten Eile geboten ist. Insoweit dient die Ermächtigung in Abs. 2 im Wesentlichen einer **„ad hoc"-Eigensicherung vor dem Ergreifen weiterer Maßnahmen** (Thiel PolR § 10 Rn. 145).

51   **Zweifel an einem eigenständigen Anwendungsbereich** bestehen hinsichtlich der beiden weiteren Varianten in Abs. 2 S. 2. Bei Personen, die nach anderen Rechtsvorschriften vorgeführt werden können, und solchen, die zur Durchführung einer Maßnahme an einen anderen Ort verbracht werden sollen, liegen regelmäßig auch die Voraussetzungen des Abs. 1 Nr. 1 vor. Da dieser generell zur Durchsuchung ermächtigt, Abs. 2 dagegen die Zielrichtung der handelnden Beamtinnen und Beamten hinsichtlich der möglicherweise vorzufindenden Gegenstände auf Waffen, andere gefährliche Gegenstände und Explosivmittel beschränkt und zudem einen Gefahrenverdacht hinsichtlich der Rechtsgüter Leib und Leben fordert, wird Abs. 1 Nr. 1 vorrangig anzuwenden sein (eingehend und krit. Tetsch/Baldarelli PolG NRW Erl. 1.2: Abs. 2 S. 2 sei unter dem Eigensicherungserfordernis obsolet).

52   Für die Varianten des Abs. 2 S. 2 verbleibt damit letztlich nur noch der Anwendungsfall, dass ein **Festhalten aus Verhältnismäßigkeitsgründen nicht in Betracht kommt,** weil etwa der Adressat (zum Zeitpunkt der Durchsuchung) uneingeschränkt kooperativ ist (um eventuell später Widerstand zu leisten; vgl. Osterlitz EingriffsR Polizeidienst I 579). Ob aber in diesem Fall der hinreichende Gefahrenverdacht für eine Gefahr für Leib oder Leben der Polizeibeamtinnen und -beamten bzw. Dritter gegeben sein wird (→ Rn. 57), ist allerdings fraglich.

III. Tatbestandliche Varianten

1. Person, deren Identität festgestellt werden soll

53   Nach Abs. 2 S. 1 kann eine Person nach den genannten Gegenständen durchsucht werden, deren **Identität festgestellt werden soll,** insbesondere nach § 12 oder § 163b StPO, aber auch nach anderen Vorschriften, die zu einer Identitätsermittlung ermächtigen.

54   Die **Identitätsfeststellung** ist damit nach dieser Variante **nicht** der **Zweck** der Maßnahme (dann wäre § 12 Abs. 2 S. 3 und S. 4, § 12 Abs. 1 einschlägig), **sondern** lediglich ihr **Anlass** (Lisken/Denninger PolR-HdB/Rachor/Graulich E Rn. 568; Osterlitz EingriffsR Polizeidienst I 578).

2. Person, die nach anderen Rechtsvorschriften vorgeführt werden soll

55   Ferner können Personen durchsucht werden, die nach anderen Rechtsvorschriften **vorgeführt werden sollen** (Abs. 2 S. 2 Alt. 1). In Betracht kommen zB Vorführungen von Beschuldigten (§ 163a Abs. 3 StPO, §§ 133, 134 StPO) oder von Zeugen und Sachverständigen (§ 161a Abs. 2, §§ 51, 133 StPO) zur staatsanwaltschaftlichen Vernehmung. Allerdings ist in diesen Fällen eine Abgrenzung zu § 39 Abs. 1 Nr. 1 erforderlich (→ Rn. 17 f.).

3. Person, die zur Durchführung einer Maßnahme an einen anderen Ort gebracht werden soll

56   Schließlich erlaubt Abs. 2 S. 2 Alt. 2 die Durchsuchung einer Person, die **zur Durchführung einer Maßnahme an einen anderen Ort gebracht werden soll.** Denkbar ist hier eine Vielzahl an möglichen Maßnahmen, bspw. die Verbringung zur Durchführung einer erkennungsdienstlichen Behandlung oder einer ärztlichen Untersuchung (vgl. Osterlitz EingriffsR Polizeidienst I 579). Auch hier gilt, dass eine Abgrenzung zu Abs. 1 Nr. 1 notwendig ist (→ Rn. 17 f.).

IV. Gefahrenverdacht hinsichtlich der Rechtsgüter Leib und Leben

57   Die Durchsuchung ist nur gestattet, „soweit das nach den Umständen zum Schutz des Polizeivollzugsbeamten oder eines Dritten gegen eine Gefahr für Leib oder Leben erforderlich ist". Nach hM muss keine konkrete Gefahr für diese Rechtsgüter vorliegen, ein **hinreichend begründeter Gefahrenverdacht** reicht aus (Osterlitz EingriffsR Polizeidienst I 579; Schönenbroicher/Heusch NRWOBG § 24 Rn. 39; Nimtz/Thiel EingriffsR NRW Rn. 866). Die Durchsuchung soll bereits den Eintritt der Gefahrenlage verhindern (Lisken/Denninger PolR-HdB/Rachor/Graulich E Rn. 568). Diese Einordnung überzeugt; der Gesetzgeber hätte sonst problemlos ausdrücklich das Vorliegen einer konkreten Gefahrenlage verlangen können (etwa: „zur Abwehr einer im Einzelfall bestehenden Gefahr"). Es müssen mithin (lediglich) objektive Tatsachen vorliegen, die die Möglichkeit einer solchen Gefährdung belegen; solche Anhaltspunkte können sich aus dem Vorverhalten des Adressaten, glaubhaften Hinweisen Dritter oder eigenen Erkenntnissen der Polizei ergeben. Die Formulierung „nach den Umständen" ist nach zutreffender Auffassung ein bloßes Füllwort ohne eigenständigen normativen Gehalt (Lisken/Denninger PolR-HdB/Rachor/Graulich E Rn. 568; aA Tetsch EingriffsR 86, der fordert, die Umstände müssten durch den zu Transportierenden als Adressat der Maßnahme als Handlungsverantwortlicher verursacht werden und könnten nicht in der von der Polizei angeordneten Maßnahme liegen).

V. Durchsuchen nach Waffen, anderen gefährlichen Werkzeugen oder Explosivmitteln

Unter den genannten Voraussetzungen kann die Polizei als Rechtsfolge die fragliche Per- **58** son **nach Waffen, anderen gefährlichen Werkzeugen oder Explosivmitteln** durchsuchen. Daraus ergibt sich eine Einschränkung hinsichtlich des Zwecks der Durchsuchung (Tegtmeyer/Vahle PolG NRW Rn. 13), die die Auswirkungen auch auf die zulässige Ausgestaltung der konkreten Maßnahme hat.

Mit „**Waffen**" sind nicht die in § 58 Abs. 4 aufgeführten, für die Polizei zugelassenen **59** Waffen gemeint, sondern Waffen im Sinne des Waffengesetzes. Nach § 1 Abs. 2 WaffG sind Waffen Schusswaffen oder ihnen gleichgestellte Gegenstände sowie tragbare Gegenstände, die ihrem Wesen nach dazu bestimmt sind, die Angriffs- oder Abwehrfähigkeit von Menschen zu beseitigen oder herabzusetzen, insbesondere Hieb- und Stoßwaffen. Ferner sind solche tragbaren Gegenstände Waffen, die, ohne dazu bestimmt zu sein, insbesondere aufgrund ihrer Beschaffenheit, Handhabung oder Wirkungsweise geeignet sind, die Angriffs- oder Abwehrfähigkeit von Menschen zu beseitigen oder herabzusetzen, und die im WaffG genannt sind.

Der Terminus „**gefährliche Werkzeuge**" ist in Kombination mit dem Begriff der **60** „Waffe" der Oberbegriff (BeckOK StGB/Wittig Gefährliches Werkzeug Rn. 1, BeckOK StGB/Wittig „Gefährliches Werkzeug" Rn. 1; Lackner/Kühl, StGB, 29. Aufl. 2018, StGB § 224 Rn. 2). Aufgrund der Nennung von Waffen und gefährlichen Werkzeugen und angesichts der Zielrichtung der Norm wird es auf eine exakte Zuordnung regelmäßig nicht ankommen. Die Definitionen im Schrifttum sind uneinheitlich; um ein gefährliches Werkzeug wird es sich jedoch dann handeln, wenn der fragliche Gegenstand nach seiner objektiven Beschaffenheit und nach der Art seiner Benutzung im konkreten Fall geeignet ist, erhebliche Körperverletzungen herbeizuführen (zu § 224 StGB BGH NStZ 2007, 95). **Explosivmittel** sind explosionsgefährliche Stoffe iSd § 1 Abs. 1 SprengG (Lisken/Denninger PolR-HdB/Rachor/Graulich E Rn. 936; Tetsch/Baldarelli PolG NRW Erl. 3.2.5).

F. Rechtliche Vorgaben für die Durchführung der Durchsuchung

I. Einschränkung hinsichtlich der durchsuchenden Person

Abs. 3 Hs. 1 ordnet an, dass Personen **nur von Personen gleichen Geschlechts oder** **61** **Ärzten** durchsucht werden dürfen. Ein durchsuchender approbierter Arzt muss jedenfalls nach dem Wortlaut der Vorschrift nicht das gleiche Geschlecht wie die durchsuchte Person besitzen. Die Durchführungsbestimmung trägt dem Schamgefühl und der Menschenwürde der zu durchsuchenden Person Rechnung (Lisken/Denninger PolR-HdB/Rachor/Graulich E Rn. 570; Tegtmeyer/Vahle PolG NRW Rn. 17). Diese Feststellung bedeutet freilich nicht, dass eine Missachtung der Vorgabe einen Eingriff in Art. 1 Abs. 1 GG darstellt, ansonsten wäre die Ausnahmeregelung in § 39 Abs. 3 Hs. 2 (→ Rn. 62) ohne Weiteres als verfassungswidrig zu qualifizieren. Die im Schrifttum häufige Erwähnung des (Menschen-) Würdebezugs ist dort jedoch wohl auch nicht im Sinne einer Bewertung der Abs. 3 zuwiderlaufenden Durchsuchung als Eingriff zu verstehen; vielmehr trägt die Norm der „Menschenwürdeaufladung" des Art. 2 Abs. 1 GG iVm Art. 1 Abs. 1 GG Rechnung. Ein Verstoß gegen die Norm hat – sofern nicht die Ausnahme nach Hs. 2 greift (→ Rn. 62) – gleichwohl die Rechtswidrigkeit der Durchsuchung zur Folge (Knemeyer PolR SuP Rn. 238). Allerdings kann die Polizei bei Fortbestand der materiellen Rechtmäßigkeitsvoraussetzung eine den

Verfahrensvorgaben entsprechende (erneute) Durchsuchung durchführen. Die Bestimmung des Geschlechts kann im Einzelfall Schwierigkeiten aufwerfen – insbesondere dann, wenn sich der Adressat einem anderen als dem biologischen oder einem „dritten Geschlecht" zugehörig fühlt oder das Konzept von Geschlechtsidentitäten generell ablehnt. Die nahe liegende Lösung, dem Adressaten selbst die Entscheidung und Kommunikation seiner geschlechtlichen Zugehörigkeit zuzuweisen und aufzuerlegen, mag zu praktischen Herausforderungen führen, die dem Durchsuchungszweck zuwiderlaufen können. Jedenfalls bei der Durchsuchung mit dem Ziel der Eigen- und Fremdsicherung wird man die Verpflichtungskraft des § 39 Abs. 3 kritisch überdenken müssen. Im Zweifel wird die Durchsuchung aber de lege lata von einem Arzt vorzunehmen sein. Aufgrund der Zielrichtung der Durchführungsbestimmung, dem Schamgefühl der durchsuchten Person Rechnung zu tragen, wird man eine unzulässige Vorgehensweise auch dann annehmen müssen, wenn eine unbekleidete weibliche Person bei der Durchsuchung von männlichen Beamten festgehalten wird (vgl. VG Köln BeckRS 2016, 40072).

62   Abs. 3 Hs. 2 regelt eine **Ausnahme** von diesem Grundsatz. Ist die sofortige Durchsuchung zum **Schutz gegen eine Gefahr für Leib oder Leben** erforderlich, darf auch eine Person des anderen Geschlechts die Durchsuchung vornehmen. Der Begriff der „Gefahr" entspricht dem allgemeinen Sprachgebrauch des § 8 (→ § 8 Rn. 73 ff.). Es muss sich um eine konkrete Gefahrenlage für die beiden genannten Schutzgüter, Leib (im Sinne körperlicher Unversehrtheit und Gesundheit) und Leben, handeln. Erforderlich ist die sofortige Durchsuchung zum Schutz gegen eine solche Gefahr, wenn kein anderes Mittel als die Durchsuchung zur Gefahrenabwehr im Betracht kommt. Beispiele sind Fälle der Eigensicherung (Durchsuchung eines Attentäters) und der Fremdsicherung (Durchsuchung eines Suizidgefährdeten; Lisken/Denninger PolR-HdB/Rachor/Graulich E Rn. 570).

63   Sind weder eine gleichgeschlechtliche Person noch ein Arzt anwesend, so kann es gegenüber der Durchsuchung durch eine nicht gleichgeschlechtliche Person ein milderes Mittel darstellen, die zu durchsuchende Person **vorübergehend** bis zum Eintreffen einer nach Abs. 3 Hs. 1 zur Durchsuchung berechtigten Person **festzuhalten** (Thiel PolR § 10 Rn. 146)

II. Sonstige Vorgaben

64   **Sachen,** die bei der Durchsuchung aufgefunden werden, aber nicht sichergestellt bzw. beschlagnahmt werden dürfen, sind dem Adressaten **unverzüglich wieder auszuhändigen** (vgl. Nr. 39.03 VVPolG NRW).

G. Adressat

65   Der **Adressat der Durchsuchung** bestimmt sich nicht nach den §§ 4 ff. Vielmehr ergibt sich aus den verschiedenen tatbestandlichen Alternativen aus Abs. 1 und Abs. 2 jeweils auch der zulässige Adressat der Maßnahme, sodass § 4 Abs. 4 bzw. § 5 Abs. 4 eingreift (vgl. Nimtz/Thiel EingriffsR NRW Rn. 868). So richtet sich die Durchsuchung nach Abs. 1 Nr. 1 gegen die Person, die festgehalten werden darf, diejenige nach Abs. 1 Nr. 2 an diejenige, der möglicherweise sicherzustellende Gegenstände mit sich führt. Bei Abs. 1 Nr. 3 ist Adressat die in hilfloser Lage befindliche Person, bei Nr. 4 und Nr. 5 die am jeweiligen Ort angetroffene Person. Adressat der Durchsuchung nach Abs. 2 ist die Person, deren Identität festgestellt, die vorgeführt oder zum Zwecke der Durchführung einer polizeilichen Maßnahme an einen anderen Ort verbracht werden soll.

Zweiter Titel. Durchsuchung von Sachen

§ 40 Durchsuchung von Sachen

(1) **Die Polizei kann außer in den Fällen des § 12 Abs. 2 Satz 4 eine Sache durchsuchen, wenn**

1. sie von einer Person mitgeführt wird, die nach § 39 durchsucht werden darf,

2. Tatsachen die Annahme rechtfertigen, dass sich in ihr eine Person befindet, die
   a) in Gewahrsam genommen werden darf,
   b) widerrechtlich festgehalten wird oder
   c) hilflos ist,
3. Tatsachen die Annahme rechtfertigen, dass sich in ihr eine andere Sache befindet, die sichergestellt werden darf,
4. sie sich an einem der in § 12 Abs. 1 Nr. 2 genannten Orte befindet,
5. sie sich in einem Objekt im Sinne des § 12 Abs. 1 Nr. 3 oder in dessen unmittelbarer Nähe befindet und Tatsachen die Annahme rechtfertigen, dass in oder an Objekten dieser Art Straftaten begangen werden sollen, durch die Personen oder diese Objekte gefährdet sind,
6. es sich um ein Land-, Wasser- oder Luftfahrzeug handelt, in dem sich eine Person befindet, deren Identität nach § 12 Abs. 1 Nr. 4 festgestellt werden darf; die Durchsuchung kann sich auch auf die in dem Fahrzeug enthaltenen Sachen erstrecken.

(2) ^{1}Bei der Durchsuchung von Sachen hat der Inhaber der tatsächlichen Gewalt das Recht, anwesend zu sein. ^{2}Ist er abwesend, so sollen sein Vertreter oder ein anderer Zeuge hinzugezogen werden. ^{3}Dem Inhaber der tatsächlichen Gewalt ist auf Verlangen eine Bescheinigung über die Durchsuchung und ihren Grund zu erteilen.

Überblick

§ 40 enthält Ermächtigungsgrundlagen (Abs. 1) und Durchführungsbestimmungen (Abs. 2) für die Durchsuchung von Sachen, also die zielgerichtete und planmäßige Suche an bzw. in beweglichen und – vorbehaltlich einer Nichtgeltung der §§ 41, 42 – unbeweglichen körperlichen Gegenständen und von Tieren (→ Rn. 9). Nach Abs. 1 Nr. 1 können Sachen durchsucht werden, die eine Person mit sich führt, die nach § 39 durchsucht werden darf (→ Rn. 13 ff.). Abs. 1 Nr. 2 (→ Rn. 16 ff.) erlaubt das Durchsuchen einer Sache, wenn Tatsachen die Annahme rechtfertigen, dass sich in ihr eine Person befindet, die in Gewahrsam genommen werden darf (→ Rn. 20), widerrechtlich festgehalten wird (→ Rn. 21) oder hilflos ist (→ Rn. 22). Nach Abs. 1 Nr. 3 dürfen Sachen durchsucht werden, wenn Tatsachen die Annahme rechtfertigen, dass sich darin andere Sachen befinden, die sichergestellt werden dürfen (→ Rn. 24 ff.). Auch Sachen, die sich an gefährlichen bzw. verrufenen (Abs. 1 Nr. 4) oder gefährdeten Orten (Abs. 1 Nr. 5) befinden, dürfen durchsucht werden (→ Rn. 26 f. bzw. → Rn. 28 ff.). Schließlich erlaubt Abs. 1 Nr. 6 das Durchsuchen von Land-, Luft- und Wasserfahrzeugen sowie darin befindlicher Sachen, wenn sich eine Person in dem Fahrzeug befindet, deren Identität nach § 12 Abs. 1 Nr. 4 an einer Kontrollstelle festgestellt werden soll (→ Rn. 34 ff.). Abs. 2 S. 1 enthält Vorgaben bezüglich der Durchführung der Maßnahme – die Norm regelt ein Anwesenheitsrecht des Inhabers der tatsächlichen Gewalt bei der Durchsuchung bzw. eine „Soll"-Vorschrift zur Beiziehung seines Vertreters bzw. anderer Zeugen bei Abwesenheit des Inhabers der tatsächlichen Gewalt (→ Rn. 40 ff.). Abs. 2 S. 2 normiert schließlich die Pflicht der handelnden Beamtinnen und Beamten, dem Adressaten auf Verlangen eine Bescheinigung über die Durchsuchung und ihren Grund auszustellen (→ Rn. 45 ff.).

Übersicht

A. Bedeutung und Systematik der Vorschrift

1   Die §§ 39 ff. differenzieren verschiedene Arten von präventiv ausgerichteten Durchsuchungen nach dem durchsuchten Objekt (§ 39: Durchsuchung von Personen, § 40: Durchsuchung von Sachen, § 41: Durchsuchung von Wohnungen). Diese Unterscheidung beruht auf den unterschiedlichen verfassungsrechtlichen Anforderungen an den jeweiligen Grundrechtseingriff. § 40 enthält in Abs. 1 **Ermächtigungsgrundlagen** für die **Durchsuchung von Sachen** in mehreren tatbestandlichen Varianten, die einen sich teilweise überschneidenden Anwendungsbereich besitzen (zur Problematik einer anlassunabhängigen Durchsuchung Pernak SächsVBl. 2013, 53; zu einer Durchsuchung nach BPolG VGH München NJW 2014, 2459). Eine trennscharfe Abgrenzung ist in der Praxis aufgrund der identischen Rechtsfolgen regelmäßig nicht erforderlich. Abs. 2 regelt mehrere Durchführungsbestimmungen (Anwesenheitsrechte, Bescheinigung; → Rn. 39 ff.), die nach zutreffender Auffassung durch teilweise „ungeschriebene" Hinweisanforderungen zu ergänzen sind.

2   § 40 enthält Ermächtigungsnormen allein für die **Durchsuchung von Sachen zu Zwecken der Gefahrenabwehr.** Ähnliche Bestimmungen enthalten § 30 BWPolG, Art. 22 BayPAG, § 37 HSOG und § 23 NPOG. Wie bei § 39 ist die Durchsuchung eng mit anderen polizeilichen Maßnahmen verknüpft (vgl. Tetsch/Baldarelli PolG NRW Erl. 3). Für Durchsuchungen mit repressiven Zielsetzungen gelten die §§ 102 ff. StPO (vgl. Nr. 40.01 VVPolG NRW). Die Bestimmungen in Abs. 1 verdeutlichen, dass die Durchsuchung kein „Selbstzweck" ist und damit nicht anlasslos erfolgen darf, sondern regelmäßig eine andere geplante Maßnahme erfordert, selbst wenn diese wegen Erfolglosigkeit der Durchsuchung letztlich nicht vorgenommen werden kann (vgl. Tetsch EingriffsR II 105).

3   Die Durchsuchung von Sachen gem. § 40 greift stets jedenfalls in die **allgemeine Handlungsfreiheit** (Art. 2 Abs. 1 GG) ein (Nimtz/Thiel EingriffsR NRW Rn. 871). Je nach Konstellation können jedoch andere, speziellere und damit vorrangig anwendbare Grundrechte beeinträchtigt sein. Eine mögliche Verletzung des Grundrechts auf **Eigentum** (Art. 14 Abs. 1 GG) sollte nicht vorschnell mit dem Hinweis abgelehnt werden, es handele sich bei der Durchsuchung weder um eine Enteignung noch um eine Inhalts- und Schrankenbestimmung; auch ein faktischer Eingriff durch eine nicht unerhebliche Nutzungsentziehung wäre denkbar. Allerdings wird durch die Durchsuchung das Eigentum nicht entzogen, sondern lediglich die Nutzung der Sache eingeschränkt, und auch dies nur vorübergehend. Aufgrund der nur sehr kurzzeitigen Nutzungsbeeinträchtigung wird man einen Eingriff in Art. 14 Abs. 1 GG regelmäßig abzulehnen haben. Im Schrifttum ist demgegenüber die Auffassung verbreitet, die Durchsuchung von Sachen berühre die freie Nutzung und Verfügbarkeit über das Eigentum (Tetsch EingriffsR II 80; Bialon/Springer EingriffsR Kap. 31 Rn. 6). Eine andere Bewertung wird allenfalls dann in Betracht kommen, wenn die durchsuchte Sache ihrerseits sichergestellt werden soll; in einem solchen Fall ist freilich erst die Sicherstellung mit Inverwahrungnahme (§§ 43, 44) als Eingriff das Eigentumsgrundrecht zu qualifizieren.

4   Je nachdem, was bei der Durchsuchung aufgefunden werden soll bzw. tatsächlich wird, können ferner Eingriffe in das allgemeine Persönlichkeitsrecht, namentlich **das Recht auf Wahrung der Privat- und Intimsphäre** (vgl. Bialon/Springer EingriffsR Kap. 31 Rn. 5), und in das (ebenfalls eine besondere Ausprägung des allgemeinen Persönlichkeitsrechts darstellende) **Recht auf informationelle Selbstbestimmung** (Art. 2 Abs. 1 GG iVm Art. 1

Abs. 1 GG) festzustellen sein (Nimtz/Thiel EingriffsR NRW Rn. 871). Das gezielte Durchsuchen von Sachen zur Feststellung der Identität, etwa durch das Auffinden von Identifikationspapieren, richtet sich nach der Ermächtigungsgrundlage in § 12 Abs. 2 S. 4 iVm § 12 Abs. 1 (→ § 12 Rn. 43 f.). Bei Gelegenheit der Suche werden jedoch häufig auch weitere Informationen über den Eigentümer bzw. den Inhaber der tatsächlichen Gewalt gewonnen, sodass ein Eingriff bejaht werden kann.

Wie auch bei der Durchsuchung von Personen ist der Adressat der Maßnahme für die **5** Dauer der Durchsuchung „**festzuhalten**". Dies stellt nach zutreffender Auffassung einen (freilich nur kurzzeitigen und wenig intensiven) Eingriff in das Recht auf Freiheit der Person in Gestalt einer **Freiheitsbeschränkung** dar (Art. 2 Abs. 2 S. 2 GG, Art. 104 Abs. 1 GG; → § 39 Rn. 3; aA: lediglich Eingriff in die allgemeine Handlungsfreiheit; ein Eingriff in Art. 11 GG – Recht auf Freizügigkeit – ist ebenfalls abzulehnen, da die Freiheit, sich im Bundesgebiet niederzulassen, nicht berührt wird).

B. Begriffsbestimmungen

I. Durchsuchung

„Durchsuchung" einer Sache iSd § 40 ist die **gezielte und planmäßige Suche an und** **6** **in Sachen** (bzw. Tieren, → Rn. 9), zumal an nicht ohne weiteres einsehbaren Stellen (Thiel PolR § 10 Rn. 166; Nimtz/Thiel EingriffsR NRW Rn. 870). Sie wird regelmäßig dazu dienen, Personen oder Sachen aufzufinden (Lisken/Denninger PolR-HdB/Rachor/Graulich E Rn. 587; Tetsch/Baldarelli PolG NRW Erl. 2), um weitere polizeiliche Maßnahmen zu ermöglichen (zB Ingewahrsamnahme, Sicherstellung etc). Eine Durchsuchung liegt allerdings nur dann vor, wenn die Maßnahme auch das Ziel eines Auffindens verfolgt. Soll dagegen allein die Beschaffenheit der (untersuchten) Sache festgestellt werden, liegt keine Durchsuchung vor (Tetsch EingriffsR II 88; Tetsch/Baldarelli PolG NRW Erl. 2: Ermächtigungsgrundlage ist dann § 8). Die Ermächtigungsnorm gewährt zudem nur die Befugnis zur Durchsuchung, nicht aber zur anschließenden Inverwahrungnahme oder gar zum Abtransport (Gusy PolR Rn. 248). Zudem wird – wie sich auch aus Abs. 2 S. 1 und S. 2 ergibt (→ Rn. 40 ff.) – nur eine „offene", also für den Inhaber der tatsächlichen Gewalt bzw. seinen Vertreter erkennbare Maßnahme „Durchsuchung" isv § 40 sein (anders nur bei einer „adressatenneutralen" Durchsuchung, also bei nicht anwesendem und nicht bekanntem Berechtigten; bezüglich der „Online"-Durchsuchung informationstechnischer Systeme Schenke PolR Rn. 151, 197i ff.).

Befinden sich die zu durchsuchenden Sachen noch **am Körper des Inhabers der tat-** **7** **sächlichen Gewalt,** handelt es sich um die **Durchsuchung einer Person,** die sich nach § 39 richtet (vgl. Nr. 39.02, 40.02 VVPolG NRW; zur Abgrenzung zu § 41 → Rn. 9).

Von der Ermächtigungsnorm eingeschlossen sind solche **Anordnungen,** deren Befolgung **8** erst die Vornahme der Durchsuchung ermöglicht bzw. ihren reibungslosen Ablauf sicherstellt, zB die Aufforderung, ein Kleidungsstück oder eine Tasche abzulegen (soweit solche Gegenstände noch „am Körper" getragen werden, liegt eine Durchsuchung einer Person vor, die sich nach § 39 richtet).

II. Sache

Sachen sind grundsätzlich alle **unbeweglichen und beweglichen körperlichen** **9** **Gegenstände** (Schönenbroicher/Heusch NRWOBG § 24 Rn. 40) **isv § 90 BGB** (Osterlitz EingriffsR Polizeidienst I 582; Tetsch/Baldarelli PolG NRW Erl. 1). Wegen § 90a BGB gelten auch Tiere rechtlich als Sachen (Tetsch EingriffsR II 88); eine „Durchsuchung" von (lebenden) Tieren ist in der Praxis jedoch kaum je erforderlich. Praktisch bedeutsam ist vor allem die Durchsuchung beweglicher Sachen wie Gepäckstücke und sonstige Behältnisse, abgelegte Kleidungsstücke, Kfz etc (Tegtmeyer/Vahle PolG NRW Rn. 1; Thiel PolR § 10 Rn. 166; sa die Ermächtigungsgrundlage zu polizeilichen Anhalte- und Sichtkontrollen bei der sog. „strategischen Fahndung", § 12a; s. Walter DVBl 2019, 1238 ff.), aber auch die Durchsuchung von Speichermedien (Kingreen/Poscher POR § 17 Rn. 12). Aufgrund der Differenzierungen der §§ 39 ff. hinsichtlich der Durchsuchung von Personen, Sachen und Wohnungen ist der Anwendungsbereich des § 40 indes eingeschränkt: Sachen, die sich auf einem befriedeten Besitztum befinden, können nicht nach § 40, sondern nur nach §§ 41, 42 durchsucht werden (vgl. Nr. 40.03 VVPolG NRW; wie hier Knemeyer PolR SuP Rn. 241; weiter Götz/Geis PolR § 8 Rn. 53). Keine Sache im Sinne der Bestimmung sind insbesondere aus grundrechtlichen und systematischen Gründen bewegliche Sachen, die „Wohnungen" gem. § 41, Art. 13 GG darstellen (insoweit Klarstellung auch in Nr. 40.2 VVPolG NRW). Dies können zu Wohnzwecken genutzte bewegliche Sachen wie Schiffe, Wohnwagen, Wohnmobile und Zelte sein (vgl. Nr. 41.11 VVPolG NRW). Sollen solche Sachen betreten oder durchsucht werden, richten sich die Maßnahmen nach § 41; es müssen also die tatbestandlichen Voraussetzungen der jeweils einschlägigen Variante dieser Vorschrift vorliegen (→ § 41 Rn. 49 ff.; Tegtmeyer/Vahle PolG NRW Rn. 2; Lisken/Denninger PolR-HdB/ Rachor/Graulich E Rn. 603). Unbewegliche Sachen, die keine Wohnungen sind und sich nicht auf befriedetem Besitztum befinden, können aber etwa öffentliche Plätze oder eine Bushaltestelle mit Wartehäuschen sein (Gusy PolR Rn. 248).

C. Rechtsnatur der Durchsuchung

10   Bei „isolierter" Betrachtung wird die Durchsuchung von Sachen (wie die Durchsuchung von Personen; → § 39 Rn. 12) als **Realakt** zu qualifizieren sein (Tetsch/Baldarelli PolG NRW Erl. 2); unmittelbarer Regelungsgehalt iSv § 35 S. 1 VwVfG. NRW. kommt ihr nicht zu. Als Verwaltungsakt einzuordnen ist demgegenüber die ggf. zu treffende, möglicherweise konkludente „**Anordnung**" gegenüber dem Adressaten, dass er die beabsichtigte Durchsuchung zu dulden habe, die Sache herausgeben oder ein Behältnis öffnen müsse (Tetsch/ Baldarelli PolG NRW Erl. 2; Bialon/Springer EingriffsR Kap. 31 Rn. 7), oder dass er seinen Widerstand gegen die Durchsuchung aufgeben solle. Je nach Sachverhaltskonstellation kann darin eine sog. „Begleitverfügung" zu sehen sein, die einen Verwaltungsakt iSv § 35 S. 1 VwVfG. NRW. darstellt und nach hM ebenfalls auf die Ermächtigungsgrundlagen des § 40 gestützt werden kann. Soweit Sachen zum Zwecke der Durchsuchung betreten werden müssen (zB die Ladefläche eines Lkw), stellt sich die Frage, ob dies als unerlässliche Begleitmaßnahme von § 40 gedeckt ist; verneint man dies, ist für das Betreten ergänzend auf die Generalklausel zurückzugreifen (Dietlein/Hellermann NRWÖffR/Dietlein § 3 Rn. 188; Thiel PolR § 10 Rn. 167).

11   Sofern die Durchsuchung gegen den Willen des Adressaten erfolgt, kann die Anwendung **unmittelbaren Zwangs** erforderlich sein (Festhalten, Wegnahme der Sache), die rechtlich meist als Durchsetzung einer Duldungs- bzw. Begleitverfügung (→ Rn. 10) einzuordnen sein wird. Eine Duldungsverfügung ist jedoch nach zutreffender Auffassung nicht per se mit jeder Durchsuchung verbunden (s. aber VG Gießen LKRZ 2010, 463). Die Durchsuchung selbst hat isoliert betrachtet keinen Zwangscharakter (Tetsch/Baldarelli PolG NRW Erl. 2).

D. Tatbestandliche Varianten der Durchsuchung von Sachen

I. Durchsuchung zur Identitätsfeststellung (§ 12 Abs. 2 S. 3, S. 4; § 40 Abs. 1)

12   Die **Durchsuchung von Sachen zum Zwecke der Identitätsfeststellung** richtet sich, wie § 40 Abs. 1 verdeutlicht, ausschließlich nach den insoweit spezielleren Vorschriften des § 12 Abs. 2 S. 3, S. 4 iVm § 12 Abs. 1 (→ § 12 Rn. 43 ff.). Dies ergibt sich aus der Formulierung „außer in den Fällen des § 12 Abs. 2 Satz 4"; die Nennung in § 40 ist damit hinsichtlich der materiellen Voraussetzungen lediglich deklaratorischer Natur (Tegtmeyer/ Vahle PolG NRW Rn. 3: nur als Hinweis). Allerdings sind nach zutreffender Auffassung auch bei einer Durchsuchung auf der Grundlage von § 12 Abs. 2 S. 3, S. 4, Abs. 1 die Verfahrensvorschriften in § 40 Abs. 2 zu beachten (→ Rn. 39 ff.; Lisken/Denninger PolR-HdB/Rachor/Graulich E Rn. 588: insoweit „nicht nur klarstellende Funktion").

II. Durchsuchung von Sachen bei Personen, die nach § 39 durchsucht werden dürfen (Abs. 1 Nr. 1)

13   Abs. 1 Nr. 1 ermächtigt zur Durchsuchung von Sachen, wenn sie von einer **Person** mitgeführt werden, **die nach § 39 durchsucht werden darf.** Die Ermächtigungsnorm stellt das Pendant bzw. eine Ergänzung zu § 39 Abs. 1 Nr. 2 dar, die die Durchsuchung der

Person erlaubt, wenn Tatsachen die Annahme rechtfertigen, dass diese sicherstellungsfähige Sachen mit sich führt. Die Variante des Abs. 1 Nr. 1 trägt der Tatsache Rechnung, dass eine Personendurchsuchung meist durch eine Durchsuchung der mitgeführten Sachen „flankiert" werden muss, um einer effektiven Gefahrenabwehr förderlich zu sein (Osterlitz EingriffsR Polizeidienst I 583: „Ergänzungsdurchsuchung"; Nimtz/Thiel EingriffsR NRW Rn. 874; Tegtmeyer/Vahle PolG NRW Rn. 4: im Interesse eines sicheren Vollzugs).

Die Person muss nach § 39 **durchsucht werden „dürfen".** Eine Durchsuchung von **14** Sachen kommt daher nur in Betracht, wenn zugleich die Rechtmäßigkeitsvoraussetzungen für die Durchsuchung einer Person vorliegen. So können mitgeführte Sachen durchsucht werden, wenn die Person festgehalten werden kann (§ 39 Abs. 1 Nr. 1; → § 39 Rn. 16 ff.), wenn Tatsachen die Annahme rechtfertigen, dass sie sicherungsfähige Sachen mit sich führt (§ 39 Abs. 1 Nr. 2; → § 39 Rn. 25 ff.), wenn sie sich in einem die freie Willensbestimmung ausschließenden Zustand oder sonst in hilfloser Lage befindet (§ 39 Abs. 1 Nr. 3; → § 39 Rn. 32 ff.), wenn sie sich an einem gefährlichen/verrufenen bzw. gefährdeten Ort aufhält (§ 39 Abs. 1 Nr. 4 und Nr. 5; → § 39 Rn. 37 ff.) oder wenn eine Durchsuchung aus Gründen der Eigen- bzw. Fremdsicherung nach § 39 Abs. 2 zulässig wäre (→ § 39 Rn. 49 ff.). Im Einzelnen wird zu den verschiedenen tatbestandlichen Varianten auf die Kommentierung zu § 39 verwiesen. Eine Personendurchsuchung muss jedoch weder tatsächlich durchgeführt werden noch geplant sein, damit (auch) die Durchsuchung einer Sache rechtlich zulässig ist (vgl. Tetsch EingriffsR II 88 f.).

Mit sich führt eine Person Sachen, auf die sie unmittelbar zugreifen kann, die sie also **15** (jederzeit) „griffbereit" bei sich hat (Lisken/Denninger PolR-HdB/Rachor/Graulich E Rn. 589; Osterlitz EingriffsR Polizeidienst I 583). Mitgeführt wird auch ein Kfz, das die fragliche Person führt (Lisken/Denninger PolR-HdB/Rachor/Graulich E Rn. 589 mwN). Trägt der potenzielle Adressat die Sache unmittelbar am Körper, etwa als Kleidungsstück oder Tasche, gilt nicht § 40, sondern § 39 (→ § 39 Rn. 10; Tetsch/Baldarelli PolG NRW Erl. 3).

III. Durchsuchung von Sachen zur Auffindung einer Person (Abs. 1 Nr. 2)

Sachen dürfen nach Abs. 1 Nr. 2 durchsucht werden, um eine Person aufzufinden, die **16** sich in einer Sache befindet und die eine der nachfolgend genannten weiteren Voraussetzungen erfüllt. Zweck dieser Variante ist die **Auffindung der Person,** insbesondere um ihr Hilfe zu leisten, sie zu befreien, oder um sie in Gewahrsam zu nehmen (sog. „Ergreifungsdurchsuchung", Lisken/Denninger PolR-HdB/Rachor/Graulich E Rn. 590).

1. Person, die sich in einer Sache befindet

Es müssen **Tatsachen die Annahme rechtfertigen,** dass sich in der Sache eine Person **17** befindet. Solche Tatsachen sind objektive Gegebenheiten, die bspw. durch eigene Beobachtungen und Ermittlungen, vorliegende Dokumente oder glaubhafte Hinweise Dritter festgestellt werden können. Bloße Vermutungen und Verdachtsmomente sind ebenso wenig ausreichend wie praktische Erfahrungen aus der Vergangenheit ohne Bezug zur aktuellen Gefahrenlage.

Die Person muss sich nach der durch diese Tatsachen vermittelten Kenntnis der handeln- **18** den Beamtinnen und Beamten **in der Sache befinden,** also darin ihren gegenwärtigen Aufenthaltsort haben. Diese Anforderung hat zur Konsequenz, dass nach Abs. 1 Nr. 2 nur solche Sachen durchsucht werden können, in denen ein Mensch Platz finden kann. Erfasst sind damit vor allem etwa abgestellte Fahrzeuge (sofern sie nicht unter §§ 41, 42 fallen), zB der Kofferraum oder Laderaum eines Kfz, ferner größere Behältnisse etc.

Ferner muss die Person **zusätzlich (mindestens) eines der nachfolgend geregelten** **19** **Merkmale** erfüllen; es handelt sich um tatbestandliche Alternativen: Sie muss in Gewahrsam genommen werden dürfen (Abs. 1 Nr. 2 lit. a; → Rn. 20), widerrechtlich festgehalten werden (Abs. 1 Nr. 2 lit. b; → Rn. 21) oder hilflos sein (Abs. 1 Nr. 2 lit. c; → Rn. 22).

2. Person, die in Gewahrsam genommen werden darf (Abs. 1 Nr. 2 lit. a)

Die Sache darf durchsucht werden, wenn die Person, die sich in ihr befindet, **in Gewahr-** **20** **sam** genommen werden darf. Ob die Person in Gewahrsam genommen werden darf, richtet sich nach den jeweils einschlägigen Vorschriften zur Ingewahrsamnahme, namentlich nach § 35; erforderlich ist mithin die **rechtliche Zulässigkeit der Gewahrsamsbegründung.** Nach zutreffender Auffassung wird Abs. 1 Nr. 2 lit. a nur dann greifen, wenn die Ingewahrsamnahme präventiven Zwecken dient (Lisken/Denninger PolR-HdB/Rachor/Graulich E Rn. 590), ansonsten wäre auch die Durchsuchung der Sache als repressiv zu qualifizieren und würde sich nach §§ 102 ff. StPO richten. Gleichwohl kommt auch eine mögliche Ingewahrsamnahme auf der Grundlage spezialgesetzlicher Ermächtigungsgrundlagen als „Anlassmaßnahme" für die Durchsuchung einer Sache in Betracht (Osterlitz EingriffsR Polizeidienst I 584), wenn diese Maßnahme präventive Ziele verfolgt.

3. Person, die widerrechtlich festgehalten wird (Abs. 1 Nr. 2 lit. b)

21   Wird eine Person, die sich den Tatsachen gemäß möglicherweise in der Sache befindet, **widerrechtlich festgehalten,** darf die Sache ebenfalls durchsucht werden. „Festhalten" meint eine Beeinträchtigung des Rechts auf Freiheit der Person (Art. 2 Abs. 2 S. 2 GG, Art. 104 GG) und damit namentlich Fälle einer tatbestandlichen Freiheitsberaubung (Lisken/Denninger PolR-HdB/Rachor/Graulich E Rn. 591). „Widerrechtlich" bedeutet rechtswidrig; widerrechtlich festgehalten wird eine Person damit, wenn die Freiheitsentziehung nicht gerechtfertigt ist (zB durch das Recht zur vorläufigen Festnahme gem. § 127 Abs. 1 StPO oder durch andere Rechtfertigungsgründe).

4. Person, die hilflos ist (Abs. 1 Nr. 2 lit. c)

22   Schließlich darf eine Sache zur Auffindung einer nach den Tatsachen möglicherweise darin befindlichen hilflosen Person durchsucht werden. **„Hilflos"** ist eine Person, wenn sie aus eigener Kraft nicht in der Lage ist, sich zu befreien bzw. die ihr drohenden Gefahren abzuwehren. Gemäß Nr. 35.11 S. 4 VVPolG NRW liegt Hilflosigkeit insbesondere vor, „wenn bei einer Person tiefgreifende Störungen des Bewusstseins, der Orientierung, der Wahrnehmung, der Auffassung oder auch des Denkens einzeln oder in Kombination auftreten" (vgl. Nimtz/Thiel EingriffsR NRW Rn. 875). Wie sich aus der Formulierung in § 35 Abs. 1 Nr. 2 ergibt, ist „hilflose Lage" der Oberbegriff – die Hilflosigkeit iSv § 40 Abs. 1 Nr. 2 lit. c kann sich daher sowohl aus der fehlenden Möglichkeit freier Willensbetätigung als auch aus äußeren Umständen ergeben (eingehend → § 35 Rn. 33 f.). Wird die Person widerrechtlich festgehalten und ist sie aus diesem Grund zugleich hilflos, ist Abs. 1 Nr. 2 lit. b vorrangig (→ Rn. 21).

5. Weitere Fallgruppen

23   Keine ausdrückliche Ermächtigung enthält § 40 Abs. 1 für die Durchsuchung von Sachen zur Auffindung von Personen, die **nach § 10 Abs. 3 vorgeführt** werden dürfen. Teilweise wird – da der Gesetzgeber in § 41 Abs. 1 Nr. 1 ein Betreten und Durchsuchen von Wohnungen zu diesem Zweck explizit gestattet – im Schrifttum diesbezüglich eine ungewollte Gesetzeslücke gesehen und eine analoge Anwendung befürwortet (Osterlitz EingriffsR Polizeidienst I 584).

IV. Durchsuchung von Sachen zur Auffindung von Sachen, die sichergestellt werden dürfen (Abs. 1 Nr. 3)

24   Abs. 1 Nr. 3 ermächtigt zur Durchsuchung von Sachen zur Auffindung anderer **Sachen, die sichergestellt werden dürfen.** Ob die Durchsuchung erfolgreich ist, die fragliche Sache also tatsächlich gefunden wird, ist für die Rechtmäßigkeit der Maßnahme irrelevant. Erforderlich ist nur, dass die Sicherstellung erfolgen „darf", also ihre Rechtmäßigkeitsvoraussetzungen gegeben sind (Tegtmeyer/Vahle PolG NRW Rn. 6). Nach zutreffender Auffassung müssen daher nicht nur die tatbestandlichen Voraussetzungen der Sicherstellung geben sein, diese muss sich auch an den richtigen Adressaten richten, ermessensfehlerfrei erfolgen und dem Grundsatz der Verhältnismäßigkeit genügen sowie die weiteren gesetzlichen Rechtmäßigkeitsanforderungen erfüllen.

25   Zweifelhaft ist, ob die Durchsuchung nach Abs. 1 Nr. 3 voraussetzt, dass die **Sicherstellung nach Maßgabe der §§ 43, 44** zulässig ist, oder ob auch eine (rechtmäßige) Sicherstel-

lung auf der Grundlage anderer Rechtsnormen zur Rechtfertigung der Durchsuchung einer Sache herangezogen werden kann. Ausschließen können wird man zunächst die Fälle einer Sicherstellung bzw. Beschlagnahme zu (ausschließlich) repressiven Zwecken, weil dann auch die final auf ihre Auffindung ausgerichtete Durchsuchung repressive Ziele verfolgt und sich nach §§ 102 ff. StPO zu richten hätte. Denkbar wäre die Annahme, § 40 Abs. 1 Nr. 3 beziehe sich ausschließlich auf die Sicherstellung nach dem Polizeigesetz. Nach anderer Ansicht kommen dagegen auch andere präventive Sicherstellungen gestattende Normen in Frage (Tetsch EingriffsR II 89: § 40 WaffG; Osterlitz EingriffsR Polizeidienst I 585); dies wird man jedenfalls dann zu befürworten haben, wenn im fraglichen Spezialgesetz Bestimmungen zur Durchsuchung fehlen. Zur strafverfahrensrechtlichen Behandlung von „Zufallsfunden" vgl. § 108 StPO (Lisken/Denninger PolR-HdB/Rachor/Graulich E Rn. 593).

V. Durchsuchung von Sachen an gefährlichen Orten (Abs. 1 Nr. 4)

Abs. 1 Nr. 4 gestattet das Durchsuchen von Sachen, die sich **an einem der in § 12** 26 **Abs. 1 Nr. 2 genannten Orte** befinden. Wie § 39 Abs. 1 Nr. 4 (zur Durchsuchung von Personen) erweitert die Ermächtigungsgrundlage das Spektrum der bei „Razzien" zulässigen Maßnahmen und ist in diesem Fall Spezialnorm gegenüber Abs. 1 Nr. 1 (Tetsch EingriffsR II 89; → § 39 Rn. 37). Eine Sache **„befindet"** sich an dem fraglichen Ort, wenn sie dort faktisch physisch vorhanden ist. Wird sie von einer Person mitgeführt, ergibt sich die Zulässigkeit der Durchsuchung regelmäßig aus den anderen tatbestandlichen Varianten des Abs. 1 (vgl. Lisken/Denninger PolR-HdB/Rachor/Graulich E Rn. 594).

Die Sache muss sich an einem der in **§ 12 Abs. 1 Nr. 2 genannten Orte** befinden. In 27 der Vorschrift sind Orte aufgezählt, von denen Tatsachen die Annahme rechtfertigen, dass dort Personen Straftaten von erheblicher Bedeutung (§ 8 Abs. 3) verabreden, vorbereiten oder verüben oder sich dort Personen treffen, die gegen aufenthaltsrechtliche Strafvorschriften verstoßen oder sich dort gesuchte Straftäter verbergen (vgl. im Einzelnen → § 12 Rn. 11 ff.).

VI. Durchsuchung von Sachen in / bei gefährdeten Objekten (Abs. 1 Nr. 5)

Gemäß Abs. 1 Nr. 5 dürfen ferner Sachen durchsucht werden, die sich **in einem Objekt** 28 **iSd § 12 Abs. 1 Nr. 3 oder in dessen unmittelbarer Nähe** befinden. Erforderlich ist zudem die durch Tatsachen begründete Rechtfertigung der Annahme, dass in oder an Objekten dieser Art Straftaten begangen werden sollen, durch die Personen oder diese Objekte gefährdet sind (→ Rn. 31 ff.).

Die Sache muss sich in einem **Objekt iSd § 12 Abs. 1 Nr. 3 oder in dessen unmittelba-** 29 **rer Nähe befinden,** also dort tatsächlich physisch vorhanden sein. In dieser Vorschrift aufgeführt sind Verkehrsanlagen (zB Flughäfen, Bahnhöfe), Versorgungsanlagen und -einrichtungen (zB Trinkwasserreservoirs, Elektrizitätswerke), öffentliche Verkehrsmittel (zB Bahnen, Straßen- und U-Bahnen, Busse), Amtsgebäude und andere besonders gefährdete Objekte (zB Banken, Versammlungsorte, Wohnungen gefährdeter Politiker und Amtsträger; vgl. im Einzelnen → § 12 Rn. 21 ff.).

Was als **„unmittelbare Nähe"** zu qualifizieren ist und in welchem Radius damit Durch- 30 suchungen dort befindlicher Sachen in Betracht kommen, lässt sich nicht pauschal bestimmen. In der unmittelbaren Nähe befindet sich eine Sache jedenfalls dann, wenn noch ein räumlicher Zusammenhang mit dem fraglichen Ort festgestellt werden kann. Da es sich häufig um Sachen handeln wird, in denen Sprengmittel etc vermutet werden, ist die Reichweite der unmittelbaren Nähe (auch) nach deren vermutetem Wirkungsradius zu bewerten.

Tatsachen, die die Annahme rechtfertigen, dass in oder an Objekten dieser Art Strafta- 31 ten begangen werden, durch die Personen oder diese Objekte gefährdet sind, sind objektive Gegebenheiten, die die Polizei durch eigene Wahrnehmungen und Ermittlungen (Analysedaten, Hinweise von Verbindungspersonen etc), glaubhafte Hinweise Dritter, das Verhalten des Adressaten (und eventueller Komplizen) oder in sonstiger Weise belegbar festgestellt hat. Bloße Verdachtsmomente oder Vermutungen reichen ebenso wenig aus wie Erfahrungen aus der Vergangenheit, dass in oder an Objekten dieser Art regelmäßig Straftaten begangen werden.

Straftaten in oder an Objekten dieser Art müssen nach den vorliegenden Tatsachen 32 zu besorgen sein. Entscheidend ist nicht, dass ein konkretes Objekt durch die Straftat bedroht sein muss, sondern dass der Objekttyp nach den Erkenntnissen der handelnden Beamtinnen und Beamten konkret gefährdet ist.

33   Die Voraussetzung, dass durch die fraglichen Straftaten (nicht: durch die durchsuchte Sache, Tegtmeyer/Vahle PolG NRW Rn. 7) **die Objekte selbst oder aber Personen gefährdet** sind, verdeutlicht die Zielrichtung der Durchsuchung nach Nr. 5 als Maßnahme des Personen- und Objektschutzes. Gemeint sind damit in erster Linie Personen, die sich ihrerseits in dem gefährdeten Objekt oder dessen unmittelbarer Nähe aufhalten. Darüber hinaus konkretisiert das Kriterium die Art der zu besorgenden Straftaten in oder an Objekten dieser Art: Es muss sich um solche Straftaten handeln, die typischerweise Personen oder Objekte gefährden können (zB Tötungs- und Körperverletzungsdelikte, Straftaten gegen die persönliche Freiheit, qualifizierte und einfache Sachbeschädigungen, Brandstiftungsdelikte etc).

VII. Durchsuchung von Land-, Wasser- oder Luftfahrzeugen und darin befindlichen Sachen (Abs. 1 Nr. 6)

34   Nach Abs. 1 Nr. 6 dürfen schließlich **Land-, Wasser- oder Luftfahrzeuge,** in denen sich eine Person befindet, deren Identität nach § 12 Abs. 1 Nr. 4 festgestellt werden darf, sowie **darin befindliche Sachen** durchsucht werden. Die Ermächtigungsnorm ergänzt damit § 12 Abs. 1 Nr. 4, der die Identitätsfeststellung an Kontrollstellen regelt (vgl. im Einzelnen → § 12 Rn. 26 ff.). Fahrzeuge, die derartige Kontrollstellen passieren, dürfen mithin durchsucht werden, um die Person, deren Identität festgestellt werden soll, aufzufinden und ihr gegenüber dadurch weitere Maßnahmen zu ermöglichen. Da die Maßnahme nach § 12 Abs. 1 Nr. 4 vor allem im Vorfeld von Versammlungen eine Rolle spielt und § 39 keine Ermächtigung für die Personendurchsuchung an Kontrollstellen enthält, ist in der Praxis oft der „Umweg" über die Durchsuchung des Fahrzeugs und in diesem befindlicher Sachen nach § 40 Abs. 1 Nr. 6 erforderlich (vgl. Tetsch EingriffsR II 89).

35   Unter **Fahrzeugen** versteht man alle Fortbewegungsmittel, die der Beförderung von Personen oder Sachen dienen. Abs. 1 Nr. 6 erfasst Land-, Wasser- und Luftfahrzeuge unabhängig von ihrem Antrieb; da eine Person aufgefunden werden soll, muss es sich jedoch um ein Fortbewegungsmittel handeln, das mindestens eine Person aufnehmen kann. Aus der Tatsache, dass Land-, Wasser- und Luftfahrzeuge genannt werden, lässt sich schließen, dass Kontrollstellen nicht nur an Straßen, sondern auch an Flug- und Schiffshäfen errichtet werden dürfen (Osterlitz EingriffsR Polizeidienst I 587; Lisken/Denninger PolR-HdB/Rachor/Graulich E Rn. 596). Die genannten Fahrzeuge dürfen vollständig durchsucht werden, also zB der Kofferraum bei Kraftfahrzeugen (zur darauf gerichteten ursprünglichen gesetzgeberischen Intention Lisken/Denninger PolR-HdB/Rachor/Graulich E Rn. 595 f.), aber auch Passagier-, Lade- und Maschinenräume (Lisken/Denninger PolR-HdB/Rachor/Graulich E Rn. 595).

36   **In dem Fahrzeug befindet sich eine Person,** wenn sie sich dort tatsächlich körperlich aufhält. Anders als etwa bei Abs. 1 Nr. 2 und Nr. 3 genügen hier Tatsachen, die die Annahme rechtfertigen, eine Person befinde sich in dem Fahrzeug, gerade nicht. Dies spricht dafür, dass die handelnden Beamtinnen und Beamten davon ausgehen müssen, dass sich die Person mit hinreichender Wahrscheinlichkeit in dem Fahrzeug aufhält.

37   Die **Identität der Person** muss nach § 12 Abs. 1 Nr. 4 festgestellt werden „dürfen"; dies bedeutet, es muss eine Identitätsfeststellung nach Maßgabe dieser Bestimmung rechtlich zulässig sein (zu den Voraussetzungen → § 12 Rn. 26 ff.).

38   Die Durchsuchung kann sich nach Abs. 1 Nr. 6 Hs. 2 auch auf die **„in dem Fahrzeug enthaltenen",** also in ihm im physischen Sinne befindlichen Sachen erstrecken. Zweifelhaft ist angesichts dieser Erweiterung, ob die Durchsuchung dieser Sachen allein dazu dienen darf, die Person aufzufinden, deren Identität festgestellt werden soll (bzw. dazu, ihre Identität zu bestimmen), oder ob sie auch andere, darüber hinausreichende Zwecke verfolgen darf. Im Schrifttum wird gelegentlich angenommen, die Durchsuchung dürfe auch darauf abzielen, solche Sachen aufzufinden, die zu Straftaten iSv § 12 Abs. 1 Nr. 4 verwendet werden könnten (Tetsch EingriffsR II 89; im Ergebnis auch Osterlitz EingriffsR Polizeidienst I 588 f.). Gegen diese Sichtweise sprechen der Wortlaut der Norm und die Tatsache, dass § 39 eine entsprechende Ermächtigung zur Durchsuchung einer Person nicht enthält.

E. Rechtliche Vorgaben für die Durchführung der Durchsuchung

Besondere **Durchführungsbestimmungen** für die Durchsuchung von Sachen finden **39** sich in Abs. 2 der Vorschrift. Die Abs. 2 S. 1 und S. 2 enthalten Regelungen zu einem Anwesenheitsrecht des Inhabers der tatsächlichen Gewalt bzw. – bei Abwesenheit – seines Vertreters oder eines anderen Zeugen (→ Rn. 40 ff.). Abs. 2 S. 3 normiert das Recht des Adressaten, eine Bescheinigung über die Durchsuchung und ihren Grund zu verlangen (→ Rn. 45 ff.). Die Bestimmung enthält damit den strafverfahrensrechtlichen Vorgaben in §§ 106 ff. StPO vergleichbare Anordnungen (vgl. Lisken/Denninger PolR-HdB/Rachor/ Graulich E Rn. 598).

I. Anwesenheitsrechte

Gemäß Abs. 2 S. 1 hat der Inhaber der tatsächlichen Gewalt – also die Person, die die **40** faktische Sachherrschaft über die Sache innehat – **das Recht, bei der Durchsuchung anwesend zu sein.** Gemeint ist, dass er die Durchsuchungsmaßnahme von Anfang bis Ende durch Beobachtung verfolgen kann. Dies dient insbesondere dazu, eine Kontrolle zu ermöglichen (vgl. Knemeyer PolR SuP Rn. 242) und einen eventuellen nachgelagerten Rechtsschutz zu flankieren. Zweifelhaft ist, ob dieses Anwesenheitsrecht aus Sicherheitsgründen eingeschränkt oder außer Acht gelassen werden darf. Mit Blick auf den präventiven Zweck der Durchsuchung wird man das Anwesenheitsrecht unter den Vorbehalt stellen müssen, dass der Inhaber der tatsächlichen Gewalt den Ablauf der Durchsuchung nicht aktiv stört (Schönenbroicher/Heusch NRWOBG § 24 Rn. 40). Ist er anwesend und behindert die handelnden Beamtinnen und Beamten in nicht unerheblicher Weise (bloß verbale Einwände werden hier nicht ausreichen), wird er einer – gesondert erteilten – Platzverweisung nicht das Recht aus § 40 Abs. 2 S. 1 entgegenhalten können (vgl. Lisken/Denninger PolR-HdB/ Rachor/Graulich E Rn. 598). Nach verbreiteter Auffassung führt eine Missachtung der Verfahrensvorschrift nicht zur Rechtswidrigkeit der Durchsuchung (Tegtmeyer/ Vahle PolG NRW Rn. 9; krit. aber etwa Lisken/Denninger PolR-HdB/Rachor/Graulich E Rn. 606; Kingreen/Poscher POR § 17 Rn. 15, die davon ausgehen, dass „jeder Rechtsverstoß, auch gegen Verfahrensvorschriften, zur Rechtswidrigkeit des Verwaltungsakts führt" – mit Blick schon auf §§ 45, 46 VwVfG ist diese pauschale Sichtweise indes zu strikt).

Ist der Inhaber der tatsächlichen Gewalt nicht anwesend, sollen nach Abs. 2 S. 2 sein **41** **Vertreter oder ein anderer Zeuge** hinzugezogen werden. Wer Vertreter des Inhabers der tatsächlichen Gewalt ist, richtet sich nach den allgemeinen Regelungen zur Vertretung. Es kann sich also um einen gesetzlichen Vertreter oder um einen gewillkürten Vertreter, zB einen Bevollmächtigten, handeln, was die Erkennbarkeit für die Beamtinnen und Beamten in der Einsatzsituation erheblich erschweren kann. Die Norm ist daher als „Soll"-Vorschrift ausgestaltet; die Anwesenheit von Vertretern und anderen Zeugen steht damit ebenfalls unter dem Vorbehalt, dass diese Personen den Ablauf der Durchsuchung nicht stören (→ Rn. 40). Ist zu erwarten, dass der Inhaber der tatsächlichen Gewalt binnen kurzer Zeit anwesend sein wird oder problemlos herbeigeholt werden kann, ist mit der Durchsuchung nach zutreffender Auffassung bis zu seinem Eintreffen zu warten, sofern dies nicht unzumutbar oder aus Gefahrenabwehraspekten untunlich ist (vgl. Lisken/Denninger PolR-HdB/Rachor/Graulich E Rn. 599).

Als **„andere Zeugen"** können angesichts des Telos der Norm, den Inhaber der tatsächli- **42** chen Gewalt bzw. den Eigentümer vor unangemessenen Durchsuchungen zu schützen, vor allem solche Personen hinzugezogen werden, die – ähnlich wie ein Vertreter – dessen Vertrauen genießen (vgl. Tetsch EingriffsR II 90; Tetsch/Baldarelli PolG NRW Erl. 6).

Wie sich aus Nr. 40.2 S. 2 VVPolG NRW ergibt, können **Polizeivollzugsbeamtinnen 43** **und -beamte** als Zeuginnen und Zeugen nur dann hinzugezogen werden, wenn andere Personen zu diesem Zweck nicht zur Verfügung stehen (aA Lisken/Denninger PolR-HdB/ Rachor/Graulich E Rn. 599, der Polizeibeamte generell für ungeeignet hält, weil die Hinzuziehung Dritter unter anderem dazu diene, die Beamten vor ungerechtfertigten Vorwürfen zu schützen; vgl. Begründung zu § 18 Abs. 2 MEPolG).

Der Inhaber der tatsächlichen Gewalt muss (vor Beginn der Durchsuchung) durch die die **44** Maßnahme treffenden Beamtinnen und Beamten **auf sein Anwesenheitsrecht hingewiesen** werden (vgl. Nr. 40.2 S. 1 VVPolG NRW; Lisken/Denninger PolR-HdB/Rachor/

Graulich E Rn. 598). Diese Hinweispflicht müsste sich nach dem Sinn der Vorschrift auch auf die Möglichkeit einer Anwesenheit des Vertreters bzw. anderer Zeugen erstrecken; da der Inhaber der tatsächlichen Gewalt in den Fällen des § 40 Abs. 2 S. 2 aber gerade nicht anwesend ist, entfällt hier jedoch die Hinweispflicht. Anderes wird nur gelten, wenn der Inhaber der tatsächlichen Gewalt im Vorfeld der Durchsuchung, bei der er abwesend sein wird, entsprechend informiert werden kann.

II. Bescheinigung

45   Nach Abs. 2 S. 3 ist dem Inhaber der tatsächlichen Gewalt auf Verlangen eine **Bescheinigung über die Durchsuchung und ihren Grund** auszustellen. Es handelt sich um eine Pflicht der handelnden Beamtinnen und Beamten, die durch eine entsprechende Anforderung des Adressaten „aktiviert" wird. Die Bescheinigung ist in schriftlicher Form zu erstellen. Anzugeben sind Gegenstand, Ort, Zeit und Anlass der Durchsuchung (die bloße Angabe „zur Gefahrenabwehr" reicht dabei nicht aus, vgl. Lisken/Denninger PolR-HdB/Rachor/Graulich E Rn. 600), ferner die angewandte Ermächtigungsgrundlage und ein Verzeichnis der sichergestellten Gegenstände. Die Bescheinigung ist auch bei einer erfolglosen Durchsuchung auszustellen, sofern der Adressat (oder sein Vertreter, vgl. Lisken/Denninger PolR-HdB/Rachor/Graulich E Rn. 600) dies verlangt (vgl. Tetsch EingriffsR II 90; Tetsch/Baldarelli PolG NRW Erl. 3).

46   Die Bescheinigung ist nur **auf Verlangen des Adressaten** zu erteilen. Nach herrschender Meinung gebieten es jedoch allgemeine verwaltungsrechtliche Grundsätze, ihn über die Möglichkeit eines solchen Verlangens zu unterrichten (Schönenbroicher/Heusch NRWOBG § 24 Rn. 40: in § 25 VwVfG. NRW. normierte behördliche „Fürsorgepflicht"; Tetsch/Baldarelli PolG NRW Erl. 3).

47   Die **Nichterteilung der Bescheinigung** lässt die Durchsuchungsmaßnahme nach zutreffender Auffassung nicht rechtwidrig werden (Osterlitz EingriffsR Polizeidienst I 589; Tegtmeyer/Vahle PolG NRW Rn. 9; krit. Lisken/Denninger PolR-HdB/Rachor/Graulich E Rn. 606; diff. Kingreen/Poscher POR § 17 Rn. 15); ein Nachholen ist ohne weiteres möglich.

III. Sonstige Vorgaben

48   Sachen, die bei der Durchsuchung aufgefunden werden, aber nicht sichergestellt bzw. beschlagnahmt werden dürfen, sind dem Adressaten **unverzüglich wieder auszuhändigen** (vgl. den Verweis auf Nr. 39.03 VVPolG NRW in Nr. 40.04 VVPolG NRW). Dies gilt selbstverständlich auch für die durchsuchte Sache selbst.

F. Adressat

49   Der **Adressat der Durchsuchung** einer Sache richtet sich nicht nach den §§ 4 ff., auch wenn der Rückgriff auf § 5 naheliegt. Vielmehr ist zulässiger Adressat schon angesichts des Wortlauts des § 40 jeweils der Inhaber der tatsächlichen Gewalt bzw. der Eigentümer der Sache (sodass wegen § 5 Abs. 4 § 5 Abs. 1–3 keine Anwendung finden; Tetsch/Baldarelli PolG NRW Erl. 4; Nimtz/Thiel EingriffsR NRW Rn. 882; im Ergebnis auch Dietlein/Hellermann NRWÖffR/Dietlein § 3 Rn. 190); dies gilt vor allem für die Durchsuchung nach Abs. 1 Nr. 1. In einigen Varianten des § 40 kommt jedoch auch eine **„adressatenneutrale"** Maßnahme in Betracht, wenn etwa der Inhaber der tatsächlichen Gewalt bzw. der Eigentümer nicht zu ermitteln ist (zB in Fällen des Abs. 1 Nr. 2–6).

Dritter Titel. Betreten und Durchsuchung von Wohnungen

§ 41 Betreten und Durchsuchung von Wohnungen

(1) ¹**Die Polizei kann eine Wohnung ohne Einwilligung des Inhabers betreten und durchsuchen, wenn**

1. Tatsachen die Annahme rechtfertigen, dass sich in ihr eine Person befindet, die nach § 10 Abs. 3 vorgeführt oder nach § 35 in Gewahrsam genommen werden darf,
2. Tatsachen die Annahme rechtfertigen, dass sich in ihr eine Sache befindet, die nach § 43 Nr. 1 sichergestellt werden darf,
3. von der Wohnung Immissionen ausgehen, die nach Art, Ausmaß oder Dauer zu einer erheblichen Belästigung der Nachbarschaft führen,
4. das zur Abwehr einer gegenwärtigen Gefahr für Leib, Leben oder Freiheit einer Person oder für Sachen von bedeutendem Wert erforderlich ist.
[2]Die Wohnung umfasst die Wohn- und Nebenräume, Arbeits-, Betriebs- und Geschäftsräume sowie anderes befriedetes Besitztum.

(2) Während der Nachtzeit (§ 104 Abs. 3 der Strafprozessordnung) ist das Betreten und Durchsuchen einer Wohnung nur in den Fällen des Absatzes 1 Satz 1 Nrn. 3 und 4 zulässig.

(3) Wohnungen können jedoch zur Abwehr dringender Gefahren jederzeit betreten werden, wenn
1. Tatsachen die Annahme rechtfertigen, dass
   a) dort Personen Straftaten von erheblicher Bedeutung verabreden, vorbereiten oder verüben,
   b) sich dort Personen treffen, die gegen aufenthaltsrechtliche Strafvorschriften verstoßen,
   c) sich dort gesuchte Straftäter verbergen,
2. sie der Prostitution dienen.

(4) Arbeits-, Betriebs- und Geschäftsräume sowie andere Räume und Grundstücke, die der Öffentlichkeit zugänglich sind oder zugänglich waren und den Anwesenden zum weiteren Aufenthalt zur Verfügung stehen, können zum Zwecke der Gefahrenabwehr (§ 1 Abs. 1) während der Arbeits-, Geschäfts- oder Aufenthaltszeit betreten werden.

Überblick

Das Betreten und Durchsuchen von Wohnungen nach § 41 greift in das **Grundrecht auf Unverletzlichkeit der Wohnung**, Art. 13 Abs. 1 GG, ein und ist – neben der Ingewahrsamnahme und anderen Formen der Freiheitsentziehung – mit die eingriffsintensivste polizeiliche Standardmaßnahme. Art. 13 GG stellt hohe Anforderungen an die Rechtmäßigkeit von Eingriffen (→ Rn. 10), denen die Vorschriften der §§ 41 und 42 grundsätzlich gerecht werden. Wegen der besonderen Bedeutung des Grundrechts auf Unverletzlichkeit der Wohnung müssen die einfachgesetzlichen Regelungen aber restriktiv ausgelegt werden (→ Rn. 22). Abs. 1 S. 1 ermächtigt zum Betreten **und** Durchsuchen von Wohnungen, Abs. 3 und 4 **nur** zu einem Betreten. Nur Maßnahmen nach Abs. 1 S. 1 Nr. 3 und Nr. 4 sowie Abs. 3 sind **jederzeit** zulässig. Maßnahmen nach Abs. 1 S. 1 Nr. 1 und Nr. 2 dürfen indes nicht zur Nachtzeit (→ Rn. 66; vgl. Abs. 2, § 104 Abs. 3 StPO) ergriffen werden; Maßnahmen nach Abs. 4 sind nur während der Arbeits-, Geschäfts- oder Aufenthaltszeiten der dort bezeichneten Räumlichkeiten statthaft. Nur für **Durchsuchungen** sieht § 42 in Ausfüllung der Schranken des Art. 13 Abs. 2 GG besondere **Verfahrensvorschriften** vor (Richtervorbehalt, Anwesenheitsrecht des Wohnungsinhabers, Belehrungspflichten und Niederschrift). **Tatbestandlich** knüpfen Abs. 1 S. 1 Nr. 1 (→ Rn. 49) und Nr. 2 (→ Rn. 52) an **andere Standardmaßnahmen** an, indem sie der Polizei Zugang zu Personen und Sachen verschaffen, die sich in einer Wohnung befinden, um die betreffende Person in Gewahrsam zu nehmen bzw. die gesuchte Sache sicherzustellen. Im Vergleich zu Abs. 1 S. 1 Nr. 4 (→ Rn. 62), der Eingriffe in das Wohnungsgrundrecht zur Abwehr einer gegenwärtigen Gefahr für die dort genannten hochrangigen Rechtsgüter (Leib, Leben, Freiheit einer Person oder Sachen von bedeutendem Wert) vorsieht, sind die Eingriffsschwellen in Abs. 1 Nr. 1 und 2 deutlich abgesenkt. Nach § 43 Nr. 3 (→ Rn. 56) ist die Polizei ermächtigt, Wohnungen jederzeit zu betreten, um von dort ausgehende, die Nachbarschaft erheblich belästigende Immissionen abzustellen. Abs. 3 (→ Rn. 72) gewährt ein bloßes Betretungsrecht (keine

Durchsuchung) zur **Abwehr dringender Gefahren für die öffentliche Sicherheit** (→ Rn. 69) und knüpft insoweit an die einschlägige Schranke in Art. 13 Abs. 7 GG an. Allerdings ist die einfachgesetzliche Vorschrift enger gefasst, da das Betretungsrecht auf **besonders gefährliche („verrufene") Wohnungen** (Abs. 3 Nr. 1 und Nr. 2) beschränkt wurde. **Abs. 4** (→ Rn. 71) ermächtigt die Polizei zum Betreten bestimmter der Öffentlichkeit zugänglicher Räume. Hierfür reicht eine allgemeine Gefahr iSd § 1 Abs. 1 aus (teils unzutreffend als abstrakte Gefahr bezeichnet, s. Möstl FS Berg, 2011, 269 (279 f.)). Durch die Vorschrift wird allenfalls marginal in das Wohnungsgrundrecht eingegriffen (→ Rn. 21).

Übersicht

A. Allgemeine Charakterisierung und rechtlicher Rahmen

I. Verfassungsrechtliche Grundlagen

1. Schutzbereich und Eingriff

1   **Persönlich grundrechtsberechtigt** sind die Personen, die die Räume tatsächlich bewohnen, und zwar unabhängig von den Eigentumsverhältnissen (auch Mieter oder Hotelgast, vgl. Jarass/Pieroth GG Art. 13 Rn. 3). Auf die Rechtmäßigkeit des Besitzes kommt es grundsätzlich nicht an. Allerdings muss der Besitz rechtmäßig erlangt worden sein, sodass sich ein gekündigter nicht ausgezogener Mieter auf Art. 13 Abs. 1 GG berufen kann, nicht aber ein „Hausbesetzer" (WHT BWPolR § 5 Rn. 204 mwN). Teilweise wird vertreten, dass unter bestimmten Voraussetzungen (etwa Dauer der Besetzung, behördliche Duldung oder „soziale Akzeptanz" ein Hausbesetzer in den Schutz des Art. 13 GG hineinwachsen können (so zB Schoch Jura 2010, 22 (24); v. Münch/Kunig GG Art. 13 Rn. 14). Wohnen mehrere Personen in einer Wohnung, kann sich jeder von ihnen auf das Grundrecht berufen (BVerfGE 109, 279 (326) = NJW 2004, 999 (1005)).

2   Bei **Gemeinschaftsunterkünften (Sammelunterkünften)** wie Internaten, Obdachlosenheimen, Polizei- / Bundeswehrkasernen oder Asylbewerberunterkünften soll nur der Leiter der Einrichtung über das Grundrecht verfügen können (vgl. Gusy PolR Rn. 250; Nr. 41.11 VVPolG NRW; dagegen aber VG Hamburg BeckRS 2019, 4385: Bewohner eines Zimmers in einer Gemeinschaftsunterkunft nach § 53 AsylG ist selbst geschützter Wohnungsinhaber). Bei Betriebs-, Geschäfts- und Arbeitsräumen ist ebenfalls nur der Geschäfts- bzw. Betriebsinhaber berechtigt (soweit keine weiteren Angestellten von ihm bevollmächtigt sind).

3   Da der sachliche Schutzbereich sich auch auf Geschäftsräume erstreckt (→ Rn. 6), können **juristische Personen des Privatrechts** nach Art. 19 Abs. 3 GG Grundrechtsträger sein (BVerfGE 42, 212 (219) = NJW 1976, 1735).

4   Der Wohnungsbegriff in Art. 13 Abs. 1 GG ist weit auszulegen. **Wohnung** sind alle Räume, die der allgemeinen Zugänglichkeit durch eine räumliche Abschottung entzogen sind und zur Stätte privaten Lebens und Wirkens gemacht wurden (BVerfGE 89, 1 (12) = NJW 1993, 2035; näher zum Wohnungsbegriff → Rn. 26.1).

Auch **Arbeits-, Geschäfts- und Betriebsräume** sind geschützt (BVerfGE 32, 54 = **5** NJW 1971, 2299); jedenfalls dann, wenn sie dem Zutritt der Öffentlichkeit entzogen sind. Ob auch **öffentlich zugängliche** Betriebs- und Geschäftsräume (zB Gaststätten während **6** der Öffnungszeiten) nach Art. 13 Abs. 1 GG vor einem Betreten geschützt sind, ist strittig. Dagegen spricht die fehlende „räumliche Abschottung", die der Wohnungsbegriff impliziert (Ruthig JuS 1998, 510). Allerdings gewährleistet das Wohnungsgrundrecht auch Schutz gegen Eingriffe in die Entscheidung des Hausrechtsinhabers über das Zutrittsrecht im Einzelfall und über die jeweilige Zweckbestimmung des Aufenthalts (vgl. BVerwG NJW 2005, 454 (455); BVerfG NJW 1998, 1627), was für eine Eröffnung des Schutzbereichs spricht. Allerdings sind angesichts der marginalen Eingriffsintensität deutlich abgesenkte Rechtfertigungsschranken anzusetzen (→ Rn. 21).

Einen **Eingriff** in Art. 13 Abs. 1 GG stellen alle staatlichen Beeinträchtigungen der **7** Privatheit der Wohnung dar, vor allem **Durchsuchungen** oder ein **sonstiges Betreten** sowie **technische Überwachungen** (Abhören durch Wanzen, Richtmikrophone, Videotechnik usw).

Darunter fallen aber keine Maßnahmen einer sog. **Online-Durchsuchung**. In diesen Fällen ist das **7.1** Grundrecht auf Gewährleistung der Vertraulichkeit und Integrität informationstechnischer Systeme (Art. 2 Abs. 1 GG iVm Art. 1 Abs. 1 GG) einschlägig (BVerfG NJW 2008, 822 (826)).

§ 41 rechtfertigt ausschließlich einen („offenen", → Rn. 22) Betreten bzw. Durchsuchen von **7.2** Wohnungen. (Heimliche) „technische" Eingriffe in das Wohnungsgrundrecht können nur nach § 18 gerechtfertigt werden, der die verfassungsmäßigen Schranken des Art. 13 Abs. 4 GG abbildet. Das heimliche Betreten (und ggf. Durchsuchen) einer Wohnung zu Zwecken der Installation der Abhörtechnik ist dann als notwendige Begleitmaßnahme der Wohnraumüberwachung der Schrankenregelung der Hauptmaßnahme unterworfen (BGH NJW 1997, 2189) und von der Rechtsfolge des § 18 erfasst. Probleme bereitet indes wegen der unterschiedlichen Schutzgehalte der durch Haupt- und Begleitmaßnahme betroffenen Grundrechte die Rechtfertigung eines heimlichen Eindringens in Wohnungen, um einen dort befindliches informationstechnisches System zu Zwecken einer nachfolgenden Online-Durchsuchung (in Nordrhein-Westfalen zur Prävention unzulässig) bzw. Quellentelekommunikationsüberwachung (nach § 20c Abs. 2) zu infiltrieren (s. Braun/Keller Die Polizei 2012, 102 ff.; Kugelmann, Polizei unter dem Grundgesetz/Möstl, 2010, 27 (32)).

Kein Grundrechtseingriff liegt vor, wenn der Grundrechtsinhaber mit dem Betreten **8** und Verweilen in der Wohnung einverstanden ist. Bei mehreren Berechtigten (zB Wohnung eines Ehepaars) ist die Zustimmung aller für eine wirksame Einwilligung erforderlich. An der Wirksamkeit der **Einwilligung** fehlt es, wenn diese durch Drohung, Täuschung oder Zwang erwirkt wurde. Die Einwilligung ist nicht Grundrechtsverzicht, sondern Grundrechtsausübung (Gusy PolR Rn. 252).

Hält sich jemand ursprünglich mit dem Willen des Berechtigten in den Wohnräumen auf **9** und verlässt er diese nach entsprechender Aufforderung nicht, ist Art. 13 Abs. 1 GG gleichfalls betroffen.

2. Schranken

Die Schranke des Art. 13 Abs. 2 GG findet auch für präventiv-polizeiliche Durchsuchun- **10** gen Anwendung (BVerwG 28, 285 (286) = NJW 1968, 563).

Durchsuchung ist das ziel- und zweckgerichtete Suchen staatlicher Organe nach Perso- **11** nen oder Sachen oder zur Ermittlung eines Sachverhaltes, um etwas aufzuspüren, was der Inhaber der Wohnung von sich aus nicht offenlegen oder herausgeben will (BVerfGE 51, 97 (106) = NJW 1979, 1539 unter Bezugnahme auf BVerwGE 47, 31 (37) = NJW 1975, 130). Zielrichtung muss sein, „planmäßig etwas nicht klar zutage Liegendes, vielleicht Verborgenes aufzudecken oder ein Geheimnis zu lüften" (BVerwGE 47, 31 (37) = NJW 1975, 130). An letzterem fehlt es bei Maßnahmen nach Abs. 4, also „Nachschauen" / „Besichtigungen" zu Zwecken der Gefahrerforschung; diese sind keine Durchsuchungen iSd Art. 13 Abs. 2 GG (zu den diesbezüglich Eingriffsschranken → Rn. 21).

Durchsuchungen dürfen nur auf Grundlage eines förmlichen Gesetzes vorgenommen **12** werden. Zudem muss die Maßnahme durch einen **Richter angeordnet** werden; es sei denn, es besteht Gefahr in Verzug. **Gefahr in Verzug** liegt vor, wenn die vorherige Einholung der richterlichen Anordnung den Erfolg der Durchsuchung gefährden würde (vgl. § 42

Abs. 1). Der Begriff Gefahr im Verzug ist eng auszulegen (BVerfGE 103, 142 (153 ff.) = NJW 2001, 1121 (1122 ff.)). Die Begründung von Gefahr im Verzug bedarf einzelfallbezogener Tatsachen; nicht ausreichend sind reine Spekulationen, hypothetische Erwägungen oder Vermutungen (näher → § 42 Rn. 7).

13   Art. 13 Abs. 2 GG gestattet **keine heimlichen** Durchsuchungsmaßnahmen (→ Rn. 22).

14   **Art. 13 Abs. 7 GG regelt die Rechtfertigung „sonstiger Eingriffe",** betrifft also Beeinträchtigungen des Schutzbereiches, die weder eine Durchsuchung nach Art. 13 Abs. 2 GG, noch den Einsatz technischer Mittel iSd Art. 13 Abs. 3–5 GG darstellen. Dabei handelt es sich um jedes **körperliche Eindringen, Betreten, Besichtigen oder Verweilen** staatlicher Organe in den von Art. 13 GG geschützten Bereichen.

15   Wenn Eingriffe in das Wohnungsgrundrecht der Abwehr einer **gemeinen Gefahr oder einer Lebensgefahr für einzelne Personen** dienen, sind diese ohne weitere gesetzliche Grundlage, also **unmittelbar aufgrund des Art. 13 Abs. 7 Alt. 1 GG, zulässig** („Verfassungsunmittelbare Ermächtigungsgrundlage"; str., wie hier: BerlKommGG/Zieckow/Guckelberger GG Art. 13 Rn. 117; dagegen Jarass/Pieroth GG Art. 13 Rn. 35). Dabei ist eine **konkrete Gefahr** gefordert (BerlKommGG/Zieckow/Guckelberger GG Art. 13 Rn. 118). Eine solche setzt die hinreichende Wahrscheinlichkeit eines Schadenseintritts im Einzelfall voraus. Eine **gemeine Gefahr** betrifft eine unbestimmte Vielzahl von Personen oder Sachen (zB bei Feuergefahr, Überschwemmungsgefahr, Einsturzgefahr, Seuchengefahr). Sie muss zwar nicht lebensbedrohend sein, aber einer Lebensgefahr in der Bedeutung gleichkommen.

16   Gemäß **Art. 13 Abs. 7 Alt. 2 GG** dürfen Einschränkungen aufgrund eines Gesetzes zur **Verhütung dringender Gefahren** für die öffentliche Sicherheit und Ordnung vorgenommen werden. Beeinträchtigungen des Grundrechts sind bereits dann zulässig, wenn sie den Zweck verfolgen, einen Zustand nicht eintreten zu lassen, der seinerseits eine dringende Gefahr für die öffentliche Sicherheit und Ordnung darstellen würde (BVerfGE 17, 232 (251 f.) = NJW 1964, 1067 (1072); BVerwG NJW 2006, 2504 (2505)).

17   Der Begriff der **öffentlichen Sicherheit und Ordnung** wird entsprechend den Schutzgütern im Polizei- und Sicherheitsrecht verstanden.

17.1   Danach umfasst die öffentliche Sicherheit die Unversehrtheit der objektiven Rechtsordnung, der Einrichtungen und Veranstaltungen des Staates und sonstiger Hoheitsträger sowie der Individualrechtsgüter Leben, Gesundheit, Freiheit, Ehre und Vermögen (DWVM Gefahrenabwehr 232) Die öffentliche Ordnung umfasst die Gesamtheit jener ungeschriebenen Regeln für das Verhalten des einzelnen in der Öffentlichkeit, deren Beobachtung nach den jeweils herrschenden Anschauungen als unerlässliche Voraussetzung eines geordneten staatsbürgerlichen Gemeinschaftslebens betrachtet wird (DWVM Gefahrenabwehr 245).

18   Das **Dringlichkeitskriterium** in Art. 13 Abs. 7 Alt. 2 GG wirkt qualitativ (nicht zeitlich) auf den erforderlichen Rechtsgüterschutz ein (BVerwG NJW 1975, 130 (132); Braun NVwZ 2000, 375 (376)). Das befürchtete Schadensausmaß bzw. die im Einzelfall geschützten Rechtsgüter müssen erheblich sein; nur dann sind Eingriffe in die räumliche Privatsphäre unter der Schranke des Art. 13 Abs. 7 Alt. 2 GG zulässig.

19   Maßnahmen iSd Art. 13 Abs. 7 Alt. 2 GG bedürfen einer ausreichend bestimmten gesetzlichen Rechtsgrundlage. Eine solche besteht in § 41 Abs. 3.

20   Wie bei einer Durchsuchung nach Art. 13 Abs. 2 GG dürfen auf Art. 13 Abs. 7 GG gestützte Maßnahmen **nicht heimlich** erfolgen, sondern müssen für den Betroffenen erkennbar sein (Braun/Keller Die Polizei 2012, 102).

21   Behördliche Betretungs- und Besichtigungsbefugnisse von **Geschäfts-, Betriebs- und Arbeitsräumen** sind nicht als „Eingriffe und Beschränkungen" iSd Art. 13 Abs. 7 GG zu qualifizieren und unterliegen geringeren verfassungsrechtlichen Rechtfertigungsanforderungen (BVerwG NJW 2005, 454 (456); BVerfGE 32, 54 (76 ff.) = NJW 1971, 2299 (2300 f.)). Das Schutzbedürfnis des Grundrechts der Unverletzlichkeit der Wohnung ist in solchen Fällen weniger ausgeprägt, da diesen Räumen nach ihrer Zweckbestimmung eine größere Offenheit nach außen zukommt. Für derartige Eingriffe bestehen **ungeschriebene Schranken,** die das BVerfG nach Maßgabe des Verhältnismäßigkeitsgrundsatzes aus der Verfassung abgeleitet hat (BVerfGE 32, 54 (76 ff.) = NJW 1971, 2299 (2301)). Danach gilt: Das Betreten der Räume muss auf einer besonderen gesetzlichen Ermächtigung beruhen (zB § 41 Abs. 4,

§ 22 GastG, § 17 HwO, § 52 BImSchG, § 139b GewO usw); es muss einem erlaubten Zweck dienen und hierfür erforderlich sein; das einschränkende Gesetz muss den Zweck des Betretens, den Gegenstand und den Umfang der zugelassenen Besichtigung deutlich erkennen lassen und die Maßnahmen dürfen nur zu Zeiten statthaft sein, zu denen die Räume normalerweise für die jeweilige geschäftliche oder betriebliche Nutzung zur Verfügung stehen. Diesen Anforderungen entspricht die Regelung in Abs. 4.

Als zusätzliche Verfahrensanforderung soll nach der Rechtsprechung des BVerwG eine Informations- **21.1** pflicht gegenüber den Betroffenen bestehen (BVerwGE 78, 251 (255) = NJW 1988, 1278). Es ist dem Hausrechtsinhaber mitzuteilen, zu welchem Zweck das polizeiliche Betreten seiner Geschäftsräume erfolgt.

II. Verfassungskonforme Normanwendung

1. Keine Heimlichen Maßnahmen

Für Durchsuchungen ergibt sich in Interpretation der Schranke des Art. 13 Abs. 2 GG, **22** dass ein heimliches Vorgehen unzulässig ist. Wesentliches Charakteristikum einer Durchsuchung iSv Art. 13 Abs. 2 GG ist das **ungeschriebene Merkmal der Offenheit bzw. Erkennbarkeit** der Maßnahme. Dies folgt aus der Schwere des Eingriffs in das Wohnungsgrundrecht sowie aus Rechtsschutzgesichtspunkten (Maunz/Dürig GG Art. 13 Rn. 47 mwN; VerfGH Sachsen LKV 273 (290); Kutscha NJW 1994, 1033 (1034); Eisenberg NJW 1993, 1033 (1038); Sachs/Kühne GG Art. 13 Rn. 25). Nichts anderes gilt für Maßnahmen nach Art. 13 Abs. 7 GG, also bei einem „bloßen" Betreten von Wohnungen (Braun/Keller Die Polizei 2012, 102 (106)).

2. Erforderlicher Rechtsgüterschutz („dringende Gefahr")

Nach Art. 13 Abs. 7 GG müssen sonstige Eingriffe und Beschränkungen in das Wohnungs- **23** grundrecht, wie ein Betreten, zumindest die Abwehr (bzw. „Verhütung") einer **dringenden Gefahr** bezwecken. Ein Teil der Literatur sieht darin eine **verfassungsrechtliche Mindesteingriffsschwelle** für alle präventiv-polizeilichen Eingriffe (mit Ausnahme des Betretens öffentlich zugänglicher Geschäftsräume iSd Abs. 4, → Rn. 21) in das Wohnungsgrundrecht (Schwabe NVwZ 1993, 1173). Das heißt, dass zur Rechtfertigung eines Eingriffs in das Wohnungsgrundrecht **gesteigerte Anforderungen an die geschützten Rechtsgüter** zu stellen sind (näher zur „dringenden Gefahr" → Rn. 69). Es bedarf einer entsprechend einschränkenden Interpretation der Ermächtigung.

Während der Gesetzgeber den verfassungsrechtlichen Anforderungen an den Rechtsgüterschutz in **23.1** den meisten Anlassfällen des § 41 nachkam (zB in Abs. 1 S. 1 Nr. 3, in dem die Maßnahme zum Schutz von Leib, Leben, Freiheit und Sachen von bedeutendem Wert explizit beschränkt wurde), entspricht Abs. 1 S. 1 Nr. 2 dem nicht. Danach ist die Polizei befugt, Wohnungen zu betreten und zu durchsuchen, um eine Sache zur Abwehr einer gegenwärtigen Gefahr für die öffentliche Sicherheit oder Ordnung sicherstellen zu können (§ 43 Nr. 1). Diese Regelung bewirkt durch den Terminus der gegenwärtigen Gefahr zwar eine Anhebung der Eingriffsschwelle in temporärer Hinsicht; in qualitativer Hinsicht werden dagegen keine gesteigerten Anforderungen an die geschützten Rechtsgüter gestellt. Aus diesem Grund ist § 41 Abs. 1 S. 1 Nr. 2 grundrechtskonform auszulegen (Schwabe NVwZ 1993, 1173; BHKM BayÖffR/Heckmann Teil 3 Rn. 389); das Betreten einer Wohnung ist insoweit nur zum Zwecke der Abwehr dringender Gefahren zulässig, auch wenn dies im Wortlaut des § 41 nicht ausdrücklich zur Sprache kommt. Zudem sind bei Abs. 1 S. 1 Nr. 2 aufgrund des damit verbundenen intensiven Eingriffs in das Wohnungsgrundrecht hohe Anforderungen an die Prognose zu stellen, dass sich die gesuchte Sache in der Wohnung befindet (Lisken/Denninger PolR-HdB/Graulich E Rn. 623).

III. Unmittelbare Ermächtigung aus Art. 13 Abs. 7 Alt. 1 GG

Strittig ist, ob sich aus Art. 13 Abs. 7 Alt. 1 GG eine unmittelbare Ermächtigung der **24** zuständigen Polizeibehörde ergibt (der Passus „aufgrund eines Gesetzes" bezieht sich nur auf Art. 13 Abs. 7 Alt. 2 GG, dh auf die Fälle, in denen es um die Verhütung dringender Gefahren geht). Art. 13 Abs. 7 Alt. 1 GG legitimiert das Betreten von Wohnungen, wenn dieses der Abwehr einer (konkreten, → Rn. 15) **gemeinen Gefahr oder einer Lebensge-**

fahr für einzelne Personen dient (für eine unmittelbare Ermächtigung: Schenke PolR Rn. 152; v. Münch/Kunig GG Art. 13 Rn. 57; dagegen: Gusy PolR Rn. 251; Jarass/Pieroth GG Art. 13 Rn. 35).

24.1   Praktische Auswirkungen hat der Streit nicht. Anlass für einen Rückgriff auf eine etwaige unmittelbare Eingriffsermächtigung in Art. 13 Abs. 7 Alt. 1 GG besteht nach nordrhein-westfälischer Rechtslage nicht. Die von Art. 13 Abs. 7 Alt. 1 GG erfassten Fälle lassen sich ausnahmslos unter § 41 Abs. 1 S. 1 Nr. 4 fassen (Abwehr einer gegenwärtigen Gefahr hochrangiger Rechtsgüter). Wollte man einen Unterschied (etwa was die zeitliche Nähe oder die Wahrscheinlichkeit des Schadenseintritt betrifft) zwischen einer konkreten gemeinen Gefahr bzw. konkreten Lebensgefahr (Art. 13 Abs. 7 Alt. 1 GG) und einer gegenwärtigen Gefahr für hochrangige Rechtsgüter (§ 41 Abs. 1 S. 1 Nr. 4) erkennen, lassen sich diese Unterschiede in Anwendung der „**Je-desto-Formel**" ausgleichen. Danach sind, je höher der Rang des gefährdeten Rechtsgutes oder das Ausmaß des drohenden Schadens ist, desto geringere Anforderungen an die Wahrscheinlichkeit bzw. die zeitliche Nähe des Schadenseintrittes zu stellen (BVerfG NJW 2005, 2603 (2610); 2000, 55; 2004, 2213; BVerwG NJW 1970, 1890).

IV. Parallelvorschriften

25   In anderen **Landespolizeigesetzen** finden sich entsprechende Regelungen (vgl. § 31 BWPolG, Art. 23 BayPAG, § 38 HSOG, § 24 NPOG). Der Wortlaut der Vorschriften ist überwiegend identisch. Anders als in § 41 Abs. 1 Nr. 3 ist in den genannten Parallelregelungen (bis auf die niedersächsische Regelung, § 24 Abs. 2 Nr. 4 NPOG) keine explizite Ermächtigung zum Betreten von Wohnungen zum Schutz der Nachtruhe und vor anderen Ruhestörungen vorgesehen. Ein verfassungsrechtlich bedenkliches Betretungsrecht von Wohnungen, die der Prostitution dienen (§ 41 Abs. 3 Nr. 2, → Rn. 71.1), findet sich auch in Bayern (Art. 23 Abs. 3 Nr. 2 BayPAG) und Hessen § 38 Abs. 6 Nr. 2 HSOG). In Baden-Württemberg (§ 31 Abs. 3 BWPolG) und Hessen (§ 38 Abs. 4 HSOG) wurden spezielle Regelungen zum Betreten und Durchsuchen von ganzen Gebäuden bzw. Gebäudekomplexen getroffen, um Personen aufzufinden, die entführt wurden bzw. dort widerrechtlich festgehalten werden. Diese Fälle sind vorliegend von § 41 Abs. 1 Nr. 4 erfasst. Die Durchsuchung von Wohnungen in **Strafsachen** richtet sich nach §§ 102 ff. StPO. Wesentliche Bedeutung kommt dabei den Verfahrensvorschriften in den §§ 105 ff. StPO zu.

25.1   Was die Eingriffsschwellen betrifft, ist die vorkonstitutionelle Regelung in § 102 StPO defizitär gefasst. Eine Wohnungsdurchsuchung ist danach bei Vorliegen eines Anfangsverdachts einer (jedweden) Straftat zulässig. Insoweit ist aus Verhältnismäßigkeitsgesichtspunkten eine restriktive Normanwendung angezeigt (Braun/Keller Kriminalistik 2014, 283; vgl. BVerfG NJW 2014, 165); gerade bei geringem Gewicht des Tatvorwurfs oder bei schwachem Tatverdacht (allg. BVerfGE 16, 194 (202) = NJW 1963, 1597; LG Mühlhausen wistra 2005, 473).

B. Einzelkommentierung

I. Rechtsfolge

1. Wohnungsbegriff

26   Die Vorschrift des § 41 wird wesentlich vom Begriff der Wohnung geprägt, der sich an der Verfassung (→ Rn. 4) zu orientieren hat (WHT BWPolR § 5 Rn. 200 ff.). **Wohnung** sind danach alle Räume, die der allgemeinen Zugänglichkeit durch eine räumliche Abschottung entzogen sind und zur Stätte privaten Lebens und Wirkens gemacht wurden (Jarass/Pieroth GG Art. 13 Rn. 2; ähnlich BVerfGE 89, 1 (12) = NJW 1993, 2035; BVerfGE 51, 97 (110)).

26.1   Der verfassungsrechtliche Wohnungsbegriff ist weit gefasst. Außer Wohnräumen im engeren Sinn unterfallen auch **Nebenräume, Arbeits- Betriebs- und Geschäftsräume sowie anderes befriedetes Besitztum** dem Schutz des Wohnungsgrundrechts (BVerfGE 32, 54 (69 ff.); 42, 212 (219); 76, 83 (88)); Voßkuhle DVBl 1994, 611 (612)), wie in Abs. 1 S. 2 klargestellt wird. Diese weite Auslegung des Wohnungsbegriffs ist angezeigt, da zwischen der beruflich-privaten und persönlich-privaten Sphäre einer Person regelmäßig nicht deutlich unterschieden werden kann (SBK PolG NRW Rn. 1; zum „weiten" Wohnungsbegriff erstmals BVerfGE 32, 54 = NJW 1971, 2299). Der Schutzbereich des

Art. 13 GG geht demnach über den alltagssprachlichen Wohnungsbegriff (Haupt- einschließlich Neben-
wohnräume) hinaus und schützt auch „andere Räume, soweit sie als Räume der Freizeit, Räume
der Mobilität, kultusbezogene oder der sozialen Beratung zuzuordnen sind und die **Privatheit der
Lebensgestaltung ermöglichen**" (BGH NJW 2005, 3295 (3296)).

Nicht nur die typischen Wohnbereiche (Wohn- Ess-, Schlafzimmer, Küche, Bad usw) **27**
unterfallen dem Terminus Wohnraum, sondern **alle bewohnbaren Räumlichkeiten, wie
Wohnwagen, Wohnmobile, Zelte, Gartenhäuser, Schiffskajüten** (LG Bremen StV
2005, 318), **Hausboote, Hotelzimmer, Krankenzimmer** (BGH NJW 2005, 3295),
Schlafwagenabteil oder Schlafkojen in Lkw. Nebenräume sind Räume, die eine Wohnung ergänzen, aber nicht zum ständigen Aufenthalt bestimmt sind, **zB Keller, Dachboden,
Treppen, Abstellkammer, oder Garage.**

Vom Wohnungsbegriff erfasst sind nur solche Räume, die zum Zeitpunkt des polizeilichen **28**
Einschreitens (zumindest zeitweise) tatsächlich zu Wohnzwecken genutzt werden. Eine **leer-
stehende Wohnung oder ein unbewohntes Haus** (BayObLG NJW 1999, 3205) unterfallen **nicht** § 41; gleiches gilt für **Fahrzeuge, wenn der Aufenthalt in ihnen nur befristet
zur Bewegung und nicht zum Wohnen bestimmt ist** (zB gewöhnlicher Pkw, Lkw auf
Lieferfahrt, vgl. Schmidbauer/Steiner BayPAG Art. 23 Rn. 6). In diesen Fällen ist eine
Durchsuchung unter den Voraussetzungen des § 40 statthaft.

Unterkunftsräume eines Soldaten oder Polizeibeamten, Personenkraftwagen (vgl. **29**
BGH NStZ 1998, 157) oder **Haftträume** in einer Justizvollzugsanstalt (BVerfG NJW 1996,
264) werden nicht als Wohnung iSd Art. 13 GG angesehen (BVerfG NJW 2005, 3295).

Ein Grundstück gilt als **befriedetes Besitztum,** wenn es durch zusammenhängende **30**
Schutzwehren (Mauer, Zaun, Drähte, Hecke oder Ähnliches) in äußerlich erkennbarer Weise
gegen das willkürliche Betreten durch Nichtberechtigte gesichert ist (SBK PolG NRW
Rn. 1). Das ist auch der Fall, wenn die Einfriedung Lücken aufweist oder Tore offen stehen.
Zudem muss das befriedete Besitztum zu Wohnzwecken genutzt werden können (wie zB
Gartenflächen, Schmidbauer/Steiner BayPAG § 23 Rn. 9), dh als „**Medium zur Entfaltung
der Privatheit**" (Schenke PolR Rn. 154) dienen. Dies ist nicht der Fall bei ausschließlich
(land-)wirtschaftlich genutzten Grundstücken. Werden diese betreten, ist als Rechtsgrundlage
die Generalklausel, § 8 Abs. 1, heranzuziehen; im Falle einer Durchsuchung greift § 40.
Regelmäßig genießt ein befriedetes Besitztum nur Schutz, wenn es in räumlicher Nähe
zu einem Wohnhaus liegt und so als Rückzugsbereich der individuellen Lebensgestaltung
ausgewiesen ist (Maunz/Dürig GG Art. 13 Rn. 11; Dorf NJW 2006, 951 (953)).

Geschützt sind auch **Arbeits-, Betriebs- und Geschäftsräume** (BVerfGE 32, 54 **31**
(68 ff.) = NJW 1971, 2299; BVerfGE 76, 83 (88) = NJW 1987, 2499; BVerfGE 97, 228
(265) = NJW 1998, 1627; BVerfG NJW 2008, 2426)). Dies sind Räume, die einem Betrieb
oder einem Geschäft dienen, wie zB eine **Rechtsanwaltskanzlei** (BVerfG NJW 2006,
3411), eine **Arztpraxis** (BVerfG NStZ-RR 2008, 176), **Büroräume** eines Vereins (BGH
NJW 1997, 1018), ein **Bauwagen** (VGH Mannheim NVwZ-RR 1998, 173), ein **Warenla-
ger** (BVerwG NVwZ 1988, 539) oder eine **Tierstallung** (VGH München BeckRS 2000,
24427).

Werden Arbeits- Betriebs- oder Geschäftsräume betreten oder durchsucht, kann der **32**
grundrechtlich zu gewährleistende Schutz nach **Art und Zweckbestimmung der Räumlichkeit** erheblich changieren, was bei Prüfung der Verhältnismäßigkeit der polizeilichen
Maßnahme zu berücksichtigen ist. Während bei Räumen, in denen sich das Privatleben im
engeren Sinn abspielt, das Schutzbedürfnis am größten ist, wird dieses bei reinen Betriebs-,
Geschäfts- oder Arbeitsräumen durch den Zweck gemindert, den sie nach dem Willen des
Inhabers besitzen. Je größer ihre **Offenheit nach außen** ist und je mehr sie zur Aufnahme
sozialer Kontakte für Dritte bestimmt sind, desto schwächer ist der grundrechtliche Schutz
(vgl. BVerfGE 32, 54 (75 f.) = NJW 1971, 2299; BVerfGE 97, 228 (266) = NJW 1998,
1627).

Bei einem Betreten bzw. Durchsuchen von nicht der Allgemeinheit öffentlich zugänglichen Betriebs- **32.1**
und Geschäftsräumen besteht grundsätzlich ein geringeres Schutzniveau als bei entsprechenden Eingriffen in typische Wohnräume. Sind durch die Maßnahme aber noch andere hochrangige Grundrechtspositionen betroffen, etwa bei der Durchsuchung von Geschäftsräumen **besonders geschützter Berufsge-**

heimnisträger (Rechtsanwälte, Ärzte, Geistliche, Presseangehörige), ist ein besonders strenger Maßstab an die Zulässigkeit der Maßnahme anzulegen.

32.2   Am geringsten (soweit man überhaupt von einem Eingriff in Art. 13 Abs. 1 GG sprechen will, → Rn. 6) ist der Eingriff in das Wohnungsgrundrecht im Falle eines **Betretens der Allgemeinheit zugänglicher Arbeits-, Betriebs- und Geschäftsräume während der Öffnungszeiten.** Solche Maßnahmen sind bereits bei Vorliegen einer allgemeinen Gefahr zulässig (→ Rn. 72).

2. Betreten und Durchsuchen

33   Das Durchsuchen von Wohnungen ist nur unter den Voraussetzungen des Abs. 1 zulässig, die statthaften Durchsuchungsgründe sind dort abschließend genannt. **Durchsuchung** ist das ziel- und zweckgerichtete Suchen staatlicher Organe in einer Wohnung, um dort planmäßig etwas aufzuspüren, was der Inhaber der Wohnung von sich aus nicht offenlegen oder herausgeben will, etwas nicht klar zutage Liegendes, vielleicht Verborgenes aufzudecken oder ein Geheimnis zu lüften; mithin das Ausforschen eines für die freie Entfaltung der Persönlichkeit wesentlichen Lebensbereichs, das unter Umständen bis in die Intimsphäre des Betroffenen dringen kann (BVerwG NJW 1975, 130 (131); BVerfGE 51, 97 (106) = NJW 1979, 1539).

34   Eine Durchsuchung **setzt stets ein vorheriges Betreten** der Wohnung **voraus** (Gusy PolR Rn. 253); dies ist in der Rechtsfolge des Abs. 1 („Betreten und Durchsuchen" – im Gegensatz zur verfassungsrechtlichen Schrankenregelung in Art. 13 Abs. 2 GG) ausdrücklich klargestellt. Eingriffe ohne ein Betreten, etwa die Überwachung mittels Richtmikrophonen, Wanzen (Kutscha NJW 1994, 1033) oder eine sog. Online-Durchsuchung (BVerfG NJW 2008, 822), unterfallen deswegen nicht der Vorschrift des § 41; im Übrigen sind derartige Maßnahmen auch keine „Durchsuchungen" im Rechtssinne.

35   Ist es erforderlich, eine **andere Wohnung zu betreten,** um die Zielwohnung durchsuchen zu können, ist auch dieses Betreten von der Rechtsfolge des Abs. 1 umfasst.

36   Für Durchsuchungen sind die Verfahrensvorschriften in § 42 zu beachten.

37   Der Begriff der Durchsuchung beinhaltet das (sachgemäße) **Öffnen** (nicht: zerstören) **von Behältnissen** (Gusy PolR Rn. 253); **nicht** umfasst ist die **Mitnahme** von Gegenständen. Hierfür ist eine Sicherstellung (§ 43) erforderlich (SBK PolG NRW Rn. 4; Gusy PolR Rn. 253). Dabei ist der betroffene nicht nur zur Duldung der betreffenden Maßnahmen verpflichtet, sondern, was das Öffnen der Wohnung betrifft, auch zur Mitwirkung (Schenke PolR Rn. 152; dagegen Puttler JA 2001, 669 (672): „nur Duldungspflicht").

38   Für die (offene, nicht heimliche, → Rn. 22) Suche kann sich die Polizei aller gängigen (technischen) Hilfsmittel bedienen, die geeignet sind das Dursuchungsziel zu fördern, zB Metalldetektoren, Röntgengeräte, Sonographiegeräte usw (Schmidbauer/Steiner BayPAG Art. 23 Rn. 26).

39   Die Durchsuchung einer Wohnung ist auf deren **Anlass und Zweck beschränkt.** So ist die Durchsuchung zu beenden, wenn die gesuchte Person oder Sache gefunden ist.

39.1   Allerdings ist es auch gestattet, Schubladen uÄ zu öffnen, wenn nach einer Person gesucht wird (etwa nach Abs. 1 S. 1 Nr. 1). Denn dort könnten Dinge zum Vorschein kommen, die Hinweise über den Aufenthaltsort der gesuchten Person geben (Schmidbauer/Steiner BayPAG Art. 23 Rn. 26; dagegen zu einengend HBH BayPAG Art. 23 Rn. 2)

40   Befinden sich in der Wohnung Personen, die durchsucht werden sollen, ist hierfür § 39 maßgebend. Sollen in einer Wohnung Sachen durchsucht werden, die nicht den Wohnungsinhabern gehören, ist § 40 einschlägig (vgl. Nr. 41.13 VVPolG NRW).

41   **Betreten** meint das körperliche Eindringen, Verweilen und Besichtigen (im Sinne einer einfachen „Um- und Nachschau") einer Wohnung (DWVM Gefahrenabwehr 204). Im Gegensatz zur einer Durchsuchung gestattet ein bloßes Betreten keine Ziel- und zweckgerichtete Suche und ist nicht darauf ausgerichtet, Sachen aufzufinden oder Personen zu ergreifen. Lediglich Sachen und Zustände, die ohne weiteres wahrgenommen werden können, dürfen im Rahmen eines „bloßen" Betretens zur Kenntnis genommen werden (WHT BWPolR § 5 Rn. 202); eine über die „äußerliche Betrachtung" hinausgehende (Kingreen/Poscher POR § 10 Rn. 23) Informationsgewinnung ist nicht statthaft. Das Betreten einer Wohnung ohne Einwilligung des Inhabers und die Anordnung der Polizei, die Wohnung zu verlassen, sind keine Durchsuchung (BVerwG NJW 1975, 130; zur Abgrenzung vgl. VGH München BeckRS 2015, 50370 Rn. 40).

Das Betreten einer Wohnung hat nicht zwingend auf die dafür vorgesehenen Wege zu erfolgen. Es **41.1** kann zB auch über Fenster, Dachluken oder ähnliche Öffnungen in die Wohnung eingedrungen werden (Schmidbauer/Steiner BayPAG Art. 23 Rn. 28; zur zwangsweisen Durchsetzung → Rn. 47). Soweit es für die Erfüllung der polizeilichen Aufgaben erforderlich ist, umfasst das Betretungsrecht bei Grundstücken auch das Recht zum Befahren mit Fahrzeugen (vgl. Nr. 41.11 VVPolG NRW).

Fotografieren als Begleitmaßnahme. Wird im Rahmen von Durchsuchungsmaßnah- **42** men das Wohnungsinnere fotografiert bzw. videografiert, soll darin ein eigenständiger Eingriff in die von Art. 13 Abs. 1 GG geschützte räumliche Privatsphäre zu erkennen sein (VG Göttingen BeckRS 2009, 39308; OLG Celle StV 1985, 139; OLG Hamm BeckRS 2000, 30142366). Eine spezifische Ermächtigungsgrundlage besteht für diese Eingriffe indes nicht; auch als Begleit- bzw. Annexmaßnahme zu § 41 kann ein Fotografieren des Wohnungsinneren regelmäßig nicht gerechtfertigt werden und ist damit **grundsätzlich unzulässig.** Das gilt jedenfalls dann, wenn die Aufnahmen lediglich dazu dienen, eine ordnungsgemäße Durchführung der Durchsuchungsmaßnahme zu dokumentieren (Keller PSP 2/2013, 3 (9); LG Hamburg StV 2004, 368).

Nach der Rechtsprechung soll ein Fotografieren des Wohnungsinneren ausnahmsweise als Annex- **42.1** maßnahme zur Wohnungsdurchsuchung **gerechtfertigt** werden können, „wenn ein **besonderes** Dokumentationsinteresse zur Sicherung von Beweisen wegen der Bedeutung der Straftat und der voraussichtlichen Bedeutung der Bilder als Beweismittel für den gerichtlichen Augenschein das Interesse des Wohnungsinhabers an der Bewahrung der Privatsphäre überwiegt"; zB wenn in der Wohnung ein Beweisgegenstand gefunden worden ist oder wenn die Wohnungs- und Lebensumstände unmittelbaren Bezug zu einer Straftat haben (VG Göttingen BeckRS 2009, 39308; OLG Celle StV 1985, 139). Diese anerkannten Ausnahmen greifen im vorliegenden Kontext nur bei Zufallsfunden; dh wenn aus Anlass der präventiv-polizeilichen Durchsuchungsmaßnahmen Anhalte für bereits begangene Straftaten entstehen. Ein allein aus Gründen der Gefahrenabwehr gerechtfertigtes Fotografieren des Wohnungsinneren ist dagegen kaum denkbar.

Einwilligung. Abs. 1 S. 1 gilt nur für diejenigen Fälle, in denen keine Einwilligung des **43** berechtigten Wohnungsinhabers vorliegt. Liegt eine wirksame Einwilligung vor, bedarf es für die polizeiliche Maßnahme keiner gesetzlichen Befugnis. Zu beachten ist, dass bei mehreren Berechtigten (zB Ehegatten) das Einverständnis aller erforderlich ist, um einen Grundrechtseingriff verneinen zu können (Schoch JURA 2010, 22 (25) mwN).

Rechtsnatur. Das **Betreten und Durchsuchen** von Wohnungen sind mangels Rege- **44** lungswirkung als **Realakte** zu qualifizieren (sog. **realisierende Polizeitätigkeit**).

Diese Qualifikation entspricht der überwiegenden Ansicht (vgl. WHT BWPolR § 5 Rn. 126 ff. **44.1** mwN; zur überkommenen Ansicht: Handeln beinhalte eine „konkludente Duldungsverfügung" und sei deswegen als Verwaltungsakt zu qualifizieren, BVerwGE 16, 161 (164)).

§ 41 ermächtigt zum Erlass **notwendiger Begleitverfügungen.** Das sind Maßnahmen, **45** um die ordnungsgemäße Durchführung der Maßnahme sicherzustellen (zB die Verfügung an den Wohnungsinhaber die Haustür zu öffnen).

Zwangsweise Durchsetzung: Ein **Vollstreckungsbedürfnis** besteht **nur im Falle sog. 46 gestörter Polizeitätigkeit** (Lambiris, Klassische Standardbefugnisse im Polizeirecht, 2002, 163 ff.). Häufigste Fälle sind das Aufbrechen von Türen oder das Wegdrängen des Wohnungsinhabers, der das Betreten verhindern will. Diese Maßnahmen sind nicht von der Rechtsfolge des § 41 („Betreten") erfasst. Das Verwaltungsvollstreckungsrecht stellt in den §§ 50 ff. für den polizeilichen Zwang besondere, im Vergleich zu den Standardermächtigungen qualifizierte Voraussetzungen auf. Diese würden umgangen, wenn Standardmaßnahmen den Einsatz von Zwang umfassten (Braun PSP 3/2013, 8 (11)).

In diesen Fällen bedarf es eines „**Begleitverfahrens**" (Lambiris, Klassische Standardbefugnisse im **46.1** Polizeirecht, 2002, 175), das sich in der klassischen Abfolge von Befehl und Zwang vollzieht: Das heißt eines befehlenden Verwaltungsaktes, der vollstreckt werden kann (zB „Öffnen Sie die Tür!", „Gehen Sie aus dem Weg!"). Rechtsgrundlage für entsprechende Anordnungen ist § 41. Die Rechtsfolge realisierender Standardmaßnahmen, wie solche nach § 41, enthält stets auch die ungeschriebene Ermächtigung,

erforderliche Begleitverfügungen zu erlassen (Lambiris, Klassische Standardbefugnisse im Polizei-recht, 2002, 185 f. mwN; Muckel/Ogorek JuS 2010, 57 (61)). Nach aA soll auf die Generalklausel zurückzugreifen sein, da § 41 seinem Wortlaut nach nur zu einem Dulden, nicht zu einem Handeln verpflichten könne (Schmitt-Kammeler NWVBl. 1995, 166 (169)). Allerdings enthält § 8 Abs. 1 geringere Eingriffsvoraussetzungen als § 41. Wollte man die (Begleit-)Verfügung auf § 8 Abs. 1 stützen, wäre es zB leichter möglich, jemanden zum Öffnen der Tür zu verpflichten, als die Wohnung zu betreten (Muckel/Ogorek JuS 2010, 57 (61)). Dieses Ergebnis kann nicht überzeugen.

47 Kommt der Polizeipflichtige der Begleitverfügung nicht nach, kann die Polizei diese mit Zwang durchsetzen, etwa die verschlossene Wohnungstür eintreten. Dabei ist umstritten, ob das **gewaltsame Öffnen einer Tür** eine vertretbare Handlung darstellt und insoweit die Ersatzvornahme in Form der Selbstvornahme oder **unmittelbarer Zwang gegen Sachen** als Zwangsmittel in Betracht kommt (s. Braun PSP 4/2013, 9 (14)).

48 **Zufallsfunde:** Werden Gegenstände oder Personen im Rahmen von Maßnahmen nach § 41 aufgefunden, nach denen ursprünglich nicht gesucht wurde, ist dies unproblematisch, soweit zur Sicherstellung dieser Sachen oder zur Ingewahrsamnahme dieser Personen ebenfalls eine Wohnungsdurchsuchung statthaft gewesen wäre. Aber auch, wenn zur Durchführung der entsprechenden Maßnahme eine Wohnungsdurchsuchung nicht zulässig gewesen wäre (zB weil die im Rahmen der Durchsuchung aufgefundene Sache nur nach § 43 Nr. 2 oder Nr. 3 sichergestellt werden kann), können diese Maßnahmen durchgeführt werden. Es gilt insoweit der Rechtsgedanke der strafprozessualen Vorschrift des § 108 StPO (HBH Bay-PAG Art. 23 Rn. 9; Schmidbauer/Steiner BayPAG Art. 23 Rn. 35).

II. Tatbestand

1. Abs. 1 Nr. 1

49 Nach Abs. 1 Nr. 1 kann die Polizei eine Wohnung ohne Einwilligung des Inhabers betreten und durchsuchen, wenn Tatsachen die Annahme rechtfertigen, dass sich in ihr eine Person befindet, die nach § 10 Abs. 3 vorgeführt oder nach § 35 in Gewahrsam genommen werden darf.

50 Die erforderliche polizeiliche **Prognose,** dass sich die gesuchte Person in der Wohnung befindet, muss auf **konkrete Tatsachen gestützt** sein. Dies sind objektive Gegebenheiten („Fakten"), wie zB eigene Beobachtungen der Polizei, glaubhafte Hinweise Dritter, das Verhalten des Betroffenen oder das Ergebnis vorab durchgeführter Ermittlungen. Bloße Vermutungen oder ausschließliche Erfahrungen aus der Vergangenheit reichen nicht aus (SBK PolG NRW Rn. 14).

51 Durch die Inbezugnahme von § 10 Abs. 3 und § 35 werden die Eingriffsschwellen des § 41 Abs. 1 S. 1 Nr. 1 konturiert. Diese entsprechen nicht in allen in Bezug genommenen **Anlassfällen** den verfassungsrechtlichen Schranken für eine Wohnungsdurchsuchung („Abwehr dringender Gefahr"). Im Falle einer gebotenen restriktiven Normanwendung (→ Rn. 23) ist dagegen nichts zu erinnern.

2. Abs. 1 Nr. 2

52 Gemäß Abs. 1 S. 1 Nr. 2 kann die Polizei eine Wohnung ohne Einwilligung des Inhabers betreten und durchsuchen, wenn Tatsachen die Annahme rechtfertigen, dass sich in ihr eine Sache befindet, die nach § 43 Nr. 1 sichergestellt werden darf (zur erforderlichen **Prognose,** dass sich die sicherzustellende Sache in der Wohnung befindet, → Rn. 50).

53 Zudem müssen die Voraussetzungen für eine Sicherstellung nach § 43 **Nr. 1** vorliegen. Danach ist eine Sicherstellung zulässig, um eine **gegenwärtige Gefahr** (für die öffentliche Sicherheit oder Ordnung) abzuwehren. Eine solche ist eine Sachlage, bei der die Einwirkung des schädigenden Ereignisses bereits begonnen hat oder bei der diese unmittelbar oder in allernächster Zeit mit einer an Sicherheit grenzender Wahrscheinlichkeit bevorsteht (Lisken/Denninger PolR-HdB/Denninger D Rn. 54; vgl. auch die Legaldefinitionen in § 2 Nr. 2 NPOG).

53.1 Nivellierungen hinsichtlich der erforderlichen Wahrscheinlichkeit des Schadenseintritts sind aus Verhältnismäßigkeitsgesichtspunkten nach der sog. **Je-desto-Formel** zulässig. Danach sind, je höher der

Rang des gefährdeten Rechtsgutes oder das Ausmaß des drohenden Schadens ist, desto geringere Anforderungen an die Wahrscheinlichkeit bzw. die zeitliche Nähe des Schadenseintrittes zu stellen (BVerfG NJW 2005, 2603 (2610); 2000, 55; 2004, 2213; BVerwG NJW 1970, 1890). So soll zB der Verdacht, dass ein Polizeibeamter in einer rechtsradikalen Vereinigung tätig sein könnte, eine Wohnungsdurchsuchung nach Abs. 1 S. 1 Nr. 2 rechtfertigen können. Eine gegenwärtige Gefahr für die öffentliche Sicherheit läge vor, da der mit der Maßnahme intendierte Grundrechtseingriff angesichts der erheblichen Gefahr für die Sicherheit des Staates auch bei einer geringeren Wahrscheinlichkeit der Verwirklichung der Gefahr verhältnismäßig sei (LG München I BeckRS 2008, 6800).

Angesichts der Bedeutung des Wohnungsgrundrechts für die **Privatheit des Einzelnen** 54 sind hohe Anforderungen an die Annahme zu stellen, dass sich die Sache auch tatsächlich in der Wohnung befindet (Lisken/Denninger PolR-HdB/Graulich E Rn. 623; Möller/Warg PolR Rn. 391).

Abs. 1 S. 2 Nr. 2 ist hinsichtlich seiner Bezugnahme auf § 43 Nr. 1 verfassungsrechtlich 55 bedenklich gefasst. Die verfassungsrechtlich gebotenen Eingriffsschwellen für eine Wohnungsdurchsuchung werden offensichtlich nicht abgebildet (→ Rn. 23.1). Eine Wohnungsdurchsuchung zur Abwehr einer **gegenwärtige Gefahr für öffentliche Ordnung** (wie nach dem Verweis auf § 43 Nr. 1 grundsätzlich möglich) muss a priori ausscheiden. Aber auch Maßnahmen zur Abwehr einer **gegenwärtigen Gefahr für die öffentliche Sicherheit** können nur in wenigen Fällen eine Wohnungsdurchsuchung rechtfertigen. Da zum Schutzgut der öffentlichen Sicherheit die Gesamtheit der Rechtsordnung zählt, stellt **jeder Rechtsverstoß** eine gegenwärtige Gefahr dar. Eine Wohnungsdurchsuchung zur Sicherstellung einer Sache wäre danach stets zulässig, wenn damit ein Rechtsverstoß verhindert oder beendet werden kann. Dies geht in Anbetracht des hohen Ranges des Wohnungsgrundrechts zu weit (aA Schmidbauer/Steiner BayPAG Art. 23 Rn. 19). Insoweit ist eine verfassungskonforme Auslegung angezeigt. Es müssen danach hochrangige Rechtsgüter gefährdet sein (→ Rn. 23). Jedwede gegenwärtige Gefahr für die öffentliche Sicherheit reicht nicht aus.

3. Abs. 1 Nr. 3

Nach Abs. 1 Nr. 3 kann die Polizei eine Wohnung ohne Einwilligung des Inhabers 56 betreten und durchsuchen, wenn von der Wohnung Immissionen ausgehen, die nach Art, Ausmaß oder Dauer zu einer erheblichen Belästigung der Nachbarschaft führen.

Immissionen sind nach der Legaldefinition des § 3 Abs. 2 BImSchG auf Menschen, 57 Tiere und Pflanzen, den Boden, das Wasser, die Atmosphäre sowie Kultur- und sonstige Sachgüter einwirkende Luftverunreinigungen, Geräusche, Erschütterungen, Licht, Wärme, Strahlen und ähnliche Umwelteinwirkungen.

Nachbarn sind Menschen, die ihren Wohnsitz oder regelmäßigen Aufenthalt im näheren 58 Umfeld haben. Zu diesem Kreis gehören letztlich alle Personen im Einwirkungsbereich der Immissionen.

Die Immissionen müssen nach Art und Ausmaß zu einer **erheblichen Belästigung der** 59 **Nachbarschaft führen.** Von einer erheblichen Belästigung der Nachbarschaft ist in der Regel nur auszugehen, „wenn die Polizei um Hilfe gerufen wird und nach Würdigung aller Umstände die Immissionen nicht zumutbar sind" (Nr. 41.12 S. 2 VVPolG NRW). Was die eingriffseröffnende „erhebliche Belästigung" betrifft, kann an andere kontextbezogene einfachgesetzliche Regelungen angeknüpft werden (SBK PolG NRW Rn. 17), etwa an die Bestimmungen des Feiertagsgesetzes, die §§ 9 ff. NRWLImSchG oder § 117 OWiG. Entgegen der Regelungen im NRWLImSchG reicht es aber nicht aus, dass die Betätigung nur geeignet ist, die Nachtruhe zu stören. Die Belästigung muss tatsächlich vorliegen, wobei die Zumutbarkeit nach objektiven Kriterien zu bewerten ist (Haurand NRWPolR 108).

Die Eingriffsbefugnis ist unglücklich formuliert und bedarf der **verfassungskonformen** 60 **Auslegung** (Schwabe NVwZ 1993, 1174; → Rn. 23). Bloße „Belästigungen", wie es der Wortlaut der Norm intendiert, reichen für einen Eingriff in das Wohnungsgrundrecht nicht aus (Lisken/Denninger PolR-HdB/Graulich E Rn. 626). Es bedarf einer Gefährdungslage, die einer dringenden Gefahr (→ Rn. 69) gleichkommt. Eine Durchsuchung zur Beseitigung der Immissionen ist nur statthaft, wenn durch die betreffenden Immissionen ernsthafte **Gesundheitsgefahren drohen** (BerlKommPolR ASOG Bln § 36 Rn. 21). Dies ist zB der Fall, wenn die Nachtruhe von Wohnungsnachbarn nachhaltig gestört wird (Lisken/Denninger PolR-HdB/Rachor, 5. Aufl. 2012, E Rn. 653) bzw. „die andauernde Fortsetzung des Lärms das körperliche Wohlbefinden der Nachbarn erheblich beeinträchtigen sowie deren Gesundheit gefährden würde" (OLG Karlsruhe NJW 2010, 2961).

61   Die Vorschrift dient insbesondere dem wirksamen Schutz der Nachtruhe vor erheblichen Ruhestörungen und zur Beendigung einer Ordnungswidrigkeit iSd § 17 Abs. 1 lit. d NRWLImSchG. Im Vergleich zu anderen Maßnahmen ist sie stets ultima ratio.

4. Abs. 1 Nr. 4

62   Die Regelung gestattet das Betreten und Durchsuchen einer Wohnung, wenn dies zur Abwehr einer gegenwärtigen Gefahr für Leib, Leben oder Freiheit einer Person oder zur Abwehr einer gegenwärtigen Gefahr für Sachen von bedeutendem Wert erforderlich ist.

63   Abs. 1 Nr. 4 entspricht in qualitativer Hinsicht (**Schutz hochrangiger Rechtsgüter**) den verfassungsrechtlichen Mindestanforderungen (dringende Gefahr, → Rn. 69). In temporärer Hinsicht (gegenwärtige Gefahr, → Rn. 53) sieht die Norm eine Anhebung der verfassungs-rechtlich gebotenen Eingriffsschwellen vor.

64   Unklar ist die Begrifflichkeit **Sachen von bedeutendem Wert.** Einigkeit besteht darü-ber, dass sich ein „bedeutender Wert" nicht anhand fester Beträge bestimmen lässt, sondern in Anbetracht des mit der Maßnahme verbundenen Eingriffs in das Wohnungsgrundrecht eine am „Verhältnismäßigkeitsgrundsatz orientierte Einzelfallbeurteilung" zu erfolgen hat (SBK PolG NRW Rn. 18; Schmidbauer/Steiner BayPAG Art. 23 Rn. 22). Bei dieser Abwä-gung ist der Marktpreis des betreffenden Gegenstandes maßgeblich zu berücksichtigen, ide-elle Werte des Betroffenen spielen keine Rolle. Ein besonderes öffentliches Interesse am Erhalt der betreffenden Sache ist zwar nicht erforderlich. Liegt ein solches aber vor, ist regelmäßig von einer Sache von bedeutendem Wert auszugehen. Im Übrigen ist bei der Beurteilung einzustellen, wie schwer der Eigentümer von dem drohenden Schaden betroffen wäre (Schmidbauer/Steiner BayPAG Art. 23 Rn. 22).

65   Die Gefahr muss nicht zwingend von der betroffenen Wohnung selbst ausgehen. Auch zur Abwehr von **Gefahren** iSd Abs. 1 S. 1 Nr. 4, die sich **außerhalb von Wohnungen realisieren,** greift die Vorschrift, wenn hierfür Wohnungen betreten werden müssen (zB Positionierung von Scharfschützen in einer besonders günstig gelegenen Wohnung). Ausrei-chend ist, dass von der betreffenden Wohnung aus die Gefahr abgewehrt werden kann. In diesen Fällen können die betroffenen Wohnungsinhaber aber nur unter den Voraussetzungen des polizeilichen Notstands, § 6, in Anspruch genommen werden.

5. Abs. 2

66   Nach Abs. 2 ist während der Nachtzeit das Betreten und Durchsuchen einer Wohnung nur in den Fällen des Abs. 1 S. 1 **Nr. 3** und **Nr. 4** zulässig. Die **Nachtzeitbeschränkung** gilt ebenfalls nicht für Eingriffe nach Abs. 3 und Abs. 4, wie sich aus der Stellung der Nachtzeitregelung im Gesetz und aus dem Wortlaut von Abs. 3 und Abs. 4 („jederzeit") ergibt. Die Vorschrift verweist auf die **Nachtzeitschranke** des **§ 104 Abs. 3 StPO.** Hiernach umfasst die Nachtzeit im Zeitraum vom 1.4. bis zum 30.9. (Sommerhalbjahr) die Stunden von 21:00 Uhr bis 4:00 Uhr und in dem Zeitraum vom 1.10. bis zum 30.3. (Winterhalbjahr) die Stunden von 21:00 Uhr bis 6:00 Uhr. Allerdings soll nach einem Beschluss des **BVerfG** (NJW 2019, 1428) die Nachtzeitregelung des § 104 Abs. 3 StPO entgegen des eindeutigen Wortlauts der Vorschrift so auszulegen sein, dass **ganzjährig von 21:00 Uhr bis 6:00 Uhr Nachtzeit** anzunehmen sei. Insoweit besteht gesetzgeberischer Anpassungsbedarf. In der Praxis ist bis dahin nach Maßgabe des BVerfG zu verfahren und § 104 Abs. 3 StPO entspre-chend zu interpretieren.

67   Die Nachtzeitbeschränkung gilt auch im Falle einer richterlichen Durchsuchungsanord-nung. Wurde mit einer Durchsuchung vor Beginn der Nachtzeit begonnen, darf diese auch in den Fällen des Abs. 1 S. 1 Nr. 1 und Nr. 2 **in die Nacht hinein fortgeführt** werden (HBH BayPAG Art. 23 Rn. 10). Nach Sinn und Zweck des Gesetzes ist es aber geboten, mit der Durchsuchung so **rechtzeitig zu beginnen,** dass mit ihrer Beendigung noch vor Anbruch der Nacht zu rechnen ist (BVerfG NJW 1977, 1489).

68   Im Falle einer **wirksamen Einwilligung** (→ Rn. 43) der Betroffenen in die nächtliche Hausdurchsuchung ist diese ohne die Beschränkung des Abs. 2 zulässig.

6. Abs. 3

Nach Abs. 3 dürfen bestimmte dort genannte „verrufene" Orte (Schenke PolR Rn. 155) **69**
zur Abwehr dringender Gefahren jederzeit **betreten** (nicht: durchsucht) werden. Das
Erfordernis der **dringenden Gefahr** bezieht sich vor allem auf den Schadensumfang, aber
auch auf die Wahrscheinlichkeit der Schadenskonkretisierung (BVerfGE 141, 220 (271) =
NJW 2016, 1781 (1785); BVerfGE 130, 1 (32) = NJW 2012, 907 (911)). Sie besteht,
„wenn ohne das Einschreiten der Polizei mit hinreichender Wahrscheinlichkeit ein **wichtiges**
Rechtsgut geschädigt würde" (BVerwG NJW 1975, 130). Eine zeitliche Qualifizierung
enthält die „dringende Gefahr" indes nicht (v. Münch/Kunig GG Art. 13 Rn. 67; dagegen
MKS/Gornig GG Art. 13 Rn. 124, 159). Eine konkrete Gefahr muss nicht bestehen; die
Polizei soll vielmehr mit der Befugnis des Abs. 3 in die Lage versetzt werden, **Gefahrenlagen**
zu erforschen (Schmidbauer/Steiner BayPAG Art. 23 Rn. 46). Der Gefahrenbegriff in § 43
Abs. 3 ist so zu verstehen, wie derjenige der Schrankenregelung des Art. 13 Abs. 7 Alt. 2
GG (→ Rn. 16). Dass in Art. 13 Abs. 7 Alt. 2 GG von der **Verhütung** dringender Gefahren
die Rede ist, während in § 41 Abs. 3 weniger klar von der **Abwehr** dringender Gefahren
gesprochen wird, tut nichts zur Sache.

Hauptanwendungsfall der Vorschrift ist die **polizeiliche Razzia** zum Zwecke der Gefah- **70**
rerforschung, wie aus der Systematik der Regelung hervorgeht. So entspricht die Beschrei-
bung der „verrufenen" Orte der Befugnis zur Identitätsfeststellung in § 12 Abs. 1 Nr. 2
lit. a–c (wird aber in Abs. 3 – unnötiger Weise und verfassungsrechtlich bedenklich
(→ Rn. 71.1) – noch um Wohnungen ergänzt, die der Prostitution dienen).
Tatsachen müssen die Annahme rechtfertigen (→ Rn. 50), dass in der Wohnung **71**
Personen Straftaten von erheblicher Bedeutung verabreden, vorbereiten oder verüben (Abs. 3
Nr. 1 lit. a), sich dort Personen treffen, die gegen aufenthaltsrechtliche Bestimmungen
verstoßen (Abs. 3 **Nr. 1 lit. b)** oder sich dort gesuchte Straftäter verbergen (Abs. 3 **Nr. 1**
lit. c; zur Bestimmung dieser „verrufenen" Orte → § 12 Rn. 11 ff.). Zudem gestattet Abs. 3
Nr. 2 ein Betreten von Wohnungen zur Abwehr dringender Gefahren, wenn Tatsachen die
Annahme rechtfertigen, dass die betreffende Wohnung der **Prostitution** dient.

Der Zweckbestimmung der Abwehr dringender Gefahren wird in der Praxis keine große Bedeutung **71.1**
zugemessen. Teils wird die Maßnahme ohne weiteres für zulässig gehalten, wenn die polizeiliche Prognose ergibt, dass es sich um eine in § 41 Abs. 3 Nr. 1 oder Nr. 2 bezeichnete verrufene Wohnung
handelt (Schmidbauer/Steiner BayPAG Art. 23 Rn. 40, 42). Dies ist bedingt zutreffend. Im Falle eines
Ortes iSd Abs. 3 **Nr. 1** und Nr. 3 ist unzweifelhaft stets eine dringende Gefahr impliziert. Schließlich
geht es um die Verhinderung von Straftaten von erheblicher Bedeutung bzw. um das Auffinden gefährlicher („gesuchter") Straftäter. Regelmäßig wird es auch im Falle des Abs. 3 Nr. 2 um die Abwehr
dringender Gefahren gehen, sollen doch Verstöße gegen aufenthaltsrechtliche Strafvorschriften beseitigt
und verhindert werden. Allerdings müssen die prognostizierten aufenthaltsrechtlichen Verstöße ein
bestimmtes Gewicht aufweisen. Für Räume, die der **Prostitution** dienen, Abs. 3 Nr. 3, gilt dies indes
nicht. Eine dringende Gefahr kann allein aus der Tatsache, dass eine Räumlichkeit der Ausübung
der Prostitution dient, nicht gefolgert werden. Schon gar nicht nach der weitgehenden gesetzlichen
Legalisierung des „horizontalen Gewerbes". Ein voraussetzungsloses Betreten von Wohnungen, die der
Prostitution dienen, ist im Gefahrenvorfeld mit der Verfassung nicht vereinbar (Lisken/Denninger PolR-
HdB/Rachor, 5. Aufl. 2012, E Rn. 656; dagegen Schmidbauer/Steiner BayPAG Art. 23 Rn. 42).

7. Abs. 4

Die Vorschrift räumt der Polizei eine (zeitliche beschränkte: „während der Arbeits-, **72**
Geschäfts- oder Aufenthaltszeit") Betretungsbefugnis für Räume ein, die der Öffentlichkeit
zugänglich sind. Eine konkrete Gefahr ist nicht erforderlich, eine allgemeine Gefährdungslage
iSd § 1 Abs. 1 reicht aus (Göddeke Die Polizei 2004, 67). Die Polizei soll in die Lage versetzt
werden, **Gefahrenlagen zu erforschen** (Schmidbauer/Steiner BayPAG Art. 23 Rn. 46).

Abs. 4 ermächtigt nur zum **Betreten** (→ Rn. 41) der genannten Räumlichkeiten. Werden **73**
dort weitere Maßnahmen getroffen (häufig Identitätsfeststellungen), müssen die Voraussetzungen der spezifischen Ermächtigungsnorm vorliegen (zB § 12).

Abs. 4 vermittelt wegen des **starken Öffentlichkeitsbezuges** der betreffenden Räume **74**
allenfalls einen geringen Eingriff in das Wohnungsgrundrecht (zu den verfassungsrechtlichen
Schranken → Rn. 21).

75   Die in Abs. 4 beschriebenen Räume mit Publikumsverkehr (zB Gaststätten, Spielsalons, Kaufhäuser, auch Bus und Bahn) müssen der **Öffentlichkeit zugänglich** sein. Dies ist der Fall, wenn die Räumlichkeiten „grundsätzlich" jedermann zugänglich sind. Dies ist auch der Fall, wenn bestimmte Personengruppen (zB Jugendliche oder Personen ohne bestimmte Kleidung) ausgeschlossen sind oder Eintrittsgeld (zB bei Diskotheken, Sportveranstaltungen) erhoben wird. Wenn der Eintritt von der rein formalen (ohne weiteres zu erwerbenden) Mitgliedschaft in einem Club abhängig gemacht wird (zB Mitgliedschaft in einem „Raucherclub"), besteht ebenfalls der geforderte Öffentlichkeitsbezug. Bei Komplexen mit mehreren Räumen ist für jeden einzelnen Raum zu prüfen, ob der geforderte Öffentlichkeitsbezug besteht (dieser fehlt zB bei Aufenthaltsräumen für Verkaufspersonen, die nicht dem Kundenverkehr unterliegen).

76   Ist der Zutritt **nur einem individuell klar abgegrenzten Personenkreis zugänglich,** fehlt es am erforderlichen Öffentlichkeitsbezug. Abs. 4 greift dann nicht (zB nur Mitgliedern zugängliches Vereinsheim, BKK BayPAG Art. 23 Rn. 49; nach Schmidbauer/Steiner BayPAG Art. 23 Rn. 49 sollen diese Räume dennoch zugänglich sein, wenn der Personenkreis, der sich darin aufhält, „unüberschaubar und unbestimmbar" ist).

77   Durch die Wendung „Räume, die der **Öffentlichkeit zugänglich waren und den Anwesenden zum weiteren Aufenthalt zur Verfügung stehen**", sollen Fälle mit abgedeckt werden, in denen nach Ablauf der Öffnungszeiten noch Gäste oder andere Personen mit Duldung des Hausrechtsinhabers in den Räumen verweilen (zB: nach Ablauf der Sperrstunde wird ein Lokal geschlossen; noch weiter anwesende Gäste „trinken ihr letztes Bier").

III. Adressaten

78   Die Maßnahmenadressaten sind die betroffenen Wohnungsinhaber. Dies ergibt sich direkt aus der Ermächtigung, bis auf die Variante des Abs. 1 S. 1 Nr. 4 („zur Abwehr einer gegenwärtigen Gefahr"). In diesem Fall ist auf die allgemeinen Vorschriften zur Verantwortlichkeit zurückzugreifen. Das heißt, der Wohnungsinhaber kann – geht die Gefahr von seiner Wohnung aus – entweder als Handlungs- oder Zustandsverantwortlicher in Anspruch genommen werden. Muss die Wohnung betreten werden, um eine von einem anderen Ort ausgehende gegenwärtige Gefahr abwehren zu können, müssen die Voraussetzungen des polizeilichen Notstandes nach § 6 vorliegen (zu einem solchen Fall BVerwG NJW 1975, 130: Betreten eines Studentenwohnheims, um Flaschenwürfe vom Hausdach zu unterbinden).

C. Rechtsschutz

79   Zum Richtervorbehalt und zum Rechtsschutz, **bevor** die Durchsuchung vorgenommen wurde bzw. solange sie noch andauert → § 42 Rn. 35.

80   In Fällen des **nachträglichen Rechtsschutzes,** dh wenn die Wohnungsdurchsuchung abgeschlossen wurde, ist zu unterscheiden, ob ein Richter gem. § 42 Abs. 1 mit der Sache befasst war oder nicht.

81   War **kein Richter** an der Durchsuchungsmaßnahme **beteiligt** (weil Gefahr in Verzug (→ § 42 Rn. 5) angenommen wurde), verbleibt es bei der allgemeinen Rechtswegzuweisung des § 40 Abs. 1 S. 1 VwGO und es ist der **Rechtsweg zu den Verwaltungsgerichten** eröffnet (OVG Münster NJW 1992, 2172; OLG Frankfurt a. M. NJW-RR 1994, 447; Götz JuS 1985, 869 (870)). Statthaft ist die **allgemeine Feststellungsklage** (VG Göttingen BeckRS 2009, 39308; offensichtlich unzutr. OVG Münster NJW 1992, 2172: „allgemeine Leistungsklage", Passage nicht mit abgedruckt in NJW 1992, 2172). Das erforderliche **Feststellungsinteresse** liegt mit Blick auf die tiefgreifenden Grundrechtseingriffe, die eine Wohnungsdurchsuchung vermittelt, stets vor (vgl. BVerfGE 96, 27 (39) = NJW 1997, 2163 (2164)). Fand die Durchsuchung vor Zeugen statt, kann der Betroffene auch ein Rehabilitationsinteresse geltend machen (VG Göttingen BeckRS 2009, 39308). Gegenstand der gerichtlichen Überprüfung ist in vorliegenden Fällen auch die Frage, **ob die Voraussetzungen von Gefahr in Verzug** vorgelegen haben (BVerfG NJW 2002, 1333).

82   Hat sich eine Wohnungsdurchsuchung, die auf **richterliche Anordnung** hin angeordnet wurde, **erledigt,** ist der **Zivilrechtsweg** eröffnet. § 42 Abs. 1 ist aus Gründen der Prozessökonomie weit auszulegen, da sonst ein vor den Zivilgerichten bereits eingeleitetes Verfahren vor den Verwaltungsgerichten erneut begonnen werden müsste WHT BWPolR § 5 Rn. 213).

Gegen die der Maßnahme zugrunde liegende richterliche Anordnung ist gem. §§ 58, 63 ff. FamFG **82.1** **Beschwerde** zum Landgericht zulässig. Die **Beschwerde** gegen die richterliche Durchsuchungsanordnung darf aufgrund des tiefgreifenden Grundrechtseingriffes der Maßnahme **nicht allein deswegen als unzulässig verworfen werden, weil sie vollzogen** ist und die Maßnahme sich deshalb erledigt hat (BVerfG NStZ-RR 1997, 330; NJW 1997, 2163; die entgegenstehende frühere Rspr., vgl. BVerfG NJW 1979, 154, hat das Gericht ausdrücklich aufgegeben). Im Übrigen hat das Beschwerdegericht auch zu überprüfen, ob in dem anordnenden Beschluss die **verfassungsrechtlichen Anforderungen an Durchsuchungsbeschlüsse** ausreichend berücksichtigt wurden (BVerfG NStZ-RR 1997, 330 (331)), wie etwa das Erfordernis der eigenverantwortlichen Prüfung durch den Richter sowie das Gebot, durch geeignete Formulierung der Durchsuchungsanordnung Rahmen, Grenzen und Ziele der Durchsuchung zu definieren (BVerfG NJW 1997, 2165).

§ 42 Verfahren bei der Durchsuchung von Wohnungen

(1) ¹**Durchsuchungen dürfen außer bei Gefahr im Verzug nur durch den Richter angeordnet werden.** ²**Zuständig ist das Amtsgericht, in dessen Bezirk die Wohnung liegt.** ³**Für das Verfahren gelten die Vorschriften des Gesetzes über das Verfahren in Familiensachen und in den Angelegenheiten der freiwilligen Gerichtsbarkeit entsprechend.**

(2) ¹**Bei der Durchsuchung einer Wohnung hat der Wohnungsinhaber das Recht, anwesend zu sein.** ²**Ist er abwesend, so ist, wenn möglich, sein Vertreter oder ein erwachsener Angehöriger, Hausgenosse oder Nachbar zuzuziehen.**

(3) **Dem Wohnungsinhaber oder seinem Vertreter ist der Grund der Durchsuchung unverzüglich bekannt zu geben, soweit dadurch der Zweck der Maßnahmen nicht gefährdet wird.**

(4) ¹**Über die Durchsuchung ist eine Niederschrift zu fertigen.** ²**Sie muss die verantwortliche Dienststelle, Grund, Zeit und Ort der Durchsuchung und das Ergebnis der Durchsuchung enthalten.** ³**Die Niederschrift ist von einem durchsuchenden Beamten und dem Wohnungsinhaber oder der zugezogenen Person zu unterzeichnen.** ⁴**Wird die Unterschrift verweigert, so ist hierüber ein Vermerk aufzunehmen.** ⁵**Dem Wohnungsinhaber oder seinem Vertreter ist auf Verlangen eine Abschrift der Niederschrift auszuhändigen.**

(5) **Ist die Anfertigung der Niederschrift oder die Aushändigung einer Abschrift nach den besonderen Umständen des Falles nicht möglich oder würde sie den Zweck der Durchsuchung gefährden, so sind der betroffenen Person lediglich die Durchsuchung unter Angabe der verantwortlichen Dienststelle sowie Zeit und Ort der Durchsuchung schriftlich zu bestätigen.**

(6) **§ 14 Abs. 3 gilt entsprechend.**

Überblick

Die grundrechtlichen Garantien des Art. 13 GG fordern spezielle Verfahrensregelungen, die in § 42 näher geregelt sind. Im Mittelpunkt steht die **richterliche Durchsuchungsanordnung** (→ Rn. 1), Abs. 1, die dem in Art. 13 Abs. 2 GG vorgeschriebenen Richtervorbehalt Rechnung trägt. Eine richterliche Entscheidung ist nur im Falle von **Gefahr im Verzug** entbehrlich, wobei diese Konstellation die Ausnahme bleiben muss und der Begriff Gefahr in Verzug eng auszulegen ist (→ Rn. 7). Grundrechtsschutz durch Verfahren gewährleisten auch die weiteren Regelungen des § 42, wie das **Anwesenheitsrecht des Wohnungsinhabers** (Abs. 2 S. 1, → Rn. 15), die obligatorische **Zuziehung von Durchsuchungszeugen** (Abs. 2 S. 2, → Rn. 21), die **Bekanntgabe des Durchsuchungszwecks** an den Betroffenen (Abs. 3, → Rn. 25), das Anfertigen einer **Niederschrift** über die Durchsuchung (Abs. 4 → Rn. 29) und die **Belehrung** des Betroffenen (§ 42 Abs. 5 iVm § 14 Abs. 3, → Rn. 34). Das Verfahren bei der Durchsuchung von Wohnungen in **Straf- oder Bußgeldverfahren** richtet sich nach den §§ 102 ff. StPO und enthält weitestgehend vergleichbare Regelungen. Gleiches gilt für Parallelregelungen in anderen Landespolizeigesetzen (vgl. § 31 Abs. 5, Abs. 7, Abs. 8 BWPolG, Art. 24 BayPAG, § 39 HSOG, § 25 NPOG).

Übersicht

A. Einzelkommentierung

I. Richtervorbehalt (Abs. 1)

1. Regelfall: Die richterliche Entscheidung

1   Wohnungsdurchsuchungen dürfen außer in den Fällen von Gefahr in Verzug nur durch den **Richter** angeordnet werden.

2   Den Richter trifft bei Anordnung einer Durchsuchungsmaßnahme eine besondere Verantwortung. Abs. 1 zielt auf eine vorbeugende Kontrolle der Maßnahme durch eine unabhängige und neutrale Instanz ab (BVerfGE 103, 142 (150 f.) = NJW 2001, 1121). Durch die persönliche und sachliche Unabhängigkeit des Richters können die Rechte der Betroffenen am besten und sichersten gewahrt werden. Seine Einbindung dient den Interessen des Betroffenen; die Eingriffsmaßnahme soll messbar und kontrollierbar gemacht werden (BVerfGE 103, 142 (151) = NJW 2001, 1121). Hierfür hat der Richter die Voraussetzungen des § 41 **eigenverantwortlich zu prüfen** und die **Interessen des Betroffenen im Rahmen der Verhältnismäßigkeitsprüfung maßgeblich zu berücksichtigen.**

2.1   Seine Erwägungen hat der Richter in der Begründung des Beschlusses hinreichend zu **dokumentieren** (BVerfGE 103, 142 = NJW 2001, 1121). Die Anordnung des Richters muss **Rahmen, Grenzen und Ziel der Durchsuchung konkret beschreiben** (BVerfG NJW 1997, 2165). Der Richter ist dabei nicht verpflichtet, sprachlich vom polizeilichen Antrag abzuweichen und selbständige Formulierungen zu verwenden (BGH BeckRS 2010, 13121); er kann sich diesen vollständig zu Eigen machen. Dies darf aber nicht – wie in der Praxis weit verbreitet (vgl. die Studie zum Richtervorbehalt bei Maßnahmen nach §§ 100a, 100b StPO Backes/Gusy, Wer kontrolliert die Telefonüberwachung?, Bielefelder Rechtsstudien Bd. 17, 2003) – dazu führen, dass sich der Richter keine eigenständigen Gedanken macht und Anträge der Polizei mehr oder weniger ungeprüft „durchwinkt".

3   Für den Durchsuchungsbeschluss ist keine zwingende Schriftform angeordnet; er kann auch – insbesondere in einfach gelagerten Eilfällen – (fern-) mündlich ergehen (BVerfG BeckRS 2007, 25604).

4   Nach Erwirkung eines Durchsuchungsbeschlusses ist die Maßnahme zeitnah zu ergreifen. Spätestens **nach Ablauf eines halben Jahres** tritt ein nicht vollstreckter Durchsuchungsbeschluss **außer Kraft** (BVerfG BeckRS 2012, 51061; LG Berlin NStZ 2004, 102; LG Zweibrücken NJW 2003, 156; zur zulässigen Dauer von Durchsuchungsmaßnahmen Hoffmann/Wissmann NStZ 1998, 443).

2. Ausnahme: Gefahr in Verzug

5   Ohne Einschaltung eines Richters dürfen Durchsuchungsmaßnahmen nur im Falle von **Gefahr im Verzug** getroffen werden. Gefahr im Verzug liegt vor, wenn der Erfolg der Durchsuchung durch die vorherige Einholung der richterlichen Durchsuchungsanordnung gefährdet würde (BVerfG NJW 2001, 1121).

Wurde von der Polizei unzutreffend Gefahr in Verzug angenommen, ist die Durchsu- **6** chungsmaßnahme als solche **rechtswidrig** (Kingreen/Poscher POR § 17 Rn. 31). Etwaige im Rahmen der Durchsuchung getroffene Folgemaßnahmen, zB eine Ingewahrsamnahme des Wohnungsinhabers wegen Störung der Amtshandlung, bleiben rechtmäßig.

Das Vorliegen von Gefahr in Verzug ist nach der Rechtsprechung des BVerfG (NJW 2001, **7** 1121) **eng** auszulegen und wird an **strenge Voraussetzungen** geknüpft. Aus der Regelung des Art. 13 Abs. 2 GG folgt, dass die **richterliche Anordnung** einer Wohnungsdurchsu- chung den **Regelfall** darstellen muss, die Anordnung durch Verwaltungsorgane bei „Gefahr im Verzug" indes die Ausnahme und nicht – wie in jahrzehntelanger Praxis bis weit in die 2000er Jahre hinein – umgekehrt (vgl. die Erhebung bei Amelung NStZ 2001, 337).

Teilweise wird dieses **Regel- / Ausnahmeverhältnis für präventiv-polizeiliche Durchsu- 7.1 chungsmaßnahmen angezweifelt** (die einschlägigen Entscheidungen des BVerfG hatten ausnahmslos strafprozessuale Maßnahmen im Blick); so etwa Schmidbauer/Steiner BayPAG Art. 24 Rn. 11 f.: „wird dem Verfassungsauftrag der Gefahrenabwehr nicht gerecht". Dem kann nicht zugestimmt werden. Zum einen unterscheidet Art. 13 Abs. 2 GG nicht zwischen präventiv und repressiv motivierten Durchsu- chungsmaßnahmen, sodass für eine solche Differenzierung kein Raum bleibt. Zum anderen verhält es sich nicht so, dass aufgrund der regelmäßigen Eilbedürftigkeit einer Maßnahmen nach § 41 Abs. 1 auch Gefahr im Verzug iSd § 42 Abs. 1 vorläge. Zwar mag „Gefahr im Verzug" (zB bei Maßnahmen nach Abs. 1 S. 1 Nr. 4: „zur Abwehr einer gegenwärtigen Gefahr") regelmäßig häufiger anzunehmen sein als bei Strafverfolgungsmaßnahmen. Allerdings wird auch in vielen Fällen, in denen eine gesteigerte Gefahrenlage besteht, die Einschaltung eines Richters möglich sein. So kann in einfach gelagerten Fällen für die Erlangung einer richterlichen Entscheidung bereits eine halbe Stunde ausreichen, wobei die Anordnung des Richters auch fernmündlich ergehen kann (Schmidbauer/Steiner BayPAG Art. 24 Rn. 12; ähnlich BVerfG BeckRS 2010, 50315).

Damit die Regelzuständigkeit des Richters in der Praxis nicht leerläuft, ist im Rahmen **8** des Möglichen die **Gerichtsorganisation** so zu gestalten, dass ein Richter innerhalb und auch **außerhalb der üblichen Dienstzeiten,** ggf. durch die Einrichtung eines geeigneten Eil- und Notdienstes, **erreichbar** ist. Hierzu besteht eine verfassungsrechtliche Verpflichtung (BVerfG NJW 2001, 1121). Zuletzt stellte das BVerfG (NJW 2019, 1428 mAnm Krumm) präzisierend fest, dass zu den Anforderungen dieses Gebots der praktischen Wirksamkeit des Richtervorbehalts unabdingbar ein richterlicher Bereitschaftsdienst gehört, der zumindest **zur „Tageszeit" (6:00 bis 21:00 Uhr) uneingeschränkt** (dh auch außerhalb der üblichen Dienststunden) stets **erreichbar** ist. Die Polizei muss, bevor sie mit einer Wohnungsdurchsu- chung beginnt, regelmäßig **versuchen, eine Anordnung** des zuständigen Richters **zu erlangen** (BVerfG NJW 2001, 1121).

Sobald die Polizei eine Wohnungsdurchsuchung für erforderlich erachtet, muss die Erwir- **9** kung der richterlichen Durchsuchungsanordnung versucht werden (BGH NStZ 2012, 105). Die **Polizei darf „Gefahr in Verzug" nicht selbst herbeiführen** (BVerfG NStZ 2003, 319; OLG Düsseldorf NStZ 2017, 177; s. Westphal/Braun PSP 3/2017, 24; LG Koblenz StV 2003, 382). Es darf also nicht so lange gewartet werden, bis Gefahr in Verzug vorliegt, um dann die Eilkompetenz anzunehmen und die Regelzuständigkeit zu unterlaufen.

Der abstrakte Hinweis auf die Uhrzeit (zB 20:00 Uhr) genügt zur Begründung von Gefahr **10** im Verzuge nicht (LG Saarbrücken Kriminalistik 2004, 331). Die Polizei **muss** wenigstens den **Versuch unternommen haben, den zuständigen Richter zu erreichen.** Nur dann, wenn schon der Versuch, den Richter zu erreichen, den Erfolg der Durchsuchung gefährden würde, dürfen die Behörden selbst die Durchsuchungsanordnung treffen (BVerfG NJW 2003, 2303).

Gefahr im Verzug muss **mit Tatsachen begründet** werden, die auf den Einzelfall bezogen **11** sind. Reine Spekulationen, hypothetische Erwägungen oder lediglich auf kriminalistische Alltagserfahrungen gestützte fallunabhängige Vermutungen der Polizei reichen nicht aus (BVerfG NJW 2001, 1121). Regelmäßig müssen die handelnden Behörden die Grundlage ihrer Entscheidung (Durchsuchung ohne richterliche Anordnung) zum Zwecke einer etwai- gen nachträglichen gerichtlichen Überprüfung **hinreichend dokumentieren;** insbesondere muss zeitnah dargelegt werden, aufgrund welcher Umstände die Polizei Gefahr in Verzug angenommen hat und ob sie versucht hat, einen Richter zu erreichen.

11.1   Die Dokumentation muss grundsätzlich umfassend sein, kann aber in offensichtlichen und einfach gelagerten Fällen auch weniger substantiiert ausfallen. Es ist nicht erforderlich, dass jeder an einer Maßnahme beteiligte Polizeibeamte seine Wahrnehmungen persönlich schriftlich niederlegt. Es reicht aus, wenn diese von einem Beamten zusammenfassend dargestellt werden (BVerfG BeckRS 2010, 50315).

12   Die Frage, ob Gefahr im Verzug vorliegt, unterliegt der unbeschränkten richterlichen Kontrolle. Ein Ermessens- oder Beurteilungsspielraum der Behörde besteht nicht (BVerfG NJW 2001, 1121). Im Falle einer nachträglichen gerichtlichen Überprüfung ist aber der besonderen Entscheidungssituation der Polizei mit ihren situationsbedingten Grenzen von Erkennungsmöglichkeiten im Sinne einer effektiven Gefahrenabwehr Rechnung zu tragen.

3. Das gerichtliche Verfahren

13   **Zuständig** ist das Amtsgericht, in dessen Bezirk die Wohnung liegt (Abs. 1 S. 2). Für das **Verfahren** gelten die Vorschriften des Gesetzes über das Verfahren in Familiensachen und in den Angelegenheiten der freiwilligen Gerichtsbarkeit – FamFG – entsprechend (§ 42 Abs. 1 S. 3; zum Rechtsschutz → Rn. 35).

14   Wird die Durchsuchung **ohne richterliche Anordnung** durchgeführt, bedarf es nach Beendigung der Maßnahme keiner richterlichen Entscheidung mehr (zum Rechtsschutz gegen derartige Maßnahmen → § 41 Rn. 81).

II. Anwesenheitsrecht des Wohnungsinhabers (Abs. 2 S. 1)

15   Der Inhaber der Wohnung hat während der Durchsuchung ein Anwesenheitsrecht. Bei Abwesenheit des Wohnungsinhabers ist, wenn möglich, ein Vertreter, ein erwachsener Angehöriger, Hausgenosse oder ein Nachbar hinzuzuziehen (Abs. 2). Das Anwesenheitsrecht ist Ausdruck der Offenheit der Durchsuchung, dient der Transparenz und soll die Kontrollierbarkeit der eingriffsintensiven Maßnahme sicherstellen (etwa vor polizeilichen „Übergriffen"). Daneben dient das Anwesenheitsrecht auch dem Schutz der handelnden Beamten (zB vor unberechtigten Vorwürfen des Betroffenen wegen der Art und Weise der Durchsuchung).

16   **Wohnungsinhaber** ist derjenige, der das Hausrecht über die Wohnung ausübt und somit die Verfügungsbefugnis über die Räumlichkeiten hat (SBK PolG NRW Rn. 2), also auch der Mieter, Untermieter (regelmäßig nicht der Hauptmieter) oder Hotelgast.

17   Der Wohnungsinhaber darf der Durchsuchung beiwohnen. Dieses Anwesenheitsrecht schließt ein **Beobachtungsrecht** ein. Das heißt, die Durchsuchung muss so gestaltet werden, dass der Inhaber die Durchsuchung kontrollieren kann. Es stellt insoweit einen Verfahrensverstoß dar, wenn eine Vielzahl von Polizeibeamten parallel mehrere Räume durchsucht (Robrecht apf 2006, 199 (200)) und so für den Wohnungsinhaber die Durchsuchung nicht nachvollziehbar ist. Eine **Anwesenheitspflicht besteht nicht.** Der Wohnungsinhaber kann sich jederzeit vom Durchsuchungsort entfernen.

18   Der Inhaber der zu durchsuchenden Räume verwirkt bei **Störungen** der Amtshandlung sein Anwesenheitsrecht. Zur Störungsbeseitigung kommt ein Platzverweis (§ 34 Abs. 1) in Betracht; ggf. eine Ingewahrsamnahme (§ 35 Abs. 1).

19   Die Polizeibeamten sind nicht verpflichtet, den Wohnungsinhaber der zu durchsuchenden Räume bei dessen Abwesenheit herbeizuholen bzw. auf sein Erscheinen zu warten. Soweit es dadurch aber zu keiner erheblichen zeitlichen Verzögerung kommt, sollte der Inhaber hinzugezogen bzw. dessen Eintreffen abgewartet werden; jedenfalls sollte die Hinzuziehung von Durchsuchungszeugen nach Abs. 2 S. 2 versucht werden.

19.1   Das Anwesenheitsrecht des Wohnungsinhabers entfaltet auch Schutzwirkung zugunsten der einschreitenden Beamten und erleichtert die Dokumentation der ordnungsgemäßen Durchführung der Maßnahme. Abs. 2 S. 2 gestattet es aber nicht, aus diesen Gründen den Polizeieinsatz (gegen den Willen des Betroffenen) in der Wohnung mittels Bild- / Tonaufnahmen zu dokumentieren (→ § 41 Rn. 42). Umgekehrt hat der Betroffene sehr wohl das Recht, den Polizeieinsatz in seinen eigenen vier Wänden mittels Bild- und Tonaufnahmen festzuhalten. Es sei denn, es bestehen konkrete Anhaltspunkte für eine unzulässige Verbreitung der Aufnahmen (OVG Koblenz DVBl 1998, 101).

20   Wird dem Wohnungsinhaber dessen Anwesenheitsrecht nicht gewährt, ist die Durchsuchung (formell) rechtswidrig. Eine Heilung des Verstoßes kommt nicht in Betracht.

III. Zuziehung von Durchsuchungszeugen (Abs. 2 S. 2)

Ist der Wohnungsinhaber – aus welchen Gründen auch immer – nicht anwesend, ist nach 21
Abs. 2 S. 2, wenn möglich, als Durchsuchungszeuge ein **Vertreter** (das sind gesetzliche
Vertreter des Wohnungsinhabers, wie dessen Eltern oder ein Betreuer sowie allgemein alle,
die nachweislich vom Wohnungsinhaber beauftragt wurden, bei der Wohnungsdurchsuchung
anwesend zu sein, zB ein Rechtsanwalt), ein **erwachsener Angehöriger, Hausgenosse**
oder ein **Nachbar** (krit. zur Hinzuziehung von Nachbarn Rengier NStZ 1981, 372) hinzuzuziehen (Abs. 2).

Wird der Wohnungsinhaber wegen Störung der Durchsuchung entfernt, müssen keine 22
Dritten zugezogen werden. Verzichten zugezogene Dritte auf ihr Anwesenheitsrecht, sind
keine weiteren Vertreter hinzuziehen. Werden Dritte wegen Störung der Durchsuchung
entfernt, sollen sie aber – soweit möglich – ersetzt werden (Keller PSP 2/2013, 3 (5)).

Eine Hinzuziehung von Durchsuchungszeugen ist iSd Abs. 2 S. 2 „**nicht möglich**", 23
wenn aufgrund der Dringlichkeit der Maßnahme zur Gefahrenabwehr hierfür keine Zeit
bleibt; Personen, die als Zeuge in Betracht kommen nicht vorhanden oder nicht anwesend
sind; diese Personen nicht bereit sind, Zeugenfunktionen auszuüben oder wenn für diese im
Rahmen der Durchsuchungssituation eine Gefährdungssituation bestünde (zB Durchsuchung
im „Reichsbürger"- oder „Clan"-Milieu). Die Polizei ist nicht berechtigt, Personen als
Zeugen zu verpflichten (Schmidbauer/Steiner BayPAG Art. 24 Rn. 44).

Abs. 2 S. 2 ist als **bloße Ordnungsvorschrift** ausgestaltet. Aus deren Verletzung folgt 24
also nicht die Rechtswidrigkeit der Durchsuchungsmaßnahme.

IV. Bekanntgabe des Durchsuchungsgrundes (Abs. 3)

Grund einer Durchsuchung sind die in § 41 Abs. 1 geregelten Durchsuchungszwecke 25
und der ihnen zugrunde liegende Lebenssachverhalt. Die Vorschrift verpflichtet die Polizei
nur gegenüber dem Wohnungsinhaber bzw. dessen Vertreter. Anderen möglichen in § 42
Abs. 2 S. 2 aufgeführten Durchsuchungszeugen (zB einem Nachbarn) darf der Durchsuchungsgrund nicht bekannt gegeben werden. Die Angabe des Durchsuchungsgrundes hat
unverzüglich, jedenfalls **vor** der polizeilichen Amtshandlung zu erfolgen. Die Angabe des
Durchsuchungsgrundes verfolgt nämlich auch den Zweck, dem Wohnungsinhaber die Mög-
lichkeit zu geben, die gesuchte Sache freiwillig herauszugeben (Schmidbauer/Steiner Bay-
PAG Art. 24 Rn. 49). Liegt eine **schriftliche Durchsuchungsanordnung** vor, ist dem
Betroffenen eine Ausfertigung **auszuhändigen.** Ist dies nicht der Fall, hat die Angabe des
Durchsuchungsgrundes mündlich zu erfolgen.

Der Durchsuchungsgrund muss gem. Abs. 3 nicht angegeben werden, wenn dadurch der 26
Maßnahmezweck gefährdet würde. Dies ist zB der Fall, wenn konkrete Anhaltspunkte
dafür bestehen, dass der Wohnungsinhaber oder sein Vertreter bei Angabe des Durchsuchungsgrundes das Auffinden der gesuchten Sache oder Person verhindern könnten.

Die **Nichtbeachtung** von Abs. 3 führt zur formellen Rechtswidrigkeit der Durchsu- 27
chungsmaßnahme, hat aber keine praktischen Auswirkungen, da die Angabe des Durchsuchungsgrundes nachgeholt werden kann und so stets eine Heilung des Verstoßes gem. § 45
VwVfG offen steht (Kingreen/Poscher POR § 17 Rn. 31). Die Wohnungsdurchsuchung
ist dann rechtmäßig.

Die Missachtung der Vorschrift des Abs. 3 stellt für den handelnden Polizeibeamten ein 28
Dienstvergehen dar und kann unter den Voraussetzungen des § 839 BGB zu einer Schadensersatzpflicht führen.

V. Niederschrift (Abs. 4, Abs. 5)

Es ist eine **Durchsuchungsniederschrift** zu fertigen, die von einem durchsuchenden 29
Beamten und dem Wohnungsinhaber bzw. dessen Vertreter zu unterzeichnen ist. Die Niederschrift muss die verantwortliche Dienststelle, den Durchsuchungsgrund, Zeit, Ort und
das Ergebnis der Durchsuchung enthalten. Auch wenn dies aus der Regelung nicht unmittelbar
hervorgeht, ist die Niederschrift noch in der durchsuchten Räumlichkeit zu erstellen (so
BKK BayPAG Art. 24 Rn. 7; dagegen: Schmidbauer/Steiner BayPAG Art. 24 Rn. 51).

Verweigert der Wohnungsinhaber bzw. Vertreter die Unterschrift, ist dies zu vermerken. 30
Dem Wohnungsinhaber oder dem Vertreter ist auf Verlangen eine Durchschrift der Nieder-

schrift auszuhändigen. Auch wenn die Aushändigung nur „auf Verlangen" erfolgt, gilt es den Betroffenen auf dessen Rechtsanspruch hinzuweisen. Ein Unterbleiben eines solchen Hinweises hat aber keine rechtlichen Folgen. Kommt die Polizei dem Verlangen einer Abschrift nicht nach, kann der Wohnungsinhaber Verpflichtungsklage, ggf. in Form der Untätigkeitsklage, erheben.

31   Wird eine Niederschrift **nicht gefertigt,** führt das zur formellen Rechtswidrigkeit der Durchsuchungsmaßnahme. Die Niederschrift dient als Beleg für das ordnungsgemäße Handeln der Beamten. Heilung gem. § 45 VwVfG durch Nachholung der Amtshandlung kommt in Betracht (Kingreeen/Poscher POR § 17 Rn. 31). Wird eine Niederschrift gefertigt, aber dem Betroffenen **nicht ausgehändigt,** führt dies nicht zur formellen Rechtswidrigkeit; das Erfordernis der Übergabe ist als bloße Ordnungsvorschrift anzusehen (Robrecht apf 2006, 199 (205)).

32   Kann aufgrund der Umstände des Einzelfalls oder Gefährdung des Zwecks der Durchsuchung die Niederschrift **nicht gefertigt oder ausgehändigt werden,** ist dem Betroffenen die Durchsuchung unter Angabe des verantwortlichen Dienststelle sowie Zeit und Ort schriftlich zu bestätigen (**Abs. 5**).

33   Eine Niederschrift kann wegen Gefährdung des Durchsuchungserfolges nicht gefertigt oder ausgehändigt werden, wenn durch die eintretende Zeitverzögerung oder das Bekanntwerden des Inhalts der Niederschrift eine wirksame Gefahrenabwehr beeinträchtigt würde. Im Übrigen kann eine Anfertigung oder Aushändigung aus anderen Gründen nicht möglich sein, etwa weil der Wohnungsinhaber Widerstandshandlungen begeht oder ein weiterer Aufenthalt in der Wohnung nicht möglich ist (zB aus hygienischen Gründen oder sonstigen Gefahren für die Anwesenden, s. näher Schmidbauer/Steiner BayPAG Art. 24 Rn. 59 ff.).

VI. Belehrung (§ 42 Abs. 5 iVm § 14 Abs. 3)

34   Der Betroffene ist darüber zu belehren, dass er einen Anspruch auf Vernichtung der durch die Durchsuchung gewonnenen Unterlagen hat, wenn die Voraussetzungen für ihre weitere Aufbewahrung entfallen sind.

B. Rechtsschutz

35   Unproblematisch sind die **Rechtsbehelfe** gegen die amtsrichterliche Durchsuchungsanordnung zu beurteilen, die der Betroffene einlegen kann, **bevor die Durchsuchung vorgenommen** wurde (allerdings wird dieser davon selten Kenntnis erlangen) bzw. **während sie andauert.** Er kann zunächst Beschwerde (§§ 58 ff. FamFG) gegen den richterlichen Beschluss beim zuständigen Amtsgericht einlegen. Die Beschwerde hat keine aufschiebende Wirkung. Beschwerdeberechtigt ist derjenige, der durch den richterlichen Beschluss möglicherweise in eigenen Rechten verletzt wurde (§ 59 FamFG), also jedenfalls der Wohnungsinhaber. Ebenfalls Beschwerdeberechtigt nach § 59 FamFG ist die Polizei, wenn deren Antrag vom Richter abgelehnt wurde.

36   Im Falle **nachträglichen Rechtsschutzes** (→ § 41 Rn. 80; dh, wenn die Maßnahme bereits durchgeführt wurde) ist zu unterscheiden: Basiert die Durchsuchung auf einer richterlichen Anordnung, ist der Zivilrechtsweg eröffnet und es gilt das Vorgesagte (→ Rn. 35). Der Betroffene kann Beschwerde gem. §§ 58 ff. FamFG einlegen. Erfolgte dagegen die Durchsuchung ohne Einbindung eines Richters aufgrund von „Gefahr in Verzug", ist der Verwaltungsrechtsweg eröffnet und es kann Klage auf Feststellung erhoben werden, dass die Durchsuchung der betreffenden Wohnung rechtswidrig erfolgte.

Sechster Unterabschnitt. Sicherstellung und Verwahrung

§ 43 Sicherstellung

Die Polizei kann eine Sache sicherstellen,
1. um eine gegenwärtige Gefahr abzuwehren,

2. um den Eigentümer oder den rechtmäßigen Inhaber der tatsächlichen Gewalt vor Verlust oder Beschädigung einer Sache zu schützen,
3. wenn sie von einer Person mitgeführt wird, die nach diesem Gesetz oder anderen Rechtsvorschriften festgehalten wird, und die Sache verwendet werden kann, um
   a) sich zu töten oder zu verletzen,
   b) Leben oder Gesundheit anderer zu schädigen,
   c) fremde Sachen zu beschädigen oder
   d) die Flucht zu ermöglichen oder zu erleichtern.

Überblick

§ 43 ermächtigt zur Sicherstellung beweglicher und unbeweglicher Sachen. Unter **Sicherstellung** versteht man die Beendigung des Gewahrsams des Eigentümers oder eines sonstigen berechtigten Besitzers unter Begründung neuen Gewahrsams durch die Polizei oder von ihr beauftragte Personen zum Zwecke der Gefahrenabwehr, wobei hinsichtlich der Reichweite des Begriffs Streit besteht (→ Rn. 9). Die Sicherstellung nach § 43 stellt einen rechtfertigungsbedürftigen **Eingriff in das Eigentumsrecht** des Betroffenen dar (→ Rn. 1). Durch sie wird ein **öffentlich-rechtliches Verwahrungsverhältnis** begründet, das in den § 44 ff. näher ausgestaltet ist. § 43 beinhaltet drei Tatbestände, die zur Sicherstellung von Sachen berechtigen. **Nr. 1** berechtigt zur Sicherstellung einer Sache, um eine **gegenwärtige Gefahr abzuwehren** (→ Rn. 22). Die Gefahr kann dabei in der Sache selbst liegen, kann aber auch in ihrer gefahrträchtigen Verwendung begründet sein. Im Rahmen der (weit gefassten) Anwendungsalternative des Nr. 1 besteht unter anderem Streit darüber, ob von ihr das **Abschleppen von Kraftfahrzeugen** (→ Rn. 44) erfasst ist. Während nach Nr. 1 grundsätzlich **keine Presseerzeugnisse** sichergestellt werden dürfen, ist es weniger klar, in welchen Fallgestaltungen **Datenträger sichergestellt** werden können, **die polizeiliche Einsätze dokumentieren** (→ Rn. 30). Nach **Nr. 2** kann eine Sache sichergestellt werden, um den Eigentümer oder den rechtmäßigen Besitzer vor Verlust oder Beschädigung der Sache zu schützen. Die Vorschrift dient allein dem Schutz der privaten Interessen des Sachinhabers und ist entsprechend restriktiv auszulegen und anzuwenden (→ Rn. 35). Umstritten ist, ob über die Vorschrift des Nr. 2 eine sog. „**präventive Gewinnabschöpfung**" (→ Rn. 40) gerechtfertigt werden kann. **Nr. 3** ermöglicht die Sicherstellung von Sachen, die festgehaltene Personen mitführen und die geeignet sind, Schäden beim Festgehaltenen oder bei Dritten zu verursachen. Dabei reicht die abstrakte Möglichkeit ihrer schädlichen Verwendung aus (→ Rn. 41).

Übersicht

A. Allgemeine Charakterisierung und rechtlicher Rahmen

I. Verfassungsrechtliche Grundlagen

Die **Sicherstellung** (einschließlich der nachfolgenden Regelung zur Verwahrung in **1** §§ 44 ff.) bewirkt einen Eingriff in das Eigentumsrecht des Betroffenen. Art. 14 Abs. 1

GG schützt auch vor nur vorübergehenden Besitzentziehungen (BGH NJW 1997, 556: Vorübergehende Wegnahme eines Pkw zwecks Einbau einer „Wanze").

2   Verfassungsrechtliche Bedenken bestehen, soweit unter die Vorschrift Fälle einer sog. **präventiven Gewinnabschöpfung** (→ Rn. 40) gefasst werden. Zum Beispiel, wenn bei einer Person größere Mengen an Bargeld aufgefunden werden und die Polizei vermutet, dass das Geld dem Besitzer nicht gehört, sondern aus Straftaten herrührt oder für Straftaten gebraucht werden soll. In diesen Fällen soll es nach Teilen der Rechtsprechung zulässig sein, „zum Schutz des unbekannten Eigentümers" (gem. Nr. 2) die Barmittel sicherzustellen (vgl. OVG Lüneburg v. 8.2.2011 – 11 LA 6/11) – obwohl die Polizei nicht davon ausgeht, dass der rechtmäßige Eigentümer aufzufinden wäre, sodass die eigentlich dem Schutz privater Rechte dienende Sicherstellung und Verwahrung letztlich eine dauerhafte Entziehung des Eigentums zugunsten des Staates bewirkt. Ein Verstoß gegen Art. 14 Abs. 1 GG und das Bestimmtheitsgebot liegt in diesen Fällen nahe (ausdrücklich offengelassen in BVerfG NVwZ 2012, 239; krit. zur präventiven Gewinnabschöpfung Söllner NJW 2009, 3339).

II. Parallelvorschriften

1. Strafprozessuale Regelungen

3   Die Sicherstellung bzw. Beschlagnahme (vgl. § 98 Abs. 3 StPO) von Gegenständen, die als Beweismittel in Straf- oder Bußgeldverfahren von Bedeutung sein können, richtet sich nach §§ 94 ff. StPO. Für die Beschlagnahme von Gegenständen, die der Einziehung unterliegen, sind die §§ 111b ff. StPO anwendbar. Auch Führerscheine können beschlagnahmt werden, wenn sie der Einziehung unterliegen (§ 94 Abs. 3 StPO, § 69 StGB).

4   Die strafprozessuale Sicherstellung bzw. Beschlagnahme kann nur einem Beweismittelverlust oder einer Einziehungsvereitelung vorbeugen. Die Sicherstellung nach § 43 soll dagegen in erster Linie verhindern, dass aus dem Besitz oder der Verwendung des sichergestellten Gegenstandes polizeiwidrige Zustände entstehen oder fortdauern. Die Abgrenzung zwischen der präventiv-polizeilichen Sicherstellung und den strafprozessualen Beschlagnahmevorschriften hat nach dem erkennbaren Schwerpunkt der Maßnahme zu erfolgen (VGH Kassel DÖV 1999, 916). Kann danach ein Gegenstand sowohl nach § 43 sichergestellt als auch nach strafprozessualen Regelungen beschlagnahmt werden, ist der **strafprozessualen Ermächtigung Vorrang einzuräumen,** da dadurch der gefahrenabwehrenden Zielsetzung Rechnung getragen wird **und** der Gegenstand für das Strafverfahren uneingeschränkt als Beweismittel zur Verfügung steht bzw. die richterliche Anordnung der Einziehung durch das Verfügungsverbot in § 111c Abs. 5 StPO iVm § 136 BGB gesichert werden (SBK PolG NRW Rn. 4).

5   Die Aufhebung einer strafprozessualen Sicherstellung oder Beschlagnahme schließt eine anschließende Sicherstellung zur Gefahrenabwehr nach § 43 nicht aus (VG Karlsruhe BeckRS 2005, 24145).

6   Die strafprozessualen Vorschriften zur Einziehung (insbesondere die Möglichkeit der erweiterten Einziehung nach § 73a Abs. 1 StGB) stellen eine abschließende Regelung des Bundesgesetzgebers zur Gewinnabschöpfung dar (VG Frankfurt a. M. BeckRS 2019, 6223; Söllner NJW 2009, 3339). Ein Rückgriff auf polizeiliche Regelungen ist zur Legitimierung einer darüber hinausgehenden, nach der StPO nicht statthaften „**präventiven Gewinnabschöpfung**" (→ Rn. 40) insoweit unzulässig (Söllner NJW 2009, 3339; VG Frankfurt a. M. BeckRS 2019, 6223; dagegen aber Teile der Rspr., zB OVG Lüneburg BeckRS 2013, 48248).

2. Regelungen in anderen Polizeigesetzen

7   Das PolG NRW unterscheidet (wie die inhaltsgleichen Regelungen in Art. 25 BayPAG, § 26 NPOG und § 40 HSOG) nicht zwischen einer Sicherstellung und einer Beschlagnahme, so wie die StPO und einige wenige Landespolizeigesetze (zB §§ 32 f. BWPolG). Anders als in der StPO wird unter einer Sicherstellung auch die Wegnahme einer Sache gegen den Willen des Betroffenen verstanden. Zudem wird nicht zwischen Maßnahmen, die den Verlust und die Beschädigung einer Sache vorbeugen sollen und sich zugunsten des Sachberechtigten auswirken (in § 32 BWPolG als „Sicherstellung" definiert), und solchen, die der Abwehr von Gefahren dienen, die durch die Sache selbst oder ihren Gebrauch hervorgerufen werden (in § 33 BWPolG als „Beschlagnahme" bezeichnet), begrifflich unterschieden. Alle derartigen Maßnahmen unterfallen dem Begriff der „Sicherstellung" nach § 43.

B. Einzelkommentierung

I. Rechtsfolge

1. Begriff der Sicherstellung

Unter **Sicherstellung** versteht man die Beendigung des Gewahrsams des Eigentümers 8 oder sonstigen Berechtigten einer Sache unter Begründung neuen Gewahrsams durch die Polizei oder von ihr beauftragten Personen zum Zwecke der Gefahrenabwehr (Knemeyer PolR SuP Rn. 251; DWVM Gefahrenabwehr 209); eine „Sicherstellung", die die Sache im Gewahrsam des Betroffenen belässt ist, ist demnach nicht möglich (OVG Münster NVwZ-RR 1991, 556).

Sicherstellungsfähige „**Sachen**" sind nicht nur körperliche Gegenstände (zB Waffen, Bar- 8a geld, Drogen, Fahrzeuge, Schlüssel usw) und **Tiere** (vgl. § 5 Abs. 1 S. 2; zur Sicherstellung eines „gefährlichen" Hundes VG Magdeburg BeckRS 2013, 53241; OVG Magdeburg NVwZ-RR 2014, 139). Auch **unkörperliche Gegenstände, wie Daten** können sichergestellt werden. Wie die §§ 94 ff. StPO (s. BVerfG NJW 2005, 1917 (1919 f.)) gestattet auch § 43 die Sicherstellung und Beschlagnahme von Datenträgern mit den hierauf gespeicherten Daten als Zielobjekte (zB E-Mails, Messenger-Nachrichten, Bilddateien usw). Allerdings ist keine Sicherstellung möglich, wenn die betreffenden Daten nicht auf einem sichergestellten Datenträger, sondern über ein Netzwerk an einem anderen Ort gespeichert sind („**Cloud-Computing**"). Es bedarf es einer expliziten Ermächtigung – etwa in Anlehnung an § 110 Abs. 3 StPO – für eine Einsichtnahme und Speicherung dieser Daten. Der Freistaat Bayern hat versucht diese „Zugriffslücke" zu schließen (vgl. Art. 22 Abs. 2, 25 Abs. 3 BayPAG; zu den diesbezüglichen Rechtsfragen Michl NVwZ 2019, 1631 ff.). Ebenfalls unzulässig ist nach nordrhein-westfälischer Rechtslage die Sicherstellung „**unbarer Vermögenswerte**", wie Buchgeld, andere Forderungen oder digitale Zahlungsmittel (zB Bitcoins). Eine erweiternde Auslegung der Sicherstellungsvorschriften in den §§ 43 ff. steht nicht offen (zur früher entsprechenden bayerischen Rechtslage VGH München BeckRS 2016, 46950 = NVwZ-RR 2016, 779). Notwendig wäre eine Regelung, die die Sicherstellung von Forderungen oder anderen Vermögensrechten ausdrücklich legitimiert und die durch Pfändung zu bewirken wäre (so etwa Art. 25 Abs. 2 BayPAG oder § 33 Abs. 2 BWPolG).

Die Sicherstellung zur Gefahrenabwehr muss notwendig den **Zweck verfolgen,** die Sache 9 in Verwahrung zu haben und **andere von jeder Einwirkungsmöglichkeit auszuschlie-ßen** (Knemeyer PolR SuP Rn. 175; VGH Kassel NVwZ 1987, 904 (909); Nagel, Probleme der polizeilichen Sicherstellung, 1988, 7 ff.). Es ist charakteristisch für die polizeiliche Sicherstellung, dass eine **Gefahr nur durch amtlichen Gewahrsam behoben werden kann** und die Polizei gerade zu diesem Zweck die Sache in Besitz nimmt (**subjektiver Sicherstellungsbegriff**).

Ein nicht unerheblicher Teil der Rechtsprechung und der Literatur lehnt diesen **auf Verwahrung** 9.1 **zielenden Zweckzusammenhang** ab (zB VGH München NVwZ 1990, 180 (181); BHKM Bay-ÖffR/Heckmann Teil 3 Rn. 397; GMW BayPolR, 3. Aufl. 2004, Rn. 705; Schwabe NJW 1983, 369). Auswirkungen hat der Rechtsstreit vor allem auf die rechtliche **Qualifizierung von Abschleppmaß-nahmen** (→ Rn. 44).

Danach liegt keine Sicherstellung vor (aA Kingreen/Poscher POR § 18 Rn. 6), wenn 9a privater Wohnraum zu Zwecken der **Unterbringung von Obdachlosen** (s. Ruder NVwZ 2012, 1283; OVG Münster NVwZ 1991, 692; Schlink NJW 1988, 1689) oder **Flüchtlingen** (vgl. Dombert LKV 2015, 529) „beschlagnahmt" werden soll. Rechtsgrundlage hierfür wäre die polizeiliche Generalklausel (§ 8 Abs. 1), wobei eine Inanspruchnahme allenfalls unter den strengen Voraussetzungen des § 6 – also dem polizeilichen Notstand – möglich wäre (s. Schenke PolR Rn. 322 f.).

Das **kurzfristige, nur vorübergehende Ansichnehmen** einer Sache stellt **keine** Sicher- 10 stellung dar (anders Schwabe NJW 1983, 369; Baldarelli/Berning Kriminalistik 2007, 201

(205)). In diesen Fällen fehlt es an der erforderlichen Gewahrsamsbeendigung (Nagel, Probleme der polizeilichen Sicherstellung, 1988, 8) und / oder die Zweckrichtung der Maßnahme zielt nicht auf eine Verwahrung im Sinne des subjektiven Sicherstellungsbegriffs (→ Rn. 9). Letztlich kann von einer Sicherstellung nicht die Rede sein, wenn die Polizei ihre tatsächliche Gewalt an der Sache alsbald wieder vollständig aufgibt (vgl. auch Kingreen/Poscher POR § 18 Rn. 2).

10.1 Demnach liegt zB **keine Sicherstellung** vor, wenn die Sache eines Nichtstörers genutzt wird, um damit eine Gefahr abzuwehren (Vahle Kriminalistik 1999, 63 (66)). In diesem Fall ist auf die Generalklausel (§ 8 Abs. 1) zurückzugreifen, wobei die strengen Voraussetzungen des polizeilichen Notstandes (§ 6) müssen vorliegen. Ebenfalls keine Sicherstellung liegt vor, wenn Polizeibeamte einen Ausweis oder Berechtigungsschein an sich nehmen, um eine Überprüfung vorzunehmen. Diese Maßnahme ist von der Befugnis zur Identitätsfeststellung bzw. zum Datenabgleich mit abgedeckt.

11 Durch die Sicherstellung wird ein **öffentlich-rechtliches Verwahrungsverhältnis** begründet (OVG Münster DVBl 1991, 1373), das in den §§ 44 ff. näher ausgestaltet ist. Insoweit folgt aus der Regelung in § 43 auch die Befugnis, die sichergestellte Sache **an einen geeigneten Aufbewahrungsort zu verbringen.**

12 Mangels Grundrechtseingriff müssen die Voraussetzungen der §§ 43 ff. nicht vorliegen, wenn herrenlose Sachen (§§ 958 ff. BGB) in Verwahrung genommen werden; zB wenn verletzte herrenlose Tiere in ein Tierheim verbracht werden (Tegtmeyer/Vahle PolG NRW Rn. 3).

2. Rechtsnatur und zwangsweise Durchsetzung

13 Es handelt sich bei der Sicherstellung um eine **Standardmaßnahme mit Vollzugselement** (sog. **realisierende Standardmaßnahme;** Haltern JA 2004, 140 (141); ähnlich Möstl JURA 2011, 840 (848)). Die Befugnis zur Durchführung der Sicherstellung ergibt sich aus § 43, ein Rückgriff auf das Vollstreckungsrecht ist – außer im Falle sog. gestörter Polizeitätigkeit (→ Rn. 19) – nicht erforderlich.

14 Was die Ausführung der Sicherstellung betrifft ist zu differenzieren, ob die Sicherstellung in **Anwesenheit** (→ Rn. 15) oder in **Abwesenheit** (→ Rn. 18) des Gewahrsamsinhabers erfolgt.

15 Soll eine Sicherstellung **in Anwesenheit** des Gewahrsamsinhabers erfolgen, bedarf es hierfür aus Gründen der **Verhältnismäßigkeit** (BHKM BayÖffR/Heckmann Teil 3 Rn. 399) regelmäßig des **Erlasses eines Verwaltungsaktes.** § 43 trägt, wie alle klassischen Standardmaßnahmen, eine Verwaltungsaktbefugnis in sich (Möstl JURA 2011, 840 (848)). Sicherstellung ist in diesem Fall eine feststellende Verfügung, die neben der Erklärung, dass die Sache sichergestellt sei, das Handlungsgebot enthält, die Sache **herauszugeben** (OVG Münster NVwZ-RR 1991, 556 (557)) **oder** (weil die Einwirkungsmöglichkeit auf den ggf. gefährlichen Gegenstand zu Eigensicherungszwecken ausgeschlossen bleiben muss und deshalb eine „Herausgabe" durch den Polizeipflichtigen ausscheidet) die (ggf. konkludente) Anordnung, die **Wegnahme** der Sache zur Begründung hoheitlicher Sachgewalt zu **dulden** (Maurer JuS 1981, 809 (812)). Zum Beispiel: „Legen Sie die Sache auf den Boden und gehen sie zurück! Der Gegenstand ist sichergestellt!". Durch diese Verfügungen wird festgestellt, dass die Sache ab sofort sichergestellt ist, der Betroffene nicht mehr darauf einwirken darf und die Wegnahme zu dulden hat.

16 Keiner Sicherstellungsverfügung bedarf es, wenn eine solche „**untunlich**" ist (BHKM BayÖffR/Heckmann Teil 3 Rn. 399). Damit sind diejenigen Fälle gemeint, in denen offensichtlich ist, dass der Gewahrsamsinhaber einer Verfügung nicht nachkommen würde oder eine Verfügung zu einer Gefährdung der Polizeibeamten führen könnte (zB: Im Rahmen einer Wohnungsdurchsuchung wird eine Schusswaffe aufgefunden). In diesem Fall kann die Polizei die Sache gem. § 43 sicherstellen, indem sie diese an sich nimmt; eines Rückgriffs auf die Vollstreckungsregelungen bedarf es nicht. Etwas anderes gilt freilich, wenn der Betroffene die Sache bei sich trägt und ihm die Sache gewaltsam weggenommen wird (hier kommt unmittelbarer Zwang im Sofortvollzug in Betracht).

17 Die zwangsweise Durchsetzung der Sicherstellungsverfügung erfolgt nach Maßgabe der §§ 50 ff. im Wege des **unmittelbaren Zwanges (§§ 55, 58 ff.),** da entweder die zu vollstreckende Grundverfügung eine Duldungspflicht oder eine nicht vertretbare Handlungspflicht auf Herausgabe des Gegenstandes beinhaltet (→ Rn. 15).

Im Falle der **Abwesenheit** des Gewahrsamsinhabers (bzw. wenn eine Verfügung nicht **18** bekannt gegeben werden kann, zB aufgrund Bewusstlosigkeit des Gewahrsamsinhabers und in den in → Rn. 16 beschriebenen Fällen der Untunlichkeit einer vorausgehenden Verfügung) **ermächtigt** § 43 die Polizei („kann eine Sache sicherstellen") unmittelbar dazu, die **Sache an sich zu nehmen;** eines Rückgriffs auf das Vollstreckungsrecht bedarf es nicht (OVG Münster NVwZ-RR 2000, 429; BHKM BayÖffR/Heckmann Teil 3 Rn. 399; aA Lambiris, Klassische Standardbefugnisse im Polizeirecht, 2002, 150 mwN: „Vollzug der Sicherstellung nur, wenn die besonderen Voraussetzungen des Sofortvollzugs vorliegen"). Die Sicherstellung ist in diesem Fall **Realakt** (OVG Münster NVwZ-RR 2000, 429).

Die Sicherstellung stellt eine Standardmaßnahme mit Vollzugselement dar. Die Befugnis zur Durch- **18.1** führung der Sicherstellung ergibt sich aus der Norm selbst, dh § 43 ermächtigt zu den mit der Ausführung der Maßnahme **notwendigen und typischen Einwirkungen auf die betreffende Sache.** Insoweit hat der Gesetzgeber „ein Stück polizeilicher Durchsetzung, das normalerweise als polizeilicher Zwang anzusehen wäre, in der Standardbefugnis typisiert und spezialgesetzlich geregelt, sodass sich ein Rückgriff auf die allgemeinen Regeln erübrigt" (Möstl JURA 2011, 840 (849)).

Nur im Falle sog. **gestörter Polizeitätigkeit** – dh wenn die Wegnahme der Sache gestört **19** ist und nicht wie vorgesehen auf dem „normalen Wege" durchgeführt werden kann – ist ein **Rückgriff auf die Vollstreckungsregelungen** erforderlich (zB, wenn Personen den Zugriff der Polizei auf die Sache behindern, indem sie sich den Beamten in den Weg stellen oder wenn sich die sicherzustellende Sache in einem verschlossenen Behältnis befindet und dieses aufgebrochen werden muss). In diesem Fall sind auf § 43 gestützte Begleitverfügungen zu erlassen und ggf. mittels unmittelbaren Zwangs zu vollstrecken (bzw. entsprechende Maßnahmen im Sofortvollzug, § 50 Abs. 2, zu ergreifen).

Erfolgte die Sicherstellung in Abwesenheit des Betroffenen, ist ihm diese alsbald **bekannt** **20** zu geben. Diese Mitteilung stellt einen Verwaltungsakt dar, der dem Betroffenen gegenüber die Rechtsfolgen der Sicherstellung regelt (Würtenberger/Heckmann BWPolR, 6. Aufl. 2005, Rn. 385, unklar nun WHT BWPolR § 5 Rn. 216).

Auch **unbewegliche Sachen** können sichergestellt werden. Dies geschieht durch Anbrin- **21** gen amtlicher Siegel (VGH Kassel NJW 1981, 2270; Tegtmeyer/Vahle PolG NRW § 41 Rn. 4); teils wird die Versiegelung (unzutr., → Rn. 18) als Vollstreckungsmaßnahme im Wege des Sofortvollzugs aufgefasst (OVG Münster NJW 1999, 2202). Die Schließung und Versiegelung von Räumen greift mangels Beeinträchtigung der räumlichen Privatsphäre nicht in Art. 13 Abs. 1 GG ein (VGH Mannheim DVBl 1998, 96; VG Freiburg BeckRS 2007, 25865: „Wagenburg").

II. Tatbestand

1. Sicherstellung zur Abwehr einer gegenwärtigen Gefahr (Nr. 1)

Nach Nr. 1 ist eine Sicherstellung zulässig, um eine **gegenwärtige Gefahr** (für die **22** öffentliche Sicherheit oder Ordnung) abzuwehren. In temporärer Hinsicht werden also gesteigerte Anforderungen an den Gefahrengrad gestellt. Eine gegenwärtige Gefahr ist eine Sachlage, bei der die Einwirkung des schädigenden Ereignisses bereits begonnen hat oder bei der diese unmittelbar oder in allernächster Zeit mit einer an Sicherheit grenzender Wahrscheinlichkeit bevorsteht (Lisken/Denninger PolR-HdB/Denninger D Rn. 54; vgl. auch die Legaldefinitionen in § 2 Nr. 2 NPOG).

Nivellierungen hinsichtlich der erforderlichen Wahrscheinlichkeit des Schadenseintritts sind aus Ver- **22.1** hältnismäßigkeitsgesichtspunkten nach der sog. **Je-desto-Formel** zulässig. Danach sind, je höher der Rang des gefährdeten Rechtsgutes oder das Ausmaß des drohenden Schadens ist, desto geringere Anforderungen an die Wahrscheinlichkeit bzw. die zeitliche Nähe des Schadenseintrittes zu stellen (BVerfG NJW 2005, 2603 (2610); 2000, 55; 2004, 2213; BVerwG NJW 1970, 1890).

Da zum Schutzgut der öffentlichen Sicherheit die Gesamtheit der Rechtsordnung zählt, **23** stellt **jeder andauernde Rechtsverstoß** eine gegenwärtige Gefahr dar; durch das polizeiliche Einschreiten soll eine permanente Rechtsverletzung („Dauergefahr") beendet werden

(Haurand NRWPolR 111). Die gegenwärtige Gefahr kann in der Sache selbst liegen, sie kann aber auch erst durch ihre gefahrträchtige Verwendung entstehen (BHKM BayÖffR/ Heckmann Teil 3 Rn. 403).

24   Stets ist der Tatbestand des Nr. 1 erfüllt, wenn der **Besitz** des Gegenstandes **verboten** ist. Gleiches gilt bei erlaubnispflichtigen Gegenständen, wenn der Besitzer nicht über die erforderliche Erlaubnis verfügt (BerlKommPolR ASOG Bln § 38 Rn. 8), zB verbotene Waffen, Schusswaffen ohne Waffenbesitzkarte, verbotene Jagd- oder Fischgeräte, Cannabis-Pflanzen (Schmidbauer/Steiner BayPAG Art. 25 Rn. 11). Auch **gefährliche Gegenstände,** wie giftige Stoffe, gefährliche Tieren usw, können problemlos sichergestellt werden. Weiter ist der Anwendungsbereich des Nr. 1 typischerweise eröffnet, wenn die **Gefährlichkeit aus der Person des Besitzers** folgt (zB Kinder spielen mit spitzen Gegenständen, ein Betrunkener fuchtelt wild mit einem Messer herum, usw). Ebenso ist Nr. 1 einschlägig, wenn man die auf ausreichenden Tatsachen erhärtete **Wahrscheinlichkeit besteht, dass die betreffenden Gegenstände für strafrechtlich relevante Zwecke verwendet werden** (VG Frankfurt a. M. NVwZ 1990, 1100: Sicherstellung eines an sich „legalen" Grundstoffes, der für die Herstellung von synthetischen Drogen benötigt wird).

25   Nach Nr. 1 kann einem Betrunkenen der **Fahrzeugschlüssel abgenommen** werden, um ihn am Weiterfahren zu hindern (gegenwärtige Gefahr für die Rechtsordnung – § 316 StGB, vgl. VG Ansbach BeckRS 2010, 34835). Ist der Fahrzeugführer nicht im Besitz der erforderlichen Fahrerlaubnis und lassen tatsächliche Anhaltspunkte befürchten, dass er sein Fahrzeug auch künftig führen wird, kann es als letztes Mittel verhältnismäßig sein, auch das **Fahrzeug** sicherzustellen (VGH Mannheim VBlBW 1992, 107).

26   Das bloße Hissen bzw. Zeigen der schwarz-weiß-roten **Reichskriegsflagge** (Kriegsflagge des Norddeutschen Bundes und des Deutschen Reiches von 1867–1921 aus der Zeit vor 1935 – ohne Hakenkreuz) in der Öffentlichkeit stellt **keine Störung der öffentlichen Sicherheit** dar. Dieses Verhalten begründet weder eine Straftat noch eine Ordnungswidrigkeit nach § 118 Abs. 1 OWiG (OLG Koblenz BeckRS 2010, 06696). Eine Sicherstellung aufgrund einer Störung der **öffentlichen Ordnung** wird häufig ausscheiden (VGH Mannheim NJW 2006, 635: zeigen der Flagge nach einem gewonnenen Fußballspiel; anders wohl OVG Münster NJW 1994, 2909).

26.1   Um eine Gefahr für die öffentliche Sicherheit oder die öffentliche Ordnung annehmen zu können, müssen außer dem Zeigen der Flagge **weitere Umstände** hinzukommen. So besteht zB eine Strafbarkeit wegen Volksverhetzung (§ 130 StGB), wenn unter dem Zeigen der Reichskriegsflagge Parolen wie „Ausländer raus!" gerufen werden (OLG Brandenburg NJW 2002, 1440). Die öffentliche Ordnung kann berührt sein, wenn neben dem Zeigen der Flagge ein aggressives, die Bürger „einschüchterndes, martialisches oder militärisches Auftreten zu beobachten ist, das ein Klima der Gewaltbereitschaft erzeugt" (insoweit gilt dasselbe, was das BVerfG NJW 2001, 2069 (271) speziell zu Störungen der öffentlichen Ordnung im Rahmen von Versammlungen festgestellt hat). Nur in diesen Fällen kann eine Reichskriegsflagge nach Nr. 1 sichergestellt werden.

27   Ein **Radarwarngerät** kann sichergestellt werden, wenn es im Straßenverkehr in Betrieb genommen wird oder betriebsbereit mitgeführt wird, da insoweit eine Störung der öffentlichen Sicherheit aufgrund eines Verstoßes gegen § 23 Abs. 1c StVO vorliegt (der mit einer Ordnungswidrigkeit, § 24 StVG, § 49 Abs. 1 Nr. 22 StVO, bewehrt ist). Eine gegenwärtige Gefahr liegt auch dann vor, wenn die Inbetriebnahme im konkreten Fall zwar nicht möglich ist, dieser aber „nur noch geringe technische Hindernisse im Wege" stehen (VGH München NJW 2008, 1549: fehlendes Adapterkabel).

27.1   Ein Radarwarngerät iSd § 23 Abs. 1c StVO ist auch ein **Navigationsgerät** mit entsprechenden Funktionen (Radarwarner-POI); die Speicherkarte oder das Navigationsgerät kann ebenfalls gem. § 43 Nr. 1 sichergestellt werden. Nicht ganz klar ist, ob auch ein **Smartphone mit „Blitzer-App"** unter § 23 Abs. 1b StVO subsumiert werden kann (so aber OLG Rostock NStZ-RR 2017, 155; OLG Celle NJW 2015, 3733). Wenn man dies, was naheliegt, so bewerten wollte, kommt aber jedenfalls keine **Sicherstellung des Smartphone** nach § 43 Nr. 1 in Betracht; eine solche wäre stets **unverhältnismäßig**. Allerdings kann eine Löschung der App (unter Aufsicht der Beamten) nach § 8 Abs. 1 angeordnet werden.

28   Typisch in der polizeilichen Praxis sind Fälle, in denen (als „ultima ratio") **Musikanlagen oder andere Lärmquellen** nach § 43 Nr. 1 sichergestellt werden, um eine Ordnungswidrig-

keit iSd § 17 Abs. 1 lit. e oder lit. f NRWLimSchG oder § 117 OWiG (VG Ansbach BeckRS 2007, 33995) zu beenden.

Nicht sicherstellungsfähig sind **Druckwerke iSd § 7 LPresseG NRW** aufgrund von **29** Gefahren, die aus **Inhalt und Form** dieser Presseerzeugnisse ausgehen (soweit andere Gefahren abgewehrt werden sollen, kann § 43 Nr. 1 greifen, zB wenn Kartons mit Büchern sichergestellt werden, die von einem Lkw eines Verlagshauses auf die Fahrbahn gestürzt sind, Meixner/Fredrich HSOG § 40 Rn. 6). Dies folgt aus § 1 LPresseG NRW sowie aus der in Art. 5 Abs. 1 S. 2 GG garantierten Pressefreiheit („**Polizeifestigkeit der Pressefreiheit**"), VGH München NJW 1983, 1339. Neben der **Beschlagnahme strafverstrickter Druckwerke gem. §§ 111b, 111m, 111n StPO** (Groß NStZ 1999, 334) als abschließende Regelungen ist ein präventivpolizeilicher Zugriff auf Druckwerke ausgeschlossen.

Sicherstellungsfähig, da keine Presseerzeugnisse im Sinne des LPresseG NRW, sind **Gegen-** **30** **stände, die von Pressejournalisten** im Rahmen ihrer Tätigkeit verwendet werden, zB Fotoapparate, Filme, Speicherkarten und andere Datenträger, die Bildaufzeichnungen enthalten (VG Karlsruhe NJW 1980, 1708; Schmidbauer/Steiner BayPAG Art. 25 Rn. 47 mwN; Beschränkungen, die den äußeren Rahmen der Pressetätigkeit und nicht den geistigen Inhalt der Presseerzeugnisse betreffen, sind nach Polizeirecht möglich, Schenke PolR Rn. 347). Nach Nr. 1 können diese sichergestellt werden, wenn die Verhinderung der Veröffentlichung oder Weitergabe des Bildmaterials durch die Einbehaltung der Datenträger zur Abwehr einer gegenwärtigen Gefahr erfolgt.

Die Sicherstellung eines Speichermediums nach Anfertigung von Aufnahmen kann unter dem **30.1** Gesichtspunkt des Eingriffs in die Pressefreiheit gegenüber einem generellen „Fotografierverbotes" bei einem polizeilichen Einsatzes das mildere Mittel sein, weil dadurch eine Recherche und eine etwaige nachfolgende Bildberichterstattung nicht gänzlich verhindert wird (VGH Mannheim DVBl 2010, 1569). Allerdings begründet das Aufnehmen eines polizeilichen Einsatzes allein noch nicht die Annahme einer gegenwärtigen Gefahr. Es müssen vielmehr **besondere gefahrbegründende Umstände** vorliegen (OVG Münster DÖV 2001, 476), zB wenn durch das Fotografieren die Festnahme eines international gesuchten Straftäters vereitelt würde (OVG Bautzen SächsVBl. 2008, 89). Zudem ist eine Sicherstellung im Einzelfall nur dann verhältnismäßig, wenn (im Rahmen einer strengen Prüfung) die Pressefreiheit hinter andere gefährdete Rechtsgüter zurücktritt (OVG Bautzen SächsVBl. 2008, 89). Eine Sicherstellung nach Nr. 1 steht zB offen, wenn das Bildmaterial zur Identifizierung eines anonymen Täters befähigen könnte und dadurch die Begehung weiterer Straftaten verhüten werden könnte (Schmidbauer/Steiner BayPAG Art. 25 Rn. 46).

Eine gegenwärtige Gefährdung des Schutzgutes der **Funktionsfähigkeit der staatlichen** **31** **Einrichtung Polizei und des Rechts am eigenen Bild der eingesetzten Beamten** kann nur in Ausnahmefällen eine Sicherstellung bei **Presseangehörigen** rechtfertigen. Eine solche kommt in Betracht, wenn Aufnahmen von Beamten einer Spezialeinheit oder von Zivilfahndern gefertigt wurden, die nicht „enttarnt" werden dürfen, weil andernfalls ihre Aufgabenerfüllung wesentlich erschwert bzw. vereitelt würde (VG Köln NJW 1988, 367: Spezialeinheit; OVG Saarlouis BeckRS 2002, 12244: Zivilfahnder). Allerdings sind aufgrund des hohen Rangs der Pressefreiheit **vorrangig mildere Maßnahmen** zu ergreifen.

Nach dem BVerwG muss die Polizei eine einvernehmliche Problemlösung anstreben, etwa indem **31.1** sie den Journalisten ihren Standpunkt mitteilen und auf eine Verständigung über das „Ob" und „Wie" (zB eine Unkenntlichmachung der Polizeibeamten) der Veröffentlichung drängt. Nur wenn es aus exante-Sicht des polizeilichen Einsatzleiters aus zeitlichen oder anderen Gründen von Vornherein keinen Erfolg verspricht, mit Pressevertretern auf konsensualem Wege die Beachtung rechtlicher Beschränkungen bezüglich der Veröffentlichung angefertigter Bildaufnahmen zu garantieren, ist dieser zu weitergehenden Maßnahmen befugt (BVerwG NJW 2012, 2676).

In seltenen Einzelfällen kann die **Gefährdung der Persönlichkeitsrechte Dritter**, die **32** eine mögliche unzulässige Veröffentlichung der Bildaufnahmen gem. §§ 22 ff. KunstUrhG impliziert, ein polizeiliches Einschreiten gegen **Presseangehörige** rechtfertigen. Allerdings bedarf es in solchen Fällen größter Zurückhaltung. Grundsätzlich ist bei Zeitungsredaktionen und anderen Presseangehörigen von deren Rechtstreue auszugehen (VGH Mannheim NVwZ 2001, 1292; OVG Saarlouis BeckRS 2002, 12244). Nur, wenn im Einzelfall **konkrete Anhaltspunkte dafür bestehen, dass im Rahmen der Pressefreiheit angefertigte Fotografien unter Verletzung des Rechts Dritter am eigenen Bild verbreitet**

oder öffentlich zur Schau gestellt werden, kann es in den Grenzen des § 1 Abs. 2 Aufgabe der Polizei sein, durch eine Sicherstellung von Bildmaterial den Schutz aus § 22 KunstUrhG zu gewährleisten (VGH Mannheim NVwZ 2001, 1292; der vom Gericht entschiedene Fall war eindeutig: Die Polizei ermittelte wegen des Verdachts der Vergewaltigung einer 83jährigen Bewohnerin eines Altenheims; dabei wurden im Rahmen diskreter Ermittlungen sieben Angestellte der Einrichtung, gegen die noch kein Anfangsverdacht bestand, zur Feststellung der Personalien gebeten. Die betreffenden Personen fotografierte ein Reporter der BILD-Zeitung; die potentielle „Prangerwirkung", der die betroffenen Personen im Falle einer identifizierbaren Veröffentlichung ausgesetzt wären, überwog hier gegenüber der Pressefreiheit).

32.1   Das **Recht am eigenen Bild** wird als Teil des allgemeinen Persönlichkeitsrechtes durch § 22 KunstUrhG zivil- und durch § 201a StGB, §§ 22, 33 KunstUrhG strafrechtlich geschützt. §§ 22, 23 KunstUrhG stellt dabei nur die Verbreitung und die öffentliche Zurschaustellung von Bildnissen unter Strafe, nicht das Herstellen. Bei Presseangehörigen kann aber stets von einer Verbreitungsabsicht ausgegangen werden; anders ist dies indes bei nicht Presseangehörigen. Hier bedarf es der Feststellung von Tatsachen, dass die angefertigten Aufnahmen verbreitet (etwa über das Internet) werden sollen. Zudem sind die Ausnahmetatbestände des § 23 KunstUrhG zu prüfen: Häufig wird § 23 Abs. 1 Nr. 1 KunstUrhG einschlägig sein, wonach für **Bildnisse aus dem „Bereich der Zeitgeschichte"** keine Einschränkungen bestehen. Nachdem in der früheren Rechtsprechung des BGH die Beurteilung des zeitgeschichtlichen Ereignisses iSd § 23 Abs. 1 Nr. 1 KunstUrhG noch auf Grundlage des Status der abgebildeten Person erfolgte („absolute" und „relative" Personen der Zeitgeschichte), hat das Gericht diesen Ansatz in Reaktion auf eine Entscheidung den EGMR (NJW 2004, 2647 – Caroline von Hannover I) zugunsten einer einzelfallbezogenen Abwägung der widerstreitenden grundrechtlichen Interessen aufgegeben. Der Abwägung ist dabei ein normativer Maßstab zugrunde zu legen, der sowohl die Medienfreiheit, als auch den Schutz der Privatsphäre angemessen berücksichtigt (BGH NJW 2007, 1977). Nur wenn die Medienfreiheit in dieser Einzelfallentscheidung das Recht am eigenen Bild überwiegt, liegt ein Ereignis der Zeitgeschichte iSd § 23 Abs. 1 Nr. 1 KunstUrhG vor (BGH NJW 2007, 1977; 2013, 2890). In der Abwägung ist vor allem das „Informationsinteresse der Öffentlichkeit" mit dem Recht am eigenen Bild des Betroffenen in Abwägung zu bringen. Die Anforderungen an ein maßgeblich zu berücksichtigendes **Informationsinteresse der Öffentlichkeit** sind dabei gering (ein bloß regionales Interesse reicht aus, BGH BeckRS 2014, 11355; Braun jurisPR-ITR 13/2014 Anm. 5). Ein entsprechendes Informationsinteresse der Öffentlichkeit besteht **bei jedem Polizeieinsatz.** Freilich können demgegenüber die Persönlichkeitsrechte Dritter überwiegen; auch solche eines Polizeibeamten, allerdings nur in seltenen Fällen (etwa bei der Anfertigung von Portraitaufnahmen, vgl. OVG Münster BeckRS 2005, 24674). Im Übrigen ist auch die Verbreitung von Bildnissen von **Versammlungen und Aufzügen** gem. § 23 Nr. 2 KunstUrhG zulässig.

33   Einschränkungen ergeben sich, wenn die Sicherstellung den **Schutz der Persönlichkeitsrechte von Polizeibeamten** im Blick hat; also wenn Polizeibeamte im Rahmen eines Einsatzes **von Presseangehörigen fotografiert** werden. Eine Sicherstellung ist in diesen Fällen regelmäßig unverhältnismäßig.

33.1   Zwar können sich Beamte im Dienst (teilweise) auf ihre Persönlichkeitsrechte berufen. Diese werden aber durch ihre Organstellung überlagert und unterliegen weitergehenden Einschränkungen durch die verfassungsrechtlich garantierte Pressefreiheit als bei Privatpersonen (Gusy PolR Rn. 319 ff.). Die Abwägung zwischen den Persönlichkeitsrechten der betroffenen Beamten und der Pressefreiheit fällt regelmäßig zugunsten letzterer aus. Die Öffentlichkeit hat ein erhebliches Interesse an der Transparenz von Polizeieinsätzen, hinter dem das Persönlichkeitsrecht einzelner Beamter zurückzutreten hat (WHT BWPolR § 5 Rn. 226; ebenso Gusy PolR Rn. 322: im Übrigen kann die Abwägung iRd § 23 KunstUrhG zwischen der Ausübung der Pressefreiheit und den dadurch beeinträchtigten Persönlichkeitsrechten schwerlich von dem Betroffenen vorgenommen werden). Lediglich wenn konkrete Anhaltspunkte für eine beabsichtigte Diffamierung einzelner Beamter bestehen, kann eine Sicherstellung ganz ausnahmsweise zulässig sein (VGH Mannheim VBlBW 1995, 282 (283); OVG Koblenz DVBl 1998, 101).

34   Werden Polizeibeamte während eines Einsatzes **von Nicht-Presseangehörigen fotografiert** (s. Keller, Persönlichkeitsrechte von Polizeibeamten, 2019, 183 ff.), kommt eine Sicherstellung aufgrund einer Gefährdung der Persönlichkeitsrechte der Beamten in Betracht. Hier werden sich leichter **konkrete Anhaltspunkte für eine missbräuchliche Verwendung**

der Bildaufnahmen (OVG Münster DÖV 2001, 476), etwa zu Zwecken einer Diffamierung der Beamten, finden lassen; zumal anders als bei Presseangehörigen nicht die Vermutung rechtstreuen Verhaltens (OVG Saarlouis BeckRS 2002, 12244) besteht. Fertigen Personen, die von der Polizei gefilmt werden, ihrerseits Ton- und Bildaufnahmen von den eingesetzten Beamten an, kann nicht ohne nähere Begründung von einem zu erwartenden Verstoß gegen das KunstUrhG und damit von einer konkreten Gefahr für ein polizeiliches Schutzgut ausgegangen werden (BVerfG NVwZ 2016, 841 mAnm Penz); daran anknüpfende Maßnahmen wären rechtswidrig. **Unproblematisch ist eine Sicherstellung, wenn Portraitaufnahmen eines Beamten** gefertigt werden. Diese dokumentieren kein Ereignis der Zeitgeschichte, eine missbräuchliche Verwendung ist impliziert (OVG Münster BeckRS 2005, 24674: Fotos von Polizeibeamten und Polizeimaßnahmen, um sich durch Verbreitung dieser Bilder in Aktivisten- und Hausbesetzerkreisen auf spätere Polizeieinsätze gezielt vorzubereiten).

Werden durch Nicht-Presseangehörige Aufnahmen von Dritten gefertigt, wird sich zum **34a** **Schutz der abgebildeten Personen** unter strenger Beachtung des Verhältnismäßigkeitsgrundsatzes (vorrangig können situationsbedingt ein Fotografierverbot, bzw. ein beaufsichtigtes Löschen der Aufnahmen sein) in typisierten Einsatzlagen eine Sicherstellung rechtfertigen lassen. Jedenfalls bei sog. **Gaffer-Aufnahmen.** Hier ist eine Verbreitungsabsicht indiziert; nach allgemeiner Lebenserfahrung werden solche Fotografien über das Internet, insbesondere Messengerdienste, wie WhatsApp, geteilt. Stellt bereits das **Herstellen eine Straftat** dar, ist eine Beschlagnahme nach §§ 94, 98 StPO obligatorisch. Der Straftatbestand des § 201a StGB greift etwa bei Bildern, die andere Personen in hilflosen oder entwürdigenden Situationen zur Schau stellen (zB Fotografien von schwer verletzten Opfern von Verkehrsunfällen). (Noch) nicht strafbar ist das sog. **Upskirting.** Damit ist das heimliche Fotografieren unter Röcke und Kleider in der Öffentlichkeit gemeint. Bisher werden diese Übergriffe nur als Ordnungswidrigkeit (§ 118 OWiG) geahndet (s. VG München BeckRS 2009, 48325: Upskirting an U-Bahn-Rolltreppe). In solchen schweren Fällen der Verletzung der Privat- bzw. Intimsphäre ist eine Sicherstellung der Aufnahmegeräte nach Abs. 1 Nr. 1, ggf. nach § 46 Abs. 2 OWiG, § 94 StPO zweifellos verhältnismäßig.

2. Sicherstellung zum Schutz des Eigentümers / rechtmäßigen Besitzers (Nr. 2)

Nach Nr. 2 ist eine Sicherstellung zulässig, um den Eigentümer oder rechtmäßigen Inhaber **35** der tatsächlichen Gewalt vor Verlust oder Beschädigung der Sache zu schützen. Die Vorschrift **dient ausschließlich den Interessen des Sachinhabers** und knüpft an die Regelung in **§ 1 Abs. 2** an, deren Voraussetzungen stets vorliegen müssen (Gusy PolR Rn. 285). Aus den Voraussetzungen des § 1 Abs. 2 ergibt sich auch, dass eine **konkrete** Gefährdung des Verlustes oder der Beschädigung an der Sache bestehen muss (ebenso Kingreen/Poscher POR § 18 Rn. 12; VG Frankfurt a. M. NJW 2000, 3224; dagegen OVG Greifswald BeckRS 2008, 39145: „geringere Anforderungen an die Gefahrenprognose"; Chemnitz, Polizeirecht in Nordrhein-Westfalen, 5. Aufl. 1996, Rn. 46.2.2.: „abstrakte Gefährdung der Sache").

Bei der Sicherstellung zur Eigentumssicherung handelt es sich um einen besonders geregel- **36** ten Fall der (öffentlich-rechtlichen) **Geschäftsführung ohne Auftrag** (§ 677 BGB; VG Aachen BeckRS 2011, 53133; VG Berlin BeckRS 2001, 19974), sodass die Polizei bei der **Sicherstellung** nach § 43 Nr. 2 dem Interesse und dem wirklichen oder **mutmaßlichen Willen des Eigentümers** entsprechen muss. Dies ist regelmäßig dann der Fall, wenn die Sicherstellung objektiv nützlich ist; dh wenn sie von einem besonnenen und vernünftigen Eigentümer als sachgerecht beurteilt worden wäre (BVerwG BayVBl. 2000, 380; OVG Koblenz NVwZ-RR 1989, 300; VG Aachen BeckRS 2011, 53133). Ob der Berechtigte dagegen die Maßnahme tatsächlich billigt, ist ohne Belang (VGH Kassel NJW 1999, 3793; VGH München NJW 2001, 1960). Aus den vorgesagten Gründen darf zB ein Kraftfahrzeughalter nicht mit Kosten für die Sicherstellung seines Fahrzeugs nach Nr. 2 belastet werden, wenn deren Höhe zum Restwert des vom Dieben beschädigten und teilweise ausgeschlachteten Fahrzeugs außer Verhältnis steht (SBK PolG NRW Rn. 19).

Häufige Fälle in der Praxis sind die Sicherstellung von entwendeten oder verloren gegange- **37** nen Gegenständen oder die Sicherstellung von Gegenständen nach Unfällen oder sonstigen

Unglücksfällen (zB Sicherstellung eines Kfz, der bei akuter Hochwassergefahr in Ufernähe abgestellt ist).

38   **Diebesgut** und **Hehlerware** werden regelmäßig nach den §§ 94, 98 StPO beschlagnahmt. Der erforderliche Schutz des Eigentümers wird über den strafprozessualen Herausgabeanspruch nach § 111n StPO gewährleistet. Gleiches gilt im Falle der Beschlagnahme von Einziehungsgegenständen nach § 111b StPO. Ein Bedürfnis für eine Sicherstellung vermeintlichen Diebesguts oder von Hehlerware nach § 43 Nr. 2 besteht aber, wenn die strafprozessualen Vorschriften mangels ausreichendem Anfangsverdacht einer Straftat nicht greifen oder sich der ursprüngliche Anfangsverdacht nicht bestätigt, die beschlagnahmten Gegenstände deswegen nicht mehr als Beweismittel benötigt werden und zurückgegeben werden müssten. Derartige Fallkonstellationen sind in der Praxis nicht unüblich; häufiger wird vermeintliches Diebesgut als Zufallsfund im Rahmen wegen anderer Straftaten geführter Ermittlungen aufgefunden (vgl. den typischen Lebenssachverhalt in VG Hannover NVwZ-RR 2008, 616: Auffinden eines „Warenlagers" nach Ladendiebstahl). In diesen Fällen müssen für eine Sicherstellung zum Eigentümerschutz **hinreichend konkrete Anhaltspunkte** dafür bestehen, dass es sich um Diebesgut oder Hehlerware handelt, damit die **Eigentumsvermutung des § 1006 Abs. 1 S. 1 BGB erschüttert** werden kann (VG Hannover NVwZ-RR 2008, 616; VG Würzburg BeckRS 2007, 33628). Nach Neuregelung der Einziehungsvorschriften wird in diesen Fällen aber regelmäßig die sog. **erweiterte Einziehung** nach § 73a StGB greifen, sodass eine Beschlagnahme nach § 111b StPO offen steht. Ein Rückgriff auf die präventive Regelung in Abs. 1 Nr. 2 ist dann nicht erforderlich.

38.1   Geeignete **Indizien** im Rahmen der erforderlichen Gefahrenprognose können zB sein: Die Ware ist neu und ungebraucht, die Sachen dienen aufgrund ihrer Zahl offensichtlich nicht dem Eigenbedarf und der Besitzer ist nicht Händler, kann keine Kaufbelege vorlegen und will zur Herkunft der Sachen keine Angaben machen, der Wert der Ware übersteigt die Einkommens- und Vermögensverhältnisse des ggf. bereits einschlägig in Erscheinung getretenen Besitzers usw (Schmidbauer/Steiner BayPAG Art. 25 Rn. 24).

39   Nr. 2 kann auch zur **Sicherstellung von beschädigten und für Fremde zugänglichen Kfz im öffentlichen Raum** ermächtigen, wenn Halter bzw. Fahrer nicht erreichbar oder nicht in der Lage sind, eigene Maßnahmen zum Eigentumsschutz zu ergreifen. Zum Beispiel, wenn ein Unfallfahrzeug beschädigt am Straßenrand steht und sich darin Wertsachen befinden oder ein Fahrzeug mit geöffneter oder eingeschlagener Fensterscheibe am Flughafenparkplatz aufgefunden wird (OLG Hamm NZV 1998, 374). Allerdings sind nach dem Verhältnismäßigkeitsgrundsatz vorrangig den Eigentümer weniger belastende Sicherungsmaßnahmen zu treffen, die mit seinem mutmaßlichen Willen vereinbar sind (SBK PolG NRW Rn. 13; VG Aachen BeckRS 2006, 25990; 2011, 53133).

39.1   Bei der polizeilichen Beurteilung im Einzelfall sind zu berücksichtigen: Der Wert des Fahrzeuges (auch in Relation zu den entstehenden Abschlepp- und Sicherstellungskosten, die nicht höher sein dürfen als der Wert des Fahrzeuges, VGH München NJW 2001, 1960; VGH Kassel NJW 1999, 3793), die Wahrscheinlichkeit einer Eigentumsbeeinträchtigung (VG Aachen BeckRS 2011, 53133) und sonstige Indizien für den mutmaßlichen Willen des Betroffenen. Danach dürfte die Sicherstellung eines Fahrzeuges, das lediglich mit geöffneter Scheibe auf einem Parkplatz im Innenstadtbereich abgestellt ist, keine Sicherstellung rechtfertigen (VG Frankfurt a. M. NJW 2000, 3224; ähnlich VG München NZV 1999, 487).

40   Auch **Bargeld** kann zu Zwecken des Eigentümerschutzes unter den Voraussetzungen des Nr. 2 sichergestellt werden. Hierfür muss allerdings die auf konkreten Tatsachen begründet hohe Wahrscheinlichkeit bestehen, dass das Geld nicht dem Besitzer gehört, damit die Eigentumsvermutung des § 1006 BGB widerlegt werden kann. Unzulässig ist ein Rückgriff auf Nr. 2 in den Fällen einer sog. **präventiven Gewinnabschöpfung** (befürwortend indes Hunsicker NordÖR 2009, 62; Teile der Rspr., zB OVG Lüneburg v. 8.2.2011 – 11 LA 6/11; dagegen Söllner NJW 2009, 3339; offengelassen in BVerfG NVwZ 2012, 239; vgl. → Rn. 2, → Rn. 6; wie hier VG Frankfurt a. M. BeckRS 2019, 6223).

40.1   Damit sind vor allem Fälle einer Sicherstellung gemeint, in denen beim Betroffenen größere Mengen an Bargeld aufgefunden werden und die Polizei aufgrund bloßer Indizien vermutet, dass das Geld dem Besitzer nicht gehört (vgl. die Fallkonstellation in OVG Lüneburg v. 8.2.2011 – 11 LA 6/11) oder wenn nach Abschluss eines Ermittlungsverfahrens dem ehemals Beschuldigten strafprozessual beschlagnahmte Barmittel herausgegeben werden müssen, da keine Straftat feststellbar war (OVG Münster BeckRS 2010, 51956). In diesen Fällen greift **Nr. 1** mangels Vorliegen einer gegenwärtigen Gefahr nicht („Gefahr durch das Geld"). Es sei denn, es liegen über bloße Vermutungen hinausgehende ausreichende Indizien dafür vor, dass die Barmittel zur Realisierung einzelner bevorstehender Straftaten verwendet werden sollen (VG Aachen BeckRS 2007, 21951; VG Braunschweig BeckRS 2007, 20937; VG Frankfurt a. M. BeckRS 2019, 6223). Ebenso ist **Nr. 2** nicht einschlägig, da die Eigentumsvermutung des § 1006 BGB aufgrund des „hohen Anteils spekulativer Elemente sowohl bei der Sachverhaltsfeststellung als auch bei der Prognose" (Lisken/Denninger PolR-HdB/Rachor, 5. Aufl. 2012, E Rn. 695; VG Frankfurt a. M. BeckRS 2019, 6223) nicht erschüttert werden kann (anders zum Teil die Rspr., etwa OVG Lüneburg v. 8.2.2011 – 11 LA 6/11). Zudem erfolgt die Sicherstellung nur vordergründig zum Schutz eines vermuteten unbekannten und faktisch nicht ermittelbaren Eigentümers; eigentliches – vom Normzweck des Nr. 2 nicht erfasstes – und unzulässiges Ziel der Maßnahme ist eine Gewinnabschöpfung ohne Strafcharakter (Waechter NordÖR 2008, 473 ff.); wesentlicher Beweggrund der Maßnahme ist die staatliche Vereinnahmung der Barmittel. Letztlich ist in der präventiven Gewinnabschöpfung nur ein Versuch einer Umgehung der strafrechtlichen Verdachtsbegriffe zu sehen und insoweit ein weiteres Beispiel der Verpolizeilichung des Strafprozesses (treffend Thee StV 2009, 102).

3. Sicherstellung von festgehaltenen Personen mitgeführter Sachen (Nr. 3)

Bei von der Polizei festgehaltenen Personen können Gegenstände, die zur Selbst- oder **41** Fremdverletzung, zur Beschädigung von Sachen oder zur Flucht verwendet werden können, sichergestellt werden. Der Sicherstellungsgrund entfällt regelmäßig, wenn die betroffene Person aus dem Gewahrsam zu entlassen ist. Die Vorschrift knüpft an die Ermächtigung zur Durchsuchung in § 39 Abs. 1 Nr. 1 und § 40 Abs. 1 Nr. 1 an.

Voraussetzung ist, dass die betroffene Person bereits nach Vorschriften dieses Gesetzes **42** (§ 35, § 10 Abs. 3 oder § 12 Abs. 2 S. 3) oder einer anderen Rechtsvorschrift (§§ 127, 163b StPO) **festgehalten wird.** Der Begriff „festhalten" impliziert, dass eine **Freiheitsentziehung** iSd Art. 104 Abs. 2 GG gestattet sein muss (str., nach aA sollen von dem Begriff des Festhalten auch bloße Freiheitsbeschränkungen zu fassen sein, vgl. Lisken/Denninger PolR-HdB/Graulich E Rn. 667). Nach dem eindeutigen Wortlaut muss mit der Freiheitsentziehung bereits begonnen worden sein („festgehalten **wird**"); es reicht nicht aus, dass nur die Voraussetzungen der betreffenden Ermächtigungsnorm vorliegen. Zudem muss das Festhalten **rechtmäßig erfolgen** (wie hier BKK BayPAG Art. 25 Rn. 12; dagegen: Schmidbauer BayPAG Art. 25 Rn. 27: „unterschiedliche Schutzzwecke").

Die Vorschrift setzt lediglich eine **abstrakte Gefahr** voraus. Es reicht aus, wenn die **43** betreffenden Gegenstände in der in Nr. 3 beschriebenen Art und Weise verwendet werden können. **Gegenstände iSd Nr. 3** können zB sein: Werkzeuge, Messer, Gürtel, Feuerzeuge, Rasierklingen, Nadeln usw. Die Durchführung der Sicherstellung richtet sich nach der Polizeigewahrsamsordnung NRW (Nr. 43.03 VVPolG NRW).

4. Sicherstellung / Abschleppen von Kfz

Rechtsgrundlage für die Anordnung und Durchführung des Abschleppens. Das **44** Abschleppen von Kfz ist in den Polizeigesetzen nicht geregelt. Der Rückgriff auf die allgemeinen Vorschriften wirft eine Reihe von Rechtsfragen auf, die sich als Ganzes kaum in ein dogmatisch schlüssiges Konzept einordnen lassen. Rechtsprechung und Literatur haben sich zu den einzelnen Fragen vielfältig geäußert, ohne dass sich eine einheitliche Herangehensweise herausgebildet hätte (für einen ersten Überblick s. die Rspr. bei Tegtmeyer/Vahle PolG NRW Rn. 17 sowie die von Schmidbauer/Steiner BayPAG Art. 25 Rn. 112 ff. aufgelisteten Einzelfälle). Die nachfolgende Differenzierung zur Ermittlung der einschlägigen Rechtsgrundlage („**Das Fahrzeug als gefährdetes oder gefährliches Objekt**" versus „**Die Gefahr durch die Lage des Fahrzeugs im Raum**" orientiert sich an den Überlegungen von WHT BWPolR § 8 Rn. 70 ff. und Schmidbauer/Steiner BayPAG Art. 25 Rn. 60 ff.).

Das Fahrzeug als gefährdetes oder gefährliches Objekt. Stellt das Fahrzeug **auf-** **45** **grund seines Zustandes eine (Verkehrs-) Gefährdung** dar (zB weil Öl ausläuft, es verkehrsuntauglich ist, nicht zugelassen oder nicht versichert ist), liegt im Falle einer Abschleppmaßnahme unstreitig eine Sicherstellung nach **Nr. 1** vor. Gleiches gilt, wenn das Fahrzeug durch die Abschleppmaßnahme **als gefährdetes Objekt vor dem Zugriff Dritter geschützt** werden soll; hier kann die Maßnahme nach **Nr. 2** gerechtfertigt werden (→ Rn. 39).

46   **Die Gefahr durch die „Lage des Fahrzeugs im Raum".** Resultiert die Gefahr aus der Lage des Fahrzeuges im Verkehrsraum (zB weil es verbotswidrig abgestellt ist), kommt nach hiesigem Verständnis des Sicherstellungsbegriffs (→ Rn. 9) § 43 als Rechtsgrundlage nicht Betracht. Der Zweck der Sicherstellung besteht gerade darin, durch den Entzug der Verfügungsmacht alleinige hoheitliche Sachgewalt zum Zwecke der Gefahrenabwehr zu begründen, um den Eigentümer oder Besitzer von der Sachgewalt auszuschließen. Beim Abschleppen aufgrund eines Verkehrsverstoßes geht es aber nur darum, das Fahrzeug vom Ort zu entfernen. Der Entzug der Sachherrschaft über das Fahrzeug durch den Transport auf einen (privaten) Abschlepphof ist dagegen nur Nebenfolge. Die Maßnahme ist eindeutig nur auf die Beseitigung des verkehrswidrigen Zustandes gerichtet (WHT BWPolR § 8 Rn. 75; Knemeyer PolR SuP Rn. 252; dagegen Schwabe NJW 1983, 369; BKK BayPAG Art. 25 Rn. 9; DWVM Gefahrenabwehr 167; OVG Münster NJW 1982, 2277; zuletzt aber häufig offengelassen, vgl. OVG Münster NJW 2001, 2035). Das Abschleppen von Kraftfahrzeugen stellt sich in diesen Fällen als eine **Maßnahme des Vollstreckungsrechts** dar (Ersatzvornahme auf Grundlage einer atypischen Maßnahme nach § 8 Abs. 1) bzw. einer vollstreckbaren Allgemeinverfügung in Form eines Verkehrszeichens (→ Rn. 47).

46.1   Der Streit, ob der Abschleppmaßnahme eine Sicherstellung oder eine Ersatzvornahme zugrunde liegt, kann – was die Rechtmäßigkeit der polizeirechtlichen Maßnahme (und deren Kostenfolge, vgl. § 15 VO VwVG NRW) betrifft – regelmäßig offengelassen werden (OVG Münster NJW 2001, 2035). Stets liegen die Voraussetzungen beider in Betracht kommender Rechtsgrundlagen vor.

47   **Verkehrswidriges Abstellen von Fahrzeugen ohne das Vorhandensein von Verkehrszeichen.** Liegt ein Parkvergehen vor, ohne dass ein Verkehrszeichen vorhanden ist (zB auf dem Gehweg oder in einer unübersichtlichen Kurve abgestelltes Fahrzeug), scheidet nach dem Vorgesagten (→ Rn. 46) eine Sicherstellung aus. Das Fahrzeug kann im Sofortvollzug im Wege der Ersatzvornahme abgeschleppt werden. Der Maßnahme liegt ein hypothetisches Wegfahrgebot nach § 8 Abs. 1 zugrunde (VGH München BayVBl. 1982, 470; Knemeyer PolR SuP Rn. 175).

48   Das bloße **Versetzen bzw. Umsetzen** eines rechtswidrig abgestellten Fahrzeuges auf einen in unmittelbarer Nähe gelegenen Parkplatz stellt – mangels Gewahrsamsbegründung der Polizei – keine Sicherstellung dar (VGH München BayVBl. 1984, 559 (560 f.); NVwZ 1990, 180). Das Abschleppen basiert hier auf einer atypischen Maßnahme nach § 8 Abs. 1, die im Wege des Sofortvollzuges vollstreckt wird. Gegenüber einer Abschleppmaßnahme stellt sich das bloße Versetzen des Fahrzeuges als eine **mildere Maßnahme** für den Betroffen dar und ist deshalb vorrangig zu ergreifen. Ist – wie häufig der Fall – ein freier Parkplatz in der unmittelbaren Nähe nicht vorhanden oder ein Versetzen technisch unverhältnismäßig schwierig und daher zu kostenintensiv, muss das Fahrzeug abgeschleppt werden (VGH München BayVBl. 1984, 559 (560)).

49   **Abstellen eines Kfz unter Verstoß gegen Verkehrszeichen oder Verkehrseinrichtungen.** Verkehrszeichen und Verkehrseinrichtungen sind **Verwaltungsakte** (BVerwG NJW 1978, 656; NVwZ 1988, 623: Parkuhr als Verkehrseinrichtung), denen – falls sie ein Halteverbot enthalten, auch das Gebot zu entnehmen ist, im Falle einer Zuwiderhandlung wegzufahren. (Innere) Wirksamkeit erlangen diese gegenüber Verkehrsteilnehmern, wenn sie „beim erstmaligen Herannahmen" in den Wirkungskreis des Verkehrszeichens gelangen (BVerwG NJW 1967, 1627 (1628); 1980, 164; zur notwendigen Erkennbarkeit des Verkehrszeichens OVG Münster NWVBl. 2005, 176). In entsprechender Anwendung des § 80 Abs. 2 S. 1 Nr. 2 VwGO sind Verkehrszeichen als Verwaltungsakte sofort vollziehbar.

49.1   Strittig ist, ob ein durch ein Verkehrszeichen verkörpertes Wegfahrgebot im Wege der Ersatzvornahme **durch die Polizei vollstreckt** werden kann und so eine Abschleppmaßnahme legitimiert. Dagegen wird eingewandt, dass eine Vollstreckung durch die Polizei mangels Zuständigkeit nicht in Betracht käme; es würde gegen den in § 56 Abs. 1 VwVG NRW verkörperten Grundsatz verstoßen, dass ein Verwaltungsakt nur durch die Behörde vollstreckt werden kann, die ihn erlassen hat. Anordnungsbehörde (zuständige Straßenverkehrsbehörde) und Vollstreckungsbehörde (Polizei) sind nicht identisch (Schmidbauer/Steiner BayPAG Art. 25 Rn. 88; Schenke PolR Rn. 715). Nach dieser Ansicht müsste ein – hypothetisches – Wegfahrgebot nach § 8 Abs. 1 im Wege der Ersatzvornahme vollstreckt werden. Dagegen ist mit Würtenberger und Heckmann eine funktionelle Betrachtungsweise angezeigt (Würtenberger/Heckmann BWPolR, 6. Aufl. 2005, Rn. 828; BHKM BayÖffR/Heckmann Teil 3 Rn. 557; dagegen VGH Mannheim VBlBW 2004, 213): „Das Verkehrszeichen ersetzt die (Einzel-)Weisung des Polizeibeamten, sodass sich bei einer funktionellen Betrachtung der in dem Verkehrszeichen enthaltene Befehl auch der Vollzugspolizei zurechnen lässt, was über die fehlende Identität von Ausgangs- und Vollstreckungsbehörde hinweghilft."

Auch wenn ein **Verkehrszeichen,** zB ein Halteverbot, **nachträglich aufgestellt** wurde, **50** kann dieses im Wege der Ersatzvornahme **vollstreckt und rechtmäßig abgeschleppt werden** (BVerwG NJW 1997, 1021); dass das Fahrzeug ursprünglich ordnungsgemäß abgestellt wurde, tut nichts zur Sache.

Fragwürdig ist die Rechtsprechung, die einen von den bundesrechtlichen Spezialvorschriften der **50.1** StVO geprägten Bekanntgabebegriff zugrunde legt (Bekanntgabe nach §§ 39 Abs. 2, Abs. 2a, 45 Abs. 4 StVO; BVerwG NJW 1997, 1021; VGH Kassel NJW 1997, 1023; s. WHT BWPolR § 8 Rn. 80 mwN), wonach es unerheblich sei, dass der Betroffene das Verkehrszeichen tatsächlich nicht wahrgenommen hat. Die Fortdauer der Eigenschaft als Verkehrsteilnehmer und die damit einhergehende Fortdauer der Sorgfaltspflichten des § 1 StVO bei einem Dauerparker haben dann zur Folge, dass Verkehrsteilnehmer und Fahrzeuge auch dann in den Wirkungsbereich eines Verkehrszeichens gelangen, wenn sie sich im Zeitpunkt der Aufstellung bereits in dem Bereich befinden, für den das Verkehrszeichen Geltung beansprucht (BVerwG NJW 1997, 1021; VGH Kassel NJW 1997, 1023 ähnlich OVG Münster NJW 1990, 2835; NVwZ-RR 1996, 59). Das Vorgesagte gilt auch für die Inanspruchnahme des Fahrzeughalters als Zustandsstörer (anders OVG Hamburg NJW 1992, 1909; zu weitgehend indes OVG Münster NWVBl. 2003, 320).

Einschränkungen auf Grundlage des Verhältnismäßigkeitsgrundsatzes sind vorzu- **51** nehmen, soweit ein Aufstellen des Verkehrszeichens nicht schon vorher angekündigt oder zu erwarten war. Zwar muss ein Verkehrsteilnehmer mit Situationen rechnen, die kurzfristig eine Änderung bestehender Verkehrsregelungen verlangen (BVerwG NJW 1997 1021 (1022)), allerdings muss eine **angemessene Zeit** nach Aufstellen des Verkehrszeichens verstreichen, um eine durch Unterlassen der Nachschau begründete Verhaltensverantwortlichkeit des Fahrers zu begründen. Rechtsprechung und Schrifttum gehen dabei von einer Zeitspanne zwischen 48 Stunden (Bertrams NWVBl. 2003, 289 (291) mwN) und bis zu vier Tagen aus (so etwa OVG Münster NWVBl. 1995, 475; VGH Mannheim NJW 2007, 2058). Nach dem BVerwG (NJW 1997, 1021) ist ein Abschleppen vier Tage nach Aufstellen des Verkehrszeichens jedenfalls verhältnismäßig.

Verhältnismäßigkeit. Die Rechtsprechung zur Verhältnismäßigkeit von Abschleppmaß- **52** nahmen ist kaum zu überschauen und teils widersprüchlich. In der Tendenz ist eher ein striktes Vorgehen gegen „Falschparker" zu erkennen. Maßgeblich hängen die Verhältnismäßigkeitserwägungen von dem zugrunde liegenden Verkehrsverstoß ab.

Gründe für die Verhältnismäßigkeit des Abschleppens beim Parken auf **Gehwegen** (vgl. VGH Mün- **52.1** chen BayVBl. 1989, 437; VG Würzburg NVwZ-RR 1989, 138; VG München NVwZ 1988, 667) sind die Bewahrung der Sicherheit und Leichtigkeit des Verkehrs, dh die **Sicherheit der Fußgänger, das Freihalten der Sicht und die Gebäudesicherung;** auch **Gesichtspunkte der Generalprävention und der Vorbildwirkung** können berücksichtigt werden, rechtfertigen aber allein (BVerwG NJW 1993, 870 (871)) keine Abschleppmaßnahme. Grundsätzlich **unerheblich** ist die **Dauer des Verstoßes,** außer es ist erkennbar, dass das abgestellte Fahrzeug alsbald wieder entfernt wird (VGH München BayVBl. 1984, 559 (562)) oder die Verletzung der Verkehrsvorschriften gerade in der Überschreitung der vorgesehenen Parkzeit (zB bei der Parkuhr) liegt. Hinterlässt der Fahrzeugführer eine Mobilfunknummer gut sichtbar im Fahrzeug, sollte möglichst versucht werden, den Fahrer zu erreichen, damit dieser den Verkehrsverstoß – für ihn kostengünstiger und vor allem regelmäßig schneller als mit Hilfe eines Abschleppunternehmens – beseitigt. Nach dem BVerwG (NJW 2002, 2122 (2123)) können aber spezial- und generalpräventive Motive auch ein sofortiges Abschleppen ohne vorausgehenden Kontaktversuch rechtfertigen.

Ebenso verhält es sich mit Parken im **Bereich einer Fußgängerzone** (vgl. OVG Münster NJW **52.2** 1982, 2277; OVG Koblenz DÖV 1989, 172; VG München NVwZ 1988, 667; VGH Kassel NVwZ 1988, 657; OVG Koblenz NVwZ 1988, 658; VGH München NJW 1984, 2962; BayVBl. 1984, 559).

Über den Schutz der Fußgänger und die Vermeidung des Nachahmungseffektes für andere Verkehrsteilnehmer hinaus, liegen der Einrichtung von Fußgängerbereichen in den Innenstädten auch städtebauliche
und -planerische Gesichtspunkte zugrunde (BVerwG NJW 1981, 184), die auf eine Verbesserung der
Lebensqualität und eine Wiederbelebung des öffentlichen Lebensraums in den Innenstädten abzielen
(OVG Münster NJW 1982, 2277 (2278)). Dabei kommt es nicht darauf an, ob das betreffende Fahrzeug
zu einer relativ ruhigen Zeit parkt. Unverhältnismäßig ist eine Maßnahme nur, wenn eine lediglich
geringfügige Störung vorliegt oder konkrete Anhaltspunkte gegeben sind, die darauf schließen lassen,
dass der Pkw bald wieder entfernt wird.

52.3   Eine konkrete Verkehrsbehinderung muss beim Parken an **Feuerwehrzufahrtszonen** nicht vorzuliegen (OVG Münster VerwRspr 1975, 740; OLG Düsseldorf VersR 1982, 246; VG München NVwZ
1988, 667; VGH München BayVBl. 1991, 433). Es reicht die Vorbildwirkung aus, die von einem
verkehrswidrig abgestellten Fahrzeug regelmäßig ausgeht (VGH München BayVBl. 1991, 433 (434)).
Gleiches gilt für unzulässiges Parken auf **Schwerbehindertenparkplätzen** (OVG Münster NJW 1986,
447; VGH Kassel NVwZ 1987, 910; VGH München NJW 1989, 245; DÖV 1990, 483; BayVBl.
1996, 376; VG Düsseldorf BeckRS 2009, 43444: Schwangere). Für die Freihaltung von Parkraum für
Schwerbehinderte spricht ein besonderes und gewichtiges öffentliches Interesse (VGH Kassel NVwZ
1987, 910). Daher darf auch abgeschleppt werden, wenn ein Berechtigter nicht konkret am Parken
gehindert wird und der Verkehrsverstoß nur von relativ kurzer Dauer ist.

52.4   **Aus der Rechtsprechung im Übrigen:**
- **Absolutes Halteverbot** (BVerwG BeckRS 1991, 31230031; OVG Münster NJW 1990, 2835; VGH
  Kassel NVwZ-RR 1991, 28; VGH Mannheim NZV 1990, 286);
- **abgelaufene Parkuhr** (BVerwG DVBl 1983, 1066);
- unberechtigtes Parken auf **Anwohnerparkplatz** (VGH Mannheim NJW 1990, 2270; DÖV 1996,
  84; NJW 1995, 3004);
- Parken auf **Busspur** (VGH Kassel ZfSch 1993, 359);
- Eingeschränktes Haltevorbot (BVerwG NJW 1978, 656);
- Parken **ohne Parkschein** (VG Gießen ZfSch 1996, 39; BVerwG NVwZ 1998, 67);
- **Parken in zweiter Reihe** (VGH Mannheim DAR 1972, 137);
- illegales Parken auf **privatem Stellplatz** (OVG Saarlouis NJW 1994, 878);
- **Radweg** (OVG Münster BeckRS 2011, 49928; VG Berlin NZV 1993, 368);
- verkehrsberuhigter Bereich außerhalb markierter Parkflächen (VG Düsseldorf NZV 1993, 287);
- **Zebrastreifen** (VGH Kassel NVwZ 1988, 657).

53   **Verwahrung des Fahrzeuges.** Stellt sich eine Abschleppmaßnahme als Sicherstellung
nach Nr. 1 bzw. Nr. 2 dar, richtet sich die anschließende Verwahrung (auf dem Gelände
des beauftragten privaten Abschleppunternehmens) nach den § 44 ff. Keine wesentlichen
Unterschiede ergeben sich, wenn die Abschleppmaßnahme als Vollstreckungsmaßnahme auf
Grundlage eines Verkehrszeichens oder einer atypischen Maßnahme nach § 8 Abs. 1 durchgeführt wird. Zwar sind hier für die anschließende Verwahrung die Vorschriften der §§ 44 ff.
nicht anwendbar. Es wird aber ein **öffentlich-rechtliches Verwahrungsverhältnis** zwischen der Polizei und dem Fahrzeughalter begründet. Daraus ergibt sich für die Polizei die
Pflicht, das Fahrzeug so lange ordnungsgemäß zu verwahren, bis der Berechtigte selbst den
Besitz wieder ergreift. Wenn diesem die Herrschaft über sein Fahrzeug entzogen wird, muss
an dessen Stelle die Obhut der Polizei treten, was insbesondere auch eine Haftung für etwaige
Schäden einschließt (BayObLG BayVBl. 1992, 443). Im Einzelnen besteht kein Unterschied
zu den §§ 44 ff.; eine analoge Anwendung liegt nahe (Würtenberger/Heckmann BWPolR,
6. Aufl. 2005, Rn. 815), man kann aber selbige Grundsätze auch aus den §§ 688 ff. BGB
ableiten (Nagel, Probleme der polizeilichen Sicherstellung, 1988, 56 mwN).

54   **Auferlegung von Kosten.** Die zuständige Polizeibehörde hat einen Anspruch auf Kos-
tenersatz (Gebühren und Auslagen), den sie mit Leistungsbescheid geltend machen kann,
wenn die Abschleppmaßnahme rechtmäßig war (OVG Münster NJW 2001, 2035; NWVBl.
1995, 475). Bei den Auslagen handelt es sich regelmäßig um Kosten für die Beauftragung
eines privaten (Abschlepp-) Unternehmers. Stellt sich die Abschleppmaßnahme als **Sicherstellung** (→ Rn. 45) dar, sind Kosten gem. § 46 Abs. 3 iVm § 77 VwVG NRW, § 15 Abs. 1
lfd. Nr. 13 VO VwVG NRW, § 15 Abs. 2 VO VwVG NRW Gebühren und § 20 Abs. 2
Nr. 8 VO VwVG NRW Auslagen. Im Falle einer **Ersatzvornahme** (→ Rn. 46) ergeben
sich die Kosten aus § 52 Abs. 1 S. 2 iVm § 77 VwVG NRW, § 15 Abs. 1 lfd. Nr. 7 VO
VwVG NRW oder § 15 Abs. 1 lfd. Nr. 8 VO VwVG NRW, § 15 Abs. 2 VO VwVG NRW

(Gebühren) und § 20 Abs. 2 Nr. 7 VO VwVG NRW (Auslagen). Grundsätzlich müssen auch die Kosten für sog. Leerfahrten erstattet werden (OVG Münster NJW 2001, 2035).

Kostenschuldner sind sowohl der Fahrer als Handlungsstörer als auch der Halter als **55** Zustandsstörer. Hinsichtlich deren kostenmäßigen Inanspruchnahme hat die Polizei ein Auswahlermessen, wobei aus Verhältnismäßigkeitsgesichtspunkten regelmäßig der Handlungsstörer vorrangig in Anspruch zu nehmen ist. Verhindert oder erschwert der Eigentümer als Zustandsstörer die Ermittlung des Fahrers, indem er im Rahmen der Anhörung keine Angaben macht, können ihm an Stelle des Handlungsstörers die Kosten auferlegt werden (VGH München NVwZ 1987, 912; vgl. im Übrigen zur – grundsätzlich unproblematischen – Heranziehung des Halters als Zustandsstörer BVerwG NJW 1992, 1908).

Zurückbehaltungsrecht der Polizei. Für den Fall einer **Sicherstellung** ist ein Zurück- **56** behaltungsrecht in § 46 Abs. 3 S. 3 geregelt. Auch bei im Wege der **Ersatzvornahme** vorgenommenen Abschleppmaßnahmen kommt der Polizei ein **Zurückbehaltungsrecht** zu, bis der Betroffene die Kosten bezahlt. Dies folgt aus dem öffentlichen-rechtlichen Verwahrungsverhältnis entsprechend § 273 BGB (Stober DVBl 1973, 351; dagegen Nagel, Probleme der polizeilichen Sicherstellung, 1988, 106 ff.; Fischer JuS 2002, 446). Auch die Rechtsprechung geht in diesen Fällen – ohne Begründung – von einem Zurückbehaltungsrecht aus (BGH NJW 2006, 1804 (1806); VGH Kassel NVwZ-RR 1999, 23 (27)).

Die Polizei übt das Zurückbehaltungsrecht nicht durch Erlass eines Verwaltungsaktes, **57** sondern durch eine **öffentlich-rechtliche Willenserklärung** aus. Die Zulässigkeit der Geltendmachung des Zurückbehaltungsrechtes hängt nicht von der vorherigen Festsetzung der Abschleppkosten durch Leistungsbescheid ab (OVG Münster DVBl 1983, 1074). Die Ausübung des Zurückbehaltungsrechtes steht im Ermessen der Behörde. Es liegt kein Ermessensfehler vor, wenn die Behörde beim Abschleppen verkehrsbehindernd abgestellter Kfz generell vor Rückgabe die Bezahlung der Abschleppkosten verlangt (OVG Münster DVBl 1983, 1074).

Das polizeiliche Zurückbehaltungsrecht wird dem Kostenschuldner regelmäßig durch den **58** **beauftragten Abschleppunternehmer** im Auftrag der Polizei mitgeteilt (→ Rn. 59) Der (private) **Abschleppunternehmer** hat kein eigenes Zurückbehaltungsrecht gegenüber dem Halter. Das Zurückbehaltungsrecht der Polizei kann **nicht** in Verbindung mit den Abschleppkosten gem. § 398 BGB analog **abgetreten werden** (Nagel, Probleme der polizeilichen Sicherstellung, 1988, 87 ff. mwN). Die Abtretung der Forderung gegen den Störer ist zulässig; allerdings erst, wenn sie bestandskräftig festgestellt ist und nicht im Vorhinein (VG Düsseldorf NJW 1981, 1283; OLG Bamberg NJW 1996, 854); das Zurückbehaltungsrecht der Behörde geht damit aber nicht mit über.

Das **Verhältnis zwischen Abschleppunternehmer und Kostenschuldner** stellt sich **59** wie folgt dar: Der private Abschleppunternehmer wird auf Grundlage privatrechtlicher Rahmenverträge für die Polizeibehörde (als Werkunternehmer) tätig; dort sind die Leistungen für die Abschleppmaßnahmen und die Verwahrung der Fahrzeuge geregelt. Eigene Kostenforderungen gegen den Halter hat der Private nicht. Forderungsinhaber der Abschleppkosten ist die Polizeibehörde. In der Praxis werden die beauftragten Unternehmer von der Polizeibehörde angewiesen, dem Pflichtigen den abgeschleppten Wagen nur gegen sofortige Zahlung der entstandenen Abschleppkosten auszuhändigen und die entsprechenden Geldbeträge selbst von dem Pflichtigen einzuziehen.

Rechtlich handelt der Unternehmer bei der Entgegennahme des Geldes als Beauftragter und Bevoll- **59.1** mächtigter der Vollzugsbehörde (OVG Münster NJW 1980, 1974). Der Kostenpflichtige kann gem. §§ 185, 362 Abs. 2 BGB mit befreiender Wirkung an den Abschleppunternehmer leisten, da dieser eine Einzugsermächtigung besitzt. Ist der Pflichtige nicht bereit zu bezahlen, übermittelt der Abschleppunternehmer das Zurückbehaltungsrecht (als öffentlich-rechtliche Willenserklärung) der Behörde, gibt die Herausgabeverweigerungsanordnung der Polizeibehörde als Bote bekannt und handelt als „verlängerter Arm der Behörde" (BGH NJW 2006, 1804).

Haftung für Abschleppschäden. Für beim Abschleppvorgang verursachte Schäden haf- **60** tet das private Abschleppunternehmen deliktisch. Zudem greift die Amtshaftung des Staates nach Art. 34 GG iVm § 839 BGB (auch dann, wenn das beauftragte Abschleppunternehmen als „selbständiger" Verwaltungshelfer anzusehen ist, BGH NJW 1993, 1258). Die staatliche Haftung greift auch, wenn die Schäden während der Verwahrung auf dem Abschlepphof des beauftragten privaten Unternehmens versursacht wurden, da hier ein öffentlich-rechtliches Verwahrungsverhältnis besteht und der Unternehmer als Erfüllungsgehilfe des Trägers der Polizei tätig wird (dagegen – unzutr. – OLG Hamm NJW 2001, 375).

III. Adressaten

61   Bei Nr. 1 ergeben sich die zulässigen Adressaten aus den allgemeinen Regelungen der §§ 4 ff., im Übrigen aus der jeweiligen Ermächtigungsnorm selbst.

C. Rechtsschutz

62   Dauert die Sicherstellung noch an, kann, um die **Herausgabe** der Sache zu erreichen, **Anfechtungsklage** erhoben werden (zur Antrags- und Klagebefugnis des (behaupteten) Eigentümers von präventiv sichergestelltem Bargeld, der nicht Adressat der angefochtenen Sicherstellungsverfügung ist, vgl. VGH München NVwZ-RR 2016, 48). Die Sicherstellungsanordnung stellt einen Verwaltungsakt dar (→ Rn. 15). Als **nachträgliche Rechtsschutzmöglichkeit** (dh, wenn die Sache bereits gem. § 46 herausgegeben wurde) kommt die Fortsetzungsfeststellungsklage in Betracht (zum erforderlichen **Fortsetzungsfeststellungsinteresse** in solchen Fällen OVG Münster NJW 1999, 2202; zur Durchsetzung vermögensrechtlicher Ansprüche des Bürgers aus der öffentlich-rechtlichen Verwahrung der sichergestellten Sache → § 44 Rn. 23; vgl. → § 46 Rn. 17 zum Rechtsschutz gegen Verwahrungskosten).

§ 44 Verwahrung

(1) ¹Sichergestellte Sachen sind in Verwahrung zu nehmen. ²Lässt die Beschaffenheit der Sachen das nicht zu oder erscheint die Verwahrung bei der Polizei unzweckmäßig, sind die Sachen auf andere geeignete Weise aufzubewahren oder zu sichern. ³In diesem Falle kann die Verwahrung auch einem Dritten übertragen werden.

(2) ¹Der betroffenen Person ist eine Bescheinigung auszustellen, die den Grund der Sicherstellung erkennen lässt und die sichergestellten Sachen bezeichnet. ²Kann nach den Umständen des Falles eine Bescheinigung nicht ausgestellt werden, so ist über die Sicherstellung eine Niederschrift aufzunehmen, die auch erkennen lässt, warum eine Bescheinigung nicht ausgestellt worden ist. ³Der Eigentümer oder der rechtmäßige Inhaber der tatsächlichen Gewalt ist unverzüglich zu unterrichten.

(3) ¹Wird eine sichergestellte Sache verwahrt, so hat die Polizei nach Möglichkeit Wertminderungen vorzubeugen. ²Das gilt nicht, wenn die Sache durch den Dritten auf Verlangen einer berechtigten Person verwahrt wird.

(4) Die verwahrten Sachen sind zu verzeichnen und so zu kennzeichnen, dass Verwechslungen vermieden werden.

Überblick

Nach § 43 sichergestellte Sachen sind in amtliche Verwahrung (→ Rn. 6) zu nehmen. Die Sicherstellung begründet ein **öffentlich-rechtliches Verwahrungsverhältnis** zwischen dem Sachberechtigten und der Polizeibehörde. Dadurch wird eine Reihe von Nebenpflichten begründet, die in § 44 näher geregelt sind. Nach Abs. 1 S. 1 erfolgt die **Aufbewahrung sichergestellter Sachen** grundsätzlich **bei der Polizei**. Ist aufgrund der Beschaffenheit einer Sache (etwa bei Immobilien) dies nicht möglich, ist die Sache anderweitig (zB durch Absperrung und Versiegelung) zu sichern (§ 44 Abs. 1 S. 2). Soweit eine Aufbewahrung bei der Polizei unzweckmäßig ist, kann die Obhut gem. Abs. 1 S. 3 einem **Dritten übertragen** werden (zB einem Tierheim oder einem Abschleppunternehmen), der dann als Beauftragter der Polizeibehörde tätig wird. Eine unmittelbare Rechtsbeziehung zwischen dem Dritten und dem von der Sicherstellung Betroffenen besteht nicht. Verursacht der beauftragte Dritte Schäden bei der Verwahrung, können Amtshaftungsansprüche begründet sein. Nach Abs. 2 ist die Polizei verpflichtet, dem Betroffenen eine **Bescheinigung** über die sichergestellten Sachen auszustellen (→ Rn. 13) bzw. im Verhinderungsfall eine **Niederschrift** anzufertigen (→ Rn. 15). Ebenso ist der rechtmäßige Inhaber der tatsächlichen Gewalt über die sichergestellte Sache unverzüglich zu **unterrichten.** Abs. 3 verpflichtet die Polizei zur **Werterhaltung während der Verwahrung** (→ Rn. 18). Ebenso sind die sichergestellten Sachen zu kennzeichnen und zu verzeichnen, Abs. 4 (→ Rn. 22). Verstöße gegen Abs. 2–4 können Ansprüche aus **Amtspflichtverletzung** gegen die Behörde auslösen. Im Übrigen ist für alle Ansprüche des Bürgers aus der öffentlich-rechtlichen Verwahrung der **Zivilrechtsweg** zu beschreiten (vgl. § 40 Abs. 2 VwGO, § 13 GVG; → Rn. 22).

Übersicht

A. Allgemeine Charakterisierung und rechtlicher Rahmen

I. Öffentlich-rechtliche Verwahrung

Durch die Sicherstellung nach § 43 wird (durch Hoheitsakt; anders Schmidbauer/Steiner **1** BayPAG Art. 26 Rn. 1, die auf die Regelungen zum öffentlich-rechtlichen Vertrag abstellen) ein **öffentlich-rechtliches Verwahrungsverhältnis** begründet (DWVM Gefahrenabwehr 647). Soweit die §§ 44 ff. keine Sonderregelungen enthalten (etwa zur Herausgabe der Sache in § 46) sind für dieses verwaltungsrechtliche Schuldverhältnis die Vorschriften für den zivilrechtlichen Verwahrungsvertrag, §§ 688 ff. BGB analog anzuwenden (Kingreen/Poscher POR § 18 Rn. 16); nicht jedoch § 690 BGB (diligentia quam in suis bei unentgeltlicher Verwahrung; BGH NJW 1952, 301).

Von Relevanz ist die Anwendung der **Leistungsstörungsregelungen** im Rahmen des **2** öffentlich-rechtlichen Verwahrungsverhältnisses. Es gelten die §§ 276, 278 BGB bei **Verlust oder Beschädigung der sichergestellten Sache.** Die Haftung des Erfüllungsgehilfen ist einschlägig, wenn die Verwahrung Dritten nach § 44 Abs. 1 S. 3 übertragen wird (→ Rn. 10), etwa einem privaten Abschleppdienst (→ § 43 Rn. 59). Wegen der Beweislastumkehr des § 280 Abs. 1 S. 2 BGB hat die Behörde darzutun und zu beweisen, wie es trotz Anwendung der gebotenen Sorgfalt zum Verlust oder der Beschädigung gekommen ist (BGH NJW 1990, 1230). Der Anspruch aus öffentlich-rechtlicher Verwahrung greift neben § 839 BGB, Art. 34 GG und bedeutet keine die Amtshaftung verdrängende anderweitige Ersatzmöglichkeit (BGH NJW 1990, 1230). Gemäß § 42 Abs. 2 VwGO, § 13 GVG ist der Rechtsweg zu den Zivilgerichten eröffnet.

Ein öffentlich-rechtliches Verwahrungsverhältnis wird auch dann begründet, wenn die **3** Polizei eine Sache in Besitz nimmt, ohne dass die Inbesitznahme als Sicherstellung iSd § 43 zu qualifizieren wäre; zB wenn ein Abschleppen von Fahrzeugen nicht als Maßnahme nach § 43 zu qualifizieren ist, sondern als Ersatzvornahme (→ § 43 Rn. 46) oder bei der Entgegennahme von Fundsachen (zur Haftung bei Verlust polizeilich verwahrter Fundsachen BGH NJW 1990, 1230; § 43 Nr. 2 greift hier nicht, da die Polizei nicht den Entzug der Verfügungsmacht und die Begründung alleiniger hoheitlicher Sachgewalt bezweckt, was sich schon daraus ergibt, dass der Finder gem. § 966 Abs. 1 BGB grundsätzlich selbst die Fundsache aufbewahren muss). Folge ist, dass §§ 688 ff. BGB einschließlich der Leistungsstörungsregelungen gelten.

II. Parallelvorschriften

Inhaltlich entsprechende Regelungen sind in anderen Landespolizeigesetzen getroffen (vgl. **4** § 32 Abs. 2–4 BWPolG iVm § 3 DVO PolG, Art. 26 BayPAG, § 41 HSOG, § 27 NPOG).

Erfolgt eine Sicherstellung im Straf- oder Bußgeldverfahren, richtet sich die Verwahrung nach § 109 StPO.

5   Unabhängig davon, ob Gegenstände zu präventiv-polizeilichen oder strafprozessualen Zwecken sichergestellt bzw. in Beschlag genommen werden, unterliegen die Gegenstände dem Schutz des § 133 StGB (Verwahrungsbruch) und im Falle einer Siegelung des § 136 StGB (Verstrickungs- und Siegelbruch).

B. Einzelkommentierung

I. Verwahrung (Abs. 1)

6   Die Durchführung der Sicherstellung erfolgt durch **Verwahrung** (Abs. 1). Das ist die Aufbewahrung einer Sache oder eines Tieres bei der Polizei (oder bei Dritten im Auftrag der Polizei, Abs. 1 S. 3). Prägend ist die tatsächliche Inbesitznahme der Sache durch die Behörde unter Ausschluss von Einwirkungsmöglichkeiten des Verfügungsberechtigten. Dadurch wird ein öffentlich-rechtliches Verwahrungsverhältnis begründet (→ Rn. 1). Als Verwahrung gilt darüber hinaus die Sicherstellung einer Sache auf andere Art und Weise (zB durch Versiegelung und Absperrung bei Immobilien; → § 43 Rn. 21).

7   Gesetzlicher Regelfall ist die **Aufbewahrung** der sichergestellten Sache **bei der Polizei,** in deren Diensträumen (Asservatenkammer) oder bei größeren Sachen, wie Kraftfahrzeugen, auf dem Polizeihof. Ausnahmen sind gem. Abs. 1 S. 2 möglich, wenn die Aufbewahrung bei der Polizei aufgrund der Beschaffenheit der Sache **nicht möglich** ist oder **unzweckmäßig** erscheint; dann sind die betreffenden Sachen anderweitig aufzubewahren oder zu sichern.

8   Eine Aufbewahrung bei der Polizei ist **nicht möglich,** wenn Immobilien sichergestellt werden oder die beweglichen Sachen wegen ihrer Größe, ihres Gewichts (zB eine Druckerpresse) oder ihres Umfangs nicht transportfähig sind (vgl. Nr. 44.11 VVPolG NRW). In diesen Fällen sind die Sachen anderweitig zu sichern, zB durch Absperrungen, Umzäunungen und ähnliche Maßnahmen. Eine Siegelung ist (mit der Folge einer Strafbarkeit des Siegelbruchs nach § 136 StGB) regelmäßig vorzunehmen (zur Versiegelung als Sicherstellung VGH Kassel NJW 1981, 2270).

9   **Unzweckmäßig** ist eine Aufbewahrung bei der Polizei, wenn diese nicht über die Einrichtungen und den Platz verfügt, um eine sachgerechte Verwahrung gewährleisten zu können (zB bei kühlbedürftigen leicht verderblichen Waren, Tieren usw; sa Nr. 44.12 VVPolG NRW). Die Formulierung „unzweckmäßig" impliziert einen weiten Beurteilungsspielraum der Polizeibehörde. Der Dritte, bei dem die Sache alternativ verwahrt werden soll, muss (besser) geeignet und zuverlässig sein (Hornmann HSOG § 41 Rn. 4).

10   Im Falle der Unzweckmäßigkeit wird die Verwahrung einem geeigneten **Dritten übertragen** (Abs. 1 S. 3). Bei der Sicherstellung von Tieren zB einem Tierheim oder einem Zoo. Hauptanwendungsfall ist die Verwahrung von sichergestellten Fahrzeugen (→ § 43 Rn. 44) bei einem privaten Abschleppunternehmer. Zwischen der Polizei und dem Dritten wird ein **privatrechtlicher Vertrag** geschlossen (aA Schmidbauer/Steiner BayPAG Art. 26 Rn. 7: „öffentlich-rechtlicher Vertrag"); im Falle der Beauftragung privatrechter Abschleppunternehmen ein Werkvertrag mit entsprechenden Nebenpflichten (ausschreibungspflichtiger Rahmenvertrag).

10.1   Im Außenverhältnis zwischen Polizei und dem Betroffenen ändert sich durch die Beauftragung Dritter mit der Verwahrung nichts. Das öffentlich-rechtliche Verwahrungsverhältnis besteht ausschließlich zwischen dem Träger der Polizei und dem Betroffenen. Der Dritte wird ausschließlich als Empfangs- und Erklärungsbote der Polizei tätig. Er hat zB kein eigenes Zurückbehaltungsrecht nach § 46 Abs. 3 S. 3 und kann dieses im Falle der Geltendmachung durch die Polizei nur übermitteln. Regelmäßig ist er von der Polizei zur Einziehung der Kosten ermächtigt (→ § 43 Rn. 59 zu den Abschleppfällen), er hat keinen eigenen Anspruch gegen den Betroffenen auf Zahlung der ihm entstandenen Auslagen. Verursacht der Dritte Schäden an der aufzubewahrenden Sache, ist sein Verschulden der Polizei nach §§ 276, 278 BGB zurechenbar. Die fehlerhafte Auswahl des Dritten kann eine Amtspflichtverletzung nach § 839 BGB darstellen.

11   Abs. 1 S. 3 ermächtigt die Polizei **nicht** dazu, Dritte zur Aufbewahrung zu **verpflichten.** Nur in Ausnahmefällen kommt unter den Voraussetzungen des polizeilichen Notstandes (§ 6) eine Verpflichtung Dritter über die polizeiliche Generalklausel (§ 8 Abs. 1) in Betracht.

Liegen die Voraussetzungen des § 6 nicht vor, muss die Polizei, wenn sich der Dritte weigert, die Sache in Verwahrung zu nehmen, eine andere Möglichkeit suchen (BKK BayPAG Art. 26 Rn. 4).

Einzelheiten zur Verwahrung ergeben sich aus dem Runderlass des Innenministers v. **12** 24.10.1983 – IV A 2 - 2029 (MBl. NRW. 2354: Behandlung von Verwahrstücken im Bereich der Polizei).

II. Bescheinigung, Niederschrift und Benachrichtigung (Abs. 2)

Die in Abs. 2 geregelten Verfahrensvorschriften stehen in erster Linie **im Interesse des** **13** **Betroffenen.** Es wird ihm erleichtert seine Rechte, insbesondere auf Rückgabe (§ 46) und ggf. auf Schadensersatz, wahrzunehmen (BKK BayPAG Art. 26 Rn. 5). Zudem kann ungerechtfertigten Sicherstellungen vorgebeugt werden (Kingreen/Poscher POR § 18 Rn. 7). Mittelbar entfalten die Regelungen auch Schutz der handelnden Polizeibeamten vor ungerechtfertigten Vorwürfen (SBK PolG NRW Rn. 4).

Nach Abs. 2 S. 1 ist dem Betroffenen eine **Bescheinigung** auszustellen, die den Grund **14** der Sicherstellung und eine entsprechende Auflistung über die in Verwahrung genommenen Gegenstände enthält. Der Grund der Maßnahme ergibt sich in ausreichendem Maße aus der Bescheinigung, wenn der Lebenssachverhalt in seinen Grundzügen geschildert wird und Angaben über die Tatsachen enthält, die die Tatbestandsmerkmale der jeweiligen Sicherstellungsbefugnis aus § 43 begründen. Auf Details muss nicht eingegangen werden (Schmidbauer/Steiner BayPAG Art. 26 Rn. 10). Die Angabe der einschlägigen Rechtsgrundlage ist nicht erforderlich (dagegen HBH BayPAG Art. 26 Rn. 3). Zur Bezeichnung der in Verwahrung genommenen Gegenstände genügen Stichpunkte, sie muss aber so präzise sein, dass Verwechslungen ausgeschlossen sind und ein Wiedererkennen möglich ist (Schmidbauer/Steiner BayPAG Art. 26 Rn. 10; ähnlich Hornmann HSOG § 41 Rn. 6).

Die Bescheinigung ist **kein selbstständig anfechtbarer Verwaltungsakt,** sie dient der Information **14.1** und enthält keine selbstständige Beschwer (VGH Mannheim NVwZ 1992, 184, BKK BayPAG Art. 26 Rn. 6). Erfolgt die Sicherstellung im Zusammenhang mit einer Wohnungsdurchsuchung, ist es zweckmäßig, die Ausstellung einer Bescheinigung über die sichergestellten Sachen mit der nach § 42 Abs. 4 geforderten Niederschrift zu verbinden (SBK PolG NRW Rn. 4).

Kann keine Bescheinigung ausgestellt werden – etwa weil aus Gründen der effektiven **15** Gefahrenabwehr hierfür keine Zeit besteht, der Betroffene unbekannt, nicht anwesend oder zur Entgegennahme von Erklärungen nicht fähig ist (Kinder, Geisteskranke usw) –, ist nach Abs. 2 S. 2 eine **Niederschrift** über die Sicherstellung anzufertigen, die erkennen lässt, warum eine Bescheinigung nicht ausgestellt wurde. Darüber hinaus sind in der Niederschrift Ort und Zeit der Sicherstellung zu verzeichnen sowie die Angaben nach Abs. 2 S. 1 (→ Rn. 9).

Die Verpflichtung zur **unverzüglichen Unterrichtung** des Eigentümers oder des Inha- **16** bers der tatsächlichen Gewalt gem. Abs. 2 S. 3 greift dann, wenn eine Sache bei anderen Personen als diesen sichergestellt wird (zB bei einem Dieb) oder die Sicherstellung in Abwesenheit von Personen erfolgt (zB Abschleppen eines Kfz). „Unverzüglich" meint ohne schuldhaftes Zögern iSd § 121 BGB. Für den Fall, dass der Eigentümer oder sonst Sachberechtigte unbekannt ist, sind entsprechende Ermittlungen anzustellen. Die Unterrichtung kann formlos erfolgen, also auch mündlich, fernmündlich oder mittels E-Mail (allerdings ist bei letzterer § 3a VwVfG zu beachten und diese daher für die Praxis nicht zu empfehlen).

Verstöße gegen die in Abs. 2 genannten Pflichten haben keine Auswirkungen auf die **17** Rechtmäßigkeit der Sicherstellung. Sie können gem. § 45 Abs. 1 Nr. 2 VwVfG geheilt werden (Kingreen/Poscher POR § 18 Rn. 7). Allerdings kann eine Verletzung der Vorschriften Ansprüche aus § 839 BGB begründen.

III. Werterhaltungspflicht (Abs. 3)

Gemäß Abs. 3 S. 1 hat die Polizei nach Möglichkeit Wertminderungen vorzubeugen. **18** Diese Pflicht erstreckt sich auf sachgerechte Lagerung, Wartung und erforderliche Pflege (Schutz vor Vermodern, Verschimmeln, Rost, Einfrieren usw) sowie auf den Schutz gegen Beeinträchtigungen durch Dritte. Außergewöhnliche Schutzvorkehrungen und Maßnahmen, deren Kosten den Wert der Sache übersteigen, sind nicht erforderlich (Hornmann HSOG § 42 Rn. 8). Die **Erhaltungspflicht** bezieht sich auf die **Substanz der Sache,** nicht aber deren Marktwert (OVG Münster NVwZ-RR 1992, 76).

18.1   Die Formulierung „nach Möglichkeit" begrenzt die Sorgfaltspflicht auf das für die Polizei personell und sachlich Machbare (Schmidbauer/Steiner BayPAG Art. 26 Rn. 13); dh aber nicht, dass die Polizei nur die eigenübliche Sorgfalt iSd § 690 BGB zu gewährleisten hätte, da die Polizei die Aufbewahrung nicht aus eigenem Antrieb übernimmt, sondern kraft ihr auferlegter Amtspflicht (BKK BayPAG Art. 26 Rn. 7).

19   Im Falle einer Verletzung der Schutzpflicht des Abs. 3 S. 1 ist ein Schadensersatz nach vertraglichen Grundsätzen aufgrund der öffentlich-rechtlichen Verwahrung nach § 280 Abs. 1 BGB (OLG Jena BeckRS 2011, 17735) **und** davon unabhängig eine Amtshaftung nach § 839 BGB, Art. 34 GG möglich (vgl. BGH NJW 1990, 1230).

20   Die **Werterhaltungspflicht** gilt auch dann, wenn die Polizei eine **dritte Person** gem. Abs. 1 S. 3 mit der Verwahrung beauftragt. Ein Verschulden des Dritten ist dann dem Träger der Polizei gem. § 278 BGB zuzurechnen und dieser haftet aus dem öffentlich-rechtlichen Schuldverhältnis der Verwahrung (dagegen unzutr. OLG Hamm NJW 2001, 375).

21   Keine Werterhaltungspflichten treffen die Polizei, wenn gem. Abs. 3 S. 3 die Sache **auf Verlangen des Berechtigten** bei einer dritten Person verwahrt wird. Ob die Polizei dem „Verlangen" nachkommt, liegt in ihrem freien Ermessen und kommt nur dann in Betracht, wenn dadurch der Zweck der Sicherstellung nicht gefährdet wird (vgl. Nr. 44.3 VVPolG NRW, etwa wenn der Betroffene die Möglichkeit hätte, an der Sache wieder Gewahrsam zu erlangen). Praxisrelevanz hat die Vorschrift kaum.

IV. Verzeichnis und Kennzeichnung (Abs. 4)

22   Nach Abs. 4 sind, unter anderem um Verwechslungen vorzubeugen, die verwahrten Sachen **zu kennzeichnen und in ein Verzeichnis aufzunehmen.** Die Gegenstände sind so genau zu bezeichnen, dass sie eindeutig identifizierbar sind. Sie sind so in das Verzeichnis aufzunehmen, wie sie bei dem Betroffenen vorgefunden wurden. Die Vorschrift begründet eine Amtspflicht und bei Verletzung Ansprüche aus § 839 BGB. Auf die Rechtmäßigkeit der Sicherstellung wirkt sich eine Missachtung der Vorschrift nicht aus.

C. Rechtsschutz

23   Verstöße gegen die in Abs. 2–4 normierten Pflichten können Ansprüche aus Amtspflichtverletzung (§ 839 BGB, Art. 34 GG) der betroffenen Person gegen die Behörde auslösen. Bei Verstößen gegen Sorgfaltspflichten des Abs. 3 kommt zudem eine Haftung aus dem verwaltungsvertraglichen Schuldverhältnis der öffentlichen Verwahrung (§ 280 BGB analog) in Betracht. Soweit private Dritte in die Verwahrung nach Abs. 1 S. 1 eingebunden sind, muss sich die Behörde ihr pflichtwidriges Verhalten gem. § 278 BGB zurechnen lassen (gegenüber dem Betroffenen haften die privaten Dritten ggf. deliktisch). Die besagten Ansprüche sind auf dem Zivilrechtsweg geltend zu machen (vgl. § 40 Abs. 2 VwGO).

§ 45 Verwertung, Vernichtung

(1) Die Verwertung einer sichergestellten Sache ist zulässig, wenn
1. ihr Verderb oder eine wesentliche Wertminderung droht,
2. ihre Verwahrung, Pflege oder Erhaltung mit unverhältnismäßig hohen Kosten oder Schwierigkeiten verbunden ist,
3. sie infolge ihrer Beschaffenheit nicht so verwahrt werden kann, dass weitere Gefahren für die öffentliche Sicherheit ausgeschlossen sind,
4. sie nach einer Frist von einem Jahr nicht an eine berechtigte Person herausgegeben werden kann, ohne dass die Voraussetzungen der Sicherstellung erneut eintreten würden,
5. die berechtigte Person sie nicht innerhalb einer ausreichend bemessenen Frist abholt, obwohl ihr eine Mitteilung über die Frist mit dem Hinweis zugestellt

worden ist, dass die Sache verwertet wird, wenn sie nicht innerhalb der Frist abgeholt wird.

(2) [1]Die betroffene Person, der Eigentümer und andere Personen, denen ein Recht an der Sache zusteht, sollen vor der Verwertung gehört werden. [2]Die Anordnung der Verwertung ist ihnen bekannt zu geben. [3]Zeit und Ort der Verwertung sind ihnen mitzuteilen, soweit die Umstände und der Zweck der Maßnahme es erlauben.

(3) [1]Die Sache wird durch öffentliche Versteigerung verwertet; § 979 Abs. 1 des Bürgerlichen Gesetzbuches gilt entsprechend. [2]Bleibt die Versteigerung erfolglos, erscheint sie von vornherein aussichtslos oder würden die Kosten der Versteigerung voraussichtlich den zu erwartenden Erlös übersteigen, so kann die Sache freihändig verkauft werden. [3]Der Erlös tritt an die Stelle der verwerteten Sache. [4]Lässt sich innerhalb angemessener Frist kein Käufer finden, so kann die Sache einem gemeinnützigen Zweck zugeführt werden.

(4) [1]Sichergestellte Sachen können unbrauchbar gemacht oder vernichtet werden, wenn
1. im Falle einer Verwertung die Gründe, die zu ihrer Sicherstellung berechtigten, fortbestehen oder Sicherstellungsgründe erneut entstehen würden,
2. die Verwertung aus anderen Gründen nicht möglich ist.
[2]Absatz 2 gilt sinngemäß.

Überblick

Sichergestellte Sachen werden den Berechtigten grundsätzlich nur auf Zeit entzogen und sind ihm, wenn die Sicherstellungsgründe entfallen sind, nach § 46 herauszugeben. Nur in den in Abs. 1 abschließend geregelten Fällen ist es zulässig, die Sache endgültig dem Berechtigten durch **Verwertung, Vernichtung** oder **Unbrauchbarmachung** zu entziehen. Im Falle der Verwertung tritt der Erlös anstelle der Sache (Surrogationsprinzip, Abs. 3 S. 3); dieser ist gem. § 46 Abs. 2 an den Berechtigten herauszugeben. Verwertung, Vernichtung und Unbrauchbarmachung stellen keine entschädigungspflichtige Enteignung dar (→ Rn. 1). Abs. 3 normiert die **Art der Verwertung**. Die gesetzlich vorgesehene Reihenfolge (öffentliche Versteigerung – freihändiger Verkauf – Zuführung zu einem gemeinnützigen Zweck) ist zwingend (→ Rn. 16). Die **Unbrauchbarmachung** oder **Vernichtung** einer sichergestellten Sache nach Abs. 4 ist ultima ratio und ausschließlich zulässig, wenn eine Verwertung ausscheidet (→ Rn. 21).

Übersicht

A. Allgemeine Charakterisierung und rechtlicher Rahmen

I. Grundrechtseingriff

Die Regelungen in § 45 sind Inhalts- und Schrankenbestimmungen iSd Art. 14 Abs. 1 **1** S. 2 GG und Ausfluss der **Sozialpflichtigkeit des Privateigentums**, Art. 14 Abs. 2 GG. Nach Art. 14 Abs. 2 GG ist jedermann verpflichtet, sein Eigentum so zu behandeln und zu erhalten, dass von diesem keine Gefahren für die öffentliche Sicherheit und Ordnung ausgehen (DWVM Gefahrenabwehr 214). Von der Sozialpflichtigkeit des Eigentums können auch Substanzschmälerungen gedeckt sein, ohne dass diese eine Enteignung nach Art. 14 Abs. 3 GG darstellen (BVerfGE 20, 351 (361); 12, 87 (96)). Auch die Regelungen zur Verwertung, Unbrauchbarmachung und Vernichtung sichergestellter Sachen in § 45 sind in diesem Sinne noch als bloße Inhalts- und Schrankenbestimmungen zu qualifizieren und nicht als entschädigungspflichtige Enteignungen iSd Art. 14 Abs. 3 GG.

II. Parallelregelungen

2   Die StPO enthält in **§ 111p StPO** (sog. **Notveräußerung**) eine entsprechende Regelung für Sachen, die nach § 111c StPO beschlagnahmt oder aufgrund eines Arrestes nach § 111f StPO gepfändet worden sind. Für nach § 94 StPO sichergestellte oder beschlagnahmte **Beweismittel** gilt die Vorschrift **nicht.** Wenn in diesem Fall eine weitere Verwahrung nicht möglich ist, sind die Gegenstände freizugeben und ihre Beweisaussage anderweitig zu sichern (zB durch Fotografieren usw; BeckOK StPO/Huber StPO § 111p Rn. 1).

3   Inhaltsgleiche Regelungen bestehen in Art. 27 BayPAG, § 42 HSOG und § 28 NPOG. Systematisch abweichend sind die Regelungen in Baden-Württemberg, wo zwischen einer Sicherstellung (die im Interesse des Sachberechtigten erfolgt) und einer Beschlagnahme (durch die Gefahren abgewehrt werden, die von der Sache oder ihrem Gebrauch ausgehen) unterschieden wird (vgl. § 32 f. BWPolG). Entsprechend sichergestellte / beschlagnahmte Sachen können nach § 3 Abs. 2 DVO PolG verwertet werden. Beschlagnahmte Sachen unterliegen der Einziehung nach § 34 BWPolG, wenn diese nicht mehr herausgegeben werden können, ohne dass die Voraussetzungen der Beschlagnahme erneut eintreten.

B. Einzelkommentierung

I. Verwertungsgründe (Abs. 1)

1. Verderb oder Wertminderung (Abs. 1 Nr. 1)

4   Die Vorschrift korrespondiert mit der aus dem öffentlich-rechtlichen Verwahrungsverhältnis folgenden Verpflichtung, Wertminderungen vorzubeugen (→ § 44 Rn. 18) und liegt im objektiven Interesse des Betroffenen. Er soll vor vermeidbaren Schäden geschützt werden. Ein **Verderb** (Aufhebung des Sachwertes durch Veränderung der Substanz) kommt vor allem bei sichergestellten Lebensmitteln in Betracht. Ob eine **wesentliche Wertminderung** bevorsteht, ist vorrangig anhand des Marktwertes der Sache zu ermitteln (Marktentwicklung); es können aber auch ideelle Gesichtspunkte, etwa bei Kunstwerken, berücksichtigt werden (BKK BayPAG Art. 27 Rn. 6). Ein Verderb oder eine wesentliche Wertminderung **droht,** wenn damit noch vor dem voraussichtlichen Wegfall der Sicherstellung zu rechnen ist; zu berücksichtigen ist ferner die für eine Verwertung erforderliche Zeitspanne. Lackmustest ist die Frage, ob ein wirtschaftlich denkender Eigentümer sich zur Veräußerung entschließen würde.

2. Unverhältnismäßig hohe Kosten der Verwahrung (Abs. 1 Nr. 2)

5   **Unverhältnismäßig hoch** sind Kosten jedenfalls, wenn sie den Wert der Sache übersteigen. Übernimmt die betroffene Person die Kosten, kommt eine Verwertung nach Abs. 1 Nr. 2 nicht in Betracht; hierauf ist in der Anhörung nach Abs. 2 ggf. hinzuweisen. Bei der Beurteilung bildet der derzeitige Marktwert der Sache den Ausgangspunkt. Dieser ist möglichst objektiv zu ermitteln (bei Fahrzeugen etwa unter zu Hilfenahme der sog. Schwacke-Liste, OLG Hamm BeckRS 1999, 07039).

6   **Unverhältnismäßig hohe Schwierigkeiten** können sich aus dem Umfang oder der Beschaffenheit der Sache ergeben, zB bei Sachen, für die sich kein Aufbewahrungsort oder keine Betreuung finden lässt (Nr. 45.11 VVPolG NRW). Stets ist die vorhandene Personalstärke und Ausstattung der Polizei bei der Bewertung zu berücksichtigen. Die Vorschrift greift in weiter Auslegung auch dann, wenn die berechtigte Person nicht oder nur mit

unverhältnismäßig hohem Aufwand ermittelt werden kann (vgl. Nr. 45.13 aE VVPolG NRW; ebenso Hornmann HSOG § 42 Rn. 4).

3. Gefahren durch weitere Verwahrung (Abs. 1 Nr. 3)

Unter Abs. 1 Nr. 3 fallen insbesondere gefährliche Gegenstände, die von der Polizei nicht **7** sachgemäß gelagert und verwahrt werden können, zB explosions- oder feuergefährliche Gegenstände oder solche, aus denen giftige Stoffe entweichen können (BKK BayPAG Art. 27 Rn. 8).

4. Unmöglichkeit der Herausgabe, ohne dass die Voraussetzung der Sicherstellung entfallen (Abs. 1 Nr. 4)

Berechtigte Person nach Abs. 1 Nr. 4 ist außer dem Eigentümer jede Person, die ein **8** Recht zum Besitz an der Sache hat (zB Mieter, Pächter, Entleiher, Pfandgläubiger). Die **Jahresfrist** beginnt mit dem Zeitpunkt der Sicherstellung (Nr. 45.12 VVPolG NRW). Die Frist berechnet sich nach § 31 Abs. 1 VwVfG. NRW. iVm §§ 187, 188 Abs. 2 Hs. 1 BGB. Die Wendung „**erneut eintreten**" ist irreführend, denn die Voraussetzungen einer Sicherstellung nach § 43 müssen stets durchgängig vorliegen, da mit deren Wegfall die Sache gem. § 46 Abs. 1 herauszugeben ist.

Die Vorschrift steht im Interesse des Betroffenen. Wenn dieser länger als ein Jahr auf die Sache **8.1** verzichten muss (und ggf. die Verwahrungskosten nach § 46 Abs. 3 zu tragen hat), soll ihm wenigstens der Verwertungserlös als Surrogat (§ 46 Abs. 2) zukommen (vgl. Hornmann HSOG § 42 Rn. 4).

5. Nichtabholung durch den Berechtigten (Abs. 1 Nr. 5)

Abs. 1 Nr. 5 setzt voraus, dass die Sache dem Berechtigten (→ Rn. 8) gem. § 46 Abs. 1, **9** herausgegeben werden kann. Das heißt, die Sicherstellungsgründe bestehen nicht mehr und die berechtigte Person und deren Aufenthaltsort sind der Polizei bekannt.

Die **Mitteilung ist** dem Berechtigten (bei mehreren: allen Berechtigten) nach den Vor- **10** schriften des LZG NRW (meist mittels Postzustellungsurkunde, § 3 LZG NRW) förmlich **zuzustellen.** Die **Frist** ist unter dem Gesichtspunkt der Verhältnismäßigkeit so zu bemessen, dass die berechtigte Person in der Lage ist, der Aufforderung nachzukommen. Dabei ist auf die Entfernung zwischen dem Wohnort der berechtigten Person und dem Verwahrungsort, Zeit für die Vorbereitung eines Transportes und auf sonst bekannte Umstände (zB Krankheit, Urlaub) Rücksicht zu nehmen. Werden solche Umstände später bekannt, ist die Frist ggf. neu zu bemessen (Nr. 45.13 VVPolG NRW). Die Mitteilung muss den ausdrücklichen Hinweis enthalten, dass die Sache verwertet wird, wenn sie nicht innerhalb der Frist abgeholt wird. Wird die Frist versäumt, ist ggf. Wiedereinsetzung in den vorigen Stand gem. § 32 VwVfG. NRW. zu gewähren.

Wurde entgegen Abs. 1 Nr. 5 **keine Mitteilung zugestellt,** hat die Polizei die Frist nicht **11** abgewartet oder wurde diese unverhältnismäßig gesetzt bzw. wusste die Polizei, dass die Mitteilung den Berechtigten nicht oder nicht rechtzeitig erreicht, ist die Verwertung rechtswidrig (BKK BayPAG Art. 27 Rn. 10).

II. Anhörung und Mitteilung (Abs. 2)

Abs. 2 S. 1 statuiert eine gegenüber § 28 VwVfG speziellere Vorschrift zur **Anhörung** **12** vor Anordnung der Verwertung. Das Anhörungsrecht kommt dem Eigentümer und sonstigen dinglichen Berechtigten an der Sache zu (zB Mieter, Entleiher, Pfandgläubiger). Dadurch wird den von der Verwertung betroffenen Personen **rechtliches Gehör gewährt;** sie erhalten Gelegenheit, Einwände gegen die Verwertung vorzubringen. Die Anhörung ist **an keine besondere Form gebunden,** sie kann also auch mündlich oder fernmündlich erfolgen. Die Regelung ist als **Soll-Vorschrift** ausgestaltet. Das heißt, die Anhörung ist grundsätzlich verpflichtend und darf nur in Ausnahmefällen unterbleiben; zB wenn sich die berechtigten Personen nur mit unverhältnismäßigem Aufwand ermitteln lassen (vgl. auch Nr. 45.2 VVPolG NRW), eine besondere Eilbedürftigkeit besteht oder die Anhörung Zwecke der Gefahrenabwehr gefährden würde (Schmidbauer/Steiner BayPAG Art. 27 Rn. 11).

13   **Unterbleibt** eine nach Abs. 2 S. 1 gebotene **Anhörung,** wird die Verwertung nicht rechtswidrig. Stets kommt eine Heilung nach § 45 Abs. 1 Nr. 3, § 46 VwVfG. NRW. in Betracht.

14   Nach **Abs. 2 S. 2** ist den in S. 1 genannten Personen (→ Rn. 12) die **Anordnung der Verwertung bekannt zu geben.** Die Anordnung der Verwertung ist **Verwaltungsakt.** Durch diesen stellt die Polizeibehörde fest, dass die Voraussetzungen für die Verwertung erfüllt sind, und sie regelt gegenüber den Adressaten verbindlich, dass nunmehr von der Verwertungsbefugnis Gebrauch gemacht wird. Durch diese Regelung wird dem Adressaten zugleich die letzte Möglichkeit eingeräumt, die Verwertung der sichergestellten Sache durch deren Auslösung oder durch die Inanspruchnahme von gerichtlichem Rechtsschutz zu verhindern (OVG Münster NVwZ-RR 1992, 76).

14.1   Die Anordnung der Verwertung hat grundsätzlich aufschiebende Wirkung; sie ist insbesondere keine Maßnahme der Verwaltungsvollstreckung iSd § 80 Abs. 2 Nr. 3 VwGO iVm § 112 JustG NRW (vgl. OVG Münster NVwZ-RR 1992, 76; zum Rechtsschutz → Rn. 26). Die **Bekanntgabe** richtet sich nach § 41 VwVfG. NRW.; ist der Aufenthalt der Adressaten unbekannt, kommt eine Zustellung durch öffentliche Bekanntmachung in Betracht (§ 10 LZG NRW).

15   Die in Abs. 2 S. 3 statuierte **Mitteilungspflicht** über Zeit und Ort der Verwertung ist kein eigenständiger Verwaltungsakt. Die Mitteilung darf nur unterbleiben, wenn die „Umstände und der Zweck der Maßnahme" es nicht erlauben. Die Umstände erlauben zB keine Mitteilung, wenn die zu benachrichtigende Person nicht rechtzeitig erreichbar ist. Der Zweck der Maßnahme wird durch eine Mitteilung regelmäßig in den Fällen des Abs. 1 Nr. 4 gefährdet.

15.1   Ein Verstoß gegen Abs. 2 S. 3 hat keine Auswirkungen auf die Rechtmäßigkeit der Verwertung, stellt aber eine Amtspflichtverletzung dar, mit der etwaigen Folge von Schadensersatzansprüchen des Betroffenen.

III. Art der Verwertung (Abs. 3)

16   Gemäß **Abs. 3 S. 1** erfolgt die Verwertung durch **öffentliche Versteigerung** unter entsprechender Anwendung des § 979 Abs. 1 BGB. Der Begriff der öffentlichen Versteigerung ist in § 383 Abs. 3 S. 1 BGB definiert. Danach hat die Versteigerung durch einen für den Versteigerungsort bestellten Gerichtsvollzieher (das ist in der Praxis der Regelfall) oder zu Versteigerungen befugten anderen Beamten oder öffentlich angestellten Versteigerer öffentlich zu erfolgen. Öffentlich bedeutet auch, dass grundsätzlich jedermann als Bieter zuzulassen ist. Liegt der Sicherstellungsgrund in der Person des Betroffenen, ist dieser entsprechend dem Rechtsgedanken des Abs. 1 Nr. 4 ausgeschlossen. Gegenüber § 383 Abs. 3 S. 1 BGB enthält die entsprechend anwendbare Regelung in § 979 Abs. 1 S. 2 BGB aus Kostenersparnisgründen eine Erleichterung: Auch ein behördeneigener Polizeibeamter kann die Versteigerung vornehmen, nicht nur ein Gerichtsvollzieher.

16.1   Die Versteigerung kann einer gemeindlichen Fundsachenversteigerung angeschlossen werden (Schmidbauer/Steiner BayPAG Art. 27 Rn. 15). Generell sind von Seiten der Polizei die Kosten möglichst gering zu halten. Der Erwerber von Diebesgut erfährt bei der öffentlichen Versteigerung Schutz über § 935 Abs. 2 BGB. Schadensersatzansprüche des Betroffenen kommen ggf. in Betracht, wenn eine Sache unter dem Mindestgebot versteigert wird (OLG Frankfurt a. M. VersR 1980, 50).

17   Aufgrund des eindeutigen Verweises (nur) auf § 979 Abs. 1 BGB kann **keine** allgemein zugängliche **Versteigerung im Internet iSd § 979 Abs. 1a BGB** erfolgen. Sachliche Gründe für diesen Ausschluss bestehen nicht; § 979 Abs. 1a und 1b BGB wurden durch Gesetz v. 30.7.2009 (BGBl. I 2474) eingeführt. Eine entsprechende Erweiterung des Verweises in Abs. 3 S. 1 wurde in der letzten Novelle indes nicht erkannt und sollte für künftige Novellierungen in Betracht gezogen werden.

18   Die Sache kann gem. Abs. 3 S. 2 **freihändig verkauft** werden, wenn die Versteigerung erfolglos bleibt, von vornherein aussichtslos erscheint oder die Kosten der Versteigerung voraussichtlich den erwarteten Erlös übersteigen. Der freihändige Verkauf ist von den gleichen Personen durchzuführen, die auch zu einer öffentlichen Versteigerung befugt sind (→ Rn. 16). § 935 Abs. 2 BGB findet für den freihändigen Verkauf analoge Anwendung

(BKK BayPAG Art. 27 Rn. 15; Schmidbauer/Steiner BayPAG Art. 27 Rn. 16; Hornmann HSOG § 42 Rn. 11).

Nach Abs. 3 S. 3 tritt der Veräußerungserlös (abzüglich der dabei entstandenen Kosten **19** der Polizeibehörde, § 46 Abs. 3 S. 5) an die Stelle der verwerteten Sache (**Surrogation**). Dieser ist gem. § 46 Abs. 2 herauszugeben.

Lässt sich innerhalb angemessener Frist kein Käufer finden, kann gem. Abs. 3 S. 4 die **20** sichergestellte Sache einem **gemeinnützigen Zweck zugeführt** werden (zu gemeinnützigen Zwecken vgl. § 52 AO).

IV. Vernichtung / Unbrauchbarmachung

Kann eine Verwertung aus den in Abs. 4 Nr. 1 und Nr. 2 genannten rechtlichen oder **21** tatsächlichen Gründen nicht erfolgen, können sichergestellte Sachen **unbrauchbar gemacht** oder **vernichtet** werden. **Abs. 4 Nr. 1** greift, wenn ein Gegenstand so beschaffen ist, dass von ihm auch nach der Verwertung eine Gefahr ausgehen würde, die zu einer (erneuten) Sicherstellung berechtigen würde. Betroffen sind vor allem **gefährliche Gegenstände,** wie Waffen oder bestimmte Chemikalien; auch **Radarwarngeräte,** da nur durch die Vernichtung zuverlässig verhindert werden kann, dass das Gerät im Straßenverkehr eingesetzt wird und dadurch eine Gefährdung der öffentlichen Sicherheit und Ordnung eintritt (VGH München NJW 2008, 1549; NZV 1998, 520; VGH Mannheim DÖV 2003, 165; zur Sicherstellung von Radarwarngeräten → § 43 Rn. 27). **Abs. 4 Nr. 2** ist einschlägig, wenn die Verwertung aus anderen Gründen nicht möglich ist, zB bei wertlosen Sachen, wie Farbbeutel, die bei einer gewalttätigen Demonstration sichergestellt wurden (VGH Mannheim DÖV 1988, 81).

Unbrauchbarmachen bedeutet, dass die Sache so verändert bzw. teilweise zerstört wird, **22** dass ihre Funktionsfähigkeit beseitigt und sie nicht mehr bestimmungsgemäß verwendet werden kann (Schmidbauer/Steiner BayPAG Art. 27 Rn. 20), zB Verschluss des Laufs einer Schusswaffe. Die Veränderung darf nicht ohne weiteres rückgängig zu machen sein; sonst ist sie zu vernichten. **Vernichtung** bedeutet die vollständige Zerstörung der Sache (zB durch Verbrennen, Einschmelzen, Verschrottung usw).

Auch **sichergestellte Tiere** können entsprechend dem Rechtsgedanken des § 90a BGB nach § 45 **22.1** Abs. 4 „vernichtet", dh getötet werden (OVG Münster NVwZ 2001, 227: Einschläferung eines durch gravierende Beißvorfälle aufgefallenen sichergestellten Hundes, der weder an seinen bisherigen Halter zurückgegeben werden kann noch an einen neuen Halter vermittelbar ist; VGH Mannheim VBlBW 2007, 351); allerdings nur, soweit nicht speziellere Rechtsvorschriften etwa nach dem Jagdrecht oder Verordnungen nach § 6 Abs. 1 Nr. 20 TierGesG einschlägig sind.

Aus Gründen der Verhältnismäßigkeit ist die **Unbrauchbarmachung** grundsätzlich **vor-** **23** **rangig,** da die Sache in diesem Fall noch von maßgeblichem Wert sein kann, etwa bei der Unbrauchbarmachung von historischen Waffen mit Sammlerwert (BKK BayPAG Art. 27 Rn. 18). Für unbrauchbar gemachte Sachen gilt § 46 entsprechend.

Eine Vernichtung bzw. Unbrauchbarmachung setzt stets voraus, dass einer der Verwer- **24** tungsgründe des Abs. 1 vorliegt (→ Rn. 4); denn die Vernichtung bzw. Unbrauchbarmachung tritt an die Stelle der – nicht möglichen – Verwertung.

Die Anordnung der Vernichtung oder der Unbrauchbarmachung ist Verwaltungsakt. Für **25** das Verwaltungsverfahren gilt Abs. 2 entsprechend (→ Rn. 12).

C. Rechtsschutz

Die Anordnung der Verwertung bzw. der Unbrauchbarmachung oder Vernichtung sind **26** Verwaltungsakte. Gegen sie ist die Anfechtungsklage statthaft, deren Erhebung aufschiebende Wirkung hat (OVG Münster NVwZ-RR 1992, 76; → Rn. 14.1); es sei denn, die sofortige Vollziehung wurde im Einzelfall gem. § 80 Abs. 2 Nr. 4 VwGO, § 80 Abs. 3 VwGO angeordnet.

§ 46 Herausgabe sichergestellter Sachen oder des Erlöses, Kosten

(1) ¹Sobald die Voraussetzungen für die Sicherstellung weggefallen sind, sind die Sachen an diejenige Person herauszugeben, bei der sie sichergestellt worden sind.

[2]Ist die Herausgabe an sie nicht möglich, können die Sachen an eine andere Person herausgegeben werden, die ihre Berechtigung glaubhaft macht. [3]Die Herausgabe ist ausgeschlossen, wenn dadurch erneut die Voraussetzungen für eine Sicherstellung eintreten würden.

(2) [1]Sind die Sachen verwertet worden, ist der Erlös herauszugeben. [2]Ist eine berechtigte Person nicht vorhanden oder nicht zu ermitteln, ist der Erlös nach den Vorschriften des Bürgerlichen Gesetzbuches zu hinterlegen. [3]Der Anspruch auf Herausgabe des Erlöses erlischt drei Jahre nach Ablauf des Jahres, in dem die Sache verwertet worden ist.

(3) [1]Die Kosten der Sicherstellung und Verwahrung fallen den nach den §§ 4 oder 5 Verantwortlichen zur Last. [2]Mehrere Verantwortliche haften als Gesamtschuldner. [3]§ 77 des Verwaltungsvollstreckungsgesetzes findet Anwendung. [4]Die Herausgabe der Sache kann von der Zahlung der Kosten abhängig gemacht werden. [5]Ist eine Sache verwertet worden, können die Kosten aus dem Erlös gedeckt werden.

(4) § 983 des Bürgerlichen Gesetzbuches bleibt unberührt.

Überblick

Die Sicherstellung nach § 43 erfolgt nur auf Zeit. Bestehen keine Sicherstellungsgründe mehr, ist die sichergestellte Sache herauszugeben. Dieses Verfahren zur Beendigung der Sicherstellung regelt § 46. **Abs. 1** enthält als spezielle Ausprägung des allgemeinen Folgenbeseitigungsanspruchs die Amtspflicht zur **Herausgabe** der Sache an den von der Sicherstellung Betroffenen, hilfsweise an eine andere berechtigte Person (→ Rn. 2). Würden durch die Herausgabe die Sicherstellungsgründe erneut eintreten, ist die Herausgabe ausgeschlossen (→ Rn. 3). Ist der **Berechtigte oder sein Aufenthalt unbekannt,** kann die Sache gem. **§ 48 Abs. 4 iVm § 983 BGB** öffentlich versteigert und der Erlös hinterlegt werden (→ Rn. 6). **Abs. 2** bestimmt das Verfahren, wenn die sichergestellte Sache nach § 45 verwertet wurde (→ Rn. 6), also die **Herausgabe des Erlöses** als Surrogat. **Abs. 3** regelt die **Kosten.** Für die Sicherstellung, Verwertung, Unbrauchbarmachung und Vernichtung werden von tauglichen Kostenschuldnern **Gebühren und Auslagen** erhoben (→ Rn. 9). Die Polizei hat gem. Abs. 3 S. 4 ein **Zurückbehaltungsrecht:** Die Herausgabe der Sache kann von der Zahlung der Kosten abhängig gemacht werden (→ Rn. 13). Beauftragt die Polizei Dritte zur Verwahrung (etwa ein Abschleppunternehmen), kommt diesen kein eigenständiges Zurückbehaltungsrecht zu; das polizeiliche Zurückbehaltungsrecht kann von dem privaten Verwahrer als Erklärungsbote übermittelt werden (→ Rn. 15). Entsprechende Regelungen in anderen Bundesländern sind ganz überwiegend inhaltsgleich formuliert (vgl. Art. 28 BayPAG, § 43 HSOG, § 29 NPOG). Nur einzelne Bundesländer, etwa Baden-Württemberg, sehen abweichende Regelungen vor, wenn dort – ähnlich dem Regelungsregime der StPO – eine Einziehung beschlagnahmter Gegenstände vorgesehen ist (zB gem. § 34 BWPolG).

Übersicht

A. Einzelkommentierung

I. Herausgabe der Sache (Abs. 1)

Abs. 1 S. 1 ist ein gesetzlicher **Anwendungsfall des Folgenbeseitigungsanspruches** 1
(Knemeyer NVwZ 1987, 1101). Der Herausgabeanspruch des Berechtigten als **subjektiv-öffentliches Recht** ist Gegenstück zur Sicherstellung (Gusy PolR Rn. 288). Er greift, wenn
die **Voraussetzungen für die Sicherstellung weggefallen** sind, dh wenn die ursprüngliche
Gefahrenlage nicht mehr besteht. Das setzt zugleich voraus, dass die **Sicherstellung
zunächst rechtmäßig** war; war die Sicherstellung **rechtswidrig,** greift der **allgemeine
Folgenbeseitigungsanspruch,** nicht Abs. 1.

Die Sache ist grundsätzlich **demjenigen herauszugeben, bei dem sie sichergestellt** 2
wurde (§ 43 Abs. 1 S. 1). Der Polizei kann nicht zugemutet werden, die Berechtigung des
Eigentümers bzw. Besitzers zu prüfen (SBK PolG NRW Rn. 2). Dies gilt nicht, wenn die
Nichtberechtigung zweifelhaft ist und Tatsachen darauf hindeuten, dass die betroffene Person
zB ein Dieb oder ein Hehler ist. In diesen Fällen ist die Herausgabe an die Person, bei der
die Sache sichergestellt wurde, „nicht möglich" und es greift **Abs. 1 S. 2.** Gleiches gilt,
wenn die berechtigte Person oder ihr Aufenthaltsort nicht mit angemessenem Aufwand zu
ermitteln sind oder die berechtigte Person nicht mehr existiert oder die Annahme verweigert.
Hier ist die Sache an die Person herauszugeben, die ihre Berechtigung **glaubhaft macht.**
Hierfür müssen vernünftige Umstände vorgebracht werden, die eine Berechtigung als wahrscheinlich erscheinen lassen; bewiesen werden muss sie nicht.

Machen mehrere Personen ihre Berechtigung iSd Abs. 1 S. 2 glaubhaft und ist die Eigentumsfrage **2.1**
strittig, muss diese durch ein Zivilgericht geklärt werden. Der Gegenstand ist solange weiter von der
Polizei in Verwahrung zu behalten (VGH München BeckRS 2009, 31489). Es ist bei unklarer Eigentumslage nicht Aufgabe der Polizei zu entscheiden, wer ein besseres Recht an der Sache hat. Unzutreffend insoweit die Verwaltungsvorschriften (Nr. 46.1 VVPolG NRW), wonach in solchen Fällen die
Sache „unter Benachrichtigung der übrigen Personen an diejenige herauszugeben ist, deren Recht am
stärksten erscheint".

Nach **Abs. 1 S. 3** ist die Herausgabe ausgeschlossen, wenn dadurch **erneut die Voraus-** 3
setzungen für eine Sicherstellung eintreten würden. Die Vorschrift kommt in den Fällen
des Abs. 1 S. 2 zur Anwendung: Kann die Sache nicht an den von der Sicherstellung
Betroffenen herausgegeben werden, sondern an einen anderen Berechtigten, darf sich
dadurch nicht erneut die Notwendigkeit einer Sicherstellung ergeben (Schmidbauer/Steiner
BayPAG Art. 28 Rn. 4).

Ist eine berechtigte Person (iSd Abs. 1 S. 1 oder S. 2) nicht vorhanden oder unbekannt 4
und nur mit unverhältnismäßigem Aufwand zu ermitteln, greift § 46 Abs. 4 iVm §§ 983,
979 ff. BGB. Danach ist die sichergestellte Sache entsprechend den Regelungen über Fundsachen öffentlich zu versteigern. Anders als bei der Verwertung sichergestellter Sachen (→
§ 45 Rn. 17) ist auch eine allgemein zugängliche **Versteigerung im Internet** nach § 979
Abs. 1a BGB zulässig. Mit dem erzielten Erlös ist gem. § 46 Abs. 2 zu verfahren, er ist
zunächst zu hinterlegen (§ 46 Abs. 2 S. 2 iVm § 372 ff. BGB).

Berechtigt und **verpflichtet zur Herausgabe ist allein die Polizei.** Das gilt auch, wenn 5
die Sache gem. Abs. 1 S. 3 bei einem Dritten verwahrt wird (→ § 44 Rn. 7).

II. Herausgabe des Erlöses (Abs. 2)

Wurde die Sache gem. § 45 verwertet (oder gem. § 46 Abs. 4 iVm §§ 983, 979 ff. BGB 6
öffentlich versteigert), ist – in Anknüpfung an das **Surrogationsprinzip** in § 45 Abs. 3
S. 3 – der **Erlös herauszugeben.** Anspruchsinhaber sind die in § 46 Abs. 1 genannten
Personen (→ Rn. 2).

Ist ein Berechtigter nicht vorhanden oder nicht zu ermitteln, ist der **Erlös** nach den 7
Vorschriften der §§ 372 ff. BGB **zu hinterlegen** (Abs. 2 S. 2).

Der **Herausgabeanspruch erlischt** gem. Abs. 2 S. 3 drei Jahre nach Ablauf des Jahres, 8
in dem die Sache verwertet worden ist (Bsp. → Rn. 8.1).

Beispiel: Verwertung am 17.1.2019, Erlöschen mit Ablauf des 31.12.2022. **8.1**

III. Kosten

1. Kostenerhebung und Kostenschuldner

9   Abs. 3 beinhaltet einen **Kostenerstattungsanspruch** der Polizei für die **Sicherstellung und Verwahrung.** Die Vorschrift schließt andere mögliche Anspruchsgrundlagen aus, zB aus § 683 BGB analog aufgrund öffentlich-rechtlicher GoA (BGH NVwZ 2004, 373; Gusy PolR Rn. 289). Der Begriff der Verwahrung ist weit zu verstehen; ihm unterfallen **auch die Verwertung, die Unbrauchbarmachung und Vernichtung** nach § 45 (in anderen Bundesländern ist die Vorschrift präziser gefasst; dort ist zumeist explizit von den „Kosten der Sicherstellung, Verwertung, Unbrauchbarmachung und Vernichtung" die Rede, vgl. § 43 Abs. 3 HSOG oder Art. 28 Abs. 3 BayPAG).

10   Kosten iSd § 46 Abs. 3 S. 3 iVm § 77 Abs. 1 VwVG NRW sind **Gebühren und Auslagen.** Als **Gebühren** kommen die Sicherstellungs- und Verwahrungsgebühr gem. § 46 Abs. 3 S. 3, § 77 Abs. 4 VwVG NRW iVm § 15 Abs. 1 lfd. Nr. 13, lfd. Nr. 14 VO VwVG NRW in Betracht; im Falle einer Verwertung auch die Versteigerungs- / Verwertungsgebühr nach § 12 VO VwVG NRW. Unter die nach § 20 Abs. 2 Nr. 8 VO VwVG NRW zu erstattenden **Auslagen** sind die Kosten für den **Transport,** die **Lagerung** und den **Werterhalt** sowie ggf. die Kosten für die **Verwertung** (zB Versteigerungskosten), die **Unbrauchbarmachung und Vernichtung** zu fassen.

11   **Kostenschuldner** sind nach § 46 Abs. 3 S. 1 die nach § 4 und § 5 Verantwortlichen, wobei nach Abs. 3 S. 3 mehrere Verantwortliche als **Gesamtschuldner** haften. In diesem Fall kann die Polizei nach pflichtgemäßem Ermessen einen Verantwortlichen (theoretisch auch alle Verantwortlichen oder anteilig einige Verantwortliche) als Kostenschuldner in Anspruch nehmen. Als Auswahlkriterien sind insbesondere die sachliche Nähe des Verantwortlichen zur Gefahrenquelle, die wirtschaftliche Leistungsfähigkeit und das Ausmaß der Nachteile, die im Einzelfall aus der Kostentragung entstehen, zu beachten. Grundsätzlich ist der Handlungsstörer vorrangig gegenüber dem Zustandsstörer zur Kostenhaftung heranzuziehen (zB der Fahrer vor dem Halter in den Abschleppfällen).

12   Der Kostenanspruch ist durch **Leistungsbescheid** geltend zu machen.

2. Zurückbehaltungsrecht

13   Gemäß Abs. 3 S. 4 kann die Herausgabe der Sache von der Zahlung der Kosten abhängig gemacht werden. Die Ausübung des **Zurückbehaltungsrechts** ist eine öffentlich-rechtliche Willenserklärung, kein Verwaltungsakt (OVG Münster DVBl 1983, 1074; Schenke PolR Rn. 161). Ihm kommt eine **Druck- und Sicherungsfunktion** zu (OVG Münster DVBl 1983, 1074); seine Ausübung ermöglicht es, Kostenforderungen effizienter durchzusetzen und so Einnahmeverlusten vorzubeugen.

14   Die **Ausübung** des Zurückbehaltungsrechts steht im **Ermessen der Behörde.** Es stellt keinen Ermessensfehler dar, wenn die Behörde eine Interessenabwägung im Einzelfall erst dann vornimmt, wenn der Kostenpflichtige konkrete Gründe vorträgt, die es seines Erachtens unzumutbar machen, sich das Zurückbehaltungsrecht entgegenhalten zu lassen (OVG Hamburg NJW 2007, 3513). Die Ausübung des Zurückbehaltungsrechtes kann aber gegen das Übermaßverbot verstoßen, wenn der Kostenpflichtige glaubhaft macht, die Kosten nicht kurzzeitig begleichen zu können und den sichergestellten Gegenstand aus zwingenden Gründen dringend und unverzüglich zu benötigen (OVG Hamburg NJW 2007, 3513).

15   Wurde die Verwahrung einem **Dritten übertragen** (gem. § 44 Abs. 1 S. 3; Hauptanwendungsfall ist die Verwahrung von sichergestellten Fahrzeugen bei einem privaten Abschleppunternehmen), hat dieser **kein eigenständiges Zurückbehaltungsrecht;** auch kann die Polizei dieses dem privaten Dritten nicht übertragen.

15.1   Im Außenverhältnis zwischen Polizei und dem Betroffenen ändert sich durch die Beauftragung Dritter mit der Verwahrung nichts. Das öffentlich-rechtliche Verwahrungsverhältnis besteht ausschließlich zwischen dem Träger der Polizeibehörde und dem Betroffenen. Der Dritte wird ausschließlich als Empfangs- und Erklärungsbote der Polizei, quasi als deren „verlängerter Arm", tätig (BGH NVwZ 2006, 946). Als solcher übermittelt er (nach zuvor erfolgter allgemeiner Ermächtigung durch die Polizei) auch das Zurückbehaltungsrecht der Polizei an den (von der Abschleppmaßnahme) Betroffenen. Die Entscheidung im Einzelfall über die Herausgabe (bei substantiierten Einwänden des Betroffenen) muss stets bei der Polizei verbleiben (OVG Münster DVBl 1983, 1074). Regelmäßig ist der private Abschlepp-unternehmer als Verwahrer von der Polizei zur Einziehung der Kosten ermächtigt (→ § 43 Rn. 59.1 zu den Abschleppfällen). Er hat aber keinen eigenen Anspruch gegen den Betroffenen auf Zahlung der ihm entstandenen Auslagen. Verursacht der Dritte Schäden an der aufzubewahrenden Sache, ist sein Verschulden der Polizei nach §§ 276, 278 BGB zurechenbar. Auch kann die fehlerhafte Auswahl des Dritten eine Amtspflichtverletzung (§ 839 BGB) darstellen.

Soweit Abschleppmaßnahmen nicht als Sicherstellung, sondern als Ersatzvornahme zu qualifizieren **15.2** sind, gilt nichts anderes; entsprechendes folgt aus dem allgemeinen öffentlich-rechtlichen Verwahrungs-verhältnis (→ § 43 Rn. 53).

Die **Geltendmachung des Zurückbehaltungsrechts** setzt entgegen allgemeinen **16** Grundsätzen **nicht** voraus, dass der Kostenanspruch von der Behörde bereits durch Leistungs-bescheid tituliert wurde (Hornmann HSOG § 43 Rn. 12).

B. Rechtsschutz

I. Ansprüche auf Herausgabe

1. Herausgabe bei rechtswidriger Sicherstellung

War die Sicherstellung von Anfang an rechtswidrig, greift der **allgemeine Folgenbeseiti- 17 gungsanspruch,** nicht Abs. 1 (→ Rn. 1). Dieser ist vor den Verwaltungsgerichten geltend zu machen: Durch die allgemeine Leistungsklage, wenn die Sicherstellungsanordnung bereits aufgehoben wurde. Wurde diese noch nicht aufgehoben, ist Anfechtungsklage gegen die Sicherstellungsanordnung zu erheben und mit der Leistungsklage auf Herausgabe zu verbin-den (**§ 113 Abs. 1 S. 2 und S. 3 VwGO**).

2. Herausgabe bei rechtmäßiger Sicherstellung

Bei rechtmäßiger Sicherstellung greift der Anspruch aus Abs. 1 auf Herausgabe der Sache **18** bzw. des an ihre Stelle getretenen Erlöses. Ob für dessen Geltendmachung der Verwaltungs-rechtsweg oder der Zivilrechtsweg zu beschreiten ist, ist nicht ganz eindeutig. Teils wird für den Herausgabeanspruch nach Abs. 1 S. 1 die abdrängende Sonderzuweisung in § 40 Abs. 2 S. 1 VwGO für einschlägig gehalten, wonach für vermögensrechtliche Ansprüche aus öffent-lich-rechtlicher Verwahrung der Rechtsweg zu den ordentlichen Gerichten eröffnet ist (so Kopp/Schenke VwGO § 40 Rn. 64 mwN). Dagegen ist es zutreffend, den Anspruch aus Abs. 1 S. 1 als besonders geregelte Form des allgemeinen Folgenbeseitigungsanspruches zu erkennen, weshalb der **Rechtsweg zu den Verwaltungsgerichten** eröffnet ist (Knemeyer PolR SuP Rn. 264). Wegen § 17 Abs. 2 S. 1 GVG iVm § 173 VwGO kommt dem Streit aber keine entscheidende Bedeutung zu. Statthafte Klageart ist die **allgemeine Leistungsklage.**

II. Rechtsschutz gegen die Kostenerhebung

Ein Kostenbescheid nach § 46 Abs. 3 iVm § 77 VwVG NRW ist als belastender Verwal- **19** tungsakt mit der Anfechtungsklage angreifbar.

Dritter Abschnitt. Vollzugshilfe

§ 47 Vollzugshilfe

(1) Die Polizei leistet anderen Behörden auf Ersuchen Vollzugshilfe, wenn unmittelbarer Zwang anzuwenden ist und die anderen Behörden nicht über die hierzu erforderlichen Dienstkräfte verfügen oder ihre Maßnahmen nicht auf andere Weise selbst durchsetzen können.

(2) ¹Die Polizei ist nur für die Art und Weise der Durchführung verantwortlich. ²Im Übrigen gelten die Grundsätze der Amtshilfe entsprechend.

(3) Die Verpflichtung zur Amtshilfe bleibt unberührt.

Überblick

Die **organisatorische und funktionale Trennung von Polizei und Ordnungsbehörden** führt dazu, dass die Verwaltungsbehörden mangels eigener Vollzugs- bzw. Außendienstkräfte vielfach nicht in Lage sind, die von ihnen erlassenen Verwaltungsakte selbst zu vollstrecken (→ Rn. 1 ff.). Vor diesem Hintergrund gebietet der Gesetzgeber mit dem Rechtsstatut der Vollzugshilfe (§§ 47 ff.) die **Unterstützung anderer Behörden,** wenn zur Durchsetzung ihrer hoheitlichen Anordnungen **unmittelbarer Zwang** anzuwenden ist (→ Rn. 38 ff.). Vollzugshilfe ist abzugrenzen von **anderen Rechtsinstrumentarien,** mit denen die Polizei andere Behörden unterstützt (zB Justiz- oder Rechtshilfe → Rn. 11 ff.; Organleihe → Rn. 19). Vollzugshilfe – die gegenüber allen Behörden gilt (→ Rn. 29) und der Polizei als **eigenständige Aufgabe** zugewiesen ist (→ Rn. 26 ff.) – liegt nicht vor im Fall der sog. **Schutzgewährung** zugunsten anderer Behörden (zB § 758 Abs. 3 ZPO). Geht es um den Schutz von Vollzugsorganen, nimmt die Polizei eine originäre Aufgabe wahr (Verhütung von Straftaten (→ Rn. 59). Vollzugshilfe liegt auch nicht vor, wenn die Polizei innerhalb eines **bestehenden Weisungsverhältnisses** handelt, zB im Rahmen der Leitungsbefugnis der Staatsanwaltschaft (→ Rn. 28.1). Die Polizei ist nur für die **Art und Weise der Durchführung** der Vollzugshilfe verantwortlich; insofern sind die **Verantwortlichkeiten für Primär- und Vollstreckungsmaßnahmen** geteilt (→ Rn. 48). Die **Grundsätze der Amtshilfe** gelten entsprechend (→ Rn. 62 ff.), auch bleibt die **Verpflichtung zur Amtshilfe** unberührt (→ Rn. 101).

Übersicht

A. Allgemeine Charakterisierung und rechtlicher Rahmen

I. Verfassungsrechtliche Aspekte

Die Fülle der Verwaltungsaufgaben des Gemeinwesens wird nicht zentral erledigt, sondern **1** ist auf der Grundlage der **Prinzipien der Dezentralisation und Dekonzentration** auf zahlreiche Behörden des Bundes, der Länder, der Gemeinden und der Gemeindeverbände sowie sonstiger Personen juristischer Personen des öffentlichen Rechts verteilt. Dabei führt die organisatorische und funktionale Trennung von Polizei und Ordnungsbehörden dazu, dass die Verwaltungsbehörden mangels eigener (Außendienst-) Kräfte vielfach nicht in Lage sind, die von ihnen erlassenen Verwaltungsakte zu vollstrecken (Lisken/Denninger PolR-HdB/Denninger D Rn. 222). Dieses System der Zuständigkeitsverteilung hat die **Notwendigkeit vielfacher wechselseitiger Unterstützung** zur Folge (Martens JR 1981, 353 (354)). Diese gegenseitige Hilfe der Behörden untereinander ist **Verfassungsgebot**. Entsprechend Art. 35 Abs. 1 GG leisten sich alle Behörden des Bundes und der Länder gegenseitig Rechts- und Amtshilfe.

Art. 35 GG gilt zwar unmittelbar, hat aber nur „**Rahmencharakter**", ist also der Ausfüllung fähig **1.1** und auch bedürftig. Diese Ausfüllung, die sich auf Begriff, Voraussetzungen, Grenzen und Verfahren der Amtshilfe bezieht, ist ursprünglich durch Lehre und Rechtsprechung vorgenommen worden (Martens JR 1981, 353). Bereits die Reichsverfassung von 1871 (Art. 4 Nr. 11 GG) und die WRV (Weimarer Reichsverfassung v. 11.8.1919, RGBl. 1383; Art. 7 GG) enthielten Regelungen zur Amtshilfe. Später hat das Recht der Amtshilfe in den Verwaltungsverfahrensgesetzes des Bundes und der Länder eingehende gesetzliche Regelungen gefunden. So wurde mit den Regelungen der §§ 4 ff. VwVfG die Amtshilfe im Jahr 1977 erstmalig bundesgesetzlich geregelt. Der Gesetzgeber hat mit diesen Vorschriften kein „neues" Recht geschaffen, sondern er hat vielmehr das höherrangige Bundesverfassungsrecht durch Regelungen in den VwVfG ergänzt.

Der an alle Behörden gerichtete Auftrag, durch sichernde, lenkende und leitende Vorsorge **2** das gesellschaftliche Wohlergehen zu fördern, verlangt das sinnvolle **Miteinander der Verwaltungen** und begründet die Notwendigkeit vielfacher wechselseitiger Unterstützung (DWVM Gefahrenabwehr 147). Der Amtshilfe liegt also die Auffassung zugrunde, dass alle Behörden unbeschadet ihrer kompetenzmäßigen Sonderung als Behörden eines Staates einer gemeinsamen Sache zu dienen haben. Insofern dient die Amtshilfe der **Herstellung der Einheit der geteilten Staatsverwaltung**. Die Erfüllung von Verwaltungsaufgaben soll nicht durch organisatorische Trennungen erschwert oder verteuert werden (Bull DÖV 1979, 691). Der Amtshilfe ist gemein, dass sie einer kosten- und aufwandssparenden Bewältigung der Verwaltungstätigkeit zu dienen bestimmt ist (Horn NVwZ 1986, 808 (810)). Ressourcen, über die etwa eine bestimmte Behörde verfügt, dürfen, so gesehen, nicht als deren Exklusivgut angesehen werden, sie müssen vielmehr grundsätzlich auch für die gesamte übrige Verwaltung mobilisierbar sein (Simitis NJW 1986, 2795).

Der konkrete **Umfang der Rechts- und Amtshilfe** bestimmt sich ggf. nach näherer **2.1** gesetzlicher Regelung (Jarass/Pieroth GG Art. 35 Rn. 1). Zu beachten sind landesgesetzliche Regelungen, Rechtsverordnungen, Durchführungsbestimmungen, Erlasse und Abkommen zwischen Bund und Ländern, die Regelungen zur Amtshilfe enthalten (Jordan DIE POLIZEI 2009, 45).

3   Eine **Verpflichtung zur Leistung von allgemeiner Amtshilfe** kann zwar nicht ausgeschlossen werden, da sie letztlich Verfassungsrang besitzt (Art. 35 Abs. 1 GG). Auch weist Abs. 3 darauf hin, dass die Verpflichtung zur Amtshilfe unberührt bleibt. Gleichwohl wird sich die Verpflichtung der Polizei zur Hilfeleistung im Wesentlichen auf die Hilfe bei der Ausübung unmittelbaren Zwanges beschränken, da die sonstigen Aufgaben der Ordnungsbehörden auch durch eigene Kräfte ausgeführt werden können und sollen. Insbesondere bieten die Vorschriften über Amts- und Vollzugshilfe keinen Anlass, bei Vorfällen außerhalb der „Regeldienstzeit" generell die Polizei um Unterstützung zu bitten (Haurand NRWPolR 156).

II. Parallelnormen

4   Als Aufgabe der Polizei regeln die Polizeigesetze der Länder ausdrücklich bzw. sinngemäß die Vollzugshilfe. Der **Begriff der Vollzugshilfe wird allerdings nicht einheitlich verwandt.** In Übereinstimmung mit § 25 ff. MEPolG verstehen neben Nordrhein-Westfalen auch die Polizei- und Ordnungsgesetze von Bayern und Niedersachsen, unter Vollzugshilfe die durch die Polizei erfolgende **Anwendung unmittelbaren Zwanges auf Ersuchen anderer Behörden zur Durchsetzung der von diesen getroffenen Maßnahmen** (Schenke PolR Rn. 408).

5   § 168 Abs. 2 Nr. 1 und Nr. 2 SchlHLVwG spricht von „Vollzugs- und Ermittlungshilfe" und verweist auf verwaltungsverfahrensrechtliche Amtshilfebestimmungen.

6   Im HSOG ist dagegen ein weiter **Begriff der Vollzugshilfe** normiert, der alle Arten von Vollzugshandlungen umfasst, die die Anordnungsbehörden „mangels eigener befugter Bediensteter nicht selbst vornehmen können" (§ 44 Abs. 1 Nr. 1 HSOG). Besonders erwähnt wird die Durchführung erkennungsdienstlicher Maßnahmen in Hessen (§ 44 Abs. 1 Nr. 2 und Abs. 2 Nr. 3 HSOG).

7   In Baden-Württemberg (§ 60 Abs. 5 BWPolG) und Bayern (Art. 2 Abs. 3 BayPAG) werden auch „Gerichte" als Nutznießer der Vollzugspolizei erwähnt; die übrigen Länder erwähnen nur „Behörden".

8   In Baden-Württemberg normiert § 60 Abs. 5 BWPolG einen **weiten Vollzugshilfe-Begriff.** Hiernach leistet der Polizeivollzugsdienst Vollzugshilfe, indem er insbesondere auf Ersuchen von Behörden und Gerichten Vollzugshandlungen ausführt, soweit hierfür die besonderen Fähigkeiten, Kenntnisse oder Mittel des Polizeivollzugsdienstes benötigt werden.

9   Gemäß § 1 Abs. 5 HSOG leisten die Polizeibehörden anderen Behörden Vollzugshilfe (§§ 44–46). Auch § 44 HSOG normiert einen **weiten Begriff der Vollzugshilfe.** Erfasst werden alle Arten von Vollzugshandlungen, die die Anordnungsbehörden „mangels eigener befugter Bediensteter nicht selbst vornehmen können" (§ 44 Abs. 1 Nr. 1 HSOG). Besonders erwähnt wird die Durchführung erkennungsdienstlicher Maßnahmen in § 44 Abs. 1 Nr. 2 und Abs. 2 Nr. 3 HSOG (Keller PSP 1/2016 3 f.). In § 44 HSOG wird zwischen Ordnungsbehörden (§ 44 Abs. 1 HSOG) und „anderen Behörden" (§ 44 Abs. 2 HSOG) unterschieden. „Andere Behörden" iSv § 44 Abs. 2 HSOG sind alle Behörden, die nicht allgemeine Ordnungsbehörden oder Polizeibehörden sind, also insbesondere alle Stellen, die Aufgaben der öffentlichen Verwaltung wahrnehmen. Haben „andere Behörden" einen Anspruch auf Vollzugshilfe, so müssen diese sich mit Vollzugshilfe im engeren Sinne, mit der Anwendung unmittelbaren Zwanges und der Schutzleistung bei zu erwartendem Widerstand gegen Vollzugshandlungen begnügen.

10   Gemäß § 1 Abs. 4 NPOG leistet die Polizei anderen Behörden Vollzugshilfe (§§ 51–53 NPOG). Die niedersächsischen Regelungen stimmen insoweit mit den nordrhein-westfälischen Parallelnormen der §§ 47–49 überein.

B. Abgrenzung zu verwandten Rechtsinstrumentarien

11   Während die §§ 47 ff. die Vollzugshilfe regeln, kennt der Gesetzgeber noch **weitere Instrumentarien,** mit denen die Polizei andere Behörden unterstützt.

I. Justizhilfe

12   Die sog. Justizhilfe beinhaltet das **Vorführen von Personen** durch die Polizei vor Gericht oder vor die Staatsanwaltschaft oder die Unterstützung des Gerichtsvorsitzenden bei der

Aufrechterhaltung der Ordnung in der Sitzung (Schmidbauer/Steiner BayPAG Art. 50 Rn. 8). Hinsichtlich dieser sog. Justizhilfe – als **Unter- bzw. Spezialfall der Vollzugshilfe** – enthält § 47 keine Aussagen. Diese Aufgabe besteht auch nur subsidiär, mithin nur dann, wenn Dienstkräfte der Justizverwaltung nicht oder nicht ausreichend zur Verfügung stehen.

Im Rahmen der von den Polizeibehörden zu leistenden **Justizhilfe** werden die allgemeinen Vor- **12.1** schriften des von speziellen Vorschriften verdrängt, zB § 51 StPO (Vorführung von Zeugen), § 134 StPO (Vorführung von Beschuldigten, wenn der Erlass eines Haftbefehls gerechtfertigt wäre), § 161a Abs. 2 S. 1 StPO (Vorführung von Zeugen und Sachverständigen vor die Staatsanwaltschaft), § 163a Abs. 3 S. 1 StPO (Vorführung des Beschuldigten vor die Staatsanwaltschaft), § 380 Abs. 2 ZPO (Vorführung von Zeugen), § 613 Abs. 2 ZPO (Vorführung von Ehegatten zum Familiengericht).

II. Rechtshilfe

Bei der Rechtshilfe wird unterschieden zwischen der **innerstaatlichen Rechtshilfe,** die **13** systematisch zu Art. 35 GG gehört, und der **internationalen Rechtshilfe.** Bekannt ist zudem der Begriff der „**polizeilichen Rechtshilfe**".

Rechtshilfe – als **Unterfall der allgemeinen Amtshilfe** – ist der juristische Begriff für die Vor- **13.1** nahme einer Amtshandlung durch ein Gericht oder eine sonstige Justizbehörde für eine andere Justizbehörde, die um diese Hilfeleistung ersucht hat (zB Vernehmung eines auswärts wohnenden Zeugen oder Auslieferung einer Person). Rechtshilfe liegt auch vor, wenn sie nicht einem anderen Gericht, sondern einer Verwaltungsdienststelle gewährt wird (Sadler DIE POLIZEI 2003, 194 (195)). **Leistet die Verwaltung Hilfe, ist dies Amtshilfe.** Das gilt auch dann, wenn sie nicht einer anderen Verwaltungsdienststelle, sondern einem Gericht gewährt wird. Alle inländische Gerichte sind nach Art. 35 Abs. 1 GG zur Rechtshilfe verpflichtet (§ 156 GVG, § 14 VwGO, § 13 FGO, § 5 SGG).

Zur **Unterscheidung zwischen Rechtshilfe einerseits und Amtshilfe andererseits 14** wird an die Zuordnung der Hilfeleistung an die Funktion der Judikative (= Rechtshilfe) oder Exekutive (= Amtshilfe) angeknüpft, ohne dass es in Ermangelung rechtspraktischer Konsequenzen einer präzisen terminologischen Abschichtung bedarf (BeckOK GG/Epping GG Art. 35 Rn. 5). Im Schrifttum wird die Unterscheidung überwiegend daran festgemacht, ob die Hilfeleistung in einer richterlichen Handlung (gegenüber einem Gericht oder einer Verwaltungsbehörde) besteht (Rechtshilfe) oder es um andere Unterstützungshandlungen geht, die von Gerichten (gegenüber Gerichten oder Verwaltungsbehörden) und von Verwaltungsbehörden (gegenüber Verwaltungsbehörden oder Gerichten) ausgeführt werden können. Im letztgenannten Fall liegt dann Amtshilfe vor (Knack/Henneke/Schliesky, Verwaltungsverfahrensgesetz: VwVfG, 10. Aufl. 2014, VwVfG vor § 4 Rn. 23; Dreher, Die Amtshilfe, 1959, 15 f.). Dies lässt sich zumindest vom Ansatz her auch dem Wortlaut des § 14 VwGO entnehmen, wonach alle „Gerichte und Verwaltungsbehörden" den Gerichten der Verwaltungsgerichtsbarkeit „Rechts- und Amtshilfe" leisten. Bei Verbleib in der Reihenfolge der Bezugswörter leisten Gerichte Rechtshilfe und Behörden Amtshilfe (Banafsche VerwArch 2016, 568 (575)). Rechtshilfe wird von Amtshilfe also gerade dadurch unterschieden, dass Rechtshilfe von einem Gericht geleitet wird (Jarass/Pieroth GG Art. 35 Rn. 3). Ersuchte Stelle ist hier keine Verwaltungsbehörde. Für die Unterscheidung zwischen Amtshilfe und Rechtshilfe ist diejenige Stelle entscheidend, welche tätig wird, nicht aber diejenige, welche die Hilfe erbittet. Insofern besitzt die Polizei für die Rechtshilfe grundsätzlich keine Zuständigkeit.

1. Polizeiliche Rechtshilfe

Unter dem Begriff „polizeiliche Rechtshilfe" versteht man den **Verkehr von Polizeibe- 15 hörden mit ausländischen Behörden im Rahmen der Strafverfolgung** (Schmidbauer/ Steiner BayPAG Art. 50 Rn. 9). Polizeibehörden dürfen polizeiliche Rechtshilfeersuchen stellen oder erledigen, wenn sie hierzu innerstaatlich strafprozessual bzw. rechtshilferechtlich und zwischenstaatlich befugt sind (Vornahme- und Leistungsermächtigung). Die Polizei ist zur Anordnung der von ihr oder dem Ausland erbetenen Maßnahmen nach deutschem Recht, insbesondere nach den Vorschriften der StPO, innerstaatlich strafprozessual befugt, wenn sie die örtlich und sachlich zuständige Behörde ist. Ist die sachlich zuständige Behörde die Staatsanwaltschaft, dürfen Polizeibehörden nicht in eigener Zuständigkeit, sondern nur im Auftrag der Staatsanwaltschaft im Sinne des Ersuchens tätig werden. Im Einzelnen dürfen das Bundeskriminalamt und andere Polizeibehörden um Maßnahmen ersuchen bzw. derartige Ersuchen erledigen, die in völkerrechtlichen Übereinkommen ausdrücklich geregelt oder in Nr. 123, 124 RiVASt aufgeführt sind (Soine, Ermittlungsverfahren und Polizeipraxis, 2. Aufl. 2019, 115).

15.1   Das Bundeskriminalamt darf eingehende polizeiliche Ersuchen im Rahmen seiner originären und Auftragszuständigkeit nach dem BKAG erledigen, sofern in einer völkerrechtlichen Übereinkunft eine Pflicht zur Erledigung polizeilicher Ersuchen enthalten ist (Nr. 123 Abs. 1 RiVASt). Andere Polizeibehörden dürfen eingehende polizeiliche Ersuchen erledigen, sofern in einer völkerrechtlichen Übereinkunft eine Pflicht zur Erledigung polizeilicher Ersuchen enthalten ist. Die Kompetenzen des Bundeskriminalamtes im Auslandsdienstverkehr ergeben sich aus dem BKAG (zum polizeilichen Rechtshilfeverkehr Soine, Ermittlungsverfahren und Polizeipraxis, 2. Aufl. 2019, 115 f.).

2. Innerstaatliche Rechtshilfe

16   Im innerstaatlichen Bereich liegt Rechtshilfe immer dann vor, wenn sich Gerichte gegenseitig Hilfe leisten, sodass **Rechtshilfe immer „Gerichtshilfe"** bedeutet. Es handelt sich um die Vornahme einer bestimmten richterlichen Handlung auf Ersuchen eines Gerichts, die nach §§ 156 ff. GVG von einem anderen Gericht im Aufgabenbereich des Richters, Rechtspflegers oder Urkundsbeamten geleistet wird (KK-StPO/Mayer GVG § 156 Rn. 1). Hauptanwendungsfall ist die Zeugenvernehmung am Wohnort des Betroffenen durch das ersuchte Gericht (vgl. § 362 ZPO). Ähnlich wie bei der Amtshilfe, mit der die Hilfeleistung bezeichnet wird, um die eine Behörde ein Gericht oder eine andere Behörde ersucht, darf bei der Rechtshilfe nur um richterliche Handlungen ersucht werden, zu der auch das ersuchende Gericht berechtigt gewesen wäre (§ 158 Abs. 2 GVG). Nur wenn diese Voraussetzungen nicht vorliegen, darf das ersuchte Gericht die Rechtshilfe ablehnen.

17   Im Verhältnis zum Ausland wurde dieser Rechtshilfebegriff erweitert. Nach der Legaldefinition des § 59 Abs. 2 IRG ist jede Unterstützung in einer strafrechtlichen Angelegenheit ein Fall der **„Internationalen Rechtshilfe"** (zur grenzüberschreitenden Vollstreckung von Forderungen aus Verkehrsverstößen Trautmann NZV 2018, 49 ff.).

17.1   Die Betonung der (Legal-) Definition des § 59 Abs. 2 IRG liegt auf dem Wort **„jede".** Hierunter können nicht nur die „klassischen" strafprozessualen Maßnahmen wie Vernehmung, Durchsuchung oder Beschlagnahme fallen, sondern auch Ermittlungshandlungen mit geringerer Eingriffsintensität, zB Befragung von Auskunftspersonen, Halterfeststellungen usw (Keller DPolBl 5/2009, 11).

3. Internationale Rechtshilfe

18   Die sog. internationale Rechtshilfe wird grenzüberschreitend gewährleistet aufgrund zwei- oder mehrseitiger Übereinkommen (Abkommen) oder auch vertraglos – zB durch den Auslandsdienstverkehr in Strafsachen wie auch den internationalen polizeilichen Rechtshilfeverkehr (zusf. Möllers Polizei-WB: „Rechtshilfe"). Das **völkerrechtliche Gebot der Achtung fremder Gebietshoheit** verbietet die Vornahme und die Durchsetzung staatlicher Hoheitsakte auf fremdem Staatsgebiet ohne besondere Erlaubnis des ausländischen Staates. Die Befugnisse nationaler Strafverfolgungsbehörden enden an der Grenze zu einem anderen Staat. Um eine Verletzung dieser Gebietshoheit auszuschließen, ohne dass der Strafanspruch des fremden Staates untergeht, kann der ausländische Staat die erforderlichen Untersuchungshandlungen für den anderen Staat erledigen oder den fremden Hoheitsträger ausnahmsweise das Tätigwerden in seinem Hoheitsgebiet erlauben. Das Erlaubnisverfahren hierfür ist **Gegenstand der Internationalen Rechtshilfe** (Rechtshilfe in Strafsachen). **Rechtshilfe in Strafsachen** ist jede Unterstützung, die auf Ersuchen für ein ausländisches Strafverfahren gewährt wird (zusf. zum Rechtshilfeverkehr mit ausländischen Behörden VHS StA-HdB/ Ettenhofer Teil 1 Kap. 4 Rn. 1 ff.). Das Ersuchen um Rechtshilfe im Rahmen internationaler Rechtshilfe wird durch das IRG (Gesetz über die internationale Rechtshilfe in Strafsachen v. 27.6.1994, BGBl. I 1537) geregelt. In der Regel enthalten auf dieser Basis die Ersuchen die Bezeichnung des ersuchenden und des ersuchten Organs sowie der betreffenden Rechtssache, ferner die Personalien der Beschuldigten oder Verurteilten, Namen und Anschriften der Rechtsanwälte oder sonstigen Rechtsbeistände, Angaben über den Gegenstand des Rechts-hilfeersuchens sowie die Beschreibung der strafbaren Handlung. Das Original eines Rechts-hilfeersuchens ist gem. § 184 GVG grundsätzlich in deutscher Sprache abzufassen. Ein Rich-ter kann daher vom Revisionsgericht nicht angehalten werden, ein in einer fremden Sprache abgefasstes Original eines Ersuchens um Rechtshilfe zu unterschreiben (BGH NJW 1984, 2050).

Diese sog. **internationale Rechtshilfe** wird (grenzüberschreitend) geleistet aufgrund zwei- oder **18.1** mehrseitiger Übereinkommen oder auch vertraglos, zB durch den Auslandsdienstverkehr in Strafsachen wie auch den „internationalen polizeilichen Rechtshilfeverkehr" (im Überblick Ellermeyer Kriminalistik 1987, 589). Unterschieden wird zwischen **großer Rechtshilfe** (Auslieferung, §§ 2–42 IRG; Durchlieferung, §§ 43–47 IRG; Rechtshilfe durch Vollstreckung ausländischer Erkenntnisse, §§ 48–58 IRG) und **kleiner Rechtshilfe** (sonstige Rechtshilfe, §§ 59–67 IRG). Internationale Rechtshilfe liegt unabhängig davon vor, ob das Rechtshilfeersuchen von einem Gericht, der Staatsanwaltschaft oder einer Polizeibehörde ausgeht und wer die erbetene Leistung im Ausland vornimmt (im Überblick Keller, Basislehrbuch Kriminalistik/Mokros, 2019, 800 ff.).

Neben dem IRG bestehen vielseitige bi- und multilaterale Abkommen, die über das IRG hinausge- **18.2** hen, des Europarats und vor allem der Europäischen Union, wie das EUAuslÜbk (EU-Auslieferungsübereinkommen v. 27.9.1996, BGBl. 1998 II 2254), das Übereinkommen zwischen den Mitgliedstaaten der Europäischen Gemeinschaften über die Vollstreckung ausländischer strafrechtlicher Verurteilungen v. 13.11.1991 (BGBl. 1997 II 1350), das EURechtsHStrÜ (EU-Rechtshilfe-Übereinkommen Strafsachen v. 29.5.2000, ABl. 2000 C 197, 3) und Art. 48 ff. SDÜ (Schengener Durchführungsübereinkommen v. 19.5.1990, ABl. 2000 L 239, 19), die inzwischen jeweils weitgehend in §§ 78 ff. IRG umgesetzt sind, wodurch diese Abkommen im Verhältnis der EU-Mitgliedstaaten untereinander ersetzt sind und noch im Verhältnis zu Drittstaaten von Bedeutung sind (Möllers Polizei-WB Rechtshilfe Nr. 2b).

III. Organleihe

Bei der Organleihe, wie sie vielfältig im Verhältnis zwischen staatlicher Exekutive und **19** Kommunalbehörden geregelt ist, obliegt der betrauten Behörde die gesamte **Erledigung der übertragenen Aufgabe.** Eine Behörde des Organs bedient sich einer anderen Behörde zur Erfüllung einer eigenen Aufgabe. Dabei werden die Kräfte der Behörde dauerhaft für eine andere Behörde und nicht nur im konkreten Einzelfall tätig (Maurer/Waldhoff AllgVerwR § 21 Rn. 54 ff.). Die Organleihe bedarf der **gesetzlichen Grundlage** (Lisken NVwZ 2002, 513 (514)). Die Regelung kann (muss aber nicht) auf einem Polizeigesetz beruhen. Bei der Organleihe findet **kein Wechsel des Aufgabenträgers** statt (Zähle JuS 2014, 315 (317)). Kennzeichnend ist mithin, dass die Wahrnehmung einer Aufgabe zwar entsprechend der (formellen) Zuständigkeitsordnung, jedoch durch ein Organ eines anderen Organträgers erfolgt (Horn NVwZ 1986, 808 (810)).

Dies ist etwa der Fall, wenn kommunale Körperschaften als untere (staatliche) Verwaltungsbehörden **19.1** tätig werden. Hier bedient sich ein Organträger (etwa ein Bundesland) des Organs (zB Landrat) eines anderen Organträgers (des Landkreises) zur Wahrnehmung dieser Aufgaben. Als Beispiel für eine Organleihe wird auch die Tätigkeit der Polizei für die Staatsanwaltschaft im Ermittlungsverfahren angeführt (Zähle JuS 2014, 315 (317); Schmidt-Jortzig NJW 1989, 129 (131)).

Die Praxis liefert mitunter Fälle, bei denen sich Amts- oder Vollzugshilfe zu einer fakti- **20** schen Organleihe entwickelt hat, die weder nach Amtshilferegeln noch nach Vollzugshilfevorschriften zulässig ist.

Beispiel: Auf Flughäfen wurden Passagierkontrollen (§ 29c LuftVG) durch Polizeikräfte durchge- **20.1** führt, obwohl es sich um eine Aufgabe der Luftsicherheitsbehörden handelt. Indes fehlen der Vollzugspolizei Kompetenzen und Befugnisse für derlei Maßnahmen. Die Durchsuchungen waren letztlich nur auf freiwilliger Basis der Passagiere möglich. Die Fortsetzung dieser „Praxis" wurde mit „Amtshilfe" begründet und mit Stellenzuweisungen an die Polizei finanziert. Folgen eines „Versagensfalles" wurden der Polizei zugemutet (vgl. Lisken/Denninger PolR-HdB/Kniesel J Teil IV Rn. 4 ff.).

Kommt es zu einer unabsehbaren „Dauerhilfe", verschiebt sich aber das Kompetenzgefüge. **21** Das **Gesetzmäßigkeitsgebot des GG** (Art. 20 Abs. 3 GG) wird verletzt.

C. Einzelkommentierung

I. Begriff der Vollzugshilfe

22   Nach dem Gebot der im Rechtsstaatsprinzip begründeten „**Rechtssicherheit qua Rechtsdurchsetzungsgewissheit**" werden vollstreckbare Verwaltungsakte notfalls auch gegen den Widerstand des Pflichtigen vollstreckt. Die hierfür erforderliche Macht, auch unter Einschluss physischer Gewaltanwendung, einzusetzen, ist dabei Aufgabe der Polizei und wird als Vollzugshilfe bezeichnet (Lisken/Denninger PolR-HdB/Denninger D Rn. 222). Aufgrund der ständigen Präsenz, der Berechtigung und den Möglichkeiten der Zwangsanwendung durch entsprechend ausgebildete Polizeibeamte hat der Gesetzgeber der Polizei die Durchführung der Vollzugshilfe übertragen. Vollzugshilfe wird daher vordergründig von der Polizei zu leisten sein, weil sie geradezu als **Prototyp der Eingriffsverwaltung** erscheint (DWVM Gefahrenabwehr 148). Der Zweck der Vollzugshilfe besteht auch darin, anderen Behörden die Ausbildung und Ausrüstung der Polizeibeamten verfügbar zu machen.

22.1   Häufige Fälle sind sog. **Vorführungen von Personen (§ 25 Abs. 3 IfSG)**, zB solcher, bei denen die Annahme besteht, dass sie ansteckungsverdächtig sind und sich weigern, beim Gesundheitsamt zu erscheinen und die notwendigen Untersuchungen vornehmen zu lassen (Baldarelli/v. Prondzinski, Polizeigesetz Nordrhein-Westfalen, 2019, 194; grdl. zum IfSG Engels DÖV 2014, 464 ff.) oder die Vorführung von Ausländern gem. § 82 Abs. 4 AufenthG zur Durchführung bestimmter Maßnahmen durch die Ausländerbehörde (Tetsch/Baldarelli PolG NRW Erl. 4.2). Gemäß § 82 Abs. 4 S. 1 AufenthG kann das persönliche Erscheinen eines Ausländers bei der zuständigen Behörde sowie den Vertretungen oder ermächtigten Bediensteten des Staates, dessen Staatsangehörigkeit er vermutlich besitzt, angeordnet werden, soweit dies erforderlich ist, um Maßnahmen nach dem Aufenthaltsgesetz und nach ausländerrechtlichen Bestimmungen in anderen Gesetzen vorzubereiten und durchzuführen. Überdies kann aufgrund dieser Vorschrift angeordnet werden, dass eine ärztliche Untersuchung durchgeführt wird, um festzustellen, ob der Ausländer reisefähig ist. Gegebenenfalls können solche Anordnungen zwangsweise durchgesetzt werden, wenn ein Ausländer diese ohne hinreichenden Grund nicht befolgt (Huber, Aufenthaltsgesetz – AufenthG, 2. Aufl. 2016, AufenthG § 82 Rn. 5).

23   In Übereinstimmung mit den §§ 25 ff. MEPolG versteht das PolG NRW unter Vollzugshilfe die durch die Polizei erfolgende **Anwendung unmittelbaren Zwanges auf Ersuchen anderer Behörden zur Durchsetzung der von diesen betroffenen Maßnahmen.** Die Polizei handelt in derartigen Fällen gleichsam als „verlängerter Arm" der ersuchenden Behörde. Zur Durchsetzung fiskalischer (privatrechtlicher) Forderungen scheidet Vollzugshilfe aus (Osterlitz EingriffsR Polizeidienst I 156).

23.1   Gemäß § 2 NRWOBG leistet die Polizei den Ordnungsbehörden Vollzugshilfe nach den Vorschriften der §§ 47–49. Die Behörden sind allerdings verpflichtet, ihre eigenen tatsächlichen und rechtlichen Möglichkeiten auszuschöpfen, bevor sie die Polizei in Anspruch nehmen. Dies ist aber nicht so zu verstehen, dass die ersuchende Behörde alle Möglichkeiten ohne Erfolg versucht haben müsste, bevor sie an die Polizei zwecks Unterstützung herantritt. Der Sinn des § 47 besteht auch darin, die Inanspruchnahme der Polizei durch andere Behörden zu beschränken. Die Ordnungsbehörden sollen ihre Aufgaben mit eigenen Dienstkräften wahrnehmen. Auch führen die Ordnungsbehörden die ihnen obliegenden Aufgaben mit eigenen Dienstkräften durch (§ 13 Abs. 1 S. 1 NRWOBG). Nach dem Grundsatz der Subsidiarität ist die Polizei zur Vollzugshilfe nur verpflichtet, wenn die Behörde nicht selbst über die hierzu erforderlichen Dienstkräfte verfügt (VG Gelsenkirchen BeckRS 2016, 45540). Da sich die Ordnungsbehörden in kommunaler Trägerschaft befinden, bedeutet die Vermehrung der Dienstkräfte kommunaler Ordnungsdienste „eine partielle Rückkehr der Kommunen in das Geschäft der Polizei" (Götz/Geis PolR § 17 Rn. 5). Nur wenn solche nicht vorhanden sind oder sie die Maßnahmen nicht selbst durchsetzen können, kann die Vollzugshilfe der Polizei in Anspruch genommen werden. Ansonsten ist jede Behörde verpflichtet, ihre Aufgaben mit eigenen persönlichen und sachlichen Mitteln zu erfüllen. Dies gilt auch für die zwangsweise Durchsetzung behördlicher Maßnahmen einschließlich der Anwendung von unmittelbarem Zwang. Dementsprechend gilt nach § 56 Abs. 1 VwVG NRW, dass ein Verwaltungsakt von der Behörde vollzogen wird, die ihn erlassen hat. Die **Vollzugspolizei soll von polizeifremden Aufgaben entlastet werden,** sie soll sich auf ihre eigentlichen Aufgaben der dringlichen Gefahrenabwehr, der Straftat- und Ordnungswidrigkeitenbekämpfung konzentrieren können und soll nicht „Mädchen für Alles im Außendienst für alle anderen Behörden spielen müssen" (Lisken/

Denninger PolR-HdB/Denninger D Rn. 224). Insofern ist Vollzugshilfe beschränkt auf die Anwendung unmittelbaren Zwanges.

Die **Vollzugshilfe ist einseitig.** Nur die Polizei kann Vollzugshilfe für die Ordnungsbe- 24 hörde leisten. Amtshilfe ist dagegen die gegenseitige Hilfeleistung von Behörden untereinander. Auch eine Ordnungsbehörde kann der Polizei Hilfe leisten.

II. Vollzugshilfe als eigene polizeiliche Aufgabe

Umstritten ist das **Verhältnis der Vollzugshilfe zur Amtshilfe.** Zum Teil wird in der 25 Vollzugshilfe ein Unterfall oder eine Sonderform der Amtshilfe gesehen (Klückmann DVBl 1977, 952 (953)), teilweise wird in ihr ein aliud gesehen (EMS BesVerwR Rn. 624). Die Frage, ob Vollzugshilfe als Amtshilfe iSd § 4 VwVfG angesehen werden kann, spielt allerdings wegen des Vorrangs der speziellen Regelungen der Vollzugshilfe praktisch keine besondere Rolle (Kopp/Ramsauer VwVfG § 4 Rn. 20). Soweit Rechtsvorschriften fehlen, sind die „materiellen" Grundsätze der Amtshilfe aber entsprechend anwendbar (SBS/Schmitz VwVfG § 4 Rn. 42).

Tatsächlich ist nach verbreiteter Auffassung Vollzugshilfe ein spezieller Fall bzw. eine besondere Form **25.1** der Amtshilfe isd §§ 4 ff. VwVfG. NRW., deren Grundsätze entsprechend anwendbar sind (zB Kingreen/ Poscher POR § 5 Rn. 8; Bial/Springer EinriffR Kap. 4 Rn. 34: „Sonderfall der Amtshilfe"; sie ist als „Unterfall der Amtshilfe" entsprechend der Begründung zu § 25 Abs. 1 MEPolG kein eigenständiges Rechtsinstitut (Tetsch/Baldarelli PolG NRW Erl. 4.2).

Die Aufgabe der Vollzugshilfe ist der Polizei aber als eigenständige Aufgabe gesetzlich 26 zugewiesen (§ 1 Abs. 3). Die Polizei handelt im Rahmen ihrer eigenen Befugnisse, weil sie eine **eigene Aufgabe** wahrnimmt (Zähle JuS 2014, 315 (317)). Zwar weist Vollzugshilfe eine **„enge Verwandtschaft"** mit der in den §§ 4 ff. VwVfG. NRW. geregelten Amtshilfe auf, gleichwohl nimmt die Polizei, anders als bei der Vollzugshilfe, keine eigene Aufgabe wahr (Schenke PolR Rn. 409).

Diese **Verwandtschaft zwischen Amts- und Vollzugshilfe** zeigt sich auch in der Verweisung **26.1** auf die entsprechende Geltung der „Grundsätze der Amtshilfe" (Abs. 2 S. 2) und in der Klausel, welche die Verantwortlichkeit der ersuchten Behörde (der Polizei) auf „die Art und Weise der Durchführung" (Abs. 2 S. 1) der Hilfe beschränkt (Lisken/Denninger PolR-HdB/Denninger D Rn. 229).

Entsprechend § 4 Abs. 2 Nr. 2 VwVfG. NRW. liegt Amtshilfe nicht vor, wenn die Hilfeleis- 27 tung in Handlungen besteht, die der ersuchten Behörde als eigene Aufgabe obliegen (Thiel PolR § 4 Rn. 15). Dies ist dann der Fall, wenn die Tätigkeit der ersuchten Behörde sich nicht erst aus dem Amtshilfevorschriften (§§ 4 ff. VwVfG. NRW.), sondern bereits aus aufgabenbegründenden Spezialvorschriften ergibt (Lisken/Denninger PolR-HdB/Denninger D Rn. 228). **Die Vollzugshilfe durch die Polizei ist somit keine Amtshilfe** (SBS/Schmitz VwVfG § 4 Rn. 42; Martens JR 1981, 353), sie stellt sich gegenüber der Amtshilfe als selbständiges Rechtsinstitut dar (Knemeyer PolR SuP Rn. 110). Dies ergibt sich auch daraus, dass die Verpflichtung zur Amtshilfe unberührt bleibt (Abs. 3). Vollzugshilfe ist mithin „**Beistandsleistung eigener Art**" (Möller/Warg PolR Rn. 45).

Vollzugshilfe liegt nicht vor, wenn die Polizei innerhalb eines bestehenden Weisungsver- 28 hältnisses (Vollzugs-) Hilfe leistet, die **Hilfeleistung in einer Handlung besteht, die der Polizei als eigene Aufgabe obliegt,** die Hilfeleistung in einer Handlung besteht, durch die nicht in die Rechte von Personen eingegriffen wird (Nr. 47.12 VVPolG NRW).

Ein „**Handeln auf Weisung**" liegt vor, wenn eine zur Weisung berechtigte Stelle die Polizei **28.1** veranlasst, im polizeilichen Aufgabenbereich und auf der Basis ihrer Befugnisse sowie mit ihrem Mitteln zu handeln, zB im Rahmen der Leitungsbefugnis der Staatsanwaltschaft (Benfer/Bial, Rechtseingriffe von Polizei und Staatsanwaltschaft, 4. Aufl. 2010, Rn. 923; Knemeyer PolR SuP Rn. 108).

III. Voraussetzungen der Vollzugshilfe

1. Behörden als Destinatäre der Vollzugshilfe

Die Vollzugshilfe wird genau wie die Amtshilfe allen Behörden auf deren Ersuchen hin 29 geleistet. „**Andere Behörden**" iSv Abs. 1 sind **alle Behörden außerhalb der Polizei,** da für die Polizei selbst die Voraussetzungen des Abs. 1 nicht vorliegen können. Die ersuchende Stelle muss eine Behörde iSd § 1 Abs. 2 VwVfG. NRW. sein, dh sie muss Aufgaben der öffentlichen Verwaltung wahrnehmen. Entsprechend Nr. 47.11 VVPolG NRW sind Behörden iSd Abs. 1 sind insbesondere alle Stellen, die Aufgaben der öffentlichen Verwaltung wahrnehmen, Gerichte, Parlamentspräsidentinnen und Parlamentspräsidenten.

30   Die **weite Auslegung des Behördenbegriffs** erfasst mithin nicht nur Behörden und Dienststellen im organisatorischen Sinne, sondern auch natürliche und juristische Personen, die als sog. Beliehene öffentlich-rechtliche Verwaltungstätigkeiten ausüben (Kay/Böcking PolR NRW Rn. 463). § 47 gilt gegenüber allen Behörden, nicht nur im Verhältnis zu den Ordnungsbehörden (Tegtmeyer/Vahle PolG NRW Rn. 1).

2. Vollzugshilfeersuchen von Gerichten

31   Schwierigkeiten bereiten Vollzugshilfeersuchen der Gerichte. Mit Ausnahme Bayerns (Art. 2 Abs. 3 BayPAG, Art. 50 Abs. 2 BayPAG), Baden-Württembergs (§ 60 Abs. 5 BWPolG) und Sachsens (§ 61 Abs. 1 SächsPolG) werden auch in anderen Ländern nur „Behörden", nicht aber „Gerichte" als Destinatäre („Nutznießer") der Vollzugshilfe erwähnt (Lisken/Denninger PolR-HdB/Denninger D Rn. 226). In Nordrhein-Westfalen sind entsprechend Nr. 47.11 VVPolG NRW Behörden iSd Abs. 1 auch Gerichte, gleichwohl ist die **Behörden-eigenschaft der Gerichte umstritten.**

31.1   Insbesondere aber Gerichte benötigen oft polizeiliche Hilfe, etwa bei der Vorführung von Zeugen oder Beschuldigten im Ermittlungsverfahren (§§ 51, 134, 135 StPO) oder zur Hauptverhandlung (§§ 51, 230 Abs. 2, 236, 329 Abs. 4 StPO). Bei vollstreckungsbedürftigen Entscheidungen wird über §§ 36 Abs. 2, 161 StPO, § 152 GVG) die Weisungsgewalt der Staatsanwaltschaft ausreichend sein, sodass ein Rückgriff auf die polizeigesetzlichen Vorschriften über die Vollzugshilfe nicht erforderlich ist. Zwangs-maßnahmen auf Verlangen der Gerichte wie zB die Vorführung nach §§ 115, 128, 129, 134 StPO werden daher nicht auf § 47 zu stützen sein (SBK PolG NRW/Schütte Rn. 2).

3. Ersuchen

32   Die Polizei leistet anderen Behörden nur auf Ersuchen Vollzugshilfe, sie wird **nicht eigen-initiativ** tätig. Der Zweck des **Ersuchenserfordernisses** liegt darin, dass die Polizei nicht aus eigener Machtvollkommenheit in den Aufgabenbereich einer anderen Behörde hinein-wirkt, sondern „auf Ersuchen", also grundsätzlich nur mit vorheriger Zustimmung der betreffenden Behörde. Der Anstoß zur Vollzugshilfe muss somit von der Behörde selbst kommen.

33   Ein Ersuchen an die Polizei um Vollzugshilfe zwecks Anwendung unmittelbaren Zwanges ist gerechtfertigt, wenn mit einer **gewissen Wahrscheinlichkeit** damit zu rechnen ist, dass die Anwendung von unmittelbarem Zwang in Betracht kommt, zB aufgrund vergangener Erfahrungen. Die Anwendung unmittelbaren Zwanges muss nicht unmittelbar bevorstehen.

34   Das **Vollzugshilfeersuchen** wird in der Regel **schriftlich** zu stellen sein (§ 48 Abs. 1). Es kann auch für eine **Serie von Maßnahmen,** nicht jedoch generell gestellt werden (Götz/Geis PolR § 17 Rn. 4).

35   Bei Vorliegen der Voraussetzungen ist die **Polizei grundsätzlich verpflichtet die Voll-zugshilfe zu leisten.** Die Polizei darf die Vollzugshilfe nicht etwa deshalb verweigern, weil sie die beabsichtigte Maßnahme für unzweckmäßig hält. Eine Ablehnung kann von der Polizei aber damit begründet werden, dass die Anwendung unmittelbaren Zwanges nach den Vorgaben des Polizeigesetzes unzulässig ist. Nicht ausreichend wäre jedoch die bloße Beanstandung der Zweckmäßigkeit der Zwangsanwendung durch die Polizei (SBK PolG NRW/Schütte Rn. 5).

36   Hält die Polizei ein an sie gerichtetes Ersuchen für nicht zulässig, teilt sie das der ersuchen-den Behörde mit. Besteht diese auf der Vollzugshilfe, entscheidet über die Verpflichtung zur Vollzugshilfe die **gemeinsame Aufsichtsbehörde** oder, sofern eine solche nicht besteht, die **für die Polizei zuständige Aufsichtsbehörde.** Dulden die Gesamtumstände nach Auffassung der ersuchenden Behörde keinen Aufschub bis zur Entscheidung der Aufsichtsbe-hörde, hat die Polizei dem Ersuchen zu entsprechen und unverzüglich ihrer Aufsichtsbehörde zu berichten.

Es darf nicht zu einer **Kompetenzerweiterung** der ersuchenden Behörde kommen. So 37
ist Vollzugshilfe nur rechtmäßig, wenn bereits die Handlungsgrundlage für die ersuchende
Behörde einen (zwangsweisen) Vollzug gestattet; die ersuchende Behörde darf sich nicht
erst durch das Vollzugshilfeersuchen an die Polizei und deren Einschaltung contra legem
(gewaltsame) Vollzugsmöglichkeiten erschließen (Thiel PolR § 4 Rn. 16). Die Rechtsfigur
der Vollzugshilfe dient der Behebung tatsächlicher, nicht aber rechtlicher Hindernisse der
Durchsetzung der Gefahrenabwehrmaßnahmen. Keinesfalls können mittels Vollzugshilfe
kompetenzielle Defizite der ersuchenden Behörde kompensiert werden (Dietlein/Heller-
mann NRWÖffR § 3 Rn. 28). Die Rechtsstellung des betroffenen Bürgers darf also nicht
verschlechtert werden.

4. Unmittelbarer Zwang

Voraussetzung für Vollzugshilfe ist, dass unmittelbarer Zwang anzuwenden ist, die anderen 38
Behörden aber nicht über die hierzu erforderlichen Dienstkräfte verfügen oder ihre Maßnahmen nicht auf andere Weise selbst durchsetzen können. Mit dieser normierten Voraussetzung
wird das **Ultima-ratio-Prinzip des unmittelbaren Zwangs** bekräftigt.

Denkbar sind Fallkonstellationen, in denen die „andere Behörde" zwar über entsprechende Dienst- 38.1
kräfte verfügt, diese aber aufgrund der Schwierigkeit des Vollzugs nicht in der Lage sind, ihre eigene
Maßnahme durchzusetzen. **Beispiel:** Der Halter eines Pkw, dem die Zulassung nach § 17 StVZO
entzogen wurde, weigert sich vehement unter Androhung von Gewalt die Zulassungsbescheinigung
(§ 11 FZV) herauszugeben und das Kennzeichen entstempeln zu lassen. Wenn Bedienstete der Straßenverkehrsbehörde nicht in der Lage sind, entsprechenden Widerstand zu überwinden, kommt Vollzugshilfe durch die Polizei in Betracht (Tegtmeyer/Vahle PolG NRW Rn. 6).

In Abgrenzung dazu liegt Amtshilfe vor, wenn die Unterstützung nicht auf den Einsatz 39
körperlicher Gewalt (unmittelbaren Zwang) ausgerichtet ist. Somit kommt Amtshilfe nur in
Frage, wenn die Polizei **Ermittlungs- oder Informationshilfe** leisten soll oder wenn
um **Ersatzvornahme durch Selbstvornahme oder um Durchführungshandlungen**
(schlicht-hoheitliche Handlungen) ersucht wird.

Die Formulierung des Abs. 1, „wenn unmittelbarer Zwang anzuwenden ist", deutet auf 40
die **Notwendigkeit eines Zwangseinsatzes** durch die Polizei hin, nicht jedoch auf das
Erfordernis der tatsächlichen Anwendung (Tetsch/Baldarelli PolG NRW Erl. 6.3.3). Wenn
die Polizei im konkreten Fall tatsächlich keinen Zwang anwenden muss, weil zB der Betroffene angesichts des angedrohten Zwangsmitteleinsatzes (§ 61 Abs. 1) „aufgibt", wird das
Ersuchen selbstredend nicht rechtswidrig.

Da Voraussetzung für Vollzugshilfe die Anwendung unmittelbaren Zwanges ist, dürfen 41
andere Zwangsmittel (**Ersatzvornahme, Zwangsgeld**) nicht in Betracht kommen oder
aber nicht erfolgversprechend sein (§ 55 Abs. 1). Diese den **unmittelbaren Zwang als
ultima ratio** kennzeichnenden Voraussetzungen gelten auch für die Durchführung der Vollzugshilfe (Tetsch/Baldarelli PolG NRW Erl. 6.3.3).

Abs. 1 legt nicht fest, dass es um unmittelbaren Zwang gegen Personen gehen muss, in Betracht 41.1
kommt auch **unmittelbarer Zwang gegen Sachen.** Nach den Regelungen anderer Polizeigesetze ist
die Vollzugshilfe dagegen nur bei der Anwendung von unmittelbaren Zwang gegen Personen gegeben
(zB § 52 Abs. 1 ASOG Bln). Dies hat indes die Konsequenz, dass das „schärfere" Mittel erlaubt, das
„mildere" dagegen verboten ist. In § 58 Abs. 1 ist der unmittelbare Zwang als Einwirkung auf Personen
oder Sachen durch körperliche Gewalt (vgl. § 58 Abs. 2), ihre Hilfsmittel (vgl. § 58 Abs. 3) und durch
Waffen (vgl. § 58 Abs. 4) definiert (grdl. Braun PSP 3/2013, 8 ff.).

§ 47 legt zwar die materiellen Voraussetzungen fest, unter denen die Polizei verpflichtet 42
ist, Vollzugshilfe zu leisten, enthält aber selbst keine Befugnis zur Anwendung unmittelbaren
Zwanges. Bei der Vollzugshilfe muss **das für die ersuchende Behörde geltende Recht
die zwangsweise Durchsetzung der Maßnahme** vorsehen. Die ersuchende Behörde
kann ein evtl. Fehlen dieser Voraussetzung nicht durch Einschaltung der Polizei umgehen
(Knemeyer PolR SuP Rn. 114).

5. Schutz von Gerichtsverhandlungen als polizeiliche Aufgabe

43 Werden polizeiliche Maßnahmen anlässlich von Gerichtsverfahren getroffen, ist wie folgt zu differenzieren: Bei **polizeilichen Maßnahmen außerhalb des Gerichtsgebäudes** (Absperrungen usw), handelt es sich um eigene Maßnahmen der Gefahrenabwehr. Die Polizei wird tätig, zB um Anschläge zu verhüten. Objektschutzmaßnahmen vor Gerichtsgebäuden stellen sich als **selbstständige Gefahrenabwehrmaßnahmen** der Polizei dar, für die es keines Vollzugshilfeersuchens bedarf (SBK PolG NRW/Schütte Rn. 2). Die Rechtsgrundlage muss sich außerhalb der §§ 47 ff. aus dem ergeben (Tegtmeyer/Vahle PolG NRW Rn. 1).

44 **Zugangskontrollen zum Gerichtsgebäude** oder die **Überwachung der Flure** usw im Gerichtsgebäude sind als **Amtshilfeleistungen der Polizei** zu qualifizieren, die der Durchsetzung des öffentlich-rechtlichen Hausrechts dienen. Inhaber des öffentlich-rechtlichen Hausrechts ist der zuständige Dienststellen- bzw. Behördenleiter, zB der Gerichtspräsident (zum Hausrecht des Gerichtspräsidenten BVerwG NJW 2011, 2530).

44.1 Das **öffentlich-rechtliche Hausrecht** kann zwar durch den zuständigen Inhaber zur Ausübung übertragen werden, zB durch eine innerdienstliche Delegation auf Behördenmitarbeiter (Ramm DVBl 2011, 1506 (1508); ausf. Peters/Lux LKV 2018, 17 ff.). Eine Übertragung dieses Hausrechts auf Polizeibeamte, das sich nicht auf die räumlichen Territorien ihrer eigentlichen Dienstbehörde bezieht, ist aber ausgeschlossen. Polizeibeamte nehmen grundsätzlich Aufgaben der Gefahrenabwehr wahr. In dieser Funktion können sie nicht zur Durchsetzung hoheitlicher Aufgaben auf ein ihnen durch den Hausrechtsinhaber übertragenes Hausrecht stützen. Sie müssen ihr Handeln auf eine gesetzliche Grundlage stellen, die zur Einschränkung etwaiger betroffener Rechte Dritter ermächtigt (Ramm DIE POLIZEI 2012, 96 (98); zum Hausverbot in öffentlichen Gebäuden Mißling NdsVBl. 2008, 267; Stelkens JURA 2010, 363). Der Erlass eines öffentlich-rechtlichen Hausverbots setzt im Übrigen stets voraus, dass ohne ein solches eine nicht hinnehmbare Störung des ordnungsgemäßen Betriebes der Verwaltungseinrichtung zu besorgen ist. Hierbei muss die Feststellung von auf Tatsachen beruhenden Störungen in der Vergangenheit die Prognose rechtfertigen, dass in Zukunft mit weiteren Störungen zu rechnen ist (VG Gelsenkirchen BeckRS 2014, 53184).

45 Ein **Amtshilfeersuchen des Gerichts,** bewaffnete Polizeibeamte zum Schutze einer Hauptverhandlung im Sitzungssaal bereitzustellen, ist eine Maßnahme ohne Außenwirkung, die Rechtsbeziehungen nur zwischen der ersuchten Polizeibehörde und dem ersuchenden Gericht begründet (OVG Berlin NJW 1973, 1246). Ergibt sich die Notwendigkeit von Maßnahmen zur Aufrechterhaltung der Ordnung im Gerichtsgebäude oder in der Sitzung, so kann die Amtshilfe der Polizei in Anspruch genommen werden (BGH NJW 1980, 249).

46 Im Rahmen von § 169 GVG kann das erkennende Gericht neben den Justizbeamten auch die **Polizei mit der Kontrolle von Personen beauftragen,** die den Sitzungssaal als Zuschauer betreten wollen. Dabei kann das Gericht auch die vorherige Durchsuchung von Zuschauern durch Polizeibeamte anordnen (Soine, Ermittlungsverfahren und Polizeipraxis, 2. Aufl. 2019, 143). Werden im Gerichtssaal Maßnahmen erforderlich, handelt es sich um **Unterstützungsleistungen für den Vorsitzenden Richter,** dem die Sitzungspolizei gem. § 176 GVG zusteht (Tegtmeyer/Vahle PolG NRW Rn. 1). Welche Sicherheitsvorkehrungen im Einzelfall notwendig und angemessen sind, entscheidet der Vorsitzende oder der Präsident nach pflichtmäßigem Ermessen (KK-StPO/Diemer GVG § 169 Rn. 10).

46.1 Die **Sitzungspolizeiliche Kompetenz** erstreckt sich in örtlicher Hinsicht auf den Sitzungssaal und die ihm vorgelagerten Räume, in personaler Hinsicht auf alle Anwesenden. Das Hausrecht des Gerichtspräsidenten wird durch das Recht und die Pflicht des Richters, die sitzungspolizeilichen Aufgaben auszuüben, verdrängt (Wagner DIE POLIZEI 1996, 121); **Sitzungspolizei verdrängt Haus- und Polizeirecht.** In sachlicher Hinsicht ist **§ 176 GVG als Generalklausel** zu verstehen (zB BVerfG NJW 2014, 3013: Sitzungspolizeiliche Anordnung zur Beschränkung der Presseberichterstattung). Dies ergibt sich aus § 177 S. 1 GVG, der „zur Aufrechterhaltung der Ordnung getroffene […] Anordnungen" voraussetzt und damit terminologisch an jene Vorschrift anknüpft. Sie befugt zu allen Anordnungen, die erforderlich sind, um die Durchführung der Sitzung zu gewährleisten. § 176 GVG erlaubt somit Maßnahmen, die über die in den §§ 177, 178 GVG vorgesehenen Möglichkeiten hinausgehen (Kee NJW 2013, 1929 (1939)). Die sitzungspolizeiliche Gewalt nach § 176 GVG kann den Vorsitzenden zB dazu ermächtigen, den Zuhörern die Mitnahme von spitzen Schreibgeräten für die Dauer der Hauptverhandlung zu untersagen (OLG Celle NStZ-RR 2016, 26; zur Rechtswegerschöpfung bei sitzungspolizeilichen Anordnungen (Strafsachen) BVerfG NJW 2015, 2175).

IV. Verantwortung für Art und Weise der Durchführung der Vollzugshilfe

1. Verantwortung für Durchführung der Vollzugshilfe

Gemäß Abs. 2 S. 1 ist die Polizei nur für die Art und Weise der Durchführung verantwort- **47** lich (Thiel PSP 4/2015, 37 (41)). Die Regelung entspricht § 7 Abs. 2 S. 2 VwVfG. NRW., wonach die ersuchte Behörde für die Durchführung der Amtshilfe verantwortlich. Die Zulässigkeit der Maßnahme richtet sich somit nach dem **Recht der ersuchenden Behörde,** während für die Durchführung der Maßnahme das **Recht der ersuchten Behörde** gilt. Im Rahmen der Vollzugshilfe überprüft die Polizei nicht die Rechtmäßigkeit der Grundmaßnahme, die vollzogen werden soll. Sie ist lediglich verantwortlich in Bezug auf die Wahl des Zwangsmittels sowie der Art und Weise seiner Anwendung (SBK EingriffsR NRW Rn. 38).

Eine Prüfung der Rechtmäßigkeit derjenigen Maßnahmen, die die ersuchte Behörde für die ersu- **47.1** chende Behörde ausführen soll, steht der ersuchten Behörde im Grundsatz nicht zu. Deshalb ist die Polizei grundsätzlich nicht verpflichtet, die Rechtmäßigkeit dieser Maßnahme zu prüfen. Die Polizei hat gegenüber dem Ersuchen im Ergebnis **keine eigene Prüfungspflicht.** Will der Betroffene gegen die Maßnahme vorgehen, muss er gegen die ersuchende Behörde vorgehen. Etwas anderes gilt, wenn er sich gegen die Art und Weise der Durchführung wehren will, dann muss er gegen die Polizeibehörde bzw. deren Rechtsträger vorgehen.

Die Rechtmäßigkeit der Maßnahme, die die ersuchte Behörde ausführen soll, liegt in **48** der **Verantwortung der ersuchenden Behörde** (§ 7 Abs. 2 S. 1 VwVfG. NRW.). Die **Verantwortlichkeiten für Primär- und Sekundärmaßnahmen** sind somit geteilt: Die Primärmaßnahme wird im Rechtsbehelfsverfahren der ersuchenden Stelle zugerechnet. Geht es dagegen um die Art und Weise der Durchführung (Sekundär- / Vollstreckungsmaßnahme), sind Mängel des Vollzugsakts gegenüber dem Träger der Polizei geltend zu machen. Dies ergibt sich unmittelbar aus Abs. 2 S. 2, nach dem die Grundsätze der Amtshilfe entsprechend gelten (Knemeyer PolR SuP Rn. 114). Bei Amts- und Vollzugshilfe ist somit die ersuchende Behörde nur bezüglich der Zulässigkeit der Vollzugshilfe und der Rechtmäßigkeit der Primärmaßnahme passiv legitimiert, dagegen der Träger der Polizei bezüglich der Art und Weise der in der Vollzugshilfe durchgeführten Maßnahme des unmittelbaren Zwanges (Martens JR 1981, 353 (357)).

Daraus ergibt sich die Konsequenz, dass im Innenverhältnis zwischen den Behörden die ersuchende **48.1** Behörde etwaige Schadensersatz- oder Entschädigungsansprüche zu tragen hat, wenn sich die Maßnahme als rechtswidrig herausstellen sollte oder es sich um eine Inanspruchnahme von Nichtstörern (§ 6) handelt. Dagegen haftet die Polizei als ersuchte Behörde für Schäden, die aus der Verletzung von Pflichten bei der Art und Weise der Durchführung entstehen. Somit ist die **rechtliche Verantwortung** (Staatshaftung) bzw. die Frage, wer richtiger Beklagter bei Rechtsbehelfen gegen Maßnahmen der Polizei im Rahmen der Vollzugshilfe, **zweigeteilt.**

Beispiel: Bei der polizeilichen Anwendung unmittelbaren Zwangs zur Durchsetzung eines öffent- **48.2** lich-rechtlichen Hausverbots kann gegenüber dem Träger der Polizei eingewendet werden, dass die Art und Weise der Ausübung unmittelbaren Zwanges unverhältnismäßig gewesen sei. Nicht hingegen können gegen den Polizeiträger gerichtete Rechtsbehelfe darauf gestützt werden, dass das Hausverbot rechtswidrig war (Schenke PolR Rn. 411).

Wird die Polizei aufgrund eines Vollzugshilfeersuchens tätig, soll sie das **nach außen zu** **49** **erkennen geben,** sofern es nicht offensichtlich ist.

2. Anwendung unmittelbaren Zwanges

Die Durchführung der Vollzugshilfe richtet sich nach dem für die Polizei geltenden Recht. **50** Die Polizei hat die Vorschriften über die Anwendung unmittelbaren Zwanges nach §§ 57 ff. **eigenverantwortlich** zu beachten, sie trägt die Verantwortung für die Art und Weise der Anwendung des unmittelbaren Zwanges. Die ersuchende Behörde hat hinsichtlich der Zwangsanwendung keinerlei Weisungsrecht.

Der von der Vollzugshilfe betroffene Bürger muss somit Beanstandungen hinsichtlich der Rechtmä- **50.1** ßigkeit der Grundmaßnahme und ihrer Vollziehung durch die Polizei ebenfalls getrennt vorbringen und entsprechende Rechtsbehelfe einlegen (SBK PolG NRW/Schütte Rn. 6).

51   Lässt das Polizeirecht die Zwangsanwendung nicht zu, darf die Polizeibehörde die gewünschte Hilfe nicht leisten. Im Übrigen sind **Beanstandungen an die ersuchende Behörde weiterzuleiten;** hiervon ist die betroffene Person zu unterrichten. Ob überhaupt unmittelbarer Zwang zulässig ist, prüft die ersuchende Behörde in eigener Verantwortung.

D. Besondere Vollzugshilfe

52   Von der allgemeinen Vollzugshilfe zu unterscheiden ist die besondere Vollzugshilfe, die außerhalb des Polizeigesetzes in bundes- oder landesrechtlichen Vorschriften geregelt ist.

I. Spezialisierte Vollzugshilfevorschriften

53   In verschiedenen **Spezialnormen** ist die Hilfe der Polizei ausdrücklich vorgesehen. Es handelt sich um zugewiesene Aufgaben gem. § 1 Abs. 4. Hiernach hat die Polizei ferner die Aufgaben zu erfüllen, die ihr durch andere Rechtsvorschriften übertragen worden sind.

53.1   Da das PolG NRW nicht nur das Recht der polizeilichen Gefahrenabwehr, sondern auch das Handeln der Polizei selbst erfasst, ist § 1 Abs. 4 auch im Sinne einer vollständigen Darstellung der Polizeiaufgaben zu verstehen. Diese Feststellung ist deshalb von Bedeutung, weil die Polizei bei der **Wahrnehmung von anderen Aufgaben** nur die in den dortigen Rechtssätzen geregelten Befugnisse hat. Ein Rückgriff auf das Polizeigesetz ist zwar nach § 8 Abs. 2 zulässig, wenn das spezielle Gesetz keine Befugnisse zur Aufgabenerfüllung nach diesem Gesetz bereithält, beschränkt sich aber auf wenige Ausnahmen (Tetsch/Baldarelli PolG NRW § 1 Erl. 4). Ein Rückgriff auf § 8 Abs. 2 ist jedenfalls dann unzulässig, wenn eine Rechtsvorschrift, die der Polizei Aufgaben zuweist, als abschließende Regelung anzusehen ist (Tegtmeyer/Vahle PolG NRW § 8 Rn. 32). Zum Beispiel hat das VersammlG weitgehend abschließenden Charakter (VGH Mannheim DÖV 1998, 650 (651)).

54   Diese **spezialisierten Vollzugshilfevorschriften** konkretisieren für bestimmte Verwaltungsaufgaben die allgemeine Verpflichtung der Polizei zur Leistung von Vollzugs- und Vollstreckungshilfe. So gilt wegen der Gewährung des erforderlichen persönlichen Schutzes anderer Vollzugskräfte und des Schutzes ihrer Vollstreckungsmaßnahmen § 65 Abs. 2 S. 2 VwVG NRW. Hiernach leistet die Polizei auf Verlangen der Vollzugsbehörde Vollzugshilfe. § 65 Abs. 2 VwVG NRW enthält somit eine Sonderregelung, die den Katalog der im Rahmen der Vollzugshilfe zulässigen Hilfsmittel im Vergleich zu § 67 VwVG NRW deutlich erweitert.

54.1   Vergleichbare Regelungen enthalten zB § 758 Abs. 3 ZPO, § 287 Abs. 3 AO, § 87 StVollzG, § 87 Abs. 3 FamFG oder § 14 Abs. 3 VwVG NRW. Solche Regelungen gehen der allgemeinen Vollzugshilfe nach § 1 Abs. 3 iVm §§ 47 ff. entsprechend dem Grundsatz „lex specialis derogat legi generali" vor. So begründet § 758 Abs. 3 ZPO zugleich die sachliche Zuständigkeit der Polizei, die sich dann aus § 1 Abs. 4 iVm § 11 Abs. 1 Nr. 1 POG NRW iVm § 758 ZPO ergibt.

1. Schutz des Gerichtsvollziehers

55   Typisches Beispiel aus der Praxis ist der Schutz von Gerichtsvollziehern (zur Stellung des Gerichtsvollziehers Glenk NJW 2014, 2315). Der Gerichtsvollzieher darf bei Widerstand Gewalt anwenden, und zwar nach seinem pflichtgemäßen Ermessen entweder persönlich oder durch Inanspruchnahme polizeilicher Hilfe (Baumbach/Lauterbach/Hartmann/Anders/Gehle, Zivilprozessordnung: ZPO, 78. Aufl. 2020, ZPO § 758 Rn. 10). Gemäß § 758 Abs. 3 ZPO kann der Gerichtsvollzieher zu diesem Zweck um Unterstützung der polizeilichen Vollzugsorgane nachsuchen. Eine **grundsätzliche Anforderung von „Polizeischutz"** dürfte aber nicht in Betracht kommen. Es müssen vielmehr zumindest Anhaltspunkte dafür vorliegen, dass mit Widerstand gerechnet werden muss (Haurand PolR 156). Der Gerichtsvollzieher entscheidet nach pflichtgemäßem Ermessen, ob er den Widerstand selbst überwinden möchte (zum Verfahren s. § 759 ZPO) oder ob er um Amtshilfe der Polizei nachsucht (Saenger/Kindl, Zivilprozessordnung: ZPO, 8. 2019, ZPO § 758 Rn. 5). Die Verantwortung für die Rechtmäßigkeit der Vollstreckung bleibt beim Gerichtsvollzieher (Musielak/Voit/Lackmann, Zivilprozessordnung: ZPO, 16. Aufl. 2019, ZPO § 758 Rn. 8; zur Erweiterung der Auskunftsrechte der Gerichtsvollzieher sa Wedel/Kraemer ZRP 2019, 148 ff.; das Land Nordrhein-Westfalen hat am 27.2.2019 einen Gesetzentwurf zur Ausweitung der Auskunftsrechte der Gerichtsvollzieher in den Bundesrat eingebracht, der am 28.6.2019 im Bundesrat mit breiter Mehrheit angenommen wurde).

Zur Vermeidung von **Gefährdungssituationen** und im Interesse einer sachgerechten und reibungs- **55.1** losen Vollstreckung haben in Nordrhein-Westfalen das Ministerium des Innern, das Ministerium der Justiz und das Ministerium der Finanzen eine Vorgehensweise vereinbart, nach der Gerichtsvollzieher und Vollstreckungsbeamte die örtlich zuständige Polizeibehörde zum Zweck der Eigensicherung über eine bevorstehende Zwangsvollstreckungsmaßnahme informieren und damit die Bitte um Auskunft verbinden, ob der Polizei in Bezug auf die betroffene Person folgende personenbezogene Hinweise vorliegen: Bewaffnet (BEWA), Gewalttätig (GEWA), Ausbrecher (AUSB), Ansteckungsgefahr (ANST), Psychische und Verhaltensstörung (PSYV), Betäubungsmittelkonsument (BTMK), Freitodgefahr (FREI), Explosivstoffgefahr (EXPL) oder weitere gefährdungsrelevante Aspekte, zB im Zusammenhang mit einer Zugehörigkeit zur Reichsbürger- und Selbstverwalterszene, bekannt sind. Voraussetzung hierfür ist, dass den Gerichtsvollzieher oder dem Vollstreckungsbeamten tatsächliche Anhaltspunkte für die Annahme vorliegen, dass es zu einem gewalttätigen Übergriff oder Widerstand kommen könnte. Bei gefahrgeneigten Vollstreckungshandlungen, wie zB Kindeswegnahmen, Räumungen und Verhaftungen, sind besonders geringe Anforderungen an die Prognose zu stellen. Im Übrigen aber reicht die bloße Vermutung nicht aus, dass eine Gefahr bestehen könnte, weil der Betroffene unbekannt ist. Die zuständige Polizeibehörde überprüft daraufhin mithilfe polizeilicher Informationssysteme, ob in Bezug auf den Betroffenen personenbezogene Hinweise vorliegen oder weitere gefährdungsrelevante Aspekte bekannt sind. Sie stellt anhand des Nationalen Waffenregisters fest, ob der Vollstreckungsschuldner legal im Besitz von Waffen ist. Soweit sich staatsschutzrelevante Hinweise ergeben, erfolgt eine weitere Abfrage bei den Dienststellen des polizeilichen Staatsschutzes. Gerichtsvollzieher bzw. Vollstreckungsbeamte können ein Ersuchen um Vollzugs- oder Amtshilfe stellen, wenn personenbezogene Hinweise oder polizeiliche Informationen zu weiteren gefährdungsrelevanten Aspekten vorliegen oder die Gerichtsvollzieher / Vollstreckungsbeamte eigene Erkenntnisse in Bezug auf ein Gefährdungspotenzial haben (Gemeinsamer Runderlass des Ministeriums des Innern, des Ministeriums der Justiz und des Ministeriums der Finanzen v. 4.12.2018, MBl. NRW. 703: **Zusammenarbeit zwischen Gerichtsvollzieherinnen und Gerichtsvollziehern beziehungsweise Vollziehungsbeamtinnen und Vollziehungsbeamten und der Polizei**).

Im Falle der **Hinzuziehung des Polizeibeamten als Zeugen** (§ 759 ZPO) leistet **56** die Polizei zwar Hilfe, aber nicht im Rahmen der Vollzugshilfe. Die Heranziehung des Polizeibeamten als Zeugen ist dann vielmehr Amtshilfe (Haurand NRWPolR 156).

Ansonsten ist die Rechtmäßigkeit der vom Gerichtsvollzieher vorgenommenen Vollstre- **57** ckungshandlung nicht **Voraussetzung für die Rechtmäßigkeit der polizeilichen Unterstützungshandlung.** Die Polizei ist auch nicht verpflichtet, die rechtlichen Voraussetzungen der vom Gerichtsvollzieher vorgesehenen Vollstreckungshandlung zu prüfen (OLG Köln NJW 1975, 889; Staack/Schwarzer DIE POLIZEI 2011, 80 (83)). Die Polizei ist somit nur für die von ihr getroffenen Zwangsmaßnahmen verantwortlich, die sich in der Anwendung von Gewalt zur Überwindung des seitens des Schuldners gegen die Vollstreckung gerichteten Widerstandes manifestiert.

Die **Anwendung von Gewalt** darf sich hierbei zB auch auf eine vorübergehende Fesselung gem. **57.1** § 62 erstrecken. Es ist nicht zu beanstanden, wenn der Schuldner, der gegen die ordnungsgemäß durchgeführte Vollstreckung Widerstand leistet, für die Dauer der Vollstreckung mit Handschellen gefesselt wird (LG Ulm DGVZ 1994, 73). Das Handeln der vom Gerichtsvollzieher hinzugezogenen Polizeibeamten kann auch dann rechtmäßig sein, wenn der Gerichtsvollzieher selbst nicht rechtmäßig handelt (OLG Köln NJW 1975, 889).

Der Polizeibeamte muss grundsätzlich darauf vertrauen können, dass die von einer anderen **58** Behörde getroffene Anordnung, die er unter **Wahrnehmung seiner Beistandspflicht** durchzusetzen oder deren Durchsetzung er durch **Schutzgewährung** zu sichern hat, auch rechtmäßig ergangen ist. Die Grenzen des Vertrauens dürften indes dort liegen, wo selbst dem zivilrechtlich nicht intensiv geschulten Polizeibeamten die Rechtswidrigkeit der Vollstreckungshandlung auffallen muss, zB im Falle der Vollstreckung ohne Vollstreckungstitel.

2. Abgrenzung: Schutzgewährung

Weder Amts- noch Vollzugshilfe ist die **Schutzgewährung zugunsten von Vollstre-** **59** **ckungsdienstkräften anderer Behörden,** die Vollstreckungshandlungen vornehmen

(Gerichtsvollzieher, Vollzugsbeamte der Ordnungsbehörden). Zwar verpflichten zB die § 758 Abs. 3 ZPO, § 87 Abs. 3 FamFG, § 65 Abs. 2 VwVG NRW die Polizei, den Vollzugs- bzw. Vollstreckungskräften im Falle von Widerstand Schutz zu gewähren. Der Schutz zB des Gerichtsvollziehers vor Angriffen ist gleichwohl **originäre polizeiliche Aufgabe** (Zähle JuS 2014, 315 (317)). Bei dieser Schutzgewährung werden Gefahren für Leib, Leben abgewehrt und damit Straftaten verhütet. Das aber ist ein (originärer) gefahrenabwehrender Auftrag der Polizei (§ 1 Abs. 1 S. 1 und S. 2).

59.1   **Beispiel:** Ein Gerichtsvollzieher will ein Räumungsurteil eines Hauseigentümers gegen Hausbesetzer vollstrecken und ersucht die Polizei um Unterstützung. Vollzugshilfe liegt vor, wenn passiver Widerstand der Hausbesetzer durch Heraustragen (unmittelbarer Zwang) gebrochen werden soll. Dagegen nimmt die Polizei eine eigene Aufgabe der Gefahrenabwehr wahr, wenn der Gerichtsvollzieher bei der Übergabe des Räumungsurteils vor Angriffen geschützt wird (Kingreen/Poscher POR § 24 Rn. 17).

60   Nur wenn **unmittelbarer Zwang zur direkten Durchsetzung der Vollzugs- bzw. Vollstreckungshandlung** angewandt wird, liegt Vollzugshilfe iSd § 47 vor (Tegtmeyer/Vahle PolG NRW Rn. 3).

60.1   **Beispiel:** Kreise und kreisfreie Städte werden als untere Schornsteinfegeraufsicht unter anderem im Rahmen der Vollstreckung der dem Eigentümer obliegenden Veranlassungspflichten nach dem SchfHwG (Gesetz über das Berufsrecht und die Versorgung im Schornsteinfegerhandwerk v. 26.11.2008, BGBl. I 2242) tätig und bitten die örtliche zuständige Kreispolizeibehörde um Begleitung der Vollstreckungshandlungen des bevollmächtigten Bezirksschornsteinfegers. Die Vollstreckung erfolgt in regelmäßig in Form der **Ersatzvornahme,** bei der die bevollmächtigte Bezirksschornsteinfeger mit der Durchführung der ausstehenden Schornsteinfegerarbeiten beauftragt wird. Liegen Anhaltspunkte dafür vor, dass es bei der Vollstreckung zu Gefährdungen von Leben und Gesundheit der beteiligten Personen kommen könnte, hat die Polizei in eigener Zuständigkeit tätig zu werden (Schutzgewährung). Da regelmäßig im Wege der Ersatzvornahme vollstreckt wird, scheidet Vollzugshilfe nach § 47 aus, da hier die Anwendung unmittelbaren Zwanges vorausgesetzt wird. Sollte es im Einzelfall zu Widerstandshandlungen kommen, leistet die Polizei Vollzugshilfe gem. § 65 Abs. 2 S. 2 VwVG NRW.

60.2   Das Ministerium für Inneres und Kommunales des Landes Nordrhein-Westfalen teilt mit Erlass v. 14.4.2014 – 402-57.01 mit, dass eine **generelle polizeiliche Begleitung von derartigen Amtshandlungen auch nicht in Betracht kommt.** Die für eine Schutzgewährung erforderliche konkrete Gefahrenlage kann sich zB ergeben, wenn die um Hilfe ersuchende Ordnungsbehörde der Polizei konkrete Bedrohungen oder entsprechende Vorfälle bei früheren Vollstreckungshandlungen mitteilt. Zur Annahme einer konkreten Gefährdung genügt es dagegen nicht, wenn die betroffenen Personen, bei denen zB Schornsteinfegerarbeiten durchgeführt werden sollen, trotz mehrfacher Aufforderung entsprechende Arbeiten nicht ermöglicht und sich zur Sache nicht geäußert haben. Entsprechende Ersuchen sind dann abzulehnen.

II. Abgrenzung: Maßnahmen des ersten Zugriffs

61   Die Vollzugshilfe ist abzugrenzen von polizeilichen Maßnahmen des „ersten Zugriffs", bei denen die Polizei für andere – eigentlich zuständige – Behörden handelt (Schenke PolR Rn. 409). Maßnahmen im Rahmen dieser (echten) **Eilzuständigkeit** (§ 1 Abs. 1 S. 3) sind mithin keine Vollzugshilfe.

61.1   Bei dieser der Polizei zukommenden **subsidiären Zuständigkeit** geht es aber nicht um ein „Vorrangrecht" der Polizei, sondern vielmehr darum, dass der Subsidiaritätsgedanke dann nicht greift, wenn andere – parallel zuständige – Behörden nicht rechtzeitig einschreiten können. Ein **nicht rechtzeitiges Einschreiten der Ordnungsbehörden** ist insbesondere dann anzunehmen, wenn Einsätze außerhalb der Dienstzeit der Ordnungsbehörde notwendig sind oder ein besonders schnelles Einschreiten erforderlich ist (Dietlein/Hellermann NRWÖffR § 3 Rn. 26). Die Eilkompetenz wird in der Praxis regelmäßig vor allem dann relevant, wenn Einsätze außerhalb der Dienstzeiten der (bürokratisch organisierten) Ordnungsverwaltung erforderlich sind oder auch wenn die Behörden möglichst schnell vor Ort sein müssen (Schroeder PolR NRW Rn. 49).

E. Anwendung der Grundsätze der Amtshilfe

62   Die Grundsätze der Amtshilfe gelten im Rahmen der Vollzugshilfe entsprechend (Abs. 2 S. 2). Diese ergeben sich aus den §§ 4–8 VwVfG. NRW. Diese **Amtshilfevorschriften**

setzen die in Art. 35 GG enthaltene (allgemeine) Verpflichtung der Gerichte und Behörden des Bundes und der Länder zu gegenseitiger Rechts- und Amtshilfe für den Bereich der Verwaltung in einfaches Recht um (Kopp/Ramsauer VwVfG § 4 Rn. 1). Die Amtshilfe ist ihrer Funktion nach eine gegenseitige Beistands- und Unterstützungspflicht zwischen Behörden und daher ein Kooperationsinstrument (SBS/Schmitz VwVfG § 4 Rn. 5). Die Rechtsprechung und das Schrifttum deuten die Amtshilfe vielfach dahingehend, dass sie sich auf das Prinzip der Einheit der Staatsgewalt zurückführen lässt (BVerfGE 7, 183 (190) = NJW 1958, 97: „Darin [scilicet: in Art. 35 Abs. 1 GG] kommt die Einheit des Staatsorganismus zum Ausdruck") und zugleich ein Mittel ist, um diesem Prinzip zur Geltung zu verhelfen. „Gemeint ist damit im Kern, dass es staats- und verwaltungsrechtlich eine in föderaler, sachlicher, instanzieller und örtlicher Hinsicht gegliederte Behördenzuständigkeit im Hinblick auf die Erledigung von Verwaltungsaufgaben gibt und diese Gliederung zunächst bedeutet, dass jede Behörde nur für ihren Bereich zuständig ist. Dieser gegliederte Ansatz soll jedoch nicht dazu führen, dass in dem Falle, dass eine Behörde ihre Aufgaben allein nicht oder nicht optimal ausführen kann, die Aufgabenerfüllung unterbleibt oder unzureichend erfolgt. Daher dient die Amtshilfe dazu, dass die Verwaltung – einheitlich betrachtet – letztlich doch zu optimaler Aufgabenerfüllung in die Lage versetzt wird" (Hebeler JA 2019 881 (882)). Mit der Amtshilfe geht ein **Übergang der Weisungsgewalt** auf die ersuchende Behörde gegenüber der Polizei einher (Zähle JuS 2014, 315 (318)).

I. Begriff der Amtshilfe

Der Begriff der Amtshilfe wird bereits von Art. 35 Abs. 1 GG vorausgesetzt (Kopp/ 63 Ramsauer VwVfG § 4 Rn. 1; Schlink, Amtshilfe, 1982, 56) und wird von einer jahrzehntelangen Tradition in Verwaltungspraxis und Rechtsprechung ausgefüllt und hierdurch von der Vollzugshilfe, Rechtshilfe, Organleihe oder Beleihung abgegrenzt. Die Amtshilfe ist verfassungsrechtlich in Art. 35 GG und einfachgesetzlich in §§ 4–8 VwVfG. NRW. normiert. In dem drei Absätze umfassenden Art. 35 GG taucht der Begriff der Amtshilfe zwar nur in Art. 35 Abs. 1 GG auf, jedoch handelt es sich der Sache nach in Art. 35 Abs. 2, Abs. 3 GG ebenso um amtshilfebezogene – nämlich besondere Formen der Amtshilfe betreffende – Regelungen. Gemäß Art. 35 Abs. 1 GG leisten sich alle Behörden des Bundes und der Länder gegenseitige Rechts- und Amtshilfe. Dabei handelt es sich um eine Konkretisierung des in Art. 20 Abs. 1 GG verankerten Bundesstaatsprinzips, die der Herstellung eines **föderalen Kooperationsverbundes** im Sinne einer gesamtstaatlichen Informations- und Handlungseinheit dient, ohne jedoch die Kompetenzverteilung zwischen den Behörden aufzuheben (Banafsche VerwArch 2016, 568 (573)). Indes gehört das Rechtsinstitut der Amtshilfe – trotz verfassungsrechtlicher Fundierung in Art. 35 Abs. 1 GG – nicht zu denjenigen Gebieten des Verwaltungsrechts, denen eine besondere Aufmerksamkeit zuteilwird. Dieser Befund dürfte sich daraus erklären, dass der Vorgang der Amtshilfegewährung regelmäßig dem Bürger gegenüber nicht nach außen hervortritt, sondern verwaltungsintern bleibt. Besonders die Anwendung des allgemein-verwaltungsrechtlichen Instituts der Amtshilfe im besonderen Verwaltungsrecht scheint kaum betrachtet zu werden (zur Amtshilfe im Spiegel der versammlungsrechtlichen Rechtsprechung ausf. Beckermann DVBl 2019, 407 ff.). Als „Rahmenvorschrift" (v. Mangoldt/Klein, Das Bonner Grundgesetz, Bd. II, 2. Aufl. 1964, GG Art. 35 Anm. II 4) bedarf Art. 35 Abs. 1 GG seinerseits der einfachgesetzlichen Konkretisierung, die in den §§ 4–8 VwVfG, den §§ 3–7 SGB X sowie den §§ 111–116 AO ihren Ausdruck gefunden hat. Die §§ 4–8 VwVfG bilden innerhalb des Teils 1 des VwVfG den Abschnitt II, und dieser Abschnitt ist mit „Amtshilfe" überschrieben. Ausweislich der jeweiligen Paragraphenüberschrift regelt § 4 VwVfG die Amtshilfepflicht, § 5 VwVfG die Voraussetzungen und Grenzen der Amtshilfe, § 6 VwVfG die Auswahl der Behörde, § 7 VwVfG die Durchführung der Amtshilfe und § 8 VwVfG die Kosten der Amtshilfe. Dies sind die allgemeinen verwaltungsgesetzlichen Amtshilferegelungen. Es gibt ferner spezialgesetzliche Amtshilferegelungen (ausf. Hebeler JA 2019, 881 ff.). Amtshilfe ist die durch eine Behörde einer anderen Behörde auf deren Ersuchen geleistete ergänzende Hilfe (§ 4 Abs. 1 VwVfG. NRW.). Konstitutive Merkmale für Amtshilfe sind somit, dass eine Behörde ein Ersuchen an eine andere Behörde stellt und dieses Ersuchen darin besteht, ergänzende Hilfe zu leisten. Amtshilfe führt auf beiden Seiten nur zu einer Erweiterung des tatsächlichen Könnens, nicht des rechtlichen Dürfens (Tellenbröker DIE POLIZEI 2015, 263 (265)).

63.1 Die Amtshilfe reicht weiter als die Vollzugshilfe. Sie erfasst typischerweise Amtshandlungen, die die ersuchende Behörde zB wegen der örtlichen Distanz nicht selbst vornehmen kann. Eine Amtshilfe ist genau wie die Vollzugshilfe der Polizei stets eine vorübergehende Unterstützung („ergänzende Hilfe") und darf nicht zum Dauerzustand verkommen. Dadurch grenzt sich die Amtshilfe ua von der **Organleihe** ab. Bei einer Organleihe wird ein Organ eines Rechtsträgers ohne Verlagerung von Kompetenzen ermächtigt und beauftragt, einen Aufgabenbereich eines anderen Rechtsträgers im Außenverhältnis wahrzunehmen und dabei im eigenen Namen zu handeln (Maurer/Waldhoff AllgVerwR § 21 Rn. 54), sodass es bei der Organleihe am Merkmal der lediglich ergänzenden Hilfe fehlt. Nimmt eine Behörde dauerhaft Aufgaben anderer Behörden wahr kann dies ggf. nur noch über eine Organleihe erklärt werden (SBK PolG NRW/Schütte Rn. 7). Amtshilfe darf mithin nicht zu einer Dauermaßnahme der an sich unzuständigen Behörde für die dem Grunde nach zuständige Behörde führen. Dies ist schlichtweg verfassungswidrig (Sadler DIE POLIZEI 2003, 194 (195)).

64 Eine grundlegende **Aufgaben- oder Kompetenzverschiebung** kann über Amts- oder Vollzugshilfe nicht etabliert werden.

64.1 So wäre zB ein Vollzugshilfeersuchen der Ordnungsbehörde an die staatliche Vollzugspolizei zur Beschlagnahme von Beweisgegenständen in Ermangelung einer eigenen Kompetenz zur Strafverfolgung auf Seiten der Ordnungsbehörde lediglich als Hinweis oder Anregung zur Aufnahme von Ermittlungen umzudeuten (SBK PolG NRW/Schütte Rn. 8).

1. Ergänzende Hilfe

65 Aus dem Kriterium der „ergänzenden" Hilfe (§ 4 Abs. 1 VwVfG. NRW.) folgt, dass als Amtshilfe **nur (subsidiäre) Unterstützungshandlungen** zu einem „fremden" Hauptverfahren (in § 7 Abs. 1 VwVfG. NRW. „Maßnahme" genannt) einer anderen Behörde, also in fremdem Interesse in Betracht kommen. Ergänzende Hilfe bedeutet, dass die ersuchte Behörde nicht an die Stelle der ersuchenden Behörde tritt, sondern diese lediglich unterstützt. Amtshilfe hat sich auf **Unterstützung durch Teilmaßnahmen** zu beschränken. Die Hilfeleistung darf somit nur ergänzenden Charakter haben. Amtshilfe darf nicht mit einer vollständigen Übernahme von Verwaltungsaufgaben einhergehen (BVerfG NVwZ 2011, 1254).

65.1 Die Begriffsdefinition des § 4 Abs. 1 VwVfG. NRW. enthält zwar die wichtigsten Begriffsmerkmale, erweist sich aber als unvollständig. Unter Amtshilfe ist einschränkend nur die Vornahme von Handlungen rechtlicher oder tatsächlicher Art auf das Ersuchen einer Behörde durch eine andere Behörde zur Unterstützung einer Amtshandlung der ersuchenden Behörde im Einzelfall zu verstehen (Kopp/Ramsau § 4 Rn. 10). Die **Herrschaft über die Maßnahme,** zu der die Hilfe erbeten wird, muss bei der ersuchenden Behörde verbleiben, sie ist „Herrin des Verfahrens", während die ersuchte Behörde auf unterstützende Maßnahmen untergeordneter Art beschränkt bleiben muss (Martens JR 1981, 353).

2. Einzelfall

66 Die Amtshilfe muss grundsätzlich für den Einzelfall erbeten und gewährt werden. Ein allgemeines, etwa durch schlechte personelle oder sachliche Ausstattung bestehendes Defizit kann von der ersuchenden Behörde nicht durch Amtshilfeersuchen ausgeglichen werden. Eine auf eine längere Zeit oder auf Dauer angelegte Zusammenarbeit für ein bestimmtes Bündel von gleichartigen Verwaltungsaufgaben zwischen verschiedenen Behörden, auch wenn sie aus Effektivitäts- oder Wirtschaftlichkeitsgesichtspunkten unterhalten wird, kann den **Unterstützungscharakter überschreiten** und jedenfalls begrifflich als Amtshilfe ausscheiden (SBS/Schmitz VwVfG § 4 Rn. 30).

3. Ersuchen

67 Es muss stets ein Ersuchen vorliegen, mithin die **Aufforderung einer anderen Behörde.** Wird eine Behörde von sich aus tätig, liegt keine Amtshilfe vor. Die Unterstützung einer Organisationseinheit innerhalb einer Behörde ist schon begrifflich keine Amtshilfe. Amtshilfe wird nicht von Amts wegen gewährt. Das Ersuchen muss deutlich werden lassen, aus welchem

Grunde die ersuchende Behörde der Hilfe bedarf und konkret bezeichnen, welche Unterstützungshandlung von der ersuchten Behörde erbeten wird. § 4 Abs. 1 VwVfG. NRW. regelt nicht, wie dieses Ersuchen beschaffen sein muss, sodass es an keine bestimmte Form gebunden ist. Das Ersuchen, dh die Entscheidung, ob und worum eine Behörde eine andere Behörde ersucht, steht im Ermessen der ersuchenden Behörde. Die Notwendigkeit einer zeitnahen Umsetzung des Ersuchens bindet das indes Entschließungsermessen. Allerdings besteht ein Auswahlermessen der Polizei bei unmittelbarem Zwang im Einzelfall auch unter Berücksichtigung taktischer Gesichtspunkte (Baldarelli/v. Prondzinski, Polizeigesetz Nordrhein-Westfalen, 2019, 194). Das Ersuchen um Vollzugshilfe ist mangels Regelung iSv § 35 S. 1 VwVfG. NRW. kein Verwaltungsakt (BVerwG NJW 2018, 716 mAnm Kutscha GSZ 2018, 108: Tiefflug eines Tornado-Kampfflugzeugs über Demonstranten-Camp). Der Bürger hat kein subjektives Recht darauf, dass eine Behörde gegenüber einer anderen Behörde mittels eines Ersuchens ein Amtshilfeverfahren anstrengt. Ein solches subjektives öffentliches Recht würde nach der Schutznormtheorie (Erbguth/Guckelberger, Allgemeines Verwaltungsrecht, 9. Aufl. 2017, § 9 Rn. 3 f.) erfordern, dass die §§ 4–8 VwVfG ihrem Regelungszweck nach maßgeblich darauf ausgerichtet sind, den Interessen des Bürgers zu dienen. Dem ist nicht so, denn der Sinn und Zweck der Amtshilfe ist es, der Verwaltung verbesserte Aufgabenbewältigungsmöglichkeiten einzuräumen (Hebeler JA 2019, 881 (885)).

4. Negativabgrenzung

§ 4 Abs. 2 VwVfG. NRW. grenzt zunächst einmal (negativ) dahingehend ab, dass Amtshilfe **68** nicht vorliegt, wenn Behörden einander innerhalb eines bestehenden **Weisungsverhältnisses** Hilfe leisten (§ 4 Abs. 2 Nr. 1 VwVfG. NRW.) oder die Hilfeleistung in Handlungen besteht, die der ersuchten Behörde als **eigene Aufgabe** obliegen (§ 4 Abs. 2 Nr. 2 VwVfG. NRW.). Die Ausgrenzungen des § 4 Abs. 2 VwVfG. NRW. beschränken den Bereich der polizeilichen Amtshilfe (Kopp/Ramsauer VwVfG § 4 Rn. 2). Liegt ein bestehendes Weisungsverhältnis vor, sind Handlungen vom Begriff der Amtshilfe ausgenommen. Nach dem Wortlaut des § 4 Abs. 2 Nr. 1 VwVfG. NRW. („einander") muss dies auch für den Fall gelten, dass die **übergeordnete Behörde einer nach geordneten Behörde Hilfe leistet** (Kopp/Ramsauer VwVfG § 4 Rn. 15).

Wenn man § 4 Abs. 2 Nr. 2 VwVfG. NRW. ohne Sinnverzerrung umformuliert, so lässt **69** sich sagen, dass Amtshilfe stets die **Erfüllung fremder Aufgaben** ist (Hebeler JA 2019, 881 (882)). Aufgaben, die einer Behörde als „eigene Aufgaben" obliegen, können nicht, auch nicht zugleich, als Amtshilfe erfüllt werden; dies auch dann nicht, wenn sie im konkreten Fall der Unterstützung der Tätigkeit einer anderen Behörde dienen (VG Berlin NJW 1984, 1915; sa Ziekow, Verwaltungsverfahrensgesetz, 4. Aufl. 2020, VwVfG § 4 Rn. 12). Um eine **eigene Aufgabe** handelt es sich, „wenn die in Frage stehende Handlung nicht nur in den Zuständigkeitsbereich der ersuchten Behörde fällt (was auch Voraussetzung für die Amtshilfeleistung ist), sondern aufgrund eines Gesetzes, einer Rechtsverordnung, Satzung oder Verwaltungsvorschrift unabhängig von dem Amtshilfeersuchen eine selbständige Verpflichtung zu dem Verwaltungshandeln bzw. zu einer ermessensfehlerfreien Entscheidung über dieses besteht" (Kopp/Ramsauer VwVfG § 4 Rn. 17). Eine „eigene Aufgabe" wird angenommen, wenn das Amtshilfeersuchen lediglich ein Hinweis auf eine ohnehin bestehende Tätigkeitspflicht der ersuchten Behörde ist oder wenn eine spezielle Vorschrift den Rechts- und Pflichtenkreis der ersuchten Behörde regelt (VG Karlsruhe Urt. v. 23.7.1981 – 6 K 23/81). Letzteres ist insbesondere der Fall bei dem kraft Gesetzes bestimmungsgemäßen Zusammenwirken zweier Behörden (vgl. BVerwG DÖV 1969, 433).

Beispiel: Im Verlaufe einer Demonstration schützt die Polizei ein Amtsgebäude vor gewalttätigen **69.1** Demonstranten. Hier obliegt der Polizei schon aufgrund § 1 Abs. 1 der Schutz des Gebäudes. Amtshilfe liegt nicht vor, die Polizei handelt aus eigenem Auftrag.

Beispiel: An einem Einsatzort bittet der Einsatzleiter der Feuerwehr die Polizei den von ihm **69.2** erteilten Platzverweis (§ 34 Abs. 2 BHKG) gegen einen störenden Gaffer zu vollziehen (zusf. Schneider, Brandschutz-, Hilfeleistungs-, Katastrophenschutzgesetz Nordrhein.-Westfalen, 9. Aufl. 2016, BHKG § 34 Rn. 12). Zwar steht der Feuerwehr das Mittel des unmittelbaren Zwangs grundsätzlich zu (§ 55 Abs. 1, Abs. 2 VwVG NRW, § 57 Abs. 1 Nr. 3 VwVG NRW, § 62 VwVG NRW) und sie verfügt auch über die notwendigen Vollzugskräfte (§ 66 Abs. 1 VwVG NRW, § 68 Abs. 1 Nr. 11 VwVG NRW: die im Einsatz dienstlich tätigen Angehörigen der Feuerwehr; zur Vollstreckung Kniesel/Braun/Keller, Besonderes Polizei- und Ordnungsrecht, 2018, Rn. 703 ff.), die Vollzugshilfe obliegt jedoch nach § 47 Abs. 1 der Polizei als eigene Aufgabe (§ 4 Abs. 2 Nr. 2 VwVfG. NRW.) und geht daher der Amtshilfe vor. Dass nach § 47 Abs. 3 die Verpflichtung zur Amtshilfe unberührt bleibe, verdeutlicht nur, dass die Vollzugshilfe keine abschließende Regelung hinsichtlich der Unterstützung anderer Behörden durch die Polizei trifft (Tellenbröker DIE POLIZEI 2015, 263 (266)). Gemäß § 34 Abs. 3 S. 1 BHKG nimmt die Polizei eigene Aufgaben nach § 1 wahr.

70   Nach den Ausgrenzungen des § 4 Abs. 2 VwVfG. NRW. bleibt zu fragen, welche polizeilichen Amtshandlungen als Amtshilfeleistungen in Betracht kommen. Eine enumerative Aufzählung lässt sich nicht geben. Amtshilfe kann sowohl in **verwaltungsinternen Maßnahmen** (zB Bereitstellung von Räumen) wie in **Rechtshandlungen und Realakten mit Außenwirkung bestehen,** zB durch die Einholung von Auskünften (Schnapp DVBl 1987, 561 (562)).

5. Gesteigerte Amtshilfe

71   Die sog. gesteigerte Amtshilfe ist mit **Eingriffen in Rechte Dritter im Außenverhältnis** verbunden, geht also über das bloße innerbehördliche Verhältnis hinaus und bedarf daher einer **gesetzlichen Ermächtigung.** Auch sie kann begrifflich noch zur Amtshilfe gerechnet werden, soweit sie Hilfe in fremdem Verfahren darstellt und Ergänzungsfunktion hat. Auch bei einer solchen Eingriffsbefugnis gelten aber die Voraussetzungen und Grenzen des § 5 VwVfG. NRW. Außerdem wird „gesteigerte" Amtshilfe oft als eigene Angelegenheit wahrgenommen und scheidet aus dem (engen) Amtshilfebegriff gem. § 4 Abs. 2 Nr. 2 VwVfG. NRW. aus (SBS/Schmitz VwVfG § 4 Rn. 29).

II. Voraussetzungen und Grenzen der Amtshilfe

1. Voraussetzungen für ein Amtshilfeersuchen

72   § 5 Abs. 1 VwVfG. NRW. nennt beispielhaft die wesentlichen Voraussetzungen, unter denen um Amtshilfe ersucht werden darf. Sie lassen sich dahingehend zusammenfassen, dass die ersuchende Behörde aus **rechtlichen oder tatsächlichen Gründen** auf die Hilfeleistung angewiesen sein muss.

72.1   Entsprechend § 5 Abs. 1 Nr. 1–5 VwVfG. NRW. kann eine Behörde um Amtshilfe insbesondere dann ersuchen, wenn sie
- aus rechtlichen Gründen die Amtshandlung nicht selbst vornehmen kann (§ 5 Abs. 1 Nr. 1 VwVfG. NRW.),
- aus tatsächlichen Gründen, besonders weil die zur Vornahme der Amtshandlung erforderlichen Dienstkräfte oder Einrichtungen fehlen, die Amtshandlung nicht selbst vornehmen kann (§ 5 Abs. 1 Nr. 2 VwVfG. NRW.),
- zur Durchführung ihrer Aufgaben auf die Kenntnis von Tatsachen angewiesen ist, die ihr unbekannt sind und die sie selbst nicht ermitteln kann (§ 5 Abs. 1 Nr. 3 VwVfG. NRW.),
- zur Durchführung ihrer Aufgaben Urkunden oder sonstige Beweismittel benötigt, die sich im Besitz der ersuchten Behörde befinden (§ 5 Abs. 1 Nr. 4 VwVfG. NRW.),
- die Amtshandlung nur mit wesentlich größerem Aufwand vornehmen könnte als die ersuchte Behörde (§ 5 Abs. 1 Nr. 5 VwVfG. NRW.).

72.2   **Beispiel:** Bittet der Einsatzleiter der Feuerwehr (mangels Personal) die Polizei zur Unterstützung ein paar Schläuche zu verlegen (§ 5 Abs. 1 Nr. 2 VwVfG. NRW.) oder leiht sich die Polizei, während die Feuerwehr bei einem Verkehrsunfall mit der Rettung von Personen aus einem Pkw beschäftigt ist, von dieser einen Sack Bindemittel aus, um eine Ölspur abzustreuen, so handelt es sich hierbei um unproblematische Fälle der Mittelbereitstellung. Allerdings ist das Abstreuen der Ölspur keine Amtshilfe, da dies aufgrund der gegenwärtigen Verhinderung der Feuerwehr eine eigene Aufgabe der Polizei im Rahmen ihrer Eilkompetenz ist (§ 1 Abs. 1 S. 3; Tellenbröker DIE POLIZEI 2015, 263 (266)).

73   Hervorgehoben sei die Bestimmung nach § 5 Abs. 1 Nr. 1 VwVfG. NRW., wonach eine Behörde um Amtshilfe ersuchen kann, wenn sie **aus rechtlichen Gründen die Amtshandlung nicht selbst vornehmen kann.** Zu denken wäre hier an eine fehlende örtliche oder sachliche Zuständigkeit für den in Rede stehenden Teilakt. Allerdings erweitert diese

Vorschrift, wie sich auch aus § 7 Abs. 1 VwVfG. NRW. ergibt, nicht die der ersuchenden Behörde zustehenden Aufgaben und Befugnisse. Ein Vorhaben, das eine Behörde selbst nicht durchführen dürfte, darf sie auch nicht im Wege der Amtshilfe durch eine andere Behörde durchführen lassen (Martens JR 1981, 353 (355)).

Die praktisch bedeutsamen Fälle des § 5 Abs. 1 Nr. 2 VwVfG. NRW., also die Fälle, **74** in denen die ersuchende Behörde aus **tatsächlichen Gründen** nicht in der Lage ist, die Amtshandlung vorzunehmen, werden vom Gesetz selbst hervorgehoben, nämlich das Fehlen der erforderlichen Dienstkräfte und Einrichtungen. Dabei rechtfertigt es die Bestimmung nicht, dauerhafte Defizite in diesen Bereichen zu kompensieren. Richtigerweise sollte allerdings kein übertrieben strenger Maßstab angelegt und die Vorschrift nicht zu engherzig ausgelegt werden mit dem Ziel, eine **flexible Handhabung** zu eröffnen (BeckOK VwVfG/Funke-Kaiser VwVfG § 5 Rn. 11).

Ansonsten kann eine Behörde gem. § 5 Abs. 1 Nr. 3 VwVfG. NRW. um Amtshilfe **75** insbesondere dann ersuchen, wenn sie zur Durchführung ihrer Aufgaben auf die Kenntnis von Tatsachen angewiesen ist, die ihr unbekannt sind und die sie selbst nicht ermitteln kann.

Beispiel: Die Ordnungsbehörde bittet die Polizei um Übermittlung von Unfallzahlen an einer **75.1** bestimmten Kreuzung (§ 5 Abs. 1 Nr. 3 VwVfG. NRW.).

Für die Fälle des § 5 Abs. 1 Nr. 5 VwVfG. NRW., in denen die ersuchende Behörde an **76** sich rechtlich oder tatsächlich in der Lage wäre, die Amtshandlung selbst vorzunehmen, aber dies nur mit wesentlich größerem Aufwand könnte als dies bei einer anderen Behörde der Fall wäre, wird die Inanspruchnahme dieser anderen Behörde zugelassen, um den **Grundsätzen der Wirtschaftlichkeit und Effektivität,** insgesamt dem Verhältnismäßigkeitsgrundsatz Rechnung zu tragen (BeckOK VwVfG/Funke-Kaiser VwVfG § 5 Rn. 22).

Die Polizei hat anderen Behörden entsprechend Amtshilfe zu leisten, wenn die Behörde **77** aufgrund rechtlichen oder tatsächlichen Unvermögens auf Hilfe angewiesen ist oder selbständiges Handeln der ersuchenden Behörde wirtschaftlich unvertretbar ist oder die Polizei die Aufgabe wesentlich einfacher und zweckmäßiger leisten kann und keine **obligatorischen Verbotsgründe** entgegenstehen (§ 5 Abs. 2 VwVfG. NRW.) oder keine **fakultativen Weigerungsgründe** (§ 5 Abs. 3 VwVfG. NRW.) durchgreifen.

2. Obligatorisches Verbot einer Amtshilfeleistung

Gemäß § 5 Abs. 2 Nr. 1 VwVfG. NRW. darf die ersuchte Behörde Hilfe nicht leisten, **78** wenn sie hierzu **aus rechtlichen Gründen nicht in der Lage** ist. Durch diese Vorschrift werden, auf die für die ersuchte Behörde jeweils geltenden rechtlichen Gründe verwiesen, die im Hinblick auf eine Amtshilfeleistung im Wege stehen. Mithin ist die Erbringung von Amtshilfe verboten, wenn sich eben diese Maßnahme als rechtswidrig erweist (Schnapp DVBl 1987, 561 (563)).

Darüber hinaus darf gem. § 5 Abs. 2 Nr. 2 VwVfG. NRW. die ersuchte Behörde Hilfe **79** nicht leisten, wenn durch die Hilfeleistung **dem Wohl des Bundes oder eines Landes erhebliche Nachteile bereitet würden.** Solche erheblichen Nachteile können sowohl im Bereich öffentlich-rechtlicher wie auch privatrechtlicher Verwaltungstätigkeit entstehen. In der Regel betreffen sie die äußere oder innere Sicherheit, einschließlich der Funktionsfähigkeit bedeutsamer staatlicher Einrichtungen (BeckOK VwVfG/Funke-Kaiser VwVfG § 5 Rn. 39).

3. Sperrwirkung von Geheimhaltungsvorschriften

§ 5 Abs. 2 S. 2 VwVfG. NRW. schließt eine Amtshilfeverpflichtung aus in Form der **80** Vorlage von **Urkunden oder Akten sowie die Erteilung von Auskünften** aus, wenn die Vorgänge nach einem Gesetz oder ihrem Wesen nach geheim gehalten werden müssen. Diese Regelung ergänzt das Amtshilfeverbot nach § 5 Abs. 2 S. 1 Nr. 1 VwVfG. NRW. und hebt die **besonderen Geheimhaltungspflichten** dadurch hervor.

Für die polizeiliche Amtshilfe spielt die Frage der **Geheimhaltungsbedürftigkeit** eine **81** besondere Rolle, wenn um die Übermittlung personenbezogener Informationen ersucht wird. Indes sind Bestimmungen über Amtshilfevorschriften nicht in der Lage, Geheimhaltungsvorschriften in ihrem Geltungsbereich zu suspendieren; Amtshilferegeln können **keine Befugnis zum Geheimnisbruch** verleihen (Schnapp DVBl 1987, 561 (563)).

81.1   Gesetzliche Geheimhaltungspflichten finden sich in einer Vielzahl von Vorschriften in völlig unterschiedlichen thematischen Zusammenhängen, die in ihrem jeweiligen Umfang nach und ihrer Reichweite entsprechend auch im Rahmen der Amtshilfe zu beachten sind, sofern die Betroffenen, deren Schutz das Gebot dient, nicht einer Offenbarung zugestimmt haben und das Einverständnis auch nicht mit unlauteren Mitteln herbeigeführt worden war (BeckOK VwVfG/Funke-Kaiser VwVfG § 5 Rn. 44). Zu nennen sind zB im Steuer- und Abgabenrecht das **Steuergeheimnis** (§ 30 AO), in Art. 10 GG und §§ 39 ff. PostG bzw. §§ 88 ff. TKG das **Post- und Fernmeldegeheimnis,** im **ärztlichen Berufsrecht** und in § 203 Abs. 1 Nr. 1 StGB das **Arztgeheimnis,** in eingeschränktem Umfang auch das Bankgeheimnis (§ 9 KWG, § 30a AO) und das Sozialgeheimnis (§ 35 SGB I, §§ 68 ff. SGB X).

82   Soweit **Geheimhaltungsgebote in Verwaltungsvorschriften** niedergelegt sind, kann sich eine Geheimhaltungspflicht nur „aus der Natur der Sache" ergeben, wenn die **Information ihrem Wesen** nach als geheim zu behandeln ist. Eine solche Verwaltungsvorschrift kann aber auch einen anderen Charakter haben, nämlich eine innerdienstliche Anweisung über Umfang und Grenzen des Amtshilfeverkehrs darstellen (BeckOK VwVfG/Funke-Kaiser VwVfG § 5 Rn. 45). Vorgänge, die „**ihrem Wesen nach**" geheim gehalten werden müssen, sind zB Personalakten oder auch vertrauliche Auskünfte von sog. V-Personen oder Informanten der Polizei.

83   Die Vorschriften über die **beamtenrechtliche Verschwiegenheitspflicht** (§ 37 Abs. 1 BeamtStG) gelten – anders als im Außenverhältnis gegenüber Dritten – nicht für den innerdienstlichen Verkehr und stehen daher der Hilfeleistung nicht entgegen (BeckOK VwVfG/Funke-Kaiser VwVfG § 5 Rn. 46). § 37 Abs. 1 BeamtStG stellt für die Beamtinnen und Beamten den Grundsatz der Verschwiegenheitspflicht auf; es handelt sich hierbei um einen **hergebrachter Grundsatz des Berufsbeamtentums** (BVerfG NJW 1970, 1498; BVerwG NJW 1983, 2343). Tatbestandlich geht es bei der Verschwiegenheitspflicht um dienstliche Angelegenheiten. Unter einer „Angelegenheit" ist jede Tatsache oder Bewertung zu verstehen, wobei auch das eigene Handeln der Beamtin oder des Beamten und deren Kenntnisse über das Leistungs- und Persönlichkeitsbild anderer Bediensteter einbezogen sind (ausf. Reich, Beamtenstatusgesetz, 3. Aufl. 2018, BeamtStG § 37 Rn. 3).

4. Fakultatives Verbot einer Amtshilfeleistung

84   Die Polizei braucht Hilfe nicht zu leisten, sofern sie unnötig oder ihre Gewährung unzumutbar erscheint. Auf diesen Prinzipien beruht die Regelung des § 5 Abs. 3 VwVfG. NRW., die unter den dort genannten Voraussetzungen die Amtshilfe in das Ermessen der ersuchten Behörde stellt. Für die ersuchte Behörde besteht die Möglichkeit, im Ermessenswege die Hilfeleistung abzulehnen. Insbesondere kann die Hilfeleistung gem. § 5 Abs. 3 Nr. 2 VwVfG. NRW. abgelehnt werden, wenn die ersuchte Behörde die **Hilfe nur mit unverhältnismäßigem Aufwand** leisten könnte.

84.1   Unstreitig ist hier die Fallkonstellation, dass sich die Unverhältnismäßigkeit aus einem Vergleich zwischen dem Aufwand der ersuchten Behörde bei der Erledigung der eigenen Aufgaben und dem voraussichtlich mit der Erledigung des Ersuchens entstehenden Aufwand ergibt (BeckOK VwVfG/Funke-Kaiser VwVfG § 5 Rn. 62). Schließlich kann die Hilfeleistung abgelehnt werden, wenn infolge der Hilfeleistung die **Erfüllung der eigenen Aufgaben ernstlich gefährdet** wäre (§ 5 Abs. 3 Nr. 3 VwVfG. NRW.). Oftmals wird hier gleichzeitig der Ablehnungsgrund nach Nr. 2 vorliegen, zwingend ist dies jedoch nicht.

85   Die ersuchte Behörde darf die Hilfe nicht deshalb verweigern, weil sie das Ersuchen aus anderen als den in § 5 Abs. 3 VwVfG. NRW. genannten fakultativen Weigerungsgründen oder weil sie die mit der Amtshilfe zu verwirklichende Maßnahme für unzweckmäßig hält (§ 5 Abs. 4 VwVfG. NRW.). Eine **weitergehende Prüfung der Zweckmäßigkeit** steht der ersuchten Behörde nicht zu (Martens JR 1981, 353 (355)).

III. Rechtschutzfragen

86   Bei **Behörden unterschiedlicher Rechtsträger** gilt, dass sich die Befugnis der Inanspruchnahme von Amtshilfe nach dem Recht der ersuchenden Behörde richtet, die Verpflichtung, Amtshilfe zu leisten, nach dem Recht der ersuchten Behörde (BVerwG NVwZ 1986, 467). Bei Fehlen ausdrücklicher Regelungen folgt dies unmittelbar aus Art. 35 GG und aus den allgemeinen Grundsätzen des ungeschriebenen Rechts (Jordan DIE POLIZEI 2009, 45). § 7 VwVfG. NRW. enthält insbesondere für die Fälle, in denen sich für ersuchende und ersuchter Behörde die Zulässigkeit der von ihnen jeweils zu treffenden Maßnahmen aus unterschiedlichen Normen ergibt, eine (eindeutige) Regelung für das anzuwendende Recht. Damit wird die Reichweite der rechtlichen Verantwortung der Behörden bestimmt und Rechtssicherheit geschaffen. § 7 VwVfG. NRW. gilt in erster Linie im Verhältnis der beteiligten Behörden untereinander und ist nur für Maßnahmen im Rahmen der Amtshilfe anwendbar. Eingriffsbefugnisse im Außenverhältnis werden ersuchter und ersuchender Behörden durch § 7 VwVfG. NRW nicht verliehen (Ziekow, Verwaltungsverfahrensgesetz, 4. Aufl. 2020, VwVfG § 7 Rn. 2).

1. Ersuchende Behörde und anzuwendendes Recht

§ 7 Abs. 1 Hs. 1 VwVfG. NRW. normiert, dass die Zulässigkeit der Maßnahme, die durch **87** die Amtshilfe verwirklicht werden soll, sich nach dem für die ersuchende Behörde geltenden Recht richtet. Herrin der Maßnahme, die durch die Amtshilfe realisiert werden soll, ist die ersuchende Behörde. Die Maßnahme fällt allein in ihren Zuständigkeitsbereich. Unter Maßnahme ist dabei der Hauptakt zu verstehen, den die Behörde letztlich ausführen möchte (Ziekow, Verwaltungsverfahrensgesetz, 4. Aufl. 2020, VwVfG § 7 Rn. 3). Damit unterliegt die Amtshilfehandlung denjenigen rechtlichen Regeln, die auch dann gelten würden, wenn die Maßnahme nicht im Rahmen eines Amtshilfeverfahrens, sondern in Erfüllung einer der ersuchten Behörde ohnehin obliegenden Aufgabe getroffen würde. Die Amtshilfe-„Zugehörigkeit" einer behördlichen Maßnahme führt also nicht zu einer Befugniserweiterung auf Seiten der ersuchten Behörde (Schnapp DVBl 1987, 561 (562)). Es ist somit konsequent, dass sich die rechtliche Zulässigkeit der Maßnahme, die Gegenstand des Grund- bzw. Hauptverfahrens ist, nach dem Recht der ersuchenden Behörde bestimmt. Wäre es anders, dann könnte sich die ersuchende Behörde durch Amtshilfe erweiterte Kompetenzen verschaffen; gerade dies soll mit der Amtshilfe nicht einhergehen. „Eine Maßnahme, die von der ersuchenden Behörde rechtens nicht in Angriff genommen und durchgeführt werden dar, kann auch nicht auf dem Umweg über die Amtshilfe ganz oder teilweise realisiert werden" (SBS/Schmitz VwVfG § 7 Rn. 2).

2. Ersuchte Behörde und anzuwendendes Recht

Gemäß § 7 Abs. 1 Hs. 2 VwVfG. NRW. ist für die Durchführung der Amtshilfe, dh die **88** aufgrund des Ersuchens geleistete Amtshilfehandlung, das für die ersuchte Behörde geltende Recht maßgeblich. Die Amtshilfe selbst („Hilfehandlung") liegt mithin im Bereich der ersuchten Behörde. Dies bedeutet, dass die ersuchte Behörde die für sie geltenden formellen und materiellen Rechtmäßigkeitsvoraussetzungen einhalten muss. Diese Regelung wird damit begründet, dass in dem Falle, dass man für die Durchführung der Amtshilfe ebenso auf das Recht der ersuchenden Behörde abstellen würde, der ersuchten Behörde daraus unter Umständen Befugnisse erwachsen könnten, die sie für die Durchführung ihrer eigenen Aufgaben nicht besitzt (SBS/Schmitz VwVfG § 7 Rn. 3). Wenn zB die ersuchende Behörde die ersuchte Behörde um Informationshilfe in Form von Datenübermittlung bittet, damit die ersuchende Behörde nach Erhalt der Daten einen Verwaltungsakt gegenüber einem Bürger erlassen kann, ist gem. § 7 Abs. 1 Hs. 2 VwVfG. NRW. auf das für die ersuchte Behörde geltende Datenschutzrecht abzustellen, wenn für den Datenübermittlungsvorgang datenschutzgesetzliche Vorgaben zu beachten sind. Ob und ggf. wie die von der ersuchten Behörde der ersuchenden Behörde übermittelten Daten dann von letzterer weiterverwendet werden, ist eine das Grund- bzw. Hauptverfahren betreffende Fragestellung, so dass insoweit gem. § 7 Abs. 1 Hs. 1 VwVfG. NRW. das für die ersuchende Behörde geltende Recht maßgeblich ist (Hebeler JA 2019, 881 (886)). Auf den Polizeibereich bezogen richtet sich die **konkrete Durchführung der Maßnahme** nach dem Polizeirecht, hierfür trägt die Polizei auch die Verantwortung (Knemeyer PolR SuP Rn. 109).

Leistet die Polizei auf Ersuchen Amtshilfe, kann sie davon ausgehen, dass das Ersuchen **89** rechtmäßig ist. Wenn auch der Polizei keine Verantwortung für Entscheidungen aufgebürdet werden kann, die sie hinreichend gar nicht beurteilen kann, so hat sie gleichwohl eine gewisse **Grundsatz- und Plausibilitätskontrollverpflichtung.** Dies ist auf die Prüfung der Frage beschränkt, ob das Ersuchen sinnvoll mit der sachlichen Zuständigkeit der ersuchenden Behörde vereinbar ist (Kay/Böcking PolR NRW Rn. 488).

3. Über das Ersuchen hinausgehende Rechtseingriffe

90   Sind mit der Amtshilfe Rechtseingriffe verbunden, die über das Ersuchen hinausgehen, erfolgt die **Durchführung der Amtshilfe** im Rahmen der eigenen Befugnisse.

90.1   **Beispiel:** Wird im Rahmen der Amtshilfe um Entstempelung eines Kennzeichens gebeten und ist die Durchführung (innerhalb der Ersatzvornahme durch Selbstvornahme) nur durch Betreten eines Grundstücks gegen den Willen des Grundstücksinhabers möglich, ist § 41 zu beachten (Kay/Böcking PolR NRW Rn. 488).

91   Amtshilfe liegt nur vor, wenn die Unterstützung nicht auf unmittelbaren Zwang ausgerichtet ist, mithin kommt sie nur in Betracht, wenn die Polizei **Ermittlungs- oder Informationshilfe** leisten soll oder wenn um Ersatzvornahme durch Selbstvornahme oder um schlichthoheitliche Hilfe **(„Durchführungshandlung")** ersucht wird (Osterlitz EingriffsR Polizeidienst I 155).

91.1   **Beispiel:** Das Ausländeramt ersucht die Polizei, einen Ausländer zur Aufenthaltsermittlung auszuschreiben (Kay/Böcking PolR NRW Rn. 486). In diesem Fall ist die Polizei zuständig nach § 1 Abs. 4 iVm § 11 Abs. 1 Nr. 1 POG NRW iVm § 4 Abs. 1 VwVfG. NRW. Das Straßenverkehrsamt in D hat K die Fahrerlaubnis entzogen. Der Betroffene hat seinen Führerschein jedoch nicht abgegeben. Darum wird die Polizei ersucht, nach dem Dokument zu fahnden und den Führerschein einzuziehen. Die Polizei schreibt den Führerschein in der INPOL-Sachfahndung aus. Hier liegen ebenfalls Amtshilfe vor.

IV. Kosten der Amtshilfe

92   Im Rahmen der Vollzugshilfe sind mithin **Vorschriften zur Kostentragung** anwendbar. Gemäß § 8 Abs. 1 S. 1 VwVfG. NRW. hat die ersuchende Behörde der ersuchten Behörde für die Amtshilfe keine Verwaltungsgebühr zu entrichten. Diese Regelung entspricht dem Zweck der Amtshilfe, **Verteuerungen des Verwaltungshandelns zu vermeiden** (ausf. Hebeler JA 2019, 881 (886)).

92.1   § 8 VwVfG. NRW. betrifft sachlich-gegenständlich nur **Verwaltungsgebühren** und bestimmt, dass insoweit ausnahmslos eine Inanspruchnahme der ersuchenden Behörde ausgeschlossen ist. Beschränkungen bestehen daher nicht, wenn die Amtshilfe in der Inanspruchnahme einer Einrichtung besteht, die auf spezialgesetzlicher Grundlage durch die Erhebung von **Benutzungsgebühren** (ganz oder teilweise) finanziert wird (OVG Koblenz FHOeffR 36 Nr. 5262), sofern es sich nicht ohnehin um eine eigene Aufgabe der ersuchten Behörde oder eine nicht nur „**ergänzende Hilfe**" handelt (BeckOK VwVfG/Funke-Kaiser VwVfG § 8 Rn. 9). Auslagen hat die ersuchende Behörde der ersuchten Behörde auf Anforderung zu erstatten, wenn sie im Einzelfall 35 EUR übersteigen (§ 8 Abs. 1 S. 2 VwVfG. NRW.). Auslagen sind begrifflich nachweisbaren besonderen haushaltsrelevanten Aufwendungen, die über den allg. Verwaltungsaufwand hinausgehen, wie Fahrt- und Reisekosten oder gesetzliche Leistungen an Zeugen (BeckOK VwVfG/Funke-Kaiser VwVfG § 8 Rn. 10). Als Auslagen erstattungsfähig sind diejenigen Kosten, die gerade wegen der Durchführung der Amtshilfe angefallen sind – amtshilfebedingte Mehrkosten (BVerwG DVBl 2018, 1283: Unterstützung bei Wahrnehmung der gemeindlichen Selbstverwaltungsaufgabe der Brandbekämpfung durch Hubschraubereinsatz der Bundespolizei).

93   Leisten **Behörden desselben Rechtsträgers** einander Amtshilfe, so werden die Auslagen nicht erstattet (§ 8 Abs. 1 S. 2 VwVfG. NRW.). Behörden mit demselben Bundesland als Rechtsträger – also auch Polizei- und Ordnungsbehörden – haben einander für Vollzugs- bzw. Amtshilfeleistungen keine Gebühren oder andere Auslagen zu erstatten.

94   Nimmt die ersuchte Behörde zur Durchführung der Amtshilfe eine **kostenpflichtige Amtshandlung** vor, so stehen ihr die von einem Dritten hierfür geschuldeten Kosten (Verwaltungsgebühren, Benutzungsgebühren und Auslagen) zu (§ 8 Abs. 2 VwVfG. NRW.). Denn in dem Fall, dass die Kosten von einem Dritten zu tragen sind, wäre es unbillig, wenn

die ersuchte Behörde zwar den Aufwand hätte, die Einnahmen aber der ersuchenden Behörde zufließen würden.

V. Spezialgesetzliche Amtshilfe der Polizei

Neben der Amtshilfeverpflichtung aus §§ 4 ff. VwVfG. NRW. gibt es **spezielle Amtshilfe-** 95 **pflichten mit Polizeirelevanz,** zB § 15 VwVG NRW, §§ 111, 288 AO, § 3 SGB X, § 87 AufenthG, § 99 VwGO, §§ 273, 759 ZPO (zusf. Osterlitz EingriffsR Polizeidienst I 156; weitere Fälle spezialgesetzlicher Amtshilfe bei Sadler DIE POLIZEI 2003, 194 ff.). Die sachliche Zuständigkeit der Polizei zur Hilfeleistung folgt auf Ersuchen aus § 1 Abs. 4 iVm § 11 Abs. 1 Nr. 1 POG NRW iVm einem der zuvor genannten Rechtssätze.

VI. Informationshilfe

Ein wesentlicher Anwendungsbereich der Amtshilfe ist die sog. Informationshilfe, also die 96 **Weitergabe von Informationen durch die ersuchte Behörde,** die von der ersuchenden Behörde zur ihrer Aufgabenbewältigung benötigt werden (Kopp/Ramsauer VwVfG § 4 Rn. 19). Dabei stehen Datenschutz und Amtshilfe verfassungsrechtlich nicht im Verhältnis des Konflikts, sondern ergänzen einander (sa Schlink NVwZ 1986, 249).

Typisch ist die Auskunft an eine Ordnungsbehörde über Angaben zu einer bestimmten Person in 96.1 einer polizeilichen Datei (EMS BesVerwR Rn. 625), weil zB diese Person eine Gaststätte eröffnen will. Die Polizei darf indes nicht zu einer „Ersatzregisterbehörde" verkommen, die die Nutzung etwa des Gewerbezentralregisters erspart (Vahle Kriminalistik 1990, 301 (304), vgl. Blum/Mokros/Vahle, Polizeigesetz Nordrhein-Westfalen, 2019, § 27 Rn. 8).

Bei Amtshilfeersuchen, die die Übermittlung von personenbezogenen Daten zum Inhalt 97 haben **(„Informationshilfe"),** sind mitunter spezielle Ermächtigungen heranzuziehen. Ob in Fällen der Informationshilfe Amtshilfe vorliegt, hängt zunächst davon ab, ob es zu den eigenen Aufgaben der ersuchten Behörde gehört, andere Behörden bei Bedarf mit Informationen der erbetenen Art zu versorgen. Das ist zB dann der Fall, wenn die Erteilung von Auskünften aus den geführten Datenbanken an Dritte zu den gesetzlichen Aufgaben der ersuchten Behörde gehört (Kopp/Ramsauer VwVfG § 4 Rn. 21). Bei der Weitergabe personenbezogener Daten ist der **Vorrang spezialgesetzlicher Regelungen** von Bedeutung. Existieren keine speziellen gesetzlichen Vorgaben, bleibt das allgemeine Amtshilferecht maßgeblich, welches allerdings selbst keine Ermächtigungen zu weitergehenden Eingriffen in das Recht auf informationelle Selbstbestimmung enthält. § 5 VwVfG. NRW. hat im Verhältnis zum Bürger mithin nicht den Charakter einer Befugnisnorm (Kopp/Ramsauer VwVwfG § 5 Rn. 21).

Insbesondere für die Datenerhebung kann die Amtshilfe zwar das Verfahren sein, um 98 personenbezogene Daten über ein **Auskunftsersuchen** von einer anderen Behörde zu erhalten. Eine Datenerhebung durch die Polizei setzt aber voraus, dass die Polizeibehörde die Daten nach einer eigenen Ermächtigung erheben darf (Tegtmeyer/Vahle PolG NRW Rn. 19).

Der kritischste und damit im besonderen Maße rechtfertigungsbedürftige Eingriff ist das 99 **Übermitteln von Daten,** weil dann nur noch eingeschränkt kontrolliert werden kann, was mit den Daten auf Empfängerseite geschieht, zB ob und unter welchen Voraussetzungen sie an Dritte weiter übermittelt werden (Warg DIE POLIZEI 2014, 69).

Handelt es sich aber beim **Datenübermittlungsprozess** um (Polizei-)Behörden mit gleicher Aufga- 99.1 benstellung, so ist fraglich, ob die Übermittlung von personenbezogenen Daten überhaupt grundrechtsrelevant ist. Hier besteht nicht die Gefahr, dass die Daten im infolge der Übermittlung von ihrem **ursprünglichen Verwendungszweck** „entfremdet" werden (Schlink NVwZ 1986, 249 (251)). Gleichwohl ist die Datenübermittlung zwischen Polizeibehörden speziell geregelt (§ 27 Abs. 1). Die Weitergabe von Daten innerhalb einer Sicherheitsbehörde **(„behördeninterner Datentransfer")** ist jedenfalls keine „Übermittlung" im Sinne der Übermittlungsvorschriften und folglich nach Maßgabe der Erforderlichkeit ohne gesetzliche Einschränkung zulässig (Warg DIE POLIZEI 2014, 69 (70)). Vom § 27 Abs. 1 ist sowohl eine Initiativ- als auch eine Anlassübermittlung umfasst; stets ist der Gesichtspunkt der Erforderlichkeit zu berücksichtigen (Blum/Mokros/Vahle, Polizeigesetz Nordrhein-Westfalen, 2019, § 27 Rn. 1).

100   Nicht zulässig ist die Weitergabe von Informationen ohne gesetzliche Ermächtigung, wenn die entsprechenden Erkenntnisse nur im Zusammenhang mit einer streng zweckgebundenen und nur im Hinblick auf einen bestimmten (anderen) Zweck zulässigen Maßnahmen angefallen sind (Kopp/Ramsauer VwVfG § 5 Rn. 22), zB im Zusammenhang mit einer Telekommunikationsüberwachung (§§ 100a, 100b StPO). Von der **Unzulässigkeit einer Informationsweitergabe** ist auch dann auszugehen, wenn die Polizei zur Erfüllung des Ersuchens Befugnisse erst einsetzen müsste, die ihr ausschließlich nur für bestimmte Zwecke eingeräumt sind, zB eine nicht durch § 100a StPO gedeckte Telefonüberwachung.

F. Pflicht zur Amtshilfe

101   Gemäß Abs. 3 bleibt die Verpflichtung zur Amtshilfe unberührt. Die Norm stellt klar, dass die Regelung zur Vollzugshilfe nach §§ 47 ff. die allgemeine Verpflichtung der Polizei, Amtshilfe zu leisten, nicht aufhebt. Die Polizei hat sowohl Amtshilfe als auch Vollzugshilfe zu leisten.

101.1   Mit Blick auf die grundgesetzlichen Vorgaben des Art. 35 GG kommt dieser Vorschrift aber nur noch deklaratorische Bedeutung zu. Ausgestaltet wird dieser Grundsatz durch die anwendbaren §§ 4 ff. VwVfG. NRW., die konkretisierende Regelungen der Amtshilfe enthalten. Der Zweck der Amtshilfe liegt darin, die Erfüllung von Verwaltungsaufgaben nicht durch organisatorische Trennungen zu erschweren oder zu verteuern (Bull DÖV 1979, 691).

102   Die Amtshilfevorschriften des VwVfG. NRW. sind durch § 2 VwVfG. NRW. für große **Bereiche staatlichen Handelns nicht anwendbar,** zB für die Strafverfolgung und für die Verfolgung bzw. Ahndung von Ordnungswidrigkeiten. Insoweit gelten die allgemeinen aus Art. 35 Abs. 1 GG fließenden Regeln der Amts- bzw. Rechtshilfe.

§ 48 Verfahren

(1) Vollzugshilfeersuchen sind schriftlich zu stellen; sie haben den Grund und die Rechtsgrundlage der Maßnahme anzugeben.

(2) ¹**In Eilfällen kann das Ersuchen formlos gestellt werden.** ²**Es ist jedoch auf Verlangen unverzüglich schriftlich zu bestätigen.**

(3) Die ersuchende Behörde ist von der Ausführung des Ersuchens zu verständigen.

Überblick

In Interesse der Rechtssicherheit werden an Vollzugshilfeersuchen **verschärfte Anforderungen** gestellt (→ Rn. 6). Durch § 48 soll das Handeln der Polizei auf eine verlässliche Grundlage gestellt werden (→ Rn. 1).So ist grundsätzlich **Schriftform** vorgesehen (→ Rn. 7), **Grund und Rechtsgrundlage** der Maßnahme sind anzugeben (→ Rn. 9). In Eilfällen kann das Ersuchen indes auch formlos gestellt werden (→ Rn. 10). Nach Ausführung des Ersuchens ist die ersuchende Behörde zu informieren (→ Rn. 13 f.). Vollzugshilfeersuchen sollten – schon aus Gründen aus **Verwaltungsvereinfachung** – an die unterste in Betracht kommende Polizeidienststelle gerichtet werden (→ Rn. 15). Es handelt sich bei den in § 48 normierten Regelungen um **Ordnungsvorschriften,** mithin führt die Nichtbeachtung nicht zur Rechtswidrigkeit der Durchführung der Vollzugshilfe (→ Rn. 16).

A. Allgemeine Charakterisierung und rechtlicher Rahmen

I. Zeck der Norm

1   § 48 regelt für den Fall der Vollzugshilfe das **Verfahren** zwischen ersuchender Behörde und ersuchter Polizei. Dabei zielt die Norm darauf ab, die **Vorgehensweise der ersuchenden Behörde zu vereinheitlichen** und das Handeln der Polizei auf eine verlässliche Grundlage zu stellen. Vor diesem Hintergrund dient § 48 der **nachprüfbaren Abgrenzung der Ver-antwortlichkeiten** zwischen der ersuchenden Behörde und der Polizei (Tegtmeyer/Vahle PolG NRW Rn. 1).

II. Parallelnormen

Die Bundesländer – Ausnahme: Baden-Württemberg – enthalten entsprechende Regelungen. **2**

Art. 68 BayPAG stimmt mit der nordrhein-westfälischen Norm des § 48 überein. Allerdings konkretisiert Art. 68 Abs. 3 BayPAG den „Adressaten" der Vollzugshilfe. Hiernach sollen Vollzugshilfeersuchen an die unterste Polizeidienststelle gerichtet werden, deren Dienstbereich für den Vollzug des Ersuchens ausreicht. Die Vorschrift bestimmt damit den Adressaten nach dem Prinzip der kleinsten effektivsten Einheit in örtlicher Hinsicht. Dabei stellt die bayerische Regelung darauf ab, ob der örtliche Dienstbereich der betreffenden Polizeidienststelle für die Durchführung des Vollzugshilfeersuchens ausreicht. **3**

§ 45 HSOG stimmt insoweit inhaltlich mit der der nordrhein-westfälischen Parallelnorm des § 48 überein. **4**

Niedersachsen enthält mit § 52 NPOG eine entsprechende Regelung. **5**

B. Einzelkommentierung

Gegenüber den Vorschriften über die Amtshilfe nach den §§ 4 ff. VwVfG. NRW. werden aus Gründen der Rechtssicherheit an Vollzugshilfeersuchen „**verschärfte Anforderungen**" gestellt (Tegtmeyer/Vahle PolG NRW Rn. 1). Dies resultiert aus der verlangten Anwendung unmittelbaren Zwanges (ultima ratio) durch die Polizei (SBK PolG NRW/Schütte Rn. 1). **6**

I. Schriftformerfordernis

Vollzugshilfeersuchen sind schriftlich zu stellen; sie haben den **Grund und die Rechts-grundlage** der Maßnahme anzugeben (Abs. 1). § 48 dient damit auch der nachprüfbaren Abgrenzung der Verantwortlichkeiten zwischen ersuchender Behörde und Polizei (Tegtmeyer/Vahle PolG NRW Rn. 1). Diese besonderen formalen Voraussetzungen bezwecken zudem, dass die ersuchende Behörde ihrer **Pflicht zur Prüfung der Voraussetzungen für die Vollzugshilfe** gewissenhaft nachkommt. Insofern können „voreilige" oder unbegründete Ersuchen vermieden werden. Umgekehrt ermöglichen diese Formalia, dass die ersuchte Behörde ihrerseits die „rechtliche Absicherung" des Ersuchens erkennen und überprüfen kann, ob Verbots- oder Verweigerungsgründe (§ 5 Abs. 2, Abs. 3 VwVfG. NRW.) bestehen. **7**

Schriftform ist auch gewahrt, wenn eine Übermittlung per Mail oder Fax erfolgt, sofern der Absender eindeutig zu identifizieren ist und die Echtheit des Ersuchens nicht zweifelhaft ist. Durch die Schriftform wird sichergestellt, dass die Grundlagen der Vollzugshilfe als Rechtsbeziehung zwischen ersuchender und ersuchter Behörde beweisbar festgelegt werden, da aufgrund getrennter Verantwortlichkeiten etwaige **Ausgleichsansprüche abgesichert** werden können (PST PolR-HdB/Pewestorf Kap. 5 Rn. 19). **8**

II. Inhalt des Vollzugshilfeersuchens

1. Angabe des Grundes und der Rechtsgrundlage

Erst durch die Angabe von Grund und Rechtsgrundlage im Vollzugshilfeersuchen wird die ersuchte Behörde in die Lage versetzt, ihre (eingeschränkte) **Prüfungskompetenz** vor dem Hintergrund etwaiger Verbots- oder Verweigerungsgründe (§ 5 Abs. 2, Abs. 3 VwVfG. NRW.) wahrzunehmen. „**Grund der Maßnahme**" ist der dem Einzelfall zugrunde liegende Sachverhalt, in dem um Vollzugshilfe ersucht wird. **Rechtsgrundlage** ist die entsprechende Norm, nach der die ersuchende Behörde zum Handeln ermächtigt wird und die Vorschriften, aus denen sich die Vollstreckbarkeit des durchzusetzenden Verwaltungsaktes ergibt (Unanfechtbarkeit, sofortige Vollziehbarkeit, Rechtsbehelfe haben keine aufschiebende Wirkung). **9**

2. Formloses Ersuchen in Eilfällen

10 Gemäß Abs. 2 kann das **Ersuchen in Eilfällen formlos** gestellt werden. Es ist jedoch auf Verlangen **unverzüglich schriftlich zu bestätigen.** Ist ein Schadenseintritt zeitlich wahrscheinlich, kann das Ersuchen auch mündlich oder fernmündlich gestellt werden. Hierunter sind Fälle zu verstehen, bei denen der Zeitverlust, der durch die schriftliche Abfassung und Übermittlung eines Vollzugshilfeersuchens entsteht, nicht hingenommen werden kann.

11 Gleichwohl sollte sich die Polizei im **Interesse der Rechtssicherheit** auch bei mündlich vorgetragenem Ersuchen bestmöglich über die Hintergründe und die Rechtsgrundlagen sowie die Verantwortlichkeiten auf Seiten der ersuchenden Behörde informieren. Die ersuchende Behörde hat auf Verlangen der Polizei das Ersuchen **unverzüglich zu bestätigen** (Abs. 2 S. 2). Unverzüglich darf iSd § 121 Abs. 1 BGB als **ohne schuldhaftes Zögern** übersetzt werden (SBK PolG NRW/Schütte Rn. 2). Die Beurteilung kann sich im Einzelfall nur an der Gefährdungslage orientieren.

3. Formfehler

12 **Bloße Formfehler** berechtigen die ersuchte Behörde aber nicht dazu, die Vollzugshilfe allein aufgrund eines Formverstoßes zu verweigern (PST PolR-HdB/Pewestorf Kap. 5 Rn. 17). Fehlen in dem Ersuchen der „Grund" und / oder die „Rechtsgrundlage", so führt dies nicht zwingend zur Ablehnung des Ersuchens. Im Rahmen der **Plausibilitätskontrollverpflichtung** kann es aber zu Lasten der ersuchenden Behörde gehen, wenn aufgrund unvollständiger Angaben nicht klar ist, ob zB die ersuchte Behörde aus rechtlichen Gründen gem. § 5 Abs. 2 Nr. 1 VwVfG. NRW. keine Hilfe leisten darf.

III. Rückmeldung an ersuchende Behörde

13 Die Polizei hat entsprechend Abs. 3 der ersuchenden Behörde eine Rückmeldung über den Vollzug der Maßnahme zu geben. Es handelt sich um eine **Muss-Vorschrift für die ersuchte Behörde.** Diese **Informationspflicht** besteht gegenüber der an sich zuständigen (ersuchenden) Behörde. Dies ist für die Vollzugshilfe fordernde Behörde wichtig, damit sie den Stand des Verfahrens überblicken und ggf. weitere Maßnahmen planen oder sich auf drohende Rechtsbehelfe einrichten kann (SBK PolG NRW/Schütte Rn. 3).

14 Die Rückmeldung kann zwar **formlos und zB auch fernmündlich** erfolgen, zu Beweiszwecken sollte aber **Schriftform** erfolgen. Die Pflicht zur Verständigung der ersuchenden Behörde gilt selbstverständlich auch dann, wenn die Ausführung des Ersuchens nicht möglich war.

IV. Adressat der Vollzugshilfe

15 Entsprechend § 6 VwVfG. NRW. sollen Vollzugshilfeersuchen aus Gründen der **Verwaltungsvereinfachung** an die unterste in Betracht kommende Polizeidienststelle gerichtet werden, ggf. sind vorgesetzte Dienststellen zu benachrichtigen (Tegtmeyer/Vahle PolG NRW Rn. 4).

C. Rechtsschutz

16 Die in § 48 normierten Verfahrensregelungen sind **Ordnungsvorschriften** zugunsten der Polizei. Ihre Nichtbeachtung lässt die Durchführung der Vollzugshilfe gegenüber dem betroffenen Dritten nicht rechtswidrig werden.

17 Es besteht kein Rechtsschutz, mit dem für die Beachtung oder gegen die Nichtbeachtung der Ordnungsvorschriften des § 48 geklagt werden könnte.

§ 49 Vollzugshilfe bei Freiheitsentziehung

(1) Hat das Vollzugshilfeersuchen eine Freiheitsentziehung zum Inhalt, ist auch die richterliche Entscheidung über die Zulässigkeit der Freiheitsentziehung vorzulegen oder in dem Ersuchen zu bezeichnen.

(2) Ist eine vorherige richterliche Entscheidung nicht ergangen, hat die Polizei die festgehaltene Person zu entlassen, wenn die ersuchende Behörde diese nicht übernimmt oder die richterliche Entscheidung nicht unverzüglich nachträglich beantragt.

(3) Die §§ 37 und 38 gelten entsprechend.

Überblick

Vor dem Hintergrund des besonderen grundrechtlichen Schutzes bei **Freiheitsentziehungen** sieht § 49 besondere Sicherungen vor (→ Rn. 1). So verlangt Abs. 1, dass dem **Vollzugshilfeersuchen** die **richterliche Entscheidung** über die Zulässigkeit der Freiheitsentziehung beizufügen oder in dem Ersuchen wenigstens zu bezeichnen ist (→ Rn. 6). Die sich aus Art. 104 GG ergebende Verantwortung trägt dabei nicht die Polizei, sondern die ersuchende Behörde (→ Rn. 7). Liegt eine **richterliche Entscheidung** über die Zulässigkeit der Freiheitsentziehung nicht vor, bestimmt § 49 Abs. 2 die **Entlassung der Person,** wenn die ersuchende Behörde die richterliche Entscheidung nicht unverzüglich beantragt (→ Rn. 10 ff.). Die festgehaltene Person ist zudem zu entlassen, wenn die ersuchende Behörde diese nicht übernimmt (→ Rn. 14). Für sog. **„Vorführungen"** gilt, dass diese sich regelmäßig nicht als **Freiheitsentziehung** sondern regelmäßig (nur) als **Freiheitsbeschränkung** darstellen, die nicht dem Richtervorbehalt nach Art. 104 Abs. 2 GG unterliegen und auch durch eine Behörde angeordnet werden dürfen, wenn dies gesetzlich für zulässig erklärt worden ist (→ Rn. 16 ff.). Gemäß Abs. 3 gelten die polizeigesetzlichen Bestimmungen der § 37 (**Behandlung festgehaltener Personen,** → Rn. 20) und § 38 (**Dauer der Freiheitsentziehung,** → Rn. 21 f.) entsprechend. § 49 entfaltet **keine Schutzfunktion zugunsten der festgehaltenen Person,** sondern liegt allein im Interesse der Polizei, indem der ersuchenden Behörde Verpflichtungen auferlegt werden (→ Rn. 24).

Übersicht

A. Allgemeine Charakterisierung und rechtlicher Rahmen

I. Verfassungsrechtliche Aspekte

1. Staatliche Freiheitsentziehung

Wegen der **besonderen verfassungsrechtlichen Garantien** im Zusammenhang mit **1** Freiheitsentziehungen (Art. 104 GG iVm Art. 2 Abs. 2 S. 2 GG) enthält § 49 besondere, über § 48 hinausgehende verfahrensmäßige Sicherungen bei Vollzugshilfeersuchen, die sich auf Freiheitsentziehungen erstrecken. Insofern ist § 49 eine **Sondervorschrift** gegenüber § 48.

2. Präventiver Richtervorbehalt

Für Freiheitsentziehungen normiert Art. 104 Abs. 2 S. 1 GG einen **präventiven Richter- 2 vorbehalt** (zur Reichweite gerichtlicher Kontrolle bei erledigter Freiheitsentziehung Heidebach NJW 2011, 1708). Das heißt, dass grundsätzlich ein Richter die Festnahme, Ingewahrsamnahme usw anordnen muss. Dieser ist – so die Intention des GG – **aufgrund seiner Unabhängigkeit** (Art. 97 Abs. 1 GG) am besten dazu berufen, die widerstreitenden Positionen (Freiheitsrecht einerseits, staatliche Interessen andererseits) in rechtsstaatlicher Weise gegeneinander abzuwägen (Brodowski JuS 2012, 980 (982)). In der Praxis sind Fallkonstellationen im Rahmen der Vollzugshilfe nicht selten, die mit einer Freiheitsentziehung für den Betroffenen verbunden sein können.

2.1   **Beispiel: Unterbringung** einer rauschmittelabhängigen Person (§ 1 Abs. 2 NRWPsychKG) in einer Heilanstalt (§ 11 NRWPsychKG). Aufgrund der Gefährlichkeit des Betroffenen ersucht die zuständige Behörde die Polizei um Vollzugshilfe (speziell zu gefahrenabwehrrechtlichen Gegebenheiten für die Polizei im Umgang mit psychisch Kranken Schönstedt Kriminalistik 2012, 509; 2015, 90).

II. Parallelnormen

3   In den Bundesländern – Ausnahme: Baden-Württemberg – existieren entsprechende Regelungen.

4   Art. 69 BayPAG stimmt insoweit im Wortlaut mit der nordrhein-westfälischen Parallelnorm des § 49 überein, ebenso § 46 HSOG und § 53 NPOG.

B. Einzelkommentierung

5   Der Zweck des § 49 besteht darin, **der Polizei die notwendige Sicherheit zu verschaffen,** wenn sie im Wege der Vollzugshilfe für eine andere Behörde einer Person die Freiheit entzieht. Werden die durch § 49 vorgegebenen Regularien von der ersuchenden Behörde nicht beachtet, so leistet die Polizei keine Vollzugshilfe oder entlässt eine bereits festgehaltene Person.

I. Richterliche Entscheidung über Zulässigkeit der Freiheitsentziehung

6   Hat das Vollzugshilfeersuchen eine Freiheitsentziehung zum Inhalt, ist auch die **richterliche Entscheidung über die Zulässigkeit der Freiheitsentziehung** vorzulegen oder in dem Ersuchen zu bezeichnen (Abs. 1). Das Gesetz geht davon aus, dass die im Wege der Vollzugshilfe durchgeführte Freiheitsentziehung nicht der Polizei, sondern der ersuchenden Behörde zuzurechnen ist. Der **Grundrechtseingriff** (Art. 2 Abs. 2 S. 2 GG) erfolgt also nicht durch die Polizei, sondern durch die ersuchende Behörde.

II. Verantwortung für Freiheitsentziehung

1. Verantwortung der ersuchenden Behörde

7   Abs. 1 geht davon aus, dass die im Wege der Vollzugshilfe durchgeführte Freiheitsentziehung nicht der Polizei, sondern der ersuchenden Behörde zuzurechnen ist. Mithin trägt die ersuchende Behörde gegenüber der Polizei die **Verantwortung für die Zulässigkeit der in Vollzugshilfe durchgeführten Freiheitsentziehung.** Daher hat die ersuchende Behörde grundsätzlich die richterliche Entscheidung herbeizuführen.

7.1   **Beispiel:** Zur **Vorbereitung der Abschiebung eines Ausländers** soll dieser in Vorbereitungshaft (§ 62 Abs. 1 AufenthG) genommen werden. Die Abschiebung ist als Maßnahme der Verwaltungsvollstreckung zunächst eine originäre Aufgabe der Ausländerbehörde (Kniesel/Braun/Keller, Besonderes Polizei- und Ordnungsrecht, 2018, Rn. 1227 ff.). Dabei soll die **Abschiebungshaft im Polizeigewahrsam** vollzogen werden (dazu Keller/Hajek PSP Heft 1/2015, 17 (21 ff.)). Die ersuchende Ausländerbehörde hat mit dem Ersuchen einen Abschiebungshaftbefehl vorzulegen. Die Gewahrsamnahme zwecks Sicherung der Abschiebungshaft gem. § 62 AufenthG setzt dabei voraus, dass eine entsprechende richterliche Anordnung vorliegt (OVG Berlin NJW 1973, 2172). Die Anordnung von Haft zur Sicherung der Ab- oder Zurückschiebung eines Betroffenen setzt nach § 417 Abs. 1 FamFG einen Antrag voraus (Keidel/Göbel, FamFG – Familienverfahren, Freiwillige Gerichtsbarkeit, 20. Aufl. 2020, FamFG § 417 Rn. 1 f.). Der Antrag muss dem Richter vollständig vorliegen und in der gerichtlichen Verfahrensakte abgeheftet sein (Schmidt-Räntsch NVwZ 2014, 110). Die sachliche Zuständigkeit der Polizei zur Durchführung des Ersuchens ergibt sich aus § 1 Abs. 3 iVm § 11 Abs. 1 Nr. 1 POG NRW iVm §§ 47 ff. (Osterlitz EingriffsR Polizeidienst I 159).

Beispiel: Das Ausländeramt hat den I, der sich illegal in der Bundesrepublik aufhält, ausgewiesen. **7.2** I ist der Verfügung nicht nachgekommen, sondern untergetaucht. Das Ausländeramt ordnet darum die Abschiebung an (§ 58 AufenthG) und bittet die Polizei um Vollzugshilfe. Die Polizei soll nach I fahnden und ihn zur Sicherung der Abschiebung in Haft nehmen (§ 62 AufenthG). Die Polizei schreibt I in der INPOL-Personenfahndung zur Festnahme aus. Weil die Festnahme durch Einwirkung mit körperlicher Gewalt auf die Person des Betroffenen erfolgen wird, ist das Ersuchen auf unmittelbaren Zwang gerichtet. Darum kommt Vollzugshilfe in Betracht. Zu beachten ist. dass für die Ausschreibung wegen der vorgesehenen Freiheitsentziehung eine richterliche Anordnung erforderlich ist (§ 62 AufenthG). Diese ist mit dem Vollzugshilfeersuchen und Ausschreibungsantrag vorzulegen. Liegt noch keine richterliche Anordnung vor, ist darauf hinzuwirken, dass der Beschluss unverzüglich nachgereicht wird, sonst ist die Ausschreibung sofort zu löschen oder in eine Aufenthaltsermittlung umzuwandeln (Osterlitz EingriffsR Polizeidienst I 159).

2. Vorlage der richterlichen Entscheidung

Die ersuchende Behörde muss die **richterliche Entscheidung über die Freiheitsent-** **8** **ziehung vorlegen.** Dies wird in der Praxis häufig zusammen mit dem Vollzugshilfeersuchen erfolgen. Zwingend ist dies aber nicht, da der Gesetzgeber ausdrücklich alternativ die Bezeichnung der richterlichen Entscheidung erlaubt (SBK PolG NRW/Schütte Rn. 2). Die Bezeichnung sollte dann aber zumindest **Datum, Gericht und Aktenzeichen der richterlichen Entscheidung** kennen.

Die Polizei ist nicht verpflichtet, Nachforschungen über die Richtigkeit der bezeichneten richterli- **8.1** chen Entscheidung anzustellen (PST PolR-HdB/Pewestorf Kap. 5 Rn. 28). Die Polizei hat aufgrund der Gewaltenteilung gar keine Kompetenz zur Überprüfung der Rechtmäßigkeit der richterlichen Entscheidung. Für die Vollzugshilfe ist nur von Bedeutung, ob eine richterliche Entscheidung vorliegt oder nicht.

Existiert die in dem Ersuchen bezeichnete Entscheidung gar nicht, trägt die ersuchende **9** Behörde die Verantwortung für die dann **im Ergebnis rechtswidrige Freiheitsentzie-** **hung.**

3. Freiheitsentziehung ohne vorherige richterliche Entscheidung

Abs. 2 setzt voraus, dass die Polizeibehörde im Rahmen der Vollzugshilfe einer Person **10** die Freiheit entzogen hat, obwohl eine richterliche Entscheidung über die Zulässigkeit der Freiheitsentziehung von der ersuchenden Behörde noch nicht vorgelegt oder nicht bezeichnet worden ist. Wird die **richterliche Entscheidung über die Zulässigkeit der Freiheits-** **entziehung** durch die ersuchende Behörde nicht übersendet oder bezeichnet sie nicht den Rechtsgrund für diese Freiheitsentziehung im Vollzugshilfeersuchen, hat die Polizei die **Voll-** **zugshilfe zu verweigern.** Das gilt nicht, wenn die ersuchende Behörde darlegt, dass eine Freiheitsentziehung ohne vorherige richterliche Entscheidung zulässig ist und diese wegen der Dringlichkeit der Maßnahmen sofort durchgeführt werden muss. Auch in solchen Fällen kann die Polizei vor der richterlichen Entscheidung zur Vollzugshilfe verpflichtet sein (Tegt-meyer/Vahle PolG NRW Rn. 5).

Mit der Regelung, dass die festgehaltene Person ggf. zu entlassen ist, wird die ersuchende **11** Behörde „gezwungen", alles Notwendige zu veranlassen. Ein Vollzugshilfeersuchen muss gleichwohl ergangen sein, da anders von einer polizeilichen Tätigkeit im Rahmen der Voll-zugshilfe nicht die Rede sein kann.

Ist eine **vorherige richterliche Entscheidung** nicht ergangen, hat die Polizei die festge- **12** haltene Person zu entlassen, wenn die ersuchende Behörde diese nicht übernimmt oder die richterliche Entscheidung nicht unverzüglich (dh ohne schuldhaftes Verzögern, § 121 Abs. 1 BGB) nachträglich beantragt (§ 49 Abs. 2). Gelingt ihr dies in angemessener Frist nicht, ist die Person wieder zu entlassen. Durch diese Norm wird sichergestellt, dass eine Umgehung des Art. 104 Abs. 2 GG vermieden wird. Die Polizei als ersuchte Behörde wird von übermä-ßigen Verpflichtungen gegenüber der festgehaltenen Person freigestellt. Schließlich trägt sie für die Art und Weise der Durchführung der Freiheitsentziehung, wozu auch deren Dauer (ohne richterlichen Beschluss) hinzuzurechnen ist, die Verantwortung.

12.1   **Beispiel:** Die **Ausländerbehörde** ersucht die Polizeibehörde unter Hinweis auf eine besondere Eilbedürftigkeit, einen Ausländer im Gewahrsam festzuhalten, der unanfechtbar ausgewiesen wurde. Eine richterliche Entscheidung ist noch nicht ergangen. Wird diese nicht unverzüglich beantragt, ist der Ausländer zu entlassen.

13   Nur sachliche Gründe können eine Verzögerung rechtfertigen. Dies ist ein **objektiver Standard,** auf ein „schuldhaftes Zögern" kommt es somit nicht an.

13.1   Daher ist – jedenfalls tagsüber – ein **richterlicher Bereitschaftsdienst** vorzuhalten, damit kurzfristig ein Richter über eine Freiheitsentziehung entscheiden kann (Brodowski JuS 2012, 980 (982)).

14   Gegebenenfalls muss die Polizei eine durch Vollzugshilfe ergriffene Person wieder frei lassen, es sei denn, dass die ersuchende Behörde die ergriffene Person von der Polizei übernimmt und damit auch die Verantwortung für die weitere Freiheitsentziehung. Diese Regelung ist folgerichtig, weil sich die ersuchende Behörde andererseits in Widerspruch zu ihrem eigenen Ersuchen setzt. „**Übernahme**" in diesem Sinne ist nicht zwingend der tatsächliche Vorgang, sondern vielmehr **ein rechtlicher Vorgang,** dh die festgehaltene Person kann sich auch nach „Übernahme" weiterhin im polizeilichen Gewahrsam befinden.

C. Vorführungen

I. Vorführung als Freiheitsentziehung

15   Beim Grundrechtseingriff ist nach Art der Beschränkung zu differenzieren. Denn Freiheitsbeschränkungen sind aufgrund eines Gesetzes (Art. 2 Abs. 2 S. 3 GG) unter den Voraussetzungen von Art. 104 Abs. 1 GG zulässig, Freiheitsentziehungen unterliegen darüber hinaus den besonderen verfahrensrechtlichen Anforderungen aus Art. 104 Abs. 2–4 GG. Die Abgrenzung zwischen Freiheitsbeschränkung und Freiheitsentziehung ist stark umstritten (ausf. Braun PSP 4/2017, 33 ff.). Ob in der Vorführung eine bloße Freiheitsbeschränkung oder eine Freiheitsentziehung zu sehen ist, wird unterschiedlich beantwortet. Nach einer Auffassung kann die Vorführung, die – im Gegensatz zum (bloßen) Anhalten zB bei einer Verkehrskontrolle – ein „Festhalten" bedeutet, sodass, anders als bei der Freiheitsbeschränkung, „auch kein Ausweg durch Wegänderung oder Handlungsverzicht [...] gegeben ist, nur als **Entzug der Freiheit** qualifiziert werden" (Lisken/Denninger PolR-HdB/Denninger/Poscher, 5. Aufl. 2012, B Rn. 134). Die Vorführung als zwangsweise Durchsetzung der Vorladung ist durch ein Festhalten im Polizeifahrzeug und damit an eng umgrenztem Ort gekennzeichnet (Kingreen/Poscher POR § 13 Rn. 85). Teilweise wird davon ausgegangen, dass sogar das Festhalten zur Durchsuchung eine Freiheitsentziehung sei (Möller/Warg PolR Rn. 294). Die Vorladung berührt das Grundrecht des Vorgeladenen auf Freiheit der Bewegung aus Art. 2 Abs. 2 S. 2 GG; sie stellt aber keine Freiheitsentziehung dar. Anders soll es sich mit der Vorführung verhalten, die auch als Freiheitsentziehung iSd Art. 104 Abs. 2 GG qualifiziert wird (Schroeder PolR NRW Rn. 122; ausf. Thiel PolR § 10 Rn. 23 f.).

15.1   Auch für den **Tatbestand der Freiheitsberaubung** (§ 239 StGB) genügt eine kurzfristige Einschränkung der Bewegungsfreiheit (Bosch JURA 2012, 604), zB ein kurzzeitiges Einsperren in einen Raum, sofern nur das Verlassen verhindert wird. Auch setzt Freiheitsberaubung keine bestimmte Dauer der Entziehung der persönlichen Bewegungsfreiheit voraus; es reicht vielmehr grundsätzlich auch eine nur vorübergehende Einschränkung aus (BGH NStZ 2003, 371).

II. Vorführung als Freiheitsbeschränkung

16   Die Rechtsprechung geht in sog. „Vorführungsfällen" gleichwohl davon aus, dass **keine Freiheitsentziehung,** sondern (nur) eine **Freiheitsbeschränkung** iSv Art. 104 Abs. 1 S. 1 GG vorliegt, die nicht dem Richtervorbehalt nach Art. 104 Abs. 2 GG unterliegt und auch durch eine Behörde angeordnet werden darf, wenn dies gesetzlich für zulässig erklärt worden ist (BVerwG Beschl. v. 13.3.1964 – VII B 34/63, nv; VG Stade NVwZ 2004, 124: Vorführung zur Musterung).

16.1   **Freiheitsbeschränkung wird als Ober-, die Freiheitsentziehung als Unterbegriff** definiert (zur Abgrenzung Gusy PolR Rn. 300 ff.). Beide Begriffe sind entsprechend ihres Gewichts (BGH NJW

1982, 537) bzw. ihrer Intensität und Dauer abzugrenzen (BVerfG NJW 2011, 2499). Von Bedeutung ist überdies der verfolgte Zweck der Maßnahme. Besteht dieser Zweck darin, die körperliche Bewegungsfreiheit des Betroffenen nach jeder Richtung hin bzw. nach allen Seiten hin aufzuheben, indem er an einem „eng umgrenzten Ort" (Maunz/Dürig GG Art. 104 Rn. 6) festgehalten wird, liegt stets eine Freiheitsentziehung vor. Dies gilt mithin auch dann, wenn der Eingriff nur von kurzer Dauer ist (Lisken/Denninger PolR-HdB/Rachor/Graulich E Rn. 484). So greift die Ingewahrsamnahme in das Grundrecht des Betroffenen in sein Grundrecht auf Freiheit der Person aus Art. 2 Abs. 2 S. 2 GG ein und unterliegt als Freiheitsentziehung iSd Art. 104 Abs. 2 GG besonderen verfahrensrechtlichen Vorgaben. Eine Freiheitsentziehung liegt mithin ohne Weiteres vor, wenn eine Person gegen ihren Willen oder in willenlosem Zustand in einem geschlossenen Raum untergebracht wird (vgl. § 415 FamFG). Freiheitsentziehungen liegen aber zB auch in den Fällen des § 2 Abs. 1 FreihEntzG, bei einer elektronischen Fußfessel, bei der Verbringung eines Tobsüchtigen in eine Haftzelle oder bei einer Einkesselung von Demonstranten (grundsätzlich auch bei einem sog. Wanderkessel) vor (Schroeder PolR NRW Rn. 170 mwN). Ist die vollständige Einschränkung der Bewegungsfreiheit (nur) einem anderen Zweck untergeordnet, so ist mit der Einschränkung der Bewegungsfreiheit nicht zwingend eine Freiheitsentziehung verbunden (Knemeyer PolR SuP Rn. 187; Schenke PolR Rn. 142; aA – auch in diesem Fall Freiheitsentziehung – Kingreen/Poscher POR § 16 Rn. 3), zB im Fall der Verbringung eines vollziehbar ausreisepflichtigen Ausländers zum Flughafen einschließlich seiner Fesselung (BGH NJW 1982, 537). Die **„Direktabschiebung"** eines Ausländers bezweckt primär die Abschiebung und nur sekundär die Beschränkung der Bewegungsfreiheit (BGH NJW 1982, 537; 1980, 891). Etwas anderes gilt, wenn der Ausländer zwecks Abschiebung bereits eine Nacht zuvor in Gewahrsam genommen wird (BVerfG NJW 2002, 3161). Weitere Beispiele für das Vorliegen (nur) einer Freiheitsbeschränkung sind Vorführungen zum Zweck der medizinischen Untersuchung oder erkennungsdienstlichen Behandlung (BayOLG BayVBl. 1984, 27). Eine bloße Freiheitsbeschränkung liegt in Fällen dieser Art dann vor, wenn der Eingriff nicht mehr Zeit in Anspruch nimmt, als für die jeweilige Maßnahme unter den gegebenen Umständen typischerweise zu veranschlagen ist. Organisatorisch nicht zu vermeidende, gemäßigte Wartefristen hat der Betroffene allerdings hinzunehmen (BVerfG NStZ 2011, 529). Als Faustregel kann, auch wenn es immer auf die Umstände des Einzelfalls ankommt (BGH NJW 1982, 537), ein Zeitraum von zwei Stunden gelten (Schenke PolR Rn. 142). Unter zwei Stunden ist in der Regel nicht von einer Freiheitsentziehung (Art. 104 Abs. 2 GG), sondern (nur) von einer Freiheitsbeschränkung (Art. 2 Abs. 2 S. 2 GG, Art. 104 Abs. 1 GG) auszugehen (WHT BWPolR § 5 Rn. 16). Wird der Betroffene länger als üblich festgehalten, ist der Eingriff regelmäßig als Freiheitsentziehung zu qualifizieren (Lisken/Denninger PolR-HdB/Rachor/Graulich E Rn. 484).

Bei der Vorführung (zB zwecks Durchführung erkennungsdienstlicher Maßnahmen) handelt es sich nach allgemeiner Auffassung nur um eine Freiheitsbeschränkung (Thiel PSP 3/2019, 36 (40); Nimtz/Thiel EingriffsR NRW Rn. 756; Kaefer Kriminalistik 1993, 711). Gleichwohl darf die **Vorführung** – ohne verfassungsrechtliche Notwendigkeit – nur aufgrund richterlicher Anordnung erfolgen (vgl. § 10 Abs. 3 S. 2 iVm § 36 Abs. 1 S. 1; Tegtmeyer/Vahle PolG NRW § 10 Rn. 14; zusf. Keller jurisPR-ITR 23/2018 Anm. 4; Hermes DIE POLIZEI 2010, 277 ff.). Liegt Gefahr im Verzug vor, ist diese Anordnung entbehrlich – die Polizei kann die vorgeladene Person also unverzüglich ohne Weiteres vorführen. **17**

Die Begründung des BGH (NJW 1982, 753) zitiert zwar etliche unterschiedliche Meinungen zum Begriff der Freiheitsentziehung, setzt sich aber selbst nicht mit der Frage auseinander, welches **Schutzgut durch den Richtervorbehalt** in Art. 104 Abs. 2 GG erfasst wird. Stattdessen wird von den Rechtsfolgen auf deren Voraussetzungen geschlossen, wenn der Senat meint, die Beeinträchtigung der Freiheit durch eine Vorführung „wiegt nicht so schwer, dass sie durch richterliche Kontrolle gesichert werden müsste". Zu Recht wurde kritisiert, dass das Abstellen auf das „Gewicht" ohne Maßangabe letztlich im Dezisionismus ende (Lisken NJW 1982, 1269). Es komme nicht darauf an, ob eine Freiheitsbeschränkung „so schwer wiegt", dass sie „durch richterliche Kontrolle gesichert werden müsste" (so der BGH), sondern allein darauf, ob eine „Freiheitsentziehung" vorliegt. Es geht auch nicht um „richterliche Kontrolle" von „Freiheitsbeschränkungen" durch die Exekutive, sondern um die Beachtung der verfassungskräftigen Kompetenzzuweisung für Freiheitsentziehungen schlechthin (Lisken NJW 1982, 1269). Wenn man mit dem BGH (NJW 1982, 753) auf das „Gewicht" des Freiheitsentzugs abstellt, fehlt es an einem normativen Maßstab, „der für die zu Hilfe gerufene Polizei erkennen lässt, ob sie rechtmäßig einschreiten darf. Dies ist wegen der Folgen nicht unerheblich. Insoweit trifft die Verantwortung auch nicht die ersuchende Behörde, sondern die ausführende Polizei, weil der Richtervorbehalt in Art. 104 GG eine Kompetenzverschiebung bedeutet. Erst das Richterwort – vorher oder **17.1** bei Gefahr im Verfuge nachher – bildet die verfahrensrechtliche Grundlage für die Freiheitsentziehung durch Zwangsanwendung" (Lisken/Denninger PolR-HdB/Denninger/Poscher, 5. Aufl. 2012, B Rn. 135).

18   Übergänge von Freiheitsbeschränkungen zu Freiheitsentziehungen können fließend sein. Unproblematisch liegt eine **Freiheitsentziehung** vor, wenn durch die Beschränkung der Bewegungsfreiheit das (polizeiliche) Maßnahmeziel unmittelbar erreicht wird, wenn also die Einschränkung der (Bewegungs-) Freiheit Hauptmotiv des polizeilichen Einschreitens ist. Schwieriger ist die Differenzierung dann, wenn die Einschränkung der Bewegungsfreiheit (nur) dazu dient, übergeordnete polizeiliche Ziele zu erreichen; wenn sie also nur Nebenzweck bzw. unvermeidliche Begleiterscheinung des polizeilichen Handelns darstellt. Dies ist der Fall, wenn die betroffene Person für die Dauer einer polizeilichen Maßnahme an einem bestimmten Ort verweilen muss. Hier steht als Differenzierungskriterium allein die Intensität der Maßnahme zur Verfügung, so dass die (beabsichtigte) Dauer der Beschränkung der körperlichen Bewegungsfreiheit für die Einordnung des Eingriffs entscheidend ist (Braun, Staatsrecht für Polizeibeamte, 2019, 63). So ist das Verbringen einer Person an einen anderen Ort zum Zwecke der Durchführung einer Maßnahme (zB Blutentnahme) noch als bloße **Freiheitsbeschränkung** zu qualifizieren; die Zeitspanne, die die Durchführung dieser Maßnahme in Anspruch nimmt, hält sich regelmäßig in einem überschaubaren Rahmen. Der Eingriff darf indes nicht mehr Zeit in Anspruch nehmen, als für die entsprechende Maßnahme unter den gegebenen Umständen typischerweise zu veranschlagen ist (Braun, Staatsrecht für Polizeibeamte, 2019, 88 f.).

18.1   Im Falle der Durchführung einer Abschiebung beurteilte der BGH (NJW 1982, 537) den Zwangsaufenthalt des Ausländers in einem Dienstgebäude danach, ob er länger dauerte als die Wartezeit, die üblicherweise bei einer Flugreise von einem Fluggast aufgebracht wird. Wird der Betroffene länger als üblich festgehalten, liegt eine Freiheitsentziehung vor (vgl. Bergmann/Dienelt/Winkelmann, Ausländerrecht, 12. Aufl. 2018, AufenthG § 62 Rn. 10, mwN).

D. Verfahrensrechtliche Anforderungen

19   Gemäß Abs. 3 gelten die §§ 37 und 38 entsprechend. Die Vorschriften beinhalten Regelungen über die Behandlung festgehaltener Personen und Regelungen hinsichtlich der Dauer der Freiheitsentziehung. Die Beachtung dieser Vorschriften fällt in die **Verantwortung der Polizei.**

I. Behandlung festgehaltener Personen

20   Die Beachtung des § 37 (**Behandlung festgehaltener Personen**) fällt in die Verantwortung der Polizei, solange sich die festgehaltene Person tatsächlich im Gewahrsam der Polizei befindet. Die ersuchende Behörde hat naturgemäß keinen Einfluss auf die Art und Weise des polizeilichen Zugriffs und die nachfolgende Behandlung der ergriffenen Person durch die Polizei, daher fällt dieser Teil folgerichtig allein in die **Verantwortungssphäre der Polizei.** Dies gilt auch dann, wenn die „Übernahme" durch die ersuchende Behörde im Rechtssinn bereits stattgefunden hat.

II. Dauer der Freiheitsentziehung

21   § 38 Abs. 1 Nr. 1 enthält den Grundsatz, dass die festgehaltene Person zu entlassen ist, wenn der Grund für die Freiheitsentziehung weggefallen ist; sie ist dann nicht mehr notwendig. Die entsprechende Anwendung dieser Vorschrift im Rahmen der Vollzugshilfe bedeutet, dass **die ersuchende Behörde die Voraussetzungen laufend zu überprüfen hat,** da sie die Verantwortung für die Rechtmäßigkeit der zugrunde liegenden Maßnahme trägt (Tegtmeyer/Vahle PolG NRW Rn. 7). Dabei hat Polizei der ersuchenden Behörde unverzüglich alle Anhaltspunkte mitzuteilen, die für einen **Wegfall des Grundes der Freiheitsentziehung** sprechen. Erhält die Polizei sichere Kenntnis vom Wegfall des Grundes und ist die ersuchende Behörde nicht erreichbar, hat die Polizei die festgehaltene Person zu entlassen (Nr. 49.3 VVPolG NRW).

22   Die Polizei muss überdies selbstständig prüfen, ob die **Fortdauer der Freiheitsentziehung** noch möglich ist und ggf. auch eigenverantwortlich die Freilassung bewirken, die Zeitgrenzen des § 38 Abs. 1 Nr. 3 überschritten werden könnten und keine richterliche Entscheidung über die Fortdauer der Freiheitsentziehung vorliegt (SBK PolG NRW/Schütte Rn. 4).

Dass die festgehaltene Person zu entlassen, wenn die **Fortdauer der Freiheitsentziehung** 23 durch richterliche Entscheidung für unzulässig erklärt wird, ist selbstverständlich (§ 38 Abs. 1 Nr. 2).

E. Rechtsschutz

Unterschiedlich beantwortet wird die Frage, ob § 49 auch eine **Schutzfunktion zuguns-** 24 **ten der festgehaltenen Person** entfaltet. Bejaht man dies, so würde § 49 entsprechend Amtspflichten begründen, deren Nichtbeachtung bei vorliegendem Verschulden zu **Scha-densersatzansprüchen aus § 839 BGB iVm Art. 34 GG** führen würde. Letztlich wird eine Schutzfunktion des § 49 zugunsten des Betroffenen abgelehnt, da für seinen Schutz Art. 104 Abs. 2 GG sorgt. § 49 legt der ersuchenden Behörde Verpflichtungen auf, die für Klarheit bei den ersuchten Behörden sorgen und insofern allein im **Interesse der Polizei liegen** (Schmidbauer/Steiner BayPAG Art. 52 Rn. 25).

Vierter Abschnitt. Zwang

Erster Unterabschnitt. Erzwingung von Handlungen, Duldungen und Unterlassungen

§ 50 Zulässigkeit des Verwaltungszwanges

(1) Der Verwaltungsakt, der auf die Vornahme einer Handlung oder auf Duldung oder Unterlassung gerichtet ist, kann mit Zwangsmitteln durchgesetzt werden, wenn er unanfechtbar ist oder wenn ein Rechtsmittel keine aufschiebende Wirkung hat.

(2) Der Verwaltungszwang kann ohne vorausgehenden Verwaltungsakt angewendet werden, wenn das zur Abwehr einer gegenwärtigen Gefahr notwendig ist, insbesondere weil Maßnahmen gegen Personen nach den §§ 4 bis 6 nicht oder nicht rechtzeitig möglich sind oder keinen Erfolg versprechen, und die Polizei hierbei innerhalb ihrer Befugnisse handelt.

Überblick

Als belastendes Verwaltungshandeln bedarf der Verwaltungszwang einer gesetzlichen Grundlage. Das Polizeigesetz unterscheidet zwischen den Befugnissen der Polizei (§§ 8 ff.) und der Vollstreckung der Maßnahmen, die auf diese Befugnisse gründen. Die Ermächtigungsgrundlage für den durch Polizeibehörden ausgeführten Verwaltungszwang stellt § 50 (§ 49 BWPolG iVm § 18 BWLVwVG; Art. 70 BayPAG; § 47 HSOG; § 64 NPOG) dar. Wie § 56 VwVG NRW bzw. § 6 VwVG sieht § 50 zwei unterschiedliche Vollstreckungsverfahren vor: Abs. 1 umfasst die Fälle, in denen die Vollstreckung auf einen Verwaltungsakt gründet (→ Rn. 1; zu den formellen und materiellen Voraussetzungen → Rn. 2 ff.). Dabei ist umstritten, ob die Wirksamkeit der Grundverfügung für einen rechtmäßigen Vollzug ausreicht, oder ob darüber hinaus auch ihre Rechtmäßigkeit zu fordern ist (→ Rn. 12 ff.). § 50 Abs. 2 regelt die Vollstreckung ohne vorausgehenden Verwaltungsakt (→ Rn. 15). Voraussetzung einer rechtmäßigen Vollstreckung iSd § 50 Abs. 2 ist ein Handeln der Polizei innerhalb ihrer Befugnisse, was anhand einer hypothetischen Grundverfügung zu beurteilen ist (→ Rn. 17). Einige Bundesländer – nicht aber Nordrhein-Westfalen – kennen neben dem Sofortvollzug die unmittelbare Ausführung. Für diese Länder stellt sich die Frage nach dem Verhältnis beider Instrumente (→ Rn. 19).

Übersicht

A. Das gestreckte Verfahren (Abs. 1)

I. Grundverfügung als Voraussetzung des gestreckten Verfahrens

Das PolG NRW sieht vor, dass Zwang grundsätzlich nur dann angewendet werden kann, **1** wenn eine **Grundverfügung** existiert. Bei der Grundverfügung muss es sich um einen **befehlenden Verwaltungsakt** handeln, das heißt einen Verwaltungsakt, der auf eine Handlung, eine Duldung oder ein Unterlassen zielt (vgl. Tegtmeyer/Vahle PolG NRW/Vahle Rn. 2; Dietlein/Hellermann NRWÖffR/Dietlein § 3 Rn. 238; Muckel JA 2012, 276; Beispiele finden sich bei SBK PolG NRW/Schütte Rn. 2 sowie bei App/Wettlaufer/Klomfaß, Praxishandbuch Verwaltungsvollstreckungsrecht/Klomfaß, 6. Aufl. 2019, § 30 Rn. 3 ff.). Feststellende oder rechtsgestaltende Verwaltungsakte erfüllen diese Voraussetzung nicht (Muckel JA 2012, 276). Soll ein befehlender Verwaltungsakt im Zwangswege durchgesetzt werden, liegt regelmäßig (zum Sonderfall des Verwaltungsakts, der weder unanfechtbar ist noch sofort vollziehbar, → Rn. 18) ein Fall des § 50 Abs. 1, des sog. **gestreckten Verfahrens,** vor.

II. Formelle Voraussetzungen des gestreckten Verfahrens

1. Zuständigkeit

Eine dem § 56 Abs. 1 VwVG NRW vergleichbare Zuständigkeitsregelung, nach der Ver- **2** waltungsakte von der Behörde vollzogen werden, die sie erlassen hat, fehlt im PolG NRW. Eine Übertragung des dem § 56 VwVG NRW zugrunde liegenden Rechtsgedankens könnte für die Vollstreckung durch die Polizeibehörden allerdings problematisch sein. Parkt bspw. ein Kfz an einer Stelle, an der ein Verkehrszeichen das Halten bzw. Parken verbietet (etwa ein Absolutes Haltverbot gem. Zeichen 283 Anlage 2 StVO) und resultiert daraus eine Gefahr für andere Verkehrsteilnehmer, wäre die Polizei für die Abschleppanordnung unzuständig, da die in einem solchen Verkehrszeichen zum Ausdruck kommenden Verwaltungsakte (vgl. nur BVerwG NJW 2011, 246) grundsätzlich von der Straßenverkehrsbehörde erlassen werden (§ 44 Abs. 1 StVO). Könnten sie nur von der Straßenverkehrsbehörde zwangsweise durchgesetzt werden, würde das der Effektivität der Gefahrenabwehr nicht gerecht. Für den Bereich des Straßenverkehrs sieht das POG NRW allerdings eine Spezialzuständigkeit der Polizei vor: Nach § 11 Abs. 1 Nr. 3 POG NRW ist die Polizei für die Überwachung des Straßenverkehrs zuständig. Sie muss Sorge dafür tragen, dass Störungen des Straßenverkehrs vermieden bzw. im Fall ihres Eintritts zügig beseitigt werden. In diesem Zusammenhang kann es erforderlich sein, auf Verstöße gegen Verkehrsschilder zu reagieren. Insofern folgt aus § 11 Abs. 1 Nr. 3 POG NRW die Kompetenz der Polizei, auch Verkehrsschilder zwangsweise durchzusetzen (vgl. Krämer/Müller OBG NRWOBG § 51 Rn. 2 zur Zuständigkeit der Polizei für die Überwachung des ruhenden Verkehrs; sowie Rhein OBG NRWOBG § 48 Rn. 48.31 zu der aus Abs. 3 S. 1 herzuleitenden Kompetenz der Ordnungsbehörden zum Abschleppen von Fahrzeugen). Außerhalb des Straßenverkehrs ist auf § 1 Abs. 1 S. 3 zurückzugreifen, der die Eilzuständigkeit der Polizei normiert. Die Polizeibehörden sind danach nicht nur für die Vollstreckung von Verwaltungsakten zuständig, die sie selbst erlassen haben, sondern können auch in den Fällen tätig werden, in denen anderen Behörden, insbesondere den Ordnungsbehörden, die Vollstreckung ihrer Verwaltungsakte nicht rechtzeitig möglich ist.

2. Verfahren

Eine Anhörung kann in der Verwaltungsvollstreckung gem. § 28 Abs. 2 Nr. 5 VwVfG. **3** NRW. unterbleiben. Das gestreckte Verfahren erfordert allerdings grundsätzlich die **Androhung** des Zwangsmittels (§§ 56, 61). Zu Ausnahmen, in denen die Androhung entbehrlich ist, siehe die §§ 56 Abs. 1 S. 3, 61 Abs. 1 S. 2. Anders als das VwVG NRW sieht das PolG NRW keine Festsetzung vor.

3. Form

Die Androhung soll schriftlich erfolgen (§ 56 Abs. 1 S. 1). Im Übrigen bestehen für den **4** Vollzug nach § 50 Abs. 1 keine besonderen Formvorschriften.

III. Materielle Voraussetzungen des gestreckten Verfahrens

1. Vollstreckbarkeit der Grundverfügung

5   Die Grundverfügung muss vollstreckbar sein. Das ist – wie der Gesetzestext ausdrücklich vorsieht – zum einen der Fall, wenn die Grundverfügung **unanfechtbar** ist. Unanfechtbarkeit meint, dass die Grundverfügung bestandskräftig ist (Dietlein/Hellermann NRWÖffR/ Dietlein § 3 Rn. 252; SBK PolG NRW/Schütte Rn. 3; Muckel JA 2012, 276). Bestandskräftig ist die Grundverfügung, wenn die Rechtsbehelfsfristen für Widerspruch und Anfechtungsklage (§§ 70, 74 VwGO) abgelaufen sind oder wenn über einen gegen die Grundverfügung eingelegten Rechtsbehelf ablehnend entschieden worden ist (Tegtmeyer/Vahle PolG NRW/ Vahle Rn. 4; Muckel JA 2012, 276).

6   Eine noch nicht bestandskräftige Grundverfügung kann, zum anderen, gleichwohl vollstreckt werden, wenn – so § 50 Abs. 1 Var. 2 – die gegen sie denkbaren Rechtsbehelfe **keine aufschiebende Wirkung** haben. Prinzipiell haben Widerspruch und Anfechtungsklage jeweils aufschiebende Wirkung (§ 80 Abs. 1 S. 1 VwGO). In diesem Fall ist der zugrunde liegende Verwaltungsakt zwar wirksam (§ 43 Abs. 1 VwVfG. NRW.), nicht jedoch im umfassenden Sinne vollziehbar (Tegtmeyer/Vahle PolG NRW/Vahle Rn. 5). § 80 Abs. 2 VwGO begründet allerdings Ausnahmen von diesem Grundsatz: In § 80 Abs. 2 Nr. 1–3 VwGO sind Fälle normiert, in denen eine aufschiebende Wirkung des gegen die Grundverfügung eingelegten Rechtsbehelfs schon von Gesetzes wegen entfällt, § 80 Abs. 2 Nr. 4 VwGO ermöglicht der Behörde, bei öffentlichem oder überwiegendem privaten Interesse die sofortige Vollziehung eines Verwaltungsakts anzuordnen. Besondere Bedeutung für die Polizei entfaltet § 80 Abs. 2 S. 1 Nr. 2 VwGO (SBK PolG NRW/Schütte § 50 Rn. 5), wonach bei unaufschiebbaren Anordnungen und Maßnahmen von Polizeibeamten keine aufschiebende Wirkung besteht. Da die Maßnahmen der Gefahrenabwehr dienen, liegt der Ausschluss der aufschiebenden Wirkung in ihrem Wesen (vgl. BT-Drs. III/55, 73). Die Bezeichnung „Anordnungen und Maßnahmen" bezieht sich auf Verwaltungsakte, da nur gegen Verwaltungsakte erhobene Rechtsbehelfe aufschiebende Wirkung zeigen können (BeckOK VwGO/Gersdorf VwGO § 80 Rn. 56 mwN). Unaufschiebbar sind regelmäßig solche Maßnahmen, bei denen aufgrund ihrer Eilbedürftigkeit keine Zeit bleibt, einen schriftlichen Bescheid zu erlassen. Das wird in der Polizeipraxis regelmäßig der Fall sein, da die Polizei wegen § 1 Abs. 1 S. 3 ihre Zuständigkeit häufig erst bei Eilbedürftigkeit reklamieren kann (SBK PolG NRW/Schütte Rn. 5). Bei schriftlichen Verfügungen spricht eine widerlegbare Vermutung dafür, dass keine Unaufschiebbarkeit besteht (BeckOK VwGO/Gersdorf VwGO § 80 Rn. 56; Tegtmeyer/Vahle PolG NRW/Vahle Rn. 7).

2. Wirksamkeit der Grundverfügung

7   Damit der Verwaltungsakt vollstreckbar ist, muss er allerdings **wirksam** sein. Wirksam ist der Verwaltungsakt, wenn er nicht nichtig ist (§ 43 Abs. 3 VwVfG. NRW.), nicht zurückgenommen, widerrufen oder anderweitig aufgehoben wurde oder sich auf sonstige Weise erledigt hat (§ 43 Abs. 2 VwVfG. NRW.; Muckel JA 2012, 276 f.; zu Verkehrsschildern → Rn. 8 f.).

8   In den praxisrelevanten sog. Abschleppfällen werden regelmäßig die in Verkehrsschildern zum Ausdruck kommenden Verwaltungsakte vollstreckt. Dabei handelt es sich um **Allgemeinverfügungen** iSd § 35 S. 2 VwVfG. NRW. In den Abschleppfällen stellt sich deshalb die Frage, wann ein Verkehrsschild wirksam wird. Aufgestellte Verkehrsschilder, die durch Unbefugte nachträglich und in Abweichung von den Vorgaben der Straßenverkehrsordnung und der dazu erlassenen Verwaltungsvorschriften so umgestaltet werden, dass sie nunmehr einen anderen Rechtsgehalt zu haben scheinen, etwa die Änderung eines Eingeschränkten Haltverbots (Zeichen 286 Anlage 2 StVO) in ein scheinbares Absolutes Haltverbot, entfalten keine Wirksamkeit (vgl. OVG Münster BeckRS 2006, 26205; BHHJ/Hühnermann StVO § 39 Rn. 10 f.). Problematisch scheint die Wirksamkeit vor allem in Konstellationen, in denen das Schild in Abwesenheit des Fahrzeugeigentümers aufgestellt wird und dieser bis zum Abschleppvorgang keine Kenntnis von ihm erhält. Die für Abschleppfälle besonders bedeutsamen Halteverbotsschilder (Zeichen 283 Anlage 2 StVO) beinhalten nicht nur das Verbot, an einer bestimmten Stelle zu parken, sondern darüber hinaus in Analogie zur

Anordnung eines Polizeibeamten auch das Gebot, im Falle verkehrswidrigen Parkens wegzufahren (stRspr, BVerwG NJW 1978, 656; DÖV 1988, 694; NJW 1997, 1021 (1022); NJW 2018, 2910 Rn. 14). § 43 Abs. 1 VwVfG. NRW. sieht vor, dass der Verwaltungsakt, also etwa ein Halteverbotsschild, in dem Zeitpunkt wirksam wird, in dem er demjenigen, für den er bestimmt ist oder der von ihm betroffen wird, bekanntgegeben wird.

Die in § 41 VwVfG. NRW. geregelte **Bekanntgabe** meint den Erlass des Verwaltungsakts **9** mit Wissen und Wollen der Behörde in der jeweils zulässigen Form (Kopp/Ramsauer VwVfG § 41 Rn. 6). Dabei wird unterschieden zwischen rechtlicher Existenz sowie innerer und äußerer Wirksamkeit von Verwaltungsakten (Kopp/Ramsauer VwVfG § 41 Rn. 6; Maurer/Waldhoff AllgVerwR § 9 Rn. 72). **Rechtlich existent** wird der Verwaltungsakt mit der Bekanntgabe an mindestens einen Betroffenen. Dies geschieht regelmäßig im Anschluss an die Aufstellung des Verkehrszeichens, nach der in aller Regel die ersten Verkehrsteilnehmer von ihm Kenntnis nehmen. **Innere Wirksamkeit** meint, dass die durch den Verwaltungsakt ausgesprochene Regelung verbindlich wird (Maurer/Waldhoff AllgVerwR § 9 Rn. 72). **Äußere Wirksamkeit** bedeutet, dass der Verwaltungsakt gegenüber demjenigen maßgeblich wird, dem er ordnungsgemäß bekannt gegeben wurde (Kopp/Ramsauer VwVfG § 41 Rn. 6; Maurer/Waldhoff AllgVerwR § 9 Rn. 72). Im Fall der Untunlichkeit einer individuellen Bekanntgabe eröffnet § 41 Abs. 3 S. 2 VwVfG. NRW. für Allgemeinverfügungen grundsätzlich die Möglichkeit einer **öffentlichen Bekanntgabe.** Zu beachten ist auch § 41 Abs. 4 VwVfG. NRW., der besondere Vorgaben für die öffentliche Bekanntgabe eines schriftlichen oder elektronischen Verwaltungsaktes normiert. Bei Verkehrszeichen ist die individuelle Bekanntgabe zwar in der Tat untunlich (vgl. zu den Kriterien Kopp/Ramsauer VwVfG § 41 Rn. 46 f.), sodass eine öffentliche Bekanntgabe zulässig ist. Es handelt sich bei ihnen allerdings nicht um schriftliche Verwaltungsakte. Insofern kommt es nicht auf § 41 Abs. 4 VwVfG. NRW. an, sondern auf die Art des Verwaltungsakts (Kopp/Ramsauer VwVfG § 41 Rn. 48). Die in Verkehrsschildern enthaltenen Regelungen werden üblicherweise durch **Aufstellung des Schildes** bekanntgegeben (BVerwG JZ 2011, 152; BVerwG NJW 2018, 2910 Rn. 15).

Mit der öffentlichen Bekanntgabe in Form der Aufstellung entfalten die Verkehrsschilder **10** Wirkung gegenüber jedem betroffenen Verkehrsteilnehmer, gleichgültig, ob dieser sie tatsächlich wahrgenommen hat oder nicht (BVerwGE 102, 316 (318); BVerwG NJW 2018, 2910 Rn. 15; VGH Kassel NJW 1999, 2057; vgl. Kümper JuS 2017, 731 (736)). In einer Entscheidung aus dem Jahr 2010 trennte das BVerwG diese Wirkung allerdings von der Frage, wann die **Klagefrist** für den Verkehrsteilnehmer zu laufen beginnt. Art. 19 Abs. 4 GG fordere, dass die Jahresfrist erst zu laufen beginne, wenn sich der Verkehrsteilnehmer erstmals der Regelung des Verkehrszeichens gegenübersehe (BVerwG JZ 2011, 152). Ein in Abwesenheit aufgestelltes Verkehrszeichen ist damit zwar analog § 80 Abs. 2 Nr. 2 VwGO sofort vollziehbar und daher vollstreckbar. Nach der Rechtsprechung des BVerwG kann es allerdings auch noch Jahre nach seiner Aufstellung anfechtbar sein (vgl. auch BVerfG NJW 2009, 3642, das die Entscheidung des VGH Mannheim JZ 2009, 738, wonach die Klagefrist immer nur ein Jahr ab Aufstellung des Schildes laufe, aufgehoben hat; krit. zur an BVerfG NJW 2009, 3642 anknüpfenden Rspr. des BVerwG: Ehlers JZ 2010, 155 f.).

3. Keine Vollstreckungshindernisse

Auch dürfen keine Vollstreckungshindernisse vorliegen. Hierzu zählt etwa die fehlende **11** Verfügungsbefugnis des Vollstreckungsschuldners über den Gegenstand der von ihm geschuldeten Leistung (vgl. für den häufigen Fall, dass der Schuldner Miteigentümer zB eines Grundstücks ist: Stuttmann NwVZ 2004, 805). Ist der Zweck des Vollzugs bereits erreicht, liegt ebenfalls ein Vollstreckungshindernis vor (Rechtsgedanke des § 65 Abs. 3 VwVG NRW). Gleiches gilt, wenn die fragliche Handlung, Duldung oder Unterlassung aufgrund veränderter Umstände oder einer neuen Rechtslage nicht mehr geboten ist (zum Ganzen s. Muckel JA 2012, 277).

4. Sonderfall: Die Rechtswidrigkeit der Grundverfügung

a) Problematik und Streitstand. Fraglich und umstritten ist, ob auch ein rechtswidriger, **12** aber wirksamer Verwaltungsakt Grundlage eines rechtmäßigen Vollzugs sein kann. Dies wird weitgehend für die Fälle bejaht, in denen der rechtswidrige Verwaltungsakt bestandskräftig ist (vgl. etwa Dietlein/Hellermann NRWÖffR/Dietlein § 3 Rn. 252; Thiel PolR, 3. Aufl. 2016, Rn. 547; Möller/Warg PolR Rn. 211; Knemeyer PolR SuP Rn. 358; Götz/Geis PolR § 13 Rn. 8). Nach überwiegender Ansicht in Rechtsprechung und Literatur reichen auch rechtswidrige Verwaltungsakte, die noch nicht bestandskräftig, aber sofort vollziehbar sind – was wegen § 80 Abs. 2 Nr. 2 VwGO den Regelfall darstellen wird – für eine rechtmäßige Vollstreckung aus (BVerwG NVwZ 2009, 122; NJW 1984, 2591 (2592); **BVerfG** NVwZ 1999, 290 (292); OVG Münster NVwZ 2001, 231; Muckel JA 2012, 277 mwN aus der Lit.). Dem wird teilweise widersprochen mit dem Argument, die Verwaltung dürfe im Rechtsstaat keinen rechtswidrigen Verwaltungsakt vollstrecken. Die Effektivität der Gefahrenabwehr werde dadurch nicht gefährdet, weil die vorläufige Befolgungspflicht und Durchsetzbarkeit der Grundverfügung einerseits und ihre Rechtmäßigkeit andererseits entkoppelt werden könnten: Ein Verwaltungsakt müsse dann trotz einer eventuellen Rechtswidrigkeit zunächst befolgt werden. Gleichwohl führe die Rechtswidrigkeit der Grundverfügung dazu, dass der Vollzug sich insgesamt als rechtswidrig darstelle (Schoch BesVerwR/Schoch, 1. Aufl. 2018, Kap. 1 Rn. 916 f.; Pietzcker FS Schenke, 2011, 1045 ff.; Möller/Warg PolR Rn. 212; Knemeyer PolR SuP Rn. 358 hält die Rechtmäßigkeit jedenfalls für erforderlich, wenn nach polizeirechtlichen Vorschriften vollstreckt wird; diff. Thiel PolR, 3. Aufl. 2016, Rn. 547; Gusy PolR Rn. 438, der die Vollstreckung jedenfalls bei offensichtlicher Rechtswidrigkeit für unzulässig hält; aus der älteren Lit.: Ehlers JuS 1983, 872; Kämper VR 1988, 287 (288)).

13   **b) Berücksichtigung der Rechtswidrigkeit grundsätzlich nicht erforderlich.** Dagegen, die Rechtmäßigkeit der Grundverfügung bei der Frage zu berücksichtigen, ob der Vollzug rechtmäßig ist, spricht allerdings der Wortlaut des § 50 Abs. 1, der nur einen vollstreckbaren Verwaltungsakt verlangt. Hingegen ordnet § 50 Abs. 2, der den Sofortvollzug regelt, ausdrücklich an, das Handeln der Behörde müsse sich „innerhalb ihrer Befugnisse" vollziehen, macht also die Rechtmäßigkeit des durchzusetzenden Handelns, Duldens oder Unterlassens, also der hypothetischen Grundverfügung, zur Voraussetzung für die Rechtmäßigkeit der Vollstreckung. Die Titelfunktion des Verwaltungsakts legt es ebenfalls nahe, die Rechtmäßigkeit der Grundverfügung nicht zu berücksichtigen. Die Rechtsschutzmöglichkeiten des Betroffenen werden dadurch nicht in unzulässiger Weise eingeschränkt: Ihm verbleibt die Möglichkeit, mit einem Antrag gem. § 80 Abs. 5 VwGO auf Anordnung oder Wiederherstellung der aufschiebenden Wirkung die Vollstreckung zu verhindern (zum Ganzen s. Kingreen/Poscher POR § 24 Rn. 32 mwN; Hyckel LKV 2015, 302 f.; Würtenberger/Heckmann BWPolR, 6. Aufl. 2005, Rn. 757).

14   In besonders gelagerten Fällen kann die Rechtmäßigkeit der Grundverfügung aber eine Rolle spielen. Dies gilt zunächst, wenn der zu vollziehende Verwaltungsakt nichtig ist (§ 43 Abs. 3 VwVfG. NRW.), aber etwa auch dann, wenn die Polizeibehörde sehenden Auges einen rechtswidrigen Verwaltungsakt durchsetzt. Als rechtlicher Anknüpfungspunkt kommt dann das **Verhältnismäßigkeitsprinzip** in Betracht, das jeder Vollstreckung zugrunde zu liegen hat (vgl. § 2). Im Einzelfall kann die Vollstreckung eines rechtswidrigen Verwaltungsakts unverhältnismäßig sein (vgl. Schmidt PolR Rn. 934; Muckel JA 2012, 277). Sofern die Behörde innerhalb der Rechtsbehelfsfrist vollstreckt und dem Betroffenen noch die Möglichkeit zusteht, die Rechtmäßigkeit der Grundverfügung überprüfen zu lassen, fordert das Verhältnismäßigkeitsprinzip zudem, die Rechtswidrigkeit des Verwaltungsakts jedenfalls bei der Festlegung der Kostentragungspflicht, also auf der Sekundärebene, zu berücksichtigen (Möller/Warg PolR Rn. 212; Hyckel LKV 2015, 303).

B. Der Sofortvollzug (Abs. 2)

I. Der Sofortvollzug als Vollstreckung ohne vorausgehende Grundverfügung

15   Nach § 50 Abs. 2 darf der Verwaltungszwang auch ohne vorausgehenden Verwaltungsakt angewendet werden. In diesem Fall wird gemeinhin von **Sofortvollzug** gesprochen. Der Begriff ist allerdings ungenau, weil beim Sofortvollzug kein Verwaltungsakt und auch keine fiktive Grundverfügung vollzogen werden. Die Bezeichnung hat sich dennoch durchgesetzt (vgl. § 230 SchlHLVwG; vgl. App/Wettlaufer/Klomfaß, Praxishandbuch Verwaltungsvollstreckungsrecht/Klomfaß, 6. Aufl. 2019, § 30 Rn. 24; Muckel JA 2012, 356). Begrifflich darf der Sofortvollzug nicht mit der Anordnung der sofortigen Vollziehung in § 80 Abs. 2 S. 1 Nr. 4 VwGO verwechselt werden. Letztere spielt für die Frage eine Rolle, ob einem gegen einen Verwaltungsakt eingelegten Rechtsbehelf aufschiebende Wirkung zukommt. Die Möglichkeit des Sofortvollzugs trägt dem polizeilichen Alltag Rechnung, in dem sich das gestreckte Verfahren (§ 50 Abs. 1) häufig als zu langwierig erweist (Tegtmeyer/ Vahle PolG NRW/Vahle Rn. 9; Muckel JA 2012, 356).

II. Formelle Voraussetzungen des Sofortvollzugs

Da im Sofortvollzug kein Verwaltungsakt ergeht, kann die Polizeibehörde nur in den **16** Fällen Vollzugsbehörde sein, in denen sie einen entsprechenden Verwaltungsakt hätte erlassen können. Eine **Anhörung** ist für einen rechtmäßigen Sofortvollzug nicht erforderlich. Das folgt nicht nur daraus, dass sich die Behörde iSv § 28 Abs. 2 Nr. 5 VwVfG. NRW. in der Verwaltungsvollstreckung befindet, sondern auch aus § 28 Abs. 1 VwVfG. NRW. Hiernach ist eine Anhörung nur erforderlich, wenn die Behörde mit einem Verwaltungsakt in Rechte des Bürgers eingreift. Der Sofortvollzug beschränkt sich allerdings in der Regel auf Realakte (Muckel JA 2012, 357). Von einer **Androhung** des Zwangs kann nach § 56 Abs. 1 abgesehen werden. Eine Festsetzung sieht das nicht vor.

III. Materielle Voraussetzungen des Sofortvollzugs

In materieller Hinsicht ist ein Vollzug ohne vorausgehenden Verwaltungsakt allerdings nur **17** unter bestimmten Umständen rechtmäßig: Voraussetzung ist, dass die Polizei innerhalb ihrer Befugnisse handelt und ihr Handeln zur Abwehr einer gegenwärtigen Gefahr notwendig ist. Eine **gegenwärtige Gefahr** besteht, wenn eine Schädigung unmittelbar oder in allernächster Zeit mit an Sicherheit grenzender Wahrscheinlichkeit bevorsteht oder sogar schon eingetreten ist (SBK PolG NRW/Schütte Rn. 6; App/Wettlaufer/Klomfaß, Praxishandbuch Verwaltungsvollstreckungsrecht/Klomfaß, 6. Aufl. 2019, § 30 Rn. 31, 34 f.). **Innerhalb ihrer Befugnisse** handelt die Polizei, wenn sie materiell-rechtlich befugt ist, dem Adressaten das von ihr verlangte Handeln, Dulden oder Unterlassen aufzugeben (SBK PolG NRW/Schütte Rn. 7). Zu fragen ist demgemäß, ob die Polizei eine rechtmäßige Grundverfügung hätte erlassen können, wenn hierfür Zeit und Gelegenheit bestanden hätten (Tegtmeyer/ Vahle PolG NRW/Vahle Rn. 10). Die handelnde Polizeibehörde muss für den Erlass zuständig sein. Außerdem müssen die Voraussetzungen der Befugnisnorm sowie die allgemeinen Rechtmäßigkeitsvoraussetzungen vorliegen (Tegtmeyer/Vahle PolG NRW/Vahle Rn. 10). Geprüft wird folglich eine hypothetische Grundverfügung. **Notwendig** ist der Vollzug schließlich, wenn der Erfolg der Maßnahme erheblich gefährdet oder vereitelt würde, falls die Polizei im gestreckten Verfahren vorginge (Tegtmeyer/Vahle PolG NRW/Vahle Rn. 10; Gusy PolR Rn. 441).

IV. Durchsetzung eines Verwaltungsakts im Sofortvollzug

Praxisrelevant ist der Fall, in dem die Behörde einen befehlenden Verwaltungsakt erlassen **18** hat, der weder unanfechtbar noch sofortvollziehbar ist, in dem sich dann aber die Gefahrenlage anders entwickelt als die Behörde zunächst erwartet hat, sodass gleichwohl schnell eingeschritten werden muss. Dann stellt sich die Frage, ob der Verwaltungszwang im Sofortvollzug auch möglich ist, wenn ein Verwaltungsakt ergangen ist. Für die Polizei dürfte sich dieses Problem allerdings – anders als etwa für die Ordnungsbehörden – nicht stellen: Sofern sie die sofortige Vollziehung nicht gem. § 80 Abs. 2 S. 1 Nr. 4 VwGO angeordnet hat, folgt diese aus § 80 Abs. 2 S. 1 Nr. 2 VwGO, wenn eine Maßnahme sich (nachträglich) als unaufschiebbar erweist.

V. Verhältnis des Sofortvollzugs zur unmittelbaren Ausführung

Das Bundesland Niedersachen kennt, wie Nordrhein-Westfalen, ausschließlich den Sofort- **19** vollzug. In Baden-Württemberg ist der Sofortvollzug nicht geregelt. Seine Funktion erfüllen dort die Normen zur **unmittelbaren Ausführung** (vgl. § 8). Obwohl diese Vorschriften außerhalb der Abschnitte über den polizeilichen Zwang steht, sprechen Funktion und Erscheinungsbild, die mit der Ersatzvornahme im Rahmen des sofortigen Vollzugs identisch sind, dafür, die unmittelbare Ausführung als Variante des gekürzten Zwangsverfahrens anzusehen (Kingreen/Poscher POR § 24 Rn. 42). Die Bundesländer Bayern und Hessen regeln sowohl den Sofortvollzug als auch die unmittelbare Ausführung. In diesen Fällen stellt sich die Frage, wie die Normen voneinander abzugrenzen sind. Dies wird teilweise danach beurteilt, ob die Maßnahme gegen oder ohne den Willen des Störers erfolgt. Im ersten Fall sei der Sofortvollzug einschlägig, der auf den Bruch eines Willens ausgerichtet sei, im zweiten Fall die unmittelbare Ausführung, für die es auf einen Willensbruch nicht ankommt. Da aus systematischer Sicht allerdings nur das gestreckte Verfahren, nicht aber der Sofortvollzug auf eine Willensbeugung gerichtet ist, bedarf es einer gesonderten Regelung neben dem Sofortvollzug an sich nicht (Kaniess LKV 2013, 401 (402 f.)). Wo beide Institute bestehen, betrifft die unmittelbare Ausführung in den meisten Ländern nur die Fälle der Abwesenheit des Handlungspflichtigen. In Bayern hingegen ist die unmittelbare Ausführung vorrangig, der sofortige Vollzug hingegen nur bei unvertretbaren Handlungen sowie gegenüber Nicht-verantwortlichen heranzuziehen (zum Ganzen s. Kingreen/Poscher POR § 24 Rn. 42 f.; vgl. Weber DAR 2019, 63 (66 f.)).

VI. Exkurs: Das Abschleppen von Fahrzeugen im sofortigen Vollzug

20　　Werden Fahrzeuge im Wege des sofortigen Vollzugs abgeschleppt, kommt der **Nachforschung nach dem Pflichtigen** besondere Bedeutung zu. Ob und ggf. inwieweit eine Nachforschungspflicht besteht, bestimmt sich nach dem Grundsatz der Verhältnismäßigkeit. Im Einzelfall kann die Polizei aufgrund der gegebenen Umstände eine **Wartefrist** treffen bzw. können Nachforschungen an Ort und Stelle geboten sein. Werden andere Verkehrsteilnehmer bereits behindert, ist eine Wartefrist regelmäßig entbehrlich (Tegtmeyer/ Vahle PolG NRW/Vahle Rn. 12 mwN). Drohen Beeinträchtigungen überragend wichtiger Gemeinschaftsgüter, kann der Verzicht auf eine Wartefrist sogar verhältnismäßig sein, wenn eine konkrete Beeinträchtigung nicht droht (BVerwG NJW 2014, 2888 (2890) im Hinblick auf verbotswidrig an Taxiständen parkende Fahrzeuge; vgl. zu Nachforschungspflichten auch VGH München BeckRS 2017, 133208). Hinsichtlich des Abschleppens eines **stillgelegten, aber nicht verkehrsbehindernd** abgestellten Kraftfahrzeugs im Wege des Sofortvollzugs vertritt das OVG Münster BeckRS 2017, 133831 Rn. 8 die Auffassung, dass es der zuständigen Behörde möglich und zumutbar sei, den verantwortlichen Halter über das Örtliche Fahrzeugregister der Zulassungsbehörde oder über das Zentrale Fahrzeugregister des Kraftfahrt-Bundesamtes (ZFZR) zu ermitteln und ihn zur Entfernung des Fahrzeugs aufzufordern, soweit die Nummernschilder am Pkw noch vorhanden seien. „Erfolgt dies nicht, sind eine gleichwohl durchgeführte Verwaltungsvollstreckung und ein diesbezüglicher Kostenbescheid rechtswidrig. Dies gilt unabhängig davon, ob sich der Kostenbescheid an den zuletzt eingetragenen Halter oder an den aktuellen Eigentümer des Fahrzeugs richtet. Denn das Vorgehen im Sofortvollzug ist nicht dergestalt teilbar, dass dieses gegenüber einem Störer notwendig und gegenüber einem anderen Störer nicht notwendig und damit rechtswidrig ist […]. Zwar würde das Erfordernis des Erlasses eines Duldungsbescheids an den aktuellen Eigentümer tatsächlich nicht hinnehmbare Verzögerungen hervorrufen. Ob ein solcher notwendig wird, ist für die Behörde jedoch im Moment des Auffindens des Fahrzeugs noch nicht erkennbar. Insoweit ist es geboten, zunächst im gestreckten Verfahren vorzugehen. Dies kann durch Übersendung eines Anhörungsschreibens – bzw. soweit die Voraussetzungen des § 28 Abs. 2 Nr. 5 VwVfG. NRW. und des § 80 Abs. 2 Satz 1 Nr. 4 VwGO vorliegen, durch den Erlass einer für sofort vollziehbar erklärten Ordnungsverfügung – geschehen" (OVG Münster BeckRS 2018, 32189 Rn. 10 ff. mit Verweis auf OVG Münster BeckRS 2017, 133831).

21　　Eine Nachforschungspflicht besteht im Übrigen nur dann, wenn Anhaltspunkte vorliegen, dass sich der Störer im **Nahbereich** aufhält (Tegtmeyer/Vahle PolG NRW/Vahle Rn. 12): Mit der Frage, ob ein auf der Windschutzscheibe angebrachter Zettel mit angegebener Handynummer und dem Hinweis „Bei Störung bitte anrufen, komme sofort" solche Anhaltspunkte liefert, beschäftigte sich das OVG Hamburg im Jahr 2001. Es ging dabei zwar davon aus, dass die Benachrichtigung eines Fahrers geboten sein könne, wenn der Fahrer selbst den Ermittlungsaufwand reduziere und dessen Erfolgsaussichten durch konkreten Hinweis auf seine Erreichbarkeit und seine Bereitschaft, das Fahrzeug umgehend zu entfernen, deutlich mache. Dazu genüge aber kein vorgefertigter Zettel mit Handynummer, weil sich daraus nicht ohne weiteres schließen lasse, wann der Fahrer bei einem Anruf eintreffen werde. Entspreche der Zettel allerdings den beschriebenen Anforderungen, sei den Beamten ein Anruf zuzumuten (OVG Hamburg NJW 2001, 3647). In einer Entscheidung von 2005 bestätigte das OVG Hamburg diese Rechtsprechung, betonte aber nochmals, dass dem Hinweiszettel ein **konkreter Situationsbezug** zu entnehmen sein müsse, etwa durch Angabe von Datum und Uhrzeit (OVG Hamburg NJW 2005, 2247). Das BVerwG hat diese Auffassung jüngst bestätigt (NJW 2014, 2888 (2889)). Die hohen Anforderungen an das Bestehen einer Nachforschungspflicht erscheinen vor dem Hintergrund gerechtfertigt, dass sich der zeitliche Aufwand für die einschreitenden Polizeibeamten erheblich vergrößern würde, wenn sie stets zunächst Aufklärungsversuche unternehmen und deren Ausgang abwarten müssten (VG Bremen BeckRS 2016, 40194). Die Nachforschungspflicht kann insoweit dem Grundsatz effektiver Gefahrenabwehr entgegenstehen. Der erforderliche konkrete Situationsbezug ergibt sich nach Ansicht der Rechtsprechung noch nicht allein daraus, dass der Behörde die Wohnungsanschrift des Ordnungspflichtigen bekannt ist und diese in unmittelbarer Nähe zu dem verbotswidrig geparkten Fahrzeug liegt (VG Bremen BeckRS 2016, 40194). Auch das BVerfG betont die ungewissen Erfolgsaussichten von Nachforschungsversuchen, und zwar auch in Fällen, in denen der Fahrer seine Handynummer hinterlässt (BVerfG NJW 2002, 2122 (2123)). Ob es der Rechtsprechung des BVerwG und des OVG Hamburg folgt, hat das BVerfG bislang offen gelassen. Für unverhältnismäßig erklärte wiederum das OVG Hamburg die auf § 7 Abs. 1 HbgSOG (unmittelbare Ausführung) gestützte Abschleppanordnung eines Polizeibeamten, dem bekannt war, dass die Fahrerin des auf dem Gehweg geparkten Fahrzeugs ihr Kind in den wenige Meter entfernten Kindergarten bringen wollte und alsbald zurückkehren würde. Der Polizist hatte die Fahrerin allerdings bereits unmittelbar nach dem Parkvorgang zum Wegfahren aufgefordert, was die Fahrerin jedoch ignorierte. Das OVG Hamburg betonte, eine Abschleppanordnung dürfe nicht aus Gründen der General- oder Spezialprävention getroffen werden. Sofern sicher sei, dass der Fahrer eine durch sein Fahrzeug verursachte Störung in Kürze selbst beseitigen werde, sei eine Abschleppanordnung unverhältnismäßig, da das Abschleppen die Störung allenfalls um wenige Minuten verkürze (OVG Hamburg NJW 2011, 3051).

§ 51 Zwangsmittel

(1) Zwangsmittel sind
1. Ersatzvornahme (§ 52),
2. Zwangsgeld (§ 53),
3. unmittelbarer Zwang (§ 55).

(2) Sie sind nach Maßgabe der §§ 56 und 61 anzudrohen.

(3) ¹Die Zwangsmittel können auch neben einer Strafe oder Geldbuße angewandt und solange wiederholt und gewechselt werden, bis der Verwaltungsakt befolgt worden ist oder sich auf andere Weise erledigt hat. ²Bei Erzwingung einer Duldung oder Unterlassung kann das Zwangsgeld für jeden Fall der Nichtbefolgung festgesetzt werden.

Überblick

§ 51 (§ 48 BWPolG; Art. 71 BayPAG; § 48 HSOG; § 65 NPOG) zählt die Ersatzvornahme, das Zwangsgeld und den unmittelbaren Zwang als allein zulässige Zwangsmittel auf (→ Rn. 1). Die Reihenfolge der Aufzählung orientiert sich an der Belastung des Betroffenen durch das einzelne Zwangsmittel. Gleichwohl muss die Polizei in ihrer Auswahl des Zwangsmittels der Aufzählung nicht folgen. Die Auswahl hat vielmehr nach pflichtgemäßem Ermessen zu erfolgen (→ Rn. 2). Indem § 51 die Androhung der Zwangsmittel festschreibt (→ Rn. 3) und deren Anwendung nur solange zulässt, bis der Verwaltungsakt befolgt wurde oder sich erledigt hat, verdeutlicht die Vorschrift den Charakter des Verwaltungszwangs als reines Beugemittel und trägt dem Grundsatz der Verhältnismäßigkeit Rechnung (→ Rn. 4 ff.).

A. Die zulässigen Zwangsmittel (Abs. 1)

1   In Abs. 1 werden als Zwangsmittel die Ersatzvornahme, das Zwangsgeld und der unmittelbare Zwang aufgezählt. Die Aufzählung ist **abschließend,** sodass es unzulässig wäre, Maßnahmen mit anderen als den benannten Zwangsmitteln durchzusetzen (sog. **numerus-clausus-Prinzip,** App/Wettlaufer/Klomfaß, Praxishandbuch Verwaltungsvollstreckungsrecht/ Klomfaß, 6. Aufl. 2019, § 32 Rn. 1; SBK PolG NRW/Schütte Rn. 1; Tegtmeyer/ Vahle PolG NRW/Vahle Rn. 1; Tetsch/Baldarelli PolG NRW/Baldarelli Erl. 3; Kingreen/ Poscher POR § 24 Rn. 8). Zwar sehen auch einzelne Standardmaßnahmen Zwangselemente vor (etwa § 35 Abs. 1 Nr. 3 und Nr. 4). Deren rechtlicher Ausgangspunkt liegt allerdings nicht im Vollstreckungsrecht, sodass die Vorschriften des Verwaltungszwangsverfahrens keine Anwendung finden (Dietlein/Hellermann NRWÖffR/Dietlein § 3 Rn. 241; Muckel JA 2012, 274). Die Ersatzzwangshaft (§ 54), die in Abs. 1 nicht genannt wird, stellt kein selbstständiges Zwangsmittel dar, sondern bildet einen Teil der Zwangsgeldregelung (§ 53; vgl. SBK PolG NRW/Schütte Rn. 1; Dietlein/Hellermann NRWÖffR/Dietlein § 3 Rn. 241; sowie → § 52 Rn. 2 und → § 54 Rn. 2 f.).

2   Mit der Reihenfolge der genannten Zwangsmittel hat der Gesetzgeber eine **Abstufung hinsichtlich ihrer Schwere** vorgenommen. Allerdings muss die Polizei in ihrer Auswahl der Zwangsmittel der genannten Reihenfolge nicht folgen. Sie sucht die Zwangsmittel vielmehr nach pflichtgemäßem Ermessen (§ 3) aus, wobei sie durch den **Grundsatz der Verhältnismäßigkeit** beschränkt wird (dazu insgesamt SBK PolG NRW/Schütte Rn. 1; Tegtmeyer/Vahle PolG NRW/Vahle Rn. 2; Kugelmann PolR Kap. 11 Rn. 12; Muckel JA 2012, 273; vgl. Hyckel LKV 2015, 342 (342 f.), der Kriterien anführt, die die Polizei im Rahmen der Verhältnismäßigkeitsprüfung zu berücksichtigen hat). Für den unmittelbaren Zwang ist allerdings § 55 Abs. 1 zu beachten. Danach kann die Polizei unmittelbaren Zwang nur als ultima ratio anwenden, soweit die anderen Zwangsmittel nicht in Betracht kommen. Das Kriterium der Verhältnismäßigkeit spielt hier eine entscheidende Rolle (Tegtmeyer/ Vahle PolG NRW/Vahle Rn. 2; Dietlein/Hellermann NRWÖffR/Dietlein § 3 Rn. 241; vgl. App/Wettlaufer/Klomfaß, Praxishandbuch Verwaltungsvollstreckungsrecht/Wettlaufer, 6. Aufl. 2019, § 35 Rn. 77 ff., App/Wettlaufer/Klomfaß, Praxishandbuch Verwaltungsvollstreckungsrecht/Klomfaß, 6. Aufl. 2019, § 32 Rn. 48 ff.). Aufgrund des **zeitlichen Aspekts** zählt für die regelmäßig in **Eilfällen** handelnde Polizei der unmittelbare Zwang jedoch neben der Ersatzvornahme zu den besonders bedeutsamen Zwangsmitteln (Tetsch/Baldarelli PolG NRW/Baldarelli Erl. 1; vgl. Dietlein/Hellermann NRWÖffR/Dietlein § 3 Rn. 242 f.).

B. Die Pflicht zur Androhung (Abs. 2)

3   Zwangsmittel sind gem. Abs. 2 nach Maßgabe der §§ 56 und 61 anzudrohen. Die Androhung wird durch das **Rechtsstaatsprinzip** gefordert (SBK PolG NRW/Schütte Rn. 2). Sie erfüllt einerseits eine **Warnfunktion:** Der Pflichtige soll die Gelegenheit haben, sein blockierendes Verhalten zu überdenken, bevor die Polizei interveniert. Andererseits kommt in der Androhung der Grundsatz der Verhältnismäßigkeit zum Ausdruck: Zeigt die Androhung Erfolg, braucht kein Zwang angewendet zu werden, sodass der Betroffene in geringerem Ausmaß belastet wird (Tetsch/Baldarelli PolG NRW/Baldarelli Erl. 5; SBK PolG NRW/ Schütte Rn. 2; vgl. App/Wettlaufer/Klomfaß, Praxishandbuch Verwaltungsvollstreckungsrecht/Klomfaß, 6. Aufl. 2019, § 36 Rn. 5 f.; zudem → § 56 Rn. 1 und → § 61 Rn. 2 ff.).

C. Der Beugemittelcharakter des Zwangsverfahrens (Abs. 3)

4   Abs. 3 S. 1 legt fest, dass die Zwangsmittel so lange und so oft eingesetzt werden können, bis der Verwaltungsakt befolgt bzw. die Gefahr beseitigt ist. Ein Wechsel zwischen verschiedenen Zwangsmitteln ist bei wiederholter Zwangsanwendung möglich, soweit er sich als erforderlich erweist (Tegtmeyer/Vahle PolG NRW/Vahle Rn. 6; SBK PolG NRW/Schütte Rn. 3; Tetsch/Baldarelli PolG NRW/Baldarelli Erl. 5; Gusy PolR Rn. 453). Indem die Vorschrift festlegt, dass die Anwendung des Zwangs zu unterbleiben hat, wenn der Verwaltungsakt befolgt wird – bzw. die Gefahr beseitigt wird –, verdeutlicht sie den Charakter des Verwaltungszwangs als **ausschließliches Beugemittel.** Verwaltungszwang kann niemals Strafe oder Geldbuße sein, da es sich bei Strafen und Geldbußen um Sanktionen für vorangegangenes

Tun handelt. Der Verwaltungszwang will jedoch kein vorangegangenes Tun sanktionieren. Vielmehr zielt er gegenwarts- und zukunftsorientiert auf die Abwehr von Gefahren mit dem Zweck, die öffentliche Sicherheit und Ordnung zu erhalten. Zwangsmittel sind allein **präventiv** (Tegtmeyer/Vahle PolG NRW/Vahle Rn. 4; Gusy PolR Rn. 453; App/Wettlaufer/Klomfaß, Praxishandbuch Verwaltungsvollstreckungsrecht/Klomfaß, 6. Aufl. 2019, § 30 Rn. 51 ff.; OVG Bautzen SächsVBl. 1996, 67). Ist der Verwaltungsakt befolgt bzw. die Gefahr beseitigt, ist ein gleichwohl durchgeführtes Zwangsverfahren deshalb rechtswidrig (vgl. Dietlein/Hellermann NRWÖffR/Dietlein § 3 Rn. 240). Das gilt unabhängig davon, ob der Pflichtige etwas zur Beseitigung der Gefahr beigetragen hat oder nicht (vgl. Tegtmeyer/Vahle PolG NRW/Vahle Rn. 7; Dietlein/Hellermann NRWÖffR/Dietlein § 3 Rn. 240).

Den reinen Beugemittelcharakter des Zwangsverfahrens betonte das OVG Hamburg im 5 Fall eines Polizeibeamten, dem bekannt war, dass die Fahrerin eines auf dem Gehweg geparkten Fahrzeugs ihr Kind in den wenige Meter entfernten Kindergarten bringen wollte und alsbald zurückkehren würde. Die Fahrerin hatte die Aufforderung zum Wegfahren durch den Polizisten zwar ignoriert. Das OVG Hamburg sah die Abschleppanordnung gleichwohl als rechtswidrig an. Der Polizist habe gewusst, dass die Fahrerin die Störung in wenigen Minuten selbst beseitigen würde. Durch die Beauftragung eines Abschleppunternehmens habe die Störung nicht schneller beseitigt werden können. Das OVG Hamburg führte aus: „Eine Abschleppanordnung darf keinen Sanktionscharakter haben, sondern lediglich zu dem Zweck angeordnet werden, eine unmittelbar bevorstehende Gefahr abzuwehren oder eine Störung der öffentlichen Sicherheit und Ordnung zu beseitigen, und zwar nur dann, wenn dieser Zweck auf andere Weise nicht zu erreichen ist." (OVG Hamburg NJW 2011, 3051). Unberührt bleibt in einem solchen Fall freilich die Möglichkeit, eine Sanktion wie Strafe oder Geldbuße für das vorangegangene Tun, in diesem Fall das Falschparken, zu verhängen (Tegtmeyer/Vahle PolG NRW/Vahle Rn. 7; vgl. App/Wettlaufer/Klomfaß, Praxishandbuch Verwaltungsvollstreckungsrecht/Klomfaß, 6. Aufl. 2019, § 36 Rn. 51, 55). Das spielt insbesondere bei Dauerdelikten eine Rolle (Tegtmeyer/Vahle PolG NRW/Vahle Rn. 5).

Abs. 3 S. 2 regelt nicht ganz systemgerecht die Befugnis zur Festsetzung des an sich in 6 § 53 geregelten Zwangsgeldes (Tegtmeyer/Vahle PolG NRW/Vahle Rn. 3). Die Regelung bildet insoweit eine Ausnahme zu dem Grundsatz, dass der Verwaltungszwang unterbleiben muss, soweit die in Rede stehende Gefahr beseitigt ist, als sie festlegt, dass bei der Erzwingung einer Duldung oder Unterlassung das Zwangsgeld für jeden Fall der Nichtbefolgung festgesetzt werden kann. Es kommt in diesem Fall nicht darauf an, ob weitere Zuwiderhandlungen zu befürchten sind oder nicht (vgl. den Wortlaut des § 53 Abs. 3 S. 3 Hs. 2). Die Möglichkeit, das Zwangsgeld nachträglich beizutreiben, soll eine **Entwertung der Zwangsgeldandrohung** verhindern (Dietlein/Hellermann NRWÖffR/Dietlein § 3 Rn. 240; App/Wettlaufer, Praxishandbuch Verwaltungsvollstreckungsrecht/App, 5. Aufl. 2011, § 37 Rn. 27).

§ 52 Ersatzvornahme

(1) ¹Wird die Verpflichtung, eine Handlung vorzunehmen, deren Vornahme durch einen anderen möglich ist (vertretbare Handlung), nicht erfüllt, so kann die Polizei auf Kosten der betroffenen Person die Handlung selbst ausführen oder einen anderen mit der Ausführung beauftragen. ²§ 77 des Verwaltungsvollstreckungsgesetzes findet Anwendung.

(2) ¹Es kann bestimmt werden, dass die betroffene Person die voraussichtlichen Kosten der Ersatzvornahme im voraus zu zahlen hat. ²Zahlt die betroffene Person die Kosten der Ersatzvornahme oder die voraussichtlich entstehenden Kosten der Ersatzvornahme nicht fristgerecht, so können sie im Verwaltungszwangsverfahren beigetrieben werden. ³Die Beitreibung der voraussichtlichen Kosten unterbleibt, sobald die betroffene Person die gebotene Handlung ausführt.

Überblick

Nach § 52 (§ 49 BWPolG iVm § 25 BWLVwVG; Art. 72 BayPAG; § 49 HSOG; § 66 NPOG) kann die Polizei im Wege der Ersatzvornahme vertretbare Handlungen zwangsweise durchsetzen. Vertretbar sind solche Handlungen, die nicht ausschließlich von der betroffenen Person selbst vorgenommen werden können (→ Rn. 2). Sie werden bei der Ersatzvornahme von der Polizei selbst oder aber von einer von der Polizei beauftragten dritten Person oder Behörde ausgeführt (→ Rn. 3 f.). Abzugrenzen ist die Ersatzvornahme vom unmittelbaren Zwang, von der Sicherstellung und von der unmittelbaren Ausführung (→ Rn. 6 ff.). Bedeutsam ist insbesondere die sich in den sog. Abschleppfällen stellende Frage nach der Abgrenzung von Ersatzvornahme und unmittelbarem Zwang: Während die Polizei die bei der Ersatzvornahme entstehenden Kosten von der betroffenen Person ersetzt verlangen kann (→ Rn. 13 ff.), wenn deren Inanspruchnahme rechtmäßig erfolgte, fehlt es für den unmittelbaren Zwang im PolG NRW an einer Kostenerstattungspflicht (→ Rn. 7).

Übersicht

A. Das Zwangsmittel der Ersatzvornahme (Abs. 1)

I. Allgemeines

1   Die in § 51 Abs. 1 neben dem Zwangsgeld und dem unmittelbaren Zwang als zulässiges Zwangsmittel genannte Ersatzvornahme wird in § 52 inhaltlich konkretisiert.

1. Begriff der Ersatzvornahme

2   Die Ersatzvornahme ermöglicht es der Polizei, **vertretbare Handlungen** zwangsweise durchzusetzen. Die Bezeichnung „vertretbar" wird nicht im Sinne von verhältnismäßig oder angemessen verwendet (Tegtmeyer/Vahle PolG NRW/Vahle Rn. 1). Eine Handlung ist vielmehr dann vertretbar, wenn sie nicht nur durch den Pflichtigen selbst vorgenommen werden kann, sondern ihre Vornahme durch einen Dritten rechtlich zulässig ist und es für den Berechtigten gleich bleibt, ob der Pflichtige oder ein anderer sie vornimmt (App/Wettlaufer/Klomfaß, Praxishandbuch Verwaltungsvollstreckungsrecht/Klomfaß, 6. Aufl. 2019, § 33 Rn. 3). Beispiele für vertretbare Handlungen sind etwa das Entfernen eines verbotswidrig geparkten Kfz (dazu aber noch Abs. 2 S. 1) oder der Abbau eines unzureichend gegen Winddruck gesicherten Werbeschildes vor einer Hausfassade (Beispiele von SBK PolG NRW/Schütte Rn. 2 mwN). Die Pflicht, etwas zu dulden oder zu unterlassen, kann hingegen nur vom Betroffenen persönlich erfüllt werden und stellt sich insoweit als unvertretbar dar (Kugelmann PolR Kap. 11 Rn. 32; Kingreen/Poscher POR § 24 Rn. 10). Als Beispiele für unvertretbare Handlungen lassen sich dem entsprechend etwa Impfpflichten sowie die Pflicht zur körperlichen Untersuchung nennen (Dietlein/Hellermann NRWÖffR/Dietlein § 3 Rn. 243). Zu den unvertretbaren Handlungen zählt aber auch die Auskunftserteilung nach § 9 Abs. 2: Ein Dritter verfügt nicht über das gespeicherte Kopfwissen des Pflichtigen, sodass Vertretbarkeit ausscheidet (SBK PolG NRW/Schütte Rn. 2; vgl. auch Tegtmeyer/Vahle PolG NRW/Vahle Rn. 1; App/Wettlaufer, Praxishandbuch Verwaltungsvollstreckungsrecht/Klomfaß, 6. Aufl. 2019, § 33 Rn. 4 ff.).

3   Bei der Ersatzvornahme handelt es sich um eine hoheitliche Maßnahme. Die Regelungen zur Geschäftsführung ohne Auftrag (§§ 677 ff. BGB) sind nicht anwendbar (VGH München BeckRS 2017, 121556; SBK PolG NRW/Schütte Rn. 1). Die Ersatzvornahme ermöglicht zwei verschiedene Arten des Zwangs: **Die Selbst- und die Fremdvornahme** (vgl. nur

SBK PolG NRW/Schütte Rn. 1; Gusy PolR Rn. 443). Bei der Selbstvornahme führt die Polizei die vertretbare Handlung auf Kosten des Pflichtigen selbst aus. Bei der Fremdvornahme beauftragt sie hingegen auf Kosten des Pflichtigen eine dritte Person, bspw. einen Abschleppunternehmer. Bei dem in diesem Rahmen zwischen Polizei und Dritten entstehenden Rechtsverhältnis handelt es sich häufig um ein einmaliges oder für längere Zeit abgeschlossenes zivilrechtliches Vertragsverhältnis, bspw. um einen Werkvertrag gem. §§ 631 ff. BGB. Zwischen dem privaten Dritten und dem polizeirechtlich Verantwortlichen entstehen jedoch keinerlei vertragliche Beziehungen; auch aus den §§ 677 ff. BGB oder §§ 812 ff. BGB ergeben sich keine rechtlichen Beziehungen zwischen Polizei und Verantwortlichen; App/Wettlaufer/Klomfaß, Praxishandbuch Verwaltungsvollstreckungsrecht/ Klomfaß, 6. Aufl. 2019, § 32 Rn. 10 f., 12 f.; Kugelmann PolR Kap. 11 Rn. 34). Der Dritte kann zudem von der Polizei unter den Voraussetzungen des § 6 auch als Nichtstörer in Anspruch genommen und zur Durchführung der Handlung verpflichtet werden. Im Rahmen der Fremdvornahme kann die Polizei außerdem eine andere Behörde ersuchen, im Wege der Amtshilfe (§ 4 VwVfG. NRW.) tätig zu werden (s. insgesamt Tegtmeyer/ Vahle PolG NRW/Vahle Rn. 2 f.; SBK PolG NRW/Schütte Rn. 5). Zeitlich betrachtet beginnt die Fremdvornahme mit der Beauftragung des Dritten, was für die Frage, welche Kosten der Pflichtige zu erstatten hat, eine Rolle spielt (Tegtmeyer/Vahle PolG NRW/Vahle Rn. 2; vgl. → Rn. 13 ff.). Ob die Polizei im Wege der Selbst- oder Fremdvornahme tätig wird, entscheidet sie nach pflichtgemäßem Ermessen (vgl. § 3; Tegtmeyer/Vahle PolG NRW/ Vahle Rn. 4; SBK PolG NRW/Schütte Rn. 6). Eine Selbstvornahme wird die Polizei in der Regel bei kleinen und zumutbaren Handlungen leisten können (SBK PolG NRW/Schütte Rn. 6 mit Bsp.). Neben den näheren Umständen des Einzelfalls spielen die personellen Kapazitäten sowie Kostengesichtspunkte eine Rolle. Die Polizei ist jedenfalls nicht verpflichtet, für sämtliche denkbare Fallgestaltungen die erforderlichen Mittel bereitzuhalten (Tegtmeyer/Vahle PolG NRW/Vahle Rn. 4).

Im VwVG NRW (§ 10 VwVG NRW) und in Berlin (vgl. § 5 lit. a BlnVwVfG) fällt **4** nur die Fremdvornahme unter den Begriff der Ersatzvornahme. Die Selbstvornahme wird hingegen durch die Institute des unmittelbaren Zwangs sowie der unmittelbaren Ausführung geregelt. Die übrigen Länder der Bundesrepublik sehen, wie Nordrhein-Westfalen, Fremd- und Selbstvornahme jeweils als Unterfälle der Ersatzvornahme an (zum Ganzen: Kingreen/ Poscher POR § 24 Rn. 10; zu den Vorschriften der Länder über den unmittelbaren Zwang zusf. App/Wettlaufer/Klomfaß, Praxishandbuch Verwaltungsvollstreckungsrecht/Wettlaufer, 6. Aufl. 2019, § 35 Rn. 26 ff.).

2. Voraussetzungen der Ersatzvornahme

Die rechtmäßige Ersatzvornahme setzt zunächst voraus, dass die **allgemeinen Vorausset-** **5** **zungen der §§ 50 und 56** erfüllt sind. Die betroffene Person muss in diesem Rahmen zu einer vertretbaren Handlung verpflichtet sein. Die allgemeinen Grundsätze des Verwaltungsrechts fordern, dass die Handlung rechtlich und tatsächlich möglich ist (zum Ganzen: Tegtmeyer/Vahle PolG NRW/Vahle Rn. 5; zu dem Problem einer noch nicht ergangenen Duldungsverfügung als Vollstreckungshindernis vgl. Muckel, Fälle zum Besonderen Verwaltungsrecht, 7. Aufl. 2019, Fall 1, 8 ff., 11 f.). Bei polizeilichen Maßnahmen der Strafverfolgung kommt deshalb eine Ersatzvornahme nicht in Betracht. Da niemand verpflichtet ist, an der eigenen Strafverfolgung mitzuwirken, besteht in diesem Fall keine Handlungspflicht. **Duldungen und Unterlassungen** können nur mit unmittelbarem Zwang oder mittels Zwangsgeld durchgesetzt werden, sodass auch hier eine Ersatzvornahme ausscheidet (s. insgesamt SBK PolG NRW/Schütte Rn. 4) Die Ersatzvornahme hindert es allerdings nicht, dass der Betroffene die vertretbare Handlung nicht in Person vornehmen kann. Es reicht aus, wenn die betroffene Person einen Dritten mit der geforderten Handlung beauftragen kann (SBK PolG NRW/Schütte Rn. 3 mit dem Beispiel einer Person, die aus gesundheitlichen Gründen nicht in der Lage ist, große Äste zu entfernen, die von ihrem Grundstück auf die Straße zu fallen drohen, jedoch einen Gartenbaubetrieb damit beauftragen kann; Tegtmeyer/Vahle PolG NRW/Vahle Rn. 5 mit einem weiteren Bsp.). Die Ersatzvornahme muss zudem angedroht werden, § 56, sofern von einer Androhung nicht abgesehen werden kann (→ § 56 Rn. 8).

II. Abgrenzung der Ersatzvornahme zu sonstigen Zwangsmitteln und Polizeimaßnahmen

6   Probleme stellen sich bei der Abgrenzung der Ersatzvornahme zum unmittelbaren Zwang, zur Sicherstellung und zur unmittelbaren Ausführung.

1. Abgrenzung zum unmittelbaren Zwang

7   Praktisch bedeutsam kann die Abgrenzung zwischen Ersatzvornahme und unmittelbarem Zwang werden, weil das PolG NRW nur für die Ersatzvornahme, nicht aber für den unmittelbaren Zwang, die Kostenerstattung durch den Pflichtigen vorsieht (in § 55 fehlt ein Verweis auf § 77 VwVG NRW; vgl. Kingreen/Poscher POR § 24 Rn. 14; für Thüringen vgl. Hyckel LKV 2015, 306; zur Notwendigkeit einer gesetzlichen Grundlage für die Kostenerstattung Kingreen/Poscher POR § 25 Rn. 2 ff.; Gusy PolR Rn. 457). Die Frage nach der Abgrenzung stellt sich in Fällen, in denen die Behörde zur Durchsetzung einer vertretbaren Handlung körperlichen Zwang ausübt. Außer Betracht bleiben allerdings Situationen, in denen die Polizei auf Personen einwirkt, weil insoweit nur unmittelbarer Zwang in Betracht kommt. Denn die gewaltsame Einwirkung auf andere Personen kann nie eine Handlung sein, die dem Pflichtigen im Rechtsstaat gesetzeskonform auferlegt werden könnte, so dass es nur darum gehen kann, höchstpersönliche und damit unvertretbare Handlungen zu erzwingen (SBK PolG NRW/Schütte Rn. 9; vgl. Tegtmeyer/Vahle PolG NRW/Vahle Rn. 9; Kingreen/Poscher POR § 24 Rn. 14). Soweit nicht auf Personen, sondern auf Sachen eingewirkt wird, wie etwa beim Abschleppen eines Autos, sind hingegen sowohl die Ersatzvornahme als auch der unmittelbare Zwang möglich. Das gilt jedenfalls, wenn die Polizei den Abschleppvorgang selbst durchführt. Beauftragt sie einen Dritten, etwa einen Abschleppunternehmer, wird unmittelbarer Zwang regelmäßig unzulässig sein, weil die Polizei mangels Ermächtigungsgrundlage nicht berechtigt sein dürfte, die Ausübung unmittelbaren Zwangs auf Dritte zu delegieren (ausf. → § 55 Rn. 3). Wird das Fahrzeug aber von der Polizei selbst abgeschleppt, liegt regelmäßig eine vertretbare Handlung – das Entfernen des Fahrzeugs – vor. Die körperliche Einwirkung auf das Fahrzeug kann hingegen dann ein Argument dafür zu sein, dass es sich um unmittelbaren Zwang handelt (vgl. den Wortlaut von § 58 Abs. 1).

8   Die hM zur Abgrenzung von Ersatzvornahme und unmittelbarem Zwang wertet den Abschleppvorgang nur als Ersatzvornahme, wenn neben dem durch sie erreichten Erfolg auch die Art und Weise der Zwangsanwendung mit der Handlung identisch ist, die dem Pflichtigen obliegt (SBK PolG NRW/Schütte Rn. 7 mwN; Tegtmeyer/Vahle PolG NRW/Vahle Rn. 9, der auch die Unmittelbarkeit als Abgrenzungskriterium benennt; Kingreen/Poscher POR § 24 Rn. 14 f.; Dietlein/Hellermann NRWÖffR/Dietlein § 3 Rn. 243; Hyckel LKV 2015, 300 (306); vgl. Muckel JA 2012, 278 mwN). Da der Pflichtige im Fall eines von ihm falsch geparkten Kfz das Fahrzeug aller Voraussicht nach wegfahren, nicht aber wegschleppen würde, wäre in Abschleppfällen die Art und Weise der Zwangsanwendung zumeist nicht mit der geforderten Handlung identisch, sodass nur unmittelbarer Zwang in Betracht käme. Die hM stützt ihre Argumentation auf den Wortlaut des § 52, der für die Ersatzvornahme verlangt, dass die Behörde anstelle des Pflichtigen „die Handlung selbst" ausführt.

9   Diese Argumentation überzeugt jedoch zum einen deshalb nicht, weil in dem von der hM herangezogenen Gesetzeswortlaut zwar auf die Handlung, nicht aber auf die Art und Weise, in der die Handlung vorgenommen wird, abgestellt wird. Die Handlung als solche steht meist nicht im Mittelpunkt des Interesses, vielmehr geht es regelmäßig um Verwaltungsakte, mit denen ein Handeln im Interesse eines bestimmten Erfolgs – zB der Gefahrenabwehr – durchgesetzt werden soll. Zum anderen verbleibt dem Adressaten in aller Regel ein gewisser Spielraum. Wird von ihm verlangt, ein defektes Fahrzeug aus dem Halteverbot zu entfernen, steht es ihm frei, das Fahrzeug wegzuschieben, abschleppen zu lassen oder es – sofern das leicht möglich ist – vor Ort zu reparieren. Vorzugswürdig scheint es deshalb, auf den Erfolg der Maßnahme abzustellen. Die physische Einwirkung auf Sachen ist danach nur dann als unmittelbarer Zwang und nicht als Ersatzvornahme zu qualifizieren, wenn durch sie nicht die dem Pflichtigen obliegende Handlung selbst ausgeführt wird, sondern Druck auf den Pflichtigen ausgeübt werden soll (bspw. durch einen Schuss in die Autoreifen des fliehenden Bankräubers; zum Ganzen Muckel JA 2012, 278 f. mwN).

2. Abgrenzung zur Sicherstellung

Abgrenzungsprobleme stellen sich auch im Hinblick auf Ersatzvornahme und Sicherstel- **10** lung (§ 43), insbesondere in den sog. **Abschleppfällen.** In der Praxis kann die Abgrenzung zwar häufig offen bleiben, da sich für die Sicherstellung, anders als für den unmittelbaren Zwang, im PolG NRW eine Vorschrift befindet, die die Kostenübernahme durch den Verantwortlichen regelt (§ 46 Abs. 3). Erweist sich eine Abgrenzung dennoch als erforderlich, befürwortet die wohl hM die Einordnung als Sicherstellung, wenn durch die Maßnahme eine Gefahr abgewehrt werden soll, die der sicherzustellenden Sache selbst droht (OVG Greifswald BeckRS 2008, 39145; VGH München NJW 2001, 1960; OVG Koblenz DÖV 1989, 173; VGH Kassel NVwZ 1988, 655; Knemeyer PolR SuP Rn. 252; Janssen JA 1996, 165 (167 f.)). Wird ein Kfz abgeschleppt, wäre danach regelmäßig von einer Ersatzvornahme auszugehen. Denn das Abschleppen erfolgt zumeist nicht zum Schutz des Kfz, sondern um die durch den Verstoß gegen die Parkvorschriften des Straßenverkehrsrechts entstandene Gefahr für die öffentliche Sicherheit zu beseitigen. Eine aA lässt es hingegen genügen, wenn der Schutz der Sache selbst lediglich Nebenzweck der behördlichen Maßnahme ist, es der Behörde aber im Wesentlichen darauf ankommt, die von der Sache auszugehende Gefahr zu beseitigen (Schwabe NJW 1983, 369 (372 f.)). Eine vermittelnde Ansicht will das bloße Wegrücken eines Fahrzeugs als Ersatzvornahme, dessen Mitnahme und Aufbewahrung jedoch als Sicherstellung ansehen (Götz/Geis PolR § 8 Rn. 66, Götz/Geis PolR § 14 Fn. 27 ff., insbesondere Rn. 26; zum Ganzen s. Muckel, Fälle zum Besonderen Verwaltungsrecht, 7. Aufl. 2019, Fall 17, 180 f.).

Richtigerweise ist zur Lösung der Abgrenzungsfrage zu untersuchen, ob die Polizei beab- **11** sichtigte, nur vorübergehend von einer Sache Besitz zu ergreifen oder aber ein **öffentlich-rechtliches Verwahrungsverhältnis** iSd § 44 begründen wollte. Letzteres ist Kennzeichen der Sicherstellung (vgl. insbesondere § 44 Abs. 1 S. 1). Die Ersatzvornahme soll hingegen einen tatsächlichen bzw. zumindest drohenden Widerstand brechen. Dazu ist es in aller Regel lediglich erforderlich, kurzzeitig Besitz von der Sache zu ergreifen (SBK PolG NRW/Schütte Rn. 10; Tegtmeyer/Vahle PolG NRW/Vahle Rn. 8; allg. Dietlein/Hellermann NRWÖffR/Dietlein § 3 Rn. 245). Die Entfernung eines Kfz und seine anschließende Verbringung an einen anderen Ort stellen allerdings einen einheitlichen Lebensvorgang dar. Deshalb ist nicht davon auszugehen, dass sich in solchen Fällen die Motivation der handelnden Beamten in Richtung einer Ingewahrsamnahme ändert, sobald sie das Kfz entfernt haben (Muckel, Fälle zum Besonderen Verwaltungsrecht, 7. Aufl. 2019, Fall 17, 181 mwN).

3. Abgrenzung zur unmittelbaren Ausführung

Die unmittelbare Ausführung zeigt große Ähnlichkeit mit der Ersatzvornahme bzw. dem **12** unmittelbaren Zwang als vollstreckungsrechtliche Beugemittel (vgl. zur Ersatzvornahme App/Wettlaufer/Klomfaß, Praxishandbuch Verwaltungsvollstreckungsrecht/Klomfaß, 6. Aufl. 2019, § 32 Rn. 8 ff. und zur unmittelbaren Ausführung App/Wettlaufer/Klomfaß, Praxishandbuch Verwaltungsvollstreckungsrecht/Klomfaß, 6. Aufl. 2019, § 30 Rn. 41 ff.; zur Abgrenzung → § 50 Rn. 19).

III. Die Kosten der Ersatzvornahme

Abs. 1 S. 1 legt fest, dass die in Rede stehende Handlung „auf Kosten" des Pflichtigen **13** ausgeführt wird. Die Polizei kann folglich vom Pflichtigen verlangen, ihr die im Rahmen der Ersatzvornahme angefallenen Kosten zu erstatten. Auch hierin liegt der Zwangscharakter der Ersatzvornahme (Dietlein/Hellermann NRWÖffR/Dietlein § 3 Rn. 243; vgl. Gusy PolR Rn. 443). In der Pflicht zur Kostenerstattung wirkt das nicht erfüllte Handlungsgebot als Last fort (Kingreen/Poscher POR § 25 Rn. 1). Bei den Kosten der Ersatzvornahme handelt es sich nicht um öffentliche Kosten und Abgaben iSd § 80 Abs. 2 Nr. 1 VwGO (vgl. nur BeckOK VwGO/Gersdorf VwGO § 80 Rn. 54). Widerspruch und Anfechtungsklage gegen einen die Kostenpflicht statuierenden Leistungsbescheid haben daher aufschiebende Wirkung. Für Nordrhein-Westfalen ergibt sich auch aus der – aufgrund des § 80 Abs. 2 Nr. 3 VwGO erlassenen – Regelung des § 112 S. 1 JustG NRW (vgl. etwa auch § 64 Abs. 4 S. 1 NPOG, § 99 Abs. 1 S. 2 SOG M-V) nichts anderes: Denn der Leistungsbescheid stellt keine Maßnahme „in der Verwaltungsvollstreckung" dar, sondern einen der Verwaltungsvollstreckung nachgelagerten Akt.

1. Voraussetzungen

14   Bei dem Kostenerstattungsverfahren handelt es sich um ein gegenüber dem Vollstreckungsverfahren **eigenständiges Verfahren,** das mit dem Erlass eines Kostenbescheids endet (Dietlein/Hellermann NRWÖffR/Dietlein § 3 Rn. 259). Im PolG NRW selbst findet sich kein eigenes Kostenrecht. § 52 Abs. 1 S. 2 verweist auf § 77 VwVG NRW. Über § 77 VwVG NRW finden die §§ 15 und 20 VO VwVG NRW Anwendung (Tegtmeyer/Vahle PolG NRW/Vahle Rn. 11). Das gilt gem. Art. 1 der Sechsten Verordnung zur Änderung der Ausführungsverordnung VwVG (v. 10.12.2019, GV. NRW. 944) zunächst bis zum 30.6.2020. Ansprüche der Polizei auf Kostenerstattung aus einer Geschäftsführung ohne Auftrag (§§ 677 ff. BGB) sind wegen der speziellen Regelungen zur Ersatzvornahme und den damit zusammenhängenden Bestimmungen über die Kostenerhebung ausgeschlossen (BGH NVwZ 2004, 373; OVG Münster NVwZ-RR 2008, 437 (438); Tegtmeyer/Vahle PolG NRW/Vahle Rn. 11; Gusy PolR Rn. 443 mwN). Sinn und Zweck sämtlicher Vorschriften zur Kostenerstattung ist es zu verhindern, dass an sich dem Pflichtigen obliegende Kosten auf die Allgemeinheit abgewälzt werden (ausf. Gusy PolR Rn. 456; Kugelmann PolR Kap. 11 Rn. 68).

15   Die Rechtmäßigkeit der Ersatzvornahme bildet eine ungeschriebene Voraussetzung für die Kostenerstattung (Tegtmeyer/Vahle PolG NRW/Vahle Rn. 12; App/Wettlaufer/Klomfaß, Praxishandbuch Verwaltungsvollstreckungsrecht/Klomfaß, 6. Aufl. 2019, § 33 Rn. 16 mwN zur Rspr.). Pflichtig ist nur derjenige, den die Polizei rechtmäßig, vor allem durch Verwaltungsakt, in Anspruch genommen hat (Tegtmeyer/Vahle PolG NRW/Vahle Rn. 11). Es müssen folglich die bereits beschriebenen Voraussetzungen der Ersatzvornahme erfüllt sein (→ Rn. 5). Die im Rahmen einer rechtswidrigen Ersatzvornahme angefallenen Kosten können allenfalls über den gewohnheitsrechtlich anerkannten öffentlich-rechtlichen Erstattungsanspruch ersetzt werden, soweit dem Betroffenen ein konkreter Vermögensvorteil zugeflossen ist (Tegtmeyer/Vahle PolG NRW/Vahle Rn. 12 mwN).

2. Umfang

16   Zu den Kosten gehören, wie sich aus dem Verweis des § 52 Abs. 1 S. 2 auf § 77 VwVG NRW ergibt, **Gebühren und Auslagen.** Gebühren werden erhoben, wenn polizei- und ordnungsrechtliche Amtshandlungen vorgenommen oder polizei- und ordnungsrechtliche Einrichtungen genutzt werden. Auslagen entstehen in Fällen, in denen die Polizei- und Ordnungsbehörde zur Abwehr einer Gefahr an Dritte, bspw. an Abschleppunternehmer, gezahlt hat oder ihr bei der Selbstvornahme eigene Aufwendungen entstanden sind (Kingreen/Poscher POR § 25 Rn. 6). Die Höhe der Auslagen und Gebühren folgt aus der VO VwVG NRW (Verordnung zur Ausführung des Verwaltungsvollstreckungsgesetzes v. 8.12.2009, GV. NRW. 787; zuletzt geändert durch Verordnung v. 10.12.2019, GV. NRW. 944; vgl. aber auch § 77 Abs. 2 S. 6–10 VwVG NRW).

17   Die Gebührenschuld entsteht, sobald die Polizei mit der Anwendung der Ersatzvornahme beginnt (§ 15 Abs. 2 VO VwVG NRW; vgl. etwa VG Köln BeckRS 2015, 43236). Bei der Fremdvornahme ist das der Fall, wenn die Polizei den Dritten beauftragt (→ Rn. 3). In der Konsequenz sind auch Abschleppversuche kostenpflichtig, die nicht beendet werden, weil der Fahrer des Kfz rechtzeitig eintrifft (sog. abgebrochene Abschleppversuche; Tegtmeyer/Vahle PolG NRW/Vahle Rn. 11; SBK PolG NRW/Schütte Rn. 14; vgl. App/Wettlaufer, Praxishandbuch Verwaltungsvollstreckungsrecht/App, 5. Aufl. 2011, § 37 Rn. 26). Das Prinzip der Verhältnismäßigkeit verlangt es allerdings, für einen abgebrochenen Abschleppvorgang keine Kosten zu erheben, wenn die Polizei dem zunächst nutzlos angefahrenen Abschleppunternehmer ein neues gleichwertiges Objekt zuweisen kann, zB bei mehreren falsch geparkten Fahrzeugen (OVG Hamburg NJW 2001, 168; vgl. Tegtmeyer/Vahle PolG NRW/Vahle Rn. 11; SBK PolG NRW/Schütte Rn. 14).

3. Besondere Gefahrsituationen

18   Besonderheiten bei der Kostentragungspflicht ergeben sich im Hinblick auf die Fälle des **Anscheins- bzw. Verdachtsstörers.** Obgleich § 77 VwVG NRW seinem Wortlaut nach eine gebundene Entscheidung darstellt, spricht insbesondere ein teleologisches Argument dafür, in bestimmten Fällen davon abzusehen, dem vermeintlichen Störer die Kosten aufzuerlegen: Es wäre mit dem Grundsatz der gerechten Lastenverteilung nicht zu vereinbaren, den Anscheins- bzw. Verdachtsstörer in sämtlichen Konstellationen gleich einem Störer zu behandeln (zum Grundsatz der gerechten Lastenverteilung Giesberts, Die gerechte Lastenverteilung unter mehreren Störern, 1990).

Die **Effektivität der Gefahrenabwehr** kann es zwar erfordern, den Anscheinsstörer auf **19** der Primärebene als Störer zu qualifizieren und etwa vollstreckungsrechtliche Maßnahmen gegen ihn einzuleiten (so die hM, vgl. Schenke PolR § 4 Rn. 253 ff. mwN; zur Vereinbarkeit der Figur des Anscheinsstörers mit dem in § 4 verwendeten Verursachungsbegriff vgl. Dietlein/Hellermann NRWÖffR/Dietlein § 3 Rn. 107). Auf der Sekundärebene (dh auf der Ebene des Kostenbescheids) ist jedoch der Grundsatz der gerechten Lastenverteilung zu berücksichtigen und deshalb auf die wirkliche Sachlage abzustellen. In der Folge werden etwa die gesetzlich geregelten Entschädigungsansprüche des Nichtstörers, etwa § 39 Abs. 1 lit. a NRWOBG (vgl. den Verweis in § 67), analog auf bestimmte Fälle des in Anspruch genommenen Anscheins- bzw. Verdachtsstörers angewandt (BGHZ 126, 279 (283); 117, 303 (307 f.)).

Für die Frage, in welchen Fällen eine Kostentragungspflicht des Anscheins- oder Ver- **20** dachtsstörers für die bei der Ersatzvornahme entstandenen Kosten abzulehnen ist, kommt es darauf an, wann ein solcher Entschädigungsanspruch entsteht. Besteht der Anspruch, ist schon aus systematischen Gründen davon abzusehen, dem Anscheins- oder Verdachtsstörer die Kosten der Maßnahme aufzuerlegen: Würde er selbst in Anspruch genommen, stünde ihm der Entschädigungsanspruch in analoger Anwendung des § 39 Abs. 1 lit. a NRWOBG zu. Entsprechend könnte er nicht für die Kosten der im Verwaltungszwangsverfahren ausgeführten behördlichen Maßnahmen in Anspruch genommen werden, weil ihm zugleich ein Entschädigungsanspruch wegen eben dieser Kostenbelastung zuwüchse (OVG Münster NVwZ 2001, 1314; Tegtmeyer/Vahle PolG NRW/Vahle Rn. 13; vgl. LG Köln NJW 1998, 317; OVG Berlin NVwZ-RR 2002, 623).

Dem Anscheinsstörer wird ein solcher Entschädigungsanspruch regelmäßig dann zustehen, **21** wenn er den Anschein seiner Gefahrenursächlichkeit nicht zu vertreten hat (Dietlein/Hellermann NRWÖffR/Dietlein § 3 Rn. 285; Kingreen/Poscher POR § 26 Rn. 14 betonen, dass die bloße Verursachung des Anscheins nicht ausreicht; aA Schenke PolR § 4 Rn. 261). In diesem Fall kann er also nicht zur Kostenerstattung herangezogen werden. Anders sieht es aus, wenn der Adressat den Anschein seiner Gefahrenursächlichkeit zu vertreten hat. Dann bedarf es keines gerechten Ausgleichs (Kingreen/Poscher POR § 26 Rn. 14), sodass ihm die Kosten für die Vollstreckungsmaßnahmen auferlegt werden können (vgl. VGH Mannheim BeckRS 2011, 49287). Im Fall des Gefahrenverdachtsstörers besteht ein Entschädigungsanspruch, wenn der Gefahrerforschungseingriff zeigt, dass keine Gefahr bestand und der Adressat der polizeilichen Maßnahme kein Störer war, sich also der Gefahrenverdacht nicht bestätigt (Kingreen/Poscher POR § 26 Rn. 16).

B. Regelungen zur Entrichtung der Kosten (Abs. 2)

I. Entrichtung der Kosten bei der Ersatzvornahme

Nach Abs. 2 S. 1 kann die Polizei die voraussichtlichen Kosten der Ersatzvornahme von **22** der betroffenen Person im Voraus verlangen. Diese Möglichkeit zu einem **Kostenvorschuss** erstreckt sich auf alle anfallenden Kosten, hat aber für die Polizei, die regelmäßig in Eilfällen handelt, kaum praktische Bedeutung (Tegtmeyer/Vahle PolG NRW/Vahle Rn. 14). Zahlt der Pflichtige die Kosten der Ersatzvornahme bzw. deren voraussichtliche Kosten nicht innerhalb der im Leistungsbescheid gesetzten Frist, kann nach Abs. 2 S. 2 das Verwaltungszwangsverfahren genutzt werden, um die Kosten beizutreiben. Die Vorschriften des VwVG NRW finden hierbei Anwendung (Tegtmeyer/Vahle PolG NRW/Vahle Rn. 15). Auch wenn eine Fremdvornahme vorliegt, ist es die Polizei, die die Kosten bei dem Betroffenen eintreibt (Kugelmann PolR Kap. 11 Rn. 35).

II. Die Kostenentrichtungspflicht als reines Beugemittel

23   Abs. 2 S. 3 legt fest, dass die Beitreibung der voraussichtlichen Kosten zu unterbleiben hat, sofern der Pflichtige die gebotene Handlung ausführt. Damit verdeutlicht der Gesetzgeber den Charakter der Ersatzvornahme als **reines Beugemittel** (Tegtmeyer/Vahle PolG NRW/Vahle Rn. 16; vgl. § 51 Abs. 3 S. 1).

§ 53 Zwangsgeld

(1) Das Zwangsgeld wird auf mindestens fünf und höchstens zweitausendfünfhundert Euro schriftlich festgesetzt.

(2) Mit der Festsetzung des Zwangsgeldes ist der betroffenen Person eine angemessene Frist zur Zahlung einzuräumen.

(3) ¹Zahlt die betroffene Person das Zwangsgeld nicht fristgerecht, so wird es im Verwaltungszwangsverfahren beigetrieben. ²Die Beitreibung unterbleibt, sobald die betroffene Person die gebotene Handlung ausführt oder die zu duldende Maßnahme gestattet. ³Ein Zwangsgeld ist jedoch beizutreiben, wenn der Duldungs- oder Unterlassungspflicht zuwidergehandelt worden ist, deren Erfüllung durch die Androhung des Zwangsgeldes erreicht werden sollte; sind weitere Zuwiderhandlungen nicht mehr zu befürchten, so kann von der Betreibung abgesehen werden, wenn diese eine besondere Härte darstellen würde.

Überblick

Das in § 53 (§ 49 BWPolG iVm § 23 BWLVwVG; Art. 73 BayPAG; § 50 HSOG; § 67 NPOG) geregelte Zwangsgeld dient dazu, psychischen Druck auf den Pflichtigen aufzubauen. Auf diese Weise soll der Pflichtige dazu bewegt werden, die an ihn gerichtete Verfügung zu befolgen (→ Rn. 2). Mithilfe des Zwangsgeldes können sowohl unvertretbare als auch vertretbare Handlungen erzwungen werden (→ Rn. 2). Da der pflichtigen Person mit der Festsetzung des Zwangsgeldes (→ Rn. 5) eine Frist zur Zahlung einzuräumen ist, eignet sich das Zwangsgeld regelmäßig nicht zur Gefahrenabwehr in Eilfällen. Für die Polizei ist es deshalb nur von geringer Bedeutung (→ Rn. 3). Abs. 1 legt den Rahmen für die Höhe des Zwangsgeldes fest. Die Höhe des Zwangsgeldes im Einzelfall ist unter Beachtung der insoweit vorgegeben Grenzen und unter Berücksichtigung des Grundsatzes der Verhältnismäßigkeit festzulegen (→ Rn. 4). Ein festgesetztes Zwangsgeld ist nach Maßgabe des Abs. 3 beizutreiben (→ Rn. 6 ff.).

A. Das Zwangsgeld als Zwangsmittel (Abs. 1)

1   Das in § 51 Abs. 1 neben der Ersatzvornahme und dem unmittelbaren Zwang als zulässiges Zwangsmittel genannte Zwangsgeld wird in § 53 inhaltlich konkretisiert.

I. Begriff des Zwangsgeldes

2   Das Zwangsgeld dient dazu, **psychischen Druck** auf den Pflichtigen aufzubauen. Die Androhung finanzieller Einbußen soll ihn dazu bringen, den an ihn gerichteten Verwaltungsakt zu befolgen (Kingreen/Poscher POR § 24 Rn. 11; Muckel JA 2012, 273). Während die Ersatzvornahme (§ 52) darauf gerichtet ist, vertretbare Handlungen durchzusetzen, werden mit dem Zwangsgeld vorwiegend unvertretbare Handlungen erzwungen, wie bspw. **Duldungs- oder Unterlassungspflichten** (vgl. Kugelmann PolR Kap. 11 Rn. 32; Kingreen/Poscher POR § 24 Rn. 10 f.; dazu auch § 52). Auch vertretbare Handlungen können jedoch mit dem Zwangsgeld durchgesetzt werden. Daran ist insbesondere in Situationen zu denken, in denen sich die Ersatzvornahme als nicht effektiv erweist. Das wird etwa der Fall sein, wenn der Pflichtige nicht in der Lage ist, die Kosten der Ersatzvornahme zu tragen. Hier bietet sich der Rückgriff auf das Zwangsgeld an, weil das Zwangsgeld tiefer bemessen werden kann als die Kosten der Ersatzvornahme. Zudem besteht die Möglichkeit, anstelle des Zwangsgeldes die **Ersatzzwangshaft** durch das Verwaltungsgericht anordnen zu lassen (§ 54

Abs. 1; dazu insgesamt SBK PolG NRW/Schütte Rn. 1; Tetsch/Baldarelli PolG NRW/ Baldarelli Erl. 4; Kingreen/Poscher POR § 24 Rn. 11 f.; Thiel PolR, 3. Aufl. 2016, Rn. 533 f.; Dünchheim NVwZ 1996, 117).

Die Bedeutung des Zwangsgeldes für die Polizei ist allerdings gering. Das liegt darin **3** begründet, dass die Polizei aufgrund ihrer Eilzuständigkeit gem. § 1 Abs. 1 S. 3 überwiegend in Fällen tätig wird, in denen eine akute Gefahr besteht. Da dem Pflichtigen zur Zahlung des Zwangsgeldes eine angemessene Frist einzuräumen ist (vgl. § 53 Abs. 2), eignet sich das Zwangsgeld regelmäßig nicht dazu, akute Gefahren abzuwenden (SBK PolG NRW/Schütte Rn. 1; Tetsch/Baldarelli PolG NRW/Baldarelli Erl. 2; Tegtmeyer/Vahle PolG NRW/Vahle Rn. 1 ff.; Dietlein/Hellermann NRWÖffR/Dietlein § 3 Rn. 242). Es stellt deshalb auch kein taugliches Zwangsmittel im Sofortvollzug (§ 50 Abs. 2) dar (Tetsch/Baldarelli PolG NRW/Baldarelli Erl. 4). Die Polizei wird das Zwangsgeld deshalb zumeist nur bei **längerfristig wirkenden Maßnahmen** in Betracht ziehen, zB beim Rückkehrverbot beim Wohnungsverweisung gem. § 34a und beim Aufenthaltsverbot gem. § 34 Abs. 2. Auch ein Auskunftsverlangen (§ 9 Abs. 1) sowie die Vorladung (§ 10) können mit einem Zwangsgeld durchgesetzt werden (Tetsch/Baldarelli PolG NRW/Baldarelli Erl. 2; Tegtmeyer/ Vahle PolG NRW/Vahle Rn. 3; SBK PolG NRW/Schütte Rn. 3).

II. Höhe des Zwangsgeldes

Der von Abs. 1 festgelegte Rahmen für die Höhe des Zwangsgeldes reicht von fünf bis **4** zweitausendfünfhundert Euro. Die genaue Höhe des Zwangsgeldes legt die Polizei innerhalb dieses Rahmens jeweils im Einzelfall fest, wobei sie den Grundsatz der **Verhältnismäßigkeit** (§ 2) zu beachten hat (Tegtmeyer/Vahle PolG NRW/Vahle Rn. 5; SBK PolG NRW/Schütte Rn. 5; BeckOK VwVfG/Deusch/Burr VwVG § 11 Rn. 12). Maßgebend sind hier vor allem der Gefahrengrad und die Art der gefährdeten Rechtsgüter. Auch die Hartnäckigkeit des Pflichtigen und dessen finanzielle Leistungsfähigkeit können in der Abwägung berücksichtigt werden (Tetsch/Baldarelli PolG NRW/Baldarelli Erl. 5.1.; BeckOK VwVfG/Deusch/Burr VwVG § 11 Rn. 13; vgl. SBK PolG NRW/Schütte Rn. 4 mit Fn. 1563 mwN auch zur Rspr.). Dass der Pflichtige mittellos ist bzw. Sozialleistungen bezieht, steht einer Zwangsgeldfestsetzung nicht grundsätzlich entgegen. Entscheidend ist, dass die Festsetzung lediglich in einem Umfang erfolgt, der die Beitreibung nicht von vornherein zwecklos erscheinen lässt. Erschiene die Beitreibung zwecklos, wäre die Festsetzung ungeeignet und damit unverhältnismäßig (vgl. OVG Münster NVwZ-RR 2014, 372; VG Gelsenkirchen BeckRS 2016, 50004; zur Festsetzung → Rn. 5). Der zulässige Höchstbetrag des Zwangsgeldes soll regelmäßig erst nach Wiederholung des Zwangsmittels oder bei besonderer Hartnäckigkeit des Pflichtigen festgesetzt werden (SBK PolG NRW/Schütte Rn. 4, OVG Lüneburg DÖV 1967, 279). In jedem Fall ist die Höhe des Zwangsgeldes aufgrund der verfassungsrechtlichen Bestimmtheitsanforderungen, die in § 37 VwVfG. NRW. Eingang gefunden haben, schon in der Androhung des Zwangsgeldes (§ 56) exakt anzugeben (rechtswidrig wäre deshalb etwa die Androhung eines Zwangsgeldes „bis zu 100 €", dazu Gusy PolR Rn. 444; Thiel PolR, 3. Aufl. 2016, Rn. 532).

B. Die Festsetzung des Zwangsgeldes (Abs. 2)

Anders als bei der Ersatzvornahme und dem unmittelbaren Zwang ist beim Zwangsgeld **5** eine **Festsetzung** vorgesehen (Abs. 2). Bei der Festsetzung handelt es sich um einen eigenständigen Verwaltungsakt (EAS/Troidl VwVG § 14 Rn. 1 mwN). Vor der Festsetzung ist das Zwangsgeld anzudrohen (§ 56). Mangels gegenwärtiger Gefahr ist die Androhung in der Regel nicht gem. § 56 Abs. 1 S. 3 entbehrlich (zur besonderen Bedeutung der Zwangsgeldandrohung OVG Münster BeckRS 2018, 23844 Rn. 27 ff.). Erst wenn der Pflichtige die ihm in der Grundverfügung auferlegte Handlung trotz Androhung des Zwangsgeldes nicht ausführt, wird das Zwangsgeld schriftlich (Abs. 1) in Form eines Leistungsbescheids (§ 6 VwVG NRW) festgesetzt (vgl. Tegtmeyer/Vahle PolG NRW/Vahle Rn. 6, 8; Tetsch/Baldarelli PolG NRW/Baldarelli Erl. 5.2.2.; App/Wettlaufer/Klomfaß, Praxishandbuch Verwaltungsvollstreckungsrecht/Klomfaß, 6. Aufl. 2019, § 36 Rn. 66; BeckOK VwVfG/Deusch/ Burr VwVG § 11 Rn. 17). Dabei muss dem Pflichtigen eine **angemessene Frist** für die Zahlung des Zwangsgeldes eingeräumt werden. Ob eine Frist angemessen ist, hängt von den

Umständen des Einzelfalls ab, insbesondere von der wirtschaftlichen Leistungsfähigkeit des Pflichtigen (SBK PolG NRW/Schütte Rn. 5) sowie der Gefahrenlage (Tetsch/Baldarelli PolG NRW/Baldarelli Erl. 5.2.2.). Bei mittellosen Personen kann etwa eine Ratenzahlung anzuordnen sein (vgl. VG Gelsenkirchen BeckRS 2016, 50004). Das festgesetzte Zwangsgeld muss in der Höhe dem angedrohten Zwangsgeld entsprechen. Wird die Androhung des Zwangsgeldes wiederholt, etwa weil die erste Androhung erfolglos geblieben ist, ist eine erneute Festsetzung des Zwangsgeldes möglich (Tetsch/Baldarelli PolG NRW/Baldarelli Erl. 5.2.1. f.). Dies gilt auch, wenn ein zuvor festgesetztes Zwangsgeld nicht beigetrieben wurde und ein zweites Zwangsgeld festgesetzt werden soll (OVG Münster BeckRS 2015, 48044). Widerspruch und Anfechtungsklage gegen die Zwangsgeldfestsetzung haben in NRW wegen § 112 S. 1 JustG (vgl. etwa auch § 64 Abs. 4 S. 1 NPOG, § 99 Abs. 1 S. 2 SOG M-V) keine aufschiebende Wirkung.

C. Die Beitreibung des Zwangsgeldes (Abs. 3)

6   Abs. 3 ermöglicht es, ein festgesetztes Zwangsgeld beizutreiben. Abs. 3 S. 2 verdeutlicht allerdings den Charakter des Zwangsgeldes als **Mittel der Willensbeugung** (vgl. Muckel JA 2012, 278): Selbst wenn das Zwangsgeld bereits festgesetzt wurde, kann der Pflichtige dessen Beitreibung verhindern, wenn er die ihm in der Grundverfügung auferlegte Handlung doch noch ausführt (Tetsch/Baldarelli PolG NRW/Baldarelli Erl. 5.2.4.). Führt der Betroffene jedoch weder die ihm aufgegebene Handlung aus noch zahlt er das ihm aufgegebene Zwangsgeld, wird das Zwangsgeld nach den Vorgaben der §§ 1 ff. VwVG NRW beigetrieben. Der Polizeivollzugsdienst ist damit allerdings nicht befasst (SBK PolG NRW/Schütte Rn. 6).

7   Abs. 3 S. 3 statuiert eine Ausnahme von dem Grundsatz, dass Zwangsmittel nicht mehr angewendet werden dürfen, soweit eine Nichtbefolgung der im Grundverwaltungsakt auferlegten Pflicht nicht mehr möglich ist. Wird gegen Duldungs- und Unterlassungspflichten verstoßen, deren Erfüllung durch die Androhung des Zwangsgeldes erreicht werden sollte, ist das Zwangsgeld beizutreiben, auch wenn weitere Zuwiderhandlungen nicht zu befürchten sind. Sinn und Zweck des Zwangsgeldes ist es, den Willen des Pflichtigen unbedingt im Hinblick auf das erlassene Ge- bzw. Verbot zu beugen. Wie der Gesetzeswortlaut verdeutlicht, soll das zwar im Wesentlichen nicht erst mit der Festsetzung und der Beitreibung, sondern schon mit der Androhung des Zwangsgeldes geschehen. Die Androhung kann ihren Zweck jedoch nur dann wirksam erfüllen, wenn zweifelsfrei feststeht, dass bei Zuwiderhandlungen das Zwangsgeld festgesetzt wird und vom Pflichtigen bezahlt werden muss. Nur in diesem Fall behält die Androhung ihren Charakter als Beugemittel. Bei Duldungs- und Unterlassungspflichten, bei denen ein Verstoß häufig die Wiederholungsgefahr ausschließt, dürfen Festsetzung und Beitreibung in solchen Fällen deshalb nicht unterbleiben. Nur so kann eine **Entwertung der Zwangsgeldandrohung** verhindert werden (dazu insgesamt OVG Münster BeckRS 2017, 110998; 2012, 47641; NVwZ-RR 1990, 17; Dietlein/Hellermann NRWÖffR/Dietlein § 3, Rn. 240; App/Wettlaufer, Praxishandbuch Verwaltungsvollstreckungsrecht/App, 5. Aufl. 2011, § 37 Rn. 27; BHKM BayÖffR Teil 3 Rn. 227 ff.; Muckel, Fälle zum Besonderen Verwaltungsrecht, 7. Aufl. 2019, Fall 12, 119 f.; vgl. aber auch Dünchheim NVwZ 1996, 117, der einwendet, in diesem Fall bekomme das Zwangsgeld einen repressiven Charakter; so auch Sadler, Verwaltungs-Vollstreckungsgesetz/Verwaltungszustellungsgesetz, 9. Aufl. 2014, VwVG § 15 Rn. 63 f., der § 60 VwVG NRW, der eine dem § 53 Abs. 3 S. 3 entsprechende Regelung enthält, wegen Verstoßes gegen Art. 20 Abs. 3 GG und unter Umständen gegen Art. 103 Abs. 2 GG für verfassungswidrig hält).

8   Ausnahmsweise kann aber auch in Fällen, in denen gegen Duldungs- bzw. Unterlassungspflichten verstoßen wird, darauf verzichtet werden, das Zwangsgeld beizutreiben. Das kommt jedoch nach Abs. 3 S. 3 Hs. 2 nur in Betracht, wenn die Beitreibung für den Pflichtigen eine **besondere Härte** darstellt. Wie bereits der Wortlaut nahelegt, ist davon regelmäßig nicht schon auszugehen, wenn lediglich ein erneuter Verstoß nicht mehr droht. Vielmehr müssen weitere Umstände hinzutreten, die eine besondere Härte begründen. Hier spielen **Gesichtspunkte der Verhältnismäßigkeit** eine entscheidende Rolle (zB nur geringfügige Missachtung des Verwaltungsakts bei einschneidenden persönlichen oder beruflichen Folgen der Vollstreckung; so die Rspr. des OVG Münster, vgl. etwa NVwZ-RR 1997, 763; dazu insgesamt Tegtmeyer/Vahle PolG NRW/Vahle Rn. 9).

§ 54 Ersatzzwangshaft

(1) ¹Ist das Zwangsgeld uneinbringlich, so kann das Verwaltungsgericht auf Antrag der Polizei die Ersatzzwangshaft anordnen, wenn bei Androhung des Zwangsgeldes hierauf hingewiesen worden ist. ²Die Ersatzzwangshaft beträgt mindestens einen Tag, höchstens zwei Wochen.

(2) Die Ersatzzwangshaft ist auf Antrag der Polizei von der Justizverwaltung nach den Bestimmungen der §§ 901, 904 bis 910 der Zivilprozessordnung zu vollstrecken.

Überblick

Die in § 54 (§ 49 BWPolG iVm § 24 BWLVwVG; Art. 74 BayPAG; § 51 HSOG; § 68 NPOG) geregelte Ersatzzwangshaft setzt das Zwangsgeldverfahren fort (→ Rn. 2 f.). Ist ein rechtmäßig festgesetztes Zwangsgeld uneinbringlich, kann die Grundverfügung mithilfe der Ersatzzwangshaft durchgesetzt werden. Uneinbringlich ist das Zwangsgeld regelmäßig, wenn der Pflichtige mittellos ist (→ Rn. 6 f.). Die Ersatzzwangshaft stellt einen schweren Eingriff in die Grundrechte des Pflichtigen dar. Ihre Anordnung kommt wegen des Grundsatzes der Verhältnismäßigkeit deshalb nur als letztes Mittel in Betracht (→ Rn. 4 f.). Die Anordnung erfolgt auf Antrag der Polizei durch das Verwaltungsgericht (→ Rn. 10 ff.). Die Dauer der Haft darf zwei Wochen nicht überschreiten (→ Rn. 13). In der Praxis wird auf die Ersatzzwangshaft vor allem zur Durchsetzung einer Herausgabe- oder Vorlagepflicht sowie eines Aufenthalts- oder Rückkehrverbots zurückgegriffen (→ Rn. 14 ff.).

A. Die Ersatzzwangshaft als Zwangsgeldersatz (Abs. 1)

I. Allgemeines

Die Ersatzzwangshaft wird in § 54 geregelt (vgl. außerdem für Nordrhein-Westfalen: § 61 **1** VwVG NRW; für den Bund: § 16 VwVG; sowie für andere Bundesländer: § 70 Abs. 1 NdsVwVG iVm § 68 Abs. 1 S. 1 NPOG; vgl. auch Art. 74 Abs. 1 S. 1 BayPAG; § 51 Abs. 1 HSOG).

1. Begriff der Ersatzzwangshaft

Bei der Ersatzzwangshaft handelt es sich, wie ihr Name schon verdeutlicht, nicht um ein **2** eigenständiges Zwangsmittel, sondern um einen **Ersatz** für das rechtmäßig festgesetzte, jedoch uneinbringliche Zwangsgeld (Lisken/Denninger PolR-HdB/Rachor/Graulich E Rn. 904; SBK PolG NRW/Schütte Rn. 1; vgl. zum Zwangsgeld → § 53 Rn. 2 ff.). Die Ersatzzwangshaft dient folglich nicht dazu, das Zwangsgeld beizutreiben, sondern zielt darauf, die Grundverfügung – also einen auf Handeln, Dulden oder Unterlassen gerichteten Verwaltungsakt – durchzusetzen. Die Ersatzzwangshaft ist insofern von der **Erzwingungshaft** nach § 96 OWiG zu unterscheiden, die auf die Durchsetzung der verhängten Geldbuße gerichtet ist (SBK PolG NRW/Schütte Rn. 1; HK-VerwR/Lemke VwVG § 16 Rn. 1; VG Düsseldorf NVwZ-RR 2013, 211 (212)). Von der Erzwingungshaft, wie sie in den Bundesländern Hamburg (§ 16 HmbVwVG) und Saarland (§ 28 SVwVG) geregelt ist, unterscheidet sich die im PolG NRW geregelten Ersatzzwangshaft insofern, als sie lediglich die Fortsetzung des Zwangsgeldverfahrens mit einem anderen Mittel darstellt. Hingegen ist die Erzwingungshaft im Anschluss an den Einsatz jedes Zwangsmittels zulässig (HK-VerwR/Lemke VwVG § 16 Rn. 2).

Die Ersatzzwangshaft stellt mithin ein fortgesetztes Beugemittel, nicht jedoch eine Strafe **3** dar. Sie ermöglicht es, auch auf einen Pflichtigen Druck auszuüben, auf den das Zwangsgeld keine bzw. keine ausreichende zwangsausübende Wirkung hat, weil er aus finanziellen Gründen nicht in der Lage ist, das Zwangsgeld aufzubringen. Ein finanziell schlecht gestellter Pflichtiger soll aus seiner Mittellosigkeit keine Vorteile ziehen (SBK PolG NRW/Schütte Rn. 1; HK-VerwR/Lemke VwVG § 16 Rn. 1).

2. Die Ersatzzwangshaft als schwerer Grundrechtseingriff

4   Die Bedeutung der Ersatzzwangshaft liegt vor allem darin, dass der Pflichtige mit ihr rechnen muss (Tegtmeyer/Vahle PolG NRW/Vahle Rn. 2). Das wird vor allem vor dem Hintergrund verständlich, dass die Ersatzzwangshaft einen **schwerwiegenden Grundrechtseingriff** in die persönliche Freiheit nach Art. 2 Abs. 2 GG (SBK PolG NRW/Schütte Rn. 2; EAS/Troidl VwVG § 16 Rn. 1) und eine Freiheitsentziehung iSd Art. 104 Abs. 2 GG, nicht eine bloße Freiheitsbeschränkung (Art. 104 Abs. 1 GG), darstellt (Hornmann HSOG § 51 Rn. 1). Die Ersatzzwangshaft darf daher nur nach strenger Prüfung ihrer Verhältnismäßigkeit als letztes Mittel eingesetzt werden, um den Willen des Pflichten zu beugen (BVerwGE 4, 169 (198); OVG Magdeburg LKV 2017, 85; VG Magdeburg BeckRS 2018, 33217 Rn. 6; SBK PolG NRW/Schütte Rn. 2; Lisken/Denninger PolR-HdB/Rachor/ Graulich E Rn. 907 mit Rn. 1495; Tegtmeyer/Vahle PolG NRW/Vahle Rn. 2; vgl. VG Ansbach BeckRS 2014, 57722, wonach eine vorangegangene erfolglose Erzwingungshaft die Ersatzzwangshaft nicht ohne weiteres zu einem erfolglosen – und damit unverhältnismäßigem – Zwangsmittel werden lässt).

5   Soll eine unvertretbare Handlung durchgesetzt werden, stellt sich in diesem Zusammenhang die Frage nach dem Verhältnis von Ersatzzwangshaft und unmittelbarem Zwang. Sofern der unmittelbare Zwang als milderes Mittel im Vergleich zur Ersatzzwangshaft anzusehen ist, muss die Polizei prüfen, ob sie die Handlung nicht alternativ mithilfe unmittelbaren Zwangs durchsetzen kann, bevor sie beim Verwaltungsgericht den Antrag auf Ersatzzwangshaft stellt (SBK PolG NRW/Schütte Rn. 2). Überwiegend wird in der Tat davon ausgegangen, dass der unmittelbare Zwang ein milderes Mittel darstellt (HK-VerwR/Lemke VwVG § 16 Rn. 4 mwN). Es wird aber jeweils auf die Umstände des Einzelfalls ankommen (vgl. zum Ganzen auch EAS/Troidl VwVG § 16 Rn. 4).

II. Voraussetzungen der Ersatzzwangshaft

1. Uneinbringlichkeit des Zwangsgeldes

6   Die Ersatzzwangshaft kann nur angeordnet werden, wenn das Zwangsgeld, dessen Fortsetzung die Ersatzzwangshaft darstellt, zunächst angedroht und anschließend festgesetzt wurde. Zudem muss sich das Zwangsgeld als uneinbringlich darstellen (Tetsch/Baldarelli PolG NRW Erl. 4.1.). Das Zwangsgeld ist uneinbringlich, wenn die Person, gegenüber der es angeordnet wurde, mittellos ist oder keine verpfändbaren Gegenstände besitzt (Tegtmeyer/ Vahle PolG NRW/Vahle § 54 Rn. 1; Lisken/Denninger PolR-HdB/Rachor/Graulich E Rn. 905). Ob dies der Fall ist, ist von Amts wegen zu ermitteln. Die Polizei hat sich dabei auf **objektive Faktoren** zu stützen, nicht auf eine individuelle Selbsteinschätzung des Betroffenen (SBK PolG NRW/Schütte Rn. 3). Insbesondere darf sich der zahlungsfähige Pflichtige nicht freiwillig in Haft begeben (HK-VerwR/Lemke VwVG § 16 Rn. 3).

7   Ein bestimmtes Verfahren zur Feststellung der Uneinbringlichkeit schreibt das Gesetz nicht vor (VG Düsseldorf NVwZ-RR 2013, 211 (212) mwN). Regelmäßig dürfte die Feststellung die Abgabe einer **Vermögensauskunft** (früher: eidesstattliche Versicherung) der pflichtigen Person voraussetzen (das VG Gießen BeckRS 2012, 52141 und das VG Köln BeckRS 2018, 8855 Rn. 4 halten die Abgabe einer eidesstattlichen Versicherung für nicht erforderlich). Der Nachweis der Uneinbringlichkeit ist jedenfalls erbracht, wenn alle in Betracht kommenden ernsthaften Vollstreckungsversuche erfolglos geblieben sind, und zwar sowohl Vollstreckungsversuche in das bewegliche als auch in das unbewegliche Vermögen (Lisken/Denninger PolR-HdB/Rachor/Graulich E Rn. 905 mwN; vgl. VG Köln BeckRS 2018, 8855 Rn. 4). Ein fruchtloser Vollstreckungsversuch ist aber nicht in jedem Fall erforderlich (Gusy PolR Rn. 445). Das gilt zumindest für die Fälle, in denen das finanzielle Unvermögen des Pflichtigen offenkundig ist und die Erfolglosigkeit eines Beitreibungsversuchs von vornherein feststeht (VG Düsseldorf NVwZ-RR 2013, 211 (212); vgl. VG Köln BeckRS 2018, 8855 Rn. 4). Davon ist auszugehen, wenn die betroffene Person von Sozialhilfe lebt (VGH München NVwZ-RR 1998, 310; Lisken/Denninger PolR-HdB/Rachor/Graulich E Rn. 905). Unerheblich ist, ob die Zahlungsunfähigkeit des Pflichtigen von diesem verschuldet wurde (EAS/Troidl VwVG § 16 Rn. 3).

2. Hinweis auf die Ersatzzwangshaft in der Androhung

Die Ersatzzwangshaft kann nur angeordnet werden, wenn in der Androhung (§ 56) des **8** Zwangsgeldes ausdrücklich darauf hingewiesen wurde, dass die Polizei befugt ist, einen entsprechenden Haftantrag beim Verwaltungsgericht zu stellen (dass auch die – inhaltlich weniger differenzierende – Mitteilung, die Ersatzzwangshaft könne „angeordnet werden", ausreicht, bezweifelt das OVG Weimar (NVwZ-RR 2016, 5 (6)) im Hinblick auf den ähnlich lautenden § 49 ThürVwZVG; auch das VG Magdeburg BeckRS 2018, 33217 Rn. 3 fordert einen unmissverständlichen Hinweis darauf, dass das Verwaltungsgericht bei Vorliegen der gesetzlichen Voraussetzungen die Möglichkeit der Festsetzung einer Ersatzzwangshaft hat, weshalb die Bekundung der bedingten behördlichen Absicht, ggf. einen Antrag auf gerichtliche Anordnung von Ersatzzwangshaft zu stellen, nicht genüge). Fehlt der Hinweis, darf nicht zum Mittel der Ersatzzwangshaft gegriffen werden (Lisken/Denninger PolR-HdB/Rachor/Graulich E Rn. 906; vgl. Gusy PolR Rn. 445). Wegen der einschneidenden Freiheitsbeschränkungen, die mit der Anordnung von Ersatzzwangshaft einhergehen, muss der Hinweis, um seiner Schutzfunktion zu Gunsten des Schuldners gerecht werden zu können, inhaltlich richtig sein. Nach Auffassung des VG Potsdam missachtet daher der Vollstreckungsgläubiger dieses formale Erfordernis (iSv § 31 Abs. 1 S. 1 VwVGBbg), wenn er in den Bescheiden an den Vollstreckungsschuldner irrigerweise seine Behörde als zur Anordnung von Ersatzzwangshaft befugt benennt und nicht das Verwaltungsgericht (VG Potsdam BeckRS 2018, 3213 Rn. 4). Über die Dauer der Ersatzzwangshaft entscheidet allein das Verwaltungsgericht, sodass die Polizei selbst keine bestimmte Dauer androhen darf. Sie kann in der Androhung aber auf die zulässige Höchstdauer der Ersatzzwangshaft hinweisen (Gusy PolR Rn. 445, zur Dauer der Ersatzzwangshaft → Rn. 13).

3. Sonderfall: Die Ersatzzwangshaft bei Verstößen gegen Duldungs- und Unterlassungspflichten

Um eine Entwertung der Zwangsgeldandrohung zu vermeiden, kann das Zwangsgeld im **9** Falle des Verstoßes gegen Duldungs- und Unterlassungspflichten auch beigetrieben werden, wenn weitere Verstöße nicht mehr drohen (→ § 53 Rn. 7). Gleiches gilt für die Ersatzzwangshaft. Wie die Androhung und Festsetzung des Zwangsgeldes soll auch die Androhung der Ersatzzwangshaft den Willen des Pflichtigen beugen. Diese Androhung liefe aber ins Leere, wenn sie nicht mit Sicherheit nachträglich durchgesetzt würde – entweder in Form der Beitreibung des Zwangsgeldes oder aber, sofern sich das Zwangsgeld als uneinbringlich erweist, durch die Anordnung der Ersatzzwangshaft. Die Androhung allein stellt noch nicht zwangsläufig ein Übel dar, das den Pflichtigen zu der geforderten Duldung oder Unterlassung bewegen könnte (OVG Münster NVwZ-RR 1997, 764; vgl. EAS/Troidl VwVG § 16 Rn. 2).

III. Anordnung der Ersatzzwangshaft

1. Antrag auf Anordnung der Ersatzzwangshaft

Bei der Ersatzzwangshaft handelt es sich um eine **Freiheitsentziehung** (→ Rn. 4). Nach **10** Art. 104 Abs. 2 GG können Freiheitsentziehungen nur durch den Richter angeordnet werden. Entsprechend sieht § 54 Abs. 1 S. 1 die Anordnung der Ersatzzwangshaft durch das Verwaltungsgericht, nicht aber durch die Polizei vor. Die Polizei kann die Ersatzzwangshaft lediglich beantragen. In ihrem Antrag kann die Polizei dem Verwaltungsgericht einen Vorschlag zur Dauer der Ersatzzwangshaft unterbreiten (EAS/Troidl VwVG § 16 Rn. 6; SBK PolG NRW/Schütte Rn. 4).

2. Gerichtliche Entscheidung über die Anordnung der Ersatzzwangshaft

Das Gericht entscheidet über den Antrag nach freiem richterlichen Ermessen, wobei es **11** den Grundsatz der Verhältnismäßigkeit zu beachten hat (vgl. als Bsp. aus der Praxis etwa VG Düsseldorf NVwZ-RR 2013, 211 (212)). Insofern ist es an den Vorschlag der Polizei zur Dauer der Haft nicht gebunden (EAS/Troidl VwVG § 16 Rn. 6; SBK PolG NRW/Schütte Rn. 4). Bei der Ermessensausübung kann der Umstand bedeutsam sein, dass sich der Grundverwaltungsakt inzwischen erledigt hat (OVG Münster DÖV 1997, 511; vgl. aber → Rn. 9 zu Verstößen gegen Duldungs- und Unterlassungspflichten). Die Entscheidung über den Antrag ergeht im Beschlussverfahren nach vorheriger Anhörung des Pflichtigen. Die Form der Anhörung kann das Gericht nach Zweckmäßigkeitsgesichtspunkten bestimmen. Es genügt sogar, dem Pflichtigen eine Kopie des Antrags der Vollstreckungsbehörde zu übersenden und ihm anheim zu geben, sich dazu zu äußern. Unterbleibt die Anhörung, so ist die Haftanordnung nicht nichtig, sondern lediglich anfechtbar. Die Anfechtbarkeit der Anordnung ist allerdings praktisch nicht von großer Bedeutung, da die Anhörung nachgeholt werden kann (ausf. EAS/Troidl VwVG § 16 Rn. 6 mwN; vgl. SBK PolG NRW/Schütte Rn. 4). Örtlich zuständig für die Anordnung ist das Verwaltungsgericht, das für eine Anfechtungsklage gegen die Vollzugsbehörde zuständig wäre (entsprechend § 80 Abs. 5 S. 1 VwGO, § 123 Abs. 2 VwGO; VGH Mannheim BWVPr 1977, 229; EAS/Troidl VwVG § 16 Rn. 6).

12   Neben der Unbegründetheit des Antrags auf Anordnung der Ersatzzwangshaft kommt in der Praxis als weiterer Ablehnungsgrund die Haftunfähigkeit in Betracht, wie sie etwa bei schwerer Erkrankung oder fortgeschrittener Schwangerschaft der pflichtigen Person bestehen kann (SBK PolG NRW/Schütte Rn. 4). Sieht das Verwaltungsgericht den Antrag auf Anordnung der Ersatzzwangshaft als begründet an, erlässt es einen **Haftbefehl** (→ Rn. 17). Wie das Zwangsgeld kann auch die Zwangshaft wiederholt angeordnet werden (EAS/Troidl VwVG § 16 Rn. 6 mwN). Dass ein Richter bei der rechtlichen Beurteilung eines auf den weiteren Verfahrensablauf gestützten Befangenheitsantrags eine andere Rechtsauffassung vertritt als ein Beteiligter, reicht – selbst wenn die Ansicht rechtsirrig wäre – regelmäßig nicht aus, um eine Besorgnis der Befangenheit zu begründen, sodass die Anordnung der Ersatzzwangshaft auch nicht wegen eines behaupteten Verfahrensmangels rechtswidrig ist (VGH München BeckRS 2018, 7796 Rn. 5).

3. Dauer der Ersatzzwangshaft

13   Nach Abs. 1 S. 2 beträgt die Dauer der Ersatzzwangshaft **einen Tag bis zwei Wochen.** Der Gesetzgeber hat hier den auch im VwVG NRW sowie in anderen Bundesländern üblichen zeitlichen Rahmen gewählt (Lisken/Denninger PolR-HdB/Rachor/Graulich E Rn. 906 mwN zu anderen Bundesländern). Der knapp bemessene Rahmen verdeutlicht das Bestreben des Gesetzgebers, dem Grundsatz der Verhältnismäßigkeit Rechnung zu tragen (SBK PolG NRW/Schütte Rn. 3).

IV. Praktische Relevanz der Ersatzzwangshaft

14   In der Praxis wird auf das Mittel der Ersatzzwangshaft häufig zurückgegriffen, wenn der Pflichtige sich weigert, bestimmte Papiere herauszugeben oder vorzulegen, wie bspw. den Führerschein oder aber Personaldokumente im Falle eines vollziehbar ausreisepflichtigen Ausländers. Auch die Schulpflicht wird teilweise mithilfe der Ersatzzwangshaft durchgesetzt (vgl. etwa VG Ansbach BeckRS 2014, 57722; VG Köln BeckRS 2018, 8855; Hornmann HSOG § 51 Rn. 12 mwN zur Rspr.).

15   Zudem kann die Ersatzzwangshaft zur **Durchsetzung von Aufenthaltsverboten** (§ 43 Abs. 2) angeordnet werden. Insofern scheint sie dazu geeignet, offene Drogenszenen zu bekämpfen (vgl. Hornmann HSOG § 51 Rn. 12): Drogenabhängige Personen halten sich typischerweise häufig nicht an Aufenthaltsverbote; zudem ist bei diesem Adressatenkreis das Zwangsgeld regelmäßig uneinbringlich. Deshalb wird das Verwaltungsverfahren häufig auf die Frage hinauslaufen, ob eine Ersatzzwangshaft anzuordnen ist. Ob es hierzu kommt, richtet sich auch danach, inwieweit die Polizei gehalten ist, den Adressaten eines Aufenthaltsverbots im Falle wiederkehrender Verstöße wiederholt aus dem von dem Verbot betroffenen Bereich zu verweisen, ggf. mithilfe unmittelbaren Zwangs. Es stellt sich also die Frage, ab wann die Polizei von der Erfolglosigkeit solcher Maßnahmen ausgehen kann, sodass sich die Ersatzzwangshaft als einziges noch verbleibendes Mittel darstellt. Hier kommt es auf die Umstände des Einzelfalls an. Bei drogenabhängigen Personen tritt ein zusätzliches Problem auf: Sie lassen sich in der Regel auch durch mehrtägige Haft nicht davon abhalten, Rauschgift zu erwerben. Die Anordnung der Ersatzzwangshaft kann sich deshalb als unverhältnismäßig darstellen – deren geringe Erfolgsaussichten rechtfertigten keinen derart schweren Grundrechtseingriff (ausf. Lisken/Denninger PolR-HdB/Rachor/Graulich E Rn. 911; vgl. OVG Münster NVwZ-RR 2009, 516).

Zunehmend wird die Ersatzzwangshaft auch für die **Durchsetzung von Wohnungsver-** 16 **weisung und Rückkehrverbot** (§ 34a) herangezogen (Hornmann HSOG § 51 Rn. 12; OVG Münster NJW 2006, 2569; vgl. die zum Zwecke der Durchsetzung eines Verbots der Zweckentfremdung von Wohnraum angeordnete Ersatzzwangshaft in VGH München BeckRS 2017, 123009; Tegtmeyer/Vahle PolG NRW/Vahle Rn. 2; zur Wohnungsverweisung sa Schoch BesVerwR/Schoch Kap. 1 Rn. 561 ff.) sowie für sonstige Verfügungen zum Schutz von Leben und Gesundheit Dritter (vgl. OVG Münster NJW 2006, 2569; mit der Ersatzzwangshaft zur Durchsetzung der Personalausweispflicht als höchstpersönliche Verpflichtung beschäftigt sich OLG Celle NVwZ-RR 2017, 922; VG Magdeburg BeckRS 2018, 33217 zur Anordnung von Ersatzzwangshaft zur Durchsetzung der Verpflichtung zum Abschluss einer Haftpflichtversicherung für einen Hund).

B. Vollstreckung der Ersatzzwangshaft (Abs. 2)

Nach Abs. 2 ist die Ersatzzwangshaft auf Antrag der Polizei von der Justizverwaltung nach 17 den Bestimmungen der §§ 901, 904–910 ZPO zu vollstrecken. In den §§ 901, 904–910 ZPO fanden sich bis 2013 die Haftbestimmungen, die eine eidesstaatliche Versicherung des Schuldners erzwingen sollten (vgl. Tetsch/Baldarelli PolG NRW Erl. 5). Durch das Gesetz zur Reform der Sachaufklärung in der Zwangsvollstreckung v. 29.7.2009 (BGBl. I 2258) wurden mWv 1.1.2013 die Normen allerdings aufgehoben. Regelungen zu den Haftbestimmungen, mit denen eine Vermögensauskunft (die frühere eidesstaatliche Versicherung) des Schuldners erzwungen werden soll, finden sich nun in §§ 802g ff. ZPO. Aufgrund weitgehender inhaltlicher Identität der alten und neuen Vorschriften bestehen auch vor dem Hintergrund des Vorbehalts des Gesetzes keine Bedenken dagegen, trotz des eindeutigen Wortlauts des § 54 Abs. 2 für die Vollstreckung der Ersatzzwangshaft auf die §§ 802g ff. ZPO abzustellen. Der Haftbefehl ist in § 802g Abs. 1 ZPO geregelt; er ergeht, wenn das Verwaltungsgericht den Antrag auf Anordnung der Ersatzzwangshaft für begründet hält. Zuständig für die Verhaftung ist nach § 802g Abs. 2 ZPO der **Gerichtsvollzieher.** Die Unterbringung des Pflichtigen erfolgt in gesonderten Räumen der Justizverwaltung, zumeist in speziellen Arrestzellen der Gerichte (Tetsch/Baldarelli PolG NRW Erl. 5).

§ 55 Unmittelbarer Zwang

(1) ¹**Die Polizei kann unmittelbaren Zwang anwenden, wenn andere Zwangsmittel nicht in Betracht kommen oder keinen Erfolg versprechen oder unzweckmäßig sind.** ²**Für die Art und Weise der Anwendung unmittelbaren Zwanges gelten die §§ 57 ff.**

(2) **Unmittelbarer Zwang zur Abgabe einer Erklärung ist ausgeschlossen.**

(3) **Auf Verlangen der betroffenen Person hat sich der Polizeivollzugsbeamte auszuweisen, sofern der Zweck der Maßnahme nicht beeinträchtigt wird.**

Überblick

§ 55 (§§ 49, 50 BWPolG iVm§ 26 BWLVwVG; Art. 75 BayPAG, § 52 HSOG, § 69 NPOG) ermöglicht es der Polizei, mit Hilfe körperlicher Gewalt, mit Hilfsmitteln körperlicher Gewalt und mit Waffen auf den Pflichtigen einzuwirken, um die Vornahme einer Handlung, Duldung oder Unterlassung zu erreichen (→ Rn. 2). Der unmittelbare Zwang stellt die ultima ratio des Polizeirechts dar. Deshalb darf er nur angewendet werden, wenn andere Zwangsmittel nicht in Betracht kommen (Abs. 1 S. 1 Hs. 2; → Rn. 6). Davon ist häufig in Fällen auszugehen, in denen eine gegenwärtige Gefahr für wichtige Rechtsgüter droht. Für die regelmäßig in Eilfällen handelnde Polizei ist der unmittelbare Zwang deshalb von großer Bedeutung (→ Rn. 7). Das PolG NRW sieht für den unmittelbaren Zwang keine Kostenerstattung durch den Pflichtigen vor (→ Rn. 15). Das aus der Menschenwürdegarantie des Art. 1 Abs. 1 GG resultierende Folterverbot verbietet es allerdings, unmittelbaren

Zwang auszuüben, um eine Erklärung zu erzwingen. Deshalb erklärt Abs. 2 die Anwendung des unmittelbaren Zwangs zur Abgabe einer Erklärung für unzulässig. Das Verbot gilt auch in Fällen, in denen durch die Weigerung, eine Erklärung abzugeben, bedeutende Rechtsgüter wie Leib und Leben eines Menschen gefährdet werden oder eine schon bestehende Gefährdung aufrechterhalten wird (→ Rn. 18 ff.). Abs. 3 statuiert schließlich die Pflicht der Polizeibeamten, sich vor der Ausübung unmittelbaren Zwangs auf Verlangen der pflichtigen Person auszuweisen. Damit trägt das Gesetz dem Bedürfnis des Pflichtigen Rechnung, einerseits zu erfahren, ob er sich Personen gegenübersieht, die zur Ausübung unmittelbaren Zwangs rechtlich legitimiert sind, und andererseits Kenntnis über die Identität der Beamten zu erlangen, um ggf. rechtliche Ansprüche einleiten zu können (→ Rn. 23 ff.).

Übersicht

A. Der unmittelbare Zwang als Zwangsmittel (Abs. 1)

I. Allgemeines

1   Der unmittelbare Zwang wird in § 55 als mögliches Zwangsmittel genannt. Für die Art und Weise der Anwendung des unmittelbaren Zwangs verweist Abs. 3 auf die §§ 57 ff. § 55 gilt nicht, wenn Straftaten oder Ordnungswidrigkeiten verfolgt werden. Die Ermächtigungsgrundlagen für die Anwendung unmittelbaren Zwangs bei der Verfolgung von Straf- und Ordnungswidrigkeiten liefern die entsprechenden Normen der StPO und des OWiG (zB §§ 94, 98, 127 StPO und § 46 OWiG). Zu beachten sind allerdings die §§ 57 ff. Sie regeln die Art und Weise der Anwendung des Zwangs auch für die Ausübung des unmittelbaren Zwangs nach anderen Rechtsvorschriften (vgl. Tegtmeyer/Vahle PolG NRW/Vahle Rn. 1; SBK PolG NRW/Schütte Rn. 3, § 57 Rn. 1; Hornmann HSOG § 52 Rn. 5).

1. Begriff des unmittelbaren Zwangs

2   In der Definition des unmittelbaren Zwangs stimmen die Gesetze aller Bundesländer überein (Lisken/Denninger PolR-HdB/Rachor/Graulich E Rn. 861; vgl. zum Landesrecht § 26 BWLVwVG; Art. 34 BayVwZVG; § 70 Abs. 1 NVwVG iVm § 69 NPOG; § 58 Abs. 3 VwVG NRW und § 62 VwVG NRW; vgl. auch Art. 75 BayPAG; § 52 HSOG; im hessischen Verwaltungsvollstreckungsrecht ist der unmittelbare Zwang nur zur Durchsetzung einer Duldungs- oder Unterlassungspflicht (§ 75 S. 1 HessVwVG) und in den besonderen Ausprägungen der Wegnahme, Zwangsräumung und Vorführung (§§ 77–79 HessVwVG) vorgesehen; vgl. auch HK-VerwR/Lemke VwVG § 12 Rn. 1 mit Fn. 1). Im PolG NRW findet sich die **Legaldefinition des unmittelbaren Zwangs in § 58 Abs. 1.** Unmittelbarer Zwang ist danach die Einwirkung auf Personen oder Sachen durch körperliche Gewalt, ihre Hilfsmittel und durch Waffen. Psychische Gewalt ist nach dem klaren Wortlaut des § 58 unzulässig (vgl. SBK PolG NRW/Schütte Rn. 2). Durch die Einwirkung soll der Wille der pflichtigen Person gebrochen oder überwunden und damit die Vornahme einer Handlung, Duldung oder Unterlassung bewirkt werden. Nur die hierauf gerichtete Einwirkung stellt unmittelbaren Zwang dar (Tegtmeyer/Vahle PolG NRW/Vahle Rn. 1). Wie auch die Ersatzvornahme, das Zwangsgeld und die Ersatzzwangshaft als Fortsetzung des Zwangsgeldverfahrens stellt auch der unmittelbare Zwang ein reines Beugemittel dar, nicht jedoch eine Strafe (vgl. nur SBK PolG NRW/Schütte Rn. 2).

Zu beachten ist, dass die Polizei im Wege des unmittelbaren Zwangs die durchzusetzende **3** Handlung auch selbst vornehmen kann. Dann ist eine Abgrenzung zur Ersatzvornahme (§ 52) notwendig, die ebenfalls eine Selbstvornahme ermöglicht (→ Rn. 16; vgl. Tegtmeyer/ Vahle PolG NRW/Vahle Rn. 2; SBK PolG NRW/Schütte Rn. 2). In diesem Zusammenhang stellt sich die Frage, ob der unmittelbare Zwang nur von den Polizeivollzugsbeamten selbst angewandt werden darf oder ob die Polizei auch Dritte hinzuziehen kann (letzteres bejaht SBK PolG NRW/Schütte Rn. 1). Für eine ausschließliche Befugnis der Polizeivollzugsbeamten lassen sich die zahlreichen Verfahrensvorschriften der §§ 57 ff. anführen. Die Vorschriften schränken den zur Zwangsanwendung berechtigten Personenkreis zwar nicht ausdrücklich ein. Die dezidierten Regelungen zeugen aber davon, dass der Gesetzgeber die polizeilichen Befugnisse in diesem Bereich explizit geregelt wissen wollte. Vor diesem Hintergrund ist nicht davon auszugehen, dass der Gesetzgeber eine gesonderte Regelung der Zwangsanwendung durch Dritte für überflüssig gehalten und deshalb auf sie verzichtet hat. Weiterhin legt die ausdrückliche Unterscheidung zwischen Selbst- und Drittvornahme im Rahmen des § 52 Abs. 1 Hs. 2 – Ersatzvornahme – nahe, dass die Anwendung unmittelbaren Zwangs durch dritte Personen eine ausdrückliche Regelung erfahren hätte, wenn sie für zulässig erachtet worden wäre. Darüber hinaus erscheint es wegen des Vorbehalts des Gesetzes angezeigt, die Anwendung unmittelbaren Zwangs durch Dritte nicht ohne ausdrückliche gesetzliche Regelung zuzulassen. Das folgt daraus, dass mittels unmittelbarem Zwang besonders einschneidende grundrechtsrelevante Maßnahmen getroffen werden können (ausf. → Rn. 8). Der Vorbehalt des Gesetzes und speziell der sog. Wesentlichkeitsgrundsatz (vgl. etwa Maunz/Dürig/Grzeszick GG Art. 20 Abs. 3 Rn. 105 ff.) verlangen für derartige intensive Maßnahmen aber eine ausdrückliche Ermächtigungsgrundlage. Diesen Anforderungen genügt nur eine Regelung, die auch den zur Zwangsanwendung berechtigten Personenkreis eindeutig benennt. Schließlich kann gerade der Zwangsanwender die Intensität der Maßnahme ganz erheblich beeinflussen. In den praxisrelevanten Abschleppfällen dürfte sich deshalb die Frage der Abgrenzung von Ersatzvornahme und unmittelbarem Zwang nur selten stellen. Denn die Polizei wird ein Fahrzeug regelmäßig nicht selbst abschleppen, sondern einen Abschleppunternehmer beauftragen, so dass nur eine Ersatzvornahme in Betracht kommt (vgl. → § 52 Rn. 1 ff.).

Nach § 58 Abs. 2 ist jede unmittelbare **körperliche Einwirkung auf Personen oder 4 Sachen** als körperliche Gewalt zu verstehen (hierzu soll auch die Anwendung der sog. „Nervendrucktechnik" zählen, vgl. OVG Lüneburg BeckRS 2016, 54493, krit. dazu Plicht NVwZ 2017, 867; vgl. allg. zu den Details der körperlichen Gewalt § 58 Abs. 2). § 58 Abs. 3 nennt verschiedene **Hilfsmittel der körperlichen Gewalt,** unter anderem Fesseln, Wasserwerfer, Diensthunde sowie Reiz- und Betäubungsstoffe. Die Aufzählung der Hilfsmittel in § 58 Abs. 3 ist nicht abschließend. Das verdeutlicht schon der Wortlaut der Vorschrift, nach dem insbesondere die genannten Mittel als Hilfsmittel der körperlichen Gewalt in Betracht zu ziehen sind (so zählen etwa auch Brecheisen zum Öffnen von Türen und Nebel- oder Blendgranaten als sichtbehindernde Stoffe zu den Hilfsmitteln der körperlichen Gewalt, vgl. Lisken/Denninger PolR-HdB/Rachor/Graulich E Rn. 863 auch mwN zu anderen Ländern; vgl. insbesondere auch § 58 Abs. 3). Die – ausschließlich – zugelassenen Waffen, mit deren Hilfe körperliche Gewalt ausgeübt werden kann, legt § 58 Abs. 4 fest (vgl. wiederum § 58 Abs. 3).

Seinem Rechtscharakter nach stellt der unmittelbare Zwang einen **Realakt** dar (BVerwG **5** NJW 1956, 1652; SBK PolG NRW/Schütte Rn. 2; BeckOK VwVfG/Deusch/Burr VwVG § 15 Rn. 1). Maßnahmen wie den Knüppeleinsatz eines Polizeibeamten als Erlass einer Duldungsverfügung anzusehen, erscheint rechtlich gekünstelt (Schenke PolR § 10 Rn. 558 Fn. 151 mwN; so auch PST PolR-HdB/Pewestorf Kap. 1 Rn. 50; aA Hornmann HSOG § 52 Rn. 19). Die Polizei möchte in diesen Fällen lediglich einen schon bestehenden Verwaltungsakt durchsetzen. Es geht ihr nicht darum, einen neuen Verwaltungsakt zu erlassen. Auch Rechtsschutzgesichtspunkte erfordern es nicht, von einer Duldungsverfügung auszugehen und den unmittelbaren Zwang als Verwaltungsakt anzusehen (vgl. → Rn. 16).

§ 51 Abs. 1 S. 1 zeigt, dass der unmittelbare Zwang nach Ansicht des Gesetzgebers **6** das **schärfste Zwangsmittel** darstellt (Lisken/Denninger PolR-HdB/Rachor/Graulich E

Rn. 861): Auf ihn kann nur zurückgegriffen werden, wenn andere Zwangsmittel nicht in Betracht kommen, keinen Erfolg versprechen oder unzweckmäßig sind (→ Rn. 8 ff.). Der Gesetzgeber trägt hiermit dem Grundsatz der Verhältnismäßigkeit Rechnung (Hornmann HSOG § 52 Rn. 9). Besonders deutlich zeigt sich die Intensität des unmittelbaren Zwangs mit Blick auf § 58. Danach kann die Einwirkung auf die Person oder die Sache unter anderem durch den Gebrauch von Waffen vorgenommen werden. Hierzu zählen auch Schusswaffen (§ 55 Abs. 3, § 63). Nach § 63 ist in engen Grenzen – zur Abwehr gegenwärtiger Lebensgefahr oder der gegenwärtigen Gefahr einer schwerwiegenden Verletzung der körperlichen Unversehrtheit – sogar der **Schusswaffengebrauch** zulässig, durch den der Pflichtige getötet wird.

7   Obgleich sich der unmittelbare Zwang als **ultima ratio des Polizeirechts** darstellt, hat er große Bedeutung für Polizeiarbeit (SBK PolG NRW/Schütte Rn. 1). Nach ihrer Aufgabenstellung ist es die Polizei, die in erster Linie dazu berufen ist, unmittelbaren Zwang auszuüben, und zwar auch für andere Behörden. Das wird vor allem aus den Vorschriften zur Vollzugshilfe deutlich: § 47 beschränkt die Vollzugshilfe auf die Anwendung unmittelbaren Zwangs (Tegtmeyer/Vahle PolG NRW/Vahle Rn. 3; vgl. auch § 47).

2. Der unmittelbare Zwang als Grundrechtseingriff

8   Wendet die Polizei unmittelbaren Zwang an, greift sie damit regelmäßig in Grundrechte vor allem des Pflichtigen ein. Der Schusswaffengebrauch kann einen **Eingriff in die körperliche Unversehrtheit** sowie in das **Recht auf Leben** aus Art. 2 Abs. 2 S. 1 GG darstellen. Die vor diesem Hintergrund erforderliche gesetzliche Regelung zum gezielten Todesschuss wurde im Jahr 2010 in § 63 Abs. 2 aufgenommen (dort S. 2, vgl. § 63 Abs. 2 S. 2; Haurand, Praxis der Kommunalverwaltung, Bd. K 30 NW, Stand: 8/2017, Erl. 11.5; vgl. auch § 60 Abs. 2 S. 2 HSOG). Wird der Pflichtige im Rahmen des unmittelbaren Zwangs gefesselt, ist an einen Eingriff in die **Freiheit der Person** (Art. 2 Abs. 2 S. 2 GG) zu denken. Bei einem Wasserwerfereinsatz gegen eine Versammlung kann zudem ein Eingriff in die **Versammlungsfreiheit** aus Art. 8 GG vorliegen (Bsp. von Hornmann HSOG § 52 Rn. 2.) Die Einwirkung auf Sachen kann sich als nach Art. 14 Abs. 1 S. 2 GG zulässiger Eingriff in die **Eigentumsfreiheit** aus Art. 14 Abs. 1 S. 1 GG darstellen. Als Beispiel ist hier die Versiegelung von Sachen zu nennen (Hornmann HSOG § 52 Rn. 2).

3. Voraussetzungen des unmittelbaren Zwangs

9   Nach Abs. 1 S. 1 kann die Polizei unmittelbaren Zwang nur anwenden, wenn andere Zwangsmittel nicht in Betracht kommen (Abs. 1 S. 1 Alt. 1), keinen Erfolg versprechen (Abs. 1 S. 1 Alt. 2) oder unzweckmäßig sind (Abs. 1 S. 1 Alt. 3). Abs. 1 S. 1 Alt. 1 wird etwa in Fällen einschlägig sein, in denen eine unvertretbare Handlung durchzusetzen ist.

10   Keinen Erfolg iSd Abs. 1 S. 1 Alt. 2 versprechen andere Zwangsmittel, wenn der verfolgte Zweck durch sie nicht vollständig oder nicht rechtzeitig erreicht werden kann (Hornmann HSOG § 52 Rn. 11). Zu denken ist hier an Fälle, in denen die Grundverfügung etwa aus Gründen der Gefahrenabwehr sofort durchgesetzt werden muss, das Zwangsgeld also zu spät käme (vgl. Hornmann HSOG § 52 Rn. 10, allerdings zu § 52 Abs. 1 S. 1 Alt. 1 HSOG). Davon wird aufgrund der Eilfallkompetenz der Polizei (§ 1 Abs. 1 S. 3) in der polizeilichen Praxis regelmäßig auszugehen sein (vgl. SBK PolG NRW/Schütte Rn. 5). Abs. 1 S. 1 Alt. 3 kommt schließlich in Betracht, wenn die Effizienz von Ersatzvornahme und Zwangsgeld unter Beachtung des Grundsatzes der Verhältnismäßigkeit (§ 2) erheblich geringer ist. Das gilt etwa, wenn das Zwangsgeld bereits wiederholt angedroht wurde und nicht zu erwarten ist, dass es zum Erfolg führt oder aber wenn dessen Androhung der betroffenen Person einen größeren Nachteil zufügen würde als der unmittelbare Zwang (Hornmann HSOG § 52 Rn. 12; vgl. hierzu etwa den dem Beschluss des OVG Koblenz BeckRS 2016, 41540, zugrunde liegenden Sachverhalt, der allerdings kein polizeiliches Handeln betraf).

11   Insbesondere bei unmittelbar drohenden Gefahren für bedeutende Rechtsgüter ist stets an die Untunlichkeit anderer Zwangsmittel zu denken: Verzögerungen, die aus vergeblichen Versuchen resultieren, den Willen des Pflichtigen auf andere Weise zu brechen, sind dann häufig nicht hinnehmbar (PST PolR-HdB/Pewestorf Kap. 1 Rn. 52). Überhaupt ist es nicht erforderlich, dass andere Zwangsmittel vor der Ausübung unmittelbaren Zwangs tatsächlich erfolglos versucht wurden (PST PolR-HdB/Pewestorf Kap. 1 Rn. 52).

Obwohl das Zwangsgeld nach der Aufzählung in § 51 nach Ansicht des Gesetzgebers **12** regelmäßig ein milderes Mittel darstellt als der unmittelbare Zwang, wird die Ersatzzwangshaft als Fortsetzung des Zwangsgeldverfahrens im Verhältnis zum unmittelbaren Zwang zum Teil als intensiveres Mittel angesehen (HK-VerwR/Lemke VwVG § 16 Rn. 4 mwN; vgl. → § 54 Rn. 5). Es wird aber jeweils auf die Umstände des Einzelfalls ankommen. Stellt der unmittelbare Zwang danach ein milderes Mittel dar, ist er aus Gründen der Verhältnismäßigkeit vor der Anordnung der Ersatzzwangshaft in Betracht zu ziehen.

Soweit unmittelbarer Zwang sowohl gegenüber Personen als auch gegenüber Sachen in **13** Betracht kommt, ist seine Anwendung Personen gegenüber nur zulässig, wenn durch die Anwendung des Zwangs gegenüber Sachen der polizeiliche Zweck nicht erreichbar erscheint (ausdrücklich § 52 Abs. 1 S. 2 BWPolG; s. Schenke PolR § 10 Rn. 559).

4. Anwendung des unmittelbaren Zwangs

Für die Anwendung des unmittelbaren Zwangs gelten die §§ 57 ff. **14**

II. Kosten des unmittelbaren Zwangs

Die Pflicht zur Erstattung der Kosten bedarf einer **gesetzlichen Grundlage** (Kingreen/ **15** Poscher POR § 25 Rn. 2 ff.; Gusy PolR Rn. 457). Das sieht PolG NRW allerdings nur für die Ersatzvornahme (in § 52 Abs. 1 S. 2), nicht für den unmittelbaren Zwang, die Kostenerstattung durch den Pflichtigen vor. In § 55 fehlt ein Verweis auf § 77 VwVG NRW. In Nordrhein-Westfalen fehlen zudem Regelungen, die in besonderen Fällen Gebühren für die Anwendung unmittelbaren Zwangs vorsehen, wie sie in anderen Bundesländern bestehen (§ 52 Abs. 4 BWPolG iVm § 31 Abs. 1, Abs. 4 BWLVwVG iVm § 7 BWLVwVGKO; Art. 75 Abs. 3 BayPAG iVm § 1 Nr. 6 BayPolKV; § 52 Abs. 1 S. 3 HSOG; § 73 NVwVG iVm Kostentarif 26.3 AllGo). Die Anwendung unmittelbaren Zwangs ist in Nordrhein-Westfalen damit kostenfrei.

III. Abgrenzung des unmittelbaren Zwangs zur Ersatzvornahme

Übt die Polizeibehörde zur Durchsetzung einer vertretbaren Handlung körperlichen **16** Zwang aus, stellt sich mitunter die Frage nach der Abgrenzung von unmittelbarem Zwang und Ersatzvornahme. Die sog. Selbstvornahme kann sowohl eine Ersatzvornahme (§ 52) als auch eine Anwendung unmittelbaren Zwangs sein. Relevant wird die Abgrenzung etwa bei den sog. Abschleppfällen, allerdings nur in der – praktisch wohl seltenen – Konstellation, in der die Polizei das Fahrzeug selbst abschleppt, anstatt einen Abschleppunternehmer zu beauftragen (vgl. → Rn. 3). Die hM, die von einer Ersatzvornahme nur in den Fällen ausgeht, in denen die von der Behörde vorgenommene Handlung in ihrer Art und Weise vollständig mit der dem Pflichtigen auferlegten Handlung identisch ist, überzeugt nicht. Die Handlung als solche steht meist nicht im Mittelpunkt des Interesses, vielmehr geht es regelmäßig um Verwaltungsakte, mit denen ein Handeln im Interesse eines bestimmten Erfolgs – zB der Gefahrenabwehr – durchgesetzt werden soll. Zudem verbleibt dem Adressaten regelmäßig ein gewisser Spielraum. Die physische Einwirkung auf Sachen ist demnach nur dann als unmittelbarer Zwang und nicht als Ersatzvornahme zu qualifizieren, wenn durch sie nicht die dem Pflichtigen obliegende Handlung selbst ausgeführt wird, sondern Druck auf den Pflichtigen ausgeübt werden soll (ausf. → § 52 Rn. 7 ff.).

IV. Rechtsschutz gegen den unmittelbaren Zwang

Beim unmittelbaren Zwang handelt es sich um einen Realakt (→ Rn. 4), der sich typi- **17** scherweise bereits vor der Möglichkeit, Klage zu erheben, erledigt. Rechtsschutz ist deshalb regelmäßig nicht mit der Fortsetzungsfeststellungsklage analog § 113 Abs. 1 S. 4 VwGO zu erlangen, die an Verwaltungsakte anknüpft, sondern mit einer **Feststellungsklage** gem. § 43 VwGO. Mit ihr kann die Feststellung begehrt werden, dass die Polizei nicht berechtigt war, den Realakt vorzunehmen (PST PolR-HdB/Pewestorf Kap. 1 Rn. 53; zur Beweislast vgl. VG Göttingen BeckRS 2014, 57204).

B. Unzulässigkeit des unmittelbaren Zwangs zur Abgabe einer Erklärung (Abs. 2)

I. Anwendungsbereich der Vorschrift

18   Unmittelbarer Zwang darf nach Abs. 2 nicht angewandt werden, um den Pflichtigen dazu zu bringen, eine Erklärung abzugeben. Der Anwendungsbereich dieser Vorschrift beschränkt sich nicht auf Willenserklärungen. Vielmehr sind **jegliche Äußerungen einer Person** erfasst, also auch etwa schriftliche und konkludente Äußerungen (Lisken/Denninger PolR-HdB/Rachor/Graulich E Rn. 880). Das Verbot, unmittelbaren Zwang anzuwenden, um den Pflichtigen zu einer Erklärung zu zwingen, gilt auch, wenn eine gesetzliche Pflicht zur Aussage oder Auskunft besteht (SBK PolG NRW/Schütte Rn. 6), etwa bei einer Identitätsfeststellung (§ 12) oder in den Fällen des § 9 Abs. 2 und § 10 Abs. 1 (Tegtmeyer/Vahle PolG NRW/Vahle Rn. 6).

II. Das Folterverbot als Hintergrund der Regelung

19   Der Ausschluss der Anwendung unmittelbaren Zwangs entspricht dem Grundmuster, das auch aus anderen Gesetzen bekannt ist: Die ZPO (§ 888 ZPO) und die StPO (§ 70 StPO) stellen dieses Zwangsmittel ebenfalls nicht zur Verfügung (Lisken/Denninger PolR-HdB/Rachor/Graulich E Rn. 884). Hintergrund der Regelung des § 55 Abs. 2 sowie der genannten Regelungen der ZPO und StPO ist das Ziel, **keine Folter oder folterähnlichen Maßnahmen** als rechtsstaatsfeindliche Methoden zu tolerieren (SBK PolG NRW/Schütte Rn. 6).

20   Eine **teleologische Reduktion des Abs. 2** könnte für die Fälle in Erwägung gezogen werden, in denen das Leben eines Menschen von der Aussage des Pflichtigen abhängt (Brugger JZ 2000, 165 (167 ff., 169)). Zu denken ist etwa an die Konstellation, in der ein von der Polizei festgehaltener Entführer durch die Anwendung unmittelbaren Zwangs dazu gebracht werden soll, den Aufenthalt seines in Lebensgefahr schwebenden Opfers preiszugeben (vgl. den dem Fall „Daschner" zugrunde liegenden Sachverhalt (LG Frankfurt a. M. NJW 2005, 692)). Doch rechtfertigt der hohe Rang des gefährdeten Rechtsguts die teleologische Reduktion der Norm nicht.

21   Bei festgehaltenen Personen ist allerdings **Art. 104 Abs. 1 S. 2 GG** zu beachten: Die Ausübung von Gewalt im Rahmen des unmittelbaren Zwangs stellt zumindest eine körperliche Misshandlung dar und damit einen Eingriff in Art. 104 Abs. 1 S. 2 GG. Art. 104 Abs. 1 S. 2 GG ist im Übrigen auch in den von § 55 Abs. 2 zumindest dem Wortlaut nach nicht umfassten Fällen einschlägig, in denen die Polizei den Entführer mithilfe unmittelbaren Zwangs dazu bringen will, sie zum Aufenthaltsort des Entführungsopfers zu führen, in denen sie den Entführer also zu einer Handlung zwingen will, nicht jedoch zur einer Erklärung. Wird über eine teleologische Reduktion des § 55 Abs. 2 nachgedacht, geht damit folglich zumeist die Frage einher, ob ein Eingriff in Art. 104 Abs. 1 S. 2 GG durch kollidierendes Verfassungsrecht – etwa Art. 1 Abs. 1 GG sowie Art. 2 Abs. 2 S. 1 GG des Entführungsopfers – zu rechtfertigen ist. Dagegen wendet sich die ganz hM, die vor allem auf die **Nähe des Art. 104 Abs. 1 S. 2 GG zu Art. 1 Abs. 1 GG** abstellt (vgl. nur MKS/Gusy GG Art. 104 Rn. 34; aA Brugger JZ 2000 Rn. 165, der auf staatliche Schutzpflichten verweist). Überdies spricht für ein kategorisches Misshandlungsverbot, dass auch die auf Ausnahmefälle beschränkte Gestattung von Folter zu Missbrauch, rechtlichen Grenzverschiebungen und zum **Absenken von Hemmschwellen** führen könnte (ausf. Lisken/Denninger PolR-HdB/Rachor/Graulich E Rn. 884 ff. mwN). Diese Argumentation lässt sich auch einer teleologischen Reduktion des Abs. 2 entgegenhalten.

III. Praktische Konsequenzen

22   Unabhängig von der Art der gefährdeten Rechtsgüter sind demnach sämtliche körperliche Einwirkungen auf den Pflichtigen verboten, durch die die Abgabe einer Erklärung durch den Pflichtigen erreicht werden soll. Dazu zählen nicht nur Schläge, Tritte oder Griffe, sondern auch das Schubsen, Packen oder Schütteln des Pflichtigen (Lisken/Denninger PolR-HdB/Rachor/Graulich E Rn. 882, der aber in Rn. 886 darauf hinweist, dass bei bestimmten

Handlungen diskutiert werden kann, ob sie die für eine körperliche Misshandlung erforderliche Erheblichkeitsschwelle überschreiten). Das Fesseln des Pflichtigen, das nicht dazu dienen soll, diesen zu einer Aussage zu bewegen, sondern das ihn lediglich daran hindern soll, den Raum zu verlassen, ist hingegen nicht als unzulässig anzusehen (Lisken/Denninger PolR-HdB/Rachor/Graulich E Rn. 882). Das Verbot körperlicher Einwirkungen gilt nicht nur gegenüber dem Auskunftspflichtigen, sondern auch gegenüber seinen Sachen, Tieren und dritten Personen wie Familienmitgliedern oder Freunden (Lisken/Denninger PolR-HdB/Rachor/Graulich E Rn. 883). Auch die Androhung (§ 56) körperlicher Einwirkung ist ausgeschlossen: Angedroht werden dürfen nur erlaubte Zwangsmittel (Lisken/Denninger PolR-HdB/Rachor/Graulich E Rn. 884; vgl. wiederum den Fall „Daschner", LG Frankfurt a. M. NJW 2005, 692). Der unzulässige Einsatz des unmittelbaren Zwangs kann dazu führen, dass die durch ihn erlangte Aussage einem Verwertungsverbot unterliegt (Tegtmeyer/Vahle PolG NRW/Vahle Rn. 6).

C. Ausweispflicht des Polizeibeamten (Abs. 3)

I. Zweck und Umfang der Ausweispflicht

Nach Abs. 3 hat sich der Polizeivollzugsbeamte auszuweisen. Die Ausweispflicht ist abzu- 23
grenzen von einer Kennzeichnungspflicht, wie sie etwa in Brandenburg – zusätzlich zur Ausweispflicht nach § 9 Abs. 1 BbgPolG und nach Auffassung des BVerwG (BeckRS 2019, 29882 Rn. 14 ff.) in zulässiger Weise – in § 9 Abs. 2, Abs. 3 BbgPolG geregelt ist. Die Ausweispflicht trägt den Bedürfnissen des Pflichtigen Rechnung. Für ihn ist es zum einen bedeutsam zu erfahren, ob die Personen, die sich als zur Ausübung unmittelbaren Zwangs berechtigt ausgeben, hierzu tatsächlich legitimiert sind. Zum anderen kann die Kenntnis der Identität des oder der Beamten die **Geltendmachung etwaiger Rechtsansprüche** vereinfachen. Das Ausweisen besteht im Vorzeigen des Dienstausweises. Dem Pflichtigen steht kein vertieftes Prüfungsrecht zu. Ein solches Recht würde der Effektivität der polizeilichen Gefahrenabwehr regelmäßig zuwiderlaufen. Deshalb darf der Pflichtige sich etwa keine Kopien machen und keine zeitaufwändigen Echtheitskontrollen anstellen. Ein Recht des Betroffenen darauf, dass der Polizist ihm den Ausweis aushändigt, lässt sich Abs. 3 ebenfalls nicht entnehmen. Der Pflicht, sich auszuweisen, unterliegen Polizeibeamten sämtlicher Dienststellen, auch der Kriminalpolizei (SBK PolG NRW/Schütte Rn. 7).

II. Eintritt der Ausweispflicht

Nach dem Wortlaut des Abs. 2 muss der Ausweis lediglich vorgezeigt werden, wenn der 24
Betroffene es verlangt. Innerdienstliche Vorschriften können allerdings darüber hinausgehende Regelungen treffen. Dadurch kann festgelegt werden, dass sich Polizeibeamte grundsätzlich bei jeder Amtshandlung, nicht nur bei der Anwendung unmittelbaren Zwangs, auf Verlangen auszuweisen haben. Zudem kann eine Pflicht der Polizeibeamten statuiert werden, sich unaufgefordert auszuweisen, wenn sie in Zivil auftreten (vgl. Runderlass v. 12.4.2010 – 43.1-58.02.09, MBl. NRW. 578; vgl. auch Tegtmeyer/Vahle PolG NRW/Vahle Rn. 8). Aus Gründen der Konfliktvermeidung kann die persönliche Vorstellung sowie die Übergabe einer Visitenkarte unabhängig von der Art der zugrundeliegenden Situation als sinnvoll betrachtet werden (vgl. Tegtmeyer/Vahle PolG NRW/Vahle Rn. 10).

Nur die betroffene Person kann verlangen, dass die Polizeivollzugsbeamten ihren Ausweis 25
vorzeigen. Betroffen ist lediglich derjenige, gegen den sich eine polizeiliche Maßnahme richtet (Tegtmeyer/Vahle PolG NRW/Vahle Rn. 9). So können bei einer Verkehrskontrolle die nicht selbst kontrollierten Mitfahrer nicht verlangen, dass die Beamten ihre Ausweise vorlegen. Gleiches gilt, wenn sich Polizisten im Streifendienst befinden, jedoch keine einschreitenden Maßnahmen vornehmen.

III. Ausnahmen von der Ausweispflicht

Die Vorschrift des Abs. 3 legt fest, dass die Ausweispflicht der Polizeivollzugsbeamten nur 26
besteht, soweit der Zweck der Maßnahme durch sie nicht beeinträchtigt wird. Damit löst sie die Konfliktlage auf, die entsteht, wenn sich die Interessen des Betroffenen nicht mit der

Erforderlichkeit polizeilichen Einschreitens vereinbaren lassen (Tegtmeyer/ Vahle PolG NRW/Vahle Rn. 10). Von einer Beeinträchtigung des Zwecks der Maßnahme ist auszugehen, wenn die Amtshandlung durch das vorherige Vorzeigen des Ausweises verhindert oder zumindest spürbar erschwert würde (SBK PolG NRW/Schütte Rn. 8; Tegtmeyer/ Vahle PolG NRW/Vahle Rn. 10). Das kommt etwa in Eilfällen in Betracht (vgl. Tegtmeyer/ Vahle PolG NRW/Vahle Rn. 10; SBK PolG NRW/Schütte Rn. 8).

§ 56 Androhung der Zwangsmittel

(1) [1]**Zwangsmittel sind möglichst schriftlich anzudrohen.** [2]**Der betroffenen Person ist in der Androhung zur Erfüllung der Verpflichtung eine angemessene Frist zu bestimmen; eine Frist braucht nicht bestimmt zu werden, wenn eine Duldung oder Unterlassung erzwungen werden soll.** [3]**Von der Androhung kann abgesehen werden, wenn die Umstände sie nicht zulassen, insbesondere wenn die sofortige Anwendung des Zwangsmittels zur Abwehr einer gegenwärtigen Gefahr notwendig ist.**

(2) [1]**Die Androhung kann mit dem Verwaltungsakt verbunden werden, durch den die Handlung, Duldung oder Unterlassung aufgegeben wird.** [2]**Sie soll mit ihm verbunden werden, wenn ein Rechtsmittel keine aufschiebende Wirkung hat.**

(3) [1]**Die Androhung muss sich auf bestimmte Zwangsmittel beziehen.** [2]**Werden mehrere Zwangsmittel angedroht, ist anzugeben, in welcher Reihenfolge sie angewandt werden sollen.**

(4) **Wird Ersatzvornahme angedroht, so sollen in der Androhung die voraussichtlichen Kosten angegeben werden.**

(5) **Das Zwangsgeld ist in bestimmter Höhe anzudrohen.**

(6) [1]**Die Androhung ist zuzustellen.** [2]**Das gilt auch dann, wenn sie mit dem zugrundeliegenden Verwaltungsakt verbunden ist und für ihn keine Zustellung vorgeschrieben ist.**

Überblick

Der Grundsatz der Verhältnismäßigkeit verlangt, dass Zwangsmittel vor ihrer Anwendung angedroht werden (→ Rn. 1). Die Androhung führt dem Pflichtigen vor Augen, welche Konsequenzen er zu erwarten hat, wenn er den Grundverwaltungsakt nicht befolgt und gibt ihm Gelegenheit, eine verweigernde Haltung zu überdenken. Für das Polizeigesetz Nordrhein-Westfalen statuiert schon § 51 Abs. 2 die Notwendigkeit der Androhung der Zwangsmittel durch die Polizei. Die Einzelheiten der Androhung sind in den §§ 56 und 61 normiert (sa § 13 VwVG bzw. die landesrechtlichen Parallelnormen § 49 BWPolG iVm § 20 BWLVwVG, Art. 76, 81 BayPAG, §§ 53, 58 HSOG, § 74 NPOG). § 56 Abs. 1 regelt insbesondere die Form (→ Rn. 5 f.) und die Entbehrlichkeit der Androhung (→ Rn. 8), Abs. 2 lässt eine Verbindung der Androhung mit dem Grundverwaltungsakt zu (→ Rn. 9). Nach Abs. 3 muss sich die Androhung auf ein bestimmtes Zwangsmittel beziehen (→ Rn. 10 ff.). In Abs. 4 und Abs. 5 werden besondere Regelungen für die Androhung der Ersatzvornahme und des Zwangsgeldes getroffen (→ Rn. 13 ff.). Spezielle Vorschriften für die Androhung unmittelbaren Zwangs finden sich hingegen in § 61. § 56 Abs. 6 regelt schließlich die Zustellung der Androhung (→ Rn. 16).

A. Die Androhung als Teil des Verwaltungszwangsverfahrens (Abs. 1)

I. Allgemeines

1. Zweck

1   Will die Polizei ein Zwangsmittel anwenden, hat sie dem Pflichtigen die Anwendung des Zwangsmittels anzudrohen. Auf die Notwendigkeit der Androhung weist schon § 51 Abs. 2

hin. § 56 regelt die Einzelheiten der Androhung. Die Androhung eines Zwangsmittels ist in besonderem Maße Ausdruck eines **rechtsstaatlichen Vollstreckungsverfahrens** (Art. 20 Abs. 3 GG; BeckOK VwVfG/Deusch/Burr VwVG § 13 Überblick). Sie folgt aus dem Grundsatz der Verhältnismäßigkeit: Die Androhung stellt im Vergleich zur Zwangsanwendung ein **milderes Mittel** dar. In vielen Fällen wird der Pflichtige schon durch sie dazu bewegt werden, die Grundverfügung zu befolgen (HK-VerwR/Lemke VwVG § 13 Rn. 1).

2. Rechtsnatur und Rechtsschutz

Die Androhung stellt selbst einen Verwaltungsakt dar. Sie kann mit den üblichen Rechts- **2** mitteln **selbstständig angefochten** werden, also etwa im Wege der Anfechtungsklage (Schenke PolR § 10 Rn. 548; vgl. SBK PolG NRW/Schütte Rn. 1; PST PolR-HdB/ Pewestorf Kap. 1 Rn. 64; BeckOK VwVfG/Deusch/Burr VwVfG § 13 Rn. 2, 34). In Nordrhein-Westfalen hat eine gegen die Zwangsgeldandrohung erhobene Anfechtungsklage wegen § 112 S. 1 JustG NRW (vgl. etwa auch § 64 Abs. 4 S. 1 NPOG, § 99 Abs. 1 S. 2 SOG M-V) keine aufschiebende Wirkung. Ficht der Pflichtige nur die Androhung (nicht auch die Grundverfügung) an, kann er Einwendungen gegen die Rechtmäßigkeit der Grundverfügung nicht geltend machen. Die Rechtmäßigkeit der Grundverfügung stellt keine Voraussetzung für die Rechtmäßigkeit des Vollstreckungsverfahrens dar (Schenke PolR § 10 Rn. 548, 540; str., vgl. ausf. → § 50 Rn. 12 ff.). Die Anfechtung der Androhung kommt daher nur in Betracht, soweit die Androhung selbst rechtsverletzend ist (vgl. PST PolR-HdB/Pewestorf Kap. 1 Rn. 65 zu § 18 Abs. 1 S. 2 und S. 4 VwVG). Das gilt allerdings auch, wenn die Grundverfügung erfolgreich angefochten und aufgehoben oder aus anderen Gründen unwirksam wird. In diesem Fall wird die Androhung rechtswidrig (vgl. PST PolR-HdB/Pewestorf Kap. 1 Rn. 64). Denn eine wirksame Grundverfügung ist zumindest im Fall des gestreckten Verfahrens Voraussetzung für den Erlass einer rechtmäßigen Androhung.

3. Voraussetzungen

Die Androhung muss **inhaltlich richtig und bestimmt** sein. Sie darf nur ergehen, wenn **3** alle Voraussetzungen der Vollstreckung erfüllt sind (PST PolR-HdB/Pewestorf Kap. 1 Rn. 69; → § 50 Rn. 1 ff.). Das erfordert unter Umständen den Erlass einer Duldungsverfügung gegenüber einem Dritten, wenn der Vollstreckung Rechte dieses Dritten entgegenstehen (Schenke PolR § 10 Rn. 547).

4. Rechtsnachfolge

Eine bereits ergangene Zwangsmittelandrohung wirkt nicht gegen den Rechtsnachfolger. **4** Das liegt darin begründet, dass der Androhung aufgrund ihrer Beugefunktion **höchstpersönlicher Charakter** zukommt. Sie knüpft allein an das Verhalten des Pflichtigen an. Vor der Anwendung eines Zwangsmittels gegen den Rechtsnachfolger muss diesem gegenüber deshalb eine neue Androhung erlassen werden (BeckOK VwVfG/Deusch/Burr VwVG § 13 Rn. 6; vgl. auch BVerwG NVwZ 2012, 888; OVG Münster DÖV 1979, 834; ausf. zur Rechtsnachfolge in die gefahrenabwehrrechtliche Verhaltens- und Zustandsverantwortlichkeit und speziell zur Androhung Stückemann JA 2015, 569 (573 ff.)).

II. Form der Androhung

Nach Abs. 1 S. 1 sind Zwangsmittel möglichst schriftlich anzudrohen. Für die Polizei ist **5** diese Vorschrift nur in Teilbereichen ihres Handelns bedeutsam. Besteht eine konkrete Gefahr, wird die polizeiliche Grundverfügung zumeist nicht schriftlich erlassen. Das gilt regelmäßig auch für die Androhung. Die Androhung wird deshalb nur in den Fällen schriftlich ergehen, in denen auch die Grundverfügung schriftlich erlassen wird. Das kommt etwa bei Aufenthaltsverboten nach § 34 Abs. 2 oder bei Rückkehrverboten nach Wohnungsverweisung gem. § 34a in Betracht (Lisken/Denninger PolR-HdB/Rachor/Graulich E Rn. 896; SBK PolG NRW/Schütte Rn. 3).

Vor dem Erlass der Androhung muss der Pflichtige nicht nach § 28 Abs. 1 VwVfG. NRW. **6** angehört werden. Das ergibt sich schon aus § 28 Abs. 2 Nr. 5. Zudem wird der Betroffene regelmäßig schon bei Erlass der Grundverfügung Gelegenheit haben, sich zu äußern (SBK PolG NRW/Schütte Rn. 2).

III. Anforderungen an die Fristsetzung

7   In der Androhung muss dem Pflichtigen nach Abs. 1 S. 2 eine angemessene Frist bestimmt werden, die ihm durch die Grundverfügung auferlegte Pflicht zu erfüllen. Bei der Angemessenheit handelt es sich um einen unbestimmten Rechtsbegriff, über den einzelfallabhängig zu entscheiden ist (SBK PolG NRW/Schütte Rn. 4) und der gerichtlich uneingeschränkt überprüfbar ist. Angemessen ist die Frist, wenn sie so bemessen ist, dass es dem Pflichtigen möglich und zumutbar ist, seine Verpflichtung bis zu ihrem Ablauf zu erfüllen (Lisken/Denninger PolR-HdB/Rachor/Rachor/Graulich E Rn. 897; sa OVG Münster BeckRS 2018, 23844 Rn. 27). Zu berücksichtigen ist, dass die Frist auch der **Verwirklichung des effektiven Rechtsschutzes** (Art. 19 Abs. 4 GG) dient. Sie muss dem Betroffenen daher regelmäßig ausreichend Zeit gewähren, das Verwaltungsgericht um Eilrechtsschutz zu ersuchen (BeckOK VwVfG/Deusch/Burr VwVG § 13 Rn. 9). Die Frist muss dabei eindeutig bestimmt – etwa kalendermäßig – oder bestimmbar sein – zB durch ein festgelegtes Ereignis wie den Eintritt der Bestandskraft der Grundverfügung. Die Forderung nach einem „unverzüglichen" Handeln genügt dem Erfordernis der eindeutigen Fristsetzung nicht (vgl. nur VGH Mannheim NVwZ-RR 1995, 506; OVG Weimar DÖV 2008, 881; PST PolR-HdB/Pewestorf Kap. 1 Rn. 66; Schenke PolR § 10 Rn. 545). Eine Duldung oder Unterlassung bedarf zumeist keiner Vorbereitungshandlungen, weshalb Abs. 1 S. 2 Hs. 2 für diesen Fall kein Fristerfordernis statuiert (Lisken/Denninger PolR-HdB/Rachor/Graulich E Rn. 897). Auf diese Weise wird zudem sichergestellt, dass dem Pflichtigen nicht auch noch bis zum Ablauf der Frist gestattet werden muss, verbotene bzw. polizeiwidrige Handlungen vorzunehmen (SBK PolG NRW/Schütte Rn. 4).

IV. Entbehrlichkeit der Androhung

8   Nach Abs. 1 S. 3 kann von der Androhung abgesehen werden, wenn die Umstände sie nicht zulassen, insbesondere wenn die sofortige Anwendung des Zwangsmittels zur Abwehr einer gegenwärtigen Gefahr notwendig ist. Davon dürfte stets auszugehen sein, wenn die Voraussetzungen des sofortigen Vollzugs (§ 50 Abs. 2) vorliegen. Die tatbestandlichen Voraussetzungen sind hier gleich (vgl. Lisken/Denninger PolR-HdB/Rachor/Graulich E Rn. 899, auch zu Regelungen in anderen Bundesländern, die bestimmen, dass beim Gebrauch von technischen Sperren und Dienstpferden von der Androhung abgesehen werden kann).

B. Verbindung der Androhung mit dem Grundverwaltungsakt (Abs. 2)

9   Nach Abs. 2 S. 1 können Grundverwaltungsakt und Zwangsmittelandrohung miteinander verbunden werden. Sie sollen nach Abs. 2 S. 2 miteinander verbunden werden, wenn ein Rechtsmittel keine aufschiebende Wirkung hat. Für die Polizei relevant sind hier insbesondere die Fälle des § 80 Abs. 2 S. 1 Nr. 2 VwGO sowie § 80 Abs. 2 S. 1 Nr. 4 VwGO: § 80 Abs. 2 S. 1 Nr. 2 VwGO sieht vor, dass die aufschiebende Wirkung bei unaufschiebbaren Anordnungen und Maßnahmen von Polizeibeamten entfällt. § 80 Abs. 2 S. 1 Nr. 4 VwGO ermöglicht die Anordnung der sofortigen Vollziehung (ausf. → § 50 Rn. 6). Der Entfall der aufschiebenden Wirkung des Rechtsbehelfs gegen die Grundverfügung erstreckt sich auch auf die Androhung (SBK PolG NRW/Schütte Rn. 6).

C. Inhaltliche Bezugnahme der Androhung auf ein bestimmtes Zwangsmittel (Abs. 3)

10   Abs. 3 ist Ausdruck des in § 37 Abs. 1 VwVfG. NRW. normierten Gebots der hinreichenden inhaltlichen Bestimmtheit von Verwaltungsakten (Lisken/Denninger PolR-HdB/Rachor/Graulich E Rn. 891). Nach Abs. 3 S. 1 muss sich die Androhung auf bestimmte Zwangsmittel beziehen. Abs. 3 S. 2 legt fest, dass bei der Androhung mehrerer Zwangsmittel die Reihenfolge anzugeben ist, in der die Zwangsmittel angewandt werden sollen. Fraglich ist, inwieweit es erforderlich ist, das jeweilige Zwangsmittel inhaltlich zu spezifizieren (zum

Folgenden ausf. Lisken/Denninger PolR-HdB/Rachor/Graulich E Rn. 892 f.). Will die Polizei Zwangsmittel gegen eine Menschenmenge anwenden, könnte es einerseits als ausreichend betrachtet werden, wenn der Einsatzleiter unmittelbaren Zwang androht. Andererseits könnte der Polizeibeamte verpflichtet sein, die beim unmittelbaren Zwang verwendeten Hilfsmittel wie Wasserwerfer, Tränengas oder Schlagstock ausdrücklich zu nennen. Nach der Rechtsprechung des BGH ist letzteres weder geboten noch tunlich, zum Teil sogar unmöglich (BGH MDR 1975, 1006, auch zum Folgenden). Dafür spricht, dass sich der unmittelbare Zwang nach dem Verhalten des Pflichtigen und sonstigen Betroffenen bestimmt. An ihrem Verhalten muss sich der Zwang orientieren, damit das mildeste Mittel gewählt werden kann. Die Nennung der genauen Zwangsmittel könnte im Hinblick auf die Effektivität der Gefahrenabwehr sogar unzweckmäßig sein. Möglicherweise eröffnen sich dem Pflichtigen eher Möglichkeiten, Widerstand gegen die Zwangsmittelanwendung zu leisten, wenn er weiß, mit welchen Mitteln diese erfolgen soll. Ein Verzicht auf die Spezifizierung kann auch aus § 61 Abs. 3 (vgl. zu den entsprechenden Normen in anderen Ländern Lisken/Denninger PolR-HdB/Rachor/Graulich E Rn. 893) hergeleitet werden. Danach ist der Schusswaffengebrauch anzudrohen. Dass sich für andere Zwangsmittel eine entsprechende Vorschrift nicht findet, spricht dafür, dass der unmittelbare Zwang inhaltlich nur in den Fällen näher spezifiziert werden muss, in denen er durch Schusswaffengebrauch erfolgen soll. Für eine nähere Spezifizierung auch in anderen Fällen sprechen allerdings das Bestimmtheitsgebot und der Gedanke der Vorhersehbarkeit polizeilichen Handelns. Beide gebieten, dass der Betroffene Klarheit über die zu erwartenden Eingriffe in die körperliche Unversehrtheit erhält. Hierdurch kann auch die Beugefunktion des Zwangs verstärkt werden. Das gilt jedenfalls bei Hilfsmitteln, die unangenehme Empfindungen bei den Betroffenen auslösen wie bspw. Tränengas (vgl. insoweit auch OVG Lüneburg BeckRS 2016, 54493 zur sog. „Nervendrucktechnik"). Insofern kann es der Polizei jedenfalls nicht verwehrt sein, den oder die Pflichtigen über die angewendeten Zwangsmittel genauer zu informieren. Wie die Polizei vorgeht, wird von den Umständen des jeweiligen Einzelfalls abhängen. Stets hat die Polizei ihr Handeln am Ziel effektiver Gefahrenabwehr auszurichten. Kündigt die Polizei ein bestimmtes Zwangsmittel an, muss sie sich in jedem Fall daran halten (Schenke PolR § 10 Rn. 545).

Mehrere Zwangsmittel wird die Polizei nur in seltenen Fällen androhen. Das liegt darin **11** begründet, dass sie häufig unvertretbare Handlungen durchsetzen will. In diesen Fällen scheidet die Ersatzvornahme von vornherein aus. Da die durchzusetzenden Handlungen regelmäßig keinen Aufschub dulden, kommt auch die Verhängung eines Zwangsgeldes nicht Betracht. Denkbar scheint die Androhung mehrerer Zwangsmittel allerdings bei einer schriftlichen Vorladung, einem Aufenthaltsverbot oder einer Meldeauflage. Diese kann die Polizei mit der Androhung versehen, bei Nichtbefolgung ein Zwangsgeld gegen den Pflichtigen zu verhängen und, sofern der Pflichtige dem Verbot bzw. der Aufforderung zuwiderhandle, ihn im Wege des unmittelbaren Zwangs vorzuführen (vgl. auch Lisken/Denninger PolR-HdB/Rachor/Graulich E Rn. 894).

Die Vorschrift des Abs. 3 ermächtigt die Polizei allerdings nicht dazu, ein Zwangsmittel **12** „für jeden Fall der Zuwiderhandlung" anzuordnen. Vielmehr erlaubt es die Norm lediglich, in einer Verfügung eine genau feststehende Zahl von Zwangsmitteln unter Angabe der Reihenfolge ihrer Anwendung anzudrohen. Das resultiert daraus, dass das Zwangsvollstreckungsrecht ansonsten dem Ordnungswidrigkeiten- und Strafrecht angenähert würde. Der Polizei wäre es in diesem Fall möglich, verschiedene Verstöße gegen die in Rede stehende Aufforderung bzw. das in Rede stehende Verbot zu sammeln und sie dann in einer Zwangsgeldfestsetzung zu erfassen. Das Zwangsgeld ist jedoch ein reines Beugemittel, keine Strafe oder Geldbuße (Lisken/Denninger PolR-HdB/Rachor/Graulich E Rn. 895; grdl. Dünchheim NVwZ 1996, 117).

D. Sonderregelung für die Androhung der Ersatzvornahme (Abs. 4)

Nach § 56 Abs. 4 sollen in der Androhung der Ersatzvornahme (§ 52) deren voraussichtli- **13** che Kosten angegeben werden. Kosten sind dabei sämtliche Gebühren und Auslagen, die durch die Ersatzvornahme entstehen (SBK PolG NRW/Schütte Rn. 8; vgl. → § 52 Rn. 16). Der Zweck der Vorschrift besteht darin, dem Pflichtigen so genau wie möglich vor Augen zu führen, welche finanziellen Belastungen er zu tragen hat, wenn er die in der Grundverfügung angeordnete Handlung nicht selbst vornimmt. Die Norm dient mithin dazu, psychischen Druck auf den Pflichtigen aufzubauen (SBK PolG NRW/Schütte Rn. 8; vgl. Tegtmeyer/Vahle PolG NRW/Vahle Rn. 9).

14 Die angegebene Höhe der Kosten hat sich auf vernünftige Schätzungen oder Erfahrungswerte der Polizei zu stützen. Verschätzt sich die Polizei bei der Angabe der Kosten, ist das grundsätzlich unschädlich. Die Polizei wird durch ihre eigene Einschätzung nicht gebunden. Der Pflichtige kann sich in diesem Fall nicht darauf berufen, die Schätzung als Obergrenze verstanden zu haben und ggf. Minderungsansprüche geltend machen. Das gilt auch für den Fall, in dem die geschätzten Kosten tatsächlich in beträchtlicher Weise überschritten werden. Dann trifft die Behörde allerdings regelmäßig – als Nebenpflicht aus dem Vollstreckungsrechtsverhältnis – die Pflicht, dem Betroffenen der Kostenüberschreitung mitzuteilen. Unterlässt sie die Mitteilung, begeht sie ggf. eine Amtspflichtverletzung (BVerwG NJW 1984, 2591; BeckOK VwVfG/Deusch/Burr VwVG § 13 Rn. 24). Im Übrigen darf die Polizei nicht bewusst zu hohe Kosten ansetzen, um den Druck auf den Pflichtigen zu erhöhen (dazu insgesamt SBK PolG NRW/Schütte Rn. 9 f. mwN).

E. Sonderregelung für die Androhung des Zwangsgeldes (Abs. 5)

15 Nach Abs. 5 ist das Zwangsgeld (§ 53) in bestimmter Höhe anzudrohen. Das folgt schon aus dem verwaltungsrechtlichen Bestimmtheitsgebot. Die Angabe eines Rahmens oder einer Höchstgrenze genügt dem nicht. Verstößt die Polizei gegen diese Vorgaben, ist die Androhung rechtswidrig. Die Rechtswidrigkeit erstreckt sich jedoch nicht auf den Grundverwaltungsakt (SBK PolG NRW/Schütte Rn. 11 f.). Will sich die Polizei die Möglichkeit vorbehalten, später die Ersatzzwangshaft zu beantragen, soweit sich das Zwangsgeld als uneinbringlich erweist, muss sie in der Androhung des Zwangsgeldes ausdrücklich darauf hinweisen, dass die Anordnung der Ersatzzwangshaft möglich ist (→ § 54 Rn. 8).

F. Zustellung der Androhung (Abs. 6)

16 Nach Abs. 6 ist die Androhung zuzustellen. Die Zustellung erfolgt nach den Vorschriften des LZG NRW (Verwaltungszustellungsgesetz für das Land Nordrhein-Westfalen v. 7.3.2006, GV. NRW. 94). Die §§ 3–5 LZG NRW nennen dabei als mögliche Zustellungsarten die Zustellungsurkunde, den eingeschriebenen Brief und die Zustellung gegen Empfangsbekenntnis. Die Vorschrift kann allerdings nur die schriftliche Androhung erfassen. Ist eine schriftliche Androhung möglich und geboten, ist die Zustellung auch erforderlich, wenn die zwangsweise durchzusetzende Grundverfügung keiner Zustellung bedarf. Da die Polizei ihre Zwangsmittel allerdings regelmäßig lediglich mündlich androht, spielt die Norm für die polizeiliche Praxis eine untergeordnete Rolle (zum Ganzen Tegtmeyer/Vahle PolG NRW/Vahle Rn. 6; Lisken/Denninger PolR-HdB/Rachor/Graulich E Rn. 898).

Zweiter Unterabschnitt. Anwendung unmittelbaren Zwanges

§ 57 Rechtliche Grundlagen

(1) Ist die Polizei nach diesem Gesetz oder anderen Rechtsvorschriften zur Anwendung unmittelbaren Zwanges befugt, gelten für die Art und Weise der Anwendung die §§ 58 bis 66 und, soweit sich aus diesen nichts Abweichendes ergibt, die übrigen Vorschriften dieses Gesetzes.

(2) Die Vorschriften über Notwehr und Notstand bleiben unberührt.

Überblick

§ 57 erklärt in Abs. 1 die Vorschriften der §§ 58–66 hinsichtlich der Art und Weise der Zwangsmittelanwendung (→ Rn. 4 f.) für anwendbar, wenn die Polizei nach dem Polizeigesetz oder nach anderen Rechtsvorschriften zur Anwendung unmittelbaren Zwangs befugt ist (→ Rn. 5). Ferner wird die Geltung der „übrigen Vorschriften" des Polizeigesetzes angeordnet, soweit sich aus den §§ 58–66 nichts Abweichendes ergibt (→ Rn. 13). Abs. 2 normiert, dass die Vorschriften über Notwehr und Notstand (→ Rn. 14) „unberührt" bleiben, also neben den Ermächtigungsgrundlagen für hoheitliche Zwangsmittel anwendbar sind (→ Rn. 14 ff.).

A. Bedeutung und Systematik der Vorschrift

§ 57 trifft als **einleitende Bestimmung** für das Recht des unmittelbaren Zwangs als **1** eines der drei zulässigen Zwangsmittel (Ersatzvornahme, Zwangsgeld mit Ersatzzwangshaft, unmittelbarer Zwang; → § 51 Rn. 1 ff.) Regelungen hinsichtlich der Anwendbarkeit anderer Vorschriften des Polizeigesetzes und bezüglich der Normen über die Notwehr und den Notstand.

Für die „Art und Weise" der Anwendung des unmittelbaren Zwangs, also für das „Wie", **2** gelten gem. Abs. 1 Alt. 1 die **§§ 58–66,** wenn und soweit die Polizeibehörden nach dem Polizeigesetz oder nach anderen Rechtsvorschriften zur Anwendung des unmittelbaren Zwangs befugt sind („Ob"). Insoweit wiederholt § 57 die Anordnung des § 55 Abs. 1 S. 2 (→ § 55 Rn. 13). Diese Befugnis kann sich aus Bestimmungen zum präventiven wie zum repressiven Handlungsfeld ergeben (→ Rn. 5). Damit enthält § 57 selbst keine unmittelbaren rechtlichen Anforderungen an den Einsatz unmittelbaren Zwangs (Tegtmeyer/ Vahle PolG NRW Rn. 1) und keine Ermächtigungsnorm (Tetsch/Baldarelli PolG NRW Erl. 3). Art. 1 Alt. 2 verweist auf die übrigen Vorschriften des Polizeigesetzes (→ Rn. 13). Vergleichbare Verweisvorschriften (mit teilweise abweichender Funktion) enthalten § 49 Abs. 2 BWPolG, Art. 77 BayPAG, § 54 HSOG und § 71 NPOG.

Gemäß Abs. 2 bleiben die **Vorschriften über die Notwehr und den Notstand 3** (→ Rn. 14) „unberührt"; dies bedeutet, dass sie neben den Bestimmungen des Polizeigesetzes über den unmittelbaren Zwang zur Erfüllung polizeilicher Aufgaben vor allem zu Zwecken der Eigen- und Fremdsicherung anwendbar bleiben (→ Rn. 14 ff.).

B. Verweis auf die §§ 58–66 (Abs. 1 Alt. 1)

I. Funktion der Verweisnorm

Für die „Art und Weise", also die Modalitäten, das „Wie" der Anwendung unmittelbaren **4** Zwangs, erklärt Abs. 1 Alt. 1 die **§§ 58–66** für anwendbar. § 57 Abs. 1 Alt. 1 ist damit eine „Transmissionsklausel" (Tetsch EingriffsR 272: „Brückennorm"), die die erwähnten Bestimmungen an diejenigen Vorschriften „ankoppelt", die eine Befugnis der Polizei zum Einsatz dieses Zwangsmittels begründen.

Die Vorschriften der §§ 58 ff. gelten aufgrund der Anordnung in § 57 nicht nur für **5** den Einsatz unmittelbaren Zwangs im Zusammenhang mit präventiven Maßnahmen der Gefahrenabwehr. Da die StPO (und das OWiG) keine eigenständigen detaillierten Bestimmungen zum Zwangsmitteleinsatz enthalten, richtet sich die „Art und Weise" der Zwangsanwendung im **repressiven Handlungsfeld** ebenfalls nach §§ 58 ff. (eingehend → Rn. 8 ff.; Tetsch/Baldarelli PolG NRW Erl. 1). Der unmittelbare Zwang ist bei Maßnahmen der Straftatenerforschung und -verfolgung das praxisgängigste Zwangsmittel. Dass zB bei Maßnahmen nach der StPO überhaupt auch Zwang zur Durchsetzung in Betracht kommt, ergibt sich vor allem aus praktischen Erwägungen. Nach überwiegender Auffassung schließen die Ermächtigungsnormen der StPO daher auch die Befugnis ein, (unmittelbaren) Zwang durch Durchsetzung bzw. Ermöglichung der Maßnahme einzusetzen (zB bei der Entnahme von Blutproben, § 81a StPO; vgl. Tegtmeyer/Vahle PolG NRW Rn. 3).

II. Befugnis zur Anwendung unmittelbaren Zwangs

Voraussetzung ist, dass die Polizei nach den Vorschriften des Polizeigesetzes oder nach **6** anderen Rechtsvorschriften zum Einsatz unmittelbaren Zwanges befugt ist. **„Befugt"** bedeutet, dass eine wirksame gesetzliche Ermächtigungsgrundlage eingreifen und die Anwendung unmittelbaren Zwangs, das „Ob", formell wie materiell rechtmäßig sein muss. Zum Gebrauch dieses Zwangsmittel berechtigen im Polizeigesetz namentlich die Vorschriften in § 50 Abs. 1 bzw. § 50 Abs. 2 über die Zulässigkeit des Verwaltungszwangs im gestreckten Verfahren (→ § 50 Rn. 1 ff.) bzw. im sofortigen Vollzug (→ § 50 Rn. 15 ff.); dass der unmittelbare Zwang als Zwangsmittel in diesen beiden Verfahrensformen des Zwangs erlaubt ist, ergibt sich aus § 51 Abs. 1 Nr. 3 (→ § 51 Rn. 1 ff.). § 55 enthält in Abs. 1 S. 1 materielle Voraussetzungen: Der unmittelbare Zwang ist „ultima ratio" der Zwangsmittel; die Polizei darf ihn nur dann einsetzen, wenn andere Zwangsmittel nicht in Betracht kommen oder keinen Erfolg versprechen oder unzweckmäßig sind (eingehend → § 65 Rn. 8 ff.). Nach § 55 Abs. 2 ist unmittelbarer Zwang zur Abgabe einer Erklärung ausgeschlossen (→ § 55 Rn. 17).

7   Eine Befugnis zur Anwendung unmittelbaren Zwangs kann sich **auch aus anderen Rechtsvorschriften** ergeben. Nicht erforderlich ist dabei, dass eine Rechtsnorm den unmittelbaren Zwang explizit erwähnt bzw. als Rechtsfolge zulässt; namentlich im präventiven Handlungsfeld ergibt sich die Zulässigkeit einer zwangsweisen Durchsetzung häufig aus der Natur der Sache. So müssen etwa Maßnahmen nach dem VersammlG – wie etwa die Auflösung einer Versammlung – mit unmittelbarem Zwang durchgesetzt werden können.

8   **Im repressiven Bereich,** namentlich im Zusammenhang mit Ermittlungsmaßnahmen der Polizei nach der StPO, aber auch nach dem OWiG, erweist sich die Begründung einer Befugnis zur Anwendung unmittelbaren Zwangs ebenfalls als schwierig. Die StPO enthält wie das OWiG (mit Ausnahme einzelner Vorschriften, die „Indizwirkung" entfalten, → Rn. 10) keine gesonderten Vorschriften zur Zwangsmittelanwendung, sodass das Kriterium „nach […] anderen Rechtsvorschriften zur Anwendung unmittelbaren Zwanges befugt ist", aufgrund einer fehlenden expliziten Befugnisregelung nicht erfüllt sein könnte.

9   Dass es jedoch auch bei repressiven Maßnahmen insbesondere nach der StPO möglich sein muss, Zwang anzuwenden, ergibt sich schon aus den **tatsächlichen Anforderungen der Polizeiarbeit.** Dies allein begründet freilich noch keine rechtliche Befugnis zum Zwangsmitteleinsatz. Nach überwiegender Auffassung ergibt sich gleichwohl aufgrund dieser praktischen Erwägungen, aber auch mit Blick auf die Entstehungsgeschichte der StPO, bei deren Erlass die dogmatischen Erkenntnisse zu den rechtlichen Anforderungen an Zwangsmaßnahmen noch nicht so ausgeprägt waren wie gegenwärtig, aus der jeweiligen Ermächtigungsgrundlage der StPO als ungeschriebene „Annexbefugnis", dass die Polizei die fragliche Maßnahme (auch) mit (unmittelbarem) Zwang durchsetzen darf. Dies gilt freilich nur, soweit die Polizei die (Grund-) Maßnahme auch ausführen darf; ist dies – wie etwa für die Vorführung im ordnungswidrigkeitenrechtlichen Verfahren nach § 46 Abs. 5 OWiG – gesetzlich ausgeschlossen, darf auch kein Zwang angewandt werden.

10   Ein **Indiz** dafür, dass der Gesetzgeber den Ermächtigungsnormen der StPO zu Ermittlungsmaßnahmen zugleich die Befugnis zur Zwangsmittelanwendung eingeschrieben hat, ist die Erwähnung des unmittelbaren Zwangs in § 81c Abs. 6 S. 2 StPO. Dieser Vorschrift zufolge darf unmittelbarer Zwang bei der körperlichen Untersuchung anderer Person als dem Beschuldigten, sofern sie als Zeugen in Betracht kommen, nur auf richterliche Anordnung hin eingesetzt werden. Im Umkehrschluss muss unmittelbarer Zwang daher erst recht bei der Untersuchung des Beschuldigten erlaubt sein. Die Möglichkeit eines Zwangsmitteleinsatzes eröffnet ferner etwa § 81b StPO, dem zufolge Lichtbilder und Fingerabdrücke im Rahmen erkennungsdienstlicher Maßnahmen auch „gegen den Willen" des Adressaten aufgenommen werden dürfen (Tetsch/Baldarelli PolG NRW Erl. 3.1).

11   Nach zutreffender Auffassung ist im repressiven Handlungsfeld allein der **unmittelbare Zwang** als Zwangsmittel möglich und zulässig. Ein Zwangsgeld ist bei Ermittlungsmaßnahmen meist schon nicht zweckmäßig und kann allenfalls vom Richter als Ordnungsgeld nach Maßgabe des § 70 StPO verhängt werden. Eine Ersatzvornahme setzt eine vertretbare Handlung voraus, die bei repressiven polizeilichen Maßnahmen regelmäßig nicht anzunehmen ist (zu diesem Erfordernis → § 52 Rn. 2).

III. Rechtsfolge

12   **Rechtsfolge** einer eröffneten Befugnis zur Anwendung unmittelbaren Zwanges ist die **Geltung der §§ 58–66.** Es handelt sich dabei jeweils um **Rechtsgrundverweisungen.** § 58 enthält grundlegende Begriffsbestimmungen (unmittelbarer Zwang, Abs. 1; körperliche Gewalt, Abs. 2; Hilfsmittel der körperlichen Gewalt, Abs. 3; zugelassene Waffen und Schusswaffen, Abs. 4; besondere zugelassene Waffen der Bundespolizei bei einem Einsatz in Nordrhein-Westfalen, Abs. 5; → § 58 Rn. 1 ff.). In § 59 sind Regelungen zum Handeln auf Anordnung durch Weisungsberechtigte enthalten (→ § 59 Rn. 1 ff.). § 60 normiert eine Pflicht zur Hilfeleistung für durch den Einsatz unmittelbaren Zwanges Verletzte (→ § 60 Rn. 1 ff.). Die Androhung der Anwendung unmittelbaren Zwangs, auch in Sonderfällen wie beim Schusswaffengebrauch, ist in § 61 geregelt (→ § 61 Rn. 1 ff.). Als Sonderform des unmittelbaren Zwangs kann nach Maßgabe des § 62 eine Fesselung vorgenommen werden (→ § 62 Rn. 1 ff.). Ebenfalls gelten die §§ 63–65 enthaltenen, systematisch nicht uneingeschränkt geglückten Spezialvorschriften über den Schusswaffengebrauch im Allgemeinen (→ § 63 Rn. 1 ff.), gegen Personen (→ § 64 Rn. 1 ff.) sowie gegen Personen in Menschenmengen (→ § 66 Rn. 1 ff.). § 66 trifft schließlich eine Regelung bezüglich des Einsatzes besonderer Waffen und Sprengmittel durch die Bundespolizei in speziellen Einsatzsituationen (→ § 66 Rn. 1 ff.).

C. Verweis auf die übrigen Vorschriften dieses Gesetzes (Abs. 1 Alt. 2)

Soweit sich aus den §§ 58–66 nichts Abweichendes ergibt, gelten aufgrund der Verweisungsnorm in Abs. 1 Alt. 2 auch die **„übrigen Vorschriften dieses Gesetzes".** Diese allgemein gehaltene Vorschrift dient vor allem dazu, auch die Anwendung des unmittelbaren Zwangs unter die Anforderungen für die Ermessensausübung (§ 3; → § 3 Rn. 1 ff.) und unter die Bindungen des Verhältnismäßigkeitsgrundsatzes (§ 2; eingehend → § 2 Rn. 10 ff.) zu stellen (sa Nr. 57.1 VVPolG NRW). Sofern sich nicht im gestreckten Verfahren die Zwangsmaßnahme gegen den Adressaten der Grundverfügung richtet, sind auch die Bestimmungen über Störer bzw. die Inanspruchnahme von „Nichtstörern" (§§ 4–6) anwendbar. Auch darf die Polizei bei der Anwendung unmittelbaren Zwangs nur im Rahmen der ihr nach § 1 zugewiesenen Aufgaben tätig werden (→ § 1 Rn. 37 ff.). **13**

D. Geltung der Vorschriften über Notwehr und Notstand, (Abs. 2)

Abs. 2 ordnet an, dass die **Vorschriften über Notwehr und Notstand „unberührt"** bleiben, also neben den Ermächtigungsnormen und sonstigen Bestimmungen zum unmittelbaren Zwang anwendbar sind. Vorschriften über Notwehr und Notstand sind insbesondere: § 32 StGB, § 227 BGB, § 15 OWiG (Notwehr), §§ 34, 35 StGB, §§ 228, 904 BGB (defensiver bzw. „aggressiver" Notstand), § 16 OWiG. **14**

Unter **Notwehr** versteht man diejenige Verteidigung, die erforderlich ist, um einen gegenwärtigen rechtswidrigen Angriff von sich oder (in Gestalt der Nothilfe) einem anderen abzuwehren (vgl. § 32 Abs. 2 StGB, § 227 Abs. 2 BGB). Beim **Notstand** unterscheidet man den rechtfertigenden und den entschuldigenden Notstand. Beim rechtfertigenden Notstand, etwa nach § 34 StGB, handelt eine Person, die in einer gegenwärtigen, nicht anders abwendbaren Gefahr für Leben, Leib, Freiheit, Ehre, Eigentum oder ein anderes Rechtsgut eine Tat begeht, um die Gefahr von sich oder einem anderen abzuwenden, nicht rechtswidrig, wenn bei Abwägung der widerstreitenden Interessen, namentlich der betroffenen Rechtsgüter und des Grades der ihnen drohenden Gefahren, das geschützte Interesse das beeinträchtigte wesentlich überwiegt und die Tat ein angemessenes Mittel ist, die Gefahr abzuwehren. § 35 Abs. 1 StGB normiert zum entschuldigenden Notstand: Wer in einer gegenwärtigen, nicht anders abwendbaren Gefahr für Leben, Leib oder Freiheit eine rechtswidrige Tat begeht, um die Tat von sich, einem Angehörigen oder einer anderen ihm nahestehenden Person abzuwenden, handelt ohne Schuld, sofern die Gefahr nicht hinzunehmen war. **15**

Die Regelung des Abs. 2 ist erforderlich, weil auch die Maßnahmen zur Erfüllung präventivpolizeilicher Aufgaben dem **Schutz fremder und eigener Rechtsgüter** dienen, also ebenso wie etwa Verteidigungsmaßnahmen der Notwehr Ziele der Fremd- und Eigensicherung verfolgen (können). Dies könnte einen Geltungsvorrang der polizeirechtlichen Normen vor den zivil-, straf- und ordnungswidrigkeitenrechtlichen Notwehr- und Notstandsvorschriften zur Folge haben. Abs. 2 lässt sie jedoch neben dem Recht des polizeilichen Verwaltungszwangs fortgelten (Tegtmeyer/Vahle PolG NRW Rn. 4 messen der Vorschrift nur klarstellende Bedeutung bei). Andererseits stellen die Bestimmungen zu Notwehr und Nothilfe **keine Ermächtigungsgrundlagen** für hoheitliche Eingriffsmaßnahmen der Polizei dar **16** (hM, etwa Schenke PolR Rn. 562; Osterlitz EingriffsR Polizeidienst II 187; Amelung NJW 1977, 833; Tegtmeyer/Vahle PolG NRW Rn. 4; Tetsch/Baldarelli PolG NRW Erl. 1; aA Petersohn JA 2005, 91). Dies bedeutet zugleich, dass die Polizeivollzugsbeamten von den Notwehr- und Notstandsrechten nur im Ausnahmefall Gebrauch machen sollen (Osterlitz EingriffsR Polizeidienst II 187).

17   Dass die Vorschriften über Notwehr und Notstand unberührt bleiben, bedeutet vor allem, dass die handelnden Beamten – neben der Rechtmäßigkeit der Maßnahme nach Polizeirecht – **zivil-, straf- und ordnungswidrigkeitenrechtlich gerechtfertigt** (oder entschuldigt) sind (vgl. Osterlitz EingriffsR Polizeidienst II 187; Tegtmeyer/Vahle PolG NRW Rn. 4). Die Bestimmungen sind damit zB „Reserve-Rechtfertigungsgründe", wenn die handelnden Polizeibeamtinnen und -beamten aufgrund ihrer hoheitlichen Maßnahmen etwa straf- oder zivilrechtlich zur Verantwortung gezogen werden (sollen). Dabei ist freilich zu beachten, dass nicht nur Tatbestand und Rechtfertigungsfolge „unberührt" bleiben, sondern auch die weiteren materiellen Anforderungen der Notwehr- und Notstandsnormen, insbesondere die Bindung an den Verhältnismäßigkeitsgrundsatz (vgl. Tetsch/Baldarelli PolG NRW Erl. 5).

18   Dass sich damit **unterschiedliche Konsequenzen** bei der Bewertung des Verhaltens von Polizeivollzugsbeamten in polizeirechtlicher Hinsicht und aus zivil- bzw. strafrechtlichem Blickwinkel ergeben können (Tegtmeyer/Vahle PolG NRW Rn. 4; krit. OLG Celle NJW-RR 2001, 1033, unter dem Gesichtspunkt der „Einheit der Rechtsordnung"), ist dabei aufgrund der unterschiedlichen Zielrichtung des jeweiligen Rechtsregimes hinzunehmen. So kann ein Beamter durch Notwehr gerechtfertigt handeln und daher nicht strafrechtlich verantwortlich sein, obwohl die polizeiliche Maßnahme selbst rechtswidrig ist und etwa einen Entschädigungsanspruch nach § 67 iVm § 39 Abs. 1 lit. b NRWOBG auslösen kann (→ § 67 Rn. 10 ff.).

§ 58 Begriffsbestimmungen, zugelassene Waffen

(1) Unmittelbarer Zwang ist die Einwirkung auf Personen oder Sachen durch körperliche Gewalt, ihre Hilfsmittel und durch Waffen.

(2) Körperliche Gewalt ist jede unmittelbare körperliche Einwirkung auf Personen oder Sachen.

(3) Hilfsmittel der körperlichen Gewalt sind insbesondere Fesseln, Wasserwerfer, technische Sperren, Diensthunde, Dienstpferde, Dienstfahrzeuge, Reiz- und Betäubungsstoffe sowie zum Sprengen bestimmte explosionsfähige Stoffe (Sprengmittel).

(4) Als Waffen sind Schlagstock und Distanzelektroimpulsgeräte sowie als Schusswaffen Pistole, Revolver, Gewehr und Maschinenpistole zugelassen.

(5) ¹Wird die Bundespolizei im Lande Nordrhein-Westfalen zur Unterstützung der Polizei in den Fällen des Artikels 35 Abs. 2 Satz 1 oder des Artikels 91 Abs. 1 des Grundgesetzes eingesetzt, so sind für die Bundespolizei auch Maschinengewehre und Handgranaten zugelassen (besondere Waffen). ²Die besonderen Waffen dürfen nur nach den Vorschriften dieses Gesetzes eingesetzt werden.

Überblick

§ 58 normiert in Abs. 1–4 grundlegende Begriffsbestimmungen für den unmittelbaren Zwang und seine verschiedenen Anwendungsformen (→ Rn. 1 ff.). Nach Abs. 1 ist „unmittelbarer Zwang" die Einwirkung auf Personen oder Sachen durch körperliche Gewalt, ihre Hilfsmittel und durch Waffen (→ Rn. 2 ff.). Körperliche Gewalt ist gem. Abs. 2 jede unmittelbare körperliche Einwirkung auf Personen oder Sachen (→ Rn. 4 f.). Als Hilfsmittel der körperlichen Gewalt nennt Abs. 3 – nicht abschließend (→ Rn. 7) – Fesseln, Wasserwerfer, technische Sperren, Diensthunde, Dienstpferde, Dienstfahrzeuge, Reiz- und Betäubungsstoffe sowie zum Sprengen bestimmte explosionsfähige Stoffe (→ Rn. 6 ff.). Gemäß Abs. 4 sind als Waffen für die Polizei zugelassen: Schlagstock und Distanzelektroimpulsgeräte, als Schusswaffen Pistole, Revolver, Gewehr und Maschinenpistole (→ Rn. 16 f.). Abs. 5 erweitert das Spektrum zulässiger Waffen für die Bundespolizei, soweit sie in bestimmten Konstellationen auf dem Gebiet des Landes Nordrhein-Westfalen eingesetzt wird, um „besondere Waffen" (Maschinenpistolen und Handgranaten; → Rn. 18 ff.).

Übersicht

A. Bedeutung und Systematik der Vorschrift

§ 58 enthält grundlegende **Begriffsbestimmungen** für den unmittelbaren Zwang als **1** „typisches polizeiliches Zwangsmittel" (vgl. Tetsch/Baldarelli PolG NRW Erl. 2) und seine verschiedenen Anwendungsformen. Abs. 1 definiert den unmittelbaren Zwang als Anwendung körperlicher Gewalt, ihrer Hilfsmittel und von Waffen. Abs. 2 erläutert den Begriff der körperlichen Gewalt (→ Rn. 4 f.), Abs. 3 nennt beispielhaft einige Hilfsmittel der körperlichen Gewalt (→ Rn. 6 ff.), und Abs. 4 zählt abschließend die zulässigen Waffen – den Schlagstock und Distanzelektroimpulsgeräte – und Schusswaffen auf (→ Rn. 16 f.). Abs. 5 erweitert das Instrumentarium zulässiger Waffen für die **Bundespolizei,** soweit sie auf dem Gebiet des Landes Nordrhein-Westfalen eingesetzt wird (→ Rn. 18 ff.). Ähnliche Begriffsbestimmungen enthalten § 50 BWPolG, Art. 78 BayPAG, § 55 HSOG und § 69 NPOG.

B. Unmittelbarer Zwang (Abs. 1)

Unmittelbarer Zwang ist gem. Abs. 1 die Einwirkung auf Personen oder Sachen durch **2** körperliche Gewalt, ihre Hilfsmittel und durch Waffen. Die in Abs. 1 genannten drei Formen des unmittelbaren Zwangs (körperliche Gewalt, Hilfsmittel der körperlichen Gewalt, Waffen mit Schusswaffen) sind abschließend (Nr. 58.1 VVPolG NRW) und werden in Abs. 2–4 ihrerseits legal definiert.

Mit **Personen** sind alle natürlichen Personen gemeint. „Sachen" sind alle körperlichen **3** Gegenstände nach § 90 BGB; Tiere sind ihnen nach § 90a BGB rechtlich gleichgesetzt, auch wenn es sich gem. § 90a S. 1 BGB bei ihnen nicht um Sachen handelt. Daher ist auch eine Einwirkung auf Tiere, etwa durch den Gebrauch der Schusswaffe, unmittelbarer Zwang iSv § 58 Abs. 1.

C. Körperliche Gewalt (Abs. 2)

Körperliche Gewalt ist gem. Abs. 2 jede unmittelbare körperliche Einwirkung auf Perso- **4** nen oder Sachen (zu den Begriffen „Person" und „Sache" → Rn. 3). Die körperliche Einwirkung erfolgt durch eine unmittelbare, also nicht durch andere Gegenstände vermittelte und geleitete physische Anwendung von Körperkräften der Polizeibeamten (Tetsch/Baldarelli PolG NRW Erl. 5.1: „Muskelkraft"). Gemäß Nr. 58.2 VVPolG NRW ist die unmittelbare körperliche Einwirkung auf Personen etwa die Anwendung entsprechender Eingriffstechniken (zur sog. „Nervendrucktechnik" OVG Lüneburg BeckRS 2016, 54493; VG Göttingen BeckRS 2014, 57204; sie ist – obwohl sie mit Schmerzen verbunden ist – Maßnahme des unmittelbaren Zwangs, die gesondert anzudrohen ist). Umfasst sind aber auch Schläge und Griffe, etwa zum Zwecke des Wegtragens, das Wegdrängen von Personen durch eine Polizeikette sowie das Festhalten durch Einsatz des eigenen Körpergewichts (Lisken/Denninger PolR-HdB/Rachor/Graulich E Rn. 862). Keine körperliche Gewalt ist demgegenüber der Einsatz psychischer Zwangsmittel (Osterlitz EingriffsR Polizeidienst II 189); sie können allenfalls als solche qualifiziert werden, wenn und soweit sie körperlichen Zwangswirkungen vergleichbare Beeinträchtigungen entfalten. Alle Varianten der körperlichen Einwirkungen sind im Regelfall darauf gerichtet, einen entgegenstehenden Willen zu beugen bzw. zu überwinden (als ungeschriebenes Definitionsmerkmal qualifizieren diesen Aspekt sogar Tegtmeyer/Vahle PolG NRW Rn. 2).

5   Eine **unmittelbare Einwirkung** auf Sachen kann nach Nr. 58.2 VVPolG NRW bspw. das Eintreten einer Tür oder das Einschlagen einer Fensterscheibe darstellen (vgl. Lisken/Denninger PolR-HdB/Rachor/Graulich E Rn. 862), aber auch ein Wegtragen (Tetsch EingriffsR 272).

D. Hilfsmittel der körperlichen Gewalt (Abs. 3)

6   Als **Hilfsmittel der körperlichen Gewalt** nennt Abs. 3 beispielhaft Fesseln (→ Rn. 8), Wasserwerfer (→ Rn. 9), technische Sperren (→ Rn. 10), Diensthunde (→ Rn. 11), Dienstpferde (→ Rn. 12), Dienstfahrzeuge (→ Rn. 13), Reiz- und Betäubungsstoffe (→ Rn. 14) sowie zum Sprengen bestimmte explosionsfähige Stoffe (Sprengstoffe; → Rn. 15).

7   Die **Aufzählung der Hilfsmittel** der körperlichen Gewalt in Abs. 3 ist beispielhaft und **nicht abschließend,** wie sich aus der Verwendung des Wortes „insbesondere" ergibt (Nr. 58.31 S. 1 VVPolG NRW; Osterlitz EingriffsR Polizeidienst II 190; Tegtmeyer/Vahle PolG NRW Rn. 7; Tetsch/Baldarelli PolG NRW Erl. 5.2). Daher kommen auch andere als die genannten Hilfsmittel der körperlichen Gewalt in Betracht, zB Brechstangen und andere Werkzeuge (Lisken/Denninger PolR-HdB/Rachor/Graulich E Rn. 863; Messer dürfen nur gegen Sachen eingesetzt werden, Tetsch/Baldarelli PolG NRW Erl. 5.2), der Einsatz sichtbehindernder Stoffe, Abschleppwagen und Kräne beim Entfernen von Fahrzeugen (Tetsch EingriffsR 273), Steine zum Einschlagen von Fensterscheiben (Osterlitz EingriffsR Polizeidienst II 190), die Nutzung der Dienstwaffe als „Schlagwerkzeug" zu demselben Zweck (kein „Schusswaffengebrauch" iSv §§ 63 ff.), „Stopp-Sticks" zum Einsatz gegen die Bereifung von Kraftfahrzeugen, die Versiegelung von Gebäuden (OVG Greifswald DÖV 1996, 81), auch die Verwendung von Luftfahrzeugen (s. Friedl DPolBl 5/2019, 9 ff.; zu Drohnen etwa Martini DÖV 2019, 732 ff.) usw. Nr. 58.31 S. 2 Hs. 2 VVPolG NRW verlangt allerdings, dass die Wirkung anderer Hilfsmittel in einem angemessenen Verhältnis zu dem angestrebten Erfolg stehen muss (Osterlitz EingriffsR Polizeidienst II 190; vgl. Tegtmeyer/Vahle PolG NRW Rn. 8; zu „Non-Lethal Weapons" eingehend Eick KJ 2012, 89 ff.). Auch Gegenstände, deren Ziel- und Wirkrichtung nicht hinreichend sicher prognostiziert werden kann bzw. deren Schadenswirkung nicht abzuschätzen ist, dürfen als Hilfsmittel der körperlichen Gewalt nicht eingesetzt werden (zB Pfeil und Bogen, Schleudern etc, vgl. Osterlitz EingriffsR Polizeidienst II 190). Vor diesem Hintergrund ist auch die zwangsweise Verabreichung von Brech- und Abführmitteln rechtlich bedenklich, sofern sie nicht (ausschließlich und zweifelsfrei) dazu dient, den Adressaten vor schwerwiegenden gesundheitlichen Schäden zu bewahren (vgl. Neuwald DPolBl 5/2019, 7 ff.). Nach verbreiteter Auffassung stehen Abs. 2 und Abs. 3 zudem in einem Rangverhältnis steigender Eingriffsintensität – aus Verhältnismäßigkeitsgründen soll der Einsatz von Hilfsmitteln körperlicher Gewalt erst dann zulässig sein, wenn „einfache" körperliche Gewalt nicht hinreicht (Osterlitz EingriffsR Polizeidienst II 193 f., der zugleich auf die Erforderlichkeit einer Einzelfallbewertung hinweist; für den Einsatz von Schusswaffen gegen Person ergibt sich eine Subsidiarität gegenüber anderen Maßnahmen des unmittelbaren Zwangs aus § 63 Abs. 1 S. 1).

8   **Fesseln** sind insbesondere Handschellen, aber auch andere Mittel zur Fixierung eines Adressaten, etwa Klebeband, Kabelbinder, Stricke und Riemen oder Zwangsjacken (die sämtlich auch als sonstige Hilfsmittel der körperlichen Gewalt qualifiziert werden können; vgl. Lisken/Denninger PolR-HdB/Rachor/Graulich E Rn. 866). Werden Fesseln verwendet, sind zusätzlich die Rechtmäßigkeitsanforderungen des § 62 zu beachten (→ § 62 Rn. 1 ff.; vgl. Nr. 58.33 VVPolG NRW); der Gesetzgeber hat für die Fesselung eine gesonderte Regelung getroffen, um die für diese Maßnahme bestehenden besonderen Verhältnismäßigkeitsanforderungen zu normieren (vgl. Osterlitz EingriffsR Polizeidienst II 189).

9   Unter **Wasserwerfern** versteht man mit einem Flüssigkeitsbehälter ausgestattete Spezialfahrzeuge, die durch eine bewegliche Spritze einen (ggf. mit chemischen Beimischungen bzw. Reizstoffen versehenen, Tegtmeyer/Vahle PolG NRW Rn. 8) Wasserstrahl gezielt gegen Personen, vor allem in Menschenmengen, und Sachen einsetzen können (vgl. Lisken/Denninger PolR-HdB/Rachor/Graulich E Rn. 867; Schreiber DPolBl 5/2019, 1 ff.). Der in der Praxis geläufige Begriff der „Distanzwaffen" (s. Lisken/Denninger PolR-HdB/Rachor/ Graulich E Rn. 867) verwischt die Trennlinie zu den in Abs. 4 genannten, zugelassenen polizeilichen Waffen, verdeutlicht aber die erhöhte Verletzungsgefahr (s. BVerfG NVwZ 1999, 290; LG Verden Urt. v. 26.6.1991 – 8 O 186/87). Nähere Regelungen zum Einsatz von Wasserwerfern enthält die PDV 122 – Einsatz von Wasserwerfern und Wasserarmaturen.

Technische Sperren zum Absperren und Blockieren von Straßen, Plätzen oder anderem **10** Gelände sind – insoweit unabhängig vom Grad ihrer „Abhaltungseignung" – bspw. Fahrzeuge (vgl. aber auch die Nennung der „Dienstfahrzeuge"; → Rn. 12), Container, Sperrgitter, Sperrzäune, „Flatterband", Seile, Stacheldraht und Nagelböden und -gurte (vgl. Nr. 58.34 VVPolG NRW; s. Lisken/Denninger PolR-HdB/Rachor/Graulich E Rn. 871; Tetsch EingriffsR 273; Tetsch/Baldarelli PolG NRW Erl. 5.2.7). Beim Gebrauch technischer Sperren gegenüber einer Menschenmenge kann nach § 61 Abs. 3 S. 3 von einer Androhung iSd § 61 Abs. 1, Abs. 3 S. 1 abgesehen werden (→ § 61 Rn. 34 f.).

Ein Einsatz von **Diensthunden** als Hilfsmittel der körperlichen Gewalt (eingehend Neu- **11** wald DPolBl 5/2019, 2 ff.) kann etwa in der Weise erfolgen, dass der Hund gegen einen Angreifer oder zur Verfolgung Flüchtiger gerichtet bzw. verwendet wird (Lisken/Denninger PolR-HdB/Rachor/Graulich E Rn. 864); der bloße Einsatz im Streifendienst ist keine Zwangsmittelanwendung (Tetsch/Baldarelli PolG NRW Erl. 5.2.1), auch nicht die Verwendung als Betäubungsmittel-, Sprengstoff- oder Datenträgerspürhunde. Diensthunde bedürfen einer besonderen Abrichtung, die auf die jeweilige Verwendung abzustimmen ist (vgl. Nr. 58.35 S. 1 VVPolG NRW). Eingesetzt werden dürfen sie nur durch dafür ausgebildete Polizeivollzugsbeamtinnen und -beamte (Nr. 58.35 S. 2 VVPolG NRW; vgl. Osterlitz EingriffsR Polizeidienst II 189). Zudem ist beim Einsatz von Diensthunden der Grundsatz der Verhältnismäßigkeit in besonderer Weise zu beachten (BVerfG NJW 1991, 3023; Lisken/ Denninger PolR-HdB/Rachor/Graulich E Rn. 864); aufgrund ihrer Gefährlichkeit wird im Schrifttum gelegentlich eine rechtliche Gleichsetzung mit den Waffen gefordert (Becker DIE POLIZEI 1996, 50; zur Amtshaftung s. etwa OLG München BeckRS 2006, 14951; zur Einordnung des Hundebisses als Realakt VG Lüneburg BeckRS 2004, 24172; zur Amtshaftung bei einem Biss durch einen Polizeihund OLG Karlsruhe MDR 2015, 1236 f.; OLG Hamm NVwZ-RR 1997, 460 f.).

Dienstpferde können als Hilfsmittel der körperlichen Gewalt eingesetzt werden, indem **12** die Reiter sie zum Abdrängen von Personen oder Absperren von Wegen verwenden (vgl. Lisken/Denninger PolR-HdB/Rachor/Graulich E Rn. 864). Beim Einsatz von Dienstpferden gegenüber einer Menschenmenge kann nach § 61 Abs. 3 S. 3 von einer Androhung iSd § 61 Abs. 1, Abs. 3 S. 1 abgesehen werden (→ § 61 Rn. 34 f.).

Dienstfahrzeuge können nicht nur als Fortbewegungsmittel dienen, sondern vor allem **13** auch zur Errichtung von Sperren, zur Blockade anderer Verkehrsteilnehmer und zur Verursachung künstlicher Staus (zB auf Autobahnen) bei der Verfolgung Flüchtiger, also vor allem zur Verhinderung einer Flucht verwendet werden (Lisken/Denninger PolR-HdB/Rachor/ Graulich E Rn. 865; Tetsch/Baldarelli PolG NRW Erl. 5.2.5; zum „Rammen" OLG München OLGR 1997, 162).

Reizstoffe sind Stoffe, die bei bestimmungsgemäßer Anwendung eine belästigende Wir- **14** kung auf Menschen ausüben, insbesondere durch eine Reizung der Haut und der Schleimhäute, namentlich der Augen (vgl. Lisken/Denninger PolR-HdB/Rachor/Graulich E Rn. 868). Unter **Betäubungsstoffen** versteht man solche, die eine vorübergehende Bewusstlosigkeit herbeiführen (Lisken/Denninger PolR-HdB/Rachor/Graulich E Rn. 870). Zu den Reiz- und Betäubungsstoffen gehören zudem Tränengas- und Nebelkörper (Nr. 58.36 S. 2 VVPolG NRW), auch wenn diese von einer Schusswaffe abgefeuert werden (Osterlitz EingriffsR Polizeidienst II 189; einschränkend Tegtmeyer/Vahle PolG NRW Rn. 9: wenn Stoffe nur in einen bestimmten „Verbreitungsraum" gebracht werden sollen; ähnlich Tetsch/Baldarelli PolG NRW Erl. 5.2.2), sowie „Pfefferspray" (Lisken/Denninger PolR-HdB/Rachor/Graulich E Rn. 869; s. Lambiase DPolBl 5/2019, 5 ff.). Reiz- und Betäubungsstoffe dürfen nach Nr. 58.36 S. 1 VVPolG NRW nur dann gebraucht werden, wenn der Einsatz körperlicher Gewalt oder anderer Hilfsmittel keinen Erfolg verspricht und wenn durch den Einsatz dieser Stoffe die Anwendung von Waffen vermieden werden kann. Sollen barrikadebrechende Reizstoffwurfkörper oder barrikadebrechende pyrotechnische Mittel verwendet werden, sind nach Nr. 58.36 S. 3 VVPolG NRW zusätzlich die gesetzlichen Anforderungen an den Einsatz von Schusswaffen zu erfüllen (§ 106).

15   **Zum Sprengen bestimmte, explosionsfähige Stoffe** sind namentlich explosionsgefährliche Stoffe und Zündmittel im Sinne von §§ 1, 3 SprengG. Solche Sprengmittel dürfen nach § 66 Abs. 4 nicht gegen Personen angewendet werden, also nur gegen Sachen und Tiere (Nr. 58.32 S. 1 VVPolG NRW; Tegtmeyer/Vahle PolG NRW Rn. 10), was unter anderem mit der eingeschränkten Zielgenauigkeit zu begründen ist. Beispielsweise können mit Sprengmitteln Hindernisse beseitigt, Fluchtwege geschaffen oder Türen geöffnet werden (vgl. Lisken/Denninger PolR-HdB/Rachor/Graulich E Rn. 872; s. allg. Ebert DPolBl 5/2019, 15 ff.). Nicht zu den Sprengmitteln gehören pyrotechnische Mittel, die zur Irritation von Störern oder Ähnlichen eingesetzt werden (sog. „Irritationsmittel"; Nr. 58.32 S. 2 VVPolG NRW). Hierzu wird man zB sichtbehindernde Mittel und Blendgranaten zählen können, die als (sonstige) Hilfsmittel der körperlichen Gewalt zu qualifizieren sind.

E. Zugelassene Waffen und Schusswaffen (Abs. 4)

16   Gemäß Abs. 4 sind **als Waffen für die Polizei zugelassen:** Schlagstock und Distanzelektroimpulsgeräte, als **Schusswaffen** Pistole, Revolver, Gewehr und Maschinenpistole. Die in Abs. 4 enthaltene Aufzählung der zugelassenen Waffen ist abschließend (sa Nr. 58.41 VVPolG NRW; Lisken/Denninger PolR-HdB/Rachor/Graulich E Rn. 877); es handelt sich um „polizeitypische" Waffen (zur Abgrenzung zu militärischen Waffen wie etwa den in Abs. 5 genannten „besonderen Waffen", Maschinengewehren und Handgranaten, vgl. Lisken/Denninger PolR-HdB/Rachor/Graulich E Rn. 873). „Zugelassen" bedeutet indes selbstverständlich nicht, dass der Einsatz stets rechtmäßig wäre, wie sich insbesondere aus den Sondervorschriften zum Schusswaffengebrauch in §§ 61, 63 ff. ergibt. Vielmehr schließt Abs. 4 die Anwendung anderer Waffen beim Einsatz unmittelbaren Zwangs ausnahmslos aus. Der Dienstherr darf jedoch bestimmen, welche Waffentypen und -modelle zu verwenden sind (Osterlitz EingriffsR Polizeidienst II 191). Aufgrund solcher Bestimmungen wird es auch unzulässig sein, wenn Polizeibeamtinnen und -beamte privat erworbene andere Modelle als die vom Dienstherrn vorgeschriebenen bzw. zur Verfügung gestellten nutzen.

17   Pistole, Revolver, Gewehr und Maschinenpistole sind **Schusswaffen** (Handfeuerwaffen; Osterlitz EingriffsR Polizeidienst II 108), also nach waffenrechtlicher Begriffsbestimmung Gegenstände, bei denen Geschosse durch einen Lauf getrieben werden. Für ihren Gebrauch treffen die §§ 61, 63 ff. weitere Vorgaben (vgl. Nr. 58.43 VVPolG NRW). Pistolen sind Faustfeuerwaffen, bei denen Lauf und Patronenlager in der Regel aus einem Stück gefertigt sind, beim Revolver befinden sich die Geschosse in einer hinter dem Lauf drehbar montierten Trommel. Während Pistole und Revolver zu den Kurzwaffen gehören, ist das Gewehr eine zweihändig zu bedienende Langwaffe. Maschinenpistolen sind vollautomatische Handfeuerwaffen zum Verschießen von Pistolenmunition.

18   Dass der **Schlagstock** – als eine der beiden zulässigen „Nicht-Schusswaffen" – ausdrücklich genannt wird, ist damit zu erklären, dass er eine (Hieb-)Waffe im Sinne des WaffG darstellt (Tetsch EingriffsR 274; Osterlitz EingriffsR Polizeidienst II 190; zum Einsatz besonderer Schlagstöcke Tetsch/Baldarelli PolG NRW Erl. 5.3.1: „Tonfa-Schlagstöcke"). Werden Gegenstände wie ein Schlagstock eingesetzt, kommt daher eine Einordnung als Hilfsmittel der körperlichen Gewalt in Betracht (→ Rn. 7; anders Tetsch EingriffsR 274: entweder Waffe oder Hilfsmittel der körperlichen Gewalt). Umgekehrt führt eine Verwendung eines Einsatzmehrzweckstocks (EMS) zum Transport einer Person zu dessen Einordnung als Hilfsmittel der körperlichen Gewalt (Bialon/Springer EingriffsR Kap. 36 Rn. 50). Für die Verwendung von Schlagstöcken zum Führen von Schlägen trifft Nr. 58.42 VVPolG NRW eine Vorgabe, die dem Verhältnismäßigkeitsgrundsatz geschuldet ist. Schläge mit Schlagstöcken sollen gegen Arme und Beine geführt werden, um schwerwiegende Verletzungen zu vermeiden.

19   Weitere zulässige Waffen sind **Distanzelektroimpulsgeräte** („Elektroschocker" bzw. nach einer der Herstellerfirmen „Taser"). Dies sind Geräte, die mit hoher Geschwindigkeit an Drähten befestigte Metallhaken bzw. -pfeile verschießen, die sich in der Kleidung bzw. am Körper der Zielperson „verhaken" und elektrische Impulse übermitteln. Die durch diese

Impulse hervorgerufenen Muskelkontraktionen bewirken eine umgehende Handlungsunfä-higkeit (Bialon/Springer EingriffsR Kap. 36 Rn. 51).

F. Spezielle zugelassene Waffen beim Einsatz der Bundespolizei in Nordrhein-Westfalen (Abs. 5)

Abs. 5 S. 1 erweitert das Arsenal rechtlich grundsätzlich zulässiger Waffen für die **Bundes- 20 polizei,** die im Land Nordrhein-Westfalen zur Unterstützung der nordrhein-westfälischen Polizei in den Fällen des Art. 35 Abs. 2 S. 1 GG oder des Art. 91 Abs. 1 GG eingesetzt wird. Für die Bundespolizei (nicht für die unterstützte Landespolizei) sind über die in Abs. 4 genannten Waffen hinaus auch **Maschinengewehre und Handgranaten** zugelassen (Tetsch/Baldarelli PolG NRW Erl. 7: „polizeiuntypische Waffen"). Abs. 5 S. 2 verdeutlicht, dass auch diese Waffen nur nach den Vorschriften des Polizeigesetzes eingesetzt werden dürfen, also insbesondere bei ihrem Einsatz die §§ 61, 63 ff. zu beachten sind, wie sich auch aus § 66 Abs. 3 ergibt (→ § 66 Rn. 17).

Weitere Vorgaben enthalten § 66 Abs. 1, Abs. 2 und Abs. 4 (→ § 66 Rn. 6 ff.). Nach 21 § 66 Abs. 1 dürfen besondere Waffen iSd § 58 Abs. 5 gegen Personen nur in den Fällen des § 64 Abs. 1 Nr. 1, Nr. 2 und Nr. 5 und nach Abs. 2 S. 1 nur zur Abwehr von Angriffen von der Bundespolizei verwendet werden, wenn die folgenden Anforderungen erfüllt sind: Die Bundespolizei muss gem. Art. 35 Abs. 2 S. 1 GG bzw. Art. 91 Abs. 1 GG zur Unterstüt-zung der nordrhein-westfälischen Polizei eingesetzt werden (→ § 66 Rn. 8), der Innenminis-ter des Landes Nordrhein-Westfalen oder ein von ihm im Einzelfall Beauftragter muss zustim-men (→ § 66 Rn. 9), die Person, gegen die sich der Waffengebrauch richtet, muss ihrerseits von Schusswaffen oder Explosivmitteln Gebrauch gemacht haben (→ § 66 Rn. 10 ff.), und der vorherige Gebrauch anderer Schusswaffen muss erfolglos geblieben sein (→ § 66 Rn. 13). Handgranaten dürfen gem. § 66 Abs. 2 S. 2 gegen Personen in einer Menschenmenge nicht gebraucht werden (→ § 66 Rn. 16 f.), Sprengmittel gem. § 66 Abs. 4 generell nicht gegen Personen (→ § 66 Rn. 19).

Gemäß **Art. 35 Abs. 2 S. 1 GG** kann ein Land zur Aufrechterhaltung oder Wiederherstel- 22 lung der öffentlichen Sicherheit oder Ordnung in Fällen von besonderer Bedeutung Kräfte und Einrichtungen des Bundesgrenzschutzes (nunmehr: der Bundespolizei) zur Unterstüt-zung seiner Polizei anfordern, wenn die Polizei ohne diese Unterstützung eine Aufgabe nicht oder nur unter erheblichen Schwierigkeiten erfüllen könnte. Es handelt sich um einen Spezialfall der Amts- bzw. Vollzugshilfe, wie sich auch aus Art. 35 Abs. 2 S. 1 GG ergibt. **Art. 91 Abs. 1 GG** erlaubt es, dass ein Land zur Abwehr einer drohenden Gefahr für den Bestand oder die freiheitliche demokratische Grundordnung des Bundes oder eines Landes Polizeikräfte anderer Länder sowie Kräfte und Einrichtungen anderer Verwaltungen und des Bundesgrenzschutzes (nunmehr: der Bundespolizei) anfordern kann. Die Zulässigkeit des Einsatzes der Bundespolizei in diesen Fällen wird auch durch § 9 Abs. 3 POG NRW iVm § 9 Abs. 1 Nr. 1–3 POG NRW einfachgesetzlich bestätigt (→ POG NRW § 9 Rn. 20 f.).

Maschinengewehre sind vollautomatische Schusswaffen, die zum Verschießen von 23 Gewehrmunition ausgerichtet sind. Unter **Handgranaten** versteht man mit einer Spreng-ladung befüllte Hohlkörper, die auf das Ziel geworfen und deren Ladung mittels Zeit- oder Aufschlagzünder ausgelöst wird (zum Einsatz von Explosivmitteln durch die Polizei Ebert DPolBl 5/2019, 15 ff.).

§ 59 Handeln auf Anordnung

(1) ¹Die Polizeivollzugsbeamten sind verpflichtet, unmittelbaren Zwang anzu-wenden, der von einem Weisungsberechtigten angeordnet wird. ²Das gilt nicht, wenn die Anordnung die Menschenwürde verletzt oder nicht zu dienstlichen Zwe-cken erteilt worden ist.

(2) ¹Eine Anordnung darf nicht befolgt werden, wenn dadurch eine Straftat begangen würde. ²Befolgt der Polizeivollzugsbeamte die Anordnung trotzdem, so trifft ihn eine Schuld nur, wenn er erkennt oder wenn es nach den ihm bekannten Umständen offensichtlich ist, dass dadurch eine Straftat begangen wird.

(3) Bedenken gegen die Rechtmäßigkeit der Anordnung hat der Polizeivollzugs-beamte dem Anordnenden gegenüber vorzubringen, soweit das nach den Umständen möglich ist.

(4) § 36 Absatz 2 und 3 des Beamtenstatusgesetzes ist nicht anzuwenden.

Überblick

§ 59 enthält in Abs. 1 eine Pflicht von Polizeivollzugsbeamtinnen und -beamten zur Befolgung einer Anordnung der Anwendung unmittelbaren Zwangs durch einen Weisungs-befugten (→ Rn. 4 ff.). Die Pflicht besteht nach Abs. 1 S. 2 nicht bei einer drohenden Verletzung der Menschenwürde (→ Rn. 9) und bei einer Anordnung aus nicht dienstlichen Gründen (→ Rn. 10). In Abs. 2 findet sich ein Befolgungsverbot bei der Anordnung von Maßnahmen, die die Begehung einer Straftat darstellen (→ Rn. 11); die Norm enthält jedoch zugleich eine Privilegierung des anordnungsgemäß handelnden Polizeibeamten bezüglich der Schuld (→ Rn. 12). Abs. 3 normiert in Ergänzung zur Pflicht nach Abs. 1 eine „Remonstrationspflicht" der / des Beamten / Beamtin bei Bedenken hinsichtlich der Rechtmäßigkeit der Anordnung, also namentlich der Rechtmäßigkeit der Anwendung unmittelbaren Zwangs (→ Rn. 13). Abs. 4 erklärt schließlich die beamtenrechtlichen Vor-schriften zur „Remonstration" in § 36 Abs. 2 und Abs. 3 BeamtStG für unanwendbar (→ Rn. 14 f.).

A. Bedeutung und Systematik der Vorschrift

1   § 59 regelt Einzelheiten zur **Anwendung unmittelbaren Zwangs auf Anordnung eines Weisungsberechtigten.** Die Vorschriften betreffen das „Innenverhältnis" zwischen Weisungsberechtigten und den ausführenden Beamtinnen und Beamten; die Rechtmäßigkeit der Maßnahme im „Außenverhältnis" wird nicht berührt (Osterlitz EingriffsR Polizeidienst II 231; Tegtmeyer/Vahle PolG NRW Rn. 1: „beamtenrechtliche Vorschrift"). Abs. 1 der Vorschrift statuiert die Pflicht der Polizeibeamtinnen und -beamten, unmittelbaren Zwang anzuwenden, der von einem Weisungsberechtigten angeordnet wird (→ Rn. 4 ff.), sofern nicht die Menschenwürde verletzt (→ Rn. 9) oder die Anordnung nicht zu einem dienstli-chen Zweck erteilt worden ist (→ Rn. 10). Gegenüber der allgemeinen Pflicht zur Befolgung von Weisungen in § 35 S. 2 BeamtStG ist § 59 Abs. 1 S. 1 lex specialis (Bialon/Springer EingriffsR Kap. 37 Rn. 8). Ein generelles Befolgungsgebot enthält die Bestimmung allerdings nicht; wie sich aus Abs. 1 S. 2 ergibt, ist der handelnde Beamte vorrangig zur Wahrung der Menschenwürde verpflichtet (vgl. Tetsch/Baldarelli PolG NRW Erl. 4.4.1). Ähnliche Vorschriften finden sich in Art. 62 BayPAG, § 56 HSOG und § 72 NPOG; § 74 BWPolG enthält Bestimmungen zu Weisungsrechten und Unterrichtungspflichten.

2   Abs. 2 S. 1 schränkt die Befolgungspflicht (sofern sie nicht schon wegen Abs. 1 S. 2 gar nicht erst zur Entstehung kommt) für den Fall ein, in dem die **Befolgung der Anordnung eine Straftat** darstellen würde (→ Rn. 11). Abs. 2 S. 2 trifft eine Regelung hinsichtlich der Schuld des / der die Anordnung gleichwohl befolgenden Beamten / Beamtin (→ Rn. 12).

3   Abs. 3 trifft Regelungen zur **„Remonstrationspflicht"** bei Bedenken hinsichtlich der Rechtmäßigkeit der Anordnung, also: des angeordneten (wohl auch: des untersagten) Zwangs (→ Rn. 13). In Abs. 4 wird demgemäß § 36 Abs. 2 und Abs. 3 BeamtStG für nicht anwendbar erklärt (→ Rn. 14 f.); damit stellt § 59 eine Sonderregelung auch gegenüber § 36 BeamtStG dar (sa Nr. 59.0 VVPolG NRW bezüglich § 59 LBG NRW aF).

B. Pflicht zur Anwendung unmittelbaren Zwangs auf Anordnung, Einschränkungen (Abs. 1)

I. Pflicht zur Anwendung unmittelbaren Zwangs auf Anordnung eines Weisungsberechtigten (Abs. 1 S. 1)

4   Abs. 1 S. 1 begründet eine Pflicht der Polizeibeamtinnen und -beamten, **auf Anordnung eines Weisungsberechtigten unmittelbaren Zwang** iSd §§ 55, 57 ff. **anzuwenden** (Tetsch/Baldarelli PolG NRW Erl. 4.3: „Kernpflicht"). Erfasst ist jede Ausübungsform des unmittelbaren Zwangs, also etwa auch der Einsatz körperlicher Gewalt und ihrer Hilfsmittel, die Fesselung sowie der Schusswaffengebrauch gegen Sachen, gegen Personen und gegen Personen in einer Menschenmenge. Die Pflicht schließt (wie sich auch aus Nr. 59.11 S. 1 VVPolG NRW ergibt) den umgekehrten Fall der Untersagung des unmittelbaren Zwangs ein. Auch sind Weisungen hinsichtlich der konkreten Art und Weise der Zwangsanwendung zu befolgen, insbesondere hinsichtlich der einzusetzenden Hilfsmittel.

Weisungsberechtigt sind die Vorgesetzten, also diejenigen Personen, die dienstliche **5** Anordnungen erteilen dürfen (§ 2 Abs. 5 S. 1 LBG NRW). Nach § 2 Abs. 5 S. 2 LBG NRW bestimmen sich die Vorgesetzten nach dem Aufbau der öffentlichen Verwaltung, also namentlich aus den Geschäftsverteilungsplänen (Bialon/Springer EingriffsR Rn. 811a). Es kommt mithin auf die Übertragung einer Leitungsfunktion an (Tetsch/Baldarelli PolG NRW Erl. 4.3.1 f.).

Nähere Regelungen zur Frage, wer weisungsbefugt iSv Abs. 1 S. 1 ist, trifft Nr. 59.11 **6** VVPolG NRW. Bei einem Einsatz von mehreren Beamtinnen und Beamten ist die **Einsatzleitung** (bzw. ihre Vertretung) befugt, unmittelbaren Zwang anzuordnen, einschränken oder zu untersagen. Ist keine Einsatzleitung bestellt oder ist sie nicht verfügbar oder nicht anwesend (was wegen Nr. 59.12 VVPolG NRW in der Praxis nur sehr selten vorkommen dürfte), ist der **diensthöchste Beamte/die diensthöchste Beamtin** weisungsbefugt (Tegtmeyer/ Vahle PolG NRW Rn. 3: auch der Streifenführer). Ist eine Reihung nach dem Dienstrang nicht (sofort) möglich, kann jede/r anwesende Polizeibeamte/in einstweilen die Führung übernehmen und damit auch unmittelbaren Zwang anordnen, einschränken oder untersagen. In der Praxis wird es zu dieser Konstellation aufgrund der regelmäßig eindeutigen Bestimmung der bzw. des Einsatzverantwortlichen nur in absoluten Ausnahmefällen kommen können (→ Rn. 9), bspw. bei einem Einsatz in größeren Verbänden, in denen die einzelnen Beamtinnen und Beamten keine Dienstgradabzeichen tragen, oder bei Einsätzen „in Zivil".

Die Vorgaben der Nr. 59.11 VVPolG NRW schränken die Befugnisse höherer Vorgesetzter **7** oder sonst zur Anordnung berechtigter Personen nicht ein (Nr. 59.13 S. 1 VVPolG NRW). Die **Staatsanwaltschaft** ist daher etwa auch dann zur Weisung befugt, wenn eine polizeiliche Einsatzleitung vor Ort anwesend ist. Nach Nr. 59.13 S. 2 VVPolG NRW sind bei einer Anordnung unmittelbaren Zwangs durch die Staatsanwaltschaft die Gemeinsamen Richtlinien der Justizminister / -senatoren und der Innenminister / -senatoren des Bundes und der Länder über die Anwendung unmittelbaren Zwanges durch Polizeibeamte auf Anordnung des Staatsanwalts (Anlage A RiStBV) zu beachten (Tegtmeyer/Vahle PolG NRW Rn. 4). Danach ist zB eine Anordnung unmittelbaren Zwangs durch die Staatsanwaltschaft im präventiven Handlungsfeld ausgeschlossen (Osterlitz EingriffsR Polizeidienst II 232; Tegtmeyer/ Vahle PolG NRW Rn. 4; Tetsch/Baldarelli PolG NRW Erl. 4.3.3). Bei Maßnahmen, die sowohl präventive als auch repressive Ziele verfolgen, sind Staatsanwalt wie polizeiliche Vorgesetzte zur Anordnung der Anwendung unmittelbaren Zwangs befugt (B. III. Anlage A RiStBV); beide sollen kooperativ entscheiden. Kann eine Einigung nicht erzielt werden, liegt die Letztentscheidungskompetenz bei der Polizei (vgl. Bialon/Springer EingriffsR Kap. 37 Rn. 9); dies trägt dem allgemeinen polizeipraktischen und -rechtlichen Grundsatz „Prävention vor Repression" Rechnung.

Wer im konkreten Falle weisungsbefugt ist, muss den Polizeibeamtinnen und -beamten **8** **vor Beginn eines Einsatzes mitgeteilt** werden (Nr. 59.12 S. 1 VVPolG NRW). Ihnen muss bekannt sein, wer den Einsatz leitet, wer die Vertretung ausübt und wer sonst zu Weisungen befugt ist (Nr. 59.12 S. 2 VVPolG NRW).

II. Einschränkungen der Pflicht (Abs. 1 S. 2)

Eine Pflicht zur Anwendung unmittelbaren Zwangs besteht nach Abs. 1 S. 2 nicht, wenn **9** die Anordnung die **Menschenwürde** gem. Art. 1 Abs. 1 GG verletzt. Dies ist der Fall, wenn die Anwendung unmittelbaren Zwangs – auf die es zur Beurteilung des Menschenwürdeverstoßes entscheidend ankommt – ihrerseits per se oder der Art und Weise ihrer Ausführung eine Verletzung der Menschenwürde darstellt. Entscheidendes Kriterium wird zur Beurteilung einer solchen Beeinträchtigung die gebräuchliche „Objektformel" des BVerfG (zB BVerfGE 27, 1 (6); 45, 187 (228)) sein: Wird der Adressat der Zwangsmaßnahme durch den unmittelbaren Zwang zum bloßen Objekt staatlicher Willkür herabgewürdigt, ist die Maßnahme menschenwürdewidrig. Beispielhaft zu nennen sind in erheblicher Weise demütigende oder das Schamgefühl verletzende Einsatzformen körperlicher Gewalt und ihrer Hilfsmittel (Tegtmeyer/Vahle PolG NRW Rn. 5).

10   Ferner ist die Pflicht ausgeschlossen, wenn die Anordnung zur Anwendung unmittelbaren Zwangs **nicht aus dienstlichen Gründen,** also etwa zu privaten Zwecken, ergangen ist (vgl. Bialon/Springer EingriffsR Kap. 37 Rn. 10; Tegtmeyer/Vahle PolG NRW Rn. 5). Maßstab dürfte insbesondere die Frage sein, ob der Anordnung ein persönliches Motiv zugrunde liegt (Tetsch/Baldarelli PolG NRW Erl. 4.4.2).

C. Strafbarkeit des Handelns auf Anordnung (Abs. 2)

11   Gemäß Abs. 2 S. 1 darf die Anordnung nicht befolgt werden, wenn dadurch – also durch die Anwendung unmittelbaren Zwangs – eine **Straftat begangen** würde; die Begehung einer Ordnungswidrigkeit genügt nicht (Tegtmeyer/Vahle PolG NRW Rn. 6; insoweit Abweichung von § 36 Abs. 2 S. 4 BeamtStG). Die Strafbarkeit der Zwangsmaßnahme schließt mithin die Pflicht zur Befolgung der Anordnung aus. Eine solche Strafbarkeit wird vor allem dann anzunehmen sein, wenn angewiesene Beamtinnen bzw. Beamte wider besseres Wissen rechtswidriger Weise unmittelbaren Zwang anordnen. Da auch die Anordnung der Unterlassung unmittelbaren Zwangs zu befolgen ist (→ Rn. 4), erfasst die Regelung in Abs. 2 S. 1 auch diejenigen Fälle, in denen diese Unterlassung strafbar wäre.

12   Weil eine belastbare Beurteilung der Rechtslage für die vor Ort agierenden Beamtinnen und Beamten häufig gerade in Anordnungsfällen schwierig ist, trifft Abs. 2 S. 2 eine (hier eher ungewöhnlich verortete) materielle strafrechtliche Regelung: Der Polizeivollzugsbeamte handelt bei Befolgung der Anordnung **nur dann schuldhaft,** wenn er erkennt oder wenn es nach den bekannten Umständen offensichtlich ist, dass dadurch eine Straftat begangen wird (vgl. Bialon/Springer EingriffsR Kap. 37 Rn. 11; Tegtmeyer/Vahle PolG NRW Rn. 6).

D. Äußerungen von Bedenken (Abs. 3)

13   Abs. 3 ergänzt die Pflicht in Abs. 1 um eine **„Remonstrationspflicht"** (Bialon/Springer, EingriffsR Kap. 37 Rn. 12) der Beamtinnen und Beamten, die eine Anordnung zur Anwendung unmittelbaren Zwangs empfangen, jedoch Bedenken hinsichtlich der Rechtmäßigkeit haben (zum aufgrund der Besonderheiten des Einsatzes unmittelbaren Zwangs vom Beamtenrecht im Übrigen abweichenden Modus Tetsch/Baldarelli PolG NRW Erl. 1). Die Beamtin / der Beamte hat diese Bedenken dem Anordnenden gegenüber (→ Rn. 5 ff.) vorzubringen, soweit das nach den Umständen möglich ist. Die Umstände können etwa bei Gefahr im Verzug aus Zeitgründen eine umgehende Remonstration ausschließen.

E. Ausschluss von § 36 Abs. 2 und Abs. 3 BeamtStG (Abs. 4)

14   Gemäß Abs. 4 ist **§ 36 Abs. 2 und Abs. 3 BeamtStG** (Beamtenstatusgesetz v. 17.6.2008, BGBl. I 1010) **nicht anzuwenden.** § 36 BeamtStG ordnet die volle Verantwortlichkeit der Beamtinnen und Beamten für die Rechtmäßigkeit ihres dienstlichen Handelns an. Die nach Abs. 4 ausgeschlossenen § 36 Abs. 2 und Abs. 3 BeamtStG enthalten differenzierte Regelungen zur „Remonstrationspflicht" bei Bedenken hinsichtlich der Rechtmäßigkeit angeordneter Maßnahmen.

15   § 36 Abs. 2 S. 1 BeamtStG regelt, dass Bedenken hinsichtlich der Rechtmäßigkeit dienstlicher Anordnungen auf dem **Dienstweg** geltend zu machen sind; die weiteren Bestimmungen betreffen unter anderem die Befreiung von der Verantwortlichkeit bei Bestätigung der Anordnung durch den Dienstherrn. § 36 Abs. 3 BeamtStG ordnet für den Fall, dass von den Beamtinnen und Beamten die sofortige Ausführung der Anordnung verlangt wird, weil Gefahr im Verzug besteht und die Entscheidung der oder des höheren Vorgesetzten nicht rechtzeitig eingeholt werden kann, die entsprechende Anwendung der die Verantwortlichkeit ausschließenden Normen des § 36 Abs. 2 S. 3 und S. 4 BeamtStG an. Die Vorschriften in § 36 Abs. 2 und Abs. 3 BeamtStG sind nicht anwendbar, weil § 59 Abs. 3 diesbezüglich eine speziellere Regelung trifft. Dies hat auch praktische Gründe, weil das Verfahren des § 36 Abs. 2 BeamtStG relativ komplex und „mehrstufig" aufgebaut ist, was den Rahmenbedin-

gungen polizeilicher Einsatzlagen, in denen es zum Zwangsmitteleinsatz kommt, nicht gerecht wird.

§ 60 Hilfeleistung für Verletzte

Wird unmittelbarer Zwang angewendet, ist Verletzten, soweit es nötig ist und die Lage es zulässt, Beistand zu leisten und ärztliche Hilfe zu verschaffen.

Überblick

Die Vorschrift des § 60 trägt dem Gedanken „Prävention vor Repression" Rechnung, wie sich auch aus Nr. 60.0 VV PolG NRW ergibt. Die Bestimmung ordnet an, dass im Falle der Anwendung unmittelbaren Zwanges iSv §§ 57 ff. dem bzw. den Verletzten Beistand zu leisten (→ Rn. 4) und ärztliche Hilfe zu verschaffen (→ Rn. 5) ist, soweit dies nötig ist (→ Rn. 9 ff.) und die Lage es zulässt (→ Rn. 12 f.). Damit wird eine rechtlich eigenständige Pflicht der Zwang anwendenden Beamtinnen und Beamten zur (anschließenden) Hilfeleistung begründet (→ Rn. 1).

A. Bedeutung der Vorschrift

Die Vorschrift des § 60 normiert eine **Rechtspflicht** derjenigen Polizeivollzugsbeamtin- **1** nen und -beamten, die **unmittelbaren Zwang iSv §§ 57 ff.** anwenden (bzw. angewandt haben). Da die StPO keine Regelungen zur zwangsweisen Durchsetzung enthält, gelten die §§ 57 ff. auch für repressive Maßnahmen zur Erforschung und Verfolgung von Straftaten; damit sind die Pflichten aus § 60 sowohl bei präventivem als auch bei repressivem Zwangshandeln zu befolgen (Tegtmeyer/Vahle PolG NRW Rn. 2). Art. 63 BayPAG, § 57 HSOG und § 73 NPOG enthalten vergleichbare Bestimmungen.

Die von § 60 statuierte Pflicht steht unter den **Vorbehalten der Notwendigkeit** („soweit **2** es nötig ist", → Rn. 9 ff.) **und der Zweckmäßigkeit** („[soweit] die Lage es zulässt", → Rn. 12 f.). Sie ist eine Dienst- und eine drittgerichtete Amtspflicht iSv § 839 BGB iVm Art. 34 GG (Tetsch EingriffsR 327), die dem Gedanken Rechnung trägt, dass in einem Rechtsstaat der Betroffene nach (zwangsweiser) Beendigung seiner Angriffs- und Widerstandshandlungen betreut und ärztlich versorgt werden soll (so Tetsch/Baldarelli PolG NRW Erl. 1).

Die Rechtspflicht nach § 60 ist **gegenüber allgemeinen Hilfeleistungspflichten,** etwa **3** nach § 323c StGB oder aus einer Garantenstellung nach § 13 StGB, **vorrangig** (Tetsch EingriffsR 327). Es handelt sich um eine spezielle Pflicht im Kontext des unmittelbaren Zwangs; weitere polizeispezifische Hilfeleistungspflichten enthält das Gesetz nicht. Allerdings ergibt sich eine Verpflichtung zur Hilfeleistung bereits aus der Zuständigkeit zur Gefahrenabwehr (Tegtmeyer/Vahle PolG NRW Rn. 1; Osterlitz EingriffsR Polizeidienst II 233) und aus der Reduzierung des Entschließungs- und Handlungsermessens „auf Null" bei einer behandlungsbedürftigen Verletzung des Adressaten polizeilicher Zwangsmaßnahmen (Tetsch/Baldarelli PolG NRW Erl. 3).

B. Pflicht zur Beistandsleistung und zur Verschaffung ärztlicher Hilfe

I. Wesentlicher Inhalt der Pflicht

§ 60 begründet eine Pflicht zur Leistung von Beistand. Der Begriff des **„Beistands"** ist **4** dabei weit zu verstehen und umfasst jegliches situationsadäquates unterstützendes Handeln durch die Beamtinnen und Beamten selbst, namentlich Maßnahmen der Ersten Hilfe, aber auch sonstige notwendige Unterstützung (Maßnahmen zur Vermeidung der Verschlechterung des Gesundheitszustands, besondere Lagerung, Versorgung mit Trinkwasser und Nahrung, Herbeiholung von Personen, die ihrerseits Beistand leisten können, Information von Verwandten, notfalls Gewährleistung eines sicheren Abtransportes, das Anreichen von Lösungen zum Spülen der Augen nach Einsatz von „Pfefferspray" etc; vgl. Tetsch/Baldarelli PolG NRW Erl. 2).

5   Ferner verpflichtet die Vorschrift die unmittelbaren Zwang anwendenden Beamtinnen und Beamten dazu, dem Verletzten **ärztliche Hilfe zu verschaffen.** Dies erfolgt durch das Herbeirufen einer Ärztin oder eines Arztes, etwa durch die Anforderung eines Notarztes oder des Polizeiarztes. Die Schwere der Verletzung spielt bezüglich der Entstehung der Pflicht keine Rolle, hat aber Einfluss darauf, welche Hilfsmaßnahmen zu treffen sind, und welche Priorität sie gegenüber der Erfüllung anderer polizeilicher Aufgaben haben. Eine Pflicht der Behörde zur anschließenden Übernahme der Heilbehandlungskosten schließt die Verschaffungspflicht selbstverständlich nicht ein (vgl. OLG Frankfurt a. M. NVwZ-RR 1995, 553).

II. Einzelfragen

6   Zweifelhaft ist, ob die Pflicht zur Leistung von Beistand und zur Verschaffung ärztlicher Hilfe nur bei solchen Verletzten besteht, die ihre Verletzung **kausal durch die Anwendung unmittelbaren Zwangs** erlitten haben. Der Wortlaut der Vorschrift ist insoweit nicht eindeutig, angesichts der systematischen Verortung in den §§ 57 ff. wird man jedoch ein ursächliches Zwangshandeln zu fordern haben, damit die Pflicht nach § 60 entsteht. Hilfeleistungspflichten für andere, unbeteiligte Personen ergeben sich dann auf der Grundlage anderer Vorschriften (→ Rn. 3). Jedenfalls begründet § 60 nicht etwa die Verpflichtung, vorrangig den durch die Anwendung unmittelbaren Zwangs Verletzten Hilfe zu leisten und Dritte, die ebenfalls verletzt sind, nachrangig zu versorgen.

7   Die Pflicht zur Verschaffung ärztlicher Hilfe und zur Beistandsleistung setzt zwar nach dem Wortlaut des § 60 erst dann ein, wenn die Beamtinnen und Beamten unmittelbaren Zwang einsetzen und eine Verletzung eingetreten ist. Sie reicht jedoch ins **Vorfeld der Maßnahme** zurück – ist bereits bei der Einsatzplanung erkennbar, dass möglicherweise durch den Zwangsmitteleinsatz Personen verletzt werden, sind die entsprechend erforderlichen Rettungskräfte schon vorab zu informieren und ist hinreichend Material für die Versorgung der Einsatzkräfte wie auch der möglicherweise Verletzten bereitzustellen (Tetsch/Baldarelli PolG NRW Erl. 2; Tegtmeyer/Vahle PolG NRW Rn. 3; Osterlitz EingriffsR Polizeidienst II 233).

8   Gemäß Nr. 60.0 VV PolG NRW ist die Pflicht, Verletzten Beistand zu leisten und ärztliche Hilfe zu verschaffen, **vordringlicher als die Beweissicherung.** Dies trägt dem Gedanken „Prävention vor Repression" Rechnung (krit. Tetsch/Baldarelli PolG NRW Erl. 5: welche Maßnahme vorrangig sei, könne nur auf Grundlage des konkreten Einzelfalles bestimmt werden, und das Legalitätsprinzip dürfe nicht als „kleines Gewicht" in die Waagschale gegeben werden). Bevor also Maßnahmen nach der StPO zur Sicherung von Beweisen (oder auch zur Verfolgung eines Täters) getroffen werden dürfen, müssen sich die Beamtinnen und Beamten zunächst um die Verletzten kümmern. Auch geht die Verpflichtung Berichtspflichten vor, denen die Beamtinnen und Beamten dienstrechtlich unterliegen (Tetsch/Baldarelli PolG NRW Erl. 5); vor Abgabe eines ersten Lageberichts sind im Regelfall zunächst Hilfleitungen anzufordern.

III. Vorbehalte

1. „Soweit es nötig ist"

9   Die Pflicht zur Leistung von Beistand und zur Verschaffung ärztlicher Hilfe steht unter dem Vorbehalt, dass diese Maßnahmen „nötig" sind. Ob und in welchem Umfang Hilfsmaßnahmen **„nötig"** sind, richtet sich zum einen nach der Schwere der Verletzung, zu anderen nach den sonstigen Umständen. Im Zweifel ist Hilfe zu leisten (Tetsch/Baldarelli PolG NRW Erl. 4).

10   **Nicht „nötig"** ist die Hilfeleistung, wenn bereits andere Rettungskräfte vor Ort sind und ihrerseits Beistand bzw. ärztliche Hilfe leisten (können) oder bereits geleistet haben (Tetsch/Baldarelli PolG NRW Erl. 4). Die Regelung des § 60 verbietet indes auch keine Hilfsmaßnahmen, die über das „Nötige" hinausgehen, soweit nicht anderweitige gesetzliche Vorgaben ein unverzügliches Tätigwerden der Beamtinnen und Beamten zur Erfüllung ihrer polizeilichen Aufgaben vorschreiben. Werden jedoch Maßnahmen getroffen, die nach objektiver Bewertung nicht „nötig" waren und den Verletzten (zusätzlich) schädigen, kommt aufgrund einer Verletzung der drittgerichteten Amtspflicht zur angemessenen Hilfeleistung im Verschuldensfalls ein Amtshaftungsanspruch gem. § 839 BGB iVm Art. 34 GG in Betracht.

Zweifelhaft ist, ob die Pflicht entfällt (oder nicht „nötig" ist), wenn der Verletzte keine **11** Unterstützung seitens der Polizeivollzugsbeamten wünscht (gegen eine Pflicht Tetsch/Baldarelli PolG NRW Erl. 4), die Erfüllung der Pflicht also **gegen den Willen des Geschädigten** erfolgen würde. Im Ergebnis wird man zu differenzieren haben: Kann der Verletzte ersichtlich noch seinen Willen selbstbestimmt bilden und äußern, wird dieser beachtlich sein und die Pflicht zur Hilfeleistung entfallen, wenn der Betroffene keine Hilfe annehmen will (sie wird in solchen Fällen auch kaum ohne den Einsatz weiterer Zwangsmittel zu bewerkstelligen sein); rechtlich ließe sich eine Einwilligung in die Unterlassung der Hilfeleistung konstruieren. In allen anderen Fällen bleibt es bei der Pflicht.

2. „[soweit] die Lage es zulässt"

Das Kriterium **„[soweit] die Lage es zulässt"** erfordert eine (Güter-) Abwägung zwi- **12** schen der Pflicht zur Erfüllung der jeweiligen polizeilichen Aufgabe (zB Strafverfolgung im Anschluss an eine Zwangsmaßnahme zur Gefahrenabwehr) und der Pflicht zur Hilfeleistung (Tetsch EingriffsR 327; Tegtmeyer/Vahle PolG NRW Rn. 3; Osterlitz EingriffsR Polizeidienst II 233).

Die Lage lässt eine Hilfeleistung iSv § 60 regelmäßig auch dann nicht zu, wenn sich die **13** handelnden Polizeivollzugsbeamtinnen und -beamten durch diese Hilfeleistung in unzumutbarer Weise **selbst in hochrangigen Rechtsgütern gefährden** (insbesondere Leben, Gesundheit, körperliche Unversehrtheit) oder eine solche Gefährdung durch andere eintritt.

§ 61 Androhung unmittelbaren Zwanges

(1) ¹Unmittelbarer Zwang ist vor seiner Anwendung anzudrohen. ²Von der Androhung kann abgesehen werden, wenn die Umstände sie nicht zulassen, insbesondere wenn die sofortige Anwendung des Zwangsmittels zur Abwehr einer gegenwärtigen Gefahr notwendig ist. ³Als Androhung des Schusswaffengebrauchs gilt auch die Abgabe eines Warnschusses.

(2) Schusswaffen und Handgranaten dürfen nur dann ohne Androhung gebraucht werden, wenn das zur Abwehr einer gegenwärtigen Gefahr für Leib oder Leben erforderlich ist.

(3) ¹Gegenüber einer Menschenmenge ist die Anwendung unmittelbaren Zwanges möglichst so rechtzeitig anzudrohen, dass sich Unbeteiligte noch entfernen können. ²Der Gebrauch von Schusswaffen gegen Personen in einer Menschenmenge ist stets anzudrohen; die Androhung ist vor dem Gebrauch zu wiederholen. ³Bei dem Gebrauch von technischen Sperren und dem Einsatz von Dienstpferden kann von der Androhung abgesehen werden.

Überblick

§ 61 enthält Regelungen zur Androhung unmittelbaren Zwangs. Nach Abs. 1 S. 1 ist unmittelbarer Zwang vor seiner Anwendung unabhängig von seiner Anwendungsform anzudrohen (→ Rn. 2 ff.). Abs. 1 S. 2, Abs. 2 und Abs. 3 S. 3 normieren die Voraussetzungen, unter denen von einer Androhung abgesehen werden kann; Abs. 2 und Abs. 3 S. 3 erweitern und modifizieren dabei die Anforderung des Abs. 1 S. 2, dem zufolge ein Absehen von der Androhung möglich ist, wenn die sofortige Anwendung unmittelbaren Zwangs zur Abwehr einer gegenwärtigen Gefahr notwendig ist, für die Fälle des Einsatzes von Schusswaffen und Handgranaten bzw. von technischen Sperren und Dienstpferden bei Menschenmengen (→ Rn. 11 ff.). Abs. 1 S. 3 erklärt die Abgabe eines Warnschusses als Androhung des Schusswaffengebrauchs (→ Rn. 16 ff.). Abs. 3 normiert besondere Voraussetzungen für die Androhung des Schusswaffengebrauchs gegen Personen in einer Menschenmenge (→ Rn. 26 ff.).

Übersicht

A. Bedeutung und Systematik der Vorschrift

1   § 61 enthält in „gebündelter" Form verschiedene Vorschriften hinsichtlich der **Androhung unmittelbaren Zwangs** und ist gegenüber § 56 lex specialis (Osterlitz EingriffsR Polizeidienst II 202; → § 56 Rn. 1 ff.). Abs. 1 regelt den Grundsatz: Vor der Anwendung unmittelbaren Zwangs ist dieser dem Adressaten unmissverständlich anzudrohen (→ Rn. 2 ff.). Nach Abs. 1 S. 3 kann der Schusswaffengebrauch (auch) durch die Abgabe eines Warnschusses angedroht werden (→ Rn. 16 ff.). Eine zeitliche Vorgabe enthält Abs. 1 S. 3 S. 1, dem zufolge die Anwendung unmittelbaren Zwangs gegenüber einer Menschenmenge so rechtzeitig anzudrohen ist, dass sich Unbeteiligte noch zuvor entfernen können (→ Rn. 26 ff.). Ein Absehen von der Androhung kommt – je nach Ausübungsform des unmittelbaren Zwangs – nach den Regelungen in Abs. 1 S. 2, Abs. 2 bzw. Abs. 3 S. 3 in Betracht (→ Rn. 11 ff.). Dem § 61 vergleichbare Regelungen treffen § 52 Abs. 2 BWPolG, Art. 81 BayPAG, § 58 Abs. 1 HSOG und § 74 Abs. 1 NPOG.

B. Androhung unmittelbaren Zwangs (Abs. 1)

I. Androhung vor Anwendung unmittelbaren Zwangs (Abs. 1 S. 1)

2   **Vor jeder Anwendung des unmittelbaren Zwangs** ist dieser nach Abs. 1 S. 1 **anzudrohen,** wenn nicht ein Absehen von der Androhung unter den Voraussetzungen von S. 2, Abs. 2 oder Abs. 3 S. 3 in Betracht kommt (→ Rn. 11 ff.; sa Nimtz/Thiel EingriffsR NRW 397). Diese Androhungspflicht gilt für jede einzelne Zwangsmaßnahme, nicht für die Anwendung des Verwaltungszwangs insgesamt – bleibt ein Mittel des unmittelbaren Zwangs erfolglos und soll ein anderes, einschneidenderes gewählt werden, hat eine erneute Androhung zu erfolgen. Diese Notwendigkeit ergibt sich aus den Funktionen der Androhung: Zum einen soll sie den Adressaten zu einem rechtskonformen Verhalten bzw. zum Befolgen der polizeilichen Anordnung bewegen („Warnfunktion"; insoweit ist bereits die Androhung des unmittelbaren Zwangs „Beugemittel", vgl. Osterlitz EingriffsR Polizeidienst II 161), zum anderen dient die Androhung dazu, dass sich die Polizei vor der Anwendung unmittelbaren Zwangs selbst nochmals hinsichtlich der Rechtmäßigkeitsanforderungen unter Einschluss des Verhältnismäßigkeitsgrundsatzes vergewissert.

3   Unterbleibt eine – nicht entbehrliche – Androhung entgegen den Bestimmungen des § 61 und der ergänzenden Vorschriften, ist die Zwangsmaßnahme **rechtswidrig** (Osterlitz EingriffsR Polizeidienst II 210). Eine „Nachholung" der Androhung ist nicht möglich, da sie zur Erfüllung ihrer Funktionen (→ Rn. 2) zwangsläufig vor dem Zwangsmitteleinsatz zu erfolgen hat (→ Rn. 9). Es handelt sich also bei der Androhung nicht lediglich um eine unverbindliche Verfahrensvorgabe oder „Ordnungsvorschrift", sondern um eine zwingende Rechtmäßigkeitsvoraussetzung.

4   § 61 enthält keine Hinweise auf den **Rechtscharakter der Androhung.** Sie ist nach zutreffender Auffassung selbst **Verwaltungsakt** iSd § 35 S. 1 VwVfG. NRW. Ihr Regelungscharakter kann darin gesehen werden, dass die Androhung die rechtliche Zulässigkeit der

Zwangsmittelanwendung „aktiviert" und dies dem Adressaten entsprechend angekündigt wird. Zudem gibt die Androhung dem Adressaten stets noch die Möglichkeit, sein Verhalten zu ändern und so weitere Maßnahmen abzuwehren. Bei der Androhung handelt es sich um eine **Maßnahme in der Verwaltungsvollstreckung,** sodass von einer vorherigen Anhörung nach § 28 Abs. 2 Nr. 5 VwVfG. NRW. abgesehen werden kann (und im Regelfall auch wird). Die Androhung ist ferner den übrigen verwaltungsverfahrensrechtlichen Rechtmäßigkeitsanforderungen unterworfen (Übersicht bei Tetsch/Baldarelli PolG NRW Erl. 1).

Die Androhung unterliegt denselben formellen und materiellen **Rechtmäßigkeitsanfor-** **5** **derungen wie die Anwendung** des unmittelbaren Zwangs; sie darf also ihrerseits nur erfolgen, wenn auch der Zwangsmitteleinsatz selbst rechtmäßig ist (vgl. Nr. 61.11 S. 1 VVPolG NRW). Maßgeblich sind daher die Voraussetzungen in § 50 Abs. 1 bzw. Abs. 2 (Zulässigkeit des Verwaltungszwangs; → § 50 Rn. 1 ff.) sowie diejenigen in § 55 (→ § 55 Rn. 1 ff.). Auch eine Androhung rechtlich unzulässiger Zwangsmittel ist rechtswidrig (Osterlitz EingriffsR Polizeidienst II 203, 223; Tetsch/Baldarelli PolG NRW Erl. 4.4). Die Androhung muss gleichwohl selbst dann den Rechtmäßigkeitsanforderungen genügen, wenn die eigentliche Zwangsmittelanwendung unterbleibt (Tetsch/Baldarelli PolG NRW Erl. 4).

Spezielle **Formvorgaben** für die Androhung bestehen nicht; sie kann grundsätzlich in **6** jeder Form erfolgen (Nr. 61.11 S. 2 VVPolG NRW). Angedroht werden kann damit etwa mündlich, schriftlich (diese Vorgehensweise ist durch § 56 Abs. 1 S. 1 favorisiert), durch Zeichen (wobei das materielle Gebot der Unmissverständlichkeit zu berücksichtigen ist; → Rn. 8) oder auf elektronischem Weg. Im präventivpolizeilichen Aufgabenfeld wird die Androhung im Regelfall in Gestalt einer mündlichen Erklärung vorgenommen werden. Für eine Androhung in Schriftform bleibt meist aufgrund der Notwendigkeit eines zeitnahen Einsatzes unmittelbaren Zwangs keine Zeit. Als Androhung des Schusswaffengebrauchs gilt nach Abs. 1 S. 3 auch die Abgabe eines Warnschusses (→ Rn. 16 ff.).

Zu beachten sind die **Spezialregelungen für bestimmte Einsatzformen** des unmittel- **7** baren Zwangs. Für den Schusswaffengebrauch regelt zunächst Abs. 2 zusätzliche Voraussetzungen für ein Absehen von der Androhung (→ Rn. 22 ff.). Wird von der Schusswaffe gegen Personen in einer Menschenmenge Gebrauch gemacht, darf zudem auf die Androhung nicht verzichtet werden; sie ist ferner vor dem Gebrauch zu wiederholen (Abs. 3 S. 2). Die Anwendung unmittelbaren Zwangs gegen eine Menschenmenge ist nach Abs. 3 S. 1 möglichst so rechtzeitig anzudrohen, dass sich Unbeteiligte noch entfernen können (→ Rn. 26 ff.). Entfernen sich die Unbeteiligten trotz mehrfacher Androhung nicht aus der Menschenmenge, verlieren sie nach § 65 Abs. 2 ihren Status als Unbeteiligte, sodass die ihrem Schutz dienende Einschränkung nach § 63 Abs. 4 S. 1 nicht (mehr) greift (→ Rn. 32). Entbehrlich ist die Androhung vor der Anwendung unmittelbaren Zwangs gegenüber einer Menschenmenge, wenn es sich um den Gebrauch von technischen Sperren (→ § 58 Rn. 10) oder um den Einsatz von Dienstpferden (→ § 58 Rn. 12) handelt (Abs. 3 S. 3; → Rn. 34 f.); dies hängt mit der geringen „offensiven" Eingriffsintensität der technischen Sperren bzw. mit der guten Erkennbarkeit des Dienstpferdeeinsatzes zusammen.

Die Androhung muss **inhaltlich unmissverständlich** sein (Nr. 61.11 S. 2 VVPolG NRW; **8** eingehend Tetsch/Baldarelli PolG NRW Erl. 4.2). Der entsprechenden Äußerg der handelnden Beamtinnen und Beamten muss zweifelsfrei zu entnehmen sein, dass es sich um die Ankündigung des unmittelbaren Zwangs handelt. Es genügt nach zutreffender Auffassung auch nicht, wenn lediglich der unmittelbare Zwang ohne Nennung des konkret beabsichtigten Zwangsmittels angekündigt wird. Eine „konkludente" Androhung ist damit rechtlich problematisch. Nach Nr. 61.11 S. 3 VVPolG NRW reichen die Sicherungsmaßnahmen nach LF 371 (Runderlass des Innenministeriums v. 18.12.2003 – 41.2 – 1593, SMBl. NRW. 371: Eigensicherung im Polizeidienst) nicht aus, weil die Androhung dem Adressaten die Gelegenheit eröffnen soll, sich norm- bzw. anordnungskonform zu verhalten.

Die Androhung hat **zeitlich vor der Anwendung** des unmittelbaren Zwangs zu erfolgen. **9** Gemäß Nr. 61.14 VVPolG NRW soll zwischen der Androhung der Zwangsmaßnahme und ihrer Anwendung eine „den Umständen nach angemessene Zeitspanne" liegen; dies dient dazu, dem Adressaten die Möglichkeit zu geben, das seitens der Polizei geforderte Verhalten doch noch zu zeigen. Die Androhung verdeutlicht damit den Charakter der Zwangsmittel als „Beugemittel"; den eigentlichen Beugecharakter besitzt beim unmittelbaren Zwang allein die Androhung, während die Zwangsmittelanwendung unmittelbar den seitens der Polizei angestrebten Erfolg herbeiführt und daher als Realakt zu qualifizieren ist.

10　　Eine Sonderregelung hinsichtlich des Gebrauchs von Schusswaffen zur **Vereitelung einer Flucht bzw. zur Ergreifung einer Person, die in amtlichem Gewahrsam zu halten ist,** gem. § 64 Abs. 1 Nr. 4 trifft Nr. 61.15 VVPolG NRW. Nr. 61.15 S. 1 VVPolG NRW zufolge sollen die Personen, die in amtlichen Gewahrsam genommen worden sind, zu Beginn des Gewahrsams auf die Möglichkeit eines Schusswaffeneinsatzes im Falle einer Flucht hingewiesen werden. Bei diesem Hinweis handelt es sich allerdings nicht um eine Androhung, wie Nr. 61.15 S. 3 VVPolG NRW klarstellt. Ferner ordnet Nr. 61.15 S. 2 VVPolG NRW an, dass zur Vermeidung des Schusswaffengebrauchs auf eine sorgfältige Sicherung der Person zu achten ist, insbesondere nach S. 3 bei Transporten.

II. Absehen von der Androhung (Abs. 1 S. 2)

11　　Die Grundregel des Abs. 1 S. 1, dass unmittelbarer Zwang stets vor seiner Anwendung anzudrohen sei, wird durch die in Abs. 1 S. 2 normierte Möglichkeit eines **Absehens von der Androhung** – also deren Unterbleiben – modifiziert. Die Möglichkeit des Absehens von der Androhung gilt für bestimmte Formen des unmittelbaren Zwangs in modifizierter Weise (→ Rn. 22 ff.).

12　　Nach der Grundregel bezüglich der Möglichkeit des Absehens können die handelnden Beamtinnen und Beamten von einer Androhung Abstand nehmen, diese also schlicht unterlassen, **wenn die Umstände sie nicht zulassen,** insbesondere wenn die sofortige Anwendung des Zwangsmittels zur Abwehr einer gegenwärtigen Gefahr notwendig ist (Abs. 1 S. 1).

13　　Die Formulierung „insbesondere" deutet auf den Charakter der Norm als Regelbeispiel hin. Wenn die sofortige Anwendung des Zwangsmittels **zur Abwehr einer gegenwärtigen Gefahr notwendig** ist, kann von der Androhung abgesehen werden. Das Tatbestandsmerkmal der Gefahr bezeichnet einen Lebenssachverhalt, der bei ungehindertem Ablauf des Geschehens in absehbarer Zukunft mit hinreichender Wahrscheinlichkeit zu einem Schaden an einem polizeirechtlichen Schutzgut führen wird (eingehend → § 8 Rn. 98 ff.; Dietlein/Hellermann NRWÖffR/Dietlein § 3 Rn. 49; Thiel PolR § 8 Rn. 5). Gegenwärtig ist eine Gefahr, wenn sie sich entweder bereits realisiert hat oder ihre Verwirklichung zumindest unmittelbar oder in allernächster Zeit bevorsteht (Dietlein/Hellermann NRWÖffR/Dietlein § 3 Rn. 66; → § 34a Rn. 14). „Notwendig" ist die sofortige Anwendung des Zwangsmittels, wenn keine mindestens gleich geeigneten, aber weniger einschneidenden („milderen") Mittel zur Verfügung stehen; damit ist das Kriterium der Erforderlichkeit als Element der Verhältnismäßigkeitskontrolle (vgl. § 2 Abs. 1; eingehend → § 2 Rn. 22 f.) in den Tatbestand des Abs. 1 S. 2 übernommen worden. Diese Deutung des Merkmals „notwendig" ergibt sich auch aus einem Vergleich mit Abs. 2, der ein Absehen von der Androhung beim Gebrauch von Schusswaffen und Handgranaten erlaubt, wenn dies zur Abwehr einer gegenwärtigen Gefahr für Leib oder Leben „erforderlich" ist (→ Rn. 22 ff.).

14　　Die Androhung kann jedoch auch **aus anderen Gründen** unterbleiben; die „Umstände" dürfen sie dann „nicht zulassen". Unter „Umständen" sind alle tatsächlichen und rechtlichen Gegebenheiten der konkreten Einsatzsituation zu verstehen. Diese lassen eine Androhung nicht zu, wenn diese faktisch unmöglich ist oder wenn ihre Durchführung die Zwangsmaßnahme gänzlich entwertet oder ihre Erfolgsaussichten in mit Blick auf die durch sie geschützten Rechtsgüter nicht hinnehmbarer Weise schmälert. Daher sind bei der Erwägung, ob die Umstände die Androhung nicht zulassen, auch Angemessenheitsüberlegungen anzustellen. Im Schrifttum wird gelegentlich bemerkt, die Androhung erübrige sich, wenn es zur Zwangsanwendung gar keine Alternative gebe (Osterlitz EingriffsR Polizeidienst II 204). Diese Sichtweise verengt die Anforderungen auf reine Verhältnismäßigkeitsüberlegungen hinsichtlich der Zwangsanwendung selbst und ist daher in dieser Allgemeinheit abzulehnen.

15　　Besonderheiten hinsichtlich eines Absehens von der Androhung gelten für **besondere Einsatzformen des unmittelbaren Zwangs.** Schusswaffen und Handgranaten dürfen nur dann ohne Androhung gebraucht werden, wenn das zur Abwehr einer gegenwärtigen Gefahr für Leib oder Leben erforderlich ist (Abs. 2; → Rn. 22 ff.). Der Gebrauch von Schusswaffen gegen Personen in einer Menschenmenge ist stets anzudrohen (Abs. 3 S. 2 Hs. 1), ein Absehen von der Androhung kommt damit nicht in Betracht.

III. Abgabe eines Warnschusses als Androhung des Schusswaffengebrauchs (Abs. 1 S. 3)

Als besondere (und aufgrund der Verletzungsintensität besonders schwerwiegende) **16** Anwendungsform des unmittelbaren Zwangs bedarf auch der Schusswaffengebrauch grundsätzlich einer vorherigen Androhung (zu Besonderheiten beim Absehen von der Androhung vgl. Abs. 2; → Rn. 22; zum Begriff des Schusswaffen-„Gebrauchs" → § 63 Rn. 5 f.). Nach Abs. 1 S. 3 gilt die Abgabe eines **Warnschusses** als Androhung des Schusswaffengebrauchs (s. Bialon/Springer EingriffsR Kap. 36 Rn. 74). Als Androhung für andere Mittel des unmittelbaren Zwangs darf der Warnschuss jedoch nicht eingesetzt werden (Tetsch/Baldarelli PolG NRW Erl. 4.7); auch müssen, damit er rechtmäßig ist, die Anforderungen an den Schusswaffengebrauch vorliegen.

Ein Warnschuss ist ein **nicht in Richtung auf das Ziel** (also die Person) **abgegebener** **17** **Schuss**. Er dient aufgrund seiner akustischen Wahrnehmbarkeit der Warnung (Lisken/Denninger PolR-HdB/Rachor/Graulich E Rn. 917) und als „Beugemittel", um den Adressaten zur Befolgung polizeilicher Anordnungen anzuhalten (Tetsch/Baldarelli PolG NRW § 63 Erl. 5.4.5). Abzugrenzen ist der Warnschuss vom (angesichts moderner Kommunikationstechnologie nur im Notfall einzusetzenden) sog. „Signalschuss" bzw. „Alarmschuss", der allein den Zweck verfolgt, den Standort des Schützen etwa für andere im Einsatz befindliche Dienstkräfte zu kennzeichnen oder diese zu warnen (Tegtmeyer/Vahle PolG NRW Rn. 4; Planert DIE Polizei 2012, 334; diff. Tetsch/Baldarelli PolG NRW § 63 Erl. 4.4, zur Problematik der Abgrenzung von Warn- und Signal- bzw. Alarmschuss). Auch ein „Deutschuss", also ein aufgrund zeitlicher Dringlichkeit ungezielter Schuss auf den Körper einer Person, ist kein Warnschuss (mehr), sondern schon Schusswaffengebrauch. Nach Nr. 61.13 S. 2 VVPolG NRW sind Warnschüsse so abzugeben, dass Dritte nicht gefährdet werden. Diese Vorgabe ist insoweit zu ergänzen, als die Abgabe eines Warnschusses auch die anwesenden Beamtinnen und Beamten und den Adressaten nicht gefährden darf. Das Abfeuern eines Warnschusses in die Luft kann in der Praxis daher ausscheiden, wenn das herabfallende Projektil zu Gefährdungen führen kann. Sachgerechter ist dabei meist eine in den Boden zielende Abgabe, wobei darauf zu achten ist, dass die Bodenbeschaffenheit die Aufnahme des Geschosses erlaubt und nicht mit „Querschlägern" zu rechnen ist.

Die gesetzliche Regelung in Abs. 1 S. 3, die einen Warnschuss als Androhung ausreichen **18** lässt, ist **aus praktischer Sicht bedenklich,** weil ein kommentarloser Warnschuss dem Adressaten häufig keine Anhaltspunkte hinsichtlich des von ihm erwarteten Verhaltens gibt. Da die Androhung auch gem. Nr. 61.11 S. 2 VVPolG NRW „unmissverständlich" sein muss, wird der Warnschuss allein meist nicht ausreichen. Er wird daher häufig mit einer (vorgeschalteten) polizeilichen Anordnung verbunden, die ihrerseits Androhungscharakter haben kann. Dementsprechend setzt auch Nr. 61.12 VVPolG NRW fest, dass der Schusswaffengebrauch in der Regel mündlich angedroht wird. Die Vorschrift nennt konkrete Formulierungen und schreibt eine Wiederholung vor, wenn es die Umstände erlauben oder wenn Zweifel bestehen, ob die Person den Anruf verstanden hat. Zudem wird man zu fordern haben, dass zwischen dem (aus Sicht des Adressaten als Zwangsmittelandrohung zu verstehenden) Warnschuss und dem gezielten Schusswaffengebrauch ein hinreichender Zeitraum verbleiben muss, um dem Adressaten eine anordnungsgemäße Reaktion auf die Androhung zu ermöglichen (Osterlitz EingriffsR Polizeidienst II 223 f.; Tetsch/Baldarelli PolG NRW Erl. 4.8).

Der Warnschuss wird damit vor allem dann als Androhungsvariante in Betracht kommt, **19** wenn eine **mündliche Androhung** des Schusswaffengebrauchs aus tatsächlichen Gründen **nicht möglich** ist. Nr. 61.13 VVPolG NRW nennt als Beispiele eine zu große Entfernung zwischen den handelnden Beamtinnen und Beamten oder die Annahme, dass der Adressat einen entsprechenden „Anruf" nicht verstanden hat bzw. nicht verstehen wird. In diesem Fall eignet sich der Warnschuss als Ergänzung oder Alternative zur mündlichen Androhung.

Schusswaffen sind die für die Polizei gem. § 58 Abs. 4 zugelassenen: Pistole, Revolver, **20** Gewehr und Maschinenpistole, nach § 58 Abs. 5 beim Einsatz der Bundespolizei zur Unterstützung der nordrhein-westfälischen Polizei im Falle der Art. 35 Abs. 2 S. 1 GG bzw. Art. 91 Abs. 1 GG auch Maschinengewehr und Handgranate (→ § 58 Rn. 18 ff.; → § 66 Rn. 1 ff.). Da gem. § 66 Abs. 3 auch für das Handeln der Bundespolizei gem. § 58 Abs. 5 die Vorschriften

über den Schusswaffengebrauch gelten, ist bei Maschinengewehren die Abgabe eines Warnschusses als Androhung zu qualifizieren.

21   Die Abgabe eines Warnschusses kommt als Androhung nur in Betracht, wenn die **formellen und materiellen Voraussetzungen für den Schusswaffengebrauch gegen Sachen
bzw. Personen** vorliegen (§§ 64 ff.). Eine Zwangsmaßnahme darf nur angedroht werden,
wenn sie auch durchgesetzt werden darf (Osterlitz EingriffsR Polizeidienst II 223; Tegtmeyer/
Vahle PolG NRW Rn. 2). Wird ein Warnschuss gegenüber Personen in einer Menschenmenge abgegeben, müssen auch die Spezialvorgaben für den Schusswaffengebrauch in solchen Fallkonstellationen beachtet werden (§ 65; → § 65 Rn. 1 ff.).

C. Besonderheiten beim Absehen von der Androhung beim Einsatz von Schusswaffen und Handgranaten (Abs. 2)

22   Besonderheiten gelten beim **Einsatz von Schusswaffen und Handgranaten.** Abs. 2
ist eine zusätzlich zu Abs. 1 S. 2 zu beachtende Vorschrift hinsichtlich des Absehens von der
Androhung. Grundsätzlich gilt, dass auch vor dem Einsatz von Schusswaffen und Handgranaten der unmittelbare Zwang anzudrohen ist, und dass von der Androhung unter den Voraussetzungen des Abs. 1 S. 2 abgesehen werden kann. Abs. 2 schränkt die Möglichkeit des
Absehens allerdings durch weitere Anforderungen ein; die Bestimmung ist damit nicht etwa
lex specialis gegenüber Abs. 1 S. 2, sondern stellt zusätzliche Hürden auf, indem die Rechtsgüter, deren gegenwärtige Gefährdung ein Absehen von der Androhung legitimiert, eingeschränkt werden.

23   Ein Gebrauch von Schusswaffen oder Handgranaten **ohne Androhung** (also ein Absehen
von der Androhung) ist nur dann rechtlich zulässig, wenn der Einsatz ohne Androhung zur
Abwehr einer gegenwärtigen Gefahr (→ Rn. 13) für Leib oder Leben erforderlich ist. Es
muss also die Tötung oder die Verletzung des Rechts auf körperliche Unversehrtheit bzw.
Gesundheit zu Lasten eines Dritten oder der handelnden Beamtinnen und Beamten drohen.
Erforderlich ist ein Gebrauch ohne Androhung namentlich dann, wenn die Androhung zu
einer zeitlichen Verzögerung führen würde, die mit Blick auf die gefährdeten Rechtsgüter
nicht hinnehmbar ist.

24   Als Androhung des Schusswaffengebrauchs gilt nach Abs. 1 S. 3 auch das Abgeben eines
Warnschusses (→ Rn. 20; zum Begriff der Schusswaffen → § 63 Rn. 3; zum Begriff der
Handgranaten → § 58 Rn. 21).

D. Besonderheiten bei der Androhung von unmittelbarem Zwang gegen Personen in einer Menschenmenge (Abs. 3)

25   Weitere Besonderheiten gelten bei der **Androhung des unmittelbaren Zwangs gegen
Personen in einer Menschenmenge.** Weitere Regelungen zu dieser besonderen Fallkonstellation trifft § 65. Zudem handelt es sich auch beim Einsatz von Schusswaffen gegenüber
einer Menschenmenge um Schusswaffengebrauch gegen Personen, sodass auch §§ 63, 64 zu
beachten sind.

I. Androhung gegenüber einer Menschenmenge (Abs. 3 S. 1)

26   Gegenüber einer Menschenmenge ist gem. Abs. 3 S. 1 der unmittelbare Zwang so **rechtzeitig anzudrohen,** dass sich Unbeteiligte noch entfernen können. Dies trägt dem Schutz
der Unbeteiligten Rechnung, die aufgrund der räumlichen Verhältnisse durch den Zwangsmitteleinsatz gefährdet werden können. Bei Menschenmengen tritt also neben die oben
dargestellten Ziele der Androhung (→ Rn. 2) das weitere, Unbeteiligten die Möglichkeit
zu geben, sich aus dem Wirkungsbereich des Zwangsmittels zu entfernen; diesem Aspekt
kommt vor allem beim besonders gefahren- und schadensträchtigen Schusswaffeneinsatz
Bedeutung zu.

27   Der **Begriff der Menschenmenge,** der auch in § 65 Verwendung findet, ist im Polizeigesetz nicht legal definiert. Nach einer gängigen Definition handelt es sich um eine an einem
Ort befindliche, der Zahl nach nicht sofort überschaubare Personenvielzahl (vgl. Lisken/
Denninger PolR-HdB/Rachor/Graulich E Rn. 925; Osterlitz EingriffsR Polizeidienst II
228), sodass es auf das Hinzukommen oder Sichentfernen Einzelner nicht ankommt (eine

ungehinderte Anschlussmöglichkeit ist hingegen nicht zu fordern, Lisken/Denninger PolR-HdB/Rachor/Graulich E Rn. 925). Im Schrifttum findet sich zudem teilweise eine Bezugnahme auf § 124 StGB (Schwerer Hausfriedensbruch) bzw. § 125 StGB (Landfriedensbruch; Tetsch/Baldarelli PolG NRW § 65 Erl. 3.3; Bialon/Springer EingriffsR Kap. 36 Rn. 114); so liegt eine Menschenmenge bei einer Gruppe vor, bei der es auf das Weggehen oder Hinzutreten einzelner nicht ankommt. Andere stellen vorrangig darauf ab, ob sich in typischer Weise massenpsychologische Beeinflussungen ergeben können (Tegtmeyer/Vahle PolG NRW § 65 Rn. 4). Eine „Mindestzahl" an Personen lässt sich damit nicht festsetzen, obwohl in der Rechtsprechung bereits Richtwerte aufgestellt worden sind. Der BGH hat etwa für den Anwendungsbereich der §§ 124, 125 StGB eine Größe von 10–15 Personen ausreichen lassen (BGHSt 33, 306; in der beengten Situation etwa einer Gaststätte können auch weniger Personen genügen, BGH NStZ 1994, 483; nicht aber bei einer Gruppe von zehn Personen vor einer Polizeiwache, BGH NStZ 2002, 538), wobei die strafrechtliche Begriffsbestimmung zum Ziel hat, eine besondere Gefährlichkeit der Ansammlung feststellen zu können. Im Gefahrenabwehrrecht wird man demgegenüber vorrangig auf die Frage abzustellen haben, ab welcher Personenzahl bzw. in welcher Konstellation die besonderen Gefährdungen eines Schusswaffengebrauchs gegen eine Menschenmenge eintreten.

Auszulegen ist der Begriff der Menschenmenge daher sachgerechter nach dem **Norm-** **28** **zweck** der § 61 Abs. 3, § 65. Die Sondervorschriften tragen der Tatsache Rechnung, dass der Zwangsmitteleinsatz häufig nicht so „zielgenau" erfolgen kann, dass er nur die als Adressat vorgesehene Person „trifft". Zudem knüpft § 65 Abs. 1 unter anderem an eine Gewalttatenbegehung „von ihr" an; diese muss also von der Menschenmenge ausgehen. Eine Menschenmenge muss daher dadurch gekennzeichnet sein, dass eine Mehrzahl von Personen in räumlicher Nähe zueinander an einem bestimmten Ort befindlich ist, und dass die Zahl der Personen zu typischen Gefährdungslagen einer Personenmehrzahl führen kann. Ob eine Menschenmenge vorliegt, ist damit im Einzelfall zu bestimmen. Einzelpersonen, die gemeinsam eine Straftat begehen, sind daher nicht zwangsläufig eine Menschenmenge (Tegtmeyer/Vahle PolG NRW § 65 Rn. 4).

Entbehrlich ist die Androhung nach Abs. 3 S. 3 beim Gebrauch von technischen Sperren **29** (→ § 58 Rn. 10) und beim Einsatz von Dienstpferden (→ Rn. 34 f.; → § 58 Rn. 12). Sachliche Gründe hierfür sind die geringe „offensive" Eingriffsintensität der technischen Sperren bzw. die gute Erkennbarkeit des Dienstpferdeeinsatzes.

II. Androhung des Schusswaffengebrauchs gegen Personen in einer Menschenmenge (Abs. 3 S. 2)

Nach Abs. 3 S. 2 ist der **Gebrauch von Schusswaffen gegen Personen in einer** **30** **Menschenmenge** stets anzudrohen. Ein Absehen von der Androhung scheidet mithin in diesen besonders gefährlichen Konstellationen zum Schutze der Unbeteiligten aus. Zudem ist die Androhung vor dem Gebrauch zu wiederholen. Insgesamt ist also (mindestens) zweimal anzudrohen. Grundsätzlich denkbar ist auch die Abgabe eines Warnschusses gem. Abs. 1 S. 3, der aber allein als „Wiederholungsandrohung" zum Einsatz kommen sollte.

In der Praxis wird zunächst eine **mündliche Androhung** vorgenommen werden, der **31** sodann durch die Abgabe eines Warnschusses Nachdruck verliehen werden kann (vgl. Nr. 61.32 S. 2 VVPolG NRW). Zwischen der ersten und der zweiten Androhung und zwischen dieser und dem tatsächlichen Gebrauch der Schusswaffe sollte jeweils hinreichend Zeit liegen, sodass sich Unbeteiligte rechtzeitig entfernen können (vgl. Nr. 61.31 VVPolG NRW); auch im Geltungsbereich des Abs. 3 S. 2 gilt der (für den unmittelbaren Zwang allgemein geltende) S. 1. Ziel der beiden Androhungen ist es neben der Warnung an Unbeteiligte, denen die Möglichkeit gegeben werden muss, den Gefahrenbereich zu verlassen bzw. ihre räumliche Verbindung mit dem potenziellen Adressaten des Zwangsmitteleinsatzes zu lösen, den Schusswaffengebrauch also letztlich zu vermeiden (vgl. Nr. 61.32 S. 2 VVPolG NRW).

Diese Vorschriften des § 61 Abs. 3 S. 2 korrespondieren mit **§ 65 Abs. 2 und § 63 Abs. 4** **32** **S. 1.** Letztere Vorschrift verbietet den Einsatz der Schusswaffe, wenn für den Polizeivollzugsbeamten erkennbar Unbeteiligte mit hoher Wahrscheinlichkeit gefährdet werden (eingehend → § 64 Rn. 26 ff.). Eine Ausnahme regelt § 63 Abs. 4 S. 2, der den Schusswaffengebrauch

auch bei einer wahrscheinlichen Gefährdung Unbeteiligter dann zulässt, wenn der Schusswaffengebrauch das einzige Mittel zur Abwehr einer gegenwärtigen Lebensgefahr ist (→ § 63 Rn. 30). Die Bestimmungen dienen dem Schutz von unbeteiligten Personen in einer Menschenmenge, die bei einem Schusswaffengebrauch aufgrund denkbarer Streuung und Zielungenauigkeit regelmäßig besonders gefährdet sind. Daher muss der Schusswaffengebrauch so rechtzeitig angedroht werden, dass sich Unbeteiligte aus der Menschenmenge entfernen und so in Sicherheit bringen können. Ist den Unbeteiligten diese Gelegenheit gegeben und entfernen sie sich – nach wiederholter Androhung – dennoch nicht, verlieren sie nach § 65 Abs. 2 den Status als „Unbeteiligte", sodass die hohen materiellen Hürden des § 63 Abs. 4 S. 1 nicht mehr gelten. Freilich setzt dies voraus, dass sich die Personen faktisch aus der Menschenmenge entfernen können (§ 65 Abs. 2: „obwohl ihm das möglich ist"). Nr. 65.2 VVPolG NRW verlangt zudem, dass bei der Androhung darauf hingewiesen wird, dass Unbeteiligte in einer Menschenmenge diesen Status verlieren, wenn sie sich – obwohl ihnen dies möglich ist – nicht aus der Menschenmenge entfernen.

33   Auch für die Androhung des Schusswaffengebrauchs gegen Personen in einer Menschenmenge fehlen gesetzliche **Formvorgaben**; sie kann mithin ebenfalls in jeder denkbaren sachgerechten Form erfolgen. Nr. 61.32 S. 1 VVPolG NRW schreibt allerdings vor, dass die Androhung grundsätzlich durch Lautsprecher zu erfolgen habe.

III. Absehen von der Androhung beim Gebrauch technischer Sperren und beim Einsatz von Dienstpferden (Abs. 3 S. 3)

34   Gemäß Abs. 3 S. 3 kann beim **Gebrauch technischer Sperren und beim Einsatz von Dienstpferden** von der Androhung abgesehen werden. Dabei handelt es sich um eine Ausnahmevorschrift zu Abs. 3 S. 1, sodass die Möglichkeit des Absehens auch nur beim Einsatz von unmittelbarem Zwang gegenüber einer Menschenmenge besteht, nicht aber bei anderen Konstellationen.

35   Nicht eindeutig klärt die Vorschrift, ob das Absehen von der Androhung den **materiellen Anforderungen** nach Abs. 1 S. 2 unterworfen ist, es also nur dann in Betracht kommt, wenn die sofortige Anwendung des Zwangsmittels zur Abwehr einer gegenwärtigen Gefahr notwendig ist. Aufgrund des hohen Detailgrades der übrigen Bestimmungen zur Androhung unmittelbaren Zwangs wird man das Fehlen entsprechender Voraussetzungen in Abs. 3 S. 3 dahingehend zu deuten haben, dass beim Gebrauch technischer Sperren und beim Einsatz von Dienstpferden auch ohne das Vorliegen einer gegenwärtigen Gefahr von der Androhung abgesehen werden kann.

§ 62 Fesselung von Personen

[1]Eine Person, die nach diesem Gesetz oder anderen Rechtsvorschriften festgehalten wird, kann gefesselt werden, wenn Tatsachen die Annahme rechtfertigen, dass sie
1. **Polizeivollzugsbeamte oder Dritte angreifen, Widerstand leisten oder Sachen von nicht geringem Wert beschädigen wird,**
2. **fliehen wird oder befreit werden soll oder**
3. **sich töten oder verletzen wird.**
[2]**Dasselbe gilt, wenn eine Person nach anderen Rechtsvorschriften vorgeführt oder zur Durchführung einer Maßnahme an einen anderen Ort gebracht wird.**

Überblick

§ 62 enthält Spezialregelungen für einen Sonderfall der Anwendung unmittelbaren Zwangs (→ Rn. 1) unter Einsatz von Hilfsmitteln der körperlichen Gewalt iSv § 58 Abs. 2, die „Fesselung" (→ Rn. 2). Die Bestimmung normiert in verschiedenen Varianten materielle tatbestandliche Rechtmäßigkeitsvoraussetzungen, die nicht an die Stelle der rechtlichen Vorgaben zur Zwangsmittelanwendung in den §§ 50 ff. treten, sondern diese ergänzen. So muss unmittelbarer Zwang grundsätzlich rechtlich zulässig sein. § 62 ist damit keine eigenständige Ermächtigungsgrundlage, sondern wie die nachfolgend geregelten Vorschriften über den

Schusswaffengebrauch zusätzlich zu beachten (→ Rn. 4). Zulässig ist die Fesselung, sofern Anhaltspunkte für einen Angriff oder Widerstand einer festgehaltenen Person bestehen (→ Rn. 9 ff.) oder dafür, dass sie Sachen von nicht geringem Wert beschädigen wird (S. 1 Nr. 1; → Rn. 12). Ferner ist sie statthaft, wenn Anhaltspunkte dafür festzustellen sind, dass die Person fliehen wird oder befreit werden soll (→ Rn. 13 ff.) oder sie sich töten oder verletzen wird (S. 1 Nr. 3; → Rn. 16). Nach S. 2 ist eine Fesselung schließlich rechtmäßig, wenn eine Person nach anderen Rechtsvorschriften vorgeführt oder zur Durchführung einer Maßnahme an einen anderen Ort gebracht wird (→ Rn. 17 ff.).

Übersicht

A. Bedeutung und Systematik der Vorschrift

§ 62 regelt in verschiedenen tatbestandlichen Varianten **materielle Voraussetzungen** **1** für die Maßnahme der Fesselung einer Person. Dabei handelt es sich um eine besondere Anwendungsform des unmittelbaren Zwangs. Die Bestimmung gilt sowohl zur Durchsetzung präventiven Handelns der Polizei als auch im Zusammenhang mit repressiven Maßnahmen, weil die StPO keine eigenständigen Vorschriften zur zwangsweisen Durchsetzung enthält. Die Fesselung iSv § 62 verfolgt indes Zwecke der Gefahrenabwehr (Tetsch/Baldarelli PolG NRW Erl. 1). Ergänzende Regelungen trifft die PolGewO (Polizeigewahrsamsordnung für das Land Nordrhein-Westfalen, Runderlass des Innenministeriums v. 20.3.2009 – 43.57.01.08, MBl. NRW. 254), namentlich zur sog. „Fixierung" und zur Fesselung in § 27 PolGewO. Für Untersuchungsgefangene gelten zudem als Spezialvorschriften § 28 UVollzG NRW iVm § 69 Abs. 1, Abs. 2 Nr. 6–8 StVollzG NRW (Tegtmeyer/Vahle PolG NRW Rn. 2; dazu Hoffmann/Wißmann StV 2001, 706). Vorschriften zur Fesselung enthalten auch Art. 65 BayPAG, § 59 HSOG und § 75 NPOG.

Unter **Fesselung** versteht man eine Einschränkung der Bewegungsfreiheit dadurch, dass **2** die Nutzung von Armen und Beinen ganz oder teilweise verhindert wird (Tetsch EingriffsR 313; Tetsch/Baldarelli PolG NRW Erl. 4). Ein bloßes Festhalten durch Polizeivollzugsbeamte genügt nicht; vielmehr müssen Fesselungsgegenstände zum Einsatz kommen (vgl. Tetsch/Baldarelli PolG NRW Erl. 1, 3; Nimtz/Thiel EingriffsR NRW Rn. 1242; zu praktischen Problemen der Fesselung allg. Hansen DIE POLIZEI 1990, 137). Einen Sonderfall bildet die sog. **„Fixierung"**, bei der es sich nach der PolGewO um „die Fesselung an die in den Gewahrsamszellen dafür vorgesehenen Fixierungsstellen (Griffmulden) mittels der bei der Polizei NRW zulässigen Fixierungsmittel" handelt (§ 27 Abs. 2 PolGewO). Aufgrund der besonderen Belastungswirkungen der Fixierung wird man eine gesonderte Rechtsgrundlage für sachgerecht halten müssen; in Nordrhein-Westfalen wurde eine solche mit Einfügung des § 37a (Fixierung festgehaltener Personen) und seinem Inkrafttreten zum 31.12.2019 geschaffen.

Fesseln und andere zur Fesselung dienende Gegenstände sind **Hilfsmittel der körperli-** **3** **chen Gewalt** iSv § 58 Abs. 3; jedenfalls die Fesseln werden dort explizit genannt. Zur Fesselung verwendet werden können die dienstlichen Handfesseln, aber auch andere Gegenstände wie Klebeband, Kabelbinder, Stricke, Gürtel etc (vgl. Tetsch/Baldarelli PolG NRW Erl. 3; Nimtz/Thiel EingriffsR NRW Rn. 1244). Gemäß Nr. 62.02 S. 1 VVPolG NRW sollen für die Fesselung die hierfür vorgesehenen Hilfsmittel der körperlichen Gewalt verwendet werden. Sofern diese nicht vorhanden sind oder nicht ausreichen, sieht Nr. 62.02 S. 2 VVPolG NRW andere Maßnahmen vor, die eine ähnliche Behinderung wie Fesseln gewährleisten. Damit ist **jede Sistierung einer Person** unter Zuhilfenahme von Gegenständen den rechtlichen Anforderungen des § 62 zu unterwerfen.

4 § 62 enthält – auch wenn der Wortlaut („kann gefesselt werden, wenn […]") diese Deutung durchaus zulassen würde – **keine eigenständige Ermächtigungsgrundlage,** sondern regelt zusätzlich zu den §§ 58–61 materielle Rechtmäßigkeitsvoraussetzungen für die Fesselung von Personen (Nimtz/Thiel EingriffsR NRW Rn. 1238). Diese Voraussetzungen müssen gegeben sein (vgl. Tetsch/Baldarelli PolG NRW Erl. 8). Die Anwendung des Zwangsmittels „Fesselung" selbst wie auch die Androhung sind damit nur rechtlich zulässig, wenn die Voraussetzungen einer der in der Norm geregelten Varianten vorliegen.

5 **Verhältnismäßigkeitsaspekte** sind stets zu berücksichtigen (Tegtmeyer/ Vahle PolG NRW Rn. 4), sodass zunächst eine Handfessel (mit Fesselung in „Vorderstellung" oder das Fixieren an einem feststehenden Gegenstand) einzusetzen ist; nur wenn diese nicht hinreichend Erfolg versprechend ist, kommt eine Fesselung der Hände hinter dem Rücken bzw. zusätzlich eine Fesselung auch der Beine in Betracht (vgl. Tetsch/Baldarelli PolG NRW Erl. 4: ggf. auch Ruhigstellung des Kopfes). Umgekehrt ist eine Lockerung bzw. Erleichterung der Fesselung zu erwägen, zB wenn der Gefesselte kooperativer wird. Denkbar ist auch ein Zusammenschließen von mehreren Personen, wie sich aus Nr. 62.03 VVPolG NRW ergibt; die Bestimmung schreibt jedoch vor, dass Männer und Frauen möglichst nicht zusammenzuschließen sind und bei einem Zusammenschluss darauf zu achten ist, dass die Ziele eines strafprozessualen Ermittlungsverfahrens nicht beeinträchtigt werden (vgl. Tetsch/Baldarelli PolG NRW Erl. 14). Schließlich ist „Fesselung" im Sinne der Vorschrift auch das Befestigen an einem anderen, im Regelfall seinerseits fixierten oder jedenfalls hinreichend schweren Gegenstand. Bei einer Fixierung an einen festen Gegenstand (zB an einem Verkehrsschild, um kurzfristig die Verfolgung einer anderen Person aufnehmen zu können) ist aufgrund einer möglichen „Prangerwirkung" besonderes Augenmerk auf den Verhältnismäßigkeitsgrundsatz zu legen (Tetsch/Baldarelli PolG NRW Erl. 13).

6 Besondere Durchführungsvorschriften bestehen nicht. Allerdings ist die Fesselung als Ausübungsform des unmittelbaren Zwangs gem. § 61 Abs. 1 S. 1 **anzudrohen** (vgl. → § 61 Rn. 2; Osterlitz EingriffsR Polizeidienst II 203; Tetsch/Baldarelli PolG NRW Erl. 5). Gemäß Nr. 62.02 S. 3 VVPolG NRW ist darauf zu achten, dass **gesundheitliche Schäden** der gefesselten Person nicht eintreten; beispielhaft zu nennen sind eine Blutstauung oder extreme Temperaturen, aber auch eine Atmungsbeeinträchtigung bei einer Fixierung in Bauchlage, die in der Praxis mitunter aufgrund von Vorerkrankungen, Substanzmissbrauch oder Stress in der Einsatzlage zu Todesfällen führen kann (Osterlitz EingriffsR Polizeidienst II 208 fordert eine sofortige Aufrichtung bzw. Positionierung in stabiler Seitenlage; zur Bauchlagenfesselung Ellbogen/Saerbeck Kriminalistik 2010, 419). Eine Erkrankung oder sonstige gesundheitliche Einschränkungen der festgehaltenen Person können die Fesselung insgesamt ausschließen oder besondere Vorsichtsmaßnahmen erfordern. So sieht auch § 27 Abs. 2 S. 4 PolGewO vor: „Liegen Indikatoren und Verhaltensauffälligkeiten vor, ist zur Verhinderung des „Positional Asphyxia Phänomens" eine Fixierung des Verwahrten grundsätzlich in Seitenlage oder im Sitzen aus medizinischer Sicht durchzuführen. Eine durchgängige persönliche Beobachtung ist bei der in der Seitenlage oder im Sitzen fixierten Person zu gewährleisten." Je schwerwiegender die konkrete Ausübungsform der Fesselung ist (→ Rn. 2), desto eher ist auf drohende Schäden beim Adressaten zu achten (vgl. Tetsch/Baldarelli PolG NRW Erl. 12). Im Regelfall ist daher auch der Gefesselte unter ständiger Aufsicht zu halten. Für die „Fixierung" im Sinne der PolGewO ist in dieser unter anderem vorgesehen, dass der Fixierte die Meldeeinrichtung (Sensortaster der Zellenrufanlage) erreichen können oder dass alternativ eine ständige Beobachtung erfolgen muss (§ 27 Abs. 2 S. 2 PolGewO).

7 Die Fesselung greift in das **Recht auf körperliche Unversehrtheit** (Art. 2 Abs. 2 S. 1 GG) ein. Ob sie über die im Festhalten bereits liegende **Freiheitsbeeinträchtigung** hinaus zusätzlich eine Freiheitsentziehung gem. Art. 2 Abs. 2 S. 2 GG herbeiführt, ist kontrovers diskutiert worden (unter Hinweis auf die sonst erforderliche richterliche Anordnung abl. Tetsch/Baldarelli PolG NRW Erl. 4: „graduelle Verstärkung des Festhaltens"). Das BVerfG hat jedenfalls für die Fixierung psychisch kranker Untergebrachter von nicht nur kurzfristiger Dauer in einer 5-Punkt- oder 7-Punkt-Fixierung, bei der sämtliche Gliedmaßen des Betroffenen an einem Bett festgebunden werden, einen Eingriff in das Grundrecht auf Freiheit der Person angenommen (BVerfG NJW 2018, 2619 ff.; Sachs JuS 2019, 86; Grotkopp/Fölsch DRiZ 2018, 326).

B. Voraussetzungen für die Fesselung

§ 62 normiert insgesamt fünf **verschiedene Varianten,** in denen eine Fesselung rechtlich **8** gestattet ist. Allen ist gemeinsam, dass die Person, die gefesselt werden soll, festgehalten wird (eingehend → Rn. 21). Soweit S. 1 Nr. 1–3 das Vorliegen von Tatsachen verlangen, müssen konkrete Anhaltspunkte bestehen, die sich etwa aus dem Vorverhalten des Adressaten, Beobachtungen der handelnden Beamtinnen und Beamten oder den Aussagen Dritter ergeben können. Bloße Vermutungen oder die Erkenntnis, dass solche Personen in vergleichbaren Situationen regelmäßig in einer bestimmten Weise verhalten, genügen nicht (Osterlitz EingriffsR Polizeidienst II 206; Tetsch/Baldarelli PolG NRW Erl. 8.2: kein „Eigensicherungsautomatismus"; Tegtmeyer/Vahle PolG NRW Rn. 3).

I. Tatsachen für die Annahme, dass die Person angreifen, Widerstand leisten oder Sachen von nicht geringem Wert beschädigen wird (S. 1 Nr. 1)

Gemäß der tatbestandlichen Variante des S. 1 Nr. 1 müssen Tatsachen für die Annahme **9** vorliegen, dass die festgehaltene Person (die Polizeibeamtinnen und -beamten oder Dritte) angreifen (→ Rn. 10), Widerstand leisten (→ Rn. 11) oder Sachen von nicht geringem Wert beschädigen wird (→ Rn. 12).

Ein **Angriff** liegt vor, wenn rechtlich geschützte Interessen der Polizeibeamtinnen und **10** -beamten oder Dritter durch das Verhalten des Festgehaltenen bedroht werden. Der Angriff muss noch nicht vorliegen; tatsächliche Anhaltspunkte für einen bevorstehenden Angriff genügen (→ Rn. 8; s. Tetsch EingriffsR 313, der auch ein ernsthaft vorgetragenes Drohen mit einem Angriff ausreichen lässt).

Unter **Widerstand** versteht man den aktiven Widerstand gegen das Festhalten (bzw. **11** nachgelagerte Maßnahmen) durch die Polizeibeamtinnen und -beamten, nicht den passiven Widerstand (zB durch ein Stehenbleiben oder Zu-Boden-„Fallenlassen"; vgl. Nr. 62.01 VVPolG NRW; Bialon/Springer EingriffsR Kap. 36 Rn. 87; Osterlitz EingriffsR Polizeidienst II 207; diff. Tetsch/Baldarelli PolG NRW Erl. 8.3: Passivität und Verweigerung können Anhaltspunkte für die „Gesamtprognose" sein, ebenso ein Anspucken der Beamten). Auch hier genügen tatsächliche Anhaltspunkte (→ Rn. 8). Dass der Übertritt, der Anlass für die polizeiliche Maßnahme war, in deren Verlauf aufgrund erheblichen Widerstands des Adressaten eine Fesselung erforderlich wird, von lediglich geringfügiger Bedeutung ist, wirkt sich nicht auf die rechtliche Zulässigkeit der „Widerstandsfesselung" aus (vgl. LG Düsseldorf BeckRS 2009, 21199 Rn. 20, das eine Amtspflichtverletzung in einem Fall verneint hat, in dem sich eine Person nach einem „Rotlichtverstoß" einer polizeilichen Identitätsfeststellung aktiv widersetzte).

Die dritte Möglichkeit ist, dass der Adressat **Sachen von nicht geringem Wert** beschädi- **12** gen wird; tatsächliche Anhaltspunkte sind hier ebenfalls hinreichend (→ Rn. 8). Sachen sind bewegliche Gegenstände gem. § 90 BGB bzw. gem. der Gleichstellung in § 90a BGB auch Tiere. Beschädigen ist jede nicht unerhebliche Substanzverletzung bis hin zur Zerstörung. Ob eine Sache von „nicht geringem Wert" ist, kann nicht am Maßstab einer festen materiellen Wertgrenze bestimmt werden (Osterlitz EingriffsR Polizeidienst II 207; Tetsch/Baldarelli PolG NRW Erl. 8.4 mwN; aA Bialon/Springer EingriffsR Kap. 36 Rn. 87: circa 1.000 EUR als Schadensgrenze). Ob der Wert einer Sache diese Wertgrenze überschreitet oder nicht, kann beim Einsatz vor Ort häufig nicht festgestellt werden, sofern dies nicht offenkundig ist (wie zB bei der befürchteten Beschädigung des Inneren eines Einsatzfahrzeugs beim Transport festgehaltener Personen). Gleichwohl ist allein der wirtschaftliche Wert gemeint; ein ideeller Wert ist durch die Polizei nicht im Wege der Fesselung zu schützen (aA Tetsch EingriffsR 313: auch ideeller Wert). Ausgeschlossen ist die Fesselung nach alledem nur bei einer drohenden Beschädigung in „Bagatellfällen". Insgesamt ist dem **Verhältnismäßigkeitsgrundsatz** vor allem bei dieser tatbestandlichen Variante besondere Beachtung zu schenken; kann die durch eine mögliche Beschädigung oder Zerstörung gefährdete Sache der festgehaltenen Personen ohne Aufwand entzogen werden, ist dies gegenüber der Fesselung die mildere Maßnahme (Tetsch EingriffsR 313).

II. Tatsachen für die Annahme, dass die Person fliehen wird oder befreit werden soll (S. 1 Nr. 2)

13   Die Fesselung nach der Variante des S. 1 Nr. 2 soll dazu dienen, den Festgehaltenen daran zu hindern, sich durch eigenes Verhalten unerlaubt der polizeilichen Maßnahme zu entziehen.

14   Unter **Fliehen** versteht man das Sichentfernen von dem Ort, an dem die Person festgehalten wird (→ Rn. 21), ohne dass dies gesetzlich erlaubt oder durch die Polizei gestattet wäre. Es genügen tatsächliche Anhaltspunkte (→ Rn. 8) für eine möglicherweise drohende Flucht; solche Indizien können sich bspw. aus der bereits erfolgten Einleitung eines Strafverfahrens ergeben (Tetsch/Baldarelli PolG NRW Erl. 8.5).

15   **Befreiung** bedeutet, dass das Festhalten durch die Einwirkung eines Dritten beendet wird. Diese Befreiung kann – wie auch bei § 120 StGB, dem Straftatbestand der Gefangenenbefreiung – je nach Art des Festhaltens durch gewaltsame Angriffe oder durch das Bereitstellen von Gegenständen erfolgen, die dem Festgehaltenen unmittelbar die Selbstbefreiung ermöglichen. Obwohl in der Variante der Befreiung die Gefahr von einem Dritten ausgeht, darf die Polizei diese Befreiung durch die Fesselung des Festgehaltenen verhindern bzw. erschweren (Osterlitz EingriffsR Polizeidienst II 207).

III. Tatsachen für die Annahme, dass die Person sich töten oder verletzen wird (S. 1 Nr. 3)

16   Die Fesselung nach S. 1 Nr. 3 dient dazu, eine **Selbstverletzung oder Selbsttötung** durch den Festgehaltenen auszuschließen. Es genügen Tatsachen für die Annahme, dass der zu Fesselnde sich selbst verletzen oder töten wird (→ Rn. 8). Die Fesselung kommt vor allem dann in Betracht, wenn eine Beruhigung der festgehaltenen Person auf andere Weise nicht möglich ist (Tetsch EingriffsR 313) und eine nicht unerhebliche Beeinträchtigung der körperlichen Unversehrtheit bzw. der Gesundheit droht (vgl. Osterlitz EingriffsR Polizeidienst II 208). Gegebenenfalls kommt auch eine „Totalfesselung" in Betracht (Tetsch/Baldarelli PolG NRW Erl. 8.6).

IV. Vorführung nach anderen Rechtsvorschriften (S. 2 Alt. 1)

17   Nach S. 2 Alt. 1 kann die Polizei eine Person fesseln, wenn sie **nach anderen Rechtsvorschriften vorgeführt** oder zur Durchführung einer Maßnahme an einen anderen Ort gebracht **wird;** die Formulierung „Dasselbe gilt" stellt insoweit eine Rechtsfolgenverweisung auf S. 1 dar (→ Rn. 8 ff.). Die Fesselung nach den Varianten des S. 2 dient dazu, die Vornahme anderer Maßnahmen zu vereinfachen bzw. durch die Sistierung des Adressaten erst zu ermöglichen; insoweit bestehen Parallelen zu § 39 Abs. 2 (Tetsch/Baldarelli PolG NRW Erl. 8.7 mwN zum hier bestehenden Meinungsstreit; → § 39 Rn. 53 ff.).

18   Eine **Vorführung** kann etwa nach § 10 Abs. 3 beabsichtigt sein, aber auch zB als Vorführung von Beschuldigten (§ 163a Abs. 3 StPO, §§ 133, 134 StPO) oder von Zeugen und Sachverständigen (§ 161a Abs. 2 StPO, §§ 51, 133 StPO) zur staatsanwaltschaftlichen Vernehmung.

V. Verbringung an anderen Ort zur Durchführung einer Maßnahme, (S. 2 Alt. 2)

19   Nach S. 2 Alt. 2 darf eine Person gefesselt werden, wenn sie **zur Durchführung einer Maßnahme an einen anderen Ort verbracht wird** bzw. genauer: werden soll. Denkbar ist hier eine Vielzahl möglicher Maßnahmen, bspw. die Verbringung zur Durchführung einer erkennungsdienstlichen Behandlung oder einer ärztlichen Untersuchung. Da die Bestimmungen über die Zwangsmittelanwendung jedenfalls hinsichtlich des unmittelbaren Zwangs auch für repressive Maßnahmen gelten, weil die StPO keine eigenständigen Regelungen zur zwangsweisen Durchsetzung enthält, ist eine Fesselung bei präventiver wie repressiver Verbringung zulässig, soweit die tatbestandlichen Voraussetzungen vorliegen.

C. Adressat der Maßnahme

20   **Adressat der Maßnahme,** also die Person, die gefesselt werden soll, kann jede natürliche Person sein. Für die Varianten des S. 1 ist darüber hinaus erforderlich, dass diese Person nach

„diesem Gesetz", also dem PolG NRW, oder nach anderen Rechtsvorschriften **festgehalten wird.** Grundlage für ein Festhalten sind etwa § 10 Abs. 3, § 12 Abs. 2, § 35 (vgl. die Aufzählung in § 36 Abs. 1; Bialon/Springer EingriffR Kap. 36 Rn. 85) sowie §§ 81a, 81b, 81c, 127 Abs. 1 und Abs. 2 StPO, §§ 127b, 163b, 164 StPO (vgl. auch Tegtmeyer/Vahle PolG NRW Rn. 1; Tetsch/Baldarelli PolG NRW Erl. 8.1; aA Bialon/Springer EingriffsR Kap. 36 Rn. 86, denen zufolge die Mitnahme einer Person zur Wache keinen Fall des S. 1, sondern des S. 2 darstellt). Da Freiheitsbeschränkungen zur Verfolgung von Ordnungswidrigkeiten wegen § 46 Abs. 3 OWiG im Regelfall ausgeschlossen sind, kommt hier auch eine Fesselung meist nicht in Betracht (Osterlitz EingriffsR Polizeidienst II 206). Festgehalten werden kann die Person auch dann, wenn die Polizei im Wege der Vollzugshilfe für eine andere Behörde tätig wird (zB als Unterstützungshandlung bei einer ärztlichen Einweisung nach SchlHPsychKG, VG Schleswig BeckRS 2016, 55538).

„**Festhalten**" bedeutet in diesem Zusammenhang (zumindest) eine kurzzeitige Freiheits- **21** beeinträchtigung, nicht lediglich ein bloßes „Anhalten" (zB im Rahmen einer Befragung nach § 9); es muss eine Beeinträchtigung der Freiheit der Person gem. Art. 2 Abs. 2 S. 2 GG, Art. 104 GG bereits gegeben, nicht etwa erst beabsichtigt sein; Freiheitsbeschränkung wie Freiheitsentziehung sind denkbar (Osterlitz EingriffsR Polizeidienst II 206; aA Bialon/Springer EingriffsR Kap. 36 Rn. 85: Freiheitsentziehung).

In der Norm steht „festgehalten wird", nicht: „festgehalten werden soll" oder „festgehalten **22** werden darf", sodass es auch auf die **Rechtmäßigkeit des Festhaltens** für die Frage der rechtlichen Zulässigkeit der Fesselung nach nicht ankommen kann. Dies ergibt sich neben der Formulierung des § 62 auch aus dem allgemeinen, von der überwiegenden Auffassung vertretenen Grundsatz, dass polizeiliche Anordnungen und Maßnahmen nicht in jedem Falle ihrerseits rechtmäßig sein müssen, um mit Zwangsmitteln durchgesetzt zu werden (sofern die Rechtmäßigkeit den handelnden Beamten nicht bekannt ist und die Zwangsanwendung damit als willkürlich erscheint). Die „Fesselung" nach § 62 dient also dazu, eine Person zu fixieren, derer man bereits habhaft geworden ist, die jedoch aus tatsächlichen Gründen nicht ohne eine solche Fixierung weiter behandelt, etwa zur Wache verbracht werden kann.

§ 63 Allgemeine Vorschriften für den Schusswaffengebrauch

(1) ¹Schusswaffen dürfen nur gebraucht werden, wenn andere Maßnahmen des unmittelbaren Zwanges erfolglos angewendet sind oder offensichtlich keinen Erfolg versprechen. ²Gegen Personen ist ihr Gebrauch nur zulässig, wenn der Zweck nicht durch Schusswaffengebrauch gegen Sachen erreicht werden kann.

(2) ¹Schusswaffen dürfen gegen Personen nur gebraucht werden, um angriffs- oder fluchtunfähig zu machen. ²Ein Schuss, der mit an Sicherheit grenzender Wahrscheinlichkeit tödlich wirken wird, ist nur zulässig, wenn er das einzige Mittel zur Abwehr einer gegenwärtigen Lebensgefahr oder der gegenwärtigen Gefahr einer schwerwiegenden Verletzung der körperlichen Unversehrtheit ist.

(3) ¹Gegen Personen, die dem äußeren Eindruck nach noch nicht 14 Jahre alt sind, dürfen Schusswaffen nicht gebraucht werden. ²Das gilt nicht, wenn der Schusswaffengebrauch das einzige Mittel zur Abwehr einer gegenwärtigen Gefahr für Leib oder Leben ist.

(4) ¹Der Schusswaffengebrauch ist unzulässig, wenn für den Polizeivollzugsbeamten erkennbar Unbeteiligte mit hoher Wahrscheinlichkeit gefährdet werden. ²Das gilt nicht, wenn der Schusswaffengebrauch das einzige Mittel zur Abwehr einer gegenwärtigen Lebensgefahr ist.

Überblick

§ 63 normiert zahlreiche materielle Voraussetzungen für den Schusswaffengebrauch, und zwar (systematisch nicht geglückt) sowohl bezüglich des Schusswaffengebrauchs generell als auch hinsichtlich des Gebrauchs der Schusswaffe „gegen" Personen. Abs. 1 erklärt den Schusswaffengebrauch in S. 1 für subsidiär gegenüber anderen Mitteln des unmittelbaren

Zwangs (→ Rn. 3), Abs. 1 S. 2 ordnet den Nachrang des Einsatzes gegen Personen gegenüber dem Einsatz gegen Sachen an (→ Rn. 9). Abs. 2 bestimmt, dass der Schusswaffengebrauch gegen Personen nur mit dem Ziel erfolgen darf, diese angriffs- oder fluchtunfähig zu machen (S. 1; → Rn. 12). Abs. 2 S. 2 ermächtigt unter engen Voraussetzungen zum sog. „finalen Rettungsschuss" (→ Rn. 13 ff.). In Abs. 3 finden sich Einschränkungen hinsichtlich des Schusswaffengebrauchs gegen Personen, die dem äußeren Eindruck nach noch nicht 14 Jahre alt sind (→ Rn. 23 ff.). Abs. 4 schließlich trifft Regelungen hinsichtlich des Schusswaffengebrauchs mit Gefährdung Unbeteiligter (→ Rn. 26 ff.).

Übersicht

A. Bedeutung und Systematik der Vorschrift

1   § 63 enthält eine Vielzahl **materieller Anforderungen an den Schusswaffengebrauch.** Die Vorschrift ist – vor allem im Kontext mit den weiteren Bestimmungen in §§ 64, 65 – systematisch nicht uneingeschränkt geglückt; die Regelungen betreffen zum Teil den Schusswaffengebrauch generell (Abs. 1 S. 1, Abs. 4), teilweise nur den Schusswaffengebrauch gegen Personen (Abs. 1 S. 2, Abs. 2, Abs. 3). Abs. 2 S. 2 enthält eine Sonderregelung für den sog. „finalen Rettungsschuss" (→ Rn. 13 ff.). Vergleichbare Vorschriften finden sich in § 53 BWPolG, Art. 83 BayPAG, § 60 HSOG und § 76 NPOG.

2   Das Gesetz unterscheidet zwischen einem Schusswaffengebrauch gegen Sachen, gegen Personen und gegenüber Menschenmengen (bzw. gegen Personen in einer Menschenmenge; s. allg. Nimtz/Thiel EingriffsR NRW 400 ff.). Für diese drei nach dem **Zielobjekt** differenzierenden Varianten (zur Abgrenzung → Rn. 10 f.) bestehen „gestaffelte", jeweils strikter werdende Voraussetzungen.

B. Allgemeine Anforderungen an den Schusswaffengebrauch (Abs. 1 S. 1)

3   Abs. 1 S. 1 enthält ein **Subsidiaritätsgebot.** Der Schusswaffengebrauch ist nach dieser Vorschrift nur zulässig, wenn andere Maßnahmen des unmittelbaren Zwanges erfolglos angewendet worden sind oder offensichtlich keinen Erfolg versprechen. Der Schusswaffengebrauch ist mithin **„ultima ratio"** des Zwangsmitteleinsatzes (Lisken/Denninger PolR-HdB/Rachor/Graulich E Rn. 919).

4   **Schusswaffen** sind die für die Polizei gem. § 58 Abs. 4 zugelassenen: Pistole, Revolver, Gewehr und Maschinenpistole, nach § 58 Abs. 5 beim Einsatz der Bundespolizei zur Unterstützung der nordrhein-westfälischen Polizei im Falle der Art. 35 Abs. 2 S. 1 GG bzw. Art. 91 Abs. 1 GG auch Maschinengewehr und Handgranate (→ § 58 Rn. 18 ff.; → § 66 Rn. 1 ff.).

5   Zweifelhaft ist der **Begriff des „Gebrauchs".** Nahe läge es, als Schusswaffengebrauch bzw. -anwendung nur das Abfeuern eines oder mehrerer Schüsse in Richtung einer Person oder Sache bzw. das Werfen einer scharfen Handgranate zu verstehen (etwa Tetsch/Baldarelli PolG NRW Erl. 4: In-die-Hand-Nehmen zur Eigensicherung noch kein Schusswaffengebrauch; ebenso die entschlossene Schießhaltung). Für diese Deutung spricht auch § 61 Abs. 1 S. 3, der die Abgabe eines Warnschusses als Androhung des Schusswaffengebrauchs qualifiziert. Nicht jedes Abgeben eines Schusses ist damit nach dem Wortlaut der §§ 61 ff. Schusswaffen-„Gebrauch" (gegen eine Sache bzw. eine Person). Auf der anderen Seite darf der eigentliche Schusswaffengebrauch nicht angedroht werden, wenn seine gesetzlichen Voraussetzungen nicht vorliegen (vgl. allg. für die Androhung des unmittelbaren Zwangs Nr. 61.11 VVPolG NRW). Daher müssen die Anforderungen auch schon für den Warnschuss vorliegen, selbst wenn man diesen nicht als Schusswaffengebrauch im eigentlichen Sinne einordnet.

Denn die Zwangswirkung ist zwar beim Warnschuss auf die Willens- bzw. Entscheidungsfreiheit des Adressaten gerichtet, während sie beim gezielten Schuss einen Eingriff in das Recht auf Gesundheit und körperliche Unversehrtheit, ggf. das Recht auf Leben darstellt. Eine Zwangswirkung kommt jedoch auch dem Warnschuss bereits zu.

Vor diesem Hintergrund empfiehlt es sich, zwischen dem **Schusswaffengebrauch im** 6 **engeren Sinne,** also dem gezielten Abgeben eines Schusses in Richtung einer Person oder auf eine Sache, und dem **Schusswaffengebrauch im weiteren Sinne** zu differenzieren, der die Abgabe eines Warnschusses einschließt. Noch weiter gefasst ist der **Schusswaffeneinsatz** als Oberbegriff, der schon das Mitführen der Waffe erfasst und etwa auch die Verwendung der Schusswaffe als Hilfsmittel der körperlichen Gewalt, zB zum Einschlagen einer Fensterscheibe, einschließt. Schwierig ist die Einordnung der „entschlossenen Schießhaltung", die wohl schon als Schusswaffengebrauch im weiteren Sinn qualifiziert werden kann (s. Tetsch/Baldarelli PolG NRW Erl. 4.1: kein Schusswaffengebrauch; auch keine Androhung „durch Zeichen"). Diese begrifflichen Unterscheidungen bilden den Ausgangspunkt für die eingriffsrechtliche Bewertung: Der Schusswaffengebrauch im engeren Sinne muss jedenfalls den Anforderungen der §§ 63 ff. genügen. Hinsichtlich des Schusswaffengebrauchs im weiteren Sinne, also ohne die Abgabe eines Schusses, ist dies zweifelhaft, weil das In-die-Hand-Nehmen einer Schusswaffe etwa vor dem Betreten eines Gebäudes in Ermangelung eines „Gegenübers" noch keinen Grundrechtseingriff darstellt und damit keiner Ermächtigungsgrundlage bedarf. Auch wird der Schusswaffengebrauch im weiteren Sinne gegen Sachen nicht den Vorschriften der §§ 63 ff. entsprechen müssen, sofern kein Schuss abgegeben wird. Erfolgt aber der Schusswaffengebrauch im weiteren Sinne gegenüber bzw. in Anwesenheit einer Person, hat schon das „Vorzeigen" oder Halten der Waffe grundrechtsbeeinträchtigende Wirkungen. Als Ermächtigungsnorm hierfür auf die Generalklausel in § 8 zurückgreifen zu wollen, erscheint konstruiert. Überzeugender erscheint es, bei Anwesenheit einer Person schon den Schusswaffengebrauch im weiteren Sinne den Anforderungen der §§ 63 ff. zu unterwerfen. Der Schusswaffeneinsatz ohne „Gebrauchscharakter" allein unterliegt diesen Vorschriften dagegen nicht.

Gemäß Nr. 58.36 S. 3 VVPolG NRW sind auch für den Einsatz **barrikadebrechender** 7 **Reizstoffwurfkörper und barrikadebrechender pyrotechnischer Mittel** die Voraussetzungen des Gebrauchs von Schusswaffen zu beachten.

Abs. 1 S. 1 erklärt den Schusswaffengebrauch als **den anderen Mitteln des unmittelba-** 8 **ren Zwangs** (körperliche Gewalt, Hilfsmittel der körperlichen Gewalt, Einsatz des Schlagstocks) **nachrangig.** Er ist nur zulässig, wenn entweder andere Mittel des unmittelbaren Zwangs bereits angewandt worden und erfolglos geblieben sind, oder wenn sie offensichtlich keinen Erfolg versprechen. „Erfolg" bedeutet in diesem Zusammenhang die Erreichung des mit dem Zwangsmitteleinsatz angestrebten Zieles, im Regelfall also die Abwehr einer Gefahr. Erfolglos war der Einsatz anderer Instrumente des unmittelbaren Zwangs, wenn sie die Gefahr nicht wirksam beseitigen konnten bzw. der Adressat trotz der Anwendung unmittelbaren Zwangs die Gefährdung noch aufrechterhält.

C. Anforderungen an den Schusswaffengebrauch gegen Personen (Abs. 1 S. 2, Abs. 2 S. 1)

Nach Abs. 1 S. 2 ist der Schusswaffengebrauch gegen Personen nur zulässig, wenn der 9 Zweck **nicht durch Schusswaffengebrauch gegen Sachen** (iSv §§ 90, 90a BGB) erreicht werden kann. Damit ist der Gebrauch der Schusswaffen gegen Personen demjenigen gegen Sachen gegenüber subsidiär.

Die **Abgrenzung des Zielobjekts im rechtlichen Sinne** hat im Einzelfall zu erfolgen 10 und deckt sich nicht zwangsläufig mit der „tatsächlichen" Zielrichtung etwa der Schussabgabe. Ein Schusswaffengebrauch gegen Sachen liegt dann nicht vor, wenn mit Wahrscheinlichkeit damit gerechnet werden muss, dass hierdurch Personen verletzt werden (Nr. 63.12 S. 2 VVPolG NRW). Das bedeutet, dass ein Schusswaffengebrauch gegen Personen dann vorliegt, wenn die Waffe gezielt mit der Inkaufnahme der Schädigung einer Person eingesetzt wird; dies gilt auch dann, wenn etwa ein Schuss auf eine Sache abgegeben wird (Osterlitz EingriffsR Polizeidienst II 212; Tetsch/Baldarelli PolG NRW Erl. 5.4.3 stellen auf die räumliche Nähe des Störers zur Sache ab). Nach überwiegender Auffassung ist daher die Abgabe eines Schusses auf die Reifen eines sich bewegenden Kfz als Schusswaffengebrauch gegen Personen zu qualifizieren (Osterlitz EingriffsR Polizeidienst II 209, auch eingehend zu den Rechtmäßigkeitsanforderungen; Tetsch/Baldarelli PolG NRW Erl. 5.4.4; so auch Nr. 63.12 S. 3 VVPolG NRW). Dies ist sachgerecht: Zweifelsfrei wäre es als Schusswaffengebrauch gegen Personen zu qualifizieren, wenn auf den Fahrer gezielt würde, um ihn am Weiterfahren zu hindern. Doch auch der Schuss auf das Fahrzeug verursacht erhebliche Gefahren für die Insassen; sie können namentlich bei einem sich bewegenden Fahrzeug versehentlich getroffen werden, und die Beschädigungen des Fahrzeugs durch den Schuss können zu einem verletzungsgefährlichen Unfall führen. Nr. 63 ff. VVPolG NRW enthalten weitere Vorgaben hinsichtlich des Schusswaffengebrauchs gegen Kfz. Da es sich um Schusswaffengebrauch gegen Personen handelt, müssen die Voraussetzungen hierfür bei jeder im Fahrzeug befindlichen Person vorliegen, sofern nicht ein Fall des Abs. 4 S. 2 gegeben ist (→ Rn. 30). Ziel muss es nach Nr. 63.12 S. 4 VVPolG NRW sein, das Fahrzeug fahruntüchtig zu machen. Zu berücksichtigen ist ferner die Ladung des Fahrzeugs: Wenn es erkennbar explosive oder ähnliche gefährliche Güter befördert oder seiner Kennzeichnung nach zur Beförderung solcher Güter bestimmt ist, ist vom Schusswaffengebrauch abzusehen (Nr. 63.12 S. 5 VVPolG NRW), sofern nicht durch die Weiterfahrt größere Gefahren zu entstehen drohen als durch den Schusswaffengebrauch (Nr. 63.12 S. 6 VVPolG NRW). Der Einsatz der Schusswaffe unterliegt also auch hier einer Abwägung von Recht- und Zweckmäßigkeit sowie der geschützten und gefährdeten Rechtsgüter.

11   Der **Schusswaffengebrauch gegen Tiere** unterliegt aufgrund § 90a BGB den Anforderungen an den Schusswaffengebrauch gegen Sachen, da gesetzlich nichts anderes bestimmt ist. Wie auch Nr. 63.13 S. 1 VVPolG NRW regelt, ist er zulässig, wenn von ihnen eine Gefahr ausgeht, etwa durch eine Bedrohung von Menschen, und wenn die Gefahr nicht auf andere Weise beseitigt werden kann. Denkbar ist zudem ein Schusswaffengebrauch gegen verletzte oder kranke Tiere; damit wird die Gefahr einer (fortgesetzten) Verletzung tierschutzrechtlicher Vorschriften abgewehrt. Dementsprechend normiert Nr. 63.13 S. 2 VVPolG NRW, dass eine Tötung nur erlaubt ist, wenn die Befürchtung besteht, dass das Tier sonst unter Qualen verenden würde, und wenn weder Eigentümer bzw. Tierhalter noch ein Tierarzt oder Jagdausübungsberechtigter kurzfristig zu erreichen sind.

12   Nach Abs. 2 S. 1 dürfen Schusswaffen gegen Personen zudem nur zu dem Zweck gebraucht werden, diese **angriffs- oder fluchtunfähig** zu machen. Die Vorschrift trägt dem Verhältnismäßigkeitsgrundsatz Rechnung (Osterlitz EingriffsR Polizeidienst II 215; Tegtmeyer/Vahle PolG NRW Rn. 6). Ein Angriff liegt vor, wenn rechtlich geschützte Interessen der Polizeibeamtinnen und -beamten oder Dritter durch das Verhalten des Adressaten bedroht werden. Angriffsunfähig ist eine Person also dann, wenn sie keine solchen Angriffe auf Rechtsgüter (mehr) führen kann (Tegtmeyer/Vahle PolG NRW Rn. 6; Tetsch/Baldarelli PolG NRW Erl. 5.5.1). Flucht ist das unerlaubte Sichentfernen; Fluchtunfähigkeit damit ein Zustand, in dem sich der Adressat nicht mehr fortbewegen und aus der konkreten Situation hinaus dem unmittelbaren Zugriff der Polizeivollzugsbeamten entziehen kann (Tegtmeyer/Vahle PolG NRW Rn. 6). Fluchtunfähigkeit wird im Regelfall durch einen Schuss auf die Beine zu bewirken sein (Nr. 63.21 VVPolG NRW; Tetsch/Baldarelli PolG NRW Erl. 5.5.2); gezielte Schüsse auf den Kopf oder den Rumpf sind damit im Regelfall unzulässig (BGH NJW 1999, 2533 (2534); Tegtmeyer/Vahle PolG NRW Rn. 6). Andere Zwecke als die Beseitigung der Fähigkeit zum Angriff oder zur Flucht darf der Schusswaffengebrauch gegen Personen nicht verfolgen. Es kommt indes entscheidend auf die Intention des Schützen an; ein fehlgehender Schuss beseitigt damit nicht die Rechtmäßigkeit des Schusswaffengebrauchs (BGH NJW 1999, 2533).

D. Anforderungen an den „finalen Rettungsschuss"(Abs. 2 S. 2)

13   Die Regelung in Abs. 2 S. 2, die besondere Anforderungen an den Schusswaffengebrauch zur gezielten bzw. an Sicherheit grenzend wahrscheinlichen Tötung einer Person (sog. **„finaler Rettungsschuss"**) als „ultima ratio" des Zwangsmitteleinsatzes (Osterlitz EingriffsR Polizeidienst II 213) normiert, ist durch das Gesetz zur Änderung des Polizeigesetzes des Landes Nordrhein-Westfalen v. 9.2.2010 (GV. NRW. 132) mWv 24.2.2010 in das Polizeigesetz aufgenommen worden. Nach herrschender Ansicht ist die Tötung als dessen schwerwiegendste und unumkehrbare Form auch dann vom Begriff „Angriffsunfähigkeit" umfasst, wenn es an einer expliziten Befugnis fehlt (DWVM Gefahrenabwehr 549; Tegtmeyer/ Vahle PolG NRW Rn. 7 mwN; Götz NVwZ 1994, 652 (653); Riotte/Tegtmeyer NWVBl. 1990, 145; vgl. ferner Seebode StV 1991, 80; zu historischen Aspekten und der ursprünglichen Verortung des „Todesschusses" im Recht der Nothilfe Götz/Geis PolR § 13 Rn. 50 mwN; abl. etwa Schenke PolR Rn. 561; Buschmann/Schiller NWVBl. 2007, 249; Gloria/ Dischke NWVBl. 1989, 37, 41 f.; Lisken/Denninger PolR-HdB/Rachor/Graulich E Rn. 971: Unzulässigkeit des gezielten Todesschusses ohne explizite Regelung). Denn die Tötung dient dazu, „auch reflexhaft-reaktive Handlungen des Angreifers, die einen Menschen noch bedrohen können", auszuschließen (Lisken/Denninger PolR-HdB/Rachor/ Graulich E Rn. 932), und die Orientierung an der Angriffs- und Fluchtunfähigkeit gibt ein Ziel vor, schließt aber noch kein Mittel aus (so Gusy PolR Rn. 450; aA Schenke PolR Rn. 561: von Angriffs- und Fluchtunfähigkeit könne „sinnvollerweise nur bei einer lebenden Person gesprochen werden"). Gegen diese Deutung spricht freilich die Verwendung des Wortes „nur". Der nordrhein-westfälische Gesetzgeber sah – auch angesichts der bestehenden Kontroverse hinsichtlich der Einbeziehung der Tötung als Mittel zur Herbeiführung der Angriffsunfähigkeit – die Notwendigkeit einer expliziten und klarstellenden Regelung auch im Interesse der handelnden Polizeivollzugsbeamten (LT-Drs. 14/10089, 35; zu dieser klarstellenden Funktion schon Buschmann/Schiller NWVBl. 2007, 249).

Gesetzliche Ermächtigungen zum Schusswaffeneinsatz mit dem Ziel, die anvisierte Person **14** verlässlich außer Gefecht zu setzen und dabei auch ihre Tötung zu beabsichtigen, werden im wissenschaftlichen Schrifttum **kontrovers** beurteilt. In irreversibler Weise verletzt wird das Grundrecht auf Leben gem. Art. 2 Abs. 2 S. 1 GG; für den Rechtsgedanken einer „Verwirkung" ist nicht nur wegen der explizit einen Entscheidungsvorbehalt für das BVerfG aufstellenden Art. 18 GG kein Raum. Auch verzichtet eine Person, der gegenüber der finale Rettungsschuss eingesetzt werden soll, durch die von ihr ausgehende Bedrohung nicht konkludent auf den Grundrechtsschutz und nimmt auch nicht im Sinne einer bewussten Selbstgefährdung den wahrscheinlich tödlichen Schuss in Kauf (Lisken/Denninger PolR-HdB/Rachor/Graulich E Rn. 955). Schließlich ist der Angreifer auch nicht grundsätzlich „weniger wert" als das zu schützende Opfer (Osterlitz EingriffsR Polizeidienst II 213).

Verfassungsrechtlich stehen dem finalen Rettungsschuss nach zutreffender Ansicht **15** jedoch weder die Menschenwürdegarantie aus Art. 1 Abs. 1 GG noch das Verbot der Todesstrafe gem. Art. 102 GG entgegen (eingehend Tetsch/Baldarelli PolG NRW Erl. 5.5.3.2; Lisken/Denninger PolR-HdB/Rachor/Graulich E Rn. 955 ff.; aA Gössner NK 1989, 17; zur europarechtlichen Zulässigkeit mit Blick auf Art. 2 EMRK EGMR NJW 2005, 3405; zur Zulässigkeit einer Tötung des Angreifers etwa BVerfGE 115 118 (161) – LuftSiG; krit. Gusy PolR Rn. 451; s. ferner Dreier JZ 2007, 261; Kutscha NVwZ 2004, 801). Eine Herabwürdigung des Adressaten zum bloßen Objekt staatlichen Handelns findet (zumal er selbst die Wahl hat, die den todbringenden Schuss rechtfertigende Situation zu beenden) nicht statt; nach zutreffender Auffassung ist nicht in jeder hoheitlich veranlassten Tötung eine Verletzung der Menschenwürde zu sehen. Der tödliche Rettungsschuss ist zudem keine Sanktion, sondern Gefahrenabwehrmaßnahme, sodass es nicht um eine „Strafe" geht (vgl. Lisken/Denninger PolR-HdB/Rachor/Graulich E Rn. 958). Schließlich wird auch die Wesensgehaltsgarantie gem. Art. 19 Abs. 2 GG nicht verletzt. Sicherlich ist zutreffend, dass bei einer Tötung vom Schutzbereich der „Lebensgewährleistung" „nichts mehr verbleibt"; allerdings gibt es bei einer Verletzung des Grundrechts auf Leben ohnehin keinen „Randbereich" – das Grundrecht ist nur bei einer Tötung verletzt; Schutzbereich und Wesensgehalt können jedoch nicht identisch sei (im Ergebnis auch Lisken/Denninger PolR-HdB/Rachor/ Graulich E Rn. 956 f.). Daran ändert es auch nichts, wenn man den Rettungsschuss als das benennt, was er ist: Eine gezielte Maßnahme zur Tötung eines Angreifers, und nicht durch verschämte, aber unzutreffende und der zivilrechtlichen Vorsatzlehre entlehnte Formulierungen – etwa derart, der Schütze nehme den Tod „billigend in Kauf" – verschleiert, worum es dem Gesetzgeber bei der Schaffung der Norm gegangen ist.

Die **Intention des Gesetzgebers** war es, eine explizite normative Befugnis zum tödlichen **16** Schusswaffeneinsatz in solchen Fällen zu schaffen, in denen die betroffene Person ihrerseits hochrangige Rechtsgüter, namentlich das Leben, einer anderen Person bedroht, also vor allem bei Geiselnahmen (→ Rn. 13). Insoweit ist der Bezeichnung „finaler" (im Sinne von:

gezielter, beabsichtigter) „Rettungsschuss" der Vorzug vor dem „Todesschuss" zu geben, auch wenn die gesetzliche Regelung ganz klar an die an Sicherheit grenzende Wahrscheinlichkeit der Tötung des Adressaten anknüpft (zum Begriff eingehend Tetsch/Baldarelli PolG NRW Erl. 5.5.3.1; Lisken/Denninger PolR-HdB/Rachor/Graulich E Rn. 950 ff.). In dieser Zielsetzung ist sodann auch die verfassungsrechtliche Rechtfertigung des finalen Rettungsschusses zu sehen: Er dient dem Schutz höchstrangiger Rechtsgüter einer dritten Person, die durch den Adressaten des Schusswaffengebrauchs gefährdet werden, und effektuiert damit auch die staatliche Schutzpflicht (krit. zur Bedeutung des Schutzpflichtgedankens aber Lisken/Denninger PolR-HdB/Rachor/Graulich E Rn. 968). Dem entspricht auch die Regelung in Art. 2 EMRK, dem zufolge die Tötung eines Menschen (nur) dann nicht untersagt ist, wenn sie der „Verteidigung eines Menschen gegenüber rechtswidriger Gewaltanwendung" dient. Die Ermächtigungsnorm in Abs. 2 S. 2 wird diesen verfassungsrechtlichen Anforderungen gerecht und erfüllt zudem die Vorgaben des Verhältnismäßigkeitsgrundsatzes.

17 Voraussetzung für den finalen Rettungsschuss ist allerdings, dass dieser das **einzige Mittel** sein muss, um eine gegenwärtige Lebensgefahr oder die gegenwärtige Gefahr einer schwerwiegenden Verletzung der körperlichen Unversehrtheit einer anderen Person abzuwehren. Das einzige Mittel ist der Schuss, wenn andere Maßnahmen, namentlich die Abgabe von Schüssen zur Beseitigung der Angriffsfähigkeit, erfolglos geblieben sind oder offenkundig keinen Erfolg versprechen. Zu betonen ist jedoch, dass die Vorschrift nicht die Abgabe nur eines Schusses erlaubt; unabhängig von der Zahl der zur „finalen Rettung" abzugebenden Schüsse zielt die Bestimmung auf den Schutz der aufgeführten Rechtsgüter (Tetsch/Baldarelli PolG NRW Erl. 5.5.3.1).

18 Es muss eine **gegenwärtige Lebensgefahr** für die durch den Rettungsschuss zu schützende Person bestehen. Hinsichtlich des Begriffs der „Gefahr" gelten die allgemeinen Grundsätze des Gefahrenabwehrrechts; eingeschlossen ist nach hM die „Anscheinsgefahr" (Tegtmeyer/Vahle PolG NRW Rn. 9). Gegenwärtig ist die Gefahr bei besonderer zeitlicher Nähe des Schadenseintritts (Dietlein/Hellermann NRWÖffR/Dietlein § 3 Rn. 66), insbesondere, wenn die Tötung der bedrohten Person unmittelbar bevorsteht (Tegtmeyer/Vahle PolG NRW Rn. 9: „Leben gegen Leben"). Nicht (mehr) gegenwärtig ist die Gefahr allerdings in Abweichung vom gängigen Begriff der fortdauernden Störung als gegenwärtige Gefahr, wenn die Person bereits tot ist. „Referenzfall" ist der Geiselnehmer, der seiner Geisel eine Schusswaffe an den Kopf hält. Beim finalen Rettungsschuss wird man darüber hinaus von der Grundregel abzuweichen haben, dass die Anforderungen an die Wahrscheinlichkeit des Schadenseintritts bei der Gefahrenbeurteilung desto geringer sind, je höherrangig das gefährdete Rechtsgut ist. Gegenwärtige Lebensgefahr im Sinne der Vorschrift wird also nur dann anzunehmen sein, wenn die Tötung der gefährdeten Person mit an Sicherheit grenzender Wahrscheinlichkeit unmittelbar bevorsteht. In der Praxis stellt diese Gefahrenprognose hohe Anforderungen an die handelnden Beamtinnen und Beamten. So ist die Ernsthaftigkeit der Tötungs- oder erheblichen Verletzungsabsicht zu prüfen; nicht selten wird es etwa die gefährdende Person auf eine Tötung durch die Polizei anlegen (**„suicide by cop"**, s. Lisken/Denninger PolR-HdB/Rachor/Graulich E Rn. 977).

19 Der gegenwärtigen Lebensgefahr gleichgestellt ist die **gegenwärtige Gefahr einer schwerwiegenden Verletzung der körperlichen Unversehrtheit.** Eine geringfügige Körperverletzung genügt damit nicht (so auch Nr. 63.22 S. 2 VVPolG NRW). Erfasst sind mithin vor allem schwere Körperverletzungen iSv § 226 StGB (Tegtmeyer/Vahle PolG NRW Rn. 10, die Körperverletzungen unterhalb dieser Schwelle nicht stets für nicht ausreichend halten).

20 Bei der Anwendung des finalen Rettungsschusses ist in der Praxis im jeweiligen Einzelfall besonderer Wert auf die **Verhältnismäßigkeitsprüfung** zu legen. Ferner sind die weiteren gesetzlichen Grenzen des Schusswaffengebrauchs gegen Personen zu beachten, namentlich das Verbot der Gefährdung Unbeteiligter in Abs. 4. Eine Gefährdung kommt nach Abs. 4 S. 2 dieser Bestimmung nur dann in Betracht, wenn der Schusswaffengebrauch das einzige Mittel zur Abwehr einer gegenwärtigen Lebensgefahr ist (→ Rn. 30). Bei einer gegenwärtigen Gefahr einer schwerwiegenden Verletzung der körperlichen Unversehrtheit gem. Abs. 2 S. 2 ist eine Gefährdung Unbeteiligter damit unzulässig.

21 Der bzw. die den Schuss abgebende Beamte bzw. Beamtin muss **mit Vorsatz hinsichtlich des Schusswaffengebrauchs und der Tötung** handeln, damit die Ermächtigungsgrundlage für den „finalen Rettungsschuss" anwendbar ist. Es muss mithin Wissen und Wollen vorliegen. Ob Eventualvorsatz, also ein billigendes Inkaufnehmen, genügt, ist äußerst zweifelhaft. Beim finalen Rettungsschuss soll die Angriffsunfähigkeit gerade durch den Tod des Angreifers herbeigeführt werden, ansonsten greift schon die Ermächtigungsnorm nicht. Es wird eher umgekehrt sein: Der Schütze wird es sicherlich gutheißen, wenn der tödlich gedachte Schuss den Angreifer zwar angriffsunfähig macht, dieser ihn aber überlebt. Soweit (zeitlich vor der Aufnahme der Ermächtigungsnorm in das PolG NRW) im Schrifttum aufgrund der grundrechtlichen Bindungen der Polizeivollzugsbeamten sogar gefordert wurde, diese dürften weder mit direktem noch mit Eventualvorsatz handeln, sondern müssten die Todesfolge „missbilligend in Kauf nehmen" (Gusy JA 1990, 296 (300); Rupprecht JZ 1973, 263 (265)), ist diese Sichtweise zu Recht als praxisfremd beurteilt worden (Lisken/Denninger PolR-HdB/Rachor/Graulich E Rn. 951; Lisken DRiZ 1989, 401 (402)); eine Rechtmäßigkeitsvoraussetzung des „finalen Rettungsschusses" wird sich daraus nicht konstruieren lassen. Zutreffend ist allerdings die Feststellung, dass nicht die Tötung das unmittelbare Ziel des Schusswaffengebrauchs sein dürfe, sondern die Rettung der durch den „Todesschuss" geschützten Person (Lisken/Denninger PolR-HdB/Rachor/Graulich E Rn. 951).

Rechtsfolge ist die Befugnis zur rechtmäßigen Abgabe (mindestens) eines mit an Sicher-   **22** heit grenzender Wahrscheinlichkeit tödlichen Schuss auf diejenige Person, die die gegenwärtige Gefahr verursacht. Aufgrund dieser Zielrichtung ist die Befugnisnorm des Abs. 2 S. 2 systematisch zutreffend verortet. Auch beim finalen Rettungsschuss geht es darum, die Angriffsunfähigkeit des Adressaten herbeizuführen (Lisken/Denninger PolR-HdB/Rachor/Graulich E Rn. 952). Diese Finalität unterscheidet ihn vom (zufällig) tödlich wirkenden, schnell ausgeführten „Deutschuss" oder einem tödlichen Fehlschuss (Lisken/Denninger PolR-HdB/Rachor/Graulich E Rn. 953). Im Schrifttum wird gleichwohl häufig gefordert, dass auch ungezielte Schüsse auf Personen, die möglicherweise tödlich wirken könnten, weil das Risiko des Fehlgehens des Schusses besteht, nur unter den tatbestandlichen Voraussetzungen des finalen Rettungsschusses abgegeben werden dürfen (Lisken/Denninger PolR-HdB/Rachor/Graulich E Rn. 954).

E. Anforderungen an den Schusswaffengebrauch gegen nach dem äußeren Eindruck unter 14 Jahre alte Personen (Abs. 3)

Gemäß Abs. 3 S. 1 dürfen Schusswaffen gegen Personen, die **dem äußeren Eindruck**   **23** **nach noch nicht 14 Jahre alt** sind, nicht gebraucht werden. Telos der Norm ist der Schutz des Kindes. Die Anforderungen des Abs. 3 gelten jedoch nach zutreffender Auffassung nur dann, wenn das Kind selbst „Störer" ist (vgl. Gusy PolR Rn. 449: Einsatz kommt „praktisch nur dann in Betracht, wenn die Gefahr von dem Jugendlichen ausgeht"); wird es zB als Geisel genommen und als „Schutzschild" missbraucht, greifen die (höheren) Anforderungen des Abs. 4 (→ Rn. 26 ff.; Tetsch/Baldarelli PolG NRW Erl. 5.6). Zu berücksichtigen ist beim Schusswaffengebrauch gegen Kinder, dass auch Minderjährige grundsätzlich Adressaten präventiver Maßnahmen sein können; für die Adressateneigenschaft kommt es auf Geschäfts- und Schuldfähigkeit gerade nicht an. Der Einsatz der Schusswaffe ist jedoch ein derart schwerwiegender Eingriff, dass besondere Anforderungen zu stellen sind (zu Ausnahmen → Rn. 25).

Es kommt auf den **äußeren Eindruck** aus Sicht der handelnden Beamtinnen und Beam-   **24** ten an, wobei ein objektivierter Maßstab zugrunde zu legen ist: Wenn ein objektiver Dritter in der Situation der handelnden Beamten davon ausgehen konnte, dass es sich um eine noch nicht 14 Jahre alte Person handelt, ist der Schusswaffengebrauch zu unterlassen. Anhaltspunkte ergeben sich aus der Größe der Person, aus ihrem Verhalten, aus ihrer Sprechweise und Stimmlage und aus ihrer Kleidung (vgl. Tegtmeyer/Vahle PolG NRW Rn. 11). Im Zweifel hat der Schusswaffengebrauch zu unterbleiben (vgl. Nr. 63.3 VVPolG NRW).

Eine **Ausnahme** regelt Abs. 3 S. 2. Dieser Vorschrift zufolge kann auch gegen Personen,   **25** die dem äußeren Eindruck nach noch nicht 14 Jahre alt sind, von der Schusswaffe Gebrauch gemacht werden, wenn dies das einzige Mittel zur Abwehr einer gegenwärtigen Gefahr für Leib oder Leben ist. Eine gegenwärtige Gefahr liegt vor, wenn der Schadenseintritt nach der Würdigung der handelnden Beamten zeitlich unmittelbar bevorsteht oder bereits eingetreten ist (Dietlein/Hellermann NRWÖffR/Dietlein § 3 Rn. 66). Unter einer Gefahr für

Leib oder Leben ist eine Gefahr zu verstehen, bei der eine nicht nur leichte Körperverletzung oder der Tod einzutreten drohen (→ § 34a Rn. 14; Collin DVBl 2003, 1499 (1502)).

F. Anforderungen an den Schusswaffengebrauch gegen Unbeteiligte (Abs. 4)

26   Abs. 4 erklärt in S. 1 den Schusswaffengebrauch zudem für unzulässig, wenn für den Polizeibeamten **erkennbar Unbeteiligte** mit hoher Wahrscheinlichkeit gefährdet werden. Dieses Verbot gilt für den Schusswaffengebrauch sowohl gegen Sachen als auch gegen Personen.

27   „Unbeteiligte" sind solche Personen, gegen die ein Schusswaffengebrauch aufgrund des Fehlens der Voraussetzungen unzulässig wäre (Tegtmeyer/Vahle PolG NRW Rn. 12; Tetsch/Baldarelli PolG NRW Erl. 5.7; zur Problematik der Begriffsbestimmung Lisken/Denninger PolR-HdB/Rachor/Graulich E Rn. 924). Im Regelfall handelt es sich dabei um Personen, die die abzuwehrende Gefahr nicht verursacht haben („Nichtstörer"). Beifahrer in Kraftfahrzeugen sind keine Unbeteiligten, wenn der Schusswaffengebrauch auch ihnen gegenüber rechtmäßig wäre (Tegtmeyer/Vahle PolG NRW Rn. 12). Auf den Willen oder ein Einverständnis des Unbeteiligten mit dem Handeln des Adressaten des Schusswaffengebrauchs kann es zur Abgrenzung Unbeteiligter von „Beteiligten" regelmäßig nicht ankommen, zumal dieser für die handelnden Beamtinnen und Beamten häufig nicht erkennbar sein wird.

28   Die Problematik der Anwesenheit Unbeteiligter stellt sich vor allem bei einem **Schusswaffengebrauch gegenüber einer Menschenmenge**, vgl. dazu § 61 Abs. 1, § 65 (→ § 65 Rn. 9). Eine Gefährdung Unbeteiligter ist etwa dann zu befürchten, wenn sie sich in räumlicher Nähe zum Adressaten des Schusswaffengebrauchs befinden und etwa durch Fehlschüsse oder „Querschläger" getroffen werden könnten. In die Gefährdungsprognose einzubeziehen sind dabei insbesondere Fußgänger, aber auch Personen in sich bewegenden oder stehenden Fahrzeugen, in Wohnungen und Geschäften (Nr. 63.4 S. 2 VVPolG NRW). Je unübersichtlicher die Lage, desto höhere Anforderungen sind an die Beurteilung der Recht- und Zweckmäßigkeit des Schusswaffengebrauchs zu stellen – so regelt auch Nr. 63.4 S. 3 VVPolG NRW, dass „besondere Vorsicht und Zurückhaltung geboten" seien, wenn die Schussrichtung wegen der örtlichen Verhältnisse, insbesondere Dunkelheit oder sonstige Sichtbehinderungen, nicht überblickt werden kann.

29   Das Merkmal **„für den Polizeibeamten erkennbar"** bezieht sich auf das Wort „Unbeteiligte", also auf den Status der Person, gegen die sich der Schusswaffeneinsatz richtet, als unbeteiligte Person.

30   Abs. 4 S. 2 enthält eine **Ausnahmeregelung:** Eine Gefährdung Unbeteiligter durch den Schusswaffengebrauch ist dann ausnahmsweise gestattet, wenn dieser das einzige Mittel zur Abwehr einer gegenwärtigen Lebensgefahr ist (zu den Begriffen → Rn. 25).

§ 64 Schusswaffengebrauch gegen Personen

(1) Schusswaffen dürfen gegen Personen nur gebraucht werden,
1. **um eine gegenwärtige Gefahr für Leib oder Leben abzuwehren,**
2. **um die unmittelbar bevorstehende Begehung oder Fortsetzung eines Verbrechens oder eines Vergehens unter Anwendung oder Mitführung von Schusswaffen oder Explosivmitteln zu verhindern,**
3. **um eine Person anzuhalten, die sich der Festnahme oder Identitätsfeststellung durch Flucht zu entziehen versucht, wenn sie**
   a) **eines Verbrechens dringend verdächtig ist oder**
   b) **eines Vergehens dringend verdächtig ist und Tatsachen die Annahme rechtfertigen, dass sie Schusswaffen oder Explosivmittel mit sich führt,**
4. **zur Vereitelung der Flucht oder zur Ergreifung einer Person, die in amtlichem Gewahrsam zu halten oder ihm zuzuführen ist**
   a) **auf Grund richterlicher Entscheidung wegen eines Verbrechens oder auf Grund des dringenden Verdachts eines Verbrechens oder**

b) auf Grund richterlicher Entscheidung wegen eines Vergehens oder auf Grund des dringenden Verdachts eines Vergehens, sofern Tatsachen die Annahme rechtfertigen, dass sie Schusswaffen oder Explosivmittel mit sich führt,

5. um die gewaltsame Befreiung einer Person aus amtlichem Gewahrsam zu verhindern.

(2) Schusswaffen dürfen nach Absatz 1 Nr. 4 nicht gebraucht werden, wenn es sich um den Vollzug eines Jugendarrestes oder eines Strafarrestes handelt oder wenn die Flucht aus einer offenen Anstalt verhindert werden soll.

Überblick

§ 64 normiert in Ergänzung der vorstehenden Vorschriften weitere materielle Anforderungen an den Gebrauch von Schusswaffen gegen Personen. Abs. 1 regelt verschiedene Fallgruppen, in denen der Schusswaffengebrauch rechtmäßig ist. Nach Abs. 1 Nr. 1 darf bei Vorliegen einer gegenwärtigen Gefahr für Leib oder Leben von der Schusswaffe Gebrauch gemacht werden (→ Rn. 2 ff.). Zur Verhinderung der unmittelbar bevorstehenden Begehung oder der Fortsetzung eines Verbrechens oder eines Vergehens darf ebenfalls die Schusswaffe gegen Personen eingesetzt werden; bei Verbrechen allerdings nur, wenn dabei Schusswaffen oder Explosivmittel angewandt oder mitgeführt werden (→ Rn. 5 ff.). Abs. 1 Nr. 3 gestattet den Schusswaffengebrauch, um eine Person anzuhalten, die sich der Festnahme oder einer Identitätsfeststellung zu entziehen versucht (→ Rn. 13 ff.) sowie eines Verbrechens oder eines Vergehens dringend verdächtig ist; bei Vergehen muss hinzutreten, dass der begründete Verdacht eines Mitführens von Schusswaffen oder Explosivmitteln besteht. Soll die Flucht einer Person vereitelt werden oder diese ergriffen werden, weil sie in amtlichem Gewahrsam zu halten ist oder diesem zugeführt werden soll, darf nach Abs. 1 Nr. 4 ein Schusswaffeneinsatz erfolgen (→ Rn. 17 ff.). Erforderlich ist jedoch eine richterliche Entscheidung bezüglich des Gewahrsams, die auf einem Verbrechen oder Vergehen beruht (bzw. dem dringenden Verdacht der Begehung); bei Vergehen muss wiederum hinzutreten, dass Tatsachen die Annahme rechtfertigen, dass die Person Schusswaffen oder Explosivmittel mit sich führt. Nach Abs. 1 Nr. 5 kann zur Verhinderung der gewaltsamen Befreiung einer Person aus amtlichem Gewahrsam ebenfalls gegen Personen von der Schusswaffe Gebrauch gemacht werden (→ Rn. 25 ff.). Abs. 2 enthält eine Einschränkung zu Abs. 1 Nr. 4 und stellt klar, dass Schusswaffen nicht gebraucht werden dürfen, um die Flucht einer Person zu vereiteln bzw. sie dem amtlichen Gewahrsam zuzuführen, wenn es sich bei diesem um Jugendarrest oder Strafarrest handelt oder die Person aus einer offenen Anstalt flüchten will (→ Rn. 22 ff.).

Übersicht

A. Bedeutung und Systematik der Vorschrift

Abs. 1 enthält in verschiedenen Varianten Regelungen zu Fallkonstellationen, in denen **1** der **Schusswaffengebrauch gegen Personen** zulässig ist (vgl. Nimtz/Thiel EingriffsR NRW 404 ff.). Umgekehrt bedeutet dies, dass in allen anderen Fällen nicht von der Schusswaffe gegen Person Gebrauch gemacht werden darf. Damit sind die in Abs. 1 und Abs. 2 normierten Kriterien zusätzlich zu den allgemeinen Anforderungen an den Schusswaffengebrauch (→ § 63 Rn. 3 ff.) zu beachtende materielle Rechtmäßigkeitsanforderungen (zur

Komplexität des Katalogs und zu Zweifeln an seiner Praktikabilität DWVM Gefahrenabwehr 545; Götz/Geis PolR § 13 Rn. 48). In § 54 Abs. 1 und Abs. 2 BWPolG, Art. 84 BayPAG, § 61 HSOG und § 77 NPOG sind ähnliche Bestimmungen normiert.

B. Abwehr einer gegenwärtigen Gefahr für Leib oder Leben (Abs. 1 Nr. 1)

2   Von der Schusswaffe darf gegen Personen dann Gebrauch gemacht werden, wenn damit eine **gegenwärtige Gefahr für Leib oder Leben** abgewehrt werden soll. Eine Gefahr liegt dann vor, wenn mit hinreichender Wahrscheinlichkeit mit einem Schaden an den geschützten Rechtsgütern zu rechnen ist (Dietlein/Hellermann NRWÖffR/Dietlein § 3 Rn. 49; Tetsch/Baldarelli PolG NRW Erl. 3.1.1; Thiel PolR § 8 Rn. 5). Das Rechtsgut „Leben" wird geschädigt, wenn der Träger des Rechtsguts getötet wird. „Leib" schützt die körperliche Unversehrtheit und die Gesundheit. Gegenwärtig ist eine Gefahr, wenn der Schadenseintritt bereits erfolgt ist und weitere Schädigungen zu befürchten sind (was nur beim Rechtsgut „Leib" denkbar ist, weil der Schaden am Rechtsgut „Leben" nicht zu wiederholen ist), oder wenn er unmittelbar bevorsteht; es handelt sich mithin um erhöhte Anforderungen an die Gefahrenlagen mit Blick auf die zeitliche Dimension des Schadens (Dietlein/Hellermann NRWÖffR/Dietlein § 3 Rn. 66; Thiel PolR § 8 Rn. 67).

3   Die gegenwärtige Gefahr für Leib oder Leben muss eine gewisse **Qualität der Gefährdung** erreichen, um einen Schusswaffengebrauch gegen Personen zu rechtfertigen. Hinsichtlich einer Gefährdung des Lebens ist dies regelmäßig gegeben; zweifelhaft kann die Rechtfertigung des Schusswaffengebrauchs bei drohenden Körperverletzungen sein. Nr. 64.11 VVPolG NRW fordert (mindestens) die Gefahr einer „schwerwiegenden Körperverletzung", was insbesondere schwere Körperverletzungen nach § 226 StGB erfasst.

4   Die gegenwärtige Gefahr **muss nicht einem Dritten drohen.** Abs. 1 Nr. 1 erfasst auch Konstellationen, in denen Polizeivollzugsbeamte gegen Personen zu Zwecken der Eigensicherung von der Schusswaffe Gebrauch machen. Ihnen ist nicht etwa aufgrund ihrer dienstlichen Stellung ein höherer Grad der Gefährdung zuzumuten (Tetsch/Baldarelli PolG NRW Erl. 3.1.3).

C. Verhinderung von Verbrechen und qualifizierten Vergehen (Abs. 1 Nr. 2)

5   Von der Schusswaffe darf gegen Personen ferner nach Abs. 1 Nr. 2 Gebrauch gemacht werden, um die **unmittelbar bevorstehende Begehung oder Fortsetzung** eines Verbrechens oder eines Vergehens unter Anwendung oder Mitführung von Schusswaffen oder Explosivmitteln zu verhindern. Der Schusswaffengebrauch nach dieser Variante dient der Verhütung von Straftaten und besitzt damit präventiven Charakter. Die Voraussetzungen der Nr. 2 werden – jedenfalls soweit es um die Anwendung von Schusswaffen oder Explosivmitteln geht – häufig gemeinsam mit denjenigen nach Nr. 1 vorliegen. Qualifizierte Verbrechen sind insbesondere Tötungs- und schwerwiegende Körperverletzungsdelikte (zB Mord nach §§ 211, 212 StGB); die diese erfassenden Strafrechtsnormen sollen die Rechtsgüter Leben und körperliche Unversehrtheit schützen (→ Rn. 2 f.).

6   Die sprachliche Fassung der Norm ist missverständlich. Die **Qualifikation der Anwendung oder Mitführung von Schusswaffen oder Explosivmitteln** bezieht sich allein auf die **Vergehen.** Bei Verbrechen darf von der Schusswaffe Gebrauch gemacht werden, auch ohne dass Schusswaffen oder Explosivmittel angewandt oder mitgeführt werden müssten. Dass sich die besondere Anforderung allein auf die Vergehen bezieht, ergibt sich aus einem Vergleich mit Abs. 1 Nr. 3 und Nr. 4, die jeweils in den lit. a allein auf ein Verbrechen abstellen, in den lit. b bei einem Vergehen jedoch Anhaltspunkte für das Mitführen von Schusswaffen oder Explosivmitteln fordern. Unmittelbar bevorstehen muss ferner die Begehung der Straftat, nicht ihre Fortsetzung. Die Fortsetzung einer Straftat wird verhindert, wenn weitere Tathandlungen unterbunden werden oder wenn – bei Dauerdelikten – der strafbare Zustand beendet wird (Nr. 64.12 S. 2 VVPolG NRW; Tetsch/Baldarelli PolG NRW Erl. 3.2.8).

7   **Unmittelbar bevor steht** die Begehung eines Verbrechens oder eines im Sinne der Nr. 2 qualifizierten Vergehens, wenn eine besondere zeitliche Nähe der Tathandlung gegeben ist (sa Nr. 64.12 S. 1 VVPolG NRW). Insoweit entspricht dieses Kriterium dem Merkmal der „gegenwärtigen" Gefahr (Tegtmeyer/Vahle PolG NRW Rn. 5). Die „einfache" Gefahr iSd § 8 Abs. 1 reicht damit nicht aus (Nr. 64.12 S. 2 VVPolG NRW); vielmehr muss es sich mit Blick auf die zu erwartende Straftat um eine gegenwärtige Gefahr handeln (→ Rn. 2).

Schusswaffen iSd Abs. 1 Nr. 2 (sowie der Abs. 1 Nr. 3 lit. b und der Abs. 1 Nr. 4 **8** lit. b) sind gemäß der waffenrechtlichen Begriffsbestimmungen (Nr. 1.1 Anlage 1 WaffG) „Gegenstände, die zum Angriff oder zur Verteidigung, zur Signalgebung, zur Jagd, zur Distanzinjektion, zur Markierung, zum Sport oder zum Spiel bestimmt sind und bei denen Geschosse durch einen Lauf getrieben werden" (eingehend Tetsch/Baldarelli PolG NRW Erl. 3.2.4). **Explosivmittel** sind explosionsgefährliche Stoffe iSd § 1 Abs. 1 SprengG (Lisken/Denninger PolR-HdB/Rachor/Graulich E Rn. 936; Tetsch/Baldarelli PolG NRW Erl. 3.2.5).

Dass beim Begehen des Vergehens Schusswaffen oder Explosivmittel **„angewandt"** wer- **9** den sollen bzw. mitgeführt werden, ist seitens der handelnden Polizeivollzugsbeamten aus „ex ante"-Sicht zu bewerten. Zweifelsfrei wird man davon ausgehen können, wenn eine Schusswaffe oder ein Explosivmittel offen in Händen gehalten wird. Die Grundsätze der „Anscheinsgefahr" sind anwendbar, sodass bei Vorhandensein eines nach dem äußeren Erscheinungsbild wie eine Schusswaffe wirkenden Gegenstandes die Voraussetzungen für den Schusswaffengebrauch gegen Personen gegeben sind (vgl. Osterlitz EingriffsR Polizeidienst II 217).

Das **Mitführen** von Schusswaffen oder Explosivmitteln setzt – entsprechend den auch in **10** anderen Normen verwendeten Begriff des „Mitführens" – voraus, dass der fragliche Gegenstand zur Verwendung griffbereit gehalten wird. Wird eine Schusswaffe dagegen etwa in einem verschlossenen Behältnis transportiert, besteht kein hinreichender Zusammenhang zwischen dem Vergehen und der Schusswaffe. Ein solcher Zusammenhang zwischen der Tat und dem Vorhandensein der Schusswaffe bzw. des Explosivmittels ist zu fordern; der bloße Besitz reicht nicht aus (Osterlitz EingriffsR Polizeidienst II 217).

Ob eine Straftat ein **Vergehen** oder ein **Verbrechen** darstellt, richtet sich nach § 12 StGB **11** (Tegtmeyer/Vahle PolG NRW Rn. 1). Maßgeblich ist die Mindeststrafandrohung. Eventuelle Verschärfungen oder Milderungen nach dem Allgemeinen Teil des StGB oder für besonders schwere oder minder schwere Fälle bleiben bei der Bemessung außer Betracht (Nr. 64.01 VVPolG NRW; die Verwaltungsvorschrift nennt beispielhaft die Fälle des Versuchs, der Beihilfe und verminderter Schuldfähigkeit sowie §§ 243, 263 Abs. 3 StGB, § 266 Abs. 2 StGB, § 225 Abs. 4 StGB, § 226 Abs. 3 StGB). Die fragliche Straftat muss sich aus Sicht der handelnden Beamtinnen und Beamten als im Sinne der Norm qualifiziertes Verbrechen oder Vergehen darstellen (vgl. Nr. 64.12 S. 3 VVPolG NRW).

Nr. 64.02 VVPolG NRW betont, dass ein **gefährlicher Eingriff in den Straßenverkehr** **12** zur Verdeckung einer Straftat gem. § 315b Abs. 3 StGB iVm § 315 Abs. 3 StGB ein Verbrechen iSv § 12 Abs. 1, Abs. 3 StGB darstellt (Nr. 64.02 S. 1 VVPolG NRW). Im Rahmen einer Flucht vor der Polizei kann nach Nr. 64.02 S. 2 VVPolG NRW von einer Verdeckungstat nur ausgegangen werden, „wenn der Verdacht besteht, dass die Person vor Flucht eine andere Straftat begangen hat". Ein gefährlicher Eingriff in den Straßenverkehr nach § 315b StGB stellt im Rahmen einer solchen Flucht regelmäßig keine „andere Straftat" iSv § 315 Abs. 3 StGB dar; anderes gilt nur, wenn es zwischen mehreren Eingriffen in den Straßenverkehr „zu einer deutlichen zeitlichen Zäsur" gekommen ist (Nr. 64.02 S. 3 VVPolG NRW).

D. Anhalten einer Person, die sich der Festnahme oder Identitätsfeststellung durch Flucht zu entziehen versucht (Abs. 1 Nr. 3)

Von der Schusswaffe darf gegen Personen auch dann Gebrauch gemacht werden, wenn **13** sich diese **durch Flucht der Festnahme oder der Identitätsfeststellung entziehen** will. Ziel des Schusswaffeneinsatzes muss es dabei sein, die fragliche Person „anzuhalten", also ihre Flucht endgültig zu unterbrechen bzw. zu verhindern. Insoweit geht das „Anhalten" über das Verständnis als bloße Beeinträchtigung der allgemeinen Handlungsfreiheit im Sinne eines Unterbrechens der Fortbewegung zB in § 12 Abs. 2 S. 2 hinaus (→ § 12 Rn. 37).

Zusätzlich ist erforderlich, dass die fragliche Person nach Abs. 1 Nr. 3 lit. a eines Verbre- **14** chens **dringend verdächtig** ist oder nach Abs. 1 Nr. 3 lit. b eines Verbrechens dringend verdächtig ist und Tatsachen die Annahme rechtfertigen, dass sie Schusswaffen oder Explosiv-mittel mit sich führt (dazu und zum Mitführen → Rn. 8, → Rn. 10). Dass an einen dringenden Tatverdacht (→ Rn. 16) angeknüpft wird, deutet darauf hin, dass der Schusswaf-fengebrauch nach Abs. 1 Nr. 3 vorrangig repressive Zwecke verfolgt. Ein präventiver Charak-ter ist jedoch ebenfalls festzustellen, sichert der Schusswaffengebrauch doch die Funktionsfä-higkeit der staatlichen Veranstaltung „Straftatenverfolgung" (zur Unterscheidung zwischen Verbrechen und Vergehen s. § 12 StGB sowie → Rn. 11; Tegtmeyer/Vahle PolG NRW Rn. 1).

15 Aufgrund der primär repressiven Zielrichtung des Schusswaffengebrauchs gegen Personen nach Nr. 3 ist **„Festnahme"** im Sinne der Norm vor allem diejenige nach § 127 Abs. 1 StPO bzw. – im Regelfall – § 127 Abs. 2 StPO, die Identitätsfeststellung diejenige nach §§ 163b und 163c StPO.

16 **Dringender Tatverdacht** liegt vor, wenn eine große Wahrscheinlichkeit besteht, dass die fragliche Person die Straftat begangen hat (Osterlitz EingriffsR Polizeidienst II 218; Tegtmeyer/Vahle PolG NRW Rn. 6; Tetsch/Baldarelli PolG NRW Erl. 3.2.3). Entscheidend ist der Erkenntnisstand zum Zeitpunkt des Schusswaffengebrauchs. Anhaltspunkte für diese Wahrscheinlichkeit können sich auch aus der Bereitschaft zur Flucht selbst ergeben (Osterlitz EingriffsR Polizeidienst II 218).

E. Vereitelung der Flucht oder Ergreifung einer in Gewahrsam zu haltenden bzw. diesem zuzuführenden Person (Abs. 1 Nr. 4, Abs. 2)

I. Tatbestandliche Voraussetzungen

17 Der Schusswaffengebrauch gegen Personen ist zudem rechtlich zulässig, wenn er der **Ver-eitelung der Flucht oder zur Ergreifung einer Person** dient, die **in amtlichem Gewahrsam zu halten oder ihm zuzuführen** ist. Der amtliche Gewahrsam muss jedoch auf einer richterlichen Entscheidung beruhen (→ Rn. 21) und entweder wegen eines Verbre-chens oder aufgrund des dringenden Verdachts eines Verbrechens (Abs. 1 Nr. 4 lit. a) oder wegen eines Vergehens oder aufgrund des dringenden Verdachts eines Vergehens (Abs. 1 Nr. 4 lit. b) angeordnet worden sein. Bei Vergehen müssen jedoch Tatsachen hinzutreten, die die Annahme rechtfertigen, dass die betroffene Person Schusswaffen oder Explosivmittel mit sich führt (→ Rn. 8, → Rn. 10).

18 Ist eine Person **strafgerichtlich verurteilt** worden und befindet sie sich im Strafvollzug, darf von der Schusswaffe Gebrauch gemacht werden, wenn sie aus dem amtlichen Gewahrsam flüchten will oder geflüchtet ist. Gleiches gilt, wenn die Person verurteilt ist und erstmalig dem Vollzug zugeführt werden soll. § 87 StVollzG gestattet es, dass ein Gefangener, der entwichen ist oder sich sonst ohne Erlaubnis außerhalb der Anstalt aufhält, durch die Voll-zugsbehörde oder auf ihre Veranlassung hin festgenommen und in die Anstalt zurückgebracht werden darf. Die Vollzugsbehörde kann diesbezüglich die Polizeibehörden um Amtshilfe ersuchen. Ohne ein solches Ersuchen kann die Polizei auf der Grundlage des § 35 Abs. 3 tätig werden; nach dieser Bestimmung kann die Polizei eine Person, die aus dem Vollzug von Untersuchungshaft, Freiheitsstrafen oder freiheitsentziehenden Maßregeln der Besserung und Sicherung entwichen ist oder sich sonst ohne Erlaubnis außerhalb der Justizvollzugsan-stalt aufhält, in Gewahrsam nehmen und in die Anstalt zurückbringen (eingehend → § 35 Rn. 65 f.).

19 **Flucht** bedeutet den Versuch, sich dem Zugriff der Polizei zu entziehen. Vereitelung ist das Unterbinden der Flucht. Zweifelhaft ist, ob der Begriff der „Vereitelung" bereits ein Ansetzen zur Flucht erfordert oder eher im Sinne einer „Verhinderung" zu verstehen ist. Aus Verhältnismäßigkeitsgründen wird man schon eine erste „Fluchthandlung", die über bloße Vorbereitungen hinausgeht, zu fordern haben.

20 Die **Ergreifung** setzt als Maßnahme zur Wiederherstellung des ursprünglichen amtlichen Gewahrsams eine vorherige Entziehung aus dem Gewahrsam voraus (vgl. Tetsch/Baldarelli PolG NRW Erl. 3.4).

21 **Amtlicher Gewahrsam** ist jede Form der polizeilichen Freiheitsentziehung, muss im Kontext der Vorschrift jedoch auf einer richterlichen Anordnung beruhen. Auf die Rechts-grundlage kommt es dabei nicht an – die Regelungen in § 64 gelten nicht nur für Freiheits-

entziehungen nach dem Polizeigesetz (Tegtmeyer/Vahle PolG NRW Rn. 11). Auch muss sich die Person nicht in einer polizeilichen Gewahrsamszelle befinden. Zweifelhaft ist, ob es sich um rechtmäßigen amtlichen Gewahrsam handeln muss, oder ob es allein auf die faktische Freiheitsentziehung ankommt. Aufgrund der Tatsache, dass es einer richterlichen Anordnung bedarf, stellt sich diese Frage in der Praxis nicht; die handelnden Polizeibeamtinnen und -beamten dürfen bei Vorliegen einer solchen Anordnung von deren Rechtmäßigkeit ausgehen.

II. Einschränkung der Befugnis (Abs. 2)

Abs. 2 schränkt die Befugnis zum Schusswaffengebrauch gegen Personen auf der Grund- **22** lage von Abs. 1 Nr. 4 ein. Geht es um die Vereitelung der Flucht oder um die Ergreifung einer Person, die in Jugendarrest oder Strafarrest zu halten oder ihnen zuzuführen ist, darf von der Schusswaffe gegen diese Person kein Gebrauch gemacht werden. Auch die Flucht aus einer offenen Anstalt darf nicht durch den Einsatz von Schusswaffen gegen Personen vereitelt werden. Die Bestimmung gilt für den Schusswaffengebrauch der Polizeivollzugsbeamten; für Vollzugskräfte gelten insbesondere die Regelungen in §§ 99, 100, 178 Abs. 2 StVollzG.

Die Einschränkungen in Abs. 2 dienen vor allem der **Klarstellung**. Denn der amtliche **23** Gewahrsam wird in denjenigen Fällen, in denen eine der dort genannten Formen der Freiheitsbeschränkung bzw. -entziehung vorliegt, nicht auf richterlicher Entscheidung wegen eines Verbrechens oder eines durch das wahrscheinliche Mitführen von Schusswaffen bzw. Explosivmitteln qualifizierten Vergehens beruhen.

Der **Jugendarrest** ist ein Zuchtmittel des Jugendstrafrechts, § 13 Abs. 2 Nr. 3 JGG, und **24** wird als Freizeitarrest, Kurzarrest oder Dauerarrest verhängt (§ 16 JGG). Wie sich an der Höchstdauer des Dauerarrests (vier Wochen gem. § 16 Abs. 4 S. 1 JGG) ergibt, handelt es sich um eine eher „milde" Sanktion. In solchen Fällen eine Flucht durch den Einsatz von Schusswaffen zu vereiteln, erscheint unverhältnismäßig. Gleiches gilt für den **Strafarrest** nach § 9 WStG (Wehrstrafgesetz v. 24.5.1974, BGBl. I 1213), obwohl dieser eine Freiheitsentziehung von bis zu sechs Monaten darstellt (§ 9 Abs. 2 S. 1 WStG). „Offene Anstalt" bedeutet eine Anstalt des offenen Vollzugs iSv § 10 StVollzG.

F. Verhinderung der gewaltsamen Befreiung aus amtlichem Gewahrsam (Abs. 1 Nr. 5)

Von der Schusswaffe darf gegen Personen schließlich auch Gebrauch gemacht werden, **25** um die **gewaltsame Befreiung einer Person aus amtlichem Gewahrsam** zu verhindern. Erlaubt ist der Einsatz der Schusswaffe gegen die befreiende(n) Person(en); soll von der Schusswaffe gegen den Befreiten Gebrauch gemacht werden, ist auf eine der anderen Varianten des Abs. 1 zurückzugreifen (Tegtmeyer/Vahle PolG NRW Rn. 11; Lisken/Denninger PolR-HdB/Rachor/Graulich E Rn. 948: gegen den „Befreier", nicht gegen den Festgehaltenen).

Amtlicher Gewahrsam ist – wie bei Abs. 1 Nr. 4 – jede Form der polizeilichen Freiheits- **26** entziehung ohne Rücksicht auf die Ermächtigungsgrundlage (→ Rn. 21). Anders als bei Abs. 1 Nr. 4 muss der Gewahrsam jedoch bei Abs. 1 Nr. 5 angesichts des Wortlauts der Vorschrift nicht auf (straf-) richterlicher Anordnung beruhen. Damit stellt sich wiederum die Frage, ob der amtliche Gewahrsam rechtmäßig sein muss, oder ob das faktische Bestehen eines Gewahrsams genügt. Obwohl die Polizei die Rechtmäßigkeit eines (fremden) amtlichen Gewahrsams häufig nicht wird beurteilen können, und wenngleich Zwangsmaßnahmen nicht zwingend die Rechtmäßigkeit einer „Grundmaßnahme" voraussetzen, wird man angesichts der besonderen Eingriffsintensität des Schusswaffengebrauchs einen rechtmäßigen amtlichen Gewahrsam fordern müssen, aus dem eine Person gewaltsam befreit werden soll.

Befreiung bedeutet die Aufhebung des Gewahrsams einer Person durch physische Gewalt **27** (Osterlitz EingriffsR Polizeidienst II 222). Mithin kommt es nicht darauf an, ob sich die zu befreiende Person in einer polizeilichen Gewahrsamszelle befindet oder auf andere Weise in Gewahrsam gehalten wird, etwa in einem verschlossenen Polizeifahrzeug.

Gewaltsam ist die Befreiung, wenn sie unter Einsatz körperlicher Gewalt erfolgt; reine **28** Drohungen reichen nach zutreffender Auffassung nicht aus (Tetsch/Baldarelli PolG NRW

Erl. 3.5.2). Besondere Hilfsmittel sind nicht erforderlich (Tetsch/Baldarelli PolG NRW Erl. 3.5.2). Diesbezüglich kann an § 120 StGB angeknüpft werden, der allerdings das Merkmal der „Gewaltsamkeit" tatbestandlich nicht aufführt.

§ 65 Schusswaffengebrauch gegen Personen in einer Menschenmenge

(1) Schusswaffen dürfen gegen Personen in einer Menschenmenge nur gebraucht werden, wenn von ihr oder aus ihr heraus schwerwiegende Gewalttaten begangen werden oder unmittelbar bevorstehen und andere Maßnahmen keinen Erfolg versprechen.

(2) Wer sich aus einer solchen Menschenmenge nach wiederholter Androhung des Schusswaffengebrauchs nicht entfernt, obwohl ihm das möglich ist, ist nicht Unbeteiligter im Sinne des § 63 Abs. 4.

Überblick

§ 65 ergänzt die vorstehenden Vorschriften zum Schusswaffengebrauch gegen Personen um weitere Rechtmäßigkeitsanforderungen, sofern die Schusswaffe gegen Personen in einer Menschenmenge (→ Rn. 3 f.) eingesetzt werden soll. Nach Abs. 1 ist eine Verwendung der Schusswaffen gegen Personen in einer Menschenmenge nur rechtlich zulässig, wenn von ihr oder aus ihr heraus schwerwiegende Gewalttaten begangen werden oder unmittelbar bevorstehen (→ Rn. 5 ff.). Ferner dürfen andere Maßnahmen keinen Erfolg versprechen (→ Rn. 8). Abs. 2 steht in engem Zusammenhang mit § 63 Abs. 4, der den Schusswaffengebrauch (gegen Sachen oder Personen) bei einer Gefährdung Unbeteiligter für unzulässig erklärt (soweit er nicht das einzige Mittel zur Abwehr einer gegenwärtigen Lebensgefahr ist). Unbeteiligten ist damit vor dem Gebrauch der Schusswaffe die Gelegenheit zu geben, sich aus der Menschenmenge zu entfernen (→ Rn. 11). Wer dieser Option nach wiederholter Androhung des Schusswaffengebrauchs nicht nachkommt, obwohl ihm das möglich ist (→ Rn. 12), verliert seinen Status als „Unbeteiligter" und den damit verbundenen besonderen Schutz (→ Rn. 10).

A. Bedeutung und Systematik der Vorschrift

1   § 65 ergänzt die vorstehenden Vorschriften zum Schusswaffengebrauch gegen Personen um weitere Rechtmäßigkeitsanforderungen, sofern die **Schusswaffe gegen Personen in einer Menschenmenge** (nicht: gegen die Menschenmenge insgesamt; vgl. Nimtz/Thiel EingriffR NRW Rn. 407 f.) eingesetzt werden soll. Bei einem solchen Einsatz der Schusswaffe stellt sich das Problem, dass in einer Menschenmenge häufig Unbeteiligte (zum Begriff → Rn. 9) neben Verhaltensverantwortlichen anzutreffen sind. Dazu tritt, dass die Abgabe eines Schusses in eine Menschenmenge hinein zu einer Gefährdung und Verletzung mehrerer Personen, auch Unbeteiligter, führen kann. Aus diesem Grund stellt Abs. 1 zusätzliche materielle Rechtmäßigkeitsanforderungen für den Einsatz einer Schusswaffe gegen Personen in einer Menschenmenge auf, die gewissermaßen die letzte Stufe der „gestaffelten" Voraussetzungen für den Schusswaffengebrauch darstellen (zum besonderen Eingriffscharakter sa Tetsch/Baldarelli PolG NRW Erl. 2): § 55 Abs. 1, §§ 57 ff. stellen Anforderungen an den unmittelbaren Zwang, § 63 Abs. 1 S. 1, § 63 Abs. 4 regelt allgemeine Voraussetzungen für den Schusswaffengebrauch, § 63 Abs. 1 S. 2, § 63 Abs. 2, Abs. 3, § 64 verschärfen diese für den Schusswaffengebrauch gegen Personen. Bei Menschenmengen tritt § 65 Abs. 1 hinzu und knüpft die Zulässigkeit des Schusswaffengebrauchs gegen Person in solchen Menschenmengen an die Begehung oder das Bevorstehen „schwerwiegender Gewalttaten" im Kontext mit der Personenansammlung. Abs. 2 ergänzt § 63 Abs. 4, der den Schusswaffengebrauch für unzulässig erklärt, wenn Unbeteiligte gefährdet werden, sofern er nicht das einzige Mittel zur Abwehr einer gegenwärtigen Lebensgefahr ist (→ § 63 Rn. 26 ff.). Vergleichbare Vorschriften enthalten § 54 Abs. 3 BWPolG, § 52 Abs. 1 S. 4 BWPolG, Art. 85 BayPAG, § 62 HSOG und § 78 NPOG. Diese Bestimmungen haben jedoch allenfalls marginale praktische Bedeutung; soweit ersichtlich, ist auf der Grundlage des § 65 noch nicht von der Schusswaffe gegen Personen in einer Menschenmenge Gebrauch gemacht worden. Die Vorschrift ist überdies problematisch, weil sie tatbestandlich unpräzise gefasst ist. Wenn eine Menschenmenge im Sinne der Vorschrift nicht vorliegt, kann gleichwohl eine vergleichbare Gefährdungslage gegeben sein, weil sich viele Menschen an einem Ort befinden, von der Schusswaffe aber nur gegenüber Einzeltätern Gebrauch gemacht werden soll.

B. Materielle Rechtmäßigkeitsanforderungen an den Schusswaffengebrauch gegen Personen in einer Menschenmenge (Abs. 1)

I. Menschenmenge

Abs. 1 greift ein, wenn von der Schusswaffe **gegen eine Person** Gebrauch gemacht **2** werden soll, **die sich in einer Menschenmenge** befindet. Nicht von der Norm erfasst (und damit mangels gesetzlicher Regelung auch stets rechtswidrig) ist der Einsatz der Schusswaffe gegen die Menschenmenge insgesamt (Tegtmeyer/Vahle PolG NRW Rn. 1), also insbesondere das ungezielte Abgeben eines Schusses in ihre Richtung. Der Gebrauch der Schusswaffe muss auch bei § 65 gezielt auf eine bestimmte Person gerichtet sein, wie sich eindeutig aus dem Wortlaut der Bestimmung ergibt.

Der Begriff der **Menschenmenge** ist im PolG NRW nicht legaldefiniert. Nach einer **3** gängigen Definition handelt es sich um eine an einem Ort befindliche, der Zahl nach nicht sofort überschaubare Personenvielzahl (vgl. Lisken/Denninger PolR-HdB/Rachor/Graulich E Rn. 925; Osterlitz EingriffsR Polizeidienst II 212), sodass es auf das Hinzukommen oder Sichentfernen Einzelner nicht ankommt (eine ungehinderte Anschlussmöglichkeit ist hingegen nicht zu fordern, Lisken/Denninger PolR-HdB/Rachor/Graulich E Rn. 925). Im Schrifttum findet sich zudem teilweise eine Bezugnahme auf § 124 StGB – Schwerer Hausfriedensbruch – bzw. § 125 StGB – Landfriedensbruch (Tetsch/Baldarelli PolG NRW Erl. 3.3; Bialon/Springer EingriffsR Kap. 36 Rn. 114); so liegt eine Menschenmenge bei einer Gruppe vor, bei der es auf das Weggehen oder Hinzutreten einzelner nicht ankommt. Andere stellen vorrangig (oder gleichzeitig) darauf ab, ob sich in typischer Weise massenpsychologische Beeinflussungen ergeben können (Tegtmeyer/Vahle PolG NRW Rn. 4). Eine „Mindestzahl" an Personen lässt sich damit nicht festsetzen, obwohl in der Rechtsprechung bereits Richtwerte aufgestellt worden sind. Der BGH hat etwa für den Anwendungsbereich der §§ 124, 125 StGB eine Größe von 10–15 Personen ausreichen lassen (BGHSt 33, 306; in der beengten Situation etwa einer Gaststätte können auch weniger Personen ausreichen, BGH NStZ 1994, 483; nicht aber bei einer Gruppe von zehn Personen vor einer Polizeiwache, BGH NStZ 2002, 538), wobei die strafrechtliche Begriffsbestimmung zum Ziel hat, eine besondere Gefährlichkeit der Ansammlung feststellen zu können. Im Gefahrenabwehrrecht wird man vorrangig auf die Frage abzustellen haben, ab welcher Personenzahl bzw. in welcher Konstellation die besonderen Gefährdungen eines Schusswaffengebrauchs gegen eine Menschenmenge eintreten.

Auszulegen ist der Begriff der Menschenmenge daher sachgerechter nach dem **Norm- 4 zweck** der § 61 Abs. 3, § 65. Die Sondervorschriften tragen der Tatsache Rechnung, dass der Zwangsmitteleinsatz häufig nicht so „zielgenau" erfolgen kann, dass er nur die als Adressat vorgesehene Person „trifft". Zudem knüpft Abs. 1 unter anderem an eine Gewalttatenbegehung „von ihr" an; diese muss also von der Menschenmenge ausgehen. Eine Menschenmenge muss daher dadurch gekennzeichnet sein, dass eine Mehrzahl von Personen in räumlicher Nähe zueinander an einem bestimmten Ort befindlich ist, und dass die Zahl der Personen zu typischen Gefährdungslagen einer Personenmehrzahl führen kann. Dazu muss allerdings ein gewisser Zusammenhang der Personen treten, sodass nicht jede zufällige Ansammlung von Menschen eine Menschenmenge darstellen kann. Ob eine Menschenmenge vorliegt, ist damit im Einzelfall zu bestimmen. Einzelpersonen, die gemeinsam eine Straftat begehen, bilden daher nicht zwangsläufig eine Menschenmenge (Tegtmeyer/Vahle PolG NRW § 64 Rn. 1 ff.).

II. Schwerwiegende Gewalttaten

Ferner müssen **schwerwiegende Gewalttaten** begangen werden oder unmittelbar bevor- **5** stehen. Bei schwerwiegenden Gewalttaten handelt es sich um Straftaten, die unter Anwendung von Gewalt begangen werden. Hinsichtlich des Merkmals „schwerwiegend" wird auf das besondere Gewicht der Gewalttat, insbesondere auf den Rang des bedrohten Rechtsgutes bzw. auf die Strafandrohung, abzustellen sein (vgl. Lisken/Denninger PolR-HdB/Rachor/Graulich E Rn. 927). Schwerwiegende Gewalttaten sind – wie demgemäß auch Nr. 65.1 VVPolG NRW ausführt – „Straftaten, die unter Anwendung von Gewalt begangen werden und besonders hochwertige Rechtsgüter verletzen oder für die Allgemeinheit lebensnotwendige Einrichtungen zerstören. Hierunter fallen insbesondere Tötungsdelikte (§§ 211 und 212 StGB), gefährliche oder schwere Körperverletzungen (§§ 224 und 226 StGB), gemeingefährliche Straftaten (§ 306 ff. StGB) oder Nötigung von Verfassungsorganen unter Gewaltanwendung (§§ 105 und 106 StGB)." (vgl. Tetsch/Baldarelli PolG NRW Erl. 3.4).

6   Da § 65 das Begehen oder das unmittelbare Bevorstehen schwerwiegender Gewalttaten erfordert, ist der Einsatz der Schusswaffe gegen Personen in einer Menschenmenge auf die Verfolgung **präventiver Ziele** beschränkt (vgl. Tegtmeyer/Vahle PolG NRW Rn. 2). Soweit also nach § 64 Abs. 1 Nr. 3 und Nr. 4 von der Schusswaffe gegen eine Person Gebrauch gemacht werden darf, um vorwiegend repressive Zwecke zu erreichen (Anhalten flüchtender dringender Tatverdächtiger, Vereitelung der Flucht etc), werden diese Voraussetzungen des § 65 Abs. 1 nicht vorliegen.

III. Von der Menschenmenge oder aus ihr heraus

7   Die schwerwiegenden Gewalttaten müssen **„von" der Menschenmenge oder „aus ihr heraus"** begangen werden bzw. drohen. Die sprachliche Differenzierung zwischen „von" und „aus ihr heraus" ist überflüssig, weil der Menschenmenge zuzurechnende schwerwiegende Gewalttaten ausreichen, um gegen in ihr befindliche Personen von der Schusswaffe Gebrauch zu machen (Tetsch/Baldarelli PolG NRW Erl. 3.5: überwiegende Anzahl der Personen muss an den Gewalttaten mitwirken bzw. diese selbst verüben). „Von" der Menschenmenge geht die Gewalttat aus, wenn die gesamte Menschenmenge sie begeht oder begehen wird, „aus ihr heraus", wenn nur einzelne Akteure tätig werden, wobei es sich nicht um „Einzeltäter" handeln darf (Tetsch/Baldarelli PolG NRW Erl. 3.5: einzelne Steinewerfer begründen keine aus der Menschenmenge heraus begangene schwerwiegende Gewalttat) und die übrigen Personen in der Menschenmenge ihr Verhalten unterstützen oder wenigstens billigen (Lisken/Denninger PolR-HdB/Rachor/Graulich E Rn. 928: maßgeblich ist, dass die Gewalttätigkeiten „mit vereinten Kräften" begangen werden). Sofern sich Unbeteiligte (nach der Androhung) nicht entfernen (→ Rn. 9 ff.), wird man jedoch im Regelfall jedenfalls eine Billigung der Gewalttaten anzunehmen haben. Meist wird davon ausgegangen, dass sich aufgrund der Formulierungen „von" und „aus ihr heraus" nur um Gewalttaten handeln kann, die sich an Dritter, also außerhalb der Menschenmenge befindliche Personen richten. Dies schränkt den Anwendungsbereich des § 65 erheblich ein und erscheint nicht ohne weiteres sachgerecht, weil von der Schusswaffe unter Umständen auch bei rein „internen" Auseinandersetzungen innerhalb einer Menschenmenge Gebrauch gemacht werden muss (zB beim Aufeinandertreffen von Demonstranten und Gegendemonstranten). Folgt man der Einschränkung der „Extroversion" der Gewalttaten, wäre dieser Schusswaffengebrauch (allein) an §§ 63, 64 zu messen.

IV. Verhältnismäßigkeitsaspekte

8   Schließlich dürfen **andere Maßnahmen,** namentlich ein Einsatz des unmittelbaren Zwangs in anderer Form, **keinen Erfolg versprechen.** Das Merkmal setzt eine Prognose der handelnden Polizeivollzugsbeamten voraus, die an belastbare tatsächliche Anhaltspunkte anzuknüpfen hat. Damit wird das Erforderlichkeitskriterium des Verhältnismäßigkeitsgrundsatzes nochmals explizit in den Normtext aufgenommen. Die Subsidiarität des Schusswaffengebrauchs gegen Personen ergibt sich jedoch bereits aus § 63 Abs. 1 S. 1 und S. 2 (→ § 63 Rn. 3, Rn. 9). Will die Polizei gegen Personen in einer Menschenmenge vorgehen, werden im Regelfall auch bei gravierenden Ausschreitungen Maßnahmen wie das Bilden einer Polizeikette („Einkesselung", „Umschließung"), der Einsatz von Dienstpferden oder der Einsatz von Wasserwerfern (ggf. unter Beimischung von Reizstoffen) ausreichen (vgl. Tetsch/Baldarelli PolG NRW Erl. 3.1). Der Schusswaffengebrauch gegen Personen in einer Menschenmenge wird daher ausgesprochen selten zur Anwendung kommen können (zur Notwendigkeit einer besonderen Ausbildung der Schützen Tetsch/Baldarelli PolG NRW Erl. 2).

C. Verlust des Unbeteiligtenstatus (Abs. 2)

Wird der Schusswaffengebrauch gegen Personen in einer Menschenmenge **wiederholt** 9 **angedroht** (und damit den Anforderungen des § 61 Abs. 1, Abs. 3 genügt) und **entfernen sich (erkennbar) Unbeteiligte** isv § 63 Abs. 4 **nicht** aus der Menschenmenge, obwohl ihnen dies möglich ist, so verlieren sie ihren Status als Unbeteiligte (und erhalten den Status als zulässige Adressaten des Schusswaffengebrauchs, Tetsch/Baldarelli PolG NRW Erl. 4). „Unbeteiligte" sind solche Personen, gegen die ein Schusswaffengebrauch aufgrund des Fehlens der Voraussetzungen unzulässig wäre (Tegtmeyer/Vahle PolG NRW § 63 Rn. 12; Tetsch/Baldarelli PolG NRW § 63 Erl. 5.7.1; zur Problematik der Begriffsbestimmung Lisken-Denninger PolR-HdB/Rachor/Graulich E Rn. 921 ff.). Im Regelfall handelt es sich dabei um Personen, die die abzuwehrende Gefahr nicht verursacht haben („Nichtstörer"). Aufgrund der mehrfachen Androhung in Verbindung mit der Möglichkeit, sich zu entfernen, dürfen die handelnden Polizeivollzugsbeamten verlässlich davon ausgehen, dass die für unbeteiligt gehaltenen Personen sich mit den Zielen der Menschenmenge hinsichtlich der Begehung schwerwiegender Gewalttaten zumindest solidarisieren. Für ihren besonderen Schutz besteht dann über die generellen, ohnehin sehr strikten Vorgaben für den Schusswaffengebrauch hinaus kein Bedürfnis.

Bei der Androhung des Schusswaffengebrauchs gegen Personen in einer Menschenmenge 10 soll nach Nr. 65.2 VVPolG NRW darauf **hingewiesen** werden, dass Unbeteiligte diesen Status verlieren, wenn sie sich – obwohl ihnen dies möglich ist – nicht aus der Menschenmenge entfernen.

Ein **Sichentfernen** liegt dann vor, wenn die fragliche Person den Verbund der Menschen- 11 menge und damit den Bereich der unüberschaubaren Personenansammlung verlässt und sich in hinreichenden Abstand von dieser begibt, sodass ohne ihre Gefährdung Maßnahmen gegenüber den anderen, noch in der Menschenmenge befindlichen Personen getroffen werden können.

„**Möglich**" ist das Sichentfernen, wenn die fragliche Person sich mit freiem Willen dazu 12 entscheiden kann, in der Menschenmenge zu verbleiben oder sich aus dieser zu entfernen. Umgekehrt fehlt es an einer Möglichkeit, wenn sie durch andere Personen in der Menschenmenge (gewaltsam) daran gehindert wird, diese zu verlassen.

§ 66 Besondere Waffen, Sprengmittel

(1) Besondere Waffen im Sinne des § 58 Abs. 5 dürfen gegen Personen nur in den Fällen des § 64 Abs. 1 Nrn. 1, 2 und 5 von der Bundespolizei, die gemäß den Artikeln 35 Abs. 2 Satz 1 oder 91 Abs. 1 des Grundgesetzes zur Unterstützung der Polizei des Landes Nordrhein-Westfalen eingesetzt wird, und nur mit Zustimmung des Innenministers des Landes Nordrhein-Westfalen oder eines von ihm im Einzelfall Beauftragten angewendet werden, wenn
1. diese Personen von Schusswaffen oder Explosivmitteln Gebrauch gemacht haben und
2. der vorherige Gebrauch anderer Schusswaffen erfolglos geblieben ist.

(2) ¹Besondere Waffen dürfen nur gebraucht werden, um einen Angriff abzuwehren. ²Handgranaten dürfen gegen Personen in einer Menschenmenge nicht gebraucht werden.

(3) Im Übrigen bleiben die Vorschriften über den Schusswaffengebrauch unberührt.

(4) Sprengmittel dürfen gegen Personen nicht angewendet werden.

Überblick

§ 66 regelt über die §§ 61 ff. hinaus weitere, spezielle Vorschriften für den Einsatz „besonderer Waffen" isv § 58 Abs. 5, also von Maschinengewehren und Handgranaten (→ Rn. 4) durch die Bundespolizei in Konstellationen, in denen sie auf der Grundlage von Art. 35 Abs. 2 S. 1 GG bzw. Art. 91 Abs. 1 GG zur Unterstützung der nordrhein-westfälischen Polizei im Landesgebiet von Nordrhein-Westfalen eingesetzt wird (→ Rn. 8). Abs. 1 stellt den Gebrauch besonderer Waffen unter den Vorbehalt der Zustimmung durch den Landesinnenminister bzw. einen von ihm im Einzelfall Beauftragten (→ Rn. 9) und fordert zudem, dass der Adressat seinerseits bereits von der Schusswaffe oder von Explosivmitteln Gebrauch gemacht haben muss (→ Rn. 10 ff.) und dass der vorherige Gebrauch anderer Schusswaffen (§ 58 Abs. 4) erfolglos geblieben ist (→ Rn. 13). Abs. 2 beschränkt in S. 1 den zulässigen Zweck des Einsatzes besonderer Waffen auf die Abwehr von Angriffen (→ Rn. 14 f.) und verbietet in S. 2 den Gebrauch von Handgranaten gegen Personen in einer Menschenmenge (→ Rn. 16 f.). Abs. 3 erklärt deklaratorisch die Vorschriften über den Schusswaffengebrauch (§§ 61 ff.) für anwendbar (→ Rn. 18). Gemäß Abs. 4 dürfen Sprengmittel gegen Personen nicht angewendet werden (→ Rn. 19).

A. Bedeutung und Systematik der Vorschrift

1   § 66 enthält (materielle) Voraussetzungen für den präventivpolizeilichen Einsatz von **besonderen Waffen** iSd § 58 Abs. 5 (→ Rn. 14 ff.), also von **Maschinengewehren** und **Handgranaten** (→ Rn. 4). Gründe für die Sonderregelungen sind die erhöhte Verletzungsgefahr und die im Vergleich mit anderen Schusswaffen geringere Zielgenauigkeit. In anderen Bundesländern finden sich teilweise ähnliche (Art. 69 BayPAG, § 55 Abs. 5 HSOG zu besonderen Waffen, § 69 Abs. 5 NPOG zu besonderen Waffen, § 69 Abs. 9 NPOG zu Sprengmitteln sowie § 79 NPOG), teilweise abweichende Vorschriften (vgl. § 50 Abs. 2 BWPolG).

2   Liegen die gesetzlichen Anforderungen vor, dürfen besondere Waffen **„angewendet"** werden. Wie bei anderen Vorschriften, die den Gebrauch, den Einsatz oder die Anwendung von Schusswaffen regeln, ist zweifelhaft, was darunter zu verstehen ist. Eine gängige Differenzierung ist es, den Schusswaffeneinsatz als den weitesten Begriff zu definieren und etwa auch das Mitführen einer Schusswaffe darunter zu fassen. Die Bestimmungen der §§ 61 ff. nehmen allerdings auf den Schusswaffengebrauch Bezug. Nahe läge es, als Schusswaffengebrauch bzw. -anwendung nur das Abfeuern eines oder mehrerer Schüsse in Richtung einer Person oder Sache bzw. das Werfen einer scharfen Handgranate zu verstehen. Für diese Deutung spricht auch § 61 Abs. 1 S. 3, der die Abgabe eines Warnschusses als Androhung des Schusswaffengebrauchs qualifiziert. Nicht jedes Abgeben eines Schusses ist damit nach dem Wortlaut der §§ 61 ff. Schusswaffen-„Gebrauch" im engeren Sinne (gegen eine Sache bzw. eine Person). Auf der anderen Seite darf der eigentliche Schusswaffengebrauch nicht angedroht werden, wenn seine gesetzlichen Voraussetzungen nicht vorliegen (vgl. allg. für die Androhung des unmittelbaren Zwangs Nr. 61.11 VVPolG NRW). Vor diesem Hintergrund empfiehlt es sich, zwischen dem Schusswaffengebrauch im engeren Sinne, also dem gezielten Abgeben eines Schusses in Richtung einer Person oder einer Sache, und dem Schusswaffengebrauch im weiteren Sinne zu differenzieren. Der Schusswaffeneinsatz schließlich ist der weiteste Begriff und schließt das bloße Mitführen der Waffe ein.

B. Begriff der „besonderen Waffen"

3   Die Vorschrift normiert **materielle Vorgaben** für besondere Waffen iSv § 58 Abs. 5, also für Maschinengewehre und Handgranaten (→ Rn. 7); zu diesen ordnet bereits § 58 Abs. 5 S. 1 an, dass sie für das Handeln der Bundespolizei zugelassen sind, wenn diese in den Fällen des Art. 35 Abs. 2 S. 1 GG oder des Art. 91 Abs. 1 GG zur Unterstützung der nordrhein-westfälischen Polizei im Lande Nordrhein-Westfalen eingesetzt wird (→ § 58 Rn. 18). Gemäß § 58 Abs. 5 S. 2 dürfen diese Waffen „nur nach den Vorschriften dieses Gesetzes" eingesetzt werden; zu beachten sind daher – neben den allgemeinen Rechtmäßigkeitsanforderungen für polizeiliche Eingriffsmaßnahmen wie etwa dem Verhältnismäßigkeitsgrundsatz in § 2 und den Vorgaben für die Ermessensausübung in § 3 – insbesondere § 66 sowie die §§ 61 ff. (sa Abs. 3).

4   **Maschinengewehre** sind vollautomatische Schusswaffen, die zum Verschießen von Gewehrmunition ausgerichtet sind. Unter **Handgranaten** versteht man mit einer Sprengla-

dung befüllte Hohlkörper, die auf das Ziel geworfen werden und deren Ladung mittels Zeit- oder Aufschlagzünder ausgelöst wird (eingehend Lisken/Denninger PolR-HdB/Rachor/ Graulich E Rn. 849).

C. Materielle Voraussetzungen für den Gebrauch besonderer Waffen (Abs. 1, Abs. 2)

Abs. 1 und Abs. 2 enthalten weiteren Vorgaben für den Gebrauch besonderer Waffen. **5** Formal ist die Zustimmung des Innenministers bzw. eines im Einzelfall von diesem Beauftragten erforderlich (→ Rn. 9). Materiell bleibt der Einsatz der besonderen Waffen auf die Fälle des § 64 Abs. 1 Nr. 1, Nr. 2 und Nr. 5 beschränkt (→ Rn. 6). Nur die Bundespolizei (→ Rn. 7), die gem. Art. 35 Abs. 2 S. 1 GG bzw. gem. Art. 91 Abs. 1 GG zur Unterstützung der Polizei des Landes Nordrhein-Westfalen im Land Nordrhein-Westfalen eingesetzt wird (→ Rn. 8), darf diese Waffen verwenden. Schließlich ist Voraussetzung, dass der Adressat bzw. die Adressaten des Einsatzes besonderer Waffen seiner- / ihrerseits von Schusswaffen oder Explosivmitteln Gebrauch gemacht haben muss bzw. müssen (→ Rn. 10).

I. Beschränkung auf die Fälle des § 64 Abs. 1 Nr. 1, Nr. 2 und Nr. 5 (Abs. 1)

Besondere Waffen dürfen **nur in den Fällen des § 64 Abs. 1 Nr. 1, Nr. 2 und Nr. 5** **6** eingesetzt werden. § 64 Abs. 1 trifft allgemeine materielle Rechtmäßigkeitsanforderungen an den Schusswaffengebrauch und regelt dazu Fallkonstellationen, in denen die Schusswaffe verwendet werden darf. Gemäß § 64 Abs. 1 Nr. 1 darf die Schusswaffe gebraucht werden, um eine gegenwärtige Gefahr für Leib oder Leben abzuwehren (→ § 64 Rn. 2 ff.). § 64 Abs. 1 Nr. 2 erlaubt den Schusswaffeneinsatz, um die unmittelbar bevorstehende Begehung oder Fortsetzung eines Verbrechens oder eines Vergehens unter Anwendung oder Mitführung von Schusswaffen oder Explosivmitteln zu verhindern (→ § 64 Rn. 5 ff.). § 64 Abs. 1 Nr. 5 gestattet schließlich die Anwendung von Schusswaffen, um die gewaltsame Befreiung einer Person aus amtlichem Gewahrsam zu verhindern (→ § 64 Rn. 25 ff.).

II. Einsatz durch die Bundespolizei (Abs. 1)

Der Einsatz der besonderen Waffen ist, wie sich auch aus § 58 Abs. 5 ergibt, nur Beamtin- **7** nen und Beamten der **Bundespolizei e**rlaubt. Dabei handelt es sich gem. § 1 Abs. 1 BPolG um eine in bundeseigener Verwaltung geführte Polizei des Bundes im Geschäftsbereich des Bundesministeriums des Innern.

III. Fall des Art. 35 Abs. 2 S. 1 GG bzw. des Art. 91 Abs. 1 GG (Abs. 1)

Die Bundespolizei muss gem. Art. 35 Abs. 2 S. 1 GG bzw. gem. Art. 91 Abs. 1 **GG zur** **8** **Unterstützung der Polizei des Landes Nordrhein-Westfalen im Land Nordrhein-Westfalen eingesetzt** werden. Art. 35 Abs. 2 S. 1 GG zufolge kann ein Land zur Aufrechterhaltung oder Wiederherstellung der öffentlichen Sicherheit oder Ordnung in Fällen von besonderer Bedeutung Kräfte und Einrichtungen des Bundesgrenzschutzes (nunmehr: der Bundespolizei) zur Unterstützung seiner Polizei anfordern, wenn die Polizei ohne diese Unterstützung eine Aufgabe nicht oder nur unter erheblichen Schwierigkeiten erfüllen könnte. Es handelt sich um einen Spezialfall der Amts- bzw. Vollzugshilfe, wie sich auch aus Art. 35 Abs. 2 S. 1 GG ergibt. Art. 91 Abs. 1 GG erlaubt es, dass ein Land zur Abwehr einer drohenden Gefahr für den Bestand oder die freiheitliche demokratische Grundordnung des Bundes oder eines Landes Polizeikräfte anderer Länder sowie Kräfte und Einrichtungen anderer Verwaltungen und des Bundesgrenzschutzes (nunmehr: der Bundespolizei) anfordern kann. Die Zulässigkeit des Einsatzes der Bundespolizei in diesen Fällen wird auch durch § 9 Abs. 3 POG NRW iVm § 9 Abs. 1 Nr. 1–3 POG NRW einfachgesetzlich bestätigt (→ POG NRW § 9 Rn. 20 f.).

IV. Zustimmung des Landesinnenministers oder eines im Einzelfall von ihm Beauftragten (Abs. 1)

9   Der Einsatz der besonderen Waffen durch die Beamtinnen und Beamten der Bundespolizei ist nur mit Zustimmung, also vorheriger **Genehmigung des Innenministers des Landes Nordrhein-Westfalen** zulässig (Tegtmeyer/Vahle PolG NRW Rn. 2: förmliche Voraussetzung). Die Zustimmung kann alternativ ein im Einzelfall vom Innenminister Beauftragter erteilen. Die Formulierung zeigt, dass die Zustimmung nicht etwa dauerhaft erteilt werden darf, sondern jeweils im einzelnen Anwendungsfall des Art. 35 Abs. 2 S. 1 GG bzw. Art. 91 Abs. 1 GG vorzunehmen ist.

V. Gebrauch von Schusswaffen oder Explosivmitteln durch den Adressaten (Abs. 1 Nr. 1)

10   Abs. 1 Nr. 1 normiert als weitere Voraussetzung, dass der **Adressat** bzw. die Adressaten des Einsatzes besonderer Waffen seiner- / ihrerseits **von Schusswaffen oder Explosivmitteln Gebrauch gemacht haben muss** bzw. müssen.

11   Unter „Schusswaffen" iSd Abs. 1 Nr. 1 können nicht nur die für die Polizei zugelassenen Schusswaffen (§ 58 Abs. 4: Pistole, Revolver, Gewehr, Maschinenpistole; § 58 Abs. 5: Maschinengewehr) gemeint sein; der „Vorwurf" an den Adressaten liegt nicht darin, eine für die Polizei zugelassene Waffe zu verwenden, sondern anwesende Person mit einem in besonderer Weise gefährlichen Gegenstand zu bedrohen. Anzuknüpfen ist daher an eine faktische Begriffsbestimmung in Anlehnung an Nr. 1.1 Anlage 1 WaffG. Danach sind Schusswaffen „Gegenstände, die zum Angriff oder zur Verteidigung, zur Signalgebung, zur Jagd, zur Distanzinjektion, zur Markierung, zum Sport oder zum Spiel bestimmt sind und bei denen Geschosse durch einen Lauf getrieben werden". **Explosivmittel** sind entsprechend der Legaldefinition § 3 Abs. 1 Nr. 1 SprengG die in Anlage III SprengG aufgezählten Stoffe („Explosivmittelliste").

12   Der Adressat der Anwendung besonderer Waffen muss bereits von der Schusswaffe oder von Explosivmitteln **Gebrauch gemacht** haben. Eindeutig ist, dass der Gebrauch in der Vergangenheit liegen muss bzw. noch andauert. Wie auch für die Polizei besteht allerdings Unsicherheit hinsichtlich der Frage, was unter „Gebrauchmachen" zu verstehen ist. Nach Sinn und Zweck des § 66 kann nicht zu fordern sein, dass der Adressat bereits einen Schuss abgegeben oder das Explosivmittel gezündet haben muss. Andererseits kann ein bloßes Mitführen nicht ausreichen (Tetsch EingriffsR 320). Da § 66 noch eine Vielzahl weiterer Hürden errichtet, wird man als „Gebrauchmachen" durch die Adressaten jedenfalls das Ziehen einer Schusswaffe gelten lassen können.

VI. Erfolglosigkeit des vorherigen Gebrauchs anderer Schusswaffen (Abs. 1 Nr. 2)

13   Der **vorherige Gebrauch anderer Schusswaffen,** also der in § 58 Abs. 4 genannten (Pistole, Revolver, Gewehr, Maschinenpistole), muss **erfolglos** geblieben sein. Damit ist der Einsatz besonderer Waffen ultima ratio.

VII. Gebrauch nur zur Abwehr eines Angriffs (Abs. 2 S. 1)

14   Der **präventive** Charakter des den Einsatz besonderer Schusswaffen erlaubenden § 66 wird anhand des Abs. 2 S. 1 deutlich: Ihr Gebrauch ist **nur zur Abwehr eines Angriffs** zulässig. Diese Bestimmung beschränkt damit einerseits das Spektrum zulässiger Zielrichtungen des Waffeneinsatzes und stellt andererseits eine weitere materielle Voraussetzung auf.

15   Unter „Angriff" versteht man – entsprechend der Definition in § 32 StGB – jede durch menschliches Verhalten drohende Verletzung eines Rechtsgutes. Da es sich beim Schusswaffeneinsatz um die Anwendung unmittelbaren Zwangs handelt, wird eine besondere Waffe regelmäßig eingesetzt werden, um eine Anordnung zum Unterlassen bzw. Abbruch des Angriffs durchzusetzen (vgl. Tetsch EingriffsR 320). Ausgeschlossen ist damit der Einsatz besonderer Waffen, um den Adressaten fluchtunfähig zu machen.

VIII. Einschränkung des Einsatzbereichs von Handgranaten (Abs. 2 S. 2)

Gemäß Abs. 2 S. 2 dürfen **Handgranaten gegen Personen in einer Menschenmenge** **16** **nicht gebraucht** werden (zum Begriff der „Menschenmenge" → § 65 Rn. 2 ff.). Handgranaten besitzen eine weit gestreute Sprengwirkung, sodass beim Einsatz gegen Personen in einer Menschenmenge die Wahrscheinlichkeit, dass Unbeteiligte zu Schaden kommen, sehr hoch ist.

Für die Handgranaten gilt Abs. 4, der den **Einsatz von Sprengmitteln** gegen Personen **17** untersagt, nicht; dies ist eine Folgerung aus Abs. 2 S. 2, der (nur) den Gebrauch von Handgranaten gegen Personen in einer Menschenmenge verbietet. Der Einsatz gegen Personen im Übrigen ist damit unter den gesetzlichen Voraussetzungen zulässig.

D. Geltung der Vorschriften über den Schusswaffengebrauch (Abs. 3)

Abs. 3 ordnet (deklaratorisch) die Geltung der Vorschriften über den **Schusswaffenge-** **18** **brauch** an. Damit sind namentlich die Bestimmungen der §§ 61 ff. gemeint.

E. Einschränkung des Einsatzbereichs von Sprengmitteln (Abs. 4)

Nach Abs. 4 dürfen **Sprengmittel** gegen Personen nicht angewandt werden (Nr. 66.4 **19** VVPolG NRW; vgl. auch Nr. 58.32 VVPolG NRW). Die Möglichkeit einer Anwendung gegen Sachen bleibt von dieser Regelung unberührt. Für Handgranaten gilt das Verbot im Rückschluss aus Abs. 2 S. 2 nicht (→ Rn. 17).

Fünfter Abschnitt. Entschädigungsansprüche

§ 67 Entschädigungsansprüche

Die §§ 39 bis 43 des Ordnungsbehördengesetzes finden entsprechende Anwendung.

Überblick

§ 67 enthält eine Rechtsgrundverweisung (→ Rn. 1) auf die Vorschriften des Ordnungsbehördengesetzes zu den verschuldensunabhängigen Entschädigungsansprüchen zum Ausgleich von Schäden, die jemand durch Maßnahmen der Gefahrenabwehrbehörden erleidet. In Bezug genommen werden die – systematisch nicht uneingeschränkt geglückten – §§ 39–43 NRWOBG. § 39 NRWOBG normiert die eigentlichen Anspruchsgrundlagen (§ 39Abs. 1 lit. a NRWOBG bzw. § 39lit. b NRWOBG, → Rn. 5 ff.), Regelungen zum Ausschluss der Haftung (Abs. 2, → Rn. 20 ff.) und eine Bestimmung zum Vorrang anderweitiger Anspruchsgrundlagen bei rechtmäßigem Handeln (Abs. 3, → Rn. 23). § 40 NRWOBG regelt im Detail Art, Inhalt und Umfang des Entschädigungsanspruchs (→ Rn. 24 ff.). Vorgaben zur Verjährung trifft § 41 NRWOBG (→ Rn. 42), der auf die Vorschriften der §§ 194 ff. BGB verweist. § 42 NRWOBG legt fest, wer Entschädigungspflichtiger (also Anspruchsgegner) ist (→ Rn. 43 ff.), § 43 NRWOBG enthält Regelungen zum Rechtsweg (→ Rn. 51 ff.). Soweit in den §§ 39–43 NRWOBG die Ordnungsbehörden erwähnt sind, finden die Vorschriften aufgrund der Verweisung in § 67 entsprechende Anwendung auf die Polizeibehörden.

Übersicht

A. Bedeutung der Vorschrift

§ 67 **verweist auf die §§ 39–43 NRWOBG,** die umfassende Regelungen zu verschul- 1
densunabhängigen Entschädigungsansprüchen bei Schäden verursachenden Maßnahmen der
Ordnungsbehörden enthalten, und ordnet ihre entsprechende Anwendung auch für das Verhalten der Polizeibehörden an. Es handelt sich um eine **Rechtsgrundverweisung,** sodass
die jeweiligen tatbestandlichen Voraussetzungen der §§ 39 ff. NRWOBG vorliegen müssen.
Die Normierung eigenständiger Anspruchsnormen im Polizeigesetz war damit entbehrlich
(Tetsch/Baldarelli PolG NRW Erl. 1). Im Folgenden werden die wesentlichen Inhalte der
NRWOBG-Vorschriften sowie Besonderheiten bei Maßnahmen der Polizeibehörden dargestellt; zu weiteren Details wird auf die Kommentierungen zu §§ 39–43 NRWOBG verwiesen. Regelungen zu den Entschädigungsansprüchen finden sich in anderen Bundesländern in
unterschiedlich detaillierter Gestalt (vgl. §§ 55 ff. BWPolG, Art. 70 ff. BayPAG, §§ 64 ff.
HSOG und §§ 80 ff. NPOG).

Ein **Entschädigungsanspruch** gem. § 67 iVm §§ 39 ff. NRWOBG kommt lediglich 2
bei präventivpolizeilichem Handeln sowie bei echten „doppelfunktionalen" Maßnahmen in
Betracht. Schäden, die durch (allein) repressives Handeln verursacht werden, werden nicht
über diese Bestimmungen ersetzt (vgl. LG Magdeburg BeckRS 2011, 22439; Götz/Geis
PolR § 15 Rn. 27).

Die Ansprüche aus § 67 iVm §§ 39 ff. NRWOBG sind Teil des **Systems der Rechts** 3
staatlicher Ersatzleistungen und neben anderen Anspruchsgrundlagen anwendbar (Schö-
nenbroicher/Heusch/Heusch NRWOBG § 39 Rn. 1: „Teilausschnitt"; zu den Entschädigungsansprüchen Sydow JURA 2007, 7), insbesondere neben Amtshaftungsansprüchen nach
§ 839 BGB iVm Art. 34 GG, wie sich auch aus § 40 Abs. 5 ergibt, Ansprüchen aus enteignungsgleichem bzw. enteignendem Eingriff, Aufopferungs- und öffentlich-rechtlichen Fol-
genbeseitigungsansprüchen etc (zu den Anspruchskonkurrenzen eingehend → OBG § 39
Rn. 34 ff.; allg. Papier DVBl 1975, 567 (574)). Gegenüber den verschuldensabhängigen
Ansprüchen wie zB dem Amtshaftungsanspruch hat § 67 iVm §§ 39 ff. NRWOBG den
Vorteil, dass es auf ein Verschulden des handelnden Beamten zur Begründung des Anspruchs
nicht ankommt (weshalb auch die Regelung zum „Mitverschulden" in § 40 Abs. 4 systematisch nicht geglückt ist; → Rn. 38 ff.).

Die §§ 39 ff. NRWOBG sind Spezialregelungen für die Ordnungs- und – über § 67 – für 4
die Polizeibehörden und Ausprägung des **allgemeinen Aufopferungsgedankens** (eingehend Tetsch/Baldarelli PolG NRW Erl. 1: Sonderopfer), der etwa schon in §§ 74, 75 der
Einleitung des ALR (Allgemeines Landrecht für die Preußischen Staaten v. 5.2.1794) normativ geregelt war und als Rechtsgrundsatz mit Verfassungsrang anerkannt ist (Schönenbroicher/
Heusch/Heusch NRWOBG § 39 Rn. 24 mwN).

B. Anspruchsgrundlagen, Ausschlussgründe, Konkurrenzen (§ 39 NRWOBG)

§ 39 NRWOBG enthält in § 39 Abs. 1 NRWOBG zwei eigenständige Anspruchsgrundla- 5
gen für den Entschädigungsanspruch sowie deren tatbestandliche Voraussetzungen. § 39
Abs. 2 NRWOBG normiert „negative" Anspruchsvoraussetzungen bzw. Gründe für einen
vollständigen oder partiellen Ausschluss des Anspruchs. § 39 Abs. 3 NRWOBG erklärt spezielle (landesrechtliche) Anspruchsnormen bei rechtmäßigem Handeln für (vorrangig)
anwendbar.

I. Anspruchsgrundlagen (§ 39 Abs. 1 NRWOBG)

§ 39 Abs. 1 NRWOBG regelt **zwei eigenständige,** voneinander unabhängige 6
Anspruchsgrundlagen: § 39 Abs. 1 lit. a NRWOBG gewährt einen Anspruch, wenn eine
Person als „Nichtstörer" iSv § 19 NRWOBG (für die Polizei: § 6) in Anspruch genommen
wird. § 39 Abs. 1 lit. b NRWOBG eröffnet einen (verschuldensunabhängigen) Entschädigungsanspruch bei rechtswidrigen Maßnahmen der Ordnungsbehörden (bei § 67: Polizeibehörden).

1. Inanspruchnahme als „Nichtstörer" (§ 39 Abs. 1 lit. a NRWOBG)

7   § 39 Abs. 1 lit. a NRWOBG setzt lediglich voraus, dass der Geschädigte („jemand") als **„Nichtstörer"** (§ 19 NRWOBG, § 6) **in Anspruch genommen** wurde. Haftungsgrund für den Entschädigungsanspruch nach § 39 Abs. 1 lit. a NRWOBG) ist die Vorstellung, dass ein nicht gefahrenabwehrrechtlich Verantwortlicher, der infolge einer Inanspruchnahme als „Nichtstörer" einen Schaden erleidet, ein „Sonderopfer" für die Allgemeinheit erbracht hat, das zu kompensieren ist (im Einzelnen → OBG § 39 Rn. 1 ff.).

8   Der „Nichtstörer" muss „in Anspruch genommen" worden sein. Dies bedeutet, dass er **(faktischer) Adressat der schadensstiftenden Maßnahme** gewesen sein muss (zur analogen Anwendung der Anspruchsgrundlage bei unbeteiligten Dritten, freiwilligen Helfern, Anscheins- und Verdachtsstörern → Rn. 16 ff.). Damit scheidet auf der Grundlage des § 39 Abs. 1 lit. a NRWOBG ein Entschädigungsanspruch aufgrund eines bloßen Unterlassens aus (→ OBG § 39 Rn. 4; dort auch zur abweichenden Rechtsprechung des BGH bezüglich des qualifizierten Unterlassens beim enteignungsgleichen Eingriff).

9   Auch wenn § 39 Abs. 1 lit. a NRWOBG dies nicht explizit verlangt, muss die Inanspruchnahme als „Nichtstörer" nach hM **rechtmäßig** erfolgt sein (→ OBG § 39 Rn. 6 ff.; Möller/Warg PolR Rn. 470 iVm Rn. 479; Lisken/Denninger PolR-HdB/Buchberger/Rachor M Rn. 71, 12 f., 34; Schönenbroicher/Heusch/Heusch NRWOBG § 39 Rn. 26; Dietlein/Hellermann NRWÖffR/Dietlein § 3 Rn. 284; Tegtmeyer/Vahle PolG NRW Rn. 2; im Ergebnis auch Tetsch/Baldarelli PolG NRW Erl. 4.2.1.3; aA Götz/Geis PolR § 15 Rn. 4). Handelt es sich um eine rechtswidrige Maßnahme, greift nach zutreffender Auffassung ohnehin § 39 Abs. 1 lit. b NRWOBG (→ OBG § 39 Rn. 6 mwN; zum Maßstab hinsichtlich der Beurteilung der Rechtmäßigkeit eingehend → OBG § 39 Rn. 7 f.).

2. Rechtswidrige Maßnahme (§ 39 Abs. 1 lit. b NRWOBG)

10   Nach § 39 Abs. 1 lit. b NRWOBG entsteht ein Entschädigungsanspruch unabhängig von einem Verschulden der handelnden Beamtinnen und Beamten ferner bei rechtswidrigen Maßnahmen. Die Variante begründet damit eine **verschuldensunabhängige „Unrechtshaftung"** (→ OBG § 39 Rn. 24).

11   Anders als bei § 39 Abs. 1 lit. a NRWOBG, der eine Schädigung des „Nichtstörers" kompensieren will, ist der Kreis derjenigen, die als „jemand" durch eine rechtswidrige Maßnahme iSv § 39 Abs. 1 lit. b NRWOBG geschädigt werden können, weit zu fassen. **Potenzielle Geschädigte** und damit Anspruchsteller können daher Störer und Nichtstörer, aber auch unbeteiligte Dritte sein (Gusy PolR Rn. 476; Kugelmann PolR Kap. 12 Rn. 5; Lisken/Denninger PolR-HdB/Buchberger/Rachor M Rn. 71; Thiel PolR § 20 Rn. 5 ff.).

12   Auch der Begriff der **„Maßnahme"** ist weit zu verstehen und schließt jedes bewusste und zielgerichtete (finaler Charakter betont bei Schönenbroicher/Heusch/Heusch NRWOBG § 39 Rn. 26; bei ungezielten Eingriffswirkungen greift der allgemeine Aufopferungsanspruch, Ossenbühl/Cornils, Staatshaftungsrecht, 6. Aufl. 2013, 493 f.) rechtliche oder tatsächliche Verhalten der handelnden Beamtinnen und Beamten ein (→ OBG § 39 Rn. 27 ff.), also etwa Verwaltungsakte und Realakte, aber auch ordnungsbehördliche Verordnungen (Tetsch/Baldarelli PolG NRW Erl. 4.1.1.1 mwN). Ein Unterlassen ist jedoch nicht als „Maßnahme" zu qualifizieren (DWVM Gefahrenabwehr 654; teilweise aA für „qualifiziertes" Unterlassen, → OBG § 39 Rn. 27; Schönenbroicher/Heusch/Heusch NRWOBG § 39 Rn. 26, 29).

12.1   Die Rechtsprechung hatte sich häufiger mit der Frage zu befassen, ob eine bloße polizeiliche Bitte, eine bestimmte Handlung vorzunehmen, als „Maßnahme" qualifiziert werden könne (abl. BGH NJW 1998, 2289; Tetsch/Baldarelli PolG NRW Erl. 4.1.1.1). Bei „informalem" Handeln der Polizei wird man jeweils darauf abzustellen haben, ob es „eine solche Intensität besitzt, dass es sich einer imperativen Maßnahme annähert" (so Schönenbroicher/Heusch/Heusch NRWOBG § 39 Rn. 29).

13   Die Maßnahme muss zum Zeitpunkt, zu dem sie getroffen wird, **objektiv rechtswidrig** sein, also in Widerspruch zur objektiven Rechtsordnung stehen (→ OBG § 39 Rn. 29 f.; vgl. OLG Köln BeckRS 2013, 3963 zum Abschleppen eines Kfz; ZfBR 2013, 183 zur Ablehnung einer denkmalrechtlichen Erlaubnis; VersR 1991, 1287; LG Bonn BeckRS 2015, 7177; Schönenbroicher/Heusch/Heusch NRWOBG § 39 Rn. 30; Tetsch/Baldarelli PolG

NRW Erl. 4.1.1.1.2; keine rechtswidrige Maßnahme zB bei Beschädigung eines Kfz durch einen vor der Polizei fliehenden Straftäter, OLG Düsseldorf VersR 1992, 959, oder bei Verkehrsunfällen Dritter im Zusammenhang mit einer polizeilichen Verkehrskontrolle, OLG Düsseldorf OLGR 1993, 100). Umstritten ist, ob ein Handlungs- oder ein Erfolgsunrecht zu fordern ist; in der Praxis führen die beiden Auffassungen allerdings nur sehr selten zu unterschiedlichen Bewertungen (eingehend → OBG § 39 Rn. 29.1).

3. Schaden

Durch die (rechtmäßige; → Rn. 9) Inanspruchnahme als „Nichtstörer" oder durch die **14** rechtswidrige Maßnahme muss „jemandem" ein **Schaden** entstanden sein. Dabei handelt es sich grundsätzlich um jede Art der Einbuße an Rechtsgütern (→ OBG § 39 Rn. 32; zu beachten sind dabei jedoch die Beschränkungen hinsichtlich des Umfangs der Entschädigungsleistung in § 40 Abs. 1 NRWOBG; immaterielle Schäden werden nicht entschädigt, → Rn. 26). Zu vergleichen ist namentlich die Vermögenslage des Betroffenen vor und nach der Maßnahme (Tetsch/Baldarelli PolG NRW Erl. 4).

4. Kausalität

Die Inanspruchnahme als „Nichtstörer" bzw. die rechtswidrige Maßnahme muss für den **15** Schaden **kausal** gewesen sein; es muss ein Unmittelbarkeitszusammenhang bestehen (→ Rn. 27; → OBG § 39 Rn. 33 ff.; Schönenbroicher/Heusch/Heusch NRWOBG § 39 Rn. 31: Beeinträchtigung des Geschädigten muss unmittelbare Folge der hoheitlichen Maßnahme sein). Zur Bewertung der Kausalität können die zivilrechtlichen Kriterien zB der Äquivalenz- und Adäquanzformeln entsprechend heranzuziehen sein.

5. Sonderfälle

§ 39 Abs. 1 NRWOBG enthält keine Regelungen hinsichtlich solcher Schäden, die **unbe- 16 teiligten Dritten** bei der Inanspruchnahme einer anderen Person als „Nichtstörer" entstanden sind. In den Fällen des § 39 Abs. 1 lit. b NRWOBG, also bei rechtswidrigen Maßnahmen, ist „jemand" weit zu verstehen und schließt Unbeteiligte als mögliche Anspruchsteller ein. § 39 Abs. 1 lit. a NRWOBG stellt dagegen auf die Inanspruchnahme einer Person als Nichtstörer ab und blendet eventuell geschädigte Dritte aus. Nach verbreiteter Auffassung ist die Anspruchsgrundlage in § 39 Abs. 1 lit. a NRWOBG für diese entsprechend anzuwenden (→ OBG § 39 Rn. 14; Tetsch/Baldarelli PolG NRW Erl. 4.3.3 mwN). Dies gilt auch, wenn die Inanspruchnahme des „Nichtstörers" aufgrund einer Rechtsgrundlage erfolgt, die tatbestandlich für jedermann gilt (Thiel PolR § 20 Rn. 2), wie zB bei anlass- und verdachtsunabhängigen Kontrollmaßnahmen. Im Schrifttum wird jedoch zutreffend darauf hingewiesen, dass sich bei unbeteiligten Dritten häufiger als bei „gezielten" Adressaten das allgemeine Lebensrisiko verwirklichen und es daher am für den Anspruch aus § 39 Abs. 1 NRWOBG essenzielle „Sonderopfer" fehlen könne (Schönenbroicher/Heusch/Heusch NRWOBG § 39 Rn. 27, der daher vorrangig auf den allgemeinen Aufopferungsanspruch zurückgreifen will); die Einbeziehung unbeteiligter Dritter in den Kreis der Anspruchsberechtigten ist damit eine Frage des Einzelfalles. Meist wird indes keine Notwendigkeit einer analogen Anwendung des § 39 Abs. 1 lit. a NRWOBG bestehen, weil andere Ersatzansprüche geltend gemacht werden können (Thiel PolR § 20 Rn. 4; zu Besonderheiten beim „Anscheinsstörer" → Rn. 18).

Für **freiwillige Helfer** kann nach hM § 39 Abs. 1 lit. a NRWOBG nicht entsprechend **17** herangezogen werden (zu ausdrücklichen Regelungen in einzelnen Bundesländern Thiel PolR § 20 Rn. 4). Ihnen wird (unter anderem wegen der Freiwilligkeit des Einsatzes) regelmäßig kein zu entschädigendes „Sonderopfer" abverlangt (→ OBG § 39 Rn. 23; Dietlein/ Hellermann NRWÖffR/Dietlein § 3 Rn. 285; Schönenbroicher/Heusch/Heusch NRWOBG § 39 Rn. 27; Möller/Warg PolR Rn. 476; Gusy PolR Rn. 470; Tegtmeyer/ Vahle PolG NRW Rn. 4; Tetsch/Baldarelli PolG NRW Erl. 4.3.4).

Bei einer sog. **„Anscheinsgefahr"** ist aufgrund der aus „ex ante"-Sicht anzustellenden **18** Prognose die hinreichende Wahrscheinlichkeit eines Schadenseintritts anzunehmen, es stellt sich jedoch im Nachhinein heraus, dass auch ohne die polizeiliche Maßnahme kein Schaden eingetreten wäre. Die Maßnahme gilt gleichwohl als rechtmäßig. Der Verursacher der „Anscheinsgefahr" (in etwas unpräziser Terminologie auch „Anscheinsstörer") müsste dann – da die Rechtmäßigkeit der Maßnahme einen Anspruch nach § 39 Abs. 1 lit. b NRWOBG ausschließt – gewissermaßen nachträglich zum „Nichtstörer" erklärt werden, um wenigstens einen Anspruch gem. § 39 Abs. 1 lit. a NRWOBG gewähren zu können. Ansonsten bliebe er kompensationslos (zum Problem Tetsch/Baldarelli PolG NRW Erl. 4.3.1). Dies wäre jedoch aus Billigkeitsgründen nicht tolerabel, weil der „Anscheinsstörer", sofern ihm ein Schaden entsteht, ein Sonderopfer erbringt. Daher spricht vieles dafür, ihn – sofern er nicht selbst den Anschein der Gefahr gesetzt hat – jedenfalls hinsichtlich der Entschädigungsansprüche wie einen „Nichtstörer" zu behandeln, indem man die rechtliche Bewertung dieser Ansprüche an den „ex post"-Zeitpunkt anknüpft; nachträglich bekannt gewordene Gesichtspunkte dürfen bei der Bewertung damit nicht außer Betracht bleiben (vgl. Schönenbroicher/Heusch/Heusch NRWOBG § 39 Rn. 27; OVG Münster NJW 1993, 2698; LG Köln NJW 1998, 317; Thiel PolR § 20 Rn. 7; zum Streit hinsichtlich der Frage, ob § 39 Abs. 1 lit. a NRWOBG auch auf die – rechtmäßige – Inanspruchnahme eines Anscheins- oder Verdachtsstörers Anwendung findet, eingehend → OBG § 39 Rn. 18 ff.; Tetsch/Baldarelli PolG NRW Erl. 4.3.1; krit. gegenüber einem „kostenrechtlichen Perspektivenwechsel" aber Dietlein/Hellermann NRWÖffR/Dietlein § 3 Rn. 293).

19   Auch im Falle eines **Gefahrenverdachts** ist der geschädigte „Verdachtsstörer" analog § 39 Abs. 1 lit. a NRWOBG zu entschädigen, wenn sich im Nachhinein herausstellt, dass er die den Gefahrenverdacht begründenden Umstände nicht zu verantworten hat, und er durch Gefahrerforschungseingriffe einen Schaden erleidet (OVG Münster DVBl 2012, 720; Vahle DVP 2013, 530). Gleiches muss gelten, wenn nicht die Gefahrenlage, sondern die Störereigenschaft „erforscht" wird (sog. „Störererforschungseingriff"; vgl. Schönenbroicher/Heusch/Heusch NRWOBG § 39 Rn. 27).

II. Ausschlussgründe (§ 39 Abs. 2 NRWOBG)

20   § 39 Abs. 2 NRWOBG regelt zwei Varianten, in denen der **Entschädigungsanspruch** grundsätzlich (ganz oder teilweise) **ausgeschlossen** ist. Nach § 39 Abs. 2 lit. a NRWOBG besteht der Anspruch nicht, (wenn und) soweit die geschädigte Person auf andere Weise Ersatz erlangt hat (→ Rn. 21). Nach § 39 Abs. 2 lit. b NRWOBG entfällt er, wenn durch die Maßnahme die Person oder das Vermögen der geschädigten Person geschützt worden ist (→ Rn. 22). Beiden Alternativen, die als negative Voraussetzungen des Entschädigungsanspruchs zu verstehen sind (→ OBG § 39 Rn. 39 ff.), ist gemeinsam, dass dem Geschädigten ein tatsächlich eingetretener Vorteil angerechnet wird (erlangter Ersatz bei § 39 Abs. 2 lit. a NRWOBG, Gesundheits- bzw. Substanzerhalt bei § 39 Abs. 2 lit. b NRWOBG; eingehend BGH NJW 1989, 2117). Er soll durch den Entschädigungsanspruch nicht besser gestellt werden, als er ohne das schädigende Ereignis stünde (s. Möller/Warg PolR Rn. 486; Rietdorf/Heise/Böckenförde/Strehlau, Handbuch des Ordnungs- und Polizeirechts in Nordrhein-Westfalen/Rietdorf, 2. Aufl. 1977, § 41 Rn. 25).

1. Auf andere Weise Ersatz erlangt (§ 39 Abs. 2 lit. a NRWOBG)

21   Der Anspruch auf Entschädigung nach § 67 iVm § 39 NRWOBG ist ausgeschlossen, wenn und soweit die geschädigte Person **auf andere Weise**, also aufgrund einer gesetzlichen oder vertraglichen Anspruchsgrundlage, **Ersatz erlangt hat.** Erforderlich ist damit, dass ihr bereits faktisch ein Ersatz (namentlich in Gestalt einer Geldzahlung oder Geldrente) zugeflossen ist, da ansonsten (noch) kein anrechnungsfähiger Vorteil besteht (vgl. Tetsch/Baldarelli PolG NRW Erl. 4.1.1.1.4.1). Hat sie noch keinen Ersatz erlangt, aber einen Anspruch gegen einen Dritten, so ist dieser nach Maßgabe des § 40 Abs. 3 NRWOBG an den nach § 42 Abs. 1 NRWOBG Entschädigungspflichtigen abzutreten. Die bloße Möglichkeit, anderweitig Ersatz zu erlangen, schließt also den Entschädigungsanspruch nicht aus (→ OBG § 39 Rn. 40).

2. Schutz der Person oder des Vermögens durch die Maßnahme (§ 39 Abs. 2 lit. b NRWOBG)

22   Ferner ist der Anspruch auf Entschädigung ausgeschlossen, wenn durch die Maßnahme **die Person oder das Vermögen der geschädigten Person geschützt worden ist.** Wie

bei § 39 Abs. 2 lit. a NRWOBG geht es allein um einen feststellbaren faktischen, „objektiven" Schutz der genannten Rechtsgüter; dass die handelnden Beamtinnen und Beamten das Ziel eines Schutzes (lediglich) verfolgt haben – also eine entsprechende Intention –, führt aufgrund des eindeutigen Wortlautes der Vorschrift nicht zum Ausschluss des Entschädigungsanspruchs (vgl. OLG Köln NJW-RR 1996, 860 (861); LG Aachen BeckRS 2013, 3465; WHM NRWPolR Rn. 582; Schönenbroicher/Heusch/Heusch NRWOBG § 39 Rn. 34; Tegtmeyer/Vahle PolG NRW Rn. 8; Thiel PolR § 20 Rn. 9; aA Lisken/Denninger PolR-HdB/Buchberger/Rachor M Rn. 114). Auch der Schutz der Person oder des Vermögens (auch) einer dritten Person schließt den Entschädigungsanspruch nicht aus (→ OBG § 39 Rn. 41 f.).

22.1 Schwierige Abgrenzungsfragen ergeben sich indes, wenn eine Maßnahme zugleich Rechtsgüter des Geschädigten als auch die Interessen der Allgemeinheit geschützt hat (Tetsch/Baldarelli PolG NRW Erl. 4.1.1.1.4.2). In der Praxis wird nicht im Sinne einer „Alles-oder-nichts"-Regelung entschieden; vielmehr wird – sofern die Maßnahme jedenfalls auch die Rechtsgüter der geschädigten Person geschützt hat – ein „Eigenanteil" in Anrechnung gebracht (OLG Stuttgart NJW 1992, 1396; OLG Dresden LKV 2003, 582). Erforderlich ist aber stets ein „Sonderopfer" des Geschädigten (vgl. OLG Koblenz MDR 2010, 153: kein Sonderopfer bei Evakuierung ganzer Stadtviertel wegen eines Bombenfunds).

III. Konkurrenzen (§ 39 Abs. 3 NRWOBG)

23 § 39 Abs. 3 NRWOBG erklärt solche anderen **(landesrechtlichen) gesetzlichen Vorschriften** für anwendbar, die eine Entschädigungspflicht wegen rechtmäßiger Maßnahmen der Ordnungsbehörden regeln. Aufgrund der Verweisung in § 67 gilt dies auch für Bestimmungen bezüglich der Polizei. Die Vorschrift in § 39 Abs. 3 NRWOBG ist so zu verstehen, dass die speziellen gesetzlichen Anspruchsnormen gegenüber dem Anspruch aus § 39 NRWOBG vorrangig sind (→ OBG § 39 Rn. 42), jedenfalls, soweit sie eine abschließende Regelung getroffen haben, was im Wege der Auslegung zu ermitteln ist (Schönenbroicher/Heusch/Heusch NRWOBG § 39 Rn. 3).

C. Art, Inhalt und Umfang der Entschädigungsleistung (§ 40 NRWOBG)

24 § 40 NRWOBG regelt **Art, Inhalt und Umfang,** mithin das „Wie" **der Entschädigungsleistung.**

I. Umfang der Entschädigungsleistung (§ 40 Abs. 1 NRWOBG)

1. Vermögensschäden (§ 40 Abs. 1 S. 1 NRWOBG)

25 § 40 Abs. 1 S. 1 NRWOBG legt fest, dass der Entschädigungsanspruch lediglich „für **Vermögensschäden** gewährt" werde. Er soll also nur solche Schäden ausgleichen, die am Vermögen des Geschädigten entstanden sind. Dabei handelt es sich um Beeinträchtigungen materieller Rechtsgüter, die in Geld oder Geldwert ausgedrückt werden können (→ OBG § 40 Rn. 1 ff.; umfassende Beispiele bei → OBG § 40 Rn. 1.1). Hinsichtlich des entgangenen Gewinns, der nach § 249 BGB iVm § 252 BGB zum Vermögensschaden gehört, trifft § 40 Abs. 1 S. 2 NRWOBG eine einschränkende Regelung, soweit er über den Ausfall des gewöhnlichen Verdienstes oder Nutzungsentgelts hinausgeht (→ Rn. 28 ff.).

25.1 In der Rechtsprechung sind in folgenden Konstellationen Ersatzansprüche (auch nach anderen landesrechtlichen Bestimmungen) gewährt worden:
- Bei der Räumung einer Diskothek aufgrund einer Bombendrohung, aufgrund derer ein Teil der Besucher ihre Zeche nicht bezahlt haben (OLG Stuttgart NJW 1992, 1396),
- Beschädigung eines medizinischen Gerätes durch nächtliche Notabschaltung durch einen Polizeibeamten (OLG München VersR 2004, 1319),
- Tötung eines verletzten Tieres (OLG Köln MDR 1990, 921),
- Wohnungsschäden bei irrtümlicher Annahme eines Einbruchsdiebstahls (OLG Köln VersR 1995, 1052),
- Schäden an der Wohnungstür bei Polizeieinsatz (LG Köln NZM 1999, 1166),
- Beschädigung von Linienbussen bzw. anderen Fahrzeugen durch zu frühes „Hochfahren" von Hydraulikpollern (LG Bonn VD 2004, 223; OLG Düsseldorf VersR 1997, 1234).

26   Nicht vom Entschädigungsanspruch umfasst ist daher ein Schaden an **immateriellen Rechtsgütern** (Tetsch/Baldarelli PolG NRW Erl. 4.1.2); solche Schäden können freilich aufgrund anderer Anspruchsgrundlagen des Rechts der öffentlich-rechtlichen Ersatzleistungen ersatzfähig sein (→ OBG § 40 Rn. 2 f.; s. dort auch zu landesrechtlichen Sondervorschriften, die eine Gewährung von Schmerzensgeld vorsehen) oder aber (sodann wieder zu entschädigende) Vermögensschäden mit sich bringen (Heilbehandlungskosten, ggf. Verdienstausfall).

27   Der Vermögensschaden muss **in unmittelbarem Zusammenhang** mit der fraglichen, „zu entschädigenden" Maßnahme stehen (→ Rn. 15). Dies ergibt sich im Umkehrschluss aus § 40 Abs. 1 S. 2 NRWOBG (→ OBG § 40 Rn. 4). Erforderlich ist nach der Rechtsprechung ein bei wertender Betrachtung bestehender Zurechnungszusammenhang; es muss sich eine besondere Gefahr realisieren, die bereits in der hoheitlichen Maßnahme angelegt ist (→ OBG § 40 Rn. 4; vgl. LG Aachen BeckRS 2013, 3465; Schenke PolR Rn. 689).

2. Entgangener Gewinn und sonstige Vermögensnachteile (§ 40 Abs. 1 S. 2 NRWOBG)

28   **Entgangener Gewinn** iSv § 249 BGB iVm § 252 BGB, der zum Vermögensschaden gehört, ist – insoweit in Einschränkung des § 40 Abs. 1 S. 1 NRWOBG – zu entschädigen, soweit er Ausfall des gewöhnlichen Verdienstes oder Nutzungsentgeltes ist. Geht er darüber hinaus, wird er nach § 40 Abs. 1 S. 2 NRWOBG nur entschädigt, wenn und soweit dies zur Abwendung unbilliger Härten geboten erscheint (zur – kontroversen – Deutung des § 40 Abs. 1 S. 2 NRWOBG OLG Köln NVwZ 1996, 622, 623; Schönenbroicher/Heusch/ Heusch NRWOBG § 40 Rn. 2).

29   Die Bezifferung des **Ausfalles des gewöhnlichen Verdienstes** richtet sich nach dem Bruttoverdienst der geschädigten Person (→ OBG § 40 Rn. 7), die des Ausfalles des (gewöhnlichen) **Nutzungsentgeltes** danach, was sie sonst durch die Nutzung bzw. sonstige Verwertung insbesondere einer beschädigten oder vernichteten Sache erworben hätte (zB durch Vermietung oder Verpachtung, → OBG § 40 Rn. 8). „Gewöhnlich" sind Verdienst bzw. Nutzungsentgelt, die für nach Art, Güte und Umfang gleiche Leistungen bzw. Sachen nach allgemeiner Auffassung der beteiligten Kreise am Ort der Leistung gewährt zu werden pflegen (→ OBG § 40 Rn. 9).

30   Vermögensnachteile, die nicht in unmittelbarem Zusammenhang mit der zu entschädigenden Maßnahme stehen, sind nur zu entschädigen, wenn und soweit dies zur **Abwendung unbilliger Härten** geboten ist (zur Frage der Unmittelbarkeit → Rn. 27). Ob und in welchem Rahmen eine unbillige Härte abzuwenden ist, muss in wertender Betrachtung ermittelt werden. Diese Wertung ist gerichtlich voll überprüfbar.

II. Art der Entschädigungsleistung (§ 40 Abs. 2 NRWOBG)

1. Entschädigung in Geld (§ 40 Abs. 2 S. 1 NRWOBG)

31   Gemäß § 40 Abs. 2 S. 1 NRWOBG ist die **Entschädigung in Geld** zu gewähren. Es handelt sich um eine einmalige Kompensation (zur Entschädigung durch Geldrente → Rn. 32). Naturalrestitution, also die faktische (Wieder-) Herstellung des Zustands, der vor der schädigenden Maßnahme bestand, ist im Rahmen des Entschädigungsanspruchs nach § 67 iVm §§ 39 ff. NRWOBG nicht vorgesehen (→ OBG § 40 Rn. 12 f.). Die Höhe der Geldentschädigung ist ggf. durch gutachterliche Bewertung zu ermitteln; dies gilt namentlich für Vermögensschäden durch die Beschädigung oder Zerstörung von Sachen, deren Zeitwert zu bestimmen ist.

2. Entschädigung durch Geldrente (§ 40 Abs. 2 S. 2 NRWOBG)

32   § 40 Abs. 2 S. 2 NRWOBG sieht vor, dass die Entschädigung in Geld unter näher spezifizierten Voraussetzungen in Gestalt einer **Geldrente** zu leisten ist. Dies setzt voraus, dass die zur Entschädigung verpflichtende Maßnahme der Ordnungsbehörde die Aufhebung oder Verminderung der Erwerbsfähigkeit, eine Vermehrung der Bedürfnisse, oder den Verlust bzw. die Verminderung eines Rechts auf Unterhalt zur Folge hat. Telos der Vorschrift ist es,

typische dauerhafte bzw. langfristige Beeinträchtigungen des Geschädigten auszugleichen, die sich mittels einer Einmalzahlung nach § 40 Abs. 2 S. 1 NRWOBG nicht angemessen kompensieren lassen (zum Vergleich mit § 843 Abs. 1 BGB → OBG § 40 Rn. 14 ff.). Dementsprechend besteht bei Vorliegen der tatbestandlichen Voraussetzungen nach zutreffender Auffassung auch **kein Wahlrecht** des Anspruchsgegners; es „ist" eine Geldrente zu gewähren (zur Möglichkeit einer Substitution der Geldrente durch Kapitalabfindung s. dann aber § 40 Abs. 2 S. 3 NRWOBG; → Rn. 34).

Typische dauerhafte Belastung ist zunächst die **Aufhebung oder Minderung der** 33 **Erwerbsfähigkeit,** die sich nach dem Umfang der sich aus der Beeinträchtigung des körperlichen oder geistigen Leistungsvermögens ergebenden verminderten Arbeitsmöglichkeiten auf dem gesamten Gebiet des Erwerbslebens bestimmt (§ 56 Abs. 2 SGB VII). Eine Vermehrung der Bedürfnisse liegt dann vor, wenn der Geschädigte im Vergleich mit einer nicht geschädigten, im Regelfall also körperlich gesunden Person höhere Kosten aufzuwenden hat, um eine adäquate Lebensführung zu ermöglichen. Die Mehraufwendungen müssen dabei den Zweck verfolgen, die Schädigungsfolgen auszugleichen (vgl. BGH NJW-RR 2004, 671). Anders als die beiden zuvor genannten setzt die dritte Variante, der Verlust oder die Verminderung eines Rechts auf Unterhalt, nicht unmittelbar an der Person des Geschädigten an, sondern an die Einbuße von Unterhaltsansprüchen bei Dritten (vgl. etwa auch § 844 Abs. 2 BGB).

3. Substitution der Geldrente durch Kapitalabfindung (§ 40 Abs. 2 S. 3 NRWOBG)

Nach § 40 Abs. 2 S. 3 NRWOBG kann die Geldrente auf Verlangen des Geschädigten 34 durch eine (einmalige) **Kapitalabfindung** ersetzt werden, wenn ein wichtiger Grund vorliegt. Normsystematisch verpflichtet mithin § 40 Abs. 2 S. 2 NRWOBG bei Vorliegen seiner Voraussetzungen zur Zahlung einer Geldrente (→ Rn. 32); diese Pflicht kann aber wiederum in diejenige zur Zahlung einer „Einmalzahlung" umschlagen, wenn ein wichtiger Grund besteht und der Geschädigte dies verlangt. Liegt ein wichtiger Grund vor, kann der Geschädigte daher zwischen der Geldrente und der Kapitalabfindung wählen (→ OBG § 40 Rn. 20); der Entschädigungspflichtige kann sich jedoch nicht durch einseitige Entscheidung durch eine Kapitalabfindung von der Pflicht zur Zahlung einer Geldrente befreien (→ OBG § 40 Rn. 20; vgl. Palandt/Sprau BGB § 843 Rn. 17).

Ein **wichtiger Grund** wird dann anzunehmen sein, wenn die Kapitalabfindung im Ver- 35 gleich mit der Geldrente besser dazu geeignet ist, die beabsichtigte Entschädigungswirkung herbeizuführen. So kann die aus der zu erwartenden Geldrente „zurückgerechnete" Einmalzahlung positive Auswirkungen auf die Genesung haben, weil sie etwa dem Geschädigten die Möglichkeit gewährt, sich und seinen Angehörigen zeitnah eine neue Existenz aufzubauen (→ OBG § 40 Rn. 19; Rhein OBG NRWOBG § 40 Rn. 7).

III. Gewährung gegen Abtretung (§ 40 Abs. 3 NRWOBG)

Hat der Geschädigte aufgrund der Maßnahme, auf der die Entschädigungsverpflichtung 36 beruht, **Ansprüche gegen Dritte** erlangt, so ist die Entschädigung nur gegen **Abtretung** dieser Ansprüche an den Entschädigungspflichtigen nach § 42 Abs. 1 NRWOBG zu gewähren (vgl. Möller/Warg PolR Rn. 486). Anders als bei § 39 Abs. 2 lit. a NRWOBG, der einen Ausschluss des Entschädigungsanspruchs vorsieht, wenn der Geschädigte bereits anderweitig Ersatz erlangt hat, betrifft § 40 Abs. 3 NRWOBG den Fall, dass der entsprechende Ersatzanspruch gegen Dritte noch nicht realisiert worden ist. Wie die Regressmöglichkeit nach § 42 Abs. 2 NRWOBG (→ Rn. 48 f.) sichert die Abtretungspflicht, dass der tatsächlich Verantwortliche letztlich die Entschädigungsaufwendungen zu tragen hat. Der Geschädigte kann mithin wählen, ob er seinen Anspruch gegen den Dritten selbst realisiert (und auf den Anspruch nach § 67 iVm §§ 39 ff. NRWOBG verzichtet) oder aber gegen den Entschädigungspflichtigen nach § 42 NRWOBG vorgeht, dann jedoch diesem seinen Anspruch gegen den Dritten abzutreten hat. Der Aufopferungsgedanke, der §§ 39 ff. NRWOBG zugrunde liegt, schließt damit eine „Mehrfach"- bzw. „Überkompensation" aus (vgl. → OBG § 40 Rn. 21 ff.).

37   Vom Abtretungserfordernis erfasst sind Ansprüche gegen dritte Schädiger, nicht aber
Ansprüche aus mit eigenen Beiträgen finanzierten Versicherungen, weil die Beitragszahlungen gerade nicht dem Entschädigungspflichtigen zu Gute kommen sollen).

IV. Mitverschulden (§ 40 Abs. 4 NRWOBG)

38   Gemäß § 40 Abs. 4 NRWOBG ist ein **Mitverschulden des Geschädigten** bei der
Bemessung der Entschädigung zu berücksichtigen, wenn bei der Entstehung des Schadens
ein solches Verschulden mitgewirkt hat. Die Berücksichtigung eines Mitverschuldens – ent-
sprechend dem Rechtsgedanken des § 254 Abs. 1 BGB – kann zum Ausschluss bzw. zur
Minderung des Entschädigungsanspruchs führen (zur Frage der Anwendbarkeit des § 254
Abs. 2 BGB → OBG § 40 Rn. 24; Kasuistik bei → OBG § 40 Rn. 26 ff.).

39   Der Gedanke eines Mitverschuldens erscheint **bei einem verschuldensunabhängigen
Anspruch systemwidrig.** Daher kann es auch nicht um eine Vorwerfbarkeit des Verhaltens
des Geschädigten gehen, sondern lediglich um Kausalbeiträge hinsichtlich des eingetretenen
Vermögensschadens (→ OBG § 40 Rn. 26 f.). Entscheidend ist, ob die geschädigte Person
bei der Entstehung des Schadens durch Verletzung eigener Obliegenheiten mitgewirkt oder
es unter Verletzung eigener Obliegenheiten unterlassen hat, den eingetretenen Schaden zu
mindern (→ OBG § 40 Rn. 26; vgl. OLG Köln NJW-RR 1996, 860 (861); VersR 1995,
1052; Lisken/Denninger PolR-HdB/Buchberger/Rachor M Rn. 109; Gusy PolR Rn. 473;
Schönenbroicher/Heusch/Heusch NRWOBG § 40 Rn. 3; Rhein OBG NRWOBG § 40
Rn. 11; Rietdorf/Heise/Böckenförde/Strehlau, Handbuch des Ordnungs- und Polizeirechts
in Nordrhein-Westfalen/Rietdorf, 2. Aufl. 1977, § 42 Rn. 20). Insbesondere ist der Geschädigte dann nicht (in vollem Umfang) schutzwürdig, wenn er erkennt oder es sich ihm
aufdrängen musste, dass die behördliche Maßnahme im Falle des § 39 Abs. 2 lit. b NRWOBG
rechtswidrig ist (vgl. Gusy PolR Rn. 479; Tetsch/Baldarelli PolG NRW Erl. 4.1.3).

40   Als Mitverschulden iSv § 40 Abs. 4 NRWOBG kann es auch qualifiziert werden, wenn
der Geschädigte es unterlassen hat, **Primärrechtsschutz** in Anspruch zu nehmen (zur
umstrittenen Frage der entsprechenden Anwendung des § 839 Abs. 3 BGB → OBG § 40
Rn. 26.1; vgl. LG Dortmund BeckRS 2008, 4749: kein Mitverschulden bei Nichtdurchführung einstweiligen Rechtsschutzes). Dieser Aspekt kann gleichermaßen als ungeschriebene
negative Anspruchsvoraussetzung qualifiziert werden (Thiel PolR § 20 Rn. 9).

V. Konkurrenz zu Amtshaftungsansprüchen (§ 40 Abs. 5 NRWOBG)

41   § 40 Abs. 5 NRWOBG verdeutlicht, dass der verschuldensabhängige **Amtshaftungsan-
spruch nach § 839 BGB iVm Art. 34 GG** neben demjenigen aus § 67 iVm §§ 39 ff.
NRWOBG anwendbar ist (→ OBG § 40 Rn. 30; BGHZ 45, 58 (76); OVG Bautzen
SächsVBl. 2003, 173 (175); OLG Düsseldorf VersR NJW 1994, 1065; Rhein OBG
NRWOBG § 40 Rn. 14; Dietlein/Hellermann NRWÖffR/Dietlein § 3 Rn. 266; umfangreiche Kasuistik bei Tetsch/Baldarelli PolG NRW Erl. 5). Dass § 40 Abs. 5 NRWOBG nur
„weiterreichende" Ersatzansprüche für unberührt erklärt, bedeutet indes nicht, dass der
Amtshaftungsanspruch, soweit er sich mit den Ansprüchen aus §§ 39 ff. NRWOBG deckt,
von diesen verdrängt würde und nur für über diese hinausgehende Positionen gälte. Vielmehr
können beide Ansprüche vollständig und eigenständig nebeneinander bestehen.

D. Verjährung des Entschädigungsanspruchs (§ 41 NRWOBG)

42   § 41 NRWOBG erklärt die Vorschriften des Bürgerlichen Gesetzbuches über die **Verjährung** von Schadensersatzansprüchen für entsprechend anwendbar auf den Entschädigungsanspruch nach § 39 NRWOBG. Einschlägig sind damit die **§§ 194 ff. BGB;** es besteht eine
Regelverjährungsfrist von drei Jahren (§ 195 BGB; zur Verfassungsgemäßheit vgl. → OBG
§ 41 Rn. 1). Gemäß § 199 Abs. 1 BGB beginnt die Verjährungsfrist mit Schluss des Jahres
zu laufen, in dem der Anspruch entstanden ist und der Gläubiger von den einen Anspruch
begründenden Umständen und der Person des Schuldners Kenntnis erlangt oder ohne grobe
Fahrlässigkeit hätte erlangen müssen (zu den Anforderungen an die Kenntnis im Einzelnen
vgl. → OBG § 41 Rn. 2). § 199 Abs. 2 und Abs. 3 BGB enthalten jedoch absolute Verjährungsfristen („Verjährungshöchstfristen"), die je nach verletztem Rechtsgut differieren. Die

Verjährungsfrist kann durch die Einlegung von Widerspruch und verwaltungsgerichtlicher Anfechtungs- bzw. Verpflichtungsklage gehemmt werden (→ OBG § 41 Rn. 4; zur umstrittenen Frage, ob die Behörde sich bei einer Zuständigkeit des Verwaltungsgerichts auf die Verjährung berufen muss oder nicht, vgl. → OBG § 41 Rn. 5). Zu beachten ist ferner die Übergangsbestimmung in § 51 NRWOBG (vgl. → OBG § 51 Rn. 1 f.).

E. Entschädigungspflichtiger (§ 42 NRWOBG)

§ 42 Abs. 1 NRWOBG normiert, wer im Außenverhältnis zum Geschädigten **entschädi-** 43 **gungspflichtig** ist. § 42 Abs. 2 NRWOBG regelt die Voraussetzungen eines **Regressanspruchs** des Erstattungspflichtigen gegen den Verantwortlichen im Falle des § 39 Abs. 1 lit. a NRWOBG.

I. Entschädigungspflichtiger (§ 42 Abs. 1 NRWOBG)

Gemäß § 42 Abs. 1 S. 1 NRWOBG ist der **Träger der ordnungsbehördlichen Kosten** 44 gem. § 45 NRWOBG entschädigungspflichtig, also Anspruchsgegner. Träger der ordnungsbehördlichen Kosten ist gem. § 45 Abs. 1 S. 1 NRWOBG für Kosten, die durch die Tätigkeit der Landesordnungsbehörde entstehen, das Land, nach § 45 Abs. 1 S. 2 NRWOBG für Kosten, die durch die Tätigkeit der Kreisordnungsbehörden und der örtlichen Ordnungsbehörden entstehen, die Kreise, kreisfreien Städte und Gemeinden (→ OBG § 45 Rn. 1 ff.). Entsprechend dem „Entstehungsprinzip" haftet damit die jeweilige Trägerkörperschaft (→ OBG § 42 Rn. 1 ff.). Bei Entschädigungsansprüchen, die durch das Verhalten von Polizeibeamtinnen und -beamten ausgelöst werden und die daher nach § 67 iVm §§ 39 ff. NRWOBG entstehen, ist Entschädigungspflichtiger damit zwangsläufig das Land Nordrhein-Westfalen (vgl. § 1 POG NRW). Eine Ausnahme besteht gem. § 42 Abs. 1 S. 2 NRWOBG im Falle der Vollzugshilfe (→ Rn. 45); hier bleibt es jedenfalls grundsätzlich bei der Entschädigungspflicht der Träger der Ordnungsbehörde.

Nach § 42 Abs. 1 S. 2 NRWOBG gilt die Regelung hinsichtlich des Entschädigungspflich- 45 tigen in § 42 Abs. 1 S. 1 NRWOBG auch dann, wenn die Maßnahme auf Ersuchen der Ordnungsbehörde von der Polizei durchgeführt worden ist, also ein Fall der **Vollzugshilfe** gem. §§ 47 ff. gegeben ist. Die Vollzugshilfe ist zwar gem. § 1 Abs. 3 originäre Aufgabe der Polizeibehörden (→ § 47 Rn. 26), diese sind jedoch nach § 47 Abs. 2 nur für die Art und Weise der Durchführung der fraglichen Maßnahme verantwortlich (→ § 47 Rn. 47 ff.). Daher bleibt es bei der Entschädigungspflicht der Träger der Ordnungsbehörden, wenn die Polizei auf deren Ersuchen tätig wird.

Gemäß § 42 Abs. 1 S. 3 NRWOBG ist jedoch der Träger der Polizeikosten, mithin 46 das Land Nordrhein-Westfalen, dem Träger der ordnungsbehördlichen Kosten gem. § 45 NRWOBG im Innenverhältnis **erstattungspflichtig,** wenn die Entschädigungspflicht lediglich durch die Art der Durchführung des Ersuchens (das „Wie" der Maßnahme) entsteht.

Besonderheiten ergeben sich bei einem **Einsatz von Polizeikräften außerhalb der** 47 **Landesgrenzen,** dessen Rechtmäßigkeit sich nach § 8 POG NRW bestimmt (→ POG NRW § 8 Rn. 1 ff.). Entschädigungsansprüche richten sich in diesen Fällen gegen das Land, für deren zuständige Polizeibehörde die nordrhein-westfälischen Kräfte tätig geworden sind (→ OBG § 42 Rn. 1). Zweifelhaft ist dann allerdings die Anspruchsgrundlage des Entschädigungsanspruchs. Im Regelfall wird auf die Anspruchsgrundlagen in demjenigen Land zurückzugreifen sein, in dem die nordrhein-westfälischen Polizeikräfte eingesetzt worden sind, sodass § 67 iVm §§ 39 ff. NRWOBG nicht einschlägig sind.

II. Regress (§ 42 Abs. 2 NRWOBG)

In den Fällen des § 67 iVm § 39 Abs. 1 lit. a NRWOBG nimmt die Polizei einen 48 „Nichtstörer" schadensstiftend in Anspruch und ist diesem gegenüber zur Entschädigung verpflichtet. § 42 Abs. 2 NRWOBG erklärt in derartigen Fallkonstellationen die Regelungen des BGB über die **Geschäftsführung ohne Auftrag** (§§ 677 ff. BGB) für entsprechend anwendbar. Nach Maßgabe dieser Bestimmungen kann der Entschädigungspflichtige vom gefahrenabwehrrechtlich Verantwortlichen (hier: §§ 4, 5) Ersatz verlangen, also entsprechend **Regress** nehmen. Der Anspruch realisiert damit den Gedanken einer „Geschäftsführung" des Hoheitsträgers für den eigentlich Verantwortlichen (→ OBG § 42 Rn. 5 ff.; krit. Gusy PolR Rn. 474 mit Fn. 23). Sind mehrere „Störer" vorhanden, so haften sie gesamtschuldnerisch.

49   Die Verweisung auf die Vorschriften des Bürgerlichen Gesetzbuches über die Geschäftsführung ohne Auftrag (§§ 677 ff. BGB) stellt nach verbreiteter Auffassung eine **Rechtsfolgenverweisung** dar (Maurer JuS 1970, 561 (563); aA: Rechtsgrundverweisung, zB LG Essen ZMR 1958, 105). Zu erstatten ist entsprechend § 670 BGB die seitens des Landes zu tragende Entschädigung, nicht aber die Kosten der im Rahmen der schadensstiftenden Maßnahme zum Einsatz gekommenen Beamtinnen und Beamten (→ OBG § 42 Rn. 9; Rhein OBG NRW OBG § 42 Rn. 4).

50   Macht ein geschädigter **Anscheinsstörer** in analoger Anwendung des § 39 Abs. 1 lit. a NRWOBG (→ Rn. 18) einen Entschädigungsanspruch geltend, erlaubt § 42 Abs. 2 NRWOBG seinem Wortlaut nach den Regress beim tatsächlich Verantwortlichen, auch wenn dieser aus „ex ante"-Sicht kein Störer gewesen ist (VG Berlin NJW 1991, 2854; Schönenbroicher/Heusch/Heusch NRWOBG § 42 Rn. 4; gegen einen solchen „kostenrechtlichen Perspektivenwechsel" aber dezidiert Dietlein/Hellermann NRWÖffR/Dietlein § 3 Rn. 293).

F. Rechtswegfragen (§ 43 NRWOBG)

51   § 43 NRWOBG regelt den **Rechtsweg** für die Entschädigungsansprüche nach §§ 39 ff. NRWOBG (§ 43 Abs. 1 NRWOBG) sowie für den Erstattungsanspruch nach § 42 Abs. 1 S. 3 NRWOBG und den Ersatzanspruch nach § 42 Abs. 2 NRWOBG (§ 43 Abs. 2 NRWOBG).

I. Zuständigkeit der ordentlichen Gerichtsbarkeit (§ 43 Abs. 1 NRWOBG)

52   § 43 Abs. 1 NRWOBG erklärt für die Entschädigungsansprüche nach §§ 39 ff. NRWOBG die **ordentlichen Gerichte** iSv §§ 12 f. GVG für zuständig. Damit hat Nordrhein-Westfalen von der Ermächtigung in § 40 Abs. 1 S. 2 VwGO Gebrauch gemacht. Zuständig sind die Zivilgerichte (→ OBG § 43 Rn. 2; zur Zuweisung an die Amts- bzw. die Landgerichte → OBG § 43 Rn. 3). Die örtliche Zuständigkeit regeln die §§ 17–19 ZPO. Wird zugleich ein Amtshaftungsanspruch geltend gemacht, greift nach § 35 ZPO wahlweise der § 32 ZPO. Klageart ist die allgemeine Leistungsklage, ggf. kommt einstweiliger Rechtsschutz nach §§ 935 ff. ZPO in Betracht (→ OBG § 43 Rn. 7).

II. Zuständigkeit der Verwaltungsgerichtsbarkeit (§ 43 Abs. 2 NRWOBG)

53   Gemäß § 43 Abs. 2 NRWOBG entscheiden über die Erstattungsansprüche nach § 42 Abs. 1 S. 3 NRWOBG (Anspruch des Trägers der ordnungsbehördlichen Kosten gegen den Träger der Polizeikosten, also das Land Nordrhein-Westfalen, bei Entstehung der Entschädigungspflicht durch die Art der Durchführung einer Maßnahme der Vollzugshilfe) und über die Ersatzansprüche nach § 42 Abs. 2 NRWOBG (Regressanspruch des Entschädigungspflichtigen gegen den gefahrenabwehrrechtlich Verantwortlichen im Falle des § 39 Abs. 1 lit. a NRWOBG) die **Verwaltungsgerichte** gem. § 40 Abs. 1 S. 1 VwGO, und zwar zunächst die Verwaltungsgerichte (§ 45 VwGO), deren örtliche Zuständigkeit sich nach § 52 VwGO richtet. Für beide Anspruchsarten ist die allgemeine Leistungsklage die statthafte Klageart; sie ist in der VwGO nicht explizit geregelt, wird jedoch in verschiedenen Vorschriften erwähnt bzw. vorausgesetzt (zB § 43 Abs. 2 VwGO, §§ 111, 113 Abs. 4 VwGO). Einstweiliger Rechtsschutz ist nach Maßgabe des § 123 VwGO zulässig.

§ 68 Berichtspflichten gegenüber dem Landtag

[1]Die Landesregierung berichtet dem Landtag alle zwei Jahre über die nach den §§ 16a, 17 bis 20 und 21 getroffenen Maßnahmen und über Übermittlungen nach § 29. [2]Bei Maßnahmen nach § 16a entfällt die Berichtspflicht, wenn die Observation offen durchgeführt wurde. [3]Abweichend von Satz 1 ist dem Landtag über die nach § 20a bis 20c getroffenen Maßnahmen jährlich zu berichten. [4]In den Berichten wird

insbesondere dargestellt, in welchem Umfang von welchen Befugnissen, aus Anlass welcher Verdachtslagen Gebrauch gemacht wurde und inwieweit die betroffenen Personen hierüber benachrichtigt wurden. [5]Der Landtag macht die Berichte in anonymisierter Form öffentlich.

Überblick

Die Neuregelung tritt an die Stelle der 2014 aufgehobenen Altregelung und bündelt die Berichtspflichten der Landesregierung gegenüber dem Landtag (→ Rn. 1). Sie soll Anforderungen des Bundesverfassungsgerichts verwirklichen (→ Rn. 5), die wie Evaluierungspflichten eine Einschätzung der Geeignetheit und Erforderlichkeit ermöglichen soll (→ Rn. 7). Gegenstand der Berichtspflichten sind insbesondere Befugnisse zu Maßnahmen der Überwachung, die besonders eingriffsintensiv sind und oft auch heimlich durchgeführt werden (→ Rn. 9 ff.). Der Umfang und die Ausgestaltung der Berichtspflichten müssen bestimmten Anforderungen genügen (→ Rn. 14 ff.).

A. Einordnung und Systematik

Im Rahmen des Entwurfs des Gesetzes zur Anpassung des Polizeigesetzes des Landes **1** Nordrhein-Westfalen und des Gesetzes über Aufbau und Befugnisse der Ordnungsbehörden (LT-Drs. 17/2576) wurden die Berichtspflichten der Landesregierung gegenüber dem Landtag in Ausgestaltung des § 68 als einer Zentralnorm eingeführt. Die zuvor punktuell geregelten Berichtspflichten (in § 20a Abs. 6 aF und § 20b S. 5 aF) wurden infolge dessen aufgehoben. Der mWv 16.10.2014 durch Gesetz v. 2.10.2014 (GV. NRW. 622) aufgehobene § 68 wurde wieder mit Inhalt gefüllt.

Die Berichtspflicht betrifft im zweijährigen Turnus die Ausübung der verdeckten Überwa- **2** chungsbefugnisse (§ 16a (eingeschränkt), §§ 17–20 und 21) sowie Datenübermittlungen im internationalen Bereich (§ 29).

Außerdem soll jedes Jahr dem Landtag zu den Maßnahmen der Abfrage von Telekommu- **3** nikations- und Telemediendaten (§ 20a), zum Einsatz technischer Mittel bei Mobilfunkendgeräten (§ 20b) sowie zur Datenerhebung durch die Überwachung der laufenden Kommunikation (§ 20c) berichtet werden. Durch Veröffentlichung des Berichtes in anonymisierter Form wird zudem die Öffentlichkeit über die Maßnahmen informiert.

Neben den Berichtspflichten ist in Bezug auf bestimmte Maßnahmen (zB § 20a Abs. 5, **4** § 20b S. 5 und § 20c Abs. 12) weiterhin eine Evaluierung nach drei Jahren hinsichtlich der Auswirkungen und der praktischen Anwendung der Maßnahmen vorgesehen, die von unabhängigen Sachverständigen begleitet wird.

B. Verfassungsrechtlicher Hintergrund

Laut Gesetzesbegründung dient die Regelung der Berichtspflichten der Umsetzung der **5** Vorgaben des Urteils des BVerfG v. 20.4.2016 (BVerfGE 141, 220) bei heimlichen Überwachungsmaßnahmen das Parlament und die Öffentlichkeit zu benachrichtigen (Gesetzesbegründung, LT-Drs. 17/2576, 76). Durch die Berichte sollen die Art und das Ausmaß der auf die betreffenden Befugnisse gestützten (Datenverarbeitungs-) Maßnahmen sowie die praktische Realisierung der Benachrichtigungs- und Löschungspflichten in den öffentlichen Diskurs gerückt werden. Hintergrund ist, dass sich die Überwachungsmaßnahmen aufgrund der Eigenschaft, verdeckt zu sein, der Wahrnehmung der betroffenen Personen sowie der Öffentlichkeit entziehen. In der Folge ist der individuelle Rechtsschutz erschwert. Die Berichtspflichten sollen diesen Mangel an Transparenz kompensieren und sind eine flankierende Maßnahme des kompensatorischen Grundrechtsschutzes (vgl. BVerfGE 141, 220 Rn. 143 ff.; in Bezug auf die Antiterrordatei vgl. BVerfGE 133, 277 Rn. 221).

Die regelmäßigen Berichtspflichten haben zudem den Zweck, die Eignung und Relevanz **6** der Maßnahmen sowie die Folgen der Maßnahmen für die betroffenen Personen zu überprüfen (BVerfGE 109, 279 (340); SGR/Ruthig BKAG § 88 Rn. 1 beschreibt dies als „parlamentarische Überprüfung der Normeffizienz"). Dies insbesondere dahingehend, ob die gesetzgeberische Intention, die zur Regelung der Befugnisse geführt hat, sich in deren praktischen Anwendung auch realisiert.

7   Neben den Berichtspflichten, die eine solche Einschätzung ermöglichen, dient die Evaluierung der Maßnahmen, wie sie vereinzelt im Gesetz geregelt wurde, zuvörderst dem Zweck der Überprüfung der Regelungen hinsichtlich ihrer Geeignetheit und Erforderlichkeit (Gusy, Die Evaluierung von Polizei- und Sicherheitsgesetzen/Kugelmann, 2015, 153 f.).

8   Angesichts der Zweckverwandtschaft der beiden Instrumente wäre eine einheitliche Regelung als Zentralnorm systematisch konsequent gewesen sowie eine Klarstellung, in welchem Verhältnis die beiden Instrumente zueinander stehen.

C. Gegenstand und Umfang der Berichte

I. Berichtspflichten zu klassische Überwachungsmaßnahmen (S. 1)

9   Die Berichte über die Ausübung der „klassischen" heimlichen Überwachungsbefugnisse erfolgen in einem Berichtsturnus von zwei Jahren. Diese betreffen die (verdeckte) Datenerhebung durch Observation (§ 16a), die Datenerhebung durch den verdeckten Einsatz technischer Mittel (§ 17), die Datenerhebung durch den verdeckten Einsatz technischer Mittel in oder aus Wohnungen (§ 18), die Datenerhebung durch den Einsatz von Personen, deren Zusammenarbeit mit der Polizei Dritten nicht bekannt ist (§ 19), Datenerhebung durch den Einsatz Verdeckter Ermittler (§ 20), die Polizeiliche Beobachtung (§ 21) sowie Datenübermittlungen im internationalen Bereich (§ 29). Dabei orientiert sich der Gesetzgeber an den Berichtspflichten, wie sie auch im BKAG (§ 88 BKAG) geregelt wurden. Über die Maßgabe des BVerfG zum BKAG geht der Landesgesetzgeber im Hinblick auf die Berichtspflichten zu § 29 sowie § 21 hinaus. Observationsmaßnahmen nach § 16a fallen nur dann unter die Berichtspflichten, wenn sie verdeckt erfolgen, was vor dem verfassungsrechtlichen Hintergrund konsequent ist.

10   Im Gegensatz zu den Prüfpflichten der Datenschutzaufsichtsbehörden, die das BVerfG mindestens alle zwei Jahre als erforderlich ansieht (BVerfGE 141, 220 Rn. 141), wird zu den Berichtspflichten kein bestimmter Turnus vorgegeben. Die gesetzliche Festlegung auf zwei Jahre und damit Gleichschaltung zur datenschutzrechtlichen Kontrolle ermöglicht jedoch eine gesamtheitliche Kontrolle.

II. Besonders eingriffsintensive Überwachungsbefugnisse (S. 2)

11   Die Maßnahmen gem. §§ 20a–20c sollen im Rahmen eines jährlichen Berichtes behandelt werden. Fraglich ist, welche Umstände diese gesonderte Stellung rechtfertigen.

12   Eine besondere Eingriffsintensität liegt zumindest bezüglich der Abfrage der Telekommunikations- und Telemediendaten (§ 20a) sowie der Überwachung laufender Telekommunikation (§ 20c) darin, dass diese Maßnahmen in das Telekommunikationsgeheimnis gem. Art. 10 GG eingreifen (BVerfGE 141, 220 Rn. 248).

13   Bezüglich des Einsatzes technischer Mittel bei Mobilfunkendgeräten, mittels derer die Nutzer identifiziert und lokalisiert werden sollen, wird eine Eingriffswirkung bezüglich Art. 10 GG dagegen durch das BVerfG verneint (vgl. BVerfG NJW 2007, 351 (354)). Jedenfalls systematische Erwägungen rechtfertigen die Gleichbehandlung dieser Überwachungsbefugnisse in § 68, da sie in einem Sachzusammenhang zur Telekommunikation und zu Telekommunikationsmitteln stehen.

III. Umfang der Berichtspflichten (S. 3)

14   Gegenstand der Berichte sind, in welchem Umfang von welchen Befugnissen Gebrauch gemacht wurde und aus Anlass welcher Verdachtslage dies erfolgte. Darüber hinaus bestehen die Berichtsplichten dahingehend, inwiefern die betroffenen Personen darüber benachrichtigt wurden. Die Benachrichtigung ist ebenfalls als Zentralnorm in § 33 geregelt worden. Lediglich hinsichtlich des § 29 besteht keine Benachrichtigungspflicht.

15   Auch wenn die Regelung für sich beansprucht, der Umsetzung der Vorgaben des BVerfG zum BKAG zu dienen (Gesetzesbegründung, LT-Drs. 17/2576, 76), wurde nicht in die Regelung aufgenommen, dass auch über die Löschungspflichten berichtet werden soll. Damit wird ein wichtiges Element dem eigentlich bezweckten (vgl. BVerfGE 141, 220 Rn. 141) öffentlichen Diskurs und der demokratischen Kontrolle entzogen.

Die allgemein gehaltenen Anforderungen (krit. zum gleichlautenden § 88 BKAG SGR/ **16** Ruthig BKAG § 88 Rn. 4) sind in dem Bericht dahingehend zu konkretisieren, dass hinsichtlich der Elemente (Befugnisse, Verdachtslage und Benachrichtigung) eine Zuordnung der Benachrichtigungen oder nicht erfolgten Benachrichtigungen jedenfalls zu den Befugnissen und bestenfalls zu den konkreten Verdachtslagen vorgenommen werden. Nur dann können die unterschiedlichen Facetten der praktischen Anwendung in einer Weise dargestellt werden, die es ermöglicht, deren Implikationen auf die Einhaltung der gesetzlichen Anforderungen hin zu untersuchen. Als Orientierung könnten die Vorgaben des § 101b Abs. 2 StPO dienen.

IV. Verfahren (S. 4)

Der Bericht ist dem Landtag vorzulegen und in anonymisierter Ausfertigung zu veröffent- **17** lichen.

Gesetz über die Organisation und die Zuständigkeit der Polizei im Lande Nordrhein-Westfalen – Polizeiorganisationsgesetz (POG NRW) –

in der Fassung der Bekanntmachung vom 5. Juli 2002
(GV. NRW. S. 308, ber. S. 629)
SGV. NRW. 205
Zuletzt geändert durch Art. 1 ÄndG vom 17.5.2018 (GV. NRW. S. 270)

Erster Abschnitt. Organisation der Polizei

§ 1 Träger der Polizei

Die Polizei ist Angelegenheit des Landes.

Überblick

Die **Organisation der Polizei** ist in Nordrhein-Westfalen im POG NRW (**Polizeiorganisationsgesetz** v. 5.7.2002, GV. NRW. 308) festgelegt. § 1 – als **grundlegende Bestimmung der Staatsorganisation** – ist dabei Kehrseite der verfassungsrechtlichen Pflicht des Staates, für die Sicherheit seiner Bürgerinnen und Bürger zu sorgen (→ Rn. 3). Seit seinem Bestehen (1949) weist das GG Polizeiangelegenheiten den Ländern zu (Art. 30 GG). Träger der Polizei ist das Land Nordrhein-Westfalen (→ Rn. 16). Der Polizeidienst ist somit keine Angelegenheit kommunaler Selbstverwaltung und die Polizeigesetzgebung gehört nicht zu den Gesetzgebungskompetenzen des Bundes (→ Rn. 16). Mit dem POG NRW wurde die britische Kommunalisierung der Polizei rückgängig gemacht, die Polizei in Nordrhein-Westfalen dem **Zuständigkeitsbereich des Innenministeriums** zugeordnet (→ Rn. 6 ff.). Polizei iSd § 1 ist der **Polizeivollzugsdienst.** Aus organisatorischer Sicht sind es die **Polizeibehörden** (→ Rn. 17). Die Polizei ist zwar **„Angelegenheit des Landes",** gleichwohl verfügt der Bund über Kompetenzen zur Einrichtung von Behörden, die polizeiliche Aufgaben wahrnehmen. Als Bundespolizeibehörden seien insbesondere das **Bundeskriminalamt** (→ Rn. 23) und die **Bundespolizei** (→ Rn. 26 ff.) genannt. Die **„Bundesfinanzpolizei"** (Vollzugsdienst der Zollverwaltung) wird zwar zu den Polizeibehörden des Bundes gezählt (Lisken/Denninger PolR-HdB/Rachor/Roggan C Rn. 82), ist aber kein Begriff im organisationsrechtlichen Sinne (→ Rn. 32 ff.). Eine besondere Organisationseinheit beim Bundesminister des Innern ist der **Inspekteur der Bereitschaftspolizei der Länder** (→ Rn. 20 ff.). **Nachrichtendienste** sind keine Polizeibehörden, gehören aber zu den Sicherheitsbehörden (→ Rn. 48 ff.). Auch die **Bundeswehr** ist keine Polizei (→ Rn. 53 ff.).

Übersicht

A. Allgemeine Charakterisierung und rechtlicher Rahmen

1   Im Polizeirecht wird zwischen Aufgaben, Zuständigkeiten und Befugnissen der Polizei auf der einen Seite und den **Organisationsvorschriften** auf der anderen Seite unterschieden. Das Organisationsrecht ist dabei eines der zentralen Felder, in dem die Vielfalt der Länder im Bundesstaat deutlich zum Ausdruck kommt. Unterschiede manifestieren sich vor allem im Verhältnis der Polizeibehörden zu den Ordnungsbehörden (Kugelmann PolR Kap. 4 Rn. 48). Als Modelle für eine Verteilung der Aufgaben kommen (idealtypisch) das **Einheits- und das Trennungssystem** in Betracht (→ Rn. 11 ff.). Nordrhein-Westfalen folgt dem Trennungssystem, in dem die Polizeibehörden von den Ordnungsbehörden institutionell unterschieden werden.

2   Die Organisation der Polizei in Nordrhein-Westfalen ist im POG NRW (**Polizeiorganisationsgesetz** v. 5.7.2002, GV. NRW. 308) geregelt. Es enthält insbesondere auch organisatorische Regelungen zu Zuständigkeitsfragen. Während das PolG NRW der Polizei bestimmte Aufgaben zuweist, benennt das POG NRW diejenigen Polizeibehörden, die diese Aufgaben wahrnehmen (zur Abgrenzung Tetsch/Baldarelli PolG NRW § 1 Erl. 2).

I. Verfassungsrechtliche Aspekte

3   § 1 ist eine grundlegende Bestimmung der **Staatsorganisation.** Die Norm ist Kehrseite der verfassungsrechtlichen Pflicht des Staates, für die Sicherheit seiner Bürgerinnen und Bürger zu sorgen. Die Regelung der allgemeinen Polizeimacht hat in der neueren deutschen Verfassungsgeschichte dabei stets in der Kompetenz der Länder gelegen (Lisken NWVBl. 1995, 281), sie haben die Regelungskompetenz für die allgemeine polizeiliche Gefahrenabwehr. Die alliierten Besatzungsmächte legten nach dem Zweiten Weltkrieg Wert darauf, dass die Bundesrepublik Deutschland ein dezentrales Polizeisystem etabliert. Das Gefahrenabwehrrecht gehört seitdem zu den Kerngebieten, auf denen die Länder gem. Art. 70 GG die Gesetzgebungshoheit haben (Aden/Fährmann ZRP 2019, 175). Gemäß Art. 30 GG ist die Ausübung staatlicher Befugnisse Sache der Länder, soweit das GG keine andere Regelung trifft oder zulässt. Art. 30 GG enthält eine subsidiäre, allgemeine Regel für die vertikale Kompetenzverteilung zwischen Bund und Ländern und gilt damit als eine Generalklausel der **Kompetenzverteilung** (BeckOK GG/Hellermann GG Art. 30 Rn. 1). Festgelegt wird als „rein objektives Verfassungsrecht" ein **Regel-Ausnahme-Verhältnis.** Der Bund besitzt die ihm zugewiesenen Kompetenzen, der unbenannte Rest (**Residualkompetenz**) liegt bei den Ländern (Jarass/Pieroth GG Art. 30 Rn. 1). Polizeiliche Funktionen darf der Bund in bundeseigener Verwaltung nur ausüben, wenn und soweit das GG ihm eine solche Aufgabe zuweist oder eine solche Zuweisung zulässt (Papier DVBl 1992, 5).

3.1   In Konkretisierung des Art. 30 GG sieht Art. 83 GG vor, dass die Länder die Bundesgesetze grundsätzlich als eigene Angelegenheit ausführen (ausf. Burgi/Zimmermann JURA 2019, 951 ff.). Das heißt für den Bereich der Gefahrenabwehr, dass eine bundeseigene Verwaltung im Bereich der Gefahrenabwehr nur ausnahmsweise existiert. Besondere Bedeutung kommt Art. 87 Abs. 1 S. 2 GG zu, der dem Bund die Zuständigkeit zur Errichtung von bestimmten Behörden und Zentralstellen einräumt (BVerfG NVwZ 1998, 495). Auf dieser Grundlage wurden das Bundeskriminalamt, das Bundesamt für Verfassungsschutz und die Bundespolizei eingerichtet, denen weitere Aufgaben nach anderen Kompetenzvorschriften (zB Art. 73 Abs. 1 Nr. 6a, Nr. 10 GG) auferlegt wurden (Kugelmann PolR Kap. 4 Rn. 3).

Grundsätzlich gilt in der Bundesrepublik Deutschland die Aussage: „**Polizei ist Länder-** **4** **sache**". Die Länder besitzen die **Polizeihoheit** (Götz/Geis PolR § 16 Rn. 1). Aus dieser Polizeihoheit folgt grundsätzlich, dass ein Bundesland in Fragen des Polizeirechts für das andere „Ausland" ist. An den Landesgrenzen enden die **Regelungs- und Normvollzugs-kompetenzen der Länder** (Dietlein/Hellermann NRWÖffR § 3 Rn. 38). Das allgemeine Polizeirecht ist „Ländersache"; es besteht im GG keine explizite Zuweisung der Gesetzgebungsmaterie an den Bund, so dass Art. 30, 70 GG greift und das PolG NRW in die Gesetzgebungszuständigkeit des nordrhein-westfälischen Landtages fällt. Anders verhält es sich beim Strafrecht (StGB und StPO). Regelungen hierzu durfte der Bund nach Art. 74 Abs. 1 Nr. 1, 72 GG (**konkurrierende Gesetzgebung**) erlassen (Braun PSP 3/2019, 42). In Art. 70 GG findet sich die „Grundregel" des Bundesstaates für die Verteilung der Gesetzgebungszuständigkeiten auf Bund und Länder. Art. 70 Abs. 1 GG statuiert ein Regel-Ausnahme-Verhältnis, wonach der Bund nur die ihm zugewiesen Kompetenzen hat, während der nicht ausdrücklich zugewiesene Rest als Residualkompetenz in die Zuständigkeit der Länder fällt. In Art. 70 Abs. 2 GG wird hinsichtlich der Zuständigkeit des Bundes zwischen der ausschließlichen und der konkurrierenden Gesetzgebung unterschieden. Die Art. 71 und 72 GG regeln in Ansehung dieser beiden Gesetzgebungsarten das Verhältnis zwischen Bund und Ländern beim Zugriff auf die Kompetenzen. Bei der ausschließlichen Gesetzgebungskompetenz hat der Bund den exklusiven Zugriff und die Länder sind nach Art. 71 GG von der Gesetzgebung ausgeschlossen, es sei denn sie wären durch ein Bundesgesetz ausdrücklich ermächtigt. Bei der konkurrierenden Gesetzgebung normiert Art. 72 Abs. 1 GG eine Landeskompetenz für die in Art. 74 Abs. 1 GG enthaltenen Gesetzgebungsmaterien, die allerdings unter dem Vorbehalt steht, dass der Bund seine parallel bestehende Zugriffsmöglichkeit auf diese nicht ausübt (Kniesel/Braun/Keller, Besonderes Polizei- und Ordnungsrecht, 2018, Rn. 10 f.).

Im System der Inneren Sicherheit Deutschlands bilden die Länderpolizeien der Bundeslän- **5** der sowohl hinsichtlich ihres Umfangs als auch ihres Aufgabenspektrums das „**Rückgrat des staatlichen Gewaltmonopols**", unabhängig davon, dass es in Form der Bundespolizei eine **nationale „Schutzpolizei"** und in Form des Bundeskriminalamtes eine **nationale „Kriminalpolizei"** gibt (Groß APuZ 48/2008, 20). Nach den Erfahrungen mit der Nazizeit sollte nach dem Willen der Besatzungsmächte keine zentralstaatlich gelenkte Polizei vermieden werden. Es sollte auch „keine Bundespolizeibehörde Befehlsgewalt über Landes- oder Ortspolizeibehörden besitzen" Bis zum Jahr 1990 waren für das Polizeiwesen die damaligen elf Länder verantwortlich. Mit der Auflösung der DDR kamen fünf weitere Länder zur Bundesrepublik hinzu, so dass sich das Bundesgebiet heute insgesamt aus 16 Ländern zusammensetzt (grdl. zur Situation der Polizei in der Bundesrepublik Deutschland Ebert LKV 2018, 399 ff.).

II. Historie

1. Entmilitarisierung und Entpolizeilichung der Gefahrenabwehr

Im totalitären Staat des Nationalsozialismus wurden Polizei und Polizeirecht missbraucht. **6** Die Länder- und die kommunalen Polizeien wurden „verreichlicht" und durch Verschmelzung mit SA und SS Teil eines umfassenden Polizeiapparats. Vor diesem Hintergrund ging es den westlichen Alliierten nach dem Ende des Zweiten Weltkrieges darum, den Polizeiapparat zu entnazifizieren und zu entmilitarisieren, aber auch ihn durch Dezentralisierung und Entpolizeilichung zu demokratisieren (Kniesel/Braun/Keller, Besonderes Polizei- und Ordnungsrecht, 2018, Rn. 3 ff.). Nach der Kapitulation am 8.5.1945 bestimmten zunächst die Besatzungsmächte die Organisation der Polizei. In Westdeutschland erfolgte ein Neuaufbau der Polizei im Geiste einer verstärkten „**Entpolizeilichung**" (im Überblick Schoch JURA 2006, 664 (665); zur Genese Wesseler/Kamp NWVBl. 2009, 374). Die Besatzungsmächte verfügten, dass die „neue" Polizei denazifiziert, demilitarisiert und dezentralisiert werden müsse und begrifflich ausschließlich sich auf „**the suppression of crime and the apprehension of offenders**" zu erstrecken habe. Es begann die Phase der „erzwungenen" Neuorientierung. Omnipotente Polizeibehörden preußischer Konvenienz gab es nicht mehr. Kennzeichnend für diese „Entpolizeilichung" war eine Reduktion des polizeilichen

Wirkungsbereichs durch Ausgrenzung ganzer Wirkungsfelder, zB im Sozialwesen und bei der Wirtschaftsaufsicht und durch Ausgliederung der Ordnungsverwaltung (EMS BesVerwR Rn. 385). Das „Ordnungsrecht" als selbstständiges Rechtsgebiet ist ein Produkt der „Entpolizeilichung" nach dem Zweiten Weltkrieg, also der grundsätzlichen Beschränkung des Polizeibegriffs auf die Vollzugspolizei (Peters/Rind LKV 2017, 251). Die Aufgaben der ehemals fast allzuständigen Polizeibehörden wurden von den neu eingerichteten Ordnungsverwaltungen übernommen. Verwaltungspolizeiliche Aufgaben (zB im Gesundheits-, Gewerbe- und Ausländerbereich) gingen auf kommunale Ordnungsbehörden oder staatliche Sonderordnungsbehörden über (Tegtmeyer/Vahle PolG NRW Einf. 27). Der Aufgabenbereich der Polizei wurde mithin drastisch reduziert. Die Polizei wurde „entkommunalisiert" (§ 1: **Polizei ist Angelegenheit des Landes**).

6.1   Der Begriff Polizei wurde nach 1945 insbesondere in der britischen Zone eingeengt. Es kam zur **Entmilitarisierung** und **Entpolizeilichung** der Gefahrenabwehr. Neben der Polizei wurden zivile Ordnungsbehörden zur Gefahrenabwehr geschaffen (Trennungs- oder Ordnungsbehördensystem), die überwiegend bei den Kommunalbehörden eingerichtet wurden, was eine gewisse Schwächung der staatlichen Kompetenzen und eine entsprechende Stärkung der Kommunalverwaltung bedeutete (Frings/Spahlholz Gefahrenabwehr Rn. 15). Analog zum Polizeisystem in England wurden Stadtkreis- und Regierungsbezirkspolizeien eingeführt. Nach britischem Vorbild wurde die Zuständigkeit der Polizei auf vollzugspolizeiliche Aufgaben, Verkehrsüberwachung und Strafverfolgung beschränkt.

7   Die **Gründung der Bundesrepublik Deutschland (1949)** gab Spielraum, in eigener, deutscher Hoheit über die Polizeiorganisation zu entscheiden (zur historischen Entwicklung Groß/Frevel/Dams/Schulte, Handbuch der Polizeien Deutschlands, 2007, 289 ff.). Das GG erlaubte dem Bund, seine Gesetzgebung „auf die Zusammenarbeit des Bundes und der Länder in der Kriminalpolizei" und in den Angelegenheiten des „Verfassungsschutzes", „die Einrichtung eines Bundeskriminalpolizeiamtes und die internationale Verbrechensbekämpfung" zu erstrecken (Art. 73 Abs. 1 Nr. 10 GG). Auch wurde dem Bund ermöglicht, durch Gesetz „**Bundesgrenzschutzbehörden,** Zentralstellen für das polizeiliche Auskunfts- und Nachrichtenwesen, für die Kriminalpolizei" und für den „Verfassungsschutz" einzurichten (Art. 87 Abs. 1 S. 2 GG).

8   Zu einer **erneuten Verstaatlichung** kam es 1953. Dabei kann der der „Kalte Krieg" als wesentlicher Faktor für eine **Umkehr in der Polizeiorganisation** gesehen werden. Mit Niedersachsen (1951) und Nordrhein-Westfalen (1953) verstaatlichten nach Gründung der Bundesrepublik zwei Länder der ehemaligen britischen Besatzungszone ihre Polizeien. Damit wurde an die Weimarer Polizeitradition angeknüpft.

8.1   Einen Fingerzeig in diese Richtung gab bereits die **Übergangsverordnung über den vorläufigen Aufbau der Polizei in Nordrhein-Westfalen** v. 20.12.1946 (GV. NRW. 165). Hieraus ergab sich, dass das Land für die Gesetzgebung und die Verwaltung der Polizei zuständig war. Durch das **Gesetz über den vorläufigen Aufbau der Polizei im Landes Nordrhein-Westfalen** v. 9.5.1949 (GV. NRW. 143) wurde die Einflussnahme des britischen Gebietsbeauftragten weiter verringert, bis sie 1953 ganz entfiel. Es ist das erste Polizeiorganisationsgesetz des Landes Nordrhein-Westfalen. Allerdings wurde damit noch keine Landespolizei errichtet, auch wenn § 1 Abs. 1 des Gesetzes über den vorläufigen Aufbau der Polizei im Landes Nordrhein-Westfalen v. 9.5.1949 feststellt: „Das Land ist zuständig für die Gesetzgebung und Verwaltung auf dem Gebiet der Polizei." Die Landesregierung und der Landtag mussten sich an die Vorgaben der britischen Militärregierung halten und so sieht das Gesetz die Verteilung der Zuständigkeiten auf drei verschiedene und voneinander unabhängige Stellen vor: den Polizeiausschuss (§§ 4–6 des Gesetzes über den vorläufigen Aufbau der Polizei im Landes Nordrhein-Westfalen v. 9.5.1949), den Chef der Polizei (§§ 7 f. des Gesetzes über den vorläufigen Aufbau der Polizei im Landes Nordrhein-Westfalen v. 9.5.1949) und den Innenminister „und seine Organe" (§§ 10–12 des Gesetzes über den vorläufigen Aufbau der Polizei im Landes Nordrhein-Westfalen v. 9.5.1949). Die Organisation in Stadtkreis-Polizeieinheiten (SK-Polizei) und Regierungsbezirks-Polizeieinheiten (RB-Polizei) blieb unverändert (ausf. Mokros DIE POLIZEI 2017, 12 ff.). Zum 1.10.1953 wurden die Stadtkreis- und Regierungsbezirkspolizeibehörden aufgelöst und in die bestehende staatliche Verwaltung integriert. Zuständig wurden 79 Kreispolizeibehörden (Wesseler/Kamp NWVBl. 2009, 374 (375)).

2. Rechtsänderung 1953

9   Die **Polizeireform von 1953** hatte in Nordrhein-Westfalen zur Folge, dass die Einflussnahme der Kommunen auf die Polizei so gut wie entfiel. Die Polizei wurde verstaatlicht.

Der dadurch reduzierte Verlust an Einflussmöglichkeiten durch die Kommune wurde in Nordrhein-Westfalen kompensiert durch die Bildung von **Polizeibeiräten** (§§ 15–19). Dadurch sollte die die Polizei einer stärkeren demokratischen Kontrolle unterworfen werden (**Demokratisierung der Gefahrenabwehr).** Das Land erhielt wieder die vollständige Organisations- und Personalhoheit über die Polizei (ausf. Mokros DIE POLIZEI 2017, 12 ff.).

Durch die **Rechtsänderung 1953** wurden die Regierungspräsidenten Landespolizeibehörden. **9.1** Diese Landespolizeibehörden hatten die (unmittelbare) Aufsicht über die Kreispolizeibehörden. Als untere staatliche Verwaltungsbehörden befanden sich in den kreisfreien Städten – gestaffelt nach Einwohnerzahlen – Polizeipräsidenten, Polizeidirektoren und Polizeiämter. In den Kreisen gab es Oberkreisdirektoren als Kreispolizeibehörden. Der Umstand, dass nunmehr Kommunalbeamte die Leitung einer Kreispolizeibehörde übernahmen, stand nicht im Widerspruch zur Rechtsänderung 1953, die eine Verstaatlichung der Polizei zur Folge hatte. Oberkreisdirektoren waren im Wege der Organleihe tätig und übten insofern eine staatliche Tätigkeit aus (Tegtmeyer POG NRW Rn. 9).

In den westdeutschen Ländern setzte sich eine mehr oder minder einheitliche Polizeiorga- **10** nisation durch. Es gab die Sparten **Schutzpolizei, Wasserschutzpolizei, Bereitschaftspolizei und Kriminalpolizei.** Auch das Polizeirecht folgte einer gemeinsamen Linie. Auf der Grundlage des „Programms für die innere Sicherheit in der Bundesrepublik Deutschland" (1972, erneuert 1974) legte die ständige Konferenz der Innenminister/-senatoren des Bundes und der Länder (Innenministerkonferenz – IMK) am 10./11.6.1976 den **MEPolG** (Musterentwurf eines einheitlichen Polizeigesetzes des Bundes und der Länder) vor, welchem die Länder weitgehend folgten (zur Historie Walter Kriminalistik 2019, 243 ff.). Unter weitgehender Billigung der Vorschläge einer Arbeitsgruppe der IMK verabschiedete die IMK am 25.11.1977 den MEPolG endgültig (DWVM Gefahrenabwehr 18 ff.). Ein Impuls für Vereinheitlichungen im Sicherheitsrecht – dh insbesondere im Polizei- und Strafverfahrensrecht – ergab sich aus operativen und legislativen Unzulänglichkeiten bei der Abwehr und Verfolgung des damaligen deutschen Terrorismus, aber auch sonstiger Gefahrenlagen und Maßnahmen in der Strafverfolgung. Die zeitgeschichtlichen Referenzereignisse sind unvergessen (Graulich GSZ 2019, 9 (10)): 1972 geschah das verlustreiche Attentat auf die israelische Olympia-Mannschaft in München. Außerdem markierte 1977 einen Höhepunkt des innerdeutschen Terrorismus mit der Entführung der Lufthansa-Maschine „Landshut" nach Mogadischu und der Ermordung des Arbeitgeberpräsidenten Hanns-Martin Schleyer sowie vier seiner Begleiter. Im Mittelpunkt des **MEPolG** stand die Erweiterung der sog. polizeilichen Standardbefugnisse, deren Einsatz an jeweils tatbestandlich umschriebene Voraussetzungen geknüpft wurde, andererseits aber zum Teil auch gegen Personen zugelassen wurde, die nicht „Störer" sind, und die in vielen Fällen der Notwendigkeit des Eingriffs bei Gefahrenverdacht Rechnung trugen (Götz/Geis PolR § 3 Rn. 3). Die IMK hat im Juni 2017 auf ihrer 206. Sitzung in Dresden (TOP 52 Rn. 4 der Sammlung der zur Veröffentlichung freigegebenen Beschlüsse der 206. Sitzung der Ständigen Konferenz der Innenminister und -senatoren der Länder, abrufbar unter https://www.innenministerkonferenz.de/IMK/DE/termine/to-beschluesse/2017-06-14_12/beschluesse.pdf?__blob=publicationFile&v=2) zur Erreichung gemeinsamer Standards bei der Terrorbekämpfung beschlossen, ein neues Musterpolizeigesetz erarbeiten zu lassen (vgl. Esposito ZRP 2017, 129). Erklärtes Ziel war hierbei, hohe gemeinsame gesetzliche Standards und eine effektive Erhöhung der öffentlichen Sicherheit zu erreichen (ausf. Andrick/Hoheisel-Gruler Kriminalistik 2019, 472 ff.). Das MEPolG soll als verbindliche Folie deutschlandweit trotz grundsätzlicher Länderzuständigkeit für gleiche Standards sorgen, da „Befugnislücken Sicherheitslücken sind", so der sächsische Innenminister Ulbig als damaliger IMK-Vorsitzender. Sekundiert wurde er vom damaligen Bundesinnenminister de Maizière: „Wir brauchen keinen Flickenteppich bei der Inneren Sicherheit." (Walter Kriminalistik 2019, 243 f.; zu den Reformen im Hinblick auf eine bundesweite Vereinheitlichung des Polizeirechts Aden/Fährmann ZRP 2019, 175 ff.).

III. Organisationssysteme

Das Programm der „**Entpolizeilichung**" der Sicherheits- / Ordnungsverwaltung ist in **11** den deutschen Ländern unterschiedlich weitreichend durchgeführt worden. Die Länder folgen bei der Organisation ihrer Gefahrenabwehrbehörden infolge der historischen Entwicklung in den Besatzungszonen insofern unterschiedlichen Modellen, die sich im Wesentlichen zwei Systemen zuordnen lassen: Dem **Einheitssystem** und dem **Trennungssystem** (Kugelmann PolR Kap. 4 Rn. 49). Beide Systeme beruhen in ihren Grundstrukturen auf dem Leitgedanken der von den Besatzungsmächten nach dem Zusammenbruch des nationalsozialistischen Regimes umgesetzten „Entpolizeilichung", die einen künftigen Missbrauch der Polizeigewalt vermeiden sollte und sich in einer mehr oder weniger strikt durchgeführten Trennung von Polizei und nichtpolizeilichen Ordnungsbehörden niedergeschlagen hat (Thiel PolR § 3 Rn. 12). Für Ordnungsaufgaben sind in den meisten Bundesländern sachlich die Ordnungsbehörden zuständig, die als von der Polizei getrennte Behörden organisiert sind (**Trennungssystem**). Nur in den Bundesländern Baden-Württemberg, Bremen, Saarland und Sachsen sind Ordnungsbehörden und Polizei dieselbe Behörde, die sich dann in (Verwaltungs-) Polizeibehörde und Vollzugspolizei gliedert (**Einheitssystem**).

1. Trennungs- oder Ordnungsbehördensystem

12   Nordrhein-Westfalen folgt unter Verwendung des Begriffs „Ordnungsbehörden" dem Trennungssystem; die Wahrnehmung der Aufgaben der Gefahrenabwehr ist auf verschiedene Verwaltungsorganisationen verteilt (Kugelmann PolR Kap. 4 Rn. 52, 53). Terminologisch wird unterschieden zwischen der Polizei („**Vollzugspolizei**") und den Behörden der (allgemeinen) inneren Verwaltung, die aber ebenfalls als „**Verwaltungspolizei**" gefahrenabwehrend tätig werden.

12.1   Innerhalb des Trennungssystems sind zwei „**Subsysteme**" zu unterscheiden. Einerseits gibt es Bundesländer, in denen trotz organisatorisch-institutioneller Trennung von Vollzugspolizei und Ordnungsbehörden für beide dieselben Gesetze gelten (zB Berliner Modell), andererseits die Bundesländer, in denen das formelle Polizeirecht lediglich für die Polizei im institutionellen Sinne, dh für im Vollzugsdienst tätige Dienstkräfte der Polizei gilt (zB Brandenburg, Nordrhein-Westfalen, Thüringen). Nur in diesen Bundesländern liegen Gesetze vor (zB), die eine vom formellen Polizeirecht unabhängige Rechtsgrundlage für Aufgaben und Befugnisse der Ordnungsbehörden darstellen (Knemeyer PolR SuP Rn. 47). In Nordrhein-Westfalen gibt es also eine klare **Trennung nach Organisation und Rechtsgrundlage.**

2. Einheits- oder Mischsystem

13   Andere Länder haben in Fortführung des überlieferten preußischen Modells der Einheit der Gefahrenabwehrverwaltung Vollzugspolizei und besondere Polizeibehörden mit der Gefahrenabwehr beauftragt (Rumpf NVwZ 1990, 315). Diese Länder gehen auch heute noch von einem Einheitssystem aus (Baden-Württemberg, Bremen, Saarland, Sachsen). Die mit Gefahrenabwehr betrauten Verwaltungsbehörden heißen demnach weiter „Polizeibehörden" und bilden gemeinsam mit dem Polizeivollzugsdienst die „Polizei" (§ 59 BWPolG), deren Aufgaben, Befugnisse und Organisation konsequenterweise in einem einzigen Gesetz, dem „Polizeigesetz" geregelt sind (zusf. WHT BWPolR § 4 Rn. 1 ff.). Der Unterschied zu den Bundesländern mit Trennungssystem verringert sich aber dadurch, dass auch in den Ländern des Einheitssystems eine **Aufteilung der Polizeiorganisation** vorgenommen wurde, zB die Unterscheidung zwischen Verwaltungs- und Vollzugspolizei (Schenke PolR § 2 Rn. 15).

IV. Polizeibegriff

14   Der Polizeibegriff kann in unterschiedlichen Ausprägungen bestimmt werden. Unterschieden wird zwischen einem formellen, einem materiellen Polizeibegriff und einem institutionellen Polizeibegriff (ausf. Wehr, Examens-Repetitorium Polizeirecht, 3. Aufl. 2015, § 1 Rn. 3 ff.). Der **materielle Polizeibegriff** beantwortet die Frage, was Polizeiarbeit inhaltlich ist, mithin die mit Zwangsgewalt verbundene Funktion der öffentlichen Verwaltung, Gefahren für die öffentliche Sicherheit und Ordnung abzuwehren und bereits eingetretene Störungen zu beseitigen (Schmidbauer/Holzner, Bayerisches Polizei- und Sicherheitsrecht, 2019, Rn. 136). Umfasst ist die Hoheitsaufgabe der Gefahrenabwehr, unabhängig von der Verwaltungsorganisation (WHM NRWPolR Rn. 26). Polizeirecht ist im materiellen Sinn Gefahrenabwehrrecht, unabhängig davon, welche staatlichen Stellen es vollziehen. Der **institutionelle**

(organisatorische) Polizeibegriff orientiert sich an der Zugehörigkeit zu einer bestimmten Gruppe von Behörden, mithin die dem Organisationsbereich der Polizei zuzurechnenden Verwaltungsbehörden (WHM NRWPolR Rn. 27 f.). Dieser Bereich ist entsprechend der geschichtlichen Entwicklung in den einzelnen Bundesländern unterschiedlich ausgestaltet. Hier bestehen terminologische wie organisatorische Unterschiede zwischen den Bundesländern. Eine grundlegende Unterscheidung wird mit den Begriffen „**Einheitssystem**" und „**Trennungssystem**" bezeichnet (zur geschichtlichen Entwicklung Götz/Geis PolR § 2 Rn. 1 ff.). Während beim **weiteren institutionellen (organisatorischen) Polizeibegriff** der Begriff auf die Organisation der Polizei beschränkt, reduziert sich das enge Begriffsverständnis auf die uniformierte Vollzugspolizei (Götz/Geis PolR § 2 Rn. 19). Der **formelle Polizeibegriff** knüpft an die Polizei im institutionellen Sinne an und bezeichnet die Summe der Aufgaben, die dieser übertragen ist; der Begriff bezeichnet den Inbegriff der Zuständigkeiten der als Polizeibehörden bezeichneten Verwaltungsangehörigen (WHM NRWPolR Rn. 29). Er umfasst nicht nur die Gefahrenabwehr, sondern auch zB die Strafverfolgung nach § 163 Abs. 1 StPO. Der Umfang der polizeilichen Aufgaben in diesem Sinne ist demzufolge im Einheitssystem größer als im Trennsystem. So gehört die Erforschung von Ordnungswidrigkeiten (§ 53 Abs. 1 OWiG) in jedem Fall zu den polizeilichen Aufgaben, die Verfolgung und Ahndung (§ 35 OWiG) hingegen generell nur im Einheitssystem, im Trennsystem nur in dem Umfang, in dem die Vollzugspolizei nach § 36 Abs. 1 OWiG zuständig ist (Wehr, Examens-Repetitorium Polizeirecht, 3. Aufl. 2015, § 1 Rn. 26).

B. Einzelkommentierung

§ 1 ist die einzige Vorschrift des Gesetzes, die sämtliche Novellierungen des POG NRW **15** unverändert überstanden hat (Tegtmeyer POG NRW Rn. 1). Mit § 1 kommt Nordrhein-Westfalen seiner Verpflichtung aus Art. 30 GG nach, die **Polizei als Teil der Verwaltung** vorzuhalten.

Träger der Polizei ist das Land Nordrhein-Westfalen. Der Polizeidienst ist keine Angele- **16** genheit kommunaler Selbstverwaltung und die Polizeigesetzgebung gehört nicht zu den Gesetzgebungskompetenzen des Bundes. § 1 steht auch Überlegungen entgegen, die Polizei demokratisch gewählten Oberbürgermeistern zu unterstellen (Bremerhaven im Land Bremen verfügt noch über eine Ortspolizeibehörde). In Nordrhein-Westfalen ist der Polizeiträger **Dienstherr** der Polizeibeamtinnen und Polizeibeamten (§ 2 BeamtStG), die als sog. **Amtswalter** für die Polizei bzw. die Polizeibehörde handeln.

I. Begriff der Polizei

Polizei iSd § 1 ist daher der **Polizeivollzugsdienst.** Aus organisatorischer Sicht sind es **17** die Polizeibehörden, also die (Polizei-) Behörden, die durch Gesetz mit polizeilichen Aufgaben und Befugnissen ausgestattet sind. Als **Polizeibehörden** nennt § 2 Abs. 1 das Landeskriminalamt (§ 13), das Landesamt für Zentrale Polizeiliche Dienste (§ 13a), das Landesamt für Ausbildung, Fortbildung und Personalangelegenheiten der Polizei (§ 13b) und die Kreispolizeibehörden (Polizeipräsidien oder Landräte).

II. Polizeivollzugsdienst

Zum Polizeivollzugsdienst gehören Polizeivollzugsbeamtinnen und -beamte. Die Dienst- **18** bzw. Amtsbezeichnung ist dabei nicht relevant. Das für Inneres zuständige Ministerium kann im Einvernehmen mit dem Finanzministerium auf der Ebene von Rechtsverordnungen festlegen, welche Beamtengruppen zum Polizeivollzugsdienst gehören (§ 110 Abs. 2 LBG NRW). Einzelheiten ergeben sich aus der NRWLVOPol (**Laufbahnverordnung der Polizei** idF der Bekanntmachung v. 20.3.2018, GV. NRW. 179). Entsprechend § 1 NRWLVOPol gilt diese Verordnung für die Polizeivollzugsbeamtinnen und Polizeivollzugsbeamten des Landes Nordrhein-Westfalen. Die Laufbahn der Polizeivollzugsbeamtinnen und Polizeivollzugsbeamten ist eine Einheitslaufbahn (vgl. Schrapper/Günther, Landesbeamtengesetz Nordrhein-Westfalen, 2. Aufl. 2017, LBG NRW § 110 Rn. 1). Die Einheitslaufbahn gliedert sich in die Laufbahnabschnitte I–III. In den Laufbahnabschnitt I wird nicht mehr eingestellt (§ 2 Abs. 1 NRWLVOPol). Mit der Ausgestaltung als Einheitslaufbahn stehen den Polizeivollzugsbeamten grundsätzlich alle Ämter der Laufbahn offen (vgl. § 2 Abs. 6 NRWLVOPol). Allerdings soll der „Aufstieg" im rechtlichen Rahmen der Einheitslaufbahn nicht die Ausnahme von der Regel, sondern eine „ebenbürtige Alternative" darstellen (OVG Münster IÖD 2000, 50). Nur Angehörige bestimmter Beamtengruppen sind indes **Ermittlungspersonen der Staatsanwaltschaft** (§ 1 Abs. 1 Nr. 2 NRWSTAErmPV – Verordnung über die Ermittlungspersonen der Staatsanwaltschaft v. 30.4.1996, GV. NRW. 180; zuletzt geändert durch Verordnung v. 16.2.2016, GV. NRW. 120).

19   Bei den Polizeibehörden beschäftigte **Verwaltungsbeamte** oder **Tarifbedienstete** treten grundsätzlich nicht hoheitlich auf. Im Rahmen bestimmter Zuständigkeiten können aber auch Verwaltungsbeamte hoheitlich auftreten und Verwaltungsakte erlassen, zB auf dem Gebiet des Versammlungs- oder Waffenrechts. Die ständige Ausübung hoheitlicher Befugnisse durch Nichtbeamte in größerem Umfang ist mit der Verfassung nicht vereinbar (BVerfGE 9, 268 (284)). Trotz dieser verfassungsrechtlichen Vorgabe lassen zahlreiche Bundesländer die polizeiliche Aufgabenerfüllung durch Personen, die nicht Polizeivollzugsbeamtinnen und -beamte sind, in verschiedenen Aufgabenbereichen zu (zB Berlin, Niedersachen, Hessen, Sachsen, Sachsen-Anhalt, Saarland, Rheinland-Pfalz und Bremen). Aufgrund des großen Umfanges und der Bandbreite der polizeilichen Aufgaben und der gestiegenen aktuellen Herausforderungen, etwa durch die terroristische Gefährdungslage, muss der Einsatz von Polizeivollzugsbeamtinnen und -beamten auf Aufgaben fokussiert werden, deren Wahrnehmung die in der polizeilichen Ausbildung erworbenen spezifischen Fähigkeiten und Kenntnisse erfordert. Polizeivollzugsbeamtinnen und -beamte sollen zB im Gewahrsamsdienst entlastet werden, indem auch Bedienstete, die keine Polizeivollzugsbeamtinnen und -beamte sind, hier eingesetzt werden können. Anders als in den anderen Bundesländern wird in Nordrhein-Westfalen indes keine eigene Kategorie polizeilicher Akteure nach Vorbild der Hilfs- bzw. Wachpolizei eingeführt. Beim Einsatz von Regierungsbeschäftigten wird die Aufsicht weiterhin vor Ort von Polizeivollzugsbeamtinnen und -beamten ausgeübt. Damit bleibt die institutionelle Absicherung qualifizierter und gesetzestreuer Aufgabenwahrnehmung weiterhin gewahrt. Bedienstete, die nicht Polizeivollzugsbeamtinnen und -beamte sind, sind insbesondere nicht befugt, Aufgaben wahrzunehmen, die nach der PolGewO (Polizeigewahrsamsordnung für das Land Nordrhein-Westfalen, Runderlass des Innenministeriums v. 20.3.2009 – 43.57.01.08) bisher der für das Polizeigewahrsam zuständigen Führungskraft bzw. dem aufsichtführenden Beamten zugeordnet sind (LT-Drs. 17/7549, 30).

19.1   Um den Einsatz auch von Nicht-Beamten bei der polizeilichen Aufgabenerfüllung in Nordrhein-Westfalen zu ermöglichen, ist eine entsprechende Rechtsgrundlage im PolG NRW erforderlich, die durch das Siebte Gesetz zur Änderung des Polizeigesetzes des Landes Nordrhein-Westfalen (LT-Drs. 17/7549) implementiert wurde. Gemäß § 37 Abs. 4 S. 1 PolG NRW können Aufgaben im Polizeigewahrsam zur Unterstützung der Polizeivollzugsbeamtinnen und Polizeivollzugsbeamten auch durch Bedienstete der Polizei, die nicht Polizeivollzugsbeamtinnen und Polizeivollzugsbeamte sind, wahrgenommen werden. Das Innenministerium wird ermächtigt, durch Rechtsverordnung den Umfang der diesen Bediensteten zustehenden polizeilichen Befugnisse zu bestimmen sowie weitere Regelungen für den Vollzug der Freiheitsentziehung im Polizeigewahrsam zu treffen (**Gesetz zur Stärkung der Rechte von im Polizeigewahrsam festgehaltenen Personen** v. 30.12.2019, GV. NRW. 995). Der Einsatz von Regierungsbeschäftigten dient dem Zweck der Entlastung der derzeit im Polizeigewahrsam eingesetzten Polizeivollzugsbeamtinnen und -beamten. Durch eine Reduzierung deren Einsatzes im Gewahrsamsdienst werden entsprechende Kapazitäten für hoheitliche Aufgaben freigegeben, deren Wahrnehmung die spezifischen Fähigkeiten und Kenntnisse von Polizeivollzugsbeamtinnen und -beamten erfordert (LT-Drs. 17/7549, 30).

III. Bereitschaftspolizeien der Länder

20   Die seit 1951 bestehende Bereitschaftspolizei der Länder als selbstständige Polizeiorganisation beruht auf einer **Verwaltungsvereinfachung zwischen Bund und Ländern** und wurde gegründet als Reaktion auf die expansive Politik der Ostblock-Staaten, insbesondere vor dem Hintergrund der Aufstellung der Kasernierten Volkspolizei in der DDR.

20.1   Ursprünglich waren die Bereitschaftspolizeien ausgerichtet auf die Gefahrenlage eines gewalttätigen Umsturzes und orientiert am Konzept einer polizeilich-paramilitärischen Truppe, was sich in der Organisation als Großverband und in der militärähnlichen Bewaffnung zeigte (Lisken/Denninger PolR-

HdB/Rachor/Roggan C Rn. 62 f.). Heute dient die Bereitschaftspolizei in ihrer stärker auf militaristischen Prinzipien ausgerichteten Struktur insbesondere der Bewältigung von Großeinsätzen (zB Demonstrationen, Fußballbundesligaspiele), bei denen geschlossene Polizeiverbände notwendig sind (Groß APuZ 48/2008, 20 (22)), aber auch der Unterstützung der Polizeibehörden insbesondere bei der Gefahrenabwehr, der Kriminalitäts- und der Verkehrsunfallbekämpfung im Rahmen von Schwerpunkteinsätzen. Im überregionalen Katastrophennotstand (Art. 35 Abs. 3 GG), im **inneren Notstand** (Art. 91 Abs. 2 GG) und im Verteidigungsfall (Art. 115 ff. GG) stehen die Bereitschaftspolizeien der Bundesregierung zur Verfügung. Der Grundgedanke der Befreiung von rechtlicher Bindung in Ausnahmesituationen ist letztlich dem alten Recht des Kriegsnotstands, etwa in Form der (Kriegs-) Diktatur im antiken römischen Recht (zur römischen (Kriegs-) Diktatur: Schneider, Die Entstehung der römischen Militärdiktatur, 1977, 106 ff.) entnommen, ist aber gerade nicht der Standpunkt des GG. Deshalb gibt es im GG zB detaillierte Vorschriften über die Geltung der Verfassung im Verteidigungsfall, insbesondere Art. 115a ff. GG (Kloepfer DVBl 2017, 141 (142)).

Insofern ergibt sich eine Einflussnahme des Bundes auf Aufbau und Ausstattung (**Verwal-** **21** **tungsabkommen Bund/Länder** von 1950, erneuert 1970/71, MBl. NRW. 1971, 906). Während für die Finanzierung der Schutz- und Kriminalpolizei die Länder zuständig sind, beteiligt sich der Bund bei den Sachkosten für die Bereitschaftspolizei.

Die Verwaltungsabkommen sehen übereinstimmend vor, dass der Bundesminister des Innern als **21.1** seinen Beauftragten einen „**Inspekteur der Bereitschaftspolizeien der Länder**" (IBPdL) bestellt (DWVM Gefahrenabwehr 70). Dieser ist Polizeivollzugsbeamter des Bundes (§ 1 Abs. 2 Nr. 6 BPolBGVO – Verordnung zu § 1 Abs. 1 des Bundespolizeibeamtengesetzes v. 9.7.2003, BGBl. I 1338). Seine Hauptaufgabe ist die regelmäßige Überprüfung (Inspektion) der Einsatzfähigkeit der Bereitschaftspolizeien der Länder. Auch obliegt ihm die Einsatzleitung im Falle der Unterstellung der Bereitschaftspolizei unter die Führung des Bundes.

In Nordrhein-Westfalen ist die funktionale Sonderstellung der **Bereitschaftspolizei** als **22** ehemals eigenständige Polizeieinrichtung seit dem 1.4.1996 durch Eingliederung in die Polizeipräsidien beseitigt. Es gibt keine zentral geführte Bereitschaftspolizei mehr. Die 18 Einsatzhundertschaften und die drei „Technischen Einsatzeinheiten" (TEE) gehören organisatorisch zu den im Erlass „**Neuorganisation der Bereitschaftspolizei des Landes Nordrhein-Westfalen**" (Runderlass des Innenministeriums v. 8.1.1996 – IV C2/A 1-06/0304, MBl. NRW. 413) genannten Polizeipräsidien. Als Bestandteil der Bereitschaftspolizei des Landes Nordrhein-Westfalen wurden 2018 bei den Polizeipräsidien Bochum, Köln und Wuppertal jeweils eine Beweissicherungs- und Festnahmehundertschaft (BFH) mit jeweils zwei Beweissicherungs- und Festnahmeeinheiten (BFE) eingerichtet (Runderlass des Ministeriums des Innern v. 27.2.2018 – 41/40-60.05.01/58.12.02 VS-NfD).

C. Organisation der Polizei- und Ordnungsbehörden

I. Polizeibehörden des Bundes

1. Bundeskriminalamt

Das Bundeskriminalamt ist eine dem Bundesinnenministerium unterstellte **Bundesober-** **23** **behörde** ohne eigenen Verwaltungsunterbau (Lisken/Denninger PolR-HdB/Rachor/Roggan C Rn. 80 f.). Es ist die zentrale polizeiliche Einrichtung zur Kriminalitätsbekämpfung und Zentralstelle für die Kriminalpolizei sowie für das polizeiliche Auskunfts- und Nachrichtenwesen (Art. 87 Abs. 1 GG); insoweit stellt das Bundeskriminalamt einen „besonderen Behördentypus eigener Art dar" (Kretschmer JURA 2006, 336).

Durch Gesetz v. 8.3.1951 (BGBl. I 165) wurde das Bundeskriminalamt auf der Grundlage der **23.1** Art. 73 Abs. 1 Nr. 10 GG, Art. 87 Abs. 1 S. 2 GG errichtet, das im Wesentlichen auf dem „**zonal crime records bureau**" der britischen Zone aufbaute und zunächst nur für die zentrale kriminalpolizeiliche Informationssammlung vorgesehen war. Erst mit Inkrafttreten des Gesetzes wurde das Reichskriminalpolizeigesetz v. 21.7.1922 (RGBl. 593) ungültig.

Die zentralen Aufgaben des Bundeskriminalamts liegen in der **Unterstützung der Poli-** **24** **zeien** des Bundes und der Länder bei der Verhütung und Verfolgung von Straftaten mit länderübergreifender, internationaler oder erheblicher Bedeutung (§ 2 Abs. 1 BKAG). Die wichtigste Aufgabe liegt in der Zentralstellenfunktion nach § 2 BKAG. Das Bundeskriminalamt ist dabei auf dem Gebiet der polizeilichen Zusammenarbeit als zentrale Sammel- und Informationsstelle für die Polizei- und die Strafverfolgungsbehörden des Bundes und der Länder tätig. Besondere Bedeutung kommt dem Bundeskriminalamt als Zentralstelle für den elektronischen Informationsverbund zu (Schmidbauer/Holzner, Bayerisches Polizei- und Sicherheitsrecht, 2019, Rn. 1387). Der Zentralstellenbegriff ist identisch mit dem aus Art. 87 Abs. 1 S. 2 GG (Graulich KriPoZ 2017, 278 f.). In diesem Sinn ist er ausschließlich für Bundesbehörden reserviert. Bei der Zentralstelle iSd Art. 87 Abs. 1 S. 2 GG handelt es sich um eine Bundesbehörde, nicht etwa um eine Landesbehörde. Dies ergibt sich zum einen aus dem Systemzusammenhang des Art. 87 Abs. 1 S. 2 GG zum anderen aber auch aus § 2 Abs. 1 BKAG direkt (SGR/Graulich BKAG § 2 Rn. 3). Der Zentralstellenstatus steht zwar in einem Spannungsverhältnis zu der Kompetenz der Länder auf dem Gebiet der Polizei. Jedoch stellt § 1 Abs. 3 BKAG klar, dass die Verfolgung sowie die Verhütung von Straftaten und die Aufgaben der sonstigen Gefahrenabwehr Sache der Länder bleiben, soweit gesetzlich nichts anderes bestimmt ist. Ansonsten ermittelt das Bundeskriminalamt in bestimmten Strafsachen, die ihm durch Gesetz allgemein zugewiesen sind oder im Einzelfall übertragen werden können (Tegtmeyer/Vahle PolG NRW Einf. 31). § 1 Abs. 3 BKAG enthält eine Subsidiaritätsklausel, welche die **Primärzuständigkeit der Länder** bei der Verhütung und Verfolgung von Straftaten klarstellt, soweit gesetzlich nichts anderes bestimmt ist (BT-Drs. 13/1550, 21). Diese Primärzuständigkeit bezieht sich auf sämtliche großen sicherheitsrechtlichen Bereiche präventiven und repressiven polizeilichen Handeln, die wiederkehrend im BKAG behandelt werden. Damit drückt sie die in den Art. 30, 70 und 83 GG enthaltene Vorrangigkeit von polizeilichen Länderzuständigkeiten gegenüber denjenigen des Bundes aus (SGR/Graulich BKAG § 1 Rn. 10).

24.1 Im Hinblick auf die veränderte Sicherheitslage haben Bedeutung und Aufgaben des Bundeskriminalamts in den vergangenen Jahren zugenommen. Dabei ist das Aufgabenfeld des Bundeskriminalamts inhomogen, es umfasst präventive und repressive Tätigkeiten (Thiel PolR § 3 Rn. 4). Des Weiteren ist das Bundeskriminalamt das „**Nationale Zentralbüro**" der Bundesrepublik Deutschland im Rahmen der Zusammenarbeit in der Internationalen Kriminalpolizeilichen Organisation „**Interpol**" sowie für die Durchführung der dienstlichen Kommunikation mit ausländischen Polizei- und Justizbehörden zuständig (§ 3 Abs. 2 BKAG). Das Bundeskriminalamt nimmt gem. § 4 BKAG die polizeilichen Aufgaben auf dem Gebiet der Strafverfolgung in Fällen international organisierten Handels mit Waffen, Betäubungsmitteln usw (§ 4 Abs. 1 Nr. 1 BKAG), bei politisch motivierten Straftaten gegen Verfassungsorgane usw (§ 4 Abs. 1 Nr. 2 BKAG) sowie bei den in § 4 Abs. 1 Nr. 3, 4 BKAG genannten Straftaten des internationalen Terrorismus wahr. Im Zusammenhang damit steht die Aufgabe, für den Schutz von Zeugen und ihrer Angehörigen zu sorgen (§ 6 BKAG). Art. 10 TerrorBekG (**Terrorismusbekämpfungsgesetz** v. 9.1.2002, BGBl. I 361 ff.) hatte eine Aufgabenerweiterung für das Bundeskriminalamt zur Folge. So erstreckten sich polizeiliche Aufgaben auf dem Gebiet der Strafverfolgung nach § 4 Abs. 1 Nr. 5 BKAG auch auf Straftaten gem. § 303b StGB, soweit Anhaltspunkte vorliegen, dass die Tat sich gegen die innere oder äußere Sicherheit des Bundes oder das Funktionieren sicherheitsempfindlicher Stellen lebenswichtiger Einrichtungen richtet (Knemeyer PolR SuP Rn. 35a, zum TerrorBekG auch Nolte DVBl 2002, 573 ff.).

25 Auf der **Kompetenzgrundlage** von Art. 73 Abs. 1 Nr. 9a und Nr. 10 lit. a GG erfuhren die Aufgaben und Befugnisse des Bundeskriminalamts 2009 wesentliche Erweiterungen. Danach sind dem Bundeskriminalamt zwei Kernaufgaben übertragen. Traditionell soll mit Hilfe der Behörde die Zusammenarbeit des Bundes und der Länder in der Kriminalpolizei effektuiert werden. Mit der korrespondierenden Verfassungsnorm in Art. 73 Nr. 10 lit. a GG hatte der verfassungsgebende Gesetzgeber vor allem die Koordinierung und Hilfestellung des Bundes bei der kriminalpolizeilichen Aufgabenerfüllung im Blick (Maunz/Dürig/Uhle GG Art. 73 Rn. 231 ff.). Aufgrund der zunehmenden Gefahren durch den internationalen Terrorismus ist seit der Föderalismusreform (vgl. Degenhart NVwZ 2006, 1209) im Jahre 2006 der Bund nach Maßgabe des Art. 73 Abs. 1 Nr. 9a GG ermächtigt, Vorschriften über die Abwehr von Gefahren des internationalen Terrorismus durch das Bundeskriminalpolizeiamt zu erlassen. Die Gesetzgebungskompetenz in Art. 73 Abs. 1 Nr. 9a GG verleiht eine originäre Zuständigkeit zu klassischem präventivpolizeilichen Handeln (krit. Roggan NJW 2009, 257; Baum/Schantz ZRP 2008, 137), die die gesamte Palette polizeilicher Befugnisse trägt (vgl. die umfassenden Standardbefugnisse des Bundeskriminalamts zur **Terrorismusbekämpfung** in den §§ 38 ff. BKAG). Von der Gesetzgebungsbefugnis wurde mit Änderung des BKAG im Jahre 2008 Gebrauch gemacht. Das Gesetz wurde seinerzeit als wichtigstes Sicherheitsgesetz der laufenden Legislaturperiode bezeichnet und war stark umstritten (Roggan NJW 2009, 257). Die Regelzuständigkeit der Länder zur Gefahrenabwehr wird dadurch nicht beseitigt (vgl. Uhle DÖV 2010, 989 ff.). Es kann zu Überschneidungen der (gleichermaßen kompetenzgemäßen) Handlungsbefugnisse von Bundes- und Landesbehörden kommen; die bewusst in Kauf genommen wurden (BVerfGE 141, 220 (263)). Die grundgesetzlichen Bundeskompetenzen sind eng zu fassen. Das Bundeskriminalamt (wie auch die Bundespolizei) darf nicht zu einer allgemeinen, mit den Landespolizeien konkurrierenden Bundespolizei ausgebaut werden und damit ihr Gepräge als Polizei mit begrenzten Aufgaben verlieren (BVerfG NVwZ 1998, 495 ff.). Polizei ist nach den Vorstellungen des GG grundsätzlich Ländersache. Das BVerfG äußerte keine kompetenzrechtlichen Bedenken gegen die Neufassung des BKAG zur Terrorismusbekämpfung; allerdings wurden spezifische Befugnisse zur Terrorismusbekämpfung (zB Online-Durchsuchung, längerfristige Observation usw) als (teilweise) verfassungswidrig befunden (BVerfG NJW 2016, 1781 ff.). Insgesamt hat die Bedeutung des Bundeskriminalamts im Hinblick auf die veränderte Sicherheitslage (organisierte Kriminalität, Terrorismus) zugenommen. Dem entspricht nicht nur die besagte Ausweitung von gesetzlichen Aufgaben und Befugnissen (vgl. Art. 73 Abs. 1 Nr. 9a GG; §§ 5, 38 ff. BKAG), sondern auch die forcierte personelle und sachliche Ausstattung der Behörde. Das Gesetz zur Neugestaltung des Bundeskriminalamtsgesetzes v. 8.6.2017 (BGBl. I 1354) wurde notwendig durch das Urteil des BVerfG v. 20.4.2016 (BVerfGE 141, 220) sowie angestoßen durch die Ergebnisse des NSU-Untersuchungsausschusses im deutschen Bundestag (BT-Drs. 18/11163, 76). Trotz der nur eingeschränkten Gesetzgebungskompetenz liegt nun erstmals ein vollständiges Polizeigesetz des Bundes mit praktisch sämtlichen modernen polizeirechtlichen Befugnistypen vor (zu den Befugnissen im Überblick Schmidbauer/Holzner, Bayerisches Polizei- und Sicherheitsrecht, 2019, Rn. 1389 f.). Das BKAG dient außerdem der Umsetzung der JI-RL (RL (EU) 2016/680 v. 27.4.2016, ABl. 2016 L 119, 89). Mit der Neufassung des BKAG hat der Gesetzgeber nach eigenem Bekunden drei Ziele verfolgt, nämlich erstens die Stärkung des Datenschutzes, zweitens die Harmonisierung zur Verbesserung des Informationsflusses zwischen der Polizeibehörden in Europa und drittens die Modernisierung des Bundeskriminalamts als Zentralstelle, unter anderem nach dem Vorbild Europols (BT-Drs. 18/11163, 1; zur polizeilichen Zusammenarbeit auf europäische Ebene Schmidbauer/Holzner, Bayerisches Polizei- und Sicherheitsrecht, 2019, Rn. 1400 ff.). Das novellierte BKAG trat am 25.5.2018 in Kraft (ausf. Graulich KriPoZ 2017, 278 ff.; Unterreitmeier GSZ 2018, 1 ff.; Albrecht jurisPR-ITR 16/2016 Anm. 2; 21/2016 Anm. 2).

2. Bundespolizei

Die Polizei des Bundes (bis 30.6.2005: **Bundesgrenzschutz,** zur Transformation des **26** Bundesgrenzschutzes in die Bundespolizei ausf. Bolaños, Die Transformation des Bundesgrenzschutzes in die Bundespolizei, 2016; zur Installation und Konsolidierung des Bundesgrenzschutzes 1949–1972 s. Parma, Installation und Konsolidierung des Bundesgrenzschutzes 1949 bis 1972, 2. Aufl. 2019) wird gem. Art. 73 Abs. 1 Nr. 5 GG, Art. 87 Abs. 1 S. 2 GG in bundeseigener Verwaltung mit eigenem Verwaltungsunterbau geführt und untersteht dem Bundesminister des Innern (§ 1 Abs. 1 S. 2 BPolG). Das BVerfG (NVwZ 1998, 495) hatte das BGSG (Bundesgrenzschutzgesetz v. 18.8.1972, BGBl. I 1834) als Vorläuferregelung des BPolG auf seine Verfassungsmäßigkeit hin zu überprüfen Es hielt das BGSG auch für verfassungskonform, soweit es dem Bundesgrenzschutz die Aufgaben der früheren Bahnpolizei und des Schutzes vor Angriffen auf die Sicherheit des Luftverkehrs auf Flugplätzen übertragen hat. Die Zuweisung einer neuen Aufgabe muss aber das Gepräge des Bundesgrenzschutzes als eine Sonderpolizei zur Sicherung der Grenzen des Bundes und zur Abwehr bestimmter, das Gebiet oder die Kräfte eines Landes überschreitender Gefahrenlagen wahren. Die Bundespolizei nimmt mannigfaltige Aufgaben der Gefahrenabwehr und der Strafverfolgung wahr, die sich auf Kompetenzen des GG stützen und nicht einem bestimmten Landesverwaltungsträger zugewiesen sind. Nach § 1 Abs. 2 BPolG obliegen der Bundespolizei die Aufgaben, die ihr durch das Bundespolizeigesetz übertragen werden, oder ihr bis zum 1.11.1994 durch

Bundesgesetz oder aufgrund eines Bundesgesetzes zugewiesen worden sind (speziell zu § 1 Abs. 2 Hs. 2 BPolG und dem Grundsatz lex posterior derogat legi priori Zähle DIE POLIZEI 2014, 343).

26.1   Der am 16.3.1951 eingerichtete **Bundesgrenzschutz** diente dem Bund als Ersatz für die im GG nicht vorgesehene „Bundes-Bereitschaftspolizei" (zur Entstehung Walter DIE POLIZEI 2014, 181). Der Bundesgrenzschutz war damals stark militärisch geprägt, insbesondere weil sein Personal gezielt aus ehemaligen Offizieren und Unteroffizieren der Wehrmacht rekrutiert wurde. Daneben gab es aber bereits eine polizeiliche Ausrichtung, denn die Gründung des Bundesgrenzschutzes war auch eine Reaktion und ein Gegengewicht auf die Einrichtung der Deutschen Volkspolizei in der Sowjetischen Besatzungszone. Den Bundesgrenzschutzbehörden wurde die Aufgabe zugewiesen, das Bundesgebiet gegen verbotene Grenzübertritte und sonstige die Sicherheit der Grenzen gefährdende Störungen der öffentlichen Ordnung im Grenzgebiet bis zu einer Tiefe von 30 km zu sichern. Hauptaufgabe des Bundesgrenzschutzes war, die innerdeutsche Grenze, die „Zonengrenze", zu sichern. Diese Hauptaufgabe war namensgebend (Scheuring NVwZ 2005, 903).

27   Das Führungszentrum der gesamten Bundespolizei ist das Bundespolizeipräsidium. Ihm sind verschiedene Bundespolizeidirektionen untergeordnet (§ 57 BPolG). Die Bundespolizei nimmt unter dem Kommando des Bundespolizeipräsidiums (Potsdam) mit einem mehrstufigen Polizeibehördenaufbau bis zur regionalen Ebene vor allem Aufgaben des **Grenzschutzes** wahr (Wagner JURA 2009, 96). Trotz der **Umbenennung in Bundespolizei** – die dem veränderten Aufgabenspektrum Rechnung trägt – darf diese „nicht zu einer allgemeinen, mit den Landespolizeien konkurrierenden Bundespolizei ausgebaut werden und damit sein Gepräge als Polizei mit begrenzten Aufgaben (Art. 87 Abs. 1 S. 2 GG, Art. 35 Abs. 2 und Abs. 3 GG, Art. 91 Abs. 1 und Abs. 2 GG, Art. 115f Abs. 1 Nr. 1 GG) verlieren (Schmidbauer/Holzner, Bayerisches Polizei- und Sicherheitsrecht, 2019, Rn. 1397).

28   In der als **Sonderpolizei des Bundes** beschriebenen Funktion obliegen der Bundespolizei gem. § 1 Abs. 2 BPolG die Aufgaben, die ihr durch das BPolG selbst zugewiesen worden sind. Der Bundespolizei obliegt vor allem die Erfüllung folgender Aufgaben: der polizeiliche Schutz der Grenzen des Bundesgebietes (§ 2 BPolG), die Gefahrenabwehr im Zusammenhang mit den Eisenbahnen des Bundes (§ 3 BPolG), die Luftsicherheit (§ 4 BPolG) und der Schutz der Bundesorgane (§ 5 BPolG). Für diese Aufgaben der Gefahrenabwehr stehen der Bundespolizei die Befugnisse der §§ 14–50 BPolG zu. Durch das Aufgabenübertragungsgesetz v. 23.1.1992 (BGBl. I 178) wurden dem damaligen Bundesgrenzschutz, aus dem die Bundespolizei hervorgegangen ist, die Aufgaben der Bahnpolizei und des Fahndungsdienstes der Deutschen Bundesbahn sowie des Schutzes der Flughäfen vor Angriffen auf die Sicherheit des Luftverkehrs übertragen (speziell zur bahnpolizeilichen Zuständigkeit Gnüchtel NVwZ 2015, 37; Neumann jurisPR-BVerwG 22/2014 Anm. 2; ausf. Kastner, Die Strafverfolgungsaufgabe der Bundespolizei im Spannungsfeld zwischen Bundes- und Landeszuständigkeiten, 2016, 15 ff.). Seit dem Wegfall der Grenzkontrollen im Schengen-Raum kommt zudem den sog. **„verdachtsunabhängigen" Kontrollen** im Rahmen der polizeilichen Gefahrenabwehr im Grenzraum besondere Bedeutung zu. Grenzschutz ist nach Art. 73 Abs. 1 Nr. 5 GG Gegenstand der ausschließlichen Gesetzgebung des Bundes. Somit obliegt dem Bund auch die Ausübung der staatlichen Befugnisse zur Erfüllung dieser Aufgabe durch hierzu eingerichtete (Bundespolizei-) Behörden nach Art. 87 Abs. 1 S. 2 GG. Als Besonderheit im Bereich des Gefahrenabwehrrechts enthält § 2 Abs. 1 BPolG eine länderbegünstigende Ausnahmeregelung. Bei der Gefahrenabwehr im Grenzraum handelt es sich mithin um eine sonderpolizeiliche Aufgabe, welche gem. § 2 Abs. 1 BPolG der Bundespolizei obliegt. Für den in § 2 BPolG genannten Grenzschutz ist die Bundespolizei indes nur zuständig, soweit nicht einem Land im Einvernehmen mit dem Bund Aufgaben des grenzpolizeilichen Einzeldienstes übertragen wurden. Soweit die Wahrnehmung durch ein Land erfolgt, scheidet eine Zuständigkeit der Bundespolizei aus. Nach § 2 Abs. 3 BPolG ist das Einvernehmen in einer schriftlichen Vereinbarung zwischen dem Bundesministerium des Innern und dem beteiligten Land herzustellen, die im Bundesanzeiger bekanntzugeben ist. Soweit ein Land nach § 2 Abs. 4 BPolG im Einvernehmen mit dem Bund den grenzpolizeilichen Einzeldienst mit eigenen Kräften wahrnimmt, gilt nach § 2 Abs. 4 BPolG Landesrecht (zum Problem dieser Doppelzuständigkeit und des damit immanenten Verstoßes gegen das grundsätzliche Verbot einer Mischverwaltung Walter DÖV 2019, 845). Die Bundespolizei hat im Einzelnen unter anderem die Aufgabe, im Grenzgebiet bis zu einer Tiefe von 30 km Gefahren abzuwehren, die die Sicherheit der Grenze beeinträchtigen (ausf. Parma DIE POLIZEI 2019, 18 ff.). Zu diesem Zweck werden von der Bundespolizei schwerpunktmäßig Personenkontrollen im grenznahen Raum durchgeführt („**Schleierfahndung**", ausf. Walter DVBl 2019, 1238; Kriminalistik 2018, 506 ff.). Diese Kontrollen standen – in Zusammenhang mit dem Thema „Racial-Profiling" (dh Polizeimaßnahmen, die aufgrund der ethnischen Herkunft des Betroffenen erfolgen) – in der jüngeren Vergangenheit indes mehrfach im Fokus der Rechtsprechung (zB OVG Koblenz NJW 2016, 2820; OVG Münster NVwZ 2018, 1497 mAnm Kerkemeyer) und waren Gegenstand zahlreicher wissenschaftlicher Beiträge (vgl. Pettersson ZAR 2019, 301 ff.; Laackmann Kriminalistik 2018, 653 ff.; Belina/Keitzel KrimJ 2018, 18 ff.; Froese DVBl 2017, 293 ff.; Liebscher NJW 2016, 2779 ff.). Vordergründig stellt sich hier die Frage danach, ob die Auswahl der Adressaten einer verdachtsunabhängigen Kontrolle, welche ggf. auf Hautfarbe, ethnischer Zugehörigkeit oder Herkunft basiert, taugliche Diskriminierungskriterien nach Art. 3 Abs. 3 GG enthält und daher als rechtswidrig einzustufen ist (Parma DIE POLIZEI 2019, 18).

Gemäß § 65 Abs. 1 BPolG dürfen Polizeivollzugsbeamte der Bundespolizei im **Zuständig-** **29** **keitsbereich eines Landes** tätig werden, wenn das jeweilige Landesrecht es vorsieht. Die Anwendung dieser Normen dient der effektiven Wahrnehmung polizeilicher Aufgaben und soll verhindern, dass an sich gebotene Eingriffsmaßnahmen aufgrund des Zuständigkeitsrechts nicht rechtzeitig erfolgen können. Eine Änderung der behördlichen Zuständigkeitsanordnung ist hiermit jedoch nicht verbunden (SGR/Graulich BPolG § 65 Rn. 2). In Nordrhein-Westfalen enthält § 9 POG NRW eine entsprechende Regelung. Auch kann die Bundespolizei nach § 11 Abs. 1 BPolG zur Unterstützung eines Landes in den drei in § 11 Abs. 1 Nr. 1–3 BPolG genannten Fällen verwendet werden, soweit das Land ohne diese Unterstützung eine Aufgabe nicht oder nur unter erheblichen Schwierigkeiten erfüllen kann. § 65 Abs. 1 BPolG ist gegenüber der Sonderbestimmung des § 11 BPolG subsidiär (Wagner, Bundespolizeirecht, 4. Aufl. 2018, 196).

3. Polizeivollzugsdienst beim deutschen Bundestag

Eine besondere (Bundes-) Polizeibehörde ist die Polizei beim Deutschen Bundestag. Im **30** Gegensatz zu den Polizeien des Bundes und der Länder erfährt sie ihre Existenz unmittelbar aus Art. 40 Abs. 2 S. 1 GG, wonach der Präsident des Deutschen Bundestages das **Hausrecht** **und die Polizeigewalt** in den Gebäuden des Bundestages ausübt (Köhler DVBl 1992, 1577; zu Wahrung der parlamentarischen Ordnung Jacobs DÖV 2016, 563 ff.). Ohne seine Genehmigung darf in den Räumen des Bundestages keine materiell polizeiliche Tätigkeit entfaltet werden sowie auch keine Durchsuchung oder Beschlagnahme stattfinden (sa Ramm NVwZ 2010, 1461). Die Polizeigewalt des Bundestagspräsidenten schließt jede andere Polizeigewalt aus, es sei denn, ein anderes Polizeiorgan wird von ihm um Vollzugshilfe ersucht (Art. 40 Abs. 2 S. 2 GG; WHT BWPolR § 3 Rn. 15). Die Funktion dieser Regelung besteht darin, das Parlament zur Sicherung seiner Arbeitsfähigkeit und Autonomie vor Eingriffen und Einflüssen der Exekutive und Judikative freizustellen (Wilrich DÖV 2002, 152 (155)). Anderen Ordnungs- und Sicherheitsbehörden ist die Ausübung von Polizeigewalt im räumlichen Geltungsbereich der Polizeigewalt des Bundestagspräsidenten entzogen (Ramm NVwZ 2010, 1461 (1464)). Inhaltlich umfasst der Begriff der Polizeigewalt den sog. materiellen Polizeibegriff, der sich auf die präventive Gefahrenabwehr bezieht. Allerdings fehlt es an einem „Bundestagspolizeigesetz", wo gesetzliche Ermächtigungsgrundlagen normiert sind. Diese sind auch nicht wegen Art. 40 Abs. 2 S. 1 GG entbehrlich (Ramm NVwZ 2010, 1461 (1466)). Für die Anwendung unmittelbaren Zwanges durch die Bundestagspolizei ist zwar das UZwG einschlägig. Allerdings wirft die völlige Gesetzlosigkeit von Verwaltungsakten der Bundestagspolizei die Frage auf, ob diese nichtig sind (§ 44 Abs. 1 VwVfG) und daher als Vollstreckungsgrundlage (§ 6 Abs. 1 VwVG) entfallen (ausf. Friehe DÖV 2016, 521 ff.).

4. Strom- und Schifffahrtspolizei

Die Strom- und Schifffahrtspolizei ist Teil der Verwaltung des Bundeswasserstraßen **31** (Art. 87 Abs. 1 S. 1 GG, Art. 89 Abs. 2 S. 1 GG, vgl. Gusy/Kugelmann/Würtenberger,

Rechtshandbuch Zivile Sicherheit, 2017, 292). Dem Bund obliegt entsprechend Art. 74 Abs. 1 Nr. 21 GG die **Aufrechterhaltung der öffentlichen Sicherheit in der Binnen-schifffahrt** wie in der **Seeschifffahrt**. Die gem. § 24 Abs. 1 WaStrG (Bundeswasserstraßen-gesetz v. 23.5.2007, BGBl. I 962) tätigen Behörden der Wasser- und Schifffahrtsverwaltung des Bundes haben die Aufgabe, zur Gefahrenabwehr Maßnahmen zu treffen, die nötig sind, um die Bundeswasserstraßen in einem für die Schifffahrt erforderlichen Zustand zu erhalten (**Strompolizei**). Zu diesem Zweck dürfen etwa Grundstücke, Anlagen und Einrichtungen sowie Wasserfahrzeuge betreten werden (Thiel PolR § 3 Rn. 5). Die **Wasser- und Schiff-fahrtsämter** können gem. § 28 Abs. 1 WaStrG zur Erfüllung der Aufgaben nach § 24 Abs. 1 WaStrG Anordnungen erlassen, die an bestimmte Personen oder an einen bestimmten Personenkreis gerichtet sind und ein Gebot oder Verbot enthalten (Strompolizeiliche Verfü-gungen).

II. Zoll (Bundesfinanzpolizei)

32   In den letzten 20 Jahren hat sich die **Zusammenarbeit zwischen Zoll und Polizeien** des Bundes und der Länder zunehmend intensiviert. Dies betrifft vor allem die Bereiche der Bekämpfung der Geldwäsche, der Rauschgiftbekämpfung, der Grundstoffüberwachung, der Wahrnehmung grenzpolizeilicher Aufgaben, der Bekämpfung der Schwarzarbeit usw.

33   Der Vollzugsdienst der Zollverwaltung wird auch als **„Bundesfinanzpolizei"** bezeichnet, wobei dieser Begriff nicht im organisationsrechtlichen Sinne zu verstehen ist (vgl. Keller, Basislehrbuch Kriminalistik/Braun, 2019, 103). Da die Befugnisse des Vollzugsdienstes der Zollverwaltung denen der Polizei weitgehend entsprechen, ist der Begriff der **Bundesfi-nanzpolizei** aber naheliegend (Lisken/Denninger PolR-HdB/Rachor/Roggan C Rn. 82).

1. Zollfahndungsdienst

34   Zur „Bundesfinanzpolizei" muss zunächst der Zollfahndungsdienst gerechnet werden, der auch als **„Kriminalpolizei der Zollverwaltung"** bezeichnet wird. Der Zollfahndungs-dienst kann materiell als eine der Polizeien des Bundes betrachtet werden (Götz/Geis PolR § 16 Rn. 18), wenngleich er nicht beim Innen-, sondern dem Finanzressort untergebracht ist. Seine hochspezialisierten Aufgaben sind von zentraler Wichtigkeit für den Finanz- und Wirtschaftssektor in der Bundesrepublik (Graulich GSZ 2019, 221). Die Aufgabe des Zoll-fahndungsdienstes besteht insbesondere in der Überwachung des grenzüberschreitenden Waren- und Geldverkehrs (Lisken/Denninger PolR-HdB/Rachor/Roggan C Rn. 82 ff.). Er hat im Rahmen dieser Aufgaben praktisch die gleichen Befugnisse wie die Polizei (im Überblick Fehn Kriminalistik 2003, 751). Im ZFdG (Zollfahndungsdienstgesetz v. 16.8.2002, BGBl. I 3202) sind Organisation, Aufgaben und Befugnisse der Zollfahndungsämter und des Zollkriminalamtes geregelt. Die Zollfahndungsämter sind nach § 1 ZFdG örtliche Bundesbe-hörden. Die Zollfahndungsbeamten sind Ermittlungspersonen der Staatsanwaltschaft (§ 26 Abs. 1 S. 2 ZFdG). Nach § 24 ZFdG haben sie die Aufgabe der Verhütung und Verfolgung von Straftaten und Ordnungswidrigkeiten, zur Aufdeckung unbekannter Straftaten sowie zur Vorsorge für künftige Strafverfahren im Zuständigkeitsbereich der Zollverwaltung. Diese umfasst alle Steuer- und Zollstraftaten sowie Ordnungswidrigkeiten auf diesen Gebieten (§§ 369 ff. AO). Ferner wirken die Zollfahndungsämter bei der Überwachung des Außen-wirtschaftsgesetzes und des grenzüberschreitenden Warenverkehrs mit (§ 24 Abs. 1 ZFdG). Am 8.8.2019 brachte die Bundesregierung einen Gesetzentwurf zur Neustrukturierung des ZFdG (BT-Drs. 19/12088; vgl. Buckenhofer DP 9/2019, 4 ff.) in den Bundestag ein. Grund hierfür ist das Urteil des BVerfG v. 20.4.2016 (BVerfGE 141, 220) sowie die JI-RL (RL (EU) 2016/680 v. 27.4.2016, ABl. 2016 L 119, 89). Vorgesehen ist unter anderem: die Schaffung der Möglichkeit zum Einsatz verdeckter Ermittler, die Befugnis zur Identifizierung und Lokalisierung von Mobilfunkkarten und Telekommunikationsendgeräten, bspw. durch IMSI-Catcher oder WLAN-Catcher im Rahmen der Gefahrenabwehr, die Erweiterung der Auskunftspflichten von Betroffenen und Dritten. Der Gesetzentwurf v. 18.12.2019 (BT-Drs. 19/16116) passt im Wesentlichen die Regelungen zur Erhebung von Daten, die durch den Einsatz verdeckter Maßnahmen erlangt wurden, an die Vorgaben aus BVerfGE 141, 220 an. Hiermit werden umfangreiche Änderungen der Voraussetzungen zur Anordnung, zum Schutz des Kernbereichs privater Lebensgestaltung, zum Schutz von Berufsgeheimnisträgern,

zur Transparenz, zum individuellen Rechtsschutz und zur aufsichtlichen Kontrolle durch eine unabhängige Stelle eingeführt. Hierzu ist insbesondere eine Stärkung des Kernbereichsschutzes während und nach der Datenerhebung durch erweiterte richterliche Kontrollbefugnisse vorgesehen (BT-Drs. 19/16116, 6; zur Reform ausf. Graulich GSZ 2019, 221 ff.).

Behörden des Zollfahndungsdienstes sind das **Zollkriminalamt** als Mittelbehörde und **35** die ihm unterstehenden **Zollfahndungsämter** als örtliche Behörden im Geschäftsbereich des Bundesministeriums der Finanzen (§ 1 Abs. 1 ZFdG). Das Zollkriminalamt kann den Zollfahndungsämtern zur Erfüllung ihrer Aufgaben und zur Erfüllung seiner eigenen Aufgaben fachliche Weisungen erteilen (§ 6 ZFdG).

2. Zollkriminalamt

Das Zollkriminalamt als (Mittel-) Behörde mit bundesweiter Zuständigkeit (§ 1 Nr. 3 **36** FVG) unterstützt die Zollverwaltung unter anderem bei der Aufdeckung, Verhütung und Verfolgung von Zollstraftaten und Ordnungswidrigkeiten, zB durch das Sammeln und Auswerten von Informationen. Das Zollkriminalamt hat seinen Sitz in Köln und ist **Zentralstelle des Zollfahndungsdienstes** und eine der Zentralstellen für das Auskunfts- und Nachrichtenwesen der Zollverwaltung (§ 2 ZFdG). In dieser Funktion obliegt ihm die Wahrnehmung zahlreicher, in §§ 3 und 4 ZFdG aufgezählter Aufgaben, die denen des Bundeskriminalamts und der Landeskriminalämter ähneln (Lisken/Denninger PolR-HdB/Rachor/Roggan C Rn. 85). Das Zollkriminalamt hat eigene operative Befugnisse. Dem Zollkriminalamt und seinen Beamten stehen die Befugnisse der Zollfahndungsämter zu; seine Beamten sind Ermittlungspersonen der Staatsanwaltschaft (§ 16 ZFdG).

3. Zollfahndungsämter

Zollfahndungsämter sind **örtliche Bundesbehörden** (§ 1 Nr. 4 FVG – Gesetz über die **37** Finanzverwaltung v. 4.4.2006, BGBl. I 846), die auch Aufgaben der Verhütung und Verfolgung von Straftaten und Ordnungswidrigkeiten wahrnehmen (Thiel PolR § 3 Rn. 11). Ihnen kommt gem. § 208 Abs. 1 Nr. 1 AO insbesondere die Aufgabe zu, Steuerstraftaten und Steuerordnungswidrigkeiten zu erforschen („Steuerfahndung"). Gemäß § 12b ZollVG haben die Zollfahndungsämter und ihre Beamten bei der Erfüllung ihrer Aufgaben nach § 1 Abs. 5 ZollVG dieselben Rechte und Pflichten wie die Behörden und Beamten des Polizeidienstes nach den Vorschriften der StPO; ihre Beamten sind Ermittlungspersonen der Staatsanwaltschaft (im Überblick Keller, Basislehrbuch Kriminalistik/Braun, 2019, 104 f.). Die Zollfahndungsämter bestehen aus mindestens sechs Ermittlungssachgebieten (zB „Einsatzunterstützung" mit der Observationseinheit Zoll (OEZ) oder „Organisierte Kriminalität" mit den Unterteilungen Vermögensabschöpfung, Bekämpfung der Geldwäsche und Finanzermittlungen). Den Zollfahndungsämtern obliegt die Durchführung von erkennungsdienstlichen Maßnahmen nach § 81b StPO auch zur Vorsorge für künftige Strafverfahren im Zuständigkeitsbereich der Zollverwaltung. Weiter führen die Zollfahndungsämter steuerliche Ermittlungen durch, insbesondere Außenprüfungen, die ihnen im Einzelfall von den Hauptzollämtern in den Verdachtsfällen von Steuerstraftaten zugewiesen werden (Möllers Polizei-WB/Müller Zollfahndung).

4. Allgemeine Zollverwaltung

Zur „Bundesfinanzpolizei" gehören auch solche Organisationseinheiten, die zur **allge-** **38** **meinen Zollverwaltung** gehören und Aufgaben vollzugspolizeilicher Art wahrnehmen. Sie sind bei den **Hauptzollämtern** angesiedelt, die als örtliche Finanzbehörden (§ 12 FVG) auf der gleichen Verwaltungsstufe wie die Zollfahndungsämter stehen (Lisken/Denninger PolR-HdB/Rachor/Roggan C Rn. 88 ff.). Sie unterstehen einer der fünf Bundesfinanzdirektionen, die als dem Finanzministerium unmittelbar nachgeordnete Mittelbehörden auf der gleichen Hierarchieebene angesiedelt sind wie das Zollkriminalamt.

Durch das SchwarzArbG (Gesetz zur **Bekämpfung der Schwarzarbeit und der illegalen** **38.1** **Beschäftigung** v. 23.7.2004, BGBl. I 1842) hat der Zoll diese Aufgabe weitgehend von den ehemaligen Arbeitsämtern übernommen (grdl. zum SchwarzArbG Bosch NJW 2008, 2684 ff.). Für diese Aufgabe wurden bei den Hauptzollämtern Einheiten mit der Bezeichnung Finanzkontrolle Schwarzarbeit (FKS) eingerichtet. Für die bundesweite Koordination ist eine Abteilung FKS bei der Oberfinanzdirektion Köln zuständig. Die Einheiten der FKS führen auf Arbeitsstätten (Baustellen, Gaststätten usw) verdachtsunabhängige Prüfungen durch, zB ob zu Unrecht Sozialleistungen bezogen werden oder bei ausländischen Arbeitnehmern erforderliche Arbeitsgenehmigungen vorliegen (Lisken/Denninger PolR-HdB/Rachor/Roggan C Rn. 90). Gemäß § 14 Abs. 1 SchwarzArbG haben die Behörden der Zollverwaltung diesbezüglich bei der Verfolgung von Straftaten und Ordnungswidrigkeiten die gleichen Befugnisse wie die Polizeivollzugsbehörden nach der StPO und dem OWiG. Ihre Beamten sind insoweit Ermittlungspersonen der Staatsanwaltschaft (zu den Ermittlungskompetenz der FKS-Dienststellen in Steuerstrafsachen Mössmer/Moosburger wistra 2007, 55; Büttner wistra 2006, 251). Die Bundesregierung hat sich zum Ziel gesetzt, die FKS als Teil der Zollverwaltung bei der Bekämpfung von illegaler Beschäftigung, Sozialleistungsmissbrauch und Schwarzarbeit weiter zu stärken. Durch das Gesetz gegen illegale Beschäftigung und Sozialleistungsmissbrauch wird die FKS insbesondere in die Lage versetzt, nicht nur Fälle von illegaler Beschäftigung und Schwarzarbeit zu prüfen, bei denen tatsächlich Dienst- oder Werkleistungen erbracht wurden, sondern auch Fälle zu prüfen, bei denen Dienst- oder Werkleistungen noch nicht erbracht wurden, sich aber bereits anbahnen, oder bei denen Dienst- oder Werkleistungen nur vorgetäuscht werden, um zB unberechtigt Sozialleistungen zu erhalten (BT-Drs. 19/8691, 2). Der Bundesrat stimmte dem Gesetzesbeschluss des Bundestages am 28.6.2019 zu (BR-Drs. 253/19).

39   Zur Bekämpfung von Schwarzarbeit und illegaler Beschäftigung können gem. § 14 Abs. 2 SchwarzArbG die Behörden der Zollverwaltung, die Polizeibehörden und die Landesfinanzbehörden in Abstimmung mit der Staatsanwaltschaft **gemeinsame Ermittlungsgruppen** bilden. Die Norm resultiert aus der Überlegung, dass Gemeinsame Ermittlungsgruppen mit Polizeibehörden und Landesfinanzbehörden zu einer Konzentration von Kräften mit vielfältigem Fachverstand führt, was die Basis für eine erfolgreiche Ermittlungsarbeit darstellen kann. Eine eigenständige Ermächtigungsgrundlage für diese ermittlungspraktische Selbstverständlichkeit wäre jedoch nicht nötig gewesen (Obenhaus/Brügge/Herden/Schönhöft/Obenhaus, Schwarzarbeitsbekämpfungsgesetz, 2016, SchwarzArbG § 14 Rn. 3).

III. Ordnungsbehörden des Bundes

40   Neben den Polizeibehörden bestehen auch einzelne Ordnungsbehörden, zB das **Bundesamt für Güterverkehr,** welches als selbstständige Bundesoberbehörde Aufgaben zur Herstellung und Gewährleistung der Ordnung im Güterverkehr erfüllt (§§ 10 ff. GüKG). Beamte der Bundesanstalt für den Güterfernverkehr haben ebenfalls die Befugnis zur Anwendung unmittelbaren Zwanges (§ 6 Nr. 6 UZwG). Die Kontrolltätigkeit der Bundesanstalt für den Güterfernverkehr umfasst die Bereiche der sog. Straßenkontrollen (nach dem GüKG – Güterkraftverkehrsgesetz v. 22.6.21998, BGBl. I 1485) sowie der Mautkontrollen (nach dem BFStrMG – Bundesfernstraßenmautgesetz v. 12.7.2011, BGBl. I 1378). Darüber hinaus führt das Bundesamt Betriebskontrollen (gegliedert in die Bereiche Marktzugang und Maut) durch.

41   Ordnungsaufgaben im Bereich der Finanzdienstleistungen nimmt die **Bundesanstalt für Finanzdienstleistungsaufsicht** (BaFin) wahr, die 2002 durch eine Zusammenlegung der Bundesaufsichtsämter für das Kreditwesen, den Wertpapierhandel und das Versicherungswesen gegründet wurde. Die BaFin – als bundesunmittelbare, rechtsfähige Anstalt des öffentlichen Rechts ausgestaltet – nimmt ihre Aufgaben selbstständig wahr. Sie ist jedoch staatsrechtlich Teil der Bundesverwaltung. Auch als verselbstständigter Träger öffentlicher Verwaltung unterliegt sie der Bindung an Recht und Gesetz und der Kontrolle des Bundes als Anstaltsträger (Laars, Finanzdienstleistungsaufsichtsgesetz, 4. Online-Aufl. 2017, FinDAG § 2 Rn. 1; Prölss/Dreher/Redenz, Versicherungsaufsichtsgesetz: VAG, 13. Aufl. 2017, FinDAG § 2 Rn. 1 ff.). § 2 FinDAG unterstellt die BaFin der Rechts- und Fachaufsicht des Bundesministeriums der Finanzen und geht somit von einer in die nationale Ministerialhierarchie eingegliederten und entsprechend weisungsunterworfenen Finanzmarktaufsichtsbehörde aus. Gleiches gilt nach § 3a Abs. 1 S. 4, S. 5 FMStFG für die **Bundesanstalt für Finanzmarktstabilisierung** (FMSA), die zusätzlich zu ihren bisherigen Aufgaben die Rolle der nationalen Bankenabwicklungsbehörde übernommen hat (krit. Dechent NVwZ 2015, 767). Personenbezogene Daten von Anlageberatern der Sparkassen dürfen grundsätzlich durch die BaFin gespeichert werden (VGH Kassel BeckRS 2018, 17376).

IV. Ordnungsbehörden der Länder

Gemäß § 3 Abs. 1 NRWOBG nehmen in Nordrhein-Westfalen die Aufgaben der **örtli- 42 chen Ordnungsbehörden** die Gemeinden, die Aufgaben der **Kreisordnungsbehörden** die Kreise und kreisfreien Städte als Pflichtaufgaben zur Erfüllung nach Weisung (§ 9 NRWOBG) wahr; dies gilt auch für die ihnen als Sonderordnungsbehörden übertragenen Aufgaben. Landesordnungsbehörden sind die Bezirksregierungen (§ 3 Abs. 2 NRWOBG).

Aufsichtsbehörden sind gem. § 7 NRWOBG die **Landrätin bzw. der Landrat als untere 43 staatliche Verwaltungsbehörde,** soweit die Aufsicht über die örtlichen Ordnungsbehörden ausgeübt werden soll. Die Bezirksregierung ist Aufsichtsbehörde über die kreisfreien Städte als örtliche Ordnungsbehörden sowie über die Kreisordnungsbehörde. Oberste Aufsichtsbehörde ist das zuständige Ministerium (Schroeder PolR NRW Rn. 46).

V. Informelle Strukturen

Als informelle Strukturen werden Organisationseinheiten bezeichnet, die nicht auf gesetz- 44 licher Grundlage beruhen, sondern auf **verwaltungsinternen Setzungen.** Dabei kann es sich einerseits um Erlasse oder **zwischenbehördliche Vereinbarungen** handeln, andererseits aber auch um eine „eingeübte Behördenpraxis" (Lisken/Denninger PolR-HdB/ Rachor/Roggan C Rn. 137 ff.).

1. Obere Bundesebene

Auf oberer Bundesebene sind insbesondere das Gemeinsame Terrorismusabwehrzentrum 45 (**GTAZ**), das Gemeinsame Extremismus- und Terrorismusabwehrzentrum (**GETZ**), das Gemeinsame Abwehrzentrum Rechtsextremismus (**GAR**), das Gemeinsame Internetzentrum (**GIZ**) und das Gemeinsames Analyse- und Strategiezentrum illegale Migration (**GASIM**) zu nennen (vgl. Niechziol DPolBl 5/2018, 29 ff.). Die organisatorische Versäulung und das damit einhergehende klassisch-hoheitliche Zuständigkeitsdenken weichen auch in der Zusammenarbeit der Polizeien der Länder und des Bundes zunehmend auf. Anlässe für die Vertiefung intrastaatlicher Kooperation und vernetztes Arbeiten waren unter anderem die mangelhafte Zusammenarbeit bei den islamistischen Terrorangriffen am 11.9.2001 in den USA (und ihren Verbindungen nach Deutschland), das jahrelange Wirken der rechtsterroristischen Gruppe NSU sowie unterschiedlicher Cyberwar- und Cyberspionage-Angriffe. So wurde 2004 im Zuge der Terrorangriffe v. 11.9.2001 etwa das „Gemeinsame Terrorismusabwehr Zentrum (GTAZ)" gegründet (Barthel, Polizeiliche Gefahrenabwehr und Sicherheitsproduktion durch Netzwerkgestaltung, 2019, 6). Hierbei werden die unterschiedlichen Vertreter von Polizeien und Nachrichtendiensten des Bundes und der Länder, Vertreter des Zollkriminalitätsamtes, des Bundesamts für Migration und Flüchtlinge sowie der Generalbundesanwaltschaft zusammengeführt, um die Bekämpfung des islamistischen Terrors zu optimieren (Stierle/Wehe, Handbuch Polizeimanagement – Polizeipolitik, Polizeiwissenschaft, Polizeipraxis/Frevel, 2017, 1082). Die Terrorabwehrzentren sind also nicht als eigenständige Behörden errichtet, sondern stellen Plattformen zum wechselseitigen länder- und behördenübergreifenden Informationsaustausch dar. Konkrete gesetzliche Errichtungsgesetze fehlen deshalb (Lisken/Denninger PolR-HdB/Petri G Rn. 441 f.). Für diese Abwehrzentren, die sich selbst als „Kooperations- und Kommunikationsplattformen" kennzeichnen, gibt es keine Organisationsgrundlage durch Gesetz oder öffentlich-rechtliche Vereinbarung. Es existiert auch kein Bund-Länder-Vertrag und kein – soweit ersichtlich – wie auch immer fixiertes Organisationsstatut. Die Zentren beruhen alle auf – insofern schwer nachvollziehbaren – behördeninternen Akten (Dombert/Räuker DÖV 2014, 414 (415)). Es handelt sich nicht um eigenständige Behörden. Über die Sicherheitslage hinaus obliegt ihnen keine eigenständige Aufgabe der öffentlichen Verwaltung, die sie mit speziellen Maßnahmen im eigenen Namen nach außen wahrnehmen.

Seit 2004 arbeiten in Berlin Sicherheitsbehörden im eingerichteten „Gemeinsamen Terrorismusab- 45.1 wehrzentrum" (**GTAZ**) zusammen, einer gemeinsamen Koordinierungsstelle zur Förderung der operativen Arbeit im Zusammenhang mit der Bekämpfung des internationalen Terrorismus. Es besteht aus einer **Nachrichtendienstlichen Informations- und Analysestelle** sowie einer **Polizeilichen Informations- und Analysestelle** (Thiel PolR § 3 Rn. 28 f.). Bei der Einrichtung des GTAZ handelt es sich nicht um eine Behörde, sondern um eine Arbeitsgruppe von Sicherheitsbehörden aus Bund und Ländern. Aufgabe der Arbeitsgruppe ist der schnelle Austausch von Informationen und ihre Analyse Das GTAZ befindet sich in Berlin, wichtigstes Hilfsmittel ist die Anti-Terror-Datei (ATD, s. Roggan NJW 2007, 876; Knaust ZJS 2016, 219 ff.). Die ATD stellt eine standardisierte Verbunddatei dar. Entgegen den ursprünglichen Planungen stellt die ATD jedoch keine reine Indexdatei dar, also eine Datei, die bloß dem Auffinden von Vorgängen dient. Vielmehr ist die ATD nach einem abgestuften System einer einen ersten Überblick verschaffenden Indexdatei (Grunddaten) und einer umfangreichen Volltextdatei (erweiterte Grunddaten) organisiert; sie wird daher zutreffend als erweiterte Indexdatei respektive als Mischung aus Index- und Volltextdatei bezeichnet, weil die Grenzen einer herkömmlichen Indexdatei überschritten sind (SGR/Arzt ATDG § 1 Rn. 12). Das BVerfG hat die Einrichtung dieser Datei im Prinzip gebilligt, in einzelnen Punkten jedoch im Hinblick auf Bestimmtheitsgrundsatz und Übermaßverbot Nachbesserungen eingefordert (BVerfG NJW 2013, 1499; sa Volkmann JURA 2014, 820 sowie ergänzend Frenz JA 2013, 840). So dürften neben Terrorverdächtigen nicht unbegrenzt die Daten von Personen gespeichert werden, die Kontakt zu ihnen haben oder Terror befürworten. Auch verlangte das Gericht eine größere öffentliche Kontrolle über die Datei. Der Bundestag beschloss am 16.10.2014 eine Reihe von Änderungen, die vor allem die Speicherung sensibler Daten und die öffentliche Kontrolle über sie betreffen (BR-Drs. 469/14 zu BT-Drs. 18/1565 und ergänzend BT-Drs. 18/2902; zum (neuen) ATDG Hörauf NVwZ 2015, 181).

2. Untere Bundesebene

46   Zur unteren Bundesebene gehören alle Formen **institutionalisierter Zusammenarbeit,** die unter bundesbehördlicher Beteiligung erfolgen, aber nicht die Funktion eines für ganz Deutschland zuständigen „Zentrums" haben (Lisken/Denninger PolR-HdB/Rachor/Roggan C Rn. 164 f.), zB die **Gemeinsamen Ermittlungsgruppen Rauschgift (GER).** Im Interesse einer wirksameren Bekämpfung der Rauschgiftkriminalität ist aus taktischen und personellen Gründen eine verbesserte Zusammenarbeit zwischen Zoll und Polizei erforderlich (→ Rn. 46.1).

46.1   Aus diesem Grund wurden im Einvernehmen mit dem Bundesminister der Finanzen bei den Polizeipräsidenten Düsseldorf, Köln, Münster und Essen die GER eingerichtet (Runderlass des Innenministeriums v. 6.1.1994 – IV D 1/A 2 – 2933, MBl. NRW. 98). Es sind auf Dauer angelegte Organisationseinheiten, die sich paritätisch aus Personal der Landespolizei und des Zollfahndungsdienstes zusammensetzen. Die Zusammenarbeit erfolgt nach Maßgabe der Richtlinie für die Zusammenarbeit zwischen Polizei und Zoll in Nordrhein-Westfalen bei der Bekämpfung der Rauschgiftkriminalität. Die Rauschgiftbekämpfungsmaßnahmen des Zolls, insbesondere des Zollfahndungsdienstes, richten sich im Schwerpunkt gegen die illegale Rauschgiftein-, aus- und durchfuhr. Die Polizei befasst sich vornehmlich mit dem illegalen Rauschgifthandel im Inland.

3. Landesebene

47   Der Landesebene werden hier solche Kooperationsformen zugeordnet, die dort dauerhaft existieren und grundsätzlich von einer Landesbehörde geleitet werden. Dabei ist die Teilnahme von Bundesbehörden nicht ausgeschlossen. Hierzu gehören zB „**Sicherheitskooperationen**" von Landespolizei und Stadtpolizei, Gemeinsame Ermittlungsgruppen Korruption, Gemeinsame Arbeitsgruppen der Landespolizei und der Ausländerbehörden, Multilaterale Kooperationsformen zum Schutz von Opfern des Menschenhandels, Häuser des Jugendrechts, Landespräventionsräte oder auch Kooperationen von Landespolizei und privaten Sicherheitsdiensten (im Überblick Lisken/Denninger PolR-HdB/Rachor/Roggan C Rn. 171 ff.).

VI. Nachrichtendienste

48   Der Bund unterhält weitere Sicherheitsbehörden, die aber keine Polizei sind; hierzu gehören vor allem die Nachrichtendienste (Thiel PolR § 3 Rn. 7 ff.). Der Schutz des Staates hat in Deutschland im behördlichen Selbstverständnis von Polizei und Verfassungsschutz ebenso wie in den gesetzlich normierten Aufgabenzuweisungen für diese Sicherheitsbehörden eine zentrale Stellung (ausf. Puschke/Singelnstein, Der Staat und die Sicherheitsgesellschaft/Aden, 2018, 149 ff.). Verfassungsrechtliche Ausgangspunkte der deutschen Sicherheitsarchitektur bilden die **Schutzpflichtdimension der Grundrechte** und die grundgesetzliche Konzeption einer „streitbaren" bzw. „wehrhaften Demokratie". Die Freiheitsgrundrechte verbürgen nicht nur Abwehrrechte gegen staatliche Eingriffe, sondern verpflichten den Staat auch, das Leben, die körperliche Unversehrtheit und die Freiheit des Einzelnen zu schützen, insbesondere auch vor Verletzungen durch andere (Lindner/Unterreitmeier DÖV 2019, 165 (166)). Zugleich sieht das GG angesichts der schrecklichen Erfahrungen aus dem totalitären System der NS-Herrschaft, die auf dem Boden der grundsätzlich liberalen Konzeption der WRV entstehen konnte, wirksame Sicherungen zum Schutz des eigenen Wertesystems vor: „Verfassungsfeinde sollen nicht unter Berufung auf Freiheiten, die das Grundgesetz gewährt, die Verfassungsordnung oder den Bestand des Staates gefährden, beeinträchtigen oder zerstören dürfen" (BVerfGE 134, 141 Rn. 112 mAnm Sachs JuS 2014, 284 ff.: Beobachtung von Abgeordneten durch Verfassungsschutz – Fall Ramelow). Die Einrichtung von Verfassungsschutzbehörden und Nachrichtendiensten ist verfassungsrechtlich vorgesehen (Art. 45d GG; Art. 73 Abs. 1 Nr. 10 lit. b GG; Art. 87 Abs. 1 S. 2 GG). Das BVerfG attestiert den Diensten, „Ausdruck der Grundentscheidung des Grundgesetzes für eine wehrhafte Demokratie, des Selbstbehauptungswillens des Rechtsstaates und damit Bestandteil des Sicherheitssystems der Bundesrepublik Deutschland" zu sein (BVerfG NVwZ 2017, 137 mAnm Glauben NVwZ 2017, 129). Die Dienste stellen eine wichtige Säule der deutschen Sicherheitsarchitektur dar und ergänzen im Vorfeld konkreter Gefahren die Arbeit von Polizei- und Ordnungsbehörden (Fremuth NVwZ 2017, 688). Während in Abgrenzung dazu Geheimdienste in den meisten Staaten eigene, von den regulären Polizeibehörden mehr oder weniger verselbstständigte Dienststellen zur Aufklärung und Bekämpfung vergangener oder zukünftiger Bestrebungen gegen Bestand, Sicherheit oder Grundelemente der politischen Ordnung eines Staates bezeichnen, beschränken sich Nachrichtendienste darauf, solche Bestrebungen aufzuklären, überlassen deren Bekämpfung aber anderen Stellen. Sie sind also ausschließlich auf **Beschaffung und Verarbeitung von Informationen** gerichtet (zur „Architektur der Nachrichtendienste" in Deutschland Gusy APuZ 18–19/2014, 9 ff.; zum Rechtsrahmen Zöller JZ 2007, 763 ff.).

Für einen demokratischen Staat wie Deutschland ist es unerlässlich, dass die (eigenen) Nachrichten- **48.1** dienste in einem rechtsstaatlichen und parlamentarischen System nur unter dem Vorbehalt einer umfangreichen Kontrolle agieren dürfen (zur **Kontrollstruktur** Weisser DÖV 2014, 831). Die umfassende und damit rechtsstaatliche Art der Kontrolle der Geheimdienste stellt ein Novum in der deutschen Geschichte dar und begann erst zögerlich nach Gründung der Bundesrepublik (zur Geschichte der deutschen Nachrichtendienste, Dietrich/Eiffler, Handbuch des Rechts der Nachrichtendienste, 2017, 29 ff.). Bedingt durch etliche Enthüllungen über die teilweise rechtswidrigen Vorgehensweisen (weltweit), nimmt auch die Forderung nach einer Intensivierung des Richtervorbehalts auch für das Nachrichtendienstrecht immer mehr zu (Weisser DÖV 2014, 831). So wurde der deutschen Öffentlichkeit im Jahr 2013 deutlich, dass seit Jahren ausländische Geheimdienste systematisch die Möglichkeiten der Ausspähung deutscher Bürger genutzt haben, die sich aus der Verbreitung moderner Kommunikationsmittel ergeben. Verbündete Staaten, allen voran die USA, haben hierzu Überwachungs- und Datensammel-Programme wie PRISM aufgelegt. Die Aktivitäten reichten wohl von der massenhaften Kontrolle des E-Mail-Verkehrs bis zum Abhören des Mobiltelefons der Bundeskanzlerin (zur Verpflichtung der Exekutive und Legislative zum Schutz deutscher Bürger vor der Ausspähung durch ausländische Geheimdienste Ullrich DVBl 2015, 204). Dabei haben die Enthüllungen des Whistleblowers Snowden seit Juni 2013 maßgeblich dazu beigetragen, die Dimensionen der globalen Ausspähaktionen der NSA und anderer Nachrichtendienste aufzudecken und zu dokumentieren (zu den rechtlichen Befugnissen und Grenzen der US-Nachrichtendienste in Deutschland Deiseroth DVBl 2015, 197). Auch der Bundesnachrichtendienst („Spähskandale") und der Verfassungsschutz verstoßen regelmäßig vorsätzlich gegen Grundrechte (ausf. Lachenmann DÖV 2016, 501).

1. Verfassungsschutz

Keine Polizeibehörden sind die Ämter für Verfassungsschutz, die als Nachrichtendienste **49** ausgestattet sind. Sie sollen durch Nr. 2 des „Polizeibriefs" der Alliierten Militärgouverneure v. 8./14.4.1949 von polizeilichen Befugnissen gerade ausgeschlossen werden. Zwar wurde die Einrichtung eines eigenständigen Inlandnachrichtendienstes auf Bundesebene gestattet, ihm wurden jedoch etwaige Exekutivbefugnisse versagt (Roggan/Bergemann NJW 2007, 876 (876)). Das Ziel liegt in der Verhinderung der Herausbildung einer staatlichen Übermacht oder eines möglicherweise aus ihr resultierenden Machtmissbrauchs, wie er in der historischen Entwicklung Deutschlands in der Geheimen Staatspolizei oder dem Ministerium für Staatssicherheit vorzufinden war (Nehm NJW 2004, 3289 (3289 f.)). Eine Rechtsquelle ist der „Polizeibrief" nicht mehr. Er enthält weder Verfassungsrecht noch versteinertes Überverfassungsrecht (Götz/Geis PolR § 16 Rn. 37). Hieraus resultiert historisch das **Trennungsgebot zwischen Polizeibehörden und Verfassungsschutzbehörden** (zusf. WHT BWPolR § 3 Rn. 30 ff.; Baumann DVBl 2005, 798). Das Trennungsgebot von Polizei und Geheimdiensten ist eine Grundsatzentscheidung. Es dient der Verhinderung einer Kumulation nachrichtendienstlicher Aufgaben und polizeilicher Exekutivbefugnisse und „wirkt der Entstehung eines allmächtigen Überwachungsstaates entgegen" (ausf. Nehm NJW 2004, 3289). Ausgangspunkt des Trennungsgebotes ist die Einsicht, dass „Verfassungsschutz" in dem in Art. 73 Abs. 1 Nr. 10 lit. b GG legaldefinierten Sinne keine besondere Art von Polizei ist, sondern eine Institution eigener Art (Lisken/Denninger PolR-HdB/Bäcker/Denninger/Lisken B Rn. 43 ff.). Es handelt sich um eine **organisatorische Trennung,** die auch als unterste Stufe des Trennungsgebotes bezeichnet wird (Wolff DÖV 2009, 601; Roggan NJW 2007, 876). Sie erschöpft sich in der tatsächlichen Existenz eigener Behörden der Polizei und eigener Behörden der Nachrichtendienste (Witte DIE POLIZEI 2014, 46).

49.1   Der rechtliche Rang, insbesondere die Frage der verfassungsrechtlichen Qualität des Gebots, ist seit Jahrzehnten rechtsdogmatisch umstritten (Haynes DIE POLIZEI 2014, 74; Gusy ZRP 1987, 45 (48); Lisken NJW 1982, 1481 (1482); Nehm NJW 2004, 3289 (3292); Roewer DVBl 1986, 205 (208); Werthebach/Droste-Lehnen ZRP 1994, 57 (63)). Das Trennungsgebot findet in der Verfassung keine Erwähnung (zusf. Haynes Kriminalistik 2017, 559 (561)). Das BVerfG hat in seiner Entscheidung v. 28.1.1998 zu der Frage, ob dem Bundesgrenzschutz weitere Aufgaben übertragen werden dürfen – allerdings in einem obiter dictum – die Trennung von Polizei und Verfassungsschutz unter Hinweis auf das Rechtsstaatsprinzip angenommen (BVerfG NVwZ 1998, 495 (497)). Das **Trennungsgebot** ist somit zwar kein ausdrückliches verfassungsrechtliches Gebot, doch deutet das BVerfG an, dass grundlegende Staatsstrukturprinzipien des Art. 20 GG und die Abwehrfunktion der Grundrechte eine Kumulation von polizeilichen und nachrichtendienstlichen Eingriffsbefugnissen wegen der damit verbundenen Machtzusammenballung wohl nicht zulassen (krit. Nehm NJW 2004, 3289 (3291)).

50   Neben dem Gebot organisatorischer Trennung folgt aus dem Trennungsgebot in funktionaler Hinsicht insbesondere das Verbot, den Nachrichtendiensten „polizeiliche Befugnisse" einzuräumen (§ 8 Abs. 3 BVerfSchG, § 2 Abs. 3 BNDG, § 4 Abs. 2 MADG). Der Ausschluss polizeilicher Befugnisse hat zwar eine bedeutsame Begrenzungsfunktion (Lampe NStZ 2015, 361 (366)). Durch diese Trennung wird aber eine Zusammenarbeit nicht ausgeschlossen, so zB die **informationelle Zusammenarbeit** (§ 17 ff. BVerfSchG). Es ist keine Verletzung des Trennungsgebots, wenn die Nachrichtendienste – in den Grenzen des grundrechtlich Zulässigen – im Rahmen ihrer informationellen Aufgaben Informationen an die ggf. zum Handeln berufene Polizei weitergeben (vgl. → SystVorbPolRDe Rn. 1). In Hinblick auf das Bedrohungspotenzial des internationalen Terrorismus wäre ein gesetzlich normiertes Verbot kontraproduktiv. Gerade im Bereich der Terrorismusbekämpfung stellt ein qualifizierter Informationsaustausch, besonders in Form der informationellen Zusammenarbeit, ein unabdingbares Instrument dar. Die Bündelung von Informationen ist als Teil eines ganzheitlichen Sicherheitssystems die wohl einzige Möglichkeit, dem internationalen Terrorismus effektiv zu begegnen (Haynes Kriminalistik 2017, 559 (562)). Nach der Aufdeckung des „Nationalsozialistischen Untergrundes" (NSU) Ende 2011 und der damit einhergehenden Offenlegung eines eklatanten Behördenversagens war eine umfassende Diskussion zur Aufgabenwahrnehmung und Zusammenarbeit der Sicherheitsbehörden in Gang gekommen. Es verging kaum ein Monat, in dem die Medien nicht über neue „Fahndungspannen" der zuständigen Sicherheitsbehörden berichteten (Kutscha NVwZ 2013, 324). Angesichts der Häufung der inzwischen bekannt gewordenen Fälle mehren sich Zweifel, ob jeweils nur punktuelles „menschliches Versagen" ursächlich für die Pannen war. Im politischen Fokus standen vielmehr die Verfassungsschutzbehörden, die zukunftsorientiert aufgestellt werden sollten (zum entsprechenden **Untersuchungsausschuss** van Ooyen DIE POLIZEI 2014, 1095 ff.). Mit der am 21.11.2015 in Kraft getretenen Änderung des BVerfSchG (Gesetz zur Verbesserung der Zusammenarbeit im Bereich des Verfassungsschutzes v. 17.11.2015, BGBl. I 1938) wurde eine Verfassungsschutzreform auf dem Gebiet der Bundesgesetzgebung fortgeführt (krit. Scharmer StV 2016, 323 ff.). Im Zentrum standen Verbesserung von Informationsfluss und Analysefähigkeit. Zudem erfolgte eine Nachjustierung des Verfassungsschutzverbundes mit einer stärker konturierten Zentralstelle. Erweiterte Aufgabenzuweisungen und Befugnisse erlauben es dem Bundesamt für Verfassungsschutz nunmehr, personenbezogene Daten in umfassenden Datenbanken zu speichern und zu analysieren (Bergemann NVwZ 2015, 1705). Außerdem wurde der Einsatzrahmen für Vertrauensleute geklärt (zusf. Marscholleck NJW 2015, 3611). Neuerdings erfordern Gefahren durch islamistische Terrororganisationen („Islamischer Staat" oder „al-Qaida") eine entsprechende Zusammenarbeit nicht nur der der Sicherheitsbehörden, sondern auch der Nachrichtendienste. Um transnationale terroristische Netzwerke und Anschlagsplanungen aufzudecken, sind im Zuge einer entsprechenden Zusammenarbeit auch Informationen länderübergreifend in gemeinsamen Dateien zusammenzuführen. Hier schließt das Gesetz zum besseren Informationsaustausch bei der Bekämpfung des internationalen Terrorismus v. 26.7.2016 (BGBl. I 1818) mit den Vorschriften für gemeinsame Dateien mit ausländischen Nachrichtendiensten an. Kernregelungen des Gesetzes sind spezielle Rechtsgrundlagen für gemeinsame Dateien, die das Bundesamt für Verfassungsschutz mit ausländischen Nachrichtendiensten einrichten kann, die Ergänzung der präventiven Befugnisse der Bundespolizei um die Möglichkeit des Einsatzes Verdeckter Ermittler sowie Regelungen zur Identitätsprüfung der Nutzer von Prepaidkarten für Mobilkommunikation (ausf. Gnüchtel NVwZ 2016, 1113 ff.).

2. Bundesnachrichtendienst

Der Bundesnachrichtendienst ist der deutsche **„Auslandsnachrichtendienst"**; er ist **51** Bundesbehörde im Geschäftsbereich des Leiters des Bundeskanzleramtes und insbesondere für die Sammlung und Auswertung von Informationen zur Gewinnung von Erkenntnissen über das Ausland zuständig, die von außen- und sicherheitspolitischer Bedeutung für die Bundesrepublik Deutschland sind (§ 1 Abs. 2 BNDG). Der Anwendungsbereich des Gesetzes ist begrenzt auf das Inland. Gemäß § 1 Abs. 1 S. 2 BNDG darf der Bundesnachrichtendienst einer polizeilichen Dienststelle nicht angegliedert werden. Die Regelung enthält das im Nachrichtendienstrecht ebenso wichtige wie umstrittene **Trennungsgebot.** Mit dem Siebzehnten Gesetz zur Ergänzung des Grundgesetzes v. 24.6.1968 (BGBl. I 709) wurde die sog. Notstandsverfassung in das GG aufgenommen. Mit ihr erhielt unter anderem Art. 10 GG seine bis heute geltende Fassung. Seitdem bestimmt Art. 10 Abs. 2 GG, dass Beschränkungen des durch Art. 10 Abs. 1 GG geschützten Brief-, Post- und Fernmeldegeheimnisses nur auf Grund eines Gesetzes angeordnet werden dürfen. Mit dem G 10 1968 (Gesetz zur Beschränkung des Brief-, Post- und Fernmeldegeheimnisses v. 13.8.1968, BGBl. I 949) wurden die näheren Einzelheiten der Anordnung entsprechender Beschränkungsmaßnahmen und deren Kontrolle geregelt (im Übrigen auch Huber GSZ 2017, 12 ff.). Mit dem am 29.6.2001 in Kraft getretenen Gesetz zur Neuregelung von Beschränkungen des Brief-, Post- und Fernmeldegeheimnisses v. 26.6.2001 (BGBl. I 1254) ist der Deutsche Bundestag dem ihm vom BVerfG mit Urteil v. 14.7.1999 (NJW 2000, 55) erteilten Gesetzgebungsauftrag noch fristgerecht nachgekommen. § 15 Abs. 5 S. 2 G 10 regelt seitdem den Umfang der Kontrollbefugnis der G 10-Kommission. Diese erstreckt sich – den Vorgaben des BVerfG in seinem Urteil v. 14.7.1999 folgend – auf die gesamte Erhebung, Verarbeitung und Nutzung der nach dem G 10 erlangten personenbezogenen Daten durch Nachrichtendienste des Bundes einschließlich der Entscheidung über die Mitteilung an Betroffene nach Maßgabe des § 12 G 10 (instruktiv Dietrich/Eiffler, Handbuch des Rechts der Nachrichtendienste/Bartodziej, 2017, 1533, 1588 ff.; Huber GSZ 2017, 12 ff.). Polizeiliche Eingriffsbefugnisse stehen dem Bundesnachrichtendienst nicht zu (Thiel PolR § 3 Rn. 9).

Als Konsequenz aus der National Security Agency / Bundesnachrichtendienst-Affäre wur- **51a** den die Kontrolle und die Arbeit des Bundesnachrichtendienstes durch das „BND-Kontroll-Gesetz" auf eine neue rechtliche Grundlage gestellt (zusf. Hölscheidt JURA 2017, 148 ff.; Graulich KriPoZ 2017, 43 ff.). Der Deutsche Bundestag hat am 21.10.2016 zwei Gesetze verabschiedet, die das Nachrichtendienstrecht grundlegend reformieren: das Gesetz zur Ausland-Ausland-Fernmeldeaufklärung des Bundesnachrichtendienstes (v. 23.12.2016, BGBl. I 3346) und das Gesetz zur weiteren Fortentwicklung der parlamentarischen Kontrolle der Nachrichtendienste des Bundes (v. 23.12.2016, BGBl. I 2746). Die Ausland-Ausland-Fernmeldeüberwachung des Bundesnachrichtendienstes wird auf eine differenzierte Rechtsgrundlage gestellt und das Parlamentarische Kontrollgremium wird gestärkt. Beide Reformen reagieren auf Vorkommnisse der letzten Jahre, in dessen Folge Bundesnachrichtendienst und Bundesamt für Verfassungsschutz sich heftiger Kritik ausgesetzt sahen. Konkret ging es um die Snowden-Enthüllungen, die gesetzlich zuvor ungeregelte Auslandsüberwachung durch den Bundesnachrichtendienst, die Kooperation mit der amerikanischen National Security Agency und die undurchsichtige Rolle des Verfassungsschutzes im Terrorismuskomplex „Nationalsozialistischer Untergrund" (NSU). Insbesondere die Enthüllungen um die Überwachungspraxis der National Security Agency durch Snowden haben weltweit zu Bewusstsein gebracht, in welchem Ausmaß staatliche Einrichtungen Daten von Bürgern systematisch erfassen und auswerten. Die nachfolgenden Ermittlungen haben dabei offengelegt, dass auch der Bundesnachrichtendienst tief in diese Vorgänge verstrickt war. Zugleich stärker in den Fokus der Öffentlichkeit getreten ist in diesem Zusammenhang auch die seitens des Bundesnachrichtendienstes betriebene strategische Fernmeldeüberwachung, bei der große Mengen an Kommunikationsdaten erfasst und ausgewertet werden (ausf. Marxsen DÖV 2018, 218 ff.). Nicht zuletzt die hierzu eingesetzten Parlamentarischen Untersuchungsausschüsse haben den Anstoß für eine grundsätzliche Reform gegeben. Die Novelle des BNDG versucht primär, ungeregelte Praktiken zu vergesetzlichen und damit rechtsstaatlich beherrschbarer als bislang zu machen. Die Reform der parlamentarischen Kontrolle verfolgt das Regelungsziel, die parlamentarische Kontrolle der Nachrichtendienste substanziell zu verbessern (Gärditz DVBl 2017, 525).

51b   Kernpunkte des Gesetzes sind spezielle Regelungen für die „Ausland-Ausland-Fernmeldeaufklärung", bei der es um die Fernmeldeaufklärung von im Ausland befindlichen Ausländern aus dem Inland heraus geht, sowie die Schaffung eines neuen Gremiums zu deren Überprüfung (zur Unzulässigkeit einer Feststellungsklage zur strategischen Fernmeldeüberwachung des Bundesnachrichtendienstes BVerwG ZD 2017, 404). Die Ausland-Ausland-Fernmeldeaufklärung ist unverzichtbar, um nachrichtendienstlich bedeutsame Sachverhalte erkennen und verifizieren zu können. Sie ermöglicht dem Bundesnachrichtendienst eine Grundaussagefähigkeit zu allen in seine gesetzliche Zuständigkeit fallenden Aufgabenbereichen (zusf. Karl/Soine NJW 2017, 919 ff.). Diese Überwachung des Bundesnachrichtendienstes wird künftig durch das Bundeskanzleramt angeordnet und durch ein „Unabhängiges Gremium", das aus zwei Richtern am BGH und einem Bundesanwalt beim BGH besteht, überprüft (zu den Beschränkungen der Telekommunikationsfreiheit durch den Bundesnachrichtendienst an Datenaustauschpunkten zusf. Papier NVwZ 2016, 1057 ff.). Gründe, die die Aufklärung rechtfertigen können, sind die innere oder äußere Sicherheit der Bundesrepublik Deutschland, ihre Handlungsfähigkeit oder die Gewinnung sonstiger Erkenntnisse von außen- und sicherheitspolitischer Bedeutung. Wirtschaftsspionage wird ausdrücklich verboten (zusf. zum „BND-Kontroll-Gesetz" Huber ZRP 2016, 162 ff.). Im Übrigen ist die G 10-Kommission mit ihrer Organklage auf Herausgabe der National Security Agency-Selektorenlisten gescheitert. Das BVerfG hat die Anträge mit Beschluss v. 20.9.2016 als unzulässig verworfen. Die G 10-Kommission sei im Organstreitverfahren nicht parteifähig. Sie sei weder oberstes Bundesorgan noch ein durch das GG oder durch die Geschäftsordnung mit eigenen Rechten ausgestatteter Teil des Bundestages (BVerfG ZD 2017, 31 mAnm Huber NVwZ 2016, 1701 (1706 ff.)). Gemäß § 15 Abs. 1 S. 1 BVerfSchG erteilt der Bundesnachrichtendienst dem Betroffenen über zu seiner Person gespeicherte Daten auf Antrag unentgeltlich Auskunft, soweit er hierzu auf einen konkreten Sachverhalt hinweist und ein besonderes Interesse an einer Auskunft darlegt. § 15 Abs. 3 BVerfSchG besagt, dass sich die Auskunftsverpflichtung nicht auf die Herkunft der Daten und die Empfänger von Übermittlungen erstreckt. Greift der gesetzliche Anspruch auf Auskunft über die vom Bundesnachrichtendienst gespeicherten personenbezogenen Daten im Einzelfall nicht durch, kann ein Antragsteller sein Auskunftsbegehren auf einen aus dem Grundrecht auf informationelle Selbstbestimmung herzuleitenden Anspruch auf ermessensfehlerfreie Entscheidung stützen. Dieser Ermessensanspruch ist wegen der in § 15 Abs. 3 BVerfSchG enthaltenen Wertung des Gesetzgebers in dem Sinne vorstrukturiert, dass dem Geheimhaltungsinteresse an Herkunft und Empfängern der Daten regelmäßig ein Vorrang gegenüber dem Informationsinteresse des Antragstellers einzuräumen ist (BVerwG NVwZ 2016, 1487 mAnm Tegethoff jurisPR-BVerwG 19/2016 Anm. 6).

3. Militärischer Abschirmdienst

Der Militärische Abschirmdienst ist der **Nachrichtendienst der Streitkräfte.** Sowohl **52** Bundesnachrichtendienst als auch Militärischer Abschirmdienst stehen keine polizeilichen Eingriffsbefugnisse zu. Den umschriebenen Abschirmauftrag enthält § 1 MADG. Er umfasst den Abwehrauftrag nach § 1 Abs. 1 MADG, die Beurteilung der Sicherheitslage nach § 1 Abs. 2 MADG (Abschirmlage) sowie Mitwirkungsaufgaben nach § 1 Abs. 3 MADG (vertiefend Siems DÖV 2012, 425 ff.). Zur Wahrnehmung der Aufgaben des Militärischen Abschirmdienstes verweist das MADG weitgehend auf die Befugnisse des Bundesamtes für Verfassungsschutz nach dem BVerfSchG (Verweisungsgesetz) und legt somit auch die Kernbefugnisse des Militärischen Abschirmdienstes nieder (zur Aufgabenerfüllung und Informationsgewinnung des Militärischen Abschirmdienstes im Auslandseinsatz vgl. Hingott GSZ 2018, 189 ff.). Mit der Regelungstechnik der Verweisung entschied sich der Gesetzgeber für einen Kompromiss aus einer Vollregelung und dem schlichten Verweis auf eine entsprechende Anwendbarkeit des BVerfSchG. Die Verweisungstechnik beugt einer divergierenden Rechtsentwicklung der gleichgelagerten Materien vor und vermeidet vielfach Missverständnisse, die ein Pauschalverweis in Bezug auf die unterschiedlichen Aufgabenbereiche hervorgerufen hätte (SGR/Siems MADG § 1 Rn. 3). Polizeiliche Eingriffsbefugnisse stehen dem Militärischen Abschirmdienst nicht zu (Thiel PolR § 3 Rn. 9).

VII. Bundeswehr

Die Bundeswehr hat mit der Landesverteidigung einen Schwerpunktauftrag aus dem GG **53** und ist Teil des vernetzten gesamtstaatlichen Sicherheitskonzeptes der Bundesregierung Deutschlands (Bajumi GSZ 2019, 238). Zentrale Verfassungsnorm für das Handeln der Streitkräfte ist Art. 87a GG. Nach Art. 87a Abs. 1 S. 1 GG stellt der Bund Streitkräfte zur Verteidigung auf, nach Art. 87a Abs. 2 GG dürfen die Streitkräfte außer zur Verteidigung nur eingesetzt werden, soweit das GG dies ausdrücklich zulässt. Der Streitkräfteeinsatz, der einer besonderen Ermächtigung bedarf, ist von bloßen Verwendungen der Bundeswehr abzugrenzen, die von der allgemeinen Aufgabenzuweisung abgedeckt sind. Derartige Verwendungen können etwa zu repräsentativen oder karitativen Zwecken erfolgen (Jarass/Pieroth/Pieroth GG Art. 87a Rn. 9) oder in technisch-logistischer Unterstützung von Behörden bestehen. Ungeachtet dessen ist die Bundeswehr jedenfalls keine Polizeibehörde. Im militärischen Sektor sind es zwar Feldjäger, das Wachbataillon beim Bundesministerium der Verteidigung und das Objektschutzregime der Luftwaffe Friesland, die Aufgaben mit polizeilichen Bezug wahrnehmen. Dabei umfasst der Aufgabenbereich der Feldjäger („Militärpolizei") im Inland neben militärischen Ordnungs- und Verkehrsdienst auch die Wahrnehmung von Sicherheitsaufgaben und Ermittlungstätigkeiten, sowie die Gewähr von Amtshilfe und Hilfeleistungen bei Naturkatastrophen und schweren Unglücksfällen. Der Mehrzahl der vorgenannten Tätigkeiten ist gemeinsam, dass sie im Bereich Gefahrenabwehr einzuordnen sind, die Feldjäger folglich unter den **materiellen Polizeibegriff** subsumiert werden können. Auch die Bezeichnung Militärpolizei könnte eine Einordnung unter den institutionellen Polizeibegriff nahe legen. So wird vertreten, dass die Feldjäger Polizei iSv § 2 Abs. 12 StVG seien, und folglich Erkenntnisse über die mangelnde Eignung einer Person zum Führen von Kraftfahrzeugen den Fahrerlaubnisbehörden übermitteln dürften (Müller SVR 2007, 241 (243)). Diesbezüglich muss allerdings Beachtung finden, dass die Feldjäger die Bezeichnung Militärpolizei nur bei Auslandseinsätzen führen (Süss, Die Zusammenarbeit zwischen der Bundespolizei und den Länderpolizeien und ihre verfassungsrechtlichen Grenzen, 2. Aufl. 2016, 45), weswegen lediglich die Voraussetzungen des materiellen Polizeibegriffs gegeben sind. Dieser ist aber wegen fehlender Trennschärfe im Ergebnis nicht vorzugswürdig, weshalb die Feldjäger – zumindest bei Inlandseinsätzen – aus dem Polizeibegriff auszuschließend sind (Heinen, Rechtsgrundlagen Feldjägerdient, 9. Aufl. 2010, 136). Feldjäger sind keine Polizeivollzugsbeamten (zum Zusammentreffen mit der Polizei bei der Wahrnehmung von Sicherheitsaufgaben Heinen DIE POLIZEI 1996, 189). Das GG regelt die Einsatzmöglichkeiten der Streitkräfte der Bundeswehr in Art. 87a Abs. 2 GG wie folgt: Außer zur Verteidigung dürfen die Streitkräfte nur eingesetzt werden, soweit das GG es ausdrücklich zulässt. Das Selbstverteidigungsrecht ist bei Angriffen eines nicht-staatlichen Akteurs wie der Terrororganisation Islamischer Staat nicht anwendbar, insofern ist ein Auslandskampfeinsatz der

Bundeswehr weder durch Art. 87a Abs. 2 GG noch durch Art. 24 Abs. 2 GG legitimiert (ausf. Kremser DVBl 2016, 881 ff.). Unter engen Voraussetzungen kommt der ergänzende bzw. unterstützende Einsatz der Bundeswehr zur Gefahrenabwehr im Inland in Betracht. Eine solche Verwendung ist aber nur nach Maßgabe des Art. 35 Abs. 2 S. 2 und S. 3 GG verfassungsrechtlich zugelassen (Thiel PolR § 3 Rn. 10). Hiernach können Streitkräfte bei „Naturkatastrophen" und bei „besonders schweren Unglücksfällen" im Innern eingesetzt werden (näher Jochum JuS 2006, 511). So ein Einsatz ist nicht spezialgesetzlich normiert und vollzieht sich nach allgemeinen Amtshilferegeln (zu Inhalt und Grenzen einer Amtshilfeleistung durch die Streitkräfte am Beispiel der Flüchtlingshilfe Lucks NVwZ 2015, 1648). Die grundgesetzlichen Vorschriften der Art. 35 Abs. 2 S. 2 und Abs. 3 S. 1 GG über die Rechts- und Amtshilfe bei Naturkatastrophen unterstreichen den Geltungsanspruch der Verfassung gerade auch im Katastrophenfall. Das **Katastrophenrecht** wurde von Bund und Ländern geschaffen, um im Katastrophenfall beachtet zu werden und nicht, um unbeachtet zu bleiben. Unter dem GG gilt also gerade nicht der Satz „Not kennt kein Gebot", sondern umgekehrt der Satz „Not kennt Gebot" (Kloepfer DVBl 2017, 141 (142)).

53.1 Ein solcher „Unglücksfall" drohte, als am 5.1.2003 ein offenbar geistig verwirrter Mann ein Kleinflugzeug in seine Gewalt gebracht und angekündigt hatte, sich auf ein Frankfurter Hochhaus zu stürzen (zu diesem „Frankfurter Überflieger"-Fall Ebner Kriminalistik 2004, 426). Der Vorfall, der letztlich ohne Schaden abging, wurde seinerzeit zum Anlass genommen, eine seit Jahren bestehende CDU/CSU-Forderung zu erneuern. Danach soll der Bundeswehr der Schutz des Luftraumes sowie bestimmter ziviler Objekte und Anlagen im Innern (Flughäfen und besonders gefährdete Industrieanlagen) übertragen werden (Dohr, Staat – Verfassung – Politik, 20. Aufl. 2010, 402; zur Diskussion ausf. Walter DIE POLIZEI 2017, 44 ff.; Rogall NStZ 2008, 1).

54 Soll die Bundeswehr die Polizei anderweitig unterstützen, bedarf es dazu einer **Verfassungsänderung.** Denn der Einsatz der Streitkräfte „mit spezifisch militärischen Waffen" ist verfassungsrechtlich unzulässig (BVerfG NJW 2006, 751 – LuftSiG). Dies gilt auch für den Objektschutz. Logistische bzw. technische Amtshilfe bleibt hiervon unberührt (Dohr, Staat – Verfassung – Politik, 20. Aufl. 2010, 471). Weil der Verfassungsvorbehalt des Art. 87a Abs. 2 GG nur eingreifendes, verwaltendes Handeln erfasst, sind schon jetzt, ohne Änderung des GG, technische und logistische Hilfeleistungen durch die Bundeswehr möglich. Die Polizei kann somit auf besondere technische Ausstattung und Logistik der Bundeswehr zurückgreifen. Das ist auch der Sache nach die sinnvollste Form von Amtshilfe – für ein eingreifendes Handeln von Soldaten gab es bislang keinen Anlass (ausf. Bäumerich/Schneider NVwZ 2017, 189 ff.).

54.1 Der Streitkräfteeinsatz ist von bloßen Verwendungen der Bundeswehr (zB repräsentative Zwecke) abzugrenzen. Die Überschreitung der Schwelle zu einem Einsatz wird teilweise bei einer Bewaffnung des beteiligten Bundeswehrpersonals angenommen (Sachs/Kokott GG Art. 87a Rn. 17). Andererseits wird auf die Inanspruchnahme hoheitlichen Zwanges abgestellt (Sodan/Schmahl, Grundgesetz: GG, 4. Aufl. 2018, GG Art. 87a Rn. 6). Der Entstehungsgeschichte des Art. 87a Abs. 2 GG entsprechend (BT-Drs. V/2873, 13) erscheint es sinnvoll, als Einsatz der Streitkräfte jede Verwendung als Mittel der vollziehenden Gewalt anzusehen (Maunz/Dürig/Depenheuer GG Art. 87a Rn. 169). Dafür reicht bereits die Nutzung ihres Droh- und Einschüchterungspotentials aus (zusf. Weingärtner GSZ 2019, 202 (203)). Der **Einsatz der Bundeswehr im Inland** zur Unterstützung der Polizei bei polizeilichen Aufgaben ist umstritten (zusf. WHT BWPolR § 3 Rn. 48 ff.). Unabhängig vom LuftSiG (Luftsicherheitsgesetz v. 11.1.2015, BGBl. I 78) wird die Frage diskutiert, ob es möglich sein sollte, die Bundeswehr zur Unterstützung der Polizei im Landesinnern einzusetzen, zB bei Aufgaben im Rahmen des Objektschutzes. Letztlich ist für Fälle, die über den Bereich der Amtshilfe hinausgehen, eine GG-Änderung erforderlich (Schmidbauer/Steiner/Schmidbauer, Bayerisches Polizeiaufgabengesetz und Polizeiorganisationsgesetz: PAG und POG, 4. Aufl. 2014, BayPOG Art. 1 Rn. 62 ff.). Bezüglich des LuftSiG hatte das BVerfG gleich zweimal dessen Verfassungswidrigkeit attestiert (BVerfGE 115, 118; 132, 1), allerdings mit gegenläufiger Begründung (zusf. Hopf/Hyckel JURA 2014, 632). Das BVerfG hat trotz laufender Anmahnung des Prinzips der strikten grundgesetzlichen Texttreue in anderen Fällen diesmal die Grenzen juristischer Auslegungskunst fast bis in den Randbereich einer Verfassungsänderung ausgedehnt und mit der Zulassung des Einsatzes der Bundeswehr mit spezifisch militärischen Waffen zur Bereinigung von katastrophischen Ausnahmesituationen nach Art. 35 Abs. 2 S. 2 und Abs. 3 GG juristische Hilfskrücken bereitgestellt, die es den Sicherheitsorganen künftig ermöglichen, in Sonderlagen zumindest bedingt abwehrbereit zu sein (BVerfG NVwZ 2012, 1239; ausf. Walter DIE POLIZEI 2017, 44; mit einer rechtsvergleichenden Perspektive zu den Inlandseinsätze der Streitkräfte Graf von Kielmansegg GSZ 2019, 45 ff.).

Die Bundeswehr muss in der Lage sein, ihren nationalen Auftrag im Inland durchzuführen und **54.2** dabei Straftaten und rechtswidrige Störungen bereits im Vorfeld des Spannungs- und Verteidigungsfalles mit polizeilichen Mitteln abwehren können (zB die Absicherung der Bundeswehrliegenschaften in Hamburg während des G20-Gipfels). Zur Erfüllung dieser Aufgabe verfügt die Bundeswehr über umfangreiche Befugnisse im Inland, die Rechtseingriffe gegenüber Jedermann zulassen. Zentrale Rechtsgrundlage für den Schutz der Bundeswehr vor Straftaten und rechtswidriger Störung ihres Dienstbetriebs ist das UZwGBw (Gesetz über die Anwendung unmittelbaren Zwanges und die Ausübung besonderer Befugnisse durch Soldaten der Bundeswehr und verbündeter Streitkräfte sowie zivile Wachpersonen v. 12.8.1965, BGBl. I 796). Der Gesetzgeber begründete die Schaffung eigener gesetzlicher Grundlagen mit dem Bedarf, militärische Einrichtungen und Anlagen effektiv und rechtssicher zu schützen, was entlang der bis dahin lediglich bestehenden Regelung über die der Allgemeinheit zustehenden Rechte (insbesondere § 127 Abs. 1 StPO) nicht hinreichend möglich erschien (BT-Drs. IV/1004, 6). Gleichwohl bleibt die Inanspruchnahme von Jedermannrechten durch Hoheitsträger bei hoheitlichem Handeln parallel grundsätzlich zulässig (ausf. Heinen/Bajumi, Rechtsgrundlagen Feldjägerdienst, 11. Aufl. 2018, 102 ff.). Das UZwGBw dient der Abwehr von Straftaten gegen die Bundeswehr und verbündete Streitkräfte in Deutschland sowie der Beseitigung sonstiger rechtswidriger Störungen der dienstlichen Tätigkeit der Bundeswehr mit polizeilichen Mitteln. Es beinhaltet keine über die Landesverteidigung hinausgehenden Kompetenzen für den Inlandseinsatz der Streitkräfte, wie es Art. 35 Abs. 2 S. 2 und Abs. 3 GG sowie Art. 87a Abs. 3 und Abs. 4 GG vorsehen. Als **materielles Polizeirecht der Streitkräfte** geht das UZwGBw als lex specialis dem allgemeinen Polizeirecht der Länder vor, soweit der sachliche Anwendungsbereich im Hinblick auf den Schutz der dienstlichen Tätigkeit und die Rechtsgüter der Bundeswehr und ihrer verbündeten Streitkräfte eröffnet ist (ausf. zum UZwGBw Bajumi GSZ 2019, 238 ff.).

§ 2 Polizeibehörden

(1) Polizeibehörden sind das Landeskriminalamt, das Landesamt für Zentrale Polizeiliche Dienste, das Landesamt für Ausbildung, Fortbildung und Personalangelegenheiten der Polizei und als Kreispolizeibehörden
1. die Polizeipräsidien in Polizeibezirken mit mindestens einer kreisfreien Stadt,
2. die Landrätinnen oder Landräte, soweit das Kreisgebiet nach Absatz 2 zu einem Polizeibezirk bestimmt wird.

(2) ¹Die Landesregierung wird ermächtigt, durch Rechtsverordnung im Einvernehmen mit dem für Fragen der Inneren Sicherheit zuständigen Ausschuss des Landtags die Polizeipräsidien im Einzelnen einzurichten und zu bestimmen, ob und inwieweit ein Kreis einen Polizeibezirk bildet. ²Dabei kann sie Kreise, Teile von Kreisen und kreisfreie Städte zusammenfassen.

(3) Das Innenministerium wird ermächtigt,
1. durch Rechtsverordnung Polizeipräsidien zu Kriminalhauptstellen zu bestimmen, indem ihnen im Einzelnen zu bezeichnende Aufgaben der Strafverfolgung und der Gefahrenabwehr anderer Kreispolizeibehörden übertragen werden,
2. durch Rechtsverordnung die polizeilichen Aufgaben auf bestimmten Strecken von Straßen oder auf bestimmten Teilen von Gewässern im Grenzbereich zwischen Kreispolizeibehörden einer Kreispolizeibehörde zu übertragen,
soweit das zur zweckmäßigen Aufgabenerfüllung erforderlich ist.

(4) Durch Vereinbarung mit einem anderen Land kann bestimmt werden, dass Nordrhein-Westfalen für bestimmte Strecken von Bundesautobahnen, anderen Straßen oder schiffbaren Wasserstraßen polizeiliche Aufgaben dem anderen Land überträgt oder von diesem übernimmt.

Überblick

§ 2 Abs. 1 benennt die **Polizeibehörden des Landes Nordrhein-Westfalen** ihrer Art nach (→ Rn. 3 ff.). Polizeibehörden sind zunächst das **Landeskriminalamt**, das **Landes-**

amt für Zentrale Polizeiliche Dienste und das **Landesamt für Ausbildung, Fortbildung und Personalangelegenheiten der Polizei.** Es handelt sich um **Landesoberbehörden,** die unmittelbar dem Ministerium des Innern des Landes Nordrhein-Westfalen unterstellt sind (→ Rn. 4). Diese Landesoberbehörden wurden nach einer grundlegenden Organisationsreform errichtet (→ Rn. 6 ff.). Unter den Voraussetzungen des § 2 Abs. 1 Nr. 1 und Nr. 2 sind Polizeibehörden als **Kreispolizeibehörden** auch die **Polizeipräsidien** in Polizeibezirken mit mindestens einer kreisfreien Stadt sowie die **Landrätinnen oder Landräte,** soweit das Kreisgebiet nach § 2 Abs. 2 zu einem Polizeibezirk bestimmt wird. Es handelt sich bei den Kreispolizeibehörden um **untere Landesbehörden** (→ Rn. 5). Der **Schwerpunkt der „Polizeiarbeit"** liegt in Nordrhein-Westfalen bei den 47 Kreispolizeibehörden, die die „Basis" polizeilicher Arbeit bilden (→ Rn. 14). Unterschiedliche **Reformprozesse** führten zu einer einheitlichen **Binnenstruktur** der Kreispolizeibehörden (→ Rn. 17 ff.), die mitunter durchaus kritisch beurteilt wird (→ Rn. 22 ff.). Landesregierung und Innenministerium sind ermächtigt, durch **Rechtsverordnung** Regelungen zu erlassen. Von Bedeutung ist die **KHSt-VO** (Verordnung über die Bestimmung von Polizeipräsidien zu Kriminalhauptstellen v. 26.8.2013, GV. NRW. 502). Hiernach besteht für bestimmte schwere Straftaten und für besondere Einsatzanlässe in Nordrhein-Westfalen ein abgestuftes „Bearbeitungssystem" (→ Rn. 25 ff.).

Übersicht

A. Allgemeine Charakterisierung und rechtlicher Rahmen

1   Die Exekutive als vollziehende Gewalt kommt in verschiedenen Organisationsformen vor (zur Organisation der Exekutive Braun PSP 3/2019, 42). An der Spitze steht die Landesregierung mit Ministerpräsident und Ministern, die das Kabinett bilden. Jeder Minister steht einem Ministerium vor, das zugleich oberste Landesbehörde ist. Darunter sind die sog. Mittelbehörden angeordnet, die in Nordrhein-Westfalen als Bezirksregierungen bezeichnet werden. Die untere Verwaltungsebene sind die Kreisverwaltungsbehörden, wie die Landräte und Kreispolizeibehörden. Die Kreisverwaltungsbehörden sind für die Mehrzahl der Verwaltungsvorgänge zuständig. Mittel- und Oberbehörden nehmen hingegen in erster Linie Aufsichts- und Leitungsfunktionen wahr. Zwischen den genannten Behörden besteht ein Hierarchieverhältnis: Landesmittelbehörden unterstehen unmittelbar einer obersten Landesbehörde. Die **unteren Landesbehörden** unterstehen entweder einer Landesmittelbehörde oder einer Landesoberbehörde (zB unterstehen die Kreispolizeibehörden als untere Verwaltungsebene dem Innenministerium als oberste Landesbehörde). Neben der klassischen dreiteiligen Behördenhierarchie gibt es zentrale Oberbehörden mit speziellen Aufgaben ohne Verwaltungsunterbau. Auf Landesebene sind dies zB das Landeskriminalamt sowie die Landesämter für Zentrale Polizeiliche Dienste und für Ausbildung, Fortbildung und Personalangelegenheiten der Polizei. Alle beschriebenen Formen stellen sog. **unmittelbare Staatsverwaltung** dar, weil die Behörden rechtlich unselbstständig und damit bloßer Organisationsbestandteil des Landes sind. Verwaltungsträger ist also der Staat in Form des Landes. Daneben können Verwaltungsaufgaben aber auch im Wege der sog. mittelbaren Staatsverwaltung wahrgenommen werden (ausf. Voßkuhle/Kaiser Jus 2017, 316 ff.). Dies geschieht in erster Linie durch rechtlich selbstständige, vom Staat verschiedene, juristische Personen des öffentlichen Rechts.

Im Einzelnen handelt es sich um Anstalten (zB Studentenwerke), Körperschaften (zB Universitäten, Gemeinden) und Stiftungen (zB Stiftung Preußischer Kulturbesitz). Gerade die mittelbare Staatsverwaltung durch die Gemeinden, die sog. Gebietskörperschaften bilden, spielt eine große praktische Rolle. Schließlich bedient sich der Staat auch natürlicher Personen und juristischer Personen des Privatrechts, die für ihn – aufgrund expliziter gesetzlicher Befugnis, der sog. Beleihung – Gesetze vollziehen dürfen, wie zB der TÜV oder auch Luftsicherheitsassistenten, die Kontrollen an den Flughäfen wahrnehmen (zur Beleihung im Sicherheitsrecht Stober/Olschok/Gundel/Buhl, Managementhandbuch Sicherheitswirtschaft und Unternehmenssicherheit/Braun, 2012, 115 ff.). Die staatliche Verwaltungsorganisation setzt sich aus zahlreichen Einheiten zusammen, von denen die wichtigsten die Behörden sind. Der **Begriff der Behörde** ist der zentrale Begriff im **Verwaltungsorganisationsrecht.** Gemeint sind Stellen, die **Aufgaben der öffentlichen Verwaltung** wahrnehmen (§ 1 Abs. 2 VwVfG. NRW.). Als häufig verwendeter Gesetzesbegriff ist der Behördenbegriff maßgeblicher Anknüpfungspunkt für die Aufgaben des Verwaltungsträgers, die dieser seinen Behörden zur Erfüllung überträgt. Dieser Aufgabenbezug steht im Gegensatz zum organisatorischen Bezug, wonach als eine Behörde jedes selbständige Organ eines Dienstherrn zu verstehen ist (zum dienstrechtlichen Behördenbegriff BVerwG NVwZ-RR 2012, 441; VGH Mannheim NVwZ-RR 2016, 393).

Der Begriff der Behörde ist gleichwohl mehrdeutig. Der **organisationsrechtliche Behördenbe-** **1.1** **griff** erfordert eine gewisse organisatorische Eigenständigkeit, die sich in der Unabhängigkeit vom Wechsel des Amtsinhabers, der Selbständigkeit der Aufgabenerledigung und in der Möglichkeit der Eigengestaltung der der Angelegenheiten innerhalb des zugeordneten Zuständigkeitsbereichs ausdrückt. Er beschreibt die Gesamtheit von Verwaltungsträgern und Organen (Behörde im organisatorischen Sinn). Behörde ist hiernach das Organ eines Verwaltungsträgers, das berechtigt ist, mit Außenwirkung Aufgaben öffentlicher Verwaltung wahrzunehmen (OVG Bremen NJW 2011, 3802). Andererseits bezeichnet man auch den nach außen handelnden Teil der Verwaltung als **Behörde im funktionalen Sinne** (v. Lewinski JA 2006, 517). Die funktionelle Ausrichtung macht den Behördenbegriff des VwVfG zu einem verwaltungsverfahrensrechtlichen Begriff (BeckOK VwVfG/M. Ronellenfitsch VwVfG § 1 Rn. 67). Der Begriff der Behörde wird letztlich verstanden als in die Verwaltungshierarchie eingegliederte organisatorische Einheit von Personen und sächlichen Mitteln. Diese sind mit einer gewissen Selbständigkeit ausgestattet und zur Wahrnehmung öffentlicher Aufgaben berufen (Lisken/Denninger PolR-HdB/Rachor/Roggan C Rn. 15). **Kriterien des Behördenbegriffs** sind somit eine Stelle als organisatorischen-institutionelle Einheit, hinreichende organisatorische Selbständigkeit und die Wahrnehmung öffentlicher administrativer Aufgaben (öffentlich-rechtliches außenwirksames Handeln; s. BeckOK VwVfG/M. Ronellenfitsch VwVfG § 1 Rn. 68).

Der Begriff der **Sicherheitsbehörde** ist ein Oberbegriff für öffentliche Stellen, die Aufga- **2** ben der öffentlichen Sicherheit wahrnehmen. Zu diesen Sicherheitsbehörden gehören vor allem diejenigen „Organisationseinheiten", die als Polizeibehörden bezeichnet werden, wobei die Verwendung des Begriffs der Polizeibehörden in den Bundesländern nicht einheitlich ist (Lisken/Denninger PolR-HdB/Rachor/Roggan C Rn. 21).

B. Einzelkommentierung

Ist die „Polizei" aufgrund einer solchen gesetzlichen Aufgabenzuweisung sachlich zustän- **3** dig, schließt sich die Frage nach der zuständigen Polizeibehörde an. Das POG NRW zählt in § 2 die „Polizeibehörden" des Landes auf: das Landeskriminalamt, das Landesamt für Zentrale Polizeiliche Dienste, das Landesamt für Ausbildung, Fortbildung und Personalangelegenheiten der Polizei sowie die Kreispolizeibehörden. § 2 Abs. 1 benennt die **Polizeibehörden des Landes Nordrhein-Westfalen** abschließend.

I. Polizeibehörden, Kreispolizeibehörden

Polizeibehörden iSd § 2 sind zunächst das **Landeskriminalamt, das Landesamt für 4 Zentrale Polizeiliche Dienste** und das **Landesamt für Ausbildung, Fortbildung und Personalangelegenheiten der Polizei.** Es handelt sich gem. § 6 Abs. 2 LOG NRW um **Landesoberbehörden,** die unmittelbar dem Ministerium des Innern des Landes Nordrhein-Westfalen unterstellt sind (§ 6 Abs. 1 LOG NRW). Sie sind gebietsmäßig für das ganze Land zuständig.

5   Unter den Voraussetzungen des Abs. 1 Nr. 1 und Nr. 2 sind Polizeibehörden als **Kreispolizeibehörden** auch die **Polizeipräsidien** in Polizeibezirken mit mindestens einer kreisfreien Stadt sowie Kreispolizeibehörden die **Landrätinnen oder Landräte,** soweit das Kreisgebiet nach Abs. 2 zu einem Polizeibezirk bestimmt wird, zB die Polizeipräsidien Aachen, Bonn, Dortmund, Recklinghausen, Wuppertal (zusammengefasste Polizeibezirke). Es handelt sich bei den Kreispolizeibehörden gem. § 9 Abs. 2 LOG NRW um untere Landesbehörden, die den Landesoberbehörden nachgeordnet sind (§ 9 Abs. 1 LOG NRW).

II. Organisationsreform

6   In der 14. Wahlperiode hat der Gesetzgeber in Nordrhein-Westfalen die wohl grundlegendste **Polizeireform** seit der Verstaatlichung 1953 vorgenommen. Durch das Gesetz zur Änderung des Polizeiorganisationsgesetzes und zur Änderung weiterer Vorschriften über die Organisation der Polizei v. 23.5.2006 (GV. NRW. 267) wurden zum 1.1.2007 die **Autobahnpolizeien** von den Bezirksregierungen zu fünf großen Polizeipräsidien (Bielefeld, Dortmund Düsseldorf, Köln und Münster) verlagert.

6.1   Im Gesetzentwurf der Landesregierung wird hierzu – allerdings ohne weitere Begründung – festgestellt, dass durch diese Organisationsänderung die Polizei des Landes Nordrhein-Westfalen „noch **effizienter und bürgernäher** arbeiten" kann, wenn die Autobahnpolizei zu fünf Polizeipräsidien verlagert wird. Durch voraussichtlich eintretende **Synergieeffekte** sollte zudem der operative Bereich (zB Wach und Wechseldienst, Kommissariate) personell verstärkt werden (LT-Drs. 14/929, 1). Verschmolzen wurden zudem die Polizeipräsidien Essen und Mülheim a. d. Ruhr, Köln und Leverkusen sowie Duisburg und die Wasserschutzpolizei.

7   Am 1.7.2007 trat das Gesetz zur Änderung des Polizeiorganisationsgesetzes und zur Änderung weiterer Vorschriften über die Organisation der Polizei v. 29.3.2007 (GV. NRW. 140) in Kraft. Die noch verbliebenen Aufgaben der Bezirksregierungen wurden auf die Kreispolizeibehörden, die drei Landesoberbehörden sowie in geringem Umfang auf das Innenministerium übertragen. Ziel war die **Stärkung des operativen Dienstes** durch Zur-Verfügung-Stellen von mehr Polizeivollzugsbeamtinnen und -beamten. Zudem sollten **Organisationsstrukturen** gestrafft werden (LT-Drs. 14/3018, 1).

1. Errichtung von Landesoberbehörden

8   Mit der **Umsetzung des Gesetzes zur Änderung des Polizeiorganisationsgesetzes und zur Änderung weiterer Vorschriften über die Organisation der Polizei v. 29.3.2007** (→ Rn. 7) wurden die bisherigen Polizeieinrichtungen „Institut für Aus- und Fortbildung" und „Zentrale Polizeitechnische Dienste" zu den Landesoberbehörden „Landesamt für Ausbildung, Fortbildung und Personalangelegenheiten der Polizei" und „Landesamt für Zentrale Polizeiliche Dienste" umgewandelt (LT-Drs. 14/3018, 22). Der Wegfall der Bezirksregierungen als polizeiliche Aufsichtsbehörden machte eine Neuverteilung der Aufgaben und Regelungen erforderlich, die das Zusammenwirken des Innenministeriums mit den Landesoberbehörden und den Kreispolizeibehörden betrifft. Die Zuständigkeiten und damit der Rahmen für die Aufgabenverteilung zwischen den Landesoberbehörden ergeben sich aus den §§ 13–13b.

8.1   Die Arbeit der Landesoberbehörden untereinander und ihr Verhältnis zu den Kreispolizeibehörden musste (neu) beschrieben werden. Neben den Gesetzesänderungen (§§ 13–13b POG NRW; LOG NRW) waren Änderungen bestehender respektive die Schaffung neuer Rechtsverordnungen erforderlich (zB die PolAufsichtsVO – Verordnung über die Wahrnehmung von Aufsichtsaufgaben durch das Landesamt für Ausbildung, Fortbildung und Personalangelegenheiten der Polizei, das Landeskriminalamt und das Landesamt für Zentrale Polizeiliche Dienste v. 2.7.2007, GV. NRW. 214). Weitere konkrete Ausgestaltungen wurden in begleitenden Erlassen vorgenommen:
- **Organisation der Landesoberbehörden** (Runderlass des Innenministeriums v. 30.1.2018 – 401-58.01.01, MBl. NRW. 52);
- **Konkretisierung und Ergänzung der Aufgaben der Landesoberbehörden** (Runderlass des Innenministeriums v. 29.6.2007 – 43-58.01.02, MBl. NRW. 574; geändert durch Runderlass v. 20.12.2017, MBl. NRW. 2018, 23);

- **Gemeinsame Geschäftsordnung für das Landesamt für Ausbildung, Fortbildung und Personalangelegenheiten, das Landeskriminalamt und das Landesamt für Zentrale Polizeiliche Dienste der Polizei des Landes Nordrhein-Westfalen** (Runderlass des Ministeriums des Innern v. 30.1.2018 – 401-58.01.01, MBl. NRW. 46; geändert durch Runderlass v. 6.11.2018, MBl. NRW. 626, vgl. Wesseler/Kamps NWVBl. 2009, 374 (376)).
  Festgelegt wurde auch eine einheitliche Organisationsstruktur.

Die **Landesoberbehörden** unterstützen das Innenministerium bei der Aufgabenwahr- **9** nehmung gegenüber den Kreispolizeibehörden (LT-Drs. 14/3018, 21). Das Innenministerium konzentriert sich auf seine strategischen Aufgaben und wird von Einzelfallentscheidungen entlastet. **Operative und strategische Verantwortung** wird konsequent getrennt.

Die Dienst- und Fachaufsicht der Landesoberbehörden obliegt dem Innenministerium, **10** sodass ein **zweistufiger Verwaltungsaufbau** für die Polizei entsteht. Den „Unterbau" bilden 47 Kreispolizeibehörden. Diese **Zweistufigkeit** wird sowohl im Hinblick auf „verwaltungsorganisatorische Erkenntnisse" als auch angesichts von Anforderungen der Praxis als eine „gelungene Modernisierungsmaßnahme" bezeichnet (Wesseler/Kamps NWVBl. 2009, 374 (377)). Andere Länder berichten gleichsam über positive Erfahrungen (Hessen, Niedersachsen, Rheinland-Pfalz).

In Rheinland-Pfalz wurde – nachdem die Polizei 1997 aus den Bezirksregierungen herausgelöst **10.1** wurde – nach Evaluierung fast ausschließlich über positive Erfahrungen berichtet. So bot sich mit der Ausgliederung der Polizei aus den Bezirksregierungen die Chance, auf dem Gebiet der Verbrechensbekämpfung eine **fachaufsichtliche Kompetenzüberschreitung** zu beseitigen, die zwischen Landeskriminalamt und den Bezirksregierungen bestand und das Risiko von Konflikten in sich barg. Mit der Beseitigung dieser Kompetenzüberschreitungen war es in Rheinland-Pfalz gelungen, die Fachaufsicht im Bereich der Kriminalitätsbekämpfung zu intensivieren, zu straffen, zu konzentrieren und insbesondere zu vereinheitlichen (Kirchberger DIE POLIZEI 2002, 12 (15)).

Das Innenministerium kann einer Landesoberbehörde für einen im Einzelnen bestimmten **11** Aufgabenbereich die **Aufsicht über andere Behörden** übertragen. Die abschließende Entscheidungskompetenz liegt aber grundsätzlich beim Innenministerium.

2. Stärkung operativer Polizeiarbeit

Die Abschaffung der Bezirksregierungen als Mittelinstanzen zielte darauf ab, die operative **12** Polizeiarbeit zu stärken („**Fahnden statt Verwalten**"), indem mehr Polizeibeamte dem (operativen) Dienst zur Verfügung gestellt werden (LT-Drs. 14/3018, 1).

Mit der **Verlagerung der Aufgaben** aus den Bezirksregierungen sollten etwa 150 Funktionen für **12.1** den operativen Dienst gewonnen werden. Dies führte dazu, dass nahezu die Hälfte der bislang mit polizeilichen Aufgaben bei den Bezirksregierungen befassten Polizeivollzugsbeamten und -beamtinnen für den operativen Dienst zurück gewonnen werden konnten. Durch Maßnahmen im Zusammenhang mit dem Gesetz zur Änderung des Polizeiorganisationsgesetzes und zur Änderung weiterer Vorschriften über die Organisation der Polizei v. 23.5.2006 (GV. NRW. 267: Zusammenführung von drei Polizeipräsidien, Verlagerung der Autobahnpolizei von den Bezirksregierungen zu fünf großen Kreispolizeibehörden) konnten insgesamt 180 Stellen für den operativen Bereich zurückgewonnen werden (Wesseler/Kamps NWVBl. 2009, 374 (377)).

Die Herauslösung der Polizeidezernate aus den Bezirksregierungen führte zu einer **Vergrößerung** **12.2** der **Leitungsspanne** (Führungsspanne) und damit einhergehend zu einer flacheren Hierarchie. Eine „optimale" **Leitungsspanne** kann schwerlich ermittelt werden. Zu berücksichtigende Faktoren sind zB die Komplexität der Aufgaben, der Schwierigkeitsgrad der Aufgaben, der Umfang des Ermessensspielraumes bei Entscheidungen oder der Umfang der Delegation von Entscheidungsbefugnissen. Zwingende Vorgaben gibt es nicht (Siepmann/Siepmann, Verwaltungsorganisation, 6. Aufl. 2004, 51 ff.). Einfache, routinemäßige Arbeiten verursachen weniger Führungsaufwand und ermöglichen insofern eine größere Leitungsspanne. Komplexe Aufgaben verlangen tendenziell nach einer kleineren Leitungsspanne (Wesseler/Kamps NWVBl. 2009, 374 (378)). Während bei **Verringerung der Leitungsspanne** die Anzahl der Führungsebenen steigt, verringert sich umgekehrt die Zahl der Führungsebenen bei Erweiterung der Führungsspanne. Aus Sicht der Organisationslehre besteht zwischen Leitungsspanne **und** Hierarchietiefe ein umgekehrt proportionaler Zusammenhang. Große Leitungsspannen führen zu flachen Hierarchien; kleine Leitungsspannen führen zu steilen Hierarchien.

13 Aufgrund der nunmehr **großen Leitungsspanne** hat die Polizei Nordrhein-Westfalen in der Bundesrepublik eine der flachsten Hierarchien. Diese **flache Hierarchie** ermöglicht flexibleres Handeln und schnellere Reaktionen (Effizienzsteigerung). Einfache, routinemäßig zu erledigende Aufgaben benötigen ohnehin regelmäßig **weniger Führungsaufwand** und ermöglichen somit eine **größere Leitungsspanne.** Umgekehrt vermittelt die Organisationslehre, dass komplexe Aufgaben regelmäßig nach einer kleineren Leitungsspanne verlangen. Vor diesem Hintergrund besteht in Nordrhein-Westfalen für bestimmte schwere Straftaten und für besondere Einsatzanlässe ein abgestuftes „Bearbeitungssystem". Größere und damit (regelmäßig) auch leistungsstärkere Kreispolizeibehörden nehmen Aufgaben über ihren eigenen Zuständigkeitsbereich hinaus wahr. So sind nur sechs Kreispolizeibehörden zuständig für Geiselnahmen, Entführungen, größere Gefahren- und Schadenslagen, Anschläge und Amoklagen (§ 4 KHSt-VO).

III. Kreispolizeibehörden

14 Der **Schwerpunkt der „Polizeiarbeit"** in Nordrhein-Westfalen liegt bei 47 Kreispolizeibehörden, sie bilden die Basis. Es handelt sich um Landesbehörden, die den Landesoberbehörden nachgeordnet sind (§ 9 Abs. 1, Abs. 2 LOG NRW; im Überblick Keller, Basislehrbuch Kriminalistik/Braun, 2019, 110 ff.). Insbesondere aufgrund der Ortsnähe sind es naturgemäß die Kreispolizeibehörden, die den „engsten" Kontakt zur Bevölkerung haben. Die Festlegung der (Polizei-) Bezirke erfolgt in der **KreisPolBVO** (Verordnung über die Kreispolizeibehörden Nordrhein-Westfalen v. 19.11.2002, GV. NRW. 562; zuletzt geändert durch Verordnung v. 27.11.2012, GV. NRW. 614). Die **Zuständigkeitsbereiche** decken sich zumeist mit denen der kreisfreien Städte und Kreise. Bei den Kreispolizeibehörden wird unterschieden zwischen **Polizeipräsidien** und **Landrätinnen bzw. Landräten.** Sie leisten ihren Beitrag zur Inneren Sicherheit des Landes durch Wahrnehmung ihrer Kernaufgaben der Gefahrenabwehr und Einsatzangelegenheiten, der Kriminalitätsbekämpfung und der Verkehrssicherheitsarbeit. Regelungen zur Gestaltung der Aufbauorganisation folgen dem Grundsatz der Konzentration auf diese Kernaufgaben. Ihre Wahrnehmung muss durchgängig auf allen Ebenen von einem ganzheitlichen und integrativen Aufgabenverständnis getragen sein. Die Kreispolizeibehörden weisen organisatorisch eine an den Kernaufgaben orientierte, viergliedrige Direktionsstruktur auf. Neben den Direktionen Gefahrenabwehr / Einsatz, Kriminalität und Verkehr ist die Direktion Zentrale Aufgaben eingerichtet. Zusätzlich sind jeweils als weitere Direktion im Polizeipräsidium Duisburg die Direktion Wasserschutzpolizei und im Polizeipräsidium Köln die Direktion Besondere Aufgaben eingerichtet. In Polizeipräsidien sind die Direktionsleitungen unmittelbar der Behördenleitung nachgeordnet. Den Landrätinnen und Landräten als Kreispolizeibehörde ist eine Abteilungsleitung der Polizei und dieser die Direktionsleitungen nachgeordnet (Runderlass des Ministeriums des Innern v. 26.11.2018 – 401-58.08.01, MBl. NRW. 710).

14.1 Nach **Verstaatlichung der Polizei** durch Gesetz über die Organisation und die Zuständigkeit der Polizei in Nordrhein-Westfalen v. 11.8.1953 (GV. NRW. 330) wurde die Polizeiarbeit unter der Dienst- und Fachaufsicht des Innenministeriums zunächst in 79 Kreispolizeibehörden durchgeführt. Durch die 1975 in Nordrhein-Westfalen durchgeführte **Gemeindereform** wurden die Kreispolizeibehörden auf 49 reduziert, sodass ab Mitte der 1970er Jahre einschließlich der Wasserschutzpolizei 50 Polizeibehörden den organisatorischen Rahmen der Polizeiarbeit in Nordrhein-Westfalen bildeten (Groß/Frevel/Dams/Schulte, Handbuch der Polizeien, 2008, 289, 299). Mit einer Reduzierung auf 32 Kreispolizeibehörden (18 Polizeipräsidien, 14 Oberkreisdirektoren) Mitte der 1970er Jahre konnte sich Innminister Weyer nicht durchsetzen. Mit der kommunalen Gebietsreform 1975 wurden die bestehenden Polizeiämter zu Direktionen bzw. Oberkreisdirektoren umgewandelt und 1983 schließlich die Direktionen in Präsidien (Reuter DIE POLIZEI 2007, 356). Nach dem Regierungswechsel 2005 wurde der Aufbau der Polizei durch das Gesetz zur Änderung des Polizeiorganisationsgesetzes und zur Änderung weiterer Vorschriften über die Organisation der Polizei v. 23.5.2006 (GV. NRW. 267) erneut verändert. Unter anderem wurden die Polizeipräsidien Essen und Mülheim a. d. Ruhr sowie Köln und Leverkusen sowie Duisburg und die Wasserschutzpolizei verschmolzen.

1. Polizeipräsidien

15 Bei den Polizeipräsidien ist Voraussetzung, dass sich in ihrem Polizeibezirk mindestens eine kreisfreie Stadt befindet (Abs. 1 Nr. 1). Es gibt **18 Polizeipräsidien** in kreisfreien

Städten als Kreispolizeibehörden. Unzutreffend ist die Annahme, dass grundsätzlich nur in den Polizeipräsidien die Aufgaben der Kriminalpolizei wahrgenommen werden (so aber Pieper, Polizei- und Ordnungsrecht Nordrhein-Westfalen, 2017, Rn. 228).

2. Landräte

Die Zuordnung des § 1 („Die Polizei ist Angelegenheit des Landes") gilt auch insoweit, **16** als § 2 Abs. 1 Nr. 2 die „Landrätinnen und Landräte" zu Kreispolizeibehörden erklärt, soweit das Kreisgebiet nach Abs. 2 zu einem Polizeibezirk bestimmt wird. Die Landrätinnen und Landräte werden in dem betreffenden Aufgabenfeld dabei nicht als (kreis-) kommunaler Amtsträger tätig, sondern als **Funktionsträger des Landes Nordrhein-Westfalen.** Bei den Landrätinnen bzw. Landräten ist Voraussetzung, dass ihr Kreisgebiet zu einem Polizeibezirk bestimmt wird (§ 2 Abs. 1 Nr. 2). Es gibt 29 Landrätinnen bzw. Landräte als Kreispolizeibehörden, die als Organe und Hauptverwaltungsbeamte der Kreise eigentlich der kommunalen Ebene zugeordnet sind, sie werden aber im Wege der sog. **Organleihe** für das Land als untere staatliche Landesbehörde (§ 9 Abs. 2 LOG NRW, § 58 KrO NRW) tätig (Thiel PSP 2/2017, 28 (29)). Hierbei bedient sich eine Behörde des Organs einer anderen Behörde zur Erfüllung einer eigenen Aufgabe (Zähle JuS 2014, 315). Das ausgeliehene Organ ist, soweit die Inanspruchnahme reicht, organisatorisch dem Entleiher zugeordnet und hat insoweit eine Doppelstellung (Maurer/Waldhoff AllgVerwR § 21 Rn. 54). Konkret „leiht" sich das Land Nordrhein-Westfalen für die Leitung der Kreispolizeibehörde die Leiterin bzw. den Leiter der Kreisverwaltung. Das Handeln wird dem Land Nordrhein-Westfalen zugerechnet und nicht, wie regelmäßig (§ 42e KrO NRW), dem Kreis (Pieper, Polizei- und Ordnungsrecht Nordrhein-Westfalen, 2017, Rn. 227).

IV. Organisatorische Binnenstruktur der Kreispolizeibehörden

Der Behördenleiter hat die Zuständigkeit zur internen Verteilung der Wahrnehmungsauf- **17** gaben (**innere Organisationsgewalt**). Die gesetzliche Zuständigkeitsverteilung endet bei dem die Behörde repräsentierenden Behördenvorstand. Innerhalb der Behörde gibt es kaum gesetzliche Durchdringungen der Aufgabenverteilung. Der Behördenleiter ist aber allgemeinen Weisungen der Aufsichtsbehörde unterworfen (Collin/Fügemann JuS 2005, 694 (696)).

1. Historie

In den 1990er Jahren kam es zu einer **Dynamisierung der Reformprozesse** in den **18** bundesdeutschen Polizeien, mithin auch in Nordrhein-Westfalen. Hier waren Kreispolizeibehörden – seit den 1960er Jahren – in drei Abteilungen gegliedert (Schutzpolizei, Kriminalpolizei, Verwaltung). Interne Reibungsverluste und Doppelarbeit sowie insbesondere durch **Spartendenken** in den Abteilungen „Schutzpolizei" und „Kriminalpolizei" hervorgerufene Konkurrenzsituationen führten immer mehr zu **Störungen der Effektivität und Effizienz** der polizeilichen Arbeit. Auch das sog „Subjektive Sicherheitsgefühl" rückte verstärkt in den Fokus (politischer) Betrachtung. Zwar kann eine gute objektive Sicherheitslage nicht mit einem hohen subjektiven Sicherheitsgefühl gleichgesetzt werden. Dass die Kriminalitätsfurcht für die Polizei gleichwohl von Bedeutung ist, „ergibt sich aus dem staatlichen Gewaltmonopol, dem die Gegenverpflichtung entspricht dem Bürger ein Leben ohne Angst vor tatsächlicher oder vermeintlicher Bedrohung möglich zu machen. Von daher gehört es zu den staatlichen Aufgaben, dafür zu sorgen, dass die Bürger nicht nur tatsächlich abends sicher auf die Straße gehen können, sondern auch glauben, dass sie es können" (Müller Kriminalistik 2018, 162 (164)). Auch Änderungen der organisatorischen Binnenstruktur der Kreispolizeibehörde sollten hier „Abhilfe" schaffen.

In der zweiten Hälfte der 1990er Jahre mussten die Politikverantwortlichen im Rahmen der jährli- **18.1** chen Präsentation der Polizeilichen Kriminalstatistik bekennen, dass die Straftatenentwicklung im wiedervereinigten Deutschland in vielen Deliktsbereichen stets aufs Neue unrühmliche Rekorde brach. Nach dem Ausbruch des Balkankrieges schwand die Hoffnung, die durch den Fall des Eisernen Vorhangs belastete Lage der inneren Sicherheit auf einen kurzen Zeitabschnitt begrenzen zu können (Sohn DIE POLIZEI 2014, 159). Insbesondere steigende Kriminalitätszahlen im Bereich der Alltags- und Straßenkriminalität wirkten sich auf das subjektive Sicherheitsgefühl der Bevölkerung aus (zur kognitiven

Komponente des „Bedrohtheitsgefühls" Schwind, Kriminologie, 23. Aufl. 2016, § 20 Rn. 18 f.). Kriminalitätsfurcht schränkt die Lebensqualität ein und ist insoweit auch politisch brisant. Wie sich diese Bedrohtheitsgefühle im Langzeitvergleich in Deutschland verändern, zeigen die Resultate der Bochumer „statistikbegleitenden Dunkelfeldforschung" (Bochum I-IV), die Mitte der 1970er Jahre beginnen (ausf. Schwind Kriminalistik 2019, 719 ff.). Dabei dürfte die **Kriminalitätsfurcht** angesichts der **demografischen Entwicklung** weiter zunehmen. Paradoxerweise fürchten sich ältere Personen beiderlei Geschlechts mehr als jüngere Personen, Opfer einer Straftat zu werden, obwohl tatsächlich jüngere Menschen häufiger viktimisiert werden (sog. Kriminalitätsfurcht-Paradoxon, s. Kunz/Singelnstein, Kriminologie, 7. Aufl. 2016, § 23 Rn. 25; Liebl Kriminalistik 2016, 438; Reuband NK 2012, 133). Dem aus sozialer Desorganisation, Angst vor aktuellen Bedrohungen und dem selbst erlebten Straßenbild folgenden Absinken des subjektiven Sicherheitsgefühls kann die Polizei auch durch verstärkte Präsenz begegnen. Dem in seinem Sicherheitsgefühl beeinträchtigten Bürger soll durch die Präsenz der Polizei eine bessere Erreichbarkeit polizeilichen Schutzes signalisiert werden (Müller Kriminalistik 2018, 162 (164)). Allerdings drängt sich der Eindruck auf, dass Innere Sicherheit zunehmend als „gefühlte Sicherheit" gehandelt wird. Die Angst vor Straftaten erscheint für den einzelnen Bürger wichtiger als die tatsächliche Wahrscheinlichkeit, Opfer einer Straftat zu werden (Feltes NK 2019, 3: „German Angst" als typisch deutscher Charakterzug?). Nichtsdestotrotz ist die Idee der Prävention allgegenwärtig. Der Staat reagiert damit auf die Freiheitsinteressen des Individuums. Freiheitsinteressen und Prävention verschmelzen im Rechtssicherheitsparadigma. Danach garantiert die gewalthabende Autorität die Verwirklichung subjektiver Rechte. Die Garantiefunktion des Rechtssicherheitsparadigmas artikuliert die doppelte Schutzperspektive: „Schutz vor staatlicher Macht und Schutz vor ‚lebensweltlichen Verunsicherungen'. Allerdings basiert dieses Projekt auf einem Paradox, auf dem Paradox der Prävention. Das Paradox besteht darin, dass Freiheitsinteressen und Rechtsstatus gerade dadurch stabilisiert werden sollen, dass das immer mögliche Gefahrenund Verunsicherungsszenario im Bewusstsein gehalten, gleichzeitig aber dessen Beherrschbarkeit in Aussicht gestellt wird" (Puschke/Singelnstein, Der Staat und die Sicherheitsgesellschaft/Zabel, 2018, 55). Letztlich ist das Thema „Kriminalitätsfurcht" geeignet, um andere Beunruhigungen zu vertuschen. Betroffene können auf sie allgemeine Lebensängste „verschieben". Gesellschaftlich Verantwortliche können mit der „Bekämpfung der Kriminalitätsfurcht" von tieferen Ursachen dieser Lebensängste ablenken. Möglicherweise ist die Bevölkerung verunsichert, weil die politische oder ökonomische Zukunft und damit die individuelle Lebensführung ungewiss werden. Krisen provozieren die Nachfrage an den Staat, allgemein „Sicherheit" zu gewährleisten, dh die je eigene Lage „ruhig" und „stabil" zu halten (zur subjektiven Sicherheit als „kriminal-strategische Leitlinie" Knape DIE POLIZEI 2018, 290 ff.: Polizei im Spannungsfeld von Verbrechensverhütung und Wahrung der Bürgerrechte).

19   Im Zuge der sog. **Neuorganisation der Polizei in Nordrhein-Westfalen** wurde in den 1990er Jahren der Behördenaufbau verschlankt. Die Drei-Abteilungsstruktur wurde durch eine **Zweiabteilungsstruktur** mit den Abteilungen „Verwaltung/Logistik" (VL) und „Gefahrenabwehr/Strafverfolgung" (GS) abgelöst. Die **Spartentrennung** zwischen Kriminal- und Schutzpolizei wurde aufgehoben. Schutz- und Kriminalpolizei wurden zusammengeführt. Durch Dezentralisierung wurde ebenso eine **größere Bürgerorientierung** wie eine effektivere und wirtschaftlichere Aufgabenwahrnehmung angestrebt. Die Schutzpolizei wurde immer stärker in die Kriminalitätsbekämpfung mit einbezogen, insbesondere auch zur Bekämpfung der Straßenkriminalität.

19.1   Allerdings ist kaum ein Thema so ideologisiert worden wie die Integration von Schutz- und Kriminalpolizei und die daraus zum Teil abgeleitete Forderung nach **Generalisierung** bzw. **Spezialisierung** und organisatorische Fragen von Zentralisierung und Dezentralisierung. Die Diskussion um die Integration musste gar als „Vehikel" für die Aufwertung der Arbeit der Schutzpolizei herhalten (Berthel/Pezolt/Spange/Westphal/Zott, Der kriminalstrategische Problemlösungsprozess, 2006, 58; krit. auch Quambusch Kriminalistik 1999, 99 (101): „Die Schutzpolizei hat schon immer eifersüchtig auf die Kriminalpolizei geschaut. Dass sie in der Kriminalpolizei eher die Elite erkennt als in ihren eigenen Reihen, deutet vielleicht auch der Bewerbungstrend an, der i. d. R. von der Schutzpolizei zur Kriminalpolizei und nicht umgekehrt verläuft. Die Kriminalpolizei musste um so mehr als Elite verstanden werden, je mehr im öffentlichen Bewußtsein die Kriminalpolizei als Hort der Intelligenz hervortrat").

2. Kernaufgabenorientierung / Direktionsmodell

20   Mit dem **Modellversuch** „Andere Führungsstrukturen in Polizeipräsidien" in den Polizeipräsidien Köln und Aachen, der im April 2004 begonnen wurde und bis Ende Dezember

2005 durchgeführt wurde, hat eine weitere Entwicklung der Veränderung und Modernisierung der Binnenstrukturen der Kreispolizeibehörden eingesetzt. Nach positiver Bewertung dieses Modellversuchs in Köln und Aachen auf Grundlage eines Evaluationsgutachtens hatte sich die „**Kernaufgabenorientierung** als vorrangiges Organisationsprinzip" herausgebildet (Wesseler/Kamp NWVBl. 2009, 374 (379)). Das sog. **Direktionsmodell** wurde sodann von vielen als eine „Allheil- oder Wundermittel zur Qualitätssteigerung in der polizeilichen Arbeit" angesehen (Reuter DIE POLIZEI 2007, 356). Von diesem Direktionsmodell abweichende Aufbauorganisationen wurden seitens des Ministeriums nicht mehr genehmigt.

3. Organisationserlass

Mit Wirkung v. 1.1.2011 trat der sog. **Organisationserlass** in Kraft (Runderlass des **21** Ministeriums für Inneres und Kommunales v. 21.12.2010 – 43.1 – 58.08.01, MBl. NRW. 912: Organisation der Kreispolizeibehörden des Landes Nordrhein-Westfalen). Dieser Erlass enthält Regelungen zur „**inneren Organisation**" und setzt den organisatorischen Rahmen. Festgelegt **wurden einheitliche Strukturen** für die Behörden. Basis der Strukturen ist die Bündelung der polizeilichen Kernaufgaben in vier Direktionen („Direktionsmodell"): Das Grundprinzip im Direktionsmodell ist die **Bündelung der polizeilichen Kernaufgaben in Direktionen.** Neben der Direktion „Zentrale Aufgaben" sind dies die kernaufgabenorientierten Direktionen „Gefahrenabwehr und Einsatzbewältigung", „Kriminalitätsbekämpfung", „Verkehrssicherheitsarbeit".

Als **Vorteile dieser Organisationsstruktur** wurde mehrere Aspekte identifiziert: Spezialisierung **21.1** bestimmter Deliktsbearbeitungen, bestimmte Aufgaben liegen durchgehend in einer Hand, weniger Schnittstellenprobleme insbesondere innerhalb der (kriminal-) polizeilichen Sachbearbeitung, höhere Identifikation mit der Aufgabe, Informationssteuerung innerhalb einer kernaufgabenorientierten Aufgabe, strategische Ausrichtung. Erfolgsfaktor ist sicherlich, dass die Wahrnehmung der Kernaufgaben durchgängig auf allen Ebenen von einem ganzheitlichen und integrativen Aufgabenverständnis getragen wird. Trotz organisatorischer Trennung der Kernbereiche ist eine direktionsübergreifende Zusammenarbeit und Unterstützung erforderlich. Bereichsegoismen sind hier fehl am Platz (so die Theorie).

4. Kritik

Im Direktionsmodell wurde insbesondere das vielfach konstatierte „**Spartendenken**" als **22** neuralgischer Punkt identifiziert.

Aus der Organisationslehre ist bekannt, dass es für die organisationale Realität eine Fiktion ist zu **22.1** glauben, dass ein **einheitliches Organisationsziel** besteht, welches von allen Organisationsmitgliedern geteilt wird (Schüller DIE POLIZEI 1991, 157: Organisationspsychologische Untersuchung zu Orientierungsmustern bei der Schutzpolizei). Wenn aber innerhalb der Organisation dann „künstlich" Grenzen gezogen werden, innerhalb derer noch zur „Identifikation" aufgerufen wird, sind Bereichsegoismen (fast) logische Konsequenz („Theorie der sozialen Identität"). Es ist keine neue Erkenntnis, dass ein „enges" Zusammengehörigkeitsgefühl Abgrenzung und Isolierung bewirken kann.

Hinzu kommt, dass mit der Neuorganisation in den 1990er Jahren die **Schnittstellen- 23 probleme** der drei Abteilungen (Schutz-, Kriminalpolizei, Verwaltung) des bis dahin bestehenden Spartenmodells überwunden werden sollten. Gerade in den Schnittstellen wurde ein Haupthindernis für eine optimierte Leistungsfähigkeit der Polizei gesehen (Reuter DIE POLIZEI 2007, 356 (359)). Interne **Reibungsverluste** und **Doppelarbeit** sowie durch Spartendenken in den Abteilungen „Schutzpolizei" und „Kriminalpolizei" hervorgerufene Konkurrenzsituationen führten zu Störungen der Effektivität und Effizienz der polizeilichen Arbeit, die letztlich eine Organisationsänderung erforderlich werden ließ. Sowohl in der Theorie als auch in der Praxis wurde gerade in den Schnittstellen ein Haupthindernis für eine optimierte Leistungsfähigkeit der Polizei konstatiert. In Folge dessen erfolgte eine Gliederung in zwei Abteilungen („Gefahrenabwehr und Einsatz" und Verwaltung und Logistik"). Mit dem Direktionsmodell wurden aus zwei Abteilungen vier Abteilungen. Wenn das Drei-Abteilungs-Modell aber problematisch war und aus guten Gründen abgeschafft wurde, so ist schwerlich nachzuvollziehen, vor diesem Hintergrund vier Abteilungen einzurichten.

Die Annahme des Direktionsmodells, dass bestimmte Aufgaben in einer Hand liegen sollten, gehört **23.1** auf den ersten Blick zu den Vorteilen des Spartenmodells. So wurde dem integrativen Modell unter anderem vorgeworfen, dass die organisatorische Trennung zwischen der Unterabteilung „Zentrale Kriminalitätsbekämpfung" und den Kriminalkommissariaten in den Unterabteilungen der Polizeiinspektionen zu unnötigen **Schnittstellenproblemen** in der Kriminalitätsbekämpfung geführt habe. Nach Zusammenlegung aller Kriminalkommissariate in einer Direktion Kriminalität sollten derartige Schnittstellenprobleme beseitigt werden. Diese Annahme greift jedoch nur dann, wenn man nicht nur von einer analytisch denkbaren, sondern auch von einer praktisch sinnvollen **Aufgabentrennung** zwischen Kriminalitäts-, Verkehrs- und Einsatzangelegenheiten ausgeht. Polizeiliche Lebenssachverhalte lassen sich zwar analytisch, jedoch selten auch praktisch trennen; Sachverhalte werden nicht „kernaufgabenorientiert" an die Polizei herangetragen. Inwieweit ein Zusammenhang zwischen der Organisation der Polizei als „Spartenpolizei" oder „Einheitspolizei" und ihrer Leistungsfähigkeit besteht, kann an dieser Stelle nicht hinreichend dargelegt werden (näher Reuter Kriminalistik 2010, 225 (232)). Letztlich ist auch empirisch nicht belegbar, dass eine „Spartenpolizei" erfolgreicher ist als „integrative Polizei" (Reuter DIE POLIZEI 2007, 356 (359); Kriminalistik 2010, 225). Verschiedene Sparten scheinen jedenfalls nicht geeignet, ein Zusammengehörigkeitsgefühl zu erzeugen.

23.2   Eine **Expertenkommission „Bürgernahe Polizei – Den demografischen Wandel gestalten"** hat indes 2015 keinen Anhaltspunkt dafür gefunden, dass das „Direktionsmodell […] Anlass böte, über eine Revision und damit eine mögliche Änderung der Erlasslage nachzudenken. Ganz im Gegenteil begrüßt die Kommission die einheitliche Ausrichtung der nordrhein-westfälischen Kreispolizeibehörden und sieht sie als einen Erfolgsgaranten für deren leistungsfähigkeit an" (LT-Drs. 16/3023, 36). Diese Feststellung der Expertenkommission geht nach Auffassung der Gewerkschaft der Polizei (GdP) indes an der Realität vorbei. Im Vorfeld der Einführung des Direktionsmodells hat die GdP bereits 2006 durch eine Arbeitsgruppe Vor- und Nachteile des Modells abwägen lassen. Im Zentrum der gewerkschaftlichen Kritik standen vor allem Befürchtungen im Hinblick auf (mögliche) Reibungsverluste durch die Versäulung von Kriminalitätsbekämpfung einerseits und Gefahrenabwehr / Einsatz und Verkehr andererseits. Auch könne es nicht zuletzt in Abhängigkeit von den jeweiligen Direktionsleitungen zu Bereichsegoismen kommen, die die Aufgabenerledigung negativ beeinflussen könnte. Überdies ist Polizeiarbeit Teamarbeit, insbesondere bei der Kriminalitätsbekämpfung würde die traditionell gute Zusammenarbeit zwischen Kripo und Schutzpolizei aufbrechen und verloren gehen. Nach Auffassung der GdP haben sich diese Befürchtungen zum großen Teil bewahrheitet: „Die Technokratisierung der Polizei und die damit verbundene Kappung der „kurzen Wege" zwischen den einzelnen Organisationseinheiten ist mittlerweile Realität in der Polizei in NRW. Das Direktionsmodell hat letztlich auch Prozesse wieder erschwert, die durch vorangegangene Neuorganisationen bereits optimiert waren" (Gewerkschaft der Polizei NRW, Stellungnahme v. 26.10.2015 zur LT-Drs. 16/3023, 37).

V. Erlass einer Rechtsverordnung durch Landesregierung

24   Die Ermächtigung zum **Erlass einer Rechtsverordnung** nach Abs. 2 wird bezüglich ihres Ausmaßes nicht allein durch diese Vorschrift, sondern auch Abs. 1 begrenzt. Abs. 1 Nr. 1 verlangt von einem Polizeipräsidium, dass in seinem Bezirk mindestens eine kreisfreie Stadt liegt. Im Umkehrschluss daraus hat eine kreisfreie Stadt dagegen keinen „Anspruch" auf ein Polizeipräsidium. Das ergibt sich zum einen aus dem Wort „mindestens" in Abs. 1 Nr. 1, zum anderen aus Abs. 2 S. 2. Letztgenannte Bestimmung besagt, dass – im Gegensatz zu einem Kreis – das Gebiet einer kreisfreien Stadt räumlich nicht auf zwei Polizeipräsidien aufgeteilt werden kann (Tegtmeyer POG NRW Rn. 9).

24.1   Die Landesregierung entscheidet, „ob und inwieweit" ein Kreis einen Polizeibezirk bildet (Abs. 2 S. 1). Durch das Wort „inwieweit" wird es ermöglicht, dass ein Teil eines Kreises in eine andere Kreispolizeibehörde eingegliedert werden kann. Durch das Wort „ob" ist es gar möglich, dass ganze Kreise einer anderen Kreispolizeibehörde zugeordnet werden können, also dann keinen eigenen Polizeibezirk mehr bilden. Wenngleich es für keine Landrätin als Kreispolizeibehörde und für keinen Landrat als Kreispolizeibehörde einen ,Bestandsschutz' gibt, darf der Verordnungsgeber jedenfalls nicht ,auf kaltem Wege' eine **territoriale Neuorganisation** der Kreispolizeibehörden dergestalt vornehmen, dass es keine Landratsbehörden mehr gibt. Falls dies politisch gewollt ist, muss das geändert werden und insbesondere Abs. 1 Nr. 2 fallen (Tegtmeyer POG NRW Rn. 10).

VI. Erlass einer Rechtsverordnung durch Innenministerium

25   Durch Abs. 3 Nr. 1 hat das Innenministerium die **KHSt-VO** (Verordnung über die Bestimmung von Polizeipräsidien zu Kriminalhauptstellen v. 18.4.2018, GV. NRW. 204) erlassen. Für bestimmte schwere Straftaten und für besondere Einsatzanlässe besteht in Nordrhein-Westfalen ein abgestuftes „Bearbeitungssystem". Hiernach nehmen größere und damit (regelmäßig) auch leistungsstärkere Kreispolizeibehörden Aufgaben über ihren eigenen Zuständigkeitsbereich hinaus wahr, zB für bestimmte Einsatzanlässe. Von den 47 Kreispolizeibehörden werden in § 1 KHSt-VO 16 Polizeipräsidien zu sog. **Kriminalhauptstellen** bestimmt, denen bestimmte Aufgaben übertragen wurden, die über die Aufgaben der ihnen zugeordneten Kreispolizeibehörden hinausgehen (§ 2 KHSt-VO). Die zu Kriminalhauptstellen bestimmten Polizeipräsidien sind in ihrem Bereich zB zuständig für die Erforschung und Verfolgung von Fällen der „vorsätzlichen Tötung" (§ 2 Abs. 1 S. 1 Nr. 1 KHSt-VO), Bildung krimineller Vereinigungen gem. § 129 StGB (§ 2 Abs. 1 S. 1 Nr. 2 KHSt-VO) oder auch bei Straftaten, die unter Beteiligung von im Landesdienst stehenden Beschäftigten einer Kreispolizeibehörde begangen werden (§ 2 Abs. 1 S. 1 Nr. 8 KHSt-VO). Eine Aufgabenerledigung auf Landesebene bietet darüber hinaus die Möglichkeit, die fachlichen Aspekte besser und leichter zu koordinieren, dies gewährleistet eine „fachliche Qualitätssicherung" (Westphal LKV 2015, 152 (155)).

Noch höhere Ansprüche an Ausbildung, Kenntnisse, Fähigkeiten, Fertigkeiten und Anzahl der einzu- **25.1** setzenden Beamten stellen Einsatzanlässe dar, für die gem. § 4 KHSt-VO sechs der „Hauptstellen" als sog. **Megabehörden** bestimmt wurden (Pientka/Wolf, Kriminalwissenschaften I, 2012, Rn. 129). So sind die Polizeipräsidien Bielefeld, Dortmund, Düsseldorf, Essen, Köln und Münster unter anderem zuständig für die Erforschung und Verfolgung von Straftaten des erpresserischen Menschenraubes (§ 239a StGB) oder der Geiselnahme (§ 239b StGB). Diese Polizeipräsidien verfügen über einen sog. **Ständigen Stab und über Spezialeinheiten,** sie sind auch für den **Personen- und Zeugenschutz** zuständig (§ 4 Abs. 2 KHSt-VO). Die organisatorische Anbindung der Spezialeinheiten nach der KHSt-VO erfolgt seit Mitte der 1980er Jahren bei den sog. „§ 4-Behörden". Erfahrungen aus dem Gladbecker Geiseldrama (1988) und dabei offenkundig werdende Mängel der Einsatzkoordinierung wurden ab 1990 zur Einführung der Ständigen Stäbe bei den „§ 4-Behörden" genutzt (Groß/Frevel/Dams/Schulte, Handbuch der Polizeien, 2008, 289, 298).

Gemäß Abs. 3 Nr. 2 ist das Innenministerium ermächtigt, durch Rechtsverordnung die **26** polizeilichen Aufgaben auf bestimmten Strecken von Straßen oder auf bestimmten Teilen von Gewässern im Grenzbereich zwischen Kreispolizeibehörden einer Kreispolizeibehörde zu übertragen, soweit das zur zweckmäßigen Aufgabenerfüllung erforderlich ist. Für die Autobahn sind über den eigenen Bezirk hinaus die Polizeipräsidien Bielefeld, Dortmund, Düsseldorf, Köln und Münster zuständig, für die Wasserstraßen ist es landeszentral das Polizeipräsidium Duisburg.

VII. Vereinbarungen mit anderen Ländern

Durch Abs. 4 wird es Nordrhein-Westfalen ermöglicht, mit anderen Ländern Vereinbarun- **27** gen („Regierungsabkommen") zu schließen, zB das **Verwaltungsabkommen zwischen den Ländern Hessen und Nordrhein-Westfalen über die Wahrnehmung polizeilicher Aufgaben auf Bundesautobahnen** v. 4.12.2001 (GV. NRW. 2002, 89 / SGV. NRW. 2002, 205).

Für die **Rechtsqualität derlei Verwaltungsabkommen** ist es entscheidend, ob eine Zustimmung **27.1** des Landtags Nordrhein-Westfalens wegen der haushaltsrechtlichen Auswirkungen der entsprechenden Vereinbarung erforderlich war. Staatsverträge bedürfen gem. Art. 66 S. 2 NRW Verf der Zustimmung des Landtags. Im Falle der Zustimmung handelt es sich bei der Vereinbarung um einen **Staatsvertrag.** So hat zB der Landtag Nordrhein-Westfalens am 25.3.1953 dem Abkommen zwischen dem Lande Niedersachsen und dem Lande Nordrhein-Westfalen über die Durchführung wasserschutzpolizeilicher Aufgaben auf dem Mittellandkanal und auf der Weser zugestimmt (GV. NRW. 1953, 227).

§ 3 Wasserschutzpolizei

(1) Die Wasserschutzpolizei ist eine Organisationseinheit des für den Standort Duisburg zuständigen Polizeipräsidiums.

(2) Der Polizeibezirk der Wasserschutzpolizei umfasst die schiffbaren Wasserstraßen (Bundeswasserstraßen und für schiffbar erklärte Landesgewässer) einschließlich der mit ihnen unmittelbar in Verbindung stehenden Nebenarme, Alt-

arme, **Wehrarme, Hafenbecken, Seen und Baggerlöcher,** außerdem die Inseln innerhalb dieser Gewässer sowie die Anlagen und Einrichtungen, die zu den Wasserstraßen gehören oder der Schiffbarkeit der Wasserstraßen, dem Schiffsverkehr oder dem Umschlag dienen.

(3) Das Innenministerium wird ermächtigt, durch Rechtsverordnung Gewässer erster Ordnung im Sinne des § 3 Abs. 1 Satz 1 Nr. 1 des Landeswassergesetzes oder Teilstrecken hiervon dem Polizeibezirk der Wasserschutzpolizei zuzuweisen, soweit das zur zweckmäßigen Aufgabenerfüllung erforderlich ist.

Überblick

§ 3 Abs. 1 erklärt zunächst die Wasserschutzpolizei als eine **Organisationseinheit des Polizeipräsidiums Duisburg.** Angesichts der Auflösung des Präsidiums der Wasserschutzpolizei durch das Gesetz zur Änderung des Polizeiorganisationsgesetzes und zur Änderung weiterer Vorschriften über die Organisation der Polizei v. 23.5.2006 (GV. NRW. 266) war diese Ergänzung in § 3 notwendig (→ Rn. 1.1). Während aufgrund von § 10 die Wasserschutzpolizei (allgemein) sachlich zuständig ist, normiert § 11 Abs. 2 eine **besondere sachliche Zuständigkeit** für die Überwachung des Verkehrs auf den schiffbaren Wasserstraßen und Gewässern. (→ Rn. 4). Die Wasserschutzpolizei ist bei **räumlicher Beschränkung** auf Wasserstraßen und andere schiffbare Gewässer gefahrenabwehrend, teilweise auch strafverfolgend tätig. Sie verfügt aber auch über ein **Zentrales Kriminalkommissariat;** vor allem aber ist sie eine „**Verkehrspolizei auf dem Wasser"** (→ Rn. 5). Die in Nordrhein-Westfalen gelegenen **Bundeswasserstraßen** iSd § 3 Abs. 2 ergeben sich aus der Anlage 1 WaStrG (→ Rn. 8).

A. Allgemeines

1   Die Wasserschutzpolizei ist eine Organisationseinheit des für den **Standort Duisburg** zuständigen Polizeipräsidiums.

1.1   Durch das Gesetz zur Änderung des Polizeiorganisationsgesetzes und zur Änderung weiterer Vorschriften über die Organisation der Polizei v. 23.5.2006 (GV. NRW. 266) wurde in § 3 der Abs. 1 vorangestellt. Die Änderung war erforderlich angesichts der Auflösung des Präsidiums der Wasserschutzpolizei sowie der Eingliederung der Polizeipräsidien Mülheim an der Ruhr und Leverkusen. Verantwortlich für diese Organisationsänderung waren vor allem Effizienzgedanken. Durch Synergieeffekte sollte insbesondere eine personelle Verstärkung des operativen Bereichs bewirkt werden (LT-Drs. 14/929, 1).

2   Die Direktion Wasserschutzpolizei (WSP) des Polizeipräsidiums Duisburg sorgt für Sicherheit auf den insgesamt circa **900 Kilometern schiffbaren Wasserstraßen** des Landes und damit unmittelbar in Verbindung stehenden Gewässern (zB Nebenarme, Baggerlöcher, Seen) mit 260.000 Schiffsbewegungen pro Jahr.

3   Die Wasserschutzpolizei gehört zu den **besonders spezialisierten polizeilichen Einheiten,** deren Angehörige regelmäßig eine besondere Ausbildung durchlaufen müssen.

B. Einzelkommentierung

I. Aufgaben der Wasserschutzpolizei

4   Die Wasserschutzpolizei ist aufgrund der **allgemeinen sachlichen Zuständigkeit** aller Polizeibehörden für die Gefahrenabwehr gem. § 10 zuständig. Davon zu unterscheiden ist die **besondere sachliche Zuständigkeit** der Wasserschutzpolizei gem. § 11 Abs. 2 für die Überwachung des Verkehrs auf den schiffbaren Wasserstraßen und Gewässern (Kingreen/Poscher POR § 6 Rn. 13). Die Wasserschutzpolizei nimmt polizeiliche Aufgaben auf den schiffbaren Wasserstraßen und anderen schiffbaren Gewässern wahr. Vorrangig ist indes die Zuständigkeit des Bundes für seine Wasserstraßen (Art. 89 Abs. 2 S. 3 GG; Thiel PolR § 3 Rn. 15). Die Aufgaben der Wasserschutzpolizei sind letztlich vielfältiger Natur. Sie erstrecken sich von vom reinen Bootsstreifendienst über Schiffskontrollen bis hin zur Bekämpfung von Schiffsunfällen und Gewässerverunreinigungen sowie der Überwachung von Transport und Umschlag gefährlicher Güter (näher dazu Stahl DP 7/2017, 4 ff.).

Der Bund kann zur Übertragung schifffahrtspolizeilicher Vollzugsaufgaben mit den Ländern Verein- **4.1**
barungen schließen (§ 1 Abs. 2 BinSchAufgG). Das ist durch die **Vereinbarung über die schifffahrts-**
polizeilichen Aufgaben v. 20.4./19.5.1955 (SMBl. NRW. 950) erfolgt (→ § 11 Rn. 24 ff.).

Bei räumlicher Beschränkung auf Wasserstraßen und andere schiffbare Gewässer wird die **5**
Wasserschutzpolizei umfassend gefahrenabwehrend und in Teilbereichen auch strafverfolgend
als Polizeibehörde tätig. Die Direktion Wasserschutzpolizei hat ein **Zentrales Kriminal-**
kommissariat, welches im gesamten Zuständigkeitsbereich unterschiedliche Straftaten bearbeitet, insbesondere Umweltdelikte, Fälschungsdelikte im Bereich Patente, Führerscheine,
Konossemente usw, Brände und Explosionen in der Schifffahrt einschließlich ggf. einschlägiger Deliktsvortäuschungen, Betrugsfälle usw. Es handelt sich aber im Grundsatz um eine
„**Verkehrspolizei auf dem Wasser**" (Tegtmeyer/Vahle PolG NRW § 1 Rn. 9; speziell
zum maritimen Umweltschutz Braun DP 7/2017, 11 f.).

II. Bezirk der Wasserschutzpolizei

Der Bezirk der Wasserschutzpolizei (örtliche Zuständigkeit) ist in Abs. 2 bestimmt. Hier **6**
ist die Wasserschutzpolizei aufgrund der allgemeinen sachlichen Zuständigkeit aller Polizeibehörden für die Gefahrenabwehr gem. § 10 zuständig (Kingreen/Poscher POR § 6 Rn. 13;
zur örtlichen Zuständigkeit auf Bundesebene Stahl DP 7/2017, 4 (5)).
Bundeswasserstraßen sind gem. § 1 Abs. 1 Nr. 1 WaStrG die **Binnenwasserstraßen** **7**
des Bundes, die dem allgemeinen Verkehr dienen; als solche gelten die in der Anlage 1
WaStrG aufgeführten Wasserstraßen; dazu gehören auch alle Gewässerteile, die
• mit der Bundeswasserstraße in ihrem Erscheinungsbild als natürliche Einheit anzusehen
  sind (§ 1 Abs. 1 Nr. 1 lit. a WaStrG),
• mit der Bundeswasserstraße durch einen Wasser zu- oder -abfluss in Verbindung stehen
  (§ 1 Abs. 1 Nr. 1 lit. b WaStrG),
• einen Schiffsverkehr mit der Bundeswasserstraße zulassen (§ 1 Abs. 1 Nr. 1 lit. c WaStrG)
  und
• im Eigentum des Bundes stehen (§ 1 Abs. 1 Nr. 1 lit. d WaStrG).
Ein **Verzeichnis der dem allgemeinen Verkehr dienenden Binnenwasserstraßen** des **8**
Bundes findet sich in Anlage 1 WaStrG.
Zu beachten ist das (Verwaltungs-) **Abkommen zwischen dem Land Niedersachsen** **9**
und dem Land Nordrhein-Westfalen über die Durchführung wasserschutzpolizeilicher
Aufgaben auf dem Mittellandkanal und auf der Weser v. 26.4.2005. (GV. NRW. 629),
wodurch es wechselseitige Zuständigkeitsübertragungen gegeben hat (Tegtmeyer POG NRW
Rn. 1).
Neben den Bundeswasserstraßen spricht Abs. 2 von „**Für schiffbar erklärte Landesge-** **10**
wässer". Es sind der Flürer Altrhein (§ 1 der Verordnung über die Schiffbarkeit des Flürer
Altrheins v. 24.5.1991, GV. NRW. 252 / SGV. NRW. 94) und die Ems, beginnend an der
südlichen Eisenbahnbrücke in Rheine bis zur Landesgrenze Niedersachsen (Anlage A StV
Wasserstraßenübergang – Staatsvertrag, betreffend den Übergang der Wasserstraßen von den
Ländern auf das Reich v. 29.7.1921, RGBl. 961).
Durch Abs. 3 wird das Innenministerium ermächtigt, durch Rechtsverordnung **Gewässer** **11**
erster Ordnung iSd Abs. 1 S. 1 Nr. 1 NRWLWG oder Teilstrecken hiervon dem Polizeibe-
zirk der Wasserschutzpolizei zu zuweisen. Gewässer erster Ordnung sind die in lit. A Anlage 1
NRWLWG aufgeführten Gewässerstrecken (lit. A I. Anlage 1 NRWLWG: Landesgewässer;
lit. A II. Anlage 1 NRWLWG: Bundeswasserstraßen).

§ 4 Polizeieinrichtungen

¹**Polizeieinrichtungen können gem. § 14 des Landesorganisationsgesetzes errich-**
tet werden. ²Dabei kann bestimmt werden, dass Polizeieinrichtungen einer anderen
Polizeieinrichtung dienst- und fachaufsichtlich unterstehen.

Überblick

Teil der Landesverwaltung sind auch aufgrund von § 14 LOG NRW errichtete Einrichtungen (→ Rn. 1). Im Gegensatz zu (Kreis-) Polizeibehörden, die das Recht und die Pflicht haben, mit hoheitlichen Mitteln gegenüber der Allgemeinheit einzuschreiten, stehen Einrichtungen **hoheitliche Befugnisse** grundsätzlich nur gegenüber dem eigenen Personal zu (→ Rn. 4). Zu Dritten gibt es aber **fiskalische Beziehungen,** zB durch den Einkauf von Verpflegung usw (→ Rn. 5). Eine Polizeieinrichtung ist auch **keine Strafverfolgungs-behörde** (→ Rn. 6). Ein Einschreiten von Angehörigen einer Polizeieinrichtung ist aber möglich auf Grundlage von § 7 Abs. 3 (→ Rn. 6). Im Geschäftsbereich des Innenministeriums ist Polizeieinrichtung (nur) noch die Deutsche Hochschule der Polizei (DHPol, → Rn. 8). Die Rechts- und Fachaufsicht führen der Bundesminister des Innern und die Innenminister / -senatoren der Länder gemeinsam (→ Rn. 10).

A. Allgemeine Charakterisierung und rechtlicher Rahmen

1   Neben den Behörden sind Einrichtungen Teil der Landesverwaltung. Während für die Errichtung von Behörden ein Gesetz oder eine Rechtsverordnung erforderlich ist, können Einrichtungen des Landes durch **Organisationserlass des zuständigen Ressortministeriums** gem. § 14 Abs. 1 LOG NRW errichtet werden (Tegtmeyer POG NRW Rn. 1).

1.1   Hiernach werden Einrichtungen des Landes, insbesondere Institute, Archive, Untersuchungsanstalten, Schulen, Ausbildungsstätten, Forschungsanstalten und zentrale Forschungseinrichtungen, Kuranstalten und sonstige nichtrechtsfähige öffentliche Anstalten, die einen eigenen Bestand an Personal und sachlichen Mitteln haben – vorbehaltlich der besonderen hierfür geltenden Vorschriften – von den obersten **Landesbehörden im Rahmen ihres Geschäftsbereichs** errichtet. Die obersten Landesbehörden können ihre Dienst- oder Fachaufsicht auf nachgeordnete Behörden übertragen.

2   Es besteht eine **Einflussnahme des Landtags,** da sich die Einrichtungen nach § 14 Abs. 2 LOG NRW aus dem Haushaltsplan ergeben müssen.

3   Zum Teil werden ausbildende Stellen als Polizeieinrichtung bezeichnet. So ist gem. § 81 SOG LSA die Fachhochschule der Polizei Sachsen-Anhalts eine Polizeieinrichtung. Sie dient durch die **Ausbildung von Polizeibeamten** der Erfüllung polizeilicher Aufgaben. Gemäß § 70 Abs. 2 BWPolG unterhält das Land Baden-Württemberg für den Polizeivollzugsdienst folgende Einrichtungen: die Hochschule für Polizei Baden-Württemberg und das Präsidium Technik, Logistik, Service der Polizei. Als Polizeieinrichtung wurde auch bezeichnet eine innerhalb des Nutzungszeitraums einer die Polizeikräfte beherbergende ehemalige Kaserne (OLG Celle IBRRS 2007, 2933).

B. Rechtsstellung

4   Eine Einrichtung unterscheidet sich von einer Behörde durch ihr **Unvermögen zur hoheitlichen Außenwirkung** gegenüber Dritten, wenn man einmal von ihrer Kompetenz zur Abwehr von Störungen ihres Betriebs absieht (Tegtmeyer/Vahle PolG NRW § 1 Rn. 6). Während Polizeibehörden das Recht und die Pflicht haben, mit hoheitlichen Maßnahmen gegenüber der Allgemeinheit einzuschreiten, stehen Einrichtungen hoheitliche Befugnisse nur gegenüber dem eigenen Personal zu (Tegtmeyer POG NRW Rn. 2), ggf. auch gegenüber „Polizeianwärtern".

5   Dagegen gibt es zu Dritten vielfältige **fiskalische Beziehungen,** zB durch den Kauf von Verpflegung.

6   Eine Polizeieinrichtung ist **keine Strafverfolgungsbehörde.** Die bei der Einrichtung beschäftigten Polizeibeamten können aber auf Grundlage von § 7 Abs. 3 einschreiten (Tegtmeyer POG NRW Rn. 7), also Amtshandlungen im ganzen Land Nordrhein-Westfalen vornehmen, wenn dies zur Abwehr einer gegenwärtigen Gefahr, zur Erforschung und Verfolgung von Straftaten und Ordnungswidrigkeiten auf frischer Tat sowie zur Verfolgung und Wiederergreifung Entwichener erforderlich ist. Unbeschadet davon bleibt die Verpflichtung strafverfolgend einzuschreiten bei schweren Straftaten. Diese an der Schwere der Tat orientierte Abwägungslösung („**Schweretheorie**") gilt auch bei der Verfolgungspflicht bei **außer-**

dienstlicher Kenntniserlangung von Straftaten (Keller PSP 4/2014, 6 (12); Artkämper DIE KRIMINALPOLIZEI 4/2010, 19).

C. Einzelkommentierung

I. Organisationsänderung durch POG II

Durch das Gesetz zur Änderung des Polizeiorganisationsgesetzes und zur Änderung weiterer Vorschriften über die Organisation der Polizei v. 29.3.2007 (GV. NRW. 140) wurde § 4 entsprechend geändert.   **7**

In § 4 Abs. 1 S. 1 aF waren als vom Innenministerium einzurichtende Einrichtungen „Polizeieinrichtungen für die Ausbildung und Fortbildung sowie für Technik und Ausstattung" aufgeführt. Aufgrund dessen wurden nach § 14 LOG NRW folgende Einrichtungen errichtet: Institut für Aus- und Fortbildung der Polizei Nordrhein-Westfalen **(IAF NRW)** und Zentrale Polizeitechnischen Dienste **(ZPD NRW)**. Mit **Umsetzung des Gesetz zur Änderung des Polizeiorganisationsgesetzes und zur Änderung weiterer Vorschriften über die Organisation der Polizei v. 29.3.2007** wurden diese Polizeieinrichtungen zum 1.7.2007 zu den Landesoberbehörden **LAFP NRW** (Landesamt für Ausbildung, Fortbildung und Personalangelegenheiten der Polizei Nordrhein-Westfalen) **und LZPF NRW** (Landesamt für Zentrale Polizeiliche Dienste Nordrhein-Westfalen) umgewandelt. Polizeiliche Aufgaben der Bezirksregierungen wurden auf die Kreispolizeibehörden, die drei Landesoberbehörden sowie auf das Innenministerium übertragen.   **7.1**

II. Deutsche Hochschule der Polizei

Polizeieinrichtung ist (noch) die **Deutsche Hochschule der Polizei (DHPoL,** ehemals Polizeiführungsakademie) im Geschäftsbereich des Innenministeriums (Tegtmeyer/ Vahle PolG NRW § 1 Rn. 6). Es handelt sich um eine **Hochschule auf universitärem Niveau,** die von den Innenministerien und Innensenatoren des Bundes und der Länder getragen wird. Sie basiert auf einem eigenen Gesetz, dem **DHPolG** (Gesetz über die Deutsche Hochschule der Polizei v. 15.2.2005, GV. NRW. 88). Gemäß § 3 Abs. 1 DHPolG ist die Hochschule eine gemeinsame auf den Polizeidienst ausgerichtete Hochschule des Bundes und der Länder und zugleich eine Einrichtung des Landes Nordrhein-Westfalen mit Sitz in Münster.   **8**

Der akkreditierte **Masterstudiengang „Öffentliche Verwaltung – Polizeimanagement"** qualifiziert für den höheren Polizeidienst in den Ländern und beim Bund. Darüber hinaus bietet die Hochschule ein umfassendes Fortbildungsangebot für die Angehörigen des höheren Polizeidienstes an (zur Gründung der DHPoL Neidhardt/Hauff/Birkenstock DIE POLIZEI 2009, 181; Neidhardt Homeland Security 3/2008, 38 ff.). Als Polizeieinrichtung gibt es in Nordrhein-Westfalen nur die DHPoL in Münster.   **9**

Datenübermittlungen von Polizeibehörden an die Polizeieinrichtung sind zulässig, auch wenn § 27 PolG NRW (nur) von „Datenübermittlung zwischen Polizeibehörden" spricht. Derartige Datenübermittlungen können in Betracht kommen, wenn Polizeibeamte der Polizeieinrichtung Maßnahmen im ersten Zugriff nach § 7 Abs. 4 treffen und die Datenübermittlung zur Abwicklung des Sachverhaltes erforderlich ist. Überdies ist eine Datenübermittlung zulässig, soweit Polizeieinrichtungen ihre Gebäude und Liegenschaften zu sichern haben und zu diesem Zweck über Informationen verfügen müssen. Auch die Weitergabe von Unterlagen mit personenbezogenen Daten, die gem. § 24 Abs. 2 PolG NRW zu statistischen Zwecken oder gem. § 24 Abs. 3 PolG NRW zu Zwecken der Aus- und Fortbildung genutzt werden können, darf unter den Voraussetzungen des § 27 Abs. 1 PolG NRW von Polizeibehörden an Polizeieinrichtungen vorgenommen werden (Tegtmeyer/Vahle PolG NRW § 27 Rn. 3; vgl. auch Blum/Mokros/Vahle, Polizeigesetz Nordrhein-Westfalen, 2019, PolG NRW § 27 Rn. 1).   **9.1**

Dienst- und Fachaufsicht können im Polizeibereich auseinanderfallen. So unterliegt die DHPol der **Dienst- und Fachaufsicht,** in Fragen von Lehre und Forschung der **Rechtsaufsicht** (§ 35 Abs. 1 DHPolG). Die Dienstaufsicht obliegt dabei dem Innenministerium des Landes Nordrhein-Westfalen, die Rechts- und Fachaufsicht führen der Bundesminister des Innern und die Innenminister / -senatoren der Länder gemeinsam. Sie setzen dazu ein Kuratorium ein (§ 35 Abs. 2 DHPolG).   **10**

Zweiter Abschnitt. Aufsicht

§ 5 Aufsicht (Dienst- und Fachaufsicht)

(1) Das Innenministerium führt die Aufsicht über das Landeskriminalamt, das Landesamt für Zentrale Polizeiliche Dienste, das Landesamt für Ausbildung, Fortbildung und Personalangelegenheiten der Polizei sowie über die Kreispolizeibehörden und Polizeieinrichtungen.

(2) Das Innenministerium kann einer Polizeibehörde durch Rechtsverordnung für einen im Einzelnen bestimmten Aufgabenbereich gemäß §§ 13, 13a, 13b die Aufsicht über andere Polizeibehörden oder Polizeieinrichtungen übertragen.

(3) Das Innenministerium kann einer Polizeibehörde für einen im Einzelnen bestimmten Aufgabenbereich die Weisungsbefugnis gegenüber anderen Polizeibehörden übertragen, soweit eine einheitliche Handhabung in diesem Aufgabenbereich erforderlich ist.

(4) Das Landesamt für Ausbildung, Fortbildung und Personalangelegenheiten der Polizei führt die Aufsicht über die Kreispolizeibehörden in dienstrechtlichen Angelegenheiten.

Überblick

§ 5 ist den grundlegenden Vorschriften über die **Aufsicht der staatlichen Verwaltung** des Landes Nordrhein-Westfalen (§§ 11–14 LOG NRW) nachgebildet. Unterschieden wird zwischen **Dienst- und Fachaufsicht** (→ Rn. 1). Während sich die **Dienstaufsicht** auf den Aufbau, die innere Ordnung, die allgemeine Geschäftsführung und die Personalangelegenheiten der Behörde bezieht (→ Rn. 10), soll die **Fachaufsicht** die rechtmäßige und zweckmäßige Wahrnehmung der Aufgaben sicherstellen (→ Rn. 11). Zur Dienstaufsicht gehört auch die Entscheidung über **Dienstaufsichtsbeschwerden**. Derlei Beschwerden können **gegen jedes Verwaltungshandeln** eingelegt werden, es besteht (grundsätzlich) ein **Anspruch auf Bescheidung** (→ Rn. 12 ff.). Dem **Beschwerdemanagement** der Polizeibehörden kommt dabei eine große Bedeutung zu (→ Rn. 22 f.). Dass Innenministerium kann einer Polizeibehörde durch Rechtsverordnung für einen im Einzelnen bestimmten Aufgabenbereich gem. §§ 13–13b die **Aufsicht über andere Polizeibehörden oder Polizeieinrichtungen** übertragen. Auch kann es einer Polizeibehörde für einen im Einzelnen bestimmten Aufgabenbereich die **Weisungsbefugnis gegenüber anderen Polizeibehörden** übertragen (→ Rn. 5 ff.). Während das Innenministerium die Aufsicht über die Landesoberbehörden (Landeskriminalamt, Landesamt für zentrale polizeiliche Dienste und Landesamt für Ausbildung, Fortbildung und Personalangelegenheiten der Polizei Nordrhein-Westfalen) sowie über die Kreispolizeibehörden und Polizeieinrichtungen führt, obliegt dem Landesamt für Ausbildung, Fortbildung und Personalangelegenheiten der Polizei als Landesoberbehörde die **Aufsicht über die Kreispolizeibehörden in dienstrechtlichen Angelegenheiten** (→ Rn. 8 f.).

Übersicht

A. Allgemeine Charakterisierung und rechtlicher Rahmen

Interne Verfahrenskontrolle beginnt mit der Verantwortlichkeit und der Aufsicht des Vor- **1** gesetzten in der Behörde; sie setzt sich fort über die administrative Verantwortlichkeit des Behördenleiters und umgreift die politische und rechtliche Verantwortung der Regierung für das Verwaltungsverfahren ebenso wie die zahlreichen Aufsichtsbefugnisse, Beanstandungsrechte (und -pflichten) im hierarchisch gegliederten Aufbau der Staatsverwaltung (Hufen/ Siegel, Fehler im Verwaltungsverfahren, 6. Aufl. 2018, Rn. 832). Der homogenen Struktur der Polizei als Angelegenheit des Landes mit fester Behördenhierarchie entspricht ein **hierarchisches System der Dienst- und Fachaufsicht** (Dietlein/Hellermann NRWÖffR § 3 Rn. 19). Dienst- und Fachaufsicht iSd § 5 ist **Behördenaufsicht** (Klaproth DÖD 2001, 57 (58); Groß DVBl 2002, 793 (796)). Die Norm ist den grundlegenden Vorschriften über die **Aufsicht der staatlichen Verwaltung** des Landes Nordrhein-Westfalen (§§ 11–14 LOG NRW) nachgebildet. Während die Dienstaufsicht wesentlich polizeiinterne Bereiche betrifft, zielt die Fachaufsicht im Wesentlichen auf die Tätigkeit der Polizei mit Außenwirkung ab. Die Art und Weise der Durchführung polizeilicher Maßnahmen fällt in den Bereich der Dienstaufsicht.

Der **Behördenaufbau** richtet sich nach der Dienst- und Fachaufsicht gem. §§ 12, 13 LOG NRW. **1.1** Da eine solch umfassende Dienst- und Fachaufsicht zwar dem Innenministerium, nicht aber den Landesoberbehörden zusteht (§ 5 in Verbindung mit der PolAufsichtsVO – Verordnung über die Wahrnehmung von Aufsichtsaufgaben durch das Landesamt für Ausbildung, Fortbildung und Personalangelegenheiten der Polizei, das Landeskriminalamt und das Landesamt für Zentrale Polizeiliche Dienste v. 2.7.2007, GV. NRW. 214), ist in Nordrhein-Westfalen weiter von einer **Zweistufigkeit im Behördenaufbau** auszugehen. Eine allgemeine Aufsicht der Landesoberbehörden über die Kreispolizeibehörden wäre mit einer lediglich aufsichtsunterstützenden Tätigkeit nicht in Einklang zu bringen und würde das Ziel, die Selbstverantwortung der Behörden zu stärken, zudem konterkarieren (Wesseler/Kamps NWVBl. 2009, 374 (376)).

Dienst- und Fachaufsicht können im Polizeibereich auseinanderfallen. So unterliegt die **2** Deutsche Hochschule der Polizei der Dienst- und Fachaufsicht des Innenministeriums, in Fragen von Lehre und Forschung der **Rechtsaufsicht** (§ 35 Abs. 1 DHPolG), die dem Bundesminister des Innern und den Innenminister / -senatoren der Länder gemeinsam obliegt. Sie setzen dazu ein Kuratorium ein (§ 35 Abs. 2 DHPolG).

Aus dem Wesen der Aufsicht folgt, dass vorgesetzte Behörden nachgeordneten Behörden **3** Weisungen erteilen können, wobei nachgeordneten Behörden grundsätzlich ein **Remonstrationsrecht** zusteht (Tegtmeyer POG NRW Rn. 3). Weisungen sind mithin nicht nur „glasklare" Aufträge, sondern auch als „Bitte" formulierte Aufträge. Wird eine nachgeordnete Behörde aufgefordert, zu einem bestimmten Problem die Auffassung der Praxis dazulegen – etwa um die Entscheidungsfindung der Aufsichtsbehörde zu erleichtern – so ist darin eine Weisung iSd § 5 zu sehen. Grundsätzlich irrelevant ist, ob eine Weisung präventiven oder repressiven Charakter hat (Mokros PSP 1/2014, 40 (44)).

B. Einzelkommentierung

I. Aufsicht des Innenministeriums

§ 5 ist dabei die grundlegende Vorschrift über die Dienst- und Fachaufsicht in der staatli- **4** chen Verwaltung in Nordrhein-Westfalen und ist den §§ 14–14 LOG NRW nachgebildet.

II. Übertragung der Dienst- / Fachaufsicht

Das Innenministerium kann einer Polizeibehörde durch Rechtsverordnung für einen im **5** Einzelnen bestimmten Aufgabenbereich gem. §§ 13–13b die **Aufsicht** über andere Polizeibehörden oder Polizeieinrichtungen übertragen (§ 5 Abs. 2), zB also einer Landesoberbehörde die Aufsicht über andere Behörden übertragen. Die **abschließende Entscheidungskompetenz** liegt aber grundsätzlich beim Innenministerium.

Darüber hinaus kann das Innenministerium gem. § 5 Abs. 3 einer Polizeibehörde für **6** einen im Einzelnen bestimmten Aufgabenbereich die **Weisungsbefugnis** gegenüber anderen

Polizeibehörden übertragen, soweit eine einheitliche Handhabung in diesem Aufgabenbereich erforderlich ist.

6.1   Die Vorschrift findet vor allem dann Anwendung, wenn sich die Notwendigkeit ergibt, ein einheitliches Vorgehen sicherzustellen, zB Vorgaben für technische Standards oder betriebliche Abläufe (Tegtmeyer POG NRW § 6 Rn. 3).

7   Da Weisungen im „Innenbereich" des Landes Nordrhein-Westfalen bleiben, kommt ihnen **keine Verwaltungsaktsqualität** iSv § 35 VwVfG. NRW. zu. Untergeordneten Behörden steht grundsätzlich keine Klagebefugnis zu.

7.1   Betrachtet man die dem (Innen-) Ministerium eingeräumten Möglichkeiten gem. Abs. 2 und Abs. 3, so ergibt sich insgesamt „ein strikt hierarchisch durchgegliedertes **System von Weisungsbefugnissen,** das bis in die ‚Chefetage' des zuständigen Landesministeriums (Innenministers) hineinreicht" (Dietlein/ Hellermann NRWÖffR § 3 Rn. 19).

III. Aufsicht des Landesamts für Ausbildung, Fortbildung und Personalangelegenheiten der Polizei: Dienstrechtliche Angelegenheiten

8   In **dienstrechtlichen Angelegenheiten** unterliegen die Kreispolizeibehörden der Aufsicht des Landesamts für Ausbildung, Fortbildung und Personalangelegenheiten der Polizei (Abs. 4).

9   So ist das Landesamt für Ausbildung, Fortbildung und Personalangelegenheiten der Polizei nach dem Inkrafttreten des Gesetzes zur Änderung des Polizeiorganisationsgesetzes und zur Änderung weiterer Vorschriften über die Organisation der Polizei (v. 29.3.2007, GV. NRW. 140) ab dem 1.7.2007 im Bereich der Polizei Nordrhein-Westfalen die nächsthöhere dienstvorgesetzte Stelle in **disziplinarrechtlichen Angelegenheiten** und kann entsprechende „**Abänderungsentscheidungen**" treffen, zB ungeachtet einer Einstellung eines Disziplinarverfahrens durch die Einleitungsbehörde wegen desselben Sachverhaltes eines **Disziplinarverfügung** erlassen oder **Disziplinarklage** erheben (Keller, Disziplinarrecht für die polizeiliche Praxis, 3. Aufl. 2016, 139). Gemäß § 32 Abs. 2 S. 2 LDG NRW kann die oberste Dienstbehörde durch Rechtsverordnung abweichende Zuständigkeitsregelungen treffen. In Nordrhein-Westfalen enthält § 7 BeamtZustV MI (Verordnung über beamten- und disziplinarrechtliche Zuständigkeiten im Geschäftsbereich des für Inneres zuständigen Ministeriums v. 18.11.2015, GV. NRW. 760) entsprechende Regelungen über Disziplinarbefugnisse.

IV. Dienst- und Fachaufsicht

1. Dienstaufsicht

10   Die Dienstaufsicht erstreckt sich auf den Aufbau, die innere Ordnung, die allgemeine Geschäftsführung und die Personalangelegenheiten der Behörde (§ 12 Abs. 1 LOG NRW). Sie betrifft im Wesentlichen polizeiinterne Bereiche. Hierzu gehören etwa die Überwachung des äußeren Geschäftsgangs, die **Einhaltung dienstlicher Pflichten** der Beamtinnen und Beamten, oder auch die ordnungsgemäße Verwendung von Sachmitteln (Götz/Geis PolR § 16 Rn. 10; zu den „Methoden" der Dienstaufsicht Jaeger Kriminalistik 2005, 429 ff.). **Mittel der Dienstaufsicht** sind Dienstanweisungen, die im Einzelfall oder generell die Geschäftsabläufe der Behörde regeln. Daneben bietet sich die gesamte Breite des Haushalts-, Disziplinar- und Arbeitsrecht an, um die Abläufe in einer Behörde zu gestalten (PST PolR-HdB/Pewestorf Kap. 1 Rn. 100). Zur Dienstaufsicht gehört auch die Entscheidung über **Dienstaufsichtsbeschwerden.**

2. Fachaufsicht

11   Die Fachaufsicht erstreckt sich auf die **rechtmäßige und zweckmäßige Wahrnehmung der Aufgaben** (§ 13 Abs. 1 LOG NRW). Sie umfasst ein Informations- und Weisungsrecht (grdl. zu den Grundfunktionen der Fachaufsicht Etscheid VerwArch 2019, 181 ff.). Dabei können Weisungen genereller Natur sein oder aber auch nur für den Einzelfall ergehen. Durch Fachaufsicht wird es übergeordneten Behörden ermöglicht, den Einsatz der Polizei zentral zu lenken (Götz/Geis PolR § 16 Rn. 11). Im Gegensatz zur Dienstaufsicht ist die

Fachaufsicht mithin eine inhaltliche Aufsicht. **Mittel der Fachaufsicht** sind Informationseinholung, Weisung und Selbsteintritt. Die Aufsichtsbehörde kann eine Angelegenheit auch an sich ziehen (**Eintrittsrecht**).

Bei Ausübung der Fachaufsicht ist zu beachten, dass aufgrund des hierarchischen Aufbaus der Behörden kein „Durchgriff" der Oberbehörde auf einzelne Sachbearbeiter der Unterbehörde erfolgen darf, sondern der **Dienstweg** einzuhalten ist, da die Fachaufsicht über die Unterbehörde als solches erfolgt und gerade nicht über einzelne Mitarbeiter der Unterbehörde (PST PolR-HdB/Pewestorf Kap. 1 Rn. 107). Aus dem entsprechenden **Über- und Unterordnungsverhältnis** bestimmt sich der einzuhaltende Dienstweg (Schrapper/Günther, Landesbeamtengesetz Nordrhein-Westfalen, 2. Aufl. 2017, LBG NRW § 103 Rn. 7). Der Dienstweg folgt dabei der **Vorgesetztenhierarchie** (Wichmann/Langer, Öffentliches Dienstrecht, 8. Aufl. 2017, Rn. 56). **11.1**

C. Beschwerden

Auf Maßnahmen interner Verwaltungskontrolle hat der Einzelne zwar nach hM keinen gerichtlich durchsetzbaren Anspruch, er kann aber über die verschiedenen Formen der Aufsichtsbeschwerde eine weitgehende Verfahrenskontrolle in Gang setzen (Hufen/Siegel, Fehler im Verwaltungsverfahren, 6. Aufl. 2018, Rn. 833). Der von einer für ihn negativen Verwaltungsentscheidung betroffene Bürger kann eine **behördliche Eigenkontrolle** auf verschiedene Weise veranlassen. Zum einen stehen ihm form- und fristgebundene (förmliche) Rechtsbehelfe zu, zum anderen hat er die Möglichkeit außerhalb eines formalisierten Verfahrens sog. **nichtförmliche Rechtebehelfe** einzulegen (ausf. Keller, Persönlichkeitsrecht von Polizeibeamten, 2019, 451 ff.; zusf. Vahle Kriminalistik 1993, 713 f.). Zu diesen nichtförmlichen (außergerichtlichen) Rechtsbehelfen gehören die **Gegenvorstellung,** die **Fach- und Dienstaufsichtsbeschwerde** sowie die **Petition.** Unterschieden wird auch zwischen persönlichen Dienstaufsichtsbeschwerden und sachlichen Dienstaufsichtsbeschwerden (Becker-Kavan DÖD 2002, 273). **12**

Nichtförmlichen Rechtsbehelfe werden zuweilen als „**3f-Rechtsbehelfe**" bezeichnet, nämlich als formlos, fristlos und fruchtlos (Vahle Kriminalistik 2003, 709 (710)). Diese Bezeichnung trifft indes nur auf die ersten beiden Prädikate (formlos, fristlos) zu. Tatsächlich ist eine bestimmte Form nicht vorgeschrieben (BVerfG NJW 1989, 3148: Sachlichkeitsgebot bei Dienstaufsichtsbeschwerde in satirischer Form durch Zusendung von Traubenzucker). Die überzogene Kritik eines gescheiterten Schadensersatzklägers an der Richterin des Verfahrens in einer Dienstaufsichtsbeschwerde, unter anderem eine Äußerung, „sie müsse effizient bestraft werden, um zu verhindern, dass diese Richterin nicht auf eine schiefe Bahn gerät", ist nach Auffassung des BVerfG sachbezogen und keine Schmähkritik (BVerfG NJW 2014, 3357 mAnm Hufen JuS 2015, 283; Muckel JA 2015, 155). **12.1**

I. Abgrenzung zu förmlichen Rechtsbehelfen

Im Unterschied zu förmlichen Rechtsbehelfen, die nur derjenige einlegen kann, der durch die öffentliche Gewalt in eigenen Rechten verletzt ist (Art. 19 Abs. 4 GG, § 42 Abs. 2 VwGO), stehen formlose Rechtsbehelfe **jedermann** offen (Art. 17 GG). **13**

Beschwerden liegen oft behauptete Rechtsverletzungen zugrunde; dies ist aber keinesfalls Voraussetzung. Hier liegt der Unterschied zu Art. 19 Abs. 4 GG, der als verfassungsrechtlich normierte prozessuale Generalklausel geschaffen wurde, um das vor der Normierung der VwGO im Jahre 1960 vorherrschende, verwaltungsprozessuale, rechtswegeröffnende „Enumerationsprinzip" zu überwinden, welches verwaltungsgerichtlichen Rechtsschutz auf enumerierte Akte einer bestimmten rechtlichen Qualität (den klassischen Verwaltungsakt) beschränkte (Frank VerwArch 2013, 502 (513)). Nach Art. 19 Abs. 4 S. 1 GG steht jedem, der durch die öffentliche Gewalt in seinen Rechten verletzt wird, der Rechtsweg offen. Gewährleistet wird ein effektiver Rechtsschutz, der grundsätzlich eine Vollprüfung und nicht lediglich eine Plausibilitätskontrolle staatlicher Maßnahmen in rechtlicher und tatsächlicher Hinsicht auf dem Verwaltungsrechtsweg umfasst (Beckmann DÖV 2019, 773). **13.1**

Beschwerden können **gegen jedes Verwaltungshandeln** eingelegt werden, keineswegs ist das Vorliegen eines Verwaltungsaktes (§ 35 VwVfG. NRW.) Voraussetzung für eine Beschwer. Die Erhebung einer Beschwerde kann im Zusammenhang mit einem **Anspruch aus Amtshaftung** (§ 839 BGB iVm Art. 34 GG) geboten sein (zur Amtshaftung Hartmann/Tieben JA 2014, 401). Denn gem. § 839 Abs. 3 BGB entfällt die Ersatzpflicht, wenn es der **14**

Betroffene vorsätzlich oder fahrlässig unterlassen hat, den Schaden durch den Gebrauch eines Rechtsmittels abzuwenden (Klose NJ 2004, 241 (243)). Der Begriff des Rechtsmittels umfasst auch nichtförmliche (außergerichtliche) Rechtsbehelfe (BGH NJW 1986, 1924; Kaiser JA 2007, 618; Wißmann NJW 2003, 3455).

II. Anspruch auf Bescheidung

15   Beschwerdeführer haben einen **Anspruch auf Bescheidung** (Thieme DÖD 2001, 77), wobei Bescheide auf (Aufsichts-) Beschwerden in der äußeren Form anders zu gestalten sind als förmliche Bescheide. Mangels Verwaltungsaktqualität ist eine **Rechtsbehelfsbelehrung entbehrlich.** Bei sog. querulatorischen Eingaben kann sich der Anspruch auf Bescheidung indes relativieren bzw. erübrigen. Die Behörde braucht auf wiederholtes unbegründetes Vorbringen in der gleichen Sache und / oder auf unsachliche Eingaben in beleidigender Form nicht antworten.

15.1   Mitunter dürfte es genügen, dem Beschwerdeführer mitzuteilen, dass auf weitere Schreiben gleicher Art nicht mehr reagiert wird (Tegtmeyer POG NRW Rn. 12). Zu berücksichtigen ist aber in derartigen Fällen, dass der Beschwerdeführer seine Eingabe aus einer emotionalen Betroffenheit heraus verfasste. Insofern sollte auch im Einzelfall mit Augenmaß geprüft werden, ob auf jede Verbalinjurie mit einem Strafantrag reagiert werden sollte (Tegtmeyer POG NRW Rn. 13). Oftmals dürften sich Sachverhalte nur „hochschaukeln".

III. Nichtförmliche Rechtsbehelfe

1. Petition

16   Art. 17 GG – über Art. 4 Abs. 1 NRW Verf unmittelbar geltendes Landesrecht – kann als verfassungsrechtliche Grundlage der nichtförmlichen Rechtsbehelfe qualifiziert werden und enthält ein **subjektives öffentliches Recht,** sich einzeln oder in Gemeinschaft mit anderen schriftlich mit Bitten oder Beschwerden an die zuständigen Stellen und an die Volksvertretung zu wenden (Schmitz NVwZ 2003, 1437). Das Petitionsrecht hat mithin eine ausgeprägte demokratisch-partizipatorische Dimension (Bauer DÖV 2014, 453 (454)); es eröffnet – als ein „Stück gelebte Demokratie" – den Bürgern einen direkten Zugang zum Parlament, indem sie Bitten und Beschwerden an es richten können. Somit soll es die **Purgationsfunktion** des „Herzausschüttenkönnens" im staatlichen Bereich erfüllen (Krings JuS 2004, 474). Art. 17 GG begründet aber **keinen Anspruch** auf die Durchführung des Petitionsverfahrens in einer bestimmten Art und Weise (OVG Lüneburg NordÖR 2008, 118).

17   Der Sache kann es sich bei einer Petition um Bitten, Anregungen, Forderungen, Anträge, Vorschläge für Gesetzesvorhaben, aber auch um Dienstaufsichts- oder sonstige Verwaltungsbeschwerden handeln (Vahle DVP 2010, 227). Jedes Verhalten kann **Gegenstand der Petition** sein. Weil das Recht zur Petitionserhebung nicht von einer Beschwer abhängt, können damit Fremd- oder Allgemeinanliegen verfolgt werden (Guckelberger DÖV 2008, 85).

17a   Die durch Art. 17 GG gewährleistete Prüfung einer Petition durch die Volksvertretung und deren Petitionsausschuss erfordert eine nachvollziehbare und diskriminierungsfreie Behandlung und Erledigung. Darüber hinaus ist die Prüfung nicht justiziabel (BVerwG NVwZ 2017, 1459). Art. 17 GG begründet keinen Anspruch des Petenten darauf, dass der Petitionsadressat den zu dem Begehren gehörenden Sachverhalt zutreffend ermittelt (VerfGH Baden-Württemberg NVwZ 2018, 824). Auch besteht kein Anspruch darauf, dass die Petition auf der **Internetseite des Petitionsausschusses** veröffentlicht wird (BVerwG NVwZ 2017, 1459). Sie eröffnet nach ihrer Zweckbestimmung keine zusätzlichen Möglichkeiten des Petenten für das grundrechtlich geschützte Petitionieren. Ausdrücklich offengelassen hat das BVerwG (NVwZ 2017, 1459) die Frage, ob die elektronische Einreichung von Petitionen, die der Petitionsausschuss nach Nr. 1 S. 1 seiner Richtlinie für die Behandlung öffentlicher Petitionen (BT-Drs. 18/8370, 138 f.) als Voraussetzung für die Veröffentlichung auf seiner Internetseite vorschreibt, dem Schriftlichkeitserfordernis des Art. 17 GG genügt (Tegethoff jurisPR-BVerwG 18/2017 Anm. 1).

2. Dienstaufsichtsbeschwerde

Dienstaufsichtsbeschwerden gehören zu einem der Rechtsinstitute, die in der Bevölkerung **18** einen vergleichsweise hohen Bekanntheitsgrad haben. Dazu beigetragen haben nicht nur das seit den 1968er Jahren gewandelte Kommunikationsverhalten zwischen Bürger und Stellen der Verwaltung, sondern auch die Medien und hier in erster Linie die vielfältigen Informationsmöglichkeiten, die das Internet bietet (ausf. Becker-Kavan ZBR 2018, 1 ff.). Die klassische Dienstaufsichtsbeschwerde richtet sich gegen das **Fehlverhalten eines Beamten bzw. Behördenangehörigen.** Mit der Dienstaufsichtsbeschwerde wird das persönliche („unangemessene") Verhalten des Behördenangehörigen gerügt (zB herabsetzende und beleidigende Äußerungen). Dieses Verhalten unterliegt der **Aufsicht des Dienstvorgesetzten.** Hier wird nicht primär der Inhalt des Verwaltungshandelns gerügt, sondern die Art und Weise der Behandlung einer Angelegenheit (Keller, Persönlichkeitsrecht von Polizeibeamten, 2019, 454; Vahle Kriminalistik 1993, 713 f.).

Im Hinblick auf mögliche (dienst-)rechtliche (disziplinarrechtliche) Konsequenzen ist die Dienstauf- **18.1** sichtsbeschwerde mitunter ein „scharfes Schwert", denn es liegt auf der Hand, dass sie die Atmosphäre nicht unbedingt fördert (Vahle DVP 2007, 397 (398)). Befürchtet der Beschwerdeführer aufgrund dessen, dass der betroffene Amtswalter nicht (mehr) unvoreingenommen entscheiden wird, so kommt die weitere **Rüge der Befangenheit** (§ 21 VwVfG. NRW.) in Betracht (Vahle DVP 2007, 397 (298)). Ein Beschwerdevorgang, der das Verhalten eines Beamten betrifft, ist nur dann materieller Bestandteil der Personalakte, wenn sich die Dienstaufsichtsbeschwerde als begründet erweist (OVG Berlin-Brandenburg NVwZ-RR 2011, 244).

3. Fachaufsichtsbeschwerde

Die Fachaufsichtsbeschwerde richtet sich gegen Maßnahmen der Polizei, und nicht primär **19** gegen das Verhalten des (einschreitenden) Beamten. Sie beruht darauf, dass Behörden regelmäßig einer Aufsicht durch übergeordnete Instanzen unterliegen. Im Gegensatz zur Dienstaufsichtsbeschwerde richtet sich eine Fachaufsichtsbeschwerde gegen Maßnahmen der Polizei, und nicht primär gegen das Verhalten des (einschreitenden) Beamten. Sie beruht darauf, dass Behörden regelmäßig einer Aufsicht durch übergeordnete Instanzen unterliegen. Demgemäß richtet sich das Begehren der (Fachaufsichts-) Beschwerde darauf, die **Aufsichtsbehörde** zu veranlassen, der nachgeordneten Behörde eine Weisung im Hinblick auf eine bestimmte erlassene oder unterlassene Sachentscheidung zu erteilen oder die von der nachgeordneten Behörde getroffene Entscheidung aufzuheben oder zu ändern (Keller, Persönlichkeitsrecht von Polizeibeamten, 2019, 453 f.; Vahle Kriminalistik 1993, 713 f.).

4. Gegenvorstellung

Mit der Gegenvorstellung wendet sich der Beschwerdeführer an die Behörde, die eine **20** bestimmte Maßnahme getroffen oder – entgegen dem Wunsch des Einlegenden – unterlassen hat. Adressat ist somit die **Ausgangsbehörde,** die veranlasst werden soll, eine Entscheidung zu treffen, aufzuheben oder zu ändern (Vahle Kriminalistik 1993, 713 f.). Einen Anspruch auf eine bestimmte Verwaltungsentscheidung hat der Betroffene nicht, wohl aber einen Anspruch auf eine pflichtgemäße Bescheidung. Ziel der Gegenvorstellung ist mithin eine **erneute Sachprüfung.** Die Rechtsnatur der Maßnahme ist unerheblich; es kann sich um förmliche Verwaltungsakte oder sonstige Tätigkeiten handeln, zB die bloße Streifenfahrt (Vahle DVP 2007, 397).

IV. Rechtsschutz

Den **geringeren Zulässigkeitsanforderungen** formloser Rechtsbehelfe entspricht auf **21** der anderen Seite auch ein **geringerer Rechtsschutzanspruch** des Bürgers. Die Behörde ist zwar verpflichtet zur Entgegennahme der Eingabe, ein Anspruch auf ein bestimmtes Tätigwerden besteht aber nicht. Die **Art der Erledigung** kann auch formlos mitgeteilt werden. Grundsätzlich ist es nicht erforderlich, dass die Verwaltung auf das gesamte Vorbringen der Beteiligten eingeht. Es reicht aus, dass der Adressat die wesentlichen tatsächlichen und rechtlichen Erwägungen der Behörde aus dem Bescheid entnehmen kann (Becker-

Kavan ZBR 2018, 1 (9)). Der Rechtsschutz gegen nichtförmliche Rechtsbehelfe ist dabei abhängig vom Verhalten der Behörde. Unterlässt die Behörde (pflichtwidrig) die Bescheidung, so kann der Anspruch verwaltungsgerichtlich durchgesetzt werden. Richtige Klageart wäre dann regelmäßig die **Allgemeine Leistungsklage** (zum Streitwert bei Entscheidungen über Dienstaufsichtsbeschwerde OVG Lüneburg NVwZ-RR 2012, 912). Erlässt die Behörde dagegen einen (neuen) Verwaltungsakt, so gelten die allgemeinen Regeln über die Anfechtung von Verwaltungsakten (Vahle Kriminalistik 1993, 713 (714)). Einem Einblick in personenbezogene Daten enthaltende Passagen einer im Rahmen eines Dienstaufsichtsbeschwerdeverfahrens eingereichte behördliche Stellungnahme steht § 5 Abs. 1 IFG iVm § 5 Abs. 2 IFG entgegen (VG Berlin BeckRS 2019, 20604).

V. Beschwerdemanagement

22   Gemäß § 22 Abs. 1 S. 2 **KrPolNRWGO** (Geschäftsordnung für die Kreispolizeibehörden des Landes Nordrhein-Westfalen v. 22.12.2011, MBl. NRW. 2012, 22) werden dem Behördenleiter Eingänge von grundsätzlicher Bedeutung sowie Schreiben der Aufsichtsbehörden, Schreiben von Abgeordneten, Beschwerden sowie sonstige Sendungen, deren Vorlage angeordnet ist, zugeleitet. Dem **Beschwerdemanagement** einer Polizeibehörde – als „kostenlose Marktanalyse" – kommt eine große Bedeutung zu. Letztlich kann insbesondere eine „Beschwerdehäufigkeit" auf „Missstände" aufmerksam machen (grundsätzlich Heimann Kriminalistik 2014, 242). Jede Beschwerde gegen einen Polizeibeamten hat einen konkreten Auslöser; umgekehrt enden polizeilich durchgesetzte Maßnahmen nur in seltenen Fällen als Beschwerde des Bürgers bzw. mit einer Anzeige zB wegen Körperverletzung im Amt gegen den Beamten. Es stellt sich daher die Frage, welche Umstände und Formen der Eskalation einer polizeilichen Interaktion mit dem Bürger einen schriftlich vorgetragenen Protest des Bürgers zur Folge haben. Um einen Einblick in diese Interaktionen zu bekommen, hat die Kriminologische Forschungsgruppe der Bayerischen Polizei im Auftrag des Bayerischen Staatsministeriums des Innern, für Sport und Integration eine 25 %ige Stichprobe unter anderem der den Polizeipräsidien vorliegenden schriftlichen Beschwerdevorgänge des Jahres 2012 analysiert. Insbesondere hat die Auswertung der Beschwerden gezeigt, dass die Bürger auf eine umfassende und gewissenhafte Bearbeitung vertrauen können. Der hohe Anteil zurückgewiesener Beschwerden sollte keinesfalls Misstrauen gegenüber dem **Beschwerdemanagement der Bayerischen Polizei** hervorrufen, sondern vielmehr als Hinweis auf professionell rechtsstaatliche Polizeiarbeit verstanden werden (ausf. Luff Kriminalistik 2019, 96 ff.). Allerdings ist ein Paradoxon festzustellen. Die sehr seltenen positiven Ereignisse werden mit keiner großen Intensität untersucht. Es finden sich zwar Schilderungen, wie es zu der Verkettung vieler glücklicher Umstände kam – aber darin erschöpft es sich zumeist. Begründet wird dies damit, dass diese Fälle so wenige sind und die Umstände so selten zusammentreffen, dass die Vorhersagbarkeit kaum gegeben ist und es sich deshalb nicht lohnt, diese Fälle genauestens zu betrachten. Nun gelten jedoch die gleichen Bedingungen für negative Zwischenfälle (ausf. Heimann Kriminalistik 2014, 242 ff.).

22.1   Die Polizei ist für ihre Arbeit auf Hinweise und die Kooperationsbereitschaft Betroffener und Dritter angewiesen. Voraussetzung dafür ist das Vertrauen der Bevölkerung in die Arbeit der Polizei. Zufriedenheit mit der (erlebten) Arbeit ist das Fundament dieses Vertrauens und damit ein zentrales Anliegen der Polizei (grundsätzlich zum Beschwerdemanagement innerhalb der Polizei Hoffmann-Holland/Kühl DIE POLIZEI 2009, 317: „**Berliner Studie**").

23   Der „betroffene" Beamte einer Beschwerde wird regelmäßig zu dem Vorfall eine **Stellungnahme** fertigen. Die **Beschwerdeentscheidung** selbst wird er indes nicht unterzeichnen. Da er selbst **Beteiligter** ist, darf er in dem Verwaltungsverfahren für die Behörde nicht tätig werden (§ 20 Abs. 1 Nr. 1 VwVfG. NRW.). Der Ausschlusstatbestand des § 20 VwVfG. NRW. setzt voraus, dass der Betroffene tatsächlich bereits Beteiligter iSv § 13 VwVfG. NRW. ist (BeckOK VwVfG/Heßhaus VwVfG § 20 Rn. 17).

§ 6 [aufgehoben]

Dritter Abschnitt. Örtliche Zuständigkeit

§ 7 Örtliche Zuständigkeit der Polizeibehörden und der Polizeivollzugsbeamtinnen und Polizeivollzugsbeamten in Nordrhein-Westfalen

(1) [1]Örtlich zuständig sind die Polizeibehörden, in deren Polizeibezirk die polizeilich zu schützenden Interessen verletzt oder gefährdet werden. [2]Daneben sind sie örtlich zuständig, wenn in ihrem Polizeibezirk Maßnahmen zum Schutz polizeilicher Interessen erforderlich sind, die außerhalb des Geltungsbereichs dieses Gesetzes verletzt oder gefährdet werden, sofern die zuständigen Stellen diese selbst nicht hinreichend schützen können.

(2) Die Polizeibehörden können durch ihre Polizeivollzugsbeamtinnen und Polizeivollzugsbeamten auch außerhalb ihres Polizeibezirks tätig werden
1. zur Erforschung und Verfolgung von Straftaten und Ordnungswidrigkeiten,
2. zur Erfüllung polizeilicher Aufgaben bei Gefangenentransporten,
3. zur Erfüllung anderer polizeilicher Aufgaben, wenn einheitliche Maßnahmen erforderlich sind oder die nach Absatz 1 zuständige Polizeibehörde die erforderlichen Maßnahmen nicht rechtzeitig treffen kann.

(3) Jede Polizeivollzugsbeamtin und jeder Polizeivollzugsbeamte darf Amtshandlungen im ganzen Land Nordrhein-Westfalen vornehmen, wenn dies zur Abwehr einer gegenwärtigen Gefahr, zur Erforschung und Verfolgung von Straftaten und Ordnungswidrigkeiten auf frischer Tat sowie zur Verfolgung und Wiederergreifung Entwichener erforderlich ist.

(4) In den Fällen der Absätze 2 und 3 ist die zuständige Polizeibehörde unverzüglich zu unterrichten.

(5) Das Innenministerium und nach Bestimmung des Innenministeriums das Landeskriminalamt und das Landesamt für Zentrale Polizeiliche Dienste können einer Polizeibehörde zeitlich befristet Aufgaben im Bezirk anderer Polizeibehörden übertragen, insbesondere wenn einheitliche polizeiliche Maßnahmen erforderlich werden.

Überblick

Bei den §§ 7–9 handelt es sich um verwaltungsorganisationsrechtliche Regeln, die den staatsrechtlichen Begriff der Gebietshoheit konkretisieren. Dabei gilt das Prinzip, dass die Behörde zuständig ist, in deren Bezirk die **polizeilich zu schützenden Interessen** verletzt oder gefährdet werden (Abs. 1), dh eine polizeiliche Aufgabe zu erfüllen ist. Polizeibehörden sind gem. Abs. 1 S. 2 auch örtlich zuständig, wenn in ihrem Polizeibezirk Maßnahmen zum Schutz polizeilicher Interessen erforderlich sind, die außerhalb des Geltungsbereichs dieses Gesetzes verletzt oder gefährdet werden. Polizeibehörden können unter den Voraussetzungen des Abs. 2 durch ihre Polizeibeamtinnen bzw. -beamten auch im Polizeibezirk einer anderen nordrhein-westfälischen Polizeibehörde tätig werden. Zwecks **Vermeidung starrer Zuständigkeitsregelungen** wird durch Abs. 3 zudem jede Polizeivollzugsbeamtin und jeder Polizeivollzugsbeamter ermächtigt, im ganzen Land Nordrhein-Westfalen – im Rahmen des geltenden Rechts – notwendige Eilmaßnahmen zur Gefahrenabwehr und zur Bekämpfung von Straftaten vorzunehmen. Zuständige Behörden sind zu unterrichten (→ Rn. 26). Die räumlichen Zuständigkeitsbereiche der **Bundespolizei** richten sich nach ihrer sachlichen Zuständigkeit (→ Rn. 30 ff.). Abs. 5 ermöglicht letztlich aus **Zweckmäßigkeitserwägungen** eine zeitliche befristete Aufgabenübertragung durch das Innenministerium auf eine Polizeibehörde. Verstöße gegen die Vorschriften über die örtliche Zuständigkeit führen nicht zur Nichtigkeit der Maßnahme.

Übersicht

A. Allgemeine Charakterisierung und rechtlicher Rahmen

I. Zuständigkeiten

1   Der Begriff der Zuständigkeit beschreibt die **Verbindung zwischen dem Organisationsrecht und dem materiellen Recht.** Zuständigkeit ist dabei das „**Ergebnis eines Verteilungsvorgangs"**. Eine klare Zuständigkeitsverteilung liegt im Interesse des Bürgers und ist daher rechtstaatlich geboten. Er will wissen, wer sein Ansprechpartner in einer konkreten Angelegenheit ist. Das unkoordinierte Tätigwerden mehrerer staatlicher Stellen in gleicher Sache soll verhindert werden. Die richtige Zuständigkeit stellt sich zudem als wichtiger Punkt innerhalb der Gewährung effektiven Rechtsschutzes dar (Kugelmann PolR Kap. 4 Rn. 67). Ohne entsprechende **Zuständigkeitsregeln** wäre die öffentliche Verwaltung vor dem Hintergrund zwangsläufig auftretender Kompetenzkonflikte weitgehend funktionsunfähig (Lisken/Denninger PolR-HdB/Rachor/Roggan C Rn. 28; Collin/Fügemann JuS 2005, 694). Unterschieden wird zwischen **Verbandszuständigkeit** und **Organzuständigkeit.**

1. Verbandszuständigkeit

2   Im verwaltungsorganisatorischen Kontext ist zwischen **einzelnen staatlichen Ebenen** zu unterscheiden. Im klassischen staatsrechtlichen Kontext sind dies – ohne Berücksichtigung der europäischen Ebene – der Bund und die Länder, wobei es neben dem Staat noch weitere Verwaltungsträger geben kann, insbesondere Kommunen, Anstalten, Körperschaften und Stiftungen (v. Lewinski JA 2006, 517 (518)).

2. Organzuständigkeit

3   Nach Feststellung des zuständigen Verwaltungsträgers („Verband") ist in einem weiteren Schritt das zuständige Organ festzustellen. Unterschieden wird zwischen **örtlicher, sachlicher, instanzieller und funktionaler Zuständigkeit.** Während die sachliche Zuständigkeit bestimmt, welche Behörde sich welcher Sachmaterie annimmt, regelt die örtliche Zuständigkeit im Unterschied dazu, in welchem räumlichen Bereich eine Behörde tätig werden darf.

3. Instanzielle Zuständigkeit

4   Bei diesem nicht der Gesetzessprache, sondern dem Schrifttum entstammenden Begriff der instanziellen Zuständigkeit geht es um die Klärung, welche Behörde innerhalb eines vertikal gegliederten **Behördenaufbaus** zur Aufgabenwahrnehmung berufen ist (Schroeder

PolR NRW Rn. 91). Dies ist nach einem allgemeinen Grundsatz die jeweils untere Behörde (Lisken/Denninger PolR-HdB/Rachor/Roggan C Rn. 33). Regelmäßig wird im Gesetz die instanzielle Zuständigkeit nicht gesondert geregelt, sondern zusammen mit der sachlichen Zuständigkeit, zB in § 5 Abs. 1 S. 1 NRWOBG: Für die Aufgabe der Gefahrenabwehr sind die örtlichen Ordnungsbehörden zuständig. Mit der Zuweisung der sachlichen Zuständigkeit an die örtliche Ordnungsbehörde ist gleichzeitig geklärt, dass die unterste Behördeninstanz instanziell (funktionell) zuständig ist. Höhere Behördeninstanzen sind demgegenüber nur ausnahmsweise instanziell (funktionell) zuständig, und zwar im Falle des sog. Selbsteintrittsrechts. Ein Selbsteintrittsrecht existiert nur im Falle einer entsprechenden gesetzlichen Ermächtigung (meist bei Gefahr im Verzug oder bei Nichtbefolgung einer fachaufsichtlichen Weisung durch die niedrigere Behördeninstanz (zB § 10 NRWOBG; Schroeder PolR NRW Rn. 91). Die instanzielle Zuständigkeit wird letztlich nur dann bedeutsam, wenn es innerhalb eines Behördenaufbaus mehrere „Ebenen" gibt, wie dies zB bei den allgemeinen Ordnungsbehörden (örtliche Ordnungsbehörde, Kreisordnungsbehörde, Landesordnungsbehörde, vgl. § 3 NRWOBG) der Fall ist (Thiel PSP 2/2017, 28).

4. Funktionale Zuständigkeit

Die funktionale Zuständigkeit betrifft die Unterscheidung zwischen eigenständiger Aufga- **5** benwahrnehmung (**Wahrnehmungskompetenz**) und deren Beaufsichtigung durch Fach- und Rechtsaufsichtsbehörden (Pieper, Polizei- und Ordnungsrecht Nordrhein-Westfalen, 2017, Rn. 32). Regelungen über die funktionale Zuständigkeit treffen eine Aussage darüber, welcher konkrete Funktionsträger innerhalb der – sachlich, örtlich und instanziell zuständigen – Behörde tätig werden darf, zB darf die längerfristige Observation gem. § 16a Abs. 2 PolG NRW nur durch den Behördenleiter angeordnet werden (krit. zu der personalen Mediatisierung der Eingriffsmacht bei der Ausübung von Befugnissen Lisken ZRP 1990, 15 (17)). Derlei Vorschriften beschränken sich auf den **behördeninternen Bereich.**

II. Örtliche Zuständigkeit

Die örtliche Zuständigkeit regelt als **Territorialzuständigkeit** den räumlichen Bereich **6** („Wirkungskreis"), innerhalb dessen eine sachlich und instanziell zuständige Behörde zu handeln befugt ist (Schenke PolR Rn. 458). Festgelegt wird der räumliche Tätigkeitsbereich der behördlichen Aufgabenwahrnehmung (Weber KommJur 2015, 285). Während das Erstellen von schriftlichen Bescheiden in zeitlicher Distanz sich in aller Regel auf einen bestimmten örtlichen Bereich beziehen lässt, widerspricht die typische Tätigkeit der Polizeibehörden des Vollzugsdienstes, die auf Schnelligkeit und Effektivität angelegt ist, einer zu starken räumlichen Begrenzung. Folglich besteht zwar eine grundsätzlich örtliche Zuständigkeit, die aber in Eilfällen oder bei Gefahr im Verzug ausgeweitet werden kann (Kugelmann PolR 64). Die örtliche Zuständigkeit der Polizei ist in §§ 7 ff. geregelt. § 7 enthält eine dem § 4 NRWOBG entsprechende Regelung. Es handelt sich bei den §§ 7–9 um verwaltungsorganisationsrechtliche Regeln, die den staatsrechtlichen Begriff der **Gebietshoheit** konkretisieren.

Im Rahmen der formellen Rechtmäßigkeit ist zunächst die Zuständigkeit für die zu überprüfende **6.1** Maßnahme zu bestimmen. Dabei sind regelmäßig sachliche und örtliche Zuständigkeit anzusprechen – und zwar in dieser Reihenfolge, weil die örtliche Zuständigkeit nur im Rahmen der sachlichen besteht. Die örtliche Zuständigkeit setzt somit immer eine sachliche Zuständigkeit voraus (Wehr, Examens-Repetitorium Polizeirecht, 3. Aufl. 2015, § 6 Rn. 338). Dadurch wird verhindert, dass sich Behörden mit gleicher sachlicher Zuständigkeit „ins Gehege kommen und sich dadurch unter Umständen gegenseitig behindern" (Lisken/Denninger PolR-HdB/Rachor/Roggan C Rn. 30). Insofern dienen die Vorschriften über die örtliche Zuständigkeit (auch) der Effizienz staatlichen Handelns. Darüber hinaus gewährleisten diese Zuständigkeitsregelungen, dass der Bürger weiß, an welche Behörde er sich mit seinem Anliegen wenden kann.

Ausnahmsweise kann die Polizei über die **Territoriumsgrenzen** hinaus örtlich zuständig **7** sein, wenn es mittels einer sog. **Entlassungsklausel** im Recht des eigenen Territoriums und korrespondierender sog. **Einführungsklausel** im Recht des fremden Territoriums ausdrücklich bestimmt ist, zB im Falle der grenzüberschreitenden Nacheile (PST PolR-HdB/Pewestorf Kap. 1 Rn. 119). Einzelheiten regeln die §§ 8 und 9.

B. Einzelkommentierung

I. Regelzuständigkeit

8   Polizeiliche **Aufgaben sind regional begrenzt** auszuführen. Abs. 1 S. 1 enthält dabei eine grundlegende Vorgabe. Es gilt das Prinzip, dass die Behörde zuständig ist, in deren Bezirk die polizeilich zu **schützenden Interessen** verletzt oder gefährdet werden, dh eine polizeiliche Aufgabe zu erfüllen ist. Jede Polizeibehörde, in deren Polizeibezirk die polizeilich zu schützenden Interessen verletzt oder gefährdet werden, ist örtlich zuständig (OVG Münster NVwZ 1999, 562: Zuständigkeit der Ordnungsbehörde im Falle unzulässiger Plakatwerbung für Zigaretten, in deren Bezirk die zu schützenden Interessen verletzt oder gefährdet werden).

8.1   Die Polizeibezirke der Polizeibehörden sind festgelegt durch die KreisPolBVO (Verordnung über die Kreispolizeibehörden des Landes Nordrhein-Westfalen v. 19.11.2002, GV. NRW. 562; zuletzt geändert durch Verordnung v. 27.11.2012, GV. NRW. 614).

9   Die in Abs. 1 S. 1 geforderten **„polizeilich zu schützenden Interessen"** werden durch die Aufgabe (sachliche Zuständigkeit) bestimmt. Insofern ist örtliche Zuständigkeit die Wahrnehmung der sachlichen Zuständigkeit im Polizeibezirk. Maßgebend für die örtliche Zuständigkeit ist grundsätzlich der Ort, an dem die Interessensverletzung / -gefährdung festgestellt wird. Auf den Wohn- oder Aufenthaltsort des Störers kommt es nicht an.

10   Sofern sich eine polizeiliche Maßnahme in einer mündlichen Anordnung innerhalb des (eigenen) Bezirks erschöpft (zB Platzverweis, § 34 Abs. 1 PolG NRW), sind Probleme nicht ersichtlich. Wenn ein schriftlicher Verwaltungsakt an eine Person zu richten ist, die in einer anderen Stadt wohnt, so ist dies für die Frage der örtlichen Zuständigkeit unerheblich. Es kann keinen Unterschied machen, ob eine Verfügung mündlich gegenüber einem Anwesenden erfolgt oder schriftlich an die Adresse eines Störers gerichtet wird. Es kommt für die örtliche Zuständigkeit nicht auf den **Wohn- oder Aufenthaltsort des Störers** an; ebenso wenig auf den Ort, an dem Ursachen für die Gefahr gesetzt worden sind. Entscheidend ist der Ort, an dem die Gefahr auftritt, dh die zu schützenden Interessen verletzt oder gefährdet werden (Möller/Warg PolR Rn. 55). Durch § 7 wird § 3 VwVfG. NRW. verdrängt.

II. Gefahr außerhalb des eigenen Zuständigkeitsbereichs

11   Die Polizeibehörden sind gem. Abs. 1 S. 2 auch dann örtlich zuständig, wenn in ihrem Polizeibezirk Maßnahmen zum Schutz polizeilicher Interessen erforderlich sind, die **außerhalb des Geltungsbereichs dieses Gesetzes** verletzt oder gefährdet werden, sofern die zuständigen Stellen diese selbst nicht hinreichend schützen können. Unerheblich für die Bestimmung der örtlichen Zuständigkeit ist, wo der mögliche Schadenseintritt droht. Insbesondere sind deutsche Polizeibehörden für die Abwehr von Gefahren im Ausland jedenfalls auch dann zuständig, wenn es um den Schutz der Rechtsgüter Leben, körperliche Unversehrtheit, Freiheit und Eigentum als universelle Grundrechte geht und die Gefahren, die sich im Ausland realisieren, vom Bundesgebiet ausgehen (VGH Mannheim DÖV 2019, 839). Typisch sind sog. **Meldeauflagen,** mit denen Betroffene verpflichtet werden, sich zu bestimmten Zeiten auf einer Polizeidienststelle zu melden, um auf diese Weise ihre Abwesenheit vom Veranstaltungsort sicherzustellen (Breucker NJW 2004, 1631 (1632); Schönrock/Knape DIE POLIZEI 2012, 280; zur Dogmatik Schucht NVwZ 2011, 709).

11.1   Beispiel (Gusy PolR Rn. 352): Vor dem Fußballländerspiel Tschechien gegen Deutschland am 24.3.2007 befürchtete die nordrhein-westfälische Polizei in A-Stadt aufgrund von Internetaufrufen Ausschreitungen deutscher Hooligans in Prag. Im Datenbestand fanden sich mehrere Einträge über den 19-jährigen B, der bereits mehrfach in der Vergangenheit wegen Körperverletzung und Landfriedensbruchs verurteilt wurde. Daraufhin verfügte die zuständige Polizeibehörde in A-Stadt, dass sich B am 23. und 24.3.2007, zwischen 20:00 und 23:00 Uhr, bei einer im Zuständigkeitsbereich der Polizeibehörde A-Stadt befindlichen Polizeiwache zu melden habe.

12   Für derartige **Meldeauflagen** ist die Polizei örtlich zuständig, obgleich die Gefahr im Ausland droht. Die Polizei an den Austragungsorten kann etwaigen Ausschreitungen von Hooligans zwar auch vor Ort begegnen. Für die an sich örtliche zuständige Polizeibehörde in Tschechien ist es aber besonders schwierig, unter den anreisenden Fußballfans aus dem

Ausland die Gewaltbereiten herauszufiltern und gezielt gegen diese vorzugehen, weil sie –
im Gegensatz zur Polizei am Herkunftsort – nicht über die nötigen Datenbestände verfügt
(Gusy PolR Rn. 356). Meldeauflagen finden ihre Rechtsgrundlage mangels Spezialermächtigung in der polizeirechtlichen Generalklausel (§ 8 PolG NRW; zur Dogmatik Schucht NVwZ
2011, 709; ausf. Benrath DVBl 2017, 868 ff.; Schönrock/Knape DIE POLIZEI 2012,
280 ff.).

III. Zuständigkeit außerhalb des eigenen Streifenbezirks

Unterhalb der Ebene einer Kreispolizeibehörde gibt es keine auf das POG NRW fußenden **13**
örtlichen Zuständigkeiten. Mithin können alle Polizeibeamtinnen bzw. -beamten innerhalb
„ihrer" Kreispolizeibehörde tätig werden. Sie sind **Amtswalter** ihrer Kreispolizeibehörde.
Wird ein Polizeibeamter außerhalb seines „Streifenbezirks" innerhalb seiner Kreispolizeibehörde tätig, so ist dies im Hinblick auf Abs. 1 ohne Bedeutung.

Nichtsdestotrotz sind unter Berücksichtigung einsatztaktischer Erwägungen („Einsatzreaktionszei- **13.1**
ten") auch innerhalb einer Kreispolizeibehörde festgelegte Streifenbezirke zu beachten. Grobe Verstöße
sind zwar im Hinblick auf Abs. 1 folgenlos, könnten aber ggf. beamten- und / oder haftungsrechtliche
Konsequenzen haben.

IV. Zuständigkeit in anderen nordrhein-westfälischen Polizeibehörden

Der als Kann-Vorschrift ausgestattete Abs. 2 gestattet den Polizeibehörden in Nordrhein- **14**
Westfalen unter den genannten Voraussetzungen ein Tätigwerden durch ihre Polizeibeamtinnen bzw. -beamten im Polizeibezirk einer anderen nordrhein-westfälischen Polizeibehörde.
Voraussetzung ist die **Notwendigkeit zum Abweichen von der Regelzuständigkeit** nach
Abs. 1 (Kay/Böcking PolR NRW Rn. 31). Erfasst sind Fälle, die im eigenen Bezirk Anlass
zum Tätigwerden geben und eine Ausdehnung der Maßnahmen in den anderen Bezirk
hinein notwendig machen (Osterlitz EingriffsR Polizeidienst I 163). Bei Abs. 2 geht es
ausschließlich um ein Tätigwerden außerhalb des örtlichen Zuständigkeitsbereichs. Kein
Polizeivollzugsbeamter darf oder soll „wegschauen", nur weil er sich gerade nicht im Amtsbe-
zirk seiner Kreispolizeibehörde befindet (SBK EingriffsR NRW Rn. 44). Ob im Einzelfall
von Abs. 2 Gebrauch gemacht wird oder ob die andere Polizeibehörde um Vornahme der
entsprechenden Amtshandlung ersucht wird, ist nach **Zweckmäßigkeitsgesichtspunkten**
zu entscheiden, ggf. nach Absprache zwischen den beteiligten Behörden (Tegtmeyer POG NRW Rn. 5). Ausnahmen von sachlichen Zuständigkeitsregelungen enthält
§ 14.

Beispiel: Die Polizeibeamten P und Q ermitteln in einem Fall schwerer Körperverletzung im **14.1**
Zusammenhang mit einer Kneipenschlägerei. Z, einer der Zeugen, wohnt nicht im Bezirk der Kreispolizeibehörde, für die P und Q tätig sind, sondern in einer circa 100 km entfernten, anderen nordrhein-
westfälischen Stadt. Ein Tätigwerden kann hier erfolgen auf Grundlage von § 7 Abs. 2 Nr. 1 zur
Erforschung und Verfolgung von Straftaten und Ordnungswidrigkeiten erfolgen. Um eine Vernehmung
des Zeugen Z auf der Grundlage der StPO durchführen zu können, müssen P und Q nicht die Hilfe
der Kreispolizeibehörde in Anspruch nehmen, in deren Bezirk sich der Wohnort des Z befindet.
Vielmehr können sie selbst dorthin anreisen und den Z zum Tathergang befragen (Thiel PSP 2/2017,
28 (30)).

1. Erforschung und Verfolgung von Straftaten / Ordnungswidrigkeiten

Abs. 2 Nr. 1 zielt auf solche Fälle ab, wo der Ausgangspunkt für die Verfolgung der Straftat **15**
oder Ordnungswidrigkeit in der eigenen Behörde liegt und dann im Zuge der Verfolgung
dieser Tat **Handlungen in anderen Polizeibezirken** ergriffen werden, zB weil die sich
zuständige Polizeibehörde selbst nicht rechtzeitig eingreifen kann.

Ein effektives repressives Einschreiten erfordert nicht selten Maßnahmen in anderen Polizeibezirken. **15.1**
So kann es sein, dass Zeugenbefragungen, Durchsuchungen, Festnahmen usw erfolgversprechend nur
von dem mit der Ermittlungssache befassten Sachbearbeiter getroffen werden können oder dass keine
Zeit zur Einschaltung der örtlich zuständigen Polizeibehörde bleibt. Dabei bleiben die getroffenen
Maßnahmen Verwaltungshandlungen der Polizeibehörde, deren Amtswalter tätig geworden ist. Insofern

wird der Polizeibezirk der eingreifenden Polizeibehörde erweitert (Osterlitz EingriffsR Polizeidienst I 163).

2. Gefangenentransporte

16   Im Falle des Abs. 2 Nr. 2 stehen **verwaltungsökonomische Aspekte** im Vordergrund der Betrachtung, vor allem unter dem Gesichtspunkt des Kräfteeinsatzes.

16.1   **Beispiel:** Ein gewaltbereiter Strafgefangener wird zwecks Verbringung von der Justizvollzugsanstalt zum Gericht durch mehrere Polizeibezirke transportiert. Aufgrund der Gewaltbereitschaft wird der Transport durch die Polizei durchgeführt. Es ist dabei wenig sinnvoll, den Transport durch Übergabepunkte zu behindern.

3. Andere polizeiliche Aufgaben

17   Abs. 2 Nr. 3 Alt. 1 kommt in Betracht zur Erfüllung „anderer polizeilicher Aufgaben", wenn **einheitliche Maßnahmen** erforderlich sind.

17.1   **Beispiel:** Die Polizei durchsucht ein größeres Waldgelände nach einem vermissten Kind. Das Waldgelände erstreckt sich über mehrere Polizeibezirke.

18   Abs. 2 Nr. 3 Alt. 2 kommt in Betracht zur Erfüllung „**anderer polizeilicher Aufgaben**", wenn die nach Abs. 1 zuständige Polizeibehörde die erforderlichen Maßnahmen nicht rechtzeitig treffen kann.

18.1   **Beispiel:** Eine Streife stellt einen Sachverhalt fest, der sich in einem anderen (benachbarten) Polizeibezirk ereignet. Da unverzügliches Einschreiten erforderlich ist, werden bis zum Eintreffen der Polizeikräfte der an sich örtlich zuständigen Behörde sofort Maßnahmen getroffen.

4. Unterrichtungspflicht

19   Im Falle des Abs. 2 ist die zuständige Polizeibehörde **unverzüglich zu unterrichten** (Abs. 4), sodass die zuständige Behörde prüfen kann, ob weitere Maßnahmen getroffen werden müssen. „Unverzüglich" meint ohne gerechtfertigte Verzögerung.

V. Eilmaßnahmen im ganzen Land Nordrhein-Westfalen

20   Maßnahmen zur Gefahrenabwehr und zur Strafverfolgung sollen nicht vor Zuständigkeitsgrenzen Halt machen. Insofern wird durch § 7 Abs. 3 jede Polizeivollzugsbeamtin und jeder Polizeivollzugsbeamte durch eine außerordentliche Zuständigkeit („**Notzuständigkeit**") durch sog. Nacheile ermächtigt, Amtshandlungen im ganzen Land Nordrhein-Westfalen vornehmen, wenn dies zur Abwehr einer gegenwärtigen Gefahr, zur Erforschung und Verfolgung von Straftaten und Ordnungswidrigkeiten auf frischer Tat sowie zur Verfolgung und Wiederergreifung Entwichener erforderlich ist. Während Abs. 1 und Abs. 2 von Polizeibehörden sprechen, spricht Abs. 3 von Polizeivollzugsbeamtinnen und Polizeivollzugsbeamten. Diese Unterscheidung ist in materieller Hinsicht nicht von Bedeutung, weil die örtliche Zuständigkeit lediglich die Fläche bezeichnet, auf der die sachliche Zuständigkeit ausgeübt wird. Da die sachliche Zuständigkeit auf die Polizeibehörden zugeschnitten ist, sind auch mit Abs. 3 nur die Polizeivollzugsbeamtinnen und Polizeivollzugsbeamten der Polizeibehörden gemeint (Kay/Böcking PolR NRW Rn. 32). Die Regelung des § 7 Abs. 3 entspricht insbesondere auch **polizeilichen Effizienzgedanken** (Dietlein/Hellermann NRWÖffR § 3 Rn. 21). Es handelt sich dabei keinesfalls um eine Durchbrechung des Systems der örtlichen Zuständigkeit, da die Beamten dann für die jeweils zuständige Polizeibehörde tätig werden. Zudem steht die Polizei in Trägerschaft des Landes. Hier liegt der Unterschied zu den Dienstkräften der Ordnungsbehörden.

20.1   **Beispiel:** Die Polizeibeamten P und Q beobachten einen Einbrecher (E) auf frischer Tat. Sie sehen, wie er nach Beendigung des Einbruchs ein Kraftfahrzeug besteigt. Da sie wissen möchten, wohin er die Beute bringt, verfolgen sie das Fahrzeug des E über die Grenzen des Polizeibezirks hinaus. Nach einer etwa einstündigen Fahrt ist es zum Halt und vernehmen den E zunächst als Beschuldigten. § 7 Abs. 3 erlaubt es P und Q, Amtshandlungen auch außerhalb des Bezirks ihrer Kreispolizeibehörde vorzunehmen, wenn dies zB zur Erforschung und Verfolgung von Straftaten „auf frischer Tat" erforderlich ist. Ein solcher Fall liegt hier vor, da P und Q zunächst planen, den E bis zu seinem Zielort zu verfolgen. Obwohl sich dieser offenbar außerhalb des eigenen Bezirks befindet und sie das Fahrzeug des E außerhalb des Bezirks anhalten, sind sie zur Vornahme von Amtshandlungen berechtigt. (Thiel PSP 2/2017, 28 (30)).

1. Gefahrenabwehrende Maßnahmen

Abs. 3 setzt eine gegenwärtige Gefahr voraus. Bei der **gegenwärtigen Gefahr** steht das 21 schädigende Ereignis unmittelbar bevor oder hat bereits begonnen (grdl. Schoch JURA 2003, 472). Entsprechend der Formulierung in Abs. 3 „darf Amtshandlungen vornehmen" handelt es sich um eine **Kann-Vorschrift.** Die Polizei trifft ihre Maßnahmen nach pflichtgemäßem Ermessen (§ 3 Abs. 1 PolG NRW); sie entscheidet, ob (**Entschließungsermessen**) und wie (**Auswahlermessen**) sie reagieren und die Gefahr abwehren will. Beim Vorliegen einer gegenwärtigen Gefahr dürfte der „Ermessensspielraum" sich aber regelmäßig gen Null bewegen.

2. Strafverfolgende Maßnahmen

Jede Polizeivollzugsbeamtin und jeder Polizeivollzugsbeamte darf Amtshandlungen im 22 ganzen Land Nordrhein-Westfalen vornehmen, wenn dies zur Erforschung und Verfolgung von Straftaten und Ordnungswidrigkeiten auf frischer Tat sowie zur Verfolgung und Wiederergreifung Entwichener erforderlich ist. Maßnahmen müssen sich **im Rahmen des geltenden Rechts** halten, da der Sinn der Vorschrift nur ist, einen Mangel in Bezug auf die örtliche Zuständigkeit zu überwinden (Tegtmeyer POG NRW Rn. 6).

Beispiel: Ein Polizeibeamter, der nicht Ermittlungsperson der Staatsanwaltschaft ist (§ 152 Abs. 2 **22.1** GVG) darf keine Maßnahme treffen, die nach der StPO Ermittlungspersonen der Staatsanwaltschaft vorbehalten ist.

Es wird nicht unterschieden, ob der Polizeibeamte Angehöriger einer **Polizeieinrichtung** 23 oder einer Polizeibehörde ist.

Durch das Wort „darf" in Abs. 3 wird zwar eine Ermächtigung für Amtshandlungen 24 gegeben. Eine Verpflichtung zum Einschreiten lässt sich aus dieser Vorschrift aber nicht herleiten, sondern nur aus allgemeinen Kriterien. So gilt im Bereich der Strafverfolgung das Legalitätsprinzip. Die Vorschrift des § 163 StPO regelt den sog. **ersten Zugriff** der Polizei und verpflichtet diese **selbständig,** dh ohne dass ein Ersuchen oder ein Auftrag der Staatsanwaltschaft vorliegt, den Sachverhalt zu erforschen und die zur Aufklärung der Straftat erforderlichen Maßnahmen zu treffen, sobald sie von dem Anfangsverdacht einer Straftat (§ 152 Abs. 2 StPO) Kenntnis erlangt hat. Diese Erforschungspflicht beginnt für die Polizei, wenn sie Kenntnis von dem Verdacht erhält.

Unbeschadet davon bleibt die Verpflichtung auch dann strafverfolgend einzuschreiten, wenn die **24.1** Straftat (nur) außerdienstlich zur Kenntnis genommen wird. Dies gilt nach der sog. Schweretheorie allerdings nur bei schweren Straftaten (ausf. Keller PSP 4/2014, 6 ff.; Artkämper DIE KRIMINALPOLIZEI 4/2010, 19).

3. Zurechenbarkeit der Maßnahmen

Die im anderen Polizeibezirk getroffenen Maßnahmen gelten als solche der Polizeibe- 25 hörde, in deren Wirkungskreis der Beamte tätig geworden ist (Kay/Böcking PolR NRW Rn. 32). Der Polizeibeamte handelt also nicht für seine Behörde, sondern für die an sich zuständige Polizeibehörde. Durch Abs. 3 wird der handelnde Beamte **Amtswalter der Behörde,** in der sich befindet, nimmt also für die Dauer seiner Tätigkeit an der örtlichen Zuständigkeit dieser Behörde teil.

4. Unterrichtungspflicht

Im Falle des Abs. 3 ist die zuständige Polizeibehörde **unverzüglich zu unterrichten** 26 (Abs. 4), sodass die zuständige Behörde prüfen kann, ob weitere Maßnahmen getroffen werden müssen.

VI. Aufgabenübertragung durch Innenministerium

27　　Abs. 5 gestattet die zeitlich befristete Aufgabenübertragung auf eine Polizeibehörde durch das Innenministerium bzw. nach Bestimmung des Innenministeriums durch das Landeskriminalamt und das Landesamt für Zentrale Polizeiliche Dienste. Hierdurch kann die örtliche Zuständigkeit kraft **gesetzlicher Delegation** unter bestimmten Umständen von der Aufsichtsbehörde verändert werden. Davon zu unterscheiden sind innerdienstliche Regelungen über Dienstbereiche (Kingreen/Poscher POR § 6 Rn. 12).

27.1　　Die Aufgabenübertragung kommt insbesondere dann in Betracht, wenn „einheitliche polizeiliche Maßnahmen erforderlich werden", zB wenn ein CASTOR-Transport durch mehrere Kreispolizeibehörden verläuft. Eine Kreispolizeibehörde wird gem. Abs. 5 für zuständig erklärt, damit alle polizeilichen Maßnahmen einheitlich und koordiniert unter einer Führung vorgenommen werden können.

27.2　　**Beispiel:** Mobile Intensivtäter der Eigentumskriminalität werden in der Regel von lokalen polizeilichen Maßnahmen nur unzureichend oder nicht nachhaltig erfasst. Zur Verhinderung und Aufklärung ihrer überörtlichen strafrechtlich relevanten Aktivitäten sind daher überbezirkliche Zuständigkeiten und Maßnahmen erforderlich. Zwecks Bekämpfung dieser Kriminalitätsphänomene der Eigentumskriminalität hat das Ministerium für Inneres und Kommunales Nordrhein-Westfalen gem. Abs. 5 die entsprechenden Aufgaben den Kriminalhauptstellen für ihre Bezirke übertragen.

28　　Aufgaben können **„zeitlich befristet"** übertragen werden. Dabei muss es sich um Einzelfälle handeln. Für dauerhafte Aufgabenübertragung bedarf es einer Rechtsverordnung (zB KHSt-VO).

29　　Bei **Aufgaben von überörtlicher Bedeutung** können die Polizeiaufsichtsbehörden Polizeikräfte mehrerer Polizeibehörden ihres Bezirks einer Polizeibehörde oder sich selbst unterstellen (§ 14 Abs. 2). Dies wird bei Aufgabenübertragungen gem. Abs. 5 regelmäßig der Fall sein (Tegtmeyer POG NRW Rn. 12).

VII. Örtliche Zuständigkeit der Bundespolizei

30　　Die Bundespolizei nimmt mannigfaltige Aufgaben der Gefahrenabwehr und der Strafverfolgung wahr, die sich auf Kompetenzen des GG stützen und nicht einem bestimmten Landesverwaltungsträger zugewiesen sind (näher Gnüchtel NVwZ 2015, 37 ff.). Die räumlichen **Zuständigkeitsbereiche der Bundespolizei** richten sich nach ihrer sachlichen Zuständigkeit. Regelungen über Zuständigkeitskonflikte treffen die §§ 64 ff. BPolG. So dürfen nach § 65 Abs. 1 BPolG Polizeivollzugsbeamte der Bundespolizei im Zuständigkeitsbereich eines Landes tätig werden, wenn das jeweilige Landesrecht es vorsieht (vgl. § 9 Abs. 3). Entsprechend § 64 BPolG können Polizeivollzugsbeamte eines Landes Amtshandlungen zur Wahrnehmung von Aufgaben der Bundespolizei vornehmen. Die Anwendung dieser Normen dient der effektiven Wahrnehmung polizeilicher Aufgaben und soll verhindern, dass an sich gebotene Eingriffsmaßnahmen aufgrund des Zuständigkeitsrechts nicht rechtzeitig erfolgen können. Eine Änderung der behördlichen Zuständigkeitsanordnung ist hiermit jedoch nicht verbunden. Der Unterschied zu einem Einsatz der Bundespolizei zur Unterstützung eines Landes gem. § 11 BPolG liegt darin, dass bei einer Anforderung bzw. Ermächtigung für einzelne Maßnahmen keine Eingliederung der handelnden Bundesbeamten in die Aufbauorganisation des Landes erfolgt (SGR/Graulich BPolG § 65 Rn. 2). Die Aufgabenwahrnehmung der „Bahnpolizei" ist räumlich auf das Gebiet von Bahnanlagen begrenzt. Gemäß § 3 Abs. 1 BPolG hat die Bundespolizei die Aufgabe, auf dem Gebiet der Bahnanlagen der Eisenbahnen des Bundes Gefahren für die öffentliche Sicherheit oder Ordnung abzuwehren, die den Benutzern, den Anlagen oder dem Betrieb der Bahn drohen oder beim Betrieb der Bahn entstehen oder von den Bahnanlagen ausgehen. Voraussetzung für die Zuständigkeit der Bundespolizei ist also mindestens, dass der Einsatzort sich „auf dem Gebiet der Bahnanlagen der Eisenbahnen des Bundes" befindet. Fehlt es an dieser Voraussetzung, so sind Maßnahmen der Bundespolizei rechtswidrig. Dabei erfasst § 3 Abs. 1 BPolG nicht die „Bahnanlagen", sondern auch das **Gebiet der Bahnanlagen**, also alle Flächen, auf denen sich diese Anlagen befinden, zB auch ein Verladekai der DB AG, auf dem Güterwaggons auf ein Fährschiff verladen werden (HHPM BPolG/Martens BPolG § 3 Rn. 22). Maßgeblich für die Bestimmung des Begriffs „Bahnanlage" ist § 4 Abs. 1 EBO. Bahnanlagen sind hiernach alle Grundstücke, Bauwerke und sonstigen Einrichtungen einer Eisenbahn, die unter Berücksichtigung der örtlichen Verhältnisse zur Abwicklung oder Sicherung des Reise- oder Güterverkehrs auf der Schiene erforderlich sind. Dazu gehören gem. § 4 Abs. 1 S. 2 EBO auch Nebenbetriebsanlagen sowie sonstige Anlagen einer Eisenbahn, die das Be- und Entladen sowie den Zu- und Abgang ermöglichen oder fördern. Gemeinsames Kriterium für die (objektive) Zugehörigkeit zur Bahnanlage ist unter Berücksichtigung der örtlichen Verhältnisse die sog. Eisenbahnbetriebsbezogenheit, dh die Verkehrsfunktion und der räumliche Zusammenhang mit dem Eisenbahnbetrieb. Als „Anlagen einer Eisenbahn, die das Be- und Entladen sowie den Zu- und Abgang ermöglichen oder fördern" (§ 4 Abs. 1 S. 2 EBO) sind danach nur solche Flächen im Vorfeld eines Bahnhofs einzustufen, bei denen objektive, äußerlich klar erkennbare, dh räumlich präzise fixierbare, Anhaltspunkte ihre überwiegende Zuordnung zum Bahnverkehr im Unterschied zum Allgemeinverkehr belegen. Dies ist insbesondere bei Treppen und überdachten Flächen im Eingangsbereich eines Bahnhofsgeländes der Fall. Befindet sich aber der Einsatzort vor dem Bahnhofsgebäude neben der Treppe auf dem Bahnhofsvorplatz, so ist nach Auffassung des BVerwG nicht die Bundespolizei, sondern die nach Landesrecht zu bestimmende Gefahrenabwehrbehörde zuständig (BVerwG NVwZ 2015, 91).

Strittig war, ob auch Bahnhofsvorplätze zu den Bahnanlagen zählen. Dies wurde früher verneint, **30.1** da diese Plätze dem Bahnbereich nur dienlich, jedoch nicht notwendig waren (OLG Oldenburg NJW 1973, 291). Nach der Begriffserklärung des § 4 Abs. 1 S. 2 EBO fallen aber auch solche Anlagen hierunter, die das Be- und Entladen sowie den Zu- und Abgang ermöglichen und fördern. Als „Anlagen" sind danach nur solche Flächen im Vorfeld eines Bahnhofs einzustufen, bei denen objektive, äußerlich klar erkennbare, dh räumlich präzise fixierbare Anhaltspunkte ihre überwiegende Zuordnung zum Bahnverkehr im Unterschied zum Allgemeinverkehr belegen. Hierunter fallen grundsätzlich auch Bahnhofsvorplätze (HHPM BPolG/Martens BPolG § 3 Rn. 23). Jedenfalls bei größeren Plätzen gehört nur der Bereich eines Bahnhofsvorplatzes zu den Bahnanlagen, der in unmittelbarer Nähe des Eingangs zur Bahnhofshalle liegt (auch Kundenparkplätze der DB AG fallen unter dem Begriff Bahnanlage, BayObLG NStZ-RR 1997, 372). Weil es nach der Neufassung des § 4 EBO ausreiche, dass die Anlage das Be- und Entladen sowie den Zu- und Abgang ermögliche oder fördere, ist in der Literatur der Schluss gezogen worden, frühere Entscheidungen seien überholt (zB Wittenberg/Heinrichs/Mittmann/ Mallikat, Kommentar zur Eisenbahn-Bau- und Betriebsordnung, 5. Aufl. 2006, § 4 EBO Rn. 4).

Nun hat es sich das BVerwG in einer rabulistischen Entscheidung (NVwZ 2015, 91 = LKV 2014, **30.2** 466 = DIE POLIZEI 2014, 238; Neumann jurisPR-BVerwG 22/2014 Anm. 2; Vahle Kriminalistik 2016, 156) nicht nehmen lassen, exakte Grenzen zu ziehen. Eine Streife der Bundespolizei hatte auf dem Bahnhofsvorplatz in Trier im Jahr 2011 als Bahnpolizei den Ausweis des Klägers kontrolliert und die Daten per Funk mit einer polizeilichen Datenbank abgeglichen. Der Kläger befand sich mit mehreren Jugendlichen neben der Treppe des Haupteingangs zur Bahnhofshalle und unterhielt sich mit ihnen. Er erhob Klage, gerichtet auf Feststellung der Rechtswidrigkeit der gegen ihn ergriffenen Maßnahmen. Das VG Koblenz (BeckRS 2014, 55566) hat der Klage stattgegeben und die Rechtswidrigkeit der polizeilichen Maßnahmen festgestellt, unter anderem weil die Bundespolizei (Bahnpolizei) für polizeiliche Maßnahmen auf dem Bahnhofsvorplatz nicht zuständig sei. Auf die Berufung der Beklagten hat das OVG Koblenz die Klage abgewiesen (DÖV 2013, 441= BeckRS 2013, 46095; Waldhoff JuS 2014, 191). Auf die Revision des Klägers hat das BVerwG unter Änderung des Berufungsurteils die Berufung der Bundespolizeidirektion zurückgewiesen, somit der Klage (wieder) zum Erfolg verholfen und eine Zuständigkeit der Bundespolizei auf dem Bahnhofsvorplatz von Trier verneint. Dem Ansatz des OVG Koblenz, in „unmittelbarer Nähe des Eingangs zur Bahnhofshalle" liegende Bereiche von Bahnhofsvorplätzen in den Bahnanlagenbegriff einzubinden, folgte der Senat nicht. Dieser Ansatz sei nicht hinreichend trennscharf. Es sei zwar nicht ausgeschlossen, dass die Bundespolizei als Bahnpolizei auch auf Flächen eingesetzt werde, die rechtlich nicht zum Gebiet der Eisenbahnen des Bundes gehören. Dann müsse die Zuständigkeit aber kooperationsrechtlich nach § 65 Abs. 1 BPolG ermöglicht werden. Da vorliegend auch kein Fall der Nacheile (§ 58 Abs. 3 BPolG) vorlag, war das Vorgehen der Bundespolizei mangels Zuständigkeit rechtswidrig. Es hätte eine „räumlich präzise fixierbare" Zuordnung zum Bahnhofsgebäude bestehen müssen, die das BVerwG aufgrund des Aufenthalts der Personen neben der Treppe zum Bahnhof nicht erkennen wollte. Anders wäre der Fall zu beurteilen gewesen, wenn sich die Betroffenen auf der Treppe zum Bahnhof befunden hätten. Die Entscheidung des BVerwG kann zwar nicht alle Zweifelsfälle beseitigen, weil sie nicht Flächen vor dem Bahnhofsgebäude generell aus dem Begriff der Bahnanlage herausnimmt oder stets dem Bahnanlage zurechnet. Sie ermöglicht aber eine klarere Abgrenzung als andere Versuche einer Grenzziehung. Wesentlich ist, dass das BVerwG die Bahnanlage schon dort enden lässt, wo sich der Zu- und Abgangsverkehr vom Bahnhofsgebäude mit dem allgemeinen Verkehr (auch dem Fußgängerverkehr) vermischt und insoweit eine objektive, äußerlich klar erkennbare, also räumlich präzise fixierbare Trennung von dem allgemeinen Verkehr verlangt. Es kommt insoweit nicht auf rechtliche Kategorien (wie eine Widmung) an, wenn diese sich nicht in der Örtlichkeit eindeutig widerspiegeln. In der Praxis erforderlich sind daher – wie im Grunde schon bisher – klare aufgrund der Örtlichkeit getroffene Absprachen zwischen der Bahnpolizei und den nach Landesrecht zuständigen Sicherheitsbehörden, denn die Entscheidung des BVerwG will auch keine „polizeifreien" Räume entstehen lassen (Neumann jurisPR-BVerwG 22/2014 Anm. 2). Es ist mithin nicht ausgeschlossen, dass die Bundespolizei als Bahnpolizei auch auf Flächen eingesetzt wird, die rechtlich nicht zum Gebiet der Eisenbahnen des Bundes gehören, wenn diese Zuständigkeit kooperationsrechtlich nach § 65 Abs. 1 BPolG ermöglicht wird (Vahle Kriminalistik 2016, 156). Die Rechtmäßigkeit des Datenabgleichs nach § 34 Abs. 1 S. 1 Nr. 2 BPolG bzw. § 34 Abs. 1 S. 2 BPolG beurteilte das BVerwG nach den entsprechenden Gesichtspunkten wie diejenigen der Identitätsfeststellung. Rechtmäßigkeitsvoraussetzung ist insoweit die sachliche Zuständigkeit der Bundespolizei als Bahnpolizei nach § 3 BPolG, die hier nicht gegeben war. Die fehlende sachliche Zuständigkeit der Behörde führt zur sog. formellen Rechtswidrigkeit des Verwaltungsaktes, auch wenn die Maßnahme materiell rechtmäßig war (Weber KommJur 2015, 285 (288); grdl. SGR/Ruthig BPolG § 58 Rn. 11). Mithin ist die Bundespolizei nur unter engen Voraussetzungen zum Einschreiten auf Bahnhofsvorplätzen befugt (allg. zur Rechtmäßigkeit von Identitätsfeststellungen auf Bahnhöfen durch die Bundespolizei Altmann/Heide Kriminalistik 2014, 512, zu lageabhängigen Personenkontrollen Alter NVwZ 2015, 1567).

31   Wenn eine verdächtige Person verfolgt werden soll, die die Bahnanlage verlässt, kann jenseits der Nacheile, also der Verfolgung auf frischer Tat, ein Ersuchen auf Amtshilfe erforderlich sein (Kugelmann PolR Kap. 4 Rn. 15). § 58 Abs. 3 BPolG erlaubt es den Beamten der Bundespolizei, die Verfolgung eines Flüchtigen auch über die räumlichen Zuständigkeitsbereiche der Bundespolizei hinaus fortzusetzen und den Flüchtigen zu ergreifen. Aus § 58 Abs. 3 BPolG ergibt sich ein generelles **Verfolgungsrecht für Beamte der Bundespolizei,** die die Verfolgung eines Flüchtigen auch über die in § 1 Abs. 8 BPolG und § 6 BPolG bezeichneten räumlichen Zuständigkeitsbereiche der Bundespolizei hinaus fortsetzen und den Flüchtigen ergreifen dürfen. Anders als § 12 Abs. 4 BPolG beschränkt sich § 58 Abs. 3 BPolG nicht auf Maßnahmen der Strafverfolgung, sondern erfasst repressive wie präventive Verfolgungsaktionen (Kastner, Die Strafverfolgungsaufgabe der Bundespolizei im Spannungsfeld zwischen Bundes- und Landeszuständigkeiten, 2016, 50).

32   Die **Zuständigkeit der Polizei des Landes** bleibt auch in den in Abs. 3 sowie in den in den §§ 2–5 bezeichneten räumlichen Zuständigkeitsbereichen der Bundespolizei unberührt (§ 1 Abs. 7 BPolG). Diese Regelung begründet keine konkurrierende – präventive oder repressive – Zuständigkeit der Landespolizei im Bereich von Bundespolizeiaufgaben, sondern sie setzt eine bestehende sachliche und örtliche Zuständigkeit der Landespolizei in einem konkreten Fall voraus und weist für eine solche Konstellation (deklaratorisch) darauf hin, dass die Landespolizei dann die ihr zugewiesene Sachaufgabe natürlich auch in den spezifischen räumlichen Bereichen der Bundespolizei erfüllen darf, ohne dass dem Einschränkungen entgegenstünden. Dies bezieht sich zunächst auf Aufgaben der Gefahrenabwehr. Soweit die Bundespolizei in den in Bezug genommenen Gebieten ihre sonderpolizeilichen („bundespolizeispezifischen") Präventivaufgaben erfüllt, ist die Zuständigkeit der Länder ausgeschlossen (Kastner, Die Strafverfolgungsaufgabe der Bundespolizei im Spannungsfeld zwischen Bundes- und Landeszuständigkeiten, 2016, 23 f.). Für die Abwehr sonstiger Gefahren (allgemeinpolizeiliche Zuständigkeit) ist die Polizei der Länder uneingeschränkt zuständig. Konkret bedeutet dies, dass bspw. in den räumlichen Zuständigkeitsbereichen „Grenzgebiet" (§ 2 Abs. 2 Nr. 3 BPolG) oder „Bahnanlagen" (§ 3 Abs. 1 BPolG) die Landespolizei weiterhin für die Abwehr allgemein-polizeilicher Gefahren zuständig ist, während die Bundespolizei „grenzspezifische" bzw. „eisenbahnspezifische" Gefahren abzuwehren hat (SGR/Graulich BPolG § 1 Rn. 24). Auch die allgemein-polizeiliche Zuständigkeit anderer Polizeien (Bundeskriminalamt, Steuerfahndung usw) bzw. anderer Fachbehörden mit Gefahrenabwehrauftrag (zB Versammlungsbehörden) in den räumlichen Zuständigkeitsbereichen der Bundespolizei bleibt unberührt. Die in § 1 Abs. 7 BPolG normierte Klarstellung hat auch im Rahmen der Strafverfolgung ihre Bedeutung, soweit eine repressive Zuständigkeit der Landespolizei besteht und diese in einem bundespolizeitypischen räumlichen Bereich wahrgenommen wird (ausf. Kastner, Die Strafverfolgungsaufgabe der Bundespolizei im Spannungsfeld zwischen

Bundes- und Landeszuständigkeiten, 2016, 25 ff.). Die originären der Bundespolizeipolizei zugewiesenen Aufgaben im Rahmen der Strafverfolgung ergeben sich aus § 12 BPolG.

VIII. Örtliche Zuständigkeit des Bundeskriminalamtes

Für das Bundeskriminalamt besteht keine Begrenzung der örtlichen Zuständigkeit.   **33**

C. Verstöße

Das Vorliegen der örtlichen Zuständigkeit einer Polizeibehörde ist **Voraussetzung für** **34** **die Rechtmäßigkeit der Maßnahme** (so bereits BGH BeckRS 9998, 123302), welche der Behörde zugerechnet wird (Tegtmeyer POG NRW Rn. 4). Art. 20 Abs. 3 GG verlangt von der Exekutive, dass sie Recht und Gesetz zwingend zu beachten hat. Insofern sind auch formelle Voraussetzungen unabdingbar für jedes staatliche Handeln. Formelle wie materielle Fehler führen gleichermaßen zur Fehlerhaftigkeit und zur Regelfolge der Rechtswidrigkeit, auch wenn formelles Recht in der deutschen Rechtsordnung nicht die Bedeutung genießt wie zB in der US-amerikanischen Praxis, wo ein ordnungsgemäßes Verfahren („due process") die sachliche Richtigkeit einer Entscheidung indiziert (Schnapp/Henkenötter JuS 1998, 624 (627)).

Bereits die Rechtsprechung des Reichsgerichts hat stets daran festgehalten, dass die örtliche Zustän- **34.1** digkeit Voraussetzung rechtmäßiger Amtsausübung iSd § 113 StGB ist (RGSt 37, 32; 38, 218; 66, 339; zur Rechtmäßigkeit der Vollstreckungshandlung Keller, Persönlichkeitsrecht von Polizeibeamten, 2019, 258 ff.). Nach RGSt 71, 122 komme es aber auf die örtliche Zuständigkeit jedenfalls dann nicht an, wenn der Polizeibeamte zur Verhinderung einer strafbaren Handlung einschreite (Rasch, Polizei und Polizeiorganisation 1977, 24).

Rechtsfolge des Handelns einer unzuständigen Behörde ist grundsätzlich die **formelle** **35** **Rechtswidrigkeit des Verwaltungshandelns** (Waldhoff JuS 2014, 191; Colling/Fügemann JuS 2005, 694 (698)). Regelungen über die örtliche Zuständigkeit sind gleichwohl nicht von gleichen zwingenden Charakter wie die Vorschriften über die sachliche Zuständigkeit, die zwingender Natur und kein bloßer Formalismus sind. Sinn und Zweck der Regelungen über die örtliche Zuständigkeit ist es, eine möglichst **effektive Gefahrenabwehr** zu erreichen (OVG Magdeburg BeckRS 2008, 32709: Platzverweis aus Anlass der Fußballweltmeisterschaft). Aus Gründen der Verwaltungseffizienz wird der materiellen Rechtmäßigkeit des Verwaltungsaktes der Vorrang vor der Richtigkeit des Verwaltungsverfahrens eingeräumt (Lisken/Denninger PolR-HdB/Rachor/Roggan C Rn. 31).

Ein Verstoß gegen die örtliche Zuständigkeit hat (regelmäßig) nicht die **Nichtigkeit** **36** **der Maßnahme** zur Folge (§ 44 Abs. 3 Nr. 1 VwVfG. NRW.), sondern führt nur zur **Rechtswidrigkeit** der Verfügung, wobei dann wiederum § 46 VwVfG. NRW. zu beachten ist (Bialon/Springer EingriffsR 27; Schroeder PolR NRW Rn. 98). § 46 VwVfG. NRW. bietet eine weitere Möglichkeit einem Verfahrens- oder Formfehler zu begegnen. Demnach kann der Verwaltungsakt vom Betroffenen nicht angefochten werden, wenn offensichtlich ist, dass der formelle Rechtsfehler die Entscheidung in der Sache nicht beeinflusst hat (ausf. Maurer/Waldhoff AllgVerwR § 10 Rn. 68 ff.). Die Möglichkeit besteht sowohl bei einer gebundenen Entscheidung als auch dann, wenn der Behörde ein Ermessen eingeräumt wurde. Die Vorschrift erklärt lediglich einen Fehler bei Verfahren, Form oder örtlicher Zuständigkeit für unbeachtlich, falls er nicht schon zur Nichtigkeit nach § 44 VwVfG. NRW. des Verwaltungsakts führt oder gem. § 45 VwVfG. NRW. geheilt werden kann (Braun PSP 1/2020, 40 (44)). Werden Vorschriften die örtliche Zuständigkeit betreffend missachtet, so kann die Aufhebung eines Verwaltungsaktes nicht allein deshalb beansprucht werden. Die allgemeine Formulierung: „unter Verletzung von Vorschriften über [...] die örtliche Zuständigkeit zustande gekommen" iSd § 46 VwVfG. NRW. umfasst nicht nur den Fall, dass eine örtlich unzuständige Behörde den Verwaltungsakt erlassen hat, sondern auch jede Form der Mitwirkung örtlich unzuständiger Behörden, wie etwa bei der Zustellung (SBS/Sachs VwVfG § 46 Rn. 39).

§ 8 Amtshandlungen von Polizeivollzugsbeamtinnen und Polizeivollzugsbeamten außerhalb Nordrhein-Westfalens

(1) Polizeivollzugsbeamtinnen und Polizeivollzugsbeamte dürfen im Zuständigkeitsbereich eines anderen Landes oder des Bundes in den Fällen des § 9 Absatz 1 Satz 1 und des Artikels 91 Absatz 2 des Grundgesetzes tätig werden, wenn das jeweilige Landesrecht oder das Bundesrecht es vorsieht.

(2) ¹Einer Anforderung von Polizeivollzugsbeamtinnen und/oder Polizeivollzugsbeamten durch ein anderes Land oder den Bund ist zu entsprechen, soweit nicht die Verwendung der Polizei im eigenen Lande dringender ist als die Unterstützung der Polizei des anderen Landes oder des Bundes. ²Die Anforderung soll alle für die Entscheidung wesentlichen Merkmale des Einsatzauftrages enthalten.

(3) Polizeivollzugsbeamtinnen und Polizeivollzugsbeamte können in einem anderen Staat im Rahmen zwischenstaatlicher Vereinbarungen oder nach Maßgabe von Rechtsakten der Europäischen Union tätig werden; sie haben dann die danach vorgesehenen Rechte und Pflichten.

Überblick

Alle bundes- und landesrechtlichen Polizeivorschriften enthalten eine Norm, die es Polizeibediensteten des Bundes und der Länder ermöglicht, Amtshandlungen außerhalb ihrer örtlichen Zuständigkeit durchzuführen. Die Polizeien des Bundes (Bundeskriminalamt und Bundespolizei) sowie ein Großteil der Länderpolizeien enthalten die Regelung in deren jeweiligen Polizeigesetzen (zusf. Wiacek, Bild- und Tonaufnahmen von Polizeieinsätzen, 2018, 125). Abweichend vom **Grundsatz der Territorialzuständigkeit** (→ Rn. 2) kommt durch § 8 das grundsätzliche Einverständnis des Landes Nordrhein-Westfalen zum Ausdruck, wonach seine Polizeivollzugsbeamten auch im **Zuständigkeitsbereich eines anderen Landes** der Bundesrepublik Deutschland, des **Bundes** selbst und gem. Abs. 3 sogar im **Ausland** tätig werden dürfen. Die Vorschrift legt als sog. **Entlassungsklausel** die Voraussetzungen fest, unter denen nordrhein-westfälische Polizeibeamte außerhalb des Zuständigkeitsbereichs des eigenen Landes Amtshandlungen vornehmen dürfen (→ Rn. 1). Dabei muss sich ein **landesexternes Tätigwerden der Polizei** sich nach den jeweiligen Normen richten, die in dem entsprechenden Einsatzgebiet gelten (→ Rn. 3 ff.). Eine Sonderregelung trifft § 167 GVG, wonach Polizeibeamte eines Landes berechtigt sind, die Verfolgung eines Flüchtigen auf dem Gebiet eines anderen Landes fortzusetzen, sog. **Nacheile** (→ Rn. 9 f.). Abs. 2 konkretisiert die in Art. 35 Abs. 2 GG postulierte **Verpflichtung zur Hilfeleistung bei besonderen Gefahrenlagen** (→ Rn. 11). Regelungen für ein die **Staatsgrenzen der Bundesrepublik Deutschland überschreitendes Tätigwerden** von Polizeibeamten des Landes finden sich in § 8 Abs. 3, wobei jüngste gesetzliche Änderungen auf die Erweiterung der grenzüberschreitenden Zusammenarbeit innerhalb der EU insbesondere in Fragen der Terrorismusbekämpfung reagieren (→ Rn. 12 ff.). Deutschland hat mit all seinen Nachbarstaaten auf der Basis des Völkerrechts **bilaterale Polizeiverträge** geschlossen, die allerdings unterschiedlich weit reichen (→ Rn. 22 ff.).

Übersicht

A. Allgemeine Charakterisierung und rechtlicher Rahmen

Aus der **Polizeihoheit** folgt grundsätzlich, dass ein Bundesland in Fragen des Polizeirechts **1** für das andere „Ausland" ist. An den Landesgrenzen enden die Regelungs- und Normvollzugskompetenzen der Länder. Doch auch außerhalb der Landesgrenzen dürfen Beamtinnen und Beamte tätig werden, wenn die Voraussetzungen des § 8 Abs. 1 vorliegen. Dieser Vorschrift zufolge dürfen Polizeivollzugsbeamtinnen und -beamte im Zuständigkeitsbereich eines anderen Landes oder des Bundes in den Fällen des § 9 Abs. 1 S. 1 POG NRW und des Art. 91 Abs. 2 GG tätig werden, wenn das jeweilige Landesrecht oder das Bundesrecht es vorsieht. Diesem „**Gegenseitigkeitsprinzip**" ist Nordrhein-Westfalen seinerseits durch die Regelung § 9 nachgekommen, in § 9 Abs. 1 ist geregelt, wann Polizeibeamte eines anderen Landes in Nordrhein-Westfalen Amtshandlungen vornehmen dürfen (Thiel PSP 2/2017, 28 (30)). Im Hinblick auf den **Grundsatz der Beschränkung der Polizeihoheit** legt die **Entlassungsklausel** des § 8 dabei die Voraussetzungen fest, unter denen nordrhein-westfälische Polizeibeamte außerhalb des Zuständigkeitsbereichs des eigenen Landes Amtshandlungen vornehmen dürfen. Der Zweck besteht darin, die **grenzüberschreitende polizeiliche Zusammenarbeit** im beiderseitigen Interesse zu erleichtern und dabei eine Verletzung fremder Polizeihoheit durch nordrhein-westfälische Polizeibeamte auszuschließen.

B. Einzelkommentierung

Abweichend vom **Grundsatz der Territorialzuständigkeit** legitimiert § 8 die örtliche **2** Zuständigkeit bei Amtshandlungen von Polizeivollzugsbeamtinnen und Polizeivollzugsbeamten außerhalb Nordrhein-Westfalens in einem anderen Land der Bundesrepublik Deutschland oder im Ausland. Voraussetzung ist, dass im Recht des anderen Hoheitsträgers eine Regelung enthalten ist, wodurch eine entsprechende Betätigung erlaubt ist, mithin muss eine dem § 9 vergleichbare Regelung in dem Bundesland bestehen. Nur so kann die Polizeihoheit des betreffenden Bundeslandes gewahrt werden.

I. Geltung von Landesrecht

Ein landesexternes Tätigwerden der Polizei muss sich nach den jeweiligen Normen richten, **3** die in dem entsprechenden Einsatzgebiet gelten. Dies gilt für alle Maßnahmen. Mitunter können im „Heimatland" erlaubte Maßnahmen im „fremden" Land rechtswidrig sein. Es gilt das **Recht des Ortes der Handlung.** Darüber hinaus sind die handelnden Polizeibeamten zugleich verpflichtet, ihr „heimisches" Landesrecht zu beachten (Gusy PolR Rn. 66).

Innenanweisungen (**Dienstvorschriften**) gelten auch in dem „fremden" Land fort (PST **4** PolR-HdB/Pewestorf Kap. 1 Rn. 123).

Kumulativ zu den in Abs. 1 genannten Voraussetzungen (Verweis auf § 9 Abs. 1 S. 1; **5** Art. 91 Abs. 2 GG) muss in dem (fremden) Bundesland, in dem der Einsatz erfolgt, eine Klausel existieren, die das Tätigwerden fremder Polizeien in dem entsprechenden Gebiet erlaubt (**Einführungs- / Öffnungsklausel**).

Indes verfügen die Bundesländer durchweg über entsprechende Normen (zB § 78 BWPolG, Art. 11 **5.1** BayPOG, § 102 HSOG, § 103 NPOG). Nach diesem Normen ist dann jeweils zu beurteilen, unter welchen Voraussetzungen und Bedingungen nordrhein-westfälische Polizeibeamte in dem jeweiligen Bundesland tätig werden dürfen. Die Normen der Bundesländer entsprechen aber im Wesentlichen § 9.

In der **Einführungsklausel** des § 9 werden alternativ Voraussetzungen genannt, bei deren **6** Vorliegen Polizeibeamte fremder Länder im eigenen Landesgebiet tätig werden dürfen (→ § 9 Rn. 4 ff.)

II. Tätigwerden im Bundesbereich

Im sachlichen **Zuständigkeitsbereich des Bundes** dürfen nordrhein-westfälische Poli- **7** zeibeamte Amtshandlungen nur vornehmen, wenn eine Vorschrift des Bundesrechts (zB § 167 GVG) ihnen dies gestattet. Ein Tätigwerden im Zuständigkeitsbereich des Bundes kann nicht auf landesrechtliche Vorschriften gestützt werden. Eine entsprechende bundesgesetzliche Vorschrift ist zB § 64 BPolG, nach der Polizeivollzugsbeamte der Länder im **Zuständigkeitsbereich der Bundespolizei** Amtshandlungen vornehmen können (→ Rn. 25). Überraschenderweise und insofern auch inkonsequent erklärt § 64 Abs. 2 BPolG das für die Polizei des Landes geltende Befugnisrecht für anwendbar, wenn Polizeivollzugsbeamte eines Bundeslandes im Aufgabenbereich der Bundespolizei tätig werden. Beamte der Bundespolizei sind im umgekehrten Fall in einer weniger komfortablen Lage: Sie müssen das für Land geltende − für also fremde − Recht beachten und anwenden, wenn und soweit sie auf Grundlage einer landespolizeigesetzlichen Eilfallermächtigung einschreiten (Kastner, Die Strafverfolgungsaufgabe der Bundespolizei im Spannungsfeld zwischen Bundes- und Landeszuständigkeiten, 2016, 61 f.).

7a   Außer dem Vorliegen einer bundesgesetzlichen Befugnis verlangt § 8 Abs. 1 für ein Tätigwerden nordrhein-westfälischer Polizeibeamter im Zuständigkeitsbereich des Bundes, dass es sich um einen der Fälle des § 9 Abs. 1 S. 1 oder des Art. 91 Abs. 2 GG handeln muss.

III. Innerer Notstand (Art. 91 Abs. 2 GG)

8   Über die in § 9 Abs. 1 S. 1 genannten Fälle hinaus erlaubt § 8 Abs. 1 das landesexterne Tätigwerden im Fall des Art. 91 Abs. 2 GG. Aus der Erlaubnis zum landesexternen Tätigwerden wird dann ein Zwang, dem die Landespolizei Folge leisten muss. Die Bundesregierung (Art. 62 GG) prüft, ob eine entsprechend qualifizierte Gefahr vorliegt und das jeweilige Bundesland die Gefahr nicht selbst abwehren kann, wobei die Bundesregierung in diesem Fall die Landespolizei per Anordnung unterstellen und ein Weisungsrecht über sie ausüben kann (PST PolR-HdB/Pewestorf Kap. 1 Rn. 136). Der **„Grundfall" der Polizeihilfe** nach Art. 91 Abs. 1 GG ist dato nicht eingetreten. Gleiches gilt für Art. 35 Abs. 3 GG. Alle polizeilichen Großlagen sind bislang durch das jeweilige Land bewältigt worden, wenngleich auch mit Unterstützung von Polizeikräften anderer Länder oder des Bundes (Tegtmeyer POG NRW Rn. 2).

IV. Nacheile

9   § 167 GVG zieht die Folgerung daraus, dass die Polizeihoheit grundsätzlich den Ländern zusteht und die Polizeigewalt eines Landes nicht über die Landesgrenzen hinaus reicht. Es handelt sich um eine Sonderregelung, wonach alle Polizeibeamten eines Landes berechtigt sind, die **Verfolgung eines Flüchtigen** auf dem Gebiet eines anderen Landes fortzusetzen (Nacheile). § 167 GVG regelt nicht, inwieweit Polizeibeamte zur Verhinderung von Straftaten und Ordnungswidrigkeiten, also präventiv, oder aus anderen polizeilichen Gründen in einem anderen Land einschreiten dürfen. Auch hier gilt der Grundsatz, dass die Amtsbefugnisse eines Polizeibeamten an der Grenze seines Landes enden. Ein Tätigwerden im anderen Land ist also nur möglich, soweit Polizeigesetze der Länder, andere Vorschriften oder Ländervereinbarungen dies zulassen (Osterlitz EingriffsR Polizeidienst I 167). In einem solchen Fall ist auch im Anwendungsbereich des § 167 GVG, wenn dessen Voraussetzungen nicht vorliegen, fremden Polizeibeamten das Eingreifen gestattet (OLG Hamm NJW 1954, 206). § 167 GVG − bei der es sich nicht um Rechts- oder Amtshilfe handelt − erweitert die örtliche Zuständigkeit für den Fall, dass ein verdächtiger oder bereits verurteilter Straftäter vor der Polizei flieht. Erlaubt ist die Fortsetzung der eigenen Amtstätigkeit über die eigenen Landesgrenzen hinaus. Als Flüchtiger iSv § 167 Abs. 1 GVG gilt, wer sich auf frischer Tat betroffen seiner drohenden Ergreifung entziehen will oder den Vollzug einer Haftanordnung (auch Vollstreckungshaftbefehls) durch Flucht zu vereiteln sucht (Heinrich NStZ 1996, 361 (362)). Die **Befugnis zur Nacheile** steht allen Beamten des Polizeidienstes der Länder zu, die für die Strafverfolgung und die Vollstreckung von Haftanordnungen zuständig sind (§ 158 Abs. 1 StPO, §§ 161 Abs. 1, 163 StPO). Da § 167 Abs. 1 GVG nur eine Fortsetzung der Verfolgung gestattet, muss sie diesseits der Landesgrenze begonnen haben (OLG Hamm NJW 1954, 206). Voraussetzung ist also, dass die Verfolgung des Flüchtenden im eigenen Gebiet des Landes begonnen worden ist. Verfolgung nach § 167 Abs. 1 GVG ist jede Form des Nachsetzens, die auf die Ergreifung des Flüchtenden ausgerichtet ist. Sie kann auch in einer Observation bestehen oder durch Einsatz technischer Mittel erfolgen. Eine unmittelbare räumliche Annäherung an den Verfolgten ist nicht erforderlich (SSW StPO/Quentin GVG § 167 Rn. 3). Der Ergriffene ist gem. § 167 Abs. 2 GVG unverzüglich an das nächste Gericht oder die nächste Polizeibehörde des Landes, in dem er ergriffen wurde, abzuführen. Die Auswahl des Gerichts oder der Polizeibehörde steht im pflichtgemäßen Ermessen des Beamten; er muss aber die nächste Stelle wählen, um unverzüglich die Abführung durchführen zu können (KK-StPO/Mayer GVG § 167 Rn. 6). Eine selbständige Mitnahme des Ergriffenen zurück in das eigene Land des Beamten ist selbst mit Zustimmung des Ergriffenen unzulässig.

Fraglich ist, ob neben der Ergreifung des Flüchtigen auf dem Territorium des anderen **10** Bundeslandes auch die Vornahme weitergehender **Strafverfolgungsmaßnahmen,** wie bspw. eine körperliche Durchsuchung der ergriffenen Person oder eine Beschlagnahme von Gegenständen, die der Flüchtige mit sich führt, von § 167 GVG gedeckt ist. Einigkeit besteht darüber, dass jedenfalls eine grenzüberschreitende Verfolgung allein zu dem Zweck der Durchführung von Strafverfolgungsmaßnahmen, die nicht unmittelbar der Ergreifung (und sei es auch nur zur Personenfeststellung) dienen, unzulässig ist. Liegt jedoch eine rechtmäßige Ergreifung iSd § 167 GVG vor, so wird die Durchführung weitergehender Maßnahmen überwiegend als zulässig erachtet. Hier ist jedoch Vorsicht geboten. Denn der Ergriffene muss gem. § 167 Abs. 2 GVG unverzüglich an die zuständige Stelle desjenigen Landes abgeführt werden, in dem er ergriffen wurde. Nur diese darf die erforderlichen weitergehenden Maßnahmen durchführen, sofern nicht Gefahr im Verzug ist (Durchsuchung nach Waffen etc). Ein anderes Ergebnis würde sich in Widerspruch zur Kompetenzordnung setzen, da § 167 GVG eben nur die „Ergreifung" gestattet. Die Zuständigkeit für weitergehende Maßnahmen kann sich auch aus dem Abkommen über die erweiterte Zuständigkeit der Polizei der Länder bei der Strafverfolgung v. 8.11.1991 ergeben (für Nordrhein-Westfalen als Bekanntmachung abgedruckt in GV. NRW. 1992, 58). Entsprechend Art. 1 Abs. 1 LänderPol-Abk ist die Vornahme von Amtshandlungen bei der Verfolgung von Straftaten auch in anderen (Bundes-) Ländern hierbei an das Erfordernis geknüpft, dass einheitliche Ermittlungen insbesondere wegen der räumlichen Ausdehnung der Tat oder der in der Person des Täters oder in der Tatausführung liegenden Umstände notwendig erscheinen (Brendel/Hauer/Kische, Polizeiliche Ermittlungen im Strafprozess, 2. Aufl. 2019, 5).

Das in § 167 GVG geregelte **Recht zur Nacheile** in ein anderes Bundesland hat mit Rechts- oder **10.1** Amtshilfe nichts zu tun; sondern erlaubt gerade die Fortsetzung eigener Amtstätigkeit über die eigenen Landesgrenzen hinaus. Das Recht steht den Polizeibeamten eines Landes zu. Das sind nicht nur Ermittlungspersonen der Staatsanwaltschaft (§ 152), sondern alle Beamten des Polizeidienstes, die kraft Amtes für die Verfolgung strafbarer Handlungen und die Vollstreckung strafgerichtlicher Entscheidungen zuständig sind (KK-StPO/Mayer GVG § 167 Rn. 1). Diese Personen unterfallen dem § 167 GVG unmittelbar, ohne dass sie zuvor zu Ermittlungspersonen der Staatsanwaltschaft (§ 152 GVG) bestellt werden müssen. Notwendig ist jedoch, dass sie innerhalb ihrer sachlichen Zuständigkeit handeln (Heinrich NStZ 1996, 361 (262)). § 167 GVG spricht nur von den Polizeibeamten der Länder, weil die Verfolgung strafbarer Handlungen grundsätzlich Sache der Länder ist und die Vorschrift sich nur mit den Auswirkungen beschäftigt, die sich im Verhältnis der Länder aus deren Justiz- und Polizeihoheit ergeben. Polizeiorgane des Bundes sind, soweit sie zur Mitwirkung bei der Strafverfolgung berufen sind, an Ländergrenzen nicht gebunden. So sind die Beamten der Bundespolizeibehörden für das gesamte Bundesgebiet zuständig (vgl. § 37 BKAG, § 12 BPolG), so dass § 167 GVG keine Anwendung findet (MüKoStPO/Brocke GVG § 167 Rn. 2). § 167 GVG betrifft mithin nur die Arbeit der Vollzugspolizeien der Länder, besagen hingegen nichts über die Befugnisse der Polizeien des Bundes, insbesondere des Bundeskriminalamtes (SGR/Graulich BKAG § 37 Rn. 2). Sofern die Ermittlungspersonen der Staatsanwaltschaft kraft Weisung im gesamten Bundesgebiet tätig werden, ist § 167 GVG ebenfalls nicht anwendbar (BeckOK GVG/El-Ghazi GVG § 167 Rn. 5; MüKoStPO/Brocke GVG § 167 Rn. 2), ihre Befugnisse leiten sich aus denen der Staatsanwaltschaft ab (SSW StPO/Quentin GVG § 167 Rn. 2). Nach aA gilt § 167 GVG nur für solche Polizeibeamte, die nicht Ermittlungspersonen der Staatsanwaltschaft (§ 152 GVG) sind und im Einzelfall in deren Auftrag tätig werden (Gercke/Julius/Temming/Zöller/Schmidt, Heidelberger Kommentar zur Strafprozessordnung (StPO), 6. Auflage 2018, GVG § 167 Rn. 1). Die Staatsanwaltschaft bedarf der Vorschrift nicht, denn sie ist berechtigt und verpflichtet, erforderlichenfalls im ganzen Bundesgebiet die Amtshandlungen vorzunehmen, die ihr notwendig erscheinen. Dieses Recht leitet sich aus den territorial umfassenden Befugnissen der Staatsanwaltschaften ab.

V. Hilfeleistung bei besonderen Gefahrenlagen

§ 8 Abs. 2 konkretisiert die in Art. 35 Abs. 2 GG postulierte Verpflichtung zur Hilfeleistung **11** bei **besonderen Gefahrenlagen** und legt die Voraussetzungen fest, unter denen der Anforderung nordrhein-westfälischer Polizeikräfte durch ein anderes Bundesland zu entsprechen ist. Für das Verhältnis zu den anderen Bundesländern bestimmt § 8 Abs. 2, dass der Anforderung zu entsprechen ist, soweit nicht die Verwendung der Polizei im eigenen Lande dringender ist als die Unterstützung der Polizei des anderen Landes oder des Bundes. Somit muss eine Abwägung der Dringlichkeit unter polizeilichen Gesichtspunkten erfolgen.

VI. Europäisierung des Polizeihandelns

12   Während früher die internationale polizeiliche Zusammenarbeit schwerpunktmäßig auf die Strafverfolgung beschränkt war, spielt nunmehr auch die präventiv-polizeiliche Zusammenarbeit eine entscheidende Rolle. In Titel V des AEUV „Der Raum der Freiheit, der Sicherheit und des Rechts" finden sich in den Art. 67 ff. AEUV nähere Vorschriften, welche den im Titel bezeichneten Zielen dienen (zusf. Thiel PSP 1/2020, 3 ff.). Der Dreiklang „Freiheit-Sicherheit-Recht" verdeutlicht, dass das angestrebte „Mehr" an Sicherheit nicht auf Kosten der Freiheit gehen darf, sondern dass zwischen den häufig gegensätzlichen Elementen „Freiheit und Sicherheit" ein ausgewogenes Verhältnis zu wahren ist (Satzger, Internationales und Europäisches Strafrecht, 8. Aufl. 2018, § 10 Rn. 1). Gemäß Art. 67 Abs. 3 S. 1 AEUV wirkt die Union darauf hin, durch **Maßnahmen zur Verhütung und Bekämpfung von Kriminalität** sowie von Rassismus und Fremdenfeindlichkeit, zur Koordinierung und Zusammenarbeit von Polizeibehörden und Organen der Strafrechtspflege und den anderen zuständigen Behörden sowie durch die gegenseitige Anerkennung strafrechtlicher Entscheidungen und erforderlichenfalls durch die Angleichung der strafrechtlichen Rechtsvorschriften ein hohes Maß an Sicherheit zu gewährleisten. Warum Art. 67 Abs. 3 AEUV neben der Verhütung und Bekämpfung von Kriminalität noch separat die Verhütung und Bekämpfung von Rassismus und Fremdenfeindlichkeit anspricht, erklärt sich nicht ohne Weiteres. Soweit Rassismus und Xenophobie in Form strafbaren Verhaltens erfolgen, ginge dieses nicht über den Begriff der Kriminalität hinaus und würde nur die Bedeutung dieser Aufgabe unterstreichen. Soweit eine Vorstufe strafbaren Verhaltens gemeint ist, dürfte in Titel V Kapitel 4 und 5 AEUV vor allem der Gedanke der Prävention angesprochen sein (Calliess/Ruffert/Suhr AEUV Art. 67 Rn. 82). Die EU stellt nach Art. 67 Abs. 2 AEUV, dass Personen an den Binnengrenzen nicht kontrolliert werden, und entwickelt eine gemeinsame Politik in den Bereichen Asyl, Einwanderung und Kontrollen an den Außengrenzen, die sich auf die Solidarität der Mitgliedstaaten gründet und gegenüber Drittstaatsangehörigen angemessen ist. Vorgaben für Grenzkontrollen finden sich Art. 77 AEUV. Die Art. 87 ff. AEUV enthalten Vorgaben über die polizeiliche Zusammenarbeit (zusf. Schenke PolR Rn. 460). Gemäß Art. 87 Abs. 1 AEUV entwickelt die Union eine polizeiliche Zusammenarbeit zwischen allen zuständigen Behörden der Mitgliedstaaten, einschließlich der Polizei, des Zolls und anderer auf die Verhütung oder die Aufdeckung von Straftaten sowie entsprechende Ermittlungen spezialisierter Strafverfolgungsbehörden. Art. 88 AEUV hat Europol zum Gegenstand. Die grenzüberschreitende Tätigkeit im Hoheitsgebiet eines anderen Mitgliedstaaten, also insbesondere Nacheile, grenzüberschreitende Observation, gemeinsame Streifen und gemeinsame Ermittlungsgruppen, ist in Art. 89 AEUV geregelt. Ebenfalls separat geregelt ist der Schengen-Besitzstand (Calliess/Ruffert/Suhr AEUV Art. 87 Rn. 1).

12a   Überdies engagiert sich Deutschland seit 1989 in internationalen Polizeimissionen und bilateralen Polizeiaufbauprojekten. In der Internationalen Gemeinschaft besteht seit längerem Konsens darüber, dass fragile, versagende Staaten ein globales Sicherheitsrisiko darstellen. Grundlagendokumente der UN, der OECD, der Weltbank, des Vierten hochrangigen Forums zur Wirksamkeit der Hilfe (in Busan) und andere dokumentieren das reichlich (Stierle/Wehe/Siller, Handbuch Polizeimanagement/Nachtwei, 2017, 142). Mittlerweile wurden über 9.000 Polizeibeamtinnen und -beamte entsandt. Internationale Polizeimissionen liefern einen wichtigen Beitrag zum Aufbau rechtstaatlicher Strukturen in Krisengebieten – in Staaten, die durch Krieg, millionenfachen Mord, Vertreibung und Flucht, Hunger und Perspektivlosigkeit gekennzeichnet sind. Deutsche Polizeibeamtinnen und -beamte sind gerade im internationalen Vergleich hervorragend motiviert, ausgebildet und ausgestattet. Die Bedrohung durch den islamistischen Terrorismus und die damit teilweise verbundenen Flüchtlingsströme belegen die Notwendigkeit der weiteren Beteiligung an internationalen Polizeimissionen (ausf. Wagner/Wege DIE POLIZEI 2020, 27 ff.; Bierschenk DIE POLIZEI

2017, 242 ff.). Die „Leitlinien für den Einsatz deutscher Polizeivollzugsbeamtinnen und -beamten im Rahmen internationaler Friedensmissionen", herausgegeben von der Bund-Länder-Arbeitsgruppe „Internationale Polizeimissionen" („AG IPM"), regeln die Praxis der deutschen Missionsbeteiligungen (ausf. zur Unterstützung von internationalen Polizeimissionen durch Bund und Länder Stierle/Wehe/Siller, Handbuch Polizeimanagement/Nachtwei, 2017, 133 ff.).

Die Wahrnehmung von Hoheitsrechten durch Polizeibedienstete eines EU-Mitgliedstaates **12b** auf dem **Territorium eines anderen EU-Staates** ist in zwei Varianten möglich: Entweder wird den Bediensteten gestattet, Hoheitsrechte des eigenen Staates auf fremdem Hoheitsgebiet auszuüben (zB im Falle der grenzüberschreitenden „Nacheile") oder den Polizeibediensteten anderer Staaten wird die Wahrnehmung von Hoheitsrechten des anderen Staates erlaubt (zB im Falle gemeinsamer Streifen). Für die Ausübung deutscher **Hoheitsgewalt** in einem anderen Staat trifft das GG keine speziellen Regelungen. Die Bindung an Recht und Gesetz (Art. 1 Abs. 3 GG) und damit insbesondere an die Grundrechte des GG gilt unabhängig vom Einsatzort. Der Grenzübertritt allein ändert nichts an den gesetzlichen Aufgaben und an der sachlichen Zuständigkeit (Lisken/Denninger PolR-HdB/Aden N Rn. 299; Fastenrath/Skerka ZEuS 2009, 219 (248)). In den Abkommen, die das Polizeihandeln in einem anderen Mitgliedstaat erlauben, und in den einschlägigen Vorschriften des EU-Rechts werden die ausländischen Polizeibeamten verpflichtet, das jeweilige nationale Recht des Staates zu beachten, in dem eine Maßnahme ausgeführt wird. Dies befreit allerdings nicht von den formellen und materiellen Anforderungen des deutschen Rechts. In § 8 Abs. 3 finden sich Regelungen für ein die Staatsgrenzen der Bundesrepublik Deutschland überschreitendes Tätigwerden von Polizeibeamten des Landes (zusf. zur polizeilichen Zusammenarbeit in der EU → SystVorb-PolRDe Rn. 1 ff.). Polizeihandeln auf dem Hoheitsgebiet anderer EU-Staaten kommt in Betracht durch gemeinsame Einsatzformen, zB **gemeinsame Streifen, Unterstellung von Polizeibeamten** eines anderen Mitgliedstaates, grenzüberschreitende **polizeiliche Nothilfe** oder durch **Unterstützung bei polizeilichen Großlagen** (ausf. Lisken/Denninger PolR-HdB/Aden N Rn. 300 ff.). In Betracht kommen insbesondere auch **gemeinsame Ermittlungsgruppen** sowie die grenzüberschreitende „**Nacheile**" und grenzüberschreitende **Observation** (zusf. Keller, Basislehrbuch Kriminalistik/Mokros, 2019, 799 ff.).

Die **Gemeinsame Ermittlungsgruppe (GEG)**, international als **Joint Investigation** **12c** **Team** bezeichnet, ist eine durch Abschluss einer bi- oder multilateralen Vereinbarung zum Zwecke der Strafverfolgung gebildete Gruppe, in der Vertreter von Strafverfolgungsbehörden aus mindestens zwei Staaten für einen begrenzten Zeitraum in einem konkreten Sachverhalt innerhalb der beteiligten Staaten ermitteln (Bergner Kriminalistik 2010, 367). Die Mitgliedstaaten waren davon überzeugt, dass das Instrument dieser Ermittlungsgruppen insbesondere für die Strafverfolgungsbehörden in der EU von großem Nutzen sein wird. Dieses Modell ist allerdings nicht auf die Mitgliedstaaten der EU beschränkt; so gab es eine Gemeinsame Ermittlungsgruppe zum Absturz des Malaysia Airlines-Flug MH17 in der Ukraine am 17.7.2014, an der Ermittler der niederländischen Polizei sowie aus Australien, Belgien, Malaysia und der Ukraine beteiligt gewesen waren. Es existiert eine Vielzahl an bi- und multilateralen völkerrechtlichen Verträgen, die den Sicherheitsbehörden der beteiligten Staaten ein zeitlich begrenztes Zusammenwirken in solchen als Joint Investigation Teams auf der Grundlage entsprechender individueller Vereinbarungen erlauben (Thiel DP 5/2019, 4 (8); Soine ZIS 2016, 319 (325)). In Anbetracht der zögerlichen Ratifizierung des **Rechtshilfeübereinkommens** v. 12.7.2000 hat der Rat 2002 einen Rahmenbeschluss über sog. „Joint Investigation Teams" erlassen (RB 2002/465/JI v. 13.6.2002, ABl. 2002 L 162, 1). Nur die Regelungen zur Beteiligung von Europol an den gemeinsamen Ermittlungsgruppen wurden mit der Europol-VO (VO (EU) 2016/794 v. 11.5.2016, ABl. 2016 L 135, 53) in den neuen EU-Rechtsrahmen überführt (Lisken/Denninger PolR-HdB/Aden N Rn. 310). Auf das Instrument von **Joint Investigation Teams** (zusf. Sensburg Kriminalistik 2008, 661; vgl. Geelhoed ZIS 2018, 470 ff.) wurde nur in seltenen Fällen zurückgegriffen (Dick ZRP 2013, 117 (119); für ein gemeinsames Vorgehen in Sicherheitsfragen Broser Kriminalistik 2015, 494: „Europäische Sicherheitsagenda"). Trotz der Tatsache, dass den europäischen Institutionen eine sehr große Aufmerksamkeit der Öffentlichkeit zuteilwird, findet die polizeiliche Zusammenarbeit überwiegend auf der Basis von Vereinbarungen zwischen zwei Staaten statt. Die verstreuten Regelungen zu dieser Form der Zusammenarbeit wurden bisher noch nicht zusammengeführt. Maßgeblich ist daher weiterhin das **EURechtsHStrÜ (Übereinkommen** – gemäß Artikel 34 des Vertrags über die Europäische Union vom Rat erstellt – **über die Rechtshilfe in Strafsachen zwischen den Mitgliedstaaten der Europäischen Union** v. 12.7.2000, ABl. 2000 C 197, 3). Gemäß Art. 13 Abs. 2 EURechtsHStrÜ (Gemeinsame Ermittlungsgruppen) kann eine gemeinsame Ermittlungsgruppe insbesondere gebildet werden, wenn in dem Ermittlungsverfahren eines Mitgliedstaats zur Aufdeckung von Straftaten schwierige und aufwendige Ermittlungen mit Bezügen zu anderen Mitgliedstaaten durchzuführen sind oder wenn mehrere Mitgliedstaaten Ermittlungen zur Aufdeckung von Straftaten durchführen, die infolge des zugrunde liegenden Sachverhalts ein koordiniertes und abgestimmtes Vorgehen in den beteiligten Mitgliedstaaten erforderlich machen. Ein Ersuchen um Bildung einer gemeinsamen Ermittlungsgruppe kann von jedem der betroffenen Mitgliedstaaten gestellt werden. Die Gruppe wird in einem der Mitgliedstaaten gebildet, in dem die Ermittlungen voraussichtlich durchzuführen sind. RB 2002/465/JI enthält überdies Regelungen zur straf- und / oder zivilrechtlichen Verantwortlichkeit der Beamten. Praktische Hinweise im Hinblick auf Gründung und Einsatz von Joint Investigation Teams hat der Rat der EU in einem Handbuch erläutert, das regelmäßig fortgeschrieben wird (LT-Drs. 16/8338, 2). Anzumerken ist, dass die polizeiliche Zusammenarbeit in der EU ein erhebliches Potenzial in sich birgt und noch deutlich ausbaufähig ist. Die Notwendigkeit vor allem zu schnellem Handeln betrifft auch die Einrichtung Gemeinsamer Ermittlungsgruppen. Da sich insbesondere Cyberbedrohungen in beachtlicher Geschwindigkeit manifestieren, besteht keine Zeit für langwierige Verhandlungen über die Modalitäten einer konkreten Gemeinsamen Ermittlungsgruppe. Mithin sollte „geprüft und pilotiert werden, inwieweit internationale Polizeiorganisationen dazu beitragen können, gemeinsame Ermittlungsgruppen unter Beteiligung der jeweils federführenden justiziellen Ermittlungsbehörden einzurichten. Dies gilt insbesondere im Hinblick auf die Beteiligung von Ländern, zwischen denen die klassische Zusammenarbeit in Form von Rechtshilfe derzeit allenfalls unter erheblichen Schwierigkeiten funktioniert. Auch hier bietet sich die Nutzung der existierenden globalen Plattform von Interpol an" (Goger/Stock ZRP 2017, 10 (13)).

1. Prümer Vertrag, Prümer Ratsbeschluss

13   Sieben Staaten der EU (Belgien, Deutschland, Spanien, Frankreich, Luxemburg, die Niederlande und Österreich) schlossen am 27.5.2005 in Prüm den Vertrag – als völkerrechtliche Vereinbarung – über die Vertiefung der grenzüberschreitenden Zusammenarbeit, insbesondere zur Bekämpfung des Terrorismus, der grenzüberschreitenden Kriminalität und der illegalen Migration (BGBl. 2006 II 626). Bei dem Prümer Vertrag, benannt nach dem Unterzeichnungsort Prüm in Rheinland-Pfalz, in unmittelbarer Nähe zum luxemburgischen Ort Schengen („Schengen-III-Vertrag", Schenke PolR Rn. 469), handelt es sich um einen zwischenstaatlichen Vertrag außerhalb des EU-Rahmens (zusf. Sensburg, Europarecht, 2009, 223). Der Vertrag musste nach den verfassungsrechtlichen Vorgaben der Unterzeichnerstaaten ratifiziert werden, in Deutschland gem. Art. 59 Abs. 2 S. 1 GG. Weil der Einsatz ausländischer Polizeibeamter in Deutschland während der Fußballweltmeisterschaft geplant war, wurde das Ratifizierungsverfahren zügig vorangetrieben. Am 10.7.2006 wurde bereits das Zustimmungsgesetz verkündet (BGBl. 2006 II 626). Unmittelbar nach Vertragsschluss haben zahlreiche weitere EU-Mitgliedstaaten ihr Interesse an einem Beitritt zu diesem Vertrag bekundet, so dass in der Folge weitere Mitgliedstaaten der EU dem Prümer Vertrag beitraten (ausf. Lauer, Informationshilfe im Rahmen der polizeilichen und justiziellen Zusammenarbeit in Strafsachen, 2018, 129 ff.). Drei Jahre nach Inkrafttreten des Vertrages sollte aufgrund der gemachten Erfahrungen ein Vorschlag zur Überführung der Regelungen in den Rechtsrahmen der EU unterbreitet werden (Art. 1 Abs. 3 PrümV). Gestützt auf eine Initiative der Unterzeichnerstaaten beschloss der Rat der EU die Überführung des Vertrages in den Rechtsrahmen der EU (B 2008/615/JI v. 23.6.2008, ABl. 2008 L 210, 1). Dieser vom Rat der Innen- und Justizminister der EU angenommene Prümer Ratsbeschluss hat die Vertiefung der grenzüberschreitenden Zusammenarbeit zum Ziel. In den Beschluss wurden wesentliche Punkte für den gesamten Bereich der EU aufgenommen (zum Vertrag von Prüm und seine Integration in die EU Lisken/Denninger PolR-HdB/Aden N Rn. 56 ff.). Der Deutsche Bundestag hat im Gesetz zur Umsetzung des Beschlusses des Rates 2008/615/JI vom

23.6.2008 zur Vertiefung der grenzüberschreitenden Zusammenarbeit, insbesondere zur Bekämpfung des Terrorismus und der grenzüberschreitenden Kriminalität v. 31.7.2009 (BGBl. I 2507) das **PrümVAG** (Ausführungsgesetz zum Prümer Vertrag v. 10.7.2006, BGBl. I 1458) geändert und der Terminologie des Ratsbeschlusses angepasst. In Deutschland erklärt § 1 PrümVAG die Bestimmungen des Prümer Ratsbeschluss für „bei der polizeilichen und justiziellen Zusammenarbeit in Strafsachen mit den Mitgliedstaaten der Europäischen Union anwendbar." Damit erhielt dieser Rechtsakt der ehemaligen dritten EU-Säule eine verordnungsähnliche Wirkung. Das Bundeskriminalamt wurde als nationale Kontaktstelle für die Prüm-Kooperation benannt (§ 2 PrümVAG), der Bundesbeauftragte für den Datenschutz und die Informationsfreiheit für die Aufgaben der Datenschutzkontrolle (§ 7 PrümVAG; Lisken/Denninger PolR-HdB/Aden N Rn. 60).

Seit der Unterzeichnung des SDÜ (Schengener Durchführungsübereinkommen) im Jahre **13a** 1990 ist der **Prümer Vertrag** das erste bedeutendste Rechtsinstrument zur direkten grenzüberschreitenden Polizeizusammenarbeit, das von einer größeren Anzahl von Mitgliedsstaaten der EU getragen wird (Schober, Europäische Polizeizusammenarbeit zwischen TREVI und Prüm, 2017, 822). Die heutige Globalisierung der Kriminalität macht deutlich, dass sich ein Nationalstaat alleine nicht mehr vor Gefahren schützen kann. Höchst problematisch ist es zu beobachten, dass in Europa statt konzertierter Aktionen vor allem in der **Flüchtlingskrise** immer stärker nationale Egoismen und Interessen in den Vordergrund geraten. Dies ist rechtlich höchst problematisch und gefährlich zugleich. So hat insbesondere die massenhafte ungesteuerte Migration des Jahres 2015 die Politik der EU herausgefordert (grdl. Hofmann, Flucht, Migration und die neue europäische Sicherheitsarchitektur, 2017). Die Probleme der Gewährleistung von Grenzsicherheit und das sie begleitende Phänomen der irregulären Migration sind mit voller Wucht in der Politik angekommen und stehen mittlerweile auf einem Spitzenplatz der Sicherheitsagenda der EU, aber auch in der nationalen Sicherheitspolitik (ausf. Walter Kriminalistik 2018, 506 ff.; zusf. Schröder/Gerdes ZRP 2016, 238; zur irregulären Migration und Schleusungskriminalität bereits Martens DIE POLIZEI 2005, 317 ff.). Die Bedeutung der Zusammenarbeit zwischen den Polizeibehörden der EU-Mitgliedstaaten ist letztlich parallel zur internationalen Vernetzung des Terrorismus und eines Terrorismus aus vielen unterschiedlichen Richtungen enorm angestiegen (Dick DIE POLIZEI 2016, 232). Überhaupt steht die Sicherheits- und Verteidigungspolitik Europas vor großen Herausforderungen: Bedrohungen durch organisierte Kriminalität, internationalen Drogenhandel und Terrorismus sind unübersehbar und durch einzelne Nationalstaaten nicht mehr beherrschbar geworden. Terroristische Anschläge auf europäischem Boden oder Cyberattacken auf öffentliche Institutionen und Firmen bedrohen, sowohl unmittelbar als auch mittelbar, den Frieden in Europa. Gleichzeitig verfügt kein europäischer Staat selbst über ausreichende Mittel und Fähigkeiten, um für die Sicherheit Europas im Alleingang garantieren zu können (Scheffel NVwZ 2018, 1347 ff.; Dick ZRP 2013, 117).

Der Prümer Ratsbeschluss sieht den automatisierten Datenaustausch von DNA-Daten, **13b** Fingerabdruckdaten und Daten aus Kraftfahrzeugregistern zwischen allen Mitgliedstaaten der EU vor (SGR/Graulich BPolG § 64 Rn. 2). Daneben regelt der Ratsbeschluss ebenso wie der Prümer Vertrag den Austausch von Informationen im Zusammenhang mit Großveranstaltungen und den Austausch von Informationen über terroristische Gefährder. Er sieht darüber hinaus wie der Vertrag verschiedene Formen der operativen polizeilichen Zusammenarbeit wie bspw. gemeinsame Streifen und polizeiliche Hilfeleistung bei Unglücksfällen und Großereignissen vor (BT-Drs. 16/12585, 7; zu einzelnen Regelungsbereichen Bialon/Springer EingriffsR 376 f.; Soine, Ermittlungsverfahren und Polizeipraxis, 2. Aufl. 2019, 132 ff.).

Beispiel 1: Zur Verbesserung des Informationsaustauschs im Hinblick auf die Verhinderung von **13b.1** Straftaten und die Abwehr von Gefahren für die öffentliche Sicherheit und Ordnung im Zusammenhang mit Großveranstaltungen mit grenzüberschreitendem Bezug können personenbezogene und nichtpersonenbezogene Daten von den Mitgliedstaaten unter bestimmten Voraussetzungen übermittelt werden (Art. 1 lit. b Prümer Ratsbeschluss). Zur Vorbereitung der Fußballeuropameisterschaft 2016 in Frankreich übermittelt die ZIS (Zentrale Informationsstelle Sporteinsätze) dem NFIP Frankreich (National Football Information Point) Erkenntnisse über die Zahl von anreisenden potenziell gewalttätigen Fußballfans (B-und C-Kategorie) aus Deutschland zu den jeweiligen Veranstaltungsorten in Frankreich. Es werden auch Erkenntnisse über Anfahrtswege und Beförderungsmittel und geplante Aktionen der Fans übermittelt. Über Personen, die bei nationalen und internationalen Fußballspielen in der Vergangenheit durch Sicherheitsstörungen (das müssen nicht zwangsläufig Straftaten sein) aufgefallen sind, werden auch die personenbezogenen Daten auf Anforderung der französischen Polizei übermittelt. Sobald personenbezogene Daten (Identifizierungsdaten der Person wie Namen, Vornamen, Geburtsdatum, Geburtsort, Erkenntnisse aus der Kriminalakte usw) übermittelt werden sollen, müssen Tatsachen die Annahme rechtfertigen, dass zu erwarten ist, dass diese Personen sich auch an Gewalttätigkeiten in Frankreich anlässlich der EURO 2016 beteiligen werden und hierbei Adressat polizeilicher Maßnahmen werden können (Bialon/Springer EingriffsR 376).

13b.2   **Beispiel 2:** Durch die ZIS wird das SKB-Team-Deutschland nach Frankreich entsandt, um die dortigen Behörden im Einsatz zu unterstützen. Die deutschen Polizisten dürfen dabei ihre Uniform tragen und können mit der in Deutschland üblichen Bewaffnung und Ausrüstung ausgestattet sein (Art. 19 Abs. 1 Prümer Ratsbeschluss; Bialon/Springer EingriffsR 376).

13b.3   Außer dem B 2010/482/EU (Beschluss des Rates v. 26.7.2010 über den Abschluss des Übereinkommens zwischen der Europäischen Union sowie Island und Norwegen über die Anwendung einiger Bestimmungen des Beschlusses 2008/615/JI des Rates zur Vertiefung der grenzüberschreitenden Zusammenarbeit, insbesondere zur Bekämpfung des Terrorismus und der grenzüberschreitenden Kriminalität, und des Beschlusses 2008/616/JI des Rates zur Durchführung des Beschlusses 2008/615/JI zur Vertiefung der grenzüberschreitenden Zusammenarbeit, insbesondere zur Bekämpfung des Terrorismus und der grenzüberschreitenden Kriminalität, und seines Anhangs, ABl. 2010 L 210, 1) bestehen folgende Durchführungsbeschlüsse des Rates über den Prümer Ratsbeschluss (Soine, Ermittlungsverfahren und Polizeipraxis, 2. Auf.2019, 134):

- Aufnahme des automatisierten Austauschs von DNS-Daten mit Belgien, Dänemark, Estland, Griechenland, Lettland, Litauen, Malta, Polen, Portugal, Schweden, der Slowakei, der Tschechischen Republik, Ungarn und Zypern;
- Aufnahme des automatisierten Austauschs daktyloskopischer Daten mit Belgien, Bulgarien, Dänemark, Estland, Finnland, Frankreich, Griechenland, Lettland, Litauen, Malta, den Niederlanden, Polen, Portugal, Rumänien, Schweden, der Slowakei, der Tschechischen Republik, Ungarn und Zypern;
- Aufnahme des automatisierten Austauschs von Fahrzeugregisterdaten mit Bulgarien, Dänemark, Estland, Finnland, Lettland, Litauen, Malta, Polen, Rumänien, Schweden, der Slowakei, Slowenien, der Tschechischen Republik, Ungarn und Zypern.

14   Der Prümer Vertrag geht sehr viel weiter als die bisherigen Abkommen auf europäischer Ebene und hebt insbesondere die polizeiliche Zusammenarbeit auf ein neues Niveau. Dabei stehen die **Beschleunigung und Vereinfachung des Informationsaustausches,** insbesondere in Bezug auf DNA-Profile, daktyloskopische Daten und Daten aus Fahrzeugregistern sowie die Intensivierung der operativen Zusammenarbeit im Vordergrund (Möllers Polizei-WB 1525). Während im Falle der Kfz-Registerdaten der volle lesende Onlinezugriff ermöglicht wird, erfolgt bei DNA- und Fingerabdruckdaten der Zugriff auf anonymisierte Indexdatenbanken im sog. Hit-/No-hit-Verfahren, bei dem im Trefferfall eine Kennziffer für weitere Anfragen übermittelt wird, die im Wege der Rechtshilfe zu stellen sind (SGR/Graulich BPolG § 64 Rn. 2). Das Hit-/No-Hit-System unterteilt den Datenaustausch mithin in zwei Stufen. Auf der ersten Stufe erfolgt ein Trefferabgleich in einem Verfahren des automatisierten Zugriffs auf die mitgliedstaatliche Datenbank. Dabei ist der abrufende Mitgliedstaat nicht auf die Mitwirkung des die Datenbank führenden Staates angewiesen. Wurde auf dieser ersten Stufe ein Treffer (Hit) erzielt, geht es auf der zweiten Stufe um die Übermittlung der personenbezogenen Daten, die in dem die Datenbank führenden Staat zu dem Datensatz vorhanden sind. Diese zweite Stufe richtet sich nach dem nationalen Recht des ersuchten Staates, wobei die Regelungen der Rechtshilfe zur Anwendung gelangen (Art. 5, 10 Prümer Vertrag). Rechtshilferegelungen finden sich unter anderem in Art. 48–53 SDÜ für die Schengen-Staaten sowie im RechtsHStrEUUebereink (Übereinkommen über die Rechtshilfe in Strafsachen zwischen den Mitgliedstaaten der Europäischen Union v. 29.5.2000, BGBl. 2005 II 650; WHT BWPolR § 2 Rn. 22; Hofmann, Flucht, Migration und die neue europäische Sicherheitsarchitektur, 2017, 80).

15   Da der Prümer Ratsbeschluss als Rechtsakt der EU von der Bezugnahme auf zwischenstaatliche Vereinbarungen in § 8 Abs. 3 (und § 9 Abs. 4) nicht erfasst wurde, war zu seiner Umsetzung in das nordrhein-westfälische Polizeirecht eine entsprechende Ergänzung dieser Vorschriften erforderlich. Regelungstechnisch erfolgte dies durch eine Erweiterung der

Bezugnahme in Abs. 3 auf **Rechtsakte der EU** bzw. in einer entsprechenden Ergänzung des § 9 Abs. 4 (LT-Drs. 16/2256, 2). Nunmehr können Polizeivollzugsbeamtinnen und Polizeivollzugsbeamte in einem anderen Staat entsprechend Abs. 3 auch nach Maßgabe von Rechtsakten der EU tätig werden; sie haben dann die danach vorgesehenen Rechte und Pflichten (ausf. zum PrümV Schober, Europäische Polizeizusammenarbeit zwischen TREVI und Prüm, 2017, 822 ff.). Der Prümer Ratsbeschluss und der sog. Schengen-Aquis dürften mit zu den wichtigsten europäischen Rechtsakten im Bereich des polizeilichen Kooperationsrechts gehören (Böse/Kugelmann, Europäisches Strafrecht mit polizeilicher Zusammenarbeit, 2013, § 17 Rn. 87 ff., 93 ff.).

2. SÜ (Schengener Übereinkommen)

Ein bedeutender gesetzlicher Rahmen für die polizeiliche Zusammenarbeit innerhalb der **16** EU stellen die Schengener Übereinkommen dar (Sensburg, Europarecht, 2009, 209 ff.; zusf. Soine, Ermittlungsverfahren und Polizeipraxis, 2. Aufl. 2019, 134 ff.; im Überblick Fuchs Kriminalistik 2014, 400). Die polizeiliche Zusammenarbeit zwischen Repräsentanten der EU-Mitgliedstaaten hat allerdings bereits ab 1975 durch die „Trevi-Gruppe" begonnen, einem zwischenstaatlichen Netzwerk von Vertretern der Justiz- und Innenministerien. Das Kürzel TREVI stand für „terorisme, radicalisme, extremisme, violence internationale" und verweist damit gleichzeitig auf Zweck und Anlass der Kooperation, die Bekämpfung politisch motivierter Kriminalität einschließlich des vermuteten Um- und Vorfeldes. Das Gremium wurde bewusst außerhalb der Strukturen der EG gehalten und sollte eine informelle Zusammenarbeit ermöglichen (Bergmann, Handlexikon der Europäischen Union, 5. Aufl. 2015, „TREVI"; zur Historie Hofmann, Flucht, Migration und die neue europäische Sicherheitsarchitektur, 2017, 68 ff.; Busch NK 2000, 22 (23)). Der erste Schritt einer Grundlage für juristische Kooperation zwischen den Mitgliedstaaten entstand im Rahmen der Europäischen Politischen Zusammenarbeit (EPZ), die in Art. 30 EEA (Einheitliche Europäische Akte v. 28.2.1986, ABl. 1987 L 169, 1) vorgesehen wurde. In diesem Rahmen wurden eine Anzahl von Übereinkommen zur justiziellen Zusammenarbeit zwischen 1987 und 1991 ausgearbeitet. Dagegen sah der EGV (Vertrag zur Gründung der Europäischen Wirtschaftsgemeinschaft v. 25.3.1957, BGBl. 1957 II 766) noch keinerlei juristische Zusammenarbeit vor. Erst durch den EUV (Vertrag über die Europäische Union v. 7.2.1992, ABl. 1992 C 191, 1), der in Maastricht im Dezember 1991 gezeichnet wurde und der am 1.11.1993 in Kraft trat, wurde die justizielle Zusammenarbeit sowohl in Zivil- wie auch in Strafsachen, förmlicher Bestandteil der Arbeit der EU (zusf. Schomburg NJW 1991, 540: „Von Rom über Maastricht nach Amsterdam"; zur Entwicklungsphase Hatje/Müller-Graff/Terhechte, Europarechtswissenschaft/Meyer, 2018, 43 (48 ff.)). Im Vertrag von Maastricht wurden jene Fragen von gemeinsamem Interesse festgehalten, die eine polizeiliche Zusammenarbeit rechtfertigten (Terrorismus, Drogen und andere Formen des internationalen Verbrechens). Ferner wurde die Schaffung eines „Europäischen Polizeiamts" (Europol), das zunächst nur als „Europol-Drogeneinheit" Gestalt annahm, im Grundsatz vereinbart. Obwohl die Einrichtung eines europäischen Polizeiamtes bereits einige Zeit vor dem Maastrichter Vertrag von 1992 geplant war, wurde erst drei Jahre später das entsprechende Europol-Übereinkommen (v. 26.7.1995, ABl. 1995 C 316, 2) angenommen. Danach sollen die Europol-Bediensteten und nationale Polizeibeamte, sog. Verbindungsbeamte, ein unionsweites Informationssystem einrichten und Strategien zur Bekämpfung grenzüberschreitender Kriminalität in bestimmten Bereichen entwickeln (zur Historie Gleß/Nelles NK 2000, 22 (23)). Offiziell nahm das Amt seine Tätigkeit jedoch erst am 1.7.1999 auf, und zwar mit erweiterten Zuständigkeiten, die ihm durch den (am 2.10.1997 geschlossenen) Vertrag von Amsterdam zugewiesen worden waren. Doch schon vor der Schaffung von Europol wurden Fortschritte auf dem Gebiet der polizeilichen Zusammenarbeit erzielt. Mit der Errichtung des „Schengen-Raums" im Jahr 1985, dem zunächst nur eine begrenzte Zahl von Mitgliedstaaten angehörte, war die grenzübergreifende polizeiliche Zusammenarbeit Wirklichkeit geworden (ausf. Schober, Europäische Polizeizusammenarbeit zwischen TREVI und Prüm, 2017; 22 ff.: Eine Chronologie der Europäischen Polizeizusammenarbeit zwischen TREVI und Prüm; zur historischen Entwicklung der polizeilichen Zusammenarbeit in der EU auch Dick DIE POLIZEI 2016, 232 ff.). Die sog. Schengener Übereinkommen haben sich zwar zunächst außerhalb der EU auf der Basis völkerrechtlicher Verträge entwickelt (zur vorläufigen Anwendung völkerrechtlicher Verträge Kleinlein JZ 2017, 377 ff.), wurden aber durch den EU-Vertrag von Amsterdam v. 2.10.1997 mWv 1.5.1999 als sog. **Schengenbesitzstand** in das EU-System integriert und sind primäres Recht der EU (Art. 67 ff. AEUV; Schenke PolR Rn. 468; Schmidbauer/Steiner BayPAG Art. 1 Rn. 84).

16a   Das SÜ (Schengener Übereinkommen v. 14.6.1985, ABl. 2000 239, 13) ist ein zwischen den Regierungen der Bundesrepublik Deutschland, Frankreichs, Belgiens, Luxemburgs und der Niederlande am 14.6.1985 in Schengen geschlossenes Übereinkommen über den schrittweisen Abbau der Kontrollen an den gemeinsamen Grenzen. Der Ort der Vertragsunterzeichnung ist bis heute Namensgeber für das Instrumentarium. Das SÜ wird in Abgrenzung zum SDÜ auch als **Schengen I** bezeichnet. In erster Linie sollte durch den Wegfall der Grenzkontrollen eine schnellere und damit effektivere Warenbewegung innerhalb der Vertragsstaaten ermöglicht werden. Zugleich wurde die Absicht bekundet, die Zusammenarbeit zwischen den Zoll- und Polizeibehörden „insbesondere im Kampf gegen die Kriminalität" zu verstärken (Art. 9 SÜ). Konkrete Regelungen wurden aber nicht vereinbart. Stattdessen wurden „langfristig durchzuführende Maßnahmen" (Titel II SÜ) beschlossen, zu denen auch die Ausarbeitung von Vereinbarungen über die polizeiliche Zusammenarbeit, einschließlich der Einführung eines „Rechts der polizeilichen Nacheile" gehörte (Art. 18 SÜ; Lisken/ Denninger PolR-HdB/Aden N Rn. 40). Die sog „Ausgleichsmaßnahmen" für den Abbau der Kontrollen an den Binnengrenzen sollten in einem Durchführungsübereinkommen vertraglich vereinbart werden und Bedingung für den Wegfall der Grenzkontrollen sein. Schließlich wurde am 19.6.1990 zwischen den Schengener Vertragspartnern das SDÜ (Schengener Durchführungsübereinkommen v. 19.6.1990, ABl. 2000 L 239, 19) geschlossen (Keller, Basislehrbuch Kriminalistik/Mokros, 2019, 804; Lisken/Denninger PolR-HdB/Aden N Rn. 41).

3. SDÜ, Schengener Grenzkodex und SIS

17   Die Verwirklichung des Abbaus der Grenzkontrollen sowie Art und Umfang der **Ausgleichsmaßnahmen** wurden im SDÜ (**Schengener Durchführungsübereinkommen** v. 19.6.1990, ABl. 2000 L 239, 19) staatsvertraglich festgelegt und am 1.9.1993 in Kraft gesetzt (BGBl. 1994 II 631). Das SÜ sowie das SDÜ, das der Umsetzung des SÜ dient, sollen den Gefahren für die innere Sicherheit begegnen, die durch den schrittweisen Abbau innereuropäischer Grenzkontrollen entstanden sind. Als Konsequenz aus der Zunahme der grenzüberschreitenden Kriminalität und der irregulären Migration wurde deutlich, dass Substitute für die weggefallenen Grenzkontrollen erforderlich wurden. Die sog. Ausgleichsmaßnahmen waren geboren, die in das SDÜ und den Schengener Grenzkodex Eingang fanden (Walter Kriminalistik 2016, 88 (89): „Öffnung der Binnengrenzen führt zu bisher stets in Abrede gestellten Kollateralschäden").

17.1   Für die Polizei bedeutsame Regelungen sind die grenzüberschreitende polizeiliche Verfolgung („**Nacheile**") einer Person, die auf frischer Tat betroffen oder aus der Haft entflohen ist (Art. 41 SDÜ), die grenzüberschreitende **Observation** (Art. 40 SDÜ) – jeweils unter engen Voraussetzungen und mit eingeschränkten Befugnissen der beteiligten Polizeibeamten – sowie der Aufbau des **SIS** (Schengener Informationssystem; Art. 92 ff. SDÜ). In Art. 39 SDÜ (Gegenseitige Hilfe der Polizeidienste) ist die Zusammenarbeit bei der Aufklärung und Verhütung von strafbaren Handlungen (**polizeiliche Rechtshilfe und Zusammenarbeit im präventiven Bereich**) geregelt (zusf. WHT BWPolR § 2 Rn. 27 f.; zu den Einflüssen des SDÜ auf das Strafverfahren Kindhäuser/Schumann, Strafprozessrecht, 5. Aufl. 2019, § 35 Rn. 33 ff.). Die Vertragsparteien sind verpflichtet zu gegenseitiger Hilfe bei der vorbeugenden Bekämpfung von strafbaren Handlungen. Hierzu zählt die Verhütung und Unterbindung strafbarer Handlungen und somit der gesamte Bereich der Gefahrenabwehr (Schmidbauer/Holzner, Bayerisches Polizei- und Sicherheitsrecht, 2019, Rn. 1404). Der polizeiliche Rechtshilfeverkehr wird grundsätzlich über die beauftragte zentrale Stelle abgewickelt (Bundeskriminalamt), in Eilfällen ist auch der unmittelbare Kontakt zwischen den beteiligten Polizeibehörden zulässig. Entsprechend Art. 39 Abs. 3 SDÜ ist die beauftragte zentrale Stelle der ersuchten Behörde zu unterrichten. Gemäß Art. 39 Abs. 5 SDÜ können bilaterale Abkommen zwischen Vertragsparteien, die eine gemeinsame Grenze haben, weitergehende Vereinbarungen über die polizeiliche Rechtshilfe enthalten. Zu diesen Abkommen gehören auch die Ergänzungsabkommen über die Zusammenarbeit in den Grenzgebieten (Soine, Ermittlungsverfahren und Polizeipraxis, 2. Aufl. 2019, 137). Überdies eröffnet Art. 46 SDÜ die Möglichkeit der Informationshilfe zur Gefahrenabwehr zwischen den Polizeien der Schengener Vertragsstaaten (zu den Anforderungen an das System der Informationshilfe in der EU Lauer, Informationshilfe im Rahmen der polizeilichen und justiziellen Zusammenarbeit in Strafsachen, 2018, 27 ff.).

Für die **grenzüberschreitende Tätigkeit** nordrhein-westfälischer Polizeibeamter kom- **18** men Art. 40 SDÜ (grenzüberschreitende **Observation**) und Art. 41 SDÜ (grenzüberschreitende **Nacheile**) in Betracht (Gleß/Nelles NK 2000, 22 (23); zu multilateralen bzw. bilateralen Nachbesserungen der Nacheileregelungen v. Bubnoff ZRP 2000, 60 ff.). Insbesondere grenzüberschreitende Observationen kommen nicht selten vor. Art. 40 Abs. 1 SDÜ lässt die Fortsetzung einer Observation eines Tatverdächtigen auf dem Hoheitsgebiet eines anderen Staates zu, wenn der betroffene Staat dem vorher gestellten Rechtshilfeersuchen zugestimmt hat. Diese Regelung wird in Art. 40 Abs. 2 SDÜ der Norm dahingehend erweitert, dass bei besonderer Dringlichkeit (Gefahr im Verzug) die Observation auch ohne vorher eingeholte Zustimmung des betreffenden Staates fortgesetzt werden darf, wenn die in der Norm genannten Bedingungen erfüllt sind (Bialon/Springer EingriffsR 377). Anlass für eine **grenzüberschreitende Observation** ist eine auslieferungsfähige Straftat, ein im Vertrag jedoch nicht definierter Begriff. Erfasst sind nach deutschem Recht alle Verbrechen und nahezu alle Vergehen. Art. 40 Abs. 1 SDÜ erlaubt den Polizeibeamten einer Vertragspartei, eine Person (Beschuldigter einschließlich Mittäter), die in einem Ermittlungsverfahren observiert wird und in einen anderen Vertragsstaat einreist, auch nach dem Grenzübertritt weiter zu beobachten. Weitere Eingriffshandlungen stehen den observierenden Beamten nicht zu. Insbesondere das Betreten von Wohnungen und von öffentlich nicht zugänglichen Grundstücken ist nicht zulässig (Art. 40 Abs. 3 lit. e SDÜ). Die observierenden Beamten sind nicht befugt, die Zielperson anzuhalten und festzunehmen (Art. 40 Abs. 3 lit. f SDÜ). Dienstliche Einsatzmittel (auch Fahrzeuge) dürfen mitgeführt werden. Das gilt auch für die Dienstwaffen der Beamten, sofern die ersuchte Vertragspartei in ihrer Zustimmung zur Observation dem nicht ausdrücklich widersprochen hat (Soine, Ermittlungsverfahren und Polizeipraxis, 2. Aufl. 2019, 137). Der Gebrauch der Schusswaffe ist nur in Notwehrsituationen zulässig (Art. 40 Abs. 3 lit. d SDÜ). Das Verfahren bei geplanten Observationen bestimmt sich nach Art. 40 Abs. 5 SDÜ. Vor Grenzübertritt ist das Rechtshilfeersuchen an die zuständige Stelle (in Deutschland das Bundeskriminalamt) zu richten.

Mit Art. 41 SDÜ wurde die Möglichkeit der **grenzüberschreitenden Nacheile** als **18a** eine der Ausgleichsmaßnahmen für den Wegfall der Binnengrenzkontrollen zwischen den Vertragsstaaten des Schengener Abkommens geregelt. Die grenzüberschreitende Nacheile stellt eine Ausnahme von dem allgemeinen völkerrechtlichen Grundsatz dar, nach dem auf dem Hoheitsgebiet eines Staates nur die eigene nationale Polizei tätig werden darf. Polizeibeamte eines Vertragsstaates des SDÜ nehmen auf dem Territorium anderer Vertragsstaaten eigene Hoheitsrechte zur Erfüllung ihrer originären Aufgaben wahr. Das betroffene Land gestattet bzw. duldet somit die Ausübung fremder Hoheitsgewalt auf eigenem Staatsgebiet (Soine ZIS 2016, 319). Das Nacheilerecht berührt damit unmittelbar die Souveränitätsrechte eines Staates (Bavendamm Kriminalistik 2016, 38 (39)). Bei einer solchen Nacheile sind die ausländischen Beamten unter anderem an das Recht der Vertragspartei, auf deren Hoheitsgebiet sie auftreten, gebunden; sie müssen die Anordnungen der örtlich zuständigen Behörden befolgen (Art. 41 Abs. 5 lit. a SDÜ). Hier liegt nach überwiegender Meinung keine Organleihe vor, sondern es wird auf dem Staatsgebiet des betroffenen Staates ausländische Hoheitsgewalt ausgeübt (WHT BWPolR § 2 Rn. 59).

Die **grenzüberschreitende polizeiliche Nacheile** gem. Art. 41 Abs. 1 SDÜ gehört seit vielen **18a.1** Jahren zum polizeilichen Handwerkszeug der Bundespolizei sowie der Polizei zahlreicher Bundesländer. Allerdings wird die Relevanz der Norm von Vertretern der Strafverfolgungsbehörden und der rechtswissenschaftlichen Literatur gering geschätzt. Mitunter wird gar davon ausgegangen, dass Art. 41 SDÜ in praxi ignoriert wird (Kühne, Strafprozessrecht, 9. Aufl. 2015, § 3 Rn. 76; sa v. Bubnoff ZRP 2000, 60; Hertweck Kriminalistik 1995, 721 (724): „Hindernisse auf dem Weg nach Europa"). Art. 41 Abs. 1 SDÜ sieht vor, dass Beamte, die in ihrem Land eine Person verfolgen, die entweder auf frischer Tat bei der Begehung oder der Teilnahme einer bestimmten Straftat betroffen wird oder die sich in Untersuchungshaft oder Strafhaft befand und aus der Haft geflohen ist, unter bestimmten Umständen auf dem Hoheitsgebiet eines anderen Vertragslandes die Verfolgung fortsetzen können (ausf. Sensburg, Europarecht, 2009, 209 ff.). Zum Zeitpunkt des Grenzübertritts muss Sichtkontakt zum Flüchtenden bestehen (zu den Voraussetzungen des „Betreffens auf frischer Tat" gem. Art. 41 Abs. 1 SDÜ ausf. Kalthoff DIE POLIZEI 2017, 51 ff.; ausf. Soine ZIS 2016, 319 ff.). Die Nacheile ist nur bei auslieferungsfähigen Straftaten zulässig. Für die Fortsetzung der Verfolgung von deutschem Hoheitsgebiet nach Dänemark, Frankreich und Luxemburg gilt der Straftatenkatalog gem. Art. 41 Abs. 4 lit. a SDÜ. Nach Art. 44 Abs. 1 SDÜ ist unverzüglich die zuständige Verbindungsstelle im Grenzgebiet zu unterrichten. Im Verlauf der Nacheile dürfen keine Wohnungen oder öffentlich nicht zugänglichen Grundstücke betreten werden (Art. 41 Abs. 5 lit. c SDÜ). Der Grenzübertritt darf nur auf dem Landweg erfolgen (Art. 41 Abs. 5 lit. b SDÜ) und die nacheilenden Polizeibeamten müssen als solche erkennbar sein (Art. 41 Abs. 5 lit. d SDÜ; zB durch Tragen der Dienstkleidung, Armbinde mit der Aufschrift „Polizei" bei ziviler Kleidung oder durch Benutzen eines als solches erkennbares Dienstfahrzeugs). Die Mitnahme der Dienstwaffe ist erlaubt, ihr Gebrauch aber auf den Fall der Notwehr begrenzt (Art. 41 Abs. 5 lit. e SDÜ). Das Festhalterecht der nacheilenden Beamten bestimmt sich nach Art. 41 Abs. 2 SDÜ iVm Art. 41 Abs. 9 SDÜ. Die festgehaltene Person darf von den nacheilenden Beamten nicht sofort auf das Hoheitsgebiet ihres Staates gebracht werden, sondern muss der örtlich zuständigen Behörde vorgeführt werden (Soine, Ermittlungsverfahren und Polizeipraxis, 2. Aufl.2019, 137 f.). Praxisrelevante Grundsätze und Bedingungen finden sich im „Handbuch für grenzüberschreitende Einsätze – nationale Merkblätter" des Europäischen Rates (englischsprachige Version: „Manual on cross-border operations – national fact sheets"; Dokument 10505/4/09 REV 4 ADD 1 REV 1 v. 17.2.2011). Die Erläuterungen beziehen sich auf den Wortlaut des Art. 41 SDÜ (grdl. Soine Kriminalistik 2016, 459 ff.; ZIS 2016, 319 ff.).

18a.2   Weder Art. 41 SDÜ noch eine sonstige völkerrechtliche Vereinbarung erlaubt es deutschen Polizeibeamten, im Zusammenhang mit der Verfolgung einer Ordnungswidrigkeit eine strafprozessuale Ermittlungshandlung auf dem Staatsgebiet des Großherzogtums Luxemburg ohne vorherige Erlaubnis der dafür zuständigen luxemburgischen Behörde vorzunehmen. In concreto hatte ein deutscher Polizeibeamter anlässlich der Verfolgung einer Ordnungswidrigkeit eine strafprozessuale Maßnahme getroffen. Damit lag aber nicht „nur" eine Verletzung des Hoheitsrechts eines fremden Staates vor. Die bei dieser Maßnahme gewonnenen Erkenntnisse unterlagen einem Verwertungsverbot, wenn der betroffene Staat der Maßnahme bzw. der Verwertung nicht nachträglich zustimmt (OLG Koblenz NStZ 2017, 108 mAnm Radke; Soine Kriminalistik 2016, 459 (462)). Das **Territorialitätsprinzip** gehört zu den allgemeinen Grundsätzen des Völkerrechts iSv Art. 25 GG. Es ist „Bestandteil des Bundesrechtes" und geht einfachen Gesetzen vor. Ein Verstoß gegen das Territorialitätsprinzip ist somit zugleich eine Verletzung hochrangigen nationalen Rechts. Zudem ist der Staat, dem die Verletzung des Völkerrechts zuzurechnen ist, grundsätzlich verpflichtet, das völkerrechtliche Unrecht und seine Folgen nach Möglichkeit zu beseitigen und auszugleichen (zur grenzüberschreitenden Verfolgung von Verkehrsverstößen auch Albrecht SVR 2007, 361; ergänzend zur grenzüberschreitenden Vollstreckung von Geldsanktionen Johnson SVR 2014, 321; zur Nutzung von Sonderrechten durch ausländische Beamte in Deutschland Müller SVR 2010, 325).

19   Die Regelungen zu den Grenzkontrollen (Art. 2–17 SDÜ) wurden aufgehoben und durch den **Schengener Grenzkodex** 2006 (VO (EG) 562/2006 v. 15.3.2006, ABl. 2006 L 105, 1; jetzt: Schengener Grenzkodex – VO (EU) 2016/399 v. 9.3.2016, ABl. 2016 L 77, 1) ersetzt. Die Art. 23 und 24 SDÜ (Voraussetzungen für den Reiseverkehr von Drittausländern) wurden durch die Rückführungs-RL (RL 2008/115/EG v. 16.12.2008, ABl. 2008 L 348, 98) ersetzt (Lisken/Denninger PolR-HdB/Aden N Rn. 46). Die Regelungen des SDÜ gingen im Schengener Grenzkodex auf (im Überblick auch Schmidbauer/Holzner, Bayerisches Polizei- und Sicherheitsrecht, 2019, Rn. 1403; zusf. Soine, Ermittlungsverfahren und Polizeipraxis, 2. Aufl. 2019, 135 f.). Der Schengener Grenzkodex regelt die Kontrollen an den Außengrenzen (Art. 5 ff. Schengener Grenzkodex), die Aufhebung der Grenzkontrollen an den Binnengrenzen (Art. 22 Schengener Grenzkodex) und ihre vorübergehende Wiedereinführung (Art. 25 ff. Schengener Grenzkodex).

20   Mit den Bestimmungen des Teils IV SDÜ wurde das **Schengener Informationssystem (SIS)** eingeführt. Das SIS ist die größte und wichtigste zentralisierte Datenbank des Raums der Freiheit, der Sicherheit und des Rechts. Es fungiert in erster Linie als Fahndungssystem (zur Historie Scherer Kriminalistik 2009, 176 ff.; zur Konzeption des SIS Tuffner Kriminalistik 2000, 39). Durch die Anbindung an die mitgliedstaatlichen Fahndungssysteme ist eine große Zahl von Dienststellen und Polizeibediensteten indirekt mit dem SIS vernetzt und kann dort Suchen nach dem **„hit/no-hit"-Prinzip** durchführen, also in Erfahrung bringen, ob eine Person oder eine Sache einen Eintrag im SIS hat (Lisken/Denninger PolR-HdB/Aden N Rn. 205). Polizeibeamte in Deutschland können das SIS nutzen (grdl. Tuffner Kriminalistik 2000, 39 ff.; krit. Leutheusser-Schnarrenberger NJW 2004, 97). Es handelt sich um ein **staatenübergreifendes computergestütztes polizeiliches Fahndungssystem,** das als Ausgleichsmaßnahme zum Abbau der Personenkontrollen an den Binnengrenzen der Schengen-Staaten errichtet wurde und mittels dessen in allen Schengen Vertragsstaaten gleichzeitig nach bestimmten Personen oder Gegenständen gesucht werden kann (Schriever-Steinberg DuD 2007, 571). Es handelt sich insoweit um eine internationale Fahndung (Roxin/Schünemann, Strafverfahrensrecht, 29. Aufl. 2017, § 32 Rn. 3). Das SIS II – in Betrieb seit dem 9.4.2013 – enthält Ausschreibungen von Vermissten zu deren Schutz oder zur Gefahrenabwehr, von Personen, die im Rahmen eines Gerichtsverfahrens gesucht werden, von Personen und Sachen zum Zwecke der verdeckten Registrierung oder gezielter Kontrolle sowie Sachfahndungsausschreibungen zur Sicherstellung oder Beweissicherung in Strafverfahren (Bialon/Springer EingriffsR 378; allerdings sind die Voraussetzungen für die Leistung von Rechtshilfe in Form der Herausgabe eines in Deutschland beschlagnahmten Fahrzeugs gem. §§ 61 Abs. 1 S. 2, 66 IRG nicht gegeben, wenn lediglich eine SIS-Ausschreibung zur Sicherstellung des Fahrzeugs gem. Art. 100 SDÜ vorliegt, OLG Stuttgart BeckRS 2015, 18039). Das SIS gliedert sich in einen Zentralrechner (C.SIS) in Straßburg (Frankreich) und in nationale Systeme (N.SIS). Bei Fahndungen werden die entsprechenden Daten von den ausschreibenden Stellen (N.SIS) an das C.SIS übermittelt, welches die Datensätze zugleich an alle N.SIS verteilt (Art. 92 Abs. 3 SDÜ). Jede Änderung wird in Echtzeit durch das C.SIS umgesetzt, sodass in allen Vertragsstaaten sofort der vollständige und aktuelle Datenbestand des SIS für Abfragen zur Verfügung steht (Soine, Ermittlungsverfahren und Polizeipraxis, 2. Aufl. 2019, 114; zur Datenübermittlung an Interpol über das SIS VG Wiesbaden ZD 2019, 426). Letztlich bekam die Sicherung der Außengrenzen mit dem SIS eine zusätzliche Bedeutung (Glombik VR 2014, 373 (377)). Es begründet im Übrigen keinen Anspruch auf Löschung einer Person als zur Strafvollstreckung gesuchte Person aus dem Schengener Informationssystem, wenn eine Auslieferung eines in einem Schengen-Staat verurteilten Straftäters wegen inzwischen nach deutschem Recht eingetretener Vollstreckungsverjährung scheitert (VGH Kassel NVwZ-RR 2015, 712). Bei einem Autokauf genügt die Existenz eines SIS-Eintrages (Fahndungseintrag) zur Annahme eines Rechtsmangels, weil der staatliche Eingriff einen den Gebrauch der Kaufsache nachhaltig und erheblich beeinträchtigenden Umstand darstellt (OLG München NJW-Spezial 2016, 363). Jeder Mitgliedstaat unterhält ein nationales System und richtet zwecks Gewährleistung eines reibungslosen Funktionierens eine nationale SIS II-Stelle und ein SIRENE-Büro ein (Kindhäuser/Schumann, Strafprozessrecht, 5. Aufl. 2019, § 35 Rn. 40). Die SIRENE Deutschland ist im Bundeskriminalamt in Wiesbaden in die Gruppe „Präsenzdienste" integriert (Bialon/Springer EingriffsR 378). Ergänzt werden die Vorschriften zum SIS durch die Anlage F RiStBV (Richtlinien über die internationale Fahndung nach Personen, einschließlich der Fahndung nach Personen im Schengener Informationssystem).

4. Agenturen der Europäischen Sicherheitsarchitektur

Eine wesentliche Säule polizeilicher Zusammenarbeit in Europa bildet die „institutionalisierte", in sog. **„Agenturen der Europäischen Union"** organisierte Kooperation. Agenturen sind rechtlich verselbstständigte (und damit weitestgehend unabhängig agierende) Organisationseinheiten, die auf gesetzlicher Grundlage klar definierte Aufgaben zu erfüllen haben (zu den Institutionalisierungsprozesse im Bereich der inneren Sicherheit Thiel PSP 1/2020, 3 (6 f.)). Für den Bereich der polizeilichen Zusammenarbeit sind insbesondere **Europol, Eurojust, Frontex,** und **eu-LISA** zu nennen. Hinzu kommt die europäische Polizeiakademie **CEPOL,** deren Funktionen sich weitgehend auf die Polizeiausbildung beschränken und die daher keine Exekutivaufgaben wahrnimmt. Zudem ist das europäische Amt für Betrugsbekämpfung, kurz **OLAF** (Office Européen de Lutte Anti-Fraude), zu nennen (Satzger, Internationales und Europäisches Strafrecht, 8. Aufl. 2018, § 10 Rn. 1 ff.). Neben diesen bekannten Agenturen existieren noch eine Reihe weiterer, weniger bekannter EU-Agenturen, welche dem Bereich der Sicherheit im weitesten Sinne zugeordnet werden müssen. Zu nennen wären etwa die Europäische Verteidigungsagentur (**EDA**), die Europäische Beobachtungsstelle für Drogen und Drogensucht (**EMCDDA**), die Europäische Agentur für Netz- und Informationssicherheit (**ENISA**) sowie das Europäische Institut für Sicherheitsstudien (**EUISS**). Während sie vor allem zu Beginn im Wesentlichen auf die Koordination und

Unterstützung der polizeilichen Tätigkeiten ausgerichtet waren, haben sich Agenturen wie Europol inzwischen zu bedeutenden eigenständigen Sicherheitsakteuren weiterentwickelt (zusf. Thiel DP 5/2019, 4 (5 f.); Hofmann, Flucht, Migration und die neue europäische Sicherheitsarchitektur, 2017, 117 ff.).

21.1   Im Jahr 2004 hat die EU eine **Europäische Agentur für die operative Zusammenarbeit an den Außengrenzen der EU-Mitgliedsstaaten (FRONTEX)** mit Sitz in Warschau errichtet. Zur Kompensation des durch den Wegfall der Grenzkontrollen im Schengen-Raum verursachten Kontrolldefizits finden entlang der Außengrenzen regelmäßig durch FRONTEX koordinierte operative Einsätze unter Beteiligung aller Mitgliedstaaten statt, deren Fokus auf die Verhinderung „illegaler" Einwanderung gerichtet ist (Mrozek ZAR 2014, 393). FRONTEX mit Sitz in Warschau wurde mit Ratsbeschluss (VO (EG) 2007/2004 v. 26.10.2004, ABl. 2004 349, 1) errichtet, der Wirkbetrieb wurde am 1.10.2005 aufgenommen (zum Aufgabenspektrum Schröder/Gerdes ZRP 2016, 238 f.). FRONTEX dient der Optimierung und Koordinierung von Schutzmaßnahmen an EU-Außengrenzen, erstellt Risikoanalysen, unterstützt die Mitgliedsstaaten bei der Ausbildung von Grenzschutzbeamten, verfolgt die Forschung zu Grenzkontrolle und -überwachung (dh Entwicklung neuer Technik), organisiert Pools von schnellen Eingreifkräften bzw. von technischer Unterstützung, hilft bei der Organisation gemeinsamer Rückführungsaktionen aus den Mitgliedsstaaten, gewährleistet den Informationsaustausch und kooperiert mit Grenzbehörden von Drittstaaten (Kölbach Kriminalistik 2015, 241 (243)). Von Bedeutung sind insbesondere gemeinsame Grenzüberwachungs- und Kontrolleinsätze der Mitgliedstaaten an besonderen Brennpunkten und Migrationsrouten, die Erarbeitung zielgerichteter und harmonisierter Fortbildungsprogramme. Zahlreiche weitere Maßnahmen leisten insgesamt einen wirksamen Beitrag zur Migrationskontrolle an den Außengrenzen der EU zu Lande, zu Wasser und an Flughäfen. Bei der Wahrnehmung ihrer Aufgaben hat FRONTEX die Rolle eines Koordinators und Dienstleisters inne. Die Verantwortung für grenzpolizeiliche Maßnahmen zum Schutz der EU-Außengrenzen liegt dagegen in der ausschließlichen Verantwortung der jeweiligen Mitgliedstaaten (zusf. Rösler DIE POLIZEI 2015, 61). Dabei werden von erheblicher Migration betroffene Mitgliedstaaten an ihren Außengrenzen personell und technisch unterstützt. Grundlage hierfür ist die Durchführung von Risikoanalysen zu Migrations- und Schleusungsrouten sowie deren strategische Auswertung. Darüber hinaus unterstützt FRONTEX die Mitgliedstaaten durch gemeinsame Normen bei der Aus- und Fortbildung der nationalen Grenzschutzbeamten und beteiligt sich an den Entwicklungen der für die Kontrolle und Überwachung der Außengrenzen relevanten Forschung. Des Weiteren leistet FRONTEX die erforderliche Hilfe bei der Organisation gemeinsamer Sammelrückführungen von nicht schutzbedürftigen Migranten (Schröder/Gerdes ZRP 2016, 238). Die Bedeutung der von FRONTEX wahrgenommenen Aufgaben wächst (ebenso wie das Budget der Agentur) stetig. So hat die EU beschlossen, die von den Mitgliedstaaten zu stellenden Einsatzkräfte bis 2027 sukzessive auf 10.000 zu erhöhen (Thiel DP 5/2019, 4 (6)). Vollzugskompetenzen der unter FRONTEX-Mandat eingesetzten Polizeivollzugsbeamten anderer Mitgliedstaaten ergeben sich ausschließlich aus dem Recht des Einsatz-Mitgliedstaates, dem sog. „Host State". Grenzpolizeiliche Maßnahmen der EU-Gastbeamten erfolgen daher grundsätzlich in Anwesenheit und unter Anleitung der zuständigen Behörden des Mitgliedstaates, auf dessen Hoheitsgebiet der Einsatz stattfindet (Schröder/Gerdes ZRP 2016, 238).

21.2   Frontex entscheidet zudem im Wesentlichen eigenständig über Einsatz, Koordination, Zusammensetzung und Ausstattung der sog. **„Rapid Intervention Teams"**, (RaBITs) also Soforteinsatzteams (zusf. WHT BWPolR § 2 Rn. 18). Diese bilden ein bedeutendes Einsatzinstrument und können unter anderem auf Ersuchen eines Mitgliedstaates eingesetzt werden, wenn dieser „einem plötzlichen und außergewöhnlichen Druck ausgesetzt ist, insbesondere durch den Zustrom einer großen Anzahl von Drittstaatsangehörigen, die versuchen, illegal in sein Hoheitsgebiet einzureisen". Die Soforteinsatzteams bestehen aus unmittelbar oder mittelbar zur Agentur abgeordneten Beamten, die von den Mitgliedstaaten zur Verfügung gestellt werden, während die Leitung dem Einsatzstaat obliegt. Mit dessen Zustimmung sind die Beamten anderer Mitgliedstaaten berechtigt, auch Zwangsmaßnahmen anzuwenden (Hofmann, Flucht, Migration und die neue europäische Sicherheitsarchitektur, 2017, 155). Soweit bei FRONTEX oder anderen Einsätzen Polizeibeamte aus Drittstaaten in einem Einsatzmitgliedstaat operativ tätig werden, haben sie dessen nationales Recht zu wahren, den Schengener Grenzkodex zu beachten und nach den **Weisungen des Einsatzmitgliedstaates** zu handeln (WHT BWPolR § 2 Rn. 58). Eine Erweiterung der Einsatzmöglichkeit von RABITs (Rapid Border Intervention Teams) erfolgte durch die VO (EU) 1168/2011 (v. 25.10.2011, ABl. 2011 L 304, 1). Danach ist die Bildung von Grenzschutzteams nicht mehr an eine Ausnahmesituation gebunden, sondern können auch im Normalfall gebildet und von FRONTEX koordiniert werden (Hofmann, Flucht, Migration und die neue europäische Sicherheitsarchitektur, 2017, 155 f.).

Eine neugeschaffene **Europäische Grenz- und Küstenwache** hat auf Grundlage der VO (EU)   **21.3**
2016/1624 (v. 14.9.2016, ABl. 2016 L 251, 1) Anfang Oktober 2016 ihren Wirkbetrieb aufgenommen
und muss bei zunehmender Virulenz der Migrationskrise ihren eigentlichen Belastungstest noch bestehen. Die neumodellierte Organisation ist ein Hybrid, der sich aus der Agentur selbst und den nationalen
Grenzschutzbehörden sowie deren nationalen Küstenwachen zusammensetzt, soweit diese Grenzkont-
rollaufgaben wahrnehmen. Der neugewählte Name soll die Aufgabenerweiterung zum Ausdruck bringen, denn die Agentur selbst ist als juristische Person mit der bisherigen Grenzschutzagentur bei gleichzeitiger Kontinuität aller bisherigen Verfahren und Tätigkeiten identisch (ausf. Walter Polizei Info
Report 4/2019, 13 ff.).

Hervorzuheben ist der Europol-Beschluss (B 2009/371/JI v. 6.4.2009, ABl. 2009 L 121, 37), mit dem   **21.4**
das **Europäische Polizeiamt Europol als EU-Einrichtung** konstituiert und hinsichtlich Aufgaben,
Befugnissen und Rechtsschutz geregelt wird (zusf. Glombik VR 2010, 343 ff.; zur Kontrolle des
Europäischen Polizeiamtes durch das Europäische Parlament nach dem Vertrag von Lissabon und dem
Europol-Beschluss Albrecht/Janson EuR 2012, 230 ff.). Schon 1991 war im Vertrag von Maastricht
die Einrichtung eines europäischen Polizeiamts vorgesehen worden, das jedoch erst 1999 – nach Ratifizierung des Europol-Übereinkommens durch die Mitgliedstaaten seine Arbeit aufnehmen konnte. Es
griff dabei auf bereits bestehende, allerdings noch recht rudimentäre Kooperationsstrukturen zurück,
insbesondere auf die 1994 eingerichtete „European Drug Unit" oder die schon 1976 entstandene
„TREVI" –Gruppe (Thiel DP 5/2019, 4 (5); zur Entwicklung Hofmann, Flucht, Migration und die
neue europäische Sicherheitsarchitektur, 2017, 124 f.). Europol ist der zentrale Baustein der europäischen
Zusammenarbeit auf dem Gebiet von Strafverfolgung und Gefahrenabwehr (zusf. WHT BWPolR § 2
Rn. 19 ff.). Diese erreichte mit Europol qualitativ eine neue Stufe (zur Entwicklung von Europol
Ostendorf NJW 1997, 3418 ff.). Europol findet seine Rechtsgrundlagen in der **Europol-VO** (VO
(EU) 2016/794 v. 11.5.2016, ABl. 2016 L 135, 53), Art. 88 AEUV und dem zur Anwendung der
Europol-VO ergangenem EuropolG (Europol-Gesetz v. 16.12.1997, BGBl. I 2150; zusf. Satzger, Inter-
nationales und Europäisches Strafrecht, 8. Aufl. 2018, § 10 Rn. 3 ff.). Art. 88 Abs. 1 AEUV bestimmt
den Auftrag von Europol: die Polizeibehörden der Mitgliedstaaten der EU sowie deren gegenseitige
Zusammenarbeit zu unterstützen bei der Verhütung und Bekämpfung schwerer Kriminalität, des Terro-
rismus und von Kriminalitätsformen, die gemeinsames Interesse verletzen, das Politikgegenstand der
Union ist (zum Arbeitsauftrag von Europol GKK/Kotzur AEUV Art. 88 Rn. 3 f.; Schröder Kriminalistik
2018, 692 ff.). Durch Art. 88 Abs. 2 AEUV und Art. 4 Europol-VO werden die Aufgaben von Europol
festgelegt. Art. 88 Abs. 3 AEUV bestimmt, dass Europol operative Maßnahmen nur in Verbindung und
Ansprache mit den Behörden der Mitgliedsstaaten ergreifen darf, deren Hoheitsgebiet betroffen ist. Die
Anwendung von Zwangsmaßnahmen bleibt ausschließlich den zuständigen einzelstaatlichen Behörden
vorbehalten (Art. 4 Abs. 5 Europol-VO; Schmidbauer/Holzner, Bayerisches Polizei- und Sicherheitsrecht, 2019, Rn. 1406 ff.). Eigene Exekutivbefugnisse kommen Europol nicht zu; es handelt sich also
nicht um eine europäische „Polizeibehörde" im eigentlichen Sinne. Europol hat eigene Bedienstete
und Verbindungsbeamte („Liaison Officers", Art. 8 Europol-VO), die als Vertreter des entsendenden
Staates Zugriff auf die jeweiligen nationalen Datenbanken haben. Sie organisieren den Informationsaustausch zwischen den Polizeidienststellen ihres Herkunftslandes und Europol. Neben dieser Funktion
bei der vertikalen Kooperation haben sie auch die Aufgabe, ermittlungsbezogene Informationen direkt
mit den Verbindungsbeamten der anderen Mitgliedstaaten auszutauschen (Aden FS Jaschke, 2017, 241
(246)). Heute ist Europol eine Fülle an unterstützenden Aufgaben zugewiesen, vor allem im Hinblick
auf Informationen und die Erstellung von Analysen und Lageberichten (Art. 4 Europol-VO). Europol
betreibt überdies unter anderem das **„Europol Information System" (EIS),** eine Datenbank, in der
aus den Mitgliedstaaten teilweise über automatisierte Schnittstellen aus den eigenen Datenverarbeitungssystemen übermittelte Informationen gesammelt werden (Thiel DP 5/2019, 4 (6); Hofmann, Flucht,
Migration und die neue europäische Sicherheitsarchitektur, 2017, 125 f.). Das EuropolG hat als deutsches „Umsetzungsgesetz" die bisherige Entwicklung von Europol begleitet und regelt nunmehr als
Ausführungsgesetz „die Anwendung" der Europol-VO. Das deutsche EuropolG beschränkt sich im
Wesentlichen auf Vorschriften zur Zuständigkeit sowie zur näheren Ausgestaltung der durch das Über-
einkommen selbst nicht geregelten innerstaatlichen Befugnisse, Pflichten und datenschutzrechtlichen
Verantwortlichkeiten der Bundes- und Landesbehörden bei der Zusammenarbeit mit Europol (SGR/
Ruthig EuropolG Vorb. Rn. 10).

Abgrenzend dazu ist die **internationale Kriminalpolizeiliche Organisation IKPO-Interpol   21.5**
mit Sitz in Lyon seit seiner Gründung 1923 ein Zusammenschluss nationaler Polizeibehörden und
mittlerweile als „Intergovernmental Organization" mit Völkerrechtssubjektivität anerkannt (WHT
BWPolR § 2 Rn. 2). Als Verein nach französischem Privatrecht gegründet, ist Interpol zwar als Völker-
rechtssubjekt anerkannt, bis heute fehlt aber ein parlamentarisch ratifizierter, formeller völkerrechtlicher

Vertrag, auf den die Organisation ihrer Arbeit stützen könnte. Entgegen landläufiger Vorstellungen kann Interpol daher keine eigenen Agent/innen beschäftigen, die grenzüberschreitende Ermittlungen durchführen oder gar polizeiliche Zwangsmaßnahmen vornehmen. Stattdessen beschränkt sich die Hauptaufgabe von Interpol darauf, die Polizeibehörden von derzeit 192 Mitgliedstaaten miteinander zu vernetzen und beim Austausch von polizeilich relevanten Informationen zu unterstützen (ausf. Stock/Herz DIE POLIZEI 2011, 129 ff.; zusf. Schenke PolR Rn. 461 ff.; Kölbach Kriminalistik 2015, 241 (242)).

21.6   **Eurojust** ist eine mit eigener Rechtspersönlichkeit ausgestattete weisungsunabhängige EU-Agentur. Eurojust war förmlich in Art. 31 EUV (jetzt Art. 88 AEUV) verankert und wurde durch B 2002/187/JI (v. 28.2.2002, ABl. 2002 L 63, 1) zur Verstärkung der Bekämpfung der schweren Kriminalität als **justizieller Gegenpart zu Europol** errichtet (Trentmann ZStW 2017, 108 (116 ff.)). Da dieser Beschluss keine unmittelbare Rechtswirkung in den Mitgliedstaaten entfaltet, wurde in Deutschland 2004 das EJG 2004 (Eurojust-Gesetz v. 12.5.2004, BGBl. I 902) verabschiedet. Gemäß Art. 85 AEUV hat sie den Auftrag, die Koordinierung und Zusammenarbeit zwischen den nationalen Behörden, die für die Ermittlung und Verfolgung von schwerer Kriminalität zuständig sind, zu unterstützen und zu verstärken, wenn zwei oder mehr Mitgliedstaaten betroffen sind, oder eine Verfolgung auf gemeinsamer Grundlage erforderlich ist. Es handelt sich mithin um eine justizielle Service- und Anlaufstelle für die Mitgliedstaaten der EU sowie Hilfseinrichtung für deren Strafverfolgungsbehörden. Staatsanwaltliche Befugnisse hat Eurojust hingegen keine und es wird auch nicht zur Verhütung von Straftaten tätig. Letzteres ist vielmehr die Aufgabe von Europol, wobei sich beide Agenturen in erster Linie ergänzen sollen und in einem Kooperationsverhältnis stehen (Hofmann, Flucht, Migration und die neue europäische Sicherheitsarchitektur, 2017, 135). Eurojust wird mit Staatsanwälten, Richtern und teilweise auch Polizeibeamten der Mitgliedstaaten besetzt, deren Befugnisse sich aus dem jeweiligen nationalen Recht ergeben (Kindhäuser/Schumann, Strafprozessrecht, 5. Aufl. 2019, § 35 Rn. 30). Eurojust soll auch Basis für die Errichtung einer Europäischen Staatsanwaltschaft sein (s. Rackow KriPoZ 2017, 295 ff.; Böse JZ 2017, 82 ff.; Brodowski StV 2017, 684 ff.). Das Bundeskabinett hat am 22.1.2020 den Gesetzentwurf des Bundesjustizministeriums beschlossen, mit dem im deutschen Recht die Grundlagen geschaffen werden, damit die Europäische Staatsanwaltschaft ab Ende 2020 ihre Arbeit aufnehmen kann. Die Europäische Staatsanwaltschaft wird als erste unabhängige und dezentrale Staatsanwaltschaft der EU Straftaten gegen den EU-Haushalt wie bspw. Subventionsbetrug, Korruption und grenzüberschreitenden Mehrwertsteuerbetrug verfolgen und vor Gericht bringen. Der Gesetzentwurf dient der Durchführung der EUStA-VO (VO (EU) 2017/1939 v. 12.10.2017, ABl. 2017 L 283, 1). Die EUStA-VO ist in der Bundesrepublik Deutschland unmittelbar anzuwenden (ausf. Satzger/v. Maltitz JURA 2018, 153 ff.).

21.7   **„eu-LISA"(Europäische Agentur für das Betriebsmanagement von IT-Großsystemen im Raum der Freiheit, der Sicherheit und des Rechts)** bietet die grundlegende Struktur für die Verbesserung der Sicherheit an den Schengen-Grenzen. Die Agentur schafft das Grundgerüst für die Sicherheit im Zusammenhang mit Grenzübertritten und Aufenthalten im Schengen-Raum von Drittstaaten-Angehörigen. Diese Sicherheit wird durch die Verwaltung von IT-Datenbanken geboten. Der Agentur wurde das Betriebsmanagement zunächst für das Schengener Informationssystem der zweiten Generation (SIS II), das Visa-Informationssystem (VIS) und von Eurodac übertragen. Die IT-Infrastruktur wird weiterhin in einer eu-LISA-Außenstelle in Straßburg (Frankreich) betrieben, wo die zentralen Rechner für das Schengener Informationssystem seit seiner Einführung angesiedelt sind, zudem in einer weiteren Außenstelle in Sankt Johann (Österreich). Ziel der Gründung von eu-LISA war die Schaffung von Synergien beim Betrieb der größer gewordenen Zahl zentraler Datenbanken für die Aufgabenfelder Polizei, Justiz und Migration. Im Mittelpunkt steht die zuverlässige Verfügbarkeit der Datenbanken für die nutzenden Behörden (Lisken/Denninger PolR-HdB/Aden N Rn. 190).

21.8   Zu den weniger bekannten, praktisch aber höchst bedeutsamen Einrichtungen und Organen der EU, die nicht im Katalog des Art. 13 EUV aufgeführt sind, gehört das Europäische Amt für Betrugsbekämpfung (**OLAF** – Office Européen de Lutte Anti-Fraude). Institutionell obliegt der Schutz der finanziellen Interessen zwar grundsätzlich den Mitgliedstaaten. Die Strafverfolgung wird jedoch durch Institutionen der EU unterstützt: Neben Europol und Eurojust – die alleine Hilfs- und Koordinierungsaufgaben haben – kommt dem im Jahr 1999 geschaffenen Europäischen Amt für Betrugsbekämpfung (OLAF) hierbei eine wichtige Bedeutung – nicht zuletzt wegen dessen (auch) operativer Ausrichtung – zu (Streinz/Satzger AEUV Art. 325 Rn. 36). OLAF stellt formal betrachtet keine Agentur dar, sondern ist vielmehr bei der EU-Kommission angesiedelt und nimmt dort den Rang einer Generaldirektion ein. Aufschluss über das Aufgabenspektrum von OLAF bietet das Missionsstatement, das im Zuge der Umstrukturierung von OLAF im Jahre 2012 erstellt wurde (Sieber/Satzger/Heintschel-Heinegg, Europäisches Strafrecht/Brüner/Spitzer, 2. Aufl. 2014, § 43 Rn. 48). Nach diesem ist zwischen drei

Kernbereichen zu differenzieren. Das Amt soll die finanziellen Interessen der EU durch die Bekämpfung von Betrug, Korruption und sonstigen rechtswidrigen Handlungen schützen und auch den Ruf der EU-Organe und Einrichtungen durch die Untersuchung von schwerwiegendem Fehlverhalten ihrer Mitglieder und Mitarbeiter sicherstellen. Zudem soll es die Europäische Kommission bei der Entwicklung und Umsetzung von Strategien zur Prävention und Aufdeckung von Betrugsfällen unterstützen (zusf. Silberzahn JA 2016, 205 ff.). OLAF ist zumindest im Hinblick auf Betrügereien in den Mitgliedstaaten eher eine qualifizierte Anzeigebehörde als ein mit strafrechtlichen Befugnissen ausgestattetes Ermittlungsorgan (krit. zum Einfluss OLAFs Hofmann, Flucht, Migration und die neue europäische Sicherheitsarchitektur, 2017, 164 f.). OLAF hat verschiedene Befugnisse zur Durchführung von Untersuchungen. Hierbei ist zwischen internen und externen Untersuchungen zu unterscheiden: Während die internen Untersuchungen alle Gemeinschaftseinrichtungen betreffen, ermöglichen die externen Untersuchungen den Zugang zu gewerblichen Räumen und relevanten Dokumenten von (privaten) Wirtschaftsteilnehmern, wenn die begründete Annahme besteht, dass schwerwiegende oder grenzüberschreitende Unregelmäßigkeiten begangen worden sind (Kindhäuser/Schumann, Strafprozessrecht, 5. Aufl. 2019, § 35 Rn. 32).

Das **Collège Européen de Police (CEPOL)** mit Sitz in Budapest ist seit 2005 eine EU-Agentur **21.9** (zur Historie Hofmann, Flucht, Migration und die neue europäische Sicherheitsarchitektur, 2017, 144 f.). CEPOL wurde als ein Netzwerk konzipiert, zu dem sich die nationalen Ausbildungseinrichtungen für hochrangige Führungskräfte der Polizeidienste der Mitgliedstaaten zusammenschließen, und in welchem die nationalen Ausbildungseinrichtungen eng zusammenarbeiten. Dabei steht die Ausbildung und der akademische Austausch, aber auch die Förderung polizeilicher Kooperation im Vordergrund. CEPOL hat die Aufgabe, Aus- und Fortbildungsmaßnahmen für „Strafverfolgungsbedienstete" zu organisieren und zu koordinieren (Art. 3 Abs. 1 VO (EU) 2015/2219). Nach der Begriffsbestimmung in Art. 2 Nr. 1 VO (EU) 2015/2219 umfasst die Zielgruppe „Personal von Polizei-, Zoll- und sonstigen zuständigen Diensten, wie von den einzelnen Mitgliedstaaten festgelegt, [...] und Bedienstete von Unionseinrichtungen, welche Aufgaben in Bezug auf folgende Bereiche haben: a) Verhütung und Bekämpfung der zwei oder mehr Mitgliedstaaten betreffenden schweren Kriminalität, des Terrorismus und der Kriminalitätsformen, die ein gemeinsames Interesse verletzen, das Gegenstand einer Politik der Union ist, oder b) Krisenbewältigung und öffentliche Ordnung, insbesondere internationale Überwachung von Großereignissen." (Lisken/Denninger PolR-HdB/Aden N Rn. 195).

5. Bilaterale Polizeiverträge

Eine weitere bedeutsame Kooperationsform ist die Zusammenarbeit der Polizeien inner- **22** halb Europas auf der Basis bilateraler Staatsverträge. Durch vertragliche Vereinbarungen Deutschlands mit den Nachbarstaaten arbeiten deutsche Polizeibehörden anderen Ländern zusammen. Die bilateralen Verträge gehen über die zugelassenen Rechtsfolgen der Art. 40 und 41 SDÜ (Observation und Nacheile) und der Rechtsfolgen im Prümer Ratsbeschluss hinaus. Allerdings sind die Bedingungen und die zugelassenen Maßnahmen je nach Vertrag unterschiedlich. Daher hat der Rat der EU ein „Handbuch für grenzüberschreitende Einsätze – nationale Merkblätter" (Dokument 10505/4/09 REV 4 ADD 1 REV 1 v. 17.2.2011) herausgeben (Bialon/Springer EingriffsR 378). Überdies enthalten einige Polizeiverträge Regelungen zu einer institutionalisierten Kooperation in „Gemeinsamen Zentren". Die Bundesrepublik Deutschland hat mit sämtlichen Nachbarstaaten bilaterale Polizeiverträge geschlossen. Sie beziehen sich auf Art. 39 SDÜ (SGR/Graulich BKAG § 26 Rn. 9). Durch vertragliche Vereinbarungen Deutschlands mit den Nachbarstaaten arbeiten deutsche Polizeibehörden eng mit denjenigen anderer Länder zusammen. Im SDÜ wurden zwar keine besonderen Regelungen für die **Zusammenarbeit in den Grenzgebieten** aufgenommen. Art. 39 Abs. 4 SDÜ verweist aber ausdrücklich auf die Möglichkeit zusätzlicher Vereinbarungen der Mitgliedstaaten, auch zur Konkretisierung der SDÜ-Regelungen zu grenzüberschreitenden Befugnissen, unter anderem bei der Verfolgung von Straftätern („Nacheile") und der Observation. Deutschland hat auf der Basis des Völkerrechts mit seinen Nachbarländern Frankreich, Luxemburg, Niederlande, Österreich, Belgien, Dänemark, Polen, Tschechische Republik und der Schweiz bilaterale Verträge zur polizeilichen Zusammenarbeit abgeschlossen (VHS StA-HdB/Ettenhofer Teil 1 Kap. 4 Rn. 142). Diese (bilateralen) **Polizeiverträge** zwischen den Schengen-Staaten enthalten zumeist allgemein gehaltene Regelungen zu gemeinsamen Streifen, so etwa Art. 19 PolZV D-A (Vertrag zwischen der Bundesrepublik Deutschland und der Republik Österreich über die grenzüberschreitende Zusammenarbeit zur polizeilichen Gefahrenabwehr und in strafrechtlichen Angelegenheiten

v. 10.11.2003, BGBl. 2005 II 858) und Art. 10 Abs. 1 ErgV-RHÜ 1959 D-CZ (Vertrag
zwischen der Bundesrepublik Deutschland und der Tschechischen Republik über die polizeiliche Zusammenarbeit und zur Änderung des Vertrages vom 2.2.2000 zwischen der Bundesrepublik Deutschland und der Tschechischen Republik über die Ergänzung des Europäischen
Übereinkommens über die Rechtshilfe in Strafsachen v. 20.4.1959 und die Erleichterung
seiner Anwendung v. 28.4.2015, BGBl. 2016 II 474). Inhaltlich reichen diese Verträge dabei
unterschiedlich weit. Zum Beispiel gibt Art. 6 PolZV D-A die Befugnis, zur Abwehr von
Gefahren für die öffentliche Sicherheit oder Ordnung sowie zur Verfolgung von Straftaten
Polizeibeamte des Nachbarstaates den zuständigen polizeilichen Stellen des Gebietsstaates zu
unterstellen, um polizeiliche Vollzugsaufgaben einschließlich hoheitlicher Befugnisse wahrzunehmen. Dies setzt Einverständnis zwischen den zuständigen Führungsdienststellen der
Polizei der beiden Vertragsstaaten voraus (Schmidbauer/Holzner, Bayerisches Polizei- und
Sicherheitsrecht, 2019, Rn. 1413). Die Abkommen befassen sich im Wesentlichen mit einfachen Ermittlungsmaßnahmen und der Ausgestaltung sowie näheren Regelung grenzüberschreitender Observationen und Nacheile. Manche der Übereinkommen enthalten auch
weitergehende Regelungen, zB im Hinblick auf polizeiliche Vernehmungen, kontrollierte
Lieferungen, verdeckte Ermittlungen, Maßnahmen zur Beweissicherung. Da die Regelungen
in den einzelnen Verträgen – auch bezüglich identischer Maßnahmen – nicht immer
deckungsgleich sind, ist in jedem Einzelfall eine genaue Prüfung der Grundlagen der polizeilichen Zusammenarbeit erforderlich (VHS StA-HdB/Ettenhofer Teil 1 Kap. 4 Rn. 142).

22.1   Der erste Vertrag dieser Art war das am 9.10.1997 unterzeichnete **Abkommen zwischen der
Bundesrepublik Deutschland und der Regierung der Französischen Republik** über die Zusammenarbeit der Polizei- und Zollbehörden in den Grenzgebieten, das am 1.4.2000 in Kraft tat (BGBl.
1998 II 2479). Am 27.3.2000 wurde das **Abkommen zwischen der Regierung des Bundesrepublik
Deutschland und der Regierung des Königreichs Belgien** über die Zusammenarbeit der Polizeibehörden und Zollverwaltungen in den Grenzgebieten unterzeichnet (BGBl. 2002 II 1533). Es folgten
ein **Abkommen mit Dänemark,** welches am 11.8.2002 in Kraft trat (BGBl. 2002 II 1536) sowie
nach Erweiterung des „Schengen-Verbundes" **Ergänzungsverträge mit Polen** (BGBl. 2003 II 218)
und der **Tschechischen Republik** (BGBl. 2002 II 790). Die Bundesregierung hat am 16.12.2015 das
Gesetz zum neuen Vertrag v. 28.4.2015 zwischen der Bundesrepublik Deutschland und der **Tschechischen Republik** über die polizeiliche Zusammenarbeit beschlossen. Der neue Vertrag hat das Ziel, die
grenzüberschreitende polizeiliche Zusammenarbeit fortzuentwickeln und hierbei den Zoll stärker als
bisher mit einzubeziehen. Mit dem Vertrag werden verbesserte rechtliche Grundlagen für die grenzüberschreitende Zusammenarbeit zwischen den Polizei- und Zollbehörden geschaffen. Insbesondere enthält
er erweiterte Möglichkeiten des Handelns im Hoheitsgebiet der jeweils anderen Partei. So sind in
Zukunft zB gemeinsame Streifen mit Ausübung hoheitlicher Befugnisse im Nachbarstaat unter Leitung
und in der Regel in Anwesenheit eines Beamten des Gebietsstaates nach dessen Recht möglich. Im
Bereich der justiziellen Rechtshilfe sind durch diesen Vertrag insbesondere die Vorschriften zur grenzüberschreitenden Observation überarbeitet und ergänzt.

22.2   Die Bundesregierung hat am 11.12.2014 den Entwurf eines Gesetzes zu dem Abkommen v.
15.5.2014 zwischen der Regierung der Bundesrepublik Deutschland und der Regierung der Republik
Polen über die Zusammenarbeit der Polizei-, Grenz- und Zollbehörden beschlossen (BR-Drs.
613/14). Am 9.7.2015 ist ein neues deutsch-polnisches Abkommen über die Polizei- und Zollzusammenarbeit in Kraft getreten. Der neue deutsch-polnische Vertrag ersetzt den bisher geltenden bilateralen
Polizeivertrag beider Länder aus dem Jahr 2002. Es war erforderlich geworden, das Abkommen von 2002
an den nunmehr für beide Länder gleichermaßen geltenden europäischen Rechtsrahmen anzupassen.
Andererseits gab es aber auch den Wunsch, die bilaterale grenzüberschreitende Polizei- und Zollzusammenarbeit über das EU-Recht hinaus fortzuentwickeln und neue Möglichkeiten der Zusammenarbeit
zu schaffen. Ziel war also mehr als nur ein Nachvollzug des rechtlich Notwendigen: Das Instrumentarium von Polizei und Zoll sollte verbessert werden, um die grenzüberschreitende Kriminalität noch
effizienter bekämpfen zu können. Aus deutscher Sicht gehörte dazu vor allen Dingen auch die Erweiterung der Handlungsmöglichkeiten für die Polizei- und Zollbeamten beider Länder auf dem jeweils
anderen Staatsgebiet (Bavendamm Kriminalistik 2016, 38). In etlichen Bereichen geht das Abkommen
nicht nur über bestehende europarechtliche Regelungen, sondern auch über die Inhalte der Polizeiverträge, die Deutschland mit anderen Nachbarstaaten geschlossen hat, hinaus. Dies gilt insbesondere für
die bestehenden Abkommen mit Frankreich, Belgien und Luxemburg, die alle drei zur ersten Generation der Polizeiverträge zählen und sich im Wesentlichen auf eine Nachzeichnung der Möglichkeiten
des SDÜ beschränken. So bleibt festzuhalten, dass im Jahr 2015 die rechtlichen Möglichkeiten der

(grenz-)polizeilichen Zusammenarbeit Deutschlands und Polens (und künftig auch Tschechiens) weitreichender sind, als die im Hinblick auf weite Teile der westlichen Grenze Deutschlands (zusf. Bavendamm Kriminalistik 2016, 38 (43): „Füllhorn rechtlicher Möglichkeiten für die grenzüberschreitende Polizei- und Zollzusammenarbeit beider Länder").

Als mit der **Schweiz** außerhalb des Schengen-Verbundes ein Vertrag über die grenzüberschreitende **22.3** polizeilich justizielle Zusammenarbeit abgeschlossen wurde, welcher am 1.3.2002 in Kraft trat (BGBl. 2002 II 606), begann eine neue Entwicklung der bilateralen polizeilichen Zusammenarbeit (Lisken/ Denninger PolR-HdB/Aden N Rn. 52). Dieser **„Polizeivertrag" mit der Schweiz** erweiterte die nach dem SDÜ für die EU-Mitgliedsstaaten bestehenden Möglichkeiten der grenzüberschreitenden Observation (Art. 40 SDÜ) und der grenzüberschreitenden Nacheile (Art. 41 SDÜ) und geht über die Befugnisse des SDÜ hinaus, indem er den grenzüberschreitenden Einsatz Verdeckter Ermittler sowie das hoheitliche Tätigwerden auf fremden Hoheitsgebieten (Lisken/Denninger PolR-HdB/Aden N Rn. 53) erlaubt. Der „Polizeivertrag" mit der Schweiz war letztlich Vorbild für neuere Ergänzungsverträge zum SDÜ.

Der **Vertrag zwischen der Bundesrepublik Deutschland und der Republik Österreich** über **22.4** die „grenzüberschreitende Zusammenarbeit zur polizeilichen Gefahrenabwehr und in strafrechtlichen Angelegenheiten" (BGBl. 2005 II 858; ausf. Kindler/Schober DIE POLIZEI 2006, 161) oder der **Vertrag zwischen der Bundesrepublik Deutschland und dem Königreich der Niederlande** über die grenzüberschreitende polizeiliche Zusammenarbeit und die Zusammenarbeit in strafrechtlichen Angelegenheiten entsprechen dem deutsch-schweizerischen Polizeivertrag. Nach Abschluss der innerstaatlichen Ratifizierungsverfahren in Deutschland (BGBl. 2006 II 194) und den Niederlanden ist der **Deutsch-Niederländische Polizei- und Justizvertrag** am 1.9.2006 in Kraft getreten.

Am 1.9.2006 trat der der PolZV D-NL (Vertrag zwischen der Bundesrepublik Deutschland **23** und dem Königreich der Niederlande über die grenzüberschreitende polizeiliche Zusammenarbeit und die Zusammenarbeit in strafrechtlichen Angelegenheiten v. 2.3.2005, BGBl. 2006 II 194) in Kraft und löste die Vereinbarung v. 17.4.1996 über die polizeiliche Zusammenarbeit im deutsch-niederländischen Grenzgebiet ab. Damit intensivierte sich die bilaterale Zusammenarbeit in Fragen der Gefahrenabwehr und Strafverfolgung. Der Vertrag mit dem Königreich der Niederlande geht deutlich über die in den Art. 40 und 41 SDÜ getroffenen Regelungen hinaus (ausf. Schramm DPolBl 5/2014, 11 ff.). Niederländische und deutsche Sicherheitsbehörden dürfen seitdem ohne die Beschränkung auf Grenzgebiete im jeweils anderen Staat tätig werden. Der PolZV D-NL erweitert und ergänzt unter anderem die Schengener Regelungen zur grenzüberschreitenden Observation und Nacheile bei der Strafverfolgung und bietet eine Reihe moderner Ermächtigungsgrundlagen für die grenzüberschreitende bilaterale Polizeiarbeit. Art. 19 PolZV D-NL erlaubt die grenzübergreifende Zusammenarbeit zur Abwehr von Gefahren für die öffentliche Sicherheit oder Ordnung und zur Verhütung von Straftaten durch gemeinsame Einsatzformen. Aufgrund dieser Norm ist das **Grenzüberschreitende Polizeiteam (GPT)** gegründet worden. Zu dem Team gehören insgesamt 20 Polizeibeamte aus den beiden Staaten. Das GPT hat seinen Sitz am ehemaligen Grenzübergang Bad Bentheim (Bialon/Springer EingriffsR 380). Nach Art. 21 PolZV D-NL sind vorläufige grenzüberschreitende Maßnahmen zur Abwehr einer gegenwärtigen Gefahr für Leib oder Leben zulässig. Art. 24 PolZV D-NL behandelt die Einrichtung und die Aufgaben einer gemischt besetzten Dienststelle.

Art. 11 PolZV D-NL ergänzt die Regelungen zur Observation nach Art. 40 SDÜ. Art. 12 PolZV **23.1** D-NL ergänzt die Regeln zur grenzüberschreitenden Nacheile nach Art. 41 SDÜ. Hervorzuheben ist, dass auch Personen, die sich innerhalb einer Entfernung von höchstens 150 km zur Grenze einer Kontrolle entzogen haben, verfolgt werden dürfen. Dabei muss es sich um eine Person handeln, nach der wegen einer auslieferungsfähigen Straftat gefahndet wird oder die zu einer freiheitsentziehenden Sanktion verurteilt worden ist, derentwegen eine Auslieferung zulässig erscheint (Art. 12 Abs. 1 Nr. 1 PolZV D-NL). Allerdings ist eine solche Nacheile auch zulässig, soweit sich eine Person einer polizeilichen Kontrolle innerhalb einer Entfernung von höchstens 150 km bis zu der Grenze entzieht, sofern dabei eindeutige Anhaltezeichen missachtet werden und in der Folge eine Gefährdung der öffentlichen Sicherheit herbeigeführt wird (Art. 17 Abs. 2 PolZV D-NL). Der Gesetzestext ist an dieser Stelle missverständlich. Nach dem Wortlaut würde es erst nach der polizeilichen Kontrolle zu einer Gefährdung der öffentlichen Sicherheit kommen bzw. diese Gefahr würde nach der Kontrolle herbeigeführt werden. Fragt man nach dem Zweck der Norm, so dürfte es so sein, dass Tatsachen darauf schließen lassen, dass das Verhalten der Person eine Gefahr für die öffentliche Sicherheit verursacht, die auch noch besteht, wenn es zum Grenzübertritt kommt (Bialon/Springer EingriffsR 379 f.).

23.2 **Beispiel:** Nach einem Einbruchsdiebstahl in ein Juweliergeschäft sind die Täter mit einem silberfarbenen Pkw der Marke Daimler Benz mit polnischem Kennzeichen flüchtig. Tage später kommt einer Streifenwagenbesatzung das Fahrzeug im Rahmen einer nächtlichen Streife in einem Industriegebiet entgegen. Anhaltezeichen werden missachtet. Es kommt zu einer Verfolgung Richtung Landesgrenze. Noch bevor der Pkw angehalten werden kann, überquert das Fahrzeug die Landesgrenze und fährt in die benachbarte Niederlande ein. Hier findet Art. 12 PolZV D-NL Anwendung, der über die in Art. 41 Abs. 1 SDÜ festgelegte Nacheilemöglichkeit hinausgeht. Art. 12 PolZV D-NL erweitert die grenzüberschreitende Nacheile auf die Sachverhalte, in denen der Tatverdächtige weder bei der Tatbegehung noch unmittelbar danach am Tatort oder in dessen unmittelbarer Nähe, also auf frischer Tat, angetroffen wurde (Schramm Polizei Info Report 2/2014, 18 ff.).

23.3 Einzelheiten ergeben sich aus den vom Bundesministerium des Innern übermittelten Durchführungsmitteilungen (ÖS I 4 – 645 411 NLD/2). Die „Mitteilung zur Durchführung" ist keine staatsvertraglich verbindliche Absprache. Sie erläutert den Vertragstext, um einheitlich zur Erleichterung der Vertragsanwendung beizutragen. So listet die „Mitteilung" die jeweiligen Zuständigkeiten und Erreichbarkeiten der Behörden des Bundes und der Länder Niedersachsen und Nordrhein-Westfalen auf. Des Weiteren ergeben sich aus ihr unmittelbar Informationen für die praktische Umsetzung von spezifischen Zusammenarbeitsformen. Insbesondere haben die Vertragsanwender bei der Anwendung des Vertrages neben den Bestimmungen des Vertrages das jeweilige innerstaatliche Recht der Vertragsstaaten zu beachten. Für deutsche Vertragsanwender sind dies insbesondere die Bestimmungen der internationalen Rechtshilfe in Strafsachen (zB die RiVASt (Richtlinien für den Verkehr mit dem Ausland in strafrechtlichen Angelegenheiten v. 18.9.1984, BAnz. 1984, 10550), RiStBV (Richtlinien für das Strafverfahren und Bußgeldverfahren v. 1.1.1977, BAnz. 1976, Nr. 245, 2), Vereinbarung zwischen der Bundesregierung und den Landesregierungen über die Zuständigkeit im Rechtshilfeverkehr mit dem Ausland in strafrechtlichen Angelegenheiten v. 28.4.2004 und die darauf gestützten landesrechtlichen Regeln).

6. Institutionalisierte Kooperation in „Gemeinsamen Zentren"

24 Einige Polizeiverträge enthalten Regelungen zu einer institutionalisierten Kooperation in „Gemeinsamen Zentren". So sind entlang der Schengen-Binnengrenzen verschiedene Polizei-und Zollkooperationszentren (Police and Customs Cooperation Centres) eingerichtet, in denen Bedienstete von Polizei- und Zollbehörden aus den benachbarten Staaten zusammenarbeiten.

24.1 Das sog. Dreiländereck zwischen Deutschland, den Niederlanden und Belgien ist ein Referenzbeispiel für eine gelingende polizeiliche Kooperation, insbesondere in den „Euregio"-Konstruktionen (Röper VerwArch 2004, 301 ff.) als besonderen Formen der Zusammenarbeit (zusf. Thiel PSP 1/2020, 3 (7)). Derzeit bestehen entsprechende Zentren etwa in Zusammenarbeit mit Frankreich (Kehl), den Niederlanden (Gemeinsame Verbindungsstelle Goch), Luxemburg, Belgien und Frankreich (Luxemburg-Stadt), Dänemark (Fadborg) und Polen (Swiecko) sowie Arbeitsstellen mit der Tschechischen Republik (Petrovice, Schwandorf). Im Gemeinsamen Zentrum in Passau erfolgt eine enge Zusammenarbeit insbesondere der Bundespolizei und der Bayerischen Landespolizei mit Österreich. Schließlich ist das „Euregionale Polizeiliche Informations- und Cooperations-Centrum" (**EPICC**) der Euregio Maas-Rhein mit Sitz in Kerkrade zu nennen (Soine, Ermittlungsverfahren und Polizeipraxis, 2. Aufl. 2019, 139; Thiel DP 5/2019, 4 (7)). Hauptaufgaben des EPICC sind der Informationsaustausch und die Unterstützung bei grenzüberschreitenden Einsätzen. Rechtsgrundlagen sind das SDÜ, der Prümer Ratsbeschluss sowie die bilateralen Verträge zwischen Deutschland und dem Königreich der Niederlanden und Deutschland und dem Königreich Belgien. Etwa 30 Polizeibeamte aus den drei Staaten arbeiten in dem Zentrum. Hervorgegangen ist das EPICC aus der Arbeit der Arbeitsgemeinschaft der Polizei in der Euregio Maas-Rhein (NeBeDeAgPol), die seit 45 Jahren besteht (Bialon/Springer EingriffsR 380).

C. Aufgaben der Bundespolizei

25 § 64 BPolG öffnet den Aufgabenbereich der Bundespolizei in bestimmten Umfang für Vollzugsbeamte anderer Länder, anderer Bundesbehörden und anderer Staaten. Komplementär dazu bedarf es landesrechtlicher Öffnungsregelungen, welche die Polizeivollzugsbeamten des Landes ermächtigt, außerhalb ihrer Aufgaben im Zuständigkeitsbereich der Bundespolizei tätig zu werden. Solche Regelungen sind in allen Landespolizei-(organisations-)Gesetzen nach dem Vorbild des § 53 MEPolG vorhanden. Sie lassen im Ergebnis ein Tätigwerden zu, wenn auch das BPolG es vorsieht, also in den in § 64 Abs. 1 BPolG geregelten Fällen (Nomos-BR/Wehr BPolG § 64 Rn. 3). Polizeivollzugsbeamte eines Landes können gem. § 64 Abs. 1 S. 1 BPolG Amtshandlungen zur Wahrnehmung von Aufgaben der Bundespolizei vornehmen auf Anforderung oder mit Zustimmung der zuständigen Bundespolizeibehörde (§ 64 Abs. 1 S. 1 Nr. 1 BPolG) und zur Abwehr einer gegenwärtigen Gefahr, zur Verfolgung von Straftaten iSd § 12 Abs. 1 auf frischer Tat sowie zur Verfolgung und Wiederergreifung von aus dem Gewahrsam der Bundespolizei Entwichenen (§ 64 Abs. 1 S. 1 Nr. 2 BPolG), wenn die zuständige Bundespolizeibehörde die erforderlichen Maßnahmen nicht rechtzeitig treffen kann. § 64 BPolG richtet sich an einzelne Polizeivollzugsbeamte der Länder und nicht an Polizeibehörden (SGR/Graulich BPolG § 64 Rn. 4). Die Norm verbietet umgekehrt die ständige Wahrnehmung von Aufgaben der Bundespolizei durch die Landespolizei. Dies wäre insofern ein Verstoß gegen die verfassungsrechtlich niedergelegte Kompetenzordnung. So kann der Bund nicht Landespolizeiangehörige verpflichten, entsprechende Bundesaufgaben wahrzunehmen. Dies wäre in (unzulässiger) Eingriff in die **Polizeihoheit der Länder.** Allerdings verpflichtet der Grundsatz des bundesfreundlichen Verhaltens die Länder und ihre Polizeivollzugsbeamten, entsprechenden Ersuchen der Bundespolizei nachzukommen (HHPM BPolG/Peilert BPolG § 64 Rn. 2).

Nach § 64 Abs. 1 S. 1 Nr. 1 BPolG – der § 52 Abs. 1 MEPolG nachgebildet ist – können Polizeivoll- **25.1** zugsbeamte eines Landes auf Anforderung oder mit Zustimmung der zuständigen Bundespolizeibehörde Amtshandlungen zur Wahrnehmung von Aufgaben der Bundespolizei vornehmen. Die Länderpolizei-vollzugsbeamten werden dabei im Wege der Amtshilfe tätig, zu der sie nach Art. 35 Abs. 1 GG verpflichtet sind (SGR/Graulich BPolG § 64 Rn. 5). Die Anforderung oder Zustimmung nach § 64 Abs. 1 Nr. 1 BPolG kann organisationsrechtlich mit einem **(zwischenbehördlichen) Mandat** erfasst werden (Nomos-BR/Wehr BPolG § 64 Rn. 2). So ein **organisationsrechtliches Mandat** liegt dann vor, wenn eine Kompetenz bzw. Befugnis von ihrem Inhaber (dem Mandanten = Bundespolizei) für einen oder mehrere Einzelfälle oder auch abstrakt auf ein anderes öffentlich-rechtliches Subjekt (den Mandatar = Landespolizei) in der Weise übertragen wird, dass der Mandatar die Kompetenz bzw. Befugnis im Namen des Mandanten ausübt (Horn NVwZ 1986, 808 (809)). Durch so ein organisations-rechtliches Mandat wird die Zuständigkeitsordnung nicht berührt (HHPM BPolG/Peilert BPolG § 64 Rn. 3 mwN). Die beauftragte Landespolizei handelt im Namen der beauftragenden Bundespolizei.

Bei „spontanen" Amtshandlungen von Polizeivollzugsbeamten der Länder im Zuständig- **26** keitsbereich der Bundespolizei richten sich die Maßnahmen nach den Befugnisnormen des entsprechenden Bundeslandes (§ 64 Abs. 2 BPolG). Dabei wird vorausgesetzt, dass die Polizei-vollzugsbeamten des Landes auf dem Gebiet ihres Landes tätig werden, da Bundesrecht die Geltung von Landesrecht über die Ländergrenzen hinweg nicht anordnen kann (Nomos-BR/Wehr BPolG § 64 Rn. 7). So hat zB ein bei Gefahr im Verzuge handelnder nordrhein-westfälischer Polizeivollzugsbeamter das PolG NRW anzuwenden, sodass mitunter Bundes-aufgaben mit landesrechtlichen Vorschriften erfüllt werden (HHPM BPolG/Peilert BPolG § 64 Rn. 8). Diese Regelung wurde abweichend vom Regierungsentwurf (BR-Drs. 418/ 94, 84) auf Initiative des Bundesrates und auf Vorschlag des Vermittlungsausschusses (BT-Drs. 12/8422) getroffen (zusf. HHPM BPolG/Peilert BPolG § 64 Rn. 8). Die Regelung des § 64 Abs. 2 BPolG entspricht auch § 52 Abs. 2 MEPolG sowie den entsprechenden Vorschriften der Polizeigesetze der Länder und trägt der Ausgestaltung der Vorschrift als zwischenbehördliches Mandat Rechnung, durch das die Polizeivollzugsbeamten der Länder ermächtigt werden, im Eilfall die Kompetenz im Namen der Bundespolizei auszuüben (SGR/Graulich BPolG § 64 Rn. 8). § 64 Abs. 2 BPolG ist anerkanntermaßen systemfremd (HHPM BPolG/Peilert BPolG § 64 Rn. 8), schon weil sie mit den Parallelvorschriften des Landes- und Bundesrechts nicht harmoniert, nach welchen stets das Recht der unterstützten Stelle anwendbar ist. Überdies besteht die Gefahr, dass über landesrechtliche Befugnisse die Grenzen bundespolizeilicher Ermächtigungsnormen ausgehebelt werden. Für den einschrei-tenden Polizeivollzugsbeamten des Landes hingegen bedeutet die Regelung einen Gewinn an Rechtssicherheit, weil die zuweilen schwer zu beurteilenden Grenzlinien zwischen Lan-des- und Bundeskompetenz für das Befugnisrecht keine Rolle spielen (Nomos-BR/Wehr BPolG § 64 Rn. 8).

26.1   Bezüglich einer „Weisungskompetenz der Bundespolizei" gegenüber Polizeivollzugsbeamten der Länder im Falle der Aufgabenwahrnehmung nach § 64 Abs. 1 BPolG iVm § 64 Abs. 2 BPolG ergibt sich aus den Gesetzgebungsmaterialien ein Hinweis darauf, dass in diesem Fall eine Weisungsbefugnis der zuständigen Bundespolizeibehörde bestehen soll. Dies ergibt sich zum einen aus der Bezugnahme auf § 52 Abs. 2 MEPolG (BR-Drs. 418/94, 84), wo die dort handelnden Polizeibeamten „eines anderen Landes" der Weisung durch die sachlich und örtlich zuständige Polizeibehörde unterliegen und zum anderen aus der Vorgängerregelung (§ 64 Abs. 2 S. 3 BPolG), in der eine ausdrückliche Weisungsbefugnis „der zuständigen Bundesgrenzschutzbehörde" vorgesehen war. Gegen die Verankerung der Weisungsbefugnis der zuständigen Bundespolizeibehörde im Gesetz in diesem Fall spricht allerdings die geltende Fassung von § 64 BPolG. Die Regelung über die Weisungsbefugnis der Bundespolizei im Falle der Aufgabenwahrnehmung durch andere Polizeien ist nunmehr in § 64 Abs. 3 S. 4 BPolG verankert und findet sich dort nicht mehr im Zusammenhang mit Amtshandlungen von Länderpolizeibeamten (vgl. § 64 Abs. 1 BPolG iVm § 64 Abs. 2 BPolG), sondern nach den Amtshandlungen von „Vollzugsbeamten anderer Bundesbehörden" (SGR/Graulich BPolG § 64 Rn. 9).

§ 9 Amtshandlungen von Polizeivollzugsbeamtinnen und Polizeivollzugsbeamten anderer Länder und des Bundes, Zollbediensteten in den Vollzugsbereichen der Zollverwaltung des Bundes sowie von Angehörigen des Polizeidienstes anderer Staaten in Nordrhein-Westfalen

(1) [1]Polizeivollzugsbeamtinnen und Polizeivollzugsbeamte eines anderen Landes können in Nordrhein-Westfalen Amtshandlungen vornehmen
1. auf Anforderung oder mit Zustimmung der zuständigen Behörde,
2. in den Fällen der Artikel 35 Abs. 2 und 3 sowie 91 Abs. 1 des Grundgesetzes,
3. zur Abwehr einer gegenwärtigen erheblichen Gefahr, zur Erforschung und Verfolgung von Straftaten auf frischer Tat sowie zur Verfolgung und Wiederergreifung Entwichener, wenn die zuständige Behörde die erforderlichen Maßnahmen nicht rechtzeitig treffen kann,
4. zur Erfüllung polizeilicher Aufgaben bei Gefangenentransporten,
5. zur Erforschung und Verfolgung von Straftaten und Ordnungswidrigkeiten und zur Gefahrenabwehr in den durch Vereinbarungen mit anderen Ländern geregelten Fällen.
[2]In den Fällen der Nummern 3 bis 5 ist die zuständige Polizeibehörde unverzüglich zu unterrichten.

(2) [1]Werden Polizeivollzugsbeamtinnen und/oder Polizeivollzugsbeamte eines anderen Landes nach Absatz 1 tätig, haben sie die gleichen Befugnisse wie die des Landes Nordrhein-Westfalen. [2]Ihre Amtshandlungen gelten als Maßnahmen derjenigen Polizeibehörden, in deren örtlichem und sachlichem Zuständigkeitsbereich sie tätig geworden sind; sie unterliegen insoweit deren Weisungen.

(3) Die Absätze 1 und 2 gelten für Polizeivollzugsbeamtinnen und Polizeivollzugsbeamte des Bundes und Zollbedienstete in den Vollzugsbereichen der Zollverwaltung des Bundes im Sinne der § 10a Absatz 1 und § 12d des Zollverwaltungsgesetzes vom 21. Dezember 1992 (BGBl. I S. 2125; 1993 I S. 2493), das zuletzt durch Artikel 10 des Gesetzes vom 23. Juni 2017 (BGBl. I S. 1822) geändert worden ist, entsprechend.

(4) [1]Angehörige des Polizeidienstes anderer Staaten können in Nordrhein-Westfalen im Rahmen zwischenstaatlicher Vereinbarungen tätig werden; sie haben dann die danach vorgesehenen Rechte und Pflichten. [2]Angehörige des Polizeidienstes von Mitgliedstaaten der Europäischen Union können auch nach Maßgabe von Rechtsakten der Europäischen Union in Nordrhein-Westfalen tätig werden. [3]Sie können nur mit solchen Amtshandlungen betraut werden, die auch von den Polizeivollzugsbeamten des Landes Nordrhein-Westfalen vorgenommen werden dürfen.

Überblick

§ 9 enthält als **Einführungsklausel (Öffnungsklausel)** im Interesse der **länderübergreifenden Zusammenarbeit** Regelungen über die örtliche Zuständigkeit bei Amtshandlungen von Polizeivollzugsbeamtinnen und Polizeivollzugsbeamten anderer Länder und des Bundes sowie von Angehörigen des Polizeidienstes anderer Staaten in Nordrhein-Westfalen (→ Rn. 1 ff.). Die Vorschrift nennt in Abs. 1 dabei die entsprechenden Voraussetzungen, nämlich auf **Anforderung** oder mit **Zustimmung** der zuständigen Behörde (→ Rn. 5), aufgrund **grundgesetzlicher Amtshilfe** (→ Rn. 6 ff.), aus Gründen der **Eilbedürftigkeit** (→ Rn. 9 ff.), zu **Gefangenentransporten** (→ Rn. 15) oder auf der Grundlage von **Verwaltungsabkommen** (→ Rn. 16 ff.). Durch eine in Abs. 1 S. 2 postulierte **Unterrichtungspflicht** wird gewährleistet, dass der Sachverhalt von der nordrhein-westfälischen Polizeibehörde übernommen werden kann (→ Rn. 18). Maßnahmen von Polizeibeamten in einem anderen Bundesland werden **rechtlich qualifiziert** wie Maßnahmen des Landes Nordrhein-Westfalen (→ Rn. 19). Die Regelungen gelten auch für **Polizeivollzugsbeamtinnen und Polizeivollzugsbeamte des Bundes** sowie Zollbedienstete in den Vollzugsbereichen der Zollverwaltung des Bundes entsprechend (→ Rn. 20). Für **Angehörige des Polizeidienstes anderer Staaten,** die in Nordrhein-Westfalen tätig werden, verweist Abs. 4 auf die in den zwischenstaatlichen Vereinbarungen enthaltenen Regelungen. Entsprechend Abs. 4 S. 2 können Angehörige des Polizeidienstes von Mitgliedstaaten der EU auch nach Maßgabe von Rechtsakten der EU in Nordrhein-Westfalen tätig werden (→ Rn. 22 ff.).

Übersicht

A. Allgemeine Charakterisierung und rechtlicher Rahmen

Nach staatsrechtlichem Verständnis sind Amtshandlungen grundsätzlich nur im eigenen **1** Landesgebiet zulässig. Aus der **Polizeihoheit** folgt grundsätzlich, dass ein Bundesland in Fragen des Polizeirechts für das andere „Ausland" ist. Aus Gründen effektiver Gefahrenabwehr bestehen aber Regelungen für ein **grenzüberschreitendes Tätigwerden** von Polizeikräften.

Die Erlaubnis, dass Polizeivollzugsbeamte anderer Bundesländer Amtshandlungen in Nordrhein- **1.1** Westfalen vornehmen dürfen, hat ihren **Grund im Föderalismus.** Besäße der Bund eine Gesetzgebungskompetenz für das allgemeine Gefahrenabwehrrecht, könnte er bundeseinheitlich auch die örtliche Zuständigkeit des Polizeivollzugsdienstes regeln. Da dies nicht der Fall ist, verbleibt diese Materie bei den Bundesländern (Art. 30, 70 Abs. 1 GG).

§ 9 enthält als **Einführungsklausel (Öffnungsklausel)** im Interesse der **länderübergrei-** **2** **fenden Zusammenarbeit** Regelungen über die örtliche Zuständigkeit bei Amtshandlungen von Polizeivollzugsbeamtinnen und Polizeivollzugsbeamten anderer Länder und des Bundes sowie von Angehörigen des Polizeidienstes anderer Staaten in Nordrhein-Westfalen.

Beispiel: Während einer Geiselnahme rast der Täter mit seinem Pkw und der Geisel über die **2.1** rheinland-pfälzische Landesgrenze nach Nordrhein-Westfalen. Die Polizeibeamten des Landes Rheinland-Pfalz, die dem Täterfahrzeug folgen, dürfen die Verfolgung über die Landesgrenze hinweg fortsetzen, bis nordrhein-westfälische Polizeibeamte den Einsatz übernehmen können.

B. Einzelkommentierung

Abs. 1–3 stellen auf „**Polizeivollzugsbeamtinnen und Polizeivollzugsbeamte**" ab. **3** Diese Präzisierung ist erfolgt, um in Bezug auf den Bund (Abs. 3) sicherzustellen, dass nur

4   solche mit der Wahrnehmung polizeilicher Aufgaben betrauten Bundespolizeibeamten in Betracht kommen, die eine der Ländervollzugspolizei vergleichbare Ausbildung erhalten haben und (hauptamtlich) im Polizeivollzugsdienst tätig sind.

4   Polizeivollzugsbeamtinnen und Polizeivollzugsbeamte eines anderen Landes können in Nordrhein-Westfalen in besonders gelagerten Einzelfällen Amtshandlungen vornehmen (Abs. 1 Nr. 1–4). Dabei findet **keine Zuständigkeitsübertragung** statt. Vielmehr sind die auswärtigen Polizeikräfte ermächtigt, im örtlichen und sachlichen Zuständigkeitsbereich einer nordrhein-westfälischen Polizeidienststelle mit rechtlicher Wirkung für diese tätig zu werden (Abs. 2 S. 2).

I. Anforderung oder Zustimmung (Abs. 1 Nr. 1)

5   Polizeivollzugsbeamtinnen und Polizeivollzugsbeamte eines anderen Landes können in Nordrhein-Westfalen Amtshandlungen vornehmen auf **Anforderung** oder mit Zustimmung der zuständigen Behörde (Abs. 1 S. 1 Nr. 1). Beide Fälle gehen von einem Einverständnis des Landes aus, wobei eine **Zustimmung** auch nachträglich erfolgen kann. Im Falle der nachträglichen Zustimmung, die auf den Zeitpunkt der Vornahme des Rechtsgeschäfts zurückwirkt, würde es sich um eine Genehmigung handeln (§ 184 Abs. 1 BGB). Regelfall dürfte allerdings die vorherige Zustimmung (**Einwilligung**) sein (§ 183 BGB). Diese sollte grundsätzlich eingeholt werden. Es wird jedoch auch eine nachträgliche Zustimmung als vertretbar erachtet. Untermauert wird dies durch den zivilrechtlichen Zustimmungsbegriff. Laut BGB kann eine Zustimmung sowohl im Vorfeld als Einwilligung (§ 183 Abs. 1 BGB) als auch im Nachgang als Genehmigung (§ 184 Abs. 1 BGB) erfolgen. Ob sich die Bestimmungen des BGB analog auf das Polizeirecht anwenden lassen, ist aber fraglich (zusf. Wiacek, Bild- und Tonaufnahmen von Polizeieinsätzen, 2018, 130). Eine Anforderung kommt nur in Betracht, wenn eine Gefahrensituation sich nur mit zusätzlichen Polizeikräften anderer Länder abwehren lässt. Die Anforderung oder Zustimmung kann nur durch die jeweils zuständige Institution des Bundeslandes erfolgen, in dem die Amtshandlungen getätigt werden sollen. In den meisten Fällen handelt es sich dabei um die zuständige Polizeibehörde, wie es zB in § 102 Abs. 1 Nr. 1 HSOG ausdrücklich erwähnt ist. § 9 Abs. 1 Nr. 1 spricht lediglich von einer zuständigen Behörde und § 78 Abs. 1 Nr. 1 BWPolG von einer zuständigen Stelle. In Art. 11 Abs. 3 Nr. 1 BayPOG wird sogar die Zustimmung des Staatsministeriums gefordert (zusf. Wiacek, Bild- und Tonaufnahmen von Polizeieinsätzen, 2018, 130).

II. Grundgesetzliche Amtshilfe (Abs. 1 Nr. 2)

6   Polizeivollzugsbeamtinnen und Polizeivollzugsbeamte eines anderen Landes können in Nordrhein-Westfalen Amtshandlungen vornehmen aufgrund Verfassungsrechts (Abs. 1 S. 1 Nr. 2). Die Zuständigkeit ergibt sich unmittelbar aus dem GG, sodass es einer ausdrücklichen Erwähnung im nicht bedurft hätte. Vor diesem Hintergrund hat Abs. 1 S. 1 Nr. 2 nur **deklaratorische Bedeutung,** da die Voraussetzungen verfassungsrechtlich vorgegeben sind.

7   Zur Hilfe bei einer **Naturkatastrophe** oder bei einem **besonders schweren Unglücksfall** kann ein Land Polizeikräfte anderer Länder, Kräfte und Einrichtungen anderer Verwaltungen sowie des Bundesgrenzschutzes und der Streitkräfte anfordern (Art. 35 Abs. 2 GG). Den Begriffen ist gemeinsam, dass es sich um Schadensereignisse größeren Ausmaßes handelt; sie unterscheiden sich durch die Verursachung durch Naturgewalten, durch menschliches Fehlverhalten oder technische Unzulänglichkeiten (Jarass/Pieroth GG Art. 35 Rn. 7). So stehen in Art. 35 Abs. 2 und Abs. 3 GG „Naturkatastrophen" und „schwere Unglücksfälle" in einem Alternativverhältnis, was die natürliche und die technische Katastrophe deutlich trennt. Damit vollzieht das GG die heute wohl überholte Gegenüberstellung von Naturkatastrophen und technischen Katastrophen nach und übersieht so den bereits dargestellten Einfluss des Menschen auf „Naturkatastrophen" (Kloepfer DVBl 2017, 141 (144)). Im Gegensatz dazu definieren die Katastrophenschutzgesetze der Länder Katastrophen grundsätzlich unabhängig von ihren Ursachen.

8   Auch kann ein Land entsprechend Art. 91 Abs. 1 GG zur Abwehr einer drohenden Gefahr für den Bestand oder die freiheitliche demokratische Grundordnung des Bundes oder eines Landes Polizeikräfte anderer Länder sowie Kräfte und Einrichtungen anderer Verwaltungen und des Bundesgrenzschutzes anfordern („**Innerer Notstand**"). Voraussetzung ist eine drohende Gefahr im Sinne des Polizeirechts. Das angeforderte Land ist verpflichtet, dem Hilfeersuchen stattzugeben. Die angeforderten Kräfte bleiben Teil ihrer Herkunftsorganisation, sind aber an das Recht des Einsatzlandes gebunden (Jarass/Pieroth GG Art. 91 Rn. 2).

III. Eilbedürftigkeit (Abs. 1 Nr. 3)

1. Gefahrenabwehr

Hauptanwendungsfall des Tätigwerdens fremder Polizeikräfte im Falle des Abs. 1 S. 1 **9** Nr. 3 dürfte derjenige sein, dass fremde Polizeikräfte an ihrem bestimmungsgemäßen Ort sind und von dort aus eine Gefahrensituation bemerken, die **außerhalb ihres örtlichen Zuständigkeitsbereichs** liegt (PST PolR-HdB/Pewestorf Kap. 1 Rn. 150).

Beispiel: Bei Kontrolle der Bahnanlagen sehen Beamte der Bundespolizei eine hilflose Person in **9.1** einer Seitenstraße liegen, die nicht zu den Betriebsanlagen (§ 4 EBO) gehört. Die „Alternativlösung" – Verständigung der an sich zuständigen Polizeidienststelle – kann angesichts derartiger Gefahren nicht in Betracht kommen und dürfte zudem allenthalben auf Unverständnis stoßen, wenn (Bundes-) Polizeibeamte trotz Anwesenheit auf ein Einschreiten „verzichten". Zudem tritt der Staat für den Bürger als „Einheit" auf, sodass in derartigen entsprechenden Gefahrenfällen ein Verzicht auf Einschreiten unter Hinweis auf Zuständigkeitsregelungen nicht nachvollziehbar wäre.

Abs. 1 S. 1 Nr. 3 beruht auf dem Gedanken der **Notzuständigkeit (Eilzuständigkeit) 10** und ermöglicht Polizeibeamten anderer Bundesländer das Einschreiten in Nordrhein-Westfalen, wenn die zuständige nordrhein-westfälische Behörde die erforderlichen polizeilichen Maßnahmen nicht rechtzeitig treffen kann. Es muss sich um eine Maßnahme mit Eingriffscharakter handeln, die aufgrund der Umstände sofort vorgenommen werden muss. Im Bereich der Gefahrenabwehr muss es sich dabei um eine **gegenwärtige erhebliche Gefahr** handeln. Diese liegt vor, wenn sie inhaltlich schwerwiegend und gegenwärtig ist, mithin eine Verbindung von zeitlicher Nähe und Qualität (gefährdeten) Rechtsgutes ist (SBK PolG NRW/Schütte PolG NRW § 1 Rn. 12).

2. Verfolgung von Straftaten

Fremde Polizeikräfte dürfen auch zur **Erforschung und Verfolgung von Straftaten 11 auf frischer Tat** tätig werden, wenn die zuständige Behörde nicht rechtzeitig einschreiten kann.

Das Verfolgungsrecht der fremden Polizei hört nicht an der Landesgrenze auf. Zusammen **12** mit § 167 Abs. 1 GVG ergibt sich das Recht der fremden Polizei zur sog. **Nacheile,** dh zur Weiterverfolgung eines Straftäters über den Zuständigkeitsbereich der fremden Polizei hinaus. Bei der „**Verfolgung auf frischer Tat**" ist § 9 Abs. 1 Nr. 3 nur anwendbar, wenn die Tat auf dem Gebiet des Landes Nordrhein-Westfalen begangen worden ist. Liegt der Beginn der Verfolgung dagegen in einem anderen Bundesland, findet § 167 GVG Anwendung. Mit § 9 Abs. 1 S. 1 Nr. 3 wird eine Lücke geschlossen, da die für die Strafverfolgung geltende Regelung des § 167 GVG auf die Gefahrenabwehr erweitert wird (zB aus Gewahrsam nach § 35 PolG NRW Entwichene).

Kein Fall nach Abs. 1 Nr. 3 sind Tätigkeiten von Polizeibeamten in einem anderen **13** Bundesland nach dem **Abkommen über die erweiterte Zuständigkeit der Polizei der Länder bei der Strafverfolgung v. 8.11.1991.** Hiernach sind die Polizeibeamten der vertragsschließenden Bundesländer ermächtigt, Amtshandlungen (ausschließlich) strafprozessualer Natur auch in anderen Bundesländern vorzunehmen, wenn einheitliche Ermittlungen notwendig erscheinen (Meyer-Goßner/Schmitt StPO § 163 Rn. 8).

Nicht unter Abs. 1 S. 1 Nr. 3 Alt. 2 fällt die **Verfolgung von Ordnungswidrigkeiten.** Hier bedarf **13.1** es einer Regelung durch Verwaltungsabkommen nach Abs. 1 Nr. 5. Genau wie Maßnahmen zur Gefahrenabwehr auf den Gebieten anderer Länder sind Maßnahmen zur Verfolgung von Ordnungswidrigkeiten nur im Rahmen bestehender Abkommen zulässig.

3. Verfolgung und Wiederergreifung Entwichener

Erfasst von Abs. 1 S. 1 Nr. 3 wird auch die Verfolgung und Wiederergreifung Entwichener. **14** Hierunter fallen alle Personen, sich im **amtlichen Gewahrsam** befunden haben. Auf die

Art des Gewahrsams kommt es dabei nicht an, sodass Gewahrsam in diesem Sinne der Vollzug einer Freiheitsstrafe, die Untersuchungshaft, die Sicherungsverwahrung, die vorläufige Festnahme, die Abschiebehaft, die Unterbringung oder auch der polizeirechtliche Gewahrsam gem. § 35 PolG NRW ist. Den handelnden Beamten muss dabei klar sein, dass das Handeln der an sich zuständigen Polizeibehörde nicht erfolgversprechend möglich ist; indes wird man eine „letzte Gewissheit" nicht abverlangen können.

IV. Gefangenentransporte (Abs. 1 Nr. 4)

15   Abs. 1 S. 1 Nr. 4 ermöglicht die grenzüberschreitende Erfüllung polizeilicher Aufgaben im Zusammenhang mit dem (innerdeutschen) **Transport von Personen.** Damit wird das Schubwesen im Verkehrs zwischen den Bundesländern wesentlich vereinfacht (Schmidbauer/ Steiner BayPOG Art. 11 Rn. 9).

15.1   Die Vorschrift trägt dem Gedanken Rechnung, dass es regelmäßig nicht zweckmäßig ist, an der Landesgrenze das polizeiliche Begleitpersonal zu wechseln. Bei sog. **Gefangenentransporten** führt die Polizei derlei Transport sowohl in eigener Kompetenz als auch im Rahmen der Amtshilfe für die Justiz durch.

V. Verwaltungsabkommen (Abs. 1 Nr. 5)

16   Ungeachtet der Eilzuständigkeit aus § 9 Abs. 1 Nr. 3 können Polizeibeamte eines anderen Landes Maßnahmen zur Erforschung und Verfolgung von Straftaten und Ordnungswidrigkeiten sowie zur Gefahrenabwehr im Land Nordrhein-Westfalen vornehmen, wenn ein entsprechendes Verwaltungsabkommen zwischen den jeweiligen Ländern abgeschlossen wurde. § 9 Abs. 1 Nr. 5 bietet die Rechtsgrundlage zum Abschluss von **Verwaltungsabkommen mit anderen Bundesländern,** durch die es deren Polizeibeamten bzw. Polizeidienststellen generell gestattet wird, zur Verfolgung von Straftaten und Ordnungswidrigkeiten oder zur Gefahrenabwehr im Sinne des Polizeirechts vollzugspolizeiliche Amtshandlungen in Nordrhein-Westfalen vorzunehmen. Verwaltungsabkommen können dabei unterschiedliche Funktionen haben. Sie können zB den Katalog des Abs. 1 Nr. 1–4 erweitern und auswärtigen Polizeidienststellen in anderen, in dem (Verwaltungs-) Abkommen näher bezeichneten Fällen das Tätigwerden im Zuständigkeitsbereich einer nordrhein-westfälischen Polizeidienststelle gestatten, ohne eine Zuständigkeitsübertragung vorzunehmen.

16.1   Entsprechend § 9 Abs. 1 S. 1 Nr. 5 kommen auch Rechtsvereinbarungen (Verträge) als Rechtsquellen für polizeiliches Handeln in Betracht (Tegtmeyer/Vahle PolG NRW Einf. 36). Beispiele hierfür sind Verwaltungs-Abkommen zwischen Bundesländern über die Zuständigkeiten und Befugnisse der Polizei in anderen Ländern, hier, zB das **Abkommen zwischen dem Lande Niedersachsen und dem Lande Nordrhein-Westfalen über die Erweiterung der Zuständigkeit ihrer Polizeibeamten v. 16.12.1953** (GV. NRW. 431). Entsprechend Art. 1 Abs. 1 lit. b des Abkommens v. 16.12.1953 sind nach Maßgabe dieses Abkommens die Polizeibeamten jedes vertragsschließenden Landes berechtigt, im Gebiet des anderen Landes Amtshandlungen vorzunehmen, die notwendig sind, um strafbare Handlungen zu verfolgen.

16.2   Ein weiteres wichtiges Abkommen ist das **Abkommen zwischen den Ländern der Bundesrepublik Deutschland über die erweiterte Zuständigkeit der Polizei der Länder bei der Strafverfolgung** v. 8.11.1991 (Bekanntmachung v. 20.1.1992, GV.NRW. 58). Alle Bundesländer haben diesem Abkommen zugestimmt. Wie bereits das Datum vermuten lässt, wurde der Geltungsbereich des schon seit Jahren zuvor bestehenden Abkommens unmittelbar nach der Wiedervereinigung auch auf die neuen Bundesländer erweitert. Nach Art. 1 LänderPolAbk sind die Polizeivollzugsbeamten jedes vertragsschließenden Landes bei der Verfolgung von Straftaten berechtigt, Amtshandlungen auch in den anderen Ländern vorzunehmen, wenn einheitliche Ermittlungen insbesondere wegen der räumlichen Ausdehnung der Tat oder der in der Person des Täters oder in der Tatausführung liegenden Umstände notwendig erscheinen. Dabei sollen Amtshandlungen außer bei Gefahr im Verzuge nur im Benehmen mit der zuständigen Polizeidienststelle vorgenommen werden; ist das nicht möglich, so ist die zuständige Polizeidienststelle unverzüglich zu benachrichtigen. Die Polizeivollzugsbeamten, die in einem anderen Land Amtshandlungen vornehmen, haben die gleichen Befugnisse wie die Polizeivollzugsbeamten dieses Landes (Art. 2 LänderPolAbk). Sind Polizeibeamte eines anderen Bundeslandes in Nordrhein-Westfalen im Einsatz und werden sie dort Ziel einer Straftat nach §§ 22, 33 KunstUrhG oder §§ 201a, 201 StGB, so können sie auf Grundlage des § 9 Abs. 1 Nr. 5 iVm Art. 1, 2 LänderPolAbk die erforderlichen

Strafverfolgungsmaßnahmen tätigen (Wiacek, Bild- und Tonaufnahmen von Polizeieinsätzen, 2018, 129).

In den meisten Ländern bedürfen solche Abkommen der **Zustimmung der Länderpar-** 17 **lamente** (Art. 66 S. 2 NRW Verf).

VI. Unterrichtungspflicht

Durch die in Abs. 1 S. 2 postulierte Unterrichtungspflicht in den Fällen des Abs. 1 Nr. 3– 18 5 wird gewährleistet, dass der Sachverhalt von der nordrhein-westfälischen Polizeibehörde übernommen werden kann. Zu prüfen ist nach der „Übernahme" dann insbesondere, ob **Maßnahmen mit Dauerwirkung** aufrechterhalten werden oder ob weitere Maßnahmen getroffen werden müssen. Die Unterrichtung hat **unverzüglich** zu erfolgen, sofern nicht sachliche Gründe tatsächlicher oder rechtlicher Art entgegenstehen. Bei dieser Unterrichtungspflicht handelt es sich um eine (bloße) **Ordnungsvorschrift,** getroffene Maßnahmen werden bei Missachtung nicht rechtswidrig (Schmidbauer/Steiner BayPOG Art. 11 Rn. 11).

VII. Anzuwendendes Recht

Maßnahmen von Polizeibeamten in einem anderen Bundesland werden rechtlich qualifi- 19 ziert wie Maßnahmen dieses Bundeslandes. Alle Unterstützungshandlungen gelten als Maßnahmen der örtlich und sachlich zuständigen Polizeibehörde des Landes Nordrhein-Westfalen (Abs. 2 S. 2). Es findet also **keine Zuständigkeitsübertragung** statt. Vielmehr sind auswärtige Polizeikräfte ermächtigt, im örtlichen und sachlichen Zuständigkeitsbereich einer nordrhein-westfälischen Polizeidienststelle mit rechtlicher Wirkung für diese tätig zu werden (Abs. 2 S. 2). Es gilt das **Recht des Ortes der Handlung.** Darüber hinaus sind die handelnden Polizeibeamten zugleich verpflichtet, ihr „heimisches" Landesrecht zu beachten (Gusy PolR Rn. 66).

VIII. Polizeibeamte des Bundes, Zollbedienstete

Gemäß § 9 Abs. 3 gelten Abs. 1 und Abs. 2 für Polizeivollzugsbeamtinnen und Polizeivoll- 20 zugsbeamte des Bundes sowie Zollbedienstete in den Vollzugsbereichen der Zollverwaltung des Bundes entsprechend. Wird jemand auf frischer Tat betroffen oder verfolgt, so ist, wenn er der Flucht verdächtig ist oder seine Identität nicht sofort festgestellt werden kann, gem. § 127 Abs. 1 S. 1 StPO jedermann befugt, ihn auch ohne richterliche Anordnung festzunehmen. Diese Bestimmung gilt auch für jeden Beamten des Polizeidienstes außerhalb seiner Zuständigkeit mit der Ausnahme, dass sich die Feststellung der Identität nicht nach dieser Bestimmung, sondern nach § 163b Abs. 1 StPO richtet (§ 127 Abs. 1 S. 2 StPO). So stimmt die Ermächtigung des § 127 Abs. 1 S. 1 StPO (Festnahmerecht), soweit sich die Amtshandlung in der Festnahme erschöpft, mit § 9 Abs. 1 S. 1 Nr. 3 Alt. 2, Abs. 3 überein (OLG Koblenz BeckRS 2009, 9269 mAnm Wagner DVBl 2008, 1070 ff.: Festnahmerecht von Bundespolizeibeamten).

Die Vorschrift des § 9 Abs. 3 regelte bis zur Neufassung nur den Einsatz von Polizeivollzugsbeamtin- 20.1 nen und Polizeivollzugsbeamten des Bundes. Durch Gesetz v. 17.5.2018 (GV. NRW. 270) ist § 9 Abs. 3 erweitert worden. Die Eilkompetenz der Polizeivollzugsbeamtinnen und Polizeivollzugsbeamten des Bundes ist um diejenige der Zollbediensteten in den Vollzugsbereichen der Zollverwaltung des Bundes ergänzt worden. Die landesrechtliche Regelung ist im Gleichklang mit den bundesrechtlichen Regelungen der Zollverwaltung. Durch § 12d ZollVG hat der Bundesgesetzgeber eine **Öffnungsklausel** geschaffen, die es den Zollbediensteten in den Vollzugsbereichen der Zollverwaltung nach Maßgabe der Landesgesetze erlaubt, in Eilfällen polizeiliche Amtshandlungen vorzunehmen. Zollbedienstete in den Vollzugsbereichen der Zollverwaltung im Sinne dieses Gesetzes sind die in § 9 Nr. 2 und Nr. 8 UZwG genannten Personen. Das heißt, es sind die zum Schusswaffengebrauch berechtigten Beamten des Grenzaufsichtsdienstes und des Grenzabfertigungsdienstes, wenn sie Grenzaufsichtsdienst verrichten, des Zollfahndungsdienstes und des Bewachungs- und Begleitungsdienstes und die mit Aufgaben der Strafverfolgung betrauten Vollzugsbediensteten während der Ausübung ihrer Tätigkeit im Vollzugsdienst. Diese Zollbediensteten in den Vollzugsbereichen der Zollverwaltung sind im Rahmen ihrer Aufgabenerfüllung immer wieder Situationen ausgesetzt, in denen ein unmittelbares polizeiliches Handeln geboten erscheint. Ziel ist es, dass diese Zollbediensteten des Bundes künftig in Nordrhein-

Westfalen im Rahmen ihrer originären Aufgabenwahrnehmung im Eilfall und auf der Grundlage des POG NRW bei der Gefahrenabwehr und der Strafverfolgung tätig werden. Die neue Fassung des § 9 Abs. 3 schafft eine solche Ermächtigungsgrundlage für Zollbedienstete in den Vollzugsbereichen der Zollverwaltung im hiesigen Landesrecht (LT-Drs. 17/2114).

21   § 65 Abs. 1 BPolG und § 37 Abs. 4 BKAG sehen vor, dass Polizeibeamte der Bundespolizei bzw. des Bundeskriminalamts **Amtshandlungen im Zuständigkeitsbereich eines Landes** treffen können, wenn das jeweilige Landesrecht es vorsieht. Die mit § 37 Abs. 4 BKAG verbundene Befugnis geht von zwei normativen Komponenten aus, nämlich derjenigen in § 37 Abs. 4 BKAG, die nicht auf polizeiliche Strafverfolgung beschränkt ist, und der weiteren aus Landesrecht hinzutretenden. Aus dem gesetzlichen Kontext ergibt sich, dass es um den Einsatz von Beamten des Bundeskriminalamts in einem deutschen Bundesland geht (SGR/ Graulich BKAG § 37 Rn. 12). § 65 BPolG enthält die Ermächtigung für Beamte der Bundespolizei, im Zuständigkeitsbereich eines Landes (§ 65 Abs. 1 BPolG) oder im Ausland (§ 65 Abs. 2 BPolG) tätig zu werden (BR-Drs. 418/94, 84). Die Anwendung der Norm des § 65 BPolG dient der effektiven Wahrnehmung polizeilicher Aufgaben und soll verhindern, dass an sich gebotene Eingriffsmaßnahmen aufgrund des Zuständigkeitsrechts nicht rechtzeitig erfolgen können. Eine Änderung der behördlichen Zuständigkeitsanordnung ist hiermit jedoch nicht verbunden. Der Unterschied zu einem Einsatz der Bundespolizei zur Unterstützung eines Landes gem. § 11 BPolG liegt darin, dass bei einer Anforderung bzw. Ermächtigung für einzelne Maßnahmen keine Eingliederung der handelnden Bundesbeamten in die Aufbauorganisation des Landes erfolgt. Zudem entsteht für das Land keine Kostenpflicht. Allerdings darf es nicht zu einer Umgehung des § 11 BPolG kommen; deshalb können Beamte der Bundespolizei dann nicht zu Eingriffen auf der Grundlage des § 65 BPolG und der einschlägigen Landesnorm ermächtigt werden, wenn auf diese Weise ein Einsatz unterstützt werden soll, für dessen Durchführung ausschließlich die Landespolizei zuständig ist. In diesem Fall muss das betroffene Land die benötigten Einheiten der Bundespolizei gem. § 11 Abs. 1 BPolG anfordern (SGR/Graulich BPolG § 65 Rn. 2). § 65 Abs. 1 BPolG ist gegenüber der Sonderbestimmung des § 11 BPolG subsidiär (Wagner, Bundespolizeirecht, 4. Aufl. 2018, 196).

IX. Ausländische Polizeibedienstete

22   Im Zuge der wachsenden Europäisierung und Internationalisierung des Rechts steigt in der Staatspraxis der Druck zur **Kooperation mit anderen Staaten** im Hoheitsbereich. In zunehmendem Maße treten dabei – insbesondere im Bereich der polizeilichen Zusammenarbeit – Situationen auf, die ein Tätigwerden von Hoheitsträgern auswärtiger Staaten in Deutschland mit hoheitlichen Mitteln nahelegen (Gramm DVBl 1999, 1237). Bei der Tätigkeit von Polizeibediensteten anderer Staaten in Deutschland wird somit die staatliche Hoheitsgewalt zurückgenommen und „einem fremden Hoheitsträger überantwortet" (Fastenrath/Skerka ZEuS 2009, 219 (246); Lisken/Denninger PolR-HdB/Aden N Rn. 296). Von dieser Übertragung von Hoheitsrechten kann die Duldung der Ausübung fremder Hoheitsgewalt abgegrenzt werden. Auch der Zugriff auf Datenbestände durch Behörden anderer EU-Staaten auf Basis des Prümer Ratsbeschlusses (B 2008/615/JI v. 23.6.2008, ABl. 2008 L 210, 1) fällt in diese Kategorie (Böse, Der Grundsatz der Verfügbarkeit von Informationen in der strafrechtlichen Zusammenarbeit der Europäischen Union, 2007, 135).

23   Für Angehörige des Polizeidienstes anderer Staaten, die in Nordrhein-Westfalen tätig werden, verweist Abs. 4 auf die in den **zwischenstaatlichen Vereinbarungen** enthaltenen Regelungen. Da der Prümer Ratsbeschluss **als Rechtsakt der EU** von der Bezugnahme auf zwischenstaatliche Vereinbarungen in § 8 Abs. 3 und § 9 Abs. 4 nicht erfasst wurde, war zu seiner Umsetzung in das nordrhein-westfälische Polizeirecht eine entsprechende Ergänzung dieser Vorschriften erforderlich (zum Prümer Vertrag → § 8 Rn. 13 ff.). Regelungstechnisch erfolgte dies durch eine Erweiterung der Bezugnahme in § 8 Abs. 3 auf Rechtsakte der EU bzw. in einer entsprechenden Ergänzung des § 9 Abs. 4 (LT-Drs. 16/2256, 2). Entsprechend § 9 Abs. 4 S. 2 können Angehörige des Polizeidienstes von Mitgliedstaaten der EU auch **nach Maßgabe von Rechtsakten der EU** in Nordrhein-Westfalen tätig werden.

Angehörige des Polizeidienstes von Mitgliedstaaten der EU können indes nur mit solchen **24** **Amtshandlungen** betraut werden, die auch von den Polizeivollzugsbeamten des Landes Nordrhein-Westfalen vorgenommen werden dürfen (Abs. 4 S. 3).

Die Beschränkung der Hoheitsbefugnisse ausländischer Polizeibediensteter auf diejenigen nordrhein- **24.1** westfälischer Polizeivollzugsbeamter entspricht auch der bisher unter der Geltung des Prümer Vertrages in Nordrhein-Westfalen geübten Praxis. Die **Umsetzung des** Prümer Ratsbeschlusses hinsichtlich des Einsatzes von Angehörigen des Polizeidienstes anderer Mitgliedstaaten in Nordrhein-Westfalen erfolgt daher mit der Maßgabe, dass diesen ausschließlich diejenigen Hoheitsbefugnisse eingeräumt werden können, die auch den nordrhein-westfälischen Polizeivollzugsbeamtinnen und Polizeivollzugsbeamten zustehen (LT-Drs. 16/2256, 27).

Die Teilnahme von ausländischen Beamten an Amtshandlungen im Inland für ein in- oder **25** ausländisches Strafverfahren unterfällt regelmäßig den Vorschriften über die **Rechtshilfe in Strafsachen mit dem Ausland**. Entsprechendes gilt für die Übertragung strafprozessualer Befugnisse auf ausländische Beamte (Schmidbauer/Steiner BayPOG Art. 11 Rn. 16).

Vierter Abschnitt. Sachliche Zuständigkeit

§ 10 Allgemeine sachliche Zuständigkeit der Polizeibehörden

¹Die Polizeibehörden haben die Aufgaben zu erfüllen, die ihnen durch Gesetz oder Rechtsverordnung übertragen sind. ²Wird die Polizei des Landes Nordrhein-Westfalen durch Bundes- oder Landesrecht ohne nähere Bezeichnung von Polizeibehörden für zuständig erklärt und ist keine Ermächtigungsgrundlage zum Erlass einer Zuständigkeitsregelung vorgesehen, sind die Kreispolizeibehörden zuständig.

Überblick

Die sachliche Zuständigkeit bezeichnet die **Kompetenz einer Behörde** zur Wahrnehmung einer bestimmten Aufgabe und zur Ausübung hierfür verliehener Befugnisse (→ Rn. 1). § 10 regelt die allgemeine sachliche Zuständigkeit der Polizei, enthält aber keine eigentliche Aufgabenzuweisung an die Polizeibehörden, sondern stellt klar, dass diese die Aufgaben zu erfüllen haben, die ihnen durch Gesetz oder Rechtsverordnung übertragen worden sind (→ Rn. 4). Konkretisiert wird die Aufgabenzuweisung durch §§ 11–13b. Durch diese Vorschriften werden Aufgaben auf Kreispolizeibehörden bzw. Polizeibehörden übertragen (→ Rn. 4 f.). Die Zuweisung von Aufgaben an die Polizei kann zB durch eine spezielle Norm erfolgen (→ Rn. 7). Das Gesetz kann die Zuständigkeit aber auch offen lassen, indem es lediglich auf die „**zuständige Behörde**" verweist (→ Rn. 8). Wenn das Gesetz keine ausdrückliche Zuständigkeit enthält, in der Ermächtigung jedoch das staatliche Organ genannt wird, welches eine Rechtsfolge setzen darf, so ist der „**Schluss von der Ermächtigung auf die Zuständigkeit**" zulässig (→ Rn. 9). Gemäß S. 2 sind die Kreispolizeibehörden zuständig, wenn die Polizei des Landes Nordrhein-Westfalen durch Bundes- oder Landesrecht ohne nähere Bezeichnung von Polizeibehörden für zuständig erklärt ist und keine Ermächtigungsgrundlage zum **Erlass einer Zuständigkeitsregelung** existiert (→ Rn. 14 ff.). Werden Vorschriften über die sachliche Zuständigkeit verletzt, wird Nichtigkeit nur dann angenommen, „wenn ein **Fall der absoluten Unzuständigkeit** vorliegt (→ Rn. 18 ff.).

Übersicht

A. Allgemeine Charakterisierung und rechtlicher Rahmen

1 § 10 regelt die **allgemeine sachliche Zuständigkeit** der Polizei, enthält aber keine eigentliche Aufgabenzuweisung an die Polizeibehörden, sondern stellt nur klar, dass diese die Aufgaben zu erfüllen haben, die ihnen durch Gesetz oder Rechtsverordnung übertragen worden sind. Durch seinen Wortlaut stellt § 10 eine Verbindung zum PolG NRW dar, welches die Polizei bestimmte Aufgaben zuweist. Das POG NRW benennt diejenigen Polizeibehörden, die diese Aufgaben wahrnehmen. Es findet eine Zuordnung der Aufgaben zu Polizeibehörden statt (ausf. Tetsch/Baldarelli PolG NRW § 1 Erl. 1 ff.). Der Begriff der **polizeilichen Aufgabe** deckt sich mit dem der **sachlichen Zuständigkeit** der Polizei (GLW BayPolR Rn. 69 f.); sie betrifft also einen Aspekt der **formellen Rechtmäßigkeit** des Polizeihandelns. Die sachliche Zuständigkeit bezeichnet die **Kompetenz einer Behörde**

zur Wahrnehmung einer bestimmten Aufgabe und zur Ausübung hierfür verliehener Befugnisse (Wehr, Examens-Repetitorium Polizeirecht, 3. Aufl. 2015, Rn. 333). Mit der **Aufgabenzuweisung** werden die Pflicht zur Wahrnehmung der Aufgabe und das Recht zur Vertretung desjenigen begründet, der die Aufgabe zugewiesen hat. Zuständigkeit umfasst deshalb also einerseits die **Wahrnehmungspflicht** und andererseits die **Vertretungsmacht** (vgl. Lisken/Denninger PolR-HdB/Rachor/Roggan C Rn. 28 ff.).

Gesetzestechnisch wird deshalb regelmäßig zunächst die Aufgabe bezeichnet und danach bestimmt, **1.1** welche Glieder der Verwaltungsorganisation diese Aufgabe wahrzunehmen haben. Weil Aufgabe immer der Erfüllung durch handlungsfähige Subjekte bedürfen und handlungsfähige Subjekte ohne Aufgaben sinnwidrig wären, gibt es keine (Polizei-) Aufgabe ohne Zuständigkeit und keine Zuständigkeit ohne Aufgabe.

Die Polizei- und Ordnungsverwaltung ist ihrer Konzeption nach „**Eingriffsverwaltung**". **2** Sie unterliegt dem Vorbehalt des Gesetzes. Aus dem grundgesetzlich in Art. 20 Abs. 3 GG festgelegten **Vorbehalt des Gesetzes** (konkretisiert in § 1 Abs. 5 S. 1 PolG NRW) folgt, dass eine Belastung des Bürgers nicht ohne ein Gesetz erfolgen darf (Gusy PolR Rn. 167). Aufgabennormen verleihen der Polizei (nur) das Recht, grundrechtsneutrale Handlungen vorzunehmen, für welche sie keiner besonderen gesetzlichen Ermächtigung bedarf (ausf. Thiel PSP 2/2016, 38 ff.).

Damit haben die Landesgesetzgeber der früher vorherrschenden traditionellen Vorstellung des **Preu-** **2.1** **ßischen Polizeiverwaltungsrechts** eine Absage erteilt. Die Vorstellung beruhte darauf, dass der Staat eine Behörde einrichtet und ihr eine bestimmte Aufgabe zuweist, er sie zugleich (stillschweigend) ermächtigt, Grundrechtseingriffe vorzunehmen. Dieses preußische Gedankengut ist mit einem modernen Rechtsstaat indes nicht zu vereinbaren.

B. Einzelkommentierung

I. Sachliche Zuständigkeit der Polizei

Die sachliche Zuständigkeit der Polizei bezieht sich auf den **Inhalt der wahrzunehmen-** **3** **den Aufgaben** und ist in den §§ 10 ff. geregelt. Durch die Zuständigkeit wird bestimmt, welche Behörde sich welcher Sachmaterie annimmt (Waldhoff JuS 2014, 191). Es handelt sich somit um die **Zuweisung bestimmter Aufgaben an die Polizeibehörden.** Aufgaben beschreiben den Zweck der Polizei, eröffnen ihren Zuständigkeitsbereich und definieren den polizeilichen Handlungsraum (Zähle JuS 2014, 315). Die sachliche Zuständigkeit der Vollzugspolizei zur Gefahrenabwehr besteht neben derjenigen der Ordnungsbehörden, ist aber grundsätzlich auf Situationen beschränkt, in denen die Ordnungsbehörden nicht oder nicht rechtzeitig tätig werden können. Dies betrifft in erster Linie Fälle, in denen Maßnahmen der Gefahrenabwehr unaufschiebbar erscheinen, also sofortiges Handeln geboten ist und ein rechtzeitiges Eingreifen der Ordnungsbehörden nicht in Betracht kommt (Peters/Rind LKV 2017, 251 (253)). Polizeiliches Handeln kommt mithin nur in Betracht, wenn ein Eil- (zeitliche Dringlichkeit) oder Verhinderungsfall (Ordnungsbehörde ist nicht / nicht zeitgerecht in der Lage, die Gefahr abzuwehren, zB Durchsuchung eines [Wald-] Gebietes, Fahndungsmaßnahmen nach Vermissten) vorliegt. Als Verhinderungsfall gilt auch das Ende der Service- / Geschäfts- oder Bereitschaftszeiten (Baldarelli/v. Prondzinski, Polizeigesetz Nordrhein-Westfalen, 2019, 20). Wenn die Ordnungsbehörde zu einem wirksamen Tätigwerden in der Lage ist, endet die **Eilfallzuständigkeit** der Polizeibehörde (Kugelmann PolR 65). Originäre und subsidiäre Zuständigkeiten sind mithin dadurch gekennzeichnet, dass die verschiedenen Behörden gleiche Aufgaben wahrnehmen; sie unterscheiden sich nur dadurch, dass die subsidiäre Zuständigkeit bei Verhinderung der originär zuständigen Stelle greift. Der häufig zu lesende Hinweis, die Polizei sei hier nur in „Eil- und Notfällen" zum Handeln berufen, wird der Realität polizeilicher Einsätze nicht gerecht: Meist ergibt sich die Zuständigkeit schon allein daraus, dass die Polizei als erste Gefahrenabwehrbehörde vor Ort ist. Nur wenn das Eintreffen der Ordnungsbehörden abgewartet werden kann, hat die Polizei in diesem „subsidiären" Handlungsfeld die Ordnungsbehörden gem. § 1 Abs. 1 S. 4 PolG NRW unverzüglich von allen Vorgängen zu unterrichten, die deren Eingreifen erfordern (ausf. Thiel PSP 3/2015, 38 ff.; diff. zur Eilfallzuständigkeit im Unterschied zur subsidiären Zuständigkeit Tetsch/Baldarelli PolG NRW § 1 Erl. 3.10.1).

3.1   Können Polizei- und die Ordnungsbehörde zugleich tätig werden, ist die Polizei verpflichtet, sich vorher mit der Ordnungsbehörde abzustimmen. Das VG Köln hat in zwei Fällen das polizeiliche Öffnen einer Wohnungstür zur Beseitigung einer Ruhestörung (BeckRS 2010, 47367) und Abschleppen eines Pkw zur Gefahrenabwehr (BeckRS 2010, 52883) als rechtswidrig eingestuft, weil die Abstimmung darüber unterblieben ist, ob die Ordnungsbehörde selbst hätte tätig werden können (Baldarelli/v. Prondzinski, Polizeigesetz Nordrhein-Westfalen, 2019, 20). Grundsätzlich sind zwar sowohl die Polizei als auch die allgemeine Ordnungsbehörde zur Abwehr von Gefahren für die öffentliche Sicherheit zuständig (§ 1 Abs. 1 S. 1 PolG NRW, § 1 Abs. 1 NRWOBG). Die Abgrenzung der Zuständigkeiten zwischen Polizei und Ordnungsbehörde ergibt sich hier aus § 1 Abs. 1 S. 3 PolG NRW. Eine Zuständigkeit der Polizei besteht mithin nur subsidiär: Die Polizei darf nur zur Abwehr solcher Gefahren einschreiten, die von der eigentlich zuständigen anderen Behörde nicht oder nicht rechtzeitig abgewehrt werden können.

4   § 10 enthält keine eigentliche Aufgabenzuweisung an die Polizeibehörden. Erst durch §§ 11–13b werden Aufgaben auf Kreispolizeibehörden bzw. Polizeibehörden übertragen.

4.1   Diese allgemeine sachliche Zuständigkeit umfasst die Gefahrenabwehr insgesamt. **Besondere sachliche Zuständigkeiten** sind dagegen für einzelne Bereiche normiert; sie können kumulativ sein, dh zur allgemeinen sachlichen Zuständigkeit hinzutreten, oder exklusiv sein, dh, dass es neben ihnen die allgemeine sachliche Zuständigkeit nicht gibt. Während zB die besondere sachliche Zuständigkeit des Landeskriminalamts in § 13 abschließend geregelt ist, tritt zur **allgemeinen sachlichen Zuständigkeit** der Kreispolizeibehörden gem. § 10 S. 2 die Überwachung des Straßenverkehrs gem. § 11 Abs. 1 Nr. 2 hinzu (Kingreen/Poscher POR § 6 Rn. 10).

II. Zuweisung von Aufgaben an die Polizei

5   Zuständigkeiten können zusammen mit **Organisationsbestimmungen** oder getrennt von ihnen normiert werden. Im letzteren Fall bezeichnet die Norm lediglich die Behörde als zuständig, deren Organisation in einer anderen Bestimmung näher geregelt ist (Kingreen/Poscher POR § 6 Rn. 1). So normiert zB § 11 die besondere sachliche Zuständigkeit der Kreispolizeibehörden, die gem. § 2 Abs. 1 organisiert sind.

6   Die **Zuständigkeit der Polizeibehörden** richtet sich in erster Linie nach dem einschlägigen speziellen Gesetz. Dieses kann entweder die Zuständigkeit durch Verweis auf die „zuständige Behörde" offen lassen oder es kann die Zuständigkeit – sei es der Polizei-, sei es der Ordnungsbehörden – allgemein normieren oder auch bestimmten Polizei- oder Ordnungsbehörden zuweisen (Kingreen/Poscher POR § 6 Rn. 3).

1. Zuweisung durch spezielle Norm

7   Spezialgesetzliche Zuständigkeiten sind gegenüber den Zuständigkeiten nach dem allgemeinen Polizeirecht vorrangig (**Subsidiarität des allgemeinen Polizei- und Ordnungsrechts**). Dies gilt allerdings nur für den spezialgesetzlich geregelten Gefahrenbereich. So darf bei Gefahren darf nur die zuständige Versammlungsbehörde eine Auflösungsverfügung erlassen (§§ 13 Abs. 1, 15 Abs. 3 VersammlG). Soll dagegen eine Gefahr abgewehrt werden, die nicht von der Versammlung ausgeht, ist ein Rückgriff auf das sonstige Ordnungsrecht zulässig. Spezialgesetzliche Zuständigkeiten bestehen in der Regel nur für Ordnungsbehörden. Ausnahmsweise gibt es auch spezielle Zuständigkeiten der Polizei zur Gefahrenabwehr. Erfolgt die Zuständigkeit der Polizeibehörde durch eine **spezielle Norm** („Sachliche Zuständigkeit"), hat diese dann lediglich die Funktion, die sachliche Zuständigkeit zu beschreiben (Wüstenbecker, Polizei- und Ordnungsrecht, 2017, 24). So ist die Polizei gem. § 44 Abs. 2 S. 1 StVO befugt, den Verkehr durch Zeichen und Weisungen (§ 36 StVO) und durch Bedienung von Lichtzeichenanlagen zu regeln. Der Gesetzgeber spricht in diesem Rechtssatz zwar von Befugnis, die Bestimmung ist aber mit „Sachlicher Zuständigkeit" überschrieben, sodass damit die **Aufgabenzuweisung** erfolgt.

2. Zuständige Behörde

Im Hinblick auf eine bestimmte Maßnahme ist entweder zu klären, ob die im Sachverhalt **8** benannte Behörde oder, wenn sie nicht genannt oder nur als „zuständige Behörde" tituliert wurde, welche Behörde zuständig ist. Das Gesetz kann die Zuständigkeit offen lassen, indem es lediglich auf die „**zuständige Behörde**" verweist. Häufig überlässt ein spezielles Bundesgesetz die Regelung der Zuständigkeiten dem Landesrecht, das in einem Ausführungsgesetz oder in einer Verordnung die Zuständigkeiten regelt (Kingreen/Poscher POR § 6 Rn. 3). So kann gem. § 15 Abs. 1 VersammlG die „zuständige Behörde" die Versammlung oder den Aufzug unter bestimmten Voraussetzungen verbieten oder von bestimmten Auflagen abhängig machen. Dem Land wird dabei überlassen, durch Gesetz oder Rechtsverordnung zu bestimmen, wer sachlich zuständige Verwaltungsbehörde ist (DGK VersammlG § 15 Rn. 3 ff.). In Nordrhein-Westfalen wurde durch Landesverordnung geregelt, wer zuständige Landesbehörde ist. Gemäß § 1 VersGZustVO (Verordnung über Zuständigkeiten nach dem Versammlungsgesetz v. 2.2.1987, GV. NRW. 62) ist zuständige Behörde unter anderem nach § 15 VersammlG die Kreispolizeibehörde.

3. Keine Zuständigkeitsregelung im Gesetz trotz Ermächtigung

Wenn ein Gesetz keine ausdrückliche Zuständigkeit enthält, in der Ermächtigung jedoch **9** das staatliche Organ genannt wird, welches eine Rechtsfolge setzen darf, so ist der „**Schluss von der Ermächtigung auf die Zuständigkeit**" zulässig (zB § 36 Abs. 5 StVO). So enthält § 36 Abs. 5 StVO neben der Ermächtigung der Polizei auch eine Verpflichtung der Verkehrsteilnehmer zum Anhalten zu den in S. 1 genannten Zwecken (BHHJ/Hühnermann StVO § 36 Rn. 12). Der Bundesgesetzgeber will in derartigen Fällen dem Land nicht überlassen, zu bestimmen, wer sachlich zuständig ist, zB § 18 Abs. 3 VersammlG, § 19 Abs. 4 VersammlG. Hiernach kann „**die Polizei**" Teilnehmer, welche die Ordnung gröblich stören, von der Versammlung ausschließen.

Liegt die sachliche Zuständigkeit allein bei einer anderen Behörde, wird nur diese und **10** nicht die Polizei ermächtigt (zB § 52 BImSchG).

4. Schluss von der Ermächtigung auf die Zuständigkeit

Unter den verschiedenen Regeln, über die Zuständigkeiten herzuleiten sind, spielt der **11** „**Schluss von der Ermächtigung auf die Zuständigkeit**" eine entscheidende Rolle (→ SystVorbPolRDe Rn. 1). Gelegentlich überträgt der Gesetzgeber die sachliche Zuständigkeit auf eine bestimmte Behörde und nennt daneben in einer Ermächtigung die Polizei.

Beispiel: Die Polizei wird durch § 15 BJagdG ermächtigt, Jagdscheine zu kontrollieren. Zuständige **11.1** Behörde ist gem. § 46 LJG-NRW die untere Jagdbehörde, soweit im Bundesjagdgesetz, in diesem Gesetz und in Rechtsverordnungen aufgrund dieser Gesetze nichts anderes bestimmt ist. Die Ermächtigung zur Kontrolle von Jagdscheinen greift dann aufgrund der sachlichen Zuständigkeit nach § 1 Abs. 4 PolG NRW iVm § 15 BJagdG (Schluss aus der Ermächtigung auf die Zuständigkeit) und § 10 S. 2 und gestattet unter den übrigen Ermächtigungsvoraussetzungen die notwendigen Anordnungen (Kay PSP 4/2012, 6). Wer die Jagd ausübt, muss einen auf seinen Namen lautenden Jagdschein mit sich führen und diesen auf Verlangen den Polizeibeamten sowie den Jagdschutzberechtigten (§ 25 BJagdG) vorzeigen (§ 15 Abs. 1 BJagdG). Mit sich führen, vorzeigen genügt der Pflicht sich auszuweisen auch derjenige, der seinen Jagdschein ohne nennenswerten Zeitaufwand und ohne Beeinträchtigung oder Gefährdung des polizeilichen Kontrollzwecks herbeischaffen kann (Erbs/Kohlhaas/Metzger, Strafrechtliche Nebengesetze, Stand: 226. EL 8/2019, BJagdG § 15 Rn. 2). Auch das Waffengesetz enthält Ermächtigungen, die auf **die Polizei** abstellen (vgl. § 38 WaffG). Danach muss derjenige, der eine Waffe führt, bestimmte erforderliche Erlaubnisscheine Polizeibeamten auf Verlangen zur Prüfung aushändigen (ausf. Kniesel/ Braun/Keller, Besonderes Polizei- und Ordnungsrecht, 2018, Rn. 952 ff.). Neben der Pflicht des Mitsichführens der genannten Dokumente begründet § 38 Abs. 2 WaffG die Pflicht zur Aushändigung der Dokumente an Polizisten oder sonst zur Personenkontrolle Befugte, allerdings erst nach Aufforderung. Befugt zur Personenkontrolle sind neben den Polizeien der Länder, der Bundespolizei und der Bundeszollverwaltung auch Jagdschutzorgane (zB Jagdaufseher und Forstschutzorgane; Gade, Waffengesetz: WaffG, 2. Aufl. 2018, WaffG § 38 Rn. 30).

III. Aufgabenübertragung durch Gesetz oder Rechtsverordnung

12 Gemäß § 1 Abs. 4 PolG NRW hat die Polizei ferner die Aufgaben zu erfüllen, die ihr durch andere Rechtsvorschriften übertragen sind. Die Norm enthält für die Polizeikompetenzen einen Vorbehalt anderer „Rechtsvorschriften", dh aller Normen, welche Elemente der Rechtsordnung sind. Unter die Prämisse „andere Rechtsvorschriften" fallen mithin alle Gesetze außerhalb des PolG NRW. Von Bedeutung sind zunächst als speziellste Normen die Rechtssätze, welche die Polizei expressis verbis nennen; dabei kann es sich durchaus um Ermächtigungen handeln (zB § 36 Abs. 5 StVO, § 13 VersammlG). Auch sind Rechtssätze maßgebend, welche als Aufgabenzuweisungsregelungen die Polizei ausdrücklich als zuständige Behörde ausweisen (Zuständigkeitsregelung durch Aufgabenzuweisung; zB § 44 Abs. 2 StVO). Überdies gibt es Rechtssätze, die auf die zuständige Behörde abstellen und dieser Befugnisse zugestehen oder Aufgaben übertragen (zB § 15 VersammlG als Ermächtigung und § 48 WaffG als Zuständigkeitsregelung). In solchen Fällen muss in einer ergänzenden Norm oder auf Grund einer solchen durch den zuständigen Fachminister bestimmt werden, dass die Polizei zuständig sein soll (Osterlitz EingriffsR Polizeidienst I 146). Eine Aufgabenübertragung durch Rechtsvorschriften setzt voraus, dass die Aufgabe gerade polizeilichen Stellen übertragen worden ist. Nicht ausreichend ist, dass eine Angelegenheit als Staatsaufgabe ausgestaltet ist, welche aus praktischen Gründen oder wegen besondere Sach- bzw. Fachkompetenz von der Polizei ausgeübt werden sollte. Eine solche Vorschrift muss also Polizei- und nicht bloß Staatsaufgaben begründen. Wird eine Staatsaufgabe durch Rechtsvorschrift anderen staatlichen Stellen übertragen, darf die Polizei insoweit nicht kraft eigener Aufgabe, sondern lediglich unterstützend mittels Amts- oder Vollzugshilfe tätig werden. Zum Beispiel ist das WaffG ein Bundesgesetz, das nach dem Grundsatz des Art. 83 GG von den Ländern vollzogen wird; in Nordrhein-Westfalen sind die Kreispolizeibehörden zuständig. Zuständigkeitsübertragungen auf (Kreis-) Polizeibehörden erfolgen durch Rechtsverordnungen. Ermächtigungen zum Erlass solcher Rechtsverordnungen sind entweder im Bundesrecht enthalten oder ergeben sich aus dem LOG NRW (§ 5 Abs. 2, Abs. 3 LOG NRW). So können zB gem. § 48 Abs. 1 S. 1 WaffG die Landesregierungen oder die von ihnen durch Rechtsverordnung bestimmten Stellen durch Rechtsverordnung die für die Ausführung dieses Gesetzes zuständigen Behörden bestimmen, soweit nicht Bundesbehörden zuständig sind (vgl. § 36 Abs. 2 S. 1 OWiG). Einer besonderen Erwähnung zB des Waffenwesens im POG NRW bedarf es somit nicht, denn die **Zuständigkeitsübertragung geschieht durch Rechtsverordnung** (Tegtmeyer POG NRW Rn. 3). Eine „Doppelregelung" durch Landesgesetz ist demnach überflüssig.

13 Nachfolgend genannte **Rechtsverordnungen** enthalten zB Aufgabenübertragungen und seien aufgrund ihrer Bedeutung für die polizeiliche Praxis hier exemplarisch hervorgehoben (zusf. Osterlitz EingriffsR Polizeidienst I 146 ff.).

13.1 • VersGZustVO (Verordnung über Zuständigkeiten nach dem **Versammlungsgesetz** v. 2.2.1987, GV. NRW. 62): Zuständigkeit der Kreispolizeibehörden zB für das Verbot einer öffentlichen Versammlung in geschlossenen Räumen, für die Entgegennahme der Anmeldung einer öffentlichen Versammlung unter freiem Himmel oder eines Aufzugs, für die Erteilung von Auflagen oder ein Verbot solcher Versammlungen. Auch wurde die Zuständigkeit für die Verfolgung und Ahndung von Ordnungswidrigkeiten nach § 29 VersammlG der Kreispolizeibehörde übertragen.
• NRWWaffGDVO (Verordnung zur Durchführung des **Waffengesetzes** v. 8.4.2003, GV. NRW. 217): Zuständige Behörden nach dem WaffG und nach den Verordnungen zum WaffG sind die Kreispolizeibehörden, soweit im WaffG, in den Verordnungen zum WaffG oder in dieser Verordnung nichts anderes bestimmt ist. Zum Beispiel wurde die Zuständigkeit für die Verfolgung und Ahndung von Ordnungswidrigkeiten nach § 53 WaffG den Kreispolizeibehörden übertragen (vgl. Kniesel/Braun/Keller, Besonderes Polizei- und Ordnungsrecht, 2018, Rn. 810).
• NRWVRZustVO (Verordnung über die Regelungen von Zuständigkeiten nach dem öffentlichen **Vereinsrecht** v. 15.9.2009, GV. NRW. 501): Vollzugsbehörde nach § 5 Abs. 1 VereinsG ist das Landeskriminalamt Nordrhein-Westfalen.
• GewRV (Verordnung zur Übertragung von Ermächtigungen, zur Regelung von Zuständigkeiten und Festlegungen auf dem Gebiet des **Gewerberechts** v. 17.11.2009, GV. NRW. 626): Für die Überprüfung von Reisegewerbekarten ist die Kreispolizeibehörde (neben der örtlichen Ordnungsbehörde) zuständig (vgl. Kniesel/Braun/Keller, Besonderes Polizei- und Ordnungsrecht, 2018, Rn. 1567 ff.).

- NRWOWiGZustV (Verordnung zur Bestimmung der für die Verfolgung und Ahndung von Ordnungswidrigkeiten nach dem Dritten Teil des Gesetzes über **Ordnungswidrigkeiten** und nach dem Vierten Strafrechtsänderungsgesetz zuständigen Verwaltungsbehörden v. 11.3.1975, GV. NRW. 258; zuletzt geändert durch Verordnung v. 15.1.2008, GV. NRW. 133): Gemäß § 1 Abs. 3 NRWOWiG-ZustV wird den Kreispolizeibehörden die Zuständigkeit übertragen für die Verfolgung und Ahndung von Ordnungswidrigkeiten nach §§ 113, 115 und 127 OWiG. Daneben wird die Zuständigkeit für die Verfolgung von Ordnungswidrigkeiten nach den §§ 111 und 117–121 OWiG auch den Polizeibehörden übertragen, solange sie die Sache nicht an die Ordnungsbehörde oder die Staatsanwaltschaft abgegeben haben (§ 1 Abs. 2 NRWOWiGZustV).
- StVROWiGZV (Verordnung zur Bestimmung der für die Verfolgung und Ahndung von **Verkehrsordnungswidrigkeiten** zuständigen Verwaltungsbehörden v. 25.9.1979, GV. NRW. 652). Gemäß § 1 Abs. 1 StVROWiGZV wird die Zuständigkeit für die Verfolgung und Ahndung von Ordnungswidrigkeiten nach den §§ 23, 24, 24a und 24c StVG den Kreisordnungsbehörden übertragen. Daneben wird die Zuständigkeit für die Verfolgung dieser Ordnungswidrigkeiten auch den Polizeibehörden übertragen, solange sie die Sache nicht an die Kreisordnungsbehörde oder an die Staatsanwaltschaft abgegeben haben (§ 1 Abs. 2 StVROWiGZV). Die Zuständigkeit für die Verfolgung und Ahndung von Ordnungswidrigkeiten im ruhenden Straßenverkehr nach § 24 StVG wird abweichend von § 1 Abs. 1 StVROWiGZV den örtlichen Ordnungsbehörden übertragen. Das gilt nicht für Ordnungswidrigkeiten im ruhenden Straßenverkehr, die durch die Polizeibehörden verfolgt werden (§ 1 Abs. 3 StVROWiGZV).

IV. Zuständigkeitsübertragung auf Kreispolizeibehörden

§ 10 S. 2 kommt zur Anwendung, wenn ein Gesetz der Polizei Befugnisse einräumt, **14** ohne zu bestimmen, welche Polizeibehörden entsprechende Maßnahmen ergreifen dürfen (Tegtmeyer POG NRW Rn. 5). Zuständig sind dann die **Kreispolizeibehörden,** wenn durch Bundes- oder Landesrecht die Polizei des Landes Nordrhein-Westfalen ohne nähere Bezeichnung von Polizeibehörden für zuständig erklärt wird und keine Ermächtigungsgrundlage zum Erlass einer Zuständigkeitsregelung (etwa durch eine Rechtsverordnung) vorgesehen ist (Thiel PSP 3/2015, 38). Durch S. 2 wird somit eine Lücke für die Rechtsgebiete geschlossen, in denen keine besondere Zuständigkeitsregelung getroffen wurde. Da entsprechend Art. 83 und 84 GG die Länder die Bundesgesetze ausführen und dazu die Behörden bestimmen, wird damit zunächst Klarheit für die bundesgesetzlichen Fälle geschaffen, in denen eine spezielle Zuständigkeitsermächtigung und Zuständigkeitsverordnung fehlt (zB § 15 BJagdG). Ergänzend greift die Vorschrift aber auch das Landesrecht auf und stellt klar, dass in diesen wie auch in den bundesgesetzlichen Fällen nicht die Polizei schlechthin, sondern immer die Kreispolizeibehörden zuständig sind (zB § 31 NRWLFischG; Osterlitz EingriffsR Polizeidienst I 121).

Die **Zuständigkeitsübertragung** für die in § 11 genannten Aufgabenfelder erfolgt dage- **15** gen durch § 11 selbst, insofern ist § 11 gegenüber § 10 – der die sachliche Zuständigkeit nur allgemein zuweist – die speziellere Zuständigkeitsnorm (Katzidis PSP 3/2012, 14).

Die **Kreispolizeibehörden** sind nach S. 2 dann zuständig, wenn im Bundes- oder Landes- **16** recht Formulierungen wie „die Polizei", „Dienststellen des Polizeidienstes" oder „Polizeibeamte" hinsichtlich der Aufgabenzuweisung verwandt werden und keine Ermächtigungsgrundlage für eine Zuständigkeitsverordnung vorliegt.

Zum Beispiel sind gem. § 71 Abs. 5 AufenthG für die **Zurückschiebung sowie die Durchsetzung 16.1 der Verlassenspflicht** des § 12 Abs. 2 AufenthG und die Durchführung der Abschiebung und, soweit es zur Vorbereitung und Sicherung dieser Maßnahmen erforderlich ist, die Festnahme und Beantragung der Haft auch die Polizeien der Länder zuständig (Kniesel/Braun/Keller, Besonderes Polizei- und Ordnungsrecht, 2018, Rn. 1097 ff.). Überdies ergeben sich polizeiliche Zuständigkeiten aufgrund von Amtshilfe (§§ 4 ff. VwVfG. NRW.) für die Ausländerbehörden (zB bei der Ermittlung des Aufenthaltsortes eines ausreisepflichtigen Ausländers). Insgesamt hat die tatsächliche Beteiligung der Polizeien der Länder an der Durchführung des AufenthG nach Fortfall der Binnengrenzen zugenommen (Bergmann/Dienelt/Winkelmann, Ausländerrecht, 12. Aufl. 2018, AufenthG § 71 Rn. 25).

Zum Beispiel haben sich Polizeibeamte gem. § 12 S. 1 VersammlG dem Leiter einer Versammlung **16.2** in geschlossenen Räumen zu erkennen zu geben, wenn sie in eine **öffentliche Versammlung** entsandt werden. Auch hier wird nicht näher bezeichnet, wer „Polizei" sein soll. Gemeint ist in § 12 VersammlG die Polizei im institutionellen Sinne. Das sind die im Vollzugsdienst tätigen Beamten der uniformierten

Polizei und der Kriminalpolizei, die bei den Polizeibehörden der Länder – Polizeipräsidien, Direktionen, Kreispolizeibehörden usw – ihren Dienst verrichten (DGK VersammlG § 12 Rn. 5).

17   Da in den genannten Fällen keine **Ermächtigungsgrundlage zum Erlass einer Zuständigkeitsregelung** existiert, ist die Kreispolizeibehörde zuständig (Schroeder PolR NRW Rn. 95).

V. Verstöße

18   Die Vorschriften über die sachliche Zuständigkeit sind zwingend, ihre genaue Beachtung ist kein bloßer Formalismus. Verstöße gegen Vorschriften über die sachliche Zuständigkeit sind nicht heilbar und führen im Fall ihrer gerichtlichen Überprüfung, anders als bei Nichtbeachtung der örtlichen Zuständigkeit, immer zur Aufhebung der behördlichen Maßnahme (vgl. § 46 VwVfG. NRW.; Lisken/Denninger PolR-HdB/Rachor/Roggan C Rn. 29). Die sachliche Zuständigkeit ist von § 46 VwVfG. NRW. ausgenommen ist; diesbezüglich kann ein Fehler niemals als unbeachtlich angesehen werden (Braun PSP 1/2020, 40 (44)).Eine fehlende sachliche Zuständigkeit der Behörde führt mithin zur sog. formellen Rechtswidrigkeit des Verwaltungsaktes, auch wenn die Maßnahme materiell rechtmäßig war (Weber KommJur 2015, 285 (288)). Denn die fehlende sachliche Zuständigkeit der Behörde kann nicht geheilt werden (BVerwG NJW 2006, 2280: Klage gegen eine Zwangsgeldandrohung wegen fehlender sachlicher Zuständigkeit der Bundespolizeidirektion für den Erlass von Zwangsgeldbescheiden). Werden Vorschriften über die sachliche Zuständigkeit verletzt, führt dies regelmäßig zur **Rechtswidrigkeit der Verfügung** (VG Köln BeckRS 2010, 47367) und ausnahmsweise, nämlich bei Verletzung der absoluten sachlichen Zuständigkeit, sogar zu deren Nichtigkeit iSd § 44 Abs. 1 VwVfG. NRW. (Schroeder PolR NRW Rn. 98).

18.1   Während der **nichtige Verwaltungsakt** immerhin den Tatbestand eines Verwaltungsaktes verwirklicht, sodass er als solcher faktisch existent ist, wird ihm von der Rechtsordnung die normative Existenz, dh die rechtliche Wirksamkeit versagt (Frank VerwArch 2013, 502 (506); Bender DVBl 1953, 33).

19   Ein Verstoß gegen Bestimmungen über die sachliche Zuständigkeit kann aber nur dann eine **Nichtigkeit des Verwaltungsakts** zur Folge haben, wenn die geregelte Angelegenheit unter keinem sachlichen Gesichtspunkt einen Bezug zum Aufgabenbereich der handelnden Behörde aufweist und dies offenkundig ist (OVG Lüneburg BeckRS 2009, 36632). So wird Nichtigkeit nur dann angenommen, „wenn ein **Fall der absoluten Unzuständigkeit** vorliegt, d.h. die Behörde unter keinen wie immer gearteten Umständen mit der Sache befasst sein kann" (BVerwG NJW 1974, 1961 (1963)), mit anderen Worten: wenn keinerlei Bezug zum eigenen Aufgabenkreis besteht (Collin/Fügemann JuS 2005, 694 (698)). Nur in diesem Fall ist ein Fehler nicht nur besonders schwer, sondern auch offensichtlich (§ 44 Abs. 1 VwVfG. NRW.).

§ 11 Sachliche Zuständigkeit der Kreispolizeibehörden

(1) Die Kreispolizeibehörden sind zuständig
1. für die Gefahrenabwehr insbesondere nach dem Polizeigesetz des Landes Nordrhein-Westfalen,
2. für die Erforschung und Verfolgung von Straftaten und Ordnungswidrigkeiten; die Wasserschutzpolizei insoweit nach Maßgabe einer vom Innenministerium zu erlassenden Rechtsverordnung,
3. für die Überwachung des Straßenverkehrs.

(2) Die Wasserschutzpolizei ist darüber hinaus zuständig für die Überwachung des Verkehrs auf den schiffbaren Wasserstraßen und Gewässern.

Überblick

Die sachliche Zuständigkeit betrifft die Frage, welcher Verwaltungsträger und welches Verwaltungsorgan zur Wahrnehmung der jeweiligen Aufgabe berufen ist. Sachlich zuständig ist zunächst ein bestimmter Verwaltungsrechtsträger (zB der Bund, das Land, die Selbstverwaltungskörperschaft); dies wird als Verbandskompetenz bezeichnet (Art. 30, 83 f. GG). Die Sachliche Zuständigkeit bildet Grund und Grenze behördlichen Handelns und bedeutet, dass die Behörde für einen bestimmten Sachbereich, dem eine gesetzliche Aufgabenzuweisung zugrunde liegt, „verantwortlich" ist. Ein Verstoß hiergegen führt meist zur Nichtigkeit des staatlichen Aktes. Durch die **Zuweisung von Aufgaben an Behörden** werden sachliche Zuständigkeiten. in Form der sog. Aufgabenzuständigkeit, begründet. Aufgabenzuständigkeit ist die Bezeichnung für die globale bzw. grundsätzliche Kompetenz eines Verwaltungsträgers, eine ganz bestimmte staatliche Aufgabe wahrzunehmen, dh erfüllen zu dürfen bzw. zu sollen (Möllers Polizei-WB: Sachliche Zuständigkeit Nr. 2) berechtigt und verpflichtet die Kreispolizeibehörden zum Tätigwerden auf den genannten **grundlegenden polizeilichen Aufgabenfeldern** (→ Rn. 1). So sind die Kreispolizeibehörden zuständig zur **Gefahrenabwehr** nach dem PolG NRW (→ Rn. 2), für die Aufklärung und **Verfolgung von Straftaten und Ordnungswidrigkeiten** (→ Rn. 3 ff.) sowie für „**wasserschutzpolizeiliche" Aufgaben** (→ Rn. 24 ff.). Durch die aufgrund Abs. 1 Nr. 2 erlassene WSPVO (Wasserschutzpolizeiverordnung v. 3.11.2009, GV. NRW. 561; geändert durch Gesetz v. 16.7.2013, GV. NRW. 483) wird das Spezialwissen der Wasserschutzpolizei bei der Bearbeitung bestimmter Straftaten berücksichtigt (→ Rn. 9). § 11 enthält mit Abs. 1 Nr. 3 eine Sonderzuweisung im Hinblick auf die **Spezialmaterie „Überwachung des Straßenverkehrs"** (→ Rn. 11 ff.). Für die Überwachung des Straßenverkehrs auf Bundesautobahnen einschließlich der Anlagen, die zu den Bundesautobahnen gehören, sieht § 12 ebenfalls eine polizeiliche Zuständigkeit vor.

Übersicht

A. Allgemeine Charakterisierung und rechtlicher Rahmen

Durch § 11 werden die Kreispolizeibehörden berechtigt und verpflichtet zum Tätigwerden **1** auf den genannten **Aufgabenfeldern.** Der Begriff der **polizeilichen Aufgabe** deckt sich mit dem der **sachlichen Zuständigkeit** der Polizei; sie betrifft also einen Aspekt der **formellen Rechtmäßigkeit** des Polizeihandelns (→ SystVorbPolRDe Rn. 1). Ob sich eine sachlich-instanzielle Zuständigkeit der Polizei ergibt, richtet sich danach, ob diese mit der Maßnahme eine der polizeilichen Aufgaben erfüllt. Die Zuständigkeit für die Gefahrenabwehr ergibt sich aus § 1 Abs. 1 S. 1, S. 2 bzw. S. 3 PolG NRW, §§ 10, 11 Abs. 1 Nr. 1 (zusf. Thiel PSP 1/2017, 24 (26)). Den Kreispolizeibehörden werden überdies Aufgaben übertragen, die in anderen Gesetzen „den Behörden und Beamten des Polizeidienstes" (§ 163 Abs. 1 S. 1 StPO, § 53 Abs. 1 OWiG) oder allgemein „der Polizei" (§ 1 Abs. 1 PolG NRW, § 44 Abs. 2 StVO) zugewiesen sind (zu „Vermischungen" zwischen Gefahrenabwehr und Strafverfolgung ausf. Kniesel DIE POLIZEI 2018, 265 ff.). Durch § 11 erfolgt insofern eine Konkretisierung. Allerdings hat Abs. 1 keinen Ausschließlichkeitscharakter. Es ist zulässig, dass auch andere Polizeibehörden dieselben Zuständigkeiten oder einige hiervon übertragen werden (Tegtmeyer POG NRW Rn. 1).

B. Einzelkommentierung

I. Gefahrenabwehr

2   Die Kreispolizeibehörden sind gem. § 11 Abs. 1 Nr. 1 insbesondere zuständig für die **Gefahrenabwehr nach dem PolG NRW.** Die Norm greift mit dem Wort „insbesondere" über die sachliche Zuständigkeit zur Gefahrenabwehr nach dem PolG NRW hinaus alle speziellen Gefahrenabwehrverpflichtungen auf, wie sie sich über § 1 Abs. 4 PolG NRW ergeben (Osterlitz EingriffsR Polizeidienst I 121). Traditionell bedeutet Gefahrenabwehr, dass von der Allgemeinheit oder dem Einzelnen Gefahren abzuwehren sind, durch die die öffentliche Sicherheit oder Ordnung bedroht wird (krit. zum Schutzgut der „öffentlichen Ordnung" Keller DPolBl 3/2014, 10 ff.; zusf. Vahle DVP 2014, 91). Gemäß § 1 Abs. 1 S. 1 und S. 2 PolG NRW hat die Polizei die Aufgabe, Gefahren für die öffentliche Sicherheit oder Ordnung abzuwehren (Gefahrenabwehr). Sie hat im Rahmen dieser Aufgabe Straftaten zu verhüten sowie vorbeugend zu bekämpfen und die erforderlichen Vorbereitungen für die Hilfeleistung und das Handeln in Gefahrenfällen zu treffen (grdl. Thiel PSP 3/2015, 38 ff.; zur Straftatenverhütung Tomerius DVBl 2017, 1399 ff.; ausf. zur Aufgabe der Gefahrenabwehr Kniesel DIE POLIZEI 2017, 189 ff.).

2.1   Die Aufgaben der Polizei werden grundsätzlich durch ein **Enumerationsprinzip** bestimmt. Ist der Polizei eine Angelegenheit nicht ausdrücklich zugewiesen, so sind die Ordnungsbehörden zuständig. Zu beachten ist mithin die vorrangige sachliche Zuständigkeit der Ordnungsbehörden. Es besteht aber eine **Not- bzw. Eilzuständigkeit der Polizei,** die allerdings nur so lange aufrechterhalten bleibt, bis die Ordnungsbehörde selbst eingreifen kann. Sind neben der Polizei andere Behörden für die Gefahrenabwehr zuständig, hat die Polizei in eigener Zuständigkeit tätig zu werden, soweit ein Handeln der anderen Behörden nicht oder nicht rechtzeitig möglich erscheint; dies gilt insbesondere für die den Ordnungsbehörden obliegende Aufgabe, gem. § 1 NRWOBG Gefahren für die öffentliche Ordnung abzuwehren (§ 1 Abs. 1 S. 3). Besteht der „Eilfall" nicht, ist die Ordnungsbehörde zuständig. Liegt der „Eilfall" vor, verliert die Ordnungsbehörde indes nicht ihre Zuständigkeit. In der Praxis sind für das Nichthandeln der Fachbehörden häufig zeitliche und oft auch personelle Engpässe der Grund. Die Entscheidung darüber, ob die zuständige Fachbehörde erreicht werden und auch die notwendigen Maßnahmen zeitgerecht treffen kann, beurteilt sich nach den Verhältnissen des Einzelfalls und dem Erkenntnisstand im Zeitpunkt der Anordnung der Maßnahme durch die Landespolizei (Tegtmeyer/ Vahle PolG NRW § 1 Rn. 19; vgl. etwa zum rechtliche Rahmen der Zusammenarbeit von Polizei, Feuerwehr und Rettungsdienst ausf. Tellenbröker DIE POLIZEI 2015, 263 ff.).

II. Verfolgung von Straftaten und Ordnungswidrigkeiten

3   Die Kreispolizeibehörden sind gem. Abs. 1 Nr. 2 zuständig für die Aufklärung und Verfolgung von **Straftaten und Ordnungswidrigkeiten.**

1. Straftaten

4   Gemäß § 163 Abs. 1 S. 1 StPO haben die Behörden und Beamten des Polizeidienstes Straftaten zu erforschen und alle keinen Aufschub gestattenden Anordnungen zu treffen, um die Verdunkelung der Sache zu verhüten. Die Erforschung von Straftaten ist Aufgabe der Polizei, nicht der Ordnungsbehörden. § 163 Abs. 1 S. 1 StPO normiert das sog. **Legalitätsprinzip,** es ist gleichbedeutend mit einem Verfolgungszwang bzw. einer Erforschungspflicht (Pommer JURA 2007, 662; zusf. Keller PSP 4/2014, 6 ff.). Auch bei der Strafverfolgung muss die sachlich-instanzielle Zuständigkeit geklärt sein. Nicht jede Polizeibehörde ist gleichermaßen für die Verfolgung aller Straftaten zuständig. Nach Abs. 1 Nr. 2 obliegt grundsätzlich den Kreispolizeibehörden die Verfolgung von Straftaten. In bestimmten Fällen kann die Strafverfolgung gem. § 13 Abs. 3 auch durch das Landeskriminalamt erfolgen (SBK EingriffsR NRW Rn. 42).

2. Ordnungswidrigkeiten

5   § 53 Abs. 1 OWiG weist der Polizei die Aufgabe der Erforschung sämtlicher Ordnungswidrigkeiten zu, sofern sie nicht aufgrund spezialgesetzlicher Anordnung zu deren Verfolgung

und Ahndung zuständig ist (§ 36 Abs. 1 OWiG, § 35 OWiG, § 26 StVG für Verkehrsordnungswidrigkeiten). Die **allgemeine Zuständigkeitsnorm** des § 53 OWiG gilt also auch für
solche Ordnungswidrigkeiten, deren Verfolgung und Ahndung in den Zuständigkeitsbereich
einer anderen Behörde fällt (Thiel PolR § 4 Rn. 13). Die Zuständigkeit der Polizei erstreckt
sich dabei auf alle Sachgebiete des Ordnungswidrigkeitenrechts. In bestimmten Tätigkeitsfel-
dern sind die Polizeibehörden nicht nur Ermittlungsbehörden (und geben nach Beendigung
der Ermittlungen die „Akte" an die Verfolgungsbehörde ab), sondern haben durch Gesetz
zugleich die Funktion der Verwaltungs-, also der Verfolgungsbehörde übertragen erhalten.
Damit erweitern sich ihre Kompetenzen: Sie dürfen nicht nur die nach § 53 Abs. 1 OWiG
unaufschiebbaren Maßnahmen treffen, um etwa eine „Verdunkelung" der Sache zu verhindern, sondern sind für das gesamte Ordnungswidrigkeitenverfahren zuständig (Thiel PSP 4/
2015, 37 (39)). Die Bezeichnung als **Verwaltungsbehörde** iSd §§ 35, 36 OWiG beinhaltet,
dass die benannte Behörde gleichzeitig Verfolgungs- und Ahndungsbehörde ist (Klauer DIE
POLIZEI 1994, 177 (179), zusf. Kay/Keller, Bußgeldverfahren, 2016, Einf. Rn. 0.56 ff.).

Die Polizei kann in mehrfacher Hinsicht in das Bußgeldverfahren eingebunden sein und **6**
verschiedene Funktionen wahrnehmen (Lisken/Denninger PolR-HdB/Denninger D
Rn. 219; Klauer DIE POLIZEI 1994, 177): Sie hat die Aufgabe des **„ersten Zugriffs"**
und der vorklärenden Erforschung von Ordnungswidrigkeiten in Unterstützung der Verwaltungsbehörde (§ 53 Abs. 1 OWiG). Sie ist außerdem weisungsabhängige **Ermittlungsbe-**
hörde der Verwaltungsbehörde für einzelne Ermittlungsmaßnahmen (§ 46 Abs. 2 OWiG
iVm § 152 GVG) und hat dieselben erweiterten Eingriffsbefugnisse wie im Strafverfahren
(Bohnert, Ordnungswidrigkeitenrecht, 4. Aufl. 2010, Rn. 291). Im Zwischenverfahren ist
sie Ermittlungsbehörde der Staatsanwaltschaft (§ 69 Abs. 4 OWiG). Als **selbstständige Ver-**
folgungsbehörde kann die Polizei aufgrund gesetzlicher Übertragung (§ 36 Abs. 1 Nr. 1
OWiG) selbst für die Verfolgung und Ahndung von Ordnungswidrigkeiten **zuständige**
Verwaltungsbehörde sein (§ 35 Abs. 1 und Abs. 2 OWiG). Sie ist dann auch Herrin des
Bußgeldverfahrens und hat die Pflichten und Rechte, wie sie der Verwaltungsbehörde nach
dem OWiG zustehen (zusf. Kay PSP 4/2012, 3 (4)). Der Status der **Verfolgungsbehörde**
schließt zwar im Gegensatz zur Eigenschaft der Verwaltungsbehörde die Befugnis zur Ahnung
(per Bußgeldbescheid) aus, eröffnet aber andererseits besondere
Rechte. Gemäß § 46 Abs. 1 und Abs. 2 OWiG hat die Verfolgungsbehörde, soweit dieses
Gesetz nichts anderes bestimmt, im Bußgeldverfahren dieselben Rechte und Pflichten wie
die Staatsanwaltschaft bei der Verfolgung von Straftaten. Soweit die Polizeibehörden zur
Verfolgungsbehörde bestimmt sind, obliegt ihnen die Leitung der Ermittlungen, zB die
Entscheidung über Einleitung und Einstellung des Ermittlungsverfahrens oder über Fortgang
und Abschluss des Ermittlungsverfahrens. Die Leitungsbefugnis endet mit der Abgabe der
Ermittlungsakten an die zuständige Verwaltungsbehörde, zB an die Bußgeldstelle des Kreises
nach Abschluss der Ermittlungen in einem Sachschadensunfall (Lübkemann, Strafrecht, Strafverfahrensrecht, Ordnungswidrigkeitenrecht, 27. Aufl. 2013, 619). Überdies kann die Polizei
bei geringfügigen Ordnungswidrigkeiten das **Verwarnungsverfahren** durchführen (§ 57
Abs. 2 OWiG, §§ 56, 58 OWiG, speziell dazu Krumm SVR 2014, 449; Ebert apf 2014,
278).

Aufgrund des § 36 Abs. 2 S. 1 OWiG wurde die NRWOWiGZustV (Verordnung zur Bestimmung **6.1**
der für die Verfolgung und Ahndung von Ordnungswidrigkeiten nach dem Dritten Teil des Gesetzes
über Ordnungswidrigkeiten und nach dem Vierten Strafrechtsänderungsgesetz zuständigen Verwaltungsbehörden v. 11.3.1975, GV. NRW. 258; zuletzt geändert durch Verordnung v. 15.1.2008, GV. NRW. 133)
erlassen. Gemäß § 1 Abs. 3 NRWOWiGZustV wird den Kreispolizeibehörden die Zuständigkeit übertragen für die Verfolgung und Ahndung von Ordnungswidrigkeiten nach § 113 OWiG, nach § 115 OWiG,
soweit es sich um Gefangene im polizeilichen Gewahrsam handelt und nach § 127 OWiG, soweit es
sich um öffentliche Urkunden und Beglaubigungszeichen handelt **(Kreispolizeibehörden als Verfol-**
gungs- und Ahndungsbehörde). Gemäß § 1 Abs. 2 NRWOWiGZustV wird die Zuständigkeit für die
Verfolgung von Ordnungswidrigkeiten nach den §§ 111 und 117–121 OWiG auch den Polizeibehörden
übertragen, solange sie die Sache nicht an die Ordnungsbehörde oder die Staatsanwaltschaft abgegeben
haben **(Polizeibehörden als Verfolgungsbehörde).**

In Nordrhein-Westfalen sind die Kreispolizeibehörden auch **zuständige Verwaltungsbehörde** für **6.2**
die Verfolgung und Ahndung von Ordnungswidrigkeiten auf den Gebieten des Waffengesetzes (§§ 55 ff.
WaffG) und des VersammlG (§ 29 VersammlG; vgl. NRWWaffGDVO (Verordnung zur Durchführung

des Waffengesetzes v. 8.4.2003, GV. NRW. 217) und VersGZustVO (Verordnung über Zuständigkeiten nach dem Versammlungsgesetz v. 2.2.1987, GV. NRW. 62). Entsprechend der Zuständigkeitsregelungen ist die Polizei dann auch Herrin des Bußgeldverfahrens und hat die Pflichten und Rechte, wie sie der Verwaltungsbehörde nach dem OWiG zustehen (Kay/Keller, Bußgeldverfahren, 2016, Einf. Rn. 0.57).

7   Der **Erforschungsauftrag besteht im Rahmen des pflichtgemäßen Ermessens,** es besteht also − anders als bei Straftaten (§ 163 Abs. 1 S. 1 StPO) − keine unbedingte Pflicht zur Verfolgung (vgl. zur Abgrenzung Nowrousian, Ordnungswidrigkeitenrecht, 2019, 3 f.).

7.1   Die **Verfolgung von Ordnungswidrigkeiten** ist nach den Vorschriften der StPO durchzuführen, soweit das OWiG keine Sonderregelungen enthält (§ 46 Abs. 1 OWiG). Primär zuständig ist die Verwaltungsbehörde (§ 35 Abs. 1 OWiG). Dabei hat die Verfolgungsbehörde, soweit dieses Gesetz nichts anderes bestimmt, im Bußgeldverfahren dieselben Rechte und Pflichten wie die Staatsanwaltschaft bei der Verfolgung von Straftaten (§ 46 Abs. 2 OWiG), also auch ein Weisungsrecht gegenüber der Polizei entsprechend § 161 StPO. Die Polizei hat subsidiär die Pflicht, Ordnungswidrigkeiten zu erforschen und dabei alle unaufschiebbaren Anordnungen zu treffen, um die Verdunkelung der Sache zu verhüten (§ 53 Abs. 1 S. 1 OWiG). Im Rahmen dieser Subsidiärzuständigkeit sind die Ermächtigungen aber eingeschränkt. Für die Polizeibehörden als Ermittlungsbehörden gilt § 53 Abs. 1 S. 2 OWiG. Danach haben sie bei der Erforschung von Ordnungswidrigkeiten, soweit dieses Gesetz nichts anderes bestimmt, dieselben Rechte und Pflichten wie bei der Verfolgung von Straftaten (sog. Transmissionsklausel). Sofern die Polizeibeamten Ermittlungspersonen der Staatsanwaltschaft sind und Gefahr im Verzug ist, sind sie befugt, Beschlagnahmen, Durchsuchungen, Untersuchungen und sonstige Maßnahmen anzuordnen (§ 53 Abs. 2 OWiG). Wird die Polizei dagegen als Verfolgungs- oder gar Ahndungsbehörde tätig, bestimmen sich ihre Rechte aus § 46 Abs. 1 und Abs. 2 OWiG. Als Verfolgungsbehörde hat die Polizei die Befugnisse wie üblicherweise die Verwaltungsbehörde (Kay/Keller, Bußgeldverfahren, 2016, Einf. Rn. 0.61).

8   Bei Zuwiderhandlungen gegen Gesetze, mit deren Ausführung die allgemeine Polizei nicht befasst ist, kann sie als Ermittlungsorgan von sich aus nicht tätig werden (zB Kartellordnungswidrigkeit). Davon unberührt bleibt die **Unterstützung der Verwaltungsbehörde** bei der Vornahme von Ermittlungshandlungen (Göhler OWiG § 53 Rn. 5).

III. Wasserschutzpolizei

9   Durch die aufgrund Abs. 1 Nr. 2 erlassene **WSPVO** (Wasserschutzpolizeiverordnung v. 3.11.2009, GV. NRW. 561; geändert durch Gesetz v. 16.7.2013, GV. NRW. 483) wird das **Spezialwissen der Wasserschutzpolizei** bei der Bearbeitung bestimmter Straftaten berücksichtigt.

9.1   Gemäß § 1 WSPVO ist das Präsidium der Wasserschutzpolizei für die Erforschung und Verfolgung von Umweltstraftaten zuständig, soweit diese in seinem Polizeibezirk begangen werden oder ihm die Bearbeitung gem. § 3 Abs. 2 KHSt-VO (Verordnung über die Bestimmung von Polizeipräsidien zu Kriminalhauptstellen v. 26.8.2013, GV. NRW. 502) übertragen worden ist. Die Kreispolizeibehörde kann mit Zustimmung des zur Kriminalhauptstelle bestimmten Polizeipräsidiums oder dieses selbst die Bearbeitung von Straftaten der Verunreinigung eines Gewässers oder der umweltgefährdenden Abfallbeseitigung einschließlich anderer damit im Zusammenhang stehender **Straftaten gegen die Umwelt** auf die Wasserschutzpolizei des Polizeipräsidiums Duisburg mit dessen Zustimmung übertragen, soweit die Straftat beweiserhebliche Auswirkungen auf dessen örtlichen Zuständigkeitsbereich hat (zur Verfolgung von Umweltstraftaten und Umweltordnungswidrigkeiten durch die Polizei Dieckmann DIE POLIZEI 2014, 305).

10   Gemäß Abs. 2 ist die Wasserschutzpolizei darüber hinaus zuständig für die Überwachung des Verkehrs auf den schiffbaren Wasserstraßen und Gewässern.

IV. Überwachung des Straßenverkehrs als Sonderzuweisung

11   Abs. 1 Nr. 3 ist eine Sonderzuweisung im Hinblick auf die **Spezialmaterie „Überwachung des Straßenverkehrs".** Danach ist die Polizei − hier die Kreispolizeibehörde − zuständig für die Überwachung des Straßenverkehrs. Damit ist die Aufgabe der generellen Verkehrsüberwachung gemeint, die sich vor allem auf den Verkehrsraum (Straßenzustand, Beschilderung, sonstige örtliche Gegebenheiten etc), die Verkehrsmittel (technischer

Zustand, Ladung, Ausrüstung, Zulassung etc.) und die Verkehrsteilnehmer (Eignung, normgerechtes Verhalten etc) erstreckt (Thiel PSP 4/2015, 37 (49)). Für die **Überwachung des Straßenverkehrs auf Bundesautobahnen** einschließlich der Anlagen, die zu den Bundesautobahnen gehören, sieht § 12 ebenfalls eine polizeiliche Zuständigkeit vor.

1. Zuständigkeiten

Betrachtet man Straßen (gem. § 1 Abs. 1 FStrG einerseits Bundesfernstraßen, die ein **12** zusammenhängendes Verkehrsnetz bilden und einem weiträumigen Verkehr dienen oder zu dienen bestimmt sind, und andererseits Landes-, Kreis- und Gemeindestraßen, mit Blick auf die verfassungsrechtliche Kompetenzverteilung; Schoch BesVerwR/v. Danwitz Rn. 9 ff.) als kritische Infrastruktur, lässt sich deren Sicherheit aus unterschiedlichen Perspektiven thematisieren (Gusy/Kugelmann/Würtenberger, Rechtshandbuch Zivile Sicherheit, 2017, 293). Die Gesetzgebungskompetenz für sämtliche Eingriffsmaßnahmen im Rahmen der polizeilichen und kommunalen Tätigkeit in der Verkehrsüberwachung ist gem. Art. 70 Abs. 1 GG bei den Bundesländern zu verorten und dem Bundesgesetzgeber steht für diese spezifischen gefahrenabwehrenden Aufgaben der Bundesländer keine Obergesetzgebungskompetenz zu, die etwa den Bundesländern vorschreiben könnte, wie sie die Verkehrsüberwachung praktisch umzusetzen haben (vgl. zur verfassungsrechtlich zweifelhaften Norm des § 63c StVG zur Verkehrsüberwachung für „**Diesel-Fahrverbote**" ausf. Müller NZV 2019, 489 ff.; Will NZV 2019, 433 ff.; Albrecht/Nentwich NZV 2019, 377). Bei der Überwachung des Straßenverkehrs hat der Gesetzgeber die Kompetenzen auf **Ordnungs- und Polizeibehörden** verteilt. Abs. 1 Nr. 3 überträgt die Zuständigkeit primär den Kreispolizeibehörden. Die Übertragung der Verkehrsüberwachung auf private Dienstleister ist rechtswidrig, sodass auf einer solchen Grundlage auch keine Bußgeldbescheide erlassen werden dürfen (OLG Frankfurt a. M. LSK 2019, 27630; auch die Überwachung des ruhenden Verkehrs durch „private Dienstleister" hat das OLG Frankfurt a. M. für gesetzeswidrig erklärt, so ermittelte Beweise unterliegen einem absoluten Verwertungsverbot, s. BeckRS 2020, 117).

Unbeschadet der Zuständigkeit der (Kreis-) Polizeibehörden sieht § 48 Abs. 2 S. 1 NRWOBG eine **12.1** kumulative Zuständigkeit der (örtlichen) **Ordnungsbehörden** für die Überwachung des ruhenden Straßenverkehrs vor. Ebenfalls als kumulative Zuständigkeit neben der polizeilichen Zuständigkeit normiert § 48 Abs. 2 S. 2 NRWOBG eine Zuständigkeit der Kreisordnungsbehörden und der Ordnungsbehörden der großen kreisangehörigen Städte iSv § 4 GO NRW für die Überwachung der Einhaltung zulässiger Höchstgeschwindigkeiten und der Befolgung von Lichtzeichenanlagen im Straßenverkehr an Gefahrenstellen. Auf Bundesautobahnen und den vom Innenministerium nach § 12 bestimmten autobahnähnlichen Straßen erfolgt die **Überwachung durch die Kreisordnungsbehörden** nur mit in festinstallierten Anlagen eingesetztem technischen Gerät, § 48 Abs. 2 S. 3 NRWOBG. Die Norm dient ausschließlich dem öffentlichen Interesse. Ein Verstoß gegen sie (hier: Geschwindigkeitsmessung mit einem mobilen Gerät durch die Kreisordnungsbehörde anstatt durch die Polizei) führt nicht zu einem Beweisverwertungsverbot (OLG Düsseldorf NStZ-RR 2017, 389).

Dabei besteht zwischen Polizei und Straßenverkehrsbehörde als Ordnungsbehörde grund- **13** sätzlich Arbeitsteilung (zur **Doppelzuständigkeit** Bick/Kiepe NZV 1990, 329 (331)). Aufgaben der Polizei sind **Verkehrsregelung, Verkehrsüberwachung** und **Erster Zugriff** (Gusy PolR Rn. 157).

2. Kreise und kreisfreie Städte

Die **Straßenverkehrsbehörden der Kreise und kreisfreien Städte** sind zuständig für **14** die Zulassung von Personen und Fahrzeugen zum Straßenverkehr (§ 73 Abs. 1 FeV, § 68 Abs. 1 StVZO), die Regelung der Straßenbenutzung durch Eröffnung, Beschränkung oder Sperrung des Verkehrs einschließlich der Aufstellung von Verkehrszeichen und Verkehrseinrichtungen (§ 44 Abs. 1 StVO, § 45 Abs. 1 StVO), die Erteilung von Erlaubnissen und Ausnahmegenehmigungen (§ 46 StVO) und die Anordnung zum Verkehrsunterricht (§ 48 StVO). Die grundsätzliche Zuständigkeit der **Straßenverkehrsbehörden** gem. § 44 StVO wird durch § 45 Abs. 1–3 StVO für das Gebiet der Verkehrszeichen und Verkehrseinrichtungen ergänzt (Burmann/Heß/Hühnermann/Jahnke/Hühnermann, Straßenverkehrsrecht, 25. Aufl. 2018, StVO § 44 Rn. 1). In den meisten Bundesländern sind die **Ordnungsbehör-**

den der Kreise und kreisfreien Städte zudem zuständig für die Verfolgung von Verkehrs-ordnungswidrigkeiten (Lisken/Denninger PolR-HdB/Kniesel J Teil VI Rn. 25).

3. Polizei

15   Der in Abs. 1 Nr. 3 verwendete Begriff **„Überwachung des Straßenverkehrs"** ist identisch mit dem bundesgesetzlichen Begriff **„Kontrolle des Straßenverkehrs".** Ein über die Kontrolle hinausreichender Überwachungsauftrag, der sich als Annexaufgabe aus § 44 Abs. 2 StVO (Verkehrsregelung und Maßnahmen bei Gefahr im Verzuge) und § 53 Abs. 1 S. 1 OWiG iVm §§ 49 ff. StVO (Verfolgung von Verkehrsordnungswidrigkeiten) ergeben soll, existiert nicht (so aber Gusy PolR Rn. 157). Hierfür gibt es auch kein praktisches Bedürfnis, weil die Polizei zur Verkehrsregelung und zur Verfolgung von Verkehrsstraftaten und Ordnungswidrigkeiten ohnehin schon durch § 44 Abs. 2 S. 1 StVO, § 53 Abs. 1 OWiG gesetzlich beauftragt ist (Lisken/Denninger PolR-HdB/Kniesel J Teil VI Rn. 32).

4. Subsidiäre Eilzuständigkeit der Polizei

16   Der Polizei obliegt nach § 44 Abs. 2 S. 2 StVO eine subsidiäre Eilzuständigkeit bei **Gefahr im Verzuge.** Sie kann zur Aufrechterhaltung der Sicherheit oder Ordnung des Straßenver-kehrs an Stelle der an sich zuständigen Behörden tätig werden und vorläufige Maßnahmen treffen; sie bestimmt dann die Mittel zur Sicherung und Lenkung des Verkehrs. Abschlepp-maßnahmen gehören nach hM aber nicht dazu; sie richten sich vielmehr nach dem Polizei-recht der Länder (Burmann/Heß/Hühnermann/Jahnke/Hühnermann, Straßenverkehrs-recht, 25. Aufl. 2018, StVO § 44 Rn. 3). „Polizei" sind sowohl die Polizeibehörden als auch jeder einzelne Polizeibeamte (OLG Zweibrücken NZV 1989, 311). Der straßenverkehrs-rechtliche Begriff „Gefahr im Verzuge" in diesem Sinne ist identisch mit dem Begriff **„not-wendige unaufschiebbare"** Maßnahmen (OVG Münster MDR 1974, 170). In entspre-chenden Gefahrfällen kann und muss die Polizei im Rahmen ihrer öffentlichen Schutzaufgabe im Interesse von Sicherheit und Ordnung von sich aus geeignete vorläufige Maßnahmen treffen. Insofern hat die Polizei eine **Sicherungspflicht** (OLG Hamm NZV 1993, 192: Sicherungspflicht der Polizei nach Abstreuen einer Ölspur).

16.1   Entsprechend **VwV-StVO zu § 44 StVO Rn.** 7 ist es Aufgabe der Polizei, in derartigen **Eilfällen,** vor allem an Schadenstellen, bei Unfällen und sonstigen unvorhergesehenen Verkehrsbehinderungen, auch mit Hilfe von Absperrgeräten und Verkehrszeichen den Verkehr vorläufig zu sichern und zu regeln. Welche Verkehrszeichen und Absperrgeräte im Einzelfall angebracht werden, richtet sich nach den Straßen-, Verkehrs- und Sichtverhältnissen sowie nach der Ausrüstung der eingesetzten Polizeikräfte.

16.2   Sind länger dauernde Verkehrssicherungsmaßnahmen erforderlich, ist die **zuständige Behörde zu unterrichten,** damit diese die weiteren Maßnahmen treffen kann. Welche Maßnahmen dann notwen-dig sind, hat die zuständige Behörde im Einzelfall zu entscheiden (**VwV-StVO zu § 44 StVO Rn. 9**). Endgültige Maßnahmen kann nur die zuständige Behörde treffen (Hentschel/König/Dauer/König, Straßenverkehrsrecht, 42. Aufl. 2013, StVO § 44 Rn. 6).

V. Aufgaben der Polizei

17   Aufgaben der Polizei sind **Verkehrsüberwachung, Verkehrsregelung** und **Erster Zugriff** (Gusy PolR Rn. 157). Durch Verkehrsmaßnahmen ist die Sicherheit und Ordnung des öffentlichen Straßenverkehrs aufrechtzuerhalten, wiederherzustellen oder zu erhöhen. Das gilt gleichermaßen für den täglichen Dienst wie auch für Einsätze aus besonderen Anläs-sen (zB „Blitz-Marathon" in Nordrhein-Westfalen).

1. Verkehrsüberwachung

18   Unter dem Begriff der Verkehrsüberwachung wird allgemein die staatliche Tätigkeit der Überprüfung des Einhaltens verkehrsrechtlicher Ge- und Verbote zum Zweck der Abwehr von Gefahren für die Sicherheit und Ordnung verstanden (Müller NZV 2016, 254). Darunter ist die Gesamtheit der Maßnahmen zu verstehen, mit denen die Polizei den Straßenverkehr beobachtet und auf die Einhaltung der Vorschriften hin kontrolliert, ohne dass konkrete Anhaltspunkte für eine Gefahr im Sinne der Gefahrenabwehr oder für eine Straftat oder

Ordnungswidrigkeit vorzuliegen brauchen (OVG Münster DAR 1973, 334). Erst aufgrund der **Verkehrsüberwachung** stellt die Polizei Sachverhalte fest, die Anlass zu Maßnahmen der Gefahrenabwehr und der Verfolgung von (Verkehrs-) Straftaten und Ordnungswidrigkeiten geben (OVG Münster MDR 1974, 170). Dagegen setzt die **Verfolgung von (Verkehrs-) Straftaten und Ordnungswidrigkeiten** innerhalb der Verkehrsüberwachung immer einen auf tatsächlichen Anhaltspunkten begründbaren **Anfangsverdacht** voraus, ohne den Ermittlungshandlungen nicht eingeleitet werden können (BVerfG NJW 2009, 3293: Geschwindigkeitsmessung durch Videoaufzeichnung). Das Vorgehen der Polizeibeamten stützt sich dann nicht auf § 36 Abs. 5 StVO, sondern auf die besonderen Regelungen der StPO und des Polizeirechts, etwa auf § 163b StPO iVm § 163a Abs. 4 S. 1 StPO, § 53 OWiG.

Im Übrigen führt die fehlerhafte, weil bei Vorliegen eines konkreten Verdachts ausdrücklich auf § 36 **18.1** Abs. 5 StVO gestützte Belehrung eines Verkehrsteilnehmers zur **Rechtswidrigkeit der maßgeblichen Diensthandlung iSv § 113 StGB** (OLG Celle NZV 2013, 409 mAnm Jahn JuS 2013, 268; ausf. Keller/Stienkemeier PSP 2/2013, 37 ff.).

2. Verkehrsregelung und -lenkung

Verkehrsregelung umfasst alle Maßnahmen zur Aufrechterhaltung des Straßenverkehrs **19** und zur Wahrung der Grundregeln des § 1 Abs. 2 StVO (Gusy PolR Rn. 157). In diesem Rahmen ist die Polizei befugt, den Verkehrsteilnehmern **Weisungen** zu erteilen (§ 36 StVO) und **Verkehrskontrollen** durchzuführen (§ 36 Abs. 5 StVO). Die Polizei hat in diesem Handlungsfeld das **Recht des „ersten Zugriffs"** zur Gewährleistung und Wiederherstellung der Sicherheit des Straßenverkehrs (Thiel PolR § 4 Rn. 14). Zusammenfassend ist die Polizei für die Verkehrsregelung nach § 1 Abs. 4 PolG NRW, § 10 S. 1, § 11 Abs. 1 Nr. 1, § 44 Abs. 2 StVO zuständig. Gemäß § 44 Abs. 2 S. 1 StVO ist die Polizei befugt, den Verkehr durch Zeichen und Weisungen (§ 36 StVO) und durch Bedienung von Lichtzeichenanlagen zu regeln; dies betrifft vor allem akute Sicherungsmaßnahmen im Einzelfall (Thiel PSP 4/2015, 37 (40)). Unter **Verkehrslenkung** versteht man die Gesamtheit aller Maßnahmen und Einrichtungen zur Führung der Fahrzeugströme im Straßenverkehrsnetz. Eine verkehrsbezogene Zuständigkeit der Polizei zur Verkehrslenkung ergibt sich aus § 1 Abs. 4 PolG NRW, § 10 S. 1, § 11 Abs. 1 Nr. 1, § 44 Abs. 2 S. 2 StVO. Gemäß § 44 Abs. 2 S. 2 StVO kann zur Aufrechterhaltung der Sicherheit oder Ordnung des Straßenverkehrs bei Gefahr im Verzug die Polizei an Stelle der an sich zuständigen Behörden tätig werden und vorläufige Maßnahmen treffen; sie bestimmt dann die Mittel zur Sicherung und Lenkung des Verkehrs (zusf. Thiel PSP 4/2015, 37 (40)).

3. Verkehrskontrollen

Die Straßenverkehrsordnung als Sonderordnungsrecht des Bundes betraut die Polizei darüber **20** hinaus mit den Aufgaben der Verkehrskontrolle oder-überwachung und des ersten Zugriffs zur Gewährleistung der Sicherheit und Ordnung des Straßenverkehrs und gibt ihr dafür die Befugnisse nach § 36 Abs. 5 StVO. Hiernach dürfen Polizeibeamte auch Verkehrsteilnehmer zur Verkehrskontrolle einschließlich der Kontrolle der Verkehrstüchtigkeit und zu Verkehrserhebungen anhalten. Die Vorschrift erlaubt schon ausweislich ihres Wortlauts nur Anhaltekontrollen durch die Polizeibeamten, nicht aber die Überwachung des Straßenverkehrs mit technischen Mitteln (Rebler SVR 2017, 1; ausf. Rebler/Müller DIE POLIZEI 2017, 176 ff.). **Allgemeine Verkehrskontrollen** sind präventive verkehrsbezogene Maßnahmen, die ergriffen werden, um vorbeugend die Sicherheit und Ordnung des Straßenverkehrs zu gewährleisten (Begründung zur Elften Verordnung zur Änderung der Straßenverkehrs-Ordnung v. 19.3.1992, BGBl. I 678). Hierfür muss kein augenblickliches Bedürfnis zur Regelung des Straßenverkehrs vorliegen oder eine Veranlassung zum repressiven Einschreiten zur Verfolgung einer Straftat oder einer Ordnungswidrigkeit bestehen (BayObLG NJW 1987, 1094 (1095)).

Die **Verkehrskontrolle** umfasst das Anhalten von Fahrzeugen und die Nachprüfung der Einhaltung **20.1** des geltenden Rechts durch Nachschau (Gusy PolR Rn. 157). Diese Kontrollen sind ohne konkreten Anlass oder Gefahr zulässig, aber im Rahmen des Verhältnismäßigkeitsgrundsatzes auf **Stichproben** zu begrenzen. Die Überprüfung erstreckt sich auf die Fahrtüchtigkeit des Fahrers und die von ihm mitzuführenden Papiere, insbesondere Führerschein und Fahrzeugschein, sowie Zustand und Beladung des Fahrzeugs (zur Verfassungsmäßigkeit Barczak NZV 2010, 598). Entsprechende Papiere wie Führerschein oder Fahrzeugschein (nicht Personalausweis; Gusy PolR Rn. 157) dürfen eingesehen werden (zum Mitführen von Kopien von Dokumenten im Straßenverkehr Fromm SVR 2018, 294 f.). Weitere Eingriffe sind nur aufgrund besonderer Ermächtigungen zulässig.

4. Verkehrszeichen

21   Die Polizeibehörde ist auch zuständig für die **Vollstreckung der auf der Grundlage der StVO erlassenen Verwaltungsakte.** So sind Verkehrszeichen, die Ge- und Verbote enthalten, als **Allgemeinverfügung** iSv § 35 S. 2 Alt. 3 VwVfG. NRW. einzustufen (BVerwG NJW 1980, 1649; OLG Hamm NJW 2015, 363; VGH Mannheim DAR 2010, 152; OVG Münster NJW 1996, 3024; Mehde NJW 1999, 767; zusf. Vahle DVP 2018, 83, ausf. Rebler NZV 2018, 549 ff.; Kümper JuS 2017, 731 ff.); die allgemeinen Vorgaben für einen Verwaltungsakt finden Anwendung (Weidemann/Barthel JuS 2014, 115 (118); Stelkens NJW 2010, 1184). So kann die Anordnung durch ein Verkehrszeichen 250 („Verbot für Fahrzeuge aller Art") nichtig sein, wenn die Anordnung – für jeden Verkehrsteilnehmer erkennbar – unsinnig ist. Dies ist der Fall, wenn die Beschilderung die Einfahrt in eine Sackgasse erlaubt, aber die Ausfahrt aus der Sackgasse verbietet (OLG Karlsruhe BeckRS 2016, 14845).

21.1   Die Bekanntgabe des Verkehrszeichens erfolgt durch dessen Aufstellen an einem Ort, an dem es ein Ge- oder Verbot zum Ausdruck bringen soll (Kugelmann PolR Kap. 9 Rn. 4; vertiefend Stelkens NJW 2010, 1184). Ist das Verkehrszeichen so aufgestellt und angebracht, dass es ein durchschnittlicher Kraftfahrer bei Einhaltung der nach § 1 StVO gebotenen Sorgfalt mit einem raschem und beiläufigen Blick erfassen kann, äußert es danach Rechtswirkungen gegenüber jedem von der Regelung betroffenen Verkehrsteilnehmer, gleichgültig, ob er das Verkehrszeichen tatsächlich wahrnimmt oder nicht (BVerwG NZV 2016, 539 mAnm Liebler jurisPR-BVerwG 18/2016 Anm. 6: **Sichtbarkeitsgrundsatz;** vgl. BVerwG NJW 1997, 1021; vertiefend Hong JURA 2012, 473 ff.).

21.2   Nach aA handelt es sich um Rechtsverordnungen, weil die betroffenen Verkehrsteilnehmer in keiner Weise im Voraus bestimmbar seien (Fehling JA 1997, 482 (485); krit. Manssen DVBl 1997, 633). Durch die sich stets wiederholende Bekanntmachung wird die jeweils in Betracht kommende Person bzw. der in Betracht kommenden Personenkreis iSv § 35 S. 2 VwVfG. NRW. aber hinreichend genau bestimmt. Die Auffassung der Rechtsprechung hat zudem praktische Vorzüge, schon weil Art. 80 GG nicht gilt.

22   Nach der Rechtsprechung stellt das entsprechende Ge- oder Verbotszeichen dann auch den zwangsweise durchzusetzenden Verwaltungsakt iSd § 50 Abs. 1 PolG NRW dar, wenn ein ordnungswidrig abgestelltes Fahrzeug durch die Behörde entfernt wird. Die in ihnen enthaltenen Ge- und Verbote sind in entsprechender Anwendung des § 80 Abs. 2 Nr. 2 VwGO sofort vollziehbar (ausf. Braun PSP 2/2015, 19 ff.). Diese Konstruktion passt aber nur dann, wenn auch die Behörde vollstreckt, die das Verkehrszeichen angeordnet hat, da aufgrund des allgemeinen, in allen Kodifikationen zum Vollstreckungsrecht normierten Grundsatzes des § 56 Abs. 1 VwVG NRW der Verwaltungsakt von der Behörde vollzogen wird, die ihn erlassen hat. Nach diesem **Grundsatz der Selbstvollstreckung** sind Vollstreckungs- und Anordnungsbehörde identisch (Horn JURA 2004, 597). Da für das Aufstellen von Verkehrszeichen gem. § 44 Abs. 1 StVO die Straßenverkehrsbehörden zuständig sind, obliegt ihnen auch ihre Vollstreckung. Wird die Polizei entsprechend tätig, so ist sie – schon aus formellen Gründen – nicht befugt, diesen Verwaltungsakt zu vollziehen (Tegtmeyer/ Vahle PolG NRW § 43 Rn. 12). Ein Abschleppen kommt aber unter den Voraussetzungen des **Sofortvollzugs** gem. § 50 Abs. 2 PolG NRW in Betracht. Die Beseitigung der Störung muss so dringlich sein, dass eine Benachrichtigung der zuständigen Behörde einer Zweckvereitelung gleichkäme. Dies ist bspw. bei einem Verstoß gegen ein Halteverbot der Fall (VGH Kassel NVwZ-RR 1995, 29), vorausgesetzt, es handelt sich nicht um ein nachträglich aufgestelltes – „mobiles" – Halteverbot (VGH Mannheim VBlBW 2004, 213). Liegen diese Voraussetzungen im Einzelfall nicht vor, bleibt es der Vollzugspolizei in der konkreten Situation unbenommen, bei der zuständigen Straßenverkehrsbehörde fernmündlich ersuchen zu lassen, Vollstreckungshilfe zu leisten. Mangels Identität von Ausgangs- und Vollstreckungsbehörde kann das Abschleppen ansonsten keine rechtmäßige Ersatzvornahme sein (Lisken/Denninger PolR-HdB/Rachor/Graulich E Rn. 211). Andererseits wird in diesen Fallkonstellationen auch eine funktionelle Betrachtungsweise vertreten. Hiernach ersetzt das Verkehrszeichen die (Einzel-) Weisung des Polizeibeamten, so dass sich bei einer funktionellen Betrachtung der in dem Verkehrszeichen enthaltene Befehl auch der Vollzugspolizei zurechnen lässt, was über die fehlende Identität von Ausgangs- und Vollstreckungsbehörde hinweghilft (Braun PSP 2/2015, 19 (21); WHT BWPolR $\S$ 8 Rn. 85; zur Gesamtproblematik Koehl SVR 2014, 98). So kann die Anordnung einer Abschleppmaßnahme durch die Polizeibehörde auch dann auf einen sog. Sofortvollzug gestützt werden, wenn der Verkehrsverstoß in der Nichtbefolgung eines von der Straßenverkehrsbehörde aufgestellten Verkehrszeichens besteht (OVG Bremen NVwZ-RR 2014, 849).

Für das Entfernen verkehrswidrig geparkter Fahrzeuge scheidet $\S$ 44 Abs. 2 S. 2 StVO als Rechts- **22.1** grundlage für die Polizei aus, weil die Befugnis der Polizei insoweit nicht weiter gehen kann als die der Straßenverkehrsbehörde, an deren Stelle sie nach $\S$ 44 Abs. 2 S. 2 StVO tätig wird. $\S$ 44 Abs. 2 S. 2 StVO gestattet nur **„vorläufige Maßnahmen"**, das Abschleppen von Fahrzeugen ist aber als tatsächlich endgültige, unabänderliche Maßnahme möglich, sodass $\S$ 44 Abs. 2 S. 2 StVO ausscheidet (Rebler DPolBl 3/2014, 18; Würtenberger/Görs JuS 1981, 599; aA Biletzki NZV 1996, 303 (304)).

VI. Überwachung des Straßenverkehrs auf Bundesautobahnen

Für die **Überwachung des Straßenverkehrs auf Bundesautobahnen** sieht $\S$ 12 Abs. 1 **23** eine polizeiliche Zuständigkeit vor. Auf Bundesautobahnen und den vom Innenministerium nach $\S$ 12 bestimmten autobahnähnlichen Straßen erfolgt die Überwachung durch die **Kreisordnungsbehörden** nur mit in festinstallierten Anlagen eingesetztem technischen Gerät ($\S$ 48 Abs. 2 S. 3 NRWOBG).

VII. Überwachung des Verkehrs auf den schiffbaren Wasserstraßen und Gewässern.

Regelungen über Wasserstraßen finden sich vornehmlich im **WaStrG** (Bundeswasserstra- **24** ßengesetz v. 23.5.2007, BGBl. I 962), das sich nach $\S$ 1 Abs. 1 WaStrG auf Binnenwasserstraßen des Bundes und Seewasserstraßen erstreckt. Bundeswasserstraßen sind durch $\S$ 5 WaStrG zu öffentlichen Sachen gewidmet – Regelungsgegenstand des WaStrG ist folglich die Nutzung von Bundeswasserstraßen (EFP BesVerwR/Peine $\S$ 48 Rn. 24). Nach $\S$ 24 Abs. 1 WaStrG haben die Behörden der Wasser- und Schifffahrtsverwaltung des Bundes als Strompolizei die Aufgabe, Maßnahmen zur Gefahrenabwehr zu treffen, die nötig sind, um die Bundeswasserstraßen in einem für die Schifffahrt erforderlichen Zustand zu erhalten (**Strompolizei**). Die Vorschrift beschreibt die strompolizeilichen Aufgaben und enthält die Ermächtigungsgrundlage für ein strompolizeiliches Einschreiten. Die Strompolizei ist als Wegepolizei abzugrenzen von der **Schifffahrtspolizei** als reiner **Verkehrspolizei** ($\S$ 1 Abs. 1 Nr. 2 BinSchAufgG, $\S$ 1 Nr. 2 SeeAufgG; Reinhardt/Schäfer, Bundeswasserstraßengesetz, 3. Aufl. 2017, WaStrG $\S$ 24 Rn. 1). Neben den auf die Verkehrsfunktion beschränkten Aufgaben nach dem WaStrG haben die Behörden der Wasser- und Schifffahrtsverwaltung des Bundes eine weitere Funktion: Auf der Grundlage von Art. 89 Abs. 2 S. 2 GG obliegen ihnen auch Aufgaben der Schifffahrtspolizei (Gusy/Kugelmann/Würtenberger, Rechtshandbuch Zivile Sicherheit, 2017, 292). Nach dem **BinSchAufgG** (Binnenschifffahrtsaufgabengesetz v. 5.7.2001, BGBl. I 2026) obliegen dem Bund auf dem Gebiet der Binnenschifffahrt die Abwehr von Gefahren für die Sicherheit und Leichtigkeit des Verkehrs sowie die Verhütung von der Schifffahrt ausgehender Gefahren (**Schifffahrtspolizei**) und schädlicher Umwelteinwirkungen im Sinne des BImSchG auf den Bundeswasserstraßen.

Gemäß Abs. 2 ist die **Wasserschutzpolizei** auch zuständig für die Überwachung des **25** Verkehrs auf den schiffbaren Wasserstraßen und Gewässern (ausf. Bröhl Polizei Info Report 1/2008, 29; 2/2008, 15). Die Wasserschutzpolizei gehört zu den besonders spezialisierten polizeilichen Einheiten, deren Angehörige im Allgemeinen eine besondere Ausbildung durchlaufen müssen. Einsatzgebiet der Wasserschutzpolizei sind die Wasserstraßen und die angrenzenden Uferbereiche. In diesem Bereich sind die Wasserschutzpolizeien für alle polizeilichen Angelegenheiten der Gefahrenabwehr und Strafverfolgung zuständig. Ihre darüber hinausgehende Expertise betrifft spezielle Materien wie Schifffahrtswesen und Wasserschutzrecht (Lisken/Denninger PolR-HdB/Rachor/Roggan C Rn. 59). Die Wasserschutzpolizei ist überdies zuständig für die Überwachung der Beförderung gefährlicher Güter nach $\S$ 9

Abs. 1 GGBefG während des Vorgangs der Ortsveränderung auf Binnenwasserstraßen und in Häfen, soweit nicht die Behörden nach § 43 Abs. 1 Nr. 1, Abs. 2 Nr. 1 NRWStrVGüBef-ZustVO und § 44 NRWStrVGüBefZustVO zuständig sind und die Überwachung der Beförderung gefährlicher Güter nach § 9 Abs. 1 GGBefG während der Vorgänge der Übernahme und Ablieferung der Güter, des Verpackens und Auspackens der Güter, sowie des Be- und Entladens der Beförderungsmittel in den Umschlagsanlagen in den Häfen, es sei denn, es handelt sich um einen vom Bund betriebenen Stromhafen an einer Bundeswasserstraße (§ 46 NRWStrVGüBefZustVO).

26   Der Bund kann zur Übertragung schifffahrtspolizeilicher Vollzugsaufgaben mit den Ländern Vereinbarungen schließen (§ 1 Abs. 2 BinSchAufgG). Das ist durch die **Vereinbarung über die schifffahrtspolizeilichen Aufgaben** v. 20.4./19.5.1955 (SMBl. NRW. 950) erfolgt. Nordrhein-Westfalen hat sich verpflichtet, die in § 1 der Vereinbarung umschriebenen Aufgaben durch Polizeikräfte des Landes wahrzunehmen (näher Stahl DP 7/2017, 4 ff.).

26.1   In § 1 der Vereinbarung über die schifffahrtspolizeilichen Aufgaben werden die schifffahrtspolizeilichen Vollzugsaufgaben beschrieben. Hierzu gehören:
- Gefahren für den Schiffsverkehr zu ermitteln und diejenigen Maßnahmen zu ihrer Abwehr zu treffen, welche keinen Aufschub dulden (§ 1 Nr. 1 der Vereinbarung über die schifffahrtspolizeilichen Aufgaben),
- die Einhaltung der der Sicherheit und Leichtigkeit des Schiffsverkehrs dienenden Vorschriften, insbesondere über das Verhalten im Verkehr, die Ausrüstung, die Besetzung und Bemannung, den Betrieb und die Kennzeichnung der Wasserfahrzeuge (Schiffe, schwimmenden Geräte, Kleinfahrzeuge, Fähren), Flöße und schwimmenden Anlagen zu überwachen (§ 1 Nr. 2 der Vereinbarung über die schifffahrtspolizeilichen Aufgaben; zum maritimen Umweltschutz zB Braun DP 7/2017, 11 f.),
- die Schiffspapiere und die Befähigungsnachweise der Schiffsführer, -offiziere und -mannschaften, Floßführer, Fährführer und Lotsen auf den in § 1 Nr. 2 der Vereinbarung über die schifffahrtspolizeilichen Aufgaben genannten Wasserfahrzeugen und Flößen zu prüfen (§ 1 Nr. 3 der Vereinbarung über die schifffahrtspolizeilichen Aufgaben; mit einem Blick in die Praxis Klötter DP 7/2017, 8 f.).

27   Soweit das Land die Aufgaben nach § 1 der Vereinbarung über die schifffahrtspolizeilichen Aufgaben durch Polizeikräfte ausübt, können die Behörden der Wasser- und Schifffahrtsverwaltung des Bundes den Polizeidienststellen des Landes iRd § 1 der Vereinbarung Ermittlungs- und Vollzugsaufträge erteilen. Die Polizeidienststellen sind nur für die Art der Ausführung des Auftrages verantwortlich (§ 5 Vereinbarung über die schifffahrtspolizeilichen Aufgaben).

28   Über Abs. 2 wird das Polizeipräsidium Duisburg sachlich zuständig für die Überwachung des Verkehrs auf den schiffbaren Wasserstraßen und Gewässern. Aus der Aufgabenbeschreibung ergibt sich, dass es sich in erster Linie um eine „Wasser-Schutzpolizei" handelt, nicht um eine „Wasserschutz-Polizei" (Tegtmeyer POG NRW Rn. 3). Alle Bundesländer mit Ausnahme Thüringens unterhalten eine Wasserschutzpolizei. Die Zuständigkeit und Organisation variiert je nach Landesrecht (ausf. Möllers Polizei-WB: Wasserschutzpolizei). Der Polizeibezirk der Wasserschutzpolizei umfasst die schiffbaren Wasserstraßen (Bundeswasserstraßen und für schiffbar erklärte Landesgewässer) einschließlich der mit ihnen unmittelbar in Verbindung stehenden Nebenarme, Altarme, Wehrarme, Hafenbecken, Seen und Baggerlöcher, außerdem die Inseln innerhalb dieser Gewässer sowie die Anlagen und Einrichtungen, die zu den Wasserstraßen gehören oder der Schiffbarkeit der Wasserstraßen, dem Schiffsverkehr oder dem Umschlag dienen. Die Direktion Wasserschutzpolizei des Polizeipräsidiums Duisburg ist nicht in einer Stadt oder einem Landkreis allein zuständig, sondern auf allen schiffbaren Wasserstraßen in Nordrhein-Westfalen und streckenweise in Niedersachsen.

§ 12 Autobahnpolizei

(1) ¹**Für die Überwachung des Straßenverkehrs auf Bundesautobahnen einschließlich der Einrichtungen und Anlagen, die zu den Bundesautobahnen gehören, sowie der Zu- und Abfahrten sind**
1. **das Polizeipräsidium Bielefeld für die im Regierungsbezirk Detmold,**
2. **das Polizeipräsidium Münster für die im Regierungsbezirk Münster,**
3. **das Polizeipräsidium Dortmund für die im Regierungsbezirk Arnsberg,**

4. das Polizeipräsidium Düsseldorf für die im Regierungsbezirk Düsseldorf,
5. das Polizeipräsidium Köln für die im Regierungsbezirk Köln

gelegenen Bundesautobahnen zuständig, wobei örtliche Zuständigkeitsabgrenzungen nach Absatz 3 erfolgen können. ²Ihnen kann die Überwachung des Straßenverkehrs auf autobahnähnlichen Straßen mit Anschluss an das Bundesautobahnnetz gemäß Absatz 3 übertragen werden.

(2) ¹Unbeschadet der Zuständigkeit der Kreispolizeibehörden nehmen die Autobahnpolizeien polizeiliche Aufgaben im Sinne des § 11 Abs. 1 Nrn. 1 und 2 wahr, die im Zusammenhang mit dem Straßenverkehr stehen. ²Andere Angelegenheiten, die die Gefahrenabwehr sowie die Erforschung und Verfolgung von Straftaten und Ordnungswidrigkeiten betreffen, sind unverzüglich an die örtlich zuständige Kreispolizeibehörde abzugeben.

(3) Das Innenministerium wird ermächtigt, durch Rechtsverordnung die Überwachungszuständigkeit im Sinne von Absatz 1 für bestimmte Strecken von
1. Bundesautobahnen mit anschließenden autobahnähnlichen Straßen einem anderen in Absatz 1 aufgeführten Polizeipräsidium,
2. Bundesautobahnen, die keinen Anschluss an das Bundesautobahnnetz haben, einer Kreispolizeibehörde,
3. autobahnähnlichen Straßen mit Anschluss an das Bundesautobahnnetz einem in Absatz 1 aufgeführten Polizeipräsidium
zu übertragen, soweit das zur zweckmäßigen Aufgabenerfüllung erforderlich ist.

Überblick

Durch Abs. 1 wird die Zuständigkeit für die Überwachung des Straßenverkehrs auf Bundesautobahnen einschließlich der Einrichtungen und Anlagen, die zu den Bundesautobahnen gehören, sowie der Zu- und Abfahrten fünf Polizeipräsidien übertragen. Unbeschadet der Zuständigkeit der Kreispolizeibehörden nehmen die Autobahnpolizeien polizeiliche **Aufgaben der Gefahrenabwehr und der Erforschung und Verfolgung von Straftaten und Ordnungswidrigkeiten** wahr (→ Rn. 4). Diese Aufgaben müssen indes im Zusammenhang mit dem Straßenverkehr stehen. Einzelne Fragen zu Zuständigkeiten regelt die **Autobahnpolizeizuständigkeitsverordnung,** wobei Vereinbarungen zwischen den Bundesländern unberührt bleiben (→ Rn. 8 ff.).

A. Allgemeine Charakterisierung und rechtlicher Rahmen

Durch das Gesetz zur Änderung des Polizeiorganisationsgesetzes und zur Änderung weiterer Vorschriften über die Organisation der Polizei v. 23.5.2006 (GV. NRW. 266) wurden zum 1.1.2007 die Autobahnpolizeien unter Beibehaltung der ehemaligen Zuständigkeitsbereiche von den Bezirksregierungen zu fünf großen Polizeipräsidien verlagert. Die Norm des § 12 musste entsprechend angepasst werden. **1**

Die **Autobahnpolizei** ist nun für einen Regierungsbezirk jeweils einem Polizeipräsidium angegliedert (Abs. 1). **2**

B. Einzelkommentierung

I. Zuständigkeit der Autobahnpolizei

Durch Abs. 1 werden die Bereiche zur Verkehrsüberwachung durch die Autobahnpolizei näher geregelt. Über den eigenen Bezirk hinaus sind die **Polizeipräsidien Bielefeld, Dortmund, Düsseldorf, Köln und Münster** zuständig für die Autobahnen. Zugleich wird festgelegt, dass im örtlichen Zuständigkeitsbereich auch die **Zu- und Ausfahrten** sowie die **Einrichtungen und Anlagen** liegen, welche zu den Bundesautobahnen gehören. Hierbei kann es sich insbesondere um Parkplätze sowie Tank- und Rastanlagen, ggf. einschließlich der Verbindungsstraße von der gegenüberliegenden Richtungsfahrbahn, wenn sich eine solche Anlage nur an einer Seite der Bundesautobahn befindet (Tegtmeyer POG NRW Rn. 1). **3**

II. Polizeiliche Aufgaben der Autobahnpolizei

4   Gemäß Abs. 2 S. 1 sind die Autobahnpolizeien zur **Gefahrenabwehr** (§ 11 Abs. 1 Nr. 1) und zur **Erforschung und Verfolgung von Straftaten und Ordnungswidrigkeiten** (§ 11 Abs. 1 Nr. 2) zuständig, die im **Zusammenhang mit dem Straßenverkehr** stehen. Bei anderen Gefahrenlagen und Straftaten, die nicht im Zusammenhang mit dem Straßenverkehr stehen, schreitet die Autobahnpolizei ebenfalls ein und trifft notwendige Maßnahmen. Es wurde somit **kein „rechtsfreier Raum"** geschaffen. Die Autobahnpolizeien sind gem. § 12 Abs. 2 S. 1 zwar zuständig für die **Gefahrenabwehr** (iSv § 11 Abs. 1 Nr. 1) im Zusammenhang mit dem Straßenverkehr, insofern aber nicht zB für das Versammlungswesen.

5   Entsprechend der (obsoleten) VV POG NRW zu § 12 – die jedoch noch auf die Bezirksregierung verweist – bearbeitet die Autobahnpolizei abschließend Straftaten nach § 315b StGB (Gefährliche Eingriffe in den Straßenverkehr), es sei denn, die Tathandlung erfolgt außerhalb der Bundesautobahn (zB Werfen von Gegenständen auf die Fahrbahn). Nach Runderlass Ministeriums des Innern v. 9.3.2018 – 401-58.01.01 (MBl. NRW. 178) ist die VV POG NRW indes aufgehoben worden.

5.1   Für die Autobahnpolizei sind über den eigenen Bezirk hinaus zuständig die in § 12 Abs. 1 genannten Polizeipräsidien. Hier gehört die Autobahnpolizei zur **Direktion Verkehr.** Innerhalb dieser Direktion gibt es sog. **Verkehrskommissariate,** denen die entsprechende Sachbearbeitung obliegt. Einzelheiten ergeben sich dann aus entsprechenden Geschäftsverteilungsplänen.

6   Mit Abs. 2 S. 2 wird bestimmt, dass **weitere polizeiliche Angelegenheiten,** die nicht im Zusammenhang mit dem Straßenverkehr stehen, nach den unaufschiebbaren notwendigen Maßnahmen im ersten Zugriff (zB durch Beweissicherung oder Festnahme der Täter) unverzüglich an die zuständige Kreispolizeibehörde abzugeben sind. Entsprechend der VV POG NRW zu § 12 aF nehmen die Polizeibeamtinnen und Polizeibeamten der Autobahnpolizei dann, wenn ein Ermittlungsvorgang an eine Kreispolizeibehörde abzugeben ist, **alle keinen Aufschub duldenden Maßnahmen und Anordnungen** vor, um die Verdunkelung der Sache zu verhindern. Mithin liegen Bundesautobahnen auch im Zuständigkeitsbereich von Kreispolizeibehörden. Deren sachliche Zuständigkeit wird durch Abs. 2 nicht ausgeschlossen.

III. Erlass einer Rechtsverordnung durch Innenministerium

7   Durch Abs. 3 wird das Innenministerium ermächtigt, durch Rechtsverordnung die Überwachungszuständigkeit iSv Abs. 1 für bestimmte Strecken zu übertragen, soweit das zur zweckmäßigen Aufgabenerfüllung erforderlich ist.

1. Autobahnpolizeizuständigkeitsverordnung

8   Die **AutobahnPolZustVO** (Verordnung über die örtliche Zuständigkeit der Autobahnpolizei zur Überwachung des Straßenverkehrs auf Bundesautobahnen und auf autobahnähnlichen Straßen mit Anschluss an das Bundesautobahnnetz v. 7.4.2008, GV. NRW. 372; zuletzt geändert durch Verordnung v. 17.12.2015, GV. NRW. 947) enthält Regelungen über die in § 12 Abs. 3 genannten Möglichkeiten.

8.1   Entsprechend § 1 Abs. 1, Abs. 2 AutobahnPolZustVO sind die Autobahnpolizeien der in § 12 Abs. 1 S. 1 aufgeführten Polizeipräsidien für die Überwachung des Straßenverkehrs auf Bundesautobahnen einschließlich der Einrichtungen und Anlagen, die zu den Bundesautobahnen gehören, sowie der Zu- und Abfahrten in ihrem Polizeibezirk örtlich zuständig. Der Polizeibezirk umfasst die Bundesautobahnen im jeweiligen Regierungsbezirk, soweit die nachfolgenden Bestimmungen keine abweichenden Regelungen enthalten. Die Autobahnpolizeien sind darüber hinaus für die Überwachung des Straßenverkehrs auf autobahnähnlichen Straßen mit Anschluss an das **Bundesautobahnnetz** örtlich zuständig, soweit sich dies aus den nachfolgenden Bestimmungen ergibt.

8.2   Die **örtliche Zuständigkeit der Autobahnpolizeien** endet grundsätzlich an der Schnittstelle beim Übergang von Zu- und Ausfahrten der Bundesautobahnen in das Sekundärstraßennetz. Die Schnittstelle bildet die gedachte Linie zwischen den Schnittpunkten der Fahrbahnkanten einer Zu- und Ausfahrt der Bundesautobahn mit einer Sekundärstraße; verläuft parallel zur Sekundärstraße ein Geh- oder Radweg, endet die Zuständigkeit der Autobahnpolizeien vor dem Geh- oder Radweg. Vorstehende Regelungen gelten entsprechend im Kreuzungs- oder Einmündungsbereich von autobahnähnlichen

Straßen mit Anschluss an das Bundesautobahnnetz, für die die Autobahnpolizeien iSd Abs. 2 zuständig sind. Ergänzende Detailregelungen können in Einzelfällen zwischen den beteiligten Polizeibehörden vereinbart werden (§ 1 Abs. 3 AutobahnPolZustVO).

Der Sinn dieser Verordnungsermächtigung liegt in **Zweckmäßigkeitserwägungen.** Mit **9** geringem **Ressourceneinsatz** soll eine möglichst **effektive Überwachung des Straßenverkehrs** erreicht werden. So kann es unter dem Gesichtspunkt des „Lückenschlusses" sinnvoll sein, die örtliche Zuständigkeit auszudehnen.

So ist zB das Polizeipräsidium Münster unter anderem auch zuständig für die Überwachung des **9.1** Straßenverkehrs auf der A 1 im Regierungsbezirk Arnsberg von der Regierungsbezirksgrenze Münster/ Arnsberg auf dem Gebiet der Stadt Werne bei km 302,8 bis zur Anschlussstelle Hamm-Bockum/Werne (§ 3 Abs. 1 Nr. 1 AutobahnPolZustVO). Das Polizeipräsidium Münster ist auch für die Überwachung des Straßenverkehrs auf der in § 3 Abs. 2 AutobahnPolZustVO genannten autobahnähnlichen Straßen mit Anschluss an das Bundesautobahnnetz örtlich zuständig, und für die B 51 auf dem Gebiet der Stadt Münster vom Autobahnkreuz Münster-Süd (A 1 / A 43) bis zur Kreuzung Hammer Straße (B 54) einschließlich der Verbindungsstrecke (B 219) zur Weseler Straße oder auf der B 224 auf dem Gebiet der Stadt Gladbeck vom Ausbauende der A 52 (Essener Straße) bis zur Kreuzung Steinstraße/Goethestraße.

Gemäß § 7 AutobahnPolZustVO bleiben unberührt **10**
• die NRWAutobPolAVBek (Vereinbarung zwischen den Ländern Niedersachsen und Nordrhein-Westfalen über die Wahrnehmung vollzugspolizeilicher Aufgaben auf Bundesautobahnen und Bundesstraßen v. 17.1.1996, GV. NRW. 74; zuletzt geändert durch Bekanntmachung v. 22.6.2004, GV. NRW. 373),
• das NRWBABPolVwAbkBek Hess/NRW (Verwaltungsabkommen zwischen den Ländern Hessen und Nordrhein-Westfalen über die Wahrnehmung polizeilicher Aufgaben auf Bundesautobahnen v. 14.2.2002, GV. NRW. 89),
• das NRWBABPolVwAbkBek RhPf/NRW (Verwaltungsabkommen zwischen den Ländern Rheinland-Pfalz und Nordrhein-Westfalen über die Wahrnehmung polizeilicher Aufgaben auf Bundesautobahnen v. 14.2.2002, GV. NRW. 90).

2. Einbeziehung „autobahnähnlicher Straßen"

Die Einbeziehung „autobahnähnlicher Straßen mit Anschluss an das Bundesautobahnnetz" **11** durch Abs. 1 S. 2 kommt vornehmlich in Betracht, wenn es sich um einen „**Autobahnzubringer**" handelt, der an der Anschlussstelle endet. So eine Zuständigkeitsübertragung auf „Autobahnzubringer" ist auch sinnvoll, wenn diese zwar über die Anschlussstelle hinausgehen, aber überwiegend von Verkehrsteilnehmern genutzt werden, die auf die Bundesautobahn fahren (Tegtmeyer POG NRW Rn. 3).

§ 13 Sachliche Zuständigkeit des Landeskriminalamtes

(1) Das Landeskriminalamt ist zentrale Dienststelle nach § 1 Abs. 2 des Bundeskriminalamtgesetzes.

(2) Das Landeskriminalamt hat insbesondere folgende Aufgaben: Es
1. unterstützt das Innenministerium in Angelegenheiten der Kriminalitätsbekämpfung,
2. unterstützt die Kreispolizeibehörden bei der vorbeugenden Bekämpfung sowie bei der Erforschung und Verfolgung von Straftaten,
3. unterhält kriminalwissenschaftliche und -technische Einrichtungen zur Durchführung von Untersuchungen in Strafsachen für Polizei- und Justizbehörden sowie zur Erstattung von Gutachten,
4. unterhält eine Stelle für kriminalistische und kriminologische Forschung,
5. ist zentrale Informationssammel- und -auswertungsstelle in Kriminalitätsangelegenheiten,
6. ist zuständig für die Aufgabenwahrnehmung im Bereich des Waffenrechts,
7. ist zuständig für die Aufgabenwahrnehmung im Bereich des Vereinsrechts.

(3) [1]Das Landeskriminalamt hat eine Straftat selbst zu erforschen und zu verfolgen

1. mit Zustimmung des Innenministeriums im Einvernehmen mit dem Justizministerium,
2. auf Ersuchen des Generalbundesanwalts,
3. auf Ersuchen eines Gerichts oder einer Staatsanwaltschaft innerhalb der vom Innenministerium im Einvernehmen mit dem Justizministerium erlassenen Rechtsverordnung.

[2]Das Landeskriminalamt ist, wenn es eine Straftat selbst erforscht und verfolgt, unbeschadet der Zuständigkeit der Kreispolizeibehörden auch für die Gefahrenabwehr bis zum Wegfall der Gefahr zuständig. [3]Nach Abschluss seiner Ermittlungen kann es diese Aufgabe einer Kreispolizeibehörde überlassen.

(4) [1]Das Innenministerium wird ermächtigt, durch Rechtsverordnung dem Landeskriminalamt weitere polizeiliche Aufgaben der Gefahrenabwehr sowie der Erforschung und Verfolgung von Straftaten zu übertragen, insbesondere in Fällen, in denen

1. eine Tat polizeiliche Maßnahmen in Nordrhein-Westfalen erfordert und die Zuständigkeit einer Kreispolizeibehörde noch nicht erkennbar oder nicht bestimmt ist,
2. eine einheitliche Informationsverarbeitung, -auswertung oder -steuerung durch eine zentrale Dienststelle der Polizei des Landes Nordrhein-Westfalen erforderlich ist,
3. eine zentrale Dienststelle der Polizei des Landes Nordrhein-Westfalen zur Aufgabenwahrnehmung oder zu deren Koordinierung bei der Zusammenarbeit mit anderen Stellen des In- und Auslandes erforderlich ist.

[2]Soweit Aufgaben der Erforschung und Verfolgung von Straftaten nach Satz 1 übertragen werden, ist die Rechtsverordnung im Einvernehmen mit dem Justizministerium zu erlassen.

Überblick

§ 13 Abs. 1 stellt klar, dass das Landeskriminalamt **zentrale Stelle nach § 1 Abs. 2 BKAG** ist (→ Rn. 3 ff., → Rn. 10). Als **Landesoberbehörde** untersteht das Landeskriminalamt unmittelbar dem Ministerium für Inneres und Kommunales (→ Rn. 5). Es unterstützt das Innenministerium bei der Wahrnehmung der **Aufsicht über die Kreispolizeibehörden** und kann gegenüber den Kreispolizeibehörden **weisungsbefugt** sein; Einzelheiten ergeben sich aus der **PolAufsichtsVO** (Verordnung über die Wahrnehmung von Aufsichtsaufgaben durch das Landesamt für Ausbildung, Fortbildung und Personalangelegenheiten der Polizei, das Landeskriminalamt und das Landesamt für Zentrale Polizeiliche Dienste v. 2.7.2007, GV. NRW. 214; → Rn. 5 ff.). Durch § 13 Abs. 2 werden dem Landeskriminalamt unterschiedliche Aufgaben zugewiesen. Ergänzende Regelungen trifft die **LKAAufgVO** (Verordnung über weitere polizeiliche Aufgaben des Landeskriminalamts bei der Gefahrenabwehr sowie der Erforschung und Verfolgung von Straftaten v. 16.4.2015, GV. NRW. 413; → Rn. 11 ff.). Das Landeskriminalamt kann eine **Straftat selbst erforschen und verfolgen**, also auch polizeiliche Ermittlungen selbst führen; allerdings bedarf es dann der Zustimmung des Innenministeriums im Einvernehmen mit dem Justizministerium oder eines entsprechenden Ersuchens (zB eines Gerichts oder einer Staatsanwaltschaft; → Rn. 17 ff.). Durch Rechtsverordnung kann das Landeskriminalamt **originär zuständige Polizeibehörde** des Landes Nordrhein-Westfalen werden (→ Rn. 23 ff.).

Übersicht

A. Allgemeine Charakterisierung und rechtlicher Rahmen

§ 13 wurde neu gefasst durch das Gesetz zur Änderung des Polizeiorganisationsgesetzes **1** und zur Änderung weiterer Vorschriften über die Organisation der Polizei v. 29.3.2007 (GV. NRW. 140).

Die Aufgaben des Landeskriminalamtes ergeben sich (exklusiv) aus § 13 POG NRW und **2** der **LKAAufgVO** (Verordnung über weitere polizeiliche Aufgaben des Landeskriminalamts bei der Gefahrenabwehr sowie der Erforschung und Verfolgung von Straftaten v. 16.4.2015, GV. NRW. 413). Das Landeskriminalamt bildet die Zentralstelle für kriminalpolizeiliche Aufgaben, unterstützt das Innenministerium bei der Kriminalitätsbekämpfung und die örtlichen Polizeibehörden bei der vorbeugenden Bekämpfung sowie bei der Verfolgung und Aufklärung von Straftaten (Thiel PolR § 3 Rn. 15; ausf. Keller, Basislehrbuch Kriminalistik/ Braun, 2019, 105 ff.).

I. Organisation der Kriminalitätsbekämpfung

Die **Organisation der polizeilichen Kriminalitätsbekämpfung** in Deutschland folgt **3** dem grundgesetzlich verankerten föderalen Aufbau der Bundesrepublik. Die Länder unterhalten nach § 1 Abs. 2 S. 1 BKAG für ihr Gebiet zentrale Dienststellen der Kriminalpolizei (Landeskriminalämter) zur Sicherung der Zusammenarbeit des Bundes und der Länder. Die Erfüllung der Zusammenarbeitspflicht setzt daher voraus, dass Bund und Länder geeignete Adressaten vorhalten. Diese müssen zur Erfüllung ihrer Pflichten zuständig und für die Aufgabenwahrnehmung hinreichend ausgestattet sein. Art. 73 Nr. 10 GG ermächtigt daher iVm Art. 87 Abs. 1 S. 1 GG den Bundesgesetzgeber, den Bund und die Länder zu verpflichten, Behörden zur Durchführung der Zusammenarbeit zu bestimmen. Die Regelung des § 1 Abs. 2 BKAG begründet nicht nur eine Einrichtungspflicht, sondern knüpft an die vorhandene Polizeiorganisation der Länder an. Die **Polizeihoheit der Länder** ist ein tragender Pfeiler des Exekutivföderalismus als der charakteristischsten Ausprägung des deutschen Bundesstaates (SGR/Graulich BKAG § 1 Rn. 6). Die Landeskriminalämter haben alle für die polizeiliche Verhütung und Verfolgung von Straften bedeutsamen Nachrichten und Unterlagen zu sammeln, auszuwerten und die in Betracht kommenden Polizeidienststellen entsprechend zu unterrichten. Auf Ersuchen der zuständigen Justiz- und Polizeibehörden sind kriminaltechnische und erkennungsdienstliche Untersuchungen durchzuführen und Gutachten zu erstatten. Der Umfang eigener Ermittlungskompetenzen der Landeskriminalämter ist in den Ländern unterschiedlich geregelt (Soine, Ermittlungsverfahren und Polizeipraxis, 2. Aufl. 2019, 60).

Aufgrund § 1 Abs. 2 S. 1 BKAG (**Bundeskriminalamtgesetz** v. 1.6.2017, BGBl. I 1354) müssen **3.1** die Länder „für ihr Gebiet zentrale Dienststellen der Kriminalpolizei (Landeskriminalämter) zur Sicherung der Zusammenarbeit des Bundes und der Länder" einrichten.

Als Polizeibehörden des Bundes nehmen das **Bundeskriminalamt** und die **Bundespoli-** **4** **zei** im Rahmen ihrer jeweiligen Zuständigkeit ebenfalls Aufgaben der Verbrechensbekämpfung wahr. Der **Zollfahndungsdienst** ist die Kriminalpolizei der Zollverwaltung (Soine, Ermittlungsverfahren und Polizeipraxis, 2. Aufl. 2019, 67).

II. Landeskriminalamt als Landesoberbehörde

Das Landeskriminalamt ist gem. § 6 Abs. 2 LOG NRW **Landesoberbehörde,** untersteht **5** somit der obersten Landesbehörde unmittelbar und ist für das ganze Land zuständig (§ 6

Abs. 1 LOG NRW). Es hat – unbeschadet der Fachaufsicht des (Innen-) Ministeriums – gegenüber anderen (Kreis-) Polizeibehörden eine **Weisungsbefugnis** (§ 3 Abs. 2 **PolAufsichtsVO** – Verordnung über die Wahrnehmung von Aufsichtsaufgaben durch das Landesamt für Ausbildung, Fortbildung und Personalangelegenheiten der Polizei, das Landeskriminalamt und das Landesamt für Zentrale Polizeiliche Dienste v. 2.7.2007, GV. NRW. 214; geändert durch Verordnung v. 22.5.2012, GV. NRW. 206). Bei der **Koordinierung von Kräften und Führungs- und Einsatzmitteln in** kriminalpolizeilichen Ermittlungsangelegenheiten, insbesondere bei der Bildung von Kommissionen, kann das Landeskriminalamt die Koordinierungsergebnisse gegenüber den Kreispolizeibehörden durch **Weisung** umsetzen (§ 3 Abs. 3 PolAufsichtsVO).

6   Die Landesoberbehörden (Landeskriminalamt, Landesamt für Ausbildung, Fortbildung und Personalangelegenheiten der Polizei Nordrhein-Westfalen, Landesamt für Zentrale Polizeiliche Dienste) unterstützen das Innenministerium bei der Wahrnehmung der Aufsicht über die Kreispolizeibehörden. Hierzu werden ihnen im Rahmen ihrer Aufgabenbereiche nach §§ 13, 13a und 13b die in der PolAufsichtsVO genannten **Aufsichtsbefugnisse** übertragen (§ 1 Abs. 1 PolAufsichtsVO).

6.1   Das Zusammenwirken in Angelegenheiten, die über die Zuständigkeit einer Landesoberbehörde hinausgehen, regelt dabei die **GGO LOBPolNRW** (Gemeinsame Geschäftsordnung für das Landesamt für Ausbildung, Fortbildung und Personalangelegenheiten, das Landeskriminalamt und das Landesamt für Zentrale Polizeiliche Dienste der Polizei des Landes Nordrhein-Westfalen v. 30.1.2018 – 401-58.01.01, MBl. NRW. 46; geändert durch Runderlass v. 6.11.2018, MBl. NRW. 626) zB Fragen der grundsätzlichen Zusammenarbeit der Landesoberbehörden, Regelungen des Dienstverkehrs der Landesoberbehörden mit den Kreispolizeibehörden usw. Sichergestellt werden soll vor allem eine einheitliche Handhabung.

7   Das Landeskriminalamt kann sich in den ihm durch § 13 übertragenen Aufgaben aus konkretem Anlass im Einzelfall und zur Erfüllung seiner **Unterstützungs- und Koordinationsaufgaben** von den Kreispolizeibehörden im erforderlichen Umfang unterrichten lassen (§ 3 Abs. 1 PolAufsichtsVO).

8   Über Sachverhalte von besonderer Bedeutung ist das **Innenministerium unverzüglich zu informieren** (§ 1 Abs. 3 PolAufsichtsVO).

III. Aufbauorganisation

9   Aufbauorganisatorisch weisen die Landeskriminalämter der Länder keine einheitliche Struktur auf. Es existieren Dienststellen mit umfangreicher und solche mit geringer Ermittlungszuständigkeit. Die Organisation des Landeskriminalamts Nordrhein-Westfalen, das seinen Sitz in Düsseldorf hat, ist geregelt durch Runderlass des Ministeriums des Innern v. 30.1.2018 – 401-58.01.01 (MBl. NRW. 52; geändert durch Runderlass v. 6.11.2018 – 401-58.01.01, MBl. NRW. 626): **Organisation der Landesoberbehörden der Polizei.** Die Behörde wird von der Direktorin oder dem Direktor des Landeskriminalamts Nordrhein-Westfalen geleitet. Das Landeskriminalamt Nordrhein-Westfalen richtet sieben Abteilungen ein. Die einzelnen Abteilungen gliedern sich in Dezernate, diese soweit erforderlich in Teildezernate und / oder Sachgebiete. Die Abteilung 4 ist als reine Cybercrime-Abteilung (CCCC) organisiert, in die als Dezernat 42 ein Cyber-Recherche- und Fahndungszentrum integriert wird, welches die Fahndung nach Personen und inkriminierten Gütern im Internet sowie die operative Ermittlungsunterstützung, Analyse und IT-Entwicklung zur Aufgabe hat. In der Abteilung 6 (Aufsicht und Unterstützung) sind neben dem Dezernat für Grundsatzangelegenheiten die Aufsichtsunterstützung für das Innenministerium, für den Lagedienst sowie dem Landeskriminalamt landeszentral übertragene Aufgaben zur Einsatzunterstützung (Mobile Einsatzkommandos (MEK) / Technische Einsatzgruppe (TEG), Zielfahndung, Verdeckte Ermittlungen / Scheinkäufer, VP-Führung und Zeugenschutz) organisiert.

9.1   Das Landeskriminalamt in eine Zentralabteilung und sechs (Fach-) Abteilungen gegliedert, die dem Direktor des Landeskriminalamts unterstellt sind und in Dezernate, Teildezernate und Sachgebiete gegliedert sind.

9.2   (Fach-) Abteilungen des Landeskriminalamts:
Abteilung 1:   Organisierte Kriminalität

Abteilung 2:	Polizeilicher Staatsschutz
Abteilung 3:	Strategische Kriminalitätsbekämpfung
Abteilung 4:	Cybercrime (CCCC)
Abteilung 5:	Kriminalwissenschaftliches und -technisches Institut.
Abteilung 6:	Aufsicht und Unterstützung

B. Einzelkommentierung

I. Zentralstellenfunktion

§ 13 Abs. 1 erklärt das Landeskriminalamt als zentrale Dienststelle nach § 1 Abs. 2 BKAG. **10**
Es ist die **Zentralstelle für kriminalpolizeiliche Aufgaben** und somit **Ansprechpartner des Bundeskriminalamts** für das Land Nordrhein-Westfalen. Das Landeskriminalamt ist zuständige Landesbehörde der Polizei iSv § 4 Abs. 2 Nr. 1 BKAG und § 17 Abs. 1 BKAG (ausf. Keller, Basislehrbuch Kriminalistik/Braun, 2019, 105 ff.).

Das Bundeskriminalamt nimmt die polizeilichen Aufgaben auf dem Gebiet der Strafverfolgung wahr, **10.1**
wenn das Landeskriminalamt als zuständige Landesbehörde darum ersucht. Dies gilt entsprechend für die Fahndung nach Verurteilten zum Zwecke der Vollstreckung (§ 4 Abs. 2 S. 2 BKAG). Zur Unterstützung von Strafverfolgungsmaßnahmen kann das **Bundeskriminalamt** Bedienstete zu den Polizeibehörden in den Ländern entsenden, wenn die zuständige Landesbehörde darum ersucht oder wenn dies den Ermittlungen dienlich sein kann. Die Zuständigkeit der Polizeibehörden in den Ländern bleibt unberührt (§ 17 Abs. 1 BKAG).

II. Aufgabenzuweisung

Abs. 2 weist dem Landeskriminalamt **unterschiedliche Aufgaben** zu. Ergänzende Rege- **11**
lungen trifft die **LKAAufgVO**. Das Landeskriminalamt hat alle für die vorbeugende Bekämpfung sowie für die Erforschung und Verfolgung von Straftaten bedeutsamen Informationen und Unterlagen zu sammeln, auszuwerten und ergänzend zu erheben, insbesondere die Polizeibehörden laufend über den Stand der Kriminalität und über geeignete Maßnahmen zur vorbeugenden Bekämpfung sowie für die Erforschung und Verfolgung von Straftaten zu unterrichten (§ 2 Abs. 1 LKAAufgVO). Im Umkehrschluss obliegt den Polizeibehörden die Pflicht, relevante Daten an das Landeskriminalamt zu übermitteln.

1. Unterstützung des Innenministeriums und der Kreispolizeibehörden

Gemäß Abs. 2 Nr. 1 und Nr. 2 unterstützt das Landeskriminalamt das Innenministerium **12**
in Kriminalitätsangelegenheiten sowie die Kreispolizeibehörden bei der vorbeugenden Bekämpfung von Straftaten sowie bei der Verfolgung von Straftaten („**Ermittlungsunterstützung**"). Die Zuständigkeit des Landeskriminalamts in Abs. 2 Nr. 1 weist über die ohnehin bestehende **Beratungs- und Unterstützungspflicht** nachgeordneter Behörden hinaus darauf hin, dass sich das Innenministerium auf seine strategischen Aufgaben der Kriminalitätsbekämpfung konzentrieren und hierbei insbesondere das Landeskriminalamt einbeziehen wird (LT-Drs. 14/3018, 23).

Beispiele für solche **Ermittlungsunterstützungen** sind: Operative Fallanalysen und Täterprofiler- **12.1**
stellungen, die das Sachgebiet „**Operative Fallanalyse**" des Landeskriminalamts für die Kreispolizeibehörden des Landes durchführt (Runderlass des Innenministeriums v. 3.2.2005 – 42.2 – 6501, MBl. NRW. 340; geändert durch RdErl. v. 3.9.2012 – 422 – 62.14.02, MBl. NRW. 634). Bei der Unterstützung der Kreispolizeibehörden handelt es sich um Einzelfälle, die in aller Regel einen Antrag der Kreispolizeibehörde voraussetzen.

2. Kriminalwissenschaftliche und -technische Einrichtungen

Das Landeskriminalamt unterhält kriminalwissenschaftliche und -technische Einrichtun- **13**
gen zur Durchführung von **Untersuchungen in Strafsachen für Polizei- und Justizbehörden** sowie zur Erstattung von Gutachten (Abs. 2 Nr. 3). So erfolgt im Landeskriminalamt die molekulargenetische Untersuchung von Körperzellproben **(DNA-Untersuchung)**.

3. Forschung

14   Das Landeskriminalamt unterhält eine kriminalistisch-kriminologische Forschungsstelle (KKF), die 2002 eingerichtet wurde und gesetzlich als Aufgabe des Landeskriminalamts Nordrhein-Westfalen definiert ist (§ 13 Abs. 2 Nr. 4). Die KKF ist als Teildezernat im Dezernat 32 der Abteilung für „Strategische Kriminalitätsbekämpfung" des Landeskriminalamts Nordrhein-Westfalen verortet. Wissenschaftler und (Kriminal-) Beamte entwickeln in der **kriminalistisch-kriminologischen Forschungsstelle** Erhebungen, Studien und Forschungsprojekte (zB zu Neonatizid), führen sie durch und stellen ihre Ergebnisse und oft auch **Handlungsempfehlungen für die polizeiliche Praxis** zur Verfügung. Hintergrund hierfür war das Anliegen, die polizeilichen Datenbestände mittels wissenschaftlicher Methoden auszuwerten, zu analysieren und darauf aufbauend Konzepte und Projekte zur Kriminalitätsbekämpfung zu entwickeln (zur kriminalistisch-kriminologische Forschung im Spannungsfeld von polizeilicher Praxis, kriminalpolitischen Erwartungen und wissenschaftlicher Freiheit Gatzke DIE POLIZEI 2014, 20 ff.). Das Team der KKF ist interdisziplinär zusammengesetzt. Neben Polizeibeamtinnen und -beamten, die in der Regel eine wissenschaftliche Zusatzqualifikation (zB Kriminologie) haben, sind wissenschaftliche Mitarbeiterinnen und Mitarbeiter aus den Bereichen Psychologie, Soziologie, Markt- und Sozialforschung, Data Science, Geographie und Informatik Bestandteil des Teams. Im Rahmen der Forschungsprojekte der KKF kann entsprechend auf Ansätze, Denkweisen und Methoden unterschiedlicher Fachrichtungen zurückgegriffen werden. In der KKF werden empirische Forschungsprojekte zur analytischen Betrachtung der Kriminalitätslage und -entwicklung, zu den Entstehungszusammenhängen und Erscheinungsformen von Kriminalität, der Sicherheitslage, dem Sicherheitsgefühl der Bürgerinnen und Bürger sowie der polizeilichen Arbeit in Nordrhein-Westfalen geplant und durchgeführt. Übergeordnetes Ziel dieser Projekte ist es, grundlegende Erkenntnisse zur Optimierung der polizeilichen Ermittlungs- und Fahndungsmaßnahmen, der polizeilichen Gefahrenabwehr, der Kriminalprävention sowie des Opferschutzes zu generieren. Mithin besteht das Ziel darin, ein differenziertes Verständnis von Bedingungen der Entstehung und Entwicklung sowohl der Gesamtkriminalität als auch spezieller Deliktsbereiche und Kriminalitätsphänomene zu gewinnen. Die Erkenntnisse fließen in die Auswertung, Analyse und Lagedarstellung der nordrhein-westfälischen Polizei ein und bilden eine wichtige **Grundlage für kriminalpolitische und -strategische Entscheidungen,** zB im Hinblick auf strategische Herausforderungen für Polizei und Gesellschaft (Thema 2020: „Sicherheit im öffentlichen Raum"). Der Fokus liegt dabei auf anwendungsbezogenen, also praxisnahen Fragestellungen. Ergebnisse sollen gleichermaßen für die Polizei praktisch verwertbar sein und sie sowohl bei der Aufgabenerfüllung unterstützen als auch die Standards wissenschaftlichen Arbeitens erfüllen. Forschungsbereiche sind etwa Predictive Policing, Viktimisierungssurveys und allgemein Delikts- und phänomenspezifische Forschung (ausf. Meyer DIE POLIZEI 2019, 36 ff.).

4. Zentrale Informationssammel- und -auswertungsstelle

15   Das Landeskriminalamt ist „zentrale Informationssammel- und -auswertungsstelle in Kriminalitätsangelegenheiten" (Abs. 2 Nr. 5). Es sammelt die **statistischen Daten** für die Erstellung der Polizeilichen Kriminalstatistik (**PKS**), erstellt die erforderlichen Tabellen, gewährleistet durch entsprechende Kontrollmaßnahmen die Datenqualität und leitet die Daten an das Bundeskriminalamt weiter (Mokros PSP 1/2014, 40 (41)).

5. Waffen- und Vereinsrecht

16   Das Landeskriminalamt ist zuständig für die Aufgabenwahrnehmung im Bereich des Waffenrechts (Abs. 2 Nr. 6) und im Bereich des Vereinsrechts (Abs. 2 Nr. 7). Zu den Aufgaben aus dem Bereich des Waffenrechts gehören zB regelmäßige **Inspektionen der unteren Waffenbehörden** (Kreispolizeibehörden). Die Aufgabe aus dem Bereich des Vereinsrecht betrifft den **Vollzug von Vereinsverboten** (LT-Drs. 14/3018, 23).

III. Polizeiliche Ermittlungen durch Landeskriminalamt

Abs. 3 sieht vor, dass das Landeskriminalamt eine Straftat selbst erforschen und verfolgen, **17** dh polizeiliche Ermittlungen führen kann, nach Nr. 1 mit **Zustimmung des Innenministeriums** im Einvernehmen mit dem Justizministerium. Da es keine Straftaten gibt, für die das Landeskriminalamt per se nach Abs. 3 polizeiliche Ermittlungsbehörde ist, bedarf es eines **Ersuchens des Generalbundesanwalts** nach Abs. 3 Nr. 2 oder eines **Ersuchens eines Gerichts oder einer Staatsanwaltschaft** innerhalb der vom Innenministerium im Einvernehmen mit dem Justizministerium erlassenen Rechtsverordnung nach § 13 Abs. 3 Nr. 3. Eine derartige Rechtsverordnung ist die LKAAufgVO.

1. Übernahme von Übermittlungen (LKAAufgVO)

Gemäß § 3 Abs. 1 LKAAufgVO kommt die Übernahme von Ermittlungen durch das **18** Landeskriminalamt aufgrund von Ersuchen gem. § 13 Abs. 3 Nr. 3 bei den genannten Straftaten in Betracht (zB Delikte der politische motivierten Kriminalität, Organisierte Kriminalität, Computerkriminalität, Kriminalität in Datennetzen, gewerbsmäßiger Verbreitung kinderpornografischer Schriften), wenn **Anhaltspunkte für überregionale, länderübergreifende oder internationale Tatzusammenhänge** erkennbar sind und eine zentrale Aufgabenwahrnehmung erforderlich ist.

Das Landeskriminalamt führt auf Ersuchen einer Staatsanwaltschaft oder einer Kreispoli- **19** zeibehörde im Einvernehmen mit der zuständigen Staatsanwaltschaft die gezielte Fahndung nach einer Person durch (§ 3 Abs. 2 LKAAufgVO). Hat das Landeskriminalamt **Bedenken gegen die Übernahme der Ermittlungen** gemäß oder gegen die Durchführung der gezielten Fahndung, trägt es diese dem Innenministerium vor, welches dann im Einvernehmen mit dem Justizministerium entscheidet.

Gemäß § 3 Abs. 4 LKAAufgVO verfolgt das Landeskriminalamt eine Straftat im Falle des **20** § 18 BKAG (**Koordinierung bei der Strafverfolgung**), es sei denn, das Innenministerium überträgt die Zuständigkeit einer anderen Kreispolizeibehörde (**länderübergreifende Straftaten**). Nach Neufassung des BKAG die Koordinierung bei der Strafverfolgung nunmehr in § 36 BKAG geregelt. Der zusammenfassende Begriff „Koordinierung" ist zwar Bestandteil der gesetzlichen Überschrift der Norm, taucht aber im anschließenden Text nicht mehr auf. Als Befugnisnorm knüpft die Regelung an die Aufgabenbeschreibung über die Zuständigkeit des Bundeskriminalamts für die polizeilichen Aufgaben auf dem Gebiet der Strafverfolgung in § 4 BKAG an (SGR/Graulich BKAG § 36 Rn. 1). § 36 BKAG beschreibt im Wesentlichen Verfahren der Koordinierung, die Einzelheiten des Verfahrens wird erst durch die Regelungen in der RiStBV ausgefüllt. Nach Nr. 2 Abs. 2 RiStBV gelten für Sammelverfahren und in den Fällen des § 36 BKAG (§ 18 BKAG aF) die Nr. 25–29 RiStBV.

2. Gefahrenabwehrende Zuständigkeit

Das Aufgrund von Abs. 3 S. 2 hat das Landeskriminalamt auch eine gefahrenabwehrende **21** Zuständigkeit. Es ist, wenn es eine Straftat selbst erforscht und verfolgt, unbeschadet der Zuständigkeit der Kreispolizeibehörden auch für die Gefahrenabwehr bis zum Wegfall der Gefahr zuständig. Die **Zuständigkeit der Kreispolizeibehörden wird nicht ausgeschlossen.**

Hintergrund des Abs. 3 S. 2 ist der Umstand, dass sich im Zuge strafprozessualer Ermittlun- **22** gen Erkenntnisse ergeben können, die etwa zu Zeugenschutzmaßnahmen führen können (Tegtmeyer POG NRW Rn. 8). Sind aber die strafprozessualen Ermittlungen noch nicht abgeschlossen, so ist eine **Zuständigkeit des Landeskriminalamts auch für gefahrenabwehrende Maßnahmen** sinnvoll. Nach Abschluss der Ermittlungen können die gefahrenabwehrende Aufgaben auf eine Kreispolizeibehörde übergehen (Abs. 3 S. 3).

Beispiel: Das Landeskriminalamt hat eine Wohnungstür zwecks Durchsuchung der Wohnung auf- **22.1** brechen lassen. Nach Abschluss der wird die Kreispolizeibehörde gebeten, Anschlussmaßnahmen zur Eigentumssicherung durchzuführen.

IV. Rechtsverordnung durch Innenministerium

23   Abs. 4 Nr. 1 und Nr. 3 enthalten Beispielsfälle („insbesondere"), in denen durch Rechtsverordnung das **Landeskriminalamt die originär zuständige Polizeibehörde des Landes Nordrhein-Westfalens** werden kann, für sämtliche polizeiliche Maßnahmen der Gefahrenabwehr sowie der Erforschung und Verfolgung von Straftaten (Tegtmeyer POG NRW § 11 Rn. 7). Eine derartige Rechtsverordnung ist LKAAufgVO.

23.1   Gemäß § 4 Abs. 1 Nr. 2 LKAAufgVO ist das Landeskriminalamt zB zuständig für landeszentrale Maßnahmen zur Erkennung, Erforschung und Verfolgung von **Straftaten in und unter Ausnutzung von Datennetzen.** Um diese Aufgabe unter den Bedingungen der modernen Datenverarbeitung effektiv und effizient erfüllen zu können, wurde im Juli 2012 in der Abteilung 4 des Landeskriminalamts das **Cybercrime Kompetenzzentrum** eingerichtet (Mokros PSP 1/2014, 40 (41)).

24   Das Landeskriminalamt ist auf der Grundlage des Abs. 4 Nr. 2 zuständig für die **Auswertung und Analyse von Kriminalitätsphänomenen** und von Straftaten, die eine **zentrale, länderübergreifende oder internationale Aufgabenwahrnehmung** erfordern, in anderen Fällen für die Koordinierung dieser Aufgaben durch die Kreispolizeibehörden (§ 5 LKAAufgVO).

25   Das Landeskriminalamt ist als zentrale Stelle iSd Abs. 4 Nr. 3 unter anderem zuständig für die Entgegennahme und Bearbeitung von **Geldwäscheverdachtsanzeigen** nach dem Geldwäschegesetz und § 31b AO und für die Entgegennahme und Bearbeitung von Anzeigen nach § 12 **KorruptionsbG** und sonstigen Korruptionshinweisen, die unmittelbar beim Landeskriminalamt angezeigt werden, bis die Zuständigkeit einer Kreispolizeibehörde oder Staatsanwaltschaft bestimmt ist.

25.1   Darüber hinaus ist das Landeskriminalamt gem. § 6 Abs. 2 LKAAufgVO das Landeskriminalamt im Rahmen der zentralen Informationsverarbeitung, -auswertung und -steuerung zuständig für die **Koordinierung**
- des Einsatzes von Vertrauenspersonen und verdeckt ermittelnden Polizeivollzugsbeamten anderer Länder, des Bundes oder anderer Staaten durch Polizeibehörden des Landes Nordrhein-Westfalen,
- der Anforderung von Vertrauenspersonen oder verdeckt ermittelnder Polizeivollzugsbeamten durch Polizeidienststellen anderer Länder, des Bundes oder anderer Staaten,
- von Maßnahmen des Zeugenschutzes der Polizeibehörden des Landes oder des Bundes oder anderer Länder in Nordrhein-Westfalen,
- von polizeilichen Maßnahmen zur Unterstützung der Suche nach Vermissten oder der Identifizierung von unbekannten Toten bei größeren Schadenslagen auch in anderen Ländern und im Ausland.

26   Weiterhin ist das **Landeskriminalamt Prüfungs- und Bewilligungsbehörde für ein- und ausgehende polizeiliche Rechtshilfeersuchen** und koordiniert polizeiliche Belange bei der justiziellen Rechtshilfeersuchen und koordiniert polizeiliche Belange bei der justiziellen Rechtshilfe (§ 7 Abs. 1 LKAAufgVO).

27   Gemäß § 7 Abs. 2 LKAAufgVO ist das Landeskriminalamt zentrale Verbindungs- und Ansprechstelle für die grenzüberschreitende polizeiliche Zusammenarbeit sowie für die **Zusammenarbeit mit EUROPOL.**

V. Aufgabenübertragung

28   Gemäß § 7 Abs. 5 können das Innenministerium und nach Bestimmung des Innenministeriums das Landeskriminalamt einer Polizeibehörde zeitlich befristet Aufgaben im Bezirk anderer Polizeibehörden übertragen, insbesondere wenn einheitliche polizeiliche Maßnahmen erforderlich werden. Die Aufgabenübertragung kommt insbesondere dann in Betracht, wenn **„einheitliche polizeiliche Maßnahmen erforderlich werden".** Aufgaben können dabei „zeitlich befristet" übertragen werden. Dabei muss es sich um Einzelfälle handeln. Für dauerhafte Aufgabenübertragung bedarf es einer Rechtsverordnung (zB KHSt-VO). Eine derartige Aufgabenübertragung erfolgt aus Zweckmäßigkeitserwägungen aus Gründen der Verwaltungsvereinfachung, des kräftesparenden Personal- und / oder Mitteleinsatzes, der Einheitlichkeit von Maßnahmen oder der effektiven Bekämpfung von Straftaten (Tegtmeyer POG NRW § 7 Rn. 10).

§ 13a Sachliche Zuständigkeit des Landesamtes für Zentrale Polizeiliche Dienste

¹Das Landesamt für Zentrale Polizeiliche Dienste hat insbesondere folgende Aufgaben:
²Es

1. unterstützt das Innenministerium in Angelegenheiten der Gefahrenabwehr und der Einsatzbewältigung sowie der polizeilichen Verkehrssicherheitsarbeit,
2. ist zuständig für die Koordinierung von Kräften und Führungs- und Einsatzmitteln in Einsatzangelegenheiten,
3. unterhält die Landesleitstelle,
4. unterstützt das Innenministerium in Angelegenheiten der Führung und Steuerung,
5. berät und unterstützt die Polizeibehörden und führt Inspektionen nach Bestimmung des Innenministeriums durch,
6. ist zuständig in Angelegenheiten des Straßenverkehrsrechts,
7. unterstützt das Innenministerium in Angelegenheiten der Informations- und Kommunikationstechnik sowie der Führungs- und Einsatzmittel,
8. unterstützt die Polizeibehörden in Angelegenheiten der Technik,
9. ist zuständig für die technische Ausstattung der Polizei,
10. übernimmt die Haushalts- und Wirtschaftsangelegenheiten in dem durch das Innenministerium übertragenen Umfang,
11. übernimmt Koordinierungsaufgaben in Liegenschaftsangelegenheiten in dem durch das Innenministerium übertragenen Umfang.

Überblick

Als **Landesoberbehörde** untersteht das Landesamt für Zentrale Polizeiliche Dienste (LZPD) unmittelbar dem Ministerium für Inneres und Kommunales und dieses bei der **Wahrnehmung der Aufsicht über die Kreispolizeibehörden** (→ Rn. 2). Einzelheiten ergeben sich aus der **PolAufsichtsVO** (Verordnung über die Wahrnehmung von Aufsichtsaufgaben durch das Landesamt für Ausbildung, Fortbildung und Personalangelegenheiten der Polizei, das Landeskriminalamt und das Landesamt für Zentrale Polizeiliche Dienste v. 2.7.2007, GV. NRW. 214). Durch § 13 Abs. 1 werden dem LZPD **unterschiedliche Aufgaben** zugewiesen. Dem Amt obliegen sowohl **operative als auch koordinierende Aufgaben** (→ Rn. 6 ff.). Auch ist das LZPD zuständig für die **technische Ausstattung** der Polizei und für alle Angelegenheiten der **Informations- und Kommunikationstechnik** (→ Rn. 10). Es unterhält eine „**Landesleitstelle**", die die Kreispolizeibehörden bei Unterstützungsnotwendigkeiten unterstützt (→ Rn. 6). Im Rahmen seiner Zuständigkeit kann das LZPD in Einsatz-, Verkehrs- und Versammlungsrechtsangelegenheiten gem. § 7 Abs. 5 einer Kreispolizeibehörde zeitlich befristet **Aufgaben im Bezirk anderer Kreispolizeibehörden übertragen** (§ 5 PolAufsichtsVO, → Rn. 12).

A. Allgemeine Charakterisierung und rechtlicher Rahmen

§ 13a wurde eingefügt durch das Gesetz zur Änderung des Polizeiorganisationsgesetzes **1** und zur Änderung weiterer Vorschriften über die Organisation der Polizei v. 29.3.2007 (GV. NRW. 140). Der **Wegfall der Bezirksregierungen** als polizeiliche Aufsichtsbehörden machte auch eine **Neuverteilung der Aufgaben** erforderlich, die auf die Kreispolizeibehörden, die drei Landesoberbehörden sowie in geringem Umfang auf das Innenministerium übertragen wurden (LT-Drs. 14/3018, 21).

I. LZPD als Landesoberbehörde

Das Landesamt für Zentrale Polizeiliche Dienste (LZPD) ist gem. § 6 Abs. 2 LOG NRW **2** eine **Landesoberbehörde,** untersteht somit der obersten Landesbehörde unmittelbar und ist für das ganze Land zuständig (§ 6 Abs. 1 LOG NRW). Die Landesoberbehörden unterstützen das Innenministerium bei der Wahrnehmung der Aufsicht über die Kreispolizeibehörden (**Aufsichtsfunktion**). Hierzu werden ihnen im Rahmen ihrer Aufgabenbereiche nach §§ 13,

13a und 13b die in der **PolAufsichtsVO** (Verordnung über die Wahrnehmung von Aufsichtsaufgaben durch das Landesamt für Ausbildung, Fortbildung und Personalangelegenheiten der Polizei, das Landeskriminalamt und das Landesamt für Zentrale Polizeiliche Dienste v. 2.7.2007, GV. NRW. 214; geändert durch Verordnung v. 22.5.2012, GV. NRW. 206) genannten Aufsichtsbefugnisse übertragen (§ 1 Abs. 1 PolAufsichtsVO).

3   Das LZPD kann sich in den ihm durch § 13a übertragenen Aufgaben aus konkretem Anlass im Einzelfall sowie zur **Erfüllung seiner Unterstützungs- und Koordinierungsaufgaben** von den Kreispolizeibehörden im erforderlichen Umfang **unterrichten lassen** (§ 4 Abs. 1 PolAufsichtsVO). Das LZPD hat eine aus § 1 Abs. 3 PolAufsichtsVO resultierende **Informationspflicht gegenüber dem Innenministerium.** Bei „Sachverhalten von besonderer Bedeutung" ist das Innenministerium unverzüglich zu informieren.

4   Bei der **Koordinierung von Kräften und Führungs- und Einsatzmitteln in Einsatzangelegenheiten** kann das LZPD die Koordinierungsergebnisse gegenüber den Kreispolizeibehörden durch **Weisung** umsetzen. Funkverkehrskreise kann es verbindlich zuweisen (§ 4 Abs. 3 PolAufsichtsVO).

II. Aufbauorganisation

5   Das LZPD hat seinen Sitz in Duisburg. Die Organisation des LZPD ist geregelt durch Runderlass des Ministeriums des Innern v. 30.1.2018 – 401-58.01.01 (MBl. NRW. 52; geändert durch Runderlass des Ministeriums des Innern v. 6.11.2018 – 401-58.01.01, MBl. NRW. 626): **Organisation der Landesoberbehörden der Polizei.** Grundsätzlich sind die Aufgaben aus der Linienorganisation heraus wahrzunehmen. Soweit erforderlich können Stabsstellen, Geschäftsstellen und Sekretariate im notwendigen Umfang eingerichtet werden.

5.1   Danach ist das Amt in eine Zentralabteilung und vier (Fach-) Abteilungen gegliedert, die dem Direktor LZPD unterstellt sind. Die personalstärkste Abteilung des LZPD ist die Abteilung 3 (Einsatztechnik, technische Einsatzunterstützung), die für die Auswahl und Beschaffung von Ausrüstungsgegenständen für die Polizei Nordrhein-Westfalen zuständig ist. Dazu gehören, neben Waffen und Fahrzeugen, Computer und Telekommunikationstechnik. Auch die Ausstattung der Polizeibeamtinnen und Polizeibeamten mit Dienstkleidung gehört zu den Aufgaben der Abteilung.

5.2   **(Fach-) Abteilungen des LZPD:**

Abteilung 1:	weggefallen
Abteilung 2:	IT-Anwendungen
Abteilung 3:	Einsatztechnik, technische Einsatzunterstützung
Abteilung 4:	Landeszentrale Einsatz- und Verkehrsangelegenheiten, Führung und Steuerung
Abteilung 5:	Autorisierte Stelle Nordrhein-Westfalen und Kommunikation

B. Einzelkommentierung

I. Aufgabenzuweisung

6   Die Aufgaben des LZPD sind in § 13a zusammengefasst; gebündelt wird eine **Vielzahl unterschiedlicher Aufgaben.** So unterstützt das LZPD das Innenministerium in allen Fragen der **Gefahrenabwehr,** der **Einsatzbewältigung** und der **Verkehrssicherheitsarbeit;** es koordiniert landesweit Kräfte und Einsatzmittel und unterhält eine **landeszentrale Leitstelle.** Von hier aus erhalten die Kreispolizeibehörden aller erforderlichen Unterstützungskräfte aus einer Hand, sofern für die Aufgabenerledigung die behördeneigenen Kräfte nicht ausreichen (Wesseler/Kamp NWVBl. 2009, 374 (377)).

7   § 13a zeigt deutlich, dass dem Amt sowohl **operative als auch koordinierende Aufgaben** obliegen und dass das LZPD für die **technische Ausstattung der Polizei** und für alle Angelegenheiten der **Informations- und Kommunikationstechnik** zuständig ist (Mokros PSP 1/2014, 40 (42)).

8   Im Rahmen seiner Zuständigkeit gem. § 13a kann das LZPD in Einsatz-, Verkehrs- und Versammlungsrechtsangelegenheiten gem. § 7 Abs. 5 einer Kreispolizeibehörde zeitlich befristet **Aufgaben im Bezirk anderer Kreispolizeibehörden übertragen** (§ 5 PolAufsichtsVO).

Ist nach Bewertung des Landesamtes für Zentrale Polizeiliche Dienste aus konkretem **9** Anlass im Einzelfall in Angelegenheiten des Einsatzes oder der Gefahrenabwehr eine **Eilentscheidung** dringend geboten, kann es den Kreispolizeibehörden **Weisungen erteilen** (§ 4 Abs. 2 PolAufsichtsVO).

1. Aufgaben

Die Aufgaben werden dem LZPD – nicht abschließend – durch Nr. 1–11 zugewiesen. **10** Zum Beispiel nimmt es im Bereich des **Straßenverkehrsrechts** Aufgaben wahr, die sich auf Maßnahmen der Kreispolizeibehörden beziehen (Nr. 6). Daneben kommt der Behörde die Aufgabe der Unterstützung des Innenministeriums in **Angelegenheiten der Informations- und Kommunikationstechnik** sowie der **Führungs- und Einsatzmittel** zu (Nr. 7) insbesondere im Hinblick auf technische Standards für die Polizei, die Planung, Beschaffung, Entwicklung, Einführung und Betrieb sowie Rechtsfragen im Zusammenhang mit dem **Beschaffungswesen und Vertragsangelegenheiten.** Das LZPD nimmt zudem die bisherigen Zuständigkeiten der Bezirksregierungen in **Haushalts- und Wirtschaftsangelegenheiten** wahr, und zwar in dem durch das Innenministerium übertragenen Umfang (Nr. 10). Dies gilt insbesondere für die durch Mittelzuweisung übertragenen Haushaltmittel und deren Verteilung an die Kreispolizeibehörden, die Jahresrechnung, Anforderungen von Beiträgen zum Haushaltsvoranschlag, Bau- und Liegenschaftsfragen (zB Sicherstellung der Einhaltung von Standards, Genehmigung von Raumprogrammen, Prüfung der Wirtschaftlichkeit von Unterbringungen).

Die Abteilung 4 des LZPD ist für die **Einsatzbewältigung im täglichen Dienst** und in **besonderen Lagen für die Kreispolizeibehörden** ein wichtiger Dienstleister. So übernimmt die **Landesleitstelle** in Duisburg im *24/7* Stundendienst die behördenübergreifende Koordination von Einsatzkräften, insbesondere der Bereitschaftspolizei, der Landesreiterstaffel und der Spezialeinheiten (Spezialeinsatzkommando (SEK), Mobiles Einsatzkommando (MEK) sowie Verhandlungsgruppe (VG)). In besonderen Einsatzlagen (Geiselnahmen, Entführungen, aber auch Großdemonstrationen etc) entsendet die Abteilung 4 besonders ausgebildete technische und taktische Einsatzberater, die den Polizeiführer beraten und den jeweiligen Führungsstab mit ihrem speziellen Fachwissen unterstützen. Die Landesleitstelle nimmt zudem Aufgaben der Landes- und Nationalen Meldestelle für den Verkehrswarndienst wahr und versorgt die Rundfunkanstalten im Land Nordrhein-Westfalen mit aktuellen Verkehrshinweisen.

Neben der Landesleitstelle gehört auch die **Zentrale Informationsstelle Sporteinsätze / Landes- **10.2** informationsstelle Sporteinsätze (ZIS / LIS)** zur Abteilung 4 des LZPD. Hier werden im Zusammenhang mit größeren Sporteinsätzen, insbesondere bei Fußballspielen der Bundesliga, Informationen gesammelt, bewertet und gesteuert. Dabei sind ehrverletzende Darstellungen im Jahresbericht zu unterlassen (OVG Münster DVBl 2013, 1460). Die **Fliegerstaffel der Polizei Nordrhein-Westfalen** (Stützpunkte in Düsseldorf und Dortmund) ist ebenfalls beim LZPD organisiert (Mokros PSP 1/2014, 40 (43)).

2. Einsatzberatung

Kommt es seitens des LZPD zu einer „**Einsatzberatung**" einer Kreispolizeibehörde, **11** so haben die (Einsatz-) Berater gegenüber den Kreispolizeibehörden keine aufsichtlichen Befugnisse (§ 4 Abs. 4 PolAufsichtsVO).

II. Aufgabenübertragung

Gemäß § 7 Abs. 5 können das Innenministerium und nach Bestimmung des Innenministe- **12** riums das LZPD einer Polizeibehörde zeitlich befristet **Aufgaben im Bezirk anderer Polizeibehörden übertragen,** insbesondere wenn **einheitliche polizeiliche Maßnahmen** erforderlich werden. Aufgaben können „zeitlich befristet" übertragen werden, dabei muss es sich um **Einzelfälle** handeln. Für dauerhafte Aufgabenübertragung bedarf es einer Rechtsverordnung (zB KHSt-VO – Verordnung über die Bestimmung von Polizeipräsidien zu Kriminalhauptstellen v. 25.8.2013, GV. NRW. 502). Eine derartige Aufgabenübertragung erfolgt aus Zweckmäßigkeitserwägungen, aus Gründen der Verwaltungsvereinfachung, des kräftesparenden Personal- und / oder Mitteleinsatzes, der Einheitlichkeit von Maßnahmen oder der effektiven Bekämpfung von Straftaten (Tegtmeyer POG NRW § 7 Rn. 10).

§ 13b Sachliche Zuständigkeit des Landesamtes für Ausbildung, Fortbildung und Personalangelegenheiten der Polizei

(1) Das Landesamt für Ausbildung, Fortbildung und Personalangelegenheiten der Polizei ist zuständig für die Ausbildung und Fortbildung in der Polizei, soweit die Ausbildung nicht von der Fachhochschule für öffentliche Verwaltung oder den Kreispolizeibehörden als Ausbildungsbehörden wahrgenommen wird.

(2) Neben den sich aus der Aufsicht (§ 5 Abs. 4) oder aufgrund von gesetzlichen Vorschriften ergebenden Aufgaben führt das Landesamt für Ausbildung, Fortbildung und Personalangelegenheiten nach Bestimmung des Innenministeriums insbesondere

1. das Verfahren zur Einstellung von Bewerberinnen und Bewerbern für den gehobenen Polizeivollzugsdienst,
2. die Auswahl, Vor- und Nachbereitung von Bewerberinnen und Bewerbern zu Auslandsverwendungen einschließlich der Entsendung zu internationalen Organisationen sowie die damit verbundene Betreuung und Personalsachbearbeitung,
3. die Koordinierung von landesweiten Nachersatz- und Versetzungsverfahren,
4. die Koordinierung des Versetzungsverfahrens von und zu anderen Dienstherren,
5. sonstige Auswahlverfahren, Potentialanalysen oder deren Teile,
6. ihm durch das Innenministerium übertragene Arbeiten im Bereich Personalentwicklung

durch und entwickelt Verfahren in den vorgenannten Bereichen weiter.

Überblick

Als **Landesoberbehörde** untersteht das Landesamt für Ausbildung, Fortbildung und Personalangelegenheiten der Polizei Nordrhein-Westfalen (LAFP NRW) unmittelbar dem Ministerium für Inneres und Kommunales und unterstützt dieses bei der Wahrnehmung der **Aufsicht über die Kreispolizeibehörden.** Einzelheiten ergeben sich aus der PolAufsichtsVO (Verordnung über die Wahrnehmung von Aufsichtsaufgaben durch das Landesamt für Ausbildung, Fortbildung und Personalangelegenheiten der Polizei, das Landeskriminalamt und das Landesamt für Zentrale Polizeiliche Dienste v. 2.7.2007, GV. NRW. 214; → Rn. 2 ff.). Das LAFP NRW kann sich aus konkretem Anlass im Einzelfall und zur Erfüllung seiner **Unterstützungs- und Koordinierungsaufgaben** von den Kreispolizeibehörden im erforderlichen Umfang unterrichten lassen (→ Rn. 4), ggf. ist das Innenministerium zu unterrichten (→ Rn. 5). Das LAFP NRW führt insbesondere auch die **Aufsicht** über die Kreispolizeibehörden in **dienstrechtlichen Angelegenheiten** (§ 5 Abs. 4, → Rn. 9 f.). In Abs. 2 werden **weitere Zuständigkeiten** des LAFP NRW genannt, die „nach Bestimmung des Innenministeriums" wahrzunehmen sind (→ Rn. 11).

A. Allgemeine Charakterisierung und rechtlicher Rahmen

1   § 13b wurde eingefügt durch das Gesetz zur Änderung des Polizeiorganisationsgesetzes und zur Änderung weiterer Vorschriften über die Organisation der Polizei v. 29.3.2007 (GV. NRW. 140). Der **Wegfall der Bezirksregierungen** als polizeiliche Aufsichtsbehörden machte auch eine Neuverteilung der Aufgaben erforderlich, die auf die Kreispolizeibehörden, die drei Landesoberbehörden sowie in geringem Umfang auf das Innenministerium übertragen wurden (LT-Drs. 14/3018, 21).

I. LAFP NRW als Landesoberbehörde

2   Das Landesamt für Ausbildung, Fortbildung und Personalangelegenheiten der Polizei Nordrhein-Westfalen (LAFP NRW) ist gem. § 6 Abs. 2 LOG NRW eine **Landesoberbehörde,** untersteht somit der obersten Landesbehörde unmittelbar und ist für das ganze Land zuständig (§ 6 Abs. 1 LOG NRW).

3   Das LAFP NRW, das Landeskriminalamt und das Landesamt für Zentrale Polizeiliche Dienste **unterstützen das Innenministerium** bei der Wahrnehmung der Aufsicht über die Kreispolizeibehörden. Hierzu werden ihnen im Rahmen ihrer Aufgabenbereiche nach §§ 13, 13a und 13b die in der PolAufsichtsVO (Verordnung über die Wahrnehmung von Aufsichtsaufgaben durch das Landesamt für Ausbildung, Fortbildung und Personalangelegenheiten der Polizei, das Landeskriminalamt und das Landesamt für Zentrale Polizeiliche Dienste v. 2.7. 2007, GV. NRW. 214; geändert durch Verordnung v. 22.5.2012, GV. NRW. 206) genannten Aufsichtsbefugnisse übertragen (§ 1 Abs. 1 PolAufsichtsVO). Das Zusammenwirken in Angelegenheiten, die über die Zuständigkeit einer Landesoberbehörde hinausgehen, regelt dabei die GGO LOBPolNRW (Gemeinsame Geschäftsordnung für das Landesamt für Ausbildung, Fortbildung und Personalangelegenheiten, das Landeskriminalamt und das Landesamt für Zentrale Polizeiliche Dienste der Polizei des Landes Nordrhein-Westfalen v. 30.1.2018 – 401-58.01.01, MBl. NRW. 46; geändert durch Runderlass v. 6.11.2018, MBl. NRW. 626) zB Fragen der grundsätzlich Zusammenarbeit der Landesoberbehörden, Regelungen des Dienstverkehrs der Landesoberbehörden mit den Kreispolizeibehörden usw. Sichergestellt werden soll vor allem eine einheitliche Handhabung.

Das LAFP NRW kann sich in den ihm durch § 13b übertragenen Aufgaben aus konkretem **4** Anlass im Einzelfall und zur Erfüllung seiner **Unterstützungs- und Koordinierungsaufgaben** von den Kreispolizeibehörden im erforderlichen Umfang unterrichten lassen (§ 2 Abs. 1 PolAufsichtsVO). **Aufsichtsbefugnisse über dienstrechtliche Angelegenheiten** (§ 5 Abs. 4 POG NRW) bleiben unberührt (§ 2 Abs. 2 PolAufsichtsVO).

Das LAFP NRW hat eine aus § 1 Abs. 3 PolAufsichtsVO resultierende **Informations- 5 pflicht gegenüber dem Innenministerium.** Bei „Sachverhalten von besonderer Bedeutung" ist das Innenministerium unverzüglich zu informieren.

II. Aufbauorganisation

Das LAFP NRW hat seinen Sitz in Selm. Weitere Standorte sind in Brühl, Neuss, Münster, **6** Schloss Holte- Stukenbrock, Linnich, Everswinkel und Teveren.

Die Organisation des LAFP NRW ist geregelt durch Runderlass des Ministeriums v. **7** 30.1.2018 (MBl. NRW. 52; geändert durch Runderlass v. 6.11.2018, MBl. NRW. 626): **Organisation der Landesoberbehörden der Polizei.** Dem Direktor LAFP NRW sind die Zentralabteilung sowie fünf Fachabteilungen unterstellt. Grundsätzlich sind die Aufgaben aus der Linienorganisation heraus wahrzunehmen. Soweit erforderlich können Stabsstellen, Geschäftsstellen und Sekretariate im notwendigen Umfang eingerichtet werden. Durch Erlass des Innenministeriums v. 18.6.2019 (401-58.17.02) erfolgte zum 12.7.2019 eine weitere Organisationsanpassung: In der Abteilung 5 erfolgte die Einrichtung eines Dezernates 54 mit den Teildezernaten 54.1 und 54.2, unter anderem mit den Aufgaben Bildungskoordination und -controlling, IT-Koordination Aus- und Fortbildung, zentrale Didaktik. Überdies wurde zur Angleichung der behördlichen Struktur und Beförderung eines gemeinsamen Aufgaben- und Organisationsverständnisses ein Leitungsstab mit drei Sachgebieten eingerichtet: Führung und Steuerung, zentrale Poststeuerung, Grundsatzangelegenheiten, Behördenstrategie und -controlling; Organisationsentwicklung, E-Government, Innenrevision, Geheimschutz, Projekt- und Prozessmanagement, Gremien; Presse- und Öffentlichkeitsarbeit, landeszentrales Genehmigungsverfahren Medien, Vorzimmer Behördenleitung.

(Fach-) Abteilungen des LAFP NRW:		**7.1**
Abteilung 1:	Fachbereich Fortbildung Gefahrenabwehr/Einsatz	
Abteilung 2:	Fachbereich Fortbildung Kriminalität/Verkehr	
Abteilung 3:	Fachbereich Fortbildung Führung, Management, Technik und E-Government	
Abteilung 4:	Ausbildung Bachelor	
Abteilung 5:	Landeszentrale Personalangelegenheiten, Grundsatzangelegenheiten Fortbildung	

Der Abteilung 3 ist die Fachstelle Behördliches Gesundheitsmanagement (BGM) zugeord- **7a** net.

B. Einzelkommentierung

I. Aufgabenzuweisung

8   Die Aufgaben des LAFP NRW werden in § 13b beschrieben. Es ist gem. § 13 Abs. 1 zuständig für die **Ausbildung und Fortbildung in der Polizei,** soweit die Ausbildung nicht von der Fachhochschule für öffentliche Verwaltung oder den Kreispolizeibehörden als Ausbildungsbehörden wahrgenommen wird (Thiel PolR Rn. 56). Daneben führt das LAFP NRW die **Aufsicht über die Kreispolizeibehörden in allen dienstrechtlichen Angelegenheiten** (§ 5 Abs. 4). Die Zuständigkeit des LAFP NRW für die **Ausbildung und Fortbildung in der Polizei,** soweit die Ausbildung nicht von der Fachhochschule für öffentliche Verwaltung oder den Kreispolizeibehörden als Ausbildungsbehörden wahrgenommen wird, ist ein Schwerpunkt innerhalb der Aufgabenwahrnehmung. Das LAFP NRW gehört zu den europaweit größten polizeilichen Bildungsträgern.

II. Aufsichtsfunktion in dienstrechtlichen Angelegenheiten

9   Gemäß § 5 Abs. 4 führt das LAFP NRW die **Aufsicht über die Kreispolizeibehörden** in dienstrechtlichen Angelegenheiten.

10   So ist das LAFP NRW nach dem Inkrafttreten des Gesetzes zur Änderung des Polizeiorganisationsgesetzes und zur Änderung weiterer Vorschriften über die Organisation der Polizei v. 29.3.2007 (GV. NRW. 140) ab dem 1.7.2007 im Bereich der Polizei Nordrhein-Westfalen die nächsthöhere **dienstvorgesetzte Stelle in disziplinarrechtlichen Angelegenheiten** und kann entsprechende „Abänderungsentscheidungen" treffen, zB ungeachtet einer Einstellung eines Disziplinarverfahrens durch die Einleitungsbehörde wegen desselben Sachverhaltes eine Disziplinarverfügung erlassen oder Disziplinarklage erheben (Keller, Disziplinarrecht für die polizeiliche Praxis, 3. Aufl. 2016, 105 ff.; Keller PSP 4/2014, 20 ff.). Gemäß § 32 Abs. 2 S. 2 LDG NRW kann die oberste Dienstbehörde durch Rechtsverordnung abweichende Zuständigkeitsregelungen treffen. In Nordrhein-Westfalen enthält § 7 BeamtZustV MI (Verordnung über beamten- und disziplinarrechtliche Zuständigkeiten im Geschäftsbereich des für Inneres zuständigen Ministeriums v. 18.11.2015, GV. NRW. 760) entsprechende Regelungen über Disziplinarbefugnisse.

III. Zuständigkeit nach Bestimmung Innenministerium

11   In Abs. 2 werden weitere Zuständigkeiten des LAFP NRW genannt, die „nach Bestimmung des Innenministeriums" wahrzunehmen sind. Die Aufgaben des LAFP NRW sind vielfältiger Natur. Sie reichen von der **Konzeption und der Durchführung der Personalwerbung** und -auswahl bis zur Vorbereitung von Polizeibeamtinnen und Polizeibeamten auf **Auslandseinsätze.**

12   Für Studierende der Fachhochschule für öffentliche Verwaltung Nordrhein-Westfalen ist das LAFP NRW als **Träger der Polizeiausbildung** (neben der Fachhochschule für öffentliche Verwaltung und den zehn Ausbildungsbehörden) ein fester Begriff. In den Bildungszentren Brühl, Selm und Schloss Holte Stukenbrock finden die Trainingsmodule im Rahmen des Bachelorstudiengangs Polizei statt (Mokros PSP 1/2014, 40 (44)).

§ 14 Außerordentliche Zuständigkeit

(1) ¹**Bei Gefahr im Verzug kann eine Polizeibehörde Aufgaben einer anderen, an sich zuständigen Polizeibehörde übernehmen.** ²**Die zuständige Polizeibehörde ist unverzüglich zu unterrichten.**

(2) Bei Aufgaben von überörtlicher Bedeutung können die Polizeiaufsichtsbehörden Polizeikräfte mehrerer Polizeibehörden ihres Bezirks einer Polizeibehörde oder sich selbst unterstellen.

Überblick

§ 14 regelt Fälle der „**außerordentlichen Zuständigkeit**". Die Norm hat insofern begrenzenden Charakter (→ Rn. 2). Eine außerordentliche Zuständigkeit kann bei **Gefahr** im **Verzuge** (→ Rn. 4) vorliegen oder auch bei **Aufgaben von überörtlicher Bedeutung** (→ Rn. 6). Bei Gefahr im Verzuge kann eine Polizeibehörde Aufgaben einer an sich zuständigen Polizeibehörde übernehmen. Die zuständige Behörde ist entsprechend zu unterrichten (→ Rn. 5). In Fällen von **überörtlicher Bedeutung** können Polizeiaufsichtsbehörden Polizeikräfte mehrerer Polizeibehörden einer Polizeibehörde unterstellen. Möglich ist auch der sog. **Selbsteintritt** (→ Rn. 6 f.).

A. Allgemeine Charakterisierung und rechtlicher Rahmen

§ 14 enthält Ausnahmen von den Regelungen über die sachliche Zuständigkeit, sofern **1** diese begrenzenden Charakter haben. Sind **notwendige polizeiliche Aufgaben** zu erfüllen, dürfen begrenzende Zuständigkeitsregelungen dieser Aufgabenerfüllung nicht im Wege stehen.

Abs. 1 und Abs. 2 – bei denen es sich um unterschiedliche Sachverhalte handelt – klären **2** mithin „**außerordentliche Zuständigkeiten**" für Polizeibehörden, soweit jene begrenzenden Charakter haben (Schroeder PolR NRW Rn. 96; Tegtmeyer POG NRW Rn. 1).

Abs. 1 ist abzugrenzen von § 7 Abs. 2 Nr. 3 Alt. 2, wonach Polizeibehörden durch ihre **3** Polizeivollzugsbeamtinnen und Polizeivollzugsbeamten auch außerhalb ihres Polizeibezirks tätig werden können zur Erfüllung anderer polizeilicher Aufgaben, wenn die an sich zuständige Polizeibehörde nach § 7 Abs. 1 die erforderlichen Maßnahmen nicht rechtzeitig treffen kann. Während im Falle des § 7 der örtliche Zuständigkeitsbereich im **Eilfall** überschritten wird, wird auf Grundlage von § 14 Abs. 1 eine **sachlich unzuständige Polizeibehörde tätig,** also zB das Landeskriminalamt im sachlichen Zuständigkeitsbereich einer Kreispolizeibehörde.

Naheliegender sind vielmehr Vergleiche mit § 7 Abs. 3 respektive § 9 Abs. 1 Nr. 3. So darf gem. **3.1** § 7 Abs. 3 jede Polizeivollzugsbeamtin und jeder Polizeivollzugsbeamte Amtshandlungen im ganzen Land Nordrhein-Westfalen vornehmen, wenn dies zur **Abwehr einer gegenwärtigen Gefahr, zur Erforschung und Verfolgung von Straftaten und Ordnungswidrigkeiten auf frischer Tat sowie zur Verfolgung und Wiederergreifung Entwichener** erforderlich ist. Entsprechendes gilt für Polizeivollzugsbeamtinnen und Polizeivollzugsbeamte eines anderen Landes, die Amtshandlungen in Nordrhein-Westfalen vornehmen können (§ 9 Abs. 1 Nr. 3). Während sich im Falle von § 14 die Polizeibehörde zum Tätigwerden entschließt, sind es im Falle von § 7 Abs. 3 bzw. § 9 Abs. 1 Nr. 3 die Polizeivollzugsbeamtinnen und Polizeivollzugsbeamten, die den Entschluss zum Handeln selbst treffen (Tegtmeyer POG NRW Rn. 2).

B. Einzelkommentierung

I. Handeln einer sachlich unzuständigen Polizeibehörde

1. Gefahr im Verzuge

Auf Grundlage von Abs. 1 wird eine an sich **sachlich unzuständige Polizeibehörde 4** tätig. Abs. 1 S. 1 fordert das Vorliegen von **Gefahr im Verzuge.** Ein **unverzügliches polizeiliches Handeln** muss geboten sein.

2. Unterrichtungspflicht

Dass die zuständige Polizeibehörde gem. Abs. 1 S. 2 **unverzüglich zu unterrichten** ist, **5** ist eine Selbstverständlichkeit. Die sachlich zuständige Behörde muss in die Lage versetzt werden, den in Rede stehenden Sachverhalt zu übernehmen, angeordnete Maßnahmen zu ändern und/oder weitere Maßnahmen zu treffen.

II. Aufgaben von überörtlicher Bedeutung

Im Falle von Abs. 2 können bei **Aufgaben von überörtlicher Bedeutung** die Polizeiauf- **6** sichtsbehörden Polizeikräfte mehrerer Polizeibehörden ihres Bezirks einer Polizeibehörde oder sich selbst unterstellen.

7 Die Vorschrift sieht auch den **Selbsteintritt der (Polizei-) Aufsichtsbehörden** vor; diese können sich die Polizeikräfte auch selbst unterstellen. Dieser Selbsteintritt hat indes **Ausnahmecharakter,** da die Kreispolizeibehörden, insbesondere die Kriminalhauptstellen (§ 4 KHSt-VO), über größere Erfahrungen bei der Einsatzbewältigung entsprechender „Aufgaben von überörtlicher Bedeutung" haben. So verfügen die sog. „§ 4 Behörden" über Ständige Stäbe, die indes auf Anforderung allen Polizeibehörden des Landes zur Vorbereitung und Durchführung schwieriger Einsatzlagen zur Verfügung stehen. Die Kreispolizeibehörden haben letztlich auch die erforderliche Ortskenntnis und können so am besten entscheiden, wie eigene und unterstellte Kräfte eingesetzt werden (Tegtmeyer POG NRW Rn. 4).

8 Anordnungen nach § 14 Abs. 2 und § 7 Abs. 5 müssen nicht zeitgleich getroffen werden. So ist es denkbar, dass bei einer **polizeilichen Großlage** (zB Castor-Transport) zunächst eine Kreispolizeibehörde beauftragt wird, gem. § 7 Abs. 5 alle vorbereitenden Maßnahmen auch für die Polizeibezirke anderer Polizeibehörden zu planen. Die Unterstellung von Polizeikräften anderer Polizeibehörden kann dann später nach Bedarf sukzessiv vorgenommen werden (Tegtmeyer POG NRW Rn. 5). Für größere polizeiliche Lagen, in denen die Beauftragung einer Kreispolizeibehörde nach § 7 Abs. 5 erfolgt, können Polizeikräfte nach § 14 Abs. 2 unterstellt werden.

Fünfter Abschnitt. Polizeibeiräte

§ 15 Polizeibeiräte, Mitgliederzahl

(1) Bei den Kreispolizeibehörden und der Wasserschutzpolizei gem. § 3 Abs. 1 bestehen Polizeibeiräte.

(2) Der Polizeibeirat bei der Kreispolizeibehörde hat 11 Mitglieder.

Überblick

Als 1953 durch das die Polizei in Nordrhein-Westfalen verstaatlicht worden war und im Zuge dessen die Einflussmöglichkeiten der Kommunen auf die vormaligen Stadtkreispolizeien und Regierungsbezirkspolizeien entfielen, wurden als **Ausgleich bei den Kreispolizeibehörden** und bei den Bezirksregierungen **Polizeibeiräte** geschaffen (→ Rn. 1 ff.). Der Polizeibeirat bei der Kreispolizeibehörde ist kein Gremien des Kreises, sondern staatlicher Natur. Polizeibeiräte – die keine kriminalpräventiven Räte darstellen – (→ Rn. 4) haben keine eigenen Entscheidungsbefugnisse. Sie sollen der **Zusammenarbeit zwischen der Polizei und den Kommunen** dienen und als **Bindeglied zwischen Bevölkerung, Selbstverwaltung und Polizei** (→ Rn. 3) fungieren. Vor diesem Hintergrund sollen sie insbesondere Anregungen und Wünsche der Bevölkerung an die Polizeibehörde herantragen und mit diesen beraten. Durch Abs. 2 wird die **Stärke des Polizeibeirates** einer Kreispolizeibehörde mit elf Mitgliedern vorgegeben, die ehrenamtlich tätig sind (→ Rn. 7).

A. Allgemeine Charakterisierung und rechtlicher Rahmen

I. Historie

In Nordrhein-Westfalen wurden die Stadtkreis- und Regierungsbezirk-Polizeibehörden **1** zum 1.10.1953 durch das Gesetz über die Organisation und die Zuständigkeit der Polizei im Lande Nordrhein-Westfalen (v. 11.8.1953, GV. NRW. 330) aufgelöst und in die bestehende staatliche Verwaltung integriert.

Zuständig wurden 79 Kreispolizeibehörden, bestehend aus zwölf Polizeipräsidenten, sieben Polizeidi- **1.1** rektoren und sieben Polizeiamtsleitern sowie 50 Oberkreisdirektoren als untere staatliche Verwaltungsbehörden (Wesseler/Kamp NWVBl. 2009, 374 (375)).

Die Einflussmöglichkeiten der Kommune auf die vormaligen Stadtpolizeien und Regie- **2** rungsbezirkspolizeien entfielen. Als Ausgleich wurden die bisherigen politisch verantwortlichen **Polizeiausschüsse** in **Polizeibeiräte** umgewandelt (Lisken/Denninger PolR-HdB/ Boldt/Stolleis A Rn. 78; Reuter DIE POLIZEI 2012, 79 (81)). Insofern sollten Polizeibeiräte nach Abschaffung der kommunalen Polizeihoheit gewisse **demokratische Kontrollrechte** wahrnehmen (Gusy PolR Rn. 63). Die Polizei sollte einer stärkeren demokratischen Kontrolle unterworfen werden (**Demokratisierung der Gefahrenabwehr**).

Polizeibeiräte sind eine **Besonderheit in einzelnen Bundesländern** (zB §§ 82, 84 Bbg **3** PolG, § 9 SchlHPOG). Sie haben **keine eigenen Entscheidungsbefugnisse.** Sie sollen vielmehr der Zusammenarbeit zwischen der Polizei und den Kommunen dienen. Aus diesem Grunde werden ihnen Mitwirkungsrechte beratender Art eingeräumt (Schenke PolR Rn. 451).Der Polizeibeirat fungiert mithin als **Bindeglied zwischen Bevölkerung, Selbstverwaltung und Polizei.** Seine Aufgabenstellung ergibt sich aus § 16. Polizeibeiräte wirken somit auch im Interesse der Polizei auf lokale bzw. kommunale Politik ein (Gusy PolR Rn. 63).

II. Abgrenzung: Kriminalpräventive Räte

Von Polizeibeiräten zu unterscheiden sind **Kriminalpräventive Räte,** die in zahlreichen **4** Kommunen auf freiwilliger Basis gebildet wurden (allgemein zu „Präventionsräten" Lisken/ Denninger PolR-HdB/Rachor/Roggan C Rn. 181). Derartige Räte sind zusammengesetzt aus Vertretern der Polizei und anderer Landes- bzw. Kommunalbehörden. Durch kriminal-präventive Räte kommt der **gesamtgesellschaftliche Ansatz in der Kriminalprävention** zur Geltung, indem Ideen zur Vorbeugung von Gefahren und zur Verhinderung von Strafta-ten aus unterschiedlichen Zuständigkeiten und Sichtweisen gesammelt und realisiert werden (Prävention als gesamtgesellschaftliche Aufgabe, vgl. Schwind, Kriminologie, 23. Aufl. 2016, § 18 Rn. 3).

B. Einzelkommentierung

I. Polizeibeiräte

5   Gemäß Abs. 1 bestehen **Polizeibeiräte bei den Kreispolizeibehörden** und der Wasser-schutzpolizei gem. § 3 Abs. 1. Die **Wasserschutzpolizei** ist zwar keine eigene Behörde mehr, sondern gehört zum Polizeipräsidium Duisburg, verfügt jedoch weiterhin über einen eigenen Polizeibeirat.

6   Polizeibeiräte sind **keine kommunalen Ausschüsse,** keine Gremien des Kreises (Kirch-hof/Wansleben/Becker/Plückhahn/Klieve/Winkel/Faber, Praxis der Kommunalverwaltung, 2012, B 2 NW, Rn. 4.3). Sie sind als **Teil der Polizeibehörde** Teil der staatlichen Verwal-tung.

6.1   Der Polizeibeirat ist auch kein aus der Gemeindevertretung abgeleitetes Gremium, das an der Erfül-lung der dem Ratsplenum zugewiesenen Aufgaben als Vertretung des Gemeindesvolkes mitwirkt. Dies ergibt sich bereits aus seiner gesetzlichen Aufgabenstellung, wonach er **Bindeglied zwischen Bevölke-rung, Selbstverwaltung und Polizei** ist und das vertrauensvolle Verhältnis zwischen ihnen fördern, die Tätigkeit der Polizei unterstützen sowie Anregungen und Wünsche der Bevölkerung an die Polizei herantragen soll (§ 16 Abs. 1; VG Köln BeckRS 2011, 49203).

II. Stärke des Polizeibeirats

7   Gemäß Abs. 2 hat der Polizeibeirat bei der Kreispolizeibehörde **11 Mitglieder,** die ehren-amtlich tätig sind. Die Stärke ist vorgegeben, ist also unabhängig von der Größe oder Bedeu-tung einer Kreispolizeibehörde (Tegtmeyer POG NRW Rn. 4). Die Mitgliedschaft wird als **Ehrenamt** wahrgenommen.

7.1   Gemäß § 1 Abs. 1 AMEG (**Ausschussmitglieder-Entschädigungsgesetz** v. 13.5.1958, GV. NRW. 193) erhalten die ehrenamtlichen Mitglieder der in der Anlage zu diesem Gesetz aufgeführten Ausschüsse und deren Unterausschüsse zur Abgeltung ihrer Aufwendungen eine Entschädigung nach Maßgabe der folgenden Vorschriften. Erfasst sind auch Polizeibeiräte.

§ 16 Aufgaben des Polizeibeirats

(1) [1]Der Polizeibeirat ist Bindeglied zwischen Bevölkerung, Selbstverwaltung und Polizei. [2]Er soll das vertrauensvolle Verhältnis zwischen ihnen fördern, die Tätigkeit der Polizei unterstützen sowie Anregungen und Wünsche der Bevölke-rung an die Polizei herantragen.

(2) [1]Der Polizeibeirat berät mit der Leiterin oder dem Leiter der Polizeibehörde polizeiliche Angelegenheiten, die für die Bevölkerung oder für die Selbstverwaltung von Bedeutung sind. [2]Dazu gehören auch Angelegenheiten und an die Polizeibe-hörde gerichtete Beschwerden, deren Bedeutung über den Einzelfall hinausgeht oder an deren Behandlung ein öffentliches Interesse besteht. [3]Die Leiterin oder der Leiter der Polizeibehörde unterrichtet den Polizeibeirat so früh wie möglich über das Vorliegen derartiger Angelegenheiten. [4]Darüber hinaus berichtet die Leiterin oder der Leiter der Polizeibehörde zu den Tagesordnungspunkten und legt den Stand der öffentlichen Sicherheit im Polizeibezirk dar.

(3) Der Polizeibeirat ist vor der Schaffung sozialer Einrichtungen, vor der Pla-nung baulicher Maßnahmen für die Polizei, vor der Errichtung oder Auflösung von Polizeiinspektionen, Polizeihauptwachen und Polizeiwachen sowie vor der Änderung ihrer Dienstbezirke zu hören.

(4) Der Polizeibeirat ist vor der Besetzung der Stelle der Behördenleitung mit einer Polizeipräsidentin oder einem Polizeipräsidenten zu hören.

Überblick

§ 16 beschreibt die **Aufgaben des Polizeibeirates;** in Abs. 1 wird der eigentliche Zweck herausgestellt. Polizeibeiräte fungieren als Bindeglied zwischen der staatlichen Polizeiverwaltung und der Selbstverwaltung der Kreise und kreisfreien Städte sowie der Bevölkerung (→ Rn. 1). Der Polizeibeirat ist **keine Aufsichtsbehörde** über die Polizeibehörde, sondern berät mit der Behördenleitung polizeiliche Angelegenheiten (→ Rn. 2 f.). Er soll die **Tätigkeit der Polizei unterstützen** und **Wünsche aus der Bevölkerung** an die Polizei herantragen (→ Rn. 3). Die Behördenleitung hat eine weitgehende **Auskunftspflicht** gegenüber dem Polizeibeirat (→ Rn. 6). Vor dem Hintergrund, dass Polizeibeiräte in der Praxis auch im Interesse der Polizei auf die lokale kommunale Politik einwirken sollen (Gusy PolR Rn. 63), ist die mangelnde Bekanntheit in der Öffentlichkeit bedauerlich (→ Rn. 13).

A. Allgemeine Charakterisierung und rechtlicher Rahmen

§ 16 beschreibt die Aufgaben des Polizeibeirates. Vor dem Hintergrund des in Abs. 1 **1** beschriebenen Zwecks – Polizeibeirat als **Bindeglied zwischen Bevölkerung, (kommunaler) Selbstverwaltung und Polizei** – soll er der Zusammenarbeit zwischen der Polizei und den Kommunen dienen (Schenke PolR Rn. 451); insofern besteht die Aufgabe des Polizeibeirates auch in der **Herstellung eines vertrauensvollen Verhältnisses.** Er hat eine **Beratungs- und keine Aufsichtsfunktion.**

B. Einzelkommentierung

I. Aufgabenstellung des Polizeibeirats

Durch Abs. 1 wird der grundlegende Zweck der Polizeibeiräte beschrieben. Durch seine **2** Funktion als Bindeglied zwischen Bevölkerung, kommunaler Selbstverwaltung und Polizei (Langer LKV 2012, 355 (358)) wird deutlich, dass er **keine Aufsichtsbehörde** über die Polizeibehörde ist, sondern vielmehr eine **beratende Funktion** hat. Gefördert werden soll das **vertrauensvolle Verhältnis.**

Der Polizeibeirat hat **keine eigenen Entscheidungsbefugnisse.** Er hat eine **beratende 3 Funktion** hinsichtlich polizeilicher Angelegenheiten. Er soll die **Tätigkeit der Polizei unterstützen,** dabei **Anregungen und Wünsche der Bevölkerung** an die Polizei herantragen (VG Köln BeckRS 2011, 49203).

Aus dem in Abs. 1 S. 2 geforderten vertrauensvollen Verhältnis zwischen Bevölkerung, **4** Selbstverwaltung und Polizei ist nicht zu folgern, dass der Polizeibeirat kritiklos die berichteten polizeilichen Vorgänge nur zur Kenntnis zu nehmen hat oder gar gutheißen muss. Vielmehr soll er **Bedenken gegen geplante polizeiliche Maßnahmen** (konstruktiv) äußern, ohne zugleich atmosphärische Störungen zu verursachen. Begrüßt der Polizeibeirat Pläne der Polizei – zB hinsichtlich der Einrichtung einer Ordnungspartnerschaft unter Beteiligung des Kreises oder der kreisfreien Stadt – so bewirkt das auch eine **positive Rückkoppelung** zu den Vertretungskörperschaften der Kommunen.

II. Beratung über Angelegenheiten und Auskunftspflicht der Polizei

Gemäß Abs. 2 S. 1, S. 2 berät der Polizeibeirat mit der Leiterin oder dem Leiter der **5** Polizeibehörde **polizeiliche Angelegenheiten,** die für die Bevölkerung oder für die Selbstverwaltung von Bedeutung sind. Dazu gehören auch Angelegenheiten und an die Polizeibehörde gerichtete **Beschwerden,** deren Bedeutung über den Einzelfall hinausgeht oder an deren Behandlung ein öffentliches Interesse besteht.

Die Behördenleitung der Polizei hat dabei eine **weitgehende Auskunftspflicht** gegen- **6** über dem Polizeibeirat. Gemäß Abs. 2 S. 3, S. 4 unterrichtet die Leiterin oder der Leiter der Polizeibehörde den Polizeibeirat so früh wie möglich über das Vorliegen derartiger Angelegenheiten (Bsp. → Rn. 6.1).

6.1   **Beispiel:** Rhein-Erft-Kreis: Aufgrund des Berichts „Banden reisen zum Einbruch an" im „Kölner Stadt-Anzeiger" (20.8.2013) hat der Vorsitzende des Kreispolizeibeirates das Gremium zu einer **Sondersitzung** einberufen. Die Polizeiführung soll bei dem Treffen Auskunft über die Entwicklung der Kräfteverteilung im Bereich Wohnungseinbruch geben.

7   Im Falle unterschiedlicher Auffassungen zwischen Polizeibeirat und polizeilicher Behördenleitung – zB anlässlich von Beschwerden – ist eine großzügige Auslegung im Hinblick auf die **Beratungszuständigkeit des Polizeibeirates angezeigt** (Tegtmeyer POG NRW Rn. 1). Gemäß § 18 Abs. 3 S. 3 kann ein Viertel der Mitglieder des Polizeibeirates verlangen, eine bestimmte Angelegenheit (zB Beschwerde) auf die Tagesordnung zu setzen.

8   Gemäß Abs. 2 S. 4 berichtet die Leiterin oder der Leiter der Polizeibehörde zu den **Tagesordnungspunkten** und legt den Stand der öffentlichen Sicherheit im Polizeibezirk dar. Auch hier besteht natürlich die Möglichkeit der Rückkoppelung. Die **polizeiliche „Sicherheitslage"** kann mit entsprechenden Informationen „angereichert" werden.

9   Bei der **Beratung von Angelegenheiten** iSv Abs. 3 – zB Errichtung oder Auflösung von Polizeiinspektionen oder Polizeiwachen oder Änderung ihrer Dienstbezirke – ist der **Polizeibeirat zu hören.**

9.1   Auf Verlangen des Polizeibeirats können auch andere Beschäftigte der Polizeibehörde, Vertreterinnen und Vertreter der Verwaltungen der bezirksangehörigen Kreise und kreisfreien Städte sowie in Angelegenheiten des Abs. 3 auch Vertreterinnen und / oder Vertreter des Personalrats der Polizeibehörde an den Sitzungen teilnehmen (§ 18 Abs. 2 S. 2). Bei der Beratung über Angelegenheiten iSd Abs. 3 sind zu den entsprechenden Tagesordnungspunkten Vertreterinnen und Vertreter des Personalrates zu laden (Tegtmeyer POG NRW Rn. 3).

10   Vor der **Besetzung der Stelle der Behördenleitung mit einer Polizeipräsidentin oder einem Polizeipräsidenten** ist der Polizeibeirat zu hören (Abs. 4). Üblicherweise wird sich die Kandidatin bzw. der Kandidat bei dem Polizeibeirat vorstellen; insofern ist dem **Anhörungsrecht** genüge getan (Tegtmeyer POG NRW Rn. 4). Entscheidend ist das Votum des Polizeirats allerdings nicht. Die Entscheidung liegt letztlich bei der Landesregierung.

III. Sonstiges

11   Hinsichtlich der in § 16 beschriebenen Aufgaben wird die **Funktion des Polizeibeirats mitunter kritisch** gesehen. Wenn auch der Polizeibeirat gegenüber der Polizei eine unterstützende Tätigkeit habe sowie Anregungen und Wünsche der Bevölkerung an die Polizei herantragen soll, so wird eingewandt, dass das Gremium letztlich doch „auf Seiten der Polizei" stehe. Was für den Bürger von Bedeutung sei, definiere letztlich der Leiter der Polizei. Entsprechend zielten seine „Vorträge" vor dem Beirat auf eine positive Selbstdarstellung der Organisation. Alles, was dabei stören könne, werde ausgeblendet. Zudem habe der Beirat **kein Mitbestimmungsrecht,** was die Einsatzabarbeitung anbelangt, er sei **kein parlamentarisches Kontrollgremium** über die Behörde und kein Aufsichtsorgan über die Beamten. Eine **Kontrolle der Polizei** sei durch den Polizeibeirat nicht möglich (Reuter DIE POLIZEI 2012, 79 (82)).

12   Gleichwohl ist zu konstatieren, dass sich Polizeibeiräte in ihrer **Mittler- und Beraterfunktion** durchaus bewährt haben. Eine **Ausweitung ihrer Aufgaben als entscheidungsbefugte Beschwerdeinstanz** ist verfassungsrechtlich nicht zulässig, da das einzige parlamentarische Kontrollorgan für den Innenminister, dem die Polizei untersteht, der Landtag ist (Reuter DIE POLIZEI 2012, 79 (82)). Im Übrigen macht die Befassung mit allgemeinen Beschwerden (Abs. 2 S. 2) schon eine gewisse Kontrolle des Verhaltens von Polizeibeamten möglich. Insbesondere gelingt es den Beiräten aber, die Polizeibehörden besser zu informieren, sie sensibler und letztlich im Einzelfall auch sachkundiger zu machen. Polizeibeiräte tragen Anliegen der Kommunalvertretungen und der lokalen Bevölkerung an die Polizei heran und vertreten die polizeilichen Belange gegenüber den Kommunalkörperschaften, den lokalen Organisationen und bestimmten Einzelinteressen (Reuter DIE POLIZEI 2012, 79 (82)). An ihrer gesetzlichen Funktion gemessen, sind sie durchaus so angelegt, dass sie ihre Funktionen grundsätzlich erfüllen können.

12.1   Der Polizeibeirat soll das „vertrauensvolle Verhältnis" zwischen der Polizei und der Bevölkerung fördern. Es ist kein Geheimnis, dass erfolgreiche Polizeiarbeit auf einem guten Verhältnis zu Bürgern aufbaut. Sicherheitsgefühl und Vertrauen in eine rechtsstaatlich handelnde Polizei sind Eckpfeiler in dieser Beziehung. Die sog. Scheu-Kommission (Bericht der Kommission zur Neuorganisation der Polizeibehörden in Nordrhein-Westfalen, 2005, 96) empfiehlt gar eine **Stärkung der Polizeibeiräte** in ihren Aufgaben und Kompetenzen, um der lokalen / regionalen Verankerung weiteren Rückhalt zu geben.

In der Praxis sind jedoch insbesondere **Defizite hinsichtlich ihrer Bekanntheit** in der   **13** Öffentlichkeit, der unmittelbaren Einflussmöglichkeiten durch die Bürger und der individuellen Rechte der einzelnen Beiratsmitglieder erkennbar (Reuter DIE POLIZEI 2012, 79 (84)). Vor dem Hintergrund, dass Polizeibeiräte in der Praxis auch im Interesse der Polizei auf die lokale kommunale Politik einwirken (Gusy PolR Rn. 63), scheint dies bedauerlich („**Öffentlichkeitsarbeit tut not**").

Der Polizeibeirat sammelt und formuliert die Bürgerinteressen, damit sich die Polizei ganz   **14** konkret und bürgernah an ihnen orientieren kann. Das ist gut so, denn viele Bürger sind nicht bereit, ihre Sprachlosigkeit zu überwinden, sich selbst mit ihren Wünschen und Anregungen unmittelbar an die Polizei zu wenden (Ziel LKV 1995, 1 (5)). Hier wird die Funktion des Polizeibeirates als **Bindeglied zwischen Bevölkerung und Polizei** deutlich.

§ 17 Wahl der Mitglieder

(1) [1]Die Vertretungen der Kreise und der kreisfreien Städte wählen für die Dauer ihrer Wahlzeit aus ihrer Mitte die Mitglieder des Polizeibeirats und ihre Stellvertreterinnen sowie Stellvertreter im Wege der Listenwahl nach dem Verhältniswahlsystem Hare/Niemeyer. [2]In den Polizeibeirat können auch andere Bürgerinnen und Bürger sowie Einwohnerinnen und Einwohner, die einem kommunalen Ausschuss angehören können, als Mitglieder, Stellvertreterinnen und Stellvertreter gewählt werden; ihre Zahl darf die der Mitglieder aus den Vertretungen nicht erreichen. [3]Beamtinnen und Beamte, Angestellte sowie Arbeiterinnen und Arbeiter der Polizei können nicht Mitglieder, Stellvertreterinnen oder Stellvertreter in einem Polizeibeirat sein.

(2) Bei einem zusammengefassten Polizeibezirk (§ 2 Abs. 2) wählen die Vertretungen der beteiligten Kreise und kreisfreien Städte die Mitglieder, Stellvertreterinnen und Stellvertreter zum Polizeibeirat nach dem Verhältnis der Einwohnerzahl zur Gesamteinwohnerzahl des Bezirks; jeder Kreis und jede kreisfreie Stadt soll im Polizeibeirat vertreten sein.

(3) [1]Die Polizeibeiräte bei den Polizeipräsidien Bielefeld, Dortmund, Düsseldorf, Köln und Münster wählen aus ihrer Mitte je ein Mitglied und eine Stellvertreterin oder einen Stellvertreter zum Polizeibeirat bei der Wasserschutzpolizei. [2]Die übrigen Mitglieder, Stellvertreterinnen und Stellvertreter werden aus den mit der gewerblichen Schifffahrt verbundenen Kreisen der Bevölkerung vom Innenministerium bestimmt.

(4) Die Mitglieder, Stellvertreterinnen und Stellvertreter der Polizeibeiräte bei den Bezirksregierungen werden von den Polizeibeiräten der Kreispolizeibehörden aus ihrer Mitte gewählt.

(5) [1]Die Mitglieder des Polizeibeirats, ihre Stellvertreterinnen und ihre Stellvertreter dürfen an der Übernahme und Ausübung ihrer Tätigkeit nicht gehindert oder hierdurch in ihrem Amt oder Arbeitsverhältnis benachteiligt werden. [2]Insbesondere ist es unzulässig, sie aus diesem Grund zu entlassen oder ihnen zu kündigen. [3]Stehen sie in einem Dienst- oder Arbeitsverhältnis, ist ihnen die für ihre Tätigkeit erforderliche freie Zeit zu gewähren.

(6) § 86 des Verwaltungsverfahrensgesetzes für das Land Nordrhein-Westfalen gilt entsprechend.

Überblick

Die **Wahl für die Polizeibeiräte** bei den Kreispolizeibehörden erfolgt gem. Abs. 1, wobei die Wahlzeit der Polizeibeiräte der Wahlzeit für die Kommunen des Landes Nordrhein-

Westfalen entspricht (→ Rn. 1 ff.). Es handelt sich beim Polizeirat nicht um einen kommunalen Ausschuss. Gleichwohl ist davon auszugehen, dass nach **Ablauf der eigentlichen Wahlzeit** der bisherige Beirat seine Tätigkeit bis zur Konstituierung des neuen Polizeibeirates weiterhin ausübt (→ Rn. 2.1). Der Kreistag bzw. der Rat der kreisfreien Stadt können nicht nur Mitglieder der jeweiligen Vertretungskörperschaft als Mitglieder, Stellvertreterinnen und Stellvertreter in den Polizeibeirat bei der Kreispolizeibehörde wählen, sondern auch Bürgerinnen und Bürger sowie Einwohnerinnen und Einwohner (→ Rn. 5). Nicht in den Beirat gewählt werden können Bedienstete der Polizei (**Inkompatibilität von Polizeibediensteten;** → Rn. 7 f.). Niemand darf an der Wahrnehmung der Mitgliedschaft im Polizeibeirat gehindert werden oder wegen dieser Betätigung Nachteile erfahren. Insofern besteht nach Abs. 5 ein **Benachteiligungsverbot** (→ Rn. 11 f.). Die **Abberufung** aus dem Polizeibeirat ist unter den Voraussetzungen des § 86 VwVfG. NRW. möglich (§ 17 Abs. 6). Dies allerdings nur, wenn ein **wichtiger Grund** vorliegt (→ Rn. 13 ff.).

Übersicht

A. Allgemeine Charakterisierung und rechtlicher Rahmen

1   Die **Wahl für die Polizeibeiräte bei den Kreispolizeibehörden** erfolgt gem. Abs. 1 bzw. bei Kreispolizeibehörden mit einem zusammengefassten Bezirk unter Beachtung des Abs. 2.

2   Die Wahlzeit der Polizeibeiräte entspricht der **Wahlzeit für die Kommunen des Landes Nordrhein-Westfalen.** Nach Ablauf der Wahlzeit erfolgt keine Neuwahl nach § 19, sondern eine neue Wahl nach § 17.

2.1   Gemäß § 27 Abs. 2 KrO NRW üben die bisherigen Kreistagsmitglieder nach Ablauf der Wahlperiode ihre Tätigkeit bis zur ersten Sitzung des neugewählten Kreistags weiter aus (sa § 42 Abs. 2 GO NRW). Sinn und Zweck dieser Regelung ist es zu verhindern, dass der Kreistag als Organ – also unabhängig von seiner jeweiligen Zusammensetzung – wegen der noch nicht vollzogenen Neukonstituierung handlungsunfähig wird. Die Fortgeltung der Mandatsausübung beinhaltet nicht nur die eigentliche Tätigkeit im Kreistag selbst, sondern alle Funktionen, in denen die derzeitigen Mitglieder der Vertretung tätig sind, wie etwa als Ausschussmitglied. Da der Kreistag kein Parlament ist, gehen sämtliche Angelegenheiten (zB eingeleitete Satzungsverfahren) in dem Verfahrensstadium auf den neuen Kreistag über, in dem sie sich bis zu seinem Zusammentritt befanden (BeckOK KommunalR NRW/Frenzen KrO NRW § 27 Rn. 10 ff.). Diesem Rechtsgedanken folgend ist davon auszugehen, dass der Polizeibeirat nach **Ablauf der Wahlzeit** seine Tätigkeit bis zur **Konstituierung des neuen Polizeibeirats** weiter ausübt. Für den Polizeibeirat bei der Wasserschutzpolizei ist der Zeitverzug noch größer, da dieser erst gebildet wird, nachdem die Polizeibeiräte bei den Polizeipräsidien Bielefeld, Dortmund, Düsseldorf, Köln und Münster aus ihrer Mitte je ein Mitglied und eine Stellvertreterin oder einen Stellvertreter zum Polizeibeirat bei der Wasserschutzpolizei gewählt haben.

B. Einzelkommentierung

I. Wahl der Mitglieder

1. Vertretungen der Kreise und der kreisfreien Städte

3   Der Kreis bzw. der Rat der kreisfreien Stadt können entsprechend Abs. 1 S. 1 **Mitglieder der jeweiligen Vertretungskörperschaft** als Mitglieder, Stellvertreterinnen und Stellvertreter in den Polizeibeirat der Kreispolizeibehörde wählen.

§ 26 Abs. 1 S. 2 KrO NRW normiert einen Vorbehaltskatalog, in dem eine Reihe von Angelegenhei- **3.1** ten festgelegt sind, die schon kraft Gesetzes als so wichtig eingeschätzt werden, dass sie ausschließlich vom Kreistag als dem obersten Willensbildungsorgan des Kreises wahrgenommen werden dürfen. Auch außerhalb des Vorbehaltskataloges gibt es in der Kreisordnung sowie in anderen Gesetzen Angelegenheiten, die aufgrund ihrer Bedeutung zwingend der Beschlussfassung des Kreistages bedürfen, so auch die Wahl der Mitglieder des Polizeibeirats (BeckOK KommunalR NRW/Frenzen KrO NRW § 26 Rn. 31).

Die Kreistage und die Stadträte wählen für die Dauer ihrer Wahlzeit aus ihrer Mitte die **4** Mitglieder des Beirates und ihre Stellvertreter über Listen mit **Verhältniswahlsystem nach Hare/Niemeyer.**

In den Polizeibeirat können nicht nur Mitglieder der jeweiligen Vertretungskörperschaft **5** gewählt werden, sondern auch **Bürgerinnen und Bürger sowie Einwohnerinnen und Einwohner,** soweit Letztgenannte beratende Mitglieder eines kommunalen Ausschusses nach § 41 Abs. 6 KrO NRW bzw. § 58 Abs. 4 GO NRW sein können (Abs. 1 S. 2).

In den Polizeibeirat gewählte Einwohnerinnen und Einwohner haben – anders als im **6** Kommunalverfassungsrecht – **nicht nur beratende Stimme** (Tegtmeyer POG NRW Rn. 4). Die Mitglieder der Vertretungen müssen im Polizeibeirat allerdings die Mehrheit stellen.

Bedienstete der Polizei des Landes Nordrhein-Westfalen können nicht Mitglieder, Stell- **7** vertreterinnen oder Stellvertreter in einem Polizeibeirat sein (Abs. 1 S. 3), obgleich sie – von Ausnahmen abgesehen (§ 13 Abs. 1 lit. c, lit. d NRWKommwahlG und § 13 Abs. 5 NRWKommwahlG – Mitglieder der Vertretungen der Kreise und kreisfreien Städte sein können (und dann bei der Wahl der Mitglieder der Polizeibeiräte mitwirken) bzw. als sachkundige Bürgerinnen und Bürger in kommunale Ausschüsse berufen werden können (Tegtmeyer POG NRW Rn. 5). Diese **Inkompatibilität** gilt unabhängig davon, bei welcher nordrhein-westfälischen Polizeibehörde der Polizeibedienstete tätig ist.

Wenn also zB ein Verwaltungsbeamter von einem Polizeipräsidium zu einer anderen Kreispolizeibe- **7.1** hörde versetzt wird, muss er aus dem Beirat ausscheiden. Gleiches gilt, wenn ein Mitglied des Polizeibeirates als Tarifbeschäftigter in den Polizeidienst des Landes Nordrhein-Westfalen eintritt (Tegtmeyer POG NRW Rn. 5).

2. Nachwahl

Für den Fall des Ausscheidens eines Mitglieds des Polizeibeirates wird eine **Nachwahl 8** durchgeführt. Plädiert wird für eine analoge Anwendung des § 50 Abs. 3 S. 7 GO NRW, nach der der Nachfolger auf Vorschlag der Fraktion oder Gruppe zu wählen wäre, welcher der Ausgeschiedene angehört hat (Erlenkämper NVwZ 1999, 1295 (1306); sa Küsgens–Bechinger EILDIENST ST NRW 1998, 195).

II. Sonderregelung

Abs. 3 enthält eine **Sonderregelungen** für Polizeibeiräte bei den Polizeipräsidien Biele- **9** feld, Dortmund, Düsseldorf, Köln und Münster, die aus ihrer Mitte je ein Mitglied und eine Stellvertreterin oder einen Stellvertreter zum **Polizeibeirat bei der Wasserschutzpolizei** wählen. Die übrigen Mitglieder, Stellvertreterinnen und Stellvertreter werden aus den mit der gewerblichen Schifffahrt verbundenen Kreisen der Bevölkerung vom Innenministerium bestimmt (Abs. 3 S. 2).

Mit Aufgabe der Bezirksregierungen als Polizeibehörden durch Organisationsänderungen im Jahr **9.1** 2007 bedurfte es gleichwohl der Regelung über die **Wahl der Mitglieder zum Beirat der Wasserschutzpolizei,** der sich bis dahin zu einem Teil aus den Mitgliedern der Polizeibeiräte der bisherigen Bezirksregierungen (Dezernate 25 und 26) zusammensetzte (Mitgliedschaft durch Wahl), zu einem Teil aus mit der gewerblichen Schifffahrt verbundenen Kreisen der Bevölkerung (Mitgliedschaft durch Bestimmung seitens des Polizeibeirates der Bezirksregierung Düsseldorf). An der Mitgliederzahl, der unterschiedlichen Mitgliedschaftsgewinnung sowie der Mehrheitsverhältnisse im Beirat hat sich infolge der Organisationsänderung 2007 nichts geändert. Angesichts der Funktion der Polizeibeiräte als Bindeglieder zwischen der Polizei und Selbstverwaltung und der Bevölkerung musste eine Neuregelung diesem regionalen Motiv bei der Zusammensetzung des Beirats für die **Wasserschutzpolizei** Rechnung tragen. Die Regelung wahrt über die Bezirke der genannten Polizeipräsidien eine regionale Komponente und sichert zugleich die Präsenz von Experten aus dem Bereich der Wasserschutzpolizei (LT-Drs. 14/3018, 25).

III. Polizeibeiräte bei den Bezirksregierungen

10   Gemäß Abs. 4 werden die Mitglieder, Stellvertreterinnen und Stellvertreter der **Polizei-beiräte bei den Bezirksregierungen** von den Polizeibeiräten der Kreispolizeibehörden aus ihrer Mitte gewählt.

10.1   Dabei dürfen die Polizeibeiräte bei den Kreispolizeibehörden aus ihrer Mitte nur ein Mitglied und keine Stellvertreterinnen bzw. keinen Stellvertreter als Mitglied für den Polizeibeirat bei der Bezirksregierung wählen. Entsprechens gilt für die Stellvertretung. Die sich daraus ergebene Ämterhäufung ist beabsichtigt. Durch die **doppelte Mitgliedschaft** kann der Informationsfluss sichergestellt werden, der für die Tätigkeit der Polizeibeiräte von Bedeutung sein kann (Tegtmeyer POG NRW Rn. 8).

IV. Benachteiligungsverbot

11   Abs. 5 enthält ein **Benachteiligungsverbot für Mitglieder des Polizeibeirats.** Sie dürfen an der Übernahme und Ausübung ihrer Tätigkeit nicht gehindert oder hierdurch in ihrem Amt oder Arbeitsverhältnis benachteiligt werden. Strikt unzulässig ist es, sie aus diesem Grund zu entlassen oder ihnen zu kündigen. Stehen sie in einem Dienst- oder Arbeitsverhältnis, ist ihnen die für ihre Tätigkeit erforderliche freie Zeit zu gewähren.

12   Die inhaltlich § 29 KrO NRW entsprechende Vorschrift des § 17 Abs. 5 ist **adressiert an alle privaten und öffentlichen Arbeitgeber bzw. bei Beamten an den jeweiligen Dienstherrn.** Gemäß § 29 Abs. 1 KrO NRW darf niemand gehindert werden, sich um ein Mandat als Mitglied des Kreistags oder eines Ausschusses zu bewerben, es anzunehmen oder auszuüben. Benachteiligungen am Arbeitsplatz in Zusammenhang mit der Bewerbung, der Annahme oder der Ausübung eines Mandats sind unzulässig. Entgegenstehende Vereinbarungen sind nichtig. Kündigungen oder Entlassungen aus Anlass der Bewerbung, Annahme oder Ausübung eines Mandats sind unzulässig (vgl. § 44 Abs. 1 GO NRW).

V. Abberufung

13   Die Abberufung aus dem Polizeibeirat ist unter den Voraussetzungen des § 86 VwVfG. NRW. möglich (§ 17 Abs. 6). Hierdurch ist eine Regelung getroffen worden, wonach unbeschadet abweichender Rechtsvorschriften eine **vorzeitige Abberufung** weder gänzlich ausgeschlossen noch in das Belieben der berufenden Stelle gelegt ist. Der ehrenamtlich Tätige soll vielmehr nur dann abberufen werden können, wenn ein wichtiger Grund vorliegt (Knack/Henneke, Verwaltungsverfahrensgesetz: VwVfG, 9. Aufl. 2010, VwVfG § 86 Rn. 2). Die Norm regelt den Fall, dass eine bereits begonnene ehrenamtliche Tätigkeit durch behördliche Entscheidung vorzeitig beendet wird. Die vorzeitige Entpflichtung des ehrenamtlich Tätigen erfolgt dann durch **Abberufung.** § 86 VwVfG. NRW. sieht eine Abberufung eines ehrenamtlich Tätigen aus wichtigem Grund vor. Die von der Vorschrift ausdrücklich erwähnten Fälle der Abberufung sind nicht abschließend, sondern beispielhaft, wie sich aus der Formulierung „insbesondere" ergibt. Eine Abberufung ist im Zweifel, wenn nicht gesetzlich etwas anderes bestimmt ist, auch bei Ehrenämtern möglich, in die jemand aufgrund einer Wahl berufen wird (BeckOK VwVfG/Koehl VwVfG § 86 Rn. 1). § 86 VwVfG. NRW. soll einem unberechtigten Entzug der ehrenamtlichen Aufgaben vorbeugen.

14   Ein **wichtiger Grund** liegt gem. § 86 S. 2 Nr. 1 und Nr. 2 VwVfG. NRW. insbesondere vor, wenn der ehrenamtlich Tätige seine **Pflicht gröblich verletzt** oder sich als **unwürdig erwiesen** hat (§ 86 S. 2 Nr. 1 VwVfG. NRW.) oder seine **Tätigkeit nicht mehr ordnungsgemäß** ausüben kann (§ 86 S. 2 Nr. 2 VwVfG. NRW.). Aus der Formulierung „insbesondere" ergibt sich, dass die in § 86 S. 2 Nr. 1 und Nr. 2 VwVfG. NRW. aufgeführten Gründe nicht abschließend sind. Hinsichtlich weiterer als wichtig zu erachtender Gründe ist vorrangig auf die im konkreten Fall anzuwendenden Rechtsvorschriften abzustellen. Fehlen ausdrückliche Regelungen, ist vor allem auf die Art des Amtes und die besonderen damit verbundenen Anforderungen und Pflichten abzustellen. Rechtfertigen diese aus Gründen des öffentlichen Wohls oder im – rechtlich geschützten – Interesse Dritter eine Abberufung, liegen Umstände für einen wichtigen Grund vor (Knack/Henneke, Verwaltungsverfahrensgesetz: VwVfG,

9. Aufl. 2010, VwVfG § 86 Rn. 6). In Anlehnung an § 314 Abs. 1 S. 2 BGB liegt ein **wichtiger Grund** vor, wenn unter Berücksichtigung aller Umstände des Einzelfalls und unter Abwägung der Interessen der Allgemeinheit mit denjenigen des Betroffenen die weitere ehrenamtliche Tätigkeit desselben nicht mehr zumutbar ist.

Unter der in § 86 VwVfG. NRW. geregelten Abberufung versteht man die **Beendigung des** **14.1** **öffentlich-rechtlichen Amtsverhältnisses** sui generis durch einen behördlichen Akt ohne oder gegen den Willen des Betroffenen nach Beginn der ehrenamtlichen Tätigkeit. § 86 VwVfG. NRW. ist Ermächtigung für den Eingriff in den Rechtsstatus. Die in § 86 S. 2 Nr. 1 und Nr. 2 VwVfG. NRW. beispielhaft genannten Gründe verhindern eine willkürliche Abberufung.

1. Gröbliche Verletzung von Pflichten oder unwürdiges Verhalten

In Fällen gröblicher Pflichtverletzung oder unwürdigen Verhaltens ist vom Vorliegen eines **15** wichtigen Grundes auszugehen. Durch das Wort „gröblich" wird deutlich, dass die **Pflicht** **in besonders starkem Maße verletzt** worden sein muss. Diese in § 86 S. 2 Nr. 1 VwVfG. NRW. postulierte „Unwürdigkeit" kann sich **sowohl aus dienstlichen als auch privaten** **Verfehlungen** ergeben, zB sittliche Verfehlungen oder die Begehung von Straftaten.

Das Disziplinarrecht für Beamte kann dabei durchaus als Anhaltspunkt für die notwendige Schwere **15.1** der Verfehlung dienen, insbesondere wenn eine Beamtin oder ein Beamter im ordentlichen Strafverfahren durch das Urteil eines deutschen Gerichts wegen einer vorsätzlichen Tat zu einer Freiheitsstrafe von mindestens einem Jahr oder wegen einer vorsätzlichen Tat, die nach den Vorschriften über Friedensverrat, Hochverrat und Gefährdung des demokratischen Rechtsstaates, Landesverrat und Gefährdung der äußeren Sicherheit oder, soweit sich die Tat auf eine Diensthandlung im Hauptamt bezieht, Bestechlichkeit, strafbar ist, zu einer Freiheitsstrafe von mindestens sechs Monaten verurteilt wird (§ 24 Abs. 1 BeamtStG). In derartigen Fällen endet das Beamtenverhältnis mit der Rechtskraft des Urteils (Keller, Disziplinarrecht für die polizeiliche Praxis, 2. Aufl. 2012, 44 f.).

Unwürdigkeit ist beim Vorliegen von Tatsachen gegeben, die die weitere Belassung im **16** Ehrenamt als mit dem Ansehen des Staates bzw. der berufenden Stelle nicht mehr vereinbar erscheinen lassen, weil sie das **Vertrauen der Bürger in die Integrität staatlicher Institu-** **tionen zu beeinträchtigen** geeignet sind (Knack/Henneke, Verwaltungsverfahrensgesetz: VwVfG, 9. Aufl. 2010, VwVfG § 86 Rn. 8).

2. Fehlende Gewähr einer ordnungsgemäßen Amtsausübung

§ 86 S. 2 Nr. 2 VwVfG. NRW. erfasst nur die Konstellation, dass der ehrenamtlich Tätige **17** noch weiter wirken will, dies aber nicht mehr soll, da die freiwillige Niederlegung nicht in § 86 geregelt ist. Als **objektiv anerkennenswerte Gründe** können in Betracht kommen: Krankheit, Gebrechen, auch Überlastung durch anderweitige Verpflichtungen beruflicher oder privater Art (VG Düsseldorf BeckRS 2013, 51004). Zuständig ist das Gremium, welches das Mitglied, die Stellvertreterin oder den Stellvertreter gewählt bzw. bestimmt hat.

3. Abberufung als rechtsgestaltender Verwaltungsakt (Rechtsschutz)

Die Abberufung des ehrenamtlich Tätigen ist ebenso wie die Berufung ein rechtsgestalten- **18** der Verwaltungsakt. Da § 86 VwVfG. NRW. die Abberufung ins Ermessen der Behörde stellt, ist § 40 VwVfG. NRW. zu beachten. Es muss zwischen dem öffentlichen und dem privaten Interesse unter **Berücksichtigung des Verhältnismäßigkeitsprinzips** entschieden werden. Vor Erlass des VA ist der ehrenamtlich Tätige nach § 28 VwVfG. NRW. **anzuhö-** **ren.** Die Abberufung kann vor den Verwaltungsgerichten angefochten werden. Das Gericht kann überprüfen, ob die Annahme eines wichtigen Grundes zutreffend und die Ausübung des Ermessens fehlerhaft war (Knack/Henneke, Verwaltungsverfahrensgesetz: VwVfG, 9. Aufl. 2010, VwVfG § 86 Rn. 10).

§ 18 Sitzungen des Polizeibeirats, Vorsitz, Geschäftsordnung und Geschäftsführung

(1) [1]Der Polizeibeirat wählt aus seiner Mitte eine Vorsitzende oder einen Vorsit- **zenden sowie eine Schriftführerin oder einen Schriftführer und für beide Funktio-**

nen je eine Stellvertreterin oder einen Stellvertreter. [2]Er gibt sich eine Geschäftsordnung. [3]Die Sitzungen des Polizeibeirats sind nicht öffentlich; § 84 des Verwaltungsverfahrensgesetzes für das Land Nordrhein-Westfalen gilt entsprechend mit der Maßgabe, dass für die Erteilung der Aussagegenehmigung die jeweilige Polizeiaufsichtsbehörde zuständig ist. [4]Ein Mitglied des Polizeibeirats kann aus wichtigem Grund mit der Mehrheit von zwei Drittel der anwesenden Mitglieder von einer Sitzung ausgeschlossen werden.

(2) [1]An den Sitzungen des Polizeibeirats nimmt die Leiterin oder der Leiter der Polizeibehörde teil. [2]Auf Verlangen des Polizeibeirats können auch andere Beschäftigte der Polizeibehörde, Vertreterinnen und Vertreter der Verwaltungen der bezirksangehörigen Kreise und kreisfreien Städte sowie in Angelegenheiten des § 16 Abs. 3 auch Vertreterinnen und/oder Vertreter des Personalrats der Polizeibehörde an den Sitzungen teilnehmen. [3]Die Vorsitzende oder der Vorsitzende des Jugendhilfeausschusses wird zu allen Sitzungen als beratendes Mitglied eingeladen, in denen Angelegenheiten beraten werden, die in den Zuständigkeitsbereich des betroffenen Jugendhilfeausschusses fallen oder das besondere Verhältnis zwischen Jugend und Polizei berühren.

(3) [1]Der Polizeibeirat wird von der Vorsitzenden oder dem Vorsitzenden unter Bekanntgabe der Tagesordnung einberufen. [2]Der Polizeibeirat ist unverzüglich einzuberufen, wenn ein Viertel seiner Mitglieder es verlangt. [3]Dies gilt auch für den Antrag, eine bestimmte Angelegenheit auf die Tagesordnung zu setzen.

(4) Die Geschäfte des Polizeibeirats werden von der Polizeibehörde wahrgenommen.

Überblick

Aus § 18 ergeben sich wesentliche Punkte über den **Ablauf von Sitzungen** des Polizeibeirats, die Vorschrift enthält überdies Aussagen über den **Vorsitz**, die **Geschäftsführung** sowie die **Geschäftsordnung** (→ Rn. 1). Die Sitzungen sind **nicht öffentlich** (→ Rn. 3). Einzelne Mitglieder können aus wichtigem Grund mit einer Zweidrittel-Mehrheit **von der Sitzung ausgeschlossen** werden (→ Rn. 5). Für den Behördenleiter besteht **Teilnahmepflicht an den Sitzungen** (→ Rn. 6). Auf Verlangen des Beirates können weitere Personen teilnehmen. Für die Mitglieder gilt gem. § 84 VwVfG. NRW. die **Verschwiegenheitspflicht** bei der Ausübung einer ehrenamtlichen Tätigkeit (→ Rn. 3).

A. Allgemeine Charakterisierung und rechtlicher Rahmen

1　　§ 18 enthält Aussagen über die **Sitzungen** des Polizeibeirates, den **Vorsitz** und die **Geschäftsführung**. Weitere Einzelheiten kann jeder Polizeibeirat gem. Abs. 1 S. 2 durch eine **Geschäftsordnung** regeln. Für die Landesregierung ermöglicht § 18 den Polizeibeiräten ein weitgehendes **Selbstorganisationsrecht** durch die Einberufung der Sitzungen, die Festlegung der Tagesordnung und das **Zitationsrecht** für bestimmte Personen (Reuter Die Polizei 2012, 79 (83)).

B. Einzelkommentierung

2　　Aus § 18 ergeben sich wesentliche Aspekte hinsichtlich des **Ablaufs von Polizeibeiratssitzungen**. Weitere Einzelheiten können sich aus einer **Geschäftsordnung** ergeben, die sich der Polizeibeirat gem. Abs. 1 S. 2 gibt. Insofern ermöglicht § 18 den Beiräten ein weitgehendes **Selbstorganisationsrecht**.

3　　Sitzungen des Polizeibeirats sind **nicht öffentlich**. § 84 VwVfG. NRW. gilt entsprechend mit der Maßgabe, dass für die Erteilung der **Aussagegenehmigung** die jeweilige Polizeiaufsichtsbehörde zuständig ist. Ansonsten hat der ehrenamtlich Tätige, auch nach Beendigung seiner ehrenamtlichen Tätigkeit, über die ihm dabei bekannt gewordenen Angelegenheiten **Verschwiegenheit zu wahren**. Dies gilt nicht für Mitteilungen im dienstlichen Verkehr oder über Tatsachen, die offenkundig sind oder ihrer Bedeutung nach keiner Geheimhaltung bedürfen (§ 84 Abs. 1 S. 2 VwVfG. NRW.).

Die **Verschwiegenheitspflicht** bezieht sich auf alle Angelegenheiten, von denen der **4** ehrenamtlich Tätige im Zusammenhang mit der Ausübung seines Ehrenamts Kenntnis erlangt (BVerwG NJW 1983, 2343). Sie gilt damit auch hinsichtlich Informationen, die der ehrenamtlich Tätige lediglich anlässlich seiner Tätigkeit erfährt (BeckOK VwVfG/Schaller VwVfG § 84 Rn. 2).

Die **Verschwiegenheitspflicht** gehört neben den Pflichten des § 83 Abs. 1 VwVfG. NRW. zu den **4.1** wesentlichen, gesetzlich ausdrücklich geregelten Pflichten. Dem entsprechend kann ihre Verletzung als Folgen allgemein Strafbarkeit (§§ 203, 353b StGB), die Abberufung (§ 86 VwVfG. NRW.) oder einen Amtshaftungsanspruch von Dritten gegen die Körperschaft nach sich ziehen, die den ehrenamtlich Tätigen berufen hat.

Der **Ausschluss eines Mitglieds** des Polizeibeirats nach Abs. 1 S. 4 kann nur für eine **5** Sitzung erfolgen. Im Einzelfall kann dies zur **Abberufung** nach § 17 Abs. 6 führen (→ § 17 Rn. 13 ff.).

Die **Teilnahme an Sitzungen** des Polizeibeirates regelt Abs. 2. Die **Polizeibehördenlei- 6 tung ist zur Teilnahme verpflichtet.** Bei Verhinderung der Leiterin oder des Leiters der Polizeibehörde kommen die allgemeinen Vorschriften über ihre Vertretung in Betracht. Auf Verlangen des Polizeibeirats können auch andere Beschäftigte der Polizeibehörde, Vertreterinnen und Vertreter der Verwaltungen der bezirksangehörigen Kreise und kreisfreien Städte sowie in Angelegenheiten des § 16 Abs. 3 auch Vertreterinnen und / oder Vertreter des Personalrats der Polizeibehörde an den Sitzungen teilnehmen (§ 18 Abs. 2 S. 2).

Die Vorsitzende oder der Vorsitzende lädt gem. Abs. 3 zu den Sitzungen des Polizeibeirates **7** ein. Für die **konstituierende Sitzung** existiert keine gesetzliche Regelung. Da die Geschäfte des Polizeibeirates gem. Abs. 4 von der Polizeibehörde wahrgenommen werden, lädt diese zur konstituierenden Sitzung ein. Aus Abs. 4 folgt auch, dass die Polizeibehörde die aus der Tätigkeit des Polizeibeirates entstandenen Kosten trägt, zB die Aufwandsentschädigung für Mitglieder.

Der Polizeibeirat wird von der Polizeibehörde bei der Geschäftsführung unterstützt, zB **8** bei **administrativen Aufgaben** (Vervielfältigen von Protokollen und andere).

§ 19 Neuwahl der Polizeibeiräte

(1) Die Polizeibeiräte sind, soweit der Bezirk oder die Zahl der Mitglieder sich ändert, innerhalb von drei Monaten neu zu wählen.

(2) ¹Bis zur Wahl der neuen Polizeibeiräte üben die Mitglieder der alten Polizeibeiräte ihre Tätigkeit weiter aus. ²Mitglieder von Polizeibeiräten bei Kreispolizeibehörden, deren Bezirk sich ändert, treten dabei zu den Polizeibeiräten der Kreispolizeibehörden, denen der Kreis oder die kreisfreie Stadt, von denen sie gewählt wurden, angehören.

(3) Die Mitgliederzahl der Polizeibeiräte kann in der Übergangszeit unter- oder überschritten werden.

Überblick

§ 19 trifft Aussagen über die **Neuwahl von Polizeibeiräten**. Eine Neuwahl kann in Betracht kommen, wenn sich der Bezirk oder die Zahl der Mitglieder ändert. (→ Rn. 1). Die Neuwahl ist dann **innerhalb von drei Monaten** durchzuführen (→ Rn. 2).

A. Allgemeine Charakterisierung und rechtlicher Rahmen

§ 19 trifft Aussagen über die **Neuwahl von Polizeibeiräten**. Sofern sich der Polizeibezirk **1** oder die Mitgliederzahl des Beirates ändert, ist **innerhalb von drei Monaten** eine Neuwahl durchzuführen. Dabei bleibt der alte Beirat geschäftsführend im Amt.

B. Einzelkommentierung

2   Entsprechend Abs. 1 sind die Polizeibeiräte, soweit der Bezirk oder die Zahl der Mitglieder sich ändert, **innerhalb von drei Monaten** neu zu wählen. Allerdings ist zu berücksichtigen, dass gem. § 15 Abs. 2 der Polizeibeirat bei einer Kreispolizeibehörde elf Mitglieder hat.

2.1   Die Norm kommt zB zur Anwendung, wenn eine Kreispolizeibehörde in eine andere Kreispolizeibehörde eingegliedert wird.

3   Aus Abs. 2 und Abs. 3 ergeben sich Auswirkungen für die längstens dreimonatige Übergangszeit bis zur Neuwahl der Polizeibeiräte. So kann die Mitgliederzahl der Polizeibeiräte in der Übergangszeit unter- oder überschritten werden.

Sechster Abschnitt. Übergangs- und Schlussvorschriften

§ 20 Verwaltungsvorschriften

Das Innenministerium erlässt die zur Ausführung dieses Gesetzes erforderlichen Verwaltungsvorschriften.

Eine Verwaltungsvorschrift iSd § 20 ist die VV POG NRW (Verwaltungsvorschrift zum **1** Polizeiorganisationsgesetz v. 23.5.2003, MBl. NRW. 538 / SMBl. NRW. 20500). Die vom Innenministerium erlassenen Verwaltungsvorschriften beziehen sich noch auf die „Rechtslage" vor der Organisationsänderung 2007 (→ Rn. 3).

Indes gibt es **weitere Verwaltungsvorschriften,** in denen eine Bezugnahme auf § 20 **2** nicht erfolgt (→ Rn. 4).

Aufgrund § 20 idF der Bekanntmachung v. 5.7.2002 (GV. NRW. 308, berichtigt 629) **3** wurden Verwaltungsvorschriften zu den §§ 2, 4, 12 und 13 erlassen.

Nach Runderlass Ministeriums des Innern v. 9.3.2018 – 401-58.01.01 (MBl. NRW. 2018, **4** 178) ist die VV POG NRW aufgehoben worden.

Es ist unerheblich, ob Runderlasse im Ministerialblatt (MBl. NRW.) bzw. der Sammlung des Ministe- **4.1** rialblattes für das Land Nordrhein-Westfalen (SMBl. NRW.) veröffentlicht werden, ob sie als sog. Kopferlasse nur im SMBl. NRW. mit ihrer Überschrift erwähnt werden oder ob sie unveröffentlicht bleiben. Auch ist es unerheblich, ob Einzel- oder Runderlasse einvernehmlich mit einem anderen Ressort ergehen (Tegtmeyer POG NRW § 20).

§ 21 In-Kraft-Treten, Berichtspflicht

(weggefallen)

LT-Drs. 16/2256, 4: „Das POG NRW ist ein zwingend erforderliches **Stammgesetz.** **1** Nach Maßgabe des Kabinettbeschlusses v. 20.12.2011 zu Nr. 32 – Bericht über die Evaluierung von Befristungsgesetzgebung und ressortübergreifender Normprüfung – wird die in § 21 S. 1 normierte Berichtspflicht gestrichen."

Gesetz über Aufbau und Befugnisse der Ordnungsbehörden
– Ordnungsbehördengesetz (OBG) –

In der Fassung der Bekanntmachung vom 13. Mai 1980
(GV. NRW. S. 528)
SGV. NRW. 2060
Zuletzt geändert durch Art. 2 G zur Stärkung der Rechte von im Polizeigewahrsam festgehalten
Personen vom 19.12.2019 (GV. NRW. S. 995)

Teil I. Aufgaben und Organisation der Ordnungsbehörden

§ 1 Aufgaben der Ordnungsbehörden

(1) Die Ordnungsbehörden haben die Aufgabe, Gefahren für die öffentliche Sicherheit oder Ordnung abzuwehren (Gefahrenabwehr).

(2) ¹Die Ordnungsbehörden führen diese Aufgaben nach den hierfür erlassenen besonderen Gesetzen und Verordnungen durch. ²Soweit gesetzliche Vorschriften fehlen oder eine abschließende Regelung nicht enthalten, treffen die Ordnungsbehörden die notwendigen Maßnahmen zur Gefahrenabwehr nach diesem Gesetz.

(3) Andere Aufgaben nehmen die Ordnungsbehörden nach den Vorschriften dieses Gesetzes insoweit wahr, als es durch Gesetz oder Verordnung bestimmt ist.

A. Übersicht: Entstehung und Wandel des § 1

Der Text des § 1 gilt weitgehend in der Fassung aus dem Jahre 1956 (GS. NW. 289; **1** Rietdorf DÖV 1957, 7). Die Schutzgüter wurden seinerzeit ebenso definiert wie in der Gegenwart, wenn auch im Jahre 1969 (GS. NW. 526) nachträglich leicht modernisiert. Unverändert blieben hingegen die Bestimmungen über das Verhältnis des allgemeinen zum Sonderordnungsrecht (Abs. 2) und die Erfüllung anderer Behördenaufgaben (Abs. 3). Die seinerzeit noch vorhandene Bestimmung zum pflichtgemäßen Ermessen (Abs. 2 S. 2) findet sich gleichfalls seit 1969 in § 16. Insgesamt weist der Text der Vorschrift ein höheres Maß an Stabilität auf als derjenige des § 1 PolG NRW (→ PolG NRW § 1 Rn. 1).

Der Normtext steht in erkennbarem systematischem Zusammenhang mit den Vorgänger- **2** bestimmungen des § 1 PrPVG. Dieser Konnex hat seine Entstehungsgeschichte (LT-Drs. 3/ 6, 22, 25 f., 28) und seine Auslegung geprägt. Gleichfalls steht er seit 1969 in enger systematischer Verknüpfung zu § 1 PolG NRW und den in ihm aufgeführten Schutzgütern und Aufgabenbestimmungen. Nachträglich entstandene Differenzen wurden im Jahre 2010 wieder beseitigt (→ PolG NRW § 1 Rn. 1). Mindestens ebenso wichtig ist allerdings ein in Abs. 2 angedeuteter Regelungszusammenhang. Die Regelungen des **NRWOBG** sind danach nicht allein die verwaltungsverfahrensrechtlich ausbuchstabierte Parallelmaterie zum PolG NRW, sondern daneben und darüber hinaus der **Allgemeine Teil zu den Regelungen des besonderen Ordnungsrechts** (Rhein OBG Rn. 4). Letzteres hat seit Inkrafttreten des NRWOBG im Bundes- und Landesrecht erheblich an Umfang und Differenzierung gewonnen. Gleichfalls zugenommen haben auch dessen rechtssystematische und interpretatorische Rückwirkungen auf das NRWOBG (zur Rechtsentwicklung Schoenenbroicher/ Heusch NWVBl. 2015, 92).

B. Die Grundentscheidung: Differenzierung von Polizei und Ordnungsbehörden

3   Die hinter den Regelungen des § 1 PolG NRW wie auch des § 1 stehende Grundentscheidung ist diejenige der Differenzierung und **Verselbständigung von Polizei einerseits und Ordnungsbehörden andererseits.** Beide sind gesetzlich hinsichtlich ihrer Trägerschaft (s. § 3 einerseits und § 1 POG NRW andererseits), organisatorisch, hierarchisch und funktionell differenziert. Auch wenn PolG NRW und NRWOBG erhebliche rechtliche Parallelen aufweisen, so ermächtigen beide unterschiedliche Stellen. Diese sind nicht bloß verschieden bezeichnet, sondern durch POG NRW einerseits und §§ 3 ff. andererseits rechtlich voneinander unterschieden. Die Differenzierung setzt sich bis in das Personal (§ 13) fort. Sie verwirklicht die Idee der **Entpolizeilichung** der Exekutive in personeller und auch in rechtlicher Hinsicht. Beide Behörden sind in unterschiedliche Verantwortungszusammenhänge integriert, mit unterschiedlichem Personal sowie partiell unterschiedlichen Rechten und Pflichten gegenüber Dritten ausgestattet. Darin liegt ein Charakteristikum des Landes. Entpolizeilichung ist in anderen Bundesländern unterschiedlich durchgeführt, die Idee der Behördentrennung findet sich dort in verschiedener Weise ausgeprägt, bisweilen nur in Spurenelementen.

4   Die Behördendifferenzierung findet ihre Entsprechung in der **Trennung der Gesetze:** Polizei und Ordnungsbehörden weisen je eigene gesetzliche Grundlagen auf. Aufgaben-, Befugniszuweisungen und -grenzen beider **Gesetze gelten jeweils für die in ihnen geregelten Behörden – und grundsätzlich nur für diese.** Das Polizeigesetz regelt allein den Handlungsraum der Polizei, das NRWOBG denjenigen der Ordnungsbehörden. Auch wenn sich faktisch erhebliche Überschneidungen und Parallelen ergeben, so stehen doch beide Räume nebeneinander und bedürfen sowohl der Zuordnung wie auch der Abgrenzung. Differenzierend sind auch die gesetzessystematischen Kontexte des Polizei- wie des Ordnungsrechts. Das PolG NRW **ist der Allgemeine Teil des polizeilichen Handelns;** es gilt, wenn die Polizei Aufgaben wahrnimmt, welche nicht oder nicht vollständig im Sonderpolizeirecht geregelt sind. Umgekehrt ist das NRWOBG der **Allgemeine Teil des Rechts der Allgemeinen und der Sonderordnungsbehörden** (§ 12). Auch hier stehen beide Materien nebeneinander.

5   Jenes Nebeneinander der Aufgaben bei gleichzeitiger Trennung der Instanzen verlangt eine Verhältnisbestimmung der Behördenzuständigkeiten untereinander. Im Überschneidungsbereich gehen NRWOBG und PolG NRW vom Gedanken des **Vorrangs der ordnungsbehördlichen Zuständigkeit** aus: Was mit ordnungsbehördlichen Mitteln erledigt werden kann, soll auch mit ordnungsbehördlichen Mitteln erledigt werden (zu den Unterschieden Gusy PolR Rn. 56). Dies entspricht sowohl der Idee der Entpolizeilichung als auch dem ausdrücklichen Inhalt des § 1 Abs. 1 S. 3 PolG NRW (→ PolG NRW § 1 Rn. 201, Rn. 203). Und es entspricht der Systematik der gesetzlichen Aufgabenzuweisungen im Recht der Gefahrenabwehr: Sie ermächtigen überwiegend die Ordnungsbehörden und weisen der Polizei insoweit eher unterstützende Aufgaben und Befugnisse zu (§ 2).

6   Die Idee der Differenzierung und Verselbständigung beider Behörden und Gesetzesmaterien schließt rechtliche Verknüpfungen nicht aus. Der **Trennungsidee entspricht in der Rechtsordnung der Kooperationsgedanke.** Dies gilt umso mehr, da einzelne Behörden nicht bloß isolierte Behördenzwecke, sondern Staatszwecke verfolgen. Der Kooperationsgedanke ist im Polizei- und Ordnungsrecht an zahlreichen Stellen ausgedrückt; etwa durch ausdrückliche gesetzliche Verweisungen etwa in §§ 2, 24 einerseits sowie in § 1 Abs. 1 S. 3, S. 4, § 67 PolG NRW andererseits, daneben durch zahlreiche textliche Parallelen, aber auch Nuancierungen. Sie begründen Übereinstimmungen und Differenzen nicht kraft Geltungserstreckung, sondern als Gesetzesauslegungs- und -anwendungshinweise.

7   Kooperation setzt Trennung voraus und darf diese nicht rückgängig machen. Demnach sind im Einzelfall deren **Bedingungen und Grenzen** zu beachten. Sie **betreffen seltener das Ob, häufiger das Wie des Zusammenwirkens.** Vor dem Hintergrund rechtlicher, organisatorischer und personeller Verschiedenheit können Gemeinsamkeit und Kooperation entstehen. Durch Kooperation dürfen beide Seiten ihre rechtlichen Grenzen nicht überschreiten, namentlich ihre Aufgaben nicht zulasten dritter Behörden und ihre Befugnisse nicht zulasten der Bürger ausweiten.

C. Einzelne Aufgabenregelungen in § 1

Dem NRWOBG liegt ebenso wie dem PolG NRW die **Trennung von Aufgaben- und** 8 **Befugnisnormen** (näher → PolG NRW § 1 Rn. 27) voraus. § 1 bezieht sich allein auf die ordnungsbehördlichen Aufgaben. Der Schluss von den Aufgaben auf die Befugnisse ist nach dieser Gesetzessystematik ebenso unzulässig wie im Polizeirecht. Die Aufgabennorm des § 1 eröffnet den Handlungsraum der Ordnungsbehörden, soweit nicht Regelungen des Sonderordnungsrechts Abweichungen begründen (zum behördlichen Hausrecht als vorrangige Aufgabe der gestörten Stelle OVG Münster NWVBl. 2014, 322). Abs. 1 ist insoweit die **aufgabenrechtliche Generalklausel des Ordnungsrechts:** Sie tritt subsidiär hinter dessen besondere Bestimmungen zurück wie aber auch ergänzend zu ihnen hinzu. Dabei sind die Schutzgüter und das Gefahrkonzept parallel zu denjenigen des § 1 PolG NRW zu begreifen (→ PolG NRW § 1 Rn. 46 ff., Rn. 93 ff.). Ordnungsrechtliche Besonderheiten ergeben sich in diesem Kontext weniger aus dem Normtext selbst als eher daraus, was nicht in das NRWOBG aufgenommen wurde.

So sind die **Verhütungs-, Vorbeugungs- und Vorbereitungsaufgaben** des § 1 Abs. 1 9 S. 2 PolG NRW (→ PolG NRW § 1 Rn. 245 ff.) **nicht Bestandteile des NRWOBG geworden.** Diese Entscheidung des Gesetzgebers schließt die Ordnungsbehörden von vergleichbaren Aufgaben aus (ähnlich wohl auch Schönenbroicher/Heusch Rn. 32: zur „Gefahrenvorsorge"). Sie dürfen von ihnen nicht als rechtlich eigene Aufgaben wahrgenommen werden, **soweit sie nicht zugleich der Gefahrenabwehr unterfallen** oder als Elemente ungeschriebener allgemeiner Behördenaufgaben zu begreifen sind (→ PolG NRW § 1 Rn. 251 f.). Insbesondere infrastrukturelle Vorkehrungen zur eigenen Aufgabenerfüllung und Aufklärungsarbeit über ihre Aufgabenerfüllung werden durch die textlichen Unterschiede zum PolG NRW nicht ausgeschlossen. Sie müssen also auch von den Ordnungsbehörden erfüllt als Teil ihrer Aufgaben wahrgenommen werden. Das Fehlen jener besonderen Aufgabenregelungen im NRWOBG bedingt insoweit das Fehlen besonderer Befugnisnormen: Eine Entsprechung zu § 1 Abs. 5 PolG NRW findet sich im NRWOBG konsequent nicht.

Im Unterschied zu § 1 Abs. 2 PolG NRW enthält das NRWOBG **keine ausdrückliche** 10 **Bestimmung hinsichtlich des Schutzes privater Rechte.** Hier können sich die unterschiedlichen Auffassungen über die privaten Rechte als Elemente der „öffentlichen Sicherheit" (→ PolG NRW § 1 Rn. 74) auswirken. Wer – mit der hM – alle und damit auch (allein) privatrechtlich geschützte Rechtsgüter zu jenem Schutzgut zählt, wird eine solche Aufgabe der Ordnungsbehörde annehmen können. Umgekehrt enthalten manche Bestimmungen des Sonderordnungsrechts Einzelregelungen, welche die Rolle **privater Rechte bei ordnungsbehördlichen Entscheidungen differenzierend** regeln (s. etwa § 14 BImSchG; Koch/Pache/Scheuing/Roßnagel, Gemeinschaftskommentar zum Bundes-Immissionsschutzgesetz, Stand: 36. EL 6/2014, BImSchG § 14 Rn. 45 ff.; zu § 75 Abs. 3 BauO Gädtke/Johlen/Wenzel/Hanne/Kaiser/Koch/Plum/Jochen/Johlen, BauO NRW, 13. Aufl. 2019, BauO NRW 2018 § 74 Rn. 250 ff.). Solche Sonderregelungen gehen der Generalklausel des § 1 jedenfalls vor (zur ordnungsbehördlichen Begleitung des Gerichtsvollziehers bei Wohnungsräumungen zum Schutz vor Obdachlosigkeit Gusy PolR Rn. 342 f.). Aber auch der verfassungsrechtliche Sinn und Zweck der Subsidiaritätsklausel des Polizeirechts (→ PolG NRW § 1 Rn. 221 f.) lässt nur schwerlich erkennen, welchen Beitrag die Ordnungsbehörden zum Schutz privater Rechte leisten können, ohne in Zuständigkeiten der Justiz einzugreifen. Denn sie sind regelmäßig nicht derart schutzgut- und tatortnah wie die Polizei. Im Ergebnis nähern sich die ordnungsbehördlichen Aufgaben (zu ihnen Schönenbroicher/ Heusch Rn. 50) insoweit derjenigen Ansicht an, welche die öffentliche Sicherheit allein als Summe öffentlich-rechtlich geschützter Rechtsgüter und privatrechtliche Ansprüche als nicht umfasst ansieht. Aber auch wer demgegenüber den Auftrag der Ordnungsbehörden auch auf private Rechte ausdehnt, wird in jedem Fall ergänzend die Subsidiaritätsklausel (§ 1 Abs. 2 PolG NRW analog) mitdenken müssen.

Die **Generalklausel regelt** die Behördenaufgaben **nicht abschließend** (Abs. 3). Andere 11 Aufgaben als solche der Gefahrenabwehr sind den Ordnungsbehörden in § 48 sowie in sonstigen Gesetzen und Rechtsverordnungen zugewiesen (ausf. Schönenbroicher/Heusch Rn. 80; Rhein OBG Rn. 44 ff.). Als **Sonderordnungsrecht des Bundes** sind etwa anzusehen das Arzneimittel-, Medizinprodukte- (OVG Münster MedR 2010, 273) und Heilpraktikerrecht, Gewerbe-, Gaststätten- und Glücksspielrecht (§ 18 Abs. 3 Glücksspielstaatsvertrag AG NRW – Gesetz zur Ausführung des Staatsvertrages zum Glücksspielwesen in Deutschland v. 30.1.2007, GV. NRW. 445), Waffenrecht (OLG Hamm NVwZ-RR 2010, 921), Bergrecht (VGH Mannheim DVBl 2000, 1367) und Seuchenrecht (TierGesG – Tiergesundheitsgesetz v. 21.11.2018, BGBl. I 1938 – mit AG TierGesG TierNebG NRW – Ausführungsgesetz zum Tiergesundheitsgesetz und zum Tierische Nebenprodukte-Beseitigungsgesetz v. 2.9.2008, GV. NRW. 612; zur Tierkörperbeseitigung OVG Münster NWVBl. 2007, 26; zur Zuständigkeit nach § 16a TierSchG VG Minden NWVBl. 2016, 430 f.). Zum **Sonderordnungsrecht des Landes** zählen etwa das Bauordnungsrecht (s. § 61 BauO NRW 2018; s. OVG Münster NWVBl. 2013, 204), das NRWHaSiG (Hafensicherheitsgesetz v. 17.12.2015, GV. NRW. 910; § 22 S. 1 StrWG NRW; OVG Münster BeckRS 2012, 56231), das NRWLImSchG (Landes-Immissionsschutzgesetz v. 18.3.1975, GV. NRW. 232) und das NiSchG NRW (Gesetz zum Schutz von Nichtraucherinnen und Nichtrauchern in Nordrhein-Westfalen v. 20.12.2007, GV. NRW. 742; Breitkopf/Stollmann NWVBl. 2008, 125).

12   Weitere Materien des Sonderordnungsrechts sind etwa:

- Die **Ausführung der StVO, soweit diese nicht ausdrücklich der Polizei zugewiesen sind** (§ 44 StVO; § 1 StVROWiGZV Verordnung zur Bestimmung der für die Verfolgung und Ahndung von Verkehrsordnungswidrigkeiten zuständigen Verwaltungsbehörden v. 25.9.1979, GV. NRW. 652; zur Überwachung des ruhenden Verkehrs durch die Ordnungsbehörden → PolG NRW § 1 Rn. 263; zum Führerscheinentzug OVG Münster NWVBl. 2016, 35; zum Abschleppen von Kfz bei kommunalem Halteverbot OVG Münster NWVBl. 2014, 67);
- Ahndung von **Ordnungswidrigkeiten** (§§ 36 ff. OWiG; NRWOWiGZustV – Verordnung zur Bestimmung der für die Verfolgung und Ahndung von Ordnungswidrigkeiten nach dem Dritten Teil des Gesetzes über Ordnungswidrigkeiten und nach dem Vierten Strafrechtsänderungsgesetz zuständigen Verwaltungsbehörden v. 11.3.1975, GV. NRW. 258);
- **Melderecht** (§ 1 MG NRW; zum Personalausweis- und Passrecht § 48);
- Maßnahmen bei bestimmten **psychischen Krankheiten** einschließlich der **Unterbringung** (§§ 9, 14 NRWPsychKG; zu Zuständigkeitsfragen Worms/Tienes NWVBl. 2012, 205; zur Unterbringung **psychisch gestörter Gewalttäter** ZustVO ThUG – Verordnung zur Regelung der Zuständigkeiten nach dem Gesetz zur Therapierung und Unterbringung psychisch gestörter Gewalttäte v. 3.1.2011, GV. NRW. 6; zum GewSchG s. § 34a NRW PolG).
- Gefahrenvorsorge- und -abwehraufgaben nach dem **LHundG NRW** (OVG Münster NWVBl. 2013, 261);
- **BBodSchG** (Dietlein/Kunze NWVBl. 2012, 399; zur **Kampfmittelbeseitigung** § 1 NRWKampfMVO);
- **Rettungsdienst** (§ 6 Abs. 1 RettG NRW). Die **Feuerwehr** kann auch Aufgaben der Gefahrenabwehr erfüllen (Schönenbroicher/Heusch Rn. 50 mwN);
- **Bestattungspflicht** (§ 8 BestG NRW; sa § 78 JustG NRW; zu den „Körperwelten" OVG Münster DÖV 2012, 816);
- **Verbraucherschutz** (§ 1 ZustVOVS NRW – Verordnung zur Regelung von Zuständigkeiten auf Gebieten des Verbraucherschutzes v. 3.2.2015, GV. NRW. 293);
- **landwirtschaftliche Ordnung**s- und Überwachungsaufgaben (§ 3 ZustVOAgrar – Verordnung zur Regelung von Zuständigkeiten und zur Übertragung von Ermächtigungen zum Erlass von Rechtsverordnungen für Bereiche der Agrarwirtschaft v. 5.2.2019, GV. NRW. 116);
- Aufsichts- und Regelungsaufgaben im **Wasserrecht** (§ 90a Abs. 3 NRWLWG, § 138 NRWLWG).

13   Im **Versammlungsrecht** orientiert sich die Aufgabenverteilung zwischen Polizei- und Ordnungsbehörden an der Abgrenzung von VersammlG und NRWOBG (Schönenbroicher/ Heusch Rn. 80; DGK VersammlG § 5 Rn. 3 ff.; Dürig-Friedl/Enders, Versammlungsrecht, 2016, VersammlG § 5 Rn. 4; zu Zuständigkeitsfragen bei Großveranstaltungen Schoenenbroicher/Heusch NWVBl. 2015, 92 (93 f.)).

14   Soweit den Ordnungsbehörden **Aufgaben in anderen Gesetzen** zugewiesen sind, **richtet sich deren Erfüllung grundsätzlich nach jenen Gesetzen** (Abs. 2 S. 1). Das gilt namentlich, soweit einzelne Maßnahmen dem Vorbehalt des Gesetzes unterliegen. Hierzu zählen insbesondere **Eingriffe in Grundrechte,** welche allein aufgrund besonderer Befugnisnormen zulässig sind. Sie gehen als Spezialgesetze den allgemeinen Normen des NRWOBG vor. In diesem Kontext können Sondergesetze auch Voraussetzungen und Grenzen einzelner Befugnisse selbst regeln (zum Waffenrecht OLG Hamm NVwZ-RR 2010, 921). Dies kann in positiver und negativer Hinsicht erfolgen: So können bestimmte Handlungen ausdrücklich zugelassen, aber auch explizit oder implizit ausgeschlossen werden. Inwieweit dies in einzelnen Gesetzen der Fall ist, ist durch Auslegung zu ermitteln. Auch derart negative Befugnisausschlüsse sind Elemente des Spezialgesetzes und gehen allgemeinen Regelungen vor.

Soweit **spezielle Befugnisregelungen nicht statuiert** sind, richten sich die **Befugnisse**   15
der Behörden nach dem NRWOBG (Abs. 2 S. 2). Voraussetzungen dafür sind
• eine **besondere Aufgabenzuweisung** in einem anderen Gesetz,
• Notwendigkeit einer Maßnahme der Gefahrenabwehr im Rahmen der Aufgabe,
• Erfordernis einer gesetzlichen Grundlage für die Maßnahme,
• das Fehlen einer solchen Regelung im Spezialgesetz,
• das Fehlen abschließender Befugnisregelungen im Spezialgesetz,
• Anwendbarkeit und Vorliegen der Tatbestandsvoraussetzungen einer Befugnisnorm (§§ 24, 14) des NRWOBG im Einzelfall.

D. Rechtsfolgen ordnungsbehördlicher Aufgabenregelungen

Rechtsfolgen der Aufgabeneröffnung sind insbesondere die Begründung der Zuständigkeit   16
der Ordnungsbehörden für **Aufgaben der Gefahraufklärung, der Störungsbeseitigung und der Gefahrenabwehr** (→ PolG NRW § 1 Rn. 171 ff.). Sie sind nicht auf konkrete Gefahren beschränkt. Vielmehr zählt hierher als Unterfall der Generalklausel auch das Recht zur **Abwehr abstrakter Gefahren.** Die Mittel hierzu sind auf **Maßnahmen der Rechtssetzung** begrenzt (§ 27). Die Vorschrift begründet behördliche, namentlich auch kommunale (§ 3) Ein- und Mitwirkungsrechte an der Herstellung der öffentlichen Sicherheit oder Ordnung, aber kein Monopol im Hinblick auf diese Aufgaben. Rechte der Bürger zur Eigensicherung werden durch die Polizeiaufgaben(normen) demnach weder eingeschränkt noch ausgeschlossen (näher → PolG NRW § 1 Rn. 190 ff.).

Auch Ordnungsbehörden müssen ihre Aufgaben selbst, mit eigenen Mitteln und eigenem   17
Personal erfüllen. Dies schließt **Kooperation mit Dritten,** Unterstützung durch andere **staatliche Stellen wie auch durch Private** nicht vollständig aus.

Weitere Rechtsfolgen der Aufgabennorm sind: 18
• Anordnung der **Anwendbarkeit des NRWOBG** insgesamt und zwar entweder subsidiär (partiell) oder aber unmittelbar (insgesamt),
• **Zuweisung allgemeiner** ungeschriebener **Behördenaufgaben** als implizite oder Annexregelung (→ Rn. 9; → PolG NRW § 1 Rn. 188),
• Begründung der **Aufgabenwahrnehmungspflicht** nach dem **Opportunitätsprinzip** (§§ 14, 27 und andere) durch Entscheidung über die eigene Zuständigkeit sowie deren Wahrnehmung und mögliche Mittel zu diesem Zweck (→ PolG NRW § 1 Rn. 189),
• Zulassung **befugnisfreier Maßnahmen der Gefahrenabwehr,** insbesondere durch Selbstvornahme der Behörden und Mitarbeiter, welche nicht in Rechte Dritter eingreifen. Dagegen begründen Aufgabennormen keine Befugnisse (s. § 24). Deren Rechtmäßigkeitsanforderungen (näher → PolG NRW § 1 Rn. 196) richten sich nach vergleichbaren Kriterien wie polizeiliche Maßnahmen, verknüpfen diese jedoch gesetzlich bisweilen anders. Erst das Vorliegen sämtlicher Rechtmäßigkeitsbedingungen im konkreten Fall begründet die Zulässigkeit grundrechtsbeschränkender Maßnahmen.

§ 2 Vollzugshilfe der Polizei

Die Polizei leistet den Ordnungsbehörden Vollzugshilfe nach den Vorschriften der §§ 47 bis 49 des Polizeigesetzes des Landes Nordrhein-Westfalen (PolG).

Überblick

§ 2 regelt die Vollzugshilfe der Polizei und verweist dazu auf die §§ 47–49 PolG NRW. Die originär zuständige Ordnungsbehörde (→ Rn. 1) kann die Polizei um Durchführung vollzugsfähiger Maßnahmen (→ Rn. 2) ersuchen. Die konkreten Voraussetzungen und das bei der Vollzugshilfe einzuhaltende Verfahren richten sich nach den §§ 47–49 PolG NRW (→ Rn. 4). Aufgrund der Vergleichbarkeit gelten die Grundsätze der Amtshilfe entsprechend (→ Rn. 5).

A. Charakter der Vollzugshilfe

1 Sowohl die Ordnungsbehörde als auch die Polizeibehörde nehmen Aufgaben der Gefahrenabwehr wahr. Die Abgrenzung der jeweiligen Zuständigkeiten erfolgt nach § 1 Abs. 1 PolG NRW (→ § 1 Rn. 3). Gemäß § 1 Abs. 1 iVm § 1 Abs. 1 PolG NRW ist die Ordnungsbehörde im Rahmen der Gefahrenabwehr vorrangig zuständig. Die Polizei kann aber im Eilfall gem. § 1 Abs. 1 S. 3 PolG NRW tätig werden, auch wenn die Zuständigkeit für diese Maßnahme grundsätzlich bei einer anderen Behörde liegen sollte.

2 Bei der Vollzugshilfe ersucht eine Behörde eine andere um Durchführung bestimmter Maßnahmen. Andere Behörde ist nicht etwa ein Amt wie das Jugendamt, sondern die zuständige Kommune als Trägerin der örtlichen Ordnungsbehörde (§ 3), auf deren Leitungsfähigkeit es ankommt (VG Gelsenkirchen BeckRS 2016, 45540). Vollzogen werden können Verfügungen, Bescheide oder Beschlüsse (vgl. Kopp/Ramsauer VwVfG § 4 Rn. 19; Schenke PolR § 8 Rn. 408). Die Ordnungsbehörden haben die Befugnisse zum Handeln. Der Anlass des Ersuchens um Vollzugshilfe ist das personelle oder funktionale Unvermögen der ersuchenden Ordnungsbehörde (vgl. Rhein OBG Rn. 4).

3 Der häufigste Fall der Vollzugshilfe ist die Anwendung von unmittelbarem Zwang durch körperliche Gewalt (vgl. Kopp/Ramsauer VwVfG § 4 Rn. 19; Kingreen/Poscher POR § 3 Rn. 7).

4 Die Vollzugshilfe bedarf eines Ersuchens und bei einer Freiheitsentziehung einer richterlichen Entscheidung, die von der ersuchenden Behörde zu beantragen ist. Für die Art und Weise der Durchführung gilt das Recht der Polizei. Für die Rechtmäßigkeit der Maßnahme, die durch die Vollzugshilfe verwirklicht wird, gilt das Recht der ersuchenden Behörde. Bei einem Vorgehen gegen die Maßnahme muss der Betroffene sich an die ersuchende Ordnungsbehörde wenden. Will er hingegen gegen die Art und Weise der Durchführung vorgehen, muss er sich an die Polizei wenden (SBS/Bonk/Schmitz VwVfG § 4 Rn. 42 f.; Schenke PolR § 8 Rn. 411).

B. Verhältnis zur Amtshilfe

5 Die Vollzugshilfe ist ein Unterfall der Amtshilfe (§§ 4 ff. VwVfG. NRW.). Die Grundsätze der Amtshilfe finden daher entsprechend Anwendung. In § 2 PolG NRW sind die Vorschriften der §§ 47–49 PolG NRW explizit für anwendbar erklärt worden. Gemäß § 47 Abs. 3 PolG NRW bleiben die Vorschriften zur Amtshilfe daneben unberührt. Die Vollzugshilfe scheidet jedoch aus, wenn die Ordnungsbehörde eine Weisungsbefugnis gegenüber der Polizei hat. Auch kleine Hilfstätigkeiten werden vom Begriff der Vollzugshilfe nicht umfasst (Schenke PolR § 8 Rn. 409).

6 Bei der Vollzugshilfe übernimmt die Polizei eine eigene Aufgabe. Bei der Amtshilfe hingegen übernimmt sie keine eigene Aufgabe, sondern eine Aufgabe der jeweiligen Ordnungsbehörde (SBS/Bonk/Schmitz VwVfG § 4 Rn. 5; Rhein OBG Rn. 5).

7 Die Polizei muss keine Vollzugshilfe leisten, wenn die Voraussetzungen des § 5 Abs. 3 VwVfG. NRW. vorliegen: Eine andere Behörde kann einfacher und schneller Hilfe leisten (§ 5 Abs. 3 Nr. 1 VwVfG. NRW.), die Hilfe kann nur mit großem Aufwand geleistet werden (§ 5 Abs. 3 Nr. 2 VwVfG. NRW.) oder die Erfüllung der eigenen Aufgaben der ersuchten Behörde sind gefährdet (§ 5 Abs. 3 Nr. 3 VwVfG. NRW.; Bsp. → Rn. 7.1).

7.1 **Beispiele für Vollzugshilfe:** Das Ordnungsamt transportiert einen Verhafteten in die Justizvollzugsanstalt. Das Ordnungsamt wendet sich bei der zwangsweisen Zuführung eines säumigen Schülers an die Polizei.

§ 3 Aufbau

(1) Die Aufgaben der örtlichen Ordnungsbehörden nehmen die Gemeinden, die Aufgaben der Kreisordnungsbehörden die Kreise und kreisfreien Städte als Pflichtaufgaben zur Erfüllung nach Weisung (§ 9) wahr; dies gilt auch für die ihnen als Sonderordnungsbehörden übertragenen Aufgaben.

(2) Landesordnungsbehörden sind die Bezirksregierungen.

Überblick

In § 3 sind Aufbau und Aufgaben der Ordnungsbehörden in Nordrhein-Westfalen normiert. Den Gemeinden sind die Aufgaben der örtlichen Ordnungsbehörde, den Kreisen und kreisfreien Städten die Aufgaben der Kreisordnungsbehörden zugewiesen (→ Rn. 2). Den Bezirksregierungen fällt als Landesordnungsbehörden eine Auffangzuständigkeit für Aufgaben der Landesverwaltung zu (→ Rn. 3). Der Begriff der „Ordnungsbehörde" wird uneinheitlich genutzt, umschreibt aber den mit der Organisationshoheit betrauten Hauptverwaltungsbeamten (→ Rn. 4). Auf Grundlage des verfassungsrechtlich normierten Selbstverwaltungsrechts der Gemeinden kommt der Kommunalaufsichtsbehörde nur ein eingeschränktes Überwachungsrecht in Form der Rechtsaufsicht zu. Den Gemeinden können Pflichtaufgaben zur Erfüllung nach Weisung übertragen werden (→ Rn. 6), die ihrem Charakter nach eine Zwischenform von Selbstverwaltungs- und Auftragsangelegenheiten darstellen. Im Rahmen seltener bundesrechtlicher Auftragsangelegenheiten besteht dagegen ein umfassendes fachaufsichtliches Weisungsrecht (→ Rn. 8). Auch die Organleihe stellt keinen Eingriff in das kommunale Selbstverwaltungsrecht dar (→ Rn. 10).

A. Aufgabenzuweisungen

Die Gemeinden üben ihre Aufgaben in eigenen Angelegenheiten selbständig aus. Gemäß **1** Art. 28 Abs. 2 GG muss den Gemeinden das Recht gewährleistet sein, alle Angelegenheiten der örtlichen Gemeinschaft im Rahmen der Gesetze in eigener Verantwortung zu regeln. Auch die Gemeindeverbände haben im Rahmen ihres gesetzlichen Aufgabenbereiches nach Maßgabe der Gesetze das Recht der Selbstverwaltung. Bei einem Tätigwerden der Gemeinde im Rahmen ihres Selbstverwaltungsrechts hat das Land eine Rechtsaufsicht. Rechtsaufsicht bedeutet, dass nur das Handeln der Gemeinde bei dieser Aufgabenerfüllung von der Kommunalaufsichtsbehörde auf Rechtmäßigkeit überwacht wird. Es wird überwacht, ob das Handeln der Gemeinde die gesetzlich zwingend geltenden Vorschriften einhält und jeweils ermessensfehlerfrei entschieden worden ist (vgl. Burgi KommunalR § 8 Rn. 32) im Unterschied zur Fachaufsicht, die auch die Zweckmäßigkeit umfasst.

Nach Abs. 1 nehmen die Gemeinden die Aufgaben der örtlichen Ordnungsbehörde wahr. **2** Der Schwerpunkt der ordnungsbehördlichen Tätigkeit liegt auf der kommunalen Ebene (vgl. § 5). Der Behördenaufbau ergibt sich auch aus dem LOG NRW (Landesorganisationsgesetz v. 10.7.1962, GV. NRW. 421).

Die Landesordnungsbehörden sind gem. Abs. 2 die Bezirksregierungen. Gemäß § 7 Abs. 2 **3** LOG NRW sind die Bezirksregierungen Landesmittelbehörden. Die Landesmittelbehörden sind die einer Landesoberbehörde unmittelbar unterstehenden Behörden gem. § 7 Abs. 1 LOG NRW. In Bezug auf die Bezirksregierung normiert das LOG NRW eine Auffangzuständigkeit. Gemäß § 8 Abs. 3 LOG NRW ist die Bezirksregierung zuständig für alle Aufgaben der Landesverwaltung, die nicht ausdrücklich anderen Behörden übertragen sind.

Das NRWOBG benutzt durchgängig den Begriff „Ordnungsbehörde". Eine Begriffsbe- **4** stimmung erfolgt im NRWOBG nicht. Der Begriff der Ordnungsbehörde wird vom Gesetzgeber nicht einheitlich verwandt. Andere Gesetze, die auf dem NRWOBG aufbauen, verwenden Synonyme für den Begriff der Ordnungsbehörde. In § 56 VwVG. NRW. heißt es lediglich „Behörde", in § 61 VwVG NRW „Vollzugsbehörde", in § 43 Abs. 1 OWiG „Verwaltungsbehörde". Die Ordnungsbehörde ist der Hauptverwaltungsbeamte, in dessen Organisationshoheit es liegt, auf welche Art und Weise er die ihm obliegenden Aufgaben erledigt (Rhein OBG Rn. 4 f.).

In manchen Fällen kommt es zu einer Verzahnung der Verwaltungsorganisation. In diesen **5** Fällen spielt eine besondere Aufgabenkategorie – die Pflichtaufgaben zur Erfüllung nach

Weisung – eine große Rolle. Gemäß Art. 78 Abs. 2 NRW Verf sind die Gemeinden und Gemeindeverbände in ihrem Gebiet die alleinigen Träger der öffentlichen Verwaltung, soweit die Gesetze nichts anderes vorschreiben. Das Land kann sich bei Pflichtaufgaben ein Weisungs- und Aufsichtsrecht nach näherer gesetzlicher Vorschrift vorbehalten, gem. Art. 78 Abs. 4 NRW Verf. Gemäß § 3 Abs. 2 GO NRW können den Gemeinden Pflichtaufgaben zur Erfüllung nach Weisung übertragen werden.

B. Rechtscharakter von Pflichtaufgaben zur Erfüllung nach Weisung

6   Zunächst sind Pflichtaufgaben zur Erfüllung nach Weisung von den bundesrechtlichen Auftragsangelegenheiten abzugrenzen. Bei dieser Aufgabenkategorie nimmt die Gemeinde Aufgaben war, die ihr vom Staat übertragen worden sind. Es erfolgt ein Vollzug von Bundesrecht (vgl. Burgi KommunalR § 8 Rn. 32; zur Auftragsverwaltung im Sozialrecht Oebbecke DVBl 2019, 1). Auftragsangelegenheiten nach Bundesrecht sind nur diejenigen, die als solche im GG ausdrücklich bezeichnet sind. Bei bundesrechtlichen Auftragsangelegenheiten hat das Land über die Kommunen eine allumfassende Fachaufsicht.

7   Die Fachaufsichtsbehörde kann die Rechtmäßigkeit und Zweckmäßigkeit des Handels der Gemeinde überprüfen (vgl. Burgi KommunalR § 8 Rn. 21). Die Fachaufsichtsbehörde kann daher von der Gemeinde eine andere Ermessensentscheidung verlangen. Die Aufsichtsbehörde erteilt Weisungen. Die Weisungen haben verwaltungsinterne Wirkung. Klagen der Gemeinde gegen die fachaufsichtliche Weisung scheitern im Regelfall an der Klagebefugnis gem. § 42 Abs. 2 VwGO (analog). Eine Klagebefugnis besteht nur dann, wenn ein Eingriff in die Selbstverwaltungsgarantie aus Art. 28 GG vorliegt. Es gibt nur noch wenige bundesrechtliche Auftragsangelegenheiten (vgl. zB § 3 Abs. 2 S. 1 SGB XII), da der Bund gem. Art. 84 Abs. 1 S. 7 GG nicht berechtigt ist, den Gemeinden Aufgaben zu übertragen (vgl. Burgi KommunalR § 8 Rn. 24).

8   Nachdem die Pflichtaufgabe zur Erfüllung nach Weisung von der Rechtsprechung zunächst als sog. „Zwischending" zwischen den Selbstverwaltungs- und Auftragsangelegenheiten positioniert wurde (vgl. OVG Münster OVGE 13, 356 (358 f.) = DVBl 1958, 803), wird sie nach neueren Rechtsprechung als Selbstverwaltungsangelegenheit behandelt (OVG Münster NWVBl. 2004, 109; 1995, 300; NVwZ 2003, 887; VerfGH Nordrhein-Westfalen DVBl 1985, 685). In der Folge stellen Weisungen der Aufsichtsbehörden in der Regel Verwaltungsakte dar, die mit der Anfechtungsklage angreifbar sind (vgl. Knemeyer JuS 2000, 521 (524); Ehlers DVBl 2001, 1601; NVwZ 2003, 887). Die Aufsichtsbehörde greift mit der konkreten Weisung, die häufig Zweckmäßigkeitserwägungen enthält, auch regelmäßig in das verfassungsrechtlich verankerte Selbstverwaltungsrecht aus Art. 28 Abs. 2 GG ein und berührt damit fundamentale Interessen der weisungsgebundenen Behörden (vgl. Zacharias, Nordrhein-Westfälisches Kommunalrecht, 2004, 299).

9   Dass Aufsichtsmaßnahmen nach §§ 119 ff. GO NRW von der betroffenen Kommune zur verwaltungsgerichtlichen Überprüfung gestellt werden können, ist heute unstreitig.

10   Es ist möglich, ein einzelnes Organ der Gemeinde / des Kreises als solches in die staatliche Verwaltungsorganisation einzugliedern. Dies ist ein Fall der Organleihe. Das Organ eines Rechtsträgers wird ohne Verlagerung von Kompetenzen ermächtigt und beauftragt, einen Aufgabenbereich eines anderen Rechtsträgers im Außenverhältnis wahrzunehmen und dabei in eigenem Namen zu handeln (vgl. Burgi KommunalR § 8 Rn. 10). Es erfolgt keine Rückbindung an die Gemeinde, da kein Fall der Amtshilfe vorliegt. Die Organleihe stellt keinen Eingriff in Art. 28 Abs. 2 GG dar. Die Organleihe unterliegt der Fachaufsicht und Dienstaufsicht (vgl. Burgi KommunalR § 8 Rn. 10; vgl. BVerwG NVwZ-RR 1990, 44 (46) zur Organleihe).

C. Landesordnungsbehörden

11   Landesordnungsbehörden sind die Bezirksregierungen. Aufgrund der Regelung in § 8 Abs. 3 LOG NRW ist die Regelung des Abs. 2 überflüssig (Rhein OBG Rn. 29).

§ 4 Örtliche Zuständigkeit

(1) Örtlich zuständig ist die Ordnungsbehörde, in deren Bezirk die zu schützenden Interessen verletzt oder gefährdet werden.

(2) Ist es zweckmäßig, ordnungsbehördliche Aufgaben in benachbarten Bezirken einheitlich zu erfüllen, so erklärt die den beteiligten Ordnungsbehörden gemeinsame Aufsichtsbehörde eine dieser Ordnungsbehörden für zuständig.

Überblick

Abweichend von § 3 VwVfG. NRW. knüpft § 4 Abs. 1 die örtliche Zuständigkeit der Ordnungsbehörde an den Bezirk, in dem die zu schützenden Interessen verletzt oder gefährdet werden (→ Rn. 1). Wesentlicher Anknüpfungspunkt ist demnach das zu schützende Interesse (→ Rn. 2). Bei übergreifenden Gefahrenstellungen können mehrere Ordnungsbehörden in benachbarten Bezirken örtlich zuständig sein. Ist hier die einheitliche Aufgabenerfüllung zweckmäßig, so bestimmt in zwingend gebotenen Fällen die gemeinsame Aufsichtsbehörde gem. Abs. 2 die zuständige Ordnungsbehörde (→ Rn. 4). Die Verletzung der örtlichen Zuständigkeit stellt einen Verfahrensfehler dar und führt zur Anfechtbarkeit des Verwaltungsaktes (→ Rn. 7). Eine Weiterleitung an die örtlich zuständige Behörde ist nach § 17a Abs. 2 GVG zulässig (→ Rn. 8).

A. Die örtliche Zuständigkeit (Abs. 1)

Die örtliche Zuständigkeit betrifft den räumlich abgegrenzten Tätigkeitsbereich der Ord- **1** nungsbehörde. Diese Regelung ergibt sich bereits aus § 2 GO NRW, § 2 KrO NRW. Der Sinn der Regelung ergibt sich erst daraus, dass das VwVfG. NRW. (Verwaltungsverfahrensgesetz für das Land Nordrhein-Westfalen v. 12.11.1999, GV. NRW. 602) ergänzend zum anwendbar ist, soweit nicht Rechtsvorschriften des Landes inhaltsgleiche oder entgegenstehende Bestimmungen enthalten (§ 1 Abs. 1 VwVfG. NRW.). § 3 VwVfG. NRW. enthält eine Regelung über die örtliche Zuständigkeit. § 4 Abs. 1 weicht von § 3 VwVfG. NRW. ab, indem klargestellt wird, dass es für die Aufgabenwahrnehmung auf die zu schützenden Interessen ankommt (Rhein OBG Rn. 1).

Maßgeblich für die örtliche Zuständigkeit ist nach Abs. 1 S. 2, ob die zu schützenden **2** Interessen innerhalb des Bezirks verletzt oder gefährdet werden. Anknüpfungspunkt ist das zu schützende Interesse. Es kommt nicht darauf an, ob der Adressat der behördlichen Maßnahme seinen Wohnsitz oder Aufenthalt im entsprechenden Zuständigkeitsgebiet hat (Rietdorf/Heise/Böckenförde/Strehlau, Ordnungs- und Polizeirecht in Nordrhein- Westfalen, 1972, Rn. 3). Zu den zu schützenden Interessen gehört insbesondere der Schutz der Individualrechtsgüter und der Rechtsgüter der Allgemeinheit. Das zu schützende Interesse kann sich ggf. über mehrere Bezirke erstrecken. Jede Ordnungsbehörde ist nur hinsichtlich der sich innerhalb ihres Bezirks hervortretenden Wirkungen örtlich zuständig für die Gefahrenabwehr (Bsp. → Rn. 2.1).

Beispiel: Geht die Gefahr von einem baufälligen Haus aus, ist die Ordnungsbehörde zuständig, in **2.1** deren Bezirk das Grundstück liegt. Verkauft ein Umherziehender ohne Gewerbeschein Waren in einem Bezirk, ist die Behörde zuständig, in deren Bezirk der Händler gerade Waren verkauft.

Spezialgesetzliche Zuständigkeiten sind zB in § 61 GewO normiert. Die außerordentliche **3** Zuständigkeit ist in § 6 geregelt.

B. Zuständigkeitsentscheidung durch die Aufsichtsbehörde (Abs. 2)

Die Aufsichtsbehörde (§ 7) wird durch Abs. 2 ermächtigt, bei Zweckmäßigkeit eine von **4** mehreren zuständigen benachbarten Ordnungsbehörden zu einer einheitlichen Abwicklung für zuständig zu erklären. Die einheitliche Aufgabenerfüllung muss zweckmäßig sein. Diese Ausweitung der Befugnis der Aufsichtsbehörde hat ihre Grundlage in der Effektivität der Gefahrenabwehr (Rietdorf/Heise/Böckenförde/Strehlau, Ordnungs- und Polizeirecht in Nordrhein-Westfalen, 1972, Rn. 7).

Der Anwendungsbereich des Abs. 2 betrifft nur das Hoheitsgebiet des Landes Nordrhein- **5** Westfalen (OVG Münster NJW 1979, 157; Rhein OBG Rn. 13). Voraussetzung dafür, dass eine Ordnungsbehörde als zuständig erklärt werden kann, ist zunächst, dass sie überhaupt örtlich zuständig wäre. Dieses wird an dem Wort „beteiligten" deutlich (Rietdorf/Heise/

Böckenförde/Strehlau, Ordnungs- und Polizeirecht in Nordrhein- Westfalen, 1972, Rn. 7). Eine einheitliche Aufgabe ist stets dann zweckmäßig, wenn sich der Gefahrenherd, sei er aktuell oder potenziell, über verschiedene Bezirke erstreckt.

6   Die Zuständigkeitserklärung sollte sich auf Aufgaben in einer genau bezeichneten Angelegenheit beziehen. Die Aufsichtsbehörde selbst darf nur tätig werden, wenn die Voraussetzungen für die außerordentliche Zuständigkeit (§ 6) oder für ein Selbsteintrittsrecht (§ 10) vorliegen. Von der Möglichkeit der Zuständigkeitsbestimmung sollte daher nur in zwingend gebotenen Fällen Gebrauch gemacht werden, um den Grundsatz zu erhalten, dass jede Behörde nur in ihrem Gebiet zuständig ist (Bsp. → Rn. 6.1).

6.1   **Beispiel:** Eine Brücke, eine Straße oder ein Gebäude ist Gegenstand einer behördlichen Maßnahme und gehört zu mehreren Bezirken.

C. Folgen der Verletzung der örtlichen Zuständigkeit

7   Die örtliche Zuständigkeit der Ordnungsbehörde ist eine zwingende Voraussetzung für rechtmäßiges Verwaltungshandeln (vgl. Kopp/Ramsauer VwVfG § 3 Rn. 12 ff.). Die Zuständigkeit wird von Amts wegen geprüft. Die Verletzung der örtlichen Zuständigkeit führt zu einem Verfahrensfehler. Dieser führt nicht zur Nichtigkeit des Verwaltungsaktes, sondern grundsätzlich nur zu dessen Anfechtbarkeit (vgl. Kopp/Ramsauer VwVfG § 3 Rn. 12b). Etwas anderes gilt nur dann, wenn der Mangel der Zuständigkeit offensichtlich ist und unter keinem rechtlichen Gesichtspunkt gerechtfertigt sein kann (§ 44 Abs. 1 VwVfG. NRW.; vgl. Kopp/Ramsauer VwVfG § 44 Rn. 8, 12, 14; Rietdorf/Heise/Böckenförde/Strehlau, Ordnungs- und Polizeirecht in Nordrhein- Westfalen, 1972, § 5 Rn. 12).

8   Eine Weiterleitung der unzuständigen Behörde an die **zuständige Behörde** ist nach sinngemäßer Anwendung des § 17a Abs. 2 Gerichtsverfassungsgesetz zulässig. Das VwVfG. NRW. enthält zwar keine ausdrückliche Regelung über die Zulässigkeit der Weiterleitung, spricht sich aber auch nicht dagegen aus. Aus dem Fehlen einer Weisungsnorm folgt aber auch, dass die Weisung zur Weiterleitung im Ermessen der Behörde steht (vgl. Kopp/Ramsauer VwVfG § 3 Rn. 13 f.).

§ 5 Sachliche Zuständigkeit

(1) ¹**Für die Aufgaben der Gefahrenabwehr sind die örtlichen Ordnungsbehörden zuständig.** ²**Werden den Ordnungsbehörden der Großen und Mittleren kreisangehörigen Städte Aufgaben durch besondere gesetzliche Vorschrift zugewiesen, nehmen sie diese als örtliche Ordnungsbehörden wahr.**

(2) **Die Zuständigkeit der Landes- und Kreisordnungsbehörden bestimmt sich nach den hierüber erlassenen gesetzlichen Vorschriften.**

(3) **Für den Erlaß von ordnungsbehördlichen Verordnungen gelten die §§ 26 und 27.**

Überblick

Die örtlichen Ordnungsbehörden sind im Bereich der Gefahrenabwehr gem. Abs. 1 sachlich zuständig (→ Rn. 1). Streng genommen dürfte es sich dabei um eine Regelung zur instanziellen Zuständigkeit handeln (→ Rn. 3). Die Zuständigkeit der Landes- und Kreisordnungsbehörden richtet sich nach spezialgesetzlichen Regelungen (→ Rn. 4). § 5 Abs. 3 verweist auf die §§ 28 und 29 für den Erlass von ordnungsbehördlichen Verordnungen (→ Rn. 5). Eine Verletzung dieser Vorschrift führt in der Regel nicht zur Nichtigkeit des ordnungsbehördlichen Handelns (→ Rn. 6).

A. Sachliche Zuständigkeit

1   Die sachliche Zuständigkeit, die in § 5 geregelt wird, betrifft den inhaltlich beschriebenen Tätigkeitsbereich der Ordnungsbehörde. Sie bezieht sich auf einen bestimmten Teil des

materiellen Rechts, dem eine Sachaufgabe zugewiesen ist (vgl. Kopp/Ramsauer VwVfG § 3 Rn. 3). Es handelt sich um eine Art Ressortkompetenz.

Der § 5 ist nicht die einzige Regelung zur sachlichen Zuständigkeit im NRWOBG. Gemäß 2 Abs. 1 sind die örtlichen Ordnungsbehörden für die Aufgaben der Gefahrenabwehr zuständig. Diese Regelung findet sich ähnlich in § 1 Abs. 1, wonach die Ordnungsbehörden die Aufgabe der Gefahrenabwehr haben. Der Gehalt des § 5 betrifft ausschließlich die Frage, welche Behörde für die Aufgabe der Gefahrenabwehr zuständig ist.

Es handelt sich entgegen dem Wortlaut streng genommen um eine instanzielle Zuständig- 3 keit. Die instanzielle Zuständigkeit weist eine Sachaufgabe einer bestimmten Verwaltungs- ebene innerhalb eines hierarchischen Behördenaufbaus zu (vgl. Kopp/Ramsauer VwVfG § 3 Rn. 3a). Die Sachaufgabe der Ordnungsbehörde ist die Gefahrenabwehr. Die Zuständigkeits- abgrenzung der Ordnungsbehörde von anderen Behörden erfolgt für den Fall, dass keine Situation der Gefahrenabwehr vorliegt, aber bereits in § 1 Abs. 1. Damit regelt § 1 Abs. 1 damit die sachliche Zuständigkeit und ist dem § 5 vorgelagert. § 5 setzt nämlich die sachliche Zuständigkeit der Ordnungsbehörde voraus. Eine Abgrenzung der Zuständigkeiten von allge- meiner Ordnungsbehörde und Sonderordnungsbehörden ergibt sich hingegen aus § 12 (Riet- dorf/Heise/Böckenförde/Strehlau, Ordnungs- und Polizeirecht in Nordrhein- Westfalen, 1972, Rn. 1 f.). Auch § 51 enthält einen Spezialfall für die sachliche Zuständigkeit.

Abs. 1 und Abs. 2 enthalten die Regelungen zur Zuständigkeitsaufteilung. Die Zuständig- 4 keit der Landes- und Kreisordnungsbehörden ergibt sich aus spezialgesetzlichen Regelungen, Abs. 2. Diese normieren, dass die örtlichen Ordnungsbehörden grundsätzlich zuständig sind. Dies folgt vor allem aus dem Verwaltungsgrundsatz der Ortsnähe (vgl. Krämer/Müller OBG Rn. 2 f.). Eine Verwaltungsvereinbarung zwischen Behörden ändert nichts an der sachlichen Zuständigkeit (OVG Münster BeckRS 2017, 121964 Rn. 42).

Aus Abs. 3 ergibt sich, dass sich die Regelung des § 5 auf die ordnungsbehördliche 5 Verfügung bezieht. Für den Erlass von ordnungsbehördlichen Verordnungen gelten die §§ 29 und 30.

B. Folgen eines Verstoßes gegen die sachliche Zuständigkeit

Ein Verstoß gegen die sachliche Zuständigkeit führt grundsätzlich nicht zur Nichtigkeit 6 der Maßnahme, es sei denn, der Verwaltungsakt leidet an einem schweren Fehler oder der Verstoß ist offensichtlich (§ 44 Abs. 1 VwVfG. NRW.). Ein offensichtlicher Verstoß ist bei offenkundig fehlender Ressortzuständigkeit gegeben (vgl. Kopp/Ramsauer VwVfG § 44 Rn. 15), zB das Finanzamt wird anstelle des Forstamtes tätig.

Bei einem Verstoß gegen die Zuständigkeitsvorschrift des § 5 handelt entweder die örtliche 7 Ordnungsbehörde anstelle der Kreis- und Landesordnungsbehörde oder die Landesordnungs- behörde anstelle der örtlichen Ordnungsbehörde. Die Kreis- und Landesordnungsbehörden sind Aufsichtsbehörden gem. § 7.

Das Recht, die Aufsicht über die örtliche Ordnungsbehörde zu führen, führt aber nicht 8 zu einem Recht, auch deren Aufgaben wahrzunehmen. Dies ergibt sich aus § 10, der ein Selbsteintrittsrecht für einen bestimmten Fall regelt. Doch führt ein Verstoß gegen die instanz- ielle Zuständigkeit nicht automatisch zur Nichtigkeit gem. § 44 Abs. 1 VwVfG. NRW. Der Fehler ist nicht offensichtlich und schwerwiegend (vgl. BVerwGE 30, 138; Kopp/Ramsauer VwVfG § 44 Rn. 17).

§ 6 Außerordentliche Zuständigkeit

(1) ¹Bei Gefahr im Verzug oder in den gesetzlich vorgesehenen Fällen kann jede Ordnungsbehörde in ihrem Bezirk die Befugnisse einer anderen Ordnungsbehörde ausüben. ²Dies gilt nicht für den Erlass ordnungsbehördlicher Verordnungen.

(2) Erfordert die Erfüllung ordnungsbehördlicher Aufgaben Maßnahmen auch in benachbarten Bezirken und ist die Mitwirkung der dort örtlich zuständigen Ordnungsbehörden nicht ohne eine Verzögerung zu erreichen, durch der der Erfolg der Maßnahme beeinträchtigt wird, so kann die eingreifende Ordnungsbehörde auch in benachbarten Bezirken die notwendigen unaufschiebbaren Maßnahmen treffen.

(3) Die allgemein zuständige Ordnungsbehörde ist über die getroffenen Maßnahmen unverzüglich zu unterrichten.

Überblick

Der § 6 regelt eine außerordentliche Zuständigkeit. Bei Gefahr in Verzug oder in anderen gesetzlich vorgesehenen Fällen kann jede Ordnungsbehörde die Befugnisse einer anderen Ordnungsbehörde ausüben (→ Rn. 1), wobei das Handeln der eigentlich unzuständigen Behörde die Ausnahme bleiben sollte (→ Rn. 5). Die eingreifende Ordnungsbehörde kann auch in benachbarten Bezirken die notwendigen unaufschiebbaren Maßnahmen treffen, wenn die zuständige Ordnungsbehörde nicht rechtzeitig eingreifen kann (→ Rn. 9). Die allgemein zuständige Ordnungsbehörde ist über die getroffene Maßnahme unverzüglich zu unterrichten (→ Rn. 10). Es handelt sich um eine Ausnahmevorschrift zum Grundsatz, dass jede Ordnungsbehörde nur in ihrem Bezirk tätig werden darf (vgl. § 5).

A. Voraussetzungen für das Tätigwerden innerhalb des Bezirks

1　Gemäß Abs. 1 hat jede Ordnungsbehörde das Recht, bei Gefahr im Verzug oder in anderen gesetzlich vorgesehenen Fällen in ihrem Bezirk die Befugnisse einer anderen Ordnungsbehörde ausüben. Die Vorschrift ermächtigt zu einer begrenzten Kompetenzverschiebung (vgl. Rhein OBG Rn. 2). Voraussetzung für das Eingreifen einer eigentlich unzuständigen Behörde ist das Vorliegen von Gefahr in Verzug oder das Handeln in einem anderen gesetzlichen vorgesehenen Fall.

2　Gemäß Nr. 6.11 VV OBG besteht das Recht, bei Gefahr im Verzug Befugnisse einer anderen Ordnungsbehörde wahrzunehmen, sowohl im Verhältnis der Ordnungsbehörden der höheren Stufe zu denen der unteren Stufe als auch umgekehrt. Dieses Recht ist im Grundsatz auch im Verhältnis der allgemeinen und der Sonderordnungsbehörden zueinander anzuerkennen (Nr. 6.11 VV OBG). Dies ergibt sich aus § 12 Abs. 2. Voraussetzung für die Anwendbarkeit des Abs. 1 ist in jedem Fall, dass die handelnde örtlich zuständige Ordnungsbehörde („in ihrem Bezirk") sachlich zuständig ist. Die personelle Zuständigkeit ist nicht relevant (vgl. Rhein OBG Rn. 5 f.).

3　Eine Gefahr im Verzug liegt vor, wenn ein rechtzeitiges Eingreifen der allgemein zuständigen Instanz zur Gefahrenabwehr objektiv nicht mehr möglich ist und wenn ohne sofortiges Eingreifen der an sich unzuständigen Stelle der drohende Schaden tatsächlich entstünde (Nr. 6.11 VV OBG; Bsp. → Rn. 3.1).

3.1　**Beispiel:** Gefahr der Verseuchung von Grundwasser durch auslaufendes Öl bei einem Tankwagenunfall.

4　Es ist umstritten, ob Abs. 1 analog anwendbar ist, wenn die zuständige Ordnungsbehörde sich weigert tätig zu werden. Dagegen spricht, dass nur § 10 ein Selbsteintrittsrecht regelt und es das Instrumentarium der Weisung durch die Aufsichtsbehörde gibt (vgl. Rhein OBG Rn. 9; aA Kopp/Ramsauer VwVfG § 3 Rn. 54 ff.).

5　Das Tätigwerden einer unzuständigen Behörde soll der Ausnahmefall bleiben. Abs. 1 ermächtigt daher nicht zu Dauerregelungen. Dies gilt auch, wenn der Wortlaut keine Einschränkung in örtlicher oder zeitlicher Sicht der außerordentlichen Zuständigkeit enthält (vgl. Rhein OBG Rn. 10). Die getroffene Maßnahme ist eine Maßnahme derjenigen Ordnungsbehörde, die sie erlassen hat. Die handelnde Behörde handelt nicht im Auftrag und Namen der zuständigen Behörde (Nr. 6.12 VV OBG), sodass Rechtsmittel ausschließlich gegen die handelnde Behörde zu richten sind. Diese trägt auch die Kosten der Maßnahme.

6　Abs. 1 S. 1 Alt. 2 regelt die Kompetenzverschiebung, soweit ein gesetzlicher Fall dafür vorliegt. Nr. 6.13 VV OBG zählt gesetzliche Fälle auf, die außerordentliche Zuständigkeiten enthalten. Vom Regelungsgehalt entspricht Abs. 1 S. 1 Alt. 2 dem § 1 Abs. 2 S. 1 (vgl. Rhein OBG Rn. 15).

B. Voraussetzungen für das Tätigwerden außerhalb des Bezirks

7　Abs. 2 normiert eine Ausnahme zur örtlichen Zuständigkeit. Gemäß § 4 ist die Zuständigkeit der Ordnungsbehörde grundsätzlich auf ihren Bezirk beschränkt.

Die Kompetenzverschiebung setzt voraus, dass die Ordnungsbehörden benachbarten **8** Bezirken innerhalb des Landes Nordrhein-Westfalen angehören.

Gemäß Abs. 2 darf die Mitwirkung der örtlich zuständigen Behörde nicht ohne eine **9** Verzögerung erreicht werden. Die Verzögerung ist zeitlich zu sehen. Es geht nicht um die grundsätzliche Abwendung eines Schadens. Durch die Verzögerung muss der Erfolg der Maßnahme beeinträchtigt werden (vgl. Rhein OBG Rn. 18). Die Maßnahme muss notwendig und unaufschiebbar sein. Notwendig ist die Maßnahme, wenn die Gefahr ohne das Einschreiten der Behörde nicht abgewendet werden kann. Unaufschiebbar ist sie, wenn das sofortige Einschreiten zur Abwehr der Gefahr notwendig ist (vgl. Kopp/Ramsauer VwVfG § 3 Rn. 56; Rhein OBG Rn. 19).

C. Unterrichtungspflicht

Gemäß Abs. 3 ist die allgemein zuständige Behörde unverzüglich über die Maßnahme zu **10** unterrichten. Die allgemein zuständige Behörde meint die betroffene Behörde. Es handelt sich um eine Obliegenheit. Unverzügliche Mitteilung bedeutet ohne schuldhaftes Zögern (vgl. Kopp/Ramsauer VwVfG § 3 Rn. 57).

Sinn und Zweck der Regelung ist es zu gewährleisten, dass die zuständige Behörde sich **11** sobald wie möglich wieder mit der Abwehr der Gefahr beschäftigt. Es wird weder die Rechtmäßigkeit des Handelns noch die Zuständigkeit aus Abs. 1 und Abs. 2 berührt (vgl. Rhein OBG Rn. 20; sa Kopp/Ramsauer VwVfG § 3 Rn. 57).

§ 7 Aufsichtsbehörden

(1) **Die Aufsicht über die örtlichen Ordnungsbehörden in den Kreisen führt der Landrat als untere staatliche Verwaltungsbehörde.**

(2) **¹Die Aufsicht über die kreisfreien Städte als örtliche Ordnungsbehörden und über die Kreisordnungsbehörden führt die Bezirksregierung. ²Sie ist gleichzeitig obere Aufsichtsbehörde über die kreisangehörigen Gemeinden als örtliche Ordnungsbehörden.**

(3) **Oberste Aufsichtsbehörde ist das jeweils zuständige Ministerium.**

Überblick

Der § 7 normiert die Aufsichtsinstanzen in Nordrhein-Westfalen (→ Rn. 1). Vorrangig tätig wird demnach die unterste Aufsichtsbehörde, das heißt in Nordrhein-Westfalen der Landrat (→ Rn. 2). Der Bezirksregierung kommt insoweit eine Doppelrolle zu, als sie die Aufsicht über die kreisfreien Städte und Kreisordnungsbehörden führt und gleichzeitig obere Aufsichtsbehörde über die örtlichen Ordnungsbehörden ist (→ Rn. 3). Das jeweils zuständige Ministerium ist die oberste Aufsichtsbehörde (→ Rn. 4).

A. Der Landrat als Aufsichtsbehörde

Das NRWOBG kennt drei Aufsichtsinstanzen. Auf der obersten Stufe stehen die Landesre- **1** gierung, Landesminister und der Ministerpräsident (§ 3 LOG NRW). Sie sind für das gesamte Landesgebiet zuständig. Auf der mittleren Stufe stehen Sonderverwaltungsbehörden und allgemeine Verwaltungsbehörden. Dies ist in Nordrhein-Westfalen die Bezirksregierung (§ 7 Abs. 2, § 8 LOG NRW). Auf der unteren Stufe stehen die unteren Verwaltungsbehörden (§ 9 Abs. 1, Abs. 2 LOG NRW). Bei der Aufsicht in § 7 handelt es sich um eine Sonderaufsicht (§ 116 Abs. 2 GO NRW). Die unterste Aufsichtsbehörde wird vorrangig tätig (vgl. Rhein OBG Rn. 1; zu bundesrechtlichen Aufsichtsinstrumenten Oebbecke DVBl 2019, 1).

Abs. 1 regelt die Aufsicht über die örtlichen Ordnungsbehörden in den Kreisen. Diese **2** erfolgt durch den Landrat. Der Landrat ist das alleinige monokratische Organ an der Verwaltungsspitze des Kreises. Er wird von den Kreiseinwohnern direkt gewählt. Als untere Verwaltungsbehörde gem. § 58 Abs. 1 KrO NRW unterliegt er der Dienst und Fachaufsicht der Bezirksregierung und Minister gem. § 11 LOG NRW.

B. Die Bezirksregierung als Aufsichtsbehörde

3   Der Regelungsgehalt des Abs. 2 entspricht demjenigen des § 120 Abs. 2, Abs. 3 GO NRW (vgl. Rhein OBG Rn. 6). Die Bezirksregierung erfüllt eine zwei Funktionen. Sie führt die Aufsicht über die kreisfreien Städte als örtliche Ordnungsbehörde (Abs. 2 S. 1) und ist obere Aufsichtsbehörde über die kreisangehörigen Gemeinden (Abs. 2 S. 2). Die Vorschrift des Abs. 2 S. 2 weicht von §§ 2, 7 LOG NRW ab, wonach die Bezirksregierung nur allgemeine Verwaltungsbehörde und nicht obere Aufsichtsbehörde ist (vgl. Rhein OBG Rn. 7).

C. Oberste Aufsichtsbehörde

4   Der Abs. 3 bestimmt das zuständige Ministerium als oberste Aufsichtsbehörde. Dies entspricht § 3 LOG NRW.

§ 8 Unterrichtungsrecht

Die Aufsichtsbehörden können sich jederzeit über die Angelegenheiten der Ordnungsbehörden unterrichten.

Überblick

Das Unterrichtungsrecht ermöglicht als mildestes Mittel die ordnungsgemäße Führung der Kommunalaufsicht (→ Rn. 1). Die Wahl des Informationsmittels obliegt grundsätzlich der beaufsichtigten Behörde (→ Rn. 3). Neben § 11 iVm § 121 GO NRW dürfte § 8 als spezialgesetzlicher Regelung für die Pflichtaufgaben nach Weisung vor allem Bedeutung auf Ministerialebene zukommen (→ Rn. 4).

A. Grundlagen des Unterrichtungsrechts

1   Das Unterrichtungsrecht soll eine ordnungsgemäße Führung der Kommunalaufsicht ermöglichen. Es dient der präventiven und repressiven Kontrolle durch die Sonderaufsichtsbehörde (vgl. Klein/Articus/Schneider, Gemeindeordnung Nordrhein-Westfalen, 5. Aufl. 2016, 541; Rhein OBG Rn. 1). Den Aufsichtsbehörden wird die gesetzliche Befugnis eingeräumt, sich aktiv zu informieren, um ihre Aufgabe der Aufsicht erfüllen zu können.

2   Es ist im Vergleich zum Selbsteintrittsrecht aus § 10 und dem Weisungsrecht aus § 3 Abs. 2, § 119 GO NRW das mildeste Mittel (vgl. Krämer/Müller OBG Rn. 1). Seine bloße Ausübung baut aber bereits Untersuchungsdruck auf. Mit dem Unterrichtungsrecht der Aufsichtsbehörde korreliert die Unterrichtungspflicht der beaufsichtigten Behörde (Frings/Spahlholz Gefahrenabwehr Rn. 79).

B. Wahrnehmung des Rechts

3   Die Form der Unterrichtung ergibt sich nicht aus § 8. Die beaufsichtigte Behörde kann das Informationsmittel frei wählen, es sei denn, die Aufsichtsbehörde hat durch behördliche Verfügung nach den Grundsätzen der Verhältnismäßigkeit ein Informationsmittel bestimmt. Die Unterrichtung erfolgt auf dem Dienstweg. Das Unterrichtungsrecht ist unbeschränkt. Es erstreckt sich auf alle Angelegenheiten der Ordnungsbehörde (vgl. Rhein OBG Rn. 1 ff.).

4   Aus § 11 iVm § 121 GO NRW ergibt sich ebenfalls ein Unterrichtungsrecht der allgemeinen Aufsichtsbehörde über die Angelegenheiten der Gemeinde, sodass sich die Frage stellt, welche Bedeutung § 8 daneben hat. Das Unterrichtungsrecht aus § 121 GO NRW bezieht sich auf sämtliche Angelegenheiten der Kommunalverwaltung, auf freiwillige und pflichtige Selbstverwaltungsangelegenheiten, sowie Pflichtaufgaben zur Erfüllung nach Weisung. § 8 hat Bedeutung auf der Ministerialebene und ist eine spezialgesetzliche Regelung für die Pflichtaufgaben nach Weisung (vgl. Klein/Articus/Schneider, Gemeindeordnung Nordrhein-Westfalen, 5. Aufl. 2016, 541).

§ 9 Weisungsrecht gegenüber örtlichen und Kreisordnungsbehörden

(1) Die Aufsichtsbehörden können Weisungen erteilen, um die gesetzmäßige Erfüllung der ordnungsbehördlichen Aufgaben zu sichern.

(2) Zur zweckmäßigen Erfüllung der ordnungsbehördlichen Aufgaben dürfen die Aufsichtsbehörden

a) allgemeine Weisungen erteilen, um die gleichmäßige Durchführung der Aufgaben zu sichern,

b) besondere Weisungen erteilen, wenn das Verhalten der zuständigen Ordnungsbehörde zur Erledigung ordnungsbehördlicher Aufgaben nicht geeignet erscheint oder überörtliche Interessen gefährden kann.

(3) Zur zweckmäßigen Erfüllung von ausländer- und paßrechtlichen Angelegenheiten dürfen die Aufsichtsbehörden besondere Weisungen auch erteilen, wenn die Bundesregierung, das Bundesministerium des Innern oder die von ihnen bestimmte Stelle in Angelegenheiten des Ausländerwesens und des Paßwesens Weisungen erteilen können oder die Entscheidung im Einzelfall im Benehmen mit einer der genannten Stellen ergehen muß.

(4) ¹Weisungen zur Erledigung einer bestimmten ordnungsbehördlichen Aufgabe im Einzelfalle führt der Hauptverwaltungsbeamte als staatliche Verwaltungsbehörde durch, sofern die Aufsichtsbehörde dies in der Weisung festlegt. ²Dies gilt auch für solche Weisungen, deren Geheimhaltung im Interesse der Staatssicherheit erforderlich ist.

(5) Das Weisungsrecht der Aufsichtsbehörden erstreckt sich nicht auf den Erlaß ordnungsbehördlicher Verordnungen.

Überblick

Der § 9 regelt das Weisungsrecht der Aufsichtsbehörden gegenüber den örtlich zuständigen Behörden. Die Aufsichtsbehörden können Weisungen erteilen, um die gesetzmäßige Erfüllung der ordnungsbehördlichen Aufgaben zu sichern, Abs. 1 (→ Rn. 1). Die Aufsichtsbehörden können gem. Abs. 2 allgemeine und besondere Weisungen erteilen (→ Rn. 7 ff.). Abs. 3 enthält ein spezielles Weisungsrecht zu ausländer- und passrechtlichen Angelegenheiten (→ Rn. 14). Abs. 4 regelt die Inanspruchnahme des Hauptverwaltungsbeamten zur Erledigung einer bestimmten ordnungsbehördlichen Aufgabe im Einzelfall (→ Rn. 16). Vom Weisungsrecht ausgenommen ist der Erlass ordnungsbehördlicher Verordnungen (→ Rn. 18).

A. Weisungsrecht zur Sicherung der gesetzmäßigen Erfüllung ordnungsbehördlicher Aufgaben

Die besonderen Bestimmungen über die Handhabung des Weisungsrechts gem. § 9 gelten **1** nur im Verhältnis der Aufsichtsbehörden gem. § 7 zu den von ihnen beaufsichtigten Körperschaften als örtlichen und Kreisordnungsbehörden (vgl. OVG Münster BeckRS 9998, 29317). Die Weisungen dienen der Sicherung des notwendigen staatlichen Einflusses auf die Erledigung ordnungsbehördlicher Aufgaben durch kommunale Behörden (Frings/Spahlholz Gefahrenabwehr Rn. 80).

Durch das Weisungsrecht überträgt die Ordnungsbehörde ihre ordnungsbehördlichen Auf- **2** gaben zur Erfüllung nach Weisung (→ § 3 Rn. 5 ff.).

Die Weisung iSv Abs. 1 dient dem Zweck der gesetzlichen Erfüllung von ordnungsbehörd- **3** lichen Aufgaben.

Aus der Einordnung der Pflichtaufgaben zur Erfüllung nach Weisung als Teil ihrer Selbst- **4** verwaltungsangelegenheiten (zu dieser Problematik → § 3 Rn. 1 ff.) ergibt sich, dass die Erteilung der Weisung ein Eingriff in das Selbstverwaltungsrecht der Gemeinde aus Art. 28 Abs. 2 GG, Art. 78 Abs. 4 NRW Verf darstellt. Daraus folgernd lässt sich eine Weisung als Verwaltungsakt gem. § 35 S. 1 VwVfG. NRW. qualifizieren (vgl. Rhein OBG Rn. 12). Damit unterliegt sie den Anforderungen und Regeln, die an den Verwaltungsakt gestellt werden, und ist ggf. mit den Rechtsmitteln angreifbar, die für die Überprüfung eines Verwaltungsaktes gelten.

5   Abs. 1 erfasst Einzelfallweisungen. Die Weisung dient der gesetzmäßigen Erfüllung. Sie wird erteilt, wenn die Erfüllung der ordnungsbehördlichen Aufgabe nach Auffassung der Aufsichtsbehörde nicht im Rahmen der Gesetzmäßigkeitsanforderungen des Art. 20 Abs. 3 GG erfolgt.

B. Weisungsrecht zur zweckmäßigen Erfüllung ordnungsbehördlicher Aufgaben

6   Die Weisung nach Abs. 2 dient im Unterschied zur Rechtsaufsicht der zweckmäßigen Aufgabenerfüllung (vgl. Rhein OBG Rn. 12).

7   Abs. 2 unterscheidet zwischen allgemeinen (Abs. 2 lit. a) und besonderen Weisungen (Abs. 2 lit. b). Aufgrund des Eingriffs in das Selbstverwaltungsrecht der Gemeinde müssen an die Erteilung der Weisung bestimmte Anforderungen gestellt werden.

7.1   In einem Hinweisbeschluss des BGH v. 24.6.2010 (BeckRS 2010, 16348) stellte das OLG Hamm fest, dass Verwaltungsvorschriften als Weisung iSd Abs. 2 zu betrachten seien und von den zuständigen Stellen und Behörden vorrangig beachtet werden müssen.

I. Allgemeine Weisungen

8   Die allgemeinen Weisungen dürfen erteilt werden, um die gleichmäßige Aufgabendurchführung zu sichern (Abs. 2 lit. a). Allgemeine Weisungen sind generell-abstrakte, an nachgeordnete Behörden gerichtete Vorschriften, die keine Außenwirkung zum Bürger entfalten (vgl. BVerwG NVwZ 2001, 1048; Rhein OBG Rn. 16). Ein Bedürfnis nach Sicherung gleichmäßiger Durchführung ist erst dann erreicht, wenn in Anbetracht von Art. 3 Abs. 1 GG für den Bürger eine gleichmäßige Rechtsanwendung im überörtlichen Bereich gefährdet ist (vgl. Rhein OBG Rn. 16). Die Entscheidung zur Erteilung der Weisung liegt im Ermessen der Behörde und unterliegt daher den Anforderungen des § 40 VwVfG. NRW.

9   Die allgemeine Weisung richtet sich lediglich auf die gleichmäßige Aufgabendurchführung. Insofern verbleibt der handelnden Behörde bei der Aufgabenerfüllung ein Ermessensspielraum, in den die Aufsichtsbehörde nicht über ihr Weisungsrecht eingreifen darf. Dieser Ermessensspielraum gründet auf dem verfassungsrechtlich verbürgten Selbstverwaltungsrecht nach Art. 28 Abs. 2 GG. Für über die gleichmäßige Aufgabendurchführung hinausgehende Zweckmäßigkeitserwägungen der Aufsichtsbehörden besteht kein Raum.

10   Bleiben derartige allgemeine Weisungen unbeachtet, so sind Einzelweisungen nach § 9 Abs. 1 möglich (Nr. 9.21 VV OBG).

II. Besondere Weisungen

11   Nach Abs. 2 lit. b sind Einzelweisungen an die Gemeinde möglich, wenn das Verhalten des Ordnungsbeamten zur Erledigung der Aufgabe nicht geeignet erscheint oder überörtliche Interessen durch das Verhalten gefährdet werden. Die Anforderungen gewährleisten, dass der Gemeinde ihr Selbstverwaltungsrecht nicht gänzlich entzogen wird. Es ist nicht generell möglich, die Weisung zu erteilen, sondern nur unter einschränkenden Voraussetzungen. Ein generelles Weisungsrecht besteht nicht, der Gemeinde steht ein weisungsfreier Raum zu, der von ihr selbst verwaltet wird.

12   Ein nicht geeignetes Verhalten des zuständigen Ordnungsbeamten liegt vor, wenn er gegenüber einer auftretenden Gefahr oder einer Beeinträchtigung sonstiger ordnungsbehördlicher Belange untätig bleibt (vgl. Nr. 9.22 VV OBG). Überörtliche Interessen liegen bei bezirksübergreifenden Angelegenheiten vor. Es muss noch nicht zu einem Schaden gekommen sein, wie sich aus dem Wortlaut „gefährdet" ergibt. Die Gefahr des Schadenseintritts muss jedoch mit hoher Wahrscheinlichkeit bevorstehen.

13   Einer allgemeinen Weisung zur Sicherung des gleichmäßigen Aufgabenvollzugs der ordnungsbehördlichen Aufgaben ist der Vorzug gegenüber einem reglementierenden Eingreifen im Einzelfall zu geben (Nr. 9.22 VV OBG).

C. Besonderes Weisungsrecht in ausländer- und passrechtlichen Angelegenheiten

Abs. 3 regelt ebenfalls die Weisungen zur zweckmäßigen Erfüllung (besondere Weisung) 14 und betrifft ausländer- und passrechtliche Angelegenheiten. Die Vorschrift regelt im Ergebnis ein Weisungsrecht der Aufsichtsbehörden, welches sich bereits aus § 16 Abs. 1 LOG NRW ergibt (vgl. Rhein OBG Rn. 19).

Gemäß § 16 Abs. 1 LOG NRW sind die Gemeinden bei der Durchführung von Bundes- 15 auftragsangelegenheiten an die Weisungen (Art. 85 GG) des Bundes gebunden. Gemäß Art. 85 Abs. 1 GG bleibt die Einrichtung der Behörden Angelegenheit der Länder, wenn die Länder die Bundesgesetze im Auftrage des Bundes ausführen, soweit nicht Bundesgesetze mit Zustimmung des Bundesrates etwas anderes bestimmen. Durch Bundesgesetz dürfen Gemeinden und Gemeindeverbänden Aufgaben nicht übertragen werden (vgl. Oebbecke DVBl 2019, 1). Dieses gilt auch für Einzelweisungen nach Art. 84 Abs. 4 GG. § 9 Abs. 3 ist damit eine Möglichkeit zur Umsetzung der Weisungsmöglichkeit, die aus Art. 84 Abs. 4 GG folgt.

D. Durchführung der Weisung durch einen Hauptverwaltungsbeamten

Die Inanspruchnahme des Hauptverwaltungsbeamten gestattet der Aufsichtsbehörde im 16 Einzelfall eine über die Weisungsbefugnisse nach Abs. 1 und Abs. 2 hinausgehende Einflussnahme. Die Ausübung der Befugnis steht im Ermessen des Gerichts, eine Begründung für die Inanspruchnahme muss nicht erfolgen. Aufgrund des Ausnahmecharakters soll von der Weisung in möglichst geringem Umfang Gebrauch gemacht werden. Insbesondere erfasst Abs. 4 S. 1 Fälle, bei denen eine bestimmte Gefahr wegen ihrer Eigenart, Dringlichkeit oder Neigung zur überörtlichen Ausbreitung nur auf dem in der Weisung beschriebenen Weg wirksam abgewehrt werden kann (Nr. 9.41 VV OBG).

Bei der **Inanspruchnahme des Hauptverwaltungsbeamten** liegt ein staatlicher Aufga- 17 benvollzug vor. Der **Charakter einer Pflichtaufgabe nach Weisung** geht verloren. Abs. 4 erfasst nur besondere Weisungen (Nr. 9.42 VV OBG). Weisungen, deren Geheimhaltung im Interesse der Staatssicherheit erforderlich gem. Abs. 4 S. 2 ist, müssen sich auf ein konkret bezeichnetes Sachgebiet beziehen. Die einzelfallbezogene Gefahrenabwehr ist jedoch nicht erforderlich (Nr. 9.43 VV OBG). Geheim zu haltende Vorgänge sind solche, welche nach besonderen gesetzlichen Bestimmungen geheim zu halten sind oder ihrem Wesen nach geheim sind (vgl. Rhein OBG Rn. 30). Liegt ein im Interesse der Staatssicherheit geheim zu haltender Vorgang vor, so kann die Aufsichtsbehörde uneingeschränkt eine Weisung an den Hauptverwaltungsbeamten erteilen.

E. Kein Weisungsrecht im Hinblick auf den Erlass von Verordnungen

Der Erlass von ordnungsbehördlichen Verordnungen ist uneingeschränkt in das Ermessen 18 der zuständigen Behörde gestellt, da sich das Weisungsrecht gem. Abs. 5 nicht auf ordnungsbehördliche Verordnungen erstreckt. Den Landes- und Kreisordnungsbehörden steht es frei, jeweils für ihren Bezirk unter den Voraussetzungen der § 27 Abs. 2 und Abs. 3 eine ordnungsbehördliche Verordnung zu erlassen (Nr. 9.5 VV OBG).

Die Regelung des Abs. 5 steht in engem Zusammenhang mit § 6 Abs. 1 S. 2, wonach 19 eine außerordentliche Zuständigkeit nicht für den Erlass ordnungsbehördlicher Verordnungen besteht.

§ 10 Selbsteintritt

(1) Führt der Hauptverwaltungsbeamte die Weisung nach § 9 Abs. 4 nicht innerhalb der bestimmten Frist durch, so können die Aufsichtsbehörden die Befugnisse der ihrer Aufsicht unterstehenden Ordnungsbehörden in entsprechender Anwendung der § 123 Absatz 2 der Gemeindeordnung selbst ausüben oder die Ausübung einem Dritten übertragen.

(2) Die allgemein zuständige Ordnungsbehörde ist über die getroffene Maß-nahme unverzüglich zu unterrichten.

Überblick

Die Bestimmung des Abs. 1 sieht ein Selbsteintrittsrecht der Aufsichtsbehörde für den Fall vor, dass der Hauptverwaltungsbeamte die Weisung nach § 9 Abs. 4 nicht innerhalb der bestimmten Frist durchführt (→ Rn. 1). Der Selbsteintritt darf nur ausnahmsweise erfolgen und ermächtigt die Aufsichtsbehörde zur Durchführung aller Maßnahmen, die auch der Hauptverwaltungsbeamte durchführen könnte (→ Rn. 2). Über die getroffene Maßnahme ist die allgemein zuständige Ordnungsbehörde unverzüglich zu unterrichten (→ Rn. 4).

A. Selbstvornahmerecht der Aufsichtsbehörden

1   Die Weisung muss vollziehbar und nicht fristgemäß umgesetzt worden sein. Nach Abs. 1 kann die Aufsichtsbehörde, soweit es sich um eine vertretbare Handlung handelt (vgl. Klein/ Articus/Schneider, Gemeindeordnung Nordrhein-Westfalen, 5. Aufl. 2016, 547), gem. § 123 Abs. 2 GO NRW die Weisung anstelle und auf Kosten der Gemeinde selbst durchführen. Der Hauptverwaltungsbeamte kann die Weisung nicht deshalb verweigern, weil er sie für rechtswidrig hält. In diesen Fällen muss er sich gem. § 59 Abs. 2 Landesbeamtengesetz an die Aufsichtsbehörde wenden (vgl. Rhein OBG Rn. 5).

2   Auch die höhere Behörde darf nur ausnahmsweise für die niedere Behörde tätig werden (Nr. 10.1 VV OBG). Die entsprechende Anwendung des § 123 Abs. 2 GO NRW bezieht sich darauf, dass anstelle der Ersatzvornahme des § 123 Abs. 2 GO NRW die Selbstvornahme tritt. Die Selbstvornahme ermächtigt die Aufsichtsbehörde, alle Maßnahmen durchzuführen, die auch der Hauptverwaltungsbeamte durchführen konnte. Darunter fallen das Erlassen von Verwaltungsakten und Satzungen, das Abgeben rechtsgeschäftlicher Erklärungen und die Befugnis, Verträge zu schließen. Dies bedeutet aber auch, dass sie den gleichen Maßgaben unterliegt, sobald die Mitwirkung oder Beteiligung dritter Stellen erforderlich ist (vgl. Klein/ Articus/Schneider, Gemeindeordnung Nordrhein-Westfalen, 5. Aufl. 2016, 548; Rhein OBG Rn. 8).

3   Die Aufsichtsbehörde wird lediglich als untere staatliche Verwaltungsbehörde tätig (vgl. Rhein OBG Rn. 7). Die Aufsichtsbehörde wird nur anstelle und nicht in Vertretung der Gemeinde tätig, also tritt sie im eigenen Namen auf. Es handelt sich um eine eigene Maß-nahme (Nr. 10.2 VV OBG). Dementsprechend ist die Aufsichtsbehörde beim Abschluss eines Vertrages auch der Vertragspartner.

B. Unterrichtungspflicht

4   Abs. 2 verpflichtet die eingetretene Aufsichtsbehörde, die allgemein zuständige Behörde unverzüglich zu unterrichten. Das Unterrichtungsrecht dient dazu, dass sich die zuständige Behörde schnell wieder mit ihren Angelegenheiten befasst. Für die Voraussetzungen kann auf die Ausführungen zu § 6 Abs. 3 verwiesen werden (→ § 6 Rn. 10).

§ 11 Befugnisse der Kommunalaufsichtsbehörden

Die Behörden der allgemeinen Aufsicht über die Gemeinden und Gemeindever-bände haben auch in ordnungsbehördlichen Angelegenheiten die Befugnisse der §§ 121 bis 125 der Gemeindeordnung.

Überblick

Der § 11 erklärt die Kommunalaufsicht neben der Sonderordnungsbehördenbefugnis für anwendbar (→ Rn. 1). Die Norm verweist insoweit auf die §§ 121–125 GO NRW (→ Rn. 4).

A. Ordnungsbehördliche Befugnisse der Kommunalaufsicht

Die Befugnisse der Sonderordnungsbehörden bestimmt das NRWOBG in §§ 8–10. § 11 **1** regelt das Verhältnis der Sonderaufsicht nach dem NRWOBG zu der Kommunalaufsicht nach der GO NRW. Die Notwendigkeit der Vorschrift ergibt sich daraus, dass der Kommunalaufsicht gem. § 11 GO NRW nur die Aufgabenerfüllung der Gemeinde im Selbstverwaltungsbereich unterliegt (vgl. auch Klein/Articus/Schneider, Gemeindeordnung Nordrhein-Westfalen, 5. Aufl. 2016, 537). Der Gesetzesvollzug durch die zuständige (untere) Behörde auch in eigenen Angelegenheiten unterliegt demnach der allgemeinen Kommunalaufsicht (§§ 119 ff. GO NRW) und im Falle des Gefahrenabwehrrechts zusätzlich der Sonderaufsicht (VG Gelsenkirchen BeckRS 2018, 33131 Rn. 109).

In Angelegenheiten der Ordnungsverwaltung nach dem NRWOBG hat die Kommunal- **2** aufsichtsbehörde keine Befugnisse. Dies ist damit zu begründen, dass die Ordnungsverwaltung Aufgaben außerhalb des Selbstverwaltungsbereichs kennt, vgl. die Pflichtaufgaben nach Weisungen aus § 3. In § 11 verleiht das Gesetz in Angelegenheiten der allgemeinen Ordnungsverwaltung der Kommunalaufsicht Befugnisse, indem sie die Kommunalaufsicht neben der Sonderordnungsbehördenbefugnis für anwendbar erklärt (Nr. 11 VV OBG). Nach Nr. 11 VV OBG sollen die Behörden sich miteinander abstimmen. Daraus ergibt sich, dass § 11 in erster Linie verwaltungsinterne Wirkung hat (vgl. Rhein OBG Rn. 1 ff.).

B. Aufsichtsmittel

Das Unterrichtungsrecht gem. § 8 ist mit dem Unterrichtungsrecht aus § 121 GO NRW **3** nahezu identisch (→ § 8 Rn. 1).

Dem Weisungsrecht aus § 9 entspricht das Beanstandungs- und Aufhebungsrecht aus § 122 **4** GO NRW. Das Weisungsrecht richtet sich jedoch direkt an die örtlichen und Kreisordnungsbehörden. Das Beanstandungs- und Aufhebungsrecht nach § 122 GO NRW erfordert ein erneutes Verfahren im Rat (vgl. § 122 Abs. 1 S. 2 GO NRW, § 122 Abs. 2 S. 2 GO NRW). Somit ist es zeitaufwendiger und damit weniger effektiv (vgl. Rhein OBG Rn. 5). Die Ausübung des Selbsteintrittsrechts gem. § 10 erfolgt in entsprechender Anwendung des § 123 Abs. 2 GO NRW.

Das Aufsichtsmittel der Ersatzvornahme dürfte damit weitestgehend gegenstandslos sein **5** (vgl. Nr. 11 VV OBG). Vom NRWOBG sind die Bestellung eines Beauftragten gem. § 124 GO NRW und die Auflösung des Rates gem. § 125 GO NRW nicht erfasst. Diese Aufsichtsmittel gehen daher über das in der Sache gebotene und erforderliche Maß hinaus.

§ 12 Sonderordnungsbehörden

(1) Sonderordnungsbehörden sind die Behörden, denen durch Gesetz oder Verordnung auf bestimmten Sachgebieten Aufgaben der Gefahrenabwehr oder in ihrer Eigenschaft als Sonderordnungsbehörden andere Aufgaben übertragen worden sind.

(2) Für die Sonderordnungsbehörden gelten die Vorschriften dieses Gesetzes, soweit nicht durch Gesetz oder Verordnung Abweichendes bestimmt ist.

Überblick

Abs. 1 definiert den Begriff der Sonderordnungsbehörden (→ Rn. 1). Es wird klargestellt, dass auch bei Übertragung zusätzlicher Aufgaben außerhalb der Gefahrenabwehr die Eigenschaft als Sonderordnungsbehörde bestehen bleibt (→ Rn. 3). Abs. 2 erklärt die Vorschriften des NRWOBG für die Sonderordnungsbehörden für anwendbar, soweit nicht durch Gesetz oder Verordnung Abweichendes bestimmt ist (→ Rn. 5).

A. Definition der Sonderordnungsbehörden

Sinn und Zweck der Übertragung bestimmter Aufgaben auf andere Ordnungsbehörden **1** ist die Effektivität der Gefahrenabwehr. Die Abwehr bestimmter Gefahren setzt besondere

Fertigkeiten, Erkenntnisse und Fähigkeiten voraus. Es ist daher zweckmäßig, der allgemeinen Ordnungsbehörde nicht alle Aufgaben der Gefahrenabwehr zu übertragen (vgl. Krämer/Müller OBG Rn. 1). Im Fall bundesgesetzlich zugewiesener Zuständigkeiten kann das Landesrecht eine Übertragung anordnen (zum Fall des Abfall- und Bodenschutzrechts VG Gelsenkirchen BeckRS 2018, 33131 Rn. 103 f.).

2   Sonderordnungsbehörden sind im Unterschied zu den allgemeinen Ordnungsbehörden nicht schlechthin für die Gefahrenabwehr zuständig, sondern nur in eng umrissenen Bereichen (vgl. Frings/Spahlholz Gefahrenabwehr Rn. 73). Von § 12 werden nur organisatorisch selbstständige Behörden erfasst, die außerhalb der allgemeinen Ordnungsbehörde stehen (vgl. Rhein OBG Rn. 1). Dazu zählen auch das Gewerbeaufsichtsamt (§ 139b GewO), die Landesimmissionsschutzbehörden (§ 14 NRWLImSchG) oder die untere Denkmalschutzbehörde (§ 20 Abs. 3 NRWDSchG).

2.1   **Beispiel:** Das OVG Münster stellte in einem Beschluss v. 10.2.1999 (BeckRS 9998, 39894) fest, dass sich die sachliche Zuständigkeit des Staatlichen Amtes für Arbeitsschutz als Sonderordnungsbehörde iSd § 12 aus § 9 GGBefG 1998 (Gefahrgutbeförderungsgesetz v. 29.9.1998, BGBl. I 3114) iVm § 1 Nr. 2 lit. d GGBefZustVO (Verordnung über die Bestimmung der zuständigen Behörden für die Überwachung der Beförderung gefährlicher Güter v. 28.11.1989, GV. NRW. 643) idF der Änderungsverordnung v. 24.1.1995 (GV. NRW 68) ergebe. Der Anspruchsteller begehrte einstweiligen Rechtsschutz gegen ein vom Staatlichen Amt für Arbeitsschutz ausgesprochenes Beförderungsverbot für in Frankreich lagerndes, BSE-verdächtiges Säugetiereiweiß / Tiermehl zu einer Verbrennungsanlage in Nordrhein-Westfalen.

3   Abs. 1 ist im Zusammenhang mit § 3 Abs. 1 Hs. 2 und § 1 Abs. 3 zu lesen. Die Gemeinden und Kreise können als Sonderordnungsbehörden tätig werden (§ 3 Abs. 1 Hs. 2). Die Gemeinde bleibt zuständig, wenn es keine durch spezielle Gesetze bestimmte Sonderordnungsbehörde gibt (vgl. Rhein OBG Rn. 2). Eine Art Legaldefinition enthält Abs. 1 Hs. 1.

4   Abs. 1 Hs. 2 setzt streng genommen das Bestehen einer Sonderordnungsbehörde bereits voraus. Es wird klargestellt, dass diese ihre Eigenschaft als Sonderordnungsbehörde behalten, auch wenn ihnen zusätzliche Aufgaben außerhalb der Gefahrenabwehr übertragen werden (vgl. Krämer/Müller OBG Rn. 2).

B. Anwendbarkeit des NRWOBG

5   Nach Abs. 2 sind die Vorschriften des NRWOBG für die Sonderordnungsbehörden anwendbar, soweit nicht durch Gesetz oder Rechtsverordnung Abweichendes bestimmt ist. Die Vorschrift ist als Ergänzung zu § 1 Abs. 2 zu sehen. Das NRWOBG ist unbeschadet der Sonderstellung der Sonderordnungsbehörden subsidiär anzuwenden. Dies bedeutet aber auch, dass die Polizei nach § 1 Abs. 1 S. 3 PolG NRW im Bereich der Sonderordnungsbehörde tätig werden darf, sofern ein Eilfall vorliegt.

6   Ferner kann nach § 6 die allgemeine Ordnungsbehörde im Rahmen der Zuständigkeit der Sonderordnungsbehörde tätig werden, wenn ein Fall von Gefahr im Verzug vorliegt (vgl. Rhein OBG Rn. 5 f.; näher → § 6 Rn. 1 ff.).

7   Der Aufbau der Sonderordnungsbehörden gestaltet sich je nach Sachgebiet unterschiedlich (s. zB § 14 NRWLImschG, § 6 Abs. 2 LOG NRW).

§ 13 Dienstkräfte der Ordnungsbehörden

[1]Die Ordnungsbehörden führen die ihnen obliegenden Aufgaben mit eigenen Dienstkräften durch. [2]Die Dienstkräfte müssen einen behördlichen Ausweis bei sich führen und ihn bei Ausübung ihrer Tätigkeit auf Verlangen vorzeigen. [3]§ 68 Abs. 2 Satz 3 des Verwaltungsvollstreckungsgesetzes für das Land Nordrhein-Westfalen (VwVG NW) bleibt unberührt.

Überblick

Die Aufgabenwahrnehmung hat gem. S. 1 durch eigene Dienstkräfte der Ordnungsbehörde zu erfolgen (→ Rn. 1). Um einen Legitimationsnachweis erbringen zu können, sieht

S. 2 für die Dienstkräfte eine Ausweispflicht vor (→ Rn. 6). Ausnahmen von der Ausweispflicht bestehen über den Verweis auf § 68 Abs. 2 S. 3 VwVG NRW in § 13 S. 3 (→ Rn. 8). Die teilweise bestehenden Gesetze in anderen Ländern über den freiwilligen Polizeidienst oder die Sicherheitswacht sind dort zu beachten.

A. Aufgabenerfüllung durch eigene Dienstkräfte

Eigene Dienstkräfte iSv S. 1 sind die Beschäftigen der Ordnungsbehörde und Personen, **1** die von den Ordnungsbehörden zur Erfüllung einer begrenzten Vollzugsaufgabe ermächtigt werden und als außerordentliche Organwalter für sie tätig sind (Nr. 13.1 VV OBG). Die Personen müssen im Rahmen ihres Tätigkeitskreises jedoch zur Abwehr von Gefahren berufen sein. Auch Mitarbeiterinnen und Mitarbeiter von Sonderordnungsbehörden sind Vollzugsdienstkräfte gem. §§ 66, 68 VwVG NRW (so für Mitarbeiter des Jugendamtes das VG Gelsenkirchen BeckRS 2016, 45540, ohne Festlegung, ob das Jugendamt Sonderordnungsbehörde ist).

Unter dem Stichwort der Verpolizeilichung kommunaler Sicherheitsgewährleistung wird **2** die Reichweite der Aufgabenerfüllung zunehmend diskutiert, weil die Kommunen erweiterte Tätigkeiten mit erweitertem Mitarbeiterstab ergreifen. Dies betrifft etwa das Vorgehen gegen die Verwahrlosung von Immobilien in problembehafteten Stadtteilen. Die Abgrenzung zu den Aufgaben der Vollzugspolizei ist sachbezogen und einzelfallbezogen zu ziehen.

Kommunale Ordnungsdienste sind in anderen Ländern verbreitet und werfen rechtliche **3** Probleme hinsichtlich ihrer Befugnisausstattung und Befugnisausübung vor dem Hintergrund des Art. 33 Abs. 4 GG auf (Gassner VBlBW 2013, 281). Ihr Zweck ist oftmals die Stärkung des subjektiven Sicherheitsgefühls der Bevölkerung oder die Wahrung eines positiven städtischen Erscheinungsbildes etwa hinsichtlich der Sauberkeit. Teils dienen sie der Verfolgung von Ordnungswidrigkeiten. Erstreckt sich die Aufgabenübertragung auf das Recht zu (intensiven) Eingriffen in die Freiheitsrechte des Bürgers, dann vermag die Rechtfertigung der Aufgabenübertragung im Fall einer nur oberflächlichen, verkürzten und damit unzureichenden Ausbildung – ebenso wie bei dem Einsatz von Hilfspolizisten – die Aufgabenübertragung auf Private nicht sachlich zu rechtfertigen (Kischel/Wißmann/Kugelmann, Instrumenten- und Akteursmix im Verwaltungsrecht, 2014, 127, 134). Wenn und soweit ehrenamtliche Ordnungsdienstmitarbeiter die hauptamtlichen Mitarbeiter von Ordnungsdiensten begleiten, ist dies unproblematisch, falls die Kontrolle durch hauptamtliche Mitarbeiter sichergestellt ist.

Der § 13 setzt einer Heranziehung Dritter enge Grenzen. Nach § 13 muss es sich um **4** Dienstkräfte der Behörde handeln, sodass eine Aufgabenübertragung auf natürliche und juristische Personen des Privatrechts wegen des klaren Wortlauts der Vorschrift nicht möglich ist. Es fehlt auch für Fälle der Beleihung an einer gesetzlichen Grundlage (vgl. Rhein OBG Rn. 1; Kopp/Ramsauer VwVfG § 1 Rn. 58 f.).

Denkbar ist die Beauftragung eines Privaten als Verwaltungshelfer. Dieser wird für einen **5** Hoheitsträger unselbstständig, weisungsgebunden tätig (Kopp/Ramsauer VwVfG § 1 Rn. 64). So werden als Verwaltungshelfer selbstständig handelnde Abschleppunternehmer (BGHZ 121, 161 mAnm Würtenberger JZ 1993, 1003) und Privatlabore, die BSE-Tests durchführen (BGHZ 161, 6), anerkannt.

Der S. 1 verlangt die Erledigung des „Ob" und „Wie" durch die allgemeine Ordnungsbehörde. Sie kann sich der Überwachung des Privaten also nicht entziehen (vgl. Rhein OBG **6** Rn. 3). In Bezug auf das „Wie" bedeutet dies, dass der Vollzug der Durchführung nach den §§ 55 ff. VwVG NRW erfolgt und damit deren Voraussetzungen vorliegen müssen.

B. Ausweispflicht für Dienstkräfte

S. 2 normiert den Legitimationsnachweis. Ein behördlicher Ausweis muss von den Dienst- **7** kräften bei sich geführt und auf Verlangen vorgezeigt werden. Aus dem behördlichen Ausweis muss der Umfang des übertragenen Aufgabenbereichs hervorgehen, gem. Nr. 13.1 VV OBG.

Durch den behördlichen Ausweis genießen die Dienstkräfte insbesondere im Strafvollzug **8** den Schutz von § 113 StGB, der den Widerstand gegen Vollstreckungsbeamte unter Strafe stellt (vgl. Rhein OBG Rn. 5 ff.). Nach Nr. 3.13 VV OBG haben die Dienstkräfte auf Anfrage auch die Dienstbehörde zu benennen, an die etwaige Beschwerden zu richten sind.

C. Anwendbarkeit des § 68 Abs. 2 S. 3 VwVG NRW

9   S. 3 stellt klar, dass die Anwendbarkeit von § 68 Abs. 2 S. 3 VwVG NRW unberührt bleibt. Gemäß § 68 Abs. 2 S. 3 VwVG NRW müssen die Vollzugskräfte ihren Dienstausweis nicht vorzeigen, wenn die Umstände es nicht zulassen oder unmittelbarer Zwang innerhalb der Dienstgebäude der Gerichte und Staatsanwaltschaften oder innerhalb der in § 66 Abs. 1 Nr. 3 VwVG NRW genannten Anstalten ausgeübt wird.

Teil II. Befugnisse der Ordnungsbehörden

Abschnitt 1. Ordnungsverfügungen

§ 14 Voraussetzungen des Eingreifens

(1) Die Ordnungsbehörden können die notwendigen Maßnahmen treffen, um eine im einzelnen Falle bestehende Gefahr für die öffentliche Sicherheit oder Ordnung (Gefahr) abzuwehren.

(2) ¹Zur Erfüllung der Aufgaben, die die Ordnungsbehörden nach besonderen Gesetzen und Verordnungen durchführen (§ 1 Abs. 2 Satz 1 und Abs. 3), haben sie die dort vorgesehenen Befugnisse. ²Soweit solche Gesetze und Verordnungen Befugnisse der Ordnungsbehörden nicht enthalten, haben sie die Befugnisse, die ihnen nach diesem Gesetz zustehen.

Überblick

Die Geschichte von Entstehung und Wandel der Vorschrift ist eng geknüpft an die Normgeschichte des § 1 sowie diejenige des § 8 PolG NRW, der Parallelvorschrift zu § 14 im Polizeirecht. Veränderungen hier haben regelmäßig auch zu Veränderungen dort geführt bzw. umgekehrt. Innerhalb des NRWOBG sind die Aufgabennorm des § 1 und die befugnisrechtliche Generalklausel des § 14 seit ihrer Entstehung im Jahre 1956 allerdings weitgehend unverändert geblieben (vgl. → § 1 Rn. 1 f.; → PolG NRW § 1 Rn. 1 ff.). Anders als in den entsprechenden Vorschriften des PolG NRW wurde der Begriff der öffentlichen Ordnung hier (in §§ 1, 14) nicht gestrichen (1989) und später wieder eingeführt (2010, vgl. mit Hinweisen zur Debatte um die praktische Notwendigkeit des Begriffs LT-Drs. 14/10603; Götz/Geis PolR/Geis § 5 Rn. 34; → § 1 Rn. 1). Darüber hinaus vollzogen sich Wandlungsprozesse im Rahmen gefahrenabwehrrechtlicher Aufgabenvorschriften und Generalermächtigungen parallel. Sie richteten sich an einem weitgehend stabilen textlichen Gerüst aus und vollzogen sich daher im Wege der Auslegung der Vorschriften (→ PolG NRW § 1 Rn. 1 ff.).

A. Das Trennungssystem

Die weitestgehend parallele Entwicklung der rechtlichen Grundlagen des Handelns der Polizei einerseits und der Ordnungsbehörden andererseits zeigt, dass das Motiv für ihre Trennung nicht die unterschiedliche Aufgabenausstattung sein konnte. **1**

Das Nebeneinander von Ordnungsbehörden und Polizei sowie deren aufgaben- und befugnisrechtliche Trennung haben sich erst nach dem Zweiten Weltkrieg in die heutige Form entwickelt. Wie die Parallelvorschrift des § 8 PolG NRW knüpft auch die ordnungsrechtliche Generalklausel des § 14 Abs. 1 in der Sache an die Regelungen der § 10 Teil II Titel 17 ALR und § 14 Abs. 1 PrPVG 1931 an. Diese Vorschriften allerdings kannten weder die Trennung von Aufgaben und Befugnissen noch die Trennung von Polizei- und Ordnungsbehörden. Zwar können Ursprünge der Abkehr von einem alles durchdringenden Polizeistaat bereits im 18. und 19. Jahrhundert erkannt werden (Tegtmeyer/Vahle PolG NRW Einf. 15 ff.; Gusy PolR Rn. 5 f.). Von einer auch normativ vorgegebenen Entpolizeilichung der öffentlichen Verwaltung kann allerdings erst in der Bundesrepublik die Rede sein (Götz/Geis PolR § 2 Rn. 15 ff.). **2**

In allen Bundesländern findet sich nunmehr die Trennung von Aufgabe und Befugnis ebenso wie die Unterscheidung von Polizei und Ordnungsbehörden. Anders als in anderen Bundesländern (bspw. Baden-Württemberg und Sachsen, jeweils § 1 PolG NRW; vgl. Schenke PolR § 9 Rn. 447) gilt im nordrhein-westfälischen Gefahrenabwehrrecht allerdings nicht nur die formelle und materielle Trennung von Polizei und Ordnungsbehörden. Deren Unterscheidung wird daneben auch durch die Differenzierung ihrer Normwerke in NRWOBG und PolG NRW „verkörpert". Insgesamt wird damit eine grundlegende Tren- **3** nung von Polizei und Ordnungsbehörden umgesetzt. Dies gilt zunächst in organisatorischer Hinsicht durch eine behördliche Verselbstständigung von Polizei und Ordnungsbehörden. So erhält die Polizei durch das POG NRW neben den Ordnungsbehörden (vgl. § 3) eine eigenständige institutionalisierte Form. Diese behördliche Trennung setzt sich aufgaben- und befugnisrechtlich fort. Wenngleich die inhaltliche Ähnlichkeit und in weiten Teilen sogar Identität zwischen dem materiellen Polizeirecht und dem materiellen Ordnungsrecht nicht zu verkennen ist, handelt es sich bei deren Differenzierung dennoch nicht um bloßen Formalismus oder Ausdruck von Regelungseifer. Vielmehr handelt es sich um eine bewusste gesetzgeberische Grundentscheidung, die in der Praxis ernst zu nehmen und nicht einzuebnen ist (→ § 1 Rn. 4).

4   Eine entscheidende Folge dieser Grundentscheidung ist der Vorrang des ordnungsbehördlichen Einschreitens vor dem polizeilichen Tätigwerden. Danach ist durch die Ordnungsbehörden mit den dort zur Verfügung stehenden Mitteln zu leisten, was konkret geleistet werden kann bzw. werden muss. Die hierin zum Ausdruck kommende Subsidiarität polizeilichen Handelns ist ausdrücklich in § 1 Abs. 1 S. 3 PolG NRW angeordnet. Eine entsprechende Formulierung im Kontext der Befugnisnormen des Polizeirechts, namentlich des § 8 PolG NRW, findet sich nicht. Diese wäre auch rein deklaratorischer Art. Denn aus der aufgabenbezogenen Subsidiarität folgt die Unanwendbarkeit polizeilicher Befugnisnormen, wenn und soweit mit ordnungsbehördlichen Mitteln eingeschritten werden kann. Dann ist nämlich der Aufgabenbereich der Polizei für die Gefahrenabwehr gar nicht erst eröffnet (ausf. → PolG NRW § 1 Rn. 203).

5   Die Trennung von Polizei und Ordnungsbehörden ist dabei aber keineswegs insoweit strikt zu verstehen, dass es keine Berührungspunkte zwischen ihnen geben dürfte. Vielmehr ist das Trennungsgebot die Grundlage von Ergänzung und Kooperation von Polizei und Ordnungsbehörden. Bereits § 2 sieht hierzu ausdrücklich vor, dass die Polizei nach den §§ 47–49 PolG NRW den Ordnungsbehörden Vollzugshilfe zu leisten hat. Das Gefahrenabwehrrecht ist also durchaus auf ein kooperatives Verhältnis von Polizei und Ordnungsbehörden angelegt. Diese Kooperation besteht auch nicht trotz der grundsätzlichen Trennung von Polizei und Ordnungsbehörden, sondern wegen und auf der Grundlage dieser Trennung (→ § 1 Rn. 6 f.).

B. Anwendungsbereich

6   Aus dem verfassungsrechtlich motivierten Grundsatz der Trennung von Aufgabe und Befugnis (→ PolG NRW § 8 Rn. 4) folgt zweierlei für den Anwendungsbereich der ordnungsbehördlichen Generalklausel. Zum einen ist es den Ordnungsbehörden nicht gestattet, grundrechtseingreifende Maßnahmen zu treffen, wenn und soweit ihnen hierfür keine Befugnis zur Verfügung steht. Zum anderen bedarf es keiner Befugnisnorm, wenn Maßnahmen durch die Ordnungsbehörde ergriffen werden sollen, die keinen Eingriff in Grundrechte darstellen. Hier genügt als „Ermächtigungsgrundlage" die allgemeine ordnungsbehördliche Aufgabennorm des § 1 (zu den Einzelheiten und zu bestimmten Streitfragen bezüglich des Eingriffscharakters bestimmter Maßnahmen → PolG NRW § 8 Rn. 4, Rn. 12).

7   Nicht in den Anwendungsbereich der ordnungsbehördlichen Generalklausel fällt bereits durch gesetzliche Anordnung all das, was den besonderen Befugnisnormen der Ordnungsbehörden unterliegt. Hierbei wird insbesondere die Verweisungsnorm des § 24 relevant, welche auf zahlreiche Befugnisnormen des PolG NRW Bezug nimmt.

8   Vom Anwendungsbereich ordnungsbehördlicher Generalklauseln ist ebenso nicht umfasst, was zwar den einzelnen speziellen Befugnisnormen nicht unmittelbar unterfällt, was aber als Maßnahme gleicher Wirkung einer Standardermächtigung zuzuordnen ist (Dietlein/Hellermann NRWÖffR/Dietlein § 3 Rn. 44; → PolG NRW § 8 Rn. 23). Hierbei geht es um Maßnahmen, die – würde man die Anwendung der ordnungsbehördlichen Generalklausel zulassen – die besonderen Anforderungen der Spezialermächtigungen umgehen würden. Auf diese Weise würden Wertungswidersprüche entstehen, die es auf der Grundlage einer vor allem (verfassungs-) systematisch motivierten Auslegung der Befugnisvorschriften zu vermeiden gilt. Für die Annahme einer Maßnahme gleicher Wirkung ist Voraussetzung, dass die jeweilige Maßnahme mit einer solchen im PolG NRW speziell normierten in tatsächlicher

Hinsicht vergleichbar ist und durch beide Maßnahmen dieselben Grundrechte betroffen sind (zu den Einzelheiten und zu Fallgruppen → PolG NRW § 8 Rn. 24 ff., Rn. 47).

Weiterhin gehen – und zwar bereits in aufgabenrechtlicher Hinsicht – Vorschriften des **9** Sonderordnungsrechts vor. Soweit also in anderen Regelwerken besondere Vorschriften über die Aufgabenwahrnehmung bzw. über Befugnisse enthalten sind, verdrängen diese Vorschriften den Anwendungsbereich der Vorschriften des als Spezialregelungen. Um derart verdrängende Regelungen kann es sich sowohl bei Vorschriften des Sonderordnungsrechts des Landes als auch bei Normen des Sonderordnungsrechts des Bundes handeln (zu den Einzelheiten mit Nennung von entsprechenden Rechtsbereichen → § 1 Rn. 11).

Die Verdrängung des allgemeinen durch das besondere Ordnungsrecht ist bereits aufgaben- **10** rechtlich begründet. Spezifisch befugnisrechtlich gehen wiederum (auch) besondere Befugnisnormen der allgemeinen Ordnungsbehörden den Befugnisnormen aus dem NRWOBG, namentlich hier der Generalklausel, vor (Abs. 2 S. 1). Nur wenn derartige spezielle Befugnisvorschriften in einem Spezialgesetz nicht vorhanden sind, eine umfassende aufgabenrechtliche Verdrängung nicht vorliegt und eine gefahrenabwehrende Maßnahme von der Ordnungsbehörde ergriffen werden soll, die in grundrechtlich geschützte Positionen Dritter eingreift, bedarf es des Rückgriffs auf die Befugnisregelungen des NRWOBG. In diesen Fällen ist dann auch ein Rückgriff auf die Generalklausel des § 14 grundsätzlich zulässig.

Ebenso wie polizeiliche Maßnahmen sind auch ordnungsbehördliche Maßnahmen zumeist **11** in besonderer Weise grundrechtsintensiv. Angesichts der relativen Weite und Unbestimmtheit generalklauselartiger Ermächtigungen im Gefahrenabwehrrecht ist es von besonderer Bedeutung, dass die Grenzen derartiger Ermächtigungen bereits im Anwendungsbereich formuliert bzw. herausgearbeitet werden. Eine solche Grenzziehung erfolgt nicht zul. in verfassungssystematischer Hinsicht. Für die Bestimmung dieser Grenzen ist das Verhältnis von drohendem Schaden, der Eingriffsintensität sowie der Typizität bestimmter Maßnahmen von Bedeutung. Diese Aspekte verhalten sich dabei zum Teil proportional und zum Teil umgekehrt proportional zueinander. Wenn die Eingriffsintensität besonders niedrig ist und auch der drohende Schaden besonders gering ausfällt und zugleich die Typizität der Maßnahme besonders hoch ist, ist der Anwendungsbereich gefahrenabwehrrechtlicher Generalklauseln regelmäßig eröffnet und in den umgekehrten Fällen entsprechend regelmäßig nicht (zu den Einzelheiten ausf. → PolG NRW § 8 Rn. 47, Rn. 52). In jedem Einzelfall ist das Verhältnis der benannten Aspekte zu bestimmen und anhand dessen zu ermitteln, ob die angestrebte Maßnahme (noch) in den Anwendungsbereich des § 14 fallen kann.

C. Tatbestand

Nach Abs. 1 erfordert ein Eingreifen der Ordnungsbehörden auf Grundlage der General- **12** klausel eine im einzelnen Falle bestehende Gefahr für die öffentliche Sicherheit oder Ordnung. Diese Formulierung entspricht der Definition der konkreten Gefahr im Rahmen von § 8 PolG NRW (zum Gefahrenbegriff ausf. → PolG NRW § 1 Rn. 93 ff.). Die konkrete Gefahr bildet dabei die konzeptionelle Grundlage sowohl polizeilicher als auch ordnungsbehördlicher Eingriffsbefugnisse. Die im Einzelfall bestehende Gefahr für ein ordnungsbehördliches bzw. polizeiliches Schutzgut ist als Mindestanforderung für grundrechtsbeeinträchtigende Maßnahmen bereits aus verfassungsrechtlichen Gründen zwingend (zu den Einzelheiten → PolG NRW § 8 Rn. 97).

Anders als das Polizeigesetz enthält das Ordnungsbehördengesetz in § 27 allerdings auch **13** Befugnisse zur Gefahrenabwehr auf der Grundlage einer abstrakten Gefahr. Dies ist verfassungsrechtlich deshalb unproblematisch, weil es sich bei dieser Befugnisnorm um eine Rechtssetzungsbefugnis handelt, welche immer noch der Umsetzung im Einzelfall bedarf und bei dieser Umsetzung wiederum die Maßgaben einer konkreten Gefährdungslage zu berücksichtigen sind (vgl. ausf. → § 27 Rn. 4 mit Verweis auf → PolG NRW § 26 Rn. 8 ff.).

Vor dem Hintergrund der in jüngster Vergangenheit zu verzeichnenden Zahl Geflüchteter, **13a** die nach Deutschland kamen, wurde vielfach diskutiert, ob private Unterkünfte zur Unterbringung von Geflüchteten auf der Grundlage der ordnungsbehördlichen Generalklausel beschlagnahmt werden können (zur Errichtung von Unterkünften gestützt auf die polizeiliche Generalklausel s. Hornmann NVwZ 2016, 436 (437)). Eine Inanspruchnahme nach § 24 Nr. 12 iVm § 43 Nr. 1 PolG NRW scheidet schon deshalb aus, weil die Gefahr nicht von der Unterkunft oder ihrer gefährlichen Verwendung ausgeht (→ PolG NRW § 43 Rn. 23). Die drohende unfreiwillige Obdachlosigkeit der Geflüchteten wird regelmäßig eine konkrete Gefahr für die öffentliche Sicherheit darstellen. Insbesondere Kälte, Schnee und Regen können zu Schäden an der körperlichen Unversehrtheit führen (→ PolG NRW § 8 Rn. 67). Schwieriger ist die Frage zu beantworten, ob die Generalklausel zu schwerwiegenden Eingriffen in das Eigentumsrecht (Art. 14 GG) ermächtigen kann. Dies wird zum Teil vor dem Hintergrund des Vorbehaltes des Gesetzes in Verbindung mit der Wesentlichkeitstheorie bezweifelt (OVG Lüneburg NVwZ 2016, 164). Danach obliegt es dem demokratisch legitimierten Gesetzgeber, die Tatbestandsvoraussetzungen für einen Grundrechtseingriff festzulegen. Je eingriffsintensiver die Maßnahme ist, desto präziser muss die Ermächtigungsgrundlage inhaltlich ausgestaltet sein. Weil es sich bei der Beschlagnahme von privaten Unterkünften um schwerwiegende und vor allem nicht nur kurzzeitige Maßnahmen handelt, wird der Gesetzgeber in der Pflicht gesehen, diesen mittlerweile typisierbar auftretenden Sachverhalt gesetzlich zu regeln (OVG Lüneburg NVwZ 2016, 164). Die Hansestadt Bremen ist dieser Aufforderung bereits nachgekommen (vgl. § 26a BremPolG). Eine etwaige Inanspruchnahme des Eigentümers oder Mieters (zum Besitzrecht des Mieters als ein von Art. 14 GG umfasstes Recht s. Maunz/Dürig/Papier/Shirvani GG Art. 14 Rn. 323) erfolgt als Nichtstörer, die hohen Anforderungen unterliegt (sa Dombert LKV 2015, 529 (531 f.)).

D. Rechtsfolge

14 Rechtsfolge der ordnungsbehördlichen Generalklausel ist, dass die Ordnungsbehörde die notwendigen Maßnahmen zu Bekämpfung der Gefahr treffen kann. Hierin kommt zweierlei zum Ausdruck. Zum einen handelt es sich bei der Befugnisnorm um eine Ermessensvorschrift. Dementsprechend gelten die allgemeinen Regeln für die Anwendung des Ermessens (im Einzelnen → PolG NRW § 8 Rn. 121). Darüber hinaus bezieht sich der Wortlaut der Vorschrift bereits auf verfassungsrechtlich zwingende Vorgaben allgemeiner Verhältnismäßigkeit. So darf die Ordnungsbehörde stets nur die notwendigen Maßnahmen ergreifen. Hinter diesem Begriff verbirgt sich letztlich nichts anderes, als der Verweis auf das Übermaßverbot (→ PolG NRW § 8 Rn. 114).

§ 15 Grundsatz der Verhältnismäßigkeit

(1) Von mehreren möglichen und geeigneten Maßnahmen haben die Ordnungsbehörden diejenige zu treffen, die die einzelne Person und die Allgemeinheit voraussichtlich am wenigsten beeinträchtigt.

(2) Eine Maßnahme darf nicht zu einem Nachteil führen, der zu dem erstrebten Erfolg erkennbar außer Verhältnis steht.

(3) Eine Maßnahme ist nur solange zulässig, bis ihr Zweck erreicht ist oder sich zeigt, daß er nicht erreicht werden kann.

Überblick

Der von den Ordnungsbehörden zu beachtende Grundsatz der Verhältnismäßigkeit ist eine der wichtigsten Ausprägungen des im GG verankerten Rechtsstaatsprinzips (Art. 20 Abs. 3 GG) und wurzelt zudem in den Grundrechten (→ Rn. 1). Er ist auf ordnungsbehördliche Maßnahmen umfassend anwendbar. Besonderes Augenmerk legt Abs. 1 auf die Erforderlichkeit (→ Rn. 6). Die Verhältnismäßigkeit im engeren Sinn wird in Abs. 2 als Vermeidung eines unzumutbaren Nachteils beschrieben (→ Rn. 11). Das Übermaßverbot bezieht sich auch auf ein zeitliches Übermaß, das ist insbesondere bei Verfügungen mit Dauerwirkung zu beachten (→ Rn. 16). Aufgrund der parallelen Struktur der Norm im PolG NRW kann bezüglich weiterer Einzelheiten auf § 2 PolG NRW verwiesen werden (→ PolG NRW § 2 Rn. 5 ff.).

A. Grundlagen

Gesetzliche Grundlage für den Grundsatz der Verhältnismäßigkeit, der auch als Übermaß- **1** verbot bezeichnet wird, bildet zunächst das in der Verfassung verankerte Rechtsstaatsprinzip aus Art. 20 Abs. 3 GG (zur Herleitung Dreier/Dreier GG Vor Art. 1 Rn. 145 mwN; Maunz/Dürig/Grzeszick GG Art. 20 Rn. 108; zum Verfassungsrang Lerche, Übermaß und Verfassungsrecht, 1961, 61 ff.). Als Schranken-Schranke setzt er dem in die Grundrechte eingreifenden staatlichen Handeln Grenzen (vgl. Wienbracke ZJS 2013, 148).

Aufgrund des Grundsatzes der Verhältnismäßigkeit müssen Grundrechtseingriffe einem **2** legitimen Zweck dienen, um gerechtfertigt sein zu können. Der Eingriff selbst als Mittel zur Realisierung dieses Zwecks muss geeignet, erforderlich und angemessen sein (vgl. BVerfGE 120, 274; → POG NRW § 2 Rn. 7). In ihm findet der Freiheitsanspruchs des Bürgers gegenüber der staatlichen Gewalt seinen Ausdruck, wonach Rechte nur soweit zu beschränken sind, als es zum Schutz öffentlicher Interessen notwendig ist.

Bei der Prüfung ordnungsbehördlicher Maßnahmen hinsichtlich ihrer Verhältnismäßigkeit **3** ist zunächst der Zweck zu identifizieren (vgl. Michael JuS 2001, 655; Dreier/Dreier GG Vor Art. 1 Rn. 146; → POG NRW § 2 Rn. 18). Anschließend erfolgt eine Prüfung der weiteren drei aufeinander aufbauenden Schritte.

Die Legitimität eines Zweckes muss am Maßstab der Rechtsordnung beurteilt werden **4** (vgl. Maunz/Dürig/Grzeszick GG Art. 20 Rn. 111). § 1 weist den Ordnungsbehörden die Aufgabe zu, Gefahren für die öffentliche Sicherheit oder Ordnung abzuwehren. Der Zweck des Handelns ist dann als legitim anzusehen, wenn und soweit Ordnungsbehörden in Erfüllung ihrer gesetzlich bestimmten Aufgabe tätig werden.

Die Verhältnismäßigkeit gilt auch für ordnungsbehördliche Verordnungen (→ Rn. 5.1; **5** allg. Burke, Die Polizeiverordnung, 2019).

Typische Fälle sind Verordnungen betreffend das Halten gefährlicher Hunde. **5.1**

B. Erforderlichkeit (Abs. 1)

Die Regelung des Abs. 1 konkretisiert das Merkmal der Erforderlichkeit dahingehend, **6** dass die Ordnungsbehörde in ihrer Entscheidung dasjenige Mittel zu wählen hat, welches die Rechte der Betroffenen am wenigsten beschränkt (zur Erforderlichkeit Lerche, Übermaß und Verfassungsrecht, 1961, 162 ff.; Isensee/Kirchhoff HStR/Hillgruber § 201 Rn. 60 ff.). Aus dem Wortlaut der Norm, die auf Tatbestandsebene die Eignung der Maßnahme anführt, ergibt sich die Vorgreiflichkeit dieses Kriteriums.

Geeignet ist eine Maßnahme dann, wenn mit ihrer Hilfe der gewünschte Zweck gefördert **7** werden kann, wobei das bloße Bestehen der Möglichkeit der Zweckförderung bereits genügt (vgl. BVerfGE 115, 276; → PolG NRW § 2 Rn. 21).

Es gibt diverse Gründe, aus denen sich die Ungeeignetheit einer Maßnahme ergibt (Bei- **8** spiele bei Dreier/Dreier GG Vor Art. 1 Rn. 147). Kategorial wird dabei zwischen der rechtlichen und tatsächlichen sowie zwischen der objektiven und subjektiven Unmöglichkeit unterschieden. Tatsächlich objektive Unmöglichkeit liegt vor, wenn tatsächliche Gegebenheiten dazu führen, dass niemand der von der Ordnungsbehörde erlassenen Maßnahme folgen kann, sodass es nicht möglich ist, dem angestrebten Ziel näher zu kommen. Bei der tatsächlichen subjektiven Unmöglichkeit, auch Unvermögen genannt, kann der Adressat aufgrund in seiner Person liegender Gründe eine ordnungsbehördliche Maßnahme nicht befolgen. Dabei ist jedoch zu beachten, dass das Fehlen finanzieller Mittel im Sinne einer wirtschaftlichen Unmöglichkeit nicht zu berücksichtigen ist, es sei denn dies ist ausdrücklich normiert. Rechtlich objektive Unmöglichkeit liegt dann vor, wenn der ordnungsbehördlichen Maßnahme aus Rechtsgründen niemand folgen darf. Fehlt dagegen dem Adressaten einer Maßnahme die rechtliche Befugnis zum Handeln, stellt dies nach vorherrschender Auffassung ein Vollstreckungshindernis dar und führt nicht zur Unmöglichkeit der Maßnahmenausführung, sondern nur zur Notwendigkeit des Erlasses einer Duldungsverfügung gegenüber dem Dritten.

9   Hat man die Geeignetheit der Maßnahme bejaht, schließt sich die in Abs. 1 normierte Prüfung der Erforderlichkeit an, die auch als Gebot des mildesten Mittels bezeichnet wird (vgl. Gusy PolR Rn. 398). Das Gebot verpflichtet die Behörde, unter mehreren zur Verfügung stehenden Mitteln, dasjenige zu wählen, das am wenigsten in die Rechte des Betroffenen eingreift (BVerfGE 7, 377 (405); 39, 210 (230); 80, 137 (153); Maunz/Dürig/Grzeszick GG Art. 20 Rn. 115). Aus dem Wortlaut des Absatzes, welcher mehrere mögliche und geeignete Mittel zum Gegenstand hat, lässt sich schließen, dass die Ordnungsbehörde nicht dann auf ein milderes Mittel verwiesen werden kann, sofern dieses den Zweck nicht in der gleichen Weise fördert (→ PolG NRW § 2 Rn. 23).

10   Die Beurteilung der Eignung und der Erforderlichkeit sind Entscheidungen unter Ungewissheit und bedürfen einer Prognose (vgl. Stern, Das Staatsrecht der Bundesrepublik Deutschland, Bd. 3, Halbbd. 2, 1994, 777 f.). Sie sind aus der Perspektive der Ordnungsbehörde unter verständiger Würdigung der bekannten und erkennbaren Umstände aus der ex-ante Sicht zu treffen.

C. Verhältnismäßigkeit im engeren Sinn (Abs. 2)

11   Die Ordnungsbehörde hat besonders sorgfältig die Vor- und Nachteile des Eingreifens sowie der beabsichtigten Maßnahmen abzuwägen und das den Betroffenen und die Allgemeinheit am wenigsten beeinträchtigende Mittel auszuwählen.

12   Die Verhältnismäßigkeit im engeren Sinne verlangt, dass die durch den Eingriff hervorgerufenen Einbußen grundrechtlich geschützter Freiheiten nicht in einem unangemessenen Verhältnis zu den Gemeinwohlzwecken stehen dürfen, denen die Grundrechtsbeschränkung dient (vgl. Stern, Das Staatsrecht der Bundesrepublik Deutschland, Bd. 3, Halbbd. 2, 1994, 782 f.; Dreier/Dreier GG Vor Art. 1 Rn. 149; Lerche, Übermaß und Verfassungsrecht, 1961, 223 ff.; Isensee/Kirchhoff HStR/Hillgruber § 201 Rn. 72 ff.). Eingreifende Maßnahmen müssen vor dem Hintergrund gewählt werden, einen angemessen Ausgleich zwischen Allgemein- und Individualinteressen herbeizuführen (Daiber JA 2020, 37). Dabei ist das Gewicht der Ziele der Schwere des Eingriffs gegenüberzustellen und ins Verhältnis zu setzen (vgl. OVG Magdeburg BeckRS 2010, 47490 Rn. 53). Bei der Abwägung sind auch Konsequenzen für Dritte zu berücksichtigen.

13   Maßgeblich ist, welches Gewicht den Rechtsgütern, die mit Hilfe der Maßnahme geschützt werden sollen, beizumessen ist und wie wahrscheinlich der Schadenseintritt ist. Da der Ordnungsbehörde die Aufgabe der Gefahrenabwehr zugewiesen ist (§ 1 Abs. 1), hat sie auch die Effektivität der Gefahrenabwehr in die Abwägung einzubeziehen. Ist der Eingriff geringfügig, der demgegenüber stehende zu erwartende Schaden für Rechtsgüter aber hoch, ist der Eingriff insoweit gerechtfertigt (VG Köln BeckRS 2018, 9983 aE).

13.1   Entscheidungen zu Verordnungen, die Alkoholverbote anordnen, werfen neben den Fragen der abstrakten Gefahr und der richtigen Auswahl des Störers die Problematik der Verhältnismäßigkeit des Alkoholverbotes im Wege der Verordnung auf, falls eine abstrakte Gefahr bejaht wird (vgl. abl. zum Vorliegen einer abstrakten Gefahr VG Düsseldorf BeckRS 2018, 11113; eine abstrakte Gefahr bejahend VG Köln BeckRS 2018, 9983; s. Jaschke NWVBl. 2018, 459).

14   Weiterhin ist zu beachten, unter welchen Voraussetzungen welche und wie viele Grundrechtsträger wie intensiv Beeinträchtigungen ausgesetzt sind (vgl. OVG Magdeburg BeckRS 2010, 47490 Rn. 53).

15   Die aus der ex-ante Sicht zu beurteilende Verhältnismäßigkeit leitet das Handeln der Ordnungsbehörden im konkreten Fall und damit auch die gerichtliche Kontrolle. Sie erlaubt und erfordert Abwägungen von Rechtsgütern und öffnet den Raum für die Berücksichtigung der Besonderheiten des Einzelfalls (Stern, Das Staatsrecht der Bundesrepublik Deutschland, Bd. 3, Halbbd. 2, 1994, 818).

Das Urteil des VG Düsseldorf v. 19.5.2014 (BeckRS 2014, 53395) setzt sich mit der Verhältnismäßig- **15.1** keit einer durch die Ordnungsbehörde angeordneten Abschleppmaßnahme eines im eingeschränkten Halteverbot abgestellten auseinander. In dem vorliegenden Fall wandte sich die Halterin eines im eingeschränkten Halteverbot parkenden Kfz gegen einen Leistungs- und Gebührenbescheid in Höhe von insgesamt circa 90 EUR. Nach den Ausführungen des Gerichts sei das Einleiten einer Abschleppmaßnahme geeignet, den Rechtsverstoß zu beenden und die blockierte Verkehrsfläche wieder für die mit der Verkehrsregelung bezweckte Nutzung zu Be- und Entladezwecken und zum Ein- oder Aussteigen zur Verfügung zu stellen. Die Abschleppmaßnahme sei auch erforderlich, da kein milderes und gleich effektives Mittel zur Beseitigung des Rechtsverstoßes in Betracht kam. Insbesondere seien die Bediensteten nicht gehalten, den Fahrzeugführer vor Einleitung der Abschleppmaßnahme ausfindig zu machen. Sofern sich der Fahrer von dem verbotswidrig geparkten Fahrzeug entfernt und deshalb nicht unmittelbar wie jemand zur Verfügung steht, der sich in Ruf- oder Sichtweite seines Fahrzeugs aufhält, seien grundsätzlich keine Ermittlungen nach dem Verbleib des Verantwortlichen veranlasst, weil deren Erfolg zweifelhaft ist und zu nicht abzusehenden Verzögerungen führt. Die eingeleitete Abschleppmaßnahme sei auch angemessen, da ihr Nutzen nicht außer Verhältnis zu den der Klägerin entstandenen Unannehmlichkeiten stehe.

Auch das BVerwG setzt sich in dem Urteil v. 9.4.2014 (NJW 2014, 2888) mit der Verhältnismäßigkeit **15.2** einer Abschleppmaßnahme wegen eines verbotswidrig an einem Taxenstand (Zeichen 229 Anlage 2 StVO) abgestellten Fahrzeugs auseinander. In dem Urteil führt es aus, dass die Maßnahme grundsätzlich geeignet war, die mit dem Abstellen des Fahrzeugs eingetretene Störung der öffentlichen Sicherheit wieder zu beseitigen. Ferner habe dem städtischen Bediensteten nach der maßgeblichen ex-ante Betrachtung kein milderes Mittel zur Verfügung gestanden. Der Bedienteste hat durch die im Fahrzeug hinterlegte Mobilfunknummer keinen Kontakt zum Fahrzeugführer herstellen können. Ferner könne die Erforderlichkeit der Abschleppmaßnahme auch nur verneint werden, wenn der Führer des Fahrzeugs ohne Verzögerung und ohne Schwierigkeiten festgestellt werden kann. Die Einhaltung einer Wartezeit sei regelmäßig auch nicht notwendig. Die Maßnahme sei auch angemessen. Die bestimmungsgemäße Nutzbarkeit von Taxenständen als Teil des öffentlichen Personennahverkehrs genieße demnach eine höhere Bedeutung als die Belange des Betroffenen, nicht mit den Kosten und anderen Erschwernissen durch die Maßnahme belastet zu werden (zu den Kosten bei Abschleppmaßnahmen Kugelmann/Alberts JURA 2013, 898 (907 ff.)).

Das OVG Münster hat in dem Urteil v. 7.3.1996 (NVwZ 1997, 804) ausgeführt, dass eine Ordnungs- **15.3** verfügung, die dem Adressaten auferlegt, aufgrund von austretendem Methangas in drei Hochhäuser kontinuierlich aufzeichnende Methangaswarngeräte installieren und täglich auswerten zu lassen, dem Grundsatz der Verhältnismäßigkeit entspricht. Demnach seien die verfügten Maßnahmen geeignet, erforderlich und verhältnismäßig, um die gegebene Gefahr abzuwehren. Ein weniger belastendes und in gleicher Weise zur Herbeiführung des angestrebten Erfolges geeignetes Mittel sei nach der vorhandenen Situation auch bei abschließender rechtlicher Prüfung nicht ersichtlich. Die verlangten engen Kontrollen dienen dazu, lückenlose und jederzeit aktuelle Informationen über die Methangasbelastung und über eintretende Veränderungen in den für den Gaseintritt bedeutsamen baulichen Verhältnissen zu erlangen, um auf der Grundlage des so geschaffenen zuverlässigen Bildes von der Lage erforderlichenfalls umgehend die angezeigten Gegen- und Vorsichtsmaßnahmen ergreifen zu können. Die Beschränkung, trage den Interessen der Adressaten, die Häuser uneingeschränkt zu Wohnzwecken vermieten zu können als Kompromiss zwischen den unabweisbaren Sicherheitsbedürfnissen und der finanziellen Belastung des Adressaten weitest möglich Rechnung.

D. Zulässigkeit in zeitlicher Hinsicht (Abs. 3)

Nach Abs. 3 ist die Verhältnismäßigkeit gerade auch in zeitlicher Hinsicht zu wahren. Das **16** bedeutet, dass ab dem Zeitpunkt, ab dem der mit der Maßnahme verfolgte Zweck, erreicht ist, weil bspw. eine Gefahr beseitigt wurde oder festgestellt wird, dass dieser Zweck nicht mehr erreicht werden kann, die ergriffene Maßnahme rechtswidrig wird (→ PolG NRW § 2 Rn. 39; zum Zeitelement auch Michael JuS 2001, 764). Mit der Zweckerreichung verliert die Maßnahme ihre Eignung.

So gewährt § 22 S. 1 im Fall der Zweckerreichung dem von einer mit fortwirkenden **17** Belastungen verbundenen Ordnungsverfügung Betroffenen ein subjektives Recht auf Aufhebung der Ordnungsverfügung.

Eine Verfügung der Ordnungsbehörde mit Dauerwirkung ist zB die Einweisung eines **18** Obdachlosen.

§ 16 Ermessen

Die Ordnungsbehörden treffen ihre Maßnahmen nach pflichtgemäßem Ermessen.

Überblick

Die Ordnungsbehörden entscheiden in Ausübung ihres Ermessens. Für das Ermessen im Allgemeinen ergeben sich keine Besonderheiten, insoweit kann auf die Kommentierung zu § 3 PolG NRW verwiesen werden (→ PolG NRW § 3 Rn. 1 ff.). Die Grundzüge des Ermessens der Ordnungsbehörden folgen den allgemeinen Regeln (→ Rn. 1). In Erfüllung dieser Aufgaben entscheiden die Ordnungsbehörden über einzelfallbezogene, aber auch abstrakt-generelle Maßnahmen, insbesondere über Verordnungen (→ Rn. 8.1). Pflichtgemäßes Ermessen stellt Anforderungen an das Entscheidungsprogramm und die Ermessensausübung (→ Rn. 9), die gerichtlich überprüft werden können (→ Rn. 13).

A. Grundzüge

1   Den Ordnungsbehörden wird auf Rechtsfolgenseite (Maunz/Dürig/Schmidt-Aßmann GG Art. 19 Abs. 4 Rn. 189; Schoch JURA 2004, 462; Vosskuhle JuS 2008, 117, 118) ein Freiraum für Entscheidungen für das Tätigwerden eingeräumt, sowie die Gestaltungsbefugnis dahingehend, welche Maßnahmen zu ergreifen sind. Diese Handlungsalternativen können gesetzlich benannt sein oder der handelnden Behörde überlassen werden.

2   Dass der Gesetzgeber den Ordnungsbehörden in ihrer Entscheidung Ermessen einräumt, dient der Herstellung der Einzelfallgerechtigkeit (BeckOK VwGO/Decker VwGO § 114 Rn. 4; Vosskuhle JuS 2008, 117 (118)). Insbesondere im Gefahrenabwehrrecht ist das Ermessen mit der Schaffung taktischer Gestaltungsbefugnisse verknüpft, trägt aber auch dem nur begrenzt möglichen Ressourceneinsatz Rechnung (vgl. Schoch JURA 2004, 462).

3   Ausgestaltet ist das Ermessen in zweierlei Hinsicht. Im Rahmen des Entschließungsermessens entscheidet die Ordnungsbehörde darüber, ob sie bei Vorliegen aller tatbestandlicher Voraussetzungen im konkreten Fall von der gesetzlich vorgesehen Rechtsfolge Gebrauch macht. Bejaht sie diese Frage ist im Anschluss im Kontext des Auswahlermessens darüber zu befinden, welche konkreten Maßnahmen hinsichtlich der Modalitäten wie bspw. Art und Umfang der Maßnahme oder Art und Weise des Vorgehens zu ergreifen sind (vgl. Schoch JURA 2004, 463; BeckOK VwGO/Decker VwGO § 114 Rn. 5; BVerwGE 81, 179 (211)).

4   Typische Formulierungen, die auf das Einräumen von Ermessen schließen lassen, sind Begriffe wie „kann", „darf", „ist berechtigt" (vgl. Beaucamp JA 2006, 74 (75); BeckOK VwGO/Decker VwGO § 114 Rn. 5; BeckOK VwVfG/Aschke VwVfG § 40 Rn. 35 ff.).

5   Die behördliche Ermessensbetätigung unterliegt vielfach Modifizierungen, sodass bei der Anwendung der konkreten Vorschrift darauf zu achten ist, welche Art des Ermessens dem Rechtsanwender eingeräumt wird.

6   Die Aufgabe der Ordnungsbehörden ist es, Gefahren für die öffentliche Sicherheit oder Ordnung abzuwehren (§ 1 Abs. 1). Nach § 1 Abs. 2 führen die Ordnungsbehörden diese Aufgabe nach den hierfür erlassenen besonderen Gesetzen und Verordnungen durch, die als Konkretisierung des Gefahrenabwehrrechts und somit als leges speciales zu verstehen sind.

6.1   **Beispiel:** Das TierSchG (Tierschutzgesetz v. 18.5.2006, BGBl. I 1206), das die Staatszielbestimmung des Art. 20a GG konkretisiert, weist der Ordnungsbehörde die Aufgabe zu, Tiere als Mitgeschöpfe und somit deren Leben und Wohlbefinden zu schützen.

B. Maßnahmen

7   Die individuell-konkrete Maßnahme des ordnungsbehördlichen Handelns unterliegt den Anforderungen an die pflichtgemäße Ermessensausübung, den Umständen des Einzelfalls Rechnung zu tragen (zur pflichtgemäßen Ausübung des Ermessens BeckOK VwVfG/Aschke VwVfG § 40 Rn. 46 ff.).

8   Im Unterschied zu den Polizeibehörden treffen die Ordnungsbehörden auch abstrakt-generelle Entscheidungen. Der Erlass einer ordnungsbehördlichen Verordnung erfolgt nach § 27 in Ausübung des Ermessens (→ Rn. 8.1; vgl. Burke, Die Polizeiverordnung, 2019).

So ermächtigt bspw. § 16 LHundG NRW das für Veterinärwesen zuständige Ministerium zum Erlass **8.1** ordnungsbehördlicher Verordnungen. Wegen der weiteren Einzelheiten kann auf die Kommentierung des § 27 verwiesen werden (→ § 27 Rn. 1 ff.).

C. Ermessensausübung

I. Pflichtgemäßes Ermessen

Der rechtliche Rahmen, innerhalb dessen eine Behörde nach Zweckmäßigkeitserwägun- **9** gen entscheiden kann, ist jedoch rechtlichen Grenzen unterworfen. So ist das Ermessen seitens der zuständigen Ordnungsbehörde im Hinblick auf die Gewährleistung der Rechtsstaatlichkeit immer pflichtgemäß auszuüben (vgl. Schoch JURA 2004, 464; Beaucamp JA 2006, 74 (75); BVerwGE 51, 115 (120); 49, 44 (46); 44, 333 (335)).

Ausgangspunkt ist hierbei, dass durch das gesetzliche Einräumen von Ermessen die Verant- **10** wortung für die Sachrichtigkeit der Entscheidung auf die Ordnungsbehörde übertragen wird. Von dieser wird erwartet, dass sie die Entscheidung trifft, die den besonderen Umständen des Einzelfalls am besten Rechnung trägt.

Die verfassungsrechtlich zulässige Grenze der Ermessensausübung ist jedoch dann über- **11** schritten, wenn die handelnde Ordnungsbehörde willkürliche Entscheidungen trifft (zum Willkürverbot BeckOK VwVfG/Aschke VwVfG § 40 Rn. 58 ff.).

Nur sachliche, in der Natur der betreffenden Aufgabe liegende Gründe dürfen dafür **12** entscheidend sein, ob die Ordnungsbehörde von einer Maßnahme absieht oder wie sie ggf. tätig wird. Das pflichtgemäße Ermessen fordert insbesondere auch eine sorgfältige Abwägung nach dem Grundsatz der Verhältnismäßigkeit des Mittels (→ § 15 Rn. 9; BVerwG NVwZ 2005, 334 (335); BeckOK VwVfG/Aschke VwVfG § 40 Rn. 55 ff.). Besondere Bedeutung bei der Ausübung erlangen dabei auch die Grundrechte, insbesondere der allgemeine Gleichheitssatz.

Das OVG Münster hat in dem Urteil v. 7.3.1996 (BeckRS 9998, 50528) ausgeführt, dass das **12.1** Ermessen entsprechend dem Zweck der Ermächtigung, also ausgerichtet am Ziel der wirkungsvollen Abwehr ordnungsrechtlicher Gefahren, auszuüben sei. Das verlange, sich unter mehreren zur Auswahl stehenden Ordnungspflichtigen aufgrund von auf die Abwehr der Gefahr bezogenen Überlegungen zu entscheiden, nicht aber – etwa mit Blick auf mögliche zivilrechtliche Ausgleichsmöglichkeiten – systematisch allen Anhaltspunkten erschöpfend nachzugehen, um das mögliche Vorhandensein zusätzlicher Ordnungspflichtiger durch Verschaffung weiterer Kenntnisse erst zu erkunden. Im vorliegenden Fall wurde dem Adressaten in einer aufgrund des § 14 Abs. 1 ergehenden Ordnungsverfügung auferlegt, in drei in seinem Eigentum stehenden Hochhäuser kontinuierlich aufzeichnende Methangaswarngeräte installieren und täglich auswerten zu lassen.

II. Rechtsschutz

Rechtsschutz wird nach den allgemeinen Regeln gewährleistet. Für die Rechtsschutzfor- **13** men bedeutet dies, dass Verwaltungsakte im Rahmen der Anfechtungs- oder Verpflichtungsklage angreifbar sind. Verordnungen können im Wege des Inzidentverfahrens oder ggf. mittels der Feststellungsklage nach § 43 VwGO gerichtlich überprüft werden (vgl. allg. Burke, Die Polizeiverordnung, 2019).

Im Rahmen des Rechtsschutzes erstreckt sich die gerichtliche Überprüfung gem. § 114 **14** VwGO einer Entscheidung auf Ermessensfehler, sowie auf Gesichtspunkte der Zweckmäßigkeit (zur Ermessensfehlerlehre Kment/Vorwalter JuS 2013, 193 (199); BeckOK VwGO/ Decker VwGO § 114 Rn. 13 ff.; zur Kontrolldichte BeckOK VwVfG/Aschke VwVfG § 40 Rn. 9 ff.). Wird die Ausübung des Ermessens auf Fehler geprüft, kann das Gericht aber nicht eigene Ermessenserwägungen an die Stelle der ordnungsbehördlichen Erwägungen setzen. Wegen der weiteren Einzelheiten wird auf die Kommentierung des § 3 PolG NRW verwiesen (→ PolG NRW § 3 Rn. 61).

§ 17 Verantwortlichkeit für das Verhalten von Personen

(1) Verursacht eine Person eine Gefahr, so sind die Maßnahmen gegen diese Person zu richten.

(2) ¹Ist die Person noch nicht 14 Jahre alt oder ist für sie zur Besorgung aller ihrer Angelegenheiten ein Betreuer bestellt, können Maßnahmen auch gegen die Person gerichtet werden, die zur Aufsicht über sie verpflichtet ist. ²Dies gilt auch, wenn der Aufgabenkreis des Betreuers die in § 1896 Abs. 4 und § 1905 des Bürgerlichen Gesetzbuchs bezeichneten Angelegenheiten nicht erfaßt.

(3) Verursacht eine Person, die zu einer Verrichtung bestellt ist, die Gefahr in Ausführung der Verrichtung, so können Maßnahmen auch gegen die Person gerichtet werden, die die andere zu der Verrichtung bestellt hat.

(4) Die Absätze 1 bis 3 sind nicht anzuwenden, soweit andere Vorschriften dieses Gesetzes oder andere Rechtsvorschriften bestimmen, gegen wen eine Maßnahme zu richten ist.

Überblick

Nach der grundsätzlichen Einordnung des Konzepts der Ordnungspflichtigkeit (→ Rn. 1 ff.) werden zentrale Begriffe näher erläutert, die vom Gesetz eher vorausgesetzt als geregelt werden, namentlich Verantwortlichkeit (→ Rn. 4 f.) und Verursachung (→ Rn. 6 ff.). Es folgen ungeschriebene Figuren wie der Zweckveranlasser (→ Rn. 10 ff.), die Rechtsnachfolge in Gefahrenabwehrpflichten (→ Rn. 16 ff.), ebenso ungeschriebene Ausnahmen von der Verhaltensverantwortlichkeit (→ Rn. 24 ff.) sowie der Umgang mit Störermehrheiten (→ Rn. 32 ff.). Im Anschluss daran werden die Sonderregeln aus Abs. 2–4 entfaltet (→ Rn. 36 ff.).

Übersicht

A. Das Konzept der Verantwortlichkeit (Ordnungspflichtigkeit)

I. Standort und Systematik der Regelung

1 §§ 17–19 beantworten die Frage, wen die Ordnungsbehörden im Falle einer konkreten Gefahr für die öffentliche Sicherheit oder Ordnung in Anspruch nehmen können (zusf. zum Folgenden WHM NRWPolR Rn. 338 ff.; Kugelmann PolR Kap. 8 Rn. 3 ff.; WHT BWPolR § 5 Rn. 288 ff.; Schönenbroicher/Heusch Vor § 17 Rn. 1 ff.; Kingreen/Poscher POR § 9 Rn. 1 ff.; Schlacke/Wittreck LandesR NRW/Wittreck § 5 Rn. 44 ff.). In diesem Sinne ordnungspflichtig sind primär – ohne gesetzliche Abstufung untereinander – der für die Gefahr Verantwortliche (klassisch: „Verhaltensstörer"; § 17 Abs. 1) sowie der für die Sache Verantwortliche, von der die Gefahr ausgeht („Zustandsstörer"; § 18 Abs. 1). Kommt beider Inanspruchnahme faktisch oder rechtlich nicht in Betracht und verspricht auch eigenes Handeln der Ordnungsbehörde oder ihrer Beauftragten keinen Erfolg, kann schließlich subsidiär ein zur Gefahrenabwehr fähiger Nichtstörer in Anspruch genommen werden (§ 19), der allerdings zu entschädigen ist (§ 39 Abs. 1 lit. a).

Die §§ 17–19 erfüllen in Ansehung der Generalklausel eine Komplementärfunktion, indem **2**
sie gemeinsam mit ihr zu Eingriffen in die Rechtspositionen der Störer bzw. ausnahmsweise
der Nichtstörer ermächtigen (pointiert Kingreen/Poscher POR § 9 Rn. 3; SBK PolG NRW
Vor § 4 Rn. 1). Hingegen schränken sie weder eine an sich als überschießend bzw. voraussetzungslos konzipierte Eingriffsermächtigung in § 1 Abs. 1 ein (in diese Richtung aber Schoch
JuS 1994, 849 (850 f.)) noch erweitern sie die zunächst auf eigenes Handeln der Polizei
beschränkte Klausel erst in Richtung der Bürger.

Verbreitet wird aus der Zusammenschau von Generalklausel und Regeln über die Pflichtig- **3**
keit eine sog. materielle Polizei- oder Ordnungspflicht abgeleitet, die durch die an den Störer
gerichtete Ordnungsverfügung lediglich konkretisiert (und damit insbesondere nachfolgefähig; → Rn. 16) werde (so BVerwGE 125, 325 (332 f.); aus der Lit. Kugelmann PolR Kap. 8
Rn. 5). Sie gebiete als Nichtstörungspflicht, das eigene Verhalten wie den Zustand der
eigenen Sachen so einzurichten, dass Gefahren für die Schutzgüter gar nicht erst entstehen.
Eine solche abstrakte Polizeipflicht ist dogmatisch verfehlt und auch praktisch nicht notwendig, da sie ohne Not eine dritte Pflichtenebene zwischen der Pflicht zur Befolgung der
Polizeiverfügung und der Pflicht zur Befolgung derjenigen Gesetze einzieht, die von der
Polizei darin jeweils konkretisiert wird. Als solche Gesetze kommen namentlich die Schädigungsverbote des StGB oder der Normen des BGB über die unerlaubten Handlungen in
Betracht; aus ihnen folgt die selbstverständliche Pflicht des Bürgers, etwa nach der Schaffung
einer Gefahrenquelle auch dann gefahrenabwendend oder -eindämmend tätig zu werden,
wenn ihm die Ordnungsbehörde dies noch nicht im Wege der Verfügung auferlegt hat
(Wittreck JURA 2008, 534 (537); Kingreen/Poscher POR § 9 Rn. 4).

II. Verantwortlichkeit für eine Gefahr

Das Gesetz beschreibt mit der „Verantwortlichkeit" einen spezifischen Zurechnungszu- **4**
sammenhang, der allerdings die durchaus komplexen Debatten über die rechtliche Konnotation von „Verantwortung" nicht oder nur am Rande aufnimmt (vgl. nur Dreier/Dreier GG
Präambel Rn. 42 mwN; zuletzt Ehlers VERW 46 (2013), 467). Im Rahmen von § 17
fällt danach Verantwortlichkeit praktisch mit Verursachung in eins, ohne als Begriff näher
interpretationsleitend zu sein (statt aller Kingreen/Poscher POR § 9 Rn. 5).

III. Verantwortliche Personen

Verhaltensverantwortlich iSv § 17 Abs. 1 können natürliche wie juristische Personen sein **5**
(zu juristischen Personen des öffentlichen Rechts → Rn. 25; ganz einhellige Meinung:
WHM NRWPolR Rn. 338; Kugelmann PolR Kap. 8 Rn. 10; Lisken/Denninger PolR-
HdB/Denninger D Rn. 99; Kingreen/Poscher POR § 9 Rn. 8). Da es auf ein Verschulden
nicht ankommt (→ Rn. 6 aE), kommen auch Minderjährige oder anderweitig in der
Geschäftsfähigkeit Beschränkte als Adressaten in Betracht, wobei § 17 Abs. 2 der Ordnungsbehörde hier erweiterte Adressierungsmöglichkeiten einräumt (→ Rn. 36). Erfasst sind Bundesbürger wie Nichtdeutsche (SBK PolG NRW § 4 Rn. 1; zu Sonderregeln für Diplomaten
→ Rn. 29). Über juristische Personen des Privatrechts ieS hinaus sind auch teilrechtsfähige
Gesellschaften (OVG Lüneburg NJW 1979, 735 (735): nicht rechtsfähiger Verein; OVG
Koblenz NJW 1986, 1369 (1369): Kommanditgesellschaft; VGH Mannheim VBlBW 1993,
298 (301): Kommanditgesellschaft; aus der Lit. Kingreen/Poscher POR § 9 Rn. 8;
SBK PolG NRW § 4 Rn. 1) sowie sonstige Personenmehrheiten als Störer anzusehen, sofern
sie einen hinreichenden Organisationsgrad haben (ähnlich WHM NRWPolR Rn. 338;
WHT BWPolR § 5 Rn. 290; Kugelmann PolR Kap. 8 Rn. 10; krit. Haurand NRWPolR 69,
der allerdings primär auf praktische Probleme hinweist). Letztlich wird man in Anlehnung
an die Rechtsprechung zur Grundrechtsfähigkeit nach Art. 19 Abs. 3 GG in umgekehrter
Perspektive fragen müssen, ob von der Personenmehrheit – etwa einem „Aktionsbündnis" –
erstens Gefahren für die Schutzgüter der ordnungsbehördlichen Generalklausel ausgehen und
ob sie zweitens eine Struktur aufweist, die es für die Ordnungsbehörde nahelegt, die Verfügung an ein Entscheidungszentrum zu richten, das tatsächlichen Einfluss auf das Verhalten der
Personenmehrheit hat. In diesem Sinne sind Gefahrenabwehrverfügungen, die formalisierte
juristische Personen zum Adressaten haben, an deren nach Gesellschaftsrecht vertretungsbe-

rechtigte Organe (Geschäftsführer etc) zu richten (vgl. § 12 VwVfG. NRW.; Haurand NRWPolR 73).

IV. Verursachung

6   In Rechtsprechung wie Literatur besteht Konsens, dass „Verursachen" iSv § 17 Abs. 1 nicht nach der sog. Äquivalenzlehre bestimmt werden kann, die im Sinne der klassischen **conditio sine qua non-Formel** jeden Verursachungsbeitrag genügen lässt, der nicht hinweggedacht werden kann, ohne dass das Ergebnis (hier: die Gefahr) entfiele (WHM NRWPolR Rn. 353; Kingreen/Poscher POR § 9 Rn. 9; Haurand NRWPolR 76 ff.). Für die einhellig als notwendig empfundene Korrektur der – gleichwohl als Ausgangspunkt unentbehrlichen – Formel werden unterschiedliche Konzepte angeboten. Vorherrschend dürfte das Konzept der sog. unmittelbaren Verursachung sein; danach gilt erst derjenige als Störer, der die Gefahrenschwelle bzw. -grenze selbst überschreitet, wohingegen die diesem Akt vorgelagerten Glieder der Kausalkette grundsätzlich nicht pflichtig sind (so etwa OVG Münster OVGE 5, 185 (187 f.); 14, 265 (267); VGH Kassel NJW 1986, 1829 (1829); OVG Koblenz NVwZ 1992, 499 (500); aus der Lit. WHM NRWPolR Rn. 360 ff.; Kugelmann PolR Kap. 8 Rn. 37; Schönenbroicher/Heusch Rn. 5; Kingreen/Poscher POR § 9 Rn. 11 ff.; eher referierend SBK PolG NRW § 4 Rn. 5; zum „Zweckveranlasser" → Rn. 10).

7   Vorzugswürdig dürfte sein, offener das normativ-wertende Element der Einordnung als Verursacher einer Gefahr zu betonen, wie dies die sog. Rechtswidrigkeitslehre propagiert, die ein Verhalten dann als Störung einstuft, wenn es rechtliche Handlungs- oder Unterlassungspflichten verletzt (vertreten etwa von Lisken/Denninger PolR-HdB/Denninger D Rn. 81).

8   Ein Verursachen kann ferner durch aktives Tun wie durch Unterlassen bewirkt werden; im letzten Falle setzt dies das Bestehen einer Garantenpflicht voraus, die wiederum nach herrschender Auffassung nur aus einer öffentlich-rechtlichen Gebotsnorm folgen kann (OVG Münster DVBl 1979, 735; Kugelmann PolR Kap. 8 Rn. 37; WHT BWPolR § 5 Rn. 291; aA hingegen WHM NRWPolR Rn. 350; Kingreen/Poscher POR § 9 Rn. 6 unter Hinweis auf § 1 Abs. 2 PolG NRW: Schutz privater Rechte). Danach ist das Unterlassen der durch kommunale Satzung angeordneten Reinigung eines Gehwegs ordnungspflichtig, dasjenige der durch Vertrag mit dem Vermieter übernommenen hingegen nicht (so Schoch JuS 1994, 849 (853); Haurand NRWPolR 72).

9   Nach ganz einhelliger Auffassung setzt § 17 Abs. 1 schließlich kein Verschulden des Störers voraus (BVerwG NVwZ 1983, 474 (476); VG Berlin NJW 2001, 2489 (2490); Lisken/Denninger PolR-HdB/Denninger D Rn. 73; SBK PolG NRW § 4 Rn. 3; Haurand NRWPolR 78 f.; Kingreen/Poscher POR § 9 Rn. 10; Schlacke/Wittreck LandesR NRW/Wittreck § 5 Rn. 45).

B. Ungeschriebene Regeln der Verhaltensverantwortlichkeit

I. Insbesondere: Der „Zweckveranlasser"

10   Rechtsprechung und weite Teile der Literatur gestatten Gefahrenabwehrmaßnahmen nicht nur gegen den Störer, der im gerade dargestellten Sinne unmittelbar die Gefahrenschwelle überschritten hat, sondern auch gegen denjenigen, der zurechenbar eine Ursache dafür gesetzt hat, dass andere diesen entscheidenden Schritt tun (zusf. zum Folgenden Beaucamp/Seifert JA 2007, 577; Schoch JURA 2009, 360; WHT BWPolR § 69 Rn. 254; Kingreen/Poscher POR § 9 Rn. 27 ff.; Schlacke/Wittreck LandesR NRW/Wittreck § 5 Rn. 47 f.). Beispiele für solche Fälle der „Zweckveranlasserschaft" sind das paradigmatische „Borkum-Lied" (die Kurkapelle stimmt eine Melodie an, und die Kurgäste grölen den antisemitischen Text, s. PrOVGE 80, 176; wohlgemerkt kam das PrOVG **nicht** zu dem Ergebnis, dass sich Kapelle oder Pöbel rechtswidrig verhalten hatten; instruktiv Wildt Mittelweg 36 10 (2001), 2 ff.), Neuigkeiten im Schaufenster einer Zeitung, die einen Menschenauflauf verursachen (PrOVGE 85, 270), die Vermietung von Räumlichkeiten an Prostituierte in einem Sperrgebiet (VGH Kassel NVwZ-RR 1992, 619) oder in jüngerer Vergangenheit die Einrichtung einer Lieferschleuse durch einen Supermarktbetreiber, dessen Lieferanten trotz gegenteiliger Zusicherung nachts unter Verletzung von Lärmschutzauflagen anliefern (OVG Münster

NVwZ-RR 2008, 12); zuletzt haben die Gerichte dem kalifornischen Unternehmen UBER die mittelbare Verhaltensverantwortlichkeit für konkrete Verstöße der mit ihm kontrahierenden Fahrer gegen das Personenbeförderungsgesetz angelastet (OVG Berlin-Brandenburg BeckRS 2015, 44779), und in der Literatur ist der Anbieter des Spiels „Pokémon GO" diesbezüglich erörtert worden (Tinnefeld K&R 2016, 551 (555 f.)). Die Beispiele belegen, warum die Rechtsfigur des Zweckveranlassers für die Gefahrenabwehrbehörden eine hohe praktische Bedeutung hat: An die Stelle der aufwendigen „Jagd" nach den konkreten Verhaltensverantwortlichen tritt die regelmäßig deutlich einfachere Inanspruchnahme des „Verantwortlichen hinter den Verantwortlichen" durch Polizei- oder Ordnungsverfügung (verharmlosend SBK PolG NRW § 4 Rn. 7; mit Händen zu greifen im Fall „UBER": hier sind die einzelnen Fälle der Überschreitung der Gefahrenschwelle für die Gefahrenabwehrbehörden schon kaum erkennbar – Privatpersonen mit Smartphone in der Hand steigen in Privatfahrzeuge ein –, geschweige denn unterbindbar)

11 Die vergleichsweise einfache Möglichkeit, die Gefahr quasi „an der Quelle" zu unterbinden, hilft dem Zweckveranlasser allerdings nicht über die dogmatischen Hürden hinweg, die § 17 Abs. 1 bzw. die Verfassung errichten. Verfechter der Zweckveranlassung nehmen diese an, wenn das Verhalten desjenigen, der die Gefahrenschwelle unmittelbar überschreitet, vom Hintermann entweder subjektiv oder objektiv bezweckt wurde bzw. sich „zwangsläufig einstelle" (VGH Mannheim DÖV 1996, 83 (84); OVG Münster BeckRS 2018, 3191 Rn. 25; ähnlich Schoch JURA 2009, 360 (363)).

12 Ein subjektives „Bezwecken" setzt danach voraus, dass der mittelbar Verantwortliche entweder wissentlich und willentlich den Zweck verfolgt, dass Dritte die Gefahrenschwelle überschreiten, oder – so eine erweiternde Auslegung – dies im Sinne des bedingten Vorsatzes zumindest billigend in Kauf nimmt (so SBK PolG NRW § 4 Rn. 8). Als Beispiel wird der typische Provokateur genannt, der andere durch Worte und Gesten aufstachelt, Gewalt gegen Personen oder Sachen auszuüben (so Tegtmeyer/Vahle PolG NRW § 4 Rn. 17) – man mag an die Präsentation von „Mohammed-Karikaturen" durch Rechtsextreme vor einer Moschee denken, die wiederum bekanntlich von Islam-Extremen besucht wird.

13 Überwiegend wird unter Hinweis auf die Schwierigkeit, eine solche Motivation nachzuweisen, sowie unter Hinweis auf die generelle Neigung des Gefahrenabwehrrechts, Momente des subjektiven Tatbestands bzw. der Schuld auszublenden, auf ein objektives „Bezwecken" abgestellt; ein solches soll vorliegen, wenn das Verhalten des Zweckveranlassers und die daraufhin von Dritten ausgelöste Gefahr in einem „untrennbaren Zusammenhang" (VGH Mannheim NVwZ-RR 1995, 663 (663)) stehen oder die bereits zitierte „natürliche Einheit" bilden. Angenommen wurde ein solcher Konnex – der letztlich von einem äußeren Geschehen auf die innere Zielrichtung des Zweckveranlassers schließt und ihm eine Billigung des Gefahrgeschehens unterstellt, sofern er nicht gefahrabwendend eingreift (so im Fall der Lieferschleuse OVG Münster NVwZ-RR 2008, 12 f.) – für einen Gastwirt in Ansehung der Ruhestörung durch seine Gäste (VGH Mannheim GewArch 1973, 244 (245); OVG Münster BeckRS 2018, 3191 Rn. 24 ff.), im Fall eines Fahrzeughalters, der seinen PKW veräußert hatte, ohne sich über die Identität des Käufers Aufschluss zu verschaffen; er sollte danach als Zweckveranlasser verantwortlich für die spätere illegale Entsorgung des Fahrzeugs durch den Käufer sein (OVG Münster NWVBl. 2003, 320 (321)).

14 Der Fall belegt einmal mehr, dass die Rechtsfigur des Zweckveranlassers ein praktisches Bedürfnis befriedigt. Er illustriert zugleich, wie weit die Unterstellung reicht oder reichen kann, der Zweckveranlasser habe erstens vorhersehen müssen, dass der Dritte zwangsläufig eine Gefahrschwelle überschreite, und habe dies zweitens wenigstens billigend in Kauf genommen. Sie mag im Fall „UBER" oder im Fall der Lieferschleuse noch einigermaßen plausibel sein – in beiden Fällen schafft der Handelnde eine Struktur, in der sich die Lieferanten bzw. Fahrer rationalerweise nur rechtswidrig verhalten können, obwohl er sie nach außen hin auffordert, dies gerade nicht zu tun (eine Lieferschleuse erfüllt ihren Zweck nun einmal nur dann vollumfänglich, wenn der Lieferant sie zu einem Zeitpunkt anfahren kann, in dem der Markt nicht besetzt ist – also bei Nacht).

15 Die Rechtsfigur des Zweckveranlassers ist danach nur dann vom geltenden Recht gedeckt, wenn man „Verursachen" in § 17 Abs. 1 so auslegt, dass es neben der unmittelbaren Verursachung auch eine qualifizierte mittelbare Verursachung ausreichen lässt. Das ist weder vom Wortlaut noch durch verfassungsrechtliche Vorgaben kategorisch ausgeschlossen, wobei das

stärkste Argument gegen den Zweckveranlasser wohl die systematische Zusammenschau der §§ 17–19 ist. So normiert § 17 Abs. 3 (→ Rn. 39) ausdrücklich einen Fall des Zugriffs auf den Verantwortlichen hinter dem Gefährder (die Norm wäre funktionslos, wenn der Gesetzgeber die Figur des Zweckveranlassers vorausgesetzt hätte), und § 19 legt fest, in welchen Fällen ausnahmsweise – nicht zuletzt aus Gründen der effektiven Gefahrenabwehr – auf denjenigen zugegriffen werden kann, der zwar eine Gefahr nicht (unmittelbar) verursacht, aber zu ihrer Beseitigung in der Lage ist. Damit lassen sich die meisten Fälle der Zweckveranlassung rechtlich und dogmatisch stimmig im Wege der ausnahmsweisen Inanspruchnahme von Nichtstörern nach § 19 lösen (betont von Kingreen/Poscher POR § 9 Rn. 31 f.). Die Rechtsfigur des sog. Zweckveranlassers ist danach entweder vollumfänglich abzulehnen oder zumindest auf die Fälle der nachweislich vorsätzlichen rechtswidrigen Provokation zu beschränken (ähnlich krit. Kugelmann PolR Kap. 8 Rn. 43 ff.; Wobst/Ackermann JA 2013, 916 (917 ff.); Kingreen/Poscher POR § 9 Rn. 27 ff.; Schlacke/Wittreck LandesR NRW/ Wittreck § 5 Rn. 47 f.); eine solche dürfte etwa im Fall „UBER" anzunehmen sein (s. nochmals OVG Berlin-Brandenburg BeckRS 2015, 44779).

II. Rechtsnachfolge in die Verhaltensverantwortlichkeit

16   Die Rechtsprechung zur Rechtsnachfolge in Gefahrenabwehrpflichten (näher zum Folgenden Rau JURA 2000, 37; Zacharias JA 2001, 720; WHM NRWPolR Rn. 400 ff.; Haurand NRWPolR 90 ff.; WHT BWPolR § 69 Rn. 258 ff.; Schönenbroicher/Heusch Rn. 11 ff.; Kingreen/Poscher POR § 9 Rn. 49 ff.) teilt mit der Rechtsfigur des Zweckveranlassers die Fähigkeit zur Befriedigung dringender praktischer Bedürfnisse wie den mangelnden Anhalt im Gesetz (grundsätzlich krit. daher Schenke PolR Rn. 292 ff.; Kugelmann PolR Kap. 8 Rn. 63 ff.). Die Annahme der Möglichkeit einer solchen Rechtsnachfolge ist zunächst hochgradig praxisfreundlich, weil sie erstens hilft, zugunsten der Gefahrenabwehrbehörden den Stand eines (verwaltungs- oder gerichtlichen) Verfahrens zu konservieren, und zweitens namentlich in den auch ökonomisch hochrelevanten Altlastenfällen – sofern sie nicht durch das BBodSchG abschließend erfasst werden (näher Herntrich, Umfang und Grenzen der Zustandshaftung nach dem Bundes-Bodenschutzgesetz, 2011) – den Kreis der potentiell in Anspruch zu nehmenden Störer substantiell erweitert und dabei insbesondere die Chance erhöht, einen oder mehrere zu finden, die nicht allein pflichtig, sondern auch finanziell solvent sind. Diesen handgreiflichen Vorteilen stehen ganz erhebliche dogmatische Bedenken gegenüber; die Rechtsfigur der Rechtsnachfolge in Gefahrenabwehrpflichten wirft nahezu durchweg Probleme des Vorbehalts des Gesetzes und in hoher Kadenz auch des Rückwirkungsverbots auf.

1. Entwicklung und Stand der Rechtsprechung

17   Die Rechtsprechung der Verwaltungsgerichte stand der Rechtsnachfolge zunächst durchaus zurückhaltend gegenüber (s. Kingreen/Poscher POR § 9 Rn. 50 ff.), hat sie aber sukzessive anerkannt (etwa BVerwG NJW 1971, 1624; OVG Bautzen LKV 1998, 62 (64); OVG Münster NVwZ-RR 1998, 159 (160)); dem hat sich das BVerwG spätestens in seiner Buggingen-Entscheidung (2006) angeschlossen (BVerwGE 125, 325).

18   Danach setzt eine Rechtsnachfolge in Gefahrenabwehr- oder allgemeiner öffentlich-rechtliche Pflichten dreierlei voraus (vgl. BVerwGE 125, 325 (330 ff.); aus der Lit. nur Dietlein/ Hellermann NRWÖffR/Dietlein § 3 Rn. 111 f.): Es muss erstens eine Rechtsnachfolge (regelmäßig nach den Regeln des BGB über die Universalsukzession oder nach den gesellschaftsrechtlichen Bestimmungen etwa des UmwG) stattgefunden haben; zweitens muss die in Rede stehende Pflicht nachfolgefähig sein, und drittens muss auch das öffentliche Recht einen Nachfolgetatbestand enthalten (Stadie DVBl 1990, 501 (507); Schoch JuS 1994, 1026 (1030); Wittreck JURA 2008, 534 (537); WHM NRWPolR Rn. 407; WHT BWPolR § 5 Rn. 316 f.; Gegenauffassung bei BVerwG NJW 1971, 1624; OVG Münster DVBl 1973, 226 f.; Gusy PolR Rn. 361 f.). Ein solcher Tatbestand fehlt im NRWOBG wie im übrigen allgemeinen Gefahrenabwehrrecht ersichtlich; die punktuellen Sonderregeln wie § 4 Abs. 3 S. 1 BBodSchG oder § 58 Abs. 3 BauO (letztgenannter noch dazu nicht genuin gefahrenabwehrrechtlich) laden nicht eben zur Annahme eines hinter ihnen stehenden ungeschriebenen Satzes des Allgemeinen Verwaltungs- oder Gefahrenabwehrrechts (bösartige Zusatzfrage: des

Bundes- oder Landesrechts?) ein, sondern legen den Gegenschluss nahe, dass der Gesetzgeber in zwei typischen Konstellationen Handlungsbedarf gesehen hat, im Übrigen die Rechtsnachfolge aber ausschließen wollte. Da die Rechtsprechung stattdessen §§ 1922, 1967 BGB analog heranzieht, fallen praktisch die Punkte eins und drei des Schemas in eins.

Die Frage der Nachfolgefähigkeit der jeweiligen Pflicht ist im Kern identisch mit derjenigen ihrer Höchstpersönlichkeit (ähnlich Kugelmann PolR Kap. 8 Rn. 68): Nachfolgefähig **19** sollen danach nur diejenigen Gefahrenabwehrpflichten sein, die als vertretbare Handlungen einzustufen sind (und damit im Wege der Ersatzvornahme nach § 59 VwVG durchgesetzt werden könnten). Als Handlungen, die in diesem Sinne von einem anderen vorgenommen werden können, zählen naheliegenderweise alle Arbeiten, die der Störer ohnehin an eine Fremdfirma vergäbe (typisch in Altlastenfällen); umgekehrt sind als höchstpersönliche Pflichten, die nicht nachfolgefähig sind, namentlich Pflichten zum persönlichen Erscheinen oder zur persönlichen Untersuchung anerkannt. Auch die Zwangsgeldandrohung bzw. der mit ihr bezweckte Willensbeugungseffekt ist nicht übergangsfähig (WHM NRWPolR Rn. 410; Tegtmeyer/Vahle PolG NRW § 4 Rn. 9; Haurand NRWPolR 92). Strittig ist die Behandlung von Unterlassungspflichten, etwa die an den Störer gerichtete Verfügung, in seinem Arbeiten mit bestimmten Stoffen zu unterlassen; sie ist an sich höchstpersönlich, jedoch besteht ein nachvollziehbares Interesse der Gefahrenabwehrbehörde, den Erben des Betriebs daran festhalten zu können (vgl. das Beispiel bei Dietlein/Hellermann NRWÖffR/ Dietlein § 3 Rn. 111 aE).

An diese grundsätzliche Anerkennung schließen sich drei Differenzierungen an. Davon **20** erweist sich diejenige von Einzel- und Gesamtrechtsnachfolge als für das Ordnungsrecht wenig ergiebig (näher mwN WHM NRWPolR Rn. 415; Haurand NRWPolR 91 f.). Anderes gilt für die Unterscheidung von Zustands- und Verhaltensverantwortlichkeit (vgl. §§ 17 f.; s. Haurand NRWPolR 91 ff.). Die Rechtsnachfolge in die Zustandsverantwortlichkeit ist dabei für die Ordnungsbehörde nur in verfahrenstechnischer Perspektive interessant, da – Fortbestehen der von der Sache ausgehenden Gefahr unterstellt – der im Wege der Rechtsnachfolge eingetretene neue Eigentümer von Beginn an seinerseits unproblematisch Zustandsstörer ist (DWVM Gefahrenabwehr 299; Haurand NRWPolR 91). Hingegen ist eine Rechtsnachfolge dann attraktiv, wenn der Erbe oder Ähnliche im Wege der Rechtsnachfolge auch in die – mitunter wenig rosige – Verfahrensposition des Vorgängers einrückt, gegen den die Ordnungs- oder sonstige Gefahrenabwehrbehörde bereits eine Verfügung erlassen hat, die womöglich schon in zweiter Instanz gerichtlich bestätigt worden ist. Überwiegend wird eine solche Möglichkeit der Rechtsnachfolge in die Zustandsverantwortlichkeit angenommen (etwa Haurand NRWPolR 91 f., mwN zur älteren Judikatur und Lit., die teils noch grundsätzlich ablehnend ist), wobei die Rechtsgrundlage der Annahme dünn ist. Insbesondere kann die vereinzelt noch auftauchende Rechtsfigur vom vermeintlich „dinglichen" Verwaltungsakt nicht wirklich überzeugen (sie begegnet noch bei BVerwG NJW 1971, 1624; Haurand NRWPolR 91 f.; krit. wie hier Kingreen/Poscher POR § 9 Rn. 56).

Praktisch wichtiger ist die Rechtsnachfolge in die Verhaltensverantwortlichkeit, weil hier **21** nicht lediglich eine Verfahrensposition vererbt (oder anderweitig übergeleitet) wird, sondern **materialiter** die Zurechnung störenden Verhaltens zu einer anderen Person stattfindet (was die Operation zugleich in nicht unerhebliche Spannung zum Normprogramm der §§ 17 ff. setzt, da sie neben dem Zustands- und Verhaltensstörer – nicht anders als beim „Zweckveranlasser" – noch einen weiteren Tatbestand setzt, den man als „Störer kraft Rechtsnachfolge" bezeichnen könnte. Die Annahme einer solchen Möglichkeit verschafft den Ordnungs- wie den übrigen Gefahrenabwehrbehörden höchst attraktive Möglichkeiten, indem erstens die Erben von solchen Verhaltensverantwortlichen herangezogen werden können, die namentlich wirtschaftlich gravierende Gefahren bzw. Störungen verursacht haben (Schulbeispiel ist der selbstverursachte Tanklasterunfall, bei dem der Spediteur ums Leben kommt (klassisch Ossenbühl NJW 1968, 1992)). Zweitens können so selbst lange zurückliegende Verursachungsbeiträge nicht mehr existenter Akteure zugerechnet werden, etwa (Ur-) Altlasten, obwohl der Rechtsnachfolger niemals Eigentümer des betroffenen Grundstücks war (symptomatisch der Sachverhalt der Buggingen-Entscheidung (BVerwGE 125, 325), die bei nüchterner Betrachtung nur dadurch zu erklären sein dürfte, dass mit der Kali + Salz AG ein finanziell höchst potenter „Störer" aufgespürt worden war; krit. Wittreck JURA 2008,

534 ff.). Auch hier wird überwiegend die grundsätzliche Möglichkeit angenommen (etwa Thiel PolR § 8 Rn. 150), wobei die kritischen Hinweise auf die fehlende Rechtsgrundlage lauter ausfallen (so namentlich Kingreen/Poscher POR § 9 Rn. 61). In der Sache ist das schlichteste Willkür.

22 Es bleibt die bereits angesprochene Unterscheidung von „abstrakten" und „konkreten" oder „titulierten" Ordnungspflichten. Letztere werden – erneut ohne jede tragfähige Rechtsgrundlage – vergleichsweise einhellig als nachfolgefähig anerkannt (s. Gusy PolR Rn. 362 ff.), wohingegen erstere heftig umstritten sind (s. Kingreen/Poscher POR § 9 Rn. 58 ff. mwN: contra). Wie angedeutet, gibt es für die Annahme sog. abstrakter Gefahrenabwehrpflichten weder einen (faktischen) Grund noch eine (rechtliche) Grundlage: Der Bürger, der etwa ein ungesichertes und ungenügend beleuchtetes sperriges Fahrzeug in einer unübersichtlichen Kurve abstellt, macht sich nicht abstrakt ordnungspflichtig, sondern verstößt gegen konkrete Bestimmungen der StVO sowie die Normbefehle, die den Regeln über fahrlässige Körperverletzung / Tötung (§§ 222, 229 StGB) oder dem § 823 BGB zugrunde liegen (näher Wittreck JURA 2008, 534 (537 f.); wie hier auch WHM NRWPolR Rn. 411, 419).

2. Kritik

23 Letztlich sprechen in dogmatischer Perspektive die besseren Gründe dafür, eine Rechtsnachfolge in Gefahrenabwehrpflichten generell abzulehnen, sofern sie nicht im Einzelfall spezialgesetzlich angeordnet ist (ähnlich im Ergebnis Kingreen/Poscher POR § 9 Rn. 50; Dietlein/Hellermann NRWÖffR/Dietlein § 3 Rn. 112). Das Institut mag eminent praktisch sein – erneut ist die Buggingen-Entscheidung nachgerade paradigmatisch. Es ist aber schlicht daran zu erinnern, dass der durch die Rechtsnachfolge gedeckte oder ermöglichte Eingriff in die Rechte der Erben etc vom Normwortlaut der §§ 17 ff. nicht gedeckt ist und auch sonst keinen Anhalt im Gesetz hat. Die analoge Anwendung der §§ 1922, 1967 BGB ist offen zirkulär und bleibt sowohl die Antwort auf die Frage nach der planwidrigen Regelungslücke als auch die Darlegung einer vergleichbaren Interessenlage schuldig (glasklar ist hier allein die einseitig **fiskalische** Interessenlage). Die Annahme, es gebe einen langjährigen breiten Konsens in der Rechtsprechung, der einen allgemeinen Grundsatz des Verwaltungsrechts begründen könnte, ist nur um den Preis der Quetschung der Quellen zu haben (eingehende Analyse der von BVerwGE 125, 325 (331) diesbezüglich herangezogenen Judikatur bei Wittreck JURA 2008, 534 (540 f.)). Schließlich wirft gerade die Rechtsnachfolge in eine lange Zeit zurückliegende Verhaltensverantwortlichkeit (typisch in Altlastenfällen) massive Rückwirkungsprobleme auf, die sich auf dem von der Rechtsprechung beschrittenen Weg nicht lösen lassen: Zunächst ist die Annahme, es liege kein Fall von Rückwirkung vor, weil die Altlast ja die ganze Zeit bestanden habe, grenzwertig rabulistisch: Es geht nicht um die Altlast, sondern um die Rechtspflicht des heute zu ihrer Beseitigung (oder deren Finanzierung) Herangezogenen; sie ist unzweifelhaft rückwirkend begründet worden. Auch die Behauptung, die Pflicht zur Beseitigung habe ja die ganze Zeit bestanden, hält näherer Überprüfung nicht stand bzw. projiziert moderne Verständnisse umweltrechtlicher Standards zurück. Verhandelbar ist einzig die Überlegung, im Anschluss an die Rechtsprechung des BVerfG auch die „echte" Rückwirkung dann zuzulassen, wenn überragende Gemeinwohlbelange sie gebieten. Ob das Interesse, namentlich für Altlastenfälle potente „Störer" zu finden, dem genügt, sei hier dahingestellt. Dass die ordnungsbehördliche Alltagsarbeit ein solches Instrument nicht rechtfertigen kann, sollte jedenfalls auf der Hand liegen.

III. Ausnahmen von der Verhaltensverantwortlichkeit

24 Das Gefahrenabwehrrecht kennt (überwiegend ungeschriebene) Regeln, die natürliche und juristische Personen, deren Verhalten (oder deren Sachen) an sich iSv §§ 17 f. „stört", von der polizeilichen Inanspruchnahme entweder ganz ausschließen oder diese doch empfindlich einschränken. Ganz im Vordergrund steht die vieldiskutierte Polizei- bzw. Ordnungspflichtigkeit von Hoheitsträgern (→ Rn. 25), während die diplomatische (→ Rn. 29) und parlamentarische Immunität (→ Rn. 31) deutlich weniger prominent sind. Die ehedem hochrelevante Frage der Polizei- und Ordnungsgewalt gegenüber NATO-Truppen ist durch deren fast flächendeckenden Abzug derzeit eher peripher (näher Lisken/Denninger PolR-HdB/Denninger D Rn. 92 mwN).

1. Polizei- und Ordnungspflichtigkeit von Hoheitsträgern

Die „Polizei- bzw. Ordnungspflichtigkeit von Hoheitsträgern" steht für eine Regimekolli- **25** sion innerhalb des öffentlichen Rechts, denn die Adressierungsregeln der (grundsätzlich allzuständigen) Ordnungsbehörde treffen hier auf Zuständigkeits-, teils auch bundesrechtliche Rangregeln. Vor diesem Hintergrund fasst „Polizeipflichtigkeit" mehrere Probleme zusammen, die nicht stets mit der hinreichenden Sorgfalt geschieden werden (näher zum Folgenden Schoch JURA 2005, 324; Borowski VerwArch 101 (2010), 58; WHM NRWPolR Rn. 339 ff.; WHT BWPolR § 5 Rn. 342 ff.; Kugelmann PolR Kap. 8 Rn. 12 ff.; Haurand NRWPolR 94 ff.; Lisken/Denninger PolR-HdB/Denninger D Rn. 97 ff.; Schönenbroicher/ Heusch Vor § 17 Rn. 10 ff.).

Zunächst ist die Frage nach der Bindung an diejenigen Vorschriften, deren Schutz der **26** Ordnungsbehörde sub specie „Unverletzlichkeit der Rechtsordnung" obliegt, von der Möglichkeit zu trennen, auf eine Gefährdung dieses Schutzgutes mit **Ordnungsverfügungen** zu reagieren. Im ersten Punkt besteht inzwischen Konsens, dass auch juristische Personen des öffentlichen Rechts (jeder Rangstufe) an kompetenzgerecht gesetztes Recht (ebenfalls jeder Rangstufe) gebunden sind, sofern es nicht ausnahmsweise nach Art. 31 GG wegen eines Normwiderspruchs gebrochen wird (s. WHM NRWPolR Rn. 341 f.; SBK PolG NRW § 4 Rn. 1). Das ist für Behörden der Kommunen und der Länder in Ansehung des Bundesrechts evident, gilt aber auch umgekehrt für Bundesbehörden bzw. andere Bundesinstitutionen im Hinblick auf Recht der Länder und Kommunen (näher Dreier/Wittreck GG Art. 30 Rn. 25 f.; vgl. BVerwG DVBl 2003, 1076 (1078)). Verstoßen Hoheitsträger oder ihre Behörden gegen derart geltendes Recht, stören sie iSv §§ 17 f. die öffentliche Ordnung (BVerwG NVwZ 1983, 474 (475); DVBl 2003, 60 f.; Schoch JuS 1994, 849 (852); WHM NRWPolR Rn. 341).

Davon zu unterscheiden ist die Folgefrage, ob die Gefahrenabwehrbehörden auf derartige **27** Störungen reagieren können, indem sie (andere) Behörden zum Adressaten von Gefahrenabwehrverfügungen machen. Sie wirft im Kern ein Kompetenzproblem bzw. das Problem des (potentiellen) Übergriffs in den Zuständigkeitsbereich eines anderen Trägers öffentlicher Verwaltung auf. Ausgehend von dem Grundgedanken, dass jede Ordnungsverfügung gegen eine Behörde dem Grunde nach einen Eingriff in deren Dienstbetrieb und damit eine Verletzung der ihr nach dem Gesetz obliegenden Zuständigkeiten darstellt (BVerwGE 29, 52 (59 f.); VGH Kassel NVwZ 1997, 304 (305); OVG Lüneburg OVGE 12, 340 (341 f.)), differenziert die mittlerweile weit überwiegende Ansicht wie folgt (ähnlich WHM NRWPolR Rn. 343 ff.; WHT BWPolR § 5 Rn. 344 f.; SBK PolG NRW § 4 Rn. 1 f.; weitergehend Kugelmann PolR Kap. 8 Rn. 16 ff. mwN): Sofern die juristische Person des öffentlichen Rechts respektive Behörde hoheitlich tätig wird, ist sie zwar an das geltende Recht gebunden, aber von Ordnungsverfügungen zu dessen Durchsetzung grundsätzlich exemt (vgl. auch die bereichsspezifische Spezialregelung in § 76 VwVG NRW zum Ausschluss von Vollstreckungsmaßnahmen; zu den Ausnahmen sogleich). Hingegen ist die Ordnungsbehörde befugt, die gleichen Akteure zu Adressaten von Verfügungen zu machen, wenn sie entweder fiskalisch handeln oder ihre Amtswalter lediglich anlässlich der hoheitlichen Tätigkeit Gefahren verursachen (aus der Rspr. BGH DVBl 1970, 499: Liegengebliebenes Bundeswehrfahrzeug). Danach darf die Ordnungsbehörde Manöverlärm nicht verbieten, laute Musik der lagernden Truppe aber ebenso wie das ziellose Verfeuern von Manövermunition auf Spaziergänger durch einzelne Soldaten.

Eingeschränkt wird der generelle Ausschluss von Ordnungsverfügungen wiederum nach **28** überwiegender Auffassung dann, wenn sowohl die vom Hoheitsträger verursachte Gefahr als auch das möglicherweise verletzte Schutzgut hinreichend qualifiziert sind, wobei im Einzelfall die Grenzziehung variiert (plastischer Hinweis auf § 50 Abs. 2 PolG NRW – Voraussetzungen des Sofortvollzugs – bei Tegtmeyer/Vahle PolG NRW § 4 Rn. 7; vgl. ferner SBK PolG NRW § 4 Rn. 2). Diese Überlegung kann sich nicht zuletzt auf gesetzliche Wertungen wie §§ 7 ff. POG NRW oder § 3 Abs. 4 VwVfG. NRW. stützen. Angenommen hat die Rechtsprechung ein entsprechendes Zugriffsrecht etwa im Fall einer immissionsschutzrechtlichen Anordnung nach § 24 BImSchG gegenüber einer (hoheitlich handelnden) Gemeinde (BVerwGE 117, 1 (5); s. Dietlein/Hellermann NRWÖffR/Dietlein § 3 Rn. 116).

2. Diplomatische Immunität

29   Nach dem Wiener Übereinkommen über diplomatische Beziehungen (v. 18.4.1961, BGBl. 1964 II 957; dazu statt aller Vitzthum/Proelß/Kau, Völkerrecht, 7. Aufl. 2016, Kap. 3 Rn. 51 ff.) bzw. dem ihm zugrundeliegenden Völkergewohnheitsrecht genießen die in der Konvention näher ausbuchstabierten Vertreter Vorrechte, die für gewöhnlich untechnisch als „diplomatische Immunität" zusammengefasst werden. In Ansehung des Gefahrenabwehrrechts ist dabei vornehmlich zwischen der **räumlich** radizierten Unantastbarkeit des Botschafts- oder Vertretungsgeländes (Art. 22, 30 WÜD) sowie der **persönlichen** Immunität der Botschaftsangehörigen zu unterscheiden (vgl. Art. 29, 31 WÜD). Danach ist ein Einschreiten der Ordnungsbehörde gegen Gefahren, die vom Gelände der Vertretung iSv § 18 ausgehen, ebenso grundsätzlich ausgeschlossen wie ein Vorgehen gegen Zustandsverantwortliche, die vom Botschaftsgelände aus Rechtsgüter iSv § 17 Abs. 1 gefährden (bzw. ein solches Eingreifen ist an die Einwilligung des jeweiligen Vertreters gebunden). Eine Grenze dürfte hier erreicht sein, wenn vom temporär nicht bemannten Botschaftsgebäude bzw. -gelände substantielle Gefahren (etwa durch einen Brand) ausgehen und die Einwilligung nicht oder jedenfalls nicht im Sinne der Regeln zur Gefahr im Verzug rechtzeitig eingeholt werden kann (so auch Lisken/Denninger PolR-HdB/Denninger D Rn. 91).

30   In personeller Perspektive nimmt das Wiener Übereinkommen über diplomatische Beziehungen die von ihm mit einem Schutzstatus versehenen Personen nicht allein von Einschränkungen der persönlichen Freiheit (→ Rn. 31), sondern grundsätzlich von Zwangsmaßnahmen aus, was sie als Adressaten von Ordnungsverfügungen weitgehend ausschließt (s. nur Kugelmann PolR Kap. 8 Rn. 23). Ausnahmen wird man hier annehmen müssen, wenn das diplomatische Personal erhebliche Gefahren für hochrangige Rechtsgüter verursacht; danach können Gefahrenabwehrbehörden und Gerichte die Trunkenheitsfahrt des besinnungslos alkoholisierten Diplomaten zwar nicht ahnden, aber im Interesse der übrigen Verkehrsteilnehmer (auch unter Zwang, der allerdings regelmäßig von der Polizei ausgehen sollte oder dürfte) beenden (gleichsinnig Lisken/Denninger PolR-HdB/Denninger D Rn. 91; Tegtmeyer/Vahle PolG NRW § 4 Rn. 5).

3. Parlamentarische Immunität

31   Die parlamentarische Immunität (Art. 46 Abs. 2–4 GG bzw. Art. 48 NRW Verf) schließlich stellt Abgeordnete nicht generell von der Verhaltens- oder Zustandsverantwortlichkeit frei, sondern schließt bereichsspezifisch nur ihre Adressierung mit solchen Maßnahmen aus, die wie der Gewahrsam (§ 24 Abs. 1 Nr. 12 iVm §§ 35 ff. PolG NRW) oder das Festhalten (§ 24 Abs. 1 Nr. 4 iVm § 12 Abs. 2 S. 3 PolG NRW) ihre persönliche Freiheit iSv Art. 2 Abs. 2 S. 2 GG tangieren (wie hier WHM NRWPolR Rn. 338; näher Lisken/Denninger PolR-HdB/Denninger D Rn. 93 ff.; auch sie dürften typischerweise Sache der Polizei sein).

IV. Auswahl im Fall der Mehrheit von Verantwortlichen (Störern)

32   Die Auswahl unter mehreren Verhaltens- oder Zustandsverantwortlichen (näher Schoch JURA 2012, 685; Kugelmann PolR Kap. 8 Rn. 73 ff.; Haurand NRWPolR 96 ff.; WHT BWPolR § 5 Rn. 358 ff.; Schönenbroicher/Heusch Vor § 17 Rn. 12 ff.; Kingreen/Poscher POR § 9 Rn. 86 ff.) zählt zu den seltenen Fällen des praktisch freien Ermessens: Gegen vereinzelte Versuche, der Ordnungsbehörde auch hier noch ein Prüf- und Entscheidungsprogramm bzw. eine Rangfolge der Inanspruchnahme vorzugeben (in diese Richtung etwa DWVM Gefahrenabwehr 301 ff.; WHT BWPolR § 5 Rn. 360), ist sie frei, an welchen von mehreren für eine Gefahr Verantwortlichen und zu ihrer Beseitigung rechtlich wie faktisch Fähigen sie sich hält (wie hier Kugelmann PolR Kap. 8 Rn. 78; Kingreen/Poscher POR § 9 Rn. 88, 92; Schlacke/Wittreck LandesR NRW/Wittreck § 5 Rn. 46). Dabei fungiert die Maxime von der Effektivität der Gefahrenabwehr als Grund wie als Grenze für diese Freistellung: Sie streitet auf der einen Seite gegen eine Pflicht, zunächst eine womöglich unübersichtliche zivilrechtliche Verantwortungsteilung zu ermitteln, um die Inanspruchnahme dieser anzupassen (so aber Giesberts, Die gerechte Lastenverteilung unter mehreren Störern, 1990, 79 ff.). In umgekehrter Perspektive ist die Störerauswahl dann ermessensfehlerhaft, wenn die Ordnungsbehörde entweder aus sachfremden Gründen handelt (persönliche

Abneigung oder Ressentiment), einzig denjenigen Störer zur Beseitigung einer komplexen Gefahrenlage heranzieht, der erkennbar nur einen untergeordneten Verursachungsbeitrag geleistet hat, oder aber namentlich bekannte, leistungsfähige und gut greifbare Störer schont und stattdessen solche Verantwortliche belastet, die kaum oder nur hart an der Grenze der Verhältnismäßigkeit zur Gefahrenabwehr in der Lage sind.

Die vorstehenden Regeln gelten dabei für die kumulative wie die alternative Inanspruch- **33** nahme von Störern (näher Tegtmeyer/Vahle PolG NRW § 4 Rn. 10). Erstere liegt vor oder ist möglich, wenn eine Störermehrheit sich dadurch auszeichnet, dass jeder einen selbständigen Verursachungsbeitrag leistet und dem Grunde nach alle in Anspruch genommen werden können (im Extremfall: müssen), um die Gefahr abzuwehren (Schulbeispiel sind nächtliche Ruhestörer). Demgegenüber drängt sich die alternative Inanspruchnahme auf, wenn von mehreren Störern nur einer in Anspruch genommen werden muss, um die Gefahr oder Störung zu beseitigen (typisch einer von mehreren Miteigentümern bei Zustandsgefahren; im Hinblick auf eine mögliche Vollstreckung der Ordnungsverfügung steht hier regelmäßig die **Duldungsverfügung** an die übrigen Miteigentümer im Raum; aus der Rspr. BVerwGE 40, 101 (103); vgl. Kingreen/Poscher POR § 9 Rn. 95).

Auch im Verhältnis von Verhaltens- und Zustandsverantwortlichen besteht nach richtiger **34** Auffassung **kein festes Rangverhältnis** der Inanspruchnahme. Zwar wird dies hier häufiger angenommen. So soll der Verhaltensverantwortliche entweder generell vorrangig in der Pflicht (so Schenke PolR Rn. 285 ff.; Schoch BesVerwR Rn. 230) oder zumindest dann primär heranzuziehen sein, soweit er der Ordnungsbehörde bekannt ist und die effektive Gefahrenabwehr dadurch nicht beeinträchtigt wird (so OVG Koblenz DÖV 1990, 844 (845); zust. Tegtmeyer/Vahle PolG NRW § 4 Rn. 10). Zuletzt findet sich die Figur des „**Doppelstörers**": Wer zugleich Verhaltens- und Zustandsstörer ist, sei vor dem „einfachen" Störer zum Adressaten der Gefahrenabwehrmaßnahme zu machen (erwogen bei Tegtmeyer/Vahle PolG NRW § 4 Rn. 10).

Richtigerweise wird man auch hier von der Maxime ausgehen müssen, dass die Ordnungs- **35** behörde nach ihrem grundsätzlich freien Ermessen denjenigen Störer auszuwählen hat, der die Gefahr am effektivsten abwehren bzw. die Störung beenden kann. Typische Kriterien sind danach Kenntnis der Person des Störers, die Möglichkeit, auf ihn zuzugreifen, die faktische Fähigkeit zur Gefahrenabwehr bzw. -beseitigung sowie die wirtschaftliche Leistungsfähigkeit. Tatsächlich streiten diese Kriterien in einigen der angeführten Konstellation relativ eindeutig für die Inanspruchnahme nur eines Störers (auf der Sekundärebene fällt etwa das Motiv der Dringlichkeit weg, wohingehend die wirtschaftliche Leistungsfähigkeit Relevanzzuwächse verzeichnet; im Ergebnis ähnlich Kingreen/Poscher POR § 9 Rn. 94 unter Hinweis auf VGH Mannheim NVwZ-RR 2012, 387 (388 f.)).

C. Sonderregeln der Verhaltensverantwortlichkeit (Abs. 2–4)

I. Minderjährige und Betreute (Abs. 2)

Abs. 2 bekräftigt zunächst im Umkehrschluss, dass Gefahrenabwehrmaßnahmen auch **36** gegen Kinder unter 14 Jahren und Betreute gerichtet werden können (näher Schenke JuS 2016, 507); die Norm erweitert lediglich den Adressatenkreis und nimmt damit die Erstreckung der Verantwortlichkeit auf den „eigentlich Verantwortlichen" vor, die die Lehre vom Zweckveranlasser (wenn auch ohne Anhalt im Gesetz) praktiziert.

Abs. 2 S. 2 ist vergleichsweise ungelenk formuliert. § 1896 Abs. 4 BGB nimmt vom **37** Aufgabenkreis des Betreuers die Entscheidung über die Kommunikation des Betreuten aus, sofern das Gericht nicht ausdrücklich das Gegenteil anordnet; § 1905 BGB trifft Sonderregeln für die Sterilisation. Im Zusammenspiel mit S. 1 besagt S. 2 im Ergebnis, dass die Ordnungsbehörde lediglich feststellen muss, dass die Betreuung sich auf alle Angelegenheiten erstreckt (vgl. § 1896 Abs. 2 S. 1 BGB), aber nicht im Detail nach den genannten Einschränkungen der Betreuungsvollmacht zu fahnden hat (unterstrichen von SBK PolG NRW § 4 Rn. 10, der allerdings den Wortlaut von Abs. 2 S. 1 ignoriert).

Es besteht kein Rangverhältnis zwischen der Inanspruchnahme des Minderjährigen / des **38** Betreuten und derjenigen des Aufsichtspflichtigen / des Betreuers. Wie bei der Inanspruchnahme im Fall mehrerer Störer muss die Ordnungsbehörde einerseits die möglichst effektive

Gefahrenabwehr, andererseits die Grundrechtsingerenz im Blick behalten. In praktischer Perspektive dürften im Fall vereinzelten Überschreitens der Gefahrenschwelle Verfügungen gegen den Minderjährigen geboten sein, während ein sich abzeichnendes Muster regelmäßiger Gefahrenverursachung die Verfügung gegen den Aufsichtspflichtigen nahelegt. Angesichts der verschiedenen Möglichkeiten der Ausgestaltung einer Betreuung (vgl. § 1900 BGB zur Vereins- und Behördenbetreuung) wirft die Inanspruchnahme nach § 17 Abs. 2 womöglich Folgeprobleme der Adressierung der Verfügung an einen Verein (→ Rn. 1) oder an einen Hoheitsträger (→ Rn. 25) auf. Einmal mehr kommt es auf ein Verschulden oder eine Verletzung der Aufsichtspflicht nicht an (SBK PolG NRW § 4 Rn. 10).

II. Verrichtungsgehilfen (Abs. 3)

39   § 17 Abs. 3 ist weitgehend an § 831 BGB angelehnt, kennt aber eingedenk der „Verschuldensblindheit" des Ordnungsrechts nicht die Exkulpationsmöglichkeit nach § 831 Abs. 1 S. 2 BGB (erforderliche Sorgfalt bei der Auswahl und Leitung des Gehilfen; so auch Lisken/Denninger PolR-HdB/Denninger D Rn. 105; Tegtmeyer/Vahle PolG NRW § 4 Rn. 20; Haurand NRWPolR 73). Das Rechtsverhältnis des Gehilfen zum Geschäftsherrn ist unerheblich; es kommt allein auf die Macht an, durch Weisungen Einfluss auf die Verrichtung zu nehmen. Nach der Rechtsprechung setzt die Zurechnung nach § 17 Abs. 3 allerdings die tatsächliche Erteilung einer Weisung voraus (OVG Münster OVGE 34, 50 (53); zust. SBK PolG NRW § 4 Rn. 11). Hier fällt sogleich auf, dass diese vergleichsweise enge Auslegung Wertungswidersprüche zur teils sehr weiten Handhabung der Zweckveranlasser-Zurechnung aufweist; danach würde unzweifelhaft genügen, dass ein Geschäftsherr Kenntnis davon hat, dass seine Gehilfen bspw. Immissionsschutzvorschriften missachten; hier muss er sei anweisen, diese zu missachten. Parallel zum zivilrechtlichen Regime greift § 17 Abs. 3 nur, wenn der Gehilfe bei Ausführung der Verrichtung eine Gefahr verursacht. Tut er dies nur bei Gelegenheit (Schulbeispiel: Privatfahrt des Gehilfen unter Verletzung der StVO), so erfolgt keine Zurechnung an den Geschäftsherrn.

40   Abs. 3 ist wiederum keine Reihenfolge der Inanspruchnahme zu entnehmen; der Ordnungsbehörde ist Ermessen dahingehend eingeräumt, ob die Verfügung an den die Gefahrenschwelle überschreitenden Gehilfen oder den dies anweisenden Geschäftsherrn effektiver ist. Erneut spricht ein erkennbares Verhaltensmuster dafür, die Gefahr an der Wurzel zu packen und gegen den Geschäftsherrn vorzugehen. Zugleich wird dieser regelmäßig wirtschaftlich leistungsfähiger und bspw. zur Beseitigung von Unfallfolgen besser in der Lage sein als der sie konkret verursachende Gehilfe (betont von Haurand NRWPolR 3).

III. Sondervorschriften zur Maßnahmerichtung (Abs. 4)

41   Abs. 4 bekräftigt – wie § 18 Abs. 4 und § 19 Abs. 3 – lediglich die allgemeine Regel, nach der das speziellere Gesetz dem allgemeineren derogiert; er dient insofern der Klarstellung (unterstrichen von Tegtmeyer/Vahle PolG NRW § 4 Rn. 11). Sondervorschriften in diesem Sinne enthalten namentlich diejenigen Standard- und Vollstreckungsmaßnahmen, die anders als die Generalklausel des § 1 Abs. 1 für das Handeln der Ordnungsbehörde keine konkrete Gefahr voraussetzen. Das betrifft zunächst die Fälle des sog. Gefahrenverdachts, also der im Normwortlaut als „rechtfertigen Tatsachen/tatsächliche Anhaltspunkte die Annahme" umschriebenen niedrigsten Gefahren- bzw. Eingriffsschwelle (näher Kingreen/Poscher POR § 4 Rn. 50 ff.). Hierher zählen (jeweils in Verbindung mit dem Katalog des § 24 Abs. 1 Nr. 1–12) die § 9 Abs. 2 PolG NRW (Befragung), § 10 Abs. 1 Nr. 1 PolG NRW (Vorladung), § 12 Abs. 2 Nr. 2 und Nr. 3 PolG NRW (Identitätsfeststellung an gefährlichen oder gefährdeten Orten), § 15 Abs. 1 S. 1 PolG NRW (Datenerhebung bei öffentlichen Veranstaltungen) und andere. Ferner geben namentlich die Spezialermächtigungen der §§ 9 ff. PolG NRW häufig die Maßnahmerichtung präzise vor; das gilt unter den für die Ordnungsbehörde einschlägigen allerdings praktisch nur für § 9 Abs. 4 S. 1 PolG NRW (Befragung; → § 18 Rn. 25; → § 19 Rn. 22).

§ 18 Verantwortlichkeit für den Zustand von Sachen

(1) ¹**Geht von einer Sache oder einem Tier eine Gefahr aus, so sind die Maßnahmen gegen den Eigentümer zu richten.** ²**Soweit nichts anderes bestimmt ist, sind**

die nachfolgenden für Sachen geltenden Vorschriften entsprechend auf Tiere anzuwenden.

(2) [1]Die Ordnungsbehörde kann ihre Maßnahmen auch gegen den Inhaber der tatsächlichen Gewalt richten. [2]Sie muß ihre Maßnahmen gegen den Inhaber der tatsächlichen Gewalt richten, wenn er diese gegen den Willen des Eigentümers oder anderer Verfügungsberechtigter ausübt oder auf einen im Einverständnis mit dem Eigentümer schriftlich oder protokollarisch gestellten Antrag von der zuständigen Ordnungsbehörde als allein verantwortlich anerkannt worden ist.

(3) Geht die Gefahr von einer herrenlosen Sache aus, so können die Maßnahmen gegen die Person gerichtet werden, die das Eigentum an der Sache aufgegeben hat.

(4) § 17 Abs. 4 gilt entsprechend.

Überblick

§ 18 betrifft die Inanspruchnahme des sog. Zustandsstörers, also des Eigentümers (Abs. 1; → Rn. 3 ff.) oder des Inhabers der tatsächlichen Gewalt an einer Sache oder einem Tier, von dem eine Gefahr ausgeht (Abs. 2; → Rn. 15 ff.). Abs. 3 verlängert die Zustandshaftung im Falle der Dereliktion (→ Rn. 20 ff.). § 17 Abs. 4 gilt entsprechend (Abs. 4; → Rn. 25; → § 17 Rn. 41).

Übersicht

A. Das Konzept der Zustandsverantwortung

Die Regelung der Zustandsverantwortung oder Zustandsstörerschaft in § 18 kombiniert **1** zwei Grundannahmen miteinander: Ihr liegt einerseits die Überlegung zugrunde, dass der Inhaber der tatsächlichen Gewalt bzw. der Eigentümer einer Sache typischerweise zu einer besonders effektiven Abwehr von Gefahren befähigt (und berechtigt) ist, die von ihr ausgehen (Effektivitätsargument; wie hier WHM NRWPolR Rn. 375; Kugelmann PolR Kap. 8 Rn. 48; krit. Dietlein/Hellermann NRWÖffR/Dietlein § 3 Rn. 90; Thiel PolR § 8 Rn. 117). Andererseits fußt die Norm auf der Maxime, dass derjenige, der eine Sache entweder effektiv nutzt oder sie rechtlich nutzen darf, auch die Lasten zu tragen hat, die dabei in Gestalt der Abwehr von Gefahren entstehen, die von der Sache für andere ausgehen (Nutzen-Lasten-Argument; BVerfGE 102, 1 (17 f.); vgl. Dietlein/Hellermann NRWÖffR/Dietlein § 3 Rn. 90; Schlacke/Wittreck LandesR NRW/Wittreck § 5 Rn. 46; BGH DVBl 1986, 340 (341)). Sofern speziell das Eigentum an einer Sache angesprochen wird (Abs. 2), ist § 18 damit Ausformung der Sozialbindung allen Eigentums gem. Art. 14 Abs. 2 GG (statt aller Thiel PolR § 8 Rn. 117).

Die Zustandsverantwortung steht selbständig neben der Verhaltensverantwortung; sie ist **2** dieser gegenüber weder vor- noch nachrangig. Insbesondere begründet die Zustandsverantwortung grundsätzlich keine Verhaltensverantwortung kraft Unterlassens, sofern der Eigentümer oder anderweitig Sachherrschaft Ausübende die von seiner Sache ausgehende Gefahr nicht bekämpft (unterstrichen von Kingreen/Poscher POR § 9 Rn. 40; Dietlein/Hellermann NRWÖffR/Dietlein § 3 Rn. 90; in diese Richtung aber VG München NVwZ-RR 2002, 166 (167 f.) – Felssturzfall).

B. Einzelfragen der Zustandsverantwortung

I. Gefährdung durch Sachen und Tiere (Abs. 1)

1. Umfang und Grenzen der Eigentümerverantwortung

3   Abs. 1 nimmt – insofern abweichend von § 5 Abs. 1 PolG NRW – zunächst die Eigentümer von Sachen und Tieren in die Pflicht, Gefahren abzuwehren, die von diesen ausgehen. Dem liegt die typische Arbeitsteilung von Polizei und Ordnungsbehörde zugrunde: Während für die auf Eilmaßnahmen beschränkte Polizei der Inhaber der tatsächlichen Gewalt vor Ort regelmäßig leichter zu ermitteln ist (Gusy PolR Rn. 350), kann und muss die bürokratisch arbeitende Ordnungsbehörde zur endgültigen Beseitigung der Gefahr und insbesondere zur Kostenregelung die zivilrechtlichen Herrschaftsverhältnisse klären (vgl. Rhein OBG Rn. 8 ff.; VG Gelsenkirchen BeckRS 2015, 45295).

4   Die in Abs. 1 S. 1 angeordnete Zustandsverantwortung des Eigentümers einer Sache ist Ausdruck der Sozialbindung des Eigentums bzw. eine – zulässige – Inhalts- und Schrankenbestimmung iSv Art. 14 Abs. 1 S. 2 GG (BVerfGE 102, 1 (17 f.); Gusy PolR Rn. 353). Zugleich folgt aus der Eigentumsgarantie iSv Art. 14 Abs. 1 S. 1 GG eine Zugriffsgrenze (vgl. VGH Mannheim DVBl 2013, 119 (120 f.): Sachverhalte, die nach Bergrecht nicht vom Eigentum umfasst sind, lösen auch keine Zustandsverantwortung aus), über deren genaue Konturierung allerdings Dissens herrscht.

5   Der Begriff des Eigentümers bestimmt sich nach dem Bürgerlichen Recht (namentlich § 903 BGB; VGH Mannheim NVwZ-RR 1997, 267 (268); Rhein OBG Rn. 8; Tegtmeyer/Vahle PolG NRW § 5 Rn. 4; Schönenbroicher/Heusch Rn. 7; Thiel PolR § 8 Rn. 120) und ist damit zunächst enger als der des Art. 14 Abs. 1 GG. Auch der Zeitpunkt des Übergangs der Zustandsverantwortung bestimmt sich nach den Regeln des BGB; nach der Rechtsprechung ist danach beim Grundstückskauf auf die Eintragung des Käufers im Grundbuch abzustellen (VGH Mannheim NVwZ-RR 1997, 267 (268 f.)).

6   Umstritten ist, ob und ab welcher „Schmerzschwelle" die verfassungsrechtliche Eigentumsgarantie der Inanspruchnahme des Eigentümers Grenzen setzt. Die Bandbreite der vertretenen Positionen reicht von der schlichten Nichtberücksichtigung nach der Maxime „casum sentit dominus" (so wohl Gusy PolR Rn. 355; Kingreen/Poscher POR § 9 Rn. 70 ff.) bis hin zu verschiedenen Quoten, die wiederum vom halben Wert des betroffenen Eigentums bis zum vollen Wert (typischerweise des Grundstücks in Altlastenfällen) reichen: Danach soll eine Inanspruchnahme als Zustandsstörer unverhältnismäßig sein, wenn und soweit die Kosten der zur Gefahrenabwehr notwendigen Maßnahme den Verkehrswert des betroffenen Grundstücks übersteigen (BVerfGE 102, 1 (19 ff.)). Zugleich begegnen unterschiedliche Modelle der Berücksichtigung der sonstigen finanziellen Leistungsfähigkeit des Zustandsstörers bzw. – systemwidrig – seines Verschuldens bzw. seiner gleichzeitigen Einstufung als Verhaltensstörer. Vorzugswürdig dürfte die vorherrschende Auffassung sein, die zumindest den Eigentümer schont, dessen Vermögen im Kern aus dem betroffenen Gegenstand besteht und der sich Kosten ausgesetzt sieht, die den Verkehrswert des Gegenstandes übersteigen (wie hier im Einzelnen etwa WHT BWPolR § 5 Rn. 302; Schlacke/Wittreck LandesR NRW/Wittreck § 5 Rn. 46; näher Thiel PolR § 8 Rn. 128 f.).

7   Schwierige Wertungsprobleme werfen ferner solche Gegenstände auf, die ohne eigenes Zutun in den Herrschaftsbereich des Eigentümers (oder des Inhabers der Sachherrschaft) gelangt sind bzw. deren Auftauchen jenseits aller Wahrscheinlichkeit oder möglicher Vorsorge anzusiedeln ist (Schulbeispiel ist der Flugzeugabsturz auf einem Grundstück; näher Gusy PolR Rn. 357 ff.; Dietlein/Hellermann NRWÖffR/Dietlein § 3 Rn. 94 ff.). Im Grundsatz gilt auch hier: Die Zustandsverantwortung setzt kein Verschulden voraus, und die Möglichkeit, eine Sache zu nutzen, wie das Eigentum an ihr führen dazu, dass der Inhaber der Sachherrschaft wie der Eigentümer auch die (ebenso unerwarteten wie unerfreulichen) Lasten zu tragen haben, die daraus herrühren, dass andere oder die Natur Gefahren verursachen, die sich auf oder in der Sache (meist: auf Grundstücken) materialisieren (s. namentlich die verschiedenen Felssturz-Entscheidungen: BVerwG NJW 1999, 231; OVG Koblenz DVBl 1998, 103; aus der Lit. Gusy PolR Rn. 354). Rechtsprechung und Literatur erkennen allerdings wenigstens zwei Grenzen an: Zum einen soll die Zustandsverantwortung des Inhabers der Sachherrschaft / Eigentümers dort enden, wo die Sache nach üblicher Verkehrsanschauung nicht in seinen Herrschaftsbereich gelangt ist; das hat das OVG Münster im Falle eines Waldbesitzers angenommen, in dessen Privatwald Unbekannte ein Autowrack entsorgt hatten, an dem sich wiederum spielende Kinder verletzten. Da der Waldbesitzer eingedenk der Bestimmungen des Waldrechts zum Betretungsrecht der Allgemeinheit seinen Besitz weder rechtlich noch tatsächlich gegen derartige Übergriffe sichern konnte, sollte er auch nicht als Zustandsstörer haften (letztlich statuiert das Gericht hier ein Latifundienprivileg für denjenigen, der sein Eigentum bzw. seinen Sachherrschaftsbereich nicht überblicken bzw. kontrollieren kann, OVG Münster DVP 2007, 80; vgl. noch OVG Münster NWVBl. 2007, 26 (28): Entsorgung von Tierkadavern; Schönenbroicher/Heusch Rn. 8 ff.). Hingegen haben hinzutretende Kausalbeiträge Dritter die Gerichte nicht davon abgehalten, die Zustandsverantwortung eines Grundstückseigentümers für Lärmemissionen durch einen „wilden Parkplatz" (OVG Münster NWVBl. 2000, 306 (308)) sowie für ein von Dritten (allerdings mit seiner Kenntnis) in vermieteten Räumen betriebenes Wettbüro (OVG Münster ZfWG 2011, 125) anzunehmen.

Ferner wird in der Literatur erwogen, den Zustandsverantwortlichen von solchen Risiken **8** freizustellen, die – wie Flugzeugabstürze – der Risikosphäre der Allgemeinheit zuzuordnen seien (zusf. Dietlein/Hellermann NRWÖffR/Dietlein § 3 Rn. 100; vgl. etwa Frenz VerwArch 90 (1999), 208). Die Rechtsprechung ist dem namentlich in Entscheidungen zu den Kosten von Kampfmittelräumeinsätzen zunächst entgegengetreten (s. OVG Münster NWVBl. 1998, 64; zust. Thiel PolR § 8 Rn. 127, vgl. Gusy PolR Rn. 357 mwN), löst sich aber zunehmend davon und entscheidet diese Fälle nunmehr unter dem Eindruck der „Verkehrswertgrenzen"-Rechtsprechung (so OVG Lüneburg NVwZ-RR 2006, 397 f.). Das OVG Münster (BeckRS 2017, 121964) hat ein Tochterunternehmen der Bahn hingegen als Zustandsstörerin für das Vorhandensein von Kampfmitteln verantwortlich gemacht.

Ungeachtet des insofern missverständlichen Wortlauts „so sind die Maßnahmen [...] zu **9** richten" ist das Auswahlermessen der Ordnungsbehörde weder im Verhältnis von §§ 17 und 18 noch innerhalb der verschiedenen Absätze des § 18 eingeschränkt (wie hier Dietlein/Hellermann NRWÖffR/Dietlein § 3 Rn. 96). Maßgeblich sind im Einzelfall die Effektivität der Gefahrenabwehr sowie die Verhältnismäßigkeit der Inanspruchnahme. So ist die Zustandsverantwortlichkeit weder gegenüber der Verhaltensverantwortlichkeit nach- oder vorrangig noch gibt es eine Hierarchie der Inanspruchnahme in § 18 selbst: Ob die Gefahrenabwehrbehörde den Inhaber der tatsächlichen Gewalt (Abs. 2 S. 1), den Eigentümer (Abs. 1; zu Miteigentümern jetzt OVG Münster BeckRS 2017, 116368) oder einen anderen Verfügungsberechtigten (Abs. 2 S. 2) zum Adressaten der Maßnahme macht, hängt maßgeblich davon ab, wer überhaupt greifbar und zur effektiven Abwehr der Gefahr in der Lage ist (drohen vom Dach eines Mietshauses Ziegel auf den Bürgersteig zu fallen, ist der anwesende Mieter für die Polizei der erste Ansprechpartner für Sofortmaßnahmen iRv § 1 Abs. 1 S. 3 PolG NRW, während die Ordnungsbehörde anschließend die Sanierungsverfügung tunlichst an den Eigentümer adressieren wird; weitergehend Gusy PolR Rn. 352, der hier „gesetzliche Vor- und Nachrangregeln" annimmt). Das Beispiel belegt, dass rein faktisch zumindest für die Polizei der Inhaber der tatsächlichen Sachherrschaft der Adressat der Wahl sein wird (§ 5 Abs. 1 PolG NRW), während die Ordnungsbehörde stärker die wirtschaftliche Zuordnung des betroffenen Gegenstandes berücksichtigen wird, was wiederum typischerweise auf den Eigentümer deutet (Abs. 1; gleichsinnig Gusy PolR Rn. 350 f.). Zugleich gilt es sich zu vergegenwärtigen, dass Maßnahmen gegen Gefahren, die von Sachen ausgehen, auf der Primärebene ohnehin häufig zunächst adressatenlos erfolgen: Die Ordnungsbehörde stellt ein gestohlenes oder „wild entsorgtes" Kfz nach § 24 Abs. 1 Nr. 12 iVm § 43 Nr. 1 oder Nr. 2 PolG NRW sicher oder fängt ein gefährliches Tier ein; die Zustandsverantwortlichkeit wird hier erst auf der Sekundärebene der Kostentragung validiert (vgl. § 24 Abs. 1 Nr. 12 iVm § 46 Abs. 3 PolG NRW).

Abweichend vom Vorstehenden ist das Auswahlermessen der Ordnungsbehörde in drei **10** Konstellationen qua Gesetz durch § 18 eingeschränkt: Aus dem Gegenschluss zu Abs. 2 S. 2 folgt, dass der Inhaber der Sachherrschaft, der diese ohne den Willen des Eigentümers oder Berechtigten ausübt, vorrangig in Anspruch zu nehmen ist, da er die Störereigenschaft des anderen gerade ausschließt. Gleiches gilt für den „anerkannten" Verantwortlichen sowie für den ehemaligen Eigentümer im Falle der Dereliktion nach Abs. 3.

2. Gefahren durch Sachen

11   Der Sachbegriff in § 18 Abs. 1 entspricht § 90 BGB; erfasst sind danach körperliche Gegenstände, näher Grundstücke und bewegliche Sachen.

12   Die Zustandsverantwortung wird dadurch begründet, dass von der Sache selbst eine Gefahr ausgeht. Typische Fälle sind gefährliche Substanzen wie Säuren, Laugen, Munition, radioaktive Stoffe und andere, Bauwerke, von denen Teile herabzustürzen drohen oder die insgesamt einsturzgefährdet sind (aus der Rspr. OVG Münster JuS 2013, 378 mAnm Waldhoff), Bäume, die entweder Äste verlieren oder in Gänze umzustürzen drohen (aus der Rspr. VGH Mannheim NVwZ-RR 2004, 473), Grundstücke mit Altlasten, Wracks von Kraftfahrzeugen oder anderen Gegenständen, die potentiell Passanten oder die Umwelt beeinträchtigen können sowie an sich ungefährliche Sachen, die aber durch ihre „Lage im Raum" Gefahren verursachen (Steine auf der Fahrbahn etc; näher WHM NRWPolR Rn. 376; Dietlein/Hellermann NRWÖffR/Dietlein § 3 Rn. 91; Thiel PolR § 8 Rn. 114).

3. Gefahren durch Tiere

13   Eingedenk der Art. 20a GG bzw. Art. 29a Abs. 1 NRW Verf (Staatsziel Tierschutz) sowie des § 90a BGB unterliegt der Schutz vor Gefahren durch Tiere Sonderregeln, die sie von Sachen abheben; insbesondere sind bei Maßnahmen, die durch Tiere ausgelöst werden bzw. sie möglicherweise betreffen, die Vorschriften des Tierschutzgesetzes zu wahren (statt aller Rhein OBG Rn. 18; Tegtmeyer/Vahle PolG NRW § 5 Rn. 1). Parallel zu § 90a BGB erhält Abs. 1 S. 2 die Fiktion aufrecht, dass Tiere keine Sachen sind, erstreckt aber gleichwohl die für diese geltenden Regeln auf jene. „Anderes bestimmt" iSv Abs. 1 S. 2 wird innerhalb des NRWOBG nicht. Ein umfangreiches Sonderregime für die Reaktion auf Gefahren, die von Tieren ausgehen, enthält hingegen das LHundG NRW (Hundegesetz für das Land Nordrhein-Westfalen v. 18.12.2002, GV. NRW. 656; vgl. Reich, Hundegesetz für das Land Nordrhein-Westfalen, 2005; Haurand, Landeshundesetz, 6. Aufl. 2014). Gefahren, die von Tieren ausgehen, steuert auch das unlängst nochmals novellierte LJG-NRW (Landesjagdgesetz Nordrhein-Westfalen v. 7.12.1994, GV. NRW. 1995, 2; Bekanntmachung der Neufassung nach der Änderung v. 12.5.2015, GV. NRW 448), namentlich der heftig umstrittene § 25 Abs. 4 Nr. 2 LJG-NRW, der nunmehr nur noch Maßnahmen gegen wildernde Hunde zulässt (in extremis ihre Tötung), Katzen aber ausspart (vgl. demgegenüber § 23 BJagdG; für eine weiterhin nach § 228 BGB mögliche Tötung wildernder Katzen Schuck/Ellenberger, Bundesjagdgesetz, 2. Aufl. 2014, BJagdG § 23 Rn. 30b). Die jüngste Novelle (v. 26.2.2019, GV. NRW. 153) hat daran nichts geändert.

14   Der vergleichende Blick auf das Jagdrecht unterstreicht zugleich, dass Abs. 1 nicht schlechthin Gefahren anspricht, die von Tieren ausgehen, sondern nur solche Tiere erfasst, die einen menschlichen „Herren" haben, der auf das Verhalten des Tieres in irgendeiner Weise einwirken kann oder es hält bzw. gehalten hat (Rhein OBG Rn. 26; → Rn. 20 ff.). Wildtiere – etwa in eine Siedlung eindringende Wildschweine oder mit Krankheitserregern infizierte Ratten –, die Gefahren für die Schutzgüter der polizeilichen Generalklausel verursachen, zählen demgegenüber zu den Naturgefahren und werfen typischerweise das Problem der Inanspruchnahme von Nichtstörern auf (→ § 19 Rn. 8).

II. Verantwortliche neben dem Eigentümer

1. Verantwortung des Inhabers der tatsächlichen Gewalt (Abs. 2 S. 1)

15   Als Inhaber der tatsächlichen Gewalt gilt – ohne Bindung an den zivilrechtlichen Besitzbegriff iSv § 854 BGB – derjenige, der tatsächlich die Sachherrschaft ausübt, also im Interesse einer effektiven Gefahrenabwehr auf die Sache oder das Tier einwirken kann (wie hier WHM NRWPolR Rn. 379; Thiel PolR § 8 Rn. 124; Schönenbroicher/Heusch Rn. 14; Dietlein/Hellermann NRWÖffR/Dietlein § 3 Rn. 94). Erfasst sind danach Mieter, Pächter, Entleiher, Verwahrer uam, aber auch solche Personen, die unrechtmäßig tatsächlichen Zugriff auf eine Sache haben, also neben Dieb und Räuber namentlich derjenige, der sich iSv § 248b StGB unbefugt den Gebrauch eines Kfz angemaßt hat (so auch DWVM Gefahrenabwehr 329; Gusy PolR Rn. 350; Thiel PolR § 8 Rn. 124). Auch der Insolvenzverwalter fällt unter den

Inhaberbegriff (BVerwG NVwZ 2004, 1505 f.; Thiel PolR § 8 Rn. 125). Die Sachherrschaft wird nicht dadurch in Frage gestellt, dass der Inhaber schläft, kurzzeitig bewusstlos, abwesend oder abgelenkt ist (statt aller Thiel PolR § 8 Rn. 126).

Im Unterschied zu § 5 Abs. 2 PolG NRW kennt das NRWOBG keine Zustandsverantwor- **16** tung des „anderen Berechtigten". Allerdings wird die Erwähnung „anderer Verfügungsbe- rechtigter" als funktionales Äquivalent verstanden (Rhein OBG Rn. 22). Als „andere Verfü- gungsberechtigte" zählen alle, die nach dem Bürgerlichen Recht entweder dinglich oder schuldrechtlich über die Sache verfügen können (und daher nach der Logik des Ordnungs- rechts erstens von ihr profitieren und zweitens in der Lage sind, effektiv auf sie einzuwirken). Regelmäßig fallen hier Zustandsverantwortung nach Abs. 2 S. 2 und tatsächliche Sachherr- schaft nach Abs. 2 S. 1 in eins.

2. Ausschluss der Eigentümerverantwortung (Abs. 2 S. 2)

Der Eigentümer oder Berechtigte ist nicht zustandsverantwortlich, wenn der Inhaber **17** der tatsächlichen Gewalt diese ohne den Willen des Eigentümers ausübt (näher Dietlein/ Hellermann NRWÖffR/Dietlein § 3 Rn. 99). Die Norm unterbricht in dieser Konstellation die Verantwortungszurechnung, weil der Eigentümer oder Berechtigte regelmäßig weder zur effektiven Abwehr der Gefahr in der Lage sein wird noch für das Dazwischentreten eines fremden Willens verantwortlich gemacht werden kann.

Das Schulbeispiel für die Sachherrschaft ohne den Willen des Eigentümers ist der Diebstahl **18** oder die anderweitig unbefugte Nutzung eines Kfz (weiteres Beispiel bei Thiel PolR § 8 Rn. 119: Mietnomade); hier ist der Eigentümer nicht für solche Gefahren verantwortlich, die erst während der angemaßten Nutzung von dem Fahrzeug ausgehen. Allerdings geht die Rechtsprechung davon aus, dass die Zustandsverantwortlichkeit des Eigentümers dann wiederauflebt, wenn sich der Dieb oder Ähnliches anschließend seiner Sachherrschaft entle- digt; § 5 Abs. 3 PolG NRW ist auf ihn gerade nicht anwendbar, sodass der Eigentümer für die Gefahr einstehen muss, die von dem – regelmäßig entweder verkehrs- oder abfallrechtswidrig „entsorgten" – Fahrzeug ausgeht (VGH Kassel NJW 1999, 3793 (3794); VG Berlin NJW 2000, 603 (603); Dietlein/Hellermann NRWÖffR/Dietlein § 3 Rn. 99).

3. Der anerkannte Inhaber der tatsächlichen Gewalt

Im Unterschied zum Polizeirecht erlaubt Abs. 2 S. 2 Alt. 2 den Beteiligten, über die **19** Zustandsverantwortung in bescheidenem Umfang zu disponieren. Danach kann die Ord- nungsbehörde auf den Antrag eines Inhabers der tatsächlichen Gewalt diesen als allein verant- wortlich anerkennen. Die Regelung zielt auf Hausverwalter und andere Personen (Rhein OBG Rn. 24); hier haben beide Seiten ein Interesse daran, dass in einer potentiell unübersichtlichen Eigentumslage ein Ansprechpartner verbindlich benannt ist. Der Antrag setzt die Schriftform (vgl. § 126 Abs. 1 BGB) oder die Stellung zu Protokoll voraus (vgl. § 129a ZPO). Er muss mit dem Einverständnis des Eigentümers erfolgen (und dieses nachwei- sen). Die Entscheidung über den Antrag steht im Ermessen der Behörde (Rhein OBG Rn. 24); gibt sie ihm statt, ist ihr Auswahlermessen allerdings gebunden, bis sie die Anerken- nung widerruft.

III. Verantwortung nach Dereliktion (Abs. 3)

Abs. 3 stellt klar, dass sich der Eigentümer einer Sache von seiner Zustandsverantwortlich- **20** keit nicht freizeichnen kann, indem er sein Eigentum an der Sache nach § 928 Abs. 1 BGB, § 959 BGB (sog. Dereliktion) aufgibt. Die Bestimmung erweitert die Sozialbindung des Eigentümers nach Art. 14 Abs. 2 GG in zeitlicher Perspektive: Auch wer die Vorteile des Eigentums genossen hat, soll grundsätzlich weiter die Lasten tragen.

Abs. 3 ist nach dem Wortlaut nicht auf die bloße Aufgabe der tatsächlichen Sachherrschaft **21** iSv Abs. 2 S. 1 anwendbar (Tegtmeyer/Vahle PolG NRW § 5 Rn. 7). Eine entsprechende Anwendung dürfte die Grenzen der Auslegung überschreiten. Allerdings ist die auf diese Weise entstehende Lücke vergleichsweise übersichtlich. Denn zum einen lebt in diesem Fall die Zustandshaftung des Eigentümers nach Abs. 1 S. 1 wieder auf (VG Berlin NJW 2000, 603 f.), zum anderen kann im Einzelfall der dabei erfolgte Verstoß gegen abfall- oder sonstige ordnungsrechtliche Bestimmungen eine Verhaltensverantwortlichkeit des Inhabers der tatsächlichen Sachherrschaft begründen. Das paradigmatische schlichte „Abstellen" eines Kfz stellt dementsprechend eine rechtswidrige Sondernutzung dar (§ 59 Abs. 1 Nr. 1 StrWG NRW, § 18 Abs. 1 StrWG NRW) und kann auch gegen abfallrechtliche Bestimmungen verstoßen (Tegtmeyer/Vahle PolG NRW § 5 Rn. 7).

22   Gibt der Zustandsverantwortliche das Eigentum nicht auf, sondern überträgt es auf einen Dritten, so stellt sich das Problem der Rechtsnachfolge (→ § 17 Rn. 16). Da der Erwerber im Zeitpunkt des Eigentumsübergangs Zustandsstörer wird, ist die Rechtsnachfolge für die Ordnungsbehörde regelmäßig nur dann erstrebenswert, wenn der Alteigentümer von ihr schon zum Adressaten einer konkretisierenden Verfügung gemacht worden ist (s. Gusy PolR Rn. 362 ff.).

23   Abs. 3 gilt grundsätzlich auch für ausgesetzte Tiere (in jüngster Zeit waren Gefahrenabwehrbehörden mehrfach mit sog. Schnappschildkröten in Badegewässern konfrontiert), doch dürfte hier regelmäßig die Eigentümerstellung nur schwer nachzuweisen sein bzw. nicht bei der eigentlichen Gefahrenabwehr durch Einfangen oder Tötung zum Tragen kommen, sondern allenfalls bei der anschließenden Frage nach der Zuordnung der etwa anfallenden Kosten.

24   Bei der Anwendung von Abs. 3 ist schließlich der Verhältnismäßigkeitsgrundsatz zu beachten; er streitet gegen eine Verantwortung des ehemaligen Eigentümers für solche Gefahren, die erst Jahre nach der Dereliktion entstanden sind (OVG Münster NJW 2010, 1988 (1989); Dietlein/Hellermann NRWÖffR/Dietlein § 3 Rn. 98; diff. Thiel PolR § 8 Rn. 122).

IV. Sondervorschriften zur Maßnahmerichtung (Abs. 4)

25   Abs. 4 verweist auf § 17 Abs. 4 (→ § 17 Rn. 41). Einschlägig sind namentlich Spezialgesetze, die eine gesonderte Zuordnung der Verantwortlichkeit vornehmen. So sind Maßnahmen nach dem Landeshundegesetz an den Halter zu richten (§ 12 Abs. 2 und Abs. 3 LHundG NRW); das Straßenverkehrsrecht sieht als Adressaten Führer bzw. Halter von Kraftfahrzeugen vor (§ 23 StVO; §§ 7, 18 StVG); das Waffenrecht schließlich erlaubt Maßnahmen, die an „Besitzer" von Waffen gerichtet sind (vgl. § 41 WaffG).

§ 19 Inanspruchnahme nicht verantwortlicher Personen

(1) **Die Ordnungsbehörde kann Maßnahmen gegen andere Personen als die nach den §§ 17 oder 18 Verantwortlichen richten, wenn**
1. **eine gegenwärtige erhebliche Gefahr abzuwehren ist,**
2. **Maßnahmen gegen die nach den §§ 17 oder 18 Verantwortlichen nicht oder nicht rechtzeitig möglich sind oder keinen Erfolg versprechen,**
3. **die Ordnungsbehörde die Gefahr nicht oder nicht rechtzeitig selbst oder durch Beauftragte abwehren kann und**
4. **die Personen ohne erhebliche eigene Gefährdung und ohne Verletzung höherwertiger Pflichten in Anspruch genommen werden können.**

(2) **Die Maßnahmen nach Absatz 1 dürfen nur aufrechterhalten werden, solange die Abwehr der Gefahr nicht auf andere Weise möglich ist.**

(3) **§ 17 Abs. 4 gilt entsprechend.**

Überblick

§ 19 erlaubt unter bestimmten Voraussetzungen (die bei näherer Sichtung vergleichsweise weit sind; Abs. 1, → Rn. 4–12 ff.) die Inanspruchnahme von Bürgern durch die Ordnungsbehörde, die weder eine Gefahr iSv § 17 verursachen noch Zustandsverantwortliche iSv § 18 sind. Die Maßnahmen sind ferner zeitlich zu begrenzen (→ Rn. 17 f.). Wichtig ist Abgrenzung zur unterlassenen Hilfeleistung nach § 323c StGB; viele vermeintliche „Nichtstörer" sind tatsächlich Verhaltensverantwortliche (→ Rn. 19 ff.). Auch hier gilt § 17 Abs. 4 entsprechend (→ Rn. 22; → § 17 Rn. 41).

Übersicht

A. Das Konzept des ordnungsbehördlichen Notstandes

§ 19 erlaubt unter bestimmten Voraussetzungen (die bei näherer Sichtung vergleichsweise **1** weit sind) die Inanspruchnahme von Bürgern durch die Ordnungsbehörde, die weder eine Gefahr iSv § 17 verursachen noch Zustandsverantwortliche iSv § 18 sind. Dem liegt das Konzept des sog. polizeilichen oder hier ordnungsbehördlichen Notstands zugrunde (eingehend Schoch JURA 2007, 676; Kugelmann PolR Kap. 8 Rn. 81 ff.; WHM NRWPolR Rn. 432 f.; Kießling, JURA 2016, 483), der die Maxime der Effektivität der Gefahrenabwehr in Reinform kondensiert: Grundsätzlich hat die Ordnungsbehörde ihre Maßnahmen an die (Verhaltens- oder Zustands-)Verantwortlichen zu richten. Verspricht dies keinen Erfolg und kann die Behörde die Gefahr auch sonst mit den ihr zur Verfügung stehenden Mitteln nicht abwehren, so kann sie ihre Maßnahmen an jeden richten, der zur effektiven Gefahrenabwehr beitragen kann. Das lässt sich dem Grunde nach verfassungsrechtlich durch die Maxime der Sozialbindung des Individuums rechtfertigen (BVerfG (K) NVwZ-RR 2007, 641; aus der Lit. Kugelmann PolR Kap. 8 Rn. 90; Thiel PolR § 8 Rn. 130): Der Bürger, der von einem funktionierenden Gemeinwesen unter anderem in Gestalt der staatlich gewährleisteten Sicherheit profitiert, muss hinnehmen, in die Pflicht genommen zu werden, wenn sich entweder dieses Gemeinwesen oder andere Bürger nicht mehr zu helfen wissen. Abgemildert wird der Eingriff schließlich durch die Zumutbarkeitsgrenze nach Abs. 1 Nr. 4 sowie die Entschädigungspflicht nach § 39 Abs. 1 lit. a.

Wie §§ 17 und 18 setzt auch die Inanspruchnahme des Nichtstörers schließlich neben den **2** Tatbestandsvoraussetzungen des § 19 Abs. 1 das Vorliegen einer polizeilichen Befugnis voraus, die sich aus der Generalklausel oder Spezialbefugnissen ergeben kann (SBK PolG NRW § 6 Rn. 1; Tegtmeyer/Vahle PolG NRW § 6 Rn. 1; Thiel PolR § 8 Rn. 131).

B. Voraussetzungen der Inanspruchnahme des Nichtstörers (Abs. 1)

Abs. 1 Nr. 1–4 listen die Voraussetzungen der Inanspruchnahme als Nichtstörer auf; nach **3** einhelliger Auffassung müssen diese Tatbestandsvoraussetzungen kumulativ erfüllt sein (statt aller WHM NRWPolR Rn. 436; SBK PolG NRW § 6 Rn. 3; Schlacke/Wittreck LandesR NRW/Wittreck § 5 Rn. 49 sowie Thiel PolR § 8 Rn. 131).

I. Gegenwärtige und erhebliche Gefahr (Abs. 1 Nr. 1)

Die Inanspruchnahme des Nichtstörers setzt eine doppelt qualifizierte Gefahr voraus. **4** Dabei ist nach gefestigter Rechtsprechung eine Gefahr gegenwärtig, wenn der Schadenseintritt unmittelbar bevorsteht, den Umständen nach mit an Sicherheit grenzender Wahrscheinlichkeit eintritt oder bereits eingetreten ist (sog. Störung; so oder vergleichbar WHM NRWPolR Rn. 440; Tegtmeyer/Vahle PolG NRW § 8 Rn. 13; Thiel PolR § 8 Rn. 134). Eine Gefahr ist erheblich, wenn der Schaden einem bedeutsamen Rechtsgut droht. Dieser unbestimmte Rechtsbegriff lässt einigen Raum für Wertungen; vorzugswürdig dürfte es sein, wenn irgend möglich an Wertungen der Verfassung oder des parlamentarischen Gesetzgebers anzuknüpfen. Unstreitig stellen die Individualrechtsgüter Würde (Art. 1 Abs. 1 GG), Leben und körperliche Unversehrtheit (Art. 2 Abs. 2 S. 1 GG) und Freiheit der Person (Art. 2 Abs. 2 S. 2 GG) derartige bedeutsame Rechtsgüter dar; als ungeschriebenes Tatbestandselement wird man hier ferner fordern müssen, dass der drohende Schadenseintritt seinerseits nicht ganz marginal sein darf. Das Eigentum (Art. 14 Abs. 1 GG) oder bedeutsame Sachwerte der öffentlichen Hand stellen bedeutsame Rechtsgüter ab einer Erheblichkeitsschwelle dar, die von der verwaltungsgerichtlichen Rechtsprechung bislang noch nicht namhaft gemacht worden ist.

5   Ungeschriebenes Tatbestandsmerkmal des Abs. 1 ist schließlich, dass der Nichtstörer seinerseits zur Abwehr der Gefahr wirksam beitragen kann (Kingreen/Poscher POR § 9 Rn. 2); die Norm erlaubt mit anderen Worten nicht das ziel- und planlose Requirieren von Ordnungshelfern, sondern setzt voraus, dass der Nichtstörer entweder durch besondere Sachkenntnisse (Ärzte oder technische Sachverständige), ihm zur Verfügung stehende Sachmittel (spezielles Bergungsgerät, geländegängige Fahrzeuge, Wohnraum) oder seine tatsächliche Sach- oder besser Situationsherrschaft in der Lage ist, die Gefahr effektiv oder eben effektiver als andere abzuwehren. Der letztgenannte Aspekt ist dann von eminenter Bedeutung, wenn man unter Ablehnung der Figur des Zweckveranlassers die mit Hilfe dieser Figur „gelösten" Fälle als solche der gerechtfertigten Inanspruchnahme von Nichtstörern einstuft: Sowohl der Ladeninhaber im Fall der Lieferschleuse (OVG Münster NVwZ-RR 2008, 12) als auch die Firma „UBER" (OVG Berlin-Brandenburg BeckRS 2015, 44779) zeichnen sich dadurch aus, dass sie wie die Spinne im Netz sitzen und buchstäblich die Fäden in der Hand halten, während das Vorgehen gegen die einzelnen Verhaltensstörer im ersten Fall mühsam und im zweiten Fall heillos ist. Hier drängt es sich auf, an die Stelle der Unterstellung einer subjektiven Bezweckung die Einsicht zu setzen, dass das Vorgehen gegen denjenigen, der mit einem Willensakt die Gefahr beenden kann, ungleich effektiver ist als die Jagd nach denjenigen, die letztlich von ihm abhängig sind (ähnlich in der Lösung Kingreen/Poscher POR § 9 Rn. 31 f.).

II. Unmöglichkeit von Maßnahmen gegen Zustands- und Verhaltensverantwortliche (Abs. 1 Nr. 2)

6   Während die Ordnungsbehörde bei der Auswahl unter verschiedenen Verhaltens- und Zustandsverantwortlichen denkbar frei ist, ordnet Abs. 1 Nr. 2 ein klares Regel-Ausnahmeverhältnis an (betont bei SBK PolG NRW § 6 Rn. 3 sowie Schönenbroicher/Heusch Rn. 5): Die Inanspruchnahme des Nichtstörers ist gegenüber Maßnahmen, die an Zustands- und Verhaltensverantwortliche zu richten sind, subsidiär. Allerdings räumen die Tatbestandsvoraussetzungen namentlich der Abs. 1 Nr. 2 und Nr. 3 der Ordnungsbehörde einigen argumentativen Spielraum ein.

7   Abs. 1 Nr. 2 richtet seinen Blick zunächst auf die Zustands- und Verhaltensverantwortlichen und ordnet implizit an, dass die Ordnungsbehörde zunächst Maßnahmen gegen diese zu prüfen und vorzunehmen hat, bevor sie den Nichtstörer in Anspruch nehmen darf. Die Norm sieht sodann drei Konstellationen vor, in denen die vorrangige Inanspruchnahme der Störer ausscheidet:

1. Maßnahmen gegen den Störer sind überhaupt nicht möglich

8   Dies ist der Fall, wenn entweder (Naturkatastrophen oder Gefahren durch Wildtiere) gar kein (menschlicher) Störer existiert oder zwar ein Störer vermutet werden kann, aber definitiv nicht zu ermitteln ist; ferner gehört der Fall hierher, dass der Störer aus rechtlichen oder tatsächlichen Gründen ebenso definitiv nicht zur Gefahrenabwehr in der Lage ist. Seine ernstliche Verweigerung der Abhilfe löst hingegen die Prüfpflicht aus, ob ihr durch Zwangsmittel ihrerseits abgeholfen werden kann (Thiel PolR § 8 Rn. 135 aE).

2. Maßnahmen gegen den Störer sind nicht rechtzeitig möglich

9   Hier ist der Spielraum der Ordnungsbehörde bereits deutlich erhöht, weil „rechtzeitig" ein weiteres wertendes Element in ihre Entscheidung über die Störerauswahl hineinträgt.

Was rechtzeitig ist, dürfte dabei stark einzelfallabhängig sein; es kommt auf die Natur der Gefahr, das bedrohte Schutzgut und die Prognose an, in welchem Zeitraum sich die Gefahr verwirklicht und dabei welche Schäden verursachen wird.

3. Maßnahmen gegen den Störer versprechen keinen Erfolg

Dieses Kriterium räumt der Ordnungsbehörde schließlich erheblichen Spielraum ein. Die **10** Ausnahmestellung der Inanspruchnahme des Nichtstörers erlegt ihr an dieser Stelle die Pflicht einer besonders skrupulösen Prüfung sowie einer entsprechenden Begründung auf. Allerdings ist das Kriterium auch nicht so zu verstehen, dass es die Ordnungsbehörde daran hindert, in einer Konstellation, in der die Inanspruchnahme des Nichtstörers erkennbar deutlich effektiver ist als Maßnahmen gegen Verhaltens- oder Zustandsverantwortliche, die theoretisch möglich sind, aber erkennbar keinen oder nur marginalen Erfolg haben werden, sich für die Handlungsoption nach § 19 zu entscheiden.

In allen drei Konstellationen stellt sich schließlich die Frage, ob man – in Parallele zum **11** Gefahrenbegriff – eine objektive oder eine subjektive Deutung der genannten Kriterien zugrundelegt (für einen Spielraum der Gefahrenabwehrbehörde SBK PolG NRW § 6 Rn. 3). Muss mithin die Unmöglichkeit der Inanspruchnahme des Störers objektiv vorliegen oder reicht es aus, dass die handelnden Beamten plausiblerweise davon ausgehend konnten, dass er bspw. nicht ermittelbar ist? Stellt man auf den Wortlaut ab, so sind die ersten beiden Begriffe in beide Richtungen deutbar, wohingegen „Erfolg versprechen" ein starkes Indiz für einen einsatztaktischen Einschätzungsspielraum der Ordnungsbehörde darstellt (der allerdings regelmäßig schmaler sein dürfte als derjenige der Polizei, die „vor Ort" schnell handeln muss, wohingegen die Ordnungsbehörde „vom Schreibtisch aus" schlicht deutlich mehr Erkenntnismittel hat).

III. Unmöglichkeit der Abwehr durch die Ordnungsbehörde oder Beauftragte (Abs. 1 Nr. 3)

Abs. 1 Nr. 3 setzt ferner voraus, dass die Ordnungsbehörde die Gefahr nicht selbst oder **12** durch Beauftragte abwehren kann; dabei gilt für die Unterscheidung von „nicht" oder „nicht rechtzeitig" das zu Abs. 1 Nr. 2 Gesagte; einen Vorbehalt, dass die Abwehr durch die Behörde oder durch Beauftragte keinen Erfolg verspricht, enthält Abs. 1 Nr. 3 nicht.

Die Abwehr durch Beauftragte zwingt die Ordnungsbehörde zunächst zur Prüfung, ob **13** Dritte über den Sachverstand und die Mittel verfügen, um die Gefahr abzuwehren. Hier kommen in erster Linie Spezialfirmen für Bergungs- und Entsorgungsarbeiten in Betracht; vor der Inanspruchnahme eines Nichtstörers hat die Behörde aber auch die Möglichkeit des Ersuchens um Amtshilfe (etwa der Bundeswehr bei der Bergung von Kriegswaffen) zu prüfen (VG Köln NJW 1971, 210 (212); Thiel PolR § 8 Rn. 136). Auch der Einsatz von „Sperrfahrzeugen" zur Terrorabwehr bei Großveranstaltungen gehört hierher und kann daher nicht auf den Veranstalter abgewälzt werden. Die Ordnungsbehörde kann entweder eigene städtische Fahrzeuge (Stadtwerke, Abfallwirtschaftsbetriebe und andere mehr) einsetzen oder sich an gewerbliche Vermieter wenden.

Die für die Polizei zentrale Frage nach dem Einsatz hinreichend vieler Beamter zur Ein- **14** dämmung von Ausschreitungen bei Versammlungen und Großveranstaltungen stellt sich in dieser Form für die Ordnungsbehörde regelmäßig nicht. Wenn ihr in umgekehrter Perspektive die Gefahrenabwehr unmöglich ist, weil ihr die Mittel und Fähigkeiten zum Gewalteinsatz fehlen, weisen die §§ 47 ff. PolG NRW (Vollzugshilfe) den Weg zur Polizei. In derartigen Konstellationen dürfte die Inanspruchnahme eines Nichtstörers zugleich regelmäßig an Abs. 1 Nr. 4 scheitern.

IV. Inanspruchnahme ohne erhebliche eigene Gefährdung und ohne Verletzung höherwertiger Pflichten (Abs. 1 Nr. 4)

Abs. 1 Nr. 4 buchstabiert letztlich den Verhältnismäßigkeitssatz näher aus; die Inanspruch- **15** nahme des Nichtstörers muss zumutbar sein, wobei namentlich bei drohenden Vermögensschäden auch die Entschädigungspflicht nach § 39 Abs. 1 lit. a in die Abwägung mit einzustellen ist (SBK PolG NRW § 6 Rn. 6; Dietlein/Hellermann NRWÖffR/Dietlein § 3 Rn. 103;

diff. Thiel PolR § 8 Rn. 137). In der Sache sind die von der Gefahr nach Abs. 1 Nr. 1 bedrohten Rechtsgüter mit den Individualrechtsgütern des in Anspruch zu nehmenden Nichtstörers zu vergleichen, wobei der Ordnungsbehörde diesbezüglich kein Einschätzungsspielraum zukommt (s. WHM NRWPolR Rn. 443). Namentlich ist jede Gefährdung der körperlichen Unversehrtheit zu vermeiden bzw. auf extreme Ausnahmefälle zu beschränken. Eine Verletzung höherwertiger Pflichten schließlich liegt vor, wenn der Nichtstörer durch die Inanspruchnahme gehindert wird, Pflichten nachzukommen, die sich in der Abwägung gegen die gefährdeten Rechtsgüter durchsetzen. Beispiele wären die Inanspruchnahme eines Arztes, der selbst auf dem Weg zu einem lebensbedrohlichen Notfall ist (Thiel PolR § 8 Rn. 137 aE), oder die Inanspruchnahme eines Vermieters durch Einweisung eines Obdachlosen, wenn jener die Wohnung zur Pflege seiner im Sterben liegenden Mutter hat räumen lassen (vgl. ferner SBK PolG NRW § 6 Rn. 5).

V. Fallgruppen und Einzelfälle

16   Mit der Einweisung eines Obdachlosen in seine gerade gekündigte Wohnung ist bereits eine für die Praxis wichtige Fallkonstellation des § 19 angesprochen (aus der Rspr. BGH NJW 1996, 315; VGH München BayVBl. 2007, 439; VGH Mannheim VBlBW 1997, 187; OVG Bremen NVwZ-RR 2013, 361; vgl. ferner Gusy PolR Rn. 344 f., 384 sowie eingehend Peppersack, Rechtsprobleme der Unterbringung Obdachloser in Räumlichkeiten Privater, 1998; Wieser, Die polizeiliche Wiedereinweisung des Räumungsschuldners, 1999; zuletzt Ruder NVwZ 2013, 1283). Die Rechtsprechung (instruktiv Schönenbroicher/Heusch Rn. 11 ff.) hat eine Inanspruchnahme als Nichtstörer ferner gebilligt im Falle von Personenschutzmaßnahmen zugunsten eines bedrohten Staatsanwalts, für die teils die Mitbewohner seiner Wohnanlage in Anspruch genommen wurden (OVG Koblenz NJW 2006, 1830), im Falle eines Fußballvereins, dessen „Anhänger" sich bei bestimmten Paarungen mit an Sicherheit grenzender Wahrscheinlichkeit Auseinandersetzungen mit den „Fans" der Gastmannschaft liefern (OVG Hamburg NJW 2012, 1975), sowie zum „Glasverbot" im Kölner Karneval (OVG Münster GewArch 2012, 264; krit. Krüper DVBl 2017, 10). Auch die Veranstalter von Weihnachtsmärkten oder Karnevalsumzügen sind in Ansehung der Gefahr etwaiger Terrorangriffe allenfalls (zu entschädigende) Nichtstörer; die gegenwärtige Praxis der faktischen Inanspruchnahme durch Auflagen zu straßenrechtlichen Erlaubnissen oder Ähnlichem ist grotesk rechtswidrig (richtig jetzt VG Berlin BeckRS 2017, 151815; näher Bruns/Gumpp/Mommsen/Nguyen, Terror/Wittreck, 2019, 119 ff.).

VI. Aufrechterhalten von Maßnahmen gegen den Nichtstörer (Abs. 2)

17   Abs. 2 stellt klar, dass das Regel-Ausnahmeverhältnis auch auf der Zeitachse gilt: Der Nichtstörer darf initial nur in Anspruch genommen werden, wenn andere Abhilfe nicht möglich ist (Abs. 1 Nr. 2 bzw. Nr. 3); auch danach gilt, dass die Maßnahme nur aufrechterhalten werden darf, solange eine anderweitige Bekämpfung der Gefahr nicht möglich ist (näher Thiel PolR § 8 Rn. 138). „Abhilfe" verweist dabei in der Sache auf den Katalog des Abs. 1 Nr. 2 und Nr. 3; die Ordnungsbehörde ist weiterhin gehalten, Zustands- oder Verhaltensverantwortliche zu ermitteln, in Anspruch zu nehmen und zu prüfen, ob sie die Gefahr selbst oder durch Beauftragte abwehren kann. Besonders dringlich ist diese Prüfung naturgemäß, wenn die Behörde den Nichtstörer in Anspruch genommen hat, weil andere Abhilfe lediglich „nicht rechtzeitig" möglich war; sobald der schlicht abwesende Zustands- oder Verhaltensverantwortliche zur Hand ist, die Behörde wieder über hinreichende Kapazitäten verfügt oder die beauftragte Spezialfirma endlich einsatzbereit ist, muss der Nichtstörer aus der Verantwortung entlassen werden.

18   Abs. 2 unterstreicht zwar, dass die Inanspruchnahme des Nichtstörers typischerweise kurzfristig erfolgt oder Überbrückungscharakter hat; hingegen ist der Norm keine rechtliche Wertung dahingehend zu entnehmen, dass Maßnahmen nach Abs. 2 nicht langfristig wirken dürfen. Schulbeispiel des langfristigen polizeilichen (konkret regelmäßig eher ordnungsbehördlichen) Notstands ist – zumindest nach hM – die Einweisung des Obdachlosen in die Wohnung, aus der er gerade vom Gerichtsvollzieher geräumt werden soll. Sofern (etwa infolge der Notwendigkeit der Unterbringung von Flüchtlingen in stark erhöhter Zahl) den Gefahrenabwehrbehörden keine öffentlichen Unterkünfte zur Verfügung stehen und die

Anmietung von Wohnraum am freien Markt entweder unmöglich oder nur unter Inkauf-nahme wirtschaftlich unsinniger Konditionen zu leisten ist (zu den Anforderungen VG Köln BeckRS 2008, 36758), muss die – ohnehin nach § 39 Abs. 1 lit. a entschädigungspflichtige – Inanspruchnahme womöglich über Monate (laut Rspr. bis zu sechs) geduldet werden (vgl. die Fallschilderung in BGH NJW 1996, 315).

C. Abgrenzung zur Verhaltensverantwortlichkeit nach § 323c StGB

Zahlreiche Fälle, die zunächst die Inanspruchnahme eines Nichtstörers nahelegen, stellen **19** tatsächlich Maßnahmen gegen Verhaltensverantwortliche dar (anfechtbar das Beispiel bei SBK PolG NRW § 6 Rn. 2: Der Fahrer des Pkw ist nach § 323c StGB zur Hilfe verpflichtet, weil ein Unglücksfall vorliegt). Denn § 323c StGB erlegt jedermann die strafbewehrte Pflicht auf, „bei Unglücksfällen oder gemeiner Gefahr oder Not […] Hilfe" zu leisten, wenn „dies erforderlich und ihm den Umständen nach zuzumuten, insbesondere ohne erhebliche eigene Gefahr und ohne Verletzung anderer wichtiger Pflichten möglich ist". Das Normprogramm des § 323c StGB ist dem des § 19 strukturell vergleichbar (eingehend Fischer, Unterlassene Hilfeleistung und Polizeipflichtigkeit, 1989; knapper Schlacke/Wittreck LandesR NRW/ Wittreck § 5 Rn. 49).

Unglücksfälle sind danach plötzlich eintretende Ereignisse, die erhebliche Gefahren für ein **20** Individualrechtsgut mit sich bringen oder zu bringen drohen (Schönke/Schröder/Sternberg-Lieben/Hecker StGB § 323c Rn. 5); gemeine Gefahr ist eine konkrete Gefahr für eine unbestimmte Zahl von Menschen oder zahlreiche Sachen von mindestens insgesamt hohem Wert (Schönke/Schröder/Sternberg-Lieben/Hecker StGB § 323c Rn. 9); gemeine Not ist schließlich eine die Allgemeinheit betreffende Notlage (Hochwasser, Ausfall der Stromversorgung). Danach ist insbesondere der Unglücksfall enger als die gegenwärtige erhebliche Gefahr, die mehr Schutzgüter erfasst (wie hier etwa Tegtmeyer/Vahle PolG NRW § 6 Rn. 7); auch ist das Moment der Plötzlichkeit zu beachten. Hingegen liegen bei gemeiner Not und gemeiner Gefahr unschwer auch gegenwärtige erhebliche Gefahren vor. Die Opfergrenze beider Bestimmungen ist ebenfalls identisch. Hingegen greift die Hilfspflicht nach § 323c StGB grundsätzlich ohne die Möglichkeit des Verweises auf Verantwortliche oder die Polizei und ihre Beauftragten.

Typische Fälle der Inanspruchnahme als Störer wegen drohenden Verstoßes gegen § 323c **21** StGB sind danach die Heranziehung von Passanten zur Hilfe bei Unfällen mit Verletzten oder das Requirieren von Kraftfahrzeugen zum Transport von Verletzten (WHM NRWPolR Rn. 439; Schönenbroicher/Heusch Rn. 2, 11).

D. Sondervorschriften zur Maßnahmerichtung

Abs. 3 verweist wiederum auf § 17 Abs. 4 (→ § 17 Rn. 41). Als Spezialvorschriften, die **22** in der Sache die Adressierung von Maßnahmen an Nichtstörer ermöglichen (und nach verbreiteter Ansicht die entsprechende Anwendung der Nichtstörerentschädigung nach § 39 Abs. 1 lit. a nahelegen; so WHM NRWPolR Rn. 640 f.), kommen namentlich die § 9 Abs. 1 S. 1 PolG NRW (Befragung), § 10 Abs. 1 Nr. 1 PolG NRW (Vorladung), § 11 Nr. 1 PolG NRW (Erhebung von Personaldaten) und § 12 Abs. 1 Nr. 2, Nr. 3 PolG NRW (Identitätsfeststellungen) in Betracht (jeweils iVm § 24). Eine Parallelbestimmung zu § 19 enthält schließlich § 43 BHKG, der dem Einsatzleiter der Feuerwehr erlaubt, Personen zur Hilfeleistung oder zur Gestellung von Fahrzeugen heranzuziehen (s. jetzt näher Strathoff, Die Befugnisse der Feuerwehr zur Gefahrenabwehr in Nordrhein-Westfalen, 2020, im Erscheinen).

§ 20 Form

(1) ¹**Anordnungen der Ordnungsbehörde, durch die von bestimmten Personen oder einem bestimmten Personenkreis ein Handeln, Dulden oder Unterlassen verlangt oder die Versagung, Einschränkung oder Zurücknahme einer rechtlich vorgesehenen ordnungsbehördlichen Erlaubnis oder Bescheinigung ausgesprochen wird, werden durch schriftliche Ordnungsverfügungen erlassen. ²Der Schriftform bedarf**

es nicht bei Gefahr im Verzug; die getroffene Anordnung ist auf Verlangen schriftlich zu bestätigen, wenn hieran ein berechtigtes Interesse besteht.

(2) [1]Ordnungsverfügungen dürfen nicht lediglich den Zweck haben, die den Ordnungsbehörden obliegende Aufsicht zu erleichtern. [2]Schriftliche Ordnungsverfügungen müssen eine Rechtsmittelbelehrung enthalten.

Überblick

§ 20 ist eine Vorschrift, die in den Ordnungsbehörden nicht allen Mitarbeitern bekannt ist, jedoch von allen regelmäßig und natürlich angewandt wird. Für Ordnungsverfügungen (→ Rn. 9) sieht Abs. 1 S. 1 vor, dass diese schriftlich (→ Rn. 17 ff.) zu erlassen sind. Die Versagung, Einschränkung oder Zurücknahme (→ Rn. 12 ff.) einer rechtlich vorgesehenen ordnungsbehördlichen Erlaubnis oder Bescheinigung (→ Rn. 16) unterliegt ebenfalls der Schriftform. Bei Gefahr im Verzug (→ Rn. 32) sind die Ordnungsverfügungen gem. Abs. 1 S. 2 Hs. 1 formfrei (→ Rn. 31 ff.), werden jedoch ggf. gem. Abs. 1 S. 2 Hs. 2 schriftlich bestätigt (→ Rn. 33 ff.). Nach Abs. 2 S. 1 dürfen Ordnungsverfügungen nicht lediglich den Zweck haben, die den Ordnungsbehörden obliegende Aufsicht zu erleichtern. Hinter diesem schwierigen Wortlaut steht, dass Ordnungsbehörden die Sachverhaltsaufklärung selbst zu leisten haben (→ Rn. 38 ff.). Nach Abs. 2 S. 2 müssen schriftliche Ordnungsverfügungen eine Rechtsmittelbelehrung enthalten (→ Rn. 41). In der Literatur lassen sich verschiedene Muster für Rechtsmittelbelehrungen finden (→ Rn. 54 ff.).

Übersicht

A. Parallelnormen

1   Eine vergleichbare Regelung zu § 20 gibt es nicht im BWPolG, LStVG, HSOG und auch nicht im NPOG.

B. Schriftliche Ordnungsverfügungen (Abs. 1 S. 1)

I. Einführung

2   Abs. 1 S. 1 ist lex specialis zu § 37 Abs. 2 S. 1 VwVfG. NRW. Das PolG NRW kennt eine besondere Vorschrift zur Form von Verwaltungsakten nicht. Die Schriftform ist Teil der formellen Rechtmäßigkeit eines Verwaltungsakts. Lässt § 37 Abs. 2 S. 1 VwVfG. NRW. der Behörde die Wahl, ob der Verwaltungsakt schriftlich, elektronisch oder mündlich erlassen wird, kennt Abs. 1 S. 1 als Regel die schriftliche Ordnungsverfügung („werden durch schriftliche Ordnungsverfügung erlassen") und als Ausnahme in Abs. 1 S. 2 die mündliche Ord-

nungsverfügung bei Gefahr im Verzug. Eine elektronische Ordnungsverfügung ist dem NRWOBG fremd.

Es war für den Landesgesetzgeber selbstverständlich, dass eine Ordnungsverfügung in der **3** Regel schriftlich ergehen muss (Plenarprotokoll 3/26, 824). Denn Ordnungsbehörden handeln in **verwaltender Tätigkeit,** während die Tätigkeit der Polizei **im Bereich der Exekutive** liegt (sic, LT-Drs. 2/1441, 38). Dem Grundsatz rechtsstaatlicher Verwaltung entspricht es, dass die Verfügungen der Ordnungsbehörde grundsätzlich schriftlich zu erfolgen haben (LT-Drs. 2/1441, 38). Dieser Regel hat sich die Verwaltungspraxis in den Ordnungsbehörden angepasst. Regelmäßig erlassen die Ordnungsbehörden schriftliche Verwaltungsakte, die formfreien Ordnungsverfügungen sind die Ausnahme.

II. Die Schriftform im Bewusstsein der Verwaltungspraxis

Die landesgesetzliche Maßgabe, dass Verwaltungsakte im Ordnungsrecht grundsätzlich **4** schriftlich zu erfolgen haben, ist wenigen Mitarbeitern bei den Ordnungsbehörden bekannt, wird jedoch von jedermann in den Ordnungsbehörden ganz natürlich beachtet. Der Grund hierfür dürfte darin liegen, dass die Mitarbeiter in den Ordnungsbehörden – insbesondere in Kommunen – aus allen Bereichen einer kommunalen Verwaltung kommen können. Dort haben die Mitarbeiter möglicherweise in der Sozialabteilung Leistungen nach dem AsylbLG beschieden, waren in der IT verantwortlich für die Beschaffung von Verbrauchsgütern der EDV für die Kommune oder in der Personalabteilung zuständig für den Regress von Schadensersatzansprüchen des Arbeitgebers gegen Dritte, die einen Mitarbeiter einer Kommune einen Gesundheitsschaden zugefügt haben.

Werden diese Mitarbeiter nun in die Ordnungsbehörde umgesetzt, ist den meisten Mitar- **5** beitern aus ihrer Ausbildung oder dem Fachhochschulstudium noch in Erinnerung, dass Verwaltungsakte im Ordnungsrecht schriftlich zu erfolgen haben. Die gesetzliche Vorschrift ist bei ihnen jedoch meistens in Vergessenheit geraten, wird aber zweifelsohne durchweg angewandt. Dagegen ist die Schriftform im Ordnungsrecht Studierenden der Rechtswissenschaften und Rechtsreferendaren deutlicher im Bewusstsein, beschäftigen sie sich doch intensiver mit Formvorschriften als die ordnungsbehördliche Praxis selbst.

III. Ordnungsbehörden

Die **Ordnungsbehörden** haben nach § 1 Abs. 1 die Aufgabe, Gefahren für die öffentliche **6** Sicherheit oder Ordnung abzuwehren (Gefahrenabwehr). Die **sachliche Zuständigkeit** ergibt sich aus § 5. § 5 Abs. 2 nennt Landes- und Kreisordnungsbehörden, sowie in § 5 Abs. 1 S. 1 die örtlichen Ordnungsbehörden. Nach der **instanziellen Zuständigkeit** ist örtliche Ordnungsbehörde dabei die Gemeinde (§ 3 Abs. 1 S. 1 Hs. 1), die Kreisordnungsbehörde sind die Kreise und kreisfreien Städte (§ 3 Abs. 1 S. 1 Hs. 2). Daneben gibt es Sonderordnungsbehörden, für die das NRWOBG nach § 12 Abs. 2 grundsätzlich gilt, soweit nicht durch Gesetz oder Verordnung Abweichendes bestimmt ist. Die **örtliche Zuständigkeit** ergibt sich aus § 4 Abs. 1. Danach ist die Ordnungsbehörde zuständig, in deren Bezirk die zu schützenden Interessen verletzt oder gefährdet werden. Die Gemeinde als Gebietskörperschaft ist für das eigene Stadtgebiet zuständig (§ 2 GO NRW). Das Gebiet einer Gemeinde besteht aus den Grundstücken, die nach geltendem Recht zu ihr gehören (§ 16 Abs. 1 S. 1 GO NRW).

§ 4 GO NRW unterteilt die kreisangehörigen Gemeinden weiter in große kreisangehörige **7** Städte, mittlere kreisangehörige Städte und „kleine" kreisangehörige Städte. Eine Auflistung entsprechender Gemeinden findet sich in der StadtKlassV (Verordnung zur Bestimmung der Großen kreisangehörigen Städte und der Mittleren kreisangehörigen Städte nach § 4 der Gemeindeordnung für das Land Nordrhein-Westfalen v. 13.11.1979, GV. NRW. 867). Die kreisfreien Städte in Nordrhein-Westfalen wurden durch zahlreiche Neugliederungsgesetze in den 1960er und 70er Jahren geschaffen (Pickenäcker, Das Dilemma der Bezirksregierung in NRW zwischen Tradition und Transformation – Ansätze für eine pragmatische Modernisierungsperspektive, 2006, 44). Derzeit gibt es in Nordrhein-Westfalen insgesamt 22 kreisfreie Städte. Der Kreis ist ebenfalls eine Gebietskörperschaft nach § 1 Abs. 2 KrO NRW. Das Kreisgebiet besteht aus der Gesamtheit der nach geltendem Recht zum Kreis gehörenden Gemeinden (§ 15 KrO NRW).

8   Die Bezirksregierungen als Landesordnungsbehörden (§ 3 Abs. 2) sind nach § 7 Abs. 2 LOG NRW Landesmittelbehörden. Nach § 10 LOG NRW wird der Bezirk der Landesmittelbehörden, also der Bezirksregierungen, im Gesetz- und Verordnungsblatt durch den Ministerpräsidenten nachrichtlich bekannt gemacht. Landesweit gibt es derzeit fünf Bezirksregierungen in Arnsberg, Detmold, Düsseldorf, Köln und Münster. Die exakten Bezirke ergeben sich aus der LaBehBek (Landesbehörden-Bekanntmachung v. 12.11.2013, GV. NRW. 632), wobei sich die Bezirke der Bezirksregierungen aus den Gebieten der jeweiligen kreisfreien Städte und Kreise ergibt.

IV. Anordnung der Ordnungsbehörde an bestimmte Personen bzw. einen bestimmten Personenkreis

9   Eine **Anordnung der Ordnungsbehörde** ist ein **Verwaltungsakt** iSd § 35 S. 1 VwVfG. NRW., also jede Verfügung, Entscheidung oder andere hoheitliche Maßnahme, die eine Behörde zur Regelung eines Einzelfalles auf dem Gebiet des öffentlichen Rechts trifft und die auf unmittelbare Rechtswirkung nach außen gerichtet ist (eine Anordnung ist eine Maßnahme nach § 35 S. 1 VwVfG. NRW.; vgl. SBS/Stelkens VwVfG § 35 Rn. 69). Es gehört zum Wesen einer Ordnungsverfügung, dass sie sich auf bestimmte Fälle oder eine bestimmte Anzahl von Fällen beschränkt (LT-Drs. 2/1441, 38). Nach der landesgesetzlichen Begründung **entsprechen Ordnungsverfügungen im Wesen den polizeilichen Verfügungen** (LT-Drs. 2/1441, 38). Die Ordnungsverfügung muss eine Verfügung der Ordnungsbehörde sein, dh dass die Angelegenheit, die die Verfügung betrifft, zum gesetzlichen Aufgabenkreis der Ordnungsbehörde gehört (vgl. zu den Zuständigkeiten der Ordnungsbehörden → Rn. 6 ff.).

10   Die Klarstellung in Bezug **auf bestimmte Personen bzw. einem bestimmten Personenkreis** lehnt sich an § 35 S. 2 VwVfG. NRW. an, nach dem sich eine Allgemeinverfügung an einen bestimmbaren Personenkreis richtet, während sich die ordnungsbehördliche Verordnung an alle wendet, die es angeht und sich auf bestimmte Fälle oder eine bestimmte Anzahl von Fällen beschränkt (LT-Drs. 2/1441, 38).

V. Handeln, Dulden, Unterlassen

11   Die Begriffe **Handeln, Dulden oder Unterlassen** finden sich – für den Rechtsanwender deutlicher im Bewusstsein – in § 55 Abs. 1 VwVG NRW im Zusammenhang mit der Zwangsvollstreckung von Verwaltungsakten im Rahmen des sog. gestreckten Verfahrens. Der Verwaltungsakt muss entweder ein **Gebot zur Vornahme einer Handlung,** insbesondere zur Herausgabe einer Sache, oder **zur Duldung eines bestimmten Geschehens** oder eines Zustandes enthalten oder er muss auf ein **Verbot unzulässigen Verhaltens** (= Gebot, etwas zu unterlassen) gerichtet sein (Rietdorf/Waldhausen/Voss/Susenberger/Weißauer, Praxis der Kommunalverwaltung Nordrhein-Westfalen, Stand: 9/2013, VwVG NRW § 55 Erl. 55.21). Eine Ordnungsverfügung muss ein Gebot oder Verbot enthalten. Eine Ordnungsverfügung liegt nicht vor, wenn die Maßnahme keine die Rechtssphäre Dritter unmittelbar berührende Maßnahmen darstellt, zB Bekanntmachungen, Auskunfterteilungen (LT-Drs. 2/1441, 38).

VI. Versagung, Einschränkung, Zurücknahme

12   Die **Versagung, Einschränkung oder Zurücknahme einer rechtlich vorgesehenen ordnungsbehördlichen Erlaubnis oder Bescheinigung** wurde im Gesetzgebungsverfahren erstmals im Innenausschuss am 11.10.1955 formuliert (LT-Drs. 3/243, 8) und wurde im weiteren Verfahren beibehalten (LT-Drs. 3/399, 10). Im vorherigen Gesetzgebungsverfahren kam die Formulierung jedoch noch nicht vor (LT-Drs. 2/1441, 11; 3/6, 10; 3/196, 8). Die Gesetzesmaterialien schweigen zu einer möglichen Auslegung der Begriffe (LT-Drs. 2/1441,11; 3/6, 10; 3/196, 8; 3/243, 8; 3/399, 10).

13   Die Hinzufügung der Formulierung lässt sich systematisch erklären. Denn im ersten Gesetzentwurf v. 12.2.1954 (LT-Drs. 2/1441) gab es § 21 aF, der die Versagung und Einschränkung regelte (LT-Drs. 2/1441, 11 f.), bzw. § 21 aF im zweiten Gesetzentwurf v. 9.9.1954 (LT-Drs. 3/6, 11). Die Vorgängernormen sind vergleichbar mit dem heutigen § 23, in dem die Versagung ordnungsbehördlicher Erlaubnisse geregelt ist. Im Gesetzgebungsverfahren wurden § 21 aF und § 18 aF (Vorgängernorm des heutigen § 20) offensichtlich miteinander in Einklang gebracht, woraus sich die Ergänzung erklären könnte.

Die Versagung, Einschränkung und Zurücknahme einer rechtlich vorgesehenen ordnungs- **14** behördlichen Erlaubnis oder Bescheinigung sollen nach dem Willen des Landesgesetzgebers selbstverständlich Verfügungen – **also Verwaltungsakte** – sein, ohne dass das im Gesetz hätte ausdrücklich erwähnt werden müssen (LT-Drs. 2/1441, 39; 3/6, 38). Hintergrund ist, dass § 40 Abs. 1 PrPVG ausdrücklich bestimmte, dass die Versagung, Einschränkung oder Zurücknahme einer rechtlich vorgesehenen polizeilichen Erlaubnis einer polizeilichen Verfügung gleichsteht (OVG Münster NJW 1968, 614; LT-Drs. 3/1441, 39; 3/6, 38). Es ist allgemein anerkannt, dass sowohl Bundes- als auch Landesgesetzgeber Maßnahmen der Verwaltung über § 35 VwVfG bzw. § 35 VwVfG. NRW. als Verwaltungsakt qualifizieren können, bei denen die Merkmale von § 35 VwVfG bzw. § 35 VwVfG. NRW. eigentlich nicht vorliegen (SBS/Stelkens VwVfG § 35 Rn. 13). Der Landesgesetzgeber wollte mit der Klarstellung wohl vermeiden, dass Auslegungsschwierigkeiten beim Begriff des Verwaltungsakts in der Praxis möglicherweise dazu führen könnten, dass die Versagung, Einschränkung oder Zurücknahme nicht als Verwaltungsakt eingeordnet werden würden. So hat der Landesgesetzgeber diese Maßnahmen uneingeschränkt der Möglichkeit unterworfen, durch Anfechtungsklage streitgegenständlich zu werden.

Eine **Versagung** ist die Ablehnung einer Vergünstigung (vgl. SBS/Stelkens VwVfG § 35 **15** Rn. 73). Eine **Einschränkung** ist ein belastender Verwaltungsakt, der dem Betroffenen ein Recht einschränkt (BeckOK VwVfG/J. Müller VwVfG § 48 Rn. 27). Der Begriff der **Zurücknahme** fußt auf § 40 Abs. 1 PrPVG, der ausdrücklich bestimmte, dass die Versagung, Einschränkung oder Zurücknahme einer rechtlich vorgesehenen polizeilichen Erlaubnis einer polizeilichen Verfügung gleichsteht (OVG Münster NJW 1968, 614; LT-Drs. 3/1441, 39; 3/6, 38). Eine **Zurücknahme** ist streng gesehen nach den heutigen Begrifflichkeiten des VwVfG. NRW. lediglich **die ganz oder teilweise Rücknahme eines rechtswidrigen Verwaltungsakts ex nunc oder ex tunc (§ 48 VwVfG. NRW.; wörtliche Auslegung).** Unter dem Oberbegriff „Aufhebung" versteht das VwVfG. NRW. in den §§ 48, 49 VwVfG. NRW. die Rücknahme eines rechtswidrigen Verwaltungsakts (§ 48 VwVfG. NRW.) und den Widerruf eines rechtmäßigen Verwaltungsakts (§ 49 VwVfG. NRW.). Die Begrifflichkeit der Zurücknahme ist jedoch eine überkommene Terminologie aus § 40 Abs. 1 PrPVG. Das PrPVG (Preußisches Polizeiverwaltungsgesetz v. 1.6.1931) konnte die Begrifflichkeiten des VwVfG. NRW. nicht kennen. Da die Gesetzesmaterialien zu einer Auslegung des Begriffs der Zurücknahme schweigen (LT-Drs. 2/1441, 39; 3/6, 38), ist es vertretbar, den antiquierten Begriff der Zurücknahme weit auszulegen im Sinne einer Rücknahme (§ 48 VwVfG. NRW.) und eines Widerrufs (§ 49 VwVfG. NRW.). Denn es wäre in der Verwaltungspraxis ein schiefes Ergebnis, wenn Rücknahmen im Ordnungsrecht schriftlich mit Rechtsmittelbelehrung erfolgen müssten, Widerrufe jedoch nicht. Nach hier vertretener Ansicht ist eine **Zurücknahme** nach Sinn und Zweck der Vorschrift **eine Aufhebung eines Verwaltungsakts nach §§ 48, 49 VwVfG. NRW. im Bereich des Ordnungsrechts (normative Auslegung).**

Die Literatur mahnt an, dass die Begriffe Rücknahme und Widerruf in Spezialgesetzen aus der Zeit **15.1** vor Einführung des VwVfG (VwVfG. NRW.) nicht notwendig iSd §§ 48, 49 VwVfG zu verstehen seien (SBS/Sachs VwVfG § 48 Rn. 15). Die alten Begriffe in Spezialgesetzen müssen also im Lichte des VwVfG (VwVfG. NRW.) ausgelegt werden. **Beispiel:** § 7 Abs. 1 S. 1 HeilPraktGDV (Erste Durchführungsverordnung zum Gesetz über die berufsmäßige Ausübung der Heilkunde ohne Bestallung v. 18.2.**1939**, RGBl. I 259) erlaubte es, die Heilpraktikererlaubnis **„zurückzunehmen"**, wenn nachträglich Tatsachen entstehen oder bekannt werden, die die Versagung der Erlaubnis rechtfertigen würden. Der VGH Mannheim entschied in einem Beschluss v. 2.10.2008 (NJW 2009, 458), dass die „Zurücknahme" in dieser alten Terminologie einem heutigen Widerruf eines rechtmäßigen begünstigen Verwaltungsakts iSd § 49 Abs. 2 Nr. 3 VwVfG (VwVfG. NRW.) entsprechen würde.

VII. Erlaubnis und Bescheinigung

Zu **Erlaubnis** (vgl. → § 23 Rn. 4) und **Bescheinigung** (vgl. → § 23 Rn. 8) ist auf die **16** Kommentierung des § 23 zu verweisen.

VIII. Schriftform der Ordnungsverfügung

17   Ordnungsbehörden handeln in verwaltender Tätigkeit, während die Tätigkeit der Polizei im Bereich der Exekutive liegt (sic). Dieser Tatbestand und der Grundsatz einer rechtsstaatlichen Verwaltung verlangt es, dass die Verfügungen der Ordnungsbehörde grundsätzlich in **Schriftform** zu erlassen sind (LT-Drs. 2/1441, 38; 3/6, 37). Die Schriftform entspricht grundsätzlich der aus § 37 Abs. 2 S. 1 VwVfG. NRW., jedoch mit Begrenzungen, denn § 37 VwVfG regelt alle in Betracht kommenden Verwaltungsakte. Daher kennt § 37 Abs. 2 S. 1 VwVfG. NRW. den elektronischen Verwaltungsakt und die fehlende Unterschrift bei Verwaltungsakten im Masseverfahren (§ 37 Abs. 5 S. 1 VwVfG. NRW.). Dies ist Abs. 1 S. 1 alles fremd, denn Ordnungsverfügungen werden bei einer Gefahr im konkreten Einzelfall erlassen. Zwar sind Ordnungsverfügungen das Tagesgeschäft einer Ordnungsbehörde, mitnichten jedoch ein Massegeschäft ohne Bezug zum Einzelfall, denn die Mitarbeiter in einer Ordnungsbehörde haben einen persönlichen Bezug zu ihrem jeweiligen Aufgabengebiet, wie den Hundeangelegenheiten, dem Gewerbe- und Gaststättenrecht oder baurechtlichen Angelegenheiten, sodass Abs. 1 S. 1 enger gefasst ist als § 37 Abs. 2 VwVfG. NRW.

18   Der Landesgesetzgeber sah in § 18 Abs. 2 S. 1 bzw. Abs. 3 aF (Gesetz über Aufbau und Befugnisse der Ordnungsbehörden v. 16.10.1956, GV. NRW. 289) noch weitere Formerfordernisse vor, nämlich dass die Ordnungsverfügungen den Grund ihres Erlasses und ihre Rechtsgrundlage erkennen lassen mussten. Diese Regelungen sind heute im Gesetz nicht mehr vorhanden (zur Vorgängernorm LT-Drs. 2/1441, 11 (38); 3/6, 10, 37; 3/243, 9).

19   **Schriftform** ist die **Verkörperung eines Gedankeninhalts** (auch durch) Schriftzeichen in einer unmittelbar lesbaren Form (BeckOK VwVfG/Tiedemann VwVfG § 37 Rn. 28; SBS/Stelkens VwVfG § 37 Rn. 57). Bei schriftlichen Ordnungsverfügungen sollte nach den Erfahrungen in der Praxis auf Folgendes geachtet werden:

20   Bei den **Schriftzeichen bzw. der -sprache** ist wegen § 23 Abs. 1 VwVfG. NRW. (Deutsch als Amtssprache) die deutsche Sprache zu wählen und zwar im Hochdeutschen mit regionalen mundartlichen Besonderheiten (BeckOK VwVfG/Heßhaus VwVfG § 23 Rn. 9). Die Schrift ist in lateinischen Buchstaben mit lateinischen und arabischen Zahlen zu verwenden. Der Inhalt der Verfügung in Schriftzeichen in deutscher Sprache, bestehend aus Buchstaben und Zeichen, muss für einen **Sehenden** lesbar sein (BVerwG BeckRS 1988, 06691; OVG Koblenz NVwZ-RR 2012, 745 (746)). Blinde haben **keinen Anspruch** auf die Bekanntgabe eines Bescheids weder in **Blindenschrift** (BVerwG BeckRS 1988, 06691) noch in einer sonstigen Form (OVG Koblenz NVwZ-RR 2012, 745 (746)). Ein (unterschriebenes) **Fax** wahrt die Schriftform (BFH NJW 1998, 2383). Das empfangende Faxgerät muss jedoch für die wirksame Bekanntgabe das Fax ausgedruckt haben. Der Beweis des Ausdruckens wird dabei durch die **Empfangsberichte** des sendenden Faxgeräts geführt (FG Köln BeckRS 2009, 26027125). Gemäß § 37 Abs. 3 S. 1 VwVfG. NRW. muss aus der Ordnungsverfügung die erlassende Behörde erkennbar sein, ansonsten ist der Verwaltungsakt nichtig (§ 44 Abs. 2 Nr. 1 VwVfG. NRW.). Die Ordnungsbehörden verwenden Entwürfe, auf denen der Briefkopf vorab eingepflegt worden ist. Es dürften sich daher in dieser Hinsicht keine Probleme bei der Erstellung einer Ordnungsverfügung ergeben. Die Schriftform eines Verwaltungsakts wird durch die Aufnahme der Verfügung in die gerichtliche Niederschrift gewahrt. Dann braucht es nicht der eigenhändigen Unterschrift des Behördenvertreters in der mündlichen Verhandlung (VGH Mannheim BeckRS 2013, 58644). Die Schriftform ist nicht gewahrt, wenn die Behörde im Tenor der Verfügung auf ein Gutachten **verweist**, das auf der **Internetseite der Behörde** eingesehen werden kann (Pieper, Polizei- und Ordnungsrecht Nordrhein-Westfalen, 2017, Rn. 55). Um die Schriftform zu wahren, muss das Gutachten der Ordnungsverfügung beigelegt werden (VG Gelsenkirchen BeckRS 2015, 40510). **Die genaue Schriftform,** wie Schriftart, Schriftgröße, Absatzabstände etc legen die internen Dienstanweisungen der jeweiligen Behörde fest. Die Behörden in Nordrhein-Westfalen verwenden regelmäßig die Schriftart „Arial" in der Schriftgröße „11".

21   Gemäß § 37 Abs. 3 S. 1 VwVfG. NRW. muss ein schriftlicher Verwaltungsakt die **Unterschrift** des Behördenleiters, seines Vertreters oder seines Beauftragten enthalten. Nach **§ 126 Abs. 1 BGB** muss die Urkunde von dem Aussteller **eigenhändig** durch **Namensunterschrift** unterzeichnet werden. Eine Unterschrift setzt einen individuellen Schriftzug voraus, der sich als Wiedergabe eines Namens darstellt und die Absicht einer vollen Unterschriftsleistung erkennen lässt, wobei die Unterschrift nicht lesbar sein muss (BGH NJW 1997, 3380 (3381)). Die Unterschrift befindet sich am Ende der Verfügung, wobei es unerheblich ist, ob sich die Unterschrift vor oder nach der Rechtsmittelbelehrung befindet (→ Rn. 47). Eine Über- oder Nebenschrift statt einer Unterschrift ist grundsätzlich im Zivilrecht nicht zulässig (MüKoBGB/Einsele BGB § 126 Rn. 10; BeckOK BGB/Wendtland BGB § 126 Rn. 6). Bei einem Verwaltungsakt mit Unterschrift, dem Hinweise in Formblättern folgen, deckt die vorhergehende Unterschrift jedoch die nachgehenden Hinweise (BSG NVwZ 1994, 830 (831)). Die Unterschrift muss nicht stets einheitlich geleistet werden. Es ist anerkannt, dass eine Unterschrift unterschiedlich ausfallen kann, je nachdem, ob diese unter Zeitdruck oder sonstigen ungünstigen Verhältnissen oder in Ruhe und Sorgfalt geleistet worden ist (BGH NJW 2001, 2888 (2889)). Eine bewusste und gewollte Namensabkürzung, wie ein **Handzeichen** oder eine **Paraphe,** ist keine gültige Unterschrift (BGH NJW 1997, 3380 (3381)). Daher sollten die Mitarbeiter in den Ordnungsbehörden darauf achten, dass die ausgehenden Bescheide nicht versehentlich wie das in den Verwaltungsvorgängen verbleibende Doppel mit einer Paraphe versehen werden.

Der bürgerliche Name besteht aus Familiennamen und mindestens einem Vornamen (§ 12 **22** BGB; BeckOK BGB/Bamberger BGB § 12 Rn. 18). Bei der Unterschrift genügt der **Familienname,** der Vorname ist nicht notwendig. Denn das Unterzeichnen allein mit dem Familiennamen ist ausreichend. Der Familienname individualisiert den Unterzeichner. Außerhalb des Familien- und engeren Bekanntenkreises und erst Recht im Rechtsverkehr erfolgt die Individualisierung durch den Familiennamen (BGH NJW 2003, 1120). Allein der Vorname reicht als wirksame Unterschrift dagegen nicht aus, es sei denn, der Unterzeichner ist durch den Vornamen in der Öffentlichkeit allgemein bekannt. Dies gilt unter anderem für kirchliche Würdenträger und Angehörige des Hochadels (BGH NJW 2003, 1120). Bei Mitarbeitern mit **Doppelnamen** reicht die Unterschrift mit einem Teil des Doppelnamens aus (BGH NJW 1996, 997).

Bei der Unterschrift lassen die internen Dienstanweisungen in den Behörden regelmäßig den Bear- **22.1** beitern die Wahl, ob diese Vor- und Familiennamen oder allein den Familiennamen verwenden möchten. In der **Eingriffsverwaltung** ist es vorzugswürdig, **allein den Familiennamen zu verwenden.** Die Verwendung von Vor- und Familiennamen könnte den Eindruck erwecken, dass eine Intimität zwischen Behörde und Adressat besteht, die nicht bestehen soll und kann. Zudem ist es schwieriger, den Bearbeiter durch eine Internetrecherche ausfindig zu machen, wenn dieser allein seinen Familiennamen verwendet. Dieser Aspekt sollte nicht unterschätzt werden. Denn die Verwaltungspraxis zeigt, dass die Adressaten – genau wie die Behörden auch – eine Internetrecherche über den anderen betreiben. Zunehmend finden die Ergebnisse dieser Recherchen Eingang in die Auseinandersetzung zwischen Behörden und Adressaten, indem bspw. in Telefonaten deutlich wird, dass der Adressat sehr wohl über den persönlichen Werdegang des Mitarbeiters der Behörde Kenntnis hat. Antragsteller bzw. Adressaten suchen bspw. bei **Facebook** den jeweiligen Mitarbeiter der Behörde. Haben sich die Mitarbeiter dann noch unter ihrem Klarnamen mit einem eigenen Bild angemeldet, ist die Identifizierung unproblematisch. Jeder Mitarbeiter einer (Ordnungs-) Behörde mag sich fragen, wie viel persönlichen Inhalt er preisgeben möchte. Die Verwendung allein des Familiennamens in Ordnungsverfügungen kann zumindest bei gängigen Namen ein effektiver Schutz sein, nicht ohne weiteres im Internet gefunden werden zu können.

Eigenhändig bedeutet, dass die Unterschrift von dem Aussteller selbst geleistet wird **23** (MüKoBGB/Einsele BGB § 126 Rn. 14). Eine Schreibhilfe bei der Unterschrift ist zulässig. Der Unterzeichner muss jedoch unterschreiben wollen, und der Unterzeichner diesen Willen derart betätigen, dass der Schriftzug von seinem Willen abhängig bleibt (BGH NJW 1981, 1900 (1901)). Kurzformel: „Helfen, nicht führen."

Eine eigenhändige Unterschrift des Behördenleiters, seines Vertreters oder seines Beauf- **24** tragten kann bei einem schriftlichen Verwaltungsakt durch eine **Namenswiedergabe** ersetzt werden (§ 37 Abs. 3 S. 1 VwVfG. NRW.). Endet eine Verfügung mit „Mit freundlichen Grüßen. In Vertretung bzw. Im Auftrag… (Name des Bearbeiters in Maschinenschrift)", liegt die Namenswiedergabe vor. Dasselbe gilt für eingescannte Unterschriften. § 37 Abs. 3 S. 1 VwVfG (VwVfG. NRW.) stellt für die Namenswiedergabe keine weiteren gesetzlichen Voraussetzungen auf, wie bspw. eine Beglaubigung (OVG Magdeburg BeckRS 2012, 59616 mwN). Namenswiedergaben statt eigenhändiger Unterschriften kommen bei Ordnungsverfügungen in der Verwaltungspraxis kaum vor. Im Rahmen der Bürgerfreundlichkeit, gerade im Bereich der Eingriffsverwaltung, sollten solche distanzierten Formen unterbleiben, wirken diese doch als unnötige Provokation gegenüber dem Adressaten.

25   In der Praxis regeln interne Dienstanweisungen, wie die Bearbeiter zu zeichnen haben. Der Behördenleiter wie der Regierungspräsident, Landrat oder (Ober-) Bürgermeister **unterschreibt ohne jeden Zusatz mit seinem Namen,** die Mitarbeiter der höheren Hierarchie unterschreiben mit **„In Vertretung",** jeder andere Mitarbeiter unterschreibt mit **„Im Auftrag".** Vertreten sich zwei Mitarbeiter, die beide durch „Im Auftrag" zeichnen würden, unterzeichnet der Vertreter die Ordnungsverfügung, die maschinenschriftlich „Mit freundlichen Grüßen. Im Auftrag... (Name des Vertretenen)" enthält, durch „In Vertretung", um deutlich zu machen, dass die eigenhändige Unterschrift durch einen Vertreter geleistet worden ist.

26   Die **internen Dienstanweisungen** regeln weiter, wie die Ordnungsverfügung zu beenden ist. Regelmäßig ist die Verfügung auch in der Eingriffsverwaltung **„Mit freundlichen Grüßen"** zu schließen. Die Gerichte in Nordrhein-Westfalen tendieren vermehrt dazu, ebenfalls „Mit freundlichen Grüßen" zu enden, wenn bspw. ein gerichtlicher Hinweis gegeben wird, die Klage zurückzunehmen. Bei einer Erlaubnis dürfte diese freundliche Art der Grußformel passend sein. Als zweite Möglichkeit kann die Ordnungsbehörde mit **„Hochachtungsvoll"** schließen. In der Anschauung der Bevölkerung wird „Hochachtungsvoll" als distanziert und unhöflich betrachtet. Es wäre jedoch bemerkenswert, wenn ein Hausverbot mit Zwangsgeldandrohung oder eine Abrissverfügung unter Anordnung der sofortigen Vollziehung „Mit freundlichen Grüßen" enden würde, „Hochachtungsvoll" erscheint hierbei angemessener zu sein. Falls es eine harte, unsachliche Auseinandersetzung gegeben hat (und nur dann), ist es heute noch vertretbar, wenn die Ordnungsbehörde die Verfügung **„Mit vorzüglicher Hochachtung"** als schärfste Grußformel enden lässt. **„Mit der Ihnen gebührenden Hochachtung"** überschreitet wahrscheinlich nicht die Grenze zur Beleidigung (§ 185 StGB; Aselmann SchAZtg 2000, 351 ff.). Als Taktlosigkeit ist diese Formel von den Ordnungsbehörden jedoch unbedingt zu unterlassen. Diese Grußformel sollte der Auseinandersetzung zwischen zwei Rechtsanwälten vorbehalten bleiben. Will ein Mitarbeiter von einer Grußformel ganz absehen, kann er selbstredend mit **„gez."** und gefolgt von seinem Namen die Verfügung enden lassen.

27   Was die Frage der **weiteren Form einer Ordnungsverfügung** angeht, sollen nach Nr. 20.11 VV OBG die Verfügungen des Abs. 1 S. 1 als „Ordnungsverfügung" bezeichnet werden. Die Praxis versieht daher die jeweilige Verfügung in einer hervorgehobenen Schriftgröße mit der **Überschrift „Ordnungsverfügung".** Eine Ordnungsverfügung wird regelmäßig getrennt in die Teile **Überschrift, Tenor, Begründung (§ 39 VwVfG. NRW.), getrennt nach Sachverhalt und rechtlicher Würdigung, Rechtsmittelbelehrung und Unterschrift,** wobei teilweise die Verfügungen schon nach der Begründung und vor der Rechtsmittelbelehrung unterschrieben werden. Ob vor oder nach der Rechtsmittelbelehrung unterschrieben wird, ist ohne Bedeutung (→ Rn. 47). Hinweise, die der Unterschrift folgen, können in einem Verwaltungsakt von der vorhergehenden Unterschrift umfasst sein (→ Rn. 21).

28   Bei der Formulierung einer Ordnungsverfügung kann auf entsprechende Fachliteratur zurückgegriffen werden (zB Neu, Handbuch Ordnungsrecht, 2014).

29   Der Großteil aller Verwaltungsakte einer Behörde wird nicht zugestellt, spielt der Zugang der Verwaltungsakte beim Adressaten bei Abwasserbescheiden, begünstigenden Verwaltungsakten, aber auch bei ablehnenden Verwaltungsakten in der Regel keine Rolle, da die Mehrzahl der Verwaltungsakte nicht beklagt wird. Für das Absehen der Zustellung spricht auch die Erfahrung, dass das Zustellen von vielen Bescheiden kostenintensiver ist, als das Unterliegen in einem gerichtlichen Verfahren im Zusammenhang mit einem Bescheid, bei dem der Nachweis des Zugangs rechtsvorteilhaft für die Behörde gewesen wäre. Die Kommunen jedenfalls sehen von einer Zustellung von Bescheiden im Masseverfahren vor dem Hintergrund der schwierigen Haushaltslagen regelmäßig ab. Nach weitestgehender Abschaffung des Widerspruchsverfahrens in Nordrhein-Westfalen durch § 110 Abs. 1 JustG NRW, wobei Widerspruchsbescheide grundsätzlich nach § 73 Abs. 3 S. 1 und S. 2 VwGO zugestellt werden müssen, entscheidet die Ordnungsbehörde nach § 41 Abs. 5 VwVfG. NRW. selbst, ob sie zustellen möchte oder nicht. Bisweilen stellen die Ordnungsbehörden ihre Ordnungsverfügungen trotz der hohen Kosten nach dem LZG NRW weiterhin zu, um Beginn und

Ende der (Widerspruchs- bzw.) Klagefrist beweisen zu können (§ 57 Abs. 2 VwGO, § 222 Abs. 1 ZPO, §§ 186–193 BGB). Das LZG NRW kennt als Zustellungsarten die Zustellungsurkunde, das Einschreiben und gegen Empfangsbekenntnis.

Will die Behörde keine Ordnungsverfügung erlassen, sondern den Adressaten zunächst **30** darauf hinweisen, dass sein Verhalten gegen eine gesetzliche Vorschrift verstößt, verwenden die jeweiligen Mitarbeiter in den Ordnungsbehörden verschiedene Begriffe für ihre Schreiben. Ständige Verwendung finden Schreiben mit der Überschrift **„Ordnungsbehördlicher Hinweis"**. Dieser Hinweis erhält dann selbstverständlich keine Rechtsmittelbelehrung. Andere Mitarbeiter verwenden den zivilrechtlichen Begriff **„Abmahnung"** und weisen den Adressaten darauf hin, dass eine Ordnungsverfügung erfolgen wird, wenn das Verhalten nicht eingestellt wird. Wieder andere Mitarbeiter versehen ihre Schreiben ohne Überschrift und schreiben in den Betreff ganz allgemein bspw. „Ihre Gaststätte X", „Ihr Betrieb X", „Ihr Hund X", „Ihre Spielhalle X" oder Ähnliches in Verbindung mit „§ X GastG", „§ X GewO", „§ X LHundG NRW", § X AG GlüStV NRW".

Einzelfälle: Eine Maßnahme der Gefahrenabwehr **im schulischen Bereich** nach § 54 Abs. 4 S. 1 **30.1** NRWSchulG, nämlich die Anordnung, dass Schülerinnen und Schüler bei einer konkreten Gefahr für die Gesundheit anderer vorübergehend oder auf Dauer vom Schulbesuch ausgeschlossen werden können, sind nach **Abs. 1 S. 1 analog** schriftlich anzuordnen (VG Aachen BeckRS 2013, 45378); die Aufhebung einer baurechtlichen Stilllegungsverfügung fällt vom Wortlaut her nicht unter Abs. 1 S. 1 (OVG Münster BeckRS 1995, 10022).

C. Formfreie Ordnungsverfügungen bei Gefahr im Verzug
(Abs. 1 S. 2 Hs. 1)

Zunächst formulierte der Entwurf der Vorschrift in § 18 Abs. 1 aF: „(1) Anordnungen **31** der Ordnungsbehörde (§ 11), durch die von bestimmten Personen oder einem bestimmten Personenkreis ein Handeln, Dulden oder Unterlassen verlangt wird, werden durch schriftliche Ordnungsverfügungen erlassen. Die §§ 2, 10 Abs. 2 [Anmerkung: Eilzuständigkeit der Polizei bei notwendigen unaufschiebbaren Maßnahmen; Dienstkräfte der Ordnungsbehörden] bleiben unberührt" (LT-Drs. 2/1441, 11 (38); 3/6, 10 (37); 3/196, 8). Der Gesetzgeber wollte in Abs. 1 S. 2 offensichtlich eine Ausnahme von der Schriftform einfügen, die jedoch nicht besonders deutlich formuliert gewesen ist. Diesen ungenauen Wortlaut änderte der Innenausschuss am 11.10.1955 mit der heutigen Formulierung: „Der Schriftform bedarf es nicht bei Gefahr im Verzuge; die getroffene Anordnung ist auf Verlangen schriftlich zu bestätigen" (LT-Drs. 3/243, 9).

Bei Gefahr im Verzug, also bei notwendigen, unaufschiebbaren Maßnahmen der Ord- **32** nungsbehörden (LT-Drs. 2/1441, 38) bzw. wenn das Eingreifen der Ordnungsbehörde bei Erlass einer schriftlichen Ordnungsverfügung zu spät kommen würde (Nr. 20.12 S. 1 VV OBG), kann die Schriftform einer Ordnungsverfügung für den akuten Moment der Gefahrenabwehr außer Betracht gelassen werden. **Gefahr im Verzug** liegt bei einem Sachverhalt vor, „bei der bei einer schriftlichen Abfassung der Ordnungsverfügung auch bei besonderer Beschleunigung ein **Zeitverlust** einträte, der mit hoher Wahrscheinlichkeit zur Folge haben würde, dass die durch den Verwaltungsakt zu treffende Regelung **zu spät käme, um ihren Zweck noch zu erreichen"** (VG Gelsenkirchen BeckRS 2016, 40343). Hinter dieser Regelung stehen Ordnungsverfügungen, die „an Ort und Stelle" gegeben werden, die mündlich abgegeben werden können (Plenarprotokoll 3/26, 824). Dass Verwaltungsakte mündlich gegeben werden können, regelt § 37 Abs. 2 S. 1 VwVfG. NRW. Andere Weisen des Erlassens eines Verwaltungsakts iSd § 37 Abs. 2 S. 1 VwVfG. NRW. sind Verwaltungsakte durch Gestik, in Taubstummensprache, Aufsprechen auf einen Anrufbeantworter, konkludentes Verhalten etc (zu weiteren Beispielen s. BeckOK VwVfG/Tiedemann VwVfG § 37 Rn. 31 ff.). Ist bspw. der Außendienst der Ordnungsabteilung einer Kommune in der eigenen Stadt unterwegs, und verfügt ein Mitarbeiter des Außendienstes nach § 24 Nr. 12 iVm § 34 Abs. 1 S. 1 PolG NRW einen Platzverweis gegen einen randalierenden Bürger, dann bleibt dem Außendienstmitarbeiter keine Zeit, den Platzverweis schriftlich zu erteilen. Die Verfügung wird dem Bürger mündlich mitgeteilt, und falls sich der Bürger weigern sollte, den Platz zu verlassen, vollstreckt. Ein anderes Beispiel ist, wenn ein Außendienstmitarbeiter einer kommunalen Ordnungsbehörde einen Hundehalter mit einem Hund entdeckt, der möglicherweise ein Gefahr nach § 12 Abs. 1 LHundG NRW darstellen könnte, da dieser einen anderen Hund kurz zuvor gebissen hat. Dann kann der Außendienstmitarbeiter mündlich einen Leinen- bzw. Maulkorbzwang anordnen. Anschließend wird derselbe Mitarbeiter bzw. ein Sachbearbeiter auf der Dienststelle die Ordnungsverfügung schriftlich bestätigen. Denn auf der Dienststelle ist Zeit, die Verfügung gründlich zu durchdenken und zu begründen. Möglicherweise wäre der Außendienstmitarbeiter (des **mittleren Dienstes**) sogar überfordert, wenn er die Ordnungsverfügung selbst schriftlich verfassen müsste. Denn regelmäßig haben die Sachbearbeiter im Innendienst (des **gehobenen Dienstes**) mit einer verwaltungsbezogenen Ausbildung u.a. einem Fachhochschulstudium die besonderen Kenntnisse im Ordnungsrecht. Dem Adressaten wird anschließend die mündliche Ordnungsverfügung schriftlich bestätigt werden (→ Rn. 33). Der Landesgesetzgeber geht davon aus, dass in Fällen von notwendigen, unaufschiebbaren Maßnahmen der Ordnungsbehörden regelmäßig eine schriftliche Ordnungsverfügung zu folgen hat (LT-Drs. 2/1441, 38; sogar weitergehend: „Die ordnungsbehördliche Anweisung, die an Ort und Stelle gegeben wird, kann mündlich sein, muss aber hinterher schriftlich bestätigt werden", Plenarprotokoll 3/26, 824). Die Forderung des Landesgesetzgebers wird wohl überwiegende Praxis bei den Ordnungsbehörden sein.

32.1   **Einzelfälle:** Für einen **vorläufigen Ausschluss vom Schulbesuch** eines Schülers bei Gefahr im Verzug durch Anordnung des Schulleiters bzw. der Schulleiterin nach § 54 Abs. 4 S. 3 NRWSchulG findet **Abs. 1 S. 2 analog** Anwendung (VG Aachen BeckRS 2013, 45378); die Aufhebung einer mündlich erlassenen Stilllegungsverfügung kann als actus contrarius ebenfalls mündlich erfolgen (OVG Münster BeckRS 1995, 10022); eine fernmündliche Erklärung steht der mündlichen auch bei Erlass eines Verwaltungsakts gleich, wenn kein Zweifel am Inhalt der Erklärung und an den erklärenden Personen besteht (OVG Münster BeckRS 1995, 10022).

D. Schriftliche Bestätigung (Abs. 1 S. 2 Hs. 2)

33   Erstmals formulierte der Innenausschuss in seiner Sitzung am 11.10.1955 im Gesetzgebungsverfahren: „[...] die getroffene Anordnung ist auf Verlangen schriftlich zu bestätigen" (LT-Drs. 3/243, 8 f.). Im vorherigen Gesetzgebungsverfahren gab es keine Regelung zu einer Bestätigung der ergangenen formfreien Ordnungsverfügung (LT-Drs. 2/1441, 11, 38; 3/6, 10, 37; 3/196, 8 f.). Der Landesgesetzgeber ging davon aus, dass mündliche Ordnungsverfügungen anschließend hinterher schriftlich bestätigt werden müssen (Plenarprotokoll 3/26, 824). Eine Parallelvorschrift findet sich in **§ 37 Abs. 2 S. 2 VwVfG. NRW.:** „Ein mündlicher Verwaltungsakt ist schriftlich oder elektronisch zu bestätigen, wenn hieran ein berechtigtes Interesse besteht und der Betroffene dies unverzüglich verlangt." Anders als bei § 37 Abs. 2 S. 2 VwVfG. NRW. gibt es die Voraussetzung des unverzüglichen Verlangens des Betroffenen bei Abs. 1 S. 2 Hs. 2 jedoch im Landesrecht nicht.

34   Die Bestätigung erfolgt nach dem Wortlaut der Vorschrift **nur auf Verlangen,** also auf Antrag. Da das Gesetz keine besondere Form vorschreibt, kann der Antrag des Adressaten der Ordnungsverfügung formfrei erfolgen. Die Ordnungsbehörde kann von Amts wegen die formfreie Ordnungsverfügung schriftlich bestätigen, wenn diese erkennt, dass der Adressat ein berechtigtes Interesse daran haben könnte. Aus Gründen der **Bürgerfreundlichkeit** sollte die Ordnungsbehörde auch ohne Antrag die formfreien Ordnungsverfügungen schriftlich bestätigen, wenn ein berechtigtes Interesse ersichtlich ist.

35   Nach Nr. 20.12 S. 2 VV OBG besteht ein **berechtigtes Interesse** an der schriftlichen Bestätigung der getroffenen, formfreien Anordnung, wenn die Angelegenheit aufgrund der (mündlichen) Verfügung **nicht zweifelsfrei als erledigt angesehen** werden kann. Möchte der Adressat den Erlass des Verwaltungsaktes gegenüber Dritten oder einer anderen Behörde nachweisen oder sich über Möglichkeiten der Anfechtung des Verwaltungsaktes rechtlich beraten lassen, besteht das berechtigte Interesse (zum (Bundes-) VwVfG: BT-Drs. 7/910, 58). Ein berechtigtes Interesse fehlt nach Nr. 20.12 S. 3 VV OBG, wenn Rechtsmittel offensichtlich nicht in Betracht kommen und / oder das Verlangen des Betroffenen unzweifelhaft einen Rechtsmissbrauch darstellt.

36   Der Begriff des berechtigten Interesses ist in der VwGO bei der Feststellungsklage zu finden (§ 43 Abs. 1 VwGO: „[...] wenn der Kläger ein berechtigtes Interesse an der baldigen Feststellung hat (Feststellungsklage).“). Das berechtigte Interesse bei der Feststellungsklage ist jedes anzuerkennende **schutzwürdige Interesse rechtlicher, wirtschaftlicher oder ideeller Art** (BeckOK VwGO/Möstl VwGO § 43 Rn. 17 mwN). Bei der Feststellungsklage wird festgestellt, dass ein Rechtsverhältnis besteht oder nicht besteht bzw. dass ein Verwaltungsakt nichtig ist. Damit ähneln sich die Interessen bei der Feststellungsklage und dem Verlangen nach schriftlicher Bestätigung nach Abs. 1 S. 2 Hs. 2, sodass nach hier vertretener Ansicht die eingängigere Definition von der Feststellungsklage für das berechtigte Interesse bei der schriftlichen Bestätigung herangezogen werden kann und sollte.

Die **schriftliche Bestätigung** ist kein Verwaltungsakt, sondern dient vielmehr ungeachtet **37** der genauen Bezeichnung und einer beigefügten Rechtsmittelbelehrung lediglich Beweiszwecken (OVG Münster NVwZ-RR 1994, 549 (550)). Die Ordnungsbehörden können also eine **deklaratorische** (= feststellende, bestätigende) Form wählen. Dies würde durch die Bezeichnung „Schriftliche Bestätigung gemäß § 20 Abs. 1 S. 2 Hs. 2 OBG NRW" deutlich werden. Dadurch würden sich die Rechtsmittelfristen nicht verlängern. Die Ordnungsbehörden könnten jedoch auch **konstitutiv** (= festsetzend, bestimmend) einen **ganz neuen Verwaltungsakt** erlassen, wodurch die Rechtsmittelfristen neu zu laufen beginnen würden. In der Regel sollten die Ordnungsbehörden bei der deklaratorischen Form bleiben. Die Erfahrung der Verwaltung mit den Verwaltungsgerichten hat gezeigt, dass die Gerichte einem konstitutiven Bescheid kritisch gegenüber stehen. In mündlichen Verhandlungen wiesen die Einzelrichter durchaus darauf hin, dass die Klagefrist des § 74 VwGO von einem Monat vom Gesetzgeber vorgegeben sei. Die „Unart" der Verwaltung, einen konstitutiven, neuen Bescheid zu erlassen, möglicherweise um dem Adressaten die Klagefrist zu verlängern, sei nicht hinnehmbar. Es sei nicht Sache der Verwaltung, Klagefristen durch Erlass eines konstitutiven Bescheides zu verlängern. Dem ist nach hier vertretener Ansicht zuzustimmen.

E. Aufsichtspflichterleichterung (Abs. 2 S. 1)

Nach Abs. 2 S. 1 ist eine ordnungsbehördliche Maßnahme untersagt, wenn diese lediglich **38** dazu dient, die den Ordnungsbehörden obliegende Aufsicht zu erleichtern. Die Gesetzesbegründung schweigt zu Sinn und Zweck der Norm (zur beinahe identischen Vorgängernorm § 18 Abs. 2 S. 2 aF LT-Drs. 2/1441, 11, 38; 3/6, 10, 37). In der Vorschrift findet der allgemeine Rechtsgrundsatz Niederschlag, dass der Adressat **nicht von der Ordnungsbehörde mit einer Pflicht durch Ordnungsverfügung belastet werden darf, die gesetzlich nicht vorgeschrieben ist** (OVG Münster NVwZ 1999, 556, 558 (559)). Praktisch löst die Vorschrift die Fälle, in denen die Behörde vom Adressaten einen Beitrag zur Sachverhaltsaufklärung durch Mitteilungspflichten oder Vorlage von Unterlagen durch Verwaltungsakt festlegen will. Die Rechtsprechung spricht bei solchen Maßnahmen von einem **unzulässigen „Akt der vorbeugenden Gefahrenabwehr"** (VG Arnsberg NWVBl. 1997, 233 (235)).

Auf der einen Seite stehen Ordnungsverfügungen mit konkreten Pflichten des Adressaten **39** und auf der anderen Seite Gefahrerforschungseingriffe, die in erster Linie der Erforschung des Gefahren**umfangs** dienen. Diese finden ihre Ermächtigungsgrundlage in der ordnungsbehördlichen Generalklausel nach § 14 Abs. 1. Die Abgrenzung zwischen Maßnahmen zur Gefahrenabwehr und Gefahrerforschungseingriffen ist schwierig. Die Abgrenzung zwischen Gefahrerforschungseingriffen und reiner Sachverhaltsaufklärung ist noch anspruchsvoller und immer Tatfrage.

Die reine Sachverhaltsaufklärung – also ein weniger als ein Gefahrerforschungseingriff – **40** muss grundsätzlich nach § 24 Abs. 1 S. 1 VwVfG. NRW. von Amts wegen durch die Behörde durchgeführt werden. Die Beteiligten sollen nach § 26 Abs. 2 S. 1–3 VwVfG. NRW. bei der Ermittlung des Sachverhalts mitwirken und ihnen bekannte Tatsachen und Beweismittel angeben. Eine weitergehende Pflicht, bei der Ermittlung des Sachverhalts mitzuwirken, besteht nur, soweit sie durch Rechtsvorschrift besonders vorgesehen ist (VG Köln NVwZ 1994, 927 (928)). **Die Sachverhaltsaufklärung im Verwaltungsverfahren ist in erster Linie nach § 24 VwVfG. NRW. und § 20 Abs. 2 S. 1 Sache der Behörde,** die nur in bestimmtem Umfang durch die Mitwirkungspflicht der Beteiligten ergänzt wird (OVG Münster NVwZ 1993, 1000 (1001)). **Abs. 2 S. 1 macht es also der Behörde unmöglich, die Sachverhaltsaufklärung auf den Adressaten durch Verwaltungsakt zu verlagern.**

40.1   Einzelfälle:

- Die auf das LHundG NRW fußende Anordnung, nach (selbst unterstellt rechtmäßiger) Haltungsuntersagung eines großen Hundes, „**den Hund nicht an eine mit ihm in einem Haushalt lebende Person**" abzugeben, ist wegen Verstoßes gegen § 15 Abs. 1 LHundG NRW iVm § 20 Abs. 2 S. 1 rechtswidrig. Es ist Aufgabe der Behörde zu prüfen, ob die Haltereigenschaft des Haushaltsangehörigen besteht oder nicht (VG Düsseldorf BeckRS 2016, 43844).
- Die Anordnung an den Adressaten, einen Sachverständigen zu beauftragen, den Gefahrenumfang im Rahmen eines **Standsicherheitsgutachtens** zu ermitteln, ist kein Verstoß gegen die Vorschrift. Es ist vielmehr eine die Gefahrenabwehr fördernde Maßnahme (VG Minden BeckRS 2014, 47236).
- Die Bauaufsichtsbehörde darf **Bauvorlagen** nur insoweit und in der Anzahl vom Adressaten einer Nutzungsuntersagung bzw. Stilllegungsverfügung für ein formell illegal erstelltes Vorhaben anfordern, als dies zur Beurteilung der konkret zu prüfenden Gefährdungssituation notwendig ist, die ein Einschreiten erfordern könnte (OVG Münster BeckRS 2003, 20482).
- Eine **Mitteilungspflicht** als Nebenbestimmung im Zusammenhang mit einem landschafts-und naturschutzrechtlichen Dispens dergestalt, dass der Adressat der unteren Landschaftsbehörde unverzüglich das Auffinden bislang an diesem Standort unbekannter Tier- und Pflanzenarten mitzuteilen hat, kann rechtmäßig sein (OVG Münster NVwZ 1999, 556).
- Eine Bauordnungsverfügung, mit der einem Werbeunternehmen nicht nur die Entfernung von ungenehmigten Werbeanhängern aufgegeben wird, sondern mit der zugleich **das künftige Abstellen dieser Anhänger** untersagt wird, kann eine zulässige Maßnahme zur Abwehr einer konkreten Gefahr für die öffentliche Sicherheit und Ordnung sein (VG Arnsberg NWVBl. 1997, 233).
- Eine Verfügung ist nicht zulässig, wenn diese nur den Zweck hat festzustellen, ob ein Gaststättenbetreiber den Lärmpegel einhält oder nicht (OVG Münster BeckRS 2015, 47696).
- Dem Betreiber eines illegalen Campingplatzes kann die Bauaufsichtsbehörde aufgeben, Auskunft über die Namen und Anschriften der Stellplatzpächter zu geben, wenn die Benennung zur Vorbereitung bauaufsichtlichen Einschreitens gegen die Platzbenutzer erforderlich ist, und die Bauaufsichtsbehörde die Informationen zB aus eigenen Unterlagen oder zugänglichen Melderegistern nicht entnehmen oder durch sonstige Nachforschungen von vertretbarem Aufwand nicht in Erfahrung bringen könnte (OVG Münster BeckRS 1988, 07575).

F. Rechtsmittelbelehrung (Abs. 2 S. 2)

41   Die Vorgängernorm im Entwurf sah noch vor, dass schriftliche Ordnungsverfügungen eine Rechtsmittelbelehrung enthalten **sollen** (zur Vorgängernorm § 18 Abs. 3 aF LT-Drs. 2/1441, 11 (38); 3/6, 10 (37)). Heute müssen schriftliche Ordnungsverfügungen eine Rechtsmittelbelehrung enthalten. Die Formulierung von gerichtlich bestandskräftigen Rechtsmittelbelehrungen bereitet in der Verwaltungspraxis immer wieder Schwierigkeiten, weil von Zeit zu Zeit die Rechtsprechung eine bestimmte Rechtsmittelbelehrung für unrichtig erachtet. Was von der Rechtsprechung als unrichtig angesehen wird, ist von der Verwaltung nicht vorhersehbar. Um die Rechtsmittelbelehrungen möglichst unangreifbar zu formulieren, verwendet die Verwaltungspraxis Muster. Die **wichtigsten Muster für Rechtsmittelbelehrungen** sind zusammengetragen (→ Rn. 51 ff.).

I. Geschichtliche Entwicklung

42   Nach dem Entwurf der Vorgängernorm (§ 18 Abs. 3 NRWOBG-E v. 12.2.1954 bzw. 9.9.1954) sollten Ordnungsverfügungen **entsprechend der Verordnung Nr. 165 der Militärregierung Deutschland (Britisches Kontrollgebiet) betreffend Verwaltungsgerichtsbarkeit in der britischen Zone** eine Rechtsmittelbelehrung enthalten (zur Vorgängernorm LT-Drs. 2/1441, 11, 38; 3/6, 10, 37). In der britischen Besatzungszone erließ die Militärregierung zunächst die Verordnung Nr. 141 betreffend Gerichtsbarkeit in Verwaltungssachen (VOBl. BZ 1948, 111) und später die Verordnung Nr. 165 (VOBl. BZ 1948, 263), welche die Verordnung Nr. 141 zum größten Teil ablöste (Bachof, Die verwaltungsgerichtliche Klage auf Vornahme einer Amtshandlung zugleich eine Untersuchung über den öffentlich-rechtlichen Folgenbeseitigungsanspruch nach Aufhebung eines rechtswidrigen Verwaltungsakts, 1968, 2). Nach § 35 der Verordnung Nr. 165 der Militärregierung Deutschland begann die Frist für ein Rechtsmittel oder einen sonstigen Rechtsbehelf nur dann zu laufen, wenn der Beteiligte über den Rechtsbehelf, die zuständige Behörde mit Angabe des Sitzes und die einzuhaltende Frist belehrt worden war (SSB/Meissner/Schenk VwGO § 58

Rn. 7). Der Wortlaut des Entwurfs mit der Soll-Vorschrift wurde im Innenausschuss am 20.6.1955 geändert in „Schriftliche Ordnungsverfügungen **müssen** eine Rechtsmittelbelehrung enthalten" (LT-Drs. 3/196, 9). Dieser Wortlaut hat sich seit der Beratung im Innenausschuss bis heute nicht verändert. Es wurde jedoch im Innenausschuss am 11.10.1955 ein etwas anderer Wortlaut diskutiert: „Schriftliche Ordnungsverfügungen müssen den Grund ihres Erlasses und ihre Rechtsgrundlage erkennen lassen sowie eine Rechtsmittelbelehrung enthalten" (LT-Drs. 3/243, 9). Diese Formulierung setzte sich aber nicht durch.

II. Richtige/unrichtige Rechtsmittelbelehrung (§ 58 VwGO)

Nach § 58 Abs. 1 VwGO beginnt die Frist für ein Rechtsmittel oder einen Rechtsbehelf **43** nur zu laufen, wenn der Beteiligte über den Rechtsbehelf, die Verwaltungsbehörde oder das Gericht, bei denen der Rechtsbehelf anzubringen ist, den Sitz und die einzuhaltende Frist schriftlich oder elektronisch belehrt worden ist. Die Monatsfrist für eine Anfechtungs- oder Verpflichtungsklage nach § 74 VwGO beginnt also nur bei richtiger Rechtsmittelbelehrung. Nach § 58 Abs. 2 S. 1 VwGO läuft bei unterbliebener oder unrichtiger Rechtsmittelbelehrung die für den Adressaten günstige Jahresfrist. § 58 VwGO stellt zwar nicht das Erfordernis der Hinzufügung einer Rechtsmittelbelehrung auf, sondern regelt die Folgen einer unterbliebenen oder unrichtigen Rechtsmittelbelehrung (BeckOK VwGO/Kimmel VwGO § 58 Rn. 1, 4). Abs. 2 S. 2 als Landesrecht verlangt jedoch unbedingt die Hinzufügung einer Rechtsmittelbelehrung bei schriftlichen Ordnungsverfügungen und geht damit weiter als das Bundesrecht.

III. Absehen von einer Rechtsmittelbelehrung: „Getarnte Verwaltungsakte"

Selten ist die Verwaltungspraxis bei den Ordnungsbehörden zu verzeichnen, eine Rechts- **44** mittelbelehrung in einer schriftlichen Ordnungsverfügung **bewusst nicht zu geben.** Eine exakte Anzahl von diesen Fällen kann nicht genannt werden. Wenn eine Auffassung in der Literatur meint, dass Behörden **es immer öfter vermeiden,** klare Aussagen über die Form ihres Handelns zu treffen und Rechtsbehelfsbelehrungen zu erteilen (SBS/Stelkens VwVfG § 35 Rn. 27b), so ist diese Beobachtung der Verwaltungspraxis nach hier vertretener Auffassung korrekt.

Hintergrund ist auf der einen Seite, dass die Verwaltung den Adressaten nicht „in die **45** Klage treiben" möchte. Denn ein rechtlich nicht geschulter Adressat könnte die Ordnungsverfügung unbeklagt lassen, wenn er gar nicht weiß, welche Rechte er hat. Die Verwaltung hofft durch eine unterlassene Rechtsmittelbelehrung, eine Klage erst gar nicht zu provozieren, insbesondere bei querulatorischen Adressaten, aber nicht nur bei diesen. Auf der anderen Seite steht gerade die Eingriffsverwaltung unter einem besonderen (kommunal-) politischen Druck. Nach Abschaffung der Doppelspitze aus Bürgermeister / Stadtdirektor in Nordrhein-Westfalen hat sich dieser politische Druck erhöht. Um dem politischen Druck zu entgehen, wird bisweilen ein rechtlich höchst zweifelhafter Weg gewählt. Es werden eindeutige Ordnungsverfügungen nicht erlassen oder „getarnt" als „Ordnungsbehördliche Hinweise" – und dass auch noch ohne Rechtsmittelbelehrung – um keine Klage zu provozieren und dem politischen Druck möglichst zu entgehen. Man kann bei diesem Vorgehen der Ordnungsbehörden sicherlich von **getarnten Verwaltungsakten** sprechen. Soweit ersichtlich, wurde dieser Begriff in der bisherigen Diskussion in der Literatur noch nicht verwendet.

Diese seltene Verwaltungspraxis der getarnten Verwaltungsakte ist nach hier vertretener **46** Ansicht unvertretbar, da sie dem Wortlaut des Abs. 2 S. 2 widerspricht, wonach schriftliche Ordnungsverfügungen eine Rechtsmittelbelehrung enthalten müssen. Nach den Grundsätzen des Vorrangs des Gesetzes aus Art. 20 Abs. 3 GG (kein Handeln der Verwaltung gegen das Gesetz) ist der Muss-Vorschrift in Abs. 2 S. 2 durch die Verwaltung unbedingt Folge zu leisten. Es ist den Mitarbeitern einer Ordnungsbehörde zu zugestehen, dass die Klageflut und der politische Druck nicht einfach zu beherrschen sind. Sicherlich kann jedoch jeder Mitarbeiter einer Ordnungsbehörde dem zustimmen, dass Maßstab für das ordnungsbehördliche Handeln allein das Gesetz sein kann. Das Gesetz ist eindeutig: bei schriftlichen Ordnungsverfügungen muss eine Rechtsmittelbelehrung hinzugefügt werden.

IV. Schriftform und Inhalte der Rechtsmittelbelehrung

47   Rechtsmittelbelehrungen erfolgen gem. § 58 Abs. 1 VwGO schriftlich (oder elektronisch, wobei die elektronische Form bei den schriftlichen Ordnungsverfügungen in der Eingriffsverwaltung keine Rolle spielen dürfte). **Schriftform bei Rechtsmittelbelehrungen** bedeutet, dass die Rechtsmittelbelehrung in Form eines lesbaren Textes und zwar auf einem Schriftträger niedergelegt ist. Der Urheber des Textes und sein Wille, den Text in den Rechtsverkehr zu bringen, müssen erkennbar sein. Dies wird regelmäßig durch eine unter dem Text angebrachte Unterschrift bewirkt (§ 126 Abs. 1 BGB). Eine Unterschrift ist jedoch nicht zwingend erforderlich. Eine der Unterschrift vergleichbare Gewähr reicht aus (OVG Münster BeckRS 2008, 40247). In der Praxis sind Rechtsmittelbelehrungen sowohl unterhalb als auch oberhalb der Unterschrift zu finden. An der Wirksamkeit der Rechtsmittelbelehrung ändert sich dennoch nichts (OVG Münster BeckRS 2008, 40247).

48   Die Rechtsmittelbelehrung ist **auf Deutsch** zu fassen (§ 23 Abs. 1 VwVfG. NRW., § 55 VwGO, § 184 GVG). Die Rechtsmittelbelehrung muss bei einem Ausländer nicht in einer anderen Sprache erfolgen (BVerfG NJW 1976, 1021). Der nicht deutsch sprechende Adressat kann ggf. bei unverschuldeter Versäumnis im Wege der Wiedereinsetzung in den vorigen Stand Rechtsschutz erreichen (BVerfG NJW 1975, 1597). Die Rechtsmittelbelehrung muss über die **Art des Rechtsbehelfs** belehren. Nach weitest gehender Abschaffung des Widerspruchsverfahrens in Nordrhein-Westfalen nach § 110 JustG NRW verbleibt lediglich der Verweis auf die Klagemöglichkeit nach der VwGO. Die Verwaltungsbehörde bzw. das Gericht müssen mit **Namen und Sitz, also Adresse,** genannt werden. Der Sitz des Gerichts ist nur mit Angabe des Ortes ausreichend gekennzeichnet. Die Angabe des Namens des Gerichts genügt nur dann, wenn der Name den Ort des Sitzes enthält und wenn dies zweifelsfrei ist (BVerwG NJW 2009, 2322 (2323)). Bei der Angabe des Sitzes ist nicht die Mitteilung der genauen Anschrift – wie Postleitzahl, Straße, Hausnummer – notwendig (BVerwG NVwZ 1991, 261). Sind nach § 52 VwGO mehrere Verwaltungsgerichte zuständig, sind alle zu benennen (BVerwG NVwZ 1993, 359).

49   Als zu nennende **Frist** hat die Rechtsmittelbelehrung über die Frist zur Einlegung des Rechtsbehelfs und über die Frist zur Einreichung einer Begründung zu belehren, wenn es denn zwei Fristen gibt (BVerwG NJW 1957, 1571). Eine Erläuterung des Beginns der Frist verlangt § 58 Abs. 1 VwGO nicht (BVerwG NJW 1991, 508 (509)). Auf die Besonderheiten des § 188 Abs. 3 BGB im Zusammenhang mit dem kurzen Monat Februar muss nicht hingewiesen werden (BVerwG NJW 1976, 865). Es ist nicht erforderlich und nicht möglich, in einer Rechtsmittelbelehrung über alle Möglichkeiten der Fristberechnung zu belehren (BVerfG NJW 1971, 2217).

50   Die Belehrung über die **Form der Einlegung des Rechtsbehelfs** (§ 81 Abs. 1 VwGO, Schriftform der Klage bzw. zur Niederschrift des Urkundsbeamten der Geschäftsstelle) ist gesetzlich nicht zwingend notwendig, jedoch übliche Praxis (BVerwG NJW 1991, 508 (509)). Ebenfalls wird bei Widersprüchen in Rechtsmittelbelehrungen über die Form und Frist des § 70 Abs. 1 S. 1 VwGO belehrt, obwohl § 58 Abs. 1 VwGO dies nicht verlangt. Weiter finden sich bei Rechtsmittelbelehrungen als fakultative Hinweise die auf den notwendigen Inhalt der Klage (§ 82 Abs. 1 S. 1 VwGO), der Hinweis auf Vertretungszwang (§ 67 Abs. 4 VwGO) und die Zurechnung des Verschuldens des Vertreters auf den Vertretenen (§ 173 VwGO iVm § 85 Abs. 2 ZPO).

V. Muster für Rechtsmittelbelehrungen

51   Wie eine **richtige Rechtsmittelbelehrung** im Gegensatz zu einer unrichtigen Rechtsmittelbelehrung (§ 58 Abs. 2 S. 1 VwGO) formuliert wird, unterliegt ständigen Veränderungen, da die Rechtsprechung von Zeit zu Zeit die Rechtsmittelbelehrungen in Bezug auf eine bestimmte Formulierung für angreifbar hält und für unrichtig erklärt. Fehlerhaft ist eine Rechtsmittelbelehrung nur dann, wenn sie die in § 58 Abs. 1 VwGO zwingend geforderten Mindestangaben nicht enthält oder wenn diesen Angaben ein unzutreffender oder irreführender Zusatz beigefügt ist, der sich generell eignet, die Einlegung des Rechtsbehelfs zu erschweren (stRspr, vgl. etwa BVerwG NJW 1991, 508). Ob die unrichtige Rechtsmittelbelehrung konkret einen Irrtum hervorgerufen hat, ist genauso unerheblich, inwieweit der Irrtum überhaupt kausal gewesen ist. Vielmehr ist bedeutend, dass die irreführende Belehrung objektiv geeignet gewesen ist, die Rechtsmitteleinlegung zu erschweren (BVerwG NVwZ 1997, 1211 (1213)).

Belehrt die Behörde über die Möglichkeit der Rechtsmitteleinlegung bei einem nordrhein-westfälischen Verwaltungsgericht, ist diese unrichtig erteilt, wenn die Belehrung keinen Hinweis auf die ab 1.1.2013 bestehende Möglichkeit der **elektronischen Rechtsmitteleinlegung** enthält (OVG Münster BeckRS 2013, 54276; zu weiteren Fällen einer unrichtigen Rechtsmittelbelehrung vgl. BeckOK VwGO/Kimmel VwGO § 58 Rn. 21 f.). § 55a VwGO lässt die Übermittlung elektronischer Dokumente an das Gericht zu. § 55a Abs. 1 und Abs. 2 VwGO regeln die elektronische Kommunikation der Beteiligten mit dem Gericht, § 55a Abs. 7 VwGO die elektronische Kommunikation des Gerichts (BeckOK VwGO/Schmitz VwGO § 55a Rn. 1). Gemäß § 2 Abs. 1 ERVVO VG/FG (Verordnung über den elektronischen Rechtsverkehr bei den Verwaltungsgerichten und den Finanzgerichten im Lande Nordrhein-Westfalen v. 7.11.2012, GV. NRW. 548) ist zur Entgegennahme elektronischer Dokumente die jeweilige elektronische Poststelle der bezeichneten Gerichte bestimmt. Die elektronische Poststelle ist über die auf der Internetseite www.justiz.nrw.de bezeichneten Kommunikationswege erreichbar. Die Einreichung erfolgt durch die Übertragung des elektronischen Dokuments in die elektronische Poststelle. Sofern für Einreichungen die Schriftform oder die elektronische Form vorgeschrieben ist, sind die elektronischen Dokumente mit einer qualifizierten elektronischen Signatur zu versehen (§ 2 Abs. 3 ERVVO VG/FG). **52**

Die Verwaltungspraxis verfügt in der Regel über jahrzehntelange Erfahrung mit Rechtsmittelbelehrungen, denn die Belehrungen werden von Sachbearbeiter zu Sachbearbeiter weitergegeben und bei Bedarf angepasst. Der Städte- und Gemeindebund NRW unterrichtet die Kommunen in Nordrhein-Westfalen regelmäßig über rechtliche Veränderungen, so auch über Änderungen bei Rechtsmittelbelehrungen. Im Zweifel sollte die Abstimmung mit dem Städte- und Gemeindebund Nordrhein-Westfalen gesucht werden, der über die aktuellen Erlasse und Empfehlungen des Ministerium des Innern des Landes Nordrhein-Westfalen verfügt und die Rechtsprechung sorgfältig beobachtet. **53**

Für die Praxis geeignete **Mustertexte von Rechtsmittelbelehrungen,** die bereits die elektronische Form berücksichtigen, und bei einem Ausgangsbescheid bei direkter Klage ohne Vorverfahren, beim Ausgangsbescheid bei Widerspruch vor einer Klage, bei einem Widerspruchsbescheid bei Klage, bei einem Abhilfebescheid oder Widerspruchsbescheid mit erstmaliger / selbstständiger Beschwer anwendbar sind, sind in Waldhausen/Susenberger/Weißauer/Lenders, Praxis der Kommunalverwaltung Nordrhein-Westfalen, Verwaltungsverfahrensgesetz für das Land Nordrhein-Westfalen, Stand: 8/2010, Anhang 3 zu finden. **54**

Das Institut für öffentliche Verwaltung NRW schlägt für eine Rechtsbehelfsbelehrung bei **Ausgangsbescheiden** folgenden Wortlaut vor (Die öffentliche Verwaltung. Begleitmaterialien zur Referendarausbildung, 44; → Rn. 55.1): **55**

„Rechtsbehelfsbelehrung: Gegen diesen Bescheid kann innerhalb eines Monats nach der Zustellung Klage erhoben werden. Die Klage ist gegen die Stadt Reitberg zu richten und beim Verwaltungsgericht Münden, Phantasiestraße 1, (Plz.) Münden schriftlich einzureichen oder zur Niederschrift des Urkundsbeamten der Geschäftsstelle zu erklären. Falls die Frist durch das Verschulden eines Bevollmächtigten versäumt werden sollte, würde dessen Verschulden Ihnen zugerechnet werden. Gegen die Anordnung der sofortigen Vollziehung kann gem. § 80 Abs. 5 VwGO die Wiederherstellung der aufschiebenden Wirkung der Klage beantragt werden. Der Antrag ist beim Verwaltungsgericht Münden, Phantasiestraße 1, (Plz.) Münden zu stellen. Die sofortige Vollziehung kann auf Antrag gem. § 80 Abs. 4 VwGO auch von mir ausgesetzt werden." **55.1**

Im Hinblick auf die Formulierung in **Widerspruchsbescheiden** kann auf einschlägige Literatur verwiesen werden (zB Wedekind, Das Widerspruchsverfahren in der Praxis, 2017). Der Leitfaden bietet einen umfassenden und konzentrierten Überblick über das verwaltungsgerichtliche Vorverfahren nach den §§ 68 ff. VwGO. Die Darstellung orientiert sich am Ablauf des Widerspruchsverfahrens und enthält eine praktische Anleitung für die rechtssichere Erstellung von Widerspruchsbescheiden (Bsp. → Rn. 56.1). **56**

Beispiel: „Rechtsbehelfsbelehrung: Gegen meinen Bescheid vom… können Sie nunmehr innerhalb eines Monats nach Zustellung dieses Widerspruchsbescheides Klage vor dem Verwaltungsgericht in Düsseldorf, Bastionstr. 39, 40213 Düsseldorf erheben. Die Klage gegen das Land NRW ist schriftlich **56.1**

beim Verwaltungsgericht einzureichen oder zur Niederschrift des Urkundsbeamten der Geschäftsstelle zu erklären. Gegen die Anordnung der sofortigen Vollziehung kann gem. § 80 Abs. 5 VwGO die Wiederherstellung der aufschiebenden Wirkung der Klage/die Anordnung der aufschiebenden Wirkung der Klage beantragt werden. Der Antrag ist beim Verwaltungsgericht in Düsseldorf, Bastionstr. 39, 40213 Düsseldorf zu stellen. Die Vollziehung kann auf Antrag gem. § 80 Abs. 4 VwGO auch von mir ausgesetzt werden."

57   Abweichend von der im Muster vorgeschlagenen Rechtsbehelfsbelehrung ist bei einem Widerspruchsbescheid an einen Dritten, der durch den Widerspruchsbescheid erstmalig beschwert wird (§ 79 Abs. 1 Nr. 2 VwGO; vgl. aber auch § 110 JustG NRW), zu formulieren:

57.1   „Gegen diesen Widerspruchsbescheid kann innerhalb eines Monats Klage erhoben werden."

58   Das **Ministerium für Inneres und Kommunales Nordrhein-Westfalen** hat mit Empfehlung v. 31.3.2014 – 56 – 36.05.07 seinen Behörden vorgeschlagen, aufgrund der oben genannten Entscheidung des OVG Münster (BeckRS 2013, 54276) im Zusammenhang mit der Belehrung über die Möglichkeit zur Klageerhebung mittels elektronischer Form zukünftig die Rechtsmittelbelehrungen um ausdrückliche Hinweise zum Erfordernis der qualifizierten elektronischen Signatur und zur notwendigen Übermittlung an die elektronische Poststelle des zuständigen Gerichts zu ergänzen. Dies entspricht ebenfalls einer Anregung aus der Literatur, die anmahnte, die Rechtsmittelbelehrungen in Bezug auf die Klageerhebung in elektronischer Form aus Gründen der Bürgerfreundlichkeit zu ergänzen (Starke LKV 2010, 358). Das Ministerium schlägt daher folgende Ergänzung vor (→ Rn. 58.1):

58.1   „Die Klage kann auch in elektronischer Form nach Maßgabe der Verordnung über den elektronischen Rechtsverkehr bei den Verwaltungsgerichten und den Finanzgerichten im Lande Nordrhein-Westfalen – ERVVO VG/FG – v. 7.11.2012 (GV.NRW. 548) in der jeweils geltenden Fassung eingereicht werden. Das elektronische Dokument muss mit einer qualifizierten Signatur nach § 2 Nummer 3 des Signaturgesetzes v. 16.5.2001 (BGBl. I 876) in der jeweils geltenden Fassung versehen sein und an die elektronische Poststelle des Gerichts übermittelt werden."

59   Das Ministerium empfiehlt weiter, von der eigentlichen Rechtsbehelfsbelehrung drucktechnisch abgesetzt (bspw. kursiv gedruckt) folgenden Hinweis aufzunehmen:

59.1   „Bei der Verwendung der elektronischen Form sind besondere technische Rahmenbedingungen zu beachten. Die besonderen technischen Voraussetzungen sind unter www.egvp.de, Stand: 12.12.2014, aufgeführt."

60   Die **Literatur** schlägt für die elektronische Kommunikation folgende Formulierung vor (Starke LKV 2010, 358; → Rn. 60.1):

60.1   „Gegen diesen Bescheid kann innerhalb eines Monats nach seiner Bekanntgabe Widerspruch erhoben werden. Der Widerspruch ist beim …-Amt in … (Bezeichnung und Sitz, ggf. Anschrift der Ausgangsbehörde) schriftlich oder zur Niederschrift einzulegen. Die Schriftform kann durch die elektronische Form ersetzt werden. In diesem Fall ist der Widerspruch mit einer qualifizierten elektronischen Signatur nach dem Signaturgesetz zu versehen und an … (E-Mail-Adresse der Behörde) zu richten.
Hinweise: Bei der Verwendung der elektronischen Form sind besondere technische Rahmenbedingungen zu beachten. Diese technischen Voraussetzungen sind in der Verordnung über den elektronischen Rechtsverkehr im Land Brandenburg vom 14.12.2006 (GVBl II, 558), zuletzt geändert durch Verordnung vom 1.10.2007 (GVBl II, 425) aufgeführt, die im Internet unter … (Angabe einer URL-Adresse) veröffentlicht ist."

§ 21 Wahl der Mittel

[1]Kommen zur Abwehr einer Gefahr mehrere Mittel in Betracht, so genügt es, wenn eines davon bestimmt wird. [2]Der betroffenen Person ist auf Antrag zu gestatten, ein anderes ebenso wirksames Mittel anzuwenden, sofern die Allgemeinheit dadurch nicht stärker beeinträchtigt wird. [3]Der Antrag kann nur bis zum Ablauf einer der betroffenen Person für die Ausführung der Verfügung gesetzten Frist, anderenfalls bis zum Ablauf der Klagefrist, gestellt werden.

Überblick

S. 1 regelt die Fälle, in denen es mehrere mögliche, gleich geeignete Mittel zur Abwehr einer Gefahr gibt, die alle den Bestimmtheitsgrundsatz (→ Rn. 2) wahren würden. Dann legt die Ordnungsbehörde ein bestimmtes Mittel im Tenor der Ordnungsverfügung fest (→ Rn. 4). Der Adressat kann nach S. 2 und S. 3 innerhalb bestimmter Fristen (→ Rn. 10) durch Antrag (→ Rn. 9) an die Ordnungsbehörde ein Austauschmittel (→ Rn. 6) anbieten. Das Antragsrecht wird allgemein als **„Ersatzvorschlagsrecht des Betroffenen"** (→ Rn. 6) bezeichnet.

A. Parallelnormen

Eine vergleichbare Regelung zu § 21 gibt es nicht im BWPolG und LStVG, jedoch in **1** § 5 Abs. 2 HSOG und § 5 Abs. 2 NPOG.

B. Bestimmen eines Mittels bei mehreren möglichen (S. 1)

Grundsätzlich hat ein jeder Verwaltungsakt den **Bestimmtheitsgrundsatz** aus § 37 Abs. 1 **2** VwVfG. NRW. zu beachten. Es ist umstritten, ob der Bestimmtheitsgrundsatz Teil der formellen oder materiellen Rechtmäßigkeit ist, also unter dem Prüfungspunkt „Form" oder „Allgemeine Rechtmäßigkeitsvoraussetzungen" zu prüfen ist (Steiner, Besonderes Verwaltungsrecht, 8. Aufl. 2006, Rn. 275). Es muss ohne weitere Ermittlungen oder Rückfragen erkennbar sein, dass es sich bei dem betreffenden Akt um einen Verwaltungsakt handelt, auf welche Angelegenheit sich der Verwaltungsakt bezieht, von wem, was und wann verlangt wird oder wem, was, wann gewährt oder versagt wird, wem gegenüber was festgestellt wird etc (BeckOK VwVfG/Tiedemann VwVfG § 37 Rn. 2 mwN).

Der Bestimmtheitsgrundsatz verlangt, dass die durch den Verwaltungsakt getroffene Rege- **3** lung hinreichend klar, verständlich und in sich widerspruchsfrei ist. Der Entscheidungsinhalt muss in diesem Sinne für den Adressaten nach Art und Umfang aus sich heraus verständlich sein und den Adressaten in die Lage versetzen, zu erkennen, was genau von ihm gefordert wird (VG Düsseldorf BeckRS 2013, 46362 mwN). Welches Maß an Konkretisierung im Einzelfall notwendig ist, hängt von der Art des Verwaltungsaktes, den Umständen seines Erlasses und seinem Zweck ab, wobei sich die Maßstäbe aus dem jeweiligen Fachrecht ergeben können (OVG Münster NVwZ 1993, 1000).

Einzelfälle: Eine Wiederholung des Wortlauts des § 5 Abs. 1 LHundG NRW in einer hunderechtli- **3.1** chen Ordnungsverfügung wahrt den Bestimmtheitsgrundsatz: „Innerhalb eines befriedeten Besitztums sind (gefährliche) Hunde so zu halten, dass sie dieses gegen den Willen der Halterin oder des Halters nicht verlassen können." Denn der Adressat kann selbst wählen, wie er das Grundstück ausbruchsicher gestalten will. Verlässt der Hund dann entgegen der Verfügung das befriedete Besitztum, kann dies allein als Grundlage von Vollstreckungsmaßnahmen dienen, zB Androhung und Festsetzung eines Zwangsgeldes (VG Düsseldorf BeckRS 2013, 46362).

Der Bestimmtheitsgrundsatz regelt naturgemäß nicht, welche von mehreren möglichen, **4** gleich geeigneten Maßnahmen die Ordnungsbehörde zu wählen hat. Hier hilft S. 1. Nach § 15 Abs. 1 haben die Ordnungsbehörden von mehreren möglichen und geeigneten Maßnahmen diejenige zu treffen, die den einzelnen und die Allgemeinheit am wenigsten beeinträchtigt. Kommen zur Abwehr einer Gefahr mehrere Mittel in Betracht, so genügt es, wenn eines davon bestimmt wird (S. 1). Die vom Gesetzgeber verwendeten Begriffe „Maßnahmen" und „Mittel" sind gleichbedeutend. Zwischen den Begriffen besteht kein rechtlicher Unterschied. Die Begriffe bezeichnen die Fülle der nach der „jeweiligen Gefahrenlage zur Abwehr möglichen formellen und materiellen Schritte" (OVG Münster NVwZ 1993, 1000 (1001)). S. 1 löst die Fälle, in denen es mindestens zwei Mittel im Tenor einer Ordnungsverfügung geben kann, die beide den Bestimmtheitsgrundsatz wahren würden. Dann ist es ausreichend, wenn die Ordnungsbehörde ein bestimmtes Mittel wählt, dem Adressaten also nicht die Wahl lässt. **Die Behörde muss aber ein bestimmtes Mittel festlegen.** Es ist unzulässig, dem Adressaten die Beseitigung der Gefahr durch irgendein Mittel freizustellen oder ein Mittel festzulegen, dass den Bestimmtheitsgrundsatz nicht wahrt (OVG Münster NVwZ 1993, 1000 (1001)).

C. Austauschmittel (S. 2 und S. 3)

5   Vorgängernorm war § 19 aF, der noch regelte: „Dem Betroffenen ist auf Antrag zu gestatten, anstelle eines durch Ordnungsverfügung angedrohten oder festgesetzten Mittels in von ihm angebotenes anderes Mittel anzuwenden, durch das die Gefahr wirksam abgewehrt werden kann. Der Antrag kann nur bis zum Ablauf einer dem Betroffenen für die Ausführung der Verfügung gesetzten Frist, andernfalls bis zum Ablauf der Klagefrist gestellt werden." (LT-Drs. 2/1441, 11; 3/6, 10; 3/243, 9). Der Landesgesetzgeber änderte am 8.12.2009 die Wörter „der Betroffene" in „die betroffene Person" um (Art. 9 Nr. 6 des Zweiten Gesetzes zur Änderung der gesetzlichen Befristungen im Zuständigkeitsbereich des Innenministeriums v. 8.12.2009, GV. NRW. 765).

6   Die Regelungen in S. 2 und S. 3 stehen in engem Zusammenhang mit dem Grundgedanken aus § 15 Abs. 1 (§ 12 Abs. 1 aF), also dem Verhältnismäßigkeitsgrundsatz (LT-Drs. 2/1441, 38; 3/6, 38). Den Ordnungsbehörden kann angesichts der vielfältigen Sachverhalte nicht immer bekannt sein, welche Maßnahmen überhaupt möglich sind und welche von diesen Maßnahmen den Adressaten konkret am wenigsten beeinträchtigt. Dann hat der Adressat nach S. 2, 3 die Möglichkeit, ein sog. **Austauschmittel** anzubieten. Die Begrifflichkeit des Austauschmittels ist die in der Literatur übliche (vgl. Schroeder PolR NRW Rn. 269), auch wenn diese Begrifflichkeit in den Gesetzesmaterialien nicht verwendet worden ist (LT-Drs. 2/1441, 38; 3/6, 38). Die Ordnungsbehörde entscheidet über einen Antrag auf ein Austauschmittel nach pflichtgemäßem Ermessen (LT-Drs. 2/1441, 38; 3/6, 6). Die Literatur bezeichnet das Recht, ein Austauschmittel anzubieten, einprägsam als **„Ersatzvorschlagsrecht des Betroffenen"** (Schönenbroicher/Heusch/Schönbroicher Rn. 1). Ein angebotenes Austauschmittel ändert nichts an der Verhältnismäßigkeit einer Ordnungsverfügung. Die Geeignetheit des Austauschmittels ist in einem weiteren Verfahren gesondert durch die Behörde zu prüfen (OVG Münster BeckRS 2014, 56622).

7   Austauschmittel sind in der Verwaltungspraxis eine Rarität, kommen bisweilen im Bauordnungsrecht bei der Verletzung von Abstandsflächen bzw. zusätzlich verlangten Treppen zur Evakuierung der Bewohner eines Hauses vor. Ganz selten sind Austauschmittel in anderen Bereichen des Ordnungsrechts von Bedeutung (vgl. Einzelfälle → Rn. 14.1). Zwar wird nach Erlass einer Ordnungsverfügung vielfach vom Adressaten die Verhältnismäßigkeit der Maßnahme beklagt, um die materielle Rechtmäßigkeit der Ordnungsverfügung zu erschüttern. Dass es jedoch einen Antrag auf Austausch der Mittel nach S. 2 und S. 3 gibt, ist selten und kommt in den Ordnungsbehörden in nicht relevanter Zahl vor. Denn die Möglichkeit eines Austauschmittels ist den Adressaten einer Ordnungsverfügung bzw. ihren Verfahrens- und Prozessvertretern **nur wenig bekannt**.

8   Die Anwendung eines Austauschmittels ist **kein zivilrechtlicher Vergleich** nach § 779 BGB. Vielmehr erlaubt das **öffentlich-rechtliche „Instrument des Austauschmittels"** (OVG Münster BeckRS 2012, 60077) dem Adressaten, an Stelle der von der Ordnungsbehörde gewählten Maßnahme eine für ihn, aus welchen Gründen auch immer, genehmere Maßnahme zu wählen (OVG Münster BeckRS 2005, 21857). Die Anerkennung eines Austauschmittels setzt voraus, dass die angebotene Alternativmaßnahme in qualitativer und in zeitlicher Hinsicht ebenso geeignet zur Gefahrenabwehr sein muss, wie die durch die Ordnungsbehörde angeordnete Maßnahme (VG Gelsenkirchen BeckRS 2011, 51667). Es ist Sache des Adressaten einer Ordnungsverfügung, ein etwa in Betracht kommendes Austauschmittel anzubieten (OVG Münster BeckRS 2000, 17391).

9   Über ein angebotenes Austauschmittel wird auf **Antrag** entschieden. Da das Gesetz keine besondere Form vorschreibt, kann der Antrag des Adressaten der Ordnungsverfügung formfrei erfolgen (→ § 20 Rn. 34). Der Antrag muss einen konkreten Gegenvorschlag zur festgelegten Maßnahme enthalten (BVerwG NVwZ-RR 1997, 273).

10   Der Antrag muss in den **Fristen** des S. 2 erfolgen. Als vorrangige Frist für den Antrag auf ein Austauschmittel ist die Frist zu beachten, die zur Ausführung der Ordnungsverfügung gesetzt worden ist (S. 3 Hs. 1). Für diese Frist muss also die Ordnungsverfügung hinzugezogen werden, um die Frist ermitteln zu können. Gibt es eine solche Frist nicht – bspw., wenn die Anordnung der sofortigen Vollziehung für eine Maßnahme angeordnet worden ist (§ 80 Abs. 2 Nr. 4 VwGO) – gilt die übliche Klagefrist von einem Monat (§ 74 Abs. 1 VwGO). Nach Abschaffung des Vorverfahrens gem. § 110 JustG NRW dürfte diese Frist grundsätzlich maßgeblich sein.

Es ist in Rechtsprechung und Literatur **noch nicht geklärt, welche rechtlichen Folgen** 11
das Anbieten eines sich im Ergebnis tatsächlich gleich wirksam herausstellenden Mittels durch
den Adressaten hervorrufen. Auf der einen Seite könnte die Annahme des Austauschmittels
durch die Ordnungsbehörde die **materielle Rechtmäßigkeit** der ursprünglichen Ordnungsverfügung oder auf der anderen Seite die **Rechtmäßigkeit der anschließenden Vollstreckung berühren** (offengelassen OVG Münster BeckRS 2005, 21857; 2003, 22626;
tendiert wohl zur vollstreckungsrechtlichen Lösung OVG Koblenz NVwZ 1997, 1009
mwN). Ein Teil der Literatur ist der Auffassung, dass ein Angebot eines Austauschmittels
nicht die Rechtmäßigkeit der Ordnungsverfügung berührt, sondern im Rahmen der Vollstreckung der Ordnungsverfügung Berücksichtigung finden sollte und nach deren Ausführung
zur Erledigung führen würde (OVG Koblenz NVwZ 1997, 1009 mwN aus die Lit.; Schönen-
broicher/Heusch/Schönbroicher Rn. 1).

Nach hier vertretener Ansicht kann eine dritte Sicht weiterhelfen, anhand der die Proble- 12
matik gelöst werden kann. Zunächst müsste getrennt werden zwischen Sachverhalten, die
vor oder nach Bestandskraft der ursprünglichen Ordnungsverfügung liegen. Dann müssten
die **Streitgegenstände** genau untersucht werden (**ordnungsrechtliche Streitgegen-
standstheorie** iSd § 173 VwGO iVm § 253 Abs. 2 Nr. 2 ZPO).

Ein Beispiel vor Bestandskraft der ursprünglichen Ordnungsverfügung: Wenn die Ord- 13
nungsbehörde eine hunderechtliche Verfügung nach § 12 Abs. 1 LHundG NRW mit dem
Inhalt trifft, dass der Halter nunmehr bei seinem Hund einen Maulkorb verwenden muss,
ist dies die Grundverfügung. Beantragt der Halter, den Maulkorb- durch einen Leinenzwang
zu ersetzen, da dies aus seiner Sicht das ebenso geeignete, jedoch für ihn persönlich mildere
Mittel darstellt, wäre die Zustimmung dieses Antrags ein Verwaltungsakt, in dem inzident
eine Abänderungsverfügung der Grundverfügung zu sehen ist. Gegen den abgeänderten
Bescheid könnte der Halter Anfechtungsklage erheben. Wird der Antrag auf den Leinenzwang abgelehnt, wäre dies ein Verwaltungsakt, der mit der Verpflichtungsklage beklagt
werden kann. Ich meine, dass in jeder Ablehnung oder positiven Bescheidung eines Antrags
auf ein Austauschmittel ein Verwaltungsakt und inzident bei einer positiven Bescheidung
hinzu ein Abänderungsbescheid liegen würde. Analog zu § 79 Abs. 1 Nr. 1 VwGO wäre
Streitgegenstand der ursprüngliche Verwaltungsakt in Gestalt des Abänderungsbescheids bzw.
allein der abgelehnte Antrag auf Austausch des Mittels. Dann wäre das Austauschmittel keine
Frage der materiellen Rechtmäßigkeit oder eines Vollstreckungshindernisses, sondern im
Rahmen des Streitgegenstandes zu lösen.

Bei Sachverhalten nach Bestandskraft der ursprünglichen Ordnungsverfügung und einem 14
Antrag auf ein Austauschmittel, müsste die Behörde wegen Verfristung des Antrags auf ein
Austauschmittel den Antrag ablehnen. Dies wäre ein belastender Verwaltungsakt, der beklagt
werden kann. Die ursprüngliche Ordnungsverfügung wäre jedoch nicht Streitgegenstand, da
diese bestandskräftig geworden ist. Lässt die Ordnungsbehörde den Antrag zu – sie könnte den
Antrag auf ein Austauschmittel umdeuten in eine „Gegenvorstellung" und die ursprüngliche
Verfügung nach §§ 48, 49 VwVfG. NRW. ganz oder teilweise aufheben (§ 88 VwGO analog) –
könnte der Adressat nun die ursprüngliche Ordnungsverfügung in Gestalt des Abänderungsbescheids beklagen. Grundsätzlich ist es meines Erachtens so, dass nach Bestandskraft der
ursprünglichen Ordnungsverfügung kein neuer Verwaltungsakt erlassen werden soll. Denn
die Ordnungsbehörde hat ein Interesse an der Bestandskraft ihrer Verfügungen und sie will
sicherlich nicht immer wieder die Klagefristen auslösen (vgl. § 51 VwVfG. NRW.).

Einzelfälle: 14.1

- Das **Anbieten einer Sanierung** eines abrissreifen Gebäudes ist kein geeignetes Austauschmittel
  gegen eine Abrissverfügung, wenn der Adressat der Abrissverfügung im Grunde nicht gewillt ist, die
  Sanierung des Gebäudes zeitnah und konsequent durchzuführen (VG Gelsenkirchen BeckRS 2016,
  44073).
- Der Adressat kann der Ordnungsbehörde anbieten, dass die in einem Tierheim untergebrachten
  Hunde wegen des Verdachts auf eine Erkrankung auf Tollwut bei dem Adressaten selbst unter Kon-
  trolle der Ordnungsbehörde untergebracht werden könnten, um die psychischen Beeinträchtigungen
  der Trennung zwischen Halter und Hund zu begrenzen (VG Düsseldorf BeckRS 2010, 47366).
- Beantragen die von Obdachlosigkeit bedrohten Adressaten einer Räumungsverfügung anstatt der
  Schließung eines Kinderzimmers die Schließung des Elternschlafzimmers in einer Obdachlosenunter-

kunft, in der sie seit 21 Jahren leben, liegt darin ein Antrag auf Austausch der Mittel (VG Düsseldorf BeckRS 2010, 47911).
- Eine Notleiter mit Rückenschutz für den Brandfall ist kein geeignetes Austauschmittel, wenn die Ordnungsbehörde eine Spindeltreppe als weitere „notwendige Treppe" durch Ordnungsverfügung verlangt, wenn kein „Sicherheitstreppenraum" vorhanden ist (vgl. § 34 BauO NRW 2018; VG Köln BeckRS 2007, 22690; BeckOK BauordnungsR NRW/Otto/Schulz BauO NRW 2018 § 34 Rn. 1).
- Ordnet die Bauordnungsbehörde den vollständigen Abriss eines Balkons an, ist zulässiges Austauschmittel, wenn der Adressat anbietet, den Balkon selbst auf ein rechtlich zulässiges und genehmigungsfähiges Maß abzubauen (OVG Münster BeckRS 2003, 18393).

§ 22 Fortfall der Voraussetzungen

¹**Fallen die Voraussetzungen einer Ordnungsverfügung, die fortdauernde Wirkung ausübt, fort, so kann die betroffene Person verlangen, daß die Verfügung aufgehoben wird.** ²**Die Ablehnung der Aufhebung gilt als Ordnungsverfügung.**

Überblick

S. 1 ist ein einfachgesetzlicher Folgenbeseitigungsanspruch (→ Rn. 3). Auf Verlangen (→ Rn. 4) der betroffenen Person (→ Rn. 5) kann eine Ordnungsverfügung (→ Rn. 6) mit Dauerwirkung (→ Rn. 6) bei Fortfallen der Voraussetzungen (→ Rn. 7) vollständig oder teilweise (→ Rn. 3) aufgehoben werden. Die Ablehnung der Aufhebung ist nach gesetzlicher Fiktion in S. 2 eine Ordnungsverfügung (→ Rn. 8) und unterliegt daher nach § 20 der Schriftform (→ Rn. 9).

A. Parallelnormen

1   Parallelnormen zu § 22 finden sich im BWPolG, LStVG, HSOG und NPOG nicht.

B. Anspruch auf Aufhebung eines Dauerverwaltungsakts (S. 1)

2   Vorgängernorm war § 20 aF, der regelte: „Fallen die Voraussetzungen einer Ordnungsverfügung, die fortdauernde Wirkung ausübt, fort, so kann der Betroffene verlangen, dass die Verfügung aufgehoben wird. Die Ablehnung der Aufhebung gilt als Ordnungsverfügung." (LT-Drs. 2/1441, 11; 3/6, 11; 3/243, 9). Die Vorschrift wurde § 43 S. 1 PrPVG nachgebildet (LT-Drs. 2/1441, 38; 3/6, 38). Der Landesgesetzgeber änderte am 8.12.2009 die Wörter „der Betroffene" in „die betroffene Person" um (Art. 9 Nr. 6 des Zweiten Gesetzes zur Änderung der gesetzlichen Befristungen im Zuständigkeitsbereich des Innenministeriums v. 8.12.2009, GV. NRW. 765). Grundsätzlich wird eine Ordnungsverfügung, unabhängig davon, ob diese Dauerwirkung hat oder nicht, nach Ablauf der Klagefrist von einem Monat nach § 74 VwGO bestandskräftig bzw. ist spätestens nach einem Jahr nicht mehr mit einer Klage beklagbar (§ 58 Abs. 2 VwGO). S. 1 will darüber hinaus einen **erweiterten Rechtsschutz bieten** (LT-Drs. 2/1441, 38).

3   Es ist nach dem Wortlaut der Vorschrift nicht ganz deutlich erkennbar, ob S. 1 **Rechtsgrundverweis** oder lediglich **Rechtsfolgenverweis** oder **eine eigene Anspruchsgrundlage mit eigener Rechtsfolge** sein will. Denn S. 1 formuliert: „[…] dass die Verfügung **aufgehoben** wird." Die **Aufhebung von Verwaltungsakten** ist ausführlich in den §§ 48, 49 VwVfG. NRW. geregelt. Aus den Gesetzgebungsmaterialien ergibt sich, dass weder ein Rechtsgrund- noch ein Rechtsfolgenverweis gemeint gewesen sein kann. Denn die Vorschrift gibt **einen eigenen Anspruch auf Zurücknahme einer Ordnungsverfügung**, wenn nach ihrem Erlass tatsächliche oder rechtliche Umstände eintreten, nach denen die Verfügung, die ihre formell rechtsverbindliche Wirkung fortdauernd weiter ausübt, unzulässig sein würde (LT-Drs. 2/1441, 38 f.; 3/6, 38). Die obergerichtliche Rechtsprechung geht ebenfalls von einer eigenen Anspruchsgrundlage aus (OVG Münster BauR 2000, 1859). Die Anspruchsgrundlage erlaubt die **vollständige oder teilweise Aufhebung** des Dauerverwaltungsakts (OVG Münster BauR 2000, 1859). S. 1 ist ein in Gesetzestext gegossener **Folgen-**

beseitigungsanspruch, jedoch ohne vollständige Folgenbeseitigung. Denn S. 1 sieht lediglich die Aufhebung der Ordnungsverfügung vor, nicht dagegen die Folgenbeseitigung.

Vor Entscheidung der Aufhebung ist ein **Verlangen** der betroffenen Person notwendig. 4
Da das Gesetz keine besonderen Voraussetzungen für das Verlangen der betroffenen Person aufstellt, ist dieses Verlangen als Antrag formfrei (→ § 20 Rn. 34). Die Rechtsprechung konkretisiert den Wortlaut dahingehend, dass ein **konkretes Verlangen** von der betroffenen Person bei ihrem Antrag an die Ordnungsbehörde gefordert wird (OVG Münster BauR 2000, 1859).

Das Verlangen bzw. der Antrag auf Aufhebung muss dabei nach dem Wortlaut der Vor- 5
schrift von **der betroffenen Person** gestellt werden. Eine betroffene Person ist nach hier vertretener Ansicht der Adressat der Ordnungsverfügung, also der **Beteiligte nach § 13 Abs. 1 Nr. 2 Alt. 2 VwVfG. NRW.**

Die Ordnungsverfügung (zum Begriff vgl. → § 20 Rn. 9) muss **fortdauernde Wirkung** 6
(vgl. § 43 Abs. 2 VwVfG. NRW.) ausüben, also ein sog. **Dauerverwaltungsakt** sein. Das VwVfG. NRW. kennt den „Dauerverwaltungsakt" zwar nicht, die Rechtsprechung hat den Begriff des **Verwaltungsakts mit Dauerwirkung** jedoch geprägt (stRspr, BVerwG NVwZ 2012, 510 (511)). Ein Dauerverwaltungsakt unterscheidet sich von anderen Verwaltungsakten, dass seine Wirkung nicht zu einem bestimmten Zeitpunkt, sondern während eines bestimmten Zeitraums eintritt (BVerwG NVwZ 2012, 510 (511) mwN; BeckOK VwVfG/Alemann/Scheffczyk VwVfG § 35 Rn. 70 ff.).

Das **Fortfallen der Voraussetzungen einer Ordnungsverfügung** erläutern die Geset- 7
zesmaterialien dahin gehend, wenn nach ihrem Erlass **tatsächliche oder rechtliche Umstände** eintreten, nach denen die Verfügung, die ihre formell rechtsverbindliche Wirkung fortdauernd weiter ausübt, unzulässig sein würde (LT-Drs. 2/1441, 38 f.; 3/6, 38). In anderen Worten ist das Fortfallen der Voraussetzungen **das vollständige oder teilweise Wegfallen der Tatbestandsvoraussetzungen der (spezialgesetzlichen) Ermächtigungsgrundlage für die Ordnungsverfügung nach Erlass der Verfügung wegen tatsächlicher oder rechtlicher Umstände.** Mithin hat sich für die betroffene Person der **Sachverhalt** oder die **Rechtslage** dahingehend verändert, dass die Ordnungsverfügung bereits im Rahmen der materiellen Rechtmäßigkeit und hier schon bei den Tatbestandsvoraussetzungen zum Zeitpunkt des Antrags nach S. 1 nicht mehr rechtsfehlerfrei noch einmal erlassen werden könnte. Ob das Fortfallen der Voraussetzungen vorliegt oder nicht, ist wie üblich Tatfrage. Einwänden des Betroffenen in Bezug auf den Wegfall der Voraussetzungen eines Dauerverwaltungsakts geht die Ordnungsbehörde im Rahmen **eines eigenständigen Verwaltungsverfahrens** nach (VG Aachen BeckRS 2013, 54439), sodass die Bestandskraft des ursprünglichen Dauerverwaltungsakts gewahrt bleibt, jedoch in einem separaten Verwaltungsverfahren die Zweckmäßigkeit eben dieses Dauerverwaltungsakts überprüft werden kann.

C. Gesetzliche Fiktion und Schriftform der Ablehnung der Aufhebung (S. 2)

S. 2 stellt eine gesetzliche Fiktion auf, nämlich dass die Ablehnung der Aufhebung als 8
Ordnungsverfügung gilt. Die Vorschrift ist § 43 PrPVG nachgebildet, der regelte, dass die Ablehnung der Aufhebung als polizeiliche Verfügung gilt (LT-Drs. 2/1441, 39; 3/6, 38). Der Antrag auf Aufhebung einer Ordnungsverfügung ist ein **Antrag auf Vornahme eines Verwaltungsakts** (OVG Münster VerwRspr 1960, 112 (113)). Indem durch S. 2 klar gestellt wird, dass die Ablehnung der Aufhebung als Ordnungsverfügung gilt, wird Rechtssicherheit erreicht. Denn es liegt ein Verwaltungsakt nach § 35 VwVfG. NRW. vor, sodass die übliche Möglichkeit der Anfechtungsklage nach § 42 Abs. 1 Alt. 1 VwGO besteht.

Wenn die Ablehnung der Aufhebung als Ordnungsverfügung gilt, muss die Ablehnung 9
konsequenterweise der **Schriftform** aus § 20 Abs. 1 S. 1 (→ § 20 Rn. 19) genügen und eine **Rechtsmittelbelehrung** enthalten, § 20 Abs. 2 S. 2 (→ § 20 Rn. 47 ff.).

§ 23 Versagung ordnungsbehördlicher Erlaubnisse

¹**Die Ordnungsbehörde darf eine Erlaubnis oder Bescheinigung, auf die die antragstellende Person unter bestimmten Voraussetzungen einen Rechtsanspruch**

hat (gebundene Erlaubnis), nur versagen, wenn diese Voraussetzungen nicht vorliegen. ²Sie darf eine Erlaubnis oder Bescheinigung, deren Erteilung in das pflichtgemäße Ermessen der Ordnungsbehörde gestellt ist (freie Erlaubnis), vorbehaltlich
anderer gesetzlicher Vorschriften nur versagen, wenn dies der Erfüllung ordnungsbehördlicher Aufgaben dient.

Überblick

Der Landesgesetzgeber regelt in der Vorschrift, unter welchen Voraussetzungen eine
gebundene und freie Erlaubnis und Bescheinigung von der Ordnungsbehörde zu erteilen
ist. Die landesgesetzliche Regelung zu Auflagen in Ordnungsverfügungen ist weggefallen.
Inwieweit Nebenbestimmungen in Ordnungsverfügungen zulässig sind, ist allgemein in § 36
VwVfG. NRW. und Nr. 23.2 VV OBG geregelt.

A. Parallelnormen

1   Eine Parallelnorm findet sich im BWPolG, LStVG, HSOG und NPOG nicht.

B. Einführung

2   Vorgängernorm war § 21 Abs. 1 aF mit leicht präziserem Wortlaut: „Die Ordnungsbehörde
darf eine Erlaubnis oder Bescheinigung, auf die der Antragsteller unter bestimmten Voraussetzungen einen Rechtsanspruch hat (gebundene Erlaubnis), nur versagen, wenn diese Voraussetzungen nicht vorliegen. Sie darf eine Erlaubnis oder Bescheinigung, soweit deren Erteilung
in das pflichtgemäße Ermessen der Ordnungsbehörde gestellt ist (freie Erlaubnis), vorbehaltlich anderer gesetzlicher Vorschriften nur versagen, wenn dies zur Gefahrenabwehr notwendig ist." (LT-Drs. 2/1441, 11 f.; 3/6, 11). Der Landesgesetzgeber änderte am 8.12.2009 die
Wörter „der Antragsteller" in „die antragstellende Person" um (Art. 9 Nr. 7 des Zweiten
Gesetzes zur Änderung der gesetzlichen Befristungen im Zuständigkeitsbereich des Innenministeriums v. 8.12.2009, GV. NRW. 765).

C. Ordnungsbehörde

3   Zum Begriff der **Ordnungsbehörde** ist auf die Kommentierung des § 20 zu verweisen
(→ § 20 Rn. 6 ff.).

D. Erlaubnis

4   Eine **Erlaubnis** ist ein Verwaltungsakt, der entgegen einer Anordnung bzw. Verfügung
als Inhalt eine Genehmigung trifft (BeckOK VwVfG/Alemann/Scheffczyk VwVfG § 35
Rn. 48). Denn ohne vorherige Erteilung ist das jeweilige Handeln rechtlich unzulässig oder
strafbar (OVG Münster NJW 1968, 614 (615)). Die Gesetzesmaterialien an sich geben keinen
Hinweis für eine mögliche Auslegung des Begriffs der Erlaubnis her (LT-Drs. 2/1441, 39;
3/6, 38). Ob die Einteilung von Verwaltungsakten anhand ihres Regelungsinhalts sinnvoll
ist, ist streitig (BeckOK VwVfG/Alemann/Scheffczyk VwVfG § 35 Rn. 48), wohl jedoch
eine, die die alten Spezialgesetze durchaus verwendet haben. Hintergrund ist, dass der Begriff
der Erlaubnis ein alter Begriff ist, der auf § 40 Abs. 1 PrPVG (Preußisches Polizeiverwaltungsgesetz v. 1.6.1931) fußt, der ausdrücklich bestimmte, dass die Versagung, Einschränkung oder
Zurücknahme einer rechtlich vorgesehenen **polizeilichen Erlaubnis** einer polizeilichen
Verfügung gleichsteht (OVG Münster NJW 1968, 614; LT-Drs. 2/1441, 39; 3/6, 38). Diese
alten Begriffe **können wörtlich oder normativ** iSd heutigen VwVfG (NRW) **ausgelegt
werden** (→ § 20 Rn. 15). Bei der Erlaubnis unterscheidet das Gesetz selbst zwischen der
gebundenen Erlaubnis (S. 1) und der **freien Erlaubnis** (S. 2). Der Gesetzgeber wollte
die Tatbestände der gebundenen und freien Erlaubnisse aus praktischen Gründen und der
Rechtsklarheit für den Betroffenen ausdrücklich regeln (LT-Drs. 2/1441, 39; 3/6, 38).

5   Wird dem Adressaten eine ordnungsbehördliche Erlaubnis erteilt, entsteht ein „vertrauens-
schutzwürdiger öffentlich-rechtlicher Besitzstand". Dieser Besitzstand kann nur nach den
Regeln der §§ 48, 49 VwVfG. NRW., also Rücknahme und Widerruf eines begünstigenden

Verwaltungsakts, aufgehoben werden (Tettinger/Erbguth/Mann, Besonderes Verwaltungsrecht, 11. Aufl. 2012, Rn. 704).

I. Gebundene Erlaubnis (S. 1)

Bei der **gebundenen Erlaubnis** hat der Antragsteller unter bestimmten Voraussetzungen 6
einen Rechtsanspruch auf Erteilung. Die Ordnungsbehörde ist bei der gebundenen Erlaubnis
an die besonderen gesetzlichen Voraussetzungen gebunden, die die Versagung rechtfertigen
(LT-Drs. 2/1441, 39; 3/6, 38; Nr. 23.2 S. 1 Hs. 1 VV OBG). Das BVerfG führt im Nassaus-
kiesungsfall eingängig zur gebundenen Erlaubnis aus: „Ein Erlaubnisverfahren mit Rechtsanspruch auf Erteilung der Erlaubnis ist verfassungsrechtlich dann geboten, wenn das Verfahren
die Ausübung grundrechtlich gesicherter Befugnisse zum Gegenstand hat. Die präventive
Prüfung mit der Möglichkeit eines Verbots dient der Feststellung, ob eine rechtmäßige
Grundrechtsausübung beabsichtigt ist" (BVerfG NJW 1982, 745 (752)).

II. Freie Erlaubnis (S. 2)

Bei der **freien Erlaubnis** steht die Erteilung im pflichtgemäßen Ermessen der Ordnungs- 7
behörde. Die Erlaubnis kennt also keine besonderen Tatbestandsvoraussetzungen, sondern
lediglich eine Ermessensausübung der Erlaubnisbehörde (OVG Münster NJW 1968, 614
(615)). Die Ordnungsbehörde kann bei der freien Erlaubnis, soweit gesetzlich nicht etwas
anderes zulässig ist, die Erlaubnis nur dann versagen, **wenn dies zur Gefahrenabwehr
notwendig ist** (LT-Drs. 2/1441, 39; 3/6, 38). Die Verwaltungsvorschriften legen daher in
Nr. 23.1 S. 2 VV OBG fest, dass Maßstab für die Erteilung **eine wirksame Gefahrenabwehr oder die Wahrnehmung ordnungsbehördlicher Belange ist.** Bei der Ermessensausübung hat die Ordnungsbehörde wie bei jeder anderen Ermessensausübung auch die
Vorgaben des § 40 VwVfG. NRW. bzw. § 114 VwGO mit den darin enthaltenen Ermessen-
fehlern (Ermessensaufall, -fehlgebrauch, -überschreitung) zu beachten.

Beispiele: 7.1
- **gebundene Erlaubnisse:**
  § 9 NRWDSchG (Denkmalrechtliche Erlaubnis: „Die Erlaubnis ist zu erteilen, wenn…", § 9 Abs. 2
  Hs. 1 NRWDSchG; nach hM ist § 9 NRWDSchG eine gebundene Entscheidung vgl. Martin/
  Krautzberger/Viebrock, Denkmalschutz und Denkmalpflege, 3. Aufl. 2010, E Rn. 149);
  § 4 Abs. 1 LHundG NRW (Erlaubnis zum Halten eines gefährlichen Hundes: „Die Erlaubnis wird
  nur erteilt, wenn…", § 4 Abs. 1 S. 2 Hs. 1 LHundG NRW);
  § 75 Abs. 1 S. 1 BauO NRW 2018 (Baugenehmigung: „Die Baugenehmigung ist zu erteilen, wenn
  dem Vorhaben öffentlich-rechtliche Vorschriften nicht entgegenstehen.");
- **freie Erlaubnisse:**
  § 7 Abs. 2 NRWLImSchG, § 14 NRWLImSchG (sog. Osterfeuer: „Die zuständige Behörde **kann** auf
  Antrag Ausnahmen von dem Verbot des § 7 Abs. 2 S. 1 NRWLImSchG [Anmerkung: zB Brauchtumsfeuer]
  zulassen, wenn lediglich kurzfristig mit Luftverunreinigungen zu rechnen ist", s. OVG Münster
  BeckRS 2004, 22095);
  § 18 Abs. 1 S. 2 StrWG NRW („Die Sondernutzung bedarf der Erlaubnis der Straßenbaubehörde").

E. Bescheinigung

Eine **Bescheinigung** ist eine Urkunde, die als Beweismittel im Verwaltungsverfahren 8
dient und einen Dritten von der Richtigkeit bestimmter Tatsachen überzeugen soll (vgl.
OVG Berlin NVwZ 1984, 245 (246)). Die Gesetzesbegründung zur Vergleichsnorm des
§ 42a Abs. 3 VwVfG definiert die Bescheinigung als **schriftliche Bestätigung** (BT-Drs.
16/10493, 16). Bescheinigungen sind Verwaltungsakte, wenn durch diese eine Rechtsfolge
verbindlich festgestellt werden. Es ist dabei unerheblich, ob die Bescheinigungen konstitutiv
als gestaltender Verwaltungsakt oder deklaratorisch als feststellender Verwaltungsakt wirkt
(SBS/Stelkens VwVfG § 35 Rn. 87). Bescheinigungen sind ähnlich zu bestätigenden Verwaltungsakten gem. § 37 Abs. 2 S. 2 VwVfG. NRW.

Jede Behörde ist befugt, Abschriften von Urkunden, die sie selbst ausgestellt hat, zu 9
beglaubigen, § 33 Abs. 1 S. 1 VwVfG. NRW., sog. Eigenurkunden. Eine öffentliche Urkunde
wie eine Eigenurkunde ergibt nach § 173 VwGO iVm § 415 ZPO vollen Beweis dafür, dass

die Erklärung einschließlich der darin wiedergegebenen Begleitumstände wie bspw. Zeit und Ort der Vornahme, Behörde und aufnehmende Person, richtig und vollständig mit dem Inhalt abgegeben wurde, der in der Urkunde niedergelegt ist (BeckOK ZPO/Krafka ZPO § 415 Rn. 19 mwN).

9.1   **Beispiele:**
- Der Nachweis der erforderlichen Sachkunde zum Halten und Führen eines gefährlichen Hundes wird durch eine **Sachkundebescheinigung des amtlichen Tierarztes** erbracht (§ 6 Abs. 2 LHundG NRW).
- Nach § 40 S. 1 NRWDSchG werden **Bescheinigungen für die Erlangung von Steuervergünstigungen** von der unteren Denkmalbehörde im Benehmen mit dem Landschaftsverband ausgestellt. Untere Denkmalbehörden sind die Gemeinden (§ 20 Abs. 1 Nr. 3 NRWDSchG). Die Denkmalbehörden sind Sonderordnungsbehörden (§ 20 Abs. 3 S. 1 NRWDSchG).
- Über das Ergebnis einer bauaufsichtsrechtlichen Besichtigung der Fertigstellung eines Rohbaus, sog. **Bauzustandsbesichtigung,** ist auf Verlangen der Bauherrin oder des Bauherrn gem. § 84 Abs. 5 S. 2 BauO NRW 2018 **eine Bescheinigung auszustellen.** Die Bauaufsichtsbehörden, zu denen nach § 67 Abs. 1 Nr. 3 lit. a BauO NRW 2018 auch die Kommunen gehören, handeln als Ordnungsbehörden (§ 57 Abs. 1 BauO NRW 2018; BeckOK BauordnungsR NRW/Keller BauO NRW 2018 § 57 Rn. 1).

Wer gewerbsmäßig Spielgeräte mit Gewinnmöglichkeit aufstellen will, **also eine Spielhalle eröffnen möchte,** bedarf der Erlaubnis der zuständigen Behörde (§ 33c Abs. 1 S. 1 GewO). Die zuständigen Behörden sind in Nordrhein-Westfalen die örtlichen Ordnungsbehörden nach § 19 Abs. 5 AG GlüStV NRW, § 16 AG GlüStV NRW, § 24 S. 1 GlüStV, § 3 Abs. 1, also die Gemeinden. Der Gewerbetreibende darf Spielgeräte mit Gewinnmöglichkeit nach § 33c Abs. 3 S. 1 GewO nur aufstellen, wenn ihm die Gemeinde **schriftlich bestätigt** hat, dass der Aufstellungsort den auf der Grundlage des § 33f Abs. 1 Nr. 1 GewO erlassenen Durchführungsvorschriften entspricht. Dies ist die SpielV (Verordnung über Spielgeräte und andere Spiele mit Gewinnmöglichkeit v. 27.1.2006, BGBl. I 280). Nach § 6 Abs. 1 S. 1 SpielV dürfen Geld- und Warenspielgeräte nur aufgestellt werden, an denen das Zulassungszeichen deutlich sichtbar angebracht ist. Problematisch ist das Aufstellen eines Spielgeräts mit verändertem Gerätekennzeichnungsfeld. Damit könnte ein Verstoß nach § 19 Abs. 1 Nr. 3 SpielV iVm § 6 Abs. 1 S. 1 SpielV vorliegen. Nach dieser Vorschrift dürfen Geldspielgeräte nur mit Zulassungszeichen aufgestellt werden. Ein Zulassungszeichen beinhaltet nach § 16 Abs. 5 SpielV die Bezeichnung des Spielgerätes, Name und Wohnort des Inhabers der Zulassung sowie Beginn und Ende der Aufstelldauer. Den Begriff des „Gerätekennzeichnungsfeldes" verwendet die SpielV nicht. In § 13 Abs. 2 SpielV ist zur Sicherung der Prüfbarkeit und Durchführung der Bauartprüfung der Physikalisch-Technischen Bundesanstalt das Recht eingeräumt worden, technische Richtlinien herauszugeben. In der aktuellen technischen Richtlinie („Zur Sicherung der Prüfbarkeit und Durchführung der Bauartprüfung von Geldspielgeräten", Version 4.1, v. 21.4.2009), regelt Nr. 1.12, dass „folgende, für den Vollzug wichtige Kennzeichnungen und Angaben" für Geldspielgeräte vorgesehen seien. Auf der nächsten Seite wird das Gerätekennzeichnungsfeld als mit Angaben zur Bauart (gesetzliche Spielgeräteart, Bauartname) und zum Zulassungsinhaber festgelegt. Es folgt ein Schaubild mit einem Muster. In der Anlage 3 der technischen Richtlinie, Version 4.1, wird ein Muster eines Zulassungsscheins dargestellt. Nach hier vertretener Ansicht ist es so, dass das Gerätekennzeichnungsfeld eine Kennzeichnung ist, jedoch kein Teil des Zulassungszeichens. Diese Auslegung wird bestärkt durch vorherige Richtlinie, nämlich der Version 3.3, v. 4.5.2007. Dort ist unter Nr. 1.11 Abs. 2 festgelegt: „Zur Kennzeichnung gehören das Zulassungszeichen gem. § 15 Abs. 1, ggf. die Prüfplakette gem. § 7 Abs. 2 und weitere Gerätekennzeichnungsinformationen. Inhalt und Form der Kennzeichnungen sind im Anhang 3 dargestellt." Im Anhang 3 der technischen Richtlinie, Version 3.3, wird das Gerätekennzeichnungsfeld – abweichend von der aktuellen Version 4.1 – definiert als: „Ein Gerätekennzeichnungsfeld mit Angaben zur Bauart (gesetzliche Spielgeräteart, Bauartname) und zum Zulassungsinhaber (bzw. eine eindeutige Kurzbezeichnung) und dem gekennzeichneten Ort für die gesicherte Anbringung der Nummer des Zulassungszeichens." Entgegen meiner Auffassung ist die Physikalisch-Technische Bundesanstalt auf Nachfrage der Meinung, dass das Gerätekennzeichnungsfeld Teil des Zulassungszeichens ist. Der Wortlaut von § 6 Abs. 1 S. 1 SpielV spricht dafür, dass nur das „Aufstellen" eines Geldspielgeräts ohne deutlich sichtbares Zulassungszeichen eine Ordnungswidrigkeit sein soll. Die Rechtsprechung legt den Begriff jedoch weiter aus. Nach einer Entscheidung des OLG Köln (BeckRS 2009, 28835) ist es so, dass eine fahrlässige Ordnungswidrigkeit vorliegt, wenn das Zulassungszeichen nicht regelmäßig kontrolliert wird. Der Ordnungswidrigkeitentatbestand erfasst auch fahrlässiges Verhalten, § 19 Abs. 1 Hs. 1 SpielV („wer vorsätzlich oder fahrlässig in Ausübung eines stehenden Gewerbes") iVm § 10 OWiG. Ein Ordnungswidrigkeitenverfahren sollte nach dem Opportunitätsprinzip nach § 47 Abs. 1 S. 1 OWiG eingestellt werden. Eine **Bestätigung nach § 33c Abs. 3 S. 1 GewO** sollte erteilt werden, auch wenn das Gerätekennzeichnungsfeld fehlt oder manipuliert worden ist. Denn dem Bürger als Adressat der Bestätigung dürfte unter Wahrung des Bestimmtheitsgrundsatzes nicht zumutbar sein, den Begriff des Zulassungszeichens in irgendeiner Art und Weise vertretbar auszulegen.

F. Auflagen

Die Vorgängernorm kannte in § 21 Abs. 2 aF eine besondere Regelung zur Verbindung **10** einer Erlaubnis mit einer **Auflage:** „Die Ordnungsbehörde darf, soweit gesetzlich nicht etwas anderes bestimmt ist, eine Erlaubnis nur dann mit einer Auflage verbinden, wenn diese zur Gefahrenabwehr erforderlich oder nach anderen gesetzlichen Vorschriften zulässig ist." (LT-Drs. 2/1441, 12; 3/6, 11). Eine Auflage war also bei einer Erlaubnis nur zulässig, wenn diese zur Gefahrenabwehr erforderlich war oder besondere gesetzliche Vorschriften hierfür eine Grundlage gaben (LT-Drs. 2/1441, 39; 3/6, 38). Eine Spezialregel für Auflagen findet sich nunmehr in § 36 Abs. 2 Nr. 4 VwVfG. NRW. **Nebenbestimmungen** im Allgemeinen in Ordnungsverfügungen sind unter den Voraussetzungen des § 36 VwVfG. NRW. iVm Nr. 23.2 VV OBG zulässig.

§ 24 Geltung des Polizeigesetzes, Datenschutz

(1) Folgende Vorschriften des Polizeigesetzes des Landes Nordrhein-Westfalen gelten entsprechend für die Ordnungsbehörden, soweit dies zur Erfüllung ihrer Aufgaben erforderlich ist:
1. **§ 9 mit Ausnahme des Absatzes 1,**
2. **§ 10 mit Ausnahme des Absatzes 1 Nr. 2 und des Absatzes 3 Satz 1 Nr. 2,**
3. **§ 11,**
4. **§ 12 mit Ausnahme des Absatzes 1 Nr. 4,**
5. **§ 13,**
6. **§ 15 mit Ausnahme des Absatzes 2,**
7. **§ 22 mit Ausnahme des Absatzes 2 Sätze 5 bis 7 sowie der Absätze 3 und 5,**
8. **§ 23 mit Ausnahme des Absatzes 1 Satz 3, des Absatzes 2 Satz 3 und 5, des Absatzes 3 Satz 2 und des Absatzes 6,**
9. **§ 26 mit Ausnahme des Absatzes 1 Satz 2, des Absatzes 4, des Absatzes 6, soweit die Datenübermittlung nach § 29 betroffen ist, und des Absatzes 7,**
10. **§§ 27 und 28,**
11. **§ 30 mit Ausnahme des Absatzes 3 Satz 2 und**
12. **§ 34 mit Ausnahme von Absatz 2, § 35 mit Ausnahme von Absatz 1 Nr. 4, § 36, § 37 mit Ausnahme der Absätze 4 und 5, §§ 38 bis 46.**

(2) Für die Verarbeitung personenbezogener Daten durch die Ordnungsbehörden zur Erfüllung ihrer Aufgaben nach diesem Gesetz gilt im Übrigen die Verordnung (EU) 2016/679 des Europäischen Parlaments und des Rates vom 27. April 2016 zum Schutz natürlicher Personen bei der Verarbeitung personenbezogener Daten, zum freien Datenverkehr und zur Aufhebung der Richtlinie 95/46/EG (ABl. L 119 vom 4.5.2016, S. 1, L 314 vom 22.11.2016, S. 72) und ergänzend Teil 1 und Teil 2 des Datenschutzgesetzes Nordrhein-Westfalen vom 17. Mai 2018 (GV. NRW. S. 244, ber. S. 278 und S. 404) in der jeweils geltenden Fassung.

Das Einheitssystem in Baden-Württemberg kann eine Verweisungsnorm wie die des § 24 **1** vom NRWOBG in das PolG NRW nicht kennen. Bayern, Hessen und Niedersachsen haben zwar wie Nordrhein-Westfalen das Trennungssystem, das LStVG, das HSOG und das NPOG kennen eine vergleichbare Verweisungsnorm jedoch nicht.

Die Verweisungsnorm auf bestimmte Vorschriften des PolG NRW in entsprechender **2** Anwendung für Ordnungsbehörden (→ § 20 Rn. 6 ff.) ist in der Praxis den Sachbearbeitern teilweise nicht bekannt. Dies mag daran liegen, dass die Mitarbeiter einer Ordnungsbehörde, insbesondere bei Kommunen, aus allen Bereichen der Verwaltung kommen können. Möglicherweise haben die Mitarbeiter vorher in der Abteilung Soziale Hilfen oder der IT gearbeitet und bescheiden nun ordnungsrechtliche Angelegenheiten. Studierenden und Rechtsreferendaren ist die Verweisnorm jedoch regelmäßig bekannt, ist die Norm doch ein Klassiker bei Klausuren, um Probleme des Polizeirechts in eine ordnungsrechtliche Klausur zu integrieren.

3   Wegen der Einzelheiten der jeweiligen polizeirechtlichen Vorschriften wird auf die entsprechenden Kommentierungen sowie auf aktuelle Literatur verwiesen (zusf. Blum/Mokros/Vahle, Polizeigesetz Nordrhein-Westfalen, 2019; Baldarelli/v. Prondzinski, Polizeigesetz Nordrhein-Westfalen, 2019):

- § 9 PolG NRW (Allgemeine Regeln, Befragung, Auskunftspflicht) mit Ausnahme des § 9 Abs. 1 PolG NRW: (→ PolG NRW § 9 Rn. 1); § 9 Abs. 1 Nr. 1 PolG NRW ist die allgemeine Rechtsgrundlage für die Datenerhebung gem. Art. 8 Abs. 1 JI-RL. § 9 Abs. 1 S. 2 PolG NRW stellt klar, dass die Polizei auch personenbezogene Daten erheben darf, die die betroffene Person öffentlich gemacht hat, zB in sozialen Netzwerken (LT-Drs. 17/2576, 63);
- § 10 PolG NRW mit Ausnahme von § 10 Abs. 1 Nr. 2 und Abs. 3 S. 1 Nr. 2 PolG NRW: Vorladung, jedoch nicht zur Durchführung erkennungsdienstlicher Maßnahmen (§ 10 Abs. 1 Nr. 2 PolG NRW) und keine zwangsweise Durchsetzung der Vorladung bei Durchführung erkennungsdienstlicher Maßnahmen (§ 10 Abs. 3 S. 1 Nr. 2 PolG NRW; → PolG NRW § 10 Rn. 1);
- § 11 PolG NRW: Erhebung von Personaldaten zur Vorbereitung für die Hilfeleistung und das Handeln in Gefahrenfällen (→ PolG NRW § 11 Rn. 1);
- § 12 PolG NRW mit Ausnahme des § 12 Abs. 1 Nr. 4 PolG NRW: Identitätsfeststellung, jedoch nicht an einer Kontrollstelle (→ PolG NRW § 12 Rn. 1);
- § 13 PolG NRW: Prüfung von Berechtigungsscheinen (→ PolG NRW § 13 Rn. 2);
- § 15 PolG NRW mit Ausnahme des § 15 Abs. 2 PolG NRW: Datenerhebung bei öffentlichen Veranstaltungen und Ansammlungen (→ PolG NRW § 15 Rn. 2);
- § 22 PolG NRW (Datenspeicherung, Prüfungstermine) mit Ausnahme von § 22 Abs. 2 S. 5–7 sowie Abs. 3–5 PolG NRW (→ PolG NRW § 22 Rn. 1 ff.); § 22 PolG NRW ist die grundlegende Bestimmung des Gesetzes über die Speicherung personenbezogener Daten in Akten und Dateisystemen. Nicht anwendbar sind vor allem nach § 22 Abs. 3 PolG NRW Regelungen in Bezug auf Kriminalakten und damit auf die Übernahme personenbezogener Daten aus einem Strafverfahren in präventiv-polizeiliche Dateien. Bei den in § 22 Abs. 3 PolG NRW genannten betroffenen Personen handelt es sich – wie auch der Vergleich mit § 22 Abs. 5 PolG NRW zeigt – um Personen, die im Verdacht stehen bzw. standen, eine rechtswidrige Tat begangen zu haben. Nicht anwendbar sind überdies die Sonderregelungen für Kontakt- oder Begleitpersonen und sog Auskunftspersonen (zusf. Blum/Mokros/Vahle, Polizeigesetz Nordrhein-Westfalen, 2019, PolG NRW § 22 Rn. 10 ff.).
- § 23 PolG NRW (Weiterverarbeitung von personenbezogenen Daten, Zweckbindung, Zweckänderung) mit Ausnahme von § 23 Abs. 1 S. 3, Abs. 2 S. 3 und S. 5, Abs. 3 S. 2 und Abs. 6 über die Speicherung personenbezogener Daten (→ PolG NRW § 23 Rn. 1 ff.);
- § 26 PolG NRW (Allgemeine Regeln der Datenübermittlung, Übermittlungsverbote und Verweigerungsgründe) mit Ausnahme von § 26 Abs. 1 S. 2, Abs. 4, Abs. 6 PolG NRW, soweit die Datenübermittlung nach § 29 PolG NRW betroffen ist, und des § 26 Abs. 7 PolG NRW (→ PolG NRW § 26 Rn. 1 ff.);
- § 27 PolG NRW (Datenübermittlung im innerstaatlichen Bereich; → PolG NRW § 27 Rn. 1 ff.); umfasst ist vom Wortlaut des § 27 Abs. 1 S. 1 PolG NRW sowohl eine „Initiativ- als auch eine Anlassübermittlung" (→ PolG NRW § 27 Rn. 9 ff.);
- § 28 PolG NRW (Datenübermittlung im Bereich der EU und deren Mitgliedstaaten); (→ PolG NRW § 28 Rn. 1 ff.); mit § 28 PolG NRW wird die Übermittlung personenbezogener Daten im Bereich der EU sowie deren Mitgliedstaaten geregelt. In Entsprechung zu § 26 BKAG wird der Datentransfer in das europäische Ausland in § 28 PolG NRW der innerstaatlichen Datenübermittlung gleichgestellt (LT-Drs. 17/2576, 72 f.);
- § 30 PolG NRW (Datenübermittlung an die Polizei) mit Ausnahme des § 30 Abs. 3 S. 2 PolG NRW; (→ PolG NRW § 30 Rn. 1 ff.);
- § 34 PolG NRW (Platzverweisung) mit Ausnahme von § 34 Abs. 2 PolG NRW (Aufenthaltsverbot), § 35 PolG NRW (Gewahrsam) mit Ausnahme von § 35 Abs. 1 Nr. 4 PolG

NRW, § 36 PolG NRW, § 37 PolG NRW mit Ausnahme von § 37 Abs. 4 und Abs. 5 PolG NRW, §§ 38–46 PolG NRW. Anwendbar sind der praxisrelevante Platzverweis mit Ausnahme von § 34 Abs. 2 PolG NRW, also kein Platzverweis bei Annahme, dass die Person eine Straftat begehen wird (→ PolG NRW § 34 Rn. 2); die Gewahrsamnahme mit Ausnahme von § 35 Abs. 1 Nr. 4 PolG NRW (→ PolG NRW § 35 Rn. 1), also keine Gewahrsamnahme zur Durchsetzung einer Wohnungsverweisung oder eines Rückkehrverbots nach § 34a PolG NRW (→ PolG NRW § 34a Rn. 1); § 36 PolG NRW: Richterliche Entscheidung (→ PolG NRW § 36 Rn. 1); § 37 PolG NRW: Behandlung festgehaltener Personen (→ PolG NRW § 37 Rn. 1), nicht jedoch § 37 Abs. 4 und Abs. 5 PolG NRW. Durch § 37 Abs. 4 PolG NRW werden die materiellen Voraussetzungen normiert, unter denen Fixierungen, bei denen die Bewegungsfreiheit der Betroffen durch Fesselung der Gliedmaßen vollständig aufgehoben wird, zulässig sind. Durch § 37 Abs. 5 PolG NRW können Aufgaben im Polizeigewahrsam zur Unterstützung der Polizeivollzugsbeamtinnen und Polizeivollzugsbeamten auch durch Bedienstete der Polizei, die nicht Polizeivollzugs- beamtinnen oder Polizeivollzugsbeamte sind, wahrgenommen werden. Entsprechend gel- ten auch § 38 PolG NRW: Dauer der Freiheitsentziehung (→ PolG NRW § 38 Rn. 1); § 39 PolG NRW: Durchsuchung von Personen; § 40 PolG NRW: Durchsuchung von Sachen; § 41 PolG NRW: Betreten und Durchsuchung von Wohnungen (→ PolG NRW § 41 Rn. 1); § 42 PolG NRW: Verfahren bei der Durchsuchung von Wohnungen (→ PolG NRW § 42 Rn. 1); § 43 PolG NRW: Sicherstellung (→ PolG NRW § 43 Rn. 1); § 44 PolG NRW: Verwahrung (→ PolG NRW § 44 Rn. 1); § 45 PolG NRW: Verwertung, Vernichtung (→ PolG NRW § 45 Rn. 1); § 46 PolG NRW: Herausgabe sichergestellter Sachen oder des Erlöses, Kosten (→ PolG NRW § 46 Rn. 1).

Abschnitt 2. Ordnungsbehördliche Verordnungen

§ 25 Allgemeines

[1]Ordnungsbehördliche Verordnungen sind die auf Grund der Ermächtigung in den §§ 26 und 27 erlassenen Gebote oder Verbote, die für eine unbestimmte Anzahl von Fällen an eine unbestimmte Anzahl von Personen gerichtet sind. [2]Die Vor- schriften dieses Gesetzes über ordnungsbehördliche Verordnungen finden auch dann Anwendung, wenn besondere Gesetze zum Erlaß ordnungsbehördlicher Ver- ordnungen ermächtigen und nichts anderes vorsehen.

Überblick

Die Vorschrift steht am Beginn des Abschnitt 2 „Ordnungsbehördliche Verordnungen" von Teil II „Befugnisse der Ordnungsbehörden" des NRWOBG und trägt die Überschrift „Allgemeines". Seiner systematischen Stellung als allgemeine Einleitungsnorm entsprechend, benennt S. 1 ordnungsbehördliche Verordnungen als präventives gefahrenabwehrrechtliches Handlungsinstrument (→ Rn. 1), beschreibt den Begriff der ordnungsbehördlichen Verord- nungen (→ Rn. 2) und weist auf die Ermächtigung in §§ 26, 27 hin (→ Rn. 4). S. 2 äußert sich zur Anwendbarkeit der §§ 25 ff. im Falle sondergesetzlicher Ermächtigungsgrundlagen (→ Rn. 42 f.). Die Vorschrift hat die Funktion, Aspekte mit übergreifender Bedeutung für ordnungsbehördliche Verordnungen vor die Klammer gezogen abzuhandeln. Dieser Funktion Rechnung tragend, werden die für ordnungsbehördliche Verordnungen übergreifend relevan- ten Gesichtspunkte zusammenhängend in der Kommentierung zu § 25 erörtert: im Zusam- menhang mit S. 1 die Rechtsnatur ordnungsbehördlicher Verordnungen (→ Rn. 2), die verfassungsrechtliche Zulässigkeit ordnungsbehördlicher Verordnungen (→ Rn. 5 ff.), die praktische und rechtspolitische Bedeutung ordnungsbehördlicher Verordnungen (→ Rn. 8 f.), Abgrenzungsfragen zu anderen Handlungsinstrumenten (→ Rn. 11 ff.), die Rechtmäßigkeit ordnungsbehördlicher Verordnungen (→ Rn. 22), die Folgen von Rechts- verstößen ordnungsbehördlicher Verordnungen (→ Rn. 23), die Durchsetzung ordnungsbe- hördlicher Verordnungen (→ Rn. 25 f.) und schließlich die Gewährleistung von Rechtsschutz für Betroffene gegen ordnungsbehördliche Verordnungen (→ Rn. 27 ff.). Im Zusammenhang mit S. 2 wird die Anwendbarkeit der §§ 25 ff. beim Eingreifen spezialgesetzlicher Ermächtigungsgrundlagen behandelt (→ Rn. 42 f.).

Übersicht

A. Ordnungsbehördliche Verordnungen (S. 1)

I. Begriff, Rechtsnatur und Inhalt ordnungsbehördlicher Verordnungen

1   Die Aufgaben der staatlichen Gefahrenabwehr können nicht nur mit den präventiven Handlungsinstrumenten in Gestalt von Verwaltungsakten iSd § 35 VwVfG. NRW. und Realakten wahrgenommen werden. S. 1 benennt mit den ordnungsbehördlichen Verordnungen ein weiteres bedeutsames **präventives gefahrenabwehrrechtliches Handlungsinstrument,** das schon in § 24 PrPVG als (damals) sog. „Polizeiverordnung" existierte.

1.1   Keine relevante praktische Bedeutung kommt dagegen dem grundsätzlich nach § 54 S. 2 VwVfG. NRW. ebenfalls rechtlich möglichen Abschluss öffentlich-rechtlicher Verträge anstelle von Ordnungsverfügungen zu (vgl. Schönenbroicher/Heusch/Heusch Rn. 1).

1.2   Zum Recht der anderen Bundesländer der Kommentarreihe s. § 10 BWPolG, § 71 HSOG, § 54 S. 2 NPOG. In Bayern gibt es keine vergleichbare Vorschrift.

2   S. 1 beschreibt ordnungsbehördliche Verordnungen als „Gebote oder Verbote, die für eine unbestimmte Anzahl von Fällen an eine unbestimmte Anzahl von Personen gerichtet sind". Ordnungsbehördliche Verordnungen sind damit abstrakt-generelle Normen, die von Gefahrenabwehrbehörden erlassen werden, um regelmäßig und typischerweise auftretenden Gefahrenlagen bereits im Vorfeld zu begegnen (vgl. Thiel PolR § 16 Rn. 2). Ihrem Wesen nach sind ordnungsbehördliche Verordnungen **Rechtsverordnungen,** dh materielle Gesetze, die von Organen der Exekutive erlassen werden (vgl. zB Götz/Geis PolR § 22 Rn. 1; leicht abweichende Bezeichnung wegen ihrer landesrechtlichen Grundlage Rhein OBG Rn. 2: „besondere Form der Rechtsverordnung" und Gusy PolR Rn. 405: „Sonderfälle der Rechtsverordnungen aufgrund Landesrechts").

3   Inhaltlich ergibt sich aus der Beschreibung der ordnungsbehördlichen Verordnungen in S. 1, dass ordnungsbehördliche Verordnungen **ausschließlich Verbotsregelungen und**

Gebote aufstellen dürfen, indem aus Gründen der Gefahrenabwehr ein bestimmtes Verhalten untersagt oder gefordert wird (vgl. VGH Mannheim NVwZ-RR 2012, 939 (940)).

So kann durch eine ordnungsbehördliche Verordnung zB keine abschließende Regelung des Benut- **3.1** zungsverhältnisses einer öffentlichen Einrichtung in der Weise erfolgen, dass verbindliche Nutzungszeiten festgelegt werden; der zulässige Nutzungsumfang bestimmt sich vielmehr in erster Linie nach dem Zweck der öffentlichen Einrichtung, wie er durch die Widmung zum Ausdruck gebracht worden ist, ggf. nach einer ausgestaltenden Benutzungsregelung, und im Übrigen nach den sonstigen allgemeinen Gesetzen, vor allem nach dem BImSchG und den auf seiner Grundlage erlassenen einschlägigen Verordnungen (vgl. VGH Mannheim NVwZ-RR 2012, 939 (940)).

II. Hinweis auf die Ermächtigung in §§ 26, 27

S. 1 weist zusammenfassend darauf hin, dass §§ 26, 27 die Ermächtigungsgrundlagen **4** für den Erlass ordnungsbehördlicher Verordnungen nach allgemeinem Gefahrenabwehrrecht bilden. S. 1 selbst ist damit **keine Ermächtigungsgrundlage** (wie hier vgl. zB Frings/ Spahlholz Gefahrenabwehr Rn. 495; bezüglich § 27 aF auch Rietdorf/Heise/Bockenförde/ Strehlau/Bockenförde, Ordnungs- und Polizeirecht in Nordrhein-Westfalen, 2. Aufl. 1972, § 27 Rn. 5; aA WHM NRWPolR Rn. 472, 478).

Dass ordnungsbehördliche Verordnungen einer formell-gesetzlichen Ermächtigungsgrundlage (wie **4.1** etwa §§ 26, 27) bedürfen, folgt aus **Art. 70 S. 1 NRW Verf,** nach dem die Ermächtigung zum Erlass einer Rechtsverordnung nur durch Gesetz erteilt werden kann. §§ 26, 27 sind allerdings nicht die einzig denkbaren Ermächtigungsgrundlagen für den Erlass ordnungsbehördlicher Verordnungen. Wie sich aus S. 2 ergibt, kann es vorrangig anwendbare sondergesetzliche Ermächtigungsgrundlagen für den Erlass ordnungsbehördlicher Verordnungen geben (→ Rn. 42 f.).

Im Anwendungsbereich der §§ 26, 27 gilt eine **subsidiäre sachliche Zuständigkeit** für den Erlass **4.2** ordnungsbehördlicher Verordnungen. Ausgangspunkt ist § 27 Abs. 1, nach dem die Ordnungsbehörden für den Erlass ordnungsbehördlicher Verordnungen zuständig sind. Dies sind in genannter Reihenfolge die Gemeinden als örtliche Ordnungsbehörden (§ 27 Abs. 1 iVm § 3 Abs. 1), die Kreise als Kreisordnungsbehörden (§ 27 Abs. 3 iVm § 3 Abs. 1) und die Bezirksregierungen als Landesordnungsbehörden (§ 27 Abs. 2 iVm § 3 Abs. 2). Die Zuständigkeit der Ministerien folgt aus § 26 Abs. 1 iVm Abs. 2 (näher → § 26 Rn. 1 f., → § 27 Rn. 1 ff.).

III. Verfassungsrechtliche Zulässigkeit ordnungsbehördlicher Verordnungen

Ordnungsbehördliche Verordnungen sind Rechtsetzungsakte der Exekutive und als solche **5** verfassungsrechtlich zulässig. Sie haben ihre Grundlage in **Art. 70 NRW Verf** (vgl. zB Gusy PolR Rn. 405), der – im Gegensatz zu Art. 80 GG – eine Verordnungsgebung nicht nur durch die Gubernative, sondern auch durch untergeordnete Behörden erlaubt (vgl. zB Schönenbroicher/Heusch/Günther/Kamp/Rossbach/Söbbeke/Stuttmann/Thesling/ Schönenbroicher, Die Landesverfassung Nordrhein-Westfalen, 2010, NRW Verf Art. 70 Rn. 16; Schroeder PolR NRW Rn. 421). Als delegierte Rechtsetzung unterliegt die Ermächtigung zum Erlass ordnungsbehördlicher Verordnungen mit Rücksicht auf das Demokratieprinzip und das Rechtsstaatsprinzip einem „Totalvorbehalt des Gesetzes" (vgl. Art. 70 S. 1 NRW Verf; sa Dietlein/Hellermann NRWÖffR/Dietlein § 3 Rn. 230).

Weitere verfassungsrechtliche Anforderungen ergeben sich aus Art. 70 S. 2–4 NRW Verf: **6** Hiernach muss das ermächtigende Gesetz den Inhalt, den Zweck und das Ausmaß der erteilten Ermächtigung bestimmen (Art. 70 S. 2 NRW Verf). In der Verordnung ist die Rechtsgrundlage anzugeben (Art. 70 S. 3 NRW Verf). Ist durch Gesetz vorgesehen, dass eine Ermächtigung weiterübertragen werden kann, so bedarf es zu ihrer Übertragung einer Rechtsverordnung (Art. 70 S. 4 NRW Verf).

Die Generalermächtigungen zum Erlass ordnungsbehördlicher Verordnungen (in Nord- **7** rhein-Westfalen: §§ 26, 27) **genügen** diesen verfassungsrechtlichen Anforderungen, weil sie in jahrzehntelanger Entwicklung durch Rechtsprechung und Lehre nach Inhalt, Zweck und Ausmaß hinreichend präzisiert und in ihrer Bedeutung geklärt sind (vgl. grdl. BVerfGE 14, 245 (253); 54, 143 (144 f.); BVerwGE 116, 347 (350); ferner zB OVG Lüneburg OVGE 11, 292 (294); OVG Weimar ThürVBl. 2008, 34 (35)).

In der Literatur (vgl. zB Kaltenborn NWVBl. 2001, 249 (252 f.) mwN in Fn. 34; Schönenbroicher/ **7.1** Heusch/Heusch § 27 Rn. 5 mwN in Fn. 21) mitunter geäußerte Zweifel an der Verfassungsmäßigkeit der Generalermächtigungen, insbesondere wenn und soweit Gefahren für die öffentliche Ordnung mittels ordnungsbehördlicher Verordnungen begegnet werden soll, werden von der Rechtsprechung (vgl. zB BVerfGE 54, 143 (144 f.); OVG Münster NVwZ 2011, 227 f.; OVG Weimar ThürVBl. 2008, 34 (35); VGH Mannheim VBlBW 2002, 292 (293 f.); VerfGH Rheinland-Pfalz NVwZ 2001, 1273 (1274); OVG Lüneburg NVwZ 2001, 742 (744); OLG Düsseldorf NStZ-RR 2002, 150 f.) nicht geteilt.

IV. Praktische und rechtspolitische Bedeutung ordnungsbehördlicher Verordnungen

8   In den vergangenen Jahrzehnten war die praktische Bedeutung ordnungsbehördlicher Verordnungen zunächst kontinuierlich zurückgegangen, nachdem der parlamentarische Gesetzgeber immer mehr Materien an sich gezogen hatte, die früher mittels ordnungsbehördlicher Verordnungen geregelt wurden. Ordnungsbehördliche Verordnungen hatten in jenen Jahrzehnten vor allem eine **nicht unerhebliche rechtspolitische Bedeutung,** weil sie häufig eine Vorstufe zur parlamentarischen Regelung einer bestimmten Materie bildeten (vgl. Dietlein/Hellermann NRWÖffR/Dietlein § 3 Rn. 230).

8.1   So sind auf **Landesebene** heute zB baupolizeiliche Vorschriften überwiegend in der BauO NRW 2018 (Bauordnung für das Land Nordrhein-Westfalen v. 21.7.2018, GV. NRW. 421) geregelt. Die Kampfhundeverordnung wurde in das LHundG NRW (Landeshundegesetz v. 18.12.2002, (GV. NRW. 656) überführt. Die ordnungsbehördlichen Verordnungen zum Leichenwesen wurden in das BestG NRW (Bestattungsgesetz NRW v. 17.6.2003, GV. NRW. 313) überführt. Dadurch hat auch das Verbot des öffentlichen Ausstellens von Leichen, das anlässlich der Ausstellung „Körperwelten" in den Fokus der Öffentlichkeit geraten war (vgl. zB VGH Mannheim VBlBW 2006, 186 ff.; VGH München NJW 2003, 1618 ff.; Finger/Müller NJW 2004, 1073 ff.; Thiele NVwZ 2000, 405 ff.), den Rang eines formellen Gesetzes bekommen. Die Überführung in ein Parlamentsgesetz schließt allerdings nicht unbedingt den Erlass ordnungsbehördlicher Verordnungen in dem betreffenden Bereich aus (vgl. zB die Ermächtigung in § 16 LHundG NRW).

8.2   Auf **Bundesebene** haben zB die GewO (Gewerbeordnung idF der Bekanntmachung v. 22.2.1999, BGBl. I 202) und das BImSchG (Bundes-Immissionsschutzgesetz idF der Bekanntmachung v. 17.5.2013, BGBl. I 1274) gewerbepolizeiliche Verordnungen ersetzt. Lebensmittelrechtliche Vorschriften sind im LFGB (Lebensmittel- und Futtermittelgesetzbuch idF der Bekanntmachung v. 3.6.2013, BGBl. I 1426) enthalten. Das früher durch eine Polizeiverordnung geregelte Ausländerrecht fand sich bis zum 31.12.2004 im AuslG (Ausländergesetz idF der Bekanntmachung v. 9.7.1990, BGBl. I 1354) und findet sich seit dem 1.1.2005 im AufenthG (Aufenthaltsgesetz idF der Bekanntmachung v. 25.2.2008, BGBl. I 162).

9   In der jüngeren Vergangenheit haben ordnungsbehördliche Verordnungen wieder größere Relevanz erlangt (vgl. zB Faßbender NVwZ 2009, 563 (563), der von einer „ungeahnte(n) Renaissance" spricht; sa Schönenbroicher/Heusch NWVBl. 2015, 92 (96)). Ordnungsbehördliche Verordnungen sind als gefahrenabwehrrechtliches Handlungsinstrument nach wie vor **unentbehrlich,** weil mit ordnungsbehördlichen Verordnungen zeitlich, örtlich und sachlich flexibel gehandelt werden kann, ohne detaillierte Vorentscheidungen des parlamentarischen Gesetzgebers abwarten zu müssen (vgl. OVG Koblenz DÖV 2007, 82 (82); VGH Mannheim VBlBW 2002, 292 (293); DWVM Gefahrenabwehr 484 f.; Schoch BesVerwR Kap. 1 Rn. 786). Dementsprechend gibt es auch weiterhin einen **vielfältigen praktischen Anwendungsbereich** für ordnungsbehördliche Verordnungen.

9.1   Eine anschauliche Übersicht über den vielfältigen praktischen Anwendungsbereich für ordnungsbehördliche Verordnungen bieten Art. 12 ff. LStVG, die umfangreiche Einzelermächtigungen zum Erlass ordnungsbehördlicher Verordnungen enthalten. Im Gegensatz zu Nordrhein-Westfalen gibt es in Bayern keine Generalermächtigung, denn als einziges Land folgt Bayern uneingeschränkt dem Prinzip der Einzelermächtigung (vgl. auch Götz/Geis PolR § 22 Rn. 4 f.). In Thüringen gibt es demgegenüber sowohl eine Generalermächtigung in § 27 Abs. 1 ThürOBG als auch Einzelermächtigungen in §§ 39 ff. ThürOBG (vgl. auch Götz/Geis PolR § 22 Rn. 5). – Ein anschauliches Beispiel für den vielfältigen Anwendungsbereich ordnungsbehördlicher Verordnungen aus der Praxis mag die „Kölner Stadtordnung", die „Satzung und ordnungsbehördliche Verordnung über die öffentliche Sicherheit und Ordnung für das Stadtgebiet der Stadt Köln" v. 14.4.2014 (ABl. StK 2014, 241 mit Änderungen), bieten, in der die Inhalte der vormaligen Kölner Straßenordnung, Grünflächenordnung, Spielplatzsatzung, Taubenfütterungsverordnung und Verordnung über das Verbot der Fütterung von Wasservögeln und Fischen an öffentlichen Wasserflächen in gestraffter Form vereint wurden.

Die Rechtsprechung war im Zusammenhang mit ordnungsbehördlichen Verordnungen bisher unter **9.2** anderem mit folgenden Themen befasst:

- **Taubenfütterungsverbote** (zB BVerfGE 54, 143 ff.; BayVerfGHE 32, 121 ff.; 57, 161 ff.; VGH Mannheim NVwZ-RR 2006, 398 ff.; 1992, 19 f.; OVG Lüneburg NuR 1997, 610 ff.; VGH München DÖV 1997, 468; VG Stuttgart BeckRS 2014, 55757; NVwZ-RR 2006, 611 ff.; VG Düsseldorf BeckRS 2016, 43067; 2011, 50657; OLG Koblenz BeckRS 2012, 22858; 2012, 22942; OLG Hamm NuR 2007, 633 f.; AG Saarbrücken NuR 1994, 363 f.);
- **Entenfütterungsverbote** (zB VGH Mannheim NuR 2006, 40 ff.; OLG Koblenz BeckRS 2012, 22858);
- **Verbot des Plakatierens** (OVG Münster BeckRS 2018, 12923; OLG Stuttgart NVwZ 1987, 171 f.);
- Beschränkung des Sporttauchens im Baggersee (VGH Mannheim NVwZ 1988, 168 ff.);
- **Tauchverbote** (zB VGH Mannheim BeckRS 2018, 36654; NJW 1998, 2235 f.);
- **Sperrbezirksverordnungen** (zB BVerfG (K) NVwZ 2009, 239 f.; 905 ff.; krit. Gurlit/Oster GewArch. 2006, 361 ff.; BVerwG GewArch 2015, 258 ff.; NVwZ 2005, 597 f.; 2004, 743 f.; OVG Greifswald NVwZ-RR 2016, 663 ff.; OVG Münster BeckRS 2015, 51532; NVwZ-RR 2012, 516 ff.; VGH Mannheim BeckRS 2018, 5012; 2016, 45344; Beschl. v. 6.6.2014 – 1 S 440/14; VBlBW 2009, 220 ff.; NVwZ 2001, 1299 ff.; OVG Koblenz BeckRS 2016, 47936; NVwZ-RR 2006, 611 ff.; OVG Lüneburg NordÖR 2003, 26 ff.; OVG Bautzen SächsVBl. 1999, 159 ff.; VGH Kassel NVwZ-RR 1993, 294 ff.; VG Gelsenkirchen NWVBl. 2013, 343 ff.; Rhein/Zitzen NWVBl. 2008, 260 ff.);
- **Kampfhundeverordnungen** (zB BVerfGE 110, 141 ff.; dazu zB Pestalozza NJW 2004, 1840; Möstl JURA 2005, 48 ff.; BVerwGE 116, 347 ff.; dazu Möstl JURA 2005, 48 ff.; BVerwG NVwZ-RR 2005, 626 ff.; BeckRS 2003, 24856; VerfGH Bayern NVwZ-RR 2005, 176 f.; VerfGH Berlin NVwZ 2001, 1266 ff.; VerfGH Rheinland-Pfalz NVwZ 2001, 1273 ff.; OVG Saarlouis NVwZ-RR 2016, 418 f.; OVG Lüneburg NdsVBl. 2005, 130 ff.; VGH Mannheim NuR 2003, 97 ff.; VBlBW 2002, 292 ff.; NVwZ 1992, 1105 ff.; VGH Kassel NVwZ-RR 2002, 650 ff.; OVG Münster NVwZ 2001, 227 f.; OVG Magdeburg NVwZ 1999, 321 ff.; OVG Bremen DÖV 1993, 576 ff.; diff. OVG Münster DÖV 2005, 121 ff.);
- **Anleinpflicht für Hunde** (zB BVerwGE 116, 347 (355); BVerwG BeckRS 2008, 33761; 2011, 49137; BGHSt 37, 366 f.; VerfGH Sachsen Beschl. v. 20.7.2007 – Vf. 50-IV-07; OVG Münster DVBl 2012, 1385 ff.; BeckRS 2008, 40045; OVG Bremen BeckRS 2012, 46378; OVG Berlin-Brandenburg BeckRS 2011, 52648; OVG Bautzen BeckRS 2011, 48616; VGH Mannheim VBlBW 2008, 134 ff.; OVG Weimar ThürVBl. 2008, 35; 2012, 253 f.; OVG Koblenz DÖV 2007, 82 f.; OVG Lüneburg NordÖR 2005, 179 ff.; NVwZ 1991, 693; OLG Jena ThürVBl. 2012, 253 f.; BeckRS 2007, 18118; OLG Köln BeckRS 2013, 17256; OLG Karlsruhe BeckRS 2013, 657; OLG Dresden NStZ-RR 2007, 216; OLG Düsseldorf BeckRS 2008, 20736; NStZ-RR 2002, 150 f.; NVwZ 1992, 301 f.; 1988, 94 f.; OLG Hamm NVwZ 2002, 765 f.; OLG Hamburg NWVBl. 2001, 490; OLG Oldenburg NVwZ 1991, 712);
- **Betteln** (zB VGH Mannheim NVwZ 1999, 560 ff.; NuR 1999, 221 ff.; Höfling DV 33 (2000), 207 ff.; Deher VBlBW 1996, 90 ff.; Holzkämper NVwZ 1994, 146 ff.; Kohl NVwZ 1991, 620 ff.);
- nächtliche Lärmbelästigung durch Hundegebell (VGH Mannheim NVwZ-RR 1996, 578 f.);
- **Benutzung von Kinderspiel- und Bolzplätzen** (VGH Mannheim VBlBW 2014, 292 ff.; NVwZ 2000, 457 f.);
- **Aufenthaltsverbote** (VGH Kassel LKRZ 2014, 289 ff.; VGH Mannheim NuR 1999, 221 ff.);
- **Alkoholverbote** (zB LVerfG Sachsen-Anhalt LKV 2015, 33 ff.; Tomerius NVwZ 2015, 412 (415 f.); OVG Berlin-Brandenburg Beschl. v. 14.7.2017 – OVG 12 S 7/17; OVG Koblenz DVBl 2013, 330 ff.; LKRZ 2012, 427; OVG Lüneburg NordÖR 2013, 113 ff.; OVG Weimar ThürVBl. 2012, 8 ff.; nachgehend BVerwG NVwZ-RR 2013, 387 ff., das die Beschwerde gegen die Nichtzulassung der Revision zurückgewiesen hat; OVG Magdeburg DVP 2011, 211 ff.; VGH Mannheim NVwZ-RR 2010, 55 ff.; VBlBW 2010, 33 ff.; NuR 1999, 221 ff.; VG Düsseldorf BeckRS 2018, 11113; VG Cottbus BeckRS 2016, 56168; VG Stuttgart BeckRS 2005, 26218; OLG Hamm NVwZ 2010, 1319 f.; Albrecht DIE POLIZEI 2011, 117 ff.; Hecker NVwZ 2010, 359 ff.; Winkelmüller/Misera LKV 2010, 259 ff.; Fassbender NVwZ 2009, 563 ff.; zu Alkoholverboten mittels Allgemeinverfügung → Rn. 17.2);
- **Glasverbote** (OVG Bremen NordÖR 2017, 194 bezüglich einer Polizeiverordnung; VGH Mannheim BWGZ 2013, 77 ff.; zu Glasverboten mittels Allgemeinverfügung → Rn. 17.2);
- **Landschaftsschutzverordnungen** (VG Arnsberg BeckRS 2009, 33378);

- Verwendungsverbot lärmintensiver Maschinen in einem Kurort (VGH Mannheim NVwZ 1998, 764 ff.);
- **Hygieneverordnung** (OVG Münster DVBl 1973, 958 ff.);
- Plakatwerbung an privaten Zäunen im Angrenzungsbereich zu Verkehrsflächen (OLG Hamm BeckRS 2016, 11331);
- Verbot des Abbrennens von Feuerwerken (VGH Kassel NVwZ-RR 2016, 874 ff.);
- **nicht anlagespezifische Lärmschutzregelungen** (OLG Karlsruhe NVwZ 2017, 903 ff. bezüglich einer Polizeiverordnung);
- **Ladenöffnung bzw. Offenhalten von Verkaufsstellen an Sonntagen** (zB OVG Münster BeckRS 2019, 17258; 2019, 12182; 2019, 10872; 2019, 8252; 2019, 8254; Beschl. v. 16.6.2017 – 4 B 715/ 17; BeckRS 2017, 110888; OVG Berlin-Brandenburg LKV 2018, 421 ff.; Beschl. v. 30.8.2017 – OVG 1 S 45.17; VG Gelsenkirchen BeckRS 2018, 41606; VG Minden BeckRS 2018, 24652; 2018, 24653; 2018, 26523; VG Aachen BeckRS 2018, 27122; VG Arnsberg BeckRS 2018, 7544; VG Münster BeckRS 2018, 5325; 2016, 106435; 2016, 52370);
- **Einhaltung der Nachtruhe** (VG Köln NWVBl. 2018, 485 ff.).

10   Der Einsatz ordnungsbehördlicher Verordnungen kommt allerdings nicht in Betracht, wenn und soweit der **Parlamentsvorbehalt** greift. In diesem Fall dürfen normative Regelungen aus verfassungsrechtlichen Gründen allein durch den parlamentarischen Gesetzgeber erlassen werden.

10.1   Der Einsatz ordnungsbehördlicher Verordnungen war in der Vergangenheit namentlich beim Thema „Kampfhundeverordnungen" Gegenstand kontroverser höchstrichterlicher Judikatur. Nachdem es in der Praxis üblich geworden war, den Schutz der Bevölkerung vor Kampfhunden gefahrenabwehrrechtlich durch ordnungsbehördliche Verordnungen (sog. „Kampfhundeverordnungen") zu gewährleisten, wurde diese Praxis im Jahre 2002 in Frage gestellt, als das BVerwG (vgl. BVerwGE 116, 347 (354); bekräftigend BVerwG NVwZ-RR 2005, 626 ff.; ihm folgend OVG Lüneburg NdsVBl. 2005, 130 ff., anders noch NVwZ-RR 2001, 742 (743 f.)) die Ansicht vertrat, aus der Zugehörigkeit eines Hundes zu einer bestimmten Rasse könne nach dem fachwissenschaftlichen Erkenntnisstand nicht eo ipso auf die Gefährlichkeit des Hundes geschlossen werden. Maßnahmen zum Schutze der Bevölkerung vor Kampfhunden dienten daher nicht der Gefahrenabwehr, sondern der Gefahrenvorsorge. Maßnahmen der Gefahrenvorsorge müssten vom parlamentarischen Gesetzgeber getroffen werden. Nach dieser Entscheidung des BVerwG haben einige Länder reagiert und entsprechende gesetzliche Bestimmungen erlassen. So hat zB Nordrhein-Westfalen ein Landeshundegesetz (→ Rn. 8.1) erlassen.

10.2   Das BVerfG hat die Erwägungen des BVerwG (→ Rn. 10.1) nicht geteilt (vgl. BVerfGE 110, 141 ff.; zust. zB Möstl JURA 2005, 48 (52); gegen eine spezielle Rechtsgrundlage auch zB VerfGH Rheinland-Pfalz NVwZ 2001, 1273 (1274); VerfGH Berlin NVwZ 2001, 1266 (1268); VGH Mannheim VBlBW 2002, 292 (293)) und die Entscheidung des BVerwG korrigiert. Auf der Grundlage empirischer Erkenntnisse hat es entschieden, der Gesetzgeber dürfe bei abstrakter Betrachtung von der Annahme ausgehen, bestimmte Hunderassen seien eine Gefahr für Leib und Leben von Menschen. Aufgrund bisheriger Erfahrungen mit bestimmten Hunderassen könne eine Gefährlichkeit allein wegen der Rassezugehörigkeit angenommen werden. Der Gesetzgeber dürfe daher im Rahmen seines Entscheidungsspielraums entsprechende Vorschriften erlassen. – Damit geht das BVerfG für den Bereich der Parlamentsgesetzgebung von einer „abstrakten Gefahr" aufgrund Rassezugehörigkeit aus. Diese auf die parlamentarische Gesetzgebung bezogene Wertung des BVerfG kann auf ordnungsbehördliche Verordnungen übertragen werden. Ein Parlamentsvorbehalt greift damit nicht, sodass Regelungen zum Schutze der Bevölkerung vor gefährlichen Hunden auch weiterhin mittels ordnungsbehördlicher Verordnungen erlassen werden können (vgl. zB Thiel PolR § 16 Rn. 4; im Ergebnis ebenso Götz/Geis PolR § 22 Rn. 26 ff.).

V. Abgrenzungsfragen gegenüber anderen gefahrenabwehrrechtlichen Handlungsinstrumenten

11   Abgrenzungsfragen zwischen ordnungsbehördlichen Verordnungen als abstrakt-generellen Normen und anderen gefahrenabwehrrechtlichen Handlungsinstrumenten sind in der Praxis von **großer Bedeutung** und bereiten mitunter nicht unerhebliche Probleme. Die rechtliche Zuordnung einer hoheitlichen Maßnahme zu einem der gefahrenabwehrrechtlichen Handlungsinstrumente entscheidet insbesondere darüber, ob ordnungsbehördliche Verordnungen als Handlungsinstrument überhaupt zulässig sind, ob die hierfür vorgeschriebenen Formerfordernisse eingehalten werden, welche Konsequenzen etwaige formell- oder materiell-rechtliche Fehler nach sich ziehen und welche Rechtsschutzmöglichkeiten für Betroffene bestehen.

1. Voraussetzungen von ordnungsbehördlichen Verordnungen

Maßgeblich für die Frage, ob im konkreten Einzelfall eine ordnungsbehördliche Verord- **12** nung vorliegt, ist die in S. 1 enthaltene Beschreibung des Handlungsinstruments der ordnungsbehördlichen Verordnung (vgl. Schenke PolR Rn. 616). Nach S. 1 liegt eine ordnungsbehördliche Verordnung vor, wenn zwei Voraussetzungen erfüllt sind: Zum einen muss eine unbestimmte Anzahl von Fällen geregelt werden (**abstrakte Regelung**); zum anderen muss eine unbestimmte Anzahl von Personen erfasst werden (**generelle Regelung**).

Maßgeblich für die Abgrenzung einer ordnungsbehördlichen Verordnung gegenüber anderen gefah- **12.1** renabwehrrechtlichen Handlungsinstrumenten sind damit **materielle (inhaltliche) Kriterien** (vgl. Schenke PolR Rn. 616). Formelle Kriterien (wie etwa die Bezeichnung der Maßnahme) oder die rechtliche Qualifikation einer Maßnahme durch die Behörde sind demgegenüber grundsätzlich irrelevant. Allerdings kann die von der Behörde gewählte Form zugleich auf den Inhalt einer Maßnahme ausstrahlen und damit die Rechtsnatur der Maßnahme beeinflussen (vgl. Schenke PolR Rn. 616).

Eine abstrakte Regelung liegt vor, wenn die Maßnahme auf eine nur **mögliche, gedachte** **13** **Sachlage** reagiert (vgl. Götz/Geis PolR § 22 Rn. 16). Wann dies der Fall ist, erschließt sich anschaulich über den Gegenbegriff zur abstrakten Regelung, nämlich die konkrete Regelung. Eine konkrete Regelung liegt vor, wenn eine Rechtsfolge entweder an einen ganz bestimmten Sachverhalt oder an mehrere Sachverhalte, die von vornherein bestimmt sind, anknüpft (vgl. Kugelmann PolR Kap. 9 Rn. 14). Maßgeblich für das Vorliegen einer konkreten Regelung ist damit, ob die Beschränkung auf den konkreten Sachverhalt in der Regelung zum Ausdruck kommt, ob die Regelung also auf vergleichbare andere Sachverhalte übertragbar ist oder nicht (vgl. Schenke PolR Rn. 617).

Unter Umständen kann die Frage, ob eine Regelung auf vergleichbare andere Sachverhalte übertrag- **13.1** bar ist oder nicht, gleichwohl erhebliche Probleme bereiten, weil die Beantwortung dieser Frage zum Teil erheblich von der gewählten Perspektive abhängt. Dies gilt zB für den Fall, dass einer bestimmten Person aufgegeben wird, bei Glatteisgefahr den Straßenabschnitt vor dem eigenen Haus zu streuen (vgl. näher Schenke PolR Rn. 617).

Eine generelle Regelung liegt vor, wenn die **Personen,** die von einer Regelung betroffen **14** sind, zum Zeitpunkt des Erlasses dieser Regelung **nicht zumindest bestimmbar** sind (vgl. Schenke PolR Rn. 618). Im Gegensatz zur Voraussetzung der abstrakten Regelung bereitet die Voraussetzung der generellen Regelung in der Praxis kaum Probleme.

2. Abgrenzung ordnungsbehördlicher Verordnungen gegenüber Verwaltungsakten

Ordnungsbehördliche Verordnungen unterscheiden sich von Verwaltungsakten nach § 35 **15** S. 1 VwVfG. NRW. dadurch, dass ordnungsbehördliche Verordnungen eine unbestimmte Anzahl von Fällen (abstrakte Regelung) und unbestimmte Anzahl von Personen (generelle Regelung) regeln, während Verwaltungsakte einen Einzelfall regeln (konkrete Regelung) und sich an einen bestimmten Adressaten richten (individuelle Regelung).

3. Abgrenzung ordnungsbehördlicher Verordnungen gegenüber Allgemeinverfügungen

Ordnungsbehördliche Verordnungen sind auch gegenüber Allgemeinverfügungen iSd § 35 **16** S. 2 VwVfG. NRW. abzugrenzen. Bei den Allgemeinverfügungen ist zwischen personenbezogenen Allgemeinverfügungen iSd § 35 S. 2 Alt. 1 VwVfG. NRW. und sachbezogenen Allgemeinverfügungen iSd § 35 S. 2 Alt. 2 VwVfG. NRW. zu unterscheiden. Für die Abgrenzung gegenüber ordnungsbehördlichen Verordnungen sind bei den sachbezogenen Allgemeinverfügungen diejenigen Allgemeinverfügungen von Interesse, die die Benutzung einer Sache durch die Allgemeinheit betreffen (vgl. Kopp/Ramsauer VwVfG § 35 Rn. 164; SBS/Stelkens VwVfG § 35 Rn. 328 ff.).

Sowohl personenbezogene Allgemeinverfügungen als auch sachbezogene Allgemeinverfü- **17** gungen, die die Benutzung einer Sache durch die Allgemeinheit betreffen, beinhalten – wie Verwaltungsakte iSd § 35 S. 1 VwVfG. NRW. – eine Einzelfallregelung (konkrete Regelung; vgl. Kopp/Ramsauer VwVfG § 35 Rn. 161 f., 164), richten sich aber – im Gegensatz zu

Verwaltungsakten iSd § 35 S. 1 VwVfG. NRW. – an einen nach allgemeinen Merkmalen bestimmten oder bestimmbaren Personenkreis (generelle Regelung). Ordnungsbehördliche Verordnungen unterscheiden sich von solchen Allgemeinverfügungen dadurch, dass ordnungsbehördliche Verordnungen nicht einen Einzelfall, sondern eine **unbestimmte Anzahl von Fällen** regeln (abstrakte Regelung), und sich – wie Rechtsnormen – an alle **Personen** richten, die in der Zukunft von den in der ordnungsbehördlichen Verordnung enthaltenen Regelungen betroffen sein werden und daher – im Gegensatz zu Allgemeinverfügungen – **im Zeitpunkt des Verordnungserlasses noch nicht bestimmbar** sind (generelle Regelung; vgl. Möller/Warg PolR Rn. 259).

17.1   Klassisches Beispiel für diese Abgrenzung ist die sog. **Endiviensalat**-Entscheidung des BVerwG (vgl. BVerwGE 12, 87 ff.), die heute allerdings auf der Grundlage des IfSG (Infektionsschutzgesetz v. 20.7.2000, BGBl. I 1045) zu lösen wäre. In seiner Endiviensalat-Entscheidung hat das BVerwG das über Rundfunk und Presse für alle Händler in den von Typhus betroffenen Städten verbreitete Verbot, Endiviensalat zu verkaufen, als Allgemeinverfügung und nicht als Rechtsnorm qualifiziert, weil das Verkaufsverbot seiner Ansicht nach einen Einzelfall, nämlich die konkrete Seuchengefahr, betraf (zweifelnd Schönenbroicher/Heusch/Heusch Rn. 7).

17.2   Von der Rechtsprechung gebilligt wurde eine Allgemeinverfügung der Stadt Köln, in der zeitlich und räumlich eng begrenzte **Mitführungs- und Benutzungsverbote von Glas** in die Feierzonen im Kölner Karneval geregelt werden (vgl. OVG Münster NVwZ-RR 2012, 470 ff.; NWVBl. 2012, 431 ff.; 2011, 108 f.; 2010, 360; krit. Schönenbroicher/Heusch/Heusch § 25 Rn. 7; weitere Rechtsprechung zu **Glasverboten** mittels Allgemeinverfügung zB VG Stuttgart Beschl. v. 9.6.2016 – 1 K 3273/16: Glasverbot während der Herrenfußball-EM; VG Trier BeckRS 2014, 47862: Glasverbot an Altweiberdonnerstag; VG Düsseldorf BeckRS 2013, 48362: Glasverbot auf Schützenfest; VG Osnabrück BeckRS 2010, 47446: Glasverbot im sog. „Bermuda-Dreieck"). Von der Rechtsprechung gebilligt wurde auch ein mittels Allgemeinverfügung verhängtes allgemeines **Alkoholverbot** in den Regionalzügen zwischen Rostock und Dortmund anlässlich eines Fußballspiels (vgl. VG Schleswig Urt. v. 8.4.2014 – 3 A 192/13; weitere Rechtsprechung zu Alkoholverboten mittels Allgemeinverfügung zB VG Hannover Beschl. v. 26.1.2017 – 10 B 940/17: Alkoholverbot anlässlich der Spielbegegnung zwischen dem VfL Osnabrück und SC Preußen Münster; VG Stuttgart Beschl. v. 9.6.2016 – 1 K 3273/16: Alkoholverbot während der Herrenfußball-EM; VG Osnabrück BeckRS 2010, 47446: Alkoholverbot im sog. „Bermuda-Dreieck"; zu einem **Aufenthaltsverbot** als Allgemeinverfügung VG Darmstadt NVwZ-RR 2016, 1344 ff.: Aufenthaltsverbot anlässlich eines Fußballspiels; zu einem **Hundemitführverbot** als Allgemeinverfügung VG Berlin BeckRS 2016, 49198: grünanlagenrechtliches Verbot, Hunde mitzuführen; zu **Straßenverkehrszeichen** als Allgemeinverfügungen vgl. zB BVerfG NJW 1965, 2395; BVerwGE 27, 181 (182); 59, 221 (224); 92, 32 (34), BVerwG LKV 2016, 407 (408)).

4. Abgrenzung ordnungsbehördlicher Verordnungen gegenüber Satzungen

18   Ordnungsbehördliche Verordnungen sind des Weiteren auch gegenüber Satzungen abzugrenzen. Satzungen sind zwar – wie ordnungsbehördliche Verordnungen – abstrakt-generelle Normen, jedoch – anders als ordnungsbehördliche Verordnungen – ein Handlungsinstrument der kommunalen Selbstverwaltung (Götz/Geis PolR § 22 Rn. 32), die in Art. 28 Abs. 2 GG und Art. 78 Abs. 1 NRW Verf verbürgt ist. Im Rahmen der kommunalen Selbstverwaltung ist die Satzungsbefugnis der Kommunalvertretungen auf den eigenen Wirkungskreis beschränkt, wohingegen die Ermächtigung zum Erlass ordnungsbehördlicher Verordnungen als Rechtsverordnungen nur für Regelungen im übertragenen Wirkungskreis gilt (vgl. Schoch JURA 2005, 600 (601); Schönenbroicher/Heusch/Heusch Rn. 6). De lege lata sollen **abstrakt-generelle Gefahrenabwehrmaßnahmen grundsätzlich mittels ordnungsbehördlichen Verordnungen** durchgeführt werden, es sei denn, ein Gesetz lässt ausnahmsweise eine Satzung als Handlungsinstrument der Gefahrenabwehr zu (vgl. Frings/Spahlholz Gefahrenabwehr Rn. 494).

18.1   Beispiele für **landesrechtliche** Ermächtigungsgrundlagen für Satzungen im Bereich der Gefahrenabwehr in Nordrhein-Westfalen:
- § 5 Abs. 4 S. 4 NRWLAbfG, §§ 8, 9 NRWLAbfG;
- § 89 Abs. 1, Abs. 2 BauO NRW 2018;
- § 5 Abs. 1 S. 1 NRWDSchG;
- § 19 StrWG NRW;
- § 4 StrReinG NRW.

Beispiel für **bundesrechtliche** Ermächtigungsgrundlagen für Satzungen im Bereich der Gefahrenab- **18.2**
wehr: § 8 Abs. 1 S. 4 FStrG.

5. Abgrenzung ordnungsbehördlicher Verordnungen gegenüber formellen Gesetzen

Mit formellen Gesetzen (Parlamentsgesetzen) haben ordnungsbehördliche Verordnungen **19**
gemeinsam, dass sie abstrakt-generelle Regelungen darstellen und das Ergebnis eines politischen Prozesses darstellen, bei dem es keine Begründungpflicht und keine Ermessensfehler
wie bei Verwaltungsakten gibt (vgl. Kingreen/Poscher POR § 23 Rn. 1). Im Gegensatz zu
formellen Gesetzen stammen die ordnungsbehördlichen Verordnungen aber nicht von einem
demokratisch legitimierten Parlament, sondern von einem **Organ der Exekutive.**

6. Abgrenzung ordnungsbehördlicher Verordnungen gegenüber Verwaltungsvorschriften

Ordnungsbehördliche Verordnungen haben mit Verwaltungsvorschriften gemeinsam, dass **20**
beide Handlungsformen abstrakt-generelle Regelungen enthalten. Ordnungsbehördliche
Verordnungen unterscheiden sich von Verwaltungsvorschriften aber dadurch, dass ordnungsbehördliche Verordnungen abstrakt-generelle Regelungen **mit Außenwirkung** beinhalten,
während Verwaltungsvorschriften zum Innenrecht gehören und dementsprechend abstrakt-
generelle Regelungen ohne Außenwirkung darstellen, dh nur zwischen den Behörden und
staatlichen Organen verbindlich sind (vgl. Kingreen/Poscher POR § 23 Rn. 1), auch wenn
sie regelmäßig durch eine einschlägige Verwaltungspraxis mittelbar auch für Außenbeziehun-
gen relevant werden mögen (vgl. Schönenbroicher/Heusch/Heusch Rn. 6).

7. Abgrenzung ordnungsbehördlicher Verordnungen gegenüber Realakten

Ordnungsbehördliche Verordnungen sind von Realakten dadurch abzugrenzen, dass ord- **21**
nungsbehördliche Verordnungen **Regelungscharakter** haben, während Realakten der
Regelungscharakter fehlt (vgl. auch Schönenbroicher/Heusch/Heusch Rn. 6).

VI. Rechtmäßigkeit ordnungsbehördlicher Verordnungen

Ordnungsbehördliche Verordnungen müssen rechtmäßig sein, um rechtliche Wirksamkeit **22**
zu entfalten. Die Rechtmäßigkeit einer ordnungsbehördlichen Verordnung setzt erstens
voraus, dass sie auf einer (ihrerseits wirksamen) **formell-gesetzlichen Ermächtigungsgrundlage** (Spezialermächtigung oder Generalermächtigung; § 26 Abs. 1, § 27 Abs. 1)
beruht. Zweitens muss eine ordnungsbehördliche Verordnung **formell rechtmäßig** sein.
Formelle Rechtmäßigkeit ist gegeben, wenn und soweit die sachliche Zuständigkeit (→
§ 26 Rn. 1 f.; → § 27 Rn. 1 ff.), die örtliche Zuständigkeit, die instanzielle Zuständigkeit
(§ 27 Abs. 4; → § 27 Rn. 10 ff.), das richtige Verfahren (§ 26 Abs. 3 S. 1 und S. 2; → § 26
Rn. 22 ff.), die Form (§ 30; → § 30 Rn. 1 ff.) und die Verkündung (§ 33; → § 33
Rn. 1 ff.) beachtet werden. Drittens muss eine ordnungsbehördliche Verordnung **materiell
rechtmäßig** sein. Materielle Rechtmäßigkeit ist gegeben, wenn und soweit die ordnungsbehördliche Verordnung nicht gegen höherrangiges Recht verstößt (§ 28; → § 28 Rn. 1 ff.),
die Tatbestandsvoraussetzungen der einschlägigen Spezial- und / oder Generalermächtigung
(bezüglich § 26 Abs. 1, § 27 Abs. 1 also abstrakte Gefahr; → § 26 Rn. 8 ff., → § 27 Rn. 4;
für das Schutzgut der öffentlichen Sicherheit oder Ordnung; → § 26 Rn. 13 f., → § 27
Rn. 4) vorliegen, das Ermessen ordnungsgemäß ausgeübt wird (§ 26 Abs. 1, § 27 Abs. 1,
§ 29 Abs. 1 S. 2; → § 26 Rn. 14 ff., → § 27 Rn. 4, → § 29 Rn. 4 f.), der Inhalt der
ordnungsbehördlichen Verordnung hinreichend bestimmt ist (§ 29 Abs. 1 und Abs. 2; →
§ 29 Rn. 1 f., Rn. 6 ff.) und die Geltungsdauer der ordnungsbehördlichen Verordnung
angegeben wird (§ 32; → § 32 Rn. 1 ff.).

VII. Folgen von Rechtsverstößen ordnungsbehördlicher Verordnungen

Rechtmäßige ordnungsbehördliche Verordnungen sind wirksam und von ihren Normad- **23**
ressaten zu beachten. Rechtswidrige ordnungsbehördliche Verordnungen sind dagegen **nich-**

tig. Für sie gilt – wie für alle materiellen Rechtsnormen – die Doktrin der ipso-iure-Nichtigkeit (vgl. Kingreen/Poscher POR § 23 Rn. 28; Schroeder PolR NRW Rn. 419). Rechtswidrige ordnungsbehördliche Verordnungen entfalten keine rechtlichen Wirkungen und brauchen dementsprechend von niemandem beachtet zu werden (vgl. WHM NRWPolR Rn. 486; einschränkend aber bezüglich Behörden OVG Münster NuR 2006, 191 ff.). Hierdurch unterscheiden sie sich von rechtswidrigen Verwaltungsakten iSd § 35 VwVfG. NRW., die grundsätzlich nur anfechtbar sind.

23.1   Wird eine Anordnung mit rechtsetzendem Regelungsinhalt – unter Verkennung ihres sich aus dem Inhalt ergebenden Charakters – in der Form einer Allgemeinverfügung anstatt einer ordnungsbehördlichen Verordnung erlassen, ist sie rechtswidrig (BVerwGE 18, 1 (5)). – Wird eine ordnungsbehördliche Verordnung ohne die erforderliche Ermächtigungsgrundlage erlassen, ist sie rechtswidrig (BVerfGE 19, 370 (376)) und damit nichtig. Tritt die Ermächtigungsgrundlage der ordnungsbehördlichen Verordnung nach deren Erlass außer Kraft, berührt dies die Rechtmäßigkeit der ordnungsbehördlichen Verordnung indes nicht (BVerfGE 9, 3 (12); 52, 1 (17)).

24   Die Verletzung von Form- oder Verfahrensvorschriften kann ausnahmsweise jedoch kraft sondergesetzlicher Bestimmungen (vgl. zB § 7 Abs. 6 S. 1 GO NRW; § 5 Abs. 6 S. 1 KrO NRW) nicht mehr geltend gemacht werden, wenn die Verletzung nicht innerhalb eines Jahres nach Verkündung der ordnungsbehördlichen Verordnung geltend gemacht wird. Auf diese Rechtsfolge ist bei der Verkündung der ordnungsbehördlichen Verordnung hinzuweisen (vgl. zB § 7 Abs. 6 S. 2 GO NRW; § 5 Abs. 6 S. 2 KrO NRW).

VIII. Durchsetzung ordnungsbehördlicher Verordnungen

25   Wirksame ordnungsbehördliche Verordnungen sind Bestandteil der Rechtsordnung und damit Schutzgut der öffentlichen Sicherheit iSd § 14 Abs. 1 (→ § 14 Rn. 12), § 26 Abs. 1 (→ § 26 Rn. 13 f.), § 27 Abs. 1 (→ § 27 Rn. 4), § 8 Abs. 1 PolG NRW (→ PolG NRW § 8 Rn. 75 ff.). Verstößt ein Normadressat gegen die Ge- oder Verbote einer wirksamen ordnungsbehördlichen Verordnung, so liegt eine Verletzung der Rechtsordnung und damit eine **Störung der öffentlichen Sicherheit** vor. Die ordnungsbehördliche Verordnung kann in diesem Falle unter Umständen mittels sog. unselbständiger Verfügung gegenüber dem Betroffenen vollzogen werden (vgl. zB OVG Schleswig NordÖR 2007, 210 ff.; OVG Münster NVwZ 2000, 458 f.; WHM NRWPolR Rn. 486). Bei Bedarf kann diese Einzelverfügung anschließend im Wege der **Verwaltungsvollstreckung** zwangsweise durchgesetzt werden (vgl. Kingreen/Poscher POR § 23 Rn. 25).

26   Zur Durchsetzung ordnungsbehördlicher Verordnungen werden auch die Vorschriften gezählt, die die Behörden dazu ermächtigen, Verstöße gegen ordnungsbehördliche Verordnungen als **Ordnungswidrigkeiten** zu qualifizieren (vgl. Kingreen/Poscher POR § 23 Rn. 25).

IX. Rechtsschutz für Betroffene gegen ordnungsbehördliche Verordnungen

1. Verwaltungsgerichtlicher Rechtsschutz gegen ordnungsbehördliche Verordnungen

27   **a) Prinzipale Normenkontrolle.** In den meisten Ländern kann die Rechtmäßigkeit ordnungsbehördlicher Verordnungen mittels **prinzipaler Normenkontrolle gem. § 47 VwGO** überprüft werden. Diese Länder haben von der Ermächtigung des § 47 Abs. 1 Nr. 2 VwGO Gebrauch gemacht (vgl. BeckOK VwGO/Giesberts VwGO § 47 Rn. 23 f.). Hierzu gehört mittlerweile **auch das Land Nordrhein-Westfalen.** Durch das am 1.1.2019 in Kraft getretene Vierte Gesetz zur Änderung des Justizgesetzes Nordrhein-Westfalen – Erweiterung der untergesetzlichen Normenkontrolle nach § 47 VwGO v. 18.12.2018 (GV. NRW. 770) wurde **§ 109a** neu in das **JustG NRW** (Gesetz über die Justiz im Land Nordrhein-Westfalen v. 26.1.2010, GV. NRW. 30) eingefügt, wonach das OVG Münster in den Verfahren nach § 47 VwGO über die Gültigkeit von im Rang unter dem Landesgesetz stehenden Rechtsvorschriften entscheidet, auch soweit diese in § 47 Abs. 1 Nr. 1 VwGO genannt sind. Zugleich wurde **§ 133 Abs. 3 JustG NRW** neu angefügt. Gemäß § 133 Abs. 3 S. 1 JustG NRW ist § 109 JustG NRW in den Verfahren nach § 47 VwGO, die vor dem 1.1.2019

anhängig gemacht worden sind, in seiner bis dahin geltenden Fassung anzuwenden. Nach § 133 Abs. 3 S. 2 JustG NRW ist § 109a JustG NRW nicht anzuwenden auf Rechtsvorschriften, die vor dem 1.1.2019 bekannt gemacht worden sind. Damit kommt eine prinzipale Normenkontrolle nach § 47 VwGO (erst) für diejenigen ordnungsbehördlichen Verordnungen in Betracht, die **ab dem 1.1.2019 bekannt gemacht** worden sind.

b) Inzidente Normenkontrolle. Alternativ zur prinzipalen Normenkontrolle besteht die **27a** **Möglichkeit inzidenten Rechtsschutzes** gegen ordnungsbehördliche Verordnungen (vgl. BeckOK VwGO/Giesberts VwGO § 47 Rn. 8). Bei der Inanspruchnahme inzidenten Rechtsschutzes wird die Rechtmäßigkeit ordnungsbehördlicher Verordnungen **vorfrageweise** überprüft.

Für die Inanspruchnahme inzidenten verwaltungsgerichtlichen Rechtsschutzes gegen ord- **28** nungsbehördliche Verordnungen bestehen verschiedene Möglichkeiten:

• **Erste Möglichkeit:** Inzidenter **verwaltungsgerichtlicher Rechtsschutz** gegen ord- **29** nungsbehördliche Verordnungen kann zunächst mittels Anfechtung von **Normvollzugsakten** angestrengt werden. Diese Rechtsschutzmöglichkeit setzt voraus, dass es sich bei der ordnungsbehördlichen Verordnung um eine vollziehbare Norm handelt, indem sie zum Erlass belastender Verwaltungsakte ermächtigt (vgl. Schenke PolR Rn. 637). Wird von den Gefahrenabwehrbehörden von dieser Ermächtigung Gebrauch gemacht und ein vollziehbares Ge- oder Verbot einer ordnungsbehördlichen Verordnung mittels Erlasses einer belastenden Verfügung umgesetzt, kann der Betroffene gegen diesen belastenden Verwaltungsakt iSd § 35 VwVfG. NRW. zunächst Widerspruch – wenn und soweit ein solches Widerspruchsverfahren ausnahmsweise noch vorgesehen ist (vgl. § 110 JustG NRW) – einlegen oder direkt Anfechtungsklage gem. § 42 Abs. 1 Alt. 1 VwGO vor dem zuständigen Verwaltungsgericht erheben. Dann wird von der Behörde bzw. vom Gericht geprüft, ob der angefochtene Verwaltungsakt auf einer wirksamen Rechtsgrundlage, dh einer rechtmäßigen ordnungsbehördlichen Verordnung, beruht. Eine solche Prüfung erfolgt nur dann nicht, wenn sich der Verwaltungsakt bereits aus anderen Gründen als rechtswidrig erweist (vgl. Schenke PolR Rn. 637). Das bei Erlass einer ordnungsbehördlichen Verordnung ausgeübte Ermessen des exekutiven Normgebers unterliegt einer nur eingeschränkten gerichtlichen Kontrolle nach Maßgabe des § 114 VwGO (vgl. BK/ Schenke GG Art. 19 Abs. 4 Rn. 594 ff.).

Erledigt sich die belastende Verfügung, kann – je nach Zeitpunkt des Eintritts der Erledi- **30** gung – die Erhebung eines **Fortsetzungsfeststellungswiderspruchs** – wenn und soweit ein Widerspruchsverfahren ausnahmsweise noch vorgesehen ist (vgl. § 110 JustG NRW) – bzw. einer **Fortsetzungsfeststellungsklage** nach § 113 Abs. 1 S. 4 VwGO (analog) in Betracht kommen.

Sofern der Widerspruch bzw. die Klage des Betroffenen – entgegen § 80 Abs. 1 S. 1 **31** VwGO – ausnahmsweise keine aufschiebende Wirkung hat, kommt **einstweiliger Rechtsschutz** nach § 80 Abs. 4 oder Abs. 5 VwGO (ggf. iVm § 80a VwGO) in Betracht.

• **Zweite Möglichkeit:** Handelt es sich bei der ordnungsbehördlichen Verordnung demge- **32** genüber um eine sog. **self-executing Norm,** dh eine Norm, die sich selbst vollzieht, bedarf es keiner Vollzugsakte, mit denen die ordnungsbehördliche Verordnung umgesetzt wird. Es existieren daher keine belastenden Verwaltungsakte, die vom Betroffenen angefochten werden könnten. In einer solchen Konstellation kann inzidenter Rechtsschutz mittels **Feststellungsklage** nach § 43 VwGO angestrengt werden. Mit einer Feststellungsklage wird beantragt festzustellen, dass dem Kläger das Verhalten, das die ordnungsbehördliche Verordnung verbietet, erlaubt ist, bzw. dass der Kläger ein Verhalten, das die ordnungsbehördliche Verordnung gebietet, nicht vornehmen muss. Die vom Staat bestrittene Berechtigung eines Verhaltens betrifft ein subjektiv öffentliches Recht des Klägers und damit ein Rechtsverhältnis iSd § 43 VwGO (vgl. Schenke PolR Rn. 638). Eine Feststellungsklage, die darauf gerichtet ist, dass ein subjektiv öffentliches Recht auf die vom Staat bestrittene Berechtigung eines Verhaltens besteht, führt dazu, dass das Gericht die Rechtmäßigkeit der ordnungsbehördlichen Verordnung vorfrageweise prüft und dabei zu dem Ergebnis gelangen kann, dass die ordnungsbehördliche Verordnung rechtswidrig und damit nichtig ist.

Wird ein verbindlich angeordnetes Ge- oder Verbot einer ordnungsbehördlichen Verordnung in **32.1** einer nachfolgenden belastenden Verfügung wiederholt, kann ein paralleles Vorgehen gegen die ordnungsbehördliche Verordnung und gegen die belastende Verfügung angezeigt sein (vgl. Dietlein/Hellermann NRWÖffR/Dietlein § 3 Rn. 236a).

32.2   Steht eine ordnungsbehördliche Verordnung in Rede, die self-executing ist, wird angenommen, dass **ausnahmsweise** auch die Einlegung eines **vorbeugenden Rechtsbehelfs,** namentlich einer vorbeugenden Feststellungsklage nach § 43 VwGO, in Betracht kommt. Wenn sich nämlich bereits unmittelbar aus der ordnungsbehördlichen Verordnung Verhaltenspflichten für den Bürger in Form von Ge- oder Verboten ergeben, die keiner Umsetzung oder weiterer Konkretisierung mittels Verfügung bedürfen, bewirken schon die ge- oder verbietenden Regelungen der ordnungsbehördlichen Verordnung ein hinreichend konkretes Rechtsverhältnis iSd § 43 Abs. 1 VwGO zwischen dem Staat und dem Bürger. Der Betroffene hat in diesem Falle auch bereits ein berechtigtes Interesse an der Feststellung der Rechtswidrigkeit des in der ordnungsbehördlichen Verordnung normierten Ge- oder Verbots. Zwar bilden ordnungsbehördliche Verordnungen als abstrakt-generelle Normen grundsätzlich kein konkretes Rechtsverhältnis; es kann dem Betroffenen aber nicht zugemutet werden, zunächst ein in der ordnungsbehördlichen Verordnung normiertes Ge- oder Verbot zu verletzten, um erst im Anschluss daran gegen staatliche Maßnahmen, mit denen die Rechtsverletzung durchgesetzt wird (etwa Verhängung eines Bußgeldbescheides), rechtlich vorzugehen (vgl. Möller/Warg PolR Rn. 270; Thiel PolR § 17 Rn. 10).

33   **Einstweiliger Rechtsschutz** wird in dieser Konstellation nach § 123 VwGO gewährt.

34   In beiden genannten Konstellationen (→ Rn. 29 ff., → Rn. 32 f.), in denen das angerufene Gericht die Rechtmäßigkeit der ordnungsbehördlichen Verordnung inzident zu prüfen hat, besitzt das Gericht – neben seiner Prüfungskompetenz – auch eine **Verwerfungskompetenz,** die das Gericht dazu berechtigt, eine ordnungsbehördliche Verordnung für nichtig zu erklären, soweit sie für rechtswidrig erachtet wird (vgl. zB Kingreen/Poscher POR § 23 Rn. 28; Schönenbroicher/Heusch/Heusch Rn. 11).

35   Da das Ergebnis der Überprüfung einer ordnungsbehördlichen Verordnung aber nicht in Bestands- oder Rechtskraft erwächst und auch nur eine inter-partes-Wirkung entfaltet (vgl. Haurand NRWPolR 166), gilt die ordnungsbehördliche Verordnung, auch wenn und soweit ein Gericht sie für rechtswidrig erachtet und für nichtig erklärt, gleichwohl fort. In der Praxis wird wegen des in Art. 20 Abs. 3 GG wurzelnden Grundsatzes der Gesetzmäßigkeit der Verwaltung jedoch davon ausgegangen, dass die zuständige Behörde eine für unwirksam erachtete ordnungsbehördliche Verordnung **von sich aus aufheben** wird (vgl. zum Ganzen Knemeyer PolR SuP Rn. 464).

2. Rechtsschutz gegen ordnungsbehördliche Verordnungen vor den ordentlichen Gerichten

36   **Inzidenter Rechtsschutz** gegen ordnungsbehördliche Verordnungen vor den ordentlichen Gerichten besteht, sofern aufgrund einer ordnungsbehördlichen Verordnung ein Bußgeldbescheid erlassen wird und der Betroffene hiergegen gem. §§ 67 ff. OWiG vorgeht. Das zuständige Gericht prüft dann vorfrageweise die Rechtmäßigkeit der ordnungsbehördlichen Verordnung (vgl. zB OLG Jena BeckRS 2012, 16173 = ThürVBl. 2012, 253 f.; OLG Hamm NVwZ 2002, 765 f.). Im Übrigen kann auf die vorstehenden Ausführungen (→ Rn. 34 f.) verwiesen werden.

3. Verfassungsgerichtlicher Rechtsschutz gegen ordnungsbehördliche Verordnungen

37   Für die Inanspruchnahme verfassungsgerichtlichen Rechtsschutzes gegen ordnungsbehördliche Verordnungen bestehen insbesondere folgende Möglichkeiten:

38   Auf Bundesebene besteht zum einen die Möglichkeit, ordnungsbehördliche Verordnungen zum Gegenstand einer **abstrakten Normenkontrolle** vor dem BVerfG gem. Art. 93 Abs. 1 Nr. 2 GG, § 13 Nr. 6 BVerfGG, §§ 76 ff. BVerfGG zu machen (vgl. Schönenbroicher/ Heusch/Heusch Rn. 13). Antragsbefugt ist die Bundesregierung, eine Landesregierung oder ein Viertel der Mitglieder des Bundestages, wenn der Antragsteller die ordnungsbehördliche Verordnung wegen seiner formellen oder sachlichen Unvereinbarkeit mit dem GG oder dem sonstigen Bundesrecht für nichtig hält (vgl. § 76 Abs. 1 lit. a BVerfGG) oder für gültig hält, nachdem ein Gericht, eine Verwaltungsbehörde oder ein Organ des Bundes oder eines Landes das Recht als unvereinbar mit dem GG oder sonstigem Bundesrecht nicht angewendet hat (vgl. § 76 Abs. 1 lit. b BVerfGG). Die abstrakte Normenkontrolle auf Bundesebene wird durch eine abstrakte Normenkontrolle auf Landesebene nicht ausgeschlossen (vgl. nur MSKB/Rozek BVerfGG § 76 Rn. 100; zum Inhalt und zur Wirkung der Entscheidung des BVerfG in einem abstrakten Normenkontrollverfahren s. §§ 78,79 BVerfGG).

Zum anderen besteht die Möglichkeit, ordnungsbehördliche Verordnungen mittels **Ver-** **39** **fassungsbeschwerde** nach Art. 93 Abs. 1 Nr. 4a GG, § 13 Nr. 8a BVerfGG, §§ 90, 92 ff. BVerfGG vor dem BVerfG anzugreifen (vgl. auch Schönenbroicher/Heusch/Heusch Rn. 13). Gegenstand dieses Verfahrens ist die Frage, ob die unmittelbar angegriffene ordnungsbehördliche Verordnung mit den in Art. 93 Abs. 1 Nr. 4a GG abschließend genannten Grundrechten oder grundrechtsgleichen Rechten vereinbar ist. Wenn und soweit eine ordnungsbehördliche Verordnung, die einen Bürger belastet, höherrangiges Recht verletzt, enthält sie stets eine (zumindest mittelbare) Grundrechtsverletzung (vgl. Schenke PolR Rn. 641), sodass die gegen eine ordnungsbehördliche Verordnung gerichtete Verfassungsbeschwerde insoweit begründet ist. Eine sofortige Erhebung der Verfassungsbeschwerde wird regelmäßig jedoch bereits daran scheitern, dass die Sachentscheidungsvoraussetzungen der Verfassungsbeschwerde (vgl. zB Zuck, Das Recht der Verfassungsbeschwerde, 5. Aufl. 2017, Rn. 370 ff.), namentlich das Erfordernis der Subsidiarität der Verfassungsbeschwerde (vgl. zB Zuck, Das Recht der Verfassungsbeschwerde, 5. Aufl. 2017, Rn. 28 ff.), (noch) nicht erfüllt sind.

Vorläufiger Rechtsschutz vor dem BVerfG wird nach Maßgabe des § 32 BVerfGG **40** gewährt.

Auf Landesebene besteht zum einen die Möglichkeit, ordnungsbehördliche Verordnungen **41** zum Gegenstand einer **abstrakten Normenkontrolle** vor dem VerfGH Nordrhein-Westfalen gem. Art. 75 Nr. 3 NRW Verf, §§ 12 Nr. 6, 47 ff. VGHG NW zu machen (vgl. Schönenbroicher/Heusch/Heusch Rn. 13). Antragsbefugt für dieses von subjektiven Berechtigungen unabhängige objektive Verfahren zum Schutz der Verfassung (vgl. BVerfGE 1, 396 (407, 413); stRspr) ist die Landesregierung oder ein Drittel der Mitglieder des Landtages, wenn der Antragsteller eine Norm des Landesrechts wegen ihrer förmlichen oder sachlichen Unvereinbarkeit mit der Verfassung für nichtig hält (vgl. § 47 lit. a VGHG NW) oder ein Gericht, eine Verwaltungsbehörde oder ein Organ des Landes eine Norm des Landesrechts aus demselben Grunde nicht angewendet hat (vgl. § 47 lit. b VGHG NW; zum Inhalt der Entscheidung des VerfGH Nordrhein-Westfalen s. § 49 VGHG NW).

Zum anderen besteht mittlerweile auch die Möglichkeit, ordnungsbehördliche Verordnun- **41a** gen mittels **Verfassungsbeschwerde** nach Art. 75 Nr. 5a NRW Verf, § 12 Nr. 9 VGHG NW, §§ 53 ff. VGHG NW vor dem VerfGH Nordrhein-Westfalen anzugreifen. Durch das am 1.1.2019 in Kraft getretene Gesetz zur Änderung des Verfassungsgerichtshofgesetzes – Einführung der Individualverfassungsbeschwerde zum Verfassungsgerichtshof v. 21.7.2018 (GV. NRW. 400) wurde die Verfassungsbeschwerde einfach-gesetzlich im VGHG NW und durch das am 24.4.2019 in Kraft getretene Gesetz zur Änderung der Verfassung für das Land Nordrhein-Westfalen v. 11.4.2019 (GV. NRW. 202) verfassungsrechtlich in der NRW Verf verankert. Gegenstand des neu eingeführten Verfassungsbeschwerdeverfahrens ist die Frage, ob die unmittelbar angegriffene ordnungsbehördliche Verordnung mit den in der NRW Verf enthaltenen Rechten vereinbar ist. Zu diesen Rechten gehören die durch Art. 4 Abs. 1 NRW Verf einbezogenen Grundrechte und staatsbürgerlichen Rechte des GG sowie die spezifischen Landesgrundrechte. Im Übrigen kann auf die vorstehenden Ausführungen (→ Rn. 39), die hier grundsätzlich entsprechend gelten, verwiesen werden.

Vorläufiger Rechtsschutz vor dem VerfGH Nordrhein-Westfalen wird nach Maßgabe **41b** des § 27 VGHG NW gewährt.

B. Anwendbarkeit der Vorschriften des NRWOBG über ordnungsbehördliche Verordnungen bei Vorliegen sondergesetzlicher Ermächtigungsgrundlagen (S. 2)

S. 2 lässt erkennen, dass die in S. 1 genannte „Ermächtigung in den §§ 26, 27" nicht die **42** einzig denkbare Rechtsgrundlage für den Erlass ordnungsbehördlicher Verordnungen darstellt, sondern dass es vielmehr auch sondergesetzliche Ermächtigungsgrundlagen geben kann. Sofern es entsprechende besondere Ermächtigungen in Sondergesetzen gibt, bestimmt S. 2, dass §§ 25 ff. auch dann Anwendung finden, wenn die besonderen Gesetze nichts anderes vorsehen.

42.1 Vorrangig anwendbare sondergesetzliche Ermächtigungsgrundlagen auf **Bundesebene** können zB sein:

- Art. 297 EGStGB (vgl. zB OVG Greifswald NVwZ-RR 2016, 663 f.; OVG Münster BeckRS 2015, 51532; NVwZ-RR 2012, 516 ff.; OVG Koblenz NVwZ-RR 2006, 611 ff.; OVG Lüneburg NdsVBl. 2003, 154 ff.; VGH Mannheim NVwZ 2001, 1299 f.; VGH Kassel NVwZ-RR 1990, 472 ff.; VG Gelsenkirchen NWVBl. 2013, 343 ff.; sa BVerwG NVwZ 2005, 597 ff.; Rhein/Zitzen NWVBl. 2008, 260 ff.);
- Vorschriften des IfSG (vgl. zur Sperrwirkung der Bestimmungen des IfSG gegenüber den Generalermächtigungen VGH Mannheim NVwZ-RR 2006, 398 (399));
- Vorschriften des BImSchG (vgl. zB VGH Mannheim NVwZ 1998, 764 (765 f.); VG Stuttgart Urt. v. 5.2.2003 – 16 K 4544/00);
- Vorschriften des SprengG und Vorschriften der auf dieser Grundlage erlassenen SprengV (vgl. VGH Kassel NVwZ-RR 2016, 874 ff.).

42.2 Vorrangig anwendbare sondergesetzliche Ermächtigungsgrundlagen auf **Landesebene** können zB sein:

- § 5 Abs. 4 S. 2 NRWDSchG, § 14 Abs. 1 S. 1 NRWDSchG;
- § 16 LHundG NRW;
- § 5 Abs. 1 NRWLImSchG, § 9 Abs. 3 NRWLImSchG, § 10 Abs. 3 S. 2 NRWLImSchG, § 10 Abs. 4 S. 3 NRWLImSchG;
- § 20 LJG-NRW;
- § 50 LFoG (vgl. in diesem Kontext OVG Münster NWVBl. 2012, 436 ff.; 1996, 391 f.).

43 Die in S. 2 enthaltene gesetzliche Vorgabe wird durch Nr. 25 VV OBG überwiegend konkretisiert, dürfte in einem Punkt jedoch – wohl unzulässig – verschärft werden, indem – anstelle der in S. 2 (nur) vorgesehenen Voraussetzung „wenn die sondergesetzlichen Ermächtigungsgrundlagen nichts anderes anordnen" – in Nr. 25 S. 1 VV OBG weitergehend verlangt wird, dass das Sondergesetz „ausdrücklich zum Erlass einer „ordnungsbehördlichen Verordnung" [...] ermächtigt.". Nach dem vorrangig geltenden S. 2 genügt jedoch ein Schweigen des Sondergesetzes, damit §§ 25 ff. Anwendung finden, während ihre Anwendung nach Nr. 25 S. 1 VV OBG ausdrücklich angeordnet werden muss, ohne dass diese Anordnung indes eine Grundlage in S. 2 findet.

44 Ob und ggf. in welchem Umfang die Sondergesetze etwas „anderes vorsehen", kann sich entweder ausdrücklich aus den Sondergesetzen oder durch ihre Auslegung ergeben. Soweit die Sondergesetze eine von §§ 25 ff. abweichende eigenständige Regelung enthalten, werden §§ 25 ff. entsprechend verdrängt (vgl. auch Schönenbroicher/Heusch/Heusch Rn. 1).

§ 26 Verordnungsrecht der Ministerien

(1) Das Innenministerium und im Benehmen mit ihm die zuständigen Ministerien können innerhalb ihres Geschäftsbereichs ordnungsbehördliche Verordnungen zur Abwehr von Gefahren für die öffentliche Sicherheit oder Ordnung erlassen.

(2) Die Ministerien dürfen Verordnungen nach Absatz 1 nur erlassen, wenn eine einheitliche Regelung für das ganze Land oder für Landesteile, die mehr als einen Regierungsbezirk umfassen, geboten ist.

(3) ¹Die von den Ministerien erlassenen Verordnungen sind unverzüglich dem Landtag vorzulegen. ²Sie sind auf Verlangen des Landtags aufzuheben. ³Die Aufhebung wird mit ihrer Veröffentlichung gemäß § 33 rechtswirksam.

Überblick

§§ 26, 27 beinhalten die verfassungskonformen (→ § 25 Rn. 5 ff.) Generalermächtigungen für den Erlass ordnungsbehördlicher Verordnungen, worauf § 25 S. 1 bereits zusammenfassend hinweist (→ § 25 Rn. 4). Für den Erlass ordnungsbehördlicher Verordnungen sind zum einen die Ministerien (§ 26) und zum anderen die Ordnungsbehörden (§ 27) zuständig. Da die Ministerien als oberste Landesbehörden (§ 2 LOG NRW iVm § 3 LOG NRW) keine Ordnungsbehörden iSd § 3 sind, bedürfen sie einer gesonderten Ermächtigungsgrundlage, die mit Abs. 1 gegeben ist. Abs. 1 normiert die Zuständigkeit der Ministerien für den Erlass ordnungsbehördlicher Verordnungen (→ Rn. 1 ff.). Abs. 2 schränkt diese Zuständigkeit ein, indem den Ministerien eine nur subsidiäre Zuständigkeit zugesprochen wird (→ Rn. 19 f.). Abs. 3 enthält mit der Pflicht zur Vorlage ordnungsbehördlicher Verordnungen an den Landtag (Abs. 3 S. 1; → Rn. 22 f.), der Pflicht zur Aufhebung ordnungsbehördlicher Verordnungen auf Verlangen des Landtags (Abs. 3 S. 2; → Rn. 24) und der Regelung des Zeitpunktes des Wirksamwerdens einer solchen Aufhebung (Abs. 3 S. 3; → Rn. 25 f.) besondere formelle Anforderungen an die Rechtmäßigkeit ordnungsbehördlicher Verordnungen (→ § 25 Rn. 1 ff.), die von Ministerien erlassen werden.

Übersicht

A. Verordnungsrecht der Ministerien (Abs. 1)

I. Sachliche Zuständigkeit der Ministerien

Vorbehaltlich sondergesetzlicher Ermächtigungsgrundlagen (zB § 16 Abs. 1 S. 1, Abs. 2 **1** S. 1 LHundG NRW) ermächtigt Abs. 1 die Ministerien zum Erlass ordnungsbehördlicher Verordnungen und überträgt ihnen damit insoweit die sachliche Zuständigkeit. Jedem Ministerium wird hierdurch ein **umfassendes Verordnungsrecht** übertragen (vgl. bezüglich § 28 aF Rietdorf/Heise/Bockenförde/Strehlau/Bockenförde, Ordnungs- und Polizeirecht in Nordrhein-Westfalen, 2. Aufl. 1972, § 28 Rn. 1). Dieses umfassende Verordnungsrecht ist allerdings **gegenständlich begrenzt** auf den **Geschäftsbereich,** der jedem Ministerium nach geltendem Recht jeweils übertragen ist.

Zum Recht der anderen Bundesländer der Kommentarreihe vgl. §§ 10, 13, 14, 16 Abs. 1 BWPolG, **1.1** Art. 12 ff., 42, 44 LStVG, §§ 72 ff. HSOG, § 55 Abs. 1 NPOG, § 62 NPOG.

Das umfassende Verordnungsrecht jedes Ministeriums schließt nicht aus, dass mehrere **2** Ministerien **gemeinsam** eine ordnungsbehördliche Verordnung erlassen, soweit der Geschäftsbereich mehrerer Ministerien berührt ist (vgl. VGH Mannheim VBlBW 2002, 292 (292)).

II. Herstellung eines Benehmens mit dem Innenministerium

Innerhalb seines Geschäftsbereiches ist jedes Ministerium für den Erlass ordnungsbehördli- **3** cher Verordnungen selbst verantwortlich. Nach Abs. 1 besitzt das Innenministerium ein selbstständiges Verordnungsrecht, die anderen Ministerien besitzen demgegenüber ein unselbstständiges Verordnungsrecht. Vor dem Erlass ordnungsbehördlicher Verordnungen haben die anderen Ministerien das Benehmen mit dem Innenministerium herzustellen (vgl. bezüglich § 28 aF Krämer/Müller OBG § 28 Rn. 3). Dies verlangt, dass das zuständige Ministerium die Beteiligung des Innenministeriums mit dem **ernsthaften Versuch einer Verständigung** herbeiführt (vgl. bezüglich § 28 aF Rietdorf/Heise/Bockenförde/Strehlau/ Bockenförde, Ordnungs- und Polizeirecht in Nordrhein-Westfalen, 2. Aufl. 1972, § 28 Rn. 4; ähnlich Schönenbroicher/Heusch/Heusch Rn. 1; abw. Dietlein/Hellermann NRWÖffR/

Dietlein § 3 Rn. 231; Thiel PolR § 17 Rn. 3 Fn. 1, die ein Vorab-Kontaktieren oder Vorab-Informieren genügen lassen wollen). Die Erteilung eines Einverständnisses oder sogar einer Zustimmung bzw. einer Genehmigung des Innenministeriums ist dagegen nicht erforderlich (vgl. Schönenbroicher/Heusch/Heusch Rn. 1; bezüglich § 28 aF auch Krämer/Müller OBG § 28 Rn. 4).

4   Die Herstellung des Benehmens mit dem Innenministerium bezweckt, dass das Innenministerium auf eine möglichst **einheitliche Handhabung** des ministeriellen Verordnungswesens hinwirken kann (vgl. bezüglich § 28 aF Krämer/Müller OBG § 28 Rn. 4).

5   Der Umstand, dass das Verordnungsrecht des Innenministeriums nach Abs. 1 selbstständig ausgestaltet ist, schließt eine ggf. erforderliche **Beteiligung anderer Ministerien** nicht aus (vgl. § 25 Abs. 2 S. 2 GGO – Neufassung Gemeinsame Geschäftsordnung für die Ministerien des Landes Nordrhein-Westfalen v. 19.12.2014, MBl. NRW. 826).

6   Wird eine ordnungsbehördliche Verordnung ohne das erforderliche Benehmen mit dem Innenministerium erlassen, ist sie wegen dieses Verfahrensfehlers **rechtswidrig** und damit nichtig (vgl. bezüglich § 28 aF auch Krämer/Müller OBG § 28 Rn. 4).

III. Tatbestandsvoraussetzungen für den Erlass ordnungsbehördlicher Verordnungen

7   Ordnungsbehördliche Verordnungen dürfen nur „zur Abwehr von Gefahren für die öffentliche Sicherheit oder Ordnung" erlassen werden. Hierbei handelt es sich um die von Art. 70 S. 2 NRW Verf geforderte Zweckbestimmung. Wie § 14 Abs. 1 (→ § 14 Rn. 12) normiert Abs. 1 **zwei Tatbestandsvoraussetzungen:** Erstens muss eine Gefahr vorliegen; im Gegensatz zu § 14 Abs. 1 (→ § 14 Rn. 12) setzt Abs. 1 jedoch nicht das Bestehen einer konkreten Gefahr, sondern vielmehr die Existenz einer abstrakten Gefahr voraus. Zweitens muss diese abstrakte Gefahr für das Schutzgut öffentliche Sicherheit oder Ordnung bestehen.

1. Vorliegen einer Gefahr

8   Abs. 1 setzt voraus, dass eine Gefahr vorliegt. Hierbei muss es sich um eine **abstrakte Gefahr** handeln. Dies wird durch den Wortlaut in Abs. 1 („zur Abwehr von Gefahren") klargestellt (vgl. dagegen den Wortlaut in § 14 Abs. 1: „eine im einzelnen Falle bestehende Gefahr [...] abzuwehren"). Eine abstrakte Gefahr liegt nach der Rechtsprechung des BVerwG vor, „wenn eine generell-abstrakte Betrachtung für bestimmte Arten von Verhaltensweisen oder Zuständen zu dem Ergebnis führt, dass mit hinreichender Wahrscheinlichkeit ein Schaden im Einzelfall einzutreten pflegt und daher Anlass besteht, diese Gefahr mit generell-abstrakten Mitteln, also einem Rechtssatz, zu bekämpfen; das hat zur Folge, dass auf den Nachweis eines Schadeneintritts im Einzelfall verzichtet werden kann [...]. Auch die Feststellung einer abstrakten Gefahr verlangt mithin eine in tatsächlicher Hinsicht genügend abgesicherte Prognose: Es müssen – bei abstrakter Betrachtung – hinreichende Anhaltspunkte vorhanden sein, die den Schluss auf den drohenden Eintritt von Schäden rechtfertigen" (so BVerwGE 116, 347 (351 f.)).

9   Das Erfordernis einer abstrakten Gefahr bedeutet nicht, dass für ordnungsbehördliche Verordnungen eine andere Intensitätsstufe der Gefahr vorliegen muss; verlangt wird lediglich ein anderer Modus der Gefahrermittlung (vgl. Gusy PolR Rn. 406). In ordnungsbehördlichen Verordnungen knüpfen Ge- oder Verbote an künftige („gedachte") Sachverhalte an, die im Falle ihres Eintritts nach dem der Gefahrenprognose zugrundeliegenden Erfahrungswissen regelmäßig und typischerweise, aber nicht notwendig im Einzelfall eine konkrete Gefahr darstellen würden (vgl. DWVM Gefahrenabwehr 496). Geboten ist damit eine **typisierende, prognostische Beurteilung der Gefahrenlage,** wobei dem Verordnungsgeber insoweit ein Einschätzungs- und Prognosespielraum zusteht (vgl. BVerfG (K) NVwZ 2004, 975 (975); VerfGH Berlin NVwZ 2001, 1266 (1268); Schönenbroicher/Heusch/Heusch § 27 Rn. 12; Schenke PolR Rn. 625). Der Unterschied zur konkreten Gefahr liegt damit nicht in der Steigerung der Gefahr, sondern vielmehr darin, dass der Prognose im Falle einer abstrakten Gefahr eine typisierende und im Falle einer konkreten Gefahr eine auf den konkreten Einzelfall abstellende Betrachtungsweise zugrunde gelegt wird (vgl. BVerwGE 116, 347 (351 f.); Schönenbroicher/Heusch/Heusch § 27 Rn. 8; Schenke PolR Rn. 625).

Wie bei der konkreten Gefahr ist eine **Wahrscheinlichkeitsprognose** hinsichtlich der 10
Gefahrenneigung des regulierten Verhaltens anzustellen (vgl. Schoch BesVerwR Kap. 1
Rn. 806). Dabei ist der geforderte Wahrscheinlichkeitsgrad umso geringer, je höherrangiger
das potenziell gefährdete Rechtsgut bzw. je größer das Ausmaß des zu erwartenden Schadens
ist (vgl. zB VerfGH Rheinland-Pfalz NVwZ 2001, 1273 (1274); OVG Weimar ThürVBl.
2008, 34 (35); VGH Mannheim VBlBW 2008, 134 (135); OVG Koblenz DÖV 2007, 82
(82); Schönenbroicher/Heusch/Heusch § 27 Rn. 8; Schoch BesVerwR Kap. 1 Rn. 806).
Die Wahrscheinlichkeitsprognose hinsichtlich der Gefährlichkeit zukünftiger („gedachter")
Sachverhalte wird mittels Abwägung festgestellt, indem geprüft wird, ob die Risikolage noch
sozialadäquat ist oder nicht (vgl. Gusy PolR Rn. 407).

Ob die Risikolage noch sozialadäquat ist oder nicht, kann durchaus unterschiedlich bewertet werden 10.1
(vgl. zB hinsichtlich der Rinderseuche BSE etwa OVG Münster NVwZ 1997, 809 ff.; VGH Kassel
BeckRS 2005, 23090; VG Braunschweig NVwZ-RR 1997, 168 f.; anders aber OVG Kobelnz NVwZ
1998, 208 f.; OVG Frankfurt (Oder) NVwZ 1997, 811 ff.; VG Cottbus NVwZ-RR 1997, 169 f.; in
Bezug auf Hunde im Allgemeinen etwa VGH Mannheim VBlBW 2008, 134 f.; OVG Koblenz DÖV
2007, 82 f.; OLG Dresden LKV 2007, 527 f.; anders aber OVG Lüneburg NdsVBl. 2005, 130 ff.).

Für die Wahrscheinlichkeitsprognose bedeutet dies im Einzelnen: Eine ordnungsbehördli- 11
che Verordnung muss an einen beschriebenen **allgemeinen Zustand** anknüpfen. Dieser
Zustand muss nach einer empirischen Wahrscheinlichkeitsregel ein **Risiko für ein
geschütztes Rechtsgut** begründen. Die so beschriebene Wahrscheinlichkeit muss das allgemeine Lebensrisiko überschreiten und daher als „Gefahr" bewertet werden.

Da der Verordnungsgeber bei der normativen Umschreibung der zu regelnden zukünftigen 12
(„gedachten") Sachverhalte typisieren darf, sind die Ge- und Verbote von ordnungsbehördlichen Verordnungen im Einzelfall anwendbar, **ohne** dass es im konkreten Falle zu einer
tatsächlichen Gefährdung des geschützten Rechtsgutes gekommen und eine Gefahr im konkreten Fall nachgewiesen sein muss (vgl. BVerwGE 35, 319 ff.; 116, 347 ff.; DWVM Gefahrenabwehr 496). Etwas anderes kann indes dann gelten, wenn der Verordnungsgeber das
Vorliegen einer konkreten Gefahr im Einzelfall ausdrücklich als Tatbestandsmerkmal in seiner
ordnungsbehördlichen Verordnung vorsieht (Bsp. aus der Rspr.: Nach einer ordnungsbehördlichen Verordnung ist es untersagt, „an Straßen, Häuserfronten oder Grundstücksgrenzen
Stacheldraht oder sonstige gefährliche Gegenstände anzubringen oder zu belassen, sofern
hierdurch Personen oder Sachen gefährdet werden können"; vgl. VG Aachen BeckRS 2008,
38271).

Die abstrakte Gefahr ist gegenüber dem bloßen **Gefahrenverdacht** abzugrenzen. Im zuletzt genann- 12.1
ten Fall betreibt der Staat lediglich eine Gefahrenvorsorge, bei der der Erlass einer ordnungsbehördlichen
Verordnung mangels Vorliegens einer abstrakten Gefahr nicht in Betracht kommt.

Das Vorliegen einer abstrakten Gefahr und namentlich die Abgrenzung gegenüber dem bloßen 12.2
Gefahrenverdacht hat in der Vergangenheit immer wieder die Gerichte beschäftigt. Aus der jüngeren
Vergangenheit zu nennen sind hier insbesondere die Judikate im Zusammenhang mit **Alkoholverboten**
(zB BVerwG NVwZ-RR 2013, 387 ff.; Vorinstanz: OVG Weimar ThürVBl. 2013, 8 ff.; OVG Koblenz
DVBl 2013, 330 ff.; LKRZ 2012, 427; OVG Lüneburg NordÖR 2013, 113 ff.; VGH Mannheim
NVwZ-RR 2010, 55 ff.; NuR 1999, 221 ff.; OVG Magdeburg DVP 2011, 211 ff.; VG Stuttgart
BeckRS 2005, 26218; OLG Hamm NVwZ 2010, 1319 f.; Hecker NVwZ 2010, 359 ff.; Fassbender
NVwZ 2009, 563 ff.) und mit **Glasverboten** (VGH Mannheim BWGZ 2013, 77 ff.; OVG Münster
NWVBl. 2012, 431 ff.; 2011, 108 f.; 2010, 360; VG Düsseldorf BeckRS 2013, 48362; zu der inzwischen
höchstrichterlich entschiedenen Kontroverse im Zusammenhang mit „Kampfhundeverordnungen" →
§ 25 Rn. 10.1 f.).

2. Schutzgut öffentliche Sicherheit oder Ordnung

Schutzgüter ordnungsbehördlicher Verordnungen sind die „öffentliche Sicherheit" und 13
die „öffentliche Ordnung". Beide Begriffe sind identisch mit denen in § 8 Abs. 1 PolG
NRW und § 14 Abs. 1 NRWOBG. Daher kann auf die entsprechenden Kommentierungen
(→ § 14 Rn. 12, → PolG NRW § 8 Rn. 75 ff.) verwiesen werden. Nachdem der Schutz der
öffentlichen Sicherheit heutzutage weitgehend spezialgesetzlich gewährleistet ist, betreffen
ordnungsbehördliche Verordnungen in erster Linie den Schutz der **öffentlichen Ordnung**
(vgl. Kingreen/Poscher POR § 23 Rn. 16).

IV. Ermessen

14   Abs. 1 stellt den Erlass ordnungsbehördlicher Verordnungen in das pflichtgemäße Ermessen der Ministerien (vgl. Wortlaut „können"). In der Sache handelt es sich damit um ein **normatives Ermessen**. Wegen der dennoch strukturell bestehenden Entsprechungen zum Ermessen beim Erlass von Verwaltungsakten ist den Ministerien – wie beim Erlass von Verwaltungsakten – ein Entschließungsermessen (→ Rn. 15), ein Auswahlermessen (→ Rn. 16 ff.) und ein Handlungsermessen (→ Rn. 18) eingeräumt (vgl. Schönenbroicher/Heusch/Heusch § 27 Rn. 15).

1. Entschließungsermessen

15   In die Ausübung des Entschließungsermessens, dh der Entscheidung, **ob** eine ordnungsbehördliche Verordnung erlassen werden soll (vgl. Schroeder PolR NRW Rn. 445), sind insbesondere Erwägungen einzubeziehen, die sich mit der Frage befassen, ob der Erlass einer ordnungsbehördlichen Verordnung überhaupt zulässig ist.

15.1   Diese Frage ist zB in folgenden Fällen zu verneinen: bei Tätigkeiten aufgrund der außerordentlichen Zuständigkeit nach § 6 Abs. 1 S. 2; wenn mit dem Erlass einer ordnungsbehördlichen Verordnung lediglich der Zweck verfolgt wird, den Behörden die ihnen obliegende Aufsicht zu erleichtern (vgl. § 29 Abs. 1 S. 2, → § 29 Rn. 4 f.). Die Frage kann zu verneinen sein, wenn der Erlass einer ordnungsbehördlichen Verordnung durch Ministerien nicht nach Abs. 2 geboten ist.

2. Auswahlermessen

16   Bei der Ausübung des Auswahlermessens, dh der Entscheidung, **gegen wen** die in einer ordnungsbehördlichen Verordnung enthaltenen Ge- und Verbote gerichtet werden sollen (vgl. Schroeder PolR NRW Rn. 447), müssen die allgemeinen Grundsätze der **Störerverantwortlichkeit** beachtet werden (vgl. Schroeder PolR NRW Rn. 448), auch wenn dies in Abs. 1 nicht ausdrücklich geregelt ist. Grund hierfür ist, dass die Begrenzung des verantwortlichen Personenkreises aus der Aufgabenbestimmung für die Gefahrenabwehr resultiert (vgl. VGH München BayVBl. 1979, 634 f.; Kingreen/Poscher POR § 11 Rn. 18). §§ 17–19 gelten daher auch für die Ge- oder Verbote ordnungsbehördlicher Verordnungen (vgl. Dietlein/Hellermann NRWÖffR/Dietlein § 3 Rn. 235; Schönenbroicher/Heusch/Heusch § 27 Rn. 14; für entsprechende Anwendung Schenke PolR Rn. 627). Die in einer ordnungsbehördlichen Verordnung enthaltenen Ge- und Verbote dürfen sich damit grundsätzlich nur an solche Personen richten, die für die abstrakte Gefahr verhaltens- oder zustandsverantwortlich sind (vgl. WHM NRWPolR Rn. 483; DWVM Gefahrenabwehr 448 f.).

16.1   So richtet sich zB die NRWHygieneVO (Hygiene-Verordnung v. 9.1.2003, GV. NRW. 56) an alle Frisöre, also auch an diejenigen Frisöre, bei denen es keine hygienischen Beanstandungen gibt. Nach OVG Münster NVwZ-RR 2012, 470 ff., ist ein Verkäufer von Glasflaschen, die von den Käufern nach dem Erwerb im Straßenkarneval mitgeführt werden, ein verhaltensverantwortlicher Zweckveranlasser und damit ein gefahrenabwehrrechtlich Verantwortlicher, weil das Mitführen der käuflich erworbenen Glasflaschen nach langjähriger Erfahrung zu der Annahme führt, dass im öffentlichen Straßenraum herumliegende Scherben alljährlich Körper- und Sachschäden verursachen.

17   Die Inanspruchnahme eines **Nichtverantwortlichen** iSd § 19 kann nur ganz ausnahmsweise in Betracht kommen (vgl. WHM NRWPolR Rn. 483; Kingreen/Poscher POR § 23 Rn. 18; Schenke PolR Rn. 627). Ein abstrakter Notstand, der die Inanspruchnahme eines Nichtverantwortlichen rechtfertigen kann (vgl. Schönenbroicher/Heusch/Heusch § 27 Rn. 14), wird zB dann angenommen, wenn eine ordnungsbehördliche Verordnung alle Haus- und Wohnungseigentümer verpflichtet, unter bestimmten Voraussetzungen bei einer Flutkatastrophe Evakuierte aufzunehmen. Eine solche Inanspruchnahme müsste jedoch von vornherein auf das absolut Notwendige beschränkt werden (vgl. Schenke PolR Rn. 627).

3. Handlungsermessen

18   Im Rahmen des Handlungsermessens, dh der Entscheidung, wie der **Inhalt** einer ordnungsbehördlichen Verordnung ausgestaltet sein soll (vgl. Schroeder PolR NRW Rn. 446), ist die **Verhältnismäßigkeit** im weiteren Sinne nach allgemeinen Grundsätzen anzuwenden. Zu beachten ist hier, ob ein legitimer Zweck für den Erlass von Ge- oder Verboten vorliegt und ob die Ge- oder Verbote zur Erreichung dieses Zweckes geeignet, erforderlich und angemessen sind (vgl. zB VGH Kassel LKRZ 2014, 289 ff.; Schönenbroicher/Heusch/ Heusch §27 Rn. 16). Eine Konkretisierung des Handlungsermessens stellt §32 dar (→ §32 Rn. 1 ff.; vgl. Kingreen/Poscher POR §23 Rn. 20). Die Verhältnismäßigkeit muss im Zeitpunkt des **Erlasses** der ordnungsbehördlichen Verordnung vorliegen (vgl. DWVM Gefahrenabwehr 490).

B. Beschränkung des Verordnungsrechts der Ministerien (Abs. 2)

19 Abs. 2 beschränkt das in Abs. 1 begründete Verordnungsrecht der Ministerien dahingehend, dass die Ministerien ordnungsbehördliche Verordnungen nur erlassen dürfen, wenn eine einheitliche Regelung für das ganze Land oder für Landesteile, die mehr als einen Regierungsbezirk umfassen, geboten ist. Die Vorschrift bezweckt, das Verordnungsrecht der Ministerien auf die Fälle zu begrenzen, in denen es gilt, Gefahren für das ganze Land oder jedenfalls für mehr als einen Regierungsbezirk abzuwehren. Abs. 2 normiert damit – entsprechend §27 Abs. 2 (→ §27 Rn. 5 f.) und §27 Abs. 3 (→ §27 Rn. 7 ff.) – eine **subsidiäre sachliche Zuständigkeit** der Ministerien (vgl. bezüglich §28 aF Krämer/ Müller OBG §28 Rn. 4; wohl auch Schönenbroicher/Heusch/Heusch Rn. 4, der von einer „Kompetenzverteilungsregel" spricht; aA Frings/Spahlholz Gefahrenabwehr Rn. 498, die eine Einschränkung der örtlichen und instanziellen Zuständigkeit annehmen; bezüglich §28 aF möglicherweise auch Rietdorf/Heise/Bockenförde/Strehlau/Bockenförde, Ordnungs- und Polizeirecht in Nordrhein-Westfalen, 2. Aufl. 1972, §28 Rn. 5: „Prinzip der räumlichen Subsidiarität"). Die Ministerien sollen hiernach ordnungsbehördliche Verordnungen nur erlassen, wenn, soweit und sobald ein Bedürfnis für eine landesweite oder jedenfalls für mehr als einen Regierungsbezirk umfassende ordnungsbehördliche Verordnung besteht, wie dies etwa im Falle einer ordnungsbehördlichen Verordnung im Bereich der Verhütung von Schäden durch Kampfmittel angenommen werden kann (vgl. Haurand NRWPolR 165).

20 Die Entscheidung der Ministerien darüber, ob sie den Erlass einer ordnungsbehördlichen Verordnung wegen Vorliegens der Voraussetzungen des Abs. 2 für geboten halten, steht in ihrem pflichtgemäßen **Ermessen.** Eine entsprechende Pflicht zum Erlass besteht also grundsätzlich nicht (vgl. bezüglich §28 aF Rietdorf/Heise/Bockenförde/Strehlau/Bockenförde, Ordnungs- und Polizeirecht in Nordrhein-Westfalen, 2. Aufl. 1972, §28 Rn. 7; Krämer/Müller OBG §28 Rn. 4). Die Ministerien haben vielmehr regelmäßig die Wahl, ob sie selbst eine gebotene Regelung erlassen oder – statt dessen – auf die nachgeordnete Verwaltungsebene, dh die Landesordnungsbehörden iSd §3 Abs. 2, einwirken, damit diese nachgeordnete Verwaltungsebene ordnungsbehördliche Verordnungen erlässt.

20.1 Die grundsätzliche Wahlmöglichkeit birgt allerdings die Gefahr, dass die besonderen Verfahrensvorschriften, die in Abs. 3 für den Erlass ordnungsbehördlicher Verordnungen normiert sind, umgangen werden könnten (vgl. bezüglich §28 aF Krämer/Müller OBG §28 Rn. 4). Daher dürfte die Wahlmöglichkeit der Ministerien tendenziell **restriktiv** zu verstehen sein und mit Rücksicht auf den Zweck der Vorschrift praktisch nur dann zur Verfügung stehen, wenn **besonderen Umständen** Rechnung zu tragen ist. So dürfte der Erlass einer ordnungsbehördlichen Verordnung durch Landesordnungsbehörden – trotz eines bestehenden Bedürfnisses nach einer landeseinheitlichen Regelung – etwa dann in Betracht kommen, wenn und soweit Besonderheiten in den verschiedenen Regierungsbezirken berücksichtigt werden sollen (vgl. bezüglich §28 aF Krämer/Müller OBG §28 Rn. 4).

C. Besondere Verfahrensvorschriften beim Erlass ordnungsbehördlicher Verordnungen durch Ministerien (Abs. 3)

21 Abs. 3 S. 1 und S. 2 normieren besondere Verfahrensvorschriften, die beim Erlass ordnungsbehördlicher Verordnungen durch Ministerien zu beachten sind (→ Rn. 22 f., → Rn. 24). Abs. 3 S. 3 knüpft an S. 2 an und regelt den Zeitpunkt des Wirksamwerdens der auf Verlangen des Landtags erfolgenden Aufhebung einer ordnungsbehördlichen Verordnung (→ Rn. 25 f.).

I. Vorlage ordnungsbehördlicher Verordnung an den Landtag (Abs. 3 S. 1)

22   Abs. 3 S. 1 verpflichtet die Ministerien, die von ihnen erlassenen ordnungsbehördlichen Verordnungen unverzüglich dem Landtag vorzulegen. „Unverzüglich" meint dabei – in Anlehnung an § 121 BGB – **ohne schuldhaftes Verzögern**". Die Vorlagepflicht begründet eine Sonderform parlamentarischer Kontrolle (vgl. bezüglich § 28 aF Krämer/Müller OBG § 28 Rn. 6).

22.1   Die praktische Bedeutung dieser Verpflichtung wird als gering eingestuft. Der Vorschrift liegt noch die Vorstellung zugrunde, dass Abs. 1 eine Ermächtigung enthält, deren Wahrnehmung die Befugnisse des Landtags, also des parlamentarischen Gesetzgebers aushöhlen könnte, und das Verordnungsrecht auf die Ministerien lediglich delegiert wurde. In der Praxis hat sich aber herausgestellt, dass diese Vorstellung – zumindest heute – nicht (mehr) begründet ist. Die Bestätigung ordnungsbehördlicher Verordnungen von Ministerien durch den Landtag soll weitgehend zu einer Formsache geworden sein (vgl. zum Ganzen bezüglich § 28 aF Rietdorf/Heise/Bockenförde/Strehlau/Bockenförde, Ordnungs- und Polizeirecht in Nordrhein-Westfalen, 2. Aufl. 1972, § 28 Rn. 8; auch Rhein OBG Rn. 4).

23   Ob die Verletzung der Vorlagepflicht zur formellen Rechtswidrigkeit und damit zur Nichtigkeit der ordnungsbehördlichen Verordnung führt, ist umstritten (eine Rechtswidrigkeit bejaht WHM NRWPolR Rn. 479; eine Rechtswidrigkeit verneinen dagegen Frings/Spahlholz Gefahrenabwehr Rn. 503; Knemeyer PolR SuP Rn. 458; Krämer/Müller OBG § 28 Rn. 6; wohl auch Schönenbroicher/Heusch/Heusch Rn. 5).

II. Aufhebung ordnungsbehördlicher Verordnungen auf Verlangen des Landtags (Abs. 3 S. 2)

24   Verlangt der Landtag die Aufhebung einer ordnungsbehördlichen Verordnung, die von einem Ministerium erlassen wurde, so ist diese Verordnung gem. Abs. 3 S. 3 aufzuheben. Hierbei handelt es sich um einen unverzüglich umzusetzenden **Befehl** des Landtags an das betreffende Ministerium (vgl. Rhein OBG Rn. 4; bezüglich § 28 aF Krämer/Müller OBG § 28 Rn. 7).

III. Wirksamwerden der Aufhebung ordnungsbehördlicher Verordnungen (Abs. 3 S. 3)

25   Abs. 3 S. 3 knüpft an Abs. 3 S. 2 an und bestimmt, dass die Aufhebung der ordnungsbehördlichen Verordnung mit ihrer Veröffentlichung nach § 33 rechtswirksam wird. Der Hinweis auf die Veröffentlichung nach § 33 gibt Aufschluss darüber, dass bei der Aufhebung einer ordnungsbehördlichen Verordnung auf Verlangen des Landtags das reguläre Verkündungsverfahren nach Maßgabe des § 33 (→ § 33 Rn. 1 ff.) durchzuführen ist.

26   Aus dem Hinweis auf den Zeitpunkt des Wirksamwerdens der Aufhebung ergibt sich, dass die Aufhebung immer nur mit Wirkung **für die Zukunft** (ex-nunc), also niemals rückwirkend (ex-tunc) wirksam wird (vgl. Rietdorf/Heise/Bockenförde/Strehlau/Bockenförde, Ordnungs- und Polizeirecht in Nordrhein-Westfalen, 2. Aufl. 1972, § 28 Rn. 9).

§ 27 Verordnungsrecht der Ordnungsbehörden

(1) Die Ordnungsbehörden können zur Abwehr von Gefahren für die öffentliche Sicherheit oder Ordnung Verordnungen erlassen.

(2) Die Landesordnungsbehörden dürfen Verordnungen nur erlassen, wenn eine einheitliche Regelung für den ganzen Regierungsbezirk oder für Gebiete, die mehr als einen Kreis oder eine kreisfreie Stadt umfassen, geboten ist.

(3) Die Kreise dürfen Verordnungen nur erlassen, wenn eine einheitliche Regelung für den Kreis oder für Gebiete, die mehr als eine Gemeinde umfassen, geboten ist.

(4) [1]Zuständig für den Erlaß von Verordnungen der örtlichen Ordnungsbehörden und der Kreisordnungsbehörden ist die Vertretung. [2]Hebt der Kreistag im Falle des § 50 Abs. 3 Satz 4 der Kreisordnung, der Rat der Gemeinde im Falle des § 60 Abs. 1

Satz 4 der Gemeindeordnung eine Verordnung auf, so wird die Aufhebung mit ihrer Verkündung rechtswirksam.

Überblick

Die Vorschrift regelt das Verordnungsrecht der Ordnungsbehörden iSd § 3. § 27 Abs. 1 normiert die Zuständigkeit der Ordnungsbehörden für den Erlass ordnungsbehördlicher Verordnungen (→ Rn. 1 ff.). Abs. 2 (→ Rn. 5 f.) und Abs. 3 (→ Rn. 7 ff.) sehen subsidiäre sachliche Zuständigkeiten der Landesordnungsbehörden und der Kreisordnungsbehörden vor. Abs. 4 regelt in S. 1, welche Organe für den Erlass ordnungsbehördlicher Verordnungen zuständig sind, wenn diese von Gemeinden oder Kreisen erlassen werden (→ Rn. 10 ff.). Abs. 4 S. 2 enthält eine verfahrensrechtliche Bestimmung für den Fall, dass ordnungsbehördliche Verordnungen bei Eilzuständigkeit aufgehoben werden (→ Rn. 14).

A. Verordnungsrecht der Ordnungsbehörden (Abs. 1)

Abs. 1 enthält eine **allgemeine Ermächtigung** der Ordnungsbehörden zum Erlass ord- **1** nungsbehördlicher Verordnungen, die Anwendung findet, wenn und soweit das Verordnungsrecht der Ordnungsbehörden nicht aufgrund sondergesetzlicher Ermächtigungen ausgeschlossen oder überflüssig ist (§ 25 S. 2, → § 25 Rn. 42 f.; Nr. 27.1 S. 2VV OBG).

Abs. 1 ausschließende **sondergesetzliche Ermächtigungen** sind zB § 5 Abs. 1 NRWLImSchG, **1.1** § 9 Abs. 3 NRWLImSchG, § 10 Abs. 3 S. 2 NRWLImSchG, § 10 Abs. 4 S. 3 und S. 4 NRWLImSchG. Bei der Ausübung des Verordnungsrechts aufgrund solcher sondergesetzlicher Bestimmungen ist zu beachten, dass diese Bestimmungen besondere Anforderungen an das Verfahren stellen können (vgl. auch Frings/Spahlholz Gefahrenabwehr Rn. 500). So kann vor dem Erlass ordnungsbehördlicher Verordnungen die Einholung von Stellungnahmen anderer Behörden erforderlich sein (zB § 5 Abs. 2 NRWLImSchG). Gelegentlich kann eine Auslegung oder eine Anhörung Berechtigter vorgeschrieben sein (zB § 5 Abs. 3 NRWLImSchG). Manchmal kann auch die Zustimmung anderer Behörden für den Erlass ordnungsbehördlicher Verordnungen notwendig sein (zB § 5 Abs. 4 NRWLImSchG).

Zum Recht der anderen Bundesländer der Kommentarreihe vgl. §§ 10, 13, 14, 15, 16 Abs. 1 **1.2** BWPolG, Art. 12 ff., 42, 44 LStVG, §§ 72 ff. HSOG, § 55 Abs. 1 NPOG.

Ordnungsbehörden iSd Abs. 1 sind die **örtlichen Ordnungsbehörden,** deren Aufgaben **2** von den Gemeinden wahrgenommen werden (vgl. § 3 Abs. 1), die **Kreisordnungsbehörden,** deren Aufgaben von den Kreisen und den kreisfreien Städten wahrgenommen werden (vgl. § 3 Abs. 1), und die **Landesordnungsbehörden** (Bezirksregierungen; vgl. § 3 Abs. 2). Gemäß § 10 LOG NRW gibt der Ministerpräsident die Bezirke der Landesmittelbehörden (Bezirksregierungen) und spätere Veränderungen im Gesetz- und Verordnungsblatt Nordrhein-Westfalen bekannt. Derzeit gibt es bekanntlich fünf Bezirksregierungen in Nordrhein-Westfalen, die ihren Sitz in Arnsberg, Detmold, Düsseldorf, Köln und Münster haben.

Die Beschränkung des Verordnungsrechts auf die Ordnungsbehörden, mit anderen Worten der **2.1** **Ausschluss der Polizeibehörden** vom Verordnungsrecht in Abs. 1 entspricht der grundsätzlichen Verteilung der Zuständigkeiten zwischen den Polizei- und Ordnungsbehörden in Nordrhein-Westfalen. Hiernach ist die Gefahrenabwehr regelmäßig Aufgabe der Ordnungsbehörden; die Polizeibehörden sind in diesem Bereich nur dann zuständig, wenn und soweit ein Handeln der Ordnungsbehörden nicht oder nicht rechtzeitig möglich erscheint (vgl. § 1 Abs. 1 S. 1 und S. 3 PolG NRW; → PolG NRW § 1 Rn. 198 ff.).

Betrachtet man die Verordnungsermächtigungen in § 27 Abs. 1–3 und § 26 Abs. 1 iVm **3** § 26 Abs. 2 zusammen, so ergibt sich in der Gesamtschau folgende Reihenfolge **subsidiärer** sachlicher Zuständigkeiten: Regelmäßig sind die örtlichen Ordnungsbehörden und die kreisfreien Städte gem. Abs. 1 für den Erlass ordnungsbehördlicher Verordnungen zuständig, wenn, soweit und solange die abzuwehrende Gefahr auf das Gebiet einer Gemeinde oder einer kreisfreien Stadt beschränkt ist. Die Kreise sind nach Abs. 3 für den Erlass ordnungsbehördlicher Verordnungen zuständig, wenn, soweit und sobald eine einheitliche Regelung für den Kreis oder für Gebiete, die mehr als eine Gemeinde umfassen, geboten ist. Die Bezirksregierungen sind gem. Abs. 2 für den Erlass ordnungsbehördlicher Verordnungen zuständig, wenn, soweit und sobald eine einheitliche Regelung für den ganzen Regierungsbezirk oder für Gebiete, die mehr als einen Kreis oder eine kreisfreie Stadt umfassen, geboten ist. Wenn, soweit und sobald eine einheitliche Regelung für das ganze Land oder für Landesteile, die mehr als einen Regierungsbezirk umfassen, geboten ist, sind die Ministerien nach § 26 Abs. 1 iVm § 26 Abs. 2 für den Erlass ordnungsbehördlicher Verordnungen zuständig.

4   Abs. 1 sieht vor, dass ordnungsbehördliche Verordnungen „zur Abwehr von Gefahren für die öffentliche Sicherheit oder Ordnung" erlassen werden können, und entspricht damit § 26 Abs. 1. Wie dort normiert Abs. 1 **zwei Tatbestandsvoraussetzungen:** erstens das Vorliegen einer abstrakten Gefahr (→ § 26 Rn. 8 ff.) und zweitens das Vorliegen einer solchen Gefahr für das Schutzgut der „öffentlichen Sicherheit" oder „öffentlichen Ordnung" (→ § 26 Rn. 13 f.). Insoweit gilt die Kommentierung zu § 26 hier entsprechend. Gleiches gilt für die Ausübung des normativen Ermessens (→ § 26 Rn. 14 ff.), da auch das Verordnungsrecht der Ordnungsbehörden in deren pflichtgemäßes normatives **Ermessen** gestellt ist (vgl. Wortlaut: „können").

B. Zuständigkeit der Landesordnungsbehörden (Abs. 2)

5   Die in Abs. 1 normierte allgemeine Ermächtigung zum Erlass ordnungsbehördlicher Verordnungen wird für die Bezirksregierungen als Landesordnungsbehörden in Abs. 2 dahingehend beschränkt, dass die Bezirksregierungen ordnungsbehördliche Verordnungen nur dann erlassen dürfen, wenn eine einheitliche Regelung für den ganzen Regierungsbezirk oder für Gebiete, die mehr als einen Regierungsbezirk umfassen, geboten ist. Anders als bei den Ministerien (vgl. § 26 Abs. 1; → § 26 Rn. 1) ist das Verordnungsrecht der Bezirksregierungen allerdings nicht auf einen bestimmten Geschäftsbereich festgelegt; als Bündelungsbehörde (vgl. § 8 Abs. 2 LOG NRW) sind die Bezirksregierungen vielmehr grundsätzlich für **alle Angelegenheiten der öffentlichen Sicherheit und Ordnung** zuständig.

5.1   Die Zuständigkeit der Bezirksregierungen kann sich aus vorrangig anwendbaren Sonderermächtigungen ergeben (zB § 5 Abs. 4 S. 2 iVm § 20 Abs. 1 Nr. 2 NRWDSchG).

6   Die in Abs. 2 normierten Anforderungen an die Ausübung des Verordnungsrechts entsprechen – mit Ausnahme des die Zuständigkeit begründenden Gebietes – inhaltlich § 26 Abs. 2, sodass auf die dortige Kommentierung (→ § 26 Rn. 19 f.) verwiesen werden kann.

C. Zuständigkeit der Kreise (Abs. 3)

7   Die in Abs. 1 normierte allgemeine Ermächtigung zum Erlass ordnungsbehördlicher Verordnungen wird für die Kreise in Abs. 3 dahingehend beschränkt, dass die Kreise ordnungsbehördliche Verordnungen nur dann erlassen dürfen, wenn eine einheitliche Regelung für den Kreis oder für Gebiete, die mehr als eine Gemeinde umfassen, geboten ist.

8   Die in Abs. 3 normierten Anforderungen an die Ausübung des Verordnungsrechts entsprechen – mit Ausnahme des die Zuständigkeit begründenden Gebietes – inhaltlich Abs. 2 und § 26 Abs. 2, sodass auf die dortige Kommentierung (→ Rn. 5 f.; → § 26 Rn. 19 f.) verwiesen werden kann.

D. Zuständigkeit der kreisfreien Städte

9   Für die kreisfreien Städte, die gem. § 3 Abs. 1 – wie die Kreise – die Aufgaben der Kreisordnungsbehörden wahrnehmen, existiert eine dem Abs. 3 vergleichbare Bestimmung nicht. Dies ist auch nicht erforderlich, weil sich ihr Verordnungsrecht – wie das der Gemeinden nach Abs. 1 – naturgemäß auf den **eigenen Hoheitsbereich** beschränkt (vgl. bezüglich § 29 aF Krämer/Müller OBG § 29 Rn. 2).

E. Organzuständigkeit innerhalb der örtlichen Ordnungsbehörden (Abs. 4 S. 1)

10   Abs. 4 S. 1 knüpft an Abs. 1 an und regelt die Organzuständigkeit beim Erlass ordnungsbehördlicher Verordnungen durch die örtlichen Ordnungsbehörden und die Kreisordnungsbehörden. Hiernach liegt die Zuständigkeit bei der **Vertretung.** Die Vertretung der Gemeinden und der kreisfreien Städte ist gem. § 41 Abs. 1 S. 2 lit. f GO NRW der **Rat;** bei den

Kreisen ist die Vertretung gem. § 26 Abs. 1 S. 2 lit. f KrO NRW der **Kreistag.** Die Regelung in S. 1 ist konsequent, weil ordnungsbehördliche Verordnungen Ortsrecht sind und es sich beim Erlass ordnungsbehördlicher Verordnungen um die Wahrnehmung **kommunaler Rechtsetzungshoheit** handelt (vgl. Rhein OBG § 27 Rn. 6).

Die ordnungsbehördlichen Verordnungen werden von der Vertretung grundsätzlich ent- **11** sprechend den **(kommunalrechtlichen) Bestimmungen über die Beschlussfassung** erlassen (vgl. Rhein OBG Rn. 7; Thiel PolR § 17 Rn. 3; zur Beachtlichkeit der einschlägigen kommunalrechtlichen Vorschriften VGH Mannheim NVwZ-RR 2001, 462 ff.). Es gelten daher auch die Vorschriften über Dringlichkeitsentscheidungen (vgl. § 60 Abs. 1 S. 4 GO NRW bzw. § 50 Abs. 3 S. 4 KrO NRW; sa Nr. 27.2 S. 4VV OBG, die allerdings noch auf die einschlägigen Vorschriften der GO NRW aF und der KrO NRW aF verweist); dies wird in Abs. 4 S. 2 vorausgesetzt (vgl. → Rn. 14). Ein solches „ordnungsbehördliches Notverordnungsrecht" dürfte in der Praxis aber nur in seltenen Ausnahmefällen in Betracht kommen (vgl. bezüglich § 29 aF Rietdorf/Heise/Bockenförde/Strehlau/Bockenförde, Ordnungs- und Polizeirecht in Nordrhein-Westfalen, 2. Aufl. 1972, § 29 Rn. 27), so etwa beim Ausbruch einer Seuche in einem begrenzten Gebiet.

Eine **Ausnahme** von dem Grundsatz der Geltung der (kommunalrechtlichen) Bestim- **12** mungen über die Beschlussfassung besteht aber für die **Verkündung** ordnungsbehördlicher Verordnungen. Insoweit existiert mit § 33 eine Sonderregelung, die in ihrem Anwendungsbereich § 1 Abs. 2 BekanntmVO verdrängt. Es bleibt daher nur der Hinweis auf § 4 BekanntmVO, wenn dies die für die öffentliche Bekanntmachung von Satzungen vorgesehene Stelle ist (vgl. Nr. 27.2 S. 3 und S. 6 VV OBG; Rhein OBG Rn. 7).

Nr. 27.3 VV OBG schreibt vor, dass die Ordnungsbehörde die von ihr erlassenen ord- **13** nungsbehördlichen Verordnungen in ein Verzeichnis einzutragen hat, aus dem der Inhalt der Verordnung, etwa vorgenommene Änderungen und der Tag des Außer-Kraft-Tretens, ersichtlich sind. In dieses Verzeichnis kann jeder Bürger während der Amtsstunden Einsicht nehmen. Das gleiche gilt für die Bezirksregierungen hinsichtlich der von ihnen erlassenen ordnungsbehördlichen Verordnungen.

F. Wirksamwerden der Aufhebung ordnungsbehördlicher Verordnungen bei Dringlichkeitsentscheidungen (Abs. 4 S. 2)

Abs. 4 S. 2 sieht für den Fall der Aufhebung von im Wege von Dringlichkeitsentscheidun- **14** gen erlassenen ordnungsbehördlichen Verordnungen vor, dass deren Aufhebung mit ihrer Verkündung wirksam wird. Diese richtet sich nach § 33 (→ § 33 Rn. 1 ff.).

§ 28 Vorrang höherer Rechtsvorschriften

(1) Ordnungsbehördliche Verordnungen dürfen keine Bestimmungen enthalten, die mit den Verordnungen einer höheren Behörde in Widerspruch stehen.

(2) Ist eine Angelegenheit durch ordnungsbehördliche Verordnung einer höheren Behörde geregelt, so darf sie nur insoweit durch Verordnung einer nachgeordneten Ordnungsbehörde ergänzend geregelt werden, als die Verordnung der höheren Behörde dies ausdrücklich zuläßt.

Überblick

Die Vorschrift enthält besondere materiell-rechtliche (inhaltliche) Vorgaben für ordnungsbehördliche Verordnungen, die im Zusammenhang mit dem in Art. 20 Abs. 3 GG verankerten Prinzip des Vorrangs des Gesetzes stehen. Abs. 1 sieht vor, dass ordnungsbehördliche Verordnungen höherer Behörden Vorrang haben (→ Rn. 1 ff.). Abs. 2 legt fest, ob bzw. ggf. inwieweit ergänzende Regelungen im Verhältnis zu ordnungsbehördlichen Verordnungen, die von höheren Behörden erlassen wurden, zulässig sind (→ Rn. 5 ff.). Abs. 1 und Abs. 2 schränken damit das Verordnungsrecht der Ministerien und der Ordnungsbehörden inhaltlich ein.

A. Vorrang höherrangiger Rechtsvorschriften (Abs. 1)

1　　In Abs. 1 wird als inhaltliche (materiell-rechtliche) Rechtmäßigkeitsvoraussetzung nicht ausdrücklich erwähnt, sondern vielmehr als „selbstverständliche Konsequenz der Normenhierarchie" (so Möller/Warg PolR Rn. 267) verlangt, dass ordnungsbehördliche Verordnungen mit höherrangigem Recht in Einklang stehen. Das gebietet schon der in Art. 20 Abs. 3 GG verankerte Grundsatz des Vorrangs des Gesetzes (vgl. zB Sachs/Sachs GG Art. 20 Rn. 112). Ordnungsbehördliche Verordnungen dürfen daher weder in Widerspruch zu **Bundesrecht jeden Ranges** noch in Widerspruch zu **höherrangigem Landesrecht** stehen (vgl. OLG Düsseldorf NVwZ 1988, 94 (94)). So verletzen Kampfhundeverordnungen, die unter anderem Erlaubnispflichten, Leinen- und Maulkorbzwang für das Halten von Kampfhunden vorsehen, nicht Art. 3 Abs. 1 GG, weil die Erziehung, die Ausbildung und die Haltung der Hunde typischerweise das besondere Gefährdungspotenzial begründen (vgl. BVerfGE 110, 141 (160); noch mit anderer Begründung, aber im Ergebnis ebenso VGH Kassel NVwZ-RR 2002, 650 (652 f.); OVG Schleswig NVwZ 2001, 1300 (1302)). Fütterungsverbote von verwilderten Tauben verletzen weder Art. 2 Abs. 1 GG noch Art. 4 Abs. 1 GG noch erfüllen sie die Strafnormen der Tierquälerei nach § 17 Nr. 2 lit. b TierSchG und der Tiertötung nach § 17 Nr. 1 TierSchG (vgl. zB OLG Koblenz BeckRS 2012, 22858; 2012, 22942). Zum **Verfassungsrecht** gehören – neben den Grundrechten (vgl. näher Schoch BesVerwR Kap. 1 Rn. 822 ff.) – insbesondere auch Staatszielbestimmungen wie zB Art. 20a GG (vgl. zB VGH Mannheim NVwZ-RR 2006, 398 (399); OLG Koblenz BeckRS 2012, 22858; 2012, 22942). Zunehmend relevant wird die Frage der Vereinbarkeit mit dem **Recht der EU** (vgl. Knemeyer PolR SuP Rn. 452).

1.1　　Zum Recht der anderen Bundesländer der Kommentarreihe vgl. § 11 BWPolG, Art. 45 Abs. 1 LStVG, § 75 HSOG. In Niedersachsen gibt es keine entsprechende Vorschrift.

2　　In der deutschen Normenhierarchie gibt es keine Rangstufe innerhalb der Kategorie „Rechtsverordnungen" (vgl. Kingreen/Poscher POR § 23 Rn. 13). Rechtsverordnungen stehen daher gleichrangig nebeneinander, unabhängig davon, wer die Rechtsverordnung erlassen hat. Für ordnungsbehördliche Verordnungen wurde diese Rechtslage vom nordrhein-westfälischen Gesetzgeber nicht gewollt. Deshalb wird in Abs. 1 – abweichend von der Grundregel – besonders festgelegt, dass ordnungsbehördliche Verordnungen mit den ordnungsbehördlichen Verordnungen, die von höheren Behörden erlassen wurden, nicht in Widerspruch stehen dürfen, mit anderen Worten: ordnungsbehördliche Verordnungen höherer Behörden haben **Vorrang** (vgl. Kingreen/Poscher POR § 23 Rn. 13). Höhere Behörden sind – je nach Fallkonstellation – die Ministerien, die Landesordnungsbehörden und die Kreisordnungsbehörden.

2.1　　In Widerspruch mit höherrangigem Recht stehen auch solche ordnungsbehördlichen Verordnungen, bei deren Erlass der **abschließende** Charakter höherrangiger Normen missachtet wurde (vgl. Möller/Warg PolR Rn. 267; Rhein OBG Rn. 3). Soweit höherrangige Normen eine Angelegenheit abschließend regeln, gehen sie nach allgemeinen Rechtsgrundsätzen als leges speciales den anderen Normen vor. Ob eine Angelegenheit bereits durch höherrangiges Recht abschließend geregelt ist, bereitet in der Praxis immer dann keine Probleme, wenn und soweit sich dies unzweideutig aus dem höherrangigen Recht ergibt. Eine solche unzweideutige Regelung dürfte aber die Ausnahme sein. In der Regel wird der abschließende Charakter der höherrangigen Norm durch Auslegung zu ermitteln sein (vgl. bezüglich § 30 aF Rietdorf/Heise/Bockenförde/Strehlau/Bockenförde, Ordnungs- und Polizeirecht in Nordrhein-Westfalen, 2. Aufl. 1972, § 30 Rn. 4).

2.2　　**Beispiele aus der Rechtsprechung für abschließende Regelungen:**
- § 32 Abs. 1 S. 1 StVO (OLG Düsseldorf JMBl. NRW. 1989, 246 f.);
- § 2 NRWLFoG (AG Essen Urt. v. 12.9.1983 – 39 OWi 81 Js 916/83);
- BImSchG (VGH Mannheim NVwZ 1998, 764 ff.).

2.3　　**Beispiel aus der Rechtsprechung für nicht abschließende Regelungen:** § 2 Abs. 2 LHundG NRW (OLG Düsseldorf BeckRS 2010, 21267).

3　　Der Verordnungsgeber hat daher in Beachtung von Abs. 1 stets auch zu prüfen, ob die Angelegenheit, die er mittels ordnungsbehördlicher Verordnung regeln möchte, bereits durch höherrangiges Recht geregelt ist (vgl. bezüglich § 30 aF Krämer/Müller OBG § 30 Rn. 2).

Soweit eine ordnungsbehördliche Verordnung in Widerspruch zu einer höherrangigen **4** Norm steht, ist die ordnungsbehördliche Verordnung insoweit materiell rechtswidrig und nichtig, im Übrigen aber grundsätzlich wirksam (vgl. Schönenbroicher/Heusch/Heusch Rn. 3, Rn. 5; Rhein OBG Rn. 4; bezüglich § 30 aF Rietdorf/Heise/Bockenförde/Strehlau/ Bockenförde, Ordnungs- und Polizeirecht in Nordrhein-Westfalen, 2. Aufl. 1972, § 30 Rn. 4; zum Problem der „geltungserhaltenden Reduktion" einer ordnungsbehördlichen Verordnung VG Gelsenkirchen NWVBl. 2013, 343 (347) = BeckRS 2013, 50286; zum Problem der Überschneidung des Regelungsbereichs BGHSt 37, 366 ff.). Ist der verbleibende wirksame Teil der ordnungsbehördliche Verordnung jedoch sinnlos, wird eine Gesamtnichtigkeit der ordnungsbehördliche Verordnung angenommen (vgl. zB Schönenbroicher/Heusch/ Heusch § 28 Rn. 5; Rhein OBG Rn. 4; im konkreten Fall offengelassen von OVG Münster NWVBl. 2012, 436 (437)).

B. Zulässigkeit ergänzender Regelungen im Verhältnis zu ordnungsbehördlichen Verordnungen höherer Behörden (Abs. 2)

Abs. 2 schränkt das Verordnungsrecht einer niedrigeren Behörde für den Fall, dass eine **5** Angelegenheit bereits durch eine ordnungsbehördliche Verordnung einer höheren Behörde geregelt ist, in **zweifacher** Hinsicht ein:

Erstens hat eine niedrigere Behörde in diesem Falle überhaupt nur dann ein eigenes **6** Verordnungsrecht in dieser Angelegenheit, wenn die ordnungsbehördliche Verordnung der höheren Behörde ein Verordnungsrecht der niedrigeren Behörde ausdrücklich zulässt. Lässt die ordnungsbehördliche Verordnung der höheren Behörde ein Verordnungsrecht der niedrigeren Behörde nicht ausdrücklich zu, besteht also kein Verordnungsrecht zugunsten der niedrigeren Behörde. Abs. 2 legt damit für ordnungsbehördliche Verordnungen fest, dass die ordnungsbehördliche Verordnung einer höheren Behörde grundsätzlich eine **abschließende Regelung** einer Angelegenheit enthält, es sei denn, sie lässt ein Verordnungsrecht einer niedrigeren Behörde ausdrücklich zu (vgl. Schönenbroicher/Heusch/Heusch § 28 Rn. 8).

Für den Fall, dass die ordnungsbehördliche Verordnung einer höheren Behörde ein Verord- **7** nungsrecht einer niedrigeren Behörde ausdrücklich zulässt, sieht Abs. 2 zweitens vor, dass die niedrigere Behörde lediglich **„ergänzende" Regelungen** erlassen darf. Ergänzende Regelungen zeichnen sich dadurch aus, dass sie lediglich den Rahmen der von der höheren Behörde erlassenen ordnungsbehördlichen Verordnung ausfüllen, indem sie zB den Ort und die Zeit der normierten Ge- oder Verbote benennen (vgl. bezüglich § 30 aF Krämer/ Müller OBG § 30 Rn. 3). Nicht zulässig ist es dagegen zB, die in der ordnungsbehördlichen Verordnung enthaltenen Ge- oder Verbote inhaltlich zu verschärfen (vgl. Möller/Warg PolR Rn. 267; zu einer unzulässigen Ergänzung des BImSchG durch landesrechtliche Lärmschutzverordnungen vgl. VGH Mannheim NVwZ 1998, 764 ff.).

§ 29 Inhalt

(1) ¹Ordnungsbehördliche Verordnungen müssen in ihrem Inhalt bestimmt sein. ²Sie dürfen nicht lediglich den Zweck haben, die den Ordnungsbehörden obliegende Aufsicht zu erleichtern.

(2) ¹Hinweise auf Bekanntmachungen, Festsetzungen oder sonstige Anordnungen außerhalb der ordnungsbehördlichen Verordnungen sind unzulässig, soweit die Anordnungen, auf die verwiesen wird, Gebote oder Verbote von unbeschränkter Dauer enthalten. ²Soweit ordnungsbehördliche Verordnungen der Ministerien überwachungsbedürftige oder sonstige Anlagen betreffen, an die bestimmte technische Anforderungen zu stellen sind, kann in ihnen hinsichtlich der technischen Vorschriften auf Bekanntmachungen besonderer sachverständiger Stellen unter Angabe der Fundstelle verwiesen werden.

Überblick

Die Vorschrift enthält verschiedene materiell-rechtliche (inhaltliche) Vorgaben für den Inhalt ordnungsbehördlicher Verordnungen. Abs. 1 S. 1 äußert sich zur inhaltlichen

Bestimmtheit ordnungsbehördlicher Verordnungen (→ Rn. 1 f.). Abs. 1 S. 2 verbietet es, eine Aufgabenerleichterung als Regelungszweck zu verwenden (→ Rn. 4 f.). Abs. 2 S. 1 normiert – in Konkretisierung des Abs. 1 S. 1 – den Grundsatz der Vollständigkeit ordnungsbehördlicher Verordnungen (→ Rn. 6 ff.); Abs. 2 S. 2 normiert eine Ausnahme hiervon (→ Rn. 10 ff.).

A. Inhaltliche Bestimmtheit ordnungsbehördlicher Verordnungen (Abs. 1 S. 1)

1   Abs. 1 S. 1 bestimmt, dass ordnungsbehördliche Verordnungen in ihrem Inhalt bestimmt sein müssen. Die Vorschrift konkretisiert den allgemeinen **rechtsstaatlichen Bestimmtheitsgrundsatz** (vgl. Kingreen/Poscher POR § 23 Rn. 23). Der Bestimmtheitsgrundsatz verlangt vom Normgeber, seine Regelungen so bestimmt zu fassen, wie dies nach der Eigenart des Sachbereichs und mit Rücksicht auf den Normzweck möglich ist (vgl. OVG Weimar ThürVBl. 2008, 34 (38)). Der Verordnungsgeber darf dabei grundsätzlich auch unbestimmte Rechtsbegriffe verwenden, sofern sich die Verordnungstatbestände nicht mit beschreibenden Merkmalen kennzeichnen lassen. Die Auslegungsbedürftigkeit einer ordnungsbehördlichen Verordnung steht ihrer Bestimmtheit grundsätzlich nicht entgegen. Aus dem Wortlaut, der Zielsetzung und dem Regelungszusammenhang müssen sich jedoch **objektive Kriterien** ergeben, die eine willkürliche Handhabung der Norm durch die für die Vollziehung zuständigen Behörden ausschließen (vgl. zum Ganzen zB VGH Mannheim VBlBW 2010, 33 (33 ff.); OVG Magdeburg BeckRS 2010, 47490; OVG Weimar ThürVBl. 2008, 34 (38)). Gleichzeitig müssen die Adressaten ordnungsbehördlicher Verordnungen anhand der objektiven Kriterien **in zumutbarer Weise erkennen** können, welches Verhalten verboten oder geboten ist (vgl. OVG Weimar ThürVBl. 2008, 34 (38); Götz/Geis PolR § 22 Rn. 44). Die ordnungsbehördlichen Verordnungen müssen daher klar aus sich heraus verständlich sein und ihre Adressaten in die Lage versetzen, dass sie sich konkret auf die Ge- oder Verbote einer ordnungsbehördlichen Verordnung einstellen können (vgl. zB VerfGH Rheinland-Pfalz NVwZ 2001, 1273 (1274); VGH Mannheim VBlBW 2010, 33 (33 ff.); OVG Koblenz DÖV 2007, 82 (82 f.)). Sie dürfen nicht auf andere Erkenntnisquellen verweisen (vgl. Rhein OBG Rn. 1; Möller/Warg PolR Rn. 265).

1.1   Beispiele aus der Rechtsprechung für **inhaltlich bestimmte** ordnungsbehördliche Verordnungen:
- VGH Mannheim NVwZ-RR 2010, 55 ff.: „alkoholische Getränke jeglicher Art mit sich zu führen, wenn auf Grund der konkreten Umstände die Absicht erkennbar ist, diese im Geltungsbereich der Verordnung konsumieren zu wollen"; VBlBW 2008, 134 ff.: Leinenzwang „im Innenbereich (§§ 30-34 BauGB)"; NVwZ 2001, 1299 f.: „Im Sperrbezirk ist es untersagt, zu Prostituierten Kontakt aufzunehmen, um sexuelle Handlungen gegen Entgelt zu vereinbaren";
- OVG Koblenz DÖV 2007, 82 f.: Anleinzwang für Hunde „innerhalb bebauter Ortslagen";
- OLG Hamm BeckRS 2009, 03999: „Tiere dürfen nicht ohne Aufsicht gelassen werden".

1.2   Beispiele aus der Rechtsprechung für **inhaltlich unbestimmte** ordnungsbehördliche Verordnungen:
- OVG Münster BeckRS 2017, 110888: Freigabe der Ladenöffnung „im Bereich der Innenstadt";
- VGH Kassel LKRZ 2014, 289 ff.: „Ansammlungen von mehr als zehn Personen";
- VGH Mannheim VBlBW 2010, 33 ff.: „Auf öffentlichen Straßen, in öffentlichen Anlagen und öffentlichen Einrichtungen ist untersagt: [...] 5. das Lagern oder dauerhafte Verweilen außerhalb von Freischankflächen oder Einrichtungen wie Grillstellen u.ä., ausschließlich oder überwiegend zum Zwecke des Alkoholgenusses, wenn dessen Auswirkungen geeignet sind, Dritte erheblich zu belästigen."; NJW 1984, ff.: Verbot, sich auf öffentlichen Straßen „nach Art eines Landstreichers oder Stadtstreichers" herumzutreiben;
- OLG Thüringen ThürVBl. 2012, 253 f.: „Hunde dürfen nicht frei herumlaufen. Sie müssen von den Haltern in der Öffentlichkeit an der Leine geführt werden, ausgenommen sind großflächig unbebaute Gebiete, bei denen eine Gefährdung und Belästigung Dritter ausgeschlossen ist [...]".

1.3   Zum Recht der anderen Bundesländer der Kommentarreihe vgl. § 76 HSOG, § 57 NPOG. In Baden-Württemberg und Bayern gibt es keine vergleichbare Vorschrift.

2   Soweit die Ge- oder Verbote ordnungsbehördlicher Verordnungen mit Ordnungswidrigkeiten belegt sind, gelten insoweit die strengen Anforderungen des **strafrechtlichen Bestimmtheitsgrundsatzes** nach Art. 103 Abs. 2 GG (vgl. zB BVerfGE 38, 348 (371);

71, 108 (114 ff.); BVerfG (K) NJW 2010, 754 ff.; OVG Magdeburg BeckRS 2010, 47490; Götz/Geis PolR § 22 Rn. 44; Kingreen/Poscher POR § 23 Rn. 23).

Soweit ordnungsbehördliche Verordnungen inhaltlich unbestimmt sind, sind sie materiell- **3** rechtswidrig und nichtig (vgl. Schönenbroicher/Heusch/Heusch Rn. 9; Rhein OBG Rn. 12).

B. Keine Aufsichtserleichterung als Regelungszweck (Abs. 1 S. 2)

Abs. 1 S. 2 konkretisiert – wie § 20 Abs. 2 für die Ordnungsverfügungen (→ § 20 **4** Rn. 38 ff.) – einen allgemein geltenden Grundsatz der Ermessensfehlerlehre. Hiernach dürfen ordnungsbehördliche Verordnungen **nicht allein** den Zweck haben, die den Ordnungsbehörden obliegende Aufsicht zu erleichtern. Dieser Zweck wird vom Gesetzgeber zu einem „illegitimen Zweck" erklärt (so Kingreen/Poscher POR § 23 Rn. 20; vgl. zB BVerwG DVBl 1963, 149 (150)). Abs. 1 S. 2 schließt jedoch nicht aus, dass ordnungsbehördliche Verordnungen **auch** den Zweck verfolgen, die den Ordnungsbehörden obliegende Aufsicht zu erleichtern. Es darf sich nur nicht um den ausschließlichen Zweck einer ordnungsbehördlichen Verordnung handeln, denn ordnungsbehördliche Verordnungen müssen in erster Linie die Gefahrenabwehr bezwecken (vgl. Schönenbroicher/Heusch/Heusch Rn. 14).

Verfolgt eine ordnungsbehördliche Verordnung – entgegen Abs. 1 S. 2 – den alleinigen **5** Zweck der Aufgabenerleichterung, ist die ordnungsbehördliche Verordnung materiell-rechtswidrig und **nichtig.**

C. Grundsatz der Vollständigkeit ordnungsbehördlicher Verordnungen (Abs. 2 S. 1)

Abs. 2 S. 1 knüpft an die Regelung in Abs. 1 S. 1 an, denn zur inhaltlichen Bestimmtheit **6** ordnungsbehördlicher Verordnungen gehört auch deren Vollständigkeit (vgl. Schönenbroicher/Heusch/Heusch Rn. 15; DWVM Gefahrenabwehr 507). Abs. 2 S. 1 konkretisiert – zwecks Gewährleistung von Rechtssicherheit (vgl. bezüglich § 31 aF Krämer/Müller OBG § 31 Rn. 2) – den Bestimmtheitsgrundsatz dahingehend, dass Abs. 2 S. 1 – zusätzlich zu den in Abs. 1 S. 1 genannten Anforderungen – den Grundsatz der Vollständigkeit aufstellt. Hiernach müssen ordnungsbehördliche Verordnungen selbst alle getroffenen Regelungen („Bekanntmachungen, Festsetzungen oder sonstige Anordnungen") in vollem Umfang enthalten, soweit diese Regelungen Ge- oder Verbote von **unbestimmter Dauer** beinhalten (vgl. DWVM Gefahrenabwehr 507; bezüglich § 31 aF zB Krämer/Müller OBG § 31 Rn. 2).

Hiernach läge ein Verstoß gegen Abs. 2 S. 1 vor, wenn in einer ordnungsbehördlichen Verordnung **6.1** das Baden an solchen Stellen verboten wäre, an denen eine entsprechende Verbotstafel angebracht ist. Die betreffenden Stellen müssten vielmehr in der ordnungsbehördlichen Verordnung selbst genau bezeichnet werden (vgl. DWVM Gefahrenabwehr 508; bezüglich § 31 aF Krämer/Müller OBG § 31 Rn. 3). Das Aufstellen von Verbotstafeln hätte nur die zusätzliche Bedeutung eines äußeren Hinweises auf die erlassene Verordnung (vgl. DWVM Gefahrenabwehr 508).

Es darf grundsätzlich auch weder auf in den Akten enthaltene Pläne und Zeichnungen noch auf in **6.2** den Diensträumen ausliegende Unterlagen verwiesen werden (vgl. bezüglich § 31 aF Krämer/Müller OBG § 31 Rn. 3). Etwas anderes wird nur dann ausnahmsweise angenommen werden können, wenn Regelungen erlassen werden müssen, die durch Worte nicht hinreichend deutlich gemacht werden können (vgl. BVerwGE 26, 129; Rhein OBG Rn. 11; bezüglich § 31 aF schon Rietdorf/Heise/Bockenförde/Strehlau/Bockenförde, Ordnungs- und Polizeirecht in Nordrhein-Westfalen, 2. Aufl. 1972, § 31 Rn. 8). Wird in einer ordnungsbehördliche Verordnung die Verwendung bestimmter Antragsformulare verlangt, genügt der Verweis auf die Möglichkeit der Einsichtnahme bei der Behörde nicht (vgl. bezüglich § 31 aF Krämer/Müller OBG § 31 Rn. 2).

Umgekehrt sind nach Abs. 2 S. 1 Verweise auf Regelungen außerhalb ordnungsbehördlicher Verordnungen zulässig, soweit diese Regelungen Ge- oder Verbote von lediglich **7** **beschränkter Dauer** enthalten (vgl. Schönenbroicher/Heusch/Heusch Rn. 15).

Wann eine beschränkte Dauer in diesem Sinne vorliegt, ist in der Rechtsprechung – soweit ersicht- **7.1** lich – bisher nicht geklärt. Die Entscheidung wird sich nach den konkreten Umständen des Einzelfalls, insbesondere nach der Art und der Schwere des Eingriffs, zu richten haben (vgl. bezüglich § 31 aF

Rietdorf/Heise/Bockenförde/Strehlau/Bockenförde, Ordnungs- und Polizeirecht in Nordrhein-Westfalen, 2. Aufl. 1972, § 31 Rn. 5). In der Literatur wird angenommen, dass es sich dabei nur um kurzfristige, höchstens auf Monate, nicht auf Jahre terminierte Anordnungen handeln kann (vgl. Schönenbroicher/Heusch/Heusch Rn. 15; DWVM Gefahrenabwehr 508 mN). Es wird jedenfalls für eine enge Auslegung des Begriffs plädiert (vgl. DWVM Gefahrenabwehr 509).

8   Bei den Regelungen, auf die verwiesen wird, muss es sich auf jeden Fall um amtliche Verlautbarungen handeln, die einem einmaligen oder vorübergehenden Zweck dienen (vgl. DWVM Gefahrenabwehr 508). Allerdings gebietet auch hier der Bestimmtheitsgrundsatz, dass diese Regelungen die in einer ordnungsbehördlichen Verordnung normierten Ge- oder Verbote nicht erst begründen, sondern vielmehr nur **Einzelheiten nachtragen,** wie zB in Bezug auf Ort, Zeit, Maß, Zahl und Art der in der ordnungsbehördlichen Verordnung normierten Ge- oder Verbote (vgl. Rhein OBG Rn. 7; DWVM Gefahrenabwehr 509 unter Hinweis auf PrOVGE 105, 138 (140); bezüglich § 31 aF Krämer/Müller OBG § 31 Rn. 3) und daher lediglich ergänzende Bedeutung haben (vgl. Schönenbroicher/Heusch/Heusch Rn. 15).

9   Ein Verstoß gegen Abs. 2 S. 1 führt zur materiellen Rechts- und damit zur **Unwirksamkeit** der ordnungsbehördlichen Verordnung.

D. Ausnahme vom Grundsatz der Vollständigkeit ordnungsbehördlicher Verordnungen (Abs. 2 S. 2)

10   In Anlehnung an § 31 Abs. 2, Abs. 3 PrPVG sieht Abs. 2 S. 2 eine Ausnahme von dem in S. 1 normierten Grundsatz der Vollständigkeit ordnungsbehördlicher Verordnungen für Verordnungen der Ministerien vor, soweit diese überwachungsbedürftige oder sonstige Anlagen betreffen, an die bestimmte technische Anforderungen zu stellen sind. In diesem Fall kann hinsichtlich der technischen Vorschriften auf **Bekanntmachungen besonderer sachverständiger Stellen unter Angabe der Fundstelle** verwiesen werden, wobei insoweit stets nur eine statische Verweisung, dh eine Verweisung auf eine entsprechende Bekanntmachung in einer bestimmten Fassung in Betracht kommt (vgl. Schönenbroicher/Heusch Rn. 16).

10.1   Besondere sachverständige Stellen im Sinne der Vorschrift sind technische Verbände gewerblicher Art (vgl. DWVM Gefahrenabwehr 509), wie zB das Deutsche Institut für Normung (DIN), der Verband Deutscher Ingenieure (VdI), der Deutsche Dampfkessel- und Druckgefäßausschuss usw. Es ist ein **enges** Verständnis geboten (vgl. DWVM Gefahrenabwehr 509). Ein Beispiel für eine technische Vorschrift einer besonderen sachverständigen Stelle ist die TA Lärm (Sechste Allgemeine Verwaltungsvorschrift zum Bundes-Immissionsschutzgesetz v. 26.8.1998, GMBl. 503).

11   Die in den Bekanntmachungen besonderer sachverständiger Stellen enthaltenen technischen Anforderungen sind nicht Bestandteil der ordnungsbehördlichen Verordnungen selbst, sondern dienen als „technischer Hintergrund" lediglich dem **Verständnis** der ordnungsbehördlichen Verordnungen (vgl. bezüglich § 31 aF Rietdorf/Heise/Bockenförde/Strehlau/Bockenförde, Ordnungs- und Polizeirecht in Nordrhein-Westfalen, 2. Aufl. 1972, § 31 Rn. 6; skeptisch gegenüber der in Abs. 2 S. 2 vorgesehenen Regelungstechnik Schönenbroicher/Heusch/Heusch Rn. 16). Werden die technischen Anforderungen nach dem Erlass einer ordnungsbehördlichen Verordnung, in der auf diese Anforderungen verwiesen wird, abgeändert, muss die ordnungsbehördliche Verordnung wegen der nur statischen Verweisung (→ Rn. 10) dahingehend geändert werden, dass nunmehr auf die Fundstelle der neu bekanntgemachten technischen Anforderungen hingewiesen wird (vgl. DWVM Gefahrenabwehr 510 f.).

12   Durch die Pflicht, die Fundstelle anzugeben, wird das **Beschaffen** der Anforderungen **erleichtert** (vgl. bezüglich § 31 aF Rietdorf/Heise/Bockenförde/Strehlau/Bockenförde, Ordnungs- und Polizeirecht in Nordrhein-Westfalen, 2. Aufl. 1972, § 31 Rn. 6). Die technischen Anforderungen brauchen nicht im Gesetz- und Verordnungsblatt veröffentlicht zu werden (vgl. Rhein OBG Rn. 9).

13   Ein Verstoß gegen Abs. 2 S. 2 führt zur materiellen Rechts- und damit zur **Unwirksamkeit** der ordnungsbehördlichen Verordnung.

§ 30 Form

Ordnungsbehördliche Verordnungen müssen
1. eine Überschrift tragen, die ihren Inhalt kennzeichnet;
2. in der Überschrift als „Ordnungsbehördliche Verordnung" bezeichnet sein;
3. im Eingang auf die Bestimmungen des Gesetzes Bezug nehmen, auf Grund deren sie erlassen sind;
4. auf die Zustimmung der Stellen hinweisen, deren Zustimmung gesetzlich vorgeschrieben ist;
5. den örtlichen Geltungsbereich angeben;
6. das Datum angeben, unter dem sie erlassen sind; für ordnungsbehördliche Verordnungen der Kreisordnungsbehörden und örtlichen Ordnungsbehörden ist dies das Datum des Tages, an dem die Verordnung ausgefertigt worden ist;
7. die Behörde bezeichnen, die die Verordnung erlassen hat.

Überblick

Die Vorschrift enthält aus Gründen der Rechtssicherheit und der Transparenz – wie schon § 32 PrPVG – besondere Regelungen in Bezug auf die Form ordnungsbehördlicher Verordnungen und zählt sieben Inhalte auf, die zwingend (vgl. Wortlaut: „müssen") in einer ordnungsbehördlichen Verordnung enthalten sein müssen: die inhaltskennzeichnende Überschrift (Nr. 1; → Rn. 1), die Bezeichnung in der Überschrift als „ordnungsbehördliche Verordnung" (Nr. 2; → Rn. 2), die Bezugnahme auf die Ermächtigungsgrundlagen im Eingang der ordnungsbehördlichen Verordnung (Nr. 3; → Rn. 3 ff.), der Hinweis auf gesetzlich vorgeschriebene Zustimmungen anderer Stellen (Nr. 4; → Rn. 7 f.), die Angabe des örtlichen Geltungsbereichs (Nr. 5; → Rn. 9 ff.), die Angabe des Erlassdatums (Nr. 6; → Rn. 13 ff.) und die Bezeichnung der Erlassbehörde (Nr. 7; → Rn. 16 ff.). Diese Aufzählung ist abschließend und beinhaltet insoweit eine von § 2 Abs. 2 NRWBekanntmVO abweichende Regelung (vgl. Nr. 30.3 S. 2 VV OBG). Die Vorschrift konkretisiert damit die verfassungsrechtlichen Anforderungen, die Art. 70 NRW Verf allgemein an die Form von Rechtsverordnungen stellt (zu den Folgen der Nichtbeachtung eines in der Vorschrift genannten Formerfordernisses → Rn. 19).

Übersicht

A. Inhaltskennzeichnende Überschrift (Nr. 1)

Nr. 1 verlangt, dass eine ordnungsbehördliche Verordnung eine Überschrift trägt, die ihren **1** Inhalt kennzeichnet. Diesem Erfordernis wird Genüge getan, indem eine Überschrift gewählt wird, die den **wesentlichen Inhalt** der ordnungsbehördlichen Verordnung kennzeichnet bzw. den allgemeinen Lebenstatbestand, der durch die ordnungsbehördliche Verordnung geregelt wird, benennt (zB „... Aufrechterhaltung der öffentlichen Sicherheit und Ordnung in den öffentlichen Grünflächen der Stadt ..."; „... Verbot der Fütterung von verwilderten Haustauben und Wildtauben im Gebiet der Stadt ..."). Nicht erforderlich ist es demgegenüber, den Inhalt einer ordnungsbehördlichen Verordnung erschöpfend in ihrer Überschrift zu kennzeichnen, zumal dies in der Praxis auch weder möglich noch notwendig ist (vgl.

zum Ganzen Schönenbroicher/Heusch/Heusch Rn. 3; bezüglich § 32 aF zB Rietdorf/
Heise/Bockenförde/Strehlau/Bockenförde, Ordnungs- und Polizeirecht in Nordrhein-Westfalen, 2. Aufl. 1972, § 32 Rn. 2).

1.1   Zum Recht der anderen Bundesländer der Kommentarreihe vgl. § 12 BWPolG, Art. 45 Abs. 2
LStVG, § 78 HSOG, § 58 NPOG.

B. Bezeichnung in der Überschrift als „ordnungsbehördliche Verordnung" (Nr. 2)

2   Das in Nr. 2 genannte Erfordernis, eine ordnungsbehördliche Verordnung in der Überschrift ausdrücklich als „ordnungsbehördliche Verordnung" zu bezeichnen, steht in einem
engen Zusammenhang mit dem Erfordernis einer inhaltskennzeichnenden Überschrift nach
Nr. 1 (→ Rn. 1; vgl. bezüglich § 32 aF Rietdorf/Heise/Bockenförde/Strehlau/Bockenförde,
Ordnungs- und Polizeirecht in Nordrhein-Westfalen, 2. Aufl. 1972, § 32 Rn. 3) und korrespondiert zugleich mit § 25 S. 1 (→ § 25 Rn. 1). Nicht erst aus dem Text einer ordnungsbehördlichen Verordnung, insbesondere aus ihrer Präambel, sondern bereits aus der Überschrift
der ordnungsbehördlichen Verordnung selbst soll **unzweideutig** hervorgehen, dass es sich
um eine ordnungsbehördliche Verordnung in Bezug auf einen bestimmten Lebenssachverhalt
handelt. Hierdurch sollen die Normadressaten in die Lage versetzt werden zu erkennen, dass
eine Rechtsverordnung die Rechtsgrundlage für auferlegte Ge- oder Verbote ist und dass es
sich um ordnungsrechtliche Ge- oder Verbote handelt (vgl. Rhein OBG Rn. 3; Schönenbroi-
cher/Heusch/Heusch Rn. 4).

2.1   Nr. 2 schließt indes nicht aus, dass sondergesetzliche Vorschriften eine abweichende Bezeichnung
vorsehen (vgl. bezüglich § 32 aF Rietdorf/Heise/Bockenförde/Strehlau/Bockenförde, Ordnungs- und
Polizeirecht in Nordrhein-Westfalen, 2. Aufl. 1972, § 32 Rn. 3), so zB § 197 Abs. 1 NRWBergG
(Allgemeines Berggesetz v. 24.6.1865, PrGS.NW. 164): „Bergverordnungen". In der Praxis können sich
dabei Schwierigkeiten bei der Frage ergeben, ob sondergesetzliche Vorschriften zum Erlass ordnungsbehördlicher Verordnungen iSd § 25 S. 1 oder sonstiger Anordnungen iSd § 38 (→ § 38 Rn. 1 ff.)
ermächtigen (vgl. bezüglich § 32 aF Rietdorf/Heise/Bockenförde/Strehlau/Bockenförde, Ordnungs-
und Polizeirecht in Nordrhein-Westfalen, 2. Aufl. 1972, § 32 Rn. 4, 6).

C. Bezugnahme auf die Ermächtigungsgrundlagen im Eingang der ordnungsbehördlichen Verordnung (Nr. 3)

3   Nr. 3 konkretisiert Art. 70 S. 3 NRW Verf und verlangt, im Eingang auf die Bestimmungen
des Gesetzes Bezug zu nehmen, aufgrund derer die ordnungsbehördliche Verordnung erlassen
ist. Nr. 3 sieht damit zunächst zwingend vor, dass die Bezugnahme „im Eingang" der ordnungsbehördlichen Verordnung erfolgen muss. „Im Eingang" meint die Nennung in einer
Präambel der ordnungsbehördlichen Verordnung. Ausgeschlossen ist hiernach eine Nennung erst in einer Postambel, dh eine am Schluss gestellte Angabe der Ermächtigungsgrundlagen (vgl. zum Ganzen Schönenbroicher/Heusch/Heusch Rn. 6; bezüglich § 32 aF Rietdorf/
Heise/Bockenförde/Strehlau/Bockenförde, Ordnungs- und Polizeirecht in Nordrhein-Westfalen, 2. Aufl. 1972, § 32 Rn. 7). Des Weiteren sieht Nr. 3 zwingend vor, dass **sämtliche**
einschlägige Ermächtigungsgrundlagen genannt werden müssen (vgl. Wortlaut „die Bestimmungen des Gesetzes, [...]"). Unerheblich ist dabei, ob als Ermächtigungsgrundlagen sondergesetzliche Ermächtigungen oder der beiden Generalermächtigungen (§ 26 Abs. 1, § 27
Abs. 1) einschlägig sind (sa Nr. 30.1 VV OBG; vgl. Rhein OBG Rn. 4 mit Beispielen in
Rn. 5; bezüglich § 32 aF Rietdorf/Heise/Bockenförde/Strehlau/Bockenförde, Ordnungs-
und Polizeirecht in Nordrhein-Westfalen, 2. Aufl. 1972, § 32 Rn. 8 f.).

3.1   Beispiele aus der Praxis: „Aufgrund des § 27 des Gesetzes über Aufbau und Befugnisse der Ordnungsbehörden (Ordnungsbehördengesetz – NRWOBG –) in der Fassung der Bekanntmachung v. 13.5.1980
(GV NW 528/SGV NW 2060) wird von der Stadt ... als örtlicher Ordnungsbehörde gemäß Beschluss
des Rates der Stadt ... vom ... für das Stadtgebiet der Stadt ... folgende ordnungsbehördliche Verordnung erlassen:"; „Aufgrund der §§ 27 Abs. 1 und 4 S. 1 sowie 31 des Gesetzes über Aufbau und
Befugnisse der Ordnungsbehörden (Ordnungsbehördengesetz – NRWOBG) in der Fassung der
Bekanntmachung v. 13.5.1980 (GV. NRW. 528), zuletzt geändert durch Gesetz v. 5.4.2005 (GV. NRW.

274), und des § 5 Abs. 1 des Gesetzes zum Schutz vor Luftverunreinigungen, Geräuschen und ähnlichen Umwelteinwirkungen (Landes-Immissionsschutzgesetz – LImschG) in der Fassung der Bekanntmachung v. 18.3.1975 (GV. NRW. 232), zuletzt geändert durch Gesetz v. 12.12.2006 (GV. NRW. S. 622), wird von der Stadt … als örtlicher Ordnungsbehörde gemäß Beschluss des Rates der Stadt … vom … für das Gebiet der Stadt … folgende Verordnung erlassen:"

Ob das Erfordernis der Angabe der einschlägigen Ermächtigungsgrundlagen nach Nr. 3 verfassungs- **3.2** rechtlich überhaupt geboten ist, ist umstritten (vgl. Schenke PolR Rn. 622 mit Fn. 38), bedarf aber jedenfalls in Nordrhein-Westfalen keiner näheren Erörterung, weil Nr. 3 seine verfassungskonforme Grundlage in Art. 70 S. 3 NRW Verf hat (vgl. zB Schönenbroicher/Heusch/Günther/Kamp/Rossbach/ Söbbeke/Stuttmann/Thesling/Schönenbroicher, Die Landesverfassung Nordrhein-Westfalen, 2010, NRW Verf Art. 70 Rn. 43).

Die einschlägigen Ermächtigungsgrundlagen brauchen **nicht** den jeweiligen Bestimmun- **4** gen der ordnungsbehördlichen Verordnung **zugeordnet** zu werden (vgl. Dietlein/Hellermann NRWÖffR/Dietlein § 3 Rn. 232). Auch ein gleichzeitiger Hinweis auf die **Aufgaben-wahrnehmungsnorm** der Ordnungsbehörden (§ 1 Abs. 1) ist – ausweislich des Wortlauts der Nr. 3 – **nicht** erforderlich (vgl. bezüglich § 32 aF Rietdorf/Heise/Bockenförde/Strehlau/ Bockenförde, Ordnungs- und Polizeirecht in Nordrhein-Westfalen, 2. Aufl. 1972, § 32 Rn. 8).

Das Zitiergebot soll dem Adressaten einer ordnungsbehördlichen Verordnung die Kon- **5** trolle ermöglichen, ob die Verordnung mit dem ermächtigenden Gesetz übereinstimmt. Im Interesse der Rechtsschutzfunktion des Zitiergebots muss die Ermächtigungsgrundlage daher so genau bezeichnet werden, dass keine Zweifel darüber bestehen, welche Vorschrift gemeint ist (vgl. zum Ganzen OVG Berlin-Brandenburg BeckRS 2011, 52648). Die Bezugnahme auf die einschlägigen Ermächtigungsgrundlagen hat daher möglichst präzise zu erfolgen. Zu nennen sind namentlich die konkrete ermächtigende **Einzelvorschrift mit genauer Angabe** (Paragraf, Absatz, Satz, Nummer oder Ähnliches) und die **amtliche Fundstelle** (zB für Landesrecht Nordrhein-Westfalen von 1945 bis zum 31.12.1956: GS. NRW., für Landesrecht NRW ab dem 1.1.1957: GV. NRW., für Bundesrecht ab dem 23.5.1949: BGBl. usw; vgl. zum Ganzen auch Schönenbroicher/Heusch/Heusch Rn. 5; bezüglich § 32 aF Rietdorf/Heise/Bockenförde/Strehlau/Bockenförde, Ordnungs- und Polizeirecht in Nordrhein-Westfalen, 2. Aufl. 1972, § 32 Rn. 10).

Hat der Verordnungsgeber beim Erlass einer ordnungsbehördlichen Verordnung versäumt, **6** überhaupt die einschlägigen Ermächtigungsgrundlagen der Verordnung zu benennen, oder führt er nur nicht einschlägige Ermächtigungsgrundlagen für die Verordnung an (auch wenn einschlägige Ermächtigungsgrundlagen in nicht genannten Gesetzen existieren), so ist die ordnungsbehördliche Verordnung formell rechtswidrig und damit **nichtig** (vgl. BVerfGE 101, 1 (43 f.); OVG Berlin-Brandenburg BeckRS 2011, 52648; VGH Mannheim NVwZ 1998, 764 (766); Schönenbroicher/Heusch/Heusch Rn. 8; Dietlein/Hellermann NRWÖffR/Dietlein § 3 Rn. 232). Werden demgegenüber mehrere Ermächtigungsgrundlagen genannt, obgleich nur eine davon für die fragliche Eingriffsnorm erforderlich ist, wird der Rechtsschutz für den Adressaten beim Auffinden der Rechtsgrundlage und die Kontrolle der ordnungsbehördlichen Verordnung grundsätzlich nicht wesentlich erschwert, es sei denn, es würde eine so große Anzahl von in Wahrheit nicht einschlägigen Ermächtigungsgrundlagen benannt, dass der Adressat die einschlägige Ermächtigungsgrundlage nicht ohne Weiteres herauslesen kann (vgl. OVG Berlin-Brandenburg BeckRS 2011, 52648). Falls eine Ermächtigungsgrundlage **nachträglich außer Kraft** tritt, berührt dies die Rechtmäßigkeit der ordnungsbehördlichen Verordnung aber nicht (vgl. Schönenbroicher/Heusch/Heusch Rn. 8; Dietlein/Hellermann NRWÖffR/Dietlein § 3 Rn. 232).

D. Hinweis auf die gesetzlich vorgeschriebene Zustimmung anderer Stellen (Nr. 4)

Nr. 4 verlangt, dass ein Hinweis auf die Zustimmung der Stellen, deren Zustimmung **7** gesetzlich vorgeschrieben ist, erfolgt. Ein solcher Hinweis muss immer dann erfolgen, wenn Bundes- oder Landesrecht die Zustimmung von Stellen als **Wirksamkeitsvoraussetzung** für eine ordnungsbehördliche Verordnung vorsieht (zB § 5 Abs. 4 NRWLImSchG; vgl.

Schönenbroicher/Heusch/Heusch Rn. 9; bezüglich § 32 aF Krämer/Müller OBG § 32 Rn. 2).

8   Mit „Stellen" meint Nr. 4 **andere Behörden** (vgl. bezüglich § 32 aF Rietdorf/Heise/ Bockenförde/Strehlau/Bockenförde, Ordnungs- und Polizeirecht in Nordrhein-Westfalen, 2. Aufl. 1972, § 32 Rn. 11). Sofern andere Dienststellen ein- und derselben Behörde beim Zustandekommen einer ordnungsbehördlichen Verordnung in irgendeiner Art und Weise mitwirken (zB mittels behördeninterner Abstimmungen, Vorlagepflichten oder Ähnliches), bedarf es daher keines Hinweises iSd Nr. 4. Nicht unter Nr. 4 fällt deshalb zB die in § 60 Abs. 1 S. 3 GO NRW, § 50 Abs. 3 S. 3 KrO NRW normierte Pflicht, Eilverordnungen nachträglich der Vertretungskörperschaft vorzulegen, weil es sich insoweit lediglich um eine behördeninterne Zuständigkeitsverteilung handelt (vgl. Rhein OBG Rn. 6; bezüglich § 32 aF auch Rietdorf/Heise/Bockenförde/Strehlau/Bockenförde, Ordnungs- und Polizeirecht in Nordrhein-Westfalen, 2. Aufl. 1972, § 32 Rn. 11), oder das Einholen des Benehmens des Innenministeriums iSd § 26 Abs. 1 (vgl. bezüglich § 32 aF Krämer/Müller OBG § 32 Rn. 2).

E. Angabe des örtlichen Geltungsbereichs (Nr. 5)

9   Nr. 5 macht die Angabe des örtlichen Geltungsbereichs erforderlich und betrifft damit die inhaltliche Bestimmtheit ordnungsbehördlicher Verordnungen, denn ihr örtlicher Geltungsbereich ist vom Verordnungsgeber hinreichend klar zu bezeichnen (vgl. Schönenbroicher/Heusch/Heusch Rn. 10). Das Erfordernis gewinnt vor allem – aber nicht nur dann (vgl. OLG Schleswig NJW 1952, 317) – besondere Bedeutung, wenn und soweit eine ordnungsbehördliche Verordnung nicht für das gesamte Gebiet, für das der Verordnungsgeber örtlich zuständig ist, sondern nur für einen Teilbereich dieses Gebietes erlassen wird. Der örtliche Geltungsbereich kann in diesem Fall nicht ohne Weiteres aus der örtlichen Zuständigkeit des Verordnungsgebers geschlossen werden, sondern bedarf einer **konkreten räumlichen Benennung.**

9.1   So ist es zB nach § 27 Abs. 1 rechtlich möglich, dass eine Gemeinde oder eine kreisfreie Stadt eine ordnungsbehördliche Verordnung nicht für ihr gesamtes Gemeinde- bzw. Stadtgebiet erlässt, sondern nur für einen Teilbereich. Beispiel aus der Praxis: „Ordnungsbehördliche Verordnung über die Aufrechterhaltung der öffentlichen Sicherheit und Ordnung im Bereich der mobilen Hochwasserschutzanlagen auf dem Gebiet der Stadt Köln, Ortslage Uferstraße/Auenweg Rodenkirchen (Hochwasserschutzzonenverordnung Uferstraße/Auenweg Rodenkirchen), vom 02. September 2010 – Der Rat der Stadt Köln hat in seiner Sitzung am 17.06.2010 aufgrund der §§ 27 Abs. 1, Abs. 4 Satz 1, 31 des Gesetzes über Aufbau und Befugnisse der Ordnungsbehörden — Ordnungsbehördengesetz (OBG) — in der Fassung der Bekanntmachung vom 13.05.1980 (GV NRW 5. 528) in der bei Erlass dieser Verordnung geltenden Fassung für das Gebiet der Stadt Köln, Ortslage Uferstraße/Auenweg Rodenkirchen folgende Verordnung erlassen: …"

10   Entsprechendes gilt für die anderen Verordnungsgeber iSd §§ 26, 27 (für Ministerien s. § 27 Abs. 2: „[…] für Landesteile, die mehr als einen Regierungsbezirk erfassen."; für Bezirksregierungen als Landesordnungsbehörden s. § 26 Abs. 2: „[…] für Gebiete, die mehr als einen Kreis oder eine kreisfreie Stadt umfassen."; für Kreise als Kreisordnungsbehörden s. § 26 Abs. 3: „[…] für Gebiete, die mehr als eine Gemeinde umfassen.").

11   Anders als Nr. 3 verlangt Nr. 5 nicht, dass der örtliche Geltungsbereich im Eingang der ordnungsbehördlichen Verordnung angegeben werden muss. Der Verordnungsgeber ist daher **frei** zu entscheiden, an welcher Stelle in der ordnungsbehördlichen Verordnung der örtliche Geltungsbereich angegeben wird. Ausreichend ist es, wenn sich der örtliche Geltungsbereich aus der amtlichen Überschrift und der Abkürzung der ordnungsbehördlichen Verordnung ergibt (Bsp. aus der Rspr.: „GefHuVO NW" des Ministeriums für Umwelt, Raumordnung und Landwirtschaft des Landes Nordrhein-Westfalen, wonach für jeden Normadressaten erkennbar ist, dass sich erlassene Verordnung auf das gesamte Land Nordrhein-Westfalen erstrecken soll; vgl. OVG Münster NVwZ 1997, 806 (807)).

12   Die Angabe des örtlichen Geltungsbereichs in der ordnungsbehördlichen Verordnung muss **ausdrücklich** erfolgen (auch wenn eine ordnungsbehördliche Verordnung für ein Gesamtgebiet gelten soll (vgl. OLG Schleswig NJW 1952, 317)) und **eindeutig** sein. Andernfalls ist die ordnungsbehördliche Verordnung formell rechtswidrig und damit **nichtig** (vgl. OVG Lüneburg OVGE 5, 508 (509 ff.); OLG Schleswig NJW 1952, 317; bezüglich § 32 aF

Rietdorf/Heise/Bockenförde/Strehlau/Bockenförde, Ordnungs- und Polizeirecht in Nordrhein-Westfalen, 2. Aufl. 1972, § 32 Rn. 12). Bei Bedarf kann sich ausnahmsweise der Abdruck einer Karte oder eines Plans oder eine Bezugnahme hierauf anbieten (→ § 29 Rn. 6 ff.; vgl. in diese Richtung bezüglich § 32 aF Rietdorf/Heise/Bockenförde/Strehlau/Bockenförde, Ordnungs- und Polizeirecht in Nordrhein-Westfalen, 2. Aufl. 1972, § 32 Rn. 12 mwN; großzügiger wohl Rhein OBG Rn. 7).

F. Angabe des Erlassdatums (Nr. 6)

Nr. 6 Hs. 1 verpflichtet den Verordnungsgeber, das Datum des Erlasses einer ordnungsbe- **13** hördlichen Verordnung anzugeben. Nr. 6 Hs. 2 sieht vor, dass das Datum des Erlasses für die ordnungsbehördlichen Verordnungen der Kreisordnungsbehörden und der örtlichen Ordnungsbehörden das Datum des Tages ist, an dem die Verordnung ausgefertigt worden ist. Ordnungsbehördliche Verordnungen der Kreisordnungsbehörden und der örtlichen Ordnungsbehörden werden nach Maßgabe des § 33 Abs. 1 S. 2 vom **Hauptverwaltungsbeamten** ausgefertigt (→ § 33 Rn. 5 ff.). Dies wird in Nr. 30.2 VV OBG S. 2 nochmals klargestellt. Nr. 30.2 S. 3 VV OBG bestimmt, dass sich der Hauptverwaltungsbeamte nach den Vorschriften des Kommunalverfassungsrechts vertreten lassen kann.

Neben der Ausfertigung bedarf es weder einer Bestätigung iSd § 2 Abs. 3 S. 1 NRWBe- **14** kanntmVO noch einer Bekanntmachungsanordnung iSd § 2 Abs. 4 NRWBekanntmVO (vgl. Rhein OBG Rn. 8; bezüglich § 32 aF Krämer/Müller OBG § 32 Rn. 15), weil § 33 Abs. 1 S. 2 insoweit eine **Sonderbestimmung** enthält.

Welches Datum für die ordnungsbehördlichen Verordnungen der Landesordnungsbehör- **15** den und der Ministerien maßgeblich ist, wird in Nr. 6 dagegen nicht erwähnt. Eine Antwort liefert insoweit Nr. 30.2 S. 1 VV OBG. Maßgeblich ist hiernach das Datum der **Unterzeichnung** durch den **Minister** oder durch den **Regierungspräsidenten.** Abgestellt wird damit wohl ebenfalls auf das Datum des Tages der **Ausfertigung** der ordnungsbehördlichen Verordnung durch den Minister oder den Regierungspräsidenten (→ § 33 Rn. 1 ff.).

G. Bezeichnung der Behörde, die die ordnungsbehördliche Verordnung erlassen hat (Nr. 7)

Nr. 7 sieht vor, dass die Behörde zu bezeichnen ist, die eine ordnungsbehördliche Verord- **16** nung erlassen hat. Nr. 30.4 VV OBG beschreibt detailliert, wie die Bezeichnung der Behörde zu erfolgen hat. Entgegen Nr. 7 stellt Nr. 30.4 VV OBG indes nicht auf die Behörde, sondern vielmehr auf den Rechtsträger, dem die Behörde angehört, ab. Im Schrifttum divergieren die Standpunkte, ob die Behörde oder der Rechtsträger, dem die Behörde angehört, zu bezeichnen ist (für die Behörde: Rhein OBG Rn. 9; für den Rechtsträger: Schönenbroicher/Heusch/Heusch Rn. 12).

Nicht zu bezeichnen ist – ausweislich der Nr. 7 – auch der Ratsbeschluss und dessen **17** Datum (sa Nr. 30.3 S. 1 VV OBG). Gleichwohl wird in Nr. 30.3 S. 3 VV OBG empfohlen, in der Präambel auf den Ratsbeschlusses und dessen Datum hinzuweisen und dabei das in Nr. 33.1 VV OBG vorgeschlagene Muster zugrunde zu legen.

An welcher Stelle die Behörde, die die ordnungsbehördliche Verordnung erlassen hat, **18** erwähnt wird, legt Nr. 7 nicht fest. Der Verordnungsgeber ist daher insoweit in seiner Entscheidung frei. Üblicherweise wird die Behörde in der Präambel genannt (vgl. Rhein OBG Rn. 9).

H. Rechtsfolgen bei Nichtbeachtung eines Formerfordernisses

Die Nichtbeachtung auch nur eines in der Vorschrift genannten Formerfordernisses führt **19** im Zweifel zur formellen Rechtswidrigkeit der gesamten ordnungsbehördlichen Verordnung und damit zu deren Unwirksamkeit (vgl. Schönenbroicher/Heusch/Heusch Rn. 2; bezüglich § 32 aF schon Krämer/Müller OBG § 32 Rn. 1).

§ 31 Zuwiderhandlungen gegen ordnungsbehördliche Verordnungen

(1) In ordnungsbehördlichen Verordnungen können für den Fall einer vorsätzlichen oder fahrlässigen Zuwiderhandlung Geldbußen und die Einziehung der durch die Zuwiderhandlung gewonnenen oder erlangten Gegenstände angedroht werden.

(2) Zuständige Behörden im Sinne des § 36 Abs. 1 Nr. 1 des Gesetzes über Ordnungswidrigkeiten (OWiG) sind die Ordnungsbehörden nach § 5 und die sachlich zuständigen Sonderordnungsbehörden.

(3) Ist die Zuwiderhandlung gegen eine ordnungsbehördliche Verordnung nach Bundes- oder Landesrecht mit Strafe bedroht, so soll in der Verordnung auf die Strafvorschrift hingewiesen werden.

Überblick

Um die Einhaltung der in ordnungsbehördlichen Verordnungen normierten Ge- oder Verbote nachdrücklich zu sichern, ermächtigt Abs. 1 den Verordnungsgeber, für den Fall einer schuldhaften Zuwiderhandlung gegen ordnungsbehördliche Verordnungen bestimmte Sanktionen anzudrohen ($\rightarrow$ Rn. 1 ff.). Indem die Vorschrift dazu ermächtigt, Verstöße gegen ordnungsbehördliche Verordnungen zu Ordnungswidrigkeiten zu machen, kann sie noch zum Bereich der Durchsetzung bzw. zum Vollzug ordnungsbehördlicher Verordnungen gerechnet werden ($\rightarrow$ § 25 Rn. 26). Abs. 2 regelt, welche Behörde für die Verfolgung und die Ahnung von Ordnungswidrigkeiten zuständig ist ($\rightarrow$ Rn. 11). Abs. 3 bestimmt, dass eine ordnungsbehördliche Verordnung auf eine Strafvorschrift hinweisen soll, wenn die Zuwiderhandlung gegen eine ordnungsbehördliche Verordnung nach Bundes- oder Landesrecht strafbewährt ist ($\rightarrow$ Rn. 12 f.).

A. Androhung von Geldbußen und der Einziehung von durch die Zuwiderhandlung gewonnener oder erlangter Gegenstände bei schuldhaften Zuwiderhandlungen gegen ordnungsbehördliche Verordnungen (Abs. 1)

1   Ordnungsbehördliche Verordnungen sind – wie andere Rechtsnormen auch – darauf angelegt, dass die in ihr enthaltenen Ge- oder Verbote von ihren Adressaten beachtet und befolgt werden. Geschieht dies nicht, bedarf es wirksamer Mechanismen, um die geltenden Rechtsnormen durchzusetzen. Hierzu gehört – neben den Maßnahmen der Verwaltungsvollstreckung von auf der Grundlage ordnungsbehördlicher Verordnungen ergangener Ordnungsverfügungen – die Androhung von Sanktionen für den Fall schuldhafter Zuwiderhandlungen gegen ordnungsbehördliche Verordnungen. Mit der Androhung von bestimmten Sanktionen können Zuwiderhandlungen spürbar geahndet werden (vgl. Rhein OBG Rn. 1).

1.1   Zum Recht der anderen Bundesländer der Kommentarreihe vgl. § 18 BWPolG, Art. 12 ff. LStVG, § 77 HSOG, § 59 NPOG.

I. Voraussetzungen für die Ahndung von Zuwiderhandlungen als Ordnungswidrigkeiten

2   Zuwiderhandlungen können als Ordnungswidrigkeiten im Sinne des OWiG geahndet werden, wenn **zwei Voraussetzungen** erfüllt sind:

3   Erstens muss die Ordnungswidrigkeit einer Zuwiderhandlung in der ordnungsbehördlichen Verordnung **ausdrücklich festgestellt** werden (vgl. Gusy PolR Rn. 408; WHM NRWPolR Rn. 484). Konkret ist dabei erforderlich, dass die ordnungsbehördliche Verordnung einen Tatbestand enthält, der festlegt, dass ordnungswidrig handelt, wer vorsätzlich oder fahrlässig, dh schuldhaft, einem bestimmten Ge- oder Verbot der ordnungsbehördlichen Verordnung zuwiderhandelt.

4   Zweitens muss in der ordnungsbehördlichen Verordnung auf das **OWiG** (Ordnungswidrigkeitengesetz idF der Neubekanntmachung v. 19.2.1987, BGBl. I 602) verwiesen werden. Bei der Verfolgung und der Ahnung der Ordnungswidrigkeiten sind damit die Vorschriften

des OWiG anzuwenden (vgl. Nr. 31.12 VV OBG; bezüglich § 33 aF Krämer/Müller OBG § 33 Rn. 1).

Aufgrund ihrer nur beschränkten Geltungsdauer (vgl. § 32) sind ordnungsbehördliche **5** Verordnungen, deren Verletzung mit Strafe oder Bußgeld bedroht ist, **Zeitgesetze** iSd § 2 Abs. 4 StGB bzw. § 4 Abs. 4 OWiG (vgl. BayObLG NJW 1962, 825 Ls.; DWVM Gefahrenabwehr 516).

II. Sanktion Bußgeld

Vorbehaltlich sondergesetzlicher Bestimmungen (zB § 86 Abs. 3 BauO NRW 2018) richtet **6** sich die **Höhe des Bußgeldes** nach § 17 OWiG (vgl. Rhein OBG Rn. 10). Gemäß § 17 Abs. 1 OWiG beträgt die Geldbuße mindestens 5 EUR und, wenn das Gesetz nichts anderes bestimmt, höchstens 1.000 EUR. Droht das Gesetz für vorsätzliches und fahrlässiges Handeln Geldbuße an, ohne im Höchstmaß zu unterscheiden, so kann fahrlässiges Handeln gem. § 17 Abs. 2 OWiG im Höchstmaß nur mit der Hälfte des angedrohten Höchstbetrages der Geldbuße geahndet werden. Grundlage für die Zumessung der Geldbuße sind nach § 17 Abs. 3 S. 1 OWiG die Bedeutung der Ordnungswidrigkeit und der Vorwurf, der den Täter trifft. Auch die wirtschaftlichen Verhältnisse des Täters kommen in Betracht; bei geringfügigen Ordnungswidrigkeiten bleiben sie jedoch in der Regel unberücksichtigt (vgl. § 17 Abs. 3 S. 2 OWiG). § 17 Abs. 4 S. 1 OWiG sieht vor, dass die Geldbuße den wirtschaftlichen Vorteil, den der Täter aus der Ordnungswidrigkeit gezogen hat, übersteigen soll. Reicht das gesetzliche Höchstmaß hierzu nicht aus, so kann es überschritten werden (vgl. § 17 Abs. 4 S. 2 OWiG).

III. Nebenfolge Einziehung

Als Nebenfolge einer Ordnungswidrigkeit können unter den in § 22 OWiG genannten **7** Voraussetzungen **Gegenstände eingezogen** werden. § 22 Abs. 1 OWiG setzt voraus, dass das Gesetz die Einziehung als Nebenfolge einer Ordnungswidrigkeit ausdrücklich vorsieht. Das ist in Abs. 1 der Fall. § 22 Abs. 2 OWiG verlangt für die Einziehung, dass die Gegenstände zur Zeit der Entscheidung dem Täter gehören oder zustehen (§ 22 Abs. 2 Nr. 1 OWiG) oder die Gegenstände nach ihrer Art und den Umständen die Allgemeinheit gefährden oder die Gefahr besteht, dass sie der Begehung von Handlungen dienen werden, die mit Strafe oder mit Geldbuße bedroht sind (§ 22 Abs. 2 Nr. 2 OWiG). Unter den Voraussetzungen des § 22 Abs. 2 Nr. 2 OWiG ist die Einziehung der Gegenstände auch zulässig, wenn der Täter nicht vorwerfbar gehandelt hat (vgl. § 22 Abs. 3 OWiG). Das **Verfahren der Einziehung** richtet sich nach § 87 OWiG.

IV. Vollstreckung von Bußgeldbescheiden und Gläubiger der Bußgelder

Die Vollstreckung von Bußgeldbescheiden erfolgt nach Maßgabe des § 90 OWiG. Hier- **8** nach wird der Bußgeldbescheid – soweit das Gesetz nichts anderes bestimmt – nach den Vorschriften des VwVG (Verwaltungs-Vollstreckungsgesetzes v. 27.4.1953, BGBl. I 157) in der jeweils geltenden Fassung vollstreckt, wenn eine Verwaltungsbehörde des Bundes den Bußgeldbescheid erlassen hat, sonst nach den entsprechenden landesrechtlichen Vorschriften (vgl. § 90 Abs. 1 OWiG). Gemäß § 90 Abs. 2 OWiG fließen die Geldbußen – soweit das Gesetz nichts anderes bestimmt – in die **Bundeskasse,** wenn eine Verwaltungsbehörde des Bundes den Bußgeldbescheid erlassen hat, sonst in die **Landeskasse.** § 90 Abs. 2 S. 1 OWiG gilt für Nebenfolgen, die zu einer Geldzahlung verpflichten, entsprechend.

§ 90 Abs. 3 S. 1 OWiG sieht vor, dass eine Anordnung bei der Einziehung oder der **9** Unbrauchbarmachung einer Sache dadurch vollstreckt wird, dass die Sache dem Betroffenen oder dem Einziehungsbeteiligten **weggenommen** wird. Wird die Sache bei diesen Personen nicht vorgefunden, so haben sie auf Antrag der Verwaltungsbehörde bei dem Amtsgericht eine **eidesstattliche Versicherung** über den Verbleib der Sache abzugeben (vgl. § 90 Abs. 3 S. 2 OWiG). § 883 Abs. 2 und Abs. 2 ZPO gilt gem. § 90 Abs. 3 S. 3 OWiG entsprechend. Nach § 90 Abs. 4 OWiG gilt § 9 Abs. 1 OWiG für die Vollstreckung eines von der Verwaltungsbehörde festgesetzten Ordnungsgeldes entsprechend.

V. Bußgeldverfahren

10   In Bußgeldverfahren gelten §§ 35 ff. OWiG. Gemäß § 67 OWiG kann der Betroffene gegen einen Bußgeldbescheid iSd §§ 65 f. OWiG Einspruch bei der Verwaltungsbehörde, die den Bußgeldbescheid erlassen hat, einlegen. Bei einem Einspruch des Betroffenen entscheidet das zuständige Amtsgericht (vgl. § 68 OWiG).

B. Zuständige Behörde (Abs. 2)

11   Abs. 2 legt fest, dass zuständige Behörden iSd § 36 Abs. 1 Nr. 1 OWiG die **Ordnungsbehörden** nach § 5 und die **sachlich zuständigen Sonderordnungsbehörden** nach § 12 sind (Annexzuständigkeit).

11.1   Abweichend von Abs. 2 gibt es auch **besondere Zuständigkeiten,** die der allgemeinen Zuständigkeitsregel des Abs. 2 in ihrem Anwendungsbereich vorgehen (vgl. Schönenbroicher/Heusch/Heusch Rn. 6). So sind zB für die Verfolgung und die Ahndung von Verkehrsordnungswidrigkeiten die Kreisordnungsbehörden zuständig (vgl. § 1 Abs. 1 StVROWiGZV – Verordnung zur Bestimmung der für die Verfolgung und Ahndung von Verkehrsordnungswidrigkeiten zuständigen Verwaltungsbehörden v. 25.9.1979, GV. NRW. 652). Für die Verfolgung und die Ahndung von Ordnungswidrigkeiten nach §§ 111, 117–121, 124–126 OWiG sind – soweit es um ein Wappen oder eine Dienstflagge des Landes Nordrhein-Westfalen geht – die örtlichen Ordnungsbehörden zuständig (vgl. § 1 Abs. 1 NRWOWiG-ZustV – Verordnung zur Bestimmung der für die Verfolgung und Ahndung von Ordnungswidrigkeiten nach dem Dritten Teil des Gesetzes über Ordnungswidrigkeiten und nach dem Vierten Strafrechtsänderungsgesetz zuständigen Verwaltungsbehörden v. 11.3.1975, GV. NRW. 258). Für Ordnungswidrigkeiten nach §§ 113, 115 und 127 OWiG sind die Kreisordnungsbehörden zuständig.

C. Hinweis auf die Strafvorschrift bei strafbewährten Zuwiderhandlungen (Abs. 3)

12   Gemäß Abs. 3 soll in einer ordnungsbehördlichen Verordnung auf die Strafvorschrift hingewiesen werden, wenn die Zuwiderhandlung gegen eine ordnungsbehördliche Verordnung nach Bundes- oder Landesrecht mit Strafe bedroht ist. Abs. 3 hat in erster Linie **Warnfunktion** und ist keine Wirksamkeitsvoraussetzung für eine ordnungsbehördliche Verordnung (vgl. bezüglich § 33 aF zB Rietdorf/Heise/Bockenförde/Strehlau/Bockenförde, Ordnungs- und Polizeirecht in Nordrhein-Westfalen, 2. Aufl. 1972, § 33 Rn. 21).

13   Gemäß § 21 Abs. 1 S. 1 OWiG gelten Bußgeldtatbestände gegenüber Straftatbeständen nur **subsidiär** (sa Nr. 31.11 VV OBG).

§ 32 Geltungsdauer

(1) ¹**Die ordnungsbehördlichen Verordnungen sollen eine Beschränkung ihrer Geltungsdauer enthalten.** ²**Die Geltung darf nicht über 20 Jahre hinaus erstreckt werden.** ³**Verordnungen, die keine Beschränkung der Geltungsdauer enthalten, treten 20 Jahre nach ihrem Inkrafttreten außer Kraft.**

(2) **Die Vorschrift des Absatzes 1 findet keine Anwendung auf Verordnungen, durch die ordnungsbehördliche Verordnungen abgeändert oder aufgehoben werden.**

Überblick

§ 32 regelt die Geltungsdauer ordnungsbehördlicher Verordnungen (→ Rn. 1). Abs. 1 ordnet die Festlegung einer beschränkten Geltungsdauer ordnungsbehördlicher Verordnungen an: Abs. 1 S. 1 bestimmt, dass ordnungsbehördliche Verordnungen eine Beschränkung ihrer Geltungsdauer enthalten sollen (→ Rn. 2 ff.). Abs. 1 S. 2 normiert eine maximale Geltungsdauer ordnungsbehördlicher Verordnungen (→ Rn. 4). S. 3 legt ein automatisches Außer-Kraft-Treten für ordnungsbehördliche Verordnungen, die keine Beschränkung ihrer Geltungsdauer enthalten, fest (→ Rn. 5 f.). Abs. 2 nimmt Aufhebungs- und Abänderungsverordnungen vom Anwendungsbereich des Abs. 1 aus (→ Rn. 7 ff.).

A. Regelungszweck

§ 32 regelt die Geltungsdauer ordnungsbehördlicher Verordnungen. Dahinter steht der **1** Gedanke, dass die in ordnungsbehördlichen Verordnungen geregelten Lebenssachverhalte nach einer gewissen Zeit daraufhin **überprüft** werden sollen, ob der Fortbestand der ordnungsbehördlichen Verordnungen weiterhin gerechtfertigt ist, weil sich die ihr zugrundeliegenden Verhältnisse in technischer, wirtschaftlicher oder sozialer Hinsicht grundlegend geändert haben können (vgl. zB Rhein OBG Rn. 1; bezüglich § 34 aF Rietdorf/Heise/ Bockenförde/Strehlau/Bockenförde, Ordnungs- und Polizeirecht in Nordrhein-Westfalen, 2. Aufl. 1972, § 34 Rn. 1). Die Vorschrift bezweckt daher, die Überprüfung und ggf. die Änderung ordnungsbehördlicher Verordnungen **ständig im Fluss** zu halten (vgl. bezüglich § 34 aF Rietdorf/Heise/Bockenförde/Strehlau/Bockenförde, Ordnungs- und Polizeirecht in Nordrhein-Westfalen, 2. Aufl. 1972, § 34 Rn. 1) sowie die **Übersichtlichkeit** und die **Klarheit** des geltenden Verordnungsrechts zu fördern (vgl. DWVM Gefahrenabwehr 516).

Zum Recht der anderen Bundesländer der Kommentarreihe vgl. § 17 BWPolG, Art. 50 LStVG, **1.1** § 79 HSOG, § 61 NPOG.

B. Geltungsdauer ordnungsbehördlicher Verordnungen (Abs. 1)

I. Vorrang sondergesetzlicher Vorschriften

Abs. 1 gilt nur vorbehaltlich sondergesetzlicher Vorschriften (sa Nr. 32.11 VV OBG). **1a**

II. Anordnung der Festlegung einer beschränkten Geltungsdauer (Abs. 1 S. 1)

Abs. 1 S. 1 ist eine **Soll-Vorschrift.** Ordnungsbehördliche Verordnungen sollen eine **2** Beschränkung ihrer Geltungsdauer enthalten. Enthalten ordnungsbehördliche Verordnungen eine solche Beschränkung nicht, berührt dies die materielle Rechtmäßigkeit und damit die Wirksamkeit dieser Verordnungen nicht (vgl. Schönenbroicher/Heusch/Heusch Rn. 2; bezüglich § 34 aF Krämer/Müller OBG § 34 Rn. 1).

Welche Geltungsdauer für eine ordnungsbehördliche Verordnung festzulegen ist, ist vom **3** Verordnungsgeber unter Berücksichtigung aller Umstände in der konkreten Angelegenheit **individuell** zu entscheiden. Nr. 32.1 VV OBG gibt dem Verordnungsgeber hierzu einige weitere Hinweise an die Hand.

III. Maximale Geltungsdauer (Abs. 1 S. 2)

Abs. 1 S. 2 legt als maximale Geltungsdauer ordnungsbehördlicher Verordnungen einen **4** Zeitraum von **20 Jahren** seit dem Inkrafttreten der betreffenden ordnungsbehördlichen Verordnung fest. Es steht im pflichtgemäßen Ermessen des Verordnungsgebers, welche Geltungsdauer er festlegt. Eine Geltungsdauer von 20 Jahren oder weniger ist gem. Abs. 1 S. 2 zulässig. Soweit der Verordnungsgeber in einer ordnungsbehördlichen Verordnung demgegenüber einen längeren Zeitraum als 20 Jahre festlegt, verstößt diese Festlegung gegen S. 2. Diese Festlegung ist rechtswidrig und nichtig, während die ordnungsbehördliche Verordnung im Übrigen regelmäßig wirksam bleibt (vgl. Schönenbroicher/Heusch/Heusch Rn. 4). Die ordnungsbehördliche Verordnung tritt in jedem Fall 20 Jahre nach ihrem Inkrafttreten außer Kraft (vgl. Schönenbroicher/Heusch/Heusch Rn. 2; bezüglich § 34 aF Krämer/Müller OBG § 34 Rn. 1).

IV. Außer-Kraft-Treten ordnungsbehördlicher Verordnungen kraft Gesetzes (Abs. 1 S. 3)

Abs. 1 S. 3 ist eine Konkretisierung des Verhältnismäßigkeitsgrundsatzes (vgl. Kingreen/ **5** Poscher POR § 23 Rn. 22). Der nordrhein-westfälische Gesetzgeber hat sich – wie die meisten anderen Länder auch – für eine maximale Geltungsdauer von 20 Jahren seit dem Inkrafttreten einer ordnungsbehördlichen Verordnung entschieden. Nach diesem Zeitpunkt treten die ordnungsbehördlichen Verordnungen **kraft Gesetzes,** also automatisch außer Kraft (vgl. Rhein OBG Rn. 1; DWVM Gefahrenabwehr 516). Möchte der Verordnungsgeber den

Inhalt seiner außer Kraft getretenen ordnungsbehördlichen Verordnung aufrechterhalten, muss er eine neue ordnungsbehördliche Verordnung gleichen Inhalts erlassen (vgl. Schönenbroicher/Heusch/Heusch Rn. 1; DWVM Gefahrenabwehr 516).

6   Hinsichtlich des Außerkrafttretens ordnungsbehördlicher Verordnungen im Zusammenhang mit Gebietsveränderungen s. die Kommentierung zu § 37 (→ § 37 Rn. 2) und Nr. 37 VV OBG.

C. Aufhebungs- und Abänderungsverordnungen (Abs. 2)

7   Abs. 2 nimmt Verordnungen, durch die ordnungsbehördliche Verordnungen abgeändert oder aufgehoben werden, vom Anwendungsbereich des Abs. 1 aus. Damit bedürfen Aufhebungs- und Abänderungsverordnungen **keiner** Festlegung einer Geltungsdauer; sie treten auch nicht automatisch 20 Jahre nach ihrem Inkrafttreten außer Kraft.

7.1   Hinsichtlich der Aufhebungsverordnungen wird die Existenz des Abs. 2 für überflüssig erachtet, weil mit einer Aufhebungsverordnung die hierdurch aufgehobene ordnungsbehördliche Verordnung gerade endgültig beseitigt wird (vgl. Rhein OBG Rn. 4). Die Unanwendbarkeit des Abs. 1 ergibt sich hier also bereits aus dem Wesen der Sache (vgl. bezüglich § 34 aF Rietdorf/Heise/Bockenförde/Strehlau/Bockenförde, Ordnungs- und Polizeirecht in Nordrhein-Westfalen, 2. Aufl. 1972, § 34 Rn. 5).

8   Kraft sondergesetzlicher Bestimmung (zB § 5 Abs. 4 S. 3 NRWDSchG) kann ausnahmsweise eine **Pflicht zur Aufhebung** ordnungsbehördlicher Verordnungen bestehen.

9   Für Abänderungsverordnungen bedeutet Abs. 2, dass eine Verordnung, die den Inhalt der ursprünglichen ordnungsbehördlichen Verordnung lediglich ändert, die Geltungsdauer der ursprünglichen ordnungsbehördlichen Verordnung nicht beeinflusst (vgl. Rhein OBG Rn. 5; bezüglich § 34 aF Krämer/Müller OBG § 34 Rn. 2). Maßgeblich für den Zeitpunkt des Außer-Kraft-Tretens der geänderten ordnungsbehördlichen Verordnung bleibt daher die Geltungsdauer der **ursprünglichen** ordnungsbehördlichen Verordnung (vgl. Rhein OBG Rn. 5; Schönenbroicher/Heusch/Heusch Rn. 5).

9.1   **Beispiel:** Eine ordnungsbehördliche Verordnung ist am 1.1.2010 in Kraft getreten und wird im Jahre 2014 durch Verordnung geändert. Die ordnungsbehördliche Verordnung tritt spätestens mit Ablauf des 31.12.2029 außer Kraft.

10   Die Geltungsdauer der Änderungsverordnung richtet sich nach der Geltungsdauer der ursprünglichen ordnungsbehördlichen Verordnung (vgl. Rhein OBG Rn. 5; bezüglich § 34 aF auch zB Krämer/Müller OBG § 34 Rn. 2).

10.1   Wie vorstehendes Beispiel (→ Rn. 9.1): Die Änderungsverordnung aus dem Jahre 2014 tritt zusammen mit der ursprünglichen ordnungsbehördlichen Verordnung spätestens mit Ablauf des 31.12.2029 außer Kraft.

§ 33 Verkündung, Inkrafttreten

(1) [1]Ordnungsbehördliche Verordnungen der Ministerien sind in dem Gesetz- und Verordnungsblatt für das Land Nordrhein-Westfalen, Verordnungen der Landesordnungsbehörden in den Regierungsamtsblättern zu verkünden. [2]Die Verordnungen der örtlichen Ordnungsbehörden und der Kreisordnungsbehörden sind vom Hauptverwaltungsbeamten auszufertigen und an der Stelle zu verkünden, die für die öffentliche Bekanntmachung von Satzungen vorgesehen ist.

(2) [1]Ordnungsbehördliche Verordnungen treten, soweit in ihnen nichts anderes bestimmt ist, eine Woche nach dem Tage ihrer Verkündung in Kraft. [2]Ein früherer Zeitpunkt für das Inkrafttreten soll nur dann bestimmt werden, wenn es im öffentlichen Interesse geboten ist; jedoch darf dieser Zeitpunkt nicht vor dem Tage nach der Verkündung liegen.

Überblick

Abs. 1 S. 1 regelt nur die Verkündung ordnungsbehördlicher Verordnungen der Ministerien und der Landesordnungsbehörden, ohne die gleichermaßen erforderliche Ausfertigung ausdrücklich zu erwähnen (→ Rn. 2 ff.); Abs. 1 S. 2 regelt demgegenüber die Ausfertigung und die Verkündung ordnungsbehördlicher Verordnungen der örtlichen Ordnungsbehörden und Kreisordnungsbehörden (→ Rn. 5 ff.). Sachlich eng verknüpft mit der Verkündung ordnungsbehördlicher Verordnungen ist deren Inkrafttreten. Das Inkrafttreten ordnungsbehördlicher Verordnungen, das von einer ordnungsgemäßen Verkündung abhängig ist, ist daher inzwischen zusammen mit der Verkündung ordnungsbehördlicher Verordnungen in einer gemeinsamen Vorschrift geregelt (in den VV OBG wurde dies bisher jedoch noch nicht berücksichtigt, denn die für Abs. 2 einschlägige VV OBG lautet immer noch „34 Inkrafttreten (§ 34)"). Bestimmungen zum Inkrafttreten ordnungsbehördlicher Verordnungen finden sich in Abs. 2 (→ Rn. 14 ff.). Mit dem Inkrafttreten ordnungsbehördlicher Verordnungen entfalten die darin enthaltenen Ge- oder Verbote rechtliche Wirkung und müssen von den Normadressaten beachtet werden.

Übersicht

A. Ausfertigung und Verkündung ordnungsbehördlicher Verordnungen (Abs. 1)

Als Rechtsnormen werden ordnungsbehördliche Verordnungen erst wirksam, wenn sie **1** ordnungsgemäß verkündet werden. Erst durch die Verkündung erhalten die Normadressaten die Möglichkeit, vom Inhalt ordnungsbehördlicher Verordnungen Kenntnis zu nehmen und ihr Verhalten nach den Ge- oder Verboten der ordnungsbehördlichen Verordnungen auszurichten. Die Verkündung ist daher ein rechtsstaatlich gebotenes, unverzichtbares Formerfordernis für die Rechtmäßigkeit und die Wirksamkeit ordnungsbehördlicher Verordnungen (vgl. bezüglich § 35 aF bereits Krämer/Müller OBG § 35 Rn. 1).

Zum Recht der anderen Bundesländer der Kommentarreihe vgl. § 12 Abs. 3 BWPolG, Art. 51 ff. **1.1** LStVG, § 60 NPOG. In Hessen gibt es keine vergleichbare Vorschrift.

I. Ausfertigung und Verkündung ordnungsbehördlicher Verordnungen der Ministerien (Abs. 1 S. 1 Hs. 1)

Gemäß Abs. 1 S. 1 Hs. 1 sind ordnungsbehördliche Verordnungen der Ministerien im **2** **Gesetz- und Verordnungsblatt für das Land Nordrhein-Westfalen zu verkünden.** S. 1 regelt die Verkündung in Übereinstimmung mit Art. 71 Abs. 2, Abs. 3 NRW Verf (vgl. bezüglich § 35 aF auch Rietdorf/Heise/Bockenförde/Strehlau/Bockenförde, Ordnungs- und Polizeirecht in Nordrhein-Westfalen, 2. Aufl. 1972, § 35 Rn. 3). Auch wenn es in Abs. 1 S. 1 Hs. 1 – im Gegensatz zu Abs. 1 S. 2 (→ Rn. 5) – nicht ausdrücklich erwähnt wird, müssen ordnungsbehördliche Verordnungen der Ministerien vor ihrer Verkündung allerdings **zunächst ausgefertigt** werden (vgl. bezüglich § 35 aF schon Rietdorf/Heise/Bockenförde/Strehlau/Bockenförde, Ordnungs- und Polizeirecht in Nordrhein-Westfalen, 2. Aufl. 1972,

§ 35 Rn. 5). Der Begriff der Ausfertigung deckt sich dabei sowohl hinsichtlich seiner Bedeutung als auch hinsichtlich seines tatsächlichen Vollzuges mit dem in Art. 71 Abs. 1 NRW Verf, Art. 82 Abs. 1 GG verwendeten gleichlautenden Begriff (vgl. Schönenbroicher/ Heusch/Heusch Rn. 1 f.; bezüglich § 35 aF Rietdorf/Heise/Bockenförde/Strehlau/Bockenförde, Ordnungs- und Polizeirecht in Nordrhein-Westfalen, 2. Aufl. 1972, § 35 Rn. 14).

2a Ordnungsbehördliche Verordnungen der Ministerien werden herkömmlich durch die tatsächliche und rechtliche **Herstellung der Urschrift** der ordnungsbehördlichen Verordnung und das Leisten der **Unterschrift** des hierzu berufenen Organs, hier also des Ministers, ausgefertigt (vgl. in Bezug auf Bundesgesetze zB Sachs/Nierhaus GG Art. 82 Rn. 3; in Bezug auf ordnungsbehördliche Verordnungen in Nordrhein-Westfalen zB Schönenbroicher/Heusch/Heusch Rn. 1; bezüglich § 35 aF Rietdorf/Heise/Bockenförde/Strehlau/ Bockenförde, Ordnungs- und Polizeirecht in Nordrhein-Westfalen, 2. Aufl. 1972, § 35 Rn. 5; aA in Bezug auf Rechtsverordnungen jetzt OVG Hamburg NordÖR 2014, 386 ff.; nachgehend: BVerwG BeckRS 2014, 56956, das die Beschwerde gegen die Nichtzulassung der Revision zurückgewiesen hat). Mit der Ausfertigung beurkundet der Minister seine abschließende Willensbildung (vgl. bezüglich § 35 aF Rietdorf/Heise/Bockenförde/Strehlau/ Bockenförde, Ordnungs- und Polizeirecht in Nordrhein-Westfalen, 2. Aufl. 1972, § 35 Rn. 5). Er dokumentiert, dass der auszufertigende Text einer ordnungsbehördlichen Verordnung mit dem beschlossenen Text der ordnungsbehördlichen Verordnung übereinstimmt (**Authentizitätsprüfung**) und die ordnungsbehördliche Verordnung mit dem geltenden Recht in Einklang steht. Der Minister besitzt damit ein **formelles und materielles Prüfungsrecht,** das er vor der Ausfertigung ausüben muss (vgl. bezüglich § 35 aF bereits Krämer/ Müller OBG § 35 Rn. 2). Etwaige bei der Prüfung festgestellte Fehler der ordnungsbehördlichen Verordnung sind vor der Ausfertigung zu beheben (vgl. bezüglich § 35 aF Krämer/ Müller OBG § 35 Rn. 2). Mit der Ausfertigung wird der **Verkündungsbefehl** erteilt.

II. Ausfertigung und Verkündung ordnungsbehördlicher Verordnungen der Bezirksregierungen als Landesordnungsbehörden (Abs. 1 S. 1 Hs. 2)

3 Ordnungsbehördliche Verordnungen der Bezirksregierungen als Landesordnungsbehörden sind gem. Abs. 1 S. 1 Hs. 2 in den **Regierungsblättern** zu **verkünden.** Sie werden also nicht im Gesetz- und Verordnungsblatt, sondern „nur" in den Regierungsblättern verkündet.

3.1 Dies verstößt nicht gegen Art. 71 Abs. 2 NRW Verf (vgl. VerfGH Nordrhein-Westfalen JMBl. NRW 1953, 269 (270); zust. bezüglich § 35 aF Rietdorf/Heise/Bockenförde/Strehlau/Bockenförde, Ordnungs- und Polizeirecht in Nordrhein-Westfalen, 2. Aufl. 1972, § 35 Rn. 4). Nach der genannten Entscheidung des Verfassungsgerichtshofs für das Land Nordrhein-Westfalen bezieht sich Art. 71 Abs. 2 NRW Verf nur auf Rechtsverordnungen (einschließlich ordnungsbehördlicher Verordnungen), die von der Gubernative, zu der unter anderem auch die Ministerien gehören, erlassen wurden (→ § 25 Rn. 5).

4 Auch die ordnungsbehördlichen Verordnungen der Landesordnungsbehörden bedürfen vor ihrer Verkündung **zunächst** der **Ausfertigung.** Die Ausfertigung wird hier durch die tatsächliche und rechtliche **Herstellung der Urschrift** der ordnungsbehördlichen Verordnung und das Leisten der **Unterschrift** des Regierungspräsidenten vollzogen. Im Übrigen gelten dieselben Grundsätze wie bei der Ausfertigung ordnungsbehördlicher Verordnungen der Ministerien, sodass auch die Kommentierung oben (→ Rn. 1 f.) verwiesen werden kann.

III. Ausfertigung und Verkündung ordnungsbehördlicher Verordnungen der örtlichen Ordnungsbehörden und der Kreisordnungsbehörden (Abs. 1 S. 2)

5 Abs. 1 S. 2 sieht vor, dass die ordnungsbehördlichen Verordnungen der örtlichen Ordnungsbehörden und der Kreisordnungsbehörden – nach der Beschlussfassung durch die Vertretung – vom Hauptverwaltungsbeamten auszufertigen und an der Stelle zu verkünden sind, die für die öffentliche Bekanntmachung von Satzungen vorgesehen ist.

1. Ausfertigung ordnungsbehördlicher Verordnungen der örtlichen Ordnungsbehörden und der Kreisordnungsbehörden

Abs. 1 S. 2 wird durch Nr. 33.1 S. 1 –3 VV OBG konkretisiert. Ungeachtet der in **6** Nr. 33.1 S. 3 VV OBG enthaltenen Regelung, dass es zur wirksamen Verkündung ordnungsbehördlicher Verordnungen weder einer ausdrücklichen schriftlichen Bestätigung durch den Hauptverwaltungsbeamten iSd § 2 Abs. 3 S. 1 NRWBekanntmVO noch einer vom Hauptverwaltungsbeamten unterzeichneten Bekanntmachungsanordnung in sinngemäßer Anwendung des § 2 Abs. 3 S. 2 und Abs. 4 NRWBekanntmVO bedürfe, wird in Nr. 33.1 S. 4 VV OBG empfohlen, den Verkündungsbefehl ausdrücklich wie in dem in Nr. 33.1 VV OBG gegebenen Muster hervorzuheben.

Im Gegensatz zu Abs. 1 S. 1 (→ Rn. 1, → Rn. 4) wird das – der Verkündung vorausge- **7** hende – Erfordernis der Ausfertigung ordnungsbehördlicher Verordnungen in Abs. 1 S. 2 ausdrücklich erwähnt. Es ist mit dem Erfordernis der Ausfertigung ordnungsbehördlicher Verordnungen der Ministerien und Landesordnungsbehörden gleichbedeutend (vgl. bezüglich § 35 aF Krämer/Müller OBG § 35 Rn. 5), sodass insoweit auf die Kommentierung oben (→ Rn. 1 f., → Rn. 4) verwiesen werden kann.

Die Zuständigkeit für die Ausfertigung ordnungsbehördlicher Verordnungen liegt beim **8** **Hauptverwaltungsbeamten** der örtlichen Ordnungsbehörden und der Kreisordnungsbehörden. Abs. 1 S. 2 wird insoweit allerdings nicht als zwingend betrachtet. So ermöglicht Nr. 33.1 S. 1 VV OBG iVm Nr. 30.2 VV OBG, dass sich der Hauptverwaltungsbeamte nach den Vorschriften des Kommunalverfassungsrechts **vertreten** lassen kann. Daher kann die Ausfertigung auch von einem vertretungsbefugten anderen Bediensteten vorgenommen werden.

Mit der Ausfertigung, die – wie beim Minister und Regierungspräsidenten (→ Rn. 2, **9** → Rn. 4) – durch die tatsächliche und rechtliche **Herstellung der Urschrift** der ordnungsbehördlichen Verordnung und die **Unterschrift** des Hauptverwaltungsbeamten bzw. seines Vertreters vollzogen wird, beurkundet der Hauptverwaltungsbeamte bzw. sein Vertreter die wörtliche Übereinstimmung der Originalurkunde der Verordnung mit dem von der Vertretung beschlossenen Verordnungstext (**Authentizitätsprüfung**) sowie das **ordnungsgemäße Zustandekommen** der Verordnung und erteilt den **Verkündungsbefehl** (Nr. 33.1 S. 2 VV OBG).

Nach Nr. 33.1 S. 2 VV OBG soll der Hauptverwaltungsbeamte bzw. sein Vertreter ledig- **10** lich ein formelles Prüfungsrecht haben. Dies dürfte zu kurz greifen und in Widerspruch mit höherrangigem Recht stehen: Abs. 1 S. 2 selbst enthält bereits keine einschränkende Regelung dahingehend, dass nur ein formelles Prüfungsrecht bestehen soll. § 54 Abs. 2 S. 1 GO NRW bzw. § 39 Abs. 2 S. 1 KrO NRW normieren das sog. Beanstandungsrecht, nach dem der Bürgermeister bzw. der Landrat einen Beschluss des Rates bzw. des Kreistages zu beanstanden hat, wenn dieser geltendes Recht verletzt. Bei der Beschlussfassung über eine ordnungsbehördliche Verordnung handelt es sich ohne Zweifel um einen solchen Rats- bzw. Kreistagsbeschluss iSd § 54 Abs. 2 S. 1 GO NRW bzw. § 39 Abs. 2 S. 1 KrO NRW. Das Beanstandungsrecht setzt damit eine auch vorherige materiell-rechtliche Prüfung des beschlossenen Rechtsaktes durch den Bürgermeister bzw. den Landrat voraus. Daher dürfte der Hauptverwaltungsbeamte bzw. sein Vertreter – ebenso wie die Minister und die Regierungspräsidenten – ein **formelles und materielles Prüfungsrecht** haben (vgl. im Ergebnis ebenso in Bezug auf § 35 aF Krämer/Müller OBG § 35 Rn. 7).

2. Verkündung ordnungsbehördlicher Verordnungen der örtlichen Ordnungsbehörden und der Kreisordnungsbehörden

Für die Verkündung ordnungsbehördlicher Verordnungen der örtlichen Ordnungsbehör- **11** den und der Kreisordnungsbehörden lehnt sich Abs. 1 S. 2 sodann wieder – anders als für die Ausfertigung (→ Rn. 6 ff.) – an die für das Ortsrecht geltenden Regelungen an. Denn die Verkündung dieser Verordnungen hat an der Stelle zu erfolgen, die für die öffentliche Bekanntmachung von Satzungen vorgesehen ist. Hiermit wird auf § 4 NRWBekanntmVO Bezug genommen, der die Form der Bekanntmachung von Satzungen festlegt. Nach § 4 Abs. 2 NRWBekanntmVO ist die für die Gemeinde bzw. den Kreis geltende Form der

öffentlichen Bekanntmachung in der Hauptsatzung der Gemeinde bzw. des Kreises festzulegen (sa Nr. 33.2 VV OBG).

IV. Rechtsfolgen von Fehlern bei der Ausfertigung und der Verkündung ordnungsbehördlicher Verordnungen nach Abs. 1

12   Fehler bei der Ausfertigung und der Verkündung ordnungsbehördlicher Verordnungen
nach Abs. 1 führen grundsätzlich zur formellen Rechtswidrigkeit und damit zur **Nichtigkeit**
der gesamten ordnungsbehördlichen Verordnung (vgl. Schönenbroicher/Heusch/Heusch
Rn. 3; DWVM Gefahrenabwehr 513; bezüglich § 35 aF zB Rietdorf/Heise/Bockenförde/
Strehlau/Bockenförde, Ordnungs- und Polizeirecht in Nordrhein-Westfalen, 2. Aufl. 1972,
§ 35 Rn. 1). Etwas anderes gilt ausnahmsweise nur für offenbare Unrichtigkeiten in der
ordnungsbehördlichen Verordnung, die – entsprechend § 42 VwVfG. NRW. – jederzeit
berichtigt werden können (vgl. Rhein OBG Rn. 5; bezüglich § 35 aF auch Rietdorf/Heise/
Bockenförde/Strehlau/Bockenförde, Ordnungs- und Polizeirecht in Nordrhein-Westfalen,
2. Aufl. 1972, § 35 Rn. 2).

V. Besonderheiten bei der Verkündung ordnungsbehördlicher Verordnungen

13   Sondergesetzliche Vorschriften können über Abs. 1 hinausgehende, zusätzliche Anforderungen an die Verkündung ordnungsbehördlicher Verordnungen stellen, die dann ggf. vom
Verordnungsgeber als Rechtmäßigkeitsanforderung mit zu beachten sind.

B. Inkrafttreten ordnungsbehördlicher Verordnungen (Abs. 2)

I. Grundsätzlicher Zeitpunkt des Inkrafttretens ordnungsbehördlicher Verordnungen (Abs. 2 S. 1)

14   Abs. 2 S. 1 stellt für den Zeitpunkt des Inkrafttretens ordnungsbehördlicher Verordnungen
den Grundsatz auf, dass maßgeblicher Zeitpunkt vorrangig ein vom Verordnungsgeber **selbst**
in der Verordnung **gewählter Zeitpunkt** ist (vgl. Wortlaut: „soweit in ihnen nichts anderes
bestimmt ist") oder dass, falls es einen solchen individuell festgelegten Zeitpunkt nicht gibt,
ordnungsbehördliche Verordnungen eine Woche nach dem Tag ihrer Verkündung in Kraft
treten. Insoweit bildet S. 1 eine Ausnahme von Art. 71 Abs. 3 NRW Verf, nach dem
Rechtsverordnungen grundsätzlich mit dem vierzehnten Tage nach der Abgabe der die
Verkündung enthaltenden Nummer des Gesetzes- und Verordnungsblattes in Kraft treten
(vgl. Rhein OBG § 34 Rn. 1; bezüglich § 36 aF Rietdorf/Heise/Bockenförde/Strehlau/
Bockenförde, Ordnungs- und Polizeirecht in Nordrhein-Westfalen, 2. Aufl. 1972, § 36
Rn. 1). Die abweichende Regelung in S. 1 rechtfertigt sich dadurch, dass regelmäßig ange-
nommen werden kann, dass präventive Gefahrenabwehr mittels ordnungsbehördlicher Verordnung ein möglichst baldiges Inkrafttreten der Verordnung erfordert (vgl. bezüglich § 36
aF Rietdorf/Heise/Bockenförde/Strehlau/Bockenförde, Ordnungs- und Polizeirecht in
Nordrhein-Westfalen, 2. Aufl. 1972, § 36 Rn. 1).

15   Für die Berechnung der Frist bis zum Inkrafttreten ist **§ 187 Abs. 1 BGB iVm § 188
Abs. 2 BGB entsprechend** anzuwenden (vgl. bezüglich § 36 aF bereits Rietdorf/Heise/
Bockenförde/Strehlau/Bockenförde, Ordnungs- und Polizeirecht in Nordrhein-Westfalen,
2. Aufl. 1972, § 36 Rn. 3). Bei der Berechnung ist der Verkündungstag nicht mitzuzählen
(vgl. Nr. 34 S. 1 VV OBG; sa PrOVGE 102, 259 (260)). Zwischen dem Ablauf des Tages
der Verkündung und dem Tag des Inkrafttretens der ordnungsbehördlichen Verordnung
müssen sieben volle Tage liegen (vgl. so schon PrOVGE 102, 259 (260); bezüglich § 36 aF
Rietdorf/Heise/Bockenförde/Strehlau/Bockenförde, Ordnungs- und Polizeirecht in Nordrhein-Westfalen, 2. Aufl. 1972, § 36 Rn. 3). Die ordnungsbehördliche Verordnung tritt daher
mit dem Beginn des achten Tages nach Ablauf des Tages, an dem das die Verkündung
enthaltene Publikationsorgan ausgegeben ist, in Kraft (vgl. Nr. 34 S. 2 VV OBG).

15.1   **Beispiel:** Wird eine ordnungsbehördliche Verordnung am Montag, den 6.1.2014, verkündet, so
tritt sie am Dienstag, den 14.1.2014, um 00.00 Uhr in Kraft.

II. Früherer Zeitpunkt für das Inkrafttreten ordnungsbehördlicher Verordnungen (Abs. 2 S. 2)

Der in Abs. 2 S. 1 festgelegte Zeitpunkt für das Inkrafttreten ordnungsbehördlicher Verord- **16** nungen gilt nicht zwingend. Denn nach Abs. 2 S. 2 Hs. 1 kann auch ein früherer Zeitpunkt für das Inkrafttreten ordnungsbehördlicher Verordnungen bestimmt werden. Allerdings „soll" dies nur dann erfolgen, „wenn es im öffentlichen Interesse geboten ist". Der Verordnungsgeber wird daher im Einzelfall nach **pflichtgemäßem Ermessen** entscheiden müssen, ob die Festlegung eines früheren Zeitpunktes in Betracht kommt (vgl. bezüglich § 36 aF Krämer/ Müller OBG § 36 Rn. 1). Ein früherer Zeitpunkt für das Inkrafttreten wird namentlich dann denkbar sein, wenn die Effektivität der Gefahrenabwehr ein zügigeres Inkrafttreten unausweichlich macht (vgl. ähnlich Rhein OBG Rn. 3).

Die Bedeutung von Abs. 2 S. 2 Hs. 2 erschließt sich nicht sofort. Abs. 2 S. 2 Hs. 2 **17** will zum Ausdruck bringen, dass der Zeitpunkt des Inkrafttretens ordnungsbehördlicher Verordnungen nicht am Tag der Verkündung liegen darf (vgl. bezüglich § 36 aF Krämer/ Müller OBG § 36 Rn. 2); als frühester Zeitpunkt kommt also der **Tag nach der Verkündung** in Betracht (vgl. Rhein OBG Rn. 3; bezüglich § 36 aF schon Rietdorf/Heise/Bockenförde/Strehlau/Bockenförde, Ordnungs- und Polizeirecht in Nordrhein-Westfalen, 2. Aufl. 1972, § 36 Rn. 5). Hierdurch ist zugleich bestimmt, dass die in ordnungsbehördlichen Verordnungen enthaltenen Ge- oder Verbote nicht rückwirkend in Kraft gesetzt werden dürfen (vgl. BVerwGE 10, 282 (286 ff.); Schönenbroicher/Heusch/Heusch Rn. 5). Es gilt damit ein **Rückwirkungsverbot.** Die Geltung dieses Rückwirkungsverbotes ist zwangsläufig, denn präventive Gefahrenabwehr mittels ordnungsbehördlicher Verordnungen ist nur für die Zukunft, nicht aber für die Vergangenheit möglich (vgl. Gusy PolR Rn. 408; Schönenbroicher/Heusch/Heusch Rn. 5). Ein Ge- oder Verbot für vergangenes Verhalten würde von seinem Adressaten auch Unmögliches verlangen, und eine Sanktionsnorm für vergangenes Verhalten würde gegen Art. 103 Abs. 2 GG verstoßen (vgl. Schönenbroicher/Heusch/ Heusch Rn. 5; bezüglich § 36 aF Rietdorf/Heise/Bockenförde/Strehlau/Bockenförde, Ordnungs- und Polizeirecht in Nordrhein-Westfalen, 2. Aufl. 1972, § 36 Rn. 5). Kein Fall unzulässiger Rückwirkung liegt jedoch vor, wenn neue Anforderungen an früher geregelte Ge- oder Verbote gestellt werden, weil hier Ge- oder Verbote nur mit Wirkung für die Zukunft bestimmt werden (vgl. Rhein OBG § 34 Rn. 7).

Wird eine ordnungsbehördliche Verordnung mit einer Vorschrift über ihr Inkrafttreten **18** bekannt gemacht, die von der von der Vertretung beschlossenen Vorschrift abweicht, kann die ordnungsbehördliche Verordnung nicht wirksam werden (vgl. Rhein OBG § 34 Rn. 4).

§ 34 Änderung oder Aufhebung

(1) Eine ordnungsbehördliche Verordnung wird durch Verordnung derjenigen Behörde geändert oder aufgehoben, die sie erlassen hat oder die für ihren Erlaß im Zeitpunkt der Änderung oder Aufhebung sachlich zuständig ist.

(2) Werden Verordnungen der örtlichen Ordnungsbehörden oder der Kreisordnungsbehörden durch Maßnahmen der Aufsichtsbehörden aufgehoben, so ist die Aufhebung nach § 33 zu verkünden.

Überblick

Die Vorschrift regelt die Änderung oder die Aufhebung ordnungsbehördlicher Verordnungen. Abs. 1 sieht vor, dass eine Änderung oder eine Aufhebung nur durch Verordnung erfolgen kann, und äußert sich zu den sachlich hierzu berufenen Behörden (→ Rn. 1 ff.). Abs. 2 legt fest, dass die Aufhebung bestimmter ordnungsbehördlicher Verordnungen nach § 33 zu verkünden ist (→ Rn. 8 ff.).

A. Änderung oder Aufhebung ordnungsbehördlicher Verordnungen (Abs. 1)

Abs. 1 beinhaltet eine grundsätzliche Regelung zur Änderung oder Aufhebung ordnungs- **1** behördlicher Verordnungen.

1.1 Zum Recht der anderen Bundesländer der Kommentarreihe vgl. Art. 48 LStVG, § 62 NPOG. In Baden-Württemberg und Hessen gibt es keine vergleichbare Vorschrift.

I. Änderung oder Aufhebung ordnungsbehördlicher Verordnungen durch Verordnung

2 Abs. 1 bestimmt zunächst, dass eine Änderung oder eine Aufhebung ordnungsbehördlicher Verordnungen nur durch einen actus contrarius, nämlich durch eine ordnungsbehördliche Verordnung, möglich ist. Die Änderung oder die Aufhebung einer ordnungsbehördlichen Verordnung muss also **zwingend** durch eine **Rechtsnorm gleichen Ranges** erfolgen (vgl. bezüglich § 37 aF schon Krämer/Müller OBG § 37 Rn. 1). Damit ist ausgeschlossen, dass vor allem ordnungsbehördliche Verordnungen der örtlichen Ordnungsbehörden durch einfachen Beschluss der Vertretung geändert oder aufgehoben werden (vgl. bezüglich § 37 aF Krämer/Müller OBG § 37 Rn. 1).

3 Das Procedere einer Aufhebung oder einer Änderung richtet sich nach dem Verfahren über den Erlass ordnungsbehördlicher Verordnungen (vgl. Rhein OBG § 35 Rn. 1; Möller/Warg PolR Rn. 506). Anders als im Erlassverfahren bedarf es bei einer Änderungs- oder einer Aufhebungsverordnung jedoch nicht der Festlegung einer Geltungsdauer (vgl. § 32 Abs. 2; → § 32 Rn. 7).

4 Eine Änderung ordnungsbehördlicher Verordnungen liegt vor, wenn der geltende Inhalt einer ordnungsbehördlichen Verordnung **nachträglich ergänzt, gestrichen oder neugefasst** wird (vgl. in diesem Sinne auch Rhein OBG § 35 Rn. 1; DWVM Gefahrenabwehr 517). Falls die Änderungsverordnung im Vergleich zur geänderten ordnungsbehördlichen Verordnung allgemeiner formuliert ist, stellt sich die Frage, ob / inwieweit der Verordnungsgeber die ursprüngliche ordnungsbehördliche Verordnung tatsächlich ändern wollte. Hier muss im Einzelfall geprüft werden, ob die ursprüngliche ordnungsbehördliche Verordnung nicht vielleicht als Spezialregelung aufrechterhalten bleiben soll (vgl. OVG Münster OVGE 16, 82 (85 f.); DWVM Gefahrenabwehr 517).

II. Sachliche Zuständigkeit für eine Änderung oder eine Aufhebung ordnungsbehördlicher Verordnungen

5 Abs. 1 sieht vor, dass grundsätzlich diejenige Behörde, die eine ordnungsbehördliche Verordnung erlassen hat, auch für deren Änderung oder deren Aufhebung sachlich zuständig ist. Hierbei handelt es sich um einen an sich selbstverständlichen Grundsatz des Verordnungsrechts. Denn das Verordnungsrecht ist delegierte Rechtsetzung und ermächtigt allein den Verordnungsgeber, ordnungsbehördliche Verordnungen zu erlassen, abzuändern oder aufzuheben. Insoweit scheint Abs. 1 **überholt** und seine Bedeutung nur historisch erklärbar zu sein (vgl. bezüglich § 37 aF Rietdorf/Heise/Bockenförde/Strehlau/Bockenförde, Ordnungs- und Polizeirecht in Nordrhein-Westfalen, 2. Aufl. 1972, § 37 Rn. 1).

6 Durch Abs. 1 wird allerdings klargestellt, dass **Aufsichtsbehörden** regelmäßig **nicht** für die Änderung oder die Aufhebung ordnungsbehördlicher Verordnungen zuständig sind (zur Ausnahme → Rn. 10 f.).

7 Sofern sich die sachliche Zuständigkeit des Verordnungsrechts nach Erlass einer ordnungsbehördlichen Verordnung geändert hat, ist nach dieser Änderung allein diejenige Behörde sachlich zuständig, die für den Erlass der ordnungsbehördlichen Verordnung **im Zeitpunkt der Änderung oder der Aufhebung sachlich zuständig** ist (vgl. Schönenbroicher/Heusch/Heusch Rn. 6). Maßgeblich ist hiernach also der Zeitpunkt der Änderung oder der Aufhebung der betreffenden ordnungsbehördlichen Verordnung (→ § 32 Rn. 7 ff.).

B. Verkündung der Aufhebung ordnungsbehördlicher Verordnungen der örtlichen Ordnungsbehörden durch die Aufsichtsbehörde (Abs. 2)

I. Unmittelbarer Regelungsgegenstand: Erfordernis der Verkündung nach § 33 Abs. 1

8 Abs. 2 bestimmt, dass im Wege der Aufsicht erlassene Aufhebungsverordnungen nach § 33 zu verkünden sind, wenn ordnungsbehördliche Verordnungen der örtlichen Ordnungsbehörden oder der Kreisordnungsbehörden durch Maßnahmen der Aufsichtsbehörden aufgehoben werden. Im Wege der Aufsicht erlassene Aufhebungsverordnungen unterliegen hiernach also nur hinsichtlich der Verkündung iSd § 33 Abs. 1 den für ordnungsbehördliche Verordnungen geltenden formell-rechtlichen Anforderungen, im Übrigen dagegen nicht (vgl. bezüglich § 37 aF Krämer/Müller OBG, 2. Aufl. 1971, § 37 Rn. 6). Das ergibt sich aus der Natur der Sache, weil die Kommunalaufsicht (vgl. §§ 121 ff. GO NRW; § 57 Abs. 3 KrO NRW iVm §§ 121 ff. GO NRW) durch die Aufsichtsmittel der Beanstandung und der Aufhebung ausgeübt wird und anderen Regeln folgt als der Erlass ordnungsbehördlicher Verordnungen als Maßnahme der Gefahrenabwehr.

Mit dem Inkrafttreten einer im Wege der Aufsicht erlassenen Aufhebungsverordnung tritt **9** die aufgehobene ordnungsbehördliche Verordnung einer örtlichen Ordnungsbehörde oder einer Kreisordnungsbehörde außer Kraft. Damit ist zugleich rechtswirksam festgestellt, dass die aufgehobene ordnungsbehördliche Verordnung aufgrund eines formell- oder materiell-rechtlichen Fehlers rechtswidrig und damit unwirksam ist. Die Unwirksamkeit erfasst dabei die gesamte ordnungsbehördliche Verordnung und wirkt **rückwirkend** (ex-tunc; vgl. bezüglich § 38 aF Krämer/Müller OBG § 38 Rn. 6).

II. Verweisung auf aufsichtsrechtliche Befugnisse zur Aufhebung ordnungsbehördlicher Verordnungen

Mittelbar ergibt sich aus Abs. 2 eine Abweichung von dem in Abs. 1 aufgestellten Grund- **10** satz, dass ordnungsbehördliche Verordnungen grundsätzlich nur durch diejenige Behörde geändert oder aufgehoben werden können, die die zu ändernde oder aufzuhebende ordnungsbehördliche Verordnung erlassen hat. Aus Abs. 2 geht hervor, dass ordnungsbehördliche Verordnungen der örtlichen Ordnungsbehörden (§ 27 Abs. 1) und der Kreisordnungsbehörden (§ 27 Abs. 1, Abs. 3) – entgegen dem Grundsatz nach Abs. 1 (→ Rn. 6) – durch Maßnahmen der Aufsichtsbehörden aufgehoben werden können. Abs. 2 ist dabei aber lediglich eine **Verweisungsnorm** auf entsprechende Ermächtigungen der Aufsichtsbehörden, nicht jedoch selbst Rechtsgrundlage für eine Aufhebung im Wege der Aufsicht (vgl. Schönenbroicher/Heusch/Heusch Rn. 8; Rhein OBG § 36 Rn. 1; bezüglich § 38 aF bereits zB Rietdorf/Heise/Bockenförde/Strehlau/Bockenförde, Ordnungs- und Polizeirecht in Nordrhein-Westfalen, 2. Aufl. 1972, § 38 Rn. 9). Aufsichtsbehörden im Bereich des allgemeinen Ordnungsrechts sind die in § 7 genannten Behörden.

Eine Ermächtigung zur Aufhebung ordnungsbehördlicher Verordnungen im Wege der **11** Aufsicht findet sich nicht nur in kommunalverfassungsrechtlichen Vorschriften (→ Rn. 8), sondern auch zB in § 9 Abs. 2 lit. b (vgl. Rhein OBG § 36 Rn. 3).

§ 35 (aufgehoben)

§ 36 (aufgehoben)

§ 37 Wirkung von Gebietsveränderungen

(1) **Werden Gebietsteile in Bezirke der Ordnungsbehörden eingegliedert, so treten die in diesen Gebietsteilen geltenden ordnungsbehördlichen Verordnungen außer Kraft; gleichzeitig treten in den eingegliederten Teilen die ordnungsbehördlichen Verordnungen des aufnehmenden Bezirks in Kraft.**

(2) **¹Wird aus Bezirken von Ordnungsbehörden oder Teilen von ihnen der Bezirk einer neuen Ordnungsbehörde gebildet, so treten die in den einzelnen Teilen geltenden Verordnungen mit Ablauf von sechs Monaten nach der Neubildung außer Kraft. ²Dies gilt nicht für Verordnungen solcher Ordnungsbehörden, deren Bezirk durch die Zusammenlegung nicht verändert wird.**

(3) **Die Rechtsänderungen sind gemäß § 33 zu veröffentlichen.**

Überblick

Die Vorschrift regelt die rechtlichen Wirkungen von Gebietsveränderungen auf ordnungsbehördliche Verordnungen (→ Rn. 1). Ihre praktische Bedeutung ist eher gering (→ Rn. 1a). Abs. 1 befasst sich mit den rechtlichen Wirkungen der Erweiterung eines Ordnungsbehördenbezirks durch Eingliederung (→ Rn. 1b) und Abs. 2 mit den Wirkungen der Neubildung von Ordnungsbehörden durch Zusammenlegung (→ Rn. 2). Abs. 3 ordnet die Veröffentlichung der Rechtsänderungen nach § 33 an (→ Rn. 4).

A. Gegenstand und praktische Bedeutung der Vorschrift

1   Die Vorschrift regelt die rechtlichen Wirkungen von Gebietsveränderungen auf ordnungsbehördliche Verordnungen. Gebietsveränderungen können sich für örtliche Ordnungsbehörden aus §§ 17 ff. GO NRW und für Kreisordnungsbehörden aus §§ 16 ff. KrO NRW ergeben. Abweichend von § 18 Abs. 1 S. 2 GO NRW sieht die Vorschrift vor, dass sich die in der aufnehmenden Gemeinde geltenden ordnungsbehördlichen Verordnungen im Falle von Gebietsveränderungen grundsätzlich kraft Gesetzes auf die neuen Gebietsteile erstrecken (vgl. Rhein OBG Rn. 2; auch Held/Winkel/Wansleben/Wansleben, Kommunalverfassungsrecht Nordrhein-Westfalen, 10/1994, GO NRW § 18 Erl. 3). Die Vorschrift verkörpert insoweit einen **allgemeinen Rechtsgrundsatz** (vgl. Held/Winkel/Wansleben/Wansleben, Kommunalverfassungsrecht Nordrhein-Westfalen, 10/1994, GO NRW § 18, Erl. 3; str.).

1.1   Zum Recht der anderen Bundesländer der Kommentarreihe vgl. § 80 HSOG, § 63 NPOG. In Bayern und Baden-Württemberg gibt es keine vergleichbare Vorschrift.

1a   Die praktische Bedeutung der Vorschrift ist eher **gering.** Vor allem im Anschluss an die kommunale Gebietsreform in Nordrhein-Westfalen im Jahre 1975 hat die Vorschrift erheblich an praktischer Bedeutung für den kommunalen Bereich eingebüßt (vgl. Schönenbroicher/Heusch/Heusch Rn. 1).

B. Wirkungen von Gebietsveränderungen im Falle der Erweiterung eines Ordnungsbehördenbezirks durch Eingliederung (Abs. 1)

1b   Abs. 1 regelt die rechtlichen Wirkungen von Gebietsveränderungen im Falle der Erweiterung eines Ordnungsbehördenbezirks durch Eingliederung. Er setzt voraus, dass Gebietsteile in Bezirke einer bestehenden Ordnungsbehörde eingegliedert werden. Liegt diese Voraussetzung vor, tritt kraft Gesetzes die Rechtsfolge ein, dass die ordnungsbehördlichen Verordnungen, die bisher in den eingegliederten Gebietsteilen galten, außer Kraft treten (Abs. 1 Hs. 1). Gleichzeitig tritt kraft Gesetzes die Rechtsfolge ein, dass die ordnungsbehördlichen Verordnungen des aufnehmenden Bezirks in den eingegliederten Gebietsteilen in Kraft treten (Abs. 1 Hs. 2). Die Geltung der ordnungsbehördlichen Verordnungen des aufnehmenden Bezirks wird damit unmittelbar auf die eingegliederten Gebietsteile erstreckt. Hierdurch wird **Rechtsklarheit** geschaffen (vgl. Schönenbroicher/Heusch/Heusch Rn. 2).

C. Wirkungen von Gebietsveränderungen im Falle der Neubildung einer Ordnungsbehörde durch Zusammenlegung (Abs. 2)

I. Grundsatz des Außer-Kraft-Tretens ordnungsbehördlicher Verordnungen (Abs. 2 S. 1)

2   Abs. 2 S. 1 regelt die rechtlichen Wirkungen von Gebietsveränderungen im Falle der Neubildung einer Ordnungsbehörde durch Zusammenlegung. Er setzt voraus, dass aus Bezirken von Ordnungsbehörden oder Teilen von ihnen der Bezirk einer neuen Ordnungsbehörde gebildet wird. Ist dies der Fall, ordnet S. 1 kraft Gesetzes das Außerkrafttreten der in den einzelnen Teilen geltenden ordnungsbehördlichen Verordnungen mit Ablauf von sechs Monaten nach der Neubildung der Ordnungsbehörde an. Anders als bei der Eingliederung nach Abs. 1 (→ Rn. 1b) gilt bei der Neubildung einer Ordnungsbehörde damit eine **sechsmonatige Übergangsfrist,** innerhalb derer die bisher geltenden ordnungsbehördlichen Verordnungen fortgelten, bis eine neue ordnungsbehördliche Verordnung, die dann für den

Zuständigkeitsbereich der neu gebildeten Ordnungsbehörde gilt, in Kraft tritt. Nach Ablauf der sechsmonatigen Übergangsfrist treten die bis dahin geltenden ordnungsbehördlichen Verordnungen kraft Gesetzes unmittelbar außer Kraft. Falls die neue Ordnungsbehörde bis dahin noch keine neue ordnungsbehördliche Verordnung erlassen haben sollte, tritt ein rechtliches Vakuum ein (vgl. bezüglich § 39 aF zB Krämer/Müller OBG § 39 Rn. 5). Um ein solches rechtliches Vakuum zu vermeiden, können entsprechende Regelungen in den Gebietsänderungsvertrag iSd § 18 GO NRW bzw. § 17 KrO NRW aufgenommen werden (vgl. bezüglich § 39 aF Krämer/Müller OBG § 39 Rn. 5).

II. Ausnahme zum Außer-Kraft-Treten ordnungsbehördlicher Verordnungen (Abs. 2 S. 2)

Gemäß Abs. 2 S. 2 gilt die in Abs. 2 S. 1 (→ Rn. 2) vorgesehene Regelung nicht für **3** Verordnungen solcher Ordnungsbehörden, deren Bezirk durch die Zusammenlegung nicht verändert wird. In diesem Falle besteht keine Notwendigkeit für eine Begrenzung der zeitlichen Geltung der bisherigen ordnungsbehördlichen Verordnungen kraft Gesetzes (vgl. Schönenbroicher/Heusch/Heusch Rn. 4).

D. Veröffentlichung der Rechtsänderungen (Abs. 3)

Abs. 3 ordnet aus Gründen der Rechtssicherheit an, dass die Rechtsänderungen nach **4** Abs. 1 und Abs. 2 gem. § 33 zu veröffentlichen sind. Gebietsveränderungen nach Abs. 1 und Abs. 2, die regelmäßig durch Gesetz (vgl. § 19 Abs. 3 S. 1 GO NRW; § 18 S. 1 KrO NRW) vollzogen werden, führen zwangsläufig zu einer Veränderung des geltenden Rechts in den betroffenen Gebieten. Diese rechtlichen Veränderungen müssen von den Adressaten abstrakt-genereller Rechtsnormen, wozu die ordnungsbehördlichen Verordnungen gehören, wahrgenommen werden können. Die Adressaten müssen sich auf etwaig geänderte Ge- oder Verbote ordnungsbehördlicher Verordnungen einstellen können. Daher bestimmt Abs. 3, dass die Rechtsänderungen wie ordnungsbehördliche Verordnungen selbst **nach Maßgabe des § 33 zu verkünden** sind.

Ob Abs. 3 eine lediglich deklaratorische oder eine konstitutive Bedeutung hat, ist im Schrifttum **4.1** umstritten (für eine nur deklaratorische Bedeutung etwa Schönenbroicher/Heusch/Heusch Rn. 5; bezüglich § 39 aF auch zB Rietdorf/Heise/Bockenförde/Strehlau/Bockenförde, Ordnungs- und Polizeirecht in Nordrhein-Westfalen, 2. Aufl. 1972, § 39 Rn. 6; für eine konstitutive Bedeutung dagegen Rhein OBG Rn. 5). Die Rechtsprechung war – soweit ersichtlich – bisher noch nicht mit dieser Frage befasst.

§ 38 Sonstige Anordnungen

Soweit die Ordnungsbehörden durch Gesetz zum Erlaß von Festsetzungen, Bekanntmachungen oder sonstigen Anordnungen ermächtigt sind, die Rechte und Pflichten begründen, gilt vorbehaltlich anderweitiger gesetzlicher Regelung folgendes:
a) Auf Anordnungen, die an eine bestimmte Person gerichtet sind, finden die Bestimmungen über Ordnungsverfügungen mit Ausnahme der §§ 14 und 21 Anwendung.
b) Auf allgemeinverbindliche Anordnungen finden § 29, § 30 mit Ausnahme der Nummer 2 und § 33 Anwendung.

Überblick

Die Vorschrift ist die letzte Vorschrift in Teil II (→ Rn. 1), gilt lediglich subsidiär (→ Rn. 1a) und unterscheidet zwischen Anordnungen, die an eine bestimmte Person gerichtet sind (lit. a; → Rn. 2 ff.) und allgemeinverbindlichen Anordnungen (lit. b; → Rn. 4).

A. Allgemeines

1   Die Vorschrift ist die letzte Vorschrift in Teil II und regelt die Anwendbarkeit bestimmter Vorschriften über Ordnungsverfügungen in Teil II Abschnitt 1 (§§ 14 ff.) und über ordnungsbehördliche Verordnungen in Teil II Abschnitt 2 (§§ 25 ff.) auf „sonstige Anordnungen" iSd § 38. Die systematische Stellung der Vorschrift als letzte Vorschrift in Abschnitt 2 von Teil II ist **unglücklich,** weil diese Stellung der abschnittsübergreifenden Bedeutung der Vorschrift nicht gerecht wird.

1.1   Zum Recht der anderen Bundesländer der Kommentarreihe: In Baden-Württemberg, Bayern, Hessen und Niedersachsen gibt es keine vergleichbare Vorschrift.

1a   Die Vorschrift steht unter dem ausdrücklichen Vorbehalt „anderweitiger gesetzlicher Regelung" und gilt daher nur subsidiär. Sie ist eine **Auffangnorm** für alle Festsetzungen, Bekanntmachungen und sonstige Anordnungen, mit denen Ordnungsbehörden Rechte und Pflichten begründen, die rechtlich aber nicht als Ordnungsverfügung iSd § 20 oder als ordnungsbehördliche Verordnungen iSd § 25 S. 1 qualifiziert werden können (vgl. bezüglich § 40 aF Krämer/Müller OBG § 40 Rn. 1). Zum Erlass solcher Festsetzungen, Bekanntmachungen und sonstigen Anordnungen werden die Ordnungsbehörden durch besondere Vorschriften im Bundes- oder Landesrecht ermächtigt (vgl. Wortlaut: „durch Gesetz"; vgl. auch Schönenbroicher/Heusch/Heusch Rn. 1; bezüglich § 40 aF schon Krämer/Müller OBG § 40 Rn. 1).

B. An eine bestimmte Person gerichtete Anordnungen (lit. a)

2   Lit. a sieht vor, dass auf Anordnungen, die an eine bestimmte Person gerichtet sind, die Bestimmungen über Ordnungsverfügungen (§§ 14 ff.) mit Ausnahme des § 14 und des § 21 Anwendung finden.

2.1   **Beispiele für an eine bestimmte Person gerichtete sonstige Anordnung:** Bescheinigungen und Beglaubigungen, die aufgrund spezialgesetzlicher Ermächtigungen von Ordnungsbehörden erteilt werden (vgl. Rhein OBG Rn. 1).

2a   Die Nichtgeltung des § 14 ist der **Kern der Regelung** in lit. a (vgl. bezüglich § 40 aF Rietdorf/Heise/Bockenförde/Strehlau/Bockenförde, Ordnungs- und Polizeirecht in Nordrhein-Westfalen, 2. Aufl. 1972, § 40 Rn. 3). Sie zeigt, dass für das Vorliegen einer sonstigen Anordnung iSd lit. a keine konkrete Gefahr – wie bei einer Ordnungsverfügung iSd § 20 – vorliegen muss. Sie kann daher auch bei Vorliegen einer abstrakten Gefahr erlassen werden (vgl. bezüglich § 40 aF Krämer/Müller OBG § 40 Rn. 2).

3   Die Nichtgeltung des § 21 bedeutet, dass es dem Betroffenen nicht gestattet ist, anstelle eines durch Anordnung angedrohten oder festgesetzten Mittels ein von ihm angebotenes Mittel anzuwenden, durch das die Gefahr wirksam abgewendet werden könnte (vgl. bezüglich § 40 aF Krämer/Müller OBG § 40 Rn. 2). Hiervon unberührt bleibt aber die Geltung des Verhältnismäßigkeitsgrundsatzes, bei dessen Ausübung Anregungen des Betroffenen zur Wahl eines angemessenen Mittels zu berücksichtigen sein können (vgl. bezüglich § 40 aF Krämer/Müller OBG § 40 Rn. 2).

C. Allgemeinverbindliche Anordnungen (lit. b)

4   Lit. b legt fest, dass auf allgemeinverbindliche Anordnungen § 29, § 30 (mit Ausnahme von § 30 Nr. 2) und § 33 Anwendung finden. Im Umkehrschluss hieraus ergibt sich, dass die Vorschriften von Abschnitt 2 **überwiegend nicht Anwendung** finden.

4.1   **Beispiel:** allgemein verbindliche Anordnungen, die nicht der Gefahrenabwehr, sondern anderen Zwecken (zB dem Arbeitsschutz, der Wirtschaftsförderung etc) dienen (vgl. Rhein OBG Rn. 2), wie etwa § 5 Abs. 2 S. 2 NW FTG.

Teil III. Allgemeine Bestimmungen

§ 39 Zur Entschädigung verpflichtende Maßnahmen

(1) Ein Schaden, den jemand durch Maßnahmen der Ordnungsbehörden erleidet, ist zu ersetzen, wenn er
a) infolge einer Inanspruchnahme nach § 19 oder
b) durch rechtswidrige Maßnahmen, gleichgültig, ob die Ordnungsbehörden ein Verschulden trifft oder nicht,
entstanden ist.

(2) Ein Ersatzanspruch besteht nicht,
a) soweit die geschädigte Person auf andere Weise Ersatz erlangt hat oder
b) wenn durch die Maßnahme die Person oder das Vermögen der geschädigten Person geschützt worden ist.

(3) Soweit die Entschädigungspflicht wegen rechtmäßiger Maßnahmen der Ordnungsbehörden in anderen gesetzlichen Vorschriften geregelt ist, finden diese Anwendung.

Überblick

Die Vorschrift steht am Beginn von Teil III. „Allgemeine Bestimmungen" des NRWOBG und trägt die Überschrift „Zur Entschädigung verpflichtende Maßnahmen" (→ Rn. 1 ff.). Abs. 1 enthält die anspruchsbegründenden (positiven) Voraussetzungen für einen Entschädigungsanspruch. Ein Entschädigungsanspruch setzt hiernach voraus, dass jemand durch Maßnahmen der Ordnungsbehörden einen Schaden erleidet, wenn dieser Schaden entweder infolge einer rechtmäßigen Inanspruchnahme als Nichtverantwortlicher iSd § 19 (Abs. 1 lit. a; → Rn. 2 ff.) oder durch rechtswidrige Maßnahmen der Ordnungsbehörden, unabhängig von der Frage, ob die Ordnungsbehörden ein Verschulden trifft (Abs. 1 lit b; → Rn. 24 ff.), entstanden ist. Auslöser einer Entschädigung ist also nicht jedweder durch Maßnahmen der Ordnungsbehörden entstandener Schaden, sondern – entsprechend dem Aufopferungsprinzip (→ Rn. 1c) – allein solcher Schaden, der durch eine der in Abs. 1 lit. a und Abs. 1 lit. b genannten Maßnahmen der Ordnungsbehörden entstanden ist. Die zu Beginn des Abs. 1 genannte Anspruchsvoraussetzung „durch Maßnahmen der Ordnungsbehörden" wird damit durch den nachfolgenden Konditionalsatz (vgl. Wortlaut „[…], wenn […]") und die beiden dort genannten bestimmten Maßnahmen konkretisiert. Im Gegensatz zu Abs. 1, der die positiven Anspruchsvoraussetzungen normiert, enthält Abs. 2 zwei (negative) Anspruchsvoraussetzungen, bei deren alternativem Vorliegen (vgl. Wortlaut „oder") ein Entschädigungsanspruch nach Abs. 1 ausgeschlossen ist: „soweit die geschädigte Person auf andere Weise Ersatz erlangt hat" (Abs. 2 lit. a; → Rn. 40) oder „wenn durch die Maßnahme die Person oder das Vermögen der geschädigten Person geschützt worden ist" (Abs. 2 lit. b; → Rn. 41). Abs. 3 enthält eine Verweisungsvorschrift auf vorrangig anwendbare sondergesetzliche Vorschriften, soweit diese die Entschädigungspflicht wegen rechtmäßiger Maßnahmen der Ordnungsbehörden regeln (→ Rn. 42).

Übersicht

A. Allgemeines

1   Die Vorschrift steht am Beginn von Teil III. „Allgemeine Bestimmungen" des NRWOBG und trägt die Überschrift „Zur Entschädigung verpflichtende Maßnahmen". Sie steht in einem unmittelbaren sachlichen Zusammenhang mit den nachfolgenden §§ 40–43, indem §§ 39–43 vor allem die Voraussetzungen (§ 39 Abs. 1 und Abs. 2, → Rn. 1 ff., → Rn. 39 ff.), die Art, den Inhalt und den Umfang (§ 40, → § 40 Rn. 1 ff.) sowie die Verjährung (§ 41, → § 41 Rn. 1 ff.) von Entschädigungsansprüchen des Bürgers gegen den Staat regeln.

1.1   Zum Recht der anderen Bundesländer der Kommentarreihe vgl. § 55 BWPolG, Art. 87 BayPAG, § 64 HSOG, § 80 NPOG.

1a   §§ 39–43 finden über § 67 PolG NRW **entsprechende Anwendung** auf Maßnahmen der **Polizei** (→ PolG NRW § 67 Rn. 1 ff.; vgl. zum Versuch einer länderübergreifenden Systematisierung der Entschädigung für polizeiliches Einschreiten Spitzlei/Hautkappe DÖV 2018, 134 ff.). Abgesehen von § 67 PolG NRW gibt es auch weitere sondergesetzliche Bestimmungen, die §§ 39 ff. für entsprechend anwendbar erklären (so zB § 45 Abs. 1 BHKG; → Rn. 8.1).

1a.1   Ein Entschädigungsanspruch nach § 67 PolG NRW iVm §§ 39 ff. kommt nur bei Schäden, die durch **präventiv-polizeiliche Maßnahmen** der Polizeibehörden verursacht wurden, in Betracht. Schäden, die durch repressiv-polizeiliche Maßnahmen der Polizeibehörden entstanden sind, können daher nicht nach diesen Vorschriften entschädigt werden (vgl. LG Magdeburg BeckRS 2011, 22439; Götz/Geis PolR § 15 Rn. 27). Insoweit gibt es – neben den allgemeinen Regelungen (vgl. zB BGHZ 197, 43 ff.) – aber spezialgesetzlich normierte Ausgleichs- und Entschädigungsregelungen, die auf die jeweils besonderen Haftungssituationen zugeschnitten sind (vgl. näher Lisken/Denninger PolR-HdB/ Buchberger/Rachor M Rn. 126 ff.), zB Art. 5 Abs. 5 EMRK (vgl. zB BGHZ 45, 46 (49 ff.); 45, 58 (65); 122, 268 (269 f.); Götz/Geis PolR § 15 Rn. 28), Entschädigung nach dem StrEG oder Entschädigung nach dem OEG (vgl. zB LSG Rheinland-Pfalz BeckRS 2015, 66283). Schäden, die durch präventiv-polizeiliche Maßnahmen verursacht wurden, können nicht auf der Grundlage dieser besonderen Ausgleichs- und Entschädigungsregelungen geltend gemacht werden (vgl. zB OLG Frankfurt a. M. NVwZ-RR 2014, 142 (143); LG Köln NJW 1987, 1836; Möller/Warg PolR Rn. 477).

1b   Gefahrenabwehrmaßnahmen können die Person oder das Vermögen eines zur Gefahrenabwehr in Anspruch genommenen Bürgers oder eines Dritten beschädigen. Grundsätzlich kommen in diesem Falle die allgemeinen Entschädigungs- und Schadenersatzansprüche im Staat-Bürger-Verhältnis, insbesondere also verschuldensabhängige Amtshaftungsansprüche nach § 839 BGB iVm Art. 34 GG (vgl. § 40 Abs. 5; → § 40 Rn. 30), verschuldensunabhängige Ansprüche wegen enteignungsgleichen Eingriffs aufgrund rechtswidriger Beeinträchtigung des Privateigentums, verschuldensunabhängige Ansprüche wegen rechtmäßigen enteignenden Eingriffs in das Privateigentum, verschuldensunabhängige Aufopferungsansprüche infolge Beeinträchtigung immaterieller Rechte, öffentlich-rechtliche Folgenbeseitigungsansprüche gegen belastende Folgen aufgehobener oder sonst beendeter Maßnahmen und / oder öffentlich-rechtliche Unterlassungsansprüche gegen rechtswidrige Maßnahmen usw, zur Anwendung (vgl. eingehend zum Recht der staatlichen Ersatzleistungen allg. zB Ossenbühl/Cornils, Staatshaftungsrecht, 6. Aufl. 2013). In §§ 39 ff. sind indes besondere Entschädigungsregelungen normiert, die einen **spezialgesetzlich normierten Teilbereich des Staatshaftungsrechts** bilden (vgl. zB Kugelmann PolR Kap. 12 Rn. 1; Schroeder PolR NRW Rn. 455). In ihrem Anwendungsbereich gehen §§ 39 ff. den allgemeinen staatshaftungsrechtlichen Regelungen vor (vgl. BGHZ 14, 363 (366); BGH NJW 1979, 34 (36); Schönenbroicher/Heusch/Heusch Rn. 24; DWVM Gefahrenabwehr 664). Im Übrigen stehen sie in Anspruchskonkurrenz zu den allgemeinen staatshaftungsrechtlichen Regelungen (→ Rn. 34 ff.).

Die Entschädigungsregelungen in §§ 39 ff. sind im Wesentlichen **besondere Ausprägun** **1c** **gen des allgemeinen Aufopferungsgedankens,** der bereits in §§ 74, 75 der Einleitung zum Allgemeinen Landrecht für die Preußischen Staaten positiv-rechtlich normiert war (vgl. zB Lisken/Denninger PolR-HdB/Buchberger/Rachor M Rn. 1, 33, 69; s. auxh zB BGHZ 72, 273 (276); 82, 361 (363 f.); OVG Münster NVwZ 1997, 598 (598); OLG Frankfurt a. M. NVwZ-RR 2014, 142 (142); OLG Hamm BeckRS 2013, 09146; NVwZ-RR 1999, 223 (223); OLG Köln BeckRS 2012, 23507; OLG Düsseldorf NVwZ-RR 1993, 452 (454); Schönenbroicher/Heusch/Heusch Rn. 24, 26, 28; Kingreen/Poscher POR § 26 Rn. 2; Gusy PolR Rn. 468; Kugelmann PolR Kap. 12 Rn. 1 ff., 11; Haurand NRWPolR 180; Dietlein/Hellermann NRWÖffR/Dietlein § 3 Rn. 266, 277, 283 f.; Fink NVwZ 1992, 1045 (1045)).

Die rechtsdogmatische Einordnung der in Abs. 1 normierten Ansprüche als Entschädigungsansprüche **1c.1** wird durch die nicht stringente Terminologie in §§ 39 ff. erschwert: Die amtliche Überschrift des § 39 lautet: „Zur Entschädigung verpflichtende Maßnahmen", Abs. 1 spricht einheitlich von „[…] Schaden […] ersetzen", Abs. 2 von „Ersatzanspruch", Abs. 3 von „Entschädigungspflicht"; §§ 40 ff. sprechen demgegenüber weitestgehend konsequent von „Entschädigungsleistung" (vgl. amtliche Überschrift des § 40), „Entschädigung" (vgl. § 40), „Entschädigungsanspruch" (vgl. § 41), „Entschädigungspflichtiger" (vgl. amtliche Überschrift des § 42), „Entschädigungspflichtig" (vgl. Abs. 1 S. 1), „Entschädigungspflicht" (vgl. Abs. 1 S. 2); anders wieder § 42 Abs. 2 („[…] zum Ersatz verpflichtet […]"); s. aber dann wiederum die terminologische Differenzierung in § 43 zwischen Entschädigungsansprüchen nach §§ 39 ff., Ersatzansprüchen nach § 42 Abs. 1 S. 3 und Erstattungsansprüchen nach § 42 Abs. 2 (zur terminologischen Problematik vgl. zB Dietlein/Hellermann NRWÖffR/Dietlein § 3 Rn. 265).

§§ 39 ff. liegt der Gedanke zugrunde, dass – mit Rücksicht auf die Effektivität der Gefah **1d** renabwehr – der Bürger auf der Eingriffsebene (Primärebene) hinnehmen muss, dass seine Person und seine Rechtsgüter durch Gefahrenabwehrmaßnahmen geschädigt werden, dass dieses **Sonderopfer,** das er gegenüber der Allgemeinheit erbringt, aber unter bestimmten Umständen auf der Entschädigungsebene (Sekundärebene) ausgeglichen werden muss (vgl. ähnlich Haurand NRWPolR 180; Kugelmann PolR Kap. 12 Rn. 11). Dieses Prinzip der Aufopferung war schon in §§ 74, 75 der Einleitung zum Allgemeinen Landrecht für die Preußischen Staaten enthalten und kennzeichnet auch heute noch die allgemeinen Aufopferungsansprüche im Staatshaftungsrecht (vgl. Maurer/Waldhoff AllgVerwR § 28 Rn. 1).

B. Positive Anspruchsvoraussetzungen für einen Entschädigungsanspruch (Abs. 1)

I. Bei rechtmäßiger Inanspruchnahme als Nichtverantwortlicher iSd § 19 (Abs. 1 lit. a)

Gemäß Abs. 1 lit. a hat ein Nichtverantwortlicher einen Anspruch auf Entschädigung, **2** wenn er in einem ordnungsbehördlichen Notstand rechtmäßig zu einer Gefahrenabwehrmaßnahme in Anspruch genommen wird und durch diese Inanspruchnahme einen Schaden an seinen Rechtsgütern erleidet. Ein solcher Entschädigungsanspruch wird ihm gewährt, weil der Nichtverantwortliche aufgrund des erlittenen Schadens ein **Sonderopfer zugunsten der Allgemeinheit** erbringt und als Ausgleich hierfür eine Entschädigung verlangen kann (vgl. WHM NRWPolR Rn. 623; Kugelmann PolR Kap. 12 Rn. 11). Dogmatisch betrachtet, handelt es sich hierbei um **einen sondergesetzlich geregelten Aufopferungsanspruch** (Nachweise → Rn. 1b f.). Ein typisches Beispiel für lit. a aus der Praxis sind Entschädigungsansprüche von Wohnungseigentümern aufgrund Beschlagnahme ihrer Wohnung durch die Ordnungsbehörden zwecks Einweisung von Obdachlosen.

2.1   Ein solches Sonderopfer zugunsten der Allgemeinheit erbringt ein gefahrenabwehrrechtlich Verantwortlicher dagegen nicht (vgl. BGHZ 5, 144 (151); Schönenbroicher/Heusch/Heusch Rn. 27; Götz/Geis PolR § 15 Rn. 2). Wer als Verhaltens- oder als Zustandsverantwortlicher iSd §§ 17, 18 rechtmäßig zu einer Gefahrenabwehrmaßnahme durch Ordnungsbehörden in Anspruch genommen wird, wird lediglich „in die Schranken seines Rechts verwiesen" (so zB Götz/Geis PolR § 15 Rn. 2). Die Nichtgewährung von Entschädigung gegenüber dem rechtmäßig in Anspruch genommenen Verantwortlichen ist mit dem GG, namentlich mit Art. 14 GG, vereinbar, weil die rechtmäßige Inanspruchnahme des Verantwortlichen durch die Ordnungsbehörden von den Grundrechtsschranken gedeckt ist (vgl. BVerfGE 20, 351 ff.; BVerwGE 38, 209 ff.; BGHZ 43, 196 ff.; 45, 23 ff.; 55, 366 ff.; Lisken/Denninger PolR-HdB/Buchberger/Rachor M Rn. 41; ohne Begründung auch Rhein OBG Rn. 6).

2.2   Etwas anderes gilt nur dann, wenn und soweit sondergesetzliche Vorschriften aus rechtspolitischen Gründen, insbesondere aufgrund wirtschafts- und sozialpolitischer Erwägungen, ausnahmsweise auch dem Verantwortlichen eine Entschädigung zubilligen (vgl. Götz/Geis PolR § 15 Rn. 2). Hierdurch soll teilweise auch die Mitwirkung bestimmter Bevölkerungskreise zur Durchführung hauptsächlich gesundheitsfördernder oder hygienischer Maßnahmen erreicht werden (vgl. Möller/Warg PolR Rn. 469; bezüglich § 41 aF auch Rietdorf/Heise/Bockenförde/Strehlau/Rietdorf, Ordnungs- und Polizeirecht in Nordrhein-Westfalen, 2. Aufl. 1972, § 41 Rn. 31). Sondergesetzliche Vorschriften in diesem Sinne sind zB §§ 56 ff. IfSG; § 21 Abs. 4 BImSchG.

2a   Abs. 1 lit. a setzt tatbestandlich voraus, dass jemand (→ Rn. 3) infolge (→ Rn. 11 ff.) einer rechtmäßigen (→ Rn. 6 f.) Inanspruchnahme als Nichtverantwortlicher (→ Rn. 4 f.) durch die Ordnungsbehörden (→ Rn. 8 f.) einen Schaden (→ Rn. 10) erleidet.

1. Jemand iSd lit. a

3   Abs. 1 bezeichnet den Anspruchsberechtigten grundsätzlich allgemein als „jemand". In der Zusammenschau mit Abs. 1 lit. a („Inanspruchnahme nach § 19") wird aber deutlich, dass jemand iSd Abs. 1 lit. a ausschließlich ein **Nichtverantwortlicher** sein kann. Die Voraussetzungen für eine Inanspruchnahme als Nichtverantwortlicher sind in § 19 geregelt. Der Begriff des Nichtverantwortlichen wird auf der Entschädigungsebene (Sekundärebene) genauso interpretiert wie auf der Eingriffsebene (Primärebene), nämlich auf der Grundlage eines subjektiven Gefahrbegriffs aus einer **subjektiven ex-ante-Perspektive** (→ § 14 Rn. 12; → PolG NRW § 1 Rn. 107; vgl. zB Kugelmann PolR Kap. 12 Rn. 13; Schenke PolR Rn. 685; anders aber die hM beim Anscheins- und Verdachtsstörer (→ Rn. 18); gegen einen generellen Perspektivwechsel auf der Entschädigungsebene OLG Köln NJW-RR 1996, 860 ff.).

2. Inanspruchnahme

4   Gemäß Abs. 1 lit. a muss eine „Inanspruchnahme" erfolgt sein. Die zu Beginn des Abs. 1 zu findende allgemeine Formulierung „Maßnahmen" wird durch den in Abs. 1 lit. a verwendeten Begriff der „Inanspruchnahme" konkretisiert. Eine Inanspruchnahme setzt einen zielgerichteten, mittels rechtlichen Befehls oder tatsächlichen Zwangs durchgeführten Eingriff der Ordnungsbehörden voraus (vgl. Lisken/Denninger PolR-HdB/Buchberger/Rachor M Rn. 33; Schönenbroicher/Heusch/Heusch Rn. 26; abw. Schenke PolR Rn. 684, der hier allein auf den Begriff der „Maßnahme" abstellt). Der Nichtverantwortliche muss also **Adressat** einer gefahrenabwehrrechtlichen Maßnahme der Ordnungsbehörden geworden worden sein. Andernfalls ist er lediglich unbeteiligter Dritter (→ Rn. 14; vgl. BGH DAR 2011, 255 ff.).

5   Die Anknüpfung an den Begriff der Inanspruchnahme bedeutet, dass ein etwaiges **Unterlassen** der Ordnungsbehörden keinen Entschädigungsanspruch nach Abs. 1 lit. a auslöst (vgl.

Lisken/Denninger PolR-HdB/Buchberger/Rachor M Rn. 14; Schönenbroicher/Heusch/
Heusch Rn. 26). Etwas anderes gilt nach der Rechtsprechung des BGH zum enteignungsgleichen Eingriff aber beim Vorliegen eines **qualifizierten Unterlassens** (vgl. Lisken/Dennin-
ger PolR-HdB/Buchberger/Rachor M Rn. 15). Ein qualifiziertes Unterlassen liegt nach
der Rechtsprechung des BGH vor, „wenn sich das Unterlassen ausnahmsweise als ein in den
Rechtskreis des Betroffenen eingreifendes Handeln qualifizieren lässt" (so BGHZ 102, 350
(364); vgl. zuvor bereits BGHZ 32, 208 (211); 56, 40 (42)). Gedacht ist hier namentlich an
den Fall der förmlichen Versagung einer behördlichen Erlaubnis entgegen eines dahingehenden Rechtsanspruchs (vgl. BGHZ 102, 350 (364); Lisken/Denninger PolR-HdB/Buchber-
ger/Rachor M Rn. 15), dem ein behördliches Untätigbleiben in Gestalt einer faktischen
Vorenthaltung einer zu Recht beanspruchten Erlaubnis entsprechen soll (vgl. BGHZ 102,
350 (364); krit. zu dieser Gleichstellung Lisken/Denninger PolR-HdB/Buchberger/Rachor
M Rn. 16).

3. Rechtmäßigkeit der Inanspruchnahme

Abs. 1 lit. a äußert sich nicht zu der Frage, ob die Inanspruchnahme des Nichtverantwortli- **6**
chen rechtmäßig gewesen sein muss oder auch rechtswidrig gewesen sein kann (aA Dietlein/
Hellermann NRWÖffR/Dietlein § 3 Rn. 284). Nach dem Wortlaut könnte ein Entschädigungsanspruch daher unabhängig davon bestehen, ob die Inanspruchnahme rechtmäßig oder
rechtswidrig war (vgl. Thiel PolR § 20 Rn. 2). Eine Antwort auf die Frage, ob die Inanspruchnahme des Nichtverantwortlichen rechtmäßig gewesen sein muss oder auch rechtswidrig gewesen sein kann, ergibt sich aber aus der Systematik des Abs. 1. So regelt lit. b
ausdrücklich Entschädigungsansprüche bei „rechtswidrigen Maßnahmen" der Ordnungsbehörden. Im Umkehrschluss hierzu wird von der hM für Abs. 1 lit. a angenommen, dass hier
nur eine **rechtmäßige Inanspruchnahme** als Nichtverantwortlicher erfasst wird (vgl. zB
Schönenbroicher/Heusch/Heusch Rn. 26; WHM NRWPolR Rn. 623; Möller/Warg PolR
Rn. 470 iVm 479; Lisken/Denninger PolR-HdB/Buchberger/Rachor M Rn. 71, sa Lisken/
Denninger PolR-HdB/Buchberger/Rachor M Rn. 12 f., 34; Thiel PolR § 20 Rn. 2; im
Ergebnis auch Dietlein/Hellermann NRWÖffR/Dietlein § 3 Rn. 284; aA Götz/Geis PolR
§ 15 Rn. 4).

Bei einer **rechtswidrigen** Inanspruchnahme als Nichtverantwortlicher wird wohl überwiegend **6.1**
angenommen, dass sie unter Abs. 1 lit. b fällt (vgl. zB WHM NRWPolR Rn. 623; Möller/Warg PolR
Rn. 470 iVm 479; Lisken/Denninger PolR-HdB/Buchberger/Rachor M Rn. 71, sa Lisken/Denninger
PolR-HdB/Buchberger/Rachor M Rn. 12 f., 34; Thiel PolR § 20 Rn. 2; Dietlein/Hellermann
NRWÖffR/Dietlein § 3 Rn. 284); nach aA sollen sich die Entschädigungsansprüche aus enteignungs-
gleichem Eingriff und allgemeinem Aufopferungsanspruch ergeben (vgl. Schenke PolR Rn. 690).

Ob eine Inanspruchnahme als Nichtverantwortlicher nach § 19 rechtmäßig oder rechts- **7**
widrig erfolgt ist, wird im Falle des lit. a – wie auf der Eingriffsebene – grundsätzlich auf
der Grundlage eines subjektiven Gefahrbegriffs aus einer **ex-ante-Perspektive** beurteilt
(vgl. zB OLG Köln NJW-RR 1996, 860 (860); Kingreen/Poscher POR § 26 Rn. 14; WHM
NRWPolR Rn. 626; zur abweichenden Beurteilung beim Anscheins- und Verdachtsverantwortlichen → Rn. 18 ff.).

Dezidiert hat sich hierzu das OLG Köln (NJW-RR 1996, 860 (860)) wie folgt geäußert: „Die **7.1**
gegenteilige Auffassung des LG beruht darauf, daß es stillschweigend seiner Wertung eine ex-post-
Betrachtung zugrunde gelegt hat, also die aus heutiger Sicht (‚im nachhinein') gegebene Situation
beurteilt hat. Demgegenüber kommt es nach dem Wortlaut der genannten Vorschriften auf die seinerzeitigen Vorstellungen der handelnden Beamten an (ex-ante-Betrachtung). Es besteht kein Anlaß, die
Vorschriften anders auszulegen, als es ihrem Wortlaut entspricht. Allerdings stellt der BGH in inzwischen
gefestigter Rechtsprechung iRd § 39 NRWOBG teilweise auf eine nachträgliche objektive Betrachtungsweise ab. Danach kann auch dem ein Entschädigungsanspruch zustehen, der als Störer (Anscheinsstörer) in Anspruch genommen worden ist, sich bei der nachträglichen Klärung des Sachverhaltes aber
herausgestellt hat, daß in Wirklichkeit eine Gefahr nicht bestand und der Betroffene die den Anschein
begründenden Umstände nicht zu verantworten hat. Das gilt sowohl, wenn er als – vermeintlicher –
Handlungsstörer wie auch dann, wenn er als – vermeintlicher – Zustandsstörer in Anspruch genommen
worden ist (BGHZ 117, 303 = NJW 1992, 2639; BGH NJW 1994, 2355). Diese Rechtsprechung
kann aber nicht generalisierend dahin verstanden werden, daß im Recht der Entschädigung für Maßnah-

men der Ordnungs- und Polizeibehörden stets der Betrachtung aus nachträglicher objektiver Sicht der Vorzug zu geben wäre. Mit der zitierten Rechtsprechung des BGH ist zugunsten des Geschädigten der Anwendungsbereich der Entschädigungsregelung über den unmittelbaren Wortlaut der maßgeblichen Vorschriften hinaus erweitert worden, um eine sonst vorhandene Gerechtigkeitslücke zu schließen. Die Dinge liegen anders, wenn es nicht darum geht, daß der mutmaßliche Störer in Wirklichkeit kein Störer war, sondern darum, daß der als Nichtstörer in Anspruch genommene Geschädigte – wie sich erst später herausstellt – mitursächlich für die Umstände war, die seinerzeit auf eine (objektiv nicht bestehende) Gefahrensituation hindeutete. Für eine restriktive Auslegung der Vorschrift zuungunsten des Geschädigten besteht angesichts der Regelung des § 40 IV auch vom Ergebnis her kein Bedürfnis.“

4. Inanspruchnahme durch Ordnungsbehörden

8   Ein Entschädigungsanspruch setzt nach Abs. 1 des Weiteren voraus, dass die Inanspruchnahme durch „Ordnungsbehörden“ erfolgt ist. Ordnungsbehörden sind diejenigen Behörden, die gem. § 1 Abs. 1 die Aufgabe haben, Gefahren für die öffentliche Sicherheit oder Ordnung abzuwehren (vgl. WHM NRWPolR Rn. 625 iVm Rn. 574; Schönenbroicher/ Heusch/Heusch Rn. 25). Hierzu gehören die **allgemeinen Ordnungsbehörden** iSd § 3, dh die Gemeinden als örtliche Ordnungsbehörden, die Kreise und die kreisfreien Städte als Kreisordnungsbehörden sowie die Bezirksregierungen als Landesordnungsbehörden. Außerdem gehören hierzu die **Sonderordnungsbehörden** iSd § 12, dh die Behörden, denen durch Gesetz oder durch Verordnung auf bestimmten Sachgebieten Aufgaben der Gefahrenabwehr in ihrer Eigenschaft als Sonderordnungsbehörde übertragen worden sind.

8.1   Keine Sonderordnungsbehörde in diesem Sinne ist die Feuerwehr (vgl. OLG Hamm NWVBl. 1989, 183 f.), weil die Feuerwehr bei der Wahrnehmung ihrer Aufgaben lediglich eng begrenzte Eingriffsrechte hat, während Sonderordnungsbehörden ihre Aufgaben der Gefahrenabwehr in der Regel umfassend wahrzunehmen haben (vgl. Schumacher, Handbuch der Kommunalhaftung, 5. Aufl. 2015, Kap. 4 Rn. 2). Entschädigungsansprüche sind nach Maßgabe des § 45 Abs. 1 BHKG iVm §§ 39 ff. analog aber gleichwohl möglich.

9   Maßgeblich ist ein **materieller Ordnungsbehördenbegriff** (vgl. zB Lisken/Denninger PolR-HdB/Buchberger/Rachor M Rn. 10 f.; WHM NRWPolR Rn. 625; für ein materiell-funktionelles Begriffsverständnis Treffer LKV 1995, 380 f.; für ein formelles Begriffsverständnis OLG Düsseldorf NVwZ-RR 1991, 360 f.; ihm folgend LG Köln GesR 2019, 356 f.; Haurand NRWPolR 180). Bei einer schlicht-hoheitlichen Tätigkeit im Rahmen der Leistungsverwaltung kommt somit eine Entschädigung nach Abs. 1 nicht in Betracht (vgl. OLG Hamm NVwZ 1993, 506 (507)).

5. Schaden

10   Dem Nichtverantwortlichen muss ein „Schaden“ entstanden sein. Schaden im natürlichen Sinne ist jede **Einbuße an Lebensgütern** wie Gesundheit, Ehre, Eigentum oder Vermögen (sa Rhein OBG § 40 Rn. 4). Objekt des Schadens können dabei prinzipiell materielle oder immaterielle Rechtsgüter sein (vgl. zum Ganzen Palandt/Grüneberg, Bürgerliches Gesetzbuch, 78. Aufl. 2019, BGB Vor § 249 Rn. 9). Wie sich de lege lata weiterhin aus § 40 Abs. 1 S. 1 ergibt (vgl. → § 40 Rn. 1a ff.), sollen iRd §§ 39 ff. allerdings ausschließlich **Vermögensschäden** ersatzfähig sein. Die Höhe solcher Schäden richtet sich nach der entsprechend anwendbaren zivilrechtlichen **Differenzhypothese**. Ein Schaden besteht hiernach in der Differenz zwischen zwei Güterlagen, nämlich der tatsächlich durch das Schadenereignis geschaffenen und der unter Ausschaltung dieses Ereignisses gedachten (vgl. zum Ganzen Palandt/Grüneberg, Bürgerliches Gesetzbuch, 78. Aufl. 2019, BGB Vor § 249 Rn. 10).

10.1   Mögliche Schadenposten sind zB Kosten für die Erstellung eines Gutachtens zur Klärung der Verantwortlichkeit (vgl. im Kontext eines Folgenbeseitigungsanspruchs VGH München NVwZ-RR 1996, 645 ff.); Aufwendungen, die der in Anspruch Genommene zur Verhinderung eines Schadens macht, wenn diese Aufwendungen in einem verständigen Verhältnis zum Schaden stehen (vgl. BGH MDR 1976, 1003).

6. Kausalität zwischen Inanspruchnahme nach § 19 und Schaden

Der Schaden muss gemäß lit. a „infolge" der Inanspruchnahme nach § 19 entstanden sein. **11** Zwischen der Inanspruchnahme und dem Schaden muss eine **Kausalität** bestehen (vgl. Gusy PolR Rn. 471). Für die Kausalität gelten die zivilrechtlichen Grundsätze entsprechend (vgl. WHM NRWPolR Rn. 628 iVm Rn. 577). Die zivilrechtliche Rechtsprechung folgt der **Adäquanztheorie** (vgl. zB BGHZ 137, 11 ff.; BGH NJW 2005, 1420 (1421 f.)).

Nach der Adäquanztheorie muss zwischen dem schädigenden Verhalten und dem eingetretenen **11.1** Schaden ein adäquater Kausalzusammenhang bestehen. Kausalverläufe, die dem Schädiger billigerweise rechtlich nicht mehr zugerechnet werden können, bleiben außer Betracht und können keine Haftung begründen (vgl. zum Ganzen Palandt/Grüneberg, Bürgerliches Gesetzbuch, 78. Aufl. 2019, BGB Vor § 249 Rn. 26). Die Ordnungsbehörde muss damit zwar nicht für alle entfernt liegenden, adäquat oder äquivalent verursachten Nachteile, wohl aber für diejenigen Nachteile aufkommen, die sich aus der **besonderen Eigenart der hoheitlichen Maßnahme** ergeben und zu denen es nur aufgrund der durch diese Maßnahme **typischerweise geschaffenen Risikolage** gekommen ist (vgl. BGHZ 28, 310 (313); 60, 302 (310 f.); 100, 335 (338 f.)). Das gilt auch, wenn die Maßnahme zu atypischen und unvorhergesehenen Nebenfolgen geführt hat, wenn diese die Schwelle des enteignungsrechtlich Zumutbaren überschreiten (vgl. OLG Hamm ZMR 1995, 25 (26)).

Beispiele aus der Rechtsprechung: **11.2**
- OLG Frankfurt a. M. NVwZ-RR 2014, 142 f.: Verletzung eines Demonstrationsteilnehmers durch den Biss eines Polizeihundes infolge ungewollter Nebenfolge des Polizeihundeeinsatzes, nachdem ein anderer Demonstrationsteilnehmer den Maulkorb des Polizeihundes beiseite getreten hatte; durch die Bissverletzung hat sich eine mit dem Einsatz des Polizeihundes verbundene besondere Gefahr verwirklicht, weshalb der Eingriff als unmittelbare Folge des Polizeihandelns zu werten ist;
- OLG Köln NJW 1994, 1012 f.: Entschädigungsanspruch eines Wohnungseigentümers für die Dauer der Beschlagnahme seiner Mietwohnung zwecks Wiedereinweisung von zur Räumung verurteilter Mieter zur Vermeidung drohender Obdachlosigkeit und für die sich daran anschließende weitere Nutzung der Wohnung durch die eingewiesenen Personen, wenn feststeht, dass es ohne die Einweisung zur Räumung gekommen wäre; mangels Kausalität aber nicht für die Kosten der Räumung, wenn sich durch die Beschlagnahme die Räumung nur verzögert hat.

Für die Adäquanztheorie finden sich in der Rechtsprechung des BGH unterschiedliche **12** (positive oder negative) Umschreibungen, die häufig wie folgt verbunden werden: Das schädigende Ereignis muss **im Allgemeinen** und nicht nur unter besonders eigenartigen, unwahrscheinlichen und nach dem gewöhnlichen Verlauf der Dinge außer Betracht zu lassenden Umständen **geeignet** sein, einen Erfolg der eingetretenen Art zu begründen (vgl. zB BGHZ 57, 137 (141); 137, 11 (19); BGH NJW 2005, 1420 (1421); 1995, 126 (127); Palandt/Grüneberg, Bürgerliches Gesetzbuch, 78. Aufl. 2019, BGB Vor § 249 Rn. 26; Schumacher, Handbuch der Kommunalhaftung, 5. Aufl. 2015, Kap. 1 Rn. 122; zur Frage der Beweislast für die Verursachung von Schäden s. OLG Köln NJW 2000, 3076 f.).

Derzeit nicht belegt. **13**

II. Entschädigungsfälle in entsprechender Anwendung des Abs. 1 lit. a

1. Faktische Inanspruchnahme eines unbeteiligten Dritten

Allgemein befürwortet wird ein Entschädigungsanspruch in den Fällen, in denen ein **14** unbeteiligter Dritter Schäden an seinen Rechtsgütern erleidet, die durch eine rechtmäßige Inanspruchnahme eines Verantwortlichen verursacht werden (Nachweise → Rn. 14.1; aA Rhein OBG Rn. 5). Im Gegensatz zu einem Nichtverantwortlichen, der von den Ordnungsbehörden bewusst und zielgerichtet zur Gefahrenabwehr in Anspruch genommen wird (→ Rn. 1 ff.), treffen den unbeteiligten Dritten nur die **unbeabsichtigten Nebenfolgen** einer **rechtmäßigen** ordnungsbehördlichen Maßnahme, die bei ihm zu einem Schaden führen (vgl. zB Kingreen/Poscher POR § 26 Rn. 9; Lisken/Denninger PolR-HdB/Buchberger/Rachor M Rn. 36).

Beispiele aus dem Polizeirecht: Querschläger aus der Dienstpistole, die einen unbeteiligten Pas- **14.1** santen verletzen (vgl. BGHZ 20, 81 ff.); Beschädigung eines als Fluchtwagen benutzten Pkw, der einem unbeteiligten Bürger gehört, bei der Verfolgung des flüchtigen Verantwortlichen (vgl. BGH NJW 2011,

3157 ff.); Beschädigung einer Wohnungstür bei Polizeieinsatz zur Festnahme eines Straftäters (vgl. LG Köln NZM 1999, 1166).

15   Die Rechtsgrundlage für einen solchen Entschädigungsanspruch des unbeteiligten Dritten ist jedoch umstritten: für eine entsprechende Anwendung der gesetzlichen Vorschriften über die Inanspruchnahme eines Nichtverantwortlichen (vgl. zB OLG Dresden LKV 2003, 582 ff.; LG Köln NVwZ 1992, 1125 f.; Dietlein/Hellermann NRWÖffR/Dietlein § 3 Rn. 285; WHM NRWPolR Rn. 643; Schenke PolR Rn. 691; Schoch BesVerwR Kap. 1 Rn. 1008; Schumacher, Handbuch der Kommunalhaftung, 5. Aufl. 2015, Kap. 4 Rn. 10; für den allgemeinen Aufopferungsanspruch vgl. zB BGH NJW 2011, 3157 (3158); OLG Frankfurt a. M. NVwZ-RR 2014, 142 (143); Schönenbroicher/Heusch/Heusch Rn. 27; Lisken/Denninger PolR-HdB/Buchberger/Rachor M Rn. 40; Kingreen/Poscher POR § 26 Rn. 9; offen zB WHM NRWPolR Rn. 626; Thiel PolR § 20 Rn. 4; Möller/Warg PolR Rn. 471; DWVM Gefahrenabwehr 666 f.).

2. Rechtmäßige Maßnahme, die auf einer Norm beruht, die tatbestandlich für jedermann gilt

16   In den Fällen, in denen eine rechtmäßige Maßnahme gegen eine Person auf einer Norm beruht, die tatbestandlich für jedermann gilt, wird eine entsprechende Anwendung der Vorschriften über die Inanspruchnahme eines Nichtverantwortlichen befürwortet, weil dieser Person **in gleicher Weise wie einem Nichtverantwortlichen** ein **Sonderopfer** auferlegt wird, das im Falle eines Schadenseintritts eine Entschädigungsleistung rechtfertigt (vgl. Schenke PolR Rn. 692; Möller NVwZ 2000, 382 (386); Waechter DÖV 1999, 138 (147); grundsätzlich aA Lisken/Denninger PolR-HdB/Buchberger/Rachor M Rn. 53 ff.).

17   Gedacht wird bei diesen Fällen namentlich an **anlass- und verdachtsunabhängige Kontrollmaßnahmen** zur Abwehr abstrakter Gefahren (vgl. Lisken/Denninger PolR-HdB/Buchberger/Rachor M Rn. 53). In diesen Fällen ist die kontrollierte Person nicht unbeteiligter Dritter, weil sich die Kontrollmaßnahme gegen sie richtet, diese Person also in Anspruch genommen wird (vgl. Kingreen/Poscher POR § 26 Rn. 10). Die kontrollierte Person ist aber auch weder Verantwortlicher noch Anscheinsverantwortlicher, weil sie selbst keinerlei Anlass zum Einschreiten gegeben hat (vgl. Lisken/Denninger PolR-HdB/Buchberger/Rachor M Rn. 53).

3. Rechtmäßige Inanspruchnahme eines Anscheins- oder Verdachtsverantwortlichen

18   Überwiegend wird eine entsprechende Anwendung der Vorschriften über die Inanspruchnahme eines Nichtverantwortlichen grundsätzlich auch bei der rechtmäßigen Inanspruchnahme eines Anscheins- oder Verdachtsverantwortlichen (→ Rn. 20 ff.) befürwortet. Gestützt wird diese Annahme auf eine **Differenzierung** bei der Beurteilung einer Gefahrenlage auf der Eingriffsebene (Primärebene) einerseits und der Entschädigungsebene (Sekundärebene) andererseits: Während auf der Eingriffsebene das Vorliegen einer Gefahr auf der Grundlage eines subjektiven Gefahrbegriffs aus einer ex-ante-Perspektive bestimmt wird (→ § 14 Rn. 12 iVm → PolG NRW § 1 Rn. 107), wird auf der Entschädigungsebene das Vorliegen einer Gefahr auf der Grundlage eines **objektiven Gefahrbegriffs** aus einer **ex-post-Perspektive** beurteilt. Maßgeblich sind hier also die tatsächlichen Umstände, wie sie wirklich vorlagen, nach einer objektiven Betrachtungsweise ex-post (vgl. zB BGHZ 117, 303 ff. bezüglich des Zustandsverantwortlichen); BGHZ 126, 279 ff. (bezüglich des Verhaltensverantwortlichen; BGH NJW 1996, 3151 f.; OVG Münster NVwZ 2001, 1314; DÖV 1996, 1049 ff.; VGH Mannheim NVwZ-RR 1991, 24 ff.; OVG Hamburg NJW 1986, 2005 (2006); OLG Köln NJW-RR 1996, 860 ff.; OLG Hamm NWVBl. 1992, 110 (111 f.); LG Köln NJW 1998, 317 (318); Schönenbroicher/Heusch/Heusch Rn. 27; Götz/Geis PolR § 15 Rn. 16; Dietlein/Hellermann NRWÖffR/Dietlein § 3 Rn. 285; WHM NRWPolR Rn. 635 ff.; Kugelmann PolR Kap. 12 Rn. 16 ff.; Lisken/Denninger PolR-HdB/Buchberger/Rachor M Rn. 42 ff.; Petri DÖV 1996, 443 (447); ebenso, aber in anderem Kontext, OVG Münster NJW 1993, 2698 (2699); letztlich auch Rhein OBG Rn. 7; abl. DWVM Gefahrenabwehr 668 allerdings mit Ausnahmekonstellationen; Kniesel DÖV 1997,

905 (908); wohl auch Schumacher, Handbuch der Kommunalhaftung, 5. Aufl. 2015, Kap. 4 Rn. 12 f.; vgl. zur entsprechenden Vorgehensweise der hM bei den Vollstreckungskosten → Rn. 21).

Begründet wird dieser Perspektivenwechsel von der hM insbesondere damit, dass auf der **19** Entschädigungsebene nicht mehr die Effektivität der Gefahrenabwehr, sondern vielmehr die Frage eines **gerechten Ausgleichs** für erbrachte Sonderopfer zugunsten der Allgemeinheit im Vordergrund stehe (vgl. BGHZ 117, 303 (307); Kugelmann PolR Kap. 12 Rn. 17).

Dass jemand berechtigterweise als Nichtverantwortlicher zur Gefahrenabwehr in Anspruch genom- **19.1** men wurde, bedeutet nach Ansicht des BGH (vgl. BGHZ 117, 303 (307 f.)) noch nicht, dass er das ordnungsbehördliche Einschreiten entschädigungslos hinnehmen müsste. Der Entschädigungsanspruch des Abs. 1 lit. a hänge davon ab, ob der Betroffene im Sinne der Vorschrift Verantwortlicher (§§ 17, 18) oder Nichtverantwortlicher (§ 19) war. Eine (verständige) Betrachtung aus der Sicht im Zeitpunkt des Eingriffs sei hier nicht angebracht. Sie sei um der wirkungsvollen Gefahrenabwehr willen, die das Polizeirecht anstrebe, zwar geboten, soweit es um die Voraussetzungen sowie die Art und Weise des Einschreitens gehe. Die Frage der Entschädigung könne jedoch nach den tatsächlichen Umständen entschieden werden, wie sie wirklich vorlagen. Denn es gehe dabei nicht um die Möglichkeit des raschen Eingriffs zur Verhütung von Gefahren, sondern um den gerechten Ausgleich der erbrachten Opfer. Dafür sei auf die wirkliche Sachlage abzustellen, wie sie sich bei späterer rückschauender Betrachtung objektiv darstellt. Für ein solches Verständnis des Abs. 1 lit. a, dem der Wortlaut der Vorschrift nicht entgegenstehe, sprächen sachliche Gründe. Müsse der Betroffene nach der Eingriffsermächtigung in § 14, wie sie in Rechtsprechung und Literatur in weiter Auslegung der Bestimmung allgemein verstanden werde, einerseits ein Einschreiten der Ordnungsbehörde nicht nur dann hinnehmen, wenn eine Gefahr für die öffentliche Sicherheit und Ordnung tatsächlich besteht, sondern auch dann, wenn (nur) der durch Tatsachen begründeter Verdacht oder Anschein einer Gefahr vorliegt, so sei im Sinne eines gerechten Interessenausgleichs andererseits auch die Entschädigungsvorschrift des Abs. 1 lit. a entsprechend weit zu verstehen, nämlich dahin, dass der durch die ordnungsbehördlichen Maßnahmen Betroffene wie ein Nichtstörer zu entschädigen ist, wenn sich entgegen der Annahme beim Eingriff nachträglich herausstellt, dass die angenommene Gefahr in Wirklichkeit nicht bestand.

Der **Anscheinsverantwortliche** erbringt ein vergleichbares Sonderopfer wie ein Nicht- **20** verantwortlicher (Kingreen/Poscher POR § 26 Rn. 14). Er wird als Verhaltens- oder Zustandsverantwortlicher bewusst und zielgerichtet zur Gefahrenabwehr in Anspruch genommen, weil eine Gefahr – vertretbar – angenommen wird, aber in Wirklichkeit nicht besteht. Der Anscheinsverantwortliche erbringt damit auf der Eingriffsebene ein vergleichbares Sonderopfer wie ein Nichtverantwortlicher und verdient auf der Entschädigungsebene einen gerechten Ausgleich hierfür (vgl. Kingreen/Poscher POR § 26 Rn. 14).

Etwas anderes wird – wie im Bereich der Vollstreckungskosten (vgl. nur OVG Münster **21** NVwZ 2001, 1314) – allerdings dann angenommen, wenn der Anscheinsverantwortliche den Anschein **in zurechenbarer Weise verursacht** hat (vgl. § 40 Abs. 4; zB BGHZ 117, 303 (308); 126, 279 (285); OVG Münster NVwZ 2001, 1314; LG Köln NJW 1998, 317 (318); Schönenbroicher/Heusch/Heusch Rn. 27; Dietlein/Hellermann NRWÖffR/Dietlein § 3 Rn. 285; Götz/Geis PolR § 15 Rn. 16).

Aufgrund entsprechender Interessenlage kann auch ein **Verdachtsverantwortlicher** – **22** ebenso wie der Anscheinsverantwortliche – einen Entschädigungsanspruch analog Abs. 1 lit. a geltend machen, wenn sich der ursprüngliche Gefahrenverdacht nicht bestätigt. In diesem Falle zeigt der Gefahrerforschungseingriff, dass in Wirklichkeit keine Gefahr bestand und der Adressat der ordnungsbehördlichen Maßnahme Nichtverantwortlicher war (vgl. zB BGHZ 117, 303 ff.; 126, 279 (283); OVG Münster BeckRS 2012, 49859; NVwZ 2001, 1314; DÖV 1996, 1049 (1050) auch bei Gefahrerforschungsmaßnahmen im Sofortvollzug; VGH Mannheim NVwZ-RR 1991, 24 ff.; VG Düsseldorf NVwZ-RR 1999, 743 (744); Schönenbroicher/Heusch/Heusch Rn. 27; Kingreen/Poscher POR § 26 Rn. 16; Gusy PolR Rn. 470; Götz/Geis PolR § 15 Rn. 15; Schoch JuS 1993, 724 ff. zu BGHZ 117, 303).

Im umgekehrten Fall steht dem Verdachtsverantwortlichen kein Entschädigungsanspruch analog **22.1** Abs. 1 lit. a zu, wenn sich der Gefahrenverdacht bestätigt. In diesem Fall zeigt der Gefahrerforschungseingriff, dass eine Gefahr bestand und der Adressat Verantwortlicher war. Wird jemand ohne konkrete behördliche Anordnung aus freien Stücken zur Gefahrerforschung tätig, kann er mangels Inanspruchnahme selbst dann keine Entschädigung analog Abs. lit. a verlangen, wenn materiell-rechtlich eine Pflicht zur Gefahrerforschung bestand (vgl. VG Düsseldorf NVwZ-RR 1999, 743 (744)).

4. Auch beim freiwilligen Helfer?

23   In Nordrhein-Westfalen gibt es keine gesetzlich geregelte Anspruchsgrundlage für eine Entschädigung von freiwillig bei der Gefahrenabwehr mitwirkenden Personen oder Personen, die in Erfüllung ihrer Pflicht aus § 323c StGB handeln, und hierbei in ihren Rechtsgütern geschädigt werden. In Betracht käme daher allenfalls eine analoge Anwendung des lit. a. Die hM lehnt jedoch eine analoge Anwendung des lit. a in diesen Fällen **mangels vergleichbarer Interessenlage** mit einem Nichtverantwortlichen ab (vgl. zB Dietlein/Hellermann NRWÖffR/Dietlein § 3 Rn. 285; Möller/Warg PolR Rn. 476; Thiel PolR § 20 Rn. 4; Gusy PolR Rn. 470; im Grundsatz ebenso Schönenbroicher/Heusch/Heusch Rn. 27). Ein freiwillig Helfender und ein von sich aus gesetzestreu Handelnder sind mit einem Nichtverantwortlichen nicht vergleichbar, weil sie nicht – wie dieser – zur Gefahrenabwehr in Anspruch genommen werden (vgl. Schönenbroicher/Heusch/Heusch Rn. 27). Und wer in Erfüllung seiner Pflicht aus § 323c StGB handelt, erbringt auch – im Gegensatz zum Nichtverantwortlichen – kein Sonderopfer (vgl. Schönenbroicher/Heusch/Heusch Rn. 27), sondern erfüllt schlicht seine gesetzliche Pflicht.

23.1   Erleiden freiwillig mitwirkende Personen Schäden an ihren Rechtsgütern, kommen **zivilrechtliche Ersatzansprüche** aus § 683 BGB analog gegen den Träger der ordnungsbehördlichen Kosten (§ 42 Abs. 1 S. 1; → § 42 Rn. 1 ff.) in Betracht (vgl. zB Kingreen/Poscher POR § 26 Rn. 7; abl. Möller/Warg PolR Rn. 476). Daneben bestehen regelmäßig **sozialversicherungsrechtliche Ansprüche** gem. § 5 Abs. 1 SGB I iVm § 2 Abs. 1 Nr. 13 SGB VII (vgl. zB Schönenbroicher/Heusch/Heusch Rn. 27; Dietlein/Hellermann NRWÖffR/Dietlein § 3 Rn. 285). In diesem Falle gehen – im Wege der Vorteilsanrechnung – etwaige zivilrechtliche Ersatzansprüche allerdings gem. § 116 Abs. 1 SGB X auf den Sozialversicherungsträger über (vgl. Kingreen/Poscher POR § 26 Rn. 8).

III. Bei rechtswidrigen Maßnahmen der Ordnungsbehörden, gleichgültig, ob die Ordnungsbehörden ein Verschulden trifft oder nicht (Abs. 1 lit. b)

24   Gemäß Abs. 1 lit. b kann jemand (→ Rn. 26), der durch (→ Rn. 33) rechtswidrige Maßnahmen (→ Rn. 29 f.) der Ordnungsbehörden (→ Rn. 31), gleichgültig, ob diese ein Verschulden trifft oder nicht, einen Schaden (→ Rn. 32) erleidet, eine Entschädigung verlangen. Lit. b begründet eine **verschuldensunabhängige Unrechtshaftung**, die Ausprägung des allgemeinen Aufopferungsgedankens ist (vgl. Lisken/Denninger PolR-HdB/Buchberger/Rachor M Rn. 69; WHM NRWPolR Rn. 572). In ihrem Anwendungsbereich verdrängt lit. b als **lex specialis** Ansprüche aus enteignungsgleichem und aufopferungsgleichem Eingriff (vgl. zB BGHZ 72, 273 (276); 82, 361 (363); VersR 1982, 582 f.; OLG Hamm Urt. v. 9.5.1983 – 22 U 185/82; Schönenbroicher/Heusch/Heusch Rn. 28; WHM NRWPolR Rn. 572). Schon allein die Rechtswidrigkeit des staatlichen Handeln bildet hier die Sonderopferlage konstituierende, sachlich nicht gerechtfertigte Ungleichbehandlung gegenüber anderen (vgl. BGHZ 32, 208 (211 f.); Lisken/Denninger PolR-HdB/Buchberger/Rachor M Rn. 70).

25   Abs. 1 lit. b normiert keinen Fall einer Gefährdungshaftung, also einer Schadensersatzpflicht aufgrund der Verantwortlichkeit für eine Gefahrenquelle, sondern begründet eine Haftung für rechtswidriges Verwaltungshandeln (vgl. BGHZ 99, 249 (255); aA aber Gusy PolR Rn. 476).

1. Jemand iSd Abs. 1 lit. b

26   Anspruchsberechtigter ist nach Abs. 1 „jemand". Dieser Begriff ist für lit. b nicht deckungsgleich mit dem für Abs. 1 lit. a (→ Rn. 3), weil rechtswidrige Maßnahmen der Ordnungsbehörden von niemandem in einem Rechtsstaat entschädigungslos hingenommen werden müssen. Der Kreis der Anspruchsberechtigten ist für lit. b daher denkbar **weit** zu verstehen. Erfasst werden der Verantwortliche, der Nichtverantwortliche, der unbeteiligte Dritte und der „Jedermann" (vgl. zB WHM NRWPolR Rn. 572 mit Fn. 804; Kingreen/

Poscher POR § 26 Rn. 19; Lisken/Denninger PolR-HdB/Buchberger/Rachor M Rn. 71; aA in Bezug auf den unbeteiligten Dritten aber Schönenbroicher/Heusch/Heusch Rn. 30).

2. Maßnahmen

Gemäß Abs. 1 lit. b müssen „Maßnahmen" vorliegen. Der Begriff der Maßnahme in **27** diesem Sinne ist bewusst **weit** gefasst (vgl. zB BGHZ 99, 249 (251); 137, 11 (15); 138, 15 (19 f.); BGH NJW 1978, 1522 (1523); 1979, 34 (36); 1983, 215 (215); 1987, 1945 (1945); 1992, 1230 (1230); 1994, 2087 (2088); Schönenbroicher/Heusch/Heusch Rn. 29; Götz/ Geis PolR § 15 Rn. 25; Dietlein/Hellermann NRWÖffR/Dietlein § 3 Rn. 278; Kingreen/ Poscher POR § 26 Rn. 20; Lisken/Denninger PolR-HdB/Buchberger/Rachor M Rn. 18; bezüglich § 41 aF zB Rietdorf/Heise/Bockenförde/Strehlau/Rietdorf, Ordnungs- und Polizeirecht in Nordrhein-Westfalen, 2. Aufl. 1972, § 41 Rn. 11, 14 f.). Als Maßnahme in diesem Sinne ist daher jedes rechtliche oder faktische behördliche Verhalten, mit dem bewusst und zielgerichtet unmittelbar, dh ohne das Dazwischentreten weiterer Umstände, in schutzwürdige Positionen des Bürgers eingegriffen werden soll, anzusehen (vgl. BGH NJW 1996, 3151 (3152); anders bezüglich der Zielgerichtetheit aber BGH NJW 1987, 1945 (1945); OLG Köln NVwZ 1993, 1020 (1020); vgl. auch Schumacher, Handbuch der Kommunalhaftung, 5. Aufl. 2015, Kap. 4 Rn. 15). Die Handlungsform spielt dabei keine Rolle (vgl. Kugelmann PolR Kap. 12 Rn. 6; Gusy PolR Rn. 477). Die Anknüpfung an den Begriff der „Maßnahme" in Abs. 1 lit. b bedeutet allerdings – wie bei der Inanspruchnahme nach Abs. 1 lit. a (→ Rn. 5) –, dass ein Unterlassen der Behörden nicht erfasst wird, es sei denn, es handelt sich um ein **qualifiziertes Unterlassen** (vgl. wie hier zB BGH NJW 1985, 1285 (1289); OLG Düsseldorf NJW-RR 1995, 13 (14); OLG Hamm AGS 2019, 309 ff.; Schönenbroicher/Heusch/Heusch Rn. 29; Gusy PolR Rn. 477; Haurand NRWPolR 181; Lisken/Denninger PolR-HdB/Buchberger/Rachor M Rn. 14 ff.; Rhein OBG § 39 Rn. 1; uneingeschränkt für Unterlassungen Kugelmann PolR Kap. 12 Rn. 6; uneingeschränkt gegen Unterlassungen Schumacher, Handbuch der Kommunalhaftung, 5. Aufl. 2015, Kap. 4 Rn. 15; Dietlein/Hellermann NRWÖffR/Dietlein § 3 Rn. 278; Möller/Warg PolR Rn. 479; Thiel PolR § 20 Rn. 6). Denn ein reines Unterlassen erfüllt die Merkmale eines Eingriffs im oben beschriebenen Sinne selbst dann nicht, wenn dem betroffenen Bürger ein Anspruch auf behördliches Handeln zusteht, weil mit dem schlichten Unterlassen dem Bürger nichts genommen, sondern nur etwas vorenthalten wird. Nur ausnahmsweise kann ein Unterlassen als ein in den Rechtskreis des Betroffenen eingreifendes Handeln zu qualifizieren sein. Ein solches „qualifiziertes" Unterlassen setzt jedoch voraus, dass unmittelbar auf eine geschützte Rechtsposition eingewirkt wird (vgl. zum Ganzen zB OLG Hamm Urt. v. 28.12.2012 – 11 U 15/11, I-11 U 15/11; auch OLG Düsseldorf NJW-RR 1995, 13 (14)).

Ist die Polizei bei der Vornahme einer sog. doppelfunktionalen Maßnahme sowohl zum Zwecke **27.1** der Gefahrenabwehr als auch zum Zwecke der Strafverfolgung tätig geworden, ist eine Maßnahme iSd Abs. 1 lit. b zu bejahen, wenn das Handeln zum Zwecke der Gefahrenabwehr im Vordergrund stand (vgl. LG Köln NVwZ 1992, 1125 (1126)).

Maßnahmen iSd lit. b sind daher zB belastende Verwaltungsakte, Verordnungen, Realakte **28** mit Eingriffscharakter usw (vgl. zusf. Schönenbroicher/Heusch/Heusch Rn. 29; Kingreen/ Poscher POR § 26 Rn. 20; Götz/Geis PolR § 15 Rn. 25; Rhein OBG Rn. 2; ausf. Lisken/ Denninger PolR-HdB/Buchberger/Rachor M Rn. 18 ff. mwN).

Beispiele für **Maßnahmen iSd Abs. 1 lit. b** aus der Rechtsprechung: **28.1**
• jeweils Erteilung einer Baugenehmigung durch die Baugenehmigungsbehörde: BGHZ 60, 112 ff.; 86, 356 (358); 109, 380 (393); 123, 191 ff.; BGH BeckRS 1992, 31063442; NJW 1979, 34 (36); OLG Düsseldorf NJW 1997, 873 f.; NVwZ 1995, 202 f.; 1992, 1122 f.;
• Erteilung einer Teilungsgenehmigung: BGHZ 92, 302 (304);
• Zurückstellung und Ablehnung eines Baugesuchs durch die Baugenehmigungsbehörde: BGHZ 82, 361 ff.;
• jeweils Ablehnung einer Baugenehmigung: BGHZ 84, 292 (294); OLG Köln NVwZ 1996, 622 f.;
• jeweils Ablehnung eines Bauvorbescheides: BGHZ 72, 273 (275); 125, 258 (262); BGH NVwZ 2011, 1150 ff.; OVG Münster NWVBl. 1999, 341 ff.; LG Dortmund BeckRS 2008, 04749;
• jeweils Erteilung eines rechtswidrigen Bauvorbescheides: OLG Düsseldorf NVwZ 1995, 202 f.; LG Aachen VersR 1991, 336

- Rücknahme eines Bauvorbescheides und einer Baugenehmigung aufgrund rechtswidriger Weisung der übergeordneten Behörde: OLG Düsseldorf VersR 1994, 1065 f.;
- Erteilung und Rücknahme einer Baugenehmigung: OLG Düsseldorf NVwZ-RR 1993, 452 (454);
- Abhalten eines Bauinteressenten durch faktisches Verhalten der Behörde, ein Baugesuch einzureichen oder einen gestellten Bauantrag weiterzuverfolgen; zugleich Abgrenzung von Unterlassen: BGH NVwZ 1983, 500 f.;
- jeweils Lichtzeichen einer Verkehrsampelanlage: BGHZ 99, 249 (251 f.); OLG Karlsruhe NVwZ-RR 2014, 331 ff.; OLG Hamm NZV 2003, 577 f.; OLG Düsseldorf VersR 1989, 57 f.; LG Essen BeckRS 1988, 31216621;
- jeweils Erteilung einer mündlichen Auskunft, wenn und solange der auskunftssuchende Bürger auf ihre Richtigkeit vertrauen durfte: BGH NJW 1978, 1522 ff.; OLG Düsseldorf BauR 2017, 753 ff.; OLG Köln BeckRS 2016, 118331; 2016, 13723; 1995, 00985; ZMR 1984, 369 f.; einschränkend BGHZ 117, 83 (85); in Abgrenzung hierzu wiederum BGH NJW 1994, 2087 (2090 f.);
- Widerruf einer Erlaubnis zum Betrieb eines Hotels: BGH NJW 1986, 182 f.;
- jeweils automatischer Poller: OLG Köln NZV 2004, 95 f.; OLG Düsseldorf VersR 1997, 1234; LG Bonn BeckRS 2015, 07177;
- jeweils Ablehnung einer denkmalrechtlichen Erlaubnis: OLG Köln ZfBR 2013, 183 f.; LG Bonn NWVBl. 2012, 156 f.;
- Sicherstellung von aus Rindfleisch hergestellten Wurstwaren wegen BSE-Verdachts: LG Bielefeld ZLR 2000, 101 ff.

28.2　　**Keine Maßnahmen iSd Abs. 1 lit. b** sind nach der Rechtsprechung zB:
- Bitte in Form eines Appells an die Eigenverantwortlichkeit einer Person: BGHZ 138, 15 ff.; anders BGH NJW 1996, 3151 f.;
- eine weitgehend dem Straßenbaubetrieb überlassene aktuelle Verkehrsregelung durch eine Lichtzeichenanlage an der Wanderbaustelle auf einer Straße: OLG Hamm NVwZ-RR 1999, 223 f.;
- Ankündigung des Erlasses einer Ordnungsverfügung: OLG Köln NVwZ 1993, 1020 (1020 f.);
- rechtswidriger Ausschluss eines Bewerbers von der Zulassung zur Kirmes: OLG Hamm NVwZ 1993, 506 (507).

28.3　　Speziell zur Frage einer Entschädigung nach lit. b für **legislatives Unrecht** einschließlich der Anwendung rechtswidriger Normen (sog. Beruhensfälle), die vor allem wegen der festgestellten Europarechtswidrigkeit des nordrhein-westfälischen Glücksspielstaatsvertrages in den vergangenen Jahren relevant gewesen ist: offengelassen von BVerwGE 147, 47 ff.; BVerwG BeckRS 2012, 60806; 2013, 56764; OVG Münster BeckRS 2014, 51376; gegen eine Entschädigung zB BGHZ 205, 63 ff.; BGH NdsVBl. 2015, 241 ff.; OLG Düsseldorf NVwZ-RR 2017, 537 ff.; OLG Köln ZfWG 2012, 287 ff.; OLG Hamm BeckRS 2013, 09146; OLG Bremen ZfWG 2013, 130 ff. in Bezug auf das Landesrecht Bremen; LG Kleve BeckRS 2015, 07092. Im Schrifttum ist die Frage einer Entschädigung nach Abs. 1 lit. b für legislatives Unrecht umstritten: für eine solche Haftung zB Schönenbroicher/Heusch/Heusch Rn. 30; Detterbeck NVwZ 2019, 97 (102 f.); gegen eine solche Haftung zB Dietlein/Hellermann NRWÖffR/Dietlein § 3 Rn. 281a.

3. Rechtswidrige Maßnahmen

29　　Abs. 1 lit. b erfasst allein rechtswidrige Maßnahmen. Maßgeblich ist insoweit deren **objektive** Rechtswidrigkeit (vgl. OLG Köln BeckRS 2012, 23507; VersR 1991, 1287 f.; LG Bonn BeckRS 2015, 07177; aA Schönenbroicher/Heusch/Heusch Rn. 30). Hierbei ist auf den Zeitpunkt der Vornahme der Maßnahme abzustellen (vgl. BGH UPR 1992, 438 (438); Rhein OBG Rn. 8).

29.1　　Umstritten ist allerdings, ob es für die Rechtswidrigkeit der Maßnahme auf die Rechtswidrigkeit der Handlung (**Handlungsunrecht**) oder auf die Rechtswidrigkeit des (Schadens-) Erfolges ankommt (**Erfolgsunrecht**) (vgl. für Handlungsunrecht zB Lisken/Denninger PolR-HdB/Buchberger/Rachor M Rn. 72 ff.; für Erfolgsunrecht zB WHM NRWPolR Rn. 576; Gusy PolR Rn. 477; anders Dietlein/Hellermann NRWÖffR/Dietlein § 3 Rn. 281). Im Ergebnis divergieren die verschiedenen Ansichten nur selten (vgl. auch Gusy PolR Rn. 477).

30　　In seiner neueren Rechtsprechung betont der BGH zunehmend, dass beim Ausgleich staatlichen Unrechts jeweils auf den **Schutzzweck** der verletzten Amtspflicht als Kriterium für die inhaltliche Bestimmung und die sachliche Begrenzung der Haftung abzustellen ist (vgl. zB BGHZ 86, 356 (362); 109, 380 (393 ff.); BGH NVwZ 1994, 821 (822); NJW 1994, 2087 (2088); NVwZ-RR 1997, 675 (675) unter ausdrücklicher Miterwähnung des

Entschädigungsanspruchs nach Abs. 1 lit. b). Dieses Vorgehen wird namentlich in den Fällen rechtswidrig erteilter oder versagter Baugenehmigungen praktiziert; hier stellt der BGH darauf ab, ob die Rechtswidrigkeit gerade aus der Verletzung einer Norm folgte, die dem Schutz des Geschädigten zu dienen bestimmt ist (vgl. Gusy PolR Rn. 478; Beispiele aus der Rechtsprechung: BGHZ 86, 356 (361 f.); 109, 380 (393); 123, 191 (198)).

4. Ordnungsbehörden

Die rechtswidrigen Maßnahmen müssen – wie bei Abs. 1 lit. a – von „Ordnungsbehörden" **31** stammen (vgl. LG Köln GesR 2019, 356 f.; zum Begriff der Ordnungsbehörden → Rn. 8 f.).

5. Schaden

Auf Seiten des Anspruchsberechtigten muss – wie bei Abs. 1 lit. a – ein „Schaden" **32** entstanden sein (zum Begriff des Schadens → Rn. 10).

6. Kausalität zwischen rechtswidrigen Maßnahmen und Schaden

Der Schaden muss „durch" rechtswidrige Maßnahmen verursacht worden sein. Abs. 1 **33** lit. b äußert sich nicht zu den Anforderungen, die an die Schadensverursachung zu stellen sind. Eine gefestigte zivilgerichtliche Konkretisierung steht insoweit noch aus (zum Ganzen BVerwG BeckRS 2013, 56764). Daher muss auf die Kommentierung zu Abs. 1 lit. a (→ Rn. 11 ff.) verwiesen werden, die hier entsprechend gelten kann. Die erforderliche **Kausalität** ist allerdings nicht gegeben, wenn sich die Behörde rechtmäßig verhalten hätte und der eingetretene Schaden gleichwohl entstanden wäre (vgl. BGHZ 146, 122 (128 ff.); LG Köln VR 2003, 249 ff. mAnm Prahl; WHM NRWPolR Rn. 577).

IV. Anspruchskonkurrenzen

Die nach Abs. 1 möglichen Entschädigungsansprüche können in Anspruchskonkurrenz **34** mit anderen Staatshaftungsansprüchen stehen.

1. Anspruchskonkurrenz mit sondergesetzlichen Entschädigungsansprüchen im besonderen Gefahrenabwehrrecht

Anspruchskonkurrenz kann zunächst mit Entschädigungsansprüchen bestehen, die auf- **35** grund sondergesetzlicher Anspruchsgrundlagen im besonderen Gefahrenabwehrrecht gewährt werden (zB § 56 IfSG). Im Anwendungsbereich dieser sondergesetzlichen Anspruchsgrundlagen treten die allgemeineren Entschädigungsansprüche nach Abs. 1 zurück (vgl. BGHZ 136, 172 (174)).

2. Anspruchskonkurrenz mit Ersatzansprüchen außerhalb des Gefahrenabwehrrechts

Anspruchskonkurrenz kann auch mit Ersatzansprüchen außerhalb des Gefahrenabwehr- **36** rechts auftreten. Anspruchskonkurrenz besteht zB mit Entschädigungsansprüchen nach § 48 Abs. 3 VwVfG. NRW. (vgl. Kopp/Ramsauer VwVfG § 48 Rn. 140), mit der Halterhaftung nach § 7 StVG (zB beim Führen von Dienstwagen; Bsp. s. BGHZ 105, 65 ff.) oder mit der Tierhalterhaftung nach § 833 BGB (zB beim Halten von Diensthunden). Eine Konkurrenz mit Ansprüchen nach dem StrEG ist demgegenüber ausgeschlossen, weil dieses Gesetz nicht für präventives staatliches Handeln gilt (vgl. LG Köln NJW 1987, 1836). Ausgeschlossen ist eine Anspruchskonkurrenz auch mit Entschädigungsansprüchen nach dem OEG, weil Handlungen staatlicher Organe nicht von seinem Anwendungsbereich erfasst werden (vgl. Lisken/Denninger PolR-HdB/Buchberger/Rachor M Rn. 129, 133).

3. Anspruchskonkurrenz mit Ersatzansprüchen nach allgemeinem Staatshaftungsrecht

Entschädigungsansprüche nach Abs. 1 verdrängen als sondergesetzliche Ausprägungen des **37** Aufopferungsanspruchs in ihrem jeweiligen Anwendungsbereich den allgemeinen Aufopferungsanspruch und den enteignungsgleichen Eingriff (vgl. zB BGHZ 72, 273 (276); WHM NRWPolR Rn. 590 iVm Rn. 632; Kingreen/Poscher POR § 26 Rn. 35). Anspruchskonkurrenz kommt zwischen dem Entschädigungsanspruch nach Abs. 1 lit. b und dem Folgenbeseitigungsanspruch in Betracht (vgl. Gusy PolR Rn. 467; Thiel PolR § 20 Rn. 10; zur Anspruchskonkurrenz mit Amtshaftungsansprüchen → Rn. 38).

4. Anspruchskonkurrenz mit Amtshaftungsansprüchen

38   Wie schon § 40 Abs. 5 (→ § 40 Rn. 30) verdeutlicht, kann eine Anspruchskonkurrenz auch mit dem Amtshaftungsanspruch gem. § 839 BGB iVm Art. 34 GG bestehen (vgl. grdl. zur Anspruchskonkurrenz von Entschädigungs- und Amtshaftungsansprüchen BGHZ 13, 88 (93); 45, 58 (76)). Ein Entschädigungsanspruch nach Abs. 1 ist keine anderweitige Ersatzmöglichkeit iSd § 839 Abs. 1 S. 2 BGB (vgl. BGHZ 13, 88 (93); Palandt/Sprau, Bürgerliches Gesetzbuch, 78. Aufl. 2019, BGB § 839 Rn. 55). Die geschädigte Person kann daher Entschädigungs- und Amtshaftungsansprüche **nebeneinander** geltend machen. Sie muss sich aber ggf. das jeweils tatsächlich Erlangte anrechnen lassen (vgl. Abs. 2 lit. a; → Rn. 40).

38.1   In der Praxis wird die geschädigte Person daher sorgfältig die jeweiligen Vor- und Nachteile der einschlägigen Anspruchsgrundlagen zu prüfen und gegeneinander abzuwägen haben. Prinzipiell lässt sich sagen, dass die Realisierung eines Amtshaftungsanspruchs schwieriger sein dürfte als die eines Entschädigungsanspruchs. Ein Amtshaftungsanspruch hat höhere tatbestandliche Voraussetzungen als ein Entschädigungsanspruch. So setzt er zB den Nachweis der Verletzung einer drittschützenden Amtspflicht und den Nachweis eines Verschuldens auf Seiten des ersatzpflichtigen Hoheitsträgers voraus. Bei fahrlässigem Handeln des Amtsträgers gilt der Amtshaftungsanspruch zudem nur subsidiär. In diesem Fall kann der Amtsträger also nur in Anspruch genommen werden, wenn und soweit die geschädigte Peron nicht auf andere Weise Ersatz erlangen kann (vgl. § 839 Abs. 1 S. 2 BGB). Beim Amtshaftungsanspruch kann außerdem die Regelung des § 839 Abs. 3 BGB zu einem Ausschluss des Anspruchs führen. Auf der Rechtsfolgenseite geht der Amtshaftungsanspruch als Schadenersatzanspruch dagegen naturgemäß über eine Entschädigungsleistung hinaus. So ist ein mittelbarer Schaden – anders als im Falle einer Entschädigungsleistung – selbst dann zu ersetzen, wenn dies nicht zur Abwehr einer unbilligen Härte iSd § 40 Abs. 1 S. 2 (→ § 40 Rn. 10) geboten ist.

C. (Negative) Anspruchsvoraussetzungen für einen Entschädigungsanspruch (Abs. 2)

39   Gemäß Abs. 2 ist ein Entschädigungsanspruch nach Abs. 1 unter zwei – alternativen (vgl. Wortlaut „oder") – Voraussetzungen ausgeschlossen, nämlich entweder „soweit die geschädigte Person auf andere Weise Ersatz erlangt hat" (Abs. 2 lit. a; → Rn. 40) oder „wenn durch die Maßnahme die Person oder das Vermögen der geschädigten Personen geschützt worden ist" (Abs. 2 lit. b; → Rn. 41). Beiden Voraussetzungen ist gemeinsam, dass der geschädigten Person ein **realer Vorteil angerechnet** wird: Der Vorteil besteht bei lit. a in einem konkreten Vermögenserwerb, den die geschädigte Person auf andere Weise als Ausgleich ihres Schadens erhalten hat, und bei Abs. 2 lit. b in einer Substanzerhaltung, die die eigene Person oder das Vermögen der geschädigten Person betrifft (vgl. bezüglich § 41 aF Rietdorf/Heise/Bockenförde/Strehlau/Rietdorf, Ordnungs- und Polizeirecht in Nordrhein-Westfalen, 2. Aufl. 1972, § 41 Rn. 23). Der Sache nach enthält Abs. 2 damit **zwei Fälle der Vorteilsanrechnung**, die selbständig neben der Vorteilsanrechnung in § 40 Abs. 3 (→ § 40 Rn. 21 ff.) stehen. Hinter der Vorteilsanrechnung steht der Gedanke, dass die geschädigte Person durch eine Entschädigung einen Ausgleich für den erlittenen Schaden erhalten, hierdurch aber nicht besser als ohne das Schadensereignis gestellt werden soll (vgl. Möller/Warg PolR Rn. 486; bezüglich § 41 aF schon Rietdorf/Heise/Bockenförde/Strehlau/Rietdorf, Ordnungs- und Polizeirecht in Nordrhein-Westfalen, 2. Aufl. 1972, § 41 Rn. 25).

39.1   Der BGH wendet die im Bereich des Schadensersatzrechts entwickelten Grundsätze der Vorteilsanrechnung auch im Entschädigungsrecht an (s. BGH NJW 1989, 2117 (2117)): „Die im Bereich des Schadensersatzrechts entwickelten Grundsätze der Vorteilsausgleichung beruhen auf dem Gedanken, daß der Geschädigte sich – jedenfalls in gewissem Umfang – diejenigen Vorteile anrechnen lassen muß, die mit dem Schadensereignis ‚korrespondieren', dh die ihm im Zusammenhang mit diesem Ereignis in einer Weise zugeflossen sind, daß ihre Anrechnung nach dem Sinn des Schadensersatzrechts mit dem Zweck des Ersatzanspruchs übereinstimmt; die Anrechnung muß dem Geschädigten unter Berücksichtigung der gesamten Interessenlage nach Treu und Glauben zumutbar sein und darf den Schädiger nicht unangemessen entlasten (vgl. BGHZ 91, 206, 209 f.; 91, 357, 363 f.). Maßgeblich ist eine wertende Betrachtung, nicht eine rein kausale Sicht (BGH NJW 1987, 2741 – BGHR BGB § 249 Vorteilsausgleich 1). Vor- und Nachteile müssen gleichsam zu einer Rechnungseinheit verbunden sein (BGHZ 77, 151 (154); BGH Urteile v. 19.12.1978 – VI ZR 218/76 – VersR 1979, 323 (324) – und v. 15.4.1983 – V ZR 152/82 – NJW 1983, 2137 (2138)). Diese Grundsätze sind auch im Entschädigungsrecht anzuwenden. Dabei setzt die Vorteilsausgleichung nicht voraus, daß der Eingriff unmittelbar und gleichzeitig auch den Vorteil hat entstehen lassen; es genügt, daß der Eingriff allgemein geeignet war, derartige Vorteile mit sich zu bringen, und daß der Zusammenhang der Ereignisse nicht so lose ist, daß er nach vernünftiger Lebensauffassung keine Berücksichtigung mehr verdient. Hierbei kommt es letztlich auf Sinn und Zweck der Entschädigung an, dem Betroffenen einen Ausgleich für das zugunsten der Allgemeinheit erbrachte Opfer zu gewähren (Krohn/Löwisch, Eigentumsgarantie Enteignung Entschädigung, 3. Aufl. 1984, Rn. 354; Nüßgens/Boujong, Eigentum, Sozialbindung, Enteignung, 1987, Rn. 395; Aust/Jacobs, Die Enteignungsentschädigung, 2. Aufl. 1983, 265 f.; Kreft in BGB-RGRK 12. Aufl. Vor § 839 Rn. 120 ff.).'"

I. Soweit die geschädigte Person auf andere Weise Ersatz erlangt hat (Abs. 2 lit. a)

Ein Entschädigungsanspruch ist gem. Abs. 2 lit. a ausgeschlossen, soweit die geschädigte **40** Person auf andere Weise Ersatz erlangt hat. Diese Ausschlussregelung ähnelt im Ansatz § 839 Abs. 1 S. 2 BGB. Dennoch bestehen zwischen den beiden Regelungen deutliche Unterschiede. So geht Abs. 2 lit. a einerseits über § 839 Abs. 1 S. 2 BGB hinaus, indem der Haftungsausschluss des § 39 Abs. 2 lit. a auch dann greift, soweit die handelnden Beamten mehr als nur fahrlässig handeln. Andererseits bleibt § 39 Abs. 2 lit. a hinter § 839 Abs. 1 S. 2 BGB zurück, indem der Haftungsausschluss des § 39 Abs. 2 lit. a nicht bereits dann greift, soweit die geschädigte Person auf andere Weise Ersatz zu erlangen vermag, sondern vielmehr erst dann greift, soweit die geschädigte Person auf andere Weise Ersatz erlangt hat (vgl. zum Ganzen Dietlein/Hellermann NRWÖffR/Dietlein § 3 Rn. 279; sa BGHZ 99, 249 (256); OLG Köln NJW-RR 1996, 860 (861); OLG Düsseldorf NZV 1989, 236 (237); LG Aachen BeckRS 2013, 03465; Schönenbroicher/Heusch/Heusch Rn. 33; Rhein OBG Rn. 12). Die bloße Möglichkeit, anderweitig Ersatz zu erlangen, reicht nach lit. a also ausdrücklich nicht aus. Erforderlich ist vielmehr die **Realisierung** anderweitigen Ersatzes, denn nur dann liegt kein Schaden mehr vor (vgl. Gusy PolR Rn. 471; Kingreen/Poscher POR § 26 Rn. 31). Anderweitiger Ersatz in diesem Sinne kann auf der Grundlage eines Vertrages oder eines Gesetzes erlangt werden (vgl. WHM NRWPolR Rn. 579; Rhein OBG Rn. 14).

II. Wenn durch die Maßnahme die Person oder das Vermögen der geschädigten Personen geschützt worden ist (Abs. 2 lit. b)

Ein Entschädigungsanspruch ist gem. Abs. 2 lit. b auch dann ausgeschlossen, wenn durch **41** die Maßnahme die Person oder das Vermögen der geschädigten Personen geschützt worden ist. Ähnlich wie bei Abs. 2 lit. a (→ Rn. 40) genügt die bloße Absicht, durch die gefahrenwehrrechtliche Maßnahme die Person oder das Vermögen der geschädigten Person zu schützen, ausdrücklich nicht. Erforderlich ist vielmehr, dass die Person oder das Vermögen der geschädigten Person durch die gefahrenwehrrechtliche Maßnahme **tatsächlich** geschützt, dh der Schutzerfolg objektiv erzielt wurde (vgl. OLG Köln NJW-RR 1996, 860 (861); LG Aachen BeckRS 2013, 03465; WHM NRWPolR Rn. 582; Thiel PolR § 20 Rn. 9; wohl auch Schönenbroicher/Heusch/Heusch Rn. 34; aA Kingreen/Poscher POR § 26 Rn. 29; Lisken/Denninger PolR-HdB/Buchberger/Rachor M Rn. 114). Bleibt dieser Schutzerfolg aus, löst die schädigende Maßnahme der Ordnungsbehörden beim Vorliegen der Anspruchsvoraussetzungen eine Entschädigungspflicht aus.

Dient eine Maßnahme in erster Linie dem Schutz der Person oder des Vermögens eines Dritten, **41.1** greift Abs. 2 lit. b jedenfalls insoweit nicht ein (vgl. OLG Stuttgart NJW 1992, 1396; LG Aachen BeckRS 2013, 03465; Lisken/Denninger PolR-HdB/Buchberger/Rachor M Rn. 115). Abs. 2 lit. b ist dagegen nicht anwendbar in Standardfällen zur Obdachloseneinweisung (s. grdl. BGHZ 130, 332 ff.).

D. Sondergesetzliche Entschädigungspflichten bei rechtmäßigen Maßnahmen (Abs. 3)

42　Gemäß Abs. 3 sind sondergesetzliche landesrechtliche Entschädigungspflichten (zB nach § 45 Abs. 1 BHKG) wegen rechtmäßiger Maßnahmen der Ordnungsbehörden vorrangig vor Abs. 1 anwendbar (vgl. Rhein OBG Rn. 18 ff.). Solche sondergesetzlichen Entschädigungspflichten können auch einem Verantwortlichen einen Entschädigungsanspruch zubilligen.

§ 40 Art, Inhalt und Umfang der Entschädigungsleistung

(1) ¹Die Entschädigung nach § 39 Abs. 1 wird nur für Vermögensschäden gewährt. ²Für entgangenen Gewinn, der über den Ausfall des gewöhnlichen Verdienstes oder Nutzungsentgelts hinausgeht, und für Vermögensnachteile, die nicht in unmittelbarem Zusammenhang mit der zu entschädigenden Maßnahme stehen, ist jedoch eine Entschädigung nur zu leisten, wenn und soweit dies zur Abwendung unbilliger Härten geboten erscheint.

(2) ¹Die Entschädigung ist in Geld zu gewähren. ²Hat die zur Entschädigung verpflichtende Maßnahme der Ordnungsbehörde die Aufhebung oder Verminderung der Erwerbsfähigkeit oder eine Vermehrung der Bedürfnisse oder den Verlust oder die Verminderung eines Rechts auf Unterhalt zur Folge, so ist die Entschädigung durch Entrichtung einer Geldrente zu gewähren. ³Statt der Rente kann eine Abfindung in Kapital verlangt werden, wenn ein wichtiger Grund vorliegt.

(3) Die Entschädigung ist nur gegen Abtretung der Ansprüche zu gewähren, die der entschädigungsberechtigten Person aufgrund der Maßnahme, auf der die Entschädigungsverpflichtung beruht, gegen Dritte zustehen.

(4) Hat bei der Entstehung des Schadens ein Verschulden der von der Maßnahme der Ordnungsbehörde betroffenen Person mitgewirkt, so ist das Mitverschulden bei der Bemessung der Entschädigung zu berücksichtigen.

(5) Soweit die zur Entschädigung verpflichtende Maßnahme eine Amtspflichtverletzung darstellt, bleiben die weitergehenden Ersatzansprüche unberührt.

Überblick

Die Vorschrift knüpft an § 39 an und regelt die Art, den Inhalt und den Umfang der nach § 39 begründeten Entschädigungsleistung (→ Rn. 1). Abs. 1 legt den Inhalt und den Umfang der Entschädigung fest. S. 1 normiert, dass eine Entschädigung nur für Vermögensschäden gewährt wird (→ Rn. 1a ff.). S. 2 regelt, unter welchen Voraussetzungen entgangener Gewinn und mittelbare Vermögensnachteile entschädigungspflichtig sind (→ Rn. 5 ff.). Abs. 2 legt die Art der Entschädigung fest. Gemäß Abs. 2 S. 1 ist die Entschädigung in Geld zu gewähren (→ Rn. 12 f.). Abs. 2 S. 2 sieht unter bestimmten Umständen die Entrichtung einer Geldrente vor (→ Rn. 14 ff.), an deren Stelle bei Vorliegen eines wichtigen Grundes eine Kapitalabfindung treten kann (Abs. 2 S. 3; → Rn. 19 f.). Abs. 3 enthält eine Regelung zur Vorteilsanrechnung bei Ersatzansprüchen der entschädigungsberechtigten Person gegen Dritte (→ Rn. 21 ff.). Abs. 4 sieht die Berücksichtigung etwaigen Mitverschuldens der geschädigten Person bei der Bemessung der Entschädigung vor (→ Rn. 24 ff.). Abs. 5 besagt, dass etwaige weitergehende Amtshaftungsansprüche von der Vorschrift unberührt bleiben (→ Rn. 30).

Übersicht

A. Gegenstand und Zweck der Vorschrift

Die Vorschrift knüpft an § 39 an und regelt die Art, den Inhalt und den Umfang der nach **1** § 39 begründeten Entschädigungsleistung. Während § 39 also das Entstehen („Ob") eines Entschädigungsanspruchs regelt, äußert sich § 40 zum **„Wie" der Entschädigungsleistung.** Mit der zu leistenden Entschädigung sollen die Nachteile, die durch entschädigungspflichtige Maßnahmen der Ordnungsbehörden nach § 39 entstanden sind, ausgeglichen werden. Durch die Gewährung einer Entschädigung wird ein **Wertausgleich** geleistet (vgl. Götz/Geis PolR § 15 Rn. 5). Eine Entschädigungsleistung bleibt daher naturgemäß hinter einem Schadenersatz zurück. Dieser wäre auf Naturalrestitution gerichtet, dh der erlittene Schaden wäre vollständig wirtschaftlich wiedergutzumachen und die geschädigte Person wäre so stellen, als wäre das schädigende Ereignis nicht eingetreten (vgl. Palandt/Grüneberg, Bürgerliches Gesetzbuch, 78. Aufl. 2019, BGB § 249 Rn. 2).

Zum Recht der anderen Bundesländer der Kommentarreihe vgl. Art. 87 Abs. 7 BayPAG, § 65 **1.1** HSOG, § 81 NPOG. In Baden-Württemberg gibt es mit § 55 Abs. 1 BWPolG nur eine punktuell vergleichbare Vorschrift.

B. Inhalt und Umfang der Entschädigung (Abs. 1)

I. Ausgleich von Vermögensschäden (Abs. 1 S. 1)

1. Vorliegen von Vermögensschäden

In Übereinstimmung mit den für Entschädigungsansprüche aus enteignendem Eingriff **1a** und aus Aufopferung allgemein geltenden Grundsätzen sieht Abs. 1 S. 1 vor, dass eine Entschädigung nach § 39 Abs. 1 „nur für Vermögensschäden" gewährt wird. Vermögensschäden sind sämtliche Beeinträchtigungen **materieller Rechtsgüter,** die in Geld oder Geldwert ausgedrückt werden können.

Beispiele aus der **Rechtsprechung** für das **Vorliegen bzw. Nichtvorliegen eines Vermögens- 1a.1 schadens:**
- BGHZ 130, 332 ff.: Entschädigung für die Räumungskosten, wenn die Räumung durch die Einweisung nur verzögert wurde;
- BGHZ 131, 163 ff.: Entschädigung für vom eingewiesenen Mieter verursachte Schäden;
- BGH NJW-RR 2006, 802 f.: keine Entschädigung für vom eingewiesenen Mieter verursachte Schäden;
- OLG Köln NJW-RR 1992, 526 f.: kein ersatzfähiger Vermögensschaden wegen Minderung des Verkehrswertes eines Grundstücks durch die vom unzulässigen Dachgeschoßaufbau des Nachbarhauses ausgehende Beeinträchtigung;
- OLG Köln NJW 1994, 1012 f.: Entschädigung für die Dauer der Beschlagnahme einer Wohnung und für die sich daran anschließende weitere Nutzung der beschlagnahmten Wohnung durch den zur Räumung verurteilten Mieter, wenn feststeht, dass es ohne die Einweisung des Mieters zur Räumung der Wohnung gekommen wäre; keine Entschädigung für die Räumungskosten, wenn die Räumung durch die Einweisung nur verzögert wurde;
- OLG Köln NJW 2000, 3076 f.: Entschädigung für vom eingewiesenen Mieter verursachte Schäden;

- OLG Hamm BeckRS 1994, 30994860: Entschädigung für die Miete für eine Gaststätte und die Wirtewohnung, wenn sie aufgrund eines einheitlichen Mietvertrages an den Gastwirt vermietet waren, und der Gastwirt in die Wirtewohnung eingewiesen wird;
- OLG Düsseldorf BeckRS 2016, 118331: Entschädigung für Vermögensdispositionen bis zum Baugenehmigungsverfahren, die im Vertrauen auf die Richtigkeit einer behördlichen Auskunft erfolgen, nicht für spätere Mehrkosten.

2   Nicht entschädigungspflichtig sind nach Abs. 1 S. 1 demgegenüber Schäden, die an immateriellen Rechtsgütern wie zB Leben, Körper, Gesundheit, Freiheit, Ehre usw entstehen können. Ihnen soll kein Geldwert gegenüber stehen; sie führen zu einem Nachteil für die körperliche oder seelische Verfassung der geschädigten Person. Praktisch relevant ist der Ausschluss von Nichtvermögensschäden aus den Entschädigungsansprüchen bisher namentlich im Hinblick auf die Geltendmachung von Schmerzensgeld. In seinem Urteil v. 7.9.2017 hat der 3. Zivilsenat des BGH allerdings – unter Aufgabe seiner bis dahin geltenden Rechtsprechung (vgl. grdl. BGHZ 20, 61 ff.) – entschieden, dass der Anspruch auf Entschädigung aus Aufopferung **auch einen Schmerzensgeldanspruch** umfasst (vgl. BGH BeckRS 2017, 125886). Nach Auffassung des BGH kann nicht mehr von einem Willen des Gesetzgebers, die Ersatzpflicht bei Eingriffen in immaterielle Rechtsgüter grundsätzlich auf daraus folgende Vermögensschäden zu beschränken, ausgegangen werden. Mit dem Zweiten Gesetz zur Änderung schadensersatzrechtlicher Vorschriften v. 19.7.2002 (BGBl. I 2674) und der hierdurch bewirkten Ausweitung des Schmerzensgeldanspruchs infolge der Änderung des § 253 BGB habe der Gesetzgeber den Grundsatz, auf den der BGH sein Urteil v. 13.2.1956 (BGHZ 20, 61 ff.) gestützt habe, verlassen. Dies ergebe sich auch aus der Änderung der Vorschriften über die Entschädigung für Strafverfolgungsmaßnahmen im Jahr 1971, nach denen für zu Unrecht erlittene Haft eine Entschädigung auch für Nichtvermögensschäden gewährt werde. Zudem habe mittlerweile eine Vielzahl von Bundesländern Bestimmungen eingeführt, nach denen Ersatz auch des immateriellen Schadens bei Verletzung des Körpers oder der Gesundheit präventiv-polizeilicher Maßnahmen geschuldet werde.

3   Soweit die Verletzung immaterieller Rechtsgüter zu einem Vermögensschaden führt (zB Behandlungskosten, Heilungskosten, Verdienstausfall), ist dieser als solcher entschädigungspflichtig.

2. Grundsatz der Unmittelbarkeit des Vermögensschadens

4   Wie sich aus einem Umkehrschluss zu Abs. 1 S. 2 (→ Rn. 10) ergibt, sind nach Abs. 1 S. 1 grundsätzlich nur solche Vermögensschäden zu entschädigen, die in einem unmittelbaren Zusammenhang mit der schädigenden ordnungsbehördlichen Maßnahme iSd § 39 Abs. 1 stehen (vgl. auch WHM NRWPolR Rn. 585). Nach der Rechtsprechung des BGH hat der Begriff der Unmittelbarkeit bei der Bemessung des Umfangs der geschuldeten Entschädigung eine ähnliche Abgrenzungsfunktion für die Zurechnung wie das Erfordernis der Unmittelbarkeit der behördlichen Einwirkungen auf eine Rechtsposition des Betroffenen, wenn es um die Haftung aus enteignendem oder aus enteignungsgleichem Eingriff oder wegen einer rechtswidrigen ordnungsbehördlichen Maßnahme nach § 39 Abs. 1 lit. b geht. In diesem Zusammenhang werde das Kriterium der Unmittelbarkeit nicht in einem formalen Sinne verstanden, sondern es betreffe die Zurechenbarkeit der hoheitlichen Maßnahme: Nötig sei ein innerer Zusammenhang mit dieser Maßnahme, dh es müsse sich eine besondere Gefahr verwirklichen, die bereits in der hoheitlichen Maßnahme selbst angelegt sei. In diesem Sinne sei das Tatbestandsmerkmal der Unmittelbarkeit ein Kriterium für die wertende Zurechnung der Schadensfolgen nach Verantwortlichkeiten und Risikosphären. Diese Grundsätze gelten auch, soweit in Frage stehe, ob einzelne Vermögensnachteile mit der an sich zu entschädigenden Maßnahme in unmittelbarem Zusammenhang stehen (vgl. zum Ganzen BGHZ 131, 163 (166 f.); sa BGH NVwZ 2006, 963 f.). Erforderlich ist damit ein **innerer Zusammenhang** zwischen der ordnungsbehördlichen Maßnahme und dem Schaden. Es muss sich also eine besondere Gefahr verwirklichen, die schon in der Maßnahme selbst angelegt ist (vgl. LG Aachen BeckRS 2013, 03465; Schenke PolR Rn. 689).

II. Entschädigung von entgangenem Gewinn und mittelbaren Vermögensschäden (Abs. 1 S. 2)

1. Entgangener Gewinn

Gemäß § 249 BGB iVm § 252 BGB umfasst ein Vermögensschaden auch den entgangenen **5** Gewinn, der vollständig zu ersetzen ist (vgl. Palandt/Grüneberg, Bürgerliches Gesetzbuch, 78. Aufl. 2019, BGB § 252 Rn. 1). Abs. 1 S. 2 geht insoweit indes einen restriktiveren Weg. Ihm liegt der für das Recht der öffentlichen Ersatzleistungen allgemein geltende Gedanke zugrunde, dass eine Entschädigung stets nur für schädigende Eingriffe in bereits bestehende Vermögenswerte geleistet wird, weil das Entschädigungsrecht **Bestandsschutz,** aber keinen Erwerbsschutz gewährleistet (vgl. bezüglich § 42 aF Rietdorf/Heise/Bockenförde/Strehlau/ Rietdorf, Ordnungs- und Polizeirecht in Nordrhein-Westfalen, 2. Aufl. 1972, § 42 Rn. 6). Dementsprechend schränkt S. 2 die Entschädigungspflicht für entgangenen Gewinn dahingehend ein, dass dieser regelmäßig nur bis zur Höhe des gewöhnlichen Verdienstausfalls oder Nutzungsentgelts zu entschädigen ist. Denn nur insoweit hat die geschädigte Person ein Sonderopfer für die Allgemeinheit erbracht, das ausgeglichen werden muss.

Nach Ansicht des OLG Köln sieht S. 2 – sei es auch mit Einschränkung – ausdrücklich vor, dass **5.1** eine Entschädigung für entgangenen Gewinn zu gewähren ist. Die in S. 2 normierte Einschränkung verdeutliche lediglich, dass der nordrhein-westfälische Gesetzgeber zwischen den beiden möglichen Varianten, nämlich einer Übernahme der Regelung des § 70 PrPVG und dem vollen Schadensersatz nach §§ 249 ff. BGB, einen Mittelweg gehen wollte. Grundsätzlich sollte, wie aus dem klaren Wortlaut des S. 2 folge, der entgangene Gewinn in die Entschädigung einbezogen werden. Dem entspreche auch die Auslegung der Vorschrift durch den BGH, der als Eigenart der Entschädigung nach §§ 39, 40 hervorgehoben habe, dass sie – im Gegensatz zur Enteignungsentschädigung – die Beeinträchtigung einer Rechtsposition des Betroffenen nicht voraussetze (vgl. zum Ganzen OLG Köln NVwZ 1996, 622 (623); abl. Rhein OBG Rn. 5 unter Berufung auf den „klaren Wortlaut", der allerdings zugunsten der Ansicht des OLG Köln spricht; Schumacher, Handbuch der Kommunalhaftung, 5. Aufl. 2015, Kap. 4 Rn. 56 unter Hinweis auf den Rechtscharakter der Vorschrift).
Beispiel aus der **Rechtsprechung** für **erstattungspflichtigen entgangenen Gewinn:** BGH NJW **5.2** 1986, 182 f.: entgangener Gewinn aus der rechtswidrigen Untersagung des Weiterbetriebes eines gepachteten Hotels.

Ob sich der entgangene Gewinn als mittelbarer oder unmittelbarer Schaden darstellt, ist **6** für die Ersatzpflicht unerheblich (vgl. BGH NJW 1986, 182 (182); OLG Köln NVwZ 1996, 622 (623)). Nach dem klaren Wortlaut des Abs. 1 S. 2 gelten für den entgangenen Gewinn und die sonstigen Vermögensnachteile unterschiedliche Voraussetzungen. Die Einschränkung der Ersatzpflicht für Schäden, die nicht in unmittelbarem Zusammenhang mit der zu entschädigenden Maßnahme stehen, gilt nur für die anderen Vermögensnachteile, die keinen entgangenen Gewinn darstellen (vgl. BGH NJW 1986, 182 ff.).
Mit der Formulierung „Ausfall des gewöhnlichen Verdienstes" wird an den Verdienstausfall **7** der geschädigten Person angeknüpft, der sich grundsätzlich nach dem **üblichen Bruttoverdienst** dieser Person berechnen dürfte (vgl. in diese Richtung bezüglich § 42 aF auch Rietdorf/Heise/Bockenförde/Strehlau/Rietdorf, Ordnungs- und Polizeirecht in Nordrhein-Westfalen, 2. Aufl. 1972, § 42 Rn. 10). Ersatzfähig sind etwa auch die Nachteile, die jemand dadurch erlitten hat, dass sein Spielbetrieb infolge der Nichtgenehmigung der Nutzungsänderung erst mit erheblicher Verzögerung aufgenommen werden konnte (vgl. OLG Köln NVwZ 1996, 622 (623)).
Mit der Formulierung „Ausfall des gewöhnlichen Nutzungsentgelts" spricht Abs. 1 S. 2 **8** den Ausfall, den die geschädigte Person durch die **Nichtnutzung von Sachwerten** erleidet, an (vgl. in diese Richtung bezüglich § 42 aF auch Rietdorf/Heise/Bockenförde/Strehlau/ Rietdorf, Ordnungs- und Polizeirecht in Nordrhein-Westfalen, 2. Aufl. 1972, § 42 Rn. 6, 11). Hierzu gehört insbesondere ein Entgelt als Gegenleistung für die Überlassung einer Sache durch Vermietung oder Verpachtung.
Der Begriff „gewöhnlich" iSd S. 2 kann – in Anlehnung an den in § 632 Abs. 2 BGB **9** verwendeten synonymen Begriff „üblich" – dahingehend verstanden werden, dass diejenige Vergütung bzw. dasjenige Nutzungsentgelt gewöhnlich ist, die bzw. das zur Zeit des Vertragsschlusses für nach Art, Güte und Umfang gleiche Leistungen bzw. Sachen nach allgemeiner

Auffassung der beteiligten Kreise am Ort der Leistung gewährt zu werden pflegt (vgl. Palandt/ Sprau, Bürgerliches Gesetzbuch, 78. Aufl. 2019, BGB § 632 Rn. 15; anderer Ansatz bei Rhein OBG Rn. 6 bezüglich des gewöhnlichen Verdienstes).

2. Mittelbare Vermögensschäden

10   Auch für mittelbare Vermögensschäden schränkt Abs. 1 S. 2 die Entschädigungspflicht ein. Mittelbare Vermögensschäden sind solche, die nicht in unmittelbarem Zusammenhang mit der zu entschädigenden Maßnahme stehen (zum Erfordernis des unmittelbaren Zusammenhangs iSd Abs. 1 S. 1 → Rn. 4).

3. Entschädigungspflicht, wenn und soweit zur Abwendung unbilliger Härten geboten

11   Entgangener Gewinn in Form außergewöhnlichen Verdienstausfalls oder Ausfalls außergewöhnlichen Nutzungsentgelts und mittelbare Vermögensschäden werden gem. Abs. 1 S. 2 nur entschädigt, wenn und soweit dies zur Abwendung unbilliger Härten geboten erscheint. Bei dem Begriff der „unbilligen Härte" handelt es sich um einen unbestimmten Rechtsbegriff, der gerichtlich voll nachprüfbar ist. Bei der Entscheidung über das Vorliegen einer abzuwendenden unbilligen Härte sind alle Umstände des **Einzelfalls** zu berücksichtigen und in einen **gerechten Ausgleich** zu bringen (vgl. Rhein OBG Rn. 6).

11.1   Nicht unter Abs. 1 S. 2 fallen zB verzögerungsbedingte Baumehrkosten (vgl. BGH BeckRS 1987, 31067802).

C. Art der Entschädigung (Abs. 2)

I. Geld (Abs. 2 S. 1)

12   Gemäß Abs. 2 S. 1 ist die Entschädigung in Geld zu gewähren. Diese Regelung steht in Einklang mit den allgemeinen Grundsätzen des staatlichen Entschädigungsrechts, nach denen eine Naturalrestitution iSd §§ 249 ff. BGB bei Entschädigungsansprüchen naturgemäß ausgeschlossen ist, selbst wenn und soweit eine solche möglich wäre (vgl. bezüglich § 42 aF Rietdorf/Heise/Bockenförde/Strehlau/Rietdorf, Ordnungs- und Polizeirecht in Nordrhein-Westfalen, 2. Aufl. 1972, § 42 Rn. 18). Der entstandene Schaden wird durch eine **einmalige Geldzahlung** ausgeglichen. Für die durch S. 1 begründete Geldschuld kann im Übrigen die Vorschrift des § 245 BGB herangezogen werden (vgl. hierzu näher Palandt/Grüneberg, Bürgerliches Gesetzbuch, 78. Aufl. 2019, BGB § 245 Rn. 12 ff.).

13   Bei der Entschädigung einer vernichteten oder beschädigten Sache ist eine Entschädigung auf der Grundlage des **Zeitwertes** dieser Sache üblich, der ggf. durch Sachverständigengutachten zu ermitteln ist (vgl. Frings/Spahlholz Gefahrenabwehr Rn. 525).

II. Geldrente (Abs. 2 S. 2)

14   Abs. 2 S. 2 sieht vor, dass die Entschädigung durch Entrichtung einer Geldrente zu gewähren ist, wenn die zur Entschädigung verpflichtende Maßnahme der Ordnungsbehörde die Aufhebung oder die Verminderung der Erwerbsfähigkeit oder eine Vermehrung der Bedürfnisse oder den Verlust oder die Verminderung eines Unterhaltsrechts zur Folge hat. Die Vorschrift lehnt sich ersichtlich an § 843 Abs. 1 BGB an (vgl. in diese Richtung auch bezüglich § 42 aF Rietdorf/Heise/Bockenförde/Strehlau/Rietdorf, Ordnungs- und Polizeirecht in Nordrhein-Westfalen, 2. Aufl. 1972, § 42 Rn. 18; Krämer/Müller OBG § 42 Rn. 5) und bezweckt – wie diese – einen Anspruch auf Geldrente bei Vorliegen **dauerhafter Belastungen** für die geschädigte Person (vgl. Palandt/Sprau, Bürgerliches Gesetzbuch, 78. Aufl. 2019, BGB § 843 Rn. 1), um die Existenzgrundlage des Geschädigten dauerhaft bzw. langfristig zu sichern (vgl. Schönenbroicher/Heusch/Heusch Rn. 4).

15   Liegt eine der in Abs. 2 S. 2 genannten dauerhaften Belastungen vor, **muss** die Entschädigung durch Entrichtung einer Geldrente gewährt werden (vgl. Wortlaut: „ist").

16   Zu den tatbestandlich vorausgesetzten dauerhaften Belastungen gehört gem. Abs. 2 S. 2 zunächst die Aufhebung oder die Verminderung der Erwerbsfähigkeit. Die **Minderung der**

Erwerbsfähigkeit (MdE) richtet sich gem. § 56 Abs. 2 SGB VII nach dem Umfang der sich aus der Beeinträchtigung des körperlichen oder geistigen Leistungsvermögens ergebenden verminderten Arbeitsmöglichkeiten auf dem gesamten Gebiet des Erwerbslebens. Der in 5er- und 10er-Graden dargestellte Grad der MdE bestimmt sich nach den jeweils eingetretenen **Schädigungsfolgen.** Ab einer MdE von 100 ist die Erwerbsfähigkeit einer Person aufgehoben.

Zu den tatbestandlich vorausgesetzten dauerhaften Belastungen gehört nach Abs. 2 S. 2 **17** des Weiteren eine Vermehrung von Bedürfnissen, die durch die schädigende Maßnahme der Ordnungsbehörde dauerhaft entstanden sind. Hierunter fallen – jenseits der allgemeinen Lebenshaltungskosten – alle verletzungsbedingten dauernd und regelmäßig anfallenden vermögenswerten objektivierbaren **Mehraufwendungen,** die der geschädigten Person im Vergleich zu einem gesunden Menschen erwachsen (vgl. BGH NJW-RR 1992, 791 f.) und den Zweck haben, diejenigen Nachteile auszugleichen, die ihr infolge dauernder Beeinträchtigung ihres körperlichen Wohlbefindens entstehen (vgl. BGH NJW-RR 2004, 671 f.; zum Ganzen Palandt/Sprau, Bürgerliches Gesetzbuch, 78. Aufl. 2019, BGB § 843 Rn. 3).

Zu den tatbestandlich vorausgesetzten dauerhaften Belastungen gehört gem. Abs. 2 S. 2 **18** schließlich der Verlust oder die Verminderung eines Rechts auf Unterhalt. Diese Regelung ist § 844 Abs. 2 BGB nachgebildet und dient dem Schutz eines **mittelbar geschädigten Unterhaltsberechtigten,** der einen Anspruch auf Unterhalt gegen die geschädigte Person hat/hatte (vgl. Rhein OBG Rn. 7; bezüglich § 42 aF zB Rietdorf/Heise/Bockenförde/Strehlau/Rietdorf, Ordnungs- und Polizeirecht in Nordrhein-Westfalen, 2. Aufl. 1972, § 42 Rn. 15 iVm Rn. 16).

III. Kapitalabfindung (Abs. 2 S. 3)

Abs. 2 S. 3 knüpft an Abs. 2 S. 2 an und bestimmt, dass – anstelle der Rente iSd S. 2 **19** (→ Rn. 14 ff.) – eine Abfindung in Kapital verlangt werden kann, wenn ein wichtiger Grund vorliegt. Tatbestandlich setzt Abs. 2 S. 3 damit das Vorliegen eines **wichtigen Grundes** voraus. Ein wichtiger Grund kann vorliegen, wenn eine Kapitalabfindung die für die Entwicklung des Zustandes des Geschädigten günstigere Prognose bietet und deshalb die zum Ausgleich der durch die Verletzung entstandenen dauernden Beeinträchtigungen angemessenere Form darstellt (vgl. Palandt/Sprau, Bürgerliches Gesetzbuch, 78. Aufl. 2019, BGB § 843 Rn. 18), zB den Heilungsverlauf bei der geschädigten Person günstig beeinflusst oder die Möglichkeit eröffnet, dass die geschädigte Person mit der Kapitalabfindung eine neue Existenz aufbaut (vgl. Rhein OBG Rn. 7).

Wenn ein wichtiger Grund iSd Abs. 2 S. 3 vorliegt, **kann** die geschädigte Person eine **20** Kapitalabfindung verlangen, muss es aber nicht (vgl. Wortlaut „[…] kann […] verlangt werden, […]"). Die geschädigte Person kann daher auch weiterhin eine Geldrente nach Maßgabe des Abs. 2 S. 2 verlangen. Der Entschädigungspflichtige iSd § 42 Abs. 1 hat grundsätzlich keinen Anspruch darauf, bei Vorliegen eines wichtigen Grundes eine Kapitalabfindung zu leisten und die laufende Geldrente durch eine einmalige Ausgleichzahlung zu ersetzen (vgl. Palandt/Sprau, Bürgerliches Gesetzbuch, 78. Aufl. 2019, BGB § 843 Rn. 17).

D. Vorteilsanrechnung bei Ersatzansprüchen der entschädigungsberechtigten Person gegen Dritte (Abs. 3)

Wie § 39 Abs. 2 (→ § 39 Rn. 40) enthält § 40 Abs. 3 – in Anlehnung an § 255 BGB – **21** eine Vorteilsanrechnung für den Fall, dass die entschädigungsberechtigte Person aufgrund der Maßnahme, auf der die Entschädigungsverpflichtung beruht, Ansprüche gegen Dritte hat. In diesem Falle müssen diese gegen Dritte bestehenden Ansprüche an den Entschädigungspflichtigen iSd § 42 Abs. 1 abgetreten werden.

Von Abs. 3 erfasst werden insbesondere Ansprüche gegen dritte Schädiger, nicht jedoch **22** besondere vertragliche Ansprüche, die den Schadensgegenstand betreffen. Vor allem brauchen Ansprüche aus einem Versicherungsverhältnis nicht abgetreten zu werden, weil die Beitragszahlungen der geschädigten Person nicht dem Entschädigungspflichtigen zu Gute kommen sollen (vgl. zum Ganzen Möller/Warg PolR Rn. 486).

Sofern die geschädigte Person also sowohl einen Entschädigungsanspruch nach § 39 Abs. 1 **23** als auch einen entsprechenden Anspruch gegen Dritte hat, soll sie nicht mehrere Ansprüche nebeneinander realisieren können. Da sie hierdurch mehr als nur einen Ausgleich des durch das Sonderopfer erlittenen Schadens erhalten würde, wäre dieses Vorgehen mit dem Aufopferungsgedanken nicht vereinbar. Soweit sich die geschädigte Person daher entscheidet, Entschädigung nach § 39 Abs. 1 zu verlangen, muss sie im Gegenzug ihren insoweit bestehenden Anspruch gegen Dritte an den Entschädigungspflichtigen abtreten. Der Entschädigungspflichtige kann danach aus abgetretenem Recht selbst gegen den Dritten vorgehen und vom Dritten Ersatz verlangen. Hierdurch wird gewährleistet, dass letztlich der **Verantwortliche** und nicht der Staat für den Ausgleich der Vermögensschäden geradezustehen hat (vgl. Rhein OBG Rn. 8).

E. Mitverschulden der geschädigten Person (Abs. 4)

24   Gemäß Abs. 4 ist bei der Bemessung der Entschädigung – entsprechend dem **Rechtsgedanken des § 254 Abs. 1 BGB** – ein mitwirkendes Verschulden der geschädigten Person bei der Entstehung des durch die Maßnahme der Ordnungsbehörde entstandenen Schadens zu berücksichtigen. Das mitwirkende Verschulden der geschädigten Person kann – je nach dem Grad ihres Mitverschuldens – ihren Entschädigungsanspruch ganz oder teilweise entfallen lassen (vgl. zB BGH VersR 1989, 594; OLG Düsseldorf NJW-RR 1995, 13 f.; NVwZ-RR 1993, 452 (454); Schönenbroicher/Heusch/Heusch Rn. 3; Lisken/Denninger PolR-HdB/Buchberger/Rachor M Rn. 109 ff.; Rhein OBG Rn. 9; bezüglich § 42 aF auch Rietdorf/Heise/Bockenförde/Strehlau/Rietdorf, Ordnungs- und Polizeirecht in Nordrhein-Westfalen, 2. Aufl. 1972, § 42 Rn. 20).

25   Der Grad des Mitverschuldens kann mit der Art der Gefahrverursachung, dh mit der Antwort auf die Frage, ob jemand Verantwortlicher, Nichtverantwortlicher, unbeteiligter Dritter etc ist, deckungsgleich sein (vgl. Lisken/Denninger PolR-HdB/Buchberger/Rachor M Rn. 109; Kingreen/Poscher POR § 26 Rn. 28). Auch als Verantwortlicher, Anscheins- oder Verdachtsverantwortlicher wird jemand jedoch nicht schutzlos gestellt (vgl. LG Köln NJW 1998, 317 (318); Gusy PolR Rn. 479). Entscheidend ist vielmehr auch hier, ob bzw. inwieweit jemand durch **zurechenbares Verhalten** Anlass zu seiner Inanspruchnahme gegeben hat (vgl. LG Köln NJW 1998, 317 (318); Gusy PolR Rn. 479).

26   Mitwirkendes Verschulden der geschädigten Person meint nicht Verschulden im Sinne einer Vorwerfbarkeit, sondern hängt vielmehr davon ab, ob die geschädigte Person bei der Entstehung des Schadens durch eine **Verletzung eigener Obliegenheiten** mitgewirkt hat oder es unter Verletzung eigener Obliegenheiten nach der Entstehung des Schadens **unterlassen** hat, den eingetretenen Schaden zu **mindern** (vgl. OLG Köln NJW-RR 1996, 860 (861); Lisken/Denninger PolR-HdB/Buchberger/Rachor M Rn. 109; Rhein OBG Rn. 11; bezüglich § 42 aF auch Rietdorf/Heise/Bockenförde/Strehlau/Rietdorf, Ordnungs- und Polizeirecht in Nordrhein-Westfalen, 2. Aufl. 1972, § 42 Rn. 20). Hierzu gehört auch, wenn und soweit die geschädigte Person davon absieht, vorrangig Primärrechtsschutz in Anspruch zu nehmen (vgl. auch Schönenbroicher/Heusch/Heusch Rn. 3; s. aber LG Dortmund BeckRS 2008, 4749, das ein Mitverschulden bei Nichtdurchführung einstweiligen Rechtsschutzes im entschiedenen Fall verneint hat).

26.1   Ob der Rechtsgedanke des § 839 Abs. 3 BGB hier entsprechend anwendbar ist, ist umstritten: dafür zB OLG Düsseldorf NJW-RR 1995, 13 (14); Schönenbroicher/Heusch/Heusch Rn. 3; Gusy PolR Rn. 479; Lisken/Denninger PolR-HdB/Buchberger/Rachor M Rn. 113; Rhein OBG Rn. 11; aA aber im Ergebnis BGH NJW 1996, 3151 (3152); Möller/Warg PolR Rn. 490; bezüglich § 42 aF auch Rietdorf/Heise/Bockenförde/Strehlau/Rietdorf, Ordnungs- und Polizeirecht in Nordrhein-Westfalen, 2. Aufl. 1972, § 42 Rn. 20.

27   Auf den Entschädigungsanspruch entsprechend anwendbar ist nicht nur der **Rechtsgedanke** des § 254 Abs. 1 BGB (→ Rn. 24), sondern auch der **des § 254 Abs. 2 BGB,** auch wenn in Abs. 4 lediglich vorgesehen ist, dass bei der Bemessung der Entschädigung ein mitwirkendes Verschulden des Betroffenen bei der Entstehung des Schadens zu berücksichtigen ist (vgl. BGH NJW 1986, 182 (183) bezüglich § 39 Abs. 1 lit. b).

28   Rechtsprechung zum Thema Mitverschulden zB:
  • BGH VersR 1989, 594: Verstoß einer Baugenehmigung gegen geltendes Recht, was der Bauherr erkannt hat bzw. was sich ihm hätte aufdrängen müssen;

- OLG Frankfurt a. M. NVwZ-RR 2014, 142 (143): Selbstverursachung eines Polizeihundebisses unbeachtlich;
- BGHZ 125, 258 ff.: Haftung bei rechtswidriger Baugenehmigung, wenn der Bauherr wesentlich von der genehmigten Planung abweicht;
- OLG Hamm ZfB 2002, 216 ff.: bewusste Inkaufnahme des Risiko einer Gefahr bei Übernahme eines Geviertfeldes mit dem gefahrbegründenden Bergbauschacht;
- OLG Düsseldorf NVwZ-RR 1993, 452 (454): Berücksichtigung der weiteren Begleitumstände bis zur Erteilung einer Baugenehmigung, die ihren Ausdruck in Widerständen gegen das geplante Bauvorhaben durch Nachbarn gefunden haben;
- OLG Köln NJW-RR 1986, 860 (861 f.): Benutzung einer Zeitschaltuhr während Abwesenheit, ohne Nachbarn hierüber zu informieren;
- LG Dortmund BeckRS 2008, 04749: Versagung einer Bauvoranfrage;
- LG Bonn BeckRS 2015, 07177: die Funktionsweise eines automatischen Pollers missachtendes Fehlverhalten des Fahrers, im konkreten Fall verneint;
- LG Köln NJW 1998, 317 (318): gewaltsames Öffnen einer Wohnungstür wegen Suizidverdachts nach Nichtöffnen der Tür durch den Betroffenen;
- LG Essen BeckRS 1988, 31216621: jeweils Berücksichtigung der Betriebsgefahr eines Fahrzeugs gem. § 7 Abs. 1 StVG, § 40 Abs. 4 im Straßenverkehr.

Zum **Ausschluss** eines Entschädigungsanspruchs führt die Simulation einer Gefahr, die zu **29** Maßnahmen der Ordnungsbehörden führt (zB Hilferufe eines vermeintlich Ertrinkenden; vgl. Lisken/Denninger PolR-HdB/Buchberger/Rachor M Rn. 110).

F. Weitergehende Ersatzansprüche aufgrund Amtshaftung (Abs. 5)

Abs. 5 sieht vor, dass weitergehende Ersatzansprüche unberührt bleiben, soweit die zur **30** Entschädigung verpflichtende Maßnahme eine Amtspflichtverletzung darstellt. Der Vorschrift wird die Funktion eines „Merkpostens" zugeschrieben (vgl. Rhein OBG Rn. 14; bezüglich § 42 aF Rietdorf/Heise/Bockenförde/Strehlau/Rietdorf, Ordnungs- und Polizeirecht in Nordrhein-Westfalen, 2. Aufl. 1972, § 42 Rn. 21; für eine nur deklaratorische Klarstellung auch Schönenbroicher/Heusch/Heusch Rn. 6). Hiernach stehen Ansprüche nach § 39 Abs. 1 auf Entschädigung und Amtshaftungsansprüche nach § 839 BGB iVm Art. 34 GG **selbstständig nebeneinander** (vgl. BGHZ 13, 88 (93); 45, 58 (76); OVG Bautzen SächsVBl. 2003, 173 (175); OLG Düsseldorf VersR 1994, 1065 f.; Rhein OBG Rn. 14; Dietlein/Hellermann NRWÖffR/Dietlein § 3 Rn. 266; näher → § 39 Rn. 38).

Der Wortlaut der Vorschrift ist insoweit missverständlich, als er dahin verstanden werden könnte, **30.1** dass nur die weitergehenden Ersatzansprüche, dh die über den Entschädigungsanspruch hinausgehenden Ansprüche unberührt bleiben. Richtigerweise will die Vorschrift aber zum Ausdruck bringen, dass Entschädigungs- und Amtshaftungsansprüche selbstständig nebeneinander stehen (vgl. hierzu bereits bezüglich § 42 aF Rietdorf/Heise/Bockenförde/Strehlau/Rietdorf, Ordnungs- und Polizeirecht in Nordrhein-Westfalen, 2. Aufl. 1972, § 42 Rn. 21).

§ 41 Verjährung des Entschädigungsanspruchs

Für die Verjährung des Entschädigungsanspruchs gelten die Bestimmungen des Bürgerlichen Gesetzbuchs über die Verjährung von Schadensersatzansprüchen entsprechend.

Die Vorschrift regelt die Verjährung des Entschädigungsanspruchs und enthält eine dyna- **1** mische Verweisung auf die entsprechend geltenden Bestimmungen des BGB über die Verjährung von Schadensersatzansprüchen (§§ 194 ff. BGB; vgl. auch Schönenbroicher/Heusch/Heusch Rn. 1). Hiernach gilt grundsätzlich eine Verjährungsfrist von **drei Jahren** (vgl. § 195 BGB). Diese Frist ist verfassungsrechtlich nicht zu beanstanden (vgl. BGHZ 45, 58 (75 f.); 72, 273 (276 f.); Lisken/Denninger PolR-HdB/Buchberger/Rachor M Rn. 125).

Zum Recht der anderen Bundesländer der Kommentarreihe vgl. § 67 HSOG, § 83 NPOG. In **1.1** Baden-Württemberg und Bayern gibt es keine vergleichbare Vorschrift. Hier ergibt sich die dreijährige Verjährungsfrist aus § 195 BGB.

2   Die regelmäßig dreijährige Verjährungsfrist beginnt mit dem Schluss des Jahres, in dem der Anspruch entstanden ist und der Gläubiger von den den Anspruch begründenden Umständen und der Person des Schuldners Kenntnis erlangt oder ohne grobe Fahrlässigkeit erlangen müsste (vgl. § 199 Abs. 1 BGB). Die erforderliche Kenntnis iSd § 199 Abs. 1 Nr. 2 BGB ist gegeben, wenn aufgrund der bekannten Tatsachen der Anspruch gegen eine bestimmte Person im Wege der Klage mit hinreichender Aussicht auf Erfolg geltend gemacht werden kann und dem Geschädigten die Erhebung der Klage somit zuzumuten ist (vgl. BGHZ 122, 317 (324 f.); OLG Schleswig NordÖR 2002, 31 (32) bezüglich § 852 Abs. 1 BGB aF; Lisken/Denninger PolR-HdB/Buchberger/Rachor M Rn. 125). Zu der für den Verjährungsbeginn erforderlichen Kenntnis gehört unter anderem auch das Wissen, dass die schädigende Maßnahme iSd § 39 Abs. 1 lit. b rechtswidrig war (vgl. Möller/Warg PolR Rn. 491). § 199 Abs. 2 und Abs. 3 BGB sehen bei fehlender Kenntnis oder nicht vorwerfbarer Unkenntnis absolute Höchstfristen vor (vgl. Lisken/Denninger PolR-HdB/Buchberger/Rachor M Rn. 125). Je nach betroffenem Schutzgut können allerdings von der Regelfrist des § 199 Abs. 1 BGB abweichende Verjährungsfristen gelten, die in § 199 Abs. 2–5 BGB geregelt sind.

3   § 51 enthält eine Übergangsregelung zu § 41, die durch das SchRModG (Gesetz zur Modernisierung des Schuldrechts v. 26.11.2001, BGBl. I 3138) bedingt ist (→ § 51 Rn. 1).

4   Widerspruch und verwaltungsgerichtliche Anfechtungs- oder Verpflichtungsklage hemmen die Verjährung von Entschädigungsansprüchen nach § 39 Abs. 1 (vgl. zum BGB aF OVG Münster NVwZ 1997, 598 ff.: Unterbrechung). Hemmende Wirkung soll auch ein auf Feststellung eines Anspruchs gerichteter Rechtsbehelf haben können (vgl. zum BGB aF BGH VersR 1982, 582: Unterbrechungswirkung). Maßgeblich ist letztlich, ob der in Rede stehende Anspruch rechtshängig geworden ist. Ob und in welchem Umfang eine Klage zu einer Hemmung der Verjährung eines Anspruchs führt, ist vom Streitgegenstand dieser Klage abhängig, weil jede andere Betrachtungsweise zu einer Beeinträchtigung der Rechtssicherheit und der Rechtsklarheit führen würde (vgl. zum BGB aF BGH VersR 1982, 582: Unterbrechung).

5   Sofern – abweichend von § 43 Abs. 1 (→ § 43 Rn. 1 ff.) – über Entschädigungsansprüche vor den Verwaltungsgerichten entschieden wird, ist umstritten, ob es im verwaltungsgerichtlichen Verfahren zur Disposition der Behörde steht, ob sie sich auf die Verjährung eines öffentlich-rechtlichen Anspruchs beruft oder nicht (dafür zB VG Düsseldorf NVwZ-RR 1999, 743 (745); Haenicke NVwZ 1995, 348 f.; aA VG Stuttgart NVwZ 1982, 578; krit. Haenicke NVwZ 1995, 348 (349)).

6   Nachdem seit der Reform zur Modernisierung des Schuldrechts die Verjährungsregeln für Entschädigungsansprüche nach § 39 Abs. 1 und solche aus allgemeinen enteignungsgleichen Eingriffen gleich sind, hat sich die Frage, ob die Verjährung eines Entschädigungsanspruchs nach § 39 Abs. 1 einen Anspruch aus allgemeinem enteignungsgleichen Eingriff sperrt (vgl. BGHZ 72, 273 ff.), erübrigt.

§ 42 Entschädigungspflichtiger

(1) [1]**Entschädigungspflichtig ist der Träger der ordnungsbehördlichen Kosten (§ 45).** [2]**Dies gilt auch dann, wenn die Maßnahme auf Ersuchen der Ordnungsbehörde von der Polizei durchgeführt worden ist.** [3]**Soweit eine Entschädigungspflicht lediglich durch die Art der Durchführung des Ersuchens entsteht, ist der Träger der Polizeikosten dem Träger der ordnungsbehördlichen Kosten erstattungspflichtig.**

(2) **Wer nach § 39 Abs. 1 Buchstabe a zum Ersatz verpflichtet ist, kann in entsprechender Anwendung der Vorschriften des Bürgerlichen Gesetzbuches über die Geschäftsführung ohne Auftrag den Ersatz seiner Aufwendungen von den nach §§ 17 und 18 ordnungspflichtigen Personen verlangen.**

Überblick

Die Vorschrift bestimmt in Abs. 1 S. 1 und S. 2, wer im Außenverhältnis, dh im Verhältnis zwischen dem Staat und der geschädigten Person, für die Ansprüche nach § 39 Abs. 1

entschädigungspflichtig ist. Abs. 1 S. 1 knüpft dabei an die Regelung in § 45 (→ § 45 Rn. 1 ff.) an (→ Rn. 1 f.). An dieser Regelung ändert sich gem. Abs. 1 S. 2 nichts, wenn die Maßnahme im Wege der Vollzugshilfe durch die Polizei durchgeführt wurde (→ Rn. 3). Abs. 1 S. 3 enthält eine von Abs. 1 S. 2 abweichende Regelung für das Innenverhältnis, dh im Verhältnis zwischen den Ordnungsbehörden und der Polizei, für den Fall, dass die Entschädigungspflicht durch die Art der Durchführung der Vollzugshilfe ausgelöst wird (→ Rn. 4). Abs. 2 normiert für den Fall einer Entschädigungspflicht nach § 39 Abs. 1 lit. a einen Rückgriffsanspruch des Entschädigungspflichtigen gegen den Verantwortlichen (→ Rn. 5 ff.).

A. Entschädigungspflichtiger im Außenverhältnis (Abs. 1 S. 1 und S. 2)

I. Entschädigungspflichtiger im Außenverhältnis (Abs. 1 S. 1)

Abs. 1 S. 1 regelt, wer gegenüber einer geschädigten Person entschädigungspflichtig ist. **1** Dabei knüpft § 42 Abs. 1 S. 1 an § 45 an und bestätigt das dort normierte **Entstehungsprinzip,** nach dem diejenige Körperschaft entstehende Kosten zu tragen hat, deren Ordnungsbehörde im Einzelfall gehandelt hat (→ § 45 Rn. 1; vgl. Schönenbroicher/Heusch/Heusch Rn. 1; bezüglich § 45 aF zB Rietdorf/Heise/Bockenförde/Strehlau/Rietdorf, Ordnungs- und Polizeirecht in Nordrhein-Westfalen, 2. Aufl. 1972, § 45 Rn. 1). Zur Leistung der Entschädigung verpflichtet ist daher der jeweilige Rechtsträger der Ordnungsbehörde, dh die jeweilige kommunale Gebietskörperschaft (Gemeinde, Kreis, kreisfreie Stadt) oder das Land Nordrhein-Westfalen. Bei schädigenden Maßnahmen der Polizei, die diese in eigener Zuständigkeit durchführt, ist – wie sich aus § 1 POG NRW ergibt – das Land Nordrhein-Westfalen Kostenträger (zur abweichenden Regelung bei Vollzugshilfe gem. Abs. 1 S. 2 → Rn. 3). Sofern die Polizei bei einem Einsatz länderübergreifend tätig wird (zB bei einer Großdemonstration), ist das Land ersatzpflichtig, für deren zuständige Polizeibehörde die Polizeibeamten aus anderen Ländern zur Unterstützung eingesetzt wurden (vgl. Kingreen/Poscher POR § 26 Rn. 36).

Zum Recht der anderen Bundesländer der Kommentarreihe vgl. §§ 56, 57 BWPolG, Art. 87 Abs. 6 **1.1** BayPAG, Art. 71, 72 BayPAG, §§ 64, 69 HSOG, §§ 80, 85 NPOG.

Durch die Regelung in S. 1 wird klargestellt, dass es sich bei den Entschädigungskosten **2** um sog. **mittelbare Kosten** der Tätigkeit der Ordnungsbehörden handelt, also um Kosten, die infolge der Tätigkeit der Ordnungsbehörden zur Herstellung ordnungsgemäßer Zustände in der Außenwelt entstehen (vgl. Rhein OBG Rn. 1; bezüglich § 45 aF auch Rietdorf/Heise/Bockenförde/Strehlau/Rietdorf, Ordnungs- und Polizeirecht in Nordrhein-Westfalen, 2. Aufl. 1972, § 45 Rn. 1). Da die Gefahrenabwehr von den Ordnungsbehörden als Pflichtaufgabe zur Erfüllung nach Weisung wahrgenommen wird (vgl. § 3 Abs. 1), haben diese mittelbaren Kosten Rückwirkungen auf die kommunale Haushaltsplanung, weil die geschätzten Kosten zwingend in den Haushalt aufzunehmen sind (vgl. Rhein OBG Rn. 1).

II. Entschädigungspflichtiger im Außenverhältnis bei Vollzugshilfe durch die Polizei (Abs. 1 S. 2)

Abs. 1 S. 2 legt fest, dass es bei der Regelung des Abs. 1 S. 1 (→ Rn. 1 f.) bleibt, wenn **3** die schädigende Maßnahme auf Ersuchen der Ordnungsbehörde von der Polizei durchgeführt worden ist. Die Polizei leistet den Ordnungsbehörden Vollzugshilfe nach Maßgabe der §§ 47 ff. PolG NRW (vgl. § 2). Bei der Vollzugshilfe nimmt die Polizei eigene Aufgaben wahr; sie ist hierbei aber (nur) für die Art und Weise der Durchführung ihrer Vollzugshilfe verantwortlich (vgl. § 47 Abs. 2 S. 1 PolG NRW; → PolG NRW § 47 Rn. 22 ff.). Dem trägt S. 2 Rechnung, indem die Kostenträgerschaft im Außenverhältnis auch im Falle einer Vollzugshilfe durch die Polizei beim Träger der ordnungsbehördlichen Kosten iSd § 45 verbleibt. Dies dürfte in der Tat sachgerecht sein, weil die Maßnahme letztlich eine solche der ersuchenden Ordnungsbehörde bleibt, auch wenn sich die Ordnungsbehörde für die Durchführung der Maßnahme der Vollzugshilfe der Polizei bedient (vgl. auch § 47 Abs. 2 S. 2 PolG NRW iVm § 7 Abs. 2 S. 1 VwVfG. NRW.; ebenso Rhein OBG Rn. 2).

B. Erstattungspflichtiger im Innenverhältnis bei Vollzugshilfe durch die Polizei (Abs. 1 S. 3)

4   Soweit eine Entschädigungspflicht lediglich durch die Art der Durchführung der Vollzugshilfe, also das „Wie" ihrer Durchführung verursacht wird, bestimmt Abs. 1 S. 3 – abweichend
von der das Außenverhältnis betreffenden Regelung in Abs. 1 S. 2 (→ Rn. 3) – für das
Innenverhältnis zwischen der Ordnungsbehörde und der Polizei, dass der Träger der Polizeikosten, dh das Land Nordrhein-Westfalen (vgl. § 1 POG NRW), dem Träger der ordnungsbehördlichen Kosten iSd S. 1 iVm § 45 erstattungspflichtig ist.

C. Ersatzanspruch des Erstattungspflichtigen gegen den Verantwortlichen bei einer Entschädigungspflicht nach § 39 Abs. 1 lit. a (Abs. 2)

5   In Anlehnung an § 70 Abs. 3 PrPVG sieht Abs. 2 im Falle einer Entschädigungspflicht
nach § 39 Abs. 1 lit. a einen öffentlich-rechtlichen Ersatzanspruch des entschädigungspflichtigen Trägers der ordnungsbehördlichen Kosten iSd Abs. 1 (→ Rn. 2) gegen einen Verantwortlichen, der eine Gefahr zurechenbar verursacht hat, vor. Mit diesem Ersatzanspruch
kann der Entschädigungspflichtige Rückgriff beim gefahrenabwehrrechtlich Verantwortlichen nehmen. Der Anspruch bildet eine ausdrücklich gesetzlich normierte Ausnahme von
dem ansonsten geltenden allgemeinen Grundsatz, dass der Staat seine Aufgaben im öffentlichen Interesse und nicht als Geschäftsführer einer Privatperson durchführt (vgl. bezüglich
§ 45 aF Rietdorf/Heise/Bockenförde/Strehlau/Rietdorf, Ordnungs- und Polizeirecht in
Nordrhein-Westfalen, 2. Aufl. 1972, § 45 Rn. 4) sowie die Kosten seiner Maßnahmen selbst
trägt und durch Steuern finanziert (vgl. Rhein OBG Rn. 4).

6   Dem in Abs. 2 normierten Rückgriffsanspruch liegt der Gedanke zugrunde, dass die
Ordnungsbehörde mit der rechtmäßigen Inanspruchnahme eines Nichtverantwortlichen iSd
§ 19 zur Gefahrenabwehr im Grunde ein „Geschäft geführt hat", das eigentlich dem Verantwortlichen, der die abzuwehrende Gefahr zurechenbar verursacht hat, oblag. Daher wird es
für gerechtfertigt erachtet, die Vorschriften des BGB über die Geschäftsführung ohne Auftrag
(§§ 677 ff. BGB) entsprechend anzuwenden (vgl. Schönenbroicher/Heusch/Heusch Rn. 2;
bezüglich § 45 aF ebenfalls Rietdorf/Heise/Bockenförde/Strehlau/Rietdorf, Ordnungs- und
Polizeirecht in Nordrhein-Westfalen, 2. Aufl. 1972, § 45 Rn. 4; krit. Gusy PolR Rn. 474
mit Fn. 23).

6.1   Ob Abs. 2 selbst eine Rechtsgrund- oder Rechtsfolgenverweisung darstellt, ist umstritten (für eine
Rechtsgrundverweisung zB LG Essen ZMR 1958, 105; bezüglich § 45 aF Rietdorf/Heise/Bocken-
förde/Strehlau/Rietdorf, Ordnungs- und Polizeirecht in Nordrhein-Westfalen, 2. Aufl. 1972, § 45
Rn. 4; für eine Rechtsfolgenverweisung zB Renèlt/Klowait NWVBl. 1992, 195 (196 f.); Maurer JuS
1970, 561 (563)).

7   Der Rückgriffsanspruch des aufgrund § 39 Abs. 1 lit. a entschädigungspflichten Trägers
der ordnungsbehördlichen Kosten richtet sich gegen den **Verhaltens- oder** den **Zustandsverantwortlichen** iSd §§ 17, 18. Für die Frage, wer Verhaltens- oder Zustandsverantwortlicher in diesem Sinne ist, ist der für die Eingriffsebene (Primärebene) geltende subjektive
Gefahrbegriff aus einer ex-ante-Perspektive maßgeblich (vgl. VG Berlin NJW 1991, 2854;
OLG Köln DÖV 1996, 86 ff.; im Ergebnis prinzipiell wohl ebenso, im erwähnten Fall
des VG Berlin die Eigenschaft der betroffenen Person als Anscheinsverantwortlicher aber
verneinend Dietlein/Hellermann NRWÖffR/Dietlein § 3 Rn. 293 f.). Relativiert wird diese
Annahme allerdings dadurch, dass Abs. 2 als Eingriffsnorm im Sinne des Vorbehalts des
Gesetzes weder analogiefähig noch einer Rechtsfortbildung zugänglich ist, sodass vor allem
die tatbestandliche Voraussetzung einer Entschädigungspflicht nach § 39 Abs. 1 lit. a nicht
durch eine Analogie oder durch eine Rechtsfortbildung praeter legem auf die – iRd § 39
Abs. 1 lit. a als vergleichbar anerkannten (→ § 39 Rn. 14, Rn. 18 ff.) – Fälle eines unbeteilig-
ten Dritten sowie eines nicht zurechenbar handelnden Anscheins- oder Verdachtsverant-
wortlichen erweitert werden kann (vgl. zu Recht Dietlein/Hellermann NRWÖffR/Dietlein § 3
Rn. 293, der zugleich hervorhebt, dass etwas, was im Rahmen der Anwendung des § 39
Abs. 1 zugunsten des Bürgers möglich ist, sich bei der Anwendung von Eingriffsnormen zu
Lasten des Bürgers verbietet; sa Schönenbroicher/Heusch/Heusch Rn. 4). **Kein Rück-**

griffsanspruch besteht daher in den Fällen, in denen iRd § 39 Abs. 1 lit. a – zum Zwecke eines gerechten Ausgleichs für ein erbrachtes Sonderopfer – eine entsprechende Anwendung des § 39 Abs. 1 lit. a auf vergleichbare Fallkonstellationen bejaht wird, weil § 39 Abs. 1 lit. a in diesen Fällen nur analog zur Anwendung kommt (vgl. Dietlein/Hellermann NRWÖffR/ Dietlein § 3 Rn. 293).

Gibt es mehrere Verhaltens- und/oder Zustandsverantwortliche, haften sie als **Gesamt-** 8 **schuldner** entsprechend § 421 BGB (vgl. Rhein OBG Rn. 4; Schönenbroicher/Heusch/ Heusch Rn. 3). Ein etwaiger **entgegenstehender Wille des Verantwortlichen,** dessen Geschäft die Ordnungsbehörde mit der Gefahrenabwehr vorgenommen hat, wird gem. § 679 BGB analog als **unbeachtlich** anzusehen sein, weil die Durchführung der gefahrenabwehrrechtlichen Maßnahme im öffentlichen Interesse lag (vgl. Rhein OBG Rn. 4).

Entsprechend § 670 BGB kann die Ordnungsbehörde den Ersatz ihrer Aufwendungen 9 vom Verantwortlichen verlangen. Hierzu gehören typischerweise die an den Nichtverantwortlichen zu leistende **Entschädigung** (vgl. Rhein OBG Rn. 4; bezüglich § 34 aF Rietdorf/Heise/Bockenförde/Strehlau/Rietdorf, Ordnungs- und Polizeirecht in Nordrhein-Westfalen, 2. Aufl. 1972, § 45 Rn. 4), nicht jedoch die Kosten für die Mitarbeiter der Ordnungsbehörde, die bei der Maßnahme zum Einsatz kamen (vgl. Rhein OBG Rn. 4).

§ 43 Rechtsweg für Entschädigungs-, Ersatz- und Erstattungsansprüche

(1) Über die Entschädigungsansprüche nach den §§ 39 bis 42 entscheiden im Streitfall die ordentlichen Gerichte.

(2) Über die Erstattungsansprüche nach § 42 Abs. 1 Satz 3 sowie über die Ersatzansprüche nach § 42 Abs. 2 entscheiden im Streitfall die Verwaltungsgerichte.

Überblick

Die Vorschrift äußert sich in Abs. 1 zum Rechtsweg für die Entschädigungsansprüche nach §§ 39 ff. (→ Rn. 1 ff.) und in Abs. 2 zum Rechtsweg für den Erstattungsanspruch nach § 42 Abs. 1 S. 3 und den Ersatzanspruch nach § 42 Abs. 2 (→ Rn. 8 ff.).

A. Rechtsweg für die Entschädigungsansprüche nach §§ 39 ff. (Abs. 1)

Gemäß § 40 Abs. 2 S. 1 Hs. 1 VwGO ist für vermögensrechtliche Ansprüche aus Aufopfe 1 rung der ordentliche Rechtsweg eröffnet. Wie die meisten anderen Länder hat auch NRW von der Ermächtigung des § 40 Abs. 1 S. 2 VwGO Gebrauch gemacht und für die Entschädigungsansprüche nach §§ 39 ff., die sondergesetzliche Ausformungen des Aufopferungsanspruchs darstellen (→ § 39 Rn. 1b), festgelegt, dass hierüber die **ordentlichen Gerichte** iSd §§ 12 f. GVG entscheiden (für eine nur deklaratorische Festlegung in Abs. 1 demgegenüber Kugelmann PolR Kap. 12 Rn. 10, 24).

Zum Recht der anderen Bundesländer der Kommentarreihe vgl. § 58 BWPolG, Art. 90 BayPAG, 1.1 § 70 HSOG, § 86 NPOG.

Innerhalb der ordentlichen Gerichtsbarkeit sind die **Zivilgerichte** für Entscheidungen 2 über Entschädigungsansprüche nach §§ 39 ff. zuständig.

Die **sachliche Zuständigkeit** der Zivilgerichte ist grundsätzlich **streitwertabhängig** 3 (vgl. §§ 2 ff. ZPO): Bei einem Streitwert bis 5.000 EUR sind die Amtsgerichte sachlich zuständig (vgl. § 1 ZPO iVm § 23 Nr. 1 GVG), bei einem höheren Streitwert dagegen die Landgerichte (vgl. § 1 ZPO iVm § 71 Abs. 1 GVG). Etwas anderes gilt dann, wenn die Entschädigungsansprüche nach §§ 39 ff. gleichzeitig mit Amtshaftungsansprüchen nach § 839 BGB iVm Art. 34 GG geltend gemacht werden. In diesem Fall sind – ohne Rücksicht auf die Höhe des Streitwertes – ausschließlich die Landgerichte zuständig (vgl. Art. 34 S. 3 GG; § 71 Abs. 2 Nr. 2 GVG).

Die **örtliche Zuständigkeit** der Zivilgerichte richtet sich nach §§ 17–19 ZPO und – 4 bei einer gleichzeitig geltend gemachten Amtspflichtverletzung – wahlweise (vgl. § 35 ZPO) nach § 32 ZPO.

5   Gemäß **§ 17 Abs. 2 S. 1 GVG** entscheiden die Zivilgerichte den Rechtsstreit grundsätzlich unter allen in Betracht kommenden rechtlichen Gesichtspunkten (Ausnahme: § 17 Abs. 2 S. 2 GVG). Die Zivilgerichte sind daher auch dann zu einer Entscheidung über eine Klage auf Zahlung einer Entschädigung nach § 39 Abs. 1 berufen, wenn die Gewährung einer Entschädigungsleistung auf einer mündlichen Zusage eines Beamten gegenüber einem Nichtverantwortlichen beruht, weil eine solche Zusage ihrem Wesen nach gegenüber einer gesetzlich ausdrücklich geregelten Entschädigungspflicht subsidiär ist und nicht über § 17 Abs. 2 GVG zur Eröffnung des Verwaltungsrechtsweges führt (vgl. LG Aachen BeckRS 2004, 26758).

6   Um der Kostenlast des § 93 ZPO zu entgehen, empfiehlt es sich, Entschädigungsansprüche zunächst außergerichtlich geltend zu machen. Eine verjährungshemmende Wirkung tritt bei diesem Vorgehen grundsätzlich allerdings nicht ein. Daher muss eine gerichtliche Geltendmachung rechtzeitig vor dem Eintritt der Verjährung erfolgen.

7   Für die gerichtliche Geltendmachung der Entschädigungsansprüche ist die **allgemeine Leistungsklage** statthaft. Die Inanspruchnahme **einstweiligen Rechtsschutzes** nach §§ 935 ff. ZPO kann ausnahmsweise in Betracht kommen.

B. Rechtsweg für den Erstattungsanspruch nach § 42 Abs. 1 S. 3 und den Ersatzanspruch nach § 42 Abs. 2 (Abs. 2)

8   Über den Erstattungsanspruch nach § 42 Abs. 1 S. 3 und den Ersatzanspruch nach § 42 Abs. 2 entscheiden gem. Abs. 2 im Streitfall die **Verwaltungsgerichte** (vgl. § 40 Abs. 1 S. 1 VwGO).

9   Innerhalb der Verwaltungsgerichtsbarkeit sind in erster Instanz die Verwaltungsgerichte (vgl. § 45 VwGO) sachlich zuständig. Ihre örtliche Zuständigkeit ergibt sich aus § 52 VwGO.

10   Der Erstattungs- und Ersatzanspruch werden im Wege der **allgemeinen Leistungsklage** geltend gemacht. Die Inanspruchnahme **einstweiligen Rechtsschutzes** nach § 123 VwGO kann in Ausnahmefällen in Betracht kommen. Um die Kostenlast nach § 156 VwGO zu vermeiden, ist eine zunächst außergerichtliche Geltendmachung der Ansprüche ratsam (im Übrigen → Rn. 6).

§ 44 Einschränkung von Grundrechten

> **Durch dieses Gesetz werden die Grundrechte auf**
> **körperliche Unversehrtheit**
> **(Artikel 2 Abs. 2 Satz 1 des Grundgesetzes)**
> **Freiheit der Person**
> **(Artikel 2 Abs. 2 Satz 2 des Grundgesetzes)**
> **und auf**
> **Unverletzlichkeit der Wohnung**
> **(Artikel 13 des Grundgesetzes)**
> **eingeschränkt.**

1   Die Vorschrift trägt dem verfassungsrechtlich geforderten Zitiergebot des Art. 19 Abs. 1 S. 2 GG (vgl. zB Sachs/Sachs GG Art. 19 Rn. 25 f.) Rechnung. Das Zitiergebot des Art. 19 Abs. 1 S. 2 GG gilt unmittelbar auch für Landesgesetze, soweit sie grundgesetzlich gewährleistete Grundrechte einschränken, und außerdem über Art. 4 NRW Verf, soweit landesverfassungsrechtlich gewährleistete Grundrechte durch ein Landesgesetz oder aufgrund eines Landesgesetzes eingeschränkt werden (vgl. Schönenbroicher/Heusch/Heusch Rn. 1).

1.1   Zum Recht der anderen Bundesländer der Kommentarreihe vgl. § 4 BWPolG, Art. 91 BayPAG, § 10 HSOG, § 10 NPOG.

2   § 44 benennt mit der **körperlichen Unversehrtheit** (Art. 2 Abs. 2 S. 1 GG), der **Freiheit der Person** (Art. 2 Abs. 2 S. 2 GG) und der **Unverletzlichkeit der Wohnung** (Art. 13 GG) drei Grundrechte, die durch das NRWOBG **eingeschränkt** werden. Die Ordnungsbehörden dürfen daher bei ihrer gefahrenabwehrrechtlichen Tätigkeit nach dem NRWOBG in diese drei genannten Grundrechte eingreifen. Praktisch relevant wird diese Befugnis zB für ihre Tätigkeit auf der Grundlage der Generalermächtigung (vgl. § 14 Abs. 1; → § 14 Rn. 1 ff.) und aufgrund der Standardermächtigungen (vgl. § 24 Abs. 1 in Verbindung mit den dort genannten Vorschriften des PolG NRW).

Die Einschränkung von in der Vorschrift nicht genannten Grundrechten ist dagegen **3 unzulässig.** Dabei ist natürlich der Anwendungsbereich des Zitiergebotes zu beachten. So braucht etwa Art. 2 Abs. 1 GG nicht genannt zu werden, weil das Zitiergebot für die allgemeine Handlungsfreiheit nicht gilt (vgl. zB BVerfGE 10, 89 (99); 28, 36 (46); 64, 72 (80); Sachs/Sachs GG Art. 19 Rn. 29; BeckOK GG/Enders GG Art. 19 Rn. 14).

Ob das Zitiergebot auch bei Einschränkungen des allgemeinen Persönlichkeitsrechts (Art. 2 Abs. 1 **3.1** GG iVm Art. 1 Abs. 1 GG) gilt, wurde vom BVerfG bislang offen gelassen (vgl. BVerfGE 120, 274 (340, 347)). Im Schrifttum wird für eine Anwendung des Art. 19 Abs. 1 S. 2 GG beim allgemeinen Persönlichkeitsrecht plädiert, weil es – im Gegensatz zur allgemeinen Handlungsfreiheit – einen umgrenzten Schutzbereich besitze, der nicht zwangsläufig von jedem Gesetz berührt werde (vgl. Merten/Papier Grundrechte-HdB/Axer § 67 Rn. 24; im Ergebnis ebenso Sachs/Sachs GG Art. 19 Rn. 29 ohne Begründung).

Praktische Relevanz hat die Frage der Geltung des Zitiergebotes bei Einschränkungen des allgemei- **3.2** nen Persönlichkeitsrechts im Hinblick auf Einschränkungen des Rechts auf informationelle Selbstbestimmung, das eine richterrechtliche Ausprägung des allgemeinen Persönlichkeitsrechts darstellt (vgl. grdl. BVerfGE 65, 1 (41 ff.); seither stRspr) und über § 24 Abs. 1 iVm § 22 PolG NRW Einschränkungen erfährt (→ PolG NRW § 22 Rn. 1). Im Gegensatz zu 7 PolG NRW wird das Recht auf informationelle Selbstbestimmung in § 44 nicht erwähnt. Im Schrifttum wird aber davon ausgegangen, dass dem Landesgesetzgeber die durch § 7 PolG NRW dokumentierte Grundrechtsrelevanz der Verweisung bewusst gewesen sei (vgl. Schönenbroicher/Heusch/Heusch Rn. 3).

§ 45 Kosten

(1) ¹**Die Kosten, die durch die Tätigkeit der Landesordnungsbehörden entstehen, trägt das Land.** ²**Die Kosten, die durch die Tätigkeit der Kreisordnungsbehörden und der örtlichen Ordnungsbehörden entstehen, tragen die Kreise, die kreisfreien Städte und die Gemeinden.**

(2) Die Kosten der Abschiebung und Zurückschiebung von Ausländern trägt auch in den Fällen des Absatzes 1 Satz 2 das Land.

Die Vorschrift regelt die Frage, wer landesrechtlich – im Verhältnis der dort genannten **1** Ordnungsbehörden untereinander (vgl. auch Schönenbroicher/Heusch/Heusch Rn. 2) – die Kosten der ordnungsbehördlichen Tätigkeit zu tragen hat (vgl. OVG Münster DVBl 2014, 49 (51); zur ergänzenden Anwendbarkeit dieser Vorschrift im Seuchenrecht OVG Münster BeckRS 2008, 30001). Sie sieht hierfür das **Entstehungsprinzip** vor, nach dem diejenige Körperschaft die Kosten für die Einleitung und die Durchführung einer Maßnahme zu tragen hat, deren Ordnungsbehörde im Einzelfall eingreifend gehandelt hat (vgl. OVG Münster BeckRS 2008, 30001; 1979, 01903; Urt. v. 17.2.1971 – III A 1400/68; VG Düsseldorf BeckRS 2015, 44535; 2012, 49129; Schönenbroicher/Heusch/Heusch Rn. 1; bezüglich § 48 aF Rietdorf/Heise/Bockenförde/Strehlau/Rietdorf, Ordnungs- und Polizeirecht in Nordrhein-Westfalen, 2. Aufl. 1972, § 48 Rn. 2 ff.). Der Sache nach knüpft die Vorschrift an § 3 an, aus dem sich ergibt, dass die Aufgaben der örtlichen Ordnungsbehörden und der Kreisordnungsbehörden von den Gemeinden bzw. den Kreisen und den kreisfreien Städten als Pflichtaufgaben zur Erfüllung nach Weisung (vgl. § 9) wahrgenommen werden (vgl. § 3 Abs. 1) und Landesordnungsbehörden die Bezirksregierungen sind (vgl. § 3 Abs. 2). Schon hieraus ergibt sich die grundsätzliche Verteilung entstehender Kosten (vgl. bezüglich § 48 aF Rietdorf/Heise/Bockenförde/Strehlau/Rietdorf, Ordnungs- und Polizeirecht in Nordrhein-Westfalen, 2. Aufl. 1972, § 48 Rn. 1). In Einklang mit § 3 sieht Abs. 1 S. 1 daher vor, dass das Land die Kosten trägt, die durch die Tätigkeit der Bezirksregierungen als Landesordnungsbehörden entstanden sind. Abs. 1 S. 2 sieht vor, dass die Kreise, die kreisfreien Städte und die Gemeinden die Kosten, die durch die Tätigkeit der Kreisordnungsbehörden und der örtlichen Ordnungsbehörden entstehen, tragen. Kosten iSd Abs. 1 meint die Personal-

und Sachausgaben sowie die Ausgaben, die durch die Tätigkeit der Ordnungsbehörden entstehen (vgl. Rhein OBG Rn. 1).

1.1   Zum Recht der anderen Bundesländer der Kommentarreihe vgl. § 82 BWPolG, Art. 93 BayPAG, §§ 104 ff. HSOG, § 105 NPOG.

2   Für die Kosten der Abschiebung und der Zurücksendung von Ausländern legt Abs. 2 fest, dass diese auch in den Fällen des Abs. 1 S. 2 vom Land zu tragen sind, und trifft damit eine von Abs. 1 S. 2 (→ Rn. 1) abweichende **Sonderregelung.**

3   Die in dieser Vorschrift geregelte Kostentragung ist **abschließend** und lässt keinen Rückgriff etwa auf Ansprüche aus öffentlich-rechtlicher Geschäftsführung ohne Auftrag zu.

4   Der Normhinweis Nr. 45.2 VV OBG auf das AuslG (Ausländergesetz v. 9.7.1990, BGBl. I 1354) ist überholt, nachdem das AuslG (Ausländergesetz v. 28.4.1965, BGBl. I 353) im Jahr 1990 durch eine Neufassung ersetzt und mit Ablauf des 31.12.2004 außer Kraft getreten ist (vgl. Art. 15 Abs. 3 Nr. 1 ZuwG – Gesetz zur Steuerung und Begrenzung der Zuwanderung und zur Regelung des Aufenthalts und der Integration von Unionsbürgern und Ausländern v. 30.7.2004, BGBl. I 1950, 2010). An dessen Stelle ist gem. Art. 1 ZuwG das AufenthG (Aufenthaltsgesetz, neugefasst durch Bekanntmachung v. 25.2.2008, BGBl. I 162) getreten.

§ 46 Gebühren

Die Erhebung von Gebühren für Amtshandlungen der Ordnungsbehörden richtet sich nach dem Gebührengesetz für das Land Nordrhein-Westfalen (GebG NW) in der jeweils gültigen Fassung und den hierzu erlassenen Gebührenordnungen.

1   Die Vorschrift regelt nach ihrem eindeutigen Wortlaut und ihrem Zweck ausschließlich die Gebührenerhebung für ordnungsbehördliche Angelegenheiten (vgl. OVG Münster DVBl 2014, 49 (51)) und enthält eine **dynamische Verweisung** auf das GebG NRW (Gebührengesetz für das Land Nordrhein-Westfalen) in der jeweils gültigen Fassung und die hierzu erlassenen Gebührenordnungen, die im Hinblick auf die Erhebung von Gebühren für Amtshandlungen der Ordnungsbehörden für anwendbar erklärt werden. Zurzeit maßgeblich ist das GebG NRW idF der Bekanntmachung v. 23.8.1999 (GV. NRW. 524) und die AVerwGebO NRW (Allgemeine Verwaltungsgebührenordnung v. 3.7.2001, GV. NRW. 262).

2   Durch die Vorschrift wird eine vom Grundsatz **abweichende Regelung** getroffen. Da die örtlichen Ordnungsbehörden iSd § 3 Abs. 1 ihre Aufgaben als Pflichtaufgaben zur Erfüllung nach Weisung wahrnehmen (vgl. § 3 Abs. 1 iVm § 9), wären die Gebühren an sich nach § 4 NRWKAG zu erheben (vgl. Rhein OBG Rn. 1).

3   Zum Recht der anderen Bundesländer der Kommentarreihe: § 82 BWPolG, Art. 93 BayPAG. In Hessen und Niedersachsen gibt es keine vergleichbare Vorschrift.

Teil IV. Übergangs- und Schlußbestimmungen

§ 47 Überleitung der Zuständigkeiten

[1]Werden in Gesetzen oder Verordnungen die Polizei oder die Polizeibehörden zur Durchführung von Aufgaben, die den Ordnungsbehörden obliegen, als zuständig bezeichnet, so nehmen die Ordnungsbehörden nach § 5 oder die Sonderordnungsbehörden im Rahmen ihres jeweiligen Aufgabenbereichs diese Aufgaben wahr. [2]Dies gilt auch für den Erlass von ordnungsbehördlichen Verordnungen im Rahmen des § 1 Abs. 3.

Die Vorschrift steht am Beginn von Teil IV „Übergangs- und Schlussbestimmungen" des **1** NRWOBG und regelt die Überleitung von Zuständigkeiten. Sofern in Gesetzen oder in Verordnungen die Polizei oder die Polizeibehörden zur Durchführung von den Ordnungsbehörden obliegenden Aufgaben als zuständig bezeichnet werden, sieht S. 1 vor, dass die **Ordnungsbehörden nach § 5** oder die **Sonderordnungsbehörden iSd § 12** im Rahmen ihres jeweiligen Aufgabenbereichs **diese Aufgaben wahrnehmen**. Gemäß S. 2 gilt dies auch für den Erlass ordnungsbehördlicher Verordnungen iRd § 1 Abs. 3, dh soweit die Ordnungsbehörden aufgrund Gesetzes oder Verordnung **andere Aufgaben als solche der Gefahrenabwehr** wahrnehmen.

Mit den in S. 1 genannten Gesetzen oder Verordnungen sind solche des **Bundes- und** **2** **des Landesrechts** gemeint (vgl. Schönenbroicher/Heusch/Heusch Rn. 1; Rhein OBG Rn. 1; enger bezüglich § 50 aF Rietdorf/Heise/Bockenförde/Strehlau/Bockenförde, Ordnungs- und Polizeirecht in Nordrhein-Westfalen, 2. Aufl. 1972, § 50 Rn. 2). S. 1 trägt der durch Landesrecht festgelegten Zuständigkeitsverteilung zwischen den Polizei- und Ordnungsbehörden Rechnung und erfüllt insoweit die Funktion eines „**Zuständigkeitstransformators**" (vgl. insoweit bezüglich § 50 aF Rietdorf/Heise/Bockenförde/Strehlau/Bockenförde, Ordnungs- und Polizeirecht in Nordrhein-Westfalen, 2. Aufl. 1972, § 50 Rn. 2), der die Zuständigkeiten zwischen den Polizei- und Ordnungsbehörden nach Maßgabe der landesrechtlichen Festlegungen verteilt, ohne dass es weiterer gesetzlicher Regelungen bedarf.

Zum Recht der anderen Bundesländer der Kommentarreihe: In Baden-Württemberg, **3** Bayern, Hessen und Niedersachsen gibt es keine vergleichbare Vorschrift.

§ 48 Besondere Regelungen über die Zuständigkeit

(1) **Personalausweis- und Passbehörden für Deutsche sind die örtlichen Ordnungsbehörden.**

(2) [1]**Die örtlichen Ordnungsbehörden sind unbeschadet der Zuständigkeit der Polizeibehörden zuständig für die Überwachung des ruhenden Straßenverkehrs.** [2]**Die Kreisordnungsbehörden und die Großen kreisangehörigen Städte im Sinne von § 4 der Gemeindeordnung für das Land Nordrhein-Westfalen sind unbeschadet der Zuständigkeit der Polizeibehörden zuständig für die Überwachung der Einhaltung zulässiger Höchstgeschwindigkeiten und der Befolgung von Lichtzeichenanlagen im Straßenverkehr an Gefahrenstellen.** [3]**Auf Bundesautobahnen und den vom Innenministerium nach § 12 des Polizeiorganisationsgesetzes bestimmten autobahnähnlichen Straßen erfolgt die Überwachung durch die Kreisordnungsbehörden nur mit in festinstallierten Anlagen eingesetztem technischen Gerät.** [4]**Die in Satz 2 genannten Behörden sind auf Antrag unbeschadet der Zuständigkeit der Polizeibehörden auch für die Überwachung der Einhaltung der durch Zeichen 251, 253, 261 und 270.1 der Anlage 2 zu § 41 Absatz 1 der Straßenverkehrs-Ordnung vom 6. März 2013 (BGBl. I S. 367), die zuletzt durch Artikel 2 der Verordnung vom 17. Juni 2016 (BGBl. I S. 1463) geändert worden ist, angeordneten Verbote sowie der im Zusammenhang mit diesen Verboten durch Zeichen 276 und 277 der Anlage 2 zu § 41 Absatz 1 der Straßenverkehrs-Ordnung angeordneten Verbote für**

bestimmte Streckenabschnitte zuständig. [5]Über Anträge nach Satz 4 entscheidet die zuständige Aufsichtsbehörde. [6]Satz 3 gilt auch für die Überwachung der in Satz 4 genannten Verbote. [7]Die Landesregierung berichtet dem Landtag bis zum 31. Dezember 2020 über die Erfahrungen mit den in den Sätzen 4 bis 6 genannten Regelungen.

(3) Die Bergbehörden sind zuständig für Maßnahmen zur Abwehr von Gefahren aus verlassenen Grubenbauen, die nicht mehr der Bergaufsicht unterliegen.

(4) [1]Das zuständige Ministerium kann im Einvernehmen mit dem Innenministerium in ordnungsbehördlichen Verordnungen abweichend von § 5
a) auf den Gebieten des Immissionsschutzes, der Anlagensicherheit nach dem Bundes-Immissionsschutzgesetz, der Gentechnik, der Wasser- und Abfallwirtschaft sowie der Altlastensanierung die obere oder die untere Umweltschutzbehörde,
b) auf dem Gebiet des Gesundheitsschutzes in der Arbeitswelt und des sonstigen technischen Gefahrenschutzes das die Bezirksregierung,
c) auf dem Gebiet des Sprengstoffwesens – unbeschadet einer nach Buchstaben a) und b) zulässigen Zuständigkeitsregelung – die Kreispolizeibehörde
für zuständig erklären. [2]In den Fällen des Satzes 1 Buchstaben a) und b) tritt im Bereich der Bergaufsicht die Bezirksregierung Arnsberg an die Stelle der dort genannten Behörden.

1   Die Vorschrift enthält besondere Regelungen über die Zuständigkeiten von Ordnungsbehörden, die von der allgemeinen Zuständigkeitsregelung in § 3 abweichen und in ihrem Anwendungsbereich dem § 3 vorgehen. Bezüglich Einzelheiten kann auf den Normtext und die dazu gehörige Verwaltungsvorschrift verwiesen werden.

1.1   Zum Recht der anderen Bundesländer der Kommentarreihe: In Baden-Württemberg, Bayern, Hessen und Niedersachsen gibt es keine vergleichbare Vorschrift.

2   Rechtsprechung zu **Abs. 1:** VG Arnsberg BeckRS 2015, 53154: Entziehung des Reisepasses und Einschränkung des Geltungsbereichs eines Personalausweises wegen des Verdachts der Beteiligung an einem bewaffneten Jihad.

3   Rechtsprechung zu **Abs. 2 S. 2:** OVG Münster ZUR 2003, 368 ff.: Anordnung einer Geschwindigkeitsbeschränkung nach § 45 StVO; OLG Hamm BeckRS 2012, 7383: Überwachung der Einhaltung der zulässigen Höchstgeschwindigkeit in Nordrhein-Westfalen: Anforderungen an eine Rechtsbeschwerdebegründung; OLG Hamm 25.2.1993 – 3 Ss OWi 107/93: Zuständige Behörde für die Geschwindigkeitsüberwachung und die Ahndung von Geschwindigkeitsverstößen; OLG Köln BeckRS 2007, 15243: Vorliegen einer Gefahrenstelle; AG Bergisch Gladbach LSK 1999, 280929: Beweisverwertungsverbot der Geschwindigkeitsmessung wegen Auswahl des Standortes für eine mobile Geschwindigkeitsmessstelle unter Verstoß gegen Verwaltungsvorschriften.

4   Rechtsprechung zu **Abs. 2 S. 3:** OVG NRW NWVBl. 2018, 418 ff.: Zuständigkeit eines Kreises für die Durchführung einer Geschwindigkeitsmessung mit dem Messgerät TraffiStar S350 (Semistation auf einer Bundesautobahn bleibt offen); OLG Düsseldorf NStZ-RR 2017, 389 f.: Durchführung einer Geschwindigkeitsmessung mit einer nicht festinstallierten Messanlage durch eine Kreisordnungsbehörde; kein Beweisverwertungsverbot.

5   Rechtsprechung zu **Abs. 3:** zB OVG Münster NWVBl. 2011, 228 ff.: Versagung der Genehmigung zur Veräußerung von Bergwerkseigentum; NWVBl. 2006, 265 f.: bergrechtliche Ordnungsverfügung wegen drohenden Tagebaubruchs; ZfB 1997, 36 ff.: ordnungsrechtliche Verantwortlichkeit des ehemaligen Bergwerksunternehmers für Grubenschacht; VGH Mannheim NVwZ-RR 2000, 589 ff.: Heranziehung eines ehemaligen Bergbauunternehmers zur Gefahrenbeseitigung nach der Entlassung aus der Bergaufsicht grundsätzlich auf der Grundlage des allgemeinen Polizeirechts; VG Aachen ZfB 1990, 307 ff.: Zuständigkeit und Dauer der Bergaufsicht; Auswahl des Verantwortlichen nach Gefahrbeseitigung bei einem endgültig stillgelegten Grubenbau; VG Gelsenkirchen ZfB 1987, 85 ff.: Gefahrenabwehrmaßnahmen bei endgültig stillgelegtem Bergwerksunternehmen; OLG Hamm BeckRS 2011, 09373: Sicherungs- und Verfüllmaßnahmen eines Tagesbruches durch vom Bergamt beauftragtes privates Unternehmen zur Gefahrenabwehr; speziell zum ordnungsrechtlichen

Phänomen „Grubengase" s. zB VG Gelsenkirchen ZfB 2005, 69 ff.: Maßnahmen gegen das Auftreten von Methangas aus unverfüllten Grubenbauen im Keller eines Wohnhauses; Frenz/ Kummermehr DVBl 2000, 451 ff.

Durch Art. 1 des **Dritten Gesetzes zur Änderung des Ordnungsbehördengesetzes** **6** v. 6.12.2016 (GV. NRW. 1062) wurden dem § 48 Abs. 2 S. 4–7 angefügt. Der Anlass hierfür war nach dem Gesetzesentwurf der Landesregierung folgendes **Problem**: „Der Lkw-Verkehr ist in Deutschland von herausragender Bedeutung für die Sicherstellung der erforderlichen Transportleistungen und damit ein wesentlicher wirtschaftlicher Standortfaktor. Aktuelle Prognosen gehen für den Zeitraum von 2004 bis zum Jahr 2025 von einer Steigerung der Transportleistung auf den deutschen Straßen von 84 % aus. Hierdurch wird auch eine überproportional starke Beanspruchung der Straßeninfrastruktur, insbesondere von Brücken, verursacht. Aktuelle Überprüfungen der Brückenbauwerke in Nordrhein-Westfalen führen zu dem Ergebnis, dass mittel- bis langfristig etwa 60 % der vor 1985 errichteten Brücken durch Neubauten ersetzt werden müssen. Dringlich ist ebenso die kontinuierliche Nachrüstung und Erneuerung der Tunnelausstattung. Viele Brücken können wegen ihrer wichtigen Verbindungs- und Erschließungsfunktion nur im laufenden Betrieb saniert werden. Dauer und Erfolg dieser Sanierungsarbeiten sowie die Vermeidung weiterer Schäden hängen wesentlich von der Einhaltung der in diesem Zusammenhang angeordneten Verkehrsverbote und -beschränkungen ab. Die bislang mit entsprechenden Reglementierungen auf Bundesfernstraßen gemachten Erfahrungen belegen, dass Verstöße wirksam nur durch eine automatisierte Erfassung der Betroffenen verfolgt werden können. Wirksame Kontrollen sind zum Schutz dieser Infrastruktur unerlässlich. Sanierungsmaßnahmen und insbesondere Neubauten erfordern zudem einen erheblichen Zeitaufwand, sodass von einer jahrelang anhaltenden Problemstellung ausgegangen werden muss. Mit diesem Gesetz sollen bestimmte Kommunen auf eigenen Antrag hin die erforderliche Befugnis zur Überwachung der in diesem Zusammenhang angeordneten Verkehrsverbote erhalten." (vgl. LT-Drs. 16/12781, 1).

Die **Lösung** dieses Problems erblickt die Landesregierung in folgendem Vorgehen: „Die **7** Kreisordnungsbehörden und die Großen kreisangehörigen Städte erhalten die Möglichkeit zur Überwachung der Einhaltung der verkehrsrechtlichen Anordnungen, die im Zusammenhang mit der Sanierung von Straßenbauwerken angeordnet werden. Die Überwachung kann mit stationären und mobilen Anlagen erfolgen. Unberührt von dieser Befugnis bleibt die Zuständigkeit der Polizei für die Überwachung dieser verkehrsrechtlichen Anordnungen. Ergänzt wird zudem die Möglichkeit zur Überwachung von Verkehrsverboten, die aus Gründen der Lärmminderung oder der Luftreinhaltung angeordnet werden. Die bestehenden Befugnisse zur Überwachung des ruhenden Verkehrs in Umweltzonen und der Kontrolle von Geschwindigkeitsbeschränkungen, die aus Gründen des Lärmschutzes angeordnet werden, sollen um die Möglichkeiten zur Überwachung des fließenden Verkehrs für Verkehrsverbote, die aus Gründen des Lärmschutzes oder der Luftreinhalteplanung angeordnet werden, erweitert werden. Die Anträge sind einzelfallbezogen im Hinblick auf die jeweiligen Verbotsstrecken zu stellen." (vgl. LT-Drs. 16/12781, 2; zur Begründung des Gesetzesentwurfs vgl. LT-Drs. 16/12781, 7 ff.).

Die jüngste Gesetzesänderung wurde in Nr. 48.2 ff. VV OBG bisher – soweit ersichtlich – **8** noch nicht berücksichtigt.

§ 49 [aufgehoben]

§ 50 [aufgehoben]

§ 51 [Übergangsvorschrift zu § 41]

¹§ 41 in der seit dem 1. Mai 2004 geltenden Fassung findet auf die an diesem Tag bestehenden und noch nicht verjährten Ansprüche Anwendung. ²Artikel 229 § 6 Abs. 1 Satz 2, Abs. 4 des Einführungsgesetzes zum Bürgerlichen Gesetzbuch findet entsprechende Anwendung mit der Maßgabe, dass an die Stelle des Bürgerli-

chen Gesetzbuchs § 41 dieses Gesetzes, an die Stelle des 31. Dezember 2001 der 30. April 2004 und an die Stelle des 1. Januar 2002 der 1. Mai 2004 tritt.

1   Die Vorschrift enthält eine Übergangsvorschrift zu § 41, deren Existenz durch das Gesetz zur Modernisierung des Schuldrechts v. 26.11.2001 (BGBl. I 3138) bedingt ist. Nach S. 1 findet § 41 in der seit dem 1.5.2004 geltenden Fassung auf die an diesem Tag bestehenden und noch nicht verjährten Ansprüche Anwendung. S. 2 erklärt die Regelungen in Art. 229 § 6 Abs. 1 S. 2, Abs. 4 EGBGB für entsprechend anwendbar mit der Maßgabe, dass an die Stelle des BGB § 41, an die Stelle des 31.12.2001 der 30.4.2004 und an die Stelle des 1.1.2002 der 1.5.2004 tritt.

2   Zum Recht der anderen Bundesländer der Kommentarreihe: In Baden-Württemberg, Bayern, Hessen und Niedersachsen gibt es keine vergleichbare Vorschrift.

§ 52 Schlussbestimmung

Das Gesetz tritt am 1. Januar 1957 in Kraft.

1   Die Vorschrift bildet die Schlussbestimmung des NRWOBG und regelt das Inkrafttreten des NRWOBG am 1.1.1957.

2   Bis zum 15.10.2014 enthielt die Vorschrift einen S. 2. S. 2 aF verpflichtete die Landesregierung, bis zum 31.12.2014 regelmäßig und danach alle fünf Jahre über die Erfahrungen mit dem NRWOBG dem Landtag zu berichten. Der Sinn und Zweck dieser Befristungsgesetzgebung bestanden darin, überflüssige Gesetzgebungsbürokratie zu vermeiden und die Rechtsordnung aktuell zu halten (vgl. Schönenbroicher/Thuy NWVBl. 2009, 285 ff.).

3   S. 2 aF wurde durch Art. 8 des Siebten Gesetzes zur Änderung der gesetzlichen Befristungen im Zuständigkeitsbereich des Ministeriums für Inneres und Kommunales sowie zur Änderung weiterer Gesetze v. 2.10.2014 (GV. NRW. 622) mWv 16.10.2014 aufgehoben.

4   Zum Recht der anderen Bundesländer der Kommentarreihe vgl. § 86 BWPolG, Art. 78 BayPAG, § 115 HSOG. In Niedersachsen gibt es keine vergleichbare Vorschrift.

Sachverzeichnis